程頤部

綜述

《宋史》卷四二七《程頤傳》 程頤字正叔。年十八，上書闕下，欲天子黜世俗之論，以王道爲心。遊太學，見胡瑗問諸生以顔子所好何學，頤因答曰：

學以至聖人之道也。聖人可學而至歟？曰：然。學之道如何？曰：天地儲精，得五行之秀者爲人，其本也真而静，其未發也，五性具焉，曰仁、義、禮、智、信。形既生矣，外物觸其形而動其中矣，其中動而七情出焉，曰喜、怒、哀、樂、愛、惡、欲。情既熾而益蕩，其性鑿矣。是故覺者約其情使合於中，正其心，養其性；愚者則不知制之，縱其情而至於邪僻，梏其性而亡之。

然學之道，必先明諸心，知所養，然後力行以求至，所謂「自明而誠」也。誠之之道，在乎信道篤，信道篤則行之果，行之果則守之固，仁義忠信不離乎心，造次必於是，顛沛必於是，出處語默必於是，久而弗失，則居之安，動容周旋中禮，而邪僻之心無自生矣。

故顔子所事，則曰：「非禮勿視，非禮勿聽，非禮勿言，非禮勿動。」仲尼稱之，則曰：「得一善則拳拳服膺而弗失之矣。」又曰：「不遷怒，不貳過。」「有不善未嘗不知，知之未嘗復行。」此其好之篤，學之得其道也。然聖人則不思而得，不勉而中；顔子則必思而後得，必勉而後中。其與聖人相去一息，所未至者守之也，非化之也。以其好學之心，假之以年，則不日而化矣。

後人不達，以謂聖本生知，非學可至，而爲學之道遂失。不求諸己，而求諸外，以博聞强記、巧文麗辭爲工，榮華其言，鮮有至於道者。則今之學，與顔子所好異矣。

瑗得其文，大驚異之，即延見，處以學職。吕希哲首以師禮事頤。

治平、元豐間，大臣屢薦，皆不起。哲宗初，司馬光、吕公著共疏其行義曰：「伏見河南府處士程頤，力學好古，安貧守節，言必忠信，動遵禮法。年踰五十，不求仕進，真儒者之高蹈，聖世之逸民。望擢以不次，使士類有所矜式。」詔以爲西京國子監教授，力辭。

尋召爲秘書省校書郎，既入見，擢崇政殿説書。即上疏言：「習與智長，化與心成。今夫人民善教其子弟者，亦必延名德之士，使與之處，以薰陶成性。況陛下春秋之富，雖睿聖得於天資，而輔養之道不可不至。大率一日之中，接賢士大夫之時多，親寺人宫女之時少，則氣質變化，自然而成。願選名儒入侍勸講，講罷留之分直，以備訪問，或有小失，隨事獻規，歲月積久，必能養成聖德。」頤每進講，色甚莊，繼以諷諫。聞帝在宫中盥而避蟻，問：「有是乎？」曰：「然，誠恐傷之爾。」頤曰：「推此心以及四海，帝王之要道也。」

神宗喪未除，冬至，百官表賀，頤言：「節序變遷，時思方切，乞改賀爲慰。」既除喪，有司請開樂置宴，頤又言：「除喪而用吉禮，尚當因事張樂，今特設宴，是喜之也。」皆從之。帝嘗以瘡疹不御邇英累日，頤詣宰相問安否，且曰：「上不御殿，太后不當獨坐。且人主有疾，大臣可不知乎？」翌日，宰相以下始奏請問疾。

蘇軾不悦於頤，頤門人賈易、朱光庭不能平，合攻軾。胡宗愈、顧臨詆頤不宜用，孔文仲極論之，遂出管勾西京國子監。久之，加直秘閣，再上表辭。董敦逸復摭其有怨望語，去官。紹聖中，削籍竄涪州。李清臣尹洛，即日迫遣之，欲入别叔母亦不許，明日贐以銀百兩，頤不受。徽宗即位，徙峽州，俄復其官，又奪於崇寧。卒年七十五。

頤於書無所不讀，其學本於誠，以《大學》、《語》、《孟》、《中庸》爲標指，而達于《六經》。動止語默，一以聖人爲師，其不至乎聖人不止也。張載稱其兄弟從十四五時，便脱然欲學聖人，故卒得孔、孟不傳之學，以爲諸儒倡。其言之旨，若布帛菽粟然，知德者尤尊崇之。嘗言：「今農夫祁寒暑雨，深耕易耨，播種五穀，吾得而食之；百工技藝，作爲器物，吾得而用之；介冑之士，被堅執鋭，以守土宇，吾得而安之。無功澤及人，而浪度歲月，晏然爲天地間一蠹，唯綴緝聖人遺書，庶幾有補爾。」於是著《易》、《春秋傳》以傳於世。《易傳·序》曰：

《易》，變易也，隨時變易以從道也。其爲書也，廣大悉備，將以順性命之理，通幽明之故，盡事物之情，而示開物成務之道也。聖人之憂患後世，可謂至矣。去古雖遠，遺經尚存，然而前儒失意以傳言，後學誦言而忘味，自秦而下，蓋無傳矣。予生千載之後，悼斯文之湮晦，將俾後人沿流而求源，此《傳》所以作也。

「《易》有聖人之道四焉：以言者尚其辭，以動者尚其變，以制器者尚其象，

以卜筮者尚其占」。吉凶消長之理、進退存亡之道備於辭，推辭考卦可以知變，象與占在其中矣。「君子居則觀其象而玩其辭，動則觀其變而玩其占」，得於辭不達其意者有矣，未有不得於辭而能通其意者也。至微者理也，至著者象也。體用一源，顯微無間，觀會通以行其典禮，則辭無所不備。故善學者，求言必自近，易於近者，非知言者也。予所傳者辭也，由辭以得意，則在乎人焉。

《春秋傳序》曰：

天之生民，必有出類之才起而君長之，治之而争奪息，導之而生養遂，教之而倫理明，然後人道立，天道成，地道平。二帝而上，聖賢世出，隨時有作，順乎風氣之宜，不先天以開人，各因時而立政。暨乎三王迭興，三重既備，子、丑、寅之建正，忠、質、文之更尚，人道備矣，天運周矣。聖王既不復作，有天下者雖欲倣古之跡，亦私意妄爲而已。事之繆，秦至以建亥爲正；道之悖，漢專以智力持世，豈復知先王之道也。

夫子當周之末，以聖人不復作也，順天應時之治不復有也，於是作《春秋》爲百王不易之大法。所謂「考諸三王而不繆，建諸天地而不悖，質諸鬼神而無疑，百世以俟聖人而不惑」者也。先儒之傳，游、夏不能贊一辭，辭不待贊者也，言不能與於斯爾。斯道也，唯顔子嘗聞之矣。「行夏之時，乘殷之輅，服周之冕，樂則《韶舞》」，此其準的也。後世以史視《春秋》，謂褒善貶惡而已，至於經世之大法，則不知也。

《春秋》大義數十，其義雖大，炳如日星，乃易見也。惟其微辭隱義、時措從宜者，爲難知也。或抑或縱，或予或奪，或進或退，或微或顯，而得乎義理之安，文質之中，寬猛之宜，是非之公，乃制事之權衡，揆道之模範也。夫觀百物然後識化工之神，聚衆材然後知作室之用，於一事一義而欲窺聖人之用心，非上智不能也。故學《春秋》者，必優游涵泳，默識心通，然後能造其微也。後王知《春秋》之義，則雖德非禹、湯，尚可以法三代之治。

自秦而下，其學不傳，予悼夫聖人之志不明於後世也，故作《傳》以明之，俾後之人通其文而求其義，得其意而法其用，則三代可復也。是《傳》也，雖未能極聖人之藴奥，庶幾學者得其門而入矣。

平生誨人不倦，故學者出其門最多，淵源所漸，皆爲名士。涪人祠頤於北巖，世稱爲伊川先生。嘉定十三年，賜謚曰正公。淳祐元年，封伊陽伯，從祀孔子廟庭。門人劉絢、李籲、謝良佐、游酢、張繹、蘇昞皆班班可書，附于左。吕大鈞、大臨見《大防傳》。

《琬琰集删存》卷三《實録・程侍講頤傳》 大觀元年九月庚子，通直郎程頤卒。頤字正叔，與兄顥初從汝南周敦實學，遂以經術爲諸儒倡，四方從之游者甚衆。英宗、神宗朝，大臣屢薦皆不起。哲宗嗣位，宰相司馬光、吕公著、西京留守韓絳上其行義於朝，曰：「河南府處士程頤，力學好古，安貧守節，言必忠信，動遵禮義，年逾五十不干仕進，真儒者之高蹈，聖世之逸民。乞賜召擢，裨補風化。」詔授汝州團練推官、西京國子監教授。頤力辭，未幾以宣德郎、秘書省校書郎召赴闕，既對，除崇政殿説書。

首上疏言帝王之學，大略謂：「習與智長，性與化成，今士大夫善教其子弟者，亦必延名德端方之士與之處，使薰陶成性。以陛下春秋之富，雖睿聖得於天禀，而輔養之道不可不至。大率一日之中，接賢士大夫之時，多親寺人、宫女之時，少則自然氣質變化。德器成就，乞精選賢士，入侍勸講，罷則留分直以備訪問。凡左右扶持、嬪御、內臣，並選四十、五十以上，厚重小心者，侈麗之物不接於目，淺俗之言不入於耳，歲月積久，必能養成聖德。」又謂：「經筵臣僚侍者皆坐，講者獨立，於禮未安。乞令坐講，見主上重道之心。」頤在經筵以師道自居，每侍講，色甚莊，繼以諷諫。頤聞帝在宫中□而避蟻，因講畢請曰：「有是乎？」帝曰：「然。誠恐傷之耳。」頤曰：「推此心以及四海，天下之要道也。」帝稱善。神宗未除喪，冬至，百官表賀，頤上疏以謂：「節序變遷，時思方切，恐失居喪之禮，無以風化天下。乞改賀爲慰。」故事盛暑罷講，頤奏：「朝廷置勸講之官，輔導人主，豈可闊疎如此。」

又上書太皇太后，言：「今士大夫家子弟，亦不肯使經時累日不親儒士。秋漸涼，乞於內殿後苑清涼處，召見當日講官，陳説道義。伏假既開，依次直日，所貴常得一員獨對開發之道，蓋自有方明習之益，最爲切至，故周公輔成王，使伯禽與之處。聖人所爲，必無不當。自來宰臣十日一至經筵，上默坐而已，今乞令宰臣，每月一再赴經筵講説，延英迫挾，講讀內臣三十餘人在其中，四月未甚熱，而講官已流汗，主上體弱，豈得爲便。乞止於延和殿講讀。太皇太后每遇政事稀簡，聖體康和，時至簾下觀講讀官進説，不爲省察主上進業，於陛下聖聰未必無補，有所奏禀，便得上聞。今講讀官五員，皆兼要職，獨臣不領別官，近復差修國子監太學條制，乃無一人專職輔道者。夫告人之道，非積誠意不能入也。臣

前後兩得進講，未嘗不宿齋戒，潛思存誠，覬感動於上心，若使其營營於職事，豫紛紛其思慮，待至上前，然後善其辭説，徒以頰舌感人，不亦淺乎？道衰學廢，世俗何人聞此高識遠見，當蒙監知。」疏奏，給事中顧臨、諫議大夫孔文仲論列，遂罷職，官管勾西京國子監，兩上章乞致仕，不報。父喪，服除，尋以通直郎、直秘閣判西京國子監。言者論其向在講筵，議論迂疎，妄自尊大，既罷去，服除加職，而辭表有怨望輕躁之語。差管勾西京嵩山崇福宮，尋醫去官。

哲宗初親政，復除直秘閣、判西京國子監，辭不受。紹聖中，黨論興，追官，涪州安置。徽宗即位，放還。崇寧初，復通直郎，權判西京國子監，屏居伊闕山數年，卒，年七十五。學者尊之稱爲「伊川先生」。其門人游酢、謝良佐、吕大臨、楊時皆著名於世，有易傳六卷、文集二十卷，諸經解説未成編者，附於集。子端中、端彦。

王稱《東都事略》卷一一四《程頤傳》 頤字正叔，以經術爲諸儒倡，四方從之游者甚衆。哲宗即位，司馬光、吕公著上其行義于朝，授汝州團練推官、西京國子監教授，頤力辭，又以爲校書郎。召至京師，除崇政殿説書。頤上疏曰：「帝王之學，大略謂習與智長，化與心成。今士大夫善教其子弟者，亦必延名德端方之士與之處，使薫陶成性。以陛下春秋之富，雖睿聖得於天稟，而輔養之道不可不至。大率一日之中，接賢士大夫之時多，親寺人宫女之時少，則自然德器成就。乞擇賢士入侍勸講，凡左右扶持嬪御内臣，並選四十以上厚重小心者。侈麗之物不接於目，淺俗之言不入於耳，歲月積久，必能養成聖德。」又謂：「經筵，臣僚侍者皆坐，講者獨立，於禮未安。乞令坐講，見主上重道之心。」

頤在經筵，以師道自居，每侍講，色甚莊，繼以諷諫。頤聞哲宗在宫中盥而避蟻，因講罷，請曰：「有是乎？」哲宗曰：「然。誠恐傷之耳。」頤曰：「推此心以及四海，帝王之要道也。」神宗未除喪，冬至，百官表賀。頤上疏以謂：「節序變遷，時思方切，恐失居喪之禮，無以風化天下。乞改賀爲慰。」故事，盛暑罷講，至中秋復講。頤奏：「朝廷置勸講之官，輔導人主，豈可闊疎如此？今講讀官五員皆兼要職，獨臣不領他官，近復差脩國子監太學條例，是乃無一人專職輔導者。」

一日，頤赴講，會哲宗瘡疹，不坐已累日。頤退，詣宰臣問曰：「上不御殿，知否？」曰：「不知。」頤曰：「上疾而宰相不知，可爲寒心。」翌日，宰相以頤言奏，遂詣問疾。於是左諫議大夫孔文仲言頤以爲騰口閧亂，遂罷職，監西京國子監。父喪，服除，尋以直祕閣判西京國子監、主管崇福宮。紹聖中，黨論興，頤坐追官，涪州安置。元符末，放還。崇寧初，復判西京國子監，屏居伊闕山，數年卒，年七十五。學者尊之，稱爲「伊川先生」。其門人游酢、謝良佐、吕大臨、楊時皆著名于世。有《易傳》六卷、文集二十卷，諸經解説未成編者，附于集。

雜録

備録

李幼武《宋朝道學名臣言行外録》卷三 先生母夫人有知人之鑒。二先生幼時，勉之讀書，因書綫帖上曰：「我惜勤讀書兒。」又並書二行，前曰：「殿前及第程延壽，」明道幼時名。次曰：「處士。」後皆驗。夫人已知之於童稺中矣。

紹興間，胡安國言：「程厶脩身行法，規矩準繩，獨出諸儒之表。雖崇寧間曲加防禁，學者私相傳習。其後門人稍稍進用，傳者浸廣，士大夫爭相淬勵，而其間志利禄者，託其説以自售，分黨相排，衆論洶洶，深詆其徒，而乃上及於伊川，竊以爲過矣。夫聖人之道，所以垂訓萬世，無非中庸，非有甚高難行之説，離世異俗之行，此誠不可易之至論也。然中庸之義，不明久矣。自頤兄弟始發明之，然後其義可思而得也。不然，則或謂高明所以處己，中庸所以接物，本末上下，析爲二途，而其義不明矣。士學宜師孔孟，此亦至論也。然孔孟之道不傳久矣，自頤兄弟始發明之，而後其道可學而至也。不然，則或以《六經》、《語》、《孟》之書資口耳，取世資以干禄，愈不得其門而入矣。今欲使學者蹈中庸，師孔孟，而禁使不得從頤之學，是入室而不由户也。不亦誤乎？」

朱熹書《易傳》後曰：「《易》更三聖而制作不同。若包犧氏之象，文王之辭，皆依卜筮以爲教，而其法則異。至於孔子之贊，則一以義理爲教而不專於卜筮也。是豈其故相反哉？俗之淳漓既異，故其所以爲教爲法者不得不異，而道則未嘗不同也。然自秦、漢以來，考象辭者泥於術數而不得其宏通簡易之法，談義理者淪於空寂而不適乎中正仁義之歸。求其因時立教以承三聖，不同於法而同於道者，則惟伊川之書而已。」

又曰：「《易傳》義理精，字數足，無一毫欠闕。只是於本義不相合。《易》本是卜筮之書，程先生只説得一理。」

「伊川晚年文字如《易傳》，直是盛得水住。」

「晚年所見甚實，更無一句懸空説底話，今觀《易傳》可見，何嘗有一句不着實！」

「《易傳》言理甚備，象數却欠在。」「亦有未安處。如無妄六二，『不耕穫，不菑畬』，只是説一箇無所作爲之意。《易傳》却言：『不耕而穫，不菑而畬，謂不首造其事。』殊非正意。」

「沈元用問和靖：『伊川《易傳》何處是切要？』尹云：『「體用一源，顯微無間。」此是最切要處。』後舉似李延平，延平曰：『尹説固好。然須是看得六十四卦、三百八十四爻都有下落，方始説得此話。』」

「向見敬夫及伯恭皆令學者專讀程《易傳》，往往皆無所得。蓋程《傳》但觀其理而不考卦畫經文，則其意味無窮，各有用處，誠爲切於日用功夫，但以卦畫經文考之，則不免有可疑者。」

問：「程《易》説得理也太多。」曰：「伊川求之太深。嘗説『三百八十四爻，不可只作三百八十四爻解』，其説也好。而今似他解時，依舊只作得三百八十四般用。」

「程《易》難看，其用意精密，道理平正，更無抑揚。若能看得有味，則其人亦大段知義理矣。」

「《易傳》明白無難看，但伊川以天下許多道理散入六十四卦中，若作《易》看，即無意味。唯將來作事看，即句句字字有用處。」

「程先生經解，理皆在解語内。」

「伊川有《詩解》數篇，説《小雅》以後極好。」

「程先生《詩傳》取義太多。詩人平易，恐不如此。」

「今只看《論語》一書，何嘗有懸空説底話？只爲漢儒一向尋求訓詁，更不着聖人意思，所以二程不得不發明道理，開示學者，使激昂向上，求聖人用心處，故放得稍高。」

又曰：「二程之學，以《大學》、《論語》、《中庸》、《孟子》爲標指，而達于《六經》，使人讀書窮理，以誠其意，正其心，脩其身，自家而國以及於天下。其道坦而明，其説簡而通，其行端而實，蓋將有以振百代之沈迷，而内之聖賢之域。」

跋《遺書》後曰：「此書二程門人記其所見聞問答也。讀是書者，誠能主敬以立其本，窮理以進其知，使本立而知益明，知精而本益固，則日用之間，且將有以得乎先生之心矣。」

問：「《遺書》中載明道語，便自然洒落明映。」曰：「自是他見得容易。伊川《易傳》却只管修改，晚年方出其書。若使明道作，自無許多事。」「伊川説話，如今看來，中間寧無小小不同？只是大綱統體説得極善。如『性即理也』一語，直是自孔子後，惟是伊川説得盡。這一句，便是千萬世説性根基。」並《朱子》

胡安國曰：「程氏之文，於《易》則因理以明象，而知體用之一源；於《春秋》則見諸行事，而知聖人之大用；於諸經《語》、《孟》則發其微指，而知求仁之方、入德之序。程氏之行，其行己接物，則忠誠動於州里；其事親從兄，則孝悌顯於家庭。其辭受取舍，非其道義，則一介不以取與諸人，雖禄之千鍾，不顧也。」

胡宏曰：「二程倡久絶之學於今日，其功比於孔子作《春秋》，孟子闢楊、墨。」

張栻曰：「二先生所以教學者不越於居敬、窮理二事，取其書反覆讀之，則可以見。蓋居敬有力，則其所窮者愈精；窮理浸明，則其所居益有地。二者實互相發也。」

又曰：「二先生書，完全精粹，愈讀愈無窮，不可不詳味也。」又曰：「伊川之言，看得似平易，而研窮，其味無斁。」

朱子曰：「此道更前後聖賢，其説始備。自堯、舜以下，若不生孔子，後人去何處討分曉？孔子後若不生孟子，亦未分曉。後數千載，乃始得二程出來發明此理。秦、漢以下直是説夢！」

「這个道理，自孔、孟既没，便無人理會得。只有韓文公曾説來，又只説到正心、誠意，而遺了格物、致知。及至程子，始推廣其説，工夫精密，無復遺慮。然程子既没，門人説得便差，都説從别處去，與致知、格物都不相干，是不曾精曉得程子之説耳。只有五峯説得精，其病猶如此。亦緣當時諸公所聞於程子者語意不全，或只聞一時之語，或只聞得一邊，所以其説多差。後來却是集諸家語録，湊起衆説，此段功夫方始渾全。」

「國初人便已崇禮義，尊經術，欲復二帝三代，已自勝如唐人，但説未透在。直至二程，此理方説得透。」

問：「明道可比顔子、伊川可比孟子否？」曰：「明道可比顔子。孟子才高，

恐伊川未到。然伊川收束檢制處，孟子却不能及。」

「明道德性寬大，規模廣濶；伊川氣質剛方，文理密察。其道雖同而造德各異。」

「故明道嘗爲條例司官，不以爲浼，而伊川所作《行狀》，乃不載其事。明道猶謂青苗可且放過，而伊川乃於西監一狀校計如此，可謂不同矣。但明道所處乃大賢以上事，學者未至而輕議之，恐失所守。伊川所處雖高，然實中人可以跂及，學者只當以此爲法，則庶乎其寡過矣。

「今之想像大程者，當識其明快中和處；小程者，當識其初年之嚴毅，晚年又濟以寬平處。」

「天姿大段高，則學明道；若不及明道，則且學二程、橫渠。橫渠最親切，二程規模廣大。」

「程先生姿禀高，潔浄，不大段用工夫。橫渠姿禀有夾雜偏駁處，故大段用工夫。」

「明道之言發明極致，通透洒落，善開發人；伊川之言即事明理，質慤精深，尤耐咀嚼。然明道之言一見便好，久看愈好，所以賢愚皆獲其益；伊川之言乍見未好，久看方好，故非久於翫索者不能識其味。此其自任所以有成人材，尊師道之不同。」

「明道渾然天成，不犯人力；伊川功夫造極，可奪天巧。明道説話超邁，不如伊川説得的確。」

《書伊川帖》曰：「近世學者閲理不精，正坐讀書太草草耳。況《春秋》大義數十，炳若日星，固已見於傳序，而所謂不容遺忘者，又非先生決不能道也。夫三綱五常，大倫大法，有識以上即能言之，而臨小利害，輒已失其所守，正以學不足以全其本心之正，是以無所根着而忘之耳。既有以自信其不容遺忘，又不覺因事而形於筆札之間，非先生之德盛仁熟，左右逢原，能及是耶？」

贊曰：「規員矩方，繩直準平。允矣君子，展也大成。布帛之文，菽粟之味。知德者希，孰識其貴？」並《朱子語》

朱熹《伊洛淵源録》卷四《遺事》　王霖公澤言：明道、伊川隨侍太中知漢州，宿一僧寺。明道入門而右，從者皆隨之；伊川入門而左，獨行至法堂上相會。伊川自謂：「此是頤不及家兄處。」蓋明道和易，人皆親近；伊川嚴重，人不敢近也。尹焞云亦嘗聞先生言之。見《涪陵記善録》。

韓持國與二先生善。韓在潁昌，欲屈致之，預戒諸子姪，使治一室，至於脩治窗户，皆使親爲之。二先生至，暇日與持國同遊西湖，命諸子侍。行次，有言貌不莊敬者，伊川回視，厲聲叱之曰：「汝輩從長者行，敢笑語如此，韓氏孝謹之風衰矣。」持國遂皆逐去之。聞之持國之子宗質彬叔云。見祁寛録尹和靖語。

伊川先生居經筵，建言：「今之經筵，實古保傅之任。欲使内臣十人供侍左右，儻人君出一言，舉一事，食一果實，必使經筵知之。有翦桐之戲，則隨事箴規；違養生之方，則應時諫止。」吕申公曰：「主少，非可爲之時也。」伊川曰：「正可爲也。責不在人主，而人臣當任之耳。」見《庭聞藁録》。

程子在講筵，執政有欲用之爲諫官者。子聞之，以書謝曰：「公知射乎？有人執弓於此，發而多中，人皆以爲善射矣。一日，使羿立于其旁，道之以彀率之法。不從，羿且怒而去矣；從之，則戾其故習，而失多中之巧。故不若處羿於無事之地，則羿得盡其言，而用捨羿不恤也。頤才非羿也，然聞羿之道矣，慮其害公之多中也。」見《遺書》。

文潞公尹洛，先生時爲判監。一日府會，先生往赴，到客次，見樂人來呈樂語曲詞。先生訝之，問故，對曰：「昨日得太師鈞旨，『明日請程侍講，詞曲並要嚴謹依禮法。』故先來呈。」富鄭公、司馬温公居鄉里，尤所尊禮。吕正獻公、范忠宣公過洛，必先來見。吕滎公兄弟與先生書，必滌筆硯，正衣冠，然後寫。其爲當時禮敬如此。見《涪陵記善録》。

伊川與韓持國善，約候韓年八十一往見之。是歲元日，因子弟賀正，乃曰：「頤今年有一債未還，春中當暫往潁昌見韓持國。」乃往造焉。久留潁昌，韓早晚伴食，體貌加敬。一日，韓密謂其子彬叔曰：「先生遠來，無以爲意。我有黄金藥楪一，重三十兩，似可爲先生壽。然未敢遽言之。我當以他事使汝侍食，因從容道吾意。」彬叔侍食如所戒，試啓之。先生曰：「頤與乃翁道義交，故不遠而來，奚以此爲？」詰朝遂歸。持國謂其子曰：「我不敢言，正爲此耳。」再三謝過而别。見祁寛録尹和靖語。

吕汲公以百縑遺子，子辭之。時子族兄子公孫在旁，謂子曰：「勿爲已甚，姑受之。」子曰：「公之所以遺頤者，以頤貧也。公位宰相，能進天下之賢，隨才而任之，則天下受其賜也。何獨頤貧也，天下貧者亦衆矣。公帛固多，恐公不能周也。」見《遺書》，下同。

殿帥苗履見先生於陵下。時先生方辭西監之命，履問曰：「朝廷處先生，如

何則可？」先生曰：「且如山陵事。苟得專處，雖永安尉可也。」

先生嘗說：「頤於《易傳》，今却已自成書，但逐旋修改，期以七十，其書可出。韓退之稱『聰明不及於前時，道德日負於初心』，信然。頤於《易傳》後來所改無幾，不知如何，故且更期之，以十年之功看如何。《春秋》之書，待劉絢文字到，却用功亦不多也。今人《解詩》，全無意思，此却待出些文字。《中庸》書却已成。今農夫祁寒暑雨，深耕易耨，播種五穀，吾得而食之；今百工技藝，作爲器用，吾得而用之；甲胄之士，被堅執鋭，以守土宇，吾得而安之，却如此閑過了日月，即是天地間一蠹也。功澤又不及民，別事又做不得，惟有補緝聖人遺書，庶幾有補耳。」陳長方見尹子於姑蘇，問《中庸解》，尹子云：「先生自以爲不滿意，焚之矣。」

問：「先生曾定六禮，今已成未？」曰：「舊日作此，已及七分。後來被召入朝，既在朝廷，則當行之朝廷，不當爲私書。既而遭憂，又疾病數年，今始無事，更一二年可成也。」曰：「聞有《五經解》，已成否？」曰：「惟《易》須親撰，諸經則關中諸公分去，以頤說撰成之。禮之名數，陝西諸公删定，已送與吕與叔。與叔今死矣，不知其書安在也？然所定只禮之名數，若禮之文，亦非親作不可也。」

先生被謫時，李邦直尹洛，令都監來見。伊川才出見之，便請上轎，先生欲略見叔母，亦不許，莫知朝命云何。是夜，宿於都監廳，明日，差人管押成行。至龍門，邦直遣人賷金百星，先生不受。既歸，門人問：「先生臨行時，諸公賷行皆受，邦直亦是親戚，何爲不受？」先生曰：「與頤相知即可受。渠是時已與頤不相知，豈可受邪？」見《涪陵記善録》。

伊川先生言：昔貶涪州，渡漢江，中流，船幾覆。舟中人皆號哭，伊川獨正襟安坐如常。已而及岸，同舟有父老問曰：「當船危時，君獨無怖色，何也？」伊川曰：「心存誠敬爾。」父老曰：「心存誠敬固善，然不若無心。」先生欲與之言，父老徑去不顧。見《邵氏聞見録》，下同。

伊川先生元祐初司馬温公薦侍講禁中。時哲宗幼沖，先生以師道自居。後出判西京國子監，兩加直秘閣，皆辭之。黨禍起，責涪州。先生註《周易》，與門弟子講學，不以爲憂，赦得歸，不以爲喜。

先生自涪陵歸，《易傳》已成，未嘗示人。門弟子請益，有及《易》書者，方命小奴取書篋以出，身自發之，以示門弟子。非所請不敢多閱。門弟子請問《易傳》事，雖有一字之疑，先生必再三喻之。蓋其潛心甚久，未嘗容易下一字。吕堅中所録尹和靖語。

先生云：吾四十以前讀誦，五十以前研究其義，六十以前反覆紬繹，六十以後著書。著書不得已。見《遺書》，下同。先生謂張繹曰：「吾受氣甚薄，三十而浸盛，四十五十而後完。今生七十二年，校其筋骨，於盛年無損也。」繹因請曰：「先生豈以受氣之薄而厚爲保生邪？」先生默然，曰：「吾以忘生徇欲爲深恥。」

焞年二十，方登先生之門，被教誘諄諄。嘗得朱公掞所論雜說，呈先生，問：「此書可觀否？」先生留半月。一日，請曰：「前日所呈雜説如何？」先生曰：「頤在，何必觀此？若不得頤心，只是記得他意。」焞自是不敢復讀。見《涪陵記善録》及尹公跋夏旻所藏《語録》後。

南方學者從伊川，既久，有歸者。或問曰：「學者久從學于門，誰是最有得者？」伊川曰：「豈敢便道有得處，且只是指與他个岐徑。令他尋將去不錯了，已是忒太煞。若夫自得尤難，其人謂之得者，便是已有也。」見祁寬所記尹和靖語。

胡文定公曰：安國昔嘗見鄒志完論近世人物，因問：「程明道如何？」志完曰：「此人得志，使萬物各得其所。」又問：「伊川如何？」曰：「却不得比明道。」又問：「何以不得比？」曰：「爲有不通處。」又問：「侍郎先生言伊川不通處，必有言行可證，願聞之。」志完色動，徐曰：「有一二事，恐門人或失其傳。」後來在長沙，再論河南二先生學術，志完却曰：「伊川見處極高。」因問：「何以言之？」曰：「昔鮮于侁曾問『顔子在陋巷，不改其樂』，不知所樂者何事？伊川却問曰：『尋常道顔子所樂者何？』侁曰：『不過是説顔子所樂者道。』伊川曰：『若説有道可樂，便不是顔子。』以此知伊川見處極高。」又曰：「浩昔在潁昌，有趙均國者自洛中來。浩問：『曾見先生，有何語？』均國曰：『先生語學者曰：「除却神祠廟宇，人始知爲善。古人觀象作服，便是爲善之具。」』」見《胡文定公集》。

伊川常服蠒袍，高帽，簷劣半寸，一本云：「帽桶八寸，簷半寸四直。」繫絛，曰：「此野人之服也。」深衣紳帶，青緣篆文「非禮勿視，非禮勿聽，非禮勿言，非禮勿動」。見《外書》。

伊川常愛衣皂，或博褐紬襖，其袖如常人。所戴紗巾，背後望之如鐘形，其製乃似今道士謂之仙桃巾者。不知今人謂之習伊川學者，大袖方頂何謂。見祁寬所録尹和靖語。

佚名《道山清話》 哲宗御講筵所，手折一柏枝玩。程頤爲講官，奏曰：「方春萬物發生之時，不可非時毀折。」哲宗亟擲于地，終講，有不樂之色。太后聞之，歎曰：「怪鬼壞事！」吕晦叔亦不樂其言也，云：「不須得如此。」

莊綽《雞肋編》卷下　張子厚知太常禮院，定龍女衣冠，以其封善濟夫人，故依夫人品。程正叔以爲不然，曰：「龍既不當被人衣冠。矧大河之塞，本上天降祐，宗社之靈，朝廷之德，吏士之勞，龍何功之有？又聞龍女有五十三廟，皆三娘子。一龍邪？五十三龍邪？一龍則不應有五十三廟，五十三龍則不應盡爲三娘子也。」子厚默然。

孫升《孫公談圃》卷上　司馬温公之薨，當明堂大享，朝臣以致齋不及奠。肆赦畢，蘇子瞻率同輩以往，而程頤固争，引《論語》「子於是日哭則不歌」。子瞻曰：「明堂乃吉禮，不可謂歌則不哭也。」頤又諭司馬諸孤不得受弔，子瞻戲曰：「頤可謂燠糟鄙俚叔孫通。」聞者笑之。

邵博《邵氏聞見後録》卷二〇　司馬丞相薨於位，程伊川主喪事，專用古禮。將祀明堂，東坡自使所來弔，伊川止之曰：「公方預吉禮，非『哭則不歌』之義，不可入。」東坡不顧以入，曰：「聞『哭則不歌』，不聞『歌則不哭』也。」伊川不能敵其辯也。

邵博《邵氏聞見後録》卷二二　司馬文正公在洛陽修史日，伊川先生程頤正叔爲布衣，年尚少，其見亦有時。今爲伊川學者以《文正齋記》中有曰「正叔」云，以爲字伊川者，非也，楚正議建中字正叔耳。然伊川後用文正薦，勸講禁中，未幾罷去。先是，劉莘老論曰：「紛紛之論，致疑于程頤者，直以謂自古以來，先生處士皆盗虚名，無益于用。若頤者，特以迂闊之學，邀君索價而已。天下節義之士，樂道不出，如頤等輩蓋亦不少，彼無所援于上，故不聞爾。」又以頤辭免爵命之言，曰：「前朝召舉布衣，故事具存，是頤之自欲爲种放，而亟欲得臺諫侍從矣，不可不察也。聖人自有中道，過之則偏；天下自有常理，背之則亂。伏望審真僞，重名器」云云。孔文仲論曰：「頤在經筵僭横，造請權勢，滕口間亂，以償恩讎，致市井之間目爲五鬼之魁。嘗令其助賈易彈吕陶，及造學制詭謬，童稚嗤鄙」云云。又曰：「頤污下憸巧，素無鄉行，經筵陳説，僭横忘分，遍謁貴臣，歷造臺諫，宜放還田里，以示典刑」云云。劉器之論曰：「程頤、歐陽棐、畢仲游、楊國寶、孫朴交結執政子弟，搢紳之間號五鬼。」又曰：「進言者必曰五鬼之號，出于流俗不根之言，何足爲據？臣亦有以折之，方今士大夫無不出入權勢之門，何當盡得鬼名？惟其陰邪潛伏，進不以道，故程頤等五人獨被惡聲。孔子曰：『吾之于人也，誰毁誰譽？如有所譽，其有所試矣。』蓋人之毁譽，必以事驗之。今衆議指目五人，可謂毁矣，然推考其迹，則人言有不誣者，臣請歷陳其説。若程頤則先以罪去」云云。蘇子瞻奏則曰：「臣素疾程頤之姦，形于言色。因頤教誘孔文仲，令以私意論事，爲文仲所奏，頤遂得罪」云云。又子瞻爲禮部尚書，取伊川所修學制，貶駁譏詆略盡。如蘇子瞻、劉莘老、孔文仲、劉器之，皆世之君子，其于伊川先生不同如此。至斥黨錮，則同在禍中。悲夫！

范公偁《過庭録》　忠宣守洛。游師雄景叔，忠宣門生也，赴陝漕任，過洛，留數日。啓行，忠宣餞于郊，拉程正叔會，而使妓侑酒，蓋忘正叔之來，旋悔之，無及。景叔以正叔年德高，讓居上坐，正叔亦不辭。酒數行，景叔啓白忠宣曰：「數妓遠出頗勞，某願各酬一杯。」遂執爵遍勸諸妓。正叔不樂，忠宣甚惶怖。勸將畢，正叔厲言曰：「景叔，願公愛陝之百姓亦如此。」景叔執爵，從容操西音，言曰：「覆侍講，只有此一勺裏。」正叔亦爲一嗤，忠宣意遂解。

張端義《貴耳集》卷上　伊川、濂溪，一世道統之宗，用大臣薦爲崇政殿説書，以帝王之學輔贊人主，儒者所望。自范文正公論事，始分朋黨，伊川則曰洛黨，如朱光庭、賈易附之，力攻蜀黨，蘇氏父子也。朝廷大患，最怕攻黨。小人立黨，初不是專意宗社計，借此陰移人主禍福之柄，竊取爵禄而已。如君子不立黨，伊川見道之明，未能免焉。淳熙則曰道學，慶元則曰僞黨，深思由來，皆非國家福。

元祐初，司馬公薨，東坡欲主喪，遂爲伊川所先，東坡不滿意。伊川以古禮斂，用錦囊囊其尸，東坡見而指之曰：「欠一件物事，當寫作信物一角，送上閻羅大王。」東坡由是與伊川失歡。

沈作喆《寓簡》卷一〇　司馬温公薨時，程頤以臆説斂如封角狀。東坡嫉其怪妄，因怒詆曰：「此豈信物！一角附上閻羅大王者耶？」人以東坡爲戲，不知《妖亂志》所載吴堯卿事，已有此語，東坡以比程之陋耳。坡每不假借程氏，誠不堪其迂僻也。

羅大經《鶴林玉露》甲編卷五《涪陵樵夫》　伊川謫涪，渡江，風浪大作，舟中之人皆失色。伊川正襟端坐，神色泰然。既及岸，有樵夫問曰：「公是達後如此，是舍後如此？」伊川登岸，欲與之言，已去不可追矣。余謂惟達故捨，惟捨故達，達是智，捨是勇。夫子曰：「朝聞道，夕死可矣。」使未聞道，必有貪生怖死之心，安能夕死而可哉！可者，委順而無貪怖之心也。「朝聞道」是達，「夕死可矣」是捨，達順是平時做工夫，捨則臨時自然如此。

朱熹《晦庵先生朱文公文集》卷九八《伊川先生年譜》　先生名頤，字正叔，

明道先生之弟也。明道生於明道元年壬申，伊川生於明道二年癸酉。幼有高識，非禮不動。見《語録》。年十四五，與明道同受學於春陵周茂叔先生。見哲宗、徽宗《實録》。皇祐二年，年十八，上書闕下，勸仁宗以王道爲心，生靈爲念，黜世俗之論，期非常之功，且乞召對，面陳所學。不報。間遊太學，時海陵胡翼之先生方主教導，嘗以「顔子所好何學論」試諸生，得先生所試，大驚，即延見，處以學職。見《文集》。吕希哲原明與先生鄰齋，首以師禮事焉，既而四方之士從游者日益衆。見《吕氏童蒙訓》。

舉進士，嘉祐四年廷試報罷，遂不復試。太中公屢當得任子恩，輒推與族人。見《涪陵記善録》。

治平、熙寧間，近臣屢薦，自以爲學不足，不願仕也。見《文集》。又案《吕申公家傳》云：「公判太學，命衆博士即先生之居，敦請爲大學正。先生固辭，公即命駕過之。」又《雜記》：「治平三年九月，公知蔡州，將行，言曰：『伏見南省進士程頤，年三十四，有特立之操，出羣之姿。嘉祐四年，已與殿試，自後絶意進取。往來太學，諸生願得以爲師。臣方領國子監，親往敦請，卒不能屈。臣嘗與之語，洞明經術，通古今治亂之要，實有經世濟物之才，非同拘士曲儒，徒有偏長。使在朝廷，必爲國器，伏望特以不次旌用。』」《明道行狀》云：「神宗嘗使推擇人材，先生所薦數十人，以父表弟張載暨弟頤爲稱首。」

元豐八年，哲宗嗣位。門下侍郎司馬公光、尚書左丞吕公公著及西京留守韓公絳上其行義於朝。見哲宗、徽宗《實録》。案《温公集·與吕申公同薦劄子》曰：「臣等竊見河南處士程頤力學好古，安貧守節，言必忠信，動遵禮義。年踰五十，不求仕進，真儒者之高蹈，聖世之逸民。伏望特加召命，擢以不次，足以矜式士類，裨益風化。」又案《胡文定公文集》云：「是時，諫官朱光庭又言頤道德純備，學問淵博，材資勁正，有中立不倚之風；識慮明徹，至知幾其神之妙。言行相顧而無擇，仁義在躬而不矜。若用斯人，俾當勸講，必能輔養聖德，啓迪天聰，一正君心，爲天下福。」又謂：「頤究先王之藴，達當世之務，乃天民之先覺，聖代之真儒。俾之日侍經筵，足以發揚聖訓；兼掌學校，足以丕變斯文。」又論：「祖宗時起陳摶、种放，高風素節，聞於天下。揆頤之賢，摶、放未必能過之；頤之道，則有摶、放所不及知者。觀其所學，真得聖人之傳，致思力行，非一日之積，有經天緯地之才，有制禮作樂之具。乞訪問其至言正論，所以平治天下之道。」又謂：「頤以言乎道，則貫徹三才，而無一毫之爲間；以言乎德，則并包衆美，而無一善之或遺；以言乎學，則博通古今，而無一物之不知；以言乎才，則開物成務，而無一理之不總。是以聖人之道，至此而傳。況當天子進學之初，若俾真儒得專經席，豈不盛哉！」十一月丁巳，授汝州團練推官、西京國子監教授，見《實録》。先生再辭。尋召赴闕。

元祐元年三月，至京師。王巖叟奏云：「伏見程頤學極聖人之精微，行全君子之純粹。早與其兄顥俱以德名顯於時，陛下復起頤而用之。頤趨召以來，待詔闕下，四方俊乂莫不翹首鄉風，以觀朝廷所以待之者如何，處之者當否，而將議焉，則陛下此舉，繫天下之心。臣願陛下加所以待之之禮，擇所以處之之方，而使高賢得爲陛下盡其用，則所得不獨頤一人而已，四海潛光隱德之士，皆將相招而爲朝廷出矣。」

除宣德郎、祕書省校書郎。先生辭曰：「祖宗時布衣被召，自有故事，今臣未得入見，未敢祗命。」王巖叟奏云：「臣伏聞聖恩特除程頤京官，仍與校書郎，足以見陛下優禮高賢，而使天下之人歸心於盛德也。然臣區區之誠，尚有以爲陛下言者。願陛下一召見之，試以一言，問爲國之要，陛下至明，遂可自觀其人。臣以頤抱道養德之日久，而潛神積慮之功深，静而閲天下之義理者多，必有嘉言，以新聖聽。此臣所以區區而進頤，然非爲頤也，欲成陛下之美耳。陛下一見而後命之以官，則頤當之而無愧，陛下與之而不悔，授受之間，兩得之矣。」於是召對。太皇太后面喻，將以爲崇政殿説書，先生辭不獲，始受西監之命，且上奏論經筵三事。其一，以上富春秋，輔養爲急，宜選賢德，以備講官，因使陪侍宿直，陳説道義，所以涵養氣質，薰陶德性。其二，請上左右内侍宫人皆選老成厚重之人，不使侈靡之物、淺俗之言接於耳目。仍置經筵祗應内臣十人，使伺上在宫中動息，以語講官，其或小有違失，得以隨事規諫。其三，請令講官坐講，以養人主尊儒重道之心，寅畏祗懼之德。而曰若言可行，敢不就職；如不可用，願聽其辭。劄子三道見《文集》。又案《劉忠肅公文集》有章疏論先生辭卑居尊，未被命而先論事爲非是，蓋不知先生出處語默之際，其義固已精矣。既而命下，以通直郎充崇政殿説書，見《實録》。先生再辭，而後受命。

四月，例以暑熱罷講。先生奏言：「輔導少主，不宜疏略如此。乞令講官以六參日上殿問起居，因得從容納誨，以輔上德。」見《文集》。五月，差同孫覺、顧臨及國子監長貳看詳國子監條制。見《實録》。先生所定，大概以爲學校禮義相先之地，而月使之争，殊非教養之道，請改試爲課，有所未至，則學官召而教之，更不考定高下；制尊賢堂，以延天下道德之士；鐫解額，以去利誘；省繁文，以專委任；勵行檢，以厚風教；及置待賓吏師齋，立觀光法。如是者亦數十條。見《文集》。《舊實録》云：禮部尚書胡宗愈謂「先帝聚士以學，教人以經，三舍科條固已精密，宜一切仍舊」。因是深詆先生，謂「不宜使在朝廷」。六月，上疏太皇太后，言今日至大至急，爲宗社生靈長久之計，惟是輔養上德。而輔養之道，非徒涉書史、覽古今而已，要使跬步不離正人，乃可以涵養薰陶，成就聖德。今間一日講，解釋數行，爲益既少，又自四月罷講，直至中秋，不接儒臣，殆非古人旦夕承弼之意。請俟初秋，即令講官輪日入侍，陳説義理。仍選臣僚家十一二歲子弟三人，侍上習

業。且以邇英迫隘暑熱，恐於上體非宜，而講日宰臣史官皆入，使上不得舒泰悦懌。請自今一月再講於崇政殿，然後宰臣史官入侍；餘日講於延和殿，則後楹垂簾，而太皇太后時一臨之，不惟省察主上進業，其於后德未必無補。且使講官欲有所言，易以上達，所繫尤大。又講讀官例兼它職，請亦罷之，使得積誠意，以感上心。皆不報。

八月，差兼判登聞鼓院。先生引前説，且言入談道德，出領訴訟，非用人之體，再辭不受。見《文集》。楊時曰：事道與禄仕不同。常夷甫以布衣入朝，神宗欲優其禄，令兼數局，如鼓院、染院之類，夷甫一切受之。及伊川先生爲講官，朝廷亦欲使兼它職，則固辭。蓋前日所以不仕者，爲道也，則今日之仕，須其官足以行道乃可受，不然，是苟禄也。然後世道學不明，君子辭受取舍，人鮮知之。故常公之受，人不以爲非，而先生之辭，人亦不以爲是也。

二年，又上疏論延和講讀垂簾事，且乞時召講官至簾前，問上進學次第。又奏邇英暑熱，乞就崇政、延和殿或它寬涼處講讀。給事中顧臨以殿上講讀爲不可，有旨修展邇英閣。先生復上疏，以爲修展邇英，則臣所請遂矣。然祖宗以來，並是殿上坐講，自仁宗始就邇英，而講官立侍，蓋從一時之便耳，非若臨之意也。今臨之意，不過以尊君爲説，而不知尊君之道。若以其言爲是，則誤主上知見，臣職當輔導，不得不辯。

先生在經筵，每當進上，必宿齋豫戒，潛思存誠，冀以感動上意。見《文集》。而其爲説，常於文義之外，反復推明，歸之人主。一日，當講「顔子不改其樂」章，門人或疑此章非有人君事也，將何以爲説。及講，既畢文義，乃復言曰：「陋巷之士，仁義在躬，忘其貧賤；人主崇高，奉養備極，苟不知學，安能不爲富貴所移？且顔子，王佐之才也，而簞食瓢飲；季氏，魯國之蠹也，而富於周公。魯君用捨如此，非後世之監乎！」聞者歎服，見胡氏《論語詳説》。而哲宗亦常首肯之。見《文集》。不知者或誚其委曲已甚，先生曰：「不於此盡心竭力，而於何所乎？」上或服藥，即日就醫官問起居。見《語録》。然入侍之際，容貌極莊。時文潞公以太師平章重事，或侍立終日不懈，上雖喻以少休，不去也。人或以問先生曰：「君之嚴，視潞公之恭，孰爲得失？」先生曰：「潞公四朝大臣，事幼主不得不恭；吾以布衣職輔導，亦不敢不自重也。」見《邵氏聞見録》。嘗聞上在宮中起行漱水，必避螻蟻，因請之曰：「有是乎？」上曰：「然，誠恐傷之爾。」先生曰：「願陛下推此心以及四海，則天下幸甚。」見《語録》。

一日，講罷未退，上忽起憑檻戲折柳枝，先生進曰：「方春發生，不可無故摧折。」上不悦。見馬永卿所編《劉諫議語》，且云：「温公聞之亦不悦。」或云恐無此事。所講書有「容」字，中人以黄覆之，曰：「上藩邸嫌名也。」先生講罷，進言曰：「人主之勢，不患不尊，患臣下尊之過甚而驕心生爾。此皆近習輩養成之，不可以不戒，請自今舊名嫌名，皆勿復避。」見《語録》。時神宗之喪未除，而百官以冬至表賀，先生言：「節序變遷，時思方切，請改賀爲慰。」及除喪，有司又將以開樂置宴，先生又奏請罷宴，曰：「除喪而用吉禮，則因事用樂可矣。今特設宴，是喜之也。」見《文集》。嘗聞後苑以金製水桶，問之，曰：「崇慶宮物也。」先生曰：「若上所御，則吾不敢不諫。」

在職累月不言禄，吏亦弗致，既而諸公知之，俾户部特給焉。又不爲妻求邑封，或問之，先生曰：「某起於草萊，三辭不獲，而後受命，今日乃爲妻求封乎？」見《語録》。經筵承受張茂則嘗招諸講官啜茶觀畫，先生曰：「吾平生不啜茶，亦不識畫。」竟不往。見《龜山語録》。或云恐無此事。文潞公嘗與吕、范諸公入侍經筵，聞先生講説，退相與歎曰：「真侍講也。」一時人士歸其門者甚盛。而先生亦以天下自任，論議褒貶，無所顧避。由是同朝之士有以文章名世者，疾之如讎，與其黨類，巧爲謗詆。見《龜山語録》、王公《繫年録》、《吕申公家傳》及先生之子端中所撰《集序》。又案蘇軾奏狀亦自云：「臣素疾程某之姦，來嘗假以辭色。」又案侍御史吕陶言：「明堂降赦，臣僚稱賀訖，而兩省官欲往奠司馬光。是時，程頤言曰：『子於是日哭則不歌，豈可賀赦才了，却往吊喪。』坐客有難之曰：『子於是日哭則不歌，即不言歌則不哭。今已賀赦了，却往吊喪，於禮無害。』蘇軾遂以鄙語戲程頤，衆皆大笑，結怨之端，蓋自此始。」又《語録》云：「國忌行香，伊川令供素饌。子瞻詰之曰：『正叔不好佛，胡爲食素？』先生曰：『禮，居喪不飲酒，不食肉。忌日，喪之餘也。』子瞻令具肉食，曰：『爲劉氏者左袒。』於是范淳夫輩食素，秦、黄輩食肉。」又鮮于綽《傳信録》云：「舊例，行香齋筵，兩制以上及臺諫官設蔬饌，然以麤糲，遂輪爲食會，皆用肉食矣。元祐初，崇政殿説書程正叔以食肉爲非是，議爲素食，衆多不從。一日，門人范淳夫當排食，遂具蔬饌，内翰蘇子瞻因以鄙語戲正叔，正叔門人朱公掞輩銜之，遂立敵矣。是後蔬饌亦不行。」又《語録》云：「時吕申公爲相，凡事有疑，必質于伊川，進退人才。二蘇疑伊川有力，故極詆之。」又曰：「朝廷欲以游酢爲某官，蘇右丞沮止，毁及伊川。宰相蘇子容曰：『公未可如此。頌觀過其門者，無不肅也。』」又案劉諫議《盡言集》亦有異論。劉非蘇黨，蓋不相知耳。

一日，赴講，會上瘡疹，不坐已累日。先生退詣宰臣，問：「上不御殿，知否？」曰：「不知。」先生曰：「二聖臨朝，上不御殿，太皇不當獨坐。且人主有

疾，而大臣不知，可乎？」翌日，宰臣以先生言奏請問疾，由是大臣亦多不悦。而諫議大夫孔文仲因奏先生「汙下憸巧，素無鄉行。經筵陳説，僭横忘分。遍謁貴臣，歷造臺諫，騰口間亂，以償恩讎。致市井目爲五鬼之魁，請放還田里，以示典刑。」

八月，差管勾西京國子監。見《舊實録》。又《文仲傳》載吕申公之言，曰：「文仲爲蘇軾所誘脅，論事皆用軾意。」又《吕申公家傳》亦載其與吕大防、劉摯、王存同駁文仲所論朱光庭事，語甚激切。且云：「文仲本以抗直稱，然蠢不曉事，爲浮薄輩所使，以害善良。晚乃自知爲小人所紿，憤鬱嘔血而死」。案《舊録》固多妄，然此類不爲無據，新《録》皆删之，失其實矣。又《范太史家傳》云：「元祐九年，奏曰：『臣伏見元祐之初，陛下召程頤對便殿，自布衣除崇政殿説書，天下之士，皆謂得人，實爲希闊之美事。而纔及歲餘，即以人言罷之。頤之經術行誼，天下共知。司馬光、吕公著皆與頤相知二十餘年，然後舉之，此二人者，非爲欺罔以誤聖聰也。頤在經筵，切於皇帝陛下進學，故其講説，語常繁多。草茅之人，一旦入朝，與人相接，不爲關防，未習朝廷事體。而言者謂頤大佞大邪，貪黷請求，奔走交結；又謂頤欲以故舊傾大臣，以意氣役臺諫，其言皆誣罔非實也。蓋當時臺諫官王巖叟、朱光庭、賈易皆系推伏頤之經行，故不知者指以爲頤黨。陛下慎擇經筵之官，如頤之賢，乃足以輔導聖學。至如臣輩，叨備講職，實非敢望頤也。臣久欲爲頤一言，懷之累年，猶豫不果。使頤受誣罔之謗於公正之朝，臣每思之，不無愧也。今臣已乞去職，若復召頤勸講，必有補聖明。臣雖終老在外，無所憾矣。』」先生既就職，再上奏乞歸田里，曰：「臣本布衣，因説書得朝官。今以罪罷，則所授官不當得。」三年，又請，皆不報。乃乞致仕至再，又不報。五年正月，丁太中公憂去官。

七年，服除，除直秘閣、判西京國子監。王公《繫年録》云：元祐七年三月四日，延和奏事，三省進呈，程頤服除，欲與館職，判檢院，簾中以其不靖，令只與西監，遂除直秘閣、判西京國子監。初，頤在經筵，歸其門者甚盛，而蘇軾在翰林，亦多附之者，遂有洛黨蜀黨之論。二黨道不同，互相非毁，頤竟爲蜀黨所擠。今又適軾弟轍執政，纔進稟，便云「但恐不肯靖」，簾中入其説，故頤不復得召。先生再辭，極論儒者進退之道，見《文集》。而監察御史董敦逸奏以爲有怨望輕躁語。五月，改授管勾崇福宫。見《舊録》。未拜，以疾尋醫。

元祐九年，哲宗初親政，申秘閣、西監之命，先生再辭不就。見《文集》。紹聖間，以黨論放歸田里。四年十一月，送涪州編管。見《實録》。門人謝良佐曰：「是行也，良佐知之，乃族子公孫與邢恕之爲爾。」先生曰：「族子至愚不足責，故人情厚不敢疑。孟子既知天，焉用尤臧氏？」見《語録》。

元符二年正月，《易傳》成而序之。三年正月，徽宗即位，移峽州。四月，以赦復宣德郎，任便居住。制見《曲阜集》。還洛。《記善録》云：先生歸自涪州，氣貌容色髭髮皆勝平昔。十月，復通直郎，權判西京國子監。先生既受命，即謁告，欲遷延爲尋醫計。既而供職，門人尹焞深疑之。先生曰：「上初即位，首被大恩，不如是，則何以仰承德意？然吾之不能仕，蓋已决矣，受一月之俸焉，然後惟吾所欲爾。」見《文集》、《語録》。又劉忠肅公《家私記》云：此除乃李邦直、范彝叟之意。建中靖國二年五月，追所復官，依舊致仕。前此未嘗致仕，而云「依舊致仕」，疑西監供職不久，即嘗致仕也。未詳。

崇寧二年四月，言者論其本因姦黨論薦得官，雖嘗明正罪罰，而叙復過優，已追所復官，又云「叙復過優」，亦未詳。今復著書非毁朝政。於是有旨，追毁出身以來文字，其所著書，令監司覺察。《語録》云：范致虚言程某以邪説詖行惑亂衆聽，而尹焞、張繹爲之羽翼。事下河南府體究，盡逐學徒，復隸黨籍。先生於是遷居龍門之南，止四方學者曰：「尊所聞，行所知可矣，不必及吾門也。」見《語録》。五年，復宣義郎致仕。見《實録》。時《易傳》成書已久，學者莫得傳授，或以爲請。先生曰：「自量精力未衰，尚覬有少進耳。」其後寢疾，始以授尹焞、張繹。尹焞曰：「先生踐履盡《易》，其作《傳》只是因而寫成，熟讀玩味即可見矣。」又云：「先生平生用意，惟在《易傳》，求先生之學者，觀此足矣。《語録》之類，出於學者所記，所見有淺深，故所記有工拙，蓋未能無失也。」見《語録》。大觀元年九月庚午，卒于家，年七十有五。見《實録》。於疾革，門人進曰：「先生平日所學，正今日要用。」先生力疾微視，曰：「道著用便不是。」其人未出寢門，而先生没。見《語録》。一作門人郭忠孝。尹子云：「非也，忠孝自黨事起不與先生往來，及卒，亦不致奠。」

初，明道先生嘗謂先生曰：「異日能使人尊嚴師道者，吾弟也。若接引後學，隨人材而成就之，則予不得讓焉。」見《語録》。侯仲良曰：「朱公掞見明道于汝州，踰月而歸，語人曰：『光庭在春風中坐了一月。』游定夫、楊中立來見伊川。一日，先生坐而瞑目，二子立侍，不敢去。久之，先生乃顧曰：『二子猶在此乎？日暮矣，姑就舍。』二子者退，則門外雪深尺餘矣。其嚴厲如此。晚年接學者，乃更平易，蓋其學已到至處，但於聖人氣象差少從容爾。明道則已從容，惜其早死，不及用也。使及用於元祐間，則不至有今日事矣。」先生既没，昔之門人高第多已先亡，無有能形容其德美者。然先生嘗謂張繹曰：「我昔狀明道先生之行，我之道蓋與明道同，異時欲知我者，求之於此文可也。」見《集序》。尹焞曰：「先生之學本於至誠，其見於言動事爲之間，處中有常，疏通簡易，不爲矯異，不爲狷介，寬猛合宜，莊重有體。或説匍匐以吊喪，誦《孝經》以追薦，皆無此事。衣雖紬素，冠襟必整；食雖簡儉，蔬飯必潔。太中年老，左右致養無違。以家事自任，悉力營辦，

細事必親，贍給内外親族八十餘口。」又曰：「先生於書無所不讀，於事無所不能。」謝良佐曰：「伊川才大，以之處大事，必不動聲色，指顧而集矣。」或曰：「人謂伊川守正則盡，通變不足，子之言若是，何也？」謝子曰：「陝右錢以鐵，舊矣，有議更以銅者。已而會所鑄子不踰母，謂無利也，遂止。伊川聞之，曰：『此乃國家之大利也。利多費省，私鑄者衆；費多利少，盜鑄者息。民不敢盜鑄，則權歸公上，非國家之大計乎？』又有議增解鹽之直者，伊川曰：『價平則鹽易洩，人人得食，無積而不售者，歲入必倍矣。增價則反是。』已而果然。司馬公既相，薦伊川而起之。伊川曰：『將累人矣。使韓、富當國時，吾猶可以有行也。』及温公大變熙寧，復祖宗之舊，伊川曰：『役法當討論，未可輕改也。』公不然之。既而數年紛紛不能定。由是觀之，亦可以見其梗概矣。」

備論

王稱《東都事略》卷一一四《程頤傳》　臣稱曰：《中庸》之書，孔氏之心學也。自孟軻死，不得其傳焉。宋興，洪儒間出，以經術名世者蓋多矣。至二程氏乃始推原正心誠意之旨，以續千古之絶學，其有功於聖人之道者耶。使學者能探賾索隱，以窺其奥，斯盡善矣。而迺不求其本而循其末，言性理則蕩而爲浮虚，慕誠敬則流而爲矯僞，聖人心學之妙，豈有是哉？今之學者欲探程氏之祕而求所謂正心誠意者，當以是而思之。

藝文

程顥、程頤《二程集・河南程氏粹言序》　河南夫子書，變語録而文之者也。余得諸子高子，其家傳，以爲是書成於龜山先生。龜山，河南之門高弟也，必得夫心傳之妙。苟非其人，差毫釐而千里謬矣。余始見之，卷次不分，編類不别，因離爲十篇，篇標以目，欲其統而要，非求效夫《語》、《孟》之書也。昔文中子所得粹矣，《中説》類多格言，迺門弟子所録。後之病《中説》者，謂其擬《論語》爲僭，是豈文中子意哉？余於是書，亦慮後世有以議夫子也，故輒記其始末。若夫子之道，日月其明，泰山其高，江海其大也，豈後學所能形容？夫子姓程，諱某，字正叔。夫子之兄，諱某，謚明道先生，亦時有言行録於其閒，乾道丙戌，正月十有八日，南軒張栻序。

程顥、程頤《二程集・河南程氏遺書》附録張繹《祭文》　嗚呼！利害生於身，禮義根於心。伊此心喪於利害，而禮義以爲虚也，故先生踽踽獨行斯世，而衆乃以爲迂也。惟尚德者以爲卓絶之行，而忠信者以爲孚也；立義者以爲不可犯，而達權者以爲不可拘也。在吾先生，曾何有意？心與道合，泯然無際。無欲可以繫羈兮，自克者知其難也；不立意以爲言兮，知言者識其要也。德輶如毛，毛猶有倫；無聲無臭，夫何可親？嗚呼！先生之道，不可得而名也；伊言者反以爲病兮，此心終不得而形也。惟泰山以爲高兮，日月以爲明也；春風以爲和兮，嚴霜以爲清也。

在昔諸儒，各行其志；或得於數，或觀於禮；學者趣之，世濟其美。獨吾先生，淡乎無味；得味之真，死其乃已。

自某之見，七年於兹；含孕化育，以蓄以滋。天地其容我兮，父母其生之；君親其臨我兮，夫子其成之。欲報之心，何日忘之？先生有言，見於文字者有七分之心，繪於丹青者有七分之儀。七分之儀，固不可益；七分之心，猶或可推。而今而後，將築室於伊、雒之濱，望先生之墓，以畢吾此生也。

嗚呼！夫子没而微言絶，則固不可得而聞也。然天不言而四時行，地不言而百物生。惟與二三子，洗心去智，格物去意，期默契斯道，在先生爲未亡也。嗚呼！二三子之志，不待物而後見；先生之行，不待誄而後徵；然而山頽梁壞，何以寄情？凄風一奠，敬祖於庭；百年之恨，併此以傾。

尹子曰：先生之葬，洛人畏入黨，無敢送者，故祭文惟張繹、范域、孟厚及焞四人。乙夜，有素衣白馬至者，視之，邵溥也，乃附名焉。蓋溥亦有所畏而薄暮出城，是以後。又按：《語録》云：先生以《易傳》授門人曰：「只説得七分，學者更須自體究。」故祭文有七分之語云。

尹焞《和靖集》卷三《題伊川先生語録紹興七年四月》　焞登先生之門。後五年，見劉唐詢通直出示朱公掞給事所編先生《雜説》，焞欣然受之，録呈曰：「此書可觀否？」先生留半月。復請曰：「所留《雜説》何如？」先生曰：「某在，何必看此書。若不得某之心，只是記得他意，豈不有差。」焞後更不敢復讀。兵火之餘，偶至蜀中，見人人成編，蓋所見有淺深，故所記有工拙。細觀之，則失其意者，不暇一一言也。焞侍坐，先生誨之曰：「夫子没而微言絶，七十子死而大義乖。」信然。今日道學絶講，親炙者無幾，則迷妄失真，亦固多矣，可不哀哉。如世

傳《史評》之類，皆非先生所著。寓九江，夏庭列惠然見訪，語此道，輒書以誌之。紹興七年四月二十八日，門人河南尹焞書。

尹焞《和靖集》卷三《告伊川先生祠文紹興六年九月》　維紹興六年歲次丙辰九月丙寅朔，二十有五日庚寅，門人和靖處士尹焞詣伊川先生侍講祠而告曰：焞甲寅孟秋始居涪陵，乙卯孟冬誤辱召命，繼下除書，實嗣講事。人微望輕，敢紹前躅，辭不獲命，勉赴行朝。有補於世則未也，不辱師門則有之。今兹啓行，惟先生有以鑑之。謹告。

尹焞《和靖集》卷三《題伊川先生像》　焞至蜀累年，見伊川先生畫像數本，最得其真。然則望之儼然，即之也温，殆非畫工所能傳也。學生祁寬，好學守道，欲刊諸石，以傳久遠，其志益可佳矣。門人河南尹焞題。

陳長方《唯室集》卷三《程伊川贊》　道如皎日，絲毫不隔。人自迷之，轉南爲北。寥寥千載，觝觝百家。精罷力憊，言多道遐。惟吾夫子，神交累聖。一念全德，千差盡正。發古關鍵，推與人同。學焉得此，作聖之功。浩乎無倪，體之甚邇。力扶斯文，仆而復起。我瞻遺像，非没非存。傳之後裔，愈久彌尊。有功生民，不下神禹。非知道者，將誰告語。

李心傳《道命録》卷九《伊川先生程正公謚議嘉定十二年》　議曰：講道門，兄弟自爲師友，天下皆知有河南二程之學。不幸而明道先生早世，斯文之責，又將誰屬？猶幸師道尊嚴，天下學者以其事明道者事伊川焉，則明道爲不亡矣。欽惟伊川先生材資勁正，法度森嚴。凡其造詣淵深，發微指極者，無非明天地之正性，行天下之正道，貫通融液，有不待閑邪而誠自存者。竊窺仞墻，方且自敬而入，曰「入道莫如敬，不敬則何以致知」，曰「主一之謂敬，不一則二三矣」。至於「涵養則用敬，急迫則非敬」，其著察之深，似若一毫不敢少肆於其間。豈用意檢防，在先生猶未能忘邪？蓋先生之學專以敬爲主，充養備至，固宜粹然一出於正也。由是用其所學，上足以正君心，下足以正人心，又豈勉强人力之所能致歟？自王制不存，入主親賢士大夫之日少。先生被命經筵，凡所建明，殆不一疏。宫庭至嚴閟也，欲備知皇帝動息，隨事規切。六參起居有時也，欲講官同日晉見，從容納誨。番直以冀數召，輪侍以希陳説，乞坐講以表崇儒之實，不避嫌名，以抑尊君之過，所以熏陶人主之德性者，固不嫌乎詳也。每念先生一遇勸講，則宿齋預戒，期以感動上心。是豈求精於章句之末、頰舌之嘵嘵哉。以是而正君心，則君心正。當人欲蔽痼之餘，思欲漲末流而返之，必使天下知有《大學》之書。故其正是心也，治其亂，收其蔽，安其危，儻稍不抑畏，則窘我屋漏皆寇賊之不可制者矣。夫一恚詈之微，若未過也，則戒其動心忍性。蓋有所忿懥，則不得其正。一警懼於暗室之頃，未爲失也，則斥其燭理不明。蓋有所恐懼，則不得其正。以至溺文章則惡其玩物，遇患難則憫其不能舍生。蓋有所好樂憂患，則俱不得其正。夫人而能盡去其累，奚患不盡復其全乎？以是而正人心，則人心正。嘗考《易傳》等書及門人録其語以行於世，莫非經世之大法，誨人之要説也。然精微嚴密之旨，所以扶世立教者，惟上足以正君心，下足以正人心，關繫爲最切。謹按謚法，庶物從之曰正。粵自春秋、戰國，諸侯放恣，邪説暴行，夷狄禽獸逼人。非聖賢任撥亂反正之責，則天下幾何而治？寥寥千數百載，人極復建，舉天地萬物之理，悉歸於正，視聖賢之功不歉矣。今而曰庶物從之，豈溢美乎？請謚以「正」，其孰曰不宜？痛念先生既死，洛人畏黨，無敢會葬，致詞以祭者僅四人。年邁而往，竟莫有狀其行而銘其墓者。屬者朱文公始著《年譜》，誠可於邑。迺今得謚先生而撰議焉，雖末學膚受，幾於蠡測，抑何幸歟！異時太史采録，或問之曰：「正之功用何如哉？」則將應之曰：「上足以正君心，下足以正人心。」謹議。

李心傳《道命録》卷九《伊川先生程正公覆謚議嘉定十三年正月十六日》　議曰：伊川先生程公頤奉其兄明道先生，親得濂溪先生而師之，宜其心同道，行同功，無間乎一氣。今博士謚明道以純，謚伊川以正，曰正與純亦有異乎？此覆議者所當辨也。夫有天資，有學術。學術得於師承之素，天資得於禀賦之初。以學術而充天資，固可以造道之淵微，然而天資之得於禀賦者，雖聖賢不能以彊同，而終亦同歸於道也。明道天資純粹，其接物如春陽之温，其言之入人也如時雨之潤，故曰純。若夫伊川，天資勁正，法度森嚴，豈明道所謂秋殺盡見、泰山巖巖氣象之遺風餘韻者乎！考之議論，揆之躬行，參之立朝大節，謚之以正曰宜。謹議。

陽枋《字溪集》卷九《涪州北巖秋祀祝文》　竊惟文抅興象，箕繫述疇。繫明返魯，傳成遷涪。大聖真賢，今古同流。《易傳》發揮，羲文孔周。浩蕩汪洋，乾坤與侔。淑人無窮，綿祀千秋。

《八瓊室金石補正》卷一一二《伊川先生祠堂記紹興五年十二月》　昔韓文公謫潮陽，其後潮人祠之，俎豆之事，歲時不絶，蓋重其道則尊其人也。伊川先生程公頤，蚤以道鳴，傳孔孟之業於百世之下，毅然特立於一時。在熙寧、元豐間，

隱於伊洛，杜門不求仕。雖退而處窮，確守所學，不徇時以變。元祐初，温、申二公立朝，思得一代之真儒，如甘盤之教，傅説之誨，以啓迪聖學，乃從天下之望，交章薦先生于朝。上累詔趨召，辭不獲命，起自布衣，入侍講筵。先生以堯舜事其君，惓惓敷納忠言正論，日以警悟天聰。天子禮之，是崇是信。紹聖中指爲元祐黨，乃謫于涪，因寓北巖之梵宇。先生身雖窮而道益通矣，乃以平日自得於《易》者，著爲傳。豫章黄公庭堅榜其堂曰「鈎深」，迨今凡四十年矣。巴峽地連西蜀，文物風化，豈潮陽荒陋之比？然四十年間，寂無追奉先生而祠之者。峽之俗尚鬼而多淫祀，獨於事前賢往哲之禮闕而不講，官於此者亦未嘗過而問焉，烏虖異哉！紹興五年，果山李公瞻來守兹土，尊道貴德，以崇名教、勵風俗爲先，因訪先生遺跡。憫古風之淪替，悼後學之茫昧，迺審厥象，以置祠于鈎深堂之上，儉而不侈，質而不華，俾學者瞻仰德容，洋洋乎如在其上。誦其遺書，佩其遺訓，知前言往行，所以扶翼先聖萬世之教者，實在於先生，不猶愈於以有若似聖人而事之乎？工既畢，乃擇季冬日以禮寅奉而安之，庶無愧於潮人之事韓公也。命彦時記其略，以載歲月，其何敢辭。紹興五年十二月十五日，滎陽曹彦時記。河汾王冠朝書。右承直郎、涪州軍事判官、睢陽張振孫立石。右宣教郎、奏差知涪陵縣事、主管勸農公事、閬中陳莘篆蓋。

邵雍部

綜述

《宋史》卷四二七《邵雍傳》 邵雍字堯夫。其先范陽人，父古徙衡漳，又徙共城。雍年三十，游河南，葬其親伊水上，遂爲河南人。

雍少時，自雄其才，慷慨欲樹功名。於書無所不讀，始爲學，即堅苦刻厲，寒不爐，暑不扇，夜不就席者數年。已而歎曰：「昔人尚友於古，而吾獨未及四方。」於是踰河、汾，涉淮、漢，周流齊、魯、宋、鄭之墟，久之，幡然來歸，曰：「道在是矣。」遂不復出。

北海李之才攝共城令，聞雍好學，嘗造其廬，謂曰：「子亦聞物理性命之學乎？」雍對曰：「幸受教。」乃事之才，受《河圖》、《洛書》、宓羲八卦六十四卦圖像。之才之傳，遠有端緒，而雍探賾索隱，妙悟神契，洞徹蘊奧，汪洋浩博，多其所自得者。及其學益老，德益邵，玩心高明，以觀夫天地之運化，陰陽之消長，遠而古今世變，微而走飛草木之性情，深造曲暢，庶幾所謂不惑，而非依倣象類、億則屢中者。遂衍宓羲先天之旨，著書十餘萬言行于世，然世之知其道者鮮矣。

初至洛，蓬蓽環堵，不芘風雨，躬樵爨以事父母，雖平居屢空，而怡然有所甚樂，人莫能窺也。及執親喪，哀毀盡禮。富弼、司馬光、吕公著諸賢退居洛中，雅敬雍，恒相從游，爲市園宅。雍歲時耕稼，僅給衣食。名其居曰「安樂窩」，因自號安樂先生。旦則焚香燕坐，晡時酌酒三四甌，微醺即止，常不及醉也，興至輒哦詩自詠。春秋時出遊城中，風雨常不出，出則乘小車，一人挽之，惟意所適。士大夫家識其車音，争相迎候，童孺厮隸皆驩相謂曰：「吾家先生至也。」不復稱其姓字，或留信宿乃去。好事者别作屋如雍所居，以候其至，名曰「行窩」。

司馬光兄事雍，而二人純德尤鄉里所慕嚮，父子昆弟每相飭曰：「毋爲不善，恐司馬端明、邵先生知。」士之道洛者，有不之公府，必之雍。雍德氣粹然，望之知其賢，然不事表襮，不設防畛，羣居燕笑終日，不爲甚異。與人言，樂道其善而隱其惡。有就問學則答之，未嘗强以語人。人無貴賤少長，一接以誠，故賢者悦其德，不賢者服其化。一時洛中人才特盛，而忠厚之風聞天下。

熙寧行新法，吏牽迫不可爲，或投劾去。雍門生故友居州縣者，皆貽書訪雍，雍曰：「此賢者所當盡力之時，新法固嚴，能寬一分，則民受一分賜矣。投劾何益耶？」

嘉祐詔求遺逸，留守王拱辰以雍應詔，授將作監主簿，復舉逸士，補潁州團練推官，皆固辭乃受命，竟稱疾不之官。熙寧十年，卒，年六十七，贈秘書省著作郎。元祐中賜謚康節。

雍高明英邁，迥出千古，而坦夷渾厚，不見圭角，是以清而不激，和而不流，人與交久，益尊信之。河南程顥初侍其父識雍，論議終日，退而歎曰：「堯夫，内聖外王之學也。」

雍知慮絶人，遇事能前知。程頤嘗曰：「其心虚明，自能知之。」當時學者因雍超詣之識，務高雍所爲，至謂雍有玩世之意；又因雍之前知，謂雍於凡物聲氣之所感觸，輒以其動而推其變焉。於是摭世事之已然者，皆以雍言先之，雍蓋未必然也。

雍疾病，司馬光、張載、程顥、程頤晨夕候之，將終，共議喪葬事外庭，雍皆能聞衆人所言，召子伯温謂曰：「諸君欲葬我近城地，當從先塋爾。」既葬，顥爲銘墓，稱雍之道純一不雜，就其所至，可謂安且成矣。所著書曰《皇極經世》、《觀物内外篇》、《漁樵問對》，詩曰《伊川擊壤集》。

子伯温，别有傳。

朱熹《伊洛淵源録》卷五《行狀略》 先生治《易》、《書》、《詩》、《春秋》之學，窮意言象數之藴，明皇帝王霸之道，著書十餘萬言。研精極思三十年，觀天地之消長，推日月之盈縮，考陰陽之度數，察剛柔之形體。故經之以元，紀之以會，參之以運，終之以世。又斷自唐虞，迄于五代，本諸天道，質以人事，興廢治亂，靡所不載。其辭約，其義廣，其書著，其旨隱。嗚呼！美矣至矣，天下之能事畢矣。

先生少事北海李之才挺之，挺之聞道於汶陽穆脩伯長，伯長以上，雖有其傳，未之詳也。先生既受其學，又遊河汾之曲，以至淮海之濱，涉於濟汶，達於梁宋。苟有達者，必訪以道，無常師焉。迺退居共城，廬於百原之上，大覃思於《易經》。夜不設寢，日不再食，三年，而學以大成。大名王豫天悦，博達之士，尤長於《易》，聞先生之篤志，愛而欲教之。既與之語三日，得所未聞，始大驚服，卒捨其學而學焉，北面而尊師之，衛人乃知先生之爲有道也。

年三十餘，來游于洛，以爲洛邑天下之中，可以觀四方之士，乃定居焉。先生清而不激，和而不流，遇人無貴賤賢不肖，一接以誠。長者事之，少者友之，善者與之，不善者矜之。故洛人久而益尊信之。四方之學者與士大夫之過洛者，莫不慕其風而造其廬。先生之教人，必隨其才分之高下，不驟語而强益之。或聞其言，若不適其意，先生亦不屑也。故來者多而從者少，見之者衆而知之者尚寡。及接之久，察其所處，無不中於理，叩其所有，愈久而愈新，則皆心悅而誠服。先生未嘗有求於人，或餽之以禮者，亦不苟辭。洛人爲買宅，丞相富公爲買園以居之。

仁宗嘉祐中，詔舉遺逸，留守王公拱辰以先生應詔，授將作監主簿。今上熙寧之初，復求逸士，御史中丞吕公誨、龍圖閣直學士祖公無擇與今丞相吴公充又以先生爲言，補潁川團練推官。皆三辭，不獲，而後從命，然卒稱疾，不之官。先生年六十，始爲隱者之服，曰：「病且老矣，不復能從事矣。」隆寒盛暑，閉門不出，曰：「非退者之宜也。」其於書無所不讀，諸子百家之學，皆究其本原，而釋、老技術之説，一無所惑其志。晚尤喜爲詩，平易而造於理，有《擊壤集》二十卷，自爲之序。熙寧十年春得疾，踰百日，氣日耗而神益明矣。七月癸丑，啓手足於天津之南道德坊之第。

初，先生葬其父於伊闕神陰原，今從其兆。父以明經教授鄉里，及先生之長，退老於家。先生雖貧，養之終身致其樂。弟睦事先生甚謹，飲食起居，必身臨之，惟恐不得其意，蓋如先生之事其父母也。不幸早亡。

程顥、程頤《二程集・河南程氏文集》卷四《邵堯夫先生墓誌銘》 熙寧丁巳孟秋癸丑，堯夫先生疾終于家。洛之人弔哭者，相屬於途，其尤親且舊者，又聚謀其所以葬。先生之子泣以告曰：「昔先人有言，誌於墓者，必以屬吾伯淳。」噫！先生知我者，以是命我，我何可辭？

謹按：邵本姬姓，系出召公，故世爲燕人。大王父令進，以軍職逮事藝祖，始家衡漳。祖德新，父古，皆隱德不仕。母李氏，其繼楊氏。先生之幼，從父徙共城，晚遷河南，葬其親於伊川，遂爲河南人。先生生於祥符辛亥，至是蓋六十七年矣。雍，先生之名，而堯夫其字也。娶王氏，伯温、仲良，其二子也。

先生之官，初舉遺逸，試將作監主簿，後又以爲潁州團練推官，辭疾不赴。

先生始學於伯原，堅苦刻厲，冬不爐，夏不扇，夜不就席者數年，衛人賢之。先生嘆曰：「昔人尚友於古，而吾未嘗及四方，遽可已乎？」於是走吴適楚，過一作寓。齊、魯，客梁、晉。久之而歸，曰「道其在是矣」，蓋始有定居之意。

先生少時，自雄其材，慷慨有大志。既學，力慕高遠，謂先王之事爲可必致。及其學益老，德益邵，玩心高明，觀於天地之運化，陰陽之消長，以達乎萬物之變，然後頹然其順，浩然其歸。在洛幾三十年，始至蓬蓽環堵，不蔽風雨，躬爨以養其父母，居之裕如。講學於家，未嘗强以語人，而就問者日衆。鄉里化之，遠近尊之，士人之道洛者，有不之公府，而必之先生之廬。

先生德氣粹然，望之可知其賢，然不事表暴，不設防畛，正而不諒，通而不汙，清明坦夷，洞徹中外，接人無貴賤親疏之間，羣居燕飲，笑語終日，不取甚異於人，顧吾所樂何如耳。病畏寒暑，常以春秋時行遊城中，士大夫家聽其車音，倒屣迎致，雖兒童奴隸，皆知懽喜尊奉。其與人言，必依於孝弟忠信，樂道人之善，而未嘗及其惡，故賢者悦其德，不賢者服其化，所以厚風俗、成人材者，先生之功一有爲字。多矣。

昔七十子學於仲尼，其傳可見者，惟曾子所以告子思，而子思所以授孟子者耳。其餘門人，各以其材之所宜一有者字。爲學，雖同尊聖人，所因而入者，門户則衆矣。況後此千餘歲，師道不立，學者莫知其從來。獨先生之學爲有傳也。先生得之於李挺之，挺之得之於穆伯長，推其源流，遠有端緒。今穆、李之言及其行事，概可見矣。而先生淳一不雜，汪洋浩大，乃其所自得者多矣。然而名其學者，豈所謂門户之衆，各有所因而入者歟？語成德者，昔難其居。若先生之道，就所至而論之，可謂安且成矣。

先生有書六十二卷，命曰《皇極經世》；古律詩二千篇，題曰《擊壤集》。先生之葬，附于先塋，實其終之年孟冬丁酉也。銘曰：

嗚呼先生，志豪力雄；闊步長趨，淩高厲空；探幽索隱，曲暢旁通。在古或難，先生從容；有問有觀，以飫以豐。天不慭遺，哲人之凶；鳴皐在南，伊流在東；有寧一宫，先生所終。

王稱《東都事略》卷一一八《邵雍傳》 邵雍字堯夫，衛州人也。刻厲爲學，夜不枕席者數年。有王豫者，以師自居，聞雍學《易》，召而欲教之。雍往見，豫與語三日，蹶然起拜。

雍嘗適吴、楚，過秦、魯，客梁、晉而歸，徙居于洛。士人道洛者，必過其廬。與人言，必依於孝悌、忠信，樂道人之善，不及其惡，故賢不肖無不親之。其學自天地運化、陰陽消長，皆以數推之，逆知其變，世無能曉之者。而雍内以自樂，浩

如也。

初，舉遺逸，試將作監主簿。熙寧初，以爲潁州團練推官，與常秩同召，而雍卒不起。居洛三十年而卒，年六十七，贈著作郎，謚曰康節。有書十二卷，曰《皇極經世》；詩二十篇，曰《擊壤集》。子伯温。

范祖禹《范太史集》卷三六《康節先生傳》　邵雍，字堯夫，衛州人。家世貧賤，雍刻厲爲學，夜不就席者數年。雍嘗適吴、楚，過齊、魯，客梁、晉而歸，徙居於洛。蓬蓽環堵，躬爨以養父母，講學於家。不彊以語人，而就問者日衆，士人道洛者必過其廬。雍與人言，必依於孝悌忠信。樂道人之善，不及其惡，故賢不肖無不親之。病畏寒暑，常以春秋時乘小車，一人挽之行游城中，所過倒屣迎致。居洛三十年，洛人共爲買田宅，士大夫多助之者，雍皆受而不辭。爲人坦夷，無表襮防畛，不爲絶俗之行。其學自天地運化、陰陽消長，以數推之，逆知其變。自以爲有師授，世無能曉之者，而雍内以自樂，浩如也。有書十二卷曰《皇極經世》，詩二千篇曰《擊壤集》。雍初舉遺逸，試將作監主簿。熙寧初，以爲潁州團練推官，與常秩同召，雍卒不起。卒年六十七。知河南府賈昌衡言：雍行義聞於鄉里，乞贈卹。吴充請於上，贈秘書省著作郎，賜粟帛。韓絳守洛，言雍隱德丘園，聲聞顯著，賜謚曰康節。

雜録

備録

朱熹《三朝名臣言行録》卷一四之一《康節邵先生》　邵堯夫先生居洛四十年，安貧樂道，自云未嘗攢眉。所居寢息處爲「安樂窩」，自號安樂先生。又爲甕牖，讀書燕居其下，旦則焚香獨坐，晡時飲酒三四甌，微醺便止，不使至醉也。中間州府以更法不餉餽寓賓，乃爲薄粥以代之，好事者或載酒以濟其乏。嘗有詩云：「斟有淺深存燮理，飲無多少繫經綸。莫道山翁拙於用，也能康濟自家身。」喜吟詩，作大字書，然遇興則爲之，不牽强也。大寒暑則不出，每出乘小車，用一人挽之，爲詩以自詠曰：「花似錦時高閣望，草如茵處小車行。」司馬公贈以詩曰：「林間高閣望已久，花外小車猶未來。」隨意所之遇，主人喜客，則留三五宿，又之一家，亦如之，或經月忘返。雖性高潔，而接人無賢不肖貴賤，皆懽然如親。嘗自言：「若至大病，自不能支。其遇小疾，得有客對話，不自覺疾之去體也。」學者來從之問經義，精深浩博，應對不窮，思致幽遠，妙極道數。間與相知之深者開口論天下事，雖久存心世務者不能及也。《吕氏家塾記》

元祐中，韓康公尹洛，爲先生請謚于朝。太常博士歐陽棐議曰：「君少篤學，有大志，久而後知道德之歸。且以爲學者之患，在於好惡先成乎心，而挾其私智，以求於道，則蔽於所好，而不得其真。故求之至於四方萬里之遠，天地陰陽，屈伸消長之變，無所不考，而必折衷於聖人。雖深於象數，先見默識，未嘗以自名也。其學純一而不雜，居之而安，行之而成，平夷渾大，不見圭角，蓋其自得深矣。故其隱居幾三十年，室廬纔足以蔽風雨，溉園耕稼，僅足以給朝夕。及出而接物，恂恂樂易，無貴賤少長，一切以誠。平居怡然，有所甚樂，而世莫能窺也。常自名其居曰『安樂』，而又以爲號。蓋古有黔婁者，死無以斂，而謚曰康，以爲不苟世之爵禄者，其富貴有餘。與君之學未必同，而其迹似之矣。方朝廷命君以潁州推官，嘗辭而不聽，君以爲：『辭益堅則名益高，而未必從也。既受命而以疾辭於吏部，則有司之事耳。』故迹不近名，而終自全其志，則其守可謂固矣。謹按《謚法》：『温良好樂曰康，能固所守曰節。』伏請謚曰康節。」按《晁以道集》，叔弼後謂以道曰：「棐從母王宣徽夫人得疾洛陽，先妣夫人亟以棐入洛，時先公參大政，臨行告戒曰：『洛中有邵堯夫，吾獨不識，汝爲吾見之。』棐既至洛求教，先生特爲棐徐道其立身本末甚詳，出門揖送，猶曰：『足下其無忘鄙野之人於異日。』棐伏念先生未嘗辱教一言，雖欲不忘，亦何事邪？」歸白大人，則喜曰：『幸矣，邵堯夫有以處吾兒也。』其後二十年，棐偶入太常爲博士，次當作先生謚議，乃恍然周省先生當時之言，落筆若先生之自序，無待其家所上文字也。」

康節先生少日遊學，先祖母李夫人思之恍惚，至倒誦佛書。康節亟歸，不復出。夫人捐館，康節特毁甚，躬自爨以養祖父。置家蘇門山下，康節獨築室于百源之上。時李之才挺之，東方大儒也，權共城縣令。一日見康節，心相契，授以《大學》。康節益自克勵，三年不設榻，晝夜危坐以思。寫《周易》一部，貼屋壁間，日誦數十遍。聞汾州任先生者有《易》學，又往質之。以下並《聞見録》

康節與富文忠公早相知。文忠初入相，謂門下士田棐大卿曰：「爲我問邵堯夫，可出，當以官職起之，不即命爲先生處士，以遂隱居之志。」田大卿爲康節

言，康節不答，以詩謝之曰：「相招多謝不相遺，將爲胸中有所施。若進豈能禁吏責，既閑安用更名爲？顧同巢、許稱臣日，甘老唐、虞比屋時。滿眼清賢在朝列，病夫無以繫安危。」公終不相忘，乃因明堂祫享赦，詔天下舉遺逸，公意謂河南府必以康節應詔。時文潞公尹洛，以兩府禮召見康節，康節不屈，遂以福建黄景應詔。文忠不樂。至者二十八人，各試論一首，命官爲試銜知縣。且奏天下尚有遺材，乞令再舉。詔從之。王拱辰尚書尹洛，乃以康節應詔，潁川薦常秩，皆先除試將作監主簿，不理選限。知制誥王介甫繳還辭頭曰：「使邵雍常民，一試銜亦不可與。果賢者，不當止與試銜，宜召試然後官之。」上不納，下知制誥祖無擇，除去「不理選限」行辭。然康節與常秩皆不起。是時富公已丁憂去位矣。熙寧二年，詔舉遺逸，御史中丞吕誨、三司副使吴充、龍圖閣學士祖無擇皆薦康節。時歐陽公作參知政事，素重常秩，故潁州亦再以秩應詔。康節除祕書省校書郎、潁州團練推官。辭，不許。既受命，即引疾不起。且以詩答鄉人曰：「平生不作皺眉事，天下應無切齒人。斷送落花安用雨，裝添舊物豈須春？幸逢堯、舜爲真主，且放巢、由作外臣。六十病夫宜揣分，監司無用苦開陳。」常秩以職官起。時王介甫方行新法，天下紛然以爲不便，思得山林之士相合。常秩賜對，盛言新法之便，乃除諫官，以至待制。帝浸薄之，介甫主之不忘，然亦知其爲人矣。

康節嘉祐中以遺逸命官，辭之，不從。河南尹遣官就第，送告敕朝章，康節服以謝，即褐衣如初。至熙寧初，再命官，三辭，又不從。再服以謝，且曰：「吾不復仕矣。」始爲隱者之服，烏帽縚褐，見卿相不易也。司馬温公依《禮記》作深衣、冠簪、幅巾、紳帶，每出，朝服乘馬，用皮匣貯深衣隨其後，入獨樂園則衣之。嘗謂康節曰：「先生可衣此乎？」康節曰：「雍爲今人，當服今時之衣。」温公歎其言合理。

熙寧三年，朝廷初行新法，所遣使者皆新進少年，遇事風生，天下騷然，州縣始不可爲矣。康節閑居林下，門生故舊仕宦四方者皆欲投劾而歸，以書問康節。康節答曰：「正賢者所當盡力之時，新法固嚴，能寬一分則民受一分之賜矣。投劾而去何益？」

康節過士友家晝卧，見其枕屏畫小兒迷藏，以詩題其上云：「遂令高卧人，欹枕看兒戲。」蓋熙寧間也。陳恬云。《擊壤集》不載。

熙寧中，洛陽以清德爲朝廷尊禮者，大臣曰富韓公，侍從曰司馬温公、吕申公，士大夫位卿監以清德早退者十餘人，好學樂善有行義者幾二十人。康節隱居謝聘，皆相從。忠厚之風，聞於天下。里中後生皆知畏廉耻，欲行一事，必曰：「無爲不善，恐司馬端明、邵先生知。」

富韓公自汝州得請歸洛養疾，築第與康節天津隱居相邇。公曰：「自此可時相招矣。」康節曰：「雍冬夏不出，春秋時，間過親舊間。公相招未必來，不召或自至。」公謝客戒子曰：「先生來，不以時見。」康節一日過之，公作詩云：「先生自衛客西畿，樂道安閑絶世機。再命初筵終不起，獨甘窮巷寂無依。貫穿百代嘗探古，吟詠千篇亦造微。珍重相知忽相訪，醉和風雨夜深歸。」公常令二青衣、蒼頭掖之以行，一日，與康節會後園中，因康節論天下事，公喜甚，不覺獨步下堂。康節不爲起，徐指二蒼頭戲公曰：「忘却拄杖矣。」公常苦氣痞，康節曰：「好事到手畏慎，不爲他人做了，鬱鬱何益？」公笑曰：「此事未易言也。」蓋爲嘉祐建儲耳。公雖剛勇，遇事詳審，不萬全不發，康節因戲之。公一日有憂色，康節問之，公曰：「先生度弼之憂安在？」康節曰：「豈以王安石罷相，吕惠卿參知政事，惠卿凶暴過安石乎？」公曰：「然。」康節曰：「公無憂。安石、惠卿本以勢利合，惠卿、安石勢利相敵，將自爲仇矣，不暇害他人也。」未幾，惠卿果叛安石。公謂康節曰：「先生識慮絶人遠矣。」一日薄暮，司馬温公見康節曰：「明日僧修顒開堂説法，富公、晦叔欲偕往聽之。晦叔貪佛已不可勸，富公果往，於理未便。光後進，不敢言，先生曷不止之？」康節曰：「恨聞之晚矣。」明日，公果往。後康節因見公，謂公曰：「聞上欲用裴晉公禮起公。」公笑曰：「先生以謂弼衰病能起否？」康節曰：「固也。或人言上命公，公不起，一僧開堂，公乃出。無乃不可乎？」公驚曰：「弼未之思也。」公以康節年高，勸學修養，康節曰：「不能學人胡走亂走也。」

熙寧癸丑春，大名王荀龍字仲賢入洛見康節。其議論勁正，有過人者，康節喜之。仲賢，魏公客也，因出魏公送行詩，顔體大書，極奇偉。康節曰：「吾少日喜作大字，李挺之曰：『學書妨學道。』故嘗有詩云：『憶昔初書大字時，學人飲酒與吟詩。若非益友推金石，四十五年成一非。』」仲賢又誦魏公詩云：「春去花叢胡蝶亂，雨餘蔬圃桔槔閑。」康節愛之曰：「怨而不傷，婉而成章之言也。」

一日，二程先生侍太中公訪康節於天津之廬，康節携酒飲月陂上，歡甚，語其平生學術出處之大致。明日，明道悵然謂門生周純明曰：「昨從堯夫先生游，聽其論議，振古之豪傑也。惜其無所用於世。」純明曰：「所言何如？」明道曰：「内聖外王之道也。」是日，康節有詩，明道和之，今各見集中。

康節居洛，凡交游，年長者拜之，年等者與之爲朋友，年少者以子弟待之，未嘗少異於人，故得人之歡心。每歲春二月出，四月天漸熱即止。八月出，十一月天漸寒即止。故有詩云：「時有四不出，大風、大雨、大暑、大寒。會有四不赴。公會、葬會、生會、醵會。」每出，人皆倒屣迎致，雖兒童奴隸皆知尊奉。每到一家，子弟家人争具酒饌，問其所欲，不復呼姓氏，但曰「吾家先生至」也。雖閨門骨肉間事，有未決者，亦求教，康節以至誠爲之開諭，莫不悦服。十餘家如康節所居安樂窩起屋，以待其來，謂之「行窩」。故康節没，鄉人挽詩有云：「春風秋月嬉游處，冷落『行窩』十二家。」洛陽風俗之美如此。

康節平居於人事機祥未嘗輒言。治平間，與客散步天津橋上，聞杜鵑聲，慘然不樂。客問其故，則曰：「洛陽舊無杜鵑，今始至，有所主。」客曰：「何也？」康節曰：「不二年，上用南士爲相，多引南人，專務變更，天下自此多事矣！」客曰：「聞杜鵑何以知此？」康節曰：「天下將治，地氣自北而南，將亂，自南而北。今南方地氣至矣，禽鳥飛類，得氣之先者也。《春秋》書『六鷁退飛』、『鸜鵒來巢』，氣使之也。自此南方草木皆可移，南方疾病瘴瘧之類，北人皆苦之矣。」至熙寧初，其言乃驗。伯温後聞熙州有唐碑，一日有家雀數千集其上，人惡之曰：「豈此地將爲漢有耶？」因焚之。蓋夷中無此禽也。已而果然。因并記之，以信先君之説。

康節謂本朝五事，自唐、虞而下所未有者：一，革命之日，市不易肆；二，克服天下，在即位後；三，未嘗殺一無罪；四，百年方四葉；五，百年無心腹患。

康節宅契司馬温公户名，園契富韓公户名，莊契王郎中户名，康節初不改也。

熙寧十年夏，康節感微疾，氣日益耗，神日益明，笑謂司馬温公曰：「雍欲觀化一巡，如何？」温公曰：「先生未應至此。」康節笑曰：「死生亦常事耳。」張横渠先生喜論命，來問疾，因曰：「先生論命否，當推之。」康節曰：「若天命，則已知之矣，世俗所謂命，則不知也。」横渠曰：「先生知天命矣，載尚何言？」程伊川曰：「先生至此，它人無以爲力，願自主張。」康節曰：「平生學道，豈不知此？然亦無可主張。」時康節居正寢，諸公議後事於外，有欲葬近洛城者。康節已知，呼伯温入曰：「諸公欲以近城地葬我，不可，當從伊川先塋耳。」七月初四日，人書詩一章曰：「生于太平世，長于太平世，死于太平世。客問年幾何？六十有七歲。俯仰天地間，浩然獨無愧。」以是夜五更捐館。《辨惑》云：伊川又問：「從此永訣，更有以見告乎？」先生舉兩手示之，伊川曰：「何謂也？」先生曰：「面前路逕須令寬，路窄則自無着身處，況能使人行也。」《程氏遺書》云：伯淳言：「邵堯夫病革，言試與觀化一遭。」子厚言：「觀化它人便觀得，自家又如何觀得化？嘗觀堯夫詩意，纔做得識道理，却於儒術未見所得。」又云：邵堯夫臨終時，只是諧謔，須臾而去。以聖人觀之，則亦未是，蓋猶有意也。比之常人，甚懸絶矣。他疾甚革，頤往視之，因警之曰：「堯夫平生所學，今日無事否？」佗氣微不能答。次日見之，却有聲如絲髮來大，答云：「你道生薑樹上生，我亦只得依你説。」是時諸公都在廳上議後事，佗在房間便聞得，諸公恐喧佗，盡出外説話，佗皆聞得。一人云：「有新報云云。」堯夫問：「有甚事？」曰：「有某事。」堯夫曰：「我將爲收却幽州也。」以它人觀之，便以爲怪。此只是心虚而明，故聽得。問曰：「堯夫未病時不如此，何也？」曰：「此只是病後氣將絶，心無念慮，不昏，便如此。」又問：「釋氏亦先知死，何也？」曰：「只是一箇不動心。釋氏平生只學這箇事，將這箇做一件大事。學者不必學它，但燭理明，自能之。只如邵堯夫事，它自如此，亦豈嘗學也？」

邵康節居洛陽，有商州太守趙郎中者，康節與之有舊，嘗往從之。時章惇子厚作令，商州趙厚遇之。一日，趙請康節與章同會。章豪俊，議論縱横，不知敬康節也。語次因及洛中牡丹之盛，趙守因謂章曰：「先生洛人也，知花爲甚詳。」康節因言：「洛人以見根檖而知花之高下者，知花之上也；見枝葉而知高下者，知花之次也；見蓓蕾而知高下者，知花之下也。如公所説，乃是知花之下也。」章默然慚服。趙因謂章：「先生學問淵源，世之師表，公不惜從之學，則日有進益矣。」章因從先生游，欲傳數學。先生謂章：「須十年不仕宦，乃可學。」蓋不之許也。《童蒙訓》

邢和叔亦欲從先君學，先君略爲開其端倪，和叔援引古今不已。先君曰：「姑置是，此先天學，未有許多言語，且當虚心滌慮，然後可學此。」和叔《留别》詩云「坦下每慚呼孺子，牀前時得拜龐公」之句，先君和之：「觀君自比諸葛亮，顧我殊非黄石公。」斷章云：「出人才業尤須惜，慎勿輕爲西晉風。」《辨惑》又《上蔡語録》云：邢七要學，堯夫不肯，曰：「徒長姦雄。」

李幼武《宋朝道學名臣言行外録》卷五 晦庵贊其畫像曰：「天挺人豪，英邁蓋世。駕風鞭霆，歷覽無際。手探月窟，足躡天根。閒中今古，醉裏乾坤。」

朱子曰：「『雪月風花未品題』，此言事物皆有造化。」

問：「它説風花雪月，莫是曾點意思否？」朱曰：「也是見得眼前這个好。」曰：「意其有『與自家意思一般』之意。」曰：「也是他有這些子。若不然，却淺陋了。」

問：「康節心胷如此快活廣大，安得如之？」曰：「他是甚麽樣工夫！」下並《朱子語》

問：「近日學者有厭拘檢，樂舒放，惡精詳，喜簡便者，自謂慕堯夫爲人，如何？」曰：「邵子這道理，豈易及哉？它胷襟中有這个學，能包括宇宙，終始古今，如何不做得大？放下得？今人却恃个甚後敢如此！」因誦其詩云：『日月星辰高照耀，皇王帝伯大鋪舒。』可謂人豪矣！」

言：「康節爲人須極會處置事，爲他神閑氣定，不動聲氣，須處置得別。蓋它氣質本來清明，又養得來純厚，又不曾枉用了心。它用心都在緊要上。爲它静極了，看得天下事理精明。嘗於百原深山中闢書齋，獨處其中。王勝之嘗乘月訪之，必見其燈下正襟危坐，雖夜深亦如之。若不是養得至静之極，如何見得道理到此！」

「它看見天下之事，才上手來，便成四截。其先後緩急，莫不有定；動中機會，事到面前，便處置得下。康節甚喜子房，以爲子房善藏其用。以老子爲得《易》之體，孟子爲得《易》之用，合二者而用之，想見善處事。」

「康節詩儘好看。」問：「舊見無垢引《心贊》云：『廓然心鏡大無倫，盡此規模有幾人？我性即天天即性，莫於微處起經綸。』不知如何？」曰：「是殆非康節之詩也。林少穎云：『朱内翰子發作也。』如康節云『天向一中分造化，人從心上起經綸』，多少平易！實見得者自别。」又問「一中分造化」。曰：「本是一个，而消息盈虚便生陰陽。事事物物，皆恁地。」

邵詩云：「真樂攻心不柰何？」熹謂：「此非真樂也，真樂便不攻心，如顔子之樂，何嘗恁地？」

先生誦其詩云：「施爲欲作千鈞弩，磨礪當如百鍊金。」問：「千鈞弩如何？」曰：「只是不妄發。如子房在漢，謾説一句，當時承當者便須百碎。」

問：「邵詩云：『須探月窟方知物，未躡天根豈識人！』又先生贊之云：『手探月窟，足躡天根』，莫只是説陰陽否？」答云：「《先天圖》自《復》至《乾》，陽也；自《姤》至《坤》，陰也。陽生人，陰生物。『手探，足躡』，亦無甚意義。但《姤》在上，《復》在下，上，故言『手探』；下，故言『足躡』。」

或誦其詩云：「若論先天一事無，後天方要着工夫。」先生問：「如何是『一事無』？」對曰：「出於自然，不用安排。」先生嘿然。

問康節《男子吟》，曰：「詩乃是説他《先天圖》數之從起處。『天根月窟』，指《復》、《姤》二卦而言。」

《先天》乃伏羲本圖，非康節自作，雖無言語，而所該甚廣。凡今《易》中一字一義，無不自其中流出者。《太極》却是濂溪自作，發明《易》中大槩綱領意思而已。故論其格局，則《太極》不如《先天》之大而詳；論其義理，則《先天》不如《太極》之精而約。蓋合下規模不同，而《太極》終在《先天》範圍之内，又不若彼之自然，不假思慮安排也。若以數言之，則《先天》之數自一而二，自二而四，自四而八，以爲八卦；《太極》之數亦自一而二，剛柔。自二而四，剛善、剛惡、柔善、柔惡。遂加其一以爲五行，而遂自及於萬物。蓋物理本同，而象數亦無二致，但推得有大小詳略耳。

周子從理處觀，邵子從數上觀，皆只是此理。

問：「《先天圖》陰陽自兩邊生，若將中爲太極，與《太極圖》不同，如何？」曰：「他自據他意思説，即不曾契勘濂溪底。若論他太極，中間虚者便是。他亦自説『圖從中起』。今不合被横圖在中間塞却，待取出放外。他邊生者，即是陰根陽，陽根陰，這个有對。從中出即無對。」

問：「《先天圖》有自然之象數，伏羲當初亦不知其然否？」曰：「也不見得如何。但圓圖是有些子造作模樣，如方圖，只是據見在底畫。圓圖便是就這中間拗做兩截，恁地轉來底是奇，恁地轉去底是偶，便有些不甚依他當初畫底。然伏羲當初也只見箇太極下面有个陰陽，便知是一生二，二又生四，四又生八，恁地推將去，做成這物事。」

「《先天圖》一日有一个恁地道理，一月有一个恁地道理，以至合元會運世十二萬九千六百歲，亦只是這个道理。」

「《先天圖》今所寫者，是以一歲之運言之。若大而古今十二萬九千六百年，亦只是這圈子；小而一日一時，亦只是這圈子，都從復上推起去。」

問：「『圖雖無文，終日言之不離乎是』何也？」曰：「一日有一日之運，一月有一月之運，一歲有一歲之運，大而天地之終始，小而人物之生死，中而古今之世變，皆不外乎此。」

「《先天圖》傳自希夷，又自有所傳。蓋方士技術用以修煉，《參同契》所言是也。」

「邵子『天地定位，否、泰反類』一詩，正是發明《先天以圖》之義。」

「此《圖》直是精微，不起於康節，希夷以前已有，只是祕而不傳。」

問：「『《圖》，心法也，圖皆自中起，萬事萬化生乎心。』何也？」曰：「其中間白處，便是太極。三十二陰、三十二陽，便是兩儀。十六陰、十六陽底，便是四象。八陰、八陽底，便是八卦。」

「康節云：『《先天圖》心法，皆從中起』，且只説圓圖。又云：『文王八卦，應地之方』，這是見它不用卦生底次第，序四正卦出四角，似那云云意思。」

問：「邵之學似楊雄，如何？」曰：「數言。」

「熹看康節《易》了，都看别人底不得。它説那『太極生兩儀，兩儀生四象』，人都無甚元妙，只是從來更無人識。楊子《太玄》一玄、三方、九州、二十七部、八十一家，亦只是這箇。他却識，只是以三爲數，皆無用了。他也只是見得一箇麄底道理，後人便都無人識。」

「《太玄》擬《易》，方、州、部、家，皆自三數推之。玄爲之首，一以生三爲三方，三生九爲九州，九生二十七爲二十七部，九九乘之，斯爲八十一家。首之以八十一，所以準六十四卦，贊之以七百二十九，所以準三百八十四爻，無非三數推之。康節之數，四是加倍之法。」

「康節其初想只是得『太極生兩儀，兩儀生四象』。心只管在那上轉，久之理自透徹，想見一舉眼便成四片。其法，四之外又有四焉。凡物纔過到二之半時，便煩惱了，蓋已漸趨於衰也。謂如是花方蓓蕾，則知其將盛；既開，則知其將衰；其理不過如此。理在數內，數又在理內。康節是見得一个盛衰消長之理，故能知之。若説它知得甚事，如歐陽叔弼定謚之類，此知康節之淺者也。」

問康節數學。曰：「且未須理會數，自是有此理。有生便有死，有盛必有衰。且如一朵花，含蘂時是將開，略放時是正盛，爛熳時是衰謝。又如看人，即其氣之盛衰，便可以知其生死。蓋其學本於明理。若曰渠能知未來事，則與世間占覆之術何異？其去道遠矣！其知康節者末矣！蓋它玩得此理熟了，事物到面前便見，更不待思量。」

「康節以四起數，疊疊推去，自《易》以後，無人做得一物如此整齊，包括得盡。想他每見一物，便成四片了。但纔到二分以上便怕，乾卦方終，便知有个姤卦來。蓋緣它於起處推將來，至交接處看得分曉。」

「康節《易》數出於希夷。他在静中推見得天地萬物之理如此，又與他數合，所以自樂。」

問：「康節善談《易》。見得透徹。」曰：「然。伊川又輕之，嘗有柬與横渠云：『堯夫説《易》好聽。今夜試來聽它説看。』厶謂此便見伊川不及孔子處。只觀孔子便不如此。」

「伊川之學，於大體瑩徹，而小節目猶有疏處。康節能盡得事物之變，而大體乃有未粹。」

「易是互相博易之義，觀《先天圖》可見。東邊一畫陰，便對西邊一畫陽，蓋東一邊本皆是陽，西一邊本皆是陰，東邊陰畫皆是自西邊來，西邊陽畫皆是自東邊來。姤在西，是東邊五畫陽過；復在東，是西邊五畫陰過，互相博易而成。《易》之變雖多般，然此是第一變。」問：「程子所謂『《易》只説反復、往來、上下』者，莫便是指此言之否？」曰：「看得來程子之意又别。邵子所謂《易》，程子多理會他底不得。蓋他只據理而言，都不曾去問他。」

「聖人説數説得疏，到康節説得密了。它也從一陰一陽起頭，它却做陰、陽、太、少，乾之四象，剛、柔、太、少，坤之四象，又是那八卦。它説這《易》，將那『元亨利貞』全靠着那數，三百八十四爻管定那許多數，説得太密了。《易》中只有个奇偶之數是自底，大衍之數却是用以揲蓍底。康節盡歸之數，所以二程不肯問他學。若是聖人用數，不過如大衍之數便是。他須要先揲蓍以求那數，起那卦，數是恁地起，卦是恁地求。」

「王天悦雪夜見康節於山中，猶見其儼然危坐。蓋其心地虚明，所以推得天地萬物之理。其數以陰陽剛柔四者爲準，四分爲八，八分爲十六，只管推之無窮。有太陽、太陰、少陽、少陰、太剛、太柔、少剛、少柔。今人推他數不行，亦是無他胷中所見。」

「《皇極經世》紀年甚有法。史家多言秦廢太后，逐穰侯。《經世書》只言『秦奪宣太后權』。伯恭極取之，蓋實不曾廢來。」

「《皇極經世》以元經會，以會經運，以運經世。」

問：「天開於子，地闢於丑，人生於寅，是如何？」曰：「此是邵子《皇極經世》中説，今不可知。他只以數推得是如此。他説寅上生物，是到寅上方有人物也。有三元、十二會、三十運、十二世。十二萬九千六百年爲一元。歲月日時，元會運世，皆自十二而三十，自三十而十二。至堯時會已在巳、午之間，今則及未。至戌上説閉物，到那裏則不復有人物矣。」

問：「《易》與《經世書》同異。」曰：「《易》是卜筮，《經世》是推步，是一分爲二，二分爲四，四分爲八，八分爲十六，十六分爲三十二，又從裏面細推去。」

問：「《經世書》『水火土石』只是全否？」曰：「他分天地間物事皆是四，如日月星辰，水火土石，雨風露雷，皆是相配。」

「邵之學，只把元會運世四字貫盡天地萬物。」

「邵之學，其骨髓在《皇極經世》，其花草便是詩。」又云：「其詩多説閑静樂底意思，太煞把做事了。」先生曰：「這个天説聖人，只顔子之樂亦不恁地。」

「邵之曆十二萬九千六百分，大故密。今曆家所用只是萬分曆，萬分曆已自是多了，他如何肯用十二萬分？」

「康節之學抉摘窈微，與佛老之言豈無一二相似？而卓然自信，無所污染，此其所見必有端的處。」

「康節之學，本於明理。」

因論其學，曰：「似老子。只是自要尋个寬閑快活處，人皆害不得。後來張子房亦是如此。方衆人紛拏擾擾時，它自在背處。」

「莊子比康節見較高，氣較豪。康節又有規矩。」

或問：「先生須得堯夫先知之術？」先生久之答曰：「吾之所知者：『惠迪吉，從逆凶。』『滿招損，謙受益』。若是明日晴，後日雨，吾安能知耶？」

「康節曰：『思慮未起，鬼神莫知，不由乎我，更由乎誰！』此間有術者，遇人來問事，心下默念，則它説相應。不念則説不應。問姓幾畫，口中默數，則它説便着；不數者，説不著。」

朱熹《伊洛淵源録》卷五《遺書》 顥接人多矣，不雜者三人，張子厚、邵堯夫、司馬君實。 程氏《遺書》，下同。

堯夫放曠。

堯夫猶空中樓閣。

堯夫豪傑之士，根本不帖帖地。伯淳嘗戲以亂世之姦雄中，道學之有所得者。

堯夫詩云：「梧桐月向懷中照，楊柳風來面上吹。」明道曰：「真風流人豪也。」堯夫有詩云：「頻頻到口微成醉，拍拍滿懷都是春。」又曰：「梧桐月向懷中照，楊柳風來面上吹。」不止風月，言皆有理。又曰：「卷舒萬古興亡手，出入幾重雲水身。」若莊周大抵寓言，要入它放蕩之場，堯夫却皆有理。萬事皆出於理，自以爲皆有理，故要得從心妄行總不妨。堯夫又得詩云「聖人喫緊些兒事」，其言太急迫，此道理平鋪地放著裹，何必如此。

堯夫之學，先從理上推意，言象數，言天下之理，須出於四者，推到理處。曰：「我得此大者，則萬事由我，無有不定。」然未必有術，要之亦難以治天下國家。其爲人則直是無禮不恭，惟是侮玩，雖天理亦爲之侮玩。如《無名君傳》言「問諸天地，天地不對」，自贊云「弄丸餘暇，時往時來」之類。

堯夫詩「雪月風花未品題」，他便把這些事，便與堯舜、三代一般。此等語，自孟子後，無人曾敢如此道來，直是無端。又如言文字呈上，堯夫皆不恭之甚。「須信畫前元有《易》，自從删後更無《詩》」，這个意思，元古未有人道來。

「行己須行誠盡處」，正叔謂：「意則善矣，然言誠盡，則誠之爲道非能盡也。」堯夫戲謂「且就平側」。

邵堯夫謂程子曰：「子雖聰明，然天下事亦衆矣，子能盡知邪？」子曰：「天下之事，頤所不知者固多，然堯夫所謂不知者何事？」是時適雷起，堯夫曰：「子知雷起處乎？」子曰：「頤知之，堯夫不知也。」堯夫愕然曰：「何謂也？」子曰：「既知之，安用數推之？以其不知，故待推而後知。」堯夫曰：「子以爲起於何處？」子曰：「起於起處。」堯夫瞿然稱善。

晁以道嘗以書問康節之數于伊川，伊川答書云：「頤與堯夫同里巷居三十年餘，世間事無所不問，惟未嘗一字及數。」

伯淳言：邵堯夫疾革，且言「試與觀化」一遭。子厚言觀化他人便觀得自家，自家又如何觀得化？嘗觀堯夫詩意，纔做得識道理，却於儒術未見所得。

邵堯夫臨終時，只是諧謔，須臾而去。以聖人觀之，則亦未是，蓋猶有意也，比之常人甚懸絶矣。他疾甚革，頤往視之，因警之曰：「堯夫平生所學，今日無事否？」他氣微不能答。次日見之，却有聲如絲髮來大，答云：「你道生薑樹上生，我亦只得依你説。」是時諸公都在廳上議後事，它在房間便聞得。諸公恐喧他，盡出外説話，他皆聞得。一人云「有新報云云」，堯夫問有甚事，曰「有某事」，堯夫曰：「我將謂收却幽州也。」以他人觀之，便以爲怪。此只是心虚而明，故聽得也。問：「堯夫未病時，不如此，何也？」曰：「此只是病後氣將絶，心無念慮，不昏便如此。」又問：「釋氏亦先知死，何也？」曰：「只是一个不動心。釋氏平生只學這个事，將這个做一件大事，學者不必學他，但燭理明，自能之。只如邵堯夫事，它自如此，亦豈嘗學也。」

堯夫直是豪才，在風塵時節，便是偏霸手段。如富彦國身都將相，嚴重有威，人不敢仰視，他將做小兒樣看。

或問：「堯夫所學如何？」謝子曰：「他只見得天理進退、萬物消長之理，便敢做大，於聖人門下學上達事，更不施工，所以差却。堯夫精《易》之數，事物之成敗終始，人之禍福脩短，算得來無毫髮差錯。如指此屋，便知起於何時，至某年月日而壞，無不如其言。然二程不貴其術。明道云：『堯夫數欲傳與某兄弟，某兄弟那得工夫要學，須是二十年工夫。』堯夫初學於李挺之，師禮甚嚴，雖在一野店，飯必襴，坐必拜。欲學堯夫，亦必如此。伯淳聞説甚熟，一日因監試無事，以其説推算之，皆合。出謂堯夫曰：『堯夫之數，只是加一倍法，以此知太玄都不濟事。』堯夫驚撫其背曰：『大哥你恁地聰明？』他日伊川問伯淳加倍之數，曰：『都忘之矣。』因歎其心無偏繫如此。」見《上蔡語録》。

邵伯温《邵氏聞見録》卷一八　康節先公慶曆間過洛，館於水北湯氏，愛其山水風俗之美，始有卜築之意。至皇祐元年，自衛州共城奉大父伊川丈人遷居焉。門生懷州武陟知縣侯紹曾字孝傑助其行。初寓天宫寺三學院。劉諫議元瑜字君玉、吕諫議獻可静居、張少卿師錫及其子職方君景伯、狀元師德之子諫議君景憲、王諫議益柔字勝之、子中散兄弟、諤字師柔及其子孫、南國張大丞師雄及諸子、劉龍圖之子祕監几字伯壽、修撰忱字明復、侍講李寔字景真、吴少卿執中、王學士起字仲儒、李侍講育字仲象、子籲字端伯、姚郎中奭字周輔，交遊最密，或稱門生。洛人爲買宅於履道坊西天慶觀東，趙諫議借田於汝州葉縣，後王不疑同鄉人買田於河南延秋村。康節復還葉縣之田。嘉祐七年，王宣徽尹洛，就天宫寺西天津橋南五代節度使安審琦宅故基，以郭崇韜廢宅餘材爲屋三十間，請康節還居之。富韓公命其客孟約買對宅一園，皆有水竹花木之勝。熙寧初，行買官田之法，天津之居亦官地。牓三月，人不忍買。諸公曰：「使先生之宅他人居之，吾輩蒙恥矣。」司馬温公而下，集錢買之。康節先生以詩謝王宣徽曰：「嘉祐壬寅歲，新巢始孱功。正分道德里，更近帝王宫。檻仰端門峻，軒迎兩觀雄。窗虚響瀍、澗，臺迥粲伊、嵩。好景尤難得，昌辰豈易逢？無才濟天下，有分樂年豐。水竹腹心裏，鶯花淵藪中。老來歡不已，端節歎何窮。嘯傲陪真侣，經營荷府公。丹誠徒自寫，匪報自恩隆。」後以詩謝温公諸公曰：「重謝諸公爲買園，買園城裏占林泉。七千來步平流水，二十餘家争出錢。嘉祐卜居終是僦，熙寧受券遂能專。鳳凰樓下新閑客，道德坊中舊散仙。洛浦清風朝滿袖，嵩岑皓月夜盈軒。接䍦倒戴芰荷畔，談麈輕揮楊柳邊。陌徹銅駝花爛漫，堤連金谷草芊綿。青春未老尚可出，紅日已高猶自眠。洞號長生宜有主，窩名安樂豈無權？敢於世上明開眼，會向人間别看天。盡送光陰歸酒盞，都移造化入詩篇。也知此片好田地，消得堯夫筆似椽。」今宅契司馬温公户名，園契富韓公户名，莊契王郎中户名，康節初不改也。康節蓋曰：「貧家未嘗求於人，人饋之，雖少必受。」嘗謂伯温曰：「名利不可兼也。吾本求名，既爲世所知矣，何用利哉？故甘貧樂道，平生無不足之意。」嗟夫！洛陽風俗之厚，人物之盛，此可見矣。重念老境可傷，因詳書之，以示子孫云。

太學博士姜愚字子發，京師人，長康節先公一歲，從康節學，稱門生。先公年四十五未娶。潞州張仲賓太博字穆之自未第，亦從康節。子發與穆之二君同白康節曰：「不孝有三，無後爲大。先生年踰四十不娶，親老無子，恐未足以爲高。」康節曰：「貧不能娶，非爲高也。」子發曰：「某同學生王允修頗樂善，有妹甚賢，似足以當先生。」穆之曰：「先生欲婚，則某備聘，令子發與王允修言之。」康節遂娶先夫人。後二年，伯温始生。故康節有詩云：「我今行年四十七，生男方始爲人父。鞠育教誨誠在我，壽夭賢愚繫於汝。我若壽命七十歲，眼前見汝二十五。我欲願汝成大賢，未知天意肯從否？」子發本京師富家，氣豪樂施，登進士第，月分半俸奉康節。治平間知壽州六安縣，以目疾分司，居新鄉。子發死，康節以其女嫁河南進士紀輝，視之如己女，伯温以姊視之。元符三年，紀輝與姜女俱亡，今二子依吾家避亂入蜀，伯温亦以子姪處之，方王觀文樂道未遇時，與子發交遊甚善。樂道苦貧，教小學京師，居州西，子發居州東，相去遠。一日大雪，子發念樂道與其母寒飢，自荷一杖，踐雪以行。至樂道之居，扣門，久之方應。樂道同母凍坐，日已過高，未飯。子發惻然，亟出買酒肉薪炭往，復同樂道母子附火飲食。樂道覺子發衣單，問之，以綿衣質錢買飯食也。子發説《論語》，士人樂聽之，爲一講會，得錢數百千，爲樂道娶妻。樂道登第，調睦州判官。妻卒，子發又爲求范文正公夫人姪汶陽李氏以繼，其負義如此。熙寧初，樂道以翰林侍讀學士爲西京留守，子發老益貧，且喪明，自新鄉駕小車來見樂道，意樂道哀之也。樂道遺酒三十壺而已，子發殊悵然。康節館於天津之廬，典衣贐其行，歸新鄉，未幾卒。

伯温曾祖母張夫人遇祖母李夫人嚴甚，李夫人不能堪。一夕，欲自盡，夢神人令以玉筯食羹一杯。告曰：「無自盡，當生佳兒。」夫人信之。後夫人病瘦，醫者既投藥，又夢寢堂門之左右木瓜二株，左者均已結，右者已枯，因爲大父言。大父遽取藥令覆之。及期，生康節公，同墮一死胎，女也。後十餘年，夫人病卧

堂上，見月色中一女子拜庭下，泣曰：「母不察庸醫，以藥毒兒，可恨！」夫人曰：「命也。」女子曰：「若爲命，何兄獨生？」夫人曰：「汝死兄獨生，乃命也。」女子涕泣而去。又十餘年，夫人再見女子來，泣曰：「一爲庸醫所誤，二十年方得受生。與母緣重，故相别。」又涕泣而去。則知釋氏輪迴鬼神之説有可信者，康節知而不言者也。親謂某云。

伊川丈人與李夫人因山行，於雲霧間見大黑猿有感，夫人遂孕。臨蓐時，慈烏滿庭，人以爲瑞，是生康節公。公初生，髪被面，有齒，能呼母。七歲戲於庭，從蟻穴中豁然别見天日，雲氣往來。久之以告夫人，夫人至無所見，禁勿言。既長，游學，夜行晉州山路，馬突，同墜深澗中。從者攀緣下尋公，無所傷，唯壞一帽。熙寧十年，公年六十七矣。夏六月，屬微疾，一日晝睡，覺且言曰：「吾夢旌旗鶴鴈自空而下，導吾行亂山中，與司馬君實、吕晦叔諸公相分别於一驛亭。回視其壁間，有大書四字曰『千秋萬歲』。吾神往矣，無以醫藥相逼也！」嗚呼，異哉！

邵伯温《邵氏聞見録》卷一九　熙寧初，王宣徽之子名正甫字茂直，監西京糧料院。一日約康節先公同吴處厚、王平甫會飯，康節辭以疾。明日，茂直來，康節謂曰：「某之辭會有以，姑聽之。吴處厚者好議論，平甫者介甫之弟。介甫方執政行新法，處厚每譏刺之；平甫雖不甚主其兄，若人面罵之則亦不堪矣，此某所以辭會也。」茂直笑曰：「先生料事之審如此。昨處厚席間毁介甫，平甫作色，欲列其事於府。某解之甚苦，乃已。」嗚呼！康節以道德尊一代，平居出處一飯食之間，其慎如此，爲子孫者當念之。

邵伯温《邵氏聞見録》卷二〇　熙寧初，歐陽文忠公爲參知政事，遣其子棐叔弼來洛省王宣徽夫人之疾。將行，語叔弼曰：「到洛唯可見邵先生，爲致吾嚮慕之意。」康節先生既見叔弼，從容與語平生出處以及學術大槩。臨别猶曰：「其無忘鄙野之人於異日。」後十年，康節先公捐館，又十年，韓康公尹洛，請謚於朝。叔弼偶爲太常博士，次當謚議，叔弼嘗謂晁説之以道云：「棐作邵先生謚議，皆往昔親聞於先生者。當時少年，先生一見忻然延接，語以平生學術出處之大，故得其詳如此。豈非先生學道絶世，前知來物，預以告耶？」蓋驗於二十年之後，異哉！

熙寧中，有一道人，無目，以錢置手掌中，即知正背年號，人皆異之。康節先公問曰：「以錢置爾之足，亦能知之乎？」道人答曰：「此吾師之言也。」愧謝而去。

廉布《清尊録》　富韓公謝事居洛，一日，邵康節來謁。公已不通客，但戒門者曰：「邵先生來，無早晚入報。」是日，公適病足，卧小室，延康節至卧牀前，康節笑曰：「他客得至此邪！」公亦笑指康節所坐胡牀，曰：「病中心怦怦，雖兒子來，立語遣去。此一胡牀惟待君耳！」康節顧左右曰：「更取一胡牀來。」公問故，答曰：「日正中，當有一緑衣少年，騎白馬候公，公雖病，强見之。公薨後，此人當秉史筆記公事。」公素敬康節，神其言，因戒閽人曰：「今日客至，無貴賤，立爲通。」既午，果范祖禹夢得來。遂延入，問勞稠疊，且曰：「老病即死，念平生碌碌無足言，然齱懷樸忠，他時筆削必累君，願少留意。」夢得惶恐叵測，避席謝。後十餘年，修《裕陵實録》，夢得竟爲修撰韓公傳。

王明清《揮麈録・後録》卷二　富鄭公晚居西都，嘗會客于第中，邵康節與焉。因食羊肉，鄭公顧康節云：「煮羊惟堂中爲勝，堯夫所未知也。」康節曰：「野人豈識堂食之味，但林下蔬筍，則常喫耳。」鄭公赧然曰：「弼失言。」

朱弁《曲洧舊聞》卷二　邵先生名雍，字堯夫，傳《易》學，尤精於數，居洛中。昭陵末年，聞鳥聲，驚曰：「此越鳥也，孰爲而來哉！」因以《易》占之，謂人曰：「後二十年，有一南方人作宰相，自此蒼生無寧歲，君等誌之。」朝廷屢詔不起。後即其家授以官，堯夫力辭之，乃申河南府，以病未任拜起，乞留告身在本府，俟痊安日祗受，朝廷益高之。元豐末卒，謚曰康節。

温公與堯夫水北閒步，見人家造屋，堯夫指曰：「此三間，某年某月當自倒。」又指曰：「此三間，某年某月爲水所壞。」温公歸，因筆此事於所著文稾之後，久而忘之。因過水北，忽省堯夫所説，視其屋，則爲瓦礫之場矣。問於人，皆如堯夫言。歸考其事，亦同。此事洛中士大夫多能道之。

陳長方《步里客談》卷上　熙寧戊申，邵堯夫聞杜鵑啼，不樂。或問之，曰：「將有人起東南爲相，以文教亂天下，此禍非六十年不已。」未幾，王介甫召自江寧。介甫所建明經術法令，至建炎戊申方熄。

邵康節先天學，自李挺之、穆伯長相授。《墓志》中云：「推其源流，遠有端緒。」其實自陳希夷來。嘗云：「天下聰明過人惟程伯淳、正叔，其次則章惇、邢恕，可傳此學。」程先生問：「幾年可成？」曰：「二十年。」先生曰：「某兄弟無此等閒工夫。」章、邢聞康節語，遂來。康節視之，曰：「章子厚、邢和叔心術不正，挾此將何所不爲？」終不與之。故先天之學不傳。嘗爲章子厚筮一卦，説平生

不差一字。

周煇《清波雜志》卷六　煇嘗過庭，聞祖父奉直得於陸農卿左丞：歐陽文忠公有一記事册子，親題：「丙午年不入蜀則入吴。」後見洪成季文憲公之孫，言文憲嘗問邵澤民：「康節知數，公所聞如何？」曰：「無他語，臨終但云：丁未歲子孫可入蜀。」然建炎初吴地亦不免被兵，獨西蜀全盛，迄今爲東南屏蔽，益信斯言。康節先天之數，世可希萬一耶？

馬永卿《懶真子》卷三　洛中邵康節先生術數既高，而心術亦自過人。所居有圭竇、甕牖。圭竇者，牆上鑿門，上鋭下方，如圭之狀。甕牖者，以敗甕口安於室之東西，用赤白紙糊之，象日月也。其所居謂之「安樂窩」。先生以春秋天色温凉之時乘安車，駕黄牛，出游於諸公家。諸公皆欲其來，各置「安樂窩」一所。先生將至其家，無老少婦女良賤咸迓於門，迎入窩，争前問勞，且聽先生之言。凡其家婦姑、妯娌、婢妾有争競，經時不能決者，自陳於前。先生逐一爲分别之，人人皆得其懽心。於是酒殽競進，厭飲數日。徐游一家，月餘乃歸。非獨見其心術之妙，亦可想見洛中士風之美。聞之於司馬文仲楫。

富鄭公留守西京日，因府園牡丹盛開，召文潞公、司馬端明、楚建中、劉几、邵先生同會。是時，牡丹一欄凡數百本。座客曰：「此花有數乎？且請先生筮之。」既畢，曰：「凡若干朵。」使人數之，如先生言。又問曰：「此花幾時開盡？請再筮之。」先生再三揲蓍，座客固已疑之。先生沉吟良久，曰：「此花命盡來日午時。」座客皆不答，温公神色尤不佳，但仰視屋。鄭公因曰：「來日食後可會於此，以驗先生之言。」座客曰：「諾。」次日食罷，花尚無恙。洎烹茶之際，忽然群馬厩中逸出，與座客馬相踶嚙，奔出花叢中。既定，花盡毁折矣。於是洛中愈伏先生之言。先生家有「傳易堂」，有《皇極經世集》行於世。然先生自得之妙，世不可傳矣。聞之於司馬文季朴。

張邦基《墨莊漫録》卷二　康節邵先生堯夫在洛中，嘗與司馬温公論《易》數，推園中牡丹云：「某日某時當毁。」是日，温公命數客以觀。日向午，花方穠盛，客頗疑之。斯須兩馬相踶，絶銜斷轡，自外突入，馳驟欄上，花果壞焉。嘗言天下可傳此者，司馬君實、章子厚耳。而君實不肯學，子厚不可學也。臨終，焚其書，不傳。衹以《皇極經世》行於世。

趙與時《賓退録》卷二　康節邵先生之學受於李挺之，而今世少知挺之者。晁以道説之。嘗爲作傳曰：「李之才，字挺之，青社人。天聖八年，同進士出身。爲人朴且率，自信，無少矯厲。師河南穆伯長。伯長性卞嚴寡合，雖挺之亦頻在訶怒中。挺之事先生益謹。嘗與參校柳文者累月，卒能受《易》。時蘇子美亦從伯長學《易》，其專授受者惟挺之。伯長之《易》，受之种徵君明逸，种徵君受之希夷先生陳圖南，其源流爲最遠。究觀三才象數變通，非若晚出尚辭以自名者。挺之初爲衛州獲嘉縣主簿，權共城令。所謂康節先生邵堯夫者，時居母憂于蘇門山百源之上，布裘菜食，且躬爨以養其父。挺之叩門上謁，勞苦之曰：『好學篤志果何似？』康節曰：『簡策迹外，未有適也。』挺之曰：『君非迹簡策者，其如物理之學何？』他日則又曰：『物理之學學矣，不有性命之學乎？』康節謹再拜，悉受業。於書，則先視之以陸淳《春秋》，意欲以《春秋》表儀五經，既可語五經大旨，則授《易》而終焉。世所謂康節先生之《易》者，實受之挺之。挺之器大，難乎識者，棲遲久不調。或惜之，則曰：『宜少貶之榮進。』友人石曼卿獨曰：『時不足以容君，君盍不棄之隱去？』再調孟州司法參軍。時范忠獻公守孟，亦莫之知也。忠獻初建節鉞守延安，送者不用故事，出境外，挺之獨别近郊。或病之，謝曰：『故事也。』居頃之，忠獻謫安陸，挺之沿檄見之洛陽。前日遠境之客，無一人來者。忠獻於是乎恨知挺之之晚。友人尹師魯以書薦挺之于葉舍人道卿，因石曼卿致之曰：『孟州司法參軍李之才，年三十九。能爲古文章，語直意邃，不肆不窘，固足以蹈及前輩，非洙所敢品目。而安於卑位，頗無仕進意，人罕能知之。其才又達世務，使少用於世，必過人遠甚。幸其貧無貲，不能決其歸心，知之者當共成之。』曼卿報師魯曰：『今之業文好古之士至鮮，且不張，苟遺若人，其學益衰矣。是師魯當盡心以成之者也。延年素不喜屈謁貴仕，以挺之書凡四五至道卿之門，通焉而後已。道卿且樂薦之，以是不悔。』挺之遂得應銓新格，有保任五人，改大理寺丞，爲緱氏令，未行，會曼卿與龍圖閣直吴學士遵路調兵河東，辟挺之澤州僉署判官。於是澤人劉仲更從挺之受曆法，世稱劉仲更之曆，遠出古今上，有楊雄、張衡之所未喻者，實受之挺之。在澤，轉殿中丞。丁母憂，甫除喪，暴卒于懷州守舍。時友人尹子漸守懷也，實慶曆五年二月。子漸哭挺之過哀，感疾，不逾月亦卒。挺之葬青社。後十有二年，一子以疾卒。又二十有四年，有姪君翁，乞康節表其墓。曰：『求於天下，得聞道之君子李公以師焉。』」以道此傳，頗能道其出處之詳。然康節嘗曰：「今世知道者，獨予及李挺之二人而已。」則此傳豈足以盡挺之哉！

王惲《玉堂嘉話》卷四　康節與客游嵩山。中途，客指所憩樹問曰：「此何日

枯悴？」先生久不對，客疑焉。曰：「非不答，吾有所俟曰。」俄一葉墜，先生曰：「比吾二人還，亡矣。」既回，樹已爲人伐去。占法蓋取葉墮時刻而定其存亡者焉。

備論

呂中《類編皇朝大事記講義》卷一四《邵康節之學》 堯夫以易之數，推古今之治亂存亡，及人之災祥休咎，無毫釐差謬。蓋其器識弘遠，學問淵源，胸襟洒落，有得于中者甚大！故思致如是之幽遠，真命世之人傑也。此章子厚、邢和叔之徒，欲傳其學而卒不授之，宜哉！

藝文

《邵雍集・伊川擊壤集序》 《擊壤集》，伊川翁自樂之詩也。非唯自樂，又能樂時，與萬物之自得也。伊川翁曰：子夏謂「詩者，志之所之也。在心爲志，發言爲詩，情動於中而形於言，聲成其文而謂之音」，是知懷其時則謂之志，感其物則謂之情，發其志則謂之言，揚其情則謂之聲，言成章則謂之詩，聲成文則謂之音。然後聞其詩，聽其音，則人之志情可知之矣。且情有七，其要在二，二謂身也、時也。謂身則一身之休慼也，謂時則一時之否泰也。一身之休慼則不過貧富貴賤而已，一時之否泰則在夫興廢治亂者焉。是以仲尼刪《詩》，十去其九。諸侯千有餘國，《風》取十五。西周十有二王，《雅》取其六。蓋垂訓之道，善惡明著者存焉耳。近世詩人，窮慼則職于怨憝，榮達則專於淫泆。身之休慼發于喜怒，時之否泰出于愛惡，殊不以天下大義而爲言者，故其詩大率溺于情好也。噫！情之溺人也，甚於水。古者謂水能載舟，亦能覆舟。是覆載在水也，不在人也。載則爲利，覆則爲害，是利害在人也，不在水也。不知覆載能使人有利害耶？利害能使水有覆載耶？二者之間必有處焉。就如人能蹈水，非水能蹈人也。然而有稱善蹈者，未始不爲水之所害也。若外利而蹈水，則水之情亦由人之情也；若內利而蹈水，則敗壞之患立至于前，又何必分乎人焉水焉，其傷性害命一也。性者道之形體也，性傷則道亦從之矣。心者性之郛郭也，心傷則性亦從之矣。身者心之區宇也，身傷則心亦從之矣。物者身之舟車也，物傷則身亦從之矣。是知以道觀性，以性觀心，以心觀身，以身觀物，治則治矣，然猶未離乎害者也。不若以道觀道，以性觀性，以心觀心，以身觀身，以物觀物，則雖欲相傷，其可得乎！若然，則以家觀家，以國觀國，以天下觀天下，亦從而可知之矣。

予自壯歲業于儒術，謂人世之樂何嘗有萬之一二，而謂名教之樂固有萬萬焉，況觀物之樂復有萬萬者焉。雖死生榮辱轉戰于前，曾未入于胸中，則何異四時風花雪月一過乎眼也？誠爲能以物觀物，而兩不相傷者焉，蓋其間情累都忘去爾，所未忘者獨有詩在焉。然而雖曰未忘，其實亦若忘之矣。何者？謂其所作異乎人之所作也。所作不限聲律，不沿愛惡，不立固必，不希名譽，如鑑之應形，如鐘之應聲。其或經道之餘，因閑觀時，因靜照物，因時起志，因物寓言，因志發詠，因言成詩，因詠成聲，因詩成音，是故哀而未嘗傷，樂而未嘗淫。雖曰吟詠情性，曾何累于性情哉！鐘鼓，樂也；玉帛，禮也。與其嗜鐘鼓玉帛，則斯言也不能無陋矣。必欲廢鐘鼓玉帛，則其如禮樂何？人謂《風》《雅》之道行于古而不行于今，殆非通論，牽于一身而爲言者也。吁！獨不念天下爲善者少，而害善者多；造危者衆，而持危者寡。志士在畎畝，則以畎畝言，故其詩名之曰《伊川擊壤集》。

時有宋治平丙午中秋日也。

《邵雍集》附録邢恕《伊川擊壤集後序》 聖人不作，而士溺於成俗，忽不自知，日入於卑。近有能奮然拔起，追古人於數千百年之上，獨與之爲徒者，傳所謂豪傑之士，康節先生是已。先生之學，以先天地爲宗，以皇極經世爲業，揭而爲圖，萃而成書。其論世尚友，乃直以堯舜之事而爲之師。其發爲文章者，蓋特先生之遺餘。至其形於詠歌、聲而成詩者，則又其文章之餘。皆德人之言，鬱於中而著於外，故其所摭者近而所託者遠，爲體小而推類大。其始感發於性情之間，乃若自幸生天下無事，饑而食，寒而衣，不知帝力之何有於我，陶然有以自樂，而其極乃蘄於身堯舜之民，而寄意於唐虞之際。此先生所以自名其集曰《擊壤》也。

余嘗讀阮籍、陶潛詩，愛其平易渾厚，氣全而致遠。二人之學固非先生比，然皆志趣高邈，不爲時俗所汩没，事物所侵亂。其胸中所守者完且固，則其爲詩不煩於繩削而自工，又況於正聲大雅之什不爲陶、阮者乎。先生其狀退然，其氣和，與人不爲崖異。初若可親，既而莫不起敬，終以屈服。豈所謂德全之人哉！

其詩如璞玉，如良金，温粹精明，而不見其廉隅鋒穎，如其爲人，渾渾浩浩，簡易較直，薰然太和，不名一體，足以想見乎堯舜之時。其行已立言，若使遭遇其時，擄發其藴，則雖致其君爲堯舜，疑不難。而道不小行，人不易知，故蓽門環堵，卒老於伊洛之間。而行誼信天下，名聲動京師。朝廷始以爲試將作監主簿，既又爲潁州團練推官，而以疾辭不起。已而道益尊，稱益顯，賢士大夫往來過洛者，必造其廬居。守河南尹而下，莫不親禮之，願見其顔色，聆其語言。四方英才好學之士，皆願質疑請益而受業焉。其殁也，守臣以爲言，詔贈秘書省著作郎，加賻粟帛。久之，韓獻肅公守洛，又爲之請謚於朝。奏下太常，賜謚康節。蓋自本朝有天下百四十年間，隱逸處士名行始卒完具無玷缺，而朝廷旌命及存殁賻恤贈謚無一或闕，愈久而愈光者，先生一人而已。

恕嘗從先生學，而奉親從仕南北，未之卒業。然於講聞其文章，而次第其本末，則或能之。其子伯温哀類先生之詩凡若干篇，先生固嘗自爲序矣，又屬恕以系其後，義可辭乎？

元祐六年辛未夏六月甲子十有三日，原武邢恕序。

范祖禹《范太史集》卷三七《康節先生誄文》　維熙寧十年，七月癸丑，安樂先生卒。洛陽士大夫皆來哭弔，且歸賻，門人治喪。天子下詔，贈先生著作郎。其年十月丁酉，葬於伊闕之南。嗚呼哀哉！乃作誄曰：

邵居北土，命姓于燕。康公之後，邈矣其綿。皇之家初，乃遷衡漳。以及先生，其道大光。中和之發，在於明哲。之性之美，之才之傑。不激不厲，不異不同。亦坦而莊，亦和而恭。其幽惟顯，其外惟中。少也志壯，始强於學。聖亦我同，彼惟先覺。直趨其奥，力取其卓。鶴鳴于皋，鴻漸于陸。厥聲載振，于彼淇澳。幅員之大，目所未窺。博覽遐觀，以爲吾資。徜徉四方，遵海而歸。爰自帝丘，遷宅中土。考卜澗瀍，周公之宇。陰陽所和，可以遊處。初無一廛，莫蔽風雨。顔子陋巷，原憲環堵。云何不樂，惟孔之苦。推測天地，元化之祖。旁羅日月，貫穿今古。爰暨草木，昆蟲之微。細入毫末，大包九圍。探賾索隱，極深研幾。筆之於書，皇極是統。以充其氣，以養其勇。富貴不降，威武不竦。豈無爵位，孰可致之？亦有軒冕，孰能榮之？不雕其樸，不耀其奇。玉韞于山，珠藏于淵。豫章偃蹇，蔽日參天。莫得而用，其材乃全。昔之隱者，或遇衰世。遯跡山林，其流以敝。先生之隱，其道彌昭。唐虞之際，於以逍遥。虁龍游沼，鱗鳳在郊。豈必陳力，乃光於朝。先生之化，被於鄉黨。無有遠邇，聞風趨嚮。來見來請，各滿其望。今也則亡，孰爲師長。嗚呼哀哉！死喪之威，有生所畏。疇昔臨之，精爽不二。委命待終，漠然而寐。惟其一心，俯仰不愧。明明我后，有命自天。錫之好爵，賁于重泉。庶幾來者，景行其賢。嗚呼哀哉！先生之殁，自秋徂冬。不聞其聲，不覩其容。去此故庭，就彼新宫。人誰不殁，名則無窮。惟其令德，有始有終。作此哀誄，播其流風。嗚呼哀哉，尚饗！

晁説之《景迂生集》卷一八《康節先生謚議後記》　説之大觀四年庚寅冬赴明州船場，候潮浙江上，遇歐陽三丈叔弼，相與遨遊談話旬日，甚樂，因及三丈所作《康節先生謚議》，三丈曰：「異哉，吾之斯文也！何吾以道愛之深邪？」曰：「丈人斯文可謂合矣，何異之有？」曰：「姑聽之，棐從母王宣徽夫人得疾洛陽，先妣夫人亟以棐入洛，時先公參大政，臨行告戒曰：『洛中有邵堯夫，吾獨不識，汝爲吾見之。』棐既至洛，自幸得見先生，何期賜之從容，則起問其所以宜教者。先生笑曰：『有家法，有家法。』既乃作而言曰：『豈無以爲足下言者？』先生乃徐道其立身本末，苦辛備細，畢平生於一席端。出門揖送，猶曰：『足下其無忘鄙野之人於異日。』棐伏念行李間，先生豈不少我哉？未嘗辱教一言，雖欲不忘，亦何事耶？歸白大人，則喜曰：『幸矣，邵堯夫有以處吾兒也。』其後二十年，棐偶入太常爲博士，次當作先生謚議，乃恍然省先生當時之言。落筆若先生之自序云爾，無待其家所上文字也。」叔弼丈爲人廉於名譽，俛俛常有退讓之色，其爲説之道此時，意氣甚武，宜其文之健且高也。説之謝曰：「昔郭景純先知行刑者，吾康節先生知謚議博士，迹則類矣。然郭以術，先生則孰知其所以然邪？」叔弼丈曰：「世稱先生數學如何？」説之復言曰：「先生傳先天之數，雖揚雄、張衡、關子明所不及。然亦吾先生《易》中一事也。」叔弼丈歎曰：「先生之《易》畢，能悉備如是，盍爲我道之？」説之辭不敏，且不幸不及先生之門。而爲《京氏易》十餘年後，遇先生門人洛陽楊賓賢，略能發先生《易》之梗概。久之乃有所入，則知先生起卦以四，是謂夏時；以六，是謂《坤》、《乾》；以八，是謂《周易》。先生使夏商之《易》不亡，而《周易》、《乾》、《夬》之變始終不窮，猶丈人之作謚議也。叔弼丈復謝曰：「吾之文於是乎陋矣。」嗟夫，歲復一星矣，三丈下世已累年，追惟故人，存者有幾？先生之子伯温又遠守南充，以書來趣説之記其事，不得而辭云。宣和四年四月丙申，成州清心堂嵩山晁説之記。

張栻《南軒集》卷一四《經世紀年序》　太史遷作《十二國世表》，始紀甲子起於成周共和庚申之歲，庚申而上則莫紀焉。歷世寖遠，其事雜見於諸書，靡適折

衷，則亦傳疑而已。本朝嘉祐中，康節邵先生雍出於河南，窮往知來，精極於數，作《皇極經世書》，上稽唐堯受命甲辰之元，爲《編年譜》。如云外丙、仲壬之祀，康節以數推之，乃合於《尚書》成湯既没太甲元年之説。成湯之後，蓋實傳孫。《孟子》所記，特以太丁未立而卒，方是時，外丙生二年，仲壬生四年耳。又正武王伐商之年。蓋武王嗣位十一年矣，故《書序》稱十有一年矣，而復稱十有三年，字之誤也。是類皆自史遷以來傳習之繆，一旦使學者曉然得其真，萬世不可改者也。某不自揆，輒因先王之曆，考自堯甲辰至皇上乾道改元之歲，凡三千五百二十有二年，列爲六圖，命之曰《經世紀年》，以便觀覽。間有鄙見，則因而明之，其大節目有六。蓋孟子謂堯、舜三年之喪畢，舜、禹避堯、舜之子而天下歸之，然後踐天子位，此乃奉天命之大旨，其可闇而弗章？故於甲申書服堯、舜之喪，乙酉踐位之實，丙戌書元載，格於文祖。自乙酉至丁巳，是踐位三十有三載也，則書薦禹於天，與《尚書》命禹之詞合。自丁巳至癸巳，是薦禹十有七載也，與孟子之説合。於是受命之際，書法亦然。然後而《書》稱舜在位五十載，陟方乃死，則是史官自堯崩之明年通數之耳。夏后相二十有八載，寒浞殺相，明年少康始生於有仍氏，凡四十年而後祀夏配天，不失舊物。寒浞豈可使間有夏之統？故缺此四十載，獨書少康出處，而紀元載於復國之歲，以見少康四十年經營，宗祀絶而復續，足以爲萬代中興之冠冕。於新莽之篡，缺其年，亦所以表光武之中興也。漢呂太后稱制，既不得係年，而所立少帝乃他人子，又安得承統？故復缺此數年，獨書曰「呂太后臨朝稱制」，亦范太史祖禹係嗣聖紀年之意也。漢獻之末，曹丕雖稱帝，而昭烈以正義立於蜀，不改漢號，則漢統烏得爲絶？故獻帝之後，即昭烈年號，書曰蜀漢，逮後主亡國，而始繫魏。凡此皆節目之大者，妄意明微扶正，不自知其愚也。其他如夏以上稱載，商稱祀，周始稱年，皆考之《書》可見，而《周書》《洪範》獨稱祀者，是武王不欲箕子尚存商曆，箕子之志也。由魏以降，南北分裂，如元魏、北齊、後周皆夷狄也，故統獨係於江南。五代迭揉，則都中原者不得不係之。嗟乎！世有今古，太極一而已矣，太極立則通萬古於一息，會中國爲一人。雖自堯而上，六閼逢無紀，然上聖惟微之心，蓋未嘗不周流該徧，亘乎無窮而貫於一也。是以《春秋》書元，以著其妙用，成位乎其中者也。大君明斯義，則首出庶物，天地交泰，裁成輔相之妙矣。爲人臣而明斯義，則有以成身而佐其主矣。若夫《易》、《春秋》之用不明，則經世之旨不幾於息乎？乾道三年正月甲子謹序。

魏了翁《鶴山先生大全文集》卷五二《邵氏擊壤集序》 邵子平生之書，其心術之精微在《皇極經世》，其宣寄情意在《擊壤集》。凡立乎皇王帝霸之興替，春秋冬夏之代謝，陰陽五行之運化，風雲月露之霽曀，山川草木之榮悴，惟意所驅，周流貫徹，融液擺落，蓋左右逢原，略無毫髮凝滯倚著之意。嗚乎，真所爲風流人豪者與！或曰：「揆以聖人之中，若弗合也。『天何言哉，四時行焉，百物生焉』，聖人之動静語默無非至教，雖常以示人而平易坦明，不若是之多言也。『老者安之，朋友信之，少者懷之』，聖人平心量直，與天地萬物上下同流，雖無時不樂而寬舒和平，不若是之多言也。」曰：是則然矣。宇宙之間，飛潛動植，晦明流峙，夫孰非吾事？若有以察之，參前倚衡，造次顛沛，觸處呈露，凡皆精義妙道之發焉者。脱斯須之不在，則芸芸並驅，日夜雜揉相代乎前，顧於吾何有焉？若邵子，使猶得從游舞雩之下，浴沂詠歸，毋寧使曾皙獨見與於聖人也與！洙泗已矣，秦、漢以來諸儒無此氣象，讀者當自得之。

張載部

綜述

《宋史》卷四二七《張載傳》 張載字子厚，長安人。少喜談兵，至欲結客取洮西之地。年二十一，以書謁范仲淹，一見知其遠器，乃警之曰：「儒者自有名教可樂，何事於兵。」因勸讀《中庸》。載讀其書，猶以爲未足，又訪諸釋、老，累年究極其説，知無所得，反而求之《六經》。嘗坐虎皮講《易》京師，聽從者甚衆。一夕，二程至，與論《易》，次日語人曰：「比見二程，深明《易》道，吾所弗及，汝輩可師之。」撤坐輟講。與二程語道學之要，涣然自信曰：「吾道自足，何事旁求。」於是盡棄異學，淳如也。

舉進士，爲祈州司法參軍，雲巖令。政事以敦本善俗爲先，每月吉，具酒食，召鄉人高年會縣庭，親爲勸酬，使人知養老事長之義，因問民疾苦，及告所以訓戒子弟之意。

熙寧初，御史中丞吕公著言其有古學，神宗方一新百度，思得才哲士謀之，召見問治道，對曰：「爲政不法三代者，終苟道也。」帝悦，以爲崇文院校書。他日見王安石，安石問以新政，載曰：「公與人爲善，則人以善歸公；如教玉人琢玉，則宜有不受命者矣。」明州苗振獄起，往治之，末殺其罪。

還朝，即移疾屏居南山下，終日危坐一室，左右簡編，俯而讀，仰而思，有得則識之，或中夜起坐，取燭以書。其志道精思，未始須臾息，亦未嘗須臾忘也。敝衣蔬食，與諸生講學，每告以知禮成性、變化氣質之道，學必如聖人而後已。以爲知人而不知天，求爲賢人而不求爲聖人，此秦、漢以來學者大蔽也。故其學尊禮貴德、樂天安命，以《易》爲宗，以《中庸》爲體，以《孔》、《孟》爲法，黜怪妄，辨鬼神。其家昏喪葬祭，率用先王之意，而傳以今禮。又論定井田、宅里、發斂、學校之法，皆欲條理成書，使可舉而措諸事業。

吕大防薦之曰：「載之始終，善發明聖人之遺旨，其論政治略可復古。宜還其舊職，以備諮訪。」乃詔知太常禮院。與有司議禮不合，復以疾歸，中道疾甚，沐浴更衣而寢，旦而卒。貧無以斂，門人共買棺奉其喪還。翰林學士許將等言其恬於進取，乞加贈卹，詔賜館職半賻。

載學古力行，爲關中士人宗師，世稱爲横渠先生。著書號《正蒙》，又作《西銘》曰：

乾稱父而坤稱母，予兹藐焉，乃混然中處。故天地之塞吾其體，天地之帥吾其性，民吾同胞，物吾與也。

大君者，吾父母宗子；其大臣，宗子之家相也。尊高年所以長其長，慈孤幼所以幼其幼，聖其合德，賢其秀也。凡天下疲癃殘疾、惸獨鰥寡，皆吾兄弟之顛連而無告者也。「于時保之」，子之翼也。「樂且不憂」，純乎孝者也。違曰悖德，害仁曰賊，濟惡者不才，其踐形惟肖者也。

知化則善述其事，窮神則善繼其志，不愧屋漏爲無忝，存心養性爲匪懈。惡旨酒，崇伯子之顧養；育英材，穎封人之錫類。不弛勞而底豫，舜其功也；無所逃而待烹，申生其恭也。體其受而歸全者，參乎；勇於從而順令者，伯奇也。富貴福澤，將厚吾之生也；貧賤憂戚，庸玉女於成也。存，吾順事；殁，吾寧也。

程頤嘗言：「《西銘》明理一而分殊，擴前聖所未發，與孟子性善養氣之論同功，自孟子後蓋未之見。」學者至今尊其書。

嘉定十三年，賜謚曰明公。淳祐元年封郿伯，從祀孔子廟庭。弟戩。

朱熹《伊洛淵源録》卷六吕大臨《横渠先生行狀》 先生諱載，字子厚，世大梁人。曾祖某，生唐末，歷五代，不仕，以子貴，贈禮部侍郎。祖復，仕真宗朝，爲給事中、集賢院學士，贈司空。父迪，仕仁宗朝，終于殿中丞、知涪州事，贈尚書都官郎中。涪州卒于西官，諸孤皆幼，不克歸，僑寓於鳳翔郿縣横渠鎮之南大振谷口，因徙而家焉。

先生嘉祐二年登進士第，始仕祁州司法參軍，遷丹州雲巖縣令，又遷著作佐郎、簽書渭州軍事判官公事。熙寧二年冬，被召入對，除崇文院校書。明年移疾，十年春復召還館，同知太常禮院。是年冬，謁告西歸，十有二月乙亥，行次臨潼，卒于館舍。享年五十有八。是月以其喪歸殯于家，卜以元豐元年八月癸酉葬于涪州墓南之兆。先生娶南陽郭氏，有子曰因，尚幼。

先生始就外傅，志氣不羣，知虔奉父命，守不可奪，涪州器之。少孤自立，無所不學。與邠人焦寅游，寅喜談兵，先生説其言。當康定用兵，時年十八，慨然以功名自許，上書謁范文正公。公一見知其遠器，欲成就之，乃責之曰：「儒者

自有名教，何事於兵？」因勸讀《中庸》。先生讀其書，雖愛之，猶未以爲足也，於是又訪諸釋、老之書，累年盡究其説，知無所得，反而求之《六經》。

嘉祐初，見洛陽程伯淳、正叔昆弟于京師，共語道學之要。先生涣然自信曰：「吾道自足，何事旁求！」乃盡棄異學，淳如也。間起從仕，日益久，學益明。方未第時，文潞公以故相判長安，聞先生名行之美，聘以束帛，延之學宫，異其禮際，士子矜式焉。

其在雲巖，政事大抵以敦本善俗爲先。每以月吉具酒食，召鄉人高年，會于縣庭，親爲勸酬，使人知養老事長之義，因問民疾苦，及告所以訓戒子弟之意。有所教告，常患文檄之出不能盡達于民，每召鄉長于庭，諄諄口諭，使往告其里間。間有民因事至庭，或行遇于道，必問：「某時命某告某事，聞否？」聞即已，否則罪其受命者。故一言之出，雖愚夫孺子，無不預聞。

知京兆王公樂道嘗延致郡學，先生多教人以德，從容語學者曰：「孰能少置意科舉，相從于堯舜之域否？」學者聞法語，亦多有從之者。在渭，渭帥蔡公子正特所尊禮，軍府之政，小大咨之。先生夙夜從事，所以贊助之力爲多。並塞之民，常苦乏食而貸于官帑，不能足，又屬霜旱，先生力言于府，取軍儲數十萬以救之。又言戍兵徒往來，不可爲用，不若損數以募土人爲便。

上嗣位之二年，登用大臣，思有變更。御史中丞吕晦叔薦先生于朝，曰：「張載學有本原，四方之學者皆宗之，可以召對訪問。」上即命召。既入見，上問治道，皆以漸復三代爲對。上説之，曰：「卿宜日見二府議事，朕且將大用卿。」先生謝曰：「臣自外官赴召，未測朝廷新政所安，願徐觀旬月，繼有所獻。」上然之。

他日見執政，執政嘗語曰：「新政之更，懼不能任事，求助於子，何如？」先生對曰：「朝廷將大有爲，天下之士，願與下風。若與人爲善，則孰敢不盡？如教玉人追琢，則人亦故有不能。」執政默然。所語多不合，寖不悦。既命校書崇文，先生辭，未得謝，復命案獄浙東。或有爲之言曰：「張載以道德進，不宜使之治獄。」執政曰：「淑問如皋陶，猶且獻囚，此庸何傷？」獄成還朝。會弟天祺以言得罪，先生益不安，乃謁告西歸。居於横渠故居，遂移疾不起。

横渠至僻陋，有田數百畝，以供歲計，約而能足，人不堪其憂，而先生處之益安。終日危坐一室，左右簡編，俯而讀，仰而思，有得則識之。或中夜起坐，取燭以書，其志道精思，未始須臾息，亦未嘗須臾忘也。學者有問，多告以知禮成性，變化氣質之道，學必如聖人而後已，聞者莫不動心有進。又以爲教之必能養之，然後信，故雖貧不能自給，苟門人之無貲者，雖糲蔬亦共之。其自得之者，窮神化，一天人，立大本，斥異學，自孟子以來，未之有也。

嘗謂門人曰：「吾學既得於心，則脩其辭；命辭無差，然後斷事；斷事無失，吾乃沛然精義入神者，豫而已矣。」近世喪祭無法，喪惟致隆三年，自期以下未始有衰麻之變。祭先之禮，一用流俗，節序燕褻不嚴。先生繼遭期功之喪，始治喪服，輕重如禮。家祭始行四時之薦，曲盡誠潔。聞者始或疑笑，終乃信而從之。一變從古者甚衆，皆先生倡之。

先生氣質剛毅，德盛貌嚴，然與人居久而日親。其治家接物，大要正己以感人，人未之信，反躬自治，不以語人，雖有未諭，安行而無悔。故識與不識，聞風而畏。非其義也，不敢以一毫及之。其家童子，必使洒掃應對，給侍長者；女子之未嫁者，必使親祭祀，納酒漿，皆所以養孫弟，就成德。嘗曰：「事親奉祭，豈可使人爲之。」聞人之善，喜見顔色；答問學者，雖多不倦。有不能者，未嘗不開其端。其所至必訪人才，有可語者，必丁寧以誨之，惟恐其成就之晚。歲適大歉，至人相食。家人惡米不鑿，將舂之。先生亟止之，曰：「飢殍盈野，雖蔬食且自愧，又安忍有擇乎？」甚或咨嗟對案不食者數四。

熙寧九年秋，先生感異夢，忽以書屬門人，乃集所立言，謂之《正蒙》，出示門人曰：「此書予歷年致思之所得，其言殆於前聖合與大要，發端示人而已。其觸類廣之，則言將有待於學者。正如老木之株，枝别固多，所少者潤澤華葉爾。」又嘗謂：「《春秋》之爲書，在古無有，乃聖人所自作。惟《孟子》爲能知之，非理明義精，殆未可學。先儒未及此而治之，故其説多穿鑿，及《詩》、《書》、《禮》、《樂》之言，多不能平易其心，以意逆志，方且條舉大例，考察文理，與學者緒正其説。」

先生慨然有意三代之治，望道而欲見。論治人先務，未始不以經界爲急。嘗曰：「仁政必自經界始。貧富不均，教養無法，雖欲言治，皆苟而已。世之病難行者，未始不以亟奪富人之田爲辭。然兹法之行，悦之者衆，苟處之有術，期以數年，不刑一人而可復。所病者，特上未之行爾。」乃言曰：「縱不能行之天下，猶可驗之一鄉。」方與學者議古之法，共買田一方，畫爲數井，上不失公家之賦役，退以其私，正經界分宅里，立斂法，廣儲蓄，興學校，成禮俗，救災恤患，敦本抑末，足以推先王之遺法，明當今之可行。此皆有志未就。

會秦鳳帥吕公薦之，曰：「張載之學，善發聖人之遺意，其術略可措之以復古。乞召還舊職，訪以治體。」詔從之。先生曰：「吾是行也，不敢以疾辭，庶幾有遇焉。」及至都，公卿聞風慕之，然未有深知先生者，以所欲言嘗試於人，多未之信。會有言者欲講行冠昏喪祭之禮，詔下禮官，禮官安習故常，以古今異俗爲説。先生獨以爲可行，且謂稱不可，非儒生博士所宜。衆莫能奪，然議卒不決。郊廟之禮，禮官預焉。先生見禮不致嚴，亟欲正之，而衆莫之助，先生益不悦。會有疾，謁告以歸。知道之難行，欲與門人成其初志，不幸告終，不卒其願。没之日，惟一甥在側，囊中索然。明日，門人之在長安者繼來奔哭致賻，襚始克斂。遂奉柩歸，殯以葬。又卜以三月而葬。其治喪禮，一用古，以終先生之志。某惟先生之學之至，備存于書，略述于謚議矣。然欲求文以表其墓，必得行事之迹，敢次以書。

王稱《東都事略》卷一一四《張載傳》 張載字子厚，長安人也。學古力行，篤志好禮，爲關中士人所宗，世所謂「横渠先生」者也。少時喜談兵，年十八，以書謁范仲淹，仲淹責之曰：「儒者自有名教可學，何事於兵。」因勸學《中庸》。載感其言，益窮《六經》，至釋、老書無不讀。與程顥、程頤講學。舉進士，爲祁州司法參軍，雲巖令。

吕公著言載與弟戩有古學，神宗召見，問以治道，對曰：「爲政不以三代爲法者，終苟道也。」除崇文檢書。它日，見王安石，問以新政所安，答曰：「公與人爲善，則人將以善歸公；如教玉人琢玉，則有不受命者矣。」以疾求去，遂築室南山下，敝衣疏食，專精治學。其大意以爲：「知人而不知天，爲賢人而不爲聖人，自秦、漢以降，學者之大敝也。」故其學尊禮貴德、安命樂天。時有以爲難者，載持其論不變也。從其學者皆備弟子之禮，其家昏喪葬祭，率用先王之意，略以今禮行之。召還，同知太常禮院，議禮於有司，又不合，復以疾請歸，道病卒。

其門人欲謚爲明誠，中子以謚議質諸程顥，顥以問司馬光，光以書復顥曰：「子厚平生用心，欲率今世之人復三代之禮者也。《郊特牲》曰：『古者生無爵，死無謚。』爵，謂大夫以上也。《檀弓》記禮所由失，以謂士之有誄，自縣賁父始。子厚官比諸侯之大夫，則宜謚矣。然《曾子問》曰：『賤不誄貴，幼不誄長，禮也。』唯天子稱天，以誄之。諸侯相誄，猶爲非禮，況弟子而誄其師乎？孔子之没，哀公誄之，不聞弟子復爲之謚也。今諸君欲謚子厚而不合於古禮，非子厚之志與？其以陳文範、陶靖節、王文中子、孟貞曜爲比。其尊之也，曷若以孔子爲比乎？惟伯淳折衷之。」載著《正蒙》一書行于世。弟戩。

雜録

備録

李幼武《宋朝道學名臣言行外録》卷三 尹焞云：「先生昔在京，座虎皮説《易》，聽從甚衆。一夕，二程至，論《易》。次日，先生撤去虎皮，曰：『吾平日爲諸公説者，皆亂道，有二程近到，深明《易》道，吾所弗及，汝輩可師之。』」

朱晦翁贊之曰：「蚤悦孫吴，晚逃佛老。勇撤皐比，一變至道。精思力踐，妙契疾書。《訂頑》之訓，示我廣居。」

先生言：「書多閲而好忘者，只爲義理未精耳，理精則須記了無去處也。仲尼一以貫之，蓋只着一義理都貫却。學者但養心識明静，自然可見，死生存亡皆知所從來，胷中瑩然無疑，止此理爾。孔子言『未知生，焉知死』，只略言之。死之事只生是也，更無别理。」

「富貴之得不得，天也，至于道德，則在己求之而無不得者也。」

「學者不可謂少年，自緩便是四十五十。二程從十四歲時便鋭然欲學聖人，今盡及四十未能及顔閔之徒。小程可如顔子，然恐未如顔之無我。」

謂范巽之曰：「吾輩不及古人，病源何在？」范請問，答曰：「此非難悟。設此語者，蓋欲學者存意之不忘，庶游心浸熟，有一日脱然如大寐之得醒耳。」

朱子云：「横渠此意，正要學者將此題目時時省察，使之積久貫熟而自得之耳，非謂只要如此説殺也。」

又言：「義理有疑，即濯去舊見，以來新意。」

朱曰：「此説甚當，最有理。若不濯去舊見，何處得新意來。今學者有二種病：一是主自家意思；一是舊有先入之説，雖欲擺脱，亦被它自來相尋。」

曰：「讀書少則無由考校得義精，蓋書以維持此心，一時放下則一時德性有懈，讀書則此心常在，不讀書則終看義理不見。書須成誦精思，多在夜中或静坐得之，不記則思不起，但通貫得大原後，書亦易記。所以觀書者，釋己之疑，明己

之未達，每見每加新益，則學易進矣，於不疑處有疑，方是進。」

朱曰：「近覺先生成誦之説最爲捷徑，蓋未論看得義理如何，且是收得此心有歸着處，不至走作。然亦須是專一精研，使一書通透爛熟，都無記不起處，方可別換一書，乃爲有益。」

又曰：「言有教，動有法；晝有爲，宵有得；瞬有養，息有存。」

朱曰：「此語極好，君子終日乾乾，不可食息閒。亦不必終日讀書，或静坐存養亦是。天地之生物，以四時運動，春生夏長，同是不息。及至秋冬凋落，亦只藏於其中，故明年復生。若使至秋冬已絶，則來春無緣復有生意。學者常喚令此心不死，則日有進。」

曰：「爲天地立心，爲生民立極，爲前聖繼絶學，爲萬世開太平。」朱曰：「此道自孟子後千有餘歲，若天不欲此道復明，則不使今人有知者，既使人有知者，則必有復明之理。此皆先生以道自任之意。」

先生銘其書室之兩牖，東曰砭愚，西曰訂頑。伊川曰：「是起争端，不若止曰東西銘。」

游酢得《西銘》讀之，即涣然不逆於心，曰：「此《中庸》之理也，能求之語言之外者也。」又論宏毅曰：「《西銘》言宏之道。」

「《訂頑》之言極純無雜，秦漢學者所未到。」伊川語

「《訂頑》意極完備，乃仁之體也。學者體此意，令有諸己，其地位已高。到此地位，自別有見處，不可窮高極遠，恐於道無補也。」

「《訂頑》立心，使達天德。」

南軒與朱子書曰：「《西銘》近日常讀，理一分殊之指，龜山後書終未之得。蓋斯銘之作，政爲學者私勝之流昧夫天理之本然，故推明理一以極其用，而其分之殊自不可亂。蓋如以民爲同胞，謂尊高年爲老其老，慈孤弱爲幼其幼，是推其理一而其分固自在也，故曰分立而推理一，以止私勝之流，仁之方也。龜山以無事乎推爲理一，引聖人『老者安之、少者懷之』爲説，恐未知《西銘》推理一之指也。」

朱子答曰：「天地之間，理一而已。然乾道成男，坤道成女，二氣交感，化生萬物，則其大小之分、親疎之等，至於十百千萬而不能齊也。不有聖賢者出，孰能合其異而反其同哉？《西銘》之作，意蓋如此。程子以爲明理一而分殊，可謂一言而蔽之矣。蓋以乾爲父，坤爲母，有生之類，無物不然，所謂理一也。而人物之生，血脈之屬，各親其親，各子其子，則其分亦安得而不殊哉？一統而萬殊，則雖天下一家、中國一人，而不流於兼愛之蔽；萬殊而一貫，則雖親疎異情、貴賤異等，而不梏於爲我之私，此《西銘》之大指也。觀其推親親之厚，以大無我之公；因事親之誠，以明事天之道。蓋無適而非，所謂分立而推理一者，夫豈專以民吾同胞長長幼幼爲理一而必默識於言意之表，然後知其分之殊哉？且所謂稱物平施者，正謂稱物之宜，以平吾之施云爾。若無稱物之義，則亦何以知夫所施之平哉？龜山第二書蓋欲發明此意，然言不盡而理有餘也，故愚得因其説而遂言之。」

朱曰：「熹既爲《西銘解》，後得尹氏書云：『楊中立答伊川論《西銘》書，有釋然無惑之語。』伊川讀之曰：『楊時也，未釋然。』乃知此論所疑第一書之説，伊川蓋亦未之許也。《龜山語録》有曰：『《西銘》理一而分殊。知其理一，所以爲仁；知其分殊，所以爲義。所謂分殊，猶孟子言親親而仁民，仁民而愛物。其分不同，故所施不能無差等耳。或曰：「如是則體用果離而二矣。」曰：「用未嘗離體也。以人觀之，四肢百骸具於一身者，體也。至其用處，則首不可以加履，足不可以納冠。蓋即體而言分，已在其中矣。」』此論分別異同，合有歸趣，大非答書之比。豈其年高德盛，而所見始益精歟？因復表而出之，以明答書之説，誠有未釋然者。而龜山所見，蓋不終於此而已也。」

問《西銘》。曰：「更須子細看他説理一而分殊。而今道天地不是父母，父母不是天地，不得。分明是一理。『乾道成男，坤道成女』，則凡天下之男皆乾之氣，凡天下之女皆坤之氣。從這理便徹上徹下都即是一个氣。」下並《朱子語録》

「《西銘》自首至末，皆是『理一分殊』。乾父坤母，固是一理；分而言之，便見乾坤自乾坤，父母自父母。」

問：「自『惡旨酒』至『勇於從而順令』，此六聖賢事，可見理一分殊乎？」曰：「『惡旨酒』、『育英材』，是事天；『顧養』及『錫類』，則是事親。每一句皆存兩義，推類可見。」

問：「『天地之塞』，如何是『塞』？」曰：「『塞』與『帥』字，皆張子用字之妙處。塞，乃《孟子》『塞天地之間』；體，乃《孟子》『氣體之充』者；有一毫不滿不足之處，則非塞矣。帥，即『志，氣之帥』，而有主宰之意。」

「《西銘》一篇，正在『天地之塞，吾其體；天地之帥，吾其性』兩句。」

「乾爲父，坤爲母，便是理一而分殊；『子兹藐焉，混然中處』，便是分殊而

理一。」

「《西銘》有个劈下來底道理，有个横截斷底道理。竊意當時語意，似謂每句直下而觀，則事天事親之理皆在焉；全篇中斷而觀之，則上專是事天，下專是事親，各有攸屬。」

問：「向日曾以《西銘》仁孝之理請問，蒙令截斷横看。後來見得孝是發見之先，仁是天德之全。事親如事天，即是孝。自此推之，事天如事親，即仁矣。『老吾老，幼吾幼』，自老老幼幼之心推之，至於疲癃殘疾，皆如兄弟顛連而無告，乃始盡。故以敬親之心，不欺闇室，不愧屋漏，以敬其天；以愛親之心，樂天循理，無所不順，以安其天，方始謂之性。竊意横渠大意只是如此，不知是否？」曰：「他不是説孝，是將孝來形容這仁；事親底道理，便是事天底樣子。人且逐日自把身心來體察一遍，便見得吾身便是天地之塞，吾性便是天地之帥；許多人物生於天地之間，同此一氣，同此一性，便是吾兄弟黨與；大小等級之不同，便是親疎遠近之分。故敬天當如敬親，戰戰兢兢，無所不至；愛天當如愛親，無所不順。天之生我，安頓得好，令我富貴崇高，便如父母愛我，當喜而不忘；安頓得不好，令我貧賤憂戚，便如父母欲成就我，當勞而不怨。」或曰：「先生謂事親是事天底樣子，説盡《西銘》之意矣。」

「『知化則善述其事，窮神則善繼其志』，這志便只是那『天地帥，吾其性』底志。爲人子便要述得父之事，繼得父之志，如此方是事親如事天；便要述得天之事，繼得天之志，方是事天。若是違了此道理，便是天之悖德之子；若害了這仁，便是天之賊子；若是濟惡不悛，便是天之不才之子；若能踐形，便是天地克肖之子。這意思血脈，都是從『天地之塞，吾其體；天地之帥，吾其性』説。緊要都是這兩句，若不是這兩句，則天自是天，我自是我，有何干涉？『吾其體，吾其性』，有我去承當之理。」

問：「『潁封人之錫類』，『申生其恭』。二子皆不能無失處，豈能盡得孝道？」曰：「《西銘》本不是説孝，只是説事天，但推事親之心以事天耳。二子就此處論之，誠是如此。蓋事親却未免有失處。若天道純然，則無失之處，只是推此心以奉事之耳。」

問：「『無逃而待烹』，申生未盡子道，何故取之？」曰：「天不到得似獻公也。人有妄，天則無妄。若教自家死，便是理合如此，只得聽受之。」

問：「《西銘》只是仁、孝、繼志、述事。」曰：「是以父母比乾坤。主意不是説孝，只是以人所易曉者，明其所難曉者耳。」

問：「《西銘》專爲理言，不爲分設。」曰：「《西銘》書，横渠所以示人至爲深切，而伊川又以『理一分殊』贊之，言雖至約，而理則無餘矣。蓋乾之爲父，坤之爲母，所謂理一者也。然乾坤者，天下之父母也。父母者，一身之父母，則其分不得不殊矣。故以民爲同胞、物爲吾與者，自其天下之父母者言之，所謂理一者也。然謂之民，則非真以爲吾之同胞；謂之物，則非真以爲我之同類矣。此自其一身之父母者言之，所謂分殊者也。又以其曰同胞，曰吾與，曰宗子，曰家相，曰老，曰幼，曰聖，曰賢，曰顛連而無告，則於其間又有如是等差之殊哉？但其所謂理一者貫乎分殊之中而未始相離耳。此天地自然古今不易之理，夫子始發明之，非一時救弊之言，姑以强此而弱彼也。」

問：「《西銘》之言指吾體性之所自來，以明父乾母坤之實，極樂天踐形、窮神知化之妙，以至於無一行之不慊而没身焉。故伊川以爲『充得盡時，便是聖人』。恐非專爲學者一時所見而發也。」

問：「《龜山語録》曰：『《西銘》理一爲仁分殊爲義。』」曰：「仁，只是流出來底便是仁；各自成一个物事底便是義。仁只是那流行處，義是那當做處。」

「《西銘》理一而分殊，不是伊川説破，也難理會。」並《朱語》

問：「横渠曰：『由太虚有天之名，由氣化有道之名，合虚與氣有性之名，合性與知覺有心之名。』」曰：「本只是一个太虚，漸漸細分，説得密耳。太虚便是這四者之總體，而不雜乎四者而言。『由氣化有道之名』，氣化是那陰陽造化，四時寒暑晝夜，雨露霜雪，山川木石，金水火土，皆是，這个便是那太虚，只是便雜却氣化説。雖雜氣化，而實不離乎太虚，未説到人物各具當然之處。」《朱子語》

問：「太虚便是《太極圖》上面底圓圈，氣便是圓圈裏陰陽静動否？」曰：「然。」又曰：「『合虚與氣有性之名』，有這氣，道理便隨在裏面；無此氣，則道理無安頓處。如水中月，須是有此水，方映得那天上月；若無此水，終無此月也。心之知覺，又是那氣之虚虚底。聰明視聽，作爲運用，皆是有這知覺，方運用得道理。所以横渠説『人能宏道』，是心能盡性。『非道宏人』，是性不知檢心。」

論《正蒙》説『道體』處。「如『太和』、『太虚』、『虚空』云者，止是説氣。説聚散處，其流乃是个大輪迴。蓋其思慮攷索所至，非性分自然之知。若語道理，惟周子説『無極而太極』最好。如『由太虚有天之名，由氣化有道之名，合虚與氣有性之名，合性與知覺有心之名』，亦説得有理。『由氣化有道之名』，如所謂『率性

之謂道』是也。然使明道形容此理，必不如此説。伊川所謂『横渠之言誠有過者，乃在《正蒙》』；『以清虚一大爲萬物之原，有未安』等，語槩可見矣。」

又曰：「虚，是説理。横渠之言大率有未瑩處。有心則自有知覺，又何合性與知覺之有？」

問：「説『太和所謂道』一段，考索許多亦好。其後乃云『不如野馬絪緼，不足謂之太和』，却説倒了。」曰：「彼以太和狀道體，與發而中節之和何異！」

問：「《正蒙》中説得有病處，還是他命辭不出有差？還是見得差？」曰：「他是見得差。」

「《正蒙》是窮盡萬物之理。」

熹自十四五時，讀程、張書，至今四十餘年，但覺其義之深、指之遠，而近世紛紛所謂文章議論者，殆不足復過眼。信乎孟氏以來一人而已。然非用力之深者，亦無以信其必然也。舊嘗擇其言之近者別爲一書，名《近思録》云。

問：「横渠似孟子否？」曰：「横渠嚴密，孟子宏闊。横渠之學是苦心得之，乃是致曲。」

問：「孟子平正，横渠高處太高，僻處太僻。」曰：「是。」

「横渠用工親切，程氏規模廣大。學者用工，要當如此也。」

「横渠之於程子，猶伯夷、伊尹之於孔子。」並《朱子語》

朱熹《伊洛淵源録》卷六《遺事》 伯淳嘗與子厚在興國寺講論終日，而曰：「不知舊日曾有甚人於此處講此事。」以下並見《程氏遺書》。

子厚則高才，其學更先從雜博中過來。

子厚以禮教學者最善。使學者先有所據守。

子厚聞皇子生甚喜，見餓莩者，食便不美。

横渠言氣，自是横渠作用，立標以明道。

《訂頑》之言，極純無雜，秦漢以來，學者所未到。

《西銘》，顥得此意，只是須得他子厚有如此筆力，他人無緣做得。孟子以後，未有人及此。得此文字，省多少言語。且教他人讀書，要之仁孝之理備于此，須臾而不於此，則便不仁不孝也。孟子之後，只有《原道》一篇。其間言語固多病，然大要儘近理。若《西銘》則是《原道》之宗祖也。

問：「《西銘》何如？」伊川先生曰：「此横渠文之粹者也。」曰：「充得盡時如何？」曰：「聖人也。」「横渠能充盡否？」曰：「言有多端，有有德之言，有造道之言。有德之言説自己事，如聖人言聖人事也；造道之言則智足以知此，如賢人説聖人事也。」

横渠道儘高，言儘醇，自孟子後儒者都無他見識。

楊時致書伊川先生曰：「《西銘》言體而不及用，恐其流遂至於兼愛。」先生答之曰：「横渠立言，誠有過者，乃在《正蒙》。《西銘》之爲書，推理以存義，擴前聖所未發，與孟子性善養氣之論同功，豈墨氏之比哉？《西銘》明理一而分殊，墨氏則二本而無分，子比而同之，過矣。且謂言體而不及用，彼欲使人推而行之，本爲用也，反謂不及，不亦異乎？」見《程氏文集》，下同。

伊川先生答先生書曰：「觀吾叔之見，志正而謹嚴。如『虚無即氣則無無』之語，深探遠頤，豈後世學者所嘗慮及也。然此語未能無過。餘所論以大概氣象言之，則有苦心極力之象，而無寬裕温厚一作「和」。之氣。非明睿所照，而考索至此，故意屢偏而言多窒，小出入時有之。明所照者，如目所睹，纖微盡識之矣；考索至者，如揣料於物，約見髣髴耳，能無差乎！更望完養思慮，涵泳義理，他日當自條暢。」

問：「横渠言『由明以至誠，由誠以至明』，如何？」伊川先生曰：「『由明至誠』，此句却是；『由誠至明』則不然。誠則明也。孟子曰：『我知言，我善養吾浩然之氣。』只『我知言』一句已盡。横渠之言，不能無失，類若此。若《西銘》一篇，誰説得到此。今以管窺天，固見北斗，別處雖不見北斗，不可謂不是也。」見《程氏遺書》，下同。

問：「横渠之書有迫切處否？」伊川先生曰：「子厚謹嚴。纔謹嚴，便有迫切氣象，無寬舒之氣。」

横渠嘗言：「吾十五年學个恭而安不成。」明道曰：「可知是學不成，有多少病在。」見《上蔡語録》，下同。

横渠著《正蒙》時，處處置筆硯，得意即書。明道云：「子厚却如此不熟。」

横渠教人，以禮爲先，大要欲得正容謹節。其意謂世人汗漫無守，便當以禮爲地，教他就上面做工夫。然其門人下梢頭溺於刑名度數之間，行得來，因無所見處，如喫木札相似，更没滋味，遂生厭倦，故其學無傳之者。明道先生則不然，先使學者有知識，窮得物理，却從敬上涵養出來，自然是別。

横渠再移疾西歸，過洛，見二程先生，曰：「載病不起，尚可及長安也。」行至臨潼，沐浴更衣而寢。及旦視之，亡矣。門生衰絰，挽車以葬。見《邵氏聞見録》。

吕與叔作横渠《行狀》，有見二程「盡棄其學」之語。尹子言之，先生曰：「表叔平生議論，謂頤兄弟有同處則可，若謂學於頤兄弟，則無是事。頃年屬與叔删去，不謂尚存斯言，幾於無忌憚矣。」見《程氏遺書》。

案《行狀》今有兩本，一云「盡棄其學而學焉」，一云「於是盡棄異學，淳如也」。其他不同處亦多，要皆後本爲勝，疑與叔後嘗删改如此，今特据以爲定。然《龜山集》中有《跋横渠與伊川簡》云：「横渠之學，其源出於程氏，而關中諸生尊其書，欲自爲一家，故予録此簡以示學者，使知横渠雖細務必資於二程，則其他固可知已。」案横渠有一簡與伊川，問其叔父葬事，末有提耳懇激之言，疑龜山所跋，即此簡也。然與伊川此言，蓋退讓不居之意，而横渠之學，實亦自成一家，但其源則自二先生發之耳。

吕希哲《吕氏雜記》卷上 二程之學，以聖人爲必可學而至，而已必欲學而至於聖人。横渠張子厚之學，以行而不能使人化之，則所行未至也。徐仲車之學，以誠爲主。

張載，字子厚，修德講道，所居而化，教學於横渠，人謂之横渠先生。每至京師，予必從之問學焉。其弟張戩天祺，亦自立，予亦友之。

晁説之《晁氏客語》 張子厚送人詩云：「十載相從應學得，怕人知事莫萌心。」鄒至完誦之。或謂程公闢所作，刻于石。

吴曾《能改齋漫録》卷一一 吕與叔嘗作詩云：「文如元凱徒成癖，賦似相如只類俳。惟有孔門無一事，止傳顔子得心齋。」楊中立云：「知此詩，則可以讀《三百篇》矣。」横渠《讀〈詩〉》詩云：「致心平易始知《詩》。」

横渠先生張載作《克己復禮》詩曰：「克己工夫未肯加，吝驕封閉縮如蝸。試於中夜深思省，剖破藩籬即大家。」

吴曾《能改齋漫録》卷一二 張戩天祺，與弟載子厚，關中人也，關中謂之二張。篤行不苟，一時師表，二程之表叔也。子厚惟明聖學，亦多資于二程。吕大臨與叔兄弟，後來蘇昞等從之學，學者號子厚爲横渠先生。天祺爲御史，正獻吕公之薦也。二程與横渠，從學者既盛，當時名其學爲張、程。

邵伯温《邵氏聞見録》卷一五 程宗丞先生名顥，字伯淳，弟侍講先生名頤，字正叔。康節先公以兄事其父太中公，二先生皆從康節遊。其師曰周敦頤茂叔。宗丞爲人清和，侍講爲人嚴峻。每康節議論，宗丞心相契，苦無所問，侍講則時有往復。故康節嘗謂宗丞曰：「子非助我者。」然相知之盡，二先生則同也。横渠張先生名載，字子厚，弟戩，字天祺，爲二程先生之表叔。子厚少豪其才，欲結客取熙河湟鄯之地，范文正公帥延安，聞之，館於府第，俾修制科，與天祺皆登進士第。方同二程先生修《中庸》、《大學》之道，尤深於《禮》。熙寧初，子厚爲崇文院校書，天祺與伯淳同爲監察御史。時介甫行新法，伯淳自條例司官爲御史，與臺諫官論其不便，俱罷。上猶主伯淳，介甫亦不深怒之。除京西北路提點，伯淳力辭，乞與同列俱貶，改澶州簽判。天祺尤不屈，一日至政事堂言新法不便，介甫不答，以扇障面而笑。天祺怒曰：「參政笑某，不知天下人笑參政也。」趙清獻公同參大政，從旁解之，天祺曰：「公亦不可謂無罪。」清獻有愧色。謫監鳳翔府司竹監，舉家不食筍，其清如此。未幾，卒於官。子厚亦求去。熙寧十年，吴充丞相當國，復召還館。康節已病，子厚知醫，亦喜談命，診康節脈曰：「先生之疾無慮。」又曰：「頗信命否？」康節曰：「天命某自知之，世俗所謂命，某不知也。」子厚曰：「先生知天命矣，尚何言？」子厚入館數月，以病歸，過洛，康節已捐館，折簡慰撫伯温勤甚。見二程先生曰：「某之病必不起，尚可及長安也。」行至臨潼縣，沐浴更衣而寢，及旦視之，亡矣。門生衰絰挽車，葬鳳翔之横渠，是謂横渠先生。伯淳自澶州請監洛河竹木務以便親。除判武學，未赴，以中丞李定言罷。知開封府扶溝縣，失囚，謫汝州監酒。元祐初，以宗正丞召，將大用。未赴，卒，葬伊川。文潞公表其墓曰：「明道先生正叔，元祐初用司馬温公、吕申公薦，召對，初除職官，再除館職，除崇政殿説書。歲餘出判西京國子監，兩除直秘閣，不拜。紹聖中，坐元祐黨謫涪州，遇上皇即位，赦得歸。久之復官，以卒。是謂伊川先生。」三先生俱從康節遊，康節尤喜明道，其譽之與富韓公、司馬温公、吕申公相等。故康節《四賢詩》云：「彦國之言鋪陳，晦叔之言簡當，君實之言優游，伯淳之言調暢。四賢洛之觀望，是以在人之上。有宋熙寧之間，大爲一時之壯。」則康節之所以處明道者盛矣。一日，二程先生侍太中公訪康節於天津之廬，康節攜酒飲月陂上，歡甚，語其平生學術出處之大。明日，悵然謂門生周純明曰：「昨從堯夫先生遊，聽其論議，振古之豪傑也。惜無所用於世。」純明曰：「所言何如？」明道曰：「内聖外王之道也。」是日，康節有詩云：「草軟波平風細溜，雲輕日淡柳低摧。狂言不記道何事，劇飲未嘗如此盃。好景只知閒信步，朋歡那覺大開懷。必期快作賞心事，却恐賞心難便來。」明道和云：「先生相與賞西街，小子親攜几杖來。行處每容參劇論，坐隅還許瀝餘盃。檻前流水心同樂，林外青山眼重開。時泰心閒兩難得，直須乘興數追陪。」明道敬禮康節如此。故

康節之葬，伯温獨請誌其墓焉。悲夫，先生長者已盡，其遺言尚存。伯温自念暮景可傷，不可使後生無聞也，因具載之。

王應麟《困學紀聞》卷六 康節邵子學於李挺之，先視以陸淳《春秋》，欲以表儀《五經》。既可語《五經》大旨，則授《易》終焉。此學自《春秋》而始也。横渠張子謂：「非理明義精，殆未可學。」朱子謂：「《春秋》乃學者最後事。」此學至《春秋》而終也。

備論

吕中《類編皇朝大事記講義》卷一四《張横渠之學》 斯文未墜，正統未傳，實濂溪導其源，横渠浚其流。先生之學，以樂天知命爲本，以尊禮貴德爲用，以《大易》、《中庸》爲宗，以孔、孟淵源爲法。其宗且遠者，既得其要，明井田宅里之制，陳學校之法，與夫定婚祭之儀，裁古今之禮。其近且粗者，又極其備，體用該，本末具。吕大防謂其「善發明聖人之遺旨」，張順民謂其「學際天人，罔不究通」，皆有見而云耳！抵堂談兵，初志實鋭，一旦幡然爲名教之樂，屏居講授，敝衣蔬食，脱履于利禄之場，力行自信，不負所學。以針砭新法之謬，維持正道，不溺他好，以障堤神怪之妄。秦、漢而下，其有能臻斯理者乎？

藝文

《張載集・正蒙・蘇昞序》 先生著《正蒙書》數萬言。一日，從容請曰：「敢以區别成誦何如？」先生曰：「吾之作是書也，譬之枯株，根本枝葉，莫不悉備，充榮之者，其在人功而已。又如晬盤示兒，百物具在，顧取者如何爾。」於是輒就其編，會歸義例，略效《論語》《孟子》，篇次章句，以類相從，爲十七篇。

《張載集・正蒙・范育序》 子張子校書崇文，未伸其志，退而寓於太白之陰，横渠之陽，潛心天地，參聖學之源，七年而道益明，德益尊，著《正蒙書》數萬言而未出也，間因問答之言，或窺其一二。熙寧丁巳歲，天子召以爲禮官，至京師，予始受其書而質問焉。其年秋，夫子復西歸，殁于驪山之下，門人遂出其書，傳者浸廣，至其疑義獨無從取正，十有三年於兹矣。痛乎微言之將絶也！

友人蘇子季明離其書爲十七篇以示予。昔者夫子之書蓋未嘗離也，故有「枯株晬盤」之説，然斯言也，豈待好之者充且擇歟？特夫子之所居也。今也離而爲書，以推明夫子之道，質萬世之傳，予無加損焉爾。

惟夫子之爲此書也，有《六經》之所未載，聖人之所不言，或者疑其蓋不必道。若清虚一大之語，適將取訾於末學，予則異焉。

自孔孟没，學絶道喪千有餘年，處士横議，異端間作，若浮屠老子之書，天下共傳，與《六經》並行。而其徒侈其説，以爲大道精微之理，儒家之所不能談，必取吾書爲正。世之儒者亦自許曰：「吾之《六經》未嘗語也，孔孟未嘗及也」，從而信其書，宗其道，天下靡然同風，無敢置疑於其間，況能奮一朝之辩，而與之較是非曲直乎哉！

子張子獨以命世之宏才，曠古之絶識，參之以博聞强記之學，質之以稽天窮地之思，與堯、舜、孔、孟合德乎數千載之間。閔乎道之不明，斯人之迷且病，天下之理泯然其將滅也，故爲此言與浮屠老子辩，夫豈好異乎哉，蓋不得已也。

浮屠以心爲法，以空爲真，故《正蒙》闢之以天理之大，又曰：「知虚空即氣，則有無、隱顯、神化、性命通一無二。」老子以無爲爲道，故《正蒙》闢之曰：「不有兩則無一。」至於談死生之際，曰「輪轉不息，能脱是者則無生滅」，或曰「久生不死」，故《正蒙》闢之曰：「太虚不能無氣，氣不能不聚而爲萬物，萬物不能不散而爲太虚。」夫爲是言者，豈得已哉！

使二氏者真得至道之要、不二之理，則吾何爲紛紛然與之辩哉？其爲辩者，正欲排邪説，歸至理，使萬世不惑而已。使彼二氏者，天下信之，出於孔子之前，則《六經》之言有不道者乎？孟子常勤勤闢楊朱墨翟矣，若浮屠老子之言聞乎孟子之耳，焉有不闢之者乎？故予曰《正蒙》之言不得已而云也。

嗚呼！道一而已，亘萬世，窮天地，理有易乎是哉！語上極乎高明，語下涉乎形器，語大至於無間，語小入於無朕，一有窒而不通，則於理爲妄。故《正蒙》之言，高者抑之，卑者舉之，虚者實之，礙者通之，衆者一之，合者散之。要之立乎大中至正之矩。天之所以運，地之所以載，日月之所以明，鬼神之所以幽，風雲之所以變，江河之所以流，物理以辨，人倫以正，造端者微，成能者著，知德者崇，就業者廣，本末上下貫乎一道，過乎此者淫遁之狂言也，不及乎此者邪詖之卑説也。推而放諸有形而凖，推而放諸無形而凖，推而放諸至動而凖，推而放諸

至靜而準，無不包矣，無不盡矣，無大可過矣，無細可遺矣，言若是乎其極矣，道若是乎其至矣，聖人復起，無有間乎斯文矣。

元祐丁卯歲，予居太夫人憂，蘇子又以其書屬余爲之敍，泣血受書，三年不能爲一辭，今也去喪而不死，尚可不爲夫子言乎？雖然，爝火之微，培塿之塵，惡乎助太陽之光而益太山之高乎？蓋有不得默乎云爾，則亦不得默乎云爾。門人范育謹序。

《張載集》附録《司馬光論謚書》 光啓：昨日承問張子厚謚，倉卒奉對，以「漢魏以來此例甚多，無不可者」。退而思之，有所未盡。

竊惟子厚平生用心，欲率今世之人，復三代之禮者也，漢魏以下蓋不足法。《郊特牲》曰：「古者生無爵，死無謚」，爵，謂大夫以上也。《檀弓》記禮所由失，以爲士之有誄自縣賁父始。子厚官比諸侯之大夫則已貴，宜有謚矣。然《曾子問》曰：「賤不誄貴，幼不誄長，禮也。惟天子稱天以誄之。諸侯相誄，非禮也。」諸侯相誄，猶爲非禮，況弟子而誄其師乎！孔子之没，哀公誄之，不聞弟子復爲之謚也。子路欲使門人爲臣，孔子以爲欺天；門人厚葬顔淵，孔子歎不得視猶子也。

君子愛人以禮，今關中諸君欲謚子厚而不合于古禮，非子厚之志。與其以陳文範、陶靖節、王文中、孟貞曜爲比，其尊之也。曷若以孔子爲比乎？承關中諸君決疑于伯淳，而伯淳謙遜，博謀及于淺陋，不敢不盡所聞而獻之以備萬一，惟伯淳擇而折衷之！光再拜。橫渠之没，門人欲謚爲「明誠夫子」，質於明道先生。先生疑之，訪于温公，以爲不可。此帖不見于《文集》，今藏龜山楊公家。

《張載集》附録《又哀橫渠詩》 先生負才氣，弱冠游窮邊；麻衣揖巨公，決策期萬全，謂言叛羌輩，坐可執而鞭。意趣少參差，萬金莫留連。中年更折節，《六籍》事鑽研；羲農及周孔，上下皆貫穿。造次循繩墨，儒行無少愆。師道久廢闕，模範幾無傳；先生力振起，不絶尚聯緜。教人學雖博，要以禮爲先；庶幾百世後，復覩百王前。釋老比尤熾，羣倫將蕩然；先生論性命，指示令知天。聲光動京師，名卿爭薦延；寘之石渠閣，豈徒修簡編！丞相正自用，立有榮枯權，先生不可屈，去之歸卧堅。孤嫠聚滿室，餬口耕無田，欣欣茹藜藿，皆不思肥鮮。近應詔書起，尋取病告旋；舊廬不能到，丹旐風翩翩。人生會歸盡，但問愚與賢；借令陽虎壽，詎足驕顔淵！況於朱紫貴，飄忽如雲烟；豈若有清名，高出太白巔！門人俱經帶，雪涕會松阡。厚終信爲美，繼志仍須專。讀經守舊學，勿爲利禄遷；好禮效古人，勿爲時俗牽；修内勿修外，執中勿執偏。當令洙泗風，郁郁滿秦川。先生倘有知，無憾歸重泉。

程顥、程頤《二程集·河南程氏文集》卷三《哭張子厚先生》 歎息斯文約共脩，如何夫子便長休。東山無復蒼生望，西土誰供後學求？千古聲名聯棣蕚，二年零落去山丘。寢門慟哭知何恨，豈獨交親念舊遊？

尹焞《和靖集》卷三《跋西銘》 橫渠先生作此銘，或疑同於墨氏之兼愛，寓書以問伊川先生。答曰：「《西銘》之爲書，推理以存義，擴前聖所未發，與孟子性善養氣之論同功，二者亦前聖所未發。豈墨氏之比哉？《西銘》明理一而分殊，墨子則二本而無分。老幼及人，理一也；愛無差等，二本也。分殊之蔽，私勝而失仁；無分之罪，兼愛而無義。分立而推理一，以止私勝之流，仁之方也；無别而迷兼愛，至於無父之極，義之賊也。子比而同之，過矣。」且謂言體而不及用，彼欲推而行之，本爲用也，反爲不及，不亦異乎？

胡宏《五峰集》卷三《橫渠正蒙序》 斯文施設乎二帝三王之政，筆削于孔子、孟軻之書，其教亦備矣。然軻没未幾而遭焚坑之禍，歷兩漢，涉魏，晉，至唐、五代，緝之者不足以藥瘡孔，補罅漏，大爲異端之所薄蝕，斯文之氣奄奄欲盡。《易》：「窮則變，變則通。」是以我宋受命，賢哲仍生，舂陵有周子敦頤，洛陽有邵子雍，大程子顥，小程子頤，而秦中有橫渠張先生。先生名載，字子厚。自童幼則知虔奉父命，及長，博文集議，致深沉之思，取友于天下，與二程子爲至交。知禮成性，道義之出，粹然有光，關中學者尊之，信如見夫子而親炙之也。先生間起從仕，道大不偶，以疾歸休。著書數萬言，極天地陰陽之本，窮神化，一天人，所以息邪説而正人心，故自號其書曰《正蒙》。其志大，其慮深且遠矣。而諸家所編，乃有分章析句，指意不復閎深者，錯出乎其間，使人讀之無亹亹不倦之心，望以傳久，不亦難乎！今就其編剔摘爲《内書》五卷，《外書》五卷，傳之同志，庶幾先生立大本，斥異學之志遠而益彰。雖得罪于先生之門人，所不辭也。

陳長方《唯室集》卷三《張橫渠贊》 祖龍吐毒，烈火四焚。先王載籍，畢罹其屯。劉漢崛興，訪索丘墳。羣儒掇拾，百不一存。綿蕝之野，陋兮叔孫。胸謀腹斷，已學自尊。致彼古禮，寥落無聞。勇哉先生，絶類離倫。追千歲上，以禮立身。隱居關右，化行于民。賓嘉喪祭，唯古之循。坐令鄒魯，復見咸秦。巖巖泰山，烈烈秋暾。先生謹嚴，比德實均。嗟世習非，誠難具論。棄禮自快，紛其如雲。感今陳古，歌以斯文。庶由高躅，起我後昆。

程珌《洺水集》卷九《書張子西銘解義後》　橫渠《西銘》，其門人吕大臨與叔解釋甚明。其後楊時中立疑問亦切，伊川終以楊之疑爲非，而以《西銘》爲繼孟子之絶學。要之，汎愛者原道也，親仁者入德也，而《西銘》固曰「民吾同胞也，物吾與也」，輕重劑量，一字天淵，不知楊氏固何所疑邪？惜乎，年止五十八，官僅登朝，不一見之設施耳。然其志在經界，則恐在今亦未易行也。

魏了翁《鶴山先生大全文集》卷二三《申尚書省乞檢會元奏賜橫渠先生謚狀》　照會某前任潼川府路提刑兼權運判及後來正除運判日，曾兩次具奏，乞將先儒周敦頤、程顥、程頤特與賜謚，俱荷聖慈並賜俞允。天光俯燭，正學昭明，藐然孤蹤，信謂榮幸。惟是第二次奏狀貼黄爲故崇文殿校書郎、同知太常禮院橫渠先生張載併致易名之請，蓋爲四人有功正學，事體一同。聞已曾下禮官勘當，然至今四年，未嘗施行，學士大夫不無觖望。照得橫渠先生奮乎關中，闡明禮學，窮極道奥，偏覽而獨造，兼體而不累。其於理氣性命之分，屈信聚散之感，發前代不傳之秘，示後學有已之端，不疑所行，不懼獨立。蓋間代豪傑，三先生之羽翼也。方卒也，門人嘗欲謚爲明誠中子。程純公問司馬文正公，則謂弟子誄師，不合於禮。元祐四年，秦鳳路提點刑獄張舜民有請於朝，謂先生學際天人，誠動金石，著書萬言，陰陽變化之端，仁義道德之理，死生性命之分，治亂國家之經，罔不究通。蓋孟軻、揚雄之流，如荀況輩殆不足進。自其既卒，中外臣僚録其平生以言于朝，或乞賜田，或乞録用其子，或乞降謚。今乞檢會臣僚累奏，於三者之間，凡可以厚其終者，舉一而足。庶使褒賢之典，獨見於本朝。舜民之奏可謂懇切，而歷年浸多，終未講行。乃自比歲，得其傳者如朱文公、張宣公、吕成公，先已賜謚。爲之倡者，如周元公、程純公、正公，繼亦得請。尚此獨闕，寧無遺憾？欲望朝廷特賜敷奏，檢會某嘉定十一年内奏狀，再下禮官，遵照近例，速與賜謚。上以補先朝之闕典，下以慰學者之公望，其於新民善俗，所關不小。

魏了翁《鶴山先生大全文集》卷五二《橫渠禮記説序》　橫渠張先生之書行於世者，惟《正蒙》爲全書，其次則《經學理窟》及《信聞録》，已不見於吕與叔所狀先生之言行。至於《詩》《書》《禮》《樂》《春秋》之書，則方且條舉大例，與學者緒正其説，而未及就。其在朝廷講行冠、昏、喪祭、郊廟之禮，乃以孤立寡與，議卒不用。既移疾西歸，欲與門人成其初志，亦未及爲而卒於臨潼，今《禮記説》一編，雖非全解，而四十九篇之目大略固具，且又以《儀禮》之説附焉。然則是編也，果安所從得與！嘗反覆尋繹，則其説多出於《正蒙》、《理窟》、《信聞》諸書，或者先生雖未及定著爲書，而門人會粹遺言以成是編與？亦有二程先生之説參錯其間，蓋先生之學其源出於程氏，豈先生常諷道之語，而門人併記之與？先生强學質行，於喪祭之禮尤謹且嚴。其教人必以禮爲先，使人有所據守。若有問焉，則告之以知禮成性之道。其行之於家也，童子必使之執幼儀，親灑掃，女子則觀祭祀，納酒漿，凡以固其肌膚之會，筋骸之束而養其良知良能之本然。其始也，聞者莫不疑笑；久而後信其説之不我欺也，翕然丕變，惟先生之從。嗚呼，是惡可彊而致然與！豈人心之所無而可以襲而取之與！人受天地之中以生，莫不有仁義禮知之性具乎其心，故仁其體也，義其用也，知以知之，禮則所以節文仁義者也。且自父坐而子立，君坐而臣立推之，凡升降上下、周旋裼襲之文，喪祭、射御、冠昏、朝聘之典，夫孰非因性情所有、天理之自然，而爲之品節者如此，所謂天叙天秩，此其是也。然出天理則入人欲，故品節云者，又將以爲人情或縱之防限也。孔、孟教人要必以是爲先，今所謂《禮記》、《儀禮》諸書，雖曰去籍於周衰，煨燼於秦虐，淆亂於漢儒，然所謂經禮、曲禮者錯然於篇帙之中，其要言精義則有可得而推尋者。使後生小子自其幼學因而從事乎此，不幸時過而後知學者，亦有以倍致其力焉，則將變化氣質，有以復其性情之正，雖柔可彊，雖顔子四勿之功可體而自致，而世所謂忠信之薄、人情之僞者亦將曉然知其爲異端之説矣。此先生有功於禮學之大意也，敢識篇末，以告同志，又以自儆云。

呂大防部

綜述

《宋史》卷三四〇《呂大防傳》 呂大防字微仲，其先汲郡人。祖通，太常博士。父蕡，比部郎中。通葬京兆藍田，遂家焉。大防進士及第，調馮翊主簿、永壽令。縣無井，遠汲於澗，大防行近境，得二泉，欲導而入縣，地勢高下，衆疑無成理。大防用《考工》水地置泉之法以準之，不旬日，果疏爲渠，民賴之，號曰「呂公泉」。

遷著作佐郎、知青城縣。故時，圭田粟入以大斗而出以公斗，獲利三倍，民雖病不敢訴。大防始均出納以平其直，事轉聞，詔立法禁，命一路悉輸租于官概給之。青城外控汶川，與敵相接。大防據要置邏，密爲之防，禁山之樵采，以嚴障蔽。韓絳鎮蜀，稱其有王佐才。入權鹽鐵判官。

英宗即位，改太常博士。御史闕，內出大防與范純仁姓名，命爲監察御史裏行。首言：「紀綱賞罰，未厭四方之望者有五：進用大臣而權不歸上；大臣疲老而不得時退；外國驕蹇而不擇將帥；議論之臣裨益闕失，而大臣沮之；疆埸左右之臣，有敗事而被賞、舉職而獲罪者。」又言：「富弼病足請解機務，章十餘上而不納；張昪年幾八十，聰明已耗，哀乞骸骨而不從；吳奎有三年之喪，以其子召之者再，遣使召之者又再；程戡辭老不能守邊，恐死塞上，免以尸柩還家爲請，亦不許。陛下欲盡君臣之分，使病者得休，喪者得終，老者得盡其餘年，則進退盡禮，亦何必過爲虛飾，使四人之誠，不得自達邪？」

是歲，京師大水，大防曰：「雨水之患，至入宮城廬舍，殺人害物，此陰陽之沴也。」即陳八事，曰：主威不立，臣權太盛，邪議干正，私恩害公，遼、夏連謀，盜賊恣行，羣情失職，刑罰失平。會執政議濮王稱考，大防上言：「先帝起陛下爲皇子，館於宮中，憑几之命，緒言在耳，皇天后土，實知所託。設使先帝萬壽，陛下猶爲皇子，則安懿之稱伯，於理不疑。豈可生以爲子，没而背之哉？夫人君臨御之始，宜有至公大義厭服天下，以結其心。今大臣首欲加王以非正之號，使陛下顧私恩而違公義，非所以結天下之心也。」章累十數上，出知休寧縣。

神宗立，通判淄州。熙寧元年，知泗州，爲河北轉運副使。召直舍人院。韓絳宣撫陝西，命爲判官，又兼河東宣撫判官，除知制誥。四年，知延州。大防欲城河外荒堆砦，衆謂不可守，大防留戍兵修堡障，有不從者斬以徇。會環慶兵亂，絳坐黜，大防亦落知制誥，以太常博士知臨江軍。

數月，徙知華州。華嶽摧，自山屬渭河，被害者衆。大防奏疏，援經質史，以驗時事。其略曰：「『畏天之威，于時保之』，先王所以興也；『我生不有命在天』，後王所以壞也。《書》云：『惟先格王，正厥事。』願仰承天威，俯酌時變，爲社稷至計。」除龍圖閣待制、知秦州。

元豐初，徙永興。神宗以彗星求言，大防陳三說九宜：曰治本，曰緩末，曰納言。養民、教士、重穀，治本之宜三也；治邊、治兵，緩末之宜二也；廣受言之路，寬侵官之罰，恕誹謗之罪，容異同之論，此納言之宜四也。累數千言。時用兵西夏，調度百出，有不便者輒上聞，務在寬民。及兵罷，民力比他路爲饒，供億軍須亦無乏絶。進直學士。居數年，知成都府。

哲宗即位，召爲翰林學士、權開封府。有僧誑民取財，因訟至廷下。驗治得情，命抱具獄，即其所杖之，他挾姦者皆遁去。館伴契丹使。其使黠，語頗及朝廷，大防密擿其隱事，詰之曰：「北朝試進士《至心獨運賦》不知此題於書何出？」使錯愕不能對，自是不敢復出嫚詞。

遷吏部尚書。夏使來，詔訪以待遇之計，且曰：「向者所得邊地，雖建立城堡，終慮孤絶難保。棄之則弱國，守之又有後悔，爲當奈何？」大防言：「夏本無能爲，然屢遣使而不布誠款者，蓋料我急於議和耳。今使者到闕，宜令押伴臣僚，扣其不賀登極，以觀厥意，足以測情僞矣。新收疆土，議者多言可棄，此慮之不熟也。至於守禦之策，惟擇將帥爲先。太祖用姚內斌、董遵誨守環、慶，西人不敢入侵。昔以二州之力，禦敵而有餘；今以九州之大，奉邊而不足。由是言之，在於得人而已。」

元祐元年，拜尚書右丞，進中書侍郎，封汲郡公。西方息兵，青唐羌以爲中國怯，使大將鬼章青宜結犯邊。大防命洮州諸將乘間致討，生擒之。

三年，呂公著告老，宣仁后欲留之京師。手札密訪至于四五，超拜大防尚書左僕射兼門下侍郎，提舉修《神宗實録》。大防見哲宗年益壯，日以進學爲急，請敕講讀官取仁宗邇英御書解釋上之，寘于坐右。又摭乾興以來四十一事足以爲

勸戒者，分上下篇，標曰《仁祖聖學》，使人主有欣慕不足之意。

哲宗御邇英閣，召宰執、講讀官讀《寶訓》，至「漢武帝籍南山提封爲上林苑，仁宗曰：『山澤之利當與衆共之，何用此也。』丁度曰：『臣事陛下二十年，每奉德音，未始不及於憂勤，此蓋祖宗家法爾。』」大防因推廣祖宗家法以進，曰：「自三代以後，唯本朝百二十年中外無事，蓋由祖宗所立家法最善，臣請舉其略。自古人主事母后，朝見有時，如漢武帝五日一朝長樂宮。祖宗以來事母后，皆朝夕見，此事親之法也。前代大長公主用臣妾之禮。本朝必先致恭，仁宗以姪事姑之禮見獻穆大長公主，此事長之法也。前代宮闈多不肅，宮人或與廷臣相見，唐入閤圖有昭容位。本朝宮禁嚴密，內外整肅，此治內之法也。前代外戚多預政事，常致敗亂。本朝母后之族皆不預，此待外戚之法也。前代宮室多尚華侈。本朝宮殿止用赤白，此尚儉之法也。前代人君雖在宮禁，出輿入輦。祖宗皆步自內庭，出御後殿。豈乏人力哉，亦欲涉歷廣庭，稍冒寒暑，此勤身之法也。前代人主，在禁中冠服苟簡。祖宗以來，燕居必以禮。竊聞陛下昨郊禮畢，具禮謝太皇太后，此尚禮之法也。前代多深於用刑，大者誅戮，小者遠竄。惟本朝用法最輕，臣下有罪，止於罷黜，此寬仁之法也。至於虛己納諫，不好畋獵，不尚翫好，不用玉器，不貴異味，此皆祖宗家法，所以致太平者。陛下不須遠法前代，但盡行家法，足以爲天下。」哲宗甚然之。

大防朴厚惷直，不植黨朋，與范純仁並位，同心戮力，以相王室。立朝挺挺，進退百官，不可干以私，不市恩嫁怨，以邀聲譽，凡八年，始終如一。

懇乞避位，宣仁后曰：「上方富於春秋，公未可即去，少須歲月，吾亦就東朝矣。」未果而后崩。爲山陵使，復命以觀文殿大學士、左光禄大夫知潁昌府。尋改永興軍，使便其鄉社。入辭，哲宗勞慰甚渥，曰：「卿暫歸故鄉，行即召矣。」未幾，左正言上官均論其隳壞役法，右正言張商英、御史周秩、劉拯相繼攻之，奪學士，知隨州，貶秘書監，分司南京，居郢州。言者又以修《神宗實録》直書其事爲誣詆，徙安州。

兄大忠自渭入對，哲宗詢大防安否，且曰：「執政欲遷諸嶺南，朕獨令處安陸，爲朕寄聲問之。大防朴直爲人所賣，三二年可復相見也。」大忠泄其語於章惇，惇懼，繩之愈力。紹聖四年，遂貶舒州團練副使，安置循州。至虔州信豐而病，語其子景山曰：「吾不復南矣！吾死汝歸，呂氏尚有遺種。」遂薨，年七十一。大忠請歸葬，許之。

大防身長七尺，眉目秀發，聲音如鐘。自少持重，無嗜好，過市不左右游目，燕居如對賓客。每朝會，威儀翼如，神宗常目送之。與大忠及弟大臨同居，相切磋論道考禮，冠昏喪祭一本於古，關中言《禮》學者推呂氏。嘗爲《鄉約》曰：「凡同約者，德業相勸，過失相規，禮俗相交，患難相卹，有善則書于籍，有過若違約者亦書之，三犯而行罰，不悛者絶之。」

徽宗即位，復其官。高宗紹興初，又復大學士，贈太師、宣國公，謚曰正愍。

《琬琰集删存》卷三《實録・呂汲公大防傳》 紹聖四年四月己亥，舒州團練使呂大防卒。大防字微仲，京兆藍田人。皇祐初，進士第，調同州馮翊簿，累遷著作佐郎，知永康軍青城縣，法當遷，請以其官易母封邑。

英宗即位，改秘書丞、太常博士，未幾，除監察御史裏行。首言紀綱賞罰之際，未厭四方之望者有五：進用大臣而權不歸上；大臣疲老而不時許退；夷狄驕蹇，邊患已萌，而不擇將帥、不知虜情；議論之臣裨益朝廷闕失，而大臣沮之；疆埸左右之臣，有敗事而被賞，舉職而獲罪者。又論：「富弼病足請解機政，章十餘上，至以牛馬自比而不納；張昇年幾八十，體力已耗衰，乞骸骨而不從；吴奎有三年之喪，召其子而呼之者再，遣而召之者又再；程戡辭老不堪邊事，恐死塞上，乞以屍柩還家爲請，而不許：竊以爲過矣。陛下優待大臣，進退以禮，亦何必過爲虛飾，曲事形迹，使四人之誠不得自達邪？」

是歲，京師大水，大防曰：「雨水之患，至入宮城，壞廬舍，殺人害物。此陰勝陽之沴也。」即陳八事曰：主恩不立，臣權太盛，邪議干正，私恩害公，夷狄連謀，盜賊恣行，羣情失職，刑罰失平。會執政建議追崇濮安懿王，宜稱考，詔集侍從官議之，大防曰：「爲人後者爲之子，既可改子之名，則改親之名正合典禮。今大臣欲加濮王非正之號，以惑天下，使陛下顧私恩而違公議，非所以結天下之心也。」出知歙州休寧縣。

神宗即位，除通判淄州。熙寧初，移守泗州。未幾，徙河北轉運副使，賜五品服，召爲直舍人院。韓絳宣撫陝西，以大防爲判官，面賜金紫。夏人數犯邊，大防以謂兵不精、將不勇，莫若選募兵將，盡其智力。又兼河東宣撫判官，就除知制誥。四年，除鄜延路經略安撫使，兼知延州，未赴間，大防欲城河外荒堆寨，衆謂不可，大防留戍兵修堡障，有不從者，斬以徇。而環慶將兵亂，絳坐黜，大防亦落職知制誥，以太常博士知臨江軍。數月，復度支員外郎知華州。召判流內銓，以父老乞終任，許之。元豐二年，召判審刑院，改元永興軍路安撫使，兼知永

興軍，轉朝散郎。五年，遷龍圖閣直學士，再任，徙知成都府。

哲宗即位，以翰林學士、知制誥召之，館畔北使，虜人桀黠，語頗及朝廷政事不已，大防摘契丹隱密一事詢之，曰：「北朝官嘗試進士，聖心獨悟賦題無出處何也？」虜使愕然語塞。遷吏部尚書。元祐中，擢中大夫、尚書右丞，俄拜中書侍郎。三年，拜太中大夫，守尚書左僕射兼門下侍郎。提舉脩《神宗實録》，書成，遷右正議大夫，又提舉修《神宗正史》。是歲，納后，充奉迎使，遷右光禄大夫。上初行郊禮，充大禮使。京師雪，累放朝參，不御前後殿，大防曰：「舊制，放朝參，前殿不坐，即御後殿，比因泥雪，頗闕外廷朝見之儀。乞遇六參日，如不御前殿，並依舊制，於崇政或延和殿視朝，以見羣臣。」宣仁聖烈皇后上仙，充山陵使，還朝，以觀文殿學士、左光禄大夫知潁昌府，改知永興。

紹聖初，以言者落職，知隨州，再貶秘書監分司南京，郢州居住。繼坐實録詆誣，降授通議大夫，又降中大夫，守光禄卿分司南京，安州居住。未幾，遂責授舒州團練副使，循州安置。未踰嶺，卒，年七十一。子景山勒停。紹興元年，追復觀文殿大學士、右正議大夫，贈太師，追封宣國公，賜謚正愍。

王稱《東都事略》卷八九《吕大防傳》 吕大防字微仲，京兆藍田人也。舉進士，爲馮翊簿，遷著作佐郎、知青城縣。

英宗即位，改太常博士。未幾，除監察御史裏行。首言：「綱紀賞罰之際，未厭四方之望者有五：進用大臣而權不歸上；大臣疲老而不知退；夷狄驕蹇、邊患以萌而不擇將帥，不知虜情；議論之大裨益朝廷闕失而大臣沮之；彊埸左右之臣，有敗事而被褒、舉職而獲罪者。」又論：「富弼病足請解機政，章十餘上而不納；張昇年八十乞骸骨而不從；吴奎有三年之喪，召其子而呼之者再，遣使而召之者又再；程戡辭老不堪邊事，恐死塞上，免以尸柩還家爲請而不許。竊以爲過矣，陛下優待大臣，進退以禮，亦何必過爲虚飾，曲事形迹，使四方之誠不得自達邪？」

是歲，京師大水，大防曰：「雨水之患，至入宫城廬舍，殺人害物，此陰陽之沴也。」即請八事，曰：主威不立，臣權太盛，邪議干正，私恩害公，夷狄連謀，盗賊恣行，羣情失職，刑罰失平。會執政建議追崇濮安懿王宜稱考，大防曰：「爲人後者爲之子，既可改子之名，則改親之名正合典禮。今大臣首欲加濮王非正之號，以惑天下，使陛下顧私恩而違公議，非所以結天下之心也。」出知休寧縣。久之，爲河北轉運副使。召入，直舍人院。

韓絳宣撫陝西，以大防爲判官。夏人數犯邊，大防以謂兵不精，將不勇，莫若選募兵將，盡其智力。又兼河東宣撫判官，除知制誥。熙寧四年，知延州。未赴閒，大防欲城河外荒堆砦，衆謂不可守，大防留戍兵修堡障，有不從者斬以徇。而環慶將兵亂，絳坐黜，大防亦落知制誥，以太常博士知臨江軍。

數月，徙知華州。元豐中，知永興軍，遷龍圖閣直學士、知成都府。

哲宗即位，召爲翰林學士，遷吏部尚書。元祐初，除尚書右丞，俄拜中書侍郎。三年，拜左僕射兼門下侍郎，提舉修《神宗實録》。哲宗納后，爲奉迎使。大防爲相，用人各盡其能，不事邊功而天下臻于富庶。

哲宗御邇英閣，召宰執、講讀官讀《寶訓》至「漢武帝籍南山提封爲上林苑，仁宗曰：『山澤之利當與衆共之，何用此也。』丁度曰：『臣事陛下二十年，每奉德音，未始不及於憂勤，此蓋祖宗家法爾。』」大防因推廣祖宗家法以進，曰：「祖宗家法甚多，自三代以後，唯本朝百二十年中外無事，蓋由祖宗所立家法最善，臣請舉其略。自古人主事母后，朝見有時，如漢武帝五日一朝長樂宫。祖宗以來事母后，皆朝夕見，此事親之法也。前代大長公主用臣妾之禮。本朝必先致恭，仁宗以姪事姑之禮見獻穆大長公主，此事長之法也。前代宫闈多不肅，宫人或與廷臣相見，唐入閤圖有昭容位。本朝宫禁嚴密，内外整肅，此治内之法也。前代外戚多與政事，常致敗亂。本朝母后之族皆不與，此待外戚之法也。前代宫室多尚華侈。本朝宫殿止用赤白，此尚儉之法也。前代人君雖在宫禁，出輿入輦。祖宗皆步自内庭，出御後殿，豈乏人之力哉，亦欲涉歷廣廷，稍冒寒暑爾，此勤身之法也。前代人主，在禁中冠服苟簡。祖宗以來，燕居必以禮。竊聞陛下昨郊禮畢，具禮服謝太皇太后，此尚禮之法也。前代多深於用刑，大者誅戮，小者遠竄。惟本朝用法最輕，臣下有罪，止於罷黜，此寬仁之法也。至於虚己納諫，不好田獵，不尚玩好，不用玉器，不貴異味，此皆祖宗家法，所以致太平者。陛下不須遠法前代，但盡行家法，足以爲天下。」哲宗甚然之。

宣仁后崩，爲山陵使。還朝，以觀文殿大學士、左光禄大夫知潁昌府。改知永興軍。紹聖初，以言者落職，知隨州，貶祕書監，分司南京，郢州居住。史臣修《神宗實録》，直書其事，而言以爲誣詆，責居安州。再責舒州團練副使，循州安置。未踰嶺，卒，年七十一。後復故官職，贈太師、宣國公，謚曰正愍。大防兄大忠，弟大臨。大忠別有傳。

雜録

備録

王得臣《麈史》卷下　丞相吕大防性凝重寡言，逮秉政，客多干祈，但危坐相對，終不發一談，時人謂之「鐵蛤蜊」。

佚名《道山清話》　微仲爲人剛而有守，正而不他，輔相泰陵八年，朝野安静。宣仁聖烈上仙，因爲山陵使。既回，乃以大觀文知潁昌，時元祐甲戌三月也。公既行，而左正言上官均言其以張耒、秦觀浮薄之徒撰次國史，以李之純爲中司，來之邵、楊畏、虞策爲諫官，范祖禹、俞執中、吕希純、吴安詩或主誥命，或主封駁，皆附會風旨，以濟其欲。時監察御史周秩及右正言張商英連上疏交攻之，微仲遂落職，猶知隨州。秩等攻之不已。至循州安置，未踰嶺而卒。人頗冤之。

王鞏《甲申雜記》　朝請大夫潘适爲渭州通判，時涇原帥吕大忠被召問邊事，既對，哲宗語吕曰：「久要見卿，曾得大防信否？」對曰：「近得之。」上曰：「安否？」又曰：「大臣要其過海，朕獨處之安州，知之否？」對曰：「舉族荷陛下厚恩。」上曰：「有書再三説與且將息忍耐，大防朴，爲人所賣。候二三年可再相見。」吕再拜謝，退而喜甚。因章睦州召飯，詰其對上語，吕盡告之。既至渭，語潘，潘曰：「失言矣，必爲深悔。」後半月，言者論其同罪異罰，遂有循州之行。既死，上猶問執政曰：「大防因何至虔州？」後請歸葬，獨得旨歸。蓋哲宗柬在深矣。嗚呼！帝王之度，非淺識可窺也。潘過高郵，語余如此。

王鞏《隨手雜録》　吕微仲貶嶺外，至虔州瑞金縣，語其子曰：「吾不復南矣。吾死，爾歸，吕氏尚有餘種。苟在瘴鄉，無俱全之理。」後數日卒。先是，十年前有富人治壽材，夢偉丈夫冠冕而來，曰：「且輟賢宅。」富人驚悟，汗浹體。微仲過縣，富人望之，乃夢中偉丈夫也。及卒，乃輟其材而斂焉。

陳師道《後山談叢》卷六　華陰吕君舉進士，聘里中女，未行。既中第，婦家言曰：「吾女故無疾，既聘而後盲，敢辭。」吕君曰：「既聘而後盲，君不爲欺，又何辭！」遂娶之。生五男子，皆中進士第，其一人丞相汲公是也。

沈作喆《寓簡》卷八　歐陽永叔以讒罷政事，吕微仲時爲館職，與公書曰：「巧言萋斐，徒成貝錦之文；雅行委蛇，奚玷素絲之節。」其謹嚴精確如此，文忠深歎服之。

邵博《邵氏聞見後録》卷四　吕汲公當遷祕書丞，乞用其官易母封邑，朝廷從之。中外以爲美事，獨劉敞原父曰：「禮，父爲士，子爲大夫，葬以士，祭以大夫。蓋不敢以己貴而加諸親也。今君之舉孝矣，於禮若戾奈何？又法未嘗封，亦非所以尊之也。」公聞之歎服，自以爲不及，終身重原父之學。

邵博《邵氏聞見後録》卷二二　趙韓王微時，求唐太宗骨葬昭陵下。吕汲公帥長安，醴泉民析居，争唐明皇腦骨，訟于府，曰得者富盛。汲公取葬泰陵下。

葉夢得《石林燕語》卷一〇　吕丞相微仲，性沉厚剛果，遇事無所回屈；身幹長大而方，望之偉然。初相，蘇子瞻草麻云：「果毅而達，兼孔門三子之風；直大以方，得《坤》爻六二之動。」蓋以戲之。微仲終身以爲恨。言固不可不慎也。

曾慥《高齋漫録》　吕相微仲當國，豐相之爲諸曹侍郎，凡數月不至相府。公寄聲云：「相之久不相過，頗有欲面言者。」後半月，相之纔往見，語不及他，但叙寒暄而已。至欲上馬，徐云：「寡欲可以近道。」相之唯唯而去。

王明清《揮麈録・前録》卷四　元祐中，吕微仲當軸，其兄大忠自陝漕入朝，微仲虚正寢以待之，大忠辭以相第非便，微仲云：「界以中霤，即私家也。」卒從微仲之請。時安厚卿亦在政府，父日華尚康寧，且具慶焉，厚卿夫婦偃然居東序。時人以此别二公之賢否。

備論

《宋史》卷三四〇《吕大防傳》　《論》曰：大防重厚，摯骨鯁，頌有德量。三人者，皆相於母后垂簾聽政之秋，而能使元祐之治，比隆嘉祐，其功豈易致哉！大防疏宋家法八事，言非溢美，是爲萬世矜式。摯正邪之辨甚嚴，終以直道愠於羣小，遂與大防並死於貶，士論冤之。

王稱《東都事略》卷八九《吕大防傳》　臣稱曰：大防惇重，摯鯁直，頌德量。相母后于垂簾之日。不加斂而天下富，不言兵而天下服。使元祐之政有嘉祐忠厚之風，可謂賢矣。

劉摯部

綜述

《宋史》卷三四〇《劉摯傳》　劉摯字莘老，永静東光人。兒時，父居正課以書，朝夕不少間。或謂：「君止一子，獨不可少寬邪？」居正曰：「正以一子，不可縱也。」十歲而孤，鞠於外氏，就學東平，因家焉。

嘉祐中，擢甲科，歷冀州南宫令。縣比不得人，俗化凋敝，其賦甚重，輸絹匹折税錢五百，綿兩折錢三十，民多破産。摯援例旁郡，條請裁以中價。轉運使怒，將劾之。摯固請曰：「獨一州六邑被此苦，決非法意，但朝廷不知耳。」遂告於朝。三司使包拯奏從其議，自是絹爲錢千三百，綿七十有六。民歡呼至泣下，曰：「劉長官活我！」是時，摯與信都令李沖、清河令黄莘皆以治行聞，人稱爲「河朔三令」。

徙江陵觀察推官，用韓琦薦，得館閣校勘。王安石一見器異之，擢檢正中書禮房，默默非所好也。才月餘，爲監察御史裏行，欣然就職，歸語家人曰：「趣裝，毋爲安居計。」未及陛對，即奏論：「亳州獄起不止，小人意在傾富弼以市進，今弼已得罪，願少寬之。」又言：「程昉開漳河，調發猝迫，人不堪命。趙子幾擅升畿縣等，使納役錢，縣民日數千人遮訴宰相，京師喧然，何以示四方？張靚、王廷老擅增兩浙役錢，督賦嚴急，人情嗟怨。此皆欲以羨餘希賞，願行顯責，明朝廷本無聚斂之意。」

及入見，神宗面賜褒諭。因問：「卿從學王安石邪？安石極稱卿器識。」對曰：「臣東北人，少孤獨學，不識安石也。」退而上疏曰：「君子小人之分，在義利而已。小人才非不足用，特心之所向，不在乎義。故希賞之志，每在事先；奉公之心，每在私後。陛下有勸農之意，今變而爲煩擾；陛下有均役之意，今倚以爲聚斂。其有愛君之心，憂國之言者，皆無以容於其間。今天下有喜於敢爲，有樂於無事。彼以此爲流俗，此以彼爲亂常。畏義者以進取爲可恥，嗜利者以守道爲無能。此風浸成，漢、唐黨禍必起矣。惟君子爲能通天下之志。臣願陛下虚心平聽，審察好惡，前日意以爲是者，今更察其非；前日意以爲短者，今更用其長。稍抑虚譁輕僞，志近忘遠、幸於苟合之人，漸察忠厚慎重、難進易退、可與有爲之士。收過與不及之俗，使會於大中之道，則施設變化，惟陛下號令之而已。」

又論率錢助役，官自雇人有十害，其略曰：「天下州縣户役，虚實重輕不同。今等以爲率，則非一法所能齊；隨其所宜，各自立法，則紛擾散殊，何以統率？一也。新法謂版籍不實，故令別立等第。且舊籍既不可信，今何以得其無失？不獨搔擾生事患，將使富輸少，貧輸多，二也。天下上户少，中户多。上户役數而重，故以助錢爲幸。中户役簡而輕，下户役所不及。今概使輸錢，則爲不幸，三也。有司欲多得雇錢，而患上户之寡，故不用舊籍，臨時升降，使民何以堪命？四也。歲有豐凶，而役人有定數，助錢不可闕。非若税賦有倚閣、減放之期，五也。穀、麥、布、帛，歲有所出，而助法必輸見錢，六也。二税科買，色目已多，又概率錢以竭其所有，斯民無有悦而願爲農者，户口當日耗失，七也。僥倖者又將緣法生姦，如近日兩浙倍科錢數，自以爲功，八也。差法近者十餘年，遠或二十年，乃一充役，民安習之久矣。今官自雇人，直重則民不堪，輕則人不顧，不免以力敺之就役，九也。且役人必用鄉户，家有常産，則必知自愛；性既愚實，則罕有盜欺。今一切雇募，但得輕猾浮僞之人，巧詐相資，何所不至？十也。」

會御史中丞楊繪亦言其非，安石使張琥作十難以詰之，琥辭不爲，司農曾布請爲之。既作十難，且劾摯、繪欺誕懷向背。詔問狀，繪懼謝罪。摯奮曰：「爲人臣豈可壓於權勢，使天子不知利害之實！」即條對所難，以伸其説。且曰：「臣待罪言責，采士民之説以聞於上，職也。今有司遽令分析，是使之較是非，爭勝負，交口相直，無乃辱陛下耳目之任哉！所謂向背，則臣所向者義，所背者利；所向者君父，所背者權臣。願以臣章并司農奏宣示百官，考定當否。如臣言有取，幸早施行，若稍涉欺罔，甘就竄逐。」不報。

摯明日復上疏曰：「陛下起居言動，躬蹈德禮，夙夜厲精，以親庶政。天下未至於安且治者，誰致之耶？陛下注意以望太平，而自以太平爲己任，得君專政者是也。二三年間，開闔動摇，舉天下無一物得安其所者。蓋自青苗之議起，而天下始有聚斂之疑；青苗之議未允，而均輸之法行；均輸之法方擾，而邊鄙之謀動；邊鄙之禍未艾，而助役之事興。至於求水利，行淤田，併州縣，興事起新，難以偏舉。其議財，則市井屠販之人，皆召至政事堂。其征利，則下至歷日，而

官自鬻之。推此而往，不可究言。輕用名器，淆混賢否：忠厚老成者，擯之爲無能；狹少儇辯者，取之爲可用；守道憂國者，謂之流俗；敗常害民者，謂之通變。凡政府謀議經畫，除用進退，獨與一掾屬決之，然後落筆。同列預聞，反在其後。故奔走乞丐之人，其門如市。今西夏之款未入，反側之兵未安，三邊瘡痍，流潰未定。河北大旱，諸路大水，民勞財乏，縣官減耗。聖上憂勤念治之時，而政事如此，皆大臣誤陛下，而大臣所用者，誤大臣也。」疏奏，安石欲竄之嶺外，神宗不聽，但謫監衡州鹽倉。繪出知鄭州，琥亦落職。摯乞詣鄆遷葬，然後奔赴貶所，許之。

先是，倉吏與綱兵姦利相市，鹽中雜以僞惡，遠人未嘗食善鹽。摯悉意核視，且儲其羨以爲賞，弊減什七。父老目爲「學士鹽」。久之，簽書南京判官。會司農新令，盡斥賣天下祠廟，依坊場河渡法收净利。南京閼伯廟歲錢四十六貫，微子廟十二貫。摯歎曰：「一至於此！」往見留守張方平曰：「獨不能爲朝廷言之耶？」方平瞿然，托摯爲奏曰：「閼伯遷商丘，主祀大火，火爲國家盛德所乘，歷世尊爲大祀。微子，宋始封之君，開國此地，本朝受命，建號所因。又有雙廟者，唐張巡、許遠孤城死賊，能捍大患。今若令承買小人規利，冗褻瀆慢，何所不爲，歲收微細，實損大體。欲望留此三廟，以慰邦人崇奉之意。」從之。又見《方平傳》。

入同知太常禮院。元豐初，改集賢校理、知大宗正寺丞，爲開封府推官。神宗開天章閣，議新官制，除至禮部郎中，曰：「此南宮舍人，非他曹比，無出劉摯者。」即命之。俄遷右司郎中。

初，宰掾每於執政分廳時，請問白事，多持兩端伺意指。摯始請以公禮聚見，共決可否。或不便摯所請，坐以開封不置曆事罷歸。明年，起知滑州。哲宗即位，宣仁后同聽政，召爲吏部郎中，改祕書少監，擢侍御史。上疏曰：「昔者周成王幼沖踐祚，師保之臣，周公、太公其人也。仁宗皇帝盛年嗣服，用李維、晏殊爲侍讀，孫奭、馮元爲侍講，聽斷之暇，召使入侍。陛下春秋鼎盛，在所資養。願選忠信孝悌、惇茂老成之人，以充勸講進讀之任，便殿燕坐，時賜延對，執經誦説，以廣睿智，仰副善繼求治之志。」

他日講筵進讀，至仁宗不避庚戌臨奠張士遜，侍讀曰：「國朝故事，多避國音。國朝角音，木也，故畏庚辛。」哲宗問：「果當避否？」摯進曰：「陰陽拘忌，聖人不取，如正月祈穀必用上辛，此豈可改也？漢章帝以反支日受章奏，唐太宗以辰日哭張公謹，仁宗不避庚戌日，皆陛下所宜取法。」哲宗然之。

摯又言：「諫官御史員缺未補，監察雖滿六員，專以察治官司公事，而不預言責。臣請增補臺諫，并許言事。」時蔡確、章惇在政地，與司馬光不相能。摯因久旱上言：「《洪範》：『庶徵肅，時雨若。』《五行傳》：『政緩則冬旱。』今廟堂大臣，情志乖睽，議政之際，依違排狠，語播於外，可謂不肅。政令二三，舒緩不振。比日日青無光，風霾昏曀，上天警告，皆非小變。願進忠良，通壅塞，以答天戒。」

蔡確爲山陵使，神宗靈駕發引前夕不入宿，摯劾之，不報。及使回，既朝即視事，摯又奏確不引咎自劾。無何，確上表自陳，嘗請收拔當世之耆艾，以陪輔王室，蠲省有司之煩碎，以慰安民心。摯謂：「使確誠有是請，不言於先朝，爲不忠之罪；言於今日，爲取容之計。誠無是請，則欺君莫大於此。」又疏確過惡大略有十，論章惇凶悍輕侻，無大臣體，皆罷去。

初，神宗更新學制，養士以千數，有司立爲約束，過於煩密。摯上疏曰：「學校爲育材首善之地，教化所從出，非行法之所。雖羣居衆聚，帥而齊之，不可無法，亦有禮義存焉。先帝體道制法，超漢軼唐，養士之盛，比隆三代。然而比以太學屢起獄訟，有司緣此造爲法禁，煩苛愈於治獄，條目多於防盜，上下疑貳，以求苟免。甚可怪者，博士、諸生禁不相見，教諭無所施，質問無所從，月巡所隸之齋而已。齋舍既不一，隨經分隸，則又《易》博士兼巡《禮》齋，《詩》博士兼巡《書》齋，所至備禮請問，相與揖諾，亦或不交一言而退，以防私請，以杜賄賂。學校如此，豈先帝所以造士之意哉？治天下者，遇人以君子、長者之道，則下必有君子、長者之行而應乎上。若以小人、犬彘遇之，彼將以小人、犬彘自爲，而況以此行於學校之間乎？願罷其制。」

又請雜用經義、詩賦取士，復賢良方正科，罷常平、免役，引朱光庭、王巖叟爲言官。執憲數月，正色彈劾，多所貶黜，百僚敬憚，時人以比包拯、吕誨。

元祐元年，擢御史中丞。摯上疏曰：「上之所好，下必有甚。朝廷意在緫覈，下必有刻薄之行；朝廷務在寬大，下必有苟簡之事。習俗懷利，迎意趨和，所爲近似，而非上之意本然也。今因革之政本殊，而觀望之俗故在。昨差役初行，監司已有迎合爭先，不校利害，一概定差，一路爲之騷動者。朝廷察其如此，固已黜之矣。以是觀之，大約類此。向來黜責數人者，皆以非法掊克，市進害民，然非欲使之漫不省事。昧者不達，矯枉過正，顧可不爲之禁哉？請立監司考績之制。」

拜尚書右丞，遷進左丞、中書侍郎，遷門下侍郎。胡宗愈除右丞，諫議大夫王覿疏其非是，宣仁后怒，將加深譴。摯開救甚力，簾中厲聲曰：「若有人以門下侍郎爲姦邪，甘受之否？」摯曰：「陛下審察毀譽每如此，天下幸甚！然願顧大體，宗愈進用，自有公議，必致貶諫官而後進，恐宗愈亦所未安。」宣仁后意解，覿得補郡去。

摯與同列奏事論人才，摯曰：「人才難得，能否不一。性忠實而才識有餘，上也；才識不逮而忠實有餘，次也；有才而難保，可藉以集事，又其次也。懷邪觀望，隨時勢改變，此小人也，終不可用。」哲宗及宣仁后曰：「卿常能如此用人，國家何憂！」六年，拜尚書右僕射。

摯性陗直，有氣節，通達明鋭，觸機輒發，不爲利怵威誘。自初輔政至爲相，修嚴憲法，辨白邪正，專以人物處心，孤立一意，不受謁請。子弟親戚入官，皆令赴銓部以格調選，未嘗以干朝廷。與吕大防同位，國家大事，多決於大防，惟進退士大夫，實執其柄。然持心少恕，勇於去惡，竟爲朋讒奇中。

先是，邢恕謫官永州，以書抵摯。摯故與恕善，答其書，有「永州佳處，第往以俟休復」之語。排岸官茹東濟，傾險人也，有求於摯，不得，見其書，陰録以示御史中丞鄭雍、侍御史楊畏。二人方交章擊摯，遂箋釋其語上之，曰：「『休復』者，語出《周易》；『以俟休復』者，俟他日太皇太后復子明辟也。」又章惇諸子故與摯之子游，摯亦間與之接。雍、畏謂延見接納，爲牢籠之計，以冀後福。宣仁后於是面喻摯曰：「言者謂卿交通匪人，爲異日地，卿當一心王室。若章惇者，雖以宰相處之，未必樂也。」摯皇懼退，上章自辨，執政亦爲之言。宣仁后曰：「垂簾之初，摯排斥姦邪，實爲忠直。但此二事，非所當爲也。」以觀文殿學士罷知鄆州。給事中朱光庭駁云：「摯忠義自奮，朝廷擢之大位，一旦以疑而罷，天下不見其過。」光庭亦罷。七年，徙大名，又爲雍等所遏，徙知青州。

紹聖初，來之邵、周秩論摯變法、棄地罪，奪職知黄州，再貶光禄卿，分司南京，蘄州居住。將行，語諸子曰：「上用章惇，吾且得罪。若惇顧國事，不遷怒百姓，但責吾曹，死無所恨。正慮意在報復，法令益峻，奈天下何！」憂形於色，無一言及遷謫意。四年，陷邢恕之謗，貶鼎州團練副使，新州安置。惟一子從。家人涕泣願侍，皆不聽。至數月，以疾卒，年六十八。

初，摯與吕大防爲相，文及甫居喪，在洛怨望，服除，恐不得京官，抵書邢恕曰：「改月遂除，入朝之計未可必。當塗猜怨於鷹揚者益深，其徒實繁。司馬昭之心，路人所知也，濟之以『粉昆』，必欲以眇躬爲甘心快意之地，可爲寒心。」其謂司馬昭者，指吕大防獨當國久；「粉昆」者，世以駙馬都尉爲「粉侯」，韓嘉彦尚主，以兄忠彦爲「粉昆」也。恕以書示蔡碩、蔡渭，渭上書訟摯及大防等十餘人陷其父確，謀危宗社，引及甫書爲證。時章惇、蔡卞誣造元祐諸人事不已，因是欲殺摯及梁燾、王巖叟等。以爲摯有廢立之意，遂起同文館獄，用蔡京、安惇雜治，逮問及甫。及甫元祐末德大防除權侍郎，又忠彦雖罷，哲宗眷之未衰，乃託其亡父嘗説司馬昭指劉摯，「粉」謂王巖叟面白如粉，「昆」謂梁燾字況之，「況」猶「兄」也。又問實狀，但云：「疑其事勢如此。」會摯卒，京奏不及考驗，遂免其子官，與家屬徙英州，凡三年，死於瘴者十人。

徽宗立，詔反其家屬，用子跂請，得歸葬。跂又伏闕訴及甫之誣，遂貶及甫并渭於湖外，復摯中大夫。蔡京爲相，降朝散大夫。後又復觀文殿大學士、太中大夫。紹興初，贈少師，謚曰忠肅。

摯嗜書，自幼至老，未嘗釋卷。家藏書多自讎校，得善本或手鈔録，孜孜無倦。少好《禮》學，其究《三禮》，視諸經尤粹。晚好《春秋》，考諸儒異同，辨其得失，通聖人經意爲多。其教子孫，先行實，後文藝。每曰：「士當以器識爲先，一號爲文人，無足觀矣。」

《琬琰集删存》卷三《實録·劉右丞摯傳》 紹聖四年十二月壬子，鼎州團練副使、新州安置劉摯卒。

摯字莘老，渤海人。少舉進士，嘉祐中，禮部奏名第一，中甲科。調試秘書省校書郎，知冀州南宫縣。舊以税錢五百折絹一疋，民坐破産。摯上於朝，請給半價，時包拯領三司，奏可其事，縣人賴之。

徙江陵府觀察推官，以韓琦薦召試，補館閣校勘，遷著作郎。熙寧四年，自同知太常禮院改太子中允。時王安石初秉政，遇摯甚厚，擢爲檢正中書禮房公事，非其好。會遷監察御史裏行，未及階對，上疏論亳州獄：「小人意在傾摇大臣，今富弼已責，願少寬之。」

是時，神宗皇帝勵精求治，摯初面對，被寵奬，言皆聽納。摯感遇，因上疏，其略以爲「君子小人之分，在義利而已。小人材非不足，特心之所向，不在乎義。故希賞之志，每在事先；公爾之心，每在私後。陛下有勸農之意，今變而爲煩擾；有均役之意，今倚以爲聚斂；其有愛君憂國之心者，皆無以容於其間。今天下有喜於敢爲之論，有樂於無事之説。彼以此爲流俗，此以彼爲亂常。畏義

者以進取爲可恥，嗜利者以守道爲無能。此風浸長，東漢黨錮，有唐朋黨之禍必起矣！願陛下虚心平聽，慎重好惡，收合過與不及之俗，使會歸於大中之道。」

又論常平、免役法，陳事。會御史中丞楊繪亦論新政不便，並下其章司農。司農難詰，且劾摯、繪欺誕，懷向背。有詔問狀，摯言：「臣待罪言責，采士民之説告於陛下，職也。今乃以有司言下臣問狀，是合與之争口舌，無乃辱陛下耳目之任哉！乞下臣章並司農所奏外廷，考定當否。如臣言有取，願賜察納；言涉欺罔，甘就竄逐。」奏入，不報。明日復上疏曰：「今天下之勢未至於安且治者，誰致之邪？陛下注意以望太平，而自以太平爲己任，得君專政者是也。二三年間，開闔動摇，舉天下無一物得安其所者。蓋自青苗之議起，而天下始有聚斂之疑；青苗之議未允，而均輸之法行；均輸之法方擾，而邊鄙之謀動；邊鄙之禍未艾，而助役之事興。其間又求水利，淤田，省併州縣，難徧以疏舉。其議財，則市井屠販之人皆召而登政事堂。其征利，則下至曆日官自鬻之。至於輕用名器，淆混賢否，忠厚老成者，摒之爲無能；俠少儇辯者，取之爲可用；守道憂國者，謂之流俗；敗常害民者，謂之通變。凡政府謀議獨與一掾屬決之，然後落筆。同列與聞，反在其後。故奔競乞丐之人，其門如市。今羌夷之款未入，反側之兵未安，三邊創痍，流潰未定。河北大旱，諸路大水，民勞財乏，縣官減耗。聖上憂勤念治之時，而政事如此者，皆大臣誤陛下，而大臣所用者誤大臣也。」居數日，罷御史，落職，責監衡州鹽倉。故事，御史不帶兼職，以館職充御史，自摯始也。

八年，復職，簽書應天府判官事。元豐初，改集賢校理，知大宗正丞，權發遣開封府推官，改奉議郎。官制行，以朝奉郎爲尚書禮部郎中，又以開封獄空賜金紫服。六年春爲右司郎中，五月坐論事衝替。明年，知滑州。

哲宗即位，召爲吏部郎中，改秘書少監，擢爲侍御史。論貶蔡確，及言陛朝官薦進士、明經冒濫，舉法苛細，愈於治獄；條目猥多，過於防盜。類不以禮義遇士人，非先皇帝意。又言經義之弊，蹈襲剽賊，有司莫能辨。請雜用詩賦取士，復賢良方正科，罷常平、免役法。引朱光庭、王巖叟爲言官。

元祐元年，爲御史中丞。詔摯與諫議大夫孫覺看詳被罪訴理在元豐八年三月赦前者。摯言：「何必赦前，自今日以前皆當看詳。」奏可。上疏言：「上之所好，下必有甚。朝廷意在總覈，下必有刻薄之行；朝廷務行寬大，下必有苟簡之事。習俗懷利，迎意趨和，所爲近似，而非上意本然也。今因革之政本殊，而觀望之俗故在。昨差法初行，監司已有迎合争先，不校利害，一概定差，一路爲之搔動者。朝廷察其如此，固已黜之矣。由此觀之，大約類此。向卒黜責數人者，皆以非法掊克，市進害民，然非欲使之漫不省事也。昧者不達，矯枉過正，顧可不爲之禁哉？請立監司考績之制。」

又言：「臣所領訴理所，冤抑無甚於太學獄者。本因學生告言學官陰事，勘官求請事外或摭赦前事爲言，株連證逮所及，上自侍從，下至郡縣舉子，無疑數百千人。遠者或自閩、吳赴逮。本師生以茶藥紙筆通問遺，而文吏當以受所監臨枉法，甚失哀矜恤刑之意。」用是罪多減貸。

擢中大夫、尚書右丞。二年，除左丞。三年夏，爲中書侍郎，冬遷門下侍郎。

摯與同列奏事論及人才，摯曰：「人才難得，能否不一。性忠實而有才識，上也；才識不逮而忠實有餘，次也；有才而難保，可借以集事，又其次也；懷邪觀望，隨勢改變，此小人，終不可用。」二聖深然之。且曰：「卿等常能如此用人，國家何憂哉！」

是時，上臨御累年，淵默未嘗出語可否政事。宰執屢請時於講筵指事詢問，以廣聽納。其後每有顧問，宰執必申叙其説，從而奏事，遂以爲常。

一日内降畫可，裁定宗室冗費及六曹吏額。房吏請封尚書省，摯曰：「録黄當過門下，今封送何人也？」吏言：「尚書以吏額事，每奏入必徑下本省已久，今誤至此。」摯曰：「中書不知其它，當如法令。」遂作録黄。

初，尚書吏任永壽，精悍而滑，與三省吏不相能，具以吏姦告諸宰政，丞相呂大防深然之。是時，户部裁冗費，後省□吏額已逾年，垂就矣。大防盡取其事，置吏額房於都省，召永壽等領之。至是，永壽見録黄，愕曰：「兩省初不與，今安得此！」即禀大防，命兩相各選吏與其事。以是語摯，摯曰：「中書用法行録黄，非有意與吏爲道地也。今乃使就都省分功何耶？」其後事畢，永壽積勞補官，餘吏皆選轉有差。於是外議汹汹，臺諫交章論列，以謂事在後省久，永壽等攘去才兩月，而都司擅擬優例冒賞。章疏十上，大防不懌。而士大夫趨利者，居間交鬬，於是朋黨之論起矣。

六年春，拜大中大夫、右僕射兼中書侍郎。是年冬，言者論摯姦回險詐，力引私黨，爲臣不忠；父死於衡，委而不葬，爲子不孝。罷相，以觀文殿學士知鄆州。

初，邢恕責官過京師，書抵摯，摯答有「愛以俟休復」之語。會排岸官茹東濟

有求於摯，不得，見其書，陰録以示中丞鄭雍、侍御史楊畏，二人方論摯，得此乃釋其語上之曰：「『休復』語出《周易》，『以俟休復』者，俟他日太皇太后復辟也。」又章惇諸子故與摯子游，摯亦間與之接。言者謂摯預交惇子爲嚢橐，以冀後福。二聖尤不悦，遂罷政事云。

八年，移守青州。紹聖初，詔摯「誣詆聖考，愚視朕躬，首陳變法之科，終成棄地之令。縱釋有罪，以歸怨公上；汙衊異己，以誘脅衆心。」落職知黄州。未至，再貶光禄卿，分司南京，蘄州居住。四年春，責爲鼎州團練副使、新州安置。尋卒于貶所，年六十八，不許歸葬。

是年，蔡渭告言文及甫嘗書抵邢恕，有「司馬昭之心，路人皆知」之語。蓋指謂摯嘗有廢立意也。於是逮及甫、恕等繫同文館獄，命翰林學士蔡京、中書舍人蹇序辰等雜治，卒無佐驗。及甫、恕皆被罪，猶用蔡京奏。明年五月，摯已死，詔以前尚洙所置辭皆已亡，不及考驗，明正典刑。及免摯諸子官，家屬徙英州。

元符三年二月，詔還其家屬，收叙諸子。五月，復摯中大夫。建中靖國元年，因其子跂有言，官給葬，事依前宰臣例。崇寧元年，詔追降朝議大夫。大觀二年，以八寶赦追復朝議大夫。其後復觀文殿大學士，太中大夫，贈通議大夫。紹興元年，今天子顧哀元祐故老，特贈少師。

王稱《東都事略》卷八九《劉摯傳》 劉摯字莘老，渤海人也。少舉進士，禮部奏名第一，遂中甲科。調知南宫縣，徙江陵府觀察推官。用韓琦薦，除館閣校勘，爲監察御史裏行。

是時，神宗厲精求治，摯感恩遇，因上疏曰：「君子小人之分，在義利而已。小人材非不足，特心之所向不在乎義。故欲爲之志，每在事先；首公之心，每在私後。陛下有勸濃之意，今變而爲煩擾；有均役之意，今倚以爲聚斂。其有愛君憂國之心者，皆無以容其間。今天下有喜於敢爲之論，有樂於無事之論。彼以此爲流俗，此以彼爲亂常。畏義者以進取爲可恥，嗜利者以守道爲無能。此風浸長，東漢黨錮，有唐朋黨之禍必起矣。願陛下虚心平聽，審察好惡，收合過與不及之俗，使會歸於大中之道。」

摯上疏論常平、免役法，陳十害。會御史中丞楊繪亦論新政不便，並下其章司農。司農難詰，且劾摯、繪欺誕，懷向背。有詔問狀。摯言：「臣待罪言責，采士民之説告於陛下，職也。今乃以有司言下臣問狀，是令與之爭口舌，無乃辱陛下耳目之任哉！」明日，復上疏曰：「今天下之勢未至於安且治者，誰致之邪？陛下注意以望太平，而自以太平爲己任，得君專政者是也。二三年間，開闔動摇，舉天下無一物得安其所者。蓋自青苗之議起，而天下始有聚斂之疑；青苗之議未允，而均輸之法行；均輸之法方擾，而邊鄙之謀動；邊鄙之禍未艾，而助役之事興。其間又求水利、淤田，省併州縣，難徧以疏舉。其議財，則市井屠販之人皆召而登政事堂。其征利，則下至曆日官自鬻之。至於輕用名器，淆混賢否，忠厚老成者，擯之爲無能；俠少儇辯者，取之爲可用；守道憂國者，謂之流俗；敗常害民者，謂之通變。凡政府謀議獨與一掾屬決之，然後落筆。同列與聞，反在其後。故奔走乞丐之人，其門如市。今羌夷之款未入，反側之兵未安，三邊創痍，流潰未定。河北大旱，諸路大水，民勞財乏，縣官減耗。聖上憂勤念治之時，而政事如此，皆大臣誤陛下，而大臣所用者誤大臣也。」居數日，罷御史，責監衡鹽倉。爲簽書應天府判官。元豐初，爲集賢校理、知大宗正丞，開封府推官。遷禮部郎中，又遷右司郎中，以事免。明年知滑州。

哲宗即位，宣仁后臨朝聽政，召爲吏部郎中，改秘書少監，擢侍御史。奏論蔡確之罪，及言陛朝官薦進士、明經冒濫，舉法苛細，愈於治獄；條目猥多，過於防禁。不以禮遇士人，非先皇帝意。又言經義之弊，蹈襲剽賊，有司莫能辨。請雜用詩賦取士，復賢良方正科，罷常平、免役法，引朱光庭、王巖叟爲言官。

拜御史中丞。摯上疏曰：「上之所好，下必有甚。朝廷意在總覈，下必有刻薄之行；朝廷務行寬大，下必有苟簡之事。習俗懷利，迎意趨和，所爲近似，而非上之意本然也。今因革之政本殊，而觀望之俗故在。昨差法初行，監司已有迎合争先，不校利害，一概定差，一路爲之騷動者。朝廷察其如此，固已黜之矣。以此觀之，大約類此。向來黜責數人者，皆以非法掊克，市進害民，然非欲使之漫不省事。昧者不達，矯枉過正，顧可不爲之禁哉？請立監司考績之制。」

擢尚書右丞，改左丞，爲中書侍郎，遷門下侍郎。

摯與同列奏事論及人才，摯曰：「人才難得，能否不一。性忠實而才識有餘，上也；才識不逮而忠實有餘，次也；有才而難保，可籍以集事，又其次也；懷利觀望，隨勢改變，此小人，終不可用。」二聖深然之。且曰：「卿常能如此用人，國家何憂！」元祐六年，拜右僕射兼中書侍郎。

初，邢恕謫官永州，以書抵摯。摯故與恕善，答其書有「永州佳處，第往以俟休復」之語。排岸官茹東濟，傾險人也，有求於摯，而不得，見其書，陰録以示御史中丞鄭雍、侍御史楊畏。二人方論摯，得此乃釋其語上之。曰：「『休復』語出

《周易》『以俟休復』者，俟他日太皇太后復辟也。」又章惇諸子故與摯之子游，摯亦間與之接。言者謂摯預交惇子爲囊橐，以冀後福。遂罷政事，以觀文殿學士知鄆州。移知青州。

紹聖初，落職降知黄州，再貶光禄卿，分司南京，蘄州居住。四年，責鼎州團練副使、新洲安置。卒於貶所，年六十八。

是時，章惇、蔡卞誣造元祐諸人事不已，以邢恕爲御史中丞。用其言，欲誅殺摯及梁燾、王巖叟等，以爲摯有廢立之意，遂起同文館獄。用蔡京等雜治，卒無佐驗。會摯死，乃已。

元符三年，復中大夫。蔡京爲相，降朝請大夫。其後復觀文殿大學士，太中大夫，特贈少師，謚曰忠肅。

雜録

備録

朱熹《三朝名臣言行録》卷一二之一《丞相劉忠肅公》 王荆公安石初秉政，搜擇人才，任以不次。元公絳數以公爲言，荆公一見，遂器重焉，擢爲中書檢正。居月餘，默默非所好。會除御史，欣然就職。歸語家人曰：「趣裝，毋爲安居計。」未及陛對，首上疏論：「亳州獄起不正，小臣意在傾故相富弼以市進，今弼已責，願寬州縣之罪。」又言：「程昉開漳河，調發猝迫，人不堪命。趙子幾擅升畿縣等，使納役錢，縣民日數千人遮訴宰相，京師喧然，何以示四方？張靚、王廷老擅增兩浙役錢，督賦嚴急，人情嗟怨。此皆欲以羡餘希賞，願行顯責，明朝廷本無聚斂之意。」門人劉仿、王知常撰次《行實》

神宗皇帝鋭意求治，奬勵臣下，公既對，面賜褒諭，因論人物邪正，條對移時，上意嚮納。 劉大諫序公《文集》云：神宗面賜褒諭，且問：「從學王安石耶？安石稱卿器識。」公對曰：「臣東北人，少孤獨學，不識安石也。」因上疏極論，其略曰：「君子小人之分，在義利而已。小人非不足用，特心之所嚮，不在乎義。故希賞之志，每在事先；奉公之心，每在私後。陛下有勸農之意，今變而爲煩擾；陛下有均役之意，今倚以爲聚斂。其於愛君之心，憂國之言者，皆無以容於其間。今天下有喜於敢爲之論，有樂於無事之論，彼以爲此流俗，此以彼爲亂常。畏義者以進取爲可耻，嗜利者以守道爲無能。臣願陛下虚心平聽，慎重好惡。前日意以爲是者，今更察其非；前日意以爲短者，今亦用其長。稍抑虚譁輕僞，志近忘遠，幸於苟合之人；漸察忠厚慎重，難進易退，可與有爲之士。抑高舉下，品制齊量。收合過與不及之俗，使會於大中之道，然後風俗一，險阻平，施設變化，唯陛下號令之而已。」《行實》

公論率錢助役，官自雇人，略舉十害。是時御史中丞楊公繪亦上疏論新政，并公章下司農寺。司農條件詰難，劾繪與公險詖欺誕，中有向背。有旨分析，公奏曰：「臣有言責，采士民之説，敷告於陛下，是臣之職也。今有司駁奏，遽令分析，是使之較是非，争勝負，交口相直，無乃辱陛下耳目之任哉！所謂向背，則臣所向者義，所背者利，所向者君父，所背者權臣。願以臣章并司農奏宣示百官，考定當否。如臣言有取，幸早施行，若稍涉欺罔，甘就竄逐。」奏入，不報。公謂：「主上天資英睿，孜孜聽納，而大臣輔導之非是。」懷不能已，明日復上疏曰：「陛下起居言動，躬蹈德禮，夙夜勵精，以親庶政。天下未至於安治者，誰致之耶？陛下注意以望太平，而自以太平爲己任，得君專政者是也。二三年間，開闔動摇，舉天下無一物得安其所者。蓋自青苗之議起，而天下始有聚斂之疑；青苗之議未允，而均輸之法行；均輸之法方擾，而邊鄙之謀動；邊鄙之禍未艾，而助役之事興。其間又求水利也，又淤田也，又省併州縣也。其議財，則市井屠販之人，皆召而登政事堂。其征利，則下至曆日，而官自鬻之。推此而往，不可究言。至於輕用名器，淆混賢否：忠厚老成者，擯之爲無能；俠少儇辯者，取之爲可用；守道憂國者，謂之流俗；敗常鑿民者，謂之通變。凡政府謀議經畫，除用進退，獨與一掾屬論定，然後落筆。同列與聞，反在其後。故奔走乞丐之人，其門如市。今羌夷之款未入，反側之兵未安，三邊創痍，流潰未定。河北大旱，諸路大水，民勞財乏，縣官減耗。聖上憂勤念治之時，而政事如此，皆大臣誤陛下，而大臣所用者誤大臣也。」居數日，罷御史，落館職，政府擬竄嶺外，上不聽，乃貶衡州。公奏言：「上世葬將陵，歲有川患，方護諸喪抵鄆州葬有日。伏望寛貸，使臣葬畢，奔赴貶所。」有旨聽許。《行實》又《聞見録》曰：楊元素爲中丞，與劉摯言助役有十害。王荆公使張琥作十難以詰之，琥辭不爲。曾布曰：「請爲之。」仍詰二人向背好惡之情果何所在，元素惶恐，請曰：「臣愚不知助役之利乃爾，當伏妄言之罪。」摯奮曰：「爲

人臣豈可壓於權勢，使人主不知利害之實？」即復條對布所難者，以伸前議，且曰：「臣所向者陛下，所背者權臣，所好者忠直，好惡者邪姦。臣今獲罪譴逐，固自其分，但助役終爲天下之患害，願陛下勿忘臣言。」於是元素出知鄭州，摯責監臨，琥亦由此忤判公意，坐事落修注。

公在南都幕府，會司農寺行新令，盡斥賣天下祠廟，依坊場河渡法收净利。南都閼伯廟歲爲錢四十六貫，微子廟十二貫。公嘆曰：「一至於此！」往見留守張公方平曰：「獨不能爲朝廷言之耶？」張公矍然，因託公爲奏曰：「閼伯遷此商丘，主祀大火，火爲國家盛德所乘，歷世尊爲大祀。微子，宋始封之君，開國此地，本朝受命，建號所因。又有雙廟者，唐張巡、許遠孤城死賊，能捍大患。今若令承買小人規利，冗褻瀆慢，何所不爲，歲收微細，實損大體。欲望詳酌留此三廟，以慰邦人崇奉之意。」神宗即日批曰：「辱國瀆神，此爲甚者。速令行下，更不施行。」司農寺官吏令開封府取勘。《行實》

哲宗皇帝嗣位，宣仁聖烈皇后以祖母共政，見連歲水旱，西邊未寧，百姓勞弊，而國有大故，當務休息，遂散遣京城役夫，減皇城司覘者，廢物貨場，罷户馬等事，皆從中出。又戒敕中外，無敢苛刻擾民。已而進退大臣，選用臺諫，擢公爲侍御史。公自熙寧以言去位，踰十六年乃復任言責，閱天下事，久思所以報稱，於是上疏曰：「昔者周成王幼沖踐阼，師保之臣，周公、太公其人也。仁皇帝盛年嗣服，用李維、晏殊爲侍讀，孫奭、馮元爲侍講，聽斷之暇，召使入侍。陛下春秋鼎盛，在所資養，願選忠信孝悌，淳茂老成之人，以充勸講進讀之任，便殿燕坐，時賜延對，執經誦説，以廣睿智，仰副善繼求治之志。《行實》

公又言：「諫官御史，員缺未補，監察雖滿六員，專以察治官司公事，而不與言責。臣請增補臺諫，並許言事。」《行實》

神宗皇帝靈駕發引前一夕，山陵使蔡確不入宿，公彈劾其罪以聞，不報。確使回，赴内東門朝見訖，即日視事。公又奏：「確不引咎自劾，乞罷其政事，以明典憲。」無何，確上表自陳，其略云：「蓋嘗請收拔當世之耆艾，以陪輔王室；蠲省有司之煩碎，以慰安民心。」大意謂垂簾以來，多所更改，皆其建請。公以謂：「使確誠有是事，不言於先朝，爲不忠之罪；於今日爲取容之計。誠無是事，則欺君莫大於此。」因上疏論其惡，謂確當去，其罪大略有十。又論章惇凶悍輕侻，無大臣體。皆罷其位。《行實》

神宗更新學制，養士以千數，然有司立爲約束，過於煩密，人情病焉，久未之改。公上疏謂：「學校爲育材首善之地，教化所從出，非行法之所。雖群居衆聚，帥而齊之，不可無法，亦有禮義存焉而已。先皇帝體道制法，超漢軼唐，養士之盛，比隆三代。然而比以太學屢起獄訟，有司緣此造爲法禁，煩苛愈於治獄，條目多於防盜，上下疑貳，以求苟免。甚可怪者，博士、諸生，禁不相見，教諭無所施，質問無所從，月巡所隸之齋而已。齋舍既不一，隨經分隸，則又《易》博士兼巡《禮》齋，《詩》博士兼巡《書》齋，所至備禮請問，相與揖諾，亦或不交一言而退，以防私請，以杜賄賂。夫學政如此，豈先帝所以造士之意哉？夫治天下者，遇人以君子、長者之道，則下必有君子、長者之行而應乎上。若以小人、犬彘遇之，彼將以小人、犬彘自爲，而況以此行於學校之間乎？願罷諸生不許相見之禁，聽其在學往還，即有饋受自依敕律，其餘見行科條，委本監長貳與其屬看詳增損，著爲定制。《行實》

諫官王覿論胡宗愈除右丞非是，疏奏不已，二聖怒，將重責。宰相開陳，不聽。公復進説甚力，簾中厲聲曰：「若有人以門下侍郎爲姦邪，甘受之否？」公頓首謝曰：「陛下審察毁譽每如此，天下幸甚。然願朝廷顧大體，宗愈進用，自有公議，必致陛下逐諫官而後進，恐宗愈亦非所願。」文彦博曰：「劉摯言是，願賜聽覽。」遂免重責，改職補外而已。《行實》

公與同列奏事，因論人才大概，公奏曰：「人才難得，臣嘗歷觀士大夫間，能否不一。性忠實而有才識，上也；才雖不高而忠實有守，次也；有才而難保，可借以集事，又其次也。懷邪觀望，隨勢改變，此小人，終不可用。」二聖諭曰：「此言極是。卿等常能如此，太皇官家何所憂也！」《行實》

哲宗在講筵，一日讀仁宗不避庚戌臨奠張士遜，侍讀説曰：「國朝故事，多避國音，本朝角音，火也，故畏庚辛。」上顧問執政：「果當避否？」公進曰：「陰陽拘忌之説，聖人不取。如正月祈穀，必用上辛，此豈可改也？漢章帝以反支日受章奏，唐太宗以辰日哭張公謹。仁宗不避庚戌日，皆陛下所宜取法。」上深然之。《行實》

選后未決，簾中諭曰：「所選百餘家矣，皆於陰陽家不合，獨一家可用，復有二事未安：一事女是庶出；二事嫡母悍妬，女生三歲而逐其所生母，遂鞠於伯氏。今以所生爲父母耶？所養爲父母耶？」或對曰：「女無出繼之理，當正其本生父母，似無足疑。若庶出則國朝已有明德皇后故事。」公進曰：「以《春秋傳》言之，夫婦之子，妾婦之子，皆合備采擇之數。以《禮》言之，則必著外祖官氏者，明當用嫡也。況明德皇后乃太宗在藩邸時取以爲妃，非天子納后故事。」衆皆助

公語，上深然之。《行實》

言者論公交通邢恕及章惇子，牢籠小人，爲異日計。公心知爲言者所中，不復自明，謝曰：「臣愚闇，招致人言，願就貶責。」既退，固請益堅，乃罷相，以殿學士守鄆。給事中朱光庭駁奏謂：「劉摯忠義自奮，朝廷擢之大位，一旦以疑而罷，天下不見其過。」遂并罷知亳州。初，邢恕謫官過京師，以書抵公，公答以手簡云：「爲國自愛，以俟休復。」會茹東濟爲排岸官，其人數有求，而公不與，怨甚，適見公簡，陰録其語，以示中丞鄭雍、侍御史楊畏。二人方論奏公未竟，乃解釋其語繳上之，曰：「『以俟休復』者，俟它日太皇太后復辟也。」又章惇諸子故與公之子游，間一到府第相見，或隨衆客，公亦見之，故言者謂公延見接納，預爲牢籠，以冀後福云。《行實》又王彦霖《繫年録》云：延和奏事，密院再上，因奏：「前日臣有短見奏陳，不知曾經覽否？」應曰：「見臣之區區，不爲一劉摯。蘇轍爲陛下惜腹心之人，腹心之人難得，去了一個無一個。」諭曰：「劉摯垂簾之初煞有功，排斥姦邪，言事忠直，太皇心裏煞重它。只爲邢恕過京通柬，及接見章惇子弟，當面問它來，它皆言是曾樞密，且道是一個朝廷怪責底人，却與書柬通消息，送好心，後得不得？」余曰：「蔡確發毒，便劉摯分付右僕射與也，牢籠不得。」應曰：「樞密道底便是也。蔡確便教做宰相也，則牢籠不得。」余曰：「陛下既見得，却教做宰相也牢籠不得如何？尋常一個柬帖，可以牢籠。願陛下更加體照。」又諭曰：「太皇亦不深罪他，也爲它垂簾之初有功，只爲這件事到了不合。」余曰：「此則誠是劉摯少思慮，不將來做事，却做尋常人情事處來。言事官未必皆忠直無心之人，臣聞楊畏是呂惠卿面上人。」簾中稍前，再審，再奏之，因曰：「知它用意在甚處，但看去除陛下腹心之人，便是與姦邪開道路也。陛下亦覺近來臺諫官莫太甚不便，是臣等當日言蔡確、章惇亦不曾如此，今劉摯有甚事，怎消得恁地逼逐？願陛下更加照察，且將此事更入思慮。」

公教子孫，先行實，後文藝，每曰：「士當以器識爲先，一號爲文人，無足觀矣。」《行實》

又《行實》云：究治所問及甫「司馬昭」謂誰？及甫對意謂公也。問其證據事狀，則曰：「無有。但執政五年而未作相，必有怨望，疑其事勢心意如此。」又問：「『粉昆』謂誰？」及甫對：「『粉昆』謂王巖叟面白如粉，『昆』謂梁燾字況之，『況』猶『兄』也。」初，議者傳聞及甫怨詈之語，固知不實，然謂爲司馬昭，必以呂丞相大防獨當國久，或以爲謗，而及甫獄詞乃以指公。又「粉昆」者，世以駙馬都尉爲「粉侯」，故王克臣緣子師約，人稱爲「粉爹」，今韓嘉彦尚主，必以兄忠彦爲「粉昆」，而及甫乃指巖叟、燾，蓋及甫元祐末稍被進用，呂丞相除爲權侍郎，心甚德之，而忠彦是時雖罷樞府，上眷未衰，王、梁或貶或死，易以陵藉，故及甫陰自移其初意，委曲遷就，獨指公及王、梁，人皆知其妄，朝廷亦覺悟，獄事遂緩。

王闢之《澠水燕談録》卷二 元豐中，尚書省百官謚曾魯公，始曰「忠獻」，禮官劉摯駁曰：「丞相位居三事，不聞薦一士，安得謂之『忠』？家累千金，未嘗濟一物，安得謂之『獻』？」衆不能奪其議，改謚曰「宣靖」。

王鞏《甲申雜記》 紹聖中，余見劉莘老蘄州。因詰莘老：「公自中丞執政，平生交游皆拒絕，獨聽一王巖叟語，今悔乎？」莘老默然久之，曰：「惟蔡持正事實過當，離青州時固悔矣。」

孫升舍人爲選人時，夢與一僧立通衢，忽傳呼宰相來，既至，孫曰：「此府界提點蔡持正也。」僧曰：「此本朝第四人過嶺宰相也。」元祐中果謫新州，本朝盧、寇、丁三人矣，蔡實第四人也。又歐陽大椿爲新州職官，一日，與守過寺中，壁間見大字題曰「蔡確善終之室」，與守異之，方問其所以，字滅不見。後蔡果謫新，終于屋下。方蔡去也，主僧掃治其室，寺僧夜夢人告之曰：「善治之，更當有宰相至矣。」數年劉莘老至，亦終于此室。方劉拜右僕射之日，家人具飯，一小僕忽仆于堂下，少選，大呼曰：「相公指揮頭踏往新州去。」已而，家人詰之，僕悟曰：「莫知其言之出也。」

莊綽《雞肋編》卷下 新州城中甚隘，居人多茅竹之屋。有士子於附郭治花圃，剏爲一堂，前後兩廡，頗極爽麗。每延過客遊宴，屢乞堂名而未得。一日，夢一貴人坐其堂上，士子從之遊，亦若平日，懇以名堂，顧視久之曰：「可以二相名之。」即寤而覺，殊不曉命名之旨。未幾，蔡持正坐譏訕貶新州，既至，無宅可居，遂求堂以處，士子欣然納之，意其再入，而竟死於彼。蔡之貶，人謂劉莘老爲有力。至紹聖初，劉既坐責，當路者故以新處之。其至方暑，尤急於問舍，又欲假堂爲館，士子以「二相」爲不祥不許。而劉請甚堅，不得已，以夢告之。劉以蒸濕不堪，又以其言爲未信，竟借以居，亦終於堂中。則「二相」之名，蓋預定於數矣！與靈公之爲靈，何以異哉？

葉夢得《石林詩話》 劉丞相莘老殿試時，蘇丞相子容爲詳定官。子容後尹南京，莘老復僉判在幕中，相與歡甚。元祐初，莘老自中司入爲左丞，子容猶爲翰林學士承旨，及莘老遷黄門，子容始爲左丞。莘老宿東省，嘗以詩寄子容云：「膺門早歲預登龍，僉幕中間託下風。敢謂彈冠煩貢禹，每思移疾避胡公。」蓋記前事。而子容答之，有「末路自驚黄髮老，平時曾識黑頭公」之句，當時以爲盛事。又三年，莘老既相而罷，子容始踐其位云。

葉夢得《石林燕語》卷一〇 劉丞相摯，家法儉素，閨門雍睦。凡冠巾衣服制度，自其先世以來，常守一法，不隨時增損。故承平時，其子弟雜處士大夫間，

望而知其爲劉氏也。數十年來，衣冠詭異，雖故老達官，亦不免從俗，與市井誼浮略同，而不以爲非。

周煇《清波雜志》卷七　劉莘老丞相工詩，送安厚卿二人使高麗云：「杳杳三韓國，煌煌二使星。海神無暴横，天子有威靈。」時以爲絶唱，後四句不傳。

邵伯温《邵氏聞見録》卷一三　楊元素爲中丞，與劉摯言助役有十害。王荆公使張琥作十難以詰之，琥辭不爲。曾布曰：「請爲之。」仍詰二人向背好惡之情果何所在。元素惶恐，請曰：「臣愚不知助役之利乃爾，當伏妄言之罪。」摯奮曰：「爲人臣豈可壓於權勢，使人主不知利害之實？」即復條對布所難者，以伸明前議，且曰：「臣所向者陛下，所背者權臣，所好者忠直，所惡者邪姦。臣今獲罪譴逐，固自其分，但助役終爲天下之患害，願陛下勿忘臣言。」於是元素出知鄭州，摯責江陵。琥亦由此忤荆公意，坐事落修注。

趙善璙《自警編》卷六　劉忠肅公既被遇，知無不言。姦佞刻薄之吏，事狀顯著，公皆正色彈劾，多所貶黜，中外肅然，時人以比包希仁、吕獻可。上察其忠義誠信，可屬重在，未幾遂大用焉。

藝文

蘇頌《蘇魏公文集》卷七〇《祭劉丞相》　嗚呼！江、漢氣清，廬、衡地靈。孕奇擢秀，良才是生。公鍾厥美，逢時奮榮。少也穎拔，性若天成。倜儻魁壘，稔於人聽。挾策藝苑，來儀帝庭。文學高第，名實飛騰。其器既利，其發必異。立朝勁挺，不倚不陂。施於有政，流爲慈惠。江湖之間，民謡吏治。帝用嘉之，召還近次。乃尹京轂，撥煩無滯。乃貳台鼎，預聞朝議。中書政本，國體攸係。任以大柄，非賢孰寄。公之登庸，上尤注意。躬當衆責，不疚毁誚。剛果内持，由義而濟。委寵出藩，亦諧雅志。二邦偃息，風力彌厲。膚體且强，歡言自遂。如何奄忽，頹然長逝。嗚呼！人生有涯，寓形斯世。旋復還流，詎非夢寐？道信於時，乃生之貴。神歸其本，非歿爲累。惟公通悟，固得於是。人情怛化，徒懷風義。奏訃來上，中宸戚傷。厚其賵典，加以襚章。君恩始終，拊存念亡。瞻彼轜車，言經甸疆。精爽如在，游好未忘。尊酒盈旨，俎羞令芳。至誠是薦，魂其迪嘗。

劉摯《忠肅集》附録三《原序》　宣和四年七月六日，宣教郎、知開封府臨河縣丞劉跂寓書於元城劉安世曰：「先人平生爲文，方棄諸孤，僅存一篋。類次之已成編集，念當有序引，以信於後。晚年遷謫，事同諸公，身後怨家誣謗，又蒙朝廷核實，已賜昭雪。然而元祐大臣不幸亡殁者，類皆不敢納銘於壙，植碑於隧，始終大節，不應無聞於後世。願因集序並載一二，使他日有考焉。」顧惟衰拙，自少受知於先丞相，素叨國士之遇，中荷薦引，寖階禁從，晚歲遷謫，復同憂患，而又被譴以來行三十年，固窮守道，俯仰無愧，似不爲知己之辱。雖懷自顧不足之羞，而莫敢辭者，蓋義之所在，不可得而避也。

公諱摯，字莘老，永静軍東光人也。幼而敏悟，有成人風，年未弱冠，被薦於渤海，聲譽籍甚。凡四預鄉貢，禮部奏名爲第一，復中甲科。初治南宮，已著風績。

英宗詔二府各薦士充館閣，忠獻韓公琦以公應詔，補館閣校勘。王文公安石初秉政，搜擇人材，擢爲中書檢正，居月餘，議論多不合。會除監察御史，欣然就職，語家人曰：「趣裝，無爲安居計。」即上疏論：「亳州獄起不止，小臣意在傾故相富弼以市進，今弼已責，願寬州縣之罪。」神宗皇帝勵精求治，奬進臣下，公既對，面賜褒諭。且問：「從學王安石耶？安石稱卿器識。」公對曰：「臣東北人，少孤獨，不識安石也。」因論人物邪正，奏對移時，上意嚮納。

公退益感遇，思所以稱，因上疏論率錢助役、官自雇人，其事有不可勝言者，略陳十害，切中時病。會御史中丞楊公繪亦論新政，並公章下司農，司農條件疏駮，遂劾繪與公險詖，中懷向背。有旨分析，公奏曰：「臣有言責，采士民之説，敷告於陛下，是臣之職也。今有司駮奏，遽令分析，交口相直，無乃辱陛下耳目之任哉！所謂向背，則臣所向者義，所背者利；所向者君父，所背者權臣。願以臣章及司農所奏宣示百官，攷定當否。」奏入不報。明日復上疏極論時政，遂罷御史，落館職。擬竄嶺外，上不聽，乃貶衡州。

哲宗皇帝嗣位，宣仁聖烈太皇太后以祖母共政，見連年水旱，西鄙未寧，百姓勞敝，而國有大故，當務休息，遂散遣京城役夫，減皇城司覘者，廢物貨場，罷户馬等，事皆從中出。又戒敕内外無敢苟刻擾民。已而進退大臣，選用臺諫，擢公爲御史。公受命之始，即具以熙寧告神考之語，復陳於哲廟之前，兩宮聽納，盡行其言。曾未期月，人情於變。使天下有泰山之安而無一朝之患者，公之力也。公既被遇，知無不言，姦佞刻薄之吏事狀顯著，公皆正色彈劾，多所貶黜，

中外肅然，時人以比包希仁、吕獻可。上察其忠義誠信，可屬重任，未幾遂大用焉。

公在中書，一日内降畫可二狀，其一裁節宗室冗費，其一減定六曹吏額。房吏請封送尚書省，公曰：「常時文書録黄過門，今封送何也？」對曰：「尚書省以吏額事，每奏入必徑下本省已久，今誤至此。」公曰：「中書不知其他，當如法令。」遂作録黄。初，尚書令史任永壽精悍而猾，與三省吏不相能，數以姦弊告諸宰執，吕丞相大防信任之。時户部裁節浮費，後省裁定吏額，皆踰年未就，吕丞相專權狠愎，盡取其事，置吏額房於都省，以司空府爲局，召永壽輩領之，未嘗謀及同列也。永壽見録黄，愕曰：「兩省初不與，今乃有此。」即稟丞相，命兩省各選吏赴局同領其事，以是白公，公曰：「中書行録黄，法也。豈有意與吏爲道地，今乃使就都省分功，何耶？」他日，又持奏稾以丞相旨稟公曰：「吏額事本欲慎密而速，故請徑下，然未經立法，欲三省同奏，依致仕官文書法。」公曰：「似非其類也，更當聚議。」明日，吕相又袖稾厲色示公曰：「勢不可不爾！」公不欲立異，勉應曰：「諾。」其後事畢，永壽以勞進官，時忱、蘇安静、時惲皆遷秩有差。於是外議喧然不平，臺諫交章論列，以爲事在後省，成就已十八九，永壽等攘去才兩月，而都司不用司勳格，擅擬優例，冒賞徇私，章數十上。時公已遷門下，每於上前開陳吏額本末，此皆被省者鼓怨，言章風聞過實，不足深信。吕丞相亦以語客曰：「使上意曉然者，劉門下力也。」然自此忌公益甚，陰謀去之，遂引楊畏在言路，諫官疏其姦邪反覆，章十餘上，竟不能回。士大夫趨利者，汹汹交訌其事，於是朋黨之論起矣。公語丞相曰：「吾曹心知無他，然外議如此，非朝廷所宜有，願少引避。」丞相曰：「行亦有請。」是歲八月一日奏事畢，少留，奏曰：「臣久處近列，器滿必覆，願賜骸骨，避賢者路。」上遣中使召公入對，太皇太后諭曰：「侍郎未可去，須官家親政然後可去。」使者數輩趨入視事，公不得已受命。頃之吕丞相亦求退，不許。明年，公繼爲丞相，不滿歲，前日汹汹者在言路詆公，竟去位，朋黨之論遂不可破，其本末如此。

公輔政累年，剛明重厚，達於治道，朝廷賴之。及爲相，益總大體，務守法度，輔佐人主於無過之地。其於用人，先器識，後才藝。進擬之際，必察其人性行厚薄，終不輕授以職任。故才名之士或多怨公，公知之不恤也。取人不問識與不識，或多南士，有以蕭望之、鄭朋事諫公曰：「楚士奈何。」公笑而不答。論者謂元祐以來能以人物爲意，知所先後而無適莫者，公爲之首。奏事上前，言直事核，不爲緣飾，多見聽用。與同列語，公平不欺。未嘗以私屬人，人有所欲多憚公聞之，公聞之亦爲盡力，然終不以語也。精力絶人遠甚，一見賓客，及聞其語，終身不忘。事無劇易，臨之曉然，省吏每以事試公，不以久近，區處如一，言皆可復，故三省事經公所裁定者，後皆遵用莫能改云。

趙彦若子敗官下獄，彦若奏與監司有嫌，乞移獄他路。言者論彦若罔上不實。王鞏除知宿州，言者論鞏前在揚州不法。彦若、鞏皆公姻家也。語稍及公，公請辭位，章七八上，遂遷就外舍。詔遣近侍宣召公入，既對，諭曰：「彦若、鞏輩事何預也？言者皆謂交通邢恕及章惇之子，牢籠小人，爲異日計。」公心知爲言者所中，不復自明，謝曰：「臣愚闇，招致人言，願就貶責。」既退，固請益堅，乃罷相，以殿學士守鄆。給事中駁奏，謂劉某忠義自奮，力辨邪正，有功朝廷，擢之大位，一旦以疑而罷，天下不見其過。」並給事中罷之。於是中外疑駭，莫知所謂。久之乃知言者雖多，專以章、邢事爲媒孽。初，公家子弟與章惇之子相識，因入都應舉，而公家子弟亦遊科場，嘗至府第，而言者指爲交通之迹。邢恕謫官，至京師，以書抵公，公答以手簡，其末云：「爲國自愛，以俟休復。」茹東濟爲東排岸官，數有請求，而公不之許，蓄怨甚久。適見公簡，陰録其語以示言者，言者繳上之，且解釋云：「『休復』，語出《周易》，『以俟休復』者，俟他日太皇太后復辟也。劉某所懷如此。」蓋媒孽之語不一，而此最爲甚，朝野憤之。其後楊畏遂升從官，搢紳共惡，甚於虺蜴。東濟亦除提舉常平，諫官復論其素行，士論不齒，不宜任以監司。除命遂寢，人情更以爲快。

公天性高明，不以己長格物。既貴，恭儉好禮，不改平素。淳静嗜書，自幼至老，未嘗釋卷。家藏書多，皆自讎校，得善本或手抄録，孜孜無倦。平居不親妾媵，家事有無，不以經意。雖在相府，蕭然一室。其後南遷，不知者謂公不堪其憂，親族門人乃知公謫居自奉簡約，與在相府無以異也。凡有議論，惟尚中道。不習異説，不貴苟難，務在謹名教而已。少好《禮》學，講究《三禮》，視諸經尤粹。晚好《春秋》，攷諸儒異同，辨其得失，通聖人經意爲多。公文章雅健清勁，如其爲人，辭達而止，不爲長語。表章書疏未嘗假手，凡奏議、論説、記序、銘誌、詩賦諸文總千餘篇，次第著集爲四十卷，藏於家。

公自青社罷職知黄州，又分司、徙蕲州，語諸子曰：「上用章丞相，吾勢當得罪。若章君顧國事，不遷怒百姓，但責吾曹，死無所恨。第恐意在報復，法令益峻，奈天下何！」憂形於色。初無一言及遷謫也。嶺表之謫，公拜命即日就道，惟從一

子。家人涕泣願侍，皆不聽。水陸犇馳，見星乃止，至貶所，屏迹不交人事，亦無書自隨，宴坐静默，家人具饌，告之食則食，喜怒不形，意澹如也。公年未五十即屏嗜欲，晚歲南遷，氣貌安强，無衰瘁之色。居數月，得微疾，公自謂將終，戒飭後事，精神不亂，安卧而斃。公既歿於嶺外，所屬爲公請歸葬於朝，不許。已而諸子坐廢，家屬再徙他郡，而不著罪狀，人無知其故者，雖公家亦不知也。今上登極，人赦天下，公既歸葬，而文及甫、蔡渭皆貶湖州，然後人稍知其事起於此。

初，及甫持喪在洛陽，邢恕謫永州未赴，亦以喪在懷州，數通書，有怨望語。及甫又以公任中司，嘗彈罷其左司郎官，怨公尤深。以書抵恕，其略曰：「改月遂除，入朝之計未可必。當塗猜怨於鷹揚者益深，其徒實繁。司馬昭之心，路人所知也。」大意謂服除必不得京師官，當求外補，故深詆當路者。紹聖初，恕以示蔡碩、蔡渭，渭數上書訟吕丞相及公而下十餘人陷害其父確，及謀危宗社，引及甫書爲驗。朝廷駭之，委翰林學士蔡京、御史中丞安惇究治焉，遂逮及甫就吏。而所通初無事證，但託以亡父曾説之。究治所問司馬昭謂誰，及甫對意謂公也。問其證據事狀，則曰：「無有，但疑其事勢心意如此。」朝廷照知其妄，獄事遂緩。會公薨聞，猶用蔡京奏，以不及攷驗爲辭，但坐諸子而已，時紹聖五年五月四日也。其後諸子、叔復護喪還鄉里，公嗣子跂徑伏闕下，上疏訴其事。又持副封詣都堂，叩宰相韓忠彦、曾布等，皆取實封案牘閲視，知其謬妄明白，具以語跂。至建中靖國元年二月二十五日，有旨文及甫、蔡渭所陳顯無實狀，已行貶責，紹聖五年五月四日指揮更不施行。然後公歿後讒謗所坐皆得解釋。渭今改名懋云。

崇寧元年正月癸酉，葬公於鄆州須城縣大谷山之原先塋之東，曹國夫人任氏祔焉。有詔特依前宰臣例。又除公壻通直郎蔡蕃知陽穀縣，應副葬事。送終之禮，極其哀榮，四方觀者，莫不歎息。

嗚呼！公之厚德高行，追配古人，嘉謨偉績，播於天下士民者固不可勝數，今特取大節載之，其餘非公出處所繫，皆略而不書。

八月一日承議郎提舉南京鴻慶宫賜紫金魚袋劉安世序。

畢仲游《西臺集》卷一七《祭劉莘老相公文》　嗚呼！公生北方，少爲國器。如芝九莖，一時之瑞。如松千尺，挺拔其萃。道廣且周，純行以粹。學博而淵，文富而麗。大佩峨冠，衆目環視。落筆風雨，詞場奪氣。遂冠諸生，得名當世。自此直行，志一不二。熙寧之初，作于先帝。或出或舉，可進可退。或默或語，有命有義。元豐之末，召節其駛。横榻已嚴，專席尤厲。永泰向焉，命以三事。衮佩隨之，顯無與二。物盛而變，譽忽爲毁。厚忽爲薄，榮忽爲瘁。竟斥炎陬，胡跋尾疐。魑魅與鄰，二童遺厲。索水洋洋，遂與俱逝。嗚呼哀哉！公逝于南，旋殯三歲。三歲之間，九喪相繼。十旐同歸，水陸萬里。行道興嗟，石人亦涕。僅返故山，合窆如禮。非有子賢，未易得此。嗚呼哀哉！念昔曾祖，嘗都相位。景德之初，主臣道契。吏官有傳，未銘于隧。公實銘之，丘山北賜。論德在前，懷恩爲次。綍不共持，吊不同綴。千里寓文，祭公以意。公如明神，則必享是。嗚呼哀哉，尚饗。

汪應辰《文定集》卷一〇《跋劉忠肅公陸公奏稿》　左奉議郎、知曹州濟陰縣陸彦回，博問好學，優有文藻，悉心公家，其政敏達，堪充不次升擢清要任使。元祐六年，丞相忠肅劉公守鄆，而洛陽陸公知曹州濟陰縣，忠肅薦之朝。後六十餘年，陸公之子庾得其奏稿于忠肅之曾孫芮而刻石焉。陸公蚤以才氣，踔厲傑出，王荆公贈詩，有「英才但未遭文舉，明主寧當棄浩然」之句。及荆公秉政，士自疏遠賤微，以片言一技，超取顯美甚衆，而昔所嘆惜以爲未遇者，廼獨不在選中，蓋必有不苟合者矣。至是忠肅雖薦之，然朝廷亦不果用。未幾時風丕變，士之經荆公品題與夫不用于元祐者，往往彙進，而陸公隨牒州縣自若也。以彼其才而所守如此，可謂不負知己，益以信忠肅之知人也已。

真德秀《西山文集》卷五二《劉忠肅公祝文》　嗚呼！公生於建水而没於金陵，光明秀傑之氣，當已融而爲喬嶽，燦而爲列星。至於論議之崇宏，事業之雋偉，播在簡册者，又將垂千載之儀刑。某以鄉閭晚出，雖不及執經於堂下，然讀公之書，友公之子，猶彷彿其平生。揭來江左，屬歲饑饉，鮐背黄髮之叟，誦乙未救菑之績，往往欷歔而涕零。某之視公，無能爲役，獨於遺訓之炳然者，每拳拳而服膺。其於惠孤恤鰥之政，既嘗竊取其一二，復刊梓以布之海內，庶幾傳此方，挾此藥者，皆足以起沈瘵而蘇醒。被命守泉，謹拜謁祠下而去。繼自今强學力行，益當思所以自厲者，上以無忘於師訓，下以不辱於鄉評。尚饗。

蘇頌部

綜述

《宋史》卷三四〇《蘇頌傳》 蘇頌字子容，泉州南安人。父紳，葬潤州丹陽，因徙居之。第進士，歷宿州觀察推官、知江寧縣。時建業承李氏後，稅賦圖籍，一皆無藝，每發斂，高下出吏手。頌因治訊他事，互問民鄰里丁產，識其詳。及定户籍，民或自占不悉，頌警之曰：「汝有某丁某產，何不言？」民駭懼，皆不敢隱。遂剗剔夙蠹，成賦一邑，簡而易行，諸令視以爲法，至領某民拜庭下以謝。凡民有忿爭，頌喻以鄉黨宜相親善，若以小忿而失歡心，一旦緩急，將何賴焉。民往往謝去，或半途思其言而止。時監司王鼎、王綽、楊紘於部吏少許可，及觀頌施設，則曰：「非吾所及也。」

調南京留守推官，留守歐陽脩委以政，曰：「子容處事精審，一經閱覽，則脩不復省矣。」時杜衍老居睢陽，見頌，深器之，曰：「如君，真所謂不可得而親疏者。」衍又自謂平生人罕見其用心處，遂自小官以至爲侍從、宰相所以施設出處，悉以語頌，曰：「以子相知，且知子異日必爲此官，老夫非以自矜也。」故頌後歷政，略似衍云。

皇祐五年，召試館閣校勘，同知太常禮院。至和中，文彦博爲相，請建家廟，事下太常。頌議以爲：「禮，大夫士有田則祭，無田則薦，是有土者乃爲廟祭也。有田則有爵，無土無爵，則子孫無以繼承宗祀，是有廟者止於其躬，子孫無爵，祭乃廢也。若參合古今之制，依約封爵之令，爲之等差，錫以土田，然後廟制可議。若猶未也，即請考案唐賢寢堂祠饗儀，止用燕器常食而已。」

嘉祐中，詔禮院議立故郭皇后神御殿于景靈宮，頌謂：「敕書云：『向因忿鬱，偶失謙恭。』此則無可廢之事。又云：『朕念其自歷長秋，僅周一紀，逮事先后，祗奉寢園。』此則有不當廢之悔。又云：『可追復皇后，其祔廟謚册並停。』此則有合祔廟及謚册之義。請祔郭皇后於后廟，以成追復之道。」衆論未定，宰相曾公亮問曰：「郭后，上元妃，若祔廟，則事體重矣。」頌曰：「國朝三聖，賀、尹、潘皆元妃，事體正相類。今止祔后廟，則豈得有同異之言。」公亮曰：「議者以謂陰逼母后，是恐萬歲後配祔之意。」頌曰：「若加一『懷』、『哀』、『愍』之謚，則不爲逼矣。」公亮歎重。

遷集賢校理，編定書籍。頌在館下九年，奉祖母及母，養姑姊妹與外族數十人，甘旨融怡，昏嫁以時。妻子衣食常不給，而處之晏如。富弼嘗稱頌爲古君子，及與韓琦爲相，同表其廉退，以知潁州。通判趙至忠本邊徼降者，所至與守競，頌待之以禮，具盡誠意。至忠感泣曰：「身雖夷人，然見義則服，平生誠服者，唯公與韓魏公耳。」

仁宗崩，建山陵，有司以不時難得之物厲諸郡。頌曰：「遺詔務從儉約，豈有土不產而可强賦乎？量其有無，事亦隨集。」英宗即位，召提點開封府界諸縣鎮公事。頌言：「周制六軍出於六鄉，在三畿四郊之地；唐設十二衛，亦散布畿內郡縣，又以關內諸府分隸之，皆所以臨制四方，爲國藩衛。國朝禁兵，多屯京師及畿內東南諸縣，雖饋運爲便，而西邊武備殊闕。今中牟、長垣都門要衝，二鄙驛置皆由此，而舊不屯兵，闃無防守，請置營益兵，以備非常。」明年，飢民果乘虚犯長垣，戕官吏，如頌慮。頌又請以獲盜多寡爲縣令殿最法，以謂：「巡檢、縣尉，但能捕盜，而不能使人不爲盜；能使其不爲盜者，縣令也。且民罹剽劫之害，而長官不任其責，可乎？」

遷度支判官。送契丹使，宿恩州，驛舍火，左右請出避，頌不動。州兵欲入救，閉門不納，徐使防卒撲滅之。初火時，郡人洶洶，唱使者有變，救兵亦欲因而生事，賴頌安静而止。遂聞京師，神宗疑焉。頌使還，入奏，稱善久之。命爲淮南轉運使。召修起居注，擢知制誥、知通進銀臺司、知審刑院。

時知金州張仲宣坐枉法贓罪至死，法官援李希輔例，杖脊黥配海島。頌奏曰：「希輔、仲宣均爲枉法，情有輕重。希輔知台，受賕數百千，額外度僧。仲宣所部金坑，發檄巡檢體究，其利甚微，土人憚興作，以金八兩屬仲宣，不差官比校，止係違令，可比恐喝條，視希輔有間矣。」神宗曰：「免杖而黥之，可乎？」頌曰：「古者刑不上大夫，仲宣官五品，今貸死而黥之，使與徒隸爲伍，雖其人無可矜，所重者，污辱衣冠耳。」遂免杖黥，流海外，遂爲定法。

又言：「提舉青苗官不能體朝廷之意，邀功争利，務爲煩擾。且與諸司不相臨統，文移同異，州縣莫知適從。乞與常平、衆役一切付之監司，改提舉爲之屬，則事有統一，而於更張之政無所損也。」不從。

大臣薦秀州判官李定，召見，擢太子中允，除監察御史裏行。宋敏求知制誥，封還詞頭。復下，頌當制，頌奏：「祖宗朝，天下初定，故不起孤遠而登顯要者。真宗以來，雖有幽人異行，亦不至超越資品。今定不由銓考，擢授朝列，不緣御史，薦寘憲臺。雖朝廷急於用才，度越常格，然隳紊法制，所益者小，所損者大，未敢具草。」次至李大臨，亦封還。神宗曰：「去年詔，臺官有闕，委御史臺奏舉，不拘官職高下。」頌與大臨對曰：「從前臺官，於太常博士以上、中行員外郎以下舉充。後爲難得資敘相當，故朝廷特開此制。止是不限博士、員郎，非謂選人亦許奏舉。若不拘官職高下，并選人在其間，則是秀州判官亦可爲裏行，不必更改中允也。今定改京官，已是優恩，更處之憲臺，先朝以來，未有此比。倖門一啓，則士塗奔競之人，希望不次之擢，朝廷名器有限，焉得人人滿其意哉！」執奏不已，於是並落知制誥，歸工部郎中班，天下謂頌及敏求、大臨爲「三舍人」。

歲餘，知婺州。方泝桐廬，江水暴迅，舟横欲覆，母在舟中幾溺矣，頌哀號赴水救之，舟忽自正。母甫及岸，舟乃覆，人以爲純孝所感。徙亳州，有豪婦罪當杖而病，每旬檢之，未愈，譙簿鄧元孚謂頌子曰：「尊公高明以政稱，豈可爲一婦所紿。但諭醫如法檢，自不誣矣。」頌曰：「萬事付公議，何容心焉。若言語輕重，則人有觀望，或致有悔。」既而婦死，元孚慙曰：「我輩狹小，豈可測公之用心也。」

加集賢院學士、知應天府。吕惠卿嘗語人曰：「子容，吾鄉里先進，苟一詣我，執政可得也。」頌聞之，笑而不應。凡更三赦，大臨還侍從，頌纔授秘書監、知通進銀臺司。吴越饑，選知杭州。一日，出遇百餘人，哀訴曰：「某以轉運司責逋市易緡錢，夜囚晝繫，雖死無以償。」頌曰：「吾釋汝，使汝營生，奉衣食之餘，悉以償官，期以歲月而足，可乎？」皆謝不敢負，果如期而足。

頌宴客有美堂，或告將兵欲亂，頌密使捕渠領十輩，荷校付獄中，迨夕會散，坐客不知也。及修兩朝正史，轉右諫議大夫。使契丹，遇冬至，其國曆後宋曆一日。北人問孰爲是，頌曰：「曆家算術小異，遲速不同，如亥時節氣交，猶是今夕；若踰數刻，則屬子時，爲明日矣。或先或後，各從其曆可也。」北人以爲然。使還以奏，神宗嘉曰：「朕嘗思之，此最難處，卿所對殊善。」因問其山川、人情向背，對曰：「彼講和日久，頗竊中國典章禮義，以維持其政，上下相安，未有離貳之意。昔漢武帝自謂：『高皇帝遺朕平城之憂，雖久勤征討，而匈奴終不服。』至宣帝，呼韓單于稽首稱藩。唐自中葉以後，河湟陷于吐蕃，憲宗每讀《貞觀政要》，慨然有收復意。至宣宗時，乃以三關、七州歸于有司。由此觀之，外國之叛服不常，不繫中國之盛衰也。」頌意蓋有所諷，神宗然之。

元豐初，權知開封府，頗嚴鞭朴。謂京師浩穰，須彈壓，當以柱後惠文治之，非亳、潁卧治之比。有僧犯法，事連祥符令李純，頌置不治。御史舒亶糾其故縱，貶秘書監、知濠州。

初，頌在開封，國子博士陳世儒妻李惡世儒庶母，欲其死，語羣婢曰：「博士一日持喪，當厚餉汝輩。」既而母爲婢所殺，開封治獄，法吏謂李不明言使殺姑，法不至死。或譖頌欲寬世儒夫婦，帝召頌曰：「此人倫大惡，當窮竟。」對曰：「事在有司，臣固不敢言寬，亦不敢諭之使重。」獄久不決。至是，移之大理。意頌前次請求，移御史臺逮頌對。御史曰：「公速自言，毋重困辱。」頌曰：「誣人死，不可爲已，若自誣以獲罪，何傷乎？」即手書數百言伏其咎。帝覽奏牘，以爲疑，反覆究實，乃大理丞賈種民增減其文傅致也，由是事得白。同列猶以嘗因人語及世儒帷薄事，頌應曰：「然。」以是爲泄獄情，罷郡。

未幾，知河陽，改知滄州。入辭，帝曰：「朕知卿久，然每欲用，輒爲事奪，命也夫！卿直道，久而自明。」頌頓首謝。召判尚書吏部兼詳定官制。唐制，吏部主文選，兵部主武選；神宗謂三代、兩漢本無文武之别，議者不知所處。頌言：「唐制吏部有三銓之法，分品秩而掌選事。今欲文武一歸吏部，則宜分左右曹掌之，每選更以品秩分治。」於是吏部始有四選法。

因陛對，神宗謂頌曰：「欲修一書，非卿不可。契丹通好八十餘年，盟誓、聘使、禮幣、儀式，皆無所考據，但患修書者遷延不早成耳。然以卿度，此書何時可就？」頌曰：「須一二年。」曰：「果然，非卿不能如是之敏也。」及書成，帝讀《序引》，喜曰：「正類《序卦》之文。」賜名《魯衛信録》。

帝嘗問宗子主祭、承重之義，頌對曰：「古者貴賤不同禮，諸侯、大夫世有爵禄，故有大宗、小宗、主祭、承重之義，則喪服從而異制。匹士庶人亦何預焉。近代不世爵，宗廟因而不立，尊卑亦無所統，其長子孫與衆子孫無以異也。今《五服敕》，嫡孫爲祖、父爲長子猶斬衰三年，生而情禮則一，死而喪服獨異，恐非先王制禮之本意。世俗之論，乃以三年之喪爲承重，不知爲承大宗之重也。臣聞慶曆中，朝廷議百僚應任子者，長子與長孫差優與官，餘皆降殺，亦近古立宗之法。乞詔禮官、博士參議禮律，合承重者，酌古今收族主祭之禮，立爲宗子繼祖者，以異於衆子孫之法。士庶人不當同用一律，使人知尊祖，不違禮教也。」除吏

部侍郎，遷光禄大夫。遭母喪，帝遣中貴人唁勞，賜白金千兩。

元祐初，拜刑部尚書，遷吏部兼侍讀。奏：「國朝典章，沿襲唐舊，乞詔史官采《新》、《舊唐書》中君臣所行，日進數事，以備聖覽。」遂詔經筵官遇非講讀日，進漢、唐故事二條。頌每進可爲規戒、有補時事者，必述己意，反復言之。又謂：「人主聰明，不可有所嚮，有則偏，偏則爲患大矣。今守成之際，應之以無心，則無不治。」每進讀至弭兵息民，必援引古今，以動人主之意。

既又請别製渾儀，因命頌提舉。頌既邃於律曆，以吏部令史韓公廉曉算術，有巧思，奏用之。授以古法，爲臺三層，上設渾儀，中設渾象，下設司辰，貫以一機，激水轉輪，不假人力。時至刻臨，則司辰出告。星辰躔度所次，占候則驗，不差晷刻，晝夜晦明，皆可推見，前此未有也。

頌前後掌四選五年，每選人改官，吏求垢瑕，故爲稽滯。頌敕吏曰：「某官緣某事當會某處，仍引合用條格，具委無漏落狀同上。自是吏不得逞。每訴者至，必取按牘使自省閱，訴者服，乃退；其不服，頌必往復詰難，度可行之，苟有疑，則爲奏請，或建白都堂。故選官多感德，其不得所欲者，亦心服而去。

遷翰林學士承旨。五年，擢尚書左丞。嘗行樞密事。邊帥遣种朴入奏：「得諜言，阿里骨已死，國人未知所立。契丹官趙純忠者，謹信可任，願乘其未定，以勁兵數千，擁純忠入其國立之。」衆議如其請。頌曰：「事未可知，其越境立君，使彼拒而不納，得無損威重乎？徐觀其變，竢其定而撫輯之，未晚也。」已而阿里骨果無恙。

七年，拜右僕射兼中書門下侍郎。頌爲相，務在奉行故事，使百官守法遵職。量能授任，杜絶僥倖之原，深戒疆埸之臣邀功生事。論議有未安者，毅然力争之。賈易除知蘇州，頌言：「易在御史名敢言，既爲監司矣，今因赦令，反下遷爲州，不可。」争論未決。諫官楊畏、來之邵謂稽留詔命，頌遂上章辭位，罷爲觀文殿大學士、集禧觀使，繼出知揚州。徙河南，辭不行，告老，以中太一宫使居京口。紹聖四年，拜太子少師致仕。

方頌執政時，見哲宗年幼，諸臣太紛紜，常曰：「君長，誰任其咎耶？」每大臣奏事，但取决於宣仁后，哲宗有言，或無對者。惟頌奏宣仁后，必再稟哲宗；有宣諭，必告諸臣以聽聖語。及貶元祐故臣，御史周秩劾頌。哲宗曰：「頌知君臣之義，無輕議此老。」徽宗立，進太子太保，爵累趙郡公。建中靖國元年夏至，自草遺表，明日卒，年八十二。詔輟視朝二日，贈司空。

頌器局閎遠，不與人校短長，以禮法自持。雖貴，奉養如寒士。自書契以來，經史、九流、百家之説，至於圖緯、律吕、星官、算法、山經、本草，無所不通。尤明典故，喜爲人言，亹亹不絶。朝廷有所制作，必就而正焉。

嘗議學校，欲博士分經；課試諸生，以行藝爲升俊之路。議貢舉，欲先行實而後文藝，去封彌、謄録之法，使有司參考其素，行之自州縣始，庶幾復鄉貢里選之遺範。論者韙之。

鄒浩《道鄉集》卷三九《故觀文殿大學士蘇公行狀》 蘇氏出己姓，顓帝之後。裔孫吴回爲重黎，生陸終，陸終生昆吾，昆吾之子封于蘇，今鄴郡之西蘇城是也。三代時，蘇忿生爲周司寇，世居河内，後徙武功。至漢平陵侯建徙平陵。七世孫章爲并州刺史。又五世，生魏剛侯則。又八世，生綽，爲周度支尚書，封邳公。邳公生威，相隋，封房公。曾孫瓌，相唐中宗、睿宗，封許公。許公生詵，爲徐州刺史。徐州之孫奕，元和中終光州刺史，家固始。光州之孫益，自固始隨王潮入閩，爲王氏領軍使，國初贈隰州刺史。隰州生光誨，石晉初，與劉從效誅泉南叛將黄紹頗，從效表爲漳州刺史，泉師陳洪進畏其英傑不爲己下，以計召之至同安，爲大第，留不遣，而密使人之漳州奪其位，遂爲泉州同安人。開寶末，盜起，劫漳州爲盟主，餘黨環城下，監郡何承矩與州將喬維岳欲屠城遁去。漳州一夕殪盜魁十餘人，送首級于州，餘衆皆潰，城門始開。歸朝賞功，遷左屯衛將軍，官其子十人，即公之高祖也。子某，仕江南爲漳州行軍司馬，檢校國子祭酒。初，漳州既夷羣盜，祭酒急索帳中，得賊所募人名籍千餘紙，火之，皆得不誅。漳州聞之，語人曰：「吾兒有陰德，其後必大。」以公貴，贈司空大夫。張氏贈代國太夫人。生福公，諱某。少魁傑，有文武術略。舉賢良方正，能直言極諫被召。會罷六科，後與魏公同登進士第。既而覆落，改三班官，非其志也。歷提點荆湖南北路刑獄公事，知宜、邵、復三州，所至有風績。終左屯衛將軍，贈太師、福國公。初娶劉氏，陳留郡君，贈隨國太夫人。再娶翁氏，長安郡太君，贈徐國太夫人。劉夫人生魏公，諱某。仁宗時以賢良方正決科登侍從，入翰林爲學士。數納忠論事，特被知遇，赫然爲天下偉人。不幸早世，終侍讀學士、知河陽府，贈太師、魏國公。娶陳氏，河南郡太君，贈魏國太夫人，生公。

公機警夙成，性知禮義。三歲時，魏公爲宜州推官，公猶未離懷抱，與人語出則從官府之稱，入則如家人禮。州將日召至其家與語，謂人曰：「兒異人也。」既就外傅，則與老生大儒講論《六經》指義，無不通貫。建安黄晞，福唐王

皓，南城李覯，臨川蔡元導、元翰，建陽陳洪輩皆與爲忘年友。十八，預進士高薦，大爲吴公育所重。魏公任子恩當得京秩，公力辭不受。再舉爲别試第一。考官歐陽公、脩、張公方平謂人曰：「吾所試題，非通天下之奥，窮制作之原者不在首選也。」遂中慶曆二年乙科。調漢陽軍判官。以魏公奉詔脩建北京，改宿州觀察推官。魏公持福公喪，又改知江寧府江寧縣事。建業承李氏後，版籍賦輿皆無法制，每有發斂，府移追擾，吏係纍於道，公至則曰：「此令職也，府何與焉？」每因治訴，旁問鄰里丁産多寡，悉得其詳。一日，召鄉老更定户籍。民有自占不實者，必曰：「汝家尚有某丁某産，何不自言。」相顧而驚，無敢隱者，一縣以爲神明。又爲剗革蠹弊，更設條教，簡而易行，諸縣取以爲法。他日，諸令長造門，領縣長拜廷下，謝曰：「此曹獲免追逮，皆公之賜也。」民有忿争者，至誠喻以鄉黨宜相親善意，「若以小忿而失歡心，一旦緩急，將何賴焉？」往往謝去，或至半道思公言而歸，縣以大治。時監司王鼎、王綽、楊紘皆以部吏少許可，及觀公施設，則曰：「非吾所及也。」

尋以魏公憂去職，用治命葬京口，故今爲潤州人。服除，爲南京留守推官。留守歐陽公一以府政委之，曰：「子容處事精審，一經閲覽，則某不復省矣。」杜岐公老居睢陽，一見公，深器之。每間數日必折簡召，常曰：「如君真所謂不可得而親疎者。」且自謂平生人罕見其用心處。遂自小官以至爲侍從宰相，所以施設出處，先後本末，悉以語公。曰：「以子相知，且知子異日必爲此官，老夫非以自矜也。」其後公出入中外，薦歷清要，至爲宰輔，還政退居，名德終始，略相似焉。

皇祐四年，翰林學士趙槩與諸禁從列，薦公文學才行宜在朝廷。召試學士院，明年，改大理寺丞。時公與馮公京同試，入最優等，除館閣校勘。至和初，同知太常禮院。嘉祐二年，改集賢校理。編定《集賢院書集》。再遷太常博士。前後在館九年，官冷俸薄，而奉翁夫人、陳夫人，養諸姑姊妹與外族之無歸者凡數十人。躬自刻厲，甘旨無闕，婚嫁以時。妻子衣食之用常不足，而公處之晏如也。時富鄭公、韓魏公爲相，務推尚廉退有德之士以勸勵風俗。知公久次儒館，不干榮利，屢問所欲，惟力求外以便親養。遂除知潁州。後富公遺公書曰：「若吾子出處，可謂真古之君子矣。」考課進祠部員外郎。英宗即位，遷度支員外郎。仁宗山陵，有司不知故事，調發嚴急，吏挾事勢，多以不時難得之物賦諸郡。旁郡皆取於民，至脅以軍法。公諭吏曰：「遺詔山陵務從儉約，豈有土不産可强賦以害民乎？」至纖至悉，躬自區處。民既便之，而事以集。召爲開封府界提點諸縣鎮公事。陛對稱旨，賜緋衣、銀魚。

歲大旱疫，公請轉鄰路粟以補匱乏，且委本司與諸縣審蠲租税。免自朝廷差官以重勞擾，民賴以濟甚衆。又言：「周制六軍蓋出六鄉之衆，在王畿四郊之地。唐設十二位將軍，亦散布輔畿郡縣，又以關内諸府分隸之。皆所以臨制四方，爲上國藩衛也。國朝禁兵多屯京城及畿内東南諸縣，雖於運糧供饋爲便，而西北兩面武備或闕，今中牟、長垣直都門要衝之路，二鄙驛置皆由此出，而舊不屯兵，至於城守防傳，居常乏人。請置營益兵，以備非常。」明年，杜文等乘飢嘯聚長垣，賊殺官吏，人莫不服公之先見。公即請以獲盜多寡立縣令殿最法，以爲廵檢、縣尉但能捕盜，而不能使民不爲盜；能使民不爲盜者，縣令也。且州縣物務歲課，稍虧則官佐有罰，今良民罹剽劫之害，而親民官獨不任其責，可乎？

遷三司度支判官，爲治平四年壽聖節接送伴使。虜使還，至恩州。驛舍夜火，左右白請與虜使出避，州兵叩門欲入救。公閉門不納，令曰：「妄動者寘之法。」徐使防卒撲滅之。郡人恟恟以爲虜反，州兵亦欲因緣生事，飛語至京師。公還入對，神宗首以問公，聞奏本末，喜曰：「朕始亦疑之，使人密詗，皆如卿言。聞卿措置甚得宜，其所鎮遏多矣。」覃恩改工部郎中，遷爲淮南轉運使。神宗收攬萬機，厲精政事，尤留意人物。自在藩邸聞公名，及使事還，益被知遇。至陛辭日，諮訪治道，因問入館之年。曰：「何濡滯久耶？」公曰：「臣自選調被召，纔改官即入館，歷計資級，未爲濡滯。」於是有用公意。未幾，光禄卿史炤爲淮南轉運使。因對，上曰：「蘇某有學識，與卿同事甚善。」後數月，召脩起居注。先是，記注久闕員，資望無踰公者。丞相韓魏公數薦公，會執政以親嫌爲言，故有使淮之命。至是，上自擢焉。

公與秘閣校理李大臨並命，官同而除同，以公職集賢，在大臨上，公以年齒推先大臨而居其下，兼同判禮部、祠部，又判三司磨勘司，改同判太常寺兼禮儀事。熙寧元年，召試知制誥。故事，外制不過六員，時闕其一，上不欲獨試大臨，命公同試，員遂溢數，乃特恩也。入謝，賜金紫。俄充北朝皇太后生辰國信使，是歲郊恩，加朝散大夫，封南陽縣男，食邑三百户。二年，兼通進銀臺司兼門下封駁事，同詳定命官、使臣過犯。又爲北朝賀生辰館伴使。同知審官院，權審刑院事。時知金州比部郎中張仲宣坐枉法贓罪至死，法官援李希輔例貸死，杖脊黥隸海島。公奏曰：「希輔仲宣均爲枉法，而情有輕重者。」上愕然曰：「枉法

豈復有輕者？」公曰：「希輔知台州，受賕數百千，額外度僧。仲宣則以所部金坑，發檄巡檢體究，無甚利，士人憚興作，遂以金八兩求仲宣不差官比較，止係違令，可比恐喝條耳，故枉法爲輕。」上曰：「免決，黥之如何？」公曰：「士大夫有罪，可殺則殺之，古者刑不上大夫，仲宣官五品，有罪得乘車，今貸其死而黥之，使與徒隸爲伍，所重者污辱衣冠，顧其人無足矜也。」上曰：「免決與黥，流嶺外。」公再拜奉詔。自是命官犯贓抵罪者遂以爲例。又兼提舉兵吏司，封官誥院，詳定天下印文，判司農寺。

三年，權知貢舉。四月，朝廷特除前秀州軍事判官李定爲太子中允、監察御史裏行。知制誥宋敏求以爲弗循舊制，封還詞頭。翌日，辭職，罷之。詞頭復下，公適當制，即奏：「去歲詔旨專令中丞舉官，雖不限資品，猶以京秩薦授。今定自支郡幕職官入居糾繩之地，近歲未有。議者或謂唐世自諸侯幕府入登臺省者多矣，定之此除不爲過。臣以謂不然。在唐方鎮盛時，有奏辟郎官、御史以充幕府者，由此幕府增重，祖宗深鑒此弊，一切釐改，州郡僚佐皆從朝廷補受。大臣出鎮，或許辟官，亦皆隨資注擬，滿歲遷秩，並循銓格。非復唐世之比。而今之三院，又重於昔時。況定不由銓考，擢授朝列。不緣御史之薦，直寘憲臺。雖朝廷急於用才，度越常格，然隳紊法制，必致人言。所益者小，所損者大。未敢具草。」復送李大臨。大臨如公議，又送公。公又言：「祖宗朝天下初定，士或棄草萊而不用，故有起孤遠而登顯要者。自真宗後，每有除授，雖幽人異行，亦不至超越資品。今朝廷清明，俊乂並用，進士臺閣動有成規。定以遠州幕官，非有積累之資，明白之効，偶因召對，一言稱旨，便授臺官。他日或有非常之人，又過於此，則復以何官處之？浸漸不已，誠恐高官要秩或可以岐路致也。臣切謂威福之柄，人主得以自專。官守有責，臣下得以固執。若朝廷以定才實非常，則當特與改官，別授職任。隨資超用，無所不可，不必遂棄近例，虧之憲綱。」疏奏，手詔曰：「二十八日上殿來，有事指揮。」公入對，上曰：「卿所謂李定事雖善，然熙寧二年詔書，奏舉臺官，不拘官職高下令兼權，則定之除命，正合詔意，不爲越法。宜以舉官條赴院商量，速爲草制。久格詔命，恐將得罪，卿宜思之。」公曰：「臣聞治道在察臣下之邪正，邪正之分，惟所操守。若臣前以爲不可，今蒙陛下召諭，遂變前言，乃姦邪固位之臣所爲也，陛下亦將察而罪之矣。熙寧二年詔書，臣亦講論。若於臣心無疑，豈敢久格詔命。」退而復論曰：「從前臺官須於太常博士以上、中行員外郎以下奏舉，難得資序相當之人，故朝廷又令不拘官職高下令兼權，蓋謂不限博士與中行員外郎耳，非謂選人亦許奏舉也。所謂兼權者，如三丞已行，未可爲監察，故令上權；前行員外郎，不可爲侍御，故令下兼，皆不爲選人設。若不拘官職高下，選人在其間，則是秀州判官亦可以兼權裏行，不必更改中允也。臣所以喋喋有言者，但爲愛惜朝廷之法，遵守有司之職耳。」繳而復下，至于七八。後雖大臨當日，而堂劄批聖旨與除李定係特旨，不礙近降條制。促公譔詞，公又奏：「定初等職官，超授朝列兼權御史，不應近制。若果出聖意，則須非常之才，然後可以厭伏羣議。昔馬周爲條陳當世切務，唐太宗拔於布衣；近世張知白上書言事，論議卓越，真宗拔於河陽職官。此二臣者，可謂有顯狀矣。然周猶召直門下省，明年方用爲御史。知白召還，奏對稱旨，亦命試舍人院，然後授以正言。若定果足副特旨之擢，別授一官，寘之京師，竢見實狀，進用未晚。」遂與大臨俱落知制誥歸班。凡歲餘，雖大寒暑、甚風雨，未嘗一日移告，執政或諭公請外官閑局，公曰：「方以罪謫，敢求自便乎？」士大夫益推重之。

四年，大享明堂恩。始知婺州，泝桐廬。江水暴迅，挽舟卒力不勝，檣折，舟横覆。魏國太夫人在舟中，幾溺矣。公哀號赴水救之，舟忽自正，太夫人甫出及岸，舟反覆溺，公一子與妹與甥皆不救。獨太夫人脫危難，水不入口。衆以謂公誠孝所感，陰相之所致也。婺學逼雙溪，每秋潦，溪漲浸殿堂，水數尺，公乃遷于近南爽塏之地。多士四集，導以禮義。自此士益嚮學，登第者相繼。文物之盛，前數十年無有也。移知亳州。七年，召還，勾當三班院。是歲，用郊祀恩，復集賢院學士，加護軍。八年，出知應天府兼南京留守司事。十月，彗星出，赦天下。始公與李大臨同得罪。而當塗者特不喜公，至是三更赦，大臨復待制。獨於公以久不磨勘爲言，止除秘書監。歲終，復召勾當三班院。因對，奏言：「本朝自慶曆中，因營婦逃亡指赦而出，始有不用赦原之法。臣在南都，見有犯罪在數十年前，雖屢經赦宥，不得霑恩者。則無知之民，一犯禁令，無自新之路矣，甚可矜惻。」上以爲然。其後遂詔法官議而改焉。尋兼知通進銀臺司。

九年，以吳越薦饑，選知杭州。一日，出遇百餘人遮道泣訴曰：「某等以轉運司責所逋市易緡錢，晝繫公庭，夜禁厢院，雖死無可償者。」公曰：「吾今釋汝，使汝得營生事，衣食之餘，悉以償官，期以歲月而足，可乎？」皆曰：「不敢負。」於是縱之。轉運使大怒，欲奏公沮壞法令，而民償責者乃先期而至，遂不復言。一日，燕有美堂。聞將兵結集，謀害官吏。郡人喧傳，恐懼不安。公談笑自如，

密諭兵官，多捕首領十數輩，械送獄中。逮暮夜會散，而坐客不知也。

十年，召脩仁宗英宗正史。俄兼提舉中太一宫兼集禧觀。是歲，再充北朝生辰國信使。郊禮成，進右諫議大夫，封開國子，加食邑三百户。在契丹遇冬至，本朝曆先北朝一日，北人問公孰是，公曰：「曆家算術小異，遲速不同。謂如亥時，節氣當交則猶是今夕；若踰數刻，即屬子時，爲明日矣。或先或後，各從本朝之曆可也。」虜人深以爲然。遂各以其日爲節慶賀。使還奏之，上喜曰：「朕思之，此最難處。卿之所對，極中事理。」因問契丹山川形勢，人情向背。公曰：「彼講和之日久，頗竊中國典章禮義，以維持其政令。上下相安，未有離貳之意。昔人以謂匈奴直百年之運，言其盛衰有數也。」上曰：「契丹自耶律德光至今，何止百年？」公曰：「漢武帝自謂高皇帝遺朕平城之憂，雖久勤征討，而匈奴終不服，至宣帝，呼韓單于稽首稱藩，唐自中葉以後，河湟陷于吐蕃，憲宗每讀《貞觀政要》，慨然有收復意。至宣宗時，乃以三關七州歸於有司。由此觀之，夷狄之叛服不常，不繫中國之盛衰也。」上深然之。

京尹缺，上欲用公，吴丞相充以史院才難得人爲言，上宣曰：「蘇某久歷藩府，詳練政事。」遂擢權知開封府。未半歲，都邑稱治。上諭宰臣等曰：「蘇某到府，決遣無滯。」會祥符令孫純罷官，欲之新任。貸其所部門僧錢百千。他日同院僧告門僧還往倡家，且持錢百千出，疑有姦。公判曰：「告非干己事，不當治。錢隸常住非官給，無貣貸法。」然純聞事作，已償之矣，乃杖僧。言者謂公縱出純罪，有詔鞫治，而公止坐失出杖罪。案成，御史舒亶駁奏，以謂純乃蘇某女壻堂妹之子，實爲近親，不可以失論。是時，公女新嫁李徽之子，李，大族，公固不知其爲親也。不復自辨，降授秘書監、知濠州。

公在府日，嘗治國子博士陳世儒獄。世儒妻李氏惡世儒所生母，欲其死，諭羣婢曰：「博士一日持喪，則汝輩欲留者多與金，欲去者厚遣之。」語多類此，終不明言使之殺也。獄成，而法吏以李氏無殺姑語，情雖切害而法不至死。案屢駁而情不移。一日，因奏事，上謂公曰：「人言卿與所司欲寬世儒獄，此人倫大惡，當窮竟不可縱。」公曰：「臣備員京尹，有罪者皆付之有司。一有輕重意則有司觀望，遂致刑名出入。此事臣固不敢言寬，亦不敢喻之使重。」公既出，而獄久不決。移治大理寺，大理即以李氏之母吕乃樞密副使公著之妹，公著與蘇某厚，必嘗請求。請遣官即訊。而已移劾御史臺，公自濠赴臺置對。御史曰：「公素長者，必以交舊之情不能違。速自言，毋重困辱。」公曰：「使某誣人，雖死不可爲；若自誣以得罪，雖甚重不敢避。」遂手書數百言付獄吏。上覽奏牘以爲疑，詔御史求實狀。御史反覆究治無所得，乃詰大理獄吏所以得吕某請求之説。吏窮，吐實曰：「此乃大理丞賈種民增減其文而爲之也，今其藁尚在家。」取而視之，信然。於是公得辨明，止坐嘗聞同列語世儒帷箔事，應曰「誠有之」，爲泄獄情。罷濠州。

未幾，除知河陽，以魏公捐館河陽，辭不行。改知滄州，入辭，曰：「如卿宜在朝廷。朕知卿久矣，每欲用卿，輒爲事所奪，豈非命也。卿直道，久而自明。」公頓首謝。因言：「臣母畏寒，竢春和可行。」上曰：「卿母誰氏？」公曰：「龍圖閣直學士陳從易女。」上曰：「天聖間侍從耶？」公曰：「臣外祖天聖間以直昭文館知廣州，還，不市南物，輦見俸過嶺，仁宗聞之，即日擢知制誥。」上曰：「清節過於馬援矣。」到滄數月，復大中大夫，召還，判尚書吏部。中書舍人舒亶言公復官，未厭叙法。中批以舊官判吏部，又兼詳定官制。先是，唐制文選掌於吏部，武選則兵部主之。神宗謂自三代至漢未嘗有文武之别，議者不知所處。公言：「唐制吏部有三銓之法，分品秩而掌選事，今欲文武一歸吏部，則莫若分左右曹以掌兩選，又以品秩課格分治之，無所不可。」上從之。於是吏部有四選之法焉。

後因進對，上曰：「朝廷與契丹通好歲久，故事儀式，遺散者多，每使人生事，無以折正。朕欲集國朝以來至昨代州定地界文案，以類編次爲書，後來得以稽據，非卿不可成。然此書浩繁，卿自度幾歲可畢？」公曰：「臣願盡力二年。」因令置局於樞密後廳，仍辟官，檢閱文字，如期書成。凡十有八門，合二百五十卷。爲《事目》、《總叙》奏之。上覽之嘉歎，賜名《華戎魯衛信録》。元豐五年，爲北使賀正館伴使，北使鄭顓明辯有才智，上命副使張山甫諭以近命蘇頌脩《信録》，欲以重兩朝盟好之固，顓感激稱謝。見公益恭遜，私覿禮物，皆異常時。遣使喻旨曰：「聞北使以卿儒學醖藉，遺特殊。今以小龍茶瑠璃器賜卿，可予之以答其意。」顓復遺公異錦一端，即日進之。後因奏事語及，上曰：「禁中所無也。」復大中大夫。官制行，改通議大夫、吏部侍郎。以嘗領詳定，特遷正議大夫。六年，上幸尚書省，遷光禄大夫。是歲，增上列聖徽號，爲禮儀使，乘輅奉册入廟。郊禮成，加上護軍，進開國侯，食邑千三百户。七年，魏國太夫人寢疾在告，同曹侍郎權引選人。上顧左右問：「蘇頌安在？」左右以實對。令樞密承旨張誠一喻旨曰：「太夫人疾幸有間，宜亟出視事。」會太夫人薨，遣中使就第撫問。曰：「早聞太夫人之喪，想卿情極哀慕。方暑，宜少抑摧踴。」明日，又遣使賜白金千

兩，詔有司假官舍以居，州郡應副葬事。

元祐初，服除。進刑部尚書，俄兼詳定重脩勑令。二年，遷吏部。八月，兼侍讀。奏言：「國朝典章大抵沿襲唐舊，史官所記，善惡咸備，乞詔史官學士采録《新》、《舊唐書》中臣主所行，日進數事，以備聖覽。」遂詔經筵官遇非講讀日，進漢、唐故事二條。公每有所進可爲規戒、有補時事者，必述以己意，反復言之。公前後掌天官四選五年，是時新法行，吏無所覬。每選人改官京朝官，使臣關陞磨勘，或以功過當陞降者，吏洗垢求瑕，故爲稽滯。且引失自首，以沮格之。遠方寒選待次輦下，動經歲時，不見得否。至公，則勑吏曰：「某官緣某事當會某處。」仍引合用條格，具委無漏落狀同上，自是吏不得逞。每訴者至，必取案牘使自省閱，訴者服乃退；其不服者，公必往復詰難，度可行行之。苟有疑，則爲之奏請，或廵白都堂。故士大夫受賜多，不得者亦以爲無可憾。

四年，遷翰林學士承旨，兼掌皇弟五王牋表。明年三月，遷尚書左丞。公自至和入中館，居京久，閭巷之人皆聞公名。至是登用，莫不相慶。明日，語執政曰：「蘇頌甚慰人望。」七年，納皇后，講脩六禮，爲册禮使。六月，進右僕射兼中書侍郎，開國公，加食邑七百户，實封三百户。是歲，郊禮恩，加千户，實封四百户。公自與聞國政，務在奉行故事。使有司奉法遵職，執事量能授任。杜絶僥倖僭差之原，深戒疆埸之臣邀功生事。每廟堂論議，援古證今，出入經史。所未安者，必力爭之，毅然不可回，與同列浸不合。會牽復前侍御史賈易知蘇州，爭不決，至論于上前。公曰：「易與臣本無雅故，以其爲御史不避權要，號爲敢言。又法應牽復，既已爲監司矣，乃徙知蘇州，則是雖更赦反下遷，兼其餘當牽復者甚衆，使人人如易，則赦令爲虚文矣。」衆欲加易以直館閣職，公亦以爲不可。有旨再議，而御史楊畏、來之邵言公稽留詔命，公聞之，即輿歸私第待罪。三上章乞致仕，不許。又再以老病辭。八年三月，拜觀文殿大學士、集禧觀使。九月，出知揚州，時宣仁太后上仙，哲宗始親政，因公陛辭，尤加眷禮，問爲政大略與人才能否。公對甚久。明年，西京留守闕，首命除公。公以老再辭，不聽。既行，而魏國夫人薨，懇請南歸。時紹聖初年也。復知揚州，明年，再請還政。章累上，遂拜中太一宫使，居京口。後二年，復請老。乃以太子少師致仕。今上即位，拜太子太保，增色四百户，實封一百户。

建中靖國元年，五月戊寅，日北至，公起居飲膳猶如常。接賓客甚款，至巳而草遺表數百言，逮暮，與諸子語如平時，無一及家事。明日，稍就枕。即屏左右，却藥餌，召常所用醫二，親謝遣之。夜半猶起就坐，達寅而薨，寔二十日也。訃聞，上輟視朝二日，制贈司空，遣中使賻卹其家，恩意甚至。

公天資仁厚，宇量閎博。喜愠不形於色，事親孝，睦九族以慈，處朋友以義。幼自登仕，尤謹禮法。雖燕居，必正衣冠危坐，家人莫見惰容。平生未嘗問家人有無，晚際會所得俸賜，隨即散用。其自奉養至儉薄，每食不過一肉。始薨之日，吊哭者造其寢堂，見其居處服用，無不歎愕咨嗟，以爲寒素不若也。自少所交，皆當世賢傑。及居顯近，務推挽正人吉士，不問識與不識。性酷嗜學，晚歲彌甚。自書契以來，墳史所載，九流百家之説，至於圖緯陰陽、五行律吕、星官算法、山經本草、訓故文字，無所不通。不獨見於論議文章，必欲驗之實事，以扶助世教。其於名理所通，即行詣所至。爲政務大體，深戒虚名。因時乘理而實利及下，莫見其迹。既去，則人莫不思之。在相位時，避遠權勢，門無雜賓。其進退士大夫，無纖毫私意，以故人不歸恩而怨讟亦不切至焉。

爲館職時，嘗被命補注《神農本草圖經》、《千金方》書，而醫家賴以活人甚衆。元祐中，建請别製渾儀，因命公提舉。公既邃於律曆，又以吏部令史韓公廉曉算術，有巧思，奏用之，且授以古法。爲臺三層，上設渾儀。儀中設渾象，下設司辰，貫以一機，激水轉輪，不假人力。時至刻臨，則司辰出谷，星辰躔度所次，占候測驗，不差晷刻。晝夜晦明，皆可推見，前此未有也。

至和中，文潞公爲相，嘗請建家廟，事下太常。公議以爲《禮》大夫士「有田則祭，無田則薦」。是有土者乃爲廟祭也。有田則有爵，無土與爵則子孫無以繼承宗祀。是有廟者止於其躬，子孫無爵，祭乃廢也。若參合古今之制，依約封爵之令，爲之差等，錫以土田，然後廟制可議。若猶未也，即請考案唐賢寢堂祠享儀，止用燕器、常食而已。

嘉祐中，詔禮院議立故郭皇后神御殿于景靈宫。公以謂勑書云：「向因忿懟，偶失謙恭。」此則無可廢之事。又云：「朕念其自歷長秋，僅周一紀，逮事先后，秪奉寢園。」此則有不當廢之悔。又云：「可追復皇后，其祔廟、謚册並停」，此則有合祔廟及謚册之義，請祔郭皇后於后廟以成追復之義，備薦享之禮。衆論未定，一日，白事至都堂。丞相曾公問曰：「學士議郭后事甚善，然郭后是上元妃，若祔廟則事體重矣。」公曰：「國朝祖宗三聖賀、尹、潘皆元妃，事體正相類。今止祔后廟，則豈得有同異之言。」曾公曰：「議者以謂陰逼母后，是恐在萬歲後配祔之意。」公曰：「若加一『懷』、『哀』、『愍』之謚，則不爲逼矣。」曾公歎重

久之。後郡牧判官宋公敏求謂公曰：「聞議郭后事引勑語，此是先人宣獻爲參政時自撰，甚有微意，云後有知禮者當行之。蓋當時有沮此議者，非公莫能見也。」然竟不行。

熙寧初，經筵官請坐講，下禮官考議。公以謂天禧舊制，侍臣皆賜坐，講官別設本於前，列坐而聽。乾興後，侍臣皆先就坐，賜茶訖，徹席立講，講畢復坐，賜湯而從容焉。其尊德重道，固已重於三公矣。然事出上恩，雖微賤，賜坐於義無害。若人主不命而自請之，則爲非禮矣。且侍從之官見於天子，若賜之坐，有所顧問，猶當避席立對，況執經人主之前，本欲便於指陳，則立講爲宜。若謂其傳道近於爲師，則今侍講但解詁舊儒章句之學耳，非有爲師之實也。自乾興以來，侍臣立講僅五十年，足爲定法。豈可一旦以爲有司之失，而輕議變更乎？神宗竟從舊制。嘗議學校欲博士分經課試諸生，以行義爲升俊之路。議貢舉欲先士行而後文藝，去封彌謄録之法，先行州縣，使有司得專參詳考察，庶幾存鄉舉里選之遺範。又請每歲考進士量留人數，以廣制科遺逸之選。又謂尚書古之天臺，朝廷萬事之本，皆由此出，仁宗朝大臣嘗請移審官院歸吏部，三班院歸兵部，審刑院歸刑部，庶稍近古制。而當時議者不深維其本，苟憚興作遂不果行，請先制朝臣兩員，振舉綱維，竢其萁有緒，然後議移審官等三院還省，則南宮故事可舉而行，一代典章於斯爲盛矣。其後詔博士分經以三舍取士，兼考行義。又十餘年而官制行，皆略如此言。又請重加役流法以代配隸。

又嘗因對神宗從容問宗子主祭承重之義，公言：「禮典久廢，服屬親踈有所未明。古者貴賤不同禮，諸侯大夫世有爵禄，故有大宗小宗，主祭專重之義，則喪服從而異制；匹夫庶人亦何預焉。《傳》曰：『父爲長子，何以三年？正體於上，又乃將所傳重也。』近代不世爵宗廟，因而不立尊卑，亦無所統，其長子孫與衆子孫無以異也。今《五服勑》嫡孫爲祖、父爲長子猶斬衰三年，生而情禮則一，死而喪服獨異，恐非先王制禮之本意也。而世俗之論乃以三年之喪爲承重，而不知爲承大宗之重也。嘗聞慶曆中，朝廷議臣僚應任子者，長子與長孫差優與官，餘皆降殺，亦近士立宗之法也。乞詔禮官博士參議禮律，合承重者酌古今收族主祭之禮，立爲宗子繼祖者，以異於衆子孫之法。及士庶人不當同用一律，使人知尊祖不違禮教。」爲左丞時，嘗權樞密院。邊帥遣种朴入奏：得諜言阿里骨已死，國人未知所立，蕃官趙純忠者，信謹可任。願乘其未定，以勁兵數千，擁純忠入其國立之。衆議欲如其請，公獨曰：「不可。昔晉趙鞅以師納蒯聵于衛，其子輒猶拒之而弗受，以尊王父之命也。今越境而入其國，事未可知。使拒而不受，得無損朝廷威重乎？徐觀其變，竢其定而撫輯之，未晚也。」已而邊奏至，阿里骨故無恙。

公學問淵博，無施不宜。其大者固已發於朝廷，垂之典册；其小者亦足以警動一時，誘掖後進。元豐五年，神宗御集英殿，放進士。有暨陶者，主司誤呼爲「暨」，去聲。三呼不應。上顧公，公對曰：「當呼爲暨」，居乙切。果應。上曰：「卿可以知？出何書乎？」公曰：「臣嘗記三國時吴有暨艷，造謍府之論，恐其後也。」問陶鄉里，乃建人。上喜曰：「果吴人。」褒諭再三。又問曰：「字書中訓何義？」公曰：「字書不出何義，止云人姓氏。當從旦，今旦字缺下一畫者，蓋俗書避唐代宗名耳。」又嘗接伴至雄州，使者問：「適過市，其榜有仇家，此何姓也？」公曰：「音與『掌』同，出《姓氏譜》。」邊人歎服。每公卿會集，有僻書疑事，必以問公。公隨爲言之，常傾一坐。諸公好事者時時造前，聽語經史微旨、前代典故、至近世名臣閥閲，無不厭服。公亦喜爲講道，或終日清談，亹亹忘倦。客有退而記録其言至盈編帙者。

平生於人無纖芥仇怨，在杭州日，有要人以事屬公，公不從，後其人當言路，懷忿抵巇。或謂：其事迹書札具存，可辯。公笑曰：「吾豈爲是者。」在潁州日，通判趙至忠本歸明人，所至輒與守競。公待之以禮，具盡誠意。他日至忠泣曰：「某邊人也，然見義則服。平生誠服者，唯今韓魏公與公耳。」累官太子太保，職觀文殿大學士，爵趙郡公。食邑四千七百户，實封一千三百户。所著文集若干卷。

初，娶凌氏，屯田郎中景陽之女。追封吴國夫人。繼室辛氏，駕部員外郎某之女。封魏國夫人，追封徙韓國。男六人：熹，嘉，皆朝奉郎；駉，朝散郎；詒，承議郎；京，奉議郎；携，通直郎。女三人：長適婿朝議大夫李孝鼎，次二前卒，婿朝散郎劉琯、襄州録事參軍賈收。孫男十九人：象先，奉議郎；處厚，承事郎；德輿、行沖、季輔，皆承奉郎；長慶、餘慶、公綽、彦伯、道孫、簡求、陶孫、伯孫、朝孫、叔孫、(文孫)、鎮孫、季孫、公孫、葛孫皆未仕。孫女十二人：壻宣德郎李德嚴、知相州録事王琮、天平軍節度推官朱邦彦、湖州武康尉王騠、明州定海主簿吕無忌、郊社齋郎曾恴，餘皆幼。曾孫男八人：直孫、趙孫、朱孫、磻孫、房孫、迎孫、瀛孫、信孫。曾孫女四人。卜將以某年某月某日葬公於某所，某孫屬某編次歷官行事，而爲之狀。謹狀。

曾肇《曲阜集》卷三《贈司空蘇公墓誌銘》　建中靖國元年五月庚辰，觀文殿大學士、太子太保、致仕蘇公薨於潤州。訃聞，上輟視朝三日，贈司空。走中使賻恤其家，葬事官給。崇寧元年十一月丙申，葬丹徒縣義理鄉樂安亭五州山之東北阜。維蘇氏出帝高陽之後，昆吾之子封於蘇，子孫因以爲氏。在周忿生實爲司寇。其後建、武父子，純、章祖孫，俱顯於漢。章後十有三世，而綽、威復顯周、隋。又三世，而瓌、頲相唐，聲烈益大。至本朝，而公父子又以儒學顯。公起書生，致位丞相，歷事五世，爲時元臣，退老於家，始終一德，可謂盛哉。瓌世家武功，元和中曾孫奕卒光州刺史，始家固始。又四世孫益隨王潮入閩，生光誨，仕閩爲漳州刺史，居泉州同安，遂爲同安人。當開寶末，平盗有功，歸朝擢左屯衛將軍，官其十子。左衛平盗時，其子得盗所募人名籍千餘紙，焚之。左衛聞之，喜曰：「兒有陰德，其後必大。」是爲公曾祖諱某，贈司空。司空之子舉進士，不合，改授武職，終左屯衛將軍諱某，贈太師福國公。是生公考諱紳，以賢良方正起家，被遇仁宗，入翰林爲學士，議論文采，震耀一時。有傳國史，贈太師魏國公，葬潤州，故今爲丹徒人。公曾祖妣張氏，祖妣劉氏，翁氏，妣陳氏，封代、隨、徐、魏四國，皆太夫人。

公諱頌，字子容。性警敏，甫能言，應對不類常兒。既就師學，力省功倍。未冠，出舉進士，輒據上游。是時魏公方處顯，公深自刻勵，敝衣徒步，所交皆當世豪儁。魏公任子當得京官，辭不就。再舉進士，爲別試第一，遂中其科。調漢陽軍判官，不赴。改宿州觀察推官，徙知江寧縣，有能名。丁外艱，服除，爲南京留守推官。歐陽文忠公時爲留守，政事一以倚公，府賴以治。皇祐五年，近臣連章薦公。召試，除館閣校勘，遷大理寺丞。歷集賢校理，同知太常禮院，編定集賢院書籍。在館九年，廉静自守。宰相富鄭公、韓魏公賢之，問所欲，懇求補外。二公益稱嘆，迺以知潁州。仁宗山陵，調發倉卒。公爲度土産有無，高估緩期，官自爲市，民不知擾，而課最他郡，潁人德之。還爲提點開封府界縣鎮公事，建請浚自盟、白溝、圭、刀四河，以疏畿内積水，增西北諸縣屯兵，以備非常。明年，果有水菑，盗起長垣，至賊殺官吏，如公慮。入三司爲度支判官，累遷尚書工部郎中，出爲淮南轉運使。神宗自在藩邸聞公名，及即位，公適送伴契丹使。次恩州驛，夜火，左右請與虜使出避，兵叩門欲入捄，公不爲動，閉門堅卧如常，徐使守衛卒撲滅之。是夕，州人譁言虜有變，捄兵亦欲乘間生事，至聞京師。使還，上問公所以處之者，稱善久之，益知公爲可用。及使淮南，入辭，勞問其寵。數月，召修起居注，判尚書禮部祠部、三司磨勘司、太常寺。

熙寧元年，擢知制誥，歷知通進銀臺司、審刑院，提舉官告院，判司農事。知三年禮部貢舉。公在審刑，知金州張仲宣受財枉法，抵死。法官援前比，貸死，杖脊黥配海島。公奏：「古者刑不上大夫，仲宣官五品，有罪得乘車。今刑爲徒隸，恐污辱衣冠。」仲宣由此得免杖黥，止流嶺外。自是命官無杖黥者。

上方勵精爲治，急於人材。大臣薦秀州軍事判官李定，召見，擢太子中允、監察御史裏行。知制誥宋敏求以定驟自幕職而升朝，著任執法，非故事，與公及李大臨相繼封還詞頭，不草制。詔再下，公言：「祖宗朝天下初定，故有起孤遠而登顯要者。真宗以來，雖有幽人異行，亦不至超越資品。今定非有積累之資，明白之効，一言稱旨，便授御史。浸漸不已，恐高官要秩或可以岐路致也。」疏入，手詔召公對，上引近詔舉臺官不拘官職高下爲言，且曰：「格命久，將得辠。」公對：「臣既知其不可，若因召諭，遂變前言，則是懷姦固位，此尤陛下所當辠也。」退而又論舉官詔意，不爲選人設文。時敏求前罷，公與大臨更奏，復下，至於七八。最後特以付公，固執不行，迺與大臨俱罷歸班。而定御史之命，亦爲中寢。公以守職不回絀，人望益重，賓客滿門，日奉朝請，雖風雨寒暑未嘗移疾。家貧，擔石不充，無愠色。

歲餘，會恩得知婺州，徙亳州。歸，勾當三班院，加集賢院學士。未幾，出知應天府。時更三赦，大臨已復從官，而用事者抑公，止授祕書監。歲中，復召爲三班院知銀臺司。會吴越饑。擇守，上曰：「蘇某仁厚，必能拊安吴人。」乃命知杭州。補敗捄荒，恩意户至。嘗會賓屬有美堂，或傳隸將兵謀竊發，州人恂懼，公密使捕首惡十數輩付獄。終燕談笑如常，坐客莫知也。

踰年，召修國史，提舉中太一宫，進諫議大夫。元豐初，權知開封府，聽決精敏，上以爲能。會有人告僧犯法，事連祥符舊令孫純，而所告法不當治，公杖告者遣之。或謂公縱純罪，有詔推鞫。獄成，公坐失出杖罪而已。御史舒亶奏公與純連姻，不可以失論。降祕書監，知濠州。是時公女新嫁李徽之子，純蓋李出，於徽之屬疏，李族大，公實不知也。公在開封，嘗治國子博士陳世儒母爲羣婢所殺事，獄具，輒爲法官所駁。或謂公欲寛世儒夫婦。上以詰公，且曰：「此人倫大惡，毋縱有罪。」公對：「事在有司，臣固不敢言寛，亦不敢諭之使重。」既而公罷開封，獄移大理寺。大理奏世儒妻母因緣大臣，有請於公。又移御史臺，自濠逮公赴對。御史以言導公，公曰：「使某誣人死，不可爲。若自誣，雖重得

罪不避。」手書數百言，皆自誣詞也。上閲獄詞，疑不直，詔更劾實。御史推窮，迺大理丞賈種民增損囚詞，以爲有請，得其藁於獄吏家。於是種民抵罪，而公得白。顧嘗因人語及世儒帷箔事，公應曰然。以是爲泄獄情，罷郡歸班。

公雖坐吏議絀，而上眷不衰。歲中起知河陽。亶復言未嘗遽與藩郡。公未辭行，改知滄州。入辭，上曰：「朕知卿久矣。每欲用卿，輒爲事奪，豈非命也。如卿直道，久而自明。」公頓首謝。到滄數月，復太中大夫，召判尚書吏部。時亶知制誥，論公復官未應法。詔以舊官判。公嘗建請歸諸司於尚書省，以復唐舊。至是命公詳定官制，尋復太中大夫。官制行，罷集賢院學士，進通議大夫、吏部侍郎，以詳定勞及車駕視省恩，再遷光禄大夫。母疾在告，上恠不見公，使樞密都承旨張誠一就問，趣出視事。會母喪，再遣中人弔恤，法賻外賜白金千兩。元佑初，服除，授刑部尚書，詳定敕令。俄遷吏部，兼侍讀，改翰林學士承旨。五年三月，拜尚書左丞。踰年，拜右僕射兼中書侍郎。

公前後歷典四選，銓綜有條，士無留滯。有自辨者，人人使盡其説，故雖不得所欲，亦心服而去。其修敕令，必本大體。爲侍讀，多所啓迪。及登丞弼，論議持平，務循故事，避遠權寵，不立黨援。進退人材，弗專主己。理有未當，亦不苟從。侍御史賈易坐言事出，既復監司，更赦，除知蘇州。公謂易論事不避權勢，號爲敢言，更赦除州，非允，論於簾前未決。而御史楊畏、來之邵劾公稽留制書。公即拜章待罪，累上不許，固辭老病。八年三月，罷爲觀文殿大學士集禧觀使。九月，出知揚州。明年除知河南府，公力辭行，復知揚州。三上書還政，授中太一宫使。紹聖四年，再告歸，迺以太子少師致士。今上即位，遷太子太保。薨年八十有二。前薨一日，猶接對賓客，臨終神色不亂。

公天資閎厚，有犯不校。守杭日，人或以事屬，公不答。既而其人當言路，數排迮公，公不自辨，亦未嘗爲人言也。凡所施爲，主於寬恕，故天下推爲鉅人長者。尤以禮法自持，雖貴，奉養如寒士。築第京口，僅蔽風雨。比薨，來弔哭者見其服用儉素，皆歎息而去。博學，於書無所不讀，圖緯、陰陽、五行、星曆，下至山經、本草、訓故文字，靡不該貫。尤明典故，喜爲人言，亹亹不絶。學士大夫有僻書疑事，多從公質問，朝廷有所制作，公必與焉。每燕見從容，多所諮訪，公必據經引古，參酌時宜以對，上未嘗不嘉嘆焉。至於因事建明，著在臺閣。如論郭皇后當祔后廟，侍講非師，臣不當坐講之類，其言甚衆，蓋不可一二舉也。修官制時，議者欲分文武選於吏兵部。上謂三代、兩漢，初無文武之别。公奏：「唐制，吏部有三銓。今欲文武一歸吏部，宜分左右曹，以主兩選，每選又以品秩分治之。」於是四選之法定焉。它所訂正，類如此。

上以契丹通好百年，典章案牘，往往散逸，命公攟拾，次比爲書，再期而成，合二百五十卷。書奏稱善，賜名《華戎魯衛信録》。前後再使敵庭。熙寧十年冬至，本朝曆先契丹一日。公適在虜中，虜疑彼此致慶，當孰從。公爲言：「曆家算術小異，則遲速不同，各從本朝曆可也。」上聞善之。嘗奉詔校曆，因奏製渾儀，時稱其工。後日官言其非是，詔近臣覆視，以公法爲密，卒不能易也。嘗與補注《本草》，詳定天下印文，多所釐正。元豐中，進士唱名於集英殿。有暨陶者，主司呼以去聲，三呼不應。公進曰：「當以入聲呼之。」果出應。上問何以知之。公對：「三國時，吴有暨豔造營府之論，恐其後。」問陶鄉里，迺崇安人。上喜曰：「果吴人也！」公爲文章，馴雅有體，尤爲宋元獻公兄弟所稱。有文集若干卷。

累勳上柱國，爵公，開國趙郡，邑户四千七百，實食一千三百。【略】初公從事南京，杜正獻公尚亡恙，嘗爲公道其平生出處、施設本末，且曰：「子異日所至，亦如老夫。」其後公更踐内外，以至得謝爵齒名德，畧相似焉。然則杜公可謂知人已。銘曰：

蘇姓之興，自周司寇。刑用中罰，有蕃其後。更漢逮唐，史不絶書。將相公卿，父子紹居。遭亂南遷，俟時而顯。英英翰林，施不及遠。是生僕射，爲宋世臣。德以承家，學維發身。其學伊何，海函山畜。問無不酬，鐘叩龜卜。其德伊何，玉質金相。見於言行，規圓矩方。不競不絿，則維其常。當義必争，君子之剛。身有詘信，色無欣戚。吾誰黨讐，人孰惡斁。晚躋鼎軸，師保東宫。五朝元老，勇退齊終。樂安之亭，棲魄於此。尚對前休，公多才子。

王稱《東都事略》卷八九《蘇頌傳》 蘇頌字子容，紳之子也。紳有傳。舉進士，爲南京留守推官。杜衍老居睢陽，一見深器之。除館閣校勘，改集賢校理、知潁州。

英宗即位，召爲提點開封府界諸縣鎮，頌言：「周制六軍出於六鄉，在王畿四郊之地。唐設十二衛，亦散布畿内郡縣。又以關内諸府分隷之，皆所以臨制四方，爲國藩衛。國朝禁兵多屯京師及畿内東南諸縣，雖於饋運爲便，而西戎武備殊闕。今中牟、長垣都門要衝，二鄙驛置皆由此，而舊不屯兵，闃無防守。請置營益兵，以備非常。」頌又請以獲盜多寡爲縣令殿最法，以謂：「巡檢、縣尉，但

能捕盗，而不能使民不能盗。能使民不爲盗者，縣令也。」稍遷修起居注，召試知制誥，知審刑院。

時知金州張仲宣坐枉法臧罪至死，法官援李希輔例，貸死，杖而流之。頌奏曰：「希輔、仲宣均爲枉法，而情有輕重。」神宗曰：「枉法有情輕者邪？」頌曰：「希輔知台州，受賕數百千。仲宣所部金坑，發檄巡檢體究，無甚利，土人憚興作，以金八兩屬仲宣，不差官比校，視希輔有間矣。」神宗曰：「免杖而黥之，可乎？」頌曰：「不可也。古者刑不上大夫，仲宣官五品，今貸其死而黥之，使與徒隷爲伍，雖其人無足矜，所重者污辱衣冠耳。」神宗從之。自是命官犯臧抵死者，例不加刑。

前秀州判官李定改太子中允，除監察御史裏行。宋敏求知制誥，封還詞頭。翌日，敏求罷，詞頭復下。頌當制，奏：「定不由銓考，擢授朝列，不緣御史，薦寘憲臺。雖朝廷急於用才，度越常格，然隳紊法制，所益者小，所損者大，未敢具草。」次至李大臨，大臨亦封還。神宗曰：「去年詔，臺官有闕，委御史臺奏舉，不拘官職高下，令兼權。」頌、大臨又言：「從前臺官於太常博士以上、中行員外郎以下舉充。後來爲難得資叙相當，故朝廷特開此制。只是不限博士、員郎，非謂選人亦許奏舉。若不拘官職高下，并選人在其閒，則是秀州判官亦可爲裏行，不必更改中允也。今定改京官，已是優恩，更處之憲臺，先朝以來，未有此比。倖門一啓，則士塗奔競之人，希望不次之擢，朝廷名器有限，焉得人人滿其意哉？」執奏不已，於是並落知制誥，天下謂之「三舍人」。大臨字才元，成都人，後十年，大臨始復天章閣待制，頌亦久之復集賢院學士、知杭州。召修《兩朝正史》，擢知開封府。祥符令孫純有罪，頌坐失出，貶祕書監、知濠州。未幾，除知河陽，改滄州。召還判吏部。唐制，吏部主文選，兵部主武選，神宗謂：「三代、兩漢本無文武之別，議者不知所處。」頌言：「唐制，吏部有三銓之法，分品秩而掌選事。今欲文武一歸吏部，則宜分左右曹掌選事，每選更以品秩分治。」神宗從之，於是吏部有四選之法。

元祐初，爲刑部尚書，進吏部尚書兼侍讀，遷翰林學士承旨，遂爲尚書左丞。哲宗納皇后，講修六禮，爲册禮使。拜右僕射兼中書侍郎。頌爲相，務在奉行故事，使有司奉法遵職，執事量能授任，杜絶僥倖之原，深戒疆場之臣邀功生事。會除賈易知蘇州，頌以易昔爲御史，法應牽復，既爲監司，乃徙蘇州，則是經恩反下遷，與同列議不合。命未下，諫官楊畏、來之邵謂頌沮格詔令，頌上章辭位，乃以觀文殿大學士充集禧觀使，出知揚州。紹聖中，除中太一宫使，居京口，以太子少師致仕。進太子太保，薨，年八十二，贈司空。

頌天性仁厚，宇量恢廓，喜怒不形於色。雖燕居，必正衣冠危坐，無惰容。平生嗜學，自書契以來，經史、九流百家之説，至於圖緯、陰陽、五行、律吕、星官等法，山經、本草，無所不通。嘗議學校，欲博士分經；課試諸生，以行藝爲陞俊之路。議貢舉，欲先行實而後文藝，去封彌、謄録之法，使有司參考其素，行之自州縣始，庶幾復鄉貢里選之遺範。論者韙之。

雜録

備録

朱熹《三朝名臣言行録》卷一一之三《丞相蘇公》 祖父知亳州，有豪民婦被罪當杖，以病未科，每旬檢校，未愈。鄧元孚爲譙縣簿，謂大人曰：「尊公高明，平昔以政事稱，今豈可爲一豪婦人所紿？公爲賢子，不可不白。但諭醫者如法檢校，彼自不誣矣。」大人白之，祖父曰：「萬事付公議，何容心焉！若言語輕重，則人有觀望，或有可悔。」既而此婦死，元孚大慙服，曰：「某輩狹小，豈可測公之用心也。」《蘇氏談訓》

祖父尹開封，頗嚴鞭扑。以謂京師浩穰，須彈壓，當以柱後惠文治之，非亳、潁卧治之比。《談訓》

元豐初，白馬縣民有被盗者，畏賊不敢告，投匿名書於縣。弓手甲得之，而不識字，以示門子乙，乙爲讀之。甲以其言捕獲賊，而乙争其功。吏以爲法禁匿名書，而賊以此發，不敢處之死，而投匿名者當流，爲情輕法重，皆當奏。蘇子容爲開封尹，方廢滑州白馬爲邑。上殿論賊可減死，而投匿名者可免罪。上曰：「此情雖極輕，而告訐之風不可長。」乃杖而免之。子容以謂：「賊不干己者告捕，而變主匿名，本不足深過。而先帝猶恐長告訐之風，此所謂忠厚之至。然熙寧、元豐之間，每立一法，如手實、禁鹽、牛皮之類，皆立重賞，以勸告訐者，此當時小人所爲，非先帝本意。」時范祖禹在坐，曰：「當書之實録。」《東坡集》

祖父知滄州，陛辭，上曰：「朕每欲用卿，輒爲事奪，豈非命耶？然卿直道，久而自明。」祖父頓首謝，兼語及偏親留京師，未能偕行。上問：「卿母誰氏？」祖父對曰：「故龍圖閣直學士陳從易之女。」上曰：「是天聖間侍從耶？」祖父對曰：「從易祥符中館職，已而外遷，久之，因自廣州罷還不蓄南物，獨載俸餘見錢過嶺，仁宗皇帝聞之，擢知制誥。」上曰：「其清節過於馬援矣。」故謝表云：「憫臣之數奇多難，特軫淵衷；勉臣以直道自明，屢形天。」語《談訓》又云：初，陳龍圖爲館職，數十年不遷，居喪時，士大夫有致賻者，公不拒，服除，知廣州，罷官，不蓄南物，獨載俸餘錢過嶺，半以償贈賻者，半以班宗族之貧者。

祖父元豐中自滄州被召脩官制，陛對日，上曰：「更欲脩一書，非卿不可。以比虜通好八十餘年，盟誓聘使，禮幣儀式，皆無所考據。朕欲成一書，但患爾來脩書者遷延歲月，不肯早成。然此書浩大，以卿度之，何時可畢？」祖父曰：「恐須一二年可矣。」上喜曰：「果然，非卿不能如是之敏也。」及書成，賜名華戎魯衛信録。奏篇上，上讀序引，大喜曰：「正類序卦之文。」《談訓》

文潞公嘗謂祖父「今之魏相也，所謂好觀漢律令，便宜章奏，可以斷國論矣。」《談訓》

祖父執政時，諸公奏對，惟稟旨宣仁，哲宗有言，或無對者。祖父奏事宣仁畢，必再稟哲宗，有宣諭必告諸公，以聽聖語。哲宗蓋默識之。後罷相，周秩爲御史，嘗論元祐執政，至祖父，上曰：「蘇某知君臣之義，與它人不同。」《談訓》

祖父在元祐間，不取諸公太紛紛。常云：「君長誰任其咎耶？」《談訓》

王禹玉、元厚之諸公嘗問祖父曰：「公記之博，以至國朝典故，本末無遺，日月不差，用何術也？」祖父曰：「亦有一説。某每以一歲中大事爲目，欲記當年事則不忘矣。如某年改元，其年有某事；某年命相，其年有某事；某年上即位，其年有某事；某年立后若太子，其年有某事。則記事之一法也。後觀太史公書。「是歲孔子生」「是歲孔子卒」「是歲齊桓公會于葵丘」「是歲晉文公始霸」之類，恐亦此意也。」元曰：「不然。至於暗記經史，默詠詩什，以至士大夫家世、伐閲，名諱，婚姻無遺忘者，又以何法？乃真强記爾！」《談訓》

祖父嘗言：「吾每聞前輩善言，則終躬佩服。少時聞計用章郎中爲吏，以循良稱，數典大郡，政績尤異。因往造請，求異聞，乃款語，其可紀者曰：『人主不宜有所好，有所好則腹心肝膽皆在人矣。故好征戰則孫武、白起之徒出，而民殘於干戈矣；好刑名則韓非、張湯之徒出，而民苦於刻核矣；好聚歛則桑羊、皇鏄之徒出，而民困於掊克矣；好順從則張禹、胡廣之徒出，而民敝於夸大矣。豈惟人主學，士大夫亦宜知之。夫神龍騰驤，豈可羈也？然或豢養於人者，謂其有嗜慾也。』」《談訓》

祖父又嘗言：「在江寧日，楊告諫議謂吾曰：『嘗愛韓非一言，以謂「土木偶人者，耳鼻欲大，口目欲小」，此言可以諭大。夫土木偶人而鼻先小，目先大，人或非之，則無以爲也。鼻大則可小，目小則可大，凡事皆然，不厭於三思而熟慮也。人皆以非爲刻薄，此豈非忠厚之言哉！』告又自云：『始以中行外郎爲江東運副，爲司長書押皆叩紙，後有以前行充者，書押須移上，始悔初之不三思也。』」《談訓》

舒信道元豐中自御史中丞鋭於進取，言事多涉刻薄，爲王和甫所繩除名。紹聖復通直郎，知無爲軍。或言其得罪深重，不當叙復，改監中嶽廟。祖父聞之曰：「士大夫立朝當路，一涉非義，失人心，則終躬遂廢。如王君貺未三十爲御史丞，緣進奏院事，終躬轗軻，不復大用。陷於刻薄，可不御名。哉？」《談訓》

祖父言：「吾在金華，每進讀至弭兵息民，則必反復條奏，援引古今，使上不忘弭兵息民之意。以謂人主之聰明，不可有所嚮，有所嚮則偏，偏則爲患大矣。當今守成之際，應之以無心，則天下無不治矣。」《談訓》

祖父嘗云：「吾平生未嘗以私事干人主，奏對惟義理之言，故歷仕四朝，中間雖謫，不愧於觀過，而神考以謂直久而自明也。」《談訓》

吕吉甫參政事，使其親友謂祖父曰：「子容吾鄉里丈人行，若從吾言，執政可得也。」祖父笑而不答。《談訓》

祖父云：「平生薦舉不知幾何人，惟孟安序朝奉，分寧人，歲以雙井一斤爲餉，知吾無包苴之饋也。」

祖父嘗云：「人生在勤，勤則不匱，户樞不蠹，流水不腐，此其理也。」《談訓》

蘇象先《丞相魏公譚訓》卷二　祖父知杭州，高麗貢使崔思訓過郡相見，謂接伴曰：「蘇公誰之後？」高以實對。崔歎曰：「府公厚德重望，大儒之後。昨奉使北朝，常見其風采，令人仰歎不已也。」

蘇象先《丞相魏公譚訓》卷三　祖父平生節儉，尤愛惜楮墨，未嘗妄費寸紙。每剪碎紙爲簽頭，稍大者抄故事，令子孫輩寫録。常云：「此陶侃竹頭木屑之意也。」常見僧洪禧拾紙然紙燭，大喜，以謂若貨殖必致富。

祖父在館閣九年，家貧俸薄，不暇募傭書傳寫秘閣書籍，每日記二千言，歸

即書於方册。家中藏書數萬卷，秘閣所傳者居多。祖父自維揚拜中太一宫使歸鄉里，是時葉公夢得爲丹徒縣尉，頗許其假借傳寫。葉公每對士大夫言親炙之幸。其所傳寫，遂爲葉氏藏書之祖云。

蘇象先《丞相魏公譚訓》卷八　祖父喜食禄粟，以爲有五穀真味。卜葬曾祖母日，走山間，或時羹臛未具，先啖乾飯，曰「所謂稼穡作甘也。」

祖父生平喜飲茶而不喜飲酒，家庭燕集不過三杯至五杯，燕客不過七杯至十杯。豐儉得中，士人以爲法。

祖父平生無玩好，惟蓄陳侍御雷琴、顏魯公《韻海》、商鼎、周尊、李成山水、徐浩左丞告，時一展玩耳。

蘇象先《丞相魏公譚訓》卷九　祖父宰江寧，有一僧，善三命。嘗閲祖父命，曰：「一府不如推官，當至宰輔，但不及近日過客王簽判。」乃荆公也。或曰：「王簽判如何？」曰：「有土諸侯。」

孫升《孫公談圃》卷中　蘇少保頌爲人深沉，有度量，不悦於荆公，罷知制誥，歸班二年。赴常朝，未嘗一日在告，與人終日無一言及之。元祐中，與同列争賈易事，遂以朋黨罷相，而蘇平生未嘗識易也。知揚州日，吕温卿出使，杖孔目官以下四十餘人。公怡然，一聽所爲。嘗奉親知婺州，中途大風舟壞，親濡水，公皇遽入水負抱，迓吏及卒數百人盡跳波間。須臾風定，親獲安全。世言：「公所以作相者，孝德所召也。」又善言臺閣故事，下至閭巷風俗，士大夫吉凶禮，無不能記，嘗曰：「先朝人書狀，簡尺後多用押字，非自尊也，從簡省以代名耳！今人不復識，見押字便怒。」

徐度《卻掃編》卷上　蘇子容丞相始爲南都從事，時杜正獻公方致仕居南都。見蘇公，大器之，爲道其平生出處本末甚詳。曰：「子異時所至，亦如老夫。願勉旃自愛。」蘇公唯唯，謝之。先是，正獻公既罷政，出知兖州。未幾請老，遂以太子少師致仕，復三遷爲太師而薨，享年八十。其後蘇公更踐中外，其先後蚤晚，多與杜公相似，至免相也，亦出知揚州，未幾請老，復召爲中太一宫使。請不已，乃以太子少師致仕，遷太保而薨，享年八十有二。年壽、官品又略同焉。又熙寧間，蘇公以集賢院學士守杭州，時梁况之左丞方以朝官通判明州，之官，道出錢唐。蘇公一見異之，留連數日，待遇甚厚。既別，復遣介至津亭，手簡問勞，且以一硯遺之，曰：「石硯一枚，留爲異日玉堂之用。」梁公莫喻其意，亦姑謝而留之。自爾南北不復相見，亦忘前事矣。元祐六年，梁公在翰苑。一夕，宣召甚急，將行而常所用硯誤墜地碎，倉卒取他硯以行。既至，則面授旨，尚書左丞蘇集拜右僕射。梁公受命，退歸玉堂，方抒思命詞，涉筆之際，視所攜硯，則頃年錢唐蘇公所贈也，因怳然大驚。是夕，梁公亦有左丞之命。他日會政事堂，語及之，蘇公一笑而已。世謂貴人多識貴人，蓋以謂閲人多而識之。然窮達壽夭，則或有可知之理，而能纖悉如是二事者，殆不可測也。

蘇子容丞相始爲南都從事，時杜正獻公方致仕居南都。見蘇公，大器之，爲道其平生出處本末甚詳。曰：「子異時所至，亦如老夫。願勉旃自愛。」蘇公唯唯，謝之。先是，正獻公既罷政，出知兖州。未幾請老，遂以太子少師致仕，復三遷爲太師而薨，享年八十。其後蘇公更踐中外，其先後蚤晚，多與杜公相似。至免相也，亦出知揚州。未幾請老，復召爲中太一宫使。請不已，乃以太子少師致仕，遷太保而薨，享年八十有二。年壽、官品又略同焉。又熙寧間，蘇公以集賢院學士守杭州，時梁况之左丞方以朝官通判明州，之官，道出錢唐。蘇公一見異之，留連數日，待遇甚厚。既别，復遣介至津亭，手簡問勞，且以一硯遺之，曰：「石硯一枚，留爲異日玉堂之用。」梁公莫喻其意，亦姑謝而留之。自爾南北不復相見，亦忘前事矣。元祐六年，梁公在翰苑。一夕，宣召甚急，將行而常所用硯誤墜地碎，倉卒取他硯以行。既至，則面授旨，尚書左丞蘇集拜右僕射。梁公受命，退歸玉堂，方抒思命詞，涉筆之際，視所攜硯，則頃年錢唐蘇公所贈也，因怳然大驚。是夕，梁公亦有左丞之命。他日會政事堂，語及之，蘇公一笑而已。世謂貴人多識貴人，蓋以謂閲人多而識之。然窮達壽夭，則或有可知之理，而能纖悉如是二事者，殆不可測也。

徐度《卻掃編》卷中　熙寧間，蘇丞相奉使契丹，道過北京。時文潞公爲留守，燕會歘洽，公因問，魏收有「逋峭難爲」之語，人多不知「逋峭」何謂。蘇公曰：「聞之宋元憲公云，事見《木經》，蓋梁上小柱名，取有折勢之義耳。」蘇公以文人多用近語，而未及此，乃用是語爲一詩，紀席上之事獻文公，因：「高燕初陪聽拊鼙，清譚仍許奉揮犀。自知伯起難逋峭，不及淳于善滑稽。舞奏未終花十八，酒行先困玉東西。荷公德度容狂簡，故敢忘懷去町畦。」

沈作喆《寓簡》卷五　元豐改官制，新作尚書省。車駕臨幸，自令僕、尚書、侍郎以降，各分省户，皆命翰林待詔書《周官》一篇於廳壁。蘇子容爲謝表云：「三朝漢省，已叨過輦之恩；六典周官，願謹書屏之戒。」當時稱之。

葉夢得《石林燕語》卷三　契丹曆法與本朝素差一日。熙寧中，蘇子容奉使

賀生辰，適遇冬至，本朝先契丹一日。使副欲爲慶，而契丹館伴官不受。子容徐曰：「曆家遲速不同，不能無小異。既不能一，各以其日爲節，致慶可也。」契丹不能奪，遂從之。歸奏，神宗喜曰：「此事難處，無踰於此。」其後奉使者或不知此，遇朔日有不同，至更相推謁而不受，非國禮也。

葉夢得《石林燕語》卷七　蘇相子容爲南京察推，時杜祁公尚無恙，極器愛之，每曰：「子他日名位，當與老夫略同。」不知以何知之也。杜公以六十八歲入相，八十歲薨，蘇公以七十二歲入相，八十二歲薨。不惟爵齒略相似，杜公在位百餘日後，以太子少師致仕，末乃爲太子太師；而蘇公在位甫一年後，亦以太子少師致仕，太上皇即位，方進太子太保。初，杜公告老，執政有不悦者，故特以東宮三少抑之，當時以爲非故事；而蘇公告老在紹聖初，亦坐章申公不悦，令具杜公例進呈，蘇公聞之，喜曰：「乃吾志也。」

葉夢得《石林燕語》卷八　元豐五年，黄冕仲榜唱名，有暨陶者，主司初以「洎」音呼之，三呼不應。蘇子容時爲試官，神宗顧蘇，蘇曰：「當以入聲呼之。」果出應。上曰：「卿何以知爲入音？」蘇言：「《三國志》吴有暨豔，陶恐其後。」遂問陶鄉貫，曰：「崇安人。」上喜曰：「果吴人也。」時暨自闕下一畫，蘇復言字下當從旦。此唐避代宗諱，流俗遂誤，弗改耳。

葉夢得《石林燕語》卷九　蘇子容過省，賦「曆者天地之大紀」，爲本場魁。既登第，遂留意曆學。元豐中，使虜適會冬至，虜曆先一日，趣使者入賀。虜人不禁天文術數之學，往往皆精。其實虜曆爲正也，然勢不可從。子容乃爲泛論曆學，援據詳博，虜人莫能測，無不聳聽。即徐曰：「此亦無足深較，但積刻差一刻爾。以半夜子論之，多一刻即爲今日，少一刻即爲明日，此蓋失之多爾。」虜不能遽折。及後歸奏，神宗大喜，即問：「二曆竟孰是？」因以實言，太史皆坐罰金。至元祐初，遂命子容重修渾儀，製作之精，皆出前古。其學略授冬官正袁惟幾，而創爲規模者，吏部史張士廉。士廉有巧思，子容時爲侍郎，以意語之，士廉輒能爲，故特爲精密。虜陷京師，毀合臺，取渾儀去。今其法，蘇氏子孫亦不傳云。

葉夢得《石林燕語》卷一〇　蘇魏公爲宰相，因爭賈易復官事，持之未決。御史楊畏論蘇故稽詔令，蘇即上馬乞退，請致仕。吕微仲語蘇：「可見上辯之，何遽去？」蘇曰：「宰相一有人言，便爲不當物望，豈可更辯曲直？」宣仁力留之，不從，乃罷以爲集禧觀使。自熙寧以來，宰相未有去位而留京師者，蓋異恩也。紹聖初，治元祐黨人，凡嘗爲宰執者無不坐貶，惟子容一人獨免。

張邦基《墨莊漫録》卷二　蘇頌子容丞相，博學無所不通。熙寧十年，爲大遼生辰國信使。在虜中，適遇冬至，時本朝曆先北朝一日，北朝曆後一日。北人問公：「孰是？」公曰：「曆家算術小異，遲速不同，謂如亥時節氣相交，則猶是今夕，若逾數刻，即屬子時，爲明日矣。曆家布算，容有遲速，或先或後，故有一日之異。皆各從本朝之曆可也。」虜人深以爲然，遂各以其日爲節慶。賀使還奏之，上喜曰：「朕思之，此最難處，卿之所對，極中事理。」

張邦基《墨莊漫録》卷六　文潞公爲相日，赴秘書省曝書宴，令堂吏視閣下芸草，乃公往守蜀日，以此草寄植館中也。因問：「芸辟蠹，出何書？」一坐默然。蘇子容對以魚豢《典略》，公喜甚，即借以歸。

朱弁《曲洧舊聞》卷八　元祐四年三月己卯，銅渾儀新成，蓋蘇子容所造也。古謂之渾天儀，歷代相傳以爲羲和之舊器。漢洛下閎、東京張平子、蔡邕、吴王蕃、劉耀、光初中孔定、後魏太史令晁崇，皆璣衡遺法，而所得有精粗。孔定、王蕃最號精密，所造既淪没於西戎，而蕃不著其器，獨子容因其家所藏小樣而悟於心，常恨未究算法，欲造其器而不果。晚年爲大宗伯，於令史中得一人，忘其姓名。深通算法，乃授其數，令布算，參考古人，尤得其妙，凡數年而器成焉。大如人體，人居其中，有如籌象。因星鑿竅，依竅加星，以備激輪旋轉之勢。中星昏曉應時，皆見於竅中。星官歷翁聚觀駭歎，蓋古未嘗有也。子容又圖其形制，著爲成書上之，詔藏於祕閣。至紹聖初，蔡卞以其出於元祐，議欲毁之。時晁美叔爲祕書少監，惜其精密，力争之，不聽，乃求林子中爲助。子中爲言於章惇，得不廢。及蔡京兄弟用事，無一人敢與此器爲地矣。吁，可惜哉！

朱弁《曲洧舊聞》卷九　舊制：二府侍從有薄罪，多以本官歸班朝請而已。初無職掌，然班著請給，竝只從見在官，初不以所嘗經歷爲下也。熙寧中，蘇子容丞相爲知制誥，坐繳李定中丞御史詞頭罷職，以本官歸班。凡歲餘，雖大寒暑風雨，未嘗一日移告。執政有憐之者，諭使請外官閒局。蘇公曰：「方以罪謫，敢求自便乎？」一時士大夫以此益推重之。元豐以階易官，此制遂革，凡侍從以上被謫奪職，非守郡則領祠，無復留京師者。政和中，劉器之既復舊官領祠，然纔得承議郎，所至與人敘位，必謹班著，不肯妄居人上。一日，謁鄉人趙畯朝奉，坐未久，有張基大夫者繼來，劉與之敘官，張雖辭讓，既不獲，又不知避去，因據上坐。劉歸之明日，偶微病，人有候之者，曰：「比謁趙德進，坐於堂中，適張基

大夫繼至，吾官小宜居下，遂坐德進傍。正當房門之衝，風吹吾項，遂得疾。一客至，必以此告，是亦不能不介意之辭也。近歲嘗任侍從者，雖被奪職，亦偃然以達官自居。凡遇庶僚，必居其上無所屈，則非復責降之本意矣，其亦未聞蘇、劉二公之風哉！

趙善璙《自警編》卷二 呂吉甫參政事，使其親友謂蘇公丞相曰：「子容吾鄉里丈人行，若從吾言，執政可得也。」公笑而不答。

蘇丞相平生未嘗問家人有無，晚年際會所得俸賜，隨即散用。其自奉養至儉薄，每食不過一肉。始薨之日，弔哭者至其寢堂，見其居處服用，無不歎愕咨嗟，以爲寒素不若也。

周必大《二老堂雜志》卷四 陸務觀云，蘇子容聞人引故事必就令檢出處，司馬温公聞新事即録於册，且記所言之人。故當時諺曰「古事莫語子容，今事勿告君實」。又云，元豐中，何洵直請改歸、陝之「陝」從「山」，以别陝西之「陝」，朝廷從之，下少府監改鑄陝州印。監丞歐陽棐言「陝」從兩「人」，「陜」從兩「入」，不當改。然卒用洵直言，改之。

張光祖《言行龜鑑》卷二 蘇丞相頌，字子容，在潁州日，通判趙至忠本歸明人，所至輒與守競。公待之以禮，具盡誠意。他日至忠泣曰：「至忠北人也，然見義則服。平生誠服者，唯今韓魏公與公耳。」

藝文

蘇頌《蘇魏公文集》卷首汪藻《蘇魏公文集原序》 所貴於文者，以能明當事之務，達羣倫之情，使千載之下，讀之者如出乎其時，如見其人也。若夫善立言者不然，文雖同乎人，而其所爲文，有非人之所得而同者。孟子七篇之書，敍戰國諸侯之事與夫梁、齊君臣之語，其辭極於辯博，若無以異乎戰國之文也。揚子之書數萬言，言秦、漢之際爲最詳，簡雄而閎深，若無以異乎西漢之文也。至其推性命之藴，發天人之微，粹然一歸於正，使學者師用，比之《六經》。則當時所謂儀、秦、谷永、杜欽輩，豈惟無以望其門牆，殆冠履之不侔也。

宋興百餘年，文章之變屢矣，楊文公倡之於前，歐陽文忠繼之於後，至元豐、元祐間，斯文幾於古而無遺恨矣！蓋吾宋極盛之時也。於是，丞相魏國蘇公出焉，以博學洽聞名重天下者五十餘年。卒用儒宗，位宰相，一時高文大册，悉出其手。故其熙寧以來，國家大號令，朝廷大議論，莫不於公文見之。然公事四帝，以名節始終，其見於文者，豈空言哉！論政之得失，則開陳反覆而極於忠；論民之利病，則援據該詳而本於恕。有所不言則已，既言於上矣，舉天下榮辱是非莫能移其所守，可謂大臣以道事君者也。若其講明經術之要，練達朝廷之儀，下至百家、九流、律曆、方技之書，無不探其源，綜其妙者，在公特餘事耳。此所以一話言、一章句皆足以垂世立教，革澆浮而已媮薄，與軻、雄之書，百世相望，而非當時翰墨名家者所能彷彿也。公元豐中受詔爲《華夷魯衛録》，書成，序之以獻。神宗讀之曰：「《説卦》文也。」今考其書信然，則公之他文可知矣。

公殁四十年，公之子攜，始克集公遺文，得詩若干，内外制若干，表奏、章疏、誌銘、雜説若干，使藻與觀焉。藻少誦公文，以不獲拜公爲恨者也，今乃盡得其書讀之，可謂幸矣！故謹識其端，而歸其書於蘇氏。

宋紹興九年三月十五日，顯謨閣學士，左中大夫，提舉江州太平觀汪藻序。

蘇頌《蘇魏公文集》卷首周必大《蘇魏公文集後序》 至和、嘉祐中，文章爾雅，議論平正，本朝極盛時也。一變而至熙寧、元豐，以經術相高，以才能相尚，回視前日，不無醇疵之辨焉。而變而至元祐，雖闢專門之學，開衆正之路，然議論不齊。由兹而起，又一變爲紹聖、元符，則勢有所激矣。蓋五六十年間，士風學術無慮四變，得於此必失於彼，用於前必黜於後。一時豪傑之士有不能免，況餘人乎？

若乃上爲人主所信，中不爲用事者所疑，下常見重於正論，惟丞相蘇公爲然。方仁宗右文，公在館閣者九年；英宗責實，公首預監司省府之選；神宗勵精，公則掌制尹京，出藩入從，眷獎尤渥。厥後大用於宣仁垂簾之際，榮歸於泰陵親政之日。歷事四朝，始終全德，獨爲儒學之宗，嗚呼，盛哉！

平生著述凡若干卷，翰林汪公彦章爲之序。某嘗得善本於丞相曾孫玭。適顯謨閣直學士張侯幾仲出守當塗，欣慕前哲，欲刻之學宫，布之四方，使來者有所矜式。其用心可謂廣矣，故以遺之而紀於後。淳熙十三年十月一日。

蘇頌《蘇魏公文集》卷首《奉安蘇丞相祠告先聖文》 故相蘇公頌，同安人也，其道學淵深，履行純固，天下學士大夫之所宗仰。而邑子後生，聞見單淺，弗克究知，父兄闕焉。用告有司，請即學宫，歲時奉祠，以建遺烈，使學者有所興起。今既畢事，將妥厥靈，敢以舍菜之禮，告於先聖先師之神。謹告。

蘇頌《蘇魏公文集》卷首《奉安蘇丞相祠文》　泉人衣冠之盛，自國初以至於今，其間顯人或至公卿者多矣。然而終始大節，可考而知，則未有若公之盛者也。惟公著節於熙寧，登庸於元祐，而幅巾謝事，偃仰婆娑於紹聖、元符之間。然則，公之所自任於進退出處之間者，可謂無所苟矣！是蓋將比古之所謂大臣者，豈獨泉人數公而已哉。今以邑人之意，祠公於學，即事之始，敢布其衷。尚饗。

蘇頌《蘇魏公文集》卷首《奉安蘇丞相畫像文》　惟公始終一節，出入五朝，高風聳乎士林，盛烈銘於勳府。矧茲故邑，實仰餘光。悵親炙之無從，冀瞻依之有地。是用肖德儀於廟院，建遺烈於學宮。詧表方將，儀圖聿至；式瞻精宇，爰寓神棲。既協吉於靈辰，敢式陳於菲薦。尚饗。

陸佃《陶山集》卷一三《祭丞相蘇子容文》　維建中靖國元年，歲次辛巳，七月某朔，二十七日某甲子，門生中大夫，守尚書右丞、上柱國陸某，謹致祭于故座主、觀文殿大學士、太子太保致仕、贈司空蘇公之靈。巖夢曈曨，岳祇寀岌。我公膺之，瓌珽是襲。厚德醇行，玄登之湇。羹問手爛，唾從面濕。讀書萬卷，青紫如拾。作爲辭章，珠璣綴緝。山巖備收，臺閣兼習。薄飯不羹，館職供給。蠹簡芸香，螭坳墨汁。草石圖經，博極郡邑。混儀漏成，玉利銅澀。鼇禁晦登，鳳池早集。典選材征，尹京姦戢。陽開陰閉，一張一翕。甘棠蔽芾，行露厭浥。兄弟相依，鶺鴒原隰。子孫頭角，犀兕濈濈。官至宰相，壽踰八十。元祐紛更，閒藍不入。紹聖歸休，退勇流急。風清月明，漁蓑釣笠。春扈推移，秋螢熠熠。閒居日長，其誰公及？憶昔熙寧，擔簦負笈。借公風雷，魚龍起蟄。仙梯千層，龍門三級。換我凡骸，神丹一粒。鳴鶴與縻，白駒維縶。元豐中間，官制初葺。禁塗相追，閤門贊揖。飽聞典故，因賡詩什。《洪範》言箕，《中庸》語伋。人之生世，瞬息呼吸。東賓西餞，羲娥汲汲。不見幾時，墓碑遽立。壯夫感泱，兒女嗚咽，銜環未報，綍不及執。一訣終天，雪涕雨泣。尚饗！

范純仁部

綜述

《宋史》卷三一四《范純仁傳》 純仁字堯夫，其始生之夕，母李氏夢兒墮月中，承以衣裾，得之，遂生純仁。資警悟，八歲，能講所授書。以父任爲太常寺太祝。中皇祐元年進士第，調知武進縣，以遠親不赴；易長葛，又不往。仲淹曰：「汝昔日以遠爲言，今近矣，復何辭？」純仁曰：「豈可重於禄食，而輕去父母邪？雖近，亦不能遂養焉。」仲淹門下多賢士，如胡瑗、孫復、石介、李覯之徒，純仁皆與從游。晝夜肄業，至夜分不寢，置燈帳中，帳頂如墨色。

仲淹没，始出仕，以著作佐郎知襄城縣。兄純祐有心疾，奉之如父，藥膳居服，皆躬親時節之。賈昌朝守北都，請參幕府，以兄辭。宋庠薦試館職，謝曰：「輦轂之下，非兄養疾地也。」富弼責之曰：「臺閣之任豈易得？何庸如是。」卒不就。襄城民不蠶織，勸使植桑，有罪而情輕者，視所植多寡除其罰，民益賴慕，後呼爲「著作林」。兄死，葬洛陽。韓琦、富弼貽書洛尹，使助其葬，既葬，尹訝不先聞。純仁曰：「私室力足辦，豈宜慁公爲哉？」

簽書許州觀察判官、知襄邑縣。縣有牧地，衛士牧馬，以踐民稼，純仁捕一人杖之。牧地初不隸縣，主者怒曰：「天子宿衛，令敢爾邪？」白其事于上，劾治甚急。純仁言：「養兵出於税畝，若使暴民田而不得問，税安所出？」詔釋之，且聽牧地隸縣。凡牧地隸縣，自純仁始。時旱久不雨，純仁籍境内賈舟，諭之曰：「民將無食，爾所販五穀，貯之佛寺，候食闕時吾爲糴之。」衆賈從命，所蓄十數萬斛。至春，諸縣皆饑，獨境内民不知也。

治平中，擢江東轉運判官，召爲殿中侍御史，遷侍御史。時方議濮王典禮，宰相韓琦、參知政事歐陽脩等議尊崇之。翰林學士王珪等議，宜如先朝追贈期親尊屬故事。純仁言：「陛下受命仁宗而爲之子，與前代定策入繼之主異，宜如王珪等議。」繼與御史吕誨等更論奏，不聽。純仁還所授告敕，家居待罪。既而皇太后手書尊王爲皇，夫人爲后。純仁復言：「陛下以長君臨御，奈何使命出房闈，異日或爲權臣矯託之地，非人主自安計。」尋詔罷追尊，起純仁就職。純仁請出不已，遂通判安州，改知蘄州。歷京西提點刑獄、京西陝西轉運副使。

召還，神宗問陝西城郭、甲兵、糧儲如何，對曰：「城郭粗全，甲兵粗修，糧儲粗備。」神宗愕然曰：「卿之才朕所倚信，何爲皆言粗？」對曰：「粗者未精之辭，如是足矣。願陛下且無留意邊功，若邊臣觀望，將爲他日意外之患。」拜兵部員外郎，兼起居舍人、同知諫院。奏言：「王安石變祖宗法度，掊克財利，民心不寧。《書》曰：『怨豈在明，不見是圖。』願陛下圖不見之怨。」神宗曰：「何謂不見之怨？」對曰：「杜牧所謂『天下之人，不敢言而敢怒』是也。」神宗嘉納之，曰：「卿善論事，宜爲朕條古今治亂可爲監戒者。」乃作《尚書解》以進，曰：「其言，皆堯、舜、禹、湯、文、武之事也。治天下無以易此，願深究而力行之。」加直集賢院、同修起居注。

神宗切於求治，多延見疏逖小臣，咨訪闕失。純仁言：「小人之言，聽之若可采，行之必有累。蓋知小忘大，貪近昧遠，願加深察。」富弼在相位，稱疾家居。純仁言：「弼受三朝眷倚，當自任天下之重，而恤己深於恤物，憂疾過於憂邦，致主處身，二者胥失。弼與先臣素厚，臣在諫省，不敢私謁以致忠告，願示以此章，使之自省。」又論吕誨不當罷御史中丞，李師中不可守邊。

及薛向任發運使，行均輸法於六路。純仁言：「臣嘗親奉德音，欲修先王補助之政。今乃效桑羊均輸之法，而使小人爲之，掊克生靈，斂怨基禍。安石以富國强兵之術，啓迪上心，欲求近功，忘其舊學。尚法令則稱商鞅，言財利則背孟軻，鄙老成爲因循，棄公論爲流俗，異己者爲不肖，合意者爲賢人。劉琦、錢顗等一言，便蒙降黜。在廷之臣，方大半趨附。陛下又從而驅之，其將何所不至。道遠者理當馴致，事大者不可速成，人材不可急求，積敝不可頓革。儻欲事功亟就，必爲憸佞所乘，宜速還言者而退安石，答中外之望。」不聽。遂求罷諫職，改判國子監，去意愈確。執政使諭之曰：「毋輕去，已議除知制誥矣。」純仁曰：「此言何爲至於我哉，言不用，萬鍾非所顧也。」

其所上章疏，語多激切。神宗悉不付外，純仁盡録申中書，安石大怒，乞加重貶。神宗曰：「彼無罪，姑與一善地。」命知河中府，徙成都路轉運使。以新法不便，戒州縣未得遽行。安石怒純仁沮格，因讒者遣使欲捃摭私事，不能得。使者以他事鞭傷傳言者，屬官喜謂純仁曰：「此一事足以塞其謗，請聞于朝。」純仁既不奏使者之過，亦不折言者之非。後竟坐失察僚佐燕游，左遷知和州，徙邢

州。未至，加直龍圖閣、知慶州。

過闕入對，神宗曰：「卿父在慶著威名，今可謂世職。卿隨父既久，兵法必精，邊事必熟。」純仁揣神宗有功名心，即對曰：「臣儒家，未嘗學兵，先臣守邊時，臣尚幼，不復記憶，且今日事勢宜有不同。陛下使臣繕治城壘，愛養百姓，不敢辭；若開拓侵攘，願別謀帥臣。」神宗曰：「卿之才何所不能，顧不肯爲朕悉心爾。」遂行。

秦中方饑，擅發常平粟振貸。僚屬請奏而須報，純仁曰：「報至無及矣，吾當獨任其責。」或謗其所全活不實，詔遣使按視。會秋大稔，民讙曰：「公實活我，忍累公邪？」晝夜爭輸還之。使者至，已無所負。邠、寧間有叢冢，使者曰：「全活不實之罪，於此得矣。」發冢籍骸上之。詔本路監司窮治，迺前帥楚建中所封也。朝廷治建中罪，純仁上疏言：「建中守法，申請間不免有殍死者，已坐罪罷去。今緣按臣而及建中，是一罪再刑也。」建中猶贖銅三十斤。環州种古執熟羌爲盜，流南方，過慶呼冤，純仁以屬吏，非盜也。古避罪譖訟，詔御史治于寧州。純仁就逮，民萬數遮馬涕泗，不得行，至有自投于河者。獄成，古以誣告謫。亦加純仁以他過，黜知信陽軍。

移齊州。齊俗凶悍，人輕爲盜劫。或謂：「此嚴治之猶不能戢，公一以寬，恐不勝其治矣。」純仁曰：「寬出於性，若强以猛，則不能持久；猛而不久，以治凶民，取玩之道也。」有西司理院，繫囚常滿，皆屠販盜竊而督償者。純仁曰：「此何不保外使輸納邪？」通判曰：「此釋之，復紊，官司往往待其以疾斃於獄中，是與民除害爾。」純仁曰：「法不至死，以情殺之，豈理也邪？」盡呼至庭下，訓使自新，即釋去。期歲，盜減比年大半。

丐罷，提舉西京留司御史臺。時耆賢多在洛，純仁及司馬光，皆好客而家貧，相約爲真率會，脱粟一飯，酒數行，洛中以爲勝事。復知河中，諸路閲保甲妨農，論救甚力。録事參軍宋儋年暴死，純仁使子弟視喪，小殮，口鼻血出。純仁疑其非命，按得其妾與小吏姦，因會，寘毒鼈肉中。純仁問食肉在第幾巡，曰：「豈有既中毒而尚能終席者乎？」再訊之，則儋年素不食鼈，其曰毒鼈肉者，蓋妾與吏欲爲變獄張本，以逃死爾。實儋年醉歸，毒於酒而殺之。遂正其罪。

哲宗立，復直龍圖閣、知慶州。召爲右諫議大夫，以親嫌辭，改天章閣待制兼侍講，除給事中。時宣仁后垂簾，司馬光爲政，將盡改熙寧、元豐法度。純仁謂光：「去其泰甚者可也。差役一事，尤當熟講而緩行，不然，滋爲民病。願公虚心以延衆論，不必謀自己出；謀自己出，則謟諛得乘間迎合矣。役議或難回，則可先行之一路，以觀其究竟。」光不從，持之益堅。純仁曰：「是使人不得言爾。若欲媚公以爲容悦，何如少年合安石以速富貴哉。」又云：「熙寧按問自首之法，既已行之，有司立文太深，四方死者視舊數倍，殆非先王寧失不經之意。」純仁素與光同志，及臨事規正，類如此。初，种古因誣純仁停任。至是，純仁薦爲永興軍路鈐轄，又薦知隰州。每自咎曰：「先人與种氏上世有契義，純仁不肖，爲其子孫所訟，寧論曲直哉。」

元祐初，進吏部尚書，數日，同知樞密院事。初，純仁與議西夏，請罷兵棄地，使歸所掠漢人，執政持之未決。至是，乃申前議，又請歸一漢人予十縑。事皆施行。邊俘鬼章以獻，純仁請誅之塞上，以謝邊人，不聽。議者欲致其子，收河南故地，故赦不殺。後又欲官之，純仁復固争，然鬼章子卒不至。

三年，拜尚書右僕射兼中書侍郎。純仁在位，務以博大開上意，忠篤革士風。章惇得罪去，朝廷以其父老，欲畀便郡，既而中止。純仁請置往咎而念其私情。鄧綰帥淮東，言者斥之不已。純仁言：「臣嘗爲綰誣奏坐黜，今日所陳爲綰也，左降不宜録人之過太深。」宣仁后嘉納。因下詔：「前日希合附會之人，一無所問。」

學士蘇軾以發策問爲言者所攻，韓維無名罷門下侍郎補外。純仁奏軾無罪，維盡心國家，不可因譖黜官。及王覿言事忤旨，純仁慮朋黨將熾，與文彦博、吕公著辨於簾前，未解。純仁曰：「朝臣本無黨，但善惡邪正，各以類分。彦博、公著皆累朝舊人，豈容雷同罔上。昔先臣與韓琦、富弼同慶曆柄任，各舉所知。常時飛語指爲朋黨，三人相繼補外。造謗者公相慶曰：『一網打盡。』此事未遠，願陛下戒之。」因極言前世朋黨之禍，并録歐陽脩《朋黨論》以進。

知漢陽軍吴處厚傅致蔡確安州《車蓋亭詩》以爲謗宣仁后，上之。諫官欲寘於典憲，執政右其説，唯純仁與左丞王存以爲不可。争之未定，聞太師文彦博欲貶於嶺嶠，純仁謂左相吕大防曰：「此路自乾興以來，荆棘近七十年，吾輩開之，恐自不免。」大防遂不敢言。及確新州命下，純仁於宣仁后簾前言：「聖朝宜務寬厚，不可以語言文字之間曖昧不明之過，誅竄大臣。今舉動宜與將來爲法，此事甚不可開端也。且以重刑除惡，如以猛藥治病，其過也，不能無損焉。」又與王存諫於哲宗，退而上疏，其略云：「蓋如父母之有逆子，雖天地鬼神不能容貸，父子至親，主於恕而已。若處之必死之地，則恐傷恩。」確卒貶新州。

大防奏確黨人甚盛，不可不問。純仁面諫朋黨難辨，恐誤及善人。遂上疏曰：「朋黨之起，蓋因趣向異同，同我者謂之正人，異我者疑爲邪黨。既惡其異我，則逆耳之言難至；既喜其同我，則迎合之佞日親。以至真僞莫知，賢愚倒置，國家之患，率由此也。至如王安石，止因喜同惡異，遂至黑白不分，至今風俗，猶以觀望爲能，後來柄臣，固合永爲商鑑。今蔡確不必推治黨人，旁及枝葉。臣聞孔子曰：『舉直錯諸枉，能使枉者直。』則是舉用正直，而可以化枉邪爲善人，不仁者自當屏迹矣。何煩分辨黨人，或恐有傷仁化。」司諫吴安詩、正言劉安世交章擊純仁黨確，純仁亦力求罷。

明年，以觀文殿學士知潁昌府。踰年，加大學士、知太原府。其境土狹民衆，惜地不葬。純仁遣僚屬收無主燼骨，別男女異穴，葬者三千餘。又推之一路，葬以萬數計。夏人犯境，朝廷欲罪將吏。純仁自引咎求貶。秋，有詔貶官一等，徙河南府，再徙潁昌。

召還，復拜右僕射。因入謝，宣仁后簾中諭曰：「或謂卿必先引用王覿、彭汝礪，卿宜與吕大防一心。」對曰：「此二人實有士望，臣終不敢保位蔽賢，望陛下加察。」純仁將再入也，楊畏不悦，嘗有言，純仁不知。至是，大防約畏爲助，欲引爲諫議大夫。純仁曰：「諫官當用正人，畏不可用。」大防曰：「豈以畏嘗言公邪？」純仁始知之。後畏叛大防，凡有以害大防者，無所不至。宣仁后寢疾，召純仁曰：「卿父仲淹，可謂忠臣。在明肅皇后垂簾時，唯勸明肅盡母道；明肅上賓，唯勸仁宗盡子道。卿當似之。」純仁泣曰：「敢不盡忠。」

宣仁后崩，哲宗親政，純仁乞避位。哲宗語吕大防曰：「純仁有時望，不宜去，可爲朕留之。」且趣入見，問：「先朝行青苗法如何？」對曰：「先帝愛民之意本深，但王安石立法過甚，激以賞罰，故官吏急切，以致害民。」退而上疏，其要以爲「青苗非所當行，行之終不免擾民也」。

是時，用二三大臣，皆從中出，侍從、臺諫官，亦多不由進擬。純仁言：「陛下初親政，四方拭目以觀，天下治亂，實本於此。舜舉皋陶，湯舉伊尹，不仁者遠。縱未能如古人，亦須極天下之選。」又羣小力排宣仁后垂簾時事，純仁奏曰：「太皇保佑聖躬，功烈誠心，幽明共監，議者不恤國事，一何薄哉。」遂以仁宗禁言明肅垂簾事詔書上之。曰：「望陛下稽倣而行，以戒薄俗。」

蘇轍論殿試策問，引漢昭變武帝法度事。哲宗震怒曰：「安得以漢武比先帝？」轍下殿待罪，衆不敢仰視。純仁從容言：「武帝雄才大略，史無貶辭。轍以比先帝，非謗也。陛下親事之始，進退大臣，不當如訶叱奴僕。」右丞鄧潤甫越次曰：「先帝法度，爲司馬光、蘇轍壞盡。」純仁曰：「不然，法本無弊，弊則當改。」哲宗曰：「人謂秦皇、漢武。」純仁曰：「轍所論，事與時也，非人也。」哲宗爲之少霽。轍平日與純仁多異，至是乃服謝純仁曰：「公佛地位中人也。」轍竟落職知汝州。

全臺言蘇軾行吕惠卿告詞，訕謗先帝，黜知英州。純仁上疏曰：「熙寧法度，皆惠卿附會王安石建議，不副先帝愛民求治之意。至垂簾之際，始用言者，特行貶竄，今已八年矣。言者多當時御史，何故畏避不即納忠，今乃有是奏，豈非觀望邪？」御史來之邵言高士敦任成都鈐轄日不法事，及蘇轍所謫太近。純仁言：「之邵爲成都監司，士敦有犯，自當按發。轍與政累年，之邵已作御史，亦無糾正，今乃繼有二奏，其情可知。」

純仁凡薦引人材，必以天下公議，其人不知自純仁所出。或曰：「爲宰相，豈可不牢籠天下士，使知出於門下？」純仁曰：「但朝廷進用不失正人，何必知出於我邪？」哲宗既召章惇爲相，純仁堅請去，遂以觀文殿大學士加右正議大夫知潁昌府。入辭，哲宗曰：「卿不肯爲朕留，雖在外，於時政有見，宜悉以聞，毋事形迹。」徙河南府，又徙陳州。初，哲宗嘗言：「貶謫之人，殆似永廢。」純仁前賀曰：「陛下念及此，堯、舜用心也。」

既而吕大防等竄嶺表，會明堂肆赦，章惇先期言：「此數十人，當終身勿徙。」純仁聞而憂憤，欲齋戒上疏申理之。所親勸以勿爲觸怒，萬一遠斥，非高年所宜。純仁曰：「事至於此，無一人敢言，若上心遂回，所繫大矣。不然，死亦何憾。」乃疏曰：「大防等年老疾病，不習水土，炎荒非久處之地，又憂虞不測，何以自存。臣曾與大防等共事，多被排斥，陛下之所親見。臣之激切，止是仰報聖德。向來章惇、吕惠卿雖爲貶謫，不出里居。臣向曾有言，深蒙陛下開納，陛下以一蔡確之故，常軫聖念。今趙彦若已死貶所，將不止一蔡確矣。願陛下斷自淵衷，將大防等引赦原放。」疏奏，忤惇意，詆爲同罪，落職知隨州。

明年，又貶武安軍節度副使，永州安置。時疾失明，聞命怡然就道。或謂近名，純仁曰：「七十之年，兩目俱喪，萬里之行，豈其欲哉？但區區之愛君，有懷不盡，若避好名之嫌，則無爲善之路矣。」每戒子弟毋得小有不平，聞諸子怨章惇，純仁必怒止之。江行赴貶所，舟覆，扶純仁出，衣盡濕。顧諸子曰：「此豈章惇爲之哉？」既至永，韓維責均州，其子訴維執政日與司馬光不合，得免行。純

仁之子欲以純仁與光議役法不同爲請，純仁曰：「吾用君實薦，以至宰相。昔同朝論事不合則可，汝輩以爲今日之言，則不可也。有愧心而生者，不若無愧心而死。」其子乃止。

居三年，徽宗即位，欽聖顯肅后同聽政，即日授純仁光禄卿，分司南京，鄧州居住。遣中使至永賜茶藥，諭曰：「皇帝在藩邸，太皇太后在宫中，知公先朝言事忠直，今虚相位以待，不知目疾如何，用何人醫之。」純仁頓首謝。道除右正議大夫、提舉崇福宫。不數月，以觀文殿大學士、中太一宫使詔之。有曰：「豈唯尊德尚齒，昭示寵優；庶幾鯁論嘉謀，日聞忠告。」純仁以疾，捧詔而泣曰：「上果用我矣，死有餘責。」徽宗又遣中使賜茶藥，促入覲，仍宣渴見之意。

純仁乞歸許養疾，徽宗不得已許之。每見輔臣問安否，乃曰：「范純仁，得一識面足矣。」遂遣上醫視疾。疾小愈，丐以所得冠帔改服色酬醫。詔賜醫章服，令以冠帔與族姪。疾革，以宣仁后誣謗未明爲恨。呼諸子口占遺表，命門生李之儀次第之。其略云：「蓋嘗先天下而憂，期不負聖人之學，此先臣所以教子，而微臣資以事君。」又云：「惟宣仁之誣謗未明，致保佑之憂勤不顯。」又云：「未解疆埸之嚴，幾空帑藏之積。有城必守，得地難耕。」凡八事。建中靖國改元之旦，受家人賀。明日，熟寐而卒。年七十五。詔賻白金三十兩，敕許、洛官給其葬，贈開府儀同三司，謚曰忠宣，御書碑額曰「世濟忠直之碑」。

純仁性夷易寬簡，不以聲色加人，誼之所在，則挺然不少屈。自爲布衣至宰相，廉儉如一，所得奉賜，皆以廣義莊；前後任子恩，多先疏族。没之日，幼子、五孫猶未官。嘗曰：「吾平生所學，得之忠恕二字，一生用不盡。以至立朝事君，接待僚友，親睦宗族，未嘗須臾離此也。」每戒子弟曰：「人雖至愚，責人則明；雖有聰明，恕己則昏。苟能以責人之心責己，恕己之心恕人，不患不至聖賢地位也。」又戒曰：「《六經》，聖人之事也。知一字則行一字。要須『造次顛沛必於是』，則所謂『有爲者亦若是』爾。豈不在人邪？」

弟純粹在關陝，純仁慮其於西夏有立功意。與之書曰：「大輅與柴車争逐，明珠與瓦礫相觸，君子與小人鬥力，中國與外邦校勝負，非唯不可勝，兼亦不足勝，不唯不足勝，雖勝亦非也。」親族有請教者，純仁曰：「惟儉可以助廉，惟恕可以成德。」其人書於坐隅。有文集五十卷，行于世。子正平、正思。

范純仁《范忠宣公集》卷一八附録李之儀《范忠宣公行狀一》 公諱純仁，字堯夫。幼警悟，五歲知讀書，八歲從群兒戲，能以其所授書爲之講説，正席環侍，剖析有理，文正奇之。十一遭楚國喪，哀毁如成人。文正仕漸顯，一時知名士多所延揖，如孫復、石介、胡旦、李覯輩，率命公從之游。乃博通群書，爲文無有長語，切於語事。文正曰：「是必能世吾家。」以文正恩，起太常寺太祝。皇祐元年進士及第，知常州武進縣，辭不行，改許州長葛，復辭。文正曰：「彼遠固有名，此纔數舍爾，何辭焉？」公曰：「本不欲去親側，遠近非所恤也。」文正薨，家貧無歸，借官屋以居，僅芘風雨。長兄早得心疾，不省事，門内幾百口，公實主之。人不堪其憂，而上下無一言之異。服除，始就仕。賈昌朝守大名，辟公掌安撫司機宜文字。公曰：「方北道多事時，彼將以我爲助，義不當免，其如吾兄相與爲命何！」人固彊之，曰：「偕行何妨耶？」公曰：「兄之疾一作，則數人不能制。未論官守，不得專在側，此去隔大河，萬一中流疾作，則我必與之俱溺矣。」再辭，遂已。宋庠薦公堪館職，召試學士院，公以兄疾辭。再召，又辭，卒不赴。以著作佐郎知汝州襄城縣。民不知蠶，公曰：「是可緩耶？」乃課民種桑，後紡織比他郡爲多。既去，思公不已，至名其地爲著作林。簽書許州觀察判官事。會昌朝守許，事無巨細，待公而後决。知開封府賈黯辟公知襄邑縣。凡隸官屋舍，無一椽不更，而民不知勞。縣有牧地，衛士歲牧馬，率縱之，壞民田，前此莫之禁。或訴於公，即捕而杖之。主校抗聲曰：「令敢爾耶？」遽白其事，詔劾公甚急，公曰：「衛士非令所當杖，然民吾子也，又兵實資田以養，安忍坐視其抑哉？」亟自列以上，尋報免。令遂兼領牧地，蓋自公始。天久不雨，下將艱食，公命賈販者輟他貨，一意積粟，而告之曰：「異時之出，吾當爲爾宰。」果如其計，賴以全活者甚衆，利及旁境。大興學校，號舍飲食，畢自區處，來學者益盛。比自公湖外歸，邑人夾道焚香羅拜，逆挽公舟，唯恐其過之速也，距公去四十餘年矣。擢河南東路轉運判官，召爲殿中侍御史，未拜，遷侍御史、知制誥。錢公輔繳詞頭，責滁州團練使，公言：「此其職事也，言雖有過，情則無他。陛下近詔求直言，而侍臣未聞有所獻，得非以公輔爲戒耶？」又言：「自公輔貶謫以來，朝廷除授寧免失當？臣下不敢言，虧損聖德，無甚於此。」京師大水，公請詔侍從官各上封事，指陳時政闕失，餘官依次轉對如故事。又乞罷秋宴，以承天戒。時更定江淮、荆湖、福建路鹽法，公請並依兩浙法減價，并下三司別定私販之令。又言日近雜學士、待制修撰太冗，宜立定員數。又乞爲〔潁〕（隸）王、東陽郡王擇保傅。又言歲上辛祀天南郊，致齋日當聖壽節，乞上壽不用樂，以明克己奉天之意。有詔兩制依典禮議濮安懿王稱號，封册已定，而政府議不同，復有詔權罷。公謂同列曰：

「此大事也，不可不辯，蓋將有甚者焉。」乃上疏曰：「陛下昨受仁宗詔命，親許爲仁宗之子，至於封爵，悉用皇子故事。以至纂承大統，天下以陛下爲仁宗之子，與前代入繼之主，事體不同，願以大公斷之。」特降詔旨恭依兩制所定。相次果議尊濮王爲皇，夫人爲后，公又疏曰：「仁宗當盛年，立陛下爲子，皇太后不避六宫之怨，力贊先帝，保育陛下，是皆欲陛下繼統承祧，一意大業。不期陛下率然建爲此議，上則違先帝之意，中則傷太后之心，下則失天下之望。」又奏：「歐陽脩首開邪説，妄引經據，以枉道悦人主，以近利負先帝，請寘于理。」累上章未報，公遂繳納告身，居家待罪。皇太后俄出手書，申追尊殊號之議，尋降勅命奉行。公言：「此事始因中書之謀，陛下謙慎未行。聞太后曾下手書，切責政府，因此權罷。始末不同，天下將何以取信？此必權臣欲爲非常之事，假母后之命以行其志，或乃出於逼脅。願察臣言，凡繫濮王典禮，陛下自可擇而行之，何必以母后爲説？」既而促公供職，公言：「太后與政府大臣並受先帝顧託，言猶在耳，永昭陵土猶未乾，豈遂忘而弗顧？」再有旨起公，公言：「臣不能早悟陛下，罪益深重，豈可復居言路？臣之心有死無二。」又中書劄子督迫公出，公乃録前後未降出凡九章回申，又申御史臺，殊號之議遂止。公猶未已，乃出公通判安州，移知蘄州，改京西提點刑獄。未到，移陝西。未到，權陝西轉運副使。未到，權京西轉運使，復移陝西。召對，神宗問公曰：「卿在陝西久，必精練邊事，城郭甲兵糧儲如何？」公對曰：「城郭粗完，甲兵粗修，糧儲粗備。」上愕然曰：「卿才如此，朕所倚賴，而職事皆言『粗』，何也？」公曰：「粗者未精之辭，然如是足矣。臣願陛下無留意邊事。陛下若留意邊事，則邊臣觀望，要功生事，結釁夷狄，殘害生靈，耗竭財用，糜費賞爵。不唯目前之害，又將貽他時意外之憂，願陛下深留聖慮。」公又奏：「王安石變更法度，物議沸騰，人心不寧。《書》曰：『怨豈在明，不見是圖。』願陛下圖不見之怨。」上曰：「何謂不見之怨？」公曰：「杜牧所謂天下之人不敢言而敢怒者，此不見之怨也。」上曰：「卿才如此，善論事宜，爲朕條陳古今治亂，可以爲鑑戒者以聞。」公遂作《尚書解》以進：「皆堯舜禹湯文武之事也，治天下無以易此，願陛下深究而行之。」除尚書兵部員外郎兼起居舍人、同知諫院，公辭不允。邊帥种諤坐擅興，謫湖外，俄除秦州都監。公言：「朝廷既許夏人納款，及謂取綏州非本意，今便令諤處邊任，不唯致夷狄疑阻，亦無以戒勵沿邊生事之臣。」又乞催促齎夏國封册詔書，使人進發，所貴朝廷恩數速達異國，而疆埸早得寧静。進集賢院、同脩起居注。公五上章辭，不允，乃促公受勅。公既不獲免，益思所以爲報。公嘗謂人主之勢既重，而又堂陛阻絶，非開廣聰明，則下情無由周察。頃雖有言，止緣一時之事，事過即已。今須推而行之，以防壅蔽。乃上疏言：「兩府之下則有侍從官，實古九卿之職，是宜朝夕論思，同國休戚。今則只將主判司存便爲己之職事，寵亞四輔，報同庶僚。人情既習因循，朝廷不知考核，或有時政得失，唯能退有後言，處之不慚，僅同胡越。願降詔督責，凡朝廷闕失，並須論列。」其所上章疏，付政府詮定，量加賞罰。時上新即位，躬親庶政，公言：「盡心所務，督察細事者，有司之職；經國阜民，選賢任官者，宰相之職；容載如天地，廣大如江河，巍巍蕩蕩，無得而名者，王者之德。願陛下潛晦頤養，擇相而任，廣聽納，察邇言，使愚智效力，上下盡心，自然端拱垂衣，太平可致。」又言：「近日御前揀退年老將校，皆是久歷艱辛，累歲戍邊守之人。既因對御選擇，將來殿前馬步軍司便爲永例，此軍政也，不可不察。望於其間取稍堪部率者，改隸已次軍分，以示人主隱恤知難之意。」知秦州孫永以守邊失策，詔以李師中爲代，公言：「帥臣尤須久任，方能練習事。若屢更則難責其效，而又百事從而變易，兵民無不煩擾。兼永忠謹鎮静，師中任術躁動，不若責永後效，依舊在任。」又請用慶曆中故事，增置諫官，以廣言路。又請重定縣令考課之法，以防濫奏。神宗切於求治，臣下多自疏遠召對，延訪得失。公言：「小人之言，聞之似可采，行之必有累。蓋其知小忘大，貪近昧遠，急於奮身，不思害國，願加深察。」又言：「走馬承受妄有論奏，動摇帥臣，過索承奉，其言不可輕信。」又請宣諭執政，如有妄奏邊事及曾惹引生事之人，不得與邊任。又請委監司體量走馬承受，不得於條約外妄陳邊事及言人長短。其所入文字，乞降出公行。京東轉運使陳汝羲進羨財，及以官紬折還和買絹價，荆湖北路孔延之進納入官，本户不充則令三四户共買一官。公請重行貶謫，以戒聚斂辱國之臣。富弼再相，輒辭疾，家居謝客，屢詔不起。公言：「弼起布衣，仁宗擢爲宰相，先帝暨陛下倚爲舊德，四方士民以爲賢臣。弼當自任天下之重，而盡陳其所欲爲。而乃恤己深於恤物，憂疾過於憂邦，致主處身，向背失宜。弼與先臣最厚，臣待罪諫垣，不敢通私謁，以致忠告。願陛下宣示此奏，使弼循省，以供厥職。」又奏：「唐則天以僭竊之政，務求多士，以收人心，廣令臣下，舉薦兼人，亦得自舉。選任雖冗，然猶多得人材。故姚崇、宋璟相繼時出，開元之治，實有賴焉。願詔内外之臣各舉所知，以備選任。」御史中丞吕誨以言事降黜，公言：「誨，正人也，願留之左右，以勸忠良。」又奏：「臣前此面奉德音，令臣具陝西利害，今列十事以進。一、於

邠寧二州移置帥事。二、擇帥府通判，令兼經略判官，專董糧草。三、罷監牧，以其田爲營田。四、委帥臣監司裁省冗占官兵。五、新城中武藝人於近裏州軍差使，候有警急，旋行勾抽。六、沿邊次邊鄉村酒場，月課不滿二萬貫者，並停閉城寨酒課，不務增羨。七、通解鹽茶馬於轉運司。八、依秦漢軍功爵級置散官及牙校名品，募人入粟，以實邊備。九、沿邊置榷場，以茶并雜貨博易，仍通入解鹽額。十、陝、解、虢、絳四州，歲差夫采斫黄河梢木，並以官錢收買。」神宗一日謂公曰：「取士之法不均，行之雖久，不能無遺才。」命公條其利害，公曰：「祖宗以進士一科爲盛，公卿以降，多此塗出。然所舉之業，東南、川陝之士最工。至禮部只合西北而考之，故東南、川陝多得而西北少。設欲明示區别，不無寄貫巧僞之弊。願詔郡邑嚴養士之法，每下詔責長吏與學官取本貫及曾入學滿二百日有行者，於解額中分三分之一送至禮部，則别爲特舉一科，只試論經義，明記路分，考校優，立所取之數，至御前賜第亦如之。若是則均矣。」又乞詔政府、臺省、館閣、經筵、監司並數路參取，無拘有無出身。著作佐郎章辟光請岐王出居外第，公言：「親王居外，自有故事，豈容小臣輒生間言？萬一岐王聞之，不安其處，則傷陛下友愛。防微杜漸，不可不察。」三司判官張靖論陝西轉運使薛向博買鹽馬不實事，詔靖就劾，而向已前知矣，兑换藏匿，唯意所任。靖至，而欺罔之迹已不可得，靖反坐謫，向遷發運使。公上疏極論：「賞罰之失，致天下疑。陛下責君子太重，獎小人太深。靖許風聞言事即坐左遷，向違法罔上驟加進用。向在陝七八年，靖一旦體量，不能盡見虚實。責君子太重則忠臣難立，獎小人太深則姦邪易滋。微臣恥枉尺直尋，陛下不可啓寵納侮。望追還二人之命，以正賞罰。」又言：「陛下但愛向小有才，可備驅使，其詐佞不足深慮。此臣所以竭力陳論，死而後已。兼臣在陝西，親見其姦，不獨壞法，民實被害。上有大臣主張，下有小人鼓譽。衆雖深疾，在陛下無由得聞。今又被旨體量之人遽先坐謫，而小人獎用益深，復使均輸六路，則必增其姦計巧於前日。且復人人以靖爲戒，誰復有言？是縱裴延齡之詐妄，極皇甫鎛之誅求，爲朝廷斂怨害民，使陛下財聚人散。」又言：「臣曾奉德音，欲脩先王助補之政。今乃效桑羊均輸之法，而使小人爲之，必將剖割生靈，斂怨基禍。蓋是中書不合差除，致累陛下聖德。」章十餘上，展轉詳盡，其意欲人主之必聽也。

范純仁《范忠宣公集》卷一九《范忠宣公行狀二》 是時王安石初秉政，置三司條例司，興青苗、助役法，分遣專使詣諸路搜抉遺利，將盡變祖宗法度，同己者進，異己者逐。富弼、趙抃、唐介日交論於上前，或以疾辭，或以事去，或以至發疽而死。司馬光、吕誨、范鎮章疏論辨，每進對亦必極口指陳，中外紛然。公曰：「君子信而後諫，未信以爲謗己，姑取必於聽納而已。逆耳之言可遽效耶？不若馴至於深切，則庶能售。」以故公自陝西召對，因事以及安石者，無一疏不反復開曉。至論薛向均輸，則漸至於深切。於是上疏言：「臣自到諫垣，方見陛下進用王安石，與士大夫相慶，以謂儒者得用，必贊陛下行堯舜三代之政，俾已安人之務。今安石臺官，天子耳目，將使警察百辟，以防僥倖。今琦等一言柄臣，便蒙降黜。況在廷大半趨附，陛下更以法令驅之，使畏大臣，則其勢將無不至。然而道遠者理當馴致，事大者不可速成。人材不可以急求，積弊不可以頓革。所以景帝削七國之地而晁錯戮，東漢疾横議而黨錮興。宋襄公急於求霸而致喪師，唐文宗急於除姦而訓注禍作。故帝王之圖治，必顯仁藏用，人材以長育而成，功德以積累而大。通其變使人不倦，神其化使人不知，無爲而天下自安矣。」又疏：「六路均輸爲害，借《周官》賒斂理市之法，謂可以奪，兼并百物，其實乃商賈賤買貴賣漁奪之術。久之不免抑配民間，邀求羨息，罔上毒下，有傷盛德。蓋上率下以儉，上化下以勤。上下勤儉，則自然公私有餘矣。願速詔罷之。」公以數言事未見聽，因見上自陳曰：「臣言可用，願加采納。臣言不可用，願罷臣言職，重行貶竄。」上曰：「官家留卿，不可求去。」公曰：「臣爲言事官，言不信於陛下，雖聖恩隆厚，臣愈難當。」遂居家待罪，上察公不可彊，乃罷公諫職，移公管勾國子監。公求去愈堅，執政密遣人謂公曰：「議除知制誥，可出視事。」公曰：「斯言何爲至哉？得用過於得美官，如不用，萬鍾非所願也。」又再乞早賜責降，不從。公言多激切，神宗每優容，而所上章疏未嘗降出，左右近臣亦不得而知，蓋防執政之或聞也。而公每宣乞付中書、樞密院施行。至是公盡録前後章疏申中書，安石見之怒甚，携以告上曰：「范某狂妄如此，不可不重貶。」上曰：「范某無罪。」安石争不已，上久之乃曰：「與一善地。」遂以公知河中府。蓋方用安石，故屈公，令少避也。未幾，移成都府路轉運使。安石憾不能釋。而謂新法行之民間多不便，公蓋盡論，仍戒州縣不得遽行以待報。安石愈怒，命其客李元瑜爲提舉常平官，且伺察公，將遂害之。鈎索捃摭，無所不盡，卒亦無所得。公竟坐謝景初、李杲卿遊宴事，爲失覺察，降知和州，移邢州。未到，進龍圖閣，權環慶路經略安撫使、知慶州。因入覲，神宗見公，喜曰：「卿父在慶有威名，卿今繼之，可謂世職也。」公謝曰：「臣不肖，何足繼先臣！」又問曰：「卿兵法必精。」公

對曰：「臣儒家，未嘗學兵。」上曰：「卿久隨侍在陝西，必熟邊事。」公對曰：「先臣守邊時臣尚幼，不復記憶。且今日事體恐不同。」公察上意，欲攘夷狄，開邊境，徐對曰：「臣不才，陛下若使繕城壘，愛養百姓，不敢辭。開拓侵攘，願別謀才帥。」因堅辭。上曰：「卿才何所不能，但不肯爲朕悉心爾。」公對曰：「臣子之於君父，殺身且不避，豈有不盡心之理？但陛下所問，悉非臣所長，不敢上欺。」公又辭，上曰：「不可。」明日上謂韓絳曰：「范某論邊事一何疏耶？」絳退而問公，公即以對上之語語絳。絳歎曰：「非我所及也。」上之謀，公、絳適與聞，故及之。慶大饑，道殣相枕籍。公到，遽發常平米賑貸。僚屬願請而後行，以避不用赦原之令。公曰：「報到則無及矣，當獨任其責，何復累君等耶？」民遂蘇復。斂殣爲聚塚，已而懼無以繼，忽蓬結實延袤原野，類粟而甘，食之可飽，境内以足。前此民謡曰：「飯來即飽。」方公命下，民相告曰：「范果來矣。」至是民德其祥，仍收所餘以實倉廩，益市耕牛穀種，分貸墾殖殆遍。雨暘隨禱而應，歲大熟。或謗公賑發過多，全活不實。朝廷遣使按視，皆曰：「公實活我，其忍累公？」乃相與兼晝夜輸還，使到已無所負。其窮核至發冢數骨，卒無所中。公知環州，种古執屬羌爲盜，奏流南方，過慶輒聲冤。公以屬吏果非盜，古乘間訟，公爲挾情變獄。朝廷遣御史制勘獄急而情不可得，古反誣告，然朝廷終不捨公。會鄜延吕惠卿密奏公擅回宥州牒，坐是落職，知信陽軍。方公召對，合四州之民無慮數萬，遮道涕泣，挽公馬，不得前。皆曰：「公擅回宥州牒而反坐獄，我生不如死。」至是有自投于河者。又有小兒數十號哭，以詩送公，西州至今傳誦。移齊州，或謂公齊俗凶悍，輕爲盜劫屠販，治不峻急不能戢。公曰：「我寬乃性也，矯以猛則不能久，適取玩爾。」獄至不能容，公問其然，則皆不當繫，不敢出。公曰：「不出奈何？」曰：「出則官所病也。」公曰：「終如是安乎？」曰：「姑待其瘐，用以除民害。」公曰：「是豈天理耶？」盡呼出立庭下，而令曰：「爾等害民素官，莫不欲爾爲瘐者。苟能自新，我將生爾。」皆叩頭如令，後犯法者至減常歲之半，而獄幾空。以連喪子，請宫祠，詔以公管勾西京留司御史臺，再知河中府。保甲教閲甚嚴，非老弱不得在家。諸路專置官提舉，督責按劾，聳動天下。公曰：「妨農無甚於此。」三上疏請輟其力，以應歲事之急。俟其隙，計日補之。遂乞計一歲應教之日，并就閒月餘日，令並歸業，請著爲令。又乞選武藝精熟人材可觀者，以次選用，其頹墮者刺充軍。録事參軍宋儋年暴卒，公疑其非命。即遣子弟家人與後事，微得其遇毒，乃下吏，果如之。其謀瑣細，悉如公所料。復直龍圖閣，帥慶。哲宗即位，宣仁聖烈皇后權同聽政，詔中外實封言事。公上疏，請凡在官，各陳本職事及所經歷利害，無問遠近；仍設科條，須隨事具因革，亦可因之以識其人。時邊事未寧，絶西夏歲賜之物，方議還其所賜，或以謂夏國困弱不足慮。公乃録光武《報臧宫馬武詔書》上之，又引孟子「以大事小，可以保天下」之語爲據，并〔謂〕(渭)邈川首領温溪心所言夏國大旱無苗、難集人馬爲不足信，務欲休兵息民。已而，夏人入貢極恭順，然每頓市物過平日之數，謂恭順爲悔過，市物多爲於我無疑間。公言：「恭順非本情，多市物似不爲頻來計。恐於分畫地界之際，阻兵脅盟，願戒邊臣益加嚴備。」遷天章閣待制，以兼侍講召，道拜給事中，辭不允。公以謂：「人君當正心誠意，以仁爲體，使邪僻浮薄之説無自而入。然後發號施令，爲宗廟社稷之福，豈務章通句解，以資口舌之辨哉？」公每進講，必反復開陳，期於人君可行而後已。於是司馬光初相，將盡改熙寧、元豐以來法度，公聞而歎曰：「先帝勵精求治，十九年間，寤寐堯舜三代之君，如旦暮相與紬繹。但大臣用心太過，希合者不計可行與否，趨風迎意，私致先帝寤寐之求，旦暮之遇，轉而之他。今特去其太甚者可矣。又須徐徐經理，乃爲得計。」一時與光同者，多指公爲好名。公聞而歎曰：「是又一王安石矣。」又曰：「差役一事尤不可暴，當擇人付之，使之施行，以審利害，方可去取。然而不獨此也，賢者在位，能者在職，法度無不便者。」既見光，光即以所上役書稿示公，公曰：「方欲有請也。」力陳不售，又作書告光曰：「此法熟議緩行則不擾，急行則疏略而擾。委非其人，其擾滋甚。公忍以擾，重毒吾民耶？大不類公所舉，或已奏難回，則可先行一路，以觀其究竟。」光不從，而持之益堅，公曰：「不從容尚有説，遽爾以益堅之請，是使人不得言爾。不言，人孰不能，亦可以贊公苟取容悦者。若果爾，何如少年合介甫以速富？安用彊顔於此，以媚公求合哉？公未可以我心至誠，便爲民受其賜也，不勝憂懼。」光又欲進士得朝臣保任，乃許應舉。公曰：「不可，此議已行，人不我同，則虚勞思慮，而失宰相體；若遂從，則衆人莫如公者。正人退，而諂諛得乘其間。不獨乘間，且將增飾以迎公意。推此以往，何所不至？」既而都堂召公計事，退而上言曰：「三省樞密院召臣議邊事，臣已隨問略對矣。欲降詔，則臣對以解仇釋怨，罷兵息民；欲審察敵情，措置事機，則臣對以專委帥臣；欲棄地，則臣對以不可徒然便可與换易，陷蓄兵民。此安危所繫，而執政所異同。計陛下深居九重，不易裁決。願賜對上前，使得詳盡。」上尋遣中使賜御膳及實封劄子問公曰：「夏人自升退，累遣使入朝，外雖恭順，中則

未測。向日所得城寨，守之棄之，何者可久？」公對曰：「今聞夏人將到，請擇押伴臣僚，使與推誠語，論聖政好生惡殺、捨己從人之德，以索其語。如其意在得地，則以換易諗之；如無説，則以此事付延州趙卨俟。其押生口至界上，乃遷入城寨居人，勾集虜到生口人，與地相交還。然後罷兵息民，以圖無前之利。臣所以乞責之臣下者，慮其言不婉順，有虧國體爾。」又奏乞依嘉祐敕，重定案問舉首之法。又奏：「四方讞請大辟案，見依去年十一月二十三日詔書。臣竊校之，降詔以後，比舊斷死者無慮數倍。罪疑惟輕，寧失不經。得失甚明，望委執政必決於上，而降除誤奏之罪，則可無冤濫。」進吏部尚書，公再辭，未報，俄拜中大夫、同知樞密院事。有旨：誥命更不由門下省，逕付外行下。時夏人在廷，上欲公遂任此責，而公與司馬光聯親，慮光引嫌有言，稍稽入院也。公既辭，又指此爲嫌，不允。公知上意所託，乃力陳前議，而同列或難之，持久不下。公偶移賜告，遂上疏具三策以獻。以地易人，一也；留蘭州定西城，二也；并塞門吴堡、義合二砦與之，三也。又乞還地之外，每送到一漢人，支絹十疋，以誘其利心，而人盡可得。章惇得罪去，父年九十歲，議與一便郡，已行矣，而言者遽止之。簾中宣諭三省，今後不得如此，似形責戒。公言：「置往咎而念其親，與夫從諫不惑，皆陛下甚盛之德。然戒約之言，君臣之間，不免形迹。況二三大臣多是老於患難，進之猶恐不及，若更退之，不免顧避，自防翻怨，無所裨益，而偷合苟容之人進矣。又聞宣諭：『假令私家尊長有所怒，卑幼豈容寬解？』臣愚以爲不然。人主之量如天地，豈得更有喜怒好惡？臣恐佞人讒間，以惑聰明。」乃引唐魏徵對太宗語：君臣一體，若有形迹，邦之興喪，未可知也。公自以不次被遇，尤思所以爲報事。雖非所與，必亦竭盡啓沃。知鄧州鄧綰知揚州，言者指綰舊事，論斥甚急，公於簾前極論以爲非，退又上疏言：「綰已經先朝責降，今來因人易地，豈可再有所貶？」三上章，反復開陳，期於必省。又言：「臣曾蒙差知襄州，因綰奏罷。今日之言，蓋上惜朝廷事體，下以安人情反側。尚恐進呈之際有所移易，不免再三冒瀆。」上遣中使密賜批語，以謂：「當時希合者衆，若人人而責，則事無窮已，似非安静之道。欲作一詔書，諭以更不行遣，當各安職業，令改過自新。如何？卿更具可否奏入。」公奏：「臣伏讀批旨，不勝感歎，望只以此意付詞臣潤色，以成訓誥之美。」學士院試館職人蘇軾草策題，言者論其引用不當，公言：「軾乃臨文周慮不至，本非有罪，而聞言者不已。臣深恐萬一施行，則相與論辨紛紜，不免上煩處畫。望召言者，諭以朝廷置諫官，蓋欲補闕失，辨邪正。人臣小過，本無邪心，不須深論。若其引咎求去，則云朝廷不欲以小事輕去言者。」有司議太皇太后册禮，依明肅皇后故事，御文德殿受。公乞不用此例，又言：「近日以久無雨，上心焦勞，群下利病寬卹殆遍。獨禁軍教閲主兵之官牽於賞罰，不復究察，頗聞嗟怨，有傷和氣。望詔有司，並依祖宗故事，各量人力爲石斗，察其偷惰而不繫賞罰，則自然相濟。」公在樞密，以進退人材，蓋大臣之事，而地參丞弼，乃不得與聞，遂因早上疏言：「古者多因菑異求訪直言，所以宣導人情，以防壅蔽。陛下即位之初，所得應詔章疏，其中必有可采。願選官置局，隨宜行下。」公奏：「尚書六曹，諸路監司，多執文害事，以致冤無所訴，亦宜取索元案看詳，求訪邊防利害，軍民疾苦，務從寬卹。」韓維有旨與外任，公言：「維論議賞罰，直前盡心，未聞別有大過。遽然罷去，必有人譖毁，致誤陛下。任賢不終，失進退大臣之節，乞追寢前命。」

是後朝廷議論，稍以朋黨相目，公疏其害，并以歐陽脩《朋黨論》連進，以明善惡好惡，願上深加照察，無使滋蔓，以敗風俗。諫官王覿以言事忤旨，遂坐朋黨罷，公曰：「覿不免則朋黨興矣。」乃與文彦博、吕公著辨於簾前，上曰：「朋黨甚多，宜早施行，亦恐於卿等不便。」公對曰：「朝廷本無朋黨，但善惡邪正各以類分，臣已論之詳矣。」又指彦博、公著曰：「是皆累朝舊人，陛下延之左右，豈容雷同罔上，庇護黨人？只如臣向以言事不合，擯棄二十年，陛下拔擢，置之此地。惟一心事上，豈復懷私，自玷家世？臣先因面謝，曾具奏聞，先臣與韓琦、富弼同爲仁宗柄任，各舉所知，引用忠良。當時造爲飛語，指作朋黨，三人者相繼補外，造之者公然相慶，曰『一網打盡』。此事未遠，願陛下深以爲戒。」次日，又與彦博、公著、大防等上前斥論。公曰：「彦博、公著以重德老成，特留共政。大防陛下親自識拔，以爲有聞望，可信之人。今同論一諫官差除，久不見納，臣實憂懼。」覿由是得直龍圖閣、知潤州。元祐二年，經冬雨雪不止。明年春，積陰不解，下民失業。公又上疏言：「君子爲陽，小人爲陰。或慮朝廷之上，君子少而小人多，以致陽不勝陰。願詔三省選用正人，以迎協氣。」公在樞府踰年，邊奏未寧，夏人唯受封册，而不遣使入謝，坤成節亦不貢奉稱賀，全失恭順。公言：「西賊之勢可慮矣，皆臣竊位無效，以致如此。願除臣陝西郡，萬一用兵，則就近可以備任使。」再奏不報，公既不得去，而議事終不能同。雖罷兵還侵地已決，而慮邊臣不切爲備，議遣中使分詣陝西、河東，拊諭帥臣各盡心，無致因此或失守禦。詔書所云「體量邊事」，公言：「元議無體量二字，若加之，恐失朝廷恩數，宜削

去。」熙河俘蕃酋鬼章以獻，上御便殿受俘，百官入賀，命從官告裕陵，即遣中使賜公黄金三百兩，犀帶兩條。使者宣諭，以公指蹤有勞，故爾賜賚。公辭所賜，不報。尋議質鬼章塞上，以招其子，公力陳不可，又條十利害事，請正典刑，使四夷聞之，彼雖怙彊如此，卒爲我擒，而其罪必誅無赦也。夏人空國寇鎮戎，諸路赴援，到有先後，故所俘有多寡，議分鼇賜銀合茶藥。公曰：「均用命爾，今乃有全不及者，非所以激勸也。請不及鼇亦賜。」知熙州劉舜卿因李憲故事，擅支金帶銀器與立功將佐及走馬承受，朝廷議行戒約，公言：「方委帥臣理節制，而苛細責之，所失不少。」上察公之忠，將以爲相久矣，特以邊事未定，故留公樞密，以責其成。至是乃拜公太中大夫、守尚書右僕射兼中書侍郎。是日降三麻，在廷愕然延望，至唱公名，則舉笏相賀曰：「天下事無慮矣。」公辭至六七，上遣中使促公視事，不得已而就位。公前在樞密，欲誅鬼章以謝天下，同列深不爲然，上亦未決。阿里骨使到，文彥博欲令見之，庶幾其子結兀捉知其父在，僥倖得其心。公曰：「不可，鬼章既就擒，彼國已絶望。阿里骨納款，因已歸罪鬼章矣。若使之見，必别生覬望。而其子以必見爲期，或未見，聞死，則嫌隙再生矣。」又欲以鬼章爲校尉，公曰：「未正稿街之戮已爲非是，況可官之耶？前日曾以團練使命之，又寵以金帶，且不顧，尚何校尉之能有？方受俘告陵之際，有志之士爲先帝快意，而熙河死事之孤皆欲就食其肉於刀鋸之下。今乃一切倒置，何所示信？」元豐中河決小吴口，水遂北流，神宗命因其性而導之。邀功之徒乘時射利，輒謂北流害塘濼，請塞小吴，使之東注。文彥博、吕大防是其説，公曰：「水性固未易知，然水性就下，則不待講而後信。」彥博、大防不悦。公曰：「上初即位，母后垂簾，是豈宜興大役時耶？」附會者益衆，彥博、大防持益堅，乃議遣使按視，遂以吏部侍郎范百禄、給事中趙君錫爲使。既回，具言東流地高，水不可行，議遂罷。然起事者終不快也，輒密啓，從中批出，再申前議，以河未復故道，終爲河北之患。公言：「先帝因議者以謂夏國微弱，若不早取，必爲此虜所併。亦是從中批出，令邊臣相度。而希旨生事者，謂刻日取勝，遂興雲武之師，後貽永樂之患。今日之議，正與之同。」又言：「大河之役，休戚半天下。不先規度，便欲興工，將來垂成，水勢擁遏，上下危急，公私無備，欲罷不能矣。」又言：「既回之後，不免擁住北下，使之東向，則舊河不能吞納，必致決溢。」附會者既不得逞，乃欲先開減水河以探水勢。公曰：「此不攻自破也。可回則回，不可則止，何用探爲！必其功料已有所費，萬一不回，則以此爲除破之名爾。」又言：「水官驟乞計置梢草，中書舍人彭汝礪請見其可回，計置未晚。此安民惜費之所同也。」公因奏事，上遽曰：「河事且熟講。」公對曰：「臣前後所論，無所易也。欲望收回批旨，一切付之朝廷。」上遂遣使收回所批，責大臣與水官參議。知漢陽軍吴處厚以蔡確知安州所爲詩，解釋而進，以爲譏訕，簾下助之。公曰：「不可長也。句端語隙，輒快私忿，而欲置人於死地。羅織黨錮之禍，將起於此。」已而章疏交上，所以詆確者無所不至，遂流確新州，公於簾前具言不可，以曖昧不根之過誅竄大臣，今日舉動，宜爲將來之法。又上疏言：「臣知蔡確，衆議不容，不可以不容之故，行希闊之事。」又謂「父母之有逆子，雖天地鬼神所不容，至於父母親置於必死之地，則不免傷恩」。又奏：「以重刑除害，正如以猛藥治病，其過也不能無損，況國體久安，尤重審慎。」明日見上，公再三論列，吕大防曰：「蔡確之黨甚盛，不可不治。」公曰：「朋黨難辨，却恐誤及善人，此事正宜詳審。」公又上疏，極論朋黨爲國家之患，且如王安石喜同惡異，至今風俗以觀望承迎爲能事，願陛下寢確命，下詔釋附會者之罪，以安反側。又於上前期於必辨，方論次，同列不顧公而退。王存議與公協，因留存同議，卒不能回。或勸公引去，獨明己之力盡，公曰：「我方慕古人，願爲良臣，不爲忠臣，安得楚楚以自見耶？」言者果復論公，公遂與存俱待罪，不報。繼請補外，竟亦同罷，而宰執内屈，不敢罪公，乃如公請，出公觀文殿學士、知潁昌府。公到潁，水菑之後，官私屋舍倒皆漂蕩，井邑蕭然。公極力振補，上下康乂。遂環城築長堤，植榆柳，以防其害。後數年，水復至，堤遂有功。公因請將兵所駐，遇水火盜賊急難之際，協心拯救，仍許長吏不拘常制差使。

范純仁《范忠宣公集》卷二〇《范忠宣公行狀三》 公才罷相廟堂，復興回河之議，調發入潁昌，公得報，歎曰：「是可已耶！」上疏言：「堯舜之治，不過知人安民。知人則不輕信，安民則不妄動。小人希功好進，行險生事，以求爵賞，然其利口，足以欺罔。勸更法令則曰，君臣千載一遇，時不可失；勸興邊事則曰，將爲北虜所并，時不可失；勸回河則亦曰，河勢方東，時不可失。故臣前日深畏其言而力陳之，今日之舉，又必用時不可失之説動摇天下，遂欲少快其意。如一路生靈何！如一路民力何！」上曰：「范某之言有理，宜從其請。」議復少緩，其調發猶未已也。會公再相，紹聖初再遣中書舍人吕希純、殿中侍御史井亮來相視，亦言其不可。公罷，東流之役遂興，騷費半天下，而不閱歲，果大河之北幾爲一空，天下益以公爲蓍龜也。潁昌歲料河役，每輸七千則免一丁之行，或以爲

便，已奏得請，公曰：「此有錢而不出力者之便，有力而無錢者何便之有？且用民之力，於古有限，而今其遠不過五百里，乃一槩催之，特在官者與上户爲地爾。」復奏罷之。移鄜延路經略安撫使、知延安府。未行，進大學士，改河東路安撫經略使、知太原府。河東地狹民貧，至吝尺寸地，使死不得葬。公下令葬必如期，又撥官錢殮無主者瘞之，仍檄一路皆如此。熙河分畫地界，邊將以兩不耕地爲控扼而不與。以故持久不決，公請依元約，因上言：「與司馬光陳棄寨之策，與陛下議定大計，以示輕地愛人之德。今邊將蓄疑敗謀，留兩堡之地，將再起事端，以招後患。望詔邊臣，速令界畫，悉依已行詔旨。」三上章，並乞録示邊臣。夏人犯麟府神木寨，無所得而去，朝廷猶詰責將吏，公一無所累，上章待罪。上曰：「無所得而去，何罪之有？」公請不已，曰：「非將吏失律，乃臣之罪也。」人上遣中使齎詔撫問，仍賜銀合茶藥，召公赴闕，拜通議大夫，再爲右相。公辭六七，不允。又遣中使促公就位，因入謝簾中，驟曰：「卿此來，且與吕大防等同心協力。人言卿必先引用王覿、彭汝礪。」公對曰：「臣方欲薦此二人，望陛下早賜進用。」一日奏事次，簾中曰：「卿父文正公在明肅皇后垂簾之初，仁宗親政之後，忠厚正直，見於始終。卿名望衆人所歸，必能繼紹前人。」公頓首謝曰：「臣不肖，何足以當陛下獎勸委任之意？」太皇太后崩，所賜遺留物，公再上章辭，不從，則又乞以助山陵之費，亦不報。侍御史楊畏議除諫議大夫，公難之，吕大防曰：「畏曾論公，必無所嫌。」公曰：「初不知也，除自不敢與聞，容上前別有奏請。」三上章，乞避位，哲宗謂大防曰：「范某有時望，不宜去，卿可爲朕留之。」亦遣中使促公歸府第，又遣中使促公入見。有間，上獨問公曰：「先朝行青苗法如何？」公對曰：「先朝愛民之意本深，但王安石立法過當，激以賞罰，所以官吏急功，故爲民害。」上曰：「當時不須立賞罰。」公對曰：「不唯賞罰不當立，付之尤宜得人。」遂又述此意上疏，引論精確，卒言青苗非朝廷所能行，行之終不免擾人也。是時用二三大臣，皆從中出，而侍從言事官多不由進擬。公上疏言：「陛下初親政，四方拭目以觀。知人舉直之化小有失當，其繫不細。」疏奏，上爲之動。而中批之人，類由密啓，上乃以所得姓名質之於公，公曰：「天下治亂，實本於此，不可不慎。」又疏言：「舜舉皋陶，不仁者遠；湯舉伊尹，不仁者遠。聖政之初，選用人材，正宜如此。縱未能如古人，亦須極天下之選。」中書省以二疑獄爲不可貸，已畫可，門下省復奏貸之，公曰：「門下非取旨之地，就使未安，亦當各正其職，容無辨耶？」遂上疏言：「二囚一殺舅，一殺妻之父，皆已殺也，情雖可疑，如死者何！若論親黨，則全無渭陽之念，頓戾寡妻之刑，公然背義忘恩，弗思投鼠忌器。尤繫朝廷風教，不可不慎也。請如已畫。」又言：「王存可大用，彭汝礪可任言責。」上曰：「王存如何人？」公曰：「忠厚正直，臣所信也。今年已七十，願早用之。」紹聖元年，言事者交章力排垂簾時事，人情大恐，公曰：「太皇太后保佑聖躬，欲躋天質於堯舜之上，其功烈，其誠心，幽明共所鑑也。今人主初親政，而議者輒自爲計，不卹國是，一何薄哉！」遂以明道二年五月癸酉詔書上之，曰：「望陛下稽倣而行，以戒薄俗。」已而狂人趙天啓作《擬試策》，傳播中外，御史章疏稍取以爲用，其語何止誣罔也。公曰：「太皇太后勤勞公正，陛下尊奉備至。一旦策題出，小人僥倖臨事，致誤陛下。」又曰：「狂妄訕訐者已多矣，容之則累聖孝，懲之則恐塞言路。不若以詔書禁約，一遵仁宗故事。天啓在元祐中已上書，詆熙寧政事爲非道矣，後見其書，編管鄧州。」上不納公言，亦不許公去。客省副使高士敦以太皇太后恩，特旨改官，蘇轍責知汝州。御史來之邵言士敦任成都鈐轄日不法事，又論轍所謫太近。公言：「之邵爲成都府路監司，士敦有犯，自當按發。轍執政累年，之邵已作御史，亦無糾正。乃繼有二奏，其情可知。」公知不容於時，再上章乞去，語甚懇切，遂以公爲觀文殿大學士，加右正議大夫、知潁昌府。陛辭日，賜坐啜茶，慰勞甚渥。上曰：「卿耆德碩望，朝廷所賴，然堅不肯爲朕留。卿雖在外，兩爲宰輔，凡有所以裨益於時政者，但入文字來，無事形迹。」公曰：「敬受命。」既到官，值興廣武埽，役下潁昌、汝州，科(稍)(梢)草一百萬。公曰：「兩處之民不習河役，方薦饑之後，加之道路阻遠，乘此急難，又須數倍之價，何以堪？異時遂以爲例，則永爲深患。」力請至七八方免，然破産失業已十三四，有至非命而死者矣。報到，閭巷田野讙呼鼓舞，如脱機穽。方爲公立生祠，會公南遷，畏事者止之。司馬光、吕公著奪恩，數毁墓碑，凡元祐時大臣侍從官例皆貶竄。章惇以公嘗斷國論，遂以爲黨，而將因其例，上曰：「范某非黨也，但不肯爲朕留爾。」惇曰：「不肯留即黨也。」上勉從其請，降公一官，移知河南府。公以疾辭，改陳。相次大防等竄嶺表。先是公未罷相，上嘗問公曰：「貶謫之人，幾似永廢。」公察上意甚善，特有所牽制而未果，因致賀曰：「陛下語此，堯舜不如也。今重罪編配之人，尚理期敘復，豈茲等人不與此比？願陛下只用檢舉，候進呈，令依條則。或有言者，亦易裁處，唯在陛下力主之爾。」是歲郊祀，上懷公語，將因赦稍理大防等冤，而惇近測上意，前期奏大防

等難從恩宥，遂以爲永例。公聞而憂憤，及齋戒累日，奏疏曰：「大防等年老疾病，不習水土，炎荒非久處之地，而又憂慮不測，何以自存？迹其所罪，亦因持心失恕，好惡任情，以異己爲怨讎，以疑似爲訕謗，違老氏好還之戒，忽孟軻反爾之言，誤國害公，覆車可鑑。然牛李之禍，數十年淪胥不解，豈可尚遵前軌，靡卹效尤？兼臣與大防等共事，臣有所言，多相排斥，陛下之所親見。臣之激切，只是仰報聖德，不爲其他。兼今夏內地大熱，炎方想不易處。向來章惇、呂惠卿雖爲貶謫，不出里居，臣尚曾有言，深蒙陛下開納。又陛下常憫遷謫之人，幾爲永廢。臣測知聖心，亦曾乞用檢舉之說。陛下以一蔡確嘗軫至念，今趙彥若已死貶所，將不止一蔡確矣。願陛下斷自淵衷，將大防等引赦原放。」奏上，亦感悟，惇持意益堅，反詆公爲同罪未録，遂落職知隨州。方草疏時，或以難回觸怒爲解，萬一得遠謫，非高年所宜。公曰：「我世受國恩，事至如此，無一人上言者。若上心遂回，所繫不小；設有不從，含糊觀望之際，體國愛君，亦曾有人力陳其非者。果得罪，死復何憾耶？」促家人束裝以待。謫命在隨幾一年，州事毫髮必親，客至談笑終日，無倦色。公素苦目疾，忽全失其明，因上表乞致仕。惇戒堂吏不得上，懼公復有指陳，終移上意，遂貶武安軍節度副使、永州安置。命下，公怡然就道，切戒子弟，不得少有不平意。曰：「不見是而無悶，爾曹勉之！」間有噫者，則曰：「我兩爲真相，報國無狀，今日之貶，無所憾也。」或謂公近名，公聞而歎曰：「七十之年，兩目俱喪，萬里之行，豈其欲哉？但區區愛君之心不能自已，人若避好名之嫌，則無爲善之路矣。」在永三年，人不堪其憂，公處之有餘裕，非醫藥方書未嘗經理，非修身行己不以語人。預作棺衾，以俟暝目。上即位，皇太后權同聽政，南遷流人例徙內地。以公爲光禄卿、分司南京、鄧州居住。二聖將復用公，而意若未得伸，乃遣中使至永州，就賜銀合茶藥，問勞委曲，曰：「二聖甚知相公在先朝言事忠直，已虛位待相公，不知目疾如何？用何人醫治？只爲左右有不是當人阻隔相公。」公頓首謝。又云：「太后問相公，官家即位，行事如何？天下何說？」公謝曰：「唯鼓舞聖德。」又云：「天下有何不便，但奏取來。」公對曰：「敢不奉詔。」又云：「鄧州莫且去否？」公對曰：「已出望外，如歸鄉里。」又云：「離闕日，二聖再三命某言，太后在宮中，皇帝在藩邸，甚知相公是直臣。」公感泣不已。俄進公右正議大夫、提舉嵩山崇福宮，許歸潁昌。遂復觀文殿大學士、充中太乙宮使。召赴闕供職，而公病矣。詔書有「豈唯尊德尚齒，昭示寵優；庶幾便論嘉謀，日聞忠告」之語，公捧詔感泣，曰：「上果用我矣。目明全失，風痺不隨，恩重命輕，死有餘責。」將至畿內，上又遣中使賜銀合茶藥，促公入覲，仍宣諭渴見之意。公曰：「老臣昏忘，不可勉彊。」中使曰：「朝廷自有優禮。」公曰：「老臣命薄，虛蒙聖眷。」繼又遣中使賜銀絹各五百，以繼道路之費，仍遣國醫診視，醫藥所須，並出內府，一錢不得取於公。又敕須公病愈，乃得歸。公乞免供職，許歸潁昌養疾。上不得已而許，後見輔臣，問公安否，乃曰：「范某得一識其面足矣。」久之，上知公決不能起，始命上宰。公既安里第，有間，疾少瘳，念醫者在門，不許受私謝，乃以天寧節所得冠帔，請改其服色。上批其奏曰：「冠帔可留與骨肉，醫者之服色已依所請。卿有忠言嘉謀，宜時陳奏，以副朕眷待耆德求治之意。」公上表謝，遂復告老，尋降詔不允。比詔到，而公薨矣，實建中靖國元年正月二日也，享年七十五歲。正旦坐受家人賀如平時，明日若熟寐，然家人視之，則公逝矣。前期戒諸子殮如古人，周身之外，不得侈一物，葬務至約。口占遺奏以授諸子，歷叙家世遭遇，晚被厚恩，不得一見上爲不足。言不及私，唯指陳切務數端而已，讀者益知公爲不可及也。又令遍別廟堂及侍從諸公、內外知舊書，其大致則欲尊王芘民，竭誠盡瘁，以輔成聖世也。上覽表震悼，時東朝晚出，中外縞素。輔臣進見，語及公，上爲之出涕，尤歎恨不得用公也。得遺書，痛悼嗟惜，益期不負公之囑。潁昌之人無不揮灑，而遠近來哭者無虛日。上遣中使密賜銀三千兩，且宣諭曰：「非常典也。」撫慰諸孤，索其所須無纖悉。問欲勅葬否，諸孤以治命力辭。尋勅潁昌、河南府給其葬事，賜其墓碑曰「世濟忠直」。添差婿蔡轂通判潁昌府，專督喪轝及存卹喪家諸孤。卜以四月十日葬公於河南府河南縣萬安山下文正墓之西北。初，楚國之娠也，夢步月中庭，有兒自月中下，以衣裾承得之，明日生公。既就學，晝夜不少休，夜坐帳中，燈煙所薰，帳頂如墨色。後公貴，魏國出以教子。其在襄城，有貴公子挾進士第筮仕，方初歆豔一時，公頹然其後。政事之餘，從諸公勸講，賦詠爲樂。嘗賦「秋風吹汝水」，讀者已知爲公輔器也。文正墓碑石未得，而葬之日且逼，公衰服行哭，密有所禱，遽得之道左。逮公將終，潁昌城內外林木俱冰。集賢殿修撰唐義問與公久游，且相好也，亦起自謫籍，而歸遇公于鄂，相語甚款。公折簡抵義問曰：「某非久就木，後事願公證明。」公捐舍館，義問適守潁昌，凡經理陳請，切於己事。雖氣類相求，亦公精誠，前有所托也。方文正即世，遺二稚子，一男一女，甫七八歲。公教養至於成人。男爲名臣，官至龍圖閣直學士。女嫁令族，封和義郡君。又公伯姊嫠居，公爲給事中，請以所得恩典改授冠帔。簾下諭政府

曰：「范氏，文正公女，宜特賜，何必改也！」公草謝表，曲盡感遇之意，後亦以公恩封高平郡太君。公有文集二十卷、臺諫論事五卷、邊防奏議二十卷。公内剛外柔，端亮不撓，其正身齊家，以至許國愛民，皆得之天資，而本於平易。不宿怨，不吝過，不苟近利，不邀虚名，未嘗忽細故而不親。常欲以天下如一堂之上，人心如己之心，利害休戚皆欲與之同。嘗曰：「我平生所學，唯得忠恕二字耳。」食不重肉，亦無所擇，衣纔蔽形體，不事華靡。暑月必襲衣，見子孫必冠。所得錫賚，入手盡散。任子恩必先疏遠，故其仲子垂五十而官未寄禄，幼子與五孫猶未仕也。位宰相如布衣時，無好惡，不以聲色加人。在政府，賜予纔在門，徑以廣義莊。歸自南遷，家人衣食將不給，所賚金帛均給親族，曰：「上不忘老臣之賜也，幸同此恩。」論事周旋，油油翼翼，唯理之得，唯陳請之通而後已，知無不言，言無不盡。上自人主信其忠，士大夫服其義，武夫悍卒、匹夫匹婦懷其德；外至夷狄，皆知其名。其爲留臺也，一時耆德多在洛，公與司馬光皆好客而家貧，相約爲真率會，脱粟一飯，酒數杯，過從不間一日，洛中誇以爲勝事，而天下唯憂公不起也。方其在永也，天下固未嘗一日忘公。其召而來，天下跂首以望其用。其病而歸也，天下猶幸其復興。至其薨也，莫不嗟咨太息，或至淚下。故其歷事五朝，用捨出入踰五十年，朝廷以爲輕重，天下繫其安危。方晉叔向、唐裴度雖近是，而彼則不能無少愧矣。夫人王氏，天章閣待制質之女，魏國夫人，卒于永州，今舉以祔。五男：長正民，單州團練判官；次正平；次正思，宣德郎；次正路，次正國。五女：嫁將作監崔保孫，朝請郎、荆湖北路轉運使莊公岳，奉議郎司馬宏，承議郎蔡轂，通直郎郭忠孝。正民、正路、崔氏、馬氏二女皆先公卒。孫七人：直彦，宣義郎；直方，郊社齋郎；直雍、直英、直清、直舉、直孺。女一人，嫁長安李琥。曾孫一人。公雖篤於恩仁，然非其義，纖介不以假人。教子弟則曰：「六經，聖人之事也，知一字則行一字，要須造次顛沛必於是，則所以謂有爲亦若是，豈不在人耶？」故皆表表自起，士大夫指以爲勸。公嘗曰：「人材難得，欲隨事有用，則緩急無以應手。七年之病求三年之艾，非儲之以待，其如病者何！」故雖以人材爲己任，每有薦引，必先公議，内舉有所不避。其不可，則人君所主，亦必争。元祐中嘗實封手詔，委公薦士，公具十餘輩上之，後皆進用，亦有至廊廟者。上以爲公知人。性不欲生事，不欲撓人。其歸葬兄也，廊廟先以屬河南府守，將以爲助。公既葬而後見太守，守問公曰：「卜葬定何日？」公曰：「已葬矣，姑一見公而去。」守驚曰：「何不一相及也？廟堂諸公皆有書以見託，今將何以報之？」比其薨也，前飭子弟無以後事累公上，皆取給於私力，而亦不可以煩人也。公之再相也，簾下非特知公之賢，亦將有所託，故其引文正以賞公，其意可知也。公亦感激遭遇，期以身盡，而哲宗亦察公之忠，咨訪眷待，不與他等。然退而寒之者至矣，公雖披見肺肝，上亦無從可知也。嗚呼，之儀既銓次公章疏，每至抑揚論列之際，未嘗不掩卷而歎，亦或至於墮睫也。蓋無一語不出於誠意，無一事不切於物情，或所指者小而所戒者大，所陳至近而所及至遠。其言而未行也，亹亹如理棼絲，必至於緝而後已也，丁寧反復，愈挫愈勵，甚者如救焚溺。其已行者略，而不行者詳。竊以問公子，其子曰：「此先公微意也。已行者，君臣一心而信矣，所以略；不行者，將以示吾君優容聽納，臣下屢瀆而不厭，所以詳。既互見君臣一時相與之盛，而又可以爲來者之勸也。」使公之言行於熙寧、元豐間，必無元祐之更張；盡申於元祐中，必無紹聖、元符之已甚。至是上虚心必有待於公，而公病矣。所謂「君子萬年，介爾景福」，與有陰德者，必饗其樂，天下孰不有禱也？而公弗顧以往，其果有命耶？抑物理自有其數也？觀公終始一致，白首不渝，所謂建諸天地而不悖，質諸鬼神而無疑，百世以俟聖人而不惑者，於斯可以無憾矣。一時之語，固不得而加損，姑撮其切於事者載之。蓋非其語不見其實，故不得而簡；盡其文不出其事，故不必備。使讀之者聳然必作而欲有所爲，則如公臨之而致不朽之托，公既有所命矣。或曰，孔子作《春秋》，而定哀之間多微辭，是不能無所避就也。然則「邦有道，危言危行；邦無道，危行言遜」。執筆者固當論世而言，亦當知盡萬物，不能易己之重，庶幾不負公之記，而異時可以下見於公而無憾也。謹狀。

曾肇《曲阜集》卷三《范忠宣公墓誌銘》　元符三年，今皇帝既即政，虚心求賢，首訪遺老。時故丞相范公以武安軍節度副使安置永州，即日走中貴人湖南，致上及皇太后命，勞賜甚寵。所咨皆國家大體，蓋將屬以重任。初授光禄卿、分司南京，道進右正議大夫、提舉嵩山崇福宫。不數月，以觀文殿大學士、中太一宫使召。使者問賚相屬，公以疾辭，遣國醫往視，公固請還潁昌里第。上察其不可强起，許之，然每對輔臣，以不見公爲恨。又手詔公曰：「卿有忠言嘉謀，宜時陳奏，以副朕眷待耆德求治之意。」既而公疾益侵，請老，不許。建中靖國元年正月癸亥薨，年七十有五。上聞震悼。會皇太后崩，不視朝，間對輔臣語及公，輒動容。常賵外賜其家銀三千兩，贈開府儀同三司，敕潁昌、河南給其葬事，賜「世濟忠直」四字，曰：「以是書于墓隧碑首。」又詔葬爲輟視朝。有司節惠，謚曰「忠

宣」。四月庚子，葬公河南尹樊鄉萬安山之原。公諱純仁，字堯夫。曾祖唐國公，諱贊時；祖周國公，諱墉；考楚國公，嘗參知仁宗政事，謚文正，諱仲淹：皆累贈太師、開府儀同三司。曾祖妣陳氏，唐國太夫人；祖妣陳氏，周國太夫人，謝氏，秦國太夫人；妣李氏，楚國太夫人。世家蘇州，文正公葬河南，遂爲河南人。文正公議論設張，紀于國書，暴于天下，有德有勞，爲宋名臣。蓄不盡施，鍾于其子。楚國太夫人夢兒墮月中，承以衣裾，得之，寤而生公。五歲知讀書，八歲能爲其徒誦説書義；十有一歲，喪太夫人，哭泣如成人。既長，力問學，長于論議，恩補太常寺太祝。皇祐元年，進士起家，歷知常州武進、許州長葛二縣，皆不赴。文正公薨，乃出仕，以秘書省著作佐郎知汝州襄城縣。爲政有惠愛，課民種桑，民獲其利，號其桑爲著作林。用舉者，召編校昭文館書籍。辭不就，簽書許州觀察判官事，州賴以治。賈默知開封府，薦知襄邑縣。大興學校，士爭歸之。衛士挾牧地暴民田，公取一人杖之。牧地初不隸縣，有詔詰公，公言：「兵須農以養卹，兵當先卹農。」朝廷是之，釋不問，且聽牧地隸縣，自公始。治平元年，以某官爲江東轉運判官，擢殿中侍御史。時方議濮安懿王典禮，大臣與從官異論。公言：「陛下親受仁宗詔而爲之子，與前代定策入繼之主異，請如從官議。」繼與御史呂誨等更入論奏，不聽，則皆納告牒，家居待罪。既而内出皇太后手書，尊王爲皇，夫人爲后，公復言：「陛下以長君臨御，奈何使命出房闥？異日或爲權臣矯託之地，非人主自安計。」時已詔罷追尊，趣公就職，公猶以不皆如從官議，請去益堅。上不得已，出公通判安州。公在臺，數言人所難言，及爭濮王事，引誼據經，語斥大臣尤切，繇是名震天下。徙知蘄州，歷京西提點刑獄，京西、陝西轉運副使。召還，除尚書兵部員外郎，兼起居舍人，同知諫院。未幾，加直集賢院、同脩起居注，判國子監。神宗初即位，慨然有追迹先王、内修政事、外攘夷狄之志，得王荆公任之，多所更張。公自還朝，即勸上毋開邊隙，又言：「變改法度，人心不寧。《書》曰『怨豈在明，不見是圖』，願陛下圖不見之怨。」上問：「何謂『不見之怨』？」公曰：「古人所謂天下之人不敢言而敢怒者是也。」上善之，令條古事可爲戒者以聞。公作《尚書解》以進。及爲諫官，前後爲上言者，以休兵、省事、節用、富民、進君子退小人、愛人材、申公論爲急，崇聚斂、事苛刻、親讒佞、任偏聽爲戒。大則廷論，小則疏達，未聽，則連章累牘不苟止，其于君子小人之際，力反覆激切，無所諱避。嘗論富韓公在相位，不當數移疾杜門，自爲形迹；呂誨不當罷御史中丞；李師中不可守邊；薛向不可任發使，向行均輸法于大路，必將掊克生民，斂怨基禍。它所開陳類如此。上方鋭于求治，又言：「道遠當馴致，事大難速成，人材不可遽求，積弊不可頓革。自古人君欲事功亟就，必爲憸佞所乘，不可不察。」公雅與荆公厚善，至是，數言其以五霸富國强兵之術啓迪人主，失天下望。既而劉琦、錢顗、孫昌齡同時罷御史，公又言：「琦等一言柄臣，遽以罪絀。今在廷阿附者衆，奈何陛下更以法驅之？」益指切荆公，并及它大臣，詞氣甚厲。上察其忠，留章弗下，而公請去不已，至閤門不出。乃罷諫院，留修起居注，公固辭。執政或遣所親諭公：「速起，且除知制誥矣。」公曰：「是以利誘我也。言不用，萬鍾于我何加焉？」録所上章，納中書門下，執政見之，怒，出知河中府。徙成都府路轉運使。坐失察僚佐燕游事，左遷知和州，徙邢州。未至，加直龍圖閣、知慶州、環慶路經略安撫使。入見，上問公兵法、邊事，皆對非所習，因懇辭邊任，不許。慶自文正公爲將，有恩。公至，會歲艱，賑發以時，全活甚衆。既而蓬生蔽野，結實如粟，可食，公私獲助。復爲營來歲耕稼之具，歲以大穰。或言公廩貸過多，遣使按視。民聞之，争先輸官，比使至，無負者。會屬流人道慶稱冤，按得冤狀。郡將种古訟公挾情變獄，詔移獄他郡，出御史治之，逮公就對。部人數萬號泣遮道，童兒相率誦詩隨之，久迺去。獄成，古坐誣告抵罪。公猶以它事奪職知信陽軍，徙齊州。齊多盜訟，前守率尚威嚴，公獨治以恩信，歲終犯法者，視舊減半。以喪子請罷，得管句西京留守司御史臺。再知河中府，論教保甲妨農事甚力。累遷朝議大夫。元豐八年夏，復以直龍圖閣知慶州。歲中，擢天章閣待制。召還，充侍讀，又除給事中。時哲宗、宣仁太后共政，司馬温公入相，首革差役法。公聞之，謂人曰：「此事當熟講而緩行，不然，滋爲民病。且宰相職在求人，變法非所先也。」還朝，力爲温公言之。温公有所建請，公復言：「宰相當虚心以延衆論，不必謀自己出；謀自己出，則諂諛得乘間迎合，而正士將卷懷退避。」是時，初改熙寧案問自首法，公奏立文太深。又言：「四方奏議大辟，有司一以八年十一月詔書從事，坐死者視舊數倍，非先王寧失不經之意。」蓋公雖與温公同志，及臨事，有所矯正，類如此。於是人皆服公平直，知前於荆公，非苟爲異也。明年二月，進吏部尚書，不數日，拜中大夫、同知樞密院事。初，公還自慶，兩宫亟遣中使賜太官膳，出手詔，問禦備西戎之策，公請罷兵棄地，因使歸所掠漢人，執政持之未決。會公入樞府，復申前議，又請予地之外，歸一漢人予絹十，兩事皆施行。既而，夏人未順，公請陝西一郡自效，不許。會邊臣俘番酋鬼章以獻，兩宫歸功輔臣，褒賜異甚。公請誅鬼章塞

上，以謝邊人，而議者欲致其子，收河南故地，故赦不殺。其後，又欲官之，公復固争，然鬼章子卒不至。元祐三年春，拜大中大夫、尚書右僕射兼中書侍郎。公自爲執政，務以博大開上意，忠篤革士風。在樞府時，言者攻章惇、鄧綰，公皆力爲救解。因言：「臣嘗爲綰誣奏坐黜，今日所陳，恐録人之過太深，實繫國體。」兩宫感悟，即日遣中使，手詔嘉納。因下詔書：「前日希合附會之人，一切勿問。言者亦勿復以言。」既而在廷頗分朋黨，論議多出私意，浸潤之説稍行。學士蘇軾草策問題，或言引用不當；韓維罷門下侍郎補外。公奏軾無罪，維盡心國家，弗避嫌謗，不可因讒言絀。及在相位，諫官王覿坐論朋黨貶，公復爲辯君子小人朋黨之異，因極言前世朋黨之禍，并録歐陽文忠公《朋黨論》以進。明年，知漢陽軍吴處厚上蔡丞相確安州所爲詩傳釋，以爲謗訕，言者遂欲擠之死地。執政主其説，獨公與左丞王存以爲不可。公進則與同列争於簾前，退則上疏極論無虚日。蔡丞相貶新州，言者指公二人異論，公二人亦堅求罷，乃以公爲觀文殿學士、知潁昌府。築防備水，後賴其利。踰年，進大學士、知太原府、河東經略安撫使。瘞民燼骨未葬者三千餘喪，又推之一路。夏人犯邊，公直將佐，引咎歸己，章累上，乃貶秩一等，徙知河南府，再徙潁昌。召還，復爲右相，仍遷通議大夫。公前爲相時，有司請歸河故道，二三大臣主其議，公獨争，以爲壅水使高，必難成功，況今公私匱乏，當緩其役。朝廷爲出近臣往視，還奏，如公言。主議者不懌，密啓以手詔督趣，公復固争，兩宫悟，爲收還手詔。公既罷，而河役復興，調發及潁昌，公又上疏極論，兩宫然之，而役猶不輟。及公再相，又遣從官御史經度，不能易前説，然主議者必欲成之。後雖暫歸故道。已而復決，人力爲之大敝，至于今未復也。公遇事不苟，同列患之，或諷公。再相時，御史當有言，公即避位，不聽，固請，上亦固留之。時上方親政，於大臣中注意獨厚，有密薦人材者，輒以質於公。又嘗問先朝法度，公悉心以對，無所回隱。因勸上慎擇執政、臺諫官，且言：「仁宗朝委事執政，而臺諫實參論議，可以爲法，然不可用非其人。」上嘉納之。初，公召還，宣仁嘗稱文正公在天聖、明道間，始終一節，以勉公。宣仁崩，小人争論垂簾時事，公力陳太皇太后勤勞公正、保佑扶持之心，請依明道故事，下詔戒妄議者。蓋明道中詔，實文正公啓之；及是，公又以爲言。群御史摭蘇軾所行制詞，以爲訕及先朝。蘇轍嘗論改先朝法度，引漢武、昭父子爲言，上怒擬非其倫，自門下侍郎貶汝州。御史來之邵以爲責輕，之邵又論宣仁從弟高士敦蜀中不法事。公奏：「御史在位日久，當軾、轍勢盛時，無所論；士敦官蜀日，之邵爲監司，未嘗按摘。一旦乃爾，其情可見。」上之怒轍也，轍不敢自明，公獨前奏：「武帝雄材大略，史無貶詞。況轍所論，事與時也，非論人也。」上意稍解。軾、轍平日與公論異，至是，人益服公爲平。時上方更用大臣，公力請罷，復以觀文殿大學士加右正議大夫知潁昌。於是元祐公卿大夫相繼貶竄，公亦坐奪一官，徙知河南府；辭行，改知陳州。公在位時，上嘗問公：「貶竄之人，殆將永廢？」公前贊曰：「陛下及此，堯舜用心也。」因請以時叙復如法。及罷辭，上又從容諭曰：「卿雖在外，有所見，宜悉以聞，毋事形迹。」至是，上方祀明堂，肆赦，大臣前疏吕丞相大防已下數十人終身勿徙，公即爲申理，請悉追還，辭甚懇，至忤大臣意，落職知隨州。喪明告老，大臣弗許。逮明年，再貶永州。在永三年，怡然自得，或加以横逆，他人莫能堪，而公不爲動，亦未嘗含怒於後也。公性夷易寬簡，弗以聲色加人，及誼所在，則挺然不少屈。推誠好善，不爲忮克，嘗曰：「吾平生好學，得之忠恕二字而已矣。」繇是所至，人歸其仁而憚其正。歷事四世，終始無間言。自爲布衣以至宰相，廉儉恭遜，不少加損；政府恩錫，屢斥以廣義莊。晚年南還，貧甚，得賜，輒均及屬人；前後任子恩，多先疎族。故公歿之日，幼子、五孫未官。賴上賻，乃克葬。公之配王氏，天章閣待制質之女，有賢德，能成公志，封魏國夫人，卒永州，今舉以祔。五子：正民，單州團練推官；正平，忠武軍節度推官；正思，宣德郎；正路，正國。五女，歸將作監主簿崔保孫、朝請郎莊公岳、奉議郎司馬宏、承議郎蔡穀、通直郎郭忠孝。正民、正路、崔氏、司馬氏二女，皆前卒。孫男七：直彦，宣義郎；直方，郊社齋郎；直雍、直英、直清、直舉、直儒。女一，曾孫一。蓋文正公四子，長子少有大志，不幸疾廢，公與叔季，克世其家。而公憂國愛君，不以利害得喪二其心。刻意名節，難進易退，雖屢黜廢，志氣彌勵，人以爲有文正公之風焉。其在朝廷，務奬進人材，故天下善類視公用舍以爲消長。有文章論議三十卷，而論議之文，實傳天下。主於平恕，不爲已甚。世謂使其言行於熙寧、元豐時，後必不至紛更；盡用於元祐中，必無紹聖大臣讎復之禍。今上虚己待公，天下亦幸公復用，而公疾不能朝，以至不起，哀哉！既病，口授諸子遺奏數百言，讀者益歎其忠。初，公南還，道遇故人唐義問，屬以後事，比薨，義問適守潁昌，果賴其力，其前知又如此。某晚游公門，辱知厚甚，手書諉以銘文，誼不得辭。銘曰：

遠矣范宗，陶唐其系。更夏商周，保姓受氏。在晉宣子，以告穆叔。流非不長，止曰世禄。孰爲不朽，維後有人。若公父子，再秉國鈞。有德有言，百世弗

泥。公起諸生，至位丞相，一節不回，雖老猶壯。御史抗議，公惟守禮。諫垣建白，公不言利。封疆之畫，公曰休兵，廟堂之論，公則持平。利害異趣，公爲砥柱。愛惡相讎，公爲虚舟。世夸以争，公避不有。衆所憚行，公惟恐後。堂堂嶷嶷，古社稷臣。正色四世，屢亨屢屯。白首南遷，縱心順命。已僵復起，天子之聖。有澤在民，有謀在國。壽非不多，人以爲嗇。惟其卓偉，山高日赫。歸從先君，嵩洛之側。帝念公賢，形于詔墨。後人來咨，不假方册。請視豐碑，世濟忠直。

范純仁《范忠宣公集》卷一八附録《忠宣公國史本傳》 范純仁字堯夫，世家蘇州。父仲淹嘗參知仁宗政事，謚文正，葬河南，遂爲河南人。純仁五歲知讀書，八歲爲其徒誦説書義。以父任爲太常寺太祝。皇祐元年第進士，調知武進、長葛二縣，俱不赴。

文正薨，始出仕，以秘書省著作佐郎知襄城，有惠愛。課民種桑，號其桑爲著作林云。

召編校昭文館書籍，辭不就。簽書許州觀察判官公事，賈黯知開封，薦宰襄邑。縣有牧地，衛士挾以暴民田，純仁取一人杖之。牧地初不隸縣，有詔劾純仁，純仁言：「兵須農以贍卹，兵當先卹農。」朝廷直之，釋不問，且聽牧地隸縣，自純仁始。

治平中，自江東運判召爲殿中侍御史，遷侍御史。時方議濮安懿王典禮，大臣與從官異議，純仁曰：「陛下親受仁宗詔而爲之子，與前代定策入繼之主不同，請如從官議。」繼與御史吕誨引誼據經語，斥大臣尤切，納告牒，家居待罪。已而内出皇太后手書，尊王爲皇，夫人爲后。純仁復言：「陛下以長君臨御，奈何使命出房闈，異時或爲權臣矯託之地，非人主自安計。」尋詔罷追尊，趣純仁就職。純仁猶以不俱如從官，請去益堅，上不得已，出純仁通判安州，由是純仁之名震於天下。徙知蘄州，歷京西提點刑獄、京西陝西轉運副使。

召還，除尚書兵部員外郎，兼起居舍人、知諫院。未幾，加直集賢院、同修起居注，判國子監。

神宗厲精求治，任用王安石，事多所更。純仁言：「驟更法度，人心不寧。《書》曰：『怨豈在明，不見是圖。』願陛下圖不見之怨。」上問何謂不見之怨？純仁曰：「古人所謂天下之人不敢言而敢怒者是也。」上善之，令條故事可爲戒者以聞。純仁作《尚書解》以進。及爲諫官，前後爲上言者，以休兵、省事、節用、富民、進君子退小人、愛人材申公論爲急，崇聚斂、事苛刻、親讒佞、任偏聽爲戒。大則廷論，小則疏達。未聽則連章累牘不苟止。其於君子小人之際，尤激切無所諱避。又言道遠當馴，致事大難速成，人材不可遽求，積弊不可頓革。自古人君欲事，急就必爲憸佞所乘，不可不察。純仁雅與安石厚善，至是數言安石以五霸富國彊兵之術啓迪，人主，失天下望。既而劉琦、錢顗、孫昌齡同時罷御史，純仁又言：「琦等一言柄臣，遽以罪去。今在廷阿附者衆，奈何陛下更以法驅之？」言益指切安石并及他大臣，上寢其章。罷諫院，留修起居注，固辭，出知河中府，徙成都府路轉運使。坐失覺察僚佐宴游，左遷知和州，徙邢州。未至，加直龍圖閣，環慶路經略安撫使。

入見，上問兵法邊事，皆對非所習。固懇辭邊任，不許。慶自文正爲帥有恩，純仁至，屬歲饑，賑發以時，全活甚衆。既而蓬生蔽野，結實如粟可食，公私獲助。復爲營來歲耕稼之具，歲以大熟。或言其廪貸過多，遣使按視，民聞之争先輸官。比使至，無負者。會屬郡流人道慶稱寃，按得寃狀。郡將种古訟純仁挾情變獄，詔移獄比郡，出御史治之，逮純仁就對，部人數萬號泣遮道，兒童相率誦詩隨之，久迺得去。獄成，古坐誣告抵罪，純仁猶以他事奪職，知信陽軍。

徙齊州，以喪子請罷，得管勾西京留司御史臺。再知河中府，論教保甲妨農事甚力。累遷朝議大夫。

元豐八年夏，直龍圖閣、知慶州。歲中擢天章閣待制，召還，充侍講。又除給事中。時哲宗、宣仁太后共政，司馬光入相，首改差役法。純仁力言之曰：「事當熟講而緩行之，不然，滋爲民病。」於是人服純仁平直。知前於安石，非苟爲異也。

明年二月，進吏部尚書，數日，拜中大夫、同知樞密院事。初，純仁召還，兩宫亟遣中使賜大官饍，出手詔問備禦西戎之策。純仁請還兵棄地，因使歸所掠漢人，執政持未決。會純仁入樞府，復申前議。又請予地之外，歸一漢人與十縑。事俱施行。既而夏人未順，純仁請陝西一郡自效，不許。會邊臣俘蕃酋鬼章以獻，兩宫歸功輔臣，褒賜異甚。純仁請誅鬼章塞上，以謝邊人，而議者欲致其子，收河南故地，赦不殺。其後又欲官之，純仁復固争，然鬼章子卒不至。

元祐三年春，拜大中大夫、尚書右僕射兼中書侍郎。純仁自爲執政，務以博大開上意，忠篤革士風。在樞府時，言者攻章惇、鄧綰皆力，爲捄解，因言：「臣嘗爲綰誣奏坐，黜，今日所陳恐録人之過太深，實繫國體。」兩宫感悟，即日遣中

使手詔嘉納，因下詔書：「前日希合附會之人，一切勿問，言者亦勿復以言。」既而在廷頗分朋黨，議論多出私意，浸潤之説稍行。學士蘇軾草策題被詰，韓維罷門下侍郎補外。純仁奏軾無罪，維盡心國家，不可因譖言黜。及在相位，諫官王覿坐論朋黨貶，純仁復爲辨君子小人朋黨之異。因極言前世朋黨之禍，并録歐陽修《朋黨論》以進。

明年，吴處厚以蔡確安州所爲詩箋釋以聞，臺諫、執政主其説，且欲貶之死地。純仁謂吕大防曰：「此路荆棘已七八十年矣，不可自吾輩開之。」欲約大防相與論列，既至簾前，宣仁后曰：「蔡確以吾比武后。」大防不敢言，獨純仁與王存同奏，乞薄確之罪，不從。於是吴安詩、劉奉世論純仁不當救確，而純仁亦堅求罷，迺以觀文殿學士知潁昌府。踰年，進大學士，爲河東經畧安撫使。瘞民燼骨未葬者三千餘喪。徙河南府，再徙潁昌府。

召還，復爲右僕射，仍遷通議大夫。純仁於事無所回隱，同列或病之。會宰相吕大防引楊畏爲諫議大夫以自助，純仁以畏不端，不可用，大防曰：「豈以畏嘗言相公耶？」門下侍郎蘇轍從傍誦其彈文，純仁初不知也，由是乞罷政，不聽。因固請，時哲宗方親政，於大臣中獨注意純仁有密薦人材者，輒以問。又問先朝法度，純仁悉實以對，因勸哲宗擇臺諫官，且言：「仁宗朝委事執政而臺諫參議論，可以爲法，然不可非其人。」哲宗嘉納之。

宣仁崩後，小人争論垂簾時事。純仁力陳太皇太后勤勞保佑之功，請依明道故事，下詔戒妄議者。蘇轍以論改先朝法度，引漢武爲言，哲宗怒擬非其倫，貶汝州。方哲宗怒，轍不敢自明。純仁獨前奏：「武帝雄才大畧，史無貶詞。況轍所論事與時也，非論人也。」哲宗怒稍解。轍平日與純仁不相能，至是服其爲人。章惇用事，純仁請罷，乃復以觀文殿大學士，加右正議大夫、知潁昌府。未幾，奪一官，徙河南府。改知陳州。純仁當政時，哲宗問貶竄之人，殆難永廢，純仁前贊曰：「陛下及此，堯、舜用心也。」因請以時叙復。

及明堂肆赦，章惇等先疏吕大防已下數十人終身勿徙。純仁爲申理，請追還，辭甚懇至。忤惇等意，落職知隨州。明年，以武安軍節度副使，貶永州。

元符三年，徽宗既即政，即日走中貴人湖南，致上及皇太后命，勞賜甚寵。所啓皆國家大體，蓋將屬以重任。初授光禄卿，分司南京。道進右正議大夫、提舉嵩山崇福宫。不數月，以觀文殿大學士、中太一宫使召。使者問賚相屬，純仁以疾辭，遣國醫往視。又固請還潁昌里第，上察其不可彊起，許之，然每對輔臣，以不見純仁爲恨。又手詔之曰：「卿有忠言嘉謨，宜時陳奏，以副朕眷待耆德求治之意。」既而疾益侵，請老，不許。建中靖國元年，年七十有五，薨。上聞震悼，會皇太后崩，不視朝，贈開府儀同三司，勑潁昌、河南給其葬事，賜「世濟忠直」四字，以是書於墓隧碑首，謚曰忠宣。

純仁性夷易寬簡，嘗曰：「吾平生好學，得之忠恕二字而已。」歷事四世無間言，自爲布衣至宰相，廉儉如一，所得俸賜，皆以廣義莊；前後任子恩，多先疎族。殁之日，幼子、五孫猶未官。有文集行於世。子正民、正平、正思、正路、正國。

王稱《東都事略》卷五九下《范純仁傳》 純仁字堯夫，以父任爲太常寺太祝。中進士第，初知武進縣，又知長葛縣，皆不赴。仲淹遣之，純仁曰：「純仁豈可重於禄食而輕去父母邪？」

及仲淹卒，始出仕。以著作佐郎知襄城縣，爲政有惠愛。簽書許州觀察判官，知襄邑縣。縣有牧地，衛士倚以暴民田，純仁取一人杖之。牧地初不隸縣，有詔劾純仁。純仁言：「養兵當先卹農。」朝廷是之，釋不問，且聽牧地隸縣，自純仁始。

治平中，擢江東轉運判官，召爲殿中侍御史。時方議濮王典禮，宰相韓琦、參知政事歐陽脩等議欲尊崇，而翰林學士王珪等議宜如先朝追贈期親尊屬故事。純仁言：「陛下受命仁宗而爲之子，與前代受策入繼之主異，宜如王珪等議。」繼與御史吕誨等更論奏，不聽。於是還所授告敕，家居待罪。既而内出皇太后手書，尊王爲皇，夫人爲后。純仁復言：「陛下以長君臨御，奈何使命出房闈，異日或爲權臣矯託之也，非人主自安計。」尋詔罷追尊，起純仁就職。純仁請出不已，遂出通判安州，徙知蘄州。歷京西提點刑獄、京西陝西轉運副使。

召還，除兵部員外郎，遷起居舍人，同知諫院。神宗厲精求治，任用王安石，多所變更。純仁言：「驟變法度，人心不寧。《書》曰：『怨豈在明，不見是圖。』願陛下圖不見之怨。」神宗問：「何謂圖不見之怨？」純仁曰：「古人所謂『天下之人不敢言而敢怒』者是也。」又論富弼在相位，不當以疾自爲形迹；吕誨不當罷御史中丞；李師中不可守邊；薛向不可任發運使，向行均輸法於六路，必將掊克生民，斂怨基禍。又言：「道遠當馴致，事大難速成。人材不可遽求，積弊不可頓革。自古人君欲事功亟就，必爲憸佞所乘，不可不察。」既而劉琦、錢顗以論安石同時罷御史，純仁言：「琦等一言柄臣，遽以罪去。今在廷阿附者已衆，

奈何更以法驅之?」益指切安石。神宗察其忠,章弗下,而純仁闔門請去。乃罷諫院,留修起居注。

純仁又申中書,以爲:「安石欲求近功,忘其舊學,捨堯、舜知人安民之道,講五霸富國强兵之術。尚法令則稱商鞅,言財利則背孟軻。鄙老成爲因循之人,棄公論爲流俗之語。」謂曾公亮「年高不退,廉節有虧」,謂趙抃「心知其非而詞辨不及」。中書以狀進,又落修起居注,出知河中府。徙成都府路轉運使,坐失察僚佐燕游,左遷知和州,徙邢州。未至,加直龍圖閣、知慶州。入見,神宗問純仁兵法邊事,對曰:「非臣所習也。」懇辭邊任,不許。屬郡流人道慶稱冤,按得冤狀,郡將种詁誣訟,純仁挾情變獄。詔移獄北郡,出御史治之。純仁就逮,郡人數万號泣遮道,久乃得去。獄成,純仁坐奪職,知信陽軍。徙齊州,丐罷,提舉西京留司御史臺。再知河中,復直龍圖閣、知慶州,擢天章閣待制。召還,充侍講,除給事中。

時哲宗、宣仁后共政,司馬光入朝,首改差役法。純仁聞之,謂人曰:「此事當熟講而緩行,不然,滋爲民病。且宰相職在求人,變法非所先也。」力爲光言之。是時初改熙寧按問自首法,純仁奏立文太深。又言:「四方奏讞大辟坐死者,視舊數倍,非先王寧失不經之意。」明年,進吏部尚書。數日,拜同知樞密院事。

初,純仁請罷兵棄地,因使歸所掠漢人,執政持之未決。至是,乃申前議,又請歸一漢人予十縑,事皆施行。邊臣俘蕃酋鬼章以獻,純仁請誅之塞上,以謝邊人,不聽。言者攻吕惠卿、章惇、鄧綰,純仁爲救解,因言:「臣嘗爲綰誣奏坐黜,今日所陳,恐録人之過太甚,實繫國體。」宣仁后嘉納,因下詔書:「前日希合附會之人,一無所問。」學士蘇軾發策問,爲言者所攻;韓維罷門下侍郎補外。純仁奏:「軾無罪,維盡心國家,不可因譖言黜。」元祐三年,拜右僕射兼中書侍郎。諫官王覿坐論朋黨貶,純仁復爲辨君子小人朋黨之異,因極言前世朋黨之禍,并録歐陽脩《朋黨論》以進。

知漢陽軍吴處厚傳致蔡確安州所爲詩上之,爲謗訕,臺諫趨和,欲致之重辟。純仁獨於簾前開陳:「方今聖朝宜務寬厚,不可以語言文字之間曖昧不明之過,誅竄大臣。今日舉動,宜與將來爲法,此事甚不可開端也。」左相吕大防奏:「蔡確黨人甚盛,不可不問。」純仁面奏以爲:「朋黨難辨,却恐誤及善人,此事正宜詳審。」繼上疏曰:「朋黨之起,蓋因趨向異同。同我者謂之正人,異我者疑爲邪黨。既惡其異我,則逆耳之言難至;既喜其同我,則迎合之佞日親。以至真僞莫知,賢愚倒置,國家之患,率由此也。至如王安石,止因喜同惡異,遂至黑白不分,至今風俗猶以觀望爲能。後來柄臣,固合永爲商鑑。今責蔡確,不必推治黨人,旁及枝葉。臣聞孔子曰:『舉直錯諸枉,能使枉者直。』則是舉用正直,可以化枉邪爲善人,不仁者自當屏迹矣。何煩分辨黨人,或恐有傷仁化。」執事議蔡確責命也,太師文彦博欲置之嶺嶠。純仁謂大防曰:「此路自乾興以來,荆棘近七十年,吾輩開之,恐自不免。」大防不敢言,唯左丞王存與純仁相協,純仁與存上前論之益堅。既又上疏極論,且云:「蓋如父母之有逆子,雖天地鬼神不能容貸,父子至親,主於恕而已。若處之必死之地,則恐傷恩。臣之區區,實在於此。」確卒貶新州。純仁亦力求罷,乃以觀文殿學士知潁昌府。

踰年,進大學士,知太原府。夏人犯邊,純仁自劾,有詔貶官一等,徙知河南,再徙潁昌。召還,復拜右僕射。純仁前爲相時,有司請復河故道,二三大臣主其議。純仁以爲壅之使高,必難成功。朝廷爲出近臣行視,還奏如純仁言,乃止。純仁既罷而河役復興。及純仁再相,復遣使按行,不能易前説。然主議者必欲成之,後雖暫歸故道,已而復決,人力爲之敝。純仁以事無所回,同列或病之。會左相吕大防以楊畏爲諫議大夫,純仁以畏非端士,不可,由是乞罷政,不許。

宣仁后寢疾,一日召純仁謂曰:「卿父仲淹可謂忠臣,在章獻明肅皇后垂簾時,唯勸明肅盡母道。明肅上賓,唯勸仁宗盡子道。卿父仲淹可謂忠臣,卿當似之。」純仁泣曰:「敢不盡忠。」哲宗親政,純仁因勸哲宗遴擇執政、臺諫,且言:「仁宗朝委任執政,而臺諫實參論議,可以爲法,然不可用非其人。」哲宗嘉納之。

蘇轍以論殿試策題,引漢武、昭爲言,哲宗怒擬非其倫,貶汝州。轍不敢自明,純仁獨前奏:「武帝雄材大略,史無貶詞。況轍所論,事與時也,非論人也。」哲宗意稍解。轍平日與純仁多異,至是乃服。時士大夫觀望,多詆元祐之政,純仁言:「章獻明肅皇后崩,仁宗以言者多斥垂簾時事,下詔禁止。望陛下稽倣而行,以戒薄俗。今狂妄詆訐者已多,容之則累聖孝,懲之則恐塞言路,不若以詔書禁約,一遵仁宗故事。」

全臺言蘇轍行吕惠卿告詞,訕謗先帝,黜知英州。純仁上疏曰:「熙寧法度,皆惠卿附會王安石建議,不副先帝愛民求治之意。至垂簾之際,始用言者特行貶竄。今已八年矣,言者多當時御史,何故畏避不即納忠,而今乃有是奏,豈

非觀望邪?」御史來之邵言高士敦任成都鈐轄日不法事,又論蘇轍所謫太近。純仁言:「之邵爲成都路監司,士敦有犯,自當按發。轍與政累年,之邵已作御史,亦無糾正,今乃繼有二奏,其情可知。」

哲宗既召章惇爲相,純仁於是請罷,復以觀文殿大學士加右正議大夫、知潁昌府,徙河南府,又徙陳州。章惇用事,吕大防等數十人皆貶竄。明堂肆赦,惇先疏大防等終身不徙,純仁上疏申理曰:「大防等年老疾病,不習水土,炎荒非久處之地,而又憂虞不測,何以自存?臣曾與大防等共事,多被排斥,陛下之所親見。臣之激切,只是仰報盛德。向來章惇、吕惠卿雖爲貶謫,不出里居,臣尚曾有言,深蒙陛下開納。陛下以一蔡確之故,常軫聖念。今趙彦若已死貶所,將不止一蔡確矣。願陛下斷自淵衷,將大防等引赦原放。」疏奏,忤惇意,遂落職知隨州。

明年,以武安軍節度副使、永州安置。純仁諸子聞韓維謫均州,其子以其父執政日與司馬光議論不合,得免行。亦欲以純仁昔與光議役法不同爲言,求歸。先白純仁,純仁曰:「吾用君實薦,以至宰相。昔同朝論事不合則可,汝輩以爲今日之言則不可。有愧心而生者,不若無愧心而死。」諸子乃止。

徽宗即位,即日遣中使勞問。初授光禄卿,分司南京。道復右正議大夫、提舉崇福宫。不數月,以觀文殿大學士、中太一宫使召,方倚爲相而純仁以目疾固辭,許還潁昌里第。

徽宗每對輔臣,以不及見純仁爲恨,而純仁臨終亦以宣仁后誣謗未明爲恨也。口占遺表有云:「惟宣仁之誣謗未明,致保佑之憂勤不顯。皆權臣務快於私忿,非泰陵實謂之當然。」命其門人李之儀次第之。純仁卒時年七十五,贈開府儀同三司,謚曰忠宣。

純仁性夷易寬簡,常曰:「吾平生好學,得之忠恕二字而已。」歷事四世無閒言。自爲布衣至宰相,廉儉如一。所得奉賜,皆以廣義莊。前後任子恩,多先疎族。没之日,幼子五孫猶未官。有文集五十卷。

純仁既卒,蔡京用事,小人傅會,言純仁遺表,子正平與李之儀撰造,以爲非純仁意。正平與之儀皆下御史獄。正平羈管象州,之儀羈管太平州。初,蔡京欲結后、戚,故奏展向氏墳,事下開封。正平爲開封尉,往按視其地,以民田不可奪,府以其言聞,京坐贖金,由此恨正平,故誣以罪。其後正平遇赦得歸,遂不復仕云。

雜録

備録

朱熹《三朝名臣言行録》卷一一之一《丞相范忠宣公》　文正公門下多延賢士,如胡瑗、孫復、石介、李覯之徒,與公從游,晝夜肄業,置燈帳中,夜分不寢。後公貴,夫人猶收其帳,頂如墨色,時以示諸子孫曰:「爾父少時勤學燈煙迹也。」《言行録》

再調官,皆不赴,文正公遣之,公曰:「純仁豈可重於禄食,而輕去父母耶?雖近,亦不能朝夕在側。」遂終養焉。《言行録》

丁文正公憂,四方無所歸,朝廷特爲給所居官俸,仍借官屋,居於許州。文正公平生好施,捐館之日,家惟四壁,公居喪中,兄嫂弟妹聚族七十口,約己粗糲,上下均一,内外無間言。飲食居處,人不堪其憂,哀毁骨立,廬墓下與役夫同等而食。《言行録》

知襄城縣,伯兄久病心疾,公承事照管,湯藥飲食,居處衣服,必躬必親,如孝子之事嚴父。賈文元守北都,辟掌機密,召編校祕閣書籍,皆以兄病辭不赴。富文忠公責之曰:「臺閣清資,人豈易得?小官出常調亦難事,何必苦辭?」公曰:「富貴有命。」《言行録》

襄城之民素不事蠶織,鮮有植桑者,公患之。因民之有罪而情輕者,使植桑於家,多寡隨其罪之輕重,後按其所植榮茂與除罪。自此人得其利。公去,民懷之不忘,至今號爲「著作林」。「著作」,公宰縣時官也。《言行録》

知襄邑縣,縣字學校,倉廪驛舍,皆一新之。又營學田,擇鄉之賢者,以教其人。聽政之暇,時一至學,親勸誘之。《言行録》

縣有牧地,每歲衛士縱牧馬踐民田,百姓病之,而縣令不敢誰何。公下車,恩威著於上下,百姓知公可賴。一日,民有訴衛士縱馬食田者,公捕而杖之。衛士校長申殿前司,殿前司申樞密院,有旨劾公,公申中書曰:「非不知衛士非畿邑小官所敢刑,然養兵出於二税,二税出於民田,衛士牧馬而侵食民田,則二税

將使何從而出哉？身爲縣令，職在養民，若坐視而不恤，安用縣令哉！」章上，特免罪，仍令畿邑兼管句牧地。自公始也。《言行録》

旱久不雨，公度將來必闕食，遂盡籍境内客舟，召其主而諭之曰：「民將無食，爾等商販，唯以五穀貯之於佛寺中，候闕食時，吾爲汝主糶。」衆賈從命，運販不停，以至春首，所蓄無慮十數萬。諸縣飢，獨境内之民不知也。《言行録》

權成都府路轉運使，兼領農田水利、差役事。公以新法於民不便，反復論奏，戒約州郡，未得遽行。安石怒公沮格新法，使門下人捃摭公私事，然卒不能得。《言行録》

環慶大饑，帥守坐不職罷去，以公代之。過闕入對，神宗見公甚喜，曰：「卿父在慶，甚有威名，卿兵法必精。」公對曰：「臣素儒家，未嘗學兵法。」又問：「卿縱不學兵法，卿久隨侍在陝西，必亦詳熟邊事。」公對曰：「臣隨侍時年幼，並不復記憶。兼今日事體與昔時不同，且臣不才，陛下若使完繕城壘，愛養百姓，臣策疲駑，不敢有辭；若使臣開拓封疆，侵攘夷狄，則願別擇才者。」因遂力辭。上不許。公到慶州，餓殍滿路，官無穀以振恤，公欲發常平、封樁粟麥振之，州郡皆欲俟奏請得旨而後散，公曰：「人七日不食即死，何可待報？諸公但勿預，吾寧獨坐罪。」時一路薦饑，耕牛殺盡，五穀絶種，官儲有限，方懼未有以繼。會是秋蓬生蔽野，而結實如粟可食，所收狼戾，民食之餘，公令官糴，所收尚不貲。又於鄰路市耕牛、穀種，計户口分貸蓄、漢人户，兼以人力犁耕，布種甚廣，遂大有年。或言公稟貸過多，而無活人之實，朝廷疑之，遣使按治。民間聞之，争先輸官，比使至，無負者。詔使得槀冢於邠、寧間，喜曰：「全活不實之罪，於此得矣！」發冢數骸，藉其數上之。詔委本路監司窮治，實前帥楚建中所封也，與公殊無干涉。朝廷還治建中罪，公連上疏云：「建中當饑儉之初，循守法令，申請措置之間，不免有殍死者。比之臣來，繼其法度已成之後，故得一意賑恤，偶免流亡。況建中已坐罪罷去，今緣按臣而又及建中，是一罪而再刑也。」建中猶贖銅三十斤。《言行録》

移知齊州。齊爲山東劇郡，屠販劫盜無虚日。人或勉公曰：「公爲政素寬，然齊民凶悍，性好剽劫，以嚴治之，猶不能戢，若一以寬，恐不勝其治矣。」公曰：「寬出於性，若强以猛治，則不能持久；猛而不久，以治凶民，取玩之道也。」齊有兩司理院，囚繫常滿，多屠販盜竊而督賞者。公曰：「此何不責保在外，使之輸納耶？」通判州事起白公曰：「非不知此，第以此輩凶暴，釋之，不旋踵復紊官司矣。」公曰：「終當如何？」曰：「往往待其自以疾斃於獄中，是亦與民除害耳。」公蹙然曰：「法不當死，而在位者以情殺之，豈理也耶！」遂盡呼出，立於庭下，戒飭之曰：「爾輩爲惡不悛，在位者不欲釋汝，懼爲良民害，復紊官司也。汝等若能悔過自新，我欲釋汝。」皆叩頭曰：「敢不佩服教令！」遂釋之。歡呼而出，轉相告語。是歲犯法者減舊歲之半。《言行録》

録事參軍宋儋年中毒暴卒，公得罪人置於法。初，宋君因會客罷，是夜門下人遽以疾告。公遣家人子弟視其喪事，宋君小殮，口鼻血出，漫汙幎帛，公疑其死不以理，果爲寵妾與小吏爲姦，付有司按治具伏，因會客置毒在鼈胔中。公曰：「胔在第幾巡？豈有中毒而能終席耶？」命再劾之，宋君果不嗜鼈胔，爲坐客所并，乃客散醉歸，置毒酒盃中而殺之。罪人覬他日獄變，爲逃死之計也。人以爲公發擿姦伏如神明，若非遇公，則宋君之冤，無以申於地下矣。《言行録》

司馬温公欲令進士召朝官保任，然後應舉，又更貢舉法。公曰：「舉人難得朝士相知，士族近京猶可，寒遠之人，尤不易矣。兼今之朝士，未必能過京官選人，京官選人，未必能如布衣，徒令求舉，未必有益。既欲不廢文章，則雜文四六之科，不如設在衆人場中，不須别設一科也。《孟子》恐不可輕，猶黜六經之《春秋》矣。」温公從之。《言行録》

除兼侍講。公語人曰：「國之本在君，君之本在心。人君之學，當正心誠意，以仁爲體，使邪僻浮薄之説，無自而入，然後發號施令，爲社稷宗廟之福，豈務章通句解，以資口舌之辨哉！」及在經筵進講，必反覆開陳其説，歸於人君可用而後止。《言行録》

前宰相蔡確坐詩語譏訕，簾中臺諫章疏交上，必欲朝廷誅殛。宰執侍從皆爲當，然公獨以爲不可。遂於簾前開陳：「方今聖朝，宜務寬厚，不可以語言文字之間，曖昧不明之過，誅竄大臣。今日舉動，宜與將來爲法式，此事甚不可開端也。」宰臣奏：「蔡確黨人甚盛，不可含胡不問。」公面奏以爲：「朋黨難辨，却恐誤及善人。此事正宜詳審，不可容易。」繼入奏曰：「切以朋黨之起，蓋因趣向異同，同我者謂之正人，異我者疑爲邪黨。既惡其異我，則逆耳之言難至；既喜其同我，則迎合之佞日親。以至真僞莫知，賢愚倒置，國家之患，何莫由斯！至如王安石，止因喜同惡異，遂至黑白不分，至今風俗猶以觀望爲能，後來柄臣，固合永爲商監。今來蔡確，不必推治黨人，旁及枝葉。臣聞孔子曰：『舉直錯諸枉，能使枉者直。』則是舉用正直，而可化枉邪爲善人，不仁者自當屏迹矣。何煩

分辨黨人，或恐有傷仁化。」公初與諸公議蔡確之命，唯左丞王存與公相協。是日上前方開陳論列之際，諸公畫可，皆不顧公而先退。公獨留身，因揖王存上前，論之益堅。宣仁怒，卒貶確新州。言者交章擊公黨確，公遂以疾請外。即日以公知潁昌府，王存知蔡州。《言行録》又《聞見録》云：元祐三年，有吳處厚者，以蔡確《題安州車蓋亭》詩來上，以爲謗訕，宣仁太后得之，怒曰：「蔡確以吾比武后，當重謫。」吕汲公爲左相，不敢言。忠宣乞薄確罪，不從。初議貶確新州，忠宣謂汲公曰：「此路荆棘已七、八十年，吾輩開之，恐自不免。」汲公又不敢言，忠宣因乞罷政。

先是，河上所科夫役，許輸錢免夫，上下皆以爲便。公獨憂曰：「民力自此愈困矣。」或曰：「每歲差夫一丁，費萬錢，今以七千免一丁，又免百姓奔走執役之勞，豈不便乎？」公曰：「每歲差夫，雖曰萬錢，然隨身者不過三千，又得一丁就食於官。今免夫所出七千，盡歸於官矣，民又儼然坐食於家。蓋力者身之所出，錢者非民所有，今捨其所有而征其所無，民安得不病？此一事，富民不親執役者以爲便，窮民有力而無錢者非所便也。又況差夫必計其的確合用之數，縱使所差倍其所役，則力愈衆，民愈不勞矣。今若出錢以免夫，雖三分之工，亦可以取十分免夫錢，其弊無由致察。又從來差夫，不及五百里外，今免夫錢無遠不届，若遇掊克之吏，則爲民之害，無甚於此。《言行録》

知太原府，河東土狹民衆，惜地不葬其先。公遣屬僚，收無主燼骨，別男女，異穴以葬。又檄一路諸郡皆倣此，不可以萬數計。刻石以記歲月。《言行録》

宣仁寢疾，宰輔入問，后留忠宣曰：「卿父仲淹，可謂忠臣。在章獻朝勸后盡母道，在仁宗朝勸帝盡子道。卿當似之。」《聞見録》

哲宗親政，吕汲公欲遷殿中侍御史楊畏爲諫議大夫。忠宣曰：「天子諫官當用正人，楊畏不可用。」汲公方約畏爲助，謂忠宣曰：「豈以楊畏嘗言公耶？」忠宣曰：「不知也。」蓋上初召忠宣，畏嘗有言，上不行，忠宣故不知也。忠宣因乞罷政，上不許。後楊畏首叛汲公，凡可以害汲公者，無所不至。《聞見録》

上皇即位之初，欽聖皇太后同聽政，忠宣公自永州先以光禄卿分司南京，鄧州居住，蓋二聖欲用公矣。遣中使至永州賜茶藥，密諭曰：「皇帝與太皇太后甚知相公在先朝言事忠直，今虚位以待，相公不知目疾如何，用何人醫治？只爲左右有不是當人阻隔相公。」公頓首謝。又曰：「太后問相公，官家即位，行事如何？天下人何説？」公曰：「老臣與遠方之人，唯知鼓舞聖德。」又曰：「天下有不便事但奏來。」公曰：「敢不奉詔。」又曰：「鄧州且去否？」公曰：「已出望外，如歸鄉里。」又曰：「離闕下日，二聖再三言，太后在宫中，皇帝在藩邸，甚知相公是直臣。」公感泣不已。俄復觀文殿大學士，中太一宫使，召赴闕供職，而公病。詔書有「豈唯尊德尚齒，昭示寵優；庶幾鯁論嘉謀，日聞忠告」之語。公捧詔泣曰：「上果用我矣。目明全失，風痺不隨，恩重命輕，死有餘責。」上又遣中使賜銀合茶藥，促公入覲，仍宣渴見之意。公曰：「老臣命薄，虚蒙聖眷。」乞歸潁昌養疾，上不得已，許之。每見輔臣問安否，乃曰：「范純仁得一識面足矣。」公復告老，不允。詔至，公已薨矣。上與皇太后震悼出涕。先是，公疾革，精識不亂，諸子侍側，口占遺表凡八事，命門生李之儀次第之。《言行録》載此表，略云：「蓋常先天下而憂，期不負聖人之學，此先臣所以教子，而微臣資以事君。」又曰：「若宣仁之誣謗未明，致保佑之憂勤不顯，本權臣務快其私忿，非泰陵實謂之當然。以至未究流人之往愆，悉以聖恩而特叙，尚使存殁，猶汙瑕疵。又復未解疆埸之嚴，幾空帑藏之積，有城必守，得地難耕。凡此數端，願留聖念。」諸子以其所言皆朝廷大事，且防後患，以公口占畫一繳申潁昌府，用府印寄軍資庫。及將葬，之儀又作行狀，論公平生立朝行己大節。蔡京用事，小人附會，言公之子正平等撰造中使至永州傳宣聖語，以爲遺表，非公意也。正平與之儀皆下御史獄，捶楚甚苦。正平、之儀欲誣服，其傳宣中使獨不服，曰：「舊制，凡傳聖語，受本於御前，請寶印，出，注籍於内東門，遣使受聖語籍。」中使從其家得永州傳宣聖語本，有御寶，如所言。又驗内東門受聖語籍，亦同。又下潁昌府取正平所繳納遺表八事，皆實。獄遂解。正平猶羈管象州，之儀羈管太平州。正平之家，死於嶺外者十餘人，獨正平遇赦得歸，不出仕，終身爲選人。蔡京者，紹聖初爲户部尚書，欲結后戚向氏，故奏展向氏墳寺，事下開封府，正平爲開封府縣尉，往按視其地，曰：「向氏寺地步已足，民田不可奪。」府以其言聞，哲宗怒，京贖銅二十斤。京由此恨正平，故欲誣殺之。嗚呼！使忠宣公無恙，相上皇於初載，天下豈復有今日之戚？公既病，不能朝，上皇始命相曰曾布與蔡京云。《聞見録》

子言：范公堯夫之寬大也，昔余過成都，公時攝帥，有言公於朝者，朝廷遣中使降香峨眉，實察之也。公一日訪予款語，予問曰：「聞中使在此，公何暇也？」公曰：「不爾則拘束。」已而中使果怒，以鞭傷傳言者耳。屬官喜謂公曰：「此一事足以塞其謗，請聞於朝。」公既不折言者之爲非，又不奏中使之過也。其有量如此。《程氏遺書》

范公堯夫攝帥成都，程子將告歸，別焉。公曰：「願少留，純仁將別。」子

曰：「既別矣，何必復勞興衛？」遂行。公使人要於路，曰：「願一見也。」既見，曰：「先生何以教我？」子曰：「公嘗言爲將帥，當使士卒視己如父母，然後可用，然乎？」公曰：「如何？」子曰：「公言是也。然公爲政不若是，何也？」公曰：「可得聞與？」子曰：「舊帥新亡，而公張樂大饗將校於府門，是教之視帥如父母乎？」曰：「亦疑其不可，故使屬官攝主之也。」子曰：「是尤不可也。公與舊帥，同僚也，失同僚之義，其過小。屬官於主帥，其義重。」曰：「廢饗而頒之酒食，如何？」曰：「無頒也。武夫視酒食爲重事，弗頒，則必思其所以，而知事帥之義，乃因事而教也。」公曰：「若從先生言而不來，則不聞此矣。」其喜聞義如此。《遺書》

正叔說：堯夫對上之詞，言「陛下富國強兵後待做甚」，以爲非是。此言安足諭人主？如《周禮》，豈不是富國之術存焉？子厚言堯夫抑上富強之說，正猶爲漢武帝言神仙之學，長年不足惜，言豈可入？聖賢之曉人，不如此方拙。如梁惠王問何以利國，則說利不可言之理，極言之以至不奪不饜。《遺書》

科舉取人不得，間有得者，自是豪傑之士，因科舉以進耳。且資蔭得官，與進士得官，孰爲優劣？以進士爲勝，以資蔭爲慊者，此自後世流俗之論，至使人恥受其父祖之澤，而甘心工無益之習，以與孤寒之士角勝於場屋，僥倖一第以爲榮，是何見識！夫應舉亦自寒士無禄，不得已藉此進身耳，如得已，何用應舉？范堯夫最有見識，然亦以資蔭與進士分優劣，建言於有無出身人銜位上帶左右字，不可謂無所蔽也。其言曰：「欲使公卿家子弟讀書耳。」此意甚善，但以應舉得官者，爲讀書而加獎勸焉，則彼讀書者，應舉得官而止耳，豈真學道之人！至如韓持國，自是經國之才，用爲執政亦了得，不可以其無出身，便廢其執政之才。曰：「堯夫所別異者，莫非此等人否？」曰：「執政不是合下便做，亦自小官以次遷之。如後來吴坦求等，在紹聖中被駮了博士，以無出身故也。彼自布衣中朝廷以其學行賜之爵命，至其宜爲博士，乃復以爲無出身奪之，此何理也？資蔭進士中俱有人，惟其人用之加一右字，亦自沮人爲善。《龜山語録》

元符末，吕惠卿罷延安帥，陸師閔代之。有訴惠卿多以人冒功賞者，師閔以其事付有司，未竟，罷去。曾布爲樞密使，素與惠卿有隙，特自太原移德孺延安，蓋德孺於惠卿亦有隙也。德孺至，取其事自治，有自皇城使追奪至小使臣者，德孺由是太失邊將之心。議者謂有詞於前政，事已在有司，德孺乃取以自治，失矣。德孺聰明過人，而爲曾布所使，惜哉！未幾，德孺亦以論役法罷。如忠宣丞相則不然，公帥慶陽時，爲總管种古無故訟於朝，上遣御史按治，古停任，公亦罷帥。至公爲樞密副使，古尚停任，復薦爲永興軍路鈐轄，又薦知隰州。公每自咎曰：「先人與种氏上世有契義，純仁不肖，爲其子孫所訟，寧論事之曲直哉！」嗚呼！可謂以德報怨者也。以德孺之賢，於是乎有愧於忠宣矣。《聞見録》

紹聖初，哲宗親政，用李清臣爲中書侍郎。范丞相純仁與清臣論事不合，范公求去，帝不許，范公堅辭，帝不得已，除觀文殿大學士，判潁昌府。召章惇爲相，未至，清臣獨當中書，益覬倖相位。復行免役、青苗法，除諸路常平使者。惇至，不能容，以事中之，清臣出知北京。建中靖國初，上皇即位，用韓忠彦爲相，清臣爲門下侍郎。忠彦與清臣有連，故忠彦惟清臣言是聽。清臣復用事，范右丞純禮，忠彦所薦，清臣罷之；劉安世、吕希純皆忠彦所重，清臣不使入朝，外除安世帥定武，希純帥高陽；張舜民，忠彦薦爲諫大夫，清臣出之，帥真定。其所出與外除及不使入朝者，皆賢士，清臣素所憚，不可得而用者，忠彦懦甚，不能爲之主。曾布爲右相，用范致虚諫疏云：「河北三帥連衡，恐非社稷之福。」劉安世、吕希純同日報罷，清臣亦爲布所陷，出知北京。伯温常論紹聖、建中靖國之初，朝廷邪正治亂未定之際，皆爲一李清臣以私意幸相位壞之。邪説既勝，衆小人並進，清臣自亦不能立於朝矣。使清臣在紹聖初同范丞相，在建中靖國初同范右丞、劉安世、吕希純、張舜民以公議正論，共濟國事，則朝廷無後日之禍，而清臣亦得相位，享美名矣。此忠臣義士惜一時治亂之機，爲之流涕者也。《聞見録》

佚名《道山清話》 范堯夫帥陝府。有屬縣知縣因入村至一僧寺少憩，既飯，步行廊廡間，見一僧房頗雅潔，闃無人聲，案上有酒一瓢。知縣者戲書一絶於窗紙云：「爾非慧遠我非陶，何事窗間酒一瓢？僧野避人聊自醉，卧看風竹影蕭蕭。」不知其僧俗家先有事在縣理屈坐罪。明日，其僧乃截取窗字黏於狀前，訴于府，且曰：「某有施主某人，昨日攜酒至房中，值某不在房。知縣既至，施主走避，酒爲知縣所飲，不辭。但有數銀盃，知縣既醉，不知下落。銀盃各有鐫識，今施主迫某取之。乞追施主某人與廳吏某人鞫之。」堯夫曰：「爾爲僧，法當飲乎？」杖而逐之，且曰：「果有失物，令主者自來理會。」持其狀以示子姪輩曰：「爾觀此，安得守官處不自重？」即命火焚之，對僚屬中未嘗言及。後知縣者聞之，乃修書致謝。堯夫曰：「不記有此事，自無可謝。」還其書。

元祐丁卯十一月雪中，予過范堯夫于西府，先有五客在坐。予既見，因衆人

論説民間利害，公甚喜。書室中無火，坐久寒甚，公命温酒來，與坐客各舉兩人白，公曰：「説得通透後，令人心神融暢。」

范公偁《過庭録》 忠宣尹洛，謝克家叔往自河陽來，至中路曰「白司馬坡」，秣馬歇店中，欲行，以馬未盡蒭，少待。見老翁負暄牆下，有人告曰：「黄犢爲人所竊矣。」翁因坐負暄，略不向問。須臾，再以失犢告。翁容色自若，徐曰：「爾無求，必鄰家戲藏爾。」謝以爲有道者，異而就問曰：「翁家失犢，再告而不顧，何也？」翁笑曰：「范公居此，孰肯爲盜？必無此理。」已而犢果還，謝嘆息而去。謝後與先子會宛丘，語及此曰：「忠宣當時信及百姓如此。」十月二十五日夜話言及，謹退而記之。

先子自許展省河南，及境，駐馬少憩村店。頃有翁從家出，注視先子，問曰：「明公頤容，上類丞相，非其家子乎？」曰：「然。」翁不語，入所居，具冠帶出拜，先子愕然不受。翁曰：「某有欲言。」拜訖，謂先子曰：「昔丞相尹洛，某年四十二矣，平生粗知守分畏法，偶以意外爭鬬事至官，得杖罪。丞相晚坐，吏引某褰裳行刑，丞相見某容貌循謹，膚體素完，命至廡前，問曰：『吾察爾非惡人，膚體無傷，而何爲至此？』某以情告，且致欲自新之意。丞相曰：『爾果能自悔乎？』某感泣應命，即命罰放出。非特某得爲完人，此鄉化之，至今無鬬爭者。」

己巳十二月七日夜，家君論人貴賤壽夭，命不可逃，亨運未窮，則大患不能相害，忠宣是矣。忠宣自入仕，門下多食客，至貴益盛。守陳，以己俸作布衾數十幅待寒士。時人爲之語曰：「孟嘗有三千珠履客，范公有三千布被客。」譏其儉也。忠宣聞之，乃作一幅享用，作銘辨正。於是范蜀公、司馬温公皆効之。銘見家集。

忠宣在陳，先光禄侍行後圃，忠宣問曰：「八郎，爾今幾歲？」光禄應曰：「某四十六矣。」忠宣歎曰：「爾好福人，吾所不若爾。」光禄愕然，曰：「大人身爲宰相，勳業如此，而不若某，何也？」忠宣曰：「豈謂是哉！吾七歲丁楚國憂，廿六丁文正憂，爾今年四十六歲，而父兄弟無故，未嘗一日離侍側，則吾豈如爾也！」

忠宣守陳州，黨錮禍起，盡竄善類。忠宣以救蔡新州，爲論持正，獨免，時年已七十，親識皆勸止之曰：「公年七十，中外亦不責望，得幸免，何自苦如是？」公笑曰：「我受國厚恩，備位宰輔，合瀝血懇陳，萬一感回上意，所濟非細；若忤旨竄謫，蓋亦分也。」遂自草奏章，命諸子緘封，外人無知者。章上，即爲行計。未久謫隨州。分子舍寄食許、蘇二郡，骨肉離别，哭聲衆不忍聞，忠宣蓋怡然自若也，繼安置永州。魏國夫人嘗曰：「吾非有仇于章相公，何使我至此。」忠宣每答之以命。至道，中夜失舟，骨肉狼狽野宿。忠宣笑謂魏國曰：「此亦章相公耶？」

忠宣捐館許下，服中，先光禄卒子弟閉户未嘗出。十七叔祖年幼，一日，先子同至所居宅後門，見賣豆者，買食之。劉晦升顯子民則偶見，歸告晦升，即以柬抵先祖曰：「某昨暮聞公家子弟，有在門首嬉游者，丞相墳土未乾，未應爾爾。顯門下生，有所知，不敢不告。」先祖慚，謝晦升，諸子皆被責辱。

崔豫，忠宣長外孫也，爲長安縣尉。爲人自負，厚於責物。忠宣守洛，崔以書求教，忠宣答之，其略曰：「我平生所學，唯忠、恕二字，一生用不盡。至立朝事君，接待僚友，未嘗頃刻離此。」又云：「人雖至愚，責人則明。雖有聰明，恕己則昏。爾曹但以責人之心責己，恕己之心恕人，不患不到聖賢地位也。」

朱弁《曲洧舊聞》卷二 神宗皇帝喜談經術，臣下進見或有承聖問者，多皇遽失對。范忠宣謂立法本人情，怨讟可慮，造膝之際，累數百言，且曰：「願陛下不見是圖。」帝曰：「如何是不見是圖？」忠宣對曰：「唐杜牧所謂『天下不敢言而敢怒』者是也。」帝爲改容，味其言者久之。

朱弁《曲洧舊聞》卷三 范氏自文正公貴，以清苦儉約著於世，子孫皆守其家法也。忠宣正拜後，嘗留晁美叔同匕箸，美叔退謂人曰：「丞相變家風矣。」問之，對曰：「鹽豉棋子而上有肉兩簇，豈非變家風乎？」人莫不大笑。

施德操《北窗炙輠録》卷上 范堯夫罷相，與伊川相見，責堯夫曰：「曩者某事，相公合言，何爲不言？」堯夫謝罪。又曰：「某事相公亦合言，何爲又不言？」堯夫又謝罪。如此連責數事，堯夫皆謝罪。及他日，伊川偶見堯夫劄子一篋，凡伊川責堯夫所不言者，皆已先言之矣，但不與伊川辨一詞，惟謝罪。耳此前輩之度量，不可及也。

莊綽《雞肋編》卷中 范忠宣公自隨守責永州安置誥詞，有「謗訕先烈」之語，公讀之泣下曰：「神考於某有保全家族之大恩，恨無以報，何敢更加誣詆？」蓋李逢乃公外弟，嘗假貸不滿，憾公。後逢與宗室世居狂謀，事露繫獄，吏問其發意之端，乃云因於公家見《推背圖》，故有謀。時王介甫方怒公排議新法，遽請追逮。神考不許，曰：「此書人皆有之，不足坐也。」全族之恩，乃謂此耳。

沈作喆《寓簡》卷六 汪彦章謫居永州，州有士人年八十餘，自言曾見范忠

宣遷謫過郡時，蒙引爲門下客。公夫人在患難中，每遇不如意事，則罵章子厚曰：「枉陷正人，使我至此。」公每爲一笑，且以語寬之，未嘗有幾微見於色詞也。舟行過橘洲，大風雨中船破，僅得及岸。公乘急令正平持蓋負夫人以登，燎衣民舍。稍蘇，公顧曰：「船破，豈章惇所爲耶？」嗚呼，有道者處患難如此，則死生禍福與夫世之榮辱得喪，一無所動其心者矣！視子厚之區區，則亦可憐矣。

邵伯温《邵氏聞見録》卷一四　元祐三年，范忠宣公爲尚書右僕射，有吴處厚者，以蔡確《題安州車蓋亭詩》來上，以謂謗訕。宣仁太后得之，怒曰：「蔡確以吾比武后，當重謫。」吕汲公爲左丞，不敢言。忠宣乞薄確之罪，不從。初議貶確新州，忠宣謂汲公曰：「此路荆棘已七、八十年，吾輩開之，恐自不免。」汲公又不敢言，忠宣因乞罷政，以觀文殿大學士知潁昌。劉摯罷，哲宗與宣仁太后復用忠宣爲右相。宣仁太后寢疾，宰輔入問，后留忠宣曰：「卿父仲淹可謂忠臣，在章獻太后朝勸后盡母道，在仁宗朝勸帝盡子道，卿當似之。」嗚呼，宣仁后之所以望忠宣者，羣臣莫及也。哲宗親政，吕汲公欲遷殿中侍御史楊畏爲諫議大夫，忠宣曰：「天子諫官當用正人，楊畏不可用。」汲公方約畏爲助，謂忠宣曰：「豈以楊畏嘗言公耶？」忠宣曰：「不知也。」蓋上初召忠宣，畏嘗有言，上不行，忠宣故不知也。忠宣因乞罷政，上不許。後楊畏首叛汲公，凡可以害汲公者無所不至。又李清臣首建紹述之議，多害正人。一日，哲宗震怒，謂門下侍郎蘇轍曰：「卿安得以秦皇、漢武上比先帝？」蘇門下下殿待罪，吕汲公等不敢仰視，忠宣從容言曰：「史稱武帝雄材大略，爲漢七制之主，蓋近世之賢君，蘇轍果以比先帝，非謗也。陛下親政之初，進退大臣不當如訶叱奴僕。」哲宗怒少霽。罷朝，蘇門下舉笏以謝忠宣曰：「公佛地位中人也。」蘇公與忠宣同執政，忠宣寡言，蘇公平昔若有所疑，至此方知其賢。忠宣屢乞罷政，出知陳州。章惇用事，元祐黨禍起，忠宣獨不預。至吕汲公南遷，忠宣齋戒上書救汲公，惇怒，亦謫節度副使，永州安置。忠宣欣然而往，每諸子怨章惇，忠宣必怒止之。江行赴貶所，舟覆，扶忠宣出，衣盡濕，顧諸子曰：「此豈章惇爲之哉？」至永州，公之諸子聞韓維少師謫均州，其子告章惇以少師執政日，與司馬公議論多不合，得免行，欲以忠宣與司馬公議役法不同爲言求歸，白公，公曰：「吾用君實薦以至宰相，同朝論事不合，即可，汝輩以爲今日之言，不可也。有愧而生者，不若無愧而死。」諸子遂止。元符末，哲宗升退，上皇即位之初，欽聖皇太后同聽政，忠宣公自永州先以光禄卿分司南京，鄧州居住，蓋二聖欲用公矣。遣中使至永州賜茶藥，密諭曰：「皇帝與太皇太后甚知相公在先朝言事忠直，今虚位以待相公，不知目疾如何？用何人醫治？只爲左右有不是當人阻隔相公。」公頓首謝。又曰：「太后問相公：官家即位，行事如何？天下人何説？」公曰：「老臣與遠方之人唯知鼓舞聖德。」又曰：「天下有不便事但奏來。」公曰：「敢不奉詔。」又曰：「鄧州且去否？」公曰：「已出望外，如歸鄉里。」又曰：「離闕下日，二聖再三言：太后在宫中，皇帝在藩邸，甚知相公是直臣。」公感泣不已。俄進右正議大夫，提舉嵩山崇福宫，繼復觀文殿大學士、中太一宫使，召赴闕供職，而公病。詔書有「豈唯尊德尚齒，昭示寵優；庶幾鯁論嘉謀，日聞忠告」之語，公捧詔泣曰：「上果用我矣。目明全失，風痹不隨，恩重命輕，死有餘責。」將至畿内，上又遣中使賜銀合茶藥，促公入覲，仍宣渴見之意。公曰：「老臣昏忘，不可勉强。」中使曰：「朝廷有優禮。」公曰：「老臣命薄，虚蒙聖眷。」又遣中使賜銀絹各五百，以繼道路之費。又遣國醫診視，所須並出内府，一錢不得取於公家，候公疾愈乃得歸。公乞歸潁昌養疾，上不得已，許之。每見輔臣問安否，乃曰：「范某得一識面足矣。」上知公不能起，始命相。公疾少間，令醫者在門不許受私謝，乃以天寧節所得冠帔請换服色。上批其奏曰：「冠帔可留與骨肉，醫者之服依所請。卿忠言嘉謀，宜時有陳奏，以副朕眷待耆德求治之意。」公表謝，復告老，詔不允。比詔至，公已薨矣。上與太皇太后聞之，震悼出涕。先是，公疾革，精識不亂，諸子侍旁，口占遺表，凡八事，命門生李之儀次第之。内一事云：「苦宣仁之謗議未明，致保佑之憂勤不顯，皆權臣務快其私憤，非泰陵實謂之當然。」蓋忠宣思所以報宣仁后之託也。諸子以其所言皆朝廷大事，且防後患，以公口占晝一繳申潁昌府，用府印，寄軍資庫。公將葬，李之儀作行狀，且論平生立朝行己之大節。蔡京用事，小人附會，言公之子正平等撰造中使至永州傳宣聖語以爲遺表，非公意也。正平與李之儀皆下御史獄，捶楚甚苦。正平、之儀欲誣服，其傳宣中使獨不服，曰：「舊制凡傳聖語，受本於御前，請寶印；出，注籍於内東門，遣使受聖語。」籍中使，從其家得永州傳宣聖語本，有御寶，如所言。又驗内東門受聖語籍，亦同。又下潁昌府取正平所繳納遺表，八事皆實，獄遂解。正平猶覊管象州，之儀覊管太平州。正平之家死于嶺外者十餘人，獨正平遇赦得歸，不出仕，終身爲選人。蔡京者，紹聖初爲户部尚書，欲結后戚向氏，故奏展向氏墳寺，事下開封府，正平爲開封府縣尉，往按視其地，曰：「向氏寺地步已足，民田不可奪。」府以其言聞，哲宗怒，京贖銅二十斤。京由此恨正平，故欲誣殺之。嗚呼！使忠宣無恙，相上皇於

初載，天下豈復有今日之慨？公既病，不能朝，上皇始命相曰曾布與蔡京云。

惠洪《冷齋夜話》卷八　范堯夫謫居永州，閉門，人稀識面。客若欲見者，或出，則問寒暄而已。僮掃榻奠枕，于是揖客，解帶對卧，良久，鼻息如雷霆。客自度未可起，亦熟睡，睡覺，常及暮而去。

張邦基《墨莊漫録》卷四　范忠宣公堯夫謫居永州，以書寄人云：「此中羊麵，無異北方，每日閉門餐餺飥，不知身之在遠也。」

曾敏行《獨醒雜志》卷二　范忠宣公謫永州，年七十餘矣。每朔望日，必陳列其家所藏四朝宸翰及宣賜器皿於堂上，率其子孫羅拜其下。拜畢，緘藏如初。然後長幼相拜，啜茶而退。自始至及北歸，未嘗或輟。先君官零陵時，與公之去，相望才二十餘年，士人多有識公者，具言如此。

范忠宣公寓居永州東山寺，時諸孫尚幼。一日戲狎，言語少拂寺僧之意，僧大怒，叱罵不已。公坐于堂上，僧誦言過之，語頗侵公，公不之顧。家人聞之，或以告公，亦不應。翌日，僧悔悟，大慚，遂詣公致謝。公尉藉之，待之如初，若未嘗聞也。

吳曾《能改齋漫録》卷一〇　南唐江文蔚，累官至御史中丞。性鯁直，不附權要。每將上奏疏，必不問家事，先市小船，爲左遷之計。竟以對仗彈馮延巳、魏岑忤旨，左遷九江幕職。范堯夫上章言事，未報，有見之者曰：「聞相公上章後已備遠行，非他人所能及。」堯夫曰：「不然。純仁所言，幸主上聽而行之，豈敢爲難行之説，以要譽焉。」人臣用心，要當以堯夫爲法。如文蔚之市小船，直淺丈夫哉。豈吾孔子以微罪行之意歟？

邵博《邵氏聞見後録》卷二一　先人嘗言：熙寧、元豐間，司馬文正、范忠宣先後爲西都留臺，吾皆從之游。至元祐初，文正起爲宰相，忠宣起爲樞密使，召見之，其話言服用，一如在西都時，但忠宣顏色甚澤，文正清苦無少異。吾以此窺忠宣，其中豈尚以名位爲樂邪？

周煇《清波雜志》卷一二　浙右水鄉風俗：人死，雖富有力者，不辦蕞爾之土以安厝，亦致焚如。僧寺利有所得，鑿方尺之池，積涔蹄之水，以浸枯骨。男女骸骼，殽雜無辨。旋即填塞不能容，深夜乃取出，畚貯散棄荒野外。人家不悟，逢節序仍裹飯設奠於池邊，實爲酸楚，而官府初無禁約也。范忠宣公帥太原，河東地狹，民惜地不葬其親，公俾僚屬收無主燼骨，別男女，異穴以葬；又檄諸郡傚此，不可以萬數計。仍自作記，凡數百言，曲折致意，規變薄俗。時元祐六年也。淳熙間，臣僚亦嘗建議。柩寄僧寺歲久無主者，官爲掩瘞。行之不力，今柩寄僧寺者固自若也。

趙善璙《自警編》卷二　范忠宣公親族間，有子弟請教於公，公曰：「惟儉可以助廉，惟恕可以成德。」其人書於坐隅，終生佩服。公平生自奉養無重肉，不擇滋味麄糲。每退自公，易衣裋褐，率以爲常。自少至老，自小官至達官，始終如一。

趙善璙《自警編》卷五　范堯夫每仕京師，早晚二膳，自己之婢妾皆治于家，往往鐫削過爲簡儉，有不飽者，雖晚登政府亦然。補外則付之外厨，加料幾倍，無不厭飫。或問其故，曰：「人進退雖在己，然亦未有不累于妻孥者。吾欲使居中則勞且不足，在外則逸而有餘。故處吾左右者，朝夕所言必以外爲樂，而無顧戀京師之意，于吾亦一佐也。」前輩嚴於出處，每致其意如此。

備論

《宋史》卷三一四《范純仁傳》　論曰：【略】純仁位過其父，而幾有父風。元祐建議攻熙、豐太急，純仁救蔡確一事，所謂謀國甚遠，當世若從其言，元祐黨錮之禍，不至若是烈也。仲淹謂諸子，純仁得其忠，純禮得其静，純粹得其略。知子孰與父哉！

王稱《東都事略》卷五九下《范純仁傳》　臣稱曰：純仁忠厚仁恕，宰平天下，不澄不撓，人莫能窺其際。而其愛君憂國之心，凜然有仲淹之風。噫，使熙寧用其言，則元祐無改更之患。元祐行其説，則紹聖無黨錮之禍。孟子謂：「仲尼不爲已甚者。」臣於純仁見之矣。

藝文

畢仲游《西臺集》卷一七《祭范忠宣公文》　嗚呼！天不可與道，慮不可與謀。畀公之德，以鳴于世，宜利且達也；而貶傷摧剥，流離顛頓，若造化與之爲仇。屈公之身，以厄于世，宜廢且窮也；而名都方面，中臺右省，出將入相，聲明

風涌而雲浮。方公之未用也，志于仁而好義，人但知其爲文正之子；及公之既用也，奉其道以進退，人又以爲房、魏之流。故每居言路，而舉朝想見其議論；再爲宰相，而行事可著于《春秋》。蔡忠懷之遇公，素無恩也，乃解相印，捐萬户以救其敗；元祐諸公之得罪，不可言也，而公言之力，寧與之同放于南州。聞其風者，以爲如高山喬嶽，峰竦壁立，凌厲而不可犯；而造乎前者，乃温恭自下，雍容愷樂，清談亹亹而不休。至于接朋舊以終始，懷宗族而綢繆。力施乎外者，已盡而更勉；心忘于内者，有怨而不修。在他人嘗聞其語矣，而公皆自得而悠悠。故年雖耄而縉紳猶願其用，病既聞而天下皆祝其瘳。矧如某者，挈提于莞庫之賤，待遇如父子之游。言雖往而不棄，時已忤而獨收。宜其扶輿奉杖，以娱公于隱約；破筋絶骨，以從公于阻修。事既莫裨于既往，而公來已憊而可憂。徒拜公于床下，猶語切而情周。謂歲年之可覬，而乃忽逝而不留。嗚呼哀哉！故老盡矣，名言絶矣，斯民之望徒喁喁矣！遺德餘芳，誰其記矣！一哀而慟，何嗟及矣！嗚呼哀哉，尚饗。

畢仲游《西臺集》卷一七《又祭范忠宣公大葬文》 游公之門，士有千百。某所蒙公，不獨其力。方公盛時，左右朝夕。及公謫去，限以南北。莫持莫扶，恨何有極！公歸未幾，棟壞山坼。欲贖前恨，而不可得。尚期遠日，送公安宅。庶比役人，執紼與綍。乃以王事，一東一西。心實往矣，而形則靡。矧聞改卜，四月是期。倉黄遣使，文不及思。惟公名德，百世所師。天子所敬，庶民所宜。昔嘗有言，姑以塞悲。今不復云，言奚足爲！前恨既往，後願亦違。臨風隕涕，敢寓一辭。百年之後，從公所之。嗚呼哀哉，尚饗。

劉安上《給事集》卷四《祭范忠宣公》 嗚呼公乎！惟公烈考，慶曆名臣，没十餘年，公名復振。治平之初，招爲御史，惟帝曰「吁！文正有子」。爰及熙寧，進公諫垣，公曰用我，知無不言。先天下憂，後天下樂，公惟似之，不叛其學。二聖臨御，圖任老成，公歸西極，四方敉寧。帝曰汝賢，引登輔弼，公不苟安，踰歲而出。公之出處，爲時汙隆，去國五年，帝復用公。公初在朝，非堯不陳，于蕃于宣，一於愛君。紹聖初政，出居宛丘，抗章極言，朋黨是憂。惟時謗誣，仇怨畢斥，諸公南行，恩典廢格。公曰「不可，貽國後患，宜因赦原，聽其自便」。公言一出，人爲公危，公則泰然，言非我私。今上嗣位，明燭萬國，惟公皤然，起自謫籍。上趣入覲，曰「留相予」。公以疾辭，其來徐徐。公休於家，問勞洊至，冀公少康，以佐天子。天不憖遺，公訃遽聞，搢紳咨嗟，故老涕零，嗚呼公乎！仁祖及今，五聖百年，惟公世家，以忠義傳。父子兄弟，一門俱賢，危言正論，讀書潸然，臨没之章，一何切焉！某戇愚不敏，舊辱公知，提携振拔，俾聞於時。今公云亡，欲報曷追，西望輀車，綍紼莫持，寓辭千里，侑此一卮。

吕祖謙《宋文鑑》卷一三五《范忠宣公謚議建中靖國元年》 伏惟太常寺定開府儀同三司范純仁謚議如前。議曰：《謚法》云：「慮國忘家曰忠，善聞周達曰宣。」古之慮國忘家者，固嘗有焉；兼之善聞周達者，蓋亦鮮矣。全是二美，得之純仁。太常既易其名，博士又爲之議，移文覆訂，屬於考功。忠臣按：純仁爲大臣之子，布被脱粟，而不以爲非；都上公之司，衮衣繡裳，而不以爲泰。要終原始，考實求聲，歷事五朝，堅持一節。厚同宗之族，猶葛藟之庇本根；見慢上之人，如鷹鸇之逐鳥雀。凡言責與官守，皆諫行而計從。讜論嘉謀，確乎其不拔；令名廣譽，闇然而日彰。在畎畮未嘗忘君，思饑溺不獲由己。作《尚書解》以進，如宋璟之爲元龜，抗《濮園議》以聞，如師丹之爲黄耇。臨公家之利，知無不爲；得小大之情，矜而不喜。每思捐身而開策，所願休兵而息民，秖知扶危而濟傾，寧恤跋前而疐後！文有黄裳之吉而内美，言無白圭之玷而外華。頃緣秉鈞，適丁連茹，方讒言亂國，而明蔡確之無實；洎姦黨投名，而謂大防之可原。當衆人莫敢言之時，在偏州無所用之地，義形於色，憤發至誠，非止救當時正人端士之織羅，直欲戒後世亂臣賊子之迷罔。徇公忘己，爲國惜賢，興言嗟嘆，使人於邑。父母之國，有時而去；股肱之義，於是或虧。放之江湖，忽如草芥。紉蘭澤畔，更甚屈原之忠；占鵩坐隅，已分賈生之死。惟天知善，惟君知臣。適訪落之初年，講圖舊之新政，側席南望，而決浮雲之蔽；擁節東歸，而詠「零雨其濛」。公望益隆，恩數彌渥，法座想見其風采，詔書相望於道塗。欲入覲則未能，願養疾者益懇。改元三日，以不起聞。天子於是震悼輟朝，賻贈加等，告其第開府儀同三司之府，表其墓賜《世濟忠直之碑》。人臣哀榮，無以尚此。古學有訓，阿衡詎專美乎商；君違不忘，臧孫將有後於魯。古之遺直，今也則亡。謚曰忠宣，於義爲允。

樓鑰《攻媿集》卷五一《范忠宣公文集序》 惟昔賢者皆後世之師表，而學者之慕古人，則自各有不同。如汲黯之慕袁盎，司馬子長之慕藺相如，若有不可解于心者。本朝先正名德相繼，如太山喬嶽，景星鳳皇，事近而易考，嘉言善行皆當取則。而區區之愚，少而讀元祐丞相忠宣范公言行録，反復終始，正學大節，偉識宏度，贊歎不足，于諸鉅公間尤願執鞭，欲追逐其萬一而不可得也。如《奏議》、《國論》等書「責人如責己，助廉成德」之訓，又「若避好名之嫌，則無爲善之

路」等語，皆當終身誦之，每恨未見其家集也。嘉定五年三月甲戌，公之從曾孫中書舍人之柔見過，謂鑰曰，忠宣文集未行于世，晚而謫居永州三年，邦人至今懷仰。比因沈使君圻赴郡，以家藏本屬之。既已刊就，而舊無序引，徑以見委。鑰謹謝之，且曰：「託名不腐，豈非晚進之幸？豈非平日之願？顧年衰學落，何足以預此！」三辭不獲，則取而伏讀，越兩日而盡得之。蓋公天資誠確，篤志學問，承文正公之親傳，博之以泰山孫明復、徂徠石守道、盱江李泰伯三先生師友之益，發爲詞章，根柢六經，切于論事，無有長語，而一出于正。文忠蘇公序文正公集有曰：「其于仁義禮樂、忠信孝弟，如飢渴之于飲食，欲須臾忘而不可得。」又曰：「雖弄翰戲語，率然而作，必歸于此。故天下信其誠，爭師尊之。」公真是似者哉！而鑰之所尊敬者，此又其餘事。自其立朝出鎮，廟謨相業，具載史册，不待贅言。惟公本于忠、恕，得二者之功用，深入吾夫子閫域，非淺丈夫所能窺者。温恭惟謹，無異稠人，遇有當爲，勇決過于賁育。此其大過人者，然亦尚可勉也。心平而寬，慮周而遠，喜怒哀樂，所發而必中，克伐怨欲，不止于不行，包含太虚，無所適莫，姑以其見于外者一二言之。鄧綰嘗奏罷公襄州，及言者攻綰，則極力爭之，謂已經先朝責降，不應再有所貶。公亦非有意于以德報怨，自謂上惜朝廷事體，下以安人情反側。蘇黄門誦楊畏彈章，而公去相位。他日哲宗面斥黄門，公從容爲解，黄門謂公爲佛地位中人。章子厚得罪，父年九十，議與一便郡。公言當置往咎而念其親。公本以議新法不合而去，及温公將盡改熙豐之法，公謂特當去其太甚，又須徐徐經理，論差役一事，尤不可暴，操心類如此。公既喪明，而責知隨州，尋竄永州。蓋子厚必欲寘之死地，而公素安義命，無一語怨之，家人猶未平也。風雨中覆舟于江，以救僅免，拭面而語家人曰：「此亦子厚所爲耶？」嗚呼！使之從夫子于陳蔡，當亦有不容何病之言，此非他人所及也。蔡新州重得罪，公力救之，上忤簾中，下違同列，賢如劉元城諸人，以吴處厚爲義存君親，而詆公不遺餘力。公不爲動，卒貰其死，一時不以爲快。及事之變，自劉忠肅、吕汲公等雖終于貶所，其得免于已甚者，始知公之不寘新州于死之力也。汲公輩竄嶺表，郊赦未頒，先謂難從恩宥。公齋戒奏大防等年老疾病，何以自存？迹其所罪，亦因持心失恕，好惡任情，以異己爲怨讎，以疑似爲訕謗，誤國害公，覆車可鑑。此不惟欲寤泰陵，正欲感動子厚輩，使之革心而從厚也。嗚呼！自熙、豐、元祐以至元符、紹聖之間，世事屢變，翻覆非一，徽皇踐阼，改元建中靖國，流人悉歸，四海望太平于朝暮。欽聖顯肅皇后與徽皇待公而爲政，至遣中使遠至湖外，好賜牽復，迎勞不絶。公時在瞽廢風痺中，知上果用我，亦欲感激自奮，而病不可爲矣。嗚呼天乎！倘延以三數年之壽，使再得政，則調一天下，可以仰副建中靖國之意，豈復有後日之禍哉！公既已矣，而蔡吕俱召，吕又爲蔡所擠，而任蔡愈專矣。此所以撫卷長懷，而繼之以太息流涕也。後之君子多識前言往行，以蓄其德者，于此書可不熟復而力行之，以代絃韋之佩乎？文正四子：長監簿以疾蚤歿。忠宣與二季皆顯，衣冠蟬聯。然自忠宣以來一百二十有四年，而後中書舍人始繼世科，實監簿之曾孫。范氏之興未艾也。

真德秀《西山文集》卷五二《范忠宣公祝文》　維嘉定九年，歲次丙子，二月甲申朔，初四日丁亥，故丞相忠宣范公祠堂成，具位真某謹率僚屬，以羊一豕一告祠于公曰：嗚呼！治平之元，公自畿縣，來漕江東，曾未數月，入爲御史，故其行事，不少概見。獨其所賦籌思堂之詩，刻石猶在，誠通造化，念其群生，有德之言，隨寓發見，兹非爲政者所當矜式乎？是用闢堂之東楹，敬祀遺像，以寓高山仰止之意。若夫立朝之大節，行己之大方，誓以没齒，惟公是則。明靈不泯，實監此心。

真德秀《西山文集》卷五二《奉安范忠宣公祠堂祝文》　故丞相忠宣高平范公。廼者仲春，即籌思堂東楹以妥公像，雖有以見區區尊賢尚德之心，然其規橅簡陋，氣象卑狹，每欿然爲之不滿也。夏田告登，振廩訖事，既新貢宇，遂建斯堂。撰日之良，載嚴登奉。冠劍山立，德容穆然，熙寧立朝之英風，元祐當軸之盛烈，凛乎其在目也。九泉可作，吾誰與歸？秋菊寒泉，薦此芳潔，兹誠炯炯，公其鑑之。

真德秀《西山文集》卷五二《范忠宣公祝文》　故丞相忠宣高平范公。廼者建公之祠於治舍，瞻仰□□□而取則焉。今雖去此，然櫝有遺書，殆亡異□□□□奉香火於左右也。以責人之心責己，恕己之心恕人，誓畢此身，毋忘明訓。尚饗。

周應合《景定建康志》卷三一《忠宣祠堂記》　治平之元，忠宣范公爲江東轉運判官，賦《籌思亭詩》，有曰：「致誠通造化，審慮敵權衡。境寂居忘倦，心虚照自明。」石刻至今猶在。嘉定八年春，起居舍人建安真侯希元恪共使事，慕忠宣之賢，且愛其詩之旨趣深長也，廼於兹堂之西，創一室，繪公像而敬祠之。又采詩中語，更所謂激揚亭者曰虚明，而堂之名雙槐者，易之曰忠宣，顧瞻之間，先賢在目，高山仰止之意，須臾不忘，其深有契於心者邪。夫君子之所爲，當以三代

而上人物爲的，不當以兩漢而下人物自安。蓋三代而上，士大夫朝夕所從事者，不越於此心，毫髮有差，痛自懲艾，學日進，德日充，中立而不倚，全體渾然，不可以一善名。故繇漢而後，雖英才間出，未有能入其域者。我朝人物之盛，幾於古矣。迨元祐間，正人森列，而忠宣之德之懿，良可仰焉。忠宣之論事也，慷慨奮發，知無不言，若濮邸之不當稱親，法度之不可變，邊隙之不可開，皆切於時病，屢進而屢黜，故天下稱之曰正人。然蔡確之遠謫，則以爲太過，章厚、鄧綰之獲罪，亦爲之救解。忠宣固非朋姦者，而委曲如是，其志念深矣。《語》所謂「君子不器」，《中庸》所謂「焉有所倚」，迺平昔之規模也。當是時，人才非不衆多，忠鯁敢言者非不可喜，然中正無偏，求如忠宣者實鮮。此無他，忠宣從事於此心，心本不偏，制行而原於心，斯不偏矣。嘗稱孔子之言「舉直錯諸枉，能使枉者直」，以爲舉用正直，邪枉可化而爲善，何必分辨黨人，有傷仁化，深乎深乎！議論持平，不爲矯亢。使其志常伸，其言盡用，豈有異時讎復之禍哉？三復籌思之詩，發揮此心，至精至切。君子以是知忠宣之所存，蓋以三代而上人物爲的也。起居正色立朝，有德有言，名重當世，而獨於忠宣起敬如此，亦足以占其所存矣。忠宣之帥環慶也，畢力救荒，不俟奏報。而起居之卹民也亦然，屢請于朝，施惠甚博，亦有不待報者。此又愛民皆原於心，所以不謀而同也。嗚呼賢哉！嘉定九年五月既望，朝散郎、試秘書監、兼國子祭酒、兼國史院編修官、兼實録院檢討官、兼崇政殿説書袁燮記。

蘇軾部

綜述

《宋史》卷三三八《蘇軾傳》 蘇軾字子瞻，眉州眉山人。生十年，父洵游學四方，母程氏親授以書，聞古今成敗，輒能語其要。程氏讀東漢《范滂傳》，慨然太息，軾請曰：「軾若爲滂，母許之否乎？」程氏曰：「汝能爲滂，吾顧不能爲滂母邪？」

比冠，博通經史，屬文日數千言，好賈誼、陸贄書。既而讀《莊子》，歎曰：「吾昔有見，口未能言，今見是書，得吾心矣。」嘉祐二年，試禮部。方時文磔裂詭異之弊勝，主司歐陽脩思有以救之，得軾《刑賞忠厚論》，驚喜，欲擢冠多士，猶疑其客曾鞏所爲，但置第二；復以《春秋》對義居第一，殿試中乙科。後以書見脩，脩語梅聖俞曰：「吾當避此人出一頭地。」聞者始譁不厭，久乃信服。

丁母憂。五年，調福昌主簿。歐陽脩以才識兼茂，薦之祕閣。試六論，舊不起草，以故文多不工。軾始具草，文義粲然。復對制策，入三等。自宋初以來，制策入三等，惟吳育與軾而已。

除大理評事、簽書鳳翔府判官。關中自元昊叛，民貧役重，岐下歲輸南山木栰，自渭入河，經砥柱之險，衙吏踵破家。軾訪其利害，爲修衙規，使自擇水工以時進止，自是害減半。

治平二年，入判登聞鼓院。英宗自藩邸聞其名，欲以唐故事召入翰林，知制誥。宰相韓琦曰：「軾之才，遠大器也，他日自當爲天下用。要在朝廷培養之，使天下之士莫不畏慕降伏，皆欲朝廷進用，然後取而用之，則人人無復異辭矣。今驟用之，則天下之士未必以爲然，適足以累之也。」英宗曰：「且與修注如何？」琦曰：「記注與制誥爲鄰，未可遽授。不若於館閣中近上帖職與之，且請召試。」英宗曰：「試之未知其能否，如軾有不能邪？」琦猶不可，及試二論，復入三等，得直史館。軾聞琦語，曰：「公可謂愛人以德矣。」

會洵卒，賻以金帛，辭之，求贈一官，於是贈光禄丞。洵將終，以兄太白早亡，子孫未立，妹嫁杜氏，卒未葬，屬軾。軾既除喪，即葬姑。後官可蔭，推與太白曾孫彭。

熙寧二年，還朝。王安石執政，素惡其議論異己，以判官告院。四年，安石欲變科舉、興學校，詔兩制、三館議。軾上議曰：

得人之道，在於知人；知人之法，在於責實。使君相有知人之明，朝廷有責實之政，則胥史皂隸未嘗無人，而況於學校貢舉乎？雖因今之法，臣以爲有餘。使君相不知人，朝廷不責實，則公卿侍從常患無人，而況學校貢舉乎？雖復古之制，臣以爲不足。夫時有可否，物有廢興，方其所安，雖暴君不能廢，及其既厭，雖聖人不能復。故風俗之變，法制隨之，譬如江河之徙移，彊而復之，則難爲力。

慶曆固嘗立學矣，至于今日，惟有空名僅存。今將變今之禮，易今之俗，又當發民力以治宫室，斂民財以食游士。百里之内，置官立師，獄訟聽于是，軍旅謀于是，又簡不率教者屏之遠方，則無乃徒爲紛亂，以患苦天下邪？若乃無大更革，而望有益於時，則與慶曆之際何異？故臣謂今之學校，特可因仍舊制，使先王之舊物，不廢於吾世足矣。至於貢舉之法，行之百年，治亂盛衰，初不由此。陛下視祖宗之世，貢舉之法，與今爲孰精？言語文章，與今爲孰優？所得人才，與今爲孰多？天下之事，與今爲孰辦？較此四者之長短，其議決矣。

今所欲變改不過數端：或曰鄉舉德行而略文詞，或曰專取策論而罷詩賦，或欲兼采譽望而罷封彌，或欲經生不帖墨而考大義，此皆知其一，不知其二者也。願陛下留意於遠者、大者，區區之法何預焉。臣又切有私憂過計者。夫性命之説，自子貢不得聞，而今之學者，恥不言性命，讀其文，浩然無當而不可窮；觀其貌，超然無著而不可挹，此豈真能然哉！蓋中人之性，安於放而樂於誕耳。陛下亦安用之？

議上，神宗悟曰：「吾固疑此，得軾議，意釋然矣。」即日召見，問：「方今政令得失安在？雖朕過失，指陳可也。」對曰：「陛下生知之性，天縱文武，不患不明，不患不勤，不患不斷，但患求治太急，聽言太廣，進人太鋭。願鎮以安静，待物之來，然後應之。」神宗悚然曰：「卿三言，朕當熟思之。凡在館閣，皆當爲朕深思治亂，無有所隱。」軾退，言於同列。安石不悦，命權開封府推官，將困之以事。軾決斷精敏，聲聞益遠。會上元敕府市浙燈，且令損價。軾疏言：「陛下豈以燈爲悦？此不過以奉二宫之歡耳。然百姓不可户曉，皆謂以耳目不急之玩，奪其口體必用之資。此事至小，體則甚大，願追還前命。」即詔罷之。

時安石創行新法，軾上書論其不便。【略】

軾見安石贊神宗以獨斷專任，因試進士發策，以「晉武平吳以獨斷而克，苻堅伐晉以獨斷而亡，齊桓專任管仲而霸，燕噲專任子之而敗，事同而功異」爲問。安石滋怒，使御史謝景温論奏其過，窮治無所得，軾遂請外，通判杭州。高麗入貢，使者發幣於官吏，書稱甲子。軾却之曰：「高麗於本朝稱臣，而不稟正朔，吾安敢受！」使者易書稱熙寧，然後受之。

時新政日下，軾於其間，每因法以便民，民賴以安。徙知密州。司農行手實法，不時施行者以違制論。軾謂提舉官曰：「違制之坐，若自朝廷，誰敢不從？今出於司農，是擅造律也。」提舉官驚曰：「公姑徐之。」未幾，朝廷知法害民，罷之。

有盜竊發，安撫司遣三班使臣領悍卒來捕，卒凶暴恣行，至以禁物誣民，入其家爭鬥殺人，且畏罪驚潰，將爲亂。民奔訴軾，軾投其書不視，曰：「必不至此。」散卒聞之，少安，徐使人招出戮之。

徙知徐州。河決曹村，泛于梁山泊，溢于南清河，匯于城下，漲不時洩，城將敗，富民爭出避水。軾曰：「富民出，民皆動摇，吾誰與守？吾在是，水決不能敗城。」驅使復入。軾詣武衛營，呼卒長曰：「河將害城，事急矣，雖禁軍且爲我盡力。」卒長曰：「太守猶不避塗潦，吾儕小人，當效命。」率其徒持畚鍤以出，築東南長堤，首起戲馬臺，尾屬于城。雨日夜不止，城不沈者三版。軾廬於其上，過家不入，使官吏分堵以守，卒全其城。復請調來歲夫增築故城，爲木岸，以虞水之再至。朝廷從之。

徙知湖州，上表以謝。又以事不便民者不敢言，以詩託諷，庶有補於國。御史李定、舒亶、何正臣摭其表語，並媒蘖所爲詩以爲訕謗，逮赴臺獄，欲置之死，鍛鍊久之不決。神宗獨憐之，以黄州團練副使安置。軾與田父野老，相從溪山間，築室於東坡，自號「東坡居士」。

三年，神宗數有意復用，輒爲當路者沮之。神宗嘗語宰相王珪、蔡確曰：「國史至重，可命蘇軾成之。」珪有難色。神宗曰：「軾不可，姑用曾鞏。」鞏進《太祖總論》，神宗意不允，遂手扎移軾汝州，有曰：「蘇軾黜居思咎，閲歲滋深，人材實難，不忍終棄。」軾未至汝，上書自言飢寒，有田在常，願得居之。朝奏，夕報可。

道過金陵，見王安石，曰：「大兵大獄，漢、唐滅亡之兆。祖宗以仁厚治天下，正欲革此。今西方用兵，連年不解，東南數起大獄，公獨無一言以救之乎？」安石曰：「二事皆惠卿啓之，安石在外，安敢言？」軾曰：「在朝則言，在外則不言，事君之常禮耳。上所以待公者非常禮，公所以待上者，豈可以常禮乎？」安石厲聲曰：「安石須説。」又曰：「出在安石口，入在子瞻耳。」又曰：「人須是知行一不義，殺一不辜，得天下弗爲，乃可。」軾戲曰：「今之君子，争減半年磨勘，雖殺人亦爲之。」安石笑而不言。

至常，神宗崩，哲宗立，復朝奉郎、知登州，召爲禮部郎中。軾舊善司馬光、章惇。時光爲門下侍郎，惇知樞密院，二人不相合，惇每以謔侮困光，光苦之。軾謂惇曰：「司馬君實時望甚重。昔許靖以虚名無實，見鄙於蜀先主，法正曰：『靖之浮譽，播流四海，若不加禮，必以賤賢爲累』。先主納之，乃以靖爲司徒。許靖且不可慢，況君實乎？」惇以爲然，光賴以少安。

遷起居舍人。軾起於憂患，不欲驟履要地，辭於宰相蔡確。確曰：「公徊翔久矣，朝中無出公右者。」軾曰：「昔林希同在館中，年且長。」確曰：「希固當先公耶？」卒不許。元祐元年，軾以七品服入侍延和，即賜銀緋，遷中書舍人。

初，祖宗時，差役行久生弊，編户充役者不習其役，又虐使之，多致破産，狹鄉民至有終歲不得息者。王安石相神宗，改爲免役，使户差高下出錢雇役，行法者過取，以爲民病。司馬光爲相，知免役之害，不知其利，欲復差役，差官置局，軾與其選。軾曰：「差役、免役，各有利害。免役之害，掊斂民財，十室九空，斂聚於上而下有錢荒之患。差役之害，民常在官，不得專力於農，而貪吏猾胥得緣爲姦。此二害輕重，蓋略等矣。」光曰：「於君何如？」軾曰：「法相因則事易成，事有漸則民不驚。三代之法，兵農爲一，至秦始分爲二，及唐中葉，盡變府兵爲長征之卒。自爾以來，民不知兵，兵不知農，農出穀帛以養兵，兵出性命以衛農，天下便之。雖聖人復起，不能易也。今免役之法，實大類此。公欲驟罷免役而行差役，正如罷長征而復民兵，蓋未易也。」光不以爲然。軾又陳於政事堂，光忿然。軾曰：「昔韓魏公刺陝西義勇，公爲諫官，争之甚力，韓公不樂，公亦不顧。軾昔聞公道其詳，豈今日作相，不許軾盡言耶？」光笑之。尋除翰林學士。

二年，兼侍讀。每進讀至治亂興衰、邪正得失之際，未嘗不反覆開導，覬有所啓悟。哲宗雖恭默不言，輒首肯之。嘗讀祖宗《寶訓》，因及時事，軾歷言：「今賞罰不明，善惡無所勸沮；又黄河勢方北流，而彊之使東；夏人入鎮戎，殺掠數萬人，帥臣不以聞。每事如此，恐寖成衰亂之漸。」

軾嘗鎖宿禁中，召入對便殿，宣仁后問曰：「卿前年爲何官？」曰：「臣爲常州團練副使。」曰：「今爲何官？」曰：「臣今待罪翰林學士。」曰：「何以遽至此？」曰：「遭遇太皇太后、皇帝陛下。」曰：「非也。」曰：「豈大臣論薦乎？」曰：「亦非也。」軾驚曰：「臣雖無狀，不敢自他途以進。」曰：「此先帝意也。先帝每誦卿文章，必嘆曰『奇才，奇才！』但未及進用卿耳。」軾不覺哭失聲，宣仁后與哲宗亦泣，左右皆感涕。已而命坐賜茶，徹御前金蓮燭送歸院。

三年，權知禮部貢舉。會大雪苦寒，士坐庭中，噤未能言。軾寬其禁約，使得盡技。巡鋪内侍每摧辱舉子，且持曖昧單詞，誣以爲罪，軾盡奏逐之。

四年，積以論事，爲當軸者所恨。軾恐不見容，請外拜龍圖閣學士、知杭州。未行，諫官言前相蔡確知安州，作詩借郝處俊事以譏太皇太后。大臣議遷之嶺南。軾密疏：「朝廷若薄確之罪，則於皇帝孝治爲不足；若深罪確，則於太皇太后仁政爲小累。謂宜皇帝敕置獄逮治，太皇太后出手詔赦之，則於仁孝兩得矣。」宣仁后心善軾言而不能用。軾出郊，用前執政恩例，遣内侍賜龍茶、銀合，慰勞甚厚。

既至杭，大旱，饑疫並作。軾請於朝，免本路上供米三之一，復得賜度僧牒，易米以救飢者。明年春，又減價糶常平米，多作饘粥藥劑，遣使挾醫分坊治病，活者甚衆。軾曰：「杭，水陸之會，疫死比他處常多。」乃裒羡緡得二千，復發橐中黄金五十兩，以作病坊，稍畜錢糧待之。

杭本近海，地泉鹹苦，居民稀少。唐刺史李泌始引西湖水作六井，民足於水。白居易又浚西湖水入漕河，自河入田，所溉至千頃，民以殷富。湖水多葑，自唐及錢氏，歲輒浚治，宋興，廢之，葑積爲田，水無幾矣。漕河失利，取給江潮，舟行市中，潮又多淤，三年一淘，爲民大患，六井亦幾於廢。軾見茅山一河專受江潮，鹽橋一河專受湖水，遂浚二河以通漕。復造堰牐，以爲湖水畜洩之限，江潮不復入市。以餘力復完六井，又取葑田積湖中，南北徑三十里，爲長堤以通行者。吴人種菱，春輒芟除，不遺寸草。且募人種菱湖中，葑不復生。收其利以備修湖，取救荒餘錢萬緡、糧萬石，及請得百僧度牒以募役者。堤成，植芙蓉、楊柳其上，望之如畫圖，杭人名爲蘇公堤。

杭僧净源，舊居海濱，與舶客交通，舶至高麗，交譽之。元豐末，其王子義天來朝，因往拜焉。至是，净源死，其徒竊持其像，附舶往告。義天亦使其徒來祭，因持其國母二金塔，云祝兩宫壽。軾不納，奏之曰：「高麗久不入貢，失賜予厚利，意欲求朝，未測吾所以待之厚薄，故因祭亡僧而行祝壽之禮。若受而不答，將生怨心；受而厚賜之，正墮其計。今宜勿與知，從州郡自以理却之。彼庸僧猾商，爲國生事，漸不可長，宜痛加懲創。」朝廷皆從之。未幾，貢使果至，舊例使所至吴越七州，費二萬四千餘緡。軾乃令諸州量事裁損，民獲交易之利，無復侵撓之害矣。

浙江潮自海門東來，勢如雷霆，而浮山峙於江中，與漁浦諸山犬牙相錯，洄洑激射，歲敗公私船不可勝計。軾議自浙江上流地名石門，並山而東，鑿爲漕河，引浙江及谿谷諸水二十餘里以達于江。又並山爲岸，不能十里以達龍山大慈浦，自浦北折抵小嶺，鑿嶺六十五丈以達嶺東古河，浚古河數里達于龍山漕河，以避浮山之險，人以爲便。奏聞，有惡軾者，力沮之，功以故不成。

軾復言：「三吴之水，瀦爲太湖，太湖之水，溢爲松江以入海。海日兩潮，潮濁而江清，潮水常欲淤塞江路，而江水清駛，隨輒滌去，海口常通，則吴中少水患。昔蘇州以東，公私船皆以篙行，無陸挽者。自慶曆以來，松江大築挽路，建長橋以扼塞江路，故今三吴多水，欲鑿挽路，爲千橋，以迅江勢。」亦不果用，人皆以爲恨。軾二十年間再莅杭，有德於民，家有畫像，飲食必祝。又作生祠以報。

六年，召爲吏部尚書，未至。以弟轍除右丞，改翰林承旨。轍辭右丞，欲與兄同備從官，不聽。軾在翰林數月，復以讒請外，乃以龍圖閣學士出知潁州。先是，開封諸縣多水患，吏不究本末，決其陂澤，注之惠民河，河不能勝，致陳亦多水。又將鑿鄧艾溝與潁河並，且鑿黄堆欲注之於淮。軾始至潁，遣吏以水平準之，淮之漲水高於新溝幾一丈，若鑿黄堆，淮水顧流潁地爲患。軾言於朝，從之。

郡有宿賊尹遇等，數劫殺人，又殺捕盗吏兵。朝廷以名捕不獲，被殺家復懼其害，匿不敢言。軾召汝陰尉李直方曰：「君能禽此，當力言於朝，乞行優賞；不獲，亦以不職奏免君矣。」直方有母且老，與母訣而後行。乃緝知盗所，分捕其黨與，手戟刺遇，獲之。朝廷以小不應格，推賞不及。軾請以己之年勞，當改朝散郎階，爲直方賞，不從。其後吏部爲軾當遷，以符會其考，軾謂已許直方，又不報。

七年，徙揚州。舊發運司主東南漕法，聽操舟者私載物貨，征商不得留難。故操舟者輒富厚，以官舟爲家，補其弊漏，且周船夫之乏，故所載率皆速達無虞。近歲一切禁而不許，故舟弊人困，多盗所載以濟飢寒，公私皆病。軾請復舊，從之。未閲歲，以兵部尚書召兼侍讀。

是歲，哲宗親祀南郊，軾爲鹵簿使，導駕入太廟。有赭繖犢車并青蓋犢車十餘争道，不避儀仗。軾使御營巡檢使問之，乃皇后及大長公主。時御史中丞李之純爲儀仗使，軾曰：「中丞職當肅政，不可不以聞之。」純不敢言，軾於車中奏之。哲宗遣使齎疏馳白太皇太后，明日，詔整肅儀衛，自皇后而下皆毋得迎謁。尋遷禮部兼端明殿、翰林侍讀兩學士，爲禮部尚書。高麗遣使請書，朝廷以故事盡許之。軾曰：「漢東平王請諸子及《太史公書》，猶不肯予。今高麗所請，有甚於此，其可予乎？」不聽。

八年，宣仁后崩，哲宗親政。軾乞補外，以兩學士出知定州。時國是將變，軾不得入辭。既行，上書言：「天下治亂，出於下情之通塞。至治之極，小民皆能自通；迨於大亂，雖近臣不能自達。陛下臨御九年，除執政、臺諫外，未嘗與羣臣接。今聽政之初，當以通下情、除壅蔽爲急務。臣日侍帷幄，方當戍邊，顧不得一見而行，況疎遠小臣欲求自通，難矣。然臣不敢以不得對之故，不效愚忠。古之聖人將有爲也，必先處晦而觀明，處静而觀動，則萬物之情，畢陳于前。陛下聖智絶人，春秋鼎盛。臣願虛心循理，一切未有所爲，默觀庶事之利害，與羣臣之邪正。以三年爲期，俟得其實，然後應物而作。使既作之後，天下無恨，陛下亦無悔。由此觀之，陛下之有爲，惟憂太蚤，不患稍遲，亦已明矣。臣恐急進好利之臣，輒勸陛下輕有改變，故進此説，敢望陛下留神，社稷宗廟之福，天下幸甚。」

定州軍政壞弛，諸衛卒驕惰不教，軍校蠶食其廩賜，前守不敢誰何。軾取貪汙者配隸遠惡，繕修營房，禁止飲博，軍中衣食稍足，乃部勒戰法，衆皆畏伏。然諸校業業不安，有卒史以贓訴其長，軾曰：「此事吾自治則可，聽汝告，軍中亂矣。」立決配之，衆乃定。

會春大閲，將吏久廢上下之分，軾命舉舊典，帥常服出帳中，將吏戎服執事。副總管王光祖自謂老將，恥之，稱疾不至。軾召書吏使爲奏，光祖懼而出，訖事，無一慢者。定人言：「自韓琦去後，不見此禮至今矣。」契丹久和，邊兵不可用，惟沿邊弓箭社與寇爲隣，以戰射自衛，猶號精鋭。故相龐籍守邊，因俗立法。歲久法弛，又爲保甲所撓。軾奏免保甲及兩税折變科配，不報。

紹聖初，御史論軾掌内外制日，所作詞命，以爲譏斥先朝。遂以本官知英州，尋降一官，未至，貶寧遠軍節度副使，惠州安置。居三年，泊然無所蔕芥，人無賢愚，皆得其歡心。又貶瓊州別駕，居昌化。昌化，故儋耳地，非人所居，藥餌皆無有。初僦官屋以居，有司猶謂不可，軾遂買地築室，儋人運甓畚土以助之。獨與幼子過處，著書以爲樂，時時從其父老游，若將終身。

徽宗立，移廉州，改舒州團練副使，徙永州。更三大赦，遂提舉玉局觀，復朝奉郎。軾自元祐以來，未嘗以歲課乞遷，故官止於此。建中靖國元年，卒于常州，年六十六。

軾與弟轍，師父洵爲文，既而得之於天。嘗自謂：「作文如行雲流水，初無定質，但常行於所當行，止於所不可不止。」雖嬉笑怒罵之辭，皆可書而誦之。其體渾涵光芒，雄視百代，有文章以來，蓋亦鮮矣。洵晚讀《易》，作《易傳》未究，命軾述其志。軾成《易傳》，復作《論語説》；後居海南，作《書傳》；又有《東坡集》四十卷、《後集》二十卷、《奏議》十五卷、《内制》十卷、《外制》三卷、《和陶詩》四卷。一時文人如黄庭堅、晁補之、秦觀、張耒、陳師道，舉世未之識，軾待之如朋儔，未嘗以師資自予也。

自爲舉子至出入侍從，必以愛君爲本，忠規讜論，挺挺大節，羣臣無出其右。但爲小人忌惡擠排，不使安於朝廷之上。

高宗即位，贈資政殿學士，以其孫符爲禮部尚書。又以其文寘左右，讀之終日忘倦，謂爲文章之宗，親製集贊，賜其曾孫嶠。遂崇贈太師，謚文忠。軾三子：邁、迨、過，俱善爲文。

王稱《東都事略》卷九三上《蘇軾傳》 蘇軾字子瞻，眉州眉山人也。父洵，見《儒學傳》。軾生十年，而洵宦學四方，母程氏親授以書。比冠，學通經史，屬文日數千言。

歐陽脩試禮部進士，得軾論，欲以冠多士，疑曾鞏所爲。鞏，脩門下士也。乃置第二，遂中乙科，授福昌簿。脩復以直言薦之制策，入三等。除大理評事、僉書鳳翔判官。國朝以來，制策入三等，惟吴育與軾。軾還朝，判登聞鼓院。英宗在藩，聞軾名，欲以唐故事召入翰林。宰相韓琦曰：「蘇軾之才，遠大之器也。天下之士莫不畏慕降伏，皆欲其進用。然不若朝廷培養之而後用也，今欲召試祕閣。」英宗曰：「未知其能否，故試。如蘇軾有不能耶？」及試二論，復入三等，得直史館。尋以父憂去官，服除，判官告院。王安石爲政，每贊人主以獨斷，神宗專信任之。軾考試開封進士，發策謂：「晉武平吴以獨斷而克，苻堅伐晉以獨斷而亡；齊小白專任管仲而霸，燕噲專任子之而敗。事同而功異，何也？」安石不悦。安石欲更科舉法，詔兩制、三館議。軾議上，神宗曰：「朕固疑此，得軾

議，意釋然矣。」即日召見，問：「何以助朕？」軾曰：「陛下求治太急，聽言太廣，進人太鋭。願陛下安静以應之。」神宗悚然嘉納。會上元，有旨市浙燈，軾密疏諫止。【略】初殿試用策，舉子希合。争言祖宗法制非是，軾爲考官，退擬答以進，至謂「安石不知人，不可大用」。安石怒，御史誣奏軾過失。窮治無所得，軾遂請外，通判杭州。高麗入貢，使者發幣於官，止書甲子，軾却之曰：「高麗於本朝稱臣，今不禀正朔，吾安敢受使者？」亟易書稱熙寧，然後受之。

徙知密州。時方行手實法，使民自疏財産以定户等。司農寺下諸路，不時施行者，以違制論。軾謂常平官曰：「違制之坐，若自朝廷，誰敢不從？今出於司農，是擅造律也。若何？」使者驚曰：「姑徐之。」未幾，朝廷亦知其害，罷之。

徙徐州。是歲河决澶淵，東泛鉅野，北溢于濟，南溢于泗，浸淫至城下。民争出避水，軾履屨杖策，躬率兵夫築長隄。起戲馬臺，屬於城。水至隄下，不能爲害。雨日夜不止，河勢益暴，城不没者三板。軾廬於城上，使官吏分堵而守，卒全城。以聞，詔褒之。徙湖州，言者指軾謝表語以爲怨謗，因盡摭軾所爲詩諷時事者，交章條列，謂之訕上。遂逮赴御史臺鞫治，坐貶黄州團練副使安置。徙汝州，未至，上書自言，有田在常，願得居之，神宗許焉。

哲宗即位，起知登州，召爲禮部郎中，除起居舍人，遷中書舍人。時方議改免役爲差役，軾謂司馬光曰：「差役、免役，各有利害。免役之害，掊斂民財，十室九空。錢聚於上而下有錢荒之患。差役之害，民常在官，不得專力於農，而貪吏猾胥得緣爲姦。此二害輕重，蓋略等矣。」光曰：「於君何如？」軾曰：「法相因則事易成，事有漸則民不驚者。三代之法，兵農爲一，至秦始分爲二。及唐中葉，盡變府兵爲長征之卒，自爾以來，民不知兵，兵不知農，農出穀帛以養兵，兵出性命以衛農，天下便之，雖聖人復起不能易也。今免役之法，實大類此。公欲驟罷免役，而行差役正如罷長征而復民兵，蓋未易也。」光不以爲然。軾曰：「昔韓魏公刺陝西義勇，公爲諫官，争之甚力，魏公不樂，公亦不顧。今公作相，不許軾盡言耶？」光笑而止。

尋遷翰林學士兼侍讀。軾嘗鎖宿禁中，中使宣召入對便殿。宣仁后問曰：「卿前年爲何官？」曰：「臣前年爲汝州團練副使。」「今爲何官？」曰：「臣今待罪翰林學士。」曰：「何以遽至此？」軾曰：「遭遇太皇太后皇帝陛下。」宣仁曰：「非也。」軾曰：「豈大臣論薦乎？」宣仁曰：「亦非也。」軾驚曰：「臣雖無狀，不敢自他途以進。」宣仁曰：「此乃先帝之意也。」先帝每誦卿文章，必歎曰：「奇才！奇才！但未及進用卿上位耳。」軾不覺哭失聲，宣仁與哲宗亦泣，左右皆感涕。已而命坐賜茶，徹御前金蓮燭送歸院。軾嘗讀祖宗寶訓，因及時事，歷言：「今功罪不明，善惡無所勸沮。」又：「黄河勢方北流，而彊之使東。夏人寇鎮戎，殺掠幾萬人，帥臣掩蔽不以聞，朝廷亦不問。事每如此，恐寖成衰亂之漸。」軾請外，以龍圖閣學士知杭州。時諫官言蔡確在安州日，作詩借郝處俊事，以譏刺時事，大臣議逐之嶺南。軾密疏言：「朝廷若薄確之罪，則於皇帝孝治爲不足，若深罪確，則於太皇太后仁政爲小損，謂宜皇帝降敕推治，而太皇太后特加寬貸，如此則仁孝兩得矣。」宣仁后以爲然，而不能用也。

杭瀕海，水泉鹹苦，唐刺史李泌始導西湖作六井，民以足用。及白居易，復浚西湖，引水入運河，復引溉田至千頃。湖水多葑，自唐及錢氏，後廢而不理。至是葑積二十五萬餘丈，而水無幾矣。運河失湖水之利，而取給於江潮。潮水淤河，泛溢闤闠，三年一浚，爲市井大患，故六井亦幾廢。軾始至，濬茆山、鹽橋二河，分受江潮湖水，造堰閘，以時啓閉。且以餘力復治六井，民獲其利。

杭僧有净源者，居海濱，交通舶客，沽譽於高麗。元豐末，其王子義天來朝，因往拜焉。至是源死，其徒竊持其像往告義天，亦使其屬來朝，因言國母使以金塔二，祝皇帝、太皇太后壽。軾不納而奏之曰：「高麗久不入貢，失賜予厚利。意欲來朝矣，未測朝廷所以待之厚薄，故因祭亡僧而行祝壽之禮。若受而不答，則遠夷或以生怨；因而厚賜之，正墮其計。臣謂朝廷宜勿與知，而使州郡以理却之。然庸僧、猾商敢擅招誘外夷，爲國生事，漸不可長，宜痛加懲創。」軾治杭有德於民，民爲立祠。召爲翰林學士承旨兼侍讀。軾之自汝移常也，受命於宋。會神宗晏駕，哭於宋而南至揚州。常人爲軾買田，書至，軾喜作詩，有「聞好語」之句。言者妄謂軾聞諱而喜，按驗無實。軾復請外，乃以龍圖閣學士知潁州，徙揚州。俄以兵部尚書召還，兼侍讀，親祀南郊，爲鹵簿使，導引駕入太廟。有赭傘犢車并青蓋犢車争道，不避仗衛。軾諭儀仗使李之純曰：「中丞職當肅政，不可不以聞。」之純不敢言，軾於車中劾奏之。明日中使傳命，申敕有司嚴整仗衛。尋遷端明、翰林侍讀二學士，守禮部尚書。高麗遣使請書於朝，許之。軾曰：「漢東平王請諸子及《太史公書》，猶不肯與。今高麗所請，有甚於此，其可與乎？」初，許將建言，三歲冬至，天子親祀，遍享宗廟，祀天圜丘。而其歲夏至，方澤之祭，乃止是遣上公，則是皇地祇遂不在親祀之典。乞下侍從臺諫及禮官議。顧臨等議，宜如祖宗故事。范純禮等議，昨罷合祭已合禮，而又紛更，恐失尊事

神祇之意。杜純等議，請於苑中設望祀位，置爟火於壇所，俟躬祀南郊之歲，則夏至北郊，上公攝事，每獻舉爟火，以詔拜。孔武仲等議，請南郊專祀上帝。【略】

詔令集議官議。未幾，朝廷以合祭爲是，罷議。

宣仁后崩，哲宗親政，軾乞補外，以二學士知定州。【略】軾治定，嚴軍政，繕修營房，禁止飲博。軍中衣食稍足，乃部勒以戰法，衆皆畏服。紹聖初，御史論軾掌内外制日，所作詞命，以爲譏斥先朝，落職，知英州。又以寧遠軍節度副使、惠州安置，貶瓊州別駕、昌化軍安置。徽宗即位，移廉州，改舒州團練副使，徙永州。未幾，提舉玉局觀，尋致仕。卒于常州，年六十六。

蘇轍《欒城集》後集卷二二《亡兄子瞻端明墓誌銘》 予兄子瞻謫居海南。四年春正月，今天子即位，推恩海内，澤及鳥獸。夏六月，公被命渡海北歸。明年，舟至淮浙。秋七月被病，卒於毗陵。吴越之民相與哭於市，其君子相弔於家，訃聞四方，無賢愚皆咨嗟出涕，太學之士數百人，相率飯僧慧林佛舍。嗚呼，斯文墜矣，後生安所復仰！公始病，以書屬轍曰：「即死，葬我嵩山下，子爲我銘。」轍執書哭曰：「小子忍銘吾兄！」

公諱軾，姓蘇，字子瞻，一字和仲，世家眉山。曾大父諱杲，贈太子太保，妣宋氏，追封昌國太夫人。大父諱序，贈太子太傅，妣史氏，追封嘉國太夫人。考諱洵，贈太子太師，妣程氏，追封成國太夫人。公生十年，而先君宦學四方，太夫人親授以書。聞古今成敗，輒能語其要。太夫人嘗讀《東漢史》，至《范滂傳》慨然太息。公侍側曰：「軾若爲滂，夫人亦許之否乎？」太夫人曰：「汝能爲滂，吾顧不能爲滂母耶？」公亦奮厲有當世志。太夫人喜曰：「吾有子矣。」比冠，學通經史，屬文日數千言。

嘉祐二年，歐陽文忠公考試禮部進士，疾時文之詭異，思有以救之。梅聖俞時與其事，得公《論刑賞》以示文忠。文忠驚喜，以爲異人，欲以冠多士。疑曾子固所爲。子固，文忠門下士也，乃寘公第二。復以《春秋》對義居第一，殿試中乙科，以書謝諸公。文忠見之，以書語聖俞曰：「老夫當避此人，放出一頭地。」士聞者始譁不厭，久乃信服。丁太夫人憂，終喪。五年，授河南福昌主簿，文忠以直言薦之。祕閣試六論，舊不起草，以故文多不工。公始具草，文義粲然，時以爲難。比答制策，復入三等。除大理評事，簽書鳳翔府判官。長吏意公文人，不以吏事責之。公盡心其職，老吏畏伏。關中自元昊叛命，人貧役重，岐下歲以南山木栰，自渭入河，經底柱之險，衙前以破産者相繼也。公徧問老校，曰：「木栰之害，本不至此，若河、渭未漲，操栰者以時進止，可無重費也。患其乘河、渭之暴，多方害之耳。」公即修衙規，使衙前得自擇水工，栰行無虞。仍言於府，使得係籍，自是衙前之害減半。

治平二年，罷還，判登聞鼓院。英宗在藩聞公名，欲以唐故事召入翰林。宰相限以近例，欲召試祕閣。上曰：「未知其能否故試，如蘇軾有不能耶？」宰相猶不可，及試二論，皆入三等，得直史館。丁先君憂。服除，時熙寧二年也。王介甫用事，多所建立，公與介甫議論素異，既還朝，寘之官告院。四年，介甫欲變更科舉，上疑焉，使兩制三館議之。公議上，上悟曰：「吾固疑此，得蘇軾議，意釋然矣。」即日召見，問：「何以助朕？」公辭避久之，乃曰：「臣竊意陛下求治太急，聽言太廣，進人太鋭，願陛下安静以待物之來，然後應之。」上竦然聽受，曰：「卿三言，朕當詳思之。」介甫之黨皆不悦，命攝開封推官，意以多事困之。公決斷精敏，聲問益遠。會上元，有旨市浙燈，公密疏，舊例無有，不宜以玩好示人，即有旨罷。殿前初策進士，舉子希合，争言祖宗法制非是。公爲考官，退擬答以進，深中其病。自是論事愈力，介甫愈恨。御史知雜事者爲誣奏公過失，窮治無所得。公未嘗以一言自辨，乞外任避之，通判杭州。

是時，四方行青苗、免役、市易，浙西兼行水利、鹽法。公於其間，常因法以便民，民賴以少安。高麗入貢使者凌蔑州郡，押伴使臣皆本路管庫，乘勢驕横，至與鈐轄亢禮。公使人謂之曰：「遠夷慕化而來，理必恭順。今乃爾暴恣，非汝導之，不至是也。不悛當奏之。」押伴者懼，爲之小戢。使者發幣於官吏，書稱甲子。公却之曰：「高麗於本朝稱臣，而不稟正朔，吾安敢受？」使者亟易書稱熙寧，然後受之。時以爲得體。吏民畏愛，及罷去，猶謂之學士，而不言姓。

自杭徙知密州，時方行手實法，使民自疏財産以定户等，又使人得告其不實。司農寺又下諸路，不時施行者以違制論。公謂提舉常平官曰：「違制之坐，若自朝廷，誰敢不從？今出於司農，是擅造律也，若何？」使者驚曰：「公姑徐之。」未幾，朝廷亦知手實之害，罷之。密人私以爲幸。郡嘗有盜竊發而未獲，安撫轉運司憂之，遣一三班使臣，領悍卒數十人，入境捕之。卒凶暴恣行，以禁物誣民，入其家争鬭至殺人，畏罪驚散，欲爲亂。民訴之，公投其書不視，曰：「必不至此。」潰卒聞之少安。徐使人招出，戮之。

自密徙徐，是時河決曹村，泛于梁山泊，溢于南清河，城南兩山環繞，吕梁、

百步扼之，匯于城下。漲不時洩，城將敗，富民爭出避水。公曰：「富民若出，民心動搖，吾誰與守？吾在是，水決不能敗城。」驅使復入。公履屨杖策，親入武衛營，呼其卒長，謂之曰：「河將害城，事急矣，雖禁軍，宜爲我盡力。」卒長呼曰：「太守猶不避塗潦，吾儕小人效命之秋也。」執梃入火伍中，率其徒短衣徒跣，持畚鍤以出，築東南長隄，首起戲馬臺，尾屬於城。隄成，水至隄下，害不及城，民心乃安。然雨日夜不止，河勢益暴，城不沉者三板。公廬於城上，過家不入，使官吏分堵而守，卒完城以聞。復請調來歲夫，增築故城，爲木岸，以虞水之再至，朝廷從之。訖事，詔褒之，徐人至今思焉。

徙知湖州，以表謝上。言事者摘其語以爲謗，遣官逮赴御史獄。初，公既補外，見事有不便於民者，不敢言，亦不敢默視也。緣詩人之義，託事以諷，庶幾有補於國。言者從而媒蘖之。上初薄其過，而浸潤不止，是以不得已從其請。既付獄吏，必欲寘之死，鍛鍊久之，不決。上終憐之，促具獄，以黄州團練副使安置。公幅巾芒屩，與田父野老相從溪谷之間，築室於東坡，自號東坡居士。五年，上有意復用，而言者沮之。上手札徙汝州，略曰：「蘇軾黜居思咎，閲歲滋深，人材實難，不忍終棄。」未至，上書自言有飢寒之憂，有田在常，願得居之。書朝入，夕報可。士大夫知上之卒喜公也。會晏駕，不果復用。至常，以哲宗即位，復朝奉郎、知登州。至登，召爲禮部郎中。

公舊善門下侍郎司馬君實及知樞密院章子厚，二人冰炭不相入。子厚每以謔侮困君實，君實苦之，求助於公。公見子厚曰：「司馬君實時望甚重。昔許靖以虚名無實見鄙於蜀先主，法正曰：『靖之浮譽，播流四海，若不加禮，必以賤賢爲累。』先主納之，乃以靖爲司徒。許靖且不可慢，況君實乎？」子厚以爲然，君實賴以少安。既而朝廷緣先帝意欲用公，除起居舍人。公起於憂患，不欲驟履要地，力辭之，見宰相蔡持正自言，持正曰：「公徊翔久矣，朝中無出公右者。」公固辭。持正曰：「今日誰當在公前者？」公曰：「昔林希同在館中，年且長。」持正曰：「希固當先公耶？」卒不許。然希亦由此繼補記注。

元祐元年，公以七品服入侍延和，即改賜銀緋。二年，遷中書舍人。時君實方議改免役爲差役。差役行於祖宗之世，法久多弊。編户充役不習，官府吏虐使之，多以破産。而狹鄉之民，或有不得休息者。先帝知其然，故爲免役，使民以户高下出錢，而無執役之苦。行法者不循上意，於雇役實費之外，取錢過多，民遂以病。若量出爲入，毋多取於民，則足矣。君實爲人，忠信有餘，而才智不足，知免役之害，而不知其利，欲一切以差役代之。方差官置局，公亦與其選，獨以實告，而君實始不悦矣。嘗見之政事堂，條陳不可。君實忿然，公曰：「昔韓魏公刺陝西義勇，公爲諫官，爭之甚力，魏公不樂，公亦不顧。軾昔聞公道其詳，豈今日作相，不許軾盡言耶？」君實笑而止。公知言不用，乞補外，不許。君實始怒，有逐公意矣，會其病卒乃已。時臺諫官多君實之人，皆希合以求進，惡公以直形己，爭求公瑕疵。既不可得，則因緣熙寧謗訕之説以病公，公自是不安於朝矣。

尋除翰林學士。二年，復除侍讀。每進讀，至治亂盛衰、邪正得失之際，未嘗不反覆開導，覬上有所覺悟。上雖恭默不言，聞公所論説，輒首肯喜之。三年，權知禮部貢舉。會大雪苦寒，士坐庭中，噤不能言。公寬其禁約，使得盡其技。而巡鋪内臣伺其坐起，過爲凌辱。公以其傷動士心，虧損國體，奏之。有旨送内侍省撻而逐之，士皆悦服。嘗侍上讀祖宗寶訓，因及時事，公歷言今賞罰不明，善惡無所勸沮；又黄河勢方西流，而强之使東；夏人寇鎮戎，殺掠幾萬人，帥臣掩蔽不以聞，朝廷亦不問。事每如此，恐寖成衰亂之漸。當軸者恨之。公知不見容，乞外任。四年，以龍圖閣學士知杭州。時諫官言前宰相蔡持正知安州，作詩借郝處俊事以譏刺時事，大臣議逐之嶺南。公密疏言：朝廷若薄確之罪，則於皇帝孝治爲不足；若深罪確，則於太皇太后仁政爲小累。謂宜皇帝降敕置獄逮治，而太皇太后内出手詔赦之，則仁孝兩得矣。宣仁后心善公言而不能用。公出郊未發，遣内侍賜龍茶、銀合，用前執政恩例，所以慰勞甚厚。

及至杭，吏民習公舊政，不勞而治。歲適大旱，饑疫並作，公請於朝，免本路上供米三之一，故米不翔貴，復得賜度僧牒百，易米以救飢者。明年方春，即減價糶常平米，民遂免大旱之苦。公又多作饘粥、藥劑，遣吏挾醫分坊治病，活者甚衆。公曰：「杭，水陸之會，因疫病死比他處常多。」乃裒羨緡得二千，復發私橐得黄金五十兩，以作病坊，稍畜錢糧以待之，至于今不廢。是秋復大雨，太湖泛溢害稼。公度來歲必饑，復請于朝，乞免上供米半，又多乞度牒以糴常平米，并義倉所有，皆以備來歲出糶，朝廷多從之。由是吴、越之民復免流散。

杭本江海之地，水泉鹹苦，居民稀少。唐刺史李泌始引西湖水作六井，民足於水，故井邑日富。及白居易復浚西湖，放水入運河，自河入田，所溉至千頃。然湖水多葑，自唐及錢氏，歲輒開治，故湖水足用。近歲廢而不理，至是，湖中葑田積二十五萬餘丈，而水無幾矣。運河失湖水之利，則取給於江潮，潮渾濁多

淤，河行闤闠中，三年一淘，爲市井大患，而六井亦幾廢。公始至，浚茅山、鹽橋二河。以茅山一河專受江潮，以鹽橋一河專受湖水。復造堰閘，以爲湖水畜洩之限，然後潮不入市。且以餘力復完六井，民稍獲其利矣。公間至湖上，周視良久，曰：「今欲去葑田，葑田如雲，將安所寘之？湖南北三十里，環湖往來，終日不達，若取葑田積之湖中，爲長堤以通南北，則葑田去而行者便矣。吴人種菱，春輒芟除，不遺寸草，葑田若去，募人種菱，收其利以備修湖，則湖當不復堙塞。」乃取救荒之餘，得錢糧以貫石數者萬。復請於朝，得百僧度牒以募役者。堤成，植芙蓉楊柳其上，望之如圖畫，杭人名之蘇公堤。

杭僧有浄源者，舊居海濱，與舶客交通牟利，舶至高麗，交譽之。元豐末，其王子義天來朝，因往拜焉。至是源死，其徒竊持其畫像附舶往告，義天亦使其徒附舶來祭。祭訖，乃言國母使以金塔二祝皇帝、太皇太后壽。公不納，而奏之曰：「高麗久不入貢，失賜予厚利，意欲來朝矣，未測朝廷所以待之薄厚，故因祭亡僧而行祝壽之禮，禮意尠薄，蓋可見矣。若受而不答，則遠夷或以怨怒；因而厚賜之，正墮其計。臣謂朝廷宜勿與知，而使州郡以理却之。然庸僧猾商，敢擅招誘外夷，邀求厚利，爲國生事，其漸不可長，宜痛加懲創。」朝廷皆從之。未幾，高麗貢使果至。公按舊例，使之所至，吴、越七州，實費二萬四千餘緡，而民間之費不在，乃令諸郡量事裁損。比至，民獲交易之利，而無侵撓之害。

浙江潮自海門東來，勢如雷霆。而浮山峙於江中，與漁浦諸山，犬牙相錯，洄洑激射，歲敗公私船不可勝計。公議自浙江上流地名石門，並山而東，鑿爲運河，引浙江及谿谷諸水二十餘里，以達于江；又並山爲岸，不能十里以達于龍山之大慈浦；自浦北折抵小嶺，鑿嶺六十五丈，以達于嶺東古河；淺古河數里，以達于龍山運河，以避浮山之險，人皆以爲便。奏聞，有惡公成功者。會公罷歸，使代者盡力排之，功以不成。公復言：三吴之水，豬爲太湖。太湖之水，溢爲松江以入海。海日兩潮，潮濁而江清，潮水常欲淤塞江路。而江水清駛，隨輒滌去，海口常通，則吴中少水患。昔蘇州以東，公私船皆以篙行，無陸挽者。自慶曆以來，松江大築挽路，建長橋以扼塞江路，故今三吴多水，欲鑿挽路爲千橋以迅江勢。亦不果用，人皆恨之。

公二十年間再莅此州，有德於其人，家有畫像，飲食必祝，又作生祠以報。

六年，召入爲翰林承旨，復侍邇英。當軸者不樂，風御史攻公。公之自汝移常也，授命於宋，會神考晏駕，哭於宋，而南至揚州。常人爲公買田，書至，公喜作詩，有「聞好語」之句。言者妄謂公聞諱而喜，乞加深譴。然詩刻石有時日，朝廷知言者之妄，皆逐之。公懼，請外補，乃以龍圖閣學士守潁。

先是開封諸縣多水患，吏不究本末，決其陂澤，注之惠民河，河不能勝，則陳亦多水。至是又將鑿鄧艾溝，與潁河並。且鑿黄堆，注之於淮，議者多欲從之。公適至，遣吏以水平準之。淮之漲水高於新溝幾一丈，若鑿黄堆，淮水顧流浸州境，決不可爲，朝廷從之。郡有宿賊尹遇等數人，羣黨驚劫，殺變主及捕盜吏兵者非一。朝廷以名捕不獲，被殺者噤不敢言。公召汝陰尉李直方，謂之曰：「君能擒此，當力言於朝，乞行優賞；不獲，亦以不職奏免君矣。」直方退，緝知羣盗所在，分命弓手往捕其黨，而躬往捕遇。直方有母年九十，母子泣別而行，手戟刺而獲之。然小不應格，推賞不及。公爲言於朝，請以年勞，改朝散郎階，爲直方賞。朝廷不從。其後吏部以公當遷，以符會公考，公自謂已許直方，卒不報。

七年，徙揚州。發運司舊主東南漕法，聽操舟者私載物貨，征商不得留難。故操舟者富厚，以官舟爲家，補其弊漏，而周船夫之乏困，故其所載，率無虞而速達。近歲不忍征商之小失，一切不許，故舟弊人困，多盜所載以濟飢寒，公私皆病。公奏乞復故，朝廷從之。

未閲歲，以兵部尚書召還，兼侍讀。是歲，親祀南郊，爲鹵簿使，導駕入太廟。有貴戚以其車從争道，不避仗衛，公於車中劾奏之。明日，中使傳命申敕有司，嚴整仗衛。尋遷禮部，復兼端明殿、翰林侍讀二學士。高麗遣使請書於朝，朝廷以故事盡許之。公曰：「漢東平王請諸子及《太史公書》，猶不肯與，今高麗所請，有甚於此，其可予之乎？」不聽。公臨事必以正，不能俯仰隨俗，乞守郡自効。

八年，以二學士知定州。定久不治，軍政尤弛，武衛卒驕惰不教，軍校蠶食其廩賜，故不敢呵問。公取其貪汙甚者，配隸遠惡，然後繕修營房，禁止飲博。軍中衣食稍足，乃部勒以戰法，衆皆畏伏。然諸校多不自安者，有卒史復以贓訴其長，公曰：「此事吾自治則可，汝若得告，軍中亂矣。」亦決配之，衆乃定。會春大閲，軍禮久廢，將吏不識上下之分，公命舉舊典，元帥常服坐帳中，將吏戎服奔走執事。副總管王光祖自謂老將，恥之，稱疾不出。公召書吏作奏，將上，光祖震恐而出，訖事，無敢慢者。定人言，自韓魏公去，不見此禮至今矣。北戎久和，邊兵不試，臨事有不可用之憂，惟沿邊弓箭社兵與寇爲鄰，以戰射自衛，猶號精鋭。故相龐公守邊，因其故俗立隊伍將校，出入賞罰，緩急可使。歲久法弛，復

爲保甲所撓，漸不爲用。公奏爲免保甲及兩税折變科配，長吏以時訓勞，不報，議者惜之。

時方例廢舊人，公坐爲中書舍人日草責降官制，直書其罪，誣以謗訕，紹聖元年，遂以本官知英州。尋復降一官，未至，復以寧遠軍節度副使安置惠州。公以侍從齒嶺南編户，獨以少子過自隨，瘴癘所侵，蠻蜒所侮，胸中泊然無所蔕芥。人無賢愚，皆得其歡心，疾苦者畀之藥，殞斃者納之竁。又率衆爲二橋以濟病涉者，惠人愛敬之。居三年，大臣以流竄者爲未足也，四年，復以瓊州别駕安置昌化。昌化非人所居，食飲不具，藥石無有，初僦官屋以庇風雨，有司猶謂不可，則買地築室，昌化士人畚土運甓以助之，爲屋三間。人不堪其憂，公食芋飲水，著書以爲樂，時從其父老遊，亦無間也。

元符三年，大赦，北還。初徙廉，再徙永，已乃復朝奉郎提舉成都玉局觀，居從其便。公自元祐以來，未嘗以歲課乞遷，故官止於此，勳上輕車都尉，封武功縣開國伯，食邑九百户。將居許，病暑，暴下，中止於常。建中靖國元年六月，請老，以本官致仕，遂以不起。未終旬日，獨以諸子侍側，曰：「吾生無惡，死必不墜。慎無哭泣以怛化。」問以後事，不答，湛然而逝，實七月丁亥也。

公娶王氏，追封通義郡君，繼室以其女弟，封同安郡君，亦先公而卒。子三人，長曰邁，雄州防禦推官，知河間縣事。次曰迨，次曰過，皆承務郎。孫男六人，簞、符、箕、籥、筌、籌。明年閏六月癸酉，葬於汝州郟城縣釣臺鄉上瑞里。

公之於文，得之於天。少與轍皆師先君，初好賈誼、陸贄書，論古今治亂，不爲空言。既而讀《莊子》，喟然歎息曰：「吾昔有見於中，口未能言，今見《莊子》，得吾心矣。」乃出《中庸論》，其言微妙，皆古人所未喻。嘗謂轍曰：「吾視今世學者，獨子可與我上下耳。」既而謫居於黄，杜門深居，馳騁翰墨，其文一變，如川之方至，而轍瞠然不能及矣。後讀釋氏書，深悟實相，參之孔老，博辯無礙，浩然不見其涯也。先君晚歲讀《易》，玩其爻象，得其剛柔遠近喜怒逆順之情，以觀其詞，皆迎刃而解。作《易傳》，未完，疾革，命公述其志。公泣受命，卒以成書，然後千載之微言，焕然可知也。復作《論語説》，時發孔氏之祕。最後居海南，作《書傳》，推明上古之絶學，多先儒所未達。既成三書，撫之歎曰：「今世要未能信，後有君子，當知我矣。」至其遇事所爲詩騷銘記書檄論譔，率皆過人。有《東坡集》四十卷、《後集》二十卷、《奏議》十五卷、《内制》十卷、《外制》三卷。公詩本似李杜，晚喜陶淵明，追和之者幾遍，凡四卷。幼而好書，老而不倦，自言不及晉人，至唐褚、薛、顔、柳，髣髴近之。平生篤於孝友，輕財好施。伯父太白早亡，子孫未立，杜氏姑卒未葬。先君没，有遺言。公既除喪，即以禮葬姑。及官可廕補，復以奏伯父之曾孫彭。其於人，見善稱之如恐不及，見不善斥之如恐不盡；見義勇於敢爲，而不顧其害。用此數困於世，然終不以爲恨。孔子謂伯夷、叔齊古之賢人，曰：「求仁而得仁，又何怨？」公實有焉。銘曰：

蘇自欒城，西宅于眉。世有潛德，而人莫知。猗歟先君，名施四方。公幼師焉，其學以光。出而從君，道直言忠。行險如夷，不謀其躬。英祖擢之，神考試之。亦既知矣，而未克施。晚侍哲皇，進以詩書。誰實間之？一斥而疏。公心如玉，焚而不灰。不變生死，孰爲去來。古有微言，衆説所蒙。手發其樞，恃此以終。心之所涵，遇物則見。聲融金石，光溢雲漢。耳目同是，舉世畢知。欲造其淵，或眩以疑。絶學不繼，如已斷弦。百世之後，豈其無賢？我初從公，賴以有知。撫我則兄，誨我則師。皆遷于南，而不同歸。天實爲之，莫知我哀。

雜録

備録

朱熹《三朝名臣言行録》卷九之三《内翰蘇文忠公》 東坡言：「頃試制科中程後，英宗皇帝即欲便授知制誥，相國韓公曰：『蘇軾之才，遠大之器也。他日自當爲天下用，要在朝廷培養之，使天下之士，莫不畏慕降伏，皆欲朝廷進用之，然後取而用之，則人人無復異辭矣。今驟用之，則天下之士，未必以爲然，適足以累之也。』英宗曰：『且與脩注如何？』韓公曰：『記注與制誥爲隣，未可遽授。不若且於館閣中擇近上貼職予之，它日擢用，亦未爲晚。』乃授直史館。東坡聞之曰：『公可謂愛人以德矣！』」《李廌談記》

謝景温言：「范鎮舉蘇軾爲諫官，軾向丁憂，多占舟船，販私鹽、蘇木。及服闋入京，多占兵士。」介甫初爲政，每贊上以獨斷，上專信任之。軾爲開封府試官，策問進士以「晉武平吴，以獨斷而克，苻堅伐晉，以獨斷而亡。齊桓專任管仲而霸，燕噲專任子之而敗。事同而功異，何也？」介甫見之不悦。軾弟轍辭條例

司，言青苗不便，介甫尤怒，乃定制策登科者不復試館職，以軾、轍兄弟故也。軾有表弟選人，素與軾不叶，介甫使人召之，問軾過失，其人言向丁憂販私鹽、蘇木等事，介甫雖銜之，未有以發之。軾又數上章言時政得失，今春擬進士策，皆譏刺介甫。及詔兩制舉諫官，衆論以爲當今宜爲諫官者，無若傅堯俞、蘇軾，故舉堯俞者六十人，而景仁舉軾。景温恐軾爲諫官，攻介甫之短，故以榜語力排之。介甫下淮南、江南東西、荆湖北、夔州、成都六路轉運司體量其狀，蓋軾眉州人，其入京也，適本州迎新守，軾因帶以來耳。《温公日録》

王介甫與蘇子瞻初無隙，吕惠卿忌子瞻才高，輒間之。中丞李定，亦介甫客也，不服母喪，子瞻以爲不孝，作詩詆之，定以爲恨，劾子瞻作詩謗訕。遂下御史獄，謫居黄州。後移汝州，過金陵，見介甫甚款。子瞻曰：「軾欲有言於公。」介甫色動，意子瞻辯前日事也。子瞻曰：「軾所言者，天下事也。」介甫色定，曰：「姑言之。」子瞻曰：「大兵大獄，漢、唐滅亡之兆。祖宗以仁厚治天下，正欲革此。今西方用兵，連年不解，東南數起大獄，公獨無一言以救之乎？」介甫舉手兩指示子瞻曰：「二事皆惠卿啓之，安石在外，安敢言？」子瞻曰：「固也。然在朝則言，在外則不言，事君之常禮耳。上所以待公者非常禮，公所以事上者豈可以常禮乎？」介甫厲聲曰：「安石須説。」又曰：「出在安石口，入在子瞻耳。」蓋介甫嘗爲惠卿發其「無使上知」私書，尚畏惠卿，恐子瞻泄其言也。介甫又語子瞻曰：「人須是知行一不義，殺一不辜，得天下弗爲，乃可。」子瞻戲曰：「今之君子，争減半年磨勘，雖殺人亦爲之。」介甫笑而不言。《聞見録》

惠洪《冷齋夜話》卷一 東坡倅錢塘日，夢神宗召入禁，宫女環侍，一紅衣女捧紅靴一雙，命軾銘之。覺而記其中一聯云：「寒女之絲，銖積寸累；步武所及，雲蒸雷起。」既畢，進御，上極嘆其敏，使宫女送出。睇視裙帶間有六言詩一首，曰：「百疊漪漪水皺，六銖縰縰雲輕。植立含風廣殿，微聞環珮摇聲。」

東坡作《海棠》詩曰：「只恐夜深花睡去，更燒銀燭照紅粧。」事見《太真外傳》，曰：「上皇登沉香亭，詔太真妃子。妃子時卯醉未醒，命力士從侍兒扶掖而至。妃子醉顔殘粧，鬢亂釵横，不能再拜。上皇笑曰：『豈是妃子醉，真海棠睡未足耳！』」作《尼童》詩曰：「應將白練作仙衣，不許紅膏污天質。」事見則天長壽二年詔書，曰：「應天下尼當用細白練爲衣。」作《橄欖》詩曰：「待得微甘回齒頰，已輸崖蜜十分甜。」事見《鬼谷子》，曰：「照夜青，螢也。百花釀，蜜也。崖蜜，櫻桃也。」作《贈舉子》詩曰：「平生萬事足，所欠惟一死。」事見梁僧史，曰：「世祖宴東府，王公畢集，詔跋陀羅至。跋陀羅皤然清瘦，世祖望見，謂謝莊曰：『摩訶衍有機辯，當戲之。』跋陀趨外陛，世祖曰：『摩訶衍不負遠來，惟有一死在。』即應聲曰：『貧道客食陛下三十載，恩德厚矣，無所欠，所欠者惟一死耳。』」李太白詩曰：「昔作芙蓉花，今爲斷腸草。以色事他人，能得幾時好？」陶弘景《仙方注》曰：「斷腸草不可食，其花美好，名芙蓉花。」

東坡南遷，侍兒王朝雲者請從行，東坡佳之，作詩，有序曰：「世謂樂天有鬻駱放楊枝詞，佳其至老病不忍去也。然夢得詩曰：『春盡絮飛留不得，隨風好去落誰家？』樂天亦云：『病與樂天相共住，春同樊素一時歸。』則是樊素竟去也。予家有數妾，四五年相繼辭去，獨朝雲隨予南遷，因讀樂天詩，戲作此贈之。」云：「不學楊枝别樂天，且同通德伴伶玄。伯仁絡秀不同老，天女維摩總解禪。經卷藥爐新活計，舞裙歌板舊因緣。丹成隨我三山去，不作巫陽雲雨仙。」蓋紹聖元年十一月也。三年七月十五日，朝雲卒，葬于栖禪寺松林中，直大聖塔。又和詩曰：「苗而不秀豈其天，不使童烏與我玄。駐景恨無千歲藥，贈行惟有小乘禪。傷心一念償前債，彈指三生斷後緣。歸卧竹根無遠近，夜燈勤禮塔中仙。」又作梅花詞曰「玉骨那愁瘴霧」者，其寓意爲朝雲作也。秦少游曰：「唐詩《閨怨》詞曰：『繡閣開金鎖，銀臺點夜燈。長征君自慣，獨卧妾何曾？』此正語病之著者，而選詩自謂精之，果精乎？」參寥子曰：「林下人好言詩，纔見誦貫休、齊己詩，便不必悶。」

前輩訪人不遇，皆不書壁。東坡作行，不肯書牌，其特地止書壁耳。候人未至，則掃墨竹。

東坡每曰：古人所貴者，貴其真。陶淵明耻爲五斗米屈于鄉里小兒，棄官去，歸久之，復遊城郭，偶有羨于華軒。漢高帝臨大事，鑄印銷印，甚于兒戲，然其正直明白，照映千古，想見其爲人。問士大夫蕭何何以知韓信，竟未有答之者。

東坡嘗曰：淵明詩初看若散緩，熟看有奇句。如：「日暮巾柴車，路暗光已夕。歸人望烟火，稚子候簷隙。」又曰：「採菊東籬下，悠然見南山。」又：「靄靄遠人村，依依墟里烟。犬吠深巷中，雞鳴桑樹顛。」大率才高意遠，則所寓得其妙，造語精到之至，遂能如此，似大匠運斤，不見斧鑿之痕。不知者困疲精力，至死不之悟，而俗人亦謂之佳。如曰：「一千里色中秋月，十萬軍聲半夜潮。」又曰：「蝴蝶夢中家萬里，子規枝上月三更。」又曰：「深秋簾幕千家雨，落日樓臺

一笛風。」皆如寒乞相，一覽便盡，初如秀整，熟視無神氣，以其字露也。東坡作對則不然，如曰「山中老宿依然在，案上《愣嚴》已不看」之類，更無齟齬之態，細味對甚的，而字不露，此其得淵明之遺意耳。

東坡曰：予少官鳳翔，行山求邸，見壁間有詩曰：「人間無漏仙，兀兀三盃醉。世上没眼禪，昏昏一覺睡。雖然没交涉，其奈略相似。相似尚如此，何況真箇是！」故其海上作《濁醪有妙理賦》曰：「嘗因既醉之適，方識人心之正。」然此老言人心之正，如孟子言性善，何以異哉？

東坡詩曰：「客來茶罷空無有，盧橘微黄尚帶酸。」張嘉甫曰：「盧橘何種果類？」答曰：「枇杷是矣。」又問：「何以驗之？」答曰：「事見相如賦。」嘉甫曰：「盧橘夏熟，黄甘橙榛，枇杷橪柿，亭柰厚朴。盧橘果枇杷，則賦不應四句重用。應劭注曰：『伊尹書曰：箕山之東，青鳥之所，有盧橘，常夏熟。』不據依之，何也？」東坡笑曰：「意不欲耳。」

東坡嘗對歐公誦文與可詩曰：「美人却扇坐，羞落庭下花。」歐公笑曰：「與可無此句，與可拾得耳。」世徒知與可掃墨竹，不知其高才兼諸家之妙，詩尤精絶，戲作鷺鷥詩曰：「頸細銀鈎淺曲，脚高緑玉深翹。岸上水禽無數，有誰似汝風標？」

東坡曰：世間之物未有無對者，皆自然生成之象，雖文字之語，但學者不思耳。如因事當時爲之語曰：「劉蕡下第，我輩登科。」則其前有「雍齒且侯，吾屬何患」。太宗曰：「我見魏徵常媚嫵。」則德宗乃曰：「人言盧杞是姦邪。」

東坡在儋耳，有姜唐佐從乞詩。唐佐，朱崖人，亦書生。東坡借其手中扇大書其上曰：「滄海何曾斷地脈，朱崖從此破天荒。」又書司命宫楊道士息軒曰：「無事此静坐，一日是兩日。若活七十年，便是百四十。黄金不可成，白髮日夜出。開眼三十秋，速於駒過隙。是故東坡老，貴汝一念息。時來登此軒，望見過海席。家山歸未得，題詩寄屋壁。」

惠洪《冷齋夜話》卷五 有村校書，年已七十，方買妾饌客。東坡杖藜相過，村校喜，延坐其東，起爲壽，且乞詩。東坡問所買妾年幾何，曰三十，乃戲爲詩，其略曰：「侍者方當而立歲，先生已是古稀年。」此老滑稽，故文章亦如此。又曰：「世間事無有無對，第人思之不至也。如曰：『我見魏徵嘗嫵媚』，則對曰『人言盧杞是姦邪』。」又曰：「無物不可比類，如蠋花似石榴花，紙花似罌宿花，通草花似梨花，羅絹花似海棠花。」

惠洪《冷齋夜話》卷七 東坡遊廬山，至東林，作二偈曰：「溪聲便是廣長舌，山色豈非清浄身？夜來八萬四千偈，他日如何舉似人。」「横看成嶺側成峰，遠近看山了不同。不識廬山真面目，只緣身在此山中。」魯直曰：「此老人于般若，横説竪説，了無剩語。非其筆端有口，安能吐此不傳之妙哉？」

華亭船子和尚偈曰：「千尺絲綸直下垂，一波纔動萬波隨。夜静水寒魚不食，滿船空載月明歸。」叢林盛傳，想見其爲人。宜州倚曲音成長短句曰：「一波纔動萬波隨。簑笠一鈎絲，金鱗正在深處，千尺也須垂。吞又吐，信還疑，上鈎遲。水寒江静，滿目青山，載月明歸。」

東坡在惠州，盡和淵明詩。時魯直在黔南，聞之作偈曰：「子瞻謫海南，時宰欲殺之。飽喫惠州飯，細和淵明詩。淵明千載人，子瞻百世士。出處固不同，風味亦相似。」尋又遷儋耳，久之，天下盛傳子瞻已仙去矣。後七年，北歸，時章丞相方貶雷州。東坡至南昌，太守葉祖洽云：「世傳端明已歸道山，今尚爾遊戲人間耶！」東坡曰：「途中見章子厚，乃迴反耳。」

東坡自海南至虔上，以水涸不可舟，逗留月餘，時過慈雲寺浴，長老明鑑，魁梧如所畫慈恩然，叢林以道學與之。東坡作偈戲之曰：「居士無塵堪洗沐，老師有句借宣揚。窗前但見蠅鑽紙，門外時聞佛放光。遍界難藏真薄相，一絲不掛且逢場。却須重説圓通偈，千眼熏籠是法王。」又嘗要劉器之同參玉版和尚，器之每倦山行，聞見玉版，欣然從之。至廉泉寺，燒笋而食，器之覺笋味勝，問此笋何名，東坡曰：「即玉版也。此老師善説法，要能令人得禪悦之味。」于是器之乃悟其戲，爲大笑。東坡亦悦，作偈曰：「叢林真百丈，嗣法有横枝。不怕石頭路，來參玉版師。聊憑柏樹子，與問籜龍兒。瓦礫猶能説，此君那不知？」

東坡鎮維揚，幕下皆奇豪。一日，石塔長老遣侍者投牒求解宅，東坡問：「長老欲何往？」對曰：「歸西湖舊廬。」即令出，别俟指揮。東坡于是將僚佐同至石塔，令擊鼓，大衆聚觀，袖中出疏，使晁無咎讀之，其詞曰：「大師何曾出世？誰作金毛之聲？衆生各自開堂，何關石塔之事？去無作相，住亦隨緣。戒公長老，開不二門，施無盡藏。念西湖之久别，亦是偶然；爲東坡而少留，無不可者。一時稽首，重聽白槌。渡口船迴，依舊雲山之色；秋來雨過，一新鐘鼓之聲。謹疏。」予謂戒公甚類杜子美黄四娘耳。東坡妙觀逸想，託之以爲此文，遂與百世俱傳也。

葉夢得《巖下放言》卷上 蘇子瞻好謔。一日與客集，有論林和靖詩偶儷精

切，如用古人，不獨取以相對，雖其姓名之字亦欲相對，如「伶倫近日無侯白，奴僕當年有衛青」之類。子瞻曰：「吾近得一對，但未有用處。」或問之，曰：「韓玉汝正可對李金吾。」聞者皆大笑。唐人記有問東方虬何以名虬者，曰「且要數百年後對西門豹」，正類爾。今日有客來云顯官「張九成」，輕薄子或對以「柳三變」，亦的對也。

葉夢得《石林燕語》卷八　蘇子瞻自在場屋，筆力豪騁，不能屈折於作賦。省試時，歐陽文忠公鋭意欲革文弊，初未之識。梅聖俞作考官，得其《刑賞忠厚之至論》，以爲似《孟子》。然中引「皋陶曰殺之三，堯曰宥之三」事，不見所據，亟以示文忠，大喜。往取其賦，則已爲他考官所落矣，即擢第二。及放榜，聖俞終以前所引爲疑，遂以問之。子瞻徐曰：「想當然耳，何必須要有出處？」聖俞大駭，然人已無不服其雄俊。

葉夢得《避暑録話》卷上　蘇子瞻在黄州作蜜酒，不甚佳，飲者輒暴下。蜜水腐敗者爾。嘗一試之，後不復作。在惠州作桂酒，嘗問其二子邁、過，云亦一試之而止。大抵氣味似屠蘇酒。二子語及，亦自撫掌大笑。二方未必不佳，但公性不耐事，不能盡如其節度，姑爲好事借以爲詩，故世喜其名。要之，酒非麴蘗，何可以他物爲之？若不類酒，孰若以蜜漬木瓜植橙等爲之，自可口，不必似酒也。劉禹錫《傳信方》有桂漿法，善造者，暑月極快美。凡酒用藥，未有不奪其味，况桂之烈。楚人所謂桂酒椒漿者，安知其爲美酒？况土俗所尚，今欲因其名以求美，亦過矣。

葉夢得《避暑録話》卷下　蘇子瞻元豐間赴詔獄，與其長子邁俱行。與之期，送食惟菜與肉，有不測，則徹二物而送以魚。使伺外間以爲候，邁謹守。踰月，忽糧盡，出謀於陳留，委其一親戚代送而忘語其約。親戚偶得魚鮓送之，不兼他物。子瞻大駭，知不免，將以祈哀於上，而無以自達，乃作二詩寄子由，祝獄吏致之，蓋意獄吏不敢隱，則必以聞，已而果然。神宗初固無殺意，見詩益動心，自是遂益欲從寬釋，凡爲深文者皆拒之。二詩不載集中，今附於此：「栢臺霜氣夜淒淒，風動琅璫月向低。夢繞雲山心似鹿，魂飛湯火命如雞。額中犀角真吾子，身後牛衣愧老妻。他日神游定何所，桐鄉應在浙江西。」「聖主如天萬物春，小臣愚暗自亡身。百年未了須還債，十口無家更累人。是處青山可藏骨，他時夜雨獨傷神。與君世世爲兄弟，更結來生未了因。」

孫宗鑑《西畬瑣録》　東坡元豐間繫御史獄，謫黄州；元祐初，起知登州；未幾，以禮部員外郎召。道中偶遇當時獄官，甚有愧色，東坡戲之曰：「有蛇螫殺人，爲冥官所追議，法當死，蛇前訴曰：『誠有罪，然亦有功可以自贖。』冥官曰：『何功也？』蛇曰：『某有黄可治病，所活已數人矣。』吏考驗，固不誣，遂得免。良久，牽一牛至，獄吏曰：『此牛觸殺人，亦當死。』牛曰：『我亦有黄可以治病，亦活數人矣。』良久，亦得免。久之，獄吏引一人至，曰：『此人生常殺人，幸免死，今當還命。』其人倉皇妄言亦有黄。冥官大怒，詰之曰：『蛇黄、牛黄皆入藥，天下所共知。汝爲人，何黄之有！』左右交訊，其人窘甚，曰：『某別無黄，但有些慚惶。』」

馬永卿《嬾真子》卷一　東坡至黄州，邀一隱士相見，但視傳舍，不言而去。東坡曰：「豈非以身世爲傳舍相戒乎？」因贈以詩，末云：「士廉豈識桃椎妙，妄意稱量未必然。」此蓋用朱桃椎故事也。高士廉備禮請見，與之語，不答，瞪目而去。士廉再拜，曰：「祭酒其使我以無事治蜀耶？」乃簡條目，州遂大治。東坡用事之切當如此，皆取隱士相見不言之意也。

朱弁《曲洧舊聞》卷五　東坡自黄徙汝，過金陵，荆公野服乘驢，謁於舟次。東坡不冠而迎揖，曰：「軾今日敢以野服見大丞相。」荆公笑曰：「禮爲我輩設哉！」東坡曰：「軾亦自知相公門下用軾不著。」荆公無語，乃相招遊蔣山。在方丈飲茶次，公指案上大硯曰：「可集古人詩，聯句賦此硯。」東坡應聲曰：「賦請先道一句。」因大唱曰：「巧匠斲山骨。」荆公沈思良久，無以續之，乃起曰：「且趁此好天色，窮覽蔣山之勝，此非所急也。」田晝承君是日與一二客從後觀之，承君曰：「荆公尋常好以此困人，而門下士往往多辭以不能，不料東坡不可以此懾伏也。」承君，建中靖國間爲大宗正丞，曾布欲用爲提舉常平，以非其所素學，辭不受，士論美之。

東坡云：郗超雖爲桓温腹心，以其父愔忠於王室，不令知之。將死，出一箱書付門生，曰：「本欲焚之，恐父年尊，必以相傷爲斃。我死後，若大損眠食，可呈此箱。不爾，便燒之。」愔後果哀悼成疾。門生依指呈之，悉與温往返密計，乃大怒曰：「小子死恨晚矣。」更不復哭。若方回者，可謂忠臣矣，當與石碏比。然超不謂之孝可乎？使超知君子之孝，則不從温矣。東坡先生曰：「超，小人之孝也。」

東坡在儋耳，因試筆，嘗自書云：「吾始至南海，環視天水無際，悽然傷之，曰：『何時得出此島耶！』已而思之，天地在積水中，九州在大瀛海中，中國在少

海中，有生孰不在島者？覆盆水於地，芥浮於水，蟻附於芥，茫然不知所濟。少焉水涸，蟻即徑去，見其類出涕曰：『幾不復與子相見。』豈知俯仰之閒，有方軌八達之路乎！念此可以一笑。戊寅九月十二日，與客飲薄酒小醉，信筆書此紙。」

東坡云：「遇天色明暖，筆硯和暢，便宜作草書數紙，非獨以適吾意，亦使白年之後與我同病者，有以發之也。張長史、懷素得草書三昧，聖宋文物之盛，未有以嗣之，惟蔡君謨頗有法度，然而未放，止與東坡相上下耳。」

東坡與客論食次，取紙一幅，書以示客云：「爛蒸同州羊羔，灌以杏酪，食之以匕不以箸。南都麥心麪，作槐芽温淘糝，襄邑抹猪炊共城香粳，薦以蒸子鵞，吳興庖人斫松江鱠。既飽，以廬山康王谷簾泉，烹曾坑鬭品茶。少焉解衣仰卧，使人誦東坡先生《赤壁前後賦》，亦足以一笑也。」東坡在儋耳，獨有二賦而已。

東坡至儋耳，見野花夾道，如芍藥而小，紅鮮可愛，樸樕叢生。土人云：「倒黏子花也。」結子如馬乳，爛紫可食，殊甘美。中有細核，并嚼之瑟瑟有聲，亦頗澀，童兒食之，或大便難。葉背白，如石韋狀。野人秋夏病痢，食其葉輒已。海南無柿，人取其皮，剥浸爛杵之。得膠，以代柿漆，蓋愈於柿也。「吾久苦小便白濁，近又大府滑，百藥不瘥，取倒黏子嫩葉蒸之，焙燥爲末，以酒糊丸，日吞百餘，二府皆平復，然後知其奇藥也。因名『海漆』，而私記之，貽好事君子。明年子熟，當取子研，濾酒爲膏以劑，不復用糊矣。」

東坡在海外，於元符二年春且盡，因試潘道人墨，取紙一幅，書曰：「松之有利於世者甚博。松花、脂茯苓服之，皆長生。其節煮之以釀酒，愈風痹，强腰足。其根皮食之膚革香，久則香聞下風數十步外。其實食之滋血髓，研爲膏，人漓酒中，則醇釅可飲。其明爲燭，其煙爲墨。其皮上蘚爲艾納，聚諸香煙。其材産西北者至良，名黄松，堅韌冠百木。略數其用於世，凡十有一。」不是閒居，不能究物理之精如此也。

東坡嘗語子過曰：「秦少游、張文潛才識學問，爲當世第一，無能優劣二人者。少游下筆精悍，心所默識而口不能傳者，能以筆傳之。然而氣韻雄拔，疏通秀朗，當推文潛。二人皆辱與予遊，同升而並黜。有自雷州來者，遞至少游所惠書詩累幅。近居蠻夷得此，如在齊聞《韶》也。汝可記之，勿忘吾言。」

東坡因子過讀《南史》，卧而聽之，語過曰：「王僧虔居建康禁中里馬糞巷，子孫賢實謙和，時人稱爲馬糞諸王爲長者。《東漢・贊》論李固云：『視胡廣、趙戒如糞土。』糞之穢也。一經僧虔，便爲佳號，而以比胡、趙，則糞有時而不幸，汝可不知乎！」

東坡因與方士論内外丹，仍有所得，喜而曰：「白樂天作廬山草堂，蓋亦燒丹也。丹欲成而鑪鼎敗，明日，忠州除書到，乃知出世閒事不兩立也。僕有此志久矣，而終無成，亦以世閒事未敗故也。今日真敗矣。《書》曰：『民之所欲，天必從之。』信而有徵，君輩爲我誌之。」

東坡言：「唐僧段和尚善彈琵琶，製道調。涼州國工康崑崙求之不得，後於元載子伯和處得女樂八人，以其半遺段，乃得之。予家舊有婢，亦善作此曲，音節皆妙，但不知道調所謂。今日讀《唐史・樂志》云：高宗以爲李氏老子之後，故命樂工製道調。」

東坡云：「今琵琶有獨彈，不合胡部諸調，曰某宫，多不可曉。《樂志》又云：《涼州》者，本西涼所獻也。其聲本宫調，有大遍小遍。貞元初，樂工康崑崙寓其聲於琵琶，奏於玉宸殿，因號玉宸宫調。予嘗聞琵琶中作轢弦薄媚者，乃云是玉宸宫調也。」

東坡言：「唐初即用隋樂，武德九年，始詔祖孝孫、竇璡等定樂。初，隋用黄鍾一宫，惟擊七鍾，五懸而不擊，謂之啞鍾。張文收乃依古斷竹數十二律，與孝孫等次調五鍾，叩之而應，由是十二鍾皆用。至肅宗時，山東人魏延陵得律一，因李輔國奏云云：『太常樂調皆下，不合黄鍾，請悉别製諸鍾。』帝以爲然。乃悉取諸樂器磨刻之，二十五日而成。然以漢律考之，黄鍾乃太簇也，當時議者以爲非是。唐自肅、代以後，政日急，民日困，俗日媮，以至於亡。以理推之，其所謂下者，乃鍾聲也，悲夫！」

東坡在儋耳，謂子過曰：「吾嘗告汝，我決不爲海外人，近日頗覺有還中州氣象。」乃滌硯索紙筆焚香，曰：「果如吾言，寫吾平生所作八賦，當不脱誤一字。」既寫畢，讀之大喜，曰：「吾歸無疑矣。」後數日，而廉州之命至。八賦墨迹，始在梁師成家，或云入禁中矣。

朱弁《曲洧舊聞》卷八 東坡嘗與劉貢父言：「某與舍弟習制科時，日享三白，食之甚美，不復信世閒有八珍也。」貢父問「三白」，答曰：「一撮鹽，一楪生蘿蔔，一盌飯，乃三白也。」貢父大笑。久之，以簡招坡過其家喫皛飯，坡不省憶嘗對貢父三白之説也，謂人云：「貢父讀書多，必有出處。」比至赴食，見案上所設惟鹽、蘿蔔、飯而已，乃始悟貢父以三白相戲，笑投匕筯，食之幾盡。將上馬，

云：「明日可見過，當具毳飯奉待。」貢父雖恐其爲戲，但不知毳飯所設何物，如期而往。談論過食時，貢父飢甚索食，坡云：「少待。」如此者再三，坡答如初。貢父曰：「飢不可忍矣。」坡徐曰：「鹽也毛，蘿蔔也毛，飯也毛，非毳而何？」貢父捧腹曰：「固知君必報東門之役，然慮不及此也。」坡乃命進食，抵暮而去。世俗呼「無」爲「模」，又語譌「模」爲「毛」，嘗同音，故坡以此報之，宜乎貢父思慮不到也。

東坡詩文，落筆輒爲人所傳誦。每一篇到，歐陽公爲終日喜，前輩類如此。一日，與棐論文及坡公，歎曰：「汝記吾言，三十年後，世上人更不道著我也。」崇寧、大觀間，海外詩盛行，後生不復有言歐公者。是時朝廷雖嘗禁止，賞錢增至八十萬，禁愈嚴而傳愈多，往往以多相夸。士大夫不能誦坡詩，便自覺氣索，而人或謂之不韻。

施德操《北窗炙輠録》卷上　東坡性簡率，平生衣服飲食皆草草。至杭州時，常喜至祥符寺琴僧維賢房閒憩，至則脱巾褫衣，露兩股榻上，令一虞候搔。及起，視其岸巾，止用一麻繩約髪爾。又築新堤時，坡日視之。一日飢，令具食，食未至，遂於堤上取築堤人飯器，滿貯陳倉米飯一器，盡之。大抵平生簡率皆類此。

張邦基《墨莊漫録》卷一　東坡在杭州，一日遊西湖，坐孤山竹閣前臨湖亭上，時二客皆有服，預焉。久之，湖心有一綵舟，漸近亭前，靚粧數人，中有一人尤麗。方鼓箏，年且三十餘，風韻閒雅，綽有態度，二客競目送之。曲未終，翩然而逝。公戲作長短句云：「鳳凰山下雨初晴。水風清。晚霞明。一朵芙蓉，開過尚盈盈。何處飛來雙白鷺，如有意，慕娉婷。忽聞江上弄哀箏。苦含情。遣誰聽。煙斂雲收，依約是湘靈。欲待曲終尋問取，人不見，數峯青。」

東坡在海外，瓊州士人姜公弼來從學。坡題其扇云：「滄海何曾斷地脈，白袍或作朱厓。端合破天荒。」公弼求足之，坡云：「候汝登科，當爲汝足。」後入廣被貢至京師，時坡已薨，乃謁黄門於許下，子由乃爲足之，云：「生長茅間已異芳，風流稷下古諸姜。適從瓊管魚龍窟，秀出羊城翰墨場。滄海何曾斷地脈，白袍端合破天荒。錦衣他日千人看，始信東坡眼目長。」

張邦基《墨莊漫録》卷二　東坡先生知揚州，一夕夢在山林間，忽見一虎來噬。公方驚怖，有一紫袍黄冠以袖障公，叱虎使去。明日，有道士投謁曰：「昨夜不驚畏否？」公曰：「鼠子乃敢爾！本欲杖汝脊，吾豈不知子夜術也。」道士駭懼而退。

張邦基《墨莊漫録》卷三　東坡爲翰苑，元祐三年供端午貼子，有云「上林珍木暗池臺，蜀産吴苞萬里來。不獨盤中見盧橘，時於粽裏得楊梅。」每疑「粽裏楊梅」之句。《玉臺新詠》徐君蒨《共内人夜坐守歲》詩「酒中挑喜子，粽裏覓楊梅」。今人未見以楊梅爲粽，徐公乃守歲詩，楊梅夏熟，歲暮安有此果，豈昔人以乾實爲之耶？東坡以角黍爲午日之饌，故借言之耳。

張邦基《墨莊漫録》卷四　東坡自儋耳北歸，臨行以詩留别黎子雲秀才云：「我本儋州民，寄生西蜀州。忽然跨海去，譬如事遠遊。平生生死夢，三者無劣優。知見不再見，欲去且少留。」後批云：新釀佳甚，求一具理，臨行寫此，以折菜錢。」宣和中，予在京師相藍，見南州一士人携此帖來，粗厚楮紙，行書，塗抹一二字，類顔魯公《祭姪文》，甚奇偉也。具理，南荒人餅餌名也。

東坡知徐州，作黄樓，未幾黄州安置。爲定帥，作《松醪賦》，有云：「遂從此而入海，渺翻天之雲濤。」俄貶惠州，移儋耳，竟入海矣。在京師，送人入蜀云：「莫欺老病未歸身，玉局他年第幾人。」北歸果得提舉成都玉局觀。三事皆讖也。

東坡自常州赴登州，經過揚州，石塔寺長老戒公來謁東坡，坡云：「經過草草，恨不一别石塔。」塔起立云：「遮箇是磚浮圖耶！」坡云：「有縫。」塔云：「若無縫，何以容得世間螻蟻。」坡首肯之。元豐八年八月二十七日也。明日，坡又作詩贈之云：「竹西失却上方老，石塔還逢惠照師。我亦化身東漢去，姓名莫遣世人知。」

張邦基《墨莊漫録》卷五　東坡性喜飲，而飲亦不多。在黄州，嘗以蜜爲釀，又作《蜜酒歌》。人罕傳其法：每蜜用四斤煉熟，入熟湯相攪成一斗，入好麵麴二兩，南方白酒餅子米麴一兩半，搗細，生絹袋盛，都置一器中，密封之。大暑中，冷下。稍涼，温下。天冷，即熱下。一二日即沸，又數日沸定，酒即清可飲。初全帶蜜味，澄之半月，渾是佳酎。方沸時，又煉蜜半斤，冷投之，尤妙。予嘗試爲之，味甜如醇醪。善飲之人，恐非其好也。

張邦基《墨莊漫録》卷七　東坡在黄州，陳慥季常在岐亭，時相往來。季常喜談養生，自謂吐納有所得。後季常因病，公以書戲之云：「公養生之効有成績，今又示病彌月，雖使皐陶聽之，未易平反。公之養生，正如小子之圓覺，可謂『害脚法師鸚鵡禪，五通氣毬黄門妾』也。」前輩相與，可謂善謔也。

張邦基《墨莊漫録》卷九　東坡作長短句《洞仙歌》，所謂「冰肌玉骨，自清涼

無汗」者。公自敘云「予幼時見一老人，年九十餘，能言孟蜀主時事，云蜀主嘗與花蕊夫人夜坐，納涼於摩訶池上，作《洞仙歌令》。老人能歌之，予今但記其首兩句，乃爲足之」。近見季公彦季成詩話，乃云楊元素作《本事》記，《洞仙歌》「冰肌玉骨，自清涼無汗」：錢唐有老尼，能誦後主詩首章兩句，後人爲足其意，以填此詞。其説不同。予友陳興祖德昭云：頃見一詩話，亦題云李季成作，乃全載孟蜀主一詩：「冰肌玉骨清無汗，水殿風來暗香滿。簾間明月獨窺人，欹枕釵横雲鬢亂。三更庭院悄無聲，時見疏星度河漢。屈指西風幾時來，只恐流年暗中換。」云：東坡少年遇美人，喜《洞仙歌》，又邂逅處景色暗相似，故櫽括稍協律以贈之也。予以謂此説近之。據此乃詩耳，而東坡自敘乃云是《洞仙歌令》，蓋公以此敘自晦耳。《洞仙歌》腔出近世，五代及國初未之有也。

徐度《却掃編》卷下　東坡初欲爲富韓公神道碑，久之，未有意思。一日晝寢，夢偉丈夫，稱是寇萊公來訪己，共語久之。既寤，下筆首敘景德澶淵之功，以及慶曆議和，頃刻而就，以示張文潛。文潛曰：「有一字未甚安，請試言之。蓋碑之末初曰：『公之勳在史官，德在生民，天子虚己聽公，西戎、北狄視公進退以爲輕重，然一趙濟能摇之。』竊謂『能』不若『敢』也。」東坡大以爲然，即更定焉。

東坡初爲趙清獻公作《表忠觀碑》，或持以示王荆公。公讀之，沉吟曰：「此何語邪？」時客有在傍者，遽指摘而詆訿之，公不答。讀至再三，又攜之而起，行且讀，忽歎曰：「此《三王世家》也，可謂奇矣！」客大慙。

東坡既謫黄州，復以先知徐州日不覺察妖賊事取勘。已而有旨放罪，乃上表謝。神宗讀至「無官可削，撫己知危」，笑曰：「畏喫棒邪？」

王銍《默記》　東坡自海外歸，至南康軍語劉義仲壯輿曰：「軾元豐中過金陵，見介甫論《三國志》曰：『裴松之之該洽，實出陳壽上，不能别成書而但注《三國志》，此所以□陳壽下也，蓋好事多在注中。安石舊有意重修，今老矣，非子瞻，他人下手不得矣。』軾對以：『軾於討論非所工。』蓋介甫以此事付託軾，軾今以付壯輿也。」僕聞此於壯輿，盡直記其舊言。

曾慥《高齋漫録》　東坡聞荆公《字説》新成，戲曰：「以竹鞭馬爲篤，以竹鞭犬有何可笑？」又曰：「鳩字從九從鳥，亦有證據，《詩》曰：『鳴鳩在桑，其子七兮。』和爺和娘，恰是九箇。」

蘇子瞻任鳳翔府節度判官，章子厚爲商州令，同試永興軍進士。劉原父爲帥，皆以國士遇之，二人相得歡甚。同游南山諸寺，寺有山魈爲祟，客不敢宿，子厚宿，山魈不敢出。抵仙游潭，下臨絶壁萬仞，岸甚狹，横木架橋，子厚推子瞻過潭書壁，子瞻不敢過。子厚平步以過，用索繫樹，躡之上下，神色不動，以漆墨濡筆大書石壁上曰：「章惇、蘇軾來游。」子瞻拊其背曰：「子厚必能殺人。」子厚曰：「何也？」子瞻曰：「能自拚命者，能殺人也。」子厚大笑。

禪林有食不盡物，皆投大釜中煮之，名「谷董羹」。東坡所用乃此事也，亦前人所未用。

東坡作温公制詞云：「執德不回，常用社稷爲悦；以死勤事，坐致股肱或虧。」或問坡曰：「温公豈曹操之徒耶？」坡愕然，問其所以，答曰：「社稷豈所可悦者？」坡笑改曰：「用安社稷爲悦。」

東坡嘗謂錢穆父曰：「尋常往來，須稱家有無，草草相聚，不必過爲具。」一日，穆父折簡，召坡食皛飯。及至，乃設飯一盂、蘿蔔一碟、白湯一盞而已，蓋以「三白」爲「皛」也。後數日，坡復召穆父食毳飯，穆父意坡必有毛物相報。比至，日晏並不設食，穆父餒甚，坡曰：「蘿蔔湯飯俱毛也。」穆父歎曰：「子瞻可謂善戲謔者也！」

曾敏行《獨醒雜誌》卷二　坡、谷同遊鳳池寺，坡公舉對云：「張丞相之佳篇，昔曾三到。」山谷即答云：「柳屯田之妙句，那更重來。」時稱名對。張丞相詩云：「八十老翁無品秩，昔曾三到鳳池來。」坡公蓋取此也。

東坡還至庾嶺上，少憩村店，有一老翁出，問從者曰：「官爲誰？」曰：「蘇尚書。」翁曰：「是蘇子瞻歟？」曰：「是也。」乃前揖坡曰：「我聞人害公者百端，今日北歸，是天祐善人也。」東坡笑而謝之，因題一詩於壁間云：「鶴骨霜髯心已灰，青松夾道手親栽。問翁大庾嶺頭住，曾見南遷幾個迴？」

曾敏行《獨醒雜誌》卷三　東坡北歸至嶺下，偶肩輿折杠，求竹於龍光寺。僧惠兩大竿，且延東坡飯。時寺無主僧，州郡方令往南華招請，未至。公遂留詩以寄之，詩云：「斫得龍光竹兩竿，持歸嶺北萬人看。竹中一滴曹溪水，漲起江西十八灘。」謂贛石也。東坡至贛，留數日，將發舟，一夕江水大漲，贛石無一見，越日而至廬陵。舟中見謝民師，因謂曰：「舟行江漲，遂不知有贛石，此吾龍光詩讖也。」民師問其故，東坡因舉以詩之本末。

東坡嘗與山谷論書，東坡曰：「魯直近字雖清勁，而筆勢有時太瘦，幾如樹梢挂蛇。」山谷曰：「公之字固不敢輕議，然間覺褊淺，亦甚似石壓蝦蟇。」二公大笑，以爲深中其病。

曾敏行《獨醒雜誌》卷四　東坡坐詔獄，御史上其寄黄門之詩，神宗見之，即薄其罪，謫居黄州。鄭介夫既下吏，獄官得介夫所厚者往還詩文，悉以奏聞。上見晏叔原所贈絶句，亦從而釋之。神宗愛惜人才，不忍終棄如此。晏詩有云：「小白長紅又滿枝，築毬場外獨支頤。春風自是人間客，主掌繁華得幾時。」

曾敏行《獨醒雜誌》卷五　東坡多雅謔。嘗與許沖元、顧子敦、錢穆父同舍。一日，沖元自窗外往來，東坡問：「何爲？」沖元曰：「綏來。」東坡曰：「可謂奉大福以來綏。」蓋沖元登科時賦句也。沖元曰：「敲門瓦礫，公尚記憶耶？」子敦肥碩，當暑，袒裼據案而寐。東坡書四大字於其側曰：「顧屠肉案。」穆父眉目秀雅，而時有九子，東坡曰：「穆父可謂之九子母丈人。」同舍皆大笑。

曾敏行《獨醒雜誌》卷六　東坡謫嶺南，元符末始北還。舟次新淦時，人方礎石爲橋，聞東坡之至，父老兒童二三千人聚立舟側，請名其橋。東坡將登舟謁縣宰，衆人填擁不容出，遂就舟中書「惠政橋」字與之，邑人始退。然字畫差褊小，不似晚年所書，蓋當時倉卒迫促而然爾。

袁褧《楓窗小牘》卷上　子瞻又有與王大父手墨一紙云：「累日欲上謁，竟未暇。辱教，承足疾未平，不勝馳繫。足疾惟葳靈仙、牛膝二味爲末，蜜丸空心服，必效之藥也。但葳靈仙難得真者，俗醫所用，多藁本之細者爾，其驗以味極苦，而色紫黑，如胡黄連狀，且脆而不韌，折之有細塵起，向明示之，斷處有黑白暈，俗謂之有鴝鵒眼。此數者備，然後爲真。服之有奇驗，腫痛拘攣皆可已，久乃有走及奔馬之効。二物當等分，或視臟氣虚實，酌飲牛膝酒及熟水皆可下，獨忌茶耳，犯之不復有効。若常服此，即每歲收槐皁莢芽之極嫩者，如造草茶法，貯之，以代茗飲，此効屢常目擊。知君疾苦，故詳以奉白。元素書已作，稍暇詣見，軾白彦方足下。」王大父有末疾，故以此方見示。此紙尚存篋中，渡江已來與妻孥共寶者。

邵博《邵氏聞見後録》卷一五　東坡《報江季恭書》云：「《非國語》，鄙意不然之，但未暇著論耳。柳子之學，大率以禮樂爲虚器，以天人爲不相知，云云雖多，皆此類也。所謂小人之無忌憚者。至于《時令》、《斷刑》、《貞符》，皆非是。」予謂學者不可不知也。

或問東坡：雲龍山人張天驥者，一無知村夫耳。公爲作《放鶴亭記》，以比古隱者，又遺以詩，有「脱身聲利中，道德自濯澡」，過矣。東坡笑曰：「裝鋪席耳。」東坡之門，稍上者不敢言，如琴聰、蜜殊之流，皆鋪席中物也。

東坡于古人，但寫陶淵明、杜子美、李太白、韓退之、柳子厚之詩。爲南華寫柳子厚《六祖大鑒禪師碑》，南華又欲寫劉夢得碑，則辭之。吕微仲丞相作《法雲秀和尚碑》，丞相意欲得東坡書石，不敢自言，委甥王讜言之。東坡先索其藁諦觀之，則曰：「軾當書。」蓋微仲之文自佳也。

邵博《邵氏聞見後録》卷二〇　東坡論張文定以一言，曰：「大。」曰：「惟天爲大，惟堯則之，天下未嘗一日無士。而仁宗之世獨爲多士者，以其大也。賈誼嘆細德之嶮微，知鳳鳥之不下；閔溝瀆之尋常，知吞舟之不容。傷時無是大者以容己也。蓋天下，大器也，非力兼萬人，其孰能舉之？非仁宗之大，其孰能容此萬人之英乎？」世以爲知言。神宗嘗問文定識王安石否？曰：「安石視臣大父行也。臣見其大父日，安石髪未丱，衣短褐布，身瘡疥，役灑埽事，一蒼頭耳。」故荆公亦畏其大，不敢與之争辨。《日録》中盡詆前輩諸公，獨于文定無譏云。

東坡在翰苑，薄暮中使宣召，已半醉，遽汲泉以漱，意少快，入對内東門小殿。簾中出除目：吕公著司空、平章軍國重事，吕大防、范純仁左右僕射。既承旨，宣仁后曰：「學士前年爲何官？」曰：「臣前年爲汝州團練副使。」「今爲何官？」曰：「臣今待罪翰林學士。」曰：「何以遽至此？」曰：「遭遇太皇太后陛下。」曰：「不關老身事。」曰：「遭遇皇帝陛下。」曰：「亦不關官家事。」曰：「豈出大臣論薦？」曰：「亦不關大臣事。」東坡驚曰：「臣雖無狀，不敢自他途以進。」宣仁后曰：「久欲令學士知此，是神宗皇帝之意。帝飲食停匕箸，看文字，宫人私相語：必蘇軾之作。帝每曰：『奇才，奇才！』但未及進用學士，上僊耳。」東坡不覺哭失聲，后與上亦泣，左右皆泣，已而命坐賜茶。宣仁后又曰：「學士直須盡心事官家，以報先帝。」東坡下拜，撤御前金蓮燭送歸院。東坡爲王鞏云。

東坡先謫黄州，熙寧執政妾以陳季常鄉人任俠，家黄之岐亭，有世讎；後謫惠州，紹聖執政妾以程之才姉之夫有宿怨，假以憲節，皆使之甘心焉。然季常、之才從東坡甚驩也。

邵博《邵氏聞見後録》卷二一　東坡帥揚州，曾旼罷州學教授，經真州，見吕惠卿。惠卿問：「軾何如人？」旼曰：「聰明人也。」惠卿怒曰：「堯聰明、舜聰明邪？大禹之聰明邪？」旼曰：「雖非三者之聰明，是亦聰明也。」惠卿曰：「軾學何人？」旼曰：「學孟子。」惠卿益怒，起立曰：「何言之不倫也？」旼曰：「孟子以『民爲重，社稷次之』，此所以知蘇公學孟子也。」惠卿默然。

李定自鞫東坡獄，勢不可向。一日，于崇政殿門外語同列曰：「蘇軾，奇才也。」俱不敢對。又曰：「軾前二三十年所作詩文，引援經史，隨問即答，無一字之差，真天下奇才也。」嘆息久之。蓋世之公論，至讎怨不可奪也。

袁文《甕牖閒評》卷五　蘇東坡作《英州峽山寺》詩所載「孫恪化猿」事，乃端州峽山寺，非英州峽山寺也。

蘇東坡《送筍與李公擇》詩云：「騈頭玉嬰兒，一一脱錦繃。」此蓋用唐人《食筍》詩云「稚子脱錦繃，騈頭玉香滑」爲故事也。而杜工部詩亦云：「筍根稚子無人見。」或者乃以爲雉雞之雉，誤矣。此正唐人所謂「稚子脱錦繃」者。杜牧之詩又云：「幽筍稚相攜。」以牧之之詩證之，則工部之詩益知非雉雞之雉矣。

《尚書故實》載元載破家，籍財貨諸物，得胡椒九百斛，而蘇東坡詩云：「胡椒八百斛，流落知爲誰。」遂與之減卻百斛，豈其筆誤耶！案：《新唐書·元載傳》云：「胡椒至八百石，它物稱是。」黄庭堅詩有「何處胡椒八百斛」之句。是書論蔡京諸人奢縱條謂：「胡椒八百斛如元載者不足云。」此條似故作恢諧語，非直證誤減百斛。

蘇東坡奉敕撰《上清儲祥宫記》，後朝廷磨之，別命蔡元度作，故東坡有詩云：「淮西功德冠吾唐，吏部文章日月光。千載斷碑人膾炙，不知世有段文昌。」退之《淮西碑》亦是磨後復使文昌再作，此二事大相類也。東坡遂託爲此詩。紹聖間，有人于沿流館中得之，蓋亦有少不平故耳。而苕溪漁隱不知有此，乃謂東坡竄海外時作，欲以自況，非也。

柳子厚所居乃愚溪，蘇東坡《過太行》詩云：「未應愚谷能留柳。」溪字遽改爲谷字矣。

蘇東坡詩云：「谿邊布穀兒，勸我脱破袴。」蓋以布穀爲「脱卻破袴」也。然「脱卻破袴」乃是「不知歸去」，子規之鳥耳，非布穀也。

蘇東坡詩云：「關右玉酥黄似酒。」碑本乃作「土酥」，土字是也。況末句又云：「明朝積玉高三尺。」無用兩玉字之理，則是土字無疑。

蘇東坡詩云：「扶桑大繭如瓮盎。」瓮字人多作去聲讀，註云：「瓮，於龍切。」然則此詩瓮字須作平聲讀爲是。

蘇東坡不甚喜婦人，而詩中每及之者，非有他也，以爲戲謔耳。其曰「短長肥瘠各有態，玉環、飛燕誰敢憎」，乃評書之作也。其曰「欲把西湖比西子，淡妝濃抹總相宜」，乃詠西湖之作也。其曰「戲作小詩君勿誚，從來佳茗似佳人」，乃謝茶之作也。如此數詩，雖與婦人不相涉，而比擬恰好，且其言妙麗新奇，使人賞玩不已，非善戲謔者能若是乎！

蘇東坡昔守臨安，余曾祖作倅。一日，同往一山寺祈雨，東坡云：「吾二人賦詩，以雨速來者爲勝，不然，罰一飯會。」于是東坡云：「一爐香對紫宫起，萬點雨隨青蓋歸。」余曾祖則曰：「白日青天沛然下，皁蓋青旗猶未歸。」東坡視之云：「我不如爾速。」于是罰一飯會。

蘇東坡既作《怪石供》，及記赤壁洞穴乃云：「黄州守居之數百步爲赤壁。遇風浪静，輒乘小舟至其下。捨舟登岸，岸多細石，往往有温潤如玉者，深淺紅黄之色，或細紋如人手指螺紋也。既游，得二百七十枚，大者如棗栗，小者如芡實。又得一古銅盤盛之，注水粲然。有一枚如虎豹首，有口鼻眼，處以爲羣石之長。」二篇所載不同如此，未知其孰是也。

蘇東坡在黄州時，夢神宗召入小殿賜宴，乃令作《宫人裙銘》，又令作《御靴銘》，二文皆載之集中。及作《志林》，乃云：「某倅武林日，夢神宗召入禁中，宫女圍侍，一紅衣女童捧紅靴一隻，命某銘之。既畢，使宫女送出，睇視裙帶間，有六言詩一首。」蓋即集中所載裙與靴銘也。不知何故不同如此。

蘇東坡謫黄州，鄰家一女子甚賢，每夕只在窗下聽東坡讀書，後其家欲議親，女子云：「須得讀書如東坡者乃可。」竟無所諧而死。故東坡作《卜算子》以記之。黄太史謂語意高妙，蓋以東坡是詞爲冠絶也。獨不知其別有一詞名《江神子》者。東坡倅錢塘日，忽劉貢父相訪，因拉與同遊西湖。時二劉方在服制中。至湖心，有小舟翩然至前，一婦人甚佳，見東坡，自叙：「少年景慕高名，以在室無由得見，今已嫁爲民妻，聞公遊湖，不避罪而來，善彈箏，願獻一曲，輒求一小詞以爲終身之榮，可乎？」東坡不能卻，援筆而成，與之。其詞云：「鳳凰山下雨初晴。水風清，晚霞明。一朵芙蓉，開過尚盈盈。何處飛來雙白鷺，如有意，慕娉婷。忽聞筵上弄哀箏。苦含情，遣誰聽？煙斂雲收依約是湘靈。擬待曲終尋問取，人不見，數峯青。」此詞豈不更奇于《卜算子》耶？

吴坰《五總志》　東坡廣玄真子詩爲《浣溪沙》，曰：「西塞山邊白鳥飛，散花洲外片帆微，桃花流水鱖魚肥。自蔽一身青箬笠，相隨到處綠莎衣，斜風細雨不須歸。」山谷云：「新婦磯頭眉黛愁，女兒浦口眼波秋，驚魚錯認月沉鉤。青箬笠前無限事，綠蓑衣底一時休，西風吹雨轉船頭。」東坡視之，謂所親曰：「黄九以山光水色代卻玉肌花貌，自以爲得漁父家風。然才出新婦磯，又入女兒浦，此漁父無乃太瀾浪乎？」雖曰戲言，是亦嫉而輕之也。

費袞《梁谿漫志》卷四　東坡教人讀檀弓

東坡教人讀《檀弓》，山谷謹守其言，傳之後學。《檀弓》，誠文章之模範。凡爲文記事，常患意晦而辭不達，語雖蔓衍而終不能發明。惟《檀弓》或數句書一事，或三句書一事，至有兩句而書一事者，語極簡而味長，事不相涉而意脈貫穿，經緯錯綜，成自然之文，此所以爲可法也。

東坡識任德翁

蜀人任孜字遵聖，以學問氣節雄鄉里，兄弟皆從老蘇遊，東坡所謂「大任剛烈世無有，疾惡如風朱伯厚」者。其後在京師，有哭遵聖詩云：「老任況豪俊，先子推輩行。」又云：「平生惟一子，抱負珠在掌。見之齠齔中，已有食牛量。」其子後立朝，果著大節，即德翁也。東坡眼目高，觀人於齠齔間已能如此，妙矣夫！

東坡西湖了官事

東坡鎮餘杭，遇遊西湖，多令旌旗導從出錢塘門，坡則自湧金門從一二老兵，泛舟絶湖而來。飯于普安院，徜徉靈隱、天竺間。以吏牘自隨，至冷泉亭則據案剖決，落筆如風雨，分争辯訟，談笑而辦。已，乃與僚吏劇飲，薄晚則乘馬以歸。夾道燈火，縱觀太守。有老僧，紹興末年九十餘，幼在院爲蒼頭，能言之。當是時，此老之豪氣逸韻，可以想見也。

東坡改和陶集引

東坡既和淵明詩，以寄潁濱使爲之引。潁濱屬藁寄坡，自「欲以晚節師範其萬一也」其下云：「嗟夫！淵明隱居以求志，詠歌以忘老，誠古之達者，而才實拙。若夫子瞻仕至從官，出長八州，事業見於當世，其剛信矣，而豈淵明之拙者哉？孔子曰：『述而不作，信而好古，竊比於我老彭。』古之君子，其取於人則然。」東坡命筆改云：「嗟夫！淵明不肯爲五斗粟，一束帶見鄉里小人，而子瞻出仕三十餘年，爲獄吏所折困，終不能悛，以陷大難，乃欲以桑榆之末景，自託於淵明，其誰肯信之？雖然，子瞻之仕，其出入進退猶可考也，後之君子，其必有以處之矣。孔子曰『述而不作，信而好古，竊比於我老彭。』孟子曰：『曾子、子思同道。』區區之迹，蓋未足以論士也。」此文，今人皆以爲潁濱所作，而不知東坡有所筆削也。宣和間，六槐堂蔡康祖得此藁於潁濱第三子，遜。因録以示人，始有知者。

東坡教人作文寫字

葛延之在儋耳，從東坡遊，甚熟。坡嘗教之作文字，云：「譬如市上店肆，諸物無種不有，却有一物可以攝得，曰錢而已。莫易得者是物，莫難得者是錢。今文章，詞藻、事實乃市肆諸物也，意者，錢也。爲文若能立意，則古今所有翕然並起，皆赴吾用。汝若曉得此，便會做文字也。」又嘗教之學書云：「世人寫字，能大不能小，能小不能大。我則不然，胸中有箇天來大字，世間縱有極大字，焉能過此？從吾胸中天大字流出，則或大或小，唯吾所用。若能了此，便會作字也。」嘗爲作《龜冠》詩送其行，葛以語胡蒼梧，蒼梧爲記之。此大匠誨人之妙法，學者不可不知也。

東坡謫居中勇於爲義

陸宣公謫忠州，杜門謝客，惟集藥方。蓋出而與人交，動作言語之際，皆足以招謗，故公謹之。後人得罪遷徙者，多以此爲法。至東坡，則不然。其在惠州也，程正輔爲廣中提刑，東坡與之中外，凡惠州官事，悉以告之。諸軍闕營房，散居市井，窘急作過，坡欲令作營屋三百間。又薦都監王約、指使藍生同幹。惠州納秋米六萬三千餘石，漕符乃令五萬以上折納見錢，坡以爲嶺南錢荒，乞令人户納錢與米並從其便。博羅大火，坡以爲林令在式假，不當坐罪，又有心力可委，欲專牒令修復公宇倉庫，仍約束本州科配。惠州造橋，坡以爲吏孱而胥横，必四六分分了錢，造成一座河樓橋，乞選一健幹吏來了此事。又與廣帥王敏仲書，薦道士鄧守安，令引蒲澗水入城，免一城人飲鹹苦水、春夏疾疫之患。凡此等事，多涉官政，亦易指以爲恩怨，而坡奮然行之不疑，其勇於爲義如此！謫居尚爾，則立朝之際，其可以死生禍福動之哉？

東坡緣在東南

東坡平生宦遊，多在淮、浙間。其始通守餘杭，後又爲守，杭人樂其政，而公樂其湖山。嘗過壽星院，恍然記若前身遊歷者。其於是邦，每有朱仲卿桐鄉之念。謫居於黄凡五年，移汝。既去黄，夜行武昌山上回望，東坡聞黄州鼓角，淒然泣下，賦詩云：「黄州鼓角亦多情，送我南來不辭遠。」尋上章乞居常州，其後謝表有「買田陽羨，誓畢此生」之語。在禁林，與胡完夫、蔣潁叔疇唱，皆以卜居陽羨爲言。晚自儋北歸，愛龍舒風土，欲居焉，乃令郡之隱士李惟熙買田以老。已而得子由書，言：「桑榆末景，忍復離别！」遂欲北還潁昌。作書與惟熙云：「然某緣在東南，終當會合，願君志之，未易盡言也。」至儀真，乃聞忌之者猶欲攻擊，遂不敢兄弟同居，竟居毗陵以薨。「緣在東南」之語，乃爾明驗。古之偉人，自能前知，所謂有開必先者，不假數術也。

東坡卜居陽羨

建中靖國元年，東坡自儋北歸，卜居陽羨，陽羨士大夫猶畏而不敢與之遊，獨士人邵民瞻從學於坡，坡亦喜其人，時時相與杖策過長橋，訪山水爲樂。邵爲坡買一宅，爲錢五百緡，坡傾囊僅能償之。卜吉入新第既得日矣，夜與邵步月，偶至一村落，聞婦人哭聲極哀。坡徙倚聽之，曰：「異哉，何其悲也！豈有大難割之愛，觸於其心歟？吾將問之。」遂與邵推扉而入，則一老嫗，見坡泣自若。坡問嫗何爲哀傷至是，嫗曰：「吾家有一居，相傳百年，保守不敢動，以至於我。而吾子不肖，遂舉以售諸人。吾今日遷徙來此，百年舊居一旦訣別，寧不痛心？此吾之所以泣也。」坡亦爲之愴然，問其故居所在，則坡以五百緡所得者也。坡因再三慰撫，徐謂之曰：「嫗之舊居，乃吾所售也。不必深悲，今當以是屋還嫗。」即命取屋券，對嫗焚之；呼其子，命翌日迎母還舊第，竟不索其直。坡自是遂還毗陵，不復買宅，而借顧塘橋孫氏居暫憩焉。是歲七月，坡竟殁於借居。前輩所爲類如此，而世多不知，獨吾州傳其事云。

東坡懶版

東坡北歸至儀真得暑疾，止於毗陵顧塘橋孫氏之館，氣寖上逆，不能卧。時晉陵邑大夫陸元光獲侍疾卧内，輟所御懶版以獻，縱横三尺，偃植以受背。公殊以爲便，竟據是版而終。後陸君之子以屬蒼梧胡德輝爲之銘曰：「參没易簀，由殪結纓。斃而得正，匪死實生。堂堂東坡，斯文棟梁。以正就木，猶不忍僵。昔我邑長，君先大夫。侍聞夢奠，啓手舉扶。木君戚施，匪屏匪几。詒萬子孫，無曰不祥之器。」

毗陵東坡祠堂記

東坡自黄移汝，上書乞居常，其後謝表有「買田陽羨，誓畢此生」之語。在禁林，與胡完夫、蔣穎叔唱和，有云：「惠山山下土如濡，陽羨溪頭米勝珠。賣劍買牛吾欲老，殺雞爲黍子來無？」又云：「雪芽我爲求陽羨，乳水君應餉惠山。」晚自儋耳北還，崎嶇萬里，徑歸南蘭陵以殁。蓋出處窮達三十年間，未嘗一日忘吾州者；而郡無祠宇奠謁之所，邦人以爲闕文。乾道壬辰，太守晁彊伯子健。來，始築祠於郡學之西，塑東坡像其中。又於士夫家廣摹畫像，或朝服、或野服，列於壁間。而晁侍郎公武。爲之記，其略曰：「公武聞諸世父景迂生，崇寧間賊臣擅國，顛倒天下之是非，人皆畏禍，莫敢莊語。公之葬也，少公黄門銘其壙，亦非實録。其甚者，以賞罰不明罪元祐，以改法免役壞元豐。指温公才智不足，而謂公之斥逐出其遺意，稱蔡確謗讟可赦，而謂公之進用自其遷擢；章子厚之賊害忠良，而謂公與之友善；林希之詆誣善類，而云公嘗汲引之。嗚呼！若然，則公之《上清儲祥》《忠清粹德》二碑，及諸奏議、著述，皆誕謾歟？公武因子健之請，伏自思念，歲月滋久，耆舊日益淪喪，存者皆邈然，後進則緒言將零落不傳，於是不敢以不能爲解，而輒載其事。惟公當元祐時，起於謫籍，登金門玉堂，極禮樂文章之選。及章、蔡竄朋黨於嶺表，而公獨先；朝廷追復黨人官爵，而公獨後。立朝本末，彰明較著如此，豈有他哉！昔陳仲弓送中常侍父之葬，非以爲賢；從者詈楚公子曰隸也不力，非以爲不肖，皆有爲而發。豈少公之意，或出於此非耶？後世不知其然，惟斯言是信，則爲盛德之累大矣！因述景迂生之語，俾刻之樂石，庶異日網羅舊聞者有考。」記成，彊伯刻石爲二碑，一置之郡齋，一置之陽羨洞靈觀，用杜元凱之法，蓋欲俱傳不朽，其措意甚美；然東坡公之名節，固自萬世不磨矣。

武臣獻東坡啓

東坡帥定武，有武臣狀極樸陋，以啓事來獻。坡讀之甚喜曰：「奇文也。」客退，以示幕客李端叔，問何者最爲佳句，端叔曰：「『獨開一府，收徐、庾於幕中；並用五材，走孫、吴於堂下』，此佳句也。」坡曰：「非君，誰識之者！」端叔笑謂坡曰：「視此郎眉宇間，決無是語，得無假諸人乎？」坡曰：「使其果然，固亦具眼矣。」即爲具召之，與語甚歡，一府皆驚。竹坡老人周少隱紫芝。聞之李端叔，嘗記其事。

東坡戴笠

東坡在儋耳，一日過黎子雲，遇雨，乃從農家借篛笠戴之，著屐而歸。婦人小兒相隨争笑，邑犬羣吠。竹坡周少隱有詩云：「持節休誇海上蘇，前身便是牧羊奴。應嫌朱紱當年夢，故作黄冠一笑娱。遺迹與公歸物外，清風爲我襲庭隅。憑誰唤起王摩詰，畫作東坡戴笠圖。」今時亦有畫此者，然多俗筆也。

東坡荔支詩

東坡《食荔支》詩有云：「雲山得伴松檜老，霜雪自困樝梨麤。」常疑上句似汎，此老不應爾。後見習閩、廣者云，自福州古田縣海口鎮至於海南，凡宰上木，松檜之外，悉雜植荔支，取其枝葉蔭覆，彌望不絶。此所以有「伴松檜」之語也。

東坡用事對偶精切

東坡詞源如長江大河，洶涌奔放，瞬息千里，可駭可愕，而於用事對偶，精妙

切當，人不可及。如《張子野買妾》詩，全用張氏事；《祭徐君猷文》，全用徐氏事；《送李方叔下第》詩，用「古戰場」、「日五色」，皆當家事，殆如天成。徐君猷、孟亨之皆不飲，作詩戲之，用徐邈、孟嘉飲酒事，仍各舉當時全語以爲對。其通守餘杭日，《答高麗使私覿狀》云：「歸時事於宰旅，方勞遠勤；發私幣於公卿，亦蒙見及。」發幣一事，非外夷使者致饋之故實乎？

退之東坡用先後語

退之《南山詩》云：「或齊若友朋，或差若先後。」人多不知先後之義。練塘洪慶善吏部興祖。引《前漢志》云：「見神於先後宛若。」其注云：「兄弟妻，關中呼爲先後。」予觀東坡《徐州謝上表》云：「信道直前，曾無坎井之避；立朝寡助，誰爲先後之容。」或疑「先後」不可對「坎井」，蓋不知亦出於此也。

東坡文效唐體

東坡之文，浩如河漢，濤瀾奔放，豈區區束縛於隄防者？而作《徐君猷祭文》及《徐州鹿鳴燕詩序》，全用四六，效唐人體而益工，蓋以文爲戲邪？

東坡録沿流館詩

東坡在翰林，被旨作《上清儲祥宫碑》，哲宗親書其額。紹聖黨禍起，磨去坡文，命蔡元長別撰。玉局遺文中有詩云：「淮西功德冠吾唐，吏部文章日月光。千載斷碑人膾炙，不知世有段文昌。」其題云：「紹聖中，得此詩於沿流館中，不知何人作也，戲録之，以益篋笥之藏。」此詩乃東坡自作，蓋寓意儲祥之事，特避禍，故託以得之。味其句法，則可知矣。

石屋洞題名

臨安石屋洞崖石上，有題名二十五字，云：「陳襄、蘇頌、孫奕、黄灝、曾孝章、蘇軾同遊。熙寧六年二月二十一日。」内東坡姓名磨去，僅存髣髴，蓋崇寧黨禍時也。

柳展如論東坡文

東坡歸自海南，遇其甥柳展如，閎。出文一卷示之，曰：「此吾在嶺南所作也，甥試次第之。」展如曰：「《天慶觀乳泉賦》詞意高妙，當在第一；《鍾子翼哀詞》別出新格，次之；他文稱是。舅老筆，甥敢優劣邪？」坡歎息以爲知言。展如後舉似洪慶善。慶善跋東坡帖，具載其語。

貶所敬蘇黄

元祐黨禍烈於熾火，小人交扇其燄，傍觀之君子深畏其酷，惟恐黨人之塵點汙之也。而東坡之在儋，儋守張中事之甚至，且日從叔黨棋以娱東坡。洎張解官北歸，坡凡三作詩送之。魯直之在戎，戎守彭知微每遣吏李珍調護其逆旅之事，無不可人意。當是之時，而二守乃能如此，其義氣可書。張竟以此坐謫云。

昌化盛事

東坡眉人，貶昌化。任德翁亦眉人，後亦貶昌化。張才叔贈德翁詩云：「儋耳百年經僻陋，眉山二老繼驅除。」德翁和云：「身投魑魅家何在？澤逮昆蟲罪未除。」蘇、任兩公同鄉里，同貶所，大節相望。顧儋耳獨何幸也。

侍兒對東坡語

東坡一日退朝，食罷捫腹徐行，顧謂侍兒曰：「汝輩且道，是中有何物？」一婢遽曰：「都是文章。」坡不以爲然。又一人曰：「滿腹都是識見。」坡亦未以爲當。至朝雲，乃曰：「學士一肚皮不入時宜。」坡捧腹大笑。

陸游《老學庵筆記》卷四 東坡守杭，法外刺配顔巽父子，御史論爲不法，累章不已。蘇公雖放罪，而顔巽者竟以朝旨放自便，自是豪猾益甚。以藥塗鹽鈔而用，既毁抹，賂主者浸洗之，藥盡去而鈔不復，雖老於其事者不能辨。它不法尤衆，有司稍按治，輒刦持之，曰：「某官乃元祐姦黨蘇某親舊，故觀望害我。」公形狀牒。時治黨籍方苛峻，雖監司、郡守，得其牒輒畏縮解縱乃已。大觀中，胡奕修爲提舉鹽事，會計已毁抹鹽鈔，得其姦。奏之，黥竄化州，籍没貲産，一方稱快。

周煇《清波雜志》卷二 東坡在海外，語其子過曰：「我決不爲海外人，近日頗覺有還中州氣象。」乃滌硯焚香，寫平生所作八賦，當不脱誤一字以卜之。寫畢，大喜曰：「吾歸無疑矣！」後數日，廉州之命至。八賦墨蹟，初歸梁師成，後入禁中。煇在建康，於老尼處得東坡元祐間綾帕子，上所書《薄命佳人》詩，末兩句全用草聖，筆勢尤超逸。尼時年八十餘矣。又於吕公經甫少卿家見所書《傷春》詞；虞部文甫，少卿父也。二墨蹟屢經兵火而尚存，誠宜珍祕。吕乃申公之後。

周煇《清波雜志》卷三 東坡初入荆谿，有「樂死」之語，蓋喜其風土也。繼抱疾稍革，徑山老惟琳來問候，坡曰：「萬里嶺海不死，而歸宿田里，有不起之憂，非命也邪？然死生亦細故爾。」後二日，將屬纊，聞根先離。琳叩耳大聲曰：「端明勿忘西方！」曰：「西方不無，但箇裏着力不得。」語畢而終。歸老素志，竟墮渺茫，一丘一壑，天實嗇之。淳熙己酉，周益公罷相回江右，小泊荆谿，因董氏

出《楚頌帖》，乃考坡自元豐七年以後經從此地月日本末爲詳，刻石具在。《楚頌》，乃坡欲種橘名亭而不遂者也。

周煇《清波雜志》卷五　東坡南遷，度嶺次，於林麓間遇二道人，見坡即深入不出。坡謂押送使臣：「此中有異人，可同訪之。」既入，見茅屋數間，二道人在焉，意象甚瀟灑。顧使臣：「此何人？」對以蘇學士。道人曰：「得非子瞻乎？」使臣曰：「學士始以文章得，終以文章失。」道人相視而笑，曰：「文章豈解能榮辱，富貴從來有盛衰。」坡曰：「何處山林間無有道之士乎！」煇頃得詩話一編，目曰《漢皋》。王季羔端朝嘗借去，親爲是正，亦言不知何人作。前説《漢皋》所書也。一小説云：漢皋，張姓，不得其名。

東坡在黄岡，每用官奴侑觴。羣姬持紙乞歌詞，不違其意而予之。有李琦者獨未蒙賜，一日有請，坡乘醉書「東坡五載黄州住，何事無言贈李琦」，後句未續，移時乃以「却似城南杜工部，海棠雖好不吟詩」足之，獎飾乃出諸人右。其人自此聲價增重，殆類子美詩中黄四娘。

周煇《清波雜志》卷七　東坡教諸子作文，或辭多而意寡，或虚字多，實字少，皆批諭之。又有問作文之法，坡云：「譬如城市間種種物有之，欲致而爲我用。有一物焉，曰錢，得錢，則物皆爲我用。作文先有意，則經史皆爲我用。」大抵論文以意爲主。今視坡集誠然。

周煇《清波雜志》卷九　蘇東坡云：「如人善博，日勝日負。」王荆公改作「日勝日貧」。坡之孫符云，元本乃「日勝日貧」。吕正獻尤不喜人博，有「勝則傷仁，敗則傷儉」之語。

周煇《清波别志》卷上　東坡守杭，所屬嘗申漏税，乃遠方獲薦士，以裹糧置貨，封掩贋作「某上杭州知府蘇内翰」。士辭窮吐實，且曰：「今負天下重名，孰踰先生？沿塗既賴以免，自此入京，意通行無礙，不虞敗獲也。」坡乃呼筆吏俾易掩面，用己銜至京師竹竿巷蘇學士，且語之：「乃舍弟子由也，此真無礙矣。」仍賙其行。士喜過望。倘遇俗吏苛刻，必斷治僞冒，没入其物，還有此氣象乎？

趙彦衛《雲麓漫鈔》卷九　東坡先生既得自便，以建中靖國元年六月還次京口，時章子厚丞相有海康之行，其子援尚留京口，以書抵先生：「某惶恐再拜端明尚書：台座。某伏聞旌旆還自南越，揚舲江海，躡屐嶺嶠，執事者良苦。數歲以來，艱險備至，殆昔人之所未嘗，非天將降大任者豈易堪此？竊惟達人大觀，俯仰陳迹，無復可言。不審即日尊體動止何似？伏念某離遠門墻，於今九年，一日三月，何可數計？傳聞車馬之音，當歡欣鼓舞，迎勞行色，以致其積年慕戀，引領舉足，崎嶇瞻望之誠。今乃不然。近緣老親重被罪譴，憂深慮切，忘寢與食，始聞後命，方在浙東，即欲便道省覲，又顧幼穉須攜挈，致之所居。今暫抵此，治任裹糧，旦暮遠行，交親往來，一切皆廢，此則自儕於衆人，宜其所以未獲進見者。某於門下，豈敢用此爲解？舍館定，然後求見長者，是爲有罪，況於不克見者乎？逡巡猶豫，事爲老親，固當審思耳。邇來聞諸道路之言，士大夫日夜望尚書進陪國論，今也使某得見，豈得泊然無意哉？尚書固聖時之蓍龜，竊將就執事者，穆卜而聽命焉。南海之濱，下潦上霧，毒氣薰蒸，執事者親所經歷，於今回想，必當可畏。況以益高之年，齒髮尤衰，涉乎此境，豈不惴惴？但念老親性疎豁，不護短，内省過咎，仰戴於上恩，庶有以自寬，節飲食，親藥物，粗可僥倖歲月。不然者借使小有沾濡之情，悴於胸次，憂思鬱結，易以傷氣，加以瘴癘，則朝夕幾殆，何可忍言？況復爲淹久計哉。每慮及此，肝膽摧落，是以不勝犬馬之情。子私其父，日夜覬幸今聖上慈仁，哀矜耆老，沛然發不世之恩詔，稍弛罪罟，尚得東歸田里，保養垂年。此微賤之禱，悲傷涕泣，斯須顛沛，不能忘也。儻問焉而執事者以爲未然，使某也將何以爲懷？誠不若勿卜而徒自然，庶幾之爲愈也。儻以爲可覬也，固愚情所欲聞。然而旬數之間，尚書奉尺一，還朝廷，登廊廟，地親責重。所忖度者幸而既中，又不若今日之不克見，可以遠迹避嫌，杜讒慝之機，思患而預防之爲善也。若乃思世故多端，紛紜轇轕，雖彌日信宿，未可盡剖勃鬱，所謂君其知之矣，寧須多言。獨恨九年之間，學不益博，文不益進，以此負門下。然古人有『聞之而不言，能之而不爲，存之而不論』者，竊嘗留意焉，未若面得之也。請俟它日仰叩緒餘論，不勝拳拳之情，敢言之執事者，伏惟財幸。暑溽異甚，伏望保護寢興，萬萬珍重。不宣。某惶恐再拜。」先生得書大喜，顧謂其子叔黨曰：「斯文司馬子長之流也。」命從者伸楮和墨書以答之：「某頓首致平學士：某自儀真得暑毒，困卧如昏醉中，到京口，自太守以下，皆不能見，茫然不知致平在此，辱書乃漸醒悟。伏讀來教，感嘆不已。某與丞相定交四十餘年，雖中間出處稍異，交情固無增損也。聞其高年寄跡海隅，此懷可知。但已往者更説何益，惟論其未然者而已。主上至仁至信，草木豚魚所知也。建中靖國之意，又恃以安。海康風土不甚惡，寒熱皆適中，舶到時四方物多，有若昆仲先於閩客川廣舟中準備家常要用藥百千去，自治之餘，亦可及隣里鄉黨。又丞相知養内外丹久矣，所以未成者，正坐大用故也。今兹閑放，正宜成此，然可自

内養丹，切不可外服物也。某在海外，曾作《續養生論》一首，甚願寫寄，病困未能。到毗陵定疊檢獲，當録呈也。所云穆卜，反覆究繹，必是誤聽紛紛，見及已多矣。得安此行爲幸，幸更徐聽其審。又見今病狀，死生未可必，自半月來，日食米不半合，見食即先飽。今且歸毘陵，聊自欺；此我里，庶幾且少休，不即死。書至此困憊，放筆太息而已。某頓首再拜，致平學士閣下。六月十四日。」此紙乃一揮，筆勢翩翩。後又寫白术方，今在其孫洽教授君處。既歸宜興，七月疾革，折簡錢世雄云：「徑山老惟琳來問疾，有偈云：『扁舟駕蘭陵，目換舊風日。君家有天人，雌雄維摩詰。我口答文殊，千里來問疾。若以偈相答，霜柱皆笑出。』先生答云云。」蓋與惟琳、世雄問答而終，乃二十八日也。今刊行先生年譜不載此，以補闕文云。先生集中有《答致平書》，而章書人多不曾見，故不能曉其答意。元祐三年，先生知舉時，致平爲舉子。初，致平之文法荆公，既見先生知舉，爲文皆法坡，遂爲第一。逮揭榜，方知子厚子。

張端義《貴耳集》卷上 東坡，天人也。凡作一文，必有深旨。撰小兒致語云：「自古以來未有祖宗之仁厚，上天所佑，願生賢聖之子孫。」其意深切著明。

元祐初，司馬公薨。東坡欲主喪，遂爲伊川所先，東坡不滿意。伊川以古禮斂，用錦囊囊其尸。東坡見而指之曰：「欠一件物事，當寫作信物一角，送上閻羅大王。」東坡由是與伊川失歡。

東坡會葬，有齋筵。李方叔作致語云：「皇天后土，鑒一生忠義之心；名山大川，還千古英靈之氣。」蜀有彭老山，東坡生則童，東坡死復青。

東坡在儋耳，無書可讀。黎子家有柳文數册，盡日玩誦。一日遇雨，借笠屐而歸，人畫作圖，東坡自贊：「人所笑也，犬所吠也，笑亦怪也。」用子厚語。

東坡因訪吕微仲，偶在書室坐久，因見盆中養一龜，有六目。微仲出與東坡言：「偶晝寢，久坐。」東坡云盆中之龜作得一口號，奉白：「莫要鬧，莫要鬧，聽取龜兒口號。六隻眼兒睡一覺，卻比他人睡三覺。」吕大笑。

張端義《貴耳集》卷下 東坡作《病鶴》詩，嘗寫「三尺長脛瘦軀」，闕其一字，使任德翁輩下之。凡數字，東坡徐出其藁，蓋「閣」字也。此字既出，儼然如見病鶴矣。

《宋人年譜叢刊》第五册傅藻《東坡紀年録》 公姓蘇，諱軾，字子瞻，一字和仲，眉州眉山縣人也。蘇氏出高陽，而蔓延於天下。唐神龍初，長史味道刺眉，一子留眉，眉有蘇氏自此始。公高大父祐，曾大父杲、大父序三世皆不顯。序三子，曰澹、曰渙、曰洵。洵字明允，公父也。澹、渙皆以文學舉進士，而渙至都官郎中，序以渙官故任大理評事致仕，累贈尚書職方員外郎。

明允少不喜學，年二十有七，始發憤讀書，六年而大究六經百家之書。娶大理寺丞程文應之女，生三子，曰景先、曰軾、曰轍。景先早世。嘉祐間，明允與公同其季子由至京師，父子皆知名，時號三蘇，而以老蘇别其父。歐陽文忠公得老蘇著書二十二篇，以爲荀卿子文也，乃繳進之。召試紫微閣，辭不就，遂除祕書省校書郎。會修纂建隆以來禮書，授霸州文安縣主簿，食其禄，與陳州項城令姚闢同著《太常因革禮》一百卷。書奏未報，卒，年五十八。英宗聞而哀之，特贈光禄寺丞。

公曾大父以公與子由登朝，贈太子太保，大父贈太子太傅，父贈太子太師，程氏追封成國太夫人。

公娶鄉貢進士王方之女，諱弗，亦眉人也，追封通義郡君。繼室以其從女弟諱閏之，字季章，封同安郡君。

子三人：長曰邁，雄州防禦推官，知瀛州河間縣；次曰迨，次曰過，皆承務郎。

孫男十四人，簞、符、箕、筌、籌、篔、[illegible]、籥、籍、節、笈、箪、篴、笙。

公有《東坡集》四十卷、後集二十卷、奏議一十五卷、内外制一十卷。責齊安日，因宫師之學，作《易傳》九卷，又作《論語説》五卷。儋耳又作《書傳》。

初，公與子由師其宫師，最好賈誼、陸贄書。後讀《莊子》，以爲得其心。晚讀釋氏書，深有所悟，參之孔、老，博辯無礙，浩然不見其涯也。宫師公慶曆間宦學四方，成國夫人親授公書，問古今成敗，輒能語其要。比冠，學通經史，日數千言。嘉祐二年唱第，錫宴瓊林，與蔣魏公接席情話，約卜居陽羨。初倅錢塘，誘親黨單君貺問田。及移臨汝，自言有田陽羨。建中靖國初，奉祠玉局，留毗陵。居無何，請老而終。公生岷峨，負當世大名，道德文學政事輝映今昔。自居雪堂，遂成求田之計。而文登謝表云：「買田陽羨，誓畢此生。」乃卒如其言，夫豈偶然者！公之薨也，吴越之民相與哭於市，君子相與弔於家。訃聞，四方人皆咨嗟出涕。太學士人數百，相率飯僧惠林佛舍。

公之於文，得之于天。山谷嘗評云：「公文字言語，歷劫贊揚有不能盡者。」

景祐三年丙子

十二月十九日卯時，公生于眉山縣紗縠行私第。

景祐四年丁丑
寶元元年戊寅
寶元二年己卯
康定元年庚辰
慶曆元年辛巳
慶曆二年壬午，先生七歲。
是年，公知讀書。
《上韓太尉與梅直講書》云：某七八歲知讀書。
《祭歐陽文忠公》曰：某自齠齓，以學爲嬉。童子何知，惟公我師。晝誦其文，夜夢見之。
慶曆三年癸未，先生八歲。
是年，公入小學，道士張易簡爲師。見《書陳太初事》。
《范文正公文集序》曰：某始總角入鄉校，士有自京師來者，以魯人石守道所作《慶曆聖德詩》示鄉先生。某從旁竊觀，則能誦習其詞。問先生：「所以頌十一者，何人也？」先生曰：「童子何用知之。」某曰：「此天人也邪，則不敢知；若亦人耳，何爲其不可。」先生奇某言，盡以告之，且曰：「韓、范、富、歐陽此四人者，人傑也。」時雖未盡了，則已私識之矣。又曰：以八歲知敬愛公。
慶曆四年甲申
慶曆五年乙酉
慶曆六年丙戌
慶曆七年丁亥，先生十二歲。
是年，公祖父亡。
《與曾子固書》云：某逮事祖父。祖父之殁，某年十二矣。
《鍾子翼哀詞》曰：慶曆丁亥，某始年十二。先君宮師歸自江南，曰：「吾南游至虔，有隱君子鍾君與其弟棐從吾游。」
是年，于所居紗縠行宅隙地中，與羣兒鑿地爲戲，得天石研而用之，且爲之銘。
慶曆八年戊子，先生十三歲。
皇祐元年己丑
皇祐二年庚寅
皇祐三年辛卯
皇祐四年壬辰
皇祐五年癸巳
至和元年甲午
至和二年乙未
是年，公至成都。
《樂全先生文集序》云：某年二十，以諸生見公成都。公一見待以國士。作《後正統論》。
嘉祐元年丙申，先生二十一歲。
公自蜀舉進士入京。
《鳳鳴驛記》云：嘉祐丙申，舉進士，過扶風。
《六祖贊》云：嘉祐初，舉進士，館于興國寺浴堂老僧德香之院。
《范文正公文集叙》云：嘉祐元年，始舉進士，至京師。
《牛口見月》詩云：忽憶丙申年，京師大雨滂。
嘉祐二年丁酉，先生二十二歲。
春，赴禮部。文忠公知舉，患時文以詭異相高，思欲救之。梅聖俞與其事，得公《論刑賞》以示文忠公。公驚喜，欲以冠多士，疑曾子固所爲，子固文忠公門下士也，乃寘第二，復以《春秋》義第一。文忠公嘗令晁美叔與公定交，謂公必名世。且以書抵聖俞曰：「讀軾書，不覺汗出，快哉快哉！老夫當避此人，放出一頭地。」文忠公未嘗以此許人也。公《上梅直講書》云：「今年春，天下之士羣至于禮部。執事與歐陽公實親試之，誠不自意獲在第二。」
殿試，中丙科，升一甲，章衡爲牓首，賜進士及第。遂上所業及上韓魏公、富鄭公、曾丞相并兩制等書，乞應制舉。
《上韓魏公書》曰：某生二十有二年矣。《上曾丞相書》云：某自爲學，至于今十有五年。
《祭文忠公》曰：十有五年，乃克見公。公爲撫掌，歡笑改容。此我輩人，餘子莫羣。我老將休，付子斯文。
四月八日，母成國太夫人亡，訃至，公丁憂歸。
嘉祐三年戊戌
嘉祐四年己亥，先生二十四歲。

公服除。冬，侍宫師適楚。

《南行前集叙》曰：己亥之歲，侍行適楚。時十二月八日，江陵驛書。

是年，荆州上王兵部書曰：「自蜀至楚，舟行六十日，過郡十一，縣三十有六。」公由水路至嘉州，入嘉陵江，由瀘、渝、涪、忠、夔等州入峽江，故作《嘉州》、《過宜賓》、《泊(斗)牛(口)》、《望夫臺》、《仙都觀》、《入峽》、《出峽》等詩。自荆門出陸，由宜城、襄、鄧、唐、許、尉氏至京，故作《涢陽早發》、《漢水》、《竹葉酒》、《留尉氏》、《阮籍嘯臺》、《許州西湖》等詩。

嘉祐五年庚子，先生二十五歲。

公正月過唐，作《新渠》詩。過許，見范堯夫。

《文正公文集序》曰：其後過許，始識公之仲子、今丞相堯夫。

是年入都，授河南府福昌簿，不赴。

嘉祐六年辛丑，先生二十六歲。

是年，應制科。文忠公薦公，祕閣試六論。舊不起草，故文多不工。公始具草，文義燦然，時以爲難。又答制策，復入三等，授大理評事、簽書鳳翔府簽判。

詩序有曰：嘉祐六年，予與子由同舉制策，寓懷遠驛，時年二十有六，而子由年二十有三。

《上吴内翰書》云：今年春，天子將求直言之士，而某適來調官京師。舍人楊公不知其不肖，而採其鄙野之文五十篇，奏之于天子，使與明詔之末。

《上呂龍圖書》云：某西蜀之鄙人，幼承家訓，長知義方，粗識名教，遂堅晚節。兩登進士舉，一中茂材科。

冬，赴鳳翔任。十一月十九日，與子由別於鄭西門之外，作詩。

十二月，作《鳳翔八觀》詩。其《石鼓》詩云：「冬十二月歲辛丑，我初從政見魯叟。」

嘉祐七年壬寅，先生二十七歲。

公在鳳翔。二月，分決屬縣囚。十三日出府，至寳雞、虢、郿、盩厔四縣。既畢事，因朝謁太平宫，宿於南溪，遂並南山而西至樓觀、大秦寺、延生觀、仙游潭，十九日乃歸。所過作詩，又作《樓觀》等十一題寄子由。

七月二十四日，禱雨磻溪，宿虢縣。二十五日，渡渭，宿于僧舍。二十六日至磻溪，自磻溪往陽平，二十七日至斜谷，由下馬磧懷趙薦及《磻龍寺》等詩。

重九，不與府會，獨游普門寺僧閣，有懷子由，作詩。二十日，微雪，懷子由，作詩。

是年，作《喜雨亭記》，又《答趙薦》并《餽歲》等詩，并《子由不赴商州》及《和子由蠶市》等詩。

嘉祐八年癸卯，先生二十八歲。

英宗即位。公在鳳翔。覃恩轉大理寺丞。

是年作《思(治)論》，又作《授經臺》、《調水符》、《往南溪》等詩。

治平元年甲辰，先生二十九歲。

公在鳳翔。磨勘轉殿中丞。冬，任滿還京。至華陰，作詩寄子由。

治平二年乙巳，先生三十歲。

公在京師，差判登聞鼓院。英宗在藩邸，聞公名，欲以唐故事召入翰林。宰相限以近例，召試祕閣，及試二論，皆入三等，除直史館。

五月二十八日，夫人王氏卒。六月六日，殯于京城外。夫人有子邁。

治平三年丙午，先生三十一歲。

公在京師。是年始見范彝叟。

《文正公文集序》云：又六年，始見其叔彝叟京師。

四月二十五日，丁父宫師憂，奉柩歸蜀。

治平四年丁未，先生三十二歲。

神宗即位。

九月十五日，題摹本《蘭亭記》後。

熙寧元年戊申，先生三十三歲。

公服除。十月二十六日，作《四菩薩閣記》。

是年和子由《記園中草木》、《木山引水》、《寄題古東池》、《緑筠堂》等詩。

熙寧二年己酉，先生三十四歲。

還朝，差判官誥院，兼尚書祠部。

三月，送錢藻守婺詩。

是年，送任伋倅黄、王頤赴建、董傳留別、安惇西歸、《醉墨堂》等詩。

熙寧三年庚戌，先生三十五歲。

公在京師。三月，送劉攽倅海陵、曾鞏倅越詩。

十一月二十日，送章子平出牧鄭州，作詩及叙。

是年，送吕希道守和、文與可守陵、王誨夜坐等詩。

熙寧四年辛亥，先生三十六歲。

遷太常博士，攝開封府推官，有能吏聲。以言事議論大不協，乞外任，除通判杭州。

五月，作《張方平赴南京留臺》詩，又《次韻讀杜詩》詩。

七月二日，作《渦口遇風》詩。

來陳，和舟中八詩。至陳，同子由過汝陰見歐陽公，作《石屏》、《燕西湖》詩。

十〔月〕六日，記所見作詩。是月作《潁州別子由》、《出潁口》、《壽州李少卿出餞》、《濠州》七絶、《泗州塔》、《龜山》、《洪澤遇風》、《廣陵會三同舍》、《遊金山》等詩。

十一月，到杭州。作《寄子由》詩。

臘月，遊孤山，訪僧作詩。又和李杞，并自和。

熙寧五年壬子，先生三十七歲。

公在杭州。二月，作《蔡冠卿知饒》詩。

三月二十二日，觀花吉祥寺，作《牡丹記序》并詩。

閏七月，哭歐陽公於孤山。次韻惠思詩。是月監試，作《呈試官》、《煎茶》、《催考校》、《榜出後》等詩。

八月十日夜登望海樓，作詩。十七日復登，作詩。

重九日遊西湖及諸寺，所至有詩，及不赴府會詩。

十月十日，作《送進士詩序》。冬至日，遊吉祥寺，作詩。後十日復至，作詩。

十二月，以事至湖州，與孫守約有言及時事者罰一大盞，作詩云：「若對青山談世事，直須舉白便浮君。」又作《莘老求墨妙亭》詩并記及贈寄等詩、《畫魚歌》。

是年作《墨寶堂記》，并《和沈立之留别蔡準見邀》、次韻子由、柳子玉等詩，又作送杜子方、陳珪、戚秉道詩。

熙寧六年癸丑，先生三十八歲。

公在杭州。正月九日，作《雜興》答鮮于子駿。上元，祥符寺九曲觀燈，作詩。過僧可久房無燈火，作詩。二十一日，述古邀城外尋春，作詩。二十七日遊風水洞，作詩。又作李伈留待及和等詩。

五月望，與吕仲甫輩泛湖留北山，作詩。

八月望，觀潮，作詩。又再遊風水洞，作詩并《臨江仙》。

九月，和劉攽詩。

十二月，與李杞因獵遊孤山，作詩。

冬，以事至姑蘇，爲王誨作《仁宗御飛白記》，又作《三瑞堂》詩。

是年，作《和陳述古十月牡丹》、《劉恕見寄》、《錢顗送茶》及《寄孫覺》等詩。

除夜宿常州城外，作詩。

熙寧七年甲寅，先生三十九歲。

元日，以事過丹陽，作《寄魯元翰》，又《柳子玉鶴林招隱》并與子玉、景純唱和等詩。是月，秀州贈錢端公、文長老等詩。二十九日過毗陵，跋李後主書。

五月，作《錢公輔哀詞》，又次韻周邠詩。

六月，自常、潤還，所至作詩。

秋，捕蝗至浮雲嶺，作《與子由》詩。至於潛，作《贈毛國華》、《野翁亭》、《緑筠軒》、《於潛女》詩，又《同年臨安令劇飲》并所至諸縣有詩。

九月，移知密州。是月作《勤上人詩集序》。

十月，赴密州，早行，馬上作《沁園春》。

十一月三日，到任。

十二月，作《鳧繹先生文集序》。

是年，《常潤道中懷述古》并《（合）〔答〕述古》詩、《蘇州雨中飲酒》、《金山飲醉》、《大風留金山》、《留别金山二長老》、《留京口》、《和蘇守王規甫觀燈什》、《次韻孫巨源水車》等詩。自京口還，寄述古，作《卜筭子》、《行香子》。杭妓迓新守楊元素，寄規甫，作《菩薩蠻》。送述古赴南都，作《清平樂》、《南鄉子》、《菩薩蠻》、《江神子》。送述古，迓元素，作《訴衷情》。述古將去，作《虞美人》。答元素《浣溪沙》和元素《泛金舡》。移守密，和元素《南鄉子》。再過蘇，贈閭丘公顯，作《浣溪沙》。過吴興，李公擇生子，作《減字木蘭花》。作《六客詞》，爲《定風波》。别公擇，作《蝶戀花》。赴密過蘇，有問「這回來不來」者，其色凄然，蘇守嘉之，令求詞，作《阮郎歸》。潤州和元素《菩薩蠻》。多景樓與孫巨源相遇，作《採桑子》。送巨源，作《更漏子》。離京口，呈元素，作《醉落魄》、《訴衷情》。得鄉書，作《蝶戀花》。代人寄遠，作《少年遊》。金山送子玉，作《昭君怨》。贈潤守許仲塗，作《減字木蘭花》。别潤守，作《南鄉子》。海州寄巨源，作《永遇樂》。除夜作《贈段屯田》詩曰：「龍鍾三十九，勞生已强半。」

熙寧八年乙卯，先生四十歲。

公在密州。上元，作《蝶戀花》。二十日，記夢作《江神子》。春禱常山得雨，《次韻章傳道喜雨》詩。

首夏作《官舍即事》詩。四月十一日，作送劉述詩。

六月，和李常詩。

中夏旱，再禱雩泉，皆應如響，作《雩泉記》、《留別》詩。

以旱蝗齋素，方春牡丹盛開，不獲賞。九月，忽開一朵，雨中特置酒，作《雨中花》。

冬，祭常山回，與同官習射放鷹，作詩和梅户曹。會獵，《鐵溝行》、《答喬太博莫笑銀杯小》并唱和詩，又作《江神子》。

是年，作《趙倅成伯家宴贈楊姐》詩，又《成伯室誕辰口號》、《後杞菊賦》。增治城上故臺，名之曰超然，作記。又作《大悲閣記》。又于超然臺作《望江南》，送東武令趙晦之歸海州，作《減字木蘭花》。贈晦之吹篴侍兒，作《水龍吟》。

熙寧九年丙辰，先生四十一歲。

公在密州。遷祠部員外郎。正月五日，跋赤溪山主頌。七日，書瑯琊篆後。立春日，請成伯主會，作詩。

上巳日，流觴於南禪小亭，作《滿江紅》。

四月，作《玉盤盂》詩。

六月，作《山堂銘》。

中秋，歡飲達旦，作《水調歌頭》。

十一月朔，作《李氏山房藏書記》。祭山神，有文。

十二月，移知徐州。别徐州、東武雪中送章傳道、東武道中，皆作《江神子》。除夜，留濰州。

熙寧十年丁巳，先生四十二歲。

元日早晴，離濰州，作詩。青州道上大雪，作詩。

二月三日，作《送范鎮遊洛》詩并次韻。是月，復與子由會於澶濮之間，相從赴彭城。到京，作送范蜀公詩。

三月一日，與王詵會四照亭，有倩奴者求曲，遂作《洞仙歌》、《喜長春》與之。明日，晉卿送韓幹畫馬，跋以詩。

五月，到徐州，范德孺作滕縣。

《文正公集序》曰：其後十一年，與其季德孺同僚于徐。

五月六日，作《寄題司馬君實獨樂園》詩。

六月十一日，保母楊氏卒。

七月十七日，河決。八月十一日，水及徐城。十月五日，水退，作《河復》詩。修城捍水，以活徐人，作黄樓東門之上。二十一日，作王詵《寶繪堂記》。

重九，邀仲屯田，爲大水所隔，作詩。是月作《送李邦直修國史》詩。

十月，作《表忠觀碑》。

是年，《答任師中》詩曰：「我今四十二，衰髮不滿梳。」過齊，時公擇守齊，席上作《南鄉子》，又作《蝶戀花》别公擇。

子由過中秋而别，作《水調歌頭》，又作《書麘公詩後》、《彭城感前約逍遥堂别》、《觀百步溪》詩、《放鶴亭記》。

元豐元年戊午，先生四十三歲。

公在徐州。三月，始識王子高，作《芙蓉城》詩。春旱，置虎頭石潭中，作《起伏龍行》。謝雨，道中作《浣溪沙》。

四月九日，書鮮于子駿《楚辭》後。是月，次韻潛師《放魚》詩。

六月，題王禹偁碑陰。

七月望，觀月黄樓，作詩。又作《眉州遠景樓記》。二十二日，作《滕縣公堂記》。

八月，作詩題張方平詩卷末。

九月，王鞏來，先作《定國將見過》詩。定國十日往返，作詩幾百篇，及登松山，答定國《見過》、《見寄》、《次韻》、《同泛舟》、《獨眠》、《留别》等詩。九日，黄樓作詩。又《次韻定國》詩。又作《千秋歲》。晦日，黄樓作《鹿鳴燕》詩并叙。

十月十二日，作《日喻》。望日觀月黄樓，作詩。

十一月八日，作《雲龍山[人]放鶴亭記》。十九日，作《莊子祠堂記》。

十二月，遣人訪獲石炭，作詩。又《答田國博》詩。

冬，祈雪出城，馬上作詩。

是年作《登雲龍山》、《石盤》、《遊戲馬臺》、《過張天驥山人》、《訪遊園》，與梁先左藏、舒焕教授、顔復長道、孫勉、頓起泛舟及唱和。又李公擇唱和，送梁知莫州，送孫、頓、顔、李等詩。又作《陽關詞》。又藏春園贈田楚州小鬟，送顔、梁，作《浣溪沙》。

元豐二年己未，先生四十四歲。

人日獵城南，會者十人，以「身輕一鳥過，槍急萬人呼」爲韻，分得「過」字，又代雷勝「鳥」字詩。十五日，作王鞏之祖懿敏公真贊。二十四日，作《思堂記》。晦日遊桓山，作記。會者十人，以「春水滿四澤，夏雲多奇峰」爲韻，分得「澤」字，又代戴道士「四」字詩。

二月，移知湖州。別徐州，作《江神子》。

三月，至南京，馬上作詩。二十七日，作《靈壁張氏園亭記》。是日作《宿州次韻劉涇》、《泗州孫景山西軒》、《舟中夜起》、《次韻高郵秦太虛》、《去金山五年而復至》，遊常州、無錫、惠山，《賜惠山(贈)〔僧〕惠表》、《秦觀參寥會松江》詩。

四月二十日，到湖州。

五月五日，遍遊諸寺，作詩。是月過賈收耘老水閣，作詩，又次前韻。耘老小妓號雙荷葉，作詞。

七月七日，作《與可畫篔簹谷偃竹記》。是月，太子中允權監察御史何正臣、舒亶，諫議大夫李定言公作爲詩文，謗訕朝政及中外臣寮，無所畏憚，國子博士李宜之狀亦上。七月二日，崇政殿進呈，奉聖旨，後批：「四狀三日進呈，奉聖旨送御史臺根勘。」二十八日，皇甫遵到湖州追攝。過南京，文定張公上劄、范蜀公上書救之。

八月十八日，赴臺獄中，作《寄子由》二詩。時獄吏必欲寘之死地，煆煉久之，不決。子由請以出身官爵贖之，而上亦終憐之，促具獄。

十二月二十四日，得旨責檢校尚書水部員外郎、黃州團練副使，本州安置。二十九日受勑。

元豐三年庚申，先生四十五歲。

正月過陳，子由自南都來，三日而別。與文郎逸民飲，作詩。十八日，蔡州道上遇雪，作詩。過新息，示任師中。過淮，作詩。

二月一日，到黃州，寓居定慧院之東，作《初到黃》、《月夜偶出》、《安國寺浴》、《安國尋春》、《海棠土人不知貴》、《二十六日雨中熟睡》、《雨晴後步(至四望亭)》、《雨中看牡丹》、《樂著作野步》、《王齊萬寓居》、《竹下開嘯軒》、《杜沂見餉》、《五禽言》等詩。

四月，上文潞公書云：「某始就逮赴獄，有一子稍長，徒步相隨，其餘守舍皆婦女幼穉。至宿州，御史符下，就家取文書。州郡望風，遣吏發卒，圍舡搜取，老幼幾怖死。既去，婦女恚駡曰：『是好著書，書成何所得，而怖我如此！』悉取燒之。比事定，重復尋理，十亡其七八矣。到黃，無所用心，輒復覃思於《易》、《論語》，端居深念，若有所得，遂因先子之學，作《易傳》九卷，又自以意作《論語說》五卷。」

五月，子由來齊安，以詩迎之。又作《曉至巴河》、《同遊西山》、《次韻》等詩。十一夜，夢遊何人家，食石芝，明日作詩。是日遷居臨皋亭，作詩。

九月望，讀《戰國策》，書商君事。二十五日，書杜羔事贈朱康叔。

十月九日，孟亨之置酒秋風亭，有雙拒霜獨向君猷而開。坐客喜笑，以爲非(史)〔使〕君莫當此花，作《定風波》。又作《守倅不飲》詩。

十二月二日，作《石氏畫苑記》。十八日，書蒲永昇畫後。

是月，答秦太虛書曰：「初到黃，廩入既絶，人口不少，私甚憂之。但痛自節儉，日用不得過百五十。每月朔便取四千五百錢，斷爲三十塊，挂屋梁上。平旦用畫叉挑取一塊，卻藏去叉，仍以大竹筒别貯用不盡者，以待賓客，此賈耘老法也。」

答李端叔書云：「得罪以來，深自閉塞，扁舟草履，放浪山水間，與樵漁雜處，往往爲醉人所推駡，輒自喜漸不爲人識。」

是年，作《勝相院經藏記》。

元豐四年辛酉，先生四十六歲。

公在黃州。正月二十日，往岐亭，郡人潘、古、郭送於女王城。道上見梅花，作詩。

四月八日，飯僧于安國寺，作《應夢羅漢記》。

端午，作《少年遊》贈徐君猷。十二日，作評書唐林夫六家書後。

六月二十二日，陳季常自歧亭來訪，作詩。

十月二十二日，作《聞捷》詩并叙。是月，姪安節來，作《夜坐》、《冬至日贈安節》等詩。安節歸，以伯父送先人詩「人希野店休安枕，路入靈關穩跨驢」之句爲韻，作詩送之。

十二月二日，雨後微雪，君猷攜酒見過，作《浣溪沙》。明日酒醒，大雪，又作。二十五日，大雪始晴，夢人以雪水烹小團茶以獻，夢中作回文詩。雪後乾明寺宿，杭州故人信至，作詩。

是年，馬正卿爲於郡中請得故營地數十畝，使得躬耕其中。地既久荒，墾闢之勞，釋(來)〔耒〕而歎，乃作《東坡》八詩，自是始號東坡居士。

元豐五年壬戌，先生四十七歲。

公在黄州。正月二日，書歐陽公黄牛廟詩後，又作文祭與可及堂兄子正。十七日，夢扁舟渡江，中流回望，栖霞樓中，歌樂雜作，舟中人言公顯方會客。覺而異之，乃作《水龍吟》。二十日，與潘、郭二生出郊，記去年是日同至女王城作詩，乃和前韻。又因至汪氏居，作詩。

寒食作《雨》詩，有曰「我自來黄州，已過三寒食」。徐守分新火，作詩。

春，躬耕東坡，築雪堂居之。擬斜川之遊，以淵明《歸去來詞》檃括爲《哨遍》。

五月，以怪石供佛印，作《怪石供》詩。

七月六日，與文甫飲家釀白酒，集古人句作墨(作)〔竹〕詞，爲《定風波》。十二日，書伯父中都公啓事後。既望，泛舟於赤壁之下，作《赤壁賦》，又懷古作《念奴嬌》。

九月，彭城曹焕子文將往筠見子由，求詩贈行。重九，涵暉樓作《南鄉子》呈君猷。

十月望，步自雪堂，歸於臨皋，二客從之，過黄泥之坂，復遊赤壁之下，作《赤壁後賦》。

十二月十九，東坡生日也，置酒赤壁磯下，踞高峰，俯鵲巢，酒酣，笛聲起於江上。客有郭、古二生，頗知音，謂坡曰：「笛聲有新意，非俗工也。」使人問之，則進士李委聞坡生日，作新曲曰《鶴南飛》以獻。呼之使前，則青巾紫裘，腰笛而已。既奏新曲，又快作數弄，嘹然有穿雲裂石之聲。坐客皆引滿醉倒。委求詩，作一絶句。王郎以詩見慶，次其韻。

元豐六年癸亥，先生四十八歲。

公在黄州。正月二十日，復出東門，用前韻作詩。

二月三日，點燈會客，作詩。

上巳日，與二三子出遊，隨所見作數句，明日集爲詩。

七月望，書劉廷式事。二十七日，生小子遯，小名幹兒。

閏八月，作《士琴》詩。

居黄，三見重九，每歲與君猷會于栖霞樓。君猷將去，念此惘然，故作《醉蓬萊》，又作《好事近》送君猷。

十月望，書唐林夫筆説。

十一月十二日，爲張夢得書《昆陽賦》。十九日，書《四箴》。

是年，快哉亭作《水調歌頭》贈張偓佺。

元豐七年甲子，先生四十九歲。

正月二十五日，特授汝州團練副使，本州安置。

四月一日，將自黄移汝，留別雪堂鄰里，作《滿庭芳》。六日，作《黄州安國寺記》。又作《别黄》、《過江行武昌》、《用岐亭韻》、《初入廬山》、《二十四日宿廬山》、《廬山二勝》、《自興國往筠》、《先寄遲适遠》、《端午遊真如》、《别子由》、《至奉新》等詩。

六月九日，作《石鍾山記》，略云：「余自齊安，舟行適臨汝，而長子邁將赴饒之德興尉，送之至湖口。二十三日，舟過蕪湖。」

七月二十八日，幼子遯病亡於金陵，作詩哭之曰：「吾年四十九，羈旅失幼子。」又作《同王勝之遊蔣山》詩。賞心亭送勝之，作《漁家傲》。至真州，再和蔣山詩。

十月二十六日，書韓魏公詩後。十一月晦日，與劉仲達相逢泗上，同遊南山，作《滿庭芳》。

十二月，同泗州太守遊南山，過七里灘，作《行香子》。蕭淵東軒作詩。二十四日，從劉倩叔遊南山，作《浣溪沙》。二十八日，浴雍熙塔下，戲作《如夢令》。

除夜，黄師是送酥酒，作詩。

冬，作《水龍吟》記子微太白之事。

是年和李太白《尋陽紫極宫感秋》詩。

元豐八年乙丑，先生五十歲。

元日，雪中過淮謁客，作詩。四日，離泗州，表請常州居住，略云：「一從吏議，坐廢五年。近蒙恩除汝州，累重道遠，不免舟行。自離黄州，風濤驚恐，舉家重病，一子喪亡。今雖至泗州，而貲用罄竭，去汝尚遠，難於陸行。二十餘口，饑寒朝夕，與其强顔忍耻干求於衆人，不若歸命投誠控告於君父。臣有薄田在常州宜興縣，粗給飦粥，欲望聖慈許常州居住。」書朝奏夕報可。

二月，葬保母楊氏于宋，作銘。又作《薦誠院五百羅漢記》、《妙峰亭》詩。蒙恩放歸陽羨，復作《滿庭芳》。至高郵，作《陳處士畫鴈》詩。

七月二十五日，金山贈杜介詩，又作《妙高臺》、《夢中作》、《與元老》等詩。京口作《王中父哀詞》。至常州，作《與孟震遊僧舍》、《贈報恩老》、《歸宜興留題

竹西寺》等詩。

哲宗即位，復朝奉郎。

八月十七日，得旨除知登州。

九月，書《楞伽經》後。過密，題高麗亭，次韻趙明叔、喬禹功，和昔年《留別超然臺》、《贈密守霍翔》詩。

十月十五日，到登州。二十日，召爲禮部員外郎，作《孫氏松堂》、《遺直坊》等詩。晦日作《海市》詩。過萊州，雪後望三山，作詩。過濟州，作《真相院舍利塔銘》。

十一月七日，書吴道子畫後。

是月到京，供禮部職。

十二月，以七品服入侍延和，賜緋魚，除起居舍人。

元祐元年丙寅，先生五十一歲。

公在京師。正月，除中書舍人。辭免狀云：「臣頃自貶所起知登州，到任五日而召以省郎，到省半月而擢爲右史云云。今又冒榮直授，躐等驟遷，非惟其人既難以處，不試而用，尤非所安。」

二月八日，朝退，獨在起居，讀《儒林傳》，感申公事，作小詩。

閏二月八日，題子由《日本扇》詩後。

四月，作《法堂寺鍾銘》。

九月一日，司馬温公薨，作祭文、行狀。

十月十二日，書《黄泥坂辭》遺王晉卿。

是月，除翰林學士、知制誥。

十一月，供翰林學士職，尋除侍讀，召入院。九日，考試館職，與聖求會宿玉堂，作《武昌西山》詩。

十二月五日，與狄詠同館北客，書狄武襄事。

元祐二年丁卯，先生五十二歲。

公在翰苑。每時各有内制。

九月一日，作《石舍人北使序》。十五日，邇英殿講《論語》終篇，賜御書詩。翌日進詩，又進讀故事八説。十九日，作《祭王宜甫文》。

十二月，作《送喬仝寄賀水部》詩。賀，五代人，得道不死。仝曰：「吾師嘗於密州識君於常山道上，意若喜君。」

是年，作《司馬温公神道碑》，又作《富鄭公神道碑》，又作《趙清(憲)〔獻〕公神道碑》。鄭公以元豐六年閏六月二十一日薨于洛陽，至是其子紹庭請于朝，命公撰碑。清獻公以元豐七年八月二十六日薨于杭，至是其子岏請于朝，命公撰碑。又作《贈寫真道士李得素》曰：「五十之年初過二，衰顔記我今如此。」

元祐三年戊辰，先生五十三歲。

公在翰苑。每時各有内制。

知貢舉，會大雪，士坐庭中，噤不能言。公寬其禁約，而巡鋪内臣過爲凌辱，傷動士心。公奏，撻而逐之，士皆悦服。試院次韻魯直畫馬，送李方叔，作詩。

二月八日夜，會于伯時齋舍，書《鬼仙》詩。

三月二十日，同錢穆父遊金明池，始見其《雪中》詩，因次韻。

四月五日，跋宋漢傑畫。

五月一日，與子由同轉對，次韻子由詩。

九月十八日，作《文驥字説》。

卧病逾月，請郡不許，復直玉堂。

十一月一日，鏁院。是日苦寒，詔賜官燭、法酒，呈同院作詩。十二月六日，書《詩人寫物之功》付過。八日，龍興節侍宴，前一日微雪，與子由、王定國清虚堂小飲，作詩。

立春日，賜幡勝，次韻劉貢父詩。

元祐四年己巳，先生五十四歲。

上元日，侍宴端門，次韻王晉卿詩。

内制止於二月。二月二十二日，奏《告東太一宫十神大祝文》。

是月，三上章乞越州，三月得旨，以龍圖閣學士、左朝奉郎知杭州。公直玉堂，有贈送、次韻、和答之詩幾數百篇，以歲月未分，先後難辨，姑輒闕之，以俟它日。

四月十六日，跋邢敦夫賦。十七日，書太宗賜守臣御書扇子後。二十一日，作《范文正公文集叙》，所謂「又十三年，乃克爲之」者也。

重九日，和蘇堅《點絳唇》。

冬至日，作《書文登石渦遺垂堂老人》詩。

是年，作《范蜀公墓誌銘》，蜀公以元祐三年閏十二月薨。又作《去杭十五年復遊西湖》、《莫同年雨中飲湖上》、《同秦仲二子遊寶山》、《書辨才白雲堂壁》、

《文登石遺梅子明》、《參寥得智果院分韻》等詩。又《送子由使契丹》詩云：「單
于若問君家世，莫道中朝第一人。」子由過虜，往往有問公安否。子由至涿州，寄
詩曰：「誰將家譜到燕都，識底人人問大蘇。莫把聲名動蠻貊，恐妨它日卧江
湖。」又《次韻子由涿州》詩。

元祐五年庚午，先生五十五歲。

公在杭州。二月十七日，書高麗公案。二十六日，過金文寺，再觀李西臺
詩，書其後。二十七日，作《參寥泉銘》。

寒食，次韻劉景文、周次元《同遊西湖》詩。

三月八日，同楊次公過劉景文，題文忠公墨跡。

四月十八日，真覺院賞枇杷，作詩。又和景文韻。

重九日，再和蘇堅前年《點絳唇》韻，又次韻伯固詩。十七日，書《醉道士石》
詩。十八日，書朱象先畫後。

十二月八日，作《六一泉銘》。十二日，同景文、義伯、聖從遊七寶寺，題詩竹
上。除夜，作《獄空》詩和通守時韻。

是年作《垂雲花開》、《雜花開盡》、《賞牡丹》、《遊虎丘》、《怡然餉新茶》、《謝
曹子方惠茶》、《曹輔寄新芽新茶》、《送程簽之邵》，登垂雲亭、寒碧軒、此君軒、蒜
山亭、南漪堂、龍井泉、過溪亭、介亭，題蘭、蕙、紫薇花、梅花等詩。又與劉景文、
楊次公、袁公濟、楊公濟、程之邵、林子中、葉教授次韻和答等詩，又《送張山人歸
彭城》、《之邵赴闕》詩，又《仲天貺自眉來》詩。

元祐六年辛未，先生五十六歲。

上元，次韻劉景文詩。二十三日，題伯時畫《支遁養馬圖》。

二月三日，作詩并櫻筍餉殊老。九日，被旨再除翰林承旨，次韻劉景文《西
湖席上》詩。

三月六日，作《別南北山道人》詩。九日，罷杭守，辭天竺，作詩。十九日，宿
吴江常州太平寺，觀牡丹，作詩。

四月到闕，一百，作《送聰師歸孤山叙》。

五月入院，作《六月朔祭劉氏文》。

六月十八日，作《上清宫碑》。二十四日，跋吴君采琴説。是月作《破琴》詩、
《東堂次諸公韻》。

閏六月十三日，跋張乖崖書後。

八月十三日，作《茶説》。

是月，除龍圖閣學士、知潁州。

九月望，觀月聽琴西湖，作詩。又作《祭歐陽文忠公文》。

秋，作《昭靈廟碑》。

十月二十五日，以旱請教授陳師道并男迨迎張龍公，作文。

十一月一日，作《聚星堂雪》詩。禱雨既應，次景文韻。十日，作《送張龍公
文》。十四日，在告獨酌，試滑盞有懷諸君子，以詩招之。十二月八日，爲文定張
公舉哀於薦福院。文定公以是月二日薨於南都，將屬纊，不問後事，但言仲意子
瞻兄弟。二十三日，作《李簡夫詩集序》、《祭辯才文》。

是年作《感舊别子由》詩，序云：「元祐六年，予自杭召還，寓子由東府。數
月復出領汝陰，時予年五十六矣。」又作《趙德麟字説》。又作《泛潁》、《到潁公帑
竭》、《禱雨既應》、《潁大夫廟》、《喜景文至》、《屏山贈叔弼》、《雪詩留景文》、送王
竦及季默赴闕及與趙景貺、陳履常、劉景文、趙德麟、歐陽季默、叔弼次韻贈送等
詩。生日，景文以古畫松鶴爲壽，且貺佳篇，次韻謝。

元祐七年壬申，先生五十七歲。

上元，和履常雪中觀燈詩。

二月十五夜，與德麟小酌聚星堂，作《減字木蘭花》。十七日，書柳子厚《瓶
賦》後。是月移知揚州，淮上早發，作詩。

三月上巳日，過濠，與迨、過遊塗山、荆州，記所見。次韻王滁州見寄，作詩。
十六日到任。是月，作《韓文公廟碑》。

四月二十七日，跋《醉翁亭記》。是月，次韻徐仲車、德麟湖成見懷詩。無咎
以詩相迎，久不暇答，昨日始次其韻。

五月端午，小集石塔，作詩。二十四日，會無咎隨齋，汲泉漬白芙蓉，不復有
病暑意，作《減字木蘭花》。

七月，和淵明《飲酒》詩二十首。以土物寄少游，作詩。

八月，作張文定公、滕元發誌銘。

九月，以兵部尚書召，兼侍讀。郊祀，爲鹵簿使，尋除端明殿學士，兼翰林侍
讀學士，守禮部尚書。行宿、泗間，見張天驥。

重九，與定國相遇于宋。至都門，先寄子由作詩。

冬至，作《郊祀慶成》。次韻錢、蔣從駕郊丘，瞻望天光，退而相慶，作詩。

元祐八年癸酉，先生五十八歲。

元日立春，次韻秦少游詩。上元侍飲樓上，呈同列詩。十六日，贈別潁叔詩。

六月，汶公乞詩，用前韻。

八月一日，夫人王氏卒。子過，夫人所生。二日，作祭文。是月以二學士知定州。

九月十四日，《東府雨中別子由》詩曰：「庭下梧桐樹，三年三見汝。前年適汝陰，見汝鳴秋雨。去年秋雨時，我自廣陵歸。今年中山去，白首歸無期。」自杭還京，和子功月石屏、純父涵星硯，邂逅德麟、叔盎畫馬等詩，及與王定國、蔣穎叔、錢穆父、王晉卿、王仲至、秦少游等次韻詩。

十一月，作《祭韓忠獻公文》，又作《釋迦文佛頌》。

十二月二十三日，到定州。

紹聖元年甲戌，先生五十九歲。

立春日，小集作詩，呈李端叔。次韻曾仲錫元日見寄。

二月二十日，子由生日，以檀香觀音像及新合印香銀篆盤爲壽，作詩。二十三日，作《松醪賦》。

三月二十日，開園，作詩。

四月十六日，作《北嶽祈雨祝文》。二十日，作《雪浪齋銘》。二十四日，題《三國名臣贊》。是月，奉命追一官，落兩職，以承議郎知英州。

公在定州，作《送王敏仲北使》、《求穆叔遞酒》、《雪浪石》、《沈香石》、《劉醜廝》、《石芝》、《送翟安常赴闕》、《中山松醪寄王引進》、《謝端叔》、《鴛鴦竹石圖》等詩。又次韻及留別王雄州詩。馬教授，文登人，嘗食石芝，詩請同賦。南遷過湯陰，得豆麥粥，作詩。臨城道中，作詩，叙云：「始予赴中山，連日風埃，未嘗了了見太行也。今將適嶺表，頗以爲恨。過內丘，天氣清澈，西望太行，草木可數，忽悟歎曰：予南遷其速返乎！退之衡山之祥也。」途中寄定武同僚，過杞贈馬夢得，過高郵寄孫君孚，過長蘆贈夫老，次韻聞復，憶中和堂，作詩。

六月七日，泊金陵，阻風。蔣山泉老召食，不及往，作詩。九日，阿彌陀像成，奉安于金陵清涼寺，作贊并贈和老詩。慈湖夾阻風，作詩。至太平當塗縣，奉告責授寧遠軍節度副使，惠州安置。過南康望湖亭，過廬山下，廬山壽師竹軒，湖口壺中九華，江西江水煎茶，作詩。過廬陵，作《秧馬歌》。

八月七日入(憩)〔贛〕，過惶恐灘，作詩。九日，評孔文舉、淵明詩。十七日，過虔州，作《鬱孤臺訪樂天天竺寺》詩，《書八境圖》、《廉泉》、《塵外亭》、《贈慈雲老》等詩。過大庾嶺，過韶州、南華、望韶石、英州碧落洞，作詩。

九月十三日，遊廣州清遠，《峽山寺》、《舟中寄耘老》、《顧秀才談惠風物》、《浴日亭》、《蒲澗寺》、《發廣州》等詩。二十六日，艤舟泊頭，肩輿于羅浮山，入寶積寺，禮天竺瑞像，作《羅浮題名》及《遊羅浮示過》詩。

十月二日，到惠州，寓合江樓，作詩。十三日，與程鄉令侯晉叔、歸善簿譚汲遊大雲寺，野飲萬家春於松下，設松黃湯，作《浣溪沙》。十八日，遷于嘉祐寺松風亭，作詩。二十日，作《思無邪齋銘》。食檳榔，作詩。

十一月，作《自笑戲朝雲》詩。二十六日，松風亭下，梅花盛開，作詩。造桂酒，成詩，詹守見和，復次韻。

十二月十二日，與過遊白水山佛跡院，浴於湯池，作記并詩。和詹守攜酒見過詩。

紹聖二年乙亥，先生六十歲。

公在惠州。正月十日，寄鄧道士詩。十二日，跋王(六)〔右〕軍《斫鱠圖》及《遠近景圖》。十三日，書《東皋子傳》後。上元夜作詩，有曰：「前年侍玉輦，端門萬枝燈。」又曰：「去年中山守，老病亦宵興。今年江海上，雲房託山僧。亦復舉膏火，松間見層層。」十六日，飲嘉祐寺野人家，作詩。二十四日，和過羅浮栖禪韻寄邁、迨。二十六日，林媼家雜花開，作詩。

三月四〔日〕，再遊佛跡巖，歸臥，既覺，聞過誦淵明《歸田園居》詩六首，乃悉次其韻：「始予在廣陵和《飲酒》詩二十首。今復爲此，要當盡和其詩乃已爾。」

九月，書《外曾祖程公逸事》。十三日，書《桂酒頌》後云：「僕眼五十後頗昏，今復瞭然，天意復令見子由與平生故人耶？」十九日，遷居合江樓。二十九日，攜酒魚過詹史君食槐葉冷淘，作詩。

四月十一日，初食荔枝，作詩。十三日，再書五十年前所作《梁處士綠筠亭》詩。

五月二十七日，作《虔州崇慶院藏經記》。

六月九日，書柳子厚大鑒禪師碑陰。十二日，酒醒步月，作詩。十九日，跋大鑒碑尾。

八月一日，書《金光明經》後。二十七日，書《養生說》。

九月，和淵明《貧士》詩七首。又作《江水》詩，以「殘夜水明樓」爲韻。

十一月一日，菊花始開，和淵明《己酉歲重九》詩。九日夜，夢論神仙道術，作詩。

是年，與陳季常書，略云：「自當塗聞命，便遣還骨肉陽羨，獨與幼子過及老雲并二庖婢過嶺。到惠，將半年，風土食物不惡，吏民相得甚厚。孔子云『雖蠻貊之邦行矣』，豈欺我哉！」

與徐得之書云：「到惠已半年，凡百粗遣，既習其水土風氣，絶俗息念之外，浩然無疑，殊覺安健也。」

與吴子野次韻等詩。

紹聖三年丙子，先生六十一歲。

公在惠州，作《新年》詩。

二月八日，過逍遥堂，作詩。二十一日，飲醉食飽，默坐思無邪齋，兀然如睡。既覺，和淵明《東方有一士》詩。

三月二日，卓契順至惠州，以諸子書來。得書，徑還。問其所求，答曰：「契順惟無所求而後來惠州，若有所求，當走都下矣。」苦問不已，乃曰：「昔蔡明遠鄱陽一校耳，顔魯公絶糧江淮之間，明遠載米以賙之。魯公憐其意，遺以尺書，天下至今知有明遠也。今契順雖無米與公，然區區萬里之勤，儻可以援明遠之例，得數字乎？」公爲書淵明《歸去來詞》以遺之。五日，作《祭寶月大師文》。

四月八日，卜新居。

五月十七日，作詩示過。二十日，復歸于嘉祐寺。時卜新居于白鶴峰，作《遷居》詩。又和淵明《移居》詩。五月二十七日，過水西買筆，作詩。

六月，作東西《新橋》詩。

七月五日，朝雲亡，作《悼朝雲》詩。遯，朝雲所生。八月三日，葬於栖禪寺之東麓，爲亭名六如，作銘。

重九，作詩曰：「三年瘴海上，越嶠真我家。登山作重九，蠻菊秋未花。」又補龍山文。

十一月二十日，記野吏亭。

十二月十一日，記吴子野所示李承晏墨。二十五日，酒盡米竭，和淵明《歲暮和張常侍》詩，有曰：「我年六十一，頽景薄西山。」

紹聖四年丁丑，先生六十二歲。

正月六日，題劉景文詩後。

三月十四日，白鶴新居成，自嘉祐寺遷入。和淵明《時運》詩。又作《三馬圖贊》、《新居欲成過翟秀才》、《循惠二守相會》、《二守訪新居》、《新居鑿井》。二十九日，作詩。

四月，被命責授瓊州別駕，昌化軍安置。太守方子容自攜告身來，且曰：「此固前定乎？無恨吾妻沈素事泗洲僧伽謹甚，一夕夢和尚告别，問所往，答云：『當與蘇子瞻同行，七十二日當有命。』今適七十二日，豈非前定乎？」吾謫海南，子由雷州，被命即行，了不相知。至梧，聞其尚在藤，旦夕當追及，作詩示之。

五月十一日，與子由相遇於藤，同行至雷，作《雷州》詩。

六月十一日，與子由相别。渡海，和淵明《止酒》詩。行瓊、儋間，坐睡夢中得句，作詩。過海，得邁書酒，作詩。

七月，至儋州，作《儋耳》詩。十三日，作《夜夢》詩，叙云：「至儋十餘日矣，初僦官舍居之，有司猶謂不可。買地築室三間於城之南，士人畚土運甓助之。」飲鹹食腥，陵暴颶霧，人不堪其憂，公恬然著書爲樂。

元符元年戊寅，先生六十三歲。

公在儋州。上元，過赴使君召，獨坐有感，作詩。二十三日，書淵明《形影神》詩付過，仍和其韻。

上巳日，與老符飲，作詩。十五日，作《衆妙堂記》。二十日，祭妹夫承議柳仲遠，作文。

五月望，造真一酒成，拜奠北斗，作《朝斗記》及詩歌。

七月十六日，跋淵明祭文後。

九月七日，書温嶠問郭文語。八日，和淵明《九日閑居》詩。

九日，次韻魯直《食笋》詩。

冬至日，書《阮籍傳》後。與諸生飲，用過韻。

元符二年己卯，先生六十四歲。

公在儋州。立春日，作《減字木蘭花》。

四月十五日，作《十八羅漢贊》。

中元日，書跋。

九月二十日，嘉魚亭下，作《送邵進士》詩。

十二月十七日，夜坐達曉，作詩。二十八日，記所作墨。

是年，和淵明《與殷晉安別》、《王撫軍座上送客》、《答龐參軍》三詩。送昌化軍使張中，又作《謫居三適》、《家貧浄掃地》、《夜燒松明》、《萬安守約》、《遊岑公洞》等詩。

元符三年庚辰，先生六十五歲。

徽宗即位。正月朔，記養黄中曰：「歲次庚辰朔日戊辰，是日辰時，則丙辰也。三辰一戊，四土會焉，丙土母而庚其子也。土之富未有過於斯時，吾當以斯時肇養黄中之法。」又曰：「非謫居嶺外，安得此慶耶？」又曰：「十二日，天門冬酒熟。」上元，追和戊寅韻作詩。

二月二十日，書黎子雲《道唐村老人言》、《過黎君郊居》詩。

三月清明日，聞過誦書，聲節閑美，感念少時，悵然追懷先君宫師之遺意。且念淮德二幼孫，無以自遣，乃和淵明《酬郭主簿》詩。七日，書王光祿《送行》詩後。十五日，書柳子厚《牛賦》後。是月，放魚於城北，作記。

五月，被命移廉州安置，作峻靈王、伏波將軍廟碑。

六月十七日，過瓊州，作《惠通井記》。太守陸公乞瓊山泉上之亭名與詩，名之曰洞酌，作詩。又《澄邁驛通潮閣》、《烏觜泅濟》。

二十日渡海，作詩。二十五日，與秦少游相別於海康，作《自雷適廉》、《夜宿浄行院》、《廉州龍眼》、《留別廉守》、《合浦》、《愈上人》等詩。

七月四日，記渡合浦，曰：「予自海康適合浦，連日大雨，橋梁盡壞，水無津涯。自興廉浄行院下乘小舟至官寨，聞自此而西皆漲水，無復橋船。或勸乘蜒舟並海即白石。是年，六月晦，無月。碇宿大海中，天水相連，星河滿天，起坐四顧，太息曰：『吾何數乘此險也！既濟徐聞，復厄於此乎！』所撰《易》、《書》、《論語》皆以自隨，而世未有別書，拊之而歎曰：『天未欲喪是也，吾儕必濟。』」

八月二十二日，書《臞仙帖》。二十四日，題合浦清樂軒。

是月，被命授舒州團練副使，永州安置。二十八日，劉幾仲餞飲，作《瓶笙》詩，《鬱林次韻王守》、《藤州江下對月》。將至廣，寄邁、迨，和廣倅，作詩。

十月十四日，過清遠寶林寺，頌禪月十八羅漢。

十一月十五日，吴子野輩追餞於廣慶寺，贈子野詩。

是月，被命復朝奉郎，提舉成都府玉局觀，在外軍州任便居住。

十二月十九日，書《南華重辯長老逸事》，次韻韶守狄、韶倅李、狄守東坡羹。伯固南華相待，作詩。

建中靖國元年辛巳，先生六十六歲。

正月朔，作《九成臺銘》，又作《南華題名記》。五日，過南安，法掾吴君示昔所作《石鍾山記》，復題其後。又作《至南安》詩。九日，作《南安常樂院法藏銘》。再過鬱孤臺，和前韻。又與虔守、霍倅、許南禪湜老唱和詩，又作《鍾子翼哀詞》，又《贈孫志舉》、《吕倚》、《次韻江晦叔》等詩。

二月八日，過龍光，求竹作肩輿，作詩。

三月一日，書宗人養直詩後。四日，作《南安軍學記》。寒食，與劉器之遊南塔寂照堂，戲器之同訪玉版師。發虔，至永和清都觀，留別王子直等詩。過湖口，九華石已爲好事者取去，和前韻。

四月四日，艤舟吴城山順濟王祠下，得石砮，作記。八日，艤舟豫章、彭蠡之間。

五月一日，舟行至金陵，作《崇因院觀音頌》、《次韻清涼老》詩。是月至常州，睡起，聞米元章到東園，送麥門冬飲，作詩。

六月，以疾告老于朝，以本官致仕。

七月，疾頗革，折簡錢世雄云：「昨夕齒中出血，如蚯蚓者無數。若專是熱毒，根源不淺。即今諸藥盡卻，惟取人參、茯苓、麥門冬瀹湯，渴即飲之。莊生云『在宥天下，未聞治天下也』，三物可謂在宥矣。此而不愈，則天也。」

徑山老惟琳來，説偈，答曰：「與君皆丙子，各已三萬日。一日一千偈，電往那能詰。大患緣有身，無身則無疾。平生笑摩什，神呪真浪出。」琳問神呪事，索筆書：「昔鳩摩羅什病，亟出西域神呪三番，令弟子誦以免難，不及事而終。」併出一帖云：「某嶺海萬里，不死而歸宿田里，有不起之憂，非命也耶？」蓋絶筆於此。後二日，殆將屬纊而聞觀先離，琳叩耳大聲云：「端明宜勿忘西方，不無但箇裏著不得。」世雄云：「固先生平時履踐至此，更須着力。」曰：「着力即差。」語絶而逝。

二十八日，公薨，享年六十六。

崇寧元年

閏六月，邁葬公于汝州郟城縣鈞臺鄉上瑞里嵩陽峨眉山，遵公治命也。

公自齠齔知讀書，始入鄉校，便有大志。及遊場屋，爲名進士，試館閣，應制科，皆中高等。臨事以正，不能與時卷舒，而名益重，天下翕然宗師之。平生出

處遊歷，悲歡感歎，一寓於詩與其雜著。其文集行於世者，不但《東坡集》與《後集》，又有蘭臺、毗陵備成大全者矣。其間詩文顛倒錯亂，不可勝紀，覽者病焉。汴陽段仲謀編爲《行紀》，清源黄德粹撰爲《系譜》，一則擇焉而不精，一則語焉而不詳。予於暇日，因二家之述，徧訪公之文集，採其標題與其歲月，芟夷繁亂，翦截浮辭，而質諸名士大夫，以求其當，足以觀公宦遊窮達之節，吟詠著作之時，名之曰《東坡紀年録》。又將因此而類公之詩文，使成次序，固有志焉，姑少俟之。

備論

《宋史》卷三三八《蘇軾傳》 論曰：蘇軾自爲童子時，士有傳石介《慶曆聖德詩》至蜀中者，軾歷舉詩中所言韓、富、杜、范諸賢以問其師。師怪而語之，則曰：「正欲識是諸人耳。」蓋已有頡頏當世賢哲之意。弱冠，父子兄弟至京師，一日而聲名赫然，動於四方。既而登上第，擢詞科，入掌書命，出典方州。器識之閎偉，議論之卓犖，文章之雄雋，政事之精明，四者皆能以特立之志爲之主，而以邁往之氣輔之。故意之所向，言足以達其有猷，行足以遂其有爲。至於禍患之來，節義足以固其有守，皆志與氣所爲也。仁宗初讀軾、轍制策，退而喜曰：「朕今日爲子孫得兩宰相矣。」神宗尤愛其文，宫中讀之，膳進忘食，稱爲天下奇才。二君皆有以知軾，而軾卒不得大用。一歐陽脩先識之，其名遂與之齊，豈非軾之所長不可掩抑者，天下之至公也，相不相有命焉，嗚呼！軾不得相，又豈非幸歟？或謂：「軾稍自韜戢，雖不獲柄用，亦當免禍。」雖然，假令軾以是而易其所爲，尚得爲軾哉？

藝文

《蘇軾文集》附録趙昚《序》 成一代之文章，必能立天下之大節。立天下之大節，非其氣足以高天下者，未之能焉。孔子曰：「臨大節而不可奪，君子人歟？」孟子曰：「我善養吾浩然之氣，以直養而無害，則塞乎天地之間。」養存之於身，謂之氣，見之於事，謂之節。節也，氣也，合而言之，道也。以是成文，剛而無餒，故能參天地之化，關盛衰之運。不然，則雕蟲篆刻童子之事耳，烏足與論一代之文章哉！故贈太師謚文忠蘇軾，忠言讜論，立朝大節，一時廷臣無出其右，負其豪氣，志在行其所學，放浪嶺海，文不少衰，力幹造化，元氣淋漓，窮理盡性，貫通天人，山川風雲，草木華實，千彙萬狀，可喜可愕，有感於中，一寓之於文，雄視百代，自作一家，渾涵光芒，至是而大成矣。朕萬幾餘暇，紬繹詩書，他人之文，或得或失，多所取舍。至於軾所著，讀之終日，亹亹忘倦，常寘左右，以爲矜式，可謂一代文章之宗也歟！乃作贊曰：

維古文章，言必己出。綴詞緝句，文之蟊賊。手抉雲漢，斡造化機。氣高天下，乃克爲之。猗嗟若人，冠冕百代。忠言讜論，不顧身害。凜凜大節，見於立朝。放浪嶺海，侶於漁樵。歲晚歸來，其文益偉。波瀾老成，無所附麗。昭晰無疑，優游有餘。跨唐越漢，自我師模。賈馬豪奇，韓柳雅健。前哲典刑，未足多羨。敬想高風，恨不同時。掩卷三歎，播以聲詩。

《蘇軾詩集》附録趙夔《序》 昔杜預註《春秋左傳》，顔籀註班固《漢書》，時人謂征南、祕書爲丘明、孟堅忠臣；又李善於梁、宋之間，開《文選》學，註六十卷，流傳於世，皆僕所喜而慕之者。此註東坡詩集所以作也。東坡先生讀書數千萬卷，學術文章之妙，若太山北斗，百世尊仰，未易可窺測藩籬，況堂奥乎！然僕自幼歲誦其詩文，手不暫釋，其初如涉大海，浩無津涯，孰辨淄澠涇渭，而魚龍異狀，莫識其名，既窮山海變怪，然後了然無有疑者。崇寧年間，僕年志於學，逮今三十年，一句一字，推究來歷，必欲見其用事之處。經史子傳，僻書小説，圖經碑刻，古今詩集，本朝故事，無所不覽；又於道釋二藏經文，亦常遍觀鈔節，及詢訪耆舊老成間，其一時見聞之事，有得既已多矣。頃者赴調京師，繼復守官，累與小坡叔黨游從至熟，叩其所未知者，叔黨亦能爲僕言之。僕既慕先生甚切，精誠感通，一日，夢先生野服乘驢若世之所畫李太白者，惠然見訪。僕方坐一室中，書史環列，起而迎見。先生顧僕，喜曰：「天下之樂，莫大於此。」了無他語。又一日，夢與先生對談，因問水仙王事，即答以茫昧之語，殊不可曉，不知何意也。僕於此詩分五十門，總括殆盡，凡偶用古人兩句，用古人一句，用古人六字、五字、四字、三字、二字、一字，用古人上下句中各四字、三字、二字、一字相對，止用古人意不用字，所用古人字不用古人意，能造古人意，能造古人不到妙處，引一時事，一句中用兩故事，疑不用事而是用事，疑是用事而不用事，使道經僻事、釋經僻事、小説僻事、碑刻中事，州縣圖經事，錯使故事使古人作用字成一家句法，全類古人

詩句用事有所不盡，引用一時小話不用故事而句法高勝，句法明白而用意深遠，用字或有未穩，無一字無來歷，點化古詩拙言，間用本朝名人詩句，用古人詞中佳句，改古人句中借用故事，有偏受之故事，有參差之語言，詩中自有奇對，自撰古人名字，用古謡言，用經史註中隱事，間俗語俚諺詩意物理，此其大畧也。三十年中，殫精竭慮，僕之心力，盡於此書。今乃編寫刊行，願與學者共之。若乃事有遺誤，當俟博雅君子補而鐫之，庶俾先生之詩文與《左傳》、《漢書》、《文選》並傳無窮，而僕於杜預、顔籀、李善三子亦庶幾焉。雖然，尚有可以言者，先生之用事，不可謂無心，先生之用古人詩句，未必皆有意耳。蓋胸中之書，汪洋浩博，下筆之際，不知爲我語耶，他人之語也，觀者以意達之可也。西蜀趙夔堯卿撰。

《蘇軾詩集》附録王十朋《序》　昔秦延君註堯典二字，至十餘萬言，而君子譏其繁，丁子襄註《周易》一書，纔二三萬言，而君子恨其畧。訓註之學，古今所難，自非集衆人之長，殆未易得其全體。況東坡先生之英才絶識，卓冠一世，平生斟酌經傳，貫穿子史，下至小説、雜記、佛經、道書、古詩、方言，莫不畢究，故雖天地之造化，古今之興替，風俗之消長，與夫山川、草木、禽獸、鱗介、昆蟲之屬，亦皆洞其機而貫其妙，積而爲胸中之文，不啻如長江大河，汪洋閎肆，變化萬狀，則凡波瀾於一吟一詠之間者，詎可以一二人之學而窺其涯涘哉！予舊得公詩八註，十註，而事之載者十未能五，故常有窺豹之歎。近於暇日搜索諸家之釋，裒而一之，剗繁剔冗，所存者幾百人，庶幾於公之詩有光。雖然，自八而十，自十而百，固非畧矣，而亦未敢以繁言。蓋以一人而肩烏獲之任，則折筋絶體之不暇，一旦而均之百人，雖未能舂容乎通衢，張王乎大都，而北燕南越亦不難到，此則百註之意也。若夫必待讀遍天下書，然後答盡韓公策，則又望諸後人焉。永嘉王十朋龜齡撰。

《蘇軾詩集》附録陸游《施司諫註東坡詩序》　古詩唐虞賡歌，夏述禹戒作歌。商周之詩，皆以刊於經，故有訓釋。漢以後詩，見於蕭統《文選》者，及高帝、項羽、韋孟、楊惲、梁鴻、趙壹之流歌詩見於史者，亦皆有註。唐詩人最盛，名家者以百數，惟杜詩註者數家，然概不爲識者所取。近世有蜀人任淵，嘗註宋子京、黄魯直、陳無已三家詩，頗稱詳贍。若東坡先生之詩，則援據閎博，指趣深遠，淵獨不敢爲之説。某頃與范公至能會於蜀，因相與論東坡詩，慨然謂予：「足下當作一書，發明東坡之意，以遺學者。」某謝不能。他日，又言之。因舉二三事以質之曰：「『五畝漸成終老計，九重新掃舊巢痕。』『遥知叔孫子，已致魯諸生。』當若爲解？」至能曰：「東坡竄黄州，自度不復收用。故曰『新掃舊巢痕』，建中初，復召元祐諸人，故曰『已致魯諸生』，恐不過如此。」某曰：「此某之所以不敢承命也。昔祖宗以三館養士，儲將相材，及官制行，罷三館。而東坡蓋嘗直史館，然自謫爲散官，削去史館之職久矣，至是史館亦廢，故云『新掃舊巢痕』。其用事之嚴如此。而『鳳巢西隔九重門』，則又李義山詩也。建中初，韓、曾二相得政，盡收用元祐人，其不召者亦補大藩。惟東坡兄弟猶領宫祠。此句蓋寓所謂不能致者二人，意深語緩，尤未易窺測。至如『車中有布乎』，指當時用事者，則猶近而易見。『白首沈下吏，緑衣有公言』，乃以侍妾朝雲嘗歎黄師是仕不進，故此句之意，戲言其上僭。則非得於故老，殆不可知。必皆能知此，然後無憾。」至能亦太息曰：「如此，誠難矣！」後二十五六年，某告老居山陰澤中，吳興施宿武子出其先人司諫公所注數十大編，屬某作序。司諫公以絶識博學名天下，且用功深，歷歲久，又助之以顧君景蕃之該洽，則於東坡之意，亦幾可以無憾矣。某雖不能如至能所託，而得序斯文，豈非幸哉！嘉泰二年正月五日，山陰老民陸游序。

蘇轍《欒城集·後集》卷二〇《祭亡兄端明文》　維建中靖國元年歲次辛巳九月己未朔初五日癸亥，弟具官轍謹遣男遠以家饌酒果之奠，致祭于亡兄端明子瞻之靈。嗚呼，手足之愛，平生一人。幼學無師，受業先君。兄敏我愚，賴以有聞。寒暑相從，逮壯而分。涉世多艱，竟奚所爲？如鴻風飛，流落四維。渡嶺涉海，前後七期。瘴氣所烝，颶風所吹，有來中原，人鮮克還。義氣外强，道心内全，百折不摧，如有待然。真人龍翔，雷雨浹天。自儋而廉，自廉而永。道路數千，亦未出嶺。終止毗陵，有田數頃。逝將歸休，築室鑿井。嗚呼！天之難忱，命不可期。秋暑涉江，宿瘴乘之。上燥下寒，氣不能支。啓手無言，時惟我思。念我伯仲，我處其季，零落盡矣，形影無繼。嗟乎不淑，不見而逝，號呼不聞，泣血至地。兄之文章，今世第一。忠言嘉謨，古之遺直。名冠多士，義動蠻貊。流竄雖久，此聲不没。遺文粲然，四海所傳。《易書》之秘，古所未聞。時無孔子，孰知其賢？以俟聖人，後則當然。喪來自東，病不克迎。卜葬嵩陽，既有治命。三子孝敬，罔留于行。陟岡望之，涕泗雨零。尚饗！

蘇轍《欒城集·後集》卷二〇《再祭亡兄端明文》　維崇寧元年歲次壬午五月乙卯朔日，弟具官轍與新婦德陽郡夫人史氏謹以家饌酒果之奠，致祭于亡兄子瞻端明尚書之靈。嗚呼！惟我與兄，出處昔同。幼學無師，先君是從。遊戲

圖書，痞痳其中。曰予二人，要如是終。後迫寒飢，出仕于時。鄉舉制策，並驅而馳。猖狂妄行，誤爲世羈。始以是得，終以失之。兄遷于黄，我斥于筠。流落空山，友其野人。命不自知，還復簪紳。俯仰幾何，寵禄遄臻。欲去未遑，禍來盈門。大庾之東，漲海之南。黎蜑雜居，非人所堪。瘴起襲帷，颶來掀簷。卧不得寐，食何暇甘？如是七年，雷雨一覃。兄歸晉陵，我還潁川。願一見之，乃有不然。瘴暑相尋，醫不能痊。嗟兄與我，再起再顛。未嘗不同，今乃獨先。嗚呼我兄，而止斯耶？昔始宦遊，誦韋氏詩。夜雨對牀，後勿有違。進不知退，踐此禍機。欲復斯言，而天奪之。先壟在西，老泉之山。歸骨其旁，自昔有言。勢不克從，夫豈不懷？地雖郟鄏，山曰峨眉。天實命之，豈人也哉？我寓此邦，有田一廛。子孫安之，殆不復遷。兄來自西，於是磐桓。卜告孟秋，歸于其阡。潁川有蘇，肇自兄先。嗚呼，尚饗！

徐積《節孝集》卷二七《蘇子瞻挽詞》 起起公終矣，斯文將柰何。新書傳異域，舊隱寄東坡。直道謀身少，孤忠爲國多。死生公論在，高義自峨峨。

白玉棺無價，青囊葬有書。奔星來啓路，走電去隨車。官是修文號，人同上行居。峨嵋山下客，誰是跨鯨魚。

李之儀《姑溪居士前集》卷一一《東坡挽詞》 從來憂患許追隨，末路文詞特見知。肯向虞兮悲蓋世，空慚賜也可言詩。炎荒不死疑陰相，漢水相招本素期。月隕星沈豈人力，輝光他日看豐碑。

蘇轍部

綜述

《宋史》卷三三九《蘇轍傳》 蘇轍字子由，年十九，與兄軾同登進士科，又同策制舉。仁宗春秋高，轍慮或倦於勤，因極言得失，而於禁廷之事，尤爲切至。曰：

陛下即位三十餘年矣，平居静慮，亦嘗有憂於此乎，無憂於此乎？臣伏讀制策，陛下既有憂懼之言矣。然臣愚不敏，竊意陛下有其言耳，未有其實也。往者寶元、慶曆之間，西夏作難，陛下晝不安坐，夜不安席，天下皆謂陛下憂懼小心，如周文王。然自西方解兵，陛下棄置憂懼之心，二十年矣。古之聖人，無事則深憂，有事則不懼。夫無事而深憂者，所以爲有事之不懼也。今陛下無事則不憂，有事則大懼，臣以爲憂樂之節易矣。臣疎遠小臣，聞之道路，不知信否？

近歲以來，宫中貴姬至以千數，歌舞飲酒，優笑無度，坐朝不聞咨謨，便殿無所顧問。三代之衰，漢、唐之季，女寵之害，陛下亦知之矣。久而不止，百蠹將由之而出。內則蠱惑之所污，以傷和伐性；外則私謁之所亂，以敗政害事。陛下無謂好色於內，不害外事也。今海內窮困，生民愁苦，而宫中好賜不爲限極，所欲則給，不問有無。司會不敢争，大臣不敢諫，執契持敕，迅若兵火。國家內有養士、養兵之費，外有契丹、西夏之奉，陛下又自爲一阱以耗其遺餘，臣恐陛下以此得謗，而民心不歸也。

策入，轍自謂必見黜。考官司馬光第以三等，范鎮難之。蔡襄曰：「吾三司使也。司會之言，吾愧之而不敢怨。」惟考官胡宿以爲不遜，請黜之。仁宗曰：「以直言召人，而以直言棄之，天下其謂我何？」宰相不得已，寘之下等，授商州軍事推官。時父洵被命修《禮書》，兄軾簽書鳳翔判官。轍乞養親京師。三年，軾還，轍爲大名推官。逾年，丁父憂。服除，神宗立已二年，轍上書言事，召對延和殿。

時王安石以執政與陳升之領三司條例，命轍爲之屬。呂惠卿附安石，轍與論多相牾。安石出《青苗書》使轍熟議，曰：「有不便，以告勿疑。」轍曰：「以錢貸民，使出息二分，本以救民，非爲利也。然出納之際，吏緣爲姦，雖有法不能禁，錢入民手，雖良民不免妄用；及其納錢，雖富民不免踰限。如此，則恐鞭箠必用，州縣之事不勝煩矣。唐劉晏掌國計，未嘗有所假貸。有尤之者，晏曰：『使民僥倖得錢，非國之福；使吏倚法督責，非民之便。吾雖未嘗假貸，而四方豐凶貴賤，知之未嘗逾時。有賤必糴，有貴必糶，以此四方無甚貴、甚賤之病，安用貸爲？』晏之所言，則常平法耳。今此法見在而患不修，公誠能有意於民，舉而行之，則晏之功可立俟也。」安石曰：「君言誠有理，當徐思之。」自此逾月不言青苗。

會河北轉運判官王廣廉奏乞度僧牒數千爲本錢，於陝西漕司私行青苗法，春散秋斂，與安石意合，於是青苗法遂行。安石因遣八使之四方，訪求遺利。中外知其必迎合生事，皆莫敢言。轍往見陳升之曰：「昔嘉祐末，遣使寬恤諸路，各務生事，還奏多不可行，爲天下笑。今何以異此？」又以書抵安石，力陳其不可。安石怒，將加以罪，升之止之，以爲河南推官。會張方平知陳州，辟爲教授。三年，授齊州掌書記。又三年，改著作佐郎。復從方平簽書南京判官。居二年，坐兄軾以詩得罪，謫監筠州鹽酒税，五年不得調。移知績溪縣。

哲宗立，以祕書省校書郎召。元祐元年，爲右司諫。宣仁后臨朝，用司馬光、呂公著，欲革弊事，而舊相蔡確、韓縝，樞密使章惇皆在位，窺伺得失，轍皆論去之。呂惠卿始諂事王安石，倡行虐政以害天下。及勢鈞力敵，則傾陷安石，甚於仇讎，世尤惡之。至是，自知不免，乞宫觀以避貶竄。轍具疏其姦，以散官安置建州。

司馬光以王安石雇役之害，欲復差役，不知其害相半於雇役。轍言：「自罷差役僅二十年，吏民皆未習慣。況役法關涉衆事，根芽盤錯，行之徐緩，乃得審詳。若不窮究首尾，忽遽便行，恐既行之後，別生諸弊。今州縣役錢，例有積年寬剩，大約足支數年，且依舊雇役，盡今年而止。催督有司審議差役，趁今冬成法，來年役使鄉户。但使既行之後，無復人言，則進退皆便。」

光又以安石私設《詩》、《書新義》考試天下士，欲改科舉，别爲新格。轍言：「進士來年秋試，日月無幾，而議不時決。詩賦雖小技，比次聲律，用功不淺。至於治經，誦讀講解，尤不輕易。要之，來年皆未可施行。乞來年科場，一切如舊，惟經義兼取注疏及諸家論議，或出己見，不專用王氏學。仍罷律義，令舉人知有

定論，一意爲學，以待選試，然後徐議元祐五年以後科舉格式，未爲晚也。」光皆不能從。

初，神宗以夏國内亂，用兵攻討，乃於熙河增蘭州，於延安增安疆、米脂等五砦。二年，夏遣使賀登位，使還，未出境，又遣使入境。朝廷知其有請蘭州、五砦地意，大臣議棄守未決。轍言曰：「頃者西人雖至，疆埸之事，初不自言。度其狡心，蓋知朝廷厭兵，確然不請，欲使此議發自朝廷，得以爲重。朝廷深覺其意，忍而不予，情得勢窮，始來請命，一失此機，必爲後悔。彼若點集兵馬，屯聚境上，許之則畏兵而予，不復爲恩；不予則邊釁一開，禍難無已。間不容髮，正在此時，不可失也。況今日之事，主上妙年，母后聽斷，將帥吏士，恩情未接，兵交之日，誰使效命？若其羽書沓至，勝負紛然，臨機決斷，誰任其責？惟乞聖心以此反覆思慮，早賜裁斷，無使西人別致猖狂。」於是朝廷許還五砦，夏人遂服。遷起居郎、中書舍人。

朝廷議回河故道，轍爲公著言：「河決而北，自先帝不能回。今不因其舊而修其未至，乃欲取而回之，其爲力也難，而爲責也重，是謂智勇勢力過先帝也。」公著悟，竟未能用。進户部侍郎。轍因轉對，言曰：「財賦之原，出於四方，而委於中都。故善爲國者，藏之於民，其次藏之州郡。州郡有餘，則轉運司常足；轉運司既足，則户部不困。唐制，天下賦税，其一上供，其一送使，其一留州。比之於今，上供之數可謂少矣。然每有緩急，王命一出，舟車相銜，大事以濟。祖宗以來，法制雖殊，而諸道蓄藏之計，猶極豐厚。是以斂散及時，縱捨由己，利柄所在，所爲必成。自熙寧以來，言利之臣，不知本末之術，欲求富國，而先困轉運司。轉運司既困，則上供不繼；上供不繼，而户部亦憊矣。兩司既困，故内帑別藏，雖積如丘山，而委爲朽壤，無益於算也。」

尋又言：

臣以祖宗故事考之，今日本部所行，體例不同，利害相遠，宜隨事措置，以塞弊原。謹具三弊以聞：其一曰分河渠案以爲都水監，其二曰分胄案以爲軍器監，其三曰分修造案以爲將作監。三監皆隸工部，則本部所專，其餘無幾，出納損益，制在他司。頃者，司馬光秉政，知其爲害，嘗使本部收攬諸司利權。當時所收，不得其要，至今三案猶爲他司所擅，深可惜也。

蓋國之有財，猶人之有飲食。飲食之道，當使口司出納，而腹制多寡。然後分布氣血，以養百骸，耳目賴之以爲聰明，手足賴之以爲力。若不專任口腹，而使手足、耳目得分治之，則雖欲求一飽不可得矣，而況於安且壽乎！今户部之在朝廷，猶口腹也，而使他司分治其事，何以異此？自數十年以來，羣臣每因一事不舉，輒入建他司。利權一分，用財無藝。他司以辦事爲效，則不恤財之有無；户部以給財爲功，則不問事之當否。彼此各營一職，其勢不復相知，雖使户部得材智之臣，終亦無益，能否同病，府庫卒空。今不早救，後患必甚。

昔嘉祐中，京師頻歲大水，大臣始取河渠案置都水監。置監以來，比之舊案，所補何事？而大不便者，河北有外監丞，侵奪轉運司職事。轉運司之領河事也，郡之諸埽，埽之吏兵、儲蓄，無事則分，有事則合。水之所向，諸埽趨之，吏兵得以併功，儲蓄得以併用。故事作之日，無暴斂傷財之患，事定之後，徐補其闕，兩無所妨。自有監丞，據法責成，緩急之際，諸埽不相爲用，而轉運司不勝其弊矣。此工部都水監爲户部之害，一也。

先帝一新官制，並建六曹，隨曹付事，故三司故事多隸工曹，名雖近正而實非利。昔胄案所掌，今内爲軍器監而上隸工部，外爲都作院而上隸提刑司，欲有興作，户部不得與議。訪聞河北道近歲爲羊渾脱，動以千計。渾脱之用，必軍行乏水，過渡無船，然後須之。而其爲物，稍經歲月，必至蠹敗。朝廷無出兵之計，而有司營戢，不顧利害，至使公私應副，虧財害物。若專在轉運司，必不至此。此工部都作院爲户部之害，二也。

昔修造案掌百工之事，事有緩急，物有利害，皆得專之。今工部以辦職爲事，則緩急利害，誰當議之？朝廷近以箔場竹箔，積久損爛，創令出賣，上下皆以爲當。指揮未幾，復以諸處營造，歲有科制，遂令般運堆積，以破出賣之計。臣不知將作見工幾何，一歲所用幾何？取此積彼，未用之間，有無損敗，而遂爲此計。本部雖知不便，而以工部之事，不敢復言。此工部將作監爲户部之害，三也。

凡事之類此者多矣，臣不能遍舉也。故願明詔有司，罷外水監丞，舉河北河事及諸路都作院皆歸轉運司，至於都水、軍器、將作三監，皆兼隸户部，使定其事之可否，裁其費之多少，而工部任其功之良苦，程其作之遲速。苟可否、多少在户部，則傷財害民，户部無所逃其責矣。苟良苦、遲速在工部，則敗事乏用，工部無所辭其譴矣。制出于一，而後天下貧富，可責之户部矣。

哲宗從之，惟都水仍舊。

朝廷以吏部元豐所定吏額，比舊額數倍，命轍量事裁減。吏有白中孚曰：

「吏額不難定也。昔之流内銓，今侍郎左選也，事之煩劇，莫過此矣。昔銓吏止十數，而今左選吏至數十，事不加舊而用吏至數倍，何也？昔無重法、重禄，吏通賕賂，則不欲人多以分所得。今行重法，給重禄，賕賂比舊爲少，則不忌人多而幸於少事。此吏額多少之大情也。舊法，日生事以難易分七等，重者至一分，輕者至一釐以下，積若干分而爲一人。今若取逐司兩月事定其分數，則吏額多少之限，無所逃矣。」轍曰：「此羣吏身計所係也。若以分數爲人數，必大有所損，將大致紛訴，雖朝廷亦不能守。」乃具以白宰執，請據實立額，俟吏之年滿轉出，或事故死亡者勿補，及額而止。不過十年，羨額當盡。功雖稍緩，而見吏知非身患，不復怨矣。呂大防命諸司吏任永壽與省吏數人典之，遂背轍議以立額，日裁損吏員，復以好惡改易諸局次。永壽復以贓刺配，大防略依轍議行之。代軾爲翰林學士，尋權吏部尚書。使契丹，館客者侍讀學士王師儒能誦洵、軾之文及轍《茯苓賦》，恨不得見全集。使還，爲御史中丞。

自元祐初，一新庶政，至是五年矣。人心已定，惟元豐舊黨分布中外，多起邪説以摇撼在位，呂大防、劉摯患之，欲稍引用，以平夙怨，謂之「調停」。宣仁后疑不決，轍面斥其非，復上疏曰：

臣近面論，君子小人不可並處，聖意似不以臣言爲非者。然天威咫尺，言詞迫遽，有所不盡，臣而不言，誰當救其失者！親君子，遠小人，則主尊國安；疎君子，任小人，則主憂國殆。此理之必然。未聞以小人在外，憂其不悦而引之於内，以自遺患也。故臣謂小人雖不可任以腹心，至於牧守四方，奔走庶務，無所偏廢可也。若遂引之於内，是猶患盜賊之欲得財，而導之於寢室，知虎豹之欲食肉，而開之以坰牧，無是理也。且君子小人，勢同冰炭，同處必争。一争之後，小人必勝，君子必敗。何者？小人貪利忍恥，擊之則難去，君子潔身重義，沮之則引退。古語曰：「一薰一蕕，十年尚猶有臭。」蓋謂此矣。

先帝聰明聖智，疾頹靡之俗，將以綱紀四方，比隆三代。而臣下不能將順，造作諸法，上逆天意，下失民心。二聖因民所願，取而更之，上下忻慰。則前者用事之臣，今朝廷雖不加斥逐，其勢亦不能復留矣。尚賴二聖慈仁，宥之於外，蓋已厚矣。而議者惑於説，乃欲招而納之，與之共事，謂之「調停」。非輩若返，豈肯但已哉？必將戕害正人，漸復舊事，以快私忿。人臣被禍，蓋不足言，臣所惜者，祖宗朝廷也。惟陛下斷自聖心，勿爲流言所惑，勿使小人一進，後有噬臍之悔，則天下幸甚。

疏入，宣仁后命宰執讀於簾前，曰：「轍疑吾君臣兼用邪正，其言極中理。」諸臣從而和之，「調停」之説遂已。

轍又奏曰：

竊見方今天下雖未大治，而祖宗綱紀具在，州郡民物粗安。若大臣正己平心，無生事要功之意，因弊修法，爲安民靖國之術，則人心自定，雖有異黨，誰不歸心？向者異同反覆之心，蓋亦不足慮矣。但患朝廷舉事，類不審詳。曩者，黄河北流，正得水性，而水官穿鑿，欲導之使東，移下就高，汩五行之理。及陛下遣使按視，知不可爲，猶或固執不從。經今累歲，回河雖罷，減水尚存，遂使河朔生靈，財力俱困。今者西夏、青唐，外皆臣順，朝廷招來之厚，惟恐失之。而熙河將吏創築二堡，以侵其膏腴，議納醇忠，以奪其節鉞，功未可覬，争已先形。朝廷雖知其非，終不明白處置，若遂養成邊釁，關陝豈復安居？如此二事，則臣所謂宜正己平心，無生事要功者也。

昔嘉祐以前，鄉差衙前，民間常有破産之患。熙寧以後，出賣坊場以雇衙前，民間不復知有衙前之苦。及元祐之初，務於復舊，一例復差。官收坊場之錢，民出衙前之費，四方驚顧，衆議沸騰。尋知不可，旋又復雇。去年之秋，又復差法。又熙寧雇役之法，三等人户，並出役錢，上户以家産高强，出錢無藝，下户昔不充役，亦遣出錢。故此二等人户，不免咨怨。至於中等，昔既已自差役，今又出錢不多，雇法之行，最爲其便。罷行雇法，上下二等，欣躍可知，唯是中等則反爲害。且如畿縣中等之家，例出役錢三貫，若經十年，爲錢三十貫而已。今差役既行，諸縣手力，最爲輕役；農民在官，日使百錢，最爲輕費。然一歲之用，已爲三十六貫，二年役滿，爲費七十餘貫。罷役而歸，寬鄉得閑三年，狹鄉不及一歲。以此較之，則差役五年之費，倍於雇役十年。賦役所出，多在中等。如此條目，不便非一，故天下皆思雇役而厭差役，今五年矣。如此二事，則臣所謂宜因弊修法，爲安民靖國之術者也。

臣以聞見淺狹，不能盡知當今得失。然四事不去，如臣等輩猶知其非，而況於心懷異同，志在反覆，幸國之失，有以藉口者乎？臣恐如此四事，彼已默識於心，多造謗議，待時而發，以摇撼衆聽矣。伏乞宣諭宰執，事有失當，改之勿疑，法或未完，修之無倦。苟民心既得，則異議自消。陛下端拱以享承平，大臣逡巡以安富貴，海内蒙福，上下攸同，豈不休哉！

大臣恥過，終莫肯改。

六年，拜尚書右丞，進門下侍郎。初，夏人來賀登極，相繼求和，且議地界。朝廷許約，地界已定，付以歲賜。久之，議不決。明年，夏人以兵襲涇原，殺掠弓箭手數千人，朝廷忍之不問，遣使往賜策命。夏人受禮倨慢，以地界爲辭，不復入謝，再犯涇原。四年，來賀坤成節，且議地界。朝廷先以歲賜予之，地界又未決。夏人乃於疆事多方侵求，熙河將佐范育、种誼等，遂背約侵築質孤、勝如二堡，夏人即平盪之。育等又欲以兵納趙醇忠，及擅招其部人千餘，朝廷却而不受，西邊騷然。轍乞罷育、誼，別擇老將以守熙河。宣仁后以爲然，大臣竟主育、誼，不從。

轍又面奏：「人君與人臣，事體不同。人臣雖明見是非，而力所不加，須至且止；人君於事，不知則已，知而不能行，則事權去矣。臣今言此，蓋欲陛下收攬威柄，以正君臣之分而已。若專聽所謂，不以漸制之，及其太甚，必加之罪，不免逐去。事至如此，豈朝廷美事？故臣欲保全大臣，非欲害之也。」

六年，熙河奏：「夏人十萬騎壓通遠軍境，挑掘所争崖巉，殺人三日而退。乞因其退，急移近裏堡砦於界，乘利而往，不須復守誠信。」下大臣會議。轍曰：「當先定議欲用兵耶，不用耶？」吕大防曰：「如合用兵，亦不得不用。」轍曰：「凡用兵，先論理之曲直。我若不直，兵決不當用。朝廷須與夏人議地界，欲用慶曆舊例，以彼此見今住處當中爲直，此理最簡直。夏人不從，朝廷遂不固執。蓋朝廷臨事，常患先易後難，此所謂先易者也。既而許於非所賜城砦，依綏州例，以二十里爲界，十里爲堡鋪，十里爲草地。要約纔定，朝廷又要兩砦界首侵夏地，一抹取直，夏人見從。又要夏界更留草地十里，夏人亦許。凡此所謂後難者也。今欲於定西城與隴諾堡一抹取直，所侵夏地凡百數十里。隴諾祖宗舊疆，豈所謂非所賜城砦耶？此則不直，致寇之大者也。」劉摯曰：「不用兵雖美，然事有須用兵者，亦不可不用也。」轍奏曰：「夏兵十萬壓熙河境上，不於他處，專於所争處殺人、掘崖巉，此意可見，此非西人之罪，皆朝廷不直之故。熙河輒敢生事，不守誠信，臣欲詰責帥臣耳。」後屢因邊兵深入夏地，宣仁后遂從轍議。

時三省除李清臣吏部尚書，給事中范祖禹封還詔書，且言姚勔亦言之。三省復除蒲宗孟兵部尚書。轍奏：「前除清臣，給諫紛然，争之未定。今又用宗孟，恐不便。」宣仁后曰：「奈闕官何？」轍曰：「尚書闕官已數年，何嘗闕事？今日用此二人，正與去年用鄧温伯無異。此三人者，非有大惡，但昔與王珪、蔡確輩並進，意思與今日聖政不合。見今尚書共闕四人，若並用似此四人，使黨類互進，恐朝廷自是不安静矣。」議遂止。

紹聖初，哲宗起李清臣爲中書舍人，鄧潤甫爲尚書左丞。二人久在外，不得志，稍復言熙、豐事以激怒哲宗意。會廷試進士，清臣撰策題，即爲邪說。轍諫曰：

伏見御試策題，歷詆近歲行事，有紹復熙寧、元豐之意。臣謂先帝以天縱之才，行大有爲之志，其所設施，度越前古，蓋有百世不可改者。在位近二十年，而終身不受尊號。裁損宗室，恩止祖免，減朝廷無窮之費。出賣坊場，顧募衙前，免民間破家之患。黜罷諸科誦數之學，訓練諸將慵惰之兵。置寄禄之官，復六曹之舊，嚴重禄之法，禁交謁之私。行淺攻之策以制西夏，收六色之錢以寬雜役。凡如此類，皆先帝之睿算，有利無害，而元祐以來，上下奉行，未嘗失墜也。至於其他，事有失當，何世無之。父作之於前，子救之於後，前後相濟，此則聖人之孝也。

漢武帝外事四夷，内興宫室，財用匱竭，於是修鹽鐵、榷酤、均輸之政，民不堪命，幾至大亂。昭帝委任霍光，罷去煩苛，漢室乃定。光武、顯宗以察爲明，以讖決事，上下恐懼，人懷不安。章帝即位，深鑒其失，代之以寬厚、愷悌之政，後世稱焉。本朝真宗右文偃武，號稱太平，而羣臣因其極盛，爲天書之説。章獻臨御，攬大臣之議，藏書梓宫，以泯其迹；及仁宗聽政，絶口不言。英宗自藩邸入繼，大臣創濮廟之議。及先帝嗣位，或請復舉其事，寢而不答，遂以安静。夫以漢昭、章之賢，與吾仁宗、神宗之聖，豈其薄於孝敬而輕事變易也哉？臣不勝區區，願陛下反覆臣言，慎勿輕事改易。

若輕變九年已行之事，擢任累歲不用之人，人懷私忿，而以先帝爲辭，大事去矣。

哲宗覽奏，以爲引漢武方先朝，不悦。落職知汝州。居數月，元豐諸臣皆會於朝，再責知袁州。未至，降朝議大夫、試少府監，分司南京，筠州居住。三年，又責化州别駕，雷州安置，移循州。徽宗即位，徙永州、岳州，已而復太中大夫，提舉鳳翔上清太平宫。崇寧中，蔡京當國，又降朝請大夫，罷祠，居許州，再復太中大夫致仕。築室于許，號潁濱遺老，自作傳萬餘言，不復與人相見。終日默坐，如是者幾十年。政和二年，卒，年七十四。追復端明殿學士。淳熙中，謚文定。

王稱《東都事略》卷九三下《蘇轍傳》 轍字子由，與兄軾同舉進士，又同舉

直言。【略】歷商、周大名府推官，父喪，服除，時神宗立二年矣，轍以書言事屬王安石。初用以執政領三司，神宗以轍爲屬。安石欲行青苗法，轍曰：「以錢貸民，出納之際，吏緣爲姦。錢入民手，雖良民不免妄用，及其納錢，雖富民不免違限。恐鞭箠必用，州縣不勝煩矣。」安石曰：「君言有理。」自此不復言青苗。會河北轉運王廣廉言與安石合，青苗法遂行。

安石召用謝卿材、侯叔獻等八人，欲遣之四方訪遺利，中外知其必迎合生事，然莫敢言。轍以書抵安石，力陳其不可。安石怒，奏除河南推官，改著作佐郎、僉書南京判官。坐兄軾累謫監筠州酒稅，起知績溪縣。哲宗立，以校書郎召，未至。除右司諫。宣仁后臨朝，用司馬光、呂公著等，欲革弊事。而蔡確、韓縝、章惇皆在位窺伺，中外憂之。轍極言確等罪，三人皆逐。呂惠卿始諂事王安石，倡行虐政，及勢鈞力敵，則傾陷安石甚於仇讎，世尤惡之。轍疏其姦，惠卿安置建州。

初，神宗於熙河路增置蘭州及米脂等五砦，至是夏國屢遣使而未修貢。二年，使入境，朝廷知其有請地之意，而棄守議未決。轍議許還五砦，夏人遂服。除起居郎、中書舍人，遷户部侍郎、拜翰林學士、權吏部尚書。使契丹，還爲御史中丞。自元祐革新庶政，至是五年矣，一時人心已定。惟元豐舊黨猶在，近臣患之，欲引用以平宿怨，謂之調亭。【略】

又言牙前差役宜用雇法，凡四事。除尚書右丞，遷門下侍郎。時呂大防爲左相，劉摯爲右相，轍議西邊黄河事與劉、呂不合。初，夏人來賀登極，相繼求和，且議地界。議久不決。明年，以兵襲涇原，朝廷不問。遣使往賜策命，夏人以地界爲詞，不復入謝，且再犯涇原。四年，使復來議地界，朝廷急於招納，疆議未定，先以歲賜予之。而熙河將佐又背約，侵築質孤、勝如二堡，夏人隨即平蕩，西邊騷然。轍力言其非，乞擇老將守熙河。六年，熙河奏夏人十萬騎壓境，乞因其退軍擊之，不須復守誠信。轍謂大防曰：「今雖議此，當先定議，欲用兵耶，不用兵耶？」大防曰：「如合用兵，亦不得不用。」轍曰：「凡欲用兵，先論理之曲直。」摯曰：「須用兵者，亦不可固執。」轍曰：「今吾不直如此，而可用兵乎？」明日，轍奏曰：「熙河帥臣，輒敢生事，奏乞不守誠信，乞加詰責。」宣仁后以爲然，乃加戒敕。七年，夏人竟大入河東，乃議絶歲賜，禁和市，使沿邊諸路爲淺攻計，分熙河進築定遠城，夏人不能爭。未幾，復大入環慶，復議使熙河進築汝遮，中書侍郎范百禄不可。會西人乞和，議遂寢。

初，元豐中河決大吴，既而導之北流，水性已順，而文彦博等力主回河之計。轍爭之，不能奪。至是又論黄河東流之害，凡三事。八年，都水吴安持乞於北流作軟堰，定河流，以免淤填。轍以爲不可。及哲宗親政，遣中書舍人吕希純、殿中侍御史井亮采往視之。二人歸，極以北流爲便。方施行，而僉書樞密院劉奉世乞與河議。奉世本文彦博門下士也，其言紛然，吕井之議遂格，而轍亦以罷政。於是河流遂東。凡七年，而後北流遂通。

哲宗起李清臣爲中書侍郎，鄧潤甫爲尚書右丞，二人久在外，不得志，稍復言熙豐事以激怒上意。會廷試進士，清臣撰策題亦以爲言。【略】

轍遂乞罷，出知汝州，再責知袁州。未至，降朝議大夫、分司南京、筠州居住。又責授化州别駕，雷州安置，移循州。

徽宗即位，徙永州、岳州。已而復大中大夫、提舉上清太平宫。蔡京用事，復降朝請大夫，罷祠。再復大中大夫，致仕。築室于許，號「潁濱遺老」。居許十餘年而卒，年七十四，追復端明殿學士。

蘇轍《欒城集·後集》卷一二《潁濱遺老傳上》 潁濱遺老姓蘇氏，名轍，字子由。父曰眉山先生，隱居不出，老而以文名天下，天下所謂老蘇者也。歐陽文忠公以文章獨步當世，見先生而嘆曰：「予閲文士多矣，獨喜尹師魯、石守道，然意常有所未足。今見君之文，予意足矣！」先生既不用於世，有子軾、轍，以所學授之曰：「是庶幾能明吾學者。」母成國太夫人程氏，亦好讀書，明識過人，志節凛然。每語其家人：「二子必不負吾志。」

轍年十九舉進士，釋褐。二十三舉直言，仁宗親策之於廷。時上春秋高，始倦於勤。轍因所問，極言得失，曰：

陛下即位三十餘年矣，平居静慮，亦嘗有憂於此乎，無憂於此乎？臣伏讀制策，陛下既有憂懼之言矣，然臣愚不敏，竊意陛下有其言矣，未有其實也。

往者寶元、慶曆之間，西羌作難，陛下書不安坐，夜不安席。天下皆謂陛下憂懼小心如周文王。然自西方解兵，陛下棄置憂懼之心二十年矣。古之聖人無事則深憂，有事則不懼。夫無事而深憂者，所以爲有事之不懼也。今陛下無事則不憂，有事則大懼。臣以爲憂樂之節易矣！

臣疏遠小臣，聞之道路，不知信否。近歲以來，宫中貴姬至以十數，歌舞飲酒，侵笑無度。坐朝不聞咨謨，便殿無所顧問。三代之衰，漢、唐之季，女寵之害，陛下亦知之矣。久而不止，百蠹將由之而出。內則蠱惑之所汙，以傷和伐

性；外則私謁之所亂，以敗政害事。陛下無謂好色於内不害外事也。今海内窮困，生民愁苦，而宫中好賜不爲限極，所欲則給，不問有無。司會不敢争，大臣不敢諫，執契持敕，迅若兵火。國家内有養士、養兵之費，外有北狄、西戎之奉，陛下又自爲一阱，以耗其遺餘。臣恐陛下以此得謗，而民心不歸也。

策入，轍自謂必見黜，然考官司馬君實第以三等。范景仁難之，蔡君謨曰：「吾三司使也，司會之言，吾愧之而不敢怨。」惟胡武平以爲不遜，力請黜之。上不許，曰：「以直言召人，而以直棄之，天下謂我何？」宰相不得已，寘之下第，除商州軍事推官。知制誥王介甫意其右宰相專攻人主，比之谷永，不肯撰詞。宰相韓魏公哂曰：「此人策語，謂宰相不足用，欲得婁師德、郝處俊而用之，尚以谷永疑之乎？」知制誥沈文通亦考官也，知其不然，故文通當制，有愛君之言。諫官楊樂道見上曰：「蘇轍，臣所薦也。陛下赦其狂直而收之，盛德之事也，乞宣付史館。」上悦從之。

是時先君被命修禮書，而兄子瞻出簽書鳳翔判官，傍無侍子，轍乃奏乞養親三年。子瞻解還，轍始求爲大名推官。逾年，先君捐館舍。及除喪，神宗嗣位，既三年矣，求治甚急。轍以書言事，即日召對延和殿。時王介甫新得幸，以執政領三司條例，上以轍爲之屬。不敢辭。介甫急於財利而不知本，吕惠卿爲之謀主，轍議事多牾。一日，介甫出一卷書，曰：「此青苗法也，諸君熟議之，有不便以告，勿疑。」他日，轍告之曰：「以錢貸民，使出息二分，本以救民之困，非爲利也。然出納之際，吏緣爲姦，雖有法不能禁。錢入民手，雖良民不免非理費用，及其納錢，富民不免違限。如此則鞭箠必用，州縣事不勝煩矣！唐劉晏掌國計，未嘗有所假貸。有尤之者，晏曰：『使民僥倖得錢，非國之福；使吏倚法督責，非民之便。吾雖未嘗假貸，而四方豐凶貴賤，知之未嘗逾時。有賤必糴，有貴必糶。以此四方無甚貴甚賤之病，安用貸爲？』晏之所言，則漢常平法耳。今此法見在而患不修，公誠有意於民，舉而行之，劉晏之功可立竢也。」介甫曰：「君言有理，當徐議行之。後有異論，幸勿相外也。」自此逾月不言青苗。會河北轉運判官王廣廉召議事，廣廉嘗奏乞度僧牒數千道爲本錢，行陝西漕司，私行青苗法，春散秋斂，與介甫意合，即請而施之河北。自此青苗法遂行於四方。

初，陳陽叔以樞密副使與介甫共事，二人操術不同，介甫所唱，陽叔不深和也。既召謝卿材、侯叔獻、陳知儉、王廣廉、王子韶、程顥、盧秉、王汝翼等八人，欲遣之四方，搜訪遺利。中外傳笑，知所遣必生事迎合，然莫敢言者。轍求見陽叔，陽叔逆問：「君獨來見，何也？」對曰：「有疑，欲問公耳。近日召八人者欲遣往諸路，不審公既知利害所在，事有名件，而使往案實之耶；其亦未知其實，漫遣出外，網捕諸事也？」陽叔曰：「君意謂如何？」對曰：「昔嘉祐末，遣使寬卹諸路，事無所指，行者各務生事。既還奏，例多難行，爲天下笑。今何以異此？」陽叔曰：「吾昔奉敕看詳寬卹等事，如范堯夫輩所請多中理。」對曰：「今所遣如堯夫者有幾？」陽叔曰：「所遣果賢，將不肯行，君無過憂。」對曰：「公誠知遣使之不便，而恃遣者之不行，何如？」陽叔曰：「君姑退，得徐思之。」後數日，陽叔召屬官於密院，言曰：「上即位之初，命天下監司具本路利害以聞，至今未上。今當遣使，宜得此以議。可草一劄子，乞催之。」惠卿覺非其黨中意，不樂，漫具草，無益也。轍知力不能救，以書抵介甫，陽叔，指陳其決不可者，且請補外。介甫大怒，將見加以罪。陽叔止之，奏除河南推官。會張文定知淮陽，以學官見辟，從之三年，授齊州掌書記。復三年，改著作佐郎，復從文定簽書南京判官。居二年，子瞻以詩得罪，轍從坐，謫監筠州鹽酒税。五年不得調。平生好讀《詩》、《春秋》，病先儒多失其旨，欲更爲之傳。《老子》書與佛法大類，而世不知，亦欲爲之注。司馬遷作《史記》，記五帝三代，不務推本《詩》、《書》、《春秋》，而以世俗雜説亂之，記戰國事多斷缺不完，欲更爲《古史》。功未及究，移知歙績溪，始至而奉神宗遺制。居半年，除祕書省校書郎。明年，至京師，除右司諫。

宣仁后臨朝，用司馬君實、吕晦叔等，欲革弊事。舊相蔡確、韓縝，樞密使章惇皆在位，窺伺得失，中外憂之。轍言曰：

先帝臨御僅二十年，厲精政事，變更法度，將以力致太平，追復三代。是以擢任臣庶，多自小臣致位公相。用人之速，近世無與比者。究觀聖意，本欲求賢自助，以利安生民，爲社稷長久之計。豈欲使左右大臣媮合苟容，出入唯唯，危而不持，顛而不扶，竊取利禄以養妻子而已哉？然自法行以來，民力凋弊，海内愁怨。先帝晚年寢疾彌留，照知前事之失，親發德音，將洗心自新，以合天意，而此志不遂，奄棄萬國。天下聞之，知前日弊事，皆先帝之所欲改，思慕聖德，繼之以泣。是以皇帝踐祚，聖母臨政，奉承遺旨。罷導洛，廢市易，損青苗，止助役，寬保甲，免買馬，放修城池之役，復茶、鹽、鐵之舊，黜吴居厚、吕孝廉、宋用臣、賈青，王子京、張誠一、吕嘉問、蹇周輔等。命令所至，細民鼓舞相賀。臣愚不知朝廷以爲凡此誰之罪也？上則大臣蔽塞聰明，逢君之惡；下則小臣貪冒榮利，奔競無恥。二者均皆有罪，則大臣以任重責重，小臣以任輕責輕，雖三尺童子所共

知也。

今朝廷既已罷黜小臣，至於大臣，則因而任之，將復使燮和陰陽，陶冶民物。臣竊惑矣。竊惟朝廷之意，將以體貌大臣，待其愧恥自去，以全國體。今確等自山陵以後，猶偃然在職，不肯引咎辭位以謝天下。謹案確等受恩最深，任事最久，據位最尊，獲罪最重，而有靦面目，曾不知愧。確等誠以昔之所行爲是耶，則今日安得不爭？以昔之所行爲非耶，則昔日安得不言？窮究其心，所以安而不去者，蓋以爲是皆先帝所爲，而非吾過也。夫爲大臣，忘君徇己，不以身任罪戾，而歸咎先帝，不忠不孝，寧有過此？臣竊不忍千載之後書之簡策，大臣既自處無過之地，則先帝獨被惡名，此臣所以痛心疾首，當食不飽，至於涕泗之横流也。

陛下何不正其罪名，上以爲先帝分謗，下以慰臣子之意。今獨以法繩治小臣，而置確等，大則無以顯揚聖考之遺意，小則無以安反側之心。故臣竊謂大臣誠退，則小臣非建議造事之人，可一切不治，使得革面從君，竭力自效，以洗前惡。伏乞出臣此章，宣示確等，使自處進退之分，臣雖萬死不恨也。

三人竟皆逐去，然卒不以其前後反覆歸咎先帝罪之，世以爲恨。吕惠卿始諂事介甫，倡行虐政，以害天下。其後勢鈞力抗，則傾陷介甫，甚於仇讎，世尤惡之。時惠卿自知罪大，乞宫觀自便，不預貶竄。轍具疏其姦，請加深譴。乃以散官安置建州，天下韙之。

司馬君實既以清德雅望專任朝政，然其爲人不達吏事。知雇役之害，欲復行差役，不知差雇之弊其實相半。講之未詳，而欲一旦復之。民始聞而喜，徐而疑懼，君實不信也。王介甫以其私説爲《詩書新義》，以考試天下士，學者病之。君實改爲新格，而勢亦難行。方議未定，轍言：「自罷差役，至今僅二十年，吏民皆未習慣。況役法關涉衆事，根牙盤錯，行之徐緩，乃得審詳。若不窮究首尾，忽遽便行，恐既行之後，別生諸弊。今州縣役錢，例有積年寬剩，大約足支數年。若且依舊雇役，盡今年而止，催督有司審議差役，趁今冬成法，來年役使鄉户。但使既行之後，無復人言，則進退皆便。」又言：「進士來年秋試，日月無幾，而議不時決，傳聞四方，不免惶惑。詩賦雖號小技，而比次聲律，用功不淺。至於治經，誦讀講解，尤不可輕易，要之來年皆未可施行。欲乞先降指揮，來年科場切如舊；惟經義兼取注疏及諸家議論，或出己見，不專用王氏學，仍罷律義。令天下舉人知有定論，一意爲學，以待選試。然後徐議元祐五年以後科舉格式，未爲晚也。」衆皆以爲便，而君實始不悦矣。

是歲上將親饗明堂，轍言曰：

三代常祀：一歲九祭天，再祭地，皆天子親之。故於其祭也，或祭昊天，或祭五天，或獨祭一天，或祭皇地祇，或祭神州地祇，要於一歲而親祀必遍。降及近世，歲之常祀，皆有司攝事，三歲而後一親祀。親祀之疏數，古今之變相遠如此。然則其禮之不同，蓋亦其勢然也。

謹按國朝舊典：冬至圜丘，必兼饗天地，從祀有神。若其有故，不祀圜丘，別行他禮，或大雩於南郊，或大饗於明堂，或恭謝於大慶，皆用圜丘禮樂神位，其意以爲皇帝不可以三年而不親祀天地百神故也。臣竊見皇祐明堂遵用此法，最爲得禮。自皇祐以後，凡祀明堂，或用鄭氏説，獨祀五天帝；或用王氏説，獨祀昊天上帝。雖於古學各有援據，而考之國朝之舊，則爲失當。蓋儒者泥古而不知今，以天子每歲遍祀之儀，而議皇帝三年親祀之禮，是以若此其疏也。

今者皇帝陛下對越天命，逾年即位，將以九月有事於明堂，義當並見天地，遍禮百神，躬薦誠心，以格靈貺。臣恐有司不達禮意，以古非今，執王鄭偏説以亂本朝大典。夫禮沿人情，人情所安，天意必順。今皇帝陛下始親祠事，而天地百神無不咸秩，豈不俯合人情、仰符天意？臣愚欲乞明詔禮官，今秋明堂用皇祐明堂典禮，庶幾精誠陟降，溥及上下。

時大臣多牽於舊學，不達時變。奏入，不報。然轍以爲《周禮》一歲遍祭天地，皆人主親行，故郊丘有南北，禮樂有同異。自漢、唐以來，禮文日盛，費用日廣，事與古異，故一歲遍祀不可復行。唐明皇天寶初，始定三歲一親郊，於致齋之日，先享太清宫，次享太廟，然後合祭天地，從祀百神。所以然者，蓋謂三年一次大禮，若又不遍，則於人情有所不安。至於遍祭之禮，已自差官攝事，未嘗少廢。此近世變禮，非復三代之舊，而議者欲以三代遺文參亂其間，失之遠矣！至七年，上將親郊，轍備位政府，乃與諸公共伸前議，合祭天地，識者以爲當。

初，神宗以夏國内亂，用兵攻討。於熙河路增置蘭州，於延安路增置安疆、米脂等五寨。至此，夏國雖屢遣使，而未修職貢。二年，夏始來賀登極，使還未出境，又遣使入界。朝廷知其有請地之意，然大臣議棄守未決。轍言曰：

頃者，西人雖至，而疆埸之事初不自言。度其狡心，蓋知朝廷厭兵，確然不請，欲使此議發自朝廷，得以爲重。朝廷深覺其意，忍而不予，情得勢窮，始來請命。今若又不許，使其來使徒手而歸，一失此機，必爲後悔。彼若點集兵馬，屯聚境上。許之則畏兵而予，不復爲恩；不予則邊釁一開，禍難無已。間不容髮，

正在此時，不可失也。今議者不深究利害，妄立堅守之議，苟避棄地之名，不度民力，不爲國計，其意止欲私己自便，非社稷之計也。

臣又聞議者或謂棄守皆不免用兵，棄則用兵必遲，守則用兵必速，遲速之間，利害不遠，若遂以地予之，恐非得計。臣聞聖人應變之機，正在遲速之際，但使事變稍緩，則吾得算已多。昔漢文、景之世，吴王濞内懷不軌，稱病不朝，積財養兵，謀亂天下。文帝專務含養，置而不問，加賜几杖，恩禮日隆。濞雖包藏禍心，而仁澤浸漬，終不能發。及景帝用晁錯之謀，欲因其有罪，削其郡縣。以爲削之亦反，不削亦反，削之則反疾而禍小，不削則反遲而禍大。削書一下，七國盡反。至使景帝發天下兵，遣三十六將，僅而破之。議者若不計利害之淺深，較禍福之輕重，則文帝隱忍不決，近於柔仁；景帝剛斷必行，近於强毅。然而如文帝之計，禍發既遲，可以徐爲備禦；稍經歲月，變故自生；以漸制之，勢無不可。如景帝之計，禍發既速，未及旋踵，已至交兵；鋒刃既接，勝負難保；社稷之命，決於一日。雖食晁錯之肉，何益於事？今者欲棄之策與文帝同，而欲守之計與景帝類，臣乞宣喻執政，欲棄者理直而禍緩，欲守者理曲而禍速。曲直遲速，孰爲利害？況今日之事，主上妙年，母后聽斷，將帥吏士，恩情未接，兵交之日，誰使效命？若其羽書沓至，勝負紛然，臨機決斷，誰任其責？惟乞聖心以此反覆思慮，早賜裁斷，無使西戎別致猖狂，棄守之議皆不得其便。

於是朝廷許還五寨，夏人遂服。

轍尋遷起居郎，爲中書舍人，時朝廷起文潞公於既老，以太師平章軍國重事。初，元豐中河決大吴，先帝知故道不可復還，因導之北流，水性已順，惟河道未深，隄防未立，歲有決溢之患，本非深害也。至此，諸公皆未究悉河事，而潞公欲以河爲重事，中書侍郎吕微仲、樞密副使安厚卿從而和之。始謂河西北流入泊淀，久必淤淺，異日或從北界入海，則河朔無以禦狄。故三人力主回河之計，諸公莫能奪。吕晦叔時爲中書相，轍間見問曰：「公自視智勇孰與先帝？勢力隆重能鼓舞天下孰與先帝？」晦叔驚曰：「君何言歟？」對曰：「河決而北，自先帝不能回，而諸公欲回之，是自謂智勇勢力過先帝也。且河決自元豐，導之北流亦自元豐，是非得失今日無所預。諸公不因其舊而修其未完，乃欲取而回之，其爲力也難，而其爲責也重矣！」晦叔唯唯，曰：「當與諸公籌之。」既而回河之議紛紛而起，晦叔亦以病没。

轍遷户部侍郎，嘗因轉對，言曰：

財賦之原，出於四方，而委於中都。故善爲國者，藏之於民，其次藏之州郡。州郡有餘，則轉運司常足；轉運司既足，則户部不困。唐制：天下賦税，其一上供，其一送使，其一留州。比之於今，上供之數可謂少矣。然每有緩急，王命一出，舟車相銜，大事以濟。祖宗以來，法制雖殊，而諸道畜藏之計，猶極豐厚。是以斂散及時，縱捨由己，利柄所在，所爲必成。自熙寧以來，言利之臣不知本末之術，欲求富國，而先困轉運司；轉運司既困，則上供不繼；上供不繼，而户部亦憊矣。兩司既困，故内帑别藏雖積如丘山，而委爲朽壤，無益於算。故臣願舉近歲朝廷無名封樁之物，歸之轉運司。蓋禁軍闕額與差出衣糧，清汴水脚與外江綱船之類，一經擘畫，例皆封樁。夫闕額禁軍，尋當以例物招置，而出軍衣糧罷此給彼，初無封樁之理。至於清汴水脚雖減於舊，而洛口費用，實倍於前。外江綱船雖不打造，而雇船運糧，其費特甚。重復刻剥，何以能堪？故臣謂諸如此比，當一切罷去。況祖宗故事，未嘗有此。但有司固執近事，不肯除去。惟陛下斷而與之，則轉運司利柄稍復，而户部亦有賴矣。

朝廷重違近制，卒不能改。尋又言：

臣謹以祖宗故事考今日本部所行，體例不同，利害相遠，恐合隨事措置，以塞弊原。謹昧死具三弊以聞：其一曰分河渠案以爲都水監，其二曰分胄案以爲軍器監，其三曰分修造案以爲將作監。三監皆隸工部，則本部所專，其餘無幾，出納損益，制在他司。頃者，司馬光秉政，知其爲害，嘗使本部收攬諸司利權。當時所收，不得其要，至今三案猶爲他司所擅，深可惜也。

祖宗參酌古今之宜，建立三司，所領天下事幾至大半，權任之重，非他司比。推原其意，非以私三司也。事權分則財利散，雖欲求富，其道無由。蓋國之有財，猶人之有飲食。飲食之道，當使口司出納，而腹制多寡，然後分布氣血，以養百骸。耳目賴之以爲明，手足賴之以爲力。若不專任口腹，而使手足耳目得分治之，則雖欲求一飽不可得矣，而況於安且壽乎！今户部之在朝廷，猶口腹也，而使他司分治其事，何以異此？自數十年以來，羣臣不明祖宗之意，每因一事不舉，輒以三司舊職分建他司。利權一分，用財無藝。他司以辦事爲效，則不卹財之有無；户部以給財爲功，則不問事之當否。彼此各營一職，其勢不復相知。雖使户部得才智之臣，終亦無益。能否同病，府庫卒空。今不早救，後患必甚。

昔嘉祐中，京師頻歲大水，大臣始取河渠案置都水監。置監以來，比之舊案，所補何事？而大不便者，河北有外監丞侵奪轉運司職事。轉運司之領河事

也，郡之諸埽，埽之吏兵、儲蓄，無事則分，有事則合。水之所向，諸埽趨之，吏兵得以併功，儲蓄得以併用。故事作之日，無暴斂傷財之患；事定之後，徐補其闕，兩無所妨。自有監丞，據法責成，緩急之際，諸埽不相爲用，而轉運司不勝其弊矣。此工部都水監爲户部之害一也。先帝一新官制，並建六曹，隨曹付事。故三司故事，多隸工曹，名雖近正，而實非利。昔胄案所掌，今内爲軍器監而上隸工部，外爲都作院而上隸提刑司。欲有興作，户部不得與議。訪聞河北道近歲爲羊渾脱動以千計。渾脱之用，必軍行乏水，過渡無船，然後須之。而其爲物，稍經歲月，必至蠹敗。朝廷無出兵之計，而有司營職，不顧利害，至使公私應副，虧財害物。若專在轉運司，必不至此。此工部都作院爲户部之害二也。昔修造案掌百工之事，事有緩急，物有利害，皆得專之。今工部以辦職爲事，則緩急利害誰當議之？朝廷近以箔場竹箔積久損爛，創令出賣，上下皆以爲當。指揮未幾，復以諸處營造歲有料制，遂令般運堆積，以破出賣之計。臣不知將作見工幾何，一歲所用幾何，取此積彼，未用之間，有無損敗，而遂爲此計。本部雖知不便，而以工部之事，不敢復言。此工部將作監爲户部之害三也。

凡事之類此者多矣，臣不能遍舉也。故願明詔有司，罷外水監丞，舉河北河事及諸路都作院皆歸轉運司。至於都水、軍器、將作三監皆兼隸户部，使定其事之可否，裁其費之多少。而工部任其功之良苦，程其作之遲速。苟可否多少在户部，則傷財害民，户部無所逃其責矣；苟良苦遲速在工部，則敗事乏用，工部無所辭其譴矣。利出于一，而後天下貧富可責之户部矣。

朝廷以爲然，從之，惟都水監仍舊。

轍自爲中書舍人，與范子功、劉貢父同詳定六曹條例。子功領吏部。元豐所定吏額，主者苟悦羣吏，比舊額幾數倍。朝廷患之，命量事裁減，已再上再却矣。子功奉使，轍兼領其事。吏有白中孚者，進曰：「吏額不難定也。昔之流内銓，今侍郎左選也。事之煩劇，莫過此矣。昔銓吏止十數，而今左選吏至數十。事不加舊而用吏至數倍，何也？昔無重法重禄，吏通賕賂，則不欲人多以分所得。今行重法給重禄，賕賂比舊爲少，則不忌人多，而幸於少事。此吏額多少之大情也。舊法：日生事以難易分七等，重者至一分，輕者至一釐以下，積若干分而爲一人。今若取逐司兩月事，定其分數，則吏額多少之限無所逃矣。」轍以其言遍問屬官，皆莫應。獨李之儀對曰：「是誠可爲也。」即與之儀議之曰：「此羣吏身計所繫也。若以分數爲人數，必大有所損，將大致紛訴，雖朝廷亦將不能守。」乃具以白宰執，請據實立額，俟吏之年滿轉出，或事故死亡者勿補，及額而止，不過十年，羨額當盡。功雖稍緩，而見吏知非身患，不復怨矣。諸公以爲然，遂申尚書省，取諸司兩月生事。諸司吏皆疑懼，莫肯供。再申，乞榜諸司，使知所立額，俟它日見闕不補，非法行之日即有減損也。榜出，文字即具。至是成書，以申三省。左僕射吕微仲大喜，欲攘以爲己功。以問三省吏，皆莫曉。有諸司吏任永壽者，頗知其意。微仲悦之，於尚書省創吏額房，使永壽與三省吏數人典之。小人無遠慮而急於功利，即背前約，以立額日裁損吏員，復以好惡改易諸吏局次。凡近下吏人，惡爲上名所壓者，即爲撥出上名於他司；閑慢司分欲入要地者，即自寺監撥入省曹之類是也。凡奏上行下，皆微仲專之，不復經三省。法出，中外洶洶，微仲既爲御史所攻，永壽亦以恣横贓汙，以徒罪刺配。久之，微仲知衆不伏，乃使左右司再加詳定，略依本議行下。

時子瞻自翰林學士出知餘杭，朝廷即命轍代爲學士。尋又兼權吏部尚書。未幾奉使契丹。虜以其侍讀學士王師儒館伴。師儒稍讀書，能道先君及子瞻所爲文，曰：「恨未見公全集。」然亦能誦《服伏苓賦》等，虜中類相愛敬者。

蘇轍《欒城集·後集》卷一三《潁濱遺老傳下》 還朝，爲御史中丞。命由中出，宰相以下多不悦。所薦御史率以近格不用。自元祐初革新庶政，至是五年矣，一時人心已定。惟元豐舊黨分布中外，多起邪説，以摇撼在位。吕微仲與中書侍郎劉莘老二人尤畏之，皆持兩端爲自全計。遂建言欲引用其黨，以平舊怨，謂之調亭。宣仁后疑不決。轍於延和面論其非，退復再以劄子論之，其一曰：

臣近面論君子小人不可並處朝廷，竊觀聖意，似不以臣言爲非者。然天威咫尺，言詞迫遽，有所不盡。退伏思念，若使邪正並進，皆得預聞國事，此治亂之幾，而朝廷所以安危者也。臣誤蒙聖恩，典司邦憲，臣而不言，誰當救其失者？

謹復稽之古今，考之聖賢之格言，莫不謂親近君子、斥遠小人，則人主尊榮，國家安樂。疏外君子、進任小人，則人主憂辱，國家危殆。此理之必然，非一人之私言也。其於《周易》，所論尤詳。皆以君子在内、小人在外爲天地之常理，小人在内、君子在外爲陰陽之逆節。故一陽在下，其卦爲《復》。二陽在下，其卦爲《臨》。陽雖未盛，而居中得地，聖人知其有可進之道。一陰在下，其卦爲《姤》。二陰在下，其卦爲《遯》。陰雖未壯，而聖人知其有可畏之漸。若夫居天地之正，得陰陽之和者，惟《泰》而已。《泰》之爲象，三陽在内，三陰在外。君子既得其位，可以有爲；小人莫居於外，安而無怨。故聖人名之曰《泰》。泰之言安也，言

惟此可以久安也。方泰之時，若君子能保其位，外安小人，使無失其所，則天下之安未有艾也。惟恐君子得位，因勢陵暴小人，使之在外而不安，則勢將必至於反覆。故《泰》之九三曰：「無平不陂，無往不復。」

竊惟聖人之戒深切詳盡，所以誨人者至矣。獨未聞以小人在外，憂其不悦而引之於内，以自遺患者也。故臣前所上劄子，亦以謂小人雖决不可任以腹心，至於牧守四方，奔走庶務，各隨所長，無所偏廢。寵禄恩賜，彼此如一，無一可指，如此而已。若遂引而寘之於内，是猶畏盗賊之欲得財而導之於寢室，知虎豹之欲食肉而開之以坰牧，天下無此理也。且君子小人，勢同冰炭，同處必争。一争之後，小人必勝，君子必敗。何者？小人貪利忍耻，擊之難去；君子潔身重義，知道之不行，必先引退。故古語曰：「一薰一蕕，十年尚猶有臭。」蓋謂此矣。

先帝以聰明聖智之資，疾頽靡之俗，將以綱紀四方，追迹三代。今觀其設意，本非漢、唐之君所能髣髴也，而一時臣佐不能將順聖德，造作諸法，率皆民所不悦。及二聖臨御，因民所願，取而更之，上下忻慰。當此之際，先朝用事之臣皆布列於朝，自知上逆天意，下失民心，徬徨踧踖，若無所措。朝廷雖不加斥逐，其勢亦自不能復留矣。尚賴二聖慈仁，不加譴責，而宥之於外，蓋已厚矣。今者政令已孚，事勢大定，而議者惑於浮説，乃欲招而納之，與之共事，欲以此調亭其黨。臣謂此人若返，豈肯徒然而已哉？必將戕害正人，漸復舊事，以快私忿。人臣被禍蓋不足言，臣所惜者，祖宗朝廷也。

蓋自熙寧以來，小人執柄二十年矣。建立黨與，布滿中外，一旦失勢，睎覬者多。是以創造語言，動摇貴近，脅之以禍，誘之以利，何所不至？臣雖未聞其言，而概可料矣。聞者若又不加審察，遽以爲然，豈不過甚矣哉？臣聞管仲治齊，奪伯氏駢邑三百，飯蔬食，没齒無怨言。諸葛亮治蜀，廢廖立、李嚴爲民，徙之邊遠，久而不召。及亮死，二人皆垂泣思亮。夫駢、立、嚴三人者，皆齊、蜀之貴臣也，管、葛之所以能戮其貴臣，而使之無怨者，非有他也，賞罰必公，舉措必當。國人皆知所與之非私，而所奪之非怨，故雖仇讎，莫不歸心耳。

今臣竊觀朝廷用舍施設之間，其不合人心者尚不爲少，彼既中懷不悦，則其不服固宜。今乃直欲招而納之，以平其隙，臣未見其可也。《詩》曰：「無競維人，四方其訓之。」陛下誠以異同反覆爲憂，惟當久任才性忠良、識慮明審之士，但得四五人常在要地，雖未及臯陶、伊尹，而不仁之人知自遠矣。惟陛下斷自聖心，不爲流言所惑，毋使小人一進，後有噬臍之悔，則天下幸甚。

臣既待罪執法，若見用人之失，理無不言，言之不從，理不徒止。如此，則異同之迹益復著明，不若陛下早發英斷，使彼泯然無迹可見之爲善也。

奏入，宣仁后命宰執於簾前讀之，仍諭之曰：「蘇轍疑吾君臣遂兼用邪正，其言極中理。」諸公相從和之。自此，參用邪正之説衰矣。

轍復奏曰：

聖人之德，莫如至誠。至誠之功，存於不息。有能推至誠之心，而加之以不息之久，則天地可動，金石可移。况於斯人，誰則不服？臣伏見太皇太后陛下、皇帝陛下隨時弛張，改革弊事，因民所惡，屏去小人。天下本無異心，羣黨自作浮議。近者德音一發，衆心涣然。正直有依，人知所嚮。惟二聖不移此意，則天下誰敢不然？衛多君子而亂不生，漢用汲黯而叛者寢。苟存至誠不息之意，自是太平可久之功。此實社稷之福，天下之幸也。

然臣以謂昔所柄任，其徒實繁，布列中外，豈免窺伺？若朝廷施設必當，則此輩覬望自消。昔田蚡爲相，所爲貪鄙，則竇嬰、灌夫睥睨宫禁；諸葛亮治蜀，行法廉平，則廖立、李嚴雖流徙邊郡，終身無怨。此則保國寧人之要術，自古聖賢之所共由者也。臣竊見方今天下雖未大治，而祖宗綱紀具在，州郡民物粗安。若大臣正己平心，無生事要功之意，因弊修法，爲安民靖國之術，則人心自定。雖有異黨，誰不歸心？向者異同反覆之心，蓋亦不足慮矣，但患朝廷舉事類不審詳。曩者黄河北流，正得水性，而水官穿鑿，欲導之使東。移下就高，汨五行之理。及陛下遣官按視，知不可爲，猶或固執不從。經今累歲，回河雖罷，減水尚存，遂使河朔生靈財力俱困。今者西夏、青唐，外皆臣順，朝廷招來之厚，惟恐失之。而熙河將吏創築二堡，以侵其膏腴；議納醇忠，以奪其節鉞。功未可覬，争已先形。朝廷雖知其非，終不明白處置。若遂養成邊釁，關陝豈復安居？如此二事，則臣所謂宜正己平心、無生事要功之意者也。

昔嘉祐以前，鄉差衙前，民間常有破産之患。熙寧以後，出賣坊場，以雇衙前，民間不復知有衙前之苦。及元祐之初，務於復舊，一例復差，官收坊場之錢，民出衙前之費。四方驚顧，衆議沸騰。尋知不可，旋又復雇。雇法有所未盡，但當隨事修完，而去年之秋，復行差法。雖存雇法，先許得差。州縣官吏利在起動人户，以差爲便。差法一行，即時差足，雇法雖在，誰復肯行？臣頃奉使契丹，河北官吏皆爲臣言：「豈朝廷欲將賣坊場錢别作支費耶？不然何故惜此錢而不用，竭民力以供官？」此聲四馳，爲損非細。又，熙寧雇役之法，三等人户並出役

錢。上户以家産高强，出錢無藝；下户昔不充役，亦遣出錢。故此二等人户不免咨怨。至於中等，昔既已自差役，今又出錢不多，雇法之行，最爲其便。及元祐罷行雇法，上下二等忻躍可知，唯是中等，則反爲害。臣請且借畿内爲比，則其餘可知矣。畿縣中等之家，例出役錢三貫，若經十年，爲錢三十貫而已。今差法既行，諸縣手力，最爲輕役，農民在官，日使百錢，最爲輕費。然一歲之用，已爲三十六貫。二年役滿，爲費七十餘貫。罷役而歸，寬鄉得閑三年，狹鄉不及一歲。以此較之，則差役五年之費，倍於雇役十年。賦役所出，多在中等。如此，安得民間不以今法爲害，而熙寧爲利乎？然朝廷之法，官户等六色役錢，只得支雇役人，不及三年，處州役而不及縣役，寬剩役錢只得通融鄰路鄰州，而不及鄰縣。人户願出錢雇人充役者，只得自雇，而官不爲雇。如此之類，條目不便者非一。故天下皆思雇役而厭差役，今五年矣。如此二事，則臣所謂宜因弊修法，爲安民靖國之術者也。

臣以聞見淺狹，不能盡知當今得失。然四事不去，如臣等輩猶知其非，而況於心懷異同志在反覆，幸國之失有以藉口者乎？臣恐如此四事，彼已默識於心，多造謗議，待時而發，以摇撼衆聽矣。伏乞宣諭宰執，事有失當，改之勿疑；法或未完，修之無倦。苟民心既得，則異議自消。陛下端拱以享承平，大臣逡巡以安富貴。海内蒙福，上下所同，豈不休哉？

然大臣恬權恥過，終莫肯改。比轍爲執政，三省又奏除李清臣爲吏部尚書。給事中范祖禹封還詔書，進呈不允，祖禹執奏如初。左正言姚勔亦言不當。三省復除蒲宗孟兵部尚書，轍謂諸公：「且候邦直命下，然後議此，如何？」皆不應。及簾前，微仲奏：「諸部久闕尚書，見在人皆資淺，未可用。又不可闕官，須至用前執政。」上有黽俛從之之意。轍奏：「前日除李清臣，給諫紛然，争之未定。今又用宗孟，恐不便。」宣仁后曰：「奈闕官何？」轍曰：「尚書闕官已數年，何嘗闕事？今日用此二人，正與去年用鄧温伯無異。此三人者，非有大惡。但昔與王珪、蔡確輩並進，意思與今日聖政不合。見今尚書共闕四人，若並用似此四人，使互進黨類，氣勢一合，非獨臣等耐何不得，亦恐朝廷難耐何矣！且朝廷只貴安静，如此用人，臺諫安得不言？臣恐自此鬧矣！」宣仁后曰：「信然，不如且静。」諸公遂卷除目持下。轍又奏：「臣去年初作中丞，首論此事，聖意似以臣言爲然。今未及一年，備位於此，若遂不言，實恐陛下怪臣前後異同。」上曰：「然。」乃退。

六年春，詔除尚書右丞。轍上言：「臣幼與兄軾同受業先臣。薄祐早孤，凡臣之宦學皆兄所成就。今臣蒙恩與聞國政，而兄適亦召還，本除吏部尚書，復以臣故，改翰林承旨，臣之私意尤不遑安。況兄軾文學政事皆出臣上，臣不敢遠慕古人舉不避親，只乞寢臣新命，得與兄同備從官，竭力圖報，亦未必無補也。」不聽。

踰年，遷門下侍郎。時吕微仲與劉莘老爲左右相。微仲直而闇，莘老曲意事之。大事皆決於微仲，惟進退士大夫，莘老陰竊其柄，微仲不悟也。轍居其間，迹危甚。莘老昔爲中司，臺中舊僚多爲之用，前後非意見攻，宣仁后覺之。莘老既以罪去，微仲知轍無他，有相安之意。然其爲人則如故，天下事卒不能大有所正，至今愧之。

蓋是時所争議，大者有二：其一西邊事，其二黄河事。初，夏人來賀登極，相繼求和且議地界。朝廷許之。本約地界已定，然後付以歲賜。久之，議不決。明年，人多保忠以兵襲涇原，殺掠弓箭手數千人而去。朝廷隱忍不問，即遣使往賜策命。夏人受禮倨慢，以地界爲詞，不復入謝，且再犯涇原。四年，乃復來賀坤成，且議地界。朝廷急於招納，疆議未定，先以歲賜予之。尋覺不便，乃於疆事多方侵求，不守定約。而熙河將佐范育、种誼等又背約侵築質孤、勝如二堡。夏人隨即平蕩。育等又欲以兵納趙醇忠，又擅招蕃部千餘人，朝廷却而不受，西邊騷然。轍力言其非，乞罷育、誼，更擇老將以守熙河。宣仁后深以爲是，而大臣主之。轍面奏：「此輩皆大臣親舊，不忍壞其資任，雖其同列，亦不敢異議。陛下獨不見黄河事乎？當時德音宣諭，至深至切，然非大臣意，至今不了。人君與人臣事體不同，人臣雖明見是非，而力所不加，須至且止。人主於事不知則已，知而不得行，則事權去矣。臣今言此，蓋欲陛下收攬威柄，以正君臣之分而已。若專聽其所爲，不以漸制之，及其太甚，必加之罪，只如韓維專恣太甚，范純仁阿私太甚，皆不免逐去。事至如此，豈朝廷美事？故臣之意，蓋欲保全大臣，非欲害之也。」宣仁后極以爲然，而不能用。六年六月，熙河奏夏人十萬騎壓通遠軍境上，挑掘所争崖巉，殺人，三日而退。乞因其退軍，未能復出，急移近裏堡寨於界上修築，乘利而往，不須復守誠信。諸公會議都堂，轍謂微仲：「今欲議此事，當先定議：欲用兵耶，不用兵耶？」微仲曰：「如合用兵，亦不得不用。」轍曰：「凡欲用兵，先論理之曲直。我若不直，則兵決不當用。朝廷頃與夏人商量地界，欲用慶曆舊例，以漢蕃見今住坐處當中爲界，此理最爲簡直。夏人不從，

朝廷遂不固執。蓋朝廷臨事常患先易後難，此所謂先易者也。既而許於非所賜城寨依綏州例以二十里爲界，十里爲堡鋪，十里爲草地。非所賜城寨，指謂延州、塞門、義合、石州、吴堡、蘭州諸城寨，通遠軍定西城。要約未定，朝廷又要於兩寨界首相望，侵係蕃地，一抹取直。夏人亦又見許。凡此所謂後難者也。今者又欲於定西城與隴諾堡相望，一抹取直，所侵蕃地，凡百數十里。隴諾，祖宗舊疆，豈所謂非所賜城寨耶？此則不直，致寇之大者也。今須欲不顧曲直，一面用兵，不知二聖謂何？」莘老曰：「持不用兵之説雖美，然事有須用兵者，亦不可固執。」轍曰：「相公必欲用兵，須道理十全，敵人横來相加，勢不得已，然後可耳。今吾不直如此，兵起之後，兵連禍結，三五年不得休，將奈何？」諸公乃許，不從熙河之計。明日，面奏之。轍曰：「夏人引兵十萬，直壓熙河境上，不於他處作過，專於所争處殺人掘崖𡾰，此意可見此非西人之罪，皆朝廷不直之故。」微仲曰：「朝廷指揮亦不至大段不直。」轍曰：「熙河帥臣輒敢生事奏乞，不守誠信，乘夏人抽兵之際移築堡寨。臣以爲方今堡寨雖或可築，至秋深馬肥，夏人能復引大兵來争此否？」諸人皆言：「今已不許之矣。」轍曰：「臣欲詰責帥臣耳，若不加詰責，或再有陳乞。」諸人皆曰：「竢其再乞，詰責未晚。」宣仁后曰：「邊防忌生事，早與約束。」諸人乃聽。已而蘭州又以遠探爲名，深入西界，殺十餘人。轍曰：「邊臣貪功生事，不足以示威，徒足以敗壞疆議，理須戒敕。」不聽。既又以防護打草爲名，殺六七人，生擒九人。微仲知不便，欲送還生口，因奏其事。轍曰：「邊臣貪冒小勝，不顧大計，極害事。今送還九人甚善，可遂戒敕邊臣。」微仲不欲，曰：「近日延安將副李儀等深入陷没，已責降一行人，足以爲戒。」轍曰：「李儀深入以敗事，被責。蘭州深入得功，若不戒敕，將謂朝廷責其敗事而喜其得功也。」宣仁后曰：「然。」乃加戒敕。然七年夏人竟大入河東。朝廷乃議絶歲賜，禁和市，使沿邊諸路爲淺攻計，命熙河進築定遠城。夏人不能争。未幾，復大入環慶。復議使熙河進築汝遮。中書侍郎范子功獨不可。轍度其意：昔延安帥臣趙卨，范氏姻家也。方議地界，以綏州二十里爲例，議出於卨。熙河斥其不可，議久不決，而卨死，故子功持之。轍謂之曰：「綏州舊例，施於延安可耳。熙河遠者或至七八十里，其不從宜矣。方論國事，親舊得失不宜置胸中也。」衆皆稱善，而子功悻然不服。會西人乞和，議遂不成。未幾，右相蘇子容以事去位，子功以同省待罪。因遂其請，實以汝遮故也。

轍自爲諫官，論黄河東流之害；及爲執法，最後論三事：其一存東岸清豐口。其二存西岸披灘水口。其三除去西岸激水鋸牙。朝廷以付河北監司，惟以鋸牙爲不可去。轍於殿廬中與微仲論之，微仲曰：「無鋸牙則水不東，水不東則北流，必有患。」轍曰：「然北京百萬生靈，歲有決溺之憂，何以救之？且分水東入故道，見今淤合者多矣，分水之利亦自不復能久。若竢漲水已過，盡力修完北流隄防，使足勝漲水之暴，然後徹去鋸牙，免北京危急，此實利也。」莘老曰：「河北監司不如此言，奈何？」轍曰：「公豈不知外官多所觀望耶？」微仲曰：「河事至大，難以臆斷。」轍曰：「彼此皆非目見，當以公議參之耳。」及至上前，二相皆以分水爲便。轍具奏前語，且曰：「必欲重慎，候漲水過，故道增淤，即併力修完北隄，然後徹去鋸牙，庶幾可也。」近至都堂，二相遽批聖語曰：「依都水監所定。」轍語堂吏：「適所奏不然。」莘老失措，微仲知不可，乃曰：「明日別議。」卒改批「不得添展」乃已。八年正月，都水吴安持乞於北流作軟堰，定河流，以免淤填。時微仲在告，轍奏曰：「先帝因阿決大吴，導之北流，已得水性。惟隄防未完，每歲不免決溢，此本黄河常事耳。是時北京之南，黄河西岸有闞村、樊村等三斗門，遇河水泛溢，即開此三門，分水北行於無人之地，至北京北，合入大河，故北京生聚無大危急。自數年來，大臣創議回河。水官王孝先、吴安持等即塞此三門，貼築西隄，又作鋸牙馬頭，約水向東，直過北京之上，故北京連年告急。然約水既久，東流遂多於往歲。蓋分流有利有害，秋水泛漲，分入兩流，暫時且免決溢，此分水之利也。河水重濁，緩則生淤，既分爲二，不得不緩，故今日北流淤塞，此分水之害也。然將來漲水之後，河流東、北，蓋未可知。臣等昨於都堂問吴安持，安持亦言：『去年河水自東，今年安知河水不自北？』宣仁后笑曰：『水官尚作此言，況他人乎？』」轍又奏曰：「臣今但欲徐觀夏秋河勢所向，水若東流，則北流不塞，自當淤斷；水若北流，則北河如舊，自可容納。似此處置，安多危少，行之無疑。若行嶮徼倖萬一成功，如水官之意，臣不敢從也。乞令安持等結罪保明河流所向，及軟堰既成有無填塞河道致將來之患，然後遣使按行，具可否利害。」后復笑曰：「若令結罪，必謂執政脅持之。且水官猶不保河之東、北，況使者暫往乎？姑別議之可也。」二月，微仲乃朝，轍具以前語諭之。微仲口雖不伏，而意甚屈，曰：「軟堰且令具功料申上，朝廷更行相度。」轍曰：「如此終非究竟，必欲且爾，亦可。」八日，轍方在式假，三省得旨，批曰：「依水監所奏。下手日，具功料取旨。」轍以非商量本意，以劄子論之。微仲即日在告。十二日，

轍入對奏曰：「自去年十一月後來，至今百日間耳，水官凡四次妄造事端，摇撼朝廷。第一次安持十一月出行河，先乞一面措置河事。舊法：馬頭不得增損。臣知安持意在添進馬頭。即指揮除兩河門外，許一面措置。安持姦意既露，第二次乞於東流北添進五七埽緷。臣知安持意欲因此多進埽緷，約令北流入東。即令轉運司同監視，不得過所乞緷數。安持姦意復露。第三次即乞留河門百五十步。臣知安持意在回河，改進馬頭之名爲留河門，即不許。安持計窮。第四次即乞作軟堰。凡安持四次擘畫，皆回河意耳。臣昨已令中書工房問水監兩事：其一，勘會北流元祐二年河門原闊幾里？逐年開排，直至去年，只闊三百二十步，有何緣故？其二，勘會東流河門見闊幾步？每年漲水東出，水面南北闊幾里？南面有無隄岸？北京順水隄不没者幾尺？將來北流若果淤斷，漲水東行，係合併北流多少分數？有無包畜不定？今兩問猶未答，便即施行，實太草草。」后嗟歎久之，深以所言爲然。二十四日與微仲同進呈，微仲曰：「蘇轍所議河事，今軟堰已不可作，無可施行。」轍曰：「軟堰本自不可作。然臣本論吴安持百日之間四次妄造事端，動摇朝聽。若令依舊供職，病根不去，河朔被害無已。」微仲曰：「水官弄泥弄水，别用好人不得，所以且用安持。」轍曰：「水官職事不輕，奈何以小人主之？《易》曰：『開國承家，小人勿用。』未聞小人有可用之地也。」此後是非終不能決。

會宣仁晏駕。九年正月，安持奏乞塞梁村口，縷張包口，開清豐口以東鷄爪河，八日，轍以祈穀宿齋三省，即令安持與北京留守司相度施行。時微仲爲山陵使，行有日矣。轍見之待漏，語及河事。微仲直視曰：「此大事，不可不慎。」轍曰：「誠然，公亦宜慎之。」時范堯夫爲右相，舊不直東流。轍告之曰：「當與微仲議定，乃令西去。」堯夫曰：「命已下，奈何？」轍曰：「事有理，誰敢不從？」議於皇儀門外，再降指揮：使都水與本路安撫提轉同議，可即施行，有異議亟以聞。堯夫自外來，始意轍與微仲比，及此，大相信服。既而安撫許沖元乞候過漲水，因河所向，閉所不行口。堯夫奏乞令許將與吴安持同議，一面施行。轍曰：「河勢難定，恐須令諸司共議，乃得其實。」上以爲然。既行，上特宣喻曰：「河事不小，可遣兩制以上二人，按行相度。」堯夫曰：「河役已起，方議遣官，恐稽留役事。」上曰：「但使議論得實，雖遲一年何損？」乃遣中書舍人吕希純、殿中侍御史井亮采往視之。二人歸，極以北流爲便。方施行，樞密簽書劉仲馮援舊例，乞與河議。仲馮本文潞公、吴沖卿門下士也，其言紛然。吕井之議遂格，而轍亦以罪見逐。於是河流遂東，凡七年，而後北流復通。

微仲之在陵下也，堯夫奏乞除執政，上即用李邦直爲中書侍郎，鄧聖求爲尚書右丞。三人久在外，不得志，遂以元豐事激怒上意，邦直尤力。舊法：母后之家，十年一奏門客。時皇太妃之兄朱伯材以門客奏徐州富人竇氏，堯夫無以裁之。一日日中，請轍於都堂與邦直議之。轍曰：「上始親政，皇太妃閤中事，當遍議之。車服儀職已付禮部矣。皇太后月費，尚書省已奏乞依太皇太后矣。皇太妃宜付户部議定。至於奏薦，亦當議。有所予，付吏部可也。凡事付有司，必以法裁處，朝廷又酌其可否而後行，於體爲便。」明日，奏之。上曰：「月費俟內中批出。奏薦，皇太后家減二年，皇太妃十年。」議已定。邦直獨曰：「此可爲後法，今姑予之可也。」上從之。邦直之附會類如此。

會廷策進士，邦直撰策題，即爲邪説以扇惑羣聽。轍論之曰：

伏見御試策題歷詆近歲行事，有欲復熙寧、元豐故事之意，臣備位執政，不敢不言。然臣竊料陛下本無此心，其必有人妄意陛下牽於父子之恩，不復深究是非，遠慮安危，故勸陛下復行此事。此所謂小人之愛君，取快於一時，非忠臣之愛君，以安社稷爲悦者也。

臣竊觀神宗皇帝以天縱之才，行大有爲之志，其所施設，度越前古，蓋有百世而不可改者也。臣請爲陛下指陳其略。先帝在位近二十年，而終身不受尊號，裁損宗室，恩止袒免，減朝廷無窮之費。出賣坊場，雇募衙前，免民間破家之患。罷黜諸科誦數之學，訓練諸將慵墮之兵。置寄禄之官，復六曹之舊，嚴重禄之法，禁交謁之私。行淺攻之策，以制西戎；收六色之錢，以寬雜役。凡如此類，皆先帝之睿算，有利無害，而元祐以來，上下奉行，未嘗失墜者也。至於其他，事有失當，何世無之？父作之於前，子救之於後，前後相濟，此則聖人之孝也。

漢武帝外事四夷，内興宫室，財用匱竭，於是修鹽鐵、榷酤、均輸之政。民不堪命，幾至大亂。昭帝委任霍光，罷去煩苛，漢室乃定。光武、顯宗，以察爲明，以讖決事，天下恐懼，人懷不安。章帝即位，深鑒其失，代之以寬。愷弟之政，後世稱焉。及我本朝真宗皇帝，右文偃革，號稱太平，羣臣因其極盛爲天書之説。及章獻明肅太后臨御，覽大臣之議，藏書梓宫，以泯其迹。仁宗聽政，亦絶口不言，天下至今韙之。英宗皇帝自藩邸入繼，大臣過計，創濮廟之議，朝廷爲之洶洶者數年。及先帝嗣位，或請復舉其事，寢而不答，遂以安静。夫以漢昭、章之

賢，與吾仁宗、神宗之聖，豈其薄於孝敬而輕事變易也哉？蓋有不可不以廟社爲重故也。是以子孫既獲孝敬之實，而父祖不失聖明之稱。此真明君之所務，不可與流俗議也。臣不勝區區，願陛下反覆臣言，慎勿輕事改易。若輕變九年已行之事，擢任累歲不用之人，人懷私忿，而以先帝爲詞，則大事去矣。

奏入不報，再以劄子面論之，上不悦。李鄧從而媒蘖之，乃以本官出知汝州。居數月，元豐諸人皆會於朝，再謫知袁州。未至，降授朝議大夫，分司南京，筠州居住。居三年，責授化州別駕，雷州安置。未期年，或言方南行，兄弟相遇中塗；至雷，賃富民屋以居，復移循州。今上即位，大臣猶不悦，徙居永州。皇子生後徙岳州，已乃復舊官，提舉鳳翔上清太平宫。有田在潁川，乃即居焉。居二年，朝廷易相，復降授朝請大夫，罷祠宫。

凡居筠、雷、循七年，居許六年。杜門復理舊學，於是《詩》、《春秋傳》、《老子解》、《古史》四書皆成。嘗撫卷而歎，自謂得聖賢之遺意，繕書而藏之。顧謂諸子：「今世已矣，後有達者，必有取焉耳。」家本眉山，貧不能歸，遂築室於許。先君之葬在眉山之東，昔嘗約祔於其庚，雖遠不忍負也，以是累諸子矣。

予居潁川六年，歲在丙戌秋九月，閲篋中舊書，得平生所爲，惜其久而忘之也，乃作《潁濱遺老傳》，凡萬餘言。已而自笑曰：「此世間得失耳，何足以語達人哉！」昔予年四十有二，始居高安，有一二衲僧游，聽其言，知萬法皆空，惟有此心不生不滅。以此居富貴，處貧賤，二十餘年而心未嘗動，然猶未睹夫實相也。及讀《楞嚴》，以六求一，以一除六，至于一六兼忘，雖踐諸相，皆無所礙。乃油然而笑曰：「此豈實相也哉？夫一猶可忘，而況《遺老傳》乎？雖取而焚之，可也。」

雜録

備録

惠洪《冷齋夜話》卷七 蘇子由初謫高安，時雲庵居洞山，時時相過。聰禪師者蜀人，居聖壽寺。一夕，雲庵夢同子由、聰出城迓五祖戒禪師。既覺，私怪之，以語子由，未卒，聰至，子由迎呼曰：「方與洞山老師説夢，子來，亦欲同説夢乎？」聰曰：「夜來輒夢見吾三人者同迎五戒和尚。」子由拊手大笑曰：「世間果有同夢者，異哉！」良久，東坡書至，曰：「已次奉新，旦夕可相見。」三人大喜，追笋輿而出城，至二十里建山寺而東坡至。坐定，無可言，則各追繹向所夢以語坡。坡曰：「軾年八九歲時，嘗夢其身是僧，往來陝右。又先妣方孕時，夢一僧來託宿，記其頎然而眇一目。」雲庵驚曰：「戒，陝右人，而失一目，暮年棄五祖游高安，終于大愚。」逆數蓋五十年，而東坡時年四十九矣。後東坡復以書抵雲庵，其略曰：「戒和尚不識人嫌，强顔復出，真可笑矣！既法契，可痛加磨礪，使還舊規，不勝幸甚！」自是常衣衲衣。

蘇籀《欒城先生遺言》 公言：「春秋時，先王之澤未遠，士君子重義理，持節操，其處死生之際，卓然凜然，非後世之士所及，蓋三代之遺民也。當時達者，語三代遺事甚多，今捨此無以考證。」

公爲籀講《老子》數篇，曰：「高於《孟子》二三等矣。」

公言：「伊、周以道德深妙得之，管、葛、房、杜、姚、宋以才智高偉得之，皆不可窺測。」

公解《孟子》二十餘章，讀至「浩然之氣」一段，顧籀曰：「五百年無此作矣。」

公言：「仲尼《春秋》，或是令丘明作傳，以相發明。」

公常云：「在朝所見，朝廷遺老數人而已，如歐陽公永叔、張公安道，皆一世偉人；蘇子容、劉貢父，博學强識，亦可以名世。予幸獲與之周旋，聽其誦説，放失舊聞多得其詳實，其於天下事、古今得失，折衷典據甚多。」

東坡與貢父會，語及不獲已之事，貢父曰：「充類至義之盡也。」東坡曰：「貢父乃善讀《孟子》歟！」

公試進士河南府，問：「三代以禮樂爲治本，刑政爲末，後世反之。儒者言禮樂之效，與刑政之敝，其相去甚遠。然較其治亂盛衰，漢文帝、唐太宗海内安樂，雖三代不能加。今祖宗法令脩明，求之前世，未有治安若今之久者，然而禮樂不如三代，世之治安不在禮樂歟？」河南士人皆不能喻此意。司馬温公問：「如此發策，亦自有説乎？」公曰：「安敢無説。」温公默然。既而見文定，文定曰：「策題，國論也。」蓋元豐間流俗多主介甫説，而非議祖宗法制也。

公言：「歐陽文忠公讀書，五行俱下，吾嘗見之。但近覰耳，若遠視何可當。」

公曰：「吾爲《春秋集傳》，乃平生事業。」

公年十六，爲《夏商周論》，今見於古史。年二十，作《詩傳》。

公言：「先曾祖晚歲讀《易》，玩其爻象，得其剛柔遠近、喜怒逆順之情，以觀其詞，皆迎刃而解。作《易傳》未完，疾革，命二公述其志。東坡受命，卒以成書。初二公少年皆讀《易》，爲之解説，各仕它邦。既而東坡獨得文王、伏羲超然之旨，公乃送所解予坡，今《蒙卦》獨是公解。」

公少年與坡公治《春秋》，公嘗作論，明聖人喜怒好惡，譏《公》、《穀》以日月土地爲訓，其説固自得之。元祐間，後進如張大亨嘉父亦攻此學。大亨以問坡，坡答書云：「《春秋》，儒者本務，然此書有妙用，學者罕能領會，多求之繩約中，乃近法家者流，苛細繳繞，竟亦何用。惟丘明識其用，終不肯盡談，微見端兆，欲使學者自求之。故僕以爲難，未敢輕論也。」

公自熙寧謫高安，覽諸家之説，爲《集傳》十二卷。紹聖初，再謫南方。至元符，三易地，最後卜居龍川白雲橋，《集傳》乃成。歎曰：「此千載絶學也。」既而俾坡公觀之，以爲古人所未至。

公言：「東坡律詩，最忌屬對偏枯，不容一句不善者，古詩用韻，必須偶數。」

公曰：「吾莫年於義理無所不通。悟孔子一以貫之者。」

東坡幼年作《卻鼠刀銘》，公作《缸硯賦》，曾祖稱之，命佳紙修寫裝飾，釘於所居壁上。

公曰：「子瞻之文奇，予文但穩耳。」

公曰：「吾讀楚辭，以爲除書。」

公在諫垣論蜀茶，祖宗朝量收稅，李杞、劉佐、蒲宗閔取息初輕後益重，立法愈峻。李稷始議極力掊取，民間遂困。稷引陸師閔共事，額至一百萬貫。陸師閔又乞額外以百萬貫爲獻，成都置都茶場。公條陳五害，乞放搉法，令民自作交易，但收稅錢，不出長引，止令所在場務，據數抽買博馬茶，勿失武備而已。言師閔百端淩虐細民，除茶遞官吏、養兵所費，所收錢七八十萬貫，蜀人泣血，無所控告。公講畫纖悉曲折，利害昭炳，時小吕申公當軸，歎曰：「只謂蘇子由儒學，不知吏事精詳至於如此。」公論役法，尤爲詳盡，識者韙之。

公曰：「李德裕謫崖州，著《窮愁志》，言牛僧孺將圖不軌，不意老臣爲此言也。」

張十二《病後詩》一卷，頗得陶元亮體。然余觀古人爲文，各自用其才耳，若用心專模倣一人，捨己徇人，未必貴也。

張十二之文，波瀾有餘，而出入整理，骨骼不足。秦七波瀾不及張，而出入徑健簡捷過之。要知二人後來文士之冠冕也。

元祐間，公及蘇子容、劉貢父同在省中，二人各云：「某輩少年所讀書，老而遺忘。」公亦云然。貢父云：「觀君爲文，强記甚敏。」公辭焉。二人皆曰：「某等自少記憶書籍，不免抄節，而後稍不忘。觀君家昆仲未嘗抄節，而下筆引據精切，乃真記得者也。」

賈誼、宋玉賦，皆天成自然。張華《鷦鷯賦》，亦佳妙。

子瞻諸文，皆有奇氣。至《赤壁賦》，髣髴屈原、宋玉之作，漢、唐諸公皆莫及也。

公曰：「余少年苦不達爲文之節度，讀《上林賦》，如觀君子佩玉冠冕，還折揖讓音吐，皆中規矩，終日威儀無不可觀。」

公曰：「予少作文，要使心如旋床，大事大圓成，小事小圓轉，每句如珠圓。」

公曰：「凡爲詩文不必多，古人無許多也。」

公曰：「余《黄樓賦》學《兩都》也，晚年來不作此工夫之文。」

貢父嘗謂公所爲訓詞，曰：「君所作强於令兄。」

公曰：「申包胥哭秦庭一章，子瞻誦之，得爲文之法。」

公曰：「范蜀公少年儀矩任真，爲文善腹藁。作賦場屋中，默坐至日晏無一語。及下筆，頃刻而就。同試者笑之，范公遂魁成都。」

公曰：「莊周《養生》一篇，誦之如龍行空，爪趾鱗翼所及，皆自合規矩，可謂奇文。」

唐儲光羲詩高處似陶淵明，平處似王摩詰。

歐公碑版，今世第一。集中《怪竹辯》，乃甚無謂，非所以示後世。

唐皇甫湜論朝廷文字，以燕、許爲宗。文奇則怪矣。

公曰：「李方叔文似唐蕭、李，所以可喜。韓駒詩似儲光羲。」

程正叔引《論語》云：「南郊行事廻，不當哭温公。」公曰：「古人但云『哭則不歌』，不曰『歌則不哭』，蓋朋友之故，何可預期？」

公曰：「讀書須學爲文，餘事作詩人耳。」

公曰：「讀書百遍，經義自見。」

族兄在廷，問公學文如何，曰：「前輩但看多做多而已，區以別矣，如『瓜苧

之區』，『自反而縮』，如『王祭不供，無以縮酒』。」

公曰：「去陳言，初學者事也。」

公讀一江西臨川前輩集，曰：「胡爲竊王介甫之説以爲己説。」

公言：「吕吉甫、王子韶皆解三經并《字説》，介甫專行其説。兩人所作，皆廢弗用，王、吕由此矛盾。」

公曰：「文貴有謂。予少年，聞人唱《三臺》，今尚記得。云云。其詞至鄙俚而傳者，有謂也。」

公讀由余事曰：「女樂敗人，可以爲戒。」

公聞以螺鈿作茶器者：「凡事要敦簡素，不然天罰。」

公曰：「漢武帝所得人才，皆鷹犬馳驅之才，非以道致君者也。」

公曰：「以伍員比管仲，猶鷹隼與鳳鸞。」

王介甫用事，富鄭公罷政過南京，謂張文定公曰：「不料其如此，亦嘗薦之。」文定操南音謂公曰：「富七獨不慙惶乎？」公問：「吾丈待之如何？」文定曰：「某則不然。初見其讀書，亦頗有意於彼，既而同在試院，見其議論乖僻，自此踈之。」

黄魯直盛稱梅聖俞詩不容口，公曰：「梅詩不逮君。」魯直甚喜。

晁無咎作《東皋記》，公見之，曰：「古人之文也。」

姪孫元老呈所爲文一卷，公曰：「似曾子固少年時文。陳恬《題襄城北極觀鐵脚道人》詩，詩似退之。」

公大稱任象先之文，以爲過其父德翁。

徐蒙獻書，公曰：「甚佳，但波瀾不及李方叔。」

公每語籀云：「聞吾言，當記之勿忘。吾死，無人爲汝言此矣。」

公曰：「莊周多是破執，言至道無如五千文。」

公言：「班固諸敘，可以爲作文法式。」

公曰：「六郎作詩，髣髴追前人。畫墨竹，過李康年遠矣。」

或問公陳瑩中，公曰：「英俊人也，但喜用《字説》，尚智。」

公曰：「李太白詩過人，其平生所享，如浮花浪蘂。其詩云：『羅幃卷舒，似有人開；明月直入，無心可猜。』不可及。」

公解《詩》時，年未二十，初出《魚藻》、《兔苴》等説。曾祖編札，以爲先儒所未喻。作《夏商周論》，纔年十有六，古人所未到。

公讀《新經義》曰：「乾纏了濕纏，做殺也不好。」謂介甫曰：「色取仁而行違，居之不疑，乃仲尼所謂聞者也。」

公曰：「唐士大夫少知道，知道惟李習之。白樂天喜《復性書》三篇，嘗寫《八漸偈》于屏風。」

《易》曰：「一陰一陽之謂道。」坡公以爲陰陽未交，公以坡公所説爲未允。公曰：「陰陽未交，元氣也，非道也。政如云一龍一蛇之謂道也，謂之龍亦可，謂之蛇亦可。」

公曰：「張文定死而復蘇，自言所見地位清高。」又曰：「吾得不做宰相氣力。」

公論唐人開元燕、許，云：「文氣不振，倔强其間。自韓退之一變復古，追還西漢之舊。」然在許昌觀《唐文粹》，稱其碑頌，往往愛張、蘇之作。又覽唐皇甫湜持正《論業》云：「所譽燕、許文極當。文奇則涉怪，施之朝廷，不須怪也。」蓋亦取燕、許。

公中歲歸自江南，過宋，聞鐵龜山人善術數，邀至舟中問休咎，云：「此去十年，如飛騰升進。前十年流落已過，然尚有十年流落也。」後皆如其言。

曾祖母蜀國太夫人，夢蛟龍伸臂而生公。王子年《拾遺記》：「孔子當生之夜，二蒼龍亘天而下，來附徵在之房，誠吉兆也。」

籀年十有四，侍先祖潁昌，首尾九年，未嘗暫去侍側。見公終日燕坐之餘，或看書籍而已，世俗藥餌玩好，公漠然忘懷。一日，因謂籀講《莊子》二三段訖，公曰：「顔子簞瓢陋巷，我是謂矣。」所聞可追記者若干語，傳諸筆墨，以示子孫。

公令籀作詩文，五六年後，忽謂籀曰：「汝學來學去透漏矣。」嘗與文氏家姑言之，亦如此。

公謂籀曰：「蘇瓌訓頲，常令衣青布襦，伏於床下，出其頸受榎楚。汝今懶墮可乎？」

馬公知節詩草一卷，公跋云：「馬公子元，臨事敢爲，立朝敢言，以將家子，得讀書之助，作詩蓋其餘事耳。蚤知成都，以抑强扶弱，爲蜀人所喜。然酷嗜圖畫，能第其高下。成都多古畫壁，每至其下，或終日不轉足。蜀中有高士孫知微，以畫得名，然實非畫師也，公欲見之而不可得。知微與壽寧院僧相善，嘗於其閣上畫《惠遠送陸道士》、《藥山見李習之》二壁，僧密以告公，公徑往從之。知微不得已，擲筆而下，不復終畫，公不以爲忤，禮之益厚。知微亦愧其意，作《蜀

江出山圖》,伺其罷去,追至劍門贈之。蓋公之喜士如此。陽翟李君方叔,公之外玄孫也,以此詩相示,因記所聞於後。辛巳季春丙寅,眉山蘇轍子由題。」李名豸。

穎昌吾祖書閣,有厨三隻,《春秋説》一軸,解注以《公》、《穀》、《左氏》、孫復,卷末後題丙申嘉祐元年冬,寓居興國浴室東壁第二位讀三傳。次年夏辰時坡公書名押字,少年親書。此卷壓積蠹簡中,未嘗開緘。籀偶開之,一一對擬今黄門《春秋集傳》,悉皆有指定之説。想爾時與坡公同學,潛心稽考,老而著述大成,遺書具在,當以黄門《集傳》爲證。據坡公晚歲謂,《春秋傳》皆古人未至,故附記之於斯。

《大悲圜通閣記》,公偶爲東坡作,坡云:「好箇意思。」欲别作而卒用公所著。《和陶詩擬古九首》,亦坡代公作。

范淳父雜中問公求論題,公以「莊子孝未足以言至仁」令范作。范論詆斥莊子,公曰:「曾、閔匹夫之行,堯、舜仁及四海。」

公云:「王介甫解佛經三昧之語用《字説》,示關西僧法秀,秀曰:『相公文章,村和尚不會。』介甫悖然。又問如何,秀曰:『梵語三昧,此云正定,相公用華言解之,誤也。』」公謂坐客曰:「《字説》穿鑿儒書,亦如佛書矣。」

公與關西文長老相善。公晚年自政府謫官筠州,既而復責雷州,威命甚峻。時文老特來唁,公留宿所寓宅中。公被命即登轎出郭外,文老亦相隨去,歎曰:「克文處之,尚恐不能,公真大過人者。」

東坡病殁於晉陵,伯達、叔仲歸許昌,生事蕭然。公篤愛天倫,曩歲别業在浚都,鬻之九阡數百緡,悉以助焉,囑勿輕用。時公方降三官,謫籍奪俸。

公言:「吕微仲性闇,邊事、河事皆乖戾,故子孫不遠。」公言《易》云:「精義入神以致用,不是要説脱空。」

崇寧丙戌十一月八日四鼓,夢中及《古菖蒲詩》云「一人得飽滿,餘人皆不悦」之句。王介甫在側借觀,示之,赧然有愧恨之色。

公言場屋之敝,曰:「昔南省賦題,官韻『於』字,舉子程文云:『何以加於?』其文中選。後詩韻有同者,或曰:『何以更加於?』大抵場屋多此類也。」

公言:「張文潛詩云:『龍驚漢武英雄射,山笑秦皇爛漫遊。』晚節作詩,似稍失其精處。」

公蚤歲教授宛丘,或者屢以房中術自鬻於前,公曰:「此必晚損,止傳其養氣嗇神之法。」

公言:「近世學問,濡染陳俗卻人,雖善士亦或不免。蓋不應鄉舉無以干禄,但當謹擇師友湔洗之也。」

公讀《易》,謂人曰:「有合討論處甚多,但來理會。」籀輩弱齡駑怯,憚公嚴峻,不敢發問,今悔之無及。

東坡遺文,流傳海内,《中庸論》上中下篇,墓碑云:公少年讀《莊子》,太息曰:「吾昔有見於中,口不能言。今見《莊子》,得吾心矣。」乃出《中庸論》,其言微妙,皆古人所未喻。今《後集》不載此三論,誠爲闕典。

公講《論語》至「畏大人」曰:「如文潞公,亦須是加敬,所言信重之。」先王議事以制,不爲刑辟,東坡有人法兼用之説,公以爲勑令不可不具,二公之論不同。坡《外集》有策題一首,乃此意。

公云:「《晉史》,唐賢房、杜輩所作,議論可據。」籀思之本朝《新唐書》,歐、宋諸公一代賢傑所作,以文字浩博,人不能該覽,惜哉。必有篤於此學者!

公語韓子蒼云:「學者觀儒書,至於佛書,亦可多讀,知其器能也。」

公妙齡舉,方聞見在朝兩制諸公書,云:「其學出於孟子,而不可誣也。」有解説二十四章。老年作詩云:「近存八十一章注,從道老聃門下人。」蓋老而所造益妙,録録者莫測矣。

公悟悦禪定,門人有以《漁家傲》祝生日及濟川者,以非其志也,乃賡和之:「七十餘年真一夢,朝來壽斝兒孫奉。憂患已空無復痛,心不動,此間自有千鈞重。蚤歲文章供世用,中年禪味疑天縱。石塔成時無一縫,誰與共?人間天上隨它送。」

箴眼醫王彦若在張文定公門下,坡公於文定坐上贈之詩,引喻證據,博辯詳切高深,後學讀之茫然。坡公敏於著述如此,先祖屢云。

坡撰富公碑,以擬寇公,公稍不甚然之。作《德威堂銘》、《居士集敘》,公極賞慨其文,咨嗟不已。

公穎昌牡丹時,多作詩,前後數四,云「潩上似雒濱,青帝遺姚黄比玉真」之句。又曰:「造物不違遺老意,一枝頗似雒人家。」稱道雒家殷勤不已。敬想富鄭公、文潞公、司馬温公、范忠宣公,皆看花耆德偉人也。風流追憶不逮,後生茫然爾。先祖蓋歎前哲云。或曰嵇康《廣陵散》亦歎也。

東坡求龍井辯才師塔碑於黄門,書云:「兄自覺談佛不如弟。」今此文見《欒

城後集》。又天竺海月塔碑，以坡與之遊，故銘云：「我不識師面，知其心中事。」儒者談佛，爲坡公所取，其火失其書翰。

公言：「秦火後，漢叔孫通、賈誼、董仲舒諸人，以詩、書、禮、樂彌縫其闕。西漢之文，後世莫能髣髴。今朝廷求魁偉之才，黜謬妄之學，可以追兩漢之餘，漸復三代之故。」後學當體此說。

張邦基《墨莊漫録》卷五 蘇子由在政府，子瞻爲翰苑。有一故人與子由兄弟有舊者，來干子由求差遣，久而未遂。一日，來見子瞻，且云：「某有望內翰以一言爲助。」公徐曰：「舊聞有人貧甚，無以爲生，乃謀伐冢，遂破一墓，見一人裸而坐，曰：『爾不聞漢世楊王孫乎？裸葬以矯世，無物以濟汝也。』復鑿一冢，用力彌艱，既入，見一王者，曰：『我漢文帝也，遺制壙中無納金玉，器皆陶瓦，何以濟汝？』復見有二冢相連，乃穿其在左者，久之方透。見一人，曰：『我伯夷也，羸瘠，面有飢色，餓于首陽之下，無以應汝之求。』其人嘆曰：『用力之勤，無所獲，不若更穿西冢，或冀有得也。』羸瘠者謂曰：『勸汝別謀於他所，汝視我形骸如此，舍弟叔齊豈能爲人也！』」故人大笑而去。

徐度《卻掃編》卷中 蘇黄門子由南遷既還，居許下，多杜門不通賓客。有鄉人自蜀川來見之，伺候於門，彌旬不得通。宅南有叢竹，竹中爲小亭，遇風日清美，或徜徉亭中。鄉人既不得見，則謀之閽人，閽人使待于亭旁。如其言，後旬日果出，鄉人因趨進。黄門見之大驚，慰勞久之，曰：「子姑待我於此。」翩然而入，迨夜竟不復出。

釋曉瑩《雲臥紀譚》卷下 蘇黄門子由，元豐間左遷高安摧筦之任，而於公餘必與諸山講道爲樂。景福順禪師者，尤篤維桑世契，順有三偈寄公，故嘗和曰：「融却無窮事，都成一片心。此心仍不有，從古到如今。」「如今亦如忘，相逢笑一場。此間無首尾，尺寸不煩量。」「要識東坡老，堂堂古丈夫。近來知此事，也不讀文書。」公將移績谿，以書別順曰：「自來高安，唯有二三老僧相知，既又蒙公遠來相訪，方今南老門人，公爲第一，因此又識南公遺風，爲幸多矣。前日得告，當往績谿。旦暮成行，不獲面違，悵仰無窮。凝寒法候何如？更冀以道自重。」順後住西山香城，其徒以公偈並書刊石，尚復存焉。

蘇轍《欒城集》附録《蘇潁濱年表》 仁宗寶元二年己卯

二月丁亥，蘇轍生。轍字子由，一字同叔，眉山人，老蘇先生之季子，其家世已具《老蘇先生表》中。

康定元年庚辰

慶曆元年辛巳

二年壬午

三年癸未

四年甲申

五年乙酉

六年丙戌

七年丁亥

五月乙酉，轍祖父序卒。

八年戊子

父洵以家艱閉户讀書，因以學行授二子，曰：「是庶幾能明吾學者。」

皇祐元年己丑

二年庚寅

三年辛卯

四年壬辰

五年癸巳

至和元年甲午

二年乙未

轍娶史氏，年十五，父曰瞿。

嘉祐元年丙申

是春轍父子三人同游京師，過成都，謁知益州張方平。方平一見，待以國士。

七月癸巳，以侍御史范師道、開封府判官祠部郎中直秘閣王疇、祠部員外郎集賢校理胡俛、屯田員外郎集賢校理韓彦、太常博士集賢校理王瓘、太常丞集賢校理宋敏求考試開封舉人，轍中其選。明年登第後有《謝秋試官啓》。

二年丁酉

轍兄弟試禮部中第。

三月辛巳，上御崇政殿試進士。丁亥，放章衡榜以下及第出身。轍中第五甲，有《上韓琦樞密書》。

四月癸丑，轍母武陽縣君程氏卒於家，轍父子還蜀。

三年戊戌

四年己亥

十月，侍父游京師。

十二月，至江陵，集舟中所爲詩賦一百篇爲《南行集》。

五年庚子

自江陵至京師，途中所爲詩賦又七十三篇，爲《南行後集》，轍有《南行後集引》。

三月，以選人至流內銓。天章閣待制楊畋調銓官吏，轍授河南府澠池縣主簿。畋謂轍曰：「聞子求直言，若必無人，畋願備數。」於是舉轍應才識兼茂明於體用科。兄弟寓懷遠驛。

十一月，歐陽永叔爲樞密副使，有賀啓。

六年辛丑

有上富弼丞相、曾公亮參政及兩制書三首。

八月丁卯，會翰林學士吳奎、龍圖閣直學士楊畋、御史中丞王疇、知制誥王安石考試制科舉人於秘閣。乙亥，上御崇政殿策試制科舉人。時上春秋高，始倦於勤，轍因所問，極言得失。覆考官司馬光第以三等，初考官胡宿爭不可。光與范鎮議，以轍爲第四等。蔡襄曰：「吾三司使也，司會之言吾愧之而不敢怨。」惟胡宿以爲不遜，力請黜之。詔差官重定。司馬光奏：「臣近蒙差赴崇政殿後，覆考應制舉人，試卷内圓、毡兩號所對策，詞理俱高，絶出倫輩。然毡所對命秩之差，虛實之相養等一兩事與所出差舛。臣遂與范鎮同議，以圓爲第三等，毡爲第四等。詳定官已定從覆考。竊知初考官以爲不當，朝廷更爲差官重定，復從初考，以毡爲不入等。臣竊以爲國家置此六科，本欲得才識高遠之士，固不以文辭華靡，記誦雜博爲賢。毡所試文辭，臣不敢言。但見其指陳朝廷得失，無所顧慮，於四人之中最爲切直。今若以此不蒙甄收，則臣恐天下之人皆以爲朝廷虛設直言極諫之科。而毡以直言被黜，從此四方以言爲諱，其於聖主寬明之德虧損不細。臣區區所憂，正在於此，非爲臣已考爲高等，苟欲遂非取勝而已也。伏望陛下察臣愚心，特收毡入等，使天下之人皆曰毡所對事目雖有漏落，陛下特以其切直收之，豈不美哉！」既而執政以毡所試進呈，欲黜之，上不許，曰：「其言切直，不可棄也。」乃降一等收之，即轍也。己卯，以轍爲試秘書省校書郎充商州軍事推官。制曰：「朕奉先王之緒以臨天下，雖夙寤晨興，不敢康寧，而常懼躬有所闕，羞於前烈。日御便坐以延二三大夫垂聽而問，而轍也指陳其微，甚直不阿。雖文采未極，條貫未究，亦可謂知愛君矣。朕親覽見，獨嘉焉。其以轍爲州從事，以試厥功。克慎爾術，思永修譽。」時知制誥王安石意轍右宰相專攻人主，比之谷永，不肯撰詞。宰相韓琦笑曰：「此人策語謂宰相不足用，欲得婁師德、郝處俊而用之，尚以谷永疑之乎？」知制誥沈遘亦考官也，知其不然，故當制有愛君之言。諫官楊畋見上曰：「蘇轍，臣所薦也，陛下赦其狂直而收之，盛德之事也，乞宣付史館。」上悅從之。轍有《謝制科啓》。是時父洵被命編修禮書，而兄軾出簽書鳳翔判官，旁無侍子。轍乃奏乞養親，詔從之。十二月，軾赴官，十九日，與轍別於鄭州西門外。有《辛丑除日寄子》瞻詩。

七年壬寅

《次韻子瞻減降諸縣囚徒事畢登覽》詩。

四月，諫議大夫楊畋卒，年五十六，有哀辭。

八月乙亥，伯父利州路提點刑獄渙卒，年六十二，有挽詩。

《次韻子瞻微雪見寄》詩，《次韻子瞻記歲暮鄉俗三首》，有《新論》三首。

八年癸卯

有《記歲首鄉俗寄子瞻二首》，寒食前一日有寄兄詩。

三月辛未，仁宗崩。

六月庚辰，渙夫人楊氏卒，有挽詩。

英宗治平元年甲辰

四月晦日，有《題上清宮辭後》。

十二月，軾自鳳翔解官歸京師。

二年乙巳

轍爲大名府留守推官，有《謝韓丞相啓》。尋差管勾大名府路安撫總管司機宜文字。有《北京送孫曼叔屯田權三司開拆司》詩，有《中秋夜八絶》，冬有《留守王貺生日》詩。

三年丙午

春有《送陳安期都官》詩。

二月，有《寒食贈游壓沙諸君》詩。

四月戊申，洵卒於京師，年五十八。轍兄弟自汴入淮泝江歸。

十二月，入峽。

四年丁未

正月丁巳，英宗崩。

十月壬申，葬父彭山縣安鎮鄉可龍里。

神宗熙寧元年

戊申冬，轍兄弟免喪，東游京師。

二年己酉

春至京師。

二月甲子，參知政事王安石、樞密院陳升之同制置三司條例司。

三月，轍上書論事。丙子，上批付中書曰：「詳觀疏意，知轍潛心當世之務，頗得其要。鬱於下僚，使無所伸，誠亦可惜。」即日召對延和殿。癸未，以轍爲制置三司條例司檢詳文字。安石急於財利而不知本，吕惠卿爲之謀主。轍議事率不合，因以書抵安石，指陳其事之不可行者。安石大怒，欲加以罪，陽叔止之。

八月庚戌，轍上言：「每於本司商量公事，動皆不合。臣已有狀申本司，具述所議不同事，乞除一合入差遣。」上問所以處轍，曾公亮奏，欲與堂除差遣，上從之，以轍爲河南府留守推官。乃定制策登科者，不復試館職，皆送審官與合入差遣，自此始。癸丑，以三司度支蘇寀爲集賢殿修撰知梓州。有《送蘇公佐》詩。

三年庚戌

正月九日，差充省試點檢試卷官。

二月戊午，觀文殿學士、新知河南府張方平知陳州，方平奏改辟轍爲陳州教授。有《初到陳州》詩二首。

八月丙戌，知成都陸詵卒，有《陸介夫挽詞》。

九月，吕陶中賢良方正科，有代張方平《答陶啓》，有代張方平《論時事書》。

十二月，王安石同平章事。

四年辛亥

六月甲子，歐陽修以太子少師致仕，有賀修啓，有《陪歐陽公燕潁州西湖》詩，有《次韻子瞻潁州別留》詩。

八月戊寅，張方平除南京留臺，有送方平詩。

九月，知制誥、直學士院陳襄知陳州，轍有迎襄啓。

十二月，《次韻子瞻初到杭州見寄二首》。

五年壬子

六月，曾公亮致仕，轍有賀啓。

閏七月二十三日，歐陽文忠公修卒，有祭文並挽詞三首。

八月，同頓起等於洛陽妙覺寺考試舉人，及畢事共得大小詩二十六首。

六年癸丑

二月，重到潁州，有寄軾詩二首。甲申有《次韻子瞻二月十日雪》詩。

四月，樞密使文彦博罷，以守司徒兼侍中判河陽。彦博辟轍爲學官，轍有謝啓。已而改齊州掌書記，有《自陳適齊戲題》詩。

九月，尚書右司郎中、知登州李師中來知齊州。

十月，有《京西北路轉運使題名記》。

七年甲寅

二月己巳朔，以李師中爲天章閣待制知瀛州。有《師中燕別西湖詩序》，并《送李師中赴瀛州》詩。

四月壬辰，以知青州、右諫議大夫李肅之知齊州。有《代肅之到任謝上表》，有《送青州簽判俞退翁致仕還湖州》詩。

九月丙申，《和青州教授頓起九日見寄》詩，《和子瞻喜虎兒生》詩。

十一月辛亥，有《洛陽李氏園亭記》。

八年乙卯

有《和劉敏殿丞送春》、《趙至節推首夏》詩，有《游太山詩四首》，有《舜泉》詩，有《閔子廟記》及《次韻徐正權謝示閔子廟記及惠紙》詩。

六月辛亥，吏部尚書同平章事昭文殿大學士王安石授尚書左僕射兼門下侍郎同平章事，以修《詩》、《書》、《周禮義》畢推恩也。轍有《東方書生行》。

九年丙辰

二月辛丑，李肅之提舉南京鴻慶宮，以病自請也。有《和李常赴歷下道中雜詠二十首》。

九月，有《次韻李常九日見約以疾不赴》詩。

十月，宰相王安石罷，轍歸京師，有《自齊州回論時事書》。

十二月辛亥，有《次韻范鎮除夜》詩。

十年丁巳

正月八日，有《王氏清虚堂記》，有《次韻范鎮正月十二日訪吴鎮寺丞二絶》。

轍以舉者改著作佐郎，有謝啓。

二月癸巳，以張方平爲南京留守。方平辟轍簽書應天府判官，有謝方平啓。時軾亦得徐州，兄弟相遇於澶、濮之間，相從至徐，留百餘日，有《逍遥堂會宿》等詩，有《漢高帝廟試劍石銘》，有《漢高帝廟祈晴文》。徐州大水。

九月，轍自徐至南京，有《寄王鞏》詩，有《九日送交代劉摯》詩。

十月甲辰，祀南郊，大赦天下。有《代方平免陪祀表》、《賀南郊表》并謝加恩表。有《除夜會飲南湖懷鞏》詩。張方平請老，拜東太一宫使就第，以龔鼎臣知應天府。

元豐元年戊午

正月，有《次韻王鞏上元問游見寄二首》。

二月，寒食有《游南湖》詩三首。

五月己卯，知應天府龔鼎臣爲右諫議大夫知青州，有《代鼎臣謝知青州表》，有《送龔諫議知青州二首》。戊戌提舉醴泉觀、兵部郎中陳汝羲知應天府，有《代謝上表》。有《送林子中安厚卿奉使高麗》詩。

七月癸巳，有《同李倅鈞訪趙嗣恭留飲南園晚衙先歸》詩，有《秋祀高辛》詩，有《答陳州陳師仲書》。

八月丙辰，有《中秋見月寄兄》詩。

九月，有《黄樓賦》，有《次韻張恕九日寄兄》詩，有《次韻頓起試徐沂舉人見寄詩二首》。

二年己未

正月丁丑，有《次韻軾人日獵城西》詩。己丑資政殿大學士知杭州趙抃以太子少保致仕，有《賀抃啓》。庚寅新知湖州文同卒於陳州，有《祭與可文》。

二月丁巳，以軾知湖州，有《和軾自徐移湖將至宋都途中見寄五首》。

四月三日，有《古今家誡序》，有《代張方平乞致仕表》。

七月甲戌，以宣徽南院使、東太一宫使張方平爲太子少師、宣徽南院使致仕，有《代方平謝表》。

八月，軾下御史臺獄，轍上書乞納在身官贖兄罪，不報。

十二月癸亥，軾責授水部員外郎、黄州團練副使，轍亦坐貶監筠州鹽酒稅。

三年庚申

自南京適筠，有《過龜山》詩、《高郵别秦觀》詩、《揚州五詠》、《游金山》詩、《初至金陵》詩、《池州蕭丞相樓詩二首》、《過九華》詩、《佛池口遇風雨》詩。

五月，至黄州，有《陪軾游武昌西山》詩。

六月，有《自黄州還江州》詩，有《游廬山》詩，《南康阻風游東林寺》詩。至筠有《次韻筠守毛維瞻司封觀修城詩三首》。

八月乙巳，有《中秋對月二首》、《次子瞻夜字韻》。九月戊辰，有《次韻毛君九日》詩。辛未屯田郎劉涣凝之卒，有哀詞。

十二月丙寅，有《東軒記》。

四年辛酉

五月癸巳，有《廬山新修僧堂記》。

六月壬申，有《聖壽院法堂記》。

七月甲午，有《吴氏浩然堂記》，有《送王適徐州赴舉》詩。

八月，有《試院唱酬十一首》。

九月，有《聖祖殿記》。

十二月，有《黄州師中庵記》。

五年壬戌

有《上高縣學記》，有《送毛君司封致仕還鄉》詩。

六年癸亥

正月丁丑朔，有《次韻王適元日并示曹焕》二詩。

閏六月，有《次韻王適大水》詩。

四月丙辰朔，中書舍人曾鞏卒，有挽詞。

七月丙辰，國子司業朱服言，諸州學或不置教授，乞委長吏選見任官兼充，先以名上禮部，從本監體驗可爲教授，即依所乞，其餘逐州舊補差教授悉乞放罷，仍録進。轍權筠州教授，所撰策題三道，以其乖戾經旨，禮部言見爲教授人，候有新官令罷。其蘇轍乞令本路别差官兼管句，從之。有《次韻賈蕃大夫思歸》詩。

八月，有《庭中種松竹》詩。

九月癸酉，有《書事》詩。

十一月壬寅朔，有《黄州快哉亭記》。

十二月，文彦博致仕，轍有賀啓。庚子有《除夜》詩。

七年甲子

正月乙卯，有《上元夜》詩并《次韻王適上元夜二首》。

二月，有《次韻王適一百五日太平寺看花二絶》。

子瞻自黄移汝。

三月癸卯，有《次韻子瞻特來高安相别却寄邁迨過遯詩》，並《和端午日與遲适遠三子游真如寺》詩，《次韻子瞻贈别》詩。

七月乙丑，軾幼子遯卒，有《勉子瞻失幹子詩二首》。

九月，以轍爲歙州績溪令，有《謝洞山石臺遠來訪别》詩，《乘小舟出筠江》詩，《除夜宿彭蠡遇大風雪》詩。

八年乙丑

正月丙申朔，有《正旦夜夢李志寧》詩并《舟中風雪五絶》。己酉，有《南康軍直節堂記》并《太守宅五老亭》詩。有《再游廬山》詩。至績溪有《謁城隍神》、《孔子廟文》。視事三日有《出城南謁二祠》、《游石照寺》詩，有《縣中諸花多交代江汝明所種》、《牡丹已過芍藥方開》詩。

三月戊戌，神宗崩，哲宗即位，大赦天下。有《代歙州賀登極表》。轍始至邑，適有朝旨，江東諸郡市廣西戰馬。江東素乏馬，每縣雖不過十餘疋，而諸縣括民馬，吏緣爲姦，有馬之家爲之騷然。轍謂縣尉郭惇愿曰：「廣西取馬使臣未至，事忌太遽，徐爲之備可也。邑孰爲有馬者？」惇愿曰：「邑有遞馬簿，歲月遠矣，然有無之實尚得其平也。」即取簿封之。又曰：「何從得馬牙人乎？」曰：「召粥羊豕者詰之，則馬牙出矣。」果得曾入市馬者，辭以不能。曰：「吾不責汝以馬，但爲我供文書耳。」曰：「諾。」州符日至縣督責買馬，乃以夏税過期爲名，召諸鄉保正副驟問之曰：「汝保誰爲有及格馬者？」相顧辭不知。曰：「保正副不知，誰則知之？第勿以有爲無、以無爲有，則免罪矣。汝等所具，吾將使人訴其不實，而陳其脱略者，不可不實也。」人知不免，皆以實告。復諭之曰：「買馬事止此矣。廣西取馬者至郡則馬出，若不至則已矣。」皆再拜曰：「邑人幸矣！」然取馬者卒不至。

五月，轍卧疾，至秋良愈，有《病退》詩，有《病後白髮》詩。

八月戊午，資政殿學士司馬光爲門下侍郎。丁卯，以轍爲祕書省校書郎，有《初得校書郎示同官三絶》，有《答王定國問疾》詩，有《辭靈惠廟歸過新興院》詩。過桐廬，有《游桐君山寺》詩。

十月己巳，有《游杭州天竺寺》詩。丁丑，以轍爲右司諫。

哲宗元祐元年丙寅

轍至京師。二月癸酉，有《論臺諫言事留中不行狀》。甲戌，有《久旱放民間積欠狀》，乙亥，有《論罷免役錢行差役法狀》。丙子，有《送陳睦出守潭州》詩。癸未，有《論蜀茶五害狀》。丙戌，有《乞選用執政狀》。

閏二月乙丑朔，有《乞罷左右僕射蔡確韓縝狀》。庚寅，確罷爲觀文殿大學士知陳州，以門下侍郎司馬光爲左僕射。是日有《乞罷蔡京知開封府狀》。壬辰，轍言：「陛下以久旱，憂禱勤至，自冬歷春，天意未答，災害廣遠。又近歲民苦重斂，儲積空匱。應官本債負，有資産耗竭實不能出者，令州縣監司保明除放，使民心悦附。」詔户部勘會諸欠官本息罰錢，并免役、坊場净利錢數目，及民户見有無抵當物力，具保明以聞。甲午，右諫議大夫孫覺同轍進對，有旨俟簾下内臣盡出方敷奏。是日有《乞罷右僕射韓縝劄子》。壬寅，有《乞招河北保甲充軍以消盗賊狀》。癸卯，有《差役五事狀》。甲辰有《乞黜降韓縝狀》。丙午，轍言：「竊見近日以蜀中賣鹽、榷茶及市易比較爲人疾苦，委成都提點刑獄郭槩體量事實。臣觀此三事，利害易見，而槩畏憚茶官陸師閔，不敢依限體量，足以見其意在拖延。始因提舉官韓玠收息增羡，槩以韓玠叔祖縝見任右僕射，意欲趨附，妄言韓玠不曾以户口比較息錢。又代説詞理已在赦前，槩謂朝廷不合相度赦前之事。附下罔上，乞罷黜郭槩，别委官體量。」詔郭槩特差替其賣鹽市易，令黄廉先次體量，詣實以聞。有《乞罷章惇知樞密院狀》并《乞牽復英州别駕鄭俠狀》。庚戌，知開封府蔡京出知成德軍。辛亥，有《廢官水磨狀》并《乞葬埋白骨狀》。是日章惇罷知汝州。壬子，有《乞賑救淮南飢民狀》。甲寅，有《乞罷蔡京知真定府狀》。丙辰，有《乞罷安燾知樞密院狀》。

三月乙未，有《再論安燾狀》。乙丑，有《論發運司以糴糴米代諸路上供狀》。丁卯，有《乞責降韓縝第七狀》。壬申，有《乞責降韓縝第八狀》。甲戌，有《乞給還京西水櫃所占民田狀》。庚辰，有《論三省事多留滯狀》。

四月己丑，右僕射韓縝罷知潁昌府。庚寅，有《言科場事狀》。丙申，有《招畿縣保甲充軍狀》。庚子，有《乞令户部役法所會議狀》。己酉，有《乞禁軍日一教狀》。壬子，有《乞差官與黄廉同體量蜀茶狀》。乙卯，《乞以發運司米救淮南飢民狀》。

五月壬戌，有《論明堂神位狀》。甲子，有《乞借常平錢買上供及諸州軍糧狀》。丁卯，有《論蔡京知開封府不公第五狀》。乙亥，有《乞誅竄吕惠卿狀》。丁丑，有《再乞差官同黄廉體量茶法狀》。壬午，有《再言役法劄子》。乙酉，有《乞

責降呂和卿狀》。
六月己丑，有《乞兄子邁罷德興尉狀》。甲午，有《再乞罪呂惠卿狀》。戊戌，呂和卿責知台州。
庚子，有《論青苗狀》。壬寅，資政殿大學士、正議大夫、提舉西京嵩山崇福宫呂惠卿落職降中散大夫、光禄卿、分司南京、蘇州居住。甲辰，有《三論差役狀》。丙午，有《論呂惠卿第三狀》。辛亥，再謫惠卿爲建武軍節度副使、建州安置，不得簽書公事。甲寅，有《論蘭州等地狀》。
七月壬戌，有《再論蘭州等地狀》。甲子，有《論京畿保甲冬教等事狀》。甲戌，有《論西邊警備狀》。己卯，有《再論青苗錢狀》。壬午，有《乞放市易欠錢狀》。癸未，以刑部郎中杜紘爲右司郎中。甲申，有《言淮南水潦狀》。
八月丙戌朔，有《乞罷杜紘右司郎中狀》。丁亥，有《論差除監司不當狀》。己丑，有《乞罷青苗錢狀》并《申三省狀》。辛亥，詔諸路提刑司，自今後常平司錢穀，令州縣依舊法糴糶，其青苗錢更不俵散。壬辰，有《再言杜紘狀》。癸巳，有《言張璪劄子》、《請罷右職縣尉劄子》、《論户部張頡劄子》。丙申，有《再言張璪狀》。丁酉，有《言張頡第三狀》。己亥，有《言責降官不當帶觀察團練使狀》。癸卯，有《言張頡第四狀》。甲辰，以轍爲起居郎，有《辭免二狀》。丙午，有《論傅堯俞等謂司馬光爲司馬相公狀》。戊申，有《言張頡第五狀》、《辭起居舍人第二狀》。辛亥，有《申三省論張頡狀》。轍權中書舍人。
九月己卯，中書侍郎張璪罷知鄭州，有制。
十一月丙子，轍召試中書舍人。戊寅，制曰：「在昔典謨、訓誥、誓命之文，爲體不同，而其旨無二。學者宗之，以爲大訓。蓋當是時，豈特經紀法度，後世有不能及哉？至於左右言語之臣，皆聖人之徒，亦非後世之士所能髣髴也。斯道未墜，得人則興，庶幾先王，朕竊有志。具官某，學有家法，名重天下。高文大册，爲國之光。追懷古風，有望於汝。矧夫身備近侍，職在論思，位於西臺，實與政事。以爾器識，足以輔餘不及；以爾諒直，足以行其所知。兼是數長，朕命惟允。任重於己，責難於君，在爾勉之，以永終譽。可中書舍人。」有《辭免狀》二，謝表二。
十一月戊午，尚書右丞呂大防爲中書侍郎，御史中丞劉摯爲尚書右丞。有大防、摯制。
十二月丁亥，有《論梁惟簡除遥郡刺史不當狀》。庚寅，有《不撰葉康直秦州告狀》。

二年丁卯
正月辛巳，以給事中顧臨爲河北都轉運使，有送臨詩。
五月己巳，太師文彦博等言：「伏奉詔旨以時雨愆期，太皇太后陛下憂閔元元，側身修行，躬自貶薄，以奉天戒，權停受册之禮。今時雨溥注，二麥既登，秋稼有望，正名定位，義不可後。謹據太史局選定八月初四崇上徽號。」不許。轍有《請太皇太后受册表》。戊申，尚書左丞李清臣以資政殿學士知河陽，有制。
辛未，集賢殿修撰知陳州鮮于侁卒，有《子駿哀詞》。
七月辛未，有《門下侍郎韓維爲資政殿大學士知鄧州制》。
八月丁未，熙河蘭會路經略司言：「今月十九日岷州行營將官种誼收復洮州，禽西蕃大首領鬼章。」有賀表。戊申，宰相率百官賀於延和殿，轍有賀表，有《論西事狀》。
九月甲子，以講《論語》終篇，賜宰臣、執政、經筵官宴於東宫。轍有《謝講論語賜宴表》。
十月，以奉安神御於西京，轍先告裕陵。壬午，還過鄭州列子觀，有《御風辭》一首。甲辰，有《游師雄除陝西路轉運判官制》。
十一月甲戌，以轍依前朝奉郎試户部侍郎，有《辭免劄子》并謝表二。言者論買撲場務人，自熙寧初至元豐末，多有四界，少有二界，緣有實封投狀添價之法，小民争得務勝，不復計較利害。自始至末添錢多者至十倍，由此破蕩家産，傍及保户，猶不能足。父子流離，深可閔卹。乞取累界内酌中一界爲額，除元額已足外，其元額雖未足而於酌中額得足，並與釋放。唯未足者，依舊催理，及酌中額而止。轍善其説，奏請施行之。天下欠户蒙賜者不可勝數。
十二月戊申，宿齋於右曹。

三年戊辰
正月己酉朔，有三絶句寄軾。辛亥祈穀。
三月丙辰，韓康公絳卒，有挽詞三首。丁未，上策試進士。戊午，策試武舉於集英殿，以轍及王欽臣等爲考官。轍有《廷試武舉策問》一首，有《次韻欽臣集英殿井》詩。己巳，賜進士及第出身，有《考試罷》二首。
四月戊寅，以文思副使兼閤門通事舍人高士敦爲成都府利州路兵馬鈐轄，有《送士敦》詩。
五月丙午朔，文德殿轉對，有《論事狀》。有詩。

六月癸卯，以承議郎程之元爲江南西路轉運判官，有《送之元奉使江西》詩。丙辰，以朝請大夫、考工郎中周尹知梓州，有《送尹兼簡吕陶二絶》。

九月辛亥，以御史中丞孫覺并轍，中書舍人彭汝礪、祕書正字張繢考試制科舉人。有《呈同舍諸公二首》，有《次韻繢院中感懷》一首。

十一月癸卯朔，有《次韻軾旦日鎖院賜酒及燭》詩，有《祭范景仁文》。

四年己巳

正月癸巳，鄭州王克臣卒，有挽詞。

二月甲申，司空申國公吕公著卒，有《吕司空挽詞》三首。

六月辛丑朔。丁未，以轍爲吏部侍郎，有《辭免劄子》。辛未，以轍爲翰林學士、知制誥，有《辭免劄子》、《謝宣召狀》、《謝賜對衣金帶鞍馬》、《謝敕設狀》。

八月辛丑，以轍及刑部侍郎趙君錫爲賀遼國生辰國信使。己未范鎮葬汝州襄城子，百嘉、百歲附焉。轍有《蜀公挽詞》三首，《百嘉百歲挽詞》二首。辛酉撰《太皇太后將來明堂禮成罷賀賜門下手詔》。

九月丙子，有《將使契丹九日對酒懷子瞻兄并示坐中》詩。戊寅，上齋於垂拱殿，百官齋於明堂。己卯，薦饗景靈宫。庚辰，齋於垂拱殿，有《皇帝宿齋明堂問太皇太后皇太后皇太妃聖體答書六首》。辛未，大享明堂禮畢，御宣德門，肆赦，有《皇帝謝禮畢太皇太后皇太后皇太妃答書》。有宰相吕大防、皇伯祖、叔祖、皇弟并馮京、劉昌祚加恩制。有《歐陽文忠公夫人薛氏墓志銘》。

十月戊戌，轍進呈《神宗皇帝御集》。命宰執觀讀，吕大防讀詩數篇，太皇太后泣下。壬辰，輸壻王適卒。轍至契丹，虜主以其侍讀學士王師儒館伴。師儒稍讀書，能道轍父兄所爲文，曰：「恨未見公全集。」然亦能誦《服茯苓賦》等，虜中愛敬之。轍、君錫使還，過相州，有《祭韓忠獻公文》。

五年庚午

有《王子立秀才文集引》。

二月庚戌，太師文彦博除開府儀同三司、河東節度使致仕，有《除彦博制》。有《河東官吏軍民示喻敕書》，有《送彦博致仕還洛》詩三首。

三月壬申，以尚書左丞韓忠彦同知樞密院事，以翰林學士承旨蘇頌爲尚書右丞。有《賜忠彦頌辭免不允詔》。有《賜知樞密院孫固乞致仕不許不允詔》。己卯，以知亳州鄧温伯爲翰林學士承旨。

四月有《乞罷五月朔旦朝會劄子》，上從之。丁巳，轍有太皇太后、皇帝以旱賜門下（詔），避殿減膳罷。

五月朔，《文德殿視朝手詔》二首。辛酉有《除馮京司空彰德軍節度使再任知大名府制》，有《彰德軍官吏軍民示喻敕書》。

五月己巳，有《端午帖子》二十七首。乙亥，羣臣詣閤門拜表，請御正殿，復常膳，有《不許不允批答》。自是四上表乃從之。壬辰，以轍爲龍圖閣直學士、御史中丞，有《辭免劄子》并謝表。

六月辛丑，以禮部侍郎陸佃權禮部尚書，兵部侍郎趙彦若權兵部尚書。轍有《論執政生事劄子》，有《分别邪正劄子》。自元祐初革新庶政，至是五年矣，一時人心已定。惟元豐舊黨分布中外，多起邪説，以摇撼在位。吕大防及中書侍郎劉摯尤畏之，遂建言欲引用其黨，以平舊怨，謂之調停。宣仁后疑不決，轍於延和面論其非，退復再以劄子論之，反復深切。宣仁后命宰執於簾前讀之，仍喻之曰：「蘇轍疑吾君臣遂兼用邪正，其言極中理。」諸公相從和之，自是參用邪正之説衰矣。

八月丙辰，轍言新除知荆州王光祖不當，詔以光祖爲太原府路總管。

九月八日，有《論役法五事劄子》。

十月己酉，以徐君平、虞策並爲監察御史，從轍薦也。又言新除知順安軍王安世罪狀，詔罷爲京西南路都監。其違法事，令都水監依條施行。癸丑，轍有《裁損侍高麗事件劄子》，從之。乙卯，龍圖閣學士滕元發卒，轍有《乞優卹元發家劄子》。

十二月辛卯，尚書右丞許將罷爲資政殿學士、知許州。甲辰，殿中侍御史上官均言：「右丞許將不當罷執政。中丞蘇轍、侍御史孫升等附會大臣意指，姦邪不忠。臣竊聞外議，以爲轍等合爲朋黨，動移聖意，以疑似不明細事，合請併力逐一執政，自此大臣人人不得安位矣。伏乞早賜施行，以協中外之望。」詔罷均知廣德軍。丁未以轍爲龍圖閣學士。

六年辛未

二月庚寅朔。辛卯，門下侍郎劉摯爲尚書右僕射，兼中書侍郎。癸巳，以轍爲中大夫、守尚書右丞，有《辭免劄子》四首。轍言：「兄軾召還，本除吏部尚書，以臣之故，除翰林學士承旨。臣之私意，尤不遑安。乞寢新命，與兄軾同備從官。」詔不許，有謝表二首。己酉，有《謝生日表》二首。

八月辛亥，以軾爲龍圖閣學士、知潁州，有《次韻子瞻感舊》詩，有《乞外

任劄子》。

十月庚戌，上朝獻景靈宫，因幸太學。有《次韻門下吕相公車駕視學》詩。甲戌，以王鞏得罪，自劾，家居待罪，遣中使賜詔不允。

十一月乙酉朔，右僕射劉摯以觀文殿學士知鄆州。庚子，監察御史安鼎罷知絳州。先是鼎與趙君錫、賈易同造飛語，誣罔兄軾惡逆之罪。君錫、易既謫去，鼎猶在言路，復因王鞏事攻轍甚急。宣仁察其誣，故斥黜之。辛丑，中書侍郎傅堯俞卒，有挽辭。

十二月乙卯朔，張文定公方平卒。甲戌，有《祭方平文》。丁丑，有《李簡夫少卿詩集序》。

七年壬申

二月癸酉，有《生日謝表》二首。

四月，以轍攝太尉，充册皇后告期使。

五月戊戌，立皇后孟氏。

六月辛酉，以轍爲大中大夫、守門下侍郎，有《辭免劄子》一首，表二首，謝表二首。

八月，有《祭與可及文逸民文》二首。癸酉，故龍圖閣學士滕甫葬，有甫挽詞二首。

九月壬辰，太皇太后垂簾，三省進呈翰林學士顧臨等郊祀議。太皇太后曰：「宜依仁宗先帝故事。」吕大防、蘇頌與轍請合祭，唯范百禄議不同。甲午，再進呈。太皇太后宣諭曰：「皇帝即位以來，未嘗親祀天地，今且合祭，宜有名也。」令學士院降詔。

十一月癸巳，合祭天地於圜丘，大赦天下，有《進郊祀慶成》詩并狀。以郊祀恩，特加護軍進開國伯，食實封二百户。有《乞免加恩表》二首，《謝加恩表》二首。

八年癸酉

正月癸巳，有《次韻子瞻上元扈從觀燈》詩。

二月丁卯，有《謝生日表》二首。

三月丁亥，監察御史董敦逸言轍及范百禄差除不當事，留中不下。轍奏：「臣近以御史董敦逸言川人大盛，差知梓州馮如晦不當，指爲臣過，遂具劄子及面陳本末。尋蒙德音宣諭，察敦逸之妄而以臣言爲信。臣德望淺薄，言者輕相誣罔，若非聖明在上，心知邪正所在，則孤危之蹤，難以自安。切詳敦逸所言，謂馮如晦事乃其前狀所言之一，則其餘事不可不辨，遂乞一一付外施行。復蒙再三宣諭，以謂其他别無實事。伏惟聖恩深厚，知臣愚拙，曲加庇護，仰涵恩造，死生不忘。然臣忝備執政，知人言臣過惡，而嘿然不辨，實難安職。陛下愛臣雖深，而不令臣得知敦逸所言，臣竊有所未諭也。若敦逸所言果中臣病，何惜使臣引去，以謝朝廷？若敦逸所言不實，亦使臣略加别白，然後出入左右，粗免愧恥。如不蒙開允，非所以愛臣也。所有董敦逸言臣章疏，伏乞早賜付三省施行。」己丑，有《北流軟堰劄子》。

四月甲子，以李清臣爲吏部尚書。給事中范祖禹封還詔書，進呈不允。轍於簾前極論之。己卯，罷。

五月丙申，董敦逸罷知臨江軍。

六月己未，賜知潁昌府范純仁詔書，召赴闕。

七月丙子，以純仁爲右僕射兼門下侍郎。

八月庚申，張方平葬，有祭方平文并挽詞。辛酉，太皇太后不豫。壬戌，吕大防、范純仁、蘇轍、鄭雍、韓忠彦、劉奉世入問聖體。

九月戊寅，太皇太后高氏崩。乙酉，詔轍撰《大行太皇太后謚册文》。癸巳，有《祭兄嫂同安郡君王氏文》。

十一月戊子，三省樞密院同進呈，中書舍人吕希純封還劉惟簡等除内侍省押班詞頭。上曰：「禁中闕人，兼亦有近例。」吕大防奏曰：「雖有此，衆論頗有未安。」轍曰：「此事非謂無例，蓋爲親政之初，中外拭目，以觀聖德，首先擢用内臣，故衆心驚疑耳。然臣等昨來開陳不盡，不能仰回聖意，致使宣布於外，以至有司封駁，此皆臣等之罪。」劉奉世曰：「雖有近例，外人不可户曉，但以率先施行爲非耳。」大防曰：「致令人言，浼瀆聖聽，此實臣罪。今若不從其言，其餘舍人亦必未肯奉行。轉益滋章，於體不便。臣聞太祖一日退朝，有不悦之色。左右覺而問之，太祖曰：『適對臣僚指揮，事有失當，至今悔之也。』以此見人主不以無失爲明，以能悔而改之爲善耳。」上釋然曰：「除命且留，俟祔廟取旨可也。」轍又奏：「竊聞仁宗聽政之初，即下手詔，凡内批轉官或與差遣，並未得施行，仰中書、樞密院審取處分。史臣記之曰：『是時上方親閱庶政，中外聞之，人情大悦。』正與今日事相類耳矣。」大防等知上從善如流，莫不欣幸。壬辰，轍言：「奉敕撰《大行太皇太后謚册文》，謹先進呈。」詔恭依。壬寅，轍奏准敕差篆太皇太后謚寶文。太常寺狀，合依所請到謚以「宣仁聖烈皇后之寶」爲文。

十二月己巳，羣臣詣慶壽宮，上大行太皇太后謚册。

紹聖元年甲戌

正月丁丑，詔禮部給度牒千，付東京等路體量賑濟司募人入粟。

二月，司農卿王孝先言：「賑濟之餘，軍糧匱竭。」又送伴北使張元方等還言：「相滑等州飢民衆多，倉廩空虛。」轍見范純仁、鄭雍議曰：「此事豈可不令上知？」二人皆不欲，曰：「侍郎何以爲計？卻恐上問及。」轍曰：「雖未知所出，然當令上知之。昔真宗初即位，李沆爲相，每以四方水旱盜賊聞奏。參知政事王旦謂沆曰：『今天下幸無事，不宜以細事撓上聽。』沆曰：『人主年少，當令聞四方艱難。不爾侈心一生，無如之何。吾老不及見，此參政異日憂也。』」純仁曰：「善。」劉奉世曰：「誠宜先白，若上先言，極不便。」既而純仁奏：「近日張元方自河朔來，言流民甚衆。」轍曰：「元方言相州見養流民四萬餘人，通利軍一萬餘人，滑州二千餘人。然軍中月糧止支一年，其餘盡令坐倉。蓋倉廩已空矣，恐別生事。」上曰：「爲之奈何？」轍曰：「滑州已支山陵餘糧萬石與之，可以支持兩月耳。兼京東賑濟司准備應副，又京糧食太多，提刑司又太多，已令安撫轉運司再相度矣。俟見得去著，更議應副。又京城賑濟應副備至，然省倉軍糧止有二年五月備，臣曾令王孝先具的實劄子在此。」上曰：「何其寡備至此？」轍曰：「非一日之故，蓋累年官賣米太多。去年臣與呂大防商量，限市價九十已上乃出糶。今爲饑饉，止賣六十，蓋不得已也。熙寧初，臣在條例司，竊見是年有九年以下糧。」上曰：「須九年乃可。」轍曰：「九年未易遽置，但陛下常以爲意，慎事惜費，令三五年間有三五年備，亦漸可也。臣之愚意以爲朝廷新經大喪，繼以饑饉匱乏，若災止如此，尚可萬一。更水旱，何以繼之？方今正是君臣恐懼修省之日，不可不知耳。」丁未，以户部尚書李清臣爲中書侍郎，兵部尚書鄧温伯爲尚書右丞。二人久在外，不得志，遂以元豐事激怒上意，清臣尤力。己酉，葬宣仁聖烈皇后於永厚陵。轍有挽詞二首。己未，虞主祔廟。

三月乙亥，左僕射呂大防罷爲觀文殿大學士、知潁昌府。乙酉，上御集英殿，策試進士。李清臣撰策題，即爲邪説，以扇惑羣聽。轍上疏曰：「伏見御試策題，歷詆近歲行事，有欲復熙寧、元豐故事之意。臣備位執政，不敢不言。然臣竊料陛下本無此心，其必有人妄意陛下牽於父子之恩，不復深究是非，遠慮安危，故勸陛下復行此事。此所謂小人之愛君，取快於一時；非忠臣之愛君，以安社稷爲悦者也。臣竊見神宗皇帝以天縱之才，行大有爲之志，其所施設，度越前古，蓋有百世而不可改者也。臣請爲陛下指陳其略。先帝在位近二十年，而終身不受尊號；裁損宗室，恩止袒免，減朝廷無窮之費；出賣坊場，雇募衙前，免民間破家之患；罷黜諸科誦數之學，訓練諸將慵惰之兵；置寄禄之官，復六曹之舊；嚴重禄之法，禁交謁之私；行淺攻之策以制西戎，收六色之錢以寬雜役。凡如此類，皆先帝之睿算，有利無害。而元祐以來上下奉行，未嘗失墜者也。至於他事有失當，何世無之？父作之於前，子救之於後，前後相濟，此則聖人之孝也。漢武帝外事四夷，内興宫室，財用匱竭，於是修鹽鐵、榷酤、均輸之政，民不堪命，幾至大亂。昭帝委任霍光，罷去煩苛，漢室乃定。光武、顯宗，以察爲明，以讖決事，天下恐懼，人懷不安。章帝即位，深鑒其失，代之以寬。豈弟之政，後世稱焉。及我本朝，真宗皇帝右文偃革，號稱太平，羣臣因其極盛爲天書之説。及章獻明肅太后臨御，攬大臣之議，藏書梓宫，以泯其迹。仁宗聽政，亦絶口不言，天下至今韙之。英宗皇帝自藩邸入繼，大臣過計，創濮廟之議。朝廷爲之洶洶者數年。及先帝嗣位，或請復舉其事，寢而不答，遂以安靖。夫以漢昭章之賢與吾仁宗、神宗之聖，豈其薄於孝敬而輕事變易也哉？蓋有不得不以廟社爲重故也。是以子孫既獲孝敬之實，而父祖不失聖明之稱，此真明君之所務，不可與流俗議也。臣不勝區區，願陛下反覆臣言，慎勿輕事改易。若輕變九年已行之事，擢任累歲不用之人，人懷私忿而以先帝爲詞，則大事去矣！」奏入，不報。再以劄子面論之。上不悦曰：「人臣言事何所害？但卿昨日以劄子奏，謂機事不可宣於外，請祕而不出；今日乃對衆陳之，且引漢武帝以上比先帝，引喻甚失當。」轍曰：「漢武帝明主也。」上曰：「卿所奏言漢武帝外事四夷，内興宫室，立鹽鐵、榷酤、均輸之法。其意止謂武帝窮兵黷武，末年下哀痛之詔，豈明主也？」范純仁進曰：「武帝雄材大略，史無貶詞，況轍所論事與時也，非論人也。」上意稍解，轍退上奏：「今者偶因政事，懷有所見，輒欲傾盡，以報知遇。而天資闇冥，不達機務，論事失當，冒犯天威，不敢自安。伏乞聖慈憐臣不識忌諱，出於至愚，少寬刑誅，特賜屏逐，以允公議。」李鄧從而媒蘖之。丁酉，除端明殿學士、知汝州。告辭略曰：「文學風節，天下所聞。擢任大臣，本出朕心。事有可否，固宜指陳。而言或過中，引義非是。朕雖曲爲含忍，在爾自亦難安。原誠終是愛君，薄責尚期改過。」上批：「蘇轍引用漢武故事比擬先帝，事體失當，所進入詞語，不著事實。朕進退大臣，非率易也，蓋義不得已。可止以本官知汝州，仍別撰詞進入。」制曰：「朕以眇躬，上承烈考之緒，夙夜祇飭，懼無以丕揚休功。實

賴左右輔弼之臣，克承厥志。其或身在此地，倡爲姦言，怫於衆聞，朕不敢赦。大中大夫守門下侍郎蘇轍頃被選擢，與聞事機，義當協恭，以輔初政。而乃忘體國之義，徇習非之私。始則密奏以指陳，終於宣言以眩聽。至引漢武上方先朝，欲以窮奢黷武之資，加之經德秉哲之主。言而及此，其心謂何？宜解東臺之官，出守列郡之寄。尚爲寬典，姑務省循。可特授依前大中大夫、知汝州。」

四月壬戌，轍至汝州，有謝上表。是日以提舉杭州洞霄宫章惇爲尚書左僕射兼門下侍郎，右僕射范純仁罷爲觀文殿大學士、知潁昌府。丁卯，有《謝雨文》，有《汝州楊文公詩石記》。

五月癸卯，侍御史虞策、殿中侍御史來之邵、井亮采言：「轍近以論事失當，責守汝州，而吴安詩草制有『風節天下所聞』及『原誠本於愛君』之語，命詞乖剌如此！質之公議，難逭典刑。」又監察御史郭知章言：「安詩行蘇轍誥，重輕止徇於私情，褒貶不歸於公議，不加黜責，何以懲戒？」詔安詩罷起居郎。乙巳，虞策言：「大中大夫、知汝州蘇轍引漢武帝比先朝，止守近郡，請遠謫以懲其咎。」上曰：「已謫矣，可止也。」乙丑，有《龍興寺吴畫殿記》。

六月甲戌，右正言上官均言：「近具劄子論奏前宰臣吕大防、門下侍郎蘇轍擅權欺君，竊弄威福。及前御史中丞李之純等朋邪誣罔，同惡相濟。乞明正典刑，以服中外。既及旬浹，未蒙施行。臣以爲人主之所以臨制天下，爲腹心之臣者莫重於執政，爲耳目之官者莫重於諫官。審詔誥、慎出納者莫重於舍人、給事。吕大防、蘇轍擅操國柄，不畏公議，引用柔邪之臣如李之純輩，充塞要路，以固寵禄。又以張耒、秦觀撰次國史，曲明大防輩改變法度之功。是以人主賞罰私其好惡，其罪一也。同時執政如胡宗愈、許將、劉摯、蘇頌皆以與吕大防、蘇轍議論異同，轍陰諭諫官御史死力排擊，卒皆斥罷。敢以姦謀轉移陛下腹心之臣，易於反掌，其罪二也。李之純頃在成都與吕大防相善，大防秉政，引用之純爲侍御，又除知開封府。之純尹京無狀，又府舍遺火，延燒殆盡，法當譴責，反挾私愛擢爲御史中丞。楊畏、虞策、來之邵等皆任爲諫官、御史。是四人者，傾險柔邪，嗜利無恥，其所彈擊者皆受大防、蘇轍密諭，或附會風指，以濟其欲。是以天下耳目之官佐其喜怒，以塗蔽朝廷之視聽，其罪三也。舍人主出制命，給事中主行封駮。命令有未善，差除有未當，皆許繳駮。如范祖禹、喬執中、吴安詩、吕希純四人者，皆附會吕大防、蘇轍好惡，隨意上下，不惜公論，其所檄駮者皆大防、蘇轍之所惡；其所掩蔽者，皆大防、蘇轍之所愛。是以天子掌誥命出納之臣濟其好惡，其罪四也。吕大防自爲執政以至宰相，凡八九年，最爲歲久。蘇轍執政雖止三四年，而强狠徇私尤甚。如隳壞先帝役法、官制、學校科舉之制，士民失業；棄先帝經畫塞徼要害之地，招西戎侵侮邊陲之患，至今未弭，其罪五也。吕大防、蘇軾身爲大臣，義當竭忠盡公以輔佐人主，乃便辟柔佞，陰結宦官陳衍，伺探宫禁密旨，以固寵禄，其罪六也。大防、蘇轍同惡相濟，固非一日。李之純、楊畏、虞策、來之邵爲朝廷耳目，曾不糾察，反陰相黨附，以圖進用。御史黄慶基、董敦逸憤發彈奏蘇轍等專權之罪，罷斥爲轉運判官。李之純、楊畏、來之邵希附軾、轍等，反指慶基、敦逸以爲誣陷忠良，不當除監司，遂謫守軍壘。陛下既親機務，洞分邪正，軾、轍既已斥罷，來之邵輩方始奏論。其朋邪罔上，趨時附勢，情狀明白，衆所共知，非臣之私言臆度也。李之純既已罷免尚書，謫守單州，今楊畏尚爲禮部侍郎，來之邵爲侍御史，虞策爲起居郎，喬執中爲給事中。范祖禹、吕希純雖出守外郡，皆尚除待制。罪同罰異，此中外之所未喻也。議者以爲李之純柔懦無能，追爲中丞，其所附吕大防、蘇轍指意彈擊，皆楊畏、來之邵朝夕説喻，脅持爲之。二子姦險，過於之純。之純既已斥謫，而二人尚居清要，哆然自得，曾不愧避。臣聞治國之要，莫先於辨邪正；欲辨邪正，莫若驗之以事。今楊畏輩邪險之情皆已明驗，若不加斥遠方，俾安要近，則是邪正兼容，忠佞雜處，蠹敗國政，理之必然。竊觀陛下自親機務，收還權會，大防、蘇轍黨人十已去八九。然楊畏等六人尚居清要，未快士論。伏望陛下考察吕大防、蘇轍擅權欺君姦邪不忠之罪，推究楊畏等朋邪害正趨時反覆之惡，譴責黜免，明正典刑，以示天下。」制曰：「事君者有犯勿欺，所以盡爲臣之節；無禮必逐，豈容逃慢上之誅？大中大夫、知汝州蘇轍父子兄弟，挾機權變詐之學，驚愚惑衆。轍昔以賢良方正對策於廷，專斥上躬，固有異志。有司言轍懷姦不忠，如漢谷永，宜在罷黜。我仁祖優容，特命以官。在神考時獻書縱言時事，召見詢訪，使預討論。與軾大倡醜言，未嘗加罪。仰惟二聖厚恩，宜何以報？垂簾之初，老姦擅國。置在言路，使詆先朝。以君父爲仇，無復臣子之義。愎忮深阻，出其天資。援引猥浮，盜竊名器。專恣可否，疇敢誰何？至與大防中分國柄，罔上則合謀取勝，徇私則立黨相傾。排嫉忠良，眩亂風俗。既洞察險詖，猶肆誕謾。假託虛詞，規暄朝聽。比雖薄責，未厭公言。繼覽奏封，交疏惡狀。維爾自廢忠順之道，而予務全終始之恩。再屈刑章，尚假民社。往自循省，毋速後愆。可特降左朝議大夫、知袁州。」

七月丁巳，三省言：「近聞朝廷以吕大防、劉摯、蘇轍落職降官，黜知小郡。

臣始以謂陛下慈厚，不欲盡言，姑示薄責而已。今覩制詞，在大防則曰睥睨兩宫，呼吸羣助，誣累慈訓，包藏禍心；在劉摯則曰誣詆聖考，愚視朕躬，窺伺禁省，密爲離間；在轍則曰老姦擅國，肆詆先朝。以君父爲仇，無臣子之義。既及此矣，則罪重謫輕，情法相遠。伏望更加詳酌，以正其罪。」監察御史周秩言：「朝廷議呂大防、劉摯落職，降蘇轍三官，知小郡，臣愚竊以爲未也。大防等罪尚可以爲民師帥乎？然大防與摯始謫，姑易地再施行猶可也；轍之謫已再三矣，而止於降官，則不若未謫，而更容臣等極論之也。臣愚謂大防等罪不在蘇轍之下，大防、摯、轍是皆言之而又行之者也。蓋大防等所言所行，皆害先朝之事。彼得罪於先朝，而輕論之，他日有得罪於陛下者，而重論之，於義安乎？呂惠卿以沮難司馬光，罪至散官安置。則爲人臣，寧犯人主，勿犯權臣，爲得計也。且摯與轍譏斥先朝，不減於軾。大防又用軾之所謀所言，而得罪輕於蘇軾。天下必以爲非。」詔司馬光、呂公著各追所贈官并謚告，及追所賜神道碑額。降授左朝議大夫，知隨州呂大防守本官行祕書監，分司南京，郢州居住；降授左朝議大夫、知黄州劉摯守本官，試光禄卿，分司南京，蘄州居住；降授左朝議大夫、知袁州轍守本官，試少府監，分司南京，筠州居住。轍在郡有異政，既罷去，父老送者皆嗚咽流涕，數十里不絶。

八月，過真州，有《阻風》詩。行至江州彭澤縣，被筠州之命。

九月癸亥，至筠，有謝表。

二年乙亥

正月壬子，有《次韻兄惠州上元見寄》詩。甲辰，有《曹谿卓錫泉銘》。

二月辛卯，有《古史後序》一首。

九月戊申，逍遥聰老卒，有塔碑。辛未饗明堂，大赦天下，轍有賀表。

三年丙子

二月，有《盆中石菖蒲忽生九花》一首。

三月乙未，有《祭寶月大師文》并《送成都僧法舟西歸》詩。

四年丁丑

二月庚辰，三省言：「呂大防、劉摯、蘇轍爲臣不忠，朝廷雖嘗懲責，而罰不稱愆。其餘同惡相濟，幸免者甚衆，亦當量罪，示有懲艾。」詔：大防謫舒州團練副使，循州安置；劉摯鼎州團練副使，新州安置。又制曰：「朋姦擅國，責有餘辜。造訕欺天，理不可赦。其加顯黜，以正明刑。降授左朝議大夫、試少府監、分司南京、筠州居住蘇轍，操傾側孽臣之心，挾縱横策士之計。始與兄軾肆爲詆欺，晚同相光協濟險惡，造無根之詞而欺世，聚不逞之黨以蔽朝。謂邪説爲讜言，指善政爲苛法。矯誣太后，愚弄沖人。助成姦謀，交毀先烈。發怨懟於君臣之際，忘忌憚於父子之間。陰懷動摇，公肆排訐。粤予親政，尚爾撓權。持罔上之素心，爲怙終之私計。罪同首惡，法在嚴誅。而事久益彰，罰輕未稱。朕顧瞻嚴廟，跂念裕陵，義不敢私，恩難以貸。黜居散秩，投置遐陬。非徒今日知馭衆之威，亦使後世識爲臣之義。勉思寬憲，務蓋往愆。可責授化州别駕、雷州安置。」

閏二月甲辰，軾責授瓊州别駕，昌化軍安置。

五月甲子，兄弟相遇於藤，相與同行。

六月丁亥，至雷州，有《謝到州表》。癸巳，軾與轍相别，渡海往昌化，有《和子瞻過南海》詩。

十月，軾有《停雲》詩寄轍，轍次韻答之。

十一月己卯，廣西經略安撫司走馬承受段諷言：「知雷州張逢周恤安置人蘇轍及軾兄弟，與之同行至雷州。請下不干礙官司按罪。」詔提舉荆湖南路常平董必具實狀以聞。

十二月癸未，新州安置劉摯卒。己亥，有《和陶詩集序》。

元符元年戊寅

二月，軾以轍生日，有《沈香山子賦》贈轍，轍和以答之。丙申，詔差河北路轉運副使呂升卿提舉荆湖南路，常平董必并充廣南東西路察訪。時有告劉摯在政府謀廢立者，章惇、蔡卞欲因是起大獄嶺表，悉按誅元祐臣僚，故遣升卿等。戊申，長星見。

三月癸丑，詔呂升卿等差充廣南東西路察訪指揮，更不施行。癸酉，提舉荆湖南路常平董必言：「朝請郎知雷州張逢於轍初到州日，同本州官吏門接。次日爲具召之，館於監司行衙，又令僦進見人吴國鑑宅居止，每月率一再移廚管待轍，差借白直七人。海康縣令陳某遣工匠應副國鑑修宅。」詔轍移循州安置。逢勒停，謂衡替。

八月，轍至循州，寓居城東之聖壽寺。已乃哀橐中之餘鬻之，得五十千，以易民居大小十間。北垣有隙地可以毓蔬，有井可以灌，乃與遜荷鋤其間。州民黄氏，宦學家也，有書不能具，時假其一二讀之。題《白樂天文集後》。

二年己卯

有巢谷者自眉山徒步訪轍於循州，又將見軾於海南，行至新州而卒，年七十三，轍爲之傳。

四月二十九日，有《龍川略志序》。

七月二十二日，有《龍川别志序》。

閏九月丁丑，有《春秋傳後序》。戊寅重陽，有《與父老小飲四絶》。

十一月辛未，有《祭新婦黄氏文》。

三年庚辰

正月己卯，哲宗崩，徽宗即位。庚辰，大赦天下。

二月癸亥，轍量移永州安置。轍有《次韻子瞻和陶淵明雜詩》十一首。

四月庚戌，元子生。辛亥，赦天下。丁巳，轍移岳州，敕曰：「朕即祚以來，哀士大夫失職者衆。雖稍收斂，未厭朕心。兹者天祚予家，挺生上嗣。國有大慶，賚及萬方。解網卹辜，何俟終日？責授某官蘇轍，擢自先帝，與聞政機，坐廢累年，在約彌厲。漸還善地，仍畀兵團。可濠州團練副使，岳州居住。」轍歸至處州被命，有謝狀。

十一月癸亥朔，敕曰：「朕初踐祚，思赴治功，敷求俊良，常恐不及。念雖廢棄，不忍遐遺。轍富有藝文，嘗預機政。謫居荒裔，積有歲時。稍從内遷，志節彌厲。昭還故秩，仍領真祠。服我異恩，無忘報稱。可特授大中大夫、提舉鳳翔府上清宫，外州軍任便居住。」至鄂州被命，有謝表。有田在潁昌府，因往居焉。

徽宗建中靖國元年辛巳

正月己巳，中太一宫使范純仁卒，轍有挽詞。甲戌，欽聖憲肅皇后向氏崩，有慰表并挽詞三首。

三月丙子，有《祭東塋文》。戊寅，有《鮮于侁父母贈告跋》。

五月丙戌，欽聖憲肅皇后神主祔於廟室，轍有慰表二首。

七月丁亥，軾卒於常州。

九月癸亥，有祭文。

十月，有《追和軾歸去來詞》。

十一月庚辰，祀南郊，赦天下，轍有賀表。

十二月庚寅，王東美器之妻蘇氏卒，有墓志。丙申，有《祭范子中朝散文》。

崇寧元年壬午

跋《巢谷傳》。

四月丁未，有《祭王氏嫂文》。

五月丁卯，有《祭兄文》。是月庚午，詔蘇軾追貶崇信軍節度行軍司馬，其元追復舊官告繳納。蘇轍更不敍職名。乙亥，詔蘇轍等五十餘人，令三省籍記姓名，更不得與在京差遣。

閏六月癸酉，葬軾於汝州郟城縣小峨眉山，有墓志銘，有《再祭八新婦文》。戊寅，詔轍降爲朝請大夫，以銓品責籍之時差次不倫故也。有謝表。

八月丙子，詔司馬光等子弟並不得任在京差遣。太常寺太祝蘇适與外任合入差遣。

十一月十三日，有《雪》詩。

二年癸未

正月，有《補子瞻謫居儋耳唐佐從之學》、《還居蔡州》詩。

二月，有《寒食詩》。己巳，有《癸未生日》詩。

三月甲午，《跋楞嚴經》，有《六孫名字説》。辛丑，有《春盡》詩。次日立夏。

四月戊午，有《夢中詠醉人》詞。

六月庚午，有《立秋偶作》詩。

九月乙酉，有《九日》詩，有《立冬聞雷》詩。

十月，有《罷提舉太平宫欲還居潁昌》詩。

十一月癸卯，有《次遲韻對雪》一首。

三年甲申

正月庚寅，還潁昌，有《甲申歲設醮青詞》。

三月丙子，有《上巳日久病不出示兒姪》詩。辛卯，有《葺東齋》詩并《初得南園》詩。

六月，詔頒元祐姦黨姓名三百九人刻石諸州。

七月丁酉，有《記夢》詩，有《抱一頌》，有《葺居五首》，有《歲暮口號二首》。

四年乙酉

正月戊寅，有《雪後小酌贈内》詩。

三月庚戌，有《喜雨》詩。

五月，有《和遲田舍雜詩九首》。

七月甲寅，詔元祐宰執墳寺特免毁拆，不得充本家功德院，並别賜敕額，爲國焚修。《冬至雪》詩，有《歲暮二首》，《除夜》詩。

五年丙戌

正月戊戌，彗出西方。丁未，大赦天下，毁元祐姦黨石刻。

三月辛亥，提舉南京鴻慶宮純禮卒，純禮字彝叟，轍有祭文。己未，姪孫元老中進士第，有《次遲韻贈陳元倪秀才并送元老歸鄉》詩。有《秋社分韻》詩，有《築室示三子》詩，有《中秋無月》二首。

九月，有《潁濱遺老傳》及《欒城後集序》、《九日獨酌三首》。

十月庚戌，有《大雪》詩。是時行大錢當十，民以爲病，故詩中及之。

十一月八日，有《夢中反古菖蒲》詩，有《守歲》詩。

大觀元年丁亥

正月庚戌，詔應係籍宰執墳寺，曾經放罷者並給還，轍有謝表。

二月，有《丁亥生日》詩。

七月乙酉朔，有《苦雨》詩，有《釀重陽酒》詩。有《九日》詩，有《初成遺老齋待月軒藏書室》三詩，有《送少子遜赴蔡州酒官》詩二首，有《論語拾遺》二十七章。

十一月乙丑，詔八寶初成，可於來年正月用之。

二年戊子

正月壬子，有《正旦》詩。是日帝受大賀八寶，赦天下。轍復朝議大夫，遷中大夫，皆有謝表并焚黄文，有《七十吟》。

二月，有《生日》詩，有《八璽》詩。

五月，有《夏至後得雨》詩。

八月癸巳，有《移花》詩。

十二月壬辰，有《伐雙穀》詩，有《除日詩》、《書老子解後》。

三年己丑

有《上元夜適勸至西禪觀燈》詩。

二月庚寅，有《望日雪》詩。遜自淮康歸覲，逾旬而歸，有《送行》詩二首。

八月，有《中秋新堂看月》詩。

九月，有《重九陰雨病中把酒示諸子》詩。有《己丑除日》詩。

四年庚寅

有《新春五絶》，有《上元雪詩》。

閏八月辛亥，有《兩中秋》詩。辛酉有《菊有黄花》詩。

有《除夜》二詩。

政和元年辛卯

有《正月十六日》一首。有《七十三歲作》一首，有《七夕》詩，《重九》詩。

十月戊午，有《雪》詩四首，有《冬至》詩、《除日》詩，有《欒城第三集序》、《卜居賦》、《再題老子解後》。

二年壬辰

有《壬辰年寫真贊》。

二月，有《壬辰生日》詩，記《胸中所懷自作一首》。

五月十九日，有《喜雨》詩，有《送遲赴登封丞》詩。

八月辛亥，《題蔡幾先海外所集文後》。

九月庚申，有《墳院》詩。是月壬午，中大夫轍轉大中大夫致仕。轍居潁昌十三年。潁昌當往來之衝，轍杜門深居，著書以爲樂，謝卻賓客，絶口不談時事。意有所感，一寓於詩，人莫能窺其際。

十月三日，轍卒，年七十四。

十一月乙丑，追復端明殿學士，特賜宣奉大夫。

七年

三月二十五日，夫人史氏卒，同葬汝州郟城縣上瑞里。

三子：遲，字伯充，官至大中大夫，工部侍郎，徽猷閣待制，紹興二十五年卒。适，字仲南，官至承議郎，通判廣信軍，宣和四年卒。遜，字叔寬，官奉議郎，通判瀘州潼川府，靖康元年卒。五女，文務光、王適、曹焕、王浚明、曾縱其壻也。務光字逸民，適字子立，焕字子文，縱字元矩。遲二子：簡、策。适三子：籀、範、築。遜四子：筠、箴、箱、簦。

轍有《詩傳》二十卷，《春秋集傳》十二卷，《老子解》二卷，《欒城集》、《後集》、《第三集》共八十四卷，《應詔集》十二卷。子瞻評其文，以爲「子由之文實勝僕，而世俗不知，乃以爲不如。其人深不願人知之，其文如其爲人。故汪洋澹泊，有一唱三歎之聲，而其秀傑之氣終不可没。」轍少讀《太史公書》，患其疏略。漢景武之間，《尚書》古文、《詩毛氏》、《春秋左氏》皆不列於學宮，世能讀之者少，故其所記堯舜三代之事多不合聖人之意。戰國之際，諸子辯士各自著書，或增損古事以自信其説，一切信之，甚者至采世俗之語以易古文舊説。及秦焚書，戰國之史不傳於民間。秦惡其議己也，焚之略盡。幸而野史一二存者，遷亦未暇詳也。故其記戰國有數年不書一事者。於是因遷之舊，上觀《詩》《書》《春秋》，旁取《戰

國策》，及秦漢雜録，起伏羲、神農訖秦始皇帝爲七《本紀》，十六《世家》，三十七《列傳》，謂之《古史》，凡六十卷。晚在海康刊定舊解《老子》，寄子瞻。子瞻題其後曰：「昨日子由寄《老子新解》，讀之不盡卷，廢卷而歎：使戰國有此書，則無商鞅、韓非；使漢初有此書，則孔、老爲一；使晉、宋間有此書，則佛、老不爲二。不意老年見此異特。」及歸潁昌，時方詔天下焚滅元祐學術，轍敕諸子録所爲《詩》、《春秋傳》、《古史》，子瞻《易》、《書傳》、《論語説》以待後之君子。復作《易説》三章及《論語拾遺》以補子瞻之闕。其論大衍之數五十，天地之數五十有五，盡掃古今學者增損附會之説，得其本真。既没，籀等述其緒訓，爲《潁濱遺語》一卷。紹興中以遲貴，累贈太師，封魏國公，史氏楚國太夫人。

備論

《宋史》卷三三九《蘇轍傳》 論曰：蘇轍論事精確，修辭簡嚴，未必劣於其兄。王安石初議青苗，轍數語梘之，安石自是不復及此，後非王廣廉傅會，則此議息矣。轍寡言鮮慾，素有以得安石之敬心，故能爾也。若是者，軾宜若不及，然至論軾英邁之氣，閎肆之文，轍爲軾弟，可謂難矣。元祐秉政，力斥章、蔡，不主調停；及議回河、雇役，與文彦博、司馬光異同，西邊之謀，又與吕大防、劉摯不合。君子不黨，於轍見之。轍與兄進退出處，無不相同，患難之中，友愛彌篤，無少怨尤，近古罕見。獨其齒爵皆優於兄，意者造物之所賦與，亦有乘除於其間哉！

王稱《東都事略》卷九三下《蘇轍傳》 臣稱曰：受之於天，超出乎萬物之表，而充塞乎天地之間者，氣也。施之於事業，足以消沮金石；形之於文章，足以羽翼元化；惟軾爲不可及矣。故置之朝廷之上，而不爲之喜，斥之嶺海之外，而不爲之愠。邁往之氣，折而不屈，此人中龍也。轍之名迹與軾相上下，而心閑神王，學道有得，是以年益加而道益邃，道益邃則於世事愈泊如也，不有所守而然哉。

藝文

張邦基《墨莊漫録》卷三王鞏《蘇黄門挽詩三首》

憶昔持風憲，防微意獨深。一時經國慮，千載愛君心。坤道存終始，乾綱正古今。當時人物盡，惆悵獨知音。

已矣東門路，空悲未盡情。交親踰四紀，憂患共平生。此去音容隔，徒多涕淚横。蜀山千萬叠，何處是佳城？

静者宜膺壽，胡爲忽夢楹？傷嗟見行路，優典識皇情。徒泣巴山路，空悲蜀道程。弟兄仁達意，千古各垂名。

蘇過《斜川集》卷六《祭叔父黄門文》 嗚呼！天無意於世乎，曷爲畀之於人？夫既畀之而又奪之，理何疑於大鈞？昔者仲尼、孟軻周流天下，皇皇乎求君，蓋欲拯生民於塗炭，救將喪之斯文。然身卒困於逆旅，志壹鬱而莫信。豈道大不容於世也，抑天未欲平治於斯民？

嗚呼！維我王父皇考以及叔父，天祚有宋，篤生良臣。視堯禹而陋秦漢，談王道於一門。公之在廟堂也，則壬人廢而蠻夷服，禮樂正而朝廷尊。排申商之充塞，非仁義而莫陳。庶幾乎虞夏之風，反樸而還淳矣。屬世故之迫隘，乃一蕕而一薰。横江潭之鱣鮪，豈溝瀆之容身？竟中道而出走，罹此郵之紛紛。然公之脱身南荒而歸也，則澹然箕山之下，潁水之濱。友巢由於千載，追松喬於白雲。蓋與世而相忘，默淵潛而自珍。託《春秋》以見志，戮姦宄於灰塵。公雖不用也，而天下愈尊之如泰山，歸之如鳳麟。意造物之有待，使巋然而獨存。

忽山頹而梁壞，何蒼蒼之不仁！豈吾宗之不祐，天實禍於搢紳。過也昔孤而歸公於許，奉杖履者十春。惟二父之篤愛，推其餘於子孫。痛里門之一訣，哭來訃於并汾。恨易簀之不見，猶及拜其冠巾。怳高堂其如在，疑謦咳之或聞。誓不辱於教誨，期可見於九原。傾一奠而永已，不得執紼挽公之歸葬於西岷也。

蘇轍《欒城集》附録《欒城集跋語》 右《欒城先生家集》，校閲蜀本篇目間有增損。從郡齋紬繹其故，蓋復官謝表後所附益章疏藁有所削也。於政事書，條例司狀，見公入朝之始，揆事中遠，如漢賈誼。議河流、邊事、茶、役法，分別君子小人之黨，反復利害，深入骨髓，竊比之陸宣公贄。歌詩千數百篇，曾無幾微見用舍廢興之異。晚歲杜門潁川，《喜秋稼》句曰：「我願人心似天意，愛惜老弱憐孤貧。」仁民愛物，可謂「中心藏之，何日忘之」矣。伏讀斂衽，請事斯語。淳熙六年七月望日，從政郎充筠州州學教授鄧光謹書。

黃庭堅部

綜述

《宋史》卷四四四《黃庭堅傳》 黃庭堅字魯直，洪州分寧人。幼警悟，讀書數過輒成誦。舅李常過其家，取架上書問之，無不通，常驚，以爲一日千里。舉進士，調葉縣尉。熙寧初，舉四京學官，第文爲優，教授北京國子監，留守文彦博才之，留再任。蘇軾嘗見其詩文，以爲超軼絶塵，獨立萬物之表，世久無此作，由是聲名始震。知太和縣，以平易爲治。時課頒鹽筴，諸縣争占多數，太和獨否，吏不悦，而民安之。

哲宗立，召爲校書郎、《神宗實録》檢討官。逾年，遷著作佐郎，加集賢校理。《實録》成，擢起居舍人。丁母艱。庭堅性篤孝，母病彌年，晝夜視顔色，衣不解帶。及亡，廬墓下，哀毁得疾幾殆。服除，爲秘書丞，提點明道宫，兼國史編修官。紹聖初，出知宣州，改鄂州。章惇、蔡卞與其黨論《實録》多誣，俾前史官分居畿邑以待問，摘千餘條示之，謂爲無驗證。既而院吏考閲，悉有據依，所餘才三十二事。庭堅書「用鐵龍爪治河，有同兒戲」，至是首問焉。對曰：「庭堅時官北都，嘗親見之，真兒戲耳。」凡有問，皆直辭以對，聞者壯之。貶涪州別駕，黔州安置，言者猶以處善地爲骫法。以親嫌，遂移戎州。庭堅泊然，不以遷謫介意。蜀士慕從之游，講學不倦，凡經指授，下筆皆可觀。

徽宗即位，起監鄂州税，簽書寧國軍判官，知舒州，以吏部員外郎召，皆辭不行。丐郡，得知太平州，至之九日罷，主管玉隆觀。庭堅在河北與趙挺之有微隙，挺之執政，轉運判官陳舉承風旨，上其所作《荆南承天院記》，指爲幸災，復除名，羈管宜州。三年，徙永州，未聞命而卒，年六十一。

庭堅學問文章，天成性得，陳師道謂其詩得法杜甫，學甫而不爲者。善行、草書，楷法亦自成一家。與張耒、晁補之、秦觀俱游蘇軾門，天下稱爲四學士，而庭堅於文章尤長於詩，蜀、江西君子以庭堅配軾，故稱「蘇、黃」。軾爲侍從時，舉以自代，其詞有「瓌偉之文，妙絶當世，孝友之行，追配古人」之語，其重之也如此。初，游灊皖山谷寺、石牛洞，樂其林泉之勝，因自號山谷道人云。

王稱《東都事略》卷一一六《黃庭堅傳》 黃庭堅字魯直，洪州分寧人也。幼警悟，從舅李常見之，以爲一日千里。舉進士，爲葉縣尉，又爲大名府國子監教授。

初蘇軾見庭堅詩於孫覺之坐上，異之。後過李常于濟南，見其詩文，以爲超逸絶塵，獨立萬物之表者。由是名聲始震。知太和縣，又監德安鎮，召爲校書郎，爲《神宗實録》檢討官、集賢校理。逾年，爲著作郎。母喪，服除，除祕書丞、提點明道宫。

紹聖初，議者以《實録》多誣失實，責涪州別駕，黔州安置。以親嫌，移戎州，監鄂州税，僉判寧國軍、知舒州。召爲吏部員外郎，丐郡，得知太平州，提點玉隆觀。初，庭堅嘗作《荆南承天院記》，部使者觀望宰相趙挺之意，以庭堅有幸災之言，坐除名，編管宣州，卒，年六十一。

始庭堅與秦觀、張耒、晁補之皆游蘇軾之門，號「四學士」，而庭堅於文章特長於詩，獨江西君子以庭堅配蘇軾，謂之「蘇黃」云。

雜録

備録

惠洪《冷齋夜話》卷一 山谷云：詩意無窮而人之才有限，以有限之才，追無窮之意，雖淵明、少陵不得工也。然不易其意而造其語，謂之换骨法；窺入其意而形容之，謂之奪胎法。如鄭谷《十日菊》曰：「自緣今日人心别，未必秋香一夜衰。」此意甚佳，而病在氣不長。西漢文章雄深雅健者，其氣長故也。曾子固曰：詩當使人一覽語盡而意有餘，乃古人用心處。所以荆公菊詩曰：「千花萬卉彫零後，始見閑人把一枝。」東坡則曰：「萬事到頭終是夢，休、休、休，明日黃花蝶也愁。」又如李翰林詩曰：「鳥飛不盡暮天碧。」又曰：「青天盡處没孤鴻。」然其病如前所論。山谷作《登達觀臺》詩曰：「瘦藤拄到風烟上，乞與遊人眼界開。不知眼界闊多少，白鳥去盡青天回。」凡此之類，皆换骨法也。顧況詩曰：

「一別二十年，人堪幾回別！」其詩簡拔而立意精確。舒王作《與故人詩》云：「一自君家把酒盃，六年波浪與塵埃。不知烏石江邊路，到老相逢得幾回！」樂天詩曰：「臨風杪秋樹，對酒長年身。醉貌如霜葉，雖紅不是春。」東坡南中作詩云：「兒童誤喜朱顏在，一笑那知是醉紅？」凡此之類皆奪胎法也。學者不可不知。

備録

山谷云：「天下清景，初不擇賢愚而與之遇，然吾特疑端爲我輩設。」荆公在鍾山定林，與客夜坐，對人作詩曰：「殘生傷性老耽書，年少東來復起予。各據槁梧同不寐，偶然聞雨落階除。」東坡宿餘杭山寺，贈僧曰：「暮鼓朝鐘自擊撞，閉門欹枕對殘釭。白灰旋撥通紅火，卧聽蕭蕭雪打窗。」人以山谷之言爲確論。

惠洪《冷齋夜話》卷八　黄魯直元祐中晝卧蒲池寺，時新秋雨過，涼甚，夢與一道士褰衣升空而去，望見雲濤際天，夢中問道士：「無舟不可濟，且公安之？」道士曰：「與公遊蓬萊。」即襪而履水，魯直意欲無行，道士强要之，俄覺天風吹鬢，毛骨爲戰慄。道士曰「且斂目」，唯聞足底聲如萬壑松風，有狗吠，開目不見道士，唯見宫殿張開千門萬户。魯直徐入，有兩玉人導升殿，主者降接之。見仙官執玉麈尾，仙女擁侍之，中有一女，方整琵琶。魯直極愛其風韻，顧之，忘揖上者，主者色莊。故其詩曰：「試問琵琶可聞否？靈君色莊伎摇手。」頃與予同宿湘江舟中，親爲言之，與今《山谷集》語不同，蓋後更易之耳。

張邦基《墨莊漫録》卷二　山谷先生作《蘇李畫枯木道士賦》云：「懼夫子之獨立而矢來無鄉，乃作女蘿施於木末，婆娑成陰，與世宴息。」而嘗以「矢來無鄉」問人，少有能説者。後因觀《韓非子》，有云「矢來有鄉，鄉，方也，有來從之方。則積鐵以備一鄉；請聚鐵於身，以備一處，即甲之不全者。矢來無鄉，則爲鐵室以盡備之。謂甲之全者，自首至足，無不有鐵，故曰鐵室。備之則體無傷，故彼以盡備之不傷，此以盡敵之無姦也。言君亦當盡備於臣，皆所防疑，則姦絶也。山谷用事僻遠，此點化格也，不知者豈知其工云。

張邦基《墨莊漫録》卷四　山谷作《釣亭》詩，有云「影落華亭千尺月，夢通岐下六州王。」上句蓋用華亭船子和尚詩云「千尺絲綸直下垂，一波纔動萬波隨。夜静水寒魚不食，滿船空載月明歸。」下句蓋用文王夢吕望事。然「六州王」事見《毛詩・漢廣》，云「文王之道，被于南國。」疏云：言南國，則一州也。于時三分天下有其二，故雍、梁、荆、豫、徐、揚之人，咸被其德而從之。云云。山谷用事深遠，其工如此，可爲法也。

張邦基《墨莊漫録》卷七　黄魯直有《乞貓》詩云「秋來鼠輩欺貓死，窺甕翻盆攪夜眠。聞道貍奴將數子，買魚穿柳聘銜蟬」。蔡天啓乞貓於孫元忠，亦有詩云：「廚廩空虚鼠亦飢，終宵咬齧近秋幃。腐儒生計惟黄卷，乞取銜蟬與護持。」余友李廣德邵，以二貓送余，仍以二詩，一云「吾家入雪白於霜，更有欹鞍似鬧裝。便請爐邊叉手立，從他鼠子自跳梁」。二云「銜蟬毛色白勝酥，搦絮堆綿亦不如。老病毗耶須減口，從今休嘆食無魚」。

曾敏行《獨醒雜誌》卷二　元祐初，山谷與東坡、錢穆父同遊京師寶梵寺。飯罷，山谷作草書數紙，東坡甚稱賞之。穆父從旁觀曰：「魯直之字近於俗。」山谷曰：「何故？」穆父曰：「無他，但未見懷素真蹟爾。」山谷心頗疑之，自後不肯爲人作草書。紹聖中，謫居涪陵，始見《懷素自叙》於石揚休家。因借之以歸，摹臨累日，幾廢寢食。自此頓悟草法，下筆飛動，與元祐已前所書大異，始信穆父之言爲不誣，而穆父死已久矣。故山谷嘗自謂得草法於涪陵，恨穆父不及見也。

釋曉瑩《羅湖野録》卷一　太史黄公魯直，元祐間丁家艱，館黄龍山，從晦堂和尚遊，而與死心新老、靈源清老尤篤方外契。晦堂因語次，舉孔子謂弟子：「以我爲隱乎？吾無隱乎爾。吾無行而不與二三子者，是丘也。」於是請公詮釋而至於再，晦堂不然其説。公怒形於色，沈默久之。時當暑退涼生，秋香滿院，晦堂乃曰：「聞木犀香乎？」公曰：「聞。」晦堂曰：「吾無隱乎爾。」公欣然領解。及在黔南，致書死心曰：「往日嘗蒙苦口提撕，常如醉夢，依稀在光影中。蓋疑情不盡，命根不斷，故望崖而退耳。」謫官在黔州，道中晝卧，覺來忽然廓爾。尋思平生，被天下老和尚謾了多少，惟有死心道人不肯，乃是第一相爲也。靈源以偈寄之曰：「昔日對面隔千里，如今萬里彌相親。寂寥滋味同齋粥，快活談諧契主賓。室内許誰參化女，眼中休去覓瞳人。東西南北難藏處，金色頭陀笑轉新。」公和曰：「石工來斲鼻端塵，無手人來斧始親。白牯貍奴心即佛，龍睛虎眼主中賓。自携缾去沽村酒，却著衫來作主人。萬里相看常對面，死心寮裏有清新。」黄公爲文章主盟，而能鋭意斯道於黔南。機感相應，以書布露，以偈發揮，其於清、新二老道契可概見矣。噫！世之所甚重者，道而已，公既究明，則杜子

美謂文章一小技，豈虛也哉？

陸游《老學庵筆記》卷二　魯直在戎州作樂府曰：「老子平生，江南江北，愛聽臨風笛。孫郎微笑，坐來聲噴霜竹。」予在蜀見其稿，今俗本改笛爲曲以協韻，非也，然亦疑笛字太不入韻。及居蜀久，習其語音，乃知瀘、戎間謂「笛」爲「獨」，故魯直得借用，亦因以戲之耳。

陸游《老學庵筆記》卷三　黄魯直有日記，謂之《家乘》，至宜州猶不輟書。其間數言信中者，蓋范寥也。高宗得此書真本，大愛之，日置御案。徐師川以魯直甥召用，至翰林學士。上從容問信中謂誰，師川對曰：「嶺外荒陋無士人，不知何人，或恐是僧耳。」寥時爲福建兵鈐，終不能自達而死。

周煇《清波雜志》卷九　山谷云：「野艇恰受兩三人」，別本作「航」。「航」是大舟，當以「艇」爲正。今所謂航船者，俗名輕舠。如「航湖」、「航海」，亦爲常談。張景陽《七命》載在《文選》，有「汎三翼，汎中沚」之句，所謂三翼，皆巨戰船，非輕舟也。

范公偁《過庭録》　黄魯直少輕物，與趙挺之同校舉子，失處所。一文卷使「蟒蛇」，挺之欲黜之，諸公盡然。魯直獨相持，挺之誠其言，問曰：「公主此文，不識二字出何家？」魯直良久曰：「出《梁武懺》。」趙以其侮己，大銜之。後挺之作相，魯直責鄂州，召還諸流人，挺之令有司舉魯直作《承天寺碑》，云「方今善人少而不善人多」，疑爲謗訕朝廷。「善人」，蓋謂奉佛者。復責宜州。時五侍郎德孺。自還所還，會黄于武昌，志甚不平，且貧甚。侍郎厚贈，令諸子送至漢陽。魯直有謝詩，見《豫章集》。

一相士黄生見魯直，懇求數字取信爲遊謁之資。魯直大書遺曰：「黄生相予，官爲兩制。壽至八十，是所謂大葫蘆種也。」一笑。黄生得之欣然，士夫間莫解其意。先祖見魯直因問之，黄笑曰：「一時戲謔耳。某頃年見京師相國寺中賣大葫蘆種，仍背一葫蘆甚大，一粒數百金，人競買，至春種，結仍乃瓠爾。」蓋譏黄術之難信也。

《宋人年譜叢刊》第五册黄罃《山谷年譜》卷一　慶曆五年乙酉

先生是歲癸未月丙寅日壬辰時生於分寧縣修水故居。蓋六月十二日。

皇祐三年辛卯

先生是歲已能作詩。世傳七歲作《牧童》詩云：「騎牛遠遠過前村，吹笛風斜隔岸聞。多少長安名利客，機關用盡不如君。」已載《桐江詩話》。

右蜀本《詩集》舊譜，任氏專爲文集詩注，故它皆不録。今之《譜》倣編年，凡先生書啓雜文及諸家雜説可以互見歲月者，不敢不廣記備載，亦或重複，寧失之繁，庶覽者有所據依焉。

皇祐四年壬辰

先生是歲作詩送人赴舉，有云：「送君歸去玉帝前，若問舊時黄庭堅，謫在人間今八年。」已載《西清詩話》。

嘉祐四年己亥

先生是歲以後游學淮南。

按：建中靖國元年五月癸未，先生《跋王子予外祖劉仲更墨蹟》云：「庭堅年十五六時游學淮南。」蓋是時先生母舅李公擇在淮南，詳見後注。公擇名常。子予名雩。

嘉祐六年辛丑

先生是歲在淮南。

先生有作《二室墓誌》云：「庭堅年十七，從舅氏李公擇學於淮南，始識孫公，得聞言行之要，啓迪勸獎，使知向道之方者，孫公爲多。孫公憐其少立，故以蘭溪歸之。」又有《和答莘老見贈》詩云：「往歲在辛丑，從師海瀕州。」莘老名覺。

《溪上吟》

《清江引》　元注：時年十七。

右二詩見《豫章外集》，其後如《叔父幼子晬日》詩，則又《別集》所載。今蜀本止用《文集》，亦恐家藏遺藁及士大夫之所藏者，蜀中或未盡見。今但欲參攷歲月，則不敢有所決擇去取，悉附于後。按趙伯山《中外舊事》云：先生少有詩名，未入館時，在葉縣、大名、德州、德平，詩已卓絶。後以史事待罪陳留，偶自編《退聽堂詩》，初無意盡去少作。胡直孺少汲建炎初帥洪州，首爲先生類詩文爲《豫章集》，命洛陽朱敦儒、山房李彤編集，而洪炎玉父專其事，遂以《退聽》爲斷，以前好詩皆不收，而不用吕汲公《老杜編年》爲法，前後參錯，殊抵迕也。

罃嘗聞先人言先祖尚書諱字見於《晬日》詩注。少蒙先生友愛，蓋嘗編類詩文。今家問中先生晚年答書有云：「詩文久欲令寫寄，亦爲念九三七書字多誤，故未能就。後有可委之信，或寄草本來，彼可自抄也。」此帖尚有墨蹟可攷，獨恨（所編爲徐俯師川久假不歸，遂無別）本可據。今所傳《豫章文集》即洪氏所次，而先生平生得意之詩及嘗手寫者多在《外集》，罃竊識之，後見晉陵尤公袤，亦疑編次之未當，罃即具以所聞對，公擊節三歎，蓋前輩讀書精確，自具眼目如此。罃嘗

攷洪氏、李氏舊編，洪氏則以《古風》二首爲首，不及古賦、楚詞。而李氏所編文集則第一卷首載古賦、楚詞，第二卷方及古詩，乃以《贈別李次翁》爲首，而《古風》二首反寘之卷末，至《外集》第五卷題目之首獨注「行役并雜體詩」六字，竟莫詳其編次綱目所在，但分古詩、律詩，而於《外集》之末跋云：「彤曩聞先生自巴陵取道通城入黃龍山，盤礴雲窗，爲清禪師徧閱《南昌集》，自有去取，仍改定舊句。彤後得此本於交游間，用以是正。其言『非予詩』者五十餘篇，彤亦嘗見於他人集中，輒已除去，其稱『不用』者，後學安敢棄遺？」今《外集》十一卷至十四卷是也。又於第十四卷後跋云：「《前集》内《休亭賦》、《墨戲賦》、《白山茶賦》、《木之彬彬》、《悲秋》、《演雅》、《次韻答王慎中》、《題張澄居士隱居三首》、《題少章寄寂齋謝從善司業》、《送惠山泉》、《送劉士彦赴福建運判》、《論語斷篇》皆屬先生晚年刪去。」觀其去取之間，止據此而已，則蜀本《詩集》任氏所注，搜校之功不爲小補。當今所編不得不以歲月爲次，故具載李氏所跋，而或者復病其諸集互載，後學不見各人詮次之意，當於是各書元載《外集》、《別集》，今附于下，則雖素所未讀，一見亦昭然矣。至於句中之眼，言外之意，觀者當自得之。

《題東寺柱》康州詩

康州諱庶，字亞夫。先生之父，終于康州守。此詩載《豫章文集》第十一卷，元次《和涼軒》二首後，今任氏所次《和涼軒》二首在崇寧二年。然康州作詩歲月，在前已不可攷，其寺見有先生所書石刻，亦不載歲月。不敢寘諸卷末，謹附于此。

嘉祐八年癸卯，英廟登極。

先生是歲以鄉貢進士入京師。

治平元年甲辰

先生是歲春以赴禮部試，嘗留京師。

先生有作《王力道墓誌銘》云：「比歲以鄉舉士，俱集京師。甲辰、丁未歲相從也。」蓋先生登第于次舉丁未歲。先生初冠鄉士，省試後，與喬希聖諸公待榜，相傳先生復在魁列，同舍置酒爲慶。未幾，有僕被髮大呼而入，舉三指以示衆，問之，乃喬與同舍二人中選，先生則不預也。座上諸客悉皆散去，至有流涕者。獨先生飲酒自若，又與希聖同出觀榜，愠結之色略不少見。喬嘗與孫莘老言而重之。

治平三年丙午

先生是秋再赴鄉舉。詩以「野無遺賢」命題，主文衡者盧陵李詢，讀先生詩中兩句云：「渭水空藏月，傅巖深鎖煙。」擊節稱賞，以謂此人不惟文理冠場，異日當以詩名擅四海。先生遂膺首選。

先生本傳云「治平中兩首鄉薦」，蓋通前舉而言也。詢字仲同，登皇（極）〔祐〕己卯歲科，後以奉議郎致仕。見周益公必大《跋山谷先生與李彦誠帖》。彦誠名忱。蓋仲同之孫，亦登科，元祐六年爲洪州獄掾，與先生以世契交遊，備載書帖云。

《觀叔祖少卿奕棋》

少卿諱淳，字元之。終於太常少卿。此詩蓋是聚族居鄉日先生所作。故凡諸父昆弟相與題詠賡唱不可繫以歲月者，悉附于早年鄉居之時，至于鄉曲朋舊亭館等詩亦併附于此。

《次韻十九叔父臺源》

叔父諱褱，字聖謨，別號臺源先生。

《次韻叔父臺源歌》

《南屏山》元題《次韻和臺源篇》九首。

《七臺峰》

《七臺溪》

《疊屏巖》

《靈壽臺》

《僊橋洞》

《靈椿臺》

《雲濤石》

《羣玉峰》

《次韻叔父聖謨詠鶯遷谷》

《叔父釣亭》

《巖下放言五首》

《息暑巖》

《博山臺》已上二十一篇並元載《外集》。

《用幾復韻伯氏思堂》

幾復名介。豫章西山人。先生作《幾復墓誌》載「幾復年甚少，則有意於六經，方士大夫未知讀《莊》、《老》時，幾復爲余言」云云。則是幾復與先生少年交

游。蓋幾復自熙寧九年同學究出身，爲長樂尉、廣州教授、楚州推官、知四會縣，仕於嶺南者十年。元祐三年没于京師。故以《至樂詞》、《讀莊子》詩係於先生居鄉之日，而它詩歲月不可攷者悉附于後。

《至樂詞寄黄幾復》

《録夢篇》

《幾復讀莊子戲贈》

《讀書呈幾復二首》

《阻水呈幾復二首》

《漫書呈幾復三首》

《留幾復飲》

《再留幾復》

《擬古樂府長相思寄黄幾復》

《古樂府白紵四時歌》

《贈别幾復》

《韓信》 元注：爲黄幾復作。

按蜀本云：「韓生沈鷙非悍勇，俛身跨下真自重。滕公不斬人未知，蕭相自追王始用。從來儒者溺所聞，奇兵果斬成安君。功成千金購降虜，東面置坐師廣武。軍前定策收萬全，燕齊争下如風旋。雖云晚計失疏略，此事已足垂千年。君不見秦丞相、衛公子，立法治秦薄如紙。法行投鼠不忌器，乃是天資少恩爾。白頭故人一趙良，忠言過耳棄路旁。吾固知功名成敗不足據，直觀古人用心處。」王直方立之云：「元豐初，山谷過下邳淮陰廟作。以示孫華老，言其太過無含蓄，山谷然之，遂改今詩。」

《淮陰侯》

《顔闔》

《午寢》

詩中有「二十二年非」之句。

先生早年之詩，自《溪上吟》、《清江引》元注歲月，其後間有可攷者，不過得之於詩句中。其有舊次在前，亦多居鄉所作，本以類相從，悉附于後。

《戲贈諸友》 元注：時詔下，是年科舉，故附于此。

《侯元功問講學之意》

元功名蒙。政和六年爲中書侍郎。

《新淙示同學》 已上二十三篇並元載《外集》。

治平四年丁未，神廟登極。

先生是歲春以赴禮部試，留京師。登張唐卿榜第三甲進士第，調汝州葉縣尉。

先生有《寄李師載》詩云：「同陞吏部曹，往在紀丁未。」又有《次韻胡彦明同年羈旅京師》詩云：「丁未同陞鄉里賢。」

《初望淮山》

詩中云：「風裘雪帽别家林，紫燕黄鸝已夏深。三釜古人干禄意，一年慈母望歸心。」蓋得官歸途所作。歸日當在夏末。

《新息渡淮》

詩中有「京塵無處可軒眉，照面淮濱喜自知」之句。新息屬蔡州，渡淮乃自京回江南之路。

《光山道中》 已上三篇元載《外集》。

詩中有「出門捧檄羞閒友，歸壽吾親得解顔」之句。

《夷仲叔父幼子晬日》

夷仲諱廉，終于給事中。幼子諱叔敖，字嗣深，丙午九月生，馬涓榜登第，終于户部尚書。先生伯氏元明嘗跋此詩云：「嗣深修撰弟初生，骨駿神秀，氣見萬里。故山谷有此佳句。九方皐之風鑒何其神耶。借令見今日忠憤義勇，憂國愛君，壁立千仞，當有蟠空奇崛之語形容大節。建炎二年十月望日，鳳山下森爽臺大臨書。」元明諱大臨，先生伯氏，而在羣從兄弟中第七，嘗自號寅菴。見《寅菴唱和》。此詩元載《别集》。

《悲秋》，爲知命弟作。

知命諱叔達，有詩載集中。此篇見載《文集》。

《寄傅君倚同年》

君倚名肩，娶先生從姑。詩中有「喜君方策名」之句，故附于此。

《贈元發弟》

元發諱叔度。

《答德甫弟》

《學許氏説文贈諸弟》

《病嬾》　已上四篇並元載《外集》。

《宋人年譜叢刊》第五冊黄㽦《山谷年譜》卷二　熙寧元年戊申

先生是歲赴葉縣尉，九月到汝州。

《次韻賞梅》

《趙令許載酒見過》

《和答趙令同前韻》

《趙令答詩約攜山妓見訪》

《謝趙令載酒》

《清明》

《戲題葆真閣》

《戲贈惠南》

惠南蓋江西老禪，號積翠菴清隱，亦在分寧。莫詳作詩歲月，今附于此。

《寄新茶與惠南》

《贈清隱持正禪師》　已上十篇並元載《外集》。

《木之彬彬》　此篇見載《文集》。

按家藏文藁有先生初本云：「曹公所喜三人，皆黨錮之餘俊。孔融、禰衡，陽狂嫚侮，操且疑且信，故置衡荆州，黄祖推刃；融禍晚作，烹雛覆巢。獨楊修早慧，數解隱語，又探其不言者發之，最先得罪。雖有父公雅故，不足以貰死。嗟乎！修黄犢子，有致遠材，一怒其脅，死于隆車之轍，曾不早知隰子之伐木耶？田常與大夫隰斯彌登臺，下撫都邑，西向而蔽於隰氏之樾，成子不言。隰子歸，使人伐木。斧斤離數創則止之，相室曰：『何變之亟也？』曰：『田子將成大事，諱人知其微，不伐木，未深忌也。知人之所不言，其忌深矣。』故曰知微者與禍鄰，口如耳者幾乎存。雖然，隰子之所見，與百里奚策虞公可同年語哉？感二三子行事，惟坐進斯道者，不戒而無悔，作《木之彬彬》。

木之彬彬，非取異于人，可宫室則斬則伐，可籩豆則捋則擷。草之茸茸，非求顯于世，中芻牧則刈則鉏，中毉和則剝則枯。非以其材故耶？是非之衢，市者責贏。僞民之生多破，彼草木尚無情。吾嘗觀若人矣，工於辨人，拙於自辨。閎户庭者爲虜，司機括者爲情。罪莫慘于德有心，禍莫深于心有見。罪不在德，心在蠡賊；禍不在心，見(其)髡鉗。之人也，皦皦自鮮，行于衆汙之前；嶢嶢不讓，立乎衆卑之上。積小不當，是以忘其大當。悲夫！水風則波，木風則摩。横畏途而常巧，果而喪其太阿。萬仞將傾而反顧，謂樗里當如我何。羿注矢以司物，十常中其七八。羞烏喙以朝餔，曰上帝不予察。禍集于安能及我，怨棲于物與之名。脱其言則喪智，舞其智則害明。從事於道者，奈何見曉于冥冥。」

《聽履霜操》并序

按家藏文藁有先生初本，云：「士有意于問學，不得於親，能勿怨者，預聽斯琴。予故爲危苦之詞，以撼其關鍵，冀其動心忍性，遇變而不悔。

靈官窈窕兮寒夜永，篁竹造天兮月疏影。霜能秋聲兮木葉下，起視夜兮闌干斗柄。幽人據琴而當予曰：夫子則鍾期，嘗試刳心而爲之聽。若有人兮亦既修宴，衽席之言兮不知其子之齊聖。嘉孝子之心終無已兮，不忍忘初之戒命。鳴呼悲哉！葛屨翦翦兮絺綌涼涼，衣則風兮車上霜。天雪愁兮空山四野，挽九河湔涕痕兮，忽承睫其更下。寒饑迫人，死日至兮，憯不矜我。躬盡子職而不我愛兮，終非父母之本心。天地高厚，世莫報兮，今也奈何曰：怨不我好則已兮，豈其予之心願？哀號中處兮，於父母又何求？我行于野兮，不敢有履聲。恐親心爲予動兮，是以有履霜之憂。」

《鄒操》并序。

按：家藏文藁有先生初本，云：「晉人以幣交孔子而召之，禮際甚善。孔子將渡河，聞趙簡子殺鳴犢、舜華，臨河而不濟，曰：『洋洋乎，丘之不濟，此命也夫！』自頃學士大夫常怏怏此旨，以謂魯哀、季桓不足與聞《説命》、《伊訓》，公山佛肸不足與道《武成》、《牧誓》，衛以家聽南子，齊以國聽田常，陽貨亂人，原壤之不肖，俯仰是間，周旋而不絶也。簡子殺其大夫鳴犢、舜華，不已甚乎！彼蓋不知國之有賢大夫，社稷庇食焉。無罪而戮民，士可以覆篚；無罪而士死，大夫可以命車；無罪殺賢大夫，勦國之幹也。勦國之幹而國人戴之若無罪，是何祥也？故君子見微，歸在鄒，作《鄒操》云爾。

歸歟歸歟，是邦不可以游。甚愛吾車之柅，非津者不以我舟。彼有邦吾既求之，彼有政吾既聽之。日月川流，筋力舍予而去之，山夷谷實，忍不與人曉之。洋洋乎水哉！丘則不得濟也。昊天下威，螻蟻尚卒歲也。除塞露而及堂，幾何而不殆也。墜大木而斧根，枝葉未有害也。用麟於牛羊之鼎，啜羹者皆在位也。求所用生喪其生，吾愛屨而忍蕢也。望其祥而卜之，曷歸問吾蔡也。已乎已乎，鳥獸山林寢廟食也。滔滔者我人，丘不得息也。我是孔艱，日月悳也。大同至公，天地德也。小物自私，智之賊也。河水東傾，我心孔悲兮。四牡奔奔，御不

省式兮。徐驅而理銜，大路甚夷兮。高丘有林，斧所相兮。大厦岌岌，不謨匠兮。往者不可言，來者吾猶及兮。」

《渡江》

《流水》

《虎號南山》

《采菊》

右楚詞，雖《外集》稱山谷晚年删去，今不敢輒有去取。其可以歲月附見之餘，併附于此。

《讀晉史》　已上七篇並元載《外集》。

《讀謝安傳》

《四月末天氣陡然如秋遂御袷衣遊北沙亭觀江漲》

二篇並元載《别集》。

《徐孺子祠堂》祠堂在城下。今附。

《何造誠作浩然堂陳義甚高然頗喜度世飛昇之説築屋飯方士願乘六氣遊天地間故作浩然詞二章贈之》

《贈希孝》

《戲贈張叔甫集句》

《次韻戲答彦和》

《漁父二首》

按：别本前一首即後篇《古漁父》，今併存之。

《古漁父》

《問漁父》

《早行》

詩中有「秋陽弄光影」之句，當是赴任時作。

《初至葉縣》

《思親汝州作》　已上十三篇並元載《外集》。

按：玉山汪氏有先生此詩真蹟，題云：「戊申九月到汝州，時鎮相富鄭公。」而首句與集中不同，云「風力霜威侵短衣」。

熙寧二年己酉

先生是歲在葉縣，二月按鬬死者于舞陽。

《書舞陽西寺舊題處》并序

按序中有云：「浩浩七年，其間興廢成壞，所更多矣。」以前推之，舊題當在癸卯入京之時，後七年則在北京矣，故附于此。

《飲南禪梅下戲題》

因後篇有《登南禪寺懷裴仲謀》詩，以時序附此。

《次韻坦夫見惠長句》

《次韻裴仲謀同年》

先生與仲謀詩甚多，略以時序爲次。時仲謀爲舞陽，去葉才百里。有「賤子與君俱少年」之句。

《和裴仲謀雨中自石塘歸》

《次韻裴尉過馬鞍山》

《和仲謀夜中有感》

《漫書呈仲謀》

《登南禪寺懷裴仲謀》

《題蘇才翁草堂壁後》并序

《春近四絶句》　已上十四篇並元載《外集》。

詩中有「閏後陽和臘裏回」之句。按：是歲閏十一月，故附此。

《宋人年譜叢刊》第五册黄㽦《山谷年譜》卷三　熙寧三年庚戌

先生是歲在葉縣。七月初二日，元配蘭溪縣君孫氏殁于官所。

先生作《二室墓誌》云：「殯于葉縣者二十二年，元祐六年先夫人捐館，乃克歸二夫人之骨于雙井。」蓋六年爲辛未，知數至此二十二年。蘭溪即莘老女。

《漫尉》　元注：庚戌爲葉縣尉時作。

《睡起二首》　元注：時蒲城佚盜，郡以校見督。

《次韻春遊别説道二首》

《寄别説道》

《陳説道約日送菜把》

《迎醇甫夫婦》

按别本題云《遣人迎陳六夫婦》，即集中一作「遠嫁蕭咸親髮白」者。而後篇又有《送醇甫歸蔡》及《送陳氏女弟》、《寄别陳氏妹》諸詩，必醇甫夫婦無疑，但先後歸耳。蓋先生之妹適陳型，嘗寓于蔡。醇甫當是其字。今各以時序附。

《題南寺王髯題名處》

《次韻任君官舍秋雨》

《河舟晚飲呈陳説道》

《題樊侯廟二首》廟在葉縣。

《哀逝》

《悼往》

此詞首云「西風悲兮，敗葉索索」，政與蘭溪之歿同時。故附于此。

《紅蕉洞獨宿》

詩中有「衣笐妝臺蛛結網，可憐無以永今朝」之句。按别本云：「重簾複幕夜蕭蕭，真感生懷不自聊。枕落夢魂飛蛺蝶，燈殘風雨碎芭蕉。瓊枝玉樹埋黄土，衣笐妝臺閟絳綃。故物盡能回白首，斯人無以永今朝。」

《送醇甫歸蔡》

《將歸葉先寄明復季常》

先生雖作尉，而治檄不時，如蒲城佚盜以校見督之類。此詩雖題《將歸葉寄明復季常》，然有「簡書催我去，衝雪凍雨脚」之句，必是因校出而歸無疑。故附于此。

《次韻寄滑州舅氏》已上十八篇並元載《外集》。

按《國史》：熙寧三年四月壬午，右正言李常落秘閣校理，降太常博士，通判滑州。此詩不著月日，今併附是歲之末。

熙寧四年辛亥上

先生是歲在葉縣。

按《思親》詩注：九月到汝州。則終吏之期當在此歲。

《春祀分得葉公廟雙鳧觀》廟觀皆在葉縣。

《春雪呈張仲謀》

按：後篇《送張仲謀》詩中有「竊愁寂寞雙鳧縣」之句，以時序先附此。仲謀名詢。

《次韻元禮春懷十首》

按：後篇《送蒲元禮南歸》詩有「三年葉公城」之句，以時序先附此。又云：「吾師李武昌，金聲而玉德」。蓋元禮居蘄州，以史考之，公擇自滑復職知鄂州耳。

《再和元禮春懷十首》并序

《次韻答蒲元禮病起》

《送蒲元禮南歸》

《寄季張》

《戲贈陳季張》

《賦陳季張北軒杏花》

《從陳季張求竹竿引水入廚》

《題季張竹林村》

《陳氏園詠竹》

《張仲謀家堂前酴醿委地》

《和答登封王晦之登樓見寄》

按：後篇《戲贈王晦之》詩中有「我亦未見緱山鳧」之句，以時序先附此。

《春思》

《戲贈頓二主簿不置酒》

《寄頓二主簿時在縣界首部夫鑿石塘河》

《送鄧慎思歸長沙》

《衆人觀俳優》

詩中有「不覺簡書催秣馬」之句。

《同孫不愚過昆陽》

按《輿地廣記》：昆陽正屬葉縣，即光武破王尋之地。

《和答孫不愚見贈》

《孫不愚引開元故事請爲移春檻因而贈答》

《送陳氏女弟至石塘河》

陳氏女弟已見前注。

《睡起》

《書睢陽事後》

《流民歎》

《次韻邵之才將流民過懸帛嶺均田》

詩中有「素餐每愧斯民病」之句。

《次韻答邵之才》

《呈李卿》　已上四十七篇並元載《外集》。

《宋人年譜叢刊》第五册黄䓪《山谷年譜》卷四　熙寧四年(丁)〔辛〕亥中

《贈陳公益》并序

序中有「官於葉城下」之語。

《戲答陳公益春思二首》

《送焦浚明》

詩中有「我住葉公城」之句。

《雜詩》

《飲韓三家醉後始知夜雨》

《行邁雜篇六首》

《去賢齋》

《還家呈伯氏》　元注：葉縣作。

《夏日夢伯兄寄江南》

《送張子列茶》

《謝張仲謀端午送巧作》

《食瓜有感》

《行役喜雨寄任公漸大夫》

《曉從任大夫祖行過石橋寄粹甫》

《雨晴過石塘河留宿贈大中供奉》

《戲贈潘供奉》

詩中有「大梁相逢初不識」之句。因前篇供奉，故附。

《答王晦之見寄》

詩中有「暮上緱嶺飛雙鳧」之句。

《戲贈王晦之》

詩中有「我亦未見緱山鳧」之句。

《送陳季常歸洛》

季常名慥。詩中有「誰云區區葉，車馬肯來尋」之句。

《次韻時進叔二十六韻》

詩中有「飛鳧王令尹，期我向君所」之句。

《薛樂道自南陽來入都留宿飲會作詩餞行》

此詩當在葉縣，蓋南陽入都之路。而別有《送薛樂道知郎鄉》詩，亦有「黃山葉縣連檣居」之句。

《次韻答薛樂道》

《孫不愚索飲有酒已盡戲答》

《辱粹道兄弟寄書久不作報以長句謝不敏》

《陳季張有蜀芙蓉畏飲客至開輒剪去作詩戲之》

《再贈陳季張拒霜花二首》

《蒲城道中寄懷伯氏》

《次韻伯氏謝安石塘蓮花酒》

《次韻伯氏戲贈韓正翁菊花開時家有美酒》

《寄張仲謀》

《謝仲謀示新詩》

《送張仲謀》

詩中有「窮愁寂寞雙鳧縣」之句。

《再和答張仲謀陳純益兄弟》

《寄別陳氏妹》

《戲招飲客解酲》

《答閻求仁》

詩中有「身隨衣食葉南陽」之句。

《擬君子法天運》

《答龍門潘秀才見寄》

《客自潭府來稱明因寺僧作靜照堂求予作》

《題雙鳧觀》

《送陳蕭縣》

《答和孔常父見寄》　已上四十九篇並元載《外集》。

常父名武仲。

《宋人年譜叢刊》第五册黄䓪《山谷年譜》卷五　熙寧四年辛亥下

《戲詠江南土風》

《十月十五日早飯清都觀逍遥堂》

《傷歌行四首》

《奕棋二首呈任公漸》

《謝曉純送衲襪》

《思賢》

《按田》并序

《雪中連日行役戲書簡同僚》

《宿黃山》

《送蘇太祝歸石城》

詩中有「偶然把酒葉公城」之句。

《雪後登南禪茅亭簡張仲謀》

詩中有「雪後憑高望洛都」之句。

《寄張仲謀次韻》

《次韻奉和仲謨夜話唐史》

《張仲謨送河鯉未至戲督以詩》

《和答張仲謨泛舟之詩》

《戲書效樂天》

《余成詩》

《觀崇德君墨竹歌》并序

詩中有「一官偶仕葉公城」之句。

《聽崇德君鼓琴》 已上二十四篇並元載《外集》。

《酌姨母崇德君壽酒》 此篇元載《別集》，二詩皆因前篇附見。

《舟子》并序

《致政王殿丞逍遥亭》

《送杜子卿歸西淮》

《衝雪宿新寨忽忽不樂》

按《垂虹詩話》云：「山谷尉葉縣日作《新寨》詩，有『俗學近知回首晚，病身全覺折腰難』之句。傳至都，半山老人見之，擊節稱歎，謂：『黃某清才，非奔走俗吏。』遂除北都教授，即爲潞公所知。」

右此説與《國史》及先生本傳皆不合，漫附于此，兼此詩兩句乃載蜀集舊本，全篇云：「一夢江南據馬鞍，夢中投宿夜闌干。山銜斗柄三星没，雪共月明千里寒。俗學近知回首晚，病身全覺折腰難。江南長盡梢雲竹，歸及春風斬釣竿。」今《豫章集》前六句皆不同耳。

《新寨餞南歸客》

《郭明父作西齋于潁尾請予賦詩二首》

《予既不得葉遂過洛濱醉遊累日》

《呈王明復陳季張》

《即席》

詩中有「無益氣蕭蕭，元禮喜作詩」及「一大薛知力學，小薛受善言」之句，蓋皆同時游從者。又有「解官方就閒」之句，故附于官滿之後。

《曉起臨汝》

臨汝，汝州郡名。又蔡州上蔡縣，後魏改爲臨汝。

《過平輿懷李子先時在并州》

平輿縣屬蔡州。詩中有「心隨汝水春波動」之句。

按：《潛夫詩話》載山谷教人云：「世上豈無千里馬，人中難得九方皐。此可以爲律詩之法。」即此詩也。

《以同心之言其臭如蘭爲韻寄子先》

《離汝寄張子》

《勸交代張和父酒》

《過百里大夫冢》

冢在南陽縣界，恐是去鄧州經過作此詩，元在《蒲城道中寄懷伯氏》前，今附此。

按：吕氏《童蒙訓》云：「或稱魯直『桃李春風一杯酒，江湖夜雨十年燈』，以爲極至。魯直自以此猶砌合，須『石吾甚愛之，勿使牛礪角。牛礪角尚可，牛鬬殘我竹』，此乃可言至耳。然如魯直《百里大夫冢》詩與《快閣》詩，已自見成就處也。」

《雜詩八首》 已上三十一篇並載《外集》。

第六首先生有真蹟云：「比見師川録示諸賢和南塔題壁詩，甚愧老拙簸秕在前也。歸閲(計)〔詩〕草中有一篇與壁題異，不知壁間字是拙筆否。今録上。」邠老刮去，手寫此篇：「薰爐茶鼎暫時同，寒日鴉啼柿葉風。萬事須還麯居士，百年止在槐安宫。」而第八首元載第六卷，題作《武陵》，今從蜀本附此。先生居官所作雖曰可攷，而歲月先後或不能盡合，則以月日有疑者列于官滿之歲。後

倣此。

《宋人年譜叢刊》第五册黄𥲅《山谷年譜》卷六　熙寧五年壬子

先生是歲試中學官，除北京國子監教授。

按《國史》：熙寧五年正月戊戌，王安石以試中學官等第進呈。又先生本傳：熙寧中舉四京學官，第文爲優，教授北京國子監，留守文彦博才之，留再任。

《次韻景珍酴醿》

景珍名令蟦。

《以金沙酴醿送公壽》

《寄懷公壽》

《道中寄公壽》

《道中寄景珍兼簡庚元鎮》

《景珍太博見示舊唱和蒲萄詩因而次韻》

公壽、景珍皆仕京師，故附于是歲入京之時。蓋元祐間先生館中則有《過故人東平侯趙景珍墓》詩，又先生有跋自所書《與宗室景道》云：「往余與公壽、景珍游，時景道方爲兒嬉戲，今頎然在朝班。思公壽、景珍不得見，每見景道，尚有典刑」云云。此書書於慧林，政館中時作。　已上六篇並元載《外集》。

《同宋景瞻分題汴上行》　此篇元載《別集》。

熙寧六年癸丑

先生是歲在北京。

先生有《代韓康公赴大名謝表》，其間云：「南陽在漢之故里，許田先人之弊廬，實爲作翰之邦，連荷長民之寄。尚憂曠敗，終累保全。豈誤采朝僉，再流睿渥，往典帝宫之門鑰，獲瞻魏國之觚稜。許還近班，不以故事，承三接之清燕，稱萬年之壽觴。恩榮不替於再三，補報未聞於萬一。」

按《國史》：熙寧四年三月，韓絳罷相知鄧州，五年四月知許州。六年二月壬寅，知許州、觀文殿學士、吏部侍郎韓絳爲大學士，知大名府，仍詔入覲，遇大朝會綴中書門下班，出入如二府儀。與謝表所叙皆合。又有《代康公謝韓魏公北京到任啓》云：「仲月煩蕴，百嘉長贏。」則是康公到任在是年仲夏。又以《國史》攷之，明年四月康公方以平章事召赴闕，則先生是歲在任無疑。先生在北京凡首尾七年，詳見己未歲所載一詩。右先生之文可以歲月攷者悉附見如左，其餘自載本集，各以類分，此不具載。後倣此。

《秋思》　和答幼弟阿熊呈上六舅學士先生并引

阿熊諱非熊，字仲熊。

按：詩引「不拜請益之席，蓋十三年，歲在星紀，實作此文」。星紀之歲在丑，而先生自十五六歲從舅氏學於淮南。以辛丑至癸丑計之恰十三年。故附于此。　此詩元載《外集》。

熙寧七年甲寅

先生是歲在北京。

按《國史》：是年四月丙戌，觀文殿大學士、吏部侍郎、知大名府韓絳依前同平章事，監修國史。河東節度使、守司徒兼侍中、判河陽文彦博判大名府。

《六月閔雨》

《既作閔雨詩是夕遂澍雨夜中喜不能寐起作喜雨詩》　二篇並元載《外集》。

按：是歲禱雨，故附此。

熙寧八年乙卯

先生是歲在北京。

《呻吟齋睡起五首呈世弼》

詩中有「學省非簿領」之句。世弼名純亮，即先生妹夫所謂王郎者。

《招戴道士彈琴》

《送錢一杲卿》

詩中有「冷官困北門」之句。杲卿乃穆父内翰長子，黄師是之妹夫。時師是爲河北漕，錢時在外舍。師是名實。

《曉出祥符趨府》

詩中有「端居廣文舍」之句。

《和庭誨苦雨不出》

《奉答子高見贈十韻》

《和庭誨雨後》

《招子高二十二韻兼簡常甫世弼》

〔詩中有「我行向厭次，夏扇日在摇」及「駕言聊攝歸，飛霜曉封條」之句。蓋言往來之時，與奉和世弼詩相表裏。

《次韻子高即事》

《次韻謝子高讀淵明傳》

《奉和王世弼寄上七兄先生用其韻》

詩中有「學宫尸廩入」及「言趨厭次城」與「舉場下馬入，深鎖嚴籥管」之句，則是北京所作，必因考試而出。是年適當科舉，若次之戊午，則先生乃考試于衛州，又「厭次」非衛州經行之路。故附于此。

《和世弼中秋月詠懷》

《和答王世弼》

詩中有「廣文官舍非吏曹」之句。

詩中有「燕堂淡薄無歌舞」之句。

《韻和常甫世弼二君不利秋官鬱鬱初不平故予詩多及君子處得失事》

詩中有「頻來草玄宅」之句，又當科舉之歲，故附于此。

《酌別世弼》

詩中有「鄰王臺下倒清樽」之句。

《送魏君俞知宿遷》

《秋懷二首》

《和李文伯暑時五首》

文伯字去華，先生之婿，李粢德素之子。雖納婿在後，而先生與龍眠李氏爲素交，或舊作亦未可知。姑倣舊次附于此。

《次韻庭誨按秋課出城》

《庭誨惠鉅硯》

《叔誨宿邀湖上之遊以故不果往》

《送吴彦歸番陽》

詩中有「學省困虀鹽，三見秋氣爽」之句。先生到北京已三秋矣。

《大風》

《題司門李文園亭》

《夜觀蜀志》

《觀道二篇》

《西禪聽戴道士彈琴》 已上三十七篇並元載《外集》。

《宋人年譜叢刊》第五册黄罃《山谷年譜》卷七 熙寧九年丙辰

先生是歲在北京。

先生自到任距今已三年，時文潞公尚判大名府，以《國史》參之，當在是時舉再任。

《二月丁卯喜雨吴體爲北門留守文潞公作》

《李右司以詩送梅花至潞公予雖不接右司想見其人用老杜和元次山詩例次韻》 已上二篇並元載《外集》。

《題文潞公黄河議後》

此詩當是後作，因潞公詩附。 元載《别集》。

熙寧十年丁巳

先生是歲在北京。

《次韻外舅謝師厚喜王正仲三丈奉詔禱南岳回至襄陽捨驛馬就舟見過三首》

正仲名存。按《實録》：熙寧九年十一月詔：安南行營將士病疾者衆，遣同知太常禮院王存禱南岳。自京師十一月被命，至衡山回程必在次年，又後篇有「衡山返命」之語，則是時無疑，故附此。又按《垂虹詩話》云：「山谷《次韻謝師厚喜王正仲見過》詩『漢上思見龐德翁，别來悲歎事無窮』，張孝先光武云『曾見親札，歎作歎』，則覺語健，政如山谷改杜詩『少年今開萬卷餘』，不可拘平側也。」又按《後山詩話》云：「謝師厚廢居於鄧，王左丞存，其妹婿，奉使荆湖，枉道過之。」師厚名景初。

《次韻正仲三丈自衡山返命舍驛過外舅師厚贈答》 已上四篇并元載《外集》。

元豐元年戊午上

先生是歲在北京。是歲考試舉人于衛州。

先生《與東坡書》云：「自衛州試舉人，歸于鄭掾處，得賜教。」又云「去九月到京，老兒病腳氣，初甚驚人，會得善醫者診視，今十去九矣。又苦寒嗽，未能良愈，坐此不通書門下」云云。蓋此書乃次年之書，今先附此。

《古風二首上蘇子瞻》

按《烏臺詩話》載：「元豐元年二月內，北京國子監教授黄某寄書一角并《古風》二首與軾。」又蜀本《詩集》任氏舊注云：「東坡亦有報書及和章。山谷書云：『今日竊食於魏，會閣下開幕府在彭門。』又云：『作《古風》詩二章賦諸從者。』」即此詩是也。以《東坡集》攷之，蓋元豐元年，魏即北京，彭門即徐州。建炎中，山谷之甥洪炎玉父編舅氏文集，斷自《退聽堂》始，《退聽》以前，蓋不復取，《古風》二篇冠詩之首，且云：「以見山谷受知于東坡，有所自也。」退聽堂在汴京

酺池寺南，山谷作館職時寓筆硯於是。有《贈俞清老詩跋》曰：「書于酺池寺南退聽堂下。」然此堂名其後隨所在揭之。

右二詩蜀本《詩集》任氏所注方始于此，其考證已爲得之者悉從其舊。今畚所編，自此二篇之前皆《外集》、《別集》。任氏所未編者，其有歲月可繫于後者隨疏于左，庶覽者無惑焉。

《閏月訪同年李夷伯子真於河上子真以詩謝次韻》

按：是歲閏正月，而詩中有「日晴花色自深淺，風暖鳥聲相應酬」之句，姑以時序附此。

《戲答子真河上見招來詩頗誇河上風物聊以當嘲云》

《次韻子真會靈源廟下池亭》

詩中有「置酒臨魏城」之句。

《和答李子真讀陶庾詩》

《丙寅十四首效韋蘇州》并序

序云「二月丙寅，率李原彦深、謝愔公静游百花洲」云云。

按《國史》：元豐元年二月丙午朔，則丙寅乃二十一日，先生是時在北京。此詩元次《竹軒咏雪》，然謝師厚居南陽，而後篇《夏雨眠起》之什有「腹便時蒙嘲」之句。又有《送朱晛中允宰宋城》詩亦云：「鄴王臺邊春一空，但有雪飛楊柳風。我從南陽解歸橐，重簾複幕坐學宫。」當是先生告假，或因他故至南陽，在冬春間耳，今附于此。公静，師厚之子。

《催公静碾茶》

《用前韻戲公静》

《對酒歌答謝公静》

《送朱晛中允宰宋城》

詩中有「朱侯官居鄴城下」之句，首句即「鄴王臺邊春一空」，已見前注。宋城屬南京。

《過方城尋七叔祖舊題》

七叔祖諱注，字夢升。終南陽主簿。歐陽文忠公爲作墓銘，載《六一居士集》。方城屬唐州，故附此。

《奉和慎思寺丞太康傳舍相逢并寄扶溝》

《和太丞尉氏孫著作二十韻》

《次韻晉之五丈賞壓沙寺梨花》　已上二十五篇並元載《外集》。

壓沙寺在北京。

《海棠花》

詩中有「東窗渾爲讀書忙」之句。　元載《別集》，今以時序附此。

《種決明》

《同世弼韻作寄伯氏在濟南兼呈六舅祠部學士》

濟南即齊州。蓋公擇自滑州通判歲餘復職，知鄂州，徙湖州，又徙齊州。以歲月攷之，當在是歲。

《伯氏到濟南寄詩頗言太守居有湖山之勝同韻和》

《次韻寄李六弟濟南郡城臨亭之詩》

《平原宴坐二首》

按：蜀中詩刻先生真蹟題作《平原郡齋》，而詩句又與此小異，云：「平生浪學不知株，江北江南去荷鋤。窗風文字翻葉葉，猶似勸人勤讀書。」「成巢不處避歲鵲，得巢不安呼婦鳩。金錢滿地無人費，一斛明珠薏苡秋。」平原屬德州，德與齊接境，故附于此。

《用明發不寐有懷二人爲韻寄秉彝德叟》

《陪謝師厚游百花州盤礴范文正公祠下道羊曇哭謝安石事因讀生存華屋處零落歸山丘爲十詩》

《百花州雜題》

《竹下把酒》

《砌臺晚思》

《和師厚接花》

按蜀本前四句云：「妙得花三昧，誰明幻與真。家風穰下土，笑面洛陽春。」

《和師厚栽竹》

《次韻師厚萱草》

《次韻師厚雨中晝寢憶江南餅麴酒》

《飲李氏園三首》

按《二月丙寅詩序》有云「繫馬李氏園」，今附此。

《次韻謝外舅病不能拜復官夏雨眠起之什》

《次韻外舅謝師厚病間十首》

《次韻奉送公定》

公定名悰，師厚之子。

《和公定河朔漫成八首》

《次韻謝公定王世弼贈答二絶句》

《次韻公定世弼登北都東樓四首》

《和謝公定征南謡》 已上六十二篇並元載《外集》。

按《國史》：沈起經略交廣在六年四月。朝廷征交趾在八年十二月下詔，九年正月己卯交賊陷邕州，而郭逵伐交趾在九月二日，其次富良降乾德。班師在十二月。此詩必非當時所和，故附于此。

《宋人年譜叢刊》第五册黄𢈪《山谷年譜》卷八 元豐元年戊午下

《和師厚秋半時復官分司西都》

按《實録》：熙寧十年十一月詔復尚書都官郎中、分司西京謝景初權藩郡通判。今先生《和師厚復官》二詩，一云「夏雨眠起」，一云「秋半」，然未詳作詩先後，姑以時序同附。

《師厚家居示里中諸君》

《和答師厚黄連橋壞大木亦爲秋雹所碎之作》

詩中有「溪橋喬木下，往歲記經過」之句。

《寄南陽謝外舅》

詩中有「離筵如昨日」之句，當是别後所作。

《和外舅夙興三首》 元注：寓大雲寺作。今附于此。 已上七篇並元載《外集》。

《醇道得蛤蜊復索舜泉舜泉已酌盡官酒不堪不敢送》

按蜀本《詩集注》云：「舜泉當是河北酒名。」《外集》有《和王世弼求舜泉》詩，首句云：「寒虀薄飯留佳客，蠹簡殘編作近鄰。」張淵方回家本置此詩于北京教授時，與詩意正合。自此詩至未入館以前，洪玉父皆不編入，今《豫章前集》有之，然亦不過數篇爾。方回大父名塤，山谷妹婿也。右此詩雖援證實爲北京之詩，先生在北京最久，不能詳其何年所作。但此類在各卷既已成編，或稱從舊次、附前作之類，亦皆從之。止以今所考據者隨時增附於其間。若夫舊注無不差舛，或可援證者，即隨加更定。後倣此。

《世弼惠詩求舜泉輒欲以長安酥共泛一桮次韻戲答》

此詩因舜泉作，附于此。

《送蛤蜊與李明叔諸君》

詩中有「廣文不得載酒去」之句。

《戲贈世弼用前韻》

《世弼病方家不善論蛤蜊之功戲答》

《次韻師厚食蟹》

《次韻謝外舅食驢腸》

《次韻師厚答馬著作屢贈詩》

《次韻子瞻與舒堯文禱雪霧豬泉和唱》

按《東坡年譜》：是年有《和舒堯文析雪詩》。

《薄薄酒二章》

按《東坡年譜》：熙寧九年作。而先生與東坡相識乃在是歲。又先生有此詩真蹟石刻跋云：「此詩作已十餘年，環中云平生愛之，欲歸江南，要我手寫。燭下忍病眼書此，元祐三年四月庚辰。」卻數之當附于此。

《竹軒咏雪呈外舅謝師厚并調李彦深》

《戲贈彦深》 元注：李原字彦深，厚之弟。居南陽。

《贈李彦深》

《觀王熙叔唐本草書歌》

《擬古雜言》

《古豪俠行贈魏鄰幾》

《拘士笑大方》

《賦未見君子憂心靡樂八韻寄李師載》

詩中云：「同升吏部曹，往在歲丁未。别離感寒暑，歲星行十二。」自丁未戊午恰十二年。

《江南》

詩中有「五年身屬官倉」之句，今附此。

《公益嘗茶》

詩中有「子雲窗下草玄經」之句。

《和答郭監簿詠雪》

詩中有「官冷有田知歲豐」之句。

《次韻張祕校喜雪三首》

詩中有「廣文何憾客無氈」之句。

《次韻寅菴四首》

「雙井敝廬之東得勝地一區，長林巨麓，危峰四環，泉甘土肥，可以結茅菴居。是在寅山之頞，命曰寅菴。喜成四詩，遠寄魯直。可同魏都士人共和之。」大臨原序。

《次韻七兄青陽驛西阻水見寄》 已上四十篇並元載《外集》。

詩中有「官筒之詩鄰城下」之句。

元豐二年己未上

先生是歲在北京已六年。

先生有《次韻和答孔毅甫》詩云：「六年國子無寸功，猶得江南萬家縣。」蓋次年授太和耳。毅甫名平仲。

二月十二日，先生繼室介休縣君謝氏歿于官所。

以《二室墓誌》攷之，自元祐六年辛未卻數，殯于大名者十一年。介休即師厚之女。

《見子瞻粲字韻詩和答三人四返不困而愈崛奇輒次舊韻寄彭門》

詩中有「昨蒙雙鯉魚，遠託鄭人緩」之句。鄭人即前《與東坡書》：自衛州試舉人歸于鄭掾處，得所賜教云云。末又有「冬春徭雪」之語，而此詩亦云「鳥聲日日春，柳色弄晴暖」，次篇有云「東南望彭門，官道平如案」。二詩與前書當是今春所作。

《再和寄子瞻聞得湖州》

按《國史》：元豐二年二月，蘇軾知湖州。

《次韻答堯民》

堯民名端仁。

《過西山》

《春游》 已上五篇並元載《外集》。

《宋人年譜叢刊》第五册黄䓨《山谷年譜》卷九 元豐二年己未中

《次韻感春五首》

《聖東將寓于衛行乞食於齊有可憐之色再次韻感春五首贈之》

《次韻蓋郎中率郭郎中休官二首》 元注：郭文時御道巾野服，過親黨飯，頗爲分臺御史所訶。

《次韻郭右曹》

《次韻伯氏寄贈蓋郎中喜學老杜之詩》

《蓋郎中惠詩有二强攻一老不戰而勝之嘲次韻解之》

《和呂秘丞》

《送楊瓘鴈門省親二首》

《次韻答張沙河》

沙河縣屬邢州，乃河北西路，去北京爲不遠。後篇有「張侯去沙河，三食鄰下麥」之句，則是北京作無疑，故附于此。

《送張沙河遊齊魯諸邦》

《和張沙河招飲》

《同堯民游靈源廟廖獻臣用馬陵二字賦詩》詩中有「我坐廣文舍，七年讀書燈」。蓋是舉首尾之數耳。

《八音歌贈晁堯民》 元注云：長與堯民論出處之致未竟，故終言之。

《八音歌贈晁堯民》

按：別本「自古同心難」下有兩句云：「土硬非道器，要君斲鼻端。」熟攷之，添此始及八音。

《三月壬申同堯民希孝觀净名寺經藏得弘明集中沈炯同庚肩吾諸人遊明慶寺詩次韻奉呈二公》

《飲城南即事》

詩中有「鄙夫漫有便便腹，嬾書欲眠誰比數」之句。

《見二十弟倡和花字漫興五首》

詩中有「睡起草玄三畝宅」之句。二十弟即知命。

《希仲招飲李都尉北園》 已上三十二篇並元載《外集》。

《梨花》 此篇元載《別集》，姑以時序附此。

《次韻師厚五月十六日視田悼彦深》

元注云：「去年五月十三日與之游西郊。」今元年所載《丙寅詩序》既云：「二月丙寅率李原彦深、謝愔公静游百花洲。」因附于此。

《次韻晁補之廖正一贈答詩》

詩中有「獨憐形迹滯河山」之句，而《再答明略》云「使年七十今中年」，先生是年三十有五，故附此。正一字明略。

《再次韻呈明略》

《走答明略適堯民來相約奉謁故篇末及之》

《答明略并寄無咎》

《再次韻呈明略并寄無咎》

《再答明略二首》

《次韻廖明略陪吴明府白雲亭宴集》

《次韻吴可權題餘干縣白雲亭》　已上十篇並元載《外集》。

《宋人年譜叢刊》第五册黄𤲅《山谷年譜》卷十　元豐二年己未下

《次韻無咎閻子常攜琴入村》

因前篇晁補之詩附。

《定交詩效鮑明遠體呈晁無咎》

《贈無咎》

《二十八宿歌贈别無咎》

《答李康文》

詩中有「深慙借問談經地」之句。

《送彭南陽》　已上七篇並元載《外集》。

《和早秋雨中書懷呈張鄧州》　此篇元載《别集》。

《和舍弟中秋月》

詩中有「廣文陋儒嬾於事」之句。

《贈陳元輿祠部》

《直舍寄陳子惠》

詩中有「廣文賓退下簾重」之句。

《林爲之送筆戲贈》

詩中有「廣文困虀鹽」之句。

《再和答爲之》

《再和答爲之》

《贈趙言》

詩中有「北門塵土滿衣襟」及「廣文直舍官槐陰」之句。

《雜詩四首》

《九日對菊有懷粹老在河上四首》

詩中有「學省公廳只對街」之句。　粹老名醇。

《次韻粹老客亭詩後》

《粹老家隔簾聽琵琶》

《呈馬粹老范德孺》

《贈謝敞王博諭》

《贈張仲謀》

詩中有「迎我不知沙路長」之句。

《乞貓》

先生有手書此詩，題(公)〔云〕：「從隨主簿乞貓。」

《謝周文之送貓兒》

《講武臺南有感》

詩中有「花似去年堪折贈，插花人去淚闌干」之句。

《曹村道中》

詩中有「瓜田餘蔓有荒壠，梨子壓枝鋪短墻」之句。　已上二十四篇並載《外集》。

《臨河道中》

臨河屬開德路，路由河陽經行，先曹村後臨河，故前篇有「覺來去家三百里」之句，指大名也。　此篇元載《别集》。

《謝張泰伯惠黄雀鮓》

詩中有「去家十二年」之句，蓋自先生戊申歲到葉縣，至此十二年。

《贈答晁次膺》

《夜聞鄰舟崔家兒歌》

《重答》

《鴻溝》

《裴晉公書堂》

《子産廟》

《楊朴墓》

《次韻孔著作早行》

《次韻孔四著作北行滹沱》　已上十篇並元載《外集》。

《和范廉》　此篇元載《别集》。

《和陳君儀讀楊太真外傳五首》

《讀曹公傳》并序

《雜詩》　已上七篇並元載《外集》。

《絶句》　此篇元載《别集》。

《衛南》

衛南屬澶州，與北京、滑州皆爲比鄰。此詩當是在北京作。

《酒》

《次韻答柳通叟求田問舍之詩》

《書扇》　已上四篇並元載《外集》。

《宋人年譜叢刊》第五册黄㽦《山谷年譜》卷十一　元豐三年庚申〔上〕

先生是歲入京，改官，授知吉州太和縣。

詳見先生《寄李公擇詩序》。

是秋，自汴京歸江南。

見《曉放汴舟》詩註。

十月，游山谷寺。

按：《張翔夫哀詞序》云「張庖民翔夫，往在皖溪口開泉長安嶺下。元豐庚申十月，余舟次泉下」云云。山谷寺在皖山三祖山，屬舒州，有石牛洞等林泉之勝，先生遊而樂之，因此號山谷道人。

十一月小寒日，上潛峰。

先生有題名石刻云：「建康李參，彭蠡李秉彝、秉文，磁湖吴擇賓，華陽丘楫，豫章黄（廷）〔庭〕堅，歲庚申日小寒，過飯而西上潛峰，謁司命，所過道人寢室將十區。便房曲閣，所見山皆不同，輒有佳處。行憩寶公井，瞻禮粲禪師塔，坐卧傳巖亭下。下酒島，歸宿曉老生生堂西閣下，漏下十刻所。」以長歷攷之，即元豐三年十一月二十一日也。又《擢秀閣》詩後題云：「廣陵蘇子平、南康李德叟、章水黄魯直，庚申小寒後一日同來觀灊山天柱雪。」

十二月，過南康還鄉。

見《大孤山》詩注。

《次韻答叔原會寂照房呈稚川》

詩中有「我家猶北門」之句，當是先生入京改官，猶寄家北京耳。

《同王稚川晏叔原飯寂照房得房字》

《次韻叔原會寂照房得照字》

《次韻稚川得寂字》

《都下喜見八叔父》

八叔父即夷仲給事。是時爲集賢校理，判尚書刑部。

按《國史》：元豐三年除權發遣河東提點刑獄公事兼提舉義勇保甲，政先生入京改官之時，且詩中有「一别七冬夏」之句，當時熙寧間。先生在北京時，給事嘗體量河北、河東災傷，道經由相見，至今七年耳。

《次韻叔父夷仲送夏君玉赴零陵主簿》　已上六篇並載《外集》。

《次韻王稚川客舍二首》

按蜀中石刻先生此詩真蹟題云：「王紘稚川元豐初調官京師，寓家鼎州，親年九十餘矣。嘗閲貴人家歌舞，醉歸，書其旅邸壁間云：『鴈外無書爲客久，蛩邊有夢到家多。畫堂玉珮縈雲響，不及桃源欸乃歌。』予訪稚川于邸中而和之。」「五湖」作「五更」，「每占」作「不嗔」。

《王稚川既得官都中有所盼未歸予戲作林夫人欸乃歌二章與之竹枝歌本出三巴其流在湖湘耳欸乃湖南歌也》

按蜀本石刻題云：「余復戲代稚川之妻林夫人寄稚川，時稚川在都下，有所顧盼，留連未歸也。」而其詩與集中所載前後不同，云：「花上盈盈人不歸，棗下纂纂實已垂。尋師訪道魚千里，蓋世功名黍一炊。卧冰泣竹慰母飢，天吴紫鳳補兒衣。臘雪在時聽嘶馬，長安城中花片飛。」又任氏注云：「什邡張氏有山谷手書此詩，與今日本正同，唯一二字稍異，『實已垂』作『實已稀』。」又有跋云：「宋時有女鬼至人家歌《花上盈盈曲》，悲壯不可聽。」

《病起次韻和稚川進叔倡酬之什》

《稚川約晚過進叔次前韻贈稚川并呈進叔》二詩中有「老境侵尋每憶家」及「我歸河曲定寒食」之句。

《自咸平至太康鞍馬間得十小詩寄懷晏叔原并問王稚川行李鵝兒黄似酒對酒愛新鵝此他日醉時與叔原所詠因以爲韻》

咸平、太康皆京師屬邑，在東南，政先生歸江南之路。　已上十二篇並元載《外集》。

《從舅氏李公擇將抵京輔以歸江南初自淮之西猶未秋日思歸》

是年夏，先生復往北京挈家歸江南作。

《翌日阻雨次韻》　已上二篇並元載《别集》。

《汴岸置酒贈黄十七》

按《王直方詩話》云：「山谷謂洪龜父云：『甥最愛老舅詩中何語？』龜父舉『蜂房各自開户牖，蟻穴或夢封侯王。黄流不解涴明月，碧樹爲我生涼秋』，以爲深類工部。山谷云：『得之矣。』」後一聯即此詩。

《曉放汴舟》

詩中有「秋聲滿山河」及「又持三十口，去作江南夢」之句，政歸江南所作。

《次盱眙用前韻》　已上三篇並元載《外集》。

《詠史呈徐仲車》

仲車名積，謚節孝先生，家于楚州。當是先生經涂所作。

《次韻徐仲車喜董元達訪之作南郭篇四韻》元達名逵。

《次韻仲車爲元達置酒四韻》

《次韻仲車因婁行父見寄之詩》

此三詩蜀本置之崇寧元年。然先生有是年八月間《與平仲少府書》云：「審仲車先生棄士大夫，不起於山陽窮居失所，又不幸至此，直使人哀痛也。然仲車好德樂義，不屈其身，耋老好學不倦，以至於盡，在先生無憾矣。」此書疑在荆南。蓋有「自八月大病幾至委頓」之説，政是荆南待命之時。則此詩决非當時所作，今移附于此。

《外舅孫莘老守蘇州留詩斗野亭庚申庭堅和》

亭在揚州召伯埭。按：淮海秦少游集有《和孫莘老召伯斗野亭》古詩。

《十月十三日泊舟白沙江口》　元注：真州，唐永正縣之白沙鎮也。

《發白沙口次長蘆》

《阻風入長蘆寺》

詩中有「歲寒風落山，故鄉喜言旋」之句。

《次韻伯氏長蘆寺》

詩中有「攜手霜木末」之句。

《金陵》

《别蔣穎叔》

穎叔名之奇。嘗作江淮發運。當是經塗所作。

《次韻答李端叔》

《贈别李端叔》

《行行重行行贈别李之儀》

端叔名之儀。寓居蕪湖。三詩雖有先後，因是時經塗，附見。

《阻風銅陵》

《銅官縣望五松山集句》

《阻水泊舟竹山下》

詩中雖有「柳暗花濃一半春」之句，然歲月已不可攷，姑附于此。

《銅官僧舍得尚書郎趙宗閔墨竹一枝筆勢妙天下爲作小詩二首》

《池口風雨留三日》

《貴池》

《大雷口阻風》

《庚寅乙未猶泊大雷口》

按《國史》：元豐三年十二月己丑朔，庚寅蓋初二日，與行程頗合。

《乙未移舟出口》

《丙申泊東流縣》　已上二十一篇並元載《外集》。

《題山谷石牛洞》

《書石牛溪旁大石上》

先生有真蹟石刻題云：「題山谷寺石橋下。」

《題山谷大石》　此二篇並元載《外集》。

《題灊峰閣》

閣在舒州提刑司。公擇時爲淮西提刑，蓋治所作。

《次韻公擇舅》

《同蘇子平李德叟登擢秀閣》

《靈龜泉上》

《從丘十四借韓文二首》

詩中有「安得見丘遲」之句。

《以右軍書數種贈丘十四》

《李君貺借示其祖西臺學士草聖并書帖一編二軸以詩還之》

《三至堂》

《玉照泉》　已上八篇並元載《外集》。

《發舒州向皖口道中作寄李德叟》

《題馬當山魯望亭四首》

《宿舊彭澤懷陶令》

先生過南康軍《祭劉凝之文》云「元豐三年庚申十二月辛酉」。彭澤屬江州，又在江州之下。

《潯陽江口阻風三日》

《泊大孤山作》　元注：庚申十二月。

《題落星寺四首》

先生有真蹟，以前二首題云《題落星寺嵐漪軒》，第三首題云《題落星寺嵐漪軒》，第四首題云《往與道純醉卧嵐漪軒夜半取燭題壁間云》。又有蜀本石刻，前一首題云《落星寺僧請題詩》，而首句略不同，云「游空天象有賓墜」，及「晝吟」作「晝倚」，「江撼牀」作「波撼牀」，「蜜房」作「蜂房」，「牖户」作「户牖」，「青雲梯幾級」作「虚空更幾級」，「瘦藤」作「一藤」。而第四首石刻題作《醉書落星寺壁時與劉道純同飲二僧在焉》。

《玉京軒》

先生有真蹟跋語云：「將日起坐，復得長句，匆匆就竹輿不暇寫。歲行一周，道純已凋落，爲之隕涕，故書遺超上人。可刻石于吾二人醉處，它日有與予友及道純好事者，尚徘徊碑側。元祐六年大寒，黄庭堅書。」

《壽聖觀道士黄至明開小隱軒太守徐公爲題曰快軒庭堅集句詠之》

《過致政屯田劉公隱廬》

詩中有「水行天再環」之句。蓋先生自戊申赴葉縣尉至庚午方改官歸政，與詩句合。　已上九篇並元載《外集》。

《拜劉凝之畫像》

此詩蜀本《詩集》置之崇寧元年。蓋先生自荆入岳，遵陸至萍鄉，回涂自筠陽豫章山行，由東林太平觀至江州，初不經由南康。今附于此。

《知郡大夫改築射亭與五老峰晤對極爲勝賞輒以長句詠歎》　此篇元載《別集》。

《和劉太博攜家游廬山》

《駐輿尋訪後山陳德方家》　此二篇並元載《外集》。

《題姨母李夫人墨竹二首》

此詩載《文集》，蜀本置之館中，非是。蓋畫壁在廬山楞伽寺。今附此。

《題李夫人偃竹》

《南康席上贈劉李二君》　此二篇元載《外集》。

元豐四年辛酉〔上〕

先生是歲赴太和。是歲考試舉人于南安軍。

《豐城》

豐城乃豫章屬邑。自豫章至吉州太和，先經由此地。

《臨江寺僧以金線猿皮蒙琹几》

臨江軍在豐城之上。

《上蕭家峽》

《何蕭二族》

《魏夫人壇》

《隱梅福處》

《蕭子雲宅》

《避秦十人》

《黄雀》

皆是赴太和經由所作。　已上九篇並元載《外集》。

《休亭賦》

此賦雖無年月，先生作《蕭濟父墓誌》云：「濟父元祐六年乃以特奏名試于庭，得一命而歸没于牖下。初，濟父既無仕進意，築屋于清江峽之碕巴丘之上，曰休亭。閒居且二十年。」因前篇有《蕭家峽》詩，今附于此。又按：洪駒父嘗跋先生此賦：「蓋山谷少作也，晚年刊定，其卒章曰『是謂不蓍而筮從，無龜而吉卜』，蓋初本其末兩句云『蓋嘗聞伯夷之風，何能問詹生之卜』。」

《到官歸志浩然二絶》

《庭堅得邑太和六舅按節出同安邂逅於皖公溪口風雨阻留十日對榻夜語因詠誰知風雨夜復此對牀眠別後更覺斯言可念列置十字字爲八句寄呈十首》

詩中有「得邑邇梅嶺，開花向春妍」之句。又序稱「別後」，故附于此。

《題吉州承天院清涼軒》

《戲題承天寺法堂前柏》

《次韻答楊子聞見贈》

詩中有「黄綬今爲白下令」之句。

《蕭巽葛敏修二學子和予食笋詩次韻答之二首》

《胡朝請見和食笋詩輒復次韻》

《聞致政胡朝請多藏書以詩借書目》　已上二十篇並元載《外集》。

《贛上食蓮有感》

贛上即今贛州，舊虔州。先生自吉往南安考試經過。

按：先生有此詩真蹟槀本，謹附録于後：「蓮實大如指，分甘念母慈。共房頭㩳㩳，更深兄弟思。實中有么荷，拳如小兒爪。今我憶衆雛，迎門索梨棗。蓮心政自苦，食苦何能甘。投節去未能，竊禄以懷慙。蓮生淤泥中，不與泥同調。食蓮雖云多，知味良獨少。吾家雙井塘，十里秋風香。安得免冠紱，歸製芙蓉裳。」今集中亦有數字不同。

《南安試院無酒飲周道輔自贛上攜一榼時時對酌惟恐盡試畢僕夫言尚有餘樽木芙蓉盛開戲呈道輔》

詩中有「山邑已催乘傳馬，曉窗猶共讀書螢」之句。

《戲贈南安倅柳朝散》

《效孔文舉贈柳聖功六言三首》

《謝陳正字送荔枝三首》

詩中有「十年梨棗雪中看」及「稍知身作近南官」之句。蓋自葉縣、北京仕宦十年，而後來太和，頗與詩意合。又云「橄欖灣南遠歸客，煩將嘉果送蓬門」，當是自贛上得之，就寄歸太和耳。今附于此。

《題虔州東禪圓照師新作御書閣》

《題槐安閣》并序　已上十篇並元載《外集》。

序中云：「東禪僧進文結小閣於寢室東。」故附于此。

《宋人年譜叢刊》第五册黄𦫿《山谷年譜》卷十三　元豐四年辛酉下

《洪範以不合俗人題廳壁二絶句次韻和之》詩中有「南康郡下參軍耳」。南康即贛州地名。洪範名卞，時官贛上。蓋先生試院歸塗所作。

《發贛州寄余洪範》

按：先生有此詩真蹟，「胸中淳于吞一石，麈下疱丁解十牛」作「紅衣傳酒傾諸客，清夜中談誇九州」。又有題名數行云：「王誠之、柳城甫、周道甫、魏伯殊、余洪範、徐適道、徐致虚、馬固道、東禪惠老。」及有詩一首云：「惠老有才氣，往來三十年。松風沉永日，詩句即深禪。萬水千山裏，長安大道邊。相逢欲留語，此月別時圓。」謾附于此。　二篇並元載《外集》。

《答余洪範》　此篇元載《別集》。

《秋思寄子由》

按蜀本《詩集注》云：「是時蘇黄門謫監筠州鹽税。」筠、吉皆在江西。山谷嘗有《與黄門書》云：「得邑極南，幸執事在旁郡。」又云：「有高安行李必問動静。」高安即筠州。黄門名轍，字子由。

《奉寄子由》（大臨）（轍）

《奉答元明》（轍）（大臨）

二詩元附。

《次韻奉寄子由》

《再次韻奉答子由》

《再次韻寄子由》

《次韻寄上七兄》

《秋思》

《和七兄山蕷湯》

《同韻和元明兄知命弟九日相憶二首》

按：先生有此詩真蹟槀本，首篇云：「革囊南渡傳詩句，兄弟相思意象真。九日黄花傾壽酒，幾迴青眼望車塵。早爲學問文章誤，老作東西南北人。安得田園可温飽，長抛簪紱裹頭巾。」後篇與集中，但「鄰田」作「田鄰」耳。

《雙澗寺二首》

寺在太和境内。

《代書》

詩中有「我爲萬夫長」之句。

《睡起》

《奉送周元翁鎖吉州司法廳赴禮部試》

元翁名燾。

《飲潤父家》

潤父舊名渥，字潤父，後更名育，字懋達，會稽人，時爲吉州司理。先生以兄

弟合宗，已載先生所作《黄育字序》。
《次前韻寄潤父》
《出迎使客質明放船自瓦窑歸》
《答何君表感古冢》
《會稽竹萌爲蘄春傅尉作》
《還深甫同年兄詩卷》
《次韻和答孔毅父》
毅父嘗爲吉倅。
《再和舊韻寄孔毅父》
《招隱寄李元中》 元中名冲元。 已上二十四篇並元載《外集》。
《龍眠操三章贈李元中》 此篇元載《文集》。
元豐五年壬戌(上)
先生是歲在太和。
按九月十六日《上運使劉朝請書》云：「録録下邑，蓋將期年。又承秕政之後，負逋在民，縲繫滿獄。勤苦教養，僅爲細民之安。」
《二月二日曉夢會于廬陵西齋作詩寄陳適用》
適用名汝器，時知廬陵。先生到官在去歲，此詩蓋今春作。
《長句謝適用惠送吴南雄所贈紙》
《寄陳適用》
《絶句》
《戲題》
《寄懷元翁》
《對酒次前韻寄懷元翁》
《侯尉之吉水覆按未歸三日泥雨戲成寄之》
《侯尉家聽琵琶》
《寄袁守廖獻卿》
《廖袁州次韻見答并寄黄靖國再生傳次韻寄之》
《次韻奉答廖袁州懷舊隱之詩》
《上權郡孫承議》
先生有作《知吉州姚公墓銘》云：「姚公歿于元豐辛酉八月己未。」當是此後來攝郡事。
《送權郡孫承議歸宜春》
《奉和孫承議謝送菜絶句》
《和孫公善李仲同金櫻餌唱酬二首》
詩中有「我方困健訟」及「不能鳴弦坐」之句。
《答余洪範二首》
《藥名詩奉送楊十三子問省親清江》
《三月乙巳賦鹽萬歲鄉且蒐獮匿賦之家晏飯此舍遂留宿是日大風自採菊苗薦湯餅二首》
按：別本「湯餅」下有「紅藥盛開」四字。且有三首，其三云：「春風一曲花十八，拚得百醉玉東西。露葉壓枝見紅藥，猶似舞餘和汗啼。」
《題高君正適軒》 已上十三篇並元載《外集》。

《宋人年譜叢刊》第五册黄䓪《山谷年譜》卷十四　元豐五年壬戌(中)

《贈别李次翁》
按蜀本《詩集注》，以張方回家本編次在《秋思寄子由》之後。
《寄李次翁》 此篇元載《外集》。
《别友賦送李次翁》 此篇元載《文集》。
《四月戊申賦鹽萬歲山中仰懷外舅謝師厚》
按：師厚之弟刑部尚書景温所作《謝氏小隱田記》云：「元豐五年，余自長沙蒙恩以禮部侍郎召還。道出襄陽，時伯兄以朝散大夫通判是州。兄弟相見皆白首矣。」而此詩亦有「祇今漢龐公，白髮佐州郡」之句。則是今歲所作無疑。
《癸丑宿早禾渡僧舍》
《宿觀山》
《上大蒙籠》 元注：乙卯晨起。
《勞坑入前城》 元注：乙卯飯後。
《乙卯宿清泉寺》
《丙辰仍宿清泉寺》
《丁巳宿寶石寺》
《戊午夜宿寶石寺視寶石戲題》
《己未過太湖僧寺得宗汝爲書寄山預白酒長韻詩寄答》

《庚申宿觀音院》
《辛酉憩刀坑口》
《金刀坑迎將家待追漿坑十餘户山農不至因題其壁》
《題安石榴雙葉》
《次韻漢公招七兄》
《送酒與周法曹用贈潤父韻》
《寄題安福李令適軒》
安福蓋太和鄰邑。
《寄題安福李令先春閣》
《寄題安福李令愛竹堂》
《題安福李令朝華亭》
《登快閣》
閣在太和。今有先生祠堂。
《和李才甫先輩快閣五首》
《八月十四夜刀坑口對月奉寄子難子聞適用》
子難名堯臣。
《彫陂》
詩中有「僧言生長八十餘，縣令未嘗身到此」之句。
《幾復寄檳榔且答詩勸予同種復次韻寄之》以歲月攷之，此時幾復已爲廣州四會令矣。
《黄幾復自海上寄惠金液三十兩且曰惟有德之士宜享將以排蕩陰邪守衛真火幸不以凡物畜之戲答》
《幾道復覓檳榔》
詩中有「莫笑忍飢窮縣令」之句。
《次韻幾復答予所贈三物三首》
《戲答龍泉余尉問禪二小詩》
龍泉蓋太和鄰邑。
《漫興》
詩中有「曉來不倦聽衙鼓」之句。
《次韻答任仲微》
詩中有「不堪黄綬腰銅印」之句。
《次韻答任仲微》
《和答任仲微贈别》
《送酒與畢大夫》
《喜太守畢朝散致仕》
先生作《太守畢公墓志銘》云：「元豐五年冬十一月，歿于理所。」
《倉後酒正廳昔唐林夫謫官所作十一月己卯余納秋租隔牆芙蓉盛開》
按長歷，十一月己卯乃是年十一月初二日。先生有真蹟題云：「太和倉後酒正廳，昔唐林夫謫官所作，十一月己卯余來受秋租，隔牆木芙蓉盛開。」
《送晁道夫叔姪》
詩中有「我爲折腰吏」之句，又云「二年吟楓葉」，則是到太和兩載矣。故附是歲。
《和知命招晁道夫叔姪》
《再次韻戲贈道夫》
《次韻惜范生》
《吉老受秋租輒成長句》
吉老蓋太和縣倅。
《再次韻和吉老》
《招吉老子範觀梅花》
子範姓李名覿，袁州人，元豐二年特奏推恩爲太和尉。其兄名觀，字夢符，爲清江縣，嘗爲太守作《祭歐公母夫人文》曰：「昔孟軻亞聖，母之教也；今有子如軻，雖死何憾。」文忠擊節賞之，故後篇有「乃兄本是文章伯」之句。
《子範徼巡諸鄉捕逐羣盜幾盡輒作長句勞苦行李》
詩中有「乃兄本是文章伯，此老真成矍鑠翁」之句。
《送徐隱父宰餘干二首》 已上五十二篇並元載《外集》。
先生有此詩真蹟藁本云：「地方百里身南面，翻手冰霜覆手炎。贅婿得牛庭少訟，長公齊馬吏争廉。邑中丞掾陰桃李，案上文書略米鹽。治狀要須聞豈弟，此行端爲霽威嚴。天上麒麟來下瑞，江南橘柚間生賢。玉臺書在猶騷雅，孺子亭荒只草烟。半世功名初墨綬，同兄文字敵青錢。割雞不合庖丁手，家傳風流在著鞭。」

《送何君庸上贛石》
君庸蓋太和簿。
《送君庸》
《北園步折梅寄君庸》
《次韻君庸寓慈雲寺待詔惠錢不至》　已上四篇並元載《外集》。
《奉和答君庸見寄》
《梅花》　此二篇元載《别集》。
《何主簿蕭齋郎贈詩思家甚苦戲和答之》
《次韻和魏主簿》
《次韻奉答存道主簿》　已上三篇並元載《外集》。
《從時中乞蒲團二首》
前篇載《外集》第七卷，首句云「撲屋陰風雪作團」。後篇載《外集》第十四卷，首句云「織蒲投我最宜寒」。前篇小異，蜀本作《謝時中送蒲團》。併附此，詳見後注。
《奉送時中攝東曹獄掾》
時中蓋太和同官，入城攝事，故詩中有「府中奪我同官良」之句，又有云「蒼崖按轡虎豹號」及「昨日歸來有行色」，恐是尉曹與子範爲交承者。
《戲答諸君追和予去年醉碧桃》
《奉答茂衡惠紙長句》
茂衡，太和人。
《雜言贈羅茂衡》　已上三篇並元載《外集》。
元豐六年癸亥上
先生是歲在太和。
《癸亥立春日煮茗於石池寺見庚戌中盛二十舅中叔爲縣時題名歎此寺不日而成哀縣學敝而不能復》
《立春》
《寄舒申之户曹》
申之名卷。詩中有「吉州司户官雖小」之句。
《次韻答杜仲觀二絶》
《再次韻杜仲觀二絶》
《社日奉寄君庸主簿》
《觀王主簿家酴醾》
《酴醾》
《延壽寺見紅藥小魏揚州號爲醉西施》
《延壽寺僧小軒極蕭灑予爲名曰林樂取莊生所謂林樂而無形者并爲賦詩》
詩中有「晚風紅藥翻」之句，當是同時所作。姑以時序爲次。
《元翁坐中見次元寄到和孔四飲王夔玉家長韻因次韻率元翁同作寄溢城》
夔玉名球，太和人。侍郎王贄之子。
《再次孔四韻寄懷元翁兄弟并致問(股)〔毅〕甫》
《次韻元翁從王夔玉借書》
《學元翁作女兒浦口詩》
《去歲和元翁重到雙澗寺觀余兄弟題詩之篇總忘收録病中記憶成此詩》
《古風贈周元翁》
《戲贈元翁》
《送張才翁赴秦簽》
詩中有「北門相見後十年」之句。　已上二十篇並元載《外集》。
《演雅》
按蜀本《詩集注》云：「末句云『江南野水碧於天，中有白鷗閒似我』，當是在太和所作。山房李彤季敵云：『此篇山谷晚年删去。』」
《戲和答禽語》
《次韻舍弟喜雨》
詩中有「春隴未鉏蠶未眠」之句。以時序爲次。
《一夕風雨花藥都盡唯有豨簽一叢濯濯得意戲題》　元注：是日丙午四月朔。
按《國史》：元豐六年四月實丙午朔。故附于此。　二篇並元載《外集》。
《奉答固道》
詩中有「强學未操製錦刀」之句。
《奉和聖思講論語長句》
詩中有「簿領文字千兔禿，公庭嚚訟百蠶鳴」之句。　二篇並元載《别集》。
《次韻答宗汝爲初夏見寄》

《同吉老飲清平戲作集句》

《次韻周法曹游青原山寺》

《次韻曾都曹喜雨》

「蘄得歲，同病託諸公」之句。又有《戲題曾處善尉廳》，即此人。尉廳亦非都曹所居，當是時中與之對攝。

《戲題曾處善尉廳二首》

《寄上高李令懷道》

上高屬筠州，與太和皆江西屬邑。

《謝文灝元豐上文藁》

《讀方言》　已上九篇並元載《外集》。

《宋人年譜叢刊》第五册黄㽦《山谷年譜》卷十六　元豐六年癸亥中

《次韻秋郊晚望》

《次韻周德夫經行不相見之詩》

《答周德夫見寄》

《歐陽從道許寄金橘以詩督之》

《次韻吉老十小詩》

《次韻吉老寄君庸》

《次韻奉答吉老并寄何君庸》

《袁州劉司法亦和予摩字詩因次韻寄之》

袁與吉爲鄰。此詩雖未知何時所作，與前篇同韻，姑附于此。

《聞吉老縣丞按田在萬安山中》

萬安蓋太和鄰邑。

《次韻喜陳吉老還家二絶》

《再次韻和答吉老二首》

《太和奉呈吉老縣丞》

詩中有「令尹三年課」之句。

《吉老許惠李北海石室碑以詩及之》

《吉老兩和示戲答》

《次韻吉老知命同游青原二首》

《次韻知命入青原山口》

《陳吉老縣丞同知命弟游青原謁思禪師予以簿領不得往二公雨久不歸戲作百家衣一首二十韻招之》

《次韻知命永和道中》

《次韻吉老游青原將歸》

《喜知命弟自青原歸》

《寄張宜父》

《送彦孚主簿》

彦孚姓黄。詩中有「主簿吾宗秀」之句。

《寄餘干徐隱甫》

詩中有「顧予白下邑」之句。

《寄晁元忠十首》

詩中有「北書來無期，鴈不到梅嶺」之句。

《次韻晁元忠西歸十首》

此篇雖非同時所作，然莫詳歲月。姑附于此。

《奉答李和甫代簡二絶句》

《贈王環中》

《戲和于寺丞乞王醇老米》

《答永新宗令寄石耳》

永新蓋太和鄰邑。

《贈朱方李道人》

《朱道人下世》

《題前定録贈李伯牖二首》

《戲題水牯菴》

先生有此詩真蹟，題云《戲題知命水牯菴》。而知命亦有和篇云：「只看縛竹與編茅，基上誰憑牢不牢。無量劫馳邪枉徑，刹那閒得舊時槽。腳根著地曾稱屈，鼻孔撩天未是高。欲問此菴端的處，南泉解便快簾刀。」　已上六十五篇並元載《外集》。

《宋人年譜叢刊》第五册黄㽦《山谷年譜》卷十七　元豐六年癸亥下

《静居寺上方南入一徑有釣臺其象甚古而俗傳謬妄意嘗有隱君子漁釣其上感之作詩》

《高至言築亭於家園以奉親揔其觀覽之富命曰溪亭乞余賦詩余先君之弊廬望高子所築不過十牛鳴爾故余未嘗登臨而得其勝處》

《題息軒》

《題神移仁壽塔》

《題海首座壁》

《題仁上座畫松》

《摩詰畫》 已上七篇並元載《外集》。

《題覺海寺》

《題醒心軒》 此二篇並元載《别集》。

十二月，移德平鎮。

先生有《大孤山》詩刻云：「是歲癸亥十二月，余自太和移德平。」

《江西泊舟後作》

《追憶予泊舟西江事次韻》

《宫亭湖》

詩中有「平生來往湖上舟，一官四十已包羞」之句。先生是年三十九矣。蓋歸舟自湖濱入脩江，由武寧而至分寧耳。 已上三篇並元載《外集》。

《贈鄭郊》

按蜀本《詩集注》云：「山谷有荆州爲興上人書此詩跋云：『癸亥歲，予解官太和，過武寧，聞清上人當來延恩，因謁鄭子通問消息，題詩子通之壁。草堂，鄭郊處士隱處也』云云。」予家所藏舊本如此。老禪謂延恩長老法安，安死於元豐八年，山谷爲之銘。則此詩蓋是歲經涂所作。

《元豐癸亥經行石潭寺見舊和栖蟾詩甚可笑因削柎滅藁别和一章》

舊詩云：「千里追奔兩蝸角，百年得意大槐宫。夢回身卧竹窗日，院静鴉啼柿葉風。世路侵人頭欲白，山僧笑我頰猶紅。壁間佳句多丘隴，問訊髑髏聊樵蓬。」乃嘉祐癸卯所作。今前兩句仍舊耳。

《夜發分寧寄杜澗叟》

《題杜槃澗叟冥鴻亭》 已上三篇並元載《外集》。

《毁壁》并序

按《别集》載《毁壁序》云：「夫人殁後十有四年，太夫人始知不得葬，哭之不成聲曰：『使是子安歸乎？』某兄弟無以自解説，念夫人建洪氏之廟南康廬山之下，使刻石於廬山，築亭以庥之。仿佛其生平而妥之。」蓋夫人卒以熙寧庚戌，至今恰十四年。

《過家》

《上冢》

《明叔知縣和示過家上冢二篇輒復次韻》

明叔名知章，治平二年進士，元豐中知分寧。詩中有「去國三十年」之句，蓋自太和還家赴德平所作。

《次韻郭明叔長歌》

先生有此詩真蹟云「謹次韻上答知縣奉議惠賜長歌，邑子宣德郎黄庭堅再拜上」。其間與印本有同異處，如「何如高陽酈生醉落魄」作「都不如」，「安用蚓食而蝸跧」作「安用蚓食而蝸跧」，「詩書自可作斲輪」作「自奇老斲輪」，「鵬翼垂天公直起」作「鵬翼垂天公且起」，「黄花零落一樽酒」作「黄花零亂一樽酒」。此帖見藏泉江劉薦家。

《詠清水巖呈郭明叔》并序

《次韻清水巖》

《次韻郭明叔登縣樓見思長句》

《宿山家效孟浩然》

《題徐氏姑壽安君壽梅亭》

《寄題陳瓘野軒》

瓘字瑩中。

《題章和甫釣亭》 已上十二篇並元載《外集》。

元豐七年甲子〔上〕

先生是歲赴德州德平鎮。到官當在夏秋之間。

是春過揚州、泗州。

先生有《與余清老書跋》云：「元豐甲子相見於廣陵。」又有過泗州僧伽塔作《發願文》，在三月。

《揚州戲題》

先生有真蹟載石刻，題云：「余往年過維揚，時小吕申公作守。席上問申公紅藥開早晚，因戒一牙吏走向土廟探花，還報云：『花蓓初大如指面。』歸而作小詩。」

按《漫叟詩話》云：「《過揚州芍藥未開》一首，甲子春作。」此詩元載《外集》。

《寄劉泗州二首》

前篇載《外集》第十四卷，後篇載《別集》第一卷。因泗州經涂附。

《宿廣惠寺》

詩中有「僧舍初寒夜氣清」及「都下苦無書信到，數行歸鴈月邊横」之句，則是秋時到官無疑。故附此。

《送吕知常赴太和丞》

詩中有「我去太和欲期矣」之句。二篇並元載《外集》。

《平鎮張澄居士隱處三詩》

按蜀本《詩集注》云：「張方回家本題云『王郎求此詩』。」其詳具後篇。此詩山谷晚年亦刪去。

《宋人年譜叢刊》第五册黄㽦《山谷年譜》卷十八 元豐七年甲子下

《古風次韻答初和甫二首》

詩中有「道人四十心如冰」之句。先生生於乙酉，是年四十。和甫名虞世，名士善醫，有《養生必用方》行於世。

《和甫得竹數本於周翰喜而作詩和之》已上六篇並元載《外集》。

《承示中秋不見月及憫雨連作恐妨秋成奉次元韻》此二篇並元載《別集》。

《贈初和甫》

《次韻答和甫盧泉水三首》并序

盧泉在東平府須城縣盧泉鄉。

《寄題欽之草堂》

欽之即傅堯俞。草堂在河陽。

《寄耿令幾父過新堂邑作邏幾父舊治之地》

堂邑，德州縣名。

《放言十首》

《送伯氏入都》

《渡河》已上十四篇並元載《外集》。

元豐八年乙丑，哲廟登極。

先生是歲春夏猶在德平。

四月丁丑，以秘書省校書郎召。其到京師，當在六七月間。

按《實録》：是歲四月丁丑，奉議郎黄庭堅爲校書郎。

《次韻清虚喜子瞻得住常州》

按《東坡年譜》：元豐七年自黄移汝，十二月上表乞於常州居住。八年正月到南京，有放歸陽羡之命，遂居常州。今附于此。子由嘗爲王定國作《清虚堂記》，清虚即定國也。

《次韻公秉子由十六夜憶清虚》

《次韻清虚同訪李園》

《次韻清虚》已上四篇並元載《別集》。

《寄裴仲謨》

按蜀本《詩集注》云：「山谷在德平，與德州太守書云：『庭堅官局，勉以不瘝。幸親老在都下，善眠食，兄弟無它。』」而此詩有「我家輦轂下，薪桂炊白玉。在官與影俱，衣綻髮曲局。天機行日月，春事勤草木」之句。則先生在德平過春又可無疑。仲謨名綸。

《碾建溪第一奉邀徐天隱奉議并效建除體》

《再作答徐天隱》

《重贈徐天隱》

《以十扇送徐天隱》

《四月丁卯對雨寄趙正夫》

正夫名挺之。

《寄懷趙正夫奉議》

先生有《題絳本法帖》：元豐八年夏五月戊申，趙正夫出此書於平原官舍。又《題樂府木蘭詩後》云：「元豐乙丑五月戊申，會食于趙正夫平原監郡西齋。」二詩蓋當時作。

按《國史》：元祐三年十月己丑，蘇軾言御史趙挺之在元豐末通判德州，而著作黄庭堅方監本州德平鎮，挺之希合提舉官楊景棻之意，欲於本鎮行市易法，而庭堅以爲鎮小民貧，不堪誅求。若行市易，必致星散，公文往來，士人傳笑云云。先生它日宜州之禍亦基於此，故因備載。

《題羅山人覽輝樓》

詩中有「思齊太任政勤苦」之句。已上三篇並元載《外集》。

《寄黄幾復》元注云：「乙丑年德平鎮作。」按《成都續帖》：先生草書此詩跋云：

「時幾復在廣州四會，予在德州德平鎮。皆海瀕也。」

《神宗皇帝挽詞三首》

按蜀本《詩集注》云：按《實録》：是歲三月戊戌，神宗升遐。此詩及《王文恭挽詩》皆因崩薨歲月爲次。後多倣此。

《王文恭公挽詞二首》

王珪字禹玉。相神宗、哲宗。按《實録》：元豐八年五月庚戌薨，謚文恭。

《謝送碾賜壑源揀芽》

詩中有「橋山事嚴庀百局」及「右丞似是李元禮」之句。橋山謂神宗山陵，右丞謂李清臣邦直。

《以小龍團及半挺贈無咎并詩用前韻爲戲》晁補之字無咎。

《和答外舅孫莘老》

按蜀本《詩集注》云：「舊本云：『莘老病起作詩寄同舍。』《實録》本傳云：『元豐八年自祕書少監除右諫議大夫。』故詩中有『少監巖壑姿』及『寄聲舊僚屬，尚憐費諫紙』之句。而首句則云『西風挽不來』，當是初秋所作。」

《和答莘老見贈》

詩中有「諫垣始登收」之句，當是同時作。 此篇元載《外集》。

《次韻定國聞子由卧病績溪》

按蜀本《詩集注》云：「蘇黄門《欒城集》有《復病》詩云：『病作日短至，病消秋風初。』黄門時爲歙州績溪令。」王定國名鞏。

《次韻子由績溪病起被召寄王定國》

按蜀本《詩集注》云：「蘇黄門《潁濱遺老傳》云：『移知歙州績溪，始至而奉神宗遺制。居半年，除祕書省校書郎。明年至京師，除右司諫。』此詩今歲秋冬間所作。」先生有此詩真蹟藁本云：「種萱盈九畹，蘇子憂國病。炎蒸卧百戰，山立有餘勁。斯人廊廟器，不合從遠屏。江湖摇歸心，毛髮侵老境。艱難喜歸來，如晴月生嶺。仍懷阻行舟，風水蚊鱷横。補衮諫官能，用儒吾道盛。上書抵平津，蠹藁尚記省。至今民社計，非事頬舌競。方來立本朝，獻納繼晨暝。人才包新舊，王度濟寬猛。必開曲突謀，滿慰傾耳聽。斯文吕與張，泉下亦蘇醒。天聰四門闢，國是九鼎定。身得遭太平，分甘守閒冷。天津十年面，想見頎而整。何時及國門，休暇過煮茗。燒燈留夜語，鴻鴈看對影。但恐張羅地，頗復多造請。維此禮部公，寒泉甃舊井。謫去久羸瓶，召還及脩綆。太任決齋宫，陛下天統慶。日月進亨衢，經緯寒耿耿。西走已和戎，南還無哀郢。不圖西逐臣，朝轡天街並。王子竄炎州，萬死保軀命。還家頰故紅，信亦抱淵静。税屋待車音，掃門親帚柄。行當把書傳，載酒求是正。端如嘗橄欖，苦過味方永。」

《次韻李之純少監惠研》

詩中有「我亦洗湔與清流」之句。當是初入館時。之純名周。

《送舅氏野夫之宣城二首》

李莘字野夫，亦先生母舅。按任氏注云：「按《實録》：元豐八年十二月屯田郎中李莘知宣州。」然此詩未必是時所作，姑以除官之歲月爲次。餘多倣此。

《宣九家賦雪》

詩中有「窮臘月半破」之句。宣九謂宗室宣州院第九者。

《喜念四念八至京》

詩中有「朔雪蕭蕭映薄幃」之句。念四即非熊。念八諱仲堪，字覺民。先生從弟。 二篇並元載《外集》。

《訪趙君舉》

詩中有「朔風吹雪滿都城」之句。因前篇賦雪附見。 元載《別集》。

《宋人年譜叢刊》第五册黄㽦《山谷年譜》卷十九 元祐元年丙寅上

先生是歲在祕書省。

按《國史》：元祐元年三月，司馬光言：「校書郎黄庭堅好學有文，即日在本省別無職事。欲望特差與范祖禹及男康同校定《資治通鑑》。」從之。

十月丙戌，除神宗實録院檢討官、集賢校理。

按《國史》：十月丙戌，黄庭堅除實録院檢討官、集賢校理。

《送范德孺知慶州》

按蜀本《詩集注》云：「德孺名純粹。按《實録》：元豐八年八月，直龍圖閣、京東運使范純粹知慶州。此詩云『春風旌旗擁萬夫』，當是今年春初方作此詩爾。趙子湜家有山谷《與晁堯民帖》云：『范五詩至今未成，比年幾月四十日不曾道一句。』范五即德孺。」

《題王黄州墨跡後》

《題王仲弓兄弟巽序》

仲弓名寔。

《寄尉氏倉官王仲弓》

《有惠江南帳中香者戲贈二首》

《子瞻繼和復答二首》

按蜀本《詩集注》云：「右六詩《答東坡》篇中有『喜公新赴朝參』之句。是時東坡自登州至京師，爲禮部郎中。而迎燕、潤花皆春時事。」

右按《國史》：是歲正月，蘇軾爲中書舍人。先生有此詩墨蹟題云：「有悶帳中香，疑爲熬蠟者，輒復戲用前韻。願勿以示外人，恐不解事者或以爲其言有味也。」因附于此。

《謝公擇舅分賜茶三首》

詩中有「國老元年密賜來」及「拚洗一春湯餅睡，亦知清夜有蛟龍」之句，是春末所作。

《以潞公所惠揀芽送公擇次舊韻》

《承吏部蘇尚書右選胡侍郎皆和鄙句次韻道謝》

《奉同公擇作揀芽詠》

《今歲官茶極妙而難爲賞音者戲作兩詩用前韻》

《公擇用前韻戲嘲雙井》

《又戲爲雙井解嘲》

《奉同六舅尚書詠茶碾煎烹三首》

《與李公擇道中見兩客布衣班荆而坐對戲弈秋因作一絶》

《次韻公擇雨後》

《六舅以詩來覓銅犀用長句持送舅氏學古之餘復味禪悦故篇及之》

《奉和公擇舅氏送吕道人研長韻》

詩中有「春官酌典禮」之句。公擇時爲禮部侍郎。

《再和公擇舅氏雜言》

詩中有「人言無忌似牢之，挽入書林覿文字」之句。

《次韻答王四》

《戲答仇夢得承制三首》

一載《外集》第四卷，二載《外集》第七卷。

《和任夫人悟道》 已上二十篇並元載《外集》。

《便糴王丞送碧香酒用子瞻韻戲贈鄭彦能》

按蜀本《詩集注》云：「以類相從，附前篇子瞻詩。蓋守密州時作，今追用其韻。」彦能名僅。

《題聖寺庭枸杞》

《次韻子瞻贈王定國》

東坡詩所謂「謫僊竄夜郎，子美耕東屯」，即此韻。以《東坡集》攷之，是歲春晚所作。

《次韻張詢齋中春晚》

《次韻張仲謀過酺池寺齋》

詩中有「夜談簾幕冷，霜月動金蛇」之句。

《觀祕閣西蘇子美題壁及張侯家墨蹟十九紙率同舍錢才翁學士賦之》

詩中有「邅來四十年，我亦校書郎」之句。蓋明年正月，先生爲著作佐郎矣。

此篇元載《別集》。

《次韻答晁無咎見贈》

此篇與《春晚》同韻。

《雨過至城西蘇家》

詩中有「飄然一雨洒青春」及「都城誰是得閒人」之句。

《暮到張氏園和壁間舊題》

《從人求花》 已上三篇並元載《外集》，以時序爲次。

《次韻答張文潛惠寄》

文潛名耒。按蜀本《詩集注》云：「按《實録》：是歲十二月試太學，録張耒爲祕書省正字。」此詩蓋夏初方到太學供職所作。故詩有「忽復燕哺兒」及「學省得佳士」之句。

《明月篇贈張文潛》 此篇元載《外集》。

《同錢志仲飯籍田錢孺文官舍》

志仲名勰。孺文名景祥。

《次韻曾子開舍人遊籍田載荷花歸》

按：《王直方詩話》載此篇，自「美物亦有實」至「籠燭照嬋娟」云：「令君誠重客，食前頗加籩。西觀足膴仕，東觀多臞仙。何時載樽俎，坌入觀少年。及此歸沐早，少休從事賢。傳觴定可醉，下箔出嬋娟。」子開名肇。

《送劉士彦赴福建轉運判官》

按蜀本《詩集注》云：「按《實録》：元豐六年六月壬子，朝請郎劉士彦爲福

建路轉運判官。」此篇後亦删去。

《次韻韓川秦祠西太一宫四首》

《次韻王荆公題太一宫壁二首》

《東坡集》亦有此詩。以《東坡集》攷之，當在是年秋。

《有懷半山老人再次韻二首》

《和答錢穆父猩猩毛筆》

穆父名勰。《欒城集》中有和章，略依倣以爲次。

《戲詠猩猩毛筆》

《客有和予前篇爲猩猩解嘲者復戲作詠》

按蜀本《詩集注》云：「山谷有此詩跋云：『錢穆父奉使高麗，得猩猩毛筆，甚珍之。惠予，要作詩。蘇子瞻愛其柔健可人意，每過予書案，下筆不能休。此時二公俱直紫微閣，故予作二詩，前篇奉穆父，後篇奉子瞻。』又任氏舊注云：「山谷此詩舊題云：『前篇奉錢穆父，後篇奉子瞻。是時二公皆作中書舍人。』按：東坡是歲九月方遷翰林學士。」

《奉和文潛贈無咎末篇多見及以既見君子云胡不喜爲韻》

《贈陳師道》

師道字無己，一字履常。按蜀本《詩集注》云：「按《實録》：元祐二年四月乙巳，徐州布衣陳師道充徐州州學教授。」觀此贈陳師道之篇，以爲逸民。蓋猶未得官也。而詩又有「紅榴罅多子」之句，宜以爲元年所作。

畚淳熙初客富川，與王景文質論詩。景文云：「嘗聞榮茂世云，得之前輩言，山谷嘗與後山相遇於潁昌，因及杜詩《暮歸》詩中『客子入門月皎皎，誰家搗練風凄凄』之句，故此詩有云『霜月入户寒皎皎』及『萬人叢中一人曉』。」元載《外集》，雖未詳歲月，因前篇注故附。

《送六十五弟貢南歸》

《贈吴道士》 此二篇亦載《外集》。

《宋人年譜叢刊》第五册黄畚《山谷年譜》卷二十 元祐元年丙寅下

《次韻答邢惇夫》

按蜀本《詩集注》云：「按《實録》：元祐元年正月，起居舍人邢恕權發遣隨州。惇夫，恕之子也，侍親以行。此詩有『夢不到漢東』之句。漢東即隨州。又云『雨作枕簟秋』，蓋元年秋也。」惇夫名居實。

《和邢惇夫秋懷十首》

詩中有「陳師道篇」，如前説。

《謝公定和二范秋懷五首邀予同作》

按蜀本《詩集注》云：「詩有黄令，謂幾復也。幾復丁卯歲方至吏部改官。見二年詩。此詩蓋元年所作明矣。詩亦有『陳師道篇』，如前説。」

《送謝公定作竟陵主簿》

《同謝公定攜書浴室汶師置飯作此》

《謝人惠茶》

詩中有「天上歸來對書客」之句。

《贈送張叔和》

叔和名埍。

《懋宗奉議有佳句詠冷庭叟野居庭堅於庭叟有十八年之舊故次韻贈之庭叟有佳侍兒因早朝而逸去其後乃插椒藩甚嚴密》 已上三篇並元載《外集》。

《送顧子敦赴河東三首》

子敦名臨。按蜀本《詩集注》云：「按《實録》：元祐元年七月，祕書少監顧臨爲河東轉運使。此詩有『攬轡都城風露秋』之句。蓋秋晚所作。」

《司馬温公挽詞》

是歲九月丙辰温公薨，而葬以明年二月。

《欒城集》亦有此詩。當是今冬所作。

《送鄭彦能宣德知福昌縣》

先生有此詩真蹟跋云：「吾友鄭彦能今可爲縣令師也。以余寒鄉士，不能重之於朝，故作詩贈行，以識吾愧。元祐元年丙寅，黄庭堅題。」今以歲月爲次，移附於此。

《古意贈彦能》

此詩元載《外集》。雖非同時所作，併附于此。

《次韻子瞻武昌西山詩》

《東坡集》此詩序云：「元祐元年十一月二十九日作。」

《子瞻詩句妙一世乃云效庭堅體蓋退之戲效孟郊樊宗師之比以文滑稽耳恐後生不解故次韻道之》

《東坡集·送楊孟容》詩即此韻，次《武昌西山》詩後。

《柳閎展如蘇子瞻甥子其才德甚美有意於學故以桃李不言下自成蹊八字作詩贈之》

《戲詠蠟梅二首》

按蜀本《詩集注》云：「京師初不以蠟梅爲貴，其得名自先生始。」今附此篇於元年之冬。

《蠟梅》

按蜀本《詩集注》云：「舊本題下注云『和呈都尉』，當以爲王詩，有『埋玉』之句，謂王詵晉卿尚蜀國公主，時主已下世。」

《短韻奉乞蠟梅》

此篇蜀本載於崇寧二年《謝人惠貓兒頭笋》後。今從元次附此。

《從張仲謀乞蠟梅》

《賈天錫惠寶薰乞詩予以兵衛森畫戟燕寢凝清香十字作詩報之久失此藁偶於故紙中得之》

按蜀本《詩集注》云：「山谷有此詩跋云：『余甚寶此香，未嘗與人。城西張仲謀爲我作寒計，惠騏驥院馬通薪二百，因以香二十餅報之。』」

《戲答張祕監饋羊》

此篇蜀本載之三年。按《實録》：元祐二年二月己丑，祕書監張問爲給事中。今移附于此。

元祐二年丁卯〔上〕

先生是歲在祕書省兼史局。

正月，除著作佐郎。

按《國史》：正月辛未黄庭堅爲著作佐郎。

《常父惠示丁卯雪十四韻謹同韻賦之》

詩中有「春皇賦上瑞」之句。則歲首所作。常父即孔武仲。

《詠雪奉呈廣平公》

按吴曾《漫録》云：「歐陽季默嘗問東坡：『山谷詩何處是好？』東坡不答，但劇口稱重黄詩。季默云：『如夜聽疏疏還密密，曉看整整復斜斜，豈是佳耶？』東坡云：『政是佳處。』」廣平公即宋盈祖。

《和王明之雪》 此篇元載《別集》，與前篇同韻。

《次韻宋楙宗僦居甘泉坊雪後書懷》

《和答子瞻和子由常父憶館中故事詩》

按蜀本《詩集注》云：「以《東坡》、《欒城集》爲次。又此詩云『桃李春晝永』。」

《雙井茶送子瞻》

《和答子瞻》

《子瞻以子夏丘明見戲聊復戲答》

《省中烹茶懷子瞻用前韻》

按蜀本《詩集注》云：「四篇當是今歲春送新茶詩，有『翰林貽我東』之句，謂東坡先生。按《實録》：元年九月丁卯，東坡遷翰林學士。《東坡集》有《次韻黄魯直赤目》詩，即此韻。而元年十月山谷遷實録院檢討官，今歲又爲著作佐郎，故有『顧載軒轅訖鼎湖』之句。」

《以雙井茶送孔常父》

《常父答詩有煎點徑須煩緑珠之句復次韻戲答》

《戲呈孔毅父》

按蜀本《詩集注》云：「三篇皆用前韻。第三篇有『校書著作頻詔除』之句。山谷今歲除著作佐郎。」

《謝黄從善司業寄惠山泉》

從善名降，後爲御史中丞。此篇亦用前韻，山谷晚年删去。按《實録》：元豐八年十二月乙酉，承議郎黄降守國子司業。此詩以與《省中烹茶》同韻，姑從蜀本之次。

《予欲金玉汝贈黄從善》

《寄從善》 政此二篇元載《外集》。恐亦非當時所作，併附于此。

《次韻子瞻春菜》

按《東坡集》：《春菜》詩在《和古風》前。此詩當是追和，今附于此。 元載《外集》。

《宋人年譜叢刊》第五册黄㽦《山谷年譜》卷二十一 元祐二年丁卯〔中〕

《見諸人唱和酴醿詩輒次韻戲詠》

按蜀本《詩集注》云：「《欒城集》中有《次韻孔文仲舍人酴醿》，即此韻。此後有《和曾子開扈從詩》，見《外集》。以《欒城》詩攷之，蓋四月一二日也。」

《次韻秦覯過陳無己書院觀鄙句之作》

按蜀本《詩集注》云：「無己來京師寓居陳州門，見予所作《秋懷》詩。書院當在此地。而此詩有『牆陰老春薺』之句。」覩字少章。

《陳留市隱》并序

此詩蓋陳無己先作。蜀本詩序云：「陳留江端禮季共曰：『陳留市上有刀鑷工，年四十餘，無室家子姓，惟一女年七歲矣。日以刀鑷所得錢與子女醉飽，醉則簪花吹長笛，肩女而歸。無一朝之憂，而有終身之樂，疑以爲有道者也。』視此加詳，因具載之。」

《晁張和答秦覯五言予亦次韻》

《劉晦叔許洮河緑石研》

晦叔名昱。

《以團茶洮州緑石研贈無咎文潛》

按蜀本《詩集注》云：「按《實録》：元祐元年十二月試太學録張耒，試太學正，晁補之並爲祕書省正字。而此詩有『道山延閣委竹帛』之句。蓋今歲所作。」

《謝王仲至惠洮州礪石黄玉印材》

仲至名欽臣。因洮研詩附見。

《次韻文潛同游王舍人園》

詩中有「濃緑張夏帷」之句。

《卧陶軒》

詩中有「城南晁正字」之句。

《次韻寄晁以道》

以道名説之。

《次以道韻寄范子夷子默》

子夷名正平。子默名正思。

《僧景宗相訪寄法王航禪師》

按蜀本《詩集注》云：「張方回家本山谷自注云：『智航道人住嵩山法王寺，數遣小僧景宗到京師，因宗還寄之。』」又先生有此真蹟石刻，題云：「因僧景宗還大法寺寄航長老。」

《次韻子瞻送顧子敦河北都運二首》

按蜀本《詩集注》云：「按《實録》：元祐二年四月癸巳，給事中顧臨爲河北路都轉運使。以東坡詩爲次。」

《餞子敦席上奉同孔經父八韻》

《次韻張昌言給事喜雨》

以《東坡》、《欒城集》爲次。欒城詩云「已收蠶麥無多日」，蓋四月間。昌言名問。

《送李德素歸舒城》

《詠李伯時摹韓幹三馬次蘇子由韻簡伯時兼寄李德素》

《東坡集》有此詩，在《喜雨》詩後。伯時名公麟。德素名䆮。

《次韻子瞻和子由觀韓幹馬因論伯時畫天馬》

《次韻答王慎中》

慎中名寅。

《子瞻去歲春夏侍立邇英子由秋冬間相繼入侍作詩各述所懷予亦次韻四首》

先生有此四詩真蹟，題云「子瞻去歲春夏侍立邇英，子由秋冬間相繼入侍，次韻四首，各述所懷，予亦次韻。」

《再次韻四首》

先生有真蹟題云《子由作四絶句書起居郎時入侍邇英講所見輒以所聞次韻》。

按：第二篇首句「風櫺倒影日光寒」先生真蹟石刻作「風櫺倒竹影光寒」，政合《春明退朝録》所云隆儒殿在邇英閣後叢竹中故事。

《次韻子瞻題郭熙畫秋山》

以東坡詩爲次。東坡詩所謂「玉堂晝掩春日閒」，即此韻，在《入侍邇英殿詩後。

《題郭熙山水扇》

《題惠崇畫扇》

《題鄭防畫夾五首》

《戲題小雀捕飛蟲畫扇》

《題畫孔雀》

先生有此詩真蹟石刻題云：「題實師畫孔雀。」

《睡鴨》

先生有此詩真蹟石刻，首句「山雞照影」作「山雞臨水」。

《小鴨》

《題劉將軍鴈二首》

前篇載《文集》五卷。後篇載《文集》九卷。

《題劉將軍鵝》

《題晁以道雪鴈圖》

《題王居士所藏王友畫桃杏花二首》

《題陽關圖二首》

《題歸去來圖一首》

《題畫鵝鴈二首》

《題老鶴萬里心》

《題韋偃馬》

《答王道濟寺丞觀許道寧山水圖二首》

前篇載《外集》第三卷，二十二韻。後篇載《外集》第十二卷，比前篇多一韻。其間大同小異。恐前篇是改定本，一時編次不覺并載。今併存之。已上十二篇並元載《外集》。

《次韻奉酬劉景文河上見寄》

詩中有「煮春茗」之句。

《奉謝劉景文送團茶》

《謝景文惠浩然所作廷珪墨》

《和劉景文》

《同劉景文遊郭氏西園因留宿》

《同景文詠蓮塘》 已上五篇並元載《外集》。

《宋人年譜叢刊》第五册黃㽦《山谷年譜》卷二十二 元祐二年丁卯下

《次韻子瞻題無咎所得文與可竹二首粥字戲嘲無咎人字詠竹》

《東坡集》此詩在《郭熙秋山》後。

《次韻文潛休沐不出二首》

《奉同子瞻韻寄定國》

東坡《玉堂獨坐懷王定國》詩即此韻。在《題無咎竹》後。

《次韻王定國揚州見寄》

《往歲過廣陵值早春嘗作詩云春風十里珠簾捲彷彿三生杜牧之紅藥梢頭初繭栗揚州風物鬢成絲今春有自淮南來者道揚州事戲以前韻寄王定國二首》

先生有此詩真蹟云：「後數年，京師塵土中，客有自揚州來，交轡久之，道王定國事，因用前之字韻作二小詩寄定國。」按：石刻第二詩「日邊」作「目邊」。此詩後又書云：「王晉卿數送詩來索和，老嬾不喜作。此曹狡猾，又頻送花來促詩。戲答：『花氣薰人欲破禪，心情其實過中泉。春來詩思何所似，八節灘頭上水船。』」今集中偶不載，因附於後。

《次韻錢穆父贈松扇》

《戲和文潛謝穆父松扇》

東坡《和張耒松扇》詩在王定國後。

《謝鄭閎中惠高麗畫扇二首》

《畫王氏夢錫扇》 此篇元載《別集》。

《次韻王炳之惠玉板紙》

炳之名伯虎。

《謝王炳之惠石香鼎》

《謝王炳之惠茶》 此篇元載《別集》。

《次韻柳通叟寄王文通》

《送張天覺得登字》

按蜀本《詩集注》云：「按《實録》：元祐二年七月開封推官張商英提點河東路刑獄。」商英字天覺。東坡此詩在《松扇》後。

《次韻徐文將至國門見寄》

詩中有「槐催舉子著花黃」之句。蓋是歲秋試。

《博士王揚休碾密雲龍同事十三人飲之戲作》

《和答梅子明王揚休點密雲龍》 此篇元載《外集》。

《答黃冕仲索煎雙井并簡揚休》

《再答冕仲》

《戲答陳元輿》

元輿名軒。

《再答元輿》

《次韻冕仲考進士試卷》

已上皆武成宫試闈所作。

《和冕仲觀試進士》

《送劉道純》

詩中有「大梁城中笏拄頰」之句。　二篇並元載《外集》。

《次韻游景叔聞洮河捷報寄諸將四首》

景叔名師雄。按蜀本《詩集注》云：「按《實録》：元祐二年八月禽西蕃首領鬼章青宜結，檻送闕下。」

《和游景叔月報二捷》

與前詩同時作。

《次韻崔伯易席上所賦因以贈(竹)〔行〕二首》

按蜀本《詩集注》云：「按《實録》：元祐二年十月將作少監崔公度知潁州。又按本傳：公度字伯易，高郵軍人。此詩十月所作。」

《同子瞻和趙伯充團練》

《戲答伯充勸莫學書及爲席子澤解嘲》

趙伯充名叔盎。席子澤名延賞。

《謝景叔惠冬笋雍酥水梨三物》

《再答景叔》

二詩並以時序爲次。

《次韻幾復和答所寄》

先生有此詩真蹟跋云：「丁卯歲，幾復至吏部改官，追和予丁丑在德平所寄詩也。」

《寄上叔父夷仲三首》

按蜀本《詩集注》云：「張方回家本前一篇題云《寄上叔父夷仲》，後二篇題云《叔父夷仲入奏近寄此詩用前韻》。」今以先生所作《叔父行狀》攷之，元祐元年二月差按察成都等路茶事。二年除直祕閣權發遣都大茶馬，以職事入奏，十二月除右司。則前一篇寄蜀中，後二篇則叔父已出蜀矣。

《奉答謝公静與榮子邕論狄元規孫少述詩長韻》

按：謝景温《小隱田記》又云：「七年不幸伯兄殁于鄧。」而此詩有「謝公遂如此，宰木已三霜」，則是今歲所作。任氏次于元年，非是。今改附于此。子邕名輯。

《送薛樂道知鄖鄉》

詩中有「我思謝公淚如雨，屬公去灑穰下土」之句。

《送朱樂仲》

詩中有「故人皆在國北門」及「十五餘年乃一逢」之句。　二篇並元載《外集》。

《和答劉仲叟殿院》

詩中有「諸公遊蓬壺，賤子濫末至」之句。

《題劉法直詩卷》　二篇並元載《别集》。

《宋人年譜叢刊》第五册黄𦏁《山谷年譜》卷二十三　元祐三年戊辰上

先生是歲在祕書省兼史局。

正月，東坡知貢舉，先生爲參詳。

按《題太學試院》云：「元祐三年正月乙丑鎖太學，試禮部進士四千七百三十二人。三月戊申，奏號進士五百人、宗室二人。子瞻、莘老知舉，熙叔、元輿、彦衡、魯直、子明參詳，君貺、希古、履中、器之、成季、明略、無咎、堯民、元忠、遐叔、子發、君時、天啓、志完點檢試卷。是日侍御史日晏不來，爲子發書。」

五月，詔新除著作郎黄庭堅依舊著作佐郎，以御史趙挺之〔論，故有是命〕。

按：挺之有憾於先生德平鎮日不肯奉承行市易事，已見元豐八年注。

《考試局與孫元忠博士竹間對窗夜聞元忠誦書聲調悲壯戲作竹枝歌三章和之》

元忠名朴。

《觀伯時畫馬》

《東坡集》有和篇，題云《試院中作》。

《題伯時畫蠅虎》

《題伯時畫觀魚僧》

按舊本題云：「伯時作清江游魚，有老僧映樹身觀之，筆法甚妙，予爲名曰《玄沙畏影圖》，并題數語云。」

《題伯時畫頓塵馬》

先生有此詩真蹟，題作《輾馬》，今觀詩句乃云：「忽思馬欲頓風塵」，則是《輾馬》無疑。蜀中見有石刻。

《題伯時畫嚴子陵釣灘》

《題松下淵明二首》

按：蜀本《詩集》前一篇注云「皆試院作」。後一篇載《外集》第四卷，當是初本。今併存之。後篇已注改，兼蜀本石刻真蹟題云《題李伯時所作松下淵明》，而第三、第四句亦不同，云「平生夢管葛，把菊見南山」。

《老杜浣花谿圖》并引

按《金陵續帖》：先生有草書此詩，多不同，如「碧雞坊西結茅屋，百花潭水濯冠纓」作「浣花溪邊築茅屋，百花潭底濯塵纓」，「空蟠」作「獨蟠」，「探道」作「譚道」，「且眼前」作「但眼前」，「樂易」作「樂逸」，「園翁」作「田翁」，「皆去」作「皆出」，「酒船」作「江樓」，「無主看」作「爛漫列」，「解鞍脱」作「干戈解」，「不用」作「不願」，「平安報」作「平安信」，「鋪牆」作「鋪壁」，「常使」作「長使」，「千古無」作「今古無」。漫載于此。　元載《外集》。

《伯時彭蠡春牧圖》

《題伯時馬》　二篇元載《別集》。

《次韻子瞻子由題憩寂圖二首》

按蜀本《詩集注》云：「子由《題柳仲遠所藏李伯時畫胡僧憩寂圖》，舊有跋云：『元祐三年正月二十七日子由題。』東坡與山谷皆有和章，當是皆試院後作。今附見于此。」而蜀本石刻真蹟題云：「子瞻詠李伯時所作《憩寂圖》，其本石子瞻醉墨也。」

《次韻子瞻元夕扈從端門二首》

《戲和舍弟船場探春》

《次韻舍弟題牛氏園二首》

《王才元惠梅三種皆妙絶戲答三首》　已上五篇並元載《外集》。

先生有此詩跋云：「州南王才元舍人家有百葉黄梅，絶妙。禮部鎖院，不復得見。開院之明日，才元遣送數枝，蓋是歲大雨雪，寒甚，故梅亦晚開耳。」又一跋云：「元祐初，鎖院禮部，阻春雪，還家已三月。王才元舍人送黄紅多葉梅數種，爲作三詩，付王家素素歌之。」今玉山汪氏有先生三詩真蹟，如「城南名士遣春來」作「佳士百葉緗梅」，「觸撥入」作「苦惱人」。按：王立之《詩話》，「觸撥」字初作「苦惱」，其後改焉。今具載于此。才元名棫。立之，才元之子，字直方。

《急雪寄王立之問梅花》

《又寄王立之》

已上二篇元載《外集》。

《王立之承奉詩報梅花已落盡次韻戲答》

《乞桃花二首》

《寄杜家父二首》

《王才元舍人許牡丹求詩》

《謝王舍人剪送狀元紅》

《王立之以小詩送並蒂牡丹戲答》

《從王都尉覓千葉梅云已落盡戲作嘲吹笛侍兒》

此詩有「催盡落梅春已半」之句，蓋是出試院所作。

《次韻李士雄子飛獨遊西園折牡丹憶弟子奇二首》

按：舊本共三首。前二首云：「花開西寺十里雪，管領須傾三百盃。已撥春醅鬧如蟻，望君及得禁煙回。」「東陽瘦盡吟詩骨，冷落花前飲鳳團。魏紫姚黄滿京洛，大名城裏看山丹。」而此本第一首卻題作《再和子飛寄子奇》。　此二篇元載《外集》。

《次韻答曹子方雜言》

按蜀本《詩集注》云：「曹輔字子方。東坡有《送曹輔赴閩漕》詩，在《好頭赤》詩後。」按《實録》：元祐三年九月太僕寺丞曹輔權發遣福建路轉運判官。山谷此詩蓋輔未出使以前所作，今附于此。

《和曹子方雜言》

《謝曹子方惠二物二首》　已上二篇並元載《外集》。

《戲答陳季常寄黄州山中連理松枝二首》

按蜀本《詩集注》云：「山谷有《太平興國寺浴室院題》云：『故人陳季常，林下士也，寓棋簟於此。子瞻、范子功數來從之。元祐三年六月丁亥書。』然此詩未必是時所作，姑以物色附見。」

《次韻子瞻送李廌》

李廌字方叔，是歲下第歸。東坡此詩在《次韻黄魯直畫馬》後。

《次韻宋楙宗三月十四日到西池都人盛觀翰林公出遊》

翰林公謂東坡。東坡有《和宋肇遊西池》即此韻。在《訪李方叔》詩後。

《韓獻肅公挽詞三首》

韓絳字子華。事神宗再爲宰相。按《實録》：元祐三年三月薨，謚獻肅。東坡有《韓康公挽詞》，在《游西池》後。康公即獻肅。

《宋人年譜叢刊》第五册黄嵤《山谷年譜》卷二十四 元祐三年戊辰中

《次韻子瞻寄眉山王宣義》

東坡有《慶源宣義王丈求紅帶》詩即此韻。其序云：「請黄魯直學士、秦少游賢良各爲賦一首，爲老人光華。」先生有此詩真蹟藁本云：「參軍但有四立壁，初無臨江千木奴。白頭不是折腰具，桐帽棕鞋稱老夫。滄江鷗鷺野心性，陰壑虎豹雄牙須。鸛鶴作裘初服任，猩血染帶鄰翁無。昨來杜鵑勸歸去，更得把酒聽提壺。當今人才不乏使，天上二老須人扶。兒無飽飯尚勤書，婦無複褌且著襦。社甕河漉溪可漁，更問黄雞肥與臞。林間醉著人伐木，猶夢官下聞追呼。萬釘圍腰莫愛渠，富貴安能潤黄壚。」

《送高士敦赴成都鈐轄二首》

按前篇注有云：「此後有《送高士敦鈐轄》詩，並見《外集》。」今附于此。

《聽宋宗儒摘阮歌》

《自門下後省歸卧酺池寺觀盧鴻草堂圖》

《欒城集》有此圖詩，當同時作。按：《欒城集》次於《韓康公挽詞》後。

《子瞻寺壁作小山枯木》

《題子瞻寺壁小山枯木》

寺壁即酺池寺。

《題子瞻枯木》

《次韻子瞻詠好頭赤圖》

《東坡集》此詩在《紅帶》詩後。

《次韻子瞻書黄庭經付蹇道士》

《子瞻題秋引進雪林石屏要同作》

《和子瞻内翰題公擇舅中丞山房》

《次韻子瞻送穆父二絶》

《題子瞻書詩後六言》

先生有此詩真蹟，題云「題東坡先生自書詩卷尾」。

《戲贈高述六言》 已上七篇並元載《外集》。

《王聖美三子補中廣文生》

聖美名子(韻)〔韶〕。此篇蜀本載之二年。合移附是歲。

《蘇李畫枯木道士賦》

先生有《跋自書枯木道士賦後》云：「比來子由作《御風詞》，以王事過列子祠下作，猶未見本，問子瞻文作何體。子瞻云『非詩非騷，直是屬韻《莊周》』一篇耳。」晁無咎作《求志》一章，子瞻以爲《幽通》當北面也。此二文他日當奉寄，閒居當熟讀《左傳》、《國語》、《楚詞》、《莊周》、《韓非》。欲下筆略體古人致意曲折處，久(久)〔之〕乃能自鑄偉詞。雖屈、宋亦不能超此步驟也。」

《東坡居士墨戲賦》

《劉明仲墨竹賦》 此篇元載《外集》。

《白山茶賦》 已上三篇並元載《文集》。

《題子瞻墨竹》

《題東坡竹石》 此二篇並元載《别集》。

《詠伯時虎脊天馬圖》

《訪伯時象龍圖》

《題竹石牧牛》

按蜀本《詩集注》云：「三詩並附前篇。」而《天馬圖》有「歲在執徐同」之句。蓋戊辰歲也。

《題伯時天育驃騎圖二首》

《觀劉永年(圖)〔團〕練畫角鷹》

《題王晉卿平遠》

《題燕邸洋川公養浩堂畫》 此二篇並元載《别集》。

《戲題大年防禦蘆鴈》 此篇元載《外集》。

《題大年小景》 此篇元載《别集》。

《避暑李氏園二首》

《李大夫招飲》 已上三篇並元載《外集》。

《大暑水閣聽王晉卿家昭華吹笛》

《次韻子瞻和王子立風雨改書屋有感》

子立名適。東坡此詩在《送曹輔》詩後。

《嘲小德》

東坡有和章，次前篇。

《戲答王定國題門兩絶句》

東坡《嘲小德》詩後有《和王定國會飲清虚堂》詩，時定國歸自揚州。

《呈外舅孫莘老二首》

按蜀本《詩集注》云：「詩意喜莘老得歸。按《實録》元祐三年九月，御史中丞孫覺提舉醴泉觀。本傳：公以疾堅請外，提舉舒州靈仙觀。」此詩九月以後所作。今附于此。

《寄老庵賦》

先生有此賦真蹟跋云：「劉貢父作《菴記》，菴在歷陽温湯之僧舍。莘老來索此文。」雖莫詳年月，因前詩請外，故附此。

《以天壇靈壽杖送莘老》

《次韻胡彦明同年羈旅京師寄李子飛三章一章道其困窮二章勸之歸三章言我亦欲歸耳胡李相甥也故有檳榔之句》

《與胡彦明處道飲融師竹軒》

《謝送宣城筆》

按：《成都續帖》中有先生手寫此詩，題云《謝陳正字送宣城諸葛筆》，跋云：「李公擇在宣城，令諸葛生作雞距法，題云：『草玄筆寄孫莘老』。」

《送徐景道尉武寧二首》

《王彦祖惠其祖黄州制草書其後》

《杜似吟院兩首》

《奉送劉君昆仲》 已上十一篇並元載《外集》。

《清人怨戲效徐庾慢體三首》

《戲答俞清老道人寒夜三首》

《宋人年譜叢刊》第五册黄䓨《山谷年譜》卷二十五 元祐三年戊辰下

按蜀本《詩集注》云：「趙彦清家有山谷跋此詩，其末云：『東坡屢哦此詩，以爲妙也。元祐四年歸自門下省，書於酺池寺南退聽堂上。』此跋四年所書，而詩則三年冬所作。蓋四年之冬，東坡在杭州也。」

《祕書省冬夜宿直寄懷李德素》

《歲寒知松柏二首》

按蜀本《詩集》前一篇注云：「東坡所和乃『知』字韻，在《嘲小德》詩後。」後篇在《外集》第六卷。今併附此。

《東觀讀未見書》

《被褐懷珠玉》

《款塞來享》

按蜀本《詩集注》云：「三篇未必同時所作，然皆效進士體，以教兒姪，今附見。《東坡雜記》云：『元祐三年十二月二十八日，上御延和殿，奏范鎮新樂。時西夏方遣使款延州塞，故進士作《延和殿奏新樂賦款來享詩》云。』」

《效進士作觀成都石經詩》

《送曹子方福建路運判兼簡運使張仲謀》

詩中有「山驛官梅破小寒」之句，以時序附此。詳見前篇注。

《戲贈曹子方家鳳兒》

詩中有「莫隨閩嶺三年語」之句，蓋同時作。

《何氏悦亭詠柏》 已上四篇並元載《外集》。

《憶邢惇夫》

按蜀本《詩集注》云：「山谷《跋惇夫集》有『國馬不及奉輿，斃於皂櫪』之語。蓋元祐三年十一月庚戌也。此詩宜附見于此。」

《次韻秦少章晁適道贈答詩》

詩中有「陰風雪塞廬」之句，當是此年冬所作。蓋明年冬少章從東坡在杭州矣。

《次韻答秦少章乞酒》

詩中有「水餅嚼冰蔬」之句，亦冬時所作。

《次韻答少章聞雁聽雞二首》

先生有此詩真蹟，題云《同陳無己和答秦少章聞雁聽雞二絶句》。

《伯父祖善耆老好學於所居紫陽溪後小馬鞍山爲放隱齋遠寄詩句意欲庭堅和之幸師友同賦率爾上呈》

序中有「師友同賦」之語，當是求東坡諸公和章。明年東坡已在杭，故附于此。 已上三篇並元載《外集》。

䓨昔嘗聞諸先人，此詩蓋和曾伯祖祖善韻。曾伯祖詩并序云：「老伯行年七十有六，同時兄弟名滿四海，墓木已拱，合令老夫老更狂。近築亭於馬鞍山，松聲泉溜，足以忘年。魯直九姪爲我乞詩朝中諸公，要驚山衹突兀出聽：直木皆先伐，輪囷卻歲寒。時需病者粟，倒著掛時冠。人樂觀魚尾，山齋跨馬鞍。朝中乞佳句，留與子孫看。」是時先生所求朝士和篇甚多。今張文潛集中有和篇，末句云：「平生未識面，試作阿咸看。」即和此詩韻耳。

元祐四年己巳

先生是歲在祕書省兼史局。

按蜀本《詩集注》云：「山谷在京師，多與東坡唱和。四年夏，東坡出知杭州，遂無詩伴。而山谷常苦眩暈，多在史局，又多侍母夫人醫藥。」任氏注云：「山(中)〔谷〕有《與王長源詩跋》云：『相見於京師，忽忽不得盡生平朋友之意。長源告行，會小人年來頭眩，不能苦思，因以廢詩。輒以舊詩十許贈長源。』又有《老杜詩跋》云：『老夫今年四十五，不復能作詩，它文亦懶下筆。欲學詩，老杜足矣。』又與俞清老、曹荀龍書皆云：『庭堅自去年三月已不作詩。』山谷是歲四十有五。又嘗有詩云：『日歷如山不到詩。』」今以山谷《答黎晦叔》(詩)〔書〕攷之，書云：「自元祐中以病虐不能苦思，遂不作詩。」又《與深道宣德書》云：「自二年來，苦頭眩，不能苦思，因絶不作詩。」則其不作詩恐不特因無詩伴耳。

七月，除集賢校理。

按《實録》：七月甲午，以修實録院檢討官、朝奉郎、行祕書省著作佐郎黄庭堅爲集賢校理。

九月，遇明堂大禮，以任子恩澤奏補姪樸。先生有《乞奏補狀》，載《外集》。

《頤軒詩六首》

按家藏此詩真蹟，序云「元祐四年正月癸酉」。又有《與君素手書》云：「《頤軒詩》久草成，以真不工，久未寫去。今漫遣，不知可意否。」後題「二十一日」。

《寺齋睡起二首》

後詩云：「桃李無言一再風」，蓋春時作。又有「人言九事十爲律，儻有江船吾欲東」之句。今《豫章文集》前篇載第五卷，後篇載〔第〕九卷。今從任次。

《記夢》

《同元明過洪福寺戲題》

按舊本并蜀本有序云：「三月中，同吕元明、畢公叔至洪福寺，見元明壁間舊題，元與晉之醉後使騎擊木撼花以爲笑戲題云。」

《出城送客過故人東平侯趙景珍墓》

按蜀本石刻真蹟題云《春游偶到故人東平侯墓下》，今以時序附見。　此篇元載《别集》。

《效王仲至少監詠姚花用其韻四首》

按：此詩蜀本置之三年。按先生有手書真蹟。此前後二首跋云：「元祐四年春末，偶入竇高州園。園中闃然，花之晚開者皆妙絶。羣木陰中姚黄數本初開，不數日當零落草根，因折取二本，獨賞於門下後省。其一歸李公擇，其一歸王仲至。仲至作四詠，因同韻作。仲至詩規模甚遠，不與當時同律，故罕知音云。六年五月乙丑，同忠玉、宗玉乞飯乞浴於浄照道人所，愛此紙宜筆墨，書此以消飯。」今移附于此。

《戲答晁適道乞消梅二首》

《以梅餽晁深道戲贈二首》

以時序爲次。

《次韻子實題少章寄寂齋》

子實名端。因後有《送少章》詩，附見于此。此篇後亦删去。

《次韻孫子實寄少游》

《戲書秦少游壁》

《贈秦少儀》

少儀名覿。

《送少章從翰林蘇公餘杭》

按蜀本《詩集注》云：「按《實録》：東坡出知杭州在元祐四年，而行以五月。陳無己至南京見東坡，《從登後樓》詩『五月池無水』，又《送行》詩云『一雨三月涼』。」四詩略從舊次。

《題浄因寺壁二首》

《六月十七日晝寢》

以時序爲次。

《北窗》

《趙子充示竹夫人詩蓋涼寢竹器憩臂休膝似非夫人之職予爲名曰青奴并以小詩取之二首》

先生有此詩真蹟。後一首題云：「從趙端承議乞竹奴，俗所謂從夫人者。」

《題李十八知常軒》

《次韻奉答吉鄰機宜》

《題劉氏所藏展子虔感應觀音二首》　已上四篇並元載《外集》。

《范蜀公挽詞二首》

按蜀本《詩集注》云：「東坡作《蜀公誌銘》云：『元祐三年閏十二月薨，葬以

四年八月。』此詩蓋四年夏秋間所作。」

《宗室公壽挽詞二首》

按《吕氏蒙訓》云：「『天網恢中夏，賓筵禁列侯』，後改云『屬舉左官律，不通宗室侯』。」

《黄潁州挽詞二首》

潁州名好謙，字幾道。其子即師是。爲河北漕時先生作學官，與之通譜。好謙居陳州，故有「哀笳宛丘道」之句。此詩當是前作，今從任次。

《樂壽縣君吕氏挽詞二首》

《李濠州挽詞二首》　此二篇元載《外集》。

《宋人年譜叢刊》第五册黄㽦《山谷年譜》卷二十六　元祐五年庚午

先生是歲在祕書省兼史局。

《寄忠玉提刑》

按《實録》：元祐五年六月己未，右宣德郎馬瑊提點淮南西路刑獄。又八月戊戌以淮南西路提點刑獄馬瑊爲兩浙路提點刑獄。雖蜀本於四年注稱先生已不作詩，只得附於是歲。先生有真蹟藁本題云《贈送忠玉提刑朝奉》「市骨蘄千里，量珠買娉婷。駑駘驂逸駕，西子泣深屏。吾人材高秀，胸次别渭涇。嚴能喜劇部，持節按祥刑。萑蒲稍衰息，郡縣或空囹。讀書頭欲白，見士眼終青。今時斧斤地，虛次待發硎。早晚太微禁，占來有使星。」　此篇元載《外集》。

元祐六年辛未

先生是歲在祕書省兼史局。

三月，詔爲起居舍人。以韓川有言，行著作佐郎。

按《國史》：三月癸酉詔鄧温伯、趙彦若、范祖禹、曾肇、林希各遷一官，陸佃爲龍圖閣直學士，黄庭堅爲起居舍人，並以《神宗實録》書成賞勞也。中書舍人韓川有言，詔黄庭堅行著作佐郎。又按《國史》：初，吕大防欲用庭堅，太皇太后曰：「恐再繳，不如依例與改官。」

六月，特封母壽光縣太君爲安康郡太君。以先生陳乞以書成轉官恩回授。

先生有《辭免轉官》及《乞回授狀》，載《别集》。

六月十八日，丁母安康太君憂。

先生叔父給事有《與郭明叔提舉書》云：「家世不祐，六月間李氏嫂傾逝。此懷苦楚，何以堪任。諸姪已扶護歸分寧。幸蒙朝廷恩賜優厚，感戴何已。」蓋嘗蒙朝廷賻恤耳。

元祐七年壬申

先生是歲正月八日護母安康郡太君喪抵家。

五月，叔父給事歿于京師。

叔父即夷仲。五月丙申歿于官。先生有《與洪甥書》云：「老舅方此荼毒，百骸殄瘁。又聞給事叔父之訃，一慟欲絶，奈何！」

元祐八年癸酉

先生是歲居喪，六月外除。

二月戊申，葬母氏安康太君，祔于臺平祖域之内康州使君之兆。

七月，除編修官。

按《國史》：七月壬寅吕大防言：神宗皇帝正史限一年了畢，契勘昨修兩朝正史，係差史官五員，今來止有三員。切慮猝難就緒，欲差前實録院檢討官黄庭堅、正字秦觀爲編修官。從之。

九月除服，具奏辭免編修之除。

先生有《辭免史院編修狀》，載《别集》。

《癸酉八月同百丈肅禪師温湯作小詩呈九僊舜公長老》　此篇元載《别集》。

《宿靈湯文室》

詩中有「月明漸映簷東出，置機東牀夜蕭瑟」之句。恐是同時作。　此篇元載《外集》。

《叔父給事挽詞十首》

按：樞密直學士劉奉世撰給事《墓誌銘》，以元祐八年九月丁酉葬于雙井之原。又先生有《與宇文伯修書》云：「九月之末，方畢叔父給事葬事。」又云：「欲乞一宫觀。」時已免喪矣。

《江西道院賦》

序云：「元祐八年秋九月。」

《次韻章禹直開元寺觀畫壁兼簡李德素》

禹直名嗣功。嘗以上書言新法羈管洪州。

《次韻道輔雙嶺見寄三疊》

《次韻章禹直魏道輔贈答之詞》

《和答魏道輔寄懷十首》

道輔名泰。襄陽人，曾子宣夫人之弟，作《東軒筆録》、《碧霞腴》、《漢南隱書》，自號漢南處士。道輔嘗留豫章，此詩有「今來冬日至」之句，政先生還鄉之時。

《窗日》

詩中有「添得思堂一卷書」之句。

《次韻道輔旅懷見寄》

先生有《與章禹直手簡》云：「兩日不會，曷勝馳情？昨與德素、天倪會語縣庭，殊思與公同之。」又云：「與道輔唱酬詩皆和，得浄本已送道輔。昨已宿雙嶺，想未見本，少間得空，别録呈也。今日不出，能見過否。」故禹直、道輔諸詩悉附于此。已上十五篇並元載《外集》。

紹聖元年甲戌

先生是歲居鄉待辭免之命。

除知宣州。又除知鄂州。

先生有《跋東坡磨衲贊》云：「紹聖元年五月甲子，新宣城假守黄庭堅書。」又先生有《與李獻父知府書》云：「伏奉手誨勤篤，并煩遣騎馳送宣城勑，感佩至意。」又有《與運使中舍書》云：「伏蒙賜書存問曲折，感慰無量。失宣城得武昌，消息盈虚，誠如尊諭。」按《國史》：閏四月甲申，以禮部侍郎孔武仲爲寶文閣待制知宣州，從所請也。其新差權發遣宣州黄庭堅别與差遣。

三月丁亥，宿王子居息菴。

先生有草書跋尾云：「元祐九年三月丁亥，宿王子居息菴，爲表弟舜功作此草。」按《國史》：改元在四月癸丑，降御札云：「其因盛夏之辰，載新元統之號。」

五月，到城下。

先生《與李獻父書》有云：「庭堅但須分寧卸鹽船空即解維，後月初必獲參展。許借兩舟至海昏，盛暑，使賤累少得清凉，實受賜也。」書後題「二十一日」。而書中有「竊審公庭無留事，内外得職，履夏具宜」之語，發書當在四月間。又有《題唐本蘭亭後》云：「紹聖元年六月辛未，上藍院南軒同程正輔觀。」正輔名德孺，蜀人。

六月，離城下。八月，到彭澤。

先生有《彭澤縣題名》云：「紹聖元年六月八日來謁石興宗，李幾道在焉。尋勝至此，休於橘陰者久之。伯氏元明、舍弟天民將姪檏、桓自微徑來江西。黄庭堅魯直記。」又有彭澤讀書巖題字云：「尉石興宗諸子讀書巖中，號橘林三少。故予爲立巖名。」興宗名振。三少，謂丞、憑、悠。」

七月奉祠，因舟行淮南。

按《國史》：紹聖元年六月丁亥，新知鄂州黄庭堅管句亳州明道宫，於開封府界居住。報國史院取會文字。又先生有《與運使中舍書》云：「十三日受勒管句亳州明道宫，并得堂劄，已除范祖禹提舉明道宫，奉聖旨各於開封界居住，報應國史院取會文字。亦能識時解意旨，且泛舟迤邐向淮南耳。」又按《國史》：紹聖元年九月壬午，修國史蔡卞、林希言：「先帝日歷自熙寧二年正月以後至三年終，係元祐中祕書省官孔武仲、黄庭堅、司馬康修纂，自熙寧四年以後至七年終，係范祖禹修纂。而黄庭堅、司馬康、范祖禹又皆係修先帝實録官，其間所書，相爲表裏，用意增損，多失事實。緣修國史院已得旨重修，所有昨來范祖禹所進日歷，伏乞一就看詳改正，務盡事實，使後世考觀，無所疑惑。」從之。

九月，復過池州。

先生有《池州齊山焦筆巖題名》云：「江西黄大臨、弟庭堅、叔獻、叔達，子檏、相、棁，孫杰，紹聖元年九月辛丑泛舟同來。」

十月，離分寧。

先生有與天民、知命初八日書云：「今日至武寧，見諸官畢，即行。」又有十七日書云：「道中適晴暖，行李甚得所。七哥清快。葷味亦不乏。吾上路來尤輕安。三十三切勿過憂，亦聞裏面事稍慢，或歲初便得歸也。漫寄少梨棗去，作冬節。」按蜀本《詩集注》云：「山谷初寓太平州之蕪湖，事具《與王瀘州書》。與其兄元明俱來陳留，事具《與梁大夫書》云：『伯氏越州司理相送至府畿。』後止東寺之浄土院，事具《與趙伯充書》，且云：『一室明暖，容膝有餘。』舟行時與東坡相遇於江上。」山谷有《題東坡真贊》云：『紹聖之元，吾見東坡於彭蠡之上，其貌不爾。』又《與佛印書》云：『惠州偶阻風，相會三日。』與黄門相遇於貴池。其後山谷在荊州，黄門與書云：『貴池相别，於今八年。』」今以先生前後書尺真蹟石刻及彭澤池陽題名等一一參考以月日，是歲先生自分寧赴宣城，舟行由海昏過城下赴官，道間得祠。其與東坡相遇時，按《國史》：是歲四月，東坡落職知英州。按《東坡年譜》有《乞舟行赴英州狀》云：「帶家屬數人前去汴泗之間，乘舟泛江，倍道而行，至南康軍出陸赴任。」又東坡有與先生作《銅爵臺研銘》，親筆刻研上，乃「紹聖元年七月十三日，東坡居士書」。則是相遇之時當在六七月間。

先生九月復過池州，與蕪湖相距才一二程耳。考之家書，則又十月離分寧，與元明同行。書中之語有云「或歲初便得歸」，意是挈家略歸，即爲陳留之役。時元明得官越州，樸得官杭州，其後復挈家寓蕪湖，以候分骨肉相養也。蓋《王瀘州書》中止言「兄弟同庖，蓋四十口，得罪東南，勢不可扶，將皆寓太平州之蕪湖。」是書乃已謫居黔中，在紹聖二年，則是骨肉復寓蕪湖。於它書亦可互見耳。天民名叔獻，先生之弟。

十一月至陳留，供報文字。

按《國史》：黄慶基言《神宗實録》隱没先朝良法美意，輒以微言含寓諷刺數十事修編，令府界供答文字，未見施行，乞早誅責。

十二月，尚在陳留俟命。

先生有《與公蕴知縣書》云：「被旨至陳留，略已六十日。」又有書《壽禪師垂戒碑》贈朱時發，乃十二月丙申陳留浄土院深明閣書。按《國史》：十二月丙申，三省同進呈臺諫官前後章疏，言實録院所修先帝實録，類多附會姦言，詆熙寧以來政事，乞重行竄黜。及國史院取會到編修官范祖禹、趙彦若、黄庭堅所供文狀，各稱别無按據，得之傳聞事。上曰：「文字已盡見，史官敢如此誕慢不恭。」章惇曰：「不惟多稱得於傳聞，雖有臣僚之家取到文字，亦不可信。但其言以傳聞修定，欺誕敢爾。」安燾曰：「自古史官未有如此者，亦朝廷不幸。」又曰：「常日進呈文字多先議定。」上早來，章惇言：「合取自聖斷。」即未經聚議輕重。惇曰：「合取自聖意裁度。」上曰：「庭堅供答尤不遜，莫量分等第。」章惇等曰：「三人事體不甚相遠，恐不須分。」上曰：「須各與安置。」惇等曰：「據罪當如此。」又奏：「臣僚入劄子，言國史院簽貼實録，詆誣編落事。元祐大臣乃欲塵玷先朝政事，援引司馬光、蘇軾兄弟門下之人，皆平昔不得志者，其於事跡往往删除漏落，或緣飾詆誣，意欲掩覆先帝之光烈。爲臣不忠莫大焉，欲乞根究詣實。應提舉史院吕大防，修史官趙彦若、范祖禹等重行貶責，以示萬世大公至正之法。」詔祖禹責貶武安軍節度副使、永州安置，彦若責授安遠軍節度副使、澧州安置，庭堅責授涪州别駕、黔州安置。

《次韻元日》

詩中有「四十九年蘧伯玉」之句，意是今春首作。　此篇元載《外集》。

《贈石敏若》

敏若名忞，興宗之子。此詩蜀本載之崇寧元年。合在是歲，詳見前注。

《題大雲倉達觀臺二首》

按先生有手書石刻跋云：「永利禪寺東偏，遵微徑，攀古松，登高丘，四達而平，所瞻皆數百里。問其地主，曰戴器之。因名曰達觀臺，而屬器之築屋於其上。器之忻然曰：『敢不諾。』因爲作二詩。踰旬屋成，器之置酒，命歌舞者二三，時與鎮官蘇臺范光祖同賞焉。余既去，越三年，聞器之以疾不起，但增感歎爾。山徑荒蕪，好事者遠聞而來，或不得一登而去。問其故，曰：『更數尉，以爲臺上窺見其室家，故鍵閉而藏其鑰。』余笑曰：人家不過有五七婦女，亦當在室屋中作女工事，豈常鋤耘於後圃耶？州西酺池寺僧伽浮屠，高三百六十尺，下見親賢宅，旁見禁中，游人以時登，未聞官典其鑰也；岳陽樓下瞰郡官數家，游者無虚日，特未之思耳。余流落夔梓間，九年而歸，見智遠長老莊嚴此院，甚有意思。而詩以經元符間掊擊不存，臺上石刻，聞尉公密令彎生碎之。復來求本，故書遺之，并紀叙鍵閉游人之意，冀即識者能思之耳。崇寧元年五月朔，黄庭堅書。」即此跋推之，合在是歲。　此篇元載《外集》。

《寂住閣》

《深明閣》

按蜀本《詩集注》云：「二篇陳留浄土院作。元注云：『陳留宿一殯堂，因書爲寂住閣。』」

《雜詩》

詩中有「誰知佛印祖師禪」之句。當是今夏與佛印相遇時作。　此篇元載《别集》。

紹聖二年乙亥

先生是歲拜黔州謫命。

按《國史》先生本傳：章惇、蔡卞與羣姦論實録詆誣，俾前史官分居畿邑以待，摘千餘條示之，謂爲無驗證。繼而院吏考閲，悉有據依，所餘才三十二事，殊細瑣。庭堅書鐵龍爪治河有同兒戲，至是首問焉，對曰：「庭堅時官北都親見之，真兒戲耳。」凡有問皆直辭以對，聞者壯之云云。先生被命即行，其《與公蕴知縣書》云：「庭堅以謬於史事，遠竄黔中。罪大恩寬，惟有感涕，即日俟受命即行。」又按《國史》：紹聖二年春正月，黄履言：「朝廷以趙彦若等修纂先帝實録，厚加詆毁，皆已竄逐。惟監修官吕大防獨得幸免。今訊治大防親有撰述，筆迹甚明，若不例謫，何以示公。」翟思言：「吕大防始以典領史，特遷兩官，合行追

奪。」劉拯言：「范祖禹、趙彦若、黄庭堅擅敢增損誣毁先帝，爲臣不忠，罪不可赦。」詔吕大防特追奪兩官，趙彦若、范祖禹、陸佃、曾肇、林希並追奪一官。除林希在職日淺外，曾肇與小郡，陸佃候服闋與小郡，庭堅特追一官。當用過回授恩澤。

先生赴貶所，伯氏元明同行。

按《書萍鄉縣廳壁》云：「初，元明自陳留出尉氏，許昌，渡漢沔，略江陵，上夔峽，過一百八盤，涉四十八渡，送余安置于摩圍山之下。」

三月辛亥，次下牢關。壬子之夕，宿黄牛峽。癸丑夕，宿鹿角灘下。

具《黔南道中行記》。

四月二十三日，到黔州。

具《到黔州謝表》。

寓居開元寺。

先生有《與張和叔書》云：「下處在南寺摩圍閣。」及有四月二十六日《與大主簿三十三書》云：「安下處是南寺一位有水閣，山亭極蕭灑。」末云：「黔州摩圍閣發。」又批云：「蜀人呼天爲圍。此閣臨江，正對摩圍峰也。」大主簿即先生姪楪，字匠師，元明之長子，授先生奏薦。三十三即先生之女，名睦，後嫁舒城李文伯。

《竹枝詞二首并跋》

《予既作竹枝詞夜宿歌羅驛夢李白相見於山間曰予往謫夜郎於此聞杜鵑作竹枝詞三疊世傳之否予細憶集中無有請三誦乃得之》

前詩有跋語云：「紹聖二年四月甲申。」

蓋十九日，與此詩皆道中作。

《元明題歌羅驛竹枝詞》　此篇元載《外集》。

《竹枝詞二首》

詩中皆有夔州竹枝語。　此篇元載《別集》。

《和答元明黔南贈別》

先生《書萍鄉縣廳壁》云：「元明送余，安置于摩圍山之下，淹留數月不忍別。士大夫共慰勉之，乃肯行。揜淚握手，爲萬里無相見期之別。」詩中有「急雪鶺鴒相並影，驚風鴻鴈不成行」之句，蓋冬時所作。然元明卻是六月十二日離黔州。具先生所與天民、知命書，此詩蓋追和耳。

紹聖三年丙子

先生是歲在黔州。

按蜀本《詩集注》云：「初，山谷既未能以家來。二年之秋，其弟知命自蕪湖登舟。山谷《與秦少章書》云：『叔達附蘇伯固船自蕪湖登舟，攜一妾一子。』妾所謂李慶，具知命家書，今趙彦清家有録本。子名祖，小字韓十，蓋仲子也。具家書及與秦少章、宋子茂書。及山谷之子相，小名小德，小字四十，并其所生母俱來。知命中道生一女。又與其從兄嗣直會於夔州。是歲五月六日抵黔南。」又任氏注云：「山谷書云：『知命居士得三月二十八日書，知慶兒已免娠，入夔州。已回客次，俱無恙。嗣直又適得相會，何慰如之！』嗣直名叔向，給事之子。山谷五月書云：『初五日宿大浩，初六日可來。趁疊石早飯。』又云：『今日甚思汝輩同剥粽子也。』」

《題瘦驢嶺馬鋪》知命

《行次巫山宋楙宗遺騎送折花廚醖》知命

《次韻楙宗送別二首》知命

《戲答劉文學》知命

《外姪李光祖往見尚垂髫今觀寄嗣直小詩已可愛因次韻書其後》知命

《上南陵坡》知命

《題小猿叫驛》知命

《馬上口號呈建始李令》知命

建始屬施州。

《次浮塘驛見張施州小詩次其韻》知命

《將次施州先寄張十九使君三首》知命

《和仲謀送別二首》知命

《次韻答清江主簿趙彦成》知命

《宋楙宗寄夔州五十詩三首》知命

右知命二十詩，元附先生集中，今從舊本。

元雜置知命詩中。

《題蘇若蘭回文錦詩圖》

紹聖四年丁丑

先生是歲在黔州。

按蜀本《詩集注》云：「其春知命往見嗣直於涪州，生一子，是爲小牛，秋冬間還黔。具山谷與知命、嗣直書。」今以先生《與七兄司理書》考之，有云：「知命挈攜在涪陵，十月乃歸。」又云：「庭堅處摩圍之下，安固寂静，無時不湛然。願勿以遞中書浮湛動念也。」蓋正月初三日書。又四月《書陰真君詩贈王瀘州之季子跋》云：「紹聖四年丙午，黔中禪月樓中書。」而六月嘗爲王聖涂作《忠州復古記》。十一月爲劉退夫臨寫《蘭亭》，跋云：「紹聖四年十一月乙卯，摩圍閣中書。」

《楊明叔惠詩格律詞意皆薰沐去其舊習予爲之喜而不寐石刻有然字文章者道之器也言者行之枝葉也故次韻作四詩報之耕禮義之田而深其耒石刻作本字明叔言行有法石刻作物當官又敏於事而卹民故予期之以石刻作故相期以遠者大者》

按：蜀本石刻真蹟止寫前兩篇，題作「故次韻作二頌以爲報」。而第三篇卻別題云《薦辱明叔佳句又作一頌奉報老人作頌不復似詩如蜂采花但取其味可也》。

《庭堅老嬾衰墮石刻作老衰嬾墮多年不作詩已忘其體律因明叔有意於斯文試舉一綱而張萬目蓋以俗爲雅以故爲新百戰百勝如孫吴石刻作孫武吴起之兵棘端可以破石刻作當鏃如甘蠅飛衛之射此詩人之奇也明叔當自得之公眉人鄉先生之妙語震耀石刻作驚一世我昔從公石刻作蓋從此公得之故今以此事相付》

按：蜀本石刻真蹟添前篇第四首，卻題云《再和二頌并序》。

《明叔惠示二頌云見七佛偈似有驚覺乃是見道之端發於此以二頌爲報》

按：蜀本石刻真蹟有此二篇，而集中遺逸，故載于此。蜀本《詩集注》云：「楊皓字明叔。眉之丹稜人，官于黔中，時在山谷遷謫後。與明叔書帖可攷。此詩蓋黔中所作，故有「我已魑魅禦」之句。黔中詩絶少，姑附是歲。

《謫居黔南五首》

按蜀本《詩集注》云：「右摘樂天句。元題云《謫居黔南》，今附于此。蓋明年又遷於戎州云。」今蜀本有十首，元注：「摘樂天句。」近世曾慥端伯作《詩選》載潘邠老事云：「山谷十絶詩盡用樂天大篇裁爲絶句。蓋樂天長於敷衍，而山谷巧於剪裁。」端伯所載如此，必有依據，然敷衍剪裁之説非是。蓋山谷謫居黔南時，取樂天江州、忠州等詩，偶有會於心者，摘其數語寫置齋閣，或嘗爲人書，世因傳以爲山谷自作。然亦非有意與樂天較工拙也。詩中改易數字，可爲作詩之法。而楊氏增注云：「後五篇當是責宜州時作。」《冷齋夜話》以「老色日上面」及「輕紗一幅巾」二篇爲責宜州時，則三篇可見也。今以後五篇附，其一云：「老色日上面，歡悰日去心。今既不如昔，後當不如今。」其二云：「嘖嘖雀引雛，梢梢笋成竹。時物感人情，憶我故鄉曲。」其三云：「苦雨初入梅，瘴雲稍含毒。泥秧水畦稻，灰種畬田粟。」其四云：「輕紗一幅巾，小簟六尺牀。無客盡日静，有風終夜涼。」其五云：「病人多夢醫，囚人多夢赦。如何春來夢，合眼在鄉社。」

《王聖涂二亭歌》

以是年爲王聖涂作《忠州復古記》，故附此。

《送昌上座歸成都》　此篇元載《外集》。

先生是歲在黔州。是春以避外兄張向之嫌遷戎州。

《宋人年譜叢刊》第五册黄㽦《山谷年譜》卷二十七　元符元年戊寅

按《國史》：紹聖四年三月，知宗正丞張向提舉夔州路常平。十二月壬寅，詔涪州別駕、黔州安置黄庭堅移戎州安置，以避使者親嫌故也。又按《國史》先生本傳云：「貶涪州別駕、黔州安置，言者猶以處善地爲屈法。會避親，遂移戎州。」又先生作《南園遁翁墓銘》云：「庭堅以罪放黔中三年，又避親嫌遷置于戎州。」今爲叙。

三月，先生離黔州。

三月中，到涪陵。

按任氏注云：「山谷有《與楊明叔大字跋尾》云：『紹聖五年三月哉生明，涪翁時遷于僰道，治舟開元寺江西之間。』僰道即戎。」

先生有《答黎晦叔遲書》云：「承寄惠長韻詩。去年三月中到涪陵，乃得之。」又四月乙未爲涪陵藺大節作《朋樂堂記》、《與楊明叔跋》皆尚稱五年，蓋改元在六月耳。又先生有《與韋子駿提刑主客三月二十三日書》云「庭堅居黔中，衣食之須粗給。既又放徙，一動百動。所以少淹留此，月半乃得至涪陵。又當爲家弟少留」云云。又四月書云：「區區西來，以多病，所至就醫藥。又爲涪陵家弟少留，是以行李稽遲。」

五月戊午，上荔枝灘。

見先生《書韓退之符讀書城南》云「紹聖五年五月戊午，上荔枝灘，極熱」云云。

六月，至戎州。寓居南寺。作槁木菴、死灰寮。後僦居城南，名任運堂。

先生有《與王觀復書》云：「泝流在道三月。」又有《瀘州木龍巖題名》云：

「紹聖五年五月晦。」而所作《章明揚墓碣》云「元符之元，夏六月，明揚之子如壎以書走戎州」云云。則是六月到戎州無疑。又九月八日《答李長倩書》云：「今寓居南寺，乃當闤闠中，屋室差勝開元舊居，但無復摩圍江山之勝。」槁木菴見《書遺道臻墨竹後與斌老》，題云：「元符三年三月，戎州無等院涪翁借地所築槁木菴中書。」任運堂見《書劉禹錫浪淘沙九首跋》云：「元符二年四月甲戌，戎州城南僦舍任運堂中書。」其任運堂有《銘》云：「或見僦舍之小堂名任運，恐好事者多以藉口。余曰《騰騰和尚歌》云：『今日任運騰騰，明日騰騰任運。』蓋取諸此。余已身如槁木，心如死灰，但不除鬢髮，一無能老比丘，尚不可耶！」

重九日，遊無等院。

先生有題名云：「元符始元重九日，同僧在純、道人唐履、舉子蔡相、張溥、子相、姪桓步自無等院，登永安門，游息此寺。同僧惟鳳、修義、居泰、宗善觀甘泉甃井回，乃見東坡老人題云，低回其下，久之不能去。責授涪州别駕戎州安置黄庭堅魯直書。」

《送曹黔南口號》

亦有致語，載《别集》。

《與黔倅張茂宗》

按蜀本《詩集注》云：「山谷初到黔南，曹譜伯達、張⿰米先茂宗爲守貳，待之頗厚。山谷《與張叔和書》云：『庭堅至黔南將一月矣，曹守張倅相待如骨肉。』又《與楊明叔書》云：『守倅皆京洛人，好事尚文，不易得也。』」今先生有《與大主簿三十三書》亦云：「太守曹供備譜，濟陽之姪。通判張⿰米先，張景儉孫、公休之妻弟，皆賢，雅相顧如骨肉。」前篇載《外集》，後篇載《别集》。因《賈使君》詩以先後之次附見。

《贈黔南賈使君》

按蜀本《詩集注》云：「賈使君蓋與曹伯達爲代者。未知此詩何時所作，姑附於離黔之歲。」又别本注云：「信臣家世有北園，在崆峒山下。氣象雄壯，花木茂密。」信臣，賈使君字也。

《放目亭賦》并序

序云「黔江居士爲之賦」，故附於黔江之末。

元符二年己卯

先生是歲在戎州。

先生《題所和東坡與王慶源紅帶詩》云：「後十二年，觀此詩於戎州城南僦舍，所謂吾猶昔人非昔人也。元祐二年黄魯直、元符二年涪翁題。」又有《書簡公畫像贊後》云：「元符二年壬戌，僰道城南僦舍中書。」《劉禹錫浪淘沙竹枝歌楊柳詞跋》：「元符二年四月甲戌，戎州城南僦舍任運堂中書。」按蜀本《詩集注》云：「九月知命如成都，至明年二月還戎。」具山谷《與知命書》及《答勾宗卨書》又《與範長老書》云：「知命顛倒蹷足，二月七日乃到戎州。」今又以先生《與李廣心主簿書》考之，有云：「知命到家不能三月，復以舟載李慶、韓十上成都矣。」又有《與弟姪書》云：「知命將李慶韓十涪婢粧奴往成都，此但留牛郎并其乳母於此。」又云：「去已兩月，未有歸音。」

《次韻雨絲雲鶴二首》

按蜀本《詩集注》云：「蜀中舊本此詩序云：『代史夫人和石信道。』按：信道名諒，時作瀘州江安令。史夫人蓋山谷外兄張祺子履之妻、張祉介卿之嫂。《緑菜贊》所謂『維女博士，史君炎玉』者也。此詩蓋在戎州所作。」山谷有《答蘇大通書》曰：「頃見外兄張子履家嫂，具道才德之美。」又曰「昨史嫂過僰道」云云。此詩當是夫人與其子俱來乞子履墓銘時也。「雨絲」、「雲鶴」皆春時景物，宜見於今年春。山谷作子履墓銘，「葬以元符己卯之四月」，又曰「史夫人博學能文」。

《從斌老乞苦筍》

按蜀本《詩集注》云：「當是今歲夏初所作。元年夏初未至戎也。此篇元在戎州詩中，但序次不倫耳。山谷有《苦筍賦》云：『僰道苦筍，冠冕兩川。』」

《次韻斌老所畫横竹》

《次韻謝斌老送墨竹十二韻》

《用前韻謝子舟爲予作風雨竹》

《再用前韻詠子舟所作竹》

《戲詠子舟畫兩竹兩鸜鵒》

《詠子舟小山叢竹》 此篇元載《别集》。

《次韻黄斌老晚游池亭二首》

按蜀本《詩集注》云：「與黄斌老唱和諸詩並因《苦筍篇》附見，當是同時所作。《池亭詩》有『黄菊拒霜殊未秋』之句，必今歲所作。明年秋晚，山谷蓋在省城矣。」

《次韻答斌老病起獨游東園二首》

《又和二首》

《又答斌老病愈遺悶二首》

《次韻斌老冬至書懷示子舟篇末見及之作因以贈子舟歸》

《戲題斌老所作兩竹梢》

《奉次斌老送癭木棋局八韻》 此三篇元載《別集》。

《對青竹賦》

《煎茶賦》

《苦筍賦》 此三篇皆入蜀作。

按蜀本石刻有《苦筍賦跋》云：「余生長江南，里人喜食苦筍。試取而嘗之，氣苦不可於鼻，味苦不可於舌，故嘗屏之，未始爲客一設。雅聞簡寂觀有甜苦筍，每過廬山，常不值其時，無以信其説。及來黔中，黔人冬掘苦筍，萌於土中才一寸許，味如蜜蔗，而春則不食。唯僰道食苦筍四十餘日，出土尺餘，味猶甘苦相半，覺斑筍輩皆苦淡少味。蓋神農之所漏，有莘庖聖所未達者耶。故作此賦以曉蜀人。方苦筍時蘘薑和醯，然茅火中而薦之，日食百數，至老嘗能作病也。」

《戲答史應之三首》

按蜀本《詩集注》云：「應之名鑄，眉人，客瀘戎間。山谷有《應之真贊》云：『江安食不足，江陽酒有餘。』江安屬瀘州，漢江陽地也。」

《筇竹》

按蜀本《詩集》題作《也足軒》，注云：「軒在簡州，爲師範道人作。山谷有《與範帖》云：『知命欲往成都看。』」此篇元載《別集》。

元符三年庚辰，徽廟登極。

先生是歲在戎州。

先生有《書韓愈送孟郊序與張大同跋》：元符三年正月丁酉，甥雅州張大同治任將歸，來乞書。又云「時涪翁自黔南還於僰道三年矣，寓舍在城南屠兒村側，蓬藋柱宇，鼯鼬同徑」云云。三月有《供析狀》云：「責授涪州別駕、戎州安置黄庭堅准戎州公文，准提刑司牒節文：勘會正月十三日登極大赦，州縣散官編管人等，並仰逐處分析聞奏，請詳此勘會責授安置始末事因，開坐回示，以憑照會，依赦文分析開奏者牒。檢會昨於紹聖元年十一月內准朝旨，在開封府陳留縣聽候指揮。至紹聖二年正月初八日授誥一道：『左朝奉郎、充集賢校理、管句亳州明道宫、雲騎尉、賜緋魚袋黄庭堅：朕以眇末，紹承聖緒，又懼不能發揚先帝成功盛德，爰詔儒學之臣，論次大典，於以章示至公，傳信萬世，明明在上，其可厚誣。爾庭堅擢於諸生，使預著作。罔念朝廷之屬任，專懷朋黨之私恩，依憑國書，疵詆先烈，變亂故實，輕徇愛憎。奏編累年，公罔朕聽。逮究厥實，語多無蹤。覽之瞿然，靡自寧處。得罪宗廟，朕何敢容？古有常刑，宜即誅殛。尚兹屈法，聊示竄投。服我寬恩，無忘自訟。可特責授涪州別駕，黔州安置，勳賜如故。』到紹聖五年二月十八日，准尚書刑部符：准勑，中書省尚書省備到提舉夔州路常平等事張向狀，勘會黔州安置黄庭堅，係向亡母之妹子，切慮合該迴避。奉聖旨，黄庭堅移戎州安置。所有責授安置始末事因，開坐詣實，即無漏落，謹具狀申戎州，謹狀。元符三年三月日，責授涪州別駕、戎州安置黄庭堅狀。」

三月，知命歸江南。

先生《與範長老書》云：「知命留此兩月，三月十三日解舟去。」知命不及到江南，卒於荆州。

五月，復宣義郎，監鄂州在城鹽税。

見先生《辭免吏部員外郎狀》。又，家藏先生《與道微使君手書》真蹟云：「庭堅五月五日被告復宣義郎，添監鄂州鹽税。得不死於貶所，又有俸禄，實已滿慰所望，但已江漲，未能下峽，方欲挐舟一至青神，省張氏家姑，乃漸治舟而東。」

五月戊寅，賞鎖江荔枝。

先生有題名云：「太守劉廣之率賓僚來賞鎖江荔枝。同來者廖琮致平、張宗道源、徐確天隱、石諒信道、成節履中、文闕一字少延禧、慶崇、闕二字南玉。元符三年五月戊寅，黄庭堅魯直題。柘枝頭荔子一木四柯，西南一柯，獨肉厚而味甘。」又六月丙子作《張仲吉緑陰堂記》云：「今蒙恩放還，去此有日矣。」

己卯，追涼於安詔亭。

按家藏先生《書老杜詩真蹟跋》云：「元符三年五月己卯，僰道尉汲南玉置酒荔枝陰中，同盤者廖致平、石信道、成履中、史慶崇、張晦叔、楊中玉、黄魯直。食罷，追涼於安詔亭。投壺奕象，置涼榻而卧。南玉出天台紙，緊滑宜書，故書。」

七月，泛舟往青神省見張氏姑。

按蜀本《詩集注》云：「山谷既放還，以江漲未能下峽，西埧題名云爾。七

月，自戎州行省其姑於青神。山谷之姑，張祉介卿之母。介卿時爲眉山青神尉。以七月二十一日解舟，八月十一日抵青神。具《與介卿書》。」今又以《次虎跳題名》石刻參考之，其題云：「涪翁既作武昌鹽史，會江漲不能下峽，乃挐舟至青神省姑氏。元符三年七月辛卯次虎跳。王穎叔泉起擊彘釃酒，同之者廖養正兄弟姪五人，楊咸孺、祝有道、道人慈元、孫叔慈。泉起臨江作大樓閣，舍西澗泉濺濺，會於石渠，常作風雨聲。久居城市，至此令人忘歸。他日松竹成陰，鑿坎種蓮乃盡之。」又有《草李潮八分小篆歌跋》云「元符三年七月二十三日，余將至青衣」云云。

八月戊午，與楊韡、祝林宗上巖寺。

九月甲子，與外弟張祉介卿赴蒲志同泰亨中巖之約。乙丑，介卿及其兄姪邀煮茗於玉泉。

並見《游中巖行記》。

十月，告復奉議郎、簽書定國軍節度判官廳公事。

十一月，自青神復還戎州。

按蜀本《詩集注》云：「山谷《與嘉州至樂山王子原十一月二十日書》云：『到家悲苦滿懷。』蓋知命歸江南，死於荆州。當是初聞訃音也。」

十二月，發戎州。

按蜀本《詩集注》云：「十二月發戎州。過江安，爲石信道挽留，遂卒歲於此。信道時爲江安令。已見前注。信道，眉州人，家於江津。女嫁山谷之子，是歲十二月成親。」今以先生有《書丹青引後》考之，其書云：「十二月癸卯，余時解舟發僰道。」又有《跋所書梁甫吟後》云：「元符三年十二月癸卯，將發戎州，舟人湯瀦賽武侯，久之不還。艤船鎖江亭下書。山谷道人時聞復朝請郎知舒州，而未被受。是日天大寒，留滯，追送之客廿許人在江滸。」又有《題東坡大字》云：「元符三年十二月甲辰夕，天下雪而大寒，呼酒解指拳乃能書此。」則解舟當在甲辰之後。

《贈知命弟離戎州》

《姪梠隨知命舟行》

《十四弟歸洪州賦莫如兄弟四首》

此詩年月不可考。然有「歸掃松楸下，洒我萬里涕」之句，必蜀中作。元載《外集》，今附於此。十四弟即天民。

《次韻奉答少激紀贈二首》

按蜀本《詩集注》云：「少激名抗，臨邛人，時爲戎州幕官。予嘗見其家山谷諸詩真蹟，因後篇附見。

《次韻文少激判官祈雨有感》

按蜀本《詩集注》云：「此詩真本云《伏承少激惠示夏日祈雨有感之詩》，末句云：『愛民天子似仁宗。』時徽宗皇帝初即位。」

《次韻李任道晚飲鎖江亭》

詩中有「西來雪浪如炰烹」之句，當是初夏所作。

《再次韻兼簡履中南玉三首》

《次韻任道食荔枝有感三首》

按蜀本《詩集注》云：「山谷有《戎州鎖江磨崖留題》云：『元符三年五月戊寅，太守劉廣之率賓僚來賞鎖江荔枝。』山谷《與姪檏書》云『初到戎，彭道微作守，甚有親親之意。道微既去，劉滋崇儀作守』云云。此(時)〔詩〕當同時所作，詩有『六年怊悵荔枝紅』之句。蓋自紹聖二年乙亥入蜀，至元符三年庚辰，凡六見荔枝。今已載《鎖江題名》，在前注。」

《以虎臂杖送李任道二首》 此篇元載《别集》。

《廖致平送緑荔枝爲戎州第一王公權荔枝緑酒亦爲戎州第一》

《謝楊履道送銀茄四首》

以時序爲次。

《送石長卿太學秋補》

詩中有「漢文新覽天下圖」，謂徽考初立。山谷有《試張通筆帖》云：「戎州城南僦舍中，眉山石長卿觀書。」

《次韻少激甘露降太守居桃葉上》

詩語皆及徽考新政，當是秋時所作。

《青神縣尉廳葺城頭舊屋作借景亭下瞰史家園水竹終日寂然了無人迹又當大木緑陰之間戲作長句奉呈信孺明府介卿少府》

按蜀本《詩集注》云：「八月在青神尉廳作。尉即張祉介卿也。祉父誾，雅州人，娶山谷之姑，卒官太常卿。見山谷所作《張子履墓誌》。」

《戲贈家安國》

安國，眉山人，字復禮。

《次韻楊君全送酒長句》

《次韻君全送春花》

《謝楊景山承事送惠酒器》

按蜀本《詩集注》云：「君全名琳，景山名嵒，皆青神人。山谷有《中巖題字》云：『元符三年九月己巳，王元直攜酒帥楊君全、景山酌張子謙介卿、黄魯直於慈姥人東堂。』此詩蓋是時所作。故有『秋入園林花老眼』之句。綵花及酒當是重陽所送，『春花』言其象春時之花耳。」

《應之送春花》

按蜀本《詩集》作《史彦昇送春花》，附《楊君全送花》後。詩有「千林摇落照秋空」之句。

《題石恪畫嘗醋翁》

《題石恪畫織機圖》　此篇元載《别集》。

《謝應之》

按蜀本《詩集注》云：「即史應之也。往歲見山谷於戎，嘗以詩戲之。此篇當是應之自眉來青神，再見山谷，叙述往事，故有『去年席上蚊龍語，未委先生記得無』之句。山谷在青神有《與眉山程信孺帖》：應之在館，時接從容，賓主相樂也。是歲來自眉山可知。」

《走筆謝王朴居士拄杖》

按蜀本《詩集注》云：「王朴字子厚，隱居嘉州至樂山。此詩當是自青神回舟經涂所作。」詩有「六年流落放歸時」之語。

《戲答王居士送文石》

《楊明叔從予學問甚有成當路無知音求爲瀘州從事而不能得予蒙恩東歸用蚊龍得雲雨鵰鶚在秋天作十詩見餞因用其韻以别》

按蜀本《詩集注》云：「按《實録》：元符三年十一月癸亥朔，黄庭堅知舒州。詩有『老作同安守』之句，同安即舒州也。」

《次韻石七三六言七首》

詩云「老境五十六翁」，又云「欲行水繞山圍」，蓋元符三年將出蜀所作。石七三當是石信道家。

《以皮䩺底贈石推官二首》　此篇元載《别集》。已見石刻。

《宋人年譜叢刊》第五册黄㽦《山谷年譜》卷二十八　建中靖國元年辛巳

先生是歲正月解舟江安。

先生有《書和晁無咎詩與斌老跋》云「元符三年十二月，余嘗發戎州，於百忙中爲斌老書此卷。建中靖國元年正月，遣小使持此來追余於江安縣」云云。文有《瀘州中垻葛氏竹林留題》云：「江南黄庭堅自僰道蒙恩放還，元符三年十月道出江安，江安宰石信道以親親見留卒歲。」及《書瀘州開福寺彌勒殿銘跋》云：「建中靖國元年正月乙亥，清輝閣前舟中書。」及有《題所書魏鄭公砥柱銘後》云：「建中靖國元年正月庚寅，繫舟王市，山谷老人燭下書。」

正月晦，與合江令尹白宗愈原道汎安樂溪。

見《游瀘州合江縣安樂山行記》。

二月辛酉，與太守高仲本游西山南浦。庚寅，游三游洞。

見《南浦行記》并《題三游洞石刻》。

三月，至峽，準告復奉議郎權知舒州。

四月，至荆南，又準尚書省劄子，已降告命除吏部員外郎，乘遞馬發來赴闕。

先生有《書東坡思舊賦題跋》云：「建中靖國元年四月乙未，早發峽州舟中書。」及《題東坡字》云：「建中靖國元年五月乙巳，觀於沙市舟中。」先生既至荆南，以病癰瘍初愈，再具辭免，乞江湖一合入差遣。遂寓家荆南，有《跋匹紙》云：「十月戊子，荆州沙市舟中。」

六月二十三日，準尚書省劄子，奉聖旨不許辭免已除吏部之命。

見《辭免狀》，載《文集》。先生於是再具辭免，并述前狀：嘗乞太平州、無爲軍一處。及以亡弟哀惱，伏暑傷冷，併作羸疾。乞除江湖合入差遣一(向)〔次〕。遂留荆南待命，以至度歲。

《元師自榮州來追送余於瀘之江安綿水驛因復用舊所賦此君軒詩韻贈之并簡元師從弟周彦公》

按此詩跋云：「余舊得東坡所作《醉翁操》善本，嘗對元道之，元欣然曰：往歲從成都通判陳君頎得其譜，遂促琴彈之，詞與聲色相得也。蜀人由是有《醉翁操》。然詞中之微旨，弦外之餘韻，俗指塵耳豈易得之？建中靖國元年正月辛未，江安水次偶住書此。」　此篇元載《别集》。

《萬州太守高仲本宿約遊岑公洞而夜雨連明戲作二首》

《萬州之下巖唐末有劉道者定州無極人聞道於雲居膺禪師爲開巖第一祖法號道微自鑿石龕曰死便藏龕中不用日時門人奉其命二百年來游者題詩不可勝

讀莫能起此開巖者故予作此二篇表見之其一用楊子安韻其一用王定國韻》

《又戲題下巖》

《萬州下巖》

此篇即用楊子安韻，載《文集》五卷。今附於此。

《戲題巫山縣用杜子美韻》

詩中有「江陵換夾衣」之句。

《和王觀復洪駒父謁陳無己長句》

按蜀本《詩集注》云：「王蕃字觀復，沂公之裔，官閩中。時多以書尺至戎州，從山谷問學。至是自京師改官，復入蜀，會山谷於荆州。時山谷病癰初愈。《答觀復簡》云：『卧病二十餘日，幾死者數矣。忽奉手誨，歡喜如從天上落也。』陳無己元符三年冬爲祕書省正字。故此詩有『集賢學士見一角』之語。」

《跋子瞻和陶詩》

先生有真蹟石刻，題云：「建中靖國元年四月，在荆州承天寺觀此詩卷，歎息彌日，作小詩題其後。」又「子瞻謫嶺南，彭澤千載人」作「淵明千載人」，「氣味乃相似」作「風味乃相似」。蜀本載之崇寧元年，今移附於此。

《次韻聞善》

聞善名友聞，居荆南。蓋先生族伯父晦甫侍御之子。

《次韻益修四弟》

益修名友益，聞善之弟。

《以峽州酒遺益修繼前韻》

《謝益修四弟送石屏》

《顔徒貧樂二首》

顔徒名友顔，益修之弟。

《次韻答黄與迪》

《次前韻謝與迪惠作竹五幅》

《戲答王觀復酴醿菊二首》

《戲答王子予送凌風扇二首》

四篇以時序爲次。子予時僑寓荆州。

《謝王子予送橄欖》

《以椰子小冠送子予》

《呈楊康國》

《又戲呈康國》

二詩皆言黄柑未熟。

《次韻馬荆州》

詩中有「茱糝菊英同送秋」之句。

《和中玉使君晚秋開天寧節道場》

徽廟以十月十日誕降爲天寧節。開啓蓋九月十日。

《入窮巷謁李材叟翹叟戲贈兼簡田子平三首》

詩中有「紫冠黄鈿網絲窠」之句。

《戲簡朱公武劉邦直田子平五首》

朱、劉、田皆荆南人。詩有「葵莧秋」之句。

《戲呈田子平六言》 此篇元載《外集》。

詩中有「荆州衣冠千户，厚意獨有田郎」之句。

《戲贈米元章二首》

按蜀本《詩集注》云：「米芾字元章，爲發運司屬官，在江淮間。建中靖國之秋，東坡北還，常有手帖與之。」此詩似亦當時所作，蓋詩中有「滄江書畫船」之句，今附見。

《次韻錢德循鹿苑灘艤舟有作》

詩中有「已聽荆州漁鼓鳴」之句。 此篇元載《別集》。

《病起荆江亭即事十首》

詩中有「大聖天子初元年」及「西風吹淚古藤州」之句。又是歲七月東坡卒於常州，而此詩猶未及之，當是初秋所作。

《荆州即事藥名詩八首》 此八篇元載《外集》。

《以古銅壺送王觀復》

《鄒松滋寄苦竹泉橙麴蓮子湯三首》

松滋隸荆南。詩中有「親收千百秋蓮的」之句。

《次韻答馬中玉三首》

《次韻中玉梅三首》

《次韻中玉水仙花二首》

《王充道送水仙花五十枝欣然會心爲之作詠》

《吴君送水仙花并二大本》

《劉邦直送早梅水仙花三首》

《劉邦直送水仙花》

《謝檀敦信送柑子》

《贈李輔聖》

《和高仲本喜相見》

詩中有「雪滿荆州喜再逢」之句。

《戲詠暖足缾二首》

以時序爲次。

《戲呈聞善二兄》

《謝答聞善二兄九絶句》

嘗乾道之末隨侍先人官荆州，得見族伯祖晦甫侍御位。族伯父仲貢名棫，仲貢嘗言：「先生既與侍御位諸子爲昆弟，視聞善爲兄。聞善酗酒，山谷詩篇中多形勸戒。聞善每飲酒至醉，往往坐不肯起。一夕赴姻家柳氏夜集，既散，聞善復坐不歸。柳氏亦告酒盡，但有一甕酒未堪篘。聞善聞之喜甚，亟造其梱内，直抵甕下。聞善病酒疥，尋常旁坐者亦病之。聞善即以兩手轑甕中，柳氏子弟中真有意欲毆之者，坐客勸曰：『酒已壞矣，曷若使之盡歡，可乎？』柳氏且怒且笑，不免取而酌之。聞善大喜，狂歌盡醉而去。」故先生詩中有「疥手轑甕庸何傷」及「柳家兄弟太迫窄」之句。蓋紀一時之實耳。又先生有《書贈聞善飲酒詩後》云：「往時族中多嗜於酒。二十年間兩還故里，見子弟皆恂恂愛讓，醉而温恭，中竊自喜，黄氏諸子之遺慶深長，諸少年尚承其風澤，時有興發者耶。因子立乞書，書九詩，可與族中觀知酒之利病如此。」

《戲呈聞善》

《題子瞻畫竹石》

按蜀本《詩集注》云：「舊題云《題全天粹所收子瞻竹石》。天粹名璧。山谷在荆州時有《與天粹帖》。又有《字説》云：『全璧，長林人。』長林屬荆門軍。此詩當附見於荆州詩中。」

《次韻向和卿松滋縣與鄒天錫夜語南極亭二首》

詩中有「提壺及思歸樂」之句。

《木龜亭留題》

《題羅公山古栢菴二首》

詩中有「會向天階乞哀晚」之句。二詩未詳地名，恐是蜀中或湖外所作。今附於此。 並元載《别集》。

先生是歲在荆南。

先生有《正月與子由書》云：「三兩日即挐舟下巴陵，出陸至雙井六日耳，遂由雙井往萍鄉省伯氏元明。」

《宋人年譜叢刊》第五册黄罃《山谷年譜》卷二十九　崇寧元年壬午

正月二十三日發荆州，二十六日至巴陵。

先生《與天民嗣文二弟書》云：「老夫正月二十三日發荆州。」又有《手書雨中登岳陽樓望君山二詩跋》云：「崇寧之元正月二十三夜發荆州，二十六日至巴陵。數日陰雨，不可出。二月朔旦獨上岳陽樓，太守楊器之、監郡黄彦并來，率同游君山。行二十四螺蚌中乃至，見住持僧年八十，跛曳而出。登其絶頂，環望積水數百里，實壯觀也。有野馬二十餘羣游平澤中，猿猴輩出，上下松楠間，景氣甚野。」

二月初六日，至通城。

亦具所與天民、嗣文書：「老夫今日至通城之法興，道中幸健。即相見，悲喜相半。今遣王清走報，黄龍、脩上各不過住二日耳。」書末題「二月初六日」。

三月己卯，寓萬載廣慧道場。

先生有《跋陳日休所收舊字》云：「崇寧元年三月己卯，自分寧來宿萬載之廣慧道場。」按長歷，己卯蓋二十四日。

四月乙酉，到萍鄉。

按《萍鄉(壁)〔壁〕記》云：「杭荆江，略洞庭，涉修水，經七十二渡，出萬載、宜春，來省伯氏於萍鄉。來以崇寧元年四月乙酉，去以是月之己亥。」乙酉蓋四月朔。又，己丑飯於萍鄉護法院，見《書船子和尚歌後》。

是月丁未，登吴叔元秀江亭。

亭在新喻。有題名石刻云：「朝奉郎、新當涂假守黄庭堅，崇寧元年四月丁未來訪叔元。晚登秀江亭，澄波古木，使人得意於塵垢之外，蓋人間景幽兩奇絶耳。」

五月一日，過筠州。

先生有《與七兄長官書》云：「庭堅到臨江及筠，以親舊皆留兩日。筠亦以

張九微涑著不欲拖拽上道，幸夜來已安，今早遂行。」書末題「五月初一日」。又批云「初一日五鼓元字」。又有《題胡氏所憩亭壁》云「山谷老人稅駕而飯，嘉作亭之意，爲書此榜。崇寧之元五月之吉實乙卯，黄庭堅」云。

是月到江州，十七日猶在展畫亭。

按《西林寺題壁》云：「黄庭堅，弟叔豹，姪柄，子相，及朱章、劉羲仲、李彭同來。瞻永禪師塑像，觀碑陰顔魯公題字。愛碧甃流泉，凌厲暑氣，裴回不能去。崇寧元年五月癸亥。」及《題太平觀壁》云：「黄庭堅自江西來會王宰、朱章、道士湯居善、周虚己於此堂。觀四山急雨，草木皆成聲。崇寧元年五月甲子，時發東林。」又有雲巖海公院草書，其末題「五月十七日江州展畫亭」。及《息心銘跋》云「崇寧元年五月十七日江州展畫亭」。又有《草書跋》云：「崇寧元年五月十七日，湓浦展畫亭，飯後爲道淳上座作草，以滌餘困。」其暫留江州，蓋待嗣文節推弟船家同赴任。具先生《與洪龜父書》云：「四十及新婦在荆南，已遣十六節推弟往取船來會江州矣。」嗣文名叔豹，弟十六，蓋給事長子。

二十日過湖口。

見先生《追和東坡壺中九華詩》注。

是月繫舟於大雲倉之達觀臺下。

先生有手書《奉題伯時所作陽關圖跋》云：「元祐初作此詩，題伯時所作《陽關圖》。崇寧元年五月，見此草於趙升叔家，殊妙於定本。」升叔，伯時婿也。時俱繫舟於大雲倉之達觀臺下。

六月初九日，領太平州事，九日而罷。

按《國史》：崇寧元年五月庚午，司馬光而下四十餘人，貶奪降黜有差：孔平仲、畢仲游、徐常、黄庭堅、晁補之、韓岐、王鞏、劉當時、常安民、黄隱、張保源並送吏部，與合入差遣，仍令吏部依條差注施行。詔在乙亥。先生有《與徐師川書》云：「老舅六月九日領太平事，十七日奉朝旨送吏部。即日解船至江口。以嗣文同行，遂爲遠別，亦大風不可行，留連方欲決去。會駒父奉其大母來，又爲之留七日。閏月十一日分手，亦衝東風至蕪湖矣。」又按：于湖居士張公孝祥作《高侍郎夫人王氏墓誌》載：侍郎諱衛。及與元祐諸公游，嘉言懿行，太夫人悉能記之。侍郎爲太平州判官，攝州事。山谷來爲守，謫久貧甚，既入境矣，復坐黨事。先侍郎得堂帖，不以告，迎候如禮。山谷既視印已，乃知之。侍郎爲治歸裝甚飭備，過於久所事。」觀此，則《冷齋夜話》所稱徐師川言：「予於東坡、山谷、瑩中三君子俱知敬畏，指其疵瑕，予能笑之。謂東坡欲學長生，瑩中對日者談命，山谷赴官姑孰，聞罷而俯就」。其説之妄益可見矣。

七月甲午，復繫舟達觀臺下。

先生有《跋草書後》云：「崇寧元年七月甲午，繫舟達觀臺下，待舒城家問。朝涼，戲作此卷。」

八月，復至江州。

先生罷太平後，裴回於江州，將復過荆南謀居，然竟留於鄂州。亦見《徐師川書》云「將家到荆南謀居」云云。詳見後注。又先生有《跋自書東坡乳泉賦》云：「紫極宫道士胡洞微明之，少入道於廬山康王觀，嘗從容趨事余伯祖父寶之。寶之，人豪也，少名茂先。故往時江淮之間詩云：『江南黄茂先，江北段少連。』明之猶能道其言論風旨，故其見余喜甚，相從忽忘日暮也。東坡公所作《乳泉賦》，數百年之文章也。明之又好東坡，故書遺之，可深藏以待識者。崇寧元年八月己未，泊舟琵琶亭西書。」又先生有《跋登江州百花亭詩》云：「崇寧元年八月壬戌，來集斯亭。」已未蓋初七日。

九月，至鄂州。

先生有《跋元祐間與三姈太君帖》云：「崇寧元年九月甲申，繫舟樊口，庭堅題。」甲申蓋十二日。

《次韻答高子勉十首》

高荷字子勉，荆州人。而此詩有「春從細草回」之句，是春初所作。

《贈高子勉四首》

《再用前韻贈子勉四首》

詩中有「鳥語花中管弦」之句，春稍動矣。

《荆南簽判向和卿用予六言見惠次韻奉酬四首》

《蛺蝶圖》

《謝人送栗鼠畫維摩二首》

《戲答荆州王充道烹茶四首》

當是未離荆州所作。

《雨中登岳陽樓望君山二首》

此詩有跋，已具前注。

《自巴陵略平江臨湘入通城無日不雨至黄龍奉謁清禪師繼而晚晴邂逅禪客

戴道純款語作長句呈道純》

按蜀本《詩集注》云：「巴陵、平江、臨湘皆屬岳州，通城屬鄂州，黄龍山在分寧。」李彤季敵《書豫章集後》云：「先生自巴陵取道通城入黄龍山，爲清禪師偏閲《南昌集》，自有去取。」即此詩也。

《觀化詩十五首》并序

此詩元載《外集》。其間詩中有「流落來從綿上州」之句，且多言鄉里景物。故附於此。

《題徐氏書記》

徐氏即徐禧德占。

《題胡逸老致虚菴》

《題蓮花寺》

《衝雨向萬載道中得逍遥觀遂託宿戲題》

此詩往萍鄉時所作。萬載屬袁州。

《題竹尊者軒》

《送密老住五峰》

按蜀本《詩集注》云：「山谷有爲密公作草書跋尾云：『元年三月壬午，旅寓宜春之開元，飯崇勝密公之堂。』即此僧也。壬午，(月)〔蓋〕二十七日。宜春屬袁州。」

《新喻道中寄元明用觴字韻》

此詩自萍鄉歸涂所作。新喻屬臨江軍。

《次韻子瞻和太白潯陽紫極宫感秋詩韻》

《追懷子瞻太白》

《瓊芝軒》

《龜殼軒》

《秋聲軒》

三篇皆紫極宫所作。

《濂溪詩》

按：濂溪先生故居去江州城不數里，溪在故居。今附於此。見載《文集》。

《戲效禪月作遠公詠》

按蜀本《詩集注》云：「遠公道場即今江州廬山東林寺。是歲八月庚申，山谷有《東林題名》，此詩當是同時所作。庚申蓋初八日。」

《湖口人李正臣蓄異石九峰東坡先生名曰壺中九華并爲作詩後八年自海外歸過湖口石已爲好事者所取乃和前篇以爲笑實建中靖國元年四月十六日明年當崇寧之元五月二十日庭堅繫舟湖口李正臣持此詩來石既不可復見東坡亦下世矣感歎不足因次前韻》

《書郭功甫家屏上東坡所作竹》

按：家藏先生此詩真蹟，題云《次韻東坡先生屏間墨竹》，止此六句。但「草不春」作「草偃風」，「一棋終玉局」作「一壺」，「瓊房第幾間」作「琳房」。并有功甫跋語云：「東坡作於予家漆屏之上，觀魯直之詩可以見其彷彿矣。」功甫蓋太平州人。

《太平州作二首》

按：家藏先生真蹟，前一首題云《戲作觀舞絶句奉呈功甫兄》。又「片片梨花雨」作「細點梨花雨」。三篇元載《外集》。

《罷姑孰寄元明用觴子韻》

《武昌松風閣》

按蜀本《詩集注》云：「此詩經涂所作。今尺牘中有《跋與李德叟書》云：『崇寧元年九月甲申，繫舟樊口題。』時張文潛再謫黄州，猶未至也，故詩有『張侯何時到眼前』之句。」今按《國史》：崇寧元年七月庚戌，主管亳州明道宫張耒責授房州别駕、黄州安置，而文潛謝表云：「已於九月三日到黄州，公參訖。」

《次韻文潛》

《和文潛舟中所題》

按蜀本《詩集注》云：「二詩並次前篇。時文潛已到黄。山谷自鄂往見之。前詩中有『風雪牖户勤塞向』之句。蓋冬深所作。

《題君子泉》

泉在黄州。

《宿黄州觀音院鐘樓上》

按蜀本《詩集注》云：「元在《次韻文潛》後。詩有『潘何』之語。今遷於此。爲後詩張本。」

《謝何十三送蟹》

按蜀本《詩集注》云：「何十三當是何頡之斯舉或其弟兄。頡之蓋黄州人。

集中又有三詩見於《脩水集》者，亦附見。其一《又借答送蟹韻并戲小何》云：『草泥本自行郭索，玉人爲開桃李顔。恐似曹瞞説雞肋，不比東阿舉肉山。』其二《代二螯解嘲》云：『仙儒昔日卷龜殼，蛤蜊自可洗愁顔。不比二螯風味好，那堪把酒對西山。』其三《又借前韻見意》云：『望潮瘦惡無永味，海鏡纖毫只强顔。想見霜臍當大嚼，夢回雪壓摩圍山。』」今《豫章集》皆不載，今併附見。何十三名覲。

《次韻文潛立春日三絶句》

《再次前韻》

按蜀本《詩集注》云：「按長歷，是歲十二月二十一日立春。明年春時山谷已歸鄂，故詩中有『已發黄州首更回』之句。」

崇寧二年癸未(上)

先生是歲留鄂州。

先生有四月二十二日《與張叔和通判書》云：「庭堅罷太平，即寓鄂渚。會范德孺謫來，即謀居漢陽，已而安厚卿來，遂營居九江。將登舟矣，德孺以散官安置，衆議以爲自不礙責降充宫觀人不得同州指揮，遂定居耳。」按《國史》：正月己酉，范純粹常州別駕、鄂州安置。是時先生已管勾洪州玉隆宫。

十一月，有宜州謫命。

按《國史》先生本傳：庭堅在河北，與趙挺之有小怨。挺之執政，轉運判官陳舉承風旨上其荆南所作《承天塔記》，指爲幸災。復除名羈宜州。

嘗昔聞荆州族伯父仲賁嘗言爲兒童時乃識先生，備聞諸父聞善、益脩、諒正話及目擊當時之事，筆記甚詳。仲賁有《跋承天塔記》云：「先生初自蜀出峽，留荆州待辭免乞郡之命。與府帥馬瑊忠玉相從歡甚。閩人陳舉自臺察出爲轉運判官，先生未嘗與之交也。承天寺僧智珠造七級浮圖，乞記於先生。一日記成，忠玉飯諸部使者於浮圖下，環觀先生書碑，先生於碑尾但云『作記者朝奉郎、新知舒州事豫章黄庭堅，立石者承議郎、知府事茌平馬瑊』而已。舉與轉運判官李植、提舉常平林虞相顧，遽請於前曰：『某等願記名不朽，可乎？』先生不答，舉由此憾之。舉知先生昔在河北與趙挺之有怨，挺之執政，遂以墨本走介戲於朝廷，謂幸災謗國。先生遂除名，羈置宜州。忠玉亦以辰州猺賊寇邊，監察御史席震繼而劾之，奪官，羈置海州。遂俱歿於貶所。嗚呼，其亦不幸甚矣！其後不踰年，挺之去位，而舉因指青蟲爲龍物，奏爲祥瑞，遂坐欺罔。誠足以爲小人陷君子之戒。」今併附見。

十二月十九日夜中發鄂渚，曉泊漢陽，親舊追送。

按蜀本《詩集注》云：「是歲山谷在鄂州，既而謫宜州。十二月十九日發鄂渚，至岳陽作歲。而所議『乙丑越洞庭，丙寅渡青草』之句，謂是明年二月二十一二日。」今以先生《跋苦寒吟》攷之，其跋云：「開封張德潤，號爲有急難之義。予晚識之於長沙，名不虛得也。泊船驛步門，與德潤官廨相近，時時相過，奔走予所闕，如有人挽其前推其後也。它日持此卷來乞書，會舟子作歲除，未能行，舟中無它緣，偶得意書盡。崇寧二年十二月晦。」此真蹟見藏晉陵尤氏。既歲暮到長沙，則過洞庭青草，當在此月二十以後，不應在岳陽卒歲。若以《國史》考之，十二月丙寅爲二十一日。雖注引先生與人帖云：「庭堅治行已有緒，既嫁女，別無一事。移舟漢陽，留數日，待親戚之在旁近耳。」此帖不注月日，今祕館中有先生雜文，内有此書，乃是《與文舉書》。其書尾云：「十一月二十七日。」自二十七日推之，恐鄂州必無兩旬之留。亦或十九日傳寫之誤。或是初九日亦未可知。先生舟行往往不舍晝夜，此既夜發鄂渚，而先離荆州，亦是二十三夜，已載手書《君山詩跋》。兼先生次年有《與李樂道書》云：「十一月末，不肖蒙恩活之宜州，即發船過漢陽軍。」或是先欲留漢陽數日，走到長沙。況當時事勢，不應聞命之後留兩月度歲。又先生有《禮思大師題名》，乃崇寧三年正月甲辰。甲辰爲正月晦，思大師道場在衡山福嚴。又先生有《書法輪古碑後跋》云：「崇寧三年二月丙寅，脩水黄庭堅書。」法輪在南嶽，見有石刻，詳見後注。則非二月丙寅過青草湖矣。

《崇寧二年正月己丑夢東坡先生於寒溪西山之間予誦寄元明觴字韻詩數篇東坡笑曰公詩更進於曩時因和韻一篇語意清奇予擊節賞歎東坡亦自喜於九曲嶺道中連誦數過遂得之》

己丑蓋九日。

《病來十日不舉酒二首》

詩中有「回施青春與後生」之句，當是春時所作。

《題小景扇》

《鄂州南樓書事四首》

詩中有「我亦來追五月涼」之句。山谷在鄂州作夏惟此年耳。

《南樓畫閣觀方公悅二小詩戲次韻》

《庭堅以去歲九月至鄂州登南樓歎其制作之美成長句久欲寄遠因循至今書呈公悦》

《養鬬鷄》

《和涼軒二首》

以時序爲次。詩有「西風」之語。

《題默軒和遵老》

《題楊道人默軒》 此篇元載《外集》。

《次韻文安國記夢》

《寄賀方回》

《鄂州節推陳榮緒惠示沿檄崇陽中六詩余老嬾不能追韻輒自取韻奉和》

《頭陀寺》

《道中聞松聲》

《中秋山行懷子興節判》

《再登蓮落嶺懷君澤知録》

《崇陽道中》

《晚發咸寧行松徑至蘆子》

《陳榮緒惠示之字韻詩推奬過實非所敢當輒次前韻三首》

《德孺五丈和之字詩韻難而愈工輒復和成可發一笑》

《宋人年譜叢刊》第五册黄罃《山谷年譜》卷三十 崇寧二年癸未〔下〕

按蜀本《詩集注》云：「按《實録》：崇寧元年十月，管句南京鴻慶宫范純粹鄂州居住。二年，又責常州别駕、鄂州安置。」

《次韻德孺五丈新居病起》

《次韻德孺五丈感興二首》

《次韻德孺五丈惠貺秋字之句》

《范德孺需筆哀諸工佳者共成十枝分送》 此篇元載《别集》。

《求范子默染鴉青紙二首》

子默，德孺之子。

《謝榮緒惠貺鮮鯽》

《謝榮緒割獐見貽二首》

《吴執中有兩鵝爲余烹之戲贈》

《秋冬之間鄂渚絶市無蟹今日偶得數枚吐沫相濡乃可憫笑戲成小詩三首》

以題中時序爲次。

《甯子興追和予岳陽樓詩復次韻二首》

《和甯子興白鹿寺》

《謝人惠貓兒頭筍》

詩中有「鸚鵡洲前人未知」之句，蓋謂未離鄂州時也。

《以酒渴愛江清作五小詩寄廖明略學士兼簡初和父主簿》

詩中有「將發沔鄂間」之句。

《四休居士詩三首》

《十二月十九日夜中發鄂渚曉泊漢陽親舊攜酒追送聊爲短句》

《次韻陳榮緒同倚鐘樓晚望别後明日見寄之作》

詩中有「青草」、「枯松」之句，皆岳州事，蓋榮緒送山谷至岳，尚未過湖也。

《過洞庭青草湖》

《過土山寨》

按《南行録》：湖中有土山巡檢，去黄陵廟十五里。

《晚泊長沙示秦處度范元實用寄明略和父韻五首》

長沙即潭州，在洞庭之南。

《次韻元實病目》

右自《洞庭青草湖》至此詩，蜀本載於明年。今移附於此。

《題李亮功家周昉畫美人琴阮圖》

按高子勉《記龍眠李亮功家藏周昉畫美人琴阮圖》：兼有宫禁氣象，旁有竹馬小兒，欲折檻前柳者。亮功官長沙，而山谷謫宜州過見之，歎愛彌日，大書一詩於黄素上云云。亮功名寅。 此篇元載《别集》。

《題李亮功戴嵩牛圖》

《題和東坡先生題李亮功歸來圖》

二詩蜀本《詩集》舊載於崇寧元年潯陽諸詩之後。今移附於此。

《次韻寄藍六在廣陵》

《再和寄藍六》

《寄懷藍六在延年》

三詩元載《外集》。詩中有「傳聲爲向揚州問，相憶猶能把酒不」及「追思二

十年前會」之句。先生甲子歲嘗寓揚州，故附於此。

《文安國挽詞二首》

因前篇有記夢詩，故附於此。

《史天休中散挽詞》

《宋夫人挽詞》 此二篇元載《別集》。

崇寧三年甲申

先生是歲自潭州歷衡州、永州、全州、静江府，舊爲桂州以趨貶所。

正月晦，過衡山。

先生有《禮福嚴寺思大師題名》云「正月甲辰」。按長歷，甲辰蓋晦日。

三月己卯，泊浯溪。

見《中興頌詩引》：三月己卯，風雨中舟泊浯溪。按長歷，己卯蓋初六日。

十四日，到永州。

先生有《與李樂道書》云：「三月十四日到零陵，不肖本欲寄家桂林，而家中堅欲相隨到貶所。至零陵已大熱。骨肉不可復將行，因盡室留零陵。」零陵即永州。

四月，發全州。是夏至宜州。

先生有《跋自書嬾瓚和尚歌後》云：「四月辛未，余將發清湘矣。楊唐老乞書，大暑大雨，體煩眼花，書不成字。」兼後注《李資深書卷跋》，則是先生至宜在五月六月之間。

十一月甲戌，遷居子城南。

先生《跋資深書卷》云：「崇寧三年十一月，余謫處宜州半載矣。官司謂余不當居關城中，乃以是月甲戌，抱被入宿子城南予所僦舍喧寂齋。雖上雨旁風，無有蓋障，市聲喧憒，人以爲不堪其憂，余以爲家本農桑，使不從進士，則田中廬舍如是，又可不堪其憂耶？既設卧榻，焚香而坐，與西鄰屠牛之机相直。爲資深書此卷，實用三錢買雞毛筆書。」

十二月二十七日，伯氏元明自永與唐次公俱來。

先生《乙酉家乘》云：「正月庚午朔，元明自永州與唐次公俱來，居四日矣。」《家乘》蓋先生日記。按范信中有《乙酉家乘序》云：「崇寧甲申秋，余客建康，聞山谷先生謫居嶺表，恨不識之，遂泝大江，歷湓浦，舍舟於洞庭，取道荆湘以趨八桂。至乙酉三月十四日，始達宜州。寓宿崇寧寺。翌日謁先生於僦舍，望之真謫仙人也。於是忘其道塗之勞，亦不知瘴癘之可畏耳。自比日奉杖屨至五月七日，同徙居於南樓。圍棋誦書，對榻夜語，舉酒浩歌，跬步不相舍。凡賓客往來，親舊書信，晦明寒暑，出入相居，先生皆親筆以記其事，名之曰《乙酉家乘》。而其字畫特妙。嘗謂余他日北歸，當以此奉遺。至九月，先生忽以疾不起，子弟無一人在側，獨余爲經理其後事。及蓋棺於南樓之上，方悲慟不能已。所謂《家乘》者，倉卒爲人持去。至今思之以爲恨也。紹興癸丑歲，有故人忽録以見寄，不謂此書尚爾無恙耶。讀之恍然，幾如隔世。因鏤板以傳諸好事，亦可以見先生雖遷謫處憂患而未嘗戚戚也，視韓退之、柳子厚有間矣。東坡云御風騎氣與造物游，信不虚語哉。甲寅四月望日，蜀郡范寥信中序。」

《長沙留别》 此篇元載《外集》。

《勝業寺悦亭》

按《南行録》：勝業寺在南嶽廟東，屬潭州衡山縣。有柳子厚《般舟和尚第二碑》。

《離福巖》

按《南行録》：福巖在南嶽，依巖架空爲之。蓋思公道場有三生塔，亦屬衡山縣。

《贈益陽成之主簿》并引

引中云：「予之竄嶺南，道出衡陽，見主簿君益陽黄成之，問宗派，乃同世出祖兄也。」 此篇元載《別集》。

《花光仲仁出蘇秦詩卷思兩國士不可復見開卷絶嘆因花光爲我作梅數枝及畫煙外遠山追少游韻記卷末》

花光寺在衡州。經涂所作。

《題花光畫》

《題花光畫山水》

《所住堂》

《題高節亭邊山礬花二首》并引

《贈花光老》

《題花光爲曾公卷作水邊梅》 此三篇元載《外集》。

《贈惠洪》

詩中有「眼横湘水暮」之句。

《贈惠洪》

此篇載《外集》。曾端伯謂非先生所作。玉父亦嘗删去。漫附於此。

《戲詠零陵李宗古居士家馴鷓鴣二首》

零陵即永州。經涂所作。

《李宗古出示謝李道人苕帚枚從蔣彦回乞葬地二頌作二詩奉呈》

《書磨崖碑後》

按先生有真蹟石刻題云：「崇寧三年己卯，風雨中來泊浯溪，進士陶豫、李格、僧伯新、道遵同至中興頌崖下。明日，居士蔣大年、石君豫、太醫成權及其姪逸、僧守能、志觀、德清、義明、崇廣俱來。又明日，蕭衮及其弟褒來。三日，裴回碑次，請予賦詩。老矣，豈復能文，强作數語。惜秦少游下世，不得此妙墨劖之崖石耳。」又按王仲言《揮麈後録》云：「崇寧三年，太史赴宜州貶所。是時外舅曾空青坐鉤黨，先徙是郡。太史留連踰月，極其歡洽，相予酬倡，如《江樾書事》之類。帥游浯溪，觀中興碑，太史賦詩，書姓名於左，外祖急止之曰：『公詩文一出，即日傳播。某方爲流人，豈可出郊？公又遂從，蔡元長當軸，豈可不過爲之防耶？』太史從之。但詩中言『亦有文士相追隨』，蓋爲外祖而設。」空青即公卷，名紆。

《浯溪圖》

《太平寺慈氏閣》

元注：晚與曾公卷同登。

《題淡山巖二首》

《明遠菴》

《去年三月清明蔣彦回喜太守監郡過其玉芝園作詩十六韻二侯皆有報章今年三月余至玉芝園記録一時次其舊韻》

《三月辛丑同徐靖國到愚溪過羅氏脩竹園入朝陽洞蔣彦回陶介石僧崇廣及余子相步及余於朝陽巖裴回水濱久之有白雲出洞中散漫洞口咫尺欲不見介石請作五字記之》

《代書寄翠巖新禪師》

詩中雖有「早梅開」之句，不可作時節會也。

《戲答歐陽誠發奉議謝余送茶歌》

《到桂州》

《答許覺之惠桂花椰子茶盂二首》

覺之名彦先。

《以椰子茶瓶寄上德孺二首》

《寄黄龍清老三首》

詩中有「中秋月」之句。秋時所作。

《贈法輪齊公》

法輪即南嶽岣嶁峰龍雲寺。先生有《重書法輪古碑跋》云：「大明本名惠遠，思大禪師之孫。與虞世南、李百藥、岑文本爲方外之友。三人皆爲作碑銘，幸岑中書之文僅存。又爲不解事僧傳於石刻，敗剥之幾不可讀矣。而法輪寺住持禪師景齊來求予刊定，且乞書而刊之。師金陵蔣山中人，嘗入予方外之師晦堂心公之室，謂我爲同門。蓋嘗參《字説》於王荆公，其人通達辨識，欲有所爲，人不能泥也。故欣然爲之書。法輪寺自晉至唐貞觀中，雖既廢復興，皆號龍雲寺，中間改號金輪，而無文記可尋，意武后時所改耳。其號法輪，則太平興國五年敕書也。崇寧三年二月丙寅，脩水黄庭堅書。」今以歲月附見。此詩元載《别集》。

崇寧四年乙酉

先生是歲在宜州。

二月六日，與諸人飲餞元明於十八里津。

見《乙酉家乘》。又二十六日得元明二十四日丁卯書，寄詩一篇、《青玉案》一篇。

三月十五日，成都范寥來相訪。

寥字信中。見《乙酉家乘》。

五月初七日癸卯，自此宿南樓，范信中同之。

見《乙酉家乘》。又先生有《題東坡小字兩軸》云：「崇寧四年五月丙午，觀於宜州南樓。」按：誠齋先生楊公萬里嘗作《宜州山谷先生祠堂記》云：「予去年十月致書桂林伯侍講張公，今乃得報，且委予曰：『宜州太守韓侯璧，直諒士也。初抵官下，他皆未遑，首新山谷先生祠堂。蓋山谷之貶宜州，崇寧甲申也。館於城之戍樓曰小南門者，明年卒焉。後人思之，即其地廟祀之。(於)〔于〕湖張安國大書豫章先生四字以揚之。然居向湫隘，屋廬壞隤，俎不成列，拜靡厝躬。今侯戾止，顧瞻而賓，爰出其闡，距城不遐，得地洵盱，湖光前陳，曠野洞開，諸峰崛

奇，駿奔來庭。立屋六楹，以妥神居，刻木肖象，是似是享。俯湖爲閣，于登于臨，湖山清空，雲煙高寒。神則降集，人士奮豫。既成，來求閣名若記。栻既以清風名閣矣，子學詩山谷者，微子莫宜記之。』予執書歎曰：予聞山谷之始至宜州也，有甿某氏館之，太守抵之罪。有浮屠某氏館之，又抵之罪。有逆旅某氏館之，又抵之罪。館於戍樓，蓋圄之也。卒於所館，蓋飢寒之也。先生之貶，得罪於時宰也，亦得罪於太守乎？鹿之肉，人之食；君子之殘，小人之資也。孰使先生之所挾，足以授小人之資也哉，夫豈不得罪於太守也！先生得罪於太守，則太守不得罪於時宰矣。豈惟不得罪也，又將取榮焉。由今視之，其取榮於當時者幾何？而先生饑寒窮死之地，今乃爲騷人文士佇瞻鑽仰之場，來者思而去者懷，而所謂太守者猶有臭焉。則君子之於小人，患不得罪爾，得罪奚患哉？今韓侯之賢，乃能社先生而稷之，惜也先生之前乎韓侯也！先生之没，侯猶敬之如此，使其生也遇侯而噢休之，則主賓之賢，牽聯俱傳也，惜也韓侯之後乎先生也！然士或同室而睽，或異世而逢。苟逢矣，前後足校哉！先生之祠，要自韓侯始，則韓之傳決也。而又得侍講張公名其閣，其傳益決也。因書其説，寄侍講以遺韓侯云。」今附於遷居南樓之後。

六月辛巳，游龍隱洞。

先生有《龍水城南帖》云「邵彦明置酒招余及華陽范信中、龍城歐陽佃夫，約清且會於龍隱洞。余三人借馬自南樓來，至則彦明及其弟彦昇在焉」云云。「彦明者，臨淮邵華彦昇兄也，信中名寥，佃夫名襄，余者江西之修水黄庭堅魯直。時崇寧四年六月辛巳」。

《予去歲在長沙數與處度元實相從把酒自過嶺來不復有此樂感歎之餘戲成一絶》處度名湛，元實名温。此篇元載《别集》。今附是歲。

《宜陽别元明用觴字韻》

《元明留别》　此篇元載《外集》。

《信中遠來相訪且致今歲新茗又枉任道寄佳篇復次韻呈信中兼簡任道》

此篇元載《别集》。

《和范信中寓居崇寧遇雨二首》

按蜀本《詩集注》云：「此詩亦四年夏所作。」

《乙鍾乳於曾公卷》

按蜀本《詩集注》云：「《豫章後集》有《與公卷書》，云『鍾乳何時再成』，又云『嶺南秋暑殊未解』。此詩蓋秋時所作，或遂絶筆於此篇歟。

九月三十日，先生卒。

按《國史》：九月五日奉御筆手詔：「元祐姦黨，詆訕先帝，罪在不赦。曩屈臺憲，貸與之生，斥之遠方，固無還理，終身貶所，豈不爲宜？今先烈紹興，年穀豐稔，鑄鼎以安廟社，作樂以協神民，嘉祥薦臻，和氣昭格。肆頒赦宥，覃及萬方。興言邦誣，久責遐裔。一夫失所，朕尚惻然。用示至仁，稍從内徙。服我寛德，其革爾心。應姦黨羈管編配安置居住，在廣南者與移荆湖南北，在荆湖者移江淮，其餘並移近裏，惟不得至四輔畿内。」後批「崇寧元年九月十六日，送進奏院，遍牒行下。」明年正月庚戌，劉摯而下叙復有差。先生在輕第二等之首，並叙復，令使部與監廟差遣。而先生皆不及拜命，故先生本傳云：「三年，徙永州，未聞命而卒。」紹興初，高宗皇帝中興，特贈先生直龍圖閣，官子孫各一人。二年，先祖尚書以給事中召至行在。嘗家藏先祖親筆日記，載二月初六日戊辰，後殿引對，天語甚温。詢先生子孫曲折，許它日召至行在。及十七日己卯午刻，中使鄭諶傳宣至，先祖遂就省中見之。上令問先生諸孫曲折，先祖即因諶付口回奏。當時特贈，實與張耒、晁補之、秦觀四人同命。詞云：「敕故朝奉郎黄庭堅等，自熙寧大臣用事變法，始以異用排斥士大夫。維我神祖，念之不忘，元豐之末，稍稍收召。接於元祐，英俊盈朝。而爾四人，以文采風流，爲一時冠，學者欣慕之。及繼述之論起，黨籍之禁行，而爾四人每爲罪首，則學者以其言爲諱。自是以來，縉紳道喪，綱紀日隳，馴致宣和之亂。言之可爲痛心。肆朕纂承，既從昭洗。今爾四人，復加褒贈，斯足以見朕志矣。嗚呼！西清之遊，書殿之選，惟爾曹爲稱。使生而得用，能盡其才，亦何止於是歟。舉以追命，聊申齎志之恨，亦以少慰天下士大夫之心。英爽不亡，歆此休顯。」蓋詞臣推廣高廟聖意及之。後之子孫伏讀褒訓，銜戴國恩，欲報無路，何但痛哭流涕而已！因輒附諸篇末。

備論

《黄庭堅全集》附録《豫章先生傳》　史贊曰：自李、杜没而詩律衰，唐末以及五季雖有以比興自名者，然格下氣弱，幺麽骩骳，無以議爲也。宋興，楊文公始以文章涖盟，然至爲詩，專以李義山爲宗，以漁獵掇拾爲博，以儷花鬭果爲工，

號稱崑崙體，嫣然華靡，而氣骨不存。嘉祐以來，歐公稱太白爲絶倡，王文公推少陵爲高作，而詩格大變。高風之所扇，作者間出，班班可述矣。元祐間，蘇、黄並出，以碩學宏才鼓行士林，引筆行墨，追古人而與之俱。世謂李、杜歌詩高妙，而文章不稱；李翺、皇甫湜古文典雅，而詩獨不傳。惟二公不然，可謂兼之矣。然世之論文者必宗東坡，言詩者必右山谷，其然，豈其然乎！山谷自黔州以後句法尤高，筆勢放縱，實天下之奇作，宋興以來，一人而已。

藝文

《黄庭堅全集》附録洪炎《豫章黄先生退聽堂録序》 炎元祐戊辰、辛未歲兩試禮部，皆寓舅氏魯直廨中。魯直出詩一編，曰《退聽堂録》，云：「余作詩至多，不足傳；所可傳者，僅百餘篇而已。」魯直時爲校書郎，稍選佐著作，修《神宗實録》，與翰林學士蘇公子瞻游最密，賦詩無或輟。炎既手鈔《退聽録》矣，隨鈔録評論，因見魯直昔嘗作《退聽序》云：「詩非苦思不可爲，余得第後始知此。今世所傳録他詩，乃未第時爲之者。」及後一歲，魯直丁母夫人憂，絶不作詩。服除，以修史事罷，遷黔州，戎州，蜀士流相勸就學，以詩教諸生焉。北歸，寓荆渚，罷太平，寓江夏，皆踰歲。後進生慕學者益衆，故詩益多。炎每省觀，輒鈔所見，遂盈卷帙矣。然當是時，文學有禁，不敢出也。魯直竟投宜州，自鄂道潭、衡、永州、（靖江）［静江］、宜，皆有詩。没後，盡得之親友朋。而時禁益厲，又客宦卒卒少暇日，欲稍倫類叙次之，亦未遑也。靖康丙午歲，前禁始除。建炎戊申歲，時魯直之故人洪府連帥胡公少汲始屬炎撰次，以刻板傳世。撰次既契夙心，而外家所託，他人或不預聞，故不復辭。初，魯直爲葉縣尉、北京教授、知太和縣、監德平鎮，詩文已無慮千數。《退聽》所録，太和止數篇，德平十得四五，入館之後不合者蓋鮮。竊意少時所作雖或好詩傳播尚多，不若入館之後爲全粹也。今斷自《退聽》而後，雜以他文，得一千三百四十有三首，爲賦十，楚詞五，詩七百，銘、贊、頌二百四十，序、記、書八十，表狀文、雜著四十九，墓誌碑碣四十一，題跋一百一十八，合爲三十帙，分别部類，各以倫類。嗚呼，亦可謂富矣。凡詩斷自《退聽》始，《退聽》以前蓋不復取，獨取古風二篇，冠詩之首，以見魯直受知於蘇公有所自也。他文雜前後十取八九，獨去其可疑與不合者，亦魯直之本意也。大抵魯直於文章天成性得，落筆巧妙，他士莫逮，而尤長於詩。其發源以治心修性爲宗本，放而至於遠聲利、薄軒冕，極其致，憂國愛民，忠義之氣藹然見於筆墨之外。凡句法置字律令新新不窮，增出增奇，所謂包曹、劉之波瀾，兼陶、謝之宇量，可使子美分座，太白卻行者耶。蘇公嘗評魯直曰：「讀魯直詩，如見魯仲連、李太白，不敢復論鄙事。頗若不適用，然不爲無補於世。」蘇公知魯直者，然此評則未盡。夫詩人賦詠於彼，興託在此，闡繹優游，而不迫切，其所感寓常微見其端，使人三復玩味之久而不厭，言不足而思有餘，故可貴尚也。若察察言，如老杜《新安》、《石壕》、《潼關》、《花門》之什，白公《秦中吟》、《樂遊園》、《紫閣村》詩，則幾於罵矣，失詩之本旨也。舉世雷同，未必皆知魯直，蘇公真知魯直者，又可歎如此，信乎知我之難值也。魯直嘗游灊皖，愛山谷石牛洞，意若將老焉，故自號山谷道人。謫黔、戎時，假涪州别駕，故又號涪翁，或曰涪皤。在黔中，又號黔安居士。至宜州，又號八桂老人。皆班班見於詩文。然世士言魯直者但曰山谷，蓋以配東坡云。建炎二年十月十日，中奉大夫、提舉西京嵩山崇福宫洪炎序。

《黄庭堅全集》附録黄埒《紹定刊山谷黄先生大全詩註跋》 先太史詩編，任子淵爲之集注，板行於蜀。惟閩中自坊本外未之見，豈非以平生轍迹未嘗至閩故耶？埒家藏蜀刻有年，試郡延平，以鋟諸梓。《且憩》、《寂圖》二詩，舊亦僅著其目，參考家集，遂成全書。句裏宗風，埒豈識其趣，獨念高、曾規矩，百工猶究心焉，手披口吟，不敢廢墜。世之登詩壇者，相與共之，以壽斯派，亦先太史之志也。紹定壬辰日南至，諸孫朝散郎、行軍器監主簿、兼權知南劍州軍州兼管内勸農事、節制本州屯戍軍馬、借緋埒拜手敬識。

《黄庭堅全集》附録張嵲《豫章集序》 魯直詩文，譽者或過其實，毁者或損其真，皆非真知魯直者，或有所愛憎而然也。大抵魯直文不如詩；詩、律不如古，古不如樂府。蓋魯直所學詩，源流甚遠，自以爲出於《詩》與《楚詞》，過矣。蓋規模漢、魏以下，而得其彷彿者也。故其（往）［佳］處，往往與樂府、《玉臺新咏》中諸人所作合。其古、律詩酷學少陵，雄健太過，遂流而入於險怪。要其病在太著意，欲道古今人所未道語爾。至其文，則專學西漢，惜其才力褊局，不能汪洋趑趄。如其紀事立言，頗時有類處。其詩雖特妙於樂府，然惜乎擇之不精，用古今語頗雜，遂有害騷雅處。昔柳子厚讀《鶡冠子》，以「貪夫狗利，烈士狗名，誇者死權，品庶每生」數語爲非鶡冠子。何以知之？曰不類。況古語之與今語，其類

耶？至其爲《黄夫人碑》，文似左氏，辭(以)〔似〕屈原，可以闊步古今矣。雖使柳柳州復生，不能出其右也。

《黄庭堅全集》附録任淵《山谷内集詩注序》 近世所編《豫章集》，詩凡七百餘篇，大抵山谷入館後所作。山谷嘗仿《莊子》，分其詩文爲内、外篇，此蓋内篇也。晚年精妙之極，具於此矣。然銓次不倫，離合失當。今以事繫年，校其篇目，各如本第，其不可考者，即從舊次，或以類相從。詩各有注，離爲二十卷云。

武英殿聚珍版書本《山谷内集詩注》卷首

《黄庭堅全集》附録史容《山谷外集詩註引》 山谷自言欲仿莊周分其詩文爲内、外篇，意固有在，非去此取彼。今《内集》詩有注，而《外集》未也，疑若有去取焉者，兹豈山谷之意哉？秦少游《與李德叟簡》云：「黄魯直過此，爲留兩日。其《敝帚》、《焦尾》兩編，文章高古，邈然有二漢之風。今時交游中，以文墨自業者，未見其比。」又簡參寥云：「魯直近從此赴太和令，得渠新詩一編，高古絶妙，吾屬未有其比。僕頃不自揆，妄欲與之後先而驅，今乃知不及遠甚。」赴太和，蓋元豐庚申歲，而《焦尾》、《敝帚》即《外集》詩文也。其爲時輩所推如此。建炎間，山谷之甥洪玉父爲胡少汲編《豫章集》，獨取元祐入館後所作，蓋必有謂，未可據依，此續注之所不得已也。因以少游語冠于篇首。其作詩歲月，别行銓次；有不可考者，悉皆附見。舊多舛誤，略加是正，餘且從疑，以俟博識。

《黄庭堅全集》附録錢子文《山谷外集詩註序》 書存于世，惟六經、諸子及遷、固之史有注其下方者，以其古今之變，詁訓之不相通也。而今人之文，今人乃隨而注之，則自蘇、黄之詩始也。詩動乎情，發乎言，而成乎音。人爲之，人誦之，宜無難知也。而蘇、黄二公乃以今人博古之書，譬楚大夫而居于齊，應對唯諾，無非齊言，則楚人莫喻也。如將以齊言而喻楚人，非其素嘗往來莊嶽之間，其孰能之？山谷之詩，與蘇同律，而語尤雅健，所援引者乃多于蘇。其詩集已有任淵、史會更注之矣，而公所自編謂之《外集》者，猶不易通，史公儀甫遂繼而爲之注。上自六經、諸子、歷代之史，下及釋、老之藏，稗官之録，語所關涉，無不盡究。予官成都，得于公之子叔廉而徧閲之，其於山谷之詩既悉疏理，無復凝結，而古文舊事因公之注，所發明者多矣。夫讀古人之書，得之於心，應之于手，固非區區采之簡册而後用之也；而爲之注者，乃即羣書而究其所自來，則注者之功宜難于作。而公以博洽之能，乃隨作者爲之訓釋，此其追慕先輩、嘉惠後學之意，殆非世俗之所能識也。昔白樂天作詩，使嫗讀之，務令易知；而揚子雲草《太玄》，其詞艱深，人不能通，乃曰「後有揚子雲，必好之矣」。古之君子，固有不徇世俗而自信於後世之知我者。若公於山谷，既以子雲而知子雲，其爲之訓釋，則又諄諄然爲人言之，是亦樂天之志也。公蜀青衣人，名容，號薌室居士，仕至太中大夫。晚謝事，著書不自休，嘗爲《補韻》及《三國地名》，皆極精密。今年餘七十，耳目清明，齒髮不衰。他日傳于世者，又將不止于數書而已也。嘉定元年十二月乙酉，晉陵錢文子序。

《黄庭堅全集》附録史季温《閩憲刊山谷外集詩注跋》 先大父薌室先生所注《山谷外集》詩，脱藁之日，永嘉白石錢先生文季爲之序引，鋟木於眉，蓋嘉定戊辰歲也。是書已行於世。其後大父優游林泉者近十年，復參諸書，爲之增注，且細考山谷出處歲月，别行詮次，不復以舊集古律詩爲拘。考訂之精，十已七八，其間不可盡知者附之本年。蜀板已燬，遺藁幸存，今刻之閩憲治，庶與學者共之，并以大父實録、本傳附見。淳祐庚戌嘉平旦日，孫朝請大夫、福建路提點刑獄公事季温百拜謹跋。

魏了翁《鶴山先生大全文集》卷五三《黄太史文集序》 山谷黄公之文，先正鉅公稱許者衆矣。江、浙、閩、蜀間亦多善本，今古戎黄侯又欲刻諸郡之墨妙亭，以致懷賢尚德之意，而屬了翁識之，顧淺陋何敢措詞。昔者幸嘗有考於先民之言行，切嘆夫世之以詩知公者末也。公年三十有四，上蘇長公詩，其志已卓犖不凡，然猶是少作也。迨元祐初，與衆賢彙進，博文蓄德，大非前比。元祐中末，涉歷憂患。極於紹聖、元符以後，流落黔、戎，浮沈於荆、鄂、永、宜之間，則閲理益多，落葉就實，直造簡遠，前輩所謂黔州以後句法尤高。雖然，是猶其形見於詞章者然也。元祐史筆，守正不阿。迨章、蔡用事，摘所書王介甫事，將以瑕衆正而殄焉，公於是有黔、戎之役，魁狖之所嗥，木石之與居，間關百罹。然至今誦其遺文，則慮澹氣夷，無一毫憔悴隕穫之態，以草木文章發帝杼機，以花竹和氣驗人安樂，雖百世之相後，猶使人躍躍興起也。至其聞龔、鄒冠豸，張、董上坡，則喜溢詞端。荆江亭以後諸詩，又何其恢廣而平實，樂不至淫、怨不及懟也。然而猶爲小人承望時好，捃摭《承天院記》語，竄至宜陽。雖洊離險艱，而行安節和，純終不疵。嗚呼！以其所養若是，設見用於建中靖國之初，將不弭蔡、鄧之萌，而銷崇、觀之紛紛乎？是惡可以調人目之也。國朝以記覽詞章，嘩衆取寵，非無丁、夏、王、吕之儔，而施諸用則悖。二蘇公以調章擅天下，其時如黄、陳、晁、張諸賢亦皆有聞於時，人孰不曰此詞人之傑也，是惡知蘇氏！以正學直道周旋於

熙、豐、祐、聖間，雖見慍於小人，而亦不苟同於君子，蓋視世之富貴利達，曾不足以易其守者，其爲可傳，將不在兹乎？諸賢亦以是行諸世，皆坐廢棄，無所悔恨。其間如後山，不予王氏，不見章惇，於邢、趙婣婭也，亦未嘗假以詞色，褚無副衣，匪焕匪安，寧死無辱，則山谷一等人也。張文潛之詩曰：「黄郎蕭蕭日下鶴，陳子峭峭霜中竹。」是其爲可傳真在此而不在彼矣。余懼世之以詩知山谷也，故以余所自得於山谷者復於黄侯。侯其謂然，則刻諸篇端，以補先儒之偶未及者焉。侯名申，余同郡人。

洪咨夔《平齋集》卷二九《豫章外集詩注序》 天降時雨，山川出雲，故《嵩高》、《烝民》之咏，不于人物之盛，而於其生。我朝列聖以人文陶天下，學問議論文章之士，莫盛於熙、豐、元、紹間，其生也類在於神宗朝。如詩家曰蘇、黄，曰黄、陳。蘇公生於景祐，陳公生於皇祐，而豫章生於慶曆。天地清寧，日月正明，稟於氣者全也。公得清寧正明之全氣，氣全而神王，挾豐隆，騎倒景，飄飄乎與造物者游。放爲篇章，超軼絶塵，獨立萬物之表，坡翁蓋心服之，而後山師焉。其集嘗擬《莊子》分内、外篇，《外集》如韓淮陰驅市人，背水而戰，暗與兵法合；《内集》如諸葛武侯八陣，奇正相生，鬼神莫窺其奧，彙分之意嚴矣。君子之學日進而日新，日新而日化。進則人，新則道，化則天。逝者如斯，不舍晝夜，正以是也。文與詩亦然。論詩者不泝其始，無以知其進而新；不極其終，無以知其新而化。《内集》斷自入館以後，極其終矣；《外集》起初年《溪上吟》，泝其始也。眉山任處士驥其成，擺落科舉之累，真積於學者，無不覽，愛公詩若嗜欲然。以《内集》有任子淵注，因注《外集》十二卷，攷年譜以推出處，用事必求其意，用字必探其原，勤且博至矣。或以詩嘗經公手删，而疑其多愛，然使學者盡見前輩少年至老之作，以觀日新日化之功，雖多不厭也。子逢博習有家法。方注詩時，兩髦耽耽，檢書捧硯，領退而學詩之意。今以名卿守蜀，白首矣。懼父書無傳，力自校讎，鋟而公諸世。萬里信來，俾序之。某晚出，未闖其藩，何敢贅疣？攻媿謂宋宗儒，摘阮歌，戴道士，彈琴書，不知何以分内、外，當有能辨之者。余聞李衛公好惠山泉，置驛取水。有僧言長安昊天觀井水與惠山泉通，雜他水十餘缶試之，僧指其二曰：「此惠山泉也。」文饒爲罷水驛。欲知内、外之辨者，請以是觀之。

徐經孫《矩山存稿》卷三《閩憲刊黄山谷内集詩跋》 太史黄公詩有《内》、《外》集。夫任民所註者《内集》，板木雖多，而其烏烏傳寫之誤，亦自不少。暇日稍加較正，刻之閩憲，始與薌城所刊薌室《外集註》并傳之。

章惇部

綜述

《宋史》卷四七一《章惇傳》 章惇字子厚，建州浦城人，父俞徙蘇州。起家至職方郎中，致仕，用惇貴，累官銀青光禄大夫，年八十九卒。

惇豪俊，博學善文。進士登名，恥出姪衡下，委敕而出。再舉甲科，調商洛令。與蘇軾游南山，抵仙游潭，潭下臨絶壁萬仞，横木其上，惇揖軾書壁，軾懼不敢書。惇平步過之，垂索挽樹，攝衣而下，以漆墨濡筆大書石壁曰：「蘇軾、章惇來。」既還，神彩不動，軾拊其背曰：「君他日必能殺人。」惇曰：「何也？」軾曰：「能自判命者，能殺人也。」惇大笑。召試館職，王陶劾罷之。

熙寧初，王安石秉政，悦其才，用爲編修三司條例官，加集賢校理、中書檢正。時經制南、北江羣蠻，命爲湖南、北察訪使。提點刑獄趙鼎言，峽州羣蠻苦其酋剥刻，謀内附，辰州布衣張翹亦言南、北江羣蠻歸化朝廷，遂以事屬惇。惇募流人李資、張竑等往招之，資、竑淫于夷婦，爲酋所殺，遂致攻討，由是兩江扇動。神宗疑其擾命，安石戒惇勿輕動，惇竟以三路兵平懿、洽、鼎州。以蠻方據潭之梅山，遂乘勢而南。轉運副使蔡燁言是役不可亟成，神宗以爲然，專委於燁，安石主惇，爭之不已。既而燁得蠻地，安石恨燁沮惇，乃薄其賞，進惇修起居注，以是兵久不決。

召惇還，擢知制誥、直學士院、判軍器監。三司火，神宗御樓觀之，惇部役兵奔救，過樓下，神宗問知爲惇，明日命爲三司使。吕惠卿去位，鄧綰論惇同惡，出知湖州，徙杭州。入爲翰林學士。元豐三年，拜參知政事。朱服爲御史，惇密使客達意於服，爲服所白。惇父冒占民沈立田，立遮訴惇，惇繫之開封。坐二罪，罷知蔡州，又歷陳、定二州。五年，召拜門下侍郎。豐稷奏曰：「官府肇新而惇首用，非稽古建官意。」稷坐左遷。諫官趙彦若又疏惇無行，不報。

哲宗即位，知樞密院事。宣仁后聽政，惇與蔡確矯唱定策功。確罷，惇不自安，乃駮司馬光所更役法，累數千言。其略曰：「如保甲、保馬一日不罷，有一日害。若役法則熙寧之初遽改免役，後遂有弊。今復爲差役，當議論盡善，然後行之，不宜遽改，以貽後悔。」吕公著曰：「惇所論固有可取，然專意求勝，不顧朝廷大體。」光議既行，惇憤恚爭辨簾前，其語甚悖。宣仁后怒，劉摯、蘇轍、王覿、朱光庭、王巖叟、孫升交章擊之，黜知汝州。七八年間，數爲言者彈治。

哲宗親政，有復熙寧、元豐之意，首起惇爲尚書左僕射兼門下侍郎，於是專以「紹述」爲國是，凡元祐所革一切復之。引蔡卞、林希、黄履、來之邵、張商英、周秩、翟思、上官均居要地，任言責，協謀朋姦，報復仇怨，小大之臣，無一得免，死者禍及其孥。甚至詆宣仁后，謂元祐之初，老姦擅國。又請發司馬光、吕公著冢，斲其棺。哲宗不聽，惇意不慊，請編類元祐諸臣章疏，識者知禍之未弭也。遂治劉安世、范祖禹諫禁中雇乳媪事；又以文及甫誣語書導蔡渭，使告劉摯、梁燾有逆謀，起同文館獄，命蔡京、安惇、蹇序辰窮治，欲覆諸人家。又議遣吕升卿、董必察訪嶺南，將盡殺流人。哲宗曰：「朕遵祖宗遺制，未嘗殺戮大臣，其釋勿治。」然重得罪者十餘人，或至三四謫徙，天下冤之。

惇用邢恕爲御史中丞，恕以北齊婁太后宫名宣訓，嘗廢孫少主立子常山王演，託司馬光語范祖禹曰：「方今主少國疑，宣訓事猶可慮。」又誘高士京上書，言父遵裕臨死屏左右謂士京曰：「神宗彌留之際，王珪遣高士充來問曰：『不知皇太后欲立誰？』我叱士充去之。」皆欲誣宣仁后，以此實之。惇遂追貶司馬光、王珪，贈遵裕奉國軍留後。結中官郝隨爲助，欲追廢宣仁后，自皇太后、太妃皆力爭之。哲宗感悟，焚其奏，隨覘知之，密語惇與蔡卞。明日惇、卞再言，哲宗怒曰：「卿等不欲朕入英宗廟乎？」惇、卞乃已。

惇又以皇后孟氏，元祐中宣仁后所立，迎合郝隨，勸哲宗起掖庭祕獄，託以左道，廢居瑶華宫。其後哲宗頗悔，乃歎曰：「章惇壞我名節。」惇又結劉友端相表裏，請建劉賢妃於中宫。

初，神宗用王安石之言，開熙河，謀靈、夏，師行十餘年不息。迨聞永樂之敗，神宗當宁慟哭，循致不豫，故元祐宰輔推本其意，專務懷柔外國。西夏請故地，以非要害城砦，還之。惇以爲蹙國棄地，罪其帥臣，遂用淺攻撓耕之説，肆開邊隙，絶夏人歲賜，進築汝遮等城。陝西諸道興役五十餘所，敗軍覆將，復棄青唐，死傷不可計。知天下怨己，欲塞其議，請詔中外察民妄語者論如律。優立賞邏，告訐之風浸盛。民有被酒狂謔者，詔貸其死，惇竟論殺之。用刑愈峻，然不能遏也。

哲宗崩，皇太后議所立，惇厲聲曰：「以禮律言之，母弟簡王當立。」皇太后曰：「老身無子，諸王皆是神宗庶子。」惇復曰：「以長則申王當立。」皇太后曰：「申王病，不可立。」惇尚欲言，知樞密院事曾布叱之曰：「章惇，聽太后處分。」皇太后決策立端王，是爲徽宗。遷惇特進，封申國公。

爲山陵使，靈轝陷澤中，踰宿而行。言者劾其不恭，罷知越州，尋貶武昌軍節度副使，潭州安置。右正言任伯雨論其欲追廢宣仁后，又貶雷州司户參軍。初，蘇轍謫雷州，不許占官舍，遂僦民屋，惇又以爲强奪民居，下州追民究治，以僦券甚明，乃已。至是，惇問舍于是民，民曰：「前蘇公來，爲章丞相幾破我家，今不可也。」徙睦州，卒。

惇敏識加人數等，窮凶稔惡，不肯以官爵私所親，四子連登科，獨季子援嘗爲校書郎，餘皆隨牒東銓仕州縣，訖無顯者。

妻張氏甚賢，惇之入相也，張病且死，屬之曰：「君作相，幸勿報怨。」既祥，惇語陳瓘曰：「悼亡不堪，柰何？」瓘曰：「與其悲傷無益，曷若念其臨絶之言。」惇無以對。

政和中，追贈觀文殿大學士。紹興五年，高宗閲任伯雨章疏，手詔曰：「惇詆誣宣仁后，欲追廢爲庶人，賴哲宗不從其請，使其言施用，豈不上累泰陵？貶昭化軍節度副使，子孫不得仕於朝。」詔下，海内稱快，獨其家猶爲《辨誣論》，見者哂之。

《琬琰集删存》卷三《實録·章丞相惇傳》　崇寧四年十一月己未，舒州團練副使章惇卒。惇字子厚，建州浦城人。始生，族父得象奇其風骨，以爲必貴。舉進士甲科，知商州商洛縣，雄武軍節度推官，歐陽脩薦召試館職，改著作佐郎、知常州武進縣。王安石秉政，召編脩三司條例，除秘書丞、集賢校理、檢正中書户房公事。察訪荆湖，用兵溪洞，拓境數百里，置沅州，南方兵禍自此始。入修起居注，除右正言、知制誥，直學士院，判軍器監，權三司使，以知制誥出知湖州。荆湖蠻復起擾邊，移知荆南府，至則事平，以親老再請湖州。俄改杭州，未至，除翰林學士，未受命，丁父憂，服闋，判三館秘閣，知審官東院，遂拜諫議大夫、參知政事。踰年，出知陳州，移定州。元豐五年，召爲門下侍郎。

哲宗即位，知樞密院事。宣仁后臨朝，用司馬光、吕公著更革弊事，惇與宰相蔡確不肯引咎去位，窺伺得失，惇尤詆侮光争論決法，光不能堪，蘇轍爲諫官，上疏論其姦惡，惇與確皆逐去。惇知汝州，提舉杭州洞霄宫。哲宗親政，召爲尚書左僕射。惇性忮毒，忍於爲惡，元祐用事臣僚，再竄謫至嶺海，誣謗宣仁，追貶王珪，議殺劉摯，皆惇力也。

哲宗升遐，欽聖后召兩府議所立，惇奏立同母弟，欽聖后曰：「皆先帝之子。」惇色沮。及徽宗上即位，遷特進，封申國公。充哲宗山陵使，至成臯大昇轝陷于濘，踰宿而行，坐是出知越州，未至，責授武昌軍節度副使，潭州安置，再貶雷州司户參軍。百姓歌之曰：「大惇小惇，入地無門。」小惇謂安惇，其爲人所嫉如此。崇寧元年，舒州團練副使，睦州住居。二年，徙越州，改湖州。卒，年七十一。大觀三年，詔復特進、申國公。政和三年，贈太師，追封魏國公。子持、援。

王稱《東都事略》卷九五《章惇傳》　章惇字子厚，建州浦城人也。始生，族父得象奇其風骨，以爲必貴。舉進士甲科，知商洛縣。嘗與蘇軾同遊南山，抵仙遊潭，潭下臨絶壁萬仞，岸甚狹，惇推軾下潭書壁，軾不敢。惇履險而下，以漆墨濡筆大書石壁上，曰：「蘇軾、章惇來。」軾拊惇背曰：「子厚必能殺人。」惇曰：「何也？」軾曰：「能自判命者，能殺人也。」惇大笑。

熙寧初，王安石秉政，以惇編修三司條例，除祕書丞、集賢校理、檢正中書户房公事。察訪荆湖，用兵，於是溪洞拓境數百里。入修起居注，除右正言、知制誥，直學士院。出知湖州，除翰林學士。未授命，丁母憂，服闋，入知審官院，遂拜右諫議大夫、參知政事。踰年，出知陳州，移定州。元豐五年，召爲門下侍郎。哲宗即位，遷知樞密院事。

宣仁后臨朝，用司馬光、吕公著更革弊事，惇與宰相蔡確猶未去位。光復差役舊法，蔡京知開封府，用五日行差役於諸邑。惇言：「保甲、保馬，一日不罷，有一日害。若役法則熙寧初以遽改免役，後有弊，今改差役，當議論盡善，然後施行，遽改恐後亦有弊。」乃於簾前與光争論，其言不遜。諫官蘇轍論其姦惡，惇與確皆逐去。惇知汝州，徙揚州，提舉洞霄宫。惇以父俞年高，乞侍養，而諫官劉安世猶疏惇之罪，復留汝州。吕公著奏曰：「章惇父老居蘇州，今惇復留汝上，方以孝治天下，豈可使大臣失晨昏之養？」遂聽歸。俞卒，惇免喪，復領洞霄宫。

哲宗親政，召拜左僕射兼門下侍郎。惇既相，引蔡卞爲右丞。惇、卞執政，謀所以釋憾於元祐舊臣者。凡元祐更張弊法，悉皆追復。用林希爲中書舍人，張商英等爲諫官。惇、卞大肆羅織，竄逐元祐臣僚于嶺海。商英等力詆元祐；希行元祐諸人責詞，遂至毁罵，甚者謂「元祐之初，老姦擅國」，蓋以詆宣仁后也。

惇又用邢恕爲御史中丞，於是日夜論劉摯、梁燾、王巖叟等謀廢立，恕造宣訓之語，又誘高遵裕之子士京論其父功，又教蔡確之子渭上文及甫與邢恕私書事。惇、卞遂起同文館獄，用蔡京、安惇雜治宣訓事者。恕爲惇説云：「司馬光亦疑宣仁后有廢立事。光嘗語范祖禹曰：『方今主少國疑，宣訓事猶可慮。』」蓋宣訓者，北齊婁太后宫名也。婁太后廢其孫少主，立其子常山王演。恕妄謂司馬光亦有是言，以實宣仁后有廢立之意，使天下信之。光遂追貶。恕既誘高士京上書，論其父遵裕臨死時，屏左右謂士京曰：「神宗彌留之際，王珪遣高士充來問我曰：『不知皇太后欲立誰？』我叱士充去之。」語惇、卞，欲誣罔宣仁后。遂贈遵裕奉國軍留後。王珪亦追貶。

初，邢恕在元祐時，責汝州，文及甫與恕皆素怨摯等，乃與恕書，謂「司馬昭之心，路人所知。又濟之以粉昆，朋類錯立，欲以眇躬爲甘心快意之地」等語。及甫嘗語蔡碩謂：司馬昭指劉摯，粉昆指韓忠彦，眇躬及甫自謂。蓋俗謂駙馬都尉曰粉侯，忠彦弟嘉彦尚主也，故曰粉昆。而朋類錯立者，謂王巖叟、梁燾也。及甫與恕書肆爲詆毁之辭，恕以此書與確之子渭，使訴其事。及置對，及甫爲蔡京、安惇所脅，乃云以昭比摯，眇躬乃以爲指哲宗，而粉昆謂巖叟面如傅粉。燾字況之，以況爲兄，故曰粉昆也。後確母又言，梁燾嘗與懷州致仕官李洵言：「朝廷若存蔡確，則爲徐邸安乎？」以爲李洵等所謀。乃追問洵，洵依違以答。適因星變，詔曰：「朕遵祖宗遺志，未嘗誅殺大臣，劉摯等可勿治。」然摯、燾同時死于嶺南貶所，人亦疑之。

惇與卞結中官郝隨爲助，言於哲宗，欲追廢宣仁后。自皇太后、太妃皆力争之，哲宗感悟，焚其奏。隨覘知之，密語惇、卞。明日，惇、卞再有言，哲宗怒曰：「卿等不欲朕入英宗廟乎？」惇、卞乃已。惇又以皇后孟氏，元祐中宣仁后所立，勸哲宗起掖庭祕獄，託以左道，廢居瑶華宫。其後哲宗頗悔，乃歎曰：「章惇壞我名節。」此皆惇得罪天下後世者。

初，神宗用王安石之言，開熙河，謀靈夏，師行十餘年不息。追聞永樂之敗，神宗當宁慟哭，循致不豫，故元祐宰輔推本上意，專務懷柔夷狄。西夏請故地，以非要害城砦還之。至惇作相，以爲蹙國棄地，罪其帥臣。諸路皆進築新砦，取復故地，邊事復興，關中之民大困矣。惇性忮毒，忍於爲惡，於是百姓歌之曰：「大惇小惇，入地無門。」小惇則安惇也。其爲人所疾如此。

哲宗崩，欽聖憲肅皇后議所立，惇曰：「以禮律言之，母弟簡王當立。」欽聖后曰：「老身無子，諸王皆是神宗庶子。」惇復曰：「以長，申王當立。」欽聖后曰：「申王病廢，不可立。」惇尚欲有言，知樞密院事曾布叱惇曰：「章惇聽皇太后處分。」簾卷，徽宗已立矣。遷特進，封申國公。

充哲宗山陵使，至成皋，大昇轝陷于濘，踰宿而行。坐是出知越州，未至，責武昌軍節度副使、潭州安置。再貶雷州司户參軍。惇至此方悔，謝表乃云：「盡力以遏徐王覬覦之謗，一心以明宣仁保佑之功。」惇復云覬覦之謗者，是徐王無覬覦之事也。

初，蘇轍謫雷州，不許占官舍，遂僦民屋。惇又以爲强奪民居，下州追民究治，以僦券甚明乃已。至是惇責雷州，亦問舍于民，民曰：「前蘇公來，爲章丞相幾破我家，今不可也。」人以爲報復。改舒州團練副使、睦州居住。徙越州，改湖州。卒，年七十一。復特進申國公。政和三年，贈太師。

雜録

備録

佚名《道山清話》 章子厚，人言初生時，父母欲不舉，已納水盆中，爲人救止。其後朝士頗聞其事，蘇子瞻嘗與子厚詩有「方丈仙人出渺茫，高情猶愛水雲鄉」之語。子厚謂其譏己也，頗不樂。

章子厚與蘇子瞻少爲莫逆交。一日，子厚坦腹而卧，適子瞻自外來，摩其腹以問子瞻曰：「公道此中何所有？」子瞻曰：「都是謀反底家事。」子厚大笑。

章子厚爲侍從時，遇其生朝會客。其門人林特者亦鄉人也，以詩爲壽。子厚晚於座上取詩以示客，且指其頌德處云：「只是海行言語，道人須道著乃爲工。」門人者頗不平之，忽曰：「昔人有令畫工傳神，以其不似，命别爲之。既而又以不似，凡三四易。畫工怒曰：『若畫得似後，是甚模樣？』」滿坐哄然。

魏泰《東軒筆録》卷五 翰林故事，學士每白事於中書，皆公服靸鞋坐玉堂，使院吏入白，學士至，丞相出迎，然此禮不行久矣。章惇爲知制誥直學士院，力欲行之。會一日，兩制俱白事於中書，其中學士皆鞾足秉笏，而惇獨散手靸鞋。

翰林故事，十廢七八，忽行此禮，大誼物議，而中丞鄧綰尤肆詆毁。既而罷惇直院，而靸鞋之禮，後亦無肯行之者。

熙寧七年，元絳爲三司使，宋迪爲判官。迪一日遣使煑藥，而遺火延燒計府，自午至申，焚傷殆盡。方火熾，神宗御西角樓以觀，是時，章惇以知制誥判軍器監，遽部本監役兵往救火，經由角樓以過。上顧問左右，以惇爲對。翌日，迪奪官勒停，絳罷使，以章惇代之。

魏泰《東軒筆録》卷一三　章樞密惇少喜養生，性尤真率，嘗云：「若遇饑則雖不相識處，亦須索飯；若食飽時，見父亦不拜。」在門下省及樞密，益喜丹竈，餌茯苓以卻粒，骨氣清粹，真神仙中人。蘇子瞻贈之詩云：「鼎中龍虎黄金賤，松下龜蛇緑骨輕。」蓋謂是也。

曾敏行《獨醒雜志》卷五　客有謂東坡曰：「章子厚日臨《蘭亭》一本。」坡笑云：「工摹臨者，非自得，章七終不高爾。」予嘗見子厚在三司北軒所寫《蘭亭》兩本，誠如坡公之言。

莊綽《雞肋編》卷下　章子厚爲相，靳侮朝士。常差一從官使高麗，其人陳情，力辭再三，不允，遂往都堂懇之。章云：「以公所陳不誠，故未相允。」其人云：「某之所陳，莫非情實。」章笑云：「公何不道自揣臣心，誠難過海？」

王銍《默記》　章子厚作宰相日，齊州奏孫耿鎮監鎮武臣私官奴，乃本鎮富民所畜也。一夕，詣官奴，爲富民結客歐之，傷重垂盡而逸，且陰遣人訴於州。州奏監罷，請寘於法。子厚爲請，富民誅於鎮市中，監官放罷還任。

章子厚少年未改官，蒙歐陽公薦館職。熙寧初，歐公作《史照峴山亭記》以示子厚。子厚誦至「元凱銘功于二石，一置茲山，一投漢水」。子厚曰：「今飲酒者，令編劄斟酒亦可，穿衫著帶斟酒亦可，令婦環侍斟酒亦可，終不若美人斟酒之中節也。『一置茲山，一投漢水』亦可，然終是突兀，此壯士編劄斟酒之禮也。惇欲改曰『一置茲山之上，一投漢水之淵』，此美人斟酒之體，合宜中節故也。」文忠公喜而用之。

章申公在睦州，暮年有妾曰蒨英，有殊色，公寵嬖之。一日，其子援至所居烏龍寺僧房，有玉界尺在案上，乃公所愛。因究其所從，羣婢共言與僧通已久。公怒，令爲爨婢，布衣執爨而已，未嘗箠也。而罪羣婢不能防閑，縛而盡箠之。蒨英既執爨，請令十二縣君供過，乃援妻也。縛其僧，箠而送郡，其供出事目如牛腰，即枷送獄。郡守方通親鞫而亟斷之，杖其背，廳事震動，而僧不動如山。蒨英執爨四十日，衣敝，申公思之，令援曰：「十二縣君不須出，令蒨英依舊伏侍。蒨英欲著舊衣。」蒨英堅不肯著，呼至前，曰：「相公送至州縣則送之，蒨英不著好衣，不伏侍相公。蒨英寧死爾！」言訖，吞氣立死。

世言章申公在睦州遇猴事，時方通爲守，實然也。云有大猿數十，遂使人擒而縛之。忽於烏龍山後突出數千大青猿，解縛奪而去之，人皆莫敢近。余晉仲目擊。

蔡絛《鐵圍山叢談》卷二　章丞相惇性豪邁，頗傲物，在相位數以道服接賓客，自八座而下，多不平之。然獨見魯公則否。而魯公時在翰院爲承旨，亦自負章之不能以氣淩公也。一日，詣丞相府。故事，宰執出政事堂歸第，有賓吏白侍從官在客次，而大臣者既捨轡即不還家，徑從斷事所而下以延客。及是章丞相返，不揖客，行入舍，褫其公裳，特易以道服而後出。魯公方趨上，適見之，則亟索去。於是章丞相作慚灼然而語公曰：「是必以衣服故得罪矣，然願少留。」公曰：「某待罪禁林，實天子私人，非公僚佐，藉人微，顧不辱公乎？」遂起，欲行去。章以手掠公，目使留，致懇到。會薦湯而從者以騎至，故公得而拂褏，因卧家，具章白其事，且以辱朝廷而待罪焉。哲廟覽公奏，深多公之得體，亟詔釋之。因有旨：「宰臣章惇贖銅七斤。」仍命立法，以戒後來。自是，魯公終章丞相之在相位而不以私見也。噫，前朝侍從臣卓爾風立迺如此，後來罕見之。

何薳《春渚紀聞》卷一　元符間，宗室有以妾爲妻者，因罷開府儀同三司及大宗正職事。蔡元長行詞曰：「既上大宗之印，復捐開府之儀。」章申公謂曾子宣曰：「此語與『手持金骨之朵，身坐銀交之椅』何異？」曾復顧申公曰：「頃時記得有行侍御史詞頭，云『爰遷侍御之史』，不記得是誰？」申公顧許冲元曰：「此是侍郎向日亂道。」曾時爲樞密，許爲黄門也。

何薳《春渚紀聞》卷三　汴渠第五鋪有異僧，衆名之聖和尚，時語人禍福，扣之則不復道也。熙寧初，余伯父朝奉君與先博士君同章申公詣闕，時申公改官未久，先博士未第也。申公所在喜訪異人，至鋪具飯，遇僧過門，即延之入座，熟視先君曰：「福人福人，宰相是你手裏出。」已而回視申公曰：「承天一柱，判斷山河。」視伯父獨無言。既去，先君戲申公曰：「承天一柱，判斷山河，則當是正拜之徵，然一柱爲何？」申公曰：「我作宰相，更容兩人也。」後果如其言。而先君「宰相之出」，獨未有徵驗云。

王明清《投轄録》　章丞相初來京師，年少美丰姿。當日晚獨步禁街，覷車

子數乘，輿衛甚都，最後者，轎後一婦人，美而豔，揭簾目逆。丞相因信步隨之，不覺至夕。婦人以手招丞相，丞相遂登車與之共載，至一甲第，甚雄壯。婦人遮蔽丞相，雜衆人以入一院，深邃若久無人居者。少頃，前婦人始至，備酒饌之屬亦甚珍。丞相因問其所，婦人笑而不答。自是婦人引儕類輩迭相往來，俱媚甚，詢之皆不顧而言它，每去則必以巨鎖扃之。如是累日夕，丞相體爲之弊，甚彷徨。一姬年差長，忽發問曰：「此豈郎君所游之地，何爲而至此耶？我之主翁行迹多不遁道理，寵婢多而無嗣，每鈎致少年之徒與羣妾合，久則斃之此地，凡數人矣。」丞相惶駭曰：「果爾，爲之奈何？」姬曰：「觀子之容，非碌碌者，似必能免。主翁翌日入朝甚早，今日解我之衣以衣子，且不復鎖子門，俟至五鼓，則吾當來呼子，子亟隨我登廳事，我當以廝役之服披子，隨前騶以出，可以無患矣。爾後慎勿以語人，亦不可復繇此街。不然，吾與若彼此皆禍不旋踵矣。」詰旦，某姬果來扣户，而丞相乃用其術，復免于其難。後丞相既貴，猶以此事語族中所厚善者，云後得其主翁之姓名，但不欲曉之于人耳。

邵伯温《邵氏聞見録》卷一三 章惇者，郇公之疎族。舉進士，在京師館於郇公之第。私族父之妾，爲人所掩，踰垣而出，誤踐街中一嫗，爲嫗所訟。時包公知開封府，不復深究，贖銅而已。惇後及第在五六人間，大不如意，詬讓考試官。人或求觀其敕，擲地以示之，十論忿其不恭。熙寧初，試館職，御史言其無行，罷之。及介甫用事，張郇、李承之薦惇可用。介甫曰：「聞惇大無行。」承之曰：「某所薦者才也，顧惇才可用於今日耳，素行何累焉！公試與語，自當愛之。」介甫召見之，惇素辯，又善迎合，介甫大喜，恨得之晚。擢用數年，至兩制、三司使。右司馬温公記惇如此。伯温作《惇傳》，載辨誣甚詳。

邵博《邵氏聞見後録》卷四 章子厚在丞相府，顧坐客曰：「延安帥章質夫，因板築發地，得大竹根，半已變石。西邊自昔無竹亦一異也。」客皆無語，先人獨曰：「天地回南作北有幾矣，公以今日之延安，爲自天地以來西邊乎？」子厚太息曰：「先生觀物之學也。」蓋子厚蚤出康節門下云。

侯延慶《退齋筆録》 神宗時以陝西用兵失利，内地出令斬一漕臣。明日，宰相蔡確奏知，上曰：「昨日批出斬某人，已行否？」確曰：「方欲奏知。」上曰：「此事何疑？」確曰：「祖宗以未嘗殺士人，臣事不意自陛下始。」上沉吟久之，曰：「可與刺面，配遠惡處。」門下侍郎章惇曰：「如此，即不若殺之。」上曰：「何故？」曰：「士可殺，不可辱。」上聲色俱厲曰：「快意事，便做不得一件！」惇曰：「如此快意事，不做得也好。」

曾慥《高齋漫録》 章公惇罷相，俄落職。林公希爲舍人當制，制詞云：「悻悻無大臣之節，怏怏非少主之臣。」章相寄聲曰：「此一聯無乃大甚。」林答曰：「長官發惡，雜職棒毒，無足怪也。」

蘇子瞻任鳳翔府節度判官，章子厚爲商州令，同試永興軍進士。劉原父爲帥，皆以國士遇之，二人相得歡甚，同游南山諸寺，寺有山魈爲祟，客不敢宿。子厚宿，山魈不敢出。抵仙游潭，下臨絶壁萬仞，岸甚狹，横木架橋，子厚推子瞻過潭書壁，子瞻不敢過。子厚平步以過，用索繫樹，躡之上下，神色不動，以漆墨濡筆大書石壁上曰：「章惇、蘇軾來游。」子瞻拊其背曰：「子厚必能殺人。」子厚曰：「何也？」子瞻曰：「能自拚命者，能殺人也。」子厚大笑。

陳鵠《耆舊續聞》 子厚爲商州推官，時子瞻爲鳳翔幕僉，因差試官開院，同途小飲山寺。聞報有虎者，二人酒狂，因勒馬同往觀之。去虎數十步外，馬驚不敢前。子瞻云：「馬猶如此，著甚來由？」乃轉去。子厚獨鞭馬向前去，曰：「我自有道理。」既近，取銅沙鑼於石上攧響，虎即驚竄。歸謂子瞻曰：「子定不如我。」異時姦計，已見於此矣。

范成大《吴郡志》卷五〇 南北章，本建安人，郇公得象之裔，後徙居吴，兩族。申公子厚家州南，莊敏公質夫家州北。兩第屹然相望，甲於郡城，人號爲南北章。今其兩族子孫仕者不絶。

周煇《清波雜志》卷二 《王荆公日録》八十卷，毗陵張氏有全帙，頃曾借觀。凡舊德大臣不附己者，皆遭詆毁；論法度有不便於民者，皆歸於上；可以垂耀後世者，悉己有之。盡出其壻蔡卞誣罔。其詳具載陳了齋瑩中《四明尊堯集》。陳亦自謂「豈敢以私意斷其是非，更在後之君子審辯而已」。故《神宗實録》後亦多采《日録》中語增修。章子厚爲息女擇配，久而未諧。蔡因曰：「相公擇壻如此其艱，豈不男女失時乎？」子厚曰：「待尋一箇似蔡郎者。」蔡甚慙。王、蔡造端矯誣，雖歷千百年，衆論籍籍如新，矧同時之人，宜乎議之不置。孰謂蓋棺事始定耶？前説煇得於叔祖元仲。叔祖視政、宣諸名公爲輩行，李丞相伯紀欲以諫官薦，不就。平生所著詩篇，鄭林向伯恭爲之序。

周煇《清波雜志》卷一〇 章子厚在相位，一日，國子長、貳堂白：「《三經義》已鏤板放行，王荆公《字説》亦合放行，合取相公鈞旨。」子厚曰：「某所不曉，此事請白右丞。」右丞，蔡元度也。

陸游《老學庵筆記》卷一　林自爲太學博士，上章相子厚啓云：「伏惟門下相公，有猷有爲，無相無作。」子厚在漏舍，因與執政語及，大罵云：「遮漢敢亂道如此！」蔡元度曰：「無相無作，雖出佛書，然荆公《字説》嘗引之，恐亦可用。」子厚復大罵曰：「荆公亦不曾奉勅許亂道，況林自乎！」坐皆默然。

陸游《老學庵筆記》卷五　曾子宣、林子中在密院，爲哲廟言：「章子厚以隱士帽、紫直掇，繫條見從官，從官皆朝服。其强肆如此。」上曰：「彼見蔡京，亦敢爾乎？」京時爲翰林學士，不知何以得人主待之如此，真奸人之雄也。

張邦基《墨莊漫録》卷一　鄱陽胡詠之朝散，生平好道。元符初，嘗於信州弋陽縣見一道人，青巾葛衣，神氣特異，因揖而延之對飲。道人止取大白，滿引無算，曰：「君有從軍之行，去否？」胡竦然曰：「當去。」蓋是時欲就熙河帥姚雄之辟也。道人曰：「西陲方用師，好去。」索紙書詩曰：「濟世應須不世才，調羹重見用鹽梅。種成白璧人何處，熟了黄粱夢未回。相府舊開延士閣，武夷新築望仙臺。青雞唱徹函關曉，好卷游幃歸去來。」授詠曰：「爲我以此寄章相公。」且曰：「章相公好箇人，又錯了路徑也。」詠叩其説，但云「未可立談」。詠問其姓名，亦不肯言，曰：「吾非晚亦游邊，可以復相見。」夜艾，詠曰：「先生可就此寢。」曰：「吾歸邸中，只在河下。」乃拂衣去。明日，遣人往諸邸尋問，皆云未嘗有道人，因告縣令偏邑物色，竟無曾見者。詠至京師，見王副車詵，具告以此，欲持詩謁子厚。詵曰：「不可。上方以邊事倚辦相公。丞相得此，必堅請去，上必疑怪詰其所以然，君且得罪。」詠以爲然，徑趨姚幕，從取青唐。暨還闕，則子厚已去矣。他日子厚北歸，聞有此詩，就詠求之。其真本已爲附車奄有之，乃録寄。子厚見詩，歎曰：「使吾早得此詩，去位久矣，豈復有今日之事乎！」方詠之在邊日，嘗至秦州天慶觀，聞説吕先生在此月餘，近日方去矣。問何以知其爲吕，道士云：「道人去時適道衆赴隣郡醮，道人顧小童曰：『吾且去，借筆書壁，候師歸示之。』小童辭以觀新修，師戒勿令題涴。乃曰：『煩貯火殿罏，吾欲禮三清而去。』既而行殿後砌下，有石池，水甚清泚，乃以爪畫殿壁留詩云『石池清水是吾心，漫被桃花倒影沉。一到邽山空闕内，消閑塵累七絃琴』。後題回字，衆驚嘆，以爲必吕翁也。」壁甚高，其字非手可能及。邽山即秦山也。詠因思弋陽所遇，有游邊之約，豈非斯人歟！此説，予聞江元一太初云。

趙善璙《自警編》卷九　蘇子由謫雷州，不許占官舍，遂僦民屋。章子厚又以爲强奪民居，下本州追民究治，以僦券甚明乃已。不一二年，子厚謫雷州，亦問舍於民。民曰：「前蘇公來，爲章丞相幾破我家，今不可也。」其報復如此。」

魏慶之《詩人玉屑》卷一〇　章子厚嘗與劉子先有場屋之舊，又頗相厚善。子厚居京口，子先守姑蘇，以新醖洞庭春寄之。子厚答詩云：「洞霄宫裏一閒人，東府西樞老舊臣。多謝姑蘇賢太守，殷勤分送洞庭春。」其後隔闊十年，子厚拜相，亦不通問，寄書誚其相忘遠引之意。子先以詩謝曰：「故人天上有書來，責我踈愚唤不回。兩處共瞻千里月，十年不寄一枝梅。塵泥自與雲霄隔，駑馬難追德驥才。莫謂無心向門下，也曾終夕望三台。」公得詩大喜，即召爲宰屬，遂遷户部侍郎。

張端義《貴耳集》卷下　章子厚在政府，有「惇賊邦曲」之號。一日，邦直欲復唐巾裹，子厚曰：「未消争競，只煩公令嗣戴來略看。」子由語張文潛曰：「廟堂之上，謔語肆行，在下者安得不風靡？」

備論

王稱《東都事略》卷九五《章惇傳》　臣稱曰：元祐之盛，一司馬光實成之；紹聖之禍，一章惇實致之。蓋君子、小人如冰炭，如東西，不可同器而易位。況惇之姦，足以鼓惑人主之心，將何所不至。誣宣仁，廢哲后，行紹述，立鉤黨，結邊釁，興大獄，窮凶極惡，肆爲不道，未有如惇之甚者也。嗚呼！光之相而天下驩欣如此，惇之用而天下怨憤如彼，乃知治亂安危，不在乎他，在乎君子、小人而已。後之人主，可不鑒哉！

藝文

陸游《渭南文集》卷二七《跋章氏辨誣録》　徽宗皇帝盛德大度，自秦漢以來，人主莫能及者，尤在友愛蔡、王，寬貸章惇。而史臣不能發明，可爲太息。淳熙丙午十月望，陸某謹題。

蔡卞部

綜述

《宋史》卷四七二《蔡卞傳》 卞字元度，與京同年登科，調江陰主簿。王安石妻以女，因從之學。元豐中，張璪薦爲國子直講，加集賢校理、崇政殿説書，擢起居舍人，歷同知諫院、侍御史。居職不久，皆以王安石執政親嫌辭。拜中書舍人兼侍講，進給事中。

哲宗立，遷禮部侍郎。使於遼，遼人頗聞其名。卞適有寒疾，命載以白馳車，典客者曰：「此，君所乘，蓋異禮也。」使還，以龍圖閣待制知宣州，徙江寧府，歷揚、廣、越、潤、陳五州。廣州寶具叢湊，一無所取。及徙越，夷人清其去，以薔薇露灑衣送之。

紹聖元年，復爲中書舍人，上疏言：「先帝盛德大業，卓然出千古之上，發揚休光，正在史策。而實録所紀，類多疑似不根，乞驗索審訂，重行刊定，使後世考觀，無所迷惑。」詔從之。以卞兼國史修撰。初，安石且死，悔其所作《日録》，命從子防焚之，防詭以他書代。至是，卞即防家取以上，因芟落事實，文飾姦僞，盡改所修實録、正史，於是吕大防、范祖禹、趙彦若、黄庭堅皆獲深譴。遷翰林學士。

四年，拜尚書左丞，專託「紹述」之説，上欺天子，下脅同列。凡中傷善類，皆密疏建白，然後請帝親札付外行之。章惇雖鉅姦，然猶在其術中。惇輕率不思，而卞深阻寡言，論議之際，惇毅然主持，卞或噤不啓齒。一時論者以爲惇迹易明，卞心難見。

徽宗即位，諫官陳瓘任伯雨、御史龔夬疏其兄弟姦惡，瓘併數卞尊私史以厭宗廟之罪，伯雨言「卞之惡有過于惇。去年封事，數千人皆乞斬惇、卞，公議於此可見矣。」遂陳其大罪有六，曰：「誣罔宣仁聖烈保佑之功，欲行追廢，一也；凡紹聖以來竄逐臣僚，皆卞啓而後行，二也；宫中厭勝事作，哲宗方疑，未知所處，惇欲召禮法官通議，卞云：『既犯法矣，何用禮法官議？』皇后以是得罪，三也；編排元祐章牘，萋菲語言，被罪者數千人，議自卞出，四也；鄒浩以言忤旨，卞激怒哲宗，致之遠謫，又請治其親故送别之罪，五也；蹇序辰建看詳訴理之議，章惇遲疑未應，卞即以二心之言迫之，惇默不敢對，即日置局，士大夫得罪者八百三十家，凡此皆卞謀之而惇行之，六也。願亟正典刑，以謝天下。」詔以資政殿學士知江寧府，連貶少府少監，分司池州。

踰歲，起知大名府，徙揚州，召爲中太乙宫使，擢知樞密院。時京居相位，卞禮辭，不許。帝謀復湟、鄯，問於卞，卞以王厚、高永年對。與京合謀，竭府藏以事邊，募商人運糧，不復問其直貴賤。鄯、廓至斗米錢四千，束芻錢千二百，秦中騷困。及取三州，進金紫光禄大夫，永年竟爲帳下執去以降。自是西方交兵，連年不息，追讎任伯雨所言，曲自辨理。至欲會獄證治，諸人坐貶。

卞居心傾邪，一意以婦公王氏所行爲至當。兄晚達而位在上，致己不得相，故二府政事時有不合。京以中旨用童貫爲陝西制置使，卞言不宜用宦者，右丞張康國引李憲故事以對，卞曰：「用憲已非美事，憲猶稍習兵，貫略無所長，異時必誤邊計。」帝令中書行之。京於帝前詆卞，卞求去，以資政殿大學士知河南。

妖人張懷素敗，卞素與之游，謂其道術通神，嘗識孔子、漢高祖，至稱爲大士，坐降職。旋加觀文殿學士，拜昭慶軍節度使，入爲侍讀，進檢校少保、開府儀同三司，易節鎮東。

政和末，謁歸上冢，道死，年六十。贈太傅，謚曰文正。高宗即位，追責爲寧國軍節度副使。紹興五年，又貶單州團練副使。

王稱《東都事略》卷一〇一《蔡卞傳》 卞字元度，與京同舉進士，調江陰簿，王安石以子妻之。張璪薦其才，召爲國子監直講，遷博士，除集賢校理、崇政殿説書。尋同知諫院，爲起居舍人，召試中書舍人，遷給事中。

哲宗即位，除禮部侍郎。使契丹還，請外，以龍圖閣待制知宣州，改江寧府，歷揚、廣、越、潤、陳五州。紹聖初，召爲中書舍人，遷翰林學士兼侍講，實録院修撰，拜尚書右丞，遷左丞。

卞有辭辨，貌柔順而中險，與章惇、安惇締交，起史禍以中范祖禹、趙彦若、黄庭堅，興同文館獄以陷劉摯、梁燾、王巖叟、劉安世等，斥逐元祐之臣，禁錮其子孫，時號二蔡、二惇云。

徽宗立，御史龔夬、諫官陳瓘任伯雨皆論卞過，以資政殿學士知江寧府。伯雨又言惇、卞公然誣詆，欲廢宣仁聖烈皇后，又因疑似非辜廢元祐皇后，犯上不

道。于時言者又論：「卞懷諼迷國，醜正背公，援近姦回，竊據要利。己所不喜，指爲邪朋，撰造謗語，傾陷正直。擯斥流放，禍及子孫，慘刻之風，寖以成俗。」遂落職提舉洞霄宫、太平州居住。

未幾，御史陳次升言：「哲宗皇帝責任執政，卞造朝奏對，不迪之以先王之典，而迪之以殘忍殺害之事。巧計既行，凶燄益熾，竊弄威福，專報恩讎。有譽安石之美者，登之顯要；有議安石之短者，置之深罪。其所進用，若非妻黨之小人，即是門下之姦吏，更倡迭和，相倚爲重，毒流天下，卞實啓之。」又諫官張庭堅亦言：「惇、卞盜權先朝，爲天下害。卞以陰險謀之，惇以凶悍行之。」遂責少府少監，分司南京，池州居住。提舉崇禧觀。尋知大名府、揚州。

兄京爲相，復資政殿學士，召爲中太一宫使兼侍讀，尋拜知樞密院事。徽宗問：「鄯、湟可復不？」卞對曰：「可復。」問：「誰可將？」對曰：「王厚可。」徽宗從之，遂復鄯、湟。童貫除陝西制置使，卞奏：「貫本無所長，朝廷乏人，何至遂用宦者，他日誤邊計者必貫也。」以資政殿大學士出知河南府。

踰年，知江寧。過闕，留爲醴泉觀使兼侍讀。大觀中，除觀文殿學士、知壽春府。言者論其尊禮妖人張懷素，降資政殿學士、提舉太清宫。俄起知鎮江府，拜昭慶軍節度使，知大名府，繼知揚州。召爲中太一宫使兼侍讀，遷開府儀同三司，移鎮鎮東。卒，年六十，贈太傅，謚曰文正。子偁、仍，當京用事時，夤緣僥幸，致身侍從。靖康元年，悉竄湖南。

雜録

備録

蔡絛《鐵圍山叢談》卷一　祕書省歲曝書，則有會號曰「曝書會」，侍從皆集，以爵爲位叙。元豐中，魯公爲中書舍人，叔父文正公爲給事中。時青瑣班在紫微上，文正公謂：「館閣曝書會，非朝廷燕設也，願以兄弟爲次。」遂坐魯公下。是後成故事，世以爲榮。

蔡絛《鐵圍山叢談》卷三　元豐末，叔父文正知貢舉。時以開寶寺爲試場。方考，一夕寺火大發。魯公以待制爲天府尹，夜率有司趨拯焉。寺屋皆雄壯，而人力有不能施，穴寺廡大牆，而後文正公始得出，試官與執事者多焚而死。於是都人上下唱言：「燒得狀元焦。」及再命試，其殿魁果焦蹈也。

王明清《揮麈録·後録》卷六　錢穆父與蔡元度俱在禁林，二公雅相好。元祐末，穆父先坐命詞，以本官知池州。元度送之郊外，促膝劇談，戀戀不忍捨。忽羣吏來謁元度，云：「已降旨，内翰除右丞，中使將來宣押矣。」穆父起慶之。元度喜甚，卒然而應曰：「卞也何人，不謂禮絶之敬，生於坐上。」雖穆父亦爲色動。

王明清《揮麈録·後録》卷七　元祐初，揚康功使高麗，别禁從諸公，問以所委，皆不答。獨蔡元度曰：「高麗磬甚佳，歸日煩爲置一口。」不久，康功言還，遂以磬及外國奇巧之物遺元度甚豐，他人不及也。或有問之者，康功笑曰：「當僕之度海也，諸公悉以謂没於巨浸，不復以見屬，獨元度之心猶冀我之生還，吾聊以報其意耳。」

建中初，曾文肅秉軸，與蔡元長兄弟爲敵。有當時文士與文肅啓，略云：「扁舟去國，頌聲惟在於曾門；策杖還朝，足迹不登於蔡氏。」明年，文肅南遷，元度當國，即更其語以獻曰：「幅巾還朝，輿頌咸歸於蔡氏；扁舟去國，片言不及於曾門。」士大夫不足養如此。

蔡元度爲樞密，與其兄内相搏，力祈解政，遷出于郊外觀音院，去留未定也。平時門下士悉集焉，是時所厚客已有叛元度者。元度心不能平，飯已，與諸君步廊廡，觀壁間所畫熾盛光佛降九曜變相，方羣神逞威之際，而其下趨走有稽首默敬者。元度笑以指示羣公曰：「此小鬼最叵耐，上面勝負未分，他底下早已合掌矣。」客有慚者。

王明清《揮麈録·餘話》卷二　曾文肅初與蔡元長兄弟皆臨川王氏之親黨，後來位勢既隆，遂爲仇敵。崇寧初，文肅爲元長擠其相位。文肅以觀文守南徐。時元度帥維揚，赴鎮過郡。元度開燕甚勤，自爲《口號》云：「並居二府，同事三朝。悵契闊于當年，喜逢迎于斯地。」又云：「對掌紫樞參大政，同扶赫日上中天。」謬爲恭敬如是，而中實不然。已而興獄，文肅遂遷衡陽。

蔡元度娶荆公之女，封福國夫人，止一子，子因仍是也。談天者多言其壽命不永，元度夫婦憂之。一日，盡呼術者之有名如林開之徒集于家，相與決其疑，云當止三十五歲。元度顧其室云：「吾夫婦老矣，可以放心，豈復見

此逆境邪？」其後子因至乾道中壽八十而終。然其初以恩倖爲徽猷閣學士，靖康初，既蔡氏敗，例遭削奪，恰年三十五，蓋其祿盡之歲。繇是而知五行亦不可信也。

周煇《清波雜志》卷三　蔡卞之妻七夫人，頗知書，能詩詞。蔡每有國事，先謀之於床笫，然後宣之於廟堂。時執政相語曰：「吾輩每日奉行者，皆其咳唾之餘也。」蔡拜右相，家宴張樂，伶人揚言曰：「右丞今日大拜，都是夫人裙帶！」譏其官職自妻而致，中外傳以爲笑。煇在金陵，見老先生言，荆公嘗謂：「元度爲千載人物，卓有宰輔之器，不因某歸以女憑藉而然。」其後蔡唯知報婦翁之知，不知掩婦翁之失，致使得罪天下後世，其於報也何有！

七夫人者，一日於看樓見一僧頂笠自樓下過，問左右：「笠甚重，内有何物？」告以行脚僧生生之具皆在焉。因歎曰：「都是北珠、金箔，能有多少！」亟使人追之，意欲厚施。其僧不顧而去，異夫巡門持鉢者。

吴曾《能改齋漫録》卷一二　建中靖國元年，侍御史陳次升言章，以蔡元度爲笑面夜叉。其略云：「卞與章子厚在前朝，更迭唱和，相倚爲重。造作事端，結成冤獄。看詳訴理，編類章疏。中傷士人，或輕或重，皆出其意。主行雖在于章，卞實啓之，時人目爲『笑面夜叉』，天下之所共知也。」

吴曾《能改齋漫録》卷一三　蔡元長語元度曰：「弟骨相固佳，但背差薄，腰差細爾。」元度笑曰：「太師豈可有兩人？」其後，同時位太師者，公與童貫、鄭存道凡三人。

惠洪《冷齋夜話》卷一〇　蔡元度焚黄餘杭，舟次泗州，病亟。僧伽塔吐光射其舟，萬人瞻仰，中有棺呈露。士大夫知元度不起矣，至高郵而殁。元度生于高郵，而殁于此，亦異耳。世言元度蓋僧伽侍者木叉之後身，初以爲誕，今乃信然。

方勺《泊宅編》卷四　樞密蔡公卞帥五羊，道無錫，挈家游惠山。是日，邑人楊生與數僧閒步殿上，聞公來，戲言曰：「蔡侍郎無子，吾與之爲子矣。」公至廣之明年，生仍。後三歲還朝，次無錫，仍忽悟前身爲楊生，能言其居舍親戚，與平時所嗜玩，毫釐不差。因召楊生二子曰陟曰昇者，問其父死之日，仍生之時也。然三日後復問，則懵不能言矣。二家至今往來如姻眷，後奏補陟將仕郎。

備論

王稱《東都事略》卷一〇一《蔡卞傳》　臣稱曰：【略】卞造謗興獄，誣害忠良，以罔上欺下。

藝文

廖剛《高峰文集》卷一二《代祭蔡元度文元度三月五日卒於高郵所生之地，是日天文晦冥》　嗚呼哀哉！梁木壞兮，天災莫禳。變融和以霾曀兮，乃辰匪良。傳我公之奄寂兮，追諱駕於先皇。生於其地而死以之兮，豈比夫東西南北，遽隕越之無常？嗚呼哀哉！慭不遺兮，難測知於彼蒼。計一日而千里兮，孰不愴然而盡傷。時淵衷爲之慘惻兮，士類聞而彷徨。又況乎賤子之戴恩兮，將終天而感藏。活微鮒於涸轍兮，榮枯荄於春陽。傅鄒穀之羽翼兮，發覆雞而照之以日出之光。嗟父母之鞠我兮，初成就之無方。微我公之遇兮，幾何其不擿埴而倀倀。念丘山之報屈兮，方負媿於蠅翔。俄奪我之天兮，使我心摧而涕滂。瞻衮繡以何及兮，徒鼎彝與縑緗。悵朱絃之永絶兮，去吾堊其誰將。嗚呼哀哉！淮山蒼蒼兮，淮水湯湯。亟奔赴以未能兮，百酸攪腸。寄臨風之一奠兮，情馳越而飛揚。恨百身之不可贖兮，嗟我之生兮不知其亡。嗚呼哀哉！

阿里骨部

綜述

《宋史》卷四九二《阿里骨傳》 阿里骨本于闐人。少從其母給事董氈，故養爲子。元豐蘭州之戰最有功，自肅州團練使進防禦使。董氈病革，召諸酋領至青唐，謂曰：「吾一子已死，惟阿里骨母嘗事我，我視之如子。今將以種落付之，何如？」諸酋聽命。既嗣事，遣使修貢。

元祐元年，以起復冠軍大將軍、檢校司空爲河西軍節度使，封寧塞郡公。里骨頗峻刑殺，其下不遑寧。詔飭以推廣恩信，副朝廷所以封立、前人所以付與之意。二年，遂逼鬼章使率衆據洮州。羌結藥密者使所部怯陵來告，里骨執怯陵，結藥密懼，攜妻子南歸。鬼章又使其子結呃齪入寇，心牟欽氈、温溪心不肯從，詔以二人爲團練使。八月，鬼章就擒，檻送京師；尋赦之，授陪戎校尉，遣居秦州，聽招其子以自贖。

明年，里骨奉表謝罪。詔熙河無復出兵，許貢奉如故，加金紫光禄大夫、檢校太保。其廓州主魯尊欲焚拆河橋歸漢，熙州以聞。哲宗以里骨既通貢，不可有納叛之名，欲弗納，又封其妻溪尊勇丹爲安化郡君，子邦彪籛爲鄯州防禦使，弟南納支爲西州刺史。鬼章死，詔焚付其骨。

紹聖元年，以師子來獻。帝慮非其土性，厚賜而還之。三年，卒，年五十七。瞎征嗣。

宋徽宗部

綜述

《宋史》卷一九《徽宗紀一》　徽宗體神合道駿烈遜功聖文仁德憲慈顯孝皇帝，諱佶，神宗第十一子也，母曰欽慈皇后陳氏。元豐五年十月丁巳，生於宮中。明年正月賜名，十月授鎮寧軍節度使，封寧國公。哲宗即位，封遂寧郡王。紹聖三年，以平江、鎮江軍節度使封端王，出就傅。五年，加司空，改昭德、彰信軍節度。元符三年正月己卯，哲宗崩，皇太后垂簾，哭謂宰臣曰：「家國不幸，大行皇帝無子，天下事須早定。」章惇厲聲對曰：「在禮律當立母弟簡王。」皇太后曰：「神宗諸子，申王長而有目疾，次則端王當立。」惇又曰：「以年則申王長，以禮律則同母之弟簡王當立。」皇太后曰：「皆神宗子，莫難如此分別，於次端王當立。」知樞密院曾布曰：「章惇未嘗與臣等商議，如皇太后聖諭極當。」尚書左丞蔡卞、中書門下侍郎許將相繼曰：「合依聖旨。」皇太后又曰：「先帝嘗言，端王有福壽，且仁孝，不同諸王。」於是惇爲之默然。乃召端王入，即皇帝位，皇太后權同處分軍國事。庚辰，赦天下常赦所不原者，百官進秩一等，賞諸軍。遣宋淵告哀于遼。辛巳，尊先帝后爲元符皇后。癸未，追尊母貴儀陳氏爲皇太妃。甲申，命章惇爲山陵使。乙酉，出先帝遺留物賜近臣。丙戌，以申王佖爲太傅，進封陳王，賜贊拜不名。丁亥，進仁宗淑妃周氏、神宗淑妃邢氏並爲貴妃，賢妃宋氏爲德妃。戊子，以章惇爲特進，封申國公。己丑，進封莘王俁爲衛王，守太保；簡王似爲蔡王，睦王偲爲定王，並守司徒。罷增八厢邏卒。

二月己亥，始聽政。尊先帝妃朱氏爲聖瑞皇太妃。壬寅，以南平王李乾德爲檢校太師。丁未，立順國夫人王氏爲皇后。庚戌，向宗回、宗良遷節度使，太后弟姪未仕者俱授以官。癸丑，初御紫宸殿。庚申，以吏部尚書韓忠彦爲門下侍郎，資政殿大學士黄履爲尚書右丞。辛酉，名懿親宅潛邸曰龍德宫。甲子，毁承極殿。丙寅，遣吴安憲、朱孝孫以遺留物遺遼國主。

三月戊辰朔，詔宰臣、執政、侍從官各舉可任臺諫者。庚午，遣韓治、曹譜告即位于遼。辛未，詔追封祖宗諸子光濟等三十三人爲王，女四十八人爲公主。甲申，以西蕃王隴拶爲河西軍節度使，尋賜姓名曰趙懷德，邈川首領瞎征爲懷遠軍節度使。己丑，以日當食降德音于四京，減囚罪一等，流以下釋之。庚寅，録趙普後。辛卯，詔求直言。癸巳，以寧遠軍節度觀察留後世雄爲崇信軍節度使，封安定郡王。乙未，却永興民王懷所進玉器。

夏四月，己亥，令監司分部決獄。甲辰，以韓忠彦爲尚書右僕射兼中書侍郎，禮部尚書李清臣爲門下侍郎，翰林學士蔣之奇同知樞密院事。乙巳，録曹佾後。丁未，以帝生日爲天寧節。己酉，長子亶生。辛亥，大赦天下，應元符二年已前係官逋負悉蠲之。癸丑，鹿敏求等以應詔上書遷秩。乙卯，請大行皇帝謚于南郊。丁巳，詔范純仁等復官宫觀，蘇軾等徙内郡居住。癸亥，罷編類臣僚章疏局。乙丑，賜禮部奏名進士及第、出身五百五十八人。

五月丁卯朔，罷理官失出之罰。丙子，詔復廢后孟氏爲元祐皇后。乙酉，蔡卞罷。己丑，詔追復文彦博、王珪、司馬光、吕公著、吕大防、劉摯等三十三人官。辛卯，還司馬光等致仕遺表恩。癸巳，河北、河東、陝西饑，詔帥臣計度振恤。

六月丙申朔，遼主遣蕭進忠、蕭安世等來弔祭。

秋七月丙寅朔，奉皇太后詔，罷同聽政。丁卯，告哲宗欽文睿武昭孝皇帝謚于天地、宗廟、社稷。戊辰，上寶册于福寧殿。癸酉，以皇太后還政，減天下囚罪一等，流以下釋之。癸未，遣陸佃、李嗣徽報謝于遼。罷管句陝西、京西、川路坑冶及江西、廣東、湖北、夔、梓、成都路管句措置鹽事官。辛卯，封子亶爲韓國公。

八月戊戌，詔諸路遇民有疾，委官監醫往視疾給藥。庚子，作景靈西宫，奉安神宗神御，建哲宗神御殿於其西。辛丑，出内庫金帛二百萬羅陝西軍儲。壬寅，葬哲宗皇帝于永泰陵。丙午，遣董敦逸賀遼主生辰，吕仲甫賀正旦。戊申，高麗王王熙遣使奉表來慰。庚戌，詔以仁宗、神宗廟永世不祧。戊午，以蔡王似爲太保。癸亥，祔哲宗神主于太廟，廟樂曰《大成之舞》。

九月甲子，詔修《哲宗實録》。丙寅，遼遣蕭穆來賀即位。丁卯，減兩京、河陽、鄭州囚罪一等，民緣山陵役者蠲其賦。己巳，幸龍德宫。辛未，章惇罷。丙子，以陳王佖爲太尉。丁丑，詔修《神宗史》。己丑，復均給職田。

冬十月乙未，夏國入貢。丙申，蔡京出知永興軍，貶章惇爲武昌軍節度副使。丁酉，以韓忠彦爲尚書左僕射兼門下侍郎。壬寅，以曾布爲尚書右僕射兼中書侍郎。乙卯，升端州爲興慶軍。己未，詔禁曲學偏見、妄意改作以害國事

者。辛酉，罷平準務。

十一月丁卯，詔修《六朝寶訓》。降德音于端州，減囚罪一等，徒以下釋之。庚午，詔改明年元。戊寅，以觀文殿學士安燾知樞密院事。庚辰，黄履罷。己丑，置《春秋》博士。辛卯，令陜西兼行銅鐵錢。以禮部尚書范純禮爲尚書右丞。

十二月甲午，以皇太后不豫，禱于宫觀、祠廟、嶽瀆。戊戌，出廪粟減價以濟民。辛丑，慮囚。甲辰，詔修《國朝會要》。戊申，降德音于諸路，減囚罪一等，流以下釋之。戊午，遼人來賀正旦。

是歲，出宫女六十九人。

建中靖國元年春正月壬戌朔，有赤氣起東北，亘西南，中函白氣；將散，復有黑祲在旁。癸亥，有星自西南入尾，其光燭地。癸酉，范純仁薨。甲戌，皇太后崩，遺誥追尊皇太妃陳氏爲皇太后。丁丑，易大行皇太后園陵爲山陵，命曾布爲山陵使。己卯，令河、陜募人入粟，免試注官。

二月丙申，雨雹。己亥，汰秦鳳路士兵。甲辰，始聽政。乙巳，出内庫及諸路常平錢各百萬，備河北邊儲。丁巳，貶章惇爲雷州司户參軍。

三月甲子，始御紫宸殿。乙丑，遼使蕭恭來告其主洪基殂，遣謝文瓘、上官均等往弔祭，黄寔賀其孫延禧立。丁丑，詔以河西軍節度使趙懷德知湟州。壬午，以日當食避殿減膳，降天下囚罪一等，流以下釋之。

夏四月，甲午，上大行皇太后謚曰欽聖憲肅。乙未，上追尊皇太后謚曰欽慈。丁酉，御殿復膳。壬寅，詔：「諸路疑獄當奏而不奏者科罪，不當奏而輒奏者勿坐，著爲令。」

五月辛酉朔，大雨雹。詔三省減吏員節冗費。丙寅，葬欽聖憲肅皇后、欽慈皇后于永裕陵。庚辰，蘇頌薨。丙戌，祔欽聖憲肅皇后、欽慈皇后神主于太廟。戊子，減兩京、河陽、鄭州囚罪一等，民緣山陵役者蠲其賦。

六月庚寅朔，以韓國公亶爲開府儀同三司，封京兆郡王。戊申，封向宗回爲永陽郡王，向宗良爲永嘉郡王。甲寅，封吴王顥子孝騫爲廣陵郡王，頵子孝參爲信都郡王。戊午，范純禮罷。己未，詔班《鬭殺情理輕重格》。

秋七月辛巳，内郡置添差宗室闕。丙戌，安燾罷。丁亥，以蔣之奇知樞密院事，吏部尚書陸佃爲尚書右丞，端明殿學士章楶同知樞密院事。

九月己巳，詔諸路轉運、提舉司及諸州軍，有遺利可以講求及冗員浮費當裁損者，詳議以聞。丙戌，子檉薨。

冬十月乙未，李清臣罷。丁酉，天寧節，羣臣及遼使初上壽于垂拱殿。

十一月庚申，以陸佃爲尚書左丞，吏部尚書温益爲尚書右丞。壬戌，以西蕃賒羅撒爲西平軍節度使、邈川首領。辛未，出御製南郊親祀樂章。戊寅，朝獻景靈宫。己卯，饗太廟。庚辰，祀天地于圜丘，赦天下。改彰信軍爲興仁軍，昭德軍爲隆德軍。改明年元。

十二月壬辰，賜陳王佖詔書不名。癸卯，進神宗昭儀武氏爲賢妃。丙午，奉安神宗神御于景靈西宫大明殿。丁未，詣宫行禮。己酉，降德音于四京，減囚罪一等，徒以下釋之。

是歲，遼人來獻遺留物。河東地震，京畿蝗，江、淮、兩浙、湖南、福建旱。

崇寧元年春正月丁丑，太原等十一郡地震，詔死者家賜錢有差。

二月丙戌朔，以聖瑞皇太妃疾，慮囚。甲午，子亶改名烜。以蔡確配饗哲宗廟庭。戊戌，詔：「士有懷抱道德久沈下僚及學行兼備可厲風俗者，待制以上各舉所知二人。」奉議郎趙諗謀反伏誅。庚子，封子焕爲魏國公。辛丑，聖瑞皇太妃薨，追尊爲皇太后。庚戌，追封孔鯉爲泗水侯，孔伋爲沂水侯。

三月丁巳，奉安哲宗神御于景靈西宫寶慶殿。戊午，詣宫行禮。壬戌，以定王偲爲太保。壬申，幸定王第。

夏四月己亥，上皇太后謚曰欽成。

五月，庚申，韓忠彦罷。己巳，瞎征卒。庚午，降復太子太保司馬光爲正議大夫，太師文彦博爲太子太保，餘各以差奪官。辛未，詔待制以上舉能吏各二人。乙亥，黜後苑内侍請以銷金飾宫殿者。丙子，詔：「元祐諸臣各已削秩，自今無所復問，言者亦勿輒言。」戊寅，葬欽成皇后于永裕陵。己卯，陸佃罷。庚辰，以許將爲門下侍郎，温益爲中書侍郎，翰林學士承旨蔡京爲尚書左丞，吏部尚書趙挺之爲尚書右丞。

六月己丑，祔欽成皇后神主于太廟。壬辰，減西京、河陽、鄭州囚罪一等，民緣山陵役者蠲其賦。癸卯，詔：六曹尚書有事奏陳，許獨員上殿。己酉，太白晝見。壬子，改渝州爲恭州。癸丑，詔倣《唐六典》修神宗所定官制。封伯夷爲清惠侯，叔齊爲仁惠侯。

閏月甲寅朔，更名哲宗神御殿曰重光。辛酉，慮囚。壬戌，曾布罷。甲子，詔：諸路州縣官有治績最著者，許監司、帥臣各舉一人。壬午，追貶李清臣爲武安軍節度副使。癸未，詔監司、帥臣於本路小使臣以上及親民官内，有智謀勇果

可備將帥者，各舉一人。

秋七月甲申朔，建長生宮以祠熒惑。丙戌，詔：省、臺、寺、監及監司、郡守，並以三年成任。戊子，以蔡京爲尚書右僕射兼中書侍郎。己丑，焚元祐法。甲午，詔於都省置講議司。詔杭州、明州置市舶司。庚子，章楶罷。甲辰，以雨水壞民廬舍，詔開封府振恤壓溺者。辛亥，罷《春秋》博士。

八月乙卯，子烜改名桓，焕改名楷。乙丑，罷權侍郎官。辛未，置安濟坊養民之貧病者，仍令諸郡縣並置。甲戌，詔天下興學貢士，建外學于國南。丙子，詔司馬光等二十一人子弟毋得官京師。己卯，以趙挺之爲尚書左丞，翰林學士張商英爲尚書右丞。

九月戊子，京師置居養院以處鰥寡孤獨，仍以户絶財産給養。乙未，詔中書籍元符三年臣僚章疏姓名爲正上、正中、正下三等，邪上、邪中、邪下三等。丁酉，治臣僚議復元祐皇后及謀廢元符皇后者罪，降韓忠彦、曾布官，追貶李清臣爲雷州司户參軍，黄履爲祁州團練副使，竄曾肇以下十七人。己亥，籍元祐及元符末宰相文彦博等、侍從蘇軾等、餘官秦觀等、内臣張士良等、武臣王獻可等凡百有二十人，御書刻石端禮門。庚子，以元符末上書人鐘世美以下四十一人爲正等，悉加旌擢；范柔中以下五百餘人爲邪等，降責有差。時世美已卒，詔贈官，仍官其子一人。壬寅，貶曾布爲武泰軍節度副使。甲辰，詔：「元符三年、建中靖國元年責降臣僚已經牽復者，其元責告命並繳納尚書省。」

冬十月癸亥，蔣之奇罷。戊辰，詔：責降宫觀人不得同一州居住。甲戌，以御史錢遹、石豫、左膚及輔臣蔡京、許將、温益、趙挺之、張商英等言，罷元祐皇后之號，復居瑶華宫。丙子，劉奉世等二十七人坐元符末黨與變法，並罷祠禄。戊寅，以資政殿學士蔡卞知樞密院事。

十一月乙酉，邵州言知溪洞徽州楊光銜内附。戊子，以婉儀鄭氏爲賢妃。辛卯，置河北安濟坊。癸巳，置西、南兩京宗正司及敦宗院。戊戌，置顯謨閣學士、待制官。戊申，子楷爲開府儀同三司，封高密郡王。己酉，立卿監、郎官三歲黜陟法。

十二月癸丑，論棄湟州罪，貶韓忠彦爲崇信軍節度副使，曾布爲賀州别駕，安燾爲寧國軍節度副使，范純禮分司南京。庚申，鑄當五錢。辛酉，贈哲宗子鄧王茂爲皇太子，謚獻愍。丁丑，詔：「諸邪説詖行非先聖賢之書，及元祐學術政事，並勿施用。」

是歲，京畿、京東、河北、淮南蝗。江、浙、熙河漳泉潭衡郴州、興化軍旱。辰、沅州猺入寇。出宫女七十六人。

二年春正月辛巳朔。乙酉，竄任伯雨、陳瓘、龔夬、鄒浩于嶺南，馬涓等九人分貶諸州。知荆南舒亶平辰、沅州猺賊，復誠、徽州，改誠州爲靖州，徽州爲蒔竹縣。壬辰，温益卒。乙巳，以復荆湖疆土曲赦兩路。丙午，以冱寒令監司分部決獄。丁未，以蔡京爲尚書左僕射兼門下侍郎。

二月辛亥，安化蠻入寇，廣西經略使程節敗之。壬子，遣官相度湖南、北猺地，取其材植入供在京營造。甲寅，進元符皇后爲太后，宫名崇恩。辛酉，置殿中監。癸亥，奉安哲宗御容于西京會聖宫及應天院。丙子，置諸路茶場。

三月壬午，進仁宗充儀張氏爲賢妃。乙酉，減西京囚罪一等。詔：「黨人子弟毋得擅到闕下，其應緣趨附黨人罷任在外指射差遣及得罪停替臣僚，亦如之。」丁亥，御集英殿策進士。癸卯，賜禮部奏名進士及第、出身五百三十八人，其嘗上書在正等者升甲，邪等者黜之。

夏四月甲寅，詔侍從官各舉所知二人。乙卯，于闐入貢。丁卯，詔毁吕公著、司馬光、吕大防、范純仁、劉摯、范百禄、梁燾、王巖叟景靈西宫繪像。己巳，以初謁景靈宫赦天下。乙亥，詔毁刊行《唐鑑》并三蘇、秦、黄等文集。戊寅，以趙挺之爲中書侍郎，張商英爲尚書左丞，户部尚書吴居厚爲尚書右丞，兵部尚書安惇同知樞密院事。奪王珪贈謚，追毁程頤出身文字，其所著書令監司覺察。

五月辛巳，以賢妃鄭氏爲淑妃。癸未，以陳王佖爲太師。丙戌，貶曾布爲廉州司户參軍。己亥，封子楫爲楚國公。丙午，册元符皇后劉氏爲太后。

六月壬子，册王氏爲皇后。庚申，詔：「元符末上書進士，類多詆訕，令州郡遣入新學，依太學自訟齋法，候及一年，能革心自新者許將來應舉，其不變者當屏之遠方。」壬戌，慮囚。是月，中太一宫火。復湟州。

秋七月己卯，學士院火。辛巳，以復湟州進蔡京官三等，蔡卞以下二等。甲申，降德音于熙河蘭會路，減囚罪一等，流以下釋之。庚寅，曾肇責授濮州團練副使。辛卯，詔上書進士見充三舍生者罷歸。丁酉，詔：「自今戚里宗屬勿復爲執政官，著爲令。」乙巳，詔：責降人子弟毋得任在京及府界差遣。

八月丁未朔，再論棄湟州罪，貶韓忠彦爲磁州團練副使，安燾爲祁州團練副使，范純禮爲静江軍節度副使，削蔣之奇秩三等。戊申，張商英罷。辛酉，詔張商英入元祐黨籍。

九月辛巳，詔宗室不得與元祐姦黨子孫爲婚姻。庚寅，封子樞爲吴國公。詔：「上書邪等人，知縣以上資序並與外祠，選人不得改官及爲縣令。」壬辰，置醫學。癸巳，令天下郡皆建崇寧寺。辛丑，改吏部選人自承直郎至將仕郎七階。令天下監司長吏廳各立《元祐姦黨碑》。甲辰，詔郡縣謹祀社稷。

冬十一月庚辰，以元祐學術政事聚徒傳授者，委監司察舉，必罰無赦。

十二月癸亥，祧宣祖皇帝、昭憲皇后。丙寅，詔六曹長貳歲考郎官治狀，分三等以聞。

是歲，諸路蝗。纂府蠻楊晟銅、融州楊晟天、邵州黄聰内附。

三年春正月己卯，安化蠻降。辛巳，詔：上書邪等人毋得至京師。戊子，鑄當十大錢。壬辰，增縣學弟子員。甲午，賜蔡京子攸進士出身。甲辰，鑄九鼎。

二月丙午，以淑妃鄭氏爲貴妃。以刊定元豐役法不當，黜錢遹以下九人。丁未，置漏澤園。己酉，詔：王珪、章惇别爲一籍，如元祐黨。詔：自今御後殿，許起居郎、舍人侍立。壬子，以楚國公楫爲開府儀同三司，封南陽郡王。庚申，令天下坑冶金銀復盡輸内藏。辛未，雨雹。

三月辛巳，置文繡院。丁亥，作圜土以居强盜貸死者。甲午，躋欽成皇后神主於欽慈皇后之上。辛丑，大内災。

夏四月乙巳，以火災降德音于四京，減囚罪一等，流以下原之。乙卯，復鄯州，建爲隴右都護府。辛酉，徙封楫爲樂安郡王。復廓州。乙丑，罷講議司。己巳，曲赦陝西。壬申，楫薨。

五月戊寅，罷開封權知府，置牧、尹、少尹。改定六曹，以士、户、儀、兵、刑、工爲序，增其員數，倣《唐六典》易胥吏之稱。己卯，以復鄯、廓，蔡京爲守司空，封嘉國公。庚辰，許將、趙挺之、吴居厚、安惇、蔡卞各轉三官。甲申，改鄯州爲西寧州，仍爲隴右節度。辛丑，詔黜守臣進金助修宫庭者。

六月壬寅朔，圖熙寧、元豐功臣於顯謨閣。癸卯，以王安石配饗孔子廟。丙午，增諸州學未立者。壬子，置書、畫、算學。占城入貢。戊午，詔重定元祐、元符黨人及上書邪等者合爲一籍，通三百九人，刻石朝堂，餘並出籍，自今毋得復彈奏。辛酉，復置太醫局。癸亥，慮囚。乙丑，詔：「内外官毋得越職論事僥倖奔競，違者御史臺彈奏。」

秋七月癸酉，以婉儀王氏爲德妃。庚辰，詔：自今大禮不受尊號，羣臣毋上表。辛卯，行方田法。

八月庚子，詔諸路知州、通判增入「主管學事」四字。壬寅，大雨，壞民廬舍，令收瘞死者。甲辰，蔡京上《神宗史》。丙午，許將罷。

九月乙亥，以趙挺之爲門下侍郎，吴居厚爲中書侍郎，翰林學士承旨張康國爲尚書左丞，刑部尚書鄧洵武爲尚書右丞。壬辰，詔諸路州學别置齋舍，以養材武之士。

冬十月辛居朔，大雨雹。丁未，賢妃張氏薨。丙辰，命官編類六朝勳臣。戊午，夏人入涇原，圍平夏城，寇鎮戎軍。庚申，熙河蘭會路經略安撫使王厚言，河西軍節度使趙懷德等出降。己巳，立九廟，復翼祖、宣祖。庚午，貴妃邢氏薨。

十一月甲戌，幸太學，官論定之士十六人；遂幸辟雍，賜國子司業吴絪、蔣静四品服，學官推恩有差。丙戌，封子杞爲冀國公。丁亥，詔：取士並繇學校，罷發解及省試法，科場如故事。癸巳，更上神宗謚曰體元顯道帝德王功英文烈武欽仁聖孝皇帝，加上哲宗謚曰憲元繼道顯德定功欽文睿武齊聖昭孝皇帝。甲午，朝獻景靈宫。乙未，饗太廟。丙申，祀昊天上帝于圜丘，赦天下。升興仁、隆德軍爲府，還彰信、昭德舊節。

十二月乙巳，升通遠軍爲鞏州。戊午，賜陳王佖入朝不趨。

是歲，諸路蝗。出宫女六十二人。廣西黎洞楊晟免等内附。

《宋史》卷二〇《徽宗紀二》　四年春正月庚午朔，改熙河蘭會路爲熙河蘭湟路。丙戌，築溪哥城。壬辰，詔察諸路監司貪虐者論其罪。丙申，詔京畿路改置轉運使、提點刑獄官。蔡卞罷。立武學法。丁酉，秦鳳蕃落獻邦、潘、疊三州。以内侍童貫爲熙河蘭湟、秦鳳路經略安撫制置使。

二月乙巳，築御謀城。己酉，置親衛勳衛翊衛郎、中郎等官，以勳戚近臣之兄弟子孫有官者試充。甲寅，以張康國知樞密院事，兵部尚書劉逵同知樞密院事，吏部尚書何執中爲尚書左丞。乙卯，班方田法。庚申，詔西邊用兵能招納羌人者與斬級同賞。壬戌，升趙州爲慶源軍。甲子，雨雹。乙丑，改三衛郎爲侍郎。

閏月壬申，復元豐銓試斷按法。令州縣倣尚書六曹分六案。甲申，置陝西、河東、河北、京西監，鑄當二夾錫鐵錢。己丑，御端門，受趙懷德降，授感德軍節度使，封安化郡王。壬辰，曲赦熙河蘭湟路。

三月壬寅，置青海馬監。甲辰，以趙挺之爲尚書右僕射兼中書侍郎。丙午，詔建王口呰爲懷遠軍。庚戌，令吕惠卿致仕。戊午，復銀州。乙丑，詔州縣屬鄉

聚徒教授者，非經書、子、史毋習。丁卯，牂牁、夜郎首領以地降。是月，夏人攻塞門砦。

夏四月辛未，遼遣蕭良來，爲夏人求還侵地及退兵。戊寅，夏人攻臨宗砦。辛巳，詔諸路走馬承受毋得預軍政及邊事。己丑，夏人寇順寧砦，鄜延第二副將劉延慶擊破之；復攻湟州北蕃市城，知州辛叔獻等擊却之。

五月戊申，除黨人父兄子弟之禁。壬子，遣林攄報聘于遼。賜張繼先號虛靖先生。癸丑，罷轉運司檢察鈞考法。辛酉，命官分部決獄。

六月丙子，復解池鹽。占城入貢。丁丑，慮囚。辛巳，罷陝西、河東力役。甲申，曲赦熙河、陝西、河東、京西路。戊子，趙挺之罷。

秋七月丙申朔，罷三京國子監官，各置司業一員。辛丑，置熒惑壇。置四輔郡，以潁昌府爲南輔，襄邑縣爲東輔，鄭州爲西輔，澶州爲北輔。甲寅，詔奪元祐輔臣墳寺。丁巳，還上書流人。户部尚書曾孝廣坐錢帛皆闕，出知杭州。

八月戊辰，以德妃王氏爲淑妃。庚午，以王、江、古州歸順，置提舉溪洞官二員，改懷遠軍爲平州。丙子，以東輔爲拱州。甲申，奠九鼎于九成宫。乙酉，詣宫酌獻。辛卯，賜新樂名《大晟》，置府建官。壬辰，遣劉正夫使遼。

九月己亥，赦天下。乙巳，詔元祐人貶謫者以次徙近地，惟不得至畿輔。詔京畿、三路保甲並於農隙時教閱。乙卯，賜上舍生三十五人及第。丙辰，詔自今非宰臣毋得除特進。

冬十月，自七月雨，至是月不止。甲申，以左右司所編紹聖、元符以來申明斷例班天下，刑名例班刑部、大理司。丁亥，升武岡縣爲軍。戊子，詔上書進士未獲者限百日自陳免罪。

十一月戊戌，安定郡王世雄薨。丙辰，置諸路提舉學事官。己未，章惇卒。

十二月癸酉，升拱州爲保慶軍。甲申，分平州置允州、格州。

是歲，蘇、湖、秀三州水，賜乏食者粟。泰州禾生穭。

五年春正月，庚子，復置江、湖、淮、浙常平都倉。甲辰，以吴居厚爲門下侍郎，劉逵爲中書侍郎。乙巳，以星變避殿損膳，詔求直言闕政。毁《元祐黨人碑》。復謫者仕籍，自今言者勿復彈糾。丁未，太白晝見，赦天下，除黨人一切之禁。權罷方田。戊申，詔侍從官奏封事。己酉，罷諸州歲貢供奉物。庚戌，詔：崇寧以來左降者，各以存殁稍復其官，盡還諸徙者。辛亥，御殿復膳。壬子，罷圜土法。丁巳，罷書、畫、算、醫四學。壬戌，復書、畫、算學。

二月甲子朔，詔監司條奏民間疾苦。丙寅，蔡京罷爲開府儀同三司、中太一宫使。以觀文殿大學士趙挺之爲特進、尚書右僕射兼中書侍郎。庚午，詔翰林學士、兩省官及館閣自今並除進士出身人。壬申，省内外冗官，罷醫官兼宫觀者。蒲甘國入貢。丁丑，以前後所降御筆手詔模印成册，班之中外。州縣不遵奉者監司按劾，監司推行不盡者諸司互察之。

三月丙申，詔星變已消，罷求直言。辛丑，改威德軍爲石堡砦。封眉州防禦使世福爲安定郡王。癸卯，御集英殿策進士。丁未，罷諸州武學。乙卯，廢銀州爲銀川城。丙辰，蔡王似薨。己未，賜禮部奏名進士及第、出身六百七十一人。

夏四月丁丑，停免兩浙水災州郡夏税。

五月丁未，班《紀元曆》。辛亥，封子栩爲魯國公。乙卯，罷辟舉，盡復元豐選法。

六月癸亥，立諸路監司互察法，庇匿不舉者罪之，仍令御史臺糾劾。改格州爲從州。甲子，詔求隱逸之士，令監司審覈保奏，其緣私者御史察之。丁卯，詔輔臣條具東南守備策。壬申，慮囚。

秋七月，壬寅，詔改明年元。

九月辛丑，河南府嘉禾與芝草同本生。

冬十月己卯，升澶州爲開德府。庚辰，降德音于開德府，減囚罪一等，徒以下釋之。

十一月辛卯，陳王佖薨。乙巳，詔立武士貢法。辛亥，併京畿提刑入轉運司。

十二月戊午朔，羣臣稱賀。己未，劉逵罷。壬戌，詔臣僚休日請對，特御便殿。己巳，詔：監司按事，有懷姦挾情不盡實者，流竄不敍。

是歲，廣西黎洞韋晏鬧等内附。

大觀元年春正月戊子朔，赦天下。甲午，以蔡京爲尚書左僕射兼門下侍郎。戊戌，幸興德禪院。復廢官。庚子，復置議禮局於尚書省。甘露降于帝鼒内，羣臣稱賀。壬寅，吴居厚罷。戊申，進封衛王俣爲魏王，定王偲爲鄧王。壬子，以何執中爲中書侍郎，鄧洵武爲尚書左丞，户部尚書梁子美爲尚書右丞。乙卯，封仲損爲南康郡王，仲御爲汝南郡王。

二月壬戌，以向宗回爲開府儀同三司，徙封安康郡王。甲子，以黎洞納土，曲赦廣西。乙亥，復醫學。己卯，復行方田。丙戌，以平昌郡君韋氏爲才人。

三月丁酉，趙挺之罷。以何執中爲門下侍郎，鄧洵武爲中書侍郎，梁子美爲尚書左丞，吏部尚書朱諤爲右丞。甲辰，立八行取士科。癸丑，趙挺之卒。

夏四月乙丑，以淑妃王氏爲貴妃。

五月己丑，封子棫爲揚國公。朝散郎吴儲、承議郎吴侔坐與妖人張懷素謀反，伏誅。貶呂惠卿爲祁州團練副使。庚寅，鄧洵武罷。甲午，詔班新樂于天下。癸卯，詔：自今凡總一路及監司之任，勿以元祐學術及異意人充選。以安化蠻犯邊，益兵赴廣西討之。乙巳，子構生。

六月己未，以梁子美爲中書侍郎。壬戌，詔景靈宮建僖祖殿室。甲子，以黎人地爲庭、孚二州。癸酉，賜上舍生二十九人及第。乙亥，朱諤卒。丁丑，慮囚。甲申，以才人韋氏爲婕妤。

秋七月乙酉朔，伊、洛溢。戊子，詔括天下漏丁。壬寅，班祭服于州郡。乙巳，賢妃武氏薨。

八月乙卯，曾布卒。丁巳，封子構爲蜀國公。庚申，以户部尚書徐處仁爲尚書右丞，吏部尚書林攄同知樞密院事。己巳，降德音于淮、海、吴、楚二十六州，減囚罪一等，流以下釋之。

九月庚寅，建顯烈觀於陳橋。己酉，加上僖祖謚曰立道肇基積德起功懿文憲武睿和至孝皇帝，朝獻景靈宮。庚戌，饗太廟。辛亥，大饗明堂，赦天下。升永興軍爲大都督府。章綖坐冒法竄海島。李景直等四人以上書觀望罷，並編管嶺南。

冬十月己未，詔：士有才武絶倫者，歲貢準文士上舍上等法。辛酉，蘇州地震。乙丑，貶張商英爲安化軍節度副使。己巳，大雨雹。

閏月丙戌，以林攄爲尚書左丞，資政殿學士鄭居中同知樞密院事。乙未，詔守令以户口爲殿最。升桂州爲大都督府，鎮州爲靖海軍節度。壬寅，禁用翡翠。乙巳，升太原府、鄆州並爲大都督府。

十一月壬子朔，蔡京等以不及所當食分，率羣臣稱賀。乙丑，置符寶郎。己巳，升瀛州爲河間府、瀛海軍節度。戊寅，南丹州刺史莫公佞降。徐處仁以母憂去位。

十二月庚寅，以蔡京爲太尉，進何執中以下官二等。癸巳，以江寧、荆南、揚、杭、越、洪、福、潭、廣、桂並爲帥府。置黔南路。丁酉，置開封府府學。己亥，以婉容喬氏爲賢妃。開溭河。

是歲，秦鳳旱。京東水，河溢，遣官振濟，貸被水户租。廬州雨豆。汀、懷二州慶雲見。乾寧軍、同州黄河清。于闐、夏國入貢。涪州夷駱世華、駱文貴內附。

二年春正月壬子朔，受八寶于大慶殿，赦天下，文武進位一等。蔡京表賀符瑞。乙卯，以婉儀劉氏爲德妃。己未，蔡京進太師；加童貫節度使，仍宣撫。庚申，進封魏王偲爲燕王，鄧王俁爲越王，並爲太尉；京兆郡王桓爲定王，高密郡王楷爲嘉王，並爲司空；吴國公樞爲建安郡王，冀國公杞爲文安郡王，楚國公栩爲安康郡王，揚國公棫爲濟陽郡王，蜀國公構爲廣平郡王，並爲開府儀同三司。甲子，以神宗德妃宋氏、劉氏爲淑妃，賢妃喬氏爲德妃。庚午，徙封仲損爲齊安郡王，仲御爲華陽郡王，孝騫爲晉康郡王，孝參爲豫章郡王，並開府儀同三司；封仲增爲信安郡王，仲忽爲普安郡王，仲癸爲咸安郡王，仲僕爲同安郡王，仲糜爲淮安郡王。戊寅，徙封向宗回爲漢東郡王，向宗良爲開府儀同三司。仲損薨。河東、北盜起。

二月甲申，置諸州曹掾官。甲午，詔建徽猷閣，藏《哲宗御集》，置學士、直學士、待制官。己亥，以安德軍節度使錢景臻爲開府儀同三司。庚戌，以婕妤韋氏爲修容。

三月庚申，班《金籙靈寶道場儀範》于天下。甲子，封子材爲魏國公。乙亥，封子模爲鎮國公。戊寅，賜上舍生十三人及第。升乾寧軍爲清州。詔監司歲舉所部郡守二人，縣令四人，赴三省審察。

夏四月甲辰，復洮州。

五月，辛亥，慮囚。以復洮州功，賜蔡京玉帶，加童貫檢校司空，仍宣撫。甲寅，復諸路歲貢供奉物。壬戌，溪哥王子臧征撲哥降，復積石軍。戊辰，詔官蔡京子孫一人，進執政官一等。

六月乙酉，以涪夷地爲珍州。甲午，以平夏城爲懷德軍。乙未，以殿中六尚、算學、太官局、翰林儀鸞司皆隸六察。

秋七月庚戌，罷建僖祖殿室。乙卯，以婉容王氏爲賢妃。

八月辛巳，邢州河水溢，壞民廬舍，復被水者家。丙申，中書侍郎梁子美罷知鄆州。己亥，置保州敦宗院。

九月辛亥，以林攄爲中書侍郎，吏部尚書余深爲尚書左丞。壬戌，貶向宗回爲太子少保致仕。壬申，封子植爲吴國公。癸酉，皇后王氏崩。削向宗回官爵。

丙子，曲赦熙河蘭湟、秦鳳、永興軍路。

冬十一月，乙丑，上大行皇后謚曰靖和。

十二月壬寅，陪葬靖和皇后于永裕陵。

是歲，同州黄河清。出宫女七十有七人。于闐、夏國入貢。涪夷任應舉、楊文貴，湖南徭楊再光内附。

三年春正月乙卯，祔靖和皇后神主于别廟。己未，減兩京、河陽、鄭州囚罪一等，民緣園陵役者蠲其賦。丁卯，以涪夷地爲承州。甲戌，升湟州爲嚮德軍節度。

二月丙子朔，播州楊文貴納土，以其地置遵義軍。丁丑，韓忠彦致仕。

三月丙午，立海商越界法。庚戌，御集英殿策進士。辛酉，詔：四川郡守並選内地人任之。壬戌，併黔南入廣西路。乙丑，賜禮部奏名進士及第、出身六百八十五人。壬申，張康國卒。

夏四月戊寅，林攄罷。戊子，以淑妃劉氏爲貴妃。癸巳，以鄭居中知樞密院事，吏部尚書管師仁同知樞密院事。癸卯，以余深爲中書侍郎，兵部尚書薛昂爲尚書左丞，工部尚書劉正夫爲尚書右丞。

五月乙巳朔，孟翊獻所畫卦象，謂宋將中微，宜更年號，改官名，變庶事以厭之。帝不樂，詔竄遠方。丙辰，令辟雍宴用雅樂。丁巳，慮囚。戊辰，大雨雹。辛未，以德妃喬氏爲貴妃。

六月甲戌朔，詔修《樂書》。管師仁罷。丁丑，蔡京罷。辛巳，以何執中爲特進、尚書左僕射兼門下侍郎。以瀘夷地爲純、滋二州。庚寅，冀州河水溢。

秋七月丁未，詔：謫籍人除元祐姦黨及得罪宗廟外，餘並録用。丙辰，詔罷都提舉茶事司，在京令户部、在外令轉運司主之。

八月乙酉，封子朴爲雍國公。己丑，嗣濮王宗漢薨。甲午，以仲增爲開府儀同三司，封嗣濮王。丙申，升融州爲清遠軍節度。己亥，韓忠彦薨。

九月癸丑，封子棣爲徐國公。己未，賜天下州學藏書閣名「稽古」。

冬十月癸巳，減六尚局供奉物。

十一月丁未，詔算學以黄帝爲先師，風后等八人配饗，巫咸等七十人從祀。己巳，蔡京進封楚國公致仕，仍提舉《哲宗實録》，朝朔望。

十二月己亥，罷東南鑄夾錫錢。

是歲，江、淮、荆、浙、福建旱。秦、鳳、階、成饑，發粟振之，蠲其賦。陜州、同州黄河清。闍婆、占城、夏國入貢。瀘州夷王募弱内附。

四年春正月癸卯，罷改鑄當十錢。辛酉，詔：士庶拜僧者，論以大不恭。丁卯，夏國入貢。

二月庚午朔，禁然頂、煉臂、刺血、斷指。庚辰，罷京西錢監。甲申，詔自今以賞進秩者毋過中奉大夫。己丑，以余深爲門下侍郎，資政殿學士張商英爲中書侍郎，户部尚書侯蒙同知樞密院事。壬辰，罷河東、河北、京東鑄夾錫鐵錢。

三月庚子，募飢民補禁卒。詔：醫學生併入太醫局，算入太史局，書入翰林書藝局，畫入翰林圖畫局，學官等並罷。甲寅，赦所在振恤流民。癸亥，詔：罪廢人稍加甄敘，能安分守者，不俟滿歲各與敘進，以責來效。丙寅，賜上舍生十五人及第。戊辰，詔：上書邪下等人可依無過人例，今後改官升任並免檢舉。

夏四月己卯，班樂尺于天下。癸未，蔡京上《哲宗實録》。丙申，立感生帝壇。丁酉，詔修《哲宗史》。

五月壬寅，停僧牒三年。丁未，彗出奎、婁。甲寅，立詞學兼茂科。丙辰，詔以彗見避殿減膳，令侍從官直言指陳闕失。戊午，赦天下。壬戌，改廣西黔南路爲廣南西路。癸亥，治廣西妄言拓地罪，追貶帥臣王祖道爲昭信軍節度副使。甲子，貶蔡京爲太子少保。丙寅，余深罷。

六月庚午，御殿復膳。乙亥，以張商英爲尚書右僕射兼中書侍郎。壬辰，復向宗回爲開府儀同三司、漢東郡王。乙未，慮囚。丙申，薛昂罷。

秋七月辛丑，復罷方田。戊申，封子楞爲冀國公。

八月乙亥，以劉正夫爲中書侍郎，侯蒙爲尚書左丞，翰林學士承旨鄧洵仁爲尚書右丞。戊寅，省内外冗官。庚辰，以資政殿學士吴居厚爲門下侍郎。丁亥，行内外學官選試法。

閏月辛丑，詔：諸路事有不便於民者，監司條奏之。癸卯，改陵井監爲仙井監。辛酉，詔戒朋黨。以張閣知杭州，兼領花石綱。

冬十月丁酉，立貴妃鄭氏爲皇后。鄭居中罷。以吴居厚知樞密院事。

十一月乙丑朔，朝景靈宫。丙寅，饗太廟。丁卯，祀昊天上帝于圜丘，赦天下，改明年元。丙戌，罷拱州爲襄邑縣。

十二月庚戌，改謚靖和皇后爲惠恭。

是歲，夔州江水溢。海水清。出宫女四百八十六人。南丹州首領莫公晟内附。

政和元年春正月己巳，以賢妃王氏爲德妃。壬申，毀京師淫祠一千三十八區。戊寅，封子棋爲定國公。丙戌，廢白、龔二州。壬辰，詔百官厲名節。

二月壬寅，册皇后。乙巳，詔陝西、河東復鑄夾錫錢。丙午，以太子少師鄭紳爲開府儀同三司。

三月己巳，詔監司督州縣長吏勸民增植桑柘，課其多寡爲賞罰。癸酉，以吏部尚書王襄同知樞密院事。

夏四月乙卯，罷陝西、河東鑄夾錫錢。丙辰，慮囚。立守令勸農黜陟法。丁巳，以淮南旱，降囚罪一等，徒以下釋之。

五月癸亥，詔四川羨餘錢物歸左藏庫。戊辰，改當十錢爲當三。丁亥，解池生紅鹽。

六月甲寅，復蔡京爲太子少師。

秋七月壬申，以疾愈赦天下。癸未，廢平、從二州爲砦。

八月乙未，復蔡京爲太子太師。丁巳，張商英罷。戊午，詔：「監司部内官吏，一歲中有犯罪至三人以上，雖不及三人而或有曾薦舉者，罪及監司。」

九月戊寅，王襄罷。丁亥，封子栻爲廣國公。是月，鄭允中、童貫使遼，以李良嗣來。良嗣獻取燕之策，詔賜姓趙。

冬十月辛卯，以用事之臣多險躁朋比，下詔申儆。庚戌，封昭化軍節度使宗粹爲信安郡王。辛亥，貶張商英爲崇信軍節度副使。

十一月壬戌，以上書邪等及曾經入籍人並不許試學官。丙子，封子榛爲福國公。

十二月己酉，詔臺諫以直道覈是非，毋憚大吏，毋比近習。辛亥，廢鎮州，升瓊州爲靖海軍。

是歲，虔州芝草生。蔡州瑞麥連野。河南府嘉禾生，野蠶成繭。出宫女八十人。交阯、夏國入貢。

《宋史》卷二一《徽宗紀三》　二年春正月甲子，制：上書邪等人並不除監司。

二月戊子朔，蔡京復太師致仕，賜第京師。庚子，以婉容崔氏爲賢妃。

三月戊午朔，定國公棋薨。己巳，御集英殿策進士。己卯，賜禮部奏名進士及第、出身七百十三人。

夏四月己丑，詔縣令以十二事勸農於境内，躬行阡陌，程督勤惰。辛卯，復行方田。甲午，宴蔡京等于太清樓。乙巳，以定國軍節度使仲忽爲開府儀同三司。庚戌，以何執中爲司空。壬子，賜張商英自便。

五月癸亥，慮囚。丁卯，封子椿爲慶國公。己巳，蔡京落致仕，三日一至都堂議事。

六月己丑，以資政殿學士余深爲門下侍郎。

秋七月壬申，訪天下遺書。丙子，置禮制局。

九月壬午，改太尉以冠武階。癸未，正三公、三孤官。改侍中爲左輔，中書令爲右弼，左右僕射爲太宰、少宰，罷尚書令。

冬十月乙巳，得玉圭於民間。

十一月己未，置知客省，引進、四方館、東西上閤門事。戊寅，日南至，受元圭于大慶殿，赦天下。辛巳，蔡京進封魯國公。以何執中爲少傅、太宰兼門下侍郎。執政皆進秩。

十二月甲申，行給地牧馬法。乙酉，以鄭居中爲特進。丙戌，以武信軍節度使童貫爲太尉。乙巳，定命婦名爲九等。丙午，燕輔臣于延福宫。辛亥，封子模爲衛國公。

是歲，成都府、蘇州火。出宫女三百八十三人。高麗入貢。成都路夷人董舜咨、董彦博内附，置祺、亨二州。

三年春正月己未，以定王桓、嘉王楷並爲太保。庚申，以廣平郡王構爲檢校太保。甲子，詔以天錫元圭，遣官册告永裕、永泰陵。丙寅，以燕王俣爲太傅。癸酉，追封王安石爲舒王，子雱爲臨川伯，配饗文宣王廟。丁丑，吴居厚罷，以觀文殿學士鄭居中知樞密院事。己卯，以越王偲爲太傅，封子楗爲韓國公。

二月甲申，以德妃王氏爲淑妃。庚寅，罷文臣勳官。辛卯，崇恩太后暴崩。甲午，以遼、女真相持，詔河北治邊防。丁酉，詔百官奉祠禄者並以三年爲任。乙巳，增定六朝勳臣一百一十六人。

三月，戊辰，進神宗淑妃宋氏爲貴妃。升永安縣爲永安軍。癸酉，賜上舍生十九人及第。

夏四月戊子，作保和殿。庚寅，以復湊、播等州降德音于梓夔路。癸巳，鄧洵仁罷。乙巳，以福寧殿東建玉清和陽宫。丙午，升定州爲中山府。己酉，以資政殿學士薛昂爲尚書右丞。庚戌，班《五禮新儀》。

閏月丙辰，改公主爲帝姬。戊午，復置醫學。辛酉，上崇恩太后謚曰昭懷。

庚午，慶國公椿薨。

五月乙酉，慮囚。丙申，升蘇州爲平江府。庚子，大盈倉火。壬寅，以築溱、播進執政官一等。丙午，葬昭懷皇后于永泰陵。丁未，詔尚書内省分六司，以掌外省六曹所上之事；置内宰、副宰、内史、治中等官及都事以下吏員。己酉，班新燕樂。

六月癸亥，祔昭懷皇后神主于太廟。戊辰，降兩京、河陽、鄭州囚罪一等，民緣園陵役者蠲其賦。

秋七月癸未，升趙城縣爲慶祚軍。甲申，還王珪、孫固贈謚，追復韓忠彦、曾布、安燾、李清臣、黄履等官職。庚子，貴妃劉氏薨。壬寅，復置白州。

八月甲戌，以燕樂成進執政官一等。丙子，以何執中爲少師。丁丑，升潤州爲鎮江府。戊寅，封四鎮山爲王。

九月庚寅，詔大理寺、開封府不得奏獄空，其推恩支賜並罷。戊戌，追册貴妃劉氏爲皇后，謚曰明達。

冬十月乙丑，閲新樂器于崇政殿，出古器以示百官。戊辰，詔冬祀大禮及朝景靈宫，並以道士百人執威儀前導。

冬十一月辛巳，朝獻景靈宫。壬午，饗太廟，加上神宗謚曰體元顯道法古立憲帝德王功英文烈武欽仁聖孝皇帝，改上哲宗謚曰憲元繼道世德揚功欽文睿武齊聖昭孝皇帝。癸未，祀昊天上帝于圜丘，大赦天下。升端州爲興慶府。乙酉，以天神降，詔告在位，作《天真降臨示現記》。己丑，以賢妃崔氏爲德妃。壬辰，築祥州。己亥，詔有官人許舉八行。

十二月癸丑，詔天下訪求道教仙經。乙卯，詔天下貢醫士。

是歲，江東旱，温、封、滋三州火。出宫女二百七十有九人。

四年春正月戊寅朔，置道階，凡二十六等。辛丑，追封濮王子宗誼爲祁王，宗詠爲萊王，宗師爲温王，宗輔爲楚王，宗博爲蕭王，宗沔爲霍王，宗蓋爲建王，宗勝爲袁王。

二月丁巳，賜上舍生十七人及第。癸亥，改淯井監爲長寧軍。癸酉，長子桓冠。

三月丙子朔，以淑妃王氏爲貴妃。

夏四月庚戌，幸尚書省，以手詔訓誡蔡京、何執中，各官遷秩，吏賜帛有差。癸丑，閲太學、辟雍諸生雅樂。甲子，改戎州爲敘州。

五月丙戌，始祭地于方澤，以太祖配。降德音于天下。子機薨。

六月戊午，慮囚。壬申，以廣西溪洞地置隆、兑二州。

秋七月丁丑，置保壽粹和館以養宫人有疾者。戊寅，焚苑東門所儲毒藥可以殺人者，仍禁勿得復貢。甲午，祔明達皇后神主于别廟。

八月乙巳，改端明殿學士爲延康殿學士，樞密直學士爲述古殿直學士。癸亥，定武臣横班，以五十員爲額。

九月己卯，以安静軍節度使王憲爲開府儀同三司。己亥，詔諸路兵應役京師者並以十月朔遣歸。

冬十月乙巳，復置拱州。

十一月丁丑，封子梴爲相國公。

十二月己酉，以禁中神御殿成，減天下囚罪一等。癸丑，定朝議、奉直大夫以八十員爲額。己未，詔廣南市舶司歲貢真珠、犀角、象齒。

是歲，相州野蠶成繭。出宫女六十八人。

五年春正月庚辰，瀘南晏州夷反，尋詔梓州路轉運使趙遹等督兵討平之。己丑，令諸州縣置醫學，立貢額。甲午，改龍州爲政州。

二月乙巳，立定王桓爲皇太子。甲寅，册皇太子，赦天下。庚午，以童貫領六路邊事。

三月，己卯，御集英殿策進士。甲申，追論至和、嘉祐定策功，封韓琦爲魏郡王，復文彦博官。丁亥，詔以立皇太子，見責降文武臣僚並與牽復甄敘，凡千五百人。壬辰，升舒州爲德慶軍。癸巳，賜禮部奏名進士出身六百七十人。

夏四月甲辰，作葆真宫。丁未，詣景靈宫，還幸祕書省，進館職官一等。庚戌，改集賢殿爲右文殿。癸亥，置宣和殿學士。詔東宫講讀官罷讀史。

五月壬辰，慮囚。

六月癸丑，以修三山河橋，降德音于河北、京東、京西路。

秋七月，乙亥，升汝州爲陸海軍。丁丑，詔建明堂于寢殿之南。甲申，昭慶軍節度使蔡卞爲開府儀同三司。丁亥，封子樾爲瀛國公。

八月己酉，以祕書省地爲明堂。辛亥，升通利軍爲濬州平川軍節度。嗣濮王仲增薨。

九月己卯，封仲御爲嗣濮王。丙戌，封子楧爲惠國公。

冬十月癸卯，以嵩山道人王仔昔爲沖隱處士。戊午，夏國入貢。

十一月癸酉，録昭憲皇后杜氏之裔。庚寅，高麗遣子弟入學。

十二月己亥，升遂州爲遂寧府。庚申，以平晏夷曲赦四川。癸亥，置緣邊安撫司于瀘州。

是歲，平江府、常湖秀州水。出宫女五十人。

六年春正月戊子，以瀘南獻捷轉宰執一官。以童貫宣撫陝西、河北。

閏月壬寅，升潁州爲順昌府。丁未，置道學。

二月丁亥，詔增廣天下學舍。庚寅，詔廣京城。

三月癸丑，賜上舍生十一人及第。

夏四月乙丑，會道士于上清寶籙宫。辛未，以何執中爲太傅致仕，朝朔望。丁丑，詔：「天寧諸節及壬戌日，杖已下罪聽贖。」丙戌，卻監司、守臣進獻。庚寅，詔蔡京三日一朝，正公相位，總治三省事。

五月丁酉，廢錫錢。庚子，以鄭居中爲少保、太宰兼門下侍郎，劉正夫爲特進、少宰兼中書侍郎。壬寅，以保大軍節度使鄧洵武知樞密院事。

六月丙寅，班中書官制格。庚午，慮囚。甲戌，詔堂吏遷官至奉直大夫止。癸未，皇太子納妃朱氏。

秋七月壬辰朔，以震武城爲震武軍。甲午，以德妃崔氏爲貴妃。辛亥，以河陽三城節度使王薦爲開府儀同三司。諸盜晏州卜漏、沅州黄安俊、定邊軍李叱哆伏誅，詔函首于甲庫。壬子，曲赦湖北。己未，解池生紅鹽。辛酉，改走馬承受公事爲廉訪使者。

八月壬戌朔，戒北邊帥臣毋生事。壬午，詔天下監司、郡守搜訪巖谷之士，雖恢詭譎怪自晦者悉以名聞。丁亥，幸蔡京第。己丑，升晉州爲平陽、壽州爲壽春、齊州爲濟南府。

九月辛卯朔，詣玉清和陽宫，上太上開天執符御曆含真體道昊天玉皇上帝徽號寶册。丙申，赦天下。令洞天福地修建宫觀，塑造聖像。以西内成曲赦京西。己未，以童貫爲開府儀同三司。

十一月丁酉，朝獻景靈宫。戊戌，饗太廟。己亥，祀昊天上帝于圜丘，赦天下。庚子，以禮部尚書白時中爲尚書右丞。辛丑，魏國公材薨。戊申，以侯蒙爲中書侍郎，薛昂爲尚書左丞。己未，徙封衛國公楃爲鄆國公。增横班爲十三階。

十二月己巳，以婉儀劉氏爲賢妃。戊寅，以熙河進築功成，進執政一官。乙酉，奠九鼎于圜像徽調閣。劉正夫爲開府儀同三司致仕。戊子，以宗粹爲開府儀同三司。

是歲，冀州三山黄河清。出宫女六百人。高麗、占城、大食、真臘、大理、夏國入貢，茂州夷郅永壽内附。

七年春正月丁酉，于闐入貢。庚子，以殿前都指揮使高俅爲太尉。

二月癸亥，以大理國主段和譽爲雲南節度使、大理國王。甲子，會道士二千餘人于上清寶籙宫，詔通真先生林靈素諭以帝君降臨事。丁卯，御集英殿策高麗進士。辛未，改天下天寧萬壽觀爲神霄玉清萬壽宫。乙亥，幸上清寶籙宫，命林靈素講道經。

三月庚寅，賜高麗祭器。高麗進士權適等四人賜上舍及第。乙未，以童貫權領樞密院。丙申，升鼎州爲常德軍。

夏四月庚申，帝諷道籙院上章，册己爲教主道君皇帝，止於教門章疏内用。辛酉，升温州爲應道軍。

五月戊子朔，升慶州爲慶陽軍，渭州爲平涼軍。己丑，如玉清和陽宫，上承天效法厚德光大后土皇地祇徽號寶册。辛卯，命蔡攸提舉秘書省并左右街道籙院。乙未，詔權罷宫室修造。辛丑，祭地于方澤，降德音于諸路。以監司州縣共爲姦贓，令廉訪使者察奏，仍許民徑赴尚書省陳訴。癸卯，改玉清和陽宫爲玉清神霄宫。

六月戊午朔，以明堂成，進封蔡京爲陳、魯國公。戊辰，以嘉王楷爲太傅。改節度觀察留後爲承宣使。己巳，蔡京辭兩國不拜，詔官其親屬二人。壬午，詔禁巫覡。丙戌，貴妃宋氏薨。

秋七月壬辰，熙河、環慶、涇原地震。庚子，詔八寶增定命寶。

八月癸亥，詔明堂并祠五帝。鄭居中以母憂去位。

九月戊子，詔湖北民力未紓，胡耳西道可罷進築。辛卯，大饗明堂，赦天下。乙未，劉正夫卒。丁酉，西蕃王子益麻党征降，見于紫宸殿。壬寅，進宰執官一等。甲辰，以薛昂爲特進。癸丑，貴妃王氏薨。

冬十月乙卯朔，初御明堂，班朔布政。戊寅，侯蒙罷。

十一月庚寅，命蔡京五日一赴都堂治事。辛卯，鄭居中起復。以余深爲特進、少宰兼中書侍郎，白時中爲中書侍郎。壬辰，復置醴州。丙申，何執中卒。升石泉縣爲軍。

十二月，丁巳，以薛昂爲門下侍郎。戊辰，詔天神降于坤寧殿，刻石以紀之。

庚午，以童貫領樞密院。命户部侍郎孟揆作萬歲山。

是歲，三山河水清。出宫女六十八人。

重和元年春正月甲申朔，受定命寶于大慶殿。戊子，封孫諶爲崇國公。己丑，赦天下。應元符末上書邪中等人，依無過人例。乙巳，封姪有奕爲和義郡王。庚戌，以翰林學士承旨王黼爲尚書左丞。

二月戊辰，增諸路酒價。庚午，遣武義大夫馬政由海道使女真，約夾攻遼。甲戌，升六安縣爲六安軍。丁丑，詔：監司輒以禁錢買物爲苞苴饋獻，論以大不恭。

三月丙戌，詔：監司、郡守自今須滿三歲乃得代，仍毋得通理。癸巳，令嘉王楷赴廷對。丙申，以茂州蕃族平，曲赦四川。丁酉，知建昌陳并等改建神霄宫不虔及科決道士，詔並勒停。戊戌，御集英殿策進士。戊申，賜禮部奏名進士及第、出身七百八十三人。有司以嘉王楷第一，帝不欲楷先多士，遂以王昂爲榜首。

夏四月癸丑朔，築靖夏城、制戎城。録吕餘慶後。癸亥，減捶刑。己卯，詔：每歲以季秋親祠明堂，如孟月朝獻禮。以太上混元上德皇帝二月十五日生辰爲貞元節。

五月，乙酉，詔諸路選漕臣一員，提舉本路神霄宫。丁亥，以林靈素爲通真達靈元妙先生，張虚白爲通元沖妙先生。壬辰，班御製《聖濟經》。以青華帝君八月九日生辰爲元成節。庚戌，手敕兩浙漕司，以權添酒錢盡給御前工作。

六月乙卯，以賢妃劉氏爲淑妃。己巳，以淮西盜平曲赦。庚子，慮囚。甲戌，以西邊獻捷，曲赦陝西、河東路。

秋七月壬午，以西師有功，加蔡京恩，官其一子，鄭居中爲少傅，余深爲少保，鄧洵武爲特進，進執政官一等。己酉，遣廉訪使者六人振濟東南諸路水災。

八月甲寅，以童貫爲太保。辛酉，詔班御注《道德經》。壬申，詔執政非入謝及丐去，毋得獨留奏事。癸酉，封子椅爲嘉國公。乙亥，升兖州爲襲慶府。

九月辛巳，大饗明堂。壬午，詔罷拘白地、禁榷貨、增方田税、添酒價、取醋息、河北加折耗米、東南水災强糴等事。丙戌，詔太學、辟雍各置《内經》、《道德經》、《莊子》、《列子》博士二員。己丑，以歲當戊、月當壬爲元命，降德音于天下。庚寅，薛昂罷。以白時中爲門下侍郎，王黼爲中書侍郎，翰林學士承旨馮熙載爲尚書左丞，刑部尚書范致虚爲尚書右丞。壬辰，禁州郡遏糴及邊將殺降以倖功賞者。癸巳，禁羣臣朋黨。丁酉，用蔡京言，集古今道教事爲紀志，賜名《道史》。辛丑，鄭居中罷，乞持餘服，詔從之。詔察縣令治行，諸路監司能改正州縣事者，較爲殿最。詔：視中大夫林靈素，視中奉大夫張虚白，並特授本品真官。

閏月庚申，詔江、淮、荆、浙、閩、廣監司督責州縣還集流民。丁卯，進封楷爲鄆王。丙子，詔：周柴氏後已封崇義公，復立恭帝後以爲宣義郎，監周陵廟，世世爲國三恪。

冬十月，己亥，改興慶軍爲肇慶府。甲辰，置道官二十六等，道職八等。

十一月己酉朔，改元，大赦天下。丙辰，以婉容王氏爲賢妃。辛酉，補上書人安堯臣官。己巳，升梓州爲潼川府。

十二月戊寅朔，復京西錢監。己丑，置裕民局。

是歲，江、淮、荆、浙、梓州水。出宫女百七十八人。黄巖民妻一産四男子。于闐、高麗入貢。

《宋史》卷二二《徽宗紀四》 宣和元年春正月，壬子，進建安郡王樞爲肅王，文安郡王杞爲景王，並爲太保。乙卯，詔：「佛改號大覺金仙，餘爲仙人、大士。僧爲德士，易服飾，稱姓氏。寺爲宫，院爲觀。」改女冠爲女道，尼爲女德。丁巳，金人使李善慶來，遣趙有開報聘，至登州而還。戊午，以余深爲太宰兼門下侍郎，王黼爲特進、少宰兼中書侍郎。乙丑，改湟州爲樂州。癸酉，封子棟爲温國公，姪有恭爲永寧郡王。乙亥，躬耕籍田。罷裕民局。

二月庚辰，改元。易宣和殿爲保和殿。戊戌，以鄧洵武爲少保。

三月庚戌，蔡京等進安州所得商六鼎。己未，以馮熙載爲中書侍郎，范致虚爲尚書左丞，翰林學士張邦昌爲尚書右丞。詔天下知宫觀道士與監司、郡縣官以客禮相見。童貫遣知熙州劉法出師攻統安城，夏人伏兵擊之，法敗歿，震武軍受圍。甲子，知登州宗澤坐建神霄宫不虔，除名編管。辛未，賜上舍生五十四人及第。甲戌，皇后親蠶。

夏四月，庚寅，童貫以鄜延、環慶兵大破夏人，平其三城。己亥，曲赦陝西、河東路。辛丑，進輔臣官一等。

五月丙午朔，有物如龍形，見京師民家。丁未，詔德士並許入道學，依道士法。丙辰，敗夏人于震武。壬申，班御製《九星二十八宿朝元冠服圖》。甲戌，慮囚。是月，大水犯都城，西北有赤氣亘天。

六月壬午，詔西邊武臣爲經略使者改用文臣。甲申，詔封莊周爲微妙元通

真君，列禦寇爲致虛觀妙真君，仍行册命，配享混元皇帝。己亥，夏國遣使納款，詔六路罷兵。

秋七月甲寅，以童貫爲太傅。

八月戊寅，詔諸路未方田處並令方量，均定租課。丁酉，以神霄宮成降德音于天下。范致虛以母憂去位。

九月甲辰朔，燕蔡京於保和新殿。辛亥，大饗明堂。癸亥，幸道德院觀金芝，遂幸蔡京第。丁卯，以淮康軍節度使蔡攸爲開府儀同三司。

冬十月甲戌朔，以《紹述熙豐政事書》布告天下。

十一月癸丑，朝獻景靈宮。甲寅，饗太廟。乙卯，祀昊天上帝于圜丘，赦天下。甲子，詔：東南諸路水災，令監司、郡守悉心振救。戊辰，以淮甸旱，飢民失業，遣監察御史察訪。張邦昌爲尚書左丞，翰林學士王安中爲尚書右丞。時朱勔以花石綱媚上，東南騷動，太學生鄧肅進詩諷諫，詔放歸田里。

十二月甲戌，詔：京東東路盜賊竊發，令東、西路提刑督捕之。辛卯，大雨雹。丙申，帝數微行，正字曹輔上書極論之，編管郴州。

是歲，京西饑，淮東大旱，遣官振濟。嵐州黄河清。升邢州爲信德，陳州爲淮寧，襄州爲襄陽，慶州爲慶陽，安州爲德安，鄆州爲東平，趙州爲慶源府；瀘州爲瀘川，睦州爲建德，岳州爲岳陽，寧州爲興寧，宜州爲慶遠，光州爲光山，均州爲武當軍。

二年春正月癸亥，追封蔡確爲汝南郡王。甲子，罷道學。

二月乙亥，遣趙良嗣使金國。唐恪罷。庚辰，以寧遠軍節度使梁子美爲開府儀同三司。戊子，令所在贍給淮南流民，諭還之。甲午，詔别修《哲宗史》。

三月壬寅，賜上舍生二十一人及第。乙卯，改熙河蘭湟路爲熙河蘭廓路。

夏四月丙子，詔：江西、廣東兩界，羣盜嘯聚，添置武臣提刑、路分都監各一員。

五月庚子朔，以淑妃劉氏爲貴妃。丁巳，祭地于方澤，降德音于諸路。布衣朱夢説上書論宦寺權太重，編管池州。戊辰，詔宗室有文行才術者，令大宗正司以聞。

六月癸酉，詔開封府振濟飢民。戊寅，蔡京致仕，仍朝朔望。辛巳，詔：自今衡改元豐法制，論以大不恭。丙戌，詔：「三省、樞密院額外吏職，並從裁汰。及有妄言惑衆，稽違詔令者，重論之。」詔：「諸司總轄、提點之類，非元豐法並罷。」丁亥，復寺院額。甲午，罷禮制局并修書五十八所。

秋七月壬子，罷文臣起復。己未，罷醫、算學。丙寅，封子楒爲英國公。

八月庚辰，詔減定醫官額。乙未，詔：監司所舉守令非其人，或廢法不舉，令廉訪使者劾之。

九月壬寅，金人遣勃堇等來。乙巳，復德士爲僧。辛亥，大饗明堂。丙辰，遣馬政使金國。癸亥，余深加少傅。宴童貫第。

冬十月戊辰朔，以河東節度使梁師成爲太尉。建德軍青溪妖賊方臘反，命譚稹討之。

十一月己亥，余深罷，仍少傅，授鎮西軍節度使、知福州。庚戌，以王黼爲少保、太宰兼門下侍郎。己未，兩浙都監蔡遵、顔坦擊方臘，死之。

十二月丁亥，改譚稹爲兩浙制置使，以童貫爲江、淮、荆、浙宣撫使，討方臘。己丑，以少傅鄭居中權領樞密院。庚寅，詔訪兩浙民疾苦。是月，方臘陷建德，又陷歙州，東南將郭師中戰死；陷杭州，知州趙霆遁，廉訪使者趙約詬賊死。

是歲，淮南旱。夏國、真臘入貢。

三年春正月壬寅，鄧洵武卒。戊午，以安康郡王楙爲太保，進封濟王；鎮國公模爲開府儀同三司，進封樂安郡王。己未，詔淮南、江東、福建各權添置武臣提刑一員。辛酉，罷蘇、杭州造作局及御前綱運。乙丑，罷西北兵更戍。罷木石彩色等場務。是月，方臘陷婺州，又陷衢州，守臣彭汝方死之。

二月庚午，趙霆坐棄杭州，貶吉陽軍。罷方田。甲戌，降詔招撫方臘。乙酉，罷天下三舍及宗學、辟雍、諸路提舉學事官。癸巳，赦天下。是月，方臘陷處州。淮南盜宋江等犯淮陽軍，遣將討捕，又犯京東、河北，入楚、海州界，命知州張叔夜招降之。

三月丁未，御集英殿策進士。庚申，賜禮部奏名進士及第、出身六百三十人。

夏四月丙寅，貴妃劉氏薨。甲戌，青溪令陳光以盜發縣内棄城，伏誅。庚寅，忠州防禦使辛興宗擒方臘于青溪。詔二浙、江東被賊州縣給復三年。癸巳，汝州牛生麒麟。

五月戊戌，以鄭居中領樞密院。己亥，詔杭、越、江寧守臣並帶安撫使。甲辰，追册貴妃劉氏爲皇后，謚曰明節。改睦州建德軍爲嚴州遂安軍，歙州爲徽州。丙午，金人再遣曷魯等來。戊申，以興寧軍節度使劉宗元爲開府儀同三司。

癸亥，詔：三省覺察臺諫罔上背公者，取旨譴責。陳過庭、張汝霖以乞罷御前使唤及歲進花果，爲王黼所劾，並竄貶。

閏月丙寅，減諸州曹掾官。辛未，立醫官額。甲戌，復應奉司，命王黼及内侍梁師成領之。戊寅，慮囚。

六月，河決恩州清河埽。

秋七月丁卯，振温、處等八州。丁亥，廢純、滋等十二州。戊子，童貫等俘方臘以獻。是月，洛陽、京畿訛言有黑眚如人，或如犬，夜出掠小兒食之，二歲乃息。

八月甲辰，曲赦兩浙、江東、福建、淮南路。乙巳，以童貫爲太師，譚稹加節度。丁未，祔明節皇后神主于别廟。丙辰，方臘伏誅。

九月丙寅，以王黼爲少傅，鄭居中爲少師。庚午，進執政官一等。辛未，大饗明堂。

冬十月甲寅，詔自今贓吏獄具，論決勿貸。童貫復領陝西、兩河宣撫。

十一月丁丑，馮熙載罷。以張邦昌爲中書侍郎，王安中爲尚書左丞，翰林學士承旨李邦彦爲尚書右丞。辛巳，封子桐爲儀國公。壬午，張商英卒。

十二月，壬子，進封廣平郡王構爲康王，樂安郡王楧爲祁王，並爲太保。

是歲，諸路蝗。

四年春正月丁卯，以蔡攸爲少保，梁師成爲開府儀同三司。癸酉，金人破遼中京，遼主北走。

二月丙申，以旱禱于廣聖宫，即日雨。癸卯，雨雹。丙午，以吴國公植爲開府儀同三司，進封信都郡王。

三月辛酉，幸祕書省，遂幸太學，賜祕書少監翁彦深王時雍、國子祭酒韋壽隆、司業權邦彦章服，館職、學官、諸生恩錫有差。丙子，遼人立燕王淳爲帝。金人來約夾攻，命童貫爲河北、河東路宣撫使，屯兵于邊以應之，且招諭幽燕。

夏四月丙午，詔置補完校正文籍局，録三館書置宣和殿及太清樓、祕閣。又令郡縣訪遺書。

五月壬戌，以高俅爲開府儀同三司。丁卯，封子柄爲昌國公。甲戌，嗣濮王仲御薨。乙亥，以蔡攸爲河北、河東宣撫副使。庚辰，以常德軍節度使譚稹爲太尉。童貫至雄州，令都統制种師道等分道進兵。癸未，遼人擊敗前軍統制楊可世于蘭溝甸。乙酉，封開府儀同三司、江夏郡王仲爰爲嗣濮王。丙戌，慮囚。楊可世與遼將蕭幹戰于白溝，敗績。丁亥，辛興宗敗于范村。

六月己丑，种師道退保雄州，遼人追擊至城下。帝聞兵敗懼甚，遂詔班師。壬寅，以王黼爲少師。是月，遼燕王淳死，蕭幹等立其妻蕭氏。

秋七月己未，廢貴妃崔氏爲庶人。壬午，王黼以耶律淳死，復命童貫、蔡攸治兵，以河陽三城節度使劉延慶爲都統制。甲申，种師道責授右衛將軍致仕，和詵散官安置。

九月戊午，朝散郎宋昭上書諫北伐，王黼大惡之，詔除名、勒停，廣南編管。己未，金人遣徒孤且烏歇等來議師期。辛酉，大饗明堂。己巳，高麗國王王俁薨，遣路允迪弔祭。甲戌，遣趙良嗣報聘于金國。己卯，遼將郭藥師等以涿、易二州來降。

冬十月庚寅，改燕京爲燕山府，涿、易八州並賜名。癸巳，劉延慶與郭藥師等統兵出雄州。戊戌，曲赦所復州縣。己亥，耶律淳妻蕭氏上表稱臣納款。甲辰，師次涿州。己酉，郭藥師與高世宣、楊可世等襲燕，蕭幹以兵入援，戰于城中，藥師等屢敗，皆棄馬縋城而出，死傷過半。癸丑，以蔡攸爲少傅、判燕山府。甲寅，劉延慶自盧溝河燒營夜遁，衆軍遂潰，蕭幹追至涿水上乃還。

十一月丙辰朔，行新璽。戊辰，朝獻景靈宫。己巳，饗太廟。庚午，祀昊天上帝于圜丘，赦天下。東南官吏昨緣寇盜貶責者並次第移放，上書邪上等人特與磨勘。戊寅，金人遣李靖等來許山前六州。以彰德軍節度使鄭詳爲太尉。

十二月丁亥，郭藥師敗蕭幹于永清縣。戊子，遣趙良嗣報聘于金國。庚寅，以郭藥師爲武泰軍節度使。辛卯，金人入燕，蕭氏出奔。壬辰，使來獻捷。乙未，詔監司未經陛對毋得之任。丙申，貶劉延慶爲率府率，安置筠州。壬寅，進封植爲莘王。

五年春正月戊午，金人遣李靖來議所許六州代租錢。己未，遣趙良嗣報聘，求西京等州。辛酉，以王安中爲慶遠軍節度使、河北河東燕山府路宣撫使、知燕山府。甲申，録富弼後。

二月乙酉朔，以李邦彦爲尚書左丞，翰林學士趙野爲尚書右丞。丙戌，金人以議未合，斷橋梁，焚次舍。丁酉，進封雍國公朴爲華原郡王，徐國公棣爲高平郡王，並爲開府儀同三司。

三月乙卯，金人再遣寧朮割等來。己未，遣盧益報聘，皆如其約。

夏四月癸巳，金人遣楊璞以誓書及燕京、涿易檀順景薊州來歸。庚子，童

貫,蔡攸入燕,時燕之職官、富民、金帛、子女先爲金人盡掠而去。乙巳,童貫表奏撫定燕城。庚戌,曲赦河北、河東、燕、雲路。是日,班師。

五月己未,以收復燕雲,賜王黼玉帶。庚申,以王黼爲太傅,鄭居中爲太保,進宰執官二等。辛酉,王黼總治三省事。癸亥,童貫落節鉞,進封徐、豫國公。蔡攸爲少師。乙丑,詔:正位三公立本班,帶節鉞若領他職者仍舊班,著爲令。癸酉,祭地于方澤。是月,金人許朔、武、蔚三州。金主阿骨打殂,弟吳乞買立。

六月乙酉,郭藥師加檢校少傅。丙戌,遼人張覺以平州來附。己丑,仲爰薨。乙未,詔今後內外宗室並不稱姓。丁酉,以安國軍節度使仲理爲開府儀同三司,進封嗣濮王。己亥,慮囚。戊申,鄭居中卒。辛亥,以蔡攸領樞密院。

秋七月戊午,以梁師成爲少保。己未,童貫致仕。起復譚稹爲河北、河東、燕山府路宣撫使。庚午,太傅、楚國公王黼等上尊號曰繼天興道敷文成武睿明皇帝,不允。禁元祐學術。

八月,辛丑,命王安中作《復燕雲碑》。是月,蕭幹破景州、薊州,寇掠燕山,郭藥師敗之。幹尋爲其下所殺,傳首京師。

九月辛酉,大饗明堂。

冬十月乙酉,雨木冰。壬寅,罷諸路提舉常平之不職者。

十一月乙卯,以鄭紳爲太師。丙寅,幸王黼第觀芝。諸路漕臣坐上供錢物不足,貶秩者二十二人。丁卯,王安中、譚稹並加檢校少傅,郭藥師爲太尉。華原郡王朴薨。壬申,王黼子弟親屬推恩有差。是月,金人取平州,張覺走燕山,金人索之甚急,命王安中縊殺,函其首送之。

十二月乙巳,金人遣高居慶等來賀正旦。戊申,以高平郡王棣爲太保,進封徐王。

是歲,秦鳳旱,河北、京東、淮南饑,遣官振濟。

六年春正月乙卯,爲金主輟朝。戊午,置書藝所。癸亥,藏蕭幹首于大社。戊寅,遣連南夫弔祭金國。

二月丁亥,以冀國公樫爲開府儀同三司,進封河間郡王;韶州防禦使令盪爲婺州觀察使,封安定郡王。己亥,躬耕耤田。丙午,詔:「自今非歷臺閣、寺監、監司、郡守、開封府曹官者,不得爲郎官、卿監,著爲令。」李邦彥以父憂去位。

三月己酉朔,以錢景臻爲少師。金人來匄糧,不與。

閏月辛巳,皇后親蠶。庚子,御集英殿策進士。

夏四月癸丑,賜禮部奏名進士及第、出身八百五人。丁巳,李邦彥起復。

五月壬寅,慮囚。癸卯,金人遣使來告嗣位。

六月壬子,詔以收復燕雲以來,京東、兩河之民困於調度,令京西、淮、浙、江、湖、四川、閩、廣並納免夫錢,期以兩月納足,違者從軍法。

秋七月戊子,遣許亢宗賀金國嗣位。丁酉,詔:應係御筆斷罪,不許詣尚書省陳訴改正。壬寅,詔宗室、后妃戚里、宰執之家概敷免夫錢。甲辰,置璣衡所。

八月乙卯,譚稹落太尉,罷宣撫使,童貫落致仕,領樞密院代之。丁巳,以溢機堡爲安羌城。壬戌,以復燕雲赦天下。

九月乙亥,以白時中爲特進、太宰兼門下侍郎,李邦彥爲少宰兼中書侍郎。蔡攸落節鉞。辛巳,大饗明堂。丁亥,以趙野爲尚書左丞,翰林學士承旨宇文粹中爲尚書右丞,開封尹蔡懋同知樞密院。庚寅,以金芝産于艮嶽萬壽峯,改名壽岳。庚子,金人遣富謨弼等以遺留物來獻。

冬十月庚午,詔:有收藏習用蘇、黃之文者,並令焚毁,犯者以大不恭論。癸酉,詔內外官並以三年爲任,治績著聞者再任,永爲式。

十一月丙子,王黼致仕。太白晝見。乙酉,罷應奉司。丙戌,令尚書省置講議司。壬辰,詔:「監司擇縣令有治績者保奏,召赴都堂審察録用,毋過三人。」

十二月甲辰朔,蔡京領講議司。詔百官遵行元豐法制。丁未,詔內外侍從以上各舉所知二人。癸亥,蔡京落致仕,領三省事。

是歲,河北、山東盜起,命內侍梁方平討之。京師、河東、陝西地大震,兩河、京東西、浙西水,環慶、邠寧、涇原流徙,令所在振恤。夏國、高麗、于闐、羅殿入貢。

七年春正月癸酉朔,詔赦兩河、京西流民爲盜者,仍給復一年。癸巳,詔罷諸路提舉常平官屬,有罪當黜者以名聞;仍令三省修已廢之法。

二月甲辰,復置鑄錢監。詔御史察贓吏。己酉,雨木冰。庚戌,詔京師運米五十萬斛至燕山,令工部侍郎孟揆親往措置。己巳,進封廣國公杕爲南康郡王、福國公榛爲平陽郡王,並開府儀同三司。壬申,京東轉運副使李孝昌言招安羣盜張萬仙等五萬餘人,詔補官犒賜有差。

三月癸酉朔,雨雹。甲申,知海州錢伯言奏招降山東寇賈進等十萬人,詔補官有差。丙戌,以惠國公椣爲開府儀同三司,進封建安郡王。

夏四月丙辰,降德音于京東、河北路。庚申,蔡京復致仕。復州縣免行錢。

戊辰，詔行元豐官制。復尚書令之名，虛而勿授，三公但爲階官，毋領三省事。

五月壬午，封子樅爲潤國公。丁亥，詔諸路帥臣舉將校有才略者、監司舉守令有政績者，歲各三人。

六月辛丑朔，詔宗室復著姓。丙午，封童貫爲廣陽郡王。戊申，詔臣僚輒與內侍來往者論罪。辛亥，慮囚。己未，以蔡攸爲太保。癸亥，詔吏職雜流出身人，毋得陳請改換。乙丑，罷減六尚歲貢物。

秋七月庚午朔，詔士庶毋以「天」、「王」、「君」、「聖」爲名字，及以壬戌日輔臣焚香。甲戌，以河間郡王楞爲太保，進封沂王。是月，河東義勝軍叛。熙河、河東路地震。

九月辛巳，大饗明堂。壬辰，金人以擒遼主遣李孝和等來告慶。是月，河東言粘罕至雲中，詔童貫復宣撫。有狐升御榻而坐。

冬十月辛亥，賜曾布謚曰文肅。戊午，罷京畿和糴。

十一月庚午，詔：無出身待制以上，年及三十通歷任滿十歲，乃許任子。乙亥，遣使回慶金國。甲申，朝獻景靈宮。乙酉，饗太廟。丙戌，祀昊天上帝于圜丘，赦天下。庚寅，以保静軍節度使种師道爲河東、河北路制置使。

十二月乙巳，童貫自太原遁歸京師。己酉，中山奏金人斡離不、粘罕分兩道入攻。郭藥師以燕山叛，北邊諸郡皆陷。又陷忻、代等州，圍太原府。太常少卿傅察奉使不屈，死之。丙辰，罷浙江諸路花石綱、延福宮、西城租課及內外製造局。金兵犯中山府，詹度禦之。戊午，皇太子桓爲開封牧。罷修蕃衍北宅，令諸皇子分居十位。己未，下詔罪己。令中外直言極諫，郡邑率師勤王；募草澤異才有能出奇計及使疆外者；罷道官，罷大晟府、行幸局；西城及諸局所管緡錢，盡付有司。以保和殿大學士宇文虛中爲河北、河東路宣諭使。庚申，詔內禪，皇太子即皇帝位。尊帝爲教主道君太上皇帝，居于龍德宮；尊皇后爲太上皇后。

靖康元年正月己巳，詣亳州太清宮，行恭謝禮，遂幸鎮江府。四月己亥還京師。明年二月丁卯，金人脅帝北行。紹興五年四月甲子，崩于五國城，年五十有四。七年九月甲子，凶問至江南，遥上尊謚曰聖文仁德顯孝皇帝，廟號徽宗。十二年八月乙酉，梓宮還臨安。十月丙寅，權欑于永祐陵。十二月丁卯，祔太廟第十一室。十三年正月己亥，加上尊謚曰體神合道駿烈遜功聖文仁德憲慈顯孝皇帝。

王稱《東都事略》卷一〇《徽宗紀一》 徽宗體神合道駿烈遜功聖文仁德憲慈顯孝皇帝，神宗第十一子也，母曰欽成皇后陳氏，以元豐五年十月十日生。后就館之月，陰雨彌旬，既誕，天氣澄霽。六年，授鎮寧軍節度使，封寧國公。八年，封遂寧郡王。紹聖三年，拜平江、鎮江軍節度使，封端王。

元符三年春正月己卯，哲宗崩，皇太后坐福寧殿東垂簾，謂宰臣章惇等曰：「以皇帝已棄天下。」惇等哭，皇太后曰：「皇帝無子，天下事須早定。」惇獨厲聲曰：「當立同母弟。」皇太后曰：「神宗諸子，申王長而有目疾，次即端王當立。」惇曰：「以年則申王長當立，以禮律同母弟簡王當立。」皇太后曰：「俱是神宗子，豈容分別，當立端王。」惇等唯唯承命。王入，即皇帝位于福寧殿，奉遺制皇太后權同處分軍國事。庚辰，大赦天下。癸未，追册貴儀陳氏爲皇太妃。丙戌，皇兄佖封陳王。戊子，皇弟俁封衛王，似蔡王，偲定王。二月丁未，立皇后王氏。庚申，韓忠彦門下侍郎，黄履尚書右丞。三月，太史言四月朔日當食。庚寅，詔曰：「太史前告，天將動威，日有食之期，在正陽之月，變異甚鉅，殆不虛生。夙夜以思，未燭厥理，將以彌綸初政，消弭天菑，自非藥石之規，孰開朕聽。況今周行之內，人有所懷，芻蕘之中，言皆可采。凡朕躬之闕失，若左右之忠邪，政令之否臧，風俗之媺惡，朝廷之德澤有不下究，閭閻之疾苦有不上聞，咸聽直言，毋有忌諱。」夏四月丁酉朔，日有食之。甲辰，韓忠彦尚書右僕射兼中書侍郎，李清臣門下侍郎，蔣之奇同知樞密院事。庚戌，皇長子生。辛亥，大赦天下。五月癸酉，皇太后詔曰：「瑶華廢后，累經大霈，其位號禮數，令三省、樞密院詳議以聞。」丙子，廢后孟氏復爲元祐皇后，皇后劉氏爲元符皇后。乙酉，蔡卞罷。秋七月丙寅朔，皇太后歸政。癸酉，赦天下。八月壬寅，葬欽文睿武昭孝皇帝于永泰陵。丁未，詔曰：「朕恭惟仁宗皇帝躬天地之度，以仁治天下，授英宗以神器之重，措宗社於泰山之安，功隆德厚，孰可擬議，神宗皇帝以聖神不世出之資，慨然大有爲於天下，規模宏遠，凛凛乎三代之風，而廟祏之制，未及尊崇之典，闕孰甚焉。其令禮官攷定仁祖、神考廟制，詳議以聞。」庚戌，禮官言：「二宗之廟，請如聖詔，永祀不祧，與天無極。」詔恭依。建景靈西宮。九月庚午，皇長子封韓國公。辛未，章惇罷。冬十月丁酉，韓忠彦尚書左僕射兼門下侍郎。壬寅，曾布尚書右僕射兼中書侍郎。己未，詔曰：「神考以天縱之聖，厲精治道，內修法度，外闢境土，新一代之典則，以遺我後人，而往者任事之臣，用心或過，朕所不取。朕於爲政，取人無彼時此時之間，斟酌可否，舉措損益，惟時之宜。旌別忠邪，用捨進退，惟義所在。使政事不失其當，人材各得其所，則能事畢矣。無偏無黨，正

直是與，常用中以與天下休息，以成朕繼志述事之美。咨爾中外，服我訓誡。」十一月庚午，詔改元。戊寅，安燾知樞密院事。庚辰，黄履罷。辛卯，范純禮尚書右丞。十二月戊申，赦天下。是歲，以湟、廓、鄯三州歸于青唐。

建中靖國元年春正月壬戌朔，有赤氣起東北，彌亘西方。甲戌，皇太后向氏崩于慈寧殿。五月丙寅，葬欽聖憲肅皇后于永裕陵，欽慈皇后陳氏改祔裕陵。六月庚寅朔，皇長子封京兆郡王。戊午，范純禮罷。秋七月丙戌，安燾罷。丁亥，蔣之奇知樞密院事，陸佃尚書右丞，章楶同知樞密院事。九月，趙諗反于渝州。冬十月乙未，李清臣罷。十一月庚申，陸佃尚書左丞，温益尚書右丞。庚申，祀昊天上帝于圜丘，大赦天下。詔改元。

崇寧元年春正月，河東地震。二月戊戌，趙諗伏誅。庚子，皇子焕封魏國公。辛丑，皇太妃朱氏薨。夏五月庚申，韓忠彦罷。戊辰，欽成皇后祔葬裕陵。己卯，陸佃罷。庚辰，許將門下侍郎，温益中書侍郎，蔡京尚書左丞，趙挺之尚書右丞。閏六月壬戌，曾布罷。秋七月戊子，蔡京尚書右僕射兼中書侍郎。甲午，都省置講議司。庚子，章楶罷。八月辛未，開封府置居養院。甲戌，蔡京請天下並置學養士，倣太學三舍爲攷選升補之法。己卯，趙挺之尚書左丞，張商英尚書右丞。建辟雍外學。冬十月癸亥，蔣之奇罷。蔡卞知樞密院事。甲戌，元祐皇后復居瑶華宫。十一月乙酉，溪洞徽州并誠州納土。甲辰，詔曰：「元符末下詔求直言，蓋欲廣朕聞見，裨益政治，比以所上章疏，付之有司，攷其邪正，令具名來上。其閒忠言讜議，指陳闕失，力陳父子兄弟繼述友恭之義者四十一人，悉令旌擢，以勸多士；内有附會姦慝，誣毁先帝政事，總五百四十一人，然言有淺深，罪有輕重，取其詆譏謗斥尤甚者三十人，可逐之遠方，次等四十一人，其言亦多詆訕，各逐等第責降，以戒爲臣之不忠者。」戊申，皇子楷封高密郡王。

二年春正月乙未，辰、沅溪洞納土。壬寅，温益薨。丁未，蔡京尚書左僕射兼門下侍郎。二月甲寅，以元符皇后劉氏爲太后，居崇恩宫。甲子，蔡京以陝西鑄大銅錢當十，夾錫錢當二。夏四月己巳，大赦天下。戊寅，趙挺之中書侍郎，張商英尚書左丞，吴居厚尚書右丞，安惇同知樞密院事。五月己亥，皇子楫封楚國公。秋七月戊寅朔，青唐來納土。八月戊申，張商英罷。九月庚寅，詔曰：「本朝僖祖至仁宗始備七世，當英宗祔廟，上祧順祖，暨神考祔廟，又祧翼祖，則哲宗祔廟，父子相承，當爲一世，祧遷之序，典禮可稽，令禮官詳議聞奏。」其後禮官言當祧宣祖。甲辰，詔曰：「自京師至于郡縣，春秋祈報，徧于天下者，唯社稷爲然。今守令不深惟其故，以是爲不急之祀，壇壝不修，民得畜牧種蓺於其閒，春秋行事，取具臨時，乃或器用弗備，粢盛弗蠲，齋祓弛懈，祼獻失度，甚不副朕稱秩祀典之意。其令監司，巡歷所至，察不如儀者。」

三年春正月戊子，詔江、池、饒、建州鑄當十大錢。二月丁未，州縣置漏澤園。壬子，皇子楫封南陽郡王。三月丁亥，倣周官司圜之法，令諸州築圜土，以居强盗貸死者，晝則役作，夜則拘之，視罪之輕重以爲久近之限，許出圜土充軍，無過者縱釋之。辛丑，大内災。夏四月辛酉，皇子楫封樂安郡王。乙丑，罷講議司。王厚復青唐。五月癸酉，樂安郡王楫薨。丙申，詔曰：「乃者，有司以哲宗嗣承神考，父子相繼，自當爲世，故上祧宣祖。惟我祖考，功隆德大，萬世不祧者，今已五宗，則七廟當祧者，二宗而已，遷毁之禮，近及祖考，殆非先王尊祖奉先之意。其議奏。」六月丙午，詔諸路州軍未置學處，並置學養士。壬子，置筭學。丁巳，籍元祐姦黨，以司馬光爲首，凡三百九人，刻石于文德殿門之東壁。秋七月，上神宗、哲宗尊謚。八月丙午，許將罷。九月乙亥，趙挺之門下侍郎，吴居厚中書侍郎，張康國尚書左丞，鄧洵武尚書右丞。皇子樞封吴國公。癸巳，建九廟。冬十月，夏人寇涇原。己巳，詔已祧翼祖、宣祖廟並復。十一月甲戌，幸太學、辟雍。丙戌，皇子杞封冀國公。丁亥，詔曰：「昔神考嘗議以三舍取士，而罷州郡科舉之令，其法始於畿甸，而未及行於郡國肆，朕纂圖制，詔有司講議其方，成書來上，悉推行之，設辟雍於國郊，以待士之升貢者。其詔天下，除將來科場如故事外，並罷州郡發解及省試法，其取士並繇學校升貢。」丙申，祀昊天上帝于圜丘，大赦天下。十二月戊午，安惇薨。

四年春正月丙戌，詔於帝鼐宫立大角鼎星祠。丙申，蔡卞罷。二月己酉，置三衛府。甲寅，張康國知樞密院事，劉逵同知院事，何執中尚書左丞。乙卯，頒方田法于天下。閏月，趙懷德降。三月甲辰，趙挺之尚書右僕射兼中書侍郎。戊午，復銀州。丁卯，牂牁、夜郎納土。夏五月乙丑，詔曰：「民爲邦本，本固邦寧。天下承平日久，民既庶矣，而養生送死，尚未能無憾，朕甚憫焉。今鰥寡孤獨既有居養之法，若疾而無醫則爲之置安濟坊，貧而不葬則爲之置漏澤園。朕之志於民深矣，監司守令奉行毋忽。」六月丙子，興復解池鹽寶。戊子，趙挺之罷。秋七月丁巳，京畿四面置(鋪)〔輔〕，屏衛京師。八月，九鼎成。甲申，奉安九鼎。戊子，詔即國丙巳之地建明堂。辛卯，詔曰：「道形而下，先王體之，協於度數，播於聲詩，其樂與天地同流。雅頌不作久矣，去聖逾遠，遺聲弗存。迺者，

得隱逸之士，於草茅之賤，獲英莖之器，於受命之邦。適時之宜，以身爲度，鑄鼎以起律，因律以制器，按協於庭，八音克諧。祖宗積累之休，上帝克相，豈朕之德哉！昔堯有大章，舜有大韶，三代之王，亦各異名。今追千載，而成一代之制，宜賜名曰大晟。朕將薦郊廟，享鬼神，和萬邦，與天下共之，豈不美與。其舊樂勿用。」時蔡京用魏漢律鑄鼎作樂，漢律取尚書身爲度之義，以上年二十四，當四六之數，取上中指，以爲黄鍾之寸，而生度量權衡以作樂，而京爲緣飾之。詔陝西置蕃學。九月己亥，大赦天下。詔元祐黨人徙移近地，惟不得至四輔、畿甸。乙巳，詔曰：「三時務農，一時講武，先王之政也。應京畿、三路保甲，並於農隙時教閲。」十二月乙亥，詔大司成攷德行道藝，歲貢之。

五年春正月庚子，彗出西方。甲辰，吴居厚門下侍郎，劉逵中書侍郎。乙巳，詔曰：「乃孟春之夕，星文變見，朕甚懼焉。應中外臣僚，並許直言朝政闕失，朕虚心以改，以銷乾象之變。」詔元祐、元符係籍黨人，朝堂及外處石刻，並令除毁。丁未，大赦天下。罷方田。壬子，罷圜土。二月丙寅，蔡京罷。趙挺之尚書右僕射兼中書侍郎。三月丙辰，蔡王似薨。夏五月辛亥，皇子栩封魯國公。秋七月壬寅，詔改元。冬十月壬戌，詔曰：「有天下者，尊事上帝，敕命惟幾敢有弗虔，而釋氏之教，修營佛事，妄以天帝次於鬼神之列，瀆神踰分，莫此之甚，其能克享上帝之心乎！有司其除削之，以稱朕嚴恭寅畏之意。」十一月辛卯，陳王佖薨。十二月己未，劉逵罷。

大觀元年春正月戊子朔，大赦天下。置議禮局于尚書省。甲午，蔡京尚書左僕射兼門下侍郎。壬寅，吴居厚罷。壬子，何執中中書侍郎，鄧洵武尚書左丞，梁子美尚書右丞。丁巳，詔曰：「古之學者，三年通一經，十有五年，則五經皆通。熙寧中，進士以經術，今已三十餘年，士益習矣。自今，學生願兼他經者，聽，量立陞進之法，使天下全材異能，得以進焉。」三月丁酉，趙挺之罷。何執中門下侍郎，鄧洵武中書侍郎，梁子美尚書左丞，朱諤尚書右丞。甲寅，詔以八行取士。夏五月己丑，皇子棫封楊國公。張懷素以吴儲、吴侔謀反，伏誅。庚寅，鄧洵武罷。甲午，頒新樂。六月己未，梁子美中書侍郎。乙亥，朱諤薨。秋八月丁巳，皇弟似封魏王，偲鄧王，皇第九子封蜀國公。己未，上僖祖徽號曰僖祖立道肇基積德起功懿文憲武睿和至孝皇帝。庚申，徐處仁尚書右丞，林攄同知樞密院事。九月辛亥，大享明堂，大赦天下。冬十月辛酉，蘇州地震。癸亥，大雨雹。徐處仁以母憂罷。閏月丙戌，林攄尚書左丞，鄭居中同知樞密院事。十一月壬戌，詔曰：「朕承祖宗休烈，萬邦作孚，典章文物，於斯爲盛。永惟受命之符，當有一代之制，而尚循秦六璽之用，度越百年之久，或未大備。自天申命地不愛寶，獲金玉於異土，得好工於編氓，八寶既成，夐無前比。殆天所授，非人能爲，顧何德以承之哉！夫制而用之，存乎其人，天人相因，自然之理，足以繼志烈考，而傳之萬世。可以來年正月朔旦，御大慶殿恭受八寶。」

二年春正月壬子朔，皇帝受八寶，大赦天下。庚申，皇弟俣封燕王，偲越王，皇長子封定王，楷嘉王，樞建安郡王，杞文安郡王，栩安康郡王，棫濟陽郡王，皇第九子封廣平郡王。丙子，以内侍童貫爲武康軍節度使。三月甲子，皇子材封魏國公。乙亥，皇子模封鎮國公。黄河清。夏五月，乙丑，洮州溪哥城王子臧征僕哥降。六月乙酉，涪州夷族納土。秋八月丙申，梁子美罷。九月辛亥，林攄中書侍郎，余深尚書左丞。壬申，皇子植封吴國公。癸酉，皇后王氏崩。冬十一月辛酉，訪求古禮器。壬戌，詔討論臣庶祭禮。癸亥，詔曰：「禮當追述三代之意，適今之宜，開元禮不足爲法。今親制冠禮沿革，付議禮局，餘五禮令視此編次。」十二月壬辰，葬靖和皇后于裕陵之次。

三年春正月丁卯，夷州納土。己巳，胡耳西道蠻納土。二月丙子朔，播州納土。三月壬申，張康國薨。夏四月戊寅，林攄罷。癸巳，鄭居中知樞密院事，管師仁同知院事。癸卯，余深中書侍郎，薛昂尚書左丞，劉正夫尚書右丞。六月甲戌朔，管師仁罷。丁丑，蔡京以太師罷。辛巳，何執中尚書左僕射兼門下侍郎。秋八月乙酉，皇子朴封雍國公。九月皇子棣封徐國公。江、淮大旱，自六月不雨至于冬十月。十二月，詔東南罷鑄夾錫錢。

四年春二月己丑，余深門下侍郎，張商英中書侍郎，侯蒙同知樞密院事。丁酉，罷河東、河北、京東鑄夾錫錢。夏五月丁未，彗出奎、婁。戊午，大赦天下。余深罷。六月乙亥，張商英尚書右僕射兼中書侍郎。丙申，薛昂罷。秋七月戊申，皇子楃封冀國公。八月乙亥，劉正夫中書侍郎，侯蒙尚書左丞，鄧洵仁尚書右丞。庚辰，吴居厚門下侍郎。閏月己酉，詔太廟親祠不用大牲。九月丙寅朔，日有食之。冬十月丁酉，立貴妃鄭氏爲皇后。鄭居中罷。庚申，吴居厚知樞密院事。十一月丁卯，祀昊天上帝于圜丘，大赦天下。詔改元。十二月，罷内藏東北出剩鹽鈔，及六路上供錢鈔。

王稱《東都事略》卷一一《徽宗紀二》 政和元年春正月戊寅，皇子栱封定國公。三月癸酉，王襄同知樞密院事。夏，淮南旱。五月戊辰，詔以當十錢當三。

秋八月丁巳，張商英罷。九月戊寅，王襄罷。以童貫使于遼。丁亥，皇子杕封廣國公。冬十月辛卯，詔曰：「朕奉承聖考，任賢使能，惟恐弗及。用事之臣，弗迪訓告，乘高執而爲邪，附下罔上，陰害紹述，姦跡既露，猶復怙終，朕甚羞之。朕於士大夫，矜以節行，厲以廉恥，寵以高爵厚禄，可謂無負矣。其有險詖躁競，朋黨比周，朕則放棄戮辱焉。布告列位，咸諭朕意。」十一月癸亥，詔曰：「毁傷支體，有害風教，況夷人之法，中華豈可效之。監司宜禁止。」丙子，皇子榛封福國公。

二年春正月，童貫使還，以其叛臣馬植來歸，易姓名曰李良嗣。夏四月己丑，詔縣令勸課。癸卯，詔曰：「古者井天下之田，而衣食足，神考方天下之田，以正經界，庶乎復古矣。今續而成之，以紹先烈焉。其復方田。」五月，皇子椿封慶國公。己巳，蔡京以太師、楚國公，三日一至都堂議事。六月己丑，余深門下侍郎。秋七月甲子，詔曰：「親親，仁也。今宗族蕃衍盛大，其置敦宗院於兩京，以養宗室。」九月癸未，詔曰：「前代以僕臣充宰相之任，六卿爲三公之官，昔我神考，有志改爲，或未遑暇。朕遹追來孝，若昔大猷，稽三代公孤之名，攷左輔、右弼之號，是正名實，惟古之師官不必備，而惟其人衹于新書，克衹厥服，以成烈考之志。宜以太師、太傅、太保爲三公，少師、少傅、少保爲三孤，以左輔、右弼、太宰、少宰易侍中、中書令、左右僕射之名，舊以太尉、司徒、司空爲三公，及尚書置令並罷。」又詔：太尉古官，舊掌武事，雖循秦、漢爲三公之任，名稱已久，可改爲武選一品之位，在節度使之上，其儀物班序，居執政之次。冬十月戊子，獲元圭於民間，蔡京以爲天錫禹者。十一月戊寅，皇帝受元圭於大慶殿，大赦天下。辛巳，何執中改少傅、太宰兼門下侍郎。十二月辛亥，皇子楃封衛國公。是歲，定國公栱薨。

三年春正月甲子，詔曰：「朕荷天之休，錫以元圭，告成厥功，推原本始，實自我烈考，弛張彌綸，權輿萬事，以克用乂，亦惟我哲宗繼志述事，克篤前烈。顧朕何德以堪之，永言孝思，不可不告，可差官册告永裕、永泰陵，神宗尊謚不著，稽古建立法度之意，哲宗遵制揚功，永未昭顯。其令羣臣議奏。」丁丑，吳居厚罷。鄭居中知樞密院事。己卯，皇子楗封韓國公。二月辛卯，崇恩太后崩。夏四月，南平夷納土。癸巳，鄧洵仁罷。己酉，薛昂尚書右丞。閏月丙辰，詔曰：「周稱王姬，見於詩雅，姬雖周姓，攷古立制，宜莫如周令帝天下，而以主封姬。可改公主爲帝姬，郡主爲宗姬，縣主爲族姬。其稱大者，可並依舊，仍以熾名一字易其國號，兩國者以四字。」庚午，慶國公椿薨。五月丙午，昭懷皇后祔葬泰陵。己酉，以大晟樂班之天下，其舊樂悉禁。秋七月己亥，貴妃劉氏薨。九月，創方澤以祀地祇。冬十一月壬寅，祀昊天上帝于圜丘，大赦天下。增上神宗徽號，改定哲宗尊謚。戎州夷人納土。十二月，保州納土。

四年春二月，皇長子行冠禮于文德殿。夏五月丙戌，始祭地祇于方澤，赦天下。霸州納土。冬十一月丁丑，皇子梃封相國公。

五年春正月，夷卜漏犯瀘州。二月乙巳，立皇長子定王爲皇太子。甲寅，大赦天下。夏六月，孟昌齡鑿大伾作三山橋。秋七月，丁丑，詔建明堂。丁亥，皇子機封陳國公，樾封瀛國公。冬十一月丙戌，皇子楧封惠國公。十二月戊午，趙通擒卜漏。是歲，遼人與女真交攻，遼人大敗。

六年春二月，童貫僉書樞密院事，宣撫陝西、河東、河北。三月辛丑，茂州夷人納土。夏四月辛未，何執中以太傅致仕。己丑，罷夾錫錢。庚寅，詔蔡京三日一朝，仍赴都堂及輪往逐省治事。辛卯，上玉皇尊號曰太上開天執符御歷含真體道昊天玉皇上帝。童貫以种師道之師，大敗夏人於臧底河成德軍。五月庚子，鄭居中太宰兼門下侍郎，劉正夫少宰兼中書侍郎。壬寅，鄧洵武知樞密院事。秋七月庚子，詔曰：「朕嗣先帝盛德大業，法成令具，吏習而民安之，休祥薦臻，四方蒙福，生齒日衆，本支蕃衍，蠻夷納土，開疆寖廣，興事造功，制禮作樂，四方之遠，人材之衆，倍蓰於前遠矣。挾姦罔上者，於太平豐亨豫大之時，欲爲五季變亂裁損之計。朕若稽古訓，審而後行，而施之罔極，豈有改作，蓋害成之人，敢行私智，爲臣不忠，罪莫大此。可令御史臺覺察糾奏。」荆湖蠻寇攻沅州。八月癸亥，詔邊臣曰：「北虜不道，結釁女真，南北生靈，皆朕赤子，凡百舉措，當務持重，違者朕不汝貸。」己巳，侯蒙中書侍郎，薛昂尚書左丞。九月辛卯朔，上昊天尊號寶册。丙申，大赦天下。冬十一月己亥，祀昊天上帝于圜壇，大赦天下。庚子，白時中尚書右丞。辛丑，魏國公材薨。癸卯，上后土徽號曰承天效法厚德光大后土皇地祇。皇子楃封鄆國公。十二月乙酉，劉正夫致仕。遼主延禧與女真戰，大敗而潰，邪律淳自立於燕。

七年春正月，召道士林靈素于温州，築通真宫以處之。癸丑，皇帝崇尚道教，號教主道君皇帝。二月辛未，改天下天寧觀爲神霄玉清萬壽宫，無觀者以寺充，仍設長生大帝君、青華大帝君像，建寶籙宫。三月乙未，童貫權領樞密院事。夏五月辛丑，祭地祇于方澤，赦天下。六月，明堂成。秋七月庚子，詔八寶增定

命寶，自今以九寶爲稱。八月，鄭居中以母憂罷。九月，宗祀于明堂，大赦天下。冬十月乙卯朔，御明堂，平朔左个以是月天運致治布告于天下，自是月朔布政，孟冬頒曆，率推攷氣運具之文辭，以爲常。戊寅，侯蒙罷。十一月，鄭居中起復，余深少宰兼中書侍郎，白時中中書侍郎。十二月丁巳，薛昂門下侍郎。庚午，童貫領樞密院事。

重和元年春正月甲申朔，皇帝受定命寶。戊子，皇孫諶封崇國公。己丑，大赦天下。庚戌，王黼尚書左丞。童貫帥師與夏人戰于割牛城，我師敗績，熙河帥劉法死之。二月庚午，遣馬政由海道聘女真。六月癸酉，夏人納欵。秋七月，壽山艮嶽成。八月庚午，建道學。癸酉，皇子椅封嘉國公。九月辛巳，宗祀明堂，自是歲以爲常。庚寅，薛昂罷。白時中門下侍郎，王黼中書侍郎，馮熙載尚書左丞，范致虚尚書右丞。辛丑，鄭居中罷。閏月丁卯，皇子楷封鄆王。丙子，詔曰：「昔我藝祖，受禪于周，嘉祐中，擇柴氏一人封崇義公，而三恪之封不及，禮蓋未盡。除崇義公依舊外，擇柴氏最長見存者，爲周恭帝後，以其世監周陵廟，與知縣請給，以示繼絶之仁，爲國三恪。」冬十一月己酉朔，大赦天下，改元。丙子，詔服韓改用履。

宣和元年春正月壬子，皇子樞封肅王，杞景王。乙卯，詔：改佛爲大覺金仙，餘爲仙人、大士，僧稱德士，尼爲女德士，寺爲宫，院爲觀，禁銅鈸塔像，佛賜天尊服，德士依道流戴冠。丁巳，女真遣使者來。余深太宰兼門下侍郎，王黼少宰兼中書侍郎。癸酉，皇子棟封温國公。二月庚辰，詔行藉田。改元。三月己未，馮熙載中書侍郎，范致虚尚書左丞，張邦昌尚書右丞。京師大水。是月，皇后親蠶。夏四月，癸巳，禁邊將以陳亡爲逃亡者。秋八月丁酉，神霄宫成。九月乙卯，范致虚以母憂罷。冬十一月乙卯，祀昊天上帝于圜壇，大赦天下。放林靈素歸于温州。戊辰，張邦昌尚書左丞，王安中尚書右丞。是歲，金人攻遼國，陷其東京黄龍府。

二年春正月甲子，罷道學。二月乙亥，趙良嗣、王瓌聘金國。夏五月甲子，祭地祇于方澤。六月戊寅，蔡京致仕。乙酉，罷方田。秋七月，皇子櫄封英國公。九月壬寅，金國遣錫速曷魯等來。乙巳，詔復佛號，德士復爲僧。丙辰，以馬政聘金國。冬十月戊辰朔，日有食之。睦州方臘陷睦、婺、杭、歙等州。十一月己亥，余深罷。庚戌，王黼太宰兼門下侍郎。十二月丁亥，以童貫、譚稹討方臘。己丑，鄭居中權領樞密院事。

三年春正月壬寅，鄧洵武薨。戊午，皇子栩封濟王，樸樂安郡王。二月丁卯，罷淮南、兩浙、福建等路計置華石。詔罷辟雍。癸巳，大赦天下。方臘陷(楚)[處]州。淮南盜宋江犯淮陽軍，又犯京東、河北，入楚、海州。夏四月丙寅，貴妃劉氏薨。庚寅，童貫以其將辛興宗與方臘戰于青溪，擒之。五月丙申，宋江就擒。戊戌，鄭居中領樞密院事。蝗。閏月，置應奉司。秋七月戊子，童貫俘方臘以獻。八月丙辰，方臘伏誅。冬十一月丁丑，馮熙載罷。張邦昌中書侍郎，王安中尚書左丞，李邦彦尚書右丞。辛巳，皇子桐封儀國公。十二月壬子，皇子棫封益王，皇第九子封康王，模祁王。羣盜悉平。

四年春正月，金國遣使來約夾攻遼國。丁丑，以童貫宣撫陝西、河東、河北。時金人已破中京，遼主延禧遁。上以三策付貫：如燕人悦而從之，因以復舊疆，上也；如耶律淳納土稱藩，中也；如燕民未悦服，按兵巡邊，全師而還，下也。二月丙午，皇子植封信安郡王。三月辛酉，幸太學。夏四月，以童貫爲河北、河東路宣撫使，蔡攸副之。丙午，詔求遺書于天下。五月丁卯，皇子柄封昌國公。童貫以楊可世之師，與遼人戰于涿州之新城，敗績；种師道進軍白溝，爲夔離不所襲。詔班師。六月，耶律淳死，其妻蕭氏納欵。秋八月辛亥，遼國郭藥師以涿、易二州來降。九月己未，金國遣徒姑且烏歇、高慶裔來。冬十一月庚午，祀昊天上帝于圜壇，大赦天下。十二月戊子，趙良嗣、周武仲使于金國。壬寅，皇子植封莘王。

五年春正月，王安中爲河北燕山路宣撫使。二月乙酉，李邦彦尚書左丞，趙野尚書右丞。皇子朴封華原郡王，棣高平郡王。三月乙卯，金國遣寧木割、王度刺、撒盧母來，命盧益、趙良嗣、馬擴聘之。夏四月庚子，童貫、蔡攸帥師入燕山。庚戌，赦河北、河東、燕山路。詔燕京改爲燕山府。趙良嗣等得金國誓書，以燕京、六州來歸，至是撫定。五月庚申，王黼爲太傅、楚國公。平州張覺以其地來降。癸酉，祭地祇于方澤。六月戊申，鄭居中薨。辛亥，蔡攸領樞密院事。秋七月己未，童貫致仕。庚午，羣臣上尊號曰繼天興道駿文神武睿聖皇帝，上不許。八月辛丑，遼國四軍夔離不率師犯景、薊，與王師遇，敗之于峯山。冬十二月戊申，皇子朴封儀王，棣封徐王。

六年春正月，奚人殺夔離不，傳首于我。詔曰：「朕誕膺帝命，克紹先猷，取亂侮亡，恢復境土，施大澤於燕、雲間，舊俗來歸，如水就下。獨僞四軍大王夔離不，悖衆逆命，前年首犯王師於白溝，繼復旅拒燕城，旋命偏師，敗於廣陽之北。

乃敢干天之紀，擅即偏位，去年輒寇景、薊，罪不容誅，爰飭六師大敗於峯山，隻輪不返，甲辰傳首京師。惟予克相上帝，以遏亂略，皇天助順，宗祐垂休，有此駿功。朕敢專享，可擇日奏告宗廟。」二月丁亥，皇子楞封河間郡王。己亥，親耕藉田。閏三月辛巳，皇后親蠶。夏四月己酉，陳橋顯烈宫成。丁巳，李邦彦以父憂起復。六月，起燕雲免夫錢於逐路，郡縣守吏，往往以軍法誅民，河北盜起。秋八月乙卯，童貫落致仕，領樞密院事、陝西河北河東燕山府路宣撫使。金人以我之納張覺也，欲敗盟，故復用貫。壬戌，大赦天下。九月乙亥，白時中太宰兼門下侍郎，李邦彦少宰兼中書侍郎。丁亥，趙野尚書左丞，宇文粹中尚書右丞，蔡懋同知樞密院事。金人來取張覺，傳首與之。冬十一月丙子，王黼致仕。丙戌，詔尚書省置講議司。十二月癸亥，蔡京落致仕，領三省事。是歲，金人擒遼主延禧于夾山，遼亡。

七年春正月癸酉朔，詔告諭河北、河東盜賊，唐、鄧、汝、潁流移人户，方春田桑，宜使復業，言念良民皆吾赤子，比緣用非其人，政失厥中，不能撫御安集，使飢寒流離，扶老携幼，動以萬計，轉而爲盜，非其本心，爲之惻然。其赦厥罪，仍放宣和六年未納税租，監司州縣，奉行毋忽。乙亥，詔曰：「往者臺綱不振，植黨交私，耳目之寄，夫何賴焉。朕今廣開言路，爾其各揚乃職，毋憚大吏，毋徇私交，毋伺大臣風旨以爲鄉背，務公好惡，振紀綱以副朕意。」二月己巳，皇子栻封南康郡王，榛平陽郡王。三月丙戌，皇子楧封建安郡王。夏四月庚申，蔡京致仕。戊辰，詔曰：「坐而論道於燕閒者，三公之事；作而相與推行者，宰輔、丞弼之職。今居三公論道之位，而總理三省衆務，使宰輔、丞弼殊成備員，殊失所以紹述憲章之意。可於尚書省復置令，虚而不除，三公止係階官，更不總領三省，若曰佐王論道，經緯國事，則三公其任焉。三省並依元豐成憲，毋復侵紊。」五月壬午，皇子樅封潤國公。壬辰，詔曰：「有司凡有侵漁蠹耗之事，理宜裁抑，應不急之務，無名之費，令講議司條具以聞。」六月乙巳，童貫封廣陽郡王。秋七月庚午朔，禁士庶名字有犯天、王、君、聖及主字者。甲戌，皇子楞封沂王。八月，罷講議司。冬十一月丙戌，祀昊天上帝于圜壇，大赦天下。金人分道入寇，斡離不寇燕山，黏罕寇河東，踰石嶺關，兩酋會于河北，遂以兵向京師。十(一)[二]月，罷應奉司。戊午，皇太子除開封牧。詔曰：「朕獲承祖宗休德，託于士民之上，二紀于兹，雖兢業存于中心，而過咎形于天下。蓋以寡昧之資，藉盈成之業，言路壅蔽，導諛日聞，恩倖持權，貪饕得志。搢紳賢能陷於黨籍，政事興廢拘於紀年，賦斂竭生民之財，戍役困軍伍之力。多作無益，侈靡成風，利源辜搉已盡，而牟利者尚肆誅求，諸軍衣糧不時，而冗食者坐享富貴。災異謫見，而朕不悟，衆庶怨懟，而朕不知。追惟己愆，悔之何及！已下信詔，大革弊端，仍命輔臣蠲除害政，凡兹引咎，興自朕躬，庶以少謝天下譴怒之心，保全祖宗艱難之業。慨念前此數有詔旨，如下令以求直言，修政以應天變，行之未久，奪于權臣，乃復歸咎建議臣僚，使號令不信，士氣沮傷。今日所行，質諸天地，後復更易，何以有邦。況當今急務，在通下情，不諱切直之言，兼收勇智之士，思得奇策，庶能解紛。望四海勤王之師，宣二邊禦敵之略，永念累聖仁厚之德，涵養天下百年之餘，豈無四方忠義之人，來徇國家一日之急？應天下方鎮郡邑守令，各率師募衆勤王捍邊，能立奇功者，並優加異奬，不限常制；草澤之中，懷抱異材，能爲國家建大計，定大業，或出使疆外者，並不次任使，其尤異者，以將相待之。中外臣僚士庶，並許實封直言極諫，於登聞檢院通進司投進，朕當親覽，雖有失當，亦不加罪。咨爾萬方，體予至意。」庚申，皇帝遜位于皇太子。辛酉，皇太子即位，尊皇帝曰道君太上皇帝，居龍德宫，皇后曰道君太上皇后。

靖康二年二月丁卯，道君皇帝出郊。三月丁巳，道君皇帝北狩。紹興五年四月乙未，道君皇帝崩，聖壽五十四，謚曰聖文仁德顯孝皇帝，廟號徽宗。十二年八月乙丑，歸殯于龍德宫。十月丙寅，葬永祐陵。丙午，加上尊謚曰體神合道駿烈遜功聖文仁德憲慈顯孝皇帝。

雜録

備録

蔡絛《鐵圍山叢談》卷一　宣和歲乙巳冬十二月，報北方寒盟。二十有三日，上皇有旨内禪，時去歲盡不數日。故事，天子即位，踰年即改元。於是中書擬進，取「日靖四方，永康兆民」二句，請號年曰「靖康」焉。靖康之初，今上在康邸，因出使講解而威德暴天下，故識者多疑以爲靖康於字爲「十二月立康」也。是後一年而中興。

太上皇既北狩，久不得中原音問，以宗社爲念。久之，一旦命皇族之從行者食，御手親將調羹，呼左右俾出市茴香。左右偶持一黄紙以包茴香來。太上就視之，乃中興赦書也。始知其事，於是天意大喜，又謂：「夫茴香者，回鄉也，豈非天乎？」於是從行者咸拜舞稱慶。其後雖八駿忘返，然鸞輿竟還矣。中興歲戊辰冬十有一月，得之於韋侯許者，慈寧皇太后之猶子也。頃得罪高涼，召還，道過於此。

國朝諸王弟多嗜富貴，獨祐陵在藩時玩好不凡，所事者惟筆研、丹青、圖史、射御而已。當紹聖、元符間，年始十六七，於是盛名聖譽布在人間，識者已疑其當璧矣。初與王晉卿侁、宗室大年令穰往來，二人者，皆喜作文詞，妙圖畫，而大年又善黄庭堅，故祐陵作庭堅書體，後自成一法也。時亦就端邸内知客吴元瑜弄丹青。元瑜者，畫學崔白，書學薛稷，而青出於藍者也。後人不知，往往謂祐陵畫本崔白，書學薛稷。凡斯失其源派矣。

蔡絛《鐵圍山叢談》卷五　宣和六年春正月甲子，實上元節。故事，天子御樓觀燈，則開封尹設次以彈壓於西觀下。天子時從六宫於其上，以觀天府之斷決者，簾幙重密，下無繇知。是日，上偶獨在西觀上，而宦者左右皆不從，其下則萬衆。忽有一人躍出，緇布衣，若僧寺童行狀，以手指簾謂上曰：「汝是耶，有何神，乃敢破壞吾教。吾今語汝，報將至矣。吾猶不畏汝，汝豈能壞諸佛菩薩耶？」時上下聞此，皆失措震恐，捕執於觀之下。上命中使傳呼天府亟治之，且親臨其上。則又曰：「吾豈逃汝乎？吾故示汝以此，使汝知無柰吾教何爾。聽汝苦吾，吾今不語矣。」於是箠掠亂下，又加諸炮烙，逼詢其誰何。略不一言，亦無痛楚狀。上益憤，復召行天法羽士曰宋沖妙，世號宋法師者，亦神奇，至視之，則奏曰：「臣所治者邪鬼，此人者，臣所不能識也。」因又斷其足筋，俄施刀臠，血肉狼籍，上大不怡，爲罷一日之歡。至暮終不得爲何人，付獄盡之。嗚呼！浮屠氏實有人。

宣和歲己亥夏，都邑大水，幾冒入城隅，高至五七丈。久之方退。時泗州僧伽大士忽現於大内明堂頂雲龍之上，凝立空中，風飄飄然吹衣爲動，傍侍惠岸、木叉皆在焉。又有白衣巾裹，跪於僧伽前者，若受戒諭狀，莫識何人也。萬衆咸睹，殆夕而没。白衣者疑若龍神之徒，爲僧伽所降伏之意爾。上意甚不樂。

葉夢得《避暑録話》卷下　政和間，大臣有不能爲詩者，因建言詩爲元祐學術，不可行。李彦章爲御史，承望風旨，遂上章論陶淵明、李、杜而下，皆貶之。因詆黄魯直、張文潛、晁無咎、秦少游等，請爲科禁。故事，進士聞喜燕例賜詩以爲寵。自何丞相文縝牓後，遂不復賜，易詔書以示訓戒。何丞相伯通適領修勑令，因爲科云：「諸士庶傳習詩賦者杖一百。」是歲冬，初雪。太上皇意喜，吴門下居厚首作詩三篇以獻，謂之「口號」。上和賜之。自是聖作時出，訖不能禁，詩遂盛行於宣和之末。伯通無恙時，或問「初設刑名，將何所施？」伯通無以對，曰：「非謂此詩，恐作律賦省題詩害經術爾。」而當時實未有習之者也。

何薳《春渚紀聞》卷一　哲宗皇帝即位既久，而皇嗣未立，密遣中貴往泰州天慶觀問徐神公，公但書「吉人」二字授之。既還奏呈，左右皆無知其説者。又元符已來，殿庭朝會及常起居，看班舍人必秉笏巡視班列，懼有不盡恭者，連聲云：「端笏立。」繼而哲宗升遐，徽宗即位，自端邸入承大統。而「吉人」二字，合成潛藩之名無小差。

張知甫《可書》　徽宗預賞景龍門，追悼明節，詞曰：「無言哽噎。看燈記得年時節。行行指月行行説。願月常圓，休要暫時缺。今年華市燈羅列。好燈争奈人心别。人前不敢分明説。不忍擡頭。羞見舊時月。」暨北狩，人謂末句有讖。

道君既遜位乘輕輿出東水門。自税舟得一草籠回脚糧船，與舟人約價登舟見賣餌餅者，於篋中取金錢十文，市一枚以食。少頃，童貫、蔡攸等數人者單騎俱至。道君曰：「卿等尚來相逐，何也？」攸等奏曰：「臣等受陛下重恩，死亦不離陛下。」道君因上岸側一寺，寺僧披衣以迎，輒居主位，問：「官員是見任，是罷任？」道君曰：「皆罷任。」又問：「莫别有子弟在城中做官否？」道君曰：「二十七人兒子，長子乃今上皇帝。」僧惝惶之際，道君遂出，則侍衛等已至，遂東下。

袁褧《楓窗小牘》卷上　道君皇帝改元宣和，人或離合其字曰：「一旦宋亡。」此與蕭嶠離合後周宣政爲「宇文亡日」同。

周煇《清波雜志》卷二　徽宗嘗出玉琖、玉卮，以示輔臣，曰：「欲用此於大宴，恐人以爲太華。」京曰：「臣昔使虜，見有玉盤盞，皆石晉時物。指以示臣，謂南朝無此。今用之上壽，於理毋嫌。」徽宗曰：「先帝作一小臺，財數尺，上封者甚衆，朕甚嘉之。此器已就久矣，懼人言復興。」京曰：「事苟當於理，人言不足卹也。陛下當享天下之養，區區玉器，何足道哉！」其不能納忠，大率如此。

周煇《清波雜志》卷八　政和五年四月，燕輔臣於宣和殿。先御崇政殿，閱子弟五百餘人馳射，挽强精鋭。畢事賜坐，出宫人列于殿下，鳴鼓擊柝，躍馬飛

射，翦柳枝，射繡毬，擊丸，据鞍開神臂弓，妙絶無倫。衛士皆有愧色。上曰：「雖非婦事，然女子能之，則天下豈無可教！」臣京等進曰：「士能挽强，女能騎射。安不忘危，天下幸甚！」見《從游宣和殿記》。

朱弁《曲洧舊聞》卷七　崇寧初，范致虚上言：「十二宫神，狗居戌位，爲陛下本命。今京師有以屠狗爲業者，宜行禁止。」因降指揮禁天下殺狗，賞錢至二萬。太學生初聞之，有宣言於衆曰：「朝廷事事紹述熙、豐，神宗生戊子年，當年未聞禁畜猫也。」其間有善議論者，密相語曰：「狗在五行，其取類自有所在，今以忌器諱言，使之貴重若此，審如《洪範傳》所云，則其憂有不勝言者矣。」

王明清《揮麈録·後録》卷一　徽宗居藩邸，已潛心詞藝。即位之初，知南京曾肇上所奉勑撰《東嶽碑》，得旨送京東立石。上稱其文，且云：「兄弟皆有文名，又一人尤著。」左相韓師朴云：「鞏也。」子宣云：「臣兄遭遇神宗，擢中書舍人，脩《五朝史》，不幸早世。其文章與歐陽脩、王安石皆名重一時。」上頷之。繇是而知上之好學問，非一日也。

靖康元年正月戊辰，金賊犯濬州。徽考微服出通津門，御小舟，將次雍丘，命宦官鄧善詢召縣令至津亭計事。善詢迺以它事召之，令前驅至近岸，善詢從稠人中躍出，呼令下馬，厲聲斥之。令曰：「某出宰畿邑，宜示威望，安有臨民而行者乎？」善詢曰：「太上皇帝幸亳社，聊此駐蹕。」令大驚，捨車疾趨，舟前山呼拜蹈，自劾其罪。徽宗笑曰：「中官與卿戲耳。」遂召入舟中。是夕阻淺，船不得進。徽宗患之，夜出堤上，御駿騾名鵓鴿青，望睢陽而奔。聞鷄啼，濱河有小市，民皆酣寢，獨一老媪家張燈，竹扉半掩。上排户而入，媪問上姓氏，曰：「姓趙，居東京。已致仕，舉長子自代。」衛士皆笑，上徐顧衛士亦笑。媪進酒，上起受媪酒，復傳爵與衛士。媪延上至卧内擁爐，又爇芻薪，與上釋襪烘趾。久之，上語衛士，令記媪家地名。及龍舟還京，媪没久矣，迺以白金賜其諸孫。蜀僧祖秀云。

王明清《玉照新志》卷二　宣和末，禁中訛言祟出。深邃之所，有水殿一，遊幸之所不到。一日忽報池面蓮花盛開，非常年比。祐陵携嬪御，閹宦凡數十人往觀之。既至彼，則有婦人俯首凭欄者，若熟寢狀。上云：「必是先在此祗候，太早不得眠，所以然。」喻左右勿恐之。見其縝髮如雲，素頸粲玉，呼之，凝然不顧。上訝之，自以所執玉麈微觸之，愕然而起。回首乃一男子，鬚髯如棘，面長尺餘，兩目如電，極爲可畏。從駕之人悉皆辟易驚仆，上亦爲之失措。逡巡不見，上急命回輦。未幾，京城失守，狩於朔方。

陸游《老學庵筆記》卷一　徽宗南幸至潤，郡官迎駕於西津。及御舟抵岸，上御椶頂轎子，一宦者立轎旁呼曰：「道君傳語，衆官不須遠來。」衛士臚傳以告，遂退。

徽宗南幸還京，服栗玉並桃冠、白玉簪、赭紅羽衣，乘七寶輦，蓋吴敏定儀注云。

岳珂《桯史》卷八　徽祖將内禪，既下哀痛之詔，以告宇内，改過不吝，發于至誠。前一夕，即玉虚殿常奉真馭之所，百拜密請，祈以身壽社稷。夜漏五徹，焚詞其間，嬪嬙巨璫，但聞謁禱聲，而莫知其所以然。明日，遂御玉華閣，召宰執，書「傳位東宫」四字，以付蔡攸。又一日，欽宗遂即位，寔宣和七年十一月辛酉也。明年正月己巳，赤白囊至，徽祖夜出通津門，以如亳社。斡離不既退師，龍德行宫在京口，纖人乘間有劍南自奉之疑，奉表亟請歸京師。駕至睢陽，李忠定綱奉詔迎謁，見于幄殿。既辭，遂出所焚詞藁，俾宣示宰執百官，忠定家有藏本焉。其辭曰：「奉行玉清神霄保仙、元一六、陽三五、璇璣七九、飛元大法師，都天教主臣某，誠惶誠恐，頓首頓首，再拜上言，高上玉清神霄、九陽總真、自然金闕。臣曩者君臨四海，子育萬民，緣德菲薄，治狀無取，干戈並興，弗獲安靖。以宗廟社稷生民赤子爲念，已傳大寶于今嗣聖。庶幾上應天心，下鎮兵革，所冀邇歸遠順，宇宙得寧，而基業有無疆之休，中外享昇平之樂。如是賊兵偃戢，普率康寧之後，臣即寸心守道，樂處閑寂，願天昭鑒，臣弗敢妄。將來事定，復有改革，窺伺舊職，獲罪當大。已上祈懇，或未至當，更乞垂降災咎，止及眇躬，庶安宗社之基，次保羣生之福，五兵永息，萬邦咸寧，伏望真慈，特賜省鑒。臣謹因神霄直日功曹吏，賫臣密表一道，上詣神霄玉清三府，引進僊曹，伏願告報。臣誠惶誠恐，頓首頓首，再拜以聞。」於虖！禹湯罪己，其興也勃焉，聖心其有以得於天矣。按蔡絛《國史後補》載徽祖教門尊號爲「玉京金闕、七寶元臺、紫微上宫、靈寶至真玉宸明皇大道君」，與此不同，意歸美之稱，不欲以自名耳。唐武宗會昌《投龍文》，稱「承道繼玄，昭明三光弟子、南嶽上真人。」今茅山龍虎閣皁，實有三壇，符籙徧天下，受之者亦各著稱謂，或者帝王之號，又有其别，殆未可知也。

岳珂《桯史》卷一〇　徽祖居端邸時，藝文之暇，頗好馴養禽獸以供玩。及即位，貂璫奉承，羅致稍廣。江公望在諫省聞之，亟諫，上大悦，即日詔内籞，盡縱勿復留。殿中有一鷳，蓄久而馴，不肯去，上親以麈尾逐之，迄不離左右。乃刻公望姓名于麈柄，曰：「朕以旌直也。」及江去國，享上之論輿，浸淫及于艮嶽矣。

都城廣莫，秋風夜静，禽獸之聲四徹，宛如郊野，識者以爲不祥，益思江之忠焉。

張端義《貴耳集》卷中　本朝年號，或者皆曰有讖緯于其間。「太平」，有「一人六十卒」字，太宗五十九而止。仁宗、劉后並政，「天聖」曰「二聖人」；「明道」曰「日月同道」。徽宗崇寧錢上字，蔡京書「崇」字。自山字一筆下，「寧」字去心，當時有云：「有意破宗，無心寧國。」「靖康」曰「十二月立康王」。「嘉泰」曰「士大夫皆小人，有力者喜」。

張端義《貴耳集》卷下　道君北狩，在五國城，或在韓州，凡有小小凶吉喪祭節序，北虜必有賜賚。一賜必要一謝表。北虜集成一帙，刊在搉場中博易，四五十年，士大夫皆有之。余曾見一本，更有《李師師小傳》，同行于時。

徽宗北狩，有諜者持一黄中單來，御書云「趙岐註《孟子》」，付黄潛善諸人審思之。孟即瑶華太后，趙即康王，高宗由是中興。載《泣血録》。

備論

《宋史》卷二二《徽宗紀四》　贊曰：宋中葉之禍，章、蔡首惡，趙良嗣厲階。然哲宗之崩，徽宗未立，惇謂其輕佻不可以君天下，遼天祚之亡，張覺舉平州來歸，良嗣以爲納之失信於金，必啓外侮。使二人之計行，宋不立徽宗，不納張覺，金雖强，何釁以伐宋哉？以是知事變之來，雖小人亦能知之，而君子有所不能制也。

跡徽宗失國之由，非若晉惠之愚、孫皓之暴，亦非有曹、馬之篡奪，特恃其私智小慧，用心一偏，疎斥正士，狎近姦諛。於是蔡京以獧薄巧佞之資，濟其驕奢淫佚之志。溺信虚無，崇飾游觀，困竭民力。君臣逸豫，相爲誕謾，怠棄國政，日行無稽。及童貫用事，又佳兵勤遠，稔禍速亂。他日國破身辱，遂與石晉重貴同科，豈得諉諸數哉。

昔西周新造之邦，召公猶告武王以不作無益害有益，不貴異物賤用物，況宣、政之爲宋，承熙、豐、紹聖椓喪之餘，而徽宗又躬蹈二事之弊乎？自古人君玩物而喪志，縱欲而敗度，鮮不亡者，徽宗甚焉，故特著以爲戒。

王稱《東都事略》卷一一《徽宗紀二》　臣稱曰：元符末命，欽聖定策，以立徽宗，起范純仁于謫中，欲任以相事，而純仁以病不能造朝。烏虖！純仁不得相徽宗于初政，此治亂之所以分也。夫忠臣進，則朝廷尊，羣陰用，則旣亂作。徽宗既已悟矣，於是改過不吝，以彰信兆民，遜位于子，以克謹天戒，雖二駕遠狩，而大業復興有以也夫。

陳櫟《歷代通略》卷三　哲宗崩，無子弟，端王佶立，是爲徽宗。神宗子，哲宗弟，在位二十五年。建中靖國元，崇寧五，大觀四，政和七，重和元，宣和七。辛巳至乙巳，以靖康元年丙午内禪于子欽宗，丁未北遷，至高宗紹興五年乙卯殂于北，壽五十四歲，陵名永固。徽宗初立，年甫十九，首逐内侍郝隨等，坐侈費。相韓忠彦，以龔夬、陳瓘、鄒浩爲臺諫，范純仁以下一再收叙，追復光、彦博以下官，復孟后，罷蔡卞、左丞。蔡京，翰學。安置章惇。繇初觀之，豈非一代之賢主，後乃如此，甚矣，人心之惟危也。

未幾，曾布相，建議紹述，國論又一變矣。元符三。范純仁卒，曾肇嘗曰：「使純仁之言行於熙豐，後必無紛更，盡用于元祐中，必無讐復。」純仁死，遺老盡矣。向太后崩，宋之家法最正，諸賢后内助保輔之功歸多，與周之任姒、姜端可竝矣。後漢之馬、唐之長孫，僅一見而止，且處常而未履變。宋之曹、高、向、孟四后竝稱，真遠過之，向后辨宣仁誣謗，實可嘉焉。

韓忠彦、曾布罷，蔡京相，又奪光、公著以下官，禁錮蘇轍以下五十餘人，於是焚元祐法，復紹聖役法，復方田保甲，科免夫錢，更茶鹽法，罷春秋博士，更科舉法，禁元祐學術，紛紛而起。時承平久，帑庾溢，京倡豐亨豫大之説，專以滛侈荒亡導其君，土木、花石、僊道、開邊之事，紛然而作，宋之喪亡，決於京之進用矣。京客强浚明、葉夢得爲籍元符上書正邪等人，貶邪等五百餘人，陳紹述者反爲正等，置黨籍碑，彦博、光以下，竝禁錮及子孫，再廢孟后，崇寧元年。竄任伯雨、陳瓘、龔夬、張庭堅、江公望、鄒浩、張舜民等。宦者童貫復湟鄯，復洮州，以爲經畧使，後爲節度使。王安石配享孔子，從安石子婿蔡卞議也，繼封安石舒王。女真始叛，遼虐以捕海東青故也。時阿固達立已五十矣。彗出西方，其長竟天。時龍驤厩馬死，蔡京以之當星變焉。

京罷相，相趙挺之。京再相，太廟齋郎方軫奏：「京以紹述自謀，玩陛下不啻如嬰兒。上以不孝刼持人主，下以謗訕恐嚇天下，安可愛一國賊，而忘社稷之重哉！」軫流嶺南，正人消磨盡矣，尚有消磨未盡如軫者，乃秉彝忠義之天不可泯滅，而姦邪不料其出者也。遠流之，是不使舉朝畧有一正人，主上畧聞一正言而後已。於是禍亂之垂，至瞽而不復見，禍亂之已至，茫然無

與支矣。大觀元年。京再罷相，時有星孛于奎、婁，犯帝座者再，此金人再犯京之先兆也，且五星聚奎婁而汴宋興，有星孛于奎婁而汴宋亡，垂象見吉凶，可謂著明也已。

張商英相，習反蔡京所爲，時頗稱之。朱勔起花石綱，東南大困，商英罷。京三入相。童貫使遼，有馬植者陳滅遼之策，貫攜以歸，改姓名趙良嗣，復燕山之議，始於此矣。政和元年。京命童貫廣宮室以媚上，數從複道往來，而期門之事起矣。又作萬歲山，更名艮嶽，竭國力六年而後成，其他滛侈稱是。道教之盛，則始於徐知常，天神之降，則發端於王老志，而極於林靈素，宦官、道士每託爲帝誥，無不如志，道士畜妻媵，美衣食者，二萬人，一會費數萬緡，謂之千道會。此王欽若大書之遺毒，至是而復大熾也。羣臣且表尊上爲道君皇帝矣。自古崇佛教無如粱武帝，崇道教無如宋徽宗，二君晚節，其效蓋可睹矣。

通使女真，約夾攻遼，女真尋稱帝，國號金。重和元年。貫與趙隆熙和將。議啗以官，隆曰：「隆不敢干賞以敗二百年之好，異時釁生，萬死不足以謝天下。」高麗來告曰：「世荷國恩，不敢忘德。遼兄弟之國，存之足爲捍蔽；女真新起，不可交也。」是役也，舉朝舉國無敢忠言者，忠言僅見於邊塞一小將，塞外一小夷，迷而不復恤，不亡何待矣。王黼相，姦邪匹於蔡京，取遼之役，黼以身任之，燕山之議遂決矣。宣和元年。趙良嗣使金，約夾攻遼，宇文粹中兵書。進對，因言同列殂謝者，上曰：「凶險譎詐，是心術不善，而天不祐之，天任理，人任情，人之所爲，天雖不言而善應，善惡交戰，善人終勝，此乃天理也。」以徽宗此言觀之，可謂格言，殊與荒亡之行不類，乃知逢君之惡，皆京、黼之徒之罪矣。時四方盜起，方臘反睦州，陷杭、歙、衢、處等州，遣童貫樞密。討平之。貫進太師，梁師成開府，貫、師成皆睎宰相，坐執政上，內臣之僭，名器之濫，極矣。王黼父事師成，得宰相，凡事皆奉行其意。

與金約攻遼，金取中京，宋取燕山，良嗣以并許西京雲中山後地。誑朝廷。金陷遼中京，貫敗於遼，退保雄州，劉延慶兵大潰於盧溝河，熙寧以來，軍實掃地盡矣。童貫、蔡攸京子。再舉不能下燕，密禱阿固達令圖之，金陷燕山，金許割燕山府、六州，涿、易、檀、順、景、薊。平、灤、營自後唐爲安巴堅所陷者，未議也。貫、攸師入燕山，金帛、官民，金席卷以北，捐歲幣數百萬，所得空城而已。赦燕雲路。譚稹宦者。宣撫雲中，納遼降將張轂。初，約各不許納叛亡，許割燕，而未割雲，金以是二者歸咎於宋，首自平州入寇，五年。未幾，金滅遼，金即以攻遼者攻宋矣。給守燕糧財，河東比山東皆困，羣盜相挺而起。蔡京至是四入相，致此亂亡，誰實爲之，既致其仕，復貿貿而來，祇見其愚暗，爾何及矣。無何，金人分道入寇，斡里雅布陷燕山，犯河北，尼堪犯河東，圍太原。貫逃歸，貫時封王。郭藥師以燕山降，爲之鄉導，初伐遼，藥師以涿、易降宋，今又叛降金。始罷花石綱，求直言，嗚呼，晚矣！召天下勤王兵，行內禪，太子桓立，是爲欽宗，尊道君爲太上皇帝。金太史占帝星復明，斡里雅布驚，欲回，藥師曰：「未必有備，不如姑行。」遂進兵。

時用事者，多姦臣所引薦，莫敢言。太學生陳東上書，乞斬六賊以謝天下，謂蔡京、王黼、童貫、梁師成、李彥、括田重賦，禍河北、京東、西三路。朱勔也。呂中曰：元符之末，又一更化也。曾布之姦，非忠彥之懦所能制，天下事多決於布，布以元祐、紹聖均爲有失，遂借皇極之説，立建中靖國之號。不知元祐、熙豐之法，猶可損益而參用，元祐、紹聖之人，決不可均調而竝立，卒於君子盡去，而小人獨留，此建中所以一變而爲崇寧也。又曰：「安石之身，雖退於熙寧之末，其心未嘗不傳於元豐、紹聖、崇觀之後。祖宗所恃以爲綱紀者，君子爾，公論爾，至蔡京而斲喪消沮無餘。天將使建中爲崇寧，不使范忠宣復相於初元；天將使宣和爲靖康，不使陳、劉二忠肅憖遺於數歲。陳、劉以宣和六年繼卒，范純仁晚以天下爲己任，尤留意人才，或問所儲才可爲用者，曰：「陳瓘。」問其次，曰：「瓘自好也。」劉安世問瓘疾，勉以醫藥，曰：「天下事有賴於公，當力加保養，以待時用。」瓘彈蔡京，謂南北分裂有萌，識者推其先見。安世爲諫官，面折廷争，旁不少容，目爲殿上虎，既老，名望益重，梁師成使啗以美官，曰「吾爲元祐全人，見司馬公於地下。」蘇軾評元祐人曰：「器之真鐵漢。」朱文公曰：「了翁氣剛才大，惜其不及用也。」又曰「了翁有濟世之才，使其得志，必有可觀。」又曰：「靖康之禍，縱元城、了翁在，亦了不得，蓋是心腹潰了。」問二人之剛孰爲得，曰：「元城得中，了翁後來有過當處。」雖以張商英本元祐罪人，晚稍與京異論，天下亦向之，則空國無君子可知矣。獨京乃八九十而不死，豈非天哉！

京、黼託熙、豐之迹以爲姦，命童貫任邊事，即命李憲經制之意而甚之也。朱文公曰：「熙、豐用兵，皆用宦者，後來遂有童貫、譚稹之禍。」復湟鄯，復燕山，即開熙河横山之意而甚之也。安石之法，猶出於偏蔽之所學，章惇特託安石以報私怨爾。至京、黼則託紹述，以奉人主之侈心，而售其姦耳。專以剥民奉上爲務，括田重斂，而李彥結怨于西北，花石造作，朱勔結怨于東南。作大成樂，頌政和禮，以崇虛文，飾美觀，甚至無以娛悦主意，聳動天下，則恢拓疆土以邀功矣。蓋患不在

外而在内。惇、卞、京、黼，小人之尤也，自古未有無内蠹而召外侮者也。愚按自韓忠彦逐，大臣無一君子矣；自方軫流，舉朝無一敢言之君子矣；自范純仁、陳瓘、劉安世歿，故老無一可儲以待用之君子矣。是皆熙豐、紹聖、崇觀，羣凶接迹，以掃滅善類，遂至于此。其欲報怨，本亦不必如是之酷也，不過懼其復進奪己權寵，故痛掃盡除之，使其類影滅迹絶，以固己之寵，便己之爲而已，豈復有一毫爲國家宗社計之心哉！其心本生於患失，其禍乃至于喪邦，可哀也夫！朱子曰：「蔡京以紹述二字，鉗天下之口，其實神宗之法，渠更變殆盡。定官制後建尚書省，京拆之，若他人拆了尚書省，如何了得。京增衛士食錢之類，皆是取悦上下，以爲竊權之計。京四入相，始終只用不患無財，患不能理財之説，其原皆自荆公。鹽鈔、茶引，成櫃進入，上喜曰此太師送朕添支也。」又曰：「杲老與張相公論元祐人才，張云亦好如温公大賢也。杲云相公在言曹日，論他則甚。張曰只是後生死急要官做，故如此。」又曰：「看徽宗朝事，更無一小著下得，是阿固達却乖，他常以守信義爲説，我則敗盟失信，取怒於彼。如此每讀國史，看得人頭痛，却更無一板，有一件事故得合節拍。」

柯維騏《宋史新編》卷七《徽宗紀》 論曰：古之帝王，卑宫菲食不敢縱於民上者，豈故自苦其身，以天下爲桎梏哉？蓋昭德塞違爲久安長治計也。何宋徽宗不鑒僻王亡轍，狎佞諛而崇詭誕，飾遊觀而窮侈靡，君臣逸豫自謂樂且未央，豈虞身陷沙漠而荆棘生殿廷也。且帝嗣立何如時耶，熙豐紛更之弊已深，紹聖因仍之蠹未飭，譬猶積痾在躬而嗜欲不節，必無幸矣。禁眚榻狐亡徵，先見天厭昏德，不亦章章乎！

藝文

張擴《東窗集》卷三《挽徽宗皇帝詞五首》 假樂興周治，無爲見舜心。七朝傳遠業，十閏紀功深。厚澤淪肌骨，隆名軼古今。丹成自仙去，黼扆不重臨。

甚盛帝王德，不言天地功。皇圖光永泰，聖祚紹元豐。化被要荒外，民躋富壽中。如椽誰秉筆，炳炳詔無窮。

制作躋堯禹，規摹陋漢唐。方丘排異議，晟府焕新章。睦族民歸厚，臨雍國有光。奎文連五閣，輪奐儼深藏。

內禪超千古，恭聞脱屣輕。勳高終不伐，道大自難名。玉几音疑在，橋山兆已成。九重興舜慕，悲泣見牆羹。

風伯開塵霧，神符八駿游。壽堯方請祝，歸啓已興謳。萬里忽清宴，五兵終罷休。他年北邙路，王氣接天浮。

葉夢得《建康集》卷二《徽宗皇帝挽歌詞五首》 制作三王舊，憂勤一紀餘。豈惟成禮樂，真欲混車書。黼扆猶丹陛，飈輪忽紫虚。帝鄉歸路穩，無復顧樓居。

帝業承瓜瓞，天倫映棣華。千年垂接統，四海自爲家。畢郢終何恨，蒼梧陟已賒。廟壖驚指顧，行路泣悲笳。

脱屣初無戀，遺弓故不忘。金盤徒自聳，玉椀且深藏。付託歸真主，經營有舊章。栢城森渭水，空愧寢中郎。

卜宅軒臺近，因山禹穴深。綴衣驚在匣，黄屋本無心。海闊青雲隔，天高白日沉。秋風無馬跡，惆悵屬車音。

浴殿陪書詔，甘泉忝侍臣。虚傳遊帝所，不復從時巡。効死終何日，餘生漫此身。攀髯知已矣，揮涕灑江濱。

葉夢得《建康集》卷四《徽宗皇帝祭文三首》 天步初艱，爲中原而遠狩；帝鄉不返，傾率土以纏哀。逖聞靈御之懷，彌切遺弓之慕。威容如在，偉烈具存。參帝王步驟之餘，皆期力致；接天地混茫之化，獨以心成。俄興無妄之災，莫測蓋高之意。雖神遊八極，固無爾界之殊；而夢錫九齡，終屈羣生之望。臣頃持從橐，嘗邇垂旒。永懷未報之恩，攀髯已遠；徒抱無窮之戀，隕涕何追！

留守司

應期撫運，悼曆數之有終；紹業承休，仰威靈之如在。神遊不返，仗衛未還。爰追在宥之初，實際承平之運。典章文物，粲方册以具存；東西朔南，奠海隅而咸服。豈期禍變，横起遐陬。撫恒嶽以北巡，既窮朔易；越函關而西度，寧間流沙。俄成脱屣之遊，莫極垂衣之化。臣拘縻郡紱，阻造靈輴。泣血書辭，固難名于大造；銘心戴德，徒自結于孤忠。

建康府

神凝帝所，孰測真游；澤在人心，難忘孺慕。望鑾輿之來復，追玉几之始憑。力圖斯民，寧憚戎車之駕；歸格藝祖，莫聞清蹕之音。痛裂五情，哀纏九土。載念憂勤之蹟，尤高繼述之功。周歷更傳，方賴延洪之緒；堯仁廣被，尚懷遏密之思。臣拘守封圻，阻趨仗衛。攬涕蒼梧之野，陳迹空存；馳心汾水之陽，

餘生永已。

蘇籀《雙溪集》卷四《徽宗皇帝挽詞二首》 朔駕虞巡陟，南沿禹會幽。詒謀開上聖，多事酌鴻猷。道妙仙心廓，文昭帝作優。秋風舊汾水，海岱忽藏舟。

大器提挈力，懷生渥澤滂。本枝繁盛衍，禮樂懋容光。脱屣吁勤倦，置郵辭慨慷。申胥不爲已，定勝泣穹蒼。

周紫芝《太倉稊米集》卷四〇《徽宗皇帝挽詞二首》 治格興王日，功垂定鼎年。重新周制度，盡有漢山川。寶墨星辰爛，皇猷典誥傳。小臣回老眼，垂泣望雲天。

主器歸儲嗣，神堯意獨高。帝方遊赤水，人已抱烏號。萬國瞻雙闕，三山戴巨鼇。思陵風雨夜，松柏漫蕭騷。

曾布部

綜述

《宋史》卷四七一《曾布傳》 曾布字子宣，南豐人。年十三而孤，學於兄鞏，同登第，調宣州司户參軍、懷仁令。

熙寧二年，徙開封，以韓維、王安石薦，上書言爲政之本有二，曰：厲風俗，擇人才。其要有八，曰：勸農桑，理財賦，興學校，審選舉，責吏課，敘宗室，修武備，制遠人。大率皆安石指也。

神宗召見，論建合意，授太子中允、崇政殿説書，加集賢校理，判司農寺，檢正中書五房。凡三日，五受敕告。與呂惠卿共創青苗、助役、保甲、農田之法，一時故臣及朝士多争之。布疏言：「陛下以不世出之資，登延碩學遠識之臣，思大有爲於天下，而大臣玩令，倡之於上，小臣横議，和之於下。人人窺伺間隙，巧言醜詆，以譁衆罔上。是勸沮之術未明，而威福之用未果也。陛下誠推赤心以待遇君子而厲其氣，奮威斷以屏斥小人而消其萌，使四方曉然皆知主不可抗，法不可侮，則何爲而不可，何欲而不成哉？」布欲堅神宗意，使專任安石以威脅衆，使毋敢言。故驟見拔用，遂修起居注、知制誥，爲翰林學士兼三司使。韓琦上疏極論新法之害，神宗頗悟，布遂爲安石條析而駁之，持之愈固。

七年，大旱，詔求直言，布論判官呂嘉問市易掊克之虐，大概以爲：「天下之財匱乏，良由貨不流通；貨不流通，由商賈不行；商賈不行，由兼并之家巧爲摧抑。故設市易於京師以售四方之貨，常低卬其價，使高於兼并之家而低於倍蓰之直，官不失二分之息，則商賈自然無滯矣。今嘉問乃差官於四方買物貨，禁客旅無得先交易，以息多寡爲誅賞殿最，故官吏、牙駔惟恐裒之不盡而息之不夥，則是官自爲兼并，殊非市易本意也。」事下兩制議，惠卿以爲沮新法，安石怒，布遂去位。

惠卿參大政，置獄舉劾，黜布知饒州，徙潭州。復集賢院學士、知廣州。元豐初，以龍圖閣待制知桂州，進直學士、知秦州，改歷陳、蔡、慶州。元豐末，復翰林學士，遷户部尚書。司馬光爲政，諭令增損役法，布辭曰：「免役一事，法令纖悉皆出己手，若令遽自改易，義不可爲。」元祐初，以龍圖閣學士知太原府，歷真定、河陽及青、瀛二州。紹聖初，徙江寧，過京，留爲翰林學士，遷承旨兼侍讀，拜同知樞密院，進知院事。

初，章惇爲相，布草制極其稱美，冀惇引爲同省執政，惇忌之，止薦居樞府，故稍不相能。布贊惇「紹述」甚力，請甄賞元祐臣庶論更役法不便者，以勸敢言。惇遂興大獄，陷正人，流貶鐫廢，略無虚日，布多陰擠之。掖庭詔獄成，付執政蔽罪，法官謂厭魅事未成，不當處極典。布曰：「驢媚蛇霧，是未成否？」衆皆瞿然，於是死者三人。

惇以士心不附，詭情飾過，薦引名士彭汝礪、陳瓘、張庭堅等，乞正所奪司馬光、呂公著贈謚，勿毁墓仆碑，布以爲無益之事。又奏：「人主操柄，不可倒持，今自丞弼以至言者，知畏宰相，不知畏陛下。臣如不言，孰敢言者？」其意蓋欲傾惇而未能。會哲宗崩，皇太后召宰執問誰可立，惇有異議，布叱惇使從皇太后命。

徽宗立，惇得罪罷，遣中使召蔡京鏁院，拜韓忠彦左僕射。京欲探徽宗意，徐請曰：「麻詞未審合作專任一相，或作分命兩相之意。」徽宗曰：「專任一相。」京出，宣言曰：「子宣不復相矣。」已而復召曾肇草制，拜布右僕射，其制曰：「東西分臺，左右建輔。」忠彦雖居上，然柔懦，事多决於布，布猶不能容。時議以元祐、紹聖均爲有失，欲以大公至正消釋朋黨，明年，乃改元建中靖國，邪正雜用，忠彦遂罷去。布獨當國，漸進「紹述」之説。

明年，又改元崇寧，召蔡京爲左丞，京與布異。會布擬陳佑甫爲户部侍郎，京奏曰：「爵禄者，陛下之爵禄，柰何使宰相私其親？」布壻陳迪，佑甫子也。布忿然争辨，久之，聲色稍厲。温益叱布曰：「曾布，上前安得失禮？」徽宗不悦而罷。御史遂攻之，罷爲觀文殿大學士、知潤州。

京積憾未已，加布以贓賄，令開封呂嘉問逮捕其諸子，鍛鍊訊鞫，誘左證使自誣而貸其罪。布落職，提舉太清宫，太平州居住。又降司農卿，分司南京。又以嘗薦學官趙諗而諗叛，責散官，衡州安置。又以棄湟州，責賀州别駕，又責廉州司户。凡四年，乃徙舒州，復太中大夫、提舉崇福宫。大觀元年，卒于潤州，年七十二。後贈觀文殿大學士，謚曰文肅。

《琬琰集删存》卷三《實録・曾文肅公布傳》 大觀元年六月乙卯，大中大夫、提舉西京嵩山崇福宫曾布薨。布字子宣，南豐人，幼孤，學於其兄鞏，擢嘉祐二年進士第。

熙寧初，韓維知開封府，自海州懷仁縣令辟監本府檢校庫。王安石始執政，亦薦之。因上書召見，論事合意，改太子中允、崇政殿説書兼檢正中書户房公事，遷集賢校理，判司農寺兼檢正中書六房公事。新法青苗、助役，皆布與吕惠卿建議，安石嘗曰：「法之初行，議論紛紛，獨惠卿與布終始不易，餘人則一出焉，一入焉爾。」擢修起居注，遂爲右正言、知制誥，直學士院，尚書禮部，爲翰林學士兼三司使。初，韓琦上疏論新法之害，神宗稍悟。七年，大旱，詔求直言。布論市易掊克之虐，落職出知饒州，徙知江陵，未赴，改知潭州。十年，復集賢院學士、知廣州。

元豐初，復龍圖閣待制、知桂州。進龍圖閣學士，徙知秦州，過闕，留判將作監。未幾，復出知陳州，移知慶州。官制行，爲朝奉大夫。母喪，服除，召爲翰林學士。聞神宗遺制，奔赴京師，尋爲户部尚書。

元祐初，除龍圖閣學士、知太原府，移知真定、河陽、青州、瀛州。哲宗親政，自瀛徙江寧，入對，復爲翰林，遷承旨兼侍讀。擢同知樞密院事，遷知院事。時章惇爲相，斥逐元祐臣寮，士心不附，布詭情辟致名士，如陳瓘、張庭堅居門下，欲以傾惇。會哲宗升遐，欽聖太后召宰執問誰當立，惇有異議，布奏惟太后處分。

徽宗即位，召韓忠彦爲相，惇既逐，布以定策功拜右銀青光禄大夫、尚書右僕射。忠彦柔懦，天下事多決於布，議以元祐、紹聖均爲有失，欲以大公至正，消釋朋黨。明年，改元爲建中靖國，邪正雜用，忠彦遂罷去，布獨當國，漸進紹述之説。明年，又改元爲崇寧，蔡京於是召用，而布亦得罪矣。

崇寧元年閏六月，罷觀文殿大學士，知潤州。九月，落職，提舉亳州太清宫，太平州居住。十月，降授中大夫、守司農卿，分司南京，依舊太平州居住。十二月，責授武泰軍節度副使，衡州安置。二年，責授賀州别駕，又責授廉州司户參軍。四年，量移舒州。五年，復大中大夫，提舉西京嵩山崇福宫，任便居住。大觀元年，卒於潤州私第。累復光禄大夫、觀文殿大學士，謚文肅。

王稱《東都事略》卷九五《曾布傳》 曾布字子宣，南豐人也。幼孤，學於其兄鞏。舉進士。熙寧初，王安石執政，薦之。因上書召見，論事合意，遂除崇政殿説書，遷集賢校理，檢正中書六房公事。新法青苗、助役皆布與吕惠卿建議。安石嘗曰：「法之初行，異論紛紛，始終以爲可行者，吕惠卿、曾布也。始終以爲不可行者，司馬光也。餘人則一出焉一入焉爾。」擢修起居注、知制誥，拜翰林學士兼三司使。七年，大旱，詔求直言，布論市易掊克之虐，落職出知饒州，徙潭州，復集賢院學士、知廣州。元豐初，以龍圖閣待制、知桂州，進龍圖閣直學士、知秦州。又知陳州，移慶州。復入翰林，尋遷户部尚書。元祐初，除龍圖閣學士、知太原府，歷真定、河陽、青州、瀛州。

哲宗親政，復入翰林，遷承旨兼侍讀，擢拜同知樞密院事，進知院事。時章惇爲相，斥逐元祐臣僚，士心不附。布詭情辟致名士，如陳瓘、張庭堅悉羅致之。會哲宗升遐，欽聖憲肅皇后召宰執問：「誰可當立？」惇有異議，布奏：「惟太后令。」惇由是得罪。一日，中使召蔡京鏁院，拜韓忠彦左僕射。京欲刺探徽宗之意，徐奏請曰：「麻詞未審合作專任一相，或作分命兩相之意。」徽宗曰：「專任一相。」翌日，京出宣言曰：「子宣不復相矣。」已而復召曾肇草制，布拜右僕射，制曰：「東西分臺，左右建輔。」蓋有爲云。忠彦既爲左相，柔懦，天下事多決於布。議以元祐、紹聖均爲有失，欲以大公至正消釋朋黨。明年改元建中靖國，邪正雜用，忠彦遂罷去。布獨當國，漸進「紹述」之説。

明年，又改元崇寧，蔡京於是召用爲左丞。京與布異，會布擬陳祐甫爲户部侍郎，京奏曰：「爵禄者，陛下之爵禄也，奈何使宰相私其親？」布之婿陳迪，祐甫之子也，布忿然争辨，久之，聲色稍厲。於是温益叱布曰：「曾布，上前安得失禮？」徽宗不悦而罷。

翌日，爲御史所攻，布由是得罪，罷爲觀文殿大學士、知潤州。尋落職提舉太清宫、太平州居住。又降司農卿、分司南京。又以嘗薦舉官趙諗，而諗反，責散官，衡州安置，復以棄湟州責授賀州别駕，又責廉州司户參軍，移舒州，復大中大夫、提舉崇福宫以卒。贈觀文殿大學士，謚曰文肅。

雜録

備録

孫升《孫公談圃》卷上 藝祖從世宗征淮南，有徐氏世以酒坊爲業，上每訪其家，必進美酒，無小大，奉事甚謹。徐氏知人望已歸，即從容屬異日計。上

曰：「汝輩來，吾何以驗之？」徐氏曰：「某全家人手指節不全，不過存中節，世謂徐雞爪。」迨上登極，諸徐來，皆願得酒坊，許之。今西樞曾布，其母朱氏即徐氏外生，亦無中指節，故西樞亦然。世以其異故貴，不知其氣所傳自外氏諸徐也。

朱弁《曲洧舊聞》卷六　豐相之作獨座日，曾子宣拜相，疑相之不附己，密遣其客倪直侯探其意。直侯見豐曰：「曾公真拜如何？」相之曰：「也且看其設施始得。」子宣聞其言怒甚，翼日罷爲工部尚書。故相之謝表云：「内侍已成於怨府，何不思危；佞人未剡於封章，俄聞報罷。」蓋相之屢言郝隨不聽，而欲論子宣，又不果也。

吴曾《能改齋漫録》卷一二　章子厚乙亥年生，與曾子宣同年。曾子宣以丁亥月辛亥日己亥時，子厚遂呼子宣作「四亥公」。然蕭注亦以癸丑年生，乙丑月乙丑日丁丑時，亦是「四丑」。

邵伯温《邵氏聞見録》卷一三　吕惠卿丁父憂去，王荆公未知心腹所託可與謀事者。曾布時以著作佐郎編敕，巧黠善迎合荆公意，公悦之。數日間相繼除中允、館職，判司農寺。告謝之日，抱敕告五六通。布爲都檢正，故事白荆公即行，時馮當世、王禹玉並參政，或曰：「當更白二公。」布曰：「丞相已定，何問彼爲？俟敕出令押字耳。」故唐坰對兩府彈荆公云：「吕惠卿、曾布，安石之心腹；王珪、元絳，安石之僕隸。」又曰「珪奴事安石，猶懼不了」云。

高晦叟《珍席放談》卷下　曾子宣、吕吉甫同爲内相，與客啜茶，注湯者頗數。客云：「爾爲翰林司，何故不解點茶？」吉甫即云：「翰林司若盡會點茶，則翰林學士須盡工文章也。」意譏子宣，緣此遂相失矣。與武元衡在院中食瓜驅蠅事，頗不遠焉。

吴坰《五總志》　曾文肅公昔帥長沙，既復召，殊以不得遊南嶽爲恨。元符末，大拜之日，退朝假寐，忽夢筆吏持紙請回先狀語，公自書云：「獲遊名山，殊愜素願。」崇寧初罷政，累貶衡州，道由嶽下，酬答書牘，宛如昨夢，蓋前定也。故公處之怡然，不復芥蔕。

王明清《投轄録》　劉快活者，名信，本兵也。滕章敏知池州，因捕逃卒得于九華山，自言有公據放停。滕章敏取視之，乃周顯德間所給，章敏驚異之。已而扣之，果有道者，虚堂以舍焉。時章敏坐妖言被譴，不敢久留，因遣人送之王荆公。荆公與之言甚契，然不肯爲之留，又以屬之曾文肅。文肅館于家者凡十餘年。每酣飲，必大呼連唱「快活」二字，故人以此目焉。文肅事之如神。文肅守河陽，忽感便血，氣絶不復甦，夫人泣請于劉。劉曰：「若將酒一㪷與蘇合香丸二兩與我。」信既得之，酒與藥一引而盡，與文肅公入密室經夕。天欲曉，亟叫「快活」數聲，家人競起視之，則文肅起居已如常矣。問之，但云：「過此更壽一紀，位登台衮。」詢之它，皆不言。文肅登庸登第後，出鎮朱方，舟次南都，忽告别。語文肅曰：「不能遠適矣。」文肅頗解其意，亦不强留。既去之後，不久而文肅果南還。後不知所終。

王明清《揮麈録・前録》卷二　元符末，曾文肅自知樞拜相，公弟文昭爲翰林，鎖宿禁中，面對喻旨草麻，文昭力辭。上云：「弟草兄麻，太平美事。」禁中已檢見韓絳故事矣，不須辭。」文昭始拜命。蓋熙寧初韓康公入相，實持國當制。國朝以來，兩家而已。《金坡遺事》載錢希白爲文僖草麻，雖云儀同鈞衡，實未嘗秉政也。是時母氏年九歲，偶至東府門外觀閲，歸告文肅云：「翁翁明日相矣。適見快行家宣叔翁入内甚急，以是逆料。」已而果然。

王明清《揮麈録・前録》卷三　曾文肅帥定，一日晨起，忽語諸子曰：「吾必爲宰相，然須南遷。」啓其所以，公曰：「吾昨夕夢衣十郎緑袍，北向謝恩。豈非它日貶司户之徵乎！」後十年果登庸。既爲蔡元長所擠，徙居衡陽。已而就降廉州司户參軍，敕到，取幼子紆朝服以拜命，果符前夢。十郎，即紆排行也。

王明清《揮麈録・後録》卷六　曾文肅元符末以定策功，爰立作相，壹意信任，建言改元建中靖國，收召元祐諸賢而用之。首逐二蔡，而元長先已交結中禁，膠固久矣，雖云去國，而眷柬方濃，自是屢欲召用，而文肅輒尼之。一日，徽宗忽顧首相韓文定云：「北方帥藩有闕人處否？」文定對以大名府未除人。少刻，批出蔡京除端明殿學士，知大名府，仍過闕朝見。文肅在朝堂，一覽愕然，忽字呼文定云：「師朴可謂鬼劈口矣。」翌日白上，以爲不可。上乾笑曰：「朕嘗夢見蔡京作宰相，卿焉能遏邪！」數日後，臺諫王能甫、吴材希旨攻文肅，上爲罷二人，文肅自恃以安。然元長來意甚鋭，如蔡澤之欲代范睢也。甫次國門，除尚書右丞。踰月之後，文肅擬陳祐甫守南都，元長以謂祐甫文肅姻家，訐之于上前，因遂忿争。次日，入都堂，方下馬，則一頂帽之卒喏于庭云：「錢殿院有狀申。」啓視之，乃殿中侍御史錢遹論文肅章疏副本。文肅即上馬，徑出城外觀音院，蓋承平時執政丐外待罪之地也。是晚鎖院，宣翰林學士郭知章草免文肅相制，知章啓上，未審詞意褒貶如何？上云：「當用美詞，以全體貌。」詰旦告廷，以觀文

殿學士知潤州。尋即元長爲相，時崇寧元年六月也。陛辭之際，尉藉甚渥，云秋晚相見。抵潤未久，而詔獄興矣。臺諫納副本，始於此。竑父舅云。

王明清《揮麈録・餘話》卷一 曾文肅十子，最鍾愛外祖空青公，有壽詞云：「江南客，家有寧馨兒。三世文章稱大手，一門兄弟獨良眉。籍甚衆多推。千里足，來自渥洼池。莫倚善題《鸚鵡賦》，青山須待健時歸。不似傲當時。」其後外祖果以詞翰名世，可謂父子爲知己也。

王明清《玉照新志》卷二 明清《投轄録》所敍劉快活事，後來思索所未盡者，今列於編。外祖曾空青，文肅之第三子也。快活每以「三運使」呼之，後果終漕輓。舅氏宏父，談天者多言他日必爲卿相，劉笑曰：「官職俱是，正郎去不得矣。」文肅當國，先祖爲起曹郎中。一日忽見過，曰：「我今日見曾三女兒，他日當爲公之子婦。」時先妣方五六歲。又謂先人曰：「曾三女，汝之夫人也。」歸見文肅，呼先祖字云：「王樂道之子，三運使之婿，此兒他日名滿天下，然位壽俱嗇，奈何！」已而，文肅罷相，遷宅衡陽。北歸後，先祖守九江，遣先人訪文肅於京口，一見奇之，遂以先妣歸焉。後所言一一皆合，不差毫釐。其他類此尚多，不能悉數，異哉！

陸游《老學庵筆記》卷四 曾子宣以大觀元年八月二日卒，其弟子開以二日卒，先後纔一日。

曾子宣丞相嘗排蔡京于欽聖太后簾前。太后不以爲然，曾公論不已，太后曰：「且耐辛苦。」蓋禁中語，欲遣之使退，則曰「耐辛苦」也。京已出太原，復留。

陸游《老學庵筆記》卷七 曾子宣丞相家，男女手指皆少指端一節，外甥亦或然。或云襄陽魏道輔家世指少一節。道輔之姊嫁子宣，故子孫肖其外氏。

曾子宣丞相，元豐間帥慶州。未至召還，至陜府，復還慶州，往來潼關。夫人魏氏作詩戲丞相曰：「使君自爲君恩厚，不是區區愛華山。」

藝文

鄒浩《道鄉集》卷三八《祭曾丞相文》 嗚呼！前年之冬，某以恩移，至于衡陽，公已前之。去年之春，某以恩歸，至于皖口，公已解維。水陸萬里，莫之能追。追及初夏，某抵南徐，盤礴自得，公已安居。持謁造門，立未須臾，屣履以出，情與義俱。堅欲款留，更幾朝晡。念違親側，久已五年，切於省定，不獲遷延。惟常與潤，密相接連，期以歲暮，專詣賓筵，杖屨從公，遊覽山川。孰謂還家，席未及温，瘴癘大作，與死爲鄰。藥石之餘，皮骨僅存。連墻莫往，矧也高門。尚期完復，追踐初言。此言示酬，忽聞公薨。謂爲信然，傳者何憑？謂爲不然，傳者日增。果還崧高，果比列星。果可詰乎，杳杳冥冥。虛容在堂，儼如平生。躬陳薄奠，又復不能。庶幾靈明，昭鑑真誠。尚享。

蔡京部

綜述

《宋史》卷四七一《蔡京傳》 蔡京字元長，興化仙游人。登熙寧三年進士第，調錢塘尉、舒州推官，累遷起居郎。使遼還，拜中書舍人。時弟卞已爲舍人，故事，入官以先後爲序，卞乞班京下。兄弟同掌書命，朝廷榮之。改龍圖閣待制，知開封府。

元豐末，大臣議所立，京附蔡確，將害王珪以貪定策之功，不克。司馬光秉政，復差役法，爲期五日，同列病太迫，京獨如約，悉改畿縣雇役，無一違者。詣政事堂白光，光喜曰：「使人人奉法如君，何不可行之有！」已而臺、諫言京挾邪壞法，出知成德軍，改瀛州，徙成都。諫官范祖禹論京不可用，乃改江、淮、荆、浙發運使，又改知揚州。歷鄆、永興軍，遷龍圖閣直學士，復知成都。

紹聖初，入權户部尚書。章惇復變役法，置司講議，久不决。京謂惇曰：「取熙寧成法施行之爾，何以講爲？」惇然之，雇役遂定。差雇兩法，光、惇不同。十年間京再莅其事，成於反掌，兩人相倚以濟，識者有以見其姦。

卞拜右丞，以京爲翰林學士兼侍讀，修國史。文及甫獄起，命京窮治，京捕内侍張士良，令述陳衍事狀，即以大逆不道論誅，并劉摯、梁燾劾之。衍死，二人亦貶死，皆錮其子孫。王巖叟、范祖禹、劉安世復遠竄。京覬執政，曾布知樞密院，忌之，密言卞備位承轄，京不可以同升，但進承旨。

徽宗即位，罷爲端明、龍圖兩學士，知太原，皇太后命帝留京畢史事。踰數月，諫官陳瓘論其交通近侍，瓘坐斥，京亦出知江寧，頗怏怏，遷延不之官。御史陳次升、龔夬、陳師錫交論其惡，奪職，提舉洞霄宫，居杭州。

童貫以供奉官詣三吴訪書畫奇巧，留杭累月，京與游，不舍晝夜。凡所畫屏幛、扇帶之屬，貫日以達禁中，且附語言論奏至帝所，由是帝屬意京。又太學博士范致虚素與左街道録徐知常善，知常以符水出入元符后殿，致虚深結之，道其平日趣向，謂非相京不足以有爲。已而宫妾、宦官合爲一詞譽京，遂擢致虚右正言，起京知定州。崇寧元年，徙大名府。韓忠彦與曾布交惡，謀引京自助，復用爲學士承旨。徽宗有意修熙、豐政事，起居舍人鄧洵武黨京，撰《愛莫助之圖》以獻，徽宗遂决意用京。忠彦罷，拜尚書左丞，俄代曾布爲右僕射。制下之日，賜坐延和殿，命之曰：「神宗創法立制，先帝繼之，兩遭變更，國是未定。朕欲上述父兄之志，卿何以教之？」京頓首謝，願盡死。二年正月，進左僕射。

京起於逐臣，一旦得志，天下拭目所爲，而京陰託「紹述」之柄，箝制天子，用條例司故事，即都省置講議司，自爲提舉，以其黨吴居厚、王漢之十餘人爲僚屬，取政事之大者，如宗室、冗官、國用、商旅、鹽澤、賦調、尹牧，每一事以三人主之。凡所設施，皆由是出。用馮澥、錢遹之議，復廢元祐皇后。罷科舉法，令州縣悉倣太學三舍考選，建辟雍外學於城南，以待四方之士。推方田於天下。榷江、淮七路茶，官自爲市。盡更鹽鈔法，凡舊鈔皆弗用，富商巨賈嘗齎持數十萬緡，一旦化爲流丐，甚者至赴水及縊死。提點淮東刑獄章縡見而哀之，奏改法誤民，京怒奪其官；因鑄當十大錢，盡陷縡諸弟。御史沈畸等用治獄失意，羈削者六人。陳瓘子正彙以上書黥置海島。

南開黔中，築靖州。辰溪猺叛，殺溆浦令，京重爲賞，募殺一首領者賜之絹三百，官以班行，且不令質究本末。荆南守馬珹言：「有生猺，有省地猺，今未知叛者爲何種族，若計級行賞，懼不能無枉濫。」蔣之奇知樞密院，恐忤京意，白珹不體國，京罷珹，命舒亶代之，以剿絶羣猺爲期。西收湟川、鄯、廓，取牂牁、夜郎地。

擢童貫領節度使，其後楊戩、藍從熙、譚稹、梁師成皆踵之。凡寄資一切轉行，祖宗之法蕩然無餘矣。又欲兵柄士心皆歸己，建澶、鄭、曹、拱州爲四輔，各屯兵二萬，而用其姻昵宋喬年、胡師文爲郡守。禁卒干掫月給錢五百，驟增十倍以固結之。威福在手，中外莫敢議。累轉司空，封嘉國公。

京既貴而貪益甚，已受僕射奉，復創取司空寄禄錢，如粟、豆、柴薪與傔從糧賜如故，時皆折支，亦悉從真給，但入熟狀奏行，帝不知也。

時元祐羣臣貶竄死徙略盡，京猶未愜意，命等其罪狀，首以司馬光，目曰姦黨，刻石文德殿門，又自書爲大碑，偏班郡國。初，元符末以日食求言，言者多及熙寧、紹聖之政，則又籍范柔中以下爲邪等。凡名在兩籍者三百九人，皆錮其子孫，不得官京師及近甸。五年，進司空、開府儀同三司、安遠軍節度使，改封魏國。

時承平既久，帑庾盈溢，京倡爲豐、亨、豫、大之説，視官爵財物如糞土，累朝所儲掃地矣。帝嘗大宴，出玉琖、玉巵示輔臣曰：「欲用此，恐人以爲太華。」京曰：「臣昔使契丹，見玉盤琖，皆石晉時物，持以夸臣，謂南朝無此。今用之上壽，於禮無嫌。」帝曰：「先帝作一小臺財數尺，上封者甚衆，朕甚畏其言。此器已就久矣，倘人言復興，久當莫辨。」京曰：「事苟當於理，多言不足畏也。陛下當享天下之奉，區區玉器，何足計哉！」

五年正月，彗出西方，其長竟天。帝以言者毁黨碑，凡其所建置，一切罷之。京免爲開府儀同三司、中太乙宫使。其黨陰援於上，大觀元年，復拜左僕射。以南丹納土，躐拜太尉；受八寶，拜太師。

三年，臺諫交論其惡，遂致仕。猶提舉修《哲宗實録》，改封楚國，朝朔望。太學生陳朝老追疏京惡十四事，曰：瀆上帝，罔君父，結奥援，輕爵禄，廣費用，變法度，妄制作，喜導諛，箝臺諫，熾親黨，長奔競，崇釋老，窮土木，矜遠略。乞投界遠方，以禦魑魅。其書出，士人争相傳寫，以爲實録。四年五月，彗復出奎、婁間，御史張克公論京輔政八年，權震海内，輕錫予以蠹國用，託爵禄以市私恩，役將作以葺居第，用漕船以運花石。名爲祝聖而修塔，以壯臨平之山；託言灌田而決水，以符「興化」之讖。法名退送，門號朝京。方田擾安業之民，圜土聚徙郡之惡。不軌不忠，凡數十事。先是，御史中丞石公弼、侍御史毛注數劾京，未允，至是，貶太子少保，出居杭。

政和二年，召還京師，復輔政，徙封魯國，三日一至都堂治事。京之去也，中外學官頗有以時政爲題策士者。提舉淮西學士蘇棫欲自售，獻議請索五年間策問，校其所詢，以觀向背，於是坐停替者三十餘人。

初，國制，凡詔令皆中書門下議，而後命學士爲之。至熙寧間，有内降手詔不由中書門下共議，蓋大臣有陰從中而爲之者。至京則又患言者議己，故作御筆密進，而丐徽宗親書以降，謂之御筆手詔，違者以違制坐之。事無巨細，皆託而行，至有不類帝札者，羣下皆莫敢言。繇是貴戚、近臣争相請求，至使中人楊球代書，號曰「書楊」，京復病之而亦不能止矣。

既又更定官名，以僕射爲太、少宰，自稱公相，總治三省。追封王安石、蔡確皆爲王，省吏不復立額，至五品階以百數，有身兼十餘奉者。侍御史黄葆光論之，立竄昭州。拔故吏魏伯芻領榷貨，造料次錢券百萬緡進入，徽宗大喜，持以示左右曰：「此太師與我奉料也。」擢伯芻至徽猷閣待制。

京每爲帝言，今泉幣所積贏五千萬，和足以廣樂，富足以備禮，於是鑄九鼎，建明堂，修方澤，立道觀，作《大晟樂》，製定命寶。任孟昌齡爲都水使者，鑿大伾三山，創天成、聖功二橋，大興工役，無慮四十萬。兩河之民，愁困不聊生，而京僴然自以爲稷、契、周、召也。又欲廣宫室求上寵媚，召童貫輩五人，風以禁中偪側之狀。貫俱聽命，各視力所致，争以侈麗高廣相夸尚，而延福宫、景龍江之役起，浸淫及於艮嶽矣。

子攸、儵、翛，攸子行，皆至大學士，視執政。鞗尚茂德帝姬。帝七幸其第，賚予無算。命坐傳觴，略用家人禮。厮養居大官，媵妾封夫人，然公論益不與，帝亦厭薄之。

宣和二年，令致仕。六年，以朱勔爲地，再起領三省。京至是四當國，目昏眊不能事事，悉決於季子絛。凡京所判，皆絛爲之，且代京入奏。每造朝，侍從以下皆迎揖，呫囁耳語，堂吏數十人，抱案後從，由是恣爲姦利，竊弄威柄，驟引其婦兄韓梠爲户部侍郎，媒蘖密謀，斥逐朝士，創宣和庫式貢司，四方之金帛與府藏之所儲，盡拘括以實之，爲天子之私財。宰臣白時中、李邦彦惟奉行文書而已，既不能堪，兄攸亦發其事，上怒，欲竄之，京力丐免，特勒停侍養，而安置韓梠黄州。未幾，褫絛侍讀，毁賜出身敕，而京亦致仕。方時中等白罷絛以撼京，京殊無去意。帝呼童貫使詣京，令上章謝事，貫至，京泣曰：「上何不容京數年，當有相讒譖者。」貫曰：「不知也。」京不得已，以章授貫，帝命詞臣代爲作三表請去，乃降制從之。

欽宗即位，邊遽日急，京盡室南下，爲自全計。天下罪京爲六賊之首，侍御史孫覿等始極疏其姦惡，乃以祕書監分司南京，連貶崇信、慶遠軍節度副使，衡州安置，又徙韶、儋二州。行至潭州死，年八十。

京天資凶譎，舞智御人，在人主前，顓狙伺爲固位計，始終一説，謂當越拘攣之俗，竭四海九州之力以自奉。帝亦知其姦，屢罷屢起，且擇與京不合者執政以柅之。京每聞將退免，輒入見祈哀，蒲伏扣頭，無復廉恥。燕山之役，京送攸以詩，陽寓不可之意，冀事不成得以自解。見利忘義，至於兄弟爲參、商，父子如秦、越。暮年即家爲府，營進之徒，舉集其門，輸貨僮隸得美官，棄紀綱法度爲虚器。患失之心無所不至，根株結盤，牢不可脱。卒致宗社之禍，雖譴死道路，天下猶以不正典刑爲恨。

子八人，儵先死，攸、翛伏誅，絛流白州死，鞗以尚帝姬免竄，餘子及諸孫皆

分徙遠惡郡。

王稱《東都事略》卷一〇一《蔡京傳》 蔡京字元長，興化軍仙遊人也。舉進士，爲錢塘尉。入爲崇文院校書，改太子中允、館閣校勘。俄拜考功員外郎，擢起居郎。出使遼，還拜中書舍人。與弟卞對掌書命，以龍圖閣待制知開封府。元豐末，命侍禁中議所立，京附蔡確，貪定策之功，乃陰戒劊子執刀入，欲斬宰相王珪。會珪言上自有子，乃止。司馬光秉政，改免役法，復行差役法，京於五日内差役殆徧，詣政事堂白光。光曰：「使人人奉法如君，何患法之不行。」於是臺諫言其尹京挾邪壞法，出知成德軍，徙瀛州，加寶文閣直學士，知成都府。諫官范祖禹論京不可用，乃改江淮、荆浙發運使，又改知揚州，歷鄆州、永興軍，遷龍圖閣直學士，知成都府。

紹聖初，召還，權户部尚書。章惇復變役法，置司講議久不決。京謂惇曰：「取熙豐舊法施行之爾，何以講爲？」惇然之，雇役遂定。卞拜右丞，以京爲翰林學士兼侍讀，修國史，除户部尚書。時左正言孫諤論役法差雇之弊，京言：「諤以爲弊者，蓋非今日，乃前日之弊。前日之弊，謂熙寧、元豐也，則元祐變法是矣，此臣所不忍聞也。」諤緣是罷諫職。文及甫獄起，京究治，以及甫與邢恕書謂「劉摯有大逆不道之謀」，京鍛練其事。乃言：「司馬光、劉摯、吕大防交通中人陳衍之徒，躐取高位，變先帝已成之法，廢受遺顧命元臣，以翦陛下腹心羽翼。前日姦黨雖已竄逐，而姦謀逆節蓋未白於天下也。臣幸被詔旨，詢究本末，得其情狀。其無君之惡，同司馬昭之心；擅事之迹，過趙高指鹿之罪。所有陳衍，罪在不赦。」衍於是坐死。衍蓋宣仁后殿内臣也。惇、卞遂欲追廢宣仁后，皇太后、皇太妃皆争之，哲宗乃已。而劉摯、梁燾同時死於貶所，皆錮其子孫。王巖叟、范祖禹、劉安世復遠竄。

京幾執政矣，曾布知樞密院，密言：「卞備位丞轄，京不可以同升。」進翰林學士承旨。徽宗即位，罷爲端明殿學士兼龍圖閣學士、知太原府。皇太后詔令京畢史事，留不行數日。諫官陳瓘論其交通近習，瓘坐逐，京亦出知永興軍，徙江寧府，頗觖觖，遷延不之鎮。御史陳次升、龔夬交論其惡，奪職，提舉洞霄宫。明年，復龍圖閣直學士、知定州。

崇寧元年，改大名府。韓忠彦與曾布交惡，謀引京自助，復用爲翰林學士承旨兼侍讀、修國史。鄧洵武朋附京，進《愛莫助之》之圖以獻，徽宗遂決意用京。忠彦罷，擢拜尚書左丞，遂代布爲尚書右僕射兼中書侍郎，進拜左僕射兼門下侍郎。

京起於逐臣，一旦得志，遂陰託紹述之柄，箝制天下。用熙寧條例司故事，即都省置講議司，自爲提舉。悉用其黨爲僚屬，取政事之大者，如宗室、冗官、國用、商旅、鹽澤、賦調、監牧，每一事輒以三人主之。凡所設施，皆於此乎出。用馮澥、錢遹之議，復廢元祐皇后，罷貢舉法，令郡縣悉放三舍攷選，置辟雍外學於城南，以待四方之士。又推方田於天下。榷江淮七路茶官，自爲市。盡更鹽鈔法，凡舊鈔皆勿得用，富商巨賈挾所賫持或爲緡錢數十萬，至變爲流丐，有赴水及縊死者。南開黔中，築靖州；西收青唐，奪湟川、鄯、廓。又取牂牁、夜郎地，以爲平、允、從三州。而内侍童貫始用事，擢領節度使。凡内侍寄資一切轉行，祖宗之法蕩然無餘。鑄當十大錢，小民耆利，亡命犯法者紛紛。章䇓子綖，以私鑄置之法，黥配海島。侍御史沈畸，坐治綖獄失意，削官羈管者六人。陳瓘子正彙，亦以上書竄海上。威福在手，道路以目。累遷司空，封嘉國公。

于時元祐羣臣貶逐死徙略盡矣。京第其罪狀兩等，以司馬光爲首，指爲元祐姦黨，請於徽宗而刊諸石，寘文德殿門。又自書爲豐碑，放之天下。初，徽宗以日食下詔書，言者頗論熙寧、紹聖之政，於是又籍范柔中以下，以爲上書邪等。凡名在兩籍者，皆錮其子孫，不得官京師及至近甸。

當是時，四方承平，帑庾盈溢，京倡爲豐、亨、豫、大之説，視官爵財物如糞土，累朝所儲，大抵掃地矣。徽宗常出玉琖、玉卮以視輔臣，曰：「朕欲用此於大宴，可乎？」京曰：「臣昔使虜，見有玉盤琖皆石晉時物，指以夸臣。謂南朝無此，今用之上壽，於禮無嫌。」徽宗曰：「朕此器久已就，深懼人言，故未用爾。」京曰：「事苟當於理，多言不足畏也。陛下當享太平之奉，區區玉器，何足道哉。」京之不能納忠，類如此。

五年，彗出西方，其長竟天，徽宗震懼，仆所立姦黨碑，罷京爲開府儀同三司、安遠軍節度使、中太一宫使，封魏國公。大觀元年，復爲左僕射兼門下侍郎。以南丹州莫氏納土拜太尉，徽宗受八寶，拜太師。三年，復以中太一宫使罷，遂致仕。猶提舉修《哲宗實録》，改封楚國公。

四年，彗復出奎婁閒，御史石公弼與張克公論京罪，貶太子少保，語在《石公弼傳》。京遂出，居杭州，復太子少師。政和二年，復太師，召還，賜第京師。京奏：「已蒙恩召還，而前宰相張商英尚譴。遠方臣與商英神宗朝同時遭遇，舊人無幾，乞放還便。」識者以京爲不情。未幾，落致仕。令三日一至都堂治事，徙封

魯國公。

初，國朝之制，凡詔令皆中書門下議而後命學士爲之。至熙寧間有内降手詔，是不由中書門下共議，蓋大臣有陰從中而爲之者，議者已非之矣。至京則又作御筆手詔焉。京益專政，患言者議已，故作御筆密進擬，而丐徽宗親書以降出也。違御筆，則以違制坐之，以壞封駁之制，事無巨細，皆託而行焉。至有不類上札者，而羣下皆莫敢言。

又更定三公、三孤之官，改左右僕射爲太宰、少宰，廢尚書令，自稱公相，總治三省。追贈王安石、蔡確皆爲王，堂後吏不復立額，有身兼十餘奉者。侍御史黄葆光疏論之，即貶昭州。用故省吏魏伯芻提舉榷貨務，令作泛料鬭子百萬緡進，徽宗大喜，持以示左右曰：「此太師所與我奉料也。」擢伯芻至徽猷閣待制。京又言於徽宗，以爲内外泉貨所積爲五千萬，和足以廣樂，富足以備禮。於是立明堂，鑄九鼎，修方澤，建道宫，作大晟樂，製定命寶，任孟昌齡爲都水使者，鑿大伾三山回引河流，作天成、聖功二橋，大興工役，無慮數十萬。兩河之人，愁困不聊生矣。石公弼、張克公之論京惡也，京憾之不置。徽宗覺之，用克公爲吏部尚書，凡七年。京嘗令御史察吏部稽違事，毛舉細故，以爲克公罪。徽宗命削侍郎以下官，勿問尚書。公弼知襄州，因論牙校轉般破産事，户部侍郎陳彦文言其詆毁先烈，京慮徽宗見公弼姓名必庇之，但泛言乞責襄州官吏，遂以散直安置台州。

又欲以宫室求媚，召童貫輩五人，諷以禁中偪側之狀。貫輩聽命，乃盡徙内酒坊諸司及兩軍營等於他所。五人者各視其力所底，争以侈麗相誇尚。於是崇大宫室，苑囿，改建延福宫，浸淫及於艮嶽矣。七年，進封陳、魯國公，不拜。京子攸、絛、翛，孫行，皆至大學士，視執政。絛尚帝女，他至侍從者又十人。厮役皆至大官，妾媵封夫人，尚方賚予無虚日。輕舟小輦，鳴鑾七幸，命坐賜酒，略用家人禮。京表謝，有「主婦獻壽，請釂而肯，從稚子牽衣挽留而不却」之語，殊以爲榮遇焉。宣和二年，京再致仕。居四年，又起領三省事，五日一朝，細務免僉書。

京至是四入相，年老目昏，不能事，事悉決於子絛。絛時爲龍圖閣直學士兼侍讀，威福自恣，多引其賓客置要官，建議刱式貢司於宣和庫，括四方之幣，空府藏所有以實之，以爲天子私財。超拜其婦兄韓梠爲户部侍郎。白時中、李邦彦爲相，皆不能堪，先白罷絛侍讀以撼京。京尚未有引去意，徽宗召童貫，使諷之致仕。貫既宣旨，京泣曰：「上何不容京數年，必有相讒譖者。」貫曰：「不知也。」京不得已，草奏請罪。徽宗降制，復令致仕。在位僅數月，而攸以太保領樞密院事。

欽宗即位，諫臺論京誤國滔天之罪，責授祕書監，分司南京。連貶慶遠軍節度副使、衡州安置，徙韶州，又徙儋州。其子孫皆褫職，分徙遠郡。惟絛尚武德帝姬，以駙馬都尉特免竄，换深州防禦使。京行至潭州而卒，年八十。京資險詐，侈靡無度，竭四海九州之力以自奉。徽宗雖寵用之，然亦屢起而屢仆。京每聞其將退，必見徽宗，叩頭求哀，無復有大臣廉耻事。北事之萌也，京首倡之。燕山之役，攸實在行，而京送之以詩，戒其起釁。冀事之不成，得以自釋也。暮年即家爲府，諂佞干進者伺候其門，輸貨僮伎以得美官者，不可勝數。綱紀法度於是大壞，卒爲宗社之禍云。

雜録

備録

朱弁《曲洧舊聞》卷六 蔡京豐吏禄以示恩，雖閒局亦例增俸入。張天覺作相，悉行裁減。鄒浩志完以宫祠里居，月所得亦去其半。嘗謂晁檢討曰：「天覺此事，吾儕無異詞，但當貧窶之際，不能不悵然。」乃知天下人喻義者少也。

蔡京所建明事，凡心所欲必爲，而畏人不從者，多託元豐末命，或言裕陵有意而未行，以此脅持上下，人無敢議者。張天覺爲相，欲稍蠲罷以便人，乃置政典局，以范鏜等爲參詳官，討論其事。聞陳瑩中著《尊堯集》，專爲先政也，天覺奏乞取其書。復召惠卿，惠卿既至而卒。鄭居中輩恐天覺得志，不爲己利也，知劉嗣明與辟雍司業魏憲相友善也，令嗣明與之俱來相見，許以立螭。憲，鏜子壻也，憲歸見鏜，論天覺孤危，丈人盍謀所以自安者。鏜入其言，憲草劄子，其大略言：「成湯得伊尹，桓公得管仲，自古未見有君而無臣，獨能成一代勳業者。今陳瓘作《尊堯集》，皆力詆王安石，果如瓘所論，豈不上累先朝知人之明乎！」鏜請對如憲言。有旨令催促瓘疾速繕寫，赴局投納，俟其書至，立焚之，天覺由是

求去甚力。天覺既去，而蔡京父子皆召矣。

朱弁《曲洧舊聞》卷七　崇寧初，蔡京起祠館，留鑰北都，有旨許過闕日朝見。鄧洵武知其必大用，迎見於東水門船中，留語終日。有見其論事劄子者，其大略引三桓七穆當國，亂至於亡，先帝良法美意，所以再至紛更者，以故家大族未盡滅也。京大以爲然。後京拜相，洵武因對，復伸前論，上頗疑之，京知不可行而止，黨論自此興矣。

蔡京持禄固位，能忍辱，古今大臣中少有比者。自丙戌罷相，則密求游從，不肯去都城。未踰年，果再入。至庚寅，又因星變去位，臺諫論不已，僅能使在外任便居住。京又欲留連南京，聞張天覺除中書侍郎，乃皇遽東下。於姑蘇因朱沖内連貴璫，人人與爲地，撫問絡繹至。壬辰春，召還第，聲燄光寵，邁於平昔遠矣。宣和間，王黼當軸，京勢少衰。黼之徒恐不爲己利，百方欲去之，然京終不肯去。於是始遣童貫，并令蔡攸同往取表。京以攸被旨俱來，乃置酒留貫飲，攸亦預焉。京以事出不意，莫知所爲，酒方行，自陳曰：「某衰老宜去，而不忍遽乞身，以上恩未報，此心二公所知也。」時左右聞京并呼攸爲公，無不竊笑者。其後大臣有當去而不去者，往往遣使取表，自京始。

施德操《北窗炙輠録》卷上　蔡元長苦大腸祕固，醫不能通，蓋元長不肯服大黄等藥故也。時史載之未知名，往謁之，閽者齟齬，久之乃得見。已診脈，史欲示奇，曰：「請求二十錢。」元長曰：「何爲？」曰：「欲市紫苑耳。」史遂市紫苑二十文，末之以進，須臾遂通。元長大驚，問其説，曰：「大腸，肺之傳送。今之祕無他，以肺氣濁耳。紫苑清肺氣，此所以通也。」此古今所未聞，但不知用何湯下耳。

張邦基《墨莊漫録》卷一　蔡元長魯公在位，賜賚無窮，而用度亦廣。京師感慈寺修浮圖，一題三千緡。時有吴鍊師者，丹陽人，辟穀修養，館于西園庵中。後有隙地，吴勸令蒔麥，既穫，頗厭狼籍。公見之，題詩于庵曰：「塔緣便入三千貫，月俸無餘一萬緡。却向西園課小麥，老來顛倒見愁人。」

陳長方《步里客談》卷上　蔡京爲翰林承旨，陳瑩中已言治亂之分，在京用否。蔡君濟元康問之，曰：「京小人也，尤好交結宦者，用京與宦者得志，天下何以不亂？」靖康初，貶京分司，與瑩中贈諫議大夫命齊下。案，此條又見孫觳祥《野老記聞》。《記聞序》云：「先人舊在陳唯室先生講席，及見諸所從游，如和靖尹先生之流，有《野老記聞》數篇，姑録梗概。」或原係《客談》中語也。

曾敏行《獨醒雜誌》卷下　蔡元長嘗論薦毛友龍，召對，上問曰：「龍者君之象，卿何得而友之？」友龍不能對，遂不稱旨。退語元長，元長曰：「是不難對，何不曰『堯、舜在上，臣願與夔、龍爲友』？」他日再薦之，復召對，上問大晟樂，友龍曰：「訛。」上不諭其何謂也。已而元長入見，上以問答語之，對曰：「江南人唤『和』爲『訛』，友龍謂大晟樂主和爾。」上頷之，友龍乃得美除。

洪邁《容齋三筆》卷一四《政和文忌》　蔡京顓國，以學校科舉箝制多士，而爲之鷹犬者，又從而羽翼之。士子程文，一言一字稍涉疑忌，必暗黜之。有鮑輝卿者言：「今州縣學攷試，未校文學精弱，先問時忌有無，苟語涉時忌，雖甚工不敢取。若曰：『休兵以息民，節用以豐財，罷不急之役，清入仕之流。』諸如此語，熙、豐、紹聖間試者共用，不以爲忌，今悉絀之，所宜禁止。」詔可。政和三年，臣僚又言：「比者試文，有以聖經之言輒爲時忌而避之者，如曰『大哉堯之爲君』，『君哉舜也』，與夫『制治于未亂，保邦于未危』，『吉凶悔吝生乎動』，『吉凶與民同患』，以爲『哉』音與『災』同，而危亂凶悔非人樂聞，皆避。今當不諱之朝，豈宜有此。」詔禁之。以二者之言考之，知當時試文無辜而坐黜者多矣，其事載於《四朝志》。

洪邁《容齋四筆》卷一五《徽廟朝宰輔》　蔡京擅國命，首尾二十餘年，一時士大夫未有不因之以至大用者，其後頗采公議，與爲異同。若宰相則趙清憲挺之、張無盡商英、鄭華原居中、劉文憲正夫，所行所言，世多知之。其居執政位者，如張康國賓老、温益禹弼、劉逵公路、侯蒙元功者，皆有可録。康國定元祐黨籍，看詳講議司編彙奏牘，皆深預密議，及後知樞密院，始浸爲崖異。徽宗察京專愎，陽令狙伺其姦，蓋嘗許以相。是時西北邊帥多取部内好官自辟置，以力不以才。康國曰：「並塞當擇人以紓憂，顧柰何欲私所善乎？」乃隨闕選用，定爲格。京使御史中丞吴執中擊之，康國先知之，具以奏。益鎮潭州，凡元祐逐臣在湖南者，悉遭侵困，因《愛莫助之圖》，遂爲京用。至中書侍郎，乃時有立異。京一日除監司郡守十人，將進畫，益判其後，曰：「收。」京使益所厚中書舍人鄭居中問之，益曰：「君在西掖，每見所論事，舍人得舉職，侍郎顧不許邪？今丞相所擬十人，其皆姻黨耳，欲不逆其意，得乎？」逵以附京至中書侍郎。京去相，逵首勸上碎元祐黨碑，寬上書邪籍之禁，凡京所行悖理殃民事，稍稍釐正之。蒙在政地，上從容問：「蔡京何如人？」對曰：「使京能正其心術，雖古賢相何以加。」上頷首，且使密伺京所爲，京聞而銜之。凡此數端，皆見於國史本傳。

王明清《揮麈録・後録》卷三　蔡元長晚年語其猶子耕道曰：「吾欲得一好士人以教諸孫，汝爲我訪之。」耕道云：「有新進士張觷者，其人游太學有聲，學問正當，有立作，可備其選。」元長頷之，涓辰延致入館。數日之後，忽語蔡諸孫云：「可且學走，其它不必。」諸生請其故，云：「君家父祖姦憍以敗天下，指日喪亂。惟有奔竄，或可脱死，它何必解耶？」諸孫泣以愬于元長，元長愀然不樂，命置酒以謝之，且詢以救弊之策，觷曰：「事勢到此，無可言者。目下姑且收拾人材，改往修來，以補萬一。然無及矣！」元長爲之垂涕。所以敘劉元城之官，召張才叔、楊中立之徒用之，蓋繇此也。耕道名佃，君謨之孫。觷字柔直，南劍人，後亦顯名于時。

王明清《揮麈録・後録》卷八　蔡元長既南遷，中路有旨取所寵姬慕容、邢、武者三人，以金人指名來索也。元長作詩以别云：「爲愛桃花三樹紅，年年歲歲惹東風。如今去逐它人手，誰復尊前念老翁。」初，元長之竄也，道中市食飲之類，問知蔡氏，皆不肯售，至於詬駡，無所不道。州縣吏爲驅逐之，稍息。元長轎中獨歎曰：「京失人心，一至於此。」至潭州，作詞曰：「八十一年住世，四千里外無家。如今流落向天涯，夢到瑶池闕下。玉殿五回命相，彤庭幾度宣麻。止因貪此戀榮華，便有如今事也。」後數日卒。門人吕川卞老醵錢葬之，爲作墓志，迺曰：「天寶之末，姚、宋何罪」云。

袁文《甕牖閒評》卷三　蔡元長在徽宗朝，變亂舊章者何止一事，其罪固不容于誅矣。而其最大者是改公主爲帝姬，郡縣主爲宗姬、族姬。姬，蔡姓也，今爲帝姬，爲宗姬、族姬，是欲天下皆歸于姬姓也，謂之不反，可乎！其子絛作《國史後補》，乃謂：「徽宗以公主、郡縣主爲不典，遂命有司議之，以本朝嬴姓，欲易公主爲帝嬴，郡縣主爲宗嬴、族嬴，徽宗又以爲不合時宜，因喻大臣曰：『姬雖周姓，後世以爲婦人美稱，不獨爲姓也。在我而已。』元長因奏言：『臣乃姬姓，懼有嫌。』徽宗笑而不答，乃降手詔。」此一段皆是妄言。觀絛之用心，蓋謂當時之人不知之，作此書以專掩其父子惡，而不知陳東已備言之于欽宗之朝矣。獨恨當時羣臣見元長之置四輔、三衛以爲反，議三恪陪位以爲反，乃不言改公主爲帝姬，郡縣主爲宗姬、族姬以爲反，何也？余謂絛之言正所謂欲蓋彌彰矣，天下其可以厚誣乎！

吴坰《五總志》　蔡元長自成都召還過洛，時陳和叔爲留守，文潞公以太師就第，餞行於白馬寺，酒酣，文語蔡曰：「觀子風骨當大貴，如老夫官職必作，子孫爵禄過之。但恐無老夫安閒之適，宜深思慎處也。」靖康初元，其言果驗。此老閱人多矣，故先見之明，若合符節。元長盛時，劉器之以語先子。

周煇《清波雜志》卷二　京在相位，偶在告未出。有某氏，先在兩家各生一子。後二子入從，争欲迎母歸養，未知適從。事至朝廷，執政無所處，持以白京。京曰：「此亦何難，第問其母願歸何處。」一言遂決。又一歲，户部欠郊費若干，長、貳堂白，京唯唯。期逼，申言之，答以「徐之」。旋聞下文思院鑄錢樣，亦叵測。時富商大賈在京識事者，懲屢變鹽法之害，亟以所蓄筭請鈔旁。不數日，府庫沛然。

徽宗嘗出玉琖、玉卮，以示輔臣，曰：「欲用此於大宴，恐人以爲太華。」京曰：「臣昔使虜，見有玉盤盞，皆石晉時物。指以示臣，謂南朝無此。今用之上壽，於理毋嫌。」徽宗曰：「先帝作一小臺，財數尺，上封者甚衆，朕甚嘉之。此器已就久矣，懼人言復興。」京曰：「事苟當於理，人言不足卹也。陛下當享天下之養，區區玉器，何足道哉！」其不能納忠，大率如此。

京懷姦固位，屢被逐而不去。王黼切忌之，百方欲其去，乃取旨遣童貫偕其子攸往取表。京以攸被詔同至，乃置酒留貫，攸亦預焉。京以事出不意，一時失措，酒行，自陳曰：「京衰老宜去，而不忍遽乞身者，以上恩未報，此二公所知也。」時左右聞京併呼其子爲「公」，莫不竊笑。欲去宰輔取表，自京始。嘗攷晁錯更漢令，諸侯諠譁。錯父聞之，從潁川來，謂錯曰：「上初即位，公爲政用事，侵削諸侯，疏人骨肉，口語多怨公，何謂也？」錯曰：「固也。不如此，天子不尊，宗廟不安。」父曰：「劉氏安矣，晁氏危，吾去公歸矣！」凡三呼其子爲「公」，史筆書之，亦以表其失言。

蔡攸副童貫出師北伐，有「少保節度使」與「宣撫副使」二認旗從于後。次日，執旗兵逃去，二旗亦失之。識者知爲不祥。既行，徽宗語其父京曰：「攸辭日，奏功成後，要問朕覓念四、五都知，其英氣如此。」京但謝以「小子無狀」。二人乃上寵嬪，念四者，閻婕妤也。

京得東坡《表忠觀碑》，讀至「天目之山，苕水出焉」，謂坐客曰：「是甚言語？」初不知「某之山，某水出焉」，酈元《水經》格也。王荆公得《表忠觀碑》，顧坐客曰：「似何人之文？」自又曰：「似司馬遷。」自又曰：「似遷何等文？」自又曰：「《漢興諸侯王年表》也。」邵溥公濟云：遷死，亡《景帝》《武帝》二紀、《禮》《樂》等書、《三王世家》，乃元、成間褚先生補作，非遷之書也。

周煇《清波雜志》卷六　蔡京罷政，賜鄰地以爲西園，毀民屋數百間。一日，京在園中，顧焦德曰：「西園與東園景致如何？」德曰：「太師公相，東園嘉木繁陰，望之如雲；西園人民起離，泪下如雨。可謂『東園如雲，西園如雨』也。」語聞，抵罪。或云：一伶人何敢面詆公相之非，特同輩以飛語嫁其禍云。

馬純《陶朱新録》　蔡京作相，大觀間，因賀雪賜宴於京第，庖者殺鶉子千餘。是夕，京夢羣鶉遺以詩曰：「啄君一粒粟，爲君羹内肉。所殺知幾多，下筯嫌不足。不惜充君庖，生死如轉轂。勸君慎勿食，禍福相倚伏。」京由是不復食。

蔡絛《鐵圍山叢談》卷二　政和間，魯公以師臣爲建明堂使，既考成，因進呈面奏曰：「臣已位極人臣矣。知罔功，詎宜賞也。第羣下之勞，日覬覦，不可用臣故絶其望。願降旨，除臣外竝次第推恩。」上曰：「明堂，古盛典，繇祖宗來暨神考究論，弗及成。今賴卿力，俾朕獲繼先志，況爲之使而澤不浹，豈朝廷所以待元老者哉？卿其毋辭。」而魯公懇請不已。上不得已於公，始可之。乃自召公輔，共議所以賞魯公者。即加陳、魯兩國，公苦辭，且謂：「若祖宗以來有是故事，臣亦拜受。今既創作，苟受之，即他日賞臣，將何以爲禮？第獨有王爵爾，此決小可。是聖恩之隆異，適所以禍臣。且臣行年七十，願留以爲贈也。」上察公之誠，嘉嘆不已，曰：「卿既如此，容朕做禮數盡。」於是三辭恩數，批答迺親筆褒諭，天語甚美而始俞焉。兩國既許罷封，上因賜魯公以三接青羅繖、塗金從物、塗金鞍、異錦韉，馬前圍子二百人，大略皆親王禮儀，獨無行扇爾，魯公乃拜賜。圍子者，凡朝請使但止於皇城門外，蓋懼小人之疑謗，時多公之得體也。至於兩國之封，魯公謂所以榮先，則不敢辭。於是，三代暨小君皆蒙兩國之贈，今遂爲故事。

太上在政和初元時，遣童貫以節度使副尚書鄭居中使遼人。魯公時責居在錢塘，聞而密止上，則無及。當是時，上密報魯公，則已有覘國之意矣。北伐蓋自是而始。俄其國亂，有董龍兒者乘亂舉兵，擊斬牛欄寨之裨將，且函其首來。於是天意盛欲興師，賴魯公力請而格，時政和已六年矣，得浮沈。逮宣和初，事益迫。魯公語泄，爲伯氏得而怨諸上，遂罷魯公相，乃大鳩兵，又將命元帥，内外爲大懼。師垂起，而狂寇方臘者作，連陷二浙數郡，適得傾兵旅，厪克殄平。上心亦深悔此舉，因而罷海上結約。會童貫平方寇既歸，與王丞相黼生隙。黼大懼，既患失，遂媚貫，奪當北伐事。宣和四年夏，不謀於衆，兵乃遽起。魯公時已退休，亟請對，具爲上言，丐止，不可。未幾，伯氏亦有宣撫命，於是魯公垂涕頓首上前曰：「臣不任北伐，寧自甘閒退。今臣子行誠無以曉天下，願陛下保全老臣。」上不聽，則曰：「臣請則以效括母及語伯氏，吾將哭師也。」及後燕山告功，魯公以表賀上，其末云：「臣慮終而不慮始，知守而不知通，有靦初心，徒欣盛烈。」上覽表時，喜見顔色，曰：「太師能自直守如此。」因以殺核酒醴頒賚甚寵，俾公慶伯氏之歸也。及後北方寒盟，上爲大懼。宦者梁師成自抱前後結約文牘於上前，上顧師成曰：「北事之起，他人皆誤我，獨太師首尾道不是。今至此，莫須問他否？」師成迫上耳密奏久之，上遂默然而止。嗚呼！使羣小人不阿罔，則宗國豈至是。故世但知魯公之不主北伐，人或傳公之詩，有「百年信誓」之句，且未得其始末，故書其略，他盡見吾頃著《北征紀實》二卷。

蔡絛《鐵圍山叢談》卷三　魯公號知人，每語其人脩短，大略多驗。大觀初，有詣都省投牒訴改官者，魯公召上聽事所曰：「改官匪難，當别有驟進用徑，入侍從行綴矣。然反覆不常，惟畏慎作摸稜態過當，卒致身輔相。」吾笑之，而魯公不以爲憾，迺僞楚也。

魯公以崇寧五年罷相印歸，時國柄獨劉公路逵主之，逵爲中書侍郎故也。未幾，魯公復相，而逵被黜。時堂中諸吏咸祖於門，逵曰：「諸君何患，逵年未五十，太師六十歲人矣。」俄而逵物故。魯公復相，每歎息，常訓吾曰：「逵白骨已久，而我猶享榮禄。人之用心，宜不當爾，可不戒哉。」

魯公宇量邁古人，世所共悉也。元符初上巳，錫輔臣侍從宴，故事，公裳簪御花。早集竟，時有旨宣侍臣以新龍舟。而龍舟既就岸，於是侍臣以次登舟。至魯公適前，而龍舟忽遠開去，勢大且不可回，魯公遂墮於金明池，萬衆諠駭，倉卒召善泅水者。未及用，而魯公自出水，得浮木而憑之矣，宛若神助。既得濟岸，入次舍，方一身淋漓，蔣公穎叔之奇唁公曰：「元長幸免瀟湘之役。」魯公顔色不變，猶拍手大笑，答曰：「幾同洛浦之遊。」一時服公之偉度也。公時爲翰林學士承旨，蔣時爲翰林學士云。

魯公拜維垣，親客來賀。公略無德色，且笑語猶常時，因語客曰：「某仕宦已久，皆悉之矣。今位極人臣，則亦可人，所謂骰子選爾。人間榮辱，顧何足算。」骰子選者，蓋自公始爲太廟齋郎，登上第，調錢塘縣尉，綿歷内外，而後至太師也。足見公之度。

蔡絛《鐵圍山叢談》卷四　魯公在從班時，以趙安定王甲第傍近宫闕，便謁見，因覦止焉。其地甚古，號多凶怪。既入居之，是夕，有異人劉快活者，謂魯公

未宜寢也。公曰：「諾。」乃命酒，與痛飲。厘三鼓矣，中堂黑暗處輒格格有聲甚厲，忽覩一猴，猴類人長大，緩緩而出於外，因忽不見。時夜中倉卒，故不大驚，然劉但顧曰：「汝又勝他不過。」公亦大笑，謂劉：「此豈非所謂山魈者耶？」遂偕就枕而睡。

魯公崇寧末不入政事堂，以使相就第。時賜第於闤闠門外，俗號梁門者。脩築之際，往往得唐人舊冢，或有誌文，皆云「葬城西二里」。大梁實唐宣武節度，梁門外知已爲墓田矣。蓋多得婦人脛骨，率長於今時長大男子幾寸焉。或謂吾曰：「嘗親見陝、晉間古長平爲秦白起坑趙卒處，白骨尚存，其脛長大，異隋、唐時也。」知今人寖尠小，釋氏之語或不妄。

魯公始同叔父文正公授筆法於伯父君謨，既登第，調錢塘尉。時東坡公適倅錢塘，因相與學徐季海。當是時，神廟喜浩書，故熙、豐士大夫多尚徐會稽也。未幾棄去，學沈傳師。時邵仲恭遵其父命，素從學於魯公，故得教仲恭亦學傳師，而仲恭遂自名家。及元祐末，又厭傳師而從歐陽率更。由是字勢豪健，痛快沈著。迨紹聖閒，天下號能書無出魯公之右者。其後又捨率更，乃深法二王。晚每歎右軍難及，而謂中令去父遠矣。遂自成一法，爲海內所宗焉。又公在北門，有執役親事官二人，事公甚恪，因各置白團扇爲公扇涼者。公心喜之，皆爲書少陵詩一聯，而二卒大愠見。不數日，忽衣戴新楚，喜氣充宅，以親王持二萬錢取之矣，願益書此。公笑而不答。親王，時迺太上皇也。後宣和初，曲燕在保和殿，上語及是，顧謂公：「昔二扇者，朕今尚藏諸御府也。」

元符末，魯公自翰苑謫香火祠，因東下無所歸止，擬將卜儀真以居焉，徘徊久之，因艤舟於亭下，米元章、賀方回來見，俄一惡客亦至，且曰：「承旨書大字，世舉無兩。然某私意，若不過賴燈燭光影以成其大，不然，安得運筆如椽者哉？」公哂曰：「當對子作之也。」二君亦喜，俱曰：「願與觀。」公因命具飯磨墨。時適有張兩幅素者。食竟，左右傳呼舟中取公大筆來，即睹一笥道簾下出。笥有筆六以獻焉，因號「旋鮓」。至今大宴，首薦是味，爲本朝故事。

蔡絛《鐵圍山叢談》卷六　魯公以元祐末帥蜀，道行過一小館，有物倒懸於梁閒。初疑爲怪，後見《古今注》，乃知爲蝙蝠也。又《抱朴子》亦謂：蝙蝠五白歲即白而倒懸，食之壽如其年。吾每記公此言。靖康初貶邵陵，始發自長沙，憩一長亭。方坐，忽有類鴉鴿從房中飛掠吾身過者。時亦以爲怪，跡其蹤，乃在堂中後空舍而倒懸，則知其爲伏翼矣，大爲之感愴。俄遷嶺外博白，暇日適與客行天慶祠，纔升殿，則觀梁閒累然倒懸者以十數，偷眼伺人，久忽飛去。博白天慶祠，實唐紫極宮也，則是物亦不暇三四百歲矣。客有力勸吾羅捕取而盡食之者，因爲之一哂。

羅從彥《尊堯録》別録《陳瓘論蔡京》　哲宗時，京與其弟卞俱在朝廷，是時章子厚執政，威福自己出，京、卞二人實贊道之，姦慝相濟。太上皇即位，擢京爲翰林承旨，京陰結權貴，專務不德。帝將有大用之意，中外詾詾，右司諫陳瓘力言之，章十上，其尤切至者曰：「臣聞盡言招禍，古人所戒，言路之臣豈能免此？臣伏見翰林學士承旨蔡京，當紹聖之初，弟兄在朝，贊道章子厚共作威福，卞則陰爲謀畫，子厚則果斷力行，且謀且行者京也。哲宗篤於繼述，一於委任，事無大小，信子厚不疑。卞於此時，假繼述之説，以美私史；子厚於此時因委任之篤，自明己功；京則盛推安石之聖過於神考，又推定策之功，毀滅宣仁以取合二人。子厚之矜伐，京爲有助；卞之乖悖，京實贊之。當此之時言官常安民屢攻其罪，京與子厚、卞共怒安民，協力排陷，斥爲姦黨，而孫諤、董敦逸、陳次升因論京相繼黜逐。哲宗晚得鄒浩，不由進擬，置之言路。浩能忘身徇節，上副聖知，京又因其得罪而擠毀之。七年之間，五害言者，撓朝廷之耳目，成私門之利勢，言路既絶，人皆鉗默，凡所施行，得以自恣，遂使當時之所行皆爲今日之所蔽。臣請略指四事，皆天下之所以議京者也。蔡卞之薄神考，陛下既知其惡矣。伯仲相符，塤箎如一，事無異議，罪豈殊科？一黜一留，人所未諭，此天下之所以議京者一也。邢恕之累宣仁，陛下既察其罪矣。於是司馬光、劉摯、梁燾等皆蒙叙復。京嘗奏疏請誅摯等家族，審如京言，則所以累宣仁者豈特邢恕一人而已哉！在恕則逐之，在京則留之，何以塞邢恕不平之口而慰宣仁在天之靈乎？此天下之所以議京者二也。章子厚自明定策之功，追貶王珪，京亦自謂元豐末被命帶開封劊子攜劍入內，欲斬王珪。京之門人皆謂京於此時禁制宣仁，京亦有社稷之功。今陛下雪珪之罪，還其舊官，則是以珪之貶於子厚爲非也。在子厚則非之，在京則留之，如是則子厚有辭矣，珪有憾矣，此天下之所以議京者三也。子厚之初篤信京、卞，傾心降意，隨此二人假繼述之説以行其私，三人議論如出一口，自紹聖三年九月卞爲執政，於是京始大怒而與子厚絶矣。自今觀之，京之所以與子厚絶者，爲國事乎，爲己事乎？此天下之所以議京者四也。陛下即位之初，以用賢去邪爲先，而京之蒙蔽欺罔，曾無忌憚，陛下必欲留京於朝者，其故何哉？臣知陛下之意本無適莫；而京之所以據位希進、牢不可破者，則以韓忠

彥、曾布不能爲國遠慮，輕率自用，激成其勢故也。京、卞同惡，天下所共知，若用天下之言以合公議，則顯正二人之罪不難也。忠彥等不務出此，託之師謀而出之太原，雖加以兩制學士之職而實以詭計除之，想當進擬之時，必有不情之奏，出奇設策，不由誠心，二聖安得而無疑？公議亦以爲未允。及京之留，布復爭辯，再三之瀆無以取信，相激之勢因此而成。陛下進賢退邪，法則堯舜，然天下之心皆疑陛下有大用京之意者，以京之復留故也。京之所以復留者，以忠彥等去之不以其道故也。去之不以其道，則留之者生於相激。萬一京果大用，則天下之治亂自此分矣。崔羣謂唐之治亂在李林甫、張九齡進退之時，今京欺蔑先帝，與甫無異，而又歸過於先烈，賣禍於子厚、卞，曲爲自安之計，而陛下果留之矣。今既可以復留，則後亦可以大用，天下治亂之勢繫於一京。崔羣之言可不念哉！臣恐後之視今，亦猶今之視昔，禍亂之機亦不可以不早辨也！陛下嗣位之初，首開言路，可謂知所先後矣。臣愚首預茲選，明知京在朝必爲大患，而不能以時建言，萬一有意外不虞之變，陛下幡然悔悟，誅責當時言事之臣，則臣雖碎首陷胷，何補於事？此臣之所以憤懣而不敢默也。臣嘗爲卞所薦，與京無纖介之隙，所以言之者爲國事爾，非特爲國事也，亦爲蔡氏也。且京、卞用事以來，籠絡薦引天下之士，處要路，得美官者不下數百千人，其間材智藝能之士，可用之人誠爲不少。彼皆明知京、卞負國，欲洗心自新，捨去私門，顧朝廷未有以招之耳。臣謂京在朝廷，則此數百千人皆指爲蔡氏之黨；若去朝廷，則此數百千人皆反爲朝廷之用：所以消去朋黨，廣收人才，正在陛下果於去京而已。此亦已用之術，在昔熙寧之末，王安石、呂惠卿紛争，以後天下之士分爲兩黨，神考患之，於是自安石既退、惠卿既出後，不復用此兩人，而兩門之士亦兼取而並用之也。當時天下之士有王黨、呂黨，而朋黨之禍終不及於朝廷者以此。然則消去朋黨之術惟在去京而已。今京闢通交結，其勢益牢，廣布腹心，共成私計，羽翼成就，可以高飛，愚弄朝廷，有同兒戲。陛下若不早悟，漸成孤立，後雖悔之，亦無及矣！自古爲人臣者，官無高下，干犯人主，未必得禍，一觸權臣，破碎必矣！或以爲離間君臣，或以爲賣直歸怨，或託以他事陰中傷之，或於已黜之後，責其怨望：此古人之所以不免也。臣豈敢自愛其身？若使臣自愛其身，則陛下不得聞京之罪矣。國家內外無事一百四十一年矣，古所無有，甚可畏也。譬如年老之人康强無疾，日服温暖，猶恐氣衰，至於保養陰邪，必成腹心之疾。伏望陛下謹保祖宗之業，獨持威福之柄，斷自宸衷，果於去惡，則天下幸甚！取進止。」帝以瓘之所論不根，罷右司諫，添差監揚州粮料院，尋改差知無爲軍。瓘復上章條其事件曰：「臣上件所言，在既責揚州粮料院以前。陛下若以臣言爲是，則當如臣所請，按京之罪，明正典刑，然後改臣差遣，以示聽納。若以臣言爲非，則當重加貶竄，乃得允當。今京桀驁自肆，無所畏憚，而臣章屢上，並未蒙降出，則是陛下不以臣言爲信。不信其言而輕於改命，傳之天下，人必駭惑，其爲聖政之累，無大於此。且京久在朝廷，專以輕君罔上爲能，以植黨任數爲術，挾繼述之説，爲自便之計，稍違其意，則以不忠不孝之名加之，脅持上下，決欲取勝而後已。主威不行，士論憂恐，京若不去，必爲腹心之患，宗社安危，未可知也！臣之一身，遷貶榮辱，何足道哉！所有差知無爲軍勑命，臣不敢祗受，迤邐乘船，前去揚州，聽候指揮。」

臣從彥釋曰：揚子稱樗里子之智也，曰：「使知國如知葬，則吾以疾爲蓍龜。」以甚言知國之難也。陳瓘之論蔡京，其吉凶禍福莫不兆見，可爲國之蓍龜者矣。然京終大用，鞠爲禍胎，瓘言不售，終斥逐流落，以死於外。王黼繼之，遂召金人犯闕之變，豈不甚可憫哉！

備論

呂中《類編皇朝大事記講義》卷二一　自古小人誤國者，必教人主以嚴刑、以重兵、以聚斂、以窮奢極侈，其途若出一轍，而聚斂者又三者之禍根也。安石欲爲開邊計則置條例司，行青苗、市易等法；蔡京、王黼欲開人主之侈心，則置應奉司，屢變茶引、鹽鈔。《傳》曰：「與其有聚斂之臣，寧有盜臣。」聖賢之言，法律之斷例也。

張商英部

綜述

《宋史》卷三五一《張商英傳》　張商英字天覺，蜀州新津人。長身偉然，姿采如峙玉。負氣俶儻，豪視一世。調通川主簿。渝州蠻叛，説降其酋。辟知南川縣。章惇經制夔夷，狎侮郡縣吏，無敢與共語。部使者念獨商英足抗之，檄至夔。惇詢人才，使者以商英告，即呼入同食。商英著道士服，長揖就坐。惇肆意大言，商英隨機折之，落落出其上。惇大喜，延爲上客。歸，薦諸王安石，因召對，以檢正中書禮房擢監察御史。

臺獄失出劫盜，樞密檢詳官劉奉世駁之，詔糾察司劾治。商英奏：「此出大臣私忿，願收還主柄，使耳目之官無爲近臣所脅。」神宗爲置不治。商英遂言奉世庇博州失入囚，因摭院吏徇私十二事，語侵樞臣，於是文彦博等上印求去。詔責商英監荆南税，更十年，乃得館閣校勘、檢正刑房。商英嘗薦舒亶可用，至是，亶知諫院，商英以壻王潙之所業示之，亶繳奏，以爲事涉干請，責監赤岸鹽税。

哲宗初，爲開封府推官，屢詣執政求進。朝廷稍更新法之不便於民者，商英上書言：「『三年無改於父之道，可謂孝矣。』今先帝陵土未乾，即議變更，得爲孝乎？」且移書蘇軾求入臺，其庾詞有「老僧欲住烏寺，呵佛罵祖」之語。呂公著聞之，不悦。出提點河東刑獄，連使河北、江西、淮南。

哲宗親政，召爲右正言、左司諫。商英積憾元祐大臣不用己，極力攻之，上疏曰：「先帝盛德大業，跨絶今古，而司馬光、呂公著、劉摯、呂大防援引朋儔，敢行譏議。凡詳定局之所建明，中書之所勘當，户部之所行遣，百官之所論列，詞臣之所作命，無非指擿抉揚，鄙薄嗤笑，翦除陛下羽翼於内，擊逐股肱於外，天下之勢，岌岌殆矣。今天清日明，誅賞未正，願下禁省檢索前後章牘，付臣等看詳，簽揭以上，陛下與大臣斟酌而可否焉。」遂論内侍陳衍以摇宣仁，至比之呂、武；乞追奪光、公著贈謚，仆碑毁冢；言文彦博背負國恩，及蘇軾、范祖禹、孫升、韓川諸人，皆相繼受譴。又言：「願陛下無忘元祐時，章惇無忘汝州時，安燾無忘許昌時，李清臣、曾布無忘河陽時。」其觀望捭闔，以險語激怒當世，概類此。

惇、燾交惡，商英欲助惇，求所以傾燾者。陽翟民蓋氏養子漸，先爲祖母所逐，以家資屬其女，經元豐訴理不得直。商英論其冤，導漸使遮執政，及詣御史府訐燾姻家與蓋女爲道地。哲宗不直商英，徙左司員外郎。既，與漸交關事皆露，責監江寧酒。起知洪州，爲江、淮發運副使，入權工部侍郎，遷中書舍人。謝表歷詆元祐諸賢，衆益畏其口。徽宗出爲河北都轉運使，降知隨州。

崇寧初，爲吏部、刑部侍郎，翰林學士。蔡京拜相，商英雅與之善，適當制，過爲褒美。尋拜尚書右丞，轉左丞。復與京議政不合，數詆京「身爲輔相，志在逢君」。御史以爲非所宜言，且取商英所作《元祐嘉禾頌》及《司馬光祭文》，斥其反覆。罷知亳州，入元祐黨籍。

京罷相，削籍知鄂州。京復相，以散官安置歸、峽兩州。大觀四年，京再逐，起知杭州。過闕賜對，奏曰：「神宗修建法度，務以去大害、興大利，今誠一一舉行，則盡紹述之美。法若有弊，不可不變，但不失其意足矣。」留爲資政殿學士、中太一宫使。頃之，除中書侍郎，遂拜尚書右僕射。京久盜國柄，中外怨疾，見商英能立同異，更稱爲賢，徽宗因人望相之。時久旱，彗星中天，是夕，彗不見，明日，雨。徽宗喜，大書「商霖」二字賜之。

商英爲政持平，謂京雖明紹述，但借以劫制人主，禁錮士大夫爾。於是大革弊事，改當十錢以平泉貨，復轉般倉以罷直達，行鈔法以通商旅，蠲横斂以寬民力。勸徽宗節華侈，息土木，抑僥倖。帝頗嚴憚之，嘗葺升平樓，戒主者遇張丞相導騎至，必匿匠樓下，過則如初。楊戩除節度使，商英曰：「祖宗之法，内侍無至團練使。有勳勞當陟，則别立昭宣、宣政諸使以寵之，未聞建旄鉞也。」訖持不下，論者益稱之。

然意廣才疏，凡所當爲，先於公坐誦言，故不便者得預爲計。何執中、鄭居中日夜醞織其短，先使言者論其門下客唐庚，竄之惠州。有郭天信者，以方技隸太史，徽宗潛邸時，嘗言當履天位，自是稍睠寵之。商英因僧德洪、客彭几與語言往來，事覺，鞫于開封府。御史中丞張克公疏擊之，以觀文殿大學士知河南府，旋貶崇信軍節度副使，衡州安置。天信亦斥死。京遂復用。

未幾，太學諸生誦商英之冤，京懼，乃乞令自便。繼復還故官職。宣和三年卒，年七十九。贈少保。

商英作相，適承蔡京之後，小變其政，譬饑者易爲食，故蒙忠直之名。靖康

褒表司馬光、范仲淹，而商英亦贈太保。紹興中，又賜謚文忠，天下皆不謂然。兄唐英。

王稱《東都事略》卷一〇二《張商英傳》 張商英字天覺，蜀州新津人也。**【略】**商英少受學於唐英，中進士第，調通州簿。章惇薦其才，召對，除光禄寺丞，權檢正中書禮房公事，加太子中允、監察御史裏行。是時，神宗厲精政事，廷臣片言悟意者，驟見進用。商英上疏曰：「陛下即位以來，更張改造者數十百事。其最大者三事也，一曰免役，二曰保甲，三曰市易。三者得其人緩而講之，則爲利；非其人急而成之，則爲害。臣願陛下與大臣宜安静休息，擇人而行之。苟一事不已，一事復興，雖使禆諶適野而謀，墨翟持籌而算，終莫見其成也。昔舜用禹治水，稷播穀，皐陶典刑，益掌山澤，契敷五教，垂共百工，若多事，然舜行此數事而静以終之，故曰『夫何爲哉』。今朝廷行舜之所以有爲，而未行其所以無爲，此臣所以拳拳爲陛下道也。」會臺勘劫盗李則，從輕定罪，有詔糾察鞫之。商英言：「此出大臣私意，願陛下收還主柄，自持威福，使臺諫爲陛下耳目，無使脅遷爲兩府耳目，則天下幸甚。」神宗爲停其獄。商英乃言樞密院黨庇博州親戚失入死罪，及縱院吏犯法。於是樞密使副文彦博、吴充、蔡挺全府乞出，神宗難之。降光禄寺丞、監荆南鹽麴商税。

元豐中，除館閣校勘。商英曾薦舒亶可用，至是亶知諫院，商英以其壻王潙之所業託之，亶立繳奏。坐監鄂州漢川鎮酒税。八年，以太常丞召。哲宗立，除開封府推官。時朝廷稍更新法之不便於民者，商英上書言：「三年無改於父之道，可謂孝矣。今先帝陵土未乾，即議更變，得爲孝乎？」除河東路提點刑獄，移河北西路轉運副使，徙淮南。

紹聖元年，以右正言召還左司諫。商英觀望時政，謂蘇軾論合祭天地非是，指吕大防、梁燾、范祖禹爲姦，以司馬光、文彦博爲負國，言吕公著不當謚正獻，甚者至以宣仁后比吕、武。始商英在元祐時，作《嘉禾頌》以文彦博、吕公著比周公，又作文祭司馬光，極其稱美，至是乃追論其罪，其詭譎不常如此。時來之邵爲其子娶蓋氏，以蓋漸爲蓋氏義男，規其財産。商英疏論之，之邵出知蔡州。商英移左司郎中，會知開封府王震言商英遣人與蓋漸害之邵，坐謫監襄州酒税，起知洪州，除江淮、荆浙發運使，召爲工部侍郎。徽宗立，除中書舍人，以龍圖閣待制爲河北路都轉運使。爲言者論列，落職，知隨州，召爲户部侍郎，遷翰林學士。

崇寧初，除尚書右丞，遷左丞，時蔡京爲相，商英與京在神宗朝爲檢正，雅有契好，及是同在廟堂，議事多不合。商英言京姦邪，有「身爲相國，志在逢君」等語，臺臣以爲非所宜言，謫知亳州，入元祐黨籍。京罷相，削籍知鄂州。京復相，以散官安置歸州，量移峽州。大觀四年，京罷相，除龍圖閣學士、知杭州。過闕賜對，奏曰：「神宗修建法度，務以去大害、興大利而已。今誠一一舉行，則盡紹述之美。法若有弊，不可不變，但不失其意足矣。」除資政殿學士、中太一宫使，尋除中書侍郎，拜右僕射。久旱，彗出天心，是夕大雨，彗不見。徽宗喜，親書「商霖」字以賜之。

商英爲相，務更蔡京事，而減省用度。内侍楊戩提舉後苑作有勞，除節度使。商英不可，曰：「祖宗法，内侍皆寄資，無至團練使者。有大勳勞，則別立昭宣使、寧慶使以寵之，未聞建節鉞也。」戩銜之。御史中丞張克公劾商英陰摇先烈，政和元年罷爲觀文殿大學士、知河南府，尋落職，知鄧州，再謫汝州團練副使，衡州安置。俄以通奉大夫提舉崇福宫，復觀文殿學士，又復觀文殿大學士。卒，年七十九，贈少保，欽宗即位，特贈太保。

商英學浮圖法，自號無盡居士。其進本熙、豐，蔡京强置黨籍中。天下既共惡京，而商英與京異論，以故天下翕然推重云。

《琬琰集删存》卷三《實録·張少保商英傳》 宣和三年十一月壬午，觀文殿大學士、通奉大夫、提舉西京嵩山崇福宫張商英卒。商英字天覺，蜀州新津人。少警敏彊記，中治平二年進士第，調達州通川縣主簿。章惇出措置溪洞，嘉其才，歸朝薦之。召對，進草茅憂國書，以光禄丞權檢正中書禮房公事，兼編修中書條例。

熙寧五年，加太子中允、監察御史裏行。時神宗勵精政事，商英言：「陛下即位以來，更張數十百事，而最大者有三，曰免役，曰保甲，曰市易。三者得其人緩之即爲利，非其人急之即爲害。陛下與大臣安静休息，擇人而行之，則太平可以立致。」會臺勘劫盗李則從輕典，有詔糾察司鞫治，商英言：「此出大臣私忿，願陛下收還主柄，自持威福，使臺諫爲陛下耳目，無使爲近臣脅遷，則天下幸甚。」神宗爲停其獄。商英乃言樞密使文彦博、副使吴充蔡挺黨庇博州親戚失入死罪與縱吏等事，彦博等以商英意附王安石排己，俱求去。神宗難之，降授光禄丞監荆南鹽麴商税，就移節度判官，改鎮南軍。

元豐二年，復太子中允，提舉京西南路常平，召除館閣校勘、檢正中書刑房兼詳定編修刑房斷例。舒亶知諫院，商英以壻王爲之所業示之，亶繳奏以爲事涉干

請，坐監鄂州漢川鎮酒税，改荆南江陵縣赤舞市鹽茶税。八年，以太常丞召。

哲宗嗣位，除開封府推官。時朝廷稍更新法之不便民者，商英上書謂：「三年不改於父之道，今先帝陵土未乾，柰何議更變乎？」除河東提點刑獄。元祐四年，移河北西路。五年，改江南西路轉運副使。八年，徙淮南路。紹聖元年，以右正言召，遷左司諫，言蘇軾論合祭天地非是，乞加罪。又言呂大防、梁燾、范祖禹、吴安詩、劉唐老、孫升、韓川，皆坐貶。言司馬光、文彦博負國，呂公著不當謚正獻。時來之邵爲子娶蓋氏，以蓋漸爲蓋氏義男，規其財産，商英疏論之，之邵出知蔡州。二年，遷左司郎中。會知開封府王震言商英遣人與蓋漸謀害之邵，坐謫監襄州酒税，改監江寧府税。三年，知洪州。四年，除江淮荆浙等路發運副使。入覲，除直龍圖閣，未幾，以太常少卿召，未見，除集賢殿修撰、江淮荆浙等路發運使。元符二年，召爲尚書工部侍郎。

徽宗即位，除中書舍人。時大河決，除水官非其人，商英繳詞頭，且言築堤塞河是塞兒口而止啼也。宰相因奏：「觀商英言，必能治河，宜委之。」遂除龍圖閣待制，河北路轉運使。以言者論列落職，知隨州，謝表不自引咎，降一官。建中靖國元年，以户部侍郎召，改吏部、刑部，爲翰林學士。崇寧初，除尚書右丞，遷左丞。時蔡京爲相，商英在神廟與京同爲檢正，雅相好，及是議多不合，乃言京身爲輔相，志在逢君。臺臣以爲非所宜言，謫知亳州、蘄州，提舉舒州靈仙觀，入元祐黨籍。京罷，起知鄂州。大觀元年，京復相，提舉西京嵩山崇福宫，散官安置歸州，量移峽州，復通議大夫、提舉成都府玉局觀。四年，蔡京罷政，除商英龍圖閣學士、知杭州。過闕，賜對，奏曰：「神宗修建法度，務以去大害興大利而已，今誠一一舉行，則盡紹述之美；法若有弊，不可不變，但不失其意足矣。」除資政殿學士、中太一宫使。尋除中書侍郎，拜右僕射。時久旱，彗出天心，是夕大雨，彗不見，上喜，親書商霖一尺字賜之。

商英爲相，務更蔡京所行事，省六路上供錢鈔，改當十錢爲當三，罷内藏出剩鹽鈔歸之有司，天下翕然推重。時内侍楊戩提舉後苑作有勞，除節度使，商英不可，奏曰：「祖宗法，内侍皆寄資，無至團練使者，有大勳勞則别立昭宣、宣政、宣慶等使以寵之，未聞建節鉞也。」戩銜之。會御史中丞張克公劾商英狠傲弗恭等罪，給事中蔡嶷助之。政和元年，除觀文殿大學士、知河南府，俄落職知鄧州，再謫汝州團練副使，衡州安置。太學生有訟商英冤者，上以語京，京遂言：「商英與臣同時遭遇，乞放逐便。」詔從之。

商英歸居荆南，五年，立皇太子赦，復通奉大夫、提舉西京嵩山崇福宫。六年，上昊天徽號，復觀文殿學士。七年，手詔：「商英先帝擢爲御史，嘗任宰司，今明堂嚴配，恩逮海宇，可特復觀文殿大學士。」卒，年七十九，贈少保。

商英慷慨敢言事，然詭譎不常。在元祐時，獻嘉禾頌，以文彦博、呂公著比周公，至紹聖間乃極言其短，嘗作祭司馬光文，已乃追論其罪。始也排擊有言諸人是力，迨爲相則從而引用之。蔡京置之黨籍中，其實繇熙豐進也。大觀之政，矯革時弊，天下稱之。平生學浮屠法，自號無盡居士，有文集百卷。子茂。

雜録

備録

魏泰《東軒筆録》卷一一　熙寧中，周師厚爲湖北提舉常平，張商英監荆南鹽院，師厚移官，有供給酒數十瓶，陰俾張賣之。張言於察訪蒲宗孟，宗孟劾其事，師厚坐是降官。後數年，商英爲館職，囑舉子判監於舒亶，亶繳奏其簡，商英坐是奪官。始舒亶爲縣尉，斬弓手節級，廢斥累年矣。熙寧中，張商英爲御史，力薦引之，遂復進用甚峻，至是反攻商英，然亦世所謂報應者也。

惠洪《冷齋夜話》卷九　張丞相好草書而不工，當時流輩皆譏笑之，丞相自若也。一日得句，索筆疾書，滿紙龍蛇飛動，使姪録之，當波險處，姪惘然而止，執所書問曰：「此何字也？」丞相熟視久之，亦自不識，詬其姪曰：「胡不早問？致予忘之！」

葉夢得《避暑録話》卷上　張丞相天覺喜談禪，自言得其至。初爲江西運判，至撫州，見兜率從悦，與其意合，遂授法。悦，黄龍老南之子，初非其高弟，而江西老宿爲南所深許，道行一時者數十人。天覺皆歷詆之。其後天覺浸顯，諸老宿略已盡。後來庸流傳南學者，乃復犇走推天覺，稱相公禪，天覺亦當之不辭。近歲遂有爲長老開堂承嗣天覺者，前此蓋未有。勢利之移人，雖此曹亦然也。初與老南同得道於慈明者，有文悦，住雲峰。其行解堅高，略與南等。從悦既因天覺而重，故其徒謂雲峯悦爲文悦以别之。

何薳《春渚紀聞》卷一《張無盡前身》 張無盡丞相爲河東大漕日，於上黨訪得李長者古墳，爲加修治，且發土以驗之。掘地數尺，得一大盤石，石面平瑩，無它銘欵，獨鐫「天覺」二字。故人傳無盡爲長者後身。

朱弁《曲洧舊聞》卷八 無盡居士少有俊譽，氣陵輩行，然頗以躁進獲譏。元豐中，嘗上裕陵百韻詩，有「回看同列驟，不覺寸懷忙」之句，裕陵讀之大笑。王岐公、蔡新州惡其敢言，因舒亶斥爲赤岸監酒稅。其後召還，有謝啓，其間一聯云：「三年去國，門前之雀可羅；一日還朝，屋上之烏亦好。」當時傳誦，而亦不免爲有識者所窺也。

元祐間，東坡在禁林，無盡以書自言，曰：「覺老近來見解與往時不同，若得一把茅蓋頭，必能爲公呵佛罵祖。」蓋欲坡薦爲臺諫也。温公頗有意用之，嘗以問坡，坡云：「犢子雖俊可喜，終敗人事，不如求負重有力而馴良服轅者，使安行於八達之衢，爲不誤人也。」温公遂止。紹聖間，章子厚用爲中書舍人，謝啓力詆元祐以來代言者，其略有「二蘇狂率，三孔闊疎」之語。韓儀公入相，無盡自知不相合，因論河患，以持槖出相度河事。崇寧初，附蔡京，召爲翰林，旋踵丞轄，見物論多不與，與京時有異同。臺諫視京風旨，乃交擊之。後因星變大赦，牽復知鄂州，遂於《到任謝表》盡敘京所更張政事，以稱頌聖德。其大略云：「所謂率科嚴重，鈎考碎煩。方田擾安業之民，圜土聚徙鄉之惡。學校驅迫者違其孝養之心，保伍追呼者失其耕桑之候。文移急於星火，逮捕徧於里閭，百論紛更，一切蠲罷。可謂崇寧之孝治，真爲紹述之聖功。」又言：「有君如此，碎首以之。」表至，都下人争傳寫，雖爲京所切齒，而自此有相望矣。

釋曉瑩《羅湖野録》卷二 無盡居士張公天覺，蚤負禪學，尤欲尋訪宗師，與之決擇。因朱給事世英語及江西兜率悦禪師禪學高妙，聰敏出於流類。元祐六年，公漕江西，按部分甯。五禪逆於旅亭，顧問至兜率，公曰：「聞師聰敏之名久矣。」悦遽對曰：「從悦臨濟兒孫，若以聰敏説文章，定似都運談禪。」公雖壯其言，而意不平。遂作偈，命五禪舉揚曰：「五老機緣共一方，神鋒各向袖中藏。明朝老將登壇看，便請横矛戰一場。」悦當其末，提綱之語盡貫前者，公陰喜之，乃遊兜率，相與夜談，及宗門事，公曰：「比看《傳燈録》，一千七百尊宿機緣，惟疑德山托鉢話。」悦曰：「若疑托鉢話，其餘則是心思意解。何曾至大安樂境界？」公憤然就榻，屢寢屢起，夜將五鼓，不覺躍翻溺器，忽大省發。喜甚，即扣悦丈室門，謂悦曰：「已捉得賊了也。」悦曰：「贓物在甚麽處？」公擬議，悦曰：「都運且寢。」翌旦，公有頌曰：「鼓寂鐘沈托鉢回，巖頭一桚語如雷。果然只得三年活，莫是遭他受記來。」别去未幾，悦遂歸寂。公登右揆之明年，當宣和辛卯歲二月，奏請悦謚號，遣使持文祭於塔祠曰：「昔者仰山謂臨濟曰：『子之道，佗日盛行於吴越間，但遇風則止。』後四世而有風穴延沼，沼以識常不懌，晚得省念，而喜曰：『正法眼藏，今在汝躬，死無遺恨矣。』念既，出世首山，荒村破寺，衲子纔三十餘輩，然其道大振天下。師於念公爲六世孫，於雲庵爲嫡嗣，住山規範足以追媲首山；機鋒敏妙，初不減風穴。余頃歲奉使江西，按部西安，相識於龍安山中，抵掌夜語，盡得其末後大事，正宗顯決。方以見晚爲歎，而師遽亦化去。惜其福不逮慧，故緣不勝；喜其德不可掩，故終必有後。有若疎山了常、兜率慧照、慈雲明鑒、清溪志言者，皆説法一方，有聞於時。有若羅漢慧宜、楊岐子圓、廣慧守真、灊川智宣者，皆遯跡幽居，痛自韜晦。風穴得一省念，遂能續列祖壽命，今龍安諸子乃爾其盛，豈先師靈骨真灰燼無餘耶。蓋其道行，實爲叢林所宗向，有光佛祖，有助化風。思有以發揮之，爲特請於朝，蒙恩追謚真寂大師。嗚呼！余惟與師神交道契，故不敢忘外護之志，雖其死生契闊之異，而蒙被天子之殊恩，則幸亦共之。仰惟覺靈，祇此榮福。」夫蔚爲儒宗而崇佛道，未有如公者。然非敏手，安能激發？苟非上根，未易承當。至於嶽立廊廟，展大法施，既不忘悦之道義，而特與追榮，矢心以詞，勤勤若此。蓋所以昭示尊師重法歟！

陳鵠《耆舊續聞》卷五 許下士夫云：章子厚當軸，喜罵士人。常對衆云：「今時士人如人家婢子。纔出外求食，箇箇要作行首。」張天覺在旁云：「如商英者，莫做得一箇角妓否？」章笑，久之遂遷職。子厚之孫章大方云：「不然。天覺好詼諧，先祖丞相曰：『豈有禁從作是俳語，好撻。』天覺應聲云：『某權某職且二年，切告相公撻下「權」字。』丞相笑。」未幾，乃落「權」字。

周煇《清波雜志》卷九 張無盡嘗作一表云：「魯酒薄而邯鄲圍，城門火而池魚禍。」上句出《莊子》，下句不知所出，以意推之，當是城門失火，以池水救之，池竭而魚死也。《廣韻》「池」字韻注云：「池，水沼也。古有姓池名仲魚者，城門失火燒死。諺曰：『城門失火，殃及池魚。』」白樂天詩有「火發城頭魚水裏，救火竭池魚失水」，初不主姓名之説。然《廣韻》所載當有所據。

周煇《清波别志》卷中 熙寧御史張商英言：近日典掌誥命，多不得其人，如陳某、王某、許某，皆今之所謂詞臣也。然某之文如款段逐驥，筋力雖勞，而不成步驟。某之文如野嫗織機，雖能成幅，而終非錦繡。某之文如稚子吹塤，終日

喑嗚，而不合律吕。此三人者，恐不足以發揮帝猷、號令四海。乞精擇名臣，俾司詔命。煇嘗見前輩説詞臣代王言，體要爲先，庶播告天下，爲國光華。若措辭荒拙，但當以不稱上旨罪之，不可明著荒拙之語。況外制試而後用，文章之外不取他才。若始掄不精，則絲綸之出，亦毋怪乎爲時之詆訶也。

備論

《宋史》卷三五一《張商英傳》　論曰：君子小人，猶冰炭不可一日而處者也。趙挺之爲小官，薄有才具，熙寧新法之行，迎合用事，元祐更化，宜爲諸賢鄙棄。至於紹聖，首倡紹述之謀，觝排正人，靡所不至。其論蔡京，不過爲攘奪權寵之計而已，所謂「楚固爲失，齊亦未爲得」也。徽宗知京不可顓任，乃以張商英、鄭居中輩敢與京爲異者參而用之。殊不知二人者，向背離合，視利所在，亦何有於公議哉？商英以傾詖之行，竊忠直之名，没齒猶見褒稱，其欺世如此！何執中夤緣舊學，致位兩府，無所建明，惟務娼嫉，至用石悈脅陳瓘取《尊堯集》，欲因以殺瓘，何爲者耶？宣、政命相，得若而人，尚望治乎？劉正夫生平所爲，睒睗出没正邪之間，商英之徒也。唐英有清才而寡失德，獨薦王安石爲可咎；然安石未相，正人端士孰不與之，又何責乎唐英！

童貫部

綜述

《宋史》卷四六八《童貫傳》 童貫，少出李憲之門。性巧媚，自給事宫掖，即善策人主微指，先事順承。徽宗立，置明金局于杭，貫以供奉官主之，始與蔡京游。京進，貫力也。京既相，贊策取青唐，因言貫嘗十使陝右，審五路事宜與諸將之能否爲最悉，力薦之。合兵十萬，命王厚專閫寄，而貫用李憲故事監其軍。至湟川，適禁中火，帝下手札，驛止貫毋西兵。貫發視，遽納鞾中。厚問故，貫曰：「上趣成功耳。」師竟出，復四州。擢景福殿使、襄州觀察使，内侍寄資轉兩使自兹始。

未幾，爲熙河蘭湟、秦鳳路經略安撫制置使，累遷武康軍節度使。討溪哥臧征，復積石軍、洮州，加檢校司空。頗恃功驕恣，選置將吏，皆捷取中旨，不復關朝廷，寖咈京意。除開府儀同三司，京曰：「使相豈應授宦官？」不奉詔。

政和元年，進檢校太尉，使契丹。或言：「以宦官爲上介，國無人乎？」帝曰：「契丹聞貫破羌，故欲見之，因使覘國，策之善者也。」使還，益展奮，廟謨兵柄皆屬焉。遂請進築夏國横山，以太尉爲陝西、河東、河北宣撫使。俄開府儀同三司，簽書樞密院河西北兩房。不三歲，領院事。更武信武寧護國河東山南東道劍南東川等九鎮、太傅、涇國公。時人稱蔡京爲公相，因稱貫爲媪相。

將秦、晉鋭師深入河、隴，薄于蕭關古骨龍，謂可制夏人死命。遣大將劉法取朔方，法不可，貫逼之曰：「君在京師時，親授命於王所，自言必成功，今難之，何也？」法不得已出塞，遇伏而死。法，西州名將，既死，諸軍恟懼。貫隱其敗，以捷聞，百官入賀，皆切齒，然莫敢言。關右既困，夏人亦不能支，乃因遼人進誓表納款。使至，授以誓詔，辭不取，貫彊館伴使固與之，還及境，棄諸道上。舊制，熟羌不授漢官，貫故引拔之，有至節度使者。弓箭手失其分地而使守新疆，禁卒逃亡不死而得改隸他籍，軍政盡壞。

政和元年，副鄭允中使于遼，得燕人馬植，歸薦諸朝，遂造平燕之謀，選健將勁卒，刻日發命。會方臘起睦州，勢甚張，改江、浙、淮南宣撫使，即以所聚兵帥諸將討平之。

臘雖平，而北伐之役遂起。既而以復燕山功，詔解節鉞爲真三公，加封徐、豫兩國。越兩月，命致仕，而代以譚稹。明年復起，領樞密院，宣撫河北、燕山。

宣和七年，詔用神宗遺訓，能復全燕之境者胙本邦，疏王爵，遂封廣陽郡王。

是年，粘罕南侵，貫在太原，遣馬擴、辛興宗往聘以嘗金，金人以納張覺爲責，且遣使告興兵，貫厚禮之，謂曰：「如此大事，何不素告我？」使者勸貫速割兩河以謝，貫氣褫不能應，謀遁歸。太原守張孝純誚之曰：「金人渝盟，王當令天下兵悉力枝梧，今委之而去，是棄河東與敵也。河東入敵手，奈河北乎？」貫怒叱之曰：「貫受命宣撫，非守土也。君必欲留貫，置帥何爲？」孝純拊掌嘆曰：「平生童太師作幾許威望，及臨事乃蓄縮畏懾，奉頭鼠竄，何面目復見天子乎？」

貫奔入都，欽宗已受禪，下詔親征，以貫爲東京留守，貫不受命而奉上皇南巡。貫在西邊募長大少年號勝捷軍，幾萬人，以爲親軍，環列第舍，至是擁之自隨。上皇過浮橋，衛士攀望號慟，貫唯恐行不速，使親軍射之，中矢而踣者百餘人，道路流涕，於是諫官、御史與國人議者蠭起。初貶左衛上將軍，連謫昭化軍節度副使，竄之英州、吉陽軍。行未至，詔數其十大罪，命監察御史張澂迹其所至，莅斬之，及於南雄。既誅，函首赴闕，梟于都市。

貫握兵二十年，權傾一時，奔走期會過於制敕。嘗有論其過者，詔方劭往察，劭一動一息，貫悉偵得之，先密以白，且陷以他事，劭反得罪，逐死。貫狀魁梧，偉觀視，頤下生須十數，皮骨勁如鐵，不類閹人。有度量，能疏財。後宫自妃嬪以下皆獻餉結内，左右婦寺譽言日聞。寵煽翕赫，庭户雜遝成市，岳牧、輔弼多出其門，厮養、僕圉官諸使者至數百輩。窮姦稔禍，流毒四海，雖葅醢不償責也。

王稱《東都事略》卷一二一《童貫傳》 童貫，開封人也。始出李憲之門，性巧媚，自給事宫掖，善測人主意。元符末，徽宗置局於錢塘，且放求古法書、圖畫之屬，貫以内供奉主之。蔡京方謫居，與之游，京有能書名，自書屏障、扇帶階貫以進。逾年，入爲尚書左丞。京德其輔己，既相，始開邊議收復青唐，起王厚爲經略使，合諸道兵十萬，用李憲故事，命貫爲監軍。師行及敵，會禁中火，徽宗以手書驛止貫，貫視之，遽納靴中。厚訪其故，貫曰：「上促成功耳。」竟出師，遂復

湟中及鄯、廓等州。由内客省使除景福殿使、澧州觀察使。內臣寄資轉行至兩使，自此始也。

俄爲熙河蘭湟、秦鳳等路經略安撫制置使，累遷武康軍節度使、中太一宫使。出討溪哥臧征、僕哥，復積石軍、洮州，以功徙鎮奉寧，時大觀二年也。貫恃功稍自專軍政，選置將吏官屬，皆取中旨，不復干朝廷，寖忤京意。徽宗欲除貫開府儀同三司，京曰：「貫以宦者建節鉞，過矣，使相豈所當得邪？」乃止。自是兩人始交惡。

政和初，奉使契丹，移鎮武信。時京已罷相，使人言於徽宗曰：「遣使以宦者爲之，是中國爲無人矣，無乃爲虜所窺乎？」徽宗報曰：「虜酋以貫破青唐，名聞四夷，欲見之耳。彼要，我因覘之，不亦可乎？」虜方肆縱，故貫所齎皆殊異珍腆，雖二浙髹籐之具，悉遺之，務以瓌侈相誇。使還，益用事廟謨，兵柄皆屬焉。

初，夏國恃横山諸族强勁善戰，與中國抗。自种諤靈州戰不利，李憲始圖進築，不克行，貫欲成憲謀，遂領六路邊事，以太尉爲陝西、河東、河北宣撫使，遷開府儀同三司，權僉書樞密院河西、河北兩房事。於是徽宗曰：「元豐官制，樞密院官置知院、同知院事，其僉書院事未嘗除授。趙瞻、王巖叟、劉奉世並係元祐差除。今童貫宣撫陝西等路，帶行僉書，與官制有礙。貫見係儀同，即宰相之任也，可改爲權領樞密院事。」改鎮威武、寧江，拜太保、河中節度使，遷太傅，歷山南東道、劒南東川二鎮，封益國公。

貫將諸道兵六七年，窮討深入，立軍壘，建堡砦平陽，睹令古、仁多泉、臧底河，及築靖夏、制戎、伏羌等城，以至蕭關故骨龍砦，斥池置烽燧，扼據要害，謂可制西賊死命。逼大將劉法使北取朔方，法不可，貫曰：「君在京師時，親受命於上前，自言必成功。今乃以難告，何也？」法不得已，引軍出塞，夏人伏兵擊殺之。貫隱其敗，而以捷聞，使百官入賀，議者切齒而莫敢言，關右爲之擾然。夏人亦大困，乃因遼人納款請和，且以誓表進，許之，前所未有也。

已而夏使來賀生辰，授以誓詔，辭不取，貫莫能屈，但嚴迫館伴使强之而去。還及境，遂棄之以歸。延安帥賈炎得而表上之，貫始大沮。祖宗法，屬羌不授漢官，有功則於蕃官轉遷。至是則引拔之，或至節度使。弓箭手有分地得以保其鄉里墳墓，至是則皆使居新邊，禁軍逃亡者罪至死不貸，至是則許改刺別軍，邊備軍政自貫壞矣。

貫之使遼也，燕人有馬植者得罪於其國，間道邀貫，爲言取燕之策。貫信之，約其來歸，至則藏之家，奏賜姓名爲趙良嗣，即條上平燕之策。大氐謂：「雲中，根本也。燕薊，枝葉也。當分兵撓燕薊而後以重兵取雲中。」選使由登州聘金國於海上，議夾攻遼，取燕雲十四州地。使者往返，項背相望。貫因選西師宿將會京師，又令環慶、鄜延軍與河北禁軍更戍，儲兵糧，備戰具，植旗伐鼓，剋日以發。

會方臘叛，命貫南討，以爲江、浙、淮南等路宣撫使，傾所聚兵以往。徽宗以賊熾爲慮，親握貫手送之，曰：「東南事盡以付汝，不得已者，徑以御筆行之。」貫至浙部，知華石綱爲民害，命其屬董耘草詔罷去之，民大悦，臘亦就擒。以功進太師，封楚國公，復宣撫陝西、河東、河北路。

貫方被命討賊，滯留東南，而金虜使至，徽宗頗悔結約。貫黨待之，須其歸，請益卒，徽宗意遂决。宣和四年，女真報遼主延禧敗走，邀我師夾攻，於是貫統諸將兵十五萬屯近邊，至雄州，遣張寶、趙忠諭耶律淳舉國内附，淳執二人斬之。又令人諭易州土豪史成獻其地，成執以送燕，亦斬之。復募馬擴齎軍書入燕。遼將大石林牙者，謂王介儒曰：「過河語童貫，欲和即還，作善鄰。不欲和，請以軍相見，毋令諸軍徒苦也。」遂遣种師道及高陽帥和詵全兵駐白溝，楊可世輕兵趨蘭溝甸，淳益兵二萬，度溝挑我軍，詵堅壁自守。貫迫令退師，師道力陳：「兵可進不可退，虜壁相銜，退必遭襲。」貫再三趣之，不得已，軍卻。大風雪，及之，虜以敗盟責我，追我軍至古城南而還。以遼人尚强，未易圖，乃以探報不實歸罪於詵，奏黜之。遣劉韐即驛與介儒議再脩好。徽宗聞之，亦詔班師，命諸將分屯。

貫自瓦橋關還，時蔡攸以副使至河間，聞淳死，郭藥師以涿州降，軍勢稍振，貫復趨雄州。宰相王黼力主再興師之議，悉諸路兵二十萬會三關，詔貫、攸毋歸，異議者斬。遼后蕭氏遣使奉表稱蕃，乞損歲幣以復舊好。貫怒其不納土，麾而去之。督劉延慶入新城，劉光世入易州，郭藥師精騎由間道襲燕。已而敗績，諸將殺楊可世以降，延慶氣奪，不能軍，退師。虜益張，追奔至涿州，舒左右翼包之，我師復大敗。自熙寧以來，累世所積軍實，埽地盡矣。

貫再舉取燕，不能下，懼無功狀以歸，又密遣趙良嗣等使金人圖之。金人已取燕，志益驕，使四五往返，邀索不已。卒以遼人舊歲幣爲數四十萬，又益以六州代税緡錢百萬，奉誓書以往，方命交地。五年，貫與攸以兵入之，先曰交割，後曰撫定，僅令諸將脩隍塹，列蹊隧，定疆畛，問疾收胔，止舍少休。燕之金帛、子

女、職官、民户，悉爲金人席卷而去，蓋殫國力以數百萬計，所得者空城而已。貫上表告功，落節鉞，爲真太師，加封徐、豫國公。遂乞上尊號，徽宗不許。越兩月，命貫致仕。

金人再取蔚州，入飛狐、靈丘兩邑，且絶交山後之議。明年，復起貫領樞密院事，河北、燕山府路宣撫使，如太原。又明年，封廣陽郡王。未幾，邊遽至，黏罕將南侵。貫遣馬擴、辛興宗往聘，窺之，虜以納張覺責我，且馳使太原告相國已興兵。貫厚禮之，且曰：「如此大事，何不素告我？」使者令貫速割河東北，以河爲界。貫聞之氣褫，搏手無他策，亟謀還。太原帥張孝純誚之曰：「金虜渝盟，大王當會天下兵，極力楮梧。今大王去，人心摇矣，是舉河東與賊也。河東爲賊有，河北亦豈能保邪？」貫怒叱之，曰：「貫受命宣撫，非守土臣，欲留貫，置帥臣何爲？」孝純撫掌歎曰：「平時重太師作幾許威望，及臨事乃畏懾如此，身爲大臣，不能以死排難，止欲奉頭鼠竄，何面目見天下之人乎？」

貫甫至京師，而胡騎已長驅向闕。欽宗即位，徽宗居于龍德宫。貫贊徽宗南巡，倉皇扈從，載其帑，銜舳擁兵，自衛泝汴而下。徽宗方過浮橋，隨駕衛士攀望號慟，貫擁徽宗以行，惟恐不速。令親兵引弓射之，衛士中矢而踣者百餘人，聞者莫不扼腕而流涕。於是諫官、御史至於國人，交章論其罪，請誅之。先貶爲左衛上將軍、池州居住，連謫昭化軍節度副使、吉陽軍安置。行未至，下詔數其十罪，命監察御史張澂迹其所至誅焉。追至雄州，沿斬之，家屬皆徙吉陽。

貫握兵二十年，權傾四方，奔走期會過於詔敕，道路目語，莫敢誰何。以鐵錢夾錫錢行之關陝，恐物價不平，錢有輕重，乃下脅制削其直，民告病。知永興軍徐處仁以爲言，至有「餓殺長安，一城之歎」。監司迎貫指，聞之朝，處仁反以罪去。其後論者疏貫六事，選方劭以察訪廉之，貫密伺劭動静，先得以白於徽宗。及劭入奏，每一事，徽宗隨折之曰：「卿不知是事乃朕處分也。」邵因盡暴貫惡，貫益銜之，以它事中劭，劭竟得罪，終身不復起。

貫狀魁梧，偉瞻視，頷下有十數莖須，皮骨悉如鐵，略不類閹臣。然頗疎財，後庭自妃嬪而下及内侍，無大小致餉無虚月。凡上左右，交口稱譽一詞，寵煽赫然。乃至陰謀摇東宫，聲燄震天下，服食逼乘輿，金寶充私室。又招伉健少年萬人，號勝捷軍，以爲親兵，環列第舍，持兵呵衛，僭擬宫省。一時蹈利樂禍之人，趨附成市。侯王柄臣，多出其門。厮臺賤役，自承宣使而下凡數百人，庖夫厩兵亦官至防團、刺史。惡稔釁盈，卒以起戎貽禍，毒流四海。

初，貫自太原還京師也，勝捷軍統制官張師正在河北與金人相遇，潰而南至大名，帥李彌大斬以徇。勝捷軍懷不自安，又聞貫已誅死，有大校李福者，率以爲亂。遂犯濮州，趍長清，肆掠淄、青間，脅從影附者至四萬人，所過無噍類。至章丘縣，臨城問曰：「童大王有何罪而朝廷殺之？」章丘吏民乘城言曰：「此自朝廷處分，非小邑罪也。」遺以牛酒，乃捨去。自濟南而東，彌大遣裨將韓世忠以所部五百襲擊之。至臨淄河，世忠令其衆曰：「前則有功，退則有死。有怯敵而退者，後騎得殺之以爲功。」士皆殊死戰，遂斬福首，餘棄甲而遁。世忠追之，羣賊猶萬餘，世忠逐北，殺其爲首者六人，單騎入其軍，倡言曰：「我輩皆西人，平生唯殺番賊，幾曾作賊邪？官家使我招汝，若能降，悉赦汝罪。」皆拜服請命曰：「願赦我。」遂掃營來降。

雜録

備録

蔡絛《鐵圍山叢談》卷三　童貫彪形燕頷，亦略有髭，瞻視炯炯，不類宦人，項下一片皮，骨如鐵。王黼美風姿，極便辟，面如傅粉，然鬚髮。與目中精色盡金黄，張口能自納其拳。大抵皆人妖也。吾識黼於未得志時，魯公獨忽之，後常有愧色於吾。黼始因何丞相執中進，後改事鄭丞相居中。然黼首恃奥援，父事宦者梁師成，蓋已不能遏。

蔡絛《鐵圍山叢談》卷六　本朝宦者之盛，莫盛於宣和間。其源流嘉祐、元豐，著於元祐。而元豐時有李憲者，則已節制陝右諸將，議臣如鄧中司潤甫力止其漸，不可，憲遂用事矣。至元祐，又以垂簾者久，故其徒得預聞政機，關通廊廟，且爭事名譽。有陳衍者跡狀既露，後又撼太子。太上懼，多以邸中舊寳帶賂之得稍止，及親政而竟殺之焉。然勢已張，若禁網則具在也。及崇寧初，上與魯公勿能戒，於是開寄班法，因寖任事。大觀後，遂有官至皇城使，官達者至引進客省矣。至外廷舊規餘風則猶尚存也。時士大夫自繇公輔而進，恥從此徒，亦罕敢交通。及政和三四年，繇上自攬權綱，政歸九重，而後皆以御筆從事，於是宦者乃出，

無復自顧藉，祖宗垂裕之模蕩矣。蓋自崇寧既踵元豐任李憲故事，命童貫監王厚軍下青唐，後貫因盡攘取陝右兵權。魯公再從東南召復相而力遏之，朝廷降詔，差方劭察訪五路，然遏之不得，更反折角。政和末，遂寖領樞筦，擅武柄，主廟算，而梁師成者則坐籌帷幄，其事任類古輔政者。一時宰相執政悉出其門，如中書門下徒奉行文書。於是國家將相之任，文武二道，咸歸此二人。因公立黨伍，甚於水火。又當是時，御筆既行，互相抵排，都邑內外無所適從。羣臣有司大懼得罪，必得宦人領之，則可入奏，緩急有所主，故諸司務局爭奏，乞中官提領。是後大小百司，上下之權，悉繇閹寺。外路則有廉訪使者，或置承受官，於是天下一聽而紀律大紊矣。宣和之初暨中間，宦人有至太保少保，節度使、正使承宣觀察者比比焉。朝廷貴臣，又皆繇其門，遂不復有廟堂。士大夫始盡向之，朝班禁近，咸更相指目，「此立里客也」，「此木脚客也」。反以爲榮而爭趨羨之，能自飭勵者無幾矣。魯公則居家悔歎，每至啜泣，而上亦覺其難制，始殺馮浩，又殺王堯臣，若楊十承宣、小李使皆死不明，連剗數人。然勢已成，未睹其益。而羣閹既懼，思脱禍無術，則愈事燕游，用蠱上心，冀免夫朝夕。識者深憂，且疑有蕭牆之變，漢、唐之事，了在目前。俄禍自外來，大敵適破，都人憤洩，立殺至啗之，骨血無遺餘矣。凡此始終，自非皇天擁祐聖祚，不然可勝殆哉。故書其略如此。

吳曾《能改齋漫録》卷一二　童貫自崇寧二年，始以入内内侍省東頭供奉官，奉旨差往江南等路，計置景靈宮材料；續差往杭州，製造御前生活；又差委製造修蓋集禧觀齋殿、本命殿、火德真君觀，緣此進用被寵。繼西邊用兵，又以功進。于是縉紳無恥者，皆出其門。而士論始沸騰矣，至以蔡京爲比。當時天下諺曰：「打破筒，潑了菜，便是人間好世界。」而朝廷曾不悟也。二人卒亂天下。

曾敏行《獨醒雜志》卷七　童貫之討方臘也，盡檄東南諸路兵，凡數十萬，貫獨總之。既累月無功，朝廷頗加督責，貫懼，無以爲計，乃出令：「與賊戰而不能生獲者，許斬首以獻，亦議推賞。輒欺者，抵罪。」諸軍自後每出戰或夜劫賊寨，凡力所能加者，皆殺之，以其首來，貫即授賞，不問其是賊與否也。軍士因大爲欺罔，偶出遇往來人，亦皆殺之，因告其主將曰：「道逢賊衆，因與鬬敵，遂斬其首。」主將縱知其非，亦不敢言。陳公亨伯嘗見貫，謂曰：「聞諸軍每戰多殺平民，要須禁止。且治盜與治夷狄不同，彼夷狄狀貌與中國大異，故可以級論功。今平民與盜初無別，軍士利于得賞，何憚而不殺平民乎？」貫不聽，既而臘招降，餘黨潰散，軍士追奔或入民居，全家殺之，以其首獻。貫欲張大其功，亦不問也。

曾敏行《獨醒雜志》卷九　童貫竄嶺南，言者謂：貫姦凶，不宜置之遠地，且其誤國之罪，當正典刑。淵聖以爲然，乃命監察御史張澂乘驛斬之。既出國門，復得御札三字：「速密全。」即書夜兼行，追至南安驛舍斬之，函首京師，梟于東市。

張知甫《可書》　童貫以燕山功，遂封同安郡王。有改晉公《平淮西》詩以譏曰：「長樂坡頭十萬戈，碧油幢下一婆婆。今朝始覺爲奴貴，夜聽元戎報五更也囉。」

王明清《揮麈録・後録》卷三　靖康初，童貫既以誤國竄海外，已而下詔誅之。欽宗喻宰執云：「貫素姦狡，須得熟識其面目者，銜命追路，即所在行刑，遮免差誤。」唐欽叟時爲首相，云：「朝臣中有張澂字達明者，與貫往還，宜令其往。」詔除澂監察御史以行。澂字達明，有一小女十餘歲，玉雪可憐，素所愛。時天寒，欲卯飲，忽聞有此役，駭愕戰掉，袖拂湯酒椀，沃其女立死。達明號慟引道，怨欽叟切骨。至南雄州而貫就戮。明年，欽叟免相留京，二聖北遷。虜人立張邦昌爲主，且驅廷臣連銜列狀，欽叟僉名畢，仰藥而殂。建炎中，達明爲中司，適欽叟家陳乞卹典，達明言：「欽叟不能抗虜之命，雖死不足褒贈。」繇是恩數盡寢。至今不能理也。

王明清《揮麈録・後録》卷八　政和中，將作監賈讜明仲奉詔爲童貫治賜第於都城。既落成，賈往謝之，貫云：「久勞神觀，而匆匆竟未能小款，翌早朝退無它，幸見過點心而已。」明仲領其意。詰朝往見，賓主不交一談。頃之，一卒持二物，若寶蓋瓔珞狀，張於貫及己之上。視之，皆真珠也。各命二雙鬟，捧桌子一隻至所座前。又令庖人持銀鐐竈，即廳之側燎火造包子。以酒食行，凡三，每一行，易一桌，凡果碟酒杯之屬，初以銀，次金，又次以玉。其製作奇絶，目所未睹。三杯即徹，賈亦辭出，暫至局中，然後歸舍，見數人立於門云：「太傅致意，適來大監坐間受用一分器皿及雙鬟，悉令持納。」計其值，逾數萬緡。賈由此雄豪，至今以富聞湘中讜，逵之孫也。

周煇《清波雜志》卷五　蔡京庫中，點檢蜂兒見在數目，得三十七秤；黄雀鮓自地積至棟者滿三楹，他物稱是。童貫既敗，籍没家貲，得劑成理中圓幾千斤。「胡椒銖兩多，安用八百斛？」今古所紀一律。

陸游《老學庵筆記》卷三　童貫既有詔誅之命，御史張達明持詔行。將至南雄州，貫在焉。達明恐其聞而引決，則不及正典刑，乃先遣親事官一人，馳往見貫，至則通謁拜賀于庭。貫問故，曰：「有詔遣中使賜茶藥，宣詔大王赴闕，且聞

已有河北宣撫之命。」貫問：「果否？」對曰：「今將帥皆晚進，不可委寄，故主上與大臣熟議，以有威望習邊事，無如大王者，故有此命。」貫乃大喜，顧左右曰：「又卻是少我不得。」明日達明乃至，誅之。貫既伏誅，其死所忽有物在地，如水銀鏡，徑三四尺，俄而斂縮不見。達明復命函貫首自隨，以生油、水銀浸之，而以生牛皮固函。行一二日，或言勝捷兵有死士欲奪貫首，達明恐亡之，乃置首函於竹轎中，坐其上。然所傳蓋妄也。

陸游《老學庵筆記》卷四　童貫平方寇時，受富民獻遺。文臣曰「上書可采」，武臣曰「軍前有勞」，並補官，仍許磨勘，封贈爲官户。比事平，有司計之，凡四千七百人有奇。

陸游《老學庵筆記》卷五　童貫爲太師，用廣南龔澄樞故事。林靈素爲金門羽客，用閩王時譚紫霄故事。嗚呼異哉！

備論

王稱《東都事略》卷一二一《童貫傳》　臣稱曰：宦者之職，本以服役掃洒，主通内外之禁，而時君世主必狎而親之，故雖寵任之篤，則亦無有命以旄鉞者。自一童貫領節制，而踵之者數人，位三師而爲公孤者亦相繼焉。蓋自古未有也，矧貫褻藝祖之軍制，敗章聖之盟誓，其爲罪也，雖百世不磨矣。於虖！貫以腐夫庸人而任以大臣之事，疏以王爵之封，志得意驕，自貽顛覆，尚何逃鈇鉞之誅哉？

吕中《類編皇朝大事記講義》卷二一　上之即位，其始，因脩造華奢而斥内侍郝隨、劉友端；其後則以童貫監製器，以朱勔領花綱。其始，因陳瓘之言，竄裴彦臣交通内外之迹，以罷蔡京；其後，則以童貫而用蔡京，以梁師成而用王黼。則知人君之心，未始有不善，而小人惑蠱其心者，其罪多矣！一童貫也，使之監製器之役猶可也，蔡京乃使之領西師，西事未畢而北事復起，既命之使遼以覘其國，適爲遼人所覘；又縱之通女真，反爲女真所侮；甚至于方臘不能討，命童貫以討之。是一童貫，可以任内修外攘之功矣！夫宦官者，腹心之患也；夷狄者，手足之患也。宦官者，根本之禍也；夷狄者，枝葉之禍也。當時任伯雨之言曰：「朝廷爲陽，宫禁爲陰；中國爲陽，邊塞爲陰；君子爲陽，小人爲陰；德爲陽，兵爲陰。」愚謂崇、觀以來，陰氣盛矣哉！小人、宦官、邊塞同一氣類也，此有所感則彼有所應，必然之理也。縱使當時無邊塞之禍，亦有宦官之禍也。

張叔夜部

綜述

《宋史》卷三五三《張叔夜傳》 張叔夜字嵇仲，侍中耆孫也。少喜言兵，以蔭爲蘭州録事參軍。州本漢金城郡，地最極邊，恃河爲固，每歲河冰合，必嚴兵以備，士不釋甲者累月。叔夜曰：「此非計也。不求要地守之，而使敵迫河，則吾既殆矣。」有地曰天都者，介五路間，羌人入寇，必先至彼點集，然後議所向，每一至則五路皆竦。叔夜按其形勢，畫攻取之策，訖得之，建爲西安州，自是蘭無羌患。

知襄城、陳留縣，蔣之奇薦之，易禮賓副使、通事舍人、知安肅軍，言者謂太優，還故官。獻所爲文，知舒、海、泰三州。大觀中，爲庫部員外郎、開封少尹。復獻文，召試制誥，賜進士出身，遷右司員外郎。

使遼，宴射，首中的。遼人歎詫，求觀所引弓，以無故事，拒不與。還，圖其山川、城郭、服器、儀範爲五篇，上之。從弟克公彈蔡京，京遷怒叔夜，摭司存微過，貶監西安草場。久之，召爲祕書少監，擢中書舍人、給事中。時吏惰不虔，凡命令之出於門下者，預列銜，使書名而徐填其事，謂之「空黄」。叔夜極陳革其弊。進禮部侍郎，又爲京所忌，以徽猷閣待制再知海州。

宋江起河朔，轉略十郡，官軍莫敢嬰其鋒。聲言將至，叔夜使間者覘所向，賊徑趨海瀕，劫鉅舟十餘，載擄獲。於是募死士得千人，設伏近城，而出輕兵距海，誘之戰。先匿壯卒海旁，伺兵合，舉火焚其舟。賊聞之，皆無鬥志，伏兵乘之，擒其副賊，江乃降。

加直學士，徙濟南府。山東羣盜猝至，叔夜度力不敵，謂僚吏曰：「若束手以俟援兵，民無噍類，當以計緩之。使延三日，吾事濟矣。」乃取舊赦賊文，俾郵卒傳至郡，盜聞，果小懈。叔夜會飲譙門，示以閒暇，遣吏諭以恩旨。盜狐疑相持，至暮未決。叔夜發卒五千人，乘其惰擊之，盜奔潰，追斬數千級。以功進龍圖閣直學士、知青州。

靖康改元，金人南下，叔夜再上章乞假騎兵，與諸將并力斷其歸路，不報。徙鄧州。四道置帥，叔夜領南道都總管。金兵再至，欽宗手札趣入衛。即自將中軍，子伯奮將前軍，仲熊將後軍，合三萬人，翌日上道。至尉氏，與金游兵遇，轉戰而前。十一月晦，至都，帝御南薰門見之，軍容甚整。入對，言賊鋒方鋭，願如唐明皇之避禄山，暫詣襄陽以圖幸雍。帝頷之。加延康殿學士。閏月，帝登城，叔夜陳兵玉津園，鎧甲光明，拜舞城下。帝益喜，進資政殿學士，令以兵入城，俄簽書樞密院。連四日，與金人大戰，斬其金環貴將二人。帝遣使賫蠟書，以褒寵叔夜之事檄告諸道，然迄無赴者。城陷，叔夜被創，猶父子力戰。車駕再出郊，叔夜因起居叩馬而諫，帝曰：「朕爲生靈之故，不得不親往。」叔夜號慟再拜，衆皆哭。帝迴首字之曰：「嵇仲努力！」

金人議立異姓，叔夜謂孫傅曰：「今日之事，有死而已。」移書二帥，請立太子以從民望。二帥怒，追赴軍中，至則抗請如初，遂從以北。道中不食粟，唯時飲湯。既次白溝，馭者曰：「過界河矣。」叔夜乃矍然起，仰天大呼，遂不復語。明日，卒，年六十三。訃聞，贈開府儀同三司，謚曰忠文。

雜録

備録

李幼武《宋朝名臣言行續録》卷六 李忠定曰：「人材因事而奮，節義臨難乃顯。蕩陰之役，血濺御衣，獨有一嵇紹；安史之亂，首唱義兵，獨有一顏真卿；朱泚之變，叱三館之士，使不從賊，獨有一何蕃，豈易得哉！靖康之季，分四道總管以衛王室。及金人再犯闕，或擁兵坐視而不進，或棄軍以自全。獨公摠師南道，轉戰以達都城，所謀不從，城陷被執，猶惓惓抗章，欲立趙氏。其忠於國家，大節如此，雖古人何以加諸。綱嘗見所與家問，勉以忠義，固已歎服。其後聞公遂死國事，爲之流涕。嗟乎！士固有一死，非死之難，處死之爲難也。如公之死，得其所矣。彼忘義而偷生者，得不少有媿哉！」

又曰：「士之立名節、死國事，雖志氣有所感激，其平時胷次所養，必有大過

人者。遇事而發，非偶然也。段太尉以笏擊朱泚，或謂武人一時奮不顧身，柳子厚獨爲哀集遺事，作傳以明其非，真知言哉！公忠義之節著矣，臨去國日，自期必死，以書屬其家，叙平生所操守，真所謂中有所養，臨大節而不可奪者耶！書尾猶欲託不朽於墓表，若區區於爲名者，是不然。名固士君子之所貴也，聖人以名節砥礪天下，故士有舍生取義，不求生以害仁者。顔魯公知必死，李希烈自爲祭文墓誌，常寘坐隅，與公用心何異。近世名節不立，而惟自全之爲務，宜乎？遭國家之大變，而仗節死難之臣，不能無愧於古人也。如公卓然所立如此，吁可畏而仰哉！」

備論

李幼武《宋朝名臣言行續録》卷六　晦庵曰：靖康之難，虜騎長驅，都城危迫，四面勤王之兵逡巡前却，莫有至者。而張忠文獨以南道之師，千里赴難，軍鋒鋭甚，每戰必克。乃以廟算猶豫，卒不能有成功，而崎嶇顛沛之餘，竭力致死，猶以必存宗社爲己任。事復不就，則遂閉口絶食，而以身徇焉。【略】是其見危致命，殺身成仁，皆足以無愧於人臣之義。

藝文

李彌遜《筠谿集》卷二一《跋張嵇仲樞密遺墨》　靖康改元冬，金人犯順，要盟城下，樞密張公自南道提兵轉戰入衛，及自大駕北征，遂留守京師。公手自草牘，請立趙氏，凡十往返，竟以身從。噫，古所謂社稷之臣歟！昔杵臼爲趙死，後世以謂賢不及程嬰。蓋死易，立孤難耳。公以天下計，爲所甚難者，其賢於嬰又萬萬矣。公給事東省，僕以左史從。後三十年，復瞻遺墨，凛凛有生氣，涕泗拜之。

李彌遜《筠谿集》卷二一《跋張嵇仲樞密遺墨二》　右，樞密張公遺帖，蓋公末後語也。房相國佐唐功居第一，病且亟，猶奏疏以止東伐。司馬長卿居心不淨，素易繩檢，沒有遺《封禪書》。忠佞之性，至死不移。公奮不顧身，斧鉞在前，猶以大節自任。英風義氣，可以立貪懦而激忠直，百世之下，公之平生想見矣。

李綱《梁谿集》卷一六三《跋張嵇仲樞密遺稿一》　人材因事而奮，節義臨難乃顯。蕩陰之役，血濺御衣，獨有一嵇紹；安史之亂，首唱義兵，獨有一顔真卿；朱泚之變，叱三館之士，使不從賊，獨有一何蕃，豈易得哉！靖康之季，分四道總管以衛王室，及金寇再犯闕，或擁兵坐視而不進，或棄軍遠遁以自全。獨樞密張公總師西道，轉戰以達都城。所謀不從，城陷被執，猶惓惓抗章欲立趙氏，其忠于國家大節如此，雖古人何以加諸？某頃執筆螭坳，寓直東省，公時夕拜瑣闥，周旋甚歡。迨靖康間，宣撫兩河，辟公之子叔獻以從。嘗見所與家問，勉以忠義，固已歎服。其後聞公遂死國事，爲之流涕。自靖康至今十有一年，叔獻持節江東，某帥守豫章，相遇於貴溪。道中出示遺藁數軸，讀之不覺淚之承睫也。嗟乎，士固有一死，非死之難，處死之爲難也。如公之死，得其所矣。彼忘義而偷生者，得不少有愧哉！

李綱《梁谿集》卷一六三《跋張嵇仲樞密遺稿二》　士之立名節、死國事，雖志氣有所感激，其平時胸次所養，必有大過人者，遇事而發，非偶然也。段太尉以笏擊朱泚，或謂武人一時奮不顧身，柳子厚獨爲哀集遺事，作傳以明其非，真知言哉。樞密張公忠義之節著矣，臨去國日，自期必死，以書屬其家，叙平生所操守，真所謂中有所養，臨大節而不可奪者耶！書尾猶欲托不朽於墓表，若區區於爲名者，是不然。名，固士君子之所貴也。聖人以名節砥礪天下，故士有舍生取義，不求生以害仁者。唐顔魯公知必死李希烈，自爲祭文、墓誌，常寘坐隅，與公用心何異？近世名節不立，而惟自全之爲務，宜乎遭國家之大變，而伏節死難之臣不能無愧於古人也。如公卓然所自立如此，吁，可畏而仰哉！

王安中《初寮集》卷八《祭張樞密文》　伏以河洛圖書，國之重器；慶雲景星，爲時祥瑞。比方賢哲，抑即其次。惟公閎望，高出一世。在昔孔門，其科有四，德行文學，言語政事。雖淵、騫徒，鮮能大備？公其兼之，夐出倫類。神宗教養，人材比肩。誾誾秩秩，莫非俊賢。公游太學，若麟鳳然。策名委質，綽有譽處。席據師儒，聲諧韶濩。王命肅將，澄清使路。崇觀天子，緝熙王度。鶴書蒲輪，召自公府。帝曰汝賢，視草西掖。亟登玉堂，揮大手筆。文章爾雅，渾然天質。綱轄中臺，青天白日。博聞多見，沃心造膝。帝知其忠，謂宜輔弼。進長樞廷，以贊宥密。有謀有功，威制羌戎。眅章士宇，舟車所通。秉以不懈，堂堂古風。君臣道合，千載一逢。云何不弔，我民無祿。道路咨嗟，百身何贖。昔我與

公，同預政機。聞訃之來，泣涕漣洏。匍匐欲往，闔寄是縻。寓辭千里，以侑一巵。尚饗！

朱熹《晦庵先生朱文公文集》卷八九《旌忠愍節廟碑并跋》 紹熙三年十月己酉，信州守臣王自中言：「臣幸得蒙恩剖符，假守支郡，視事之日，考按圖牒，竊見故簽書樞密院事張忠文公叔夜、故知同州事鄭威愍公驤衣冠之藏皆在郡境。蓋聞在昔靖康之難，虜騎長驅，都城危迫，四面勤王之兵逡巡前却，莫有至者。而忠文獨以南道之師千里赴難，軍鋒鋭甚，每戰必克，乃以廟算猶豫，卒不能有成功。而崎嶇顛沛之餘，竭力致死，猶以必存宗社爲己任。事復不就，則遂閉口絶食而以身殉焉。其後虜人分兵西闚關陝，所向降下，無不如意，則又有如威愍者，獨以孤城憊卒嬰其乘勝猋鋭之鋒，蔽遮三秦，以備巡幸。虜兵大至，鄰援四絶，知不能守，而勇氣彌厲，誓必與郡俱爲存亡。城陷之日，遂隕其生而不悔。是其見危致命，殺身成仁，皆足以無愧於人臣之義。是以聖朝痛悼，褒恤屢加，立廟賜名，著在祀典。蓋非獨以慰忠魂於地下，實以昭示萬世臣子忠義之大訓。而吏惰失職，脩奉弗虔。忠文雖得即墓爲祠，以嚴貌象，然而僻在永豐靈鷲深山之中，既無以侈上恩、厲衆志；至於威愍，葬祭在馮翊者，道既阻絶，而其故鄉玉山東郭有墳無廟，則行路之人所爲愴惻。而臣不佞，尤竊懼焉，謹已相地兩縣之境，通涂之側，出留州錢，屬吏鳩工，度爲雙廟，擬則巡、遠，庶幾有以揭虔妥靈，表勸忠義，仰稱建炎、紹興明詔之遺旨。謂宜假以光靈，定其名號，策書申命，以詔無極。臣不勝大願，敢昧死請。」事下禮部、太常合議條奏，咸謂二臣之廟前已賜額，宜因其故，合而名之。制詔禮官議，是其以「旌忠愍節之廟」爲額。於是尚書符郡主者施行如章，而王侯已召還矣。始，侯既屬役於玉山令芮立言、永豐令潘友文，又以書來請銘於熹，於是兩令課功，作治如法，復使人來申致侯命。熹既樂道二公之事，又重侯請，乃序而詩之，俾侯廟成，礱而刻焉。王侯字道夫，永嘉人，自少魁壘有奇節，嘗爲壽皇聖帝極陳當世之務。壽皇悦其言，欲大用之而未及也。是其爲政知所先務，固宜如此。其詩曰：

皇皇后帝，降衷下民。君臣之義，父子之仁。臣之事君，策名委質。報生以死，身豈遑恤？若魚熊掌，取舍之間，是孰使之？其性則然。林林之生，孰無此性？利害劫之，或失其正。文武張公，投命重圍。擁孤弗遂，視死如歸。侃侃鄭公，遥遥孤壘。城亡與亡，其節亦偉。方時大變，衆潰如川。二公相望，砥柱屹然。慷慨臨危，一心如水。實全其天，萬世不死。招魂作主，帝有閔書。吏惰不稱，神用弗居。孰見孰聞？孰嗟孰歎？孰烝孰嘗？孰克用勸？守侯請命，奠此新宫。煌煌巨扁，合舊增崇。麗牲有碑，螭蟠龜負。我其銘之，過者必下。

紹熙四年五月戊寅，具位新安朱熹撰。

熹既銘此碑，明年祗召造朝，道出祠下，將往拜焉，則貌象未設，而它役亦未訖功。問其故，則曰王侯既去，而歲惡民饑，兩令尋亦終更。而今玉山宰温國司馬君迈始將終之也。君文正公諸孫，其大父忠潔公亦以扈從北狩，守節不汙没其身，宜其有感於二公之事，不待州家之命而卒有以成王侯之志也。十月壬子，以訖事來告，熹以爲是亦宜得附書，因紀其事，使寫刻于碑之左方。

种師道部

綜述

《宋史》卷三三五《种師道傳》　師道字彝叔。少從張載學，以蔭補三班奉職，試法，易文階，爲熙州推官、權同谷縣。縣吏有田訟，彌二年不決。師道繙閱案牘，窮日力不竟，然所訟止母及兄而已。引吏詰之曰：「母、兄，法可訟乎。汝再期擾鄉里足未？」吏叩頭服罪。

通判原州，提舉秦鳳常平。議役法忤蔡京旨，換莊宅使、知德順軍。又謂其詆毁先烈，罷入黨籍，屏廢十年。以武功大夫、忠州刺史、涇原都鈐轄知懷德軍。夏國畫境，其人焦彦堅必欲得故地，師道曰：「如言故地，當以漢、唐爲正，則君家疆土益蹙矣。」彦堅無以對。

童貫握兵柄而西，翕張威福，見者皆旅拜，師道長揖而已。召詣闕，徽宗訪以邊事，對曰：「先爲不可勝，來則應之。妄動生事，非計也。」貫議徙內郡弓箭手實邊，而指爲新邊所募。帝復訪之，對曰：「臣恐勤遠之功未立，而近擾先及矣。」帝善其言，賜襲衣、金帶，以爲提舉秦鳳弓箭手。時五路並置官，帝謂曰：「卿，吾所親擢也。」貫滋不悦，師道不敢拜，以請，得提舉崇福宫。久之，知西安州。

夏人侵定邊，築佛口城，率師往夷之。始至渴甚，師道指山之西麓曰：「是當有水。」命工求之，果得水滿谷。累遷龍神衛四廂都指揮使、洺州防禦使、知渭州。督諸道兵城席葦平，士賦工，敵至，堅壁葫蘆河。師道陳于河滸，若將決戰者。陰遣偏將曲充徑出横嶺，揚言援兵至，敵方駭顧，楊可世潛軍軍其後，姚平仲以精甲衷擊之，敵大潰，斬首五十級，獲橐駝、馬牛萬計，其酋僅以身免。卒城而還。

又詔帥陝西、河東七路兵征臧底城，期以旬日必克。既薄城下，敵守備甚固。官軍小怠，列校有據胡床自休者，立斬之，屍于軍門。令曰：「今日城不下，視此。」衆股栗，譟而登城，城即潰，時兵至纔八日。帝得捷書喜，進侍衛親軍馬軍副都指揮使、應道軍承宣使。

從童貫爲都統制，拜保静軍節度使。貫謀伐燕，使師道盡護諸將。師道諫曰：「今日之舉，譬如盗入鄰家不能救，又乘之而分其室焉，無乃不可乎？」貫不聽。既次白溝，遼人譟而前，士卒多傷。師道先令人持一巨梃自防，賴以不大敗。

遼使來請曰：「女真之叛本朝，亦南朝之所甚惡也。今射一時之利，棄百年之好，結豺狼之鄰，基他日之禍，謂爲得計可乎？救災恤鄰，古今通義，惟大國圖之。」貫不能對，師道復諫宜許之，又不聽，密劾其助賊。王黼怒，責爲右衛將軍致仕，而用劉延慶代之。延慶敗績于盧溝，帝思其言，起爲憲州刺史、知環州，俄還保静軍節度使，復致仕。

金人南下，趣召之，加檢校少保、静難軍節度使、京畿河北制置使，聽便宜檄兵食。師道方居南山豹林谷，聞命即東。過姚平仲，有步騎七千，與之俱北。至洛陽，聞斡離不已屯京城下，或止勿行曰：「賊勢方鋭，願少駐汜水，以謀萬全。」師道曰：「吾兵少，若遲回不進，形見情露，祇取辱焉。今鼓行而前，彼安能測我虚實？都人知吾來，士氣自振，何憂賊哉！」揭榜沿道，言种少保領西兵百萬來。遂抵城西，趨汴水南，徑逼敵營。金人懼，徙砦稍北，斂游騎，但守牟駝岡，增壘自衛。

時師道春秋高，天下稱爲「老种」。欽宗聞其至，喜甚，開安上門，命尚書右丞李綱迎勞。時已議和，入見，帝問曰：「今日之事，卿意如何？」對曰：「女真不知兵，豈有孤軍深入人境而能善其歸乎？」帝曰：「業已講好矣。」對曰：「臣以軍旅之事事陛下，餘非所敢知也。」拜檢校少傅、同知樞密院、京畿兩河宣撫使，諸道兵悉隸焉。以平仲爲都統制。

師道時被病，命毋拜，許肩輿入朝。金使王汭在廷頡頏，望見師道，拜跪稍如禮。帝顧笑曰：「彼爲卿故也。」京城自受圍，諸門盡閉，市無薪菜。師道請啓西、南壁，聽民出入如常。

金人有擅過偏將馬忠軍者，忠斬其六人。金人來訴，師道付以界旗，使自爲制，後無有敢越佚者。又請緩給金幣，使彼惰歸，扼而殲諸河，執政不可。

种氏、姚氏皆爲山西巨室，平仲父古方以熙河兵入援。平仲慮功名獨歸种氏。乃以士不得速戰爲言達于上。李綱主其議，令城下兵緩急聽平仲節度。帝日遣使趣師道戰，師道欲俟其弟秦鳳經略使師中至，奏言過春分乃可擊。時相

距纔八日，帝以爲緩，竟用平仲斫營，以及于敗。既敗，李邦彦議割三鎮，師道爭之不得。

李綱罷，太學諸生、都人伏闕願見种、李，詔趣使彈壓。師道乘車而來，衆褰簾視之，曰：「果我公也。」相率聲喏而散。

金師退，乃罷爲中太一宫使。御史中丞許翰見帝，以爲不宜解師道兵柄。上曰：「師道老矣，難用，當使卿見之。」令相見於殿門外。師道不語，翰曰：「國家有急，詔許訪所疑，公勿以書生之故不肯談。」師道始言：「我衆彼寡，但分兵結營，控守要地，使彼粮道不通，坐以持久，可破也。」翰嘆味其言，復上奏謂師道智慮未衰，尚可用。於是加檢校少師，進太尉，换節鎮洮軍，爲河北、河東宣撫使，屯滑州，實無兵自隨。

師道請合關、河卒屯滄、衛、孟、滑，備金兵再至。朝論以大敵甫退，不宜勞師以示弱，格不用。既而師中戰死，姚古敗，朝廷震悚，召師道還。太原陷，又使巡邊。次河陽，遇王汭，揣敵必大舉，亟上疏請幸長安以避其鋒。大臣以爲怯，復召還。既至，病不能見。十月，卒，年七十六。帝臨奠，哭之慟，贈開府儀同三司。

京師失守，帝搏膺曰：「不用种師道言，以至于此！」金兵之始退也，師道申前議，勸帝乘半濟擊之，不從，曰：「異日必爲國患。」故追痛其語。建炎中，加贈少保，謚曰忠憲。

王稱《東都事略》卷一〇七《种師道傳》 种師道字彝叔，世衡之孫也。年二十，以伯父諤蔭爲三班奉職，試法，易文階，爲鎮洮軍推官。諤死，故吏徐勳盜印而補人官，事覺，詔御史問狀。勳引諤子朴爲證，師道馳至京師，上書曰：「朴斬然哀疚，豈復有此。儻不獲免，似爲夏人報仇。」神宗即日赦朴。陝西轉運使王欽臣聞而義之，辟以爲屬。以熙州推官、權同谷縣。有滑吏訟田，彌二年不決。師道閱其牘，窮日力不可竟，然所訟止於母及兄而已。引吏前，詰之曰：「母、兄，法當訟也？」邪吏遂服罪。累擢提舉秦鳳路常平，换莊宅使、知德順軍。坐嘗議役法忤蔡京意，罷入黨籍，屏居十餘年。始得武功大夫、忠州刺史、涇原路兵馬鈐轄知懷德軍。師道初名建中，避年號，改爲師極，詔賜今名。

夏國議畫界，以故地爲請。師道曰：「如言故地，當以漢、唐爲正，則君之疆土益蹙矣。」徽宗召問以邊事，對曰：「先爲不可勝，來則應之。妄動生事，非計也。」童貫議欲徙内郡弓箭手以實邊，而指爲西邊所招之數。徽宗以問師道，對曰：「臣恐勤遠之功未立，而追擾先及矣。」徽宗然之。以請得提舉崇福宫。久之，復以涇原鈐轄知西安州。

夏人侵近邊軍，築佛口谷爲城，率衆往平之。師初臨城，渴甚，師道指山之西麓曰：「是當有水。」命工求之，得水滿谷，夏人以爲神。遷左武大夫、康州防禦使，拜龍神衛四廂都指揮使、洺州防禦使、知渭州。節制諸道兵，往城席葦平，方庀工而賊坌至，據葫蘆河，堅壁老我師，師道陳于河滸，若將決戰者，使人揚言曰：「援兵至矣。」賊方疑顧，而楊可世潛軍其後，姚平仲以精甲衷擊之，賊大潰，斬首五千級，獲橐駝、馬牛萬計，其酋僅以身免，卒城而還。

又詔率陝西、河東七路之師征臧底城，期以一旬必克。既薄城下，虜守備甚飭。官軍稍怠，小校有據胡床自休者，立斬之，尸於軍門。令諸將曰：「今日城不下，當視此。」衆股栗，既而登城，即潰去。以功進侍衛親軍馬軍副都指揮使、應道軍承宣使。以靖夏城失守，降隴州防禦使。俄以都統制與殿前劉延慶、步軍劉仲武出蕭關，夏人棄永和、割沓兩城而遁。師及鳴沙，無所見而還，拜保静軍節度使。

童貫謀伐燕，命師道盡護諸將，師道諫曰：「今日之舉，譬如盜入鄰家不能救，又乘之而分其室焉，師出無名，何以成事？」不聽。既過白溝，遼人軍容甚整，詬而前，王師多傷，貫亟召軍還。遼人遂至城下，使來請曰：「女貞之叛本朝，亦南朝之所甚惡也。捨此不圖，而欲射一時之利，棄百年之好，結豺狼之鄰，基他日之禍，謂爲得計可乎？使不獲已而罷歲幣，固所願也。或使歸其故疆，亦云從矣。救灾恤鄰，古今通義，唯大國圖之。」貫不能對，麾使去。師道復諫宜許之，又不聽，密劾其助賊沮軍。宰相王黼怒，責授右衛將軍致仕，而用劉延慶代之。延慶果敗績，徽宗思其言，起爲憲州刺史、知環州，俄還保静軍節度使，復致仕。

金人南下，拜師道静難軍節度使、京畿河北路制置使，聽用便宜檄兵食。師道聞命即東。遇姚平仲以步騎三千戍燕，遂與之俱北。至洛陽，而斡離不已屯于京城之北矣。或止師道勿行，曰：「賊勢方鋭，盍少駐汜水，以謀萬全。」師道曰：「吾兵少，若遲回不進，形見情得，秖取辱焉。今鼓行而前，虜安能知虚實？都人知吾來，士氣自振，何憂賊矣！」欽宗聞其至，喜甚。既入見，時已與金人議和，欽宗曰：「今日之事，卿之意如何？」師道曰：「豈有孤軍深入人境而能善其歸乎？女真可謂不知兵矣。」欽宗曰：「吾業已講好矣，奈何？」對曰：「臣以軍

旅之事陛下，餘非所敢知也。」拜同知樞密院事、京畿河北河東宣撫使，以姚平仲爲都統制，諸道兵悉隸之。

師道時被病，特命毋拜，虜使王汭素頡頏，方入對，望見師道，拜跪稍加禮。欽宗顧師道笑曰：「彼爲卿故也。」自虜度河，京城諸門晝閉，市無薪菜。師道請啓西、南壁，聽民出入如平常。虜有過統制馬忠軍前者，忠斬其人，虜訴于朝，師道付以界旗，使自爲制，後無有敢越佚者。

會平仲之父古以昭慶軍節度使帥熙河，領兵入援。欽宗方倚師道以謀國，師道以三鎮不可棄，城下不可戰，朝廷姑堅守和議。俟姚古來，兵勢益盛，軍中共議自遣使人往諭虜，以三鎮係國家邊面，決不可割，寧以其賦入增作歲幣，庶幾和好久遠。如此三兩返，勢須逗留半月，重兵密邇，彼必不敢遠去劫掠，孳生監糧草漸竭，不免北還。俟過河，以騎兵尾襲，至真定、中山兩鎮必不肯下，彼腹背受敵，可以得志。而姚平仲恐功名之會歸於种氏，忌之，乃以士不得速戰有怨言，達于欽宗，李綱主其議，令城外兵馬緩急聽平仲節制，師道言不見用。

平仲常從童貫平方臘有功，爲貫所抑，欽宗以其驍勇，許以成功，授節度使。平仲議欲夜叩虜營，生擒斡離不，奉康王以歸。欽宗一日遣使五輩，趣師道進戰，師道言：「過春分節乃可擊矣。」是時相距纔八日，蓋師道遲其弟師中之至也。欽宗以其緩，乃從平仲率步騎萬人入劫虜砦，平仲之未發也，虜人已知之，先事設備，故反爲所敗。詔罷綱，師道曰：「勝負兵家之常，再擊可也。」議者難之。會太學生譟于闕下，請復綱、師道位，欽宗黽勉從之。綱復執政，而師道實未嘗去位也。

虜退，師道始罷爲中太一宮使。於是御史中丞許翰上疏，以爲不當解師道兵柄。欽宗曰：「師道老矣，難用，當使卿見之。」令相見於殿門外。師道不語，翰曰：「國家有難，詔許咨訪所疑，願公毋以書生不知兵，諭以至計。」因言平仲城下用兵之失，以感發之。師道始言：「我衆彼寡，但分兵結砦，控守要地，使之糧道不通，挫以持久，可破也。」翰深歎息其言，復上奏：「師道智慮未衰。方時多故，而爪牙虎臣頓之散地，非計也。」未幾，拜太尉、鎮洮軍節度使，復爲河北宣撫使，駐軍滑州，實無兵從行。

師道請合關中、兩河卒屯於滄、衛、孟、滑，豫爲防秋計。朝論以大敵甫退，不宜勞民以示弱，格不用。既而弟師中戰死於榆次，姚古敗于盤陀，朝廷震悚，召師道還，不復有委用意。太原失守，又遣李綱巡邊，次河陽，王汭來自燕，師道揣虜必大舉入寇，亟上疏請幸長安以避其鋒，大臣以爲怯，復召還。既至，病不能見，卒于第，年七十六，贈開府儀同三司。

閲月，虜再犯京師，比城陷，欽宗慟哭曰：「朕不用种師道言，以至於此。」始，師道勸欽宗乘其度河，半擊之，不從，曰：「異日必爲後患。」故欽宗思其言，嗟痛之。後贈少保，謚曰中憲。弟師中。

雜録

備録

李幼武《宋朝名臣言行續録》卷二　政和初，夏國議畫界，其使焦彦堅以故地爲請，累數百言，公曰：「如言故地，當以漢、唐爲正，則君之疆土益蹙矣。」彦堅驚謝曰：「敢不唯公命。自公守境，國人受不擾之賜，恨不獲伸子姪之禮於下執耳。」懷德爲西方極邊，公築同樂園於郊，常從賓客鼓吹宴集，其間吏民熙熙，忘其身之在絶塞也。

公初爲制置使，聽用便宜檄取兵食，公聞命，即發。會姚平仲當以涇原騎兵二千、步兵一千更戍燕山，未行，公遂率與俱北。至洛陽，而斡離不師已屯於城之北，或止公勿行，曰：「賊勢方鋭，我以偏師先犯之，勝負見矣。四方勤王之師視此以爲去就，盍止少駐汜水以謀萬全。」公曰：「吾兵少，若遲回不進，形見情得，秖取辱焉。今鼓行而前，虜安能知吾虚實？都人知吾來，士氣自振，何憂賊焉。」上聞其至，喜甚，開安上門，命李綱迎勞。既入見，時已與金人議和，上曰：「今日之事，卿意如何？」公曰：「女真不知兵，豈有孤軍深入人境而能善其歸乎？」上曰：「業已講好矣。」對曰：「臣以軍旅之事事陛下，餘非所敢知也。」即拜同知。公時被病，特命毋拜，許肩輿入朝，家人掖升殿。虜使王汭素頡頏，方入對，望見公，拜跪稍如禮。上顧笑曰：「彼爲卿故也。」自虜渡河，京師諸門晝閉，市無薪菜，公請啓西、南壁，聽民出入如平常。又請緩與金帛，禁游騎，使不得遠掠，俟彼惰歸，扼而殲諸河。執政聞其言，止此易之。

上方倚公以謀國，而种氏、姚氏素爲山西巨室，兩家子弟不相下。時平仲之

父古帥熙河以兵勤王，平仲恐功名之會獨歸於种氏，乃以士不得速戰有怨言達于上，上一日遣使五輩促公進戰，公言過春分節可擊。時相距纔八日，蓋遲其弟師中及姚古之至也。平仲欲夜叩虜營，生擒斡離不，奉康王以歸，故公言不用。既而平仲謀泄，虜先事設備，及平仲率步騎萬人夜劫寨，反爲所敗而還。初公請簡料勤王之師，分爲三等出戰，餘皆守城，先立理賞之格以示之，選將分總，距賊寨二三里，環營守之，絶其剽掠，使其乏食。趣姚古以所領西師會河朔將兵，選精鋭五萬人，自河陽，駐滑州，進屯賊營之後，剋日併力攻之，此必勝之策也。不聽。平仲敗，公復言劫寨已誤，然兵家亦有出其不意者，今夕再遣兵分道攻之，亦一奇也。如猶不勝，每夕以數千人擾之，不十日賊遁矣。李邦彦等畏懦不能用。

是日，公分軍屯城西，其後軍適虜掠之，戰於板橋，斬首十七級。至夜，遣人焚馬監東廊，虜懼，於牟駝岡穿塹立寨，爲首衛之計。

公入對，次見都堂，李邦彦以下與議和戰之計，答對往復而邦彦弗識，獨大笑而已。是後廟堂懲二月一日刼寨之事，自此因噎廢食，公與李綱遂俱掣其肘。公知兵，有謀，艱難時，獨巍然有柱石望，爲執政所二三故，使其進退翕忽，終不能用。

《靖康太學遺録》曰：「靖康之變，公首先赴難，上召問計安出，公奏云：『臣以議和非也，京師周回八十里，如何可圍？城高數十丈，粟支數十年，不可攻也。欲於城内劄寨，而城上嚴守拒戰，以待勤王之師，不踰數月，虜自困矣。然業已講和，不可止金銀。不足，請見數與之。如其不退，乃與之戰，且四鎮之地，内保州乃宣祖陵寢，斷不宜割與。』上令公於政事堂共議，公見邦彦曰：『厶在西土，不知京城堅高如此，備禦有餘。京師之民雖不能戰，亦可使守，但患無糧耳。若糧食有餘，器甲精鋭，京師十萬衆，盡皆兵也。』邦彦曰：『素不習武事，不知出此。』公嘆曰：『相公不習兵，豈不聞往古守城者乎？』又曰：『聞城外居民悉爲賊殺掠，畜産甚多，亦爲賊有。當時既聞賊來，何不悉令城外百姓撤去屋舍，搬其所蓄盡入城中，乃遽閉門以遺賊資，何也？』邦彦曰：『倉卒之際，不暇及此。』公笑曰：『好荒。』左右皆笑，公與邦彦議，人人異同，惟李綱與公合，奏公所議而請身任其責，後以綱爲守禦使，用公計，遣使以金帛不足事曉諭粘罕，粘罕意果不滿，引兵攻城，綱出兵小不利，邦彦等歸罪公與綱，而罷其兵。兩日人情危駭，而上不知也。」

中丞許翰上疏曰：「伏見罷師道提舉中太一宮，中外聞之，悵然失色。按師道沉毅有謀，山西將士人人信服，素聞其賢。臣所詢訪數十百人，皆言師道雖已老疾，智慮不衰，而朝廷以爲老，無計策，不可復用。且昔秦始皇老王翦而用李信，兵辱於楚；漢宣帝用充國之老，終漢之世無西戎之患。自吕望以來，用老將收功者，難一一數。以古揆今，則師道之老而木訥，未嘗謂不可用也。今無故解其兵權，委之道館，使士氣消沮，民心疑惑，臣竊恨之！」

翰章累上言復師道兵柄，上曰：「師道老矣，難用，當使卿見之，令相見於殿門外。」公寂然不語，翰因言平仲城下用兵之失，以感發之，公始言：「我寡彼衆，當分兵結寨守要地，使糧道不通，挫以持久，可破也。」翰深歎息其言，復上奏：「師道智慮未衰，方時多故，而虎臣置之散地，非策也。」

粘罕之兵聞已和而退，命公宣撫河北，駐滑州。復命兼河東宣撫，公乃請合山東、陝西、京畿之兵屯於青、滄、滑、衛、河陽，預爲防秋之計。徐處仁等謂金人重載甫還，豈能復來，不宜先自擾費，且示敵以弱。議格不用。

公駐河陽，虜使王汭來，禮甚倨，公知虜必大舉，即上疏請幸長安，以守禦事付將帥。朝廷謂其怯，復召還，不能入見矣。

虜陷京城，上聞之慟哭曰：「朕不用師道言，以至于此。」春初虜之去也，公嘗勸上半渡擊之，不從，曰：「異日必爲後患。」至是果然。

趙令時《侯鯖録》卷七 老种太尉師道預知金賊反覆，上進二詩，多爲張大太尉者收藏，不達。已備言大、金連結情狀，後果叛盟。詩曰：「外塞胡兒裏黨臣，勾連數衆赴京城。團團闊闊孤平寨，不識皇家王氣星。」又云：「飛蛾視火殘生滅，燕逐羣鷹命不存。從今一掃胡兵盡，萬年不敢正南行。」後金人奔突犯闕，皆如其言。初與折可存立殊勳，後欲擊賊，不用其言，氣憤而卒。

陸游《老學庵筆記》卷二 种彝叔，靖康初以保静節鉞致仕，居長安村墅。一夕，旌節有聲甚異，且而中使至，遂起。五代時，安重誨、王峻皆嘗有此異，見《周太祖實録》，二人者皆得禍。彝叔雖自是登樞府，然功名不成，亦非吉兆也。方彝叔赴召時，有華山道人獻詩曰：「北蕃羣犬窺籬落，驚起南朝老大蟲。」

陸游《老學庵筆記》卷四 姚平仲謀劫虜寨，欽廟以詢种彝叔，彝叔持不可甚堅。及平仲敗，彝叔乃請速再擊之，曰：「今必勝矣。」或問：「平仲之舉爲虜所笑，奈何再出？」彝叔曰：「此所以必勝也。」然朝廷方上下震懼，無能用者。

以孤軍深入，師道請遲西師之至而擊之，長驅上黨；師中欲出其背以拚之，可謂至計矣。李綱、許翰顧以爲怯緩逗撓，動失機會，遂至大衄，而國隨以敗，惜哉！

王稱《東都事略》卷一〇七《种師道傳》 臣稱曰：靖康之難，可不哀哉！方是時，金人之兵强於天下，所至州縣悉望風奔潰，莫有鬭者。獨師道謂虜可與戰而勝，非若鬼神之不可測、豺虎之不可禦也，故請俟其度河，扼而殲之。師道老將，其所以應機料敵者審矣，忽其言而不用，何哉？用之則國耻可雪，而人主亦無後時之悔矣，悲夫！

備論

《宋史》卷三三五《种師道傳》 論曰：宋懲五季藩鎮之弊，稍用逢掖治邊陲，領介胄。然兵勢國之大事，非素明習，而欲應變決策於急遽危難之際，豈不仆哉。种氏自世衡立功青澗，撫循士卒，威動羌、夏，諸子俱有將材，至師道、師中已三世，號山西名將。徽宗任宦豎起邊釁，師道之言不售，卒基南北之禍。金

楊時部

綜述

《宋史》卷四二八《楊時傳》 楊時字中立，南劍將樂人。幼穎異，能屬文，稍長，潛心經史。熙寧九年，中進士第。時河南程顥與弟頤講孔、孟絶學于熙、豐之際，河、洛之士翕然師之。時調官不赴，以師禮見顥於潁昌，相得甚懽。其歸也，顥目送之曰：「吾道南矣。」四年而顥死，時聞之，設位哭寢門，而以書赴告同學者。至是，又見程頤於洛，時蓋年四十矣。一日見頤，頤偶瞑坐，時與游酢侍立不去，頤既覺，則門外雪深一尺矣。關西張載嘗著《西銘》，二程深推服之，時疑其近於兼愛，與其師頤辨論往復，聞理一分殊之説，始豁然無疑。

杜門不仕者十年，久之，歷知瀏陽、餘杭、蕭山三縣，皆有惠政，民思之不忘。張舜民在諫垣，薦之，得荆州教授。時安於州縣，未嘗求聞達，而德望日重，四方之士不遠千里從之游，號曰龜山先生。

時天下多故，有言於蔡京者，以爲事至此必敗，宜引舊德老成置諸左右，庶幾猶可及，時宰是之。會有使高麗者，國主問龜山安在，使回以聞。召爲祕書郎，遷著作郎。及面對，奏曰：

堯、舜曰「允執厥中」，孟子曰「湯執中」，《洪範》曰「皇建其有極」，歷世聖人由斯道也。熙寧之初，大臣文六藝之言以行其私，祖宗之法紛更殆盡。元祐繼之，盡復祖宗之舊，熙寧之法一切廢革。至紹聖、崇寧抑又甚焉，凡元祐之政事著在令甲，皆焚之以滅其跡。自是分爲二黨，縉紳之禍至今未殄。臣願明詔有司，條具祖宗之法，著爲綱目，有宜於今者舉而行之，當損益者損益之，元祐、熙、豐姑置勿問，一趨於中而已。

朝廷方圖燕雲，虚内事外，時遂陳時政之弊，且謂：「燕雲之師宜退守内地，以省轉輸之勞，募邊民爲弓弩手，以殺常勝軍之勢。」又言：「都城居四達之衢，無高山巨浸以爲阻衛，士人懷異心，緩急不可倚仗。」執政不能用。登對，力陳君臣警戒，正在無虞之時，乞爲《宣和會計録》，以周知天下財物出入之數。徽宗首肯之。

除邇英殿説書。聞金人入攻，謂執政曰：「今日事勢如積薪已然，當自奮勵，以竦動觀聽。若示以怯懦之形，委靡不振，則事去矣。昔汲黯在朝，淮南寢謀。論黯之才，未必能過公孫弘輩也，特其直氣可以鎮壓姦雄之心爾。朝廷威望弗振，使姦雄一以弘輩視之，則無復可爲也。要害之地，當嚴爲守備，比至都城，尚何及哉？近邊州軍宜堅壁清野，勿與之戰，使之自困。若攻戰略地，當遣援兵追襲，使之腹背受敵，則可以制勝矣。」且謂：「今日之事，當以收人心爲先。人心不附，雖有高城深池，堅甲利兵，不足恃也。免夫之役，毒被海内，西城聚斂，東南花石，其害尤甚。前此蓋嘗罷之，詔墨未乾，而花石供奉之舟已銜尾矣。今雖復申前令，而禍根不除，人誰信之？欲致人和，去此三者，正今日之先務也。」

金人圍京城，勤王之兵四集，而莫相統一。時言：「唐九節度之師不立統帥，雖李、郭之善用兵，猶不免敗衄。今諸路烏合之衆，臣謂當立統帥，一號令，示紀律，而後士卒始用命。」又言：「童貫爲三路大帥，敵人侵疆，棄軍而歸，孥戮之有餘罪，朝廷置之不問，故梁方平、何灌皆相繼而遁。當正典刑，以爲臣子不忠之戒。童貫握兵二十餘年，覆軍殺將，馴至今日，比聞防城仍用閹人，覆車之轍，不可復蹈。」疏上，除右諫議大夫兼侍講。

敵兵初退，議者欲割三鎮以講和，時極言其不可，曰：「河朔爲朝廷重地，而三鎮又河朔之要藩也。自周世宗迄太祖、太宗，百戰而後得之，一旦棄之北庭，使敵騎疾驅，貫吾腹心，不數日可至京城。今聞三鎮之民以死拒之，三鎮拒其前，吾以重兵躡其後，尚可爲也。若种師道、劉光世皆一時名將，始至而未用，乞召問方略。」疏上，欽宗詔出師，而議者多持兩端，時抗疏曰：「聞金人駐磁、相，破大名，劫虜驅掠，無有紀極，誓墨未乾，而背不旋踵，吾雖欲專守和議，不可得也。夫越數千里之遠，犯人國都，危道也。彼見勤王之師四面而集，亦懼而歸，非愛我而不攻。朝廷割三鎮二十州之地與之，是欲助寇而自攻也。聞肅王初與之約，及河而返，今挾之以往，此敗盟之大者。臣竊謂朝廷宜以肅王爲問，責其敗盟，必得肅王而後已。」時太原圍閉數月，而姚古擁兵逗留不進，時上疏乞誅古以肅軍政，拔偏裨之可將者代之。不報。

李綱之罷，太學生伏闕上書，乞留綱與种師道，軍民集者數十萬，朝廷欲防禁之。吴敏乞用時以靖太學，時得召對，言：「諸生伏闕紛紛，忠於朝廷，非有他意，但擇老成有行誼者爲之長貳，則將自定。」欽宗曰：「無逾於卿。」遂以時兼國

子祭酒。首言：「三省政事所出，六曹分治，各有攸司。今乃別辟官屬，新進少年，未必賢於六曹長貳。」又言：

蔡京用事二十餘年，蠹國害民，幾危宗社，人所切齒，而論其罪者，莫知其所本也。蓋京以繼述神宗爲名，實挾王安石以圖身利，故推尊安石，加以王爵，配饗孔子廟庭。今日之禍，實安石有以啓之。

謹按安石挾管、商之術，飭六藝以文姦言，變亂祖宗法度。當時司馬光已言其爲害當見於數十年之後，今日之事，若合符契。其著爲邪説以塗學者耳目，而敗壞其心術者，不可縷數，姑即一二事明之。

昔神宗嘗稱美漢文惜百金以罷露臺，安石乃言：「陛下若能以堯、舜之道治天下，雖竭天下以自奉不爲過，守財之言非正理。」曾不知堯、舜茅茨土階，禹曰「克儉于家」，則竭天下以自奉者，必非堯、舜之道。其後王黼以應奉花石之事，竭天下之力，號爲享上，實安石有以倡之也。其釋《鳧鷖》守成之詩，於末章則謂：「以道守成者，役使羣衆，泰而不爲驕，宰制萬物，費而不爲侈，孰弊弊然以愛爲事。」《詩》之所言，正謂能持盈則神祇祖考安樂之，而無後艱爾。自古釋之者，未有泰而不爲驕、費而不爲侈之説也。安石獨倡爲此説，以啓人主之侈心。後蔡京輩輕費妄用，以侈靡爲事。安石邪説之害如此。

伏望追奪王爵，明詔中外，毀去配享之像，使邪説淫辭不爲學者之惑。

疏上，安石遂降從祀之列。士之習王氏學取科第者，已數十年，不復知其非，忽聞以爲邪説，議論紛然。諫官馮澥力主王氏，上疏詆時。會學官中有紛爭者，有旨學官並罷，時亦罷祭酒。

時又言：「元祐黨籍中，惟司馬光一人獨褒顯，而未及呂公著、韓維、范純仁、呂大防、安燾輩。建中初言官陳瓘已褒贈，而未及鄒浩。」於是元祐諸臣皆次第牽復。

尋四上章乞罷諫省，除給事中，辭，乞致仕，除徽猷閣直學士、提舉嵩山崇福宮。時力辭直學士之命，改除徽猷閣待制、提舉崇福宮。陛辭，猶上書乞選將練兵，爲戰守之備。

高宗即位，除工部侍郎。陛對言：「自古聖賢之君，未有不以典學爲務。」除兼侍讀。乞修《建炎會計録》，乞恤勤王之兵，乞寬假言者。連章丐外，以龍圖閣直學士提舉杭州洞霄宮。已而告老，以本官致仕，優游林泉，以著書講學爲事。卒年八十三，謚文靖。

時在東郡，所交皆天下士，先達陳瓘、鄒浩皆以師禮事時。暨渡江，東南學者推時爲程氏正宗。與胡安國往來講論尤多。時浮沉州縣四十有七年，晚居諫省，僅九十日，凡所論列皆切於世道，而其大者，則闢王氏經學，排靖康和議，使邪説不作。凡紹興初崇尚元祐學術，而朱熹、張栻之學得程氏之正，其源委脈絡皆出於時。

子迪，力學通經，亦嘗師程頤云。

朱熹《伊洛淵源録》卷一〇呂舍人《行狀略》 虔守楚潛議法平允，而通判楊增多刻深，先生每從潛議，增以先生爲附太守輕己。及潛去後，守林某議不持平，先生力與之争，方知先生能有守也。

知潭州瀏陽縣，安撫使張公舜民雅敬重先生，每見必設拜席與均禮。知杭州餘杭縣，簡易不爲煩苛，遠近悦服。蔡京方相貴盛，母前葬餘杭，用日者之言，欲浚湖瀦水爲形勢便利，託言欲以便民。事下餘杭縣，先生詢問父老，人人以爲不便，即條上其事，得不行。知越州蕭山縣，蕭山之人聞先生名，不治自化，人人圖畫先生形像，就家祠焉。

或説當世貴人以爲事至此必敗，宜力引耆德老成，置上左右，開導上意，庶幾猶可及也。會路允迪、傅墨卿使高麗，高麗王問兩人龜山先生今在何處，兩人對方召赴闕矣。及還，遂以名聞，因勸政府宜及此時力引先生。政府然之，遂以秘書郎召。及對，陳儆戒之言，上嘉納焉。

太原被圍，朝廷遣姚古救援，古逗留不進。先生上言，乞誅古以肅軍政。又率同列上疏，論蔡京、王黼、童貫等罪惡，或死或貶。乞罷宦者典修京城事。且録《五代史傳》以進。朝廷置詳議司，議天下利病。先生以爲三省政事所出，六曹分治，各有攸司，今乃別辟官屬，新進小生未必賢於六曹長貳也。朝廷從其議。又乞褒復元祐名臣凡在黨籍者，力辯宣仁誣謗，乞復元祐皇后位號。凡所論，皆切當時要務。

太學諸生詣闕上書，議者疑其生事徼亂。先生即見上，言諸生欲忠於朝廷耳，本無他意，但擇老成有行義者爲之長貳，即自定矣。淵聖喜曰：「此無逾卿者矣。」即命先生兼國子祭酒。

今上即位，本中之先君子初在政府，首爲上言先生之賢，於是除工部侍郎。先生天資仁厚，寬大能容物，又不見其涯涘，不爲崖異絶俗之行，以求世俗名譽。與人交，終始如一。性至孝，幼喪母，哀毁如成人，事繼母尤謹。熙寧

中，既舉進士得官，聞河南兩程先生之道，即往從之學。是時從兩先生學者甚衆，而先生獨歸，閑居累年，沉浸經書，推廣師説，窮探力索，務極其趣，涵蓄廣大而不敢輕自肆也。

本中嘗聞於前輩長者，以爲明道先生温然純粹，終身無疾言遽色，先生實似之。

朱熹《伊洛淵源録》卷一〇《楊文靖公墓誌銘》 自孟子没，遺經僅在，而聖學不傳。所謂見而知之，與聞而知之者，世無其人。則有西方之傑，窺見間隙，遂入中國，舉世傾動，靡然從之，於是人皆失其本心，莫知所止，而天理滅矣。宋嘉祐中，有河南二程先生得孟子不傳之學於遺經，以倡天下，而升堂睹奥，號稱高第，在南方則廣平游定夫、上蔡謝顯道與公三人是也。

公諱時，字中立，姓楊氏。既没踰年，諸孤以右史吕本中所次《行狀》來請銘。謹案楊氏出於弘農，爲望姓，五世祖唐末避地閩中，寓南劍州之將樂縣，因家焉。

公資稟異甚，八歲能屬文。熙寧九年中進士第，調汀州司户參軍，不赴，杜門種學，渟滀涵浸，人莫能測者幾十年。久之，乃調徐州司法。丁繼母憂，服闋，授虔州司法。公燭理精深，曉習律令，有疑獄，衆所不決者，皆立斷。與郡將議事，守正不傾。罹外艱，除喪，遷瀛州防禦推官。

知潭州瀏陽縣，安撫使張公舜民以客禮待之。漕使胡師文惡公之與張善也，歲饑，方賑濟，劾以不催積欠，坐衝替。張公入長諫垣，薦之，除荆南教授，改宣德郎、知杭外餘杭縣，遷南京宗子博士。會省員，知越州蕭山縣，提點均州明道觀，成都府國寧觀。後例罷，差監常州市易務，公年幾七十矣。

是時天下多故，或説當世貴人以爲事至此必敗，宜力引耆德老成，置諸左右，開導上意，庶幾猶可及也，則以祕書郎召。到闕，遷著作郎，及對，陳儆戒之言，除邇英殿説書。公知時勢將變，遂陳論政事，其略曰：近日蠲除租税，而廣濟軍以放税降官，是詔令爲虚文耳；安土之民不被惠澤，而流亡爲盜者獨免租賦，百姓何憚不爲盜；夫信不可去，急於食也，宜從前詔嘉祐通商榷茶之法，公私兩便；今茶租錢如故，而榷法愈急，宜少寬之；諸犯榷貨，不得根究來歷，今茶法獨許根究，追呼蔓延，犴狴充斥，宜即革之；東南州縣均敷鹽鈔，迫於殿最，計口而授，人何以堪。宜酌中立額，使州縣易辦，發運司宜給糴本，以復轉般之；舊和預買，宜損其數而實支所買之直；燕雲之軍，宜退守内郡，以省運輸之勞；燕雲之地，宜募邊民爲弓箭手，使習騎射，以殺常勝軍之勢；衛士，天子爪牙，而分爲二三，宜循其舊，不可增損。凡十餘事，執政不能用，而虜騎已入寇。則又言：「今日所急者，莫大於收人心。邊事之興，免夫之役，毒被海内，誤國之罪，宜有所歸。西城聚斂，東南花石，其害尤甚，宿姦巨猾，借應奉之名，豪奪民財，不可數計。天下積憤鬱而不得發幾二十年，欲致人和，去此三者。」

會淵聖嗣位，公乞對曰：「君臣一體，上皇痛自引咎，至託以倦勤避位，而宰執叙遷安受不辭，此何理也？城下之盟，辱亦甚矣，主辱臣死，大臣宜任其責，而皆首爲竄亡自全之計，陛下孤立何賴焉？乞正典刑，爲臣子不忠之戒。童貫爲三路總帥，虜人侵疆，棄軍而歸，置而不問，故梁方平、何灌相繼逃去，大河天險，棄而不守，虜人奄至城下，而朝廷不知，帥臣失職，無甚於此，宜以軍法從事。防城所仍用閹人提舉，授以兵柄，此覆車之轍，不可復蹈。」淵聖大喜，擢右諫議大夫。

虜人厚取金帛，又遂賂以三鎮，遂講和而去。公上疏曰：「河朔朝廷重地，三鎮又河朔要藩，今一旦棄之虜廷，以二十州之地，貫吾腹中，距京城無藩籬之固，戎馬疾驅，不數日而至，此非經遠之謀。四方勤王之師，逾月而後集，使之無功而去，厚賜之則無名，不與則生怨，不可不慮也。如聞三鎮之民欲以死拒守，今若以兵躡之，使腹背受敵，宜可爲也。朝廷欲專守和議，以契丹百年之好，猶不能保，寧能保此狂虜乎！夫要盟神不信，宜審處之，無至噬臍。」

於是淵聖乃詔出師，而議者多持兩端，屢進屢却。公又言：「聞虜人駐兵磁、相，劫掠無算，誓書之墨未乾，而叛不旋踵。肅王初約及河而反，今挾之以往，此叛盟之大者，吾雖欲專守和議，不可得也。今三鎮之民以死拒之於前，吾以重兵擁其後，此萬全之計，望斷自宸衷，無惑浮言。」而議者不一，故終失此機會，於是太原諸郡皆告急矣。

太學生伏闕，乞留李綱、种師道，軍民從之者數萬人。執政慮其生亂，引高歡事揭榜於衢，且請以禮起邦彦。公言：「士民伏闕，詬罵大臣，發其隱慝，無所不至，出於一時忠憤，非有作亂之心，無足深罪。李邦彦首畫遁逃之策，捐金割地，質親王以主和議，罷李綱而納誓書，李鄴奉使失辭，惟虜言是聽，此二人者國人之所同棄也。今敷告中外，乃推平賊和議之功歸此二人，非先王憲天自民之意，宜收還榜示，以慰人心。」邦彦等既罷，趙野尚存，公復言：「野昔嘗建言，請禁士庶以「天」、「王」、「君」、「聖」爲名者，上皇後以爲諂諛之論，廢格不行，而野猶泰然不以爲耻，乞賜罷黜。」上皆從之。

或意太學生又將伏闕鼓亂，乃以公兼國子祭酒，遂言：「蔡京以繼述神宗皇

帝爲名，實挾王安石以圖身利，故推尊安石，加以王爵，配享孔子廟廷。然致今日之禍者，實安石有以啓之也。謹按安石著爲邪説，以塗學者耳目，敗壞其心術者，不可縷數，姑即一二事明之。昔神宗皇帝稱美漢文罷露臺之費，安石乃言：『陛下若能以堯舜之道治天下，雖竭天下以自奉，不爲過也。』夫堯舜茅茨土階，其稱禹曰『克儉于家』，則竭天下者，必非堯舜之道。後王黼以三公領應奉司，號爲享上，實安石自奉之説有以倡之也。其釋《鳧鷖》之末章則曰：『以道守成者，役使羣衆，泰而不爲驕；宰制萬物，費而不爲侈。』按此章止謂能持盈，則神祇祖考安樂之，無後艱耳，而安石獨爲此説。後蔡京輩争以奢僭相高，輕費妄用，窮極淫侈，實安石此説有以倡之也，其害豈不甚哉！乞正其學術之繆，追奪王爵，明詔中外，毁去配享之像。」遂降安石從祀之列。諫官馮澥力主王氏，上疏詆公，又會學官紛争，有旨皆罷。即上章乞出，除給事中，章又四上，請去益堅。以徽猷閣直學士提舉西京崇福宫，又懇辭職名不當得。有旨：「楊某學行醇固，諫諍有聲，請閑除職，累月懇辭，宜從其志，以勵廉退。」改徽猷閣待制。

上即位，除工部侍郎。論自古賢聖之君，未有不以典學爲務者，以君德在是故也。上然之，除兼侍講。二年，以老疾乞出，除龍圖閣直學士，提舉杭州洞霄宫。四年，上章告老，從之。紹興五年四月二十四日終于正寢，享年八十有三，葬本邑西山之原。

近臣朱震奏，公嘗排邪説以正天下學術之謬，辯誣謗以明宣仁聖烈之功，雪冤抑以復照慈聖獻之位，據經論事，不愧古人。所著《三經義辯》，有益學者，乞下本州抄録。仍優恤其家。有旨贈官，賻以金帛。娶余氏，贈碩人，先卒。子五人，迪早卒，迥、遹、適、造已仕。女四人，長適陳淵，次陸棠，次李郁，次未嫁。孫男七人，孫女五人，曾孫一人。

公天資夷曠，濟以問學，充養有道，德器早成。積於中者，純粹而閎深；見於外者，簡易而平淡。閒居和樂，色笑可親，臨事裁處，不動聲氣。與之遊者，雖羣居終日，嗒然不語，飲人以和，而鄙薄之態自不形也。推本孟子性善之説，發明《中庸》、《大學》之道，有欲知方者，爲指其攸趣，無所隱也。當時公卿大夫之賢者，莫不尊信之。

崇寧初，代余典教諸宫，始獲從公遊，三十年間，出處險夷，亦嘗瞯之熟矣。視公一飯，雖蔬食脆甘，若皆可於口，未嘗有所嗜也。每加一衣，雖狐貉緼袍，皆適於體，未嘗有所擇也。平生居處，雖弊廬厦屋，若皆可以託宿，未嘗有所羡而求安也。故山之田園，皆先世所遺，守其世業，亦無所營增豆區之入也。老之將至，沉伏下僚，厄窮遺佚，若將終身焉，子孫滿前，每食不飽，亦不改其樂也。

然則公於斯世，所欲不存，果何求哉？心則遠矣。凡訓釋論辯，以闢邪説，存於今者，其傳寖廣，故特載宣和末年及靖康之初諸所建白，以表其深切著明。而公之學於河南小嘗試之，其用已如此，所謂「援而止之而止」，必有以也。進不隱賢，必以其道，豈不信乎！世或以不屑去疑公，蓋淺之爲丈夫也。銘曰：

天不喪道，文其在兹。維天之命，尸者其誰？孰能識車中之狀，意欲施之。兄弟而處，並爲世師。偉兹三賢，闊步共馳。有學術業，顔其餒而。公名最顯，垂範有詞。豈不見庸，孔艱厥時。狂瀾奔潰，砥柱不欹。邪説害正，倚門則揮。嗟彼姦罔，讒言詆欺。我扶有極，人用不迷。奚必來世，判其是非。有援則止，直道何疵。不勉而和，展也可夷。河流在北，伊水之湄。誰其似者，訂此銘詩。

朱熹《伊洛淵源録》卷一〇《龜山誌銘辯》 宏問：「何故西方之傑，窺見間隙，遂入中國？」答曰：「自孟子既没，世無傳心之學，此一片田地，漸漸抛荒。至東晉時，無人耕種，佛之徒如達麽輩最爲桀黠，見此間隙，以爲無人，遂入中國。面壁端坐，揚眉瞬目，到處稱尊，此土之人，拱手歸降，不能出他圈襀。」

宏又問：「佛之徒既是直指人心，見性成佛，何故却言『人人失其本心，莫知所止』？」答曰：「釋氏自言『直指人心，見性成佛』，吾却言『失其本心，莫知所止』，大段懸遠。」宏又問：「何故懸遠？」答曰：「昔明道先生有言：『以吾觀於儒、釋，事事是，句句合，然而不同。』」宏又問：「既云『事事是，句句合』，何故却不同？」答曰：「若於此見得，許汝具一隻眼。」宏又問：「據《楊氏家録》稱先生不欲爲市易官，吕居仁亦云辭不就，今《誌》中何故削去『不就』二字？」答曰：「此是它門未曾契勘古人出處大致。若書『不就』兩字，便不小了龜山。差監市易務即辭不就，除祕書省校書郎却授而不辭，似此行徑，雖子貢之辯，也分説不出來。今但只書差監市易務，公年將七十矣，即古人乘田委吏之比，意思渾洪，不卑小官之意，自在其中，乃是畫出一箇活底楊龜山也。并還著作郎，并邇英殿説書時，一向究説將去，不消更引高麗國王事説它龜山。前代如伍瓊亦嘗薦諸賢於董卓，卓召用之，除申屠蟠外，諸賢皆至，或旬月遍歷三臺而無非之者，此亦是有底事，不足爲文飾也。」宏又問：「攻王氏一章，却似迂闊，何故載之？」答曰：「此是取王氏心肝底劊子手段，何可不書？書之則王氏心肝懸在肉案上，人人見得，而詖淫邪遁之辭皆破矣。」

宏又問：「或説龜山被召，過南京見劉器之。劉問此行何爲？龜山曰：『以貧故。』劉曰：『若以貧故，則更不消説。』答曰：「傳言如此，未知信否。若據吾則不然。劉若問此行何爲，但對曰『老年無用處，且入這保社』。它若更問還有轉身一路否？但曰『料得無處分説，一任傍人點檢』。不然者，若問此行何爲，只答云『竿木隨身』，亦自脱洒。」宏再問：「何故載『果何求哉，心則遠矣』一句？」答曰：「陶公是古之逸民也，地位甚高，決非惠遠所能招，劉雷之徒所能友也。觀其詩曰：『結廬在人境，而無車馬喧。問君何能爾，心遠地自偏。』即可知其爲人，故提此一句以表之，而龜山之賢可想見矣。世人以功名富貴累其心者，何處更有這般氣象？但深味『心則遠矣』一句，即孟子所謂『所欲不存，若將終身』，若固有之氣象，亦在其中矣。」宏又問：「如何是『心則遠矣』？」答曰：「或尚友古人，或志在天下，或慮及後世，或不求人知而求天知，皆所謂心遠矣。」

宏又問：「《行狀》云『陳公瓘、鄒公浩皆以師禮事先生』，何故不載？」答曰：「凡公卿大夫之賢者，於當世有道之士，莫不師尊之。其稱先生有二義：一則如後進之於先達，或年齒居長，或聲望早著，心高仰之，故稱先生，若韓子之於盧仝，歐陽永叔之於孫明復是也；其一如子弟之於父兄，居則侍立，出則杖屨，服勤至死，心喪三年，若子貢、曾子之於仲尼，近世吕與叔、潘康仲之於張横渠是也。今一概稱以師禮事先生，恐二公之門人未達，故不復書。大觀庚寅在都城，嘗見了翁與龜山書稱中立先生，初亦疑之，後乃知字者親厚之意，先生者高仰之稱也，亦可見矣。兼龜山道學自爲當世所高，而《誌》中已稱『公卿大夫之賢者，莫不尊信之』矣，不必更引二公以爲重。」

宏又問：「《行狀》云『胡公之徒，實傳其學』，此事如何？」答曰：「吾於謝、游、楊三公皆義兼師友，實尊信之，若論其傳授，却自有來歷。據龜山所見在《中庸》，自明道先生所授；吾所聞在《春秋》，自伊川先生所發。汝但觀吾《春秋傳》，乃是白頭六十歲以後所著，必無大段牴牾，更有改易去處。其書十萬餘言，大抵是説此事，試詳閲之，必自知來歷矣。」

朱熹《伊洛淵源録》卷一〇《答陳幾叟書》 《龜山誌銘》，初不敢下筆，以情意之厚，義難固辭，故不得已勉强爲之。世人之知龜山者甚多，而疑謗之者亦不少。故安國論其行己處，自飲食衣服居處之際，至於若將終身不改其樂事，皆有實以折服衆多之口，至其大略，又用《語》、《孟》、《正蒙》三《説》爲證，故措辭雖不工，而意却有所主。只如差監市易務事，乃平生履歷，故不可闕，若據龜山所言，却甚明白，雖書「不就」，無害也，但《行録》乃言「不欲爲市易官」，於語脉中轉了龜山之意，却似嫌其太卑冗而不爲，須當削去「不就」二字。夫年已七十，欲爲筦庫，即見得遺佚阨窮不憫怨之意，正要此一句用，豈可不書乎？其後以秘書召，遷著作郎等事，此正謂「援而止之而止」者也。夫援而止之而止，未有是處，而龜山獨稱爲仁者，特以進不隱賢，必以其道耳。故備載所論當時政事十餘條，此事它人不能言，而龜山獨能言之，又時然後發，所以尤可貴耳。當時宰執中若能聽言，委直院吴元忠輩畫一條具，因南郊赦文行下，決須救得一半，不至如後來大段狼狽也。若龜山此舉，可謂老婆心切矣。世人不察其用心之所在，知之者見其赴召，則曰此御筆也。夫違御筆者以大不恭論，自政和末年以來已是海行指揮，豈可以此定賢者之出處。以其不可違而就召，假有論及申屠蟠笑而不答之事，則又何辭以對？故龜山之赴召，非畏海行指揮，乃懼天下之人在塗炭之中，而有惻然不忍人之心，是以不屑去耳。故安國於龜山宣和、靖康中諸所建白，詳載其本末，所以致其區區之意，破紛紛之議，使天下後世疑謗者莫不自消釋矣。其章疏中所論王氏著爲邪説，以塗學者耳目，敗壞其心術，又即一二事以明之，此真拔本塞源者也。幾叟何以尚言猶是一時之論乎？《五經》皆空言也，雖不如《春秋》一句即是一事，然明理以垂訓，以待後之學者，豈曰小補之哉？故説者以謂《五經》如藥方，《春秋》猶用藥治病，此亦互相發耳。《誌》中又載近臣所論「闢邪説以正天下學術之謬」，「所著《三經義辯》有益學者」。夫以《義辯》爲有益，則《新義》之爲害可知，故《誌》篇之末獨言，凡著述論辯，其存於今者非見諸行事。故因此語反覆證明諸所建白之尤爲深切耳，而著述論辯之功自在，若以爲緩辭則誤矣。故安國意不欲有所改更，必欲更之，但曰「著述論辯存於今者，其傳寖廣」可也，公更思之，如何？

雜録

備録

李幼武《宋朝道學名臣言行外録》卷八 又言：「昔神宗不豫，哲宗幼冲，宣

仁聖烈皇后有旨，令二王非宣召不得入內。時王珪首請立延安郡王爲皇太子，餘人無言者。退批聖語在中書，仍關實録院衆臣僉書，本末詳具，不可誣也。元祐中，蔡確去，其黨始造姦謀，冀徼後日之福。紹聖初，惇、卞用事，欲報復私怨，遂實其説，上誣聖母，而以大逆之名加王珪，以定策之功歸蔡確，而已亦與焉。此非私於確，其實自爲，因以中傷元祐之人耳。今乞陛下索紹聖中所修《元祐時政記》一觀，庶以究竟事實，昭洗王珪爲臣不忠之名，追奪蔡確冒受封贈之典。濫恩所被，悉行改正，以釋天下憤鬱之氣。」上乃詔改宣仁聖烈皇后謗史。

胡文定云：「楊先生却是聰明過人，伊川纔舉起新説有害道處，楊節推出來，伊川云楊某煞聰明。」

程子勸先生：「勿好著書，著書則多言，多言則害道。」學者要當察此。

曰：「學者須有所疑，乃能進德。然須用力深，方有疑。今之士讀書爲學，蓋自以爲無可疑者，故其學莫能相尚。」

語仲素曰：「時嘗有數句教學者讀書之法，以身體之，以心驗之，從容嘿會於燕閑靜一之中，超然自得於書言象意之表。」

《六經》之義，驗之於心而然，施之行事而順，然後爲得。今之治經者，工無用之文，徼幸科第而已，果何益哉？

讀書須先看古人立意所發明者何事，不可只於言上求之。如萬章問象日以殺舜爲事，孟子答舜所以處之之道，其意在説聖人無僞，此則不可不知。若從枝葉上理會，如象欲使二嫂使治朕棲之語，此豈可信？堯在上，豈容有此？

解經欲得理通而語簡。舊嘗解易簡，而天下之理得。云：「行其所無事，不亦易乎？一以貫之，不亦簡乎？如是則天下之理得矣。」又曰：「行其所無事，一以貫之，正是一个自然之理。」

官司設法賣酒，所在張樂集妓女，以來小民，此最爲害教，而必爲之辭曰「與民同樂」，豈不誣哉！夫引誘無知之民，以漁其財，在百姓爲之，理亦當禁，而官吏爲之，上下不以爲怪，不知爲政之過也。並《語録》

問：「龜山何意出來？」朱子曰：「他做人也苟且，是時未免禄仕，故胡亂就之。苟可以少行其道，龜山之心也。然來得已不是；及至又無可爲者，只是説没緊要底事。當此之時，苟有大力量，咄嗟間真能轉移天下之事，來得也不枉。既不能然，又只是隨衆鶻突。及欽宗即位，爲諫議大夫，因争配享事，爲孫仲益所攻。孫言，楊某曩與蔡京諸子遊，今衆議攻京，而楊某曰，慎毋攻居安。京長子攸。龜山遂罷。」下並《朱子語》

「龜山之出，人多議之。惟文定之言曰：『當時若能聽用，須救得一半。』此語最當。文定云先生誌銘備載所論當時政事十餘條，當時宰執中若能聽用，委直院輩盡一一條具，因南郊赦文行下，決須救得一半，不至如後來大段狼狽也。蓋龜山當此時，雖負重名，亦無殺活手段。若謂其懷蔡氏汲引之恩，力庇其子，至有『慎勿攻居安』之語，則誣矣。幸而此言出於孫覿，人亦不信。」

問：「伊川門人如此其衆，何故後來更無一人見得親切？」或云：「游、楊亦不久親炙。」曰：「也是諸人有首無尾，不曾盡心在上面。各去奔走仕宦，所以不能理會得透。如康節從頭至尾，極終身之力而后得之。雖其不能無偏，然就他這道理，所謂『安而成』矣。如濂溪資稟便高。他也去仕宦。只他這所學，自是從合下直至後來，所以有成。某看來，這道理若不是拚生盡死去理會，終不解得。」

「游、楊、謝三君子初皆學禪。後來餘禪猶在，故學之者多流於禪。游先生大是禪學，必是程先生當初説得太高了，他們只睥見上一截，少下面着實工夫，故流弊至此。」或謂：「龜山恐不如此。」曰：「只《論語序》便可見。」

「龜山天姿高，朴實簡易，然所見定，更不窮究。少年未見伊川時，先本看莊、列等文字。後來此念熟了，不覺時發出來。游先生尤甚。」

「胡文定作《龜山墓誌》云：『其似柳下惠。』看來是如此。」又云：「龜山文字却弱，似是合下會得易。」

「龜山立言却是有意含蓄而不盡，遂多假借寄託之語，殊不快人意。」

問：「龜山立朝，却有許多議論？」曰：「龜山雜博，是讀多少文字。」

「龜山有辨荆公《字説》三十餘字。夫荆公《字説》，其説多矣，而止辨三十字，何益哉？又不去頂門上下一轉語，而隨其後屑屑與之辨，使其説轉，則吾之説不行矣。」

朱熹《伊洛淵源録》卷一〇《遺事》　明道在潁昌時，先生尋醫調官京師，因往潁昌從學。明道甚喜，每言曰：「楊君最會得容易。」及歸，送之出門，謂坐客曰：「吾道南矣。」先是，建州林志寧出入潞公門下求教，潞公云：「此中無以相益，有二程先生者，可往從之。」因使人送明道處。志寧乃語定夫及先生，先生謂：「不可不一見也。」於是同行。時謝顯道亦在。謝爲人誠實，但聰悟不及先生，故明道每言：「楊君聰明，謝君如水投石。」然亦未嘗不稱其善。伊川自涪歸，見學者凋落，多從佛學，獨先生與謝丈不變，因歎曰：「學者皆流於夷狄矣，

惟有謝、楊二君長進。」見《龜山語録》。

楊時於新學極精，今日一有所問，即能知其短而持之。介甫之學大抵支離，伯淳常與楊時讀了數篇，其後盡能推類以通之。見《程氏遺書》。

伊川《答楊中立論西銘》，中立書尾云：「判然無疑。」伊川曰：「楊時也未判然。」見祁寬所記尹和靖語。

舊在二先生之門者，伯淳最愛中立，正叔最愛定夫。觀二人氣象亦相似。見《上蔡語録》。

先生曰：官司設法賣酒，所在張樂集妓女，以來小民，此最爲害教，而必爲之辭曰「與民同樂」，豈不誣哉！夫引誘無知之民，以漁其財，是在百姓爲之，理亦當禁，而官吏爲之，上下不以爲怪，不知爲政之過也。且民之有財，亦須上之人與之愛惜，不與之愛惜而巧求暗取之，雖無鞭笞以强民，其所爲有甚於鞭笞者矣。余在潭州瀏陽，方官散青苗時，凡酒肆茶店，與夫俳優戲劇之罔民財者，悉有以禁之，散錢已，然後令如故。官賣酒舊常至是時，亦必以妓樂隨處張設，頗得民利。或以請不許，往往民間得錢，遂用之有力。見《龜山語録》。

又言常平法。州縣寺舍，歲用有餘，則以歸官，賑民之窮餓者。余爲瀏陽日，方爲立法，使行旅之疾病飢踣於道者，隨所在申縣，縣令寺舍飲食之。欲人之入於吾境者，無不得其所也。其事未及行，而余以罪去官，至今以爲恨。

元城劉公問胡珵曰：「毗陵莫常得書，中立安否？」曰：「楊先生近有除命，以秘書郎召對。」公曰：「誰所薦？」珵曰：「傳聞是蔡攸。」公曰：「此曹立黨相傾，不知中立肯來否。」見《道護録》。

胡文定公《與楊大諫書》曰：「大諫初奉詔命，衆論有疑，安國獨以爲以明道先生之心爲心者，裂裳裹足，不俟屨而在途也。」又《與宰相書》曰：「龍圖閣直學士致仕楊公時造養深遠，燭理甚明，混迹同塵，知之者鮮。知之者知其文學而已，不知者以爲蔡氏所引。此公無求於人，蔡氏焉能浼之。行年八十，志氣未衰，精力少年殆不能及。上方嚮意儒學，日新聖德，延禮此老，置之經席，朝夕咨訪，裨補必多。至如裁決危疑，經理世務，若燭照數計而龜卜，又可助相府之忠謀也。」又《答明應仲書》云：「楊先生世事殊不屑意，雖袒裼裸裎不以浼。」見《胡文定公集》。

昔西南夷人嘗以梅聖俞《雪詩》織布，而永叔只於《野録》載之，其事不入《誌銘》。然則姓名爲蠻夷君長所知，豈足道哉！《龜山行狀》中載高麗國王事，所以不得書也。見《胡氏傳家録》。

遵道墓誌銘略此昔先君子吏部府君所作。

公諱迪，字遵道。爲髫髫兒已能力學，指物即賦，凛然如成人。既冠，益貫穿古今。孝友和易，中外無間言。平居無喜愠色，至急人困乏而樂其爲善，則矯然敢爲，必極其意而後已。與人辯論，綱振條析，發微詣極，冰解的破，聞者欽聳，退而察其私，言若不能出諸口。故無賢不肖愛敬之，蓋度不身踐、不苟言也。里有貨訟，不決者連年，公一言而兩家爲之平，其誠信於人如此。遊太學，聲出等夷，一旦棄而不顧，抱經遊于伊川之門，以藐然少年周還羣公之間，同門之士，咸歛手以推先。伊川少然可，雅器許之。伊川《答龜山書》曰：「令子名迪者，好學質美，當成遠器。」於《易》、《春秋》尤精詣。崇寧三年以疾卒。予不及識公，自來閩中，多從龜山門士遊，間論近世學者，至公皆曰吾不及也。謹爲之銘，銘曰：

斯文盛衰，天實命之。有嗜其徑，異端乘之。道堙不治，以與世違。有志於得，俗學昏之。以見自私，乖戾莫施。孰爲毅然，莫乘莫惛。天蓋祐之，使與斯文。屹屹龜山，淵源伊洛。如星之斗，以表後學。公爲之子，妙質夙成。目濡心淳，食息訓經。不躐不陵，師訓是程。軌道以趨，不畔墨繩。行滿鄉黨，世孰知之。遺文蔚然，不可瑕疵。胡不百年，以究其業。齎志莫陳，方壯而析，天其或者。尚相公子，我銘幽竁，以告來世。

周煇《清波雜志》卷六　榷酤創始於漢，至今賴以佐國用。羣飲者唯恐其飲不多而課不羡也，爲民之蠹，大戾於古。今祭祀、宴饗、餽遺，非酒不行。田畝種秫，三之一供釀財麴蘖，猶不充用。州縣刑獄，與夫淫亂殺傷，皆因酒而致。甚至設法集妓女以誘其來，尤爲害教。龜山楊中立雖有是説，徒興嘆焉，曾無策以革其弊。

羅大經《鶴林玉露》甲編卷一《前輩勤學》　胡澹庵見楊龜山，龜山舉兩肘示之曰：「吾此肘不離案三十年，然後於道有進。」張無垢謫横浦，寓城西寶界寺。其寢室有短牕，每日昧爽，輒執書立窗下，就明而讀，如是者十四年。洎北歸，窗下石上，雙趺之跡隱然，至今猶存。前輩爲學，勤苦如此。然龜山蓋少年事，無垢乃晚年，尤難也。

王應麟《困學紀聞》卷六　胡文定《春秋傳》曰：「元，即仁也。仁，人心也。」龜山謂「其説似太支離，恐改元初無此意。」原注東萊《集解》亦不取。

王應麟《困學紀聞》卷一五　龜山誌游執中曰：「嘗以書驗之妻子，以觀其行之篤與否也；夜考之夢寐，以卜其志之定與未也。」

王楙《野客叢書》附録　楊龜山見李伯紀責降中造宅，謂人曰：李三好，問

不得。

《宋人年譜叢刊》第五册《龜山年譜序》 龜山先生之書，其文集、《經説》、《論語解》、《語録》已刊於延平郡齋，《中庸義》已刊於臨汀，獨年譜閩中尚缺。去疾試令先生闕里，亦既建精廬，聚簡册，與學子誦習其門。念此書不可無傳，訪故家得寫本，因訂正其紀年，增補其書文，又聚梁溪李丞相諸公祭文、謚議，及水心、東澗所作舊宅記而附入之，於是年譜遂爲全書。而先生之嘉言善行，開卷可得其大概矣。然則此書之有功於世教，豈但以紀歲月、誌出處、備本末而已哉！咸淳庚午清明節，昭武黄去疾謹書。

公諱時，字中立，世居南劍將樂縣北之龜山。公先字行可，以犯友人父諱，游子通爲改字曰中立，練子安爲任字説。御史游公先字子通。

仁宗皇祐五年癸巳

公於是歲十月二十五日生。

至和元年甲午

二年乙未

嘉祐元年丙申

二年丁酉

三年戊戌

四年己亥

五年庚子，公年八歲。

能賦詩，人皆稱之。

六年辛丑，公年九歲。

能作賦。

七年壬寅

八年癸卯

英宗治平元年甲辰

二年乙巳

三年丙午

四年丁未，公年十五。

游邵武學，有聲。

神宗熙寧元年戊申

二年己酉

三年庚戌

四年辛亥

五年壬子，公年二十。

預鄉薦。

六年癸丑，公年二十一。

赴禮部試下第，補太學生，歸鄉讀書於含雲寺。

七年甲寅，公年二十二。

讀書於含雲寺。有《禮記解義》。作《此日不再得示同學》。

八年乙卯，公年二十三。

預太學薦。

九年丙辰，公年二十四。

徐鐸榜登進士第。

十年丁巳，公年二十五。

授汀州司户參軍。是年著《列子解》。

元豐元年戊午，公年二十六。

尋醫，不赴汀户任。

二年乙未，公年二十七。

居鄉。

三年庚申，公年二十八。

秋，赴調。有《别西齋諸友》詩及《雜家作》三詩。

四年辛酉，公年二十九。

授徐州司法。自京師如潁昌，見明道先生，以書乞留門下受業。時明道先生以道鳴熙豐之際，出其門皆西北之士，最後公與御史建安游公定夫往從學焉，於言無所不説。公嘆曰：「從吾先生游者，雖愚必明，雖柔必强，是知天下事惟理義爾。」他日以告伊川，伊川曰：「自信如此，誰能御之？」自公受學於先生，先生甚喜，每言曰：「楊君最會得容易。」及辭歸，送之出門，謂坐客曰：「吾道南矣。」公初見明道先生時，謝顯道亦在，謝爲人誠實，但聰悟不及公，故明道嘗言：「楊君聰明。」其後元符間，伊川先生自涪陵歸，見學者凋落，多從佛學，獨公與謝不變，因嘆曰：「學者皆流於夷狄矣！惟有楊、謝二君長進。」

五年壬戌，公年三十。

居鄉。有《歲暮書事》詩，有《寄明道先生問春秋書》。

六年癸亥，公年三十一。

赴徐州司法任，四月初到官。

有《與程二十三書》，程乃明道先生子，汝陽簿。又有《與明道先生論春秋書》、《與林志寧書》。

八月，校所著《莊子解》。

七年甲子，公年三十二。

在徐州。

八年乙丑，公年三十三。

在徐州。六月晦，聞明道先生之訃，設位慟哭于寢門，有哀辭并序。

七月，丁繼母憂。

哲宗元祐元年丙寅，公年三十四。

在制。有《與吳國華書》，論王氏之學。

按《程氏遺書》所載，嘗言：「楊某於新學極精，今日一有所問，能盡知其短而持之。介父之學大抵支離，伯淳嘗與楊某讀了數篇，其後盡能推類以通之。」又按《胡氏傳家録》曰：「楊先生卻是聰明過人，伊川纔舉起新説有害道處，楊節節推出來。伊川曰：『楊某煞聰明。』問伊川何以取之，先生曰：『畢竟是聰明，方識這道理。』」

二年丁卯，公年三十五。

十月，從吉。

三年戊辰，公年三十六。

赴調，授虔州司法。秋七月，還自京師。

作《求仁齋記》。有《席上別蔡安禮》詩。

四年己巳，公年三十七。

任虔州司法。公燭理精深，曉習律令，有疑獄衆所不決者，皆立斷。與郡將議事，守正不屈。

是年有作《鄒堯叟哀辭》，有《送虔守楚大夫》詩，有《謝太守啓》，有《感懷寄鄉友》詩。

五年庚午，公年三十八。

在虔州。有《代太守賀蘇左丞啓》、《代賀正表》、《賀坤成節表》、《代運使賀收河湟表》、《代太守薦楊行先表》。

十月戊戌，丁正議憂。

六年辛未，公年三十九。

在制。作《正議行述》。

七年壬申，公年四十。

在制。夏四月，作《楊道真君洞記》。

八年癸酉，公年四十一。

正月一日，公從吉赴調。四月至京師，用舉者遷瀛州防禦推官。二十七日，授知潭州瀏陽縣。

五月十六日出京，往西洛見伊川先生，當晚宿白沙。十七日宿滎陽驛，十八日宿孝義，十九日晚到洛。見先生，借長壽寺拜表院安下，留先生之側者凡十日。是時御史游公知河清縣，公自洛往見之。伊川先生謂公曰：「游君德器粹然，問學日進，政事亦絶人遠甚。」二十九日，往河清謁游公，當晚到縣，由洛至縣四十里也。

六月五日，同游公離河清，至洛見先生，復寓拜表院，五日而後去。公頃年初與游御史見伊川，伊川瞑目而坐，二人侍立。既覺，顧謂曰：「賢輩尚在此乎，今既晚，且休矣。」出門，門外之雪深一尺，非信道之篤能如是乎？

紹聖元年甲戌，公年四十二。

二月二日離家，赴瀏陽任。

有《與順昌令俞仲寬書》、《寄仲寬子彦修論學書》。上毛憲書，論三代以來風聲氣習，興衰治亂，與夫士之遭時遇變，出處語默。又有《寄毛憲書》、《寄翁好德書》。

四月十二日改元，章申公拜相。游公定夫守太學博士，公貽書與之曰：「京師非食貧之地，公聚口頗衆，度其勢能久居否？趨舍之方，宜審處也。」又有《歸雁》、《感事》二詩寄定夫。游得書，即乞出爲齊州簽判。

按《語録》所載，定夫一日來訪公，公曰：「適從何來？」定夫曰：「某在春風和氣中坐三月而來。」公問其所之，乃自明道處來也。試涵泳春風和氣之言，則仁義禮智之人，其發達於聲容色理者，如在目中矣。

是年有《過豐城》詩、《宜春溪上》、《春波亭上》、《宜春道上》三詩。

二年乙亥，公年四十三。

在瀏陽。有《上程漕書》、《上提舉議差役雇錢書》、《寄湘鄉令張世賢》詩、《縣齋書事》詩、《假山》詩。蔡安禮以宏詞見勉，公寄詩有曰「吏部文章世所珍，空慚無補費精神」之句。《和潭倅張朝請行縣書事》詩，《又用前韻和早梅花》詩，《檢田》詩，又有《龍圖謝公孝思堂記》。

三年丙子，公年四十四。

在瀏陽。於縣圃作飛鷗亭，又即縣宇西北墉之隅創閣，名曰歸鴻，蓋取昔人所謂「目送歸鴻」之義也。

五月己亥，爲《圖記》。又有《瀏陽五詠》并《荷花》詩、《縣齋書事寄湘令張世賢》詩、《偶成》詩。

有《答伊川先生論西銘書》：「前書所論，竊謂過之者，特疑其辭有未達耳。今得先生開諭丁寧，傳之學者，自當釋然無惑也。」

寄伊川所著《史論》，先生復書曰：「所寄《史論》十篇，其意甚正，纔一觀便爲人借去，俟更仔細看。」

四年丁丑，公年四十五。

在瀏陽。在任過滿，值穀價踊貴，以書於州牧乞米三千碩賑濟，民賴全活甚多。張公舜民帥潭，雅敬重公，每見必設拜席與均禮。胡師文爲湖南漕，與張公異趣不協，惡公與張善，欲擠陷之，百端卒無所得，乃對移常寧令。未行間，偶歲大旱，方賑濟，乃劾以不催積欠。公已替罷，坐此衝替，且拘留令催足，僅一年乃得解。張公奏雪，改作差替。或以書唁公，答曰：「部使者以財賦爲急，縣令以字民爲官，各行其職爾，無足憾者。」

有《寄長沙簿孫昭遠》詩云：「陽城衰晚拙催科，闔寢空慚罪已多。祭竈請鄰君自適，載醪祛惑我誰過。漪漪庭有蘭堪佩，寂寂門無雀可羅。歸去行尋溪上侶，爲投纓紱換漁蓑。」

元符元年戊寅，公年四十六。

歸自瀏陽。是歲六月一日改元。

七月，著《周易解義》。有《蔡奉議墓誌銘》。

八月，公如京師。

九月十六日，宿武夷山前。是日午到山前，買舟遊山，徧覽異景，至雞窠巖而還。有《遊武夷》詩。

十月十五日，自錢塘附詹司業船至京師。十六日，謁司業。字安世。有《謝詹司業送酒》詩，《戲贈詹安世》詩。

二年己卯，公年四十七。

七月十三日，授無爲軍判官。九日至南京，十一日至永城，見張芸叟。二十二日至楚州，謁徐仲車先生。先生諱積，爲學志古，養母甚力。有二子，一名潞兒，因潞公爲娶，故以潞名之，示不忘也。

十月三日，至蘇州，謁李思和。初八日至杭州，謁府公豐相之。十八日至桐廬，登桐君山。十一月十七日，到家。

是年有《出京》詩，《汴上》詩，《陳留書事》、《泗上》三詩，《過金山》、《湘君祠》、《過錢塘江迎潮》、《梭山候潮》、《晚泊圍頭江上》、《登桐君山》、《過七里灘》、《嚴陵釣臺》、《夜雨》、《吉溪早起》、《漢坂舟行》詩。

公自長沙還，植蘭竹、貓頭竹於東西軒，調官京師，逾年而歸，蘭竹皆衰悴，感而成詩，共十七詩。

三年庚辰，公年四十八。

居鄉。

徽宗建中靖國元年辛巳，公年四十九。

漕檄差權建州建陽縣丞。

是年，張公舜民入長諫垣，薦公爲教官，除荆南府府學教授。已而張帥定武，復辟公爲定州教官。舉詞有云：「非惟使定武學者有所矜式，而臣衰老，欲親賢德，有所規誨。」張公繼出辟書，不行。冬，公還自建陽。

三月，沙陽陳公淵投書問學。淵乃忠肅瑩中之姪，公喜其識性明敏，遂妻以女。

與鄒志完書，勸進諫。

崇寧元年壬午，公年五十。

九月，公赴荆州教官。

十月三十日，入鄱陽湖，有《打魚》詩、《南康值雨》、《江上夜行》、《過漢江》詩。

十二月二十三日，到荆南府，二十六日交割。交代胡安國，字康侯，建安人，紹興中爲給事中，謚文定。

十二月，有《過石首謁縣官回作》詩一首。閏六月，作《居士余君墓表》、《伯

母俞氏墓誌銘》。

二年癸未，公年五十一。

在荆州。

有《書序》、《孟子序》、《向和卿覽余詩見贈次韻奉酬》、《江陵令張景常藏書》、《荆州書懷》、《直舍閒書》諸詩、《答胡安定問學》二書。

三年甲申，公年五十二。

在荆州。有《送胡康侯使湖南》詩、《渚宮觀梅寄康侯》詩、《送向和卿》詩、《荆州作》詩、《直舍大風書事》詩、《天寧節》詩。又有《府學策問》、《答胡文定問學書》、《答陳瑩中示華嚴大旨書》，又和了齋自警六詩。忠肅得答書及詩，深喜所言中其病，乃復書稱以先生。

四年乙酉，公年五十三。

在荆州。

七月，如武昌考試。九月，還自武昌。十一月，磨勘轉宣德郎。

五年丙戌，公年五十四。

二月二十一日，離荆州，如京師。三月十四日，至京師，四月九日召見。

五月七日，勑差充夏補對讀官，十一日出院。

六月十一日，授餘杭縣知縣，十七日出都城。

八月二日，至襄州。三日登峴首，值雨，詩四首。初十日到荆州。

十月二十七日離荆州，初八日到岳州，十五日上金雞驛安泊，有《岳陽書事》等詩。

是年，有《送陳幾叟南歸》詩。

大觀元年丁亥，公年五十五。

三月十九日，到餘杭縣。公爲政簡易，不爲煩苛，遠近悦服。

時蔡京當國，有母墳在餘杭，用日者之言，欲濬湖瀦水，爲形勢便利，託言欲以便民，約用工數十百萬，下縣相度。公詢問父老，人人以爲不便，即條上其事，以爲於公私有害無補。京計沮，乃謂人曰：「事幾成矣，乃爲楊令一紙文書壞了。」然以公議不可掩，不敢加害。

八月，有《跋康節先生詩》。十二月，有《田曹吴公文集序》并《陳居士傳》、《張氏墓誌銘》、《鄒堯叟墓誌銘》。

二年戊子，公年五十六。

在餘杭。正月，差出越州考試。二月二十五日離越州，二十六日到縣。

九月二十八日，準勑還南京敦宗院宗子博士。十月一日交割縣事，十二月十四日赴宗博任。

是年三月，以八寶恩轉奉議郎。作《吴子正墓誌銘》。

三年己丑，公年五十七。

正月十二日，公江行。三月二十七日到南京，二十九日交割。

四月六日，講《書》。

六月十三日，夫人余氏卒於廨舍。先是公亦大病，有《病中作》詩，答陳忠肅公稱先生二書。又有答論邵康節《先天圖》、《易》學等書。

四年庚寅，公年五十八。

在南都。三月十九日，朝旨罷敦宗院。

四月五日，如京師，六月至京。

十二月一日，授越州蕭山知縣。

是年三月，磨勘轉承議郎。有《陳君墓誌銘》。

政和元年辛卯，公年五十九。

正月二十三日，公出京師。

二月二日，到南都，見劉器之。四日器之見訪，八日赴器之飯，九日別器之。

三月四日到常州，寓居龜窠巷。六日早謁鄒侍郎，諱至完，時已病。公至卧内見之，猶問時事如何。

九月三日，李杌投書問學，有書答之。又有《答吕居仁問學書》。

是年正月，有《題蕭欲仁大學篇後》。

十二月，作《踵息菴記》、《張謙中復古編序》、《祭鄒侍郎文》并輓詩，《李大夫墓誌銘》，李即彌大尚書之父也。著《李從政墓誌》。

二年壬辰，公年六十。

四月，赴蕭山知縣。縣有湘湖，久湮塞，公勸民濬治，溉田數千頃。先是連年苦旱，是歲大熟，邑民感德，爲公立祠，至今有楊長官廟猶存。

七月，有《跋司馬温公與明道先生議張横渠謚帖》。

羅從彦自延平來學，自公得伊洛之學，歸倡東南，從游之士肩摩袂屬。晚得羅仲素，遂語以心傳之秘，於是公之正學益顯於世矣。

三年癸巳，公年六十一。

在蕭山。是年冬補滿前任，替。

四年甲午，公年六十二。

四月，磨勘轉朝奉郎。

六月，差提點均州明道觀。

秋八月，自京師還餘杭。

十一月，由餘杭徙居毗陵，過吴江，有《跋賀方回鑑湖集》。

是年公在餘杭，著《中庸解義》。十二月，在毗陵，作《中庸序》、《校正伊川易傳後序》。

五年乙未，公年六十三。

任明道觀。自毗陵單騎還鄉，十一月復還毗陵。

八月，作《白雲菴記》、《含雲寺真師遺像記》。十二月，作《居士許君墓誌》。

六年丙申，公年六十四。

任明道觀，寓毗陵。

二月，作《孫先生春秋傳序》、《答吕居仁問學書》。

十一月，作《龜山資聖院記》。

公作記有云：「甚矣夫，吾衰久矣！周流四方，欲營菟裘，而無易於吾之故丘者，豈特昔人樂居之哉？行當庇身先人之廬而歸老焉。幅巾杖屨，徜徉龜山之陰，與田夫野老相從於此，枕石漱流，竊自比於舞雩之下，將有日矣。」讀此記，則公之志誠欲歸老於此山。自紹興乙卯公没，至咸淳四年戊辰，凡一百三十四年，邑令黄去疾謂公之鄉不可無士子講學之所，始即資聖院左拓地而創書院。役始於十一月，至次年仲春告成。

七年丁酉，公年六十五。

任明道觀，寓毗陵。

二月，除提點成都府國寧觀。作《跋女戒》。

重和元年戊戌，公年六十六。

任國寧觀，寓毗陵。作《養浩堂記》。

六月，磨勘轉朝散郎。是歲十月改元。

宣和元年己亥，公年六十七。

任國寧觀，寓毗陵。作《陳子通母楊氏墓誌銘》、《跋韓忠獻帖》。

二月改元。

二年庚子，公年六十八。

寓毗陵。作《承事郎梁君墓誌銘》。是年奉祠滿任。

三年辛丑，公年六十九。

寓毗陵。作《孫龍圖墓誌銘》。

四年壬寅，公年七十。

寓毗陵。作《李修撰墓誌》、《令人吴氏墓誌》，丞相李公二親也。又作《張進之墓誌銘》。

是年公如婺州，權教授，繼權通判。跋了翁《與韋深道詩》。

先是公以奉祠滿任，再除宫觀，繼以例罷。貧不能赴調，而食指之衆，未免仰祠，知識中有欲爲求一監當差遣者。是年四月，除監常州市易務，而公初不知也。命下，公自以嘗著論言市易之非，豈可躬自爲之，欲退闕而未能。

五年癸卯，公年七十一。

在婺州。二月，作《婺州修城記》、《吴中奉墓誌》。

《祭游定夫文》有云：「念昔從師，同于三人，今皆淪亡，眇余獨存。」又云：「嗟吾先生，微言未泯，而學者所記，多失其真。賴公相與參訂，去其訛謬，以傳後學。書往來復，而訃已及門。」公自婺州還毗陵。

四月，磨勘轉朝請郎，退市易闕不赴。

是歲給事中路允迪、中書舍人傅墨卿使高麗，國主問龜山先生今在何處？二人對「見召赴闕」。使回即奏聞，有旨召赴都堂審察，公以疾辭。有《與傅國華書》，又有《與許少尹殿院書》。

六年甲辰，公年七十二。

寓毗陵。三韓使人將至，傅公慮前言之不信也，遂力薦於朝。

冬十二月，御筆以秘書郎召，仍令上殿。

十二月，至京師。

是年作《游定夫墓誌銘》、《祭陳了翁文》。

七年乙巳，公年七十三。

任秘書省郎。二月，遷著作郎。

公知世事必有變，三月，有《與執政論事劄子》，其略曰：「今士大夫不敢盡言天下之事，不過爲謀身之計耳。不知謀國乃所以謀身，天下不寧，而能保其身者，未之有也。某輒條具十數事，以裨國論。」徽宗首肯之曰：「卿所陳皆堯舜之

道，正孟子所謂我非堯舜之道不敢陳於王前者也。宜在經筵，朝夕輔朕。」即除邇英殿説書。

十二月十二日，聞金人之寇，有《與執政劄子》二，一乞於要害處嚴爲守備，二乞以收人心爲先。

是年作《陸少卿墓誌銘》、《錢忠定墓誌》、《謝邇英殿説書表》。

欽宗靖康元年丙午，公年七十四。

任著作郎，兼侍經筵。

正月二十一日，奏乞上殿敷奏。當日得旨，令十二日上殿，以蕃使對展。二十三日進劄子，乞立統帥，肅軍政，謹斥堠，明法令，責宰執不忠臣，罷奄寺，防城謹令七事。疏上，欽宗大喜。

二月八日，除右諫議大夫，兼侍講。公具辭免，不允。

三月十三日進劄子，乞擇宰相。時虜騎初退，主和議者欲賂以三鎮。十八日，公上殿極論不可專主和議，急宜命將出師，并乞召用种師中、劉光世，問以方略可否。欽宗乃詔出師襲虜，而議者多持兩端。公再上疏乞出師，不可專守和議，又乞誅姚古。時太學諸生伏闕上書，乞留李綱、种師道，軍民從之者數萬人。朝廷慮其鼓亂，欲防禁之。公奏言：「士人特激於忠憤之氣，初無鼓亂之心。若得老成有德望，爲人所欽服者爲長貳，即自定矣。」欽宗曰：「無逾於卿者。」有旨兼國子祭酒。遂上書論王安石著爲邪説以塗學者耳目，敗壞其心術，乞追奪王爵，毀去配享之像。於是安石遂降從祀之列。諫官馮澥力主王氏，上書詆公。會學官中有紛争者，有旨學官并罷，公亦罷祭酒。又乞追還元祐諸公舊職。

五月十二日，公上章乞罷諫省，十四日再上章，降詔不允。十六日又上章，不允。二十四日又上章，不允。

六月四日，具奏乞致仕。九日除給事中，具奏辭免，降詔不允。十一日上章乞致仕，不允。二十八日再上章乞致仕。

七月四日，除徽猷閣直學士，提舉西京嵩山崇福宫。五日公具辭免，降詔不允。十七日再具辭免，復不允。二十六日又具辭免。欽宗察公懇辭出於至誠，御批：「楊某學行醇固，諫諍有聲。請閒除職，累月懇辭。宜從其志，以勸廉退。可改除徽猷閣待制，提舉崇福宫。」

公將行，再上書乞選將練兵，爲戰守之備。遂還毗陵寓舍。

是年有《謝除諫議大夫兼侍講表》、《舉吕好問自代狀》、《謝賜詔辭免給事中乞致仕不允表》、《謝待制表》。作《曹子華墓誌》、《向大中墓誌銘》、《跋江民表書簡》、《祭劉器之文》。

三月，覃恩轉朝奉大夫。

高宗建炎元年丁未，公年七十五。

以次對提舉崇福宫，寓毗陵。

五月一日，高宗皇帝登寶位，大赦，改元。

七月十五日，準省劄，令公乘騎赴行在。公以疾具奏辭免，被旨不允。

十二(日)〔月〕至行在揚州，二十六日除工部侍郎。是時張忠獻公浚爲殿中侍御史，高宗皇帝問曰：「今日除楊某爲工部侍郎，士論如何？」張公對曰：「楊某厚德老成，學問該博，被遇兩朝。今日之除，甚慰士論。」高宗曰：「朕以其年德之高，不欲任以繁劇，起部優閒，故以處之，當令在經筵。」張公退，以告中書舍人張守以諭公，内相汪公藻時當草制，故制語中有曰：「非貳卿崇奬，無以慰士夫之心；非起部優閒，無以寬耆艾之責。」蓋紀當日聖語也。

是年有《賀太上皇帝登寶位表》。

二年戊申，公年七十六。

在起部。二月，用覃恩轉朝散大夫。陛對，論自古聖賢之君，未有不以典學爲務，以君德在是故也。高宗深然之。除兼侍講。公乞修《建炎會計録》，乞恤勤王之兵，乞寬假言者。

二月十五日，上章乞出，賜詔不允。三月二日，再具奏。四月六日，復申前請，不允。四月十五(日)〔日〕，再入奏。十九日得旨除龍圖閣直學士，提舉杭州洞霄宫。公具辭免，不允。

公還自維揚，復寓毗陵。

是年有《謝工部侍郎賜對表》，又《謝賜詔乞出不允表》、《謝侍講表》、《謝龍圖閣直學士賜對衣金袋表》。又作《章端叔墓誌》、《朝議張公墓誌》。有《舉工部員外郎曾統自代狀》。

冬十一月，公自毗陵還南劍之將樂。

三年己酉，公年七十七。

還龜山之故居。作《樞密曹公墓誌》、《祭陳立道文》。

四年庚戌，公年七十八。

居鄉。

上章告老，十一月準告轉朝請大夫，依前龍圖閣直學士致仕。有《謝轉官致仕表》。

是年八月，作《沙縣諫議陳公祠堂記》，有《與李泰發書》。

紹興元年辛亥，公年七十九。

居鄉。

二月，《跋了翁書温公解禪偈》、《跋文富二公作》、《跋道鄉先生帖》、《贈程舍人迎侍入閩》詩。

二年壬子，公年八十。

居鄉，胡文定與宰相薦公書，其略曰：「龍圖閣直學士致仕楊公某，造養清遠，燭理甚明，混迹同塵，知之者鮮。行年八十，志氣未衰，精力少年殆不能及。上方嚮意儒學，日新聖德，所禮此老，置之經席，朝夕咨訪，裨補必多。至如裁決危疑，經理世務，若燭照數計而龜卜，又可助相府之忠謀也。」

有《答張子韶謝登第書》、《答胡給事問政事先後緩急書》。作《忠毅向公墓誌銘》、《跋諸公與徐仲車先生書簡》、《送嚴尉》詩。

三年癸丑，公年八十一。

居鄉。《三經義辨》、《日録辨》、《字説辨》成。胡文定借公所著書及質正《春秋傳》義，有復文定《春秋》正朔書二，復文定囑編集《二程先生語録》書。有《與李丞相書》。作《周尚書墓誌銘》、《樞密鄭公墓誌銘》、《曾文昭公行述》、《答曾〔元〕忠舍人謝文昭公行述書》。作《南劍州陳諫議祠堂記》。

四年甲寅，公年八十二。

居鄉。胡文定自衡陽寄到《伊川語録》寫本二册，公答書。有《答蕭子莊求作浦城文宣王殿記書》、《跋了翁責沈》、《侍郎鄒公奏議集序》、《跋温公與劉侍御帖》、《跋鄒公送子詩》、《祭程子通文》。

五年乙卯，公年八十三。

居鄉。二月，作《浦城縣學重修文宣王殿記》、《答蕭子莊書》。

四月二十四日，以疾終於正寢。

公於三月得腳氣疾，繼而喘嗽，然亦未嘗伏枕。至四月中，疾勢雖稍增，而起居飲食如常。二十三日，與删定李公談論如平日。二十四日，晨興盥洗，諸子侍側，公語言不覺有異。粥罷再就枕，視之則公已逝矣。享年八十有三。

十月二十二日，葬於本邑南山之原。

起居郎朱侍講具公行實奏聞，有旨特贈四官，賜銀絹各二百疋兩，仍令本州抄録所著《三經義辨》繳申尚書省。六月，準誥贈左太中大夫。

藝文

李綱《梁谿集》卷一六五《祭楊侍郎文》 維紹興五年歲次乙卯十月庚子朔，越十日己酉，具位李綱謹以清酌庶羞之奠，致祭于致政龍圖侍郎楊公之靈。嗚呼，天未喪道，斯文獲傳。必有先進老成，足以師表於一世，而其深造自得，實與古人乎比肩，是能陶冶後學，收功當年。兹儒者之極致，在立德與立言。惟公挺質粹温，圭璋曄然。早飛聲於入雒，極師友之淵源。顧兹道之未墜，企聖域而高騫。方世路之孔棘，安窮約而迴邅。偉名流與鉅德，咸願學而推先。逮夫逢辰遇合，直道而前；抗崇議於諫省，持從橐於甘泉。跌而復起，守則不遷。全高節於歲晚，知孤標之特堅。雖佚老於燕閑，曾不廢於簡編。閔國步之多艱，每憂心於元元。喪亂以來，耆舊凋零，惟公在焉。雖年逾八十，不爲不壽；備享五福，不爲不全。然士夫之所以期公者，蓋庶幾衛武之箴儆，尚得憲言行於丘園。何忽去此而不顧，世豈復有如公之賢者乎？嗚呼！我之與公，久兹周旋。公相知心，忘德與年。瞻儀形而詠歎，覺疵吝之皆痊。信有斐之君子，知至善之弗諼。慨三山之前約，卜荔子之初丹。何尺書之未久，遽永隔於終天！日月有期，肅焉新阡。遥馳誠於一奠，悵此意之奚宣。公之死爲不朽矣，惟其憖遺之悲，則有涕泗之漣漣。嗚呼哀哉，尚饗！

朱松《韋齋集》卷一二《代鄭德與祭龜山先生》 道喪千載，聖遠言堙。矧曰國家，莫善其身。三川之郊，篤生至人。公甫筮仕，摳衣其門。聖有遺訓，俗學所霾。手摩層雲，日星昭回。六十餘年，學者有師。斯文所寄，天亦耆之。靖康初元，天子側席。擢從史氏，來長諫列。國勢危安，廷議中式。有懷必獻，曰此予責。帝在淮海，始初清明。日御《詩》、《書》，渴見老成。白髮蒼顔，歸侍邇英。如周武王，丹書是承。得謝言旋，田里燕息。有言有行，四海是式。謂當期頤，難老永錫，執餽乞言，福我王國。云何一卧，遽告易簀？邦人涕洟，朝野大息。嗟哉冥頑，多難所嬰。避影趨風，久愧未能。越自世父，執經師庭。德義之契，施及晚生。惟先君子，謀謨密勿。天嗇之年，勳著王室。公畀銘章，黼黻金石。

幽竄是藏，以詔無極。盛德之賜，曷酬萬一。祖祭有期，來從執紼。帝懷元老，天不憖遺。奠觴一哀，豈獨吾私。

陳淵《默堂集》卷二一《祭龜山先生文》　維紹興五年歲次乙卯，十月庚子朔，十八日丁巳，壻具位陳淵，謹以清酌庶羞之奠，致祭於亡外舅致政龍圖楊公先生之靈。嗚呼！泰山其頹，梁木其壞。四海所悲，而況於骨肉之愛。我於公門，親則子壻，恩已篤矣，又兼乎師資之義，此所以哀慕痛切，久而不能自已也。自我識公，建之東陽；從公荆州，轉於浙江。久客念歸，各旋故里。多合鮮離，前後三紀。衣之食之，援而撫之。教之誨之，誘而與之。如工之造器，刻雕琢磨而冀其用；如農之養苗，灌溉薅芸以俟其實。曾厚德之未酬，忽莫知其所適。若嬰兒之失其母也，其能不以爲戚耶？嗚呼！先生清而不隘，和而不流。澹然無營，心逸日休。其體之於身而安也，亦以是施於民；其行之於畎畝而宜也，亦以是達於朝廷。故退不爲崖異之行，而進不求矯激之名。蓋所謂從容而自中，豈智巧果敢之足云乎！公嘗謂：「孟子之所謂善，子思之所謂誠，實同名異，而皆達於孔子之仁。仁固無私，誠不自成，故能合内外，通物我，無分於天人也。」伊洛得之，明以授我。我行乎中，用惟其可。或畔乎此，辨而正之。期於萬世，匪我敢私。公之云亡，士失所恃。幸聖朝之眷舊，起斯文於將廢。倘邪説之遂熄，何異乎存而得志。矧公有子，惟公是似。遵正塗而遄往，信遺風之可繼。公則無憾，斯人所喟。文以告哀，詞不逮意。

張栻《南軒集》卷一〇《瀏陽歸鴻閣龜山楊諫議畫像記》　宋興百有餘年，四方無虞，風俗敦厚，民不識干戈。有儒生出於江南，高談詩書，自擬伊、傅，而實竊佛、老之似，濟非、鞅之術，舉世風動，雖巨德故老有莫能燭其姦者。其時私説一行，而始紛紛多事，反理之評，詭道之論，日以益熾，邪慝相乘，卒兆裔夷之侮，考其所致，有自來矣。靖康初，龜山楊公任諫議大夫、國子祭酒，始推本論奏其學術之謬，請追奪王爵，罷去配饗。雖當時餘黨猶夥，公之説未得盡施，然大統中興，論議一正，到如今學者知荆舒禍本，而有不屑。然則公之息邪説、距詖行、放淫辭以承孟氏者，其功顧不大哉！是宜列之學宫，使韋布之士知所尊仰。而況公舊所臨，流風善政之及，祀事其可缺乎！瀏陽實潭之屬邑，紹聖初公嘗辱爲之宰，歲饑，發廪以賑民，而部使者以催科不給罪公，公之德於邑民也深矣。後六十有六年，建安章才邵來爲政，慨然念風烈，咨故老，葺公舊所謂飛鴻閣，繪像於其上，以示後學，以慰邑人之思，去而不忘也。又六年，貽書俾某記之。某生晚識陋，何足以窺公之藴？惟公師事河南二程先生，得《中庸》鳶飛魚躍之傳於言意之表，踐履純固，卓然爲一世儒宗，故見於行事，深切著明如此。敢表而出之，庶幾慕用之萬一云爾。

葉適《水心文集》卷一〇《龜山楊先生祠堂記》　賢者之世，漸遠而漸微，或微而遂絶，可歎也已！若夫好賢者不然，雖遠而不衰，愈遠而愈隆也。《微子之命》曰：「崇德象賢。」然則微者可望以復興，絶者可恃以復續，是在後之人矣。臧文仲聞六與蓼滅，曰：「皋陶、庭堅，不祀忽諸。德之不建，民之無援，哀哉！」於時相去既千五百年而其言如此。雖然，以二人之德而使其後不傳，豈惟臧文仲哀之，雖遠而萬世，愈遠而無窮，猶且哀之也。龜山先生文靖楊公中立，力行二程之道，黜王氏邪説，節高而安，行峻而和，學者所師，當世所尊，可謂賢矣。卒於紹興丙辰，七十餘年而無仕者，微不自業，至賣其宅，去絶幾何，可不悲夫！其四世孫子復病之，争愬紛然。太守余景瞻曰：「非也。有司治此，不過用交易法爾，安能空手以得！吾以義長民者也，子姑聽乎！」自景瞻至郡，有例券百餘萬，謝不取，因贖以歸楊氏。將樂吏寇亂，民居皆後起，盗敬公之名，故楊氏舊廬獨存。然屋老且敗，景瞻又修補其漏缺，持立門巷，黑白絢好矣。顧子復尚無所衣食，則又職於學官以廪之。楊公有筆藁《史論》一編，景瞻尤惜之，曰「是將爲好事者奪去」，則肖公像於霤，並藏其書，歲遣官祭祠，然後出陳之焉。嗚呼！其爲楊氏慮悉矣。微者可興也，絶者可續也，斯弗憾矣。異時景瞻明鋭果敢，是非賢否立見。其守延平，乃更詳緩曲折。野人有訟，呼案前兒女語之。收斂鋒鍔以立綱目，晝勤夜思，各就紀序。今夫事之可爲如楊公者衆，而或未之爲也。然則雖其未入於景瞻職業之内者，余亦不欲其出於景瞻思慮之外矣。故余之願景瞻，非獨以其能好賢而已也。嘉定二年四月。

《陳亮集》卷二三《楊龜山中庸解序》　世所傳有伊川先生《易傳》，楊龜山《中庸義》，謝上蔡《論語解》，尹和靖《孟子説》，胡文定《春秋傳》。謝氏之書，學者知誦習之矣。尹氏之書，簡淡不足以入世好。至於是三書，則非習見是經以志乎舉選者，蓋未之讀也。世之儒者，揭《易傳》以與學者共之，於是靡然始知所向。然予以謂不由《大學》《論語》及《孟子》《中庸》以達乎《春秋》之用，宜於《易》未有用心之地也。今《語孟精義》既出，而謝氏、尹氏之書具在。楊氏《中庸》及胡氏《春秋》，世尚多有之，而終病其未廣，別刊爲小本，以與《易傳》並行，觀者宜有取焉。

宋高宗部

綜述

《宋史》卷二四《高宗本紀一》 高宗受命中興全功至德聖神武文昭仁憲孝皇帝，諱構，字德基，徽宗第九子，母曰顯仁皇后韋氏。大觀元年五月乙巳，生東京之大內，赤光照室。八月丁丑，賜名，授定武軍節度使、檢校太尉，封蜀國公。二年正月庚申，封廣平郡王。宣和三年十二月壬子，進封康王。資性朗悟，博學彊記，讀書日誦千餘言，挽弓至一石五斗。宣和四年，始冠，出就外第。

靖康元年春正月，金人犯京師，軍于城西北，遣使入城，邀親王、宰臣議和軍中。朝廷方遣同知樞密院事李棁等使金，議割太原、中山、河間三鎮，遣宰臣授地，親王送大軍過河。欽宗召帝諭指，帝慷慨請行。遂命少宰張邦昌爲計議使，與帝俱。金帥斡離不留之軍中旬日，帝意氣閒暇。二月，會京畿宣撫司都統制姚平仲夜襲金人砦不克，金人見責，邦昌恐懼涕泣，帝不爲動，斡離不異之，更請肅王。癸卯，肅王至軍中，許割三鎮地。進邦昌爲太宰，留質軍中，帝始得還。金兵退，復遣給事中王雲使金，以租賦贖三鎮地。又以蠟書結遼降將耶律余覩，爲金人所得。八月，金帥粘罕復引兵深入，陷太原。斡離不破真定。冬十月，王雲從吏自金先還，言金人堅欲得地，不然，進兵取汴都。十一月，詔帝使河北，奉袞冕、玉輅，尊金主爲伯，上尊號十八字。被命，即發京師。以門下侍郎耿南仲主和議，請與俱，乃以其子中書舍人延禧爲參議官偕行。帝由滑、濬至磁州，守臣宗澤請曰：「肅王去不返，金兵已迫，復去何益？請留磁。」磁人以雲將挾帝入金，遂殺雲。時粘罕、斡離不已率兵渡河，相繼圍京師。從者以磁不可留，知相州汪伯彥亦以蠟書請帝還相州。

閏月，耿南仲馳至相，見帝致辭，以面受欽宗之旨，盡起河北兵入衛，帝乃同南仲募兵勤王。初，朝廷聞金兵渡河，欲拜帝爲元帥。至是，殿中侍御史胡唐老復申元帥之議，尚書右僕射何㮚擬詔書以進，欽宗遣閤門祗候秦仔持蠟詔至相，拜帝爲河北兵馬大元帥，知中山府陳亨伯爲元帥，汪伯彥、宗澤爲副元帥。仔於頂髮中出詔，帝讀之嗚咽，兵民感動。

十二月壬戌朔，帝開大元帥府，有兵萬人，分爲五軍，命武顯大夫陳淬都統制軍馬。閤門祗候侯章齎蠟書至自京師，詔帝盡發河北兵，命守臣自將。帝乃下令諸郡守與諸將，議引兵渡河。乙亥，帝率兵離相州。丙子，履冰渡河。丁丑，次大名府。宗澤以二千人先諸軍至，知信德府梁揚祖以三千人繼至，張俊、苗傅、楊沂中、田師中皆在麾下，兵威稍振。會簽書樞密院事曹輔齎蠟詔至，云金人登城不下，方議和好，可屯兵近甸，毋輕動。汪伯彥等皆信和議，惟宗澤請直趨澶淵爲壁，次第解京城之圍。伯彥、南仲請移軍東平。帝遂遣澤以萬人進屯澶淵，揚言帝在軍中。自是澤不復預府中謀議。帝決意趨東平。庚寅，帝發大名。

建炎元年春正月癸巳，帝至東平。初，帝軍在相州，京城圍久，中外莫知帝處。及是，陳請四集，取決帥府。壬寅，高陽關路安撫使黃潛善、總管楊惟忠亦部兵數千至東平。命潛善進屯興仁，留惟忠爲元帥都統制。金人聞帝在澶淵，遣甲士及中書舍人張澂來召。宗澤命壯士射之，澂乃遁。伯彥等請帝如濟州。二月庚辰，發東平。癸未，次濟州。時帥府官軍及羣盜來歸者，號百萬人，分屯濟、濮諸州府，而諸路勤王兵不得進。二帝已在金人軍中。三月丁酉，金人立張邦昌爲帝，稱大楚。黃潛善以告，帝慟哭，僚屬欲奉帝駐軍宿州，謀渡江左，帝聞三軍籍籍遂輒。承制以宗澤爲徽猷閣待制。丁巳，斡離不退師，徽宗北遷。戊午，承制以汪伯彥爲顯謨閣待制，充元帥；潛善爲徽猷閣待制，充副元帥。夏四月，粘罕退師，欽宗北遷。癸亥，邦昌尊元祐皇后爲宋太后，遣人至濟州訪帝，又遣吏部尚書謝克家來迎。耿南仲率幕僚勸進，帝避席流涕，遜辭不受。伯彥等引天命人心爲請，且謂靖康紀元，爲十二月立康之兆。帝曰：「當更思之。」以知淮寧府趙子崧爲寶文閣學士、元帥府參議官、東南道總管，統東南勤王兵。邦昌遣閤門宣贊舍人蔣師愈等持書詣帝，自言從權濟事，及將歸寶避位之意。帝亦貽諸帥書，以未得至京，已至者毋輒入。聞資政殿大學士、領開封府事李綱在湖北，遣劉默持書訪之。又諭宗澤等，以受僞命之人義當誅討，然慮事出權宜，未可輕動。澤復書，謂邦昌篡亂蹤跡，已無可疑，宜早正天位，興復社稷，不可不斷。門下侍郎吕好問亦以蠟書來，言帝不自立，恐有不當立而立者。丁卯，謝克家以「大宋受命之寶」至濟州，帝慟哭跪受，命克家還京師，趣辦儀物。戊辰，濟州父老詣軍門，言州四旁望見城中火光屬天，請帝即位于濟。會宗澤來言，南京

乃藝祖興王之地，取四方中，漕運尤易。遂決意趨應天。是夕，邦昌手書上延福宮太后尊號曰元祐皇后，入居禁中，以尚書左丞馮澥爲奉迎使。皇后又遣兄子衛尉少卿孟忠厚持手書遺帝。皇后垂簾聽政。邦昌權尚書左僕射，率在京百官上表勸進，不許。甲戌，皇后手書告中外，俾帝嗣統。乙亥，百官再上表，又不許。丁丑，馮澥等至濟州，百官三上表，許以權聽國事。戊寅，命宗澤先勤兵分駐長垣、韋城等縣，以備非常。東道副總管朱勝非至濟州，宣撫司統制官韓世忠以兵來會。庚辰，帝發濟州，鄜延副總管劉光世自陝州來會，以光世爲五軍都提舉。辛巳，次單州。壬午，次虞城縣。西道都總管王襄自襄陽來會。癸未，至應天府。皇后詔有司備法駕儀仗。乙酉，張邦昌至，伏地慟哭請死，帝慰撫之。承制以汪伯彥爲顯謨閣直學士，黄潛善爲徽猷閣直學士。權吏部尚書王時雍等奉乘輿服御至，羣臣勸進者益衆，命有司築壇府門之左。

五月庚寅朔，帝登壇受命，禮畢慟哭，遥謝二帝，即位于府治。改元建炎。大赦，常赦所不原者咸赦除之。張邦昌及應干供奉金國之人，一切不問。命西京留守司修奉祖宗陵寢。罷天下神霄宫。住散青苗錢。應死節及殁于王事者並推恩。奉使未還者，禄其家一年。應選人並循資，已係承直郎者，改次等京官。臣僚因亂去官者，限一月還任。潰兵、羣盗咸許自新。免係官欠負，蠲南京及元帥府常駐軍一月以上州縣夏税。應天府特奏名舉人並與同進士出身，免解人與免省試。諸路特奏名三舉以上及宗室嘗預貢者，並推恩。應募兵勤王人以兵付州縣主兵官，聽赴行在。中外臣庶許言民間疾苦，雖詆訐亦不加罪。命官犯罪，更不取特旨裁斷。蔡京、童貫、朱勔、李彦、孟昌齡、梁師成、譚稹及其子孫，更不收敘。内外大臣，限十日各舉布衣有材略者一人。餘如故事。以黄潛善爲中書侍郎，汪伯彦同知樞密院事。元祐皇后在東京，是日徹簾。辛卯，遥尊乾龍皇帝爲孝慈淵聖皇帝，元祐皇后爲元祐太后。詔史官辨宣仁聖烈皇后誣謗。築景靈宫于江寧府。壬辰，以張邦昌爲太保、奉國軍節度使、同安郡王，五日一赴都堂參決大事。以河東、北宣撫使范訥爲京城留守。癸巳，遥尊帝母韋賢妃爲宣和皇后，遥立嘉國夫人邢氏爲皇后。耿南仲罷。甲午，以李綱爲尚書右僕射兼中書侍郎，趣赴行在；楊惟忠爲建武軍節度使，主管殿前司公事。罷諸盗及民兵之爲統制者，簡其士馬隸五軍。乙未，以生辰爲天申節。馮澥罷，以兵部尚書吕好問爲尚書右丞。命中軍統制馬忠、後軍統制張换率兵萬人，趣河間府追襲金人。丙申，以吕好問兼門下侍郎。丁酉，以黄潛善兼御營使，汪伯彦副之，真定府路副總管王淵爲都統制，鄜延路副總管劉光世提舉一行事務。王時雍黄州安置。命統制官薛廣、張瓊率兵六千人會河北山水砦義兵，共復磁、相。戊戌，以資政殿學士路允迪爲京城撫諭使，龍圖閣學士耿延禧副之。贈吏部侍郎李若水觀文殿學士，謚忠愍。己亥，召太學生陳東赴行在。李綱至江寧，誅叛卒周德等。庚子，詔：以靖康大臣主和誤國，責李邦彦爲建寧軍節度副使，潯州安置；徙吴敏柳州，蔡懋英州；李棁、宇文虚中、鄭望之、李鄴皆以使金請割地，責廣南諸州並安置。辛丑，詔：張邦昌知幾達變，勳在社稷，如文彦博例，月兩赴都堂。壬寅，封後宫潘氏爲賢妃。以江、淮發運使梁揚祖提領東南茶鹽事。癸卯，天申節，罷百官上壽。乙巳，賜諸路勤王兵還營者錢，人三千。丙午，以誣謗宣仁聖烈皇后，追貶蔡確、蔡卞、邢恕、蔡懋官。以保静軍節度使姚古知河南府。金人陷河中府，權府事郝仲連死之。丁未，徽宗至燕山府。庚戌，以宗澤爲龍圖閣學士、知襄陽府。壬子，進張邦昌太傅。丙辰，罷監察御史張所，尋責江州安置。丁巳，詔成都京兆襄陽荆南江寧府、鄧揚二州儲資糧，修城壘，以備巡幸。以簽書樞密院事張叔夜嘗援京城力戰，從徽宗北行，遥命爲觀文殿大學士、醴泉觀使。戊午，右諫議大夫范宗尹罷。遣太常少卿周望使河北軍前通問二帝。西道總管王襄、北道總管趙野坐勤王稽緩，並分司，襄陽府、青州居住。尋責襄永州，野邵州，並安置。

六月己未朔，李綱入見，上十議，曰國是、巡幸、赦令、僭逆、僞命、戰、守、本政、責成、修德。以前殿前副都指揮使王宗濋引衛兵遁逃，致都城失守，責官邵州安置。徽猷閣直學士徐秉哲假資政殿學士，爲大金通問使，秉哲辭。庚申，封靖康軍節度使仲湜嗣濮王。粘罕還屯雲中。辛酉，命新任郎官未經上殿者並引對。御史中丞顔岐罷。徐秉哲責官梅州安置。詔河北、京、陝、淮、湖、江、浙州軍縣鎮募人修築城壁。壬戌，置登聞檢鼓院。癸亥，以黄潛善爲門下侍郎兼權中書侍郎。張邦昌坐僭逆，責降昭化軍節度副使，潭州安置。及受僞命臣僚王時雍，高州；吴幵，永州；莫儔，全州；李擢，柳州；孫覿，歸州：並安置。顔博文、王紹以下，論罪有差。以知懷州霍安國、河東宣撫使劉韐死節，贈安國延康殿學士，韐資政殿大學士。甲子，命李綱兼御營使。乙丑，以龍、神衛四廂都指揮使馬忠爲河北經制使，措置民兵。洪芻罷左諫議大夫，下臺獄。丁卯，以祠部員外郎喻汝礪爲四川撫諭，督漕計羨緡及常平錢物。罷開封諸州、軍、府司録曹掾官。州軍通判二員者省其一。權減宰執奉賜三之一。省諸路提舉常平司，兩

浙、福建提舉市舶司。賊李孝忠寇襄陽，守臣黃叔敖棄城遁。立格買馬。辛未，以子旉生，大赦。籍天下神霄宫錢穀充經費。拘天下職田錢隸提刑司。還元祐黨籍及上書人恩數。癸酉，詔陝西、山東諸路帥臣團結軍民，互相應援。乙亥，增諸縣弓手，置武尉領之。宗室叔向以所募勤王兵屯京師，或言爲變，命劉光世捕誅之。戊寅，以汪伯彦知樞密院事。遣宣義郎傅雱使河東軍前，通問二帝。己卯，置沿河、沿淮、沿江帥府十有九，要郡三十九，次要郡三十八，帥守兼都總管，守臣兼鈐轄、都監，總置軍九十六萬七千五百人。别置水軍七十七將，造舟江、淮諸路。置三省、樞密院賞功司。東京留守范訥落節鉞，淄州居住。庚辰，以二帝未還，禁州縣用樂。辛巳，置沿河巡察六使。壬午，以户部尚書張慤同知樞密院事兼提舉措置户部財用。癸未，吕好問罷。甲申，併尚書户部右曹所掌歸左曹，命尚書總領。乙酉，以宗澤爲東京留守，杜充爲北京留守，罷監司州郡職田。丙戌，詔陝西、河北、京東西路募兵合十萬人，更番入衛行在。命京東、西路造戰車。丁亥，以張所爲河北西路招撫使。括買官民馬，勸出財助國。戊子，以錢蓋爲陝西經制使，封趙懷恩爲安化郡王，因召五路兵赴行在。

秋七月己丑朔，以樞密副都承旨王瓊爲河東經制使。庚寅，詔王淵、劉光世、統制官張俊喬仲福韓世忠分討陳州軍賊杜用、京東賊李昱及黎驛、魚臺潰兵，皆平之。辛卯，籍東南諸州神霄宫及贍學錢助國用。叔右監門衛大將軍、貴州團練使士㒟以磁、洺義兵復洺州。乙未，以温州觀察使范瓊爲定武軍承宣使、御營司同都統制。丙申，賜諸路彊壯巡社名爲「忠義巡社」，專隸安撫司。戊戌，欽宗至燕山府。以忻州觀察使張換爲河北制置使。東都宣武卒杜林謀據成都叛，伏誅。己亥，詔臺省、寺監繁簡相兼，學官、館職減舊制之半。辛丑，復議吳幵、莫儔等十一人罪，並廣南、江、湖諸州安置，餘遞貶有差。壬寅，詔：「奉元祐太后如東南，六宫及衛士家屬從行，朕當獨留中原，與金人決戰。」以延康殿學士許翰爲尚書右丞。甲辰，以右諫議大夫宋齊愈嘗當金人謀立異姓，書張邦昌姓名，斬于都市。乙巳，手詔：「京師未可往，當巡幸東南。」丙午，詔定議巡幸南陽。以觀文殿學士范致虚知鄧州，修城池，繕宫室，輸錢穀以實之。丁未，遣官詣京師迎奉太廟神主赴行在。己酉，罷四道都總管。以尚書虞部員外郎張浚爲殿中侍御史。庚戌，徵諸道兵，期八月會行在。丙辰，徽宗自燕山密遣閤門宣贊舍人曹勛至，賜帝絹半臂，書其領曰：「便可即真，來援父母。」帝泣以示輔臣。張所、傅亮軍發行在。是月，關中賊史斌犯興州，僭號稱帝。

八月戊午朔，洪芻等坐圍城日括金銀自盗，及私納宫人，芻及余大均、陳沖貸死，流沙門島，餘五人罪有差。勝捷軍校陳通作亂于杭州，執帥臣葉夢得，殺漕臣吴昉。己未，元祐太后發京師。庚申，以劉光世爲奉國軍節度使，韓世忠、張俊皆進一官。辛酉，右司諫潘良貴罷。壬戌，以李綱爲尚書左僕射兼門下侍郎，黄潛善爲右僕射兼中書侍郎，張慤兼御營副使。癸亥，命御營使、副大閱五軍。庚午，更號元祐太后爲隆祐太后。辛未，罷傅亮經制副使，召赴行在。壬申，召布衣譙定赴行在。命御營統制辛道宗討陳通。是夕，東北方有赤氣。癸酉，以耿南仲主和誤國，南雄州安置。乙亥，用張浚言，罷李綱左僕射。丙子，隆祐太后發南京，命侍衛馬軍都指揮使郭仲荀護衛如江寧，兼節制江、淮、荆、浙、閩、廣諸州，制置東南盜賊。丁丑，以龍圖閣直學士錢伯言知杭州，節制兩浙、淮東將兵及福建槍杖手，討陳通。庚辰，降牓招諭杭州亂兵。壬午，用黄潛善議，殺上書太學生陳東、崇仁布衣歐陽澈。乙酉，遣兵部員外郎江端友等撫諭閩、浙、湖、廣、江、淮、京東西諸路，及體訪官吏貪廉、軍民利病。許翰罷。丁亥，博州卒宫儀作亂，犯萊州。

九月己丑，建州軍校張員等作亂，執守臣張動，轉運副使毛奎、判官曹仔爲所殺，嬰城自守。范瓊捕斬李孝忠于復州。壬辰，以金人犯河陽、汜水，詔擇日巡幸淮甸。鑄建炎通寶錢。命淮、浙沿海諸州增修城壁，招訓民兵，以備海道。甲午，命揚州守臣吕頤浩繕修城池。宗澤往河北視師，七日還。是夜，辛道宗兵潰于嘉興縣。丁酉，詔荆襄、關陝、江淮皆備巡幸。戊戌，罷買馬。己亥，以子旉爲檢校少保、集慶軍節度使，封魏國公。詔内外官司參用《嘉祐》、《元豐敕》以俟新書。庚子，二帝徙居霫郡。辛丑，陳通劫提點刑獄高士疃。壬寅，遣徽猷閣待制孟忠厚迎奉太廟神主赴揚州。以直秘閣王圭爲招撫判官代張所，尋責所廣南安置。乙巳，宗澤表請車駕還闕。戊申，河北招撫司都統制王彦渡河擊金人破之，復新鄉縣。己酉，以諜報金人欲犯江、浙，詔暫駐淮甸捍禦，稍定即還京闕。募民入貲授官。軍賊趙萬入常州，執守臣何衮。罷諸路經制招撫使。庚戌，始通當三大錢于淮、浙、荆湖諸路。壬子，命湖南撫諭官馬伸持詔賜張邦昌死于潭州，併誅王時雍。癸丑，詔：有敢妄議惑衆沮巡幸者，許告而罪之，不告者斬。乙卯，王彦及金人戰，敗績，奔太行山聚衆，其裨將岳飛引其部曲自爲一軍。趙萬陷鎮江府，守臣趙子崧棄城渡江保瓜洲。

是秋，金人分兵據兩河州縣，惟中山慶源府、保莫邢洺冀磁絳相州久之

乃陷。

冬十月丁巳朔，帝登舟幸淮甸。戊午，太后至揚州。己未，罷諸路勸誘獻納錢物。庚申，罷諸路召募潰兵忠義等人，及寄居官擅集勤王兵者。癸亥，募羣盜能併滅賊衆者官之。甲子，以張浚論李綱不已，落綱觀文殿大學士，止奉宫祠。知秀州兼權浙西提點刑獄趙叔近入杭州招撫陳通。乙丑，罷帥府、要郡，次要郡新軍及水軍。丁卯，以王淵爲杭州制置盜賊使，統制官張俊從行。庚午，次泗州，幸普照寺。甲戌，太白晝見。己卯，次楚州寶應縣。後軍將孫琦等作亂，逼左正言盧臣中墮水死。庚辰，命劉光世討鎮江叛兵。辛巳，以光世爲滁和濠州、江寧府界招捉盜賊制置使，御營統制官苗傅爲使司都統制。朝請郎李棫提舉廣西左、右兩江峒丁公事。癸未，至揚州，禁内侍統兵官相見。丙戌，王淵、張俊誘趙萬等悉誅之。

十一月戊子，李綱鄂州居住。真定軍賊張遇入池州，守臣滕祐棄城遁。己丑，詔：雜犯死罪有疑及情理可憫者，撫諭官同提刑司酌情減降，先斷後聞。壬辰，遣王倫等爲金國通問使。乙未，以張慤爲尚書左丞，工部尚書顏岐同知樞密院事。丙申，曲赦應天府、亳宿揚泗楚州、高郵軍。丙午，以張慤爲中書侍郎。戊申，以顏岐爲尚書左丞兼權門下侍郎，御史中丞許景衡爲右丞，刑部尚書郭三益同知樞密院事。權密州趙野棄城遁，軍校杜彦據州，追野殺之。辛亥，命福建路增招弓手。金人陷河間府。是月，軍賊丁進圍壽春府，守臣康允之拒卻之。

十二月丙辰朔，命從臣四員充講讀官，就内殿講讀。丁巳，詔諸路提刑司選官，即轉運司所在州類省試進士，以待親策。辛酉，王淵入杭州，執陳通等誅之。壬戌，青州敗將王定以兵作亂，殺帥臣曾孝序。癸亥，粘罕犯汜水關，西京留守孫昭遠遣將拒之，戰殁，昭遠引兵南遁，尋命部將王仔奉啓運宫神御赴行在。甲子，改授后父徽猷閣待制邢焕爲光州觀察使。乙丑，詔：凡刑賞大政並經三省，其干請墨敕行下者罪之。丙寅，張遇犯江州。戊辰，金人圍棣州，守臣姜剛之固守，金兵解去。甲戌，金人陷同州，守臣鄭驤死之。張遇犯黄州。己卯，金人陷汝州，入西京。庚辰，金人陷華州。辛巳，破潼關。河東經制使王瓔自同州引兵遁入蜀。丁進詣宗澤降。乙酉，增置廣西弓手以備邊。以户部尚書黄潛厚爲延康殿學士、同提舉措置財用。

《宋史》卷二五《高宗本紀二》　二年春正月丙戌朔，帝在揚州。丁亥，録兩河流亡吏士。沿河給流民官田、牛、種。戊子，金人陷鄧州，安撫劉汲死之。辛卯，置行在榷貨務。壬辰，金人犯東京，宗澤遣將擊卻之。癸巳，復明法新科。甲午，詣壽寧寺謁祖宗神主。乙未，金人破永興軍，前河東經制副使傅亮以兵降，經略使唐重，副總管楊宗閔、提舉軍馬陳迪、轉運副使桑景詢、判官曾謂、提點刑獄郭忠孝、經略司主管機宜文字王尚及其子建中俱死之。東平府兵馬鈐轄孔彦舟叛，渡淮犯黄州，守臣趙令宬拒之。丙申，詔：「自今犯枉法自盜贓者，中書籍其姓名，罪至徒者，永不録用。」金人陷均州，守臣楊彦明遁去。丁酉，金人陷房州。己亥，張遇焚真州。祕閣修撰孫昭遠爲亂兵所害。庚子，遣主客員外郎謝亮爲陝西撫諭使兼宣諭使，持詔賜夏國。張遇陷鎮江府，守臣錢伯言棄城走。辛丑，内侍邵成章坐輒言大臣除名，南雄州編管。金人陷鄭州，通判趙伯振死之。癸卯，金帥窩里嗢陷濰州，又陷青州，尋棄去。丁未，詔諭流民、潰兵之爲盜賊者，釋其罪。己酉，禁諸將引潰兵入蜀，置大散關使以審驗之。庚戌，遣考功員外郎傅雱爲淮東京東西撫諭使。辛亥，王淵招降張遇，以所部萬人隸韓世忠。改授顯謨閣直學士孟忠厚爲常德軍承宣使。詔：凡后族毋任侍從官，著爲令。金人焚鄧州。是月，以中奉大夫劉豫知濟南府。金人陷潁昌府，守臣孫默爲所殺。經制司僚屬王擇仁復永興軍。金人陷秦州，經略使李復降；又犯熙河，經略使張深遣兵馬都監劉惟輔與戰于新店，敗之，斬其帥黑鋒。

二月丙辰，金人再犯東京，宗澤遣統制閻中立等拒之，中立戰死。戊午，移耿南仲于臨江軍。金人陷唐州。壬戌，安化軍節度副使宇文虚中應詔使絶域，復中大夫，召赴行在。癸亥，罷市易務。甲子，金人犯滑州，宗澤遣張撝救之，戰死。乙丑，澤遣判官范世延等表請帝還闕。河北賊楊進等詣澤降。丁卯，復延康、述古殿直學士爲端明、樞密直學士。辛未，詔：自今犯枉法自盜贓罪至死者，籍其貲。壬申，赦福州叛卒張員等。癸酉，金人陷蔡州，執守臣閻孝忠。丙子，金人陷淮寧府，守臣向子韶死之。丁丑，遣王貺等充金國軍前通問使。戊寅，責降知鎮江府趙子崧爲單州團練副使，南雄州安置。己卯，奪祕書正字胡珵官，送梧州編管。朝奉大夫劉正彦應詔使絶域，授武德大夫、威州刺史，尋爲御營右軍副統制。庚申，以王淵爲嚮德軍節度使。辛巳，武功大夫、和州防禦使馬擴奔真定五馬山砦聚兵，得皇弟信王榛于民間，奉之總制諸砦。壬午，詔京畿、京東西、河北、淮南路，置振華軍八萬人。是月，成都守臣盧法原修城成。

三月辛卯，金人陷中山府。壬辰，詔諸路安撫使許便宜節制官吏。丁酉，初立《大小使臣呈試弓馬出官格》，先閲試然後奏補。粘罕焚西京去。庚子，河南

統制官翟進復西京，宗澤奏進爲京西北路安撫制置使。丙午，遥授尚書右僕射何㮚爲觀文殿大學士，中書侍郎陳過庭爲資政殿大學士，同知樞密院事聶昌爲資政殿大學士，並主管宫觀。時㮚已卒于金，昌爲人所殺，朝廷未之知；過庭亦在金軍中。丁未，罷内外權局官之不應法者。遣楊應誠爲大金、高麗國信使。己酉，張員等復作亂，擁衆突城出，命本路提點刑獄李芘討捕之。辛亥，以范瓊權同主管侍衛步軍司公事，屯真州。是月，金人陷鳳翔府，守臣劉清臣棄城去；又犯涇原，經略使統制官曲端遣將拒戰敗之，金兵走同、華。石壕尉李彦仙舉兵復陝州。

夏四月丙辰，詔文臣從官至牧守、武臣管軍至遥郡，各舉所知二人。戊午，禁州縣責鄰保代輸逃户税役。宗澤遣將趙世興復滑州。乙丑，翟進以兵襲金帥兀室于河南，兵敗，其子亮死之。進又率御營統制韓世忠、京城都巡檢使丁進等兵戰于文家寺，又敗，世忠收餘兵南歸。兀室復入西京，尋棄去。隴右都護張嚴及金人戰于五里坡，敗績，死之。丁卯，金人入洺州。壬辰，軍賊孫琦焚隨州。癸未，入唐州。信王榛遣馬擴來奏事。是月，以榛爲河外兵馬都元帥，擴爲元帥府馬步軍都總管。

五月乙酉，許景衡罷。孫琦犯德安府。丙戌，命參酌元祐科舉條制，立詩賦、經義分試法。戊子，以翰林學士朱勝非爲尚書右丞。辛卯，以金兵渡河，遣韓世忠、宗澤等逆戰。甲午，曲赦河北、陝西、京東路。福建轉運判官謝如意執張員等六人誅之。丙申，復命宇文虚中爲資政殿大學士，充金國祈請使。賊靳賽寇光山縣。戊戌，河北制置使王彦部兵渡河，屯滑州之沙店。癸卯，張慤薨。甲辰，金帥婁宿陷絳州。丁未，復置兩浙、福建提舉市舶司。己酉，秀州卒徐明等作亂，執守臣朱芾，迎前守趙叔近復領州事。命御營中軍統制張俊討之。癸丑，罷借諸路職田。

六月乙卯，權罷邛州鑄錢，增印錢引。癸亥，建州卒葉濃等作亂，寇福州。甲子，親慮囚。乙丑，張俊至秀州，殺趙叔近，執徐明斬之。甲戌，葉濃陷福州。丁丑，詔江、浙沿流州軍練水軍，造戰艦。京畿、淮甸蝗。是月，以知延安府王庶節制陝西六路軍馬，涇原經略使統制官曲端爲節制司都統制。永興軍經略使郭琰逐王擇仁，擇仁奔興元。

秋七月甲申，葉濃入寧德縣，復還建州，命張俊同兩浙提點刑獄趙哲率兵討之。丙戌，詔吏部審量京官，非政和以後進書頌及直赴殿試人，乃聽參選。宗澤薨。丁亥，詔：百官坐蔡京、王黼擬授而廢者，許自新復用。戊子，禁軍中抉目刳心之刑。壬辰，選江、浙州軍正兵、土兵六之一赴行在。乙未，以郭仲荀爲京城副留守。戊戌，録内外諸軍將士功。辛丑，以春霖夏旱蝗，詔監司、郡守條上闕政，州郡災甚者蠲田賦。甲辰，以降授北京留守杜充復樞密直學士，爲開封尹、東京留守。

八月甲寅，初鑄御寶三。甲戌，御集英殿策試禮部進士。罷殿中侍御史馬伸，尋責濮州。河北、京東捉殺使李成叛；辛巳，犯宿州。是月，二帝徙居韓州。

九月甲申，丁進叛，復寇淮西。庚寅，賜禮部進士李易以下四百五十一人及第、出身，特奏名進士皆許調官。壬辰，召侍從所舉諸宗諤等二十一人驛赴行在。癸巳，金人陷冀州，將官李政死之。甲午，金人再犯永興軍，經略使郭琰棄城，退保義谷。辛丑，陝西節制司兵官賀師範及金人戰于八公原，敗績，死之。丙午，復所減京官奉。丁未，東京留守統制官薛廣及金人戰于相州，敗死。己酉，郭三益薨。

是秋，窩里嗢、撻懶破五馬山砦，信王榛不知所終。馬擴軍敗于北京之清平。

冬十月甲寅，命揚州濬隍修城。閲江、淮州郡水軍。楊應誠還自高麗。戊午，遣劉光世討李成。壬戌，禁江、浙閉糴。癸亥，粘罕圍濮州，遣韓世忠、范瓊領兵至東平、開德府，分道拒戰，又命馬擴援之。甲子，命孟忠厚奉隆祐太后幸杭州。楊進復叛，攻汝、洛，命翟進擊于鳴皋山，翟進戰死。丙子，罷吏部審量崇寧、大觀以來濫賞，止令自陳。是月，劉正彦擊丁進降之。

十一月辛巳朔，提舉嵩山崇福宫李綱責授單州團練副使，萬安軍安置。劉光世及李成戰于新息縣，成敗走。高麗國王王楷遣其臣尹彦頤入見。金人圍陝州，守臣李彦仙拒戰卻之。壬辰，金人陷延安府，權知府劉選、總管馬忠皆遁，通判府事魏彦明死之。癸巳，趙哲大破葉濃于建州城下，濃遁而降，復謀爲變，張俊禽斬之。乙未，金人陷濮州，執守臣楊粹中；又陷開德府，守臣王棣死之。以魏行可充金國軍前通問使。庚子，詣壽寧寺朝饗祖宗神主。壬寅，冬至，祀昊天上帝于圜丘，以太祖配，大赦。金人陷相州，守臣趙不試死之。甲辰，陷德州，兵馬都監趙叔皎死之。庚戌，立士庶子弟習射補官法。是月，節制陝西軍馬王庶爲都統制曲端所拘，奪其印。四川茶馬趙開罷官買賣茶，給引通商如政和法。金人犯晉寧軍，守臣徐徽言拒卻之，知府州折可求以城降。金人陷淄州。涇原

兵馬都監吴玠襲斬史斌。濱州賊蓋進陷棣州，守臣姜剛之死之。京東賊李民詣行在請降，王淵殲其衆，留民爲將。

十二月乙卯，太后至杭州，扈從統制苗傅以其軍八千人駐奉國寺。庚申，金人犯東平府，京東西路制置使權邦彦棄城去；又犯濟南府，守臣劉豫以城降。甲子，金人陷大名府，提點刑獄郭永罵敵不屈，死之，轉運判官裴億降；又陷襲慶府。乙丑，陷虢州。丙寅，初命修國史。己巳，以黄潛善爲尚書左僕射兼門下侍郎，汪伯彦右僕射兼中書侍郎，顔岐門下侍郎，朱勝非中書侍郎，兵部尚書盧益同知樞密院事。辛未，金人犯青州。丁丑，特進致仕余深、金紫光禄大夫致仕薛昂並分司，進昌軍、徽州居住。耿南仲再責單州别駕，唐恪追落觀文殿大學士。戊寅，以禮部侍郎張浚兼御營參贊軍事，教習長兵。

是冬，杜充決黄河，自泗入淮以阻金兵。

三年春正月庚辰朔，帝在揚州。以京西北路兵馬鈐轄翟興爲河南尹、京西北路安撫制置兼招討使。京西賊貴仲正陷岳州。甲申，以資政殿學士路允迪簽書樞密院事。丁亥，金人再陷青州，又陷濰州，焚城而去。京東安撫劉洪道入青州守之。己丑，奉安西京會聖宫累朝御容于壽寧寺。占城國入貢。趣大金通問使李鄴、周望、宋彦通、吴德休等往軍前。辛卯，陝州都統邵興及金人戰于潼關敗之，復虢州。乙未，杜充遣岳飛、桑仲討其叛將張用于城南，其徒王善救之，官軍敗績。庚子，張用、王善寇淮寧府，守臣馮長寧却之。詔：「百官聞警遣家屬避兵，致物情動摇者，流。」丙午，粘罕陷徐州，守臣王復及子倚死之，軍校趙立結鄉兵爲興復計。御營平寇左將軍韓世忠軍潰于沭陽，其將張遇死，世忠奔鹽城。金兵執淮陽守臣李寬，殺轉運副使李跋，以騎兵三千取彭城，間道趣淮甸。戊申，至泗州。

二月庚戌朔，始聽士民從便避兵。命劉正彦部兵衛皇子、六宫如杭州。江、淮制置使劉光世阻淮拒金人，敵未至自潰。金人犯楚州，守臣朱琳降。辛亥，金人陷天長軍。壬子，内侍鄺詢報金兵至，帝被甲馳幸鎮江府。是日，金兵過楊子橋。癸丑，游騎至瓜洲，太常少卿季陵奉太廟神主行，金兵追之，失太祖神主。王淵請幸杭州。命留朱勝非守鎮江；以吏部尚書吕頤浩爲資政殿大學士、江淮制置使；都巡檢使劉光世爲殿前都指揮使，充行在五軍制置使，駐鎮江府，控扼江口；主管馬軍司楊惟忠節制江東軍馬，駐江寧府。是夕，發鎮江，次吕城鎮。金人入真州。甲寅，次常州。御營統制王亦謀據江寧，不克而遁。御營平寇前將軍范瓊自東平引兵至壽春，其部兵殺守臣鄧紹密。丙辰，次平江府。丁巳，金人犯泰州，守臣曾班以城降。丁進縱兵剽掠，王淵誘誅之。戊午，次吴江縣，命朱勝非節制平江府、秀州控扼軍馬，禮部侍郎張浚副之。又命勝非兼御營副使。留王淵守平江。以忠訓郎劉俊民爲閤門祇候，齎書使金軍。詔録用張邦昌親屬，仍命俊民持邦昌貽金人約和書稿以行。金人陷滄州，守臣劉錫棄城走。己未，次秀州。命吕頤浩往來經制長江，以龍圖閣待制、知江州陳彦文爲沿江措置使。庚申，次崇德縣。吕頤浩從行，即拜同簽書樞密院事、江淮兩浙制置使，以兵二千還屯京口。又命御營中軍統制張俊以兵八千守吴江，吏部員外郎鄭資之爲沿江防托，監察御史林之平爲沿海防托，募海舟守隘。壬戌，駐蹕杭州。金人陷晉寧軍，守臣徐徽言死之。癸亥，下詔罪己，求直言。令有司具舟常、潤，迎濟衣冠、軍民家屬；省儀物、膳羞，出宫人之無職掌者。乙丑，降德音，赦雜犯死罪以下囚，放還士大夫被竄斥者，惟李綱罪在不赦，更不放還。蓋用黄潛善計，罪綱以謝金人。置江寧府榷貨務都茶場。丁卯，百官入見，應迪功郎以上並赴朝參。戊辰，出米十萬斛，即杭秀常湖州、平江府損直以糶，濟東北流寓之人。金人焚揚州。己巳，用御史中丞張澂言，罷黄潛善、汪伯彦，以户部尚書葉夢得爲尚書左丞，澂爲右丞。庚午，詔平江鎮江府、常湖杭越州，具寓居京朝官已上姓名以備簡拔。分命浙西監司等官，募土豪守千秋、垂脚、襄陽諸嶺，以扼宣、常諸州險要。金人去揚州。辛未，詔御營使司唯掌行在五軍，凡邊防經制並歸三省、樞密。金人過高郵軍，守臣趙士瑗棄城走。潰兵宋進犯泰州，守臣曾班遁。壬申，罷軍期司掊斂民財者。吕頤浩遣將陳彦渡江襲金餘兵，復揚州。癸酉，斬賽犯通州。韓世忠小校李在叛據高郵。甲戌，黄潛善、汪伯彦並落職。乙亥，召朱勝非赴行在，留張浚駐平江。贈陳東、歐陽澈承事郎，官有服親一人，恤其家。召馬伸赴行在，卒，贈直龍圖閣。丙子，詔士民直言時政得失。是月，以王庶爲陝西節制使、知京兆府，節制司都統制曲端爲鄜延經略使、知延安府。張用據確山，號「張莽蕩」。

三月庚辰，以朱勝非爲尚書右僕射兼中書侍郎。辛巳，葉夢得罷，以盧益爲尚書左丞，未拜，復罷爲資政殿學士。御營都統制王淵同簽書樞密院事，吕頤浩爲江南東路安撫制置使、知江寧府。壬午，詔王淵免進呈書押本院文字。扈從統制苗傅忿王淵驟得君，劉正彦怨招降劇盜而賞薄。帝在揚州，閹宦用事恣横，諸將多疾之。癸未，傅、正彦等叛，勒兵向闕，殺王淵及内侍康履以下百餘人。

帝登樓，以傅爲慶遠軍承宣使、御營使司都統制，正彥渭州觀察使、副都統制。傅等迫帝遜位于皇子魏國公，請隆祐太后垂簾同聽政。是夕，帝移御顯寧寺。甲申，尊帝爲睿聖仁孝皇帝，以顯寧寺爲睿聖宫，大赦。以張澂兼中書侍郎，韓世忠爲御營使司提舉一行事務，前軍統制張俊爲秦鳳副總管，分其衆隸諸軍。丁亥，以東京留守杜充爲資政殿大學士，節制京東西路。殿前副都指揮使、東京副留守郭仲荀進昭化軍節度使。分竄内侍藍珪、高邈、張去爲、張旦、曾擇、陳永錫于嶺南諸州。擇已行，傅追還殺之。吕頤浩至江寧。戊子，以端明殿學士王孝迪爲中書侍郎，盧益爲尚書左丞。張俊部衆八千至平江，張浚諭以決策起兵問罪，約吕頤浩、劉光世招韓世忠來會。己丑，改元明受。張浚奏乞睿聖皇帝親總要務。庚寅，百官始朝睿聖宫，以苗傅爲武當軍節度使，劉正彥爲武成軍節度使，劉光世爲太尉、淮南制置使，范瓊爲慶遠軍節度、湖北制置使，楊惟忠加少保，張浚爲禮部尚書，及吕頤浩並赴行在。傅等以御營中軍統制吴湛主管步軍司；黄潛善、汪伯彥並分司，衡、永州居住；王孝迪、盧益爲大金國信使；進士黄大本、吴時敏爲先期告請使。置行在都茶場。吕頤浩奏請睿聖皇帝復大位。金人陷鄜州。癸巳，張浚命節制司參議官辛道宗措置海舶，遣布衣馮轓持書説傅、正彥。甲午，有司請尊太后爲太皇太后，不許。吕頤浩率勤王兵萬人發江寧。乙未，再貶黄潛善鎮東軍節度副使，英州安置。劉光世部兵會吕頤浩于丹陽。丙申，韓世忠自鹽城收散卒至平江，張俊假兵二千；戊戌，赴行在。辛丑，傅等以世忠爲定國軍節度使，張俊爲武寧軍節度使、知鳳翔府，張浚責黄州團練副使，郴州安置。俊等皆不受。傅等遣軍駐臨平，拒勤王兵。盧益罷。吕頤浩至平江。水賊邵青入泗州。癸卯，太后詔：睿聖皇帝宜稱皇太弟、天下兵馬大元帥、康王，皇帝稱皇太姪、監國。賜傅、正彥鐵券。吕頤浩、張浚傳檄中外討傅、正彥，執黄大本下獄。乙巳，太后降旨睿聖皇帝處分兵馬重事。張俊率兵發平江，劉光世繼之。丙午，張浚同知樞密院事，翰林學士李邴、御史中丞鄭瑴並同簽書樞密院事。吕頤浩、張浚發平江；丁未，次吴江，奏乞建炎皇帝還即尊位。朱勝非召傅、正彥至都堂議復辟，傅等遂朝睿聖宫。金人陷京東諸郡，劉洪道棄青州去。撻懶以劉豫知東平府，節制河南州郡。趙立復徐州。

夏四月戊申朔，太后下詔還政，皇帝復大位。帝還宫，與太后御前殿垂簾，詔尊太后爲隆祐皇太后。己酉，詔訪求太祖神主。以苗傅爲淮西制置使，劉正彥副之。庚戌，復紀年建炎。命張浚知樞密院事，苗傅、劉正彥並檢校少保。吕頤浩、張浚軍次臨平，苗翊、馬柔吉拒戰不勝，傅、正彥引兵二千夜遁。辛亥，皇太后撤簾。吕頤浩等入見。傅犯富陽、新城二縣，遣統制王德、喬仲福追擊之。癸未，朱勝非、顔岐、王孝迪、張澂、路允迪俱罷。以吕頤浩爲尚書右僕射兼中書侍郎，李邴尚書右丞，鄭瑴簽書樞密院事。甲寅，以劉光世爲太尉、御營副使，韓世忠爲武勝軍節度使、御前左軍都統制，張俊爲鎮西軍節度使、御前右軍都統制，勤王所僚屬將佐進官有差。主管殿前司王元、左言並責官英、賀州安置。樞密都承旨馬瑗停官，永州居住。吏部員外郎范仲熊、浙西安撫司主管機宜文字時希孟並除名，柳州、吉陽軍編管。斬中軍統制吴湛、工部侍郎王世修于市。贈王淵開府儀同三司。乙卯，大赦。舉行仁宗法度，應嘉祐條制與今不同者，自官制役法外，賞格從重，條約從寬。罷上供不急之物。元祐石刻黨人官職、恩數追復未盡者，令其家自陳。許中外直言。丁巳，禁内侍交通主兵官及饋遺假貸、借役禁兵、干預朝政。庚申，詔尚書左右僕射並帶同中書門下平章事，改門下、中書侍郎爲參知政事，省尚書左右丞。以李邴參知政事。詔行在職事官各舉所知，併省館學、寺監等官。苗傅犯衢州。癸亥，以給事中周望爲江、浙制置使。丁卯，帝發杭州，留鄭瑴衛皇太后，以韓世忠爲江、浙制置使，及劉光世追討傅、正彥。己巳，詔：傅、正彥、苗瑀、苗翊、張逵不赦，餘黨並原。壬申，立子魏國公旉爲皇太子。赦傅黨王鈞甫、馬柔吉罪，許其自歸。丙子，范瓊自光、蘄引兵屯洪州。是月，劉文舜寇濠州。西北賊薛慶襲據高郵軍。

五月戊寅朔，帝次常州，以張浚爲宣撫處置使，以川、陝、京西、湖南北路隸之，聽便宜黜陟。庚辰，苗傅統領官張翼斬王鈞甫、馬柔吉降。辛巳，次鎮江府，遣祭張慤、陳東墓，詔恤其家。癸未，以翰林學士滕康同簽書樞密院事。乙酉，至江寧府，駐蹕神霄宫，改府名建康。起復朝散郎洪皓爲大金通問使。丁亥，以徽猷閣直學士陳彥文提領水軍，措置江、浙防托。召藍珪等速還朝。己丑，韓世忠追討傅、正彥于浦城縣，獲正彥，傅遁走。張浚撫諭薛慶于高郵，爲慶所留。乙未，浚罷。以御營前軍統制王𤫩爲淮南招撫使。己亥，復置中書門下省檢正官，省左右司郎中二員。苗傅裨將江池殺苗翊降于周望。傅走建陽縣，土豪詹標執之以獻。辛丑，張浚還自高郵，復命知樞密院事。是月，翟興擊殺楊進餘黨，復推其徒劉可拒官軍。

六月戊申朔，以東京留守杜充引兵赴行在，命兼宣撫處置副使，節制淮南、京東西路。己酉，以久雨召郎官已上言闕政，吕頤浩請令實封以聞。遂用司勳

員外郎趙鼎言，罷王安石配享神宗廟庭，以司馬光配。王善攻淮寧府不克，轉寇宿州，統領王冠戰敗之。甲寅，罷賞功司。乙卯，命恤死事者家，且録其後。升浙西安撫使康允之爲制置使。丙辰，劉光世招安苗傅將韓雋。戊午，命江、浙、淮南引塘濼，開畎澮，以阻金兵。庚申，皇太后至建康府。辛酉，以久陰，下詔以四失罪己：一曰昧經邦之大略，二曰昧戡難之遠圖，三曰無綏人之德，四曰失馭臣之柄。仍榜朝堂，徧諭天下，使知朕悔過之意。以帶御器械李質權同主管殿前司。乙丑，以建康府路安撫使連南夫兼建康府宣徽太平等州制置使。丁卯，右司諫袁植請誅黄潛善及失守者權邦彦等九人。詔：「朕方念咎責己，豈可盡以過失歸於臣下？」遂罷植知池州，以趙鼎爲右司諫。癸酉，置樞密院檢詳官。以右司郎中劉寧止爲沿江措置副使。甲戌，移御行宫。乙亥，詔諭中外：「以迫近防秋，請太后率宗室迎奉神主如江表，百司庶府非軍旅之事者，並令從行。朕與輔臣宿將備禦寇敵，應接中原。官吏士民家屬南去者，有司毋禁。」金人陷磁州。

是夏，賊貴仲正降。

秋七月戊寅，贈王復爲資政殿學士。己卯，親慮囚。辛巳，苗傅、劉正彦伏誅。癸未，進韓世忠檢校少保、武勝昭慶軍節度使、御營使司都統制。范瓊自洪州入朝，以瓊爲御營使司提舉一行事務，後軍統制辛企宗爲都統制。命學士院草夏國書、大金國表本付張浚。甲申，詔以苗、劉之變，當軸大臣不能身衛社稷，朱勝非、顔岐、路允迪並落職，張澂衡州居住。以知廬州胡舜陟爲淮西制置使，知江州權邦彦兼本路制置使。金人犯山東，安撫使劉洪道棄濰州遁，萊州守將張成舉城降。丁亥，以范瓊跋扈無狀收下大理獄，分其兵隸神武五軍。皇太子薨，謚元懿。戊子，鄭瑴薨。己丑，以資政殿大學士王綯參知政事，兵部尚書周望同簽書樞密院事。庚寅，仙井監鄉貢進士李時雨上書，乞選立宗子係屬人心。帝怒，斥還鄉里。辛卯，升杭州爲臨安府。壬辰，言者又論范瓊逼遷徽宗及迎立張邦昌，瓊辭伏，賜死，子弟皆流嶺南。劉洪道復青州，執金守向大猷。乙未，遣謝亮使夏國。丁酉，遣崔縱使金軍前。庚子，張浚發行在。辛丑，王瓊與靳賽遇，合戰敗績。壬寅，命李邴、滕康權知三省、樞密院事，扈從太后如洪州，楊惟忠將兵萬人以衛。以杜充同知樞密院事兼宣撫處置副使。乙巳，詔江西、閩、廣、荆湖諸路團教峒丁、槍杖手。山東賊郭仲威陷淮陽軍。翟興引兵入汝州，與賊王俊戰，敗之。

八月己酉，移浙西安撫司于鎮江府。庚戌，李邴罷。壬子，以吏部尚書劉珏爲端明殿學士、權同知三省樞密院事。甲寅，王庶罷。以徽猷閣直學士、知慶陽府王似爲陝西節制使。劉文舜入舒州。己未，太后發建康。丁卯，遣杜時亮使金軍前。

閏八月丁丑朔，以胡舜陟爲沿江都制置使，集英殿修撰王羲叔副之。丁亥，輔逵掠漣水軍，殺軍使郝璘，率衆降于王瓊。己丑，以吕頤浩守尚書左僕射，杜充守右僕射，並同中書門下平章事。庚寅，起居郎胡寅上書言二十事，吕頤浩不悦，罷之。辛卯，命杜充兼江、淮宣撫使守建康，前軍統制王𤫉隸之，韓世忠爲浙西制置使守鎮江，劉光世爲江東宣撫使守太平、池州，並受充節制。丁酉，太后至洪州。己亥，減福建、廣南歲上供銀三之一。詔制置使唯用兵聽便宜，餘事悉禁。壬寅，帝發建康，復還浙西，張俊、辛企宗以其軍從。甲辰，次鎮江府。賜陳東家金。張浚次襄陽，招官軍、義兵分屯襄、郢、唐、鄧，以程千秋、李允文節制。是月，知濟南府宫儀及金人數戰于密州，兵潰，儀及劉洪道俱奔淮南，守將李逵以密州降金。靳賽詣劉光世降。

九月，諜報金人治舟師，將由海道窺江、浙，遣韓世忠控守圌山、福山。辛亥，次平江府。壬子，金人陷單州、興仁府，遂陷南京，執守臣凌唐佐降之。癸丑，以周望爲兩浙、荆湖等路宣撫使，總兵守平江。翰林學士張守同簽書樞密院事。命劉光世移屯江州。丙辰，遣張邵等充金國軍前通問使。金人陷沂州。卻高麗入貢使。張浚承制罷知潭州辛炳，起復直龍圖閣向子諲代之。丁巳，蠲諸路青苗積欠錢。辛酉，知鼎州邢倞坐結耶律余覩，再責汝州團練副使，英州安置。癸亥，賜宿、泗州都大提舉使李成軍絹二萬匹，成尋復叛。己巳，以胡舜陟爲兩浙宣撫司參謀官，知鎮江府陳邦光爲沿江都制置使。庚午，以工部侍郎湯東野知平江府兼浙西制置使。辛未，追復鄒浩龍圖閣待制。壬申夜，潭州禁卒作亂，謀竄不果，向子諲隨招安之。甲戌，金帥婁宿犯長安，經略使郭琰棄城遁，河北賊酈瓊圍光州。

冬十月丙子朔，詔按察官歲上所發擿贓吏姓名以爲殿最。庚辰，禁諸軍擅入川、陝。癸未，帝至杭州，復如浙東。庚寅，渡浙江。郭仲威詣周望降，望以仲威爲本司統制。辛卯，李成陷滁州，殺守臣向子伋。壬辰，帝至越州。癸巳，命提舉廣西峒丁李棫市馬，邕州置牧養務。戊戌，初命東南八路歲收經制五項錢輸行在。張浚治兵于興元府。金人陷壽春府。庚子，陷黄州，守臣趙令宬死之。

辛丑，張浚以同主管川、陝茶馬趙開爲隨軍轉運使，專總四川財賦。金人自黄州濟江，劉光世引軍遁，知江州韓梠棄城去。金人自大冶縣趨洪州。是月，京西賊劉滿陷信陽軍，殺守臣趙士負。盜入宿州，殺通判盛脩己。

十一月乙巳朔，金人犯廬州，守臣李會以城降。王善叛降金，金人執之。丁未，詔降雜犯死罪，釋流以下囚，聽李綱自便，追復宋齊愈官。貴仲正犯荆南，兵馬鈐轄渠成與戰，斬之。戊申，金帥兀朮犯和州，守臣李儔以城降，通判唐璟死之。己酉，張浚出行關、陝。兀朮陷無爲軍，守臣李知幾棄城走。壬子，太后退保虔州。江西制置使王子獻棄洪州走。丁巳，金人陷臨江軍，守臣吴將之遁。戊午，遣孫悟等充金國軍前致書使。金人陷洪州，權知州事李積中以城降；撫、袁二州守臣王仲山、王仲嶷皆降。淮賊劉忠犯蘄州，韓世清逆戰破之，忠入舒州，殺通判孫知微。庚申，金人陷真州，守臣向子忞棄城去。辛酉，太后至吉州。壬戌，金人犯建康府，陷溧水，縣尉潘振死之。癸亥，金人陷太平州。主管步軍司閭勍自西京奉累朝御容至行在，詔奉安于天慶觀，尋命勍節制淮西軍馬以拒金人。甲子，杜充遣都統制陳淬、岳飛等及金人戰于馬家渡，王𤫊以軍先遁，淬敗績，死之。乙丑，以檢正諸房公事傅崧卿爲浙東防遏使。太后發吉州，次太和縣。護衛統制杜彦及後軍楊世雄率衆叛，犯永豐縣，知縣事趙訓之死之。金人至太和縣，太后自萬安陸行如虔州。丁卯，下詔回浙西迎敵。金人犯吉州，守臣楊淵棄城走，又陷六安軍。己巳，帝發越州，次錢清鎮。庚午，復還越州。以周望同知樞密院事，仍兼兩浙宣撫使守平江，殿前都指揮使郭仲荀爲副使守越州，右軍都統制張俊爲浙東制置使從行。御史中丞范宗尹參知政事。辛未，兀朮入建康府，守臣陳邦光、户部尚書李棁迎拜，通判楊邦乂拒之。癸酉，帝如明州。金人犯建昌軍，兵馬監押蔡延世擊却之。甲戌，兀朮殺楊邦乂。韓世忠自鎮江引兵之江陰軍。江、淮宣撫司潰卒李選攻陷鎮江。淮西兵馬都監王宗望以濠州降于金。是月，張浚至秦州。桑仲自唐州犯襄陽，京西制置使程千秋敗走，仲遂據襄陽。

十二月乙亥朔，張浚承制廢積石軍。丙子，帝至明州。丁丑，江、淮宣撫司準備將戚方擁衆叛，犯鎮江府，殺守臣胡唐老；辛巳，陷常州，守臣周杞遣赤心隊官劉晏擊走之。金人陷廣德軍，殺守臣周烈。劉光世引兵趨南康軍。壬午，定議航海避兵，禁卒張寶等憚行謀亂，命吕頤浩等伏兵執寶等十七人斬之。甲申，張浚承制拜涇原經略使曲端爲威武大將軍、宣撫處置使司都統制。乙酉，兀朮犯臨安府，守臣康允之棄城走，錢塘縣令朱蹕死之。己丑，帝乘樓船次定海縣，給行在諸軍雪寒錢。辛卯，留范宗尹、趙鼎于明州以候金使。癸巳，帝次昌國縣。乙未，杜彦犯潭州，殺通判孟彦卿、趙民彦。金人屠洪州。戊戌，金人犯越州，安撫使李鄴以城降，衛士唐琦袖巨石要擊金帥琶八不克，死之。郭仲荀棄軍奔温州。庚子，移幸温、台。癸卯，黄潛善卒于英州。李成自滁州引兵之淮西。

《宋史》卷二六《高宗本紀三》 四年春正月甲辰朔，御舟碇海中。乙巳，金人犯明州，張俊及守臣劉洪道擊卻之。丙午，帝次台州章安鎮。己酉，遣小校自海道如虔州問安太后。庚戌，金人再犯明州，張俊引兵去，浙東副總管張思政及劉洪道繼遁。癸丑，貶郭仲荀汝州團練副使，廣州安置。丙辰，詔原兩浙州郡降金官吏。丁巳，婁宿陷陝州，守臣李彦仙死之。己未，金人陷明州，夜，大雨震電，乘勝破定海，以舟師來襲御舟，張公裕以大舶擊退之。辛酉，發章安鎮。壬戌，雷雨又作。甲子，泊温州港口。乙丑，以中書舍人李正民爲兩浙、湖南、江西撫諭使，詣太后問安。丁卯，台州守臣晁公爲棄城遁。虔州衛兵及鄉兵相殺，縱火肆掠三日。劉可轉寇京西，屢爲桑仲所敗，至是爲其黨所殺，復推劉超據荆門軍。戊辰，滕康、劉珏罷，仍奪職。己巳，换給僧道度牒，人輸錢十千。辛未，命臣僚條具兵退之後措置之策、駐蹕之所。是月，金人攻楚州，守臣趙立拒之。金人犯邠州，曲端遣涇原路副總管吴玠拒戰，敗之于彭原，；又陷同州。張浚遣謝亮使夏國，至則其主乾順已稱制，遂還。

二月甲戌朔，酈瓊率衆降于劉光世。叛將傅選詣虔州乞降。乙亥，奉安祖宗神御于福州。詔復以盧益爲資政殿學士，李回端明殿學士，並權知三省、樞密院事。金人陷潭州，將吏王暕、劉价、趙聿之戰死，向子諲率兵奪門亡去，金兵大掠，屠其城。丙子，金人自明州引兵還臨安。癸未，虔州鄉兵首領陳新率衆數萬圍城，叛將胡友亦犯虔州，與新戰，破之，新乃去。甲申，禁逃卒投刺別軍。丙戌，金人自臨安退兵，命劉光世率兵追之。丁亥，金人陷汴京，權留守上官悟出奔，爲盜所殺。庚寅，帝次温州。浙東防遏使傅崧卿入越州。辛卯，金人陷秀州。甲午，知蔡州程昌寓棄城南歸。鼎州民鍾相作亂，自稱楚王。乙未，杜充罷。丙申，以金兵退，肆赦。張浚承制以陝西制置使王似知成都府。罷諸路武臣提點刑獄。李成入舒州。金游騎至平江，周望奔太湖，守臣湯東野亦遁。茶陵縣軍賊二千餘人犯郴州永興縣。戊戌，金人入平江，縱兵焚掠。鍾相陷澧州，

殺守臣黄宗。權湖北制置使傅雱招諭孔彦舟，彦舟聽命，因以爲湖南、北捉殺使。荆南守臣唐慤棄城去。金人陷醴州，守臣王淑棄城去。是月，張浚自秦州引兵入援。

三月癸卯朔，孔彦舟入鼎州。金人去平江，統制陳思恭以舟師邀敗其後軍于太湖。吕頤浩請幸浙西。丙午，趙鼎言金兵去未遠，遂緩其行。丁未，命發運司説諭兩浙富民助米，以備巡幸。辛亥，遣兵部員外郎馮康國等撫諭荆湖南北、廣南諸路。壬子，金人入常州，守臣周杞棄城去。甲寅，遣盧益及御營都統制辛企宗奉迎太后東還。丙辰，金人犯終南縣，經略使鄭恩戰敗死之。丁巳，金人至鎮江府，韓世忠屯焦山寺邀擊之。詔侍從官各舉可充監司者一二人。辛酉，御舟發温州。宣撫司節制軍馬李允文部兵至鄂州。御營前軍將楊勍叛。甲子，張浚請便宜辟官不許衝改。戊辰，孔彦舟擊敗鍾相，禽相及其子子昂，檻送行在。己巳，戚方陷廣德軍，殺權通判王儔。

夏四月癸酉，蠲江西州縣兵盜殘破民家夏税。戊寅，吴玠及金人戰于邠州彭原店，敗績，部將楊晟死之。己卯，以觀文殿學士朱勝非爲江西、湖南北宣撫使。是日，張浚引兵至房州，知金兵退，乃還。癸未，帝駐越州。甲申，下詔親征，巡幸浙西。韓世忠駐軍揚子江，要金人歸路，屢敗之，兀朮引軍走建康。乙酉，以御史中丞趙鼎爲翰林學士，鼎固辭不拜。戚方圍宣州。劉光世遣統制王德誘誅劉文舜于饒州。丙申，用趙鼎劾奏，吕頤浩罷爲鎮南軍節度使、醴泉觀使。命三省、樞密院同班奏事。韓世忠及兀朮再戰江中，金人乘風縱火，世忠敗績。兀朮渡江，屯六合縣。丁酉，復以趙鼎爲御史中丞。戊戌，振明州被兵民家。己亥，以張俊爲浙西、江東制置使。辛丑，王德破妖賊王宗石于信州貴溪縣，執其渠帥，諸縣悉平。是月，金人犯江西者自荆門軍北歸，留守司同統制牛臯潛軍寶豐擊敗之。

五月甲辰，以范宗尹爲尚書右僕射兼御營使。辛亥，統領赤心隊軍馬劉晏及戚方戰于宣州，敗死。壬子，金人焚建康府，執李梲、陳邦光而去；淮南宣撫司統制岳飛邀擊于静安鎮，敗之。是夜，紫微垣内有赤雲亙天，白氣貫其中。癸丑，詔臺諫等官各舉所知二人。以張守參知政事、趙鼎簽書樞密院事。以白金三萬兩賜韓世忠軍，贈戰殁將孫世詢、嚴永吉、張淵等官。甲寅，金人陷定遠縣，執閭勍去，勍不屈死之。巨師古擊戚方于宣州，數敗之，方引去。乙卯，王綯罷。丁巳，命劉光世移軍捕戚方。楊勍犯婺州。戊午，復置權尚書六部侍郎。癸亥，詔中原、淮南流寓士人，聽所在州郡附試。甲子，周望罷，尋分司，衡州居住。置京畿、淮南、湖北、京東西路鎮撫使。乙丑，升高郵軍爲承州。以翟興、趙立、劉位、趙霖、李成、吴翊、李彦先、薛慶並爲鎮撫使：興，河南府、孟汝唐州；立，楚泗州、漣水軍；位，滁、濠州；霖，和州、無爲軍；成，舒、蘄；翊，光、黄州；彦先，海州、淮陽軍；慶，承州、天長軍。丁卯，慶及金人戰于承州城下，累敗之。戊辰，命江、浙州縣祭戰死兵民。分江東、西爲鄂州、江州、池州三路，置安撫使。罷諸路帥臣兼制置使、諸州守臣兼管内安撫使。是月，劉超據荆南，分兵犯峽州，又合叛將彭筠犯復州。淮西敗將崔增陷焦湖水砦。河東、北經制使王俊舉兵及金人戰于襄城縣，敗之，復潁昌府。張浚承制以金、房州隸利路。

六月辛未朔，蠲紹興府三縣湖田米。詔侍從、臺諫、諸將集議駐蹕事宜。楊勍犯處州。癸酉，遣統制陳思恭討勍。合江南兩路轉運爲都轉運使。再貶周望昭化軍節度副使，連州安置。甲戌，罷御營司。以范宗尹兼知樞密院事。乙亥，王𤫊遣統領林閏等追襲楊勍于東陽縣，軍敗，裨將李在死之。丁丑，以劉光世部兵爲御前巡衛軍，光世爲都統制。楊勍等焚建州。戚方犯湖州安吉縣，詔張俊捕之。戊寅，更御前五軍爲神武軍，御營五軍爲神武副軍。以知建康府權邦彦爲淮南等路制置發運使。滁、濠鎮撫使劉位爲賊張文孝所殺，命其子綱襲職。庚辰，置鎮撫使六人：陳規，德安府、復州、漢陽軍；解潛，荆南府、歸峽州、荆門公安軍；程昌寓，鼎、澧州；陳求道，襄陽府、鄧隨郢州；范之才，金、均、房州；馮長寧，淮寧順昌府、蔡州。辛巳，慮囚。申命有司，討論鐫正崇寧以來濫賞。乙酉，鍾相僞將胡源引兵入慈利縣，執其黨陳誠來降。丙戌，以吕頤浩爲建康路安撫大使，劉光世爲兩浙路安撫大使，朱勝非爲江州路安撫大使，郭仲威爲真、揚州鎮撫使。戚方詣張俊降。庚寅，召韓世忠率兵赴行在。辛卯，妖賊王宗石等伏誅。壬辰，權密州都巡檢徐文率部兵泛海來歸。甲午，置樞密院幹辦官四員。乙未，郭仲威犯鎮江府，遣岳飛擊之。是月，兀朮聞張浚在秦州，將舉兵北伐，自六合引兵趨陝西。

秋七月癸卯，劉光世援宣撫使例，乞便宜行事，不許。詔：軍興以來諸州得便宜指揮者，並罷。乙巳，馮長寧復順昌府。張浚罷曲端都統制。丁未，以劉光世爲集慶軍節度使、開府儀同三司。戊申，以孔彦舟爲辰、沅、靖州鎮撫使。張浚獻黄金萬兩助軍用。宣撫司遣統制官吕世存、王俊復鄜州，其餘州縣多迎降。

後軍將王闢叛，陷歸州，鈐轄田祐恭擊敗之。己酉，王闢犯房州，守臣韋知幾棄城走。庚戌，楊勍受劉光世招安，尋復叛去，迫泉州。癸丑，崔增犯太平州，守臣郭偉拒卻之。乙卯，金人徙二帝自韓州之五國城。劉光世乞移司平江，不許。丙辰，張俊合諸將戚方等兵萬餘赴行在。丁巳，申命元祐黨人子孫于州郡自陳，盡還當得恩數。韓世忠、張俊並罷。己未，禁閩、廣、淮、浙海舶商販山東，慮爲金人鄉導。詔江、浙、福建州縣，諭豪右募民兵據險立柵，防遏外寇。庚申，以岳飛爲通、泰州鎮撫使。辛酉，建州民范汝爲作亂，命統制李捧捕之。乙丑，復李邦彦以下十九人官職，聽自便。復李綱銀青光禄大夫，許翰、顔岐端明殿學士。張浚貶曲端階州居住。丁卯，金人立劉豫爲帝，國號齊。戊辰，罷提領措置茶鹽司。己巳，詔王𤫊部兵屯信州。程昌寓遣將杜湛禽李合戎于松滋縣。是月，張用據漢陽軍，沿江措置副使李允文招降之，以便宜徙鄂州路副總管，以右軍統制馬友知漢陽軍。

八月辛未朔，以禮部尚書謝克家參知政事。壬申，李成請降于江州，詔撫納之。張浚停程千秋官，文州編管。癸酉，選神武中軍親兵六百人番直禁中。甲戌，詔侍從官日一員輪直，進故事關治體者。丁丑，以韓世忠爲檢校少師、武成感德軍節度使，張俊檢校少保、寧武昭慶軍節度使。贈監察御史常安民、左司諫江公望爲左諫議大夫，録其後二人。庚辰，太后至自虔州。薛慶及金人戰于揚州城下，死之。郭仲威奔興化縣。辛巳，侍御史沈與求、户部侍郎季陵以論宰相范宗尹皆黜，宗尹復視事。癸未，盧益罷。張浚復永興軍，再貶曲端海州團練副使，萬州安置。甲申，陳萬信餘黨雷進作亂。乙酉，焚慈利、石門二縣。以御營司參議官王擇仁權河東制置使，山砦首領韋忠佺爲都統制，宋用臣、馮賽同都統制。丙戌，命李成、吴翊捍禦上流，翊棄城去；以成爲四州鎮撫使。命李捧便道過信州招捕靳賽。戊子，以饒、信妖賊平，赦二州徒以下囚，蠲民今年役錢。貶滕康永州、劉珏衡州，並居住。己丑，詔岳飛救楚州，仍命劉光世遣兵往援。辛卯，杜湛渡江討羣賊，復石首等五縣。壬辰，盜入梅州，殺守臣沈同之，大掠而去。癸巳，命福建安撫使程邁會兵討范汝爲。甲午，知虢州邵興遣統制閻興及金人戰于解州東，屢破之。金人陷承州。命陳思恭屯兵明州，以防海道。劉光世遣王德、酈瓊以輕兵渡江。乙未，遇金游騎于召伯埭，敗之。戊戌，以桑仲爲襄陽、鄧隨郢州鎮撫使。是月，罷提舉廣西峒丁。孔彦舟入潭州，宣撫司參議官王以寧率兵拒之，以寧敗遁去。宣撫司主管機宜文字傅雱在彦舟軍中，承制以彦舟權湖南副總管。劉綱以乏食率兵奔溧陽。

九月辛丑，吕頤浩入見，請益兵，命王𤫊、巨師古、顔孝恭兵隸之，分屯境内。壬寅，詔諸路決囚。甲辰，徽宗皇后鄭氏崩于五國城。戊申，命秦鳳將關師古領兵赴行在。劉豫僭位于北京。庚戌，禁宣撫司僚屬便宜行事，及京西、湖南北路勿隸川、陝宣撫司節制。癸丑，涇原同統制李彦琦及金人戰于洛河車渡，敗之。乙卯，罷中書門下省檢正官。桑仲陷均、房州，進犯白土關。丙辰，復增左右司郎官爲四員。金人攻楚州，趙立死之。丁巳，趙霖復和州。李成遣馬進犯興國軍。戊午，荆、襄賊趙延壽犯德安府，陳規拒卻之。己未，金、均、房安撫使王彦及桑仲戰于平麗縣，敗之。王闢詣彦降。辛酉，李捧擊范汝爲于建州，官軍皆潰，捧遁去。金人犯揚州，統制靳賽逆戰于港河，敗之。金人陷延安府，執吕世存，又陷保安軍。癸亥，張浚遣都統制劉錫統五路兵及金將婁宿戰于富平縣，浚駐邠州督戰，官軍敗績。丙寅，給劉光世犒軍銀二萬兩、絹二萬匹。戊辰，趙延壽焚郢州。金人陷楚州，鎮撫使李彦先求救，兵敗死之。

冬十月庚午朔，張浚斬環慶經略使趙哲于邠州，貶劉錫合州安置，命諸將各領兵歸本路。浚退保秦州，陝西大震。辛未，秦檜自楚州金將撻懶軍中歸于漣水軍丁禩水砦。壬申，命楊惟忠、王𤫊討李成。丙子，以孔彦舟爲鼎、澧、辰、沅、靖州鎮撫使。戊寅，鍾相餘黨楊華舉兵圍桃源縣。己卯，馬進犯江州。癸未，程昌寓入鼎州，擊楊華破之。甲申，趣劉光世救楚州。丁亥，以李回同知樞密院事。庚寅，遣前御史臺檢法官謝嚮招范汝爲。召張浚以兵入援。追復李邦彦觀文殿大學士。辛卯，虔州賊李敦仁及弟世雄舉兵破虔州石城縣。甲午，命楊惟忠率兵屯江州。乙未，岳飛破金人于承州。丙申，詔劉光世節制諸鎮，守禦通、泰州，伺便襲金人過淮。是月，馮長寧棄城去，尋以淮寧附劉豫。江東賊張琪犯建康府，劉洪道招降之。環慶路統制慕洧叛附于夏國。涇原統制張中彦、經略司幹辦趙彬叛降金人。劉忠據岳州平江縣白面山。王善餘黨祝友擁衆爲亂，屯滁州龔家城。

十一月癸卯，慕洧遂引金人圍環州。吕頤浩復南康軍。甲辰，趙鼎罷。乙巳，秦檜入見。丙午，岳飛棄泰州渡江。丁未，金人犯泰州，飛退保江陰軍沙上。以御史中丞富直柔簽書樞密院事，秦檜爲禮部尚書。李允文殺岳州守臣袁植。吕頤浩會楊惟忠與馬進戰南康軍，不利。戊申，頤浩遣巨師古救江州，爲進所敗，師古奔洪州。金人陷涇原，經略使劉錡退屯瓦亭。己酉，以孔彦舟爲湖南副

總管，部兵屯潭州。庚戌，命神武副軍都統制辛企宗討范汝爲。壬子，日南至，率百官遥拜二帝，乙卯，改樞密院幹辦官爲計議官。丙辰，金人陷泰州。丁巳，通州守臣吕伸棄城去。王彦攻桑仲于黄水破之，房州平。張浚以彦爲金、均、房州鎮撫使。崔增犯池州，劉洪道遣統制李貴擊走之，增以兵萬餘詣吕頤浩降。甲子，詔諸路守臣節制管内軍馬。丙寅，金、房州賊郭希犯歸州，田祐恭擊卻之。命王瓊部兵萬人速援吕頤浩。祝友渡江大掠。是月，張浚退軍興州，秦鳳副總管吴玠收餘兵保大散關東和尚原。詔諸路轉運司括借寺觀田租蘆場三年。

十二月庚午，安南請入貢，卻之。辛未，遣度支員外郎韓球括饒、信諸州錢糧，凡江、湖、川、廣上供皆拘之。壬申，命孔彦舟援江州。丙子，禁節制軍馬守臣便宜行事。丁丑，馬進分兵犯洪州。乙丑，李敦仁犯撫州崇仁縣，命李山、張忠彦討之。壬辰，金人犯熙州，總管劉惟輔戰敗之，殺五千餘人。甲午，再犯熙州，惟輔軍潰，被執死之。乙未，以張俊爲江南招討使，討李成。丁酉，范汝爲降，詔補民兵統領。是月，張浚承制復海州團練副使曲端左武大夫，興州居住。

是歲，宣撫處置司始令四川民歲輸激賞絹三十三萬匹有奇。

紹興元年春正月己亥朔，帝在越州，帥百官遥拜二帝，不受朝賀。下詔改元，釋流以下囚，復賢良方正直言極諫科，蠲兩浙夏税、和買紬絹絲綿，減閩中上供銀三分之一。戊申，改命張俊爲江淮路招討使。復江、池路爲江東、西路，分荆湖江南諸州爲荆湖東、西路，置安撫司，治池、江、鄂、鼎州。江南東、西路各置轉運司，荆湖東、西路轉運司通掌兩路財賦。以吕頤浩爲江東路安撫大使，朱勝非江西路安撫大使。馬進陷江州，守臣姚舜明棄城走，端明殿學士王易簡等二百人皆遇害。己酉，岳飛引兵之洪州。金人犯揚州。謝嚮率范汝爲討平建陽賊劉時舉。金人犯秦州，吴玠擊敗之。庚戌，又犯西寧州，守臣俱重迎降。辛亥，謝克家罷。壬子，詔京官、知縣並堂除，内外侍從各舉可任縣令者二人，犯贓連坐。自今不歷縣令者勿除監司、郎官，不歷外任者勿除侍從，著爲令。張中孚以原州叛降于金。癸丑，李敦仁圍建昌軍，蔡延世率鄉兵擊退之。賊曹成入漢陽軍，李允文招之，成入鄂州，復趨江西。丁巳，吕頤浩遣王瓊、崔增擊賊于湖口，大敗之。頤浩及楊惟忠引兵趨江州。辛酉，詔：「太祖創業垂統，德被萬世。神宗詔封子孫一人爲安定郡王，世世勿絶。自宣和末至今未舉。有司其上應襲封人名，依故事舉行。」金人再圍環州。是月，張浚復曲端榮州刺史、提舉江州太平觀，閬州居住，尋移恭州。

二月戊辰朔，宜章縣民李冬至二作亂，犯英、連、韶、郴諸州。祝友降，劉光世分其軍，以友知楚州。庚午，改行宫禁衛所爲行在皇城司。李成黨邵友犯筠州，守臣王庭秀棄城去。辛未，犯臨江軍，守臣康倬遁。壬申，初定歲祀天地、社稷，如奏告之禮。癸酉，桑仲自棗陽引兵還襄陽。丁丑，鄜延將李永琦叛，犯慶陽府。戊寅，禁州郡統兵官擅招安亂軍盗賊。以辛企宗爲福建制置使。辛巳，以秦檜參知政事。壬午，水賊張榮入通州。癸未，詔辛企宗及謝嚮罷遣范汝爲兵，汝爲不聽命。甲申，詔王瓊、張俊掎角討捕馬進等賊。丙戌，復置秘書省。己丑，命孔彦舟、吕頤浩、張俊會兵討李成。壬辰，雨雹。癸巳，邵青寇宣州。丙申，詔諸路提刑司以八月類省試。張浚亦以便宜合川、陝舉人即置司類省試。丁酉，宣教郎范燾坐誣訟孟忠厚，且及太后，除名，潮州編管。是月，李敦仁犯汀州。馬友遣其黨犯鄂州，總管張用拒卻之。李允文以友權湖南招捉公事，友大掠漢陽而去，過岳州，守臣吴錫遁，友據之。

三月戊戌朔，以嚴、衢二州守臣柳約、李處勵有治効，各進職一等。吕頤浩遣崔增、王瓊合兵擊李成于湖口，大敗之。庚子，張浚以富平之敗上疏待罪，詔免。壬寅，禁諸路遏糴。丙午，張俊、楊沂中、岳飛渡江擊馬進，大敗之。孔彦舟焚掠潭州，趨衡州。己酉，李成犯饒州。庚戌，張俊、楊沂中復擊馬進于筠河，敗之，復筠州，進奔江州。男子崔紹祖詐稱越王中子，受上皇詔爲天下兵馬大元帥，趙霖以聞。辛亥，詔赴行在。命劉光世兼淮南、京東路宣撫使，治揚州，經畫屯田。光世迄不行。甲寅，罷諸州免行錢。乙卯，金人破階州。庚申，劉超犯澧州，統制杜湛率兵拒之。甲子，始下詔罪李成，募人禽斬，赦脅從者。張俊追馬進至江州，進戰敗遁去。乙丑，俊復江州，楊沂中、趙密引兵追擊進，又大敗之。成奔蘄州。振淮南、京東西流民。荆湖東路安撫使向子諲説降馬友，與共討李冬至二，平之。是月，金人攻張榮縮頭湖水砦，榮擊敗之，來告捷，劉光世以榮知泰州。金人迫興州，張浚退保閬州，以端明殿學士張深爲四川制置使，及參議軍事劉子羽趨益昌；參謀官王庶爲龍圖閣待制、知興元府兼利夔兩路制置使，節制陝西諸路。桑仲以其黨李道知隨州。

夏四月己巳，張浚承制分利、閬、劍、文、政五州爲利州路，置經略安撫使。庚午，張琪復叛，犯當塗縣。金將撻懶渡淮，屯宿遷縣馬樂湖。乙亥，劉光世復楚州。階州統領杜肇復階州。馬友引兵入潭州。戊寅，杜琪棄澧州，劉超入據之。己卯，金涇原帥趙彬犯耀州，守臣趙澄擊走之。淮賊寇宏犯濠州。庚辰，隆

祐皇太后崩。癸未，桑仲陷鄧州，守將譚兗棄城走，河東招捉使王俊引兵來援，仲執斬之，以其黨李橫知州事。乙酉，爲太后制期年服。辛卯，羣臣三上表始聽政。癸巳，命向子諲發兵及廣西安撫許中同扼險要，防孔彦舟入廣，仍許脅從自新以招諭之。是月，京西賊李忠陷商州，守臣楊伯孫棄城走。吕頤浩遣統制閻皋、通判建昌軍蔡延世襲擊李敦仁，禽其弟世雄、世臣。

五月丙申朔，蠲江西路被賊州縣賦稅。丁酉，詔吕頤浩、朱勝非、劉光世並兼淮南諸州宣撫使。始奪李成官。戊戌，以張用爲舒、蘄鎮撫使。癸卯，作「大宋中興寶」成。金人犯和尚原，吴玠擊敗之。丙午，初復召試館職之制。劉光世遣統制王德襲揚州，執郭仲威以獻，伏誅。辛亥，水軍統制邵青叛，圍太平州。趙彬及金人合兵圍慶陽府，守臣楊可昇擊敗之。甲寅，命知南外宗正事令廣選年幼宗子，將育于宮中。詔收耆户長役錢。己未，詔州縣因軍期徵取民財物者，立式榜示，禁過數催擾。庚申，孔彦舟引衆過潭州，馬友迎擊大敗之。彦舟趨岳州，犯鄂州。李允文以彦舟爲湖東副總管屯漢陽。辛酉，以直秘閣宗綱爲荆南鎮撫司措置營田官，樊賓爲副。壬戌，劉光世招降邵青。趙延壽據分寧縣，吕頤浩招降之。是月，張俊及李成戰于黄梅縣，殺馬進，成敗，遁歸劉豫。李忠、譚兗各率兵歸張浚，浚命王庶分其兵。張用復叛，寇江西，岳飛招降之。湖州進士吴木上書論宰執，送徽州編管。

六月己巳，始鬻承直、修武郎以下官。壬申，册謚皇太后曰昭慈獻烈。甲戌，張琪犯餘杭，又犯宣州。庚辰，湖賊楊華、楊廣犯鼎州，程昌寓拒卻之。上虞縣丞婁寅亮上書，請選立繼嗣。壬午，權欑昭慈獻烈皇后于越州。張琪犯徽州，守臣郭東棄城去，琪入據之。癸未，張浚引大兵至瑞昌縣之丁家洲，李允文自鄂部兵歸俊，俊并其兵，護允文赴行在。邵青率舟師至鎮江，甲申，復叛去。丁亥，崇安民廖公昭合范汝爲餘黨熊志寧作亂，衆既散，志寧復與建陽民丁朝佐合兵陷二縣。戊子，慮囚。己丑，邵青犯江陰軍之福山，遣海州鎮撫使李進彦、中軍統制耿進率舟師會劉光世討之。南安賊吴忠、宋破壇、劉洞天作亂。庚寅，江西提刑司遣官討之，破壇、洞天皆伏誅，忠遁去。癸巳，熙河統制關師古、洮東安撫郭玠同討熙州叛兵，連敗之。甲午，廣賊鄧慶、龔富圍南雄州，守臣鄭成之率兵民以拒。蠲建劍汀州、邵武軍租。是月，知虢州邵興屯盧氏縣，爲河南統制董先所破，走興元，先遂取商、虢二州。張浚承制以吴玠爲陝西諸路都統制。時關隴六路盡陷，止餘階成岷鳳洮五郡、鳳翔之和尚原、隴州之方山原。粘罕既得陝西地，悉與僞齊。

秋七月乙未朔，以馬友權荆湖東路副總管，趣討孔彦舟。統制潘逵、後軍將胡江等叛，破玉山、弋陽、永豐三縣，遣樞密院準備將領徐文討之。戊戌，吴錫復入邵州。庚子，以岳飛爲神武右副軍統制，留軍洪州，彈壓盜賊。辛丑，封伯右武衛大將軍令話爲安定郡王。壬寅，虔州賊陳顒作亂，命趣捕之。甲辰，詔秘書省長貳通修日曆。丙午，劉光世遣將喬仲福擊邵青于常熟，爲所敗。撻懶自宿遷北歸。戊申，韓世清追襲張琪，復祁門縣。庚戌，張俊執傅雱赴行在。張浚以曲端屬吏，以武臣康隨提點夔路刑獄，與王庶雜治之。辛酉，召吕頤浩赴行在。張琪犯饒州，頤浩遣閻皋擊敗之。琪黨姚興降，琪走徽州。癸亥，范宗尹罷。是月，濠州守臣李玠棄城去。王彦數擊敗李忠。趙彬來歸，張浚承制以彬爲陝西轉運使；又以涇原兵馬都監李彦琪爲本路副總管，彦琪尋叛去。

八月丙寅，以孔彦舟爲蘄、黄鎮撫使。丁卯，以知潭州吴敏爲荆湖東、廣南路宣撫使。張浚殺曲端于恭州獄。張用部兵至瑞昌歸張俊，俊以用爲本軍統制。戊辰，張守等上《紹興重修敕令格式》。癸酉，復以汪伯彦爲江東安撫大使。乙亥，吕頤浩遣將李鑄復舒州。丁丑，祔昭慈獻烈皇后神主于温州太廟。戊寅，張守罷。以李回參知政事，富直柔同知樞密院事。庚辰，杜湛及劉超戰于彭山，爲所敗。辛巳，超及楊華、楊廣合兵復寇鼎州，程昌寓遣湛率舟師擊敗之。遣辛企宗移軍福州，討熊志寧、胡江等諸賊。韓世清及張琪戰，世清敗，琪復入祁門縣。壬午，命張俊遣兵捕之。鑄紹興錢。癸未，詔許邵青、張琪脅從徒黨自新。乙酉，以李成在順昌，恐復謀亂，遣使齎蠟書諭淮寧、蔡州將士，立賞格，募人禽斬成。丁亥，以秦檜爲尚書右僕射、同中書門下平章事兼知樞密院事。庚寅，復李綱資政殿大學士。募人往京東、河南伺察金、齊動止，仍齎詔慰撫忠義保聚之人。蔡州鎮撫使范福棄城去，以土豪李祐代之。辛卯，蠲徽州被賊民家夏稅。壬辰，置三省、樞密院賞功房。是月，知郢州曹成掠湖西，犯沅州，與知復州李宏合屯瀏陽，既而攻宏，宏奔潭州。

九月甲午朔，張琪黨李捧犯宣州，守臣李彦卿及韓世清擊却之。詔江東、西路安撫使復治建康府、洪州。以王瓊知池州，楊惟忠知江州，並兼管内安撫使，率部兵赴官。丙申，斬李世臣。己亥，以資政殿學士葉夢得爲江南東路安撫大使，兼壽春等六州宣撫使。庚子，張琪復陷宣州，已乃遁去。辛丑，命王瓊討琪。丁未，詔歲再遣使省謁諸陵，因撫問河南將士。命馬友移屯鄂州。庚戌，命宗室

右監門衛大將軍士芭朝饗温州太廟。辛亥，合祭天地于明堂，太祖、太宗並配，大赦。罷諸州守臣節制軍馬。録用元符末上書人子孫。癸丑，復以吕頤浩爲尚書左僕射、同中書門下平章事兼知樞密院事。丁巳，王彦破李忠于秦郊店，忠奔歸劉豫。戊午，禁福建轉運司抑民出助軍錢。落范宗尹觀文殿學士。己未，初措置河南諸鎮屯田。以户部尚書孟庾爲江東西、湖東等路宣諭制置使。辛酉，詔：四方有建策能還兩宫者，實封以聞；有效者賞以王爵。壬戌，遣御史胡世將督捕福建盜賊。是月，長星見。

冬十月乙丑，詔：蔡京、王黼門人實有才能者，公舉敍擢。李回罷。丙寅，朱勝非分司，江州居住。丁卯，以李允文恣睢專殺，賜死大理獄。己巳，王德招邵青，降之。庚午，以孟庾參知政事，徽猷閣直學士湯東野爲江、淮發運使。劉洪道招降李捧、華旺。壬申，置行在大宗正司。癸酉，兀朮攻和尚原，吴玠及弟璘力戰，大敗之，兀朮僅以身免。丁丑，增置諸路武尉。戊寅，以張俊爲太尉，移屯婺州。壬午，初置見錢關子，招人入中，以給軍食。范汝爲復叛，入建州，守臣王浚明棄城走，辛企宗退屯福州。甲申，劉超請降，以超守光州。戊子，崔紹祖伏誅。詔邵青以舟師赴行在。己丑，升越州爲紹興府。李成軍正李霄伏誅。知承州王林禽張琪于楚州，檻送行在。壬辰，録程頤孫易爲分寧令。癸巳，范汝爲犯邵武軍，守臣吴必明，統制李山率兵拒之，衆潰，退保光澤縣。關師古復秦州，獲郭振。是月，劉豫遣將王世冲寇廬州，守臣王亨大破之，斬世冲。曹成及馬友戰于潭州，成敗還攸縣。王才遣將丁順圍濠州，劉光世遣兵攻横澗山，順解圍去。

十一月乙未，葉夢得至建康，以詔招王才，降之。丙申，遣内侍撫問孔彦舟、桑仲。丁酉，榜諭福建、江東羣盜，赦其脅從者。戊戌，詔移蹕臨安。以孟庾爲福建、江西、荆湖宣撫使，神武左軍都統制韓世忠副之，仍命械謝嚮、陸棠赴行在。己亥，以婁寅亮爲監察御史。范汝爲犯光澤縣，李山走信州。辛丑，續編《紹興太常因革禮》。桑仲請正劉豫惡逆之罪，詔進幸荆南。乙巳，以右司諫韓璜黨富直柔，責監潯州税。張琪伏誅。庚戌，富直柔罷。荆湖、廣西宣撫使吴敏始受命置司柳州。辛亥，升康州爲德慶府。壬子，詔内外侍從各舉所知三人。丙辰，程昌寓遣杜湛擊楊華，敗之。命張俊遣使持詔招曹成，以所部赴行在。己未，楊華請降。辛酉，命吏部侍郎李光節制臨安府内外諸軍。壬戌，曹成犯安仁縣，執安撫使向子諲，進攻道州。是月，前知廓州李惟德以岷州來歸。吴玠始遣人通書夏國。

十二月乙丑，吴敏罷。丙寅，復置樞密院都承旨。范汝爲遣葉徹寇南劍州，守臣張觷拒戰，大破之。己巳，遣吏部侍郎傅崧卿爲淮東宣諭使。甲戌，遣江東安撫司統制郝晸、顔孝恭討建昌軍賊。乙亥，辛企宗罷，仍追三官，率兵赴軍前自效。丁丑，蠲諸路在官積欠。詔官户名田過制者與民均科。以岳飛爲神武副軍都統制，部兵屯洪州。曹成陷道州，守臣向子忞棄城走。增行在職事官職錢。遣駕部員外郎李愿撫諭川、陝。己卯，詔兩浙分東、西路置提點刑獄。庚辰，桑仲遣兵寇復州，守臣俎遹棄城去。辛巳，復置廣西提舉茶鹽司。知海州薛安靖殺僞都巡檢使王企中，率軍民以城來歸。增諸路酒錢，以備軍費。甲申，知龍州范綜、統制雷仲舉兵復水洛城。己丑，起復陝西都統制吴玠爲鎮西軍節度使。詔江西安撫司趣兵討捕吴忠。是月，劉豫遣將王彦充攻壽春府。桑仲遣李横復寇金州，王彦拒戰于馬郎嶺，大破之，均州平。蔡州褒信縣弓手許約叛，據光州。階州安撫孫注復洮州。龔富等圍南劍州。

《宋史》卷二七《高宗本紀四》 二年春正月癸巳朔，帝在紹興府，率百官遥拜二帝，不受朝賀。甲午，詔復置賢良方正直言極諫科。丙申，賜楊邦乂謚曰忠襄。韓世忠圍建州。丁酉，蠲諸路元年逋税。庚子，陝西叛將白常圍岷州，關師古率兵破之。辛丑，韓世忠拔建州，范汝爲自焚死，斬其二弟，餘黨悉平。壬寅，帝發紹興。曹成釋向子諲。丙午，帝至臨安府。壬子，遣韓世清捕石陂賊。癸丑，以張浚檢校少保、定國軍節度使。劉豫遣兵犯伊陽縣，翟興及其將李恭合擊敗之。曹成犯郴州永興縣。己未，修臨安城。辛酉，遣内侍任源撫問張浚。江西副總管楊惟忠以楊勍雖就招安，復謀作亂，誘誅之。

二月甲子，楊華復叛，擾鼎、澧、潭三州。詔立賞禽捕首領，赦貸脅從。丙寅，命劉光世將鋭卒萬人屯揚州，經理淮東。庚午，以李綱爲觀文殿學士、湖廣宣撫使。仍命岳飛率馬友、李宏、韓京、吴錫等共討曹成諸盜。甲戌，以吏部尚書李光爲淮西招撫使，王瓊副之。乙亥，雨雹。丙子，以施逵、謝嚮、陸棠黨范汝爲，逵除名，婺州編管；嚮、棠械赴行在，俱道死。丁丑，分崔增、李捧、邵青、趙延壽、李振、單德忠、徐文所部兵爲七將，名御前忠鋭軍，隸步軍司，非樞密奉旨不許調遣。減淮南營田歲租三之二，俟三年復舊。己卯，劉光世入見，同執政對内殿，諭以進屯揚州，光世迄不行。庚辰，詔監司避本貫。壬午，程昌寓遣杜湛募兵攻賊周倫，破之。甲申，以工部員外郎滕茂實死節于代州，贈龍圖閣直學

士。丙戌，初置著作官二員修《日曆》。己丑，復荆湖東、西爲荆湖南、北路，南路治潭，北路仍治鄂。申禁福建路私有、私造兵器。是月，知商州董先叛入劉豫。金人陷慶陽府，執楊可昇降之。

三月壬辰朔，命襄、鄧鎮撫使桑仲收復陷没諸郡，仍命諸鎮撫使互相應援。再貶徐秉哲惠州，吴幵南雄州，莫儔韶州，並居住。水賊翟進襲漢陽軍，殺守臣趙令戣。李光執韓世清于宣州以歸。虔化縣賊李敦仁及其徒皆授官，隸諸軍。乙未，復置江陰軍。罷福建路武尉。戊戌，葉夢得罷。以李光爲江東安撫大使，兼滁、濠等六州宣撫使。罷江、淮發運司。桑仲如郢州調兵，守將霍明以仲將謀逆殺之，以其事聞。庚子，金人攻方山原，陝西統制楊政援之，金兵引去。辛丑，又犯隴安縣，吴璘等擊走之。淮南營田副使王寔括閒田三萬頃給六軍耕種。丙午，復置中書門下省檢正官，省樞密院檢詳官。己酉，以神武右軍中部統制楊沂中爲神武中軍統制。癸丑，河南鎮撫使翟興爲部將楊偉所殺。甲寅，金人復自水洛城來攻，楊政等又敗之。庚申，曹成寇賀州清水砦，守臣劉全棄城去。是月，知壽春府陳卞及鈐轄陳實等舉兵復順昌府，尋引兵歸，爲僞齊所逐，并壽春失之。

夏四月甲子，曹成陷賀州。陳顒圍循州，焚龍川縣，命江西安撫司遣將捕之。丙寅，賜禮部進士張九成以下二百五十九人及第、出身。庚午，以翰林學士承旨翟汝文參知政事。壬申，釋福建諸州雜犯死罪以下囚。江西軍賊趙進寇瑞昌縣，楊惟忠討降之。戊寅，僞齊統領王資率兵來歸。富順監男子李勃僞稱徐王，召赴行在。壬午，詔内外侍從、監司、守臣各舉中原流寓士大夫三二人，以備任使。癸未，詔曰：「朕登庸二相，倚遇惟均。其所薦用之人，不得偏私離間，朋比害政。」謚孫傅曰忠定。乙酉，李綱始拜命，置司福州。是夜，太平州軍士陸德據城叛，囚守臣張鋍，殺當塗縣令鍾大猷。戊子，命吕頤浩都督江、淮、荆、浙諸軍事。庚寅，劉豫徙居汴京。是月，王彦大破董先于馬嶺關，復商州。

閏月癸巳，高麗遣使入貢。乙未，知池州王進討陸德，誅之。丙申，岳飛擊破曹成于賀州。置都督府隨軍轉運司。丁酉，左朝奉郎孫覿坐前知臨安府贓污，貸死除名，象州羈管。罷後苑工作。辛丑，韓世清以狂悖伏誅。丙午，岳飛敗曹成于桂嶺縣，成走連州，遣統制張憲追擊，破之，又走郴州，入邵州。丁未，賜福建宣撫司賞軍錢十萬緡。聽朱勝非自便。乙卯，詔諸鎮撫使非奉朝旨毋擅出兵。劉光世聞父喪去官，特命起復。己未，詔自今明堂專祀昊天上帝，以太宗配。是月，張浚命利、夔制置使王庶與知成都府王似兩易其職。襄、鄧副都統制李横、同副都統制李道合兵圍郢州，霍明遁去。

五月辛酉，以兵部尚書權邦彦簽書樞密院事，以樞密將領趙琦所部兵爲忠鋭第八將。癸亥，吕頤浩出師，以神武後軍及忠鋭兩將從行，百官班送。甲子，以霍明權襄、鄧、隨、郢州鎮撫使。詔觀察使已上各薦可備將帥者二人。丁卯，罷兩浙轉運司回易庫。己巳，廢紹興府餘姚、上虞縣湖田爲湖，溉民田。庚午，詔修建康行宫。辛未，選宗室子偁之子伯琮育于禁中。丙子，吕頤浩總師至常州，前軍將趙延壽兵叛于吕城鎮。丁丑，延壽犯金壇縣，殺知縣胡思忠。頤浩稱疾不進。戊寅，海州賊王山犯漣水軍，總領蘇復、副統制劉靖會兵擊敗之。庚辰，臨安府火。癸未，置御前軍器所。甲申，親慮囚，自是歲如之。罷行在權官。乙酉，劉光世遣王德追趙延壽叛兵至建平縣，悉誅之。丙戌，置修政局，命秦檜提舉。詔侍從、臺省寺監官、監司、守令，條具省費裕國强兵息民之策。丁亥，以中書門下省檢正官仇悆爲沿海制置使。戊子，手詔用建隆故事，命百官日輪一人轉對。兩浙轉運副使徐康國獻銷金屏障，詔有司毁之，奪康國二官。蠲太平州被賊之家夏税。是月，張浚以參贊軍事劉子羽知興元府，黜王庶，復以王似知成都府。韓世忠至洪州，遣董旼招曹成，成聽命赴行在。

六月庚寅朔，李宏引兵入潭州，執馬友殺之。甲午，李綱領兵三千發福州。戊戌，詔孟庾、韓世忠班師。岳飛屯駐江州。庚子，以劉光世爲寧武、寧國軍節度使，韓世忠爲太尉，移屯建康府。辛丑，以李横爲襄、郢鎮撫使，李道鄧、隨鎮撫使。壬寅，翟汝文罷。孔彦舟叛降僞齊。乙巳，以權邦彦兼權參知政事。戊申，仇悆兼制置福建路。辛亥，免臺諫官輪對。甲寅，召吕頤浩赴行在，令參謀官傅崧卿權主管都督府事。詔兩浙、江、淮守臣，令存撫東北流寓人。乙卯，韓世忠遣統制解元、巨振入潭州，執李宏以歸。

秋七月辛酉，悉蠲福建諸州被兵之家田税。壬戌，復置湖北提舉茶鹽司。甲子，罷福建提舉市舶司。己巳，起復翟琮爲河南府、孟汝唐州鎮撫使。甲戌，罷淮東路提點刑獄司。丙子，馬友黨郝通率兵五萬歸宣撫司。戊寅，知廬州王亨復安豐、壽春縣。己卯，吕頤浩入見。庚辰，韓世忠討劉忠，駐兵于岳州之長樂渡，大破之，忠走淮西。丁亥，詔編次建炎以來譜牒。

八月壬辰，以孟庾兼權同都督江、淮、荆、浙諸軍事。癸巳，順昌縣賊余勝等作亂，通判南劍州王元鼎捕殺之。甲午，安定郡王令話薨。丙申，詔：郡守除罷

赴闕，皆得引對。臨安府火。以知江州劉紹先爲沿淮防遏使。戊戌，命朱勝非提舉醴泉觀兼侍讀，日赴朝堂議事。沿海州縣籍民海舶，每歲一更，守海道險要。振福建饑民。己亥，停傅雱官，英州羈管。庚子，詔孟庾、韓世忠總大兵至建康，進赴行在。戊申，給事中胡安國以論朱勝非罷，宰執、臺諫上疏留之，皆不報。江西統制傅樞討平南雄賊吴忠、鄧慶、劉軍一等。己酉，賜吴玠田。甲寅，秦檜罷。給事中程瑀等坐論駁朱勝非，疑其黨檜，並落職主宫觀。乙卯，減膳，戒輔臣修闕政，罷修建康行宫。

九月戊午朔，落秦檜職。己未，罷修政局。辛酉，以彗出大赦，許中外臣民直言時政，陝西諸叛將許令自新。壬戌，王倫自金國使還入見。遣潘致堯等爲金國軍前通問使，附茶藥金幣進兩宫。甲子，以直徽猷閣郭偉爲淮西巡撫使。乙丑，復以朱勝非爲尚書右僕射、同中書門下平章事兼知樞密院事。戊辰，司空山賊李通出降，以爲都督府親軍統領。癸酉，以右朝請大夫吕源爲浙東、福建沿海制置使，治定海縣。知建昌軍朱芾擊石陂賊余照，禽斬之。丙子，復以郭仲荀爲武泰軍節度使。詔：「墨敕有不當者，許三省、樞密院奏稟，給事中、中書舍人繳駁，臺諫論列，有司申審。」庚辰，命福建提舉茶鹽官兼領市舶司。辛巳，以韓世忠爲江南東、西路宣撫使，他帥臣稱宣撫使者並罷。壬午，遣監察御史明槖等五人宣諭江、浙、湖、廣、福建諸路，仍降詔諭官吏以遣使按察、勸懲、誅賞之意。癸未，新作行宫南門成。甲申，提轄榷貨務張純峻立淮、浙鹽法，增其算。總領四川財賦趙開初變四川鹽法，盡榷之。丙戌，以知興元府王似爲川、陝宣撫處置副使。丁亥，封右監門衛大將軍、榮州防禦使令時爲安定郡王。是月，韓世忠遣統制解元襲擊劉忠于蘄陽，大破之。忠奔劉豫。

冬十月戊子朔，置牧馬監于饒州。庚寅，李勃伏誅。丙申，初置江、浙、荆湖、廣南、福建路都轉運使。甲辰，潘致堯至楚州，通判州事劉晏劫其禮幣奔劉豫，守臣柴春戰死。戊申，以知平江府趙鼎爲江東安撫大使。丙辰，禁温、台二州民結集社會。班度量權衡于諸路，禁私造者。是月，顔孝恭招降石陂餘賊李寶等。

十一月辛酉，陳顒陷汀州武平縣，犯梅、循二州。乙丑，初榷明州鹵田鹽。辛未，議將撫師江上，召侍從官條具利害。甲戌，命李綱、劉洪道、程昌寓、解潛會兵捕討湖寇楊太。戊寅，范汝爲餘黨范忠掠龍泉縣。庚辰，詔宣諭五使，焚所至州縣建炎以前已蠲税籍。癸未，臨安大火。是月，關師古敗僞齊兵于抹邦山。馬友黨步諒詣李綱降，綱入潭州，其黨郝晸降王進，吴錫禽王浚。湖南盜賊悉平。

十二月丁亥朔，命神武前軍統領申世景等討捕范忠。己丑，僞稱榮德帝姬易氏伏誅。范忠犯處州。巨師古引兵入廬州，執王亨送行在。甲午，李綱罷。臨安府火。丙申，振被火家。罷浙東沿海制置司。丁酉，岳飛遣統領徐慶、王貴討禽萍鄉賊高聚。己亥，以胡舜陟爲廬、壽等州鎮撫使。金人侵熙、秦，關師古擊敗之。庚子，遣駕部員外郎李愿撫諭川、陝。江西兵馬副鈐轄張忠彦坐縱暴不法，斬于潭州。辛丑，程昌寓遣杜湛討楊欽等敗之，殺三千餘人。癸卯，川、陝宣撫司類試陝西發解進士，得周謨等十三人，以便宜賜進士出身。甲辰，罷張浚宣撫處置使，仍知樞密院。以知夔州盧法原爲川、陝宣撫處置副使，及王似同治司事。己酉，遣司封員外郎周隨亨同撫諭川、陝。庚戌，孟庾自建康來朝。辛亥，金人犯商州，守將邵隆退屯上津。李横敗僞齊兵，復汝州。甲寅，命孟庾同都督江、淮、荆、浙諸軍事。詔都督府總治江東西、湖北、浙西帥臣經畫屯田。張浚承制以歸州隸夔州路。是冬，金人犯和尚原，將士乏食自潰，吴璘拔砦棄去。虔賊謝達犯惠州。

三年春正月丁巳朔，帝在臨安，率百官遥拜二帝，不受朝賀。江西將李宗諒誘戍兵叛，寇筠州，統領趙進擊卻之。翟琮入西京，禽僞齊留守孟邦雄。命諸路憲臣兼提舉常平司。庚申，金人犯上津。李横破潁順軍，僞齊知軍蘭和降。壬戌，金人犯金州洵陽縣。以仇悆爲福建、兩浙、淮東路沿海制置使。癸亥，陳顒圍潮州不下，引兵趨江西。甲子，李横復潁昌府。乙丑，詔中外刑官各務仁平，臺憲檢察，月具所平反以聞，歲終考察殿最。金人陷金州，鎮撫使王彦焚積聚，退保西鄉。庚午，罷行在宗正司，命嗣濮王仲湜兼判大宗正事。辛未，震雷雨雹。造渾天儀。李通爲其徒王全所殺。壬申，命西外宗正移司福州。癸酉，復祭大火。以湯東野爲淮東安撫使。乙亥，以李横爲襄陽府、鄧隨郢州鎮撫使。丁丑，登、萊山砦統制范温率部兵泛海來歸。庚辰，詔春秋望祭諸陵。張浚論奏王似不可爲副，因引罪求罷，不報。癸未，詔：民復業者，視墾田多寡定租額賦役。乙酉，減淮、浙鬻鹽錢。

二月丁亥朔，升桂州爲静江府。己丑，權邦彦薨。浙東賊彭友犯龍泉縣。辛卯，李通餘黨劉德圍舒州。吴玠遇金人于饒風關，王彦自西鄉來會，金人分兵攻關，統制郭仲敗走。丁酉，饒風關破，玠趣西縣，彦奔達州，四川大震。張浚被

罷職之命，以諸軍方潰，因秘不行，復具奏審。己亥，金帥撒離曷入興元府，經略使劉子羽焚其城走三泉縣，吴玠退屯仙人關。庚子，以宗子伯琮爲和州防禦使，賜名瑗，尋改貴州。辛丑，蠲廣東諸州被賊民家税。壬寅，鄭州兵馬鈐轄牛皋、彭玘率兵與李横會，横以便宜命皋爲蔡、唐州鎮撫使，玘知汝州。乙巳，翟琮遣統制李吉敗僞齊兵于伊陽，又殲其將梁進之衆。丁未，王似始受宣撫副使之命。戊申，虔賊周十隆犯循、梅、汀州，詔統制趙祥等合兵捕之。庚戌，以李横爲神武左軍副統制、京西招撫使。改胡舜陟爲淮西安撫使。辛亥，以工部尚書席益參知政事，翰林學士徐俯簽書樞密院事。壬子，王全犯廬州。甲寅，詔守臣至官半年，具上民間利害或邊防五事。李横遣人奏潁昌之捷，詔許横便宜行事。乙卯，劉光世遣酈瓊等屯兵泗州爲李横聲援。是月，張浚復以王庶爲參謀官，往巴州措置。時金兵深入至金牛鎮，疑有伏，由褒斜谷引兵還興元，吴玠、劉子羽追擊其後，殺獲甚衆。

三月己未，詔岳飛捕虔賊。壬戌，申命統制巨師古部兵萬人屯揚州。胡舜陟至廬州，王全降。甲子，以趙鼎爲江西安撫大使。李横傳檄諸軍收復東京。己巳，金人遣兵援劉豫，李横敗走，潁昌復陷。壬午，以韓世忠爲淮南東路宣撫使。李綱遣兵擊降李宗諒，詔戮于市。

夏四月丁亥，朱勝非以母喪去位。僞齊知虢州董震及其統制董先來歸，以震權商、虢、陝州鎮撫使。己丑，詔江東西、湖北、浙西募民佃荒田，蠲三年租。辛卯，以劉光世爲檢校太傅、江南東路宣撫使。金人去興元。壬辰，徙都督府于鎮江。岳飛軍次虔州。甲午，僞齊知唐州胡安中來歸。丙申，僞齊李成攻陷虢州，董先、牛皋奔襄陽。己亥，改謚昭慈獻烈皇后爲昭慈聖獻。復舉五帝日月之祀。庚子，增文武小官奉。辛丑，荆南統制羅廣率兵至鼎州。楊太衆益盛，自號大聖天王，立鍾相少子子義爲太子，廣等不克討而還。丁未，岳飛遣統領張憲、王貴擊彭友，禽斬之。劉忠爲部下王林所殺，傳首行在。戊申，以浙西兵馬鈐轄史康民所部兵爲忠鋭第九將。己酉，張浚奏王庶、王似、盧法原威望素輕，乞命劉子羽、吴玠並爲判官，不報。辛亥，徐文叛奔僞齊。

五月丙辰，以翟琮爲河南府、孟汝鄭州鎮撫使，董先爲副使。丁巳，遣樞密計議官任直清撫諭襄陽、商、虢、河南諸鎮。己未，命楊沂中招捕嚴州盜賊。辛酉，建睦親宅。以董先爲商、虢、陝州鎮撫使。徵河南布衣王忠民爲宣教郎，至行在，辭不受。壬戌，潘致堯還，言金人欲重臣通使以取信，遂寢出師之議。乙丑，罷諸州在任守臣所辟通判。丁卯，以韓肖胄等充金國軍前通問使。安化蠻犯邊，廣西經略使許中發兵擊之。戊辰，楊沂中招降嚴州賊繆羅等，捕斬其徒百人，魔賊平。庚午，以岳州數被兵，免今年税役。壬申，詔守、令、尉、佐，境内妖民聚集不能覺察致亂者，並坐罪。知建昌軍朱芾討南豐縣賊，禽誅其魁黄琛。乙亥，以方與金國議和，禁邊兵犯齊境。丙子，王彦復金州，金兵棄均、房去。韓世忠請以大軍還鎮江。己卯，詔淮南統制解元戍泗州，餘屯江北。周隨亨、李愿宣押王似、盧法原至閬州，張浚始解使事。時已論金牛之功，以吴玠爲利州路、階成鳳州制置使，劉子羽爲寶文閣直學士，王彦爲保大軍承宣使，僚屬將帥第賞有差。庚辰，浚及子羽、王庶、劉錫等赴行在。詔李横等收軍還鎮。辛巳，罷宣撫司便宜黜陟。

六月甲申朔，統制巨師古坐違韓世忠節制，除名，廣州編管。丙戌，復置六部架閣庫。丁亥，禁諸路招納淮北人及中原軍來歸者。戊子，復元祐宰相呂大防官職，贈謚。庚寅，詔降川、陝死罪囚，釋流以下。賞吴玠、關師古將士。壬辰，張浚至綿州，復奏王似不可任。甲午，命王瓊率諸軍討楊太。己亥，罷沿海制置司。丁未，置國子監及博士弟子員。戊申，以王林所部兵爲忠鋭第十將。己酉，岳飛自虔州班師。辛亥，發兵屯駐虔、廣二州，彈壓盜賊，州各三千人。是月，金人圍方山原，王似命吴玠發兵救之。

秋七月己未，復置博學宏詞科。初許任子就試。甲子，以久旱，償州縣和市民物之直。丁卯，詔訪求累朝勳臣曹彬等三百人子孫，以備録用。戊辰，王瓊以舟師發行在。己巳，詔減膳，禁屠，弛工役，罷苛嬈，命兩浙及諸路憲臣親按部録囚。辛未，蠲紹興二年和市紬帛。癸酉，呂頤浩等以旱乞罷政，帝賜詔曰：「與其去位，曷若同寅協恭，交修不逮，思所以克厭天心者。」頤浩等乃復視事。乙亥，朱勝非起復。丙子，泉州水溢壞城。丁丑，遣中使逆趣張浚于道。是月，四川霖雨，地震。

八月己丑，詔岳飛赴行在，留精兵萬人戍江州。翟琮率兵突圍奔襄陽，詔屯駐其地。癸卯，罷諸路輸禁軍闕額錢。甲辰，以雨暘不時，蘇、湖地震，求直言。乙巳，復置史館修撰、直館檢討官，命郎官兼領著作郎及佐郎。戊申，罷都轉運司。己酉，詔：湖南丁米三分之二均取于民田，其一取之丁口。辛亥，孟庾自軍中來朝。

九月戊午，呂頤浩罷。詔：凡遇水旱災異，監司、郡守即具奏毋隱。庚申，

岳飛自江州來朝。川、陝統領官吴勝敗僞齊兵于黄堆砦。丙寅，以趙鼎爲江西安撫制置大使。壬申，詔中書舍人、給事中，凡制敕非軍期機速，必先書押而後報行。甲戌，僞齊王彦先寇徐、宿二州。乙亥，以劉光世爲江東、淮西宣撫使，置司池州；韓世忠爲鎮江建康府、淮南東路宣撫使，置司鎮江府；王瓊爲荆南府、岳鄂潭鼎澧黄州、漢陽軍制置使，置司鄂州；岳飛爲江南西路、舒蘄州制置使，置司江州；主管殿前司郭仲荀知明州，兼沿海制置使；神武中軍統制楊沂中兼權殿前司。己卯，吴勝克蓮花城。

冬十月癸未，朱勝非上《重修吏部七司敕令格式》。庚寅，加吴玠檢校少保。壬辰，趣王瓊進兵。詔寬私鹽重法。甲午，卻大理國入貢。丁酉，殘破州縣視户口增損立守令考課法。己亥，禁州縣擅增置税場。僞齊李成陷鄧州。辛丑，南丹蠻莫公晟圍觀州，焚寶積監，殺知監陳烈。壬寅，僞齊兵逼襄陽，李横以糧盡棄城奔荆南，知隨州李道亦棄城去。甲辰，王瓊討湖賊，戰于鼎口，不利。僞齊陷郢州，守臣李簡棄城去。申禁私役戰士。丁未，命三省除銓曹姦弊。戊辰，罷諸路類省試。統制石世達及杜湛合兵大破湖賊黄誠于龍陽洲。庚戌，復置宗正少卿及寺監諸丞。是月，王彦先引兵至北壽春，將渡淮。劉光世駐軍建康，扼馬家渡；又遣酈瓊駐無爲軍，爲廬、濠聲援。賊乃還。

十一月己未，以右文殿修撰王倫爲都督府參議官。癸亥，詔監司、帥守察内外宗子病民害政者以聞。崔增、吴全遇湖賊于陽武口，死之。甲子，韓肖胄等使還。乙丑，禁沿淮諸砦兵擅侵齊境。庚午，臨安府火。甲戌，禁掠賣生口入蠻夷溪峒及以銅錢出中國。乙亥，復元祐十科舉士法。丁丑，命賓、横、宜、觀四州市戰馬。戊寅，王瓊自鼎州引兵還鄂，留統領王渥等四軍聽程昌寓節制。己卯，蠲南劍州所負民間獻納錢十六萬緡。省淮南州縣文武官。

十二月辛巳朔，降敕書撫諭吴玠及川、陝將士。乙酉，臨安府火。戊子，又火。朱勝非以屢火求罷，不允。丙申，王似承制廢通遠軍。己酉，金國元帥府遣李永壽、王翊來見。

是歲，海寇黎盛犯潮州，焚民居毁城去。

四年春正月辛亥朔，帝在臨安，率百官遥拜二帝。乙卯，增淮、浙路鹽鈔貼納錢。遣章誼等爲金國通問使。己未，程昌寓遣杜湛、王渥攻楊太皮真砦，破之。己巳，詔諭王似、盧法原、吴玠，使之協和。金人犯宕昌、臨江砦及花石峽，關師古遣統領劉戬分兵拒卻之。庚午，詔諸路將帥毋以兩國通使輒弛邊備，淮南州郡津渡尤慎譏察。甲戌，罷州縣新置弓手。乙亥，蠲循、梅、潮、惠四州被兵家租賦。丙子，申敕三省、樞密院，除官並遵舊制，毋相侵紊，除拜、罷免皆明示黜陟之由。戊寅，金人犯神坌砦，沿北嶺至大散關。臨安府火。己卯，韓肖胄罷。

二月壬午，詔：贓罪至死者仍籍其貲。癸未，作建康府行宫。席益罷。乙酉，以徐俯兼參知政事。丙戌，禁川、陝諸將招納北軍。湖北軍賊檀成犯長陽縣，解潛遣統領胡勉捕斬之。羣盜田政自襄陽犯峽州。己丑，解潛遣統制王愘擊政，斬之。庚寅，金人犯兩當縣。乙未，詔孟庾赴行在。己亥，詔三衙管軍及將帥觀察使以上，舉忠勇智略可自代者一人。辛丑，金人犯仙人關。癸卯，詔權以射殿爲景靈宫，四時設位朝獻。丙午，張浚入見。

三月辛亥朔，吴玠率楊政、吴璘、田晟、王喜諸將與兀朮戰于仙人關，大敗之。兀朮遁去。戊午，雨雹。以趙鼎參知政事。壬戌，孟庾至行在，罷都督府，以其兵屬張俊。乙丑，張浚以資政殿大學士罷，尋落職奉祠，福州居住。己巳，蠲淮南州縣民租一年。編次建炎以來詔旨，頒諸路。癸酉，蠲興元府、洋州被兵家税役二年。丙子，以王似爲資政殿學士、川陝宣撫使，盧法原爲端明殿學士與吴玠並充副使，關師古爲熙河蘭廓路安撫制置使。

夏四月庚辰朔，命趙開再任總領四川財賦。詔諭川、陝官吏兵民，以張浚失措當示遠竄，猶嘉其所用吴玠等能禦大敵，許國一心，止從薄責。仍令宣撫司講求諮訪，凡擾民咈衆之事，速釐革之。癸未，劉子羽白州安置。乙酉，詔明堂用皇祐典禮，兼祀天皇大帝、神州地祇以下諸神。丙戌，吴玠敗金兵，復鳳、秦、隴州。詔：特旨處死情法不相當者，許大理奏審。蠲淮南州軍上供錢一年。庚寅，置孳生牧馬監于臨安府。甲午，罷廣西提舉茶鹽司。關師古叛，以洮、岷二州降僞齊，吴玠併將師古軍。乙未，詔諸路歲上户口。丁酉，罷諸州回易庫。庚子，命劉光世遣兵巡邊。辛丑，保静州夷人入貢。丙午，徐俯罷。是月，王似承制廢符陽軍。知壽春府羅興叛降僞齊。

五月庚戌朔，以岳飛兼黄復二州、漢陽軍、德安府制置使。癸丑，以范冲爲宗正少卿兼直史館，重修神宗哲宗《正史》、《實録》。甲寅，詔淮南帥臣兼營田使，守令以下兼管營田。岳飛復郢州，斬僞齊守荆超。甲子，以孟庾兼權樞密院事。乙丑，賜李横軍絹萬匹。丙寅，李成棄襄陽去，岳飛復之。金人攻金州，鎮撫使王彦遣統制許青等與戰于漢陰，敗之。罷諸縣武尉。壬申，裁省三省、樞

密細務，責六曹長貳專決。癸酉，以國史日曆所爲史館。僞齊收李成餘衆，益兵駐新野，岳飛與別將王萬夾擊，復大敗之。乙亥，王彦數敗金兵于洵陽縣。丙子，復還宗室子彦之子伯玖育于禁中。

六月壬申，復命川、陝類試。戊戌，詔神武軍、神武副軍統制、統領官並隸樞密院。庚子，以霖雨罷不急之役。壬寅，詔三省、樞密院，凡奉干請墨敕，許執奏不行。置史館校勘官。作明堂行禮殿于教場。甲辰，禁諸軍彊刺平人爲兵，已刺者皆釋之。吴玠乞宫觀，不允。是月，熒惑犯南斗。岳飛將牛皋復隨州，執僞齊守王嵩礫之。

秋七月戊申朔，曲赦虔州。以吏部尚書胡松年簽書樞密院事。庚戌，以湖南安撫席益爲安撫制置大使。建昌軍卒修達等作亂，殺守臣劉滂，江西制置使胡世將遣參謀侯懿、統制丘贇討之。壬子，命吴玠通信夏國。癸丑，湖賊楊欽等破社木砦，官軍敗却，小將許筌戰歿。丙辰，賞仙人關之功，以吴玠爲檢校少師、奉寧保静軍節度使，吴璘、楊政以下論賞有差。丁巳，命左右司歲考郎官功過治狀以爲賞罰。庚申，復曲端、趙哲官。壬戌，岳飛遣統制王貴、張憲擊敗李成及金兵于鄧州之西，復鄧州，禽其將高仲。丙寅，侯懿引兵入建昌軍，執修達等十三人斬之。罷建州臘茶綱。詔江東安撫司招水軍千五百人。己巳，湖賊萬餘人詣鼎、澧二州降。劉光世來朝。庚午，王貴、張憲破金、齊兵，復唐州及信陽軍，襄漢悉平。辛未，章誼、孫近使還入見，粘罕致書約淮南毋得屯兵。

八月庚辰，以趙鼎知樞密院事，充川、陝宣撫處置使。湖賊夏誠等犯枝江縣，解潛遣將蔣定舟與戰，敗之。辛巳，吴玠遣統領姚仲攻隴城縣，克之。壬午，王瓊以討賊無功，降光州觀察使。戊子，改命趙鼎都督川、陝、荆、襄諸軍事。乙未，遣魏良臣等充金國通問使。丙申，毁王安石舒王告。己亥，周十隆出降，爲官軍所掠，復遁去，犯汀、循州。壬寅，王似罷。以岳飛爲清遠軍節度使、湖北荆襄潭州制置使，代王瓊討湖賊。癸卯，以襄陽府、隨郢唐鄧州、信陽軍六郡爲襄陽府路。

九月戊申，減淮、浙路鹽鈔所增貼納錢。壬子，夏誠遣將李全功犯公安軍，解潛遣統制林閏等擊斬之。安定郡王令畤薨。辛酉，合祭天地于明堂，大赦，蠲襄陽等六郡三年租稅。庚午，朱勝非罷。金、齊合兵自淮陽分道來犯。壬申，渡淮，楚州守臣樊敍棄城去。韓世忠自承州退保鎮江府。癸酉，以趙鼎爲尚書右僕射、同中書門下平章事兼知樞密院事，吏部尚書沈與求參知政事。

冬十月丙子朔，與趙鼎定策親征，命張俊以軍援淮東，劉光世移軍建康，車駕擇日進發。丁丑，以孟庾爲行宫留守，留統制王進一軍及神武中軍五百人隸之。百司不預軍旅之務者聽從便避兵。己卯，韓世忠自鎮江率兵復如揚州。金人犯滁州。以張俊爲浙西、江東宣撫使。金人圍亳州。席益遣統制吴錫率兵討傜賊楊再興，大破之。壬午，僞齊兵犯安豐縣。癸未，復以張浚爲資政殿學士、提舉萬壽觀兼侍讀。甲申，復以王瓊爲建武軍承宣使、江西沿江制置使。丙戌，命胡松年詣江上會諸將議進兵。戊子，韓世忠邀擊金人于大儀鎮，敗之，又遣將董旼敗之于天長縣鴉口橋。己丑，金人攻承州，韓世忠遣將成閔、解元合兵擊于北門，敗之。金人圍濠州。甲午，遣秘書正字楊晨持詔撫諭四川。遣侍御史魏矼、監察御史田如鼇詣劉光世、張俊軍中計事，光世始移軍太平州。丙申，命後宫自温州泛海如泉州。金人陷濠州，守臣寇宏棄城走。丁酉，詔州縣團教弓手、土兵。戊戌，帝御舟發臨安，劉錫、楊沂中以禁兵扈從。己亥，韓世忠捷奏至，命收瘞戰死將士，仍令胡松年致祭。庚子，張俊率兵發鎮江，如建康。壬寅，帝次平江。加贈陳東、歐陽澈秘閣修撰官，其子孫二人各賜田十頃，且追咎汪伯彦觀文殿學士，黄潛善更不追復。命韓世忠、楊沂中分兵控扼沿海要地。癸卯，焚決淮東閘堰。賜扈從諸軍錢。乙巳，仇悆遣將孫暉擊金人于壽春，敗之，復霍丘、安豐二縣。是月，借江、浙坊場錢一界，以備軍費。

十一月庚戌，賞承州水砦首領徐康等要擊金兵之功，轉官有差，仍蠲承、楚、泰州水砦民兵賦役十年。置沿江烽火，放浙東諸郡防城丁夫。壬子，始下詔聲劉豫逆罪，諭親討之旨，以厲六師。吴玠遣統制楊從儀等率兵敗金人于臘家城。癸丑，玠乞納節贖劉子羽罪，遂聽子羽自便。金人入光州。甲寅，僞齊知光州許約破石額山砦，遂據之。乙卯，韓世忠遣兵夜劫金人營于承州，破之。金人犯六合縣；丙辰，掠全椒縣三城湖。丁巳，戒諸路大小臣僚借貸催科縱吏姦擾民，及務絶盜賊之伺隙者。命董旼、趙康直總領淮東水砦。戊午，以胡松年兼權參知政事。金人陷滁州。劉光世移軍建康，韓世忠移軍鎮江，張俊移軍常州。己未，復命張浚知樞密院事，以其盡忠竭節詔諭中外。庚申，宴犒守江將士。癸亥，劉光世遣統制王德擊金人于滁州之桑根，敗之。揭黄牓招諭湖賊。甲子，命滁、和諸州移治保聚。乙丑，金人犯滁口。己巳，劉光世遣統制王師晟等率兵夜入南壽春府襲金人，敗之，執僞齊知府王靖。廣賊區稠圍韶州樂昌縣，鈐轄韓京遣兵擊斬之。詔張浚視師江上。

十二月乙亥朔，魏良臣、王繪還自泗州軍前入見。戊寅，命都督府右軍統制李貴部兵屯扼福山鎮。辛巳，命中軍統制王進屯兵泰州，防拓通、泰。壬午，以樞密都承旨馬擴爲江西沿江制置副使。丙戌，吳倫遣兵攻臘家城，破之。丁亥，聽兩淮避兵民耕種所在閒田。壬辰，金、齊兵逼廬州，仇悆嬰城固守，岳飛所遣統制徐慶、牛皐援兵適至，敗走之。劉光世亦遣統制靳賽戰于慎縣。張俊遣統制張宗顔擊敗金人于六合。詔江、浙、荆湖十四郡各募水軍五百人，名横江軍。兩浙十郡沿江海州縣招捕巡檢土軍。甲午，程昌寓遣杜湛、彭筠合擊楊欽，破之。己亥，以來年正旦日食，下詔修闕政，求直言。庚子，金人退師。辛丑，詔葬祭浙西、江東二軍之死事者。壬寅，省淮南轉運司。遣胡松年往常熟縣、江陰軍沿江計議軍事。癸卯，金人去滁州。

《宋史》卷二八《高宗本紀五》　五年春正月帝在平江府。金人去濠州。丁未，戒諸軍戰陣毋殺中原民籍充金兵者。命鬻官田宅輸錢專充軍費。戊申，進廬、泰二州守禦官屬各一官。己酉，詔前宰執呂頤浩等十九人及行在職事官各條上攻戰備禦措置綏懷之策。免淮南官吏去職之罪，仍令還任。承州水砦統領仲諒復入楚州。庚戌，張俊遣統領楊忠閔、王進夾擊金人于淮南岸，敗之，降其將程師回、張延壽。辛亥，淮東統制崔德明襲敗金兵于盱眙。召張浚赴行在。乙卯，浚入見。賞沿江監司、帥臣供億之勞，各進官一等。戊午，趣修建康行宫。己未，詔減淮南諸州雜犯死罪，釋流以下囚。庚申，置諸州軍教場，選兵專習弓弩，立格按試。辛酉，贈殿中侍御史馬伸左諫議大夫。韓世忠、劉光世、張俊入見。壬戌，以世忠爲少保、淮東宣撫使，駐鎮江；光世少保、淮西宣撫使，駐太平；俊開府儀同三司、江東宣撫使，駐建康。甲子，酈瓊復光州，降其守許約。乙丑，罷淮南茶鹽提刑司，置提點兩路公事官一員，兼領刑獄、茶鹽、漕運、市易事。淮西要會州軍並置市易務。戊辰，詔川、陝宣撫司招諭陷賊官民。庚午，命王進合江西、廣東諸將兵討周十隆。海賊朱聰犯廣州，又犯泉州。壬申，劉光世、韓世忠、張俊入辭，命升殿，以光世、世忠有隙，賜酒諭釋之，皆感激奉詔。癸酉，僞齊知亳州馬秦犯光州，權州事王萃率兵拒之。是月，金主晟殂，旻之孫亶立。岳飛自池州入朝。

二月丙子，以飛爲鎮寧、崇信軍節度使。命常州布衣陳得一造新曆。丁丑，帝發平江。戊寅，遣權太常少卿張銖奉迎太廟神主于温州。壬午，帝至臨安，進扈從官吏秩一等。丙戌，以趙鼎爲左僕射，張浚右僕射，並同中書門下平章事兼知樞密院事，都督諸路軍馬。岳飛爲荆湖南北、襄陽府路制置使，將兵平湖賊楊太。丁亥，吳璘、楊政攻拔秦州，執僞齊守胡宣，金帥撒離曷來援，政復擊敗之。己丑，詔建太廟。壬辰，命張浚詣江上措置邊防，詔諭諸路宣撫制置司，示以專任之旨。以右司諫趙霈論奏得體，賜三品服。丁酉，進執政官秩一等，以賞防秋之功。戊戌，詔淮南宣撫司撫存淮北來歸官吏軍民。己亥，直史館范冲上《神宗實録考異》。庚子，詔翰林學士孫近、胡交修類編臣僚條具利害章疏以聞。甲辰，蠲湖南路上供三年。是月，僞齊商元寇信陽軍，守臣舒繼明被禽，死之。

閏月乙巳朔，雨雹。丁未，胡松年罷。戊申，雪。己酉，留四川上供銀帛就充軍費。乙卯，以孟庾、沈與求並兼權樞密院事。丙辰，併諸路提舉常平入茶鹽司。罷福建鑄錢，令轉運坑冶司辦集。丁巳，撒離曷欲犯秦州，吳玠遣部將牛皓伺之，遇于瓦五谷，戰死。癸亥，海賊陳感犯雷州，官軍屢敗。丁卯，王瓊罷。命户部尚書章誼措置財用，孟庾提領，號總制司。命川、陝宣撫司幕僚攝司事，仍權節制軍馬。戊辰，置路分總管，以處閑退武臣。辛未，復置宗正丞，掌修屬籍。再蠲荆南府、歸峽二州、荆門公安二軍歲貢上供二年。

三月甲戌朔，以王瓊貪縱不武，敗師誤國，責授濠州團練使。丙子，遣樞密計議官呂用中等分使兩浙、江東西路檢察經、總制司財用。丁丑，詔侍從至監察御史、館職已上，在内館職、在外侍從官、監司、帥守，各舉所知充監司、守令，尋命館職專舉縣令。己卯，以韓世忠兼鎮江府宣撫使，劉光世兼太平州宣撫使。壬午，以都督府參議軍事邵溥兼權川、陝宣撫副使。罷御前軍器所提舉官，併隸工部。壬辰，命廣東、福建路招捕朱聰。乙未，初榷鉛、錫。張浚親討湖賊。丁酉，復移浙西安撫司于臨安府。庚子，罷饒州牧馬監。

夏四月丙午，貴池縣丞黄大本坐枉法贓，杖脊刺配南雄州。丁未，遣司農丞蓋諒持詔撫諭川、陝。召解潛赴行在，王彦知荆南府，諸鎮撫使至是盡罷。戊申，太廟神主至自温州。己酉，以審量濫賞，追左銀青光禄大夫王序八官及職名，仍改正出身。庚戌，詔：内侍遇特恩轉官，止武功郎。壬子，訪得周後柴叔夏襲封崇義公。戊午，奉安太廟神主。己未，更免役保正長法。甲子，太上皇帝崩于五國城。丙寅，帝即射殿，行朝獻景靈宫之禮，始以惠恭皇后祔祭。募民耕營田，官給牛、種。庚午，省四川添差官。辛未，以諸路税賦畸零增收錢專充上供。是月，龍圖閣直學士致仕楊時卒。

五月乙亥，初謁太廟。庚辰，命邵溥、吳玠裁省四川冗官浮費。辛巳，名行

宫新作書院爲資善堂。遣何蘚等奉使金國，通問二帝。中書舍人胡寅言，國家與金世讎，無通使之義。張浚奏：「使事兵家機權，後將闢地復土，終歸於和，未可遽絶。」乃遣行。丁亥，立殘破州縣守令勸民墾田及拋荒殿最格。己丑，以孟庾知樞密院事。壬辰，召張浚還行在。丁酉，詔浚提舉詳定一司敕令。戊戌，以貴州防禦使瑗爲保慶軍節度使，封建國公。徽猷閣待制范沖兼資善堂翊善，起居郎朱震兼贊讀。以盛暑命監司行部慮囚。己亥，岳飛軍次鼎州。庚子，周十隆降。辛丑，命川、陝訪求元祐黨人子孫。

六月甲辰，封武經大夫令卋爲安定郡王。湖賊楊欽、全琮、劉詵相繼率衆詣岳飛降。乙巳，名新曆曰《統元》。丁未，併饒州鑄錢司于虔州。己酉，命建國公瑗出就資善堂聽讀，拜范沖、朱震。出内帑錢賜宗室貧者。壬子，復省淮南州縣冗官。癸丑，以久旱減膳、祈禱；禁諸路科率，自租稅、和市、軍須外皆罷。岳飛急攻湖賊水砦，賊將陳瑫降，楊太赴水死，餘黨劉衡等皆降。飛急擊夏誠，斬之。丁巳，湖賊黄誠斬楊太首，挾鍾子儀、周倫詣都督府降，湖湘悉平，得户二萬七千，悉遣歸業。戊午，減福建貢茶歲額之半。庚申，以旱罷諸路檢察財用官。丁卯，以賊平，免沿湖民前二年逋租。己巳，罷福建諸州槍仗手。

秋七月壬申朔，以仇悆爲沿海制置使。甲戌，免蘄州上供及租稅三年。戊寅，獎諭岳飛，撫勞將士，趣張浚還朝。己卯，孟庾罷，以沈與求兼權樞密院事及措置財用。壬午，以金、均、房州隸襄陽府路。僞齊兵寇湖陽縣，執唐州守臣高青，復釋之。丁亥，賜宇文虚中家福建田十頃。甲午，詔殘破州縣親民官，計到、罷之日户口考殿最。韓世忠復鎮淮軍，禽僞齊守王拱。丙申，蠲湖南路上供米三年及秋租之半。丁酉，置高峯、王口二砦都巡檢使，益兵戍之。

八月壬寅朔，罷荆南營田司，令安撫司措置官兵耕種。甲辰，定館職額爲十八員。壬子，詔淮南山水砦都巡檢各聽守令節制。癸丑，蠲福建州軍借撥常平錢米。己未，下詔示章惇、蔡卞誣謗宣仁聖烈皇后之罪，追貶惇昭化軍節度副使，卞單州團練副使，子孫不許在朝。命廣宫學，教内外宗子。辛酉，詔淮南、襄陽府等路團結民社。丙寅，以諸盗平，減湖、廣、江西二十二州雜犯死罪，釋徒、杖以下囚。海賊朱聰降，命補水軍統領。是月，僞齊陷光州。

九月辛未朔，罷總制司所增收頭子等諸色錢。乙亥，賜禮部進士汪洋以下二百二十人及第、出身。唱名始遵故典，令館職侍立殿上。壬午，加岳飛檢校少保。僞齊兵寇固始縣，統領華旺拒戰卻之，尋復光州。甲申，命沿海州軍籍海舶，分守要害。乙酉，趙鼎上《重修神宗實録》。壬辰，詔元符上書邪等范柔中等二十七人各官一子。以解潛部兵三千隸馬軍司。甲午，周十隆復叛，犯汀州。戊戌，遣統領王進、李貴討之。

冬十月庚戌，張浚入見。乙卯，以席益爲四川制置大使，位宣撫副使上，州軍兵馬並隸大使司，邊防重事仍令宣撫司處置。李綱爲江西制置大使，呂頤浩爲湖南制置大使。戊午，詔川、陝類試合格第一人依殿試第三人例推恩，餘並同賜進士出身；特奏名進士命宣撫選官試時務策。澧州賊雷德進降。乙丑，僞齊兵寇漣水軍，韓世忠遣統制呼延通等逆擊，敗之。

十一月庚午朔，初置節度使以下金字牙符，命都督府掌之，給將帥立戰功者。命州縣賣户帖以助軍費。癸酉，詔：守臣死節昭著者，毋限品秩，並賜謚。乙亥，徽和靖處士尹焞于涪州，命爲崇政殿説書。戊寅，郊。辛巳，復置淮南提舉鹽事官。壬午，出宫女三十人。甲申，權減宰執及行在官吏奉。乙酉，以趙開爲四川都轉運使。丙戌，命張浚視師荆、襄、川、陝。戊子，知衡州裴廩坐調夫築城凍死二千餘人，除名、嶺南高州編管。乙未，出内帑綿絹賜宗室。丁酉，罷催税户長。

十二月己亥朔，以岳飛爲荆湖南北、襄陽府路、蘄黄州招討使。楊沂中權主管殿前司，併統神武中軍。庚子，改神武四軍及巡衛軍號行營五護軍。辛丑，以都督府兵隸三衙。命左右司、樞密院檢詳官參考中興已行條例，修爲定法。乙巳，禁服用翠羽。己酉，免侍從官輪對。庚戌，汰横江水軍三之一。癸丑，命兩淮、川陝、荆襄、荆南諸帥府參謀官各一員提點屯田。癸亥，禁川陝州縣官悉用川陝人。丙寅，都督府遣參議軍事劉子羽、主管機宜文字熊彦詩撫諭川陝，且察邊備虚實。戊辰，夜雨雹。

六年春正月辛未，蠲貧民户帖錢之半，無物産者悉除之。癸酉，命給事中、中書舍人甄别元祐黨籍。乙亥，以内重外輕，命省臺、寺監及監司、守令居職及二年者，許更迭出入除擢。丁丑，詔：凡入粟補官者，毋授親民刑法之職。壬午，賜宗子伯玖名璩，爲和州防禦使。罷綿州宣撫副使，命吴玠專治兵事。罷御史平反刑獄賞。丙戌，張浚視師荆襄，入辭。己丑，安定郡王令卋薨。庚寅，還預借坊場錢。辛卯，詔：監司、帥臣慢令失職者，令張浚黜陟以聞。甲午，振江、湖、福建、浙東饑民，命監司、帥臣分選僚屬及提舉常平官躬行檢察。戊戌，命鬻通直郎、閤門宣贊舍人以下官。

二月庚子，以諸路宣撫制置大使並兼營田大使，宣撫副使、招討安撫使並兼營田使。壬寅，雨雪。改江、淮屯田爲營田。甲辰，置行在交子務，印交子錢引給諸路，令公私同見錢行用。戊申，岳飛入見。復以襄陽府路爲京西南路。辛亥，詔張浚暫赴行在奏事。甲寅，以兵部尚書、都督府參謀折彦質簽書樞密院事。乙卯，韓世忠引兵攻宿遷縣，統制呼延通與金兵戰，敗之，禽其將孛堇牙合。澧州賊徒伍俊殺雷德進，持其首詣鼎州降。丙辰，韓世忠圍淮陽軍。復置諸路市易務。戊午，命楊沂中以兵萬人聽都督行府調遣。己未，遣户部侍郎劉寧止如鎮江府，總領三宣撫司錢糧。辛酉，兀朮救淮陽，韓世忠引兵歸楚州。壬戌，以折彦質兼權參知政事。癸亥，沈與求罷。李綱入見。是月，張浚至江上會諸將議事，命張俊進屯盱眙。

三月戊辰朔，初收官告綾紙錢。名金、均、房州民兵曰保勝，又命招刺三千人賜名必勝軍。己巳，以韓世忠爲京東、淮東路宣撫處置使，岳飛爲京西、湖北路宣撫副使。辛未，蠲旱傷州縣民積欠錢帛租稅。己卯，趣岳飛如鄂州措置軍事。辛巳，以樞密副都承旨馬擴爲沿海制置副使。壬午，金、齊兵犯漣水軍，韓世忠擊敗之。壬辰，寬四川災傷州縣户帖錢之半。

夏四月戊戌朔，湖南賊黄旺犯桂陽監。甲辰，僞齊兵陷唐州，團練判官扈舉臣、推官張從之等皆死。岳飛以母喪去官。丙午，詔飛起復。己酉，詔：「文武臣僚能決勝强敵恢復境土者，賜功臣號。」庚戌，始訓諸宗子名。甲寅，賞淮陽功，呼延通等進官有差，餘受賞者凡萬七千人。劉光世遣副統制王師晟、酈瓊襲僞齊兵于劉龍城破之，禽其統制華知剛。己未，命福建安撫司發水軍討海賊鄭慶。辛酉，禁四川伐邊山林。甲子，以韓世忠爲横海、武寧、安化軍節度使，號揚武翊運功臣。除商旅緡錢税。丙寅，復行在官吏奉。蠲東京民渡淮南商販之税。

五月戊辰朔，禁以鹿胎爲冠。癸酉，詔：「未經上殿臣僚，先令三省審察，然後引對。」戊寅，以四川監司地遠玩法，應有違戾，令制置大使按劾。壬午，詔大理寺議獄不合，即詣刑部關決，刑部不能定，同赴都堂稟議。賜吴玠四川户帖錢十萬緡犒軍。癸未，禁淮南州縣收額外雜色租。乙酉，改交子爲關子，罷交子務。庚寅，以劉光世爲保静、寧武、寧國軍節度使。壬辰，以張俊進屯盱眙，改崇信、奉寧軍節度使。甲午，禁銷錢及私鑄銅器。丙申，詔監司慮囚不能偏及者，聽遣官，著爲令。

六月乙巳夜，地震。乙酉，求直言。甲寅，張浚渡江撫淮上諸屯。命劉光世自當塗進屯廬州，岳飛自九江進屯襄陽，楊沂中屯泗州。戊午，詔兩淮沿江守臣並以三年爲任。辛酉，封集英殿修撰令廣爲安定郡王。

秋七月壬申，以司農少卿樊賓提領營田公事。癸未，詔張浚暫赴行在。癸巳，罷川陝便宜差遣監司、守貳。以金州隸川陝路，均、房二州隸京西南路。郭浩爲永興軍路經略安撫使兼知金州，閤門宣贊舍人邵隆知商州，聽浩節制，經理商、虢。是月，劉光世復壽春府。

八月己亥，范宗尹薨。庚子，賜左司諫陳公輔三品服。癸卯，以徽猷閣直學士李迨爲四川都轉運使。甲辰，詔諭將士將親征。岳飛遣統制牛皋破僞齊鎮汝軍，禽其守薛亨。乙巳，命權殿前司解潛等帥精兵扈從，主管步軍司邊順留兵守臨安，知臨安府梁汝嘉爲巡幸隨軍都轉運使。丁未，以秦檜爲醴泉觀使兼侍讀、行宫留守，孟庾提舉萬壽觀兼侍讀、同留守。戊申，岳飛遣將楊再興復西京長水縣。己酉，命秦檜、孟庾權參決尚書省、樞密院事。庚戌，蠲虔州殘破諸縣逋負、梅州夏秋兩税，聽廣東經略安撫司便宜措置盜賊。辛亥，奉神主發臨安。丁巳，權罷經筵進講。己未，預借江、浙民來年夏税紬帛，折米輸官。庚申，增給職事官米月三斛。是月，張俊城盱眙，進屯泗州。岳飛及僞齊李成、孔彦舟連戰至蔡州，克之，僞守劉永壽舉城降。

九月丙寅朔，帝發臨安。岳飛遣統制王貴、郝晸、董先復虢州盧氏縣。癸酉，帝次平江。戊寅，命職事官日一員輪對。壬午，岳飛以孤軍無援，復還鄂州。癸未，權奉安神主于平江能仁寺。戊子，以户部郎官霍蠡總領岳飛軍錢糧。庚寅，張浚入奏，復如鎮江。辛卯，立賊徒相招首罪賞格。賞鎮淮軍功，進統制王德等官。是月，劉豫聞親征，告急于金主亶求援，亶不許，豫自起兵三十萬，命子麟趣合肥，姪猊出渦口，引兵分道入寇。

冬十月丙申，招西北流寓人補闕額禁軍。丁酉，裁定淮南路租額。劉麟寇淮西，張俊遣楊沂中、張宗顔等分兵禦之。戊戌，沂中至濠州，劉光世已棄廬州而南，浚遣人督還，光世不得已駐兵應沂中，遣統制王德、酈瓊及賊將崔皋、賈澤、王遇戰，皆敗之。賊兵攻壽春府芍陂砦，守臣孫暉拒戰，又敗之。辛丑，罷四川監酒官百餘員。壬寅，以梁汝嘉兼浙西、淮東沿海制置使，前護副軍都統制王彦副之。癸卯，趙鼎請降敕諭張浚，令光世、沂中及張俊全軍引還，爲防江之計。甲辰，又詔浚督將士僇力破賊，皆未達。劉猊犯定遠縣，沂中進戰，大敗之于藕

塘，猊挺身遁，麟在順昌聞之，拔砦去。劉光世遣王德及沂中追麟至南壽春而還。孔彥舟亦解光州圍而去。戊申，命解潛遣兵千人守青龍港口。癸丑，張俊、楊沂中引兵攻壽春府，不克而還。乙卯，詔諸軍所俘人民給錢米遣歸。丁巳，惠州軍賊曾衮作亂。庚申，摧鋒軍統制韓京募敢死士，夜襲破之，衮尋出降。

十二月甲午朔，詔降廬、光、濠等州死罪，釋流以下囚。召秦檜赴行在。張浚入見，請幸建康；趙鼎請還臨安。戊戌，韓世忠攻淮陽軍，及金人戰，敗之。辛丑，城南壽春府。壬寅，趙鼎罷。遣右司員外郎范直方宣諭川陝，撫問吴玠將士。甲辰，命都督府參議軍事吕祉如建康，措置移蹕。丙午，折彥質罷。丁未，賞淮西功，加張俊少保，改鎮洮、崇信、奉寧軍節度使；楊沂中保成軍節度使、殿前都虞候。戊申，命秦檜赴講筵供職，孟庾爲行宫留守。辛亥，以資政殿學士張守參知政事，兼權樞密院事。丙辰，以吕頤浩爲浙西安撫制置大使，判臨安府。丁巳，以劉光世爲護國、鎮安、保静軍節度使。戊午，詔：凡因民事被罪者，不許親民。己未，命辰、沅、靖、澧四州，以閒田募刀弩手三千五百人爲額。右司諫陳公輔乞禁程氏學。詔：「士大夫之學宜以孔、孟爲師，庶幾言行相稱，可濟時用。」庚申，以安化郡王王稟死節太原，賜其家田十頃。辛酉，以山陰、諸暨等四十縣爲大邑，並命堂除。

七年春正月癸亥朔，帝在平江，下詔移蹕建康。蠲無爲軍税役一年。置建康御前軍器局。丁卯，賞張浚以破敵功，遷特進。己巳，發米萬石濟京東、陝西來歸之民。張浚入見。甲戌，罷都督府諸州市易官。丁丑，解潛罷，以劉錡權主管馬軍司，并殿前步軍司公事。庚辰，築采石、宣化渡二城。癸未，以翰林學士陳與義參知政事，資政殿學士沈與求同知樞密院事。詔廣西帥臣訓練土丁、保丁。乙酉，復置樞密使、副，知院以下仍舊，張浚改兼樞密使。丙戌，禁諸軍互納亡卒。西蕃三十八族首領趙繼忠等來歸。丁亥，以秦檜爲樞密使。何蘚、范寧之至自金國，始聞上皇及寧德皇后崩。己丑，帝成服，下詔降徒囚，釋杖以下。

二月，百官七上表請遵以日易月之制。徽猷閣待制、知嚴州胡寅請服喪三年，衣墨臨戎，以化天下。帝欲遂終服，而張浚連疏論喪服不可即戎，遂詔外朝勉從所請，宫中仍行三年之喪。丙申，太平州火。丁酉，鎮江府火。庚子，遣王倫等使金國迎奉梓宫。岳飛入見。辛丑，以日食求直言，以久旱命諸州慮囚。乙巳，詔：凡辟舉官犯贓罪，罪及所舉官。丙午，吴玠置銀會子于河池。丁未，詔席益募陝西、河東、河北兵二千，部送行在充扈衛。癸丑，雨雹。丙辰，始御便殿。果州守臣宇文彬等進《禾登九穗圖》，俱奪一官，罷之。丁巳，以岳飛爲太尉、湖北京西宣撫使。己未，帝發平江。

三月癸亥朔，次丹陽，韓世忠入見，命世忠扈從，岳飛次之。甲子，次鎮江，楊沂中入見，命沂中總領彈壓巡幸事務。乙丑，蠲駐蹕及經從州縣積年逋賦。丁卯，以吏部侍郎吕祉爲兵部尚書、都督府參謀軍事。辛未，帝至建康。壬申，詔尚書省常程事從參知政事分治。癸酉，減建康流罪以下囚，蠲建康府、太平宣州逋賦及下户今年身丁錢。岳飛乞併統淮西兵以復京畿、陝右，許之，命飛盡護王德等諸將軍。既而秦檜等以合兵爲疑，事遂寢。戊寅，手詔撫勞將士。進沈與求知樞密院事。己卯，尊宣和皇后爲皇太后。庚辰，以王彥兵隸侍衛馬軍司。吕頤浩爲少保兼行宫留守。孟庾罷。甲申，以劉光世爲少師、萬壽觀使，以其兵隸都督府，張浚因分爲六軍，命吕祉節制。乙酉，賜光世第于建康府。丁亥，命虔、吉、南安軍諸縣各募土兵百人，責知縣訓練，防禦盜賊。是春，廣西大饑，李實變爲桃。

夏四月癸巳，築太廟于建康，以臨安府太廟爲聖祖殿。戊戌，修濬建康城池。丁未，岳飛乞解官持餘服，遂棄軍去，詔不許。庚戌，以張浚累陳岳飛積慮專在併兵，奏牘求去，意在要君，遂命兵部侍郎兼都督府參議軍事張宗元權湖北、京西宣撫判官，實監其軍。壬子，張浚如太平州，淮西視師。庚申，以信陽軍隸京西路。罷淮南提點司，東西兩路各置轉運兼提點刑獄，提舉茶鹽常平事。

五月丁卯，詔李綱趣捕虔、吉諸盜。壬申，命禮官舉文宣王、武成王、熒惑、壽星、嶽、鎮、海、瀆、農、蠶、風、雷、雨師之祀。甲戌，以胡安國提舉萬壽觀兼侍讀，趣赴行在，未至而罷。癸未，以酈瓊爲行營左護軍副都統制。甲申，初試樞密院都督府效士。乙酉，命侍從官通舉材堪知縣者二十人。丙戌，僞齊陷隨州。己丑，禁四川增印錢引。

六月辛卯朔，改上惠恭皇后謚曰顯恭皇后。岳飛入見。壬辰，命歲辰戌月祀大火，配以閼伯。乙未，罷江、淮營田司，令諸路安撫，轉運司兼領其事。丙申，以《重修神宗實録》去取未當，命史館復加考訂。丁酉，岳飛引過自劾，詔放罪，慰諭之。戊戌，命劉錡兼都督府咨議軍事，率兵戍廬州。乙巳，沈與求薨。召王德以所部兵赴行在。遣吕祉如淮西撫諭諸軍。丙辰，詔吴玠、李迨共議四川經費，贍軍恤民。岳飛復職。

秋七月戊辰，詔侍從各舉可任監司、郡守者一二人。癸酉，以旱禱於天地、

宗廟、社稷。甲戌，嗣濮王仲湜薨。癸未，以久旱命中外臣庶實封言事。甲申，蠲諸路民積年逋租。以建康疫盛，遣醫行視，貧民給錢，葬其死者。命疎決滯獄。乙酉，詔即建康權正社稷之位。戊子，詔户部長貳迭出巡按諸路，考究財賦利病，違者劾之。己丑，詔諸路歸業民墾田，及八年始輸全税。

八月乙未，以張俊爲淮西宣撫使，駐盱眙；楊沂中爲淮西制置使，主管侍衛馬軍司劉錡副之，並駐廬州。命酈瓊率兵赴行在。戊戌，瓊叛，殺中軍統制張景等，執吕祉及趙康直、趙不羣，以兵四萬人奔劉豫。辛丑，手詔赦廬州屯駐行營左護軍。壬寅，酈瓊引兵至淮，殺祉及康直，釋不羣使還。劉錡、吴錫至廬州，以兵追之不及，命張宗元往招之。張浚乞去位。甲辰，以趙鼎爲萬壽觀使兼侍讀。甲寅，詔：命官犯贓，刑部不得擅黥配，聽朝廷裁斷。乙卯，賜岳飛軍錢十萬緡。招歸正復業人耕湖北、京西閒田。

九月甲子，上太上皇帝謚曰聖文仁德顯孝皇帝，廟號徽宗，皇后曰顯肅皇后。丁卯，韓世忠、張俊入見，乃命俊自盱眙移屯廬州。壬申，張浚罷。癸酉，命參知政事輪日當筆，權三省事，更不分治常程。罷都督府。甲戌，以臺諫累疏，落張浚觀文殿大學士，仍領宫祠。丙子，復以趙鼎爲尚書左僕射、同中書門下平章事兼樞密使。戊寅，以廬州、壽春府民遭酈瓊虜掠，蠲租税一年。己卯，朝獻聖祖于常朝殿。庚辰，朝饗太廟。辛巳，合祭天地于明堂，大赦。召劉光世赴行在。戊子，禁諸路進羨餘。以劉錡知廬州兼淮西制置副使。

冬十月庚寅朔，詔仍舊開經筵。辛卯，命後省看詳上書有可采者，條上行之。丁酉夜，敕張浚安置嶺表。戊戌，趙鼎累請浚母老，改永州居住。僞齊犯泗州，守臣劉綱擊走之。丙午，命户部郎官薛弼、霍蠡同總領江西、湖、廣五路財賦。壬子，統制呼延通、王權等襲擊金人于淮陽軍，敗之。丁巳，詔：六參日，輪行在百官一員轉對。

閏月癸亥，贈趙康直徽猷閣待制。乙丑，蠲江東路月樁錢萬緡。發米二萬石振京西、湖北饑民。丙寅，尹焞入見，命爲祕書郎兼崇政殿説書。甲戌，始作徽宗皇帝、顯肅皇后神主。庚辰，韓世忠引兵渡淮，逆擊金人于劉冷莊，敗之。辛巳，李綱罷。癸未，復漢陽軍。是月，張俊棄盱眙，引兵還建康。

十一月丙申，賜吴玠犒軍錢百五十萬緡。丁酉，以知温州李光爲江西安撫制置大使。丁未，金帥撻懶、兀朮入汴京執僞齊劉豫，廢爲蜀王。癸丑，詔來春復幸浙西。是月，僞齊知臨汝軍崔虎詣岳飛降。

十二月庚辰，復置都大提舉四川茶馬監牧官。丁卯，祔徽宗皇帝、顯肅皇后神主于太廟。庚午，以解潛權主管馬步軍司，命韓世忠留屯楚州，屏蔽江、淮。己卯，詔内外大將及侍從官，舉武臣智略器局堪帥守謀議官者。癸未，王倫等使還，入見，言金國許還梓宫及皇太后，又許還河南諸州。甲申，城泗州。丁亥，復遣王倫等奉迎梓宫。是冬，吴玠遣裨將馬希仲攻熙州，鄭宗、李進攻鞏州，不克，宗死于城下，希仲遁還，玠斬以徇。

《宋史》卷二九《高宗本紀六》　八年春正月戊子朔，帝在建康。丙申，減臨安府夏税折輸錢。戊戌，張守罷。辛丑，僞齊知壽州宋超率兵民來歸。蔡州提轄白安時殺金將兀魯，執其守劉永壽來降。詔以方議和好，禁沿海州郡遣人過淮招納。丁未，大閱張俊軍。戊申，以兵部侍郎胡世將爲四川安撫制置使。

二月戊午，劉錡入見。減建康府夏税折輸錢，蠲民户逋租、和市、科調。以吕頤浩爲江東安撫制置大使兼行宫留守。壬戌，岳飛乞增兵，不許。癸亥，帝發建康。丙寅，以胡安國《春秋傳》成書，進寶文閣直學士。戊寅，帝至臨安。己卯，以户部尚書章誼爲江東安撫制置大使兼行宫留守，吕頤浩爲醴泉觀使。甲申，減紹興府和市絹萬匹。

三月己丑，以知南外宗正事仲偲嗣濮王。庚寅，以禮部尚書劉大中參知政事，兵部尚書王庶爲樞密副使。壬辰，復以秦檜爲尚書右僕射、同中書門下平章事兼樞密使。甲午，陳與義罷。戊戌，增夔州路分都監一員，修治關隘，練義兵。己亥，蠲農器及牛税。以李天祚爲静海軍節度使、交趾郡王。壬寅，定以故相韓忠彦配享徽宗廟廷。丁未，蠲所過州縣民積欠税賦。戊申，蠲江西、湖南諸州月樁錢各萬緡。己酉，命考覈川、陝宣撫司便宜所授官，冒濫尤甚者悉與裁減。

夏四月庚申，初置户部和糴場于臨安。壬戌，遣王庶巡視江、淮邊防。丁丑，復置六路發運司。癸未，詔三衙管軍輪宿禁中。

五月庚戌，詔鎮江府募横江軍千人。竄内侍羅亶于海島。庚子，禁貧民不舉子，其不能育者給錢養之。壬寅，貶劉子羽爲單州團練副使，漳州安置。丁未，金國使烏陵思謀、石慶充與王倫等偕來。戊申，以資政殿學士葉夢得爲江東安撫制置大使。己酉，王庶至淮南，檄張宗顔將兵七千屯廬州，巨師古三千屯太平州，分韓世忠軍屯泗州及天長縣。

六月壬戌，賜衍聖公孔玠衢州田五頃，奉先聖祠事。癸亥，趙鼎上《重修哲

宗實録》。壬申，賜禮部進士黃公度以下三百九十五人及第、出身。王庶自淮南還入見。乙亥，以中護軍統制張宗顔知廬州，命劉錡率兵移屯鎮江府。丁丑，烏陵思謀、石慶充入見。

秋七月乙酉朔，復命王倫及藍公佐奉迎梓宫。録司馬光曾孫伋補承務郎。

八月戊午，詔：「日者遣使報聘鄰國，期還梓宫。尚慮邊臣未諭，遂弛戎備，以疑衆心。其各嚴飭屬城，明告部曲，臨事必戒，無忘扞禦。」甲子，蠲江東路月樁錢萬三千緡有奇。遣監察御史李寀宣諭江西，措置盜賊。

冬十月丁巳，劉大中罷。甲戌，趙鼎罷。丁丑，金國使張通古、蕭哲與王倫偕來。韓世忠乞奏事行在，不許。戊寅，樞密副使王庶乞免簽書和議文字，累疏求去，不許。

十一月甲申，以翰林學士承旨孫近參知政事。丙戌，遣大理寺丞薛倞、朱斐詣廣南路決滯獄。戊戌，王倫入見。己亥，復以倫爲國信計議使，中書舍人蘇符副之，符辭以疾。庚子，以孫近兼權同知樞密院事。辛丑，詔：「金國遣使入境，欲朕屈己就和，命侍從、臺諫詳思條奏。」從官張燾、晏敦復、魏矼、曾開、李彌遜、尹焞、梁汝嘉、樓炤、蘇符、薛徽言，御史方廷實皆言不可。甲辰，王庶罷。辛亥，以樞密院編修官胡銓上書直諫，斥和議，除名、昭州編管；壬子，改差監廣州都鹽倉。

十二月甲寅，以趙鼎爲醴泉觀使。乙卯，以宗正少卿馮檝爲國信計議副使。己未，以吏部尚書李光參知政事。戊辰，王倫言金使稱「詔諭江南」，其名不正。秦檜以未見國書，疑爲封册。帝曰：「朕嗣守祖宗基業，豈受金人封册。」癸酉，館職胡珵、朱松、張擴、凌景夏、常明、范如圭上書，極論不可和。甲戌，以端明殿學士韓肖胄簽書樞密院事。乙亥，命肖胄等爲金國奉表報謝使。丙子，張通古、蕭哲至行在，言先歸河南地，徐議餘事。以監察御史施廷臣爲侍御史，權吏部尚書張燾、侍郎晏敦復以廷臣主和議而升用，執奏不行。御史中丞勾龍如淵、右諫議大夫李誼、殿中侍御史鄭剛中凡再至都堂，及宰執議取國書。丁丑，詔：「金國使來，盡割河南、陝西故地，通好于我，許還梓宫及母兄親族，餘無需索。令尚書省榜諭。」庚辰，帝不御殿。以方居諒陰，難行吉禮，命秦檜攝冢宰，受書以進。是月，虚恨蠻犯嘉州忠鎮砦。

是歲，始定都于杭。

九年春正月壬午朔，帝在臨安。丙戌，以金國通和，大赦。河南新復州軍官吏並不易置，蠲其民租税三年，徭役五年。以王倫同簽書樞密院事，充奉護梓宫、迎請皇太后、交割地界使。戊子，遣判大宗正事士㒟、兵部侍郎張燾詣河南修奉陵寢。庚寅，賜劉光世號和衆輔國功臣，張俊加少傅、安民靖難功臣，韓世忠爲少師，張浚復左宣奉大夫。辛卯，以尹焞爲徽猷閣待制，提舉萬壽觀兼侍讀，焞力辭不拜。壬辰，加岳飛、吴玠並開府儀同三司，楊沂中太尉。癸巳，建皇太后宫。甲午，金宿州守臣趙榮來歸。丙申，金主詔諭河南諸州以割地歸我之意。改發運經制司爲經制司，命户部長貳一人領使，仍置副或判官。戊戌，以王倫爲東京留守，郭仲荀爲副，户部侍郎梁汝嘉兼江、淮、荆、浙、閩、廣路經制使，司農卿霍蠡爲判官。己亥，以吴玠爲四川宣撫使。

二月癸丑，以徽猷閣待制周聿爲陝西宣諭使，監察御史方廷實宣諭三京、淮北。丁巳，以郭仲荀爲太尉、東京同留守。慕洧寇環州。戊午，以知金州郭浩爲陝西宣撫判官。壬戌，以李綱爲湖南路安撫大使，張浚知福州，尋復資政殿大學士，爲福建路安撫大使。命周聿、方廷實蒐訪隱士。甲子，均定諸州縣月樁錢。己巳，以郭浩爲陝西宣諭使。壬申，命修《徽宗實録》。癸酉，詔：盜賊已經招安而復嘯聚者，發兵加誅，毋赦。江西統制官李貴以其軍歸楊沂中。

三月丁亥，以和州防禦使璩爲保大軍節度使，封崇國公。丙申，王倫受地于金，得東西南三京、壽春、宿亳曹單州及陝西、京西之地。兀朮還祁州。己亥，分河南爲三路，廢拱州。辛丑，以翰林學士樓炤簽書樞密院事。甲辰，僞齊知開封府鄭億年上表待罪，召赴行在。丁未，正僞齊所改州縣名。

是春，夏人陷府州。

夏四月庚戌朔，吕頤浩薨。辛亥，命樓炤宣諭陝西諸路。壬午，金鄜延路經略使關師古上表待罪，命知延安府。癸丑，落趙鼎奉國軍節度使爲特進，仍知泉州。金陝西諸路節制使張中孚上表待罪，命爲檢校少保、寧國軍節度使、知永興軍，節制陝西諸路軍馬。甲子，以觀文殿學士孟庾爲西京留守，資政殿學士路允迪南京留守。丙寅，金秦鳳經略使張中彦上表待罪，命知渭州。以孫近兼權同知樞密院事。壬申，移壽春府治淮北舊城。癸酉，詔新復諸路監司、帥臣按劾官吏之殘民者。韓世忠、張俊入見。

五月庚寅，奉迎東京欽先、孝思殿累朝御容赴臨安。辛卯，復命江、淮守臣二年爲任。乙未，復置淮東提舉茶鹽司。癸卯，復召募耆長法。丙午，鄜延副將李世輔部兵三千自鳳翔來歸，賜名顯忠。

六月庚戌，皇后邢氏崩于五國城。辛亥，夏國主乾順卒。壬子，樓炤以東京見卒四千四百人爲忠鋭三將。庚申，盜入邵武軍。壬戌，以新復州縣官吏懷不自安，降詔開諭。己巳，吴玠薨。壬申，樓炤承制以李顯忠爲護國軍承宣使、樞密行府前軍都統制，率部兵及夏國招撫使王樞赴行在。癸酉，澧州軍事推官韓紃坐上書論講和非計，送循州編管。乙亥，以孟庾兼東京留守。王倫自東京赴金國議事。樓炤承制以楊政爲熙河經略使，吴璘爲秦鳳經略使，仍並聽四川宣撫司節制；郭浩爲鄜延經略使，同節制陝西軍馬。丙子，分宣撫司兵四萬人出屯熙、秦，六千人隸郭浩，留吴玠精兵二萬人屯興元府、興洋二州。戊寅，置錢引務于永興軍。是月，撫州鈐轄伍俊謀據桃源復叛，湖北安撫薛弼召誅之。

秋七月甲申，以文臣爲新復諸縣令。丙戌，東京耆老李茂松、寇璋等二百人奉表稱賀，皆引見補官遣還。復置都水南北丞各一員。丁亥，金人拘王倫于中山。丙申，命詳驗劉豫僞官，換給告身。乙巳，給還僞齊所没民間資産。以胡世將兼權主管四川宣撫司。

八月己酉，復淮南諸州學官。庚戌，賜陝西諸軍冬衣，絹十五萬匹。命前川、陝宣撫司便宜所補官，限一年自陳，换給告身。丙辰，金國以撻懶主和割地，疑其二心，殺之。壬戌，蠲成都、潼川路歲輸對糴等米五十四萬石、水運錢七十九萬緡。乙丑，給新法度牒、紫衣師號錢二百萬緡付陝西市軍儲。己巳，命陝西復行鐵錢。庚午，遣蘇符等使金賀正旦。乙亥，遣前知宿州趙榮、知壽州工威俱還金國。以關師古爲行營中護軍前軍統制。

九月己卯，命鄜延、秦鳳、熙河路招納蕃部熟户及陷没夏國軍民。丙戌，封叔士㒟爲齊安郡王。庚寅，罷經制司，令提刑兼領常平事。甲午，名皇太后殿曰慈寧。丙申，以威州防禦使温濟告韓世忠陰事勒停，南劍州編管。世忠又奏欲殺之，詔移萬安軍。己亥，郭仲荀率東京兵五千至鎮江。

冬十月辛亥，詔侍從官各舉所知二人。王倫見金主于御林子，被拘于河間，遣其副藍公佐先歸。甲寅，王樞入見，併其俘百九十人皆縱遣還夏國。己未，蠲階、成、岷、鳳四州民税之半。戊辰，慈寧宫成。丙子，賜李顯忠軍錢十萬緡。是月，岳飛入見。

十一月戊寅朔，賜吴玠家錢三萬緡，以其弟璘爲龍、神衛四廂都指揮使。申命刑部大理官編次刑名斷例。癸未，嗣濮王仲僴薨。己丑，詔三省官屬詳覆在京通用令。追復張所爲直龍圖閣。

十二月甲寅，命續編《紹興因革禮》。甲子，李光罷。戊辰，命續修《元豐會要》。兀朮留蘇符等于東京，謀復取河南。

十年春正月丙戌，遣莫將等充迎護梓宫、奉迎兩宫使。辛卯，李綱薨。甲辰，以顯謨閣直學士、提舉醴泉觀鄭億年復資政殿學士，奉朝請。

二月戊申，命陝西復募蕃漢弓箭手。詔：贓吏罪抵死，情犯甚者，奏取旨。辛亥，雨雹。以劉錡爲東京副留守，李顯忠南京副留守。壬子，命兩宗正官各舉所知宗室二人。癸丑，展省試期一年。壬戌，詔新復州軍蒐舉隱逸，諸路經理屯田。丁卯，罷史館，以日曆歸秘書省，置監修國史官。以孟庾知開封府，爲東京留守；仇悆知河南府、西京留守。癸酉，罷吏部審量宣和濫賞。

三月甲申，封閼伯爲商丘宣明王。戊子，增印錢引五百萬緡，付宣撫司市軍儲。川、陝宣撫副使胡世將屢言金人必渝盟，宜爲備。己丑，罷諸路增置税場。韓世忠、張俊入見。始罷内教。復營建康行宫。丙申，蘇符自東京還。丁酉，命川、陝宣撫司軍事不及待報者，聽隨宜措置。己亥，以郭浩知永興軍兼節制陝西諸路軍馬，楊政徙知興元府。是月，命胡世將與夏人議入貢，夏人不報。

夏四月丙午，訪求亡逸曆書及精於星曆者。辛酉，以張中孚爲醴泉觀使，中彦提舉祐聖觀，趙彬爲兵部侍郎。癸亥，命部使者歲舉廉吏一人。庚午，復四川諸州學官。壬申，韓肖胄罷。

五月己卯，金人叛盟，兀朮等分四道來攻。甲申，名徽宗御制閣曰敷文。乙酉，兀朮入東京，留守孟庾以城降，知興仁府李師雄、知淮寧府李正民及河南諸州繼降。丙戌，金人陷拱州，守臣王慥死之。撒离曷自河中趨永興軍，陝西州縣官皆降。丁亥，金人陷南京，留守路允迪降。劉錡引兵至順昌府。己丑，金人陷西京，留守李利用、副總管孫暉皆棄城走，鈐轄李興率兵拒戰，不克。辛卯，胡世將自河池遣涇原經略使田晟以兵三千人迎敵金人。京、湖宣撫司忠義統領李寶敗金人于興仁府境上。癸巳，知亳州王彦先叛降于金。金人陷永興軍，趨鳳翔。丁酉，命胡世將移陝西之右護軍還屯蜀口。以福建、廣東盜起，命兩路監司出境共討。己亥，命劉光世爲三京招撫處置使，以援劉錡。庚子，以吴璘同節制陝西諸路軍馬，聽胡世將便宜黜陟、處置軍事。辛丑，金人犯鳳翔府之石壁砦，吴璘遣統制姚仲等拒卻之。金人圍耀州，郭浩遣兵救之，金兵解去。壬寅，金人圍順昌府，三路都統葛王褎以大軍繼至，劉錡力戰，敗之。

六月甲辰朔，以韓世忠太保、張俊少師、岳飛少保並兼河南、北諸路招討使。

乙巳，劉錡遣將閻充戰敗金人于順昌之李村。丙午，命兩浙、江東、福建諸州團結弓弩手。以仇悆爲沿海制置使。詔：將佐士卒能立奇功者，賞以使相節鉞官告，臨軍給受。丁未，罷建康府行宫營繕。戊申，以劉錡爲沿淮制置使。己酉，吳璘遣統制李師顔等戰敗金人于扶風，拔之。壬子，兀朮及宋叛將孔彦舟、酈瓊、趙榮等帥衆十餘萬攻順昌府，劉錡率將士殊死戰，大敗之。初，秦檜奏命錡擇利班師，錡不奉詔，戰益力，遂能以寡勝衆。乙卯，順昌圍解，兀朮還。以知平江府梁汝嘉兼浙西沿海制置使。丙辰，岳飛將牛皋及金人戰于京西，敗之。己未，劉光世進軍和州。郭浩遣統制鄭建充攻破金人于醴州，復其城。壬戌，詔諸司錢物量留經費外，悉發以贍軍。樓炤以父喪去位。甲子，撒離曷攻青谿嶺，鄜延經略使王彦率兵戰敗之，撒离曷還屯鳳翔。命士㒟主奉濮王祠事。張俊遣左護軍都統制王德援劉錡，德暫至順昌，值圍已解，復還廬州。遣司農少卿李若虛詣岳飛軍諭指班師，飛不聽。丙寅，下詔撫諭順昌府官吏兵民。庚午，以劉錡爲武泰軍節度使、侍衛馬軍都虞候。韓世忠遣統制王勝、背嵬將成閔率兵至淮陽軍南，與金人遇，擊敗之。是月，金人圍慶陽府，權守臣宋萬年固守，金人不能下。岳飛領兵援劉錡，與金人戰于蔡州，敗之，復蔡州。

閏月癸酉朔，張俊遣統制宋超敗金人于永城縣朱家村。甲戌，追孟庾、路允迪官，徙家屬遠郡。丙子，詔三衙管軍及觀察使已上，各舉智略勇猛材堪將帥者二人。金人犯涇州，守臣曲汲棄城去，經略使田晟率兵來救，金人敗走。甲申，晟及金人再戰于涇州，敗之，金人引歸鳳翔。乙酉，降陝西雜犯死罪，釋流以下囚。丙戌，以胡世將爲端明殿學士，吳璘爲鎮西節度使，楊政武當節度使，郭浩奉國節度使。王德攻金人于宿州，夜破之，降其守馬秦。丁亥，詔釋順昌府流以下囚，再復租税二年，守禦官吏進官一等。己丑，永興軍鈐轄傅忠信等與金人戰于華陰縣，敗之。壬辰，岳飛遣統制張憲擊金將韓常于潁昌府，敗之，復潁昌。丙申，張憲復淮寧府。丁酉，趙鼎分司，興化軍居住。岳飛遣統制郝晸等與金人戰于鄭州北，復鄭州。李興復汝州，與金人戰于河清縣，敗之，復伊陽等八縣，李成遁去。韓世忠遣統制王勝、王權攻海州，克之，執其守王山。戊戌，張俊率統制宋超等及王德兵會于城父縣，酈瓊及葛王褎遁去，遂復亳州。己亥，金人救海州，王權等逆戰，敗之，復懷仁縣。庚子，張俊棄亳州，引軍還壽春。再貶趙鼎漳州居住，又貶清遠軍節度副使，潮州安置。

秋七月癸卯，岳飛遣將張應、韓清入西京，會李興復永安軍。丙午，以御史中丞王次翁參知政事。己酉，岳飛及兀朮戰于郾城縣，敗之。庚戌，曲赦海州。永興軍統領辛鎮及金人戰于長安城下，敗之。癸丑，以楊沂中爲淮北宣撫副使，劉錡爲判官。甲寅，岳飛遣統制楊再興、王蘭等擊金人于小商橋，皆戰死。乙卯，金人攻潁昌，岳飛遣將王貴、姚政合兵力戰，敗之。壬戌，飛以累奉詔班師，遂自郾城還，軍皆潰，金人追之不及。潁昌、蔡鄭諸州皆復爲金有。甲子，以釋奠文宣王爲大祀。乙丑，增收州縣頭子錢爲激賞費。金人圍淮寧府，趙秉淵棄城南歸。辛未，金人犯盩厔縣，王俊逆戰于東洛谷，卻之。

八月壬申朔，以張九成、喻樗、陳剛中、凌景夏、樊光遠、毛叔度、元盥等七人嘗不主和議，皆降黜之。乙亥，韓世忠圍淮陽軍，不克。庚辰，金人及酈瓊合兵駐于千秋湖陵，韓世忠遣統制劉寶等夜襲破之。壬午，李成犯西京，李興擊卻之。楊沂中軍于宿州。丙戌，以郭浩知夔州。丁亥，楊沂中自宿州夜襲柳子鎮，軍潰，遂自壽春府渡淮歸，金人屠宿州。甲午，川、陝宣撫司統領王喜等遇金人于汧陽縣，敗之。

九月壬寅朔，遣起居舍人李易諭韓世忠罷兵。時秦檜專主和議，諸大帥皆還鎮。丁未，楊政遣統制楊從儀夜襲金人于鳳翔府，敗之。戊申，金人復入西京，李興棄城去。庚戌，合祀天地于明堂，大赦。辛酉，臨安火。戊辰，以郭浩知金州，節制陝西、河東軍馬兼措置河東忠義軍。

是秋，知代州王忠植舉兵復石、代等十一州。

冬十月癸酉，復張浚觀文殿大學士。甲戌，以王忠植爲建寧軍承宣使、河東路經略安撫使。戊寅，秦檜上《重修紹興在京通用敕令格式》。庚辰，金人犯慶陽府，守臣宋萬年以城降。辛卯，金人犯陝州，吳琦率兵迎擊敗之。庚子，金人襲洮州，攻鐵城堡，統制孔文清、惠逢擊敗之。是月，劉錡入見。胡世將命王忠植救慶陽，叛將趙惟清執之降于金，忠植不屈而死。

十一月丁未，金將合喜復犯陝州，吳琦擊卻之；又犯寶鷄縣，統制楊從儀敗之。壬子，以令廣爲保寧軍節度使。是月，宜章洞民駱科叛，犯桂陽、郴道連賀諸州，命發大兵討之。

十二月壬午，上皇太后册寶于慈寧殿。丁亥，贈王忠植奉國軍節度使，謚義節。辛卯，起諸路耆長役錢隸總制司，專給軍用。是月，楊沂中引兵還行在。

十一年春正月癸卯，鳳翔統制楊從儀敗金人于渭南。庚戌，張浚入見。乙卯，金人犯壽春府，守臣孫暉、統制雷仲合兵拒之。丁巳，壽春陷，暉、仲棄城去。

己未，劉錡自太平州率兵二萬援淮西。庚申，金人渡淮。辛酉，雨雹。乙丑，劉錡至廬州還。丙寅，兀朮陷廬州。戊辰，金人陷商州，守臣邵隆棄城去。己巳，命楊沂中引兵赴淮西，岳飛進兵江州。

二月癸酉，張俊遣王德渡江，屯和州，金人退屯昭關。邵隆破金人于洪門，復商州。乙亥，金人復來争和州，張俊敗之。命韓世忠以兵援淮西。丙子，趣岳飛會兵蘄、黄。王德等敗金人于含山縣東。己卯，統制關師古、李横擊敗金人于巢縣，復之。庚辰，岳飛發鄂州。辛巳，知泰州王喚兼通、泰二州制置使。癸未，王德、田師中等擊破金人，復含山縣，奪昭關；劉錡自東關擊敗金人于青谿。甲申，金人復犯昭關，王德等又敗之。李顯忠遣統領崔皋擊敗金人于舒城縣。丁亥，楊沂中、劉錡等大敗兀朮軍于柘皋。己丑，兀朮親率兵逆戰于店步，沂中等又敗之，乘勝逐北，遂復廬州。是月，虔、吉州盜賊悉平。

三月庚子朔，張浚鬻田及賣度牒錢六十三萬緡助軍用。壬寅，韓世忠引兵趨壽春。癸卯，復張浚特進。金人圍濠州。岳飛發舒州。甲辰，張俊、楊沂中、劉錡議班師。乙巳，沂中、錡先行，俊以輕兵留後。丙午，詔釋淮西雜犯死罪以下囚。丁未，金人陷濠州，執守臣王進，夷其城，鈐轄邵青死之。戊申，張俊遣楊沂中、王德入濠州，遇金伏兵，敗還。己酉，韓世忠至濠州，不利而退。辛亥，岳飛次定遠縣，聞金兵退，還屯舒州。楊沂中歸行在。壬子，金人渡淮北歸。癸丑，張俊歸建康府。丁巳，劉錡歸太平州。甲子，行營統制張彦及金人遇丁汧陽之劉坊砦，第八將張宏戰没。

夏四月丙子，復收免行錢。己卯，孫近罷。辛巳，以王次翁兼權同知樞密院事。韓世忠、張俊、岳飛相繼入覲。壬辰，以世忠、俊並爲樞密使，飛樞密副使，命三省、樞密院官復分班奏事。乙未，張俊請以所部兵隸御前。罷三宣撫司，改統制官爲御前統制官，各屯駐舊所。丙申，以廣西經略使胡舜陟節制廣東、湖南兵，趣討駱科。慕容洧破新泉砦，又攻會州，將官朱勇破之。

五月辛丑，置兩淮、江東西、湖廣京西三道總領軍馬錢糧官，仍掌報發御前軍馬文字。癸卯，賻恤戰没將士。丁未，遣張俊、岳飛于楚州巡視邊防。召劉光世赴行在。甲寅，命樞密行府置司鎮江，令偏行巡歷措置。庚申，加楊沂中檢校少保、開府儀同三司。

六月乙亥，造尅敵弓。加秦檜特進，進尚書左僕射、同中書門下平章事兼樞密使。癸未，張俊、岳飛至楚州。俊以海州城不可守，毁之，遷其民，統韓世忠軍還鎮江，惟背嵬一軍赴行在。甲申，知河南府李興部兵至鄂州，以興爲左軍統制。乙丑，明州僧王法恩等謀反伏誅。壬辰，劉光世罷爲萬壽觀使。

秋七月戊戌，秦檜上《徽宗實録》，進修撰以下各一官。庚子，以翰林學士范同參知政事。以旱減膳祈禱，遣官決滯獄，出繫囚。丁未，加秦檜少保。甲寅，罷劉錡兵，命知荆南府。乙卯，詔優獎永興、鳳翔、秦隴等州縣官，到任半年減磨勘，任滿遷一官。己未，加張俊太傅。癸亥，大雨。是月，命張俊復如鎮江措置軍務，留岳飛行在。

八月戊辰，立祚德廟于臨安，祀韓厥。甲戌，罷岳飛。乙亥，命諸王後各推年長一人權主祀事。癸巳，胡世將起復。

九月癸卯，命軍器少監鮑琚如鄂州根括宣撫司錢穀。鄂州前軍副統制王俊告副都統制張憲謀據襄陽爲變，張俊收憲屬吏以聞。丁未，坐監司不按贓吏罪。辛亥，吴璘拔秦州，州將武誼降。壬子，璘率姚仲及金人戰于丁劉圈，敗之。楊政克隴州，破岐下諸屯。郭浩復華州，入陝州。甲寅，建康大火。丙申，遣劉光遠等充金國通問使。吴璘及金人戰于剡家灣，大敗之，遂圍臘家城。癸亥，璘自臘家城受詔班師，楊政、郭浩皆引軍還。乙丑，邵隆復虢州，郝晸討禽駱科斬之。

冬十月丙寅朔，金人陷泗州，遂陷楚州。丁卯，命樞密都承旨鄭剛中宣諭川、陝。戊辰，楊政及金人戰于寶雞縣，敗之，禽通檢孛堇。乙亥，兀朮遣劉光遠等還。戊寅，詔修玉牒。下岳飛、張憲大理獄，命御史中丞何鑄、大理卿周三畏鞫之。壬午，遣魏良臣、王公亮爲金國稟議使。乙酉，虚恨蠻主歷階詣嘉州降。癸巳，韓世忠罷爲醴泉觀使，封福國公。是月，金人陷濠州，邵隆復陝州。

十一月己亥，范同罷。責降李光爲建寧軍節度副使，藤州安置。辛丑，兀朮遣審議使蕭毅、邢具瞻與魏良臣等偕來。丁未，范同分司，筠州居住。罷判大宗正事士㒟、同知宗正事士撙，申嚴戚里宗室謁禁。己酉，雷。壬子，蕭毅等入見，始定議和盟誓。乙卯，以何鑄簽書樞密院事，充金國報謝進誓表使。庚申，命宰執及議誓撰文官告祭天地、宗廟、社稷。辛酉，以張浚爲檢校少傅、崇信軍節度使、萬壽觀使。是月，與金國和議成，立盟書，約以淮水中流畫疆，割唐、鄧二州畀之，歲奉銀二十五萬兩、絹二十五萬匹，休兵息民，各守境土。詔川、陝宣撫司毋出兵生事，招納叛亡。駱科餘黨歐幻四等復叛桂陽藍山，犯平陽縣，遣江西兵馬都監程師回討平之。

十二月丁卯，責降徽猷閣待制劉洪道爲濠州團練副使，柳州安置。癸酉，命

尚書省置籍勾考諸路滯獄。甲戌，罷川、陝宣撫司便宜行事。乙亥，兀朮遣何鑄等如會寧見金主，且趣割陝西餘地。遂命周聿、莫將、鄭剛中分畫京西唐鄧、陝西地界。壬午，命州縣三歲一置産業簿，籍民貲財田宅以定賦役，禁受財虧隱舊額。丁亥，立譏察海舶條法。癸巳，賜岳飛死于大理寺，斬其子雲及張憲于市，家屬徙廣南，官屬于鵬等論罪有差。

《宋史》卷三〇《高宗本紀七》　十二年春正月癸卯，罷樞密行府。庚申，孫近分司，漳州居住。

二月丁丑，加建國公瑗爲檢校少保，進封普安郡王。己卯，賜楊沂中名存中。丙戌，詔諸州修學宫。辛卯，蠲廣南東、西路駱科殘擾州縣今年租。鎮江、太平池州、蕪湖大火。癸巳，金主許歸梓宫及皇太后，遣何鑄等還。

三月丙申，臨安府火。壬寅，命普安郡王出就第，朝朔望。辛亥，以士㒟嘗營護岳飛爲朋比，責建州居住。丙辰，胡世將卒。

夏四月甲子朔，遣孟忠厚爲迎護梓宫禮儀使，王次翁爲奉迎兩宫禮儀使。丁卯，皇太后偕梓宫發五國城，金遣完顔宗賢、劉祹護送梓宫，高居安護送皇太后。庚午，賜禮部進士陳誠之以下二百五十四人及第、出身。戊寅，封韋淵平樂郡王。辛巳，皇后邢氏崩訃初至。甲申，增修臨安府學爲太學。

五月甲午，以鄭剛中爲川、陝宣撫副使。乙未，遣沈昭遠等賀金主生辰。置淮西、京西、陝西諸路榷場。丙午，增築慈寧殿。停給度僧牒。乙卯，復試教官法。

六月甲子，命侍從、臺諫、禮官雜議權奉欑宫。戊辰，以万俟卨爲欑宫按行使。辛未，責降王庶爲嚮德軍節度副使，道州安置。壬午，金國歸孟庾、李正民。甲申，以吴璘爲檢校少師、階成岷鳳四州經略使。

秋七月壬辰朔，福州簽判胡銓除名，新州編管。丁酉，上皇后謚曰懿節，祔神主于别廟。己亥，以何鑄權參知政事。己酉，始製常行儀仗及造玉輅。乙卯，蠲廣南、湖北沿邊州軍免行錢。

八月辛酉朔，兀朮使來求商州及和尚、方山二原。丙寅，何鑄罷。甲戌，以万俟卨參知政事，充金國報謝使。壬午，皇太后至，入居慈寧宫。己丑，帝易緦服，奉迎徽宗及顯肅、懿節二后梓宫至，奉安于龍德别宫。是月，鄭剛中分畫陝西地界，割商、秦之半畀金國，存上津、豐陽、天水三縣及隴西成紀餘地，棄和尚、方山二原，以大散關爲界。

九月乙未，以孟忠厚爲樞密使，充欑宫總護使。壬寅，大赦。乙巳，加秦檜太師，封魏國公。丙午，金使劉筈、完顔宗表等九人入見。戊申，以王次翁等充金國報謝使。藏金國誓書于内侍省。辛亥，加張中孚開府儀同三司，中彦靖海軍節度使。甲寅，杖殺僞福國長公主李善静。以知金州郭浩爲金、房、開、達四州經略安撫使。始遣楊愿使金賀正旦。

冬十月乙丑，始聽中外用樂。丙寅，權欑徽宗皇帝及顯肅皇后于會稽永固陵，懿節皇后祔。乙亥，以翰林學士程克俊簽書樞密院事、權參知政事。丁丑，以皇太后回鑾，推恩進封秦檜爲秦、魏兩國公，辭不拜。庚辰，以何鑄黨援岳飛，不主和議，責授祕書少監，徽州居住。甲申，皇太后生辰，上壽于慈寧宫。丁亥，置福建路提舉茶事司。

十一月癸巳，樞密使張俊罷，進封清河郡王。以左司郎中李椿年爲兩浙轉運副使，專治經界。乙未，加楊存中少保。己亥，禁貶謫人私至行在。庚子，作崇政、垂拱二殿。辛丑，劉光世薨。壬寅，曾祖姑秦、魯國大長公主薨。丙午，尹焞卒。庚戌，孟忠厚罷。左承事郎張戒坐黨趙鼎、岳飛停官。辛亥，遣張中孚、中彦還金國。

十二月甲子，詔侍從、監察御史已上、監司、郡守各舉所知宗室。丙寅，幸秦、魯國大長公主第臨奠，又幸劉光世第臨奠。庚午，命太學弟子員以三百人爲額。壬申，秦檜上《六曹寺監通用敕令格式》。癸酉，以李顯忠爲保信軍節度使、御前選鋒軍統制，王進爲御前諸軍都統制。

是歲，斷大辟二十四人。

十三年春正月戊戌，加上徽宗謚曰體神合道駿烈遜功聖文仁德憲慈顯孝皇帝。己亥，親饗太廟，奉上册寶。癸卯，增建國子監太學。乙巳，復兼試進士經義、試賦。

二月壬戌，初御前殿，特引四參官起居。甲子，製郊廟社稷祭器。乙丑，更永固陵曰永祐。丙寅，封韓世忠咸安郡王。乙亥，蠲雷、化等十州免行錢。丙子，造金、象、革、木四輅。庚辰，立太學及科舉試法。辛巳，祕書少監秦熺修《建炎以來日曆》成。乙酉，建景靈宫，奉安累朝神御。

三月己亥，造鹵簿儀仗。乙巳，建社稷壇。丙午，築圜丘。振淮南饑民。仍禁遏糴。

夏四月癸亥，頒鄉飲酒儀于郡國。甲戌，毁獄吏訊囚非法之具。

閏月己丑，立貴妃吴氏爲皇后。戊申，命史館編《靖康建炎忠義録》。庚戌，楊政入見，加檢校少保，賜田五十頃。壬子，蠲諸路無名月樁錢。乙卯，王次翁罷。

五月甲子，張九成坐黨趙鼎，南安軍居住。壬申，置國子博士、正、録。乙亥，命諸路置放生池。丁丑，天申節，始上壽錫宴如故事。

六月壬戌，禁三衙及諸軍市易，月增將官供給錢有差。壬寅，程克俊罷，以万俟卨兼權簽書樞密院事。戊申，詔諸路提刑歲舉部内廉明平恕獄官。庚戌，金遣洪皓、張邵、朱弁來歸。

秋七月甲子，詔求遺書。罷捕賊補官格。丙寅，處州兵士楊興等謀作亂，事覺伏誅。戊辰，置諸州銅作務。壬申，雨雹。蠲浙西貧民逋負丁鹽錢。

八月丙戌，遣吏部侍郎江邈奉迎累朝神御于温州。丁亥，命諸路有出身監司一員提舉學事。戊戌，洪皓至自金國，入見。己亥，遣鄭朴等使金賀正旦，王師心等賀金主生辰。鄭剛中獻黄金萬兩。辛丑，復昌化、萬安、吉陽軍。知階州田晟將所部三千人赴行在。丁未，以晟主管侍衛馬軍司公事，其衆隸焉。己酉，加錢愐太尉。庚戌，詔監司、守臣講求恤民事宜。

九月丁巳，宗室子偁卒于秀州。甲子，洪皓出知饒州。戊辰，命諸路置敦宗院。己巳，詔淮東、京西監司歲終上州縣所增户口，爲守令殿最。庚午，以兵部侍郎司馬朴死節，贈兵部尚書，賜其家銀絹。癸酉，詔諸州守、貳提舉學事，縣令、佐主管學事。戊寅，蠲淮南逋欠坊場錢及上供帛。

冬十月己丑，秦檜上《監學敕令格式》。庚寅，製渾天儀。乙未，奉安累朝帝后神御于景靈宫。

十一月庚申，日南至，合祀天地于圜丘，太祖、太宗並配，大赦。

十二月辛卯，毁私鑄毛錢。癸巳，建祕書省。丁酉，增太學弟子員二百。己亥，郭浩入見。丁未，命行在宗子入宫學。己酉，金遣完顔曄等來賀明年正旦。

是月，始頒來歲曆于諸路監司、守臣。

是歲，闕外初行營田。

十四年春正月丁巳，遣羅汝楫等報謝金國。甲子，臨安府火。戊寅，命普安郡王爲子偁解官持服。

二月丁亥，復置靖州新民學。癸巳，蠲江、浙諸路逋欠錢帛。戊戌，初命四川都轉運司歲撥總制司錢百七十三萬緡，市紬絹綿輸于鄂州總領所。丙午，罷万俟卨。定宗學生額爲百員。己酉，以資政殿學士樓炤簽書樞密院事兼權參知政事。加郭浩檢校少保。

三月乙卯，蠲江、浙、京、湖積欠上供錢米。丁卯，避金太祖嫌名，改岷州爲西和州，川、陝宣撫司爲四川宣撫司。己巳，幸太學。蠲汀、漳、泉、建四州經賊殘蹂民户賦役一年。壬申，解潛坐黨趙鼎，責授濠州團練副使，南安軍安置。己卯，詔舉賢良。

夏四月甲申，詔刑部及監司決絶滯訟。丁亥，初禁野史。虔州民析其屋，朽柱中有文曰「天下太平年」。甲午，金人來求淮北人之在南者，詔願者聽還。遣馬軍司統領張守忠討海賊朱明。

五月丙辰，詔階、成、西和、鳳四州募兵赴行在。甲子，樓炤罷。乙丑，以御史中丞李文會簽書樞密院事兼權參知政事。丙寅，婺州大水。己巳，金始遣烏延和等來賀天申節。辛未，楚州鹽城縣海水清。是月，嚴、信、衢、建四州水。

六月甲申，蠲江、浙州縣酒税、坊場、綱運、倉庫積年逋負。孫近再奪三官，移南安軍居住。丁亥，加高世則少保。戊子，安南國入貢。癸巳，宣州涇縣妖賊俞一作亂，守臣捕滅之。乙未，振江、浙、福建被水之民。丙申，内侍白鄂坐誹謗，及其客張伯麟俱黥配吉陽軍。特贈子偁太子少師，官給葬事。庚子，奪万俟卨三官，歸州居住。乙巳，置國子監小學。

秋七月戊午，金人殺王倫于河間府。丙寅，立明法科兼經法。丙子，幸祕書省。

八月癸未，撫州獻瑞禾。庚寅，以李椿年權户部侍郎，仍治經界。乙未，遣林保使金賀正旦，宋之才賀金主生辰。

九月辛酉，分利州爲東、西路，以吴璘爲利州西路安撫使，楊政利州東路安撫使。甲子，命郡守終更入見，各舉所部縣令一人。壬申，趙鼎移吉陽軍安置。癸酉，命臨安府索蔡京子孫逮赴貶所，遇赦永不量移。

冬十月甲午，從右正言何若言，請戒内外師儒之官，黜伊川程氏之學。乙未，加韋淵少師。己亥，以永、道、郴三州、桂陽監及茶陵縣民多不舉子，永蠲其身丁錢絹米麥。

十一月甲子，復内教，即禁中閲試三衙將士。癸酉，李光移瓊州安置。乙亥，朱勝非薨。

十二月丁丑朔，潼川府路轉運判官宋蒼舒獻嘉禾一莖九穗。己卯，命諸郡

收養老疾貧乏之民，復置漏澤園，葬死而無歸者。丁酉，李文會罷，尋責筠州居住。庚子，以御史中丞楊愿簽書樞密院事兼權參知政事。癸卯，金遣李散温等來賀明年正旦。是月，汀賊華齊寇漳州長泰縣，安撫司遣兵捕之，爲所敗，將佐趙成等死之。

是歲，四川宣撫司始取民户稱提錢歲四十萬緡，以備軍費。

十五年春正月丁未朔，御大慶殿，初行大朝會禮。戊申，瀘南安撫使馮楫獻嘉禾。己未，分經義、詩賦爲兩科取士。辛酉，初置籍田。丁卯，減成都府路對糴米三之一、宣撫司激賞錢三十萬緡。戊辰，命户部侍郎王鈇措置兩浙經界。辛未，初命僧道納免丁錢。

二月戊寅，增太學弟子員百人。乙未，詔：州縣科折之數，第五等户毋或均配。己亥，封崇國公璩爲恩平郡王，出就第。

三月甲子，遣敷文閣待制周襟馬觀國史愿、諸將程師回馬欽白常皆還金國。

夏四月丙子朔，賜秦檜第一區。癸未，避殿減膳，命監司、郡守條上便民事宜，提刑巡行決獄。賜禮部進士劉章以下三百人及第、出身。丁亥，以彗出大赦。甲午，遣後軍統制張淵討捕福建盜賊。庚子，罷四川都轉運司。

五月丙辰，客星見。戊午，命貧民産子賜義倉米一斛。甲子，金遣完顔宗尹等來賀天申節。

六月丁丑，幸秦檜第。乙酉，加檜妻婦子孫官封。丁亥，客星没。

秋七月戊申，復置利州鑄錢監。戊午，命監司審察縣令治狀顯著及老懦不職者，上其名以爲黜陟。蠲盧、光二州上供錢米一年。丁卯，免汀、漳二州秋税及處州三縣被水民家紬絹，鄂州舊額絹各一年。己巳，蠲四川轉運司積貸常平錢十三萬緡。

八月申戌朔，禁收折帛合零錢，止輸實數。乙亥，蠲京西路請佃田租及州縣場務税錢二年。己亥，改諸路提舉茶鹽官爲提舉常平茶鹽公事，川、廣以憲臣兼領。辛丑，復增太學弟子員二百。

九月辛酉，遣錢周材使金賀正旦，嚴抑賀金主生辰。

冬十月乙亥，帝書「一德格天之閣」賜秦檜，仍就第賜宴。丙子，楊愿罷。癸未，以樞密都承旨李若谷簽書樞密院事兼權參知政事。武岡軍徭人楊再興降。庚寅，以翰林學士承旨秦熺爲資政殿學士、提舉萬壽觀兼侍讀，恩數視執政。辛卯夜，雷。癸巳，蠲安豐軍上供錢米二年。甲午，以汪勃言折彦質黨趙鼎，郴州安置。庚子，置四川宣撫司總領錢糧官。辛丑，命秦熺班簽書樞密之下。

十一月甲辰，加錢忱少保，錢恤開府儀同三司。丙辰，郭浩卒。丙寅，全給秦檜歲賜公使錢萬緡。

閏月己卯，罷明法新科。

十二月戊午，置江陰軍市舶務。甲子，命右司員外郎李朝正同措置經界。丁卯，金遣蒲察説等來賀明年正旦。

十六年春正月戊子，增太學外舍生額至千人。壬辰，親饗先農于東郊，行籍田禮，執耒耜九推，詔告郡縣。

二月辛丑，割金州豐陽縣、洋州乾祐縣畀金人。壬寅，毁諸路淫祠。癸丑，建秦檜家廟。

三月庚午朔，建武學，置弟子員百人。辛卯，造秦檜家廟祭器。乙未，增建太廟。己亥，立淮東、江東、兩浙、湖北州縣歲較營田賞罰格。

夏四月壬子，禁州縣預借民税及和買錢。戊午，定選試武士弓馬去留格。

五月壬申，濬運河。命諸路漕臣兼提舉學事。癸未，初作太廟祏室。丙戌，作景鐘。丁亥，金遣烏古論海等來賀天申節。

六月，安南獻馴象十。

秋七月壬申，以張浚上疏論時事，落節鉞，連州居住。壬辰，立祕書省獻書賞格。丙申，復何鑄爲端明殿學士兼侍讀。

八月辛丑，築高禖壇。壬子，遣邊知白使金賀正旦，周執羔賀金主生辰。

九月甲戌，命何鑄等爲金國祈請使，請國族。甲午，賞統制張淵、韓京等討捕福建、廣東諸盜功，各進官有差。

冬十月戊戌，帝觀新作禮器于射殿，撞景鐘，奏新樂。

十一月丙子，合祀天地于圜丘，大赦。庚辰，罷州縣新創税場。癸未，復置御書院。己丑，加潘正夫少保。

十二月辛酉，金遣盧彦倫等來賀明年正旦。

十七年春正月己巳，命諸路收試中原流寓士人。己卯，禁監司、郡守進羡餘。辛卯，以舉人多冒貫，命州縣每三歲行鄉飲酒禮以貢士。壬辰，以李若谷參知政事，御史中丞何若簽書樞密院事。癸巳，進秦熺爲資政殿大學士。

二月乙巳，親祠高禖。辛酉，李若谷罷。

三月乙亥，何若罷。己卯，以翰林學士段拂參知政事。乙酉，改封秦檜爲益

國公。戊子，改命張俊爲静江、寧武、靖海軍節度使，韓世忠鎮南、武安、寧國軍節度使。落李若谷資政殿學士，江州居住。

夏四月丙申，蠲諸路免行錢三之一。己亥，以御史中丞汪勃簽書樞密院事。己未，詔：趙鼎遇赦永不檢舉；以前貶所潮州録事參軍石恮待遇鼎厚，除名，潯州編管。

五月甲子，詔舉賢良。乙丑，雨雹。己巳，洪皓責濠州團練副使，英州安置。辛巳，金遣完顏卞等來賀天申節。

六月乙卯，禁招安盜賊。戊午，改命普安郡王瑗爲常德軍節度使，恩平郡王璩武康軍節度使。

秋七月庚辰，召鄭剛中赴行在。以徽猷閣待制、知成都府李璆權四川宣撫使。癸未，命李璆同總領四川財賦符行中參酌減放四川重斂。戊子，以吴璘充御前諸軍都統制兼知興州。

八月庚子，罷建州創置賣鹽坊。癸卯，趙鼎薨于吉陽軍。戊申，遣沈該使金賀正旦，詹大方賀金主生辰。丁巳，以諸路羨餘錢充月樁之數。加邢孝揚太尉。

九月己巳，減四川科率虚額錢歲二百八十五萬緡。癸酉，詔：以四川宣撫司降賜庫米一百萬石，均減對糴。乙亥，蠲江南東、西道諸州月樁錢。丙子，鄭剛中罷。丙戌，減江、浙諸州折帛錢。

冬十月。癸卯，建太一宫。丁未，命太常歲以春秋二仲薦獻欑宫，季秋遣御史按視。己酉，進楊存中爲少傅。己未，臨安府甘露降。

十一月丙寅，秦檜上《重修免役敕令格式》。丁卯，復賜進士聞喜宴。

十二月辛卯朔，禁諸州擅釋放流配命官及事干邊防切要之人。甲寅，鄭剛中落職，桂陽監居住。丙辰，金遣完顏宗藩等來賀明年正旦。

十八年春正月己巳，幸天竺寺，遂幸玉津園。

二月乙未，段拂罷，尋落職，興國軍居住。以汪勃兼權參知政事。辛亥，聽趙鼎歸葬。

三月丁丑，命楊政、吴璘招關、陝流民補殿前軍。戊寅，罷汀州諸縣上供銀，蠲茶鉛本錢之半。庚辰，幸新太一宫。壬午，以秦熺知樞密院事。乙酉，禁民私渡淮及招納叛亡。

夏四月庚子，秦熺乞避父子共政，以爲觀文殿學士、提舉萬壽觀、兼侍讀、提舉祕書省。壬寅，命熺恩禮視宰臣班次，亞右僕射。甲辰，賜禮部進士王佐以下三百三十人及第、出身。丙辰，加士㒟開府儀同三司。

五月戊辰，加吴益太尉。乙亥，裁損奉使賞給。丙子，金遣蕭秉温等來賀天申節。癸未，以李顯忠私取故妻于金，降爲平海軍承宣使，台州居住。甲申，罷四川宣撫司，以李璆爲四川安撫制置使。是月，徽州慶雲見。

六月甲辰，築九宫貴神壇于東郊。戊申，士民曹溥等上尊號，不許。是月，遣太府寺丞宋仲堪詣江州，置獄鞫鄭剛中欺隱官錢。福州候官縣有竹實如米，飢民採食之。

是夏，浙東西、淮南、江東旱。

八月丙申，汪勃罷。丁酉，以工部尚書詹大方簽書樞密院事兼權參知政事。禁州縣士民飾詞舉留官吏。

閏月庚申，免江、浙、湖南今歲和糴。甲子，命臨安平江二府、淮東西、湖北三總領所，歲糴米百二十萬石，以廣儲蓄。壬申，遣王墨卿使金賀正旦，陳誠之賀金主生辰。甲申，辛道宗降官，房州羈管。乙酉，禁奉使三節人出境博易。福建諸州賊平，以所創招奇兵爲殿前司左翼軍。

九月丙午，詹大方薨。

冬十月丙辰，以御史中丞余堯弼簽書樞密院事兼權參知政事。

十一月乙酉朔，升感生帝爲上祀。己亥，胡銓移吉陽軍編管。壬寅，鄭剛中責濠州團練副使，復州安置。戊申，禁四川買馬官吏私市蠻馬。辛亥，振紹興府饑。

十二月乙卯朔，振明、越、秀、潤、徽、婺、饒、信諸州流民。丙寅，借給被災農民春耕費。丁卯，命利路三都統措置營田，以其租充減免對糴之數。戊辰，蠲被災下户積欠租税。庚辰，金遣召守忠等來賀明年正旦。

十九年春正月甲申朔，以皇太后年七十，帝詣慈寧殿行慶壽禮。甲午，罷國信所回易北貨。癸卯，幸天竺寺，遂幸玉津園。

二月丁丑，禁湖北溪洞用人祭鬼及造蠱毒，犯者保甲同坐。

三月甲辰，鄭剛中移封州安置，子良嗣等亦除名編管。

夏四月丁巳，立孳生牧馬監賞罰格。丙寅，祕閣修撰張邵上秦檜在金國代徽宗與粘罕書稿，詔付史館，以邵爲徽猷閣待制。戊寅，湖廣江西路、建康府並甘露降。

五月壬午朔，汀、漳、泉三州民田被賊蹂踐，蠲其二税。戊戌，賞平福建羣盜

功，以選鋒軍統制劉寶爲武泰軍承宣使，餘將士遷秩有差。庚子，金遣唐括德温等來賀天申節。丁未，減連、英、循、惠、新、恩六州免行錢。

六月丁巳，茶陵縣丞王庭珪作詩送胡銓，坐謗訕停官，辰州編管。戊午，秦檜上《吏部續降七司通用法》。

秋七月壬寅，頒諸農書于郡邑。

八月辛未，刺浙東諸州强盜當配者充沿海諸軍。

九月戊申，命繪秦檜像，仍作贊賜之。

冬十月己未，湖南副總管辛永宗停官，肇慶府編管。

十一月壬辰，合祀天地于圜丘，大赦。辛丑，李椿年以經界不均罷。丁未，立州縣墾田增虧賞罰格。是月，命復蜡祭。

十二月丁巳，金岐王亮弑其主亶自立。己未，詔無子女户、得解舉人、太學生之獨居者並免役。己巳，命四川制置司歲募邕衛三百人赴行在。丁丑，金遣完顔兖等來賀明年正旦。

二十年春正月丁亥，秦檜入朝，殿前司軍士施全道刺之，不中。壬辰，磔全于市。癸卯，趣諸路轉運司及守臣畢經界事。丙午，兩浙轉運副使曹泳言，李孟堅誦其父光所撰私史，語涉譏謗，詔送大理寺。

二月戊申朔，立守貳、令尉營田增虧賞罰格。庚戌，禁民春月捕鳥獸。蠲静江府、昭州上供折布錢三之一。壬子，罷經界所覆實官吏。庚申，免海外四州及瀘敘二州、長寧軍經界。

三月庚辰，金遣完顔思恭等來報即位。癸未，以余堯弼參知政事，給事中巫伋簽書樞密院事。丙戌，遣堯弼等賀金主即位。戊子，以秦熺爲觀文殿大學士、萬壽觀使。丙申，李孟堅獄具。詔李光遇赦永不檢舉；孟堅除名，峽州編管；胡寅、程瑀、潘良貴、張燾等八人緣坐，黜降有差。戊戌，詔改正經界法之厲民者。庚子，以巫伋兼權參知政事。壬寅，胡寅責果州團練副使，新州安置。

夏四月壬子，以没入官田悉歸常平司，禁募民佃種。癸酉，置力田科，募江、浙、福建民耕兩淮閒田。是月，信州妖賊黄曾等作亂，陷貴溪縣，江西兵馬鈐轄李横等討平之。

五月庚辰，申禁諸軍差承接文字使臣伺察朝政。癸未，秦檜上《中興聖統》。甲午，金就遣完顔思恭等來賀天申節。

六月癸亥，加秦熺少保。詔大理寺鞫前太常主簿吴元美譏謗獄。丙寅，禁民結集經社。是月，建州民張大一作亂。

秋七月丙子，罷招刺禁軍。庚寅，罷泉、漳、汀三州經界。

八月申辰朔，量移張浚永州，孫近虔州，万俟卨沅州，李若谷饒州，李文會江州，段拂南康軍，並居住。雷州守臣王趯坐交通趙鼎、李光停官。戊申，改建大理寺。辛酉，遣陳誠之使金賀正旦，王曮賀金主生辰。

九月甲申，以吴元美議毁大臣，除名、容州編管。丙申，侍御史曹筠以附下罔上罷。

冬十月戊辰，右迪功郎安誠坐文字謗訕，送惠州編管。秦檜有疾。庚午，命執政赴檜第議事。

十二月甲子，檜始朝，命肩輿入宫門，二孫扶掖升殿，不拜。己巳，金遣蕭頤等來賀明年正旦。

二十一年春正月癸未，以兩淮民復業未久，寬其租賦。庚子，蠲平江府折帛錢三年。

二月甲寅夜，雨雹。乙卯，詔諸州置惠民局，官給醫書。壬戌，遣巫伋等爲金國祈請使，請歸淵聖皇帝及皇族，增加帝號等事。癸亥，以余堯弼兼簽書樞密院事。

三月丁丑，雨雹。丁亥，蠲江、浙、荆湖等路中户以下積年逋負。

夏閏四月己卯，禁三衙掊剋諸軍。丁亥，賜禮部進士趙逵以下四百四人及第、出身。

五月辛亥，罷利州路選刺義士。戊午，金遣劉長言等來賀天申節。以吴璘、楊政、田師中並爲太尉。

六月甲戌，括淮南佃田所隱頃畝，以理租稅。辛巳，命歲給大理寺、三衙及州縣錢，和藥劑療病囚。

秋七月壬寅，以集英殿修撰、知衢州曹筠爲四川安撫制置使。辛亥，罷柴米稅。癸亥，詔州縣官嘗被科率害民重罪者，不得任守令親民官。

八月辛未，秦檜上《重修諸路茶鹽法》。壬申，韓世忠薨，詔進太師致仕，癸酉，追封通義郡王。禁郡守特斷。乙亥，加岳陽軍節度使士㒟開府儀同三司，充萬壽觀使。甲申，遣陳夔使金賀正旦，陳相賀金主生辰。

九月戊戌朔，籍寺觀絕産以贍學。乙巳，均科處州丁鹽錢。丁巳，增築景靈宫。是月，巫伋使還，所請皆不許。

冬十月甲戌，幸張俊第。壬午，進俊爲太師，升從子子蓋爲安德軍節度使。

十一月庚戌，余堯弼罷。乙卯，命提舉常平官修復陂湖。丁巳，進義副尉劉允中坐指斥謗訕棄市。

十二月壬申，雷。癸巳，金遣兀朮魯定方等來賀明年正旦。

二十二年春正月丁未，加韋淵太保。

三月丁酉，以王庶二子之奇、之荀謗毀朝政，並除名，之奇梅州、之荀容州編管。甲辰，以直龍圖閣葉三省、監都作院王遠通書趙鼎、王庶，力詆和議，言涉謗訕，三省落職，筠州居住，遠除名，高州編管。丁巳，遣司農丞鍾世明詣福建路籍寺觀絶産田宅入官，其後歲入錢三十四萬緡。

夏四月丙子，巫伋罷。辛巳，以御史中丞章復簽書樞密院事兼權參知政事。

五月癸丑，金遣田秀穎等來賀天申節。是月，襄陽大水，容州野蠶成繭。

秋七月甲午朔，加封程嬰、公孫杵臼、韓厥爲公，升中祀。丁巳，虔州軍卒齊述殺殿前司統制吴進、江西同統領馬晟，據州叛。

八月己卯，遣鄂州都統制田師中發兵同江西安撫使張澄、殿前司游奕軍統制李耕討述。

九月乙未，又遣左翼軍統制陳敏相繼討之。癸丑，章復罷。

冬十月甲戌，以御史中丞宋樸簽書樞密院事兼權參知政事。就命李耕知虔州。庚辰，以黄岩縣令楊煒誹謗，除名，萬安軍編管；知台州蕭振落職，池州居住。

十一月戊申，合祀天地于圜丘，大赦。丁巳，立薦舉受財刑名。李耕入虔州，盡誅叛兵，虔州平。

十二月辛酉朔，減夔州路及蒲江、淯井兩監鹽錢歲八萬二千緡有奇。戊子，金遣張利用等來賀明年正旦。

《宋史》卷三一《高宗本紀八》 二十三年春正月癸卯，進韋淵太傅。己酉，復以李顯忠爲寧國軍節度使。

二月癸亥，幸玉津園，遂幸延祥觀。庚午，戮虔州軍賊黄明等八人于都市。辛未，改虔州爲贛州。壬申，申嚴冒貫請舉法。癸未，賞平贛盜功，以李耕爲金州觀察使，將士進秩給賞有差。

三月丙午，齊安郡王士㒟薨于建州，追封循王。詔凡民認復軍莊營田者，償開耕錢。丁未，禁州縣都監、巡尉擅置刑獄。戊申，以前太府丞范彦輝謗訕，除名，荆門軍編管。是春，金主亮徙都燕京。

夏四月辛巳，詔諸州編管、羈管人，遵舊法，長吏月一驗視，不許囚禁。乙酉，減利州歲鑄錢爲九萬緡。

五月庚寅，禁州縣以私意籍罪人貲産。乙巳，復以蕭振爲四川制置使。辛亥，金遣紇石烈大雅等來賀天申節。乙卯，立淮南諸州舉人解額。

六月己卯，潼川大水。

秋七月壬辰，寬理平江府、湖秀二州被水民夏税。戊戌，從秦檜所請，命台州取綦崇禮草檜罷相制所受墨敕。庚戌，禁諸軍瀕太湖擅作壩田。

八月乙丑，士㒟薨，追封韶王。丙寅，左宣教郎王孝廉謀據成都叛，事覺伏誅。己卯，賜秦檜建康府永豐圩田。乙酉，命敕令所編輯中興以後寬恤詔令。

九月甲午，振潼川被水州縣，仍蠲其賦。庚子，禁採鹿胎。

冬十月丁巳，詔郡守年七十者聽自陳，命主宫觀。戊午，遣吴㮚使金賀正旦，施鉅賀金主生辰。戊辰，宋樸罷。壬申，以右諫議大夫史才簽書樞密院事兼權參知政事。丁丑，遣户部郎官鍾世明修築宣州、太平州圩田。是月，命大理鞫妖人孫士道獄。

十一月壬寅，詔立張叔夜廟于信州。甲辰，班《大宗正司條令》。乙巳，以經筵終帙，賜宰執、講讀等官宴于祕書省，爲故事。

十二月丁巳，詔州縣税額少者，罷其監官。癸亥，韋淵薨。癸未，禁民車服踰制。

閏月丙申，命檢正都司官詳定郡守所上利病以聞。辛丑，命諸軍保任統制官在職十年無過者，進秩。庚戌，金遣蔡松年等來賀明年正旦。

是歲，減池州青陽縣田租萬七千石。

二十四年春正月辛未，幸延祥觀。癸酉，初詔郡國同以八月十五日試舉人。丙子，封婉容劉氏爲貴妃。戊寅，地震。

二月丁亥，前左從政郎楊炬坐其弟煒嘗上書誹謗，送邕州編管。丙午，加吴益太尉。

三月壬申，楊再興復寇邊，前軍統制李道討平之，禽再興及其子正脩、正拱，檻送行在。乙亥，賜禮部進士張孝祥以下三百五十六人及第、出身。庚辰，秦檜以私憾捃摭知建康府王循友，詔大理鞫之。是春，始榷夔州路茶。

夏四月丙戌，詔諸路招補三衙諸軍，期三年課其殿最。辛丑，西南小張蕃貢

方物。己酉，羅殿國貢名馬。

五月衢州民俞八作亂，圍州城，通判州事汪召錫拒卻之，遂掠嚴州壽昌縣，遣殿前司正將辛立討平之。辛未，金遣耶律安禮等來賀天申節。

六月癸巳，史才罷。甲午，以御史中丞魏師遜簽書樞密院事兼權參知政事。辛丑，王循友貸死，藤州安置。癸卯，詔：「嘗命四川州縣減免財物，以寬民力，尚慮未周，令制置司、總領所同共措置，務在不妨軍食，可以裕民。」尋遣鍾世明如四川同議。以主管侍衛馬軍司成閔爲慶遠軍節度使。

秋七月癸丑，張俊薨。勒停人王趯坐交通李光，下大理獄。乙卯，彎猺人楊正脩、正拱于市。己未，復置黎、雅二州博易場三所。壬戌，詔捐四川茶馬司羨餘錢給軍費，以寬民力。甲子，復落蕭振職，池州居住。乙丑，以總領財賦苻行中爲四川制置使。乙亥，南丹州莫公晟及宜州界外諸蠻納土内附。戊寅，幸張俊第臨奠。

八月壬辰，禁百官避免輪對。甲午，罷温州市黄柑、福州貢荔枝。丙午，追封張俊爲循王。以湘潭縣丞鄭杞、主簿賈子展嘲毀朝政，除名，杞容州、子展德慶府編管。

九月辛亥朔，李道如衡州措置盜賊。丁巳，賞平衢賊功，升辛立領忠州團練使，將士遷職，給錢有差。

冬十月壬午，蠲旱傷州縣租賦。戊子，遣沈虚中使金賀正旦，張士襄賀金主生辰。

十一月乙丑，魏師遜罷。丁卯，以權吏部侍郎施鉅參知政事，鄭仲熊簽書樞密院事。戊辰，進秦熺少傅，封嘉國公。是月，以通判武岡軍方疇通書胡銓及他罪，除名，永州編管。

十二月丙戌，以故龍圖閣學士程瑀有《論語講解》，秦檜疑其譏己，知饒州洪興祖嘗爲序，京西轉運副使魏安行鏤版，至是命毀之。興祖昭州、安行欽州編管，瑀子孫亦論罪。丁亥，王趯除名，辰州編管。丁酉，知鄞縣程緯爲其丞王肇所告，慢上無人臣禮，除名，貴州編管，籍其貲。壬寅，刺諸路編管人充廂軍。乙巳，金遣白彦恭等來賀明年正旦。

二十五年春正月辛未，賞討楊再興功，保寧軍承宣使李道落階官，加龍神衛四廂都指揮使，將士進官，賜錢有差。

二月乙酉，以鎮江都統制劉寶爲安慶軍節度使，建康都統制王權爲清遠軍節度使。壬寅，以通判常州沈長卿、仁和縣尉芮燁作詩譏訕，除名，長卿化州、燁武岡軍編管。

三月己酉，右司郎中張士襄自金國使還，坐奉使不肅罷官。壬申，地震。

夏四月乙酉，施鉅罷，以鄭仲熊兼權參知政事。戊子，命四川制置司許就類省試院校試刑法。己亥，減廣西路折米錢。

五月，太廟仁宗室柱生芝九莖。戊申，罷諸路免行錢歲百八萬緡。癸丑，以前知泉州宗室令衿譏訕秦檜，遂坐交結罪人，汀州居住。乙丑，金遣李通等來賀天申節。壬申，賜劉錡湖南田百頃。

六月庚辰，鄭仲熊罷。辛巳，以禮部侍郎湯思退簽書樞密院事兼權參知政事。癸卯，以言者追譖岳飛，改岳州爲純州，岳陽軍爲華容軍。是月，安南入貢。

秋七月丙辰，減四川絹估、税斛、鹽酒等錢歲百六十餘萬緡，蠲州縣積欠二百九十餘萬緡。詔四川營田有占民田者，常平司按驗給還。甲戌，封李天祚爲南平王。

八月丁丑，申嚴誣告加等法。辛巳，命大理鞫趙汾及令衿交通獄。丙戌，以吏部侍郎董德元參知政事。蠲諸路身丁、免丁錢一年。壬辰，建執政府。

九月丁巳，秦檜上《紹興寬恤詔令》。

冬十月庚辰，復置鴻臚寺。壬午，遣王岷使金賀正旦，鄭枏賀金主生辰。乙酉，命大理鞫張祁附麗胡寅獄。乙未，幸秦檜第問疾。夜，檜諷右司員外郎林一飛、臺諫徐嘉張扶等請拜熺爲相。丙申，進封檜建康郡王，熺爲少師，並致仕。命湯思退兼權參知政事。是夕，檜薨。丁酉，檜姻黨户部侍郎兼知臨安府曹泳停官，新州安置。朱敦儒、薛仲邕、王彦傅、杜思旦皆罷。命有司具上執政、侍從官居外任及主宫觀與在謫籍者職位、姓名。辛丑，徙殿中侍御史徐嘉、右正言張扶皆出爲他官。

十一月乙巳朔，追封檜申王，謚忠獻，賜神道碑，額爲「決策元功，精忠全德」。戊申，奪趙汾二官。壬子，以敷文閣直學士魏良臣參知政事。癸亥，合祀天地于圜丘，大赦。甲子，幸秦檜第臨奠。乙丑，復洪皓官，釋張祁獄。丁卯，罷大理寺官旬白。庚午，詔：「監司、郡守，事無巨細，皆須奏聞裁決，毋得止上尚書省。臣僚薦舉人才，必三人以上同薦。」封叔和州防禦使、右監門衛大將軍士㑺爲崇慶軍節度使，嗣濮王，福建路提刑令詪爲利州觀察使，安定郡王。辛未，知建康府王會及列郡守臣王晌、王鑄、鄭僑年、鄭震、方滋俱以諂附貪冒罷。真

臘、羅斛國貢馴象。

十二月甲戌朔，詔曰：「臺諫風憲之地，比用非其人，黨於大臣，濟其喜怒，殊非耳目之寄。朕今親除公正之士，以革前弊。繼此者宜盡心乃職，毋合黨締交，敗亂成法，當謹茲戒，毋自貽咎。」詔張浚、折彦質、万俟卨、段拂聽自便。量移李光郴州安置。乙亥，復以卨爲資政殿學士，提舉萬壽觀兼侍讀。戊寅，鄭億年責建武軍節度副使，南安軍安置。壬午，詔監司、守臣，禁羨餘，罷權攝，戢苞苴，節宴飲。詔前後告訐者莫汲、汪召錫、陸升之等九人除名，廣南諸州編管。甲申，召孟忠厚奉朝請。命胡寅、張九成等二十八人並令自便，仍復其官。乙酉，董德元罷。丙戌，以劉錡知潭州。辛卯，命三省、六部條具續降敕旨來上，審詳施行。甲午，以敷文閣待制沈該參知政事。乙未，以王會恃權貪横，停官，循州編管。丙申，復以蕭振爲四川制置使。復張浚、折彦質、趙汾、葉三省、工趯、劉岑官。移胡銓衡州。丁酉，禁閩、浙、川、廣貢真珠、文犀。戒州縣加收耗糧。己亥，金遣耶律歸一等來賀明年正旦。

二十六年春正月壬子，省諸州稅場，以寬商賈。甲子，追復趙鼎、孫近、鄭剛中、汪藻舊職。乙丑，詔選擇監司，須七品以上清望官，或經朝擢及治郡著績者。丙寅，曹泳吉陽軍編管。封伯令衿明州觀察使、安定郡王，以其從弟令詪讓也。戊辰，除民事律。蠲諸路積負及黄河竹索錢。

二月乙亥，命四川州縣，凡預借民賦稅分限理折。己卯，定諸州流寓士人解額。庚辰，罷進奏院定本朝報。乙酉，進士林東追詒秦檜，上書狂妄，英州編管。右朝奉郎林一飛坐指使林東，責監高州鹽稅。庚寅，三佛齊國入貢。辛卯，魏良臣罷。庚子，以左朝散大夫王曮爲秦檜親黨，直徽猷閣吕愿中貪虐附檜，曮建昌軍居住，愿中責果州團練副使，封州安置。

三月甲寅，以邊事已定，罷宰相兼領樞密使。丁巳，詔兩淮邊民未復業者，復其租十年。己未，以万俟卨參知政事。癸亥，加吴璘開府儀同三司。乙丑，以東平府進士梁勛伏闕上書言北事，送千里外州軍編管。丙寅，詔曰：「講和之策，斷自朕志，秦檜但能贊朕而已，豈以其存亡而渝定議耶？近者無知之輩，鼓倡浮言，以惑衆聽，至有僞撰詔命，召用舊臣，抗章公車，妄議邊事，朕甚駭之。自今有此，當重置典憲。」丁卯，蠲閩、浙諸州歲供軍器所物料三之一，減諸州工匠千人。己巳，募四川民佃淮南、京西閒田，並邊復租稅十年，次邊五年。

夏四月戊子，增温、台等十六州解額。命湖北路以增户、墾田爲守令殿最。庚寅，遣陳誠之等賀金主尊號禮成。癸巳，置武學官及弟子員百人。甲午，禁州郡進祥瑞。戊戌，立六科以舉士。加韋謙太尉。詔大辟情犯無可矜憫者，禁刑、寺妄引例奏裁貸減。罷鄉飲酒舉士法。詔淮南、京西，占射官田踰二年未盡墾者，募人更佃。

五月壬寅，以沈該爲尚書左僕射，万俟卨爲右僕射，並同中書門下平章事。湯思退知樞密院事。丁未，詔州軍教授毋兼他職。丙辰，蠲楚州、盱眙軍民租十年。己未，金遣敬嗣暉等來賀天申節。

六月辛未朔，罷諸路鬻户絶田。丁丑，以端明殿學士程克俊參知政事。戊寅，復權要親族中第覆試法。乙酉，詔取士毋拘程頤、王安石一家之説。辛卯，以秦檜既死，命史館重修日曆。

秋七月辛丑，詔三衙主帥舉武臣堪知州者。壬寅，蠲諸路丁絹一年爲二十四萬匹。丙午，右奉議郎薛仲邕連州編管。辛亥，詔諸州守貳考各縣丁籍，依年格收除；民間市物，官户、勢家與編氓均科。詔進士因事送諸州軍聽讀，特放逐便，仍許取應。辛酉，雨水銀。

八月戊寅，班元豐、崇寧學制于諸路。革正前舉登第秦塤、曹冠等九人出身，以淮南提舉常平朱冠卿言，秦檜挾私廢法，塤等皆其子孫、親戚、門下憸人，於是有官應試者，所授階官易左爲右，白身者駁放。占用省額，復還後科。庚辰，裁州縣吏額。己丑，蠲建康府積欠内帑錢帛。庚寅，安南國遣使入貢。辛卯，程克俊罷。甲子，以吏部侍郎張綱參知政事。

九月乙巳，以翰林學士陳誠之同知樞密院事。丙午，立互易薦舉坐罪法。壬子，詔成都、潼川兩路漕臣同制置、總領、茶馬司審度四川財賦利害，其實惠得以及民、調度可以經久者，條具以聞。甲寅，以天聖、紹興真決贓吏指揮班示諸路。丙寅，增大理寺吏祿。戊辰，命吏、刑二部修條例爲成法。

冬十月己巳朔，詔許秦檜在位之日，無辜被罪者自陳釐正。罷浙東常平司平準務。乙亥，詔四川監司、帥臣、制置、總領、茶馬司，各舉可守郡者。甲午，蠲郴道永三州、桂陽軍民身丁米。乙未，王會移瓊州編管。以宋貺黨附秦檜，責梅州安置。丁酉，以張浚上書論用兵，依舊永州居住。辛丑，遣李琳使金賀正旦，葛立方賀金主生辰。

閏月丙午，罷廉州貢珠，縱蛋丁自便。己酉，命離軍人願歸農者，人給江、淮、湖、廣荒田百畝，復其租稅十年。乙卯，初置臨安府左右廂官，分掌訟牒。

十一月甲戌，命吏部侍郎陳康伯、户部侍郎王俣稽考國用歲中出納之數。丙戌，裁定六曹、寺監百司吏額。

十二月辛丑，命三省録臺諫所言事，報樞密院。癸丑，万俟卨上《重修貢舉敕令格式》。甲寅，罷諸路鑄錢司。庚申，賞應詔論事切當者。壬戌，三佛齊國入貢。甲子，金遣梁球等來賀明年正旦。

二十七年春正月乙酉，幸延祥觀。戊子，命侍從各薦宗室京朝官才識、治行者二人。

二月丁酉朔，復兼習經義、詩賦法。庚子，楊政卒。壬寅，太廟仁宗、英宗兩室柱芝草生。戊午，以御史中丞湯鵬舉參知政事。庚申，更定福建路鹽法。癸亥，加劉錡太尉。

三月己巳，命京局改官人先除知縣。丙戌，賜禮部進士王十朋以下四百二十六人及第、出身。丁亥，詔焚交趾所貢翠羽于通衢，仍禁宫人服用銷金翠羽。己丑，減三川對糴米歲十六萬九千石，夔路激賞絹五萬匹，兩川絹估錢二十八萬緡及茶司引息虚額錢歲九十五萬緡。辛卯，万俟卨卒。壬辰，以符行中前在蜀恣横，南雄州安置。甲午，除耕牛稅。

五月癸未，金遣耶律守素等來賀天申節。辛卯，復以五帝、神州地祇等十三祭爲大祀。

六月甲辰，命臣僚轉對，盡忠開陳，毋摭細微以應故事。戊申，以湯思退爲尚書右僕射、同中書門下平章事。庚戌，復余深、黄潛善並觀文殿大學士。乙卯，裁定離軍將士諸州添差數。戊午，初命太廟冬饗祭功臣，臘饗祭七祀，祫饗兼之。己未，進錢忱少傅。增命官捕獲私茶鹽賞典。

秋七月己巳，復饒、贛、韶三州鑄錢監。癸酉，戒監司、郡守舉劾守令觀望徇私。乙亥，以龍圖閣學士李文會爲四川安撫制置使。丙子，詔凡出命令，先經兩省書讀，如舊制。

八月乙未，以湯鵬舉知樞密院事。庚申，復置提領諸路鑄錢司于行在，以户部侍郎榮薿領之。

九月癸酉，張綱罷。戊寅，以吏部尚書陳康伯參知政事。蠲淮南、京西、湖北積欠内藏錢帛。丁亥，校書郎葉謙亨言：「祀典散逸，隆殺不當，名稱或舛，請敕禮官、祕書酌景德故事，取祭祀之式，定爲一書，名曰《紹興正祠録》，以爲恒制。」詔從之。

冬十月癸卯，築通、泰、楚三州捍海堰。辛酉，詔四川諸司察旱傷州縣，捐其税，振其飢民。

十一月癸亥朔，減福建鹽鈔錢歲八萬緡。乙丑，遣孫道夫使金賀正旦。辛巳，遣劉章賀金主生辰。丁亥，湯鵬舉罷。戊子，蠲廬州二税及上供錢米一年。

十二月甲午，詔廣南經略、市舶司察蕃商假託入貢。丙辰，初命州縣置禁曆。戊午，金遣高思廉等來賀明年正旦。

二十八年春正月己巳，申禁三衙彊刺平民爲兵。己卯，幸延祥觀，遂幸玉津園。壬午，禁諸路二税折納增價。癸未，遣户部郎中莫濛等檢視淮南、浙西、江東沙田蘆場。甲申，命臺諫、侍從三人以上公薦監司治狀。

二月癸巳，命史館重修徽宗大觀以前實録。丙申，以陳誠之知樞密院。戊戌，禁沿海州軍博買。乙巳，以工部侍郎王綸同知樞密院事。己酉，命六曹長貳詳定差役舊法。癸丑，加楊存中少師，謚張俊曰忠烈。

三月丙寅，雪。丁丑，加田師中開府儀同三司。戊寅，詔：「自今用人，選帥臣、監司曾任郎官已上者爲侍從，監司、郡守有政績者爲卿監、郎官，朝官二年乃遷，卿監、郎官未歷監司者更迭補外。」戊子，責秦檜黨宋樸徽州居住，沈虚中筠州居住。

夏四月丙申，復詔文武官非犯贓罪，並許以致仕恩任子。辛亥，雨雹。嚴州遂安賊江大明寇衢州，官軍捕斬之。

五月，金遣蕭恭等來賀天申節。

六月甲寅，增浙西、江東、淮東沙田蘆場租課，置提領官田所掌之。

秋七月庚申，立江西上供米綱賞格。戊辰，詔：「監司按發官吏，不得送置司州軍推鞫。所犯涉重，即以奏聞，命鄰路監司選官就鞫。」己卯，命取公私銅器悉付鑄錢司，民間不輸者罪之。庚辰，親製郊廟樂章。乙酉，復鬻没官田。

八月戊子朔，置國史院，修神、哲、徽三朝正史。己丑，檢放風水災傷州縣苗税，仍振貸饑民。乙未，增四川十七州舉人解額。戊戌，湯思退等上《徽宗實録》。壬寅，命户部侍郎令詪提領諸路鑄錢。甲寅，地震。

九月辛未，定銅錢出界罪賞。甲戌，詔以吏部七司舊制與續降參訂異同，立爲定法。丁丑，置殿前司虎翼水軍千人。庚辰，以中書舍人王剛中爲四川安撫制置使。辛巳，封叔建州觀察使士輵爲昭化軍節度使、嗣濮王。癸未，蠲平江、紹興、湖州被水民逋賦。

冬十月丁亥朔，遣沈介使金賀正旦，黄中賀金主生辰。辛丑，禁監司、帥、守私役軍匠。

十一月己卯，合祀天地于圜丘，大赦。壬午，復命檢舉諸人因赦移放者，告訐得罪者不預。

十二月庚寅，安定郡王令衿薨。辛丑，修睦親宅，建宮學。丁未，復李光官，放自便。戊申，蠲楚州歸附民賦役五年。壬子，金遣蘇保衡等來賀明年正旦。

是歲，興元都統制姚仲復籍興元府等五州義士，得二萬餘人。

二十九年春正月丙辰朔，以皇太后年八十，詣慈寧殿行慶壽禮。庚申，濬平江三十六浦以泄水。庚午，振湖、秀諸州饑民。癸酉，幸延祥觀，遂幸玉津園。庚辰，禁諸州科賣倉鹽。癸未，蠲沙田蘆場爲風水所侵者租之半。是月，金國罷沿邊榷場，惟泗州如舊。

二月丙戌朔，亦罷沿邊榷場，存其在盱眙者。加吴璘少保。己丑，禁海商假託風潮私往北界。壬辰，除臨安府歲供修内司錢三萬六千緡。丁酉，蠲四川折估糴本積欠錢三百四十萬緡。戊戌，大雪，雨雹。己亥，禁貿易廣南羈縻州物貨。命廣西教閲峒丁。庚戌，罷諸路斥候遞卒。甲寅，取具貶死臣僚姓名，議加恩典。

三月丙子，除州縣積欠錢三百九十七萬緡有奇及中下户所欠入官錢物。丁丑，詔侍從、臺諫、帥臣、監司歲舉可任將帥者二人。限命官子孫制田減父祖之半，併其詭名寄産者，格外田畝同編户科役。己卯，除湖州、平江、紹興流民公私逋負。

夏四月壬辰，國子司業黄中自金國使還，言金人將徙居汴京以見逼，望早飭邊備。宰相怒，不聽。己亥，修三省法。庚子，增置帶御器械四員。丙午，禁内外將佐營造，回易，掊斂軍士。辛亥，命縣令有政績者諸司同薦，不次升擢，以風厲之。

五月甲寅朔，罷鬻福建閃生沙田。丁巳，詔殿前司選統制官部兵千人戍江州，彈壓盜賊，每歲一易。己未，椿頓江、浙四路折帛錢于三總領所及浙西提刑司，以備軍用。辛酉，禁權要、豪民舉錢軍中取息。丁卯，命印給三總領所見錢公據，關子，許商人入納。己巳，立監司、守臣舉劾八條。金遣王可道等來賀天申節。

六月甲辰朔，遣王綸等爲金國奉表稱謝使。丁亥，禁江、淮私渡北人。丙申，陳誠之罷。禁積錢民户過萬緡，官户過二萬緡，滿二年不易他物者没入之。丁酉，申禁包苴請託。己亥，以陳康伯兼權樞密院事。辛丑，李光卒。壬寅，以主管步軍司趙密爲太尉。己酉，沈該以貪冒罷。

閏月甲寅，益荆南戍卒千人，守臣劉錡亦募效用三千人。丁巳，命江、湖、浙西五漕司增價糴米二百二十萬石赴沿江十郡，自荆至常州，以備振貸。戊午，罷成都府路隔槽酒務監官七十一員，令民承買。己未，罷江、浙、淮東沙田蘆場所增租課。甲子，落沈該觀文殿大學士，致仕。罷福建安撫司官賣鹽。戊辰，大省淮西冗官。辛未，復置江、淮、荆、浙、福建、廣南路提點坑冶鑄錢官。

秋七月丁亥，以權吏部尚書賀允中參知政事。癸巳，封權户部侍郎令詪爲安定郡王。戊戌，福州大水。己酉，禁諸路抑買官田。庚戌，以四川經、總制及田晟錢糧錢共百三十四萬緡充增招軍校費。

八月甲子，募商人輸米行在諸倉，願以茶、鹽、礬鈔等償直者聽。丁卯，除南雄、英、連三州經界，復丁米舊額。甲戌，併史館歸秘書省，玉牒所歸宗正寺。

九月甲申，詔建炎以來使未還而後嗣無禄者，與一子官。乙酉，王綸使還入見，言金國和好無他。丙戌，湯思退等稱賀。甲午，以湯思退爲尚書左僕射，陳康伯爲右僕射，並同中書門下平章事。乙未，以皇太后不豫大赦，不視朝。丙申，爲太后祈福。蠲中下户所欠税賦及江、浙蝗潦州縣租。丁酉，減僧道免丁錢。己亥，蠲見監贓罰賞錢。庚子，皇太后韋氏崩。癸卯，遣周麟之等爲金國奉表哀謝使。

冬十月甲寅，以羣臣五上表，始聽政。命保康軍節度使吴益爲欑宫總護使。乙亥，立諸路和糴募民運米賞格。戊寅，册謚皇太后曰顯仁。

十一月丁亥，遣賀允中等爲金國遺留國信使。丙午，權欑顯仁皇后于永祐陵。

十二月甲寅，諜言北界禁民安傳起兵，帝諭大臣當自治，爲安邊息民之計。甲子，祔顯仁皇后神主于太廟。辛未，以王綸知樞密院事。壬申，減三省、樞密院激賞庫及諸書局歲用錢二十萬緡，鼎州程昌寓所增蔡州官兵衣糧錢四之一，西和州官賣鹽直之半，蔣州上供經、總制無額錢如之。丙子，金遣施宜生等來賀明年正旦。

三十年春正月戊子，給劉錡軍費錢六十萬緡。丙申，以吏部侍郎葉義問同知樞密院事。廢御書院。丁酉，罷鈞容班樂工及甲庫酒局。壬寅，募人墾淮南

荒田。甲辰，定御輦院三營兵額爲九百人。

二月甲寅，罷夔州路榷茶。乙卯，金遣大懷忠等來弔祭。戊午，遣葉義問爲金國報謝使。癸酉，詔立普安郡王瑗爲皇子，更名瑋。丙子，進封建王。

三月辛巳，復館職召試，然後除擢。免湖北、京西宣撫司諸庫未輸錢八十九萬緡。癸未，以淮東茶鹽司錢十萬緡充募民墾田費。乙酉，加吴益少保，趙密開府儀同三司，以賞欑宫之勞。丁酉，初置金州御前諸軍都統制，以知金州王彦爲之。癸卯，賜禮部進士梁克家以下四百一十二人及第、出身。甲辰，置牧馬監于潮、惠二州。丙午，加恩平郡王璩開府儀同三司，判大宗正事，始稱皇姪。

夏四月己酉朔，以孫愭爲蘄州防禦使，愷貴州團練使，惇榮州刺史。丙辰，以賀允中兼權同知樞密院事。

五月辛巳，刺海賊罪不至死者爲龍猛、龍騎軍。初置荆南府御前諸軍都統制，以劉錡兼領之。乙酉，初置江州御前諸軍都統制，以步軍司前軍都統制戚方爲之。詔諸路刺强盜貸死少壯者爲兵。丙戌，定鑄錢司歲鑄五十萬緡。辛卯，臨安、於潛、安吉三縣大水。海賊陳演添作亂，掠高、雷二州境上，南恩州民林觀禽殺之，命觀以官。丙申，金遣蕭榮等來賀天申節。壬寅，落沈該致仕，復觀文殿大學士，知明州。丙午，加吴蓋太尉。

六月庚戌，復出諸軍見錢關子三百萬緡，聽商賈以錢銀請買。庚午，王綸罷。辛未，以江西廣東湖南折帛、經總制錢合六十萬緡，江西米六萬石充江州軍費。後益以四川利路經總制、江西茶引合二十萬緡。

秋七月戊寅，遣明州水軍三百戍崑山黄魚垛，巡捕槽船之爲盜者。甲申，詔諸路帥司，春秋教閲禁兵弓弩手。戊戌，以葉義問知樞密院，翰林學士周麟之同知院事，御史中丞朱倬參知政事。

八月丙午朔，日有食之。壬子，賀允中使還，言金人必畔盟，宜爲之備。癸丑，允中致仕。甲寅，復以四川經、總制錢五十萬緡給總領所，增招兵士。壬申，淮東總管許世安奏，金主亮至汴京，起重兵五十餘萬，屯宿、泗州謀來攻。

九月庚寅，以帶御器械李寶爲浙西副總管，提督海船，駐平江。丙申，命劉寶招制勝軍千人。丁酉，罷内侍省。

冬十月丙午，罷内侍官承受諸軍奏報文字。丁未，遣虞允文使金賀正旦，徐度賀金主生辰。庚戌，雷。辛酉，鎮江都統制劉寶以專悍貪横罷。壬戌，以劉錡爲鎮江都統制，荆南右軍統制李道爲都統制。癸酉，蠲舒、和、蘄、黄四州民附種田租。

十一月庚辰，禁諸路折輸職田錢。

十二月乙巳朔，湯思退罷。初行會子于東南。海南黎賊王文滿平。己酉，罷招刺三衙及江上諸軍。庚戌，禁掠賣生口入溪峒。癸丑，命户部立經、總制錢十年中數爲定額。丁卯，金遣僕散權等來賀明年正旦。

《宋史》卷三二《高宗本紀九》 三十一年春正月甲戌朔，以日食不受朝。丁丑，雷。丁亥，免湖州增丁所輸絹。夜，風雷雨雪交作。辛卯，詔江、浙官民户均輸和市絁帛。壬辰，劉寶落節鉞，福建路居住。丙申，大雨雪，給三衙衛士、行在貧民錢及薪炭，命常平振給輔郡細民，諸路監司決獄。己亥，放張浚、胡銓自便。庚子，禁淮南拘籍户馬。

二月戊申，復置邛州惠民監。癸丑，以趙密領殿前都指揮使。甲寅，罷楊存中殿前都指揮使，進太傅，爲醴泉觀使，封同安郡王。丙辰，置行在會子務。乙丑，復鬻僧道度牒。詔分經義、詩賦爲兩科。丙寅，詔通進司承受内降文字，並囊封送三省、樞密院。辛未，秦熺卒，贈太傅。

三月甲戌朔，命破敵軍統制陳敏部兵屯太平州。己卯，官勳臣魏仁浦、馬知節、余靖、寇瑊諸孫各一人。選文臣宗室主西、南外兩宗司。庚辰，禁兩淮抑民附種。以利州西路御前諸軍都統制吴拱知襄陽府，部兵三千戍之。壬午，以兵部尚書楊椿參知政事。丁亥，奪秦熺贈官及遺表恩賞。庚寅，以陳康伯爲尚書左僕射，朱倬右僕射，並同中書門下平章事。辛卯，復李光左中大夫，官其子孫二人。壬辰，地震。庚子，以前徽猷閣待制張宇發死節，贈四官，録其子孫。

夏四月丁巳，以久雨傷蠶麥，盜賊間發，命侍從、臺諫條上弭災除盜之策。出天申節銀十萬兩加充户部糴本。辛未，遣周麟之使金賀遷都。壬申，權減荆南上供錢銀絹絲米之半，用招填禁軍。是月，金主亮率文武羣臣如汝、洛。

五月癸酉朔，給兩淮民兵荒田。乙亥，增築禁城。戊寅，詔吴拱視緩急退守荆南。己丑，命沿淮州郡毋納北人。辛卯，金遣高景山、王全來賀天申節。全揚言無禮，致其主亮語，求淮、漢地及指取將相近臣計事，且以欽宗皇帝訃聞。壬辰，選兩浙、江東、福建諸州禁軍弓弩手之半，部送樞密院按試。甲午，宰執召同安郡王楊存中及三衙帥趙密等至都堂議舉兵。詔以王全語諭諸路統制、帥守、監司，隨宜應變，毋失機會。是日，爲欽宗皇帝發喪，特詔持斬衰三年。乙未，以吴璘爲四川宣撫使，仍命制置使王剛中同處置軍事。丙申，命主管馬軍司成閔

部兵三萬人戍鄂州。庚子，命兩浙、江、湖、福建諸州起禁軍弓弩手，部送明州、平江府、江池太平三州、荆南府軍前。殿中侍御史陳俊卿言，內侍張去爲竊權撓政，乞斬之以作士氣。

六月乙巳，以羣臣三上表始聽政。丙午，劉錡乞即日移軍渡江，詔錡進發，騎兵屯揚州。丁未，出宮女三百九十人。蠲臨安府禁軍闕額錢五年。己酉，以御史中丞汪澈爲湖北、京西宣諭使。辛亥，金主亮遣大懷正至盱眙，語送伴使呂廣問云，將以六月遷汴京。令其歸奏。癸丑，罷教坊，併敕令所歸刑部。乙卯，以劉錡爲淮南、江東西、浙西制置使。戊午，命帶御器械劉炎同提舉措置沿淮盜賊。遣步軍司都統制戚方提總江上諸軍策應軍馬，聽劉錡節制。諭吳拱嚴備襄陽，視緩急合田師中、成閔兵以援之。甲子，始御正殿。乙丑，放女樂二百餘人。丙寅，聽淮南諸州移治清野。戊辰，以周麟之辭使北，命樞密都承旨徐嘉代行。淮北民兵崔唯夫、董臻等率衆萬餘來歸。

秋七月丙子，命兩浙、江東濱海諸州預備敵兵。詔諸路帥臣教閱士兵、弓手。戊寅，命雷州守臣節制高、容、廉、化四州軍馬。時雷州軍賊凌鐵作亂，東南第十二將高居弁會五州巡尉官兵討平之。戊子，周麟之分司，筠州居住。辛卯，振給淮南歸正人。壬辰，徐嘉等至盱眙，金主亮以非所指取之人，諭遣亟還。癸巳，詔：「四川財賦，自當專任總領所。如遇警急，調發不及申奏，則令宣、制司隨宜措置，先舉後聞。」乙未，行新造會子于淮、浙、湖北、京西諸州。是月，金主亮徙都汴京，命其臣劉萼由唐、鄧瞰荆、襄，張中彥、王彥章據秦、鳳窺巴、蜀，蘇保衡、完顏鄭家奴由海道趨兩浙。

八月辛丑朔，忠義人魏勝復海州，李寶承制以勝知州事。丙午，蠲諸路逋欠經總制錢、江浙等路上供米。丁未，以婉容劉氏妄預國政，廢于家。蠲淮南、京西、湖北民秋稅之半。辛亥，以劉婉容事連坐，昭慶軍承宣使王繼先福州居住，停子孫官，籍其貲。甲寅，李寶率舟師三千發江陰，大風，退泊明州關澳，聚兵復進。乙卯，劉錡引兵屯揚州，遣統制王剛以兵五千屯寶應。丁巳，召田師中赴行在。尋以吳拱爲鄂州諸軍都統制。壬戌，復用資政殿學士張燾，落致仕，知建康府。癸亥，分處歸正人於淮南諸州，能自存者從便，願爲兵者籍之。乙丑，詔便宜選補戰功人，後勿遞減。丙寅，出內帑錢七萬緡，犒戍兵之家，仍悉除軍債。己巳，起復成閔爲湖北、京西制置使，節制兩路軍馬。

九月庚午朔，命大臣朝饗太廟。辛未，宗祀徽宗于明堂，以配上帝，大赦。甲戌，金人犯黃牛堡，守將李彥堅拒卻之，金兵遂扼大散關，吳璘駐青野原，遣將高松等援之。庚辰，以給事中黃祖舜同知樞密院事。乙酉，詔劉錡、王權、李顯忠、戚方嚴備清河、潁河、渦河口。丁亥，成閔渡江，屯應城縣，遣吳拱戍郢州。博州民王友直聚兵大名，自稱河北安撫制置使，以其徒王任爲副，遣軍師馮穀入朝奏事。吳璘遣將彭青至寶鷄渭河，夜劫金人橋頭砦，破之。庚寅，成閔遣統制趙撙部兵五千駐德安。辛卯，金國趣使臣書至楚州，守臣以聞，其辭多悖慢。壬辰，監盱眙軍淮河渡夏俊復泗州。癸巳，金人犯通化軍，守將張超拒卻之。甲午，册謚大行皇帝曰恭文順德仁孝皇帝，廟號欽宗。吳璘遣將劉海復秦州，金守將蕭濟降。乙未，金人犯信陽軍。丙申，吳璘遣將曹淋復洮州。戊戌，劉錡發揚州。詔以金人背盟，降敕榜招諭中原軍民。己亥，蘭州漢軍千户王宏殺其刺史溫敦烏也來降。吳璘遣將彭青復隴州。是月，金主亮以尚書右丞李通爲大都督，造浮梁于淮水之上，遂自將來攻，兵號百萬，遠近大震。

冬十月庚子朔，詔將親征。魏勝攻沂州，敗還海州，金人圍之，李寶以舟師至東海縣，金人解圍去，寶遂入海州。辛丑，金人自渦口渡淮。癸卯，以吳璘兼陝西、河東招討使，劉錡兼京東、河北東路招討使，成閔兼京西、河北西路招討使。金人陷蔣州。李顯忠遣統制孔福與金人戰于大人洲，敗之。乙巳，金人復犯海州，魏勝、李寶擊卻之。劉錡引兵次淮陰，金人將自清河口入淮，錡列兵于運河岸以扼之。丁未，命宣撫制置司傳檄契丹、西夏、高麗、渤海諸國及河北、河東、陝西、京東、河南諸路，諭出師共討金人。是日，金人立其東京留守葛王褎爲皇帝，改元大定。戊申，王權聞金兵大至，自廬州引兵遁，屯昭關。己酉，知均州武鉅招納北界杜海等二萬人來歸。庚戌，復置機速房。知廬州龔濤聞金兵將至，棄城走。辛亥，金將蕭琦陷滁州，守臣陸廉棄城走。壬子，改建王瑋爲鎮南軍節度使。劉錡遣統制王剛等擊敗金人于清河口，金人復來戰，剛失利。吳拱遣將侯俊、郝敦書復唐州。癸丑，借江、浙、荆湖等路坊場淨利錢三百八十萬緡以備賞軍。金人圍廬州，都監權州事楊春率兵突陣出，守水砦。金人又攻海州，李寶力戰敗之，解圍去。甲寅，金人攻樊城，吳拱遣守將翟貴、王進與戰，貴、進俱戰死，金兵亦退。劉錡遣兵渡淮及金人戰，死者十七八。金主亮以大軍至廬州城北之五里，築土城以居。戚方遣將張寶復蔣州。乙卯，以金人渝盟告于天地、宗廟、社稷。命州縣諭富民捐貲助國。劉錡聞王權遁，自淮陰引兵歸揚州。丙辰，金主亮入廬州，王權自昭關遁，金人追至尉子橋，破敵軍統制姚興戰死，權

退保和州。金州都統制王彦遣統制任天錫出洵陽，復豐陽縣。丁巳，帝聞王權敗，召楊存中同宰執議于內殿，陳康伯贊帝定議親征。武鉅遣將荀琛復鄧州。戊午，任天錫復商洛縣。命吴璘趣出兵漢中，葉義問督視江、淮軍馬，中書舍人虞允文參謀軍事。金人犯真州，步軍司統制邵宏淵逆戰于胥浦橋，兵敗，真州陷。金人不入城，遂犯揚州。己未，任天錫復商州，執其守完顔守能。趙撙引兵渡淮。庚申，以楊存中爲御營宿衛使。趙撙復褒信縣。王權自和州遁歸，屯于東采石。辛酉，復湯思退觀文殿大學士，充醴泉觀使兼侍讀。分行在官吏三之一扈從，餘留行遣常事。金人陷和州。壬戌，以將士勞於征討，避殿減膳。劉錡退軍瓜州鎮，金人陷揚州，淮東安撫使劉澤棄城奔泰州。以户部侍郎劉岑爲御營隨軍都轉運使，李顯忠爲御營先鋒都統制屯蕪湖，主管步軍司李捧爲前軍都統制。趙撙復新蔡縣。癸亥，募諸州豪民招槍仗、弓箭手赴行在。金人入揚州。王權自采石夜還建康，尋復如采石。甲子，復張浚觀文殿大學士，判潭州。吴璘遣統制吴挺、向起等及金人戰于德順軍之治平砦，敗之。趙撙復平興縣。乙丑，金人趨瓜州，劉錡遣統領員琦拒之于皂角林，大敗之，斬其統軍高景山。丙寅，李寶遇金舟師于膠西縣陳家島，大敗之，斬完顔鄭家奴等五人。劉錡還鎮江府。趙撙復蔡州，斬其總管楊寓。分御營宿衛爲五軍。金人攻秦州，向起、吴挺擊卻之。丁卯，葉義問至鎮江。詔起江、浙、福建諸州彊丁赴江上諸軍。武鉅復虢州盧氏縣，任天錫復朱陽縣。戊辰，殿中侍御史杜莘老劾内侍張去爲，帝不悦，去爲致仕，出莘老知遂寧府。

十一月己巳朔，邵宏淵遣統領崔臯及金人戰于定山，敗之。任天錫復虢州，守將蕭信遁去。庚午，通州守臣崔邦弼棄城去。辛未，成閔引兵發應城縣，援淮西。遣權吏部侍郎汪應辰詣浙東措置海道。壬申，以張浚判建康府。召王權赴行在，以李顯忠代將。邵宏淵爲池州都統制。金人犯瓜州，鎮江中軍統制劉汜戰敗走，權都統制李横亦遁。金人鐵騎奄至江上，統制魏俊、王方死之。葉義問惶怖欲退走，復趨建康。金人游騎至無爲軍，守臣韓髦棄城走。癸酉，淮寧府民陳亨祖執同知完顔耶魯，以其城來歸。趙撙引兵去，蔡州復陷。甲戌，池州統制官崔定等復入無爲軍。乙亥，金主亮臨江築壇，刑馬祭天，期以翌日南渡。丙子，虞允文督建康諸軍統制官張振、王琪、時俊、戴臯等以舟師拒金主亮于東采石，戰勝，卻之。崔定復巢縣，任天錫復上津、商洛二縣。丁丑，虞允文遣水軍統制盛新以舟師擊金人于楊林河口，又敗之。金主亮焚其舟而去。戊寅，王彦遣將楊堅復欒川縣。己卯，以湯思退爲行宮留守。虚恨蠻犯嘉州籠蓬堡，官軍大敗，副將鄭祥等爲所殺。庚辰，金主亮引軍趨淮東。癸未，吴璘病，自仙人原還興州，留姚仲節制軍事。虞允文自采石率李捧一軍及戈船如鎮江備敵。甲申，贈姚興、魏俊、王方官。金主亮至揚州。乙酉，貸劉汜死，英州編管。江州統制李貴、忠義首領孟俊復順昌府，金州將邢進復華州。丙戌，賜戰士帛，給其家薪炭。任天錫復陝州。丁亥，劉錡以疾罷，以御營宿衛中軍統制劉鋭權鎮江都統制。成閔自京西還建康，遂如鎮江。戊子，吴璘復力疾上仙人原。己丑，王權貸死，瓊州編管。李寶泛海南歸。金人復攻陝州，任天錫破走之。復犯襄陽，統制官李勝等拒卻之，復通化軍。王彦遣將楊堅、党清至西京長水縣及金人戰，敗之。庚寅，復長水縣。癸巳，以成閔爲鎮江都統制、淮東制置使、京東西路河北東路淮北泗宿州招討使，李顯忠爲淮西制置使、京畿河北西路淮北壽亳州招討使，吴拱爲湖北京西制置使、京西北路招討使。甲午，武鉅遣鄉兵總轄杜隱等復嵩州。乙未，金人陷泰州。是日，金人弑其主亮于揚州龜山寺。戊戌，金都督府遣人持檄詣鎮江軍中議和。

十二月己亥朔，趙撙夜襲蔡州，復入其城。王彦遣兵復福昌縣。庚子，楊存中及虞允文渡江至瓜州察金兵。金人犯漢南之茨湖，鄂州軍士史俊登其舟，獲一將，諸軍繼進，遂擊卻之。楊春夜攻金人，殺其帥高定山，復廬州。辛丑，以李寶爲靖海軍節度使、浙西通泰海州沿海制置使、京東東路招討使。金統軍劉蕚聞茨湖敗，亦退師。王彦遣將閻玘復澠池縣。以趙密爲行宮在城都總管。成閔渡江之揚州。癸卯，命諸路招討司率兵進討，互相應援；沿江諸大帥條陳恢復事宜。復岳州舊名。右軍統領沙世堅入泰州。甲辰，虞允文自鎮江入見。均州統領呰朝復鄧州。乙巳，張浚至慈湖，命李顯忠引兵渡江。丙午，淮東統制王選復楚州。丁未，杜隱等入河南府。吴拱遣統領牛宏入汝州。戊申，帝發臨安，建王從行。庚戌，金人渡淮北去。壬子，次平江。罷督視府。虞允文還至鎮江。癸丑，淮東統制劉鋭、陳敏引兵入泗州。鄂州統制楊欽以舟師追敗金人于洪澤鎮。乙卯，江北金兵盡去，李顯忠復入和州。吴璘遣將復水洛城。金人復破汝州，牛宏敗走。戊午，次鎮江府。庚申，吴璘遣將拔金人治平砦。壬戌，曲赦新復州軍。甲子，降淮南、京西、湖北雜犯死罪以下囚。賞采石功，進統制張振、時俊等官。金潁、壽二州巡檢高顯以壽春府來降。丁卯，命諸道籍鄉兵。初，王友直、王任聚兵，嘗命友直

爲天雄軍節度使，任爲天平軍節度使。金主褎既立，下令散其衆，友直等自壽春來歸。是月，金主知亮已死，遂趨燕京。

三十二年春正月，帝在鎮江。己巳，金人犯壽春府，忠義將劉泰戰死，金兵引去。庚午，發鎮江府。壬申，至建康府，張浚入見。丙子，祧翼祖于夾室。己卯，李顯忠引兵還建康。庚辰，罷郡守年七十者。壬午，金人復犯蔡州，趙撙力戰卻之。乙酉，權知東平府耿京遣其將賈瑞、掌書記辛棄疾來奏事。己丑，金主遣其臣高忠建等來告嗣位。以耿京爲天平軍節度使、知東平府。庚寅，詔新復州縣搜訪仗節死義之士。丙申，以楊存中爲江、淮、荆、襄路宣撫使，虞允文副之。給事中金安節、中書舍人劉珙繳奏再上，乃改命存中措置兩淮。

二月戊戌朔，罷借兩浙、江、淮坊場淨利錢。以虞允文爲兵部尚書、川陝宣諭使，措置招軍市馬及與吴璘議事。庚子，興州統領惠逢等復河州。振兩淮饑民。壬寅，金人犯汝州，守將王宣逆戰敗之。癸卯，帝發建康。惠逢復積石軍，又克來羌城。丁未，劉錡薨。己酉，王宣及金人再戰于汝州。庚戌，金人全師來攻，宣敗績棄去。辛亥，金人復犯順昌府，孟新拒卻之，尋亦棄去。壬子，賞蔡州功，趙撙等進官有差。乙卯，至臨安府。興元都統制姚仲攻鞏州不下，退守甘谷城，遂引兵圍德順軍。丙辰，金人犯蔡州。趙撙擊卻之。戊午，復引兵來攻，撙又敗之，金兵遁去。王彦遣將馬貴斷河中南橋，金兵來攻，貴戰敗之。壬戌，詔軍士戰死者禄其家一年，傷重而死於營者半之。乙丑，王宣及右軍副將汲靖敗金人于蔡州確山縣。趙撙棄蔡州。丙寅，金人復取之。姚仲遣副將趙銓攻下鎮戎軍，金同知渭州秦弼及其子嵩來歸。王彦遣兵救陝州，遇金人于虢州東，敗之，金兵引去。丁卯，吴珙遣將復永安軍、永寧福昌長水三縣。

閏月癸酉，金人破河州，屠其城。乙亥，命楊存中、李顯忠固守新復州軍，量度進討。丙子，姚仲遣將復原州。戊寅，祔欽宗主于太廟。癸未，振淮南歸正人。金人犯虢州。吴璘遣楊從儀等攻拔大散關，分兵據和尚原，金人走寶鷄。丙戌，給張浚錢十九萬緡造沿江諸軍戰艦。庚寅，王剛破金人于海州。辛卯，楊椿罷。壬辰，姚仲攻德順軍，敗金人于瓦亭砦、新店。是月，張安國等攻殺耿京，李寶將王世隆攻破安國，執之以獻。

三月壬寅，更定金使入境接伴、館伴舊儀。癸卯，成閔遣統制杜彦救淮寧，擊敗金人于項城縣。甲辰，罷扈從官吏賞典。乙巳，録商、虢之功，加吴璘少傅，王彦爲保平軍節度使。戊申，吴璘復德順軍，又遣將嚴忠取環州。辛亥，命兵部侍郎陳俊卿、工部侍郎許尹經畫兩淮堡砦屯田。癸丑，金人圍淮寧府，守臣陳亨祖死之。甲寅，吴璘自德順軍復還河池。金人犯鎮戎軍。丁巳，遣洪邁等賀金主即位。戊午，忠義軍統制、知蘭州王宏拔會州。金人陷淮寧府，統領戴規戰死。成閔歸自淮東。辛酉，金人攻原州。丙寅，詔舉賢良。

夏四月丁卯朔，姚仲遣兵救原州。己巳，命侍從、臺諫條上防秋足食足民策。遣左武大夫都飛虎結約河東。壬申，賞御營宿衛將士四萬餘人，進官有差。癸酉，蠲淮東殘破州軍上供銀絹、米麥及經、總制錢一年。蒙城縣民倪震率丁口數千來歸。甲戌，募民耕淮東荒田，蠲其徭役及租税七年。戊寅，以御史中丞汪澈參知政事。金人圍海州。戊子，洪邁等辭行，報聘書用敵國禮。是月，大雨，淮水暴溢數百里，漂没廬舍，人畜死者甚衆。

五月戊戌，吴璘自河池如鳳翔巡邊，姚仲遣兵救原州，數敗金人。庚子，復置提舉秦州買馬監，命四川總領官兼權其職。壬寅，姚仲及金人戰于原州北嶺，敗績。戊申，復以楊存中爲醴泉觀使，奉朝請；罷御營宿衛司。辛亥，鎮江都統制張子蓋救海州，遇金人于石湫堰，大敗之，金人解去。甲寅，命張浚專一措置兩淮事務兼節制淮東西、沿江州郡軍馬。乙卯，知順昌軍孟昭率部曲來歸。己未，吴璘遣將復熙州。壬戌，禁諸軍互招逃亡。加鄭藻太尉。振東北流民。命張浚置御前萬弩營，募淮民爲之。甲子，詔立建王瑋爲皇太子，更名昚。加成閔太尉，主管殿前司；李顯忠爲太尉，主管馬軍司。籍諸州歸正人，願爲農者給官田，復租十年；願爲兵者赴軍中。

六月丙寅朔，吴璘次大幽嶺，檄召姚仲至軍前，下河池獄，命夔路安撫使李師顔代將其兵。戊辰，名新宫曰德壽。庚午，以吴珙主管步軍司。罷三招討司。甲戌，加贈兄子偁爲太師、中書令，追封秀王，謚安僖；妻張氏封王夫人。乙亥，朱倬罷。丙子，詔皇太子即皇帝位。帝稱太上皇帝，退處德壽宫，皇后稱太上皇后。孝宗即位，累上尊號曰光堯壽聖憲天體道性仁誠德經武緯文紹業興統明謨盛烈太上皇帝。

淳熙十四年十月乙亥，崩于德壽殿，年八十一。謚曰聖神武文憲孝皇帝，廟號高宗。十六年三月丙寅，欑于會稽之永思陵。光宗紹熙二年，加謚受命中興全功至德聖神武文昭仁憲孝皇帝。

雜録

備録

李綱《建炎時政記》卷下　建炎元年七月，臣同執政官奏事，上出絹背心宣示，泣諭臣等曰：「道君太上皇帝自燕山府密遣使臣曹勛齎來背心，領中有親書八字曰『便可即真，來救父母』。」羣臣皆泣，奏曰：「此乃陛下受命於道君太上皇帝者，宜藏之宗廟，以示萬世。」有旨從之。

沈作喆《寓簡》卷一〇　高宗七夕內宴，至晚忽大風，雨如傾。命教坊進詞，有應制《鵲橋仙》云：「柳家一句最著題，道『暮雨、芳塵輕灑』。」蓋柳永詞也，天顏爲一笑。

袁褧《楓窗小牘》卷下　高廟在建康，有大赤鸚鵡自江北來集，行在承塵上，口呼萬歲。宦者以手承之，鼓翅而下，足有小金牌，有「宣和」二字。因以索架置之，稍不驚怪。比上膳，以行在草草無樂，鸚鵡大呼卜尚樂，起方響，久之曰：「卜娘子不敬萬歲。」蓋道君時掌樂宮人，以方響引樂者，故猶以舊格相呼，高廟爲罷膳泣下。後此鳥持至臨安，忽死，高宗親爲文祭之云：「金距絳裳，何意朱紫，乘軒駭散，纓羅鬬死。不遠長江，來自汴水，匪饑則附，曰忠自矢。謝跡雲端，投身禁裏，每呼舊人，以厲近侍。禽言若斯，鳥官誰似，云胡委羽，歸魂鶉尾。借號有烏，來朝無雉，漸肯爲儀，曆仍輝紀。尚饗。」宸翰灑灑，一時大手當爲置筆。

崇寧二年五月，秘閣書寫成二千八十二部，未寫者一千二百十三部，及闕卷二百八十九，立程限繕録。政和七年十一月十四日戊戌，校書郎孫覿奏：「四庫書尚循崇文舊目，項訪求遺書，總目之外，凡數百家，幾萬餘卷，請譔次增入總目，合爲一卷。」詔覿等譔次，名曰《秘書總目》。及汴京不守，悉爲金虜輦去。車駕渡江，詔搜江浙閩粵載籍，四庫至四萬四千四百八十六卷，較崇文舊目多一萬三千八百十七卷，又思陵以萬幾之暇，御書《六經》、《論語》、《史記·列傳》刊石，立于太學，典籍之盛，無愧先朝。第奇秘闕逸，較前少損，所增多近代編述耳。

陸游《老學庵筆記》卷一　秘閣有端硯，上有紹興御書一「頑」字，唐有準敕惡詩，今又有準敕頑硯耶。

高宗在徽宗服中，用白木御椅子，錢大主入覲，見之，曰：「此檀香椅子耶？」張婕妤掩口笑曰：「禁中用胭脂皂莢多，相公已有語，更敢用檀香作椅子耶？」時趙鼎、張浚作相也。

陸游《老學庵筆記》卷五　高宗除喪，予以禮部郎入讀祝，至几筵殿，蓋帝平日所御處也。殿三間，殊非高大，陳列几席、椸枷之類，亦與常人家不甚相遠。猶想見高廟之儉德也。

陸游《老學庵筆記》卷六　高宗行幸揚州，郡人李易爲狀元。次舉駐蹕臨安，而狀元張九成亦貫臨安。時以爲王氣所在。方李易唱第時，上顧問：「此人合衆論否？」時相對曰：「易乃揚州州學學正，必合衆論。」人笑其敷奏之陋。

陸游《老學庵筆記》卷七　高廟駐蹕臨安，艱難中，每出猶鋪沙藉路，謂之黄道，以三衙兵爲之。紹興末內禪，駕過新宫，猶設黄道如平時。明日壽皇出，即撤去，遂不復用。

陸游《老學庵筆記》卷一〇　史丞相言，高廟嘗臨《蘭亭》，賜壽皇於建邸，後有批字云：「可依此臨五百本來看。」蓋兩宫之篤學如此。世傳智永寫《千文》八百本，於此可信矣。

周煇《清波雜志》卷一　高宗自相州提兵渡河，初程宿頓，問地名，以新興店對。幕府進言：「大王治兵討賊，行紹大統，而初宿新興，天意若曰：宋室中興，其命維新。」且以太平興國中宋捷之語爲證。紹興辛巳，視師江上，至無錫，幸惠山酌泉。泉上有汲桶，桶間書「吴安」二字。吴安，閽隸姓名也。侍衛者偶見之，皆喜謂吴地可安，或云亦嘗達于聖聽。頃得此説於惠山主僧法皡。普安等名雖不同，其爲佳讖則一也。

高宗踐阼之初，躬行儉德，風動四方。一日，語宰執曰：「朕性不喜與婦人久處，早晚食只麪飯、炊餅、煎肉而已。食罷，多在殿旁小閣垂簾獨坐。設一白木卓，置筆硯，並無長物。」又嘗詔有司毀棄螺填倚卓等物，謂螺填淫巧之物，不可留。仍舉：「向自相州渡大河，荒野中寒甚，燒柴，借半破甆盂，温湯瀹飯，茅簷下與汪伯彦同食。今不敢忘。」紹興間，復紓奎畫以記損齋，「損之又損」，終始如一，宜乎去華崇實，還淳返朴，開中興而濟斯民也。

高宗繇康邸使虜庭，開大元帥府於相州，繼登寶位，再造王室。一時霸府攀

附，自汪丞相伯彥而次。建炎初，詔省記事跡，成書來上，付之史館。其閒所紀符瑞，如冰泮復凝，紅光如火，雲覆華蓋，其類不一。獨諸路文書申帥府，或曰康王，或曰靖王。有解坼「靖康」二字，乃「立十二月而立康王」，祥契昭灼如此。時識者謂本朝無親王將兵在外故事，忽付大元帥之柄於皇弟，蓋本天意云。

王明清《揮麈録·後録》卷二　宣和中，燕諸王于禁中。高宗以困於酒，倦甚，小愒幄次。徽宗忽詢：「康王何往乎？」左右告以故，徽宗幸其所視之，甫入即返，驚鄂默然。內侍請于上，上云：「適揭簾之次，但見金龍丈餘，蜿蜒榻上，不欲呼之，所以亟出。」歎息久之，云：「此天命也。」繇是異待焉。趙士籛彭老云。

高宗嘗語呂頤浩云：「朕在宮中，每天下奏案至，莫不熟閱再三，求其生路，有至夜分。卿可以此意戒刑寺官，凡於治獄，切當留心，勿草草。」頤浩再拜贊，即以上旨喻之。姜安禮處恭云。

曹功顯勛語明清云：「昨從徽宗北狩，至燕山逃歸，顯仁令奏高宗曰：上爲康王，再使虜中，欲就鞍時，二后洎宮人送至廳前。有小婢招兒者，見四金甲人，狀貌雄偉，各執弓劍，擁衛上體，婢指示衆，雖不見，然莫不畏肅。后即悟曰：我事四聖，香火甚謹，必其陰助。今陷虜中，愈當虔事。自後夜深必四十拜止。更令奏上，宜嚴崇奉，以答景貺。高宗後駐蹕臨安，即詔於西湖建觀像設以祀，甚爲壯麗。」又云：「后未知上即位，嘗用象戲局子，裹以黃羅，書康王字，貼於將上，焚香禱曰：『今三十二子俱擲於局，若康王字入九宮者，必得天位。』一擲，其將子果入九宮，他子皆不近。后以手加額，喜甚，即具奏，徽廟大喜，復謂后曰：『端卜昭應異常，可無慮矣。』」

王明清《揮麈録餘話》卷一　高宗建炎三年冬，自建康避狄，幸浙東。初渡錢塘，至蕭山，有列拜於道側者，揭其前云：「宗室趙不衰以下起居。」上大喜，顧左右曰：「符兆如是，吾無慮焉。」詔不衰進秩三等。是行雖涉海往返，然天下自此大定矣。不衰即善俊之父。此與太宗征河東宋捷之祥一也。是時，選御舟棹工，又有趙立、畢勝之讖。

建炎庚戌正月三日，高宗航海次台州之章安鎮，落帆於鎮之祥符寺前，屏去警蹕，易衣，徒步登岸。時長老者方陞座，道祝聖之祠。帝趾忽前，聞其稱讚之語，甚喜，戒左右勿令驚惶而諦聽之。少焉，千乘萬騎畢集，始知爲六飛臨幸。野僧初不閑禮節，恐怖失措，從行有司始教以起居之儀。李承造升之云。

紹興中，趙元鎮爲左相。一日，入朝，見自外移竹栽入內。奏事畢，亟往視之，方興工於隙地。元鎮詢誰主其事，曰：「內侍黃彥節也。」元鎮即呼彥節，詬責之曰：「頃歲艮嶽花石之擾，皆出汝曹，今將復蹈前轍邪？」命勒軍令狀日下罷役，彥節以聞於上。翌日，元鎮奏事，上喻曰：「前日偶見禁中有空地，因令植竹數十竿，非欲以爲苑囿。然卿能防微杜漸如此，可謂盡忠爾。後儻有似此等事，勿憚，以警朕之不逮也。」彥節自云。

沈之才者，以碁得幸思陵，爲御前祗應。一日，禁中與其類對弈，上喻曰：「切須子細。」之才遽曰：「念茲在茲。」上怒云：「技藝之徒，迺敢對朕引經邪？」命內侍省打竹篦二十逐出。康宣仲云。

李心傳《建炎以來朝野雜記》甲集卷一《高宗恭儉》　高宗在維揚時，每退朝，即御殿旁一小閤，垂簾獨坐，前設一素木桌子，上置筆硯，蓋閱四方章奏於此閤內，惟二小璫侍側。凡巨璫若內夫人奏事，上悉出閤外視之。御膳惟麪、飯、煎肉、炊餅而已。鎮江守錢伯言嘗獻宣和所留器用，其間有螺鈿椅桌。上惡其靡，亟命於通衢毀之。上晚年，大劉妃有寵，恃恩驕侈，盛夏以水晶飾足踏。上偶見之，即命取其一以爲御枕。妃惶懼，撤去。自是六宮無復踰制者矣。

李心傳《建炎以來朝野雜記》甲集卷一《高宗聖學》　紹興末，上嘗作損齋，屏去玩好，置經史古書其中，以爲燕坐之所。上早年謂輔臣曰：「朕居宮中，自有日課，早閱章疏，午後讀《春秋》、《史記》，夜讀《尚書》，率以二鼓罷。尤好《左氏春秋》，每二十四日而讀一過。」胡康侯進《春秋解》，上置之坐側，甚愛重之。又悉書《六經》，刻石寘首善閣下。及作損齋，上亦老矣，因自爲之記，刻石以賜近臣焉。

洪邁《夷堅志》癸卷九《鯉魚玉印》　淳熙中，明州士人往臨安赴省試。舟過曹娥江，漁叟持巨鯉，重七八斤來售。買以錢五百，魚撥刺不止。士人愛其腴鮮，擬明日斫膾延客。適天色微暖，慮其餒腐，使僕作鮓。既剖腹，於中得小玉印，溫潤潔白，刻兩篆字，不能識。士人朴野，元不料爲奇物，漫收藏於笥。至都城旅舍，留頗久，資用不繼。值常買小商過門，出以誇示，然但須價五千。商酬五之三，士喜所獲數倍，即付與。此商亦非博雅者，只掛於擔上。經德壽宮門，提舉張去爲下直，車中覘望，取而翫視，命隨詣其宅，問所得處，且扣其價，亦僅求五千。如數與之，而佩於腰間。它日，光堯太上見之曰：「汝何處得此？」具以奏。聖情憮然曰：「此我故物，京師玉册官鐫德基字甚工。建炎己酉，避狄於海上，誤墜水中，今四五十年矣，不謂復落吾目。」詔賜去爲錢二千貫。而別以千

貫，令訪授士人云。李大東説。

周密《武林舊事》卷三《西湖遊幸都人遊賞》　淳熙間，壽皇以天下養。每奉德壽三殿，遊幸湖山，御大龍舟，宰執從官以至大璫應奉諸司，及京府彈壓等，各乘大舫，無慮數百。時承平日久，樂與民同，凡遊觀買賣皆無所禁，畫楫輕舫旁午如織，至於果蔬羹酒關撲、宜男戲具、鬧竿花籃、畫扇彩旗、糖魚粉餌、時花泥嬰等，謂之湖中土宜，又有珠翠冠梳、銷金綵段、犀鈿髹漆、織藤窑器玩具等物，無不羅列。如先賢堂、三賢堂、四聖觀等處最盛，或有以輕橈趁逐求售者，歌妓舞鬟，嚴妝自衒，以待招呼者，謂之水仙子。至於吹彈、舞拍、雜劇、雜扮、撮弄、勝花、泥丸、鼓板、投壺、花彈、蹴踘、分茶、弄水、踏混、木撥、雜藝、散耍、謳唱、息器，教水族飛禽、水傀儡、鬻水道術、烟火起輪、走線流星、水爆風箏，不可指數，總謂之趕趁人。蓋耳目不暇給焉。御舟四垂珠簾錦幕，懸挂七寶珠翠，龍鉛梭子鬧竿花籃等物，宫姬韶部儼如神仙，天香濃郁，花柳避妍。小舟時有宣唤賜予，如宋五嫂魚羹，嘗經御賞，人所共趨，遂成富媪。朱静佳六言詩云：「柳下白頭釣叟，不知生長何年，前度君王遊幸，賣魚收得金錢。」往往修舊京金明池故事，以安太上之心，豈特事遊觀之美哉。湖上御園：南有聚景、真珠、南屏，北有集芳、延祥、玉壺，然亦多幸聚景焉。一日，御舟經斷橋，橋旁有小酒肆頗雅潔，中飾素屏，書風入松一詞於上，光堯駐目稱賞久之，宣問何人所作，乃太學生俞國寶醉筆也。其詞云：「一春長費買花錢，日日醉湖邊。玉驄慣識西泠路，驕嘶過，沽酒樓前，紅杏香中歌舞，緑楊影裏鞦韆，東風十里麗人天。花壓鬢雲偏，畫船載取春歸去，餘情在湖水湖烟。明日再攜殘酒，來尋陌上花鈿。」上笑曰：「此詞甚好，但末句未免儒酸。」因爲改定云：「明日重扶殘醉，則迥不同矣。」即日命解褐云。西湖天下景，朝昏晴雨，四序總宜，杭人亦無時而不遊，而春遊特盛焉。承平時，頭船如大緑、間緑、十樣錦、百花寶勝、明玉之類，何翅百餘，其次則不計其數，皆華麗雅靚，誇奇競好。而都人凡締姻、賽社、會親、送葬、經會、獻神、仕宦恩賞之經營，禁省臺府之囑託，貴璫要地，大賈豪民，買笑千金，呼盧百萬，以至癡兒騃子密約幽期，無不在焉。日糜金錢靡有紀極，故杭諺有「銷金鍋兒」之號，此語不爲過也。

周密《武林舊事》卷四《聚遠樓》　高宗雅愛湖山之勝，恐數蹕煩民，乃于宫内鑿大池，引水注之以象西湖冷泉。疊石爲山，作飛來峯，因取坡詩「賴有高樓能聚遠，一時收拾與閒人」名之。周益公進端午帖子云：「聚遠樓高面面風，冷泉亭下水溶溶。人間炎熱何由到，真是瑶臺第一重。」孝宗御製冷泉堂詩以進，高宗和韻，真盛事也。

陳郁《藏一話腴》乙集卷上　明之象山，士子史本有木犀，忽變紅色異香，因接本以獻闕下。高廟雅愛之，曾畫爲扇面，仍製詩以賜從臣榮嶷云：「月宫移就日宫栽，引得輕紅入面來。好向烟霄承雨露，丹心一點爲君開。」復古殿又題云：「秋入幽巖桂影團，香深粟粟照林丹。應隨王母瑶池宴，染得朝霞下廣寒。」自是四方争傳其本，歲接數百，史氏由此昌焉。

趙彦衛《雲麓漫鈔》卷七　台州臨海縣章安祥符寺法堂上有高廟御坐。寺僧師顔年八十餘矣，能言東巡事，云：「時年方十四，事悟講主。建炎三年十二月二十六日，民間讙言天子航海東來，泊金鰲山下；二十八日平明，有十六人皆衣戰袍，步自金鰲，入寺，有黄領者坐，頃之，問寺有素食否。時方修歲懺，乃取炊餅五枚以進之，食其三已，又食其半，悟講主復擷園蔬，芼以薑鹽進之。聞有旨取一内人，乃借民間小竹輿乘之以來。立語良久，復令登舟。晚遂復幸金鰲。凡留十四日，始航海幸永嘉。又留四十五日，復航海幸金鰲。又留八日，忽聞六軍皆呼萬歲，捷書至也。於是航海由四明還紹興。」李正民侍郎《乘桴録》云：「己酉十二月五日，車駕至四明，十五日大雨，遂登舟至定海，十九日至昌國縣，二十六日移舟之温、台。自是連日南風，舟行雖穩，而日僅行數十里。二十九日歲除。庚戌正月二日北風稍勁，晚泊台州港。三日早至章安，知台州晁公爲來。上幸祥符寺，從官迎拜於道左。是日得餘杭把隘官陳彦報：『人馬至縣，迎擊乃退。』六日，得張俊奏云：『二十八日、二十九日正月二日，凡三遇敵，殺傷相當。』八日，張思正奏云：『張浚出兵擊退虜騎。』十四日，張浚自台州來。十八日，移舟離章安。十九日晚，雷雨又作。二十日，泊青澳門。二十一日，泊温州港。」《國史》載此事，皆在四年正月，與顔言不合。然今歲懺皆開歲乃修，則顔所記誤耶？金鰲蓋一獨峯，坡陁鬱茂，若鰲背然，正與栅浦相對，兩涘之間，畧辨牛馬，東看海門，雲飛波翻，渺然無際。山頂有善際寺與大祥符塔院，紹興三十二年，始賜額。先是，有人題詩云：「牡蠣灘頭一艇横，夕陽多處待潮生。與君不負登臨約，同向金鰲背上行。」及高廟覽之，以爲詩讖，求其人不可得矣。御坐一竹椅，寺僧今别造，以黄蒙之。壁間有詩云：「黄帽當年駕舳艫，東浮鯨海出三吴。中興事業風波惡，好作君王坐右圖。」不著姓氏。

韓淲《澗泉日記》卷上　紹興戊辰，太常少卿方庭碩使金展陵寢。先是，諸

陵皆遺發，哲宗至暴骨，庭碩解衣裹之，惟昭陵如故。庭碩歸奏，上涕下沾襟，悲動左右。時相大怒，案：《宋史》方庭碩無傳，攷紹興戊辰，秦檜方當軸，力主和議，稍異己者即遭竄逐。此所稱時相，當即指檜也。劾庭碩奉使無狀，請竄斥。有旨除廣東提刑，到官不逾月，瘴死。自是出疆者不敢言陵寢。隆興改元，冬，胡銓被召賜對，首及庭碩語，上大感悟，奮然有恢復意，亟議遣使問發陵之故，會時相方主和議而止。乾道庚寅夏五月，銓以溫陵守奏事，上喟然曰：「朕復讎雪恥，此志決矣。」銓奏云：「陛下此舉已遲。」上默然。及是，詔丞相選材識有經學通達國體者一人，持節以往，以申請陵之思。由是，范成大自起居郎兼侍讀、資政殿學士往使。

葉紹翁《四朝聞見録》甲集《易安齋梅巖亭》 光堯親祀南郊，時紹興二十五年也。御書於郊壇易安齋之梅巖亭曰「謁款泰壇」。因過易安齋，愛其去城不遠，巖石幽邃，得天成自然之趣。爲賦《梅巖》云：「怪石蒼巖映翠霞，梅梢疎瘦正横斜。得因祀事來尋勝，試探春風第一花。」孝宗時在潛邸，恭和聖作云：「秀色環亭擁露霞，脩筠冰豔數枝斜。東君欲奉天顔喜，故遣融和放早花。」此真古今所未見，巖石何其幸歟！光堯嘗問主僧曰：「此梅唤作甚梅？」主僧對曰：「青蔕梅。」又問曰：「梅邊有藤唤作甚藤？」對曰：「萬歲藤。」稱旨，賜僧階。上嘗拂石而坐，至今謂之「御坐石」。

葉紹翁《四朝聞見録》乙集《高宗駐蹕》 高宗六龍未知所駐，嘗幸楚，幸吴，幸越，俱不契聖慮。暨觀錢唐表裏江湖之勝，則歎曰：「吾舍此何適？」時吕公頤浩提師于外，以書御帝曰：「敵人專以聖躬爲言，今駐蹕錢唐，足以避其鋒，伐其謀。」近名公謂士大夫溺于湖山歌舞之娱，皆秦檜之罪。檜之罪在于誅名將，竄善類，從臾貶號，遣逐北人；若奠都之計，蓋決于帝而贊成于頤浩也。或謂徽宗嘗寤錢王而誕高宗，蓋因定都從而附會云。

葉紹翁《四朝聞見録》乙集《高宗御書石經》 高宗御書六經，嘗以賜國子監，及石本于諸州庠。上親御翰墨，稍倦，即命憲聖續書，至今皆莫能辨。

葉紹翁《四朝聞見録》乙集《高宗知命》 高宗自能推步星命。或臣下不能始終仰副聖眷，則曰：「吾奴僕宫星陷故也。」

葉紹翁《四朝聞見録》乙集《高宗好絲桐》 高宗自康邸已屬意絲桐。時有僧曰輝，曰仙，嘗召入，以是被知。上既南巡吴會，二僧亦自京師來，欲見上，未有間。會上幸天竺，二僧遂隨其徒迎駕起居。上感昔，至揮涕記之。還宫，即命黄門召入，黄門對以須令習儀，上曰：「朕舊所識，縱疎野何害？僧徒固宜疎野。」黄門復奏，以爲入夕非宣召僧徒之時。上曰：「此却是。」翌朝，召二僧入，道京師事與渡南崎嶇，上甚悲且喜，由是宣召無時。二僧冀規靈隱蔬地剗菴以老，其徒不能從。上至遣使諭靈隱僧，僧猶豫未奉命。上降黄幟，任二僧所欲爲界。靈隱僧懼而縱二僧自營，今額爲天申圓覺寺。上既倦勤，退處北宫，閒乘小藤團龍肩輿憩其廬。重華脱屣乘，亦修思陵故事，有御製二詩，其徒摹雲章于壁石云。

葉紹翁《四朝聞見録》乙集《黄振以琴被遇》 琴師黄震，後易名振，以琴召入，思陵悦其音，命待詔御前，日給以黄金一兩。後黄教子，乃以他藝入。詔以「爾子不足進于琴耶？」黄喟然歎曰：「幾年幾世，又遇這一個官家！」黄死，遂絶絃云。

葉紹翁《四朝聞見録》乙集《技藝不遇》 思陵時，百工技藝咸精其能，故挾技術者率多遇，而亦有命焉。吴郡王益嘗以相士薦於上，上以王故召見。見上，則曰：「陛下堯眉舜目，禹背湯肩。」上即駕輿曰：「到處鑾將來。」王又爲李世英進墨，每一圭墨重十兩。上曰：「恁麽大，將如何把？」王偶致棋客，關西人，精悍短小。王試命與國手敵，俱出其右。王因侍上弈言之，翌日宣唤。國手夜以大白浮之，出處子，極妍靚，曰：「此吾女也，我今用妻爾。但來日於御前饒我第一局，我第二局却又饒爾。我與爾永爲翁婿，都在御前。不信吾説，吾豈以女輕許人？」國手實未嘗有女，女蓋教坊妓也。關西樸而性直。翌日，上詔與國手弈，上與王視第一局，關西陽遜國手。上拂衣起，命王且酌酒曰：「終是外道人，如何敵得國手？」關西纔出，知爲所賣，鬱悶不食而死。

葉紹翁《四朝聞見録》丙集《宫鴉》 紹興初，高宗建行闕於鳳山，山中林木蓊如，鴉以千萬。朝則相呼鼓翼以出，啄粟於近郊諸倉，昏則整陣而入，噪鳴聒天。高宗故在汴邸，汴無山，故未嘗聞此，至則大駭。又以敵人之逼，聖思遂不悦，命内臣張去爲領修内司諸兒聚彈射，而驅之臨平赤岸間，蓋去闕十有五六里。未幾，鴉復如初。彈者技窮，宫中亦習以爲常。唐人詩多用宫鴉，蓋唐宫闕依山云。

張端義《貴耳集》卷上 德壽與講官言：讀《資治通鑑》，知司馬光有宰相度量。讀《唐鑑》，知范祖禹有臺諫手段。雖學士大夫，未嘗説到這裏。

孝皇同恩平在潛邸，高廟乃書《蘭亭序》二篇賜二王，依此樣各進五百本。

孝皇書七百本上之，恩平卒無所進。高廟賜二王宮女各十人。普安問禮之當何如？史浩云：「當以庶母之禮待之。」高廟問二王待遇之狀，言普安加禮，恩平無不昵之者。大計由此而決。

秦會之當國，偶虔州賊發。秦相得報，夜呼堂吏行劄，數日以賊聞。一日，德壽問：「虔州有賊，何不奏聞？」秦云：「小竊，不敢上勞聖聽，陛下何以知之？」上曰：「普安説。」秦既退，呼堂吏云：「普安一宮給使，請俸不齊，取榜來。」遂閣兩月。壽皇聖度高遠，亦不以此爲意。議者疏秦擅專之罪。德壽建思堂落成，壽皇同宴，問德壽何以曰「思堂」，德壽答曰：「思秦會也。」由是秦氏之議少息。

張端義《貴耳集》卷中　徽宗夢錢王再三乞還兩浙。夢覺，與鄭后言：「朕夜來被錢王取兩浙甚急。」鄭后奏云：昨夜韋后誕高宗。及建炎渡江，今都錢塘，百有餘年，豈非應乞兩浙之夢乎？

壽皇一日過南内，有唐突人通州高柟，在望仙橋裏山呼。壽皇止輦，問理會何事？奏云訴分。即時降旨送棘寺。壽皇取案牘自閲，内有一臺官貽書，即時國門吴邑令趙善宣卻金不受，特轉一官，訟無半月而決。壽皇斷獄如此聖明。

蕭鷓巴恭奉孝廟毬，每聖語許除步帥，久不降旨，孝廟亦以北人不欲處三衙。忽鷓巴醉中語侵孝廟云：「官家會亂説，許臣除步帥數次，久不降旨。」孝廟怒，送福州居住。居數月，德壽忽語孝廟云：「蕭鷓巴如何不見？」孝廟舉前説奏知。德壽云：「北人性直，官家不當戲之。」唤取歸來，德壽賜錢五千緡，仰福帥津遣赴闕，仍舊還職。及德壽發引日，鷓巴號哭于路，欲絶。北人歸順本朝，真終始而不變者也。

張端義《貴耳集》卷下　壽皇過南内，德壽問近日臺臣有甚章疏，壽皇奏云：「臺臣論知閤鄭藻。」德壽云：「説甚事，不是説他娶嫂？」壽皇奏云：「正説此事。」德壽云：「不看執柯者面？」壽皇問：「執柯者誰？」德壽云：「朕也。」壽皇驚灼而退，臺臣即時去國。

德壽丁亥降聖，遇丙午慶八十，壽皇講行慶禮上尊號。周益公當國，差官撰册文，讀册書。册擬楊誠齋、尤延之，各撰一本，預先進呈。益公與誠齋鄉人，借此欲除誠齋一侍從爲潤筆。册文壽皇披閲至再，即宣諭益公：「楊之文太聱牙，在御前讀時生受，不若用尤之文温潤。」益公又思所以處誠齋，奏爲讀册官。壽皇云：「楊江西人，聲音不清，不若移作奉册。」壽皇過内，奏册寶儀節及行禮官，讀至楊某，德壽作色曰：「楊某尚在這裏，如何不去？」壽皇奏云：「不曉聖意。」德壽曰：「楊某殿册内比朕作晉元帝，甚道理？」楊即日除江東漕，誠齋由是薄憾益公。

紹興初，楊存中在建康，諸軍之旗中有雙勝交環，謂之二聖環，取兩宮北還之意。因得美玉，琢成帽環進高廟，曰尚御裹。偶有一伶者在旁，高宗指環示之：「此環楊太尉進來，名二勝環。」伶人接奏云：「可惜二聖環，且放在腦後。」高宗亦爲之改色。所謂工執藝事以諫。

廖瑩中《江行雜録》　光堯聖壽太上皇帝，當内修外攘之際，尤以文德服遠，至於宸章睿藻，日星昭垂者非一。紹興二十八年將郊祀，有司以太常樂章篇序失次，文義弗協，請遵真宗仁宗朝故事，親製祭享樂章。詔從之。自郊社宗廟原廟等，共十有四章，肆筆而成。睿思雅正，宸文典贍，所謂大哉王言也。至於一時閒適寓景而作，則有漁父辭十五章，又清新簡遠，備騷雅之體。其辭有曰：「薄晚煙林淡翠微。江邊秋月已明輝。縱遠柁，適天機。水底閒雲片段飛。」又曰：「青草開時已過船，錦鱗躍處浪痕圓。竹葉酒。柳花氈。有意沙鷗伴我眠。」又曰：「水涵微影湛虚明。小笠輕簑未易晴。明鏡裏。縠紋生。白鷺飛來空外聲。」辭不能盡載，觀此數篇，雖古之騷人詞客，老於江湖，擅名一時者，不能企及。奎章録

趙與時《賓退録》卷五　淳熙十四年冬十一月，丙寅，宰執奏事延和殿，宿直官洪邁同對，因論高宗謚號。孝宗聖諭云：「太上時，有老中官云：太上臨生，徽宗嘗夢吴越錢王引徽宗御衣云：我好來朝，便留住我，終須還我山河，待教第三子來。」邁又記，其父皓在虜買一妾，東平人，偕其母來。母曾在明節皇后閤中，能言顯仁皇后初生太上時，夢金甲神人自稱錢武肅王，寤而生太上。武肅即鏐也，年八十一，太上亦八十一。卜都于此，亦不偶然。張淏《雲谷雜記》僅載其略，且不記其語之所自得。獨周必大《思陵録》備載其詳如此。上所諭錢王，指俶；俶第三子，惟渲也。終團練使。

張淏《雲谷雜紀》卷三　靖康元年冬，高宗發京師，將至斡喇布軍前議事。及至磁州，州有崔府君祠，府君，或云唐人，其名不傳。或云乃後漢崔子玉也，封嘉應侯，號應王。上至，州人擁神馬謂應王出迎。守臣宗澤啓上謁其廟。上謁廟出，磁人力請上無北去。乃還，泊于相州。明年，遂即大位。高宗之應天兆于此。

佚名《朝野遺記》 方伯彦、潛善養安之際，外傳北風極勁，而汪、黄傲然謂無事，故上每不知虞。比江都宫中方有所御幸，而張浚告變者遽至，矍然驚惕，遂病薰腐，故明受殂後，後宫皆不孕。高廟中年不樂張忠獻者非獨以戰異議亦追歸來望思之怒耳。

謝維新《古今合璧事類備要》外集卷三 高宗紹興十三年，行郊禮，進呈宿齋望祭青城幕，上曰：「止是一宿，不必枉費人力，所有宿齋處，望祭殿，只隨宜絞縛，用蘆席青布之類，不得侈大」。有司簡舊典，合用珠子坐褥，上曰：「不事此也 爲主若事華靡，恐非事天之意。」

徐夢莘《三朝北盟會編》卷一三六 上在章安鎮，忽有二舟爲風所飄，直犯禁衛船。問之，乃販柑子客也。上聞，盡令買之，分散禁衛軍兵。令食穰，取其皮爲椀。是日元夕放燈之辰也，乃命貯油於柑皮中，點燈，隨潮退，放入海中。時風息浪静，水波不動，有數萬點火珠，熒熒出没滄溟間。章安鎮居人皆登金鼇峯看之。

徐夢莘《三朝北盟會編》卷三〇 初，虜人講和，要一親王爲質，朝廷議從其請。上召諸王曰：「誰肯爲朕行？」康王越次而進，請行。康王英明神武，勇而敢爲，有藝祖之風。將行，密奏於上曰：「朝廷若有便宜，無以一親王爲念。」既行，〔張〕邦昌垂涕，康王慨然曰：「此男子事，相公不可如此。」邦昌慙而止。

岳珂《桯史》卷四《壽星通犀帶》 德壽在北内，頗屬意玩好。孝宗極先意承志之道，時罔羅人間，以共怡顔。會將舉慶典，市有北賈，攜通犀帶一，因左璫以進於内。帶十三銙，銙皆正透，有一壽星，扶杖立。上得之喜，不復問價；將以爲元日壽卮之侑。賈索十萬緡，既成矣，傍有璫見之，從賈求金。不得，則擿之曰：「凡壽星之扶杖者，杖過於人之首，且詰曲有奇相。今杖直而短，僅至身之半，不祥物也。」亟宣視之，如言，遂却之。此語既聞遍國中，無復售者。余按《會要》開寶九年二月十九日，召皇弟晉王及吴越國王錢俶。其子惟濬射苑中，俶進御衣、金器、壽星通犀帶以謝。帶之著於前世者，僅此一見耳。

岳珂《桯史》卷五《陽山舒城》 建炎航海之役，張俊既戰而棄鄞，兀朮入之。即日集賈舟，募瀕海之漁者爲鄉導，將遂犯蹕，而風濤稽天，盤薄不得進。兀朮怒，躬命巨艘，張颿徑前，風益猛，自度不習舟楫，桅舞舷側，窘懼欲却而未脱諸口也。遥望大洋中，隱隱一山，顧問海師此何所，對曰：「陽山。」兀朮慨然歎曰：「昔唐斥境，極于陰山，吾得至此足矣。」遂下令反棹。其日，御舟將如館頭，亦遏于風，不爾幾殆，蓋天褫其魄而開中興云。龍舒在淮最殷富，虜自亂華，江浙無所不至，獨不入其境，説者謂其語忌，蓋以舒之比音爲輸也。

岳珂《桯史》卷五《蠲毒圓》 高皇毓聖中原，得西北之正氣，夙賦充實，自少至耄，未嘗用温劑。每小不怡，輒進蠲毒圓數百，一以芫花、大黄、大戟爲主，侍醫縮頸，而上服之自如。有王涇者，以伎進，侈言勇往，居之不怍，間奉圭匕，先意持論，自詭無傷。孝宗素危之，屢詰責，要以禍福，弗之顧。淳熙丁未，聖壽踰八齡矣。一日，進餛飩，覺胸膈欬壅，涇猶主前藥，既投而不支，遂以大漸。孝宗震怒，立詔誅之。慈福要上苦諫，薄不獲已，減死黥流，杖脊朝天門。中使涖焉，方覬其速斃，涇貨五伯下其手，卒得活。初，巨醫王繼先幸紹興，始用是，取驗。孝宗在朱邸，扈蹕視師至建康，館秦檜故第。史文惠爲講官，實從行，燕之正堂，而命莊文醴、曾龍于後圃。孝宗樂，飲以碼碯觥，釂者十二，因游于圃，二臣復各獻一卮。後三日，屬疾，高皇賜藥，使内侍視之服。文惠聞之，疑其爲蠲毒，亟袖人參圓入，問而信，遂竊易之，僅痛。是日微文惠，幾殆。高皇蓋主此，而不知南北之異稟也。涇祖繼先之緒餘，株守不變，是以敗云。

楊萬里《誠齋詩話》 高宗初作黄字，天下翕然學黄字。後作米字，天下翕然學米字。最後作孫過庭字，故孝宗、太上皆作孫字。

陶宗儀《南村輟耕録》卷七《金鼇山》 吾鄉于佩遠先生（演）《題金鼇山》詩曰：「金鼇之山金碧浮，重玄寶坊居上頭。鍾聲夜渡海門月，樹色遠攬豐山秋。龍伯國人真妙手，掣此巨靈鎮江口。丹丘逸士來跨之，石窪爲尊江當酒。黄鬚天子七寶鞭，黄頭漁郎櫂江船。百年塵跡果何在，芒碭雲去山蒼然。歷試諸難固天造，中興開國何草草。腹心有疾日月昏，英雄無聲天地老。兩宫不歸汴水流，此地空傳帝子遊。惜無健筆驅風雨，一洗江山萬古愁。」此詩至今膾炙人口。山枕海，屬臨海縣章安鎮。初，宋高宗在潛邸日，泰州人徐神翁，云能知前來事，羣閹言於徽宗，召至，以賓禮接之。一日，獻詩於帝曰：「牡蠣灘頭一艇横，夕陽西去待潮生，與君不負登臨約，同上金鼇背上行。」及兩宫北狩，匹馬南渡，建炎庚戌正月三日，帝航海，次章安鎮，灘淺閣舟，落帆于鎮之福濟寺前以候潮，顧問左右曰：「此何山？」曰：「金鼇山。」又問：「此何所？」曰：「牡蠣灘。」因默思神翁之詩，乃屏去警蹕，易衣徒步登岸，見此詩在寺壁間，題墨若新，方信其爲異人也。時住持僧方陞坐，道祝聖之詞。帝趾忽前，聞其稱讚之語，甚喜，戒左右勿驚怖，而諦聽之。少焉，千乘萬騎畢集，終知爲六飛臨幸。野僧初不閑

禮節，恐怖失措，從行有司教以起居之儀。山下曰黄椒村，村之婦女聞天子至，咸來瞻拜龍顔，歡聲如雷，曰：「不圖今日得觀天日。」帝喜，敕夫人各自遂便。故至今村婦皆曰夫人。雖易世，其稱謂尚然不改。宋史但載御舟幸章安鎮，而不見金鰲之詳。偶與張善初話鄉中舊事，因筆之。善初，章安人也。

陶宗儀《書史會要》卷六　思陵本斆黄庭堅書，後以僞豫遺能黄書者爲間，乃改從右軍焉。

劉一清《錢塘遺事》卷一《高宗浙臉》　高宗誕之三日，徽宗幸慈寧后閤，妃嬪捧抱以見，上撫視甚喜，顧謂后妃曰：「浙臉也。」蓋慈寧后乃浙人。其後駐蹕于杭州，亦豈偶然？

劉一清《錢塘遺事》卷一《金陵山水》　高宗未駐蹕杭州之先，有暫都金陵之意。末年因幸建康，此意未釋，召一術者決之，術者云：「建康山雖有餘，水則不足。」獻詩曰：「昔年曾記謁金陵，六代如何得久興。秀氣盡隨流水去，空留煙岫鎖崚嶒。」

劉一清《錢塘遺事》卷一《夢吴越王取故地》　宋高宗建炎渡江，至德祐丙子，通一百五十年。紹興八年二月癸亥，上發建康，戊寅至臨安府，遂定議建都，自此不復移蹕。

劉一清《錢塘遺事》卷一《仁和門》　宋太祖次陳橋驛，整軍從仁和門入。高宗由海道過杭，聞縣名仁和，甚喜，曰：「此京師門名也。」駐蹕之意始此。

朱國楨《湧幢小品》卷二　宋孝宗時，張子韶在講筵。上嘗問曰：「何以見教？」張曰：「臣安敢當『見教』之語？抑不知陛下臨朝對羣臣時，如何存心？」上曰：「以至誠。」又曰：「入而對宦官、嬪御，如何？」曰：「亦至誠。」又曰：「無所接對静處時，如何？」上遲疑未應。子韶曰：「只這遲疑，已自不可。」上極喜，握其手曰：「卿問得極好！」

沈德符《萬曆野獲編》卷一《人主别號》　古來帝王，不聞别號，惟宋高宗署其室曰「損齋」，想即别號矣。

李日華《六研齋筆記・三筆》卷三　思陵極愛蘇公文詞，力購全集，刻之禁中。

蔣一葵《堯山堂外紀》卷五七　金人南侵，帝奔杭州，而國不可爲矣。有人題詩於吴山子胥祠曰：「和戰無成數戒嚴，中原民苦望熙恬。遷杭不已思閩廣，牛角山河日入尖。」

宋高宗時，饔人瀹餛飩不熟，下大理寺。優人扮兩士人相貌，各問其年，一曰甲子生，一曰丙子生，優人告曰：「此二人俱合下大理。」高宗問故，優人曰：「餅子餅子皆生，與餛飩不熟者同罪耳。」上大笑，赦原饔人。

田汝成《西湖遊覽志餘》卷二《帝王都會》　高宗好養鵓鴿，躬自飛放，有士人題詩云：「鵓鴿飛騰遶帝都，暮收朝放費工夫。何如養箇南來鴈，沙漠能傳二帝書。」高宗聞之，召見士人，即命補官。

高宗嘗宴大臣，見張循王俊持一扇，有玉孩兒扇墜，上識是十年前往四明，誤墜於水，屢尋不獲。乃詢於張循王，對曰：「臣於清河坊舖家買得。」召問舖家，云：「得於提籃人。」復遣根問，回奏云：「於候潮門外陳宅廚娘處買得。」又遣問廚娘，云：「破黄花魚腹中得之。」奏聞，上大悦，以爲失物復還之兆，舖家及提籃人補校尉，廚娘封孺人，循王賞賜甚厚。

高宗以府治爲行宫，嘗題中和堂詩云：「六龍轉淮海，萬騎臨吴津，王者本無外，駕言蘇遠民，瞻彼草木秀，感此瘡痍新。登堂望稽山，懷哉夏禹勤，神功既盛大，後世蒙其仁。顧同越句踐，焦思先吾身，艱難務遵養，聖賢有屈伸，高風動君子，屬意種蠡臣。」嗟乎！有一岳武穆而不能用，乃顧思材於異代耶？

高宗在德壽宫，每進膳，必置匙筯兩副，食前，多品擇取欲食者，以别筯取置一器中，食之必盡，飯則以别匙減而後食。吴后嘗問其故，對曰：「不欲以殘食與宫人食也。」

高宗嘗御書六經，以賜國子監，及此石本賜諸州庠。翰墨稍倦，即命吴憲聖續書，至今皆莫能辨。

高宗既居德壽，時到靈隱冷泉亭閒坐，有一行者，奉湯茗甚謹，德壽語之曰：「朕觀汝意度，非行者也，本何等人？」其人拜且泣曰：「臣本某郡守，得罪監司，誣劾贓，廢爲庶人。貧無以糊口，來從師舅覓粥延殘喘。」德壽惻然曰：「當爲皇帝言之。」數日後再往，則其人尚在，問之，則云：「未也。」明日，孝宗恭請太上帝后幸聚景園，德壽不笑不言，孝宗再奏，亦不答。太后曰：「孩兒好意招老夫婦，何爲怒耶？」德壽默然良久，乃曰：「朕老矣，人不聽我言。」孝宗益駭，復從太后請其事。德壽乃曰：「如某人者，朕已言之而不效，使朕媿見其人。」孝宗曰：「昨承聖訓，次日即以諭宰相，宰相謂贓汚狼籍，免死已幸，難以復用。然此小事，來日決了，今日且開懷一醉可也。」德壽始笑而言。明日，孝宗再諭宰相，宰相猶執前説，孝宗曰：「昨日太上聖怒，朕幾無地縫可入，縱大逆謀

反，也須放他。」遂盡復原官，予大郡。後數日，德壽再往，其人曰：「臣已得恩命，專待陛下之來。」謝恩而去。

德壽生日，每歲進奉有常數；一日，忽減數項，德壽大怒。孝宗皇懼，召宰相虞允文語之。允文曰：「臣請見而解之。」孝宗曰：「朕立待卿回奏。」允文到宮上謁，德壽盛氣。頃之，曰：「朕老而不死，爲人所厭。」允文曰：「皇帝聖孝，本不欲如此，罪在小臣。謂陛下聖壽無疆，生民膏血有限，減生民有限之膏血，益陛下無疆之聖壽。」德壽大喜，酌以御醞一杯，因以金酒器賜之。允文回奏孝宗，孝宗亦大喜，酌酒賜金如德壽云。

沈嘉轍等《南宋雜事詩》卷一引《吹劍録》 時進士卷有犯御名者，帝曰：「豈以朕名妨人進取邪！」

沈嘉轍等《南宋雜事詩》卷一引《武林梵志》 高宗南渡，議西溪建立行宮。因幸西溪，相度形勢，遂駐蹕於沈氏。有沈諸者，進食獻茶，帝大悅，曰：「西溪且留下。」後遂相傳爲駐馬沈。

備論

《宋史》卷三二《高宗本紀九》 贊曰：昔夏后氏傳五世而后羿簒，少康復立而祀夏；周傳九世而厲王死于彘，宣王復立而繼周；漢傳十有一世而新莽竊位，光武復立而興漢；晉傳四世有懷、愍之禍，元帝正位於建鄴；唐傳六世有安、史之難，肅宗即位于靈武；宋傳九世而徽、欽陷于金，高宗纘圖于南京：六君者，史皆稱爲中興而有異同焉。

夏經羿、浞，周歷共和，漢間新室、更始，晉、唐、宋則歲月相續者也。蕭王、琅琊皆出疏屬，少康、宣王、肅宗、高宗則父子相承者也。至於克復舊物，則晉元與宋高宗視四君者有餘責焉。

高宗恭儉仁厚，以之繼體守文則有餘，以之撥亂反正則非其才也。況時危勢逼，兵弱財匱，而事之難處又有甚於數君者乎？君子於此，蓋亦有憫高宗之心，而重傷其所遭之不幸也。

然當其初立，因四方勤王之師，內相李綱，外任宗澤，天下之事宜無不可爲者。顧乃播遷窮僻，重以苗、劉羣盜之亂，權宜立國，確虜艱哉。其始惑於汪、黃，其終制於姦檜，恬墮猥懦，坐失事機。甚而趙鼎、張浚相繼竄斥，岳飛父子竟死於大功垂成之秋。一時有志之士，爲之扼腕切齒。帝方偷安忍恥，匿怨忘親，卒不免於來世之誚，悲夫！

藝文

李綱《梁溪先生文集》卷一六一《皇帝御書跋尾紹興五年八月》 皇帝以丁未歲五月朔自康王、大元帥登寶位，前數日，以御書遺官齎至荆湖北路賜臣，迨今九年矣。臣以衰病屏伏海濱，今年春被受詔旨，令條陳邊防利害來上。臣具奏以聞，七月十七日伏奉親筆詔書，所以褒寵者甚渥。臣不勝感恩榮幸，惶懼戰越之至。謹摹勒上石，以示萬世。紹興五年八月五日，具位臣李綱謹跋。

李綱《梁溪先生文集》卷一六一《皇帝御筆詔書記紹興五年九月》 皇帝在御之八載，歲次甲寅，冬十月，叛臣劉豫借助强虜，稱兵南牧，侵擾淮壖。邊奏來上，有詔親征。戎車啓途，六師雲集，號令賞罰，悉出宸衷，將士奮勵，人百其勇。捷音載路，屢奏膚功，虜氣震讋，潛軍宵遁。策勳飲至，慶賚畢行。皇帝慨然悟前日退避和議之非，治兵飭備，有不可已者。乃於寇退之初，圖爲善後之計。發德音，下明詔，以攻戰、守備、措置、綏懷之方詢于舊弼。微臣嘗叨近司，亦與諮訪之列。竊自惟念，受知最早，荷恩特深。平時常恨屏跡遐遠，徒抱孤忠，不獲以芻蕘之言達於丹扆。恭承清問，其敢鹵莽滅裂以對？既竭鄙慮，條具上聞，仰塞詔旨；又以朝廷根本，時務之所當先者六事，冒瀆天聽。惟是學識迂疏，言辭拙直，大懼不足以禆廟筭之萬一。伏蒙聖慈容以天地之度，燭以日月之明，赦其狂瞽，而察其拳拳之忠，親御翰墨，降詔褒諭，所以寵綏之者甚渥。訓辭溫厚，有金聲玉振之章；筆蹟瑰奇，有鸞翔鳳翥之勢。天光下逮，蓽屋生輝。顧臣愚庸，何以報稱。竊觀自昔帝王當承平無事之時，圖維治蹟，未嘗不以求言爲急務，故堯有衢室之咨，舜有總章之訪，禹重昌言，湯稱好問，況於履艱難之運，建不世之勳哉！秦詢黃髮而霸業成，漢屈羣策而帝功立，光武用寇、鄧、耿、賈之謀而炎運復興，太宗聽房、杜、王、魏之言而唐室大競。古今一理，何莫由斯。仰惟皇帝圖治之勤，求言之切，博詢精考，斷以必行，無愧前古。則夫并天下之謀，兼天下之智，以大有爲修舉政事，震耀威武，削平僭僞，底定中原，紹復祖宗之大業，以致

中興，有不難也。臣雖衰病，待盡山林，傾耳拭目，猶庶幾及見之。謹以御筆詔書摹勒成碑，以昭示天下，使知聖君不忘舊臣，詢事考言，樂取諸人以爲善者如此，用爲獻言者之勸，不其韙歟。紹興五年歲次乙卯九月二十有五日，具位臣李綱謹記并書。

李綱《梁溪先生文集》卷一六一《皇帝御筆勉行詔書跋尾紹興六年八月》 臣昨者誤膺睿獎，起於閑廢之中，付以方面之寄。而臣憂患之餘，重以衰疾，深懼不足以仰副使令。剡奏力辭，至于再三，屢被詔旨，不容遜避。又蒙天恩，親灑宸翰，式遄其行，有「卿宜以安社稷爲己任，勿間中外，勉爲朕行」之語。顧臣學術迂疏，材能淺薄，何以當此？雖力疾之官，已數月餘，黽勉職事，僅免曠敗，曾無尺寸涓埃之補。此臣所以夙夜慙懼，唯欲歸休山林，以逃素餐之責也。上章丐罷，終冀矜從。謹摹勒親筆詔書于石，置豫章公宇中，庶幾來者有以見聖主待遇舊臣之意，垂不朽云。紹興六年八月十五日，具位臣李綱謹言。

李綱《梁溪先生文集》卷一六一《皇帝御筆賑濟詔書跋尾紹興六年八月》 臣今春入覲天闕，蒙恩内殿引對，恭被玉音，撫勞良渥。臣具以衰病吟免新任，上宣諭曰：「江西旱災，饑民乏食，頗有流移，煩卿一行，以寬憂顧。」臣俯伏受命，不敢固辭，疾驅之官。次本路界首，被御前金字牌降到親筆詔書，委以勸積粟之家，以其食用之餘，盡數出糶，以濟流殍之苦。臣仰體聖意，與本路監司協力推行，分遣僚屬督責州縣，勸誘出糶，庶幾實惠及民，以稱詔旨。凡賑濟饑流民五萬有餘，以積粟糶者二十餘萬石，亦有願獻錢穀以助賑濟者。雖深山窮谷，穉耋惸嫠，無不滲漉德澤，保全其生。夏秋之交，雨暘時若，新穀倍收，厥價十減七八，民大和樂，化愁嘆爲謳吟，變貧窶爲富實。感召和氣，導迎休祥，實自聖主仁心誠意之所感格。或謂至誠不足以動天地，臣弗信也。謹以親筆詔書刻之金石，以示萬世，使知中興之運蓋有本云。紹興六年八月十五日，具位臣李綱謹言。

張嵲《紫微集》卷三一《御書記》 紹興十年某月某日，皇帝御宸翰，書《中庸》以賜臣某。筆畫之妙，度越崔、蔡、鍾、王之前。臣某謝固陋不足以辱大賜，既乃勒之堅石，將以示天下，垂久遠。謹再拜稽首而言曰：竊惟自宣和末，天不靖民，章輔禍亂，使干戈俶擾郊甸，至於今憂猶未弭，一星終矣。朝廷之事，捨整軍經武之外，固宜未暇遑也。而主上方儲神穆清，留好經術，間御邇英閣見講讀臣，探賾帝王之道，聖學日躋，深造自得，非羣臣可望清光，而昧者不知是爲今日之所先務。甚哉，道之難明也！臣某以謂帝王之道，甚大以備，文武之用，時措之宜而已。譬猶元氣，包括宇宙，或爲震耀殺戮，或爲生殖長育。顧豈二事哉？則知張弛之用本同，威懷之致非異，亦猶是也。臣某嘗觀《皇矣》之詩，序文王征伐四國，徒曰「無然畔援、歆羨」，與夫「不大聲色」、「不識不知，順帝之則」，如此而已。則文武之道，果烏乎分？至於宣王中興，詩歌《常武》，序言「有常德以立武事」，則既有間矣。逮至後世，守成尚文，遭遇右武，文武之事，至不可同日而議。故雖如叔孫通之賢，謂以「馬上得之，不可以馬上治之」；而史臣之稱光武，亦以講藝論道，在投戈息馬之後。必若所言，則所謂道並行而不相悖，特爲虛語。臣某每歎息於斯，而詩人之意深遠矣。今《中庸》一篇，始言性命之理，而以無聲臭終之。其間制世御俗之道，蓋無偏廢而不舉者。然則主上之所以賜臣某，豈徒然哉？顧臣某學術膚淺，曷足以推明聖意而奉承之？然衆不可蓋，蓋將有傑異之佐，爲時而出，協符上德，治具益張，中興之功，待是而畢。臣某輩幸卒蒙全活之恩，賜骸骨歸畎畝，殘年餘日，尚庶幾及見之。臣某不勝昧死，謹記。

曹勛《松隱文集》卷三二《恭題太上皇帝賜御製御書翰墨志》 恭惟光堯壽聖憲天體道太上皇帝端命穆清，化周綿寓。盡無窮之能事，覆有截而研幾。物之不齊，固藴萬變，道合至妙，會以一心。或於話言，宜付以笑談；或於翰墨，必詔以可否。莫傳於世，肆筆成書。彰盛旦之嘉言，重帝王之懿德。法宫多暇，明窗浄几，四方萬物，時一志之。不愛珠玉，不邇聲色，迺獨並寒儒，刻意聖學。不滯古制，不徇今爲，惟斷以嚮善。悉歸雅正，質文相濟，爲一代格言，題曰《翰墨志》。又特灑宸翰，書以賜臣。顧無顯績，獲兹假寵，不敢徒藏私室。謹拜手稽首，勒諸堅石，用廣堯文之焕，以永下臣之榮。

曹勛《松隱文集》卷三二《恭題太上皇帝賜御書史實》 紹興二十八年三月中澣日，有旨以御書《史漢事實》賜臣曹勛。寶草奎畫，焜耀天壤，豈以臣羈紲之舊，特被以不世之遇，俾爲非常之恩？顧臣草芥，何可負荷！恭惟皇帝陛下聰明濬哲，撫寧函夏，崇儒憲古，茂建不圖。謂懿則嘉言，流風善政，有補治道者，肆筆成書。妙奎光璧彩之神，極龍盤鳳翥之勢。儲思淵默，作之君師，於皇偉哉！用以詔天下後世。臣一介疏遠，無文以形容聖謨神藻之懿。然叨榮過重，撫己懷慚。命工刊石，上以廣緝熙之光明，次以貽子孫於奕世。

曹勛《松隱文集》卷三二《恭題太上皇帝賜真草宸翰》 恭惟光堯壽聖憲天體道太上皇帝早以神武，撫寧寰區。恢淵默而宅衷，擴易簡而敷化，體元抱一，

將聖多能。考八法之楷模，略爲典則；該二王之秀勁，冠以風神。高攬前蹤，擅場百代。暇日伏蒙聖恩，念臣羈紲之舊，特以真草御書爲賜。捧拜睿藻，仰奉堯文，豈應雲漢之章，俯降蓬茅之室。謹摹宸翰，刻於翠珉，用爲子孫之傳，期答崇深之貺。

胡寅《斐然集》卷二八《跋高宗御筆建炎四年四月》 建炎三年夏四月，上移蹕建康，臣蒙賜對，爲尚書郎，未幾擢司記注。是時上鋭思致理，招徠賢俊，臣父安國以給事瑣闈，再被嚴召，六降敦促之命，申以使人。復因臣奏事坐旁，開借玉色，問及臣父造朝之期。宸翰寵頒，備形德意。而臣父抱疴寖久，艱于入覲。臣繼荷聖恩，曲從所請，退食祠館，俾就色養。仰惟急賢願治，多士傾心，孝愛之風，形於四海，豈臣父子獨受隆賜？謹以雲漢之章，寫之琬琰。四年夏四月，宣義郎、直龍圖閣、主管江州太平觀臣胡寅謹記。

楊萬里《誠齋集》卷九六《光堯太上皇帝謚議》 某聞聖人之孝莫大於尊親，尊親之至莫大於愛之以德。吾如是而尊之，吾親可以受之，受之而安，居之而無疑，是之謂愛之以德。不然，極吾之所欲尊，而不顧吾親之所不欲受，豈所謂愛之以德乎？昔魯之閔、僖，兄弟也。然閔公先君也，僖繼閔者也，而文公乃躋於閔之上。文公知尊其父而不知納其父於非禮之地，是則尊其父者陷其父也。故《春秋》書之曰「躋僖公」，譏之也。至定公而逆祀始正，故又書之曰「從祀先公」，嘉之也。然則議者欲尊大行太上光堯皇帝爲祖，無乃近於躋僖公之類乎？兄弟且不可，而父子則可乎？恭惟太上光堯皇帝以上聖之資，當艱難之運，而能撥亂世反之正，皇建太極，再造兩儀，更生烝民，重立九廟，中興之業巍蕩邃古。至於回龍輴於永祐，承太母於慈寧，偃兵息民，涵育溥博，知戎靖國，方内密如。紹興辛巳，逆亮叛盟，戎路一征，兇酋自斃。功成不處，斷自天衷，褰裳去之，以授聖嗣。駿功丕烈，赫然如彼；道隆德茂，卓然如此。其視光武，無所與遜。皇乎！我宋丕天之大律不可貶已。尊而爲祖，何不可者？然恭取漢而漢亡，則先漢至平帝而終；光武取莽而漢興，則後漢自光武而始。國自我始，謂之祖可也。光武之於平帝，光武所不得而父，況非受之於平帝；平帝之於光武，平帝所不得而子，況非授之於光武。親則非父子也，世則非授受也，謂之祖可也。今我光堯親則徽宗之子也，位則徽宗之授也，禀父之命，傳父之位。至於廟號，父居其前，同列聖而稱宗，子居其後，異列聖而稱祖，光堯之心其安乎哉？揚雄曰：「孝莫大於寧親，寧親莫大於寧神。」尊其號而使其心不安，其神不寧，可乎？今申命公卿大臣、議郎、博士，僉爾而進，質之於天，盍亦無變稱宗之制，而獨求極尊之謚，庶幾下可以稱吾君愛親以德之美意，上可以安光堯在天之神靈也。謹案《謚法》：「窮神知化曰聖，一民無爲曰神，克定禍亂曰武，修德來遠曰文，禮文法度曰章，繼志述事曰孝。」夫自天生德，聰明仁儉，不曰聖乎？内嬗聖子，獨觀昭曠，不曰神乎？赫聲濯靈，風揮日舒，不曰武乎？投戈舞干，裔夷用賓，不曰文乎？剌經作制，興滯舉偏，不曰章乎？宗廟再安，祀宋配天，不曰孝乎？昔帝堯之德乃聖乃神，乃武乃文。焕乎文章，堯之章也，親睦九族，堯之孝也。惟我太上異時尊號，于堯有光，厥今易名，備堯六德。勒崇垂鴻，金聲玉振，於是爲稱。若夫高者，天德之稱也，致崇極之謂也。《詩》曰「莫高匪天」，又曰「謂天蓋高」。惟高之一字，乃盡乎天德；惟天下之至聖，乃配乎天德。於赫太上，其道高乎九皇，其功高乎二典，其壽高乎五三六經之傳，豈惟堯而已矣？非天德其孰能當之？太上光堯皇帝尊謚，宜天錫之曰聖神武文章孝皇帝，廟曰高宗。謹具申尚書省，伏乞照會。謹狀。

樓鑰《攻媿集》卷六九《恭題高宗賜胡直孺御札》 高宗皇帝垂精翰墨，始爲黄庭堅書，今《戒石銘》之類是也。僞齊尚存故臣鄭億年輩密奏，豫方使人習庭堅體，恐緩急與御筆相亂，遂改米芾字，皆奪其真。嘗覩寫《詩》自《周南》至《商頌》全袠，上有「帝筆」印記，天縱多能，人固莫及。聖度恢然，其視使臣下爲拙筆書者霄壤矣。

徐府及洪芻兄弟皆庭堅外甥，有酷似之稱。俯《題雙廟》詩有云：「向使不死賊，未必世能容。」不惟自巡遠以來未有此論，蓋亦隱永樂之痛。庭堅亟稱之，且勉諸洪進步。非此舅，安得此甥也？然卒致大用，殆亦不喜劉蕡之助云。

樓鑰《攻媿集》卷六九《恭題高宗賜陳正彙御札》 陳瓘之在四明，遣正彙往浙西，過杭州，遽告變。蔡京既得其情，必欲寘之死地，又欲併以此殺瓘。既就逮，瓘以勁言得免，猶謫通州。故其放還謝表云：「狐突教子，素存不二之風；曾參殺人，寧免至三之惑？」又云：「海島萬里，不如無子之無憂；淮壖一身，彌覺有生之有患。」徽皇聰察，僅得貸正彙之死。既至沙門，無復歸望。島上巡檢知其爲名家子，招致館下。又有神祠甚靈，嘗謁之，卜以栝珓，且曰：「若得生還，求百聖珓。」擲之至百，皆然。未幾欽宗即位，召歸，而瓘已下世。痛不及見，遂得心疾，上殿已不能對。賜以名方，猶傳于世，高宗眷遇又如此。擢其子大方爲郎。瓘之孫大年實正由之子也，爲臣家壻，故得聞其詳。謹書之以補衆人之

未及者。

樓鑰《攻媿集》卷六九《恭題汪逵所藏高宗宸翰》

樓鑰《攻媿集》卷六九《紹興五年御書廷試策問》　高宗皇帝踐阼之九載，當紹興五年，歲在乙卯，二月，車駕始自平江還臨安。八月癸亥，策士于行在所射殿。時敵兵敗退，厲精求治，親御翰墨，咨以當世之急務。一士條對剴切，褎然爲舉首，則信之汪洋也。自幼天資高邁，十行俱下，筆力絶人。其在布衣，名已聞于當世。臚傳第一，年始十有八。聖意寤寐英傑，得之喜甚。且曰：「惟昭陵天聖八年王拱辰魁多士，年實相似。」賜名應辰，誠爲儒林盛事。既負重名，益進于學。八年，爲秘書省正字，尋以論和議不合，權臣惡其不附己，屢擯于外，幾二十年，而其學沛然莫禦。更化之明年，始入爲吏部郎，望臨一時。自爾入從出藩，四方以其出處爲世輕重。位雖止于内相文昌，用不盡其學，至今學者尊敬，真有泰山北斗之望，可謂不負親擢矣。公之次子逵能繼世科，恪守家法，仕爲吏部尚書，太子詹事，博學多識，綽有父風。一日謂臣鑰曰：「先公所試策問，思陵御墨既傳于外，得爲私藏，禁中裝潢亦非人間所及，是殆天賜以爲家寶也。其爲逵識之。」臣鑰再拜聳觀，歎仰驚眩，前所未覩。竊惟國家三年一廷試，士子固必有首選，惟此舉策問既出奎畫，下寵多士，雲漢昭回，照耀編簡。汪公一代真儒，魁天下，今賢嗣又得真蹟，藏弆以詔將來，光明俊偉，未有如此者。其家法書甚富，此特爲希世之遇。雖夏之琱戈，商周鼎彝，款識甚高古者，亦當在下風矣。謹識于後而歸之。公少名師閔，故字孝伯，既得賜名，丞相趙鼎字之以聖錫云。

樓鑰《攻媿集》卷六九《御書中庸篇》　高宗皇帝自履大位，時當艱難，無他嗜好，惟以翰墨自娱。始爲黄庭堅書，改用米芾，動皆逼真。至紹興初專倣二王，不待心慕手追之勤，而得其筆意，楷法益妙。五年策士，首得汪應辰。九月十九日，言者乞依雍熙故事，賜新進士《儒行》篇以勵士檢。有旨仍添賜《中庸》，送秘書省校勘。正字張嵲校《中庸》篇，高閌校《儒行》篇。二十二日閌入奏，《儒行》雖間與聖人之意合，而其詞夸大，類戰國縱横之學。蓋漢儒雜記，決非聖人格言。欲望止賜《中庸》一篇，庶幾學者得知聖學淵源，而不惑于偏邪駮雜之見。上可其奏，御書《中庸》，以十月四日賜之。仰惟思陵書六經以幸承學之士，此固餘事，然《中庸》無慮三千五百餘字，萬幾至煩，而挾日之間書就終篇，書生勤篤者亦安能及此？尊經崇儒之意，真可爲萬世法。時趙鼎爲左僕射，例得墨蹟爲家藏，仍摹刻分賜。鼎晚謫海上，而素重應辰，遺言以此卷歸汪氏。應辰次子逵既以御題示臣，併示此卷，可謂汪氏二寶矣。高宗壽考，遐不作人，鳶飛魚躍，儒風日盛，中興之業實本于此。應辰上不負天子，下不負所學，躬行直道以終其身以及子孫，君臣際遇，猗歟盛哉，流傳千載，何止一時之榮也。

陸游《渭南文集》卷二六《跋高宗賜趙延康御書》　右，知金壇縣趙君師愨録高宗賜其大父延康公書，及延康移僞楚書，共爲一編，以示史官陸某。某曰：延康在宣和、靖康間，聲望風采，震曜一時。及守宛丘，百戰禦狂虜，卒全其城，視唐代張巡、許遠、顔真卿皆過之。來朝行在，高皇蓋欲以左轄命之，議者謂宗室輔政非故事，遂止。方公之南徙也，謝表有云：「臣本支百世，侍從三朝。」又云：「堅壁以保近畿，慨前功之俱廢；登壇而陪盛禮，懷曩遇以自憐。」讀者悲之。某又嘗于公從孫師嚴有翼家，見公建炎奏議稿一編，皆人所至難言者。不知此稿皆在《鑑堂集》中否？或可訪于有翼院中，以補逸遺，敢并以告。嘉泰癸亥歲三月丙申，臣某謹識。

陸游《渭南文集》卷二六《跋高皇御書一》　臣某少時與胡尚書之子杞同學于雲門山中，見高皇帝賜尚書御題扇曰：「文物多師古，朝廷半老儒。」蓋黄體也，與此手詔絶相類。後數年，蒙收召，得面天顔，距今四十四年矣。伏讀霣涕，不知所云。嘉泰癸亥五月一日，史官臣陸某謹題。

陸游《渭南文集》卷二六《跋高皇御書二》　臣某伏睹高皇帝御天下幾三十年，進用諫官御史，皆出聖選，故往往躐至相輔。其不合者，猶爲侍從乃去。如施公才任遺補，即出守小郡，蓋無幾人。則其犯顔咈指，不撓于權幸，可以想見。而上之知人受盡言，有仁祖用范仲淹、唐介之風矣。惜乎，施公遽逝去，不及召用。嗚呼悲夫！開禧乙丑九月一日，故史官陸某謹書。

周必大《文忠集》卷一四《高宗皇帝紹興乙丑御筆跋》　右紹興十五年四月，宰臣以下拜表乞御殿復膳，太上皇帝御筆付學士院。淳熙五年四月，臣偶因入直，繙故書而得之，敬命工褾飾，寶藏於家。學士臣某謹記。《四庫全書》集部

周必大《文忠集》卷四七《御書樂毅論跋》　臣伏讀高宗皇帝《翰墨志》云：「魏、晉以來筆法無不臨摹。」又云：「每得右軍書，手之不置。初若食蜜，少甘則已；未如橄欖，真味久愈在也，故尤不忘於心手。」紹興三四年間，嘗臨羲之所書《樂毅論》以賜樞臣韓公肖胄，比之世傳高氏石本，間節三十餘字，得非御府別藏真跡自不同邪？後六十有三年，樞臣之孫前韶州守臣亞卿示臣，使記歲月。恭惟龍鸞飛動，衆所共窺；天日清明，臣何敢繪！慶元丙辰四月二十八日，具位臣

周某謹再拜稽首書其後。

周必大《文忠集》卷一二一《高宗謚册文》任右相日撰 淳熙十五年 維淳熙十五年歲次戊申三月丁酉朔某日，孝子嗣皇帝臣𧨏謹再拜稽首言曰：臣聞書契之作，雖始伏羲；百篇之文，實首堯帝。蓋其勛足以放上世，其德足以被四表，功成弗處，褰裳去之，蕩蕩巍巍，與天同大，稱謂之際，無得而言。故其生也以堯爲名，其没也以堯爲號。當世然之，後世傳之，亦惟賓其實而已。自時厥後，載祀滋久，光於前聞，獨我聖考。恭惟大行太上皇帝有聰明之質而輔之以稽古，有文思之美而將之以允恭，茂實英聲，挺出朱邸。靖康之際，裔夷亂華，首提義旅，入衛王室。旋承父兄即真之詔，勉副軍民推戴之誠。受命商丘，適符藝祖。側身修行，撥亂反正。强敵外熾，六師翦之；羣盜内訌，四征殄之。遂使宗社再安，華戎一視，此則堯之有成功也。紹興而後，内治日修。東鞮請貢，却而弗受，北女講好，爲親許之。祐陵弓劍，歸自萬里；慈寧騶馭，就養九重。事有至難，以誠而濟。然後立九廟以致孝享，躬三推以勸農耕，睦宗族，戢干戈，省刑罰，薄税斂，措斯民於仁壽，致萬邦之協和，此則堯之光宅天下也。制作禮樂，開設學校。三歲見帝者十有二，而神示罔不格；大比取士者十有一，而賢雋無或遺。日聽治朝，則羣公卿士服神明之斷；每臨講殿，則老師宿儒駭折衷之言。萬幾餘暇，尤精八法，六經諸子，細書幾徧，翰墨有志，該括古今，專門名家，自謂弗及，此又堯之焕乎文章也。臨御三紀，未嘗倦勤。黄屋非心，力遜於位。别宫燕處，耽玩至道。四受徽號之册，八歸大禮之胙。歲時誕節，威儀交舉，二十六年殆如一日。臣民有創見之嘆，單于有歆羨之辭。漢之櫟陽，唐之大安，歲月何淺？制度何陋？蓋自堯迄今三千五百有餘載，始終一揆，未聞若斯之至者也。夫惟中興之烈如彼，内禪之盛如此，是宜儒生文士陳篇奏頌，前後以千萬計，下至匹夫匹婦，若耄若倪，亦知歌詠盛德於康衢之中。書之史册，垂之億世，蓋有不可勝紀者矣。臣以菲質，夙奉慈訓，覆燾以君父之德，付畀以神器之重。方將養志於有截，承顔乎無窮，遽聆殂落之誥，難勝喪考之痛。三年制服，固已恪行；七月告期，敢違舊典？博稽命論，請命郊丘。人謀天同，仰對景爍。謹遣具官臣某奉玉册玉寶，上尊謚曰聖神武文憲孝皇帝，廟號高宗。伏惟新陟之靈，在帝左右。垂顧廟祏，序於祖宗。於萬斯年，永祚家國。嗚呼哀哉！

初欲作堯宗，臨時議者謂虞有宗堯，遂謚高宗。上曰：「乃聖乃神，乃武乃文。此四者，《書》專指堯德，今謚曰聖神武文，正與堯同謚，文不必動也。」

真德秀《西山文集》卷三六《跋高宗皇帝賜洪忠宣公冬服手詔》 蘇武之還自匈奴也，詔拜爲典屬國，賜錢二百萬，田宅副焉。洪忠宣公之節亡愧蘇武，而高宗皇帝之所以寵錫者有過漢庭，其褒表忠義，皆可爲後世法。然武不幸見抑於霍光，公亦不幸逢怒於檜相。武之見抑不過不爲公卿爾，而公方違陰山之北，復貶瘴海之南，是公之不幸視子卿爲甚，而偃月之罪又浮於博陸也。嗚呼！思陵雲漢之章，忠宣霜日之節，將與萬古相爲亡窮，而權臣氣燄冰解燼滅久矣，考論人物者，其願爲公乎？抑願爲檜乎？有志者必知所擇。

洪咨夔《平齋集》卷一〇《高廟千文跋》 經乾緯坤者，典學之全功；出聖入神者，游藝之餘事。臣恭惟高宗皇帝斷鰲立極，息馬論道，緝熙光明之學，追媲三五，倬彼雲漢，敷賁石經，龍畫螺書，旁分偏刻，莫不大闢造化，細及庶務，垂則于億萬世。《千文》特《凡將》下陳，何與大學，媚娟餘閑，亦復肆筆及之。臣子述所藏臨智永書，識以彭城瑶暉奉華印章。劉望彭城，或謂當時劉貴妃所得好賜。楷法遒潤，草聖妍力，神動天隨，超絶衆妙，視永所書可謂集厥大成，金聲而玉振之矣。我太宗皇帝嘗行草《千文》賜李至，至請鑱諸石以詔方來。上曰：「梁武得鍾繇破碑，俾周興嗣次韻，非垂世立教之道。《孝經》百行之本，朕當親書。」觀思陵奎藻者，當以熙陵之意參之。寶慶改元清明後一日，臣洪某九頓首謹記。

《劉克莊集》卷九九《恭跋高宗皇帝親征詔》 臣恭覽高宗皇帝此詔，然後知紹興戊午所謂和議者，非出聖意也。嗚呼，秦檜之罪可勝誅哉！

《劉克莊集》卷一〇三《跋高宗宸翰》 臣恭惟《樂毅論》乃楷法所從出，其本有至「海」字止者，有終篇者。世云止「海」字者善本也，人多寶藏而惜其不全。故直龍圖閣陳宓用五百錢得都下常賣人籃中别本，無一字缺，自以爲復見古人大全，什襲以爲珍玩，然不知元祐《續閣帖》已有此全本矣。陳號能書，乃不能别，惟思陵八法冠古，一覽識真。所臨非一本，賜韓樞肖胄者止「海」一字，賜允升者終篇。紹興間，又嘗别臨本賜諸郡國。故參知政事龔公茂良代莆守作《謝表》云：「夏侯尚論於古人，樂毅號稱於名將。當七國戰争之際，士競尚於權謀；觀二城取舍之間，兵殆幾於仁義。夷考精微之論，默符惻怛之心。爰以燕間，爲之親灑。」嗚呼！思陵之字，天下之神筆也；龔公之表，天下之雅言也。臨《樂毅論》

臣竊謂字至《蘭亭》毫髮無遺憾矣。然藝不習則不工，雖右軍猶不免於臨池，辨才年八十餘，日臨數本。能積勤然後能絶妙，非偶然得名也。光堯以萬機之餘閑，備八法之能事，前人名筆鮮不摹擬，而所臨《禊帖》尤多，宰臣出督視者、從臣除宣撫者、近戚左璫侍燕間者，往往皆拜此賜。諸本散在人間，各有恣態，此本尤清麗秀傑，得繭紙鬚筆之意。時大將韓蘄王高價得硬黄本，以爲逸少真蹟，馳獻，不知其爲椒房所書也。故相周必大在翰苑，作《太皇閣帖子》，云「筆法似慈皇」，信哉！臨《蘭亭》

臣恭惟高宗皇帝躬擐甲胄，櫛風沐雨，實開一馬渡江之業。于時蹕無定居，戎務倥偬，而今日臨《禊帖》，明日臨陸柬之所書五言《蘭亭詩》，豈真有觴咏興寄、游目騁懷之樂哉！臣嘗竊窺宸翰，蓋取義之登冶城答謝安數語，可以鍼砭晉人清談廢務、浮文妨要之病，且將以倡率南渡諸臣戮力王室、尅復神州之氣。嗚呼，聖謨遠矣！否則晉多名勝，何獨卷卷於羲之也哉！臨陸柬之五言《蘭亭詩》

臣嘗疑《千字文》，世以爲梁散騎常侍周興嗣所作，然法帖中漢章帝已嘗書此文，殆非梁人作也。光堯所臨不止爲智永體。此軸名爲臨孫過庭，實青於藍。按唐初人多善書，歐、虞、褚、薛各工真行而已，草字唯張長史，後有素、閑二僧，然去長史遠矣。過庭草聖精密妙巧，字字有右軍法，所謂範我驅馳者，非若長史以顛得名也。此匹夫名世之絶藝，而光堯以萬乘帝王能之，聖矣哉！《書譜》《千字》皆過庭得意書，而米芾抑《千文》而揚《書譜》，臣謂此論未公。臨孫過庭《千字文》

《劉克莊集》卷一〇五《跋高宗御札》 臣以諸家記載考之，皆云邦昌誅由李綱，然邦昌賜死，綱已去位，其議實自綱發之。暴罪之詔有云：「宿福寧殿，使宫人侍寢。」綱家有宸翰，云：「華國靖恭夫人李從和見只就内中取問，仰李綱取於開封府枷訊。」烏乎，邦昌何所逃其死哉！初紹正統，首黜閏位，聖君也；甫提相筆，先誅叛臣，賢宰也。本不必辨，但赭半臂事人所共知，宸翰世所未盡見，蓋誅叛之舉出於獨斷，綱贊之爾。華國李姓，名從和，王明清誤以「李」爲「彭」，《繫年録》不載其名。

袁甫《蒙齋集》卷一五《跋高宗皇帝賜洪忠宣御書》 高宗皇帝賜忠宣公宸翰，恩禮之隆如此，惟忠宣可以無負矣。忠宣直節，千古有光。權臣氣焰，今何在耶？權臣能抑其爵位，而不能掩其修名；能屈其身，而不能奪諸子孫。衣冠蟬聯，逾久逾盛。孫僩寶藏奎畫，傳之無極。觀者歎美高皇知公本心，而追恨權臣欺君之罪，天定勝人，于此尤驗。

唐士耻《靈巖集》卷四《紹興新建太一宫記》 有宋中興，再造之天子以睿明之姿，紹復炎景，區宇略平，百度次興。布衣臣千秋言祖宗故事，咸建太一之祠，永祈年穀之登。今兹翠華所莅，未有常所，乃詔頌臺，尋繹往典。宣和舊宇蓋在乾維，爰究爰度，鳩工聚材，考成于紹興十八年季春之月，凡一百七十四區，輪奂肇新，恪恭典祀，貽芘千億，不可無述也。傳美少康復禹之績，必曰祀夏配天，不失舊物。漢宣中興，金馬碧雞之祠，乃致一時之譏，蓋禮有不備，丕承所急，汰侈之心，非曰孫謀。若昔興王，虔鞏玉帛，用恤明祀，凡以申薦德馨，貽福元元，既非一己之私，則繼世之君修振墜典，胡可緩哉！太一之祠雖不經見，楚人《九歌》「吉日良辰」，形之詠歎，彪炳可覆。漢武甘泉，昉乎繆忌；唐之乾元，王璵有言，弗雅弗專，無足譏已。聖祖神宗，宏模典要，丕丕易遵，非漢唐比。太平興國六年，首建曾宇，一新祲威，特寓陽郊。天聖八年兆乎西，熙寧六年處乎中，宣和元年又位乎北，凡以奉若天道，泛應曲當，中興之君，其可忘乎哉！矧建炎以來，明謨糾斷，偃伯靈臺，奠安六幕，百司庶府，駸駸略備。既彷象承平之舊，惟五福之祠以格有年，以芘億兆者猶有闕焉。韋布幹議，明旨繼班，奉常獻儀，共工董事，乃勅乃戒，民不知役，蓋易年而後成。翬飛翼布，弗陋弗奢，璇題奎畫，曰崇真，曰靈休，曰瓊章寶室，曰介福崇禧。炳焕之時，齊明有殿，真儀有庫，修廡角立，采繪彪列，籩豆静嘉，悉著悉備。自今以始，四立之辰，祈穀之月，恪修薦饗，罔敢遺失，下逮黎庶，乞靈有度。二十有一日，帝乃躬修西面之禮，陰雲四開，庸昭肸蠁，凡爾在列，載欣載肅，罔有軼儀。熙朝之盛容，復古之大端，弗可加已。夫曾宫壯麗，釐事肅雍，迎康年，厚生民，仁也。俾率先王，不易乾方，似古人，順天命，義也。五典祭爲上，百神太一爲貴，懷柔肸飾，禮也。一舉而三善從焉，不眩不晝，智也。大報汔成，必躬謁乎是館，堯舜禹湯，繼繼承承，凡今幾見而永錫鼎來，如川方至，是宫之建，豈曰小補哉！臣謹記。

《胡祗遹集》卷一四《跋宋高宗臨二王帖》 志怪者有假屍返魂之説，又有人爲鬼物所憑，四體百骸不變，而神色辭氣則非其人矣。以類觀之，在字學中，臨書者實似之。高宗當枕戈嘗膽之際，而不廢翰墨，異哉！

劉敏中《中庵先生劉文簡公文集》卷一九《題宋高宗海棠黄葵圖二首》 睡

起粧猶嬾，沉香亭上時，還憐玉蝴蝶，香夢繞華枝。翠幰籠秋色，金杯側夕陽，宮中萬羅綺，獨喜道家裝。

劉岳申《申齋劉先生文集》卷一四《題宋高宗御書酒德頌後》　當建紹間而暇，爲翰墨之娛。車攻之吉日可書也，六月采芑可書也，如此宋不爲建紹矣，此不書而書酒德頌諸葛亮有言，此臣之所未解者也。

王禕《王忠文公集》卷一三《跋宋高宗賜岳飛手札》　右宋高宗手札，賜岳鄂武穆王飛，召其以兵援廬州。按新史本傳，紹興四年，飛既平襄、漢，趙鼎以謂鄂，岳最爲上流要害，乞令飛屯兵其地，使江西藉其聲勢，湖廣、江浙亦獲安妥，飛乃以清遠軍節度使移屯於鄂。會金人兀朮與劉豫合兵圍廬州，手札命飛提兵解圍。比至，金人以甲騎逼城，飛與戰敗之。六年九月，豫復遣子麟、猊，分兵寇淮西，劉光世欲舍廬州，張浚欲棄盱眙，時飛以武勝定國節度使開閫襄陽，兼宣撫河東，節制河北，有旨召飛以兵東下當其鋒。浚言飛一動則襄、漢無所制，乃還軍。十一年，金人復分道度淮迫廬州，時飛以少保、河南北諸路招討使駐兵中原，請解兵柄，自廬入覲，詔即趨飛援之，凡十七札。飛策金人舉國南來，巢穴必虛，若長驅汴、洛以擣之，彼必奔命，可坐而敝。兵比至廬境，金人望風遁去。此札當是此三年中所遣，以不署年月，故莫得而詳。然札中有張浚、劉錡合力措置之語，考之舊史：本紀四年，乃張浚視師江上，而屯兵；拒戰者，韓世忠、劉光世也。六年，以劉光世駐廬州，而張浚督師采石也；惟十一年，劉錡屯濡須，合張俊河中之軍以卻敵，與札中語合。則其爲此年所遣不疑。初，武穆爲秦檜所誣，且置之死，檜令搜其家，得御札數篋，束之左藏南庫。淳熙中，事既昭雪，其子霖以爲請，孝宗還之，此札固在其數中者也。嗚呼！君臣之際難矣！方天下多故，高宗之於武穆倚藉之如此，使其不死，中原豈有淪没，王室豈至於偏安乎！惟高宗無復有志於中原，故奸檜之計行，而武穆死矣。然則武穆之死，天實爲之，吾於其君何尤焉！

宋濂《宋學士全集》卷一三《題宋高宗賜答羅尚書手詔》　右思陵所答新安羅公彥濟手詔一通，其諸孫宣明裝潢成卷，不遠數百里，持至浦陽江上，請濂識之。濂聞公自政和二年擢進士第，初監登聞鼓院，五遷至起居郎兼侍講兼權中書舍人，公常上章控辭，曾未幾何，再遷御史中丞。故事，中丞、侍御史不並置，乃更除侍御史。公復求去甚力，及改吏部尚書，公復引疾奏乞宮觀及補外郡，思陵不忍公去，故優詔答如此。由是觀之，公之難進易退之風，亦人臣所鮮能哉！況其經營淮南之策，表章春秋法天生殺之言，闢南雄守欲罷和議之疏，焯焯著於當時，無志事功者，恐不足以致斯。或者遂以胡編修、岳太師爲公病，是知其一而不知其二者也。濂因徇宣明之請，題諸左方，而稍及公之行事，使來者有所考焉。詔中所謂擢冠常伯者，唐龍朔二年改六部尚書皆爲太常伯，然吏部爲諸部之首，故行詞者據其事而謂之冠云。

宋濂《宋學士全集》卷一四《跋宋高宗賜劉大中御札》　光堯宸翰初倣黃庭堅。時劉豫亦使人習庭堅書，近臣鄒億年恐緩急或致亂真，奏止之，遂改學米芾體。至紹興初，又改法二王，往往皆能逼真。今觀與劉大中御札，尚類庭堅書。考其歲月，其當在建炎之初耶？大中參知政事時，與趙忠簡公鼎不主和議，賊檜遂使蕭振劾之。則大中者，其亦君子也夫！

宋濂《宋學士全集》卷一四《跋高宗所書神女賦》　右宋思陵所書《神女賦》，法度全類孫過庭，且善用筆，沈毅之中兼有飄逸之態。然思陵極留心書學，九經皆嘗親寫，故其用功爲最深。此卷乃禪位後所書，時春秋已高，而猶弗之廢，誠可謂勤也已。使其注意於虞夏商周之治，父讎不至不報，王業未必偏安，抑又可歎哉！卷首有奎章閣鑒書博士印，蓋天台柯敬仲爲是官時所鑒定云。

程敏政《皇明文衡》卷四九金寔《跋宋高宗手詔》　大理少卿會稽呂公家藏宋高宗親書手詔一通，蓋起其上世忠穆公頤浩都督潮湘八州軍事時書也。呂公謂予曰：「吾家寶藏先世所得宸翰，迄今且十世。洪武間宦江右，書帙散逸，因而失之，夢寐不忘者二十載。今吏部郎中盱江鄭君購得之民間。以畀升。乃褙以緗素，表以蜀錦，韜以册櫝，名公薦紳各有題識，將以傳之子孫。惟思陵翰墨妙絶當世，今人見其石刻尚知寶愛，況先世所得真跡，寶之當何如邪！世人有癖耽玩好者，見人古書名畫，輒起覬覦，或以計取，或以勢奪，必欲得之，不顧義之可否者，往往有之。鄭君於此必求其子孫而歸之，使不失先公之宗器，而傳家之文獻，足徵忠厚之心過人遠矣！故獨表而出之。若夫忠穆公匡國事業，與當時用事者之是非，則有縉紳大手筆論著矣，何敢復贅。

孫承恩《文簡集》卷四一《古像讚宋高宗》　宋祚中否，高宗再興，五馬兆祥，七廟委靈。志虧勾踐，才謝光武，恢復成虛，遺恨千古！

李綱部

綜述

《宋史》卷三五八《李綱傳》　李綱字伯紀，邵武人也，自其祖始居無錫。父夔，終龍圖閣待制。綱登政和二年進士第，積官至監察御史兼權殿中侍御史，以言事忤權貴，改比部員外郎，遷起居郎。

宣和元年，京師大水，綱上疏言陰氣太盛，當以盜賊外患爲憂。朝廷惡其言，謫監南劍州沙縣稅務。

七年，爲太常少卿。時金人渝盟，邊報狎至，朝廷議避敵之計，詔起師勤王，命皇太子爲開封牧，令侍從各具所見以聞。綱上禦戎五策，且語所善給事中吴敏曰：「建牧之議，豈非欲委以留守之任乎？巨敵猖獗如此，非傳以位號，不足以招徠天下豪傑。東宮恭儉之德聞於天下，以守宗社可也。公以獻納論思爲職，曷不爲上極言之。」敏曰：「監國可乎？」綱曰：「肅宗靈武之事，不建號不足以復邦，而建號之議不出於明皇，後世惜之。主上聰明仁恕，公言萬一能行，將見金人悔禍，宗社底寧，天下受其賜。」

翌日，敏請對，具道所以，因言李綱之論，蓋與臣同。有旨召綱入議，綱刺臂血上疏云：「皇太子監國，典禮之常也。今大敵入攻，安危存亡在呼吸間，猶守常禮可乎？名分不正而當大權，何以號召天下，期成功於萬一哉？若假皇太子以位號，使爲陛下守宗社，收將士心，以死捍敵，天下可保。」疏上，内禪之議乃决。

欽宗即位，綱上封事，謂：「方今中國勢弱，君子道消，法度紀綱，蕩然無統。陛下履位之初，當上應天心，下順人欲。攘除外患，使中國之勢尊；誅鋤内姦，使君子之道長，以副道君皇帝付託之意。」召對延和殿，上迎謂綱曰：「朕頃在東宮，見卿論水災疏，今尚能誦之。」李鄴使金議割地，綱奏：「祖宗疆土，當以死守，不可以尺寸與人。」欽宗嘉納，除兵部侍郎。

靖康元年，以吴敏爲行營副使，綱爲參謀官。金將斡离不兵渡河，徽宗東幸，宰執議請上暫避敵鋒。綱曰：「道君皇帝挈宗社以授陛下，委而去之可乎？」上默然。太宰白時中謂都城不可守，綱曰：「天下城池，豈有如都城者，且宗廟社稷、百官萬民所在，捨此欲何之？」上顧宰執曰：「策將安出？」綱進曰：「今日之計，當整飭軍馬，固結民心，相與堅守，以待勤王之師。」上問誰可將者，綱曰：「朝廷以高爵厚禄崇養大臣，蓋將用之於有事之日。白時中、李邦彦等雖未必知兵，然藉其位號，撫將士以抗敵鋒，乃其職也。」時中忿曰：「李綱莫能將兵出戰否？」綱曰：「陛下不以臣庸懦，儻使治兵，願以死報。」乃以綱爲尚書右丞。

宰執猶守避敵之議。有旨以綱爲東京留守，綱爲上力陳所以不可去之意，且言：「明皇聞潼關失守，即時幸蜀，宗廟朝廷毁于賊手，范祖禹以爲其失在於不能堅守以待援。今四方之兵不日雲集，陛下奈何輕舉以蹈明皇之覆轍乎？」上意頗悟。會内侍奏中宫已行，上色變，倉卒降御榻曰：「朕不能留矣。」綱泣拜，以死邀之。上顧綱曰：「朕今爲卿留。治兵禦敵之事，專責之卿，勿令有疎虞。」綱皇恐受命。

未幾，復決意南狩，綱趨朝，則禁衛擐甲，乘輿已駕矣。綱急呼禁衛曰：「爾等願守宗社乎，願從幸乎？」皆曰：「願死守。」綱入見曰：「陛下已許臣留，復戒行何也？今六軍父母妻子皆在都城，願以死守，萬一中道散歸，陛下孰與爲衛？敵兵已逼，知乘輿未遠，以健馬疾追，何以禦之？」上感悟，遂命輟行。綱傳旨語左右曰：「敢復有言去者斬！」禁衛皆拜伏呼萬歲，六軍聞之，無不感泣流涕。

命綱爲親征行營使，以便宜從事。綱治守戰之具，不數日而畢。敵兵攻城，綱身督戰，募壯士縋城而下，斬酋長十餘人，殺其衆數千人。金人知有備，又聞上已内禪，乃退。求遣大臣至軍中議和，綱請行。上遣李棁，綱曰：「安危在此一舉，臣恐李棁怯懦而誤國事也。」上不聽，竟使棁往。金人須金幣以千萬計，求割太原、中山、河間地，以親王、宰相爲質。棁受事目，不措一辭，還報。綱謂：「所需金幣，竭天下且不足，況都城乎？三鎮，國之屏蔽，割之何以立國？至於遣質，即宰相當往，親王不當往。若遣辯士姑與之議所以可不可者，宿留數日，大兵四集，彼孤軍深入，雖不得所欲，亦將速歸。此時而與之盟，則不敢輕中國，而和可久也。」宰執議不合，綱不能奪，求去。上慰諭曰：「卿第出治兵，此事當徐議之。」綱退，則誓書已行，所求皆與之，以皇弟康王、少宰張邦昌爲質。

時朝廷日輸金幣，而金人需求不已，日肆屠掠。四方勤王之師漸有至者，种

師道、姚平仲亦以涇原、秦鳳兵至。綱奏言：「金人貪婪無厭，凶悖已甚，其勢非用師不可。且敵兵號六萬，而吾勤王之師集城下者已二十餘萬；彼以孤軍入重地，猶虎豹自投檻穽中，當以計取之，不必與角一旦之力。若扼河津，絶饟道，分兵復畿北諸邑，而以重兵臨敵營，堅壁勿戰，如周亞夫所以困七國者。俟其食盡力疲，然後以一檄取誓書，復三鎮，縱其北歸，半渡而擊之，此必勝之計也。」上深以爲然，約日舉事。

姚平仲勇而寡謀，急於要功，先期率步騎萬人，夜斫敵營，欲生擒斡离不及取康王以歸。夜半，中使傳旨諭綱曰：「姚平仲已舉事，卿速援之。」綱率諸將旦出封丘門，與金人戰幕天坡，以神臂弓射金人，却之。平仲竟以襲敵營不克，懼誅亡去。金使來，宰相李邦彦語之曰：「用兵乃李綱、姚平仲，非朝廷意。」遂罷綱，以蔡懋代之。太學生陳東等詣闕上書，明綱無罪。軍民不期而集者數十萬，呼聲動地，恚不得報，至殺傷内侍。帝亟召綱，綱入見，泣拜請死。帝亦泣，命綱復爲尚書右丞，充京城四壁守禦使。

始，金人犯城者，蔡懋禁不得輒施矢石，將士積憤，至是，綱下令能殺敵者厚賞，衆無不奮躍。金人懼，稍稍引却，且得割三鎮詔及親王爲質，乃退師。除綱知樞密院事。綱奏請如澶淵故事，遣兵護送，且戒諸將，可擊則擊之。乃以兵十萬分道並進，將士受命，踴躍以行。先是，金帥粘罕圍太原，守將折可求、劉光世軍皆敗；平陽府義兵亦叛，導金人入南北關，取隆德府，至是，遂攻高平。宰相咎綱盡遣城下兵追敵，恐倉卒無措，急徵諸將還。諸將已追及金人於邢、趙間，遽得還師之命，無不扼腕。比綱力争，復遣，而將士解體矣。

詔議迎太上皇帝還京。初，徽宗南幸，童貫、高俅等以兵扈從。既行，聞都城受圍，乃止東南郵傳及勤王之師。道路籍籍，言貫等爲變。陳東上書，乞誅蔡京、蔡攸、童貫、朱勔、高俅、盧宗原等。議遣聶山爲發運使往圖之，綱曰：「使山所圖果成，震驚太上，此憂在陛下。萬一不果，是數人者，挾太上於東南，求劍南一道，陛下將何以處之？莫若罷山之行，請於太上去此數人，自可不勞而定。」上從其言。

徽宗還次南都，以書問改革政事之故，且召吴敏、李綱。或慮太上意有不測，綱請行，曰：「此無他，不過欲知朝廷事爾。」綱至，具道皇帝聖孝思慕，欲以天下養之意，請陛下早還京師。徽宗泣數行下，問：「卿頃以何故去？」綱對曰：「臣昨任左史，以狂妄論列水災，蒙恩寬斧鉞之誅，然臣當時所言，以謂天地之變，各以類應，正爲今日攻圍之兆。夫災異變故，譬猶一人之身，病在五臟，則發於氣色，形於脈息，善醫者能知之。所以聖人觀變於天地，而修其在我者，故能制治保邦，而無危亂之憂。」徽宗稱善。

又詢近日都城攻圍守禦次第，語漸浹洽。徽宗因及行宫止遞角等事，曰：「當時恐金人知行宫所在，非有他也。」綱奏：「方艱危時，兩宫隔絶，朝廷應副行宫，亦豈能無不至者，在聖度燭之耳。」且言：「皇帝仁孝，惟恐有一不當太上皇帝意者，每得詰問之詔，輒憂懼不食。臣竊譬之，家長出而彊寇至，子弟之任家事者，不得不從宜措置。長者但當以其能保田園大計而慰勞之，苟誅及細故，則爲子弟者，何所逃其責哉？皇帝傳位之初，陛下巡幸，適當大敵入攻，爲宗社計，庶事不得不小有更革。陛下回鑾，臣謂宜有以大慰安皇帝之心，勿問細故可也。」徽宗感悟，出玉帶、金魚、象簡賜綱，曰：「行宫人得卿來皆喜，以此示朕意，卿可便服之。」且曰：「卿輔助皇帝，扞守宗社有大功，若能調和父子間，使無疑阻，當遂書青史，垂名萬世。」綱感泣再拜。

綱還，具道太上意。宰執進迎奉太上儀注，耿南仲議欲屏太上左右，車駕乃進。綱言：「如此，是示之以疑也。天下之理，誠與疑、明與闇而已。自誠明而推之，可至於堯、舜；自疑闇而推之，其患有不可勝言者。耿南仲不以堯、舜之道輔陛下，乃闇而多疑。」南仲怫然曰：「臣適見左司諫陳公輔，乃爲李綱結士民伏闕者，乞下御史置對。」上愕然。綱曰：「臣與南仲所論，國事也。南仲乃爲此言，臣何敢復有所辨？願以公輔事下吏，臣得乞身待罪。」章十餘上，不允。

太上皇帝還，綱迎拜國門。翌日，朝龍德宫，退，復上章懇辭。上手詔諭意曰：「乃者敵在近郊，士庶伏闕，一朝倉猝，衆數十萬，忠憤所激，不謀同辭，此豈人力也哉？不悦者造言，致卿不自安，朕深諒卿，不足介懷。巨敵方退，正賴卿協濟艱難，宜勉爲朕留。」綱不得已就職。上備邊禦敵八事。

時北兵已去，太上還宫，上下恬然，置邊事於不問。綱獨以爲憂，與同知樞密院事許翰議調防秋之兵。吴敏乞置詳議司檢詳法制，以革弊政，詔以綱爲提舉官，南仲沮止之。綱奏：「邊患方棘，調度不給，宜稍抑冒濫，以足國用。謂如節度使至遥郡刺史，本以待勳臣，今皆以戚里恩澤得之；堂吏轉官止於正郎，崇、觀間始轉至中奉大夫，今宜皆復舊制。」執政揭其奏通衢，以綱得士民心，欲因此離之。會守禦司奏補副尉二人，御批有「大臣專權，浸不可長」語。綱奏：「頃得旨給空名告敕，以便宜行事。二人有勞當補官，故具奏聞，乃遵上旨，非專

權也。」

時太原圍未解，种師中戰没，師道病歸，南仲曰：「欲援太原，非綱不可。」上以綱爲河東、北宣撫使。綱言：「臣書生，實不知兵。在圍城中，不得已爲陛下料理兵事，今使爲大帥，恐誤國事。」因拜辭，不許。退而移疾，乞致仕，章十餘上，不允。臺諫言綱不可去朝廷，上以其爲大臣遊説，斥之。或謂綱曰：「公知所以遣行之意乎？此非爲邊事，欲緣此以去公，則都人無辭耳。公堅卧不起，讒者益肆，上怒且不測，奈何？」許翰書「杜郵」二字遺綱，綱皇恐受命。上手書《裴度傳》以賜，綱言：「吴元濟以區區環蔡之地抗唐室，與金人彊弱固不相侔，而臣曾不足以望裴度萬分之一。然寇攘外患可以掃除，小人在朝，蠹害難去。使朝廷既正，君子道長，則所以捍禦外患者，有不難也。」因書裴度論元稹、魏洪簡章疏要語以進，上優詔答之。

宣撫司兵僅萬二千人，庶事未集，綱乞展行期。御批以爲遷延拒命，綱上疏明其所以未可行者，且曰：「陛下前以臣爲專權，今以臣爲拒命，方遣大帥解重圍，而以專權、拒命之人爲之，無乃不可乎？願乞骸骨，解樞筦之任。」上趣召數四，曰：「卿爲朕巡邊，便可還朝。」綱曰：「臣之行，無復還之理。昔范仲淹以參政出撫西邊，過鄭州，見吕夷簡。夷簡曰：『参政豈可復還！』其後果然。今臣以愚直不容於朝，使既行之後，進而死敵，臣之願也。萬一朝廷執議不堅，臣當求去，陛下宜察臣孤忠，以全君臣之義。」上爲之感動。及陛辭，言唐恪、聶山之姦，任之不已，後必誤國。

進至河陽，望拜諸陵，復上奏曰：「臣總師出鞏、洛，望拜陵寢，潸然出涕。恭惟祖宗創業守成，垂二百年，以至陛下。適丁艱難之秋，彊敵内侵，中國勢弱，此誠陛下嘗膽思報，厲精求治之日，願深考祖宗之法，一一推行之。進君子，退小人，益固邦本，以圖中興，上以慰安九廟之靈，下爲億兆蒼生之所依賴，天下幸甚！」

行次懷州，有詔罷減所起兵，綱奏曰：「太原之圍未解，河東之勢甚危，秋高馬肥，敵必深入，宗社安危，殆未可知。使防秋之師果能足用，不可保無敵騎渡河之警。況臣出使未幾，朝廷盡改前詔，所團結之兵，悉罷減之。今河北、河東日告危急，未有一人一騎以副其求，甫集之兵又皆散遣，臣誠不足以任此。且以軍法勒諸路起兵，而以寸紙罷之，臣恐後時有所號召，無復應者矣。」疏上，不報。御批日促解太原之圍，而諸將承受御畫，事皆專達，宣撫司徒有節制之名。綱上疏，極諫節制不專之弊。

時方議和，詔止綱進兵。未幾，徐處仁、吴敏罷相而相唐恪，許翰罷同知樞密院而進聶山、陳過庭、李回等，吴敏復謫置涪州。綱聞之，歎曰：「事無可爲者矣！」即上奏丐罷。乃命种師道以同知樞密院事領宣撫司事，召綱赴闕。尋除觀文殿學士、知揚州，綱具奏辭免。未幾，以綱專主戰議，喪師費財，落職提舉亳州明道宫，責授保静軍節度副使，建昌軍安置；再謫寧江。

金兵再至，上悟和議之非，除綱資政殿大學士，領開封府事。綱行次長沙，被命，即率湖南勤王之師入援，未至而都城失守。先是，康王至北軍，爲金人所憚，求遣肅王代之。至是，康王開大元帥府，承制復綱故官，且貽書曰：「方今生民之命，急於倒垂，諒非不世之才，何以協濟事功。閣下學窮天人，忠貫金石，當投袂而起，以副蒼生之望。」

高宗即位，拜尚書右僕射兼中書侍郎，趣赴闕。中丞顔岐奏曰：「張邦昌爲金人所喜，雖已爲三公、郡王，宜更加同平章事，增重其禮；李綱爲金人所惡，雖已命相，宜及其未至罷之。」章五上，上曰：「如朕之立，恐亦非金人所喜。」岐語塞而退。岐猶遣人封其章示綱，覬以沮其來。上聞綱且至，遣官迎勞，錫宴，趣見于内殿。綱見上，涕泗交集，上爲動容。因奏曰：「金人不道，專以詐謀取勝，中國不悟，一切墮其計中。賴天命未改，陛下總師于外，爲天下臣民之所推戴，内修外攘，還二聖而撫萬邦，責在陛下與宰相。臣自視闕然，不足以副陛下委任之意，乞追寢成命。且臣在道，顔岐嘗封示論臣章，謂臣爲金人所惡，不當爲相。如臣愚惷，但知有趙氏，不知有金人，宜爲所惡。然謂臣材不足以任宰相則可，謂爲金人所惡不當爲相則不可。」因力辭。帝爲出范宗尹知舒州，顔岐與祠。綱猶力辭，上曰：「朕知卿忠義智略久矣，欲使敵國畏服，四方安寧，非相卿不可，卿其勿辭。」綱頓首泣謝，云：

臣愚陋無取，荷陛下知遇，然今日扶顛持危，圖中興之功，在陛下而不在臣。臣無左右先容，陛下首加識擢，付以宰柄，顧區區何足以仰副圖任責成之意？然「靡不有初，鮮克有終」。臣孤立寡與，望察管仲害霸之言，留神於君子小人之間，使得以盡志畢慮，雖死無憾。昔唐明皇欲相姚崇，崇以十事要説，皆中一時之病。今臣亦以十事仰干天聽，陛下度其可行者，賜之施行，臣乃敢受命。

一曰議國是。謂中國之御四裔，能守而後可戰，能戰而後可和，而靖康之末皆失之。今欲戰則不足，欲和則不可，莫若先自治，專以守爲策，俟吾政事修，士

氣振，然後可議大舉。

二曰議巡幸。謂車駕不可不一到京師，見宗廟，以慰都人之心，度未可居，則爲巡幸之計。以天下形勢而觀，長安爲上，襄陽次之，建康又次之，皆當詔有司預爲之備。

三曰議赦令。謂祖宗登極赦令，皆有常式。前日赦書，乃以張邦昌僞赦爲法，如赦惡逆及罪廢官盡復官職，皆汎濫不可行，宜悉改正以法祖宗。

四曰議僭逆。謂張邦昌爲國大臣，不能臨難死節，而挾金人之勢易姓改號，宜正典刑，垂戒萬世。

五曰議僞命。謂國家更大變，鮮仗節死義之士，而受僞官以屈膝於其庭者，不可勝數。昔肅宗平賊，汙僞命者以六等定罪，宜倣之以勵士風。

六曰議戰。謂軍政久廢，士氣怯惰，宜一新紀律，信賞必罰，以作其氣。

七曰議守。謂敵情狡獪，勢必復來，宜於沿河、江、淮措置控禦，以扼其衝。

八曰議本政。謂政出多門，紀綱紊亂，宜一歸之於中書，則朝廷尊。

九曰議久任。謂靖康間進退大臣太速，功效蔑著，宜慎擇而久任之，以責成功。

十曰議修德。謂上始膺天命，宜益修孝悌恭儉，以副四海之望，而致中興。

翌日，班綱議于朝，惟僭逆、僞命二事留中不出。綱言：

二事乃今日政刑之大者。邦昌當道君朝，在政府者十年，淵聖即位，首擢爲相。方國家禍難，金人爲易姓之謀，邦昌如能以死守節，推明天下戴宋之義，以感動其心，敵人未必不悔禍而存趙氏。而邦昌方自以爲得計，偃然正位號，處宮禁，擅降僞詔，以止四方勤王之師。及知天下之不與，不得已而後請元祐太后垂簾聽政，而議奉迎。邦昌僭逆始末如此，而議者不同，臣請備論而以《春秋》之法斷之。

夫都城之人德邦昌，謂因其立而得生，且免重科金銀之擾。元帥府恕邦昌，謂其不待征討而遣使奉迎。若天下之憤嫉邦昌者，則謂其建號易姓，而奉迎特出於不得已。都城德之，元帥府恕之，私也；天下憤嫉之，公也。《春秋》之法，人臣無將，將而必誅；趙盾不討賊，則書以弒君。今邦昌已僭位號，敵退而止勤王之師，非特將與不討賊而已。

劉盆子以漢宗室爲赤眉所立，其後以十萬衆降光武，但待之以不死。邦昌以臣易君，罪大於盆子，不得已而自歸，朝廷既不正其罪，又尊崇之，此何理也？陛下欲建中興之業，而尊崇僭逆之臣，以示四方，其誰不解體？又僞命臣寮，一切置而不問，何以厲天下士大夫之節？

時執政中有論不同者，上乃召黃潛善等語之。潛善主邦昌甚力，上顧呂好問曰：「卿昨在圍城中知其故，以爲何如？」好問附潛善，持兩端，曰：「邦昌僭竊位號，人所共知，既已自歸，惟陛下裁處。」綱言：「邦昌僭逆，豈可使之在朝廷，使道路指目曰『此亦一天子』哉！」因泣拜曰：「臣不可與邦昌同列，當以笏擊之。陛下必欲用邦昌，第罷臣。」上頗感動。伯彦乃曰：「李綱氣直，臣等所不及。」乃詔邦昌謫潭州，吳幵、莫儔而下皆遷謫有差。綱又言：「近世士大夫寡廉鮮恥，不知君臣之義。靖康之禍，能仗節死義者，在內惟李若水，在外惟霍安國，願加贈恤。」上從其請，仍詔有死節者，諸路詢訪以聞。上謂綱曰：「卿昨争張邦昌事，内侍輩皆泣涕，卿今可以受命矣。」綱拜謝。

有旨兼充御營使。入對，奏曰：

今國勢不逮靖康間遠甚，然而可爲者，陛下英斷於上，羣臣輯睦於下，庶幾靖康之弊革，而中興可圖。然非有規模而知先後緩急之序，則不能以成功。

夫外禦彊敵，内銷盜賊，修軍政，變士風，裕邦財，寬民力，改弊法，省冗官，誠號令以感人心，信賞罰以作士氣，擇帥臣以任方面，選監司、郡守以奉行新政，俟吾所以自治者政事已修，然後可以問罪金人，迎還二聖，此所謂規模也。至於所當急而先者，則在於料理河北、河東。蓋河北、河東者，國之屏蔽也。料理稍就，然後中原可保，而東南可安。今河東所失者忻、代、太原、澤、潞、汾、晉，餘郡猶存也。河北所失者，不過真定、懷、衛、濬四州而已，其餘三十餘郡，皆爲朝廷守。兩路士民兵將，所以戴宋者，其心甚堅，皆推豪傑以爲首領，多者數萬，少者亦不下萬人。朝廷不因此時置司，遣使以大慰撫之，分兵以援其危急，臣恐糧盡力疲，坐受金人之困。雖懷忠義之心，援兵不至，危迫無告，必且憤怨朝廷，金人因得撫而用之，皆精兵也。

莫若於河北置招撫司，河東置經制司，擇有材略者爲之使，宣諭天子恩德，所以不忍棄兩河於敵國之意。有能全一州、復一郡者，以爲節度、防禦、團練使，如唐方鎮之制，使自爲守。非惟絶其從敵之心，又可資其禦敵之力，使朝廷永無北顧之憂，最今日之先務也。

上善其言，問誰可任者，綱薦張所、傅亮。所嘗爲監察御史，在靖康圍城中，以蠟書募河北兵，士民得書，喜曰：「朝廷棄我，猶有一張察院能拔而用之。」應

募者凡十七萬人，由是所之聲震河北。故綱以爲招撫河北，非所不可。傅亮者，先以邊功得官，嘗治兵河朔。都城受圍時，亮率勤王之兵三萬人，屢立戰功。綱察其智略可以大用，欲因此試之。上乃以所爲河北招撫使，亮爲河東經制副使。

皇子生，故事當肆赦。綱奏：「陛下登極，曠蕩之恩獨遺河北、河東，而不及勤王之師，天下觖望。夫兩路爲朝廷堅守，而赦令不及，人皆謂已棄之，何以慰忠臣義士之心？勤王之師在道路半年，擐甲荷戈，冒犯霜露，雖未效用，亦已勞矣。加以疾病死亡，恩恤不及，後有急難，何以使人乎？願因今赦廣示德意。」上嘉納。於是兩路知天子德意，人情翕然，間有以破敵捷書至者。金人圍守諸郡之兵，往往引去。而山砦之兵，應招撫、經制二司募者甚衆。

有許高、許亢者，以防河而遁，謫嶺南，至南康謀變，守倅戮之。或議其擅殺，綱曰：「高、亢受任防河，寇未至而遁，沿途劫掠，甚於盜賊。朝廷不能正軍法，而一守倅能行之，真健吏也。使受命捍賊而欲退走者，知郡縣之吏皆得以誅之，其亦少知所戒乎！」上以爲然，命轉一官。開封守闕，綱以留守非宗澤不可，力薦之。澤至，撫循軍民，修治樓櫓，屢出師以挫敵。

綱立軍法，五人爲伍，伍長以牌書同伍四人姓名。二十五人爲甲，甲正以牌書伍長五人姓名。百人爲隊，隊將以牌書甲正四人姓名。五百人爲部，部將以牌書隊將正副十人姓名。二千五百人爲軍，統制官以牌書部將正副十人姓名。命招置新軍及御營司兵，並依新法團結，有所呼召、使令，按牌以遣。三省、樞密院置賞功司，受賂乞取者行軍法，遇敵逃潰者斬，因而爲盜賊者，誅及其家屬。凡軍政申明改更者數十條。

又奏步不足以勝騎，騎不足以勝車，請以車制頒京東、西，製造而教閱之。又奏造戰艦，募水軍，及詢訪諸路武臣材略之可任者以備用。又進三疏：一曰募兵，二曰買馬，三曰募民出財以助兵費。諫議大夫宋齊愈聞而笑之，謂虞部員外郎張浚曰：「李丞相三議，無一可行者。」浚問之，齊愈曰：「民財不可盡括；西北之馬不可得，而東南之馬不可用；至於兵數，若郡增二千，則歲用千萬緡，費將安出？齊愈將極論之。」浚曰：「公受禍自此始矣。」

時朝廷議遣使于金，綱奏曰：「堯、舜之道，孝悌而已，孝悌之至，可以通神明。陛下以二聖遠狩沙漠，食不甘味，寢不安席，思迎還兩宮，致天下養，此孝悌之至，而堯、舜之用心也。今日之事，正當枕戈嘗膽，內修外攘，使刑政修而中國彊，則二帝不俟迎請而自歸。不然，雖冠蓋相望，卑辭厚禮，恐亦無益。今所遣使，但當奉表通問兩宮，致思慕之意可也。」上乃命綱草表，以周望、傅雱爲二聖通問使，奉表以往。且乞降哀痛之詔，以感動天下，使同心協力，相與扶持，以致中興。又乞省冗員，節浮費。上皆從其言。是時，四方潰兵爲盜者十餘萬人，攻劫山東、淮南、襄漢之間，綱命將悉討平之。

一日，論靖康時事，上曰：「淵聖勤於政事，省覽章奏，至終夜不寐，然卒致播遷，何耶？」綱曰：「人主之職在知人，進君子而退小人，則大功可成，否則衡石程書，無益也。」因論靖康初朝廷應敵得失之策，且極論金人兩至都城，所以能守不能守之故，因勉上以明恕盡人言，以恭儉足國用，以英果斷大事。上皆嘉納。又奏：「臣嘗言車駕巡幸之所，關中爲上，襄陽次之，建康爲下。陛下縱未能行上策，猶當且適襄、鄧，示不忘故都，以係天下之心。不然，中原非復我有，車駕還闕無期，天下之勢遂傾不復振矣。」上爲詔諭兩京以還都之意，讀者皆感泣。

未幾，有詔欲幸東南避敵，綱極論其不可，言：「自古中興之主，起於西北，則足以據中原而有東南；起於東南，則不能以復中原而有西北。蓋天下精兵健馬皆在西北，一旦委中原而棄之，豈惟金人將乘間以擾內地，盜賊亦將蠭起爲亂，跨州連邑，陛下雖欲還闕，不可得矣，況欲治兵勝敵以歸二聖哉？夫南陽光武之所興，有高山峻嶺可以控扼，有寬城平野可以屯兵，西鄰關、陝，可以召將士；東達江、淮，可以運穀粟；南通荆湖、巴蜀，可以取財貨；北距三都，可以遣救援。暫議駐蹕，乃還汴都，策無出於此者。今乘舟順流而適東南，固甚安便，第恐一失中原，則東南不能必其無事，雖欲退保一隅，不易得也。況嘗降詔許留中原，人心悦服，奈何詔墨未乾，遽失大信於天下！」上乃許幸南陽，而黄潛善、汪伯彦實陰主巡幸東南之議。客或有謂綱曰：「外論洶洶，咸謂東幸已決。」綱曰：「國之存亡，於是焉分，吾當以去就争之。」初，綱每有所論諫，其言雖切直，無不容納，至是，所言常留中不報。已而遷綱尚書左僕射兼門下侍郎，黄潛善除右僕射兼中書侍郎。張所乞且置司北京，俟措置有緒，乃渡河。北京留守張益謙，潛善黨也，奏招撫司之擾，又言自置司河北，盜賊益熾。綱言：「所尚留京師，益謙何以知其擾？河北民無所歸，聚而爲盜，豈由置司乃有盜賊乎？」

有旨令留守宗澤節制傅亮，即日渡河。亮言：「措置未就而渡河，恐誤國事。」綱言：「招撫、經制，臣所建明；而張所、傅亮，又臣所薦用。今潛善、伯彦沮所及亮，所以沮臣。臣每鑒靖康大臣不和之失，事未嘗不與潛善、伯彦議而後

行，而二人設心如此，願陛下虛心觀之。」既而詔罷經制司，召亮赴行在。綱言：「聖意必欲罷亮，乞以御筆付潛善施行，臣得乞身歸田。」綱退，而亮竟罷，乃再疏求去。上曰：「卿所争細事，胡乃爾？」綱言：「方今人材以將帥爲急，恐非小事。臣昨議遷幸，與潛善、伯彦異，宜爲所嫉。然臣東南人，豈不願陛下東下爲安便哉？顧一去中原，後患有不可勝言者。願陛下以宗社爲心，以生靈爲意，以二聖未還爲念，勿以臣去而改其議。臣雖去左右，不敢一日忘陛下。」泣辭而退。或曰：「公決於進退，於義得矣，如讒者何？」綱曰：「吾知盡事君之道，不可，則全進退之節，患禍非所恤也。」

初，二帝北行，金人議立異姓。吏部尚書王時雍問於吴幵、莫儔，二人微言敵意在張邦昌，時雍未以爲然。適宋齊愈自敵所來，時雍又問之，齊愈取片紙書「張邦昌」三字，時雍意乃決，遂以邦昌姓名入議狀。至是，齊愈論綱三事之非，不報。擬章將再上，其鄉人嗛齊愈者，竊其草示綱。時方論僭逆附僞之罪，於是逮齊愈，齊愈不承，獄吏曰：「王尚書輩所坐不輕，然但遷嶺南，大諫第承，終不過踰嶺爾。」齊愈引伏，遂戮之東市。張浚爲御史，劾綱以私意殺侍從，且論其買馬招軍之罪。詔罷綱爲觀文殿大學士、提舉洞霄宫。尚書右丞許翰言綱忠義，捨之無以佐中興。會上召見陳東，東言：「潛善、伯彦不可任，綱不可去。」東坐誅。翰曰：「吾與東皆争李綱者，東戮都市，吾在廟堂可乎？」遂求去。後有旨，綱落職居鄂州。

自綱罷，張所以罪去，傅亮以母病辭歸，招撫、經制二司皆廢。車駕遂東幸，兩河郡縣相繼淪陷，凡綱所規畫軍民之政，一切廢罷。金人攻京東、西，殘毁關輔，而中原盜賊蠭起矣。

紹興二年，除觀文殿學士、湖廣宣撫使兼知潭州。是時，荆湖江、湘之間，流民潰卒羣聚爲盜賊，不可勝計，多者至數萬人，綱悉蕩平之。上言：「荆湖，國之上流，其地數千里，諸葛亮謂之用武之國。今朝廷保有東南，控馭西北。如鼎、澧、岳、鄂若荆南一帶，皆當屯宿重兵，倚爲形勢，使四川之號令可通，而襄、漢之聲援可接，乃有恢復中原之漸。」議未及行，而諫官徐俯、劉斐劾綱，罷爲提舉西京崇福宫。

四年冬，金人及僞齊來攻，綱具防禦三策，謂：「僞齊悉兵南下，境内必虛。儻出其不意，電發霆擊，擣潁昌以臨畿甸，彼必震懼還救，王師追躡，必勝之理，此上策也。若駐蹕江上，號召上流之兵，順流而下，以助聲勢，金鼓旌旗，千里相望，則敵人雖衆，不敢南渡。然後以重師進屯要害之地，設奇邀擊，絶其糧道，俟彼遁歸，徐議攻討，此中策也。萬一借親征之名，爲順動之計，使卒伍潰散，控扼失守，敵得乘間深入，州縣望風奔潰，則其患有不可測矣。往歲，金人利在侵掠，又方時暑，勢必還師，朝廷因得以還定安集。今僞齊導之而來，勢不徒還，必謀割據。姦民潰卒從而附之，聲勢鴟張，苟或退避，則無以爲善後之策。昔苻堅以百萬衆侵晉，而謝安以偏師破之。使朝廷措置得宜，將士用命，安知北敵不授首於我？顧一時機會所以應之者如何耳。望降臣章與二三大臣熟議之。」詔：綱所陳，今日之急務，付三省、樞密院施行。時韓世忠屢敗金人於淮、楚間，有旨督劉光世、張俊統兵渡河，車駕進發至江上勞軍。

五年，詔問攻戰、守備、措置、綏懷之方，綱奏：

願陛下勿以敵退爲可喜，而以仇敵未報爲可憤；勿以東南爲可安，而以中原未復、赤縣神州陷於敵國爲可恥；勿以諸將屢捷爲可賀，而以軍政未修、士氣未振而彊敵猶得以潛逃爲可虞。則中興之期，可指日而俟。

議者或謂敵馬既退，當遂用兵爲大舉之計，臣竊以爲不然。生理未固，而欲浪戰以僥倖，非制勝之術也。高祖先保關中，故能東嚮與項籍争。光武先保河内，故能降赤眉、銅馬之屬。肅宗先保靈武，故能破安、史而復兩京。今朝廷以東南爲根本，將士暴露之久，財用調度之煩，民力科取之困，苟不大修守備，痛自料理，先爲自固之計，何以能萬全而制敵？

議者又謂敵人既退，當且保據一隅，以苟目前之安，臣又以爲不然。秦師三伐晉，以報殽之師；諸葛亮佐蜀，連年出師以圖中原，不如是，不足以立國。高祖在漢中，謂蕭何曰：「吾亦欲東。」光武破隗囂，既平隴，復望蜀。此皆以天下爲度，不如是，不足以混一區宇，戡定禍亂。況祖宗境土，豈可坐視淪陷，不務恢復乎？今歲不征，明年不戰，使敵勢益張，而吾之所糾合精鋭士馬，日以損耗，何以圖敵？謂宜於防守既固、軍政既修之後，即議攻討，乃爲得計。此二者，守備、攻戰之序也。

至於守備之宜，則當科理淮南、荆襄，以爲東南屏蔽。夫六朝之所以能保有江左者，以彊兵巨鎮，盡在淮南、荆襄間。故以魏武之雄，苻堅、石勒之衆，宇文、拓拔之盛，卒不能窺江表。後唐李氏有淮南，則可以都金陵，其後淮南爲周世宗所取，遂以削弱。近年以來，大將擁重兵於江南，官吏守空城於江北，雖有天險而無戰艦水軍之制，故敵人得以侵擾窺伺。今當於淮之東西及荆襄置三大帥，

屯重兵以臨之，分遣偏師，進守支郡，加以戰艦水軍，上連下接，自爲防守。敵馬雖多，不敢輕犯，則藩籬之勢盛而無窮之利也。有守備矣，然後議攻戰之利，分責諸路，因利乘便，收復京畿，以及故都。斷以必爲之志而勿失機會，則以弱爲彊，取威定亂於一勝之間，逆臣可誅，彊敵可滅，攻戰之利，莫大於是。

若夫萬乘所居，必擇形勝以爲駐蹕之所，然後能制服中外，以圖事業。建康自昔號帝王之宅，江山雄壯，地勢寬博，六朝更都之。臣昔舉天下形勢而言，謂關中爲上，今以東南形勢而言，則當以建康爲便。今者，鑾輿未復舊都，莫若且於建康權宜駐蹕。願詔守臣治城池，修宮闕，立官府，創營壁，使粗成規模，以待巡幸。蓋有城池然後人心不恐，有官府然後政事可修，有營壘然後士卒可用，此措置之所當先也。

至於西北之民，皆陛下赤子，荷祖宗涵養之深，其心未嘗一日忘宋。特制於彊敵，陷於塗炭，而不能以自歸。天威震驚，必有結納來歸、願爲内應者。宜給之土田，予以爵賞，優加撫循，許其自新，使陷溺之民知所依怙，莫不感悦，益堅戴宋之心，此綏懷之所當先也。

臣竊觀陛下有聰明睿智之姿，有英武敢爲之志，然自臨御，迨今九年，國不闢而日蹙，事不立而日壞，將驕而難御，卒惰而未練，國用匱而無贏餘之蓄，民力困而無休息之期。使陛下憂勤雖至，而中興之效，邈乎無聞，則羣臣誤陛下之故也。

陛下觀近年以來所用之臣，慨然敢以天下之重自任者幾人？平居無事，小廉曲謹，似可無過，忽有擾攘，則錯愕無所措手足，不過奉身以退，天下憂危之重，委之陛下而已。有臣如此，不知何補於國，而陛下亦安取此？夫用人如用醫，必先知其術業可以已病，乃可使之進藥而責成功。今不詳究其術業而姑試之，則雖日易一醫，無補於病，徒加疾而已。大概近年，閑暇則以和議爲得計，而以治兵爲失策；倉卒則以退避爲愛君，而以進禦爲誤國。上下偷安，不爲長久之計。天步艱難，國勢益弱，職此之由。

今天啓宸衷，悟前日和議退避之失，親臨大敵。天威所臨，使北軍數十萬之衆，震怖不敢南渡，潛師宵奔。則和議之與治兵，退避之與進禦，其效概可覩矣。然敵兵雖退，未大懲創，安知其秋高馬肥，不再來擾我疆埸，使疲於奔命哉？

臣夙夜爲陛下思所以爲善後之策，惟自昔創業、中興之主，必躬冒矢石，履行陣而不避。故高祖既得天下，擊韓王信、陳豨、黥布，未嘗不親行。光武自即位至平公孫述，十三年間，無一歲不親征。本朝太祖、太宗，定惟揚，平澤、潞，下河東，皆躬御戎輅；真宗亦有澶淵之行，措天下於大安。此所謂始憂勤而終逸樂也。

若夫退避之策，可暫而不可常，可一而不可再，退一步則失一步，退一尺則失一尺。往時自南都退而至惟揚，則關陝、河北、河東失矣；自惟揚退而至江、浙，則京東、西失矣。萬有一敵騎南牧，復將退避。不知何所適而可乎？航海之策，萬乘冒風濤不測之險，此又不可之尤者也。惟當於國家閒暇之時，明政刑，治軍旅，選將帥，修車馬，備器械，峙糗糧，積金帛。敵來則禦，俟時而奮，以光復祖宗之大業，此最上策也。臣願陛下自今以往，勿復爲退避之計，可乎？

臣又觀古者敵國善鄰，則有和親，仇讎之邦，鮮復遣使。豈不以釁隙既深，終無講好修睦之理故耶？東晉渡江，石勒遣使于晉，元帝命焚其幣而却其使。彼遣使來，且猶却之，此何可往？假道僭僞之國，其自取辱，無補於事，祇傷國體。金人造釁之深，知我必報，其措意爲何如？而我方且卑辭厚幣，屈體以求之，其不推誠以見信，決矣。器幣禮物，所費不貲，使軺往來，坐索士氣，而又邀我以必不可從之事，制我以必不敢爲之謀，是和卒不成，而徒爲此擾擾也。非特如此，於吾自治自彊之計，動輒相妨，實有所害。金人二十餘年，以此策破契丹、困中國，而終莫之悟。夫辨是非利害者，人心所同，豈真不悟哉？聊復用此以僥倖萬一，曾不知爲吾害者甚大，此古人所謂幾何僥倖而不喪人之國者也。臣願自今以往，勿復遣和議之使，可乎？

二説既定，擇所當爲者，一切以至誠爲之。俟吾之政事修，倉廩實，府庫充，器用備，士氣振，力可有爲，乃議大舉，則兵雖未交，而勝負之勢已決矣。

抑臣聞朝廷者根本也，藩方者枝葉也，根本固則枝葉蕃；朝廷者腹心也，將士者爪牙也，腹心壯則爪牙奮。今遠而彊敵，近而僞臣，國家所仰以爲捍蔽者在藩方，所資以致攻討者在將士，然根本腹心則在朝廷。惟陛下正心以正朝廷百官，使君子小人各得其分，則是非明，賞罰當，自然藩方協力，將士用命，雖彊敵不足畏，逆臣不足憂，此特在陛下方寸之間耳。

臣昧死上條六事：一曰信任輔弼，二曰公選人材，三曰變革士風，四曰愛惜日力，五曰務盡人事，六曰寅畏天威。

何謂信任輔弼？夫興衰撥亂之主，必有同心同德之臣相與有爲，如元首股肱之於一身，父子兄弟之於一家，乃能協濟。今陛下選於衆以圖任，遂能捍禦大

敵，可謂得人矣。然臣願陛下待以至誠，無事形跡，久任以責成功，勿使小人得以間之，則君臣之美，垂於無窮矣。

何謂公選人才？夫治天下者，必資於人才，而創業、中興之主，所資尤多。何則？繼體守文，率由舊章，得中庸之才，亦足以共治；至於艱難之際，非得卓犖瓌偉之才，則未易有濟。是以大有爲之主，必有不世出之才，參贊翊佐，以成大業。然自昔抱不羣之才者，多爲小人之所忌嫉，或中之以黯闇，或指之爲黨與，或誣之以大惡，或擿之以細故。而以道事君者，不可則止，難於自進，恥於自明，雖負重謗，遭深讒，安於義命，不復自辨。苟非至明之主，深察人之情僞，安能辨其非辜哉？陛下臨御以來，用人多矣，世之所許以爲端人正士者，往往閑廢於無用之地；而陛下寤寐側席，有乏材之歎，盍少留意而致察焉！

何謂變革士風？夫用兵之與士風，似不相及，而實相爲表裏。士風厚則議正而是非明，朝廷賞罰當功罪而人心服，攷之本朝嘉祐、治平以前可知已。數十年來，奔競日進，論議徇私，邪説利口，足以惑人主之聽。元祐大臣，持正論如司馬光之流，皆社稷之臣也，而羣枉嫉之，指爲姦黨，顛倒是非，政事大壞，馴致靖康之變，非偶然也。竊觀近年士風尤薄，隨時好惡，以取世資，潝訿成風，豈朝廷之福哉？大抵朝廷設耳目及獻納論思之官，固許之以風聞，至於大故，必須覈實而後言。使其無實，則誣人之罪，服讒蒐慝，得以中害善良，皆非所以修政也。

何謂愛惜日力？夫創業、中興，如建大厦，堂室奥序，其規模可一日而成，鳩工聚材，則積累非一日所致。陛下臨御，九年于兹，境土未復，僭逆未誅，仇敵未報，尚稽中興之業者，誠以始不爲之規摹，而後不爲之積累故也。邊事粗定之時，朝廷所推行者，不過簿書期會不切之細務，至於攻討防守之策，國之大計，皆未嘗留意。夫天下無不可爲之事，亦無不可爲之時。惟失其時，則事之小者日益大，事之易者日益難矣。

何謂務盡人事？天人之道，其實一致，人之所爲，即天之所爲也。人事盡於前，則天理應於後，此自然之符也。故創業、中興之主，盡其在我，而以其成功歸之於天。今未嘗盡人事，敵至而先自退屈，而欲責功於天，其可乎？臣願陛下詔二三大臣，協心同力，盡人事以聽天命，則恢復土宇，剪屠鯨鯢，迎還兩宫，必有日矣。

何謂寅畏天威？夫天之於王者，猶父母之於子，愛之至，則所以爲之戒者亦至。故人主之於天戒，必恐懼修省，以致其寅畏之誠。比年以來，熒惑失次，太白晝見，地震水溢，或久陰不雨，或久雨不霽，或當暑而寒，乃正月之朔，日有食之。此皆天意眷佑陛下，丁寧反覆，以致告戒。惟陛下推至誠之意，正厥事以應之，則變災而爲祥矣。

凡此六者，皆中興之業所關，而陛下所當先務者。

今朝廷人才不乏，將士足用，財用有餘，足爲中興之資。陛下春秋鼎盛，欲大有爲，何施不可？要在改前日之轍，斷而行之耳。昔唐太宗謂魏徵爲敢言，徵謝曰：「陛下導臣使言，不然，其敢批逆鱗哉。」今臣無魏徵之敢言，然展盡底藴，亦思慮之極也。惟陛下赦其愚直，而取其拳拳之忠。

疏奏，上爲賜詔褒諭。除江西安撫制置大使兼知洪州。有旨，赴行在奏事畢之官。六年，綱至，引對内殿。朝廷方鋭意大舉，綱陛辭，言今日用兵之失者四，措置未盡善者五，宜預備者三，當善後者二。

時宋師與金人、僞齊相持於淮、泗者半年，綱奏：「兩兵相持，非出奇不足以取勝。願速遣驍將，自淮南約岳飛爲掎角，夾擊之，大功可成。」已而宋師屢捷，劉光世、張俊、楊沂中大破僞齊兵於淮、淝之上。

車駕進發幸建康。綱奏乞益飭戰守之具，修築沿淮城壘，且言：「願陛下勿以去冬驟勝而自怠，勿以目前粗定而自安，凡可以致中興之治者無不爲，凡可以害中興之業者無不去。要以修政事，信賞罰，明是非，别邪正，招徠人材，鼓作士氣，愛惜民力，順導衆心爲先。數者既備，則將帥輯睦，士卒樂戰，用兵其有不勝者哉？」

淮西酈瓊以全軍叛歸劉豫，綱指陳朝廷有措置失當者、深可痛惜者及當監前失以圖方來者凡十有五事，奏之。張浚引咎去相位，言者引漢武誅王恢爲比。綱奏曰：「臣竊見張浚罷相，言者引武帝誅王恢事以爲比。臣恐智謀之士卷舌而不談兵，忠義之士扼腕而無所發憤，將士解體而不用命，州郡望風而無堅城，陛下將誰與立國哉？張浚措置失當，誠爲有罪，然其區區徇國之心，有可矜者。願少寬假，以責來效。」

時車駕將幸平江，綱以爲平江去建康不遠，徒有退避之名，不宜輕動。復具奏曰：

臣聞自昔用兵以成大業者，必先固人心，作士氣，據地利而不肯先退，盡人事而不肯先屈。是以楚、漢相距於滎陽、成皋間，高祖雖屢敗，不退尺寸之地；既割鴻溝，羽引而東，遂有垓下之亡。曹操、袁紹戰於官渡，操雖兵弱糧乏，荀彧

止其退避；既焚紹輜重，紹引而歸，遂喪河北。由是觀之，今日之事，豈可因一叛將之故，望風怯敵，遽自退屈？果出此謀，六飛回馭之後，人情動摇，莫有固志，士氣銷縮，莫有鬥心。我退彼進，使敵馬南渡，得一邑則守一邑，得一州則守一州，得一路則守一路；亂臣賊子，黠吏姦氓，從而附之，虎踞鴟張，雖欲如前日返駕還轅，復立朝廷於荆棘瓦礫之中，不可得也。

借使敵騎衝突，不得已而權宜避之，猶爲有説。今疆埸未有警急之報，兵將初無不利之失，朝廷正可懲往事，修軍政，審號令，明賞刑，益務固守。而遽爲此擾擾，棄前功，蹈後患，以自趨於禍敗，豈不重可惜哉！

八年，王倫使北還，綱聞之，上疏曰：

臣竊見朝廷遣王倫使金國，奉迎梓宫。今倫之歸，與金使偕來，乃以「詔諭江南」爲名，不著國號而曰「江南」，不云「通問」而曰「詔諭」，此何禮也？臣請試爲陛下言之。金人毁宗社，逼二聖，而陛下應天順人，光復舊業。自我視彼，則仇讎也；自彼視我，則腹心之疾也，豈復有可和之理？然而朝廷遣使通問，冠蓋相望於道，卑辭厚幣，無所愛惜者，以二聖在其域中，爲親屈己，不得已而然，猶有説也。至去年春，兩宫凶問既至，遣使以迎梓宫，亟往遄返，初不得其要領。今倫使事，初以奉迎梓宫爲指；而金使之來，乃以詔諭江南爲名。循名責實，已自乖戾，則其所以罔朝廷而生後患者，不待詰而可知。

臣在遠方，雖不足以知其曲折，然以愚意料之，金以此名遣使，其邀求大略有五：必降詔書，欲陛下屈體降禮以聽受，一也。必有赦文，欲朝廷宣布，班示郡縣，二也。必立約束，欲陛下奉藩稱臣，禀其號令，三也。必求歲賂，廣其數目，使我坐困，四也。必求割地，以江爲界，淮南、荆襄、四川，盡欲得之，五也。此五者，朝廷從其一，則大事去矣。

金人變詐不測，貪婪無厭，縱使聽其詔令，奉藩稱臣，其志猶未已也。必繼有號令，或使親迎梓宫，或使單車入覲，或使移易將相，或改革政事，或竭取租賦，或朘削土宇。從之則無有紀極，一不從則前功盡廢，反爲兵端。以謂權時之宜，聽其邀求，可以無後悔者，非愚則誣也。使國家之勢單弱，果不足以自振，不得已而爲此，固猶不可；況土宇之廣猶半天下，臣民之心戴宋不忘，與有識者謀之，尚足以有爲，豈可忘祖宗之大業，生靈之屬望，弗慮弗圖，遽自屈服，冀延旦暮之命哉？

臣願陛下特留聖意，且勿輕許，深詔羣臣，講明利害，可以久長之策，擇其善而從之。

疏奏，雖與衆論不合，上不以爲忤，曰：「大臣當如此矣。」

九年，除知潭州、荆湖南路安撫大使，綱具奏力辭，曰：「臣迂疎無周身之術，動致煩言。今者罷自江西，爲日未久，又蒙湔祓，畀以帥權。昔漢文帝聞季布賢，召之，既而罷歸，布曰：『陛下以一人之譽召臣，一人之毁去臣，臣恐天下有以窺陛下之淺深。』顧臣區區進退，何足少多。然數年之間，亟奮亟躓，上累陛下知人任使之明，實有係於國體。」詔以綱累奏，不欲重違，遂允其請。次年薨，年五十八。訃聞，上爲軫悼，遣使賻贈，撫問其家，給喪葬之費。贈少師，官其親族十人。

綱負天下之望，以一身用捨爲社稷生民安危。雖身或不用，用有不久，而其忠誠義氣，凜然動乎遠邇。每宋使至燕山，必問李綱、趙鼎安否，其爲遠人所畏服如此。綱有著《易傳》内篇十卷、外篇十二卷，《論語詳説》十卷，文章、歌詩、奏議百餘卷，又有《靖康傳信録》、《奉迎録》、《建炎時政記》、《建炎進退志》、《建炎制詔表劄集》、《宣撫荆廣記》、《制置江右録》。

李綱《梁溪先生文集》附録李綸《宋丞相故特進觀文殿大學士致仕隴西郡開國公食邑四千四百户食實封一千七百户贈太師謚忠定李公行狀》 曾祖僧護，故贈少保。曾祖母廖氏，成國夫人。

祖賡，故贈太保。祖母黄氏，秦國夫人；饒氏，魏國夫人。

父夔，故任中大夫，充右文殿修撰，贈太師，追封衛國公。母吴氏，韓國夫人。

邵武軍邵武縣八龍鄉慶親里李綱年五十八。

公字伯紀。其先系出有唐，有以宗室爲建州刺史者，卒官，因家焉。皇朝太平興國四年，析建州置邵武軍，故今爲邵武人。曾大父、大父隱德不仕，行義爲鄉閭所宗。先衛公以進士起家，爲時名卿。妣韓國夫人，處州龍泉人，賢淑懿範，中外所仰，事具龜山楊先生所撰墓誌銘。公形神俱清，器識絶人，自幼有大志，舉動必合於規矩法度，見者知其必將名世。年十有四，從先衛公官延安。時夏人入寇，圍城甚急。舊法，邊城被圍，乘城者以日計功，僚屬子弟皆登城冀賞，公獨不從，然時時騎遶城上，示無所畏。寇退，朝廷以言者謂濫賞報罷，衆以是愧公。將冠，丁韓國夫人憂，廬毗陵錫山塋次凡三年，哀感閭里。手植松栢數十萬，處畫規摹，他人莫擬。父執見之，謂人曰：「吾畏李君。」既冠，補國子監生第

一。方先衛公之入上庠也，名在第一，而公繼之，每試必上列，聲稱籍甚。舉進士未第，以先衛公遇郊祀恩補假將仕郎。附試貢士，復首送。屬聞期親之喪，友人貽書謂道路之傳蓋不的，勉試春官以慰親望，公不可。調將仕郎、真州司法參軍。政和二年上舍及第，臚傳之日，徽廟顧問再三，特旨升甲，改合入官，授承務郎，充相州州學教授，以親庭遠易鎮江。四年，召除行國子正。十二月，對便殿，除尚書考功員外郎。五年，謁告迎先衛公於雪川，有旨除先衛公提舉醴泉觀以便就養。九月還闕，道除監察御史、兼權殿中侍御史。既入臺，嘗因職事進對，先衛公亦以是日朝見。徽廟顧公曰：「卿父子同日造朝，搢紳榮事。」未幾，以論内侍建節及宰相任用堂候官、從官入朝以笏擊其下凡三事，忤權貴，罷言職。公之在臺纔一月耳。十一月，除尚書比部員外郎。六年，轉承事郎。七年，差充禮部貢院參詳官。八年四月，復召對。五月，除太常少卿。八月，出朝陵寢，未還闕，除起居郎。十二月，差兼國史編修官。宣和元年，同知貢舉。六月，京師大水，徽廟降詔遣使，所以憂勞者甚至，而在位者乃寂不聞有發憤納忠之人。公獨異之，懷不自已，奏疏論列，謂「變異不虛發，必有感召之因；災害未易禦，必有消復之策。臣有已見急切利害事須面奏，乞許臣因侍立次直前奏事」。翌日，宰執班退，傳旨閤門，令公先退，更不侍立。公因奏便宜六事，且上章待罪。有旨所論不當，送吏部與監當差遣。繼以待罪章上，有旨更降一官，與遠小處監當，授承務郎，監南劍州沙縣稅務。先是，父友故贈諫議大夫了齋陳公瓘識公之幼，每謂人曰：「李公有子。」了齋既以天下之重自任，知無不言，欲求天下奇士以此道付之。方是時，人皆以公爲鳳鳴朝陽，了齋聞之，以書至先衛公曰：「伯紀所言，天下亦有非之者乎？天下莫有非之者，則其言也當矣。使不當其可，天下豈有不非之者乎？積誨有自，可以百拜爲壽而遠莫能也。」公既來沙陽，目所居僧舍曰「寓軒」，職事之餘，閱藏教於其間。時了齋以書至，且爲公引狄梁公、李文靖、王文正前言往行，繼之以言曰：「嶷嶷梁公，疇克與對？文靖、文正，輔世無悔，誰者嗣之？願公繼躡乎筌筏之外，羸壯不同事，趣舍不同業，安敢以同我者爲是而忘盡忠之告歟？」時故右文殿修撰羅公疇方家居，嘗以書致了齋，道與公從遊之適。了齋報書曰：「吾儕老矣，寓軒之人嘗發妙旨於筌筏，舉世傾耳以需其再鼓，今乃欲韜絃袖手以適吾儕羸歇之社。若許其來而不拒，則是私乎適己而以天下爲非我事也。」其爲一時名德推與愛重如此。其後公兩在廟堂，所爲所守，天下想聞風采，蓋不負了齋所期矣。二年六月，復承事郎。十月，復本等差遣。三年，磨勘轉宣教郎。公歸膝下，五月，先衛公感疾不起，公哀慕不自勝。八月，合葬先衛公於韓國夫人之塋。了齋方謫居山陽，以文致祭，其末云：「孟仲叔季，咸遵誨飭。論水者誰，其動也力。不苟不許，孰曰不然。誰其爲之，嚴父之賢。」識者謂了齋所許與父子之間不遺餘力矣。喪既除，六年，差權發遣秀州。未赴間，七年三月，除太常少卿，六月到闕。是冬金人敗盟，邊報狎至，朝廷震懼，不復議戰守，惟日謀避狄之計。歲暮，賊馬逼近，始遣李鄴奉使講和，降詔罪己，召天下勤王之師，且命皇太子爲開封牧。宰執日聚都堂，茫然無策。先是詔求直言，有旨召侍從之臣聚議，各具所見以聞。公上封事，大略以謂當今禦戎之急務要須治其本原，敵乃可制。杜牧所謂上策莫如自治者，誠爲知言。所謂治其本原者，其說有五：一曰正己以收人心，二曰聽言以收士用，三曰蓄財穀以足軍儲，四曰審號令以尊國勢，五曰施惠澤以弭民怨。又陳捍敵十策。時建牧之命既下，公素與故相吳公敏厚善，敏時爲給事中，夜過其家，謂敏曰：「事急矣，建牧之議，豈非欲委以留守之任乎？東宫恭儉之德聞於天下，以守宗社是也，而建以爲牧非也。巨盜猖獗如此，自非傳以位號，使招徠天下豪傑與之共守，何以克濟？公從官以獻納論思爲職，曷不非時請對，爲上極言之？」敏曰：「監國可乎？」公曰：「不可。唐肅宗靈武之事，當時不建號不足以復邦，而建號之議不出於明皇，後世惜之。上聰明仁慈，儻感公言，萬有一能行此，金人且將悔禍退師，宗社底寧，豈徒城都之人獲安，天下之人皆將受賜，非發忘身徇國心，孰能任此？」敏翌日求對，具道所以，且曰：「陛下果能用臣言，則宗社寧長，聖壽無疆。」徽廟曰：「何以言之？」敏曰：「神霄萬壽宫所謂長生大君，陛下也，必有青華帝君以助之，其兆已見於此。」徽廟感悟歎息。敏因言：「李綱之論蓋與臣同。」有旨召公赴都堂，稟議訖，隨宰執至文字庫祗候引對，實十二月二十三日。公具劄子，大略以謂「皇太子監國特國家閒暇之時典禮如此，今大敵入寇，天下震動，安危存亡在呼吸間，而用平時典禮，可乎？名分不正而當大權，稟命則不威，專命則不孝，何以號召天下、率勵豪傑、期成功於萬分之一哉？胡不假皇太子以位號，使爲陛下保守宗社，收將士心，以死捍敵。如臣之計，天下可保，在此一舉」。仍刺臂血書之。其日徽廟御玉華閣，先召宰執吳敏等對至日晡，時内禪之議已決，公不復得對。二十四日，孝慈淵聖皇帝即位，詔有司討論所以崇奉道君皇帝者，公在太常條具以聞。二十六日，上實封言事，大略以謂：「方今夷狄憑陵，中國勢弱，姦邪充斥，君子道消，法度紀綱蕩然無統。陛下履位，適當

斯時，得不上應天心，下順人欲，外攘夷狄，使中國之勢尊，內誅姦邪，使君子之道長，以副道君皇帝所以付託之意？」二十八日，召對延和殿，淵聖迎謂曰：「卿頃論水災疏，朕在東宮見之，至今猶能憶誦。」嘗爲賦詩，有「秋來一鳳向南飛」之句。公叙謝訖，因奏曰：「今金寇先聲雖若可畏，然聞有內禪之事，勢必退縮請和，厚有所邀求於朝廷。臣竊料之，大概有五：欲稱尊號一也，如契丹故事，當法以大事小之義，不足惜；欲得歸朝人二也，當盡以與之，以示大信，不足惜；欲增歲幣三也，當告以舊約以燕山、雲中歸中國，故歲幣增於大遼者兩倍，今既背約自取之，則歲幣當減，國家敦示和好，不校貨財，姑如元數可也；欲求犒師之物四也，當量力以與之；欲求割地五也，則祖宗之地子孫當以死守，不可以尺寸與人。願陛下留神於此數者，執之堅，無爲浮議所摇，可無後艱。」淵聖嘉納。二十九日，除兵部侍郎。靖康元年五月三日，充行營司參謀官，蓋斡離不之兵遂渡河，是日聞報故也。夜漏二鼓，道君皇帝東幸，宫闈相續以行，侍從百官往往潛遁。四日，公侍對班於延和殿下，聞宰執奏事，議欲奉鑾輿出狩襄、鄧間。公思之以爲不可，適遇知東上閤門事朱孝莊於殿庭間，語之曰：「有急切事欲與宰執廷辨，公能奏取旨乎？」孝莊曰：「宰執未退而從官求對，前此無例。」公曰：「此何時而用例耶？」孝莊許諾，即具奏，得旨引對。公因啓奏曰：「聞諸道路，宰執欲奉陛下出狩以避狄，果有之，宗社危矣。且道君皇帝以宗社之故傳位陛下，今捨之而去可乎？」淵聖默然。太宰白時中曰：「都城豈可以守？」公曰：「天下城池豈有如都城者？且宗廟社稷、百官萬民所在，捨此欲將何之？若能率勵將士，慰安人心，與之固守，豈有不可守之理？」淵聖顧宰執曰：「策將安出？」宰執默然。公進曰：「今日之計，莫若整齊軍馬，揚聲出戰，固結民心，相與堅守，以待勤王之師。」淵聖曰：「誰可將者？」公曰：「朝廷平日以高爵厚禄崇養大臣，蓋將用之於有事之日。今白時中、李邦彦等雖書生未必知兵，然藉其位號，撫馭將士，以抗敵鋒，乃其職也。」時中怒甚，厲聲曰：「李綱莫能將兵出戰否？」公曰：「陛下不以臣爲庸懦，儻使治兵，願以死報。」淵聖顧宰執曰：「執政有何闕？」趙野對曰：「尚書右丞闕。」淵聖曰：「李綱除右丞。」面賜袍帶并笏。公致謝，且叙方時艱難不敢辭之意。宰執猶以去計勸淵聖，有旨命公爲東京留守。公爲淵聖力陳所以不可去者，且言：「唐明皇聞潼關失守，即時幸蜀，宗社朝廷碎於賊手，累年然後僅能復之，范祖禹謂其失在於不能堅守以待勤王之師。今陛下初即大位，中外欣戴，四方之兵不日雲集，敵騎必不能久留，捨此而去，如龍脱於淵，車駕朝發而都城夕亂，雖臣等留守，何補於事？」淵聖意頗回，而內侍王孝竭從旁奏曰：「中宫國公已行，陛下豈可留此？」淵聖色變，降榻曰：「卿等毋留朕，朕將親往陝西起兵以復都城，決不可留此。」公泣拜俯伏淵聖前，以死邀之。會燕、越二王至，亦以固守爲然，淵聖意稍定，即取紙御書「可回」二字，用寶俾中使追還中宫國公。因顧公曰：「卿留朕，治兵禦寇專以委卿，不得稍有疏虞。」公皇恐再拜受命。是夕，宿於尚書省，而宰執宿於內東門司。中夜，淵聖遣中使令宰執供軍令狀，詰旦決行。五日，公自尚書省趨朝，道路紛紛，復傳有南狩之事，太廟神主已出寓太常寺矣。至祥曦殿，則禁衛皆擐甲，乘輿服御皆已陳列，六宫襆被皆將升車矣。公遑遽無策，因厲聲謂禁衛曰：「爾等願以死守宗社乎？願扈從以巡幸乎？」禁衛皆呼曰：「願以死守宗社，不居此將安之？」公因拉殿帥王宗濋等入見曰：「陛下昨夕已許臣留，今復戒行何也？且六軍父母妻子皆在都城，豈肯捨去？萬有一中道散歸，陛下孰與爲衛？且虜騎已逼，彼知乘輿之去未遠，健馬疾追，何以禦之？」淵聖感悟，始命輟行。公謂宰執曰：「敢有異議者斬。」因出祥曦殿，傳旨宣示，禁衛皆拜伏呼萬歲，其聲震地。復入勸淵聖御樓以見將士，淵聖可之，駕登宣德門，宰執百官將士班樓前起居，復降步輦勞問將士。公與吴敏撰數十語，叙金人犯順，欲危宗社，決策固守，各令勉勵之意，俾閤門官宣讀。每讀一句，將士聲喏。須臾，六軍皆感泣流涕，於是固守之議始決。是日以公爲親征行營使，一切許以便宜從事。自車駕御樓之後，方治都城四壁守具，以百步法分兵備禦，每壁用正兵萬二千餘人，而保甲居民厢軍之屬不預焉。凡防守之具無不畢備。又團結馬步軍四萬人爲前後左右中軍，軍八千人，日肄習之。以前軍居東水門外，護延豐倉，倉有粟豆四十萬石，其後勤王之師集城外者賴之以濟。以後軍居宋門外，占樊家岡，使賊騎不敢近。而左右中軍居城中，以備緩急。自五日至八日，治戰守之具粗畢，而賊馬已抵城下。是夕攻西水門，公臨城捍禦，斬獲百餘人，自初夜防守達旦，始保無虞。翌日，賊攻酸棗封丘門，公慮城上兵卒不足用，乞禁衛班直善射者千人以從，傳旨如所乞。賊渡壕以雲梯攻城，公命班直乘城射之，皆應弦而倒。公登城督戰，激勵將士，人皆賈勇，近者以手砲檑木擊之，遠者以神臂弓强弩射之，又遠者以牀子弩座砲及之，而金賊有乘栰渡壕而溺者，有登梯而墜者，有中矢石而踣者甚衆。又募壯士數百人縋城而下，燒雲梯數十座，斬獲酋首十餘級，皆耳有金環。淵聖遣中使勞問，降御筆褒諭，有「公忠略之志朕記於心」及「公悉心捍禦朕皆知之」之語。特

給內庫酒、銀、絹等以頒將士，人皆歡呼，自卯至申未間殺賊數千人。賊知城守有備不可以攻，乃退師。因遣使隨李鄴請和，抵城下已昏，堅欲入城，公傳令輒開門者斬，竟俟明乃入，實初十日也。淵聖御崇政殿，引使入對，出斡離不書進呈，道所以舉師犯中國之意，聞上內禪，願復講和，乞遣大臣赴軍前議所以和者。公因請行，淵聖不許，曰：「卿方治兵，不可。」命李棁奉使，鄭望之、高世則副之。宰執退，公留身問所以不遣之旨，淵聖曰：「卿性剛不可以往。」公對曰：「今虜氣方鋭，吾大兵未集，固不可以不和，然所以和者得策則中國之勢遂安，不然禍患未已。宗社安危，在此一舉，臣恐李棁等柔懦而悞國事也。」因爲淵聖反覆具道所以不可割地及過許金幣之説，淵聖頗以爲然。李棁是日至軍中果辱命，北面再拜，膝行而前。金人出事目一紙付棁等達朝廷，棁唯唯不能措一辭。金人笑之，曰：「此乃一婦人女子爾。」自是有輕朝廷心。十一日，棁至自軍前，宰執同對於崇政殿，進呈金人所須事目，須金五百萬兩、銀五千萬兩、絹綵一百萬匹、馬駞驢騾之屬各以萬計，尊其國主爲伯父，凡燕、雲之人在漢者悉歸之，割太原、中山、河間三鎮之地，又以親王、宰相爲質，乃退師。具道其語甚狂厲，宰執震恐，欲如其數悉許之。公引前議力争，以謂尊稱及歸朝官如其所欲固無害；犒師金幣所索太多，當量與之；太原、河間、中山國家屏蔽，號爲三鎮，其實十餘郡地，塘濼險阻皆在焉，割之何以立國；又保塞翼、順、僖三祖陵寢所在，子孫奈何與人；至於遣質即宰相當往，親王不當往。爲今日計，莫若擇使與之往返熟議，道所以可不可者，金帛之數令有司會計所有續具報。宿留數日，大兵四集，彼以孤軍入重地勢不能久留，雖所得不滿意，必求速歸，然後與之盟，以重兵衛出之，彼且不敢輕中國，其和可久也。宰執皆不以爲然，方謂都城破在朝夕，肝腦且塗地，何有三鎮，而金幣之數又不足較也。淵聖爲羣議所惑，凡争踰兩時，無一人助公言者。公自度力不能勝衆説，因再拜求去。淵聖慰諭曰：「不須如此，卿第出治兵，益固城守，恐金人款我，此徐議可也。」公被旨不得不出，復前進曰：「金人所須，宰執欲一切許之，不過欲脱一時之禍，不知他日付之何人，能爲陛下了此，願更審處，後悔恐無所及。」因出至城北壁，復迴，尚冀可以力争，而誓書已行矣，所求悉皆與之。今上皇帝方在康邸，俾同少宰張邦昌爲質於金人軍中。公無如之何，則爲之留三鎮詔書，戒中書吏以輒發者斬，庶幾俟四方勤王之師集，以爲後圖。而宰執哀聚金銀，自乘輿服御、宗廟供具、六宫官府器皿皆竭取，復索之於臣庶之家，金僅及三十萬兩，銀僅及八百萬兩，宰執以金銀之數少，惶恐再拜謝罪，公獨不謝。於是王孝迪建議，欲盡括在京官吏軍民金銀，揭長榜於通衢，立限輸官，限滿不輸者斬之，許奴婢親屬及諸色入告，都城大擾。限既滿，得金二十餘萬兩，銀四百餘萬兩，而民間藏蓄爲之一空。公奏淵聖曰：「收簇金銀限滿，民力已竭，復許告訐，恐生內變。外有大敵而民心又變，不可不慮。」淵聖曰：「卿可往收榜。」歸行營司，移牒王孝迪照會，人情乃安。自十五日四方勤王之師漸有至者，日數萬人，公於四壁置統制官招集之。至十七八日，統制官馬忠以京西募兵至，遇金人於鄭州南門外，乘勢擊之，殺獲甚衆。金人始懼，遊騎不敢旁出，而自京城以南，民始獲奠居矣。二十日，种師道、姚平仲以涇原、秦鳳兵至，公奏淵聖曰：「勤王之師集者漸衆，兵家忌分，節制歸一乃克有濟，願令師道、平仲等聽臣節制。」而宰執間有密建白以爲不可者，於是别置宣撫司，以師道簽書樞密院事，充河北、河東、京畿宣撫使，以平仲爲宣撫司都統制，應西兵及四方勤王之師並隸宣撫司。又撥前、後軍之在城外者屬之，而行營司所統者獨左、右、中軍而已。淵聖屢申勑兩司不得侵紊，節制既分，不相統一，宣撫司所欲行者託機密往往不復關報，公私憂之。自議和誓書既行之後，金人益肆須索，無所忌憚。及勤王之師既集，西兵將帥日至，淵聖意方壯。又聞金人虜掠城北，屠戮如故，而城外墳墓殯殯發掘殆盡，始赫然有用兵之意。公贊淵聖曰：「《易》以《謙》之上六稱『利用行師，征邑國』；《師》之上六稱『開國承家，小人勿用』。蓋謙之極非利用行師不足以濟功，師之成非戒用小人不足以保治。今陛下之於金人屈己講好，其謙極矣；而金人貪婪無厭，兇悖已甚，其勢非用師不可。然成功之後，願陛下以用小人爲戒，使金人有所懲創，不敢有窺中國之心，當數十年無夷狄之禍。不然，一日縱敵，數世之患憂未艾也。」二十七日，公與李邦彦、吳敏、种師道、姚平仲、折彦質同對於福寧殿，議所以用兵者。公奏淵聖曰：「金人之兵，得其實數不過六萬人，又太半皆奚、契丹、渤海種類，其精兵不過三萬人。吾勤王之師集城下者二十餘萬，固已數倍之。彼以孤軍入重地，正猶虎豹自投於檻穽中，當以計取之，不可以角一旦之力。爲今之策，莫若扼河津，絶糧道，禁抄掠，分兵以復畿北諸邑，俟彼遊騎出則擊之。以重兵臨賊營，堅壁勿戰，如周亞夫所以困七國者。俟其芻糧乏，人馬疲，然後以將帥檄取誓書，復三鎮，縱其歸，半渡而後擊之，此必勝之計也。」淵聖意深以爲然，衆議亦允，期即分遣兵，以二月六日舉事。約已定，而姚平仲者古之子，屢立戰功，在道君朝爲童貫所抑，未嘗朝見，至是淵聖以其驍勇，屢召對內殿，賜予甚厚。平仲武人，志得氣滿，勇而

寡謀，謂大功可自有之，先期於二月一日夜親率步騎萬人以劫金人之寨，欲生擒所謂斡離不者，取今上皇帝以歸，雖种師道宿城中弗知也。公時以疾給假卧行營司，夜半淵聖遣中使降親筆，曰：「平仲已舉事，決成大功，卿可將行營司兵出封丘門，爲之應援。」公具劄子辭以疾，且非素約，兵不預備。斯須之間，中使三至，責以軍令。不得已力疾分命諸將解范瓊、王師古等圍，斬獲甚衆。復犯中軍，公親率將士以神臂弓射却之。是夜宿於城外，而平仲者一夕劫寨，爲敵所覺，殺傷相當，所折者不過千餘人。既不得所欲，即恐懼遁去，宰執臺諫閧然，謂西兵勤王之師及親征行營司兵皆爲金人所殲，無復存者。淵聖震恐，有詔不得進兵，而斡離不遣使以謂用兵特將帥所爲，不出上意，請再和。宰相李邦彦於淵聖前語使人曰：「用兵乃大臣李綱與姚平仲結約，非朝廷意。」僉議欲縛公以予之，使人反以爲不可，遂罷公尚書右丞、親征行營使，以蔡懋代總兵。蔡懋計會行營司兵所失纔百餘人，西兵及勤王之師折傷千餘人外，餘並無故，乃知朝廷前所聞之非。是夕淵聖賜親筆慰勞，且令吴敏宣諭將復用之意。公感泣謝恩，方欲丐歸田廬，而太學生陳東與諸生千餘人詣闕上書，明公及師道之無罪，不當罷。軍民聞之，不期而集者數十萬人，填塞馳道街巷，呼聲震地，舁登聞鼓於東華門，擊破之，軍民必欲見公及師道乃去。於是淵聖遣中使召公及師道入對，公聞命惶懼，固辭不敢行，而宣召絡繹，不得已入見淵聖於福寧殿閤子中。公泣拜請死，淵聖亦泣，有旨復公尚書右丞，充京城四壁守禦使。公固辭，淵聖不允，俾出東華門至右掖門一帶安撫軍民。公稟聖旨宣諭，乃稍散去。再對於福寧殿，淵聖命公復節制勤王之師，先放遣民兵，蓋不復有用兵意也。所留三鎮詔書，公既罷，乃遣宇文虚中齎詣金人軍中。是夕公宿於咸豐門，以金人進兵門外治攻具故也。先是，蔡懋號令將士，金人近城不得輒施放，有引砲及發牀子弩者皆杖之，將士憤怒。公既登城，令施放自便，能中賊者厚賞之。夜發霹靂砲以擊賊軍，皆驚呼。翌日薄城，射却之，乃退。金人自平仲劫寨及封丘門接戰之後，頗有懼意，既得三鎮之詔及肅王爲質，即不俟金幣數足，遣使告辭，初十日遂退師。十三日，宰執對延和殿，公奏淵聖曰：「澶淵之役，雖與大遼盟約而退，猶更遣重兵護送之，蓋恐其無所忌憚，肆行抄掠故也。金人退師今三日矣，盍遣大兵，用澶淵故事護送之。」宰執皆以爲太早，公固請之，淵聖以公言爲然，可其請。是日分遣將士，以兵十餘萬數道並進，且戒諸將度便利可擊則擊之。金人厚載而歸，輜重既衆，所掠婦女不可勝計，氣驕甚，擊之決有可勝之理，將士踴躍以行。十四日，除知樞密院事，封開國伯，食邑八百户，食實封一百户。十七日，澤州奏粘罕既破忻、代，圍太原，陷威勝軍，入南北關，陷隆德府，遂次高平，朝廷震懼，恐其復渡河而南。宰執咎公盡遣城下兵以追斡離不之師，將無以支吾。公曰斡離不之師既退，自當遣兵護送，粘罕之師雖來，聞既和亦當自退，決無他虞。而執政中有密啓淵聖者，悉追還諸將之兵。諸將之兵及斡離不之師於邢、趙間，相去二十里，金人聞大兵且至，莫測多寡，懼甚，其行甚速，而諸將得追詔即還。公聞之，於淵聖前力争，得旨復遣，而諸將之還已五程矣。雖復再進，猶與金人相及於滹沱河，然將士知朝廷議論二三，悉解體，不復有邀擊之意，第遥護之而已。於是金人復旁出抄掠，及深、祁、恩、冀間，其去殊緩，而粘罕之兵聞已和，果退，如公言。乃命种師道爲河東、河北宣撫使，駐滑州，而以姚古爲制置使，總兵以援太原，种師中爲制置使，總兵以援中山、河間諸郡。先是，公乞力守三鎮不可割之議，朝廷命議以租賦歸之，求保祖宗之地故也。三月，詔以道君迴鑾，命門下侍郎趙野爲奉迎使。初，恭謝行宫所，以都城圍閉，止絶東南遞角，又止東南勤王之師，又令綱運於所在卸納，泗州官吏以聞，朝廷不以爲然，道路籍籍，且言有他故。道君還次南都，欲詣亳州上清宫燒香，及取便道如西都。淵聖憂之，每有御書至必及朝廷改革政事，又批道君太上皇后當居禁中，出入正門，又批吴敏、李綱令一人來，莫曉聖意。公奏淵聖曰：「所以欲臣及吴敏來，無他，欲知朝廷事耳。吴敏不可去陛下左右，臣願奉迎。如蒙道君賜對，臣且條陳自圍城以來事宜以釋兩宫之疑，決無他慮。」淵聖初不許，公力請之，乃聽，即令齎御書達道君行宫。既次陳留縣秋口，遇道君太上皇后船，公幄前奏事，太上皇后曰：「朝廷欲令於何處居止？」公對曰：「朝廷見以擷景園爲龍德宫，奉道君太上皇后，蓋遵稟道君十二月二十三日聖旨指揮。」道君太上皇后曰：「已得旨令居禁中。」公對曰：「天下大義，惟禮與情，情欲其通而禮所以節文之。以皇帝聖孝，殿下聖慈，母子之情豈復有間？但稽之三從之義，道君居龍德宫而殿下居禁中，於典禮有所未安，朝廷討論，但欲合於典禮以慰天下之望，兩宫安則天下安矣。」道君太上皇后曰：「朝廷須是措置令是則得。」公拜辭登岸，復傳教旨曰：「相公所論甚有理。」公以前語具劄子奏知，且云道君太上皇后已有許居龍德宫意，願一切不示疑阻，以昭聖孝。抵南都，道君御幄殿，公升殿奏事，具道帝聖孝思慕，欲以天下養之意。道君泣數行下，曰：「皇帝仁孝，天下所知。」且獎諭曰：「都城守禦，宗社再安，相公之力爲多。」公因出劄子，乞道君早回鑾輿，不須詣亳社

西都，以慰天下之望。道君慰勞再四，因曰：「相公頃爲史官，緣何事去？」公對曰：「臣昨任左史，得侍清光者幾一年，以狂妄論列都城水災，伏蒙聖恩寬斧鉞之誅，迄今感戴。」道君曰：「當時宰執中有不喜公者。」公愧謝，因奏曰：「臣昨論水災，實偶有所見，天地之變，各以類應，正爲今日兵革攻圍之兆。災異變故，譬猶一人之身，病在五臟則發於氣色，形於脉息，善醫者能知之。所以聖人觀變於天地而修其在我者，故能制治保邦而無危亂之憂也。」道君以爲然，因詢戎騎攻圍，都城守禦次第，公具以實對。道君復曰：「敵既退師，方渡河時，何不邀擊？」公曰：「朝廷以肅邸在金人軍中，故不許。」道君曰：「爲宗社計，豈復論此？」公於是竊歎道君天度之不可及也。語既浹洽，道君因宣諭行宫止遞角等三事，只緣都城已受圍，恐爲金人所得知行宫所在，非有他也。公奏曰：「方艱危時，兩宫隔絶，彼此不相知，雖朝廷應副行宫事亦不容無不至者，在聖度照之而已。」道君因詢朝廷近事，如追贈司馬光及毀拆夾城等凡二十餘事，公逐一解釋，復奏曰：「皇帝小心仁孝，惟恐一有不當道君太上皇帝意者，每得御批詰問，輒憂懼不進膳。臣竊譬之人家尊長出而以家事付之子弟，偶遇强盗劫掠，須當隨宜措置，爲尊長者正當以能保田園大計慰勞之，不當問其細故。今皇帝傳位之初，陛下巡幸，適當大敵入寇，爲宗社計，政事不得不小有變革。今宗社無虞，四方以寧，陛下回鑾，臣以謂宜有以大慰安皇帝之心者，其他細故一切勿問可也。」道君感悟，曰：「公言極是，朕只緣性快，問後即便無事。」因内出玉帶、金魚袋、古象簡賜公，曰行宫人得公來皆喜，以此慰其意，便可佩服。公固辭，不允，因服之以謝。宣諭曰：「本欲往亳州太清宫，以道路阻水不果，又欲居西洛，以皇帝懇請之勤，已降旨揮更不戒行。公先歸達此意，慰安皇帝。」因袖中出書付公，仍宣諭曰：「公輔助皇帝扞敵守宗社有大功，若能調和父子間使無疑阻，當書青史，垂名萬世。」公感泣再拜受命，辭訖即行，先具劄子以所得道君聖語奏知。淵聖批答曰：「覽卿來奏，知奏對之語，忠義焕然，朕甚嘉之。」二十五日，還抵闕下，進呈道君御書，具道所以問答之語，淵聖嘉勞久之。二十七日，宰執進呈車駕出郊迎奉道君儀注，耿南仲建議欲盡屏道君左右内侍，出榜行宫門，敢留者斬，先遣人搜索，然後車駕進見。公以爲不必如此示之以疑。南仲曰：「或之者，疑之也。古人於疑有所不免。」公曰：「古人雖不免於疑，然貴於有所決斷，故《書》有『稽疑』，《易》曰『以斷天下之疑』，儻疑情不解，如所謂竊鈇者，則爲患不細。」南仲紛紛不已。公奏曰：「天下之理，誠與疑、明與闇而已。誠則明，明則愈誠，自誠與明推之，可至於堯、舜；疑則闇，闇則愈疑，自疑與闇推之，其患至於有不可勝言。耿南仲當以堯、舜之道輔陛下，而其人闇而多疑，所言不足深採。」上笑之，南仲怫然，怒甚。既退，再召對於睿思殿，南仲忽起奏曰：「臣適遇左司諫陳公輔於對班中，公輔乃二月五日爲李綱結士民伏闕者，豈可處諫職？乞送御史臺根治。」上及宰相皆愕然，公奏曰：「臣適與南仲辯論於延和殿，實爲國事，非有私意，而南仲銜臣之言，故有此奏。伏闕之事，陛下素所鑒察，臣不敢復有所辯。今南仲之言如此，臣豈敢留，願以公輔事送有司，臣得乞身待罪。」上笑曰：「伏闕士庶以億萬計，如何結約？朕所洞知，卿不須如此。」南仲猶不已，公因再拜辭上而出，不復歸府，入劄子求去，章凡十餘上，皆批答封還，不允。道君皇帝以三日入國門，公扈從朝於龍德宫，訖，復上章懇請求罷知樞密院事，并繳進劄子，以謂「今日朝廷方禍亂敉寧之初，正當以别白是非爲先。廟堂之上，是非不明，何况天下？若以南仲之言爲是，朝廷自當付之有司，根治黨與，誠果有之，臣首當在誅夷之列。若以南仲之言爲非，則當明告中外，洞然曉知，使臣不受黯闇之謗。臣之於此，豈得不辨？必若朝廷重惜大體，欲兩全之，莫若與臣一宫祠，使歸田里。」上降手詔數百言，不允。有曰：「迺者敵在近郊，士庶伏闕，一朝倉猝，衆數十萬，忠憤所激，不謀同辭，此豈人力也哉？不悦者造言何所不可，故卿不自安，殊不知朕深諒卿之不預知也。」復令徐處仁、吴敏諭旨，又召至内殿，面加慰諭，且曰：「戎馬方退，正賴卿協濟艱難，前事不足介懷，宜爲朕少留。」辭意懇惻，公不得已就職。虜騎出境，公具奏乞用富弼守禦二策，分兵控扼要害之地，又乞修邊備防秋，仍用李邈措置塘濼水櫃等事。批答依奏。又具劄子，乞措置三鎮及詔在廷之臣集議，擇其所長而施行之。於是條具所以備邊禦敵者凡八事。其一謂以太原、真定、中山、河間建爲藩鎮，又分濱、棣、德、博、建、横海一道如諸鎮之制。其二謂河北、河東保甲宜專遣使團結訓練，令各置器甲，官爲收掌，用印給之，蠲免租賦以償其直。其三謂復祖宗監牧之制。其四謂河北塘濼不復開濬，又自安肅、廣信以抵西山益增廣，宜專遣使以督治之。其五謂河北、河東州縣城池皆當築城，民有所恃而安。其六謂河北、河東州縣經戎馬殘破蹂踐去處，宜優免租賦以振卹之。其七謂宜復祖宗加擡糧草鈔法，一切以見緡，走商賈而實塞下。其八願復祖宗解鹽舊制。淵聖俾宰執同議，而其間所論異同，公力争之不能得。大抵自賊馬既退、道君還宫之後，朝廷恬然，遂以爲無事，防邊禦寇之策置而不問，公切憂之。惟兵事樞密院可以專行，乃與同知樞密

院事許翰議淵聖前，以謂今秋敵必再至，宜預詔天下起兵防秋，爲捍禦之計。條具將上，得旨頒行，然後關三省。其間猶有以爲不須如此者，公又乞降旨在京許監察御史以上、在外監司郡守帥臣各薦材武智略大小使臣，樞密院籍記姓名，量材録用，淵聖從之。二十四日，以覃恩轉太中大夫。吴敏建議欲置詳議司，檢詳祖宗法制及近年弊政當改革者，次第施行之，詔以公爲提舉官。命既行，爲南仲沮止。公奏淵聖曰：「陛下即大位於國家艱危之時，宜一新政事，朝廷玩惕，未聞有所變革。近欲置司討論，尋復罷之。今邊事方棘，調度不給，前日爵禄冒濫，耗蠹邦財者，宜稍裁抑以足國用。」淵聖以爲然，委公條具以聞。公條上三十餘事，謂如節度使至遥郡刺史，祖宗本以待勳臣，今皆以戚里恩澤得之，除邊功外，宜悉換授環衛官以抑其濫。又三省堂吏，祖宗時轉官止於正郎，崇、觀間始許轉至中奉大夫，今宜復祖宗之制。餘皆類此。淵聖深然之，降付三省。已而揭榜通衢，曰：「知樞密院事李綱陳請裁減下項。」又榜東華門，曰：「守禦使司給諸軍卸甲錢多寡不均，御前特再行等第支給，而守禦使司初未嘗給卸甲錢也。」公聞之驚駭，徐詢所以，乃執政間有密白淵聖，以公得都城軍民之心，欲以此離散之。公始憂懼，不知死所矣。方欲丐罷，五月初，會守御使司補進武副尉二人，具狀奏知，淵聖批出，有「惟辟作福，惟辟作威，大臣專權，浸不可長」之語。公惶懼，於淵聖前辨明，曰：「始親征行營及守禦使司得旨一切以便宜行事，給空名文武告勅宣帖等三千餘道，自置司以來用過三十一道而已。此二人乃齎御前蠟書至太原，當時約以得回報即與補授，故今以空名帖補訖奏聞，乃遵上旨，非專權也。」且叙孤危之蹤爲人所中傷者非一，願罷職任，乞骸骨以歸田里。淵聖温顔慰諭，以謂偶批及此，非有他意。公待罪丐去，章十餘上，皆批答不允，遣使宣押歸府。公翌日見淵聖曰：「人主之用人，疑則當勿任，任則當勿疑，而大臣以道事君，不可則止。今陛下惑於人言，於臣不能無疑，又不令臣得去，不知聖意何在。」淵聖安慰久之。公自此多在告，日欲去而未能。會种師中歿於軍前，師道以病告歸，執政有密建議以公爲宣撫使代師道者。初，粘罕之師至太原城下，太原堅壁固守，粘罕屯兵圍之，悉破諸縣，爲鏁城法以困太原。姚古進師復隆德府、威勝軍，阨南北關，累出兵，互有勝負，然未能解太原之圍。於是詔种師中由井陘道與姚古掎角，應援太原。師中進次平定軍，乘勝復壽陽、榆次諸縣，不設備，有輕金人之意。又輜重犒賞之物悉留真定，金人乘間衝突，諸軍以神臂弓射却之，欲賞射者，吏告不足而罷，士皆憤怒，相與散去。師中爲流矢所中，死之。師道駐滑州，復以老病丐罷。淵聖納議者之説，決意用公宣撫兩路，督將士解圍。一日召對，諭所以欲遣行者，公再拜力辭，自陳書生不知兵，在圍城中不得已爲陛下料理兵事，實非所長。今使爲大帥，恐不勝任，且誤國，死不足以塞責。淵聖不許，即命尚書省出勅令面受。公奏曰：「藉使臣不量力爲陛下行，亦須擇日受勅，今拜大將如召小兒可乎？」淵聖乃許别日受。公退，即移疾乞致仕，力陳不可爲大帥，且云此必有建議不容臣於朝者。章十餘上，並批答不允，且督令受命。於是臺諫相繼上言公不當去朝廷，淵聖皆以爲大臣游説斥去之，乃無敢言者。或謂公曰：「公知上所以遣行之意乎，此非爲邊事，乃欲緣此以去公，則都人無辭耳。公堅卧不起，讒者益得以行其説，上且怒，將有杜郵之賜，奈何？」公感其言，起受命。淵聖録《裴度傳》以賜。公入劄子，具道「吴元濟以區區環蔡之地抗唐室，與金人强弱固不相侔，而臣曾不足以望裴度萬分之一」。且言：「寇攘外患有可掃除之理，而小人在朝，蠹害本根，浸長難去，其患有不可勝言者，謂宜留神照察在於攘逐戎狄之先。朝廷既正，君子道長，則所以扞禦外患者有不難也。今取裴度論元稹、魏洪簡章疏，節其要語，輒塵天聽。」淵聖優詔寵答。宣撫司得兵二萬人，分爲五軍。時勝捷兵叛於河北，遣左軍往招撫之，又遣右軍屬宣撫副使劉鞈，又以解潛爲制置副使代姚古，以折彦質爲河東幹當公事，與潛治兵於隆德府。宣撫司見兵實有萬二千人，所得銀絹纔二十萬，期以六月二十二日啓行，而庶事未辦集，乞量展行期。淵聖批曰：「遷延不行，豈非拒命？」公惶懼，入劄子辨所以未可行者，且曰：「陛下前以臣爲專權，今以臣爲拒命，方遣大帥解重圍而以專權拒命之人爲之，無乃不可乎？願併罷樞筦之任，乞骸骨。」淵聖趣召數四，公入見，具道所以爲人中傷，致上聽不能無惑者，秪以二月五日士庶伏闕事。今奉命出使，無緣復望清光。淵聖驚曰：「卿只爲朕巡邊，便可還闕。」公曰：「臣之行無有復還之理。昔范仲淹自參知政事出安撫西邊，過鄭州，見吕夷簡，語曁出之意，夷簡曰：『參政豈復可還？』其後果然。今臣以愚直不容於朝，使臣既行之後，無沮難，無謗讟，無錢糧不足之患，則進而死敵，臣之願也。萬有一朝廷執議不堅，臣自度不能有所爲，即須告陛下求代罷去，陛下亦宜察臣孤忠，以全君臣之義。」上頗感動，乃以二十五日戒行，前期錫燕於紫宸殿，又賜御筵於瓊林苑，所以賜勞甚渥。公犒軍訖，號令將士，斬裨將焦安節以徇。初，安節隸姚古帳下，在威勝軍，虚傳賊馬且至，安節鼓扇衆情，勸姚古退師。至隆德，又勸遁去。於是兩郡之人皆驚擾潰散，而初無賊馬。至是

從姚古還闕，公召斬之，人皆以爲當。翌日進師，以七月初抵河陽。入劄子以畿邑氾水關西都河陽皆形勝之地，城壁頹圮，當亟修治，今雖晚，然併力爲之尚可及也。又因望拜諸陵，具奏曰：「臣總師道出鞏、洛，望拜陵寢，潸然流涕。恭惟祖宗創業守成垂二百年，聖聖傳授，以至陛下，適丁艱難之秋，戎狄内侵，中國勢弱，此誠陛下嘗膽思報、勵精求治之日，願深考祖宗之法一一推行之。進君子，退小人，無以利口善諞言爲足信，無以小有才未聞君子之大道爲足使，益固邦本，以圖中興，上以慰安九廟之靈，下以爲億兆蒼生之所依賴，天下幸甚。」初，公陛辭日，爲上道唐恪、聶山之爲人，陛下信任之篤，且誤國，故於此申言之。上批答有「銘記於懷」之語。留河陽十餘日，訓練士卒，修整器甲之屬，進次懷州。自出師後，禁士卒不得擾民，有趕奪婦人釵子者立斬以徇，拾遺棄物，決脊黥配，逃亡捕獲皆斬，以故軍律嚴肅，無敢犯者。公嘗謂步不勝騎，騎不勝車，於是造車千餘兩，日肄習之，俟防秋之兵集，以謀大舉。而朝廷降旨，凡詔書所起之兵悉罷減之。公上疏力争，大略以謂「今河北賊馬出没，並邊諸郡寨柵相連，兵不少休，太原之圍未解，而河東之勢甚危，秋高馬肥，決須深入，宗社安危殆未可知，故臣輒不自揆，措畫降詔團結防秋之兵不過十萬人，使一一皆到，果能足用而無賊馬渡河之警乎？臣被旨出使，去清光之日未幾，朝廷已盡改前日詔書，所團結之兵罷去太半。若謂太原之圍，賊馬不多，不攻自解，則自春徂秋，攻守半年，曾不能得其實數。姚、种二帥以十萬之師一日皆潰，彼未嘗有所傷衄，不知何以必其兵之不多。今河北、河東州郡日告危急，乞兵皆以三五萬爲言，而半年以來未有一人一騎可以副其求者。防秋之兵甫集，又皆遣罷。若必謂不須動天下之兵而自可無事，則臣誠不足以任此責，陛下胡不遣建議之人代臣，坐致康平，而爲此擾擾也？」未報間，再具奏曰：「近降指揮減罷防秋之兵，臣所以深惜此事者，一則河北防秋闕人，恐有疏虞；二則一歲之間再令起兵，又再止之，恐無以示四方大信。夫以軍法勒諸路起兵而以寸紙罷之，臣恐後時有所號召，無復應者矣。」竟不報。淵聖日以御批促解太原之圍，而宣撫副使、制置副使、察訪使、幹當公事、都統制皆承受御前處分，事得專達，進退自如，宣撫司雖有節制之名，特具文耳。公奏淵聖，以節制不專恐誤國事，雖降指揮約束，而承受專達自若也。公極爲淵聖論節制不專之弊，又分路進兵，賊以全力制吾孤軍，不若合大兵由一路進。會范世雄以湖南兵至，即薦爲宣撫判官，方欲會合，親率師以討敵，而朝廷之議又變矣。初，賊騎既出境，即遣王雲、曹曚使金人軍中，議以三鎮兵民不肯割地，願以租賦代割地之約，至是遣回有許意，其實以欵我師，非誠言也。朝廷信之，耿南仲、唐恪尤主其議，意謂非歸租賦則割地以賂之，和議可以決成。乃詔宣撫司不得輕易進兵，而和議之使紛然於路矣。既而徐處仁、吴敏罷相而相唐恪，許翰罷同知樞密院事而進用聶山、陳過庭、李回等，吴敏復以内禪事責授散官，安置涪州。公竊歎曰：「事亡可爲者矣。」因入表劄奏狀丐罷。初，唐恪謀出公於外，則處仁、敏、翰可以計去之，數人者去則公亦不能留也，至是皆如其策。章數上，猶降詔批答不允。公具奏道所以材能不勝任者，且得昏憒之疾，不罷決誤國，并叙曩日榻前之語，於是淵聖命种師道以同知樞密院事巡邊，交割宣撫司職事，召公赴闕，且俾沿河巡視防守之具。公連上章乞罷知樞密院事，守本官致仕。九月初，交割宣撫司職事與折彦質。公行至封丘縣，十八日，除觀文殿學士、知揚州。具奏辭免不敢當，且上疏言「所以力丐罷者非愛身怯敵之故，特事有不可爲者，難以虚受其責。始宣撫司得兵若干，并防秋兵若干，今屯駐某處，皆不曾用。始朝廷應副銀絹錢若干，又御前降到若干，除支官兵食錢并犒賞外，今皆樁留懷州及在京降賜庫，具有籍可考按也。臣既罷去，恐不知者謂臣喪師費財，惟陛下遣使覈實。雖臣自以不材丐罷，願益擇將帥，撫馭士卒，與之捍敵。金人狡獪，謀慮不淺，和議未可專恃。一失士卒心，無與禦侮，則天下之勢去矣。臣自此不復與國論，敢冒死以聞。」既而言者果謂公專主戰議，喪師費財，於是自落職提舉亳州明道宫，責授保静軍節度副使，建昌軍安置。又以公上疏辨論，謂退有後言，再謫寧江。

建炎元年春，行次長沙，被閏十一月三日指揮，復元官，除資政殿大學士，領開封府事。時金寇再犯闕，前日以和議爲然者舉皆誤國，淵聖感悟，故復召公。然都城圍閉，道路阻絶，久之方聞命，即率湖南勤王之師入援王室。傳元帥府檄，方審都城不守，二聖播遷，號慟幾絶。次太平州，睹上登寶位赦書，悲喜交集。是時金陵爲叛卒周德所據，因帥臣，殺吏民，焚舟船，劫官府，公即遣使臣齎文檄諭之，令聽稟節制勤王，乃肯釋甲。然桀驁，不以時登舟，擅驅不當行，士卒欲乘間遁去。既次金陵，因與權安撫使李彌遜謀誅其首惡四十六人，而以其徒千餘人，令提舉常平官王枋統之以行。因奏表詣行在賀登極，且辭領開封之命，上書論時事。次寶應，聞降麻告，廷除正議大夫、尚書右僕射、兼中書侍郎、隴西郡開國侯，加食邑七百户，食實封三百户。公荷上特達之知，感極而繼之以泣。次行次虹縣，始被受尚書省劄子，有旨趣召，蓋行在前此不知公由江淮以來也。次

會亭，上遣中使王嗣昌傳宣撫問，賜銀合茶藥。次穀熟，御史中丞顏岐遣人投文字，封以御史臺印，乃論公不當爲相章疏，大意謂「張邦昌爲金人所喜，雖已爲三公、郡王，宜更加同平章事，增重其禮；公爲金人所惡，雖已命相，宜及其未到罷之，置之閒地」。前後凡五章，皆不降出，故岐封以示公，欲公之留外而不進也。公乃知命相蓋出於淵衷獨斷，而外庭所以沮之者無所不至，益以感懼。會復遣使趣召，遂行。有旨賜御筵於金果園。龍圖閣學士兼侍讀董耘來傳上旨，云嘗遣從事郎劉默齎御書由湖北迓卿，書中有「學窮天人，忠貫金石，方今生民之命急於倒掛，諒非不世之才何以協濟事功」語。公感泣流涕，遂如行在。上遣使趣見，進對于内殿。見上叙致，不覺涕泗之横流，上亦感動。因奏曰：「金人不道，專以詐謀取勝中國，而朝廷不悟，一切墮其計中。自古夷狄之禍中國，未有若此之甚。賴天祐我宋，大命未改，故使陛下總師於外，爲天下臣民之所推戴。興衰撥亂，持危扶顛，内修政事，外攘夷狄，以還二聖，以撫萬邦，皆責在陛下與宰相。而考慎之際，首及微臣，自視闕然，不足以仰副陛下知遇之意，伏望追寢成命。」上曰：「朕知卿忠義智略甚久，在靖康時宣力爲多，特爲同列所不容，故使卿以非罪去國，而國家有禍故如此。朕嘗欲言於淵聖，欲使夷狄畏服，四方安寧，非相卿不可。今朕此志已定，卿其勿辭。」公頓首泣謝，且道「董耘所傳聖語，荷知如此，雖糜捐不足以報德。然臣未到行在數十里間，御史中丞顏岐封示論臣章疏，謂臣爲金人所惡，不當爲相。如臣愚蠢，但知有趙氏，不知有金人，固宜爲其所惡。然岐之論臣，謂材不足以任宰相則可，謂爲金人之所惡不當爲相則不可。臣愚不知其所喜者爲趙氏耶，其所惡者爲趙氏耶？今陛下用臣，斷自淵衷，而岐之論如此。如臣迂疏，自知不足以當重任，但願一望清光，乞身以歸田里，至於陛下命相於金人所喜所惡之間，更望聖慮有以審處於此。」上笑曰：「岐嘗有此言，朕告之以『如朕之立恐亦非金人之所喜』者，岐無辭而退，此不足卹。」公奏曰：「陛下天縱聖明，固不難察此，然臣材力綿薄，實不足以勝任。」因出劄子，再拜力辭，上慰諭久之，遣御藥邵成章宣押赴都堂治事。時六月一日也。翌日，有旨立新班奏事，對於内殿。同執政奏事訖，力陳不敢當一相之任。上曰：「卿素以忠義自許，豈可於國家艱危之時而自圖安閒？朕決意用卿，非在今日，社稷生靈賴卿以安，卿其無辭。」公感泣再拜，曰：「臣愚陋無取，不意陛下知臣之深也。然今日之事，持危扶顛，以創業爲法而圖中興之功，在陛下而不在臣。昔管仲語桓公曰：『不能知人，害霸也；知而不能用，害霸也；用而不能任，害霸也；任而不能信，害霸也；能信而又使小人參之，害霸也。』夫知人能信任之而參以小人猶足以害霸，況於爲天下而欲建中興之業乎？方靖康之初，淵聖皇帝慨然有圖治之意，而金人退師之後，漸謂無事，是非雜揉，且和且戰，初無定議。如臣者徒以愚直好論事爲衆人不容於朝，使總兵于外而又不使之得節制諸將，自度不足以任責，乞身以退，而讒譖竄逐，必欲殺之而後已。賴淵聖察臣孤忠，特保全之，卒復召用，然已無及矣。不謂今日遭遇陛下龍飛，初無左右先容之助，徒採虚聲，首加識擢，付以宰柄，顧臣區區，何足以仰副圖任責成之意？然『靡不有初，鮮克有終』，如臣孤立寡與，更望聖慈察管仲害霸之言，留神於君子小人之間，使臣得以盡志畢慮，圖報涓埃，雖死無憾。昔唐明皇欲相姚崇，崇以十事要説，皆中一時之病，類多施行，後世美之。臣嘗慕其爲人，今臣亦敢以十事仰干天聽。陛下度其可行者，願賜施行，臣乃敢受命；其未合聖意者，願賜折難，臣得以盡其説。」上可之。公因出劄子奏陳。一曰議國是。大略謂中國之御夷狄，能守而後可戰，能戰而後可和，而靖康之末皆失之。今欲戰則不足，欲和則不可，莫若自治，專以守爲策，俟吾政事修，士氣振，然後可議大舉。其二曰議巡幸。大略謂車駕不可不一到京師，見宗廟，以慰都人之心，度未可居則爲巡幸之計。以天下形勢觀之，長安爲上，襄陽次之，建康又次之，皆當詔有司預爲之備。其三曰議赦令。大略謂祖宗登極赦令皆有常式，前日赦書一切以張邦昌僞赦爲法，如赦惡逆選人循資責降，罪廢官盡復官職，皆汎濫不可行，謂當改正以法祖宗。其四曰議僭逆。大略謂張邦昌爲國大臣，不能臨難死節，而挾金人之勢，易姓建號，其後不得已乃始奉迎。朝廷尊崇之爲三公郡王，參與大政，非是。宜正典刑，垂戒萬世。其五曰議僞命。大略謂國家更大變故，鮮仗節死義之士，而奉敵旨、受僞官以屈膝於其庭者不可勝數。昔肅宗平敵而汙僞命者以六等定罪，今宜倣之，以勵士風。其六曰議戰。大略謂軍政久廢，士氣怯惰，宜一新紀律，信賞必罰，以作其氣。其七曰議守。大略謂敵情狡獪，必須復來，宜於沿河、江、淮措置控禦，以扼其衝。其八曰議本政。大略謂崇、觀以來政出多門，綱紀紊亂，宜一歸之於中書，則朝廷尊。其九曰議久任。大略謂靖康間進退大臣太速，功效蔑著，宜慎擇而久任之，以責成功。其十曰議修德。大略謂上初膺天命，宜益修孝悌恭儉之德，以副四海之望而致中興。翌日降出議國是、巡幸、赦令、戰、守五劄子，餘皆留中。次日與執政同奏事於内殿，進呈議國是劄子，上曰：「今日之策正當如此。」以次進呈四劄子奏事訖，公留身奏上曰：「臣愚瞽，

輒以管見十事冒瀆天聽，已蒙施行五事。如議本政、久任、修德三事無可施行，自應留中。所有議張邦昌僭逆及受僞命臣寮二事，皆今日刑政之大者，乞早降處分。」上曰：「執政中有與卿議論不同者，更俟欵曲商量。」公曰：「張邦昌僭逆之罪顯然明白，無可疑者。當道君朝，邦昌在政府者幾十年，淵聖即位，首擢爲相，奉使虜中。方國家禍難之時，如能以死守節，推明天下所以戴宋之義以感動其心，虜人未必不悔過而存趙氏。邦昌方自以爲得計，偃然當之，正位號、處宮禁者月有餘日。虜騎既退，四方勤王之師集，邦昌擅降僞詔以止之，又遣郎官分使趙野、翁彦國等，皆齎空名告數百道以行。迨彦國等因其使而四方勤工之師日進，邦昌知天下之不與己，不得已乃請元祐太后垂簾聽政而議奉迎。邦昌僭逆本末如此，而議者不同，臣請備論而以《春秋》之法斷之。若都城之人則謂因邦昌立而得生，且免取再科金銀而德之，若元帥府則謂邦昌不待征討遣使奉迎而恕之，若天下則謂邦昌建號易姓，其奉迎特出於不得已而憤疾之。都城德之、元帥府恕之者，私也；天下憤疾之者，公也。《春秋》之法，人臣無將，將而必誅；趙盾不討賊，則書以弑君。今邦昌已僭位號，賊退而止勤王之師，非特將與不討敵而已，其罪爲如何？昔劉盆子以宗室當漢室中衰，爲赤眉所立，其後以十萬衆降光武，而光武秖待之以不死。今邦昌以臣易君，其罪大於盆子，不得已以身自歸，朝廷既不正其罪，而又尊崇之，以爲三公郡王，參國政，此何理也？議者又謂邦昌能全都城之人與宗廟宮室，不爲無功，而陛下登極緣邦昌之奉迎。臣皆以爲不然。譬之臣之室家偶遭寇盜，主人之戚屬悉爲驅虜，而其僕欲奄家室奴婢而有之，幸主人者有子自外歸，迫於衆議，不得而有，乃欲遂以爲功具可乎？陛下之立乃天下臣民之所推戴，邦昌何力之有？臣於劄子中論之詳矣。方國家艱危，陛下欲建中興之業，當先正朝廷，而尊崇僭逆之臣以示四方，其誰不解體？又僞命臣僚一切置而不問，何以厲天下士大夫之節？執政中有議論不同者，乞降旨宣召，臣得與之廷辨。如臣理屈，豈復敢言？」上許之，乃令小黄門宣召黄潛善、吕好問、汪伯彦再對。上語之故，而潛善主之甚力，詰難數四乃屈服，然猶持在遠不若在近之説。公曰：「邦昌當正典刑，何遠近之有？借使在近，當幽縶而反尊崇之如此，何也？」潛善不能對。上顧吕好問曰：「卿在城中，知其詳，謂當如何？」好問曰：「邦昌僭竊位號，人所共知，既已自歸，惟陛下裁處。」又引德宗幸奉天不挾朱泚行，後以爲悔，以附會潛善不若在近之説。公曰：「吕好問援朱泚以爲例，非是。方德宗之狩奉天，朱泚蓋未反也。姜公輔以其得涇軍心，恐資以爲變，請挾以行，德宗不聽而其後果然。今邦昌已僭逆，豈可使之在朝廷，使道路指目曰『此亦一天子』哉？」因泣拜曰：「臣不可與邦昌同列，正當以笏擊之。陛下必欲用邦昌，第罷臣，勿以爲相，無不可者。」上頗感動，而汪伯彦亦曰：「李某氣直，臣等不及。」上乃曰：「卿欲如何措置？」公曰：「邦昌之罪理當誅夷，陛下以其嘗自歸，貸其死而遠竄之，受僞命者等第謫降可也。」上曰：「俟降出卿劄子，來日將上取旨。」翌日，同執政進呈，潛善猶左右之，乃以散官安置潭州。次呈議僞劄子，上曰：「國家顛覆，士大夫不聞死節，往往因以爲利，如王及之坐蕃衍宅門詬詈諸王，余大均誘取宮嬪以爲妾，卿知之否？」公奏曰：「自崇、觀以來，朝廷不復敦尚名節，故士大夫鮮廉寡耻，不知君臣之義。靖康之禍，視兩宮播遷如路人然，罕有能仗節死義者。在内惟李若水，在外惟霍安國，死節顯著，餘未有聞。願詔京畿諸路詢訪，優加贈卹。如王及之、余大均，朝廷見付御史臺推鞫，必得其實。臣聞方金人欲廢趙氏，立張邦昌，令吴幵、莫儔傳道意旨，往返數四；王時雍、徐秉哲奉金人旨追捕宗室戚里，令居民結保，不得容隱，以袂聯屬以往，若囚繫然。其後迫道君、東君、后妃、親王出郊，皆臣子之所不忍言。又受僞命，皆爲執政。此四人者宜爲罪首。」上以詢吕好問，好問以爲有之，得旨皆散官，廣南遠惡州軍安置，餘以次謫降。内王及之、余大均、胡偲、陳中等以賍濫繫御史臺，候結案日取旨。李若水已贈官外，霍安國贈延康殿學士，有死節者令諸路詢訪以聞。上曰：「卿昨日内殿争張邦昌事，内侍輩皆泣涕，卿今可以受命矣。」公拜謝曰：「自非陛下英睿天縱，豈能決斷如此？天下不勝幸甚。臣雖愚陋，敢不黽勉自力，以圖報稱？」因爲上言：「今日國勢比之創業爲尤難，正賴陛下剛健不息，以至誠惻怛之意加之，不爲羣議所動摇，先其大者、急者，而小者、緩者徐圖之，信任而責成功，臣乃得以竭盡愚慮，以裨補萬一。」復奏曰：「人主莫大於兼聽廣視，使下情得以上通。陛下即大位已踰月，而檢、鼓院猶未置，恐非所以通下情而急先務者。」上曰：「屢語執政，猶未措置，卿可即施行。」公因請置看詳官兩員，於侍從職事官中選兼，應士民上封事，俟降出簽擬可施行者將上取旨。有旨兼充御營使，以覃恩告廷轉正奉大夫，進封開國公，加食邑一千户，食實封四百户。時六月六日也。是日同執政對於内殿，公奏上曰：「以今日國勢而視靖康間，其不逮遠甚，然而有可爲者，陛下英斷於上，而羣臣輯睦於下，庶幾革靖康之風而中興可圖。然今日之事，須有規模而知先後緩急之序。所謂規模者，外禦强敵，内銷盗賊，修軍政，變士風，裕邦財，寬民力，

改弊法，省冗官，誠號令以感人心，信賞罰以作士氣，擇帥臣以任方面，選監司郡守以奉行新政，俟吾所以自治者。政事已修，然後可以議興舉而問罪金人，迎還二聖，此規模之大略也。至於所當急而先者，莫先於料理河北、河東兩路。夫河北、河東者，國之屏蔽也。料理稍就，然後中原可保而東南可安。今河東所失者忻、代、太原、澤、潞、汾、晉，其餘猶存也。河北所失者不過真定、懷、衛、濬四州而已，其餘中山、河間、慶源、保塞、雄、霸、深、祁、恩、冀、邢、洺、磁、相、信安、廣信二十餘郡，皆爲朝廷守。兩路士民兵將，所以戴宋者，其心甚堅，皆推豪傑以爲頭領，多者數萬，少者亦不下萬人。如此知名字者已十數處，朝廷不因此時置司遣使，有以大慰撫之，分兵以援其危急，臣恐爲金人所困，糧盡力困，坐受其敝。兩路軍民雖懷忠義之心，使救援之兵久而不至，危急無告，必且憤怨朝廷，金人因得撫而用之，皆精兵也。莫若於河北置招撫司，河東置經制司，擇有材略者爲之使，宣諭陛下德意，所以不忍棄兩河於夷狄之意。朝廷應副錢糧告勑，有功者即命以官，其能保全一州、收復一郡，隨其高下以爲節度、防禦、團練使，如唐方鎮之制，使自爲守。非特絶其從敵之心，又可資其力以禦敵，朝廷久遠無北顧之憂，此最今日之先務也。」僉議亦頗以爲然。上曰：「誰可任此者？」公奏曰：「陛下儻採用臣策，臣當詢訪其人，續具奏。」既退，詢於士大夫間，多謂張所可以招撫河北，傅亮可以經制河東，公亦頗聞其爲人。張所者，山東人，當靖康間爲監察御史，朝廷以金人再犯闕，欲割棄河北，既遣使矣，鐵騎薄城，京師圍閉。所在圍城中，獨上言乞以蠟書募河北兵，淵聖許之。蠟書至河北，士民皆喜曰：「朝廷欲棄我於夷狄，猶有以張察院欲救我而用之乎？」應募者凡十七萬人，故所之聲滿河北。部勒既定，會都城破，謀弗果用。上即位於南都，所首至行在見上，論列且條具應募首領姓名人數，合措置事件以聞。朝廷欲以爲郎官，奉使河北，以董其事，會所以察官上章論黄潛善及兄潛厚姦邪不可用，恐害新政，潛善引去，上留之，乃謫所鳳州團練副使，江州安置，是時公未至行在也。故衆謂招撫河北非所不可。然公以所嘗論潛善之故，頗難之。不得已一日過潛善閣子中，相與欵語曰：「前日議置河北招撫司，搜訪殊無人可以承當，獨以張所可用，又以狂妄有言得罪，儻能先國事，後私怨，爲古人之所難，不亦美乎？」潛善欣然許諾。乃薦之於上，且道潛善意。上悦，有旨借所通直郎、直龍圖閣，充河北招撫使。遣使臣齎劄子召對，摹畫稱旨，錫五品服，内府賜緡錢百萬，以備募兵半年錢糧，給空名告千餘道，以京畿兵千人爲衛，將佐官屬聽自辟置，一切許以便宜從事。有朝請郎王圭者，真定府人。真定府既破，率衆數萬保西山，屢勝金人。聞上登極，自山塞間道來，其所謀正與朝廷同，能道河北事尤詳，有旨除直秘閣、招撫司參謀官，使佐所。傅亮者，陝西人，以邊功得官，諳練兵事。靖康初至京師上封事，請以親王爲元帥，治兵於河朔。其冬復有薦者，再召之，亮至而都城已破，率陝右、京西勤王兵三萬人首至城下，屢立功。統御將佐士卒如古人，斬斬整一，無敢犯令者。上即位，亮詣行在，召對，除通直郎、直秘閣。而亮之爲人氣勁言直，議論不能屈折，執政不喜之，除知滑州。滑兩經殘破，無城壁，亮上疏自陳曰：「陛下復歸東都則臣能守滑，陛下未歸則臣亦不能守也。」執政摘其語，以爲悖傲不遜，降通判河陽府。公至行在，亮已行，使人召之乃來，與語連日，觀其智略氣節真可以爲大將者，欲且試之，乃薦於上，以爲河東經制副使，而以觀察使王瓊爲使。瓊亦陝西人，累立邊功，僉謂在武臣中可用者。上宣諭亮前疏中語，公廣上意而奏曰：「人臣論事，言不激切不足以感動人主，激切則近謗訕，故昔之聽言者必察其所以，如果出於謗訕，何所逃罪？至於有所激而云，則必恕之以來讜言。如周昌之對高祖，劉毅之答武帝，皆人之所難堪者，而二主恕之，以其有所激故也。亮之言如此，但欲激陛下以歸京師耳，非有他故，願聖度有以含容之。且人材難得，而將帥之材爲尤難，如亮者今未見其比，異日必能爲朝廷立大功。氣勁言直乃關陝氣俗之常，不足深責。」上乃許如所請，並召對，賜亮五品服，與兵萬人、告勑、銀絹與川綱之在陝西者，詔京西、陝西漕臣應副糧草，餘如張所已得旨而遣之。初，公建議以料理河北、河東爲所當先者，適後宫降誕皇子，率執政入賀，公奏上曰：「皇子降誕，考祖宗故事當肆赦，陛下登寶位赦已曠蕩，獨遺河北、河東，而不及勤王之師，天下尚觖望。夫兩路爲朝廷堅守，而赦令不及，人皆謂已棄之，何以慰忠臣義士之心？而勤王之師雖不曾用，在道路半年，擐甲荷戈，冒犯霜雪，亦已勞矣。疾病死亡者不可勝數，恩卹不及，後日復有急難，何以使人？願因今赦該載德意。」上嘉納，故皇子赦於二者尤詳。又請降詔褒慰兩路守臣將佐軍民，諭以朝廷措置救援不棄之意。又詔自今有能收復兩路已陷州軍及救解急危、保全一方、功效顯著者，並除本處節度、觀察、防禦、團練，依方鎮法。命使臣齎夏藥徧賜兩河守臣將佐，命榷貨務印造見錢鈔，遣使齎送兩路州郡。命降見錢鈔三百萬貫付河北東路、陝西路漕司，廣糴應副兩路。命起京東路夏税絹於大名府樁管，川綱、河東衣絹於永興軍樁管，以待兩路支俵。於是兩路知天子德意，人情翕然，蠟書日至，間有破敵捷報，虜人

圍守諸郡者往往抽退，且山寨應招撫經制司募者甚衆，而潛善建議，令馬忠將所部兵，會雄州弓箭手李成所募兵凡五萬人，擣虚入界，虜必釋諸郡之圍以自救。公曰：「今日士怯兵弱，恐未可深入，莫若使之與張所協力，先復濬、衛、懷三州，而真定可復。」潛善堅執其議，上可之。公不欲力争，乃以忠爲河北經制使，而以張换副之。换者，陝西人，質樸有謀而善戰，其材遠勝於忠。既使副忠，又令與張所相應援，而换亦以公之策爲然。公嘗論京西、河北爲金人盜賊侵犯，有能以死固守而保全一方者，有賊未至而先遁遂失守者，謂宜褒黜。有旨各增一官，或與職名，或落職。有許高、許亢者，防河而逃遁，會言者論列，編管嶺南，至南康軍且欲爲變，守倅以便宜誅之而待罪。衆謂擅殺爲非是，公曰：「淵聖委高、亢防河，付以兵將甚衆，賊將至而先走，以鐵騎五百自潁昌趨江南，沿路劫掠，甚於盜賊，朝廷不能正軍法，而一軍壘守倅敢誅之，必健吏也。使後日受命捍敵者知退走而郡縣之吏有敢誅者，其亦少知所戒乎？是當賞。」上以爲然，乃命各轉一官。時開封留守闕官，公以爲留守非宗澤不可，力薦之。澤至京師，果能彈壓撫循，軍民畏愛，修治城池樓櫓，不勞而辦，屢出師以挫賊鋒，雖嫉之者深，竟不能易其任也。是時除侍從卿監郎官管職以補班列之闕及召赴行在者多未至，而行在官出自圍城中者多求東南差遣，上命公草詔以戒諭之。其後許翰至，公薦之於上，謂翰外柔内剛，學行純美，謀議明決，宜在左右參決大政。上亦喜其論事，乃以爲尚書右丞。初，汴河上流爲賊所決者數處，閉塞久不合，綱運不通，命都水使者陳求道等措置，凡二十餘日而水復舊，綱運沓來，間撥入京師，米價始平。又於兩京城外及沿汴至泗增巡檢，商賈始通，人情漸復舊。命進奏院邸吏分番赴行在，朝廷差除鏤板傳報外路，增置馬遞鋪，命令始通。綱運入京者還載諸部公案圖籍赴行在，官府始有稽考。蓋行在草創，凡百皆逐一施行措置，悉此類也。又進呈三劄子，一曰募兵，二曰買馬，三曰募民出財以助兵費。上皆以爲然。又議措置控禦，修舉軍政，謂宜於沿河、沿淮、沿江諸路置帥府，要郡、次要郡使帶總管、鈐轄、都監，以寓方鎮之法，許其便宜行事，辟置僚屬將佐以治兵。又命招置新軍及御營司兵，並依新法團結，五人爲伍，伍長以牌書同伍四人姓名。二十五人爲甲，甲正以牌書伍長五人姓名。百人爲隊，隊將以牌書甲正四人姓名。五百人爲部，部將以牌書隊將正副十人姓名。二千五百人爲軍，統制官以牌書部將正副十人姓名。有所呼召，使令按牌以遣，而逃亡死傷皆可周知。三省、樞密院同置賞功司，置籍以受功狀，三日不檢舉施行者必罰，受賂乞取者行軍法，許人告，遇敵逃潰者斬，因而爲盜賊者誅其家屬。凡軍政申明約束及更改法制者數十條，皆勑牓通衢，將士觀者皆奮厲。公又奏宜詔諸路州縣以漸修葺城池，繕治器械，有旨依奏。又奏步不足以勝騎，而騎不足以勝車，請以車制頒於京東、西，使製造而教閱之。因繪圖進呈，有旨令御營司製造閱習。諸將皆以爲可用，乃頒降兩路，委提刑司總領之。又奏於沿江、沿淮州郡置造戰船，因其俗之所宜，招募水軍，平居許其自便，有故則糾集而用之，逐時教閲，量行激賞，得旨如所請。又詢訪陝西、山東及諸路武臣材略可用者，以備將佐偏裨之用，有旨皆召赴行在。自六月初至是凡四十餘日，措置邊防軍政之類始漸就緒。是時朝廷議遣使金國，公奏上曰：「堯、舜之道，孝悌而已，孝悌之至可以通於神明。今陛下以上皇、淵聖遠狩沙漠，食不甘味，寢不安席，思迎還兩宮，致天下養，此孝悌之至，而堯、舜之用心也。今日之事，正當枕戈嘗膽，内修政事，外攘夷狄，使刑政修、中國强，則二聖不俟迎請而自歸。不然，使冠蓋相望，卑辭厚禮，朝迎暮請，恐亦無益。今所遣使，但當奉表通問兩宮，致思慕之意可也。」上以爲然，命公草表并致書二虜酋，乃以周望、傅雱皆借官爲二聖通問使，齎表及書以往。又奏曰：「陛下當艱難時，爲臣民之所欣戴，纂承大統，宜降哀痛之詔，以感動天下。具言金人不道，賴天下士民同心協力，相與扶持保守，以致中興者。按其所言，次第行之，無爲虚文，務施實惠。」上乃命公撰擬詔文進呈頒降。又具劄子乞省冗員以節浮費，上命中書條具，乃詔省臺寺監官以繁簡相兼，復開封府官舊制，減學官員額，罷提舉常平司併歸提刑司，罷兩浙、福建市舶司並歸轉運司，復幕職曹官舊制，非萬户縣不置丞，罷吏員三分之一。又請以三省堂吏依祖宗法轉官，不得過朝請大夫，初陳乞出官止爲通判，應宰執子弟以恩數帶貼職及待制以上並罷，宰執及見任宮觀待闕未有差遣，京朝官以上俸錢並減三分之一，有旨從之。是時劇賊李昱擾山東，杜用起淮南，李孝忠亂襄陽，皆遣將討平之，其餘降者十餘萬。一日論及靖康間事，上曰：「淵聖勤於政事，省覽章奏有至於終夜不寐，而卒有播遷之禍，何也？」公奏曰：「淵聖在東宫，令德聞於天下，及即大位，適當國步艱難之時，勤儉有餘而爲小人之所惑，故卒誤大事。人主之職但能知人，雖不親細務，大功可成。」上以爲然。公因論「靖康之初，金人犯闕，中國所以應之者得策凡二，道君内禪一也，淵聖固守二也。使其後更得一策，中國可以無事，而和戰兩者皆失之，遂致大故，而夷狄之患至今爲梗。方金人初犯闕，提兵不過六萬人，既薄城下，累日攻擊，知都城堅而士卒奮勵，不可

攻，則遣使厚有所邀求而請和。臣獻策淵聖，以謂金人之所邀求有可許者，有不可許者，宜遣使者往來欵曲與之商議，俟吾勤王之師既集，然後與之約，其可與者許之，其不可與者堅執而勿許，則約易成而和可久。當時不以爲然，一切許之，其後果不能如約，遂再入寇，此失其所以和也。勤王之師集於都城四面者三十餘萬，臣獻策淵聖，以謂兵家忌分，宜使節制歸一，用周亞夫困七國之策，以重兵與之相臨，而分兵收復畿邑，使無所得糧，俟其困而擊之，一舉可破。當時不以爲然，置宣撫司，盡以勤王之兵屬之，故姚平仲得先期舉事，而朝廷懲劫寨小衄，不復議兵，敵退又不肯邀擊，遂使金人有輕中國之心，而中國之勢日弱，此失其所以戰也。一失機會，悔不可追。今日機會尤不可失，願陛下以靖康爲鑑，審處而決斷以應之，庶可以成功。」上曰：「靖康之初能守，而金人再來遂不能守，何也？」公奏曰：「靖康之初與靖康之末，其勢不同，條目甚多，臣請論其大者。金人初入寇，未知中國虛實，亦無必犯京闕之意，特中國失備，無兵以禦之，故使得渡河以至城下，而粘罕之兵亦失期不至；及其再來，兩路並進，遂有吞噬中國之心。此其不同者一也。靖康之初，賊至城下，不數日間勤王之兵已集；及其再來，敵已圍城，始以蠟書募天下兵，遂不及事。此其不同者二也。靖康初，賊寨於西北隅，而行營司出兵屯於城外要害之地，四方音問絡繹不絕，勤王之兵既集，賊遂斂兵不敢復出；其後再來，朝廷自決水以瀦浸京城西北，瀰漫數十里，而東南不屯一兵，使賊反得以據之，故城中音問不傳於外，而外兵亦不得以進。此其不同者三也。淵聖即位之初，將士奮厲用命；其後賞刑失當，人心稍解體。此其不同者四也。金人圍城之初，城中置措有叙，號令嚴肅，晝夜循撫，未嘗少休；聞其後無任責者，賊至造橋渡壕，恬不加恤，以十萬人登城，將士遂潰。此其不同者五也。臣在樞密院時，措置起天下防秋之兵，降詔書已累月，及臣宣撫河北，即詔減罷太半。蓋朝廷專恃和議，以謂金人必不再來，一切不爲之備。故靖康之末不能守者，勢不同而患禍生於所忽也。」翌日奏事，因哀聚靖康初建議措置，與金人約和、用兵次第劄子及朝廷分置宣撫司指揮，後在宣撫司論不當減罷防秋之兵章疏進呈，上皆命留中。公因奏上曰：「靖康間雖號通言路，然臺諫官議論鯁峭者皆遠貶，其實塞之也。」乃納劄子，勸上以明恕盡人言，以恭儉足國用，以英果斷大事，上皆嘉納。與執政同奏事，因納劄子乞減上供之數以寬州縣，修茶鹽之法以通商賈，劃東南官田，募民給地，倣弓箭刀弩手法養兵於農，籍陝西保甲、京東西弓箭社，免支移折變而官教閲之，又請於陝西、河北東路、京東西置制置使，以遠近相應援，有旨皆付中書省條具，進呈取旨。其後遂置諸路制置使，而餘事以公罷政，皆不果行。初，公嘗從容奏上曰：「朝廷外則經營措置河北、河東以爲藩籬，葺治軍馬，討平賊盜，内則修政事，明賞刑，皆漸就緒，獨車駕巡幸，所詣未有定所，中外人心未安。夫中原者，天下形勢根本，一去中原則人心摇而形勢傾矣。臣嘗建巡幸之策，以關中爲上，襄陽次之，建康爲下。今縱未能行上策，猶當適襄、鄧間，示不去中原，以係天下之心。近日外議紛紜，皆謂陛下且幸東南。果如所言，臣恐中原非復我有，車駕還闕無期而天下之勢遂傾，難復振矣。」上曰：「但欲迎奉元祐太后及津遣六宫往東南耳，朕當與卿等獨留中原，訓練將士，益聚兵馬，雖都城可守，雖金人可戰。」公再拜贊上曰：「陛下英斷如此，乞降詔以告諭之。」乃命公擬撰詔文頒降，榜之兩京，讀者皆感泣。後半月，上忽降出手詔，欲巡幸東南以避狄，令三省樞密院條具合行事件以聞。公極論其不可，且言：「自古中興之主起於西北則足以據中原而有東南，起於東南則不足以復中原而有西北，蓋天下之精兵健馬皆出於西北，一委中原而棄之，豈惟金人將乘間以擾關輔，盜賊且將蠭起，跨州連邑，陛下雖欲還闕不可得，况治兵勝敵以歸二聖哉！惟南陽光武之所以興，有高山峻嶺可事控扼，有寬城平野可屯重兵；西通關中，可召將士；南通荆湖、巴蜀，可取財貨；東達江淮，可運糧餉；北距三都，可遣救援。暫議駐蹕，自冬徂春，兩河措置就緒，即還汴都，策無出於此者。」上乃收還巡幸東南手詔，令與宰執商議。翌日再具劄子，援楚、漢滎陽、成皋間，曹操、袁紹官渡事，論天下形勢於上前。且曰：「今乘舟順流而適東南，固甚安便，但中原安則東南安，失中原則東南豈能必其無事？一失機會，雖欲保一隅恐亦未易，臣誠不敢任此責。且陛下既已降詔獨留中原，人心悦服，奈何詔墨未乾，失大信於天下？願斷自淵衷，以定大計。」上乃許幸南陽，將以秋末冬初擇日啓行，而潛善、伯彦陰以巡幸東南之計動上意，其議頗傳于外。客或謂公曰：「士論洶洶，咸謂密有建議者，東幸已決，南陽聊復爾耳，盍且從其議乎？不然，事將變。」公曰：「天下大計，在此一舉，國之安危存亡，於是乎分，成命已行，儻或改易，吾當以去就爭之。且上英睿，必不爲異議所惑。不然，吾可貪禄保身、虚受天下之責哉？」然自是雖未嘗有改議巡幸之命，而初公每因留身奏事，從容論治體，及有所規諫，雖苦言逆耳，上皆嘉納，至是，陳奏當世急務，擬進指揮多不降出，及每批出，改易已行指揮頗多。公知譖愬之言，其入已深，一日留身奏上曰：「臣近日屢煩宸翰改正已行事件，臣逐一按據辨明，幸蒙聖察，又

所進擬措置機務多未蒙降出。顧臣孤拙寡與，獨荷陛下特達之知，忌娼者多，恐陰有譖愬而離間臣者。夫君子、小人，勢不兩立，治亂安危，係其進退，在人主有以察之而已。」因出劄子，極論君子、小人之理，以謂：「臣昨日奏事，論及人主之職在知人，雖堯、舜猶以爲難，誠能别白邪正，使君子、小人不至於混殽，然後天下可爲。伏蒙宣諭『知人亦非難事，但考其素行則知之』。竊仰聖訓，誠得知人之要。」且言：「疑則當勿任，任則當勿疑，持狐疑之心者來讒賊之口，願致察於此。」上慰諭曰：「無此，但朕思慮偶及之耳。其餘章疏見省覽，非晚降出。」公拜謝而退。至八月五日，告廷遷公銀青光禄大夫、尚書左僕射、兼門下侍郎，加食邑七百户，食實封三百户，而除潛善右僕射、兼中書侍郎。既命兩相，則潛善顯沮張所而罷傅亮，公以去就争之，遂定進退，雖知墮潛善策中，蓋勢不得不然也。初，張所既受招撫使之命，建言乞置司北京，候措置就緒即渡河，移司恩、冀，以圖收復。而權北京留守張益謙奏招撫司搔擾，不當置司北京，故附潛善、伯彦，相與謀爲此奏以沮張所而惑上意也。公奏曰：「張所畫一乞置司北京，候措置就緒日渡河，今所尚留京師以招集將佐，故未行，不知益謙何以知其搔擾而言不當置司。方時艱危，朝廷欲有所經略，益謙小臣，乃敢非理，公然沮抑，此必有以使之者。」上乃令降旨招撫司依畫一置司北京，就緒日疾速渡河，張益謙令分析以聞。既劄下矣，樞密院復以益謙申狀將上取旨，凡千餘言，痛詆招撫司。後數日乃關過尚書省，公始見之，乃以樞密院畫旨并尚書省元降旨揮同將上進呈，與伯彦慇争於上前。公奏曰：「張益謙所奏，尚書省已得旨行下，而樞密院又别取旨痛詆訾之，不過欲與益謙相表裏，以細故而害大計，沮抑張所耳。沮抑張所，有何所難，致誤國家之大計，將誰任其責？」伯彦茫無所對，第云初不知尚書省已降指揮。上乃令樞密院改正，依前降指揮施行。既不得逞，即又爲傅亮之争。初，王瓊、傅亮既受命爲經制使副，即畫一申朝廷，以謂「河東州縣多爲金人所陷没，至於陝西接連如河中府、解州亦爲所據，與陝府相對，以河東爲界。今經制司所得兵纔及萬人，皆烏合之衆，其間多招安盗賊潰散之兵，未經訓練拊循，難以取勝，乞於陝西置司訓練措置，招募陝西正兵及將家子弟，結連河東山寨豪傑，度州縣可復即復之，可以渡河即乘機進討收復」。有旨從之。纔十餘日，樞密院取旨令留守宗澤節制，即日過河。亮申「今欲即令過河，無不可者，但河外皆金人界分，本司措置全未就緒，既過河後，何地可爲家計？何處可以得糧？烏合之衆，使復爲金人之所潰散，何自可以得兵？亮等不足惜，第恐有誤國事」。公將上進呈，奏曰：「經制司軍旅未集，遽違前議，不恤其措置未辦集而敺之使渡河，正所以爲賊餌，不見其利也。且亮等受命而行纔十餘日，豈可使以爲逗遛，不若只依前降旨揮爲便。」潛善、伯彦執議，聖意頗惑，依違不決者累日。公留身極論其理，具言：「潛善、伯彦始極力以沮張所，賴聖鑒察之，不得行其志，又極力以沮傅亮。蓋招撫河北、經制河東皆臣所建明，而張所、傅亮又臣所薦用，力沮二人，乃所以沮臣，使不安其職。臣每見靖康大臣不和之失，凡事未嘗不與潛善、伯彦商議而後行，不期二人乃誤用心如此。如傅亮事理明白，願陛下虚心以觀之，則情狀自見。」上曰：「俟批出，只令依元降旨揮於陝府置司。」至翌日批出，乃云傅亮兵少不可渡河，可罷經置司，赴行在。公留御批，將上奏曰：「臣昨日論傅亮事，已蒙宣諭，俟批出依元降旨揮。繼奉御批，乃罷亮經制使，不知聖意所謂。」上曰：「亮既兵少不可渡河，不如且已。」公奏曰：「臣論傅亮，乞依元降旨揮，非謂不使之渡河。緣軍旅未集，驅烏合之衆渡河即成孤軍，必爲金人所潰。此必潛善等以私害公，陰有以熒惑聖聽，欲以沮臣使去耳。聖意必欲罷亮，乞以御批降付潛善施行，臣得乞骸骨歸田里，非敢輕爲去就。更望陛下留神熟思之，使亮不罷，則臣何敢決去？」因再拜榻前，上猶慰諭，謂不須如此。公退，聞亮竟罷，乃入表劄求去，上遣御藥宣押赴都堂治事，復入第二表劄，皆批答不允。翌日，遣御藥宣押赴後宫起居，隨宰執奏事訖，公留身，上曰：「卿所争事小，何須便爲去就？」公奏曰：「人主之職在論一相，宰相之職在薦人材，方今人材以將帥爲急，恐不可謂之小事。黨以爲小，臣以去就争之，而天意必不可回，臣亦安敢不必去？」因再拜榻前，復奏曰：「臣以愚惷仰荷睠知，初無左右先容之助，龍飛之初，首命爲相。潛善、伯彦自以謂有攀附之功，方虚位以召臣，蓋以切齒。及臣至而議論偽楚、建請料理河北河東兩路、車駕巡幸宜留中原，皆與之不同，而獨陛下嘉納聽從，固宜爲其娼嫉，無所不至。臣獨立羣枉之中，獨賴陛下察之，得以盡其區區之愚。如傅亮之事，曉然無可疑者，又不蒙聖察，是臣薦進人材不足用，議論國事不足採，其失職大矣，豈敢復任宰相哉？方朝廷承平無事之時，宰相猶可尸禄，今艱難多故之秋，當惜分陰。臣自度終無以當陛下之委任而副天下之責望，敢久居此以妨賢路哉？且臣嘗建議車駕巡幸不可以去中原，潛善等必以此動摇聖意，故力沮張所、傅亮而去臣。臣東南人，豈不願奉陛下順流東下爲安便哉？顧車駕巡幸實天下人心之所繫，中國形勢之所在，一去中原則後患有不可勝言者，故不敢雷同不説，以誤大事。願陛下以宗社爲心，以

生靈爲意，以二聖未還爲念，留神於此，勿以臣去而其議遂改也。臣仰荷天地之德，雖去左右，豈敢一日忘陛下？不勝犬馬依戀激切之至。」因泣辭而退，遂上第三表劄。客或謂公曰：「公決於進退，於義得矣，顧讒者不止，將有患禍不測，奈何？」公曰：「大臣以道事君，不可則止，吾知盡事君之道不可，則全吾進退之節而已，禍患非所恤也。畏禍患而不去，彼獨不能諷言者詆訾而逐之哉？天下自有公議，此不足慮。」翌日降麻告庭，除觀文殿大學士，提舉杭州洞霄宫，加實邑七百户，食實封三百户。時八月十八日也。以九月半抵鎮江府，聞辛道宗之兵變於秀州，宿留不行者半月。聞其掠毗陵，焚丹陽，遂以客舟由外江以歸梁谿。而言者又言公遣弟綸與賊通，且傾家貲以犒賊，爲緋巾數千頂與之，朝廷不復究問其實，有旨落職，令鄂州居住。附會時宰者盡形於制詞，讒謗如此，自非上恩保全，有以照見其無他，雖欲處江湖之善地豈可得，而綸亦且死於非辜矣。公荷上知遇，付以國事，當軸秉鈞纔七十有五日而罷。既罷之後，張所亦以罪去，傅亮辭母病不赴行在而歸陝西，招撫、經制司皆廢，車駕遂東幸，而兩河郡縣皆陷於賊。金人以次年春擾京東西，深入關輔，殘破尤甚。凡募兵、買馬、團結、訓練，車戰、水軍之類，一切廢罷。中原盜賊蠭起，跨州連邑，朝廷不能制，率如公之所料也。二年十月，有旨謫降官不許同在一州，移公澧州居住。會有上書訟公之冤者，復有論列。十一月，責授單州團練副使，移萬安軍安置。三年，行次瓊州，三日而德音放還，任便居住。四年，自嶺表訪家鄱陽。未幾，挈家還邵武。七月，復銀青光禄大夫。紹興元年三月，提舉杭州洞霄宫。九月，復資政大學士。

紹興二年二月八日，除觀文殿學士，充荆湖廣南路宣撫使，兼知潭州。公以憂患之餘，衰病日加，不敢祇受，具奏辭免，且致書宰執，力陳所以不敢當之意。四月七日，内侍于蓋傳宣撫問敦遣，令視上道乃還。公迫不得已，祇受告命。密院差任仕安兵三千人，以二十四日假福州貢院開司。五月六日啓行，有旨就孟庾、韓世忠下撥統制辛企宗、郝晸兩軍，及令見在湖南岳飛、韓京、吴錫、吴全等軍聽受節制。初，荆湖自庚戌春爲金人蹂踐，土賊如鍾相、雷進、楊華、鄧裝、李冬至等各擁數萬之衆，殘破州縣，保據巢穴，東北流移之人相率渡江，州縣不能制御。孔彦舟據潭州，後爲馬友所逐，李宏據岳州，劉忠寨於江湖兩界，出没數路，而曹成兵犯郴、衡水道以及二廣，湖南安撫使向子諲爲曹成虜置軍中，民不聊生。韓世忠原留統制官董旼招曹成，成雖受招而焚掠如故。公是時總師由廬陵入本路界，聞曹成將自邵入衡，以趨江西，而董旼所帶親兵纔數百人，勢不足以彈壓，即駐泊衡陽，先遣使臣齎榜約束，令放散驅掠老幼及嚴戢其徒不得作過。曹成至邵，以公狀申稱放散三萬餘人，尚有四萬。至衡，率頭首百餘赴本司公參，公召與語，且以善言慰撫之，戒以所至不得搔擾，俟出境寧肅，當爲保奏。成感泣聽命，一路遂以無事。曹成既出境，長沙報馬友之黨頭首步諒等其衆二萬餘人，自筠、袁還犯本路，焚掠醴陵、攸縣、衡山，屯泊於魚集市，放兵四出，人情震動。公乃留統制官韓京屯茶陵，統領陳照屯安人，統領湯尚之及將官白德屯衡州以備賊，公乃親率大軍趨衡山。有獻策者謂自衡山至魚集市三十餘里，隔湘江及茶陵江，凡兩涉水，不若自白沙濟師，即一涉水，白沙在衡州來路，去衡山三十里，去賊壘亦三十餘里，賊無斥堠，必不虞官軍之來，可以得志。公從其言，乃約衡州備舟檝於白沙岸下。駐衡山之次日，遣統制官任仕安、吴錫、王俊率將佐軍馬還自白沙，連夜渡江，凌晨叩賊壘。賊衆初不之覺，倉卒出拒，見官軍偏滿山谷，戈甲旗幟鮮明，知勢不敵，乃降，盡得其輜重兵仗老小等，並釋器甲，押赴本司公參。先是，賊遣四千餘人出掠，欲犯衡、郴諸郡，爲陳照、湯尚之等所遏。公遣使臣齎榜諭以步諒等已降，老小盡在本司存恤，宜早自歸，亦令步諒遣人同往招之。出掠之衆，悉還聽命，凡得首領統制統領官十餘人，將佐五十餘人，使臣五百餘人，其衆萬有九千餘人。應江湖間驅虜人并疾病老弱者並給公據放散，擇强壯精鋭得七千餘人，分隸諸將。既揀汰放散訖，即令精彊者每五百人爲一部，擺拽於湘江灘磧中。公御中軍帳，具軍容，乘高以臨之，諭以「爾等皆朝廷赤子，失業至此，良可矜憫。今既歸降，並令與舊軍相雜團結，秪刺手背。應新軍所得財物輜重預行約束，並不得毫髮侵動，本司自以三萬緡及所獲牛畜等犒賞」。以故人情安帖，自衡山趨長沙，道中無散逸者。其後措置招降，並皆倣此。入長沙，交割潭州職事。時湖南頻年爲盜賊所據，州縣官類多權攝，乘時爲姦，公於視事日枷項巨猾付獄，得入己贓凡三萬六千緡，具案上之，其餘州縣權攝官以漸易置，爲民所訴訟者乃按治之，於是望風引退者甚衆，贓吏稍戢矣。方入境之初，趨見長老，問民所疾苦，皆謂所苦者無甚於盜賊與科須。公既措置招捕羣盜，而科須之弊一縣至有十萬緡者，公即移檄州縣盡罷科率，非奉使司旨揮而擅科率者以軍法從事，應日前科須之物並以正賦率折。又荆湘間民户輸納税米率四石始了納一石，百姓貧困，仍檄漕司行下州縣，除官耗外不許轉增加升合，以故流移歸業，民皆樂輸。是冬長沙頗稔，得税米四十餘萬石，軍儲遂以足

用。方李宏之殺馬友也，王進、王俊以五千餘人遁去，據七星寨，在湘鄉、寧鄉、安化三縣之間，日肆焚掠，一方爲之騷然。公抵長沙之次日，命郝晸出師次七星寨，進以衆三千約降。俊以二千餘人犯安化，及破邵州新化以逼邵陽，公遣吴錫以其麾下由徑路趨邵陽以討王俊。錫率所部倍道兼程，自潭五日而至邵，王俊之衆去邵纔數十里，而錫兵至適雪作，錫乘其不備，縱兵掩擊，殺千餘人，生擒俊，餘衆悉降。自是湖南境内潰兵爲盜者悉平，民漸安居，唯江西接境間有出没如劉超、張成等，多者數千人，少者亦不下千數，遂檄江西會合夾擊，且招且捕，節次悉降，揀汰放散外，得精壯又數千人。郴州土賊鄧裝、彭鐵大、攸縣土賊王順等，分遣韓京等討殺，以故境内悉平。獨湖北楊么者，鍾相餘黨，以左道惑民，據洞庭重湖之險，北達荆南公安，西及鼎、澧，東至岳陽，南抵長沙之湘陰、益陽，周環千里，出没作過，有衆數萬。於是旋創戰艦，命統領官李進屯湘陰、爲準屯益陽以備之，吴錫屯橋口，破其數寨，么不敢犯。先是，長沙遭兵火，官府之屬尺椽無有，市井蕭然。公留衡陽日，先遣官造州宅、便廳、門廡、堂屋之類。既入城，始及甲杖庫、州官廨舍、兩獄、倉庫等，又造營房六千餘間，民稍歸業，易草舍以瓦屋，城市始就緒，帥府制度日以備具。時有統制官張忠彦者，緣討捕駐軍廣州，脅制州縣，供億以萬計，一路爲之震擾，屢欲爲變，撥隸孟庾、韓世忠、岳飛，並不稟命。至是撥隸公麾下，遣使臣召之，不報。忠彦意樂爲郡，公因檄令權知岳陽，忠彦果來，即械送所司取旨。諸路帥臣帶宣撫者並罷，公止帶湖南路安撫使。公嘗建議，以謂「荆湖之地綿數千里，南過二廣，北控襄、漢，東接江、淮，自昔號爲上流，諸葛亮謂之用武之國。今朝廷保有東南，制御西北，荆湖諸郡如鼎、澧、岳、鄂、連、荆南一帶，皆當屯宿重兵，倚爲形勢，使西川之號令可通，襄、漢之聲援可接，乃有恢復中原之漸」。蓋公之志氣，其素所蓄積也。丐祠得請，乃以節次招降到潰兵盜賊人數及見管軍馬數，自打造戰船，教習水戰次第，並見在金銀錢物與江西廣南未支撥到錢米之數，逐一具奏即行。二年四月，得旨令省記編類建炎元年三月以後時政記，公乃以昨任宰相日得聖語及所行政事賞刑黜陟之大略，著《建炎時政記》以進，有旨宣付史館。是冬虜僞入寇，侵犯淮甸，邸報既傳，中外憂憤。公具奏，以今日捍禦賊馬事勢陳爲三策以獻，其大略曰：「今僞齊悉兵南下，其境内必虚。儻命信臣乘此機會，擣潁昌以臨畿甸，電發霆擊，出其不意，則僞齊必大震懼，呼還醜類，以自營救，王師追躡，必有可勝之埋。非惟牽制南牧之兵，亦有恢復中原之兆。此上策也。朝廷或以兹事體大，則鑾輿駐蹕江上，勢須號召上流之兵，順流而下，旌旗金鼓，千里相望，以助聲勢，則敵人雖衆，豈敢南渡？仍詔大將帥其全師進屯淮南要害之地，設奇邀擊，絶其糧道，賊必退遁，保全東南，徐議攻討。此中策也。萬一有借親征之名，爲順動之計，委一二大將捍敵于後，則臣恐車駕既遠，號令不行，賊得乘間深入，州縣望風奔潰，其爲吾患有不可勝言者矣。此最下策也。往歲金人南渡，利在侵掠，既得子女玉帛，而時方暑則勢必還師。今僞齊使之渡江而南，必謀割據，將何以爲善後之計哉？故今日爲退避之計則不可，朝廷措置得宜，將士用命，則安知此賊非送死於我？顧一時機會所以應之者如何耳。望降臣章，與二三大臣熟議之。」有旨以公所陳皆今日之急務也，已付三省、樞密院施行。降詔獎諭，有「卿忠貫神明，慮先蓍蔡，料敵於千里之外，制勝於三策」之語。公既以三策奏陳，時又報韓世忠統全軍於淮、楚間迎擊賊兵，連獲勝捷，有旨令遣臺臣督劉光臣、張俊縱兵渡河應援，車駕已發，進臨江上，撫勞諸軍。公又條奏宜備有四，曰生兵，曰海道，曰上流，曰四川。至於保據淮南，調和諸將，增置禁衛，廣備糧食，措置戰艦、水軍及措置楊么凡十事，以獻廟堂。五年春，詔問「凡今攻戰之利，守備之宜，措置之方，綏懷之略。可悉條具來上」。公乃條對以獻，其略曰：「議者或謂戎馬既退，當遂用兵爲大舉之計，臣切以爲不然。今朝廷以東南爲根本，儻不先爲自固之計，將何以能萬全勝敵？又況將士暴露之久，財用調度之煩，民力科取之困，謂宜大爲守備，痛自料理，使之蘇息，乃爲得計。議者又謂戎馬既退，當且保據一隅，以苟目前之安，臣又以爲不然。宜於防守既固、軍政既修之後，即議攻討，乃爲得計。此二者，守備攻戰之序也。至於守備之宜，則當料理荆、襄以爲藩籬，葺理淮南以爲家計，異時可省經費，爲無窮之利。守備之宜，莫大於是。有守備矣，然後可以議攻戰之利，亦當分責於諸路大帥，謂如淮東之帥則當責以收復京東路，淮西之帥則當責以收復京東西路，荆襄之帥則當責以收復京西南北路，川陝之帥則當責以收復陝西五路。諸路尅捷，因利乘便，收京畿，復故都。至於臨事制變，不可預圖，願勿失機會而已。若夫措置之方，則臣願駐蹕建康；綏懷之略，則臣願先爲自强之計。大概近年所操之説有二，閒暇則以和議爲得計，而以治兵爲失策；倉猝則以退避爲愛君，而以進禦爲誤國。衆口和之，牢不可破。今天啓宸衷，親臨大敵，逆臣悍敵數十萬衆潛師宵遁，則和議之與治兵、退避之與進禦，其效概可覩矣。臣願自今以往不復爲退避之計，可乎？古者敵國善鄰，則有和親，仇讎之邦，鮮復遺使。今使軺往來，邀我以必不敢爲之謀，

於吾自治自强之計動輒相妨。金人二十餘年以此策破契丹，困中國，曾不知其害。臣願自今以往勿復遣和議之使，可乎？二説既定，藩方協力，將士用命，雖强敵不足畏，雖逆臣不足憂，特在陛下方寸間耳。臣昧死條上六事：一曰信任輔弼，二曰公選人才，三曰變革士風，四曰愛惜日力，五曰務盡人事，六曰寅畏天戒。」反覆論議，幾萬言，皆切中時病。内變革士風尤爲著明，其略曰：「夫用兵之際似與士風初不相及，然士風淳厚則論議正而是非明，朝廷賞罰當而人心服，士風澆薄則議論不正而是非不明，朝廷賞罰功罪不當而人心不服。晉之士風尚虚浮而不事事，時措置乖謬，盜賊並起，而有五戎亂華之禍。本朝嘉祐、治平以前，士風何其淳厚也！自數十年來，非特不事事而已，奔競争進，議論徇私，邪説利口，足以惑人主之聽。元祐大臣如司馬光之流，皆持正論而羣枉嫉之，指爲姦黨。士風遞相倣傚，顛倒是非，變亂白黑，政事大壞，以馴致靖康之變。逮今數十年，愛惜之情銷盡，然後朝廷始知元祐羣臣之忠，褒贈官秩，録用子孫，然已何補於事？曷若早變此風，則忠臣無誅謫之冤，國家有治安之實，兩受其利，豈不美哉？臣觀近年士風尤薄，不顧國體，惟欲進身，不覈實事，惟欲傷人，大詈則大進，小詈則小遷，譎詆成風，此非朝廷之福也。陛下得一張浚，付以重權，使禦强敵於關陝。雖以忠許國，事失機會，不爲無過，言者痛繩醜詆，誣以大惡，豈不太甚歟？浚有浴日之功，足以結陛下之知，有大臣之辯，足以回陛下之聽，故得自洗濯，復侍清光於帷幄之中，然其所傷已多矣。藉使遭謗困讒之臣無浚之功，又無大臣之辨白，而有下石以擠之者，則何以自雪於君父，冀察其不然哉？夫朝廷設耳目及獻納論思之官，以廣視聽，固許之以風聞。至於大故，亦須覈實，使果如其言，則誅責所加，豈宜止從輕典？使言而無實，則誣人之罪，伏讒蒐慝得以中害善良，皆非所以修政也。臣願陛下降明詔以戒諭士大夫，使體德意，從忠厚，變近年澆薄之風，將見士風淳厚而中興之業不難致矣。」又曰：「陛下視建炎以來其所措置是耶非耶，以爲是則何以不見其效？以爲非則安可復蹈其轍？臣前所陳皆改轍之道，非循舊跡所能爲也。擇善而從，斟酌而行，則在陛下，所謂善後之策何以加之？」閏二月，復觀文殿大學士，再任提舉西京嵩山崇福宫。七月十七日，蒙降親筆手詔，以公條具賊退事宜已施行外，特賜褒諭，有「卿首陳三策，適投却敵之機；繼上六條，大闡興邦之略。意拳拳而曲折，言凛凛而高明。有發予衷，如對卿語。此乃卿精忠許國，義節表時，雖在燕閒之中，不忘開濟之事」之語。十月十六日，除江南西路安撫制置大使，兼知洪州。公兩具辭免，復賜親筆勉公使行。公辭尤力，亦不允，且得旨許赴行在奏事畢之官。六年二月三日，准告兼營田大使。二十四日到國門，翌日内殿引對，上慰勞再四，以已見利害并本路職事再對于内殿。三月一日朝辭，得旨引見上殿，三對之間，所進呈劄子凡十有六，而論中興及金人失信、襄陽形勝與夫和戰朋黨五事，皆利害之大者，其詳具奏疏。有旨令申世景一軍前去洪州駐劄，聽江西安撫制置大使司節制使唤。先是，公以靖康間道君、淵聖所賜御書刻石，因吕祉以示張浚，浚以上聞。至是，因蒙宣論，欲見道君御書真蹟，具奏以進外，又以劄子繳進靖康間《奉迎録》，曰：「臣靖康初任知樞密院事，被淵聖皇帝旨迎奉道君太上皇帝於南京，蒙道君賜封，聽納其説，罷幸亳社、西洛，旋歸京師，二聖重歡，四海胥慶。道君察臣之忠，賜以御筆，禮數優異；淵聖察臣之忠，賜以親筆，褒諭再三。而靖康之末，臣既去位，羣枉當國，與臣爲仇，顛倒是非，變亂黑白。孫覿因召試中書舍人，作《戒勵詔》顯詆臣爲『指天畫地，睥睨兩宫』，唐恪因令榜於朝堂，士大夫信以爲然，罕有知其實者。銜冤抱憤，順受默闇，不敢自明。伏遇皇帝陛下盛德日躋，大明旁燭，凡臣子之忠於所事而爲回邪之所誣蔽，有跡可考者悉蒙昭雪，君人之道，孰先於此？臣近嘗以二聖所賜御筆刻之琬琰，蓋欲侈大其賜，因自辨白，以裝成碑本，託給事中臣祉以示右僕射臣浚，遂獲上聞。伏蒙宣論，欲見道君御筆真蹟，臣已恭依聖訓，具奏繳納外，有臣靖康間編修到《奉迎録》并臣進呈劄子二首，徐處仁等表一道，道君御製青詞一首，淵聖御筆宣諭一首，繕寫合成一軸，謹具劄子繳進。仰塵天聽，伏望聖慈特加睿察。」三月六日，得旨送史館。是時朝廷鋭意大舉，既遣相臣張浚視師川陝、荆襄，又降制命以韓世忠、岳飛爲京東、京西路宣撫使。上嘗面諭公以「十數年來訓練士卒，今方可用」。公既陛辭以行，因極論所以進兵者，具劄子以奏，大略謂「今日主兵者之失大略有四。兵貴精不貴多，多而不精反以爲累；陣貴分合，合而不能分，分而不能合，皆非善置陣者。是四者今日諸將之失，願陛下明詔之，使知古人用兵之深意，非小補也。朝廷近來措置恢復有未盡善者五，有宜預備者三，有當善後者二。何謂有未盡善者五？善制國用者有生財之道，有節用之法，有救弊之説，有覈實之政，有懋遷之術，有闔闢之權。審此六者，則雖養兵之多，何患乎財用之不足？而朝廷初不留意於此，唯務降官告、給度牒、賣户帖、理積欠、折帛博糴、預借和買，名雖不同，其取於民一也。此未盡善者一也。議者謂當因糧於敵，臣以爲敵人聚糧，或有敗北，焚蕩而去，必不使爲我有。若欲取於僞地之民，則官

軍抄掠甚於寇盜，有違弔伐之義，失民望而堅從賊之心，非計之得。此未盡善者二也。金人專以鐵騎勝中國，而吾平時不務爲可以制鐵騎之術，此未盡善者三也。今朝廷與諸路之兵悉付諸將，外重内輕，緩急何以使之捍患而却敵哉？此未盡善者四也。臣於陛辭日，竊聞麻制以韓世忠、岳飛爲京東、京西路宣撫使，聖意可謂斷矣。然兵家之事行詭道，今吾軍初未嘗有其實，而遽以先聲臨之，其可乎？此未盡善者五也。何謂宜預備者三？中軍既行，宿衛單弱，肘腋之變，不可不虞，此行在不可不預備者一也。江東東西、荆湖南北，兵將盡行，屯戍鮮少，敵人或有乘間擣虚之謀，則將何以待之？此上流不可不預備者二也。海道去京東不遠，乘風而來，一日千里，蘇、秀、明、越，全無水軍，則下流不可不預備者三也。何謂善後者二？使王師克捷，能復京東、西地，則當屯以何兵，守以何將，金人來援，當何以待之。兩路之民懷戴宋之心堅甚，萬有一得其地而不能守，得其民而不能保，兩路生靈虚就屠戮，而使兩河之民絶望於本朝，則恢復之功難爲力矣。勝猶如此，則所以圖爲善敗之計者宜如何哉？此當善後者二也」。二十三日，至撫州金谿界，交割本路安撫制置大使職事。是時朝廷以本路旱災，饑民闕食，御筆詔書令帥守監司多方勸誘積米之家，以其食用之餘盡數出糶，濟此流殍數月之苦。公即條具畫一措置事件具奏，又延見父老，詢問疾苦，乞將災傷路分第三等以下人户四年積欠特與蠲免，又奏乞旋賜本錢十萬貫，以爲營田之本，有旨並依。洪州月支官兵米五十餘碩，料錢六千餘貫，諸縣及泛支在外，而見在米止四碩，餘錢只五百餘貫。公具奏急闕，得旨令都轉運司應副一月。朝廷以財用闕乏，建議欲推行交子之法，公因致書時宰，以謂交子之法初若可行，其後官司皆受其弊，而卒至於不可行，朝廷遂改爲關子。先是，降詔以六月乙巳地震，求直言，公應奏陳八事。時虔、吉盜賊爲患數路，有旨令公與連南夫、張致遠相度申樞密院。公以謂「虔寇巢穴多在江西、福建、廣東三路界首，置立寨栅，爲三窟之計，一處有兵則散往他處，官軍既退則又復團聚。中間遣發軍馬，不能窮討，正以節制不一之故。若節制歸一，使其不能散逸，且捕且招，威令既行，則窮寇別無他策，必須自歸，然後結以恩信，使之改過自新。將爲賊首、徒黨桀黠之人盡赴軍前使用，以除後患，此最策之上者。乞與江西路置都統制一員，節制三路軍馬，以招捕虔賊。至於盜賊衰息之後，又須縣令得人，勞心撫字，使作過桀黠之人既去，良民得以復業，安於田畝，乃可以化盜區復爲樂土。然虔之諸縣多是烟瘴之地，盜賊出没不常，朝廷初無賞格，士大夫之有材者多不願就，又難强使之行。欲望朝廷優立賞格，將來辟置知縣，到任半年，盜賊消除，良民復業，選人特與改官，京朝官與轉一官，候任滿日各再轉一官。其賊平定之後，量與蠲免租税，以前欠負並免催科。庶幾官吏盡心，民庶安業，復有承平之象」。得旨並依。初，洪州城池遭金人殘破之後，城壁摧毁，壕塹堙塞，兼地步闊遠，緩急難以防守。嘗有旨令逐路帥司督責州郡，點檢城壁，若城大難以因舊，仰隨宜減蹙。公恭依指揮，相度裁減，畫圖貼説，繳申尚書省，并乞修城。用度既省，處畫有序，不擾而辦，城高池深，民有所依。是年王師與虜僞相持於淮、泗幾半年，公具奏，以謂「自古用兵相持既久則非出奇不足以取勝，願速遣得力兵將，自淮南前來蘄、黄間，約岳飛兵以爲犄角以夾擊之，大功可成」。既而王師屢捷，劉光世、張俊、楊沂中大破僞齊賊馬於淮、淝之上，斬馘擒捕甚衆，殘黨遁歸淮北。公又奏陳利害，大略以謂「切見間探所報，僞齊乞兵於虜人頭項頗多，未聞有渡淮西南者，其侵犯淮、淝及光山、六安等處作過只有李成、孔彦舟叛將簽軍。深慮賊情狡猾，匿重兵於後而以簽軍來嘗我師，若一勝之後兵驕墮，則爲患有不可勝言者，伏望降詔諸將，益務淬礪，以待大敵。仍命朝廷按圖以視諸路，某路固實當設疑以欵賊兵，某路空虚當增兵以禦侵掠，使江淮之間表裏相資，首尾相應」。有旨以公奏陳防秋利害切中事機，降詔奬諭。公再陳已見劄子：「願降哀痛之詔，憫將士罹兵革之苦，凡死於戰陳，先加封爵，厚給賻贈，收卹其家，死者褒則生者勸矣。然後明詔統師，審定功狀，俟防冬解嚴，慶賜兼行，其誰曰不然？」七年正月，以公賑濟饑民，招還流亡，降詔奬諭。會左司諫陳公輔以靖康間士庶伏闕，爲人誣其鼓唱，至今猶未辨白，以此求去，具奏乞宫觀，謂「臣當時遭謗尤甚，雖嘗蒙淵聖皇帝特降詔書宣示四方，而仇怨至今以之藉口。臣以積年往事，不敢復自辨明，至使諫臣援以求去，在臣愚分，其何敢安」？降詔不允，訓辭有云：「且伏闕之往事，皆不根之浮辭。排邪議以用卿，斷由朕志；守夙心而自信，無恤人言。」及車駕將幸建康，公具劄子，乞益修戰守之具，沿淮、漢修築城壘。二月，報徽宗皇帝升遐，寧德皇后上僊，公既奉慰表，又具劄子，乞推廣孝思，益修軍政。二十七日，車駕進發，巡幸建康。三月，公遣本司幹辦公事韓昛奉表起居，又具劄子論建中興之功，大概曰：「願陛下益廣聖志，擴而充之，與神爲謀，日新其德，勿以去冬驟勝而自怠，勿以目前粗定而自安。凡可以致中興之治者無不爲，凡可以害中興之功者無不去，有所規畫措置，必以天下爲度，必以施於長久，可傳於後世爲法，則中興不難致矣。夫中興之於用兵止是一事，要以修政

事、信賞罰、明是非、别邪正、招徠人材、鼓作士氣、愛惜民力、順導衆心爲先。數者既備，則士奮於朝，農安于野，穀粟充盈，財用不匱，將帥輯睦，士卒樂戰，用兵其有不勝者哉？」繼進《論舉直言極諫之士》、《乞不必遠召將帥》二劄子。四月十六日，有旨以公「典藩踰年，民安盜息，寬朕憂顧，宜有褒嘉，可特轉左金紫光禄大夫」。六月，上遣中使傳宣撫問，賜夏藥兼銀合茶藥。先是，虔寇以守臣失於撫循，致已受招安人蠭起爲盜，雖官軍屢捷，賊黨甚衆。公致書宰相，以張觷材術正可任此，所以薦之者甚力。其後朝廷果命觷自鼎移守虔州，招安説諭，並令放散徒黨，赴州公參，與免罪犯。八月，諸路大旱，江、湖、淮、浙被害甚廣，公具劄子乞益修政事，以救今日之弊。大略以謂「前年江、湖、閩、浙嘗苦大旱，殍路相望。陛下軫慮之深，親灑宸翰，勸誘賑濟，其所存活不知其幾千萬人。至誠動天，報以休應，曰雨而雨，曰暘而暘，歲大豐穰，民以安樂。自經一稔之後，上下恬嬉，不復勤恤民隱，朝廷百色誅求。上供不以實數而以虛額，和糴不以本錢而以關子。絲蠶未生已督供輸，禾穀未秀已催裝發。州縣困於轉輸，文移急於星火。官吏愁歎，閭里怨咨。感動天心，旱災復作。然則陛下欲銷弭災異，導迎吉祥，不必他求，但如前日之用心，自然感召和氣，休應立臻，繼旱暵復爲豐年矣。夫今日之患，欲民力寬則軍食闕矣，欲軍儲裕則民財匱矣，二者如鐵炭之低昂，此首重則彼尾輕，非有術以權之，使斂不及民而軍食足，不可得而均也。惟陛下留神邦本，天下幸甚」。及探報酈瓊叛逆擁淮西全軍並都督行府、廬州官吏兵民等盡歸僞齊，公具奏指陳朝廷措置失當者五，深可痛惜者五，及鑑前失以圖將來者五，凡十有五事。且言：「天地之變不足爲災，人不盡言國之大患。侍從者獻納論思之官也，臺諫者耳目心腹之寄也。今侍從、臺諫以言爲職，類皆毛舉細故以塞責，所論不過薄書資格、守倅令丞除授之失當，至於國家大計，係社稷之安危、生靈之休戚者，初未嘗聞有一言及之。陛下試察，如淮西之變，侍從、臺諫之臣亦有見危納忠爲陛下言之者乎？大臣懷禄而不敢諫，小臣畏罪而不敢言，此最今日之可憂者。」仍具奏以論列淮西叛將事宜，其言指陳朝廷措置失當，但欲納忠於國，情迫言切，必有抵忤，難以復當帥守之寄，乞降旨黜責，或除一外任宫觀。九月，又具奏乞外祠，且以到任以來賑濟饑民、招填軍額、建置營房、修築城池、繕治器甲、增修官府、創蓋倉庫、催發錢糧、招捕盜賊並逐一躬親措置處畫事件，釐爲六狀繳奏。有旨以公奏陳淮西事宜切中事機，降詔獎諭。時張浚既罷相，外議皆謂車駕將幸平江，公以謂平江去建康不遠，徒有退避之名，而言者引漢武誅王恢事以爲比非是，乃復奏陳利害，大略曰：「臣切見張浚罷相，言者引漢武誅王恢事以爲比。臣恐智謀之士卷舌而不談兵，忠義之士扼腕而無所發憤，將士解體而不用命，州郡望風而無堅城，陛下將誰與立國哉？伏望陛下堅聖心而勿動，修軍政以自强，無爲趣時獻言者之所摇動。古語曰：『臨大難而不懼，聖人之勇也。』夫張浚措置失當，誠有罪矣，然其區區徇國之心有可矜者，願少寬假，以責來效。」又具奏乞宫祠。十月，被詔書不允，准告以明堂赦恩加食邑五百户，食實封三百户。時建康移蹕之謀既審，公具奏陳車駕不宜輕動利害，大略曰：「臣聞自昔用兵以成大業者，必先固人心，作士氣，據地利而不肯先退，盡人事而不肯先屈。是以楚、漢相距於滎陽、成皋間，高祖雖屢敗，不退尺寸之地；既割鴻溝，羽引而東，遂有垓下之亡。曹操、袁紹戰於官渡，操雖兵弱糧乏，荀彧止其退師；既焚紹輜重，紹引而歸，遂喪河北。由是觀之，今日之事，豈可因一叛將之故，望風怯敵，遽自退屈？果出此謀，六飛回馭之後，人情動摇，莫有固志，士氣銷縮，莫有鬭心。我退彼進，使戎馬南渡，得一邑則守一邑，得一州則守一州，得一路則守一路，亂臣賊子、黠吏姦氓從而附之，虎踞鴟張，雖欲如前日返駕還轅，復立朝廷於荆棘瓦礫之中，不可得也。借使虜騎衝突，不得已權宜避之，猶爲有説。今幸疆埸未有警急之報，兵將無不利之失，朝廷止可懲往事，修軍政，審號令，明賞刑，益務固守，而遽爲此擾擾，棄前功，蹈後患，以自趨於禍敗，豈不重可惜哉？臣故曰車駕不宜輕動，静以鎮之者也。」又具防冬畫一事件奏請，方欲俟報措置間，而以論列淮西，言及臺諫，遂犯臺諫之怒，竟以言者之故，檢會累乞宫觀奏章，提舉臨安府洞霄宫。時未有代者，徽靖康之故，且以本司積蓄財穀之數申奏。既而除端明殿學士李光爲代，公貽書具言所以措置之意。八年正月，還次長樂。是冬以王倫使事，具劄子奏陳，大略曰：「臣竊見朝廷遣王倫使金國，奉迎梓宫，往返屢矣。今倫之歸，與虜使偕，乃以『江南詔諭』爲名，不著國號而曰『江南』，不云『通問』而曰『詔諭』，此何禮也？臣請試爲陛下言之。金人毁宗社，逼二聖，而陛下應天順人，光復舊業。自我視彼，則仇讎也；自彼視我，則腹心之疾也，豈復有可和之理？然而朝廷遣使通問，冠蓋相望於道，卑詞厚幣，無所愛惜者，正以二聖在其域中，爲親屈己，不得已而然，猶有説也。至去年春，兩宫凶問既至，遣使以迎梓宫，亟往遄返，初不得其要約。今倫使事，初以奉迎梓宫爲指，而虜使之來，乃以『江南詔諭』爲名。循名責實，已自乖戾，則其所以罔朝廷而生後患者，不待詰而可知。臣在遠方，不足以知其曲

折，然以愚意料之，虜此名以遣使，其邀求大略有五：必降詔書，欲陛下屈體降禮以聽受，一也；必有赦文，欲朝廷宣布頒示郡縣，二也；必立約束，欲陛下奉藩稱臣，禀其號令，三也；必求歲賂，廣其數目，使我坐困，四也；必求割地，以江爲界，淮南、荆襄、四川盡欲得之，五也。此五者，朝廷從其一則大事去矣。金人變詐不測，貪婪無厭，縱使聽其詔令，奉藩稱臣，其志猶未已也。必繼有號召，或使親迎梓宫，或使單車入覲，或使移易將相，或改革政事，或竭取賦税，或朘削土宇。從之則無有紀極，一不從則前功盡廢，反爲兵端。以謂權時之宜，聽其邀求，可以無後悔者，非愚則誣也。使國家之勢單弱，果不足以自振，不得已而爲此，固亦無可奈何。今土宇之廣猶半天下，臣民之心戴宋不忘，與有識者謀之，尚足以有爲，豈可忘祖宗之大業、生靈之屬望，弗慮弗圖，遽自屈服，祈哀乞憐，冀延旦暮之命哉？臣願陛下特留聖意，且勿輕許，深詔羣臣，講明利害可以久長之策，擇其善者而從之。」疏奏，雖與衆論不合，上不以爲忤。嘗降玉音，謂宰執曰：「大臣當如此矣。」九年二月，除知潭州、荆湖南路安撫大使。公累具辭免，悉降詔不允。又具奏力辭，曰：「臣迂疏無周身之術，動致煩言。今者罷自江西，爲日未久，又蒙湔洗，畀以帥權。昔漢文帝聞季布賢，召之，既而罷歸，布曰：『陛下以一人譽召臣，一人毁去臣，臣恐天下有識者有以窺陛下也。』顧臣區區，進退如雙鳧隻雁之去來，何足少多，然數年之間，亟奮亟躓，上累陛下知人任使之明，實有繫於國體。」有旨以公累具奏陳，可依所請，依舊提舉臨安府洞霄宫，仍降詔示不欲重違之意。十年正月十一日，中使徐珣傳宣撫問。初，公之叔弟經博學多識，公所以期之者甚遠，不幸早世，公悼恨不能自已。適上元日，具家饌致祭，公撫几號慟，不勝手足之痛，倉卒感疾，是日薨於叔弟之居。除特進致仕，特贈少師，官其親族十人，命公之仲弟維自浙東提點刑獄移閩部，以營葬事。公命相日，合得支賜銀絹，方時艱難，國用正闕，力辭不受，至是給還及依條給賜賻贈，以爲葬事之費。三省、樞密院遣官致祭，所以存恤者甚厚。是年十二月十四日，葬於福州懷安縣桐口大家山之原。十三年，以長子儀之升朝，遇郊祀恩，贈太保。十六年，再贈太傅。公娶鄱陽張氏，故直龍圖閣，贈左金紫光禄大夫根之女，故資政殿大學士、會稽郡公黄公履之外孫，累封越國夫人，以長子進封魯國太夫人，後公十二年薨。子男八人：長曰儀之，右奉議郎，主管南外敦宗院，後公九年卒；次曰資之，右宣教郎，主管台州崇道觀，後公十一年卒；次曰集之，右通直郎，新差充福建路提點刑獄司幹辦公事；次曰潤之，早卒；次曰望之，早卒；次曰茂之，後公百餘日卒；次曰秀之，右宣義郎、新差充福建路轉運司幹辦公事；次曰申之。女七人：長早卒；次適右宣教郎、前福建路轉運司主管文字黄訥；次曰佳，早卒；次曰惠，早卒；次適右從政郎、福建路安撫司準備差遣張坦；次適進士范端贄；次許嫁右承務郎、監潭州南嶽廟常袗。孫男九人：長曰震，右承務郎、監潭州南嶽廟；次曰泰，右承務郎，後公十年卒；次曰升，右承務郎；次曰晉，右承務郎；次曰蒙，次曰同，次曰謙，次曰需，次曰頤。孫女六人：長適進士鄒煜，早卒；次適右宣義郎、通判温州軍州事吕虚己；次適進士張蒙；次適右迪功郎、新德安府司户參軍余永弼；次許嫁將仕郎傅伯高，餘尚幼。公資父事君，移孝爲忠，一心不忘所以爲天下國家者，誠意所至，是非利害，焕然明白，直道而行，無毫髮自爲心。所爲所言，合於往古，驗於方來，天下之人信之如蓍龜，仰之如太山北斗，名動夷貊，況於華夏，受知三朝，以身之用舍爲社稷生民安危。其所論列，無非天下大計，勤勤懇懇，古人所謂慟哭流涕長太息者，其事未足道也。自爲御史，一對而罷。既爲識者之所推與，至以左史論暴水遠謫閩嶠，故老前輩莫不爲之咨嗟歎服，固以任天下之重期之。去國七年，賜環未幾，虜騎果至，宛若疇昔巨浸之環都城。爰從庶僚建大策，晝長算，外捍黠敵，内釋羣疑，雖小人共朝，所以摧沮敗壞者無所不至，然而卒全都城，安宗社，使黠虜引而北歸，惟淵聖能用公於倉卒之際故也。道直則身危，功高則謗多，羣姦方以公去位爲得計，而國家之事有不可勝諱者矣。嗚呼！此天耶，其人耶！聖主嗣興，公膺爰立之拜，制書遐布，懽喜一辭。公所以爲上處畫者，規模宏遠矣。同列害成，少日竟罷，讒言巧詆，人爲寒心。惟聖主察其精忠，每躓輒起。忠言嘉謨，遇事憤發，中心精微，罔不展盡，感激深切，不復顧身，其挺挺之節如此。然且時被褒嘉之寵命，非公莫之能言，非聖主莫之能用也。與公深交，間有見其奏議者，必且爲之涕下沾襟。閒居無事，一話一言未嘗不在國家也。迨將薨謝，爲綸論天下事，且以比者奏疏爲言，悵然久之。言猶在耳，起奠叔兄，一慟而絶。嗚呼，痛心之極，豈特爲吾家也哉！昔韓魏公稱司馬温公大忠大義，充塞天地，横絶古今，但當與有志之士同有執鞭之願。使魏公尚在，覩公之所爲所守，則其所稱道將如何耶！公於諸弟友愛既篤，相知尤深，嘗有國士之稱，然而未始效世俗相推挽也。紹興七年郊祀恩，當奏子，公之子未官者三人，乃以仲兄之子琳之名聞。至叔兄不幸，悼其無子，欲以茂之爲之嗣，事有齟齬，抱恨遽終。嗚呼痛哉，可以興百世之下矣！而綸之不肖無狀，蒙公之所以愛憐者蓋蔑

以加。未朞半月，抱送幼子，殆預識去期，聞者驚歎。方先衛公無恙時，每欲於邵武置義莊以賙宗族，有志未就，公晚年乃決意成之，遠邇懽欣，非獨被惠者懷感也。公平生交游皆一時名士，其所薦進不可勝言，故有聞其名稱，初未識面，而既蒙引拔者矣。然而與其進不保其往，既而以怨報德，負公蓋多，而公未始以此怠於待士也。陳少陽平生未始識面，其慕公之誠，至爲公死，而公每以謂幽冥之間，痛此良友。若少陽與公，真不愧古人矣。若乃放意山林，昆弟朋友，把酒賦詩，談笑酬唱，動盈卷軸。每有奏議，下筆數千言，俄頃而就。蓋公平日以愛君憂國爲心，籌畫計策，胸中素定，故遇事成章如是之易也。晚於《易》尤有所得，著《易傳內篇》十卷、《外篇》十二卷，其言微妙，有深長之味，頗取卦變互體爲説，動有所稽，異於今世君子之所辨釋。又著《論語詳説》十卷，所以發明聖賢之意甚備，而文章、歌詩、奏議凡百有餘卷。其在政府帥閫，紀一時之事則有《靖康傳信録》、《奉迎録》、《建炎時政記》、《建炎進退志》、《建炎制詔表劄集》、《宣撫荆廣記》、《制置江右録》。惟公勳在王室，德在生民，至忠大節，孝誠友愛，罔不具備，雖身或不用，用或不久，其光明傑出故已如此。而薨謝有年，未克銘諸幽宮，是敢輒狀公之行事，有求於大君子。惟其文辭鄙拙，無叙次之能，不足以發揚公之盛德，不勝媿懼。謹狀。紹興二十六年六月，右奉議郎、通判洪州軍州、主管學事、賜緋魚袋弟綸狀。

雜録

備録

李幼武《四朝名臣言行録別録》卷一《李綱忠定公**》**　宣和初，六月，京師大水，公獨異之。上疏謂：「變異不虚發，必有感召之，因災害未易禦，必有消復之策。臣有已見重切利害事須面奏，乞許臣因侍立次直前奏事。」翌日，宰執班退，傳旨閤門，令公先退，更不侍立。公因奏便宜六事，且上章待罪。

七年冬，金人敗盟，朝廷日謀避狄之計，詔召勤王兵，且命皇太子爲開封牧。公與給事吴敏厚，夜過其家，曰：「事急矣，建牧之議，其留守乎？東宫恭儉，以守宗社是也，而建牧非也。臣盜猖獗，自非傳以位號，使招徠豪傑與之共守，何以克濟？公曷不爲上言之？」敏曰：「監國可乎？」公曰：「不可。唐肅宗靈武之事，當時不建號，不足以復邦，而建號之議不出於明皇，後世惜之。上聰明仁慈，儻感公言，萬一能行此，金人且將悔禍退師，宗社底寧，豈徒都城之人獲安，天下之人皆將受賜，非發忘身徇國心，孰能任此？」敏翌日求對，具道所以，且曰：「陛下能用臣言，則宗社靈長聖壽無疆。」徽廟曰：「何以言之？」敏曰：「神霄萬壽宫所謂長生大君，陛下也，必有青華帝君以助之，其兆已見於此。」徽廟感悟歎息。敏固言：「李公之論蓋與臣同。」有旨召公赴都堂稟議，公具劄子，大略謂：「皇太子監國，特國家閑暇之時典禮，如今大敵入寇，天下震動，安危存亡在呼吸間，而用平時典禮，可乎？名分不正而當大權，稟命則不威，專命則不孝，何以號召天下，率勵豪傑，期成功於萬分之一哉？胡不假皇太子以位號，使爲陛下保守宗社，收將士心，以死捍賊。如臣之計，天下可保。」仍刺臂血書之。其日，徽廟御玉華閣，先召宰執吴敏等對，至日晡時，内禪之議已決，公不復得對。次日，淵聖即位。

淵聖召公對延和殿，迎謂曰：「卿頃論水章疏，朕在東宫見之，至今猶能誦憶，嘗爲賦詩，有『秋來一鳳向南飛』之句。」公叙謝訖，奏曰：「金人先聲雖若可畏，然聞有内禪之事，勢必沮縮請和，厚有所邀求。臣料之大槩有五：一欲稱尊號如契丹故事，當法以大事小之義，不足惜；二欲得歸朝人，當盡以與之，以示大信，不足惜；三欲增歲幣，當告以舊約，以燕山、雲中歸中國，故歲幣增於大遼者兩倍，今既背約，則歲幣當減，然國家(敦)〔敦〕和好，不較財帛，姑如元數可也；四欲求犒師之物，當量以與之；五欲割疆土，則祖宗之地子孫當以死守，不可以尺寸與人。願陛下留神於此數者，執之堅確，毋爲浮議所摇，可無後艱。」并陳所以禦敵固守之策，上皆嘉納之，除兵部侍郎。

靖康丙午，斡离不陷濬州。上皇如南京，白時中請上出狩襄、定。時從官以言邊事者，皆非時賜對。公爲兵侍，待班延和殿下，語知閤門朱孝莊曰：「有急切公事，欲與宰執廷辨。」孝莊即具奏，詔引公立於執政之末。因奏曰：「聞諸道路，宰執欲奉陛下出狩避狄，果有之，宗社危矣！且道君皇帝以宗社之故傳位陛下，今捨之而去，可乎？」上默然，時中曰：「都城豈可以守？」公曰：「天下城池，豈復有如都城者？且宗廟社稷、百官萬民所在，捨此將何之？若能率勵將士，慰安民心，豈有不可守之理！」時内侍陳良弼領京城所，自内殿出，奏曰：

「京城樓櫓創修，百未及一二，又城東樊家岡一帶，濠水淺狹，決難保守。願詳議之。」上命公同蔡懋及良弼往觀東壁，而御延和殿俟之。公回曰：「城堅且高，樓櫓誠未備，然所以守不在此。樊家岡雖淺，可以勁兵強弩據也。」上曰：「誰可將者？」時中曰：「非李綱莫能戰。」公曰：「陛下命臣治兵，願以死報。」上即除公右丞，命公留守。內侍王孝竭奏曰：「中宮國公已行。」上曰：「朕欲親往陝西治兵，決不可留此。」公以死請會燕、越二王至，亦以固守爲然，乃俾中使追還中宮國公。上顧謂公曰：「治兵禦寇，專以委卿。」中夜，上諭宰執，又欲詰旦決行。是日質明，公入朝，見禁衛擐甲矣，公厲曰：「汝等願守乎？願從幸乎？」皆呼曰：「願死守。」公入見曰：「六軍之情，彼父母妻子在都城，豈肯捨去，萬一中道散歸，陛下誰與爲衛？且虜騎已逼，彼以健馬疾追，何以禦之？」上悟，始命輟行，以公爲親征行營使。

斡离不犯京師，攻城不克，乃遣王汭偕李鄴來。鄴先使其軍求和。汭見上倨甚，李邦彥等專主和，惟公言擊之便，上是邦彥計。虜尋攻通天、景陽門甚急，公督將士拒之。又攻陳橋、封丘、衛州門，公登城督戰，自卯至申，殺賊數千，乃退。何灌出戰。死之，未幾，馬忠以京西兵敗虜于順天門外。於是，王師稍振。

李梲、鄭望之使虜，斡离不需犒師之物，金五百萬兩，銀五千萬兩，牛馬萬頭，表段百萬匹，欲尊其主爲伯父，歸燕雲之人在漢者，割中山、太原、河間三鎮之地，且欲宰相、親王爲質，乃退師。出事目一紙，付梲達朝廷。尋乃以書付蕭三寶奴、耶律忠。王汭與梲來，詔以皇弟康王爲軍前計謀使，張邦昌副之，李鄴、高世則齎誓書俱行。時公力爭，以尊稱及歸朝官固無害，犒師金帛太多，當量與之，三鎮不可割，至於遣使，即宰相當往，親王不當往。今莫若擇使與之熟議，彼以孤軍入重地，勢不能久留。」宰相皆謂都城破在朝夕，尚何有三鎮，而金幣之數又不足較。上默然，公求去，上曰：「卿等出治兵固守，恐金人款我也。」於是，朝廷以誓書往，所求皆與之，公留三鎮詔書不遣。

時已議和，种師道等勤王之師並集，西將兵師日至，上意方壯，赫然有用兵之意。公贊上曰：「《易》謙之上六，稱利用師征邑國；師之上六，稱開國承家小人勿用。蓋謙之極，非利用行師，不足以濟功；師之成，非戒用小人，不足以保治。今陛下之於金人，屈己講好，其謙極矣，而金人貪婪無厭，兇悖愈甚，其勢非用兵不可。然功成之後，願陛下以用小人爲戒而已。使金人有所懲創，不敢有窺中國之心，當數十年無夷狄之禍。不然，一日縱狄，數世之患，憂未艾也。」

勤王兵既至，姚平仲率萬人夜刼虜寨，反爲所敗而還，公率行營左右軍又與虜戰。於是，宰相、臺諫交言西兵及行營司兵爲虜所殲，上大驚，有詔不得進兵，廢親征行營司，罷公以謝虜也，以蔡懋爲京城守禦使。虜使復來，遣宇文虛中齎公所留割三鎮詔書以往。太學生陳東及都人數萬人伏闕，言李邦彥等疾綱，恐其成功，罷綱正墮虜計，幸復綱及种師道舊職。會邦彥入朝，乃數其罪而罵，且欲毆之，檛登聞鼓，山呼震地。耿南仲亟入奏。開封尹王時雍麾之不去。殿帥王宗濋恐生變，奏上勉從之。於是遣南仲號於衆曰：「已得旨，宣綱矣。」內侍朱拱之宣公未到，而後發之使先至，衆取拱之臠而磔之，并內侍數十擘裂無遺體。領開封府聶山出諭，乃皆相率聽命。公惶懼入對，泣拜請死。上即復公右丞，充京城守禦使，而罷蔡懋，衆遂散去。

虜之退也，師道請臨河要擊之。公亦謂金人不過六萬，吾勤王之師二十餘萬，今莫若扼關津，絕糧道，且禁其抄掠，吾堅壁勿戰，俟其疲乏，然後以將帥檄取誓書，復三鎮，縱其半渡而後擊之，此必勝之道也。並不從，公乃請遣大兵用澶淵故事護送之，乃命姚古、种師中、折彥質、范瓊等領兵十餘萬數道並進，且戒度便利可擊則擊之。李邦彥奏，「立大旗於河東北，有擅出兵者，依軍法。」公尋奏曰：「秋高馬肥，虜必再至，以責前約。今宜飭武備，修邊防。」於是爲上條具備邊禦敵者凡八事。一謂太原、真定、中山、河間如唐建爲藩鎮，又宜分濱、棣、德博、橫海軍爲一道，如諸鎮之制。二謂兩河保甲，今宜遣使團結訓練。三謂復祖宗三十六監牧馬之制，權時之宜，則括天下馬，量給其直。四謂河北塘濼，東距海西，抵廣信、安肅，所以限隔胡騎，比年隄防弛壞，又自安肅、廣信以抵西山地，低下處可益增廣，高仰處即開乾濠及陷馬坑之類，宜遣使督治之。五謂兩河州縣城池多圮塞，宜徧修治，近京四輔郡諸畿邑，皆當築城，措置樓櫓之屬。六謂兩河州縣經殘破去處，宜優免租賦，以振卹之。七謂河東諸州，以儲峙糴買糧草爲急，宜復祖宗加擡糧草鈔法，一以見緡走商賈，而實塞下。八願復祖宗陝西解鹽舊制，以慰關陝兵民之心。上俾宰執計議其間，所論異同，公力爭之，不能得。

自公建議盡遣城下兵追斡离不之師，及於邢、趙間，相去二十餘里，金人懼，其行甚速。至是，澤州奏，粘罕兵次高平。執政懼，密啓於上，以御前金字牌追兵還甚速。公力爭於上前，得旨復遣，而諸將還已數程矣。再進，猶及金人於滹沱河，然將士知朝論二三，悉解體，不復邀擊，第遥護之而已。

詔公奉迎上皇於南京。公至，道君曰：「虜既退師，方渡河時何不邀擊？」公曰：「朝廷以肅邸在軍中，故不許。」道君曰：「宗社計，豈復論此。」語既浹洽，乃曰：「行宫止遞角等三事，止緣都城被圍，恐金人知我所在，非有他也。」公因奏：「皇帝仁孝小心，惟恐一有不當。大敵入寇，政事不無小更，今宗社無虞，陛下回鑾，勿問細故可也。」道君曰：「朕已釋然矣。」因出玉帶以賜公。（道君初渡江，吴敏、耿南仲夕撼於上前，謂童貫等將邀道君復辟於鎮江，或陳唐明皇與我劒南一路自奉之語。上憂且疑，遣宋唤賫書至行宫，具言思奉晨昏之意，道君喜即還，又批令吴敏、李綱二人前來，遂詔公行。）

初朝廷聞种師中敗，師道又以老病告歸，乃别議選宣諭使代師道領兵再援太原。耿南仲謂：「用兵無益，宜割三鎮以賂之。」公奏：「祖宗之地不可棄割之，徒資敵勢，生靈陷於夷狄，豈爲民父母之道哉！」上從公議，爲再援之計。南仲等以公堅執用兵，乃曰：「方今欲援太原，非綱不可，宜以綱爲宣撫使。」上欲用公，召對睿思殿，公自陳書生，兵非所長，今爲大帥，恐不勝任。上不許，即命尚書省出敕，令面受。公奏曰：「借使臣爲陛下行，須擇日受敕，今拜大將如呼小兒，可乎？」上乃許别日受敕。公退，即移疾入劄子乞致仕，力陳所以不可爲大帥，且云：「此必有建議不容臣於朝者。」章十餘上，輒批答不允。

上録《裴度傳》賜公，公入劄子言：「諸葛亮《出師表》謂，親賢臣，遠小人，此先漢之所以興隆也，親小人，遠賢臣，此後漢之所以傾頽也。夫君子、小人於用兵之間若不相及，而亮深以爲言者，誠以寇攘外患有可掃除，而小人在朝蠹害本根，寖長難去，其患有不可勝言者。是以吉甫贊周以北伐，必有孝友之張仲；裴度相唐以東討，必去奸邪之元稹。用能成功，君子小人之不兩立，從古已然。臣觀陛下嗣位之初，適遭金人入寇，宵旰憂勤，勵精圖治，雖古帝王無以遠過。然君子、小人尚猶混淆於朝，翕訿成風，殊未退聽，謂宜留神照察，在於攘却戎狄之先。朝廷既正君子道長，則所以扞禦外患者有不難也。今取裴度論元稹、魏洪簡章疏，節其要語，輒塵天聽。」上優詔答之。

宣撫司得兵三萬人，公以二萬人分爲五軍。時勝捷兵叛於河北，遣左軍往招撫之，又遣右軍屬劉韐。時韐除宣撫副使，乃唐恪所薦，公初不知，又以解潛爲制置副使，代姚古，以折彦質爲河東勾當公事，與潛治兵於隆德府。宣撫司兵凡萬二千人，公請銀絹錢於朝廷各百萬，才得二十萬。期以六月二十二日啓行，而庶事皆未辦集。乞量展行期，上批曰：「遷延不行，豈非拒命？」公惶懼入劄子，辨所以未可以行者，且曰：「陛下前以臣爲專擅，今以臣爲拒命，方遣大帥解重圍，而專權拒命之人爲之可乎？願併罷樞密之任。」因以尚書右丞知樞密宣撫使告敕繳納，上封還，遣使趣召數四，公入見具陳所以爲人中傷，致上聽不能無惑者，秖以士庶伏闕事，今奉命出使，無緣復望清光。上驚曰：「卿只爲朕巡邊，便可還。」公曰：「臣之此行，豈有復還之理。昔范仲淹自參政宣撫西邊，過鄭州，見吕夷簡，語暫出之意。夷簡曰：『參政豈可復還？』其後果然。今臣以愚直不容於朝，使既行之後，無沮難、無讒謗、無錢糧不足之患，則進而死敵，臣之願也。萬一朝廷執議不堅，臣自度不能有所爲，即須告陛下求代罷去，陛下亦宜察臣孤忠，以全君臣之義。」上頗感動，乃以二十五日戒行。前期錫宴紫宸殿，及行，又賜御筵於瓊林苑，勞問甚渥。

公先具奏，略云：「今日之事，莫大於防秋，莫急於解太原之圍，獻説者不過和戰二策而已。金人留吾親王、宰相以爲質，屯重兵於太原已半年矣，使者旁午，欲得三鎮之意愈堅，和果可恃乎？种師中、姚古以十萬之師相繼潰散，戰果可必勝乎？和不可恃，則秋高馬肥，賊騎侵軼，議者必以臣今日出師爲致寇之端。戰不可必勝，則萬一將士或復有衂，必又以臣爲輕舉誤國。不知陛下睿算與廟堂之謀，所以授臣使防秋而解太原之圍者，當決以何策而可也？前日和議割三鎮之説，至今爲梗，今日之謀，儻或更有差誤，則天下之勢有不可勝慮者矣。願陛下及臣在廷與五六大臣熟議決策，特降親筆，俾臣遵行。」

公七月初抵河陽，入劄子言：「汜水關、西都、河陽皆形勢之地，城壁頽圮，當亟修治，今雖晚，然併力爲之，尚可及也。」又因望拜諸陵具奏曰：「臣總師道出鞏洛，望拜陵寢，潸然流涕。恭惟祖宗創業，守成垂二百年，聖聖傳授，以至陛下。適丁艱難之秋，戎狄内侵，中國勢弱，此誠陛下嘗膽思報，厲精求治之日。願深考祖宗之法，一一推行之，進君子，退小人，無以利口善諭言爲足信，無以小有才未聞君子之大道爲足使，益固邦本，以圖中興。上以慰九廟之靈，下以爲億兆蒼生之所依賴，天下幸甚！」公初陛辭日，爲上道聶山、唐恪之爲人，陛下信任之篤，且誤國。於此申言之。上批答有「銘記于懷」之語。

公留河陽十餘日，練士卒，修整器甲之屬，進次懷州。自出師後，禁士卒不得擾民，有掇奪婦人釵子者，立斬以徇，拾遺棄物，決脊黥配，逃亡捕獲者皆斬。以故軍律頗肅，無敢犯者。

公嘗謂，步不勝騎，騎不勝車，金人以鐵騎奔衝，非車不能制之。有張行中

者，獻戰車制度：兩竿雙輪，前施籠籬，運轉輕捷。每車用甲士二十五人，執弓弩槍牌之屬，以輔翼之。結陣以行，鐵騎遇之，皆靡。造千餘兩，日肄習之，俟防秋之兵集，以謀大舉。而朝廷降旨，凡詔旨所起之兵悉罷減之。公上疏力爭，大略曰：「今河北之寇雖退，而中山、河間之地不割，賊馬出没，並邊諸郡寨栅相連，兵不少休。太原之圍未解，而河東之勢危甚，旁近縣鎮皆爲賊兵占據。秋高馬肥，虜騎憑陵，決須深入，以責三鎮之約及金帛之餘數。儻非起天下之兵解太原之圍，防託河北，則必復有今春之警，宗社安危殆未可知。臣爲陛下措置，降詔書以團結諸路防秋之兵，大約不過十餘萬人，而欲分布沿邊，河北雄、霸二十餘郡，中山、河間、真定、大名、横海五帥府，腹中十餘州軍，沿河一帶控扼地分，翊衛王室，隄防海道。其甚急者，解圍太原，收復忻、代，以扞金人、夏人連兵入寇。不知此十數萬之衆一一皆到，果能足用而無賊馬渡河之警乎？今臣被命出使，去清光之日未幾，朝廷已盡改前日詔書調兵防秋之計，所團結之兵能去太半，不知金人聚兵兩路入寇，將何以支吾？而朝廷何恃不留意於此也？今兩河州郡日告危急，乞兵而半年以來未有一人一騎可以副其求者，防秋之兵甫集，又皆遣罷，不知此何理也？」竟不報。公遣解潛等分屯，皆去太原五驛，公兵未進，而潛等兵皆遇賊而敗。公力丐罷，有言公十罪，遂責授節副，安置夔州。

高宗即位，以右僕射召公赴闕。汪伯彦、黄潛善自謂有攀附之勞，虚相位以自擬，及自外召公，二人由此與公忤。公行至太平州，上疏曰：「恭儉者，人主之常德；英哲者，人主之全才。繼體守文之君，則恭儉優於天下，至於興衰撥亂之主，則非英哲不足以當之。惟其英，故用心剛，足以斷大事，而不爲小故之所摇，惟其哲，故見善明，足以任君子，而不爲小人之所間。」

上之相公也，顔岐言：「邦昌爲金人所喜，雖已位三公，宜增其禮；綱爲金人所惡，宜置閑地。」及公入見，首言：「陛下用臣爲相，而外廷之論如此，臣願歸田里。至如命相，於金人喜惡之間，更望聖心審處。」上曰：「顔岐嘗有此言，朕告之以如朕之立，恐亦非金人所喜者，岐語塞。」公乃赴堂治事。

公上十議，一議國是。謂今日欲戰則不足，欲和則不可。竊恐國論猶主和議，以非和則速二聖之禍。臣竊謂，漢太公爲項羽所得，高祖不顧，其戰彌厲，羽卒不敢言，而還太公。然則不顧其親而戰者，乃所以還太公也。昔金人與契丹二十餘戰，戰必割地厚賂以講和，既和則又求釁以戰。今又以和惑中國，至於破都城，隳宗社，易姓改號，而朝廷猶以和議爲然，是將以天下畀之敵而後已。爲今之計，莫若罷和議，專務自守，建藩鎮於要害之地，置帥府於大河及江淮之南，修城壁，治器械，教水軍，習車戰。三數年間，軍政益修，然後大舉以討之，報不共戴天之讎，雪振古所無之恥。彼知中國自强如此，豈徒不敢肆兇，而二聖有可還之理矣。於今日法勾踐嘗膽之志則可法，其卑辭厚賂則不可。二議巡幸，關中爲上，襄陽、建康次之。三議赦令，不當以張邦昌僞赦爲法。四議僭逆，謂邦昌宜正典刑。五議僞命，謂宜依唐肅宗以六等定罪。六議戰，謂宜一新軍政。七議守，謂沿河沿淮沿江宜控扼其衝。八議本政，謂朝廷天下之本也，政出於一，則朝廷尊，而天下安；政出於二三，則朝廷卑，而天下危。天下之安危，係於朝廷之尊卑，朝廷之尊卑，係於宰相之賢否，與夫人主聽任之重輕，其可忽乎？唐李德裕相武宗，即上言曰：「宰相非其人，當亟廢罷，至天下之政，則不可不歸中書。」武宗聽之，故能削平僭叛，號爲中興。然則於艱難多故之秋，所以出政者，尤不可不一也。自崇、觀以來，政出多門，閹宦恩倖，女寵皆得以干與，朝政所謂宰相者，保身固寵，不敢言，遂失其職，法度廢弛，馴致靖康之禍。願陛下深思天下安危之本，察德裕之言，而法武宗之任人鑒崇、觀之失，以刷靖康之大恥，宗社生靈不勝幸甚！九議久任，謂宜擇大臣責其成功。十議修德，謂上當益修德，以感天人之心。

上諭宰執，令置登聞檢鼓院，以通下情。至是，公言：「今日中興規模，有後先之序。當修軍政，變士風，裕邦財，寬民力，改弊法，省冗費，誠號令，信賞罰，擇帥臣，選監司。使吾政事已修，然後可議興師。而所急者，當先理河北、河東。蓋兩路國之屏蔽，今河北惟失真定等四郡，河東惟失太原等六郡，其餘皆在，推其士豪爲首，多者數萬，少者數千，不早遣使慰之，臣恐久之食盡援兵不至，即爲金人用矣。謂宜於河北置招撫司，河東置經制司，擇有才者爲使，以宣德意，有能保一郡者，寵以使名，如唐方鎮，俾自爲守，則無北顧之憂矣。」上曰：「誰可任此者？」公因薦張所、王瓌、傅亮，乃以所爲河北招撫使，瓌爲河東經制使，亮副之，皆賜錢鈔三百萬緡市軍需。因遣使臣賫夏藥，徧賜兩河守臣及將佐，且命起京東夏税絹於北京，川綱河東衣絹於永興軍，以待支俵。於是人情翕然，蠟書日至，應募者甚衆。及潛善並相，張所言乞置司北京，俟措置就緒即渡河。而權北京留守張益謙奏，以爲招撫不當置司北京。亮亦言經制司兵才萬人，河外皆虜界，乞權置司陝府。潛善頗沮所，又以兵少，不如勿遣，罷之。公言：「潛善力沮二人，乃所以沮臣，使不安職，臣每鑒靖康大臣不和之失，凡事必與潛善等議而

後行，不謂彼乃設心如此。」

公嘗請減上供之數，以寬州縣；修鹽茶之法，以通商賈；劄東南官田，募民給佃；倣陝西弓箭手法，寓兵于農；籍陝西保甲、京東西弓箭社，免支移折變，而官爲教閱。會公去位，皆不果行。已而亮以母病歸同州，所亦以罪貶，招撫、經制司皆廢矣。

公每留身奏事，多所規益。內侍石如岡素凶悍，淵聖斥之，上嘗召如岡，公諫而止。又論開封府封臂買童女，及待遇諸將恩數宜均一，上皆嘉納之。

初，潛善等白遣傅雱爲祈請使，未行，朝論遣重臣以取信，改命周望爲通問使。未行，公爲上言：「今日內修政事，外攘夷狄，使國勢日强，則二聖不俟迎請而自歸。不然，雖冠蓋相望，卑辭厚幣，終恐無益。今所遣使，但當奉表兩宮，致思慕之意可也。」上乃命公草二帝表，付雱以行，因獻二帝衣各一襲，且致書于粘罕。

公上三議，一募兵，二買馬，三募民出財助軍費。且言：「熙、豐間內外禁旅五十九萬，今禁旅單弱，何以捍强敵而鎮四方？故莫若取財於東南，募師於西北，若得數萬付諸將，以時練之，不久皆成精兵。此最爲急務。」於是，詔陝西、河北各募三萬，京東、河東各募二萬，合爲十萬，仍創驍勝、壯捷、忠勇、義成、龍武、虎威、折衝、果毅、定難、靖邊，凡十號，每號四軍，每軍二千五百人。又請以車制頒於京東、西路，使製造而教習之，其法即張行中所創也。

時羣盜祝靖之徒，皆招安赴行在。公言：「今日盜賊正當因其力而用之，如銅馬、緑林、黃巾之比，然不移其部曲則易叛，而徙之則致疑。正當以術制之，使由而不知。」乃命御營司委官分揀，凡潰兵之願歸營與良農之願，歸業者，皆聽之，所發至數萬，又擇其老弱者縱之，其他以新法團結，擇人爲部隊將及統制官，而其首領皆命以官，分隸諸將。由是無叛去者，獨李昱、杜用、丁順等皆不可招，公以爲專事招安則彼無所憚，勢難遽平，乃白遣王淵等分討之。

公言：「艱難之際，賦入狹而用度增，當內自朝廷，外至監司、州縣，皆省冗員，以節浮費。」上乃命中書省條具。

公入朝月餘，邊防、軍政已略就緒，獨車駕行幸未有定所。公間爲上言，今縱未能入關，猶當適襄、鄧，以示不忘中原之意，選任將帥，控扼要害，使今冬無虞，車駕還闕，天下之勢遂定。而近議紛紜，謂陛下將幸東南，果然，恐中原非復我有。」上曰：「但欲奉迎太后及六宮往東南耳。朕當與卿等留中原。」公再拜賀，因乞降詔，上乃命公草詔頒行兩京焉。

汪、黃欲奉上，幸東南，上遂手詔：「京師未可往，當巡幸東南。」公留之，極論其不可，因言今縱未能幸關中，當駐襄、鄧以係天下心，乃詔委守臣修繕鄧州城隍，又降鹽鈔錢帛，令漕臣儲糧草，又命江湖綱運，由襄漢通漕，并四川轉輕貨，自歸、峽以輸于鄧。上雖用公議營南陽，而朝臣多附汪、黃東南之議，多以爲不可。

初，公論圍城中受僞命者，上曰：「國家顛覆，士大夫不聞死節，往往因以爲利，如余大鈞、洪芻誘宮嬪爲妾，王及之坐蕃衍宅門，詬諸王，卿知否？」公曰：「見鞫之，必得其情。」公又曰：「靖康之禍，吴幵、莫儔、王時雍、徐秉哲皆奉金人指，立張邦昌，及捕宗室戚里，又受僞命爲執政，此爲罪首。」秉哲先已散官安置，乃貶時雍、幵、儔，並安置。

公舊爲起居舍人，論京城水災，謫沙縣監税，遂與邑人鴻臚主簿鄧肅尤相善。宣和間肅進花石綱詩得名，靖康間被召得官，京城破，遂入傅亮軍，至是，爲右正言，首論在圍城中叛臣之上者，其惡有五，乞寘之嶺外，次者其惡有三，乞於遠小處編管。

侍御張浚與宋齊愈素善，知齊愈死非其罪，（齊愈在圍城中自外至會議所，寫「張邦昌」三字。御史臺鞫之，賜死。或言齊愈論公不已，公以危法中之。）謂上初即位，而綱以私意殺侍從，典刑不當，乃首陳公罪而罷之。浚章不下，潛善密以付朱勝非行詞，公相凡七十五日。鄧肅言：「陛下召李綱於貶所，而任以台衡，待之非不專也。綱學雖正而術踈，謀雖深而機淺。陛下嘗顧臣曰：『李綱真以身徇國者。』今日罷之，其責詞甚嚴，臣所以疑也。既非臺章，又非諫疏，不知遣詞者何所據而言？且兩河百姓雖願效死，而數月間茫無適從，及綱措置，不一月而兵民稍集。又僞楚之臣，紛紛皆宦于朝，綱先逐邦昌，而叛黨稍正其罪。今綱去，則二事將如何哉？兩河無兵則夷狄橫，叛臣在朝則政事乖。綱於此不可謂無一日之長也。」肅尋與郡。右丞許翰因求去，且力言綱忠義英發，非綱，無可與建中興之業者，今綱罷，而留臣無益。

初，上聞太學生陳東名，召赴行在。東至，上疏論潛善、伯彥不可任，李綱不可去。且請上還汴，治兵親征，迎請二帝。言切直，凡三上，潛善憾之，欲以伏闕事中東，然未有間也。會撫州進士歐陽澈亦上書，極詆用事者，其間有及宮禁燕樂事。上語大臣，以澈言不審，潛善乘是密啓誅澈，併以及東，遂皆坐誅。

浚再疏，論綱罪狀不已，竄鄂州居住。中丞王綯劾綱靖康中要功刼寨，結衆伏闕，覆師太原，凡三罪，請竄之嶺海。移萬安軍。

虜陷揚州等處，潛善建陳，欲罪公以謝虜。乃大赦，惟李綱不赦。紹興初，胡安國上《時政論》，有曰：「陛下自初即位，思建中興，而將相大臣汪、黄等不能奉承，乃變亂名實，顛倒是非，以上惑朝聽，維揚奔潰，無所歸咎，恐陛下討其誤國之罪，復指結余覩殺邦昌爲致寇之由，特下赦音，元惡大憝皆得洗滌，而李綱獨不與焉。此雖假借朝廷詔令行之，安能掩天下之公論乎！」

建盜范汝爲竄回源洞自殺，餘黨走邵武，韓世忠遣將擊之。初，世忠疑城中人皆附賊，欲盡殺之。至福州，見公，公謂曰：「建城百姓多無辜。」世忠受教，故民得全活。及師還，父老送之，請爲建生祠，世忠曰：「活爾曹者李相公也。」

公爲湖廣宣撫使兼判潭州，行至衡陽，招降曹成及馬友之將步諒。尋入潭，漸易置權攝官，禁擅科率者。又遣郝政降潰將王進於湘鄉，吴錫擒王俊於邵陽，自是，湖南境内潰兵爲盗者悉平。惟楊么據洞庭，文榜指斥，言詞不遜。公命諸將分屯以備之。湖南無水軍，公乃拘集沿江綱魚户，得三千人，屯潭州，言于朝，乞兵討蕩。

公嘗言，荆湖之地自昔號爲用武之國，今朝廷保有東南，制御西北，當於鼎、澧、荆鄂皆宿重兵，使與四川、襄漢相接，乃有恢復中原之漸。

虜、僞分道入寇，上詔親征。公上疏陳禦賊之策，大略謂：僞齊悉兵東下，其境内必虚，宜擣潁昌，出其不意，則必還以自救，此爲上策。召上流之兵，沿江而下，以助軍勢，此爲中策。萬一借親征之名，爲順動之計，此下策也。上曰：「綱去國數年，無一字到朝廷。今豈非以朕總師親臨，合綱之意。」命降詔奬之。

初，張浚謫居福州，而公亦在福，浚與公會，既除舊隙，遂相厚善。至浚相，數於上前言其忠。未幾，起公知洪州兼江南安撫制置大使。趙鼎嘗爲公辟客，亦爲上言，綱才器過人，故有是命。公辭，上手書諭之，有曰：「朕之用卿審矣，卿宜以安社稷爲己任，勿問中外，勉爲朕行，不必數有請也。」公請過闕入覲，上許之。

公入覲，上疏十六，其論中興及金人失信，襄陽形勝與和戰、朋黨五事，皆利害之大者。上嘉勞久之。又上疏言：「今日主兵者之失，大略有四：兵貴精不貴多，多而不精，反以爲累。陣貴分合，合而不能分，分而不能合，皆非善置陣者。朝廷近來措置恢復，有未盡善者五，有宜預備者三，有當善後者二。今降官告、給度牒、賣户帖、理積欠，以至折帛博糴、預借和買，名雖不同，其取於民則一，而不能生財節用，覈實懋遷，一也。議者欲因糧於敵，而不知官軍抄掠甚於寇盜，恐失民心，二也。金人專以鐵騎勝，而吾不務求以制之者，三也。今朝廷與諸路之兵盡付諸將，外重内輕，四也。兵家之事行詭道，今以世忠、岳飛爲京東、西宣撫，未有其實，而以先聲臨之，五也。且中軍既行，宿衛軍弱，肘腋之變，不可不虞，則行在當預備。江南荆湖之衆盡出敵，或乘間擣虚，則上流當預備。海道去京東不遠，乘風而來，一日千里，而蘇、秀、明、越全無水軍，則海道當預備。假使異時王師能復京東、西地，則當屯以何兵，守以何將，金人來援，何以待之？萬一不能保，則兩路生靈虚就屠戮，而兩河之民絶望於本朝。勝猶如此，當益思善後之計。」

又言：「今日之事莫利於營田，然淮南兵革、江湖旱災之餘，民力不給，宜令淮南襄、漢宣撫諸使，各置招納司，以招納京東西、河南北流移之民，明出榜文，厚加撫諭，撥田土，給牛具，貸種糧，使之耕鑿。許江湖諸路，於地狹人稠地分，自行招誘。而軍中人兵願耕者聽。則人力可用矣。初年租課盡畀佃户，方耕種時，仍以錢糧給之，秋成之後，官爲糴買，次年始收其三分之一，二年後乃收其半，罷給錢糧。此其大槩也。

上詔前宰執以攻戰之利、備禦之宜、措置之方、綏懷之略，令悉條上。於是，公言：「備禦之宜則當料理荆襄淮甸，以爲藩籬。當於淮南東西及荆襄置三大帥，屯重兵，徐議營田，使之贍養。攻戰之利，當責諸路大帥分路收復。措置之方，則願駐建康。綏懷之略，則願先自强。」又曰：「近年羣臣之誤陛下，其説有二：間暇則以和議爲得計，而以治兵爲失策；倉卒則以退避爲愛君，而以進禦爲誤國。萬口和之，牢不可破。累年以來，冠蓋相望，而初不得其要領，翠華蒙犯，而尚未有所定居。上下苟且偷安，而不爲長久之計。大運有開，天啓宸衷，悟前日和議之失，而躬總六師；懲前日退避之非，而親臨大敵。逆臣悍虜，數十萬衆，飲馬江干，雖未能掃蕩邀擊，而天威所臨，亦足以使之震怖，不敢南渡矣。」且條上六事，一曰信任輔弼，二曰公選人材，三曰變革士風，四曰愛惜日力，五曰務盡人情，六曰寅畏天戒。其略謂：士風尤薄，陛下得張浚付以西事，浚以忠議許國，雖失機會，不爲無過，而言者繩以大惡。賴浚有浴日之功，足以結知，又有大臣爲之辨，得自洗濯。不然，何以雪哉！夫朝廷設耳目之官，固許風聞，若言而無實，是誣人之罪。願降明詔，以戒士風，使變而從厚，則中興之業不難致矣。

趙鼎、秦檜協議移蹕臨安，公在江西聞之，上疏諫。大略謂：自昔用兵以成大業者，必先固人心，作士氣，據地利，而不肯先退，盡人事，而不肯先屈。今豈可因一叛將之故，望風怯敵，遽自退屈？果出此謀，恐六飛回馭之後，人情動揺，莫有固志，士氣消縮，莫有鬬心。我退彼進，使賊馬南渡，亂臣附之，虎踞鴟張，雖欲如前日復立朝廷於荆棘瓦礫中，不可得也。既又具防冬畫一事件言之，遂忤當路意。時江西大旱，而公課民修城，民不以爲便。臺諫交章論之，命奉祠，公自是不復出矣。

公在宫觀，上疏，略曰：竊見王倫歸與虜使偕，乃以「詔諭江南」爲名，不著國號，而曰「江南」，不云「通問」，而曰詔諭，此何禮也！以愚料之，虜爲此名，其邀求大略有五：必降詔書，欲陛下屈體降禮以聽受，一也；必有赦文，欲朝廷宣布放示郡縣，二也；必立約束，欲陛下奉藩稱臣禀其號令，三也；必求我賂，廣其數目，使我坐困，四也；必求割地，以江南爲界，淮南、荆襄、四川盡欲得之，五也。此五者，從其一，大事去矣。縱欲聽其詔令、奉藩稱臣，其志猶未已也，必繼有號召，或使單車入覲，或使親迎梓宫，或使移易將相，或使改革政事，或蠲取賦税，或朘削土宇，從之，則無有紀極。一不從，則前功盡廢，反爲兵端矣。

舊制，御膳進一百二十器，淵聖減作四十器，上即祚，又加裁省，其後早晚共止一羊，不過數品。巡幸東南，駐蹕郡廨，兵火之後，屋宇闕陋，雖久駐亦不增葺。中宫未還，妃嬪有名位者才二三人，其餘宫嬪并有職掌者，通不及百人。而三丞相則不然，李綱私藏過於國帑，乃自厚奉養，侍妾、歌僮衣服飲食極於美麗，每享客殺饌必至百品，遇出則厨傳數十檐。其居福州也，張浚被召，贐行一百二十合，合以朱漆銀鏤粧飾，様致如一，皆其宅庫所有也。吕頤浩喜酒色，侍妾十數，夜必縱飲。前户部侍郎韓梠家畜三妾，俱有殊色，名聞一時。梠死，諸大將以厚賂取，吕用數千緡得一人，號「三孺人」，大寵嬖之，初則專預外事，公然交通韓氏，中外因以媒進。時吕已六七十歲矣。趙鼎起於白屋，有朴野之狀，一旦拜相，驟爲驕侈，别起大堂，奇花嘉木，環植周圍，堂之四隅各設大爐，爲異香數種，每坐堂中，則四爐焚香，煙氣氤氳，合於坐上，謂之「香雲」。又艱難以來，堂饌菲薄，鼎增厚十倍，日有會集，侍從將帥，下逮省寺官，日費香直數十緡，酒饌尚不計也。其後鼎坐臺疏，落職守泉，累章數千言，而乾没都督錢十七萬緡，竊用激賞庫錢七十餘萬緡，奄有臨安府什物三千餘件，乃章中一事。命下，人皆謂鼎必辨，而不辨也。

朱文公熹序公奏藁後曰：「嗚呼！天之愛人可謂甚矣！惟其感於人事之變，而迫於氣數，屈伸消息之不齊，是以天下不能常治常安，而或至於亂。然及其亂也，亦未嘗不爲之預出能弭是亂之人，以擬其後。蓋將以使夫生民之類，不至於糜爛泯没靡有孑遺，而爲之君者，猶有所恃賴憑依，以保其國，是則古今事變之所同。然而，天之所以爲天者，其心固如此也。嗚呼！若宣和、靖康之變，吾有以知其非天心之所欲，而一時人物，若故丞相者，其所謂能弭是亂之人非耶？蓋聞政、宣之際，國家隆盛極矣，而都城一日大水猝至，舉朝相顧，莫有敢以變異爲言，公獨知其必有夷狄兵戎之禍，上疏極言，冀有以消弭於未然者。不幸謫官以去，而間不七年，虜騎遂薄都城。公於此時，又方以眇然一介放逐之餘，出負天下山嶽萬鈞之重，首陳至策，而徽宗決内禪之計；繼發大論，而欽廟堅城守之心，任公不疑，遂却强虜。然自重圍既解，衆人之心無復遠慮，而争爲割地講和之説，以苟目前之安。公獨以爲不然，而數陳出師邀擊之可以必勝，與其得氣再入之不可以不憂。則讒間蠭起，遠謫遐荒，而不數月間，都城亦失守矣。建炎再造，首登廟堂，慨然以修政事、攘夷狄爲己任，誅僭逆，定經制，寛民力，變士風，通下情，改弊法，招兵買馬，經理財賦，分布要害，繕治城壁，建遣張所撫河北，傅亮收河東，宗澤守京城，西顧關陝，南葺樊、鄧，且將益據形便，以爲必守中原，必還二聖之計。然在位纔七十餘日，而又遭讒以去。其在紹興因事獻言，亦皆畏天恤民，自强自治之意，而深以議和退避爲非策，懇叩反復，以終其身。其言明白正大，而纖微曲折，究極事情，絶去彫飾，而變化開闔，卓犖奇偉。前後二十餘年，事變不同，而所守一説，如出於立談，指顧之間，顧嘗論之。以爲使公之言用於宣和之初，則都城必無圍迫之憂，用於靖康，則必無顛覆之禍，用於建炎，則中原必不至於淪陷，用於紹興，則旋軫舊京，汛掃陵廟，以復祖宗之宇，而卒報不共戴天之讎，其已久矣。夫豈使王業偏安於江海之澨，而尚貽吾君今日之憂哉！顧乃使之數困於庸夫孺子之口，而不得卒就其志，豈天之愛人有時，而不勝夫氣數之力；抑亦人事之感，或深或淺，而其相推相固，有以迭爲勝負之勢，而至於然歟？嗚乎，痛哉！昔蒯通每讀樂毅書，未嘗不廢書而泣，安知異時不有掩卷太息而垂涕於斯者耶！雖然，今天子方總羣策，以圖恢復之功，使是書也，得備清閒之燕，而幸有以當上心者焉。則有志之士，將不恨其不用於前日，而知天之所以生公者，真非偶然矣！」

又作《祠堂記》略曰：天下之義，莫大於君臣，其所以纏綿固結而不可解

者，是皆生於人心之本然，而非有所待於外也。然而世衰俗薄，學廢不講，則雖其中心之所固有，亦且淪胥陷溺，而爲全軀保妻子之計，以後其君者，往往接迹於當世。有能奮然拔起於其間，如公之爲人，知有君父而不知有身，知天下之有安危，而不知身之有禍，雖以讒間竄斥屢瀕九死，而其愛君憂國之志，終有不可得而奪者，亦可謂一世之偉人矣！

曰：「方南京建國時，全無紀綱，自李忠定入來，整頓一番方略，成一个朝廷模樣，如僭竊及受僞命之臣方行誅竄，死節之臣方行旌卹。然公亦以此去位矣。」

中興以來，廟堂之上，主恢復者，前有李忠定，後有張忠獻而已。（並朱子語）

徐夢莘《三朝北盟會編》卷三四　李綱、种師道既罷，李邦彦堅主割地之議，遣割地使及遣使議和。陳東發憤伏闕上書，太學生具襴鞹，會于宣德門下者數百人，同日，軍民數萬會於宣德門，同太學生伏闕，乞用李綱。是日，會虜復攻城，軍民……擊登聞鼓，遇内侍朱拱之，撕擘死，骨血無餘。又邦彦適過，軍民罵曰：「李邦彦，汝是浪子，豈能做宰相。」拾瓦礫擊之。邦彦躍馬奔入朝堂乃免。由是内侍官撕擘殺之，張道濟而下死者二十餘人。淵聖登宣德門，傳旨撫諭。開封尹王時雍以兵士數十人簇定東，又命劊子數人不離左右，主管殿前司王宗濋亦以殿前兵來往巡視。東挺身於斧鑕之間。時雍宣言曰：「太學生以布衣敢劫天子，當行誅戮。」淵聖命中使宣諭，故東得免死。百姓皆言：「金人攻城急，乞召李綱捍賊。」淵聖從之，召綱復用爲尚書右丞，盡兼舊職，仍兼提舉城壁守禦使，促登西壁。百姓見綱，皆呼曰：「右丞且與百姓爲主。」綱亦言曰：「綱已在此，即登城矣，百姓不足憂。」促歸照管老小，是日斬首亂者十餘人，移時方定。

徐夢莘《三朝北盟會編》卷四〇　虜既退，上遣兵十萬援太原，以〔李〕綱爲宣撫使，固辭不行，至以告身納榻前。上怒甚，事叵測。簽書樞密院許翰與綱皆蔡京交黨也，翰執政，綱頗有力，密書「杜郵」二字以寄綱，綱即日承命。

徐夢莘《三朝北盟會編》卷一九九　李綱，字伯紀，閩人，蔡京之子攸黨也。……張浚，〔黄〕潛善所引用，力攻綱，至貶海南軍。……至今言敗績之大者，必曰富平之役也，追還〔浚〕，薄譴，俾居福州。而綱自南遷回，亦寓是州焉。先是，綱百計求復用，富於財，交結中外而未效。及浚至，綱謂此奇貨可居，傾心結納。浚亦自云深悔前日之言，相與歡甚。紹興四年冬，劉齊、金虜合兵犯淮泗，朝廷震恐，宰相趙鼎嘗失身於僞楚，初無敢薦者，而浚獨薦於言官，鼎德之，至是乘急變召浚，復秉樞機。召命下，綱賫行百餘奩，皆珍異之物，又以論時事疏託之。浚至，即日進綱疏，起綱帥豫章，許其入覲。綱見上，盡以前朝所得書詔、犀玉帶、及家藏寶玩次第進獻，上皆不納，延留浹旬，賜厩馬金帶飲膳而已。綱既去，殊怏怏。……七年，鼎、浚争權。浚自爲有卻敵之功，興復之策，當獨任國事，諷侍從臺諫及其黨與攻鼎，出會稽。……合肥兵亂……綱意浚必敗，即條十五事，奏浚措畫之失；又貽書於浚痛詆其過，以副本傳示遠近，欲擠浚而釣奇，且示於浚不厚也。浚既貶永州，綱亦坐貶。薄及暴横貪墨而罷。鼎復相，窮治浚事，至今未已。嗚呼，勢利之交，古人羞之，其三相之謂歟！

方勺《泊宅編》卷六　李伯紀初赴舉輦下，一夕，酒渴，夢雪下，以雙袖承接，欲快啗之，細視雪片上各有女真字，殊不曉。試罷，往二相祠下求夢，夢立殿陛，少頃，簾中出三紙示之：一曰上舍登第，二曰監察御史孫宗鑑，三曰宋十相公。雖喜有成名之兆，而後二幅語叵測。宣和己亥夏，京師水溢，朝廷方以有司失隄防，劾官吏。公時爲右史在侍下，抗疏指明災異，而未敢以告。忽庭聞晝寢驚寤，呼諸子語曰：「適夢一快行家來報，云舍人被大水飄出，修撰已授崇德使。此何祥也？」公因皇恐，自敘所奏。慈顔聞之喜，但趣家人治任待命而已。明日，謫沙縣監當，踰年得自便，而修撰感疾卒，葬惠山。服闋，爲太常少卿，歲在丙午。金人犯闕，淵聖欲親征，公建議力駐乘輿，遂預大政。初，公嘗除察官，乃與宗鑑同制，今上登極，進拜上宰，以御營使撫軍，實宋十葉後。即惠山寺賜額曰崇親報德禪院云。

王應麟《困學紀聞》卷二〇　林靈素作《神霄籙》，自公卿以下，群造其廬拜受，獨李綱、傅崧卿、曾幾移疾不行。

王大成《野老記聞》　楊龜山見李伯紀責降中造宅，謂人曰：李三好，間不得。

王明清《玉照新志》卷五　靖康元年，虜人初犯京師。种師道爲宣撫使，李伯紀以右丞爲親征行營使。伯紀命大將姚平仲謀劫賊寨，數日前，行路皆知之，虜先爲備。初出師，以爲功在頃刻，令屬官方允迪爲露布。忽報失利，上震驚。於是免伯紀，師道亦罷，復建和議。汪彦章《靖康詔旨》云「方會之文」，非也。

趙彦衛《雲麓漫鈔》卷一四　紹興初，盛傳《蘇武令》詞：「塞上風高，漁陽秋早，惆悵翠華音杳。驛使空馳，征鴻歸盡，不寄雙龍消耗。念白衣金殿，除恩黄閣，未成圖報。誰信我，致主丹衷？傷時多故，未作救民方、召！調鼎爲霖，登壇

作將，燕然即須平埽。擁精兵十萬，橫行沙漠，奉迎天表。」云李丞相綱作，未知是否。

李心傳《舊聞證誤》卷三　李綱私藏過於國帑，厚自奉養，侍妾、歌僮、衣服、飲食，極於美麗。每饗客，殽饌必至百品。遇出，廚傳數十擔。其居福州也，張浚被召，綱贐行一百二十合，合以朱漆鏤銀裝飾，樣制如一，皆其宅庫所有者。出朱勝非《秀水閒居録》。按：李、張二公皆渡江後名相，此所云殊不可解。豈非以張自福州還朝，而薦李公起爲江西大帥，故以此污之邪？

胡仔《苕溪漁隱叢話》後集卷三六　《詩説雋永》云：「李伯紀爲行營使，時王仲時、張仲宗俱爲屬，王頎長，張短小，白事相隨。一舘職同在幕下，戲云：『啓行營：大雞昂然來，小雞竦而待。』」

李綸《宋八年譜叢刊・李綱年譜》　元豐六年癸亥，公生。

七年甲子

八年乙丑

元祐元年丙寅

二年丁卯

三年戊辰

四年己巳

五年庚午

六年辛未

七年壬申

八年癸酉

紹聖元年甲戌

二年乙亥

三年丙子

四年丁丑

元符元年戊寅

二年己卯

三年庚辰

徽宗皇帝建中靖國元年辛巳，公年十九。

正月七日，丁韓國夫人憂。

按龜山楊公所撰《墓誌》云：夫人姓吴氏，括蒼人。奉議郎長興府君之女，名犯淵聖廟諱。

公廬毗陵錫山塋次，書釋氏《妙法蓮華經》七卷，置櫬中。手植松栢數十萬。

崇寧元年壬午

二年癸未

三年甲申，公年二十二。

補國學監生第一。

方先衛公之入上庠也，名在第一，而公繼之，每試必上列。後公之叔弟經補入國子監，亦以魁選。時人榮之。

是歲夫人張氏來歸。夫人，鄱陽人，秘閣脩撰、贈少師根之女。

四年乙酉，公年二十三。

舉進士預貢。

五年丙戌，公年二十四。

八月七日，長子儀之生。

大觀元年丁亥，公年二十五。

十月三十日，子宗之生。

閏十月，公以父任朝請大夫、守宗正少卿，遇宗祀大禮，奏補假將仕郎。

二年戊子，公年二十六。

附試國學貢士，復首選。屬聞期親之喪，友人貽書，謂：「道路之傳，蓋不的。勉試春官，以慰親望。」公不可，調將仕郎、真州司法參軍。

三年己丑，公年二十七。

在真州。

四年庚寅，公年二十八。

在真州。

政和元年辛卯，公年二十九。

在真州。

二月二十六日，子集之生。

二年壬辰，公年三十。

中莫儔榜乙科。臚傳之日，上顧問再三，特旨升甲，改合入官，與學官差遣，授承務郎、相州教授。以親庭遠，易鎮江。

三年癸巳，公年三十一。

在鎮江。

按謁告迎奉詩云：「薄宦便甘旨，兩載官南徐。山川富佳致，足以爲親娱。」則知衛公自鄧帥得請祠宫，就養子舍，蓋是年也。

四年甲午，公年三十二。

召赴闕，三省審察院，除行國子正。

十二月，對便殿，除尚書考功員外郎。

五年乙未，公年三十三。

謁告迎衛公於霅川，有旨除衛公提舉醴泉觀，以便就養。

九月還闕，道除監察御史，兼權殿中侍御史。嘗因職事進對，時衛公亦以是日見上，上顧公曰：「卿父子同日造朝，搢紳榮事。」未幾以論内侍建節及宰相任用堂候官，從官入朝以笏擊其下，凡三事，罷言職，授尚書比部員外郎。

六年丙申，公年三十四。

磨勘轉承事郎。嘗因奏對，有《理財以義》等五劄子。

七年丁酉，公年三十五。

充禮部貢院參詳官。

八年戊戌，公年三十六。

四月，再對。

五月，除太常少卿。

八月，出朝陵寢，未還闕，除起居郎。

十二月，兼國史編修官。

宣和元年己亥，公年三十七。

同知貢舉。

六月，京城之西大水渺漫，如江湖漕運不通，幾旬之間悉罹其患，無敢言其災異者。公上章論列，降一官，監税。再上章論六事，再降一官，與遠小監當，授承務郎、監南劍州沙縣税。

按《奉迎録》：靖康元年春，公知密院，奉迎道君太上皇帝於南京。道君曰：「相公頃爲史官，緣何事去？」公奏云：「頃緣論都城外積水，以狂妄得罪，上荷陛下保全。」道君曰：「想當時宰執中有不喜公者。」公因奏曰：「臣昨論水災，偶有所見。自古雖亡道之國，水猶不冒其城郭。天地之變，各以類應，爲今日兵革攻圍之兆。」道君以爲然。淵聖皇帝即位之初，召對，淵聖迎謂曰：「卿頃論水章疏，朕在東宫見之，至今猶能誦憶。嘗賦詩，有『秋來一鳳向南飛』之句。」

按忠愍李公若水上公書云：「宣和初，水危京城，獨閣下抗章敷奏，天下雜然稱曰：『此鳳鳴朝陽之舉也。』」

方公得罪時，故諫議陳公瓘以書賀衛公曰：「積誨有自，可以百拜爲壽，而遠莫能也。」

按龜山楊公所撰《衛公墓誌》云：「子某自左史論事得罪，方遠謫，公誨之曰：『進退出處，士夫之常。汝勉自愛，毋以吾老爲念也。』」

是年有《留别諸弟》等詩。道江南，入閩境，遂遊武夷，乘小舟泛九曲，留山中，賦詩幾五十篇，又廣其意而爲之賦。

十二月，到任。

二年庚子，公年三十八。

六月，復承事郎。

十月，復本等差遣。

按《梁溪集》，有《迷樓》等九賦、《求仁堂》等八記、序五、贊十三、箴六、銘四、和《歸去來》《秋風》二辭、《災異》等九論、《方城侯》等三傳、題跋七，雜著如《清議説》、《答賓勞》、《釋疑》及《書事》等，皆公在沙陽時所作也。又有《到沙陽》至《崇安朱令送示武夷圖》詩三百餘篇。

是年公叔弟補太學上舍生，季弟綸預鄉選。公有詩云「吾家世儒業，教子惟一經。邇來四十載，父子三成名。季弟亦鄉選，來年試春卿」之句。

三年辛丑，公年三十九。

磨勘轉宣教郎。

是年，衛公以方臘之亂，自錫山避地海陵。公泛大江歸膝下。有《與宰執等論方寇書》、《江上愁心》、《梅花》二賦。自分水嶺過江南，至自海陵，泛江歸梁谿，詩百餘篇。

閏五月，衛公還錫山，感疾不起，實二十七日也。終中大夫、右文殿脩撰。以公貴累贈太師，追封衛國公。

八月，合葬衛公於韓國塋次。

四年壬寅，公年四十。

五年癸卯，公年四十一。

八月，服闋。

按《冬至後三日詩》序云：「自罹艱棘，絶不復作。今秋既御祥琴，適友人胡俊明寄示鍾山酬唱，因次韻和之，自此漸理筆墨。」有《次韻上元宰》等數十篇，有《中隱堂上梁文》。

六年甲辰，公年四十二。

除知秀州。

八月九日，子秀之生。

七年乙巳，公年四十三。

未赴秀州間，三月，除太常少卿。

按《梁谿詩集》，有《自乙巳春赴太常召如京師》等詩。

六月，到闕。

是冬，金人敗盟，分兵兩道入寇。公上封事，又有《刺血書劄子》。

十二月二十四日，淵聖皇帝受内禪。公上封事。二十八日召對，二十九日除通直郎、兵部侍郎。再對，進《禦寇用兵劄子》。

孝慈淵聖皇帝靖康元年丙午，公年四十四。

正月三日，門下侍郎吴公敏爲行營副使，公爲參謀官。四日，面除中大夫、尚書右丞。是日宰執有奉鑾輿出狩之議，公乞對力争，故有是命。既又俾留守東京，公再求對，上乃許留。五日，除親征行營使。方治都城四壁守具，自五日至八日粗畢，而賊馬已抵城下，攻西水門。公臨城捍禦，自夜達旦。九日，攻酸棗、封丘門甚急。公登城督戰，激勵將士，自卯至申，殺賊數千人，斬獲酋虜首級，皆耳有金環。賊知城守有備，乃退師。十日，虜遣使請和，且乞遣大臣赴軍前議所以和。上顧宰執，未有對者，公因請行，上曰：「卿方治兵，不可。」公曰：「所以和者得策，即中國之勢遂安。不然，禍患未已。」十一日，使人回自軍前，道金人之意，須犒師金銀、絹綵、馬駝騾驢之屬，各以萬計，求尊其國主，爲伯父，乞親王宰相爲質，及割太原、中山、河間三鎮之地。朝議欲悉從之，公力争，以謂尊稱如其所欲，固無害；犒師金幣，雖竭天下不足以充數，當量與之；三鎮，國家屏蔽，又保塞，翼宗、僖宗、順宗三祖陵寢所在，子孫奈何與人；至於遣質，則宰相當往，親王不當往。宰執皆不以爲然，公自度不能勝衆説，因再拜求去。上慰諭曰：「卿第出治兵，恐金人款我。」公遂出，至城北壁復回，則誓書已行矣。自是金人益肆須索，無所忌憚。及勤王之師既集，西兵將帥日至，上始赫然有用兵意。二十七日，公與太常李公邦彦、少宰吴公敏、宣撫使种公師道、都統制姚公平仲、宣幹折公彦質同對於福寧殿，以二月六日出師。

二月一日夜，姚平仲率步騎萬人以劫金人之寨，欲生擒幹離不。雖种宣撫在城中，弗知也。公時以疾給假卧行營司，夜半，上遣中使降親筆曰：「姚平仲已舉事，決成大功。卿可將行營司兵出封丘門，爲之應援。」公辭以疾，且非素約，兵不豫備。斯須之間，中使三至，且取軍令狀以聞。公不得已，力疾會三軍將士。二日旦，出封丘門，勒兵於班荆館天駟監，分命諸將解范瓊、王師古等圍虜騎，出没鏖戰，斬獲甚衆。是夜宿於城外。姚平仲者一夕劫寨，爲虜所覺，即遁去。宰執、臺諫皆謂西兵、勤王之師及行營司兵，皆爲金人所殲，無復存者。三日，詔不得進兵。幹離不遣使請再和。遂罷公右丞、行營使，以蔡左丞懋代焉。种亦罷宣撫。公得止兵詔，即振旅以入城。聞罷命，乃退處浴室院待罪。蔡左丞計會行營司兵，所失裁百餘人，西兵及勤王之師折傷千餘人外，餘并如故，朝廷乃知前所聞之非。是夕，上降親筆慰勞，且令吴少宰宣諭將復用之意。五日，太學生陳東與諸生千餘人詣闕上書，明公與种不當罷。軍民聞之，不期而集者數十萬人。上遣中使召公，公固辭不敢行，宣召者絡繹而至。既入對，即復尚書右丞，都大提舉京城四壁守禦使。十日，金人退師。十四日，除知樞密院事，封開國伯。有《乞議不可割三鎮劄子》。

三月，道君回鑾，御批吴敏、李某等令一人來，公請行。十七日，離國門。十八日，次陳留縣秋口，遇道君、太上皇后船。公拜謁，有《奏知接見道君太上皇后劄子》，具言已許居寧德宫之意。二十日，抵南都。二十一日，道君引對，獎諭曰：「都城守禦，宗社再安，相公之力爲多。」公因出劄子，乞早回鑾輿，不須詣亳社、西都。道君詢虜騎攻圍次第，及朝廷更改等事。公條具以對，道君感悟，内出玉帶、金魚袋、古象〔簡〕以賜。二十三日，朝辭。道君袖中出書付公，宣諭曰：「公輔助皇帝，扞賊守宗社，有大功。若更能調和父子間，使無疑阻，當書青史，垂名萬世。」公先具劄子，以所得道君聖語奏知，上批答有「知卿奏對，忠義焕然」之語。二十五日，還抵闕下。二十七日，宰執進呈車駕出郊奉迎道君儀注，執政議論不同，公力争之，言甚激切。再對，遂有乞治伏闕之事者。上及宰相皆愕然，公乞身待罪，上笑曰：「伏闕士庶以億萬計，如何結約，朕所洞知。卿不須如此。」公再拜辭出，求去章十餘上，皆批答封還不允，且降御筆，有「迺者虜在近郊，士庶伏闕，一朝倉卒。衆數十萬，忠憤所激，不謀同辭，此豈人力也哉？不悦

者造言，何所不可？故卿不自安，殊不知朕深諒卿之不預知」等語。既又召至内殿，面加慰諭，且曰：「賊馬方退，正賴卿協濟艱難。今遽欲捨朕何之？前事不足介懷，宜爲朕少留。」公勉就職。

四月，有《乞用富鄭公守禦策》、《乞益脩邊備措置塘濼水櫃》等劄子，又條具備邊禦敵八事，及條具調發防秋之兵。二十四日，以覃恩轉太中大夫。得旨撰《起防秋兵》等三詔，及《賜夏國》、《與高麗》、《通金國》三書。

五月十九日，除河北東路宣撫使，辭免凡八上，上出《裴度傳》以賜。二十三日，受命。

六月十四日，復五具劄子乞罷。又有《論宣撫職事》四劄子。二十五日，戒行前期，錫燕紫宸殿，特賜玉束帶、牙簡等。又賜御筵於瓊林苑，且幸東華門，臨遣，累降親筆，有「朕之任卿，堅如金石。一應行事，朝廷豈能預定？可一切便宜行事」，及有「李某所至，如朕親行」之語。

七月初，抵河陽，望拜陵寢。有《乞深考祖宗之法劄子》。進次懷州，口肄習車戰，候防秋之兵集，以謀大舉。而朝廷降旨，凡詔書所起之兵悉罷之。公兩上疏力争，不報。而宣撫副使、制置副使、察防使至幹當公事、都統制等，皆承受御前處分，事得專達，進退自如，宣撫司徒有節制之名，公乃力上章乞罷。會奉使王公雲、曹公曚自虜中回，有許以租賦代割地之意，乃詔宣撫司不得輕易進兵，公前後乞罷表劄十餘上，上許令赴闕。

九月初，交宣撫職事與折公彦質。十八日，除觀文殿學士，知揚州。公具劄子乞竄，寔宣撫司見在軍兵財物，既而言者果謂公專主戰議，喪師廢財，著落職提舉亳州明道宫。責授保静軍節度副使，建昌軍安置，再責寧江。

按《靖康行紀序》，公十一月抵無錫，一宿湛峴，兩遊惠山，與昆弟嘯咏。聞有建昌軍之責，即日命駕過虎丘，臨劍池，月夜步松江長橋，與親友爲别。渡錢塘江，經嚴陵瀨，自三衢入江西，歷上饒、弋陽，遊龜峰寺，道金溪，抵建昌，時十二月也。

是歲有《靖康傳信録》二十卷、《奉迎録》一卷。

今上皇帝建炎元年丁未，公年四十五。

按《靖康行紀序》，自建昌復聞有寧江之命，即泛舟由臨川如豫章。邂逅遊人長老懷宗，同進翠巖寺觀洪崖井，復遊玉隆萬壽宫，觀許旌陽手植檜。道龍虎山望仙巖，次筠陽上高，遊九峰寺，次宜春。遂由萍鄉、醴陵以次長沙，遊道林嶽麓寺陵，觀唐人篇翰，時仲春之初也。幽懷壯志，時發於文詞之間。則如《乘閒志》之類是也。

又按《湖海詩序》云：「余舊喜賦詩，自靖康謫官，以避謗輟不復作。」則知兩年無詩。

公次長沙，聞有淵聖皇帝召命，復元官，除資政殿大學士，領開封府事，即率湖南義旅以進，時四月八日也。由岳陽登舟，沿江順流而東。

五月初，次繁昌，傳元帥府檄，方審都城不守，二聖播遷，號慟幾絶。次太平州，睹上登寶位赦書，即上書論時事。次寶應，聞降麻告廷除正議大夫、尚書右僕射，兼中書侍郎，進封開國侯。次金果園，賜燕，且令龍圖閣學士兼侍讀董公耘傳旨，云嘗遣從事郎劉默齎賜御書及復觀文殿學士劄子，御書有「方今生民之命急於倒懸，諒非不世之才，何以協濟事功？閣下學窮天人，忠貫金石，是以盡復公舊官職，澤被斯民，功垂竹帛，乃公素志」之語。

六月一日，對於殿内，面辭新命，上曰：「朕知卿忠義智略甚久，在靖康間宣力爲多，特爲同列所不容，故使卿以非罪去國，而國家禍故如此。朕嘗欲言於淵聖，欲使夷狄畏服，四方安寧，非相卿不可。今朕眇然一身，託於士民之上，賴卿左右扶持，以濟艱難。此志已定，卿其勿辭。」公頓首泣謝。二日，再對，力辭，上曰：「卿素以忠義自許，豈可於國家艱難之時，而自圖安閒？朕決意用卿，非在今日。社稷生靈，賴卿以安，卿其勿辭。」公因出《十議》以進，皆當時急務，度能從，乃敢受命。有旨付三省施行。五日，進《漢唐三帝紀要録》。六日，受告，兼充御營使。以覃恩轉正奉大夫，進封開國公。公既拜命之後，竭力爲上規畫捍禦金寇，奉迎鑾輿之策，且謂：「河北河東，國家之屏蔽，雖頗爲虜所陷没，然其兵民戴宋之心堅甚。朝廷不議救援，使人力屈而附賊，爲患非細。」於是薦張所招撫河北，傅亮經制河東。又請車駕一至京師見宗廟，慰安都人之心。度未可居，則巡幸南陽駐蹕，示不棄中原。而西通關、陝，可進兵馬；東達江、淮，可運糧餉；南通嶺、蜀，可取財貨；北援三都、兩河，與賊争利。天下形勢，莫便於此。有旨遣使經畫。又勸上益募兵買馬，繕器仗，脩軍政，擇將帥，置帥府要郡，經略天下。是時劇賊李昱擾山東，杜用起淮南，李孝忠亂襄陽，皆遣將討平之，其餘降者十餘萬，纔兩月間，威令大振。無何詔欲巡幸東南，公極論其不可，上乃收還所降詔。翌日，再具劄子，援楚漢滎陽成皋間，曹操袁紹官渡事，論天下形勢甚詳。又與執政争於上前，然南幸之議已定，而公求去之意亦

決矣。
八月五日，遷銀青光禄大夫、尚書左僕射兼門下侍郎，公未拜。適有沮張所而罷傅亮者，公争之不得，乃入表劄丐去，上曰：「卿所争事小，何必便爲去就？」公曰：「宰相之職在薦人材，方今人材，將帥爲急，恐不可謂之小事。」章三上，降麻除觀文殿大學士、提舉杭州洞霄宫，時十八日也。
十月，抵鎮江府，聞有辛道宗下叛兵自秀州作過，迤邐由常州而來，即雇客舟，由大江以歸，未嘗相遇。時公季弟在無錫，與知縣郗漸商議，説誘叛兵，不曾焚掠邑室。公是時方到鎮江，初不與知。言者乃謂公遣弟迎賊，傾家貲犒設，坐此落職，鄂州居住。公在相位纔七十有五日，既罷之後，招撫經制司皆廢，車駕遂東巡，兩河郡縣皆陷於賊。金人以次年春擾京東西，深入關輔，殘破尤甚。凡募兵買馬，團結訓練，車戰水軍之類，一切廢罷，中原盜賊蠭起，跨州連邑，莫能制禦，率如公之所料云。
是年有《建炎進退志》十卷、《迂論》六卷。紹興四年得旨，令編次《建炎時政記》二卷、《建炎制誥表劄集》四卷。
二年戊申，公年四十六。
在鄂州。
十月，以謫降[官]不許同在一州，移澧州。會有上書訟公之寃者，言者復有論列。
十一月，責授單州團練副使，移萬安軍安置。
公兩被遷責，皆次子宗之從行。時著《論語詳説》十卷、《易傳内篇》十卷、《外篇》十二卷。
三年己酉，公年四十七。
六月一日，長子房下長孫震生。
按《寄長子詩序》云：「時在雷州解《易》，適至《震卦》，因名之曰震孫。」詩有「洊雷名震因觀《易》」之句。
十一月，次瓊州，三日而德音放還，任便居住。
四年庚戌，公年四十八。
自嶺表訪家鄱陽，未幾挈家邵武。
七月，復銀青光禄大夫。復以盜作，自邵武避地長樂。
按《湖海集序》云：「建炎改元之秋，乞罷機政。其冬謫官居武昌，明年移澧州，又明年遷海外，未嘗不作詩。」則知自元年秋有《寶劍聯句》，至四年《次韻葉夢授送家園梅花絶句》等六百餘篇是也。又有乘桴浮於海十二賦，記序各五，題跋十。自崇陽與許崧老及吴元中諸公書。
紹興元年辛亥，公年四十九。
三月，除提舉杭州洞霄宫。
九月，復資政殿大學士。
是年有《汀州均慶院轉輪藏記》、《福州天寧寺松風堂記》、《甌粤銘》。編次《唐朝諸將傳》兩卷，且有序跋，及《温泉絶句》至《止戈堂》詩二十餘篇。
二年壬子，公年五十。
正月十六日，次子房下孫泰生。
二月八日，除觀文殿大學士、荆湖廣南路宣撫使兼知潭州、[荆]湖東路兵馬鈐轄。續有旨荆東西依舊爲荆湖南北路，湖南依舊潭州置帥，以公兼本路安撫使、馬步軍都總管，公力辭。
有《辯謗》等奏狀。
閏四月七日，内侍撫問。二十四日，開司。五月六日起行。公始入湖南境，即措置招捕羣盜，彈壓曹成七萬餘人出界，降步諒二萬餘衆，又降王進，破王俊及其餘羣黨，以次討定，凡五萬餘，境内遂安，流移歸業。上章丐祠，未報間，以諸路帶宣撫者并罷，公止帶湖南安撫使。
三年癸丑，公年五十一。
除提舉西京嵩山崇福宫。即由醴陵道江南，訪武夷，如長樂。時有《宣撫荆廣記》二十卷，及自《蒙恩除宣撫》至《水口泛舟如長樂》等詩四十篇。
四年甲寅，公年五十二。
七月十三日，第三子房下孫升生。
十月，虜人窺伺淮楚，上親總六師，往臨大江。公具捍禦三策以獻。
十一月六日得旨，以公所陳皆今日急務，付三省、密院措置施行。降詔獎諭，有「忠貫神明，慮先蓍蔡，料敵於千里之外，制勝於三策之間」之語。又具稟目與時相，條具捍禦事宜。
是年有《桂齋上梁文》及《荔支後賦》等。
五年乙卯，公年五十三。
正月，詔詢邊防利害，公條具以聞。

二月，復觀文殿大學士。

七月，降親筆褒諭詔，有「首陳三策，適投卻敵之機；繼上六條，大闡經邦之略。精忠許國，誠節表時，雖在燕閑之中，不忘開濟之事」等語。公立碑具記以誌之，於是併以三朝所賜宸翰摹勒上石。

十月六日，除江南西路安撫制置大使兼知洪州。公自湖外歸，迨今三年。有自《天寧遷居東報國寺》至《次韻丹霞本老見示拂子》詩百餘篇。

六年丙辰，公年五十四。

正月，召赴行在。

二月三日，兼本路營田大使。二十四日，到國門。凡三對，所進呈劄子幾二十事。又有《繳進靖康間奉迎録劄子》。三月六日，送史館。公既陛辭，因具劄子極論所以進兵者。

四月一日，至洪州。

六月乙巳，地震，詔求直言，公應詔奏陳八事。

七月二十日，子申之生。

十月，虜僞入寇。有《論擊賊及奏陳防秋利害劄子》，降詔獎諭。

七年丁巳，公年五十五。

正月，以公賑濟饑民，招還流亡，降詔獎諭。公以防冬無虞，疆埸寧謐，丐祠，未報，間會左司諫陳公輔乞出，以靖康間士庶伏闕，爲人誣爲鼓唱，至今猶未辨雪爲言。公再上章丐祠，謂：「臣當時遭謗尤甚，雖嘗蒙淵聖皇帝降詔宣示四方，而讎怨至今以之藉口。」詔不允，訓辭有「且伏闕之往事，皆不根之浮辭。排邪議以用卿，斷由朕志；守夙心而自信，無恤人言」之語。

及車駕將幸建康，有《乞益脩戰守之備劄子》。

二月，報道君升遐，寧德二僊，有《乞推廣孝思益脩軍政劄子》。

二十七日，車駕進發。有《論建中興之功》、《舉直言極諫之士》、《乞不必遠召將帥》等劄子。

四月十六日，以公典藩踰年，民安盜息，特轉金紫光禄大夫。

五月二十二日，長子房下孫晉生。

八月，聞酈瓊叛逆，有《論淮西軍變劄子》。

九月，以到任以來，賑濟饑民，招填軍額，建置營房，脩築城池，繕治器甲，增脩官府，創置倉庫，催發錢糧，招捕盜賊等事，釐爲六狀繳申，丐祠。十三日有旨，以公奏陳淮西事宜，切中事機，降詔獎諭。

時張公浚既罷相，而言者引漢武誅王恢事以爲比。公以爲非是，遂具劄子奏陳利害。又聞車駕有幸平江之意，因併言其不可。

明堂恩加食邑，公之子有未官者，乃先以恩命奏補姪琳之。

駐蹕之謀既審，有《車駕不宜輕動劄子》。

十一月，除提舉臨安府洞霄宫。聞除端明殿學士李光爲代，公貽書具言措置次第。

公在江西，有《制置江右録》二十卷，有《贈羅偉政奉議》至《次韻徐顯謨中冬教閲》詩及題跋十數篇。

八年戊午，公年五十六。

正月，還次長樂。

是冬，王公倫使虜。有《論使事劄子》。

是歲置義莊於邵武。

九年己未，公年五十七。

二月，除荆湖南路安撫大使，兼知潭州。

凡三上章，力以疾辭。

四月十三日，依舊提舉臨安府洞霄宫。

公歸自豫章，詩文絶少，僅有數篇。公之仲弟維自吏部〔員〕外郎除芸閣，持憲浙東，以與公别久，有請於朝，乞因巡歷，來閩省公，款曲再旬。

是年冬，公有送行詩，蓋絶筆也。

十年庚申，公年五十八。

正月十一日，中使徐珣傳宣撫問。十五日，公薨。

初，公叔弟校書公博學多識，公所以期待者甚遠。入館未幾，不幸早世，公悼恨不已。適上元具祭，撫几號慟，倉卒感疾，即薨於楞嚴精舍。遷特進致仕，特贈少師。官其親族十人，奏補一子四孫外，其夫人請於朝，授公之姪鼎之、從姪昌之、母舅吴彦舉、甥周伯駿、外孫黄同寅，從公素志也。又命公弟自浙東憲移閩部，以營襄奉。

十二月十四日，葬於福州懷安縣桐口大家山之原。

後四年癸亥，以長子儀之陞朝遇郊祀恩，贈太保。又三年丙寅，再贈太傅。

備論

《宋史》卷三五九《李綱傳》 論曰：以李綱之賢，使得畢力殫慮於靖康、建炎間，莫或撓之，二帝何至於北行，而宋豈至爲南渡之偏安哉？夫用君子則安，用小人則危，不易之理也。人情莫不喜安而惡危。然綱居相位僅七十日，其謀數不見用，獨於黄潛善、汪伯彦、秦檜之言，信而任之，恆若不及，何高宗之見，與人殊哉？綱雖屢斥，忠誠不少貶，不以用舍爲語默，若赤子之慕其母，怒呵猶噭噭焉挽其裳裾而從之。嗚呼，中興功業之不振，君子固歸之天，若綱之心，其可謂非諸葛孔明之用心歟？

李心傳《建炎以來繫年要録》卷八張浚《論李綱疏》 綱雖負才氣，有時望，然以私意殺侍從，典刑不當，有傷新政，不可居相位。

黎靖德《朱子語類》卷一三一《本朝五》 李丞相大義分明，極有才，做事有終始，本末昭然可曉。只是中間粗，不甚謹密，此是他病。然他綱領大，規模宏闊，照管得始終本末，才極大，諸公皆不及，只可惜太粗耳。

藝文

楊時《龜山集》卷二六《題李丞相送幾叟序》 丞相李公以英偉剛明之才，任天下之重，蓋一時人傑也。其視了翁爲前輩，雖未嘗從游，而聲氣相求非一日也。問道之勤，見於斯文，惓惓之意厚矣。公初自左史言事謫居沙陽，與幾叟游，爲布衣之交，不以賢貴自挾，而以道義爲重。因其有行也，累數百言以爲別。公於上下之交，可謂無諂瀆矣。

李綱《梁溪先生文集》附録《李忠定公奏議序》 國朝祖宗以仁覆天下，而不右武事，然垂二百年，更夷狄之變者三，皆得人以任其事。景德契丹之變，寇萊公任之；康定元昊之變，范文正公、韓忠獻公任之；靖康金虜之禍尤鉅，而丞相隴西李公亦慨然以身當其變。蓋天之祐宋，不于其兵，而于其人。是數君子者之事君，不于其躬，而于其國，其事之濟否，則有命與數存焉。要之，皆忠烈英特士也。予既敬服數公之行事，因欲覽觀其遺文。萊公他文不甚見于世，獨其詩傳蓋百有餘篇，辭健而格高，旨深而思遠。文正、忠獻則家集具在，其文學奏議，或簡重而壯偉，或詳明而剴切，蓋與其謀謨勳業稱。惟李公近與予耳目接，私以不得其文爲恨。淳熙丙申，予帥三山，其子秀之裒集其文以示予求序。蓋表章奏劄至八十卷，而詩文不與焉。予讀而嘆曰：詳哉其言之也！世之有其學者常患乎無其材，有其材者常患乎無其節。三者備矣，然使其辭之不達，則不足以動人主之聽；言之不文，則不足以永後世之傳。是以君子貴其全也。公學本於經，才見於用，節著於論水災、贊禪議之日，是其章較，蓋天下之所共知焉。予竊怪，方虜騎闖城之際，在廷之臣争爲講解遷避之説，公孑然孤忠，殆未易以口舌争，卒能感悟萬乘，爲堅守之策，以何道而致然？及觀公之奏議，明白條暢，反覆曲折，其叙成敗利害，灼然如在目前，宜乎感悟明主之聽，而亟從之也。使公之謀盡用，則胡騎必無再下之禍，而其勳業可以絶寇萊、韓、范矣，惜乎其奪於讒而不之竟也。光堯中興，因天下之望而首相公。十議所陳，規摹宏遠。劉麟之役，公雖在外，且畫三策六條以獻。王倫之使，公復憤惋抗疏以争之，與時論不合，不顧也。嗚呼，其可謂忠也矣！然則公之勳業雖不克大就，然其所奮立陳述，足以暴於後世，况又其言之文哉。昔東坡先生謂諸葛孔明不以文章自名，而開物成務之姿，綜練名實之意，自見於言語，出師之表簡而盡，直而不肆。而鄭亞謂李衛公藴開物致君之才，居丞弼上公之位，建靖難平戎之策，垂經天緯地之文。嗚呼，若公者，可謂兼之矣。予既諾秀之之請，奪於多事，未暇綴思。後三年，歸自金陵，乃始書而歸之。某月某日序。

李綱《梁溪先生文集》附録章穎《梁溪先生文集跋》 昔先正李公輔欽宗皇帝，忠誠貫日月，勳名震夷夏，其所抱負亦大矣！而功業未就，兹豈非天乎？中興一代事業，著爲成書，乃在數十年之後，文獻所存固已寥落，况于靖康之事，欲其無遺逸也難矣。公之家所藏御札爲多，亦足以見其一時眷遇之隆。至于設施之略，奏議始末，具存史筆，于此當有考焉。公之孫大有欲刊此書久矣，是書前後序文，諸老先生所述爲詳。穎獨善公之有後，而是書得以傳于世，故爲之書其刊行之歲月。嘉定元年十月望日，朝議大夫、集英修撰、知泉州軍州事南郡章穎謹書。

李綱《梁溪先生文集》附録李大有《梁溪先生文集跋》 大有謹按：《先大父家傳》末云：每有議奏，下筆數千言，俄頃而就。蓋公平日以愛君憂國爲心，籌

畫計策，胸次素定，故遇事成章如此之易也。晚年于《易》尤有所得，著《易傳》內篇十卷，外篇十二卷，其言微妙，頗取卦變互體爲說，動有所稽，異于今世君子之所辨繹。又著《論語詳說》十卷，所以發明聖賢之意甚厚而備。文章歌詩奏議百有餘篇。其在政府、帥府，紀一時之事則有《靖康傳信》《奉迎》二録、《時政記》、《進退志》、《制誥表劄集》、《宣撫荆廣記》、《制置江右録》。嗚呼，亦富矣哉！此叔祖南昌通守所述也。今《易傳》、《論語說》卷帙仍舊，而文集合政路帥府所紀，爲篇百有七十，內以《傳信録》、《時政記》、《進退志》附益表劄奏議，凡八十卷，是爲今書，蓋其後諸人所離合譔次也。得之先子。大父生平有作，皆楷筆屬稿，書問亦然，則後人哀集當無遺逸。顧薨謝距今七十載，獨子孫寶藏，外無傳者。它文或有可諉，此書則實與國史相表裏，其可不廣諸世以圖不朽哉！淳熙末年，先子嘗繕寫投進，併高宗爲大元帥時所賜大父手書墨本。孝宗嘉獎，亟命宣索宸翰真跡，既奏御，命有司定錫今謚。中間史院取索，亦嘗録上，然廣內所儲，不到人間也。先子方隱居，每恨無方板行大父遺文，而于此書尤切。大有欽承遺旨，□食痛心，充員舸艤，適帑藏空匱，兩膚使先後極盟，鳩工鋟木。太守今春官章公、尚書郎趙德甫皆助以費，而尚書章公又幸爲之跋以垂信，增重于天下。經營涉歲，工始告成，久閟而傳，非偶然也。嗚呼！宣、靖、炎、興間，中原變故，國步艱難極矣。一時謀議之臧否，處置之當否，敵騎之所以既却而復至，王室之所以再造而偏安，莫不係于君子小人之進退。世多措于成敗已然之見，鮮有知者，則是書之傳也，大有敢獨以爲私門存没之幸哉！若夫大父之精忠大節，宏模碩畫，則有正獻陳公、晦翁朱先生與今大宗伯章公之序跋在，不肖孫何敢稱述？如其他書未傳，大有不韙，尚庶幾異日卒成先志云。嘉定二年歲次乙未夏五月既望日，孫修職郎、差充福建路提舉市舶司幹辦公事大有謹書。

李彌遜《筠溪集》卷二三《祭李伯紀丞相文》 嗚呼哀哉！天生忠良，必有所付。公仕於朝，逢國多故。奮身百僚，易人所難，入告之謀，轉危爲安。既登鈞衡，遂總兵柄，老師宿將，俯首聽命。孽胡叩關，衆曰去之，彼都人士，微公則夷。建炎龍飛，公位冢臣，誅鋤逆徒，王道以尊。視彼寇讎，弗與共戴，義在必報，一置成敗。嗚呼公乎！有國有君，以身衛之；有社有民，以身任之；有兵有戎，以身令之。姦回憸佞，退而抑之；忠鯁端毅之士，則爬羅剔抉，進而激之。道之將行，國之將興，天其或者，佑此老成，胡不慭遺，上爲列星？棟折榱崩，何以支傾？義士忠臣，心摧涕零，武夫悍卒，拊髀失聲。噫公視僕，總角之交，久而益親，貴而不驕，五十年間，若出一朝。向來見公，濁酒我澆，願言卜鄰，同老漁樵。它年北歸，有些可招，哀哀我心，鬢白爲彫。雖然，公之生也，不有其身。至大之氣，塞乎宇宙，不倚之節，信乎鬼神。令問廣譽，極榮於儒者；獨行特立，追美於古人。其遊乎世，如長翮大翼，乘風奮迅，不可得而親。至其死也，不病不惱，不恐不怖，屈伸臂頃，奔逸而絶塵。夫死生知不足以累公，則僕尚奚悲乎？而緘詞千里，寫此一慟者，公之云亡，有國有君，孰與衛之？有社有民，孰與任之？有兵有戎，孰與令之？姦回憸佞，孰與抑之？而忠鯁端毅之士，孰與激之耶？嗚呼哀哉！

李彌遜《筠溪集》卷二三《邵武軍學丞相隴西李公祠記》 建炎丞相隴西李公，邵武人也。少有大志，自爲小官即切切然以天下事爲己憂。宣和初，一日大水猝至，幾冒都城。人莫能究其所自來，相與震懼而無有敢以爲言者。公時適爲左史，以爲此夷狄兵戎之象也，不可以不戒，亟上疏言之，遂以謫去。數歲，乃得召還，則虜騎已入塞而長驅向闕矣。公復慨然圖上內禪之策，誠意感通，言未及發而大計已決。虜圍既迫，羣小方謀挾至尊、犯不測爲幸免計，公又獨扣殿陛，力陳大義，得復城守以退虜兵。然自是以來，割地講和之議遂起，公又再謫，而大事去矣。光堯太上皇帝受命中興，疇咨人望，首召公爲宰相。公亦痛念國家非常之變，日夜圖回，所以修政事，攘夷狄者，本末甚備。蓋方誅僭逆以正人心，而建遣張所撫河北，傅亮收河東，宗澤守京城，遂將益據形便，大明紀律，以示必守中原，必還兩宮之勢。而小人有害公者，遂三謫以去而不復還矣。淳熙丙午，距公去相適六十年，而永嘉徐君元德命教此邦，謂公之忠義籌略，海內有志之士莫不誦而傳之。顧其鄉人子弟乃無有能道其萬一而興起焉者，於是闢講堂之東，肖公之象而立祠焉。四月吉日，合郡吏、率諸生進拜跪奠，妥侑如法。已事而以書來屬熹記之。熹惟天下之義莫大於君臣，其所以纏綿固結而不可解者，是皆生於人心之本然，而非有所待於外也。然而世衰俗薄，學廢不講，則雖其中心之所固有，亦且淪胥陷溺，而爲全軀保妻子之計以後其君者，往往接迹於當世。有能奮然拔起於其間，如李公之爲人，知有君父而不知有其身，知天下之有安危而不知其身之有禍福，雖以讒間竄斥，屢瀕九死，而其愛君憂國之志終有不可得而奪者，是亦可謂一世之偉人矣。徐君之祠之也，非其志之所好，學之所講有在於是，則亦孰能及之哉？故熹喜聞其事而樂推其說，以告郡之學者，雖病

且衰而不自知，其感慨發憤，猶復誤有平日之壯心也。十二月癸巳，宣教郎、直徽猷閣、主管華州雲臺觀朱熹記。

袁燮《絜齋集》卷八《跋李丞相論和議稿》 漢仲長統有言：「中世之選三公也，務于清慤謹畏。是乃婦女之檢柙，鄉曲之常人爾。」信哉！扶顛持危，國家重寄，非英偉奇傑之士，孰能勝之。若李公者，足以當乎此矣。觀其言語字畫，猶足以使人起敬，況親炙之乎。李公取友必端，則常公亦正人也，余是以兩賢之。

黄彦平《三餘集》卷四《祭梁谿文》 炎運有赫，九陽之厄。帝賚我公，振其顛踣。宣和初歲，王城赤水。載筆直前，開陳陰沴。流離艱棘，不挫愈勵。歸班奉常，嫚書倏至。定策中禁，贊佐天子。震動朝廷，旁觀病悸。大明生東，人有適從。效死不去，挫其姦凶。二帝重歡，兩河亦還。羣情中媢，墮我太原。公身南遷，國亦大去。帝出商丘，眷予作輔。請都南陽，稍睨朔方。有志不就，舍之則藏。乘桴而浮，賜環而返。生覿咫顔，臣死不憾。長沙豫章，虎旗牙璋。從容辭受，萬夫之望。國步未夷，敵情難測。期公百年，安宋社稷。如何旻天，曾不憖遺。股肱或虧，邦國殄瘁。公無間然，我有餘痛。匪哭其私，爲天下慟！

葉適《水心文集》卷二六《李丞相綱謚忠定議》 議曰：公自起居郎極論都城水災，斥爲監當，而抗直之聲震於天下矣。及斡離不來寇，在廷茫然，將從乘輿以出。獨公請與執政辨詰，遂奪其議，力守京師，虜以退却。然其留割三鎮詔書，擊女真之歸而募兵以防其再至，皆爲同列所排，不果用也。高宗中興，首命公自輔，於是張邦昌以僭逆誅矣。先事河北、河東，録堅守者，建遣張所、傅亮往援接之，乞幸襄、鄧以係人心而無走東南，使周望、傅雱通問二聖而無踵和約，時中原尚未潰也。公方除京、黼亂政，漸復祖宗舊法，奏請施行數十事，多中機要。使稍得歲年之須，則兩河不遂陷而虜不敢復鼓行入内地矣，而讐恥因可報也。不幸又七十五日而罷去。迄其後常疎外坎壈，雖僅免顛沛，而曾不少得其意焉。自是禍難百出，而南北竟以分裂。此爲國家惜者，所以哀公之心，而深悲其相之不終。士至有未嘗識公面，而坐論救公以死，彼豈有所顧望附託而然哉？蓋公之賢，自當時市井負販，莫不喜爲之道説。然而謗公者亦衆矣，其尤甚者，罪公特以計取顯位而已，京師之禍，公實使之。嗚呼！當是之時，所謂謀國者，豈有他道哉？避走而乞和，譽賊虜而卑中國爾。以避走乞和譽賊虜卑中國之人而議公之得失，故其自許爲謀詳慮密，而謂公爲略而疎；自以爲鎮重能消弭，而謂公爲輕鋭而喜事；其恬視君父之仇，畏死持禄，甘爲世所賤侮，而以公之能尊君以身徇國爲人望所屬者，謂爲朋黨要結以自營。故主和者非致寇，而守京師者爲失策矣。則公之負謗於時，固亦其理之所宜得也，何足辨哉！顧獨有可恨者。夫是非毁譽之相蒙布，必至於久而後論定，是從古以然者也。公之歿五十載矣，世之論公者，卒亦未有以大異於前日也，何歟？孔子曰：「微管仲，吾其被髮左衽矣！」考公之行事而深察其志，使要其功烈之所成就，則豈有媿於孔子之所稱者哉！悲夫！謹按《謚法》：「慮國忘家曰忠，安民大慮曰定。」請以「忠定」爲公謚。謹議。

宗澤部

綜述

《宋史》卷三六〇《宗澤傳》　宗澤字汝霖，婺州義烏人。母劉，夢天大雷電，光燭其身，翌日而澤生。澤自幼豪爽有大志，登元祐六年進士第。廷對極陳時弊，考官惡直，寘末甲。

調大名館陶尉。呂惠卿帥鄜延，檄澤與邑令視河埽，檄至，澤適喪長子，奉檄遽行。惠卿聞之，曰：「可謂國爾忘家者。」適朝廷大開御河，時方隆冬，役夫僵仆于道，中使督之急。澤曰浚河細事，乃上書其帥曰：「時方凝寒，徒苦民而功未易集，少需之，至初春可不擾而辦。」卒用其言上聞，從之。惠卿辟爲屬，辭。

調衢州龍游令。民未知學，澤爲建庠序，設師儒，講論經術，風俗一變，自此擢科者相繼。

調晉州趙城令。下車，請升縣爲軍，書聞，不盡如所請。澤曰：「承平時固無慮，它日有警，當知吾言矣。」

知萊州掖縣。部使者得旨市牛黄，澤報曰：「方時疫癘，牛飲其毒則結爲黄。今和氣横流，牛安得黄？」使者怒，欲劾邑官。澤曰：「此澤意也。」獨銜以聞。

通判登州。境内官田數百頃，皆不毛之地，歲輸萬餘緡，率横取於民，澤奏免之。朝廷遣使由登州結女真，盟海上，謀夾攻契丹，澤語所親曰：「天下自是多事矣。」退居東陽，結廬山谷間。

靖康元年，中丞陳過庭等列薦，假宗正少卿，充和議使。澤曰：「是行不生還矣。」或問之，澤曰：「敵能悔過退師固善，否則安能屈節北庭以辱君命乎。」議者謂澤剛方不屈，恐害和議，上不遣，命知磁州。

時太原失守，官兩河者率託故不行。澤曰：「食禄而避難，不可也。」即日單騎就道，從羸卒十餘人。磁經敵騎蹂躪之餘，人民逃徙，帑廩枵然。澤至，繕城壁，浚湟池，治器械，募義勇，始爲固守不移之計。上言：「邢、洺、磁、趙、相五州各蓄精兵二萬人，敵攻一郡則四郡皆應，是一郡之兵常有十萬人。」上嘉之，除河北義兵都總管。金人破真定，引兵南取慶源，自李固渡渡河，恐澤兵躡其後，遣數千騎直扣磁州城。澤擐甲登城，令壯士以神臂弓射走之，開門縱擊，斬首數百級。所獲羊馬金帛，悉以賞軍士。

康王再使金，行至磁，澤迎謁曰：「肅王一去不反，今敵又詭辭以致大王，願勿行。」王遂回相州。

有詔以澤爲副元帥，從王起兵入援。澤言宜急會兵李固渡，斷敵歸路，衆不從，乃自將兵趨渡，道遇北兵，遣秦光弼、張德夾擊，大破之。金人既敗，乃留兵分屯。澤遣壯士夜擣其軍，破三十餘砦。

時康王開大元帥府，檄兵會大名。澤履冰渡河見王，謂京城受圍日久，入援不可緩。會簽書樞密院事曹輔賫蠟封欽宗手詔，至自京師，言和議可成。澤曰：「金人狡譎，是欲款我師爾。君父之望入援，何啻饑渴，宜急引軍直趨澶淵，次第進壘，以解京城之圍。萬一敵有異謀，則吾兵已在城下。」汪伯彦等難之，勸王遣澤先行，自是澤不得預府中謀議矣。

二年正月，澤至開德，十三戰皆捷，以書勸王檄諸道兵會京城。又移書北道總管趙野、河東北路宣撫范訥、知興仁府曾楙合兵入援。三人皆以澤爲狂，不答。澤以孤軍進，都統陳淬言敵方熾，未可輕舉。澤怒，欲斬之，諸將乞貸淬，使得效死。澤命淬進兵，遇金人，敗之。金人攻開德，澤遣孔彦威與戰，又敗之。澤度金人必犯濮，先遣三千騎往援，金人果至，敗之。金人復向開德，權邦彦、孔彦威合兵夾擊，又大敗之。

澤兵進至衛南，度將孤兵寡，不深入不能成功。先驅云前有敵營，澤揮衆直前與戰，敗之。轉戰而東，敵益生兵至，王孝忠戰死，前後皆敵壘。澤下令曰：「今日進退等死，不可不從死中求生。」士卒知必死，無不一當百，斬首數千級。金人大敗，退却數十餘里。澤計敵衆十倍於我，今一戰而却，勢必復來，使悉其鐵騎夜襲吾軍，則危矣。乃暮徙其軍。金人夜至，得空營，大驚，自是憚澤，不敢復出兵。澤出其不意，遣兵過大河襲擊，敗之。王承制以澤爲徽猷閣待制。

時金人逼二帝北行，澤聞，即提軍趨滑，走黎陽，至大名，欲徑渡河，據金人歸路邀還二帝，而勤王之兵卒無一至者。又聞張邦昌僭位，欲先行誅討。會得大元帥府書，約移師近都，按甲觀變。澤復書于王曰：「人臣豈有服赭袍、張紅蓋、御正殿者乎？自古姦臣皆外爲恭順而中藏禍心，未有竊據寶位、改元肆赦、

惡狀昭著若邦昌者。今二聖、諸王悉渡河而北，惟大王在濟，天意可知。宜亟行天討，興復社稷。」且言：「邦昌僞赦，或啓姦雄之意，望遣使分諭諸路，以定民心。」

又上書言：「今天下所屬望者在於大王，大王行之得其道，則有以慰天下之心。所謂道者，近剛正而遠柔邪，納諫諍而拒諛佞，尚恭儉而抑驕侈，體憂勤而忘逸樂，進公實而退私僞。」因累表勸進。

王即帝位于南京，澤入見，涕泗交頤，陳興復大計。時與李綱同入對，相見論國事，慷慨流涕，綱奇之。上欲留澤，潛善等沮之。除龍圖閣學士、知襄陽府。

時金人有割地之議，澤上疏曰：「天下者，太祖、太宗之天下，陛下當兢兢業業，思傳之萬世，奈何遽議割河之東、西，又議割陝之蒲、解乎。自金人再至，朝廷未嘗命一將、出一師，但聞姦邪之臣，朝進一言以告和，暮入一說以乞盟，終致二聖北遷，宗社蒙恥。臣意陛下赫然震怒，大明黜陟，以再造王室。今即位四十日矣，未聞有大號令，但見刑部指揮云『不得謄播赦文於河之東、西，陝之蒲、解』者，是褫天下忠義之氣，而自絶其民也。臣雖駑怯，當躬冒矢石爲諸將先，得捐軀報國恩足矣。」上覽其言壯之。改知青州，時年六十九矣。

開封尹闕，李綱言綏復舊都，非澤不可。尋徙知開封府。時敵騎留屯河上，金鼓之聲，日夕相聞，而京城樓櫓盡廢，兵民雜居，盜賊縱横，人情恟恟。澤威望素著，既至，首捕誅舍賊者數人。下令曰：「爲盜者，贓無輕重，並從軍法。」由是盜賊屏息，民賴以安。

王善者，河東巨寇也。擁衆七十萬、車萬乘，欲據京城。澤單騎馳至善營，泣謂之曰：「朝廷當危難之時，使有如公一二輩，豈復有敵患乎。今日乃汝立功之秋，不可失也。」善感泣曰：「敢不效力。」遂解甲降。時楊進號没角牛，兵三十萬，王再興、李貴、王大郎等各擁衆數萬，往來京西、淮南、河南北，侵掠爲患。澤遣人諭以禍福，悉招降之。上疏請上還京。俄有詔：荆、襄、江、淮悉備巡幸。澤上疏言：「開封物價市肆，漸同平時。將士、農民、商旅、士大夫之懷忠義者，莫不願陛下亟歸京師，以慰人心。其唱爲異議者，非爲陛下忠謀，不過如張邦昌輩，陰與金人爲地爾。」除延康殿學士、京城留守、兼開封尹。

時金遣人以使僞楚爲名，至開封府，澤曰：「此名爲使，而實覘我也。」拘其人，乞斬之。有詔所拘金使延置別館，澤曰：「國家承平二百年，不識兵革，以敵國誕謾爲可憑信，恬不置疑。不惟不嚴攻討之計，其有實欲賈勇思敵所愾之人，士大夫不以爲狂，則以爲妄，致有前日之禍。張邦昌、耿南仲輩所爲，陛下所親見也。今金人假使僞楚，來覘虚實，臣愚乞斬之，以破其姦。而陛下惑於人言，令遷置別館，優加待遇，臣愚不敢奉詔，以彰國弱。」上乃親札諭澤，竟縱遣之。言者附潛善意，皆以澤拘留金使爲非。尚書左丞許景衡抗疏力辨，且謂：「澤之爲尹，威名政績，卓然過人，今之縉紳，未見其比。乞厚加任使，以成禦敵治民之功。」

真定、懷、衛間，敵兵甚盛，方密修戰具爲入攻之計，而將相恬不爲慮，不修武備，澤以爲憂。乃渡河約諸將共議事宜，以圖收復，而於京城四壁，各置使以領招集之兵。又據形勢立堅壁二十四所於城外，沿河鱗次爲連珠砦，連結河東、河北山水砦忠義民兵，於是陝西、京東西諸路人馬咸願聽澤節制。有詔如淮甸。澤上表諫，不報。

秉義郎岳飛犯法將刑，澤一見奇之，曰：「此將材也。」會金人攻汜水，澤以五百騎授飛，使立功贖罪。飛大敗金人而還，遂升飛爲統制，飛由是知名。

澤視師河北還，上疏言：「陛下尚留南都，道路籍籍，咸以爲陛下舍宗廟朝廷，使社稷無依，生靈失所仰戴。陛下宜亟回汴京，以慰元元之心。」不報。復抗疏言：「國家結好金人，欲以息民，卒之刼掠侵欺，靡所不至，是守和議果不足以息民也。當時固有阿意順旨以叨富貴者，亦有不相詭隨以獲罪戾者。陛下觀之，昔富貴者爲是乎？獲罪戾者爲是乎？今之言遷幸者，猶前之言和議爲可行者也；今之言不可遷者，猶前日之言和議不可行者也。惟陛下熟思而審用之。且京師二百年積累之基業，陛下奈何輕棄以遺敵國乎。」

詔遣官迎奉六宫往金陵，澤上疏曰：「京師，天下腹心也。兩河雖未敉寧，特一手臂之不信爾。今遽欲去之，非惟一臂之弗瘳，且并與腹心而棄之矣。昔景德間，契丹寇澶淵，王欽若江南人，即勸幸金陵，陳堯叟蜀人，即勸幸成都，惟寇準毅然請親征，卒用成功。臣何敢望寇準，然不敢不以章聖望陛下。」又條上五事，其一言黄潛善、汪伯彦贊南幸之非。澤前後建議，經從三省、樞密院，輒爲潛善等所抑，每見澤奏疏，皆笑以爲狂。

金將兀朮渡河，謀攻汴京。諸將請先斷河梁，嚴兵自固，澤笑曰：「去冬，金騎直來，正坐斷河梁耳。」乃命部將劉衍趨滑、劉達趨鄭，以分敵勢，戒諸將極力保護河梁，以俟大兵之集。金人聞之，夜斷河梁遁去。

二年，金人自鄭抵白沙，去汴京密邇，都人震恐。僚屬入問計，澤方對客圍

碁，笑曰：「何事張皇，劉衍等在外必能禦敵。」乃選精鋭數千，使繞出敵後，伏其歸路。金人方與衍戰，伏兵起，前後夾擊之，金人果敗。

金將黏罕據西京，與澤相持。澤遣部將李景良、閻中立、郭俊民領兵趨鄭，遇敵大戰，中立死之，俊民降，景良遁去。澤捕得景良，謂曰：「不勝，罪可恕；私自逃，是無主將也。」斬其首以狥。既而俊民與金將史姓者及燕人何仲祖等持書來招澤，澤數俊民曰：「汝失利死，尚爲忠義鬼，今反爲金人持書相誘，何面目見我乎。」斬之。謂史曰：「我受此土，有死而已。汝爲人將，不能以死敵我，乃欲以兒女子語誘我乎。」亦斬之。謂仲祖脅從，貸之。

劉衍還，金人復入滑，部將張撝請往救，澤選兵五千付之，戒毋輕戰以需援。撝至滑迎戰，敵騎十倍，諸將請少避其鋒，撝曰：「避而偷生，何面目見宗公。」力戰死之。澤聞撝急，遣王宣領騎五千救之。撝死二日，宣始至，與金人大戰，破走之。澤迎撝喪歸，恤其家，以宣權知滑州，金人自是不復犯東京。

山東盗起，執政謂其多以義師爲名，請下令止勤王。澤疏曰：「自敵圍京城，忠義之士憤懣争奮，廣之東西、湖之南北、福建、江、淮，越數千里，争先勤王。當時大臣無遠識大略，不能撫而用之，使之饑餓困窮，弱者填溝壑，强者爲盗賊。此非勤王者之罪，乃一時措置乖謬所致耳。今河東、西不從敵國而保山砦者，不知其幾；諸處節義之夫，自黥其面而争先救駕者，復不知其幾。此詔一出，臣恐草澤之士一旦解體，倉卒有急，誰復有願忠效義之心哉。」

王策者，本遼酋，爲金將，往來河上。澤擒之，解其縛坐堂上，爲言：「契丹本宋兄弟之國，今女真辱吾主，又滅而國，義當協謀雪恥。」策感泣，願效死。澤因問敵國虚實，盡得其詳，遂決大舉之計，召諸將謂曰：「汝等有忠義心，當協謀剿敵，期還二聖，以立大功。」言訖泣下，諸將皆泣聽命。金人戰不利，悉引兵去。

澤疏諫南幸，言：「臣爲陛下保護京城，自去年秋冬至于今春，又三月矣。陛下不早回京城，則天下之民何所依戴。」除資政殿學士。

又遣子穎詣行闕上疏曰：「天下之事，見幾而爲，待時而動，則事無不成。今收復伊、洛而金酋渡河，捍蔽滑臺而敵國屢敗，河東、河北山砦義民，引領舉踵，日望官兵之至。以幾以時而言之，中興之兆可見，而金人滅亡之期可必，在陛下見幾乘時而已。」又言：「昔楚人城郢，史氏鄙之。今聞有旨於儀真教習水戰，是規規爲偏霸之謀，非可鄙之甚者乎？傳聞四方，必謂中原不守，遂爲江寧控扼之計耳。」

先是，澤去磁，以州事付兵馬鈐轄李侃，統制趙世隆殺之。至是，世隆及弟興以兵三萬來歸，衆懼其變，澤曰：「世隆本吾一校爾，何能爲。」世隆至，責之曰：「河北陷没，吾宋法令與上下之分亦陷没邪？」命斬之。時世興佩刀侍側，衆兵露刃庭下，澤徐謂世興曰：「汝兄誅，汝能奮志立功，足以雪恥。」世興感泣。金人攻滑州，澤遣世興往救，世興至，掩其不備，敗之。

澤威聲日著，北方聞其名，常尊憚之，對南人言，必曰宗爺爺。

澤疏言：「丁進數十萬衆願守護京城，李成願扈從還闕，即渡河勦敵，楊進等兵百萬，亦願渡河，同致死力。臣聞『多助之至，天下順之』。陛下及此時還京，則衆心翕然，何敵國之足憂乎？」又奏言：「聖人愛其親以及人之親，所以教人孝；敬其兄以及人之兄，所以教人弟。陛下當與忠臣義士合謀肆討，迎復二聖。今上皇所御龍德宫儼然如舊，惟淵聖皇帝未有宫室。望改修寶籙宫以爲迎奉之所，使天下知孝於父、弟於兄，是以身教也。」上乃降詔擇日還京。

澤前後請上還京二十餘奏，每爲潛善等所抑，憂憤成疾，疽發于背。諸將入問疾，澤矍然曰：「吾以二帝蒙塵，積憤至此。汝等能殲敵，則我死無恨。」衆皆流涕曰：「敢不盡力！」諸將出，澤嘆曰：「『出師未捷身先死，長使英雄泪滿襟。』」翌日，風雨晝晦。澤無一語及家事，但連呼「過河」者三而薨。都人號慟。遺表猶贊上還京。贈觀文殿學士、通議大夫，謚忠簡。

澤質直好義，親故貧者多依以爲活，而自奉甚薄。常曰：「君父側身嘗膽，臣子乃安居美食邪！」始，澤招集羣盗，聚兵儲糧，結諸路義兵，連燕、趙豪傑，自謂渡河尅復可指日冀。有志弗就，識者恨之。

子穎，居戎幕，素得士心。澤薨數日，將士去者十五，都人請以穎繼父任。會朝廷已命杜充留守，乃以穎爲判官。充反澤所爲，頗失人心，穎屢争之，不從，乃請持服歸。自是豪傑不爲用，羣聚城下者復去爲盗，而中原不守矣。穎官終兵部郎中。

王柏《魯齋集》卷八《宗忠簡公傳》 宗澤，字汝霖，婺之義烏人。天姿沈毅，識度深遠，才敏而用周，至大至剛之氣，始終不屈。讀書過目不忘，尤邃於《春秋》左氏，程文有心不可欺之説。有司喜曰：「吾爲朝廷得人矣！」登元祐六年第。宣仁聖烈垂簾，有詔對策限以字數，同輩相告，必如詔可中程。公曰：「事君自今日始，豈可希前列効寒蟬乎？」遂力陳時病，幾萬餘言。

八年，以將仕郎調大名府館陶縣尉。嘗攝邑事，吏以少年易之，及聽訟，迎

刃而決，不淹月大治。呂惠卿移帥鄜延，以幙屬辟公，力辭不受，調衢之龍游令。丁内艱，服除，調膠西令。按治宿姦，不畏强禦，捕羣盜數十，焚其廬，威譽赫然。丁外艱，服除，調晉州趙城令。言於朝曰：「趙城前有并河汾陽之險，後有晉絳蒙坑之固，左霍邑，右太行，沃野百里，實用武之地。乞援楚之漣水，澶之德清，命以軍額，屯兵以備不虞。」不報。公曰：「今固承平無虞，他日當有知吾言者。」政和三年，知萊州掖縣。部使者以朝命科取牛黄，公力拒得免。公曰：「吾之爲邑，始之以信，濟之以威，信既孚矣，威亦何用！」五年，通判登州。時朝廷遣使由海道與女真結盟，公憂形于色，曰：「軍釁自此始矣！」有道士高延招，倚林靈素淩蔑郡邑，公窮治其罪不顧。及公丐祠而歸，結廬山水間，有終焉之志。道士以公改建神霄宫不當，訴于朝，而靈素主之，遂褫秩羈置鎮江。公聞命就道，無纖芥愠。宣和三年，始復承事郎，就差鎮江府酒官。

靖康元年，北虜犯闕。既退，詔侍從舉知，御史中丞陳過庭以公薦。八月，召擢宗正少卿，使虜，以和議名。公曰：「虜情不可測，名不正則徒取辱耳。請改爲計議使。」且謂人曰：「此行必不返。」問其故，則曰：「某豈能屈節虜庭，上辱君命邪！必死賊。」議者以公太剛，改命劉岑。

九月出知磁州。時太原失守，真定被圍，即日單騎渡河，繕城浚隍，治器械，募義兵，增價入粟，爲必守計，不逾月而備。上疏乞邢、洺、磁、相、趙各募精兵二萬教習之，使常有十萬兵，遞相爲援。上嘉之，諸郡議不合。虜再南騖，公大治兵，與滑、濬相掎角。虜知有備，乃東趍大名魏縣，由李固渡渡河，乃分兵攻磁。公命神臂弓射退，出義勇，追斬數百級，士氣益奮。

時王雲、康王使虜和，至磁，公迎謁，曰：「聞虜已由李固渡渡河矣，萬一如肅王爲虜所留，雖悔何及！」力請輟行，會百姓亦怨王雲邀王徇虜，殺王雲，遮馬留王，王遂還相州。虜已圍京城。十一月，上除王爲兵馬大元帥，公與汪伯彦爲副元帥，以師入援。

十二月丁丑，公與裨將秦光弼、張德邀虜于李固渡口，夜擣其壘，破三十餘塞。翌日，王檄諸郡，發兵會大名。癸未，公至大名。王議師所向，公請直趍開德，入解京城之圍。汪伯彦猶以和議難之，獨王以爲然。戊子，公提兵二萬，趍開德擊虜，十三戰皆捷。會京城遣張澂持詔書同虜騎叩開德，問王所在，且言虜再議和，援兵未宜遽進。公曰：「此爲虜所脇來款我耳。」命壯士射之，虜遁。已而王命與黄潛善分統勤王諸軍，王檄諸帥，以虜懷詐僞和，實杜四方之師，宜審料敵勢，可進則進。公示諸將曰：「王已酌知虜情，吾等可坐視乎！」請王徧檄諸道，約日同進。

時趙野爲北道都總管，范訥爲河北、河東宣撫使，合軍南京，號宣總司，偃然自衛，殊無進兵意。公移書以大義切責之，皆不答。向子諲駐宿，趙子崧守陳，何志同守許，閭丘陞守濮，曾楙守曹，列屯環京城，無敢動。翁彦國以經制使總東南兵，駐泗不行。

公獨以孤軍進至南華，命裨將陳淬出虜不意擊之。虜自宛亭逼興仁府，分兵寇開德，公遣孔彦威與戰，又破之。公度虜必犯濮，密戒權邦彦爲備。虜果至濮，公遣二千騎爲援，敗之。虜復向開德，邦彦、彦威合擊，又破之。公親率諸軍進衛南，曰：「兩國既和，我欲入覲君父。」遂揮而前處，陳兵以待。公曰：「今前後皆虜壁，進退等死耳，當死中求生！」人人争奮，無不一當百，虜遂大敗，斬首數千。虜益生兵，陽敗而卻，公曰：「彼十倍於我，一戰遽卻，是必有謀，若襲我則殆矣。」即徙軍南華，虜果夜至，得空壁，大驚。次日，公自南華過河襲擊，又敗之。公所得俘囚，問京城動息，又得王檄，知二聖北狩，天族偕遷。公北向號慟，即日自臨濮趍滑州，由黎陽大伾邀乘輿，孤進戰，他軍無一會者。及聞張邦昌僭位，即回戈内向，先遣健步持檄慰撫京城。又得王書，言僭僞義當征誅，聞其出於權宜，未可重擾京城，不若按甲近畿，移書問故，俟得其實，討之未晚。公即移師觀釁，且復王書曰：「姦臣邦昌，竊據寶位，改元肆赦，止勤王兵，篡跡顯然。自古姦臣其初未嘗不僞爲謙退，中藏禍心。今二聖諸王北去，惟大王在，天意可卜，正宜有以歸天下之心，不可緩也。」及聞都城反正，貽書于王曰：「今日國之存亡，在大王行之得其道與不得其道耳。所謂道者，其説有五：一曰近剛正而遠柔邪；二曰納諫諍而拒諂諛；三曰尚恭儉而抑驕奢；四曰體憂勤而忘逸樂；五曰進公實而退私僞。」公謂人曰：「結怨王之左右矣，不恤也。」又累表請早決大計，王命公摠諸將於長垣、韋城、衛南、南華屯衛。五月，王即位于南京。詔公入對，一論人主不可以喜怒爲賞罰；二論人主職在任相，顧於稠人廣衆之中，不以親疏，不以遠近，虚心謹擇，參以國人左右之言，爰立作相，毋使小人參之；三論臣下有懷姦藏慝，嫉賢蔽善者，當使耳目之官瀝心彈糾，毋有所隱。上納其言，將留公，黄潛善、汪伯彦惡之，出公知襄陽府。復有割地取和之議，公上疏曰：「陛下初紹大統，奈何遽聽姦臣之言？欲割地以啖虜乎？前日靖康姦臣未嘗議遣，朝説一言以告和，暮獻一説以乞盟，詞卑禮厚，惟虜是狥，終有前日之

禍，宜人臣弗與虜共戴天而俱生，臣意陛下亦赫然震怒，一洗前日之恥，未聞有所號令作新斯民，豈可復徇姦邪之議哉？爲是説者，既不忠不孝，又壞天下忠義心，而褫其氣。臣願躬冒矢石，爲諸將先。」上壯其言，改知青州。

會李綱入相，公與語及國事，慷慨流涕。綱爲上言，綏集舊邦，非澤不可，遂徙知開封府。是時虜兵初退，守備廢圮，盜賊縱横，公下令曰：「爲盜者，贓無輕重，並從軍法！」由是羣盜屏息，人情始安。

王善者，河東之巨寇也，領兵七萬，叩濮州，謂京城殘破，不足語勇，直欲據之。公自料勢未易敵，戒都統以下守城，吾將親招之。單騎竟造賊巢，善亦訝公之來，約與公會。公略不出一語，但執其臂仰天號慟，徐曰：「朝廷二百年涵養，當危難時，無一人出爲時用。使當時如有公一二輩，豈復有今日之患！今正立功之秋。」王善爲公忠義感動，亦同聲而泣，且曰：「敢不效力！」公附耳語之曰：「來日當以節度使相處。」諸將謂公此行不復返矣，及公歸，諸將出迓，公曰：「事畢矣。」善隨以狀至，欲不領衆歸降，且有解甲、帶甲之請，公書「從便」二字，善益心服。越三日來降，衆疑不決，人情洶，公獨信之篤也。善以五百甲騎從，餘皆解甲，既至，左右止之曰：「此留守司門，擅入者處斬。」善乃下馬趍入，拜于庭，公繼以禮接之。曰：「公禮相見，不得不如此。」延之以飲，臨行曰：「昨已許公節度使，先授照帖，當即具奏。」善大喜，且請到寨撫諸將，公許之不疑。既入寨，第賞有差。自是軍聲大振。

又有王再興掠西京，李貴往來淮上，楊進者，號没角牛，及王進等頭項人，所至侵掠。公偏遣人諭以禍福，招來之，羣盜素服公名，相繼而至。楊進者，尤所敬慕，公曰：「軍中老弱婦女，久被驅虜，吾不忍其無辜，宜盡釋之。」進等奉命，諸軍所放幾二萬人。楊進屯城南，王進屯城北，二人氣不相下。一日，領衆相拒于天津橋，都人頗恐。公以片紙喻之曰：「爲國之心，固如是耶？當戰陣立功，勝負自見。」二人相顧，慚沮而退。

公之去磁也，而州事付兵馬鈐轄李侃，中軍將李世隆與將校郭進殺侃爲亂，至是，與其弟世興將三千人歸公。世隆入拜，公詰其亂之由，世隆詞服，公笑曰：「河北陷没，而吾宋法令上下之分亦陷没耶？」命引出斬之。時衆兵露刃于庭，世興佩刀侍立，左右皆悚，公徐語世興曰：「汝兄犯法當誅，汝能奮志立功，足以雪恥。」世興感泣。其後虜犯滑，公謂世興曰：「試爲我取之。」世興欣然受命，勵衆至滑，掩虜不備急攻之，斬首數百以歸。公復厚賜之。

丁進者，亦巨寇也。其初來降，人情鼎沸，謂非真降者，或請以兵陰衛。公曰：「不然，正當披心腹待之，雖木石可使感動，况人乎？」及進至，公慰勞存撫，又呼首領者數人飲食之，待之如故吏。明日，按其寨，進益感畏，黨有陰結爲亂者，進自擒殺之，有相率遁者，進自追治之。馬皐者，進之次也，每戰必先登。一日，傷而還，公方撫勞，而羽報又至，公曰：「誰可代汝行者？」皐曰：「非皐不可。」裹瘡而前，數日擒一酋而歸。

趙海，亦招賊之雄也，屯板橋，輒塹路設橋，以阻行者。閭勍百舄者八人過海營，海怒曰：「我畏閭太尉邪？」悉臠之。偵者以聞，公呼之，海以甲士五甲從，公方接客，遽語曰：「殺舄者誰？」海曰：「無之。」出報狀示海，具服，命械繫獄。客曰：「姑徐之，奈甲士何？」公曰：「何怯邪？治海者某，諸公何預。」喻次將曰「領衆還營，趙海已械送所司，告偏裨善護卒伍，明日誅海。」聞者股慄。

會公拘囚虜使，議者紛然，獨許景衡言：「臣聞宗某之爲尹，政術卓然過人，誅鋤强梗，撫循善良都城帖息莫敢犯者。又方修守禦之備，歷歷可觀，臣雖不識其人，竊用嘆慕。開封乃宗廟社稷之所在，苟欲別選留守，不識今之縉紳其威名政績亦有加於澤者乎？伏望上爲宗社，下爲生靈，特賜主張，厚加任使。」疏入，上大悟，封示公。公感上知，益自奮勵，且造決勝戰車千二百乘，每乘五十有五人，十乘爲隊，坐作進退，周旋曲折，可以應用。又據形勢立二十四壁於城外，駐兵數萬，往來按試，周而復始。沿河鱗次爲壘，結連兩河山水寨及陝西義士，開五丈河，以通商旅。京畿瀕河七十里，命十六縣分守，開濠植鹿角。

守備已固，乃上表，略曰：「今逆胡尚熾，羣盜繼興，比聞遠近之驚傳，已有東南之巡幸，此誠王室安危之所係，天下治亂之所關，慮增四海之疑心，謂置兩河於度外，因成解體。未諭聖懷。」不報。又疏云：「回鑾汴京，是人心之所欲，妄議行幸，是人心之所惡。京師乃祖宗二百年基業，今陛下一歸，王室再造，中興之業復成。」每疏奏上，以付中書，黃潛善、汪伯彦皆笑以爲狂。張愨獨曰：「如澤之忠義，若得人，天下定矣。」二人語塞。

十二月，虜駐兵于河之北，稍稍南渡，西犯氾水，北侵胙城，時擾滑濬。公所屯河上諸寨，欲併兵禦之，因乞濟師。或曰：「賊鋒未易當，不若堅守自固。」公曰：「去冬之變，正坐此也。」命統制劉衍趍滑，劉達趍鄭，各與卒二萬戰車二百乘以往。

初，岳飛犯有司，將正典刑，公一見奇之，曰：「此將材也。」不加之罪，留之

軍前。至是遣爲踏白使，以五百騎授之，曰：「汝罪當死，吾釋不問，今當爲我立功。往視敵勢，毋得輕鬬。」飛謝罪稟命，鼓勇而前，竟與虜接，敗之。公喜，擢統領，後遷統制。自是每出必捷。

建炎二年正月，虜復自鄭抵白砂鎮，距京城四十里，都人恐甚。僚屬議守禦之策，公方延客圍碁，談笑自若，衆不敢言而退，各以己意部分兵伍，撤城隍之梁，乘城而備。公曰：「何張皇如是？」命諸軍解甲歸營，曰：「吾遣劉衍，必能禦寇。」復選精鋭數千益之，潛戒曰：「宜繞出虜後，設伏以待，伺至擊之。」又諭吏曰：「上元在邇，可舉舊例張燈。」因弛夜禁，士民遊觀如平時。虜不敢進，衍與戰，大破之。遂復延津、胙城、河陰，收其輜重。甫及收燈，捷書已至，衆益大服。

時有詔諸路兵馬以勤王爲名，因聚爲寇，議所以杜絶之。公上言曰：「向者京城被圍，天下忠臣義士憤痛争奮，越數千里勤王。當時大臣無謀，不能撫而用之，致有前日之變。勤王之兵例皆無摩，犒勞賞給不露，流離困死，弱者淪於溝壑，强者變爲寇盜，豈其本心，皆上之人無以處之故爾。今乘輿移蹕淮甸，中原民無依歸，故姦宄乘釁而起，且河東、河西不肯從虜者，皆自保山寨，黥其面，各立名號，以堅報國之心。今所敓黄榜有云『遂假勤王之名，公爲聚寇之患』，如是則勤王者解體，而河東、河西民皆失望。臣固知非陛下之本心，乃代言者不能推廣德意失言，願别降詔以慰元元。」

二月，虜犯西京，公命統制官李景良、閻中立、郭俊民等領兵萬餘所趍鄭大戰，爲虜乘，中立死之，俊民降虜，景良南遁。公捕得之，曰：「一勝一負，兵家之常，不勝而歸，罪猶可恕，私自逃遁，是無我也。兵法固如是邪？」命斬之。繼而俊民與虜將史官人、燕人何仲祖、王義等以數百騎直抵八角鎮，與丁進遇，擒之。初欲持書誘公，既生致麾下，公曰：「郭俊民，吾統兵官也，失利就死，尚可爲忠義鬼，後有知者，不失血食。今全軀苟活，反爲虜人用，何面目見人乎？」命斬之。謂史官人曰：「京城不守，主上巡幸，領重兵在近畿，命我守此，有死而已，何不以死敵我，反爲兒女子語脅我邪？」亦斬之。謂何仲祖曰：「爾本吾宋人，脅從而來，豈出得已。」犒而縱之。

虜又犯滑，公曰：「滑衝要，必争之地，失之則京城危。不欲再勞諸將，我當自行。」梁州防禦使張撝請自效，公大喜，即以鋭卒五千授之。撝至滑，率將士迎敵，虜衆十倍，或請少避之，撝曰：「退而偷生，何面目見宗元帥！」鏖戰至暮，虜少卻。公遣統領王宣以五千騎往援，未至，撝再戰，死之。後一日，宣與虜大戰于北門外，士卒争奮，虜退河上。宣曰：「虜必夜濟。」收兵不追。及半濟而擊之，殺傷甚衆。公命載撝喪歸，爲之服緦，厚加賻卹，仍請于上，贈撝拱衛大夫、明州觀察使，録其家四人。

虜自是不復犯東京矣。王策者，遼之舊將，善用兵，虜以千騎付之，往來河上。公密遣統制官王帥正擒之，釋縛解衣，坐之堂上，喻以悟義協討，策感泣，誓以死報，且具言虜中虚實。公益喜，大舉之計遂決。時招撫河南羣盜聚城下，又募四方義士，合百餘萬，糧支歲半。公聞西河州縣虜兵不過數百人，餘皆脅使胡服，日夜望王師之來。復上疏，大略言：「今之士大夫，曾不爲陛下思祖宗基業爲可惜，父母兄弟徯望救援之意，西京陵寢，爲賊所據，未有寒食祭享之所，又不爲陛下思京師者，天下之根本，億萬生靈之塗炭，陛下早回九重，則天下靡有定止。」上遣中使撫喻。時契丹九州人日歸中國者，公引近座側，推誠與語，期奮忠義，給資糧遣之，且賜以公憑，候官軍渡河，以爲信驗，各令持數百本。又爲榜文，散示陷没州縣，及爲公據，付中國被虜在北之人。連結諸路豪傑，曰：「事可舉矣。」會諸將，約日渡河，故表請上還京尤力。且言丁進有衆數十萬，願守京城；李成願扈從還闕，楊進等領衆百萬，願北渡。茲三頭項人，皆同寅協恭，共濟國事。陛下速歸九重，盜賊戎虜，皆無足畏矣。不報。

五月，再上疏，且言：「今城壁已增固，樓櫓已修飾，龍濠已開浚，兵械已定備，寨柵已羅列，戰陣已習熟，人氣已勇鋭，蔡河五丈河皆流通，陝西、京東、滑、臺、京洛蕃賊，已皆掩殺。望陛下毋聽姦臣之言，以失兩河之心，沮萬民之氣。」又奏曰：「臣欲乘此暑月，追王彦『八字軍』，取懷、衛、濬、相等州，遣王再興護西京陵寢，馬廣等取大河、洺、相、真定，楊進王善李貴等各以所部分路並進。既渡河，則山水寨忠義相應者不啻百萬。願陛下早下還京之詔，臣當爲諸將先，則我宋中興之業必可致。」疏入，黄潛善等忌公，沮之。公尹京幾歲，武備不擾而辦，屢出師剉虜，抗疏請上還京，凡二十餘奏。初述都人之言曰：「陛下何不認我宗廟乎？何不眷顧我朝廷乎？何爲使我社稷無所依乎？何輕捨我生靈，使無仰乎？是都人之望陛下，切切如此。」中則斥大臣之姦，「臣託曰時巡，意圖偏霸，忘宗廟朝廷之重，違天地神明之心，棄大一統之規模，毀二百年之基業。且天下陛下之天下，彼姦臣何恤於存亡，如京師陛下之京師，想愉佞安知夫去就，但知親屬歸在江湖，寧顧中原變爲夷狄。」終則力陳其不忠不義者：「持禄保寵，動爲身

謀，謂我祖宗二百年大一統之基業不足惜，謂我京城宗廟朝廷府藏不足戀，謂二聖天眷不足救，謂諸帝陵寢不足護，謂周室中興不足紹，謂晉惠覆轍不足羞，謂巡守之名爲可効，謂偏地之霸爲可述。儲金帛以爲賊資，椿器械以爲賊用，禁守禦之招募，慮勇敢之敵賊也，掊保甲以助軍，慮流移之復業也。欺罔天聽，凌蔑下民，凡誤國之事，無不爲之。」言極切至，而嫉者益深。公嘆曰：「吾志不得伸矣！」疽發病甚，諸將排闥入問，公矍然起曰：「吾固無恙，正以憂憤成疾耳。而能爲我殲滅醜類，以成主上恢復之志，雖死不恨！」衆皆掩泣曰：「願盡死。」諸將出，公曰：「吾度不起此疾。古語云『出師未捷身先死，長使英雄淚滿襟。』」遂薨，實七月十二日也，年七十。遺表猶贊上還京，先言已涓日渡河而得疾，其末云：「囑臣之子，記臣之言，力請鑾輿了還京闕，大震雷霆之威，出民水火之中，夙荷君恩，敢忘尸諫。」上已除公門下侍郎御營副使，依前東京留守，命未下，而訃聞，贈觀文殿學士、通議大夫，謚忠簡。以杜充代公留守。都人請於朝，以公子潁得士卒心，請繼其任，詔以潁充留守判官。充無意於虜，盡反公之所爲，將士去者幾盡，兩河豪傑皆不爲用。潁力丐終喪，以歸葬于京口之峴山。公平生律己甚嚴，自奉甚薄，方謫居時，饘粥不繼，吟嘯自如。晚年俸入雖稍厚，食不重味，衣弊不易。曰：「君父方側身嘗膽，臣子乃安居美食邪？」親戚故舊貧者輒予之，家無留儲。同舍生林迪先公登第，音問不通者累年。一日，挈家謁公，繼以疾告，公往視，尚能以後事屬公。既卒，公恤其家備至，以其女妻修職郎康森，且以己女妻森弟協，以申親好。其子從公討賊，補官爲文登令。公之急義如此者，衆依公活者幾百人。死之日，風雨晦冥異常，連呼「過河」者三，無一語及家事。都人號慟，朝野相弔出涕，三學之士爲文哭公者千餘人。子潁，終兵部郎中，孫五人，嗣益、嗣尹、嗣旦、嗣□、嗣安，曾孫十有五人，曾懋誌其墓云。

《宗澤集》卷七《遺事》 公姓宗氏，諱澤，字汝霖。係出南陽漢汝南太守資之裔。五代之亂，避地江南，居婺之義烏。生嘉祐四年十二月十四日巳時。公生而趣尚不凡，長有大志，讀書過目不忘，游學四方，籍籍有聲。登元祐六年進士第，時宣仁聖烈皇后垂簾，詔廷對策限以字數。同輩相告曰：「必如詔，可以中程。」公曰：「事君盡忠，自今日始，豈可圖前列而效寒蟬乎？」遂力陳時病，幾萬餘言，且及吴處厚、蔡確事，曰：「自古興衰治亂，悉由人材，人材之困，厄於朋黨。今處厚箋注詩章，臣恐朋黨之禍自此始。」主文者以其言直，恐忤旨，置公末科，賜同進士出身。八年以將仕郎調大名府館陶縣尉，攝邑事。吏多以年少易之，及牒訴遝至，剖析曲直，迎刃而解，不奄月，訟庭闃然。紹聖二年冬，吕參政惠卿自大名移帥鄜延，欲辟公置幕府，固辭不就。即檄公與邑令視河堤。檄到，值喪長子，捧檄遽行。惠卿聞之曰：可謂憂國忘家者也。適朝廷大開御河，隆冬，役夫僵僕於道，中使不以申奏，監董甚急。公上書帥司，略曰：「某非有避也，時方凝寒，鍤鑊一舉，冰凍已合，徒苦民而功未易集，少需之，至初春，可不憂而辦，當身任其責。」卒用公言上奏，朝廷從之。明年河成，所活甚衆。會秩滿去官，五年，循通仕郎遷衢州龍游令。邑小，民未知學。公爲建庠序，設師儒，延見諸生，講論經術，自此登科者相繼起。里閭惡少嘗十百爲群，持蛇虺擾民以規利，稍不如意，輒鼓噪，擲瓦礫，碎屋壁，前令不能禁。公密白之州，籍其壯者爲軍，日得百餘人，風遂革。未幾，丁淑人劉氏憂，崇寧二年服除，調萊州膠水令。膠水號劇邑，豪奸宿蠹挾勢虐民，習以成風。有温包者，恃陰告人率不實，公案前後犯治之。州別駕與包連姻，以位臨曰：「令敢爾邪？」公曰：「包犯法，某以法治，不知其他也。」有强賊百餘人侵縣境，率僚屬親捕之，且約曰：「獲盜，公等受賞，不然，身獨任罰，幸無退志。」一士族女被掠，匿旁郡，久之不能獲。公廉得其迹，越境徑造賊壘，取女以出，斬首五十餘級，焚其廬。州奏功於朝，官屬皆被賞，公亦進文林郎。同舍生林迪者，先公登第，音問不相及者累年，官萊之別邑。公始至也，迪挈家詣公，經旬而去。迪以病告，公赴之，垂革，尚能語，曰：「迪身如何？」公曰：「某任後事。」「室人子女如何？」公曰：「嫂當養，子當教，女當適佳士。」後以迪女妻修職郎康森，且慮居處南北，再以親女妻森之弟協，申愛好焉。迪子懋，後從公討賊得官。又文登令卒於官，貧不能歸，公詣吊之，厚以俸津遣其行。職甫滿，丁大父憂。大觀二年，循承直郎再調晉州趙城令。下車修媧皇祠，新趙簡子廟，且請於朝曰：趙城前有並河、汾陽之固，後當晉絳、蒙坑之險，左依霍邑，右阻太行，沃野百里，可以種植，實河東用武之地，願升縣爲軍，如楚之漣水，開德之德清，命以軍額實治縣事，且大養軍士以備不虞。復言慶源乃國家興王之本，趙城又慶源之本也。書聞，不盡如所請。公曰：「方今承平之久，固無慮，他日有警，當有知吾言者矣。」政和三年，以薦改奉議郎，知萊州掖縣。一日，當路需牛黄，縣坐數百兩，吏民惶懼無以應。公條具報部使者曰：「方時疫癘，牛飲其毒凝爲黄。當此太平，和氣横流，牛無傷者，黄何自得？」部使者怒，取邑官名位，欲劾奏之。公曰：「此意自某出，同僚何預？」獨書銜以上，牛黄竟免，亦不加罪。公前後宰四邑，其綱條簡而不煩，所至稱治。嘗語人

曰：「某之作邑，其始以信，濟之以威，信既孚矣，威亦何用？」直龍圖閣范公純粹知公深，每對客語及作縣則曰：「如宗君，所至有去思，雖古循吏未見其比。」在掖縣，甫及考，尤爲青帥王公崈所知，辟置幕下。未幾，崈罷，中書梁公子美繼來，公投檄丐去。子美驚曰：「聞公名舊矣，何疑而遽去也。」公力辭不獲。子美欲新青城壁，擬拆齊之樓櫓以助增修，檄公往相視。公曰：「齊亦吾地，損彼益此，人必以公爲隘，願勿毀。」子美忻然從之。五年有旨升登、萊、濰、密四州爲次邊，遴選能吏可任守貳者。子美以公名應選，差通判登州郡。邑有宗室財用田數百頃，皆磽瘠不毛之地，歲輸萬餘緡，無所收，率取於民以應辦。公條奏得除免。黄縣有大俠，與河上居人有隙，請於朝，言治河事，下部使者，大起夫役。公曰：「是役也，吾未見其利，而徒擾於民。」條具申乞寢罷，朝廷從之。道士高延昭者，恃勢犯法，無復以州縣爲意。公窮治之不顧。已而朝廷遣使結金人爲海上之盟，公語所知曰：「軍興多事，自茲始矣。」磨勘承議郎，宣和元年丐祠，得主管南京鴻慶宫，方退居東陽，結廬山谷間，著書自適，有終焉之志。會延昭訴於朝，以公改建神霄宫不當，林靈素主之，褫職羈置鎮江府。公聞命曰：「罪大責輕，丹徒善地。」即日就道，坐廢四年。公娶陳氏，至是疾卒，卜葬京峴山之陽，就居丹徒，經效恩得自便。四年，差監鎮江府酒税，敘宣教郎。公盡心乃職，課入倍加。六年復判巴州。靖康元年，有詔侍從官各舉所知。御史中丞陳過庭等薦公可任臺諫。召赴闕，公奏對三策，上嘉之。時粘没喝、斡離不再犯河朔，王師一再失利，廷議遣使。八月甲寅，假公宗正少卿，奉使斡離不；李公若水假秘書少監，使粘没喝，副使令選差，七日起發。公曰：「此行不生還矣！」或問其故，公曰：「某豈能屈節外庭上辱君命邪？彼知悔過退師固善，否則，與之力争，必死敵手。」初以和議使爲名，公力奏，言名不正，請改曰計議使，從之。議者謂公剛方難合，且徒死何補？時朝廷意主和，遂改命著作郎劉岑。初王雲使北歸，過磁、相，謂守臣曰：「敵聲勢非前日比，且善因糧，若清野，則無所得矣。」兩州如其言。公抗章，論列宰相非其人，及宣撫使副提大軍逗留不進，並劾云張皇敵勢，迫脅人主，及請河北西路清野，聲東應西，恐從東路入寇，雲墮賊計，先自困西路耳。上以章示雲，雲於是憾公切骨。九月，會詔選易河北帥臣等。辛未，除公朝奉郎直秘閣知磁州，訓詞曰：「河朔列城，每謹擇守，矧茲滏陽，當兩沖會，寄委之重，尤在得人。以爾才術敏强，裕於從政，宣力中外，克著風績，俾膺是選，實允僉言。往其悉爾心力，惟事事乃克有備，則罔後艱，可不懋哉。」時太原新失守，真定攻圍甚急，河北、河東州縣多闕官，被命者率托故不行。公曰：「食君之禄，而臨事畏避，吾君何賴焉？」遂單騎即日就道，從羸卒十餘人至河上。自北來者盡驚曰：「敵已犯真定矣，雖往何益？」笑不納。庚辰至郡。前此，磁經北騎往來，人民流徙，帑藏枵然，不復可守。公至，則繕城壁，浚隍池，治兵器，募豪傑，爲必守計，不逾月而辦。唯糗糧不足，視帑中所有，盡以高價糴米數萬斛，然後廣募義兵，應者雲集。公度所儲尚不能久贍，又出俸助之。由是民間争獻金谷。公上疏，乞邢、洺、磁、趙、相五州各養精兵二萬，敵攻一郡，四郡應援，則一路常有十萬兵。上嘉之，嘗以語康王，其後諸郡議卒不用。時敵人再犯河朔，攻保寨不克，遂治兵中山，大會酋長諸番部於真定，晝夜急攻。壬辰，上親札賜公曰：「知卿糾集軍民，共濟國難，今遣吕剛中、侯章團練起發，想當即日就道，以效忠義之節。苟可立功，一面施行，高爵厚禄，朕所不愛也。」繼除公河北義兵都總管。有招安强寇號第十三將首令者，恣横兇暴，不改故態，馳騁市肆間，公命斬之。公領所練義兵直抵真定，屢與敵接戰。兵力單弱，圍不可解。十月丁酉，真定陷，河北居民震恐。公條畫邊防要策與勤王之議，並上之。十一月，詔曰：「知磁州宗澤，措置邊防利害可採，除秘閣修撰。」訓詞曰：「朕以疆場多虞，干戈未息，咨擇能吏，以扞一方。而滏陽近藩，實當要衝，爾條畫邊務，洞達戎機，剡牘上聞，朕用嘉嘆！中秘論撰之職，其選甚高，非爾之才，不以輕授。益恢遠略，紓我顧憂。」斡離不自真定引兵南進，陷慶源。宣撫使范訥率兵五萬，守滑、浚以扞之。公亦大治甲兵，聲振河朔。斡離不知有備，乃東趨大名，歷魏縣，乙亥自李固渡渡河，恐公兵躡其後，乃分遣數千騎直叩磁州城下。公披甲乘城，令壯士以神臂弓射之，矢下如雨，敵退走，開門縱兵追擊之，斬首數百級。所得牛馬金帛盡以賞軍，其城上用神臂弓者又厚賞之。自是義兵人人奮勵，迭出擊敵，或守要害，日有克捷。初刑部尚書王雲遣從吏李裕間道馳歸，傳斡離不語，若得親王兩府奉使議和，兵庶可解。康王頃嘗與斡離不周旋，北人畏服，乞遣康王。朝廷從之。公抗章乞輟康王之行。朝廷猶豫，會雲繼至，請益堅。上曰：「肅王既留，又遣康王，萬一盡爲所留，奈何？」雲曰：「康王行，則和議可成，和議成，必無留康王之理。臣以百口保之。」上用雲計，於是王被旨出使，以中書舍人耿延禧、觀察使高世則爲參議官。延禧、世則見王，即召雲共語。王曰：「國步艱難，臣子當盡忠竭節，苟可以安社稷何辭使萬里？」顧謂雲曰：「尚書謂此行和議必成，至以百口保之，豈别得斡離不之語乎？」雲争曰：「未嘗敢

爲此説。」王曰：「尚書奏事時，適在御屏後，盡聞所言。」康諟亦侍立榻旁，呼諟出問之，如王語。雲無以對。丁丑發京師，辛巳至磁。公率官吏迎謁，王撫勞甚至。公曰：「大王乃欲親使敵中乎？」王曰：「奉皇帝之命，不可不行。」公曰：「更熟議之。聞敵人由大名已渡河矣，恐不可遣。萬一更如肅王，爲敵所留，又將如之何？以澤觀敵情，豈有肯和之理哉！特設詭詞，欲挽致大王耳，可不察乎？」會郊外飛塵亘天，公密遣裨將張宗領騎數百覘之，甫至三十里，果遇敵騎，遥望問張宗曰：「是非康王與王尚書乎？」宗應聲云：「是。」復傳語尚書可速來。宗回以告公，密戒城中爲備，且以宗所見白之康王，曰：「敵情灼然可見，願大王勿行。」王因問所養兵。公曰：「民兵可及萬人，皆在近地，有急則呼之，饋不費糧，趙、洺、邢、相則無有也。」雲因面責公曰：「公前日見劾何也？」公曰：「如公固不足劾，自宣撫使副劉鞈等，某無不劾之。大抵張皇敵勢者，天下所共疾，何獨某哉？」王行期未決，磁有嘉應侯祠，州人事之甚謹，請康王與王尚書共謁祠下。公從旁贊可之，曰：「卜以決疑。」時有被虜婦人從魏縣寨中脱走至磁，言見斡離不掠太平車，由李固渡相沖如浮橋過南堤，又以船載魏縣官妓，吹笙簫月下而渡，人心聞此殊不寧。且怨曰：「敵不由磁、相，乃從李固渡，前用雲計，徒毁我墻屋，籍我糧草。」壬午，會王謁廟，州民遮馬諫曰：「不可去，肅王已爲人誤，送入燕山。初言至河，必曰斡離不重信義，大臣亦保無他，今果何如？」雲乘馬在後，語之曰：「大王謁廟即歸，非北去也。」民不以雲言爲信，曰：「已有萬人守北門，雖欲行，不可。」延禧、世則諭雲勿與辨。雲曰：「人言何足恤乎？」竟進至廟，民心益忿激，厲聲指雲曰：「此清野之人，爲敵計，真細作也。」謁神畢，民如山擁。公語雲曰：「外頗喧亂，約與偕行。」雲易之，與延禧、世則先出。小吏附耳語延禧曰：「外已失王尚書馬。」延禧約世則速行，百姓皆露刃怒目，因迫視曰：「此非王尚書耶？」雲乘小吏馬，相繼出，遂遇害。及王出廟門，父老前擁言曰：「今離此門五六十里即有敵騎，王雲乃細作也。」王諭以不復北去，衆始引退。王諭公取首亂者一人斬之，梟首廟前，收雲從吏隸王府，内外乃定。從馬識遠取國書，識遠曰：「雖雲副使，實曰小吏，國書未嘗見也。」乃發雲行李，索得國書，並上賜肅王、肅王夫人書，長主與都尉曹晟書，咸已發封，知前後未嘗達也。又得皂裘一、番巾三、羅綾錦各一。王曰：「必有人見此，故謂雲爲細作也。」衆因謂磁不可留。又初過河之明日，巡警使臣任永爲敵騎所掠，問王所在，永不以實告。後得脱告王。癸未，王留相州。乙酉，斡離不軍劉家寺，京城戒嚴。閏十一月癸巳，粘没喝亦至，軍青城。己酉，朝廷遣忠訓郎閤門祇候秦仔等賫蠟書詣王：康王可充兵馬大元帥，陳亨伯可充兵馬元帥，宗澤、汪伯彦可充副元帥。丙辰，京城失守。戊午，王語僚屬曰：「吾夕夢皇帝脱衣賜我，我服之，此何征也。」有頃，仔至再拜，以蠟書進。王涕泣望闕謝恩，軍民感動。仔曰：「敵圍城甚急，方大雪，皇帝御遥津亭，遣仔等請王起兵入衛。」十二月壬戌朔，王開大元帥府於相州，備御札行下。丁卯準大元帥府備坐，詔曰：「乃知州郡糾合軍民共起精兵，此皆祖宗百年涵養忠孝之士，天地神祇所當佑助，同力葉謀，以濟大功，應辟置官屬，兹從便益。札下知磁州秘閣修撰宗澤准此。」公拜命感泣。甲子，御前再遣閤門祇候侯章至大元帥府，出蠟書曰：「京城圍團日久，康王真朕心腹手足之托，已除兵馬大元帥，更無疑惑，可星夜前來入援。」章曰：「皇帝遣章十輩來，唯章一人得達。陛辭日宣諭臣曰：王辟中書舍人，得可令便益草詔，盡起河北精兵入援。又曰：恐諸郡留精兵自衛，當使守臣自將，庶盡得精鋭之兵。」或難章曰：「審如此，則河朔兵一空，他日金人歸師，列城何恃？」章曰：「方京城事急，未遑他議。況此出皇帝之意。」王乃命延禧草詔如章言頒之。乙丑，大元帥府乃傳檄諸郡。其檄曰：「契勘閏十一月二十七日，康王於相州被受御前蠟封，皇帝親筆除兵馬大元帥，已於今月一日開府。三日又準閤門祇候侯章賫詔書來，催促起兵。當府除已備坐詔書行下外，仰逐州依詔書，守臣自將。竊惟敵人猖獗，再犯京城，攻圍未解，君父憂危。臣子之心，義當效死，矧凡在職，世受國恩，當此艱危，豈應坐視？宜勉忠義，戮力勤王。仰逐州守臣如指揮到日，依已降詔旨，不移刻措置起兵，除量留本處募到土豪分擺地方守御外，盡數刬刷官兵精鋭，招集强壯堪充出戰人，逐色團結，並堅利器械，隨隊附帶，差得力人，官兵以將佐隊將押隊内選差，民兵以知縣丞簿巡尉内選差，逐州使臣，更加措置，糧料輕賫，以防沿路次舍艱食，隨宜供億。本府已選定十二月十七日以後，正月三十日以前，節次到大名府會合，聽候指揮，審度前進。右札送中山府陳延康亨伯、知河間府黄待制潛善、知冀州權修撰邦彦、知德信州梁徽猷揚祖、知洺州王寶文麟、知深州姚直閣鵬、知磁州宗修撰澤、知德州滑大夫彦齡、知棣州趙大夫闕、知博州孫大夫振、知慶源府裴刺史汝明、知保州葛刺史逢、知霸州辛刺史彦宗、知安肅軍王大夫徹等，准此。」唯中山、慶源受圍不得通，餘悉被受。丁卯，上遺僉書樞密院事曹輔同北使迎王，且密爲蠟封及礬書付之，因令賫詔撫諭河北。詔曰：「大金軍已登城，斂兵不下。朕親出郊，見兩院帥，和議遂定，宗社自安，

生靈獲全，恩厚德深。恐四方隔絶日久，未免疑惑，仰諸路監司守臣速行撫諭，及移文鄰路，各令安業，故茲詔示，想宜知悉。」乙亥，王發相州，丁丑至大名。先是，公屢言宜會兵奪李固渡，斷敵歸路，衆議不可。公聞李固渡敵騎往來不斷，自將秦光弼，出東西兩門夾擊之。敵兵潰，斬首數百級，因拔城下寨。光弼兵不過千餘人，更出迭進，以撓李固寨。敵既渡河，留兵數萬屯西岸，有寨數百。公時遣壯士夜搗之，破三十餘寨，奪其資糧。翼日，會大元帥府檄至，約提兵會大名，遂班師。公即量留人兵守御磁城，盡提所募兵進渡漳水，宿鄴鎮。軍馬履冰渡河，時天大雪，公披堅乘馬，道逢郡守，往往卧氈車，賷庖具自隨。公與士卒同甘苦，故人樂爲用。癸未至大名，領兵以參王府，王諭撫循甚至，論至終日，且曰：「京師受圍日久，入援之策不可緩，乞早處分。」王即面諭公就供副帥之職，僉書公名。公禀命退。繼除公爲集英殿修撰，曰：「伏見兵馬副元帥宗澤，風力敏强，氣節高邁。方時艱棘，夙夜精勤，招集民兵，豪傑争輔。志存滅敵，義不辭難，經營百爲，各有條序，老當益壯，今見其人。宜除集英殿修撰，已具奏聞去訖，右札付准此。」公翼日入謝。初，粘没喝欲召王還京師，其曹輔之出迎王也，敵以甲騎三千從。輔東至興仁，城守甚備，王師二萬列栅郭門外，敵騎去城數里許，留不進。輔獨入城，與知府事曾懋密語，具道敵已登城，而斂兵不下，議和恐可成。懋詰輔曰：「敵人貪冒奸詐，豈有登城而兵不下者？必公家族遭執脅，爲是言耳。」輔乃裂礬書示懋，並出蠟封，令奉上大元帥府。甲申，破蠟封，乃上手詔，曰：「京城失守，社稷安危，尚賴金人講和，止於割地而已。仰大元帥康王將天下勤王兵總領分屯近甸，以同濟難，無得輕動，恐誤國事。四方將帥，亦宜詳此。」次以礬書，其字粲然，乃樞密院書也。書曰：「大金已通和好，猶未退師。諸路勤王人兵，可且於稍近三五程間駐紮，候師退日放散。」於是汪伯彦等在側，咸執以爲然。公曰：「敵人狡譎，事勢如此，是必款我師也，豈可深信，以詒後悔。」乙酉，知洺州直寶文閣王麟，將千人詣大元帥府，謁告歸視親疾。從之，以兵隸公。丙戌，王會幕府議行軍所向。公請直趨開德府，次第進發，以解京師之圍。伯彦曰：「不可。敵兵十萬圍京城，四控要害自衛，南抵都城，壁壘相望，覘者水火不通，吾當量力，何論解圍也。」公曰：「京城圍閉日久，君臣相望入援何啻飢渴！方今之計，當言軍中久不聞天子詔令，願見君父。既曰通和，請亟退，設有詭詐，則吾兵已在城下。」王從之，命公先行審敵情，大元帥以次進發。戊子，公提兵二萬發大名，以劉浩將前軍，尚公緒將左軍，陳淬將中軍，常景將右軍，王孝忠將後軍，河北轉運判官顧複本隨軍應付，出南門趨開德府，聲言王在軍中。庚寅，王發大名，如東平。二年春正月辛卯，公至開德府，時遣精鋭與敵挑戰，前後十三戰，兵出輒捷，敵自是不犯開德。癸巳，王次東平。敵挾帝迎王甚急。乙未，遣中書張澂行。戊戌，澂持詔直叩開德，問王所在，諸將以不知答之。澂曰：「敵方登城，援兵未可進，徒誤大事。」公曰：「此賊爲他來款我師。」令壯士乘城射之，澂與敵俱遁走。閤門宣贊舍人蔣彬持詔至北道總管司。詔曰：「朕自即位以來，金人交戰不已。朕累下哀痛之詔，諒爾久悉朕意。今金人攻圍京城已及一年，應援兵尚爾稽遲，使社稷生靈坐以待盡。比者金人已登城，按甲議和，欲使朕與吾民肝腦塗地。金人請求，靡有不從。每念屈辱之極，時事如此，不獲已，許帝姬和親，立大河爲界。而金人實未斂兵，質我太上皇帝，又欲使朕南遷。朕自禱皇天，皇天未之震怒；下告人民，人民未之懷憤。祖宗積累，至此而欲盡乎？朕之德薄，不能以保吾民乎？朕思一身朝夕不能安，痛切深思，實無罪戾，夫何使朕與吾民至此極也！咨爾河北之民，與其陷於邊裔，孰若發憤，抱孝懷忠，更相推立首領，多與官資，監司守土帥臣，與爾推讓，結集北道軍州，自以爲號，守疆土，使予中國不失於邊裔，天下安平，朕與汝等分土共享之。朕言及此，痛若碎首。故茲詔示，宜體至懷。」辛丑，右文殿修撰知冀州權邦彦，帥州兵千人至大元帥府，王命屯開德，受公節制。二月丁卯，王命公及黄潛善分領勤王兵。檄曰：「契勘金人長驅再來，攻圍京城，當府近自河北被旨勤王，已領大兵過河，與諸路會合，前進解圍，救援君父，夙夜痛心，惟恐緩期。尋據興仁府申到曹樞密所傳蠟書手詔，及樞密院礬書白札子，當府尋節次探得，金人自京城紮寨，擺佈北來，直至東明宛亭，南至胙城，東跨五丈河，西抵黄河，水泄不通。度其奸計，一則把截，以防北來勤王之師，一則恐朝暮不測，迤邐進寨，漸回東北，前來窺伺。吾軍若不前起，慮落奸後，立見危殆。今合將諸頭項人馬，節次分遣於開德府、興仁府、濮州、柏林鎮、廣濟軍、單州一帶擺佈駐紮，除權邦彦、尚公緒、常景、王孝忠、孔彦盛隸宗元帥，張換、高公翰、王善隸黄待制外，今撥濮州閆丘升、姚鵬、孫振等共二萬四千人，並仰聽宗元帥節制，廣濟軍丁順、孟世寧、温宗建、李大鈞、張榮等共二萬五千人，並仰聽黄待制節制。仍各深切體認，今來擺佈人馬與寨柵，一如對壘相望，足以伺察動息。仰更切不住遣信實得力人偵探，多方尋路前去，鈎索金人去往之意、久近之期、所向之方。如是不測，引兵前來侵軼，仰火急戒嚴持重，以待乘便掩殺；仍一面馳檄諸處，相爲應援，及節

次不移時飛申當府，以憑差撥人馬前去策應。如是探得京師動息，或有釁可乘，要須審度可否，飛申當府，當審詳事宜，約南京宣總司催促陝西、江淮勤王師帥，相與審度，然後克日大舉，互相應援。務在警懼，以備不虞，庶幾正應詔旨，不誤國事。」先是大元帥府遣張超、李安入京城偵探，至東明爲敵所得，因留北寨，聞敵言國相已令於三山縛橋絞筏，期以端午到燕京。既而走脱歸，爲王言之。於是王會幕府議，或云敵雖曰斂兵不下，而京城沉默，息耗不通，不若約進兵便；或言京城四壁既爲敵有，吾師一逼之，如太上皇帝何！議不決。己巳，乃再草檄行下曰：「契勘當府今月七日，已札黄待制、宗元帥節制開德、興仁兩府，濮、單二州，廣濟軍、柏林鎮等處諸頭項人馬，與宣、總兩司互相應援，務在警懼，以備不虞，要當審詳，毋或輕舉，庶幾上應手詔，不誤國事。並札宣撫司照會外，今再簡蠟書手詔，及樞密院指揮大意，謂金人登城，斂兵不下，已通和好。勤王人馬未可向前，恐徒誤國。今來雖已札下開德府駐紥宗元帥，節制濮州閭丘升、姚鵬、孫振，及將隨軍陳淬一行諸頭項人馬並聽節制。並札下興仁府駐紥黄待制，節制廣濟軍丁順、孟世寧、温宗建、李大鈞、張榮，駐紥柏林鎮等，將隨軍張換等一行諸頭項人馬並聽節制，及宣總司互相應援。切慮堤備未謹，審度未盡，仰逐處更切差得力信實之人，前去京城以來，多方偵探。如是登城之敵未有退期，及胙城、衛南、韋城、宛亭、東明、南華等處敵寨稍有隙可乘，便合隨處事宜，審觀形勢，料度彼己，見得委是可以前進，即仰一面進寨駐紥，與附近人馬遞相關報，互相應援，仍申當府，以憑策應，不可守株。如未得利便，不宜妄動，上誤國計。即日具本處動息，及探報到事宜，具狀飛申，並札宣總司照會施行，令遍牒陝西、江淮諸路勤王師帥照會施行。」公得檄，日謀進發。檄閭丘升人馬，逗留不前。公聞王善叛去，遣人招集之，得三千餘人，尚以兵力單弱不能進。乙亥，有佛奴者，本大名之魏縣人，爲敵所得，至劉家寺寨，凡半月，脱而北歸。至宛亭，會雨雪，苦寒不能進，又爲彼游騎所掠，留宛亭寨中，使牧羊。聞敵言須麥秀可歸師，庶無水草之慮。已而復乘間得脱，北走，官軍得之，送大元帥府，具道彼中事。因言敵之大酋死事者，感傷切至，以刀剺額，跪而大哭，佛奴能周旋以效之。於是王命檢書。己巳、丁卯，檄書再下，付公照應施行。初武義大夫閤門宣贊舍人常景之將孔彦威，告景叛。王命彦威擒景，許以景官及兵授之。是日，彦威斬景，以首級來。於是彦威自承信郎除武翼大夫閤門宣贊舍人，統景兵萬人，赴開德披城下寨，令受公節制，即彦丹也。戊寅，王謂幕府曰：「京城寂然無耗，扎探未詳，吾食息不安，可再檄開德、興仁，並下南京宣總司。」其檄曰：「契勘金人歸期，全未見的確，信息不通。或云係橋，或云絞筏，不久渡河。然登城之敵至今不下，大寨或有未起，小寨旁列四起，劫虜吾民，搬運糧料。或候麥苗長大，可以餵飼牛馬，方可北歸。是未有去計，講和之説實款我天下之師。觀其形勢，慮包詭謀。今仰見在開德府副元帥宗修撰、興仁府黄待制，各宜加意召募信實之人前去偵探，如是得委有奸計，尚或窺伺京城，未有退師之意，仰詳審形勢，料度彼己，隨處糾合附近諸頭項統制官兵，克日進寨於近京駐紥，張大軍勢，逼脅令去。仍宜持重，明遠斥堠，毋致反落奸後。不得先以兵馬挑弄，自啓敗盟之釁。內如宗元帥舉師之日，先告諭開德府、濮州；如黄待制起師之日，先告諭興仁府、單州，廣濟軍，各嚴備守御。其逐處城上地分，先已撥布。若軍民之兵，不得一例起發，使各保守，以防乘虚。並仰南京宣總司照會宗元帥、黄待制一依今來指揮，各精細覘探，互相關報，會合進寨，約於近京駐紥，務要聲援相應。仍下河北運判顧大夫、京東運副黄龍圖、隨軍轉運梁修撰等，各隨處應付錢糧，不可小有缺誤。小帖子並契勘南京、開德府、興仁府等處，去京城遠近不同，即起發當有先後，務要同日到京城側近，切在契勘，無令參差不齊。又小帖子再契勘京城圍閉日久，昨朝廷遣使賫傳詔諭，雖知金人已再講和，無復虜掠，然到今累月，未聞退師。今勤王之師，諸道雲集，使欲相與戮力進兵血戰，仰念聖上屈己崇信講好息民之意，未得輕進。當府已累札下，審觀形勢，可進則進，無先以兵相加，自取敗盟之釁。今仰副元帥宗修撰、節制黄待制、宣撫范承宣訥、北道總管趙資政野、經制翁閣學彦國、發運向閣學子諲、發運方徽猷孟卿、淮南路提刑汪郎中師忠、知揚州許龍圖汾、前知密州郭待制奉世、西道總管王資政襄、陝西五路制置錢侍郎蓋、知汝寧府趙侍郎子崧，仰各申飭諸將，整軍伍，利器械，具糗糧，若旬日之間師猶未退，忍復坐視！當約日齊進，誓身一戰。凡在臣子，世受國恩，各懷忠義之報，必效死立功，仍仰吐心瀝誠，紬繹方略，合謀解難，速行條具供申。」公捧檄，謂諸將曰：「王府今檄，灼見敵情，忍坐視乎？」是時北道總管趙野，與河北東路宣撫使范訥，命軍南京，自號宣撫司。趙軍自大名亂後，尤無紀律，日出剽掠，甚於敵騎。獨公日夕以都城之圍未解，憂慮切至，書告大元帥曰：「敵人果修好，即應退師。今兵久不解，疑生變。乞更檄諸道，約日進兵，同會京城。」公又移書野、訥、曾楙，以君父危急，願協心入援。野輩盡以公爲狂，不答。時子諲在宿，子崧在陳，何志同在許，陞在濮，楙在曹，俱環京列屯不進。彦國則

經制東南六路兵，徘徊於淮甸間。初朝廷以彦國爲經制，使盡起東南六路兵入援。彦國所統洞丁，槍杖弓兵數萬，屯泗州。聞京城圍閉，顧望不行。知州事賈公望率官屬詣彦國曰：「京城報甚急，天子日夜望中丞救援，今留此不進，豈欲反乎？不惟上負朝廷，泗州久壘，錢糧俱竭，自明日更不供。公宜斬公望以謝軍，第恐朝廷他日未遽貸公耳。」彦國色沮，翼日提軍迂程趨淮西而去。公料賊決有異謀，且會兵五旬，無一人至者，即欲以孤軍進，召諸將計議。都統制陳淬曰：「敵方熾，未可輕舉。」公怒，欲斬之。諸將拜，乞貸淬效死，釋之。會得大元帥府檄令會合。庚辰，公乃進栅南華境上，命淬曰：「汝當先諸將一行，謝前日之守。」淬曰：「敢不效力！」遂進兵。未十里與敵遇，出敵不意敗之，即頓兵南華。是日，康王發東平，癸未至濟州。三月朔，二聖在郊宫。丁酉，太宰張邦昌以敵命僭立。敵自宛亭引衆逼興仁，列栅而屯，復分兵寇開德。公遣彦威與戰，敗之。度敵必犯濮州，急遣邦彦嚴爲之備。兵果至，接戰，復敗之，駐於近郊。辛丑再戰，殺傷相當。公自南華遣二千餘騎援濮州，敵兵引去。復向開德，邦彦、彦威合軍夾擊，敗之。壬寅，公親提所節制兵進至衛南，前驅報曰：「前逼敵營，當少避之。」公曰：「第言兩國既和，久不退師，我欲入覲君父，敵無得出寨。」諸將莫曉其意。公曰：「以將孤兵寡，不深入重地，不能成意外之功。」公揮衆入敵區，彼亦陳兵以待。公操戈直前，親冒矢石與敵戰，敗之，轉戰而東。敵益兵至，刃既接，陽敗而却。我師追擊不利，傷者什二，王孝忠死之。公令將士曰：「今前後盡敵壘，進退等死，當從死中求生。」士卒亦知必死，人人争奮，莫不一當百。敵大敗，斬首數千級，敵退却數十里。遂據韋城。已而公私自計曰：「敵兵十倍於我，一戰而却，必當有謀，若盡合諸營鐵騎，夜以襲我，我軍殆矣。」深暮戒裨將辛叔禧、杜琳曰：「徙軍南華！」敵果夜至，得空營，大驚，自此深溝自固，兵不再出矣。癸卯，自南華遣兵過大溝河，出敵不意襲擊，敗之。自戊寅檄後，兵無會者，獨公屢與敵戰，每捷到，王嘉嘆不已，於是承制除徽猷閣待制，辭曰：「兵馬大元帥府，竊見朝奉郎集英殿修撰、河北義兵都總管兵馬副元帥宗澤，自河北躬率大兵，鼓行而南，與敵對壘，初則養鋭以待，今則奮怒而前，人之所難，視之甚易，心堅金石，忠義凛然，協濟大功，且有褒擢，今除徽猷閣待制。」先是覘事人張宗至京師，爲邏者所得，執以見權領尚書省王時雍，宗具言遣來狀。時雍以邦昌事告之，且補武修郎，不受，乞歸報府。時雍縱之。丁巳，黄潛善攜宗至大元帥府，出邦昌僞號文字、金人號文字赦文。王讀畢，往麟嘉堂，與府僚呼問之。王慟哭，期以身先士卒，邀二聖於河北。諸將曰：「此將臣職耳，大王乃宗廟所係，不可輕舉。」王謂府僚曰：「斯報國之秋，可速檄河南北諸郡，及河北山水寨一應官民之兵，邀其歸路，或斷橋阨險，設伏襲擊，當親提大軍策應效死，仍檄副元帥宗澤依策應行之。」戊午，公得陷敵宗室二人，問以都城事，言二聖留敵營未還。公具上大元帥府。己未，公起南華，進兵臨濮。夏四月庚申朔，兩宫北狩，敵營定議以斡離不軍由滑州路進發，以粘没喝軍由鄭州路進發，兩路護送，日行數百里。辛酉，大元帥府傳檄郡國曰：「靖康二年四月二日，兵馬大元帥皇帝弟康王構檄郡邑曰：見危致命者，忠臣之心；視死如歸者，烈士之志。凡在率土，世受湛恩，今陳瀝血之辭，庶獲捐軀之效。兹者上皇禪位，下詔責躬，事出忱誠，人皆惻隱。恭惟皇帝遵養潛邸十有五年，克儉克勤，博通經史，天下延頸，莫不歸心。及受禪之日，金人大入，許割三鎮，乃肯退師。皇帝念祖宗之故疆及陵寢之重地，請計賦租之入，以爲歲幣之常。乃曰渝盟，實惟求釁，再操戈而詣闕，遂鼓衆以乘墉。至於屈己稱臣，露章引咎。初斂兵不下，詭曰通和；既邀駕出臨，乃輒留駐。故人望北塵而徯后，既已降詔而割地腴，民畏左衽而拒門，又爲隙端，以肆貪慾。今者二聖太子諸王近臣皆質敵營，恐將北去，考之自昔，未有或然。臣子之心，痛憤徹骨。構昨奉睿旨，充兵馬大元帥，倡義率衆，形從響答，數百萬衆奮怒而前，内揆人心，可知天意，逼逐狂類，今兹已行。强抑臣僚，俾從僭位，天怒人怨，曷能安居！除已發遣大兵，糾合諸郡，把阨險阻，焚絶河梁，或迎擊於前，或追躡於後，期於掃清千里，迎還兩宫。帥臣等其統饒鋭之衆，使堅忠義之心，撫摩良善之民，毋忘歸戴之舊，凡關津之出入，謹於防奸，或文書之往來，審於辨詐，以報皇朝之涵養，以底天下之治安。報德賞功，非言可究，三靈在上，實聞其言。」仍下宣撫使范訥、河北道總管趙野、西路副總管孫昭遠、經制使翁彦國、東道副總管朱勝非、西道副總管高公紀、陝西制置使錢蓋、京兆帥范致虚、鄜延帥張深、副總管劉光世、熙河帥王似、知汝寧府趙子崧、發運判官方孟卿、向子諲，亟會兵城下，以俟進發，奉迎二聖，無得輒入都城，因緣殺掠。初公遣人覘敵動息，見其日夜益兵，增寨栅、備守御甚嚴。公曰：「是款我師，必欲由他道遁也。」即夜遣兵襲之，得其所掠人，問以都城間事。或言二聖已爲彼邀取間道渡河北去矣，公未之信，方謀引兵渡大河，據敵歸路，而對壘諸營一夕解去。公方知二聖果播遷，北望號慟，即自臨濮提孤軍趨滑州，走黎陽，由大伾，壬午至大名府城南下寨，欲徑渡河，迎取乘輿。而勤王之兵無一至者，又聞邦昌僭

立，即回，欲先行誅討，且密遣健步，間道持檄，安慰京城士庶，曰：「兵馬副元帥宗待制，契勘當府所統率軍兵，奉大元帥康王指揮會合，分遣諸處人馬，追襲掩截金人，仍令隨軍便宜措置。自承大元帥府札子，星夜間道，遠遣使臣等遍督河北、河東路州軍府將，合心并力，各據要害，斷絶橋梁，把扼圍擊，救迎二聖與諸王皇族並后妃，期還宮闕。與三軍將佐效臣子死節，誓報國恩。及行下大名府諸路，分催諸處義兵將士五路人馬，相約掩擊去訖。照對自去年十一月以後，金人登城，按甲不下，假倡和議，款四方勤王之兵，坐敝近甸，詭詐百出，使中外聲援不相接，致請二聖出郊，乃輦金載帛，罄竭帑藏，以遂其欲。又邀擁鑾輿及皇族子孫后妃已下，逾河北去。及是啓行外，方始知覺，四方痛切忿恨，呼天號訴，日月慘色，豈裔敵戕我中國，乃上累君父！竊惟大宋一統天下，祖宗功德，滋休太平，自古莫比。本緣奸臣誤國，結怨生隙，流毒遺患，遂至今日。然以天下之大，宗社之重，天眷有宋，垂億萬年，其必有在，恃公卿將相一心保護廟朝，安存士庶，以此見大宋之恩德甚深，與天地終始。其都城軍民僧道等，思慕之心，豈有窮已。今大元帥康王，忠孝友愛，出自天性，總兵於外，親擐甲冑，冒犯風雨，欲戡定國難，輯寧方夏。會諸路勤王之師，不啻百萬，前此守議和信盟，以俟敵退，俯爲生靈，每戒輕動。暨國家一落敵計，蒼生奈何！康王聞此，泣盡繼血，雖草木無知，亦須悲痛。左右開勉莫回，便欲躍身自奮，手格狂類，以刷君父之恥。見不住進發人馬，催督忠義士，數路合擊，雖封王建節，皆許充賞，期以力救駕回，用慰中外。故未忍歸朝瞻望闕庭，款謁宗廟，與本朝諸臣父老軍民僧道相見。伏想輿情，日夕願望，必興念祖宗積累之厚，遽遭金人作孽，致二帝播遷，惟康王爲宗廟社稷所賴，佇成大功，禔福天下。當府駐兵去都城不遠，須至詳具公移慰撫都人者。」時諜者言京城修守御之具。王曰：「果如此，或諸道兵馬皆來討逆，則吾民重困矣。」乃貽書於公曰：「御咨目上元帥待制臺座：初夏漸熱，伏惟總御師徒，勤勞王事，臺候萬福。構去歲使敵營，中道輟行，所攜不過千人。閏月被命帥師，始集東北兵民，進未及畿，已承再和之詔；繼得礬書，又戒牛事，且防忌器，未敢輕舉，但分屯近畿，爲逼逐之計。閱日既久，賴知敵情，不免督兵前去。繼聞領兵戡難，感涕交頤，即具公文，當已呈達。今聞大臣之在敵中者，日久分深，承其付託，而二聖二后青宮諸王北渡大河，五内殞裂，不如無生。便欲身先士卒，手刃孽徒，身膏草野，以救君父。而僚屬不容，謂祖宗德澤，主上仁聖，臣民歸戴，天意未改，故老近臣，將帥軍民，忠義有素，當資衆力，具成忠孝，本意除已具公文外，伏望鼓作士氣，開曉士心，奉迎君父，永安社稷，以成不世之勛。構不任痛憤泣血懇切之情。所有受敵付託之人，義當征誅。然聞二聖之在郊，已膺僭僞，慮百官之謀國，或出權宜，未當輕動，徒使京城重擾，軍民被害，致欲按甲近城，容構移書問故，得其實情，即時關報施行未晚。今日之事，非左右戮力，造次在念，恐不能濟。伏望孚察未瞻會聞，尚冀厚爲宗社所賴，保倍臺重，不宣。」書後復批曰：「近有尚書省札子，於濟、鄆間訪求行府，語意無他，尤宜謹重，仍嚴備也。」公得大元帥書，約移師近都城，按甲觀變。公曰：「人臣安有張紅蓋服赭袍居正殿者乎？」即上書謝。繼探報人申俊等，申繳張邦昌赦文。公讀之益憤怒，即具申大元帥府，繼具札子告王。兩札上，公謂所知曰：「怨結王之左右矣，不恤也。」戊辰，邦昌召從官入延福宮，請元祐皇后垂簾聽政，遣奉御使尚書左丞馮解、副使權尚書右丞李回，詣大元帥府迎王。己巳，邦昌以太宰退處資善堂。大元帥府隨行官屬耿南仲等上表勸進，王不許。公亦累狀懇請，批答曰：「兵馬大元帥皇弟康王，答副元帥宗待制：敵人犯順，輒肆剽侵，大兵前驅，本期殄滅，亟聞失守，遂蔑戰功。永惟太祖創業垂二百年，二聖在位幾三十載，既遭蕩析，乃至播遷，涕泪横流，心肝糜潰，有天有地，古今所未嘗聞，爲子爲臣，夙夜實不遑發。方行追躡，誓必邀迎。念元帥之權實出上意，顧國家之任難徇衆情，所請難議施行。」公再上狀勸進。再批答曰：「兵馬大元帥皇弟康王，答副元帥宗待制：金人披猖，鑾輿播越，詔令不下，無所禀承。遐邇民心，翕然見屬，謂天下之動，必正於一。故連日之請乃至於三，雖輿情難以輒違，而孝心有所不忍。方將遍覽所上，詳熟以思，俟入京城，款謁宗廟，若鑾輿未還，欲撫定民庶，權聽國事。宜體此意，無復苦陳。」初濟陰夜有紅光燭天，如赤烏翔翥狀，識者以爲宋火德之符。於是濟之父老軍民以萬計，詣大元帥府乞王即位於濟。幕府群僚或曰濟，或曰南京，議未決。會公亦乞於南京開府，於是南京之議遂定。戊寅，大元帥府命公部將士於長垣、韋城、衛南、南華，己卯以次進發。庚辰，王發濟州，癸未至南京。五月庚寅朔，王即皇帝位於南京，大赦天下，曰：「皇天佑宋，卜世過於漢唐；藝祖承周，受禪同乎舜禹。列聖嗣無疆之歷，保邦隆不拔之基。屬以朝奸，稔成邊釁，恃中都之安富，忘外敵之憑陵。馴致金人來犯京邑，初登城而不下，終邀駕以偕行。痛念鑾輿遠征沙漠，宗族從而遷徙，宮闈爲之一空，强抑臣僚，俾僭位號。朕以介弟之親而受旨，開元帥之府以總師，方輸敵愾之忠，亟奉講和之詔，豈圖變故，終致阽危。蓋嘗指日以誓諸軍，使前迎而後請，

不憚瀝血而檄率土，冀外附而內親。而三事大夫與萬邦黎獻，共致樂推之懇，靡容牢避之私。謂亹亹萬機，難以一日而曠位；矧皇皇四海，詎可三月而無君。勉徇群情，嗣登大寶，宵衣旰食，紹祖宗垂創之基；疾首痛心，懷父兄播遷之難。顧號令久隔，衆罔繫心，軍旅薦興，民多失業，慰民耳目之注，敷朕腹心之言，爰布湛恩，誕綏區夏，可大赦天下，改元建炎。於戲！聖人何以加孝，朕每懷問寢之思；天子必有所先，朕欲救在原之急。嗟哉文武之烈，若茲忠義之家，不食而哭秦庭，士當勇於報國；左袒而爲劉氏，人咸樂於愛君。其一德以一心，佇立功而立事，同候兩宮之復，終圖萬世之安。副我憂勤，蹐待康乂。」以黃潛善爲中書侍郎，汪伯彥爲同知樞密院事。辛卯，詔元帥府限十日結局，詔公赴南京行在。甲午，公上表賀。乙巳，准告覃恩轉朝請郎，訓詞曰：「朕纂服丕承，疏恩大賚，眷惟邇烈，宜在褒嘉。具位宗澤，執德粹明，受材宏達，自升華於法從，良著績於周行，加秩之崇，於昭新渥，輸忠之報，益展素懷。」公拜命，上謝表。分兵河上，量帶數百騎，徑自衛南、南華詣行在所。六月己未朔，公入對，氣哽不能語，涕泗交頤，上亦爲之動容。復陳興衰撥亂大計，極論當時人材。上問勞甚厚，凡進四札，上有留中之意，而左右不容。癸亥，以公爲龍圖閣學士、知襄陽府、提舉隨房郢州兵馬巡檢事。訓詞曰：「唐太宗天策舊僚，以次登用，皆備公卿之選。朕元帥開府，總兵朔方，汝起滏陽之師，實爲傾助。肆加褒擢，無愧前聞。具官宗澤，博學雄文，懿行高節，剛大之氣至老不屈，縱横之才應變尤長。力陳排難之謀，克奮勤王之志。獨當一面，聲望卓然。並嘉翊戴之功，宜有褒遷之寵。躐延秘閣之華序，往鎮襄陽之大邦，共濟多艱，聿來圖效。既通二禁之籍，勿替告猷；仍俾千里之民，悉安新政。」時復有割地之議，公上疏。上聞其言，壯之。戊辰，改知青州，上丞相李綱書。尋以公知開封府，訓詞曰：「朕哀憫元元罹兵禍，思欲濯瘡痍爲寒燠，變呻吟爲謳歌，用以靈承，顧諟天命，庶幾休息。惟京師雜五方之俗，事物大繁，號稱難治。用勞侍從之良，典司尹正之重，以爾氣渾而質厚，中偉而外莊，篤望可以鎮浮，長才足以周變，優游兩禁，譽處益隆，是用膺青社賜履之邦，莅三輔浩穰之寄。惟爾乃者從朕兵間，訏謨密勿，固知予德意志慮所向矣。往宣爾術，底於輯寧，益昭爾庸，用符僉屬。」公拜命，即日就道，以七月乙巳到京城。京城自敵騎退歸，樓櫓盡廢，諸道之師雜居寺觀，盜賊縱横，人情恟恟。時敵留屯河上，距京城無二百里，金鼓之聲朝夕相聞。京畿千里之民與京東西連亘數千里，咸懷悚慄。公到，首發爲敵之淵藪者數人，誅之。又令都市曰：爲盜者贓無輕重並從軍法。由是豪强退縮，盜賊屏竄，人皆靡然悦服，曰：「今有宗公，我不危矣。」公察人情粗安，市肆商賈稍稍如舊，上疏乞回鑾。時詔荆襄江淮悉備巡幸，有維揚金陵一議，公復上疏。一日，敵有八人以使楚爲名，直至京師。公訝之，是必假此名以覘我虛實，因納議狀遺范公留守，請收置牢狴，奏取朝廷指揮。范公然之，即具奏。公復上河北、京東路稅鹽札子。八月壬戌，以公兼京師副留守。會范訥罷，除公延康殿學士、京城留守，兼開封尹。訓辭曰：「汴居鄭、滑、曹、許之間，其地平衍，無山河百二之固。太平日久，人亦惰驕，骫骳不武，一經邊塵，戞然惕息，尤欲得人而綏輯之。具位某，頃守滏陽，一節不撓，艱難險阻，忠力彌劭。身膺簡寄，更試留鑰，曾未閱月，政聲流聞。延登秘殿之華，增重畿封之任，爾其戢奸恤隱，酌寬猛之中，使民畏而愛之，稱朕畀付之意。」公具狀辭免，降詔不允，曰：「省所奏辭免恩命事，具悉。國家制均諸郡，溥循銅虎之規；體重別都，特厚玉麟之寄。矧今京邑，實古大梁，億載之所卜年，列聖於斯御極。肆朕纂承之始，暫爲巡狩之行，倚貴臣而居留，仍兼官於尹正，庶幾彈壓，克用枚寧。卿堅强敢爲，慷慨自信，威足以禁暴，明足以督奸，善良恃以帖安，豪猾爲之戢息。茲升華於秘殿，俾增重於中都，何必謙撝，形於奏牘，往膺褒顯，以副眷懷，所請宜不允。」上表謝。繼奉詔，令所拘留敵使，遷置別館，優加待遇。公上疏，再奉詔曰：「卿彈壓强梗，保護都城，寬朕顧憂，深所倚仗。但拘留金使，未達朕心，朕之待卿盡矣，卿宜體此。」公奉詔，即出八人縱之，上表謝。丙寅，詔賜對衣金帶。上表謝。時議者多以公拘囚金人爲非，獨尚書左丞許景衡知公最深，上疏辨之，曰：「臣竊聞讒者多指開封尹宗澤過失事，未知是否如何？宗澤之爲人及其爲政，固不能上逃聖鑒，第未知果指何事而言也？若只拘留金國使人，此誠宗澤之失也。然原其本心，只緣忠義所激，出於輕發，未審國家事體耳，不知别有何等罪犯也？然臣自浙渡淮，以至行在，得之來自京師者，皆言澤之爲尹，威名政績，卓然過人，誅鋤强梗，撫循善良，都城帖然，莫敢犯者。又方修守御之備，歷歷可觀，臣雖不識其人，竊用嘆慕。每以爲去冬京城之內不能固守，良由大臣無謀，尹正非才之故。使當時有如宗澤等數輩，赤心許國，相與維持，則其禍變亦未至如此其酷也。往者不可咎，來者猶可追，今若較其末節小疵，便以爲罪，而不顧其盡忠報國之大節，則臣雖至愚，竊以爲過矣。況宗澤昔在河朔，遭遇陛下，遮留拱衛，繼參幕府，宣力尤多；今尹天府，其績效又章章如此，則其所爲終始亦可觀矣。議者獨不能少優容之，其不恕亦已甚。

且開封宗廟社稷之所在，其擇人居守，尤非他州別路之比，今若罷宗澤，則當別選留守，不識今之縉紳，其威名政績亦有加於宗澤者乎？若有其人，則除受交割，尚費日月，兵民亦未信服，防秋是時，計將奈何？若未有其人，則宗澤未宜遽然更易也。人才難得久矣，惟聖人以天地爲度，包容長養，兼收而並用之，庶幾其濟也。其宗澤，伏望聖慈上爲宗廟社稷，下爲京師億萬生靈，特賜主張，厚加委任，使成禦侮治民之功，天下幸甚。」八月二十八日奉聖旨：「朝廷別無行遣，亦無臣僚論列章疏，札下照會，右札送京城留守宗延康。」公拜命，上表稱謝。九月，真定懷衛間敵兵甚盛，州郡有乘城固守者。敵亦大治兵，爲攻拔計。公欲時暫過河，措置事宜，乙未上札子。庚子，公回自河北，具因依奏聞。辛丑，准省札。九月五日，三省同奉聖旨：「依令宗澤其功罪尤甚之人，申取朝廷指揮，右札送東京留守宗延康，准此。」繼拜詔將諭曰：「昔趙廣漢之尹京兆，民稱頌不容口，以爲自漢興，治三輔者皆莫能及。朕念京師兵火之後，遴選撫綏彈壓之才，以卿帥府舊僚，從班耆宿，擢居尹正之任，肅然政令之行，摧折豪强，發擿奸伏，剛果不撓，盜賊屏迹。夷考前躅，能以嚴治，威克允濟，亦莫如卿。比升秘殿之隆名，仍專留司之重寄，視古無愧，乃績可嘉。載惟王畿千里之封，實爲諸夏本根之地，都邑閭閻之衆既遂謐寧，甸服田畝之間益當安輯。以至練防衛之兵，謹城守之備，經營財用，預思可繼之圖，拯濟艱虞，務存善後之策。諒卿體國之志，必通時事之宜，嗣有寵休，靡忘褒贊，故茲昭示，想宜知悉。」上表謝。公感上知遇，益自奮勵，京城四壁，各置統領守御使臣，每壁立界，至以所招義兵分隸之。隨處置教場，爲閱習訓練之地，造決勝戰車。又據形勝，立堅壁二十四所於城外，隨大小駐兵數萬，別選有謀略勇敢之士四人充四壁提領。公往來親按試之，周而復始。沿大河鱗次創連珠寨，結連河東河北山水寨忠義民兵，及陝西京東西路諸路人馬，咸願聽公節制。開五丈河，以通南北商旅。京畿十六縣內，兩縣瀕河，共七十二里，均之諸縣，縣護四里有奇，各令開濠，深廣丈餘，於南岸埋鹿角。內又團結班直諸班人兵，外則隨寨軍兵百姓丁壯等，以備緩急之舉，各有條序。乙巳上表，奏入，不報，再上疏。不報，再上疏。不報，再上疏。詔令遣官迎奉六宮往金陵。公復上疏。公防秋守御悉備，宮室宗廟省府臺部並見營葺，規模宏麗，不減全盛時。以東門乃回鑾迎奉之地，首加增修。所分領人馬及閱習戰車、招集人兵，足以禦敵。十月戊午，復上疏。公前後申明，多降特旨，事由三省樞密院，則沮抑之。至是，公條具五事。聞有詔車駕還闕，公上表。繼拜詔將還闕，公喜甚，再上表。公自留鑰甫半載，威譽四馳，遠近歸心，招致賊衆。如王再興兵五萬，李貴兵幾二萬人，往來淮上；王善兵號七十萬，騎護萬乘，寇濮州；楊進自號没角牛，兵三十餘萬，並王大郎等諸頭項人馬百餘萬衆，所至侵掠。公遍遣人，喻以禍福招來之，群盜素知公，悉聽命，相繼至。進尤所敬慕，願效死，軍聲甚振。公諭曰：「軍中老弱婦女，久被驅虜，吾不忍其無辜，宜盡釋之！」進等奉命，諸軍所放幾萬人。善寇濮州，直欲來據京城，公單騎往造其巢，一見執其手，仰天號泣曰：「朝廷當危難時，無一人出爲時用，使當時有如公輩，豈復有今日患！」善感泣曰：「敢不效力！」諸將謂公此行不返，及歸，迎於郊，公曰：「事畢矣。」善有帶甲解甲之請，幕下未有處。公據案命筆，書「從便」二字。越三日來降，止以五百甲騎隨，餘皆解甲。既至，左右止之曰：「此留守司門，擅入者斬。」善乃下馬趨入，拜於庭。公繼以禮接之，曰：「軍禮不得不如此。」乃延之飲，許以節使。臨行，請公到寨撫諸軍將。有請勿行者，公獨信之篤，入其寨，第賞有差。時岳飛偶犯，有司欲正典刑，公一見奇之，曰：「此將材也。」留軍前。適羽報敵犯汜水，遣飛爲踏白使，以五百騎授之。公語曰：「吾釋汝罪，今當爲我立功。」且戒無輕鬥。飛禀命即行，凱還，補爲統領，後遷總制。自是軍聲大振。公誅鋤强梗，撫民居，經制財用，各有條緒。凡兩河、京東西州郡文移往來求軍需者，則撤在京所有，隨多寡應之，欲其同心濟難，不以彼此爲間。時行在所遣中使傳宣撫問，上表謝。繼聞車駕南幸，公復奏疏。批答曰：「朕惟上都據四方之中，開基歷十世之久，祖宗創業，置諸奠枕之安，城社奔流，勢若建瓴之順。茲請特巡之制，姑爲近甸之行，思宏濟乎艱難，致殫勞於櫛沐。每念本根之重，嘗思監守之懷，迄綏靖於侯邦，即趨歸於觀闕。任卿司守，屬在王畿，共傾戴後之誠，來效回鑾之請，睠言忠藎，良劇嘆嘉。」公奉輒筆聞京師有稱御前收買珠玉人紛擾民間，或至强市，即時立賞委緝捕人收捉，及出榜告報都人。上表謝。十二月甲子，邊寨駐於大河之北，大會酋長，引兵至河上，稍稍南渡，西犯汜水，北侵胙城。敵人雖知公名，不敢輕入，亦時擁衆以擾瀕河州縣。滑州以南沿河諸寨，欲併兵力戰，斷河梁，申乞授師。議者曰：「賊鋒未易當，不若堅守自固。」公笑曰：「去冬城潰，正坐此耳，厥鑒不遠，尚可襲乎？」命統制劉衍趨滑，劉遠走鄭，各提兵二萬、戰車二百乘，以分衝突之勢，且戒諸將不得輕動，極力保護河梁，以俟大兵過河，毋致臨期誤事。敵聞之，夜斷河梁而遁，所獲甚衆。二年正月壬辰，復自鄭入，直抵白沙鎮，距京三四十里，都人恐甚。敵先

堅壁不動，寮屬請問，議守御之策。公方延賓圍棊，笑語如無事時，衆莫敢言。退而分佈部伍，撤吊橋，披甲登城，都人愈恐。公始知之，戒諸將曰：「何事自爾張皇？」命諸軍將士解甲歸寨，曰：「劉衍等在外，必能爲我禦敵。」選精鋭數千以益之，戒曰：「宜繞出敵後，設伏路，毋輕出戰，伺其至則縱兵夾擊。」且諭僚屬曰：「上元密邇，盍奉舊法以迎之。」命榜諸市，張燈五日，暫弛夜禁，往來軍馬不異平日。敵游騎至城下，疑不敢入，人亦不知所懼。衍與敵遇，大戰，敗之，收復延津、胙城、河陰，至滑州。尚有屯兵州之西三十里，衍分兵夜擣之，大捷，悉得其輜重。甫及收燈五夕，捷書鼎至，衆始知元夕正王師接戰於版橋之時。公謂僚屬曰：「吾知劉衍必勝，百姓可使由之，不可使知之，若得豫聞，徒擾擾敗吾事。」丁未，公復上疏。公再上表。二月丙辰，敵騎再犯西京。公遣統御官李景良、閻中立、統領郭俊民等，領兵萬餘，趨鄭，遇敵大戰，爲敵所乘，中立死之，俊民降敵，景良以無功南遁。公捕得之，謂曰：「一勝一負，兵家之常，不勝而歸，罪亦可恕，私自逃遁，是無我也。」命斬之。管軍閆勍、統制官藍整等咸爲景良乞貸，責以後效。公姑收繫之，後竟斬首以徇。繼俊民與敵將史官人、燕人何仲祖、王義等以數百騎直抵八角鎮，與都巡檢丁進遇，進擒之，生致麾下。初欲持書誘公，公毅然曰：「郭俊民吾統兵官也，失利就死，尚可爲忠義鬼，後有知者，不失血食。今全軀苟活，反爲敵人持書以脅中原，有何面目見人乎？」命斬之。謂官人曰：「京城不守，主上巡幸，領重兵在近甸，命我守此，有死而已。何不以死敵我，而反以兒女語脅我耶？」亦命斬之。顧謂仲祖曰：「爾本吾宋人，脅從而來，豈出得已。」命釋縛，犒以酒肉，縱之。戊午，劉衍領兵凱還，入自鄭門，公勞問士卒，第賞奏功，散犒金帛有差。敵知衍班師，甲子復入滑。報至，公謂諸將曰：「滑當衝要，必争之地也。有變則京師不可守，不欲再煩諸將，可爲我守城，當親提兵取之。」内儒將張撝越衆曰：「撝當效力。」公甚喜，選兵五千付之，特加賞勞，士卒忻然而行。公戒撝曰：「若衆寡不敵，毋輕戰，以需援師。」公親餞於郊。撝兼程至滑。己巳，撝身率將士，與敵遇。敵騎十倍於撝，將士請曰：「衆寡不敵，宜少避其鋒，以求援兵。」撝曰：「退而偷生，何面目見宗公乎？」鏖戰至暮，殺傷相當，敵爲少却。援不至，撝爲所害。公聞報，遣統領官王宣領五千騎援之，且戒之曰：「敵惟恃衆，當設奇以取勝。」宣以辛未至滑城，與敵大戰於北門，士卒争奮。敵忽退兵河上，宣曰：「敵必夜渡河上。」收兵不追。敵果夜渡，及半，以千人進擊之，斬首數百級，殺傷甚衆。報至，公即令宣權知滑州，且令載撝喪還京。公爲服緦麻，哭於佛寺，出俸飯僧，哀慟感人。復詣其家優厚撫恤，至死事之家，遣官問勞，出錢帛給之，人咸曰：死亦榮矣。條奏功績，且乞撝卹典甚厚，上嘉納之。壬申有詔，以諸處人馬，雖假勤王之名，實爲聚寇之患。丁丑，詔進朝奉大夫、資政殿學士。訓詞曰：「先京師而後諸夏，布政有倫；得猛士以守四方，用人爲重。乃眷帝王之宅，數驚塞北之塵。構首簡循良，俾司浩穰，迄臻綏靖，宜有褒嘉。具位澤材稟沉雄，器涵渾厚，仕宦至晚而鼎貴，功業遇事而遂彰。肆朕省方，俾爾留鑰。蕭何鎮守，克寬西顧之憂；畢公保釐，終底東郊之治。載疇偉績，特峻徽章，升秘殿之華資，進文階之一等。並昭異數，庸奏膚功。瞻望國門，未泯蔥蔥之佳氣；巡行淮甸，豈能鬱鬱而久居？惟既乃心，以固吾圉。」公辭免。批答曰：「無德不報，實賞典之所先；有功見知，乃衆情之共悦。矧玉麟之重寄，屬荷橐之名臣，於義當褒，欲辭焉可？卿慷慨而有大志，鎮静而好遠謀，縱横康世之圖，談笑適時之略。肆朕省方於淮甸，倚卿居守於汲都，更歷春冬，帖安京輔，屹若長城之固，晏然莫枕之寧。雖蕭何之撫關中，寇恂之守河内，以卿比迹，於古有光。特升秘閣之峻資，仍進文階之崇秩，並昭異數，丕表茂功，何必封章以避休命，深嘉沖節難徇雅懷。宜亟欽承，庸昭眷遇。」公上表謝。壬午，詔賜對衣金帶。上表謝。三月乙酉，公復上疏，不報。有王策者，本契丹酋豪，善用兵，有籌略，敵委任甚專，嘗從千餘騎往來河上，措置邊事。公密令統制官王師正擒之，生致麾下。公釋縛解衣，坐之堂上，與之飲食，從容與語曰：「契丹本我宋兄弟之國，今女真辱吾主，又滅而國，汝何不悟？義當協謀，以刷社稷之耻，他日復修舊好。我亦何忍殺汝？」策感泣曰：「策至庭下，自意必死，今蒙再生之恩，且聞公之意，使策曉悟，敢不盡死節以報！」已而使就館舍，待之如禮。公時呼與語，因問虚實，盡得其謀。公大舉之計遂決，召諸將謂曰：「汝等有忠義之心，樂相歸附，當思我宋二百年涵養之恩。今二聖遠在沙漠，君父巡幸未返，能同心協謀，剿滅狂類，期還二聖，以立大功乎？當立請回鑾，與諸君親行。主上雖封侯建節，肯以充賞。」言訖，泣下。諸將亦掩泣，同聲應曰：「今四方義士雲集京師，幾二百萬人，所賫糧可給半載。亦嘗密遣人直抵兩河探伺，聞所陷州縣每處不過數百人，餘皆脅從，令衣塞服，此輩日望王師來。某等願即日渡河，以盡死節。」公慰撫之，且曰：「進取老少，可於逐寨邊處踏逐未復業田畝，權借耕植，各有自賫牛具種糧，無者官給。」人皆樂從，京城内外所屯兵百八十萬人，兵革之盛，前此未有。敵人數不利，至是畏威，所屯兵悉退去，

中外帖然。己亥，公復上疏。壬寅，詔賜湯藥及傳宣撫問，上表謝。乙巳，再上表。四月甲寅，磁州統制官趙世隆、世興兄弟，以兵三千來歸，人以爲疑。公曰：「世隆本吾一校耳，必無他，有所訴也。」翊日拜於庭，公面語之曰：「前日殺守臣者誰？」世隆曰：「事非得已。衆以無糧，欲殺斯人以止亂耳。」公笑曰：「河北陷没，而吾宋法令上下之分亦陷没耶？」顧左右拽出斬之。衆兵露刃立庭下，世興佩刀侍側，左右莫不寒心。世隆既執，公徐謂世興曰：「汝兄犯法當誅，固應無憾。汝能奮志立功，足以雪耻矣。」世興叩頭請罪曰：「公之號令如此！水火畢入。」會滑州報敵騎有屯城下者，公謂世興曰：「試爲我取滑州。」世興忻然受命出，告諸部曲曰：「吾兄擅殺守臣，已正典刑。吾屬元帥釋而不問，使我輩共取滑州以贖前過。」衆亦鼓舞請行。公遺以金碗、戰袍、銀槍等物，部屬之賜有差。世興辭以出，以戊午日至滑，掩敵不備，獲級數百，得州以歸，公厚賜之。丁進故巨寇，有嘯聚數十萬衆。其初降也，人情鼎沸，謂其非真。管軍閭勍等以甲士陰衛。公曰：「不然，正當披心腹待之，雖木石可使感動，況人乎？」及進至，公慰勞撫存甚至，呼進首領數人飲食之，待之如故吏。進等感甚，翼日請公詣寨。公許之不疑，進等益懷感畏。後進黨有陰結以亂京師者，進自簡殺之；有相率逃遁者，自追治之。馬皐者，進之次也，每命出戰，必先登。一日自陣中傷還見公。方問勞撫存之，而羽報又急，公曰：「誰可代汝行者？」皐曰：「非皐不可。」乃裹瘡而前，數日後捷到，仍擒一酋長而歸。由公平日賞罰明，號令信，開心見誠，故人樂爲用命也。趙海亦賊之雄者，屯板橋於路，設橋以阻行者。閭勍芻者八人過海營，海怒曰：「我畏閭太尉耶？」悉斃之。覘者以聞。公呼海，海以甲士五百人從。公方迎客，遽語之曰：「殺芻者誰？」海辭曰：「無之。」出報牒讀示，海具服，命械繫獄。客曰：「奈甲士何？姑徐之。」公笑曰：「諸公怯耶？治海者某，諸公何預？」諭次將曰：「領衆還營。趙海已械送所司，告偏裨善護卒伍，明日誅海。」聞者股栗。楊進者，舊屯駐城南。王大郎者，衆亦千餘，皆山東游手，先楊進來降，屯於城北。二人平日氣不相下，一旦各領千餘衆，相拒於天津橋，京城人頗恐，有告公。命筆以片紙批令二魁曰：「爲國之心固如是耶？當戰陣立功時勝負自見。」二人慚沮而退。公當危疑，處之裕如如此。己未，公復上表。當是時，契丹九州人日有歸中國者，曰：公之威名，外疆敬服。每有擒獲來者，公遣契丹漢兒引邊坐側，推誠與語曰：「契丹與大宋修盟好舊矣，今女真小國，既滅天祚，又侵凌中國，契丹臣民宜與我共奮忠義，殺滅讎方，以刷君父之耻，吾心即汝心也，我不忍殺汝。」即釋之，仍給資糧使去，及令持公據爲照，曰：「契丹漢兒，自與我宋盟約幾百年，實兄弟之國。頃緣權臣奸議，遂結金人壞亂耶律天祚之後，今將欲發大兵，過河盡行剿除。又敵倉卒之際，不暇辨理，枉有殺戮，已約大軍期，應契丹漢兒特給公據，仰各收執，以爲信驗。」又各令持數百本，歸散國人。後有自燕來者云：「契丹漢兒皆願得公據，以俟王師。」又爲榜文散示陷没州縣，曰：「訪聞邊寨中，多是我國積善良民，偶失備御，被驅虜，髡頭紋髮，裝著塞服，侵犯州縣。其赤心忠孝，思念生處父母血屬，但無路自新，實可憐憫。當所遣大兵前去，恐倉卒之間不暇辨別，枉有殺戮，汝等若不忘生長墳墓鄉井，痛心悔禍，可以相助回戈，掩殺外人，永爲我宋太平赤子，耕養自如，各請照知。」又給公據付被虜之人曰：「訪聞邊寨中多是我國良民，被虜入敵。想其本心忠義，實可憫憐。今被遣大兵前去，恐倉卒難以辨別，枉有殺戮，除已出榜曉諭外，今出公據，付被虜之人收執照會，大軍到日執呈，免致誤被殺戮。」以措置因依具疏奏。又奏乞差崔興知西京，專一保護陵寢，太尉閭勍充保護陵寢使。己巳，復上疏。公以他日迎取二聖還京，修治隆德宫，惟淵聖皇帝未有莅止之所，改修寶籙宫，丁丑上疏。五月甲申，再上改修寶籙宫之奏，未報。己丑再奏，不報。再奏。范少尹等到闕，上撫勞之，賜予有差。詔答曰：「舜巡四岳，當歸格藝祖之文；周撫萬邦，存王歸在豐之訓。庸如帝王之執范，咸以都邑爲本根。朕遭時多艱，思世大治，永懷撥亂之策，不憚省方之勞。俟敉寧之有期，即旋復之何晚？夙夜軫慮，寢食不忘。雖王者以天下爲家，曾靡常於臨幸；而臣子視君猶父，得無鬱於瞻思！卿留居千里之畿，拱護九重之闕，合數十百函之奏，傾億千萬衆之心，渴聞鳴蹕之音，虔舉回鑾之請，備觀忠藎，深可嘆嘉。」公與諸將議六月起師，及結連諸忠義山水寨人兵約日進發，再奏，不報。一時權臣忌公成功，從中沮之。公嘆曰：「吾志不克伸矣。」積憂成疾，疽發於背。諸將問疾，排闥而入。公矍然起曰：「吾固無恙，止以二聖蒙塵之久，憂憤成疾爾。而能爲我殲滅同讎，以成主上恢復之志，雖死無恨。」衆皆墮泪，同聲應曰：「敢不盡力！」諸將退，公復嘆曰：「吾度不起此疾。古云：出師未捷身先死，長使英雄泪滿襟。」翼日，公薨，實七月十二日也。是日風雨晦冥，公臨啓手足，連呼過河者三，無一語及家事。先乞休，訓詞曰：「忠於許國，允資制劇之才；老矣告勞，宜遂歸休之志。眷言哲人，爰錫綸章。宗澤器識恢宏，性資方正，事達古今之要，才兼文武之全。逮予纂圖，俾守留鑰，恩威並施，夙夜惟勤。生靈賴庇以

保厘，寇盗望風而披靡。方資謀畫，遽以疾聞，力貢忱辭，懇求謝事。念宣力之勤瘁，宜錫命以褒嘉。歲五百而生賢，克濟艱難之業；禮七十而致仕，益高知止之風。乃命進階，以昭貴老；尚期勿藥，以介壽康。可特命朝散大夫依舊資政殿學士，賜如故。」繼上遺表。時已有旨除公門下侍郎御營副使，依舊京城留守，至是贈觀文殿學士通議大夫致仕。其詞曰：「氣勁而謀深，識高而慮遠，懷尊主庇民之志，有愛國忘家之心。逮朕省方，擢司留鑰，言多底績，勇於敢爲。折衝樽俎之間，制敵股掌之上，三軍服其紀律，百姓安於教條。方藉壯猷，以復大業，比觀奏牘，遽爾告終！未究雄圖，但聞遺愛，載用嘆嘉！李廣云亡，史有成蹊之喻；羊公已逝，時興墮泪之思。升觀殿之華資，進文階之峻秩，特隆異數，並示眷懷。英烈如存，尚克歆享。」公尹京未久，而威行恩洽，流亡復業，商賈輻輳，人有長城之賴。公薨之日，都人爲之號慟，朝野無賢愚相吊出涕，數日間去者十五六。識者憂之，相與請於朝，言公之子潁常居戎幕，得士卒心，願加獎拔，以繼父功。時朝廷已用杜充爲留守，遂以潁直秘閣，充留守判官。潁以杜充頗失人心，諸將多不安，稍稍引去，且充酷而無謀，屢争不從，潁曰：「勢所不加，事必危殆。」力丐終喪，得請，扶護歸京口，與夫人陳氏合葬於京峴山。公爲人端方質直，平居不妄笑語。律己甚嚴，苟悖於禮，雖毫髪不犯，義所當爲，鼎鑊在前不恤。中間坐閑屢年，杜門却掃，賦詩自娱，或清坐終日，啜菽飲水，淡如也。晚年尊顯，禄餼稍厚，而自奉甚薄，所衣不過綈紵，經歲無所更制。親族故舊窶而無告者，多依公以活，養孤遺幾百人，故家無留儲。其爲文不事雕琢，渾然天成，豐約中度。於書無所不讀，尤邃於左氏，有文集藏於家。後潁乞謚於朝曰：「契勘先臣父澤知磁州日，主上在潛藩，以使事過郡，父力陳敵情叵測，因留不行。逮主上開元帥府，父實副之。敵合數國大入，二聖北狩，父上章乞早登寶位以定民志，至於再三，批答具存。又抗章以生靈傒望，天意有在，懇切推戴。至除京城留守，敵騎屢擁大兵過河，意欲深入，命將出師，特挫敵鋒，遂至遠遁，逾年不敢南向。秉志盡節，勤勞有爲，天下共知，無待縷陳。當是時，重以二聖遠在沙漠，主上巡幸淮甸，日夕憂勤。會集師旅，聲勢大振，自請身先士卒，收復兩河，克日指期，冀成中興之功。憂鬱成疾，遽先朝露。竊緣父平日但秉孤忠，上酬知遇，不能阿附權臣，坐此痛遭阻抑，一時褒封，反不逮尋常恩數。伏念父頃司留鑰，而主上駐蹕淮甸，頗獲奠枕。及父棄世之後，敵騎長驅，遽自江淮直至二浙。以此較之，當日爲國屏翰，不爲無功。又念父忝預大元帥府僚屬，遭遇推戴之功，非特生前爲權臣所沮，不得盡其所長，至於身後亦無恤典，使天下之士無以激勸。欲望特賜敷奏，矜念父勛績，優賜褒贈，以慰忠義之魂。」奉聖旨，與賜謚。禮部太常寺擬謚「忠簡」。按謚法曰：危身奉上曰忠，正直無邪曰簡。告辭。公一子潁，官終兵部郎中。五孫：嗣益，朝奉郎，通判福州，卒於官；次嗣尹，朝奉大夫，通判慶州，死於家；次嗣旦，承議郎所乘監司幹官，卒於家；次嗣良，承議郎知汀州；次嗣安，文林郎，充沿海制置司幹官。曾孫合十八人，長普，迪功郎，邵武軍大寧縣尉，卒於家；餘未仕。壻左，承議郎，知婺州。金華余翱狀，顯謨閣學士曾懋銘公墓云。

雜録

備録

李幼武《宋名臣言行録・四朝名臣言行别録》卷五《宗澤忠簡公》　窩離不犯慶源府，趨大名，由李固渡濟河。康王構奉淵聖詔使其軍議和，王雲副之。王既出城，雲曰：「京城樓櫓，天下所無，然真定城高此幾倍，金人使雲等坐觀一時辰破之，此雖樓櫓如畫，亦不足恃也。」王不荅。公初爲宗正少卿，嘗論列宰相非其人，宣撫副使提兵不進，并劾雲張皇賊勢，仍乞邢、洺、磁、相、趙五州各養精兵二萬，寇至一郡，則四郡相應。上善之。雲至京，上以章示之，雲憾公。王至磁，公以守臣迎謁，雲因責公曰：「公前日見劾何也？」公曰：「如公固不足劾，大抵張皇虜勢者，天下所共疾，何獨我哉？」公説王曰：「兵皆在山村，急則召至，殊不費糧。」磁人遮王馬諫毋北去，從臣皆勸王回相州，會京師使人齎蠟詔命王爲兵馬大元帥，公副之，速領兵入衛。王捧詔嗚咽，軍民感動。王發相州，渡河至大名，公部二千兵至，請進師直趨開德，解京城之圍。汪伯彦等執講和之説，請王移軍東平，王遂東去。公請自領兵至東平，許之，公進屯開德，揚聲大元帥在軍中。壬申，王已約諸路兵合，而東平去京師差遠，與幕屬議進屯濟州。癸未，公帥兵至韋城，與虜大戰，敗之。王奏除公徽猷閣待制。時使臣曹勛自河北竄歸，進道君皇帝御札曰：「便可即真，來救父母。」王慟哭拜受，於是濟之父老請王即位於濟，公言且開府於南京，乃祖宗受命之地，取四方中，運漕尤易。

公先在磁州，屢乞會兵奪李固渡，以斷賊路，衆議不可。公乃自遣其將秦光弼、張德領兵趨渡。至安城縣，虜騎千餘人過北城，二將出西門夾擊之，賊潰，斬首數百級併獲其齎糧，會帥府移文約赴大名，遂還師，先諸軍至，康王大悦。公乞進兵援京師，伯彦等以公爲狂譎不情，公亦詆伯彦等爲失策。公曰：「虜寇狡計百端，豈可深信，當速進兵，直詣都城，第言兵民欲見君父，既兩國通和，可亟退師，如賊有詭謀，即援兵已到，無能爲也。」伯彦等執和議不可破，公遂自請兵，王許之。

朝廷徇虜意，遣曹輔往河北迎康王，何㮚請上於輔衣屑礬書詔，以傳密旨，輔言不見王而還。金人又促，再遣張澂以蠟封詔行，澂至開德，語諸將未可進兵，公怒，命將士射之，澂與同行金人俱遁。公約諸帥會兵，五旬無一人至者。公奮願擊虜，引諸將議之，陳淬曰：「虜方熾，未可輕舉。」公怒，將斬之，諸將羅拜，乞貸淬效死，乃命淬當先以贖過。遂進兵，未十里，與虜遇，出虜不意，敗之于長垣澤。既敗虜，遂得韋城縣。虜欲夜襲澤，澤知之，日暮移軍南華，賊果至，得空壁，大驚，自是不復出。澤在軍中，與士卒同甘苦，故人樂爲用。澤爲書與諸道勤王帥，勸督兵入援，趙壄、范訥皆以爲狂言，不荅。

澤自南華遣兵過大溝河，襲虜，又敗之。時四方勤王之師只留近甸，惟澤力戰。澤得虜所掠人，謀引兵渡河，據賊歸路，而對壘諸寨一夕解去，澤號慟。即自臨濮引兵趨滑州，抵大名，而勤王之兵無一人至者。又知張邦昌僭位，擬先行誅討，乃將所部復還，屯衛南。復貽書遺康王言：「今日國之存亡，在大王行之，得其道耳。所謂道者有五，一曰近剛正而遠柔邪，二曰納諫諍而拒諂諛，三曰尚恭儉而抑驕奢，四曰體憂勤而忘逸樂，五曰進公實而退私僞。」澤謂所親曰：「怨結王之左右矣，不恤也！」

公聞潛善等復倡和議，上疏言：「河之東北，陝之蒲解，此祖宗基命之地，柰何輕聽姦邪附賊張皇之言？遂自分裂，是欲蹈東晉既遷之覆轍，裂王者一統之緒，爲偏霸耳。臣雖駑怯，當躬冒矢石，爲諸將先。」上壯之。公至南都，見李綱，與之語國事，公慷慨流涕。時開封尹闕，綱爲薦公，上許之。公至京時，盜賊縱横，公下令曰：「爲盜者，贓無輕重，並從軍法！」由是盜賊屏息，人情麤安。

有虜使牛大監等八人，以使僞楚爲名，直至京師，公時即白留守械係之，且以聞于朝。

有詔迎太廟神主赴行在，仍命公移所拘虜使于別館。公上奏曰：「臣不意陛下復聽姦臣之語，浸漸望和爲退走計，營繕金陵，奉元祐太后，仍遣官奉迎神主，棄河東、河北、淮南、陝右七路生靈如糞壤草芥，略不顧惜，又令遷虜使別館，優加待遇，不知二三大臣於賊虜情欵何其厚，而於國家訏謨何其薄也！臣必不敢奉詔。」詔荅曰：「卿彈壓强梗，保護京城，深所倚仗，但拘留虜使未達朕心。」公猶不奉詔，又請上回鑾，詔賜公襲衣金帶。

汪、黄等皆忌公，欲罷之，中丞許景衡言：「得宗澤方能保東京，有東京，行在始安枕。」上悟，封所上章示公，公賴以安。

公累表請上還京，公募義士守京城。且造決勝戰車千餘，乘用五十有五人，運車者十有一，執器械輔車者四十有四，周旋曲折，可以應用。又據形勝立二十四壁於城外，駐兵數萬，公往來按試之，周而復始。沿大河鱗次爲壘，結連兩河山水寨及陝西義士。開五丈河，以通西北商旅。京畿瀕河七十二里，命十六縣分守之，縣皆開濠，深廣丈餘，於其南植鹿角，又團結班直諸軍及民兵之可用者。乃上表，略曰：「今逆胡尚熾，羣盜繼興，比聞遠近之驚傳，已有東南之巡幸，此誠王室安危之所係，天下治亂之所關，恐增四海之疑心，謂置兩河於度外，因成解體，未諭聖懷。」不報。公遂抗疏極言：「京師，祖宗二百年基業，陛下柰何欲棄之，以遺海陬一狂虜？」每疏奏，上以付中書省，汪、黄皆笑以爲狂，張慤獨曰：「如澤之忠義，若得數人，天下定矣！」二人語塞。

虜分三道入寇，一犯滑州，公聞之曰：「滑衝要，必争之地，失之則京城危矣。」欲自往救之，張撝請行，公大喜，即以鋭卒五千授之。撝至滑，與虜迎，敵衆且十倍，諸將請少避其鋒，撝曰：「退而偷生，何面目見宗元帥？」公遣王宣以五千騎往援，未至，撝再戰死之。後二日，宣至滑，與虜大戰，虜夜濟河復邀擊之，殺傷甚衆。公即命宣知滑州，虜以宣善戰，不敢犯其境，乃遣兵自鄭州抵白沙，距京纔數十里。都人甚恐，公方與客對弈，寮屬請議守禦之策，公不應。諸將退，布部伍，徹弔橋，披甲乘城，都人益懼。公聞之，命解甲歸寨，曰：「何事張皇？」時公先遣劉衍、劉逵各將軍二百乘、戰士二萬人在鄭、滑間，又選精鋭數千助之。下令張燈如平時，民始按堵。

公又遣部將李景良、閻中立、郭俊民領兵萬餘趍滑、鄭，遇虜大戰，爲虜所乘，中立死之，俊民降虜，景良以無功遁去。公捕得，謂曰：「勝負兵家之常，不勝而歸，罪猶可恕，私自逃遁，是無主將也！」即斬之。既而俊民與虜將史姓者及燕人何祖仲直抵八角鎮，都巡丁進與之遇，生獲之。虜令俊民持書招公，公謂

俊民曰：「汝失利就死，尚爲忠義鬼，今乃爲虜游説，何面目見人耶！」捽而斬之，謂史虜曰：「上屯重兵近甸，我留守也，有死而已，何不以死戰我，而反以兒女語脅我耶！」又斬之。謂祖仲：「本吾宋人，脅從而來，豈出得已解縛而縱之。」諸將皆服。

有王策者，本遼舊將，善用兵，虜以千餘騎付之，往來河上，公遣王師正擒之。釋縛解衣，坐之堂上，爲言：「契丹本我宋兄弟之國，汝何不悟義協討？」策感泣，誓死以報。公時引策與語，策具言虜中虛實，公又益喜，大舉之計遂決。

公遣判官范延世奉表請上還京，且曰：「京師乃太祖、太宗一統之本根，願以祖宗二百年基業爲意，早賜回鑾，則天下皆知，一人來歸，盜賊屏息，夷狄寢謀。臣若誤國，一子三孫甘被顯戮。」此乃公第十三表也。上荅詔諭以旦夕北歸之意，公復上表謝。

公招撫河南羣盜聚城下，又募四方義士，合百餘萬，糧支半歲，又聞兩河州縣虜兵不過數百，餘皆脅使胡服，日夜望王師之來，即召諸將約日渡河，諸將皆掩泣聽命。乃累疏請上還京，且請修龍德寶籙宮，以備奉迎二帝，上遣中使賫詔書茶藥撫諭。

公初去磁，以州事付兵馬鈐轄李侃。將校郭進作亂，統制官趙世隆與進殺侃。至是，與其弟世興將三千人來歸，將士頗疑之。世隆入拜，公面詰之，世隆辭服，公笑曰：「河北陷没，而吾宋法令上下之分亦陷没耶？」命引出斬之。時衆兵露刃于庭，世興佩刀侍側，左右皆懼，公徐語世興曰：「汝兄犯法當誅，汝能奮志立功，足以雪恥。」世興感泣。會滑州報虜屯城下，公謂世興曰：「試爲我取滑州。」世興忻然受命。至滑州，掩虜不備，急攻之，斬首數百，得州以歸。公復厚賜之。

時契丹九州人日歸中國者，公選契丹漢兒引坐側，推誠與語，諭以期奮忠義，即給資糧遣之，且賜以公憑，候官軍渡河以爲信驗，人持數百本去。又爲牓文，散示陷没州縣，及爲公據付中國被虜在北之人，因驛疏以聞。公遂結連諸路義兵、燕趙豪傑，嘗謂人曰：「事可舉矣！」故請上還京尤力。

公聞王彦聚兵太行山，即以彦制置兩河。彦所部勇士數萬，面刺八字「誓殺金賊不負趙主」，號「八字軍」。彦方繕甲兵，約日趣太原，公亦與諸將議六月起師，且結諸路山水寨民兵，約日進發。上疏言之，疏入，潛善忌公成功，從中沮之。公歎曰：「吾志不得伸矣！」因憂鬱成疾。

公憂憤，疽作于背，疾甚，諸將楊進等排闥入問，公矍然起曰：「吾固無恙，正以憂憤成疾耳。而能爲我殲滅醜虜，以成主上恢復之志，雖死無恨！」衆皆流涕曰：「願盡死。」諸將出，公復曰：「吾度不起此疾，古語云：『出師未捷身先死，長使英雄淚滿襟。』」遂薨，是日風雨冥晦異常。

公没，無一語及家事，但連呼「過河」者三，遺表猶贊上還京，先言已涓日渡河而得疾，其末曰：「囑臣之子記臣之言，力請鑾輿亟還京闕，大震雷霆之怒，出民水火之中。夙荷君恩，敢忘尸諫！」死之日都人爲之號慟，朝野無賢愚皆相弔出涕，三學之士千餘人爲文以哭之。

公死數日，將士去者十五，都人憂之，相與請于朝，言澤子穎嘗居戎幕，得士卒心，請以繼其父任。會杜充已除留守，乃以穎充留守判官。充反公所爲，由是兩河豪傑皆不爲用，所招羣盜復去爲盜，議者咎之。

朱文公曰：建炎初，公留守東京，招徠羣盜數百萬，使一舉而取河北數郡，當時即可整頓。乃爲汪、黄二相所制，怏怏而死。京師之人莫不號慟，於是羣盜四出，爲山東、淮南劇賊。

方勺《泊宅編》卷二 宗澤，婺州農家子，登進士科，調館陶尉，凡獲逃軍即殺之，邑境爲之無盜。時吕大資惠卿。帥大名，聞其舉職，因召與語，仍薦之，且誡之曰：「此雖除盜之一策，恨子未閲佛書，人命難得，安可妄殺，況國有常刑乎！」澤靖康中爲副元帥，後尹開封卒。

何薳《春渚紀聞》卷四《宗威愍政事》 宗尹君汝霖，其遇事雖用權智，而濟難於談笑之間，士大夫多能道之。建中靖國間爲文登令。同年青州教授黄策上書，自姑蘇編置文登，州遣牙校押赴貶所。過縣，而黄適感寒疾，不能前進。牙校督行，雖加厚賂，祈爲一日之留，堅不可得。不得已，使人致殷勤於公。公即具供帳於行館，及命醫診候，至調理安完，而了不知牙校所在。密訊其從行者，云：「自至縣，即爲縣之胥魁約飲於營妓，而已次胥史，日更主席。此校嗜酒而食色，至今不肯出户。」屢迫促之，乃始同進。金寇犯闕，鑾輿南幸。賊退，以公尹開封。初至，而物價騰貴，至有十倍於前者，郡人病之。公謂參佐曰：「此易事耳。都人率以食飲爲先，當治其所先，則所緩者不憂不平也。」密使人問米麪之直，且市之，計其直與前此太平時初無甚增。乃呼庖人取麪，令准市肆籠餅大小爲之，及取糯米一斛，令監庫使臣如市酤醖酒，各估其值。而籠餅枚六錢，酒每角七十足。出勘市價，則餅二十，酒二百也。公先呼作坊餅師至，訊之曰：

「自我爲舉子時，來往京師，今三十年矣。籠餅枚七錢，而今二十，何也？豈麥價高倍乎？」餅師曰：「自都城離亂以來，米麥起落，初無定價，因襲至此。某不能違衆獨減，使賤市也。」公即出兵廚所作餅示之，且語之曰：「此餅與汝所市重輕一等，而我以日下市直會計新麪工直之費，枚止六錢。若市八錢，則已有兩錢之息。今爲將出令，止作八錢。敢擅增此價而市者，罪應處斬。且借汝頭以行吾令也。」即斬以狥。明日，餅價仍舊，亦無敢閉肆者。次日，呼買撲正店任修武至，訊之曰：「今都城糯價不增而酒值三倍，何也？」任恐悚以對曰：「某等開張承業，欲罷不能。而都城自賊馬已來，外居宗室及權貴親屬私釀至多，不如是，無以輸納官麯之直與工役、油燭之費也。」公曰：「我爲汝盡禁私釀，汝減直百錢，亦有利入乎？」任扣額曰：「若爾則飲者俱集，多中取息，足辦輸役之費。」公熟視久之，曰：「且寄汝頭頸上，出率汝曹，即換招榜，一角止作百錢足，不患乎私醞之攙奪也。」明日出令：「敢有私造酒麯者，捕至不問多寡，並行處斬。」於是傾糟破甒者不勝其數。數日之間，酒與餅直既並復舊，其它物價不令而次第自減。既不傷市人，而商旅四集，兵民懽呼，稱爲神明之政。時杜充守北京，號「南宗北杜」云。

董弅《閒燕常談》　宗汝霖澤，政和初，知萊州掖縣，時户部下提舉司科買牛黄，以供在京惠民和濟局合藥用。督責急如星火，州縣百姓競屠牛以取黄。既不登所科之數，則相與斂錢以賂上下胥吏丐免。汝霖獨以狀申提舉司，言牛遇歲疫則多病有黄，今太平已久，和氣充塞，縣境牛皆充腯，無黄可取。使者不能詰，一縣獲免。無不懽呼感戴者。

黎靖德《朱子語類》卷一二七《本朝一高宗朝》　太上出使時至磁州，磁人不欲其往，諫不從。宗忠簡欲假神以拒之，曰：「此有崔府君廟甚靈，可以卜珓，仍其廟有馬能如何。」遂入燒香。其馬銜車輦等物塞了去路。宗曰：「此可以見神之意矣。」遂止不往。後太上感其事，以爲車輦是即位之兆；不曾關白中書，只令内官就玉津園路口造崔府君廟，令曹詠作記。一日，北使來，秦出接，過玉津園見之。歸奏，所見太廟，不知是何神？太上因語之。秦曰：「虜以爲功，今却歸功於神，恐虜使見之不便。」即日拆之。秦全是倚虜脅太上，每取旨時，只是説過。一日，除周葵作何官。太上曰：「周葵爲彼官未久，且令在彼。」秦不應，下來即批勑除之。政府一人云：「適間上意未允。」秦曰：「此等事，只是奏過便了。」遂除之。取綦崇禮御批事，徐惇立作一《宰相拜罷記》，載其事。秦欲毁之，行文字，令天下盡投官焚其書。徐先不喜於秦矣，又以此書，懼不可言。一日，只見一使來下書，并封文字一束。徐視之，乃直省舊吏送其所作書藁也。小人中有好人如此。

黎靖德《朱子語類》卷一三二《本朝六中興至今日人物下》　宗澤守京城，治兵禦戎，以圖恢復之計，無所不至。上表乞回鑾，數十表乞不南幸，乞修二聖宫殿，論不割地。其所建論，所謀畫，是非利害，昭然可觀，觀其勢駸駸乎中興之基矣。耿南仲沮之於南京時，勢不歸京城。汪、黄沮之淮甸時，動相掣肘，使不得一有所爲。如令椿管器甲之類，不得擅有支遣；問所召募係何色額人，召募得百十萬以上人。令京民出助軍錢；不得支錢修城池造器械數事，皆汪、黄張慤爲之。初宗守京，太上即位南京時，河東北、京東西之民，日夜自守，望駕歸京。王師之來，全無盜賊，駕一居淮甸，賊起百十萬。丁進、李成、楊進之徒競起，宗盡召之爲用，事垂成而薨。朝廷不爲諸人作主，諸人四散爲賊矣，傷哉！宗薨時年七十，謚忠簡。

宗忠簡公薨，其家人方入棺，未斂。軍兵舉出大廳，三日祭弔來哭不絶，祭物滿廳無數，其得軍情人心如此！

陸游《老學庵筆記》卷一　予在南鄭，見西陲俚俗，謂父曰老子，雖年十七八有子，亦稱老子。乃悟西人所謂大范老子、小范老子，蓋尊之以爲父也。建炎初，宗汝霖留守東京，羣盜降附者百餘萬，皆謂汝霖曰宗爺爺，蓋此比也。

褚人獲《堅瓠集·秘集》卷三《輦送石刻》　宗忠簡公留守汴京，當金人蹂躪之餘，百務拮据，豈有意營不急者。一日，於艮岳遺址得定武禊帖石刻，即遣力輦至行在，中途爲斡離不邀截以去。後金昌宗以爲秘玩。蓋右軍秀傑之筆，照耀天地，不惟鑾輅通知寶愛，即勳名忠耿之老，亦不容屑越於顛沛時也。

《宋人年譜叢刊》第六册喬行簡《忠簡公年譜》　公姓宗氏，諱澤，字汝霖。系出南陽漢汝南太守資公之裔。五代之亂，其祖避地江南，居婺州義烏，世爲義烏縣人。母夫人劉氏夢天大雷，電光燭其身而生公，有金麟現於縣治二都宗堂，時宋嘉祐四年己亥十二月十四日巳時也。

公爲人端方質直，平居不妄笑語，律己甚嚴。事悖於禮，雖毫髮不犯；義所當爲，鼎鑊在前不恤。爲文不事雕琢，渾然天成。於書無所不讀，尤邃《左氏》。親故貧者，多依以爲活，而自奉甚薄。

元祐六年辛未，公年三十三。

登馬涓榜進士。廷對，直陳時病，幾萬餘言。主文者惡其直，置末甲。

元祐八年癸酉，公年三十五。

以將仕郎調大名館陶縣尉，攝邑事，不奄月，訟庭闃然。

紹聖二年乙亥，公年三十七。

吕惠卿帥鄜延，辟公置幕府，辭。即檄與邑令視河壖。公適喪長子，捧檄遽行，惠卿曰：「可謂國爾忘家者。」適朝廷大開御河，時方隆冬，役夫僵仆於道，中使監督甚急。公上書帥司，身任其責，乞需之至初春。上聞，從之。

紹聖四年丁丑，公年三十九。

河浚成，所活甚衆。

元符元年戊寅，公年四十。

循通仕郎，遷衢州龍游令。民未知學，公爲建庠序，設師儒，講論經術，風俗一變，擢科者相繼起。里閭惡少嘗十百爲羣，持蛇虺擾民以規利，前令不能禁。公密白之州，籍其壯者爲軍，風遂革。

元符三年庚辰，公年四十二。

調文登令。未幾，丁母淑人贈夫人劉氏憂。

崇寧二年癸未，公年四十五。

調萊州膠水令。有温包者挾勢害民，公案前後犯法治之。有强賊百餘人侵縣境，公率僚屬親捕之。一士族女被掠，匿旁郡，不能獲。公徑造賊壘，取女以出，斬首五十餘，焚其廬。州奏功於朝，進文林郎。同社生林迪者，先公登第，官萊之别邑，以病告。公親往視之，力任後事，以迪女妻康森，公親女妻森之弟協，申愛好焉。迪子懋從公討賊，得官爲文登令，卒於官，公厚以俸資其行。

崇寧五年丙戌，公年四十八。

丁父贈朝散大夫公憂。

大觀三年己丑，公年五十一。

循承直郎，再調晉州趙城令。修媧皇祠，新趙簡子廟。上書於朝，請陞縣爲軍。書聞，不盡如所請。公曰：「今承平時固無慮，他日有警，當知吾言矣。」

政和三年癸巳，公年五十五。

以薦改奉議郎，知萊州掖縣。部使者得旨市牛黄，督責急，州縣惶懼，相與斂錢賂上下胥吏。公獨具狀申提舉，部使者怒，欲劾邑官，公曰：「此澤意也。」獨書銜以上，獲免。爲青帥王臱所知，辟置幕府。

政和五年乙未，公年五十七。

有旨遴選能吏，差通判登州。有宗室財用田數百頃，皆不毛之地，歲輸萬餘緡，率横取於民，公條奏除免。黄縣有大俠請於朝，大起夫役治河事，公條具申乞寢罷。道士高延昭者，恃勢犯法，公窮治之不少貸。朝廷遣使結女真爲海上之盟，公語所知曰：「軍興多事，自兹始矣。」磨勘承議郎。

宣和元年己亥，公年六十一。

丐祠，得主管南京鴻慶宫。退居東陽，結廬山谷間，著書自適，有終老之志。會延昭倖用，訴公改建神霄宫不當，林靈素主坐，褫職，編置潤州，居丹徒。

宣和三年辛丑，公年六十三。

兄汝賢卒。

宣和四年壬寅，公年六十四。

夫人陳氏卒，藁葬丹徒京峴山，結廬龍目湖上。經郊恩，叙宣教郎，就差監潤州都酒税，盡心迺職。

宣和六年甲辰，公年六十六。

除通判巴州事。

靖康元年丙午，公年六十八。

御史中丞陳過庭等列薦，召赴闕，奏對三策，上嘉之。假宗正少卿，充和議使。公力奏名不正，請改計議使。議者謂公剛方不屈，恐害和議，不遣，公抗章論列宰相非其人。

九月，除朝奉郎、直秘閣、知磁州。磁經敵騎蹂躪，人民逃徙，不復可守。公出俸募義勇，爲固守計，不逾月而辦。時太原失守，官兩河者率託故不行，公單騎就道，從羸卒十餘人往援。加河北義兵都總管。

十月，真定陷，河北居民震恐。公條畫邊防要策，與勤王之議並上之。

十一月，詔加秘閣修撰。斡離不叩磁州，公以神臂弓射走，追擊大敗之。康王再使金，行至磁分，力陳敵情，諫阻勿從。因假神以留，請謁嘉應祠。夜以神馬銜車輦，以塞其路，王遂回相州。閏十一月，奉皇帝蠟詔，充兵馬副元帥。奪李固渡，遣壯士夜擣之，破三十餘寨。大元帥承制，除集英殿修撰。

靖康二年丁未，公年六十九。

正月，自大名至開德，捷敵十三戰。上大元帥書，乞檄諸道約日進兵。又移書趙野、范訥、曾懋，約入援京城，無一人應。公以孤軍進南華，遇敵，敗之。

三月，敵寇開德，公遣孔彦威敗之。犯濮州，遣權邦彦敗之。復向開德，遣邦彦、彦威合擊，敗之。公親提所節制兵進衛南直入，躬冒矢石，大敗之。公曰：「敵十倍於我，一戰而卻，必復來。」乃暮徙軍南華，敵果至，得空營，大驚，敵自是不敢復出兵。公遣兵過大溝河襲擊，屢戰屢捷。大元帥承制，除徽猷閣待制。聞二聖北遷，公即臨濮，提孤軍趨滑，走黎陽，至大名，欲徑渡河迎復乘輿，而勤王之兵無一至者。屢狀乞大元帥康王進位，以定民心。

五月，王南京即位，改元建炎元年，詔公赴行在，覃恩轉朝請郎。

六月，入對，涕泗交頤，陳興復大計。除龍圖閣學士，知襄陽府，提舉隨、房、郢州兵馬巡檢事，改知青州。上丞相李綱書。

七月，知開封府。到京城，首發爲敵之淵藪者誅之，由是盜賊屏息，市肆商賈如舊。除東京留守。

八月，除延康殿學士，京城留守，兼開封尹。具狀辭，復詔不允。賜對衣、金帶、鞍馬，屢詔獎諭。感上知遇，益自奮勵，繕城壁，浚隍池，治器械，募義勇，措置各有條緒。上疏乞回鑾益力。招巨盜王再興、丁進、李貴、王善、楊進、千大郎等兵百餘萬，悉聽命效死，各賞有差。秉義郎岳飛犯法將刑，公奇爲將材，釋罪，令復汜水，立功，補爲統領。授以陣圖，戒毋野戰，後遷飛爲統制。軍聲大振，敵人不敢稱名。上遣中使傳宣撫慰。

建炎二年戊申，公年七十。

正月，敵自鄭直抵白沙。公命榜市張燈，弛夜禁，密遣劉衍夜擣之，大捷。

二月，敵再犯西京。公遣李景良、閻中立、郭俊民趨鄭，大敗敵。衍班師，敵復入滑，張撝請往，衆寡不敵，撝爲所害。公聞報，遣王宣往援，設奇取勝，公即令宣權知滑州。迎撝喪還，爲服緦麻，哭甚慟，厚恤其家，乞卹典。詔進公朝奉大夫、資政殿學士，辭。復詔，上表謝。詔進禦鎮江，爲統領都統元帥，賜對衣、玉帶、鞍馬。

三月，獲酋長王策於河上。公親釋縛，解衣與語。策感泣，盡陳敵情。召諸將議決大舉之計，泣約即日渡河。詔賜茶藥及傳宣撫慰。

四月，斬統制趙世隆，釋其弟世興，令取滑州，克敵。誅鸞芻之趙海。給資糧文憑與契丹漢兒及被擄民，榜示陷没州縣。奏乞差崔興知西京、閻勍保護陵寢。乞修隆德宮，迎復二聖。

五月，乞改修寶籙宮。遣少尹范世延及子機幕穎詣闕請回鑾，上撫勞，賜予有差。

六月，起師結連諸忠義山水寨民兵，約日進發。權臣忌嫉，從中阻之。積憤成疾，疽發於背。諸將問疾，公囑曰：「殲滅讎方，以成主上恢復之志，雖死無恨。」衆皆墮淚，公嘆曰：「出師未捷身先死，長使英雄淚滿襟。」無一語及家事，但連呼過河者三而薨。是日風雨晝晦，星殞於營，爲七月十二日未時也。

公先乞休，特進朝散大夫，依舊資政殿學士。繼以遺表聞，時已有旨拜門下侍郎、御營副使，依舊留守。至是贈觀文殿學士、通議大夫致仕。

公薨之日，朝野無賢愚皆爲號慟，三學之士爲文弔之。公子穎居戎幕，素得士心，都人相與請於朝，願以繼父任。時朝廷已命杜充留守，以穎直秘閣、充留守判官。充酷而無謀，盡反公所爲。數日間，將士去者十五。穎屢争不從，力乞終喪。得請，與岳飛扶柩歸京口，與夫人陳氏合葬於丹徒京峴山。

穎乞謚於朝，賜禮部太常擬謚議，危身奉上曰忠，正直無邪曰簡。加贈開府儀同三司，卹典廕一子，五孫，曾孫十八人。知婺州金華余翱爲公狀，顯謨閣學士曾楙爲墓銘。樞密副使岳飛建功德院於雲臺寺，吏部侍郎、知鎮江軍府俞烈即墓道建享堂。教授方符裒其文集，藏於學宮。浙西提點刑獄兼知鎮江軍府婺州喬行簡著。

備論

《宋史》卷三六〇《宗澤傳》 論曰：夫謀國用兵之道，有及時乘鋭而可以立功者，有養威持重而後能有爲者，二者之設施不同，其爲忠一而已。方金人逼二帝北行，宗社失主，宗澤一呼，而河北義旅數十萬衆若響之赴聲，實由澤之忠忱義氣有以風動之，抑斯民目睹君父之陷於塗淖，孰無憤激之心哉。使當其時，澤得勇往直前，無或齟齬牽制之，則反二帝，復舊都，特一指顧間耳。黄潛善、汪伯彦嫉能而惎功，使澤不得信其志，發憤而薨，豈不悲哉！

李綱《梁溪先生文集》卷三二《哭宗留守汝霖》 宗澤，字汝霖，浙東人。自爲小官，卓犖不群，能自立，以故屢被罪。靖康冬，用爲磁守，值金寇再犯闕，上以康邸奉使，道磁，澤力挽留，不得行，再造之功澤爲多。同列者忌之，譖毁百端，斥外不用。余去夏抵行在，澤得守襄陽，未行，與款語，忠義慷慨，憤發至流

涕。力薦于上，使進職留守京師。誅姦惡，拊善良，大得都人之心。繕治城塹，樓櫓復壯，屢出兵以挫賊鋒，以故能守。數表請車駕宜還闕，媢嫉者愈切齒，誰其代者，故得不罷。今聞其疽發背而死，殆憂憤使然，殊可爲天下惜也！詩云：「人之云亡，邦國殄瘁」，方時危而失此一人，其可哀也矣！賦詩以哭之。

時危念人傑，濟物須材雄。尋常齷齪姿，詎可收奇功。英英宗夫子，邈與古人同。抱器實磊落，秉心鬱精忠。彯纓仕州縣，山立不妄從。青松雖未高，已足凌蒿蓬。涉世多齟齬，失官久龍鍾。擢居河朔郡，煙塵正昏蒙。今上在藩邸，持節使虜中，力爭不可往，高牙建元戎。王室遂再造，廟廊當疇庸。同朝共排媢，一麾江漢東。見我論世故，慷慨淚霑胸。薦之守留鑰，付以節制隆。惠政拊疲瘵，威敢懾姦凶。金湯治城塹，樓櫓欻以崇。出師京洛間，屢挫黠虜鋒。邦畿千里寧，誇説百歲翁。抗疏請還闕，北伐歸兩宮，辭直志鯁亮，天子爲動容。奸諛更切齒，恨未能闞弓。乃同歸鄉人，感憤殞厥躬。皇天不憖遺，吾道何其窮。驊騮竟委離，冀北群遂空。梁摧大厦傾，誰與扶穹窿。安能百歲身，贖坐爲海恫！人亡國殄瘁，天意真懵懵。中原氣蕭瑟，灑涕臨西風。

致享張丈修撰墓下，追惟平生，不勝愴然，輒成兩章，以叙懷感之意。

《劉克莊集》卷九八《宗忠簡遺事序》 自古夷狄如苗、葛、昆夷、玁狁之類，不過蚊虻然，驅之足矣。至春秋之吳、楚，稍如蛇豕，薦食中國，小者争霸，大者問鼎。于斯時也，非一夷吾出而以身當之，舉天下皆左衽矣。厥後狄難莫慘於晉之永嘉，夷甫勸勒稱尊，茂弘定都江表，伯仁對泣新亭而已，惟越石、士稚出而以身當之。越石之言曰：「臣與二虜勢不並立，聰、勒不梟，臣無歸志。」士稚之言曰：「祖逖不能澄清中原而復濟者，有如大江！」故能以一殘弊荆州與勒對壘，以三千哀隊剪荆棘，立府縣，使河南盡爲晉土。余讀史至此，未嘗不嘉其志氣之壯，而惜其功業之不遂。靖康之禍，略如永嘉，有張大女真可畏如虎如蛟者，有勸河北諸郡清野者，有止勤王之師者，有秉汗馬牽牛之筆者。惟忠定李公、忠簡宗公、忠獻張公出而以身當之，而宗公之事尤難。其領開封也，粘、斡雖去，尚屯兵河上，都人懔懔，莫有固志。公至旬月，軍民按堵，拊凋瘵以恩，馭豪猾以威，降胡潰卒，望風嚮附。兩河羣盜百萬，號公「宗爺」，願效死力，山寨豪傑皆自備糧械，聽公調發。公因人心奮激，尅期北向，二十四疏請上回鑾以繫衆心，「臣當躬冒矢石，爲諸將先」，優詔嘉歎。而有陰沮之者，公憂鬱，瘍生於背。諸將問疾，公曰：「吾固無恙，若等能滅雠虜，吾死無恨。」衆皆泣。屬纊，猶呼「過河」者三，忠臣義士聞而痛之。初，虜不敢越汴而南，以公在焉。後使杜充代公，虜始越汴犯淮，大駕去淮幸浙，而中原遂幅裂矣。余嘗論之，忠定初相，擢公尹京，遣傅亮、張所使兩河，譬之於弈，止此兩着，壞局可活矣。于是忠定僅七十餘日策免，公賫志以歿，忠獻亦不久于位，檜相十九年，名臣良將皆死其手。烏乎，天也！公與汪、黄皆霸府舊僚，二人方希世用事，公奏記大元帥，以近剛正、遠柔邪爲先，若陰諷之者。又顯斥之曰：「潛善閩人，伯彦徽人，朝夕贊陛下南幸，棄河南北、京東西、淮南、陝西七路千百萬生靈如糞壤草芥，不知二三大臣何故厚於賊虜、薄於國家如此。」二人見之，滋怒。初，大元帥偕王雲出使，非公守磁遮留帳殿，幾墮虜計，汪、黄雖切齒于公而不能害，天子保全之也。昔孔明論「先漢以親賢臣而隆，後漢以親小人而頹」，與公正邪之論合。古之人有讀樂毅書而泣者，有讀《出師表》而淚滿襟者，余于公奏篇亦云。公始辭吕參政惠卿辟書，中忤林靈素黜謫，晚稍見用，尹京時已六十九，明年而薨。世治則不識真卿之面，國難則能抗越石、士稚之志，使夫子復生，必有微管之歎矣。公《遺事》行世已久，今連帥寶謨王公鎔，公外孫也，稍采摭舊聞以傳益之。寶謨公衣繡授鉞於閩，劾大吏，緪巨猾，殲逋寇，條約清明，令行禁止，有公之風。

藝文

王柏《魯齋集》卷八《宗忠簡》《古賢像贊》 先祖侍講平時無玩好，守鄱陽日於洪丞相家摹傳古賢像六十餘軸，皆紙本也，其原出於秘府，有手澤題其上，不幸收藏太密，蟻蠹幾盡，得全者無幾，而又散留它位。某舊嘗傳寫二十餘本，初未之奇也。舊本既失，益可寶愛。近囑潘伯遠篆題其姓名，暇日因各贊數語，懸之素壁，典刑凜然。六一居士嘗謂「七寶圖」歐陽氏之舊物也，且使子孫不忘先世之清風。某質凡學陋，固不足以發揮往哲，抑以寓高山仰止之詠，尚庶幾來者識先世之清風云。

雙龍遐驤，風埃帝邑，秉鉞齋壇，揮涕戮力。天聲外揚，臣姦内抑，忠憤莫紓，孔明祖逖。

《黄震全集・黄氏日鈔》卷九一《跋宗忠簡行實》 嗚呼！余讀公《行實》，不

能不爲天地之綱常哭之慟也。方金虜圍京城不下，而以和給我也，四方勤王之師坐視不得進，公獨曰：「既曰通和，請亟退師，設有詭謀，吾兵已在城下！」遂發兵大名，至東平，至濟州，至衛南直入賊區，據韋城而徙南華，轉戰無前矣。斯時也，使趙野、范訥協其謀，則二聖可以不北狩；而野也、訥也不其然。方金虜擁吾二聖而北，天下尚皆我有也，四方之勤王而不得遂者紛紛無所嚮。公既尹京，尋兼留守，如王善、趙再隆、丁進、孔彥舟、馬皋、趙海、楊進、王大節之流以兵附者百八十萬，契丹九州日附中國，且議遣辨士西使夏，東使高麗以滅金，已二十五表疏請回鑾京師矣。斯時也，使黄潛善、汪伯彥不從中沮其謀，則中原固金甌無缺之天下；而潛善也、伯彥也又不其然。考論至此，則二聖本不至北狩而終不免北狩者，公之謀不遂也；中原本未嘗淪没而終不免淪没者，公之請不行也。嗚呼惜哉！自時厥後，雖有英雄百戰，皆不過救敗扶傷，況偏安日久乎？故我宋中興與否，係公用舍間，他尚可言！雖然，非公守磁，我高宗已先入虜庭，雖江南誰與保？公雖身不及用，尚能爲我宋得一岳飛。

孔明圖漢鼎於既失，忠簡保天下於尚存，故公呼吸變化之功，殆過孔明百倍。然孔明晚遇族屬疏遠之昭烈，尚能堂堂出陣；公遇我光堯，視一時將相最早，反一語之不見酬，天耶？人耶？洪邁、吳柔勝序公行事，乃皆以祖士稚爲比。嗚呼，彼亦見其不得志而死，其迹偶同耳。

吳萊《淵穎集》卷三《書宗忠簡公家傳及部曲記》 勢極崇必圮，天方獮元元。兵甲暴草野，大河爲塞垣。猗歟我宗公，往作汴北門。蕃戎斜曳戟，盜賊望風犇。老羆尚當道，力攫氣欲吞。四顧萬騎集，中嚴一旗尊。吳越僻且遐，粱宋仍屋完。誓迴龍頭幔，身屬豹尾鞬。周鼎没未獲，魯戈揮轉昏。居巢有死憤，駱谷無留屯。一二遺部曲，東南卻軒騫。猶撑半天下，少捄千丈渾。雞鳴夜舞劍，邈矣逖與琨。於兹讀公傳，義士古所敦。

吳師道《敬鄉録》卷一〇《宗忠簡公畫像贊》 諸葛孔明平生勳業，僅與吳魏鼎峙，而君子每以伊呂俎豆之，然亦獻疑者多矣。余嘗語人曰：「偏師一出，而三郡響應，留屯渭上，則軍民安堵，此其胸中凜凜三代規模矣！」忠簡宗公，名在國史，事在天下。當靖康、建炎間，厮隸孩童能道其出處。公吾里人也，其故居去予家無百步，世或知其大者，而其爲人之詳，則予實親得之父兄。公久連蹇場屋，初似無意功名，四十餘年，始以進士末科在選。調爲州縣小官，將二十年，晚倅登州，黄冠師以俠犯禁，同官相愕，然爲好語謝遣之，公曰：「何至是！」獨攝取杖其背。訴之朝，謫監鎮江酒。久之，金渝盟，得知磁州。磁正遭困攻，危甚，守城具百無一有，乃大開門以計譎之，宵遁。後守留鑰京師，以忠義激憤將士，兩河豪傑投誠聽命，主以一押字得兵二十萬，皆願效死力麾下。自州縣脱謫籍，二年遂爲當世社稷大臣。公狀貌樸奇，瞳子黑白瞭然，髯疏而勁，磔磔蝟立。常語子弟曰：「人雖不死，等死耳，有補于國，吾榮多矣！」其忠壯類此。惟每出兵，必屈指計勝期，喜誦左氏《春秋》，少嘗盡以左氏事綴粘壁間，以便朝夕觀覽。爲文章直寫其肺腑，無飾辭。其亡也，兩河復危矣。予每評公直孔明伯仲，不獨其心相似，迹亦偶類。雖然，孔明何如人哉！其子兵部嘗出公畫像示予，慕不能舍去。誰不知敬公像，獨于余心有感也。爲之贊曰：平生孔明，稱慕莫及。像見忠簡，懦夫有立。横流砥柱，萬里長城。欲奮空拳，以植危傾，猛將斂手，氣指目使。誰知此公，亦裳布士。

王褘《王忠文公集》卷一七《義烏宋先達小傳》 贊曰：高宗之南渡也，中原之事一委於忠簡，及中原剋復，而高宗乃無有北還意。忠簡以中原無所倚，因請以信王榛爲兵馬大元帥。信王榛者，高宗親弟也。潛善、伯彥輩輒譖其有異圖，遂有門下之命，雖曰尊任之，然實奪之權。家傳、國史皆不書其事，蓋諱之也。嗚呼！高宗之無意於中原，固不足論，使忠簡而緩死，則神州全璧，社稷長靈，實嘉賴之矣！然則盛衰之際，庸非天乎？

宋濂《宋學士全集》卷三二《題宗忠簡公誥》 王黼時爲少宰，書名誥上。 青城妖祲連雲赭，犬羊在都龍在野。百年藝祖舊河山，萬騎長驅若冰解。京城留守一世豪，仰天雪涕風蕭騷。起扶白日照河北，赤手欲障三秋濤。義旂戛天天爲泣，四方猛士聞風集。自期狥國與天通，豈謂忠言反難入。披肝上疏留至尊，乘輿不顧東南巡。拊床三叫大星落，非天棄宋良由人。功業無成志可紀，古來英傑多如此。君侯心事漢武侯，偉氣英聲冠千祀。我來已恨生世遲，不得親觀忠勇姿。每過鄉邑髮猶豎，綸誥況是當時爲。卻憶前朝司馬死，章蔡羣姦乘間起。國雖未亂政先亡，萬里蒙塵從此始。吁嗟黼輩真奴臣，賊君致寇肥其身。姓名汙眼尚欲嘔，君侯在位能無嗔。侯乎侯乎慎勿嗔，誰使彼奴操國鈞。君不見汴京禮樂正全盛，江南杜宇啼天津。

胡翰《胡仲子集》卷八《宗忠簡公告身後》 忠簡公以宣和四年，差監鎮江都酒務，告命之下，太宰王黼首署焉。黼於是即拜太師，與蔡攸、童貫圖任國事，北啓邊釁，内小人而外君子，宋運方否之時也。汴京既陷，王業偏安於江表，百五

十年之間，朝廷人才之用舍，往往如之。宋氏之不競，誰執其咎哉？

蘇伯衡《蘇平仲集》卷一〇《跋宗忠簡公誥》　右故宋宗忠簡公復官誥。謹按，公元祐六年年三十六，進士及第，調館陶尉，歷龍游、膠水、趙城令。政和二年，改官知掖縣，差通判登州。道士高延昭恃勢犯法，公窮治之不少假，延昭至京師，因林靈素訴公，改建神霄宫勾當。公既乞祠而歸，猶坐削奪，覊置鎮江，實宣和元年。以四年郊恩敍復，就差鹽鎮江酒官。此則當時所被誥也。六年，除通判巴州事。靖康二年，御史中丞趙過庭等薦公可臺職，召赴闕，假宗正少卿，充和議使。公奏名不正，改計議使，議者以公剛方難合，必不屈，徒死無益，乃不遣行。會選易河朔帥守，擢公直祕閣、知磁州，加河北義兵都總管，就遷祕閣修撰。高宗以親王奉使過磁，公力止之，朝廷即授以天下兵馬大元帥，公爲副元帥。暨高宗即位南京，命公以龍圖閣直學士、知襄陽府，俄徙知青州，又用尚書左僕射李綱薦徙知開封府，遂以延康殿學士爲京城留守，兼開封尹，陞資政殿學士。建炎二年秋，薨于汴。有旨除公門下侍郎，御營副使，依舊留守，而遽以訃聞，詔贈觀文殿學士，謚忠簡公。先是，公上休致之請，特授朝散大夫，後恤典行，累進其階，由通議大夫至開府儀同三司。詩不云乎：「無競維人」，若公者，非所謂命世之大材歟！方公盛年，置之散地，且踰三紀，以忤一道士得幸用事者，坐廢四年。及河北事勢危急，始舉磁以授之，公年已六十八矣。其受任居守也，二帝北狩，高宗南巡，於斯之時，岌岌乎真如以一縷之線，引千鈞之石，臨萬仞之淵，尚賴公雖老而奮然，自必身任恢復之事。夫何規模甫定，功業成垂，而時宰忌之，遇事輒從中沮之。公不勝憂憤，疽發於背，而死及之。玆非有志之士所爲太息流涕者耶！公既薨，而宋竟失中原矣。豈人之無祿，而天不憖遺也，將未欲混一而遽奪之也。於戲！喪亂之來，必生弭亂之材以擬其後。公材略不出世，天固生之，徽宗固不用之，高宗雖用之，又不免以小人間之，是則公之吞志以沒，宋之偏安於一隅者，豈天運哉，抑亦有人事焉！覽是誥者，未可直以爲足見一代故事也。此誥行於宣和四年壬寅，後二百八十二年，爲今洪武六年癸丑，公七世孫經，重加裝池，且請其表兄蘇伯衡，識公削奪之由并官伐之概，以便觀者。而伯衡輒以所素慨者係之，實是歲之十月二十日也。

蘇伯衡《蘇平仲集》卷二《宗忠簡公畫像贊》　公之力足以旋乾而轉坤，公之功足以攘夷而安夏。始以一言能返北旆而南還，後以二十四疏不能回南轅而北駕，且留鑰之任方切，而巧言遽入於帝聰，渡河之志未酬，而大星已殞於中夜。何人之於公則知娼嫉，而天之於公則不知假借？此有志之士，百世之下，所以想英風而激昂，拜遺像而悲咤也！

《方孝孺集》卷一二《宗忠簡公奏疏序》　國之廢興存亡，蓋天也，而有人事焉。由其已然之跡而觀之，人謀之從違，事變之得失，皆如預定而不可易者，人力若奚所用。自其未成之始而論之，成敗禍福之機，待人而發，豈皆出於天命哉？故善爲天下者，盡人事以回天道；不善者委天命以怠人事。田單，齊之壯士，用一邑瘡殘之民，復七十餘城不數月之間。諸葛孔明，以王者之佐，驅全蜀之衆欲取中原之尺寸，終其身而不能遂。非特天命也，人事之難易固不同也。率赤子以救父兄，疾呼而可集。説途之人，使拯其鄰於難，雖善其辭令，有所不從。賢者能勉人以其所樂爲，不能强人以所難勉。單之用齊，人人皆有亡國喪家之憤，而自爲戰，故其成功也易。孔明之時，人知有曹氏，不知漢德久矣。孔明徒欲以忠義激之，安能必其從己乎！

宋敗于金而不復中興，人以爲天命，而不知人事失其機故也。張浚、趙鼎可謂天下之賢相，而韓世忠、岳飛、劉錡之徒，亦一時之將材。高宗雖庸懦，豈遽出法章下哉？然而沮撓而不足成事者，以其初不用宗忠簡公之言耳。徽、欽之亡，在乎兵不足戰。而忠簡公既入都城，百萬之兵立具，争欲爲之致死。忠簡之賢固足以得衆，而斯民戴宋之心，亦安可誣哉？當是時也，正田單復齊之機，而忠簡公，孔明之流亞也，使高宗能用其策，公少延數歲未死，則覆没之地可汛掃而平，黠虜悍酋可縛而獻諸太廟，豈有蹙國事讎之辱哉？失此不聽，至於竄伏東南，而欲圖之，則民心之亡宋，亦已遠矣。是以終不能有所成，非特秦檜、湯思退之罪也。人無勇怯，惟其所用。乘其方鋭而用之，中人皆可爲壯夫。及其氣衰志懾，雖烏獲亦投劍而卻顧。公之拳拳欲高宗都汴者，欲用天下之鋭氣，以復讎雪耻。而高宗信小人畏避之謀，棄不復聽，而公亦死矣。斯豈天命使然耶？實人爲之不盡也。

公没今三百餘年，而請高宗還汴之疏二十有四，不盡載於史氏。其九世諸孫濬録藏於家，而屬予序之。公忠義著于後世，不待疏而後見。疏之所著，不待言而後明。然世皆知宋之不復振，由於秦檜之相，而不知始於不用公之言。余是以具論之，使知疏之不從，實宋室之所由分也。

楊士奇《東里文集》卷一一《書復立宗忠簡公墓碑卷後》　爲政在使民知爲善而已，而非有以勸之，民或不知爲之也。故尊德、禮賢、表孝友、褒忠節，皆勸

民之務也。宋宗忠簡公其孤忠大節所謂皦然可與日月争光者，而竟以譖幽憤死。蓋天下後世所共仰慕，而悼惜之者也。然葬於潤，無三百年，已莽然荒烟衰草之墟，樵牧往來，行道不弔，此豈潤之人其心獨有異哉？公嘗仕於此，居於此，至感慕德義，吾意潤之人，必有深於天下後世之人者，何爲獨漠然若是也。非由爲政者不達勸民之道，雖有公之賢，不知敬禮，而致民之然歟？今六七年前，金華劉侯伯静以監察御史出守是邦，一新政教，修舉百廢，乃復葺公之祠，及治其墳塋。又經紀其祠田，命佛氏之徒董祀事。而躬率博士弟子展禮墓下，又刻石墓道，使過者皆知爲宋忠臣宗公之墓。於是潤之人，始知有忠簡公，又知爲善者之久而不泯，而在己不可不勉於善也。劉侯爲政，可謂知所務矣。去年與侯同在史館，爲余道其事。今侯去潤，而佐江右大藩。自昔江右孤忠大節，如忠簡公尤多，而江右之人，固不爲潤之人之漠然也。將侯所以加勸之者，尚能拳拳如治潤之時乎？

程敏政《皇明文集》卷三二《復宗忠簡公墓田記》　古之有盛德大功于世者，其祀典恒與天地相終始，非鬼神實司之，蓋天理在人心，不容泯也。是以忠臣烈士，英風凜凜，昭灼今古，非惟當時慕之，而數千載之後，能使人感動興發。嗟乎！生爲忠良，死爲明神，理之常也。予見宋忠簡公宗澤墓在鎮江京峴山，其墓田林木，乾坤跳踔不遂湮没，若神人扶持之者，良可敬也。嗚呼！胡虜入中國，至靖康之慘極矣，宋太祖有天下，太宗、真、仁繼之，百五十年，涵養生息，措國勢如太山盤石，自神宗用王安石，國脉潛耗，至于徽宗，以侈靡促之，童貫喪師，以啓戎心。再犯國都，徽、欽蒙塵，邦昌僭位，天理民彝斲喪無幾。惟宗澤起自義兵都總管，留康王於磁州，差軍衛南，上書勸進。高宗即位，引兵趍行在，帝壯之，命知開封府京城留守。宗澤招集義兵，得百餘萬，山寨効順復數十萬，方尅日大舉，而病不可起矣。嗟夫！宋之再造，宗澤基之，宗澤之生死，係中原之存亡，宗澤在，則義兵至一百八十萬，澤亡，則義兵盡散，澤在，則化叛逆爲王臣，澤亡，則王臣變爲賊矣。是澤之生死，係宋之輕重，其忠義貫日月，心膽裂金石，志吞逆虜，而力不逮。回鑾之疏二十四上，而國賊中沮之，感激而死，豈其得已哉！使澤不死，岳飛生存，金之爲金，未可知也。

天朝郡守劉公辰，莅政之初，見其墓蕪穢不治，墓田爲寺僧所侵，即奮然復其故物。勒石紀功，凡歸田四十八畝三分二厘四毫，地一十四畝二分七厘六毫，草灘一十二畝五分，山六十畝六分七厘二毫，重命龍華寺僧守之，歲奉祠祀。作文序其顛末，其規模措置頗詳具云。邦人復建碑于寺，以紀興復之由，揚劉公之德，且來徵文。予謂非宗忠簡公之忠義，不能遺丘壠于三百年之後，非劉郡守之明昭前烈，不能復忠簡公三百年之絶祀。雖然，是豈人力之可致哉？天相之也。夫國家之理亂係于天，而人臣之忠義懸于天，劉公此舉，非天而何？故予假天以彰郡守之績，以勸世之爲政者知所本云。

孫承恩《文簡集》卷三一《新建宗忠簡公祠堂記》　大丈夫生不遇時，不能畢志以成駿功，抱恨終古，而獨以忠義遺身後，使百世之下慨想風烈而不能置，豈不偉哉！若宋之宗忠簡公是矣。公名澤，字汝霖，婺之義烏人也。登元祐六年進士，以對策切直，爲時宰所忌，調尉館陶，流落擯棄者餘三十年。靖康初，擢守磁州，未幾金人入寇，長驅逼都城，四面勤王之師逡巡前却，莫敢先赴。公時奉詔爲康王副元帥，屢請督發，而王之親臣汪伯彦、黄潛善者沮之，遂弗果用。既乃提孤軍獨進，徒以忠義招徠豪傑，所向屢捷，然亦坐軍勢單弱，諸道莫有助者，卒不能有成功。及康王正位宸極，公首入對，言興復大計，流涕慷慨。繼被命留守京城，外禦强敵，屢出師破其衆，内戢巨寇，招下者不啻百萬。金人畏其威，自是不敢復窺汴。公方以身任中興之事，修立軍政，奮揚威武，以圖中原，而復爲汪、黄所沮，屢有奏請，輒抑不行，憂憤成疾而卒。公没而大事遂去矣。此公出處之大都，所以爲忠義者此也。説者謂公之才略，使當靖康危迫之日，挈兵柄以付之，一惟其所爲，則二聖不至北狩；使殫志畢慮于建炎之初，而莫或牽制之，則必不爲南渡之偏安。而奈之何其不然，宋之不競，豈非天哉！此英雄之士所以爲之扼腕而痛恨也。公在政和，嘗被罪羈置潤州，繼復監酒於潤，没且葬於潤。而潤故無廟，正德戊辰，江右謝侍御景温來按是邦，覽郡迹而歎曰：「宗祀先烈，國有彝典，矧賢者之所寓止，與其體魄衣冠之所藏，而廟不立，甚於典弗稱。且是邦爲南北控扼，東南諸郡之屏障在焉，誠不可無昭示後人者。」乃諭郡守羅侯俾經營之，而節推史君實專董其事，則相地於郭内壽丘山之北，朞年而告成。榜「宗忠簡公祠」，因舊謚也。既而羅與史俱以擢去，麗牲之石未有文者，今郡守莆陽林侯魁始專价來謁予文。予嘗聞之，天下之分，莫大於君臣，而忠義之在人，乃其固有，與生俱生而不可解於心者，而莊周乃謂「君臣之義無所逃於天地之間」，則似出於勉强不得已矣，此君子之所以深非而極辨之者也。以忠簡公觀之，當其冒萬死以赴難，違衆獨往，固有笑其狂且愚者，而公毅然不少懾。洎其艱難備禦，震撼四至，屹然不動，瀕没猶呼「過河」者三，孤忠正氣，誠可以凜秋霜而貫

白日。夫豈有所爲而然哉？天性固然，惟其不能自解故耳。吏惰失職，祀典弗修，且三百年矣。而侍御獨能舉之，羅侯相之，史君成之，林侯終之，不惟有以慰英爽於九原，而且以詔萬世之爲人臣者，豈不大有功於名教哉！某因其請，既述公之忠義之大，以爲潤人告。而復爲迎送神詩二章，俾永永歌，以承祀云。

伐鼓兮坎坎，候我公兮山之坂。公之來兮駕雲，軿風淅淅兮雨冥冥。公夷猶兮入新廟，桂檀爲楣兮辛夷爲橑。懷故都兮沖沖，覽宇宙兮涕焉從，豺狼在郊兮鰐在渚，鑾輿迷望兮公食無處，靡修潔兮薦予誠，指北固兮奠中泠，公不樂兮我心靡寧。

萬舞畢兮神既醉，神既醉兮欲返旆，公將歸兮朝帝宮。左朱雀，右蒼龍，荷皇明，錫純嘏，奠江山，永終古。施我人兮寧厥居，妖氣弗作，禾黍與與，我人報祀兮永無怠，儼昭格兮神常在，歌神功，橫四海。

夏良勝《東洲初稿》卷三《宋宗忠簡公祠記》 正德四年，御史謝君德温以風裁按南畿輔郡，自北入京口，首治鎮江郡，方摘奸抉蠹，而稽逸舉廢，聞有宗忠簡墓，矍然曰：「是可日没於樵硎兔穴者哉？」長吏捧故牘入謝不職，曰：「嘗奉議廟祀，弗果。」君鋭意再請，成之。且曰因其墓不奪穡地，工以徒庸，費以刑贖，而制取其備。爲堂陽面，橫四楹縱三之，而節二之，内虚如榭，可置豆設齋，容對越數席，左右夾以室，備戒嚴更浴，東西翼以廡，中露以臺，而坎以墠，足列從祭諸執事者，庖厨瘞燎各有次，夷庭高門合二霤，壯雅足稱表揚。越數月告成，君率從官將祀孔嚴，定爲歲格。予聞而義之。議者或謂，宗公宜祀汴，建祀非御史所先也。迺詰而辨之曰：「宗公，汴留守也，間關戰陣，不克還二帝，而齎憤以死，地誠汴祀也。然公神每依帝蒙塵于杭，累表請復汴，竟爲左議者所奪，想公謫宦京口時，經略素茹，或以金陵重江之險可都也，萬一誘衷悔悟，汴不復，去杭而就是，猶可啚也。生不能忘，死不能去，公卒汴，而歸塟于斯也，神亦戀戀於斯乎，祀之以其神也。況古者，祀以附教，天地以教敬，宗廟以教愛，忠者祀，而貪者、佞者，巧令孔壬者，一切邪族望風警去，是教之也。教之道自法始，御史法官，斥邪職也，此其首舉之意哉？」議者伏謝。君竣事，以記屬予，予以昔爲辨者告君曰：「虚石正侯斯言也。」即以郵至其所刻之。

乾隆《讀宗澤〈忠簡集〉》 偶閲宗澤《忠簡集》，愛其乞回鑾諸疏，不忍釋手，既終卷，乃知章凡二十四上，而高宗漠然也。夫南渡去今六百餘年，讀其疏者，未嘗不□□□□□□□□□孤忠，欲爲墮泪。而彼時爲之君者，聽宵小深入之言，懷優游苟安之計，屏之而弗顧，是尚得爲有人心者哉！以致捐中原，棄赤子，謬曰：我終能延趙氏一脉於餘杭。嗚呼！人而至此，是誠不知有五倫之事，而天良喪盡者矣。雖汪、黄謬論有以懾之，使高宗無偏安之心，有必爲之志，亦焉能動聽！則後之秦檜倡和議，而稱一德□□□□□□□曲也。或曰：宗澤之心雖誠，以彼時南北之勢較之，金源之釁其真可乘，河北之民之心其真可信乎？則興復之舉固未易言也。曰：然！復仇其要也，興復其次也，不共戴天不反兵，高宗於此，蓋兩兼之矣，徒跣以從，不顧一己之成敗利鈍可也。而居臨安，玩湖山，稱侄於仇，以徒得歸奠之骸骨，是誠何人哉！嘗謂人君者天之子也，俗云：子雖不肖，父不可不慈。予則謂天之於天之子，子雖不肖，父不忍不慈。遠固不可枚舉，近則於宋元明見之矣。元得甫八十年，立國之模，無足比數。若宋南渡以後，有明正嘉以旋，其綱紀陵夷，政事叢脞，早應滅亡，而不即亡者，豈非天父有不忍不慈之心，而尚爲之苟延其世以待其悛改乎？然此不可恃也，大君者，父母之宗子，而黎元者，均之一家内之人也。今持家者苟不顧一家内之人，使□□□□無告，則其父母未有不怒，怒而教，教而不改，其父母亦必有以處之矣。爲君者之於民，亦猶是也。嗚呼！可不慎哉，可不懼哉！

是篇爲丁酉所作，因臨幸西湖，爲高宗昔日流連晏安而忘恢復之所，故手書一通，勒石湖上，以爲萬古君人者之鑒。庚子暮春月並識。

王梓材、馮雲濠《宋元學案補遺》卷二五《龜山學案補遺附録》 公爲人端方正直，平居不妄笑語，律己甚嚴，苟悖乎禮，雖毫髮不犯，義所當爲，鼎鑊在前不恤。中間坐閑屢年，杜門卻掃，賦詩自娱，或清坐終日，啜菽飲水，淡如也。晚年尊顯，禄飧稍厚，而自奉甚薄，所衣不過綈紵，經歲無所更製。親族故舊，窶而無告者，多依公以活，養孤遺幾百人，故家無留儲。其爲文不事雕琢，渾然天成，豐約中度，無所不讀，尤邃于左氏。有文集藏于家。

樓迂齋序《忠簡集》曰：公前後奏請爲回鑾而發者凡二十有四，其血誠赤心固可想見。它文雖單言半字，無非從忠義中流出。公亡，而杜充代帥，王業偏安，蓋始于此。公之規模志節，罕有能道之者，況其遺文乎？

黄東發跋《忠簡行實》曰：孔明鼎漢，鼎于既失。忠簡保天下于尚存，故公呼吸變化之功，殆過孔明百倍。然孔明晚遇族屬疏遠之昭烈，尚能堂堂出陣，公遇我光堯，視一時將相最早，反一語之不見酬。天耶？人耶？

王魯齋爲忠簡像贊曰：雙龍遐驤，風埃帝邑。秉鉞齋壇，揮涕戮力。天聲

外揚，巨姦内抑。忠憤莫紓，孔明祖逖。

方正學序忠簡奏疏曰：公忠義著于後世，不待疏而後見。疏之所著，不待言而後明。然世皆知宋之不復振，由于秦檜之相，而不知始于不用公之言。余是以具論之，使知此疏之不從，實宋室之所由分也。

胡鳳丹《退補齋文存》卷三《宗忠簡公集序》 婺州爲人才之藪，或以文學著，或以道學傳，靈淑所鍾，後先輝映。而其間功名氣節赫然爲吾郡千秋光者，尤以宗忠簡公爲第一。公豪爽有大志，會朝廷遣使結女真夾攻契丹，喟然曰：「天下自是多事矣！」爰從康王起兵，威聲大著，金人憚之，呼曰「爺爺」。嗣康王即位於南京，公入見，涕泗交頤，陳興復大計，先後二十餘奏，爲汪伯彦、黄潛善所抑，未得竟其設施，遂以積憤發疽，三呼「渡河」而卒。公一生事業，備載史書，千百年來，猶凜凜有生氣，豈僅以文章顯哉？是集也，公子孫之在義烏者，實梓行之。咸豐年間，粤賊竄浙，版被燬，蕩然無存。同治乙丑，余游皖，吴竹莊方伯以新梓《宗岳全集》見贈，鐫刻甚工。己巳春，余彙刻《金華文萃》，因舉《忠簡公集》七卷悉心校閲，付之手民，即以吴刻爲藍本，而採取諸家之説，另纂辨譌考異一卷，以證異同。嗟乎！士大夫坐論匡居，未有不侈談經濟者，乃處則純盜虚聲，出則驟膺變故茫然喪其所守，是雖著作等身，亦不過欺人語耳。故必於君父之大節無虧，然後可垂於不朽也。讀斯集者，以此意求之，則忠孝之心必有油然而生者矣。同治八年夏月，同郡後學胡鳳丹月樵甫謹序。

陳東部

綜述

《宋史》卷四五五《陳東傳》 陳東字少陽，鎮江丹陽人。早有雋聲，俶儻負氣，不戚戚於貧賤。蔡京、王黼方用事，人莫敢指言，獨東無所隱諱。所至宴集，坐客懼爲己累，稍引去。以貢入太學。欽宗即位，率其徒伏闕上書，論：「今日之事，蔡京壞亂於前，梁師成陰謀於後。李彦結怨於西北，朱勔結怨於東南，王黼、童貫又結怨於遼、金，創開邊隙。宜誅六賊，傳首四方，以謝天下。」言極憤切。明年春，貫等挾徽宗東行，東獨上書請追貫還正典刑，别選忠信之人往侍左右。金人迫京師，又請誅六賊。時師成尚留禁中，東發其前後姦謀，乃謫死。

李邦彦議與金和，李綱及种師道主戰，邦彦因小失利罷綱而割三鎮，東復率諸生伏宣德門下上書曰：

在廷之臣，奮勇不顧，以身任天下之重者，李綱是也，所謂社稷之臣也。其庸繆不才，忌疾賢能，動爲身謀，不恤國計者，李邦彦、白時中、張邦昌、趙野、王孝迪、蔡懋、李棁之徒是也，所謂社稷之賊也。

陛下拔綱列卿之中，不一二日爲執政，中外相慶，知陛下之能任賢矣。斥時中而不用，知陛下之能去邪矣。然綱任而未專，時中斥而未去，復相邦彦，又相邦昌，自餘又皆擢用，何陛下任賢猶未能勿貳，去邪猶未能勿疑乎？今又聞罷綱職事，臣等驚疑，莫知所以。

綱起自庶官，獨任大事。邦彦等疾如仇讎，恐其成功，因用兵小不利，遂得乘間投隙，歸罪於綱。夫一勝一負，兵家常勢，豈可遽以此傾動任事之臣。竊聞邦彦、時中等盡勸陛下他幸，京城騷動，若非綱爲陛下建言，則乘輿播遷，宗廟社稷已爲丘墟，生靈已遭魚肉。賴聰明不惑，特從其請，宜邦彦等讒嫉無所不至。陛下若聽其言，斥綱不用，宗社存亡，未可知也。邦彦等執議割地，蓋河北實朝廷根本，無三關四鎮，是棄河北，朝廷能復都大梁乎？則不知割太原、中山、河間以北之後，邦彦等能使金人不復敗盟乎？一進一退，在綱爲甚輕，朝廷爲甚重。幸陛下即反前命，復綱舊職，以安中外之心，付种師道以閫外之事。陛下不信臣言，請徧問諸國人，必皆曰綱可用，邦彦等可斥也。用舍之際，可不審諸！

軍民從者數萬。書聞，傳旨慰諭者旁午，衆莫肯去，方舁登聞鼓撾壞之，喧呼震地。有中人出，衆臠而磔之。於是亟詔綱入，復領行營，遣撫諭，乃稍引去。

金人既解去，學官觀望，時宰議屏伏闕之士，先自東始。京尹王時雍欲盡致諸生於獄，人人惴恐。朝廷用楊時爲祭酒，復東職，遣聶山詣學撫諭，然後定。吴敏欲弭謗，議奏補東官，賜第，除太學録。東又請誅蔡氏，且力辭官以歸，前後書五上。既歸，復預鄉薦。

高宗即位五日，相李綱，又五日召東至。未得對，會綱去，乃上書乞留綱而罷黄潛善、汪伯彦。不報。請親征以還二聖，治諸將不進兵之罪，以作士氣；車駕歸京師，勿幸金陵。又不報。潛善輩方揭示綱幸金陵舊奏，東言綱在中途，不知事體，宜以後説爲正，必速罷潛善輩。

會布衣歐陽澈亦上書言事，潛善遽以語激怒高宗，言不亟誅，將復鼓衆伏闕。書獨下潛善所。府尹孟庾召東議事，東請食而行，手書區處家事，字畫如平時，已乃授其從者曰：「我死，爾歸致此於吾親。」食已如厠，吏有難色，東笑曰：「我陳東也，畏死即不敢言，已言肯逃死乎？」吏曰：「吾亦知公，安敢相迫。」頃之，東具冠帶出，别同邸，乃與澈同斬於市。四明李猷贖其尸瘞之。東初未識綱，特以國故，至爲之死，識與不識皆爲流涕。時年四十有二。

潛善既殺二人，明日府尹白事，獨詰其何以不先關白，微示悔色，以明非己意。越三年，高宗感悟，追贈東、澈承事郎。東無子，官有服親一人，澈一子，令州縣撫其家。及駕過鎮江，遣守臣祭東墓，賜緡錢五百。紹興四年，並加朝奉郎，祕閣修撰，官其後二人，賜田十頃。

陳東《宋陳少陽先生盡忠録》卷首陳南《行狀》 公諱東，字少陽，鎮江丹陽人也。曾大父諱廣，大父諱思齊，考諱震。自五世以來，以儒嗣其業，皆隱德不耀。公生而性穎悟，有氣局。未冠，已如成人，博學强記，善屬文。年十七，朝廷以三舍取士，入學，與諸生居十年，以上舍貢於辟雍，升太學。在太學十五年，屢以校定試上舍，俱不利。人或誘以他道進，公正色謂之曰：「吾雖不材，必欲取科第爲親榮，君奈何以是汙我耶！」政和三年，朝廷大作雅樂，命太學生五百人習之，有司將按試於庭。或謂事竟且次第推賞，時諸生及縉紳子弟多以夤緣獲

與者，人人有德色，公時以齋長與焉。一日輒詣長貳白辭之，長貳謂公曰：「樂成且官矣，人咸願與而不可得，公何遽辭焉？」曰：「寧有是事？萬一有之，吾何以僥倖進身耶？」同舍生力挽之，卒不肯與，有識者高之。俄而奔先君喪以歸，哀毀成疾，終三年不入妻室，鄉黨稱其孝。服除，復游太學，毅然有澄清之志。每與士大夫論巨奸，往往怒髮衝冠，見者爲之竦然。宣和八年，金人寇河北，徽宗倦于勤。淵聖皇帝即位，明日詔内外及士庶言時政得失，公慨然曰：「太學賢士之關，國家涵養之地，豈可無應詔者乎！」乃率在學數百人上書闕下，首論蔡京、王黼等誤國姦狀，乞正典刑，以折敵氣。淵聖納其言，然執政者營救之，猶未遽出。時金人犯京城，公在圍城中，再上書，反覆論京等罪惡。繼而臺諫亦論列京罪，於是朝廷始盡黜而誅之。明年春，淵聖方召五路兵以拒敵，用李綱、种師道主其事，而肉食者偷安畏懾，欲爲城下之盟，沮罷綱、師道等，京師俱罷兵，金人乘我不備，恟恟不自安。公曰：「事急矣！」於是夜復草書，黎明合在學諸生伏闕下以進，軍民不期而會者十餘萬人。淵聖悟，即起二公於廢籍中。金人聞二公之復用也，因遂解去。初，公之與諸生伏闕，軍民始相聚以觀，俄至數萬。奈其書爲姦人蔽塞不即通，軍民因毁闕前欄楯，撾登聞登。其不逞者憤宦官之前爲姦也，乘勢鼓噪，殺御藥朱拱之等，至揉其膚髮。公止之雖甚力，衆怒譁不聽。有同舍生前謂公曰：「事勢如此，奈何？盍且逃死乎？」公笑曰：「君何言之謬耶，吾去則君等戮矣，顧君等何罪，吾今自是頭已在地矣。」繼而綱、師道出謂衆曰：「朝廷已復用我總兵矣。」衆皆識二公豐采，遂稍稍散去，實靖康元年三月初五日也。於是用事者遂以脅持君父爲名，令太學官屏公出學。已而王時雍輩又欲矯制盡殺太學生上書者，賴開封府聶山力救得免。淵聖復降内批付山曰：「前日太學生陳東言事，誠出忠義，可令還學。」山司祭酒楊時出御筆率學官請公。或曰：「君可去矣。」公曰：「吾家貧親老，欲由學校取科第，今天子禮士如此，吾何舍學校去乎？」遂還學。久之，宰相吳敏請以官命公，實欲寵之也。公再上書力辭不受。夏五月，因謁告歸省親。公既欲以科舉進，是歲秋八月應鄉貢進士舉，預薦未行。奉親居里閈，甘旨之餘日與親舊把酒爲樂，酒後耳熱，往往援筆賦詩以自適。冬十月，金人犯京城，公憂國步艱危，至寢食俱廢。繼聞京城陷，乃北向慟哭，或中夜興起，恨無死所。明年夏五月，今上皇帝即位於南京，改元大赦。公聞之喜而不寢，謂所親曰：「吾今始有生意。」未幾，有旨召公。於是知鎮江府、延康殿大學士趙子崧移文趣公行，公聞命戒嚴行李。或勸公無行，公曰：「新天子即大位十日，而下詔呼一布衣，必欲聞天下之言也，有君如此，頂踵尚奚惜耶！」遂就道，以棺自隨，示不求生以害仁。八月十五日至行在所，即具狀申尚書省，不報。因寓居神霄宫，杜門不敢見賓客。聞宰相汪伯彦、黄潛善議欲遷都建業，京師人情日益不安，遂上書乞罷潛善、伯彦，進用賢相；又上書請車駕早還京，決策親征；又論遷都於國家大有利害者。皆不報。公知事勢已不可回，欲乞歸田里待罪，狀未及上，私念之曰：「天子以忠言召我，若不以微罪行，人必以我爲畏禍而去。」遂蔬食焚香，草書再上之，力論潛善、伯彦等奸。書上，潛善以公言逼己，乃與宦官康履謀以他事奏請，令應天府尹孟庾追取而殺之。蓋康履方怨公在靖康初伏闕，致軍民殺其黨朱御藥輩，而孟庾又王黼客也。潛善、伯彦既有殺公意，二憾在焉，遂置極法。公自赴召至行在所，凡十日而得罪死。然公雖以言忤權貴見殺，而書中所言，多中時病，朝廷往往略施行之。方應天府追吏之來也，公睡正熟，寤寐而見之，乃徐起更衣索飯，語吏曰：「朝廷召我來，未曾得見官家，爾曹不可無禮，容我寫家書。」吏曰不敢。遂就食，食訖索紙作書，區處家事纖悉備盡，字畫遒勁，有顔柳遺法。臨刑神色不變，既死，面如生，識與不識之人，莫不爲之流涕。隨行僕夫具棺以殮，鄉士胡𤥭爲護其喪以歸。建炎三年春，車駕南幸臨安，大臣有以公死爲言者，上始驚悟，即命贈承事郎，仍官有服親一人。夏四月，車駕回幸建業，道由鎮江，參知政事王綯爲上言曰：「昔太學生陳東嘗奏封事，出於忠義，用事大臣私涉嫌疑，力行奏請，亟加誅戮。」上曰：「朕方深悔過之誠，旌盡忠之士，既已追贈京職，仍官其子，今行經其鄉，未忘於懷，可特贈錢五十萬。」紹興三年再貶南京用事大臣，復追贈朝奉郎、秘閣修撰，仍與兩資恩澤，賜官田一十頃。誥詞御筆云云。初，王綯既言公以忠死，上即命賙其家、官其子，綯退而謂人曰：「以此見陳公之死非聖心也。」公被罪之日年四十二。其配吳氏，生二女。方赴召時，吳氏有娠，一日晝寢，夢白蛇自身外繞其身，驚而覺，因語家人，家人皆怪之。及訃音至，始知夢之日，乃被罪之日也。遺腹後得男，聚族而觀之，且喜且悲，知公之後不絶，名曰嗣宗。二女，長適忠翊郎楊中和，次適潘好謙，右迪功郎、處州麗水尉，皆以公恩澤故。公之殁也，祖母蔣氏卒，繼母吳氏年高，而家益窶，二女未及嫁，而嗣宗尚在孩抱。公之配吳氏乃謀諸姑而請於朝，令南受所賜有服親恩命，哀慟累日。始公母蔡氏懷公七月而生，六歲而蔡氏卒，鞠於吳氏。公事父母盡孝，事祖母尤謹，而吳氏視之如己子。繼生二子，曰坦曰南，兄弟友愛，人不知其異母焉。公平日與朋友信，其於鄉黨恂恂然，宗族姻婭皆得其歡心。家雖貧而輕財重

義，賙人之急，雖質衣冠不靳也。爲文章不事華靡，命意立言，必合風雅。有詩文數百篇，經兵火多不存。自少尚氣節，有憤世嫉邪之志。當宣和末，群奸益用事，公知其社稷必危。嘗因大雪，與同舍生飲太學初筵齋，酒酣聯句爲樂，衆皆默然不能落筆，公獨爲古詩云：「飛廉强攪朔風起，朔風飄飄灑中土。雪花著地不肯消，億萬蒼生受寒苦。天公剛被陰雲遮，那知世人凍死如亂麻。人間愁歎之聲不忍聽，誰肯采摭傳説聞達太上家。地行賤臣無言責，私憂過計如杞國。揭雲直欲上天門，首爲蒼生訟風伯。天公倘信臣言憐世間，開陽闔陰不作難。便驅飛廉囚下酆都獄，急使飛雪作水流潺潺。東方日出能照耀，坐令和氣生人寰。」又爲律詩三十韻，有云：「山嶽遭埋没，乾坤着蔽蒙。已成堆積勢，漸費掃除功。」其措意類如此。在淵聖皇帝朝凡六上書，今上皇帝臨御又三上書。公初上書論蔡京、王黼等，太學人人言殊，雖平日與共腹心者，然亦忌憚，蓋以數人者用事日久，盤根錯節，恐未易以言破也。公乃曰：「公等未許我，我當斷之於心。」於是閉門焚香，危坐默自計，曰：「書上而言幸中，朝廷設命我以官，雖貴且顯吾不受。設得罪以死吾不悔，如是可也。」繼而諸生見公書，翕然願從。俄而祭酒謝克家、司業蓋望之、博士孫覿坐堂上，克家曰：「聞爾率諸生伏闕，奈何？」俱不敢答。至覿，則曰：「太學何蕃蓋所以稱於當世者，獨以叱六館之士，不從朱泚之亂而已，未聞伏闕也，上書何爲？」公亦不答，即長揖而退，二公訖無所發怒。諸生又以是偉公，故書終得達，今往往皆流傳於天下。公初自太學奔喪歸，而先君已葬矣。公以喪非治命，欲擇遷葬蔡氏合之，志未遂而公被罪以殁。南後於縣之尚德鄉桐村之原得吉卜焉，以建炎三年十月十四日遷先君與蔡氏合葬，以成公之志，而公之喪實祔焉。南重惟不肖，未爲公立墓隧之碑，今述公平生事列於行狀，以備史官采擇云。

雜録

備録

葉紹翁《四朝聞見録》乙集　予嘗得東將臨刑家書手蹟，時猶在神霄宫，墨行整整，區處家事皆有條理。自知頃即受戮，略無慘戚戰慄之意，蓋東漢人物也。

洪邁《夷堅志·甲志》卷七　陳東，靖康間嘗飲於京師酒樓，有倡打坐而歌者，東不顧。乃去倚欄獨立，歌《望江南》詞，音調清越，東不覺傾聽。視其衣服皆故弊，時以手揭衣爬搔，肌膚綽約如雪。乃復呼使前，再歌之。其詞曰：「闌干曲，紅颺繡簾旌。花嫩不禁纖手捻，被風吹去意還驚，眉黛蹙山青。鏗鐵板，閑引步虚聲。塵世無人知此曲，却騎黄鶴上瑶京，風冷月華清。」東問何人製，曰：「上清蔡真人詞也。」歌罷，得數錢下樓。亟遣僕追之，已失矣。出《夷堅志》。

周煇《清波雜志》卷五　陳東，字少陽，太學生。所上封事主李伯紀丞相，力詆汪、黄。建炎元年，死於應天府。被逮之際，作遺書寄其家，區處後事甚悉。死生之變亦大矣，神識殊不亂。其帖今在其外孫括蒼潘景夔家。頃年，許右丞翰爲作哀辭，具著本末。少暘初不識李丞相，李念伯仁因我而死，祀之家廟。

周密《齊東野語》卷八　《筆談》言洛京留臺有舊案，言國初取索鹵簿法仗，報言：「本京鹵簿，因清泰間末帝將帶逃走，不知所在。」人傳以爲笑。今登聞鼓院，初供職吏，具須知單狀，稱：「本院元管鼓一面，在東京宣德門外，被太學生陳東等擊碎，不曾搬取前來。」正與此相類，皆可資捧腹也。

韋居安《梅磵詩話》卷上　陳東少陽京口人，宣和、靖康間爲太學生，上書攻詆六賊。天子嘉其忠，命之以官，弗受，建炎中興，以直言召至行在所，未得見。又三上書，首排柄國之臣，謂不足共大事，汪伯彦、黄潛善怒之，力請誅殛，遂身膏東市。後天子感悟，追贈京秩。紹興四年，再贈朝奉郎祕閣修撰，仍官其子弟，錫之上田，以恤其家。東少負氣節，有憤世嫉邪之志。在太學時，嘗因大雪，與同舍生飲初筵齋，酒酣，約聯句爲樂。公獨爲古詩一篇曰：「飛廉强攪朔風起，朔雪隨風灑中土。雪花著地不肯消，萬億蒼生受寒苦。天公剛被陰雲遮，世人凍死如亂麻。人間愁嘆之聲不忍聽，誰肯採掇傳説聞達太上家。地上賤臣無言責，私憂過去如杞國。遏雲直欲上天門，首爲蒼生訟風伯。天公儻信臣言憐世間，開陽闔陰不作難，便驅飛廉囚下酆都獄，急使飛雪作水流潺潺。東方出日還照耀，坐令和氣生人寰。」又爲律詩三十韻，有「山岳遭埋没，乾坤著蔽蒙。已成堆積勢，還費掃除功」之句，皆有深意。被收之日，視死如歸，則東之志操，在此詩見之矣。

袁桷等《延祐四明志》卷四　李猷字嘉仲，一字獻夫，鄞人。建炎初以婦翁

没王事，自京師詣南都行在所，見友人陳東少陽，從容謂曰：「東被召未有館舍，子爲我圖之。」猷曰：「太僕陳寺丞正彙嘗相邀猷，未敢往試，同謁之。」既見，少陽遂館焉。少陽再上書，不報。有榜通衢斥附李綱者，猷知爲少陽設也，録示少陽，勉以歸。曰：「東以召來，不敢私還。」太僕丞子大方倉皇過猷曰：「少陽已報赴應天府矣！」猷曰：「少陽其不免乎？」及暮，乃知少陽已死於市。猷哭於館所，爲位祭，且祈曰：「少陽以忠諫死，勁節英氣，當不與草木同腐。吾欲收少陽歸葬先塋，恨無由知之。少陽有靈，其啟我心。」越一日，得之，具棺衾焉。又一日，得其元，面如生，合而斂之。欲買舟東下，會其鄉人胡中行從太學來，欲求護柩，猷服其義，併以行李付之。猷亦不暇詢婦翁事，遂還京師。猷之私識云爾，猷以婦翁恩補官，終肇慶府節推。（王尚書撰。）

藝文

陳東《宋陳少陽先生盡忠録》卷七李大有《盡忠録序》　大有昔侍先祖，道及秘撰事，云秘撰所上建炎三書，其一乃《夙興説》，論天下大計，餘兩書乞留先祖而黜汪、黄，詞皆坦明，惟最後指陳二人奸惡殊激切。二人大怒，且得以罪先祖，必欲置之死地，然高宗初不以爲忤也。時歐陽澈亦上書及乘輿頗過。時二人遂同以進，摘其語激上意，高宗亦欲薄其罪。汪、黄復動以危言，遂俱即東市，因謫先祖海外。今觀《高宗聖訓》，有曰：「聽用匪人，至今痛恨之。」有曰：「始罪東，出於倉卒。」聖意可見也。歐陽書藁不傳於世，而大有家藏少陽事迹，莫知何人編次。意有深旨，悉從其朝，止易其書二字曰《盡忠録》，蓋掇取賜金制詔中語，因重以詞旨聖語三條揭諸編首，鋟木以廣其傳。秘撰之與先祖未嘗識面，至爲之死，是書不出，九泉不瞑目矣。《聖政》所記馬衛尉者，先祖嘗與吴少宰書，別紙論張所，首論江夏兄弟之奸；繼而汪、黄選部，少陽論二人以譎，必誤中興，遂改極法。次李春、邵成章因張遇事言激上，二人亦竄逐。布衣魏佑連上六書，亦不得其死。秋，馬伸疏十五事攻之，謫山東監齋，不知今存亡也，先祖意謂必能見殺。按《東齋先生語録》曰：馬伸論汪、黄逐之，賊虜方張不可守，或謂中途刺殺之。則衛尉死於二人之毒手亡疑也。當興復草昧之初，朝廷未尊，言及兩朝相，馬、魏二公皆默然被害，人無知其冤者。則秘撰之死，天子旋即悔痛，累詔褒贈，至今聞者爲之慨慕興起，可謂死且不朽，視二公其幸多矣！大有將以是書求引跋於當世立言君子，故述名書之義與秘撰所得其死者，姑采摭云。嘉定改元十月朔日。

陳東《少陽集》卷七陳南《跋家書後》　嗚呼！先兄少陽宣和、靖康間爲太學生，當虜騎深入，國家危急之時，上書闕下，論天下事。天子嘉其忠，命之以官。既辭不受，謁告而歸。建炎元年夏四月，今上即位之十日，以布衣召至行在所，未得見，又三上書。當時用事大臣私涉嫌疑，力請誅殛，遂陷大禍。方收之日，自知不免，略無憂色，對所追吏更衣進食，索紙作書以遺其家，區處家事纖悉備盡，字畫如平時，無一筆舛誤。其書竹紙所寫，反覆有字，不可裝背。一日，其婿潘好謙揭而兩之，無所遺缺，乃得成軸，若有神物護持而至然者。三年，用事者既逐，天子感誤，追贈京秩，復賜錢五十萬。紹興四年冬，再贈朝奉郎秘閣修撰，仍官其子弟，錫之土田，以恤其家，德至渥也。則其大節，固已托不可朽而傳無窮。顧所遺家書，歲月浸久，恐遂磨滅，謹用刊之于石，垂示子孫，庶幾見者知忠義之士，志氣素定，視死如歸，臨難之際，神色不亂如此云。十二年夏四月望日，弟南泣血謹書。

魏了翁《重校鶴山先生大全文集》卷五四《陳少陽文集序》　余嘗與李忠定之孫大有爲友，得其家所刊陳公《少陽文集》，粹類既詳，今又得三山孫君遇正鳳所輯，又加詳焉。嗚呼，自吾有狄難，如劉仲偃、傅公晦、張德祥、霍安國、李清卿、唐元任諸賢，皆死節之著者；其次則如蔣興祖、張確、朱昭、郭許、朱友恭之等，義不苟生；又其次則有忍死于虜而卒能自明。三者雖不同，歸於全其身爾矣。至於平居不與榮禄，緩急不當事任，而數陳大計，連拄巨姦，之死弗移如陳、歐二賢，則又人所難能者焉。《大過》之辭曰：「過涉滅頂凶，无咎。」蓋於事爲凶而於義爲无咎。然則寧爲陳、歐而不幸，與其爲童、蔡、汪、黄而幸也。君遇夙號多聞，加以游淮楚，客京口，嘗訪陳公家里，得其言行甚悉。既爲之譜系，併以思陵前後詔旨、臣寮奏陳、前輩題識與范傳、李記列諸篇帙，非惟著國家育材之功，抑以章祖宗悔過之美意。集凡若干卷。

呂頤浩部

綜述

《宋史》卷三六二《呂頤浩傳》　呂頤浩字元直，其先樂陵人，徙齊州。中進士第。父喪家貧，躬耕以贍老幼。後爲密州司户參軍，以李清臣薦，爲邠州教授。除宗子博士，累官入爲太府少卿、直龍圖閣、河北轉運副使，升待制徽猷閣、都轉運使。

伐燕之役，頤浩以轉輸隨种師道至白溝。既得燕山，郭藥師衆二萬，契丹軍萬餘，皆仰給縣官，詔以頤浩爲燕山府路轉運使。頤浩奏：「開邊極遠，其勢難守，雖窮力竭財，無以善後。」又奏燕山、河北危急五事，願博議久長之策。徽宗怒，命褫職貶官，而領職如故；尋復焉。進徽猷閣直學士。金人入燕，郭藥師劫頤浩與蔡靖等以降。敵退得歸，復以爲河北都轉運使，以病辭，提舉崇福宫。

高宗即位，除知揚州。車駕南幸，頤浩入見，除户部侍郎兼知揚州，進户部尚書。劇賊張遇衆數萬屯金山，縱兵焚掠。頤浩單騎與韓世忠造其壘，説之以逆順，遇黨釋甲降。進吏部尚書。

建炎二年，金人逼揚州，車駕南渡鎮江，召從臣問去留。頤浩叩頭願且留此，爲江北聲援；不然，敵乘勢渡江，事愈急矣。駕幸錢塘，拜同簽書樞密院事、江淮兩浙制置使，還屯京口。金人去揚州，改江東安撫、制置使兼知江寧府。

時苗傅、劉正彦爲逆，逼高宗避位。頤浩至江寧，奉明受改元詔赦，會監司議，皆莫敢對。頤浩曰：「是必有兵變。」其子抗曰：「主上春秋鼎盛，二帝蒙塵沙漠，日望拯救，其肯遽遜位于幼沖乎？灼知兵變無疑也。」頤浩即遣人寓書張浚曰：「時事如此，吾儕可但已乎？」浚亦謂頤浩有威望，能斷大事，書來報起兵狀。頤浩乃與浚及諸將約，會兵討賊。時江寧士民洶懼，頤浩乃檄楊惟忠留屯以安人心。且恐苗傅等計窮挾帝繇廣德渡江，戒惟忠先爲控扼備。俄有旨，召頤浩赴院供職。上言：「今金人乘戰勝之威，羣盜有蠭起之勢，興衰撥亂，事屬艱難，豈容皇帝退享安逸？請亟復明辟，以圖恢復。」遂以兵發江寧，舉鞭誓衆，士皆感厲。

將至平江，張浚乘輕舟迓之，相持而泣，咨以大計。頤浩曰：「頤浩曩諫開邊，幾死宦臣之手；承乏漕挽，幾陷腥羶之域。今事不諧，不過赤族，爲社稷死，豈不快乎？」浚壯其言。即舟中草檄，進韓世忠爲前軍，張俊翼之，劉光世爲游擊，頤浩、浚總中軍，光世分軍殿後。頤浩發平江，傅黨託旨請頤浩單騎入朝。頤浩奏：所統將士，忠義所激，可合不可離。傅等恐懼，乃請高宗復辟。師次秀州，頤浩勉勵諸將曰：「今雖反正，而賊猶握兵居内。事若不濟，必反以惡名加我，翟義、徐敬業可監也。」次臨平，苗傅等拒戰。頤浩被甲立水次，出入行陣，督世忠等破賊，傅、正彦引兵遁。頤浩等以勤王兵入城，都人夾道聳觀，以手加額。

朱勝非罷相，以頤浩守尚書右僕射、中書侍郎兼御營使，改同中書門下平章事。車駕幸建康，聞金人復入，召諸將問移蹕之地，頤浩曰：「金人謀以陛下所至爲邊面，今當且戰且避，奉陛下於萬全之地，臣願留常、潤死守。」上曰：「朕左右不可以無相。」乃以韓世忠守鎮江，劉光世守太平。駕至平江，聞杜充敗績，上曰：「事迫矣，若何？」頤浩遂進航海之策。

初，建炎御營使本以行幸總齊軍政，而宰相兼領之，遂專兵柄，樞府幾無所預。頤浩在位尤顓恣，趙鼎論其過。四年，移鼎爲翰林學士、吏部尚書。鼎辭，且攻頤浩，章十數上，頤浩求去。除鎮南軍節度、開府儀同三司、醴泉觀使，詔以頤浩倡義勤王，故從優禮焉。

奉化賊蔣璉乘亂爲變，劫頤浩置軍中，高宗以頤浩故，赦而招之。尋除江東安撫、制置大使兼知池州。頤浩請兵五萬屯建康等處，又請王𤫊、巨師古兵自隸。將之鎮，而李成遣將馬進圍江州。乃駐軍鄱陽，會楊惟忠兵，請與俱趨南康，遣師古救江州。賊衆鏖戰，頤浩、惟忠失利，師古敗奔洪州。頤浩乞濟師討李成，高宗曰：「頤浩奮不顧身，爲國討賊，羣臣所不及，但輕進，其失也。」詔王𤫊以萬人速往策應。頤浩復軍左蠡，又得閤門舍人崔增之衆萬餘，軍勢復振。命𤫊、增擊賊敗之，乘勝至江州，則馬進已陷城矣。朝廷命張俊爲招討使，俊既至，遂敗馬進。進遁，成以餘衆降劉豫。

詔以淮南民未復業，須威望大臣措置，以頤浩兼宣撫，領壽春府、滁廬和州、無爲軍。招降趙延壽于分寧，得其精鋭五千，分隸諸將。張琪自徽犯饒州，有衆五萬。時頤浩自左蠡班師，帳下兵不滿萬人，郡人皇駭。頤浩命其將閻皐、姚端、崔邦弼列陣以待。琪犯皐軍，皐力戰，端、邦弼兩軍夾擊，大破之。拜少保、

尚書左僕射、同中書門下平章事兼知樞密院事。

二年，上自越州還臨安。時桑仲在襄陽，欲進取京城，乞朝廷舉兵爲聲援。頤浩乃大議出師，而身自督軍北向。高宗諭頤浩、秦檜曰：「頤浩治軍旅，檜理庶務，如种、蠡分職可也。」二人同秉政，檜知頤浩不爲公論所與，多引知名士爲助，欲傾之而擅朝權。高宗乃下詔以戒朋黨，除頤浩都督江、淮、荆、浙諸軍事，開府鎮江。頤浩辟文武士七十餘人，以神武後軍及御前忠鋭崔增、趙延壽二軍從行，百官班送。頤浩次常州，延壽軍叛，劉光世殲其衆；又聞桑仲已死，遂不進，引疾求罷。詔還朝，以知紹興府朱勝非同都督諸軍事。

頤浩既還，欲傾秦檜，乃引勝非爲助。給事中胡安國論勝非必誤大計，勝非復知紹興府，尋以醴泉觀使兼侍讀。安國持録黄不下，頤浩持命檢正諸房文字黄龜年書行。安國以失職求去，罷之。檜上章乞留安國，不報。侍御史江躋、左司諫吴表臣皆以論救安國罷，程瑀、胡世將、劉一止、張燾、林待聘、樓炤亦坐論檜黨斥，臺省一空，遂罷檜相。

頤浩獨秉政，屢請興師復中原，謂：「太祖取天下，兵不過十萬，今有兵十六七萬矣。然自金人南牧，莫敢嬰其鋒。比年韓世忠、張俊、陳思恭、張榮屢奏，人有戰心，天將悔禍。又金人以中原付劉豫，三尺童子知其不能立國。願睿斷早定，決策北向。今之精鋭皆中原人，恐久而消磨，他日難以舉事。」時盜賊稍息，頤浩請遣使循行郡國，平獄訟，宣德意。李綱宣撫湖南，頤浩言綱縱暴無善狀，請罷諸路宣撫之名，綱止爲安撫使。時李光在江東，與頤浩書，言綱有大節，四夷畏服。頤浩稱光結黨，言者因論光罷之。時方審量濫賞，頤浩時有縱舍，右司郎官王岡持不可，曰：「公秉國鈞，不平謂何。」

頤浩再秉政凡二年，高宗以水旱、地震，下詔罪己求言，頤浩連章待罪。高宗一日謂大臣曰：「國朝四方水旱，無不上聞。近蘇、湖地震，泉州大水，輒不以奏，何也？」侍御史辛炳、殿中常同論其罪，遂罷頤浩爲鎮南軍節度使、開府儀同三司，提舉洞霄宫，改特進、觀文殿大學士。五年，詔問宰執以戰守方略，頤浩條十事以獻，除湖南安撫、制置大使兼知潭州。時郴、衡、桂陽盜起，頤浩遣人悉平之。帝在建康，除頤浩少保、浙西安撫制置大使、知臨安府、行宫留守。明堂禮成，進封成國公。

八年，上將還臨安，除少傅、鎮南定江軍節度使、江東安撫制置大使兼知建康府，行宫留守。頤浩引疾求去，除醴泉觀使。九年，金人歸河南地，高宗欲以頤浩往陝西，命中使召赴行在。頤浩以老病辭，且條陝西利害，謂金人無故歸地，其必有意。召趣赴闕，既至，以疾不能見，乃聽歸。未幾，卒，贈太師，封秦國公，謚忠穆。

頤浩有膽略，善鞍馬弓劍，當國步艱難之際，人倚之爲重。自江東再相，胡安國以書勸其法韓忠獻，以至公無我爲先，報復恩讎爲戒，頤浩不能用。時軍用不足，頤浩與朱勝非創立江、浙、湖南諸路大軍月椿錢，於是郡邑多横賦，大爲東南患云。

《吕頤浩集》附録董華《吕頤浩行狀》　公諱頤浩，字元直，滄州樂陵人。登紹聖元年進士第。累除河北轉運副使。宣和四年，朝廷乘契丹之衰弱，舉諸路之兵，欲圖燕、薊。命童貫爲宣撫使，以蔡攸副之，時大將劉延慶統兵僅十萬，自涿州取燕山府。契丹之兵大集，與王師相拒於良鄉縣，殺傷亦略相當。正未有所處會，金人於十二月，自居庸關引兵至燕山府，契丹之衆聞風奔潰。金人遂有燕山府及檀、順、景、薊等州。童貫、蔡攸遣使，往燕山府見金國主阿骨打，重許歲幣，求此四州之地。使者五六輩往來商議。金人知貫、攸意要燕、薊以報天子，需索益廣，倍於歲賜契丹之數。議既定，金國兵遂回。貫、攸引兵五萬前去撫定燕、薊。

貫、攸到燕山，旬日即班師。相繼詹度、王安中知燕山府，爲本路安撫使。是時郭藥師所統兵二萬，號曰「常勝軍」，又契丹刺面軍萬餘人，號「食糧軍」，費用錢糧不可勝計。朝廷命公爲轉運使，公條奏：「燕山一路費用如此，雖窮天下之力，竭天下之財，必無以善其後。願詔三省、樞密院博議久長之策。」徽宗震怒，阻壞邊事，先次落職降官，仍舊爲轉運使，兼經制燕山府、河北京東路財用。公在燕山僅二年，備歷艱險，每恐不能逃禍。是時金人漸生釁端，變詐反復，邀求不已。徽宗感悟，憶公前日之言，遂復官職。進徽猷閣直學士。

宣和六年，丁太夫人憂。公扶喪至濟南府，營葬未及掩壙，有旨起復，催促還任，不許辭免。公再至燕山府。又僅一年，金人初舉兵向闕，既與本朝講好班師，乃得還。

建炎元年五月，今上即位於南京。六月召公赴行在，就道差知揚州。是年十月，聖駕幸維揚。公前期繕治行宫，分處三省、樞密院、百司，及衛兵營舍，擾不及民，而事辦。十一月召對，公奏云：「臣竊以金人襲百戰之兵，一年之内，兩犯京闕，天佑陛下躬有神器。臣竊觀天下之勢，以撥亂爲急，撥亂必先任賢、退

不肖，以清其時；用能去不能，以審其材；申信號令，以結其心；賞功罰罪，以激其氣；恭儉節用，以豐其財；徭役以時，以阜其民。俟其倉廩實，財用足，人安時和，則有必取之勢，無不成之功。陛下睿算遠圖，布昭聖武。伏願任賢使能，信賞必罰，理財節用，積粟訓兵，裁抑恩幸，無令撓朝廷之權；搜選人材，使之任將帥之責；大開諫路，而擇其善；總覽群策，而從所長。則何爲不成？何戰不勝哉！」上覽奏劄稱旨。

又旬日再對，進劄云：「淮南兩路北距海，南阻江，土地膏腴，形勢雄勝。陛下鑾輿順動，以慰天人之心，必得其宜矣。臣嘗謂：『强可以使之弱，弱可以致之强。』昔漢高祖與項氏相持，百戰百敗，然垓下之役，一戰遂成帝業。越王兵敗，棲於會稽，卑辭厚禮，養兵蓄鋭，有待而發，一戰遂收霸功。然則陛下駐蹕淮甸，豈非天意所以資陛下興王業乎！伏願聚精會神，卧薪嘗膽，期於除禍亂、致太平，實無疆之休也。」

改吏部尚書，公被旨，令密具邊防事宜。公具奏云：「伏惟陛下即位以來，仁民愛物之心，孚於四海，經憂勤恭儉之德，格於皇天；是宜邊境安寧，萬邦蒙福。然而乘兵政敗壞之後，敵人以百戰之師，投隙而南，所向無前，適於斯時，實勞指畫。傳曰：天下多事，聖哲馳騖而不足。兹誠多事之際，而聖哲馳騖之時。仰蒙下詢備禦之策，臣儒學進身，然嘗任西北緣邊去處，夷狄情僞，與夫戰陣之略，粗聞一二。犬馬之齒，今已六十，筋力不能勝甲胄，衰邁不能從軍旅，顧有愚見，不敢緘默。輒陳今日『備禦十策』：一曰收民心；二曰定廟算；三曰料彼己；四曰選將帥；五曰明斥堠；六曰訓彊弩；七曰分器甲；八曰備水戰；九曰控浮橋；十曰審形勢。」條分而詳布之，深切當時之務。

明年二月，金人以輕騎逼揚州，車駕倉卒南渡。公與禮部侍郎張浚聯馬奔及行在，僅得渡江扈從。至秀州除簽書樞密院事、江浙制置使。公復召募兵四五千人，就鎮江之北枕江下寨，與金人相持近一月。金人北去。苗傅、劉正彦狂謀不軌。公倡議約諸大將劉光世破之，朝於行在，即除尚書右僕射。扈從鑾輿，移蹕建康府。尋遷左僕射。公與張浚密謀誅范瓊，一軍帖然無事。

是時，天下盜賊群起。公謂金人方去，李成、靳賽等分據淮甸，京城隔絶。山東、河北諸處命令不通。其它寇盜，不可勝計。公以爲前此賞罰失當，將士解體。若非信賞必罰，無以大收將士之心。乃奏乞置三省、樞密院賞功司，應自軍興以來，諸路立功將校、借補等人，並許繳元立功干照自陳，朝廷看詳，隨宜借補官資。於是四方將士莫不悦服爲用，自是士氣稍振。公措畫招收諸路潰軍，盜賊殆將肅清矣。十月金人渡江，王師弗能捍禦。繼渡浙江，逼行在。公憂憤不知所爲，乃力獻航海爲避狄之計。聖上浩然開納，時廷臣所論皆不合，惟聖意確然不移。車駕自明州登海舟，精鋭之兵萬餘人扈駕行在台州港。迤邐趨温州駐蹕，又月餘。是時金人已回鎮江，韓世忠以舟師扼江路，金人不得濟。公力請車駕回幸浙西，宜下親征之詔，以爲先聲。亟以鋭兵策應世忠，夾擊之，此一奇也。時車駕已駐蹕於越州，會中丞趙鼎上章詆公，公遂罷相。後召赴行在，拜左僕射。

公每奏陳：「金人侵犯不已，今又大窺川陝，皆燕人及中原叛逆協謀所致。古者兵交，使在其間，爲我之計，更宜遣使講和，以紓國難。前此所遣宇文虚中、王倫等數輩，雖拘留不還，勢當再遣使人以驕其志。」蒙上開納，遣潘致堯、高公繪使金國。嗣後，潘致堯等得歸金通好，蓋自兹始。其後使命相繼，和好遂成，卒迎太母鑾輿暨徽宗梓宫以還。又言駐蹕之地，最爲今日之急務。伏願陛下發中興之誠心，行中興之實事，今當先定駐蹕之地，要使號令易通於川陝，將兵順流而可下，漕運不至於艱險。然後速發大兵，一軍往江西、湖南，以平群寇；一軍往池州，至建康府，處置已就招安尚懷反側之人。於明年二三月間，使民得務耕桑，則大江已南，在我之根本立矣。然後乘今年大暑之際，遣精鋭之兵，與劉光世渡淮，掎角而北去，由淮陽軍沂州入密州，以摇青、鄆；命張俊躬親統兵，由河中府入絳州，以撼河東。乘諸路民心懷我宋未泯之心，知王師有收復中原之意，則中興之業可覬也。

若不速爲之，逡巡過春夏，則金人他日再來，不惟大江之南，我之根本不可立，而日後之患不可勝言矣。臣嘗聞自古有爲之君，將以取天下者，弗躬弗親，則不能戡禍亂，定海内。伏望聖兹，考漢高祖以馬上治之之跡，法唐太宗櫛風沐雨之事，速圖之不可緩也。臣竊見三四年來，金人纔退，士大夫及言事官、獻言之人，輒有怠心，便以謂太平廓然無事矣。凡朝廷之謀，更唱迭和，甲可乙否，致機會可乘之便，往往沮抑不得遂行。臣以謂異日誤天下國家者，必斯人之徒也。今天下之勢，可謂危矣。既失中原，止存江、浙、閩、廣數路而已，其間亦多曾經殘破。浙西郡縣，往往已遭焚劫。浙東一路，在今形勢，漕運皆非所便。若不移蹕於上流州軍，保全此數路，及漸近川陝，使國家命令易通於四方，則民耕失業，號令阻絶。俄頃之間已至秋冬，金人復來，雖欲追悔，無及矣！

公又奏：「臣任官以來，在西北極邊二十餘年，備見虜人之俗，於逐年四月初，驅官私馬水草牧放，號曰『入澱』。入澱之後禁人乘騎。八月末，方令出澱，飼以麥豆，以備戰鬭。又夏月弓力不彊，射不能及遠。故虜人未嘗於夏月用兵。然自漢至唐，士大夫未有深曉此理者。惟杜牧有言曰：漢伐匈奴，嘗以秋冬。當虜人勁弓折膠，湩馬免乳之際，與之較勝負，故敗多勝少。今若以仲夏月發兵，出其意外，一舉無遺類矣。臣竊觀陛下，總攬歲久，英武日躋，則舉兵北向，以圖中原，此其時也。賈誼曰：『日中必熭，操刀必割。』舍此機會而不乘，後欲追悔，何可及耶！

今有兵十六七萬，兵費用不貲。朝廷竭力經營錢糧，常若不辦，曠日持久，必取於民。民怨衆離，乃自困之道，禍亂之所起，可不畏哉！今日戰兵其精鋭者，皆中原之人，數年之後，消磨必寖少，異時雖欲舉事，勢必不能，可爲深惜者也。臣年逾六十，累歲疾病，每恐溘先朝露，此志遂不得伸。輒敢冒昧陳述，乞賜聰察。」

又奏曰：「近日探報，金人與劉豫舉大兵以窺川陝。若於來年三月間，舉兵北向，必可牽制川陝之兵。萬一川陝參差，而王師既逐劉豫，川陝聞之必震恐。因遣韓世忠，就近由西京入關，此亦一奇也。」上開納此策，嘉嘆不已。以公都督諸軍事，總師北向。公師次鎮江，因臺章上疏，遂罷相。是歲冬虜騎再犯淮甸，緣事關利害，因以邊防機事具奏。上親筆褒美，令陳利害。公即條具所見，析爲「十論」上之：其一論用兵之策；其二論彼此形勢；其三論舉兵之時；其四論分道進兵；其五論運糧供軍；其六論大兵進發；其七論經理淮甸；其八論機會不可失；其九論舟楫之利；其十論并謀獨斷。上嘉其議而行之。薨，謚忠穆。

雜録

備録

李幼武《宋名臣言行録·四朝名臣言行録别録》卷二《吕頤浩成國忠穆公》

公漕河北，奏燕山開邊其勢難守，上怒，詔王安中以公沮抑疆事，唱難守之説，以疑衆心，可面詰頤浩。此後應副有缺，或爲國生事者，坐以軍法。

公奏曰：「今虜騎漸逼東京，若人心一摇，淮南望風而下。望赦河北、京東兩路，蠲其二税與公私積欠，以收民心。今百辟皆言强弱不敵，臣願陰爲過江之備，而大爲拒寇之資，申飭諸將，訓習强弩，以俟夾淮一戰，此不易之策。夫彼之所長者騎，而我以步兵抗之，故不宜於平原曠野，惟扼險用奇，乃可掩擊。又水戰之具，在今宜講，然防淮難防江易，近雖於鎮江之岸擺泊海船，而上流諸郡，自荆南抵儀真，可渡處甚多，豈可不預爲計。望置使兩員，一自鎮江至池陽，一自池陽至荆南，專提舉造船，且詢水戰利害。又駐蹕維揚，當以一軍屯盱眙，一軍屯壽春，以備衝突。」

頤浩以僉書樞密爲江東制置使，兼知江寧府。時子擶爲兩浙運幹，遣蠟書來言，傅等叛逆之詳。頤浩即走介入杭，伺賊狀，并寓書於張浚、劉光世，别以片紙遺浚曰：「時事如此，吾儕可但已乎？」乃決策舉兵。頤浩至丹陽，浚等偕會，浚見頤浩，以大計咨之，頤浩曰：「事不諧，不過赤族！」浚壯其言，遂議進兵，傳檄中外。苗劉之反也，王世脩爲之謀。時頤浩軍已次吴江，世脩聞之，至軍中云：「上已處分。」頤浩、浚以單騎入朝，頤浩奏曰：「臣等所統將士，忠義所激，可合不可離。願提軍入覲。」傅等計窮，益懼。頤浩軍次臨平，苗翊等出戰，頤浩被甲立水次，出入行伍間督戰。翊等敗走，二凶引兵開門出遁，頤浩引勤王兵入，都城人夾道聳觀，咸以手加額。

初，勝非求去，上問誰可代者，勝非曰：「以時事言之，須吕頤浩、張浚。」上曰：「二人孰優？」勝非曰：「頤浩練事而麄率，浚喜事而踈淺。」上曰：「俱輕。」浚太少年，遂以頤浩爲右僕射。

頤浩請以尚書左右僕射並同中書門下平章事，門下、中書侍郎並改爲參知政事，尚書左右丞並減罷。自元豐改官制，肇建三省，凡軍國事中書揆而議之，門下審而覆之，尚書承而行之，三省皆不置官長，以左右僕射兼兩省侍郎，二相既分班進呈，自是首相不復與朝廷議論。宣仁后垂簾，大臣覺其不便，始請三省合班奏事，分省治事。歷紹聖至崇寧，皆不能改議者，謂門下相既同進呈公事，則不應自駁已行之命，是東省之職可廢也。及是，上納頤浩等言，始合三省爲一，如祖宗之故，論者韙之。於是，頤浩同平章事。

上謂輔臣曰：「國用匱乏，政以所費處多。」頤浩曰：「用兵費財最號不貲，

漢文不言兵而天下富。」上曰：「用兵與營造最費國用，深可戒也。」

草澤天文耿静言：「太微垣正午推步，今歲熒惑躔次，方在已未，應至太微垣。」上曰：「此人不深知。朕夜以星圖仰張殿中，四更親起，見其已至，昨夜已退二度半。」頤浩曰：「宋景出人君之言三，而熒惑退舍，或者疑焉。陛下寅畏天應之速如此，信傳記之非虚也。」

日蝕僅四分，未幾退。上謂宰執曰：「太史初奏日蝕早而分深，朕適觀之，蝕淺而退速，何也？」頤浩曰：「陛下嚴恭寅畏天鑒精誠，宜感格如此。」頤浩奏事畢，曰：「邇來聖容清癯，恐以艱難聖慮焦勞所致。」上曰：「朕常夜觀天象，見熒惑躔次積差，食素已二十餘日，須俟復行軌道，當復常膳。」

始張浚建武昌之計，頤浩是之，有成説矣。及浚宣撫川陜，未幾江浙士大夫摇動，頤浩遂變初議。是日，召隨駕百官及諸統制赴都堂，至晚以二十五封進入，大率皆言岳、鄂道遠，餽餉難繼，又慮上駕一動，則江北羣盗乘虚過江，東南非我有矣。翌日，輔臣入對，上猶未觀，謂頤浩曰：「但恐封事中趣嚮不一，人臣若不以家謀，專爲國計，則無不安利矣。」頤浩曰：「金人之謀，以陛下所至爲邊面，今當且戰且避，但奉陛下於萬全之地，臣願留常、潤死守。」上曰：「朕左右豈可無宰相。」上曰：「張守言不如留杜充建康，不可過江。」頤浩曰：「臣與韓世忠議本自如此。」上曰：「善！」遂決吴越之行。

上次平江，諜報金人將由海道以窺江浙，乃命劉光世兼節制圖山等處。頤浩請自平江督諸將拒戰，上以頤浩未可去行在，乃命周望爲兩浙宣撫，守平江。

宰執奏駐蹕之所，上曰：「會稽止可暫駐，稍久則人懷安而不樂屢遷。」頤浩曰：「將來宜駐浙右，徐謀入蜀。」上曰：「朕倚雍之强，資蜀之富，固善，但張浚奏漢中止可備萬人糧，恐太少，兩浙若委付得人，錢帛猶可泝流而西，至於糧斛，豈可漕運？」頤浩曰：「若第攜萬兵入蜀，則淮、浙、江、湖，以至閩廣，將爲盗區，皆非國家有矣。」

頤浩聞虜窮蹙，乃請上幸浙西，且下詔親征，以爲先聲，而亟出鋭兵策應，韓世忠庶幾必擒兀术。上納之，乃下詔親征。

時除頤浩爲建康大元帥，上因曰：「議者謂頤浩多引用山東人，且頤浩爲相，當收天下之材，而獨私其鄉曲，非公道也。」頤浩過闕見上，言：「自去國，不知金虜之實，聞已渡淮北去。然虜人多詐而難測，避寇固當預辦。然禦寇之計，尤不可緩，望鑒去歲虜騎追襲之事，選兵二萬，分爲二項，一項浙西，一項江東，或據水鄉，或阨山險，邀而擊之。萬一今冬虜不渡江，則願宰執預爲之計，俟來夏則遣兵北向，分二萬由海道趨文登，以摇青、齊；分二萬由淮陽，以撼鄆、濮。蓋虜之用兵，深忌夏月，我心乘其忌而攻之。夫難得易失者，天之時，難成易敗者，人之功。願陛下愛惜分陰，汲汲圖之。」

公復相，首言先平内寇，然後可以禦外侮。今李成摧破，李允文革面，張用招安，李敦仁已敗，江淮惟張琪，邵清兩寇，非久即可蕩平。惟閩中之寇不一，又孔彦舟據鄂，馬友據潭，曹成、李宏在湖南、江西之間，而鄧慶、龔富剽掠南雄、英、韶諸郡。賊兵多寡不等，然閩中之寇最急，廣東之寇次之。蓋閩中去行在不遠，二廣未經殘破，若非疾速勦除，爲患不細。詔樞密院措置。

公言：「今國步多艱，中原隔絶，江淮之地尚有巨賊。要當先定駐蹕之地，使號令易通，於川陜將兵順流而下，漕運不至艱阻。至是，詔以會稽漕運不繼，移蹕臨安。」

公爲政喜用材吏，以其多出京、黼之門，恐爲言者所持，乃白於上，下詔戒朋黨，蔡京、王黼門人有材者聽舉用。

上謂公曰：「劉光世於卿有故怨，諸事略與應副，因以廉、藺事爲戒。」又曰：「君相本是一體，不須避形迹嫌疑。」公具奏致怨本末。

上諭宰執曰：「人主持臣下，當以至誠，知其不可用，不若罷去，疑之而留之，無益也。」又曰：「人主之德，莫大於仁，仁之一字，非堯舜不能。」於是，公等仰贊聖學高明，以誠、仁二者治心、脩身、正家、齊天下有餘裕矣，退而以爲當記。

公與秦檜因陳天下大計，當用二廣財力，葺荆湖兩路，使通京西，接陜右，此天下左臂，如京東諸州，爲叛臣所據，正如國初河東且留以蔽虜，諸路先定，他時併力圖之，似未爲晚。檜請自當一面，上曰：「卿等當居中運才，不可授人以柄。」公等感歎詔書而退。

公與檜同秉政，檜知公不爲時論所與，乃多引知名之士爲助，欲傾公以專朝權，上頗覺之，乃下詔戒朋黨。

先是，桑仲遣人告朝廷，專當協力恢復京師，公信之，屢嘗請因夏月舉兵北嚮，以復中原。且謂：「人事、天時，今皆可爲何者？」昨自維揚之變，兵械十亡八九，未幾，虜分三路入寇，江浙兵皆散而爲盗。自陛下專意軍政，揀汰其冗，修飭器甲，今張俊軍三萬有全，裝甲萬副，刀鎗弓箭皆備。韓世忠軍四萬；岳飛軍二萬三千；王瓊軍一萬三千；雖不能如俊之軍，亦皆精鋭。劉光世軍四萬，老

弱頗衆，然選之亦可得其半。神武中軍楊沂中、後軍陳思恭（一作巨師古），皆不下萬人，而御前忠統如崔增、姚端、張守忠等軍亦二萬。臣上考太祖之取天下，正兵不過十萬，況今有兵十六七萬，何憚不爲？臣願睿斷早定，命世忠、俊與臣等共議，決策北向，令世忠由宿、泗，光世由徐、曹以入，又於明州留海船三百隻，令范温、閻皐乘四月南風北去，徑取登、萊。此數路皆有糧可因，不必調民餽運。大兵既集，豫必北走，所得諸郡，就擇士豪爲守，虜舉兵來争其地，則彼出我入彼入我出擾之，數年中原可復。況今之戰兵其精鋭者，皆中原之人，恐久而銷磨，異時勢必難舉，此可爲深惜者也。及聞桑仲進兵，乃議大出師，身自將軍北向。且言：「近聞虜、僞合兵以窺川、陝，若於未來舉兵，必可牽制陝西之急。萬一王師逐豫，則彼必震恐，因令世忠自京入關，亦一奇也。」

上諭二相曰：「頤浩專治軍旅，秦檜專理庶務，當如種、蠡分職，而檜黨亦建言昔周宣王内修外攘，故能中興。今二相宜分任内外之事。」上乃命公總師，開府鎮江。公請辟參謀官已下文武七十七員，鑄都督府印，賜激賞銀帛二萬匹、兩，上供經制錢三十萬緡，米六萬斛，度牒八百道，月給公帑錢二千緡，及許召諸州守臣時暫至軍前議事，皆從之。上諭公曰：「卿耆艾有勞，今總督之任，以大事委卿，不當復親細務。」公惶恐奉詔。

公尋次常州，部將趙延壽叛，光世討平之。公稱疾不進，尋召還。

公進呈王大智所造戰車，上言大智知兵法可用，因語公曰：「卿爲相，當識人物，如大智攜以自隨，令造水戰之具，不當棄能也。」

公言：「祖宗官制，内外差遣並付審官，士大夫自有調官之路，故請囑奔競之風息。近世堂除闕多，侵上注擬，士人失職，廉恥道喪。欲外自監司、郡守及舊格堂除通判，内自察官省郎以上，及館職書局編修官外，並令吏部依格注擬。」從之。

初創沿海制置使，以仇悆爲之，建司於浙西。公言：「近創此司，最爲得策。然虜舟從海來有二道，一自海北岸來，至明之定海；一自南岸來，至秀之海鹽；萬一有警，遠不能及，乞令仇悆專管浙西，别命人管浙東。」從之。

上謂宰執曰：「朕見凡詢衆集議，二三其説，事愈不決。」公曰：「誠然。」上曰：「朕自即位，六年備嘗艱險，非天相之，何由脱難，今盜平穀稔，天意可知。假如寇或南來，避與不避，如何？」公曰：「若盡遣諸將禦江，寇豈能便渡？但先定計以待之。」上曰：「未聞千里而畏人者。」公曰：「聖意如此，諸將誰敢不前耶！」

時諸路盜賊稍息，公慮守令不虔，請分遣御史循行諸路。上乃詔三省選強明廉謹之人，臺察不足，則以郎官攝之，皆令引對，面給親札、御寶曆，回日考其殿最，以著賞罰。

公自江上回，欲傾秦檜而未得其便。過平江，守臣席益謂之曰：「目爲黨可也，然黨魁在瑣闥，當先去之。」公大喜，遂引勝非還朝。（勝非知紹興，公薦之同都督，乃奉京祠兼侍讀。）復自内批令日赴都堂議事，位知樞密院事上，欲以逼檜。會邊報王倫來歸，侍御黄龜年因劾檜專主和議，沮止國家恢復遠圖，且植黨專權，漸不可長。檜即上章辭位，遂免檜，仍榜朝堂不復用。

公言：「今歲必稔，欲於鎮江上下積粟三十萬石，以備軍用。」上曰：「若選得精兵十五萬，分作三軍，何事不成！祖宗取天下兵數不過如此。」

時召試館職虞澐、沈長卿、石公揆三人，上謂宰執曰：「館職試人當取實學。朕親覽其程文，如長卿尚懷朋附。」公曰：「惟澐荅所問，而公揆文辭荒略。」乃除澐校書郎，餘不預選。

宰執奏，戚里高士曈乞落階官，詔除權四方客省四方館公事，仍轉一官。上曰：「士曈，宣仁近親，又最長，故優異之。然不可躐等，高爵厚禄，留待立功將士。朕於外戚，未嘗假以恩澤，今後宫之家，官未有過保義郎者。」公曰：「漢有恩澤侯，本朝固無也。」

自宇文虚中使虜之後，率募小臣或布衣借官以行，如王倫、洪皓、朱弁輩皆爲所拘。既而粘罕在雲中，遣烏陵思謀至，館中具言息兵議和之意，俾倫南歸。至是，公議當再遣使，以驕虜意，乃命潘致堯爲奉表通問使，高公繪副之，并附香藥、果茗、縑帛、金銀進兩宫二后，以路由東京，令公作書，且以果茗幣帛遺劉麟。

公與勝非並相，以軍用不足，創取江浙湖南諸路大軍月樁錢，以上供經制、係省封樁等窠名充其數，茶鹽錢並不得用，所樁不給十之一二，故郡邑多横賦於民，大爲東南之患。今江浙月樁錢，自紹興二年始。

初，李綱爲湖廣宣撫，請於所在州軍造酒，許之。及是，公因進呈言：「茶鹽榷酤，今日所仰養兵，若三代井田、李唐府兵可復，則此皆可罷，不然，財用捨此何出？」勝非曰：「榷酤自漢孝武時，因兵興而有。」上曰：「行之千餘年，不能改，可見長久之利。」

詔前宰執條上攻守之策，公上十事，一論不用兵則中原不可復。二論虜將

志驕意滿，此將亡之兆。三論用兵當以夏月。四論分道進兵，宜以五萬人由泗上擣汴京；二萬人由海上攻沂、密；又二萬人駐濠上爲援，不可深入。惟敕大將不得殺掠，至八月班師，明年復出。五論軍糧海道，二萬人日食米四百石，合於四明支一月糧，計一萬二千石，附海舩以去，至山東，則有糧可因；濠上軍糧由淮可運，此皆不患；惟趁汴京之師，合齎十日糧，至南京則糧亦可因矣。六論發兵日，乞聖駕駐蹕鎮江。七論淮南通泰鹽歲一千四五百萬貫，而二浙止七八百萬，通、泰倍於二浙，尤宜選能吏爲守。八論機不可失。兵屢得捷，如吴玠初擊退於和尚原，再禦，退於饒風嶺，又大捷於仙人關。去歲賊犯淮甸，亦無所得而遁。若不發兵，終無息肩之期矣。臣考宣和間户部月支纔九十萬，而近年月支百一十萬。夫養兵二十萬，不北向以争天下，則東南民力何以堪？九論海船以閩爲上，廣次之，温、明又次之。今天以此利賜我，宜用之以擾登、萊，南風而往，北風而歸，虜雖鐵騎百萬，必不能禦。十論今前宰執六人，議必不一，是非可否，在陛下獨斷之而已。

紹興五年夏旱，湖南尤甚。公爲帥，究心荒政，奏截撥上供米三萬石，及令廣西帥漕兩司備五萬石，水運至本路充賑濟，又乞降助教敕、度僧牒，誘上户糶米，民不能耕則借之糧種，夏税亦就秋併輸，全活甚衆。

摭以朝散郎直祕閣，秦檜追恨公不已，使台州守臣曾享求其家陰事。會摭懼罪陽瘖，乃以衆證定罪，梧州安置。於是一家破矣。

或問朱文公，以公何如人？曰：「這人麄胡亂，一時間得他用，不足道。」

徐夢莘《三朝北盟會編》卷一三六　吕頤浩、范宗尹、王綯從車駕在海道，常鬱鬱不樂，游宴六鼇峯，以消憂感。

曾敏行《獨醒雜志》卷九　建炎末，吕丞相頤浩以勤王復辟之功，進登相位。嘗在中書怒一堂吏，命去其巾幘。吏對：「祖宗以來，宰相無去常吏巾幘法。」公曰：「去堂吏巾幘當自我始。」吏不能對。

洪邁《夷堅志補》卷一〇　吕正愍公大防，紹聖初南遷循州，道出虔之信豐縣，感疾，語其子景山曰：「吾不復南矣！」遂薨。公身長七尺，縣吏爲訪棺具，皆不中式。或言近村富民家有之，乃往叩焉，明鈔本作「乃往叩請」，以下多「俄有老翁出曰，得非吕相公欲壽木耶，吾願奉命，吏問其故」二十三字。翁云：「昨夜夢偉丈夫來，通爲吕相公，急著衫出迎，則一貴人，昂昂而前，稱欲暫借宅子居止。吾矍然驚寤，念嘗辦周身之具甚大，必是物也，今而果然。」遂遣僕舁至驛舍，訖用以殮云。

紹興九年，吕忠穆公薨於天台，陳國佐侍郎爲經營棺具，得於海上一富家，木極堅緻，有朱漆三字曰「吕安浩」，題於蓋上，蓋其主人姓名，與公名纔差一字。兩吕公皆名宰相，其終也魄兆如此，異哉！吕公逢辰記載後一事。

莊綽《雞肋編》卷上　高宗南幸，舟方在海中，每泊近岸，執政必登舟朝謁。行於沮洳，則躡芒鞋。吕元直時爲宰相，顧同列戲曰：「草履便將爲赤舄。」既而傍舟水深，乃積稻稈以進，參政范覺民曰：「稻稭聊以當沙堤。」

莊綽《雞肋編》卷下　吕丞相元直以使相領宫祠，卜居天台，作堂名退老，每誦少陵「窮老真無事，江山已定居」之句以自況。時賦詩者百數。李伯紀職大觀文、官銀青，帥福唐，亦寄題二篇，其末章云：「片帆雲海無多地，嘆息何由厠末賓？」時謂二公「窮老」「末賓」，何言之謙也！

陸游《老學庵筆記》卷二　吕元直作相，治堂吏絶嚴。一日，有忤意者，遂批其頰。吏官品已高，慚於同列，乃叩頭曰：「故事，堂吏有罪，當送大理寺準法行遣。今乃如蒼頭受辱。某不足言，望相公存朝廷事體。」吕大怒曰：「今天子巡幸海道，大臣皆著草屨行泥濘中，此何等時，汝乃要存事體。待朝廷歸東京了，還汝事體未遲。」衆吏相顧稱善而退。

陸游《老學庵筆記》卷八　建炎三年春，車駕倉卒南渡，駐蹕於杭。有侍臣召對者，既對，所陳劄子首曰：「恭惟陛下，歲二月，東巡狩至於錢塘。」吕相頤浩見之，笑曰：「秀才家，識甚好惡。」

范公偁《過庭録》　鄧璋德甫，永州人，鄉舉八行。忠宣謫永，館門下，教授諸孫。後過長沙，與故人蔣擴充之遇，蔣有送詩云：「高談耳冷幾經秋，解后長沙得少留。莫畏洞庭風浪險，主翁元是濟川舟。」蔣由是詩名播湖湘間。後零陵簿李良輔媚附蔡京，以蔣詩聞於上，蔣被貶竄。守倅舉鄧八行者皆譴詘，李借此進。靖康間，吕元直執政，良輔至堂干禄，吕偶記昔事云：「爾非陷范忠宣者耶？」命左右毁其朝服。縉紳莫不快意。

佚名《宋人年譜叢刊·吕忠穆公年譜》　神宗皇帝熙寧四年辛亥

公生是年。

哲宗皇帝紹聖元年甲戌，公二十四歲。

畢漸（牒）〔榜〕登科，調北京城安尉。及第後，道中，燈（不）〔下〕讀書，有詩云：「他年若遂平生志，肯爲長檠棄短檠。」

紹聖二年乙亥

紹聖三年丙子
公鄉居。家貧，自此凡數年不調官。
紹聖四年丁丑
元符元年戊寅
元符二年己卯
元符三年庚辰
初赴密州司户參軍。有《呈張智周仲英》詩云：「宦塗忽忽六周星，萬事于今一未成。」
徽宗皇帝建中靖國元年辛巳
崇寧元年壬午
崇寧二年癸未
就除大名府國子監教授。
崇寧三年甲申
避親改邠州教授。
崇寧四年乙酉
崇寧五年丙戌
大觀元年丁亥
邠州教授再任。
大觀二年戊子
大觀三年己丑
大觀四年庚寅
改宣教郎，代還，除周王宫（崇）〔宗〕子博士。有《貽謝任伯》詩。
政和元年辛卯
政和二年壬辰
通判延安府。
政和三年癸巳
就除兩浙路提舉常平等事。行至鄜州，改差充提舉蔡河撥發措置糴買。
政和四年甲午
政和五年乙未
政和六年丙申
除河北東路提舉常平等事。
政和七年丁酉
政和八年戊戌
修北京城及被旨行常平賑濟法，特轉兩官，除直秘閣。
重和元年己亥改宣和元年
宣和二年庚子
除河北路轉運判官。未幾召對，除太府少卿，繼除直龍圖閣、河北路轉運副使，借紫。謝表云：「舜陛堯庭，方遠趨朝之路；朔風塞雪，（蓋）〔益〕深戀闕之心。」
宣和三年辛丑
以職事修舉，特轉朝奉大夫，除右文殿修撰，賜金帶。
宣和四年壬寅
除徽猷閣待制、河北路都轉運使。
宣和五年癸卯
緣上書諫開邊之失，徽宗皇帝震怒，落徽（猶）〔猷〕閣待制，依舊爲河北路都轉運使兼經制燕山，有河北京東路財賦。後金人需求不已，徽宗皇帝感悟公前日之言，遂復公職，進徽（猶）〔猷〕閣直學士。
宣和六年甲辰
被旨起復還任。
宣和七年乙巳
欽宗皇帝靖康元年丙午
公以病乞宫祠，除提舉西京嵩山崇福宫。
建炎元年丁未
光堯壽聖太上皇帝即位於南京，召赴行在。方就道，差知揚州。未幾，聖駕幸揚州，召對，進職徽（猶）〔猷〕閣學士，繼除户部侍郎，兼知揚州。
建炎二年戊申
進户部尚書，依舊知揚州。未幾，除吏部尚書。
建炎三年己酉
除資政殿學士，同簽書樞密院事，江淮兩浙制置使兼知建康府。緣逆臣苗傅、劉正彦作亂，遂（侶）〔倡〕義統率諸將勤王復明辟，除宣奉大夫、尚書右僕射

兼知樞密院事、御營使。未幾，除金紫光禄大夫，進尚書右僕射。公力陳故事，納七官，止帶通議大夫。

建炎四年庚戌

罷相，除鎮南軍節度使、開〔封〕〔府〕儀同三司，充醴泉觀使，任便居住。寓居台州。未幾，除江南東路安撫制置大使，兼知池州。

紹興元年辛亥

召赴行在，除少保、尚書左僕射，固辭少保，授特進。是年春，公屯兵左蠡。有《寄晁守》詩云：「玉帳夢回烽〔遂〕〔燧〕曉，水鄉春夏鐵衣寒。」

紹興二年壬子

除依前特進、尚書左僕射，領都督江淮兩浙荆湖諸軍事。

紹興三年癸丑

公以病召還，是年罷相，除特進、觀文殿學士，提舉臨安府洞霄宫，任便居住。先是，有《乞宫祠表》云：「侵尋甲子六十有三，補報朝廷萬分無一。」

紹興四年甲寅

食洞霄宫禄，寓居台州。旋營小〔圖〕〔圃〕于東郊，起居數椽，牓曰退老堂，自號退老居士。一時名士皆有篇什，公亦有屬和者，《和張全真》詩云：「天台山下紫荆路，白首棲遲學灌園。」

紹興五年乙卯

除鎮南軍節度使、開〔封〕〔府〕儀同三司，依前提〔學〕〔舉〕臨安府洞霄宫，任便居住。未幾，除荆湖南路安撫制置大使，兼知潭州。

紹興六年丙辰

紹興七年丁巳

除兩浙西路安撫制置大使，兼知臨安府。未幾，進除少保，兼行宫留守。是年明堂大禮，進封成國公。

紹興八年戊午

除少傅、鎮南定江軍節度使、江南東路安撫制置大使兼知建康府，兼行宫留守。力具辭免，改除〔水〕少傅、鎮南定江軍節度使、醴泉觀使，任便居住。緣固辭少傅，兩鎮節鉞，續降制依前少保、鎮南軍節度使、醴泉觀使、成國公，任便居住。

紹興九年己未

召赴行在，以病還，除少傅，依前成國公致仕。是年公薨，享年六十九。贈太傅，後以郊祀恩追封太師、秦國公，謚忠穆。淳熙十五年戊申，蒙恩配饗高宗廟庭。

備論

《宋史》卷三六二《呂頤浩傳》　論曰：朱勝非、呂頤浩處苗、劉之變，或異用其智，或震奮其威，其於復辟討賊之功，固有可言矣。然李綱、趙鼎當世之所謂賢者，而勝非、頤浩視之若冰炭然，其中之所存，果何如哉。

藝文

《呂頤浩集》趙粹中《呂忠穆公文集序》　文章功業，兼美爲難。皋夔稷契伊傅周召都俞之辭，灝噩之體，列而爲經，昭若日月，固不可得而擬倫。後世若諸葛武侯、裴晉公、李贊皇，逮我本朝富鄭公、司馬温公，文章冠于一時，功業著于萬世。三代以還，寥寥數千百載之間，能兼全者惟此數人，何其難耶！蓋天命有德，賚兹良弼，所以界全美於斯人者，豈徒然哉！大丞相忠穆呂公，挺文武王佐之才，年踰弱冠，門下侍郎李清臣一見奇之曰：「公輔之器也。異日立大功業，非君而誰？」宣和末年，舉朝建伐燕之議，公獨抗疏，條奏不可者五。徽宗震怒，人皆爲公危之。其後虜人變詐百出，徽宗乃始感悟。建炎多難，首倡勤王之師，英風勁節，足以激義氣而擣雄心。斷鼇取日之功，亘古罕輩。出入將相，再造王家，勳烈盛大，固已紀太常，銘鐘鼎，回視前數公，直齊驅而並駕矣。至於文詞卓然，自成一家，若夫嘉謨讜論，凛凛如存，又將與前數公無媿。嘻！非得天地之全，鍾河山之秀，疇克爾耶？公殁逮今三十餘年，内而中國，外而四夷，猶且想象儀刑，樂稱而喜頌之。公季子擢，能世其家，上所褒擢，將漕畿甸。裒集公生平所爲文集十五卷、《勤王記》、《家傳》、《逢辰記》、《遺事》五卷，進于上，且表傳于世，上可其請。退而屬粹中叙其首帙，辭之不獲。粹中東州晚出，忝在鄉曲，耳目所接，知之爲詳。公之功業顯顯在人，備于國史，兹不復縷陳，姑述其大槩云

爾。淳熙改元，歲在甲午六月日，奉議郎、權尚書吏部侍郎趙粹中謹叙。

劉一止《苕溪集》卷三〇《代祭呂丞相文》 維師尚父，太岳之裔，相彼武王，于變伐事，光昭後人，克紹厥懿。惟公之生，英特偉異，心雄萬夫，身兼數器。拳拳愛君，曾靡敢易，天固異之，其必有意。公實自以，遭遇不世，義所當爲，几殉勿避。帝嘉乃績，社稷是利，謂督不忘，俾踐厥位，再持魁柄，埏埴品彙。慨時艱難，志等外內，出入將相，文武兼備。命圭崇崇，赤舄几几，秉旄仗鉞，富貴始終。天子有命，公實至止，分陝之重，將公自倚。俄以病告，勿克入侍。我時視公，尚能强起，顧瞻精爽，何患不已。詎公之歸，閱日未幾，遽聞訃音，失聲嘆喟。喬嶽峰摧，壑舟夜逝，我不意公，而乃至是。遡風永懷，淚溢兩眦，奠此一觴，尚公不昧。尚饗。

胡銓《澹庵文集》卷二二《祭呂尚書文》 嗚呼天乎，何助桀爲虐，而不與堯爲善乎？姦鈇逆鼎，逞桀之暴，天胡爲不降之罰？忠臣義士，助堯爲善，天胡爲必殞其元？是爲善未必福，爲惡未必禍，而造物之茫然。嗟嗟我公，亦可謂大不幸，此吾所以疾痛而呼天也。天乎痛哉！歲在豕韋，有盜在夏，睨周鼎之含牛，盼長江而飲馬。繁冠養威而桀驁，髦鉞貪天而窮假。頜頜淮城，實襄據者。公氣拂膺，謂大不可，亟往菹師，天子命我。是何異以麟將狼，而以一簣之區區，同狂瀾於既瀉！機潰而發，變生肘下。氣弗壓於岱嵩，身遂膏於原野。雖引鈎斷舌，莫伸橋柱之冤；而嚼齒穿齦，益厲睢陽之罵。天乎痛哉！僕在山林，公獨我知。來赴闕下，首加品題。致康瓠蒙黄鐘之賞，而千金享補履之錐。賢人君子，方翕然恃以爲司命，而山崩海竭，將魚鳥之何依！天乎痛哉！公之幼孤，墮地纔臘，呱呱弗子，邊事方劄，拂劍出門，義不返顧。凶訃忽至，一旦千古。誰不碌碌保妻子，公獨不暇事其孤；誰不保寵死家簣，公獨不得全其軀。何蘭摧玉折，而蕭艾榮敷？何姦回軟熟，富貴壽考，而剛方正直，反天厄以崎嶇？信顔、跖不相勸，而蒼蒼者固不可以曉與！天乎痛哉！嗟嗟我公，今復何爲耶？止耶行耶，昧耶明耶？豈形亡心在，死而不忘君些。將魂魄不死，奄淮土以爲家些。豈塊然瞑漠，鬱千古之墳些。將上訴天帝，泄不平之冤些。豈烜赫威靈，血食萬世些。將哀兵死鬼，以礫反虜些。豈變爲長虹，以吞此鯨鯢些。將奮爲裂缺霹靂，以震蕩醜虜之窟穴些。不然，將長雄八公出，使草木皆神，破苻堅百萬之師些。幽冥茫然，聞不聞些？天乎痛哉！哭聲如疾雷破山，淚如注海之傾河，復何爲耶！復何爲耶！

姚勉《雪坡集》卷四一《忠穆公行實跋》 疾風知勁草，板蕩識忠臣。忠穆公當傅、正彦狂悖時，昌言正色，排之無少懾。至作《杜鵑》詩，召勤王師，感動忠義。公卿滿朝，以死尊君者，獨公一人耳。天綱人紀幾紊，公乃能如此。彼當平世，有噤不敢發一語者，獨不愧於公耶！伏讀行編，降心三歎。

胡安國部

綜述

《宋史》卷四三五《胡安國傳》　胡安國字康侯，建寧崇安人。入太學，以程頤之友朱長文及潁川靳裁之爲師。裁之與論經史大義，深奇重之。三試于禮部，中紹聖四年進士第。初，廷試考官定其策第一，宰職以無詆元祐語，遂以何昌言冠，方天若次之，又欲以宰相章惇子次天若。時發策大要崇復熙寧、元豐之制，安國推明《大學》，以漸復三代爲對。哲宗命再讀之，注聽稱善者數四，親擢爲第三。爲太學博士，足不躡權門。

提舉湖南學事，有詔舉遺逸，安國以永州布衣王繪、鄧璋應詔。二人老不行，安國請命之官，以勸爲學者。零陵簿稱二人黨人范純仁客，而流人鄒浩所請託也。蔡京素惡安國與己異，得簿言大喜，命湖南提刑置獄推治；又移湖北再鞫，卒無驗，安國竟除名。未幾，簿以他罪抵法，臺臣直前事，復安國元官。

政和元年，張商英相，除提舉成都學事。二年，丁内艱，移江東。父没終喪，謂子弟曰：「吾昔爲親而仕，今雖有禄萬鍾將何所施？」遂稱疾不仕，築室墓傍，耕種取給，蓋將終身焉。宣和末，李彌大、吴敏、譚世勣合薦，除屯田郎，辭。

靖康元年，除太常少卿，辭；除起居郎，又辭。朝旨屢趣行，至京師，以疾在告。一日方午，欽宗亟召見，安國奏曰：「明君以務學爲急，聖學以正心爲要。心者萬事之宗，正心者揆事宰物之權。願擢名儒明於治國平天下之本者，虚懷訪問，深發獨智。」又言：「爲天下國家必有一定不可易之計，謀議既定，君臣固守，故有志必成，治功可立。今南向視朝半年矣，而紀綱尚紊，風俗益衰，施置乖方，舉動煩擾；大臣爭競，而朋黨之患萌；百執窺覦，而浸潤之姦作；用人失當，而名器愈輕；出令數更，而士民不信。若不掃除舊跡，乘勢更張，竊恐大勢一傾，不可復正。乞訪大臣，各令展盡底藴，畫一具進。先宣示臺諫，使隨事疏駁。若大臣議絀，則參用臺諫之言；若疏駁不當，則專守大臣之策。仍集議于朝，斷自宸衷，按爲國論，以次施行。敢有動摇，必罰無赦。庶幾新政有經，可冀中興。」欽宗曰：「比留詞掖相待，已命召卿試矣。」語未竟，日昃暑甚，汗洽上衣，遂退。

時門下侍郎耿南仲倚攀附恩，凡與己不合者，即指爲朋黨。見安國論奏，愠曰：「中興如此，而曰績效未見，是謗聖德也。」乃言安國意窺經筵，不宜召試。欽宗不答。安國屢辭，南仲又言安國不臣，欽宗問其狀，南仲曰：「往不事上皇，今又不事陛下。」欽宗曰：「渠自以病辭，初非有向背也。」每臣僚登對，欽宗即問識胡安國否，中丞許翰曰：「自蔡京得政，士大夫無不受其籠絡，超然遠跡不爲所污如安國者實鮮。」欽宗嘆息，遣中書舍人晁説之宣旨，令勉受命，且曰：「他日欲去，即不彊留。」既試，除中書舍人，賜三品服。南仲諷臺諫論其稽命不恭，宜從黜削。疏奏不下，安國乃就職。

南仲既傾宰相吴敏、樞密使李綱，又謂許景衡、晁説之視大臣升黜爲去就，懷姦狥私，並黜之。安國言：「二人爲去就，必有陳論；懷姦狥私，必有實跡。乞降付本省，載諸詞命。」不報。

葉夢得知應天府，坐爲蔡京所知，落職奉祠。安國言：「京罪已正，子孫編置，家財没入，已無蔡氏矣。則向爲京所引者，今皆朝廷之人，若更指爲京黨，則人才見棄者衆，黨論何時而弭！」乃除夢得小郡。

中書侍郎何㮚建議分天下爲四道，置四都總管，各付一面，以衛王室、捍彊敵。安國言：「内外之勢，適平則安，偏重則危。今州郡太輕，理宜通變。一旦以二十三路之廣，分爲四道，事得專決，財得專用，官得辟置，兵得誅賞，權恐太重；萬一抗衡跋扈，何以待之？乞据見今二十三路帥府，選擇重臣，付以都總管之權，專治軍旅。或有警急，即各率所屬守將應援，則一舉兩得矣。」尋以趙野總北道，安國言魏都地重，野必誤委寄。是冬，金人大入，野遁，爲羣盜所殺，西道王襄擁衆不復北顧，如安國言。

李綱罷，中書舍人劉珏行詞，謂綱勇於報國，數至敗衂。吏部侍郎馮澥言珏爲綱遊説，珏坐貶。安國封還詞頭，以爲「侍從雖當獻納，至於彈擊官邪必歸風憲。今臺諫未有緘默不言之咎，而澥越職，此路若開，臣恐立於朝者各以好惡脅持傾陷，非所以靖朝著。」南仲大怒，何㮚從而擠之，詔與郡。㮚以安國素苦足疾，而海門地卑濕，乃除安國右文殿修撰、知通州。

安國在省一月，多在告之日，及出必有所論列。或曰：「事之小者，盍姑置之？」安國曰：「事之大者無不起於細微，今以小事爲不必言，至於大事又不敢

言，是無時而可言也！」

安國既去，逾旬，金人薄都城。子寅爲郎在城中，客或憂之，安國愀然曰：「主上在重圍中，號令不出，卿大夫恨效忠無路，敢念子乎！」敵圍益急，欽宗亟召安國及許景衡，詔竟不達。

高宗即位，以給事中召，安國言：「昨因繳奏，徧觸權貴，今陛下將建中興，而政事弛張，人才升黜，尚未合宜，臣若一一行其職守，必以妄發，干犯典刑。」黄潛善諷給事中康執權論其託疾，罷之。三年，樞密張浚薦安國可大用，再除給事中。賜其子起居郎寅手札，令以上意催促。既次池州，聞駕幸吴、越，引疾還。

紹興元年，除中書舍人兼侍講，遣使趣召，安國以《時政論》二十一篇先獻之。論入，復除給事中。二年七月入對，高宗曰：「聞卿大名，渴於相見，何爲累詔不至？」安國辭謝，乞以所進二十一篇者施行。其論之目，曰《定計》、《建都》、《設險》、《制國》、《恤民》、《立政》、《覈實》、《尚志》、《正心》、《養氣》、《宏度》、《寬隱》。論《定計》略曰：「陛下履極六年，以建都，則未有必守不移之居；以討賊，則未有必操不變之術；以立政，則未有必行不反之令；以任官，則未有必信不疑之臣。舍今不圖，後悔何及！」論《建都》謂：「宜定都建康以比關中、河内，爲興復之基。」論《設險》謂：「欲固上流，必保漢、沔；欲固下流，必守淮、泗；欲固中流，必以重兵鎮安陸。」論《尚志》謂：「當必志於恢復中原，祗奉陵寢；必志於掃平讎敵，迎復兩宫。」論《正心》謂：「戡定禍亂，雖急於戎務，而裁決戎務，必本於方寸。願選正臣多聞識，有志慮，敢直言者，置諸左右，日夕討論，以宅厥心。」論《養氣》謂：「用兵之勝負，軍旅之彊弱，將帥之勇怯，係人君所養之氣曲直何如。願彊於爲善，益新厥德，使信於諸夏，聞於夷狄者，無曲可議，則至剛可以塞兩間，一怒可以安天下矣。」安國嘗謂：「雖諸葛復生，爲今日計，不能易此論也。」

居旬日，再見，以疾懇求去。高宗曰：「聞卿深於《春秋》，方欲講論。」遂以《左氏傳》付安國點句正音。安國奏：「《春秋》經世大典，見諸行事，非空言比。今方思濟艱難，《左氏》繁碎，不宜虚費光陰，耽玩文采，莫若潛心聖經。」高宗稱善。尋除安國兼侍讀，專講《春秋》。時講官四人，援例乞各專一經。高宗曰：「他人通經，豈胡安國比。」不許。

會除故相朱勝非同都督江、淮、荆、浙諸軍事，安國奏：「勝非與黄潛善、汪伯彦同在政府，緘默附會，循致渡江；尊用張邦昌結好金國，淪滅三綱，天下憤鬱；及正位冢司，苗、劉肆逆，貪生苟容，辱逮君父。今彊敵憑陵，叛臣不忌，用人得失，係國安危，深恐勝非上誤大計。」勝非改除侍讀，安國持録黄不下，左相吕頤浩特令檢正黄龜年書行。安國言：「『有官守者，不得其職則去』。臣今待罪無補，既失其職，當去甚明。況勝非係臣論列之人，今朝廷乃稱勝非處苗、劉之變，能調護聖躬。昔公羊氏言祭仲廢君爲行權，先儒力排其説。蓋權宜廢置非所施於君父，《春秋》大法，尤謹於此。建炎之失節者，今雖特釋而不問，又加選擢，習俗既成，大非君父之利。臣以《春秋》入侍，而與勝非爲列，有違經訓。」遂卧家不出。

初，頤浩都督江上還朝，欲去異己者，未得其策，或教之指爲朋黨，且曰：「黨魁在瑣闈，當先去之。」頤浩大喜，即引勝非爲助，而降旨曰：「胡安國屢召偃蹇不至，今始造朝，又數有請。初言勝非不可同都督，及改命經筵，又以爲非，豈不以時艱不肯盡瘁，乃欲求微罪而去，其自爲謀則善，如國計何？」落職提舉仙都觀。是夕，彗出東南。右相秦檜三上章乞留之，不報，即解相印去。侍御史江躋上疏，極言勝非不可用，安國不當責。右司諫吴表臣亦言安國扶病見君，欲行所學，今無故罪去，恐非所以示天下。不報。頤浩即黜給事中程瑀、起居舍人張燾及躋等二十餘人，云應天變除舊布新之象。臺省一空。勝非遂相，安國竟歸。

五年，除徽猷閣待制、知永州，安國辭。詔以經筵舊臣，重閔勞之，特從其請，提舉江州太平觀，令纂修所著《春秋傳》。

書成，高宗謂深得聖人之旨，除提舉萬壽觀兼侍讀。未行，諫官陳公輔上疏詆假託程頤之學者，安國奏曰：「孔、孟之道不傳久矣，自頤兄弟始發明之，然後知其可學而至。今使學者師孔、孟，而禁不得從頤學，是入室而不由户。本朝自嘉祐以來，西都有邵雍、程顥及其弟頤，關中有張載，皆以道德名世，公卿大夫所欽慕而師尊之。會王安石、蔡京等曲加排抑，故其道不行。望下禮官討論故事，加之封爵，載在祀典，比於荀、楊、韓氏，仍詔館閣裒其遺書，校正頒行，使邪説者不得作。」奏入，公輔與中丞周祕、侍御史石公揆承望宰相風旨，交章論安國學術頗僻。除知永州，辭，復提舉太平觀，進寶文閣直學士。卒，年六十五。詔贈四官，又降詔加賻，賜田十頃恤其孤，謚曰文定，蓋非常格也。

安國彊學力行，以聖人爲標的，志於康濟時艱。見中原淪没，遺黎塗炭，常若痛切於其身。雖數以罪去，其愛君憂國之心遠而彌篤，每有君命，即置家事不問。然風度凝遠，蕭然塵表，視天下萬物無一足以嬰其心。自登第迄謝事，四十

年在官，實歷不及六載。

朱震被召，問出處之宜，安國曰：「子發學《易》二十年，此事當素定矣。世間惟講學論政，不可不切切詢究，至於行己大致，去就語默之幾，如人飲食，其饑飽寒温，必自斟酌，不可決諸人，亦非人所能決也。吾平生出處皆内斷於心，浮世利名如蠛蠓過前，何足道哉！」故渡江以來，儒者進退合義，以安國、尹焞爲稱首。侯仲良言必稱二程先生，他無所許可，後見安國，嘆曰：「吾以爲志在天下，視不義富貴真如浮雲者，二程先生而已，不意復有斯人也。」

安國所與游者，游酢、謝良佐、楊時皆程門高弟。良佐嘗語人曰：「胡康侯如大冬嚴雪，百草萎死，而松柏挺然獨秀者也。」安國之使湖北也，時方爲府教授，良佐爲應城宰，安國質疑訪道，禮之甚恭，每來謁而去，必端笏正立目送之。

自王安石廢《春秋》不列於學官，安國謂：「先聖手所筆削之書，乃使人主不得聞講説，學士不得相傳習，亂倫滅理，用夏變夷，殆由乎此。」故潛心是書二十餘年，以爲天下事物無不備於此。每嘆曰：「此傳心要典也。」

安國少欲以文章名世，既學道，乃不復措意。有文集十五卷，《資治通鑑舉要補遺》一百卷。三子，寅、宏、寧。

胡寅《斐然集》卷二五《先公行狀》 寶文閣直學士、左朝請郎致仕、南陽縣開國男、食邑三百户、賜紫金魚袋、贈左太中大夫、謚文定胡公行狀：本貫建州崇安縣開耀鄉籍溪里。曾祖容，故不仕；祖罕，故不仕。父淵，故任宣義郎致仕，贈中大夫。母吴氏，故永壽縣君，贈令人。公諱安國，字康侯。五世祖號主簿公，五代中至建州之鵓子峰下釣魚自晦，人莫知其所從來。後世相傳云，本江南人也。父中大始讀書爲進士業，時同縣有仙洲翁吴先生以六經教授，中大往從之。翁閲其所寫《論語》、《尚書》終帙如一，無差舛，即妻以女，是爲公母令人。公初能言，令人試教以訓童蒙韻語數十字，兩過能記，大母余氏撫之曰：「兒必大吾門。」七歲爲小詩，有「自任以文章道德」之句。令人俾就外家學，歲時得一歸，留不過信宿。日記數千言，不復忘。年十有五遊學信州。一日有爲馬戲于學前者，諸生百許人皆不告而出。教授歙人胡公行兩廡間，聞誦書聲，問爲誰，得公姓名，延之堂上，詢所習業與所以不出。咨嗟歎賞，出紙筆佳硯爲贈，益勉之曰：「當爲大器。」越兩年與計偕，既而報聞，遂入太學，修懋德業，不舍晝夜。是時元祐盛際，師儒多賢彦，公所從遊者伊川程先生之友朱長文及潁川靳裁之。裁之才識高邁，最奇重公，與論經史大義。一日博士令諸職長呈其文，將考優劣而去留之，皆争先自送。公繳還差帖，願列諸生，自祭酒以下相與稱嘆曰：「是真可爲諸生表率者矣。」凡三試於禮部，年二十有四中紹聖四年進士第。初，殿試考官定公策爲第一，將唱名，宰執以無詆元祐語，遂以何昌言爲首選，方天若次之，又欲以宰相章惇子次天若。時策問大要，崇復熙豐，公推明《大學》格物致知，正心誠意，修身齊家，治國平天下，以漸復三代爲對。哲宗皇帝命左右再讀之，諦聽逾時，稱善者數四，親擢公爲第三。臚傳至陛前，俄有聖語宣問：「師何人？」公對曰：「久處太學。」在廷者皆以爲名對。授常州軍事判官，改授江陵府觀察推官，未赴。如荆門納室，道出江陵，帥臣監司一見，合章奏乞除府學教授，報可。會學校頹廢，職事者十餘人以廩米爲家，欺公年尚少，扞格頑冒，公再三鐫諭不悛。乃按其蠹弊事，盡屏之，於是遠近父兄喜，遣子弟來。公正身律物，非休沐不出，凡所訓説，務明忠孝大端，不貴文藝。繕修宇舍，繩度整立。任滿，除太學録，謝絶請求，無所假借。蜀人劉觀、越人石公揆輕俊有名，試選屢居上遊。觀代筆事覺，公揆薄遊成訟，人多爲之遊説，公曰：「録以行規矩爲職，規矩不行，奚以録爲？且二人如此，非佳士也。」竟致之罰。未幾遷博士，足不躡權門，期年用法改京秩。至政事堂，請外任。蔡京色變，密使張康國欲薦以館職，不願就。會新學法，博士例除諸道提舉官，擬公河北路，公辭以南人不便於奉親，執政曰：「禄厚莫如朔部者。」公終辭，遂除湖北路。陛對奏曰：「學校所以養育人才，非治之也。今法令具矣，當使學者於規矩之外有所耻而不爲。謹按聖門設科，成周貢士，皆以德行爲先，文藝爲下，臣當以此仰奉明詔。」徽宗皇帝首肯之，實崇寧四年也。到官，改使湖南。是時蔡京所行事既不善，而官吏奉承過當，愈爲民害，學校其一也。公撙節行之，禁其太甚，士子恃法自肆者必懲之，常曰：「韓魏公最善行新法者也，所至訪人材，詢利病，禮賢士，慎刺舉。」五年三月，例罷學事司，除通判成德軍。八月所罷司官，仍舊。時令人多病，厭道途之勞，留居荆門。公以便養有請，再章上，未報。會詔諸道學事官舉遺逸，公得永州布衣鄧璋、王繪應詔。繪已老，不願行，公請命以一官，風勸學者。零陵縣主簿李良輔方以贓被劾，乃逃竄訴於朝，稱二人者黨人范純仁客，而鄒浩所請託也。蔡京特改良輔官，與在京差遣，命湖南憲司置獄推治，人皆爲公膽落。帥臣曾孝廣來唁，公退，語人曰：「胡康侯當患難凝然不動，賢於人遠矣。」用例册致餽，公不受。曾復書曰「前此無不受者，當明載於籍，以彰清德」云。蔡京以獄不成，罷憲使陳義夫，命移北路，迄無請託狀，直除公名勒停，而曾及永守樂昭厚別

教官，皆坐黜。五人者非特無怨，而問勞不絶。公問舍求田於漳水之濱，治農桑，甘淡薄，服勤左右，婉然愉色。得間則專意經史及百家之文，家人忘其貧，而親心適焉。大觀四年，良輔以他罪抵法，臺臣毛注乃辨明前事，有旨復公官，改正元斷。政和元年，張商英相，除公提舉成都府路學事。公以親年寖高，旁無佽助，叱馭泝峽，皆所甚難，即乞侍養曰：「臣而留令，無所逃誅。子若委親，亦將安用？」得請，滿二年未朝參，丁令人憂。公侍令人疾，食不盡器，衣不解帶。居喪哀毁，營奉窀穸，冒犯霜露，一事一物，必躬必親。荆楚風俗素陋，州里見公自致者如此，然後知以慎終送死爲重。公糲食逾年，不能勝衣。中大勉之力，乃少進滋味，以慰中大之意。服除，政和八年矣。余深相，薦名士十人，九人者已遷拜。公赴召，至京師卧疾，知舊交來勸勉，或稱廟堂威怒以脅之，公孫言而已，所訪問惟醫藥。居百餘日，逡巡謁告而歸。宣和元年，除提舉江南東路學事，復召對，未受命，中大捐館。初，中大常欲公及時報國榮家，而令人又欲公保身崇德。公承志以道，既不拂中大之嚴訓且不失令人之素心。及公赴闕，辭，未獲命也，中大手書促之歸，無復曩時督責矣。中大感疾且一年，公奉事節適如一日，凡服餌禁戒，中大必聽。既免喪，謂子弟曰：「吾奮迹寒鄉，爲親而仕。今雖有禄萬鍾，將何所施？」遂致其事，築室瑩山旁，分置圖籍，瞻省丘墳，繙閲古今。慕陶靖節爲人，誦「心遠」之章，望雲倚杖，臨水觀魚，淡然無外營，將終身焉。宣和末，侍臣李彌大、吳敏、譚世勣合章薦公經學可用，齒髮未衰，特落致仕，除尚書屯田員外郎，公辭不起。靖康元年二月，除太常少卿，公辭。再除起居郎，又辭。時女真乘虚直擣京師，爲城下之盟。公移書大諫楊公時曰：「按《春秋》書『齊人來歸鄆讙龜陰之田』，是田本魯田也。始失不書者，不能保其土地人民，爲不君諱也。太原兵勁天下，藝祖、太宗自將再駕，而後入於版圖。河間、中山，北方重鎮，猶鄭有虎牢，虞虢有夏陽，秦之潼關，蜀之劍閣，吳之西陵也。今聞割以遺敵，不亦辱乎？按《春秋》齊侯侵蔡伐楚，楚使請盟，美而書來者，荆楚暴横，憑陵中國，鄭在畿内，數見侵暴，齊侯伐而服之，則自此帖然矣。此門庭之寇，所當懲創不可已焉者也。遠方犯闕，釋而不擊，反與之和，戾於聖人之訓，不已大乎？按《春秋》鞌之戰，齊師敗績，遣國佐致賂請盟，晉郤克欲以蕭同叔子爲質，而使齊之封内盡東其畝，國佐震怒，請收合餘燼，背城借一。郤克懼，反與之盟，而不敢復也。故聖人特書曰『及國佐盟』，以明國佐一怒，折伏郤克。示天下後世忠臣義士，以克敵制勝在於曲直，不以强弱分勝負也。金人陵辱朝廷，人心同疾，非止郤克之於齊，四鎮三關，倘皆割棄，豈特盡東其畝而已乎？而城下結盟，親王出質，不競甚矣。按《春秋》徐子章羽斷其髮，携其夫人以逆吳子，聖人特削其爵而書其名者，罪其不自强，無興復之志也。敵欲地則割要害而與之地，欲人則飾子女而與之人，欲金帛則傾府庫而與之金帛，欲親王貴戚則抑慈割愛而與之親王貴戚。假如敵請六飛會於遼水之上，不往則恐違其約，欲行則懼或見欺，又將何處乎？按《春秋》於寶玉大弓，失之書，得之書者，重傳器，戒不恭也。强敵猝至，上下無備，取金帛於盜臣之家，以紓急緩攻，則亦可矣。似聞宗廟供器輸於敵庭，果有之乎？於寶玉大弓，孰輕孰重？於聖人失則書得則書之意，又如何也？按《春秋》滅梁者秦也，聖人不書，秦滅而書梁亡者，不能守在四鄰而溝公宫，亡其自致也。今勤王大衆不以擊敵而以治城池，金帛用物不以募戰士而以賂敵國，堂堂大宋，萬里幅隕，奚至陵藉如此其甚哉！主上初政，老儒在朝，四方傒觀？安危所係，而外侮侵陵，國勢衰削，豈其既往言之不及乎？必有應之於後者矣。」人以是知公通於《春秋》，雖畎畝堅卧，固非素隱忘世者也。朝廷促旨沓降，公幡然有復仕意。六月至京師，以疾在告。一日亭午，孝慈皇帝急召，坐後殿，玉色虚佇，勞問甚渥。公奏曰：「明君以務學爲急，聖學以正心爲要。心者，事物之宗。正心者，揆事宰物之權也。自王迹既熄，微旨載於《易》、《詩》、《書》、《春秋》，時君雖或誦説，而得其傳者寡矣。竊意陛下在昔潛德東宫，其於經籍所載帝王制世御俗之大略，必有所避而不欲問，官屬之司勸講者，必有所隱而未及陳。今正位宸極，代天理物，則於古訓不可不考。若夫分章析句，牽制文義，無益心術者，非帝王之學也。願慎擇名儒明於治國平天下之本者，虚懷訪問，以深發獨智，則天下之幸。臣又聞爲天下國家者，必有一定不可易之計謀。議既定，君臣固守，雖浮言異説，沮毁動摇，而初計不移，故有志必成，治功可立。陛下南面朝天下越半年矣，而績效未見，紀綱尚紊，風俗益衰，施置乖方，舉動煩擾，大臣争競而朋黨之患萌，百執窺觀而浸潤之姦作，用人失當，而名器愈輕，出令數更，而士民不信。若不掃除舊跡，乘勢更張，竊恐奸雄不忌，敵人肆行，大勢一傾，不可復正。上世帝王詢事考言，以圖成績。願咨訪大臣，何以修政事、禦外侮，令各展盡底蘊，畫一進呈，宣示臺諫。如有不合者，使隨事疏駁。若大臣議詘，則參用臺諫之言。若疏駁不當，則專守大臣之策。仍集百執議於朝堂，衆謀僉同，然後斷自宸衷，頒之中外，以次施行。敢有動摇，必罰無赦。庶幾新政有經，民聽不惑，可冀中興之效。」淵聖頷之良久，問曰：「卿學何所師承？」對曰：

「孤陋寡聞，莫逃明鑑。」淵聖曰：「比留詞掖一員相待，已令召卿試矣。」公對曰：「臣壯年守官湖湘，得足疾，頹心榮進，亦已乞身。今日扶憊趨闕者，貪慕聖德，願瞻天表，一伸其志而已。於侍立之職，且不敢當，況敢聞異恩？」語未畢，日昃暑甚，龍衮汗洽，公遂退而具奏。蓋自七月七日親奉玉音，被受堂劄，四上辭免，淵聖數予寬告。時門下侍郎耿南仲倚攀附之舊，凡於己不同者即指爲朋黨，見公論奏，愠曰：「中興如此，而以爲績效未見，是謗聖德也。」乃言：「胡某意窺經筵，不宜召試。」淵聖不答。及公屢辭，南仲又曰：「胡某不臣。」淵聖問其迹，南仲曰：「往者不事上皇，今又不事陛下。」淵聖曰：「渠爲疾而辭耳，非有向背也。」遇臣僚登對者，往往問其識胡某否。中丞許翰對曰：「臣雖未識，然聞其名久矣。自蔡京得政，士大夫無不入其籠絡，超然遠迹，不爲所汙，如胡某者有幾？」淵聖嗟異，遣中書舍人晁説之至公所居，具宣德意，令勉受命，且曰：「他日必欲去，即不强留。」時已九月初矣。公既趨試，復上章乞外。有旨除中書舍人，賜三品服。南仲諷司諫李擢、侍御史胡舜陟論公稽遲君命，傲慢不恭，宜從黜削，以儆在位。疏奏不下，公乃就職。南仲既傾宰相吴敏、樞密使李綱，欲併逐善類，遂謂中書舍人許景衡、晁説之視大臣升黜爲去就，懷姦狥私，失事君義而黜之，公繳奏曰：「二人爲去就，必有陳論。懷姦狥私，必有實迹。乞降付本省，庶可按據，載諸詞命。」不報。王安中責授散官，隨州安置，公言：「安中自大臣建節知燕山府，委任重矣，而畏避童貫，專務蔽蒙。民力殫殘，敵情變動，軍食缺乏，師徒失律，略不上聞，數奏祥瑞，以固寵禄。一旦敵騎深入，社稷幾危，推原本因，其罪與蔡攸等。乃居漢東近地，公論不以爲允。今并圍未解，朔部戒嚴，若非恃賞罰之公，厭服人心，何以攘却外侮乎？」安中移置象州。言者論内侍王仍、張見道、鄧文誥圖欲離間兩宫，將以遂其奸計，有旨令三省覺察，公言：「圖欲離間兩宫，則罪不可赦。將以遂其奸計，則惡不可留。望深察衆情，及時裁處，以全慈孝之情。」三人遂黜。應天尹葉夢得坐爲蔡京所知，落職宫祠，公言：「京罪已正，子孫編置無遺，土地悉入縣官，家財没於府庫，無蔡氏矣。則二十年間嘗爲京所引用者，今皆朝廷之人也。若更指爲京黨，則人才之棄於此時者衆矣。且黨論何時而彌乎？以臣所見，棄瑕舍過，消散朋黨，正在今日。」乃除夢得小郡。中書侍郎何㮚建議治平則宜重内，遭變則宜重外，乞分天下爲四道，置四都總管，各付一面，爲衛王室禦邊境之計。公上奏曰：「内外之勢適平則安，偏重則危。東漢季年，王室多故，劉焉言四方兵寇由刺史威輕，宜改置州牧。及焉求益郡，劉表鎮襄陽，袁紹得冀，曹操取兖，爭相割據，自此不復有王室矣。今州郡太輕，理宜通變，然以數百州分爲四道，事得專決，財得專用，官得辟置，兵得誅賞，則權復太重，又非特州牧比也。使四人者果皆盡忠君父，則固善矣。萬一號召不至，如焉、表、紹、操所爲，又何以待之？五大在邊，古人所戒，以身使臂，於理乃宜。臣愚欲乞據二十三路帥府，選擇重臣，付以都總管之權，專治軍旅，每歲一按察，其部内或有警急，京城戒嚴，即各帥府所屬將應援。如此既可擁衛王室，又無尾大不掉之虞，一舉兩得矣。」㮚方得淵聖心，密陳京師不可守，則幸山南，因可入蜀。其意蓋自欲當南道，又以於公有推挽之力，必無駁異，及此奏上，淵聖深然之，㮚方争於上前，謂公專以異義爲高，不可信用。淵聖不能決，止令於四道各削其遠外州郡，命大名守趙野總北道，公奏曰：「魏都望冠河朔，今爲天下重地。謹按趙野在政和間初爲侍從，首乞禁士庶用天王君聖等字。厥後置身丞轄，童貫、譚稹分掌兵柄於外，王黼、蔡攸、梁師成紊亂三省政事於内，造成兵革之禍。野居其間，不聞救正，以爲無所干預則身在二府，以爲言而不從則懷禄不去，何也？竊恐緩急必誤委寄，乞更用素有才術歷練老成之人，庶可倚仗。」詔命一出，難復輕改，疏入，不從。是冬敵大入，野遁逃，爲群盜所殺。西道王襄擁衆漢上，不復北顧，大略如公所策云。中書後省論資政殿學士詹度罪惡，自金紫光禄大夫降兩官，公奏曰：「言者謂度首開燕山，罪不下於童貫。養成邊患，使朝廷不爲備，罪不下於王安中。廣行賄賂，故庇之者衆。今乃仍崇資領優局，舍邊境，就鄉閭，纔削兩階，何名懲戒？昨日宸翰咨訪禦敵之計，聖心焦勞，群臣悚懼，莫知所出。追究亂原，無不切齒。於度望依王安中例施行，以厭公論，少釋河北憤怨。」乃落度職。吏部侍郎馮澥上言：「中書舍人劉珏行李綱責詞，實爲綱遊説。」珏坐貶，公上言：「李綱昨自樞密宣撫使除觀文殿學士知揚州，詞臣列其罪狀，不肯具草。而聖旨令以次舍人行下，是聖心不以繳奏爲是，未欲罪綱也。故珏先言厚於記功，薄於責過，以將順聖德之美，復言綱敗軍覆將，豈可不責，以申明賞罰之公。朝廷遂用珏言，罷綱郡寄，又用諫官袁當可等言，置綱遠郡矣。澥乃節略珏章，中以險語，謂綱薄加朝典，未快輿議，不亦甚乎？從臣雖當獻納，至於彈擊官邪，必歸風憲，各有分守。今臺諫臣僚未聞緘默，而澥遽越職，此路若開，臣恐在位者各立是非，滋長怨讎，上瀆宸聽，非所以靖朝寧也。漢室之東，大興黨論，始以微憾結釁，藉人主威福相排掣，卒皆誤國，馴致亂亡。而士大夫自謀其身者亦不能免，故君子謂始爲黨論者亦不仁矣。陛

下無私好惡，廣開正路，而澥稱黨與未殄，議論未一，宜察奸罔，早加懲戒。大欲殄黨與、一議論，此蔡京行於崇寧，脅制異己，遂其跋扈之謀也。何忍更遵用之？坐使群臣益分門户，强者主盟，弱者附麗，狥私情，爲向背，置國勢於傾危，豈朝廷之福乎？陛下數降德音，追復祖宗善政良法，而澥獨建言祖宗未必全是，熙豐未必全非，推隆王氏之學，再扶紹述之議。國論紛紛，澥之故也。若指爲敢肆奸言以惑衆聽，豈不可乎？然朝廷不以此罪澥者，正恐人務雷同而言路壅也。今澥乃欲以章疏加人之辟，苟合目前，不爲國家遠慮，望加詳察，别降指揮。臣孤立無朋，誤塵詞掖，苟有所見，不敢隱情。」於是耿南仲大怒，宰相唐恪與詹度姻家，故亦怨公論度太迫，何㮚從而擠之，有旨除郡。㮚請除懷州，淵聖曰：「懷當敵衝，可與東南。」恪擬德安，㮚知公素苦足疾，聞海門地最濕，遂除右文殿修撰、知通州，蓋是年十月晦也。公在省一月，告日居半，每出必有論列。或曰：「事之小者，盍姑置之？」公曰：「大事皆起細微，今以小事爲不必論，至於大事又不敢論，是無時可言也。」公去國逾旬，敵復至城下。長子寅校書中秘，賓客每爲公念之，公愀然曰：「主上在重圍中，號令不出，卿大夫之辱也。余恨效忠無路，敢念子乎？」聞者感動。敵圍益急，有旨促召公及許景衡，竟不達。越明年五月一日，今上皇帝登極，公上言：「崇寧以來，事不稽古，奸臣擅朝，濁亂天下。論其大者，凡有九失。上皇即位，日食正陽之月，下詔求言，曰：『言而不當，朕亦不加罪。』於是臣庶争言天下事。及蔡京得政，公然置局推考直言，盡行竄斥，使上皇失大信於天下。一失也。上皇嗣位，文母垂簾，增置諫員，擢用名士，豐稷、王覿、鄒浩、陳瓘諸人各以危言自效，公論既行，下情不壅，幾有至和、嘉祐之風。及蔡京用事，放諸嶺表，於是天下以言爲諱二十餘年。二失也。立朝廷者争爲歌頌，取説求容，祥瑞之奏未嘗虚月，至於災異大變，則匿不上聞，使人主不復知省修。三失也。廢格法，棄公論，市井儇薄而居宰府，世卿愚子而秉兵柄，臺省寺監清望之班，雜用商賈胥吏技術之賤，於是仁賢退伏，奸佞盈廷。四失也。士大夫進爲於元祐之初與元符之末者，盡忠許國，不顧其私，乃誣以謗訕，竄逐下逮其子孫，追削上及其祖父。於是善類陷於黨籍，不能自明，而群飛刺天，讒諂益勝。五失也。奄寺得志，用王承宗故事而建節旄，用李輔國故事而封王爵，用田令孜故事而主兵權，用龔澄樞故事而爲師傅，生殺予奪，悉歸掌握，宰執侍從皆出其門。於是賄賂公行，廉恥道喪。六失也。變銓法而官制紊，變軍法而兵政弛，變泉貨法而輕重失平，變學校法而風俗衰薄，變榷茶法而刑獄滋熾，變鹽鈔法而征賦倍增，變漕運法而倉廩空竭。法既屢變，吏得爲奸，民受其弊。七失也。用兵暴亂，軍旅數起，南復渠陽，西收湟鄯，建石泉於成都，置珍、播於巴峽，開古平於五嶺，築振武於河外。餽運艱險，勞民費財，積怨連禍，實基於此。八失也。牛羊用人，窮極奢侈，道宫王府御幸之館、園林池沼花竹之勝，運土塞路，伐木空山。民困而不恤，財竭而不慮。九失也。靖康之初，輕許割地，尋復堅守，已正濫賞，事即中變，號令無常，紛錯更下，而四海不知所從矣。余應求、李光以憲臺得罪，陳公輔、程瑀以諫省去官。趙令衿以獻書論事，黜送銓曹；潘良貴以奏對語侵，責司征市。於是臣庶結舌，而迷國誤朝之語入矣。淵聖東宫潛德，中外所知，不待贊也。至如未習爲國，則當進盡忠益以相弼亮，乃有稱頌春坊節儉，乞宣付史館者，亦從其請，而責誚不加。李邦彦擢居上宰，張邦昌進位次輔，趙野等主審駮基命之司，李棁等當肅政本兵之地。未數月間，登延宰執十有五人，遷轉如流，不孚人望，指爲蔡氏黨而罷，許翰指爲吴敏黨而逐，許景衡指爲李綱黨而去。劉珏等大臣争競，至用醜語詆訐於朝，百執窺覦，互以邪説批根於下，苟可快其私忿，雖危國亡師，安行而不顧。都人毆擊内侍，出於積憤，非有私也，而府尹巡門，朝廷降詔。奄侍厲氣，喧争御側，此乃無禮於君，不可恕也，而詞臣論奏，僅得贖金。命帥宣撫而遣之監視，守禦京闕而付之總領。宰臣均逸，體貌不加，而臺屬召還，遺賜優渥，破吏部格而楊景得監殿門，破宫廟格而葉焕得除祠館。其餘紊亂規程者不可悉數。敵騎南牧，封境日蹙，賞罰無章，士不用命，調發嚴峻，民多失業。昔秦有十失，漢去其九，遂致興隆。崇寧以來，國有九失，淵聖即位而不知變，獨九重節儉、工役不興一事爲愈爾。八失不去，一事雖愈，欲正已傾之勢，難矣。陛下親睹覆車，如不改轍，豈有興復之望乎？夫有生不可無信，聖人以信急於食，君子以信重於生。按《春秋》幽之盟，魯莊公在會而不書者，齊侯始伯，仗義以盟，莊公叛之，首失大信。仲尼以爲大惡，故諱不書公，以爲後戒。願自今慎出詔令，無令反復，以去棄信之一失。興國必開言路而賞諫臣，亡者反是。按《春秋》書陳殺其大夫洩冶於前，而載楚子入陳於後，明殺諫臣者必有滅亡之禍，不待貶絶而自見也。願自今開納直言，無令壅閉，以去拒諫之二失。導諛者召亂之原，按《春秋》不書祥瑞而災異則書者，絶諂端，垂警戒，正天下後世人主之心術也。願自今黜遠佞媚，無令得行，以去導諛之三失。名器者國家之寶，按《春秋》，非三命正卿者姓氏不登於史册，非有天子之命者不書其官。至於有罪，雖以諸侯之尊，或黜其爵，卿士之貴，或書

其名。重名器也。願自今重惜恩賞，無令冒濫以去輕用名器之四失。人臣義無私交，君子正而不黨。按《春秋》祭伯來朝，不書朝，祭叔來聘，不稱使，譏外交，戒朋黨也。願自今信任君子，抑絶小人，以去互分朋黨之五失。奄侍通傳内外，以一身兼僕妾之職，可謂賤矣。按《春秋》書閽弑吴子，不稱其君者，言閽寺之賤，不使得君吴子也。願自今門户掃除，復其常守，以去信任奄寺之六失。爲國必師上古，必法祖宗，必戒末世危亡之漸。按《春秋》書税畝、丘甲、田賦，曰初，曰作，曰用者，譏變古也。願自今遠稽上古，近法祖宗，以去輕易改作之七失。古者不以蠻夷弊中國。《春秋》内諸夏而外四夷，齊侯伐山戎，爲燕闢地，貶而書人，戒勤遠略也。人君職在養民，有國必先固本。按《春秋》凡臺囿門廐土木之工，必書於册者，重民力也。願自今修明軍政，保固邦本，以去外事邊功之八失。震驚陵寢，則有衣冠弓劍之悲；播遷沙漠，則有羹墻急難之念，積覆載不同之憤，懷滄溟不滌之恥。據九重之位而不以解憂，享四海之奉而不以爲樂，必期於殄滅仇敵，伸中國大義，則凡百臣子亦將震懾奔走，捐軀殞命而不辭矣。」六月四日，召公爲給事中，會宰相黄潛善專權妄作，斥逐忠賢，公再辭免，因奏曰：「臣賦性疏拙，全昧事幾，前掌贊善，積日雖淺，適緣六押，兼管兵刑。所降詞頭苟有未便，不敢觀望，迷誤本朝，須至盡忠，逐件論執，遂因繳奏，遍觸貴權，貽怒既多，幾陷不測。陛下方圖中興，而政事人才弛張升黜，凡關出納，動係安危，聞之道途，揆以愚見，尚多未合，臣竊寒心。而況瑣闈，典司封駮！倘或患失不言，即負陛下委任，其罪至大。若一一行其職守，動皆違異，必以妄發，干犯典刑，徒玷清時，無補國事。臣所以不敢當恩命者也。況臣自嬰危疹，多歷歲年，前後陳情，並關朝聽，辭榮處約，衆所共知。不緣多事之秋，乃有計私之請。」有旨不允。公三辭，因致書右丞許景衡，曰：「强鄰肆擾，蠶食併吞，以若所爲，更欲兼制南北五胡，英傑所不能辦也。況今河朔遺民未甘自棄，朝廷主議，不棄中原，恭聞鑾駕巡幸淮南，盡護四方，東州群盜諒已消除，遼海鯨波想難直擣。願回天步，歸格宗祧，副七室憑依之靈，繫萬方歸向之望，北正不可失之會也。善爲國者謹禮於至微。比聞民部郎官出督材用，忽慢條約，罪狀明白，直行罷黜，誰曰不宜，而下諸路根尋，州郡管押，恐非所以習外方耳目也。按《春秋》王人不書姓氏者，蓋下士耳，而序於方伯連帥之上。唐制御史纔八品，衣碧，亦下士也，而將命出行，則節度使必具軍禮，送迎於道。此得聖人尊王室抑諸侯之意者也，故方鎮雖跋扈，而國祚延長。自今宜精堂選而重其禮，凡在京職事官出使諸路，略如唐制，苟有罪犯，内付憲臺，不使外方得行陵藉，則朝廷之體不至於弱，而禮行於外吏矣。凡士民之必聽於縣，令佐之必聽於州，守將之必聽於按察，監司之必聽於朝廷，猶指之順臂，葉之從根，不可逆施之也。崇觀以來，每下赦令，必開越訴。以荆門言之，則造私醖，户酗酒，學生鬻茶，猾吏訴郡太守於監司而罷之者三。以荆南言之，賈客豪民訴都鈐轄於朝省而罷之者二。使民習見犯上之可爲，而貴賤無等，此亂之所由作也。建炎赦令不知改更，豈撥亂反正之道哉！謂宜精選監司守令，重禁越訴，苟有故犯，以違制論。雖已經由而所訴虚妄，不移前斷者，加越訴之罪三等，則人知嚴上而禮行於庶民矣。自唐末用兵暴亂，禮法不行，五十載間變置十有餘君。藝祖受命，首修軍法，自押官以上，各以階級相承，小有違犯，罪至於死。然後行伍整肅，賊亂不興。崇觀以來，決遣衛士而斥責三衙，降配軍員而斥逐提點，於是無知之兵習於陵犯。靖康之變，衛士祝靖之徒委棄君親，破州略縣，至於此極。今既投换法，謂宜依周世宗顯德元年故事，悉行選揀，去羸軟，取精鋭，藉如祝靖等類，别加裁處。選將明法，日教旬比，月一試而施賞罰，則人將不敢驕縱陵犯，而禮行於士卒矣。凡此三者，若緩而急，若迂而直，乃趨時救弊之要務也。靖康皇帝誠心願治，已及期月而澤不下流者，以諸方按察師帥皆宣和之舊，非糟粕書生、權豪親戚，則奄寺之奴隸也。以若等人位於民上，幸寇賊擾攘，恣爲奸欺以自潤耳。故内寇有三：係籍驕悍，習於陵犯之兵也；就招潰散，利於劫掠之兵也；人户點差，憚於征役之兵也。三寇縱横，而官吏又有甚焉。謂宜據今諸方憲漕功效已著者旌賞之，功罪未明者程督之，罪惡可知者澄汰之。命侍從官以上各舉堪任職司者二人，審其才，具所宜以補其闕，則耳目明達而不蔽矣。至於諸藩與要郡亦如是，則教條宣布而不壅矣。申明久任，斷以三年，使得展其才志，則小州下邑官吏之爲寇者無所措其手足，而三寇可消弭矣。國事以安民爲本，軍事以足兵爲要。輕徭薄賦，所以厚其生也。稱物量力，所以平其施也。扶善良，助貧弱，所以著其仁也。剔奸僞，鋤强惡，所以行其政也。若不正户籍，則四事必格，求欲安民，乃以病民耳。既罷常平官，今歲適當造，宜令民皆以土田爲斷，而一一自言，凡私所蓄藏與馬牛廬舍，頗如舊法，悉皆闊略。田有隱匿，必没縣官。諸詭爲官户，因濫賞得比蔭補者，咸許首陳。命監司專以此爲守令殿最，庶幾四事可施而民可安。古者大國至於家邑，諸侯至於士庶，軍師有數，城堞有制，聯屬有分，器械有物。若不本先王法度而急於招置，則足兵乃所以起兵耳。夫律禁民蓄兵器者，所以息争而收其柄也。

今置巡社，使得自備，敢必其皆以禦賊而不自爲賊乎？夫尉司弓手、巡檢土軍，大約不過百人，於以覺察奸細，良民猶有被擾者。今巡社人人執持凶器，絡繹道路，則必陵暴居人，困苦羈客，刑法有不能禁矣。又巡社首領將使與令佐抗行乎，抑猶以部民遇之也？抗行則名分不正，以部民遇之則有悖心，如唐初魯寧者矣。又今東南名藩帥府兵不滿千，而巡社總轄萬人，團結推排，權在百姓，借之名目而稱號同王命，給之朱記而行遣比公移，守令徒有統制虚名，莫之能制矣。又巡社悉行於諸路，以爲守令殿最，不出歲月，必當坐得數百萬之衆，挽强者解發推恩，廣加激勸。又選將壅而不行，復加裁損，則必指爲釁端，而禍變起矣。謂宜詳議審裁巡社之法，使無後悔，施於河朔，以禦金兵。而東南諸路，有便於保甲者，宜增修其法，別行排造；其便於弓手土軍者，宜增置其數，精加教閲，則兵可足而亂可息矣。夫易積而難通者，事也。自大觀赦令廣開恩倖，真僞渾淆，軍興之後，恩霈相仍，賞典踰越。百司緣此，竊弄權柄，詔財納賂，百事滯留，四方急奏，待報稽遲，百姓訴陳，漫無可否。蓋六部諸司事皆禀於都省，中書取旨，門下審駁，行遣迂回，此政事所以日壅而不決也。夫宰相者啓沃人主，進退賢才，阜安百姓，天下之事無所不統者也。而日覽詞訴，又各兼一省，互相關制，則失其職矣。謂宜合二省，正宰相之權，使得專行其職。而六曹之事皆決於長官，應奏上者直奏上，應下行者直行下，自非關大體，有改更，更不經由僕射、丞轄，則事不稽壅矣。往蔡氏時首興黨論，塞天下之口，汲引群小，輕用名器，交結閹尹，汩喪廉恥。今宜一切反其行事，乃可以撥亂反正，殄讎雪恥，使天下士大夫伸眉吐氣，食息世間，無所愧矣。」黄潛善諷給事中康執權彈擊，謂不合辭免，乞重譴黜，中書舍人劉觀實有力焉，上恩止罷除命。

建炎三年反正之始，樞密使張浚薦公可大用，申命前除。公辭，因致書宰相呂頤浩曰：「伏讀四月八日赦書，首稱遵用嘉祐條法，遠方傾耳拭目，固以仁宗皇帝盛德大業跂望主上，而以魏國忠獻輔佐勳績，期於相公也。夫嘉祐政事，其大要本於愛民，始於審謀，成於果斷。置寬恤司，詔均田税，募耕唐鄧廢田，收諸坊監及牧馬餘田賦貧民，籍户絶田租，置廣惠倉，出百萬緡，賜諸路常平爲糴本，弛江淮茶禁，通商收税。罷提點刑獄，武臣守令治有善最者，使久於其任。凡此數端，事方經始，必博采衆謀，詳究利害，立爲條約，委曲周盡，故議成而舉朝不異，令下而所至奉承，行久而弊端不見。至於軍政修明，戎行輯睦，六軍聳聽而驕惰革，邊方震慴而暴横消，則其政事本於愛民，審謀能斷之明驗也。今朝廷欲理兵政以强國，而官吏不知恤民以養兵，是欲稼之長而涸其水，欲木之茂而去其根，則與嘉祐本於愛民之意異矣。至於衆謀紛紜而國論未定，命令交錯而民聽未孚，法制數更而下不知所守，其與嘉祐審謀能斷亦異矣。夫審謀而不斷，罔克有成，斷果而不藏，必貽後悔。惟相公深究嘉祐政事本末，專務愛民。凡新舊法度與增添創置一切擾民之事，置司討論，參稽衆謀，窮極利病而後罷行，則政事可立，民心可安，軍旅可强，讎恥可雪，宗社可寧矣。」朝廷遣使詣公所居，詔州郡以禮敦遣。寅時修起居注，上賜之手札曰：「卿父未到，可諭朕旨，催促前來，以副延佇。」公以建康東南都會，上既在是而眷待如此，行次池陽，會聞車駕移駐姑蘇，將踰浙而東，公重感疾，遂具奏而返。是日亦勑下除公提舉臨安府洞霄宫。

紹興元年十二月，除中書舍人兼侍講，公辭，因致書參政秦檜曰：「《春秋》大略貴前定，是故撥亂興衰者，其君臣合謀，必有前定不可易之策。管仲相齊，孤偃輔晉，樂毅復燕，子房興漢，孔明立蜀，王朴佐周，莫非策畫前定，令出必行，故事功皆就。建炎改元，聖主憂勤願治於上，大臣因循習亂於下，國制搶攘，漫無定論，玩歲愒日，寖失事幾。於今五年，已極紛擾。天下之事未有極而不變者也。至於極而不變，則危者遂傾，亂者遂亡。考今民情，尚未潰散，猶可更張，雖事幾已失，無半古必倍之功，而危可復存，亂可復治，無傾亡之患必矣。宜及時建白前定之計，振頽綱，修弊法，變薄俗，蘇窮民，庶幾觀德有孚，以啓中興之兆。《春秋》序正官名而綱紀重事責歸宰相，蓋位隆則所任者大。上則啓沃人主，經理朝綱，中則選用百官，賞功罰罪，下則興利除害，阜安兆民。仰而深思，夜以繼日，猶恐有不得者，而暇省文書接詞訴乎？頃者，遵用元祐大臣奏議，合中書門下二省爲一，而事不分決於六部，是循名而不得實，併與不併，無以異也。宜及時建白，令列曹尚書各得專達，各辟其屬，久於其任，責以事功，而宰執不復親細務，庶幾奸蠹消除，漸可爲矣。《春秋》以好生惡殺爲心，猶於叛逆之黨必誅而不赦，以用兵侵伐爲戒，獨於救患解紛，惟恐次止遷延而欲其速也，以此見聖人之情矣。蓋亂常毁則赦而不誅，則天理必滅，賊虐無辜，視而不救，則人道必淪。故罪在五刑，上天所討，大眚俱肆，《春秋》譏之。苻秦之世，凡叛逆者必加原宥，終復失邦，措身無所。比歲盗賊毒徧諸方，皆奸惡之徒乘隙肆暴，非迫饑寒，官吏不恤，弄兵潢池之赤子也。而謀國者盡用招安，不吝濃賞，遂使軍民傾心健羡，遠近縱横，莫之能止。宜及時建白，乘破李成、馬進之鋒，盡掃三楚緑林之聚，誅魁首，散脅從，庶幾遺種餘民復得解衣而寢矣。《春秋》貴守土疆，恥於喪地，戒

於失險。昔尚父周公以盛德大勳受封齊魯，而儉於百里，雖列壤南面，而大夫必命於王朝。方伯雖得專伐，而遣將出師必請王命。昨建分鎮，舉河南、汝、孟帝都之地合爲一鎮，輕以授人。若此類可疑一也。廢置僚屬，事無待報，二也。足食足兵，專片閫外，三也。舍建康，棲東越，而以湖北爲分鎮，四也。詔令已行，誠難反汗，然有應機，無害於信者。宜申述前詔，得專征者謂攘外寇討亂臣，如李成、馬進之比，則當不拘常制，或無故舉兵，自相吞噬，必以擅興坐之。又别降指揮，以湖北一路與諸鎮事體不同，當仍舊制，亦無失信之嫌。宜及時建白，保固形勢，倚爲基本，庶幾有恢復之期矣。《春秋》大一統，遵王命，惡臣下分權，諱賤人犯上，曆紀王正而不私朔，使舉上客而不稱介副，微者名姓不登於史册，所以嚴分正名也。比者雖命江表三省復歸行闕，百司庶務決自天臺，而宣撫重臣久居外服，諸方守將並假便宜。夫以便宜從事，本爲出師，臨機奏報不及，明有建炎赦文矣。諸路後來並不遵稟，或以察訪爲名而擅按他路，截留公賦，編營師臣，執殺郡守；或以節制爲名，而擅兵外境，專斬命官，直轉資秩，移易守將。或未被受指揮，先次便宜行事，或擅罷堂除監郡，自辟别路正官。凌蔑朝廷，於斯爲甚。宜及時建白，收斂權柄，以弭分裂之形，嚴分正名，以遏侵凌之勢，而後大經可正，民志可定矣。《春秋》惡以邪人塞言路，慎於遣使而重於用民力。臺諫者朝廷綱紀所憑也，監司者外臺耳目所寄也，守令者宣教條均賦役百姓所恃以安其生也。辨小事而不及大政，彈小吏而不及大官，三綱淪而不扶，九法斁而不救，則朝廷紀綱無所憑矣。漕臣理財賦而公私匱竭，憲臣理刑獄而盜賊公行，上下相蒙，莫知糾察，則外臺耳目無所寄矣。惠澤壅而不宣，教條廢而不守，暴虐百姓，與奸爲市，貧窮孤弱冤苦失職，則田里無以安其生矣。宜及時建白，精選監司，刺舉郡守，精選郡守，刺舉縣令；明詔臺諫官，使論奏大事無入小言，則綱紀可肅，視聽可用，賦斂可平，民力可裕矣。《春秋》戒失兵權而嚴於軍律，以三綱爲本，以民事爲要，以賞功罰罪爲先。昨者屢降詔書，專理軍旅於行事，竊有所疑，僞楚篡逆之臣也，許録其親屬；金人不釋怨之讎也，而遣使請和，其於三綱有未正也。河南江北，群盜嘯聚，焚燒倉庫，靡有孑遺，波漢之陽，外薄五嶺，急征横斂，不務勸農，其於民事有未急也。誤朝迷國之人，與盡忠死節之士，恤終贈典，略無差等，是賞未足以勸忠也。或擅興專殺，或罔上奏功，罪狀明白，典憲不申，是罰未足以懲惡也。然則，何謂理戎旅乎？本則不正，治於末流，雖力扼虎，氣蓋世，必無成功。而謂安定天下在於長槍大劍，此楊邠、史洪肇所以喪身及其國也，可不戒乎？宜及時建白，行《春秋》理戎之法，使天下心悦而誠服，則盜賊可弭，邊土可拓矣。《春秋》尊嚴廟制，而謹於祀禮，故古者師行必載廟主，寓戎田獵，以乾豆爲先，戰而必勝，其有以乎？頃者南狩，神主豫選洪、虔，館御薦享未肅，奉常有請，顧謂遷移窮僻，爲已試之效，至乞更擇五嶺之西，迎奉前去者。時方渙散，格廟爲本，奉先既隆，人心自屬，而獻議若此，如禮樂何？宜及時建白，尊崇禮祀，嚴致孝享，則人知所從來，而天下服矣。《春秋》不與公族大夫專政用事，而以親賢爲急。聖主屢詔諸方，津遣宗室，俾赴行在，優加寵獎，誠以昨者皇族北徙，枝葉已疏，必施茂恩以滋根幹。宜及時建白，上稽帝堯明峻德、睦九族之義，中循周漢急親賢之隆，下掃六朝孤立之弊，則王室益强，國勢磐固矣。自崇寧以來，邪説盛行，公論廢格，獻言者以亂制爲能，不期於定制；從政者以擾民爲事，不務於安民；用人者以辦事爲才，不求於曉事；望治者以速成爲策，不冀於美成。取快自前，積成後患，至於綱紀大壞，宗廟丘墟，皆此曹所致也。積習成風，至今未殄。夫欲撥亂世反之正者，必變衰亂之俗，欲變其俗者必去衰亂之臣。今衰亂之臣死亡無幾矣，然猶内歷華途，外典方面，間有廢黜，尋復寵升，毁譽不核其真，賞罰不當功罪，使聖上憂勤願治未有見效者，亦皆此曹所致也。天下有公，是非出於人心不可易者。今國步艱危，民情摇動，宜乘勢更改，轉敗爲功。不然，大勢益傾，不可復振矣。」朝廷不許公辭，又遣使至所居，公遂行，以《時政論》先獻之。《定計論》曰：「臣聞自昔撥亂興衰者，必有前定不移之計，而後有舉必成，大功可就。修内政，張四維，師帥不遣上卿，伐國不動大衆，教民懷生，示信討貳，此齊侯晉文前定之計也。取關中，據河内，大封同姓，以懲孤立，减省官吏，以息百姓，抑制將帥，保全功臣，此高帝、光武前定之計也。斬高德儒，叱宇文士及，以遠佞人，賞孫伏伽，禮王、魏以開言路，宣示好惡，使民向方，薄賦輕徭，選用廉吏，此唐太宗前定之計也。陛下履極六年，以建都則未有必守不移之居，以討賊則未有必操不變之術，以立政則未有必行不反之令，以任官則未有必信不疑之臣。奕者舉棋不定，不勝其偶，況立國而不定乎？夫難平者事也，易失者時也，舍今不圖，後悔何及？人主廣覽兼聽，不可自專，宰相擇才使能，不可自用。望賜咨詢，僉定國論，謀所以前定者。」《建都論》曰：「立國者必建都，必據形勢，握輕重之權，必居要津，觀方來之會，如北辰在天，安於其所不可動也。陛下駐蹕金陵，本以舊邸，號稱建康，降詔爲受命之符，傳播天下，則可都者一也。自劉先主、吳孫氏、諸葛武侯一代英雄，周游吳楚，皆稱建康王

者之宅，則可都者二也。北據大江，外阻長淮，隔絶奔衝，難於超越，則可都者三也。有三吳爲東門，有荆蜀爲西户，有七閩二廣風帆海舶之饒爲南府，則可都者四也。諸路朝覲，郡縣貢輸，水陸舟車道里適等，則可都者五也。凡都北者必闢境於南，而都南者必略地於北。昨者鑾輿時邁，狩於吳越，則王道所謂望實俱喪，而晉不果遷之地也；三省百司寓於南昌，則李煜避周，徙自秦淮，卒不能振之所也。國勢一統，不可數分，國都一定，不可數動，與北人居穹廬，逐水草，無城郭宫室市朝者異矣。今宜還都建康，環諸路而中持衡，則人心不摇，而大事可定也。」《設險論》曰：「按《春秋》書晉師伐虢，滅下陽。下陽者，虞虢之塞邑也。塞邑既舉，則虢已亡矣。聖人特書，以示後世設險守邦之法，故魏人都許，不恃方城而守襄陽；蜀人都益，不恃劍門而守漢中；吳人都秣陵，不恃大江而守荆渚。夫荆渚，江左上流也。北據漢沔，西通巴蜀，東連吳會，真用武之國。故楚子自秭歸徙都，日以富强，近并穀鄧，次及漢東，下收江黄，横行淮泗，遂兼吳越，傳六七百年而後止。此雖人謀，亦地勢使然也。後逮漢衰，劉表收之，坐談西北；先主假之，三分天下，關公用之，威振中華；孫氏有之，抗衡曹魏。晉、宋、齊、梁倚爲重鎮，財賦兵甲當南朝之半。其爲江東屏蔽，猶虞虢之有下陽也。今欲定都建康，而以湖北爲分鎮，失險甚矣。按湖北十有四州，其要會在荆峽，故劉表時軍資寓江陵，先主時重兵屯油口，關公、孫權則并力争南郡，陸抗父子則協規守宜都，晉大司馬温及其弟沖則保據渚宫與上明，此皆荆峽封境也。今割以與人，使跨長江，臨吳會，猶居高屋建瓴水也，獨無虞虢下陽之慮乎？臣謂欲保江左，必都建康，欲守建康，必有荆峽，然後地形險固，北可出秦甲，西可下蜀貨，血氣周流，首尾相應矣。」又曰：「昔人謂大江天所以限南北，而陸抗乃曰『此守國末務，非智者所先』，何也？杜預嘗襲樂鄉矣，胡奮嘗入夏口矣，賀若弼嘗濟廣陵矣，曹彬嘗渡采石矣，則其險信未足恃也。雖未足恃，然魏武困於居巢，曹丕困於濡須，拓跋困於瓜洲，苻堅困於淝水，皆不得渡，則其險亦未可棄也。設險以得人爲本，保險以智計爲先，人勝險爲上，險勝人爲下，人與險均纔得中策。方今所患，在於徒險而人謀未善爾。地有常險，則守亦有常勢。當孫氏時，上流争襄陽而不得，故以良將守南郡與夷陵；下流争淮南而不得，故以大衆築東興與皖口；中流争安陸而不得，故以三萬勁卒戍邾城。邾城，今黄岡是也。今欲固上流必保漢沔，欲固下流必守淮泗，欲固中流必以重兵鎮安陸。此守江常勢，雖有小變而大概不可易者也。今强敵侵河朔，叛臣擾山東、淮北，京畿諸鎮處危疑之地，大江設險，未可輕棄，若委任得人，則不特可保江左而已。」《制國論》曰：「凡制國者必周知山川形勢，土地所宜，然後可與謀。荆州在江漢沮漳之間，水陸沃衍，乃足食足兵要地。江左六朝所以必争，而不肯失也。棄爲分鎮，使法得自立，兵得自用，財得自理，官得自命，即與戰國諸侯無異，而非上世封建之法也。宜有更張，獨仍舊制，通荆湖憲漕二司治盗理財，而以襄陽隸湖北，岳陽隸湖南，鄂渚隸江西，則地理連屬，形利勢便矣。」又曰：「變更舊制，不稽今古，則事不可行。近歲荆湖變更舊制多矣，於國家形勢初無所益，徒困兩路之民耳。今既復南北兩路，宜罷荆峽分鎮，仍舊制帥司於荆南，一便也。公安軍宜仍舊廢爲屬邑，二便也。靖州置在崇寧元年，自鼎、澧應副，歲費二十七萬。今此二州既皆殘毁，宜仍舊廢爲渠陽砦，三便也。武岡軍置在崇寧四年，自邵、衡、永應副，費亦不貲。今此三州既皆空乏，宜仍舊廢爲武岡縣，四便也。四者仍舊，創添窠闕，悉從除削，省併官吏，裁損文書。有所謂刀弩手、博易務、營田司事，皆欺罔驅民爲盗者也，宜依往年禁止保馬茶鹽法施行，以戒誤國害民之賊，然後國制定民心安矣。」又曰：「昔祖宗宅都於汴，其勢當自内而制外，是故置京西路，而襄州在漢水之南，則以制湖北也。置湖北路而岳鄂在荆水之南，則以制湖南與江西也。今建都江左，未能恢復中原，則當自南而制北。置於江西者治南昌，而分兵屯鄂；置於湖南者治長沙，而分兵屯岳；置於湖北者治荆南，而分兵屯襄，則東南之勢全，恢復之基立矣。今安撫大使古州伯也，形勢必相屬而後能相援，有無必相資而後能相成。五嶺之外，財賦盛於東南，兵馬出於西北，宜置大帥一員，兼統二廣以殿南服。荆湖殘破，北路尤甚，若置大帥必兼領夔府。蓋峽中有鹽、米、耕牛而無曠土，荆渚有沃衍桑田而無餘田。若弛瞿塘之禁，懋遷有無，商旅自西而入，物貨沿江而下，不越數年，荆州富盛，形勢可成矣。」《恤民論》曰：「保國必先恤民，而恤民之事有五：一曰除暴，二曰擇令，三曰輕賦，四曰革弊，五曰省官。近歲除外暴者主通和，竟爲敵國所誤，不敢用兵，而其流毒遍中國自若也。除内暴者用招安，竟爲盗賊所誤，不敢用兵，而盗賊毒遍天下自若也。爲民父母安得若是恝又官爵之？其與成湯爲童子報讎，不亦異乎？今劉忠殘黨蹂數郡，曹成反復劫帥臣，理無可赦。宜早加殄滅，肅清江湖，然後精擇縣令，一意撫綏，則民心安，邦本固矣。近歲此官冗濫已極，宜以五説稍革其弊，籍中外嘗爲臺省寺監官，依倣漢制，分宰百里，俟有殊績，即不次擢用。又增重事權，優假其禮，許借服色，厚給廩餼。凡軍馬駐本縣者，並聽節制；其經由者

悉從階級，以免將士陵辱，示百姓瞻仰之尊。則又據今縣分户口賦入多寡輕重分爲三等，上縣朝廷選差，中縣吏部注擬，下縣帥臣監司通共奏辟，不得侵互，立爲定格。仍用宋元嘉法，以六期爲斷，革去三年爲任、兩考成資與堂選數易之弊，使吏無苟免，民心有係。凡三等縣皆以四條：糾正税籍，團結民兵，勸課農桑，敦勉孝弟。俟及三年考其事效，已就緒者就行旌賞，未有倫者嚴加程督。如此則民心安，邦本固矣。焚林而田，非不得獸，而明年無獸；竭澤而漁，非不得魚，而明年無魚。以近事驗之，京東、西路歲入凡一千萬，其餘山澤之利，在祖宗時捐以與民，不盡取也，百姓歸戴，無有二心。及李彦等取爲西城之租，窮竭民力。其時若有言罷此掊尅，然後國用足，則必指爲妄言也。然百姓愁苦轉而爲盜，今此四路所入，不歸王府五年矣。荆湖南北歲入凡五百萬，其外豈無遺利？在祖宗時捐以與民，不盡取也，百姓歸戴，無有二心。及部使者取之折變，則有一折、兩折、三折，收糴則有均糴、敷糴、補糴，散引則有麴引、鹽引、茶引，受納則有一加、再加、倍加。其時若有言罷此諸色，然後國用足，亦必指爲妄言也。然百姓愁苦轉而爲盜，今此兩路所入，不歸王府三年矣。乃知有若所謂『百姓足，君孰與不足』，信不誣也。今封境日蹙，賦斂日重，百姓日貧，田萊日荒，吏臨之以貪吏，困之以弊法，是爲敵國驅民也。願詔大臣，速講輕賦恤民之事，爲生財足用之源，以京東西、湖南北爲至戒，則民心安，邦本固矣。凡爲國以利不以義者，皆自小人始，爲其所見者小，不知大體，法所以弊也。祖宗時以義爲利，四海無困窮之苦，天禄永安，所利大矣。姑以鹽法論之，行於西者與商賈共其利，行於北者與編户共其利，行於東南者與漕司共其利。大計所資，均及中外，所謂以義爲利也。崇寧首變此法，利出自然者禁而不得行，則解池是也。利在編户者皆入於官府，則河朔是也。利通外計者悉歸於朝廷，則六路是也。諸路空乏，乃復百種誅求，尤不能給，民窮爲盜，遂失歲入常賦以數千萬計，則鹽法實致之耳。陛下宜鑑前失，有所改更，久而未也，天下望焉。略以湖南一路言之，昔日歲課一百萬緡，本路得自用者居其半，故斂不及民而上下足。變法以來，既盡歸之朝廷，則本路諸色支費皆出橫斂，至如上供舊資鹽息者猶不蠲除，民所以益困也。又略以道州一郡言之，歲認上供錢二萬緡，往時本州歲賣鹽息常倍此數，故斂不及民而上下足。今上供錢仍舊，而鹽息不復有矣，乃至以麴引均科，此民所以益困也。又略以來陽一邑言之，有未變法前官所自運鹽，有既變法後客所拘納鹽，封樁日久，既緣軍期支用，而鹽司必欲追索，朝旨亦令撥還，不知何自而出，豈得不取於民？此民所以益困也。以一路一郡一縣觀之，則他處可知矣。今榷貨所入，歲以千萬計，其利至厚，謂宜遍下諸路，一一檢會，凡若此類，悉蠲除之，以活百姓，使稍安其業，不至爲盜，長納二税，存國家大利之原，不亦善乎？榷酤之弊亦極矣，略以道州言之。課額既高，歲有虧欠，即抑勒專知牙校，令兼管州倉，俾因受納，取足於税户，其害爲如何？此民所以益困也。又以邵陽言之，酒譚歲約二萬餘緡，而折税爲糯者凡六千斛，糯貴於粳價幾一倍，其他固未論，此民所以益困也。近者嘗下諸路會計，而州縣利此爲造弊之端，不以實聞。因當斷以必行，令凡係官監酒務，許百姓買撲，入納净利，與轉運司及本州支用。收官務年費米麥等，專以贍軍，兼濟公私，存活百姓，使稍安其業，不至爲盜，長納二税，存國家大利之原，不亦善乎？如此庶幾民心安，邦本固矣。自崇寧以來，中外創添員局，重以濫賞，不勝其冗，蠹國生亂，至今未革，而又加甚。兵官舊係兩員者，添差至於七員八員而未止也；監當舊係一員者，添差至於四員五員而未止也。其餘荒殘州縣，未有百姓，先置官司，凡是舊員一一填足，又多不應差注之人，其爲民害，不異寇賊。考於《春秋》，以民爲重，而大夫次之；考於《孟子》，以民爲貴，而社稷次之。故養民者陛下之職也。願亟行併省，以建武爲法，既不病民，所省官吏使居閒散，稍捐廪禄養之，亦無失職之嘆，庶幾民心安，邦本固矣。」《立政論》曰：「人主宰臣必先明其所職，而後政可立。選擇忠賢以爲輔弼，任而不疑者，人主職也。薦進人才，布列中外，賞罰不私者，宰相職也。唐太宗既黜封德彝邪説，任房、杜爲相矣，又敕尚書庶務並屬左右丞，而責二公以廣求賢人，隨才任使。此委相臣以其職者也。陳平既不答文帝決獄之問，自謂所主佐天子理陰陽矣，而召河南守吴公爲廷尉，吴公治平爲天下第一，其能致民無冤可知。此使九卿各得其職者也，而政有不立乎？陛下以宰相不可非其人，頻有選任，可謂得人主之職矣。然而政事未立者，竊恐所以責任異於唐太宗，而宰相所以自任未若陳獻侯也。夫坐政事堂，受詞決訟，弊精神於簿書，而進退人才，賞功罰罪，有未察焉，則失其職矣，政何由立乎？陛下以庶務決之六曹官長，皆得專達，並如元祐大臣所請，自非大事，不復資白，則中書之務簡矣。然後專責宰相，以慎簡六曹長貳、諸路帥守部使者，及上縣令宰，咸得其人，而政治不建，未之聞也。」又曰：「三綱軍國政事之本，人道所由立也。三綱正則基於治而興，三綱淪則習於亂而亡。春秋宋華督有不赦之惡，齊、魯、陳、鄭同會以成其惡，受賂而歸，天子不討，方伯不征，咸自以爲利也。未幾，陳有五父之亂，齊有無知之亂，鄭有子

突亹儀之亂，魯有叔牙、慶父之亂。數十年間，四國舛逆，幾至喪亡，則以昧於堅冰之戒，不能辨之於早也。《春秋》備書於策，以明三綱之重，爲後世鑑，深切著明矣。昨者張邦昌挾女真，僭名號，援契丹立晉爲例，分遣使人布諭諸路，直下赦令，倍行恩賞，原其用心，與華督何異？陛下特施寬典，賜死於隱，而不尸諸市朝，已失刑矣。及敵騎南鶩，乘輿渡江，黄潛善及其黨事窮計迫，乃指邦昌爲金人所立而迫之至死，遂以致寇，欲自解其誤國之罪，至其宗族皆命以官。是訓誘亂臣賊子，使利於爲惡，此臧哀伯所謂『百官象之，又何誅焉』者也？於是不踰旬月，苗傅、劉正彦有今將之心，既伏大刑，而近臣乃有抗章，乞行湔洗，無所忌憚。故比日群盜所在焚劫，或有官吏樂爲之用，末流至此，可不戒乎？願特降指揮，昨在圍城有職當守禦，視城垂破而端坐不救者，有草爲表章，上詆君父取媚敵人受其婦女者，有起自閒散，特仕僞朝長其諫省者，有於苗、劉肆逆並建節旄、所除制命極意稱美者，及乞用邦昌、傅、正彦之黨者，審其輕重，不過數人，依法施之，以正人心，息邪説，則三綱不至淪胥，而軍國政事得以時立矣。」《覈實論》曰：「政事紀綱，莫大於賞罰，而功罪是非，以毁譽爲本者也，必要其真僞而後賞罰當。比下赦文，推美仁宗皇帝盛德大業，應舉行政事，並欲上遵嘉祐。臣嘗攷其大要，特在於直言數聞，毁譽核實而已，必自大臣與臺諫始。大臣定功罪施賞罰於上，臺諫論功罪主毁譽於下，不可不先核也。仁宗皇帝信王曾之正，任吕夷簡之才，終以富弼、韓琦爲宰相，而余靖、蔡襄、賈黯、吕誨等迭居臺諫，此真僞所由核也。故丁謂雖以奸邪當國而終投四裔，寇凖雖以忠正遠貶而終得辨明，范仲淹雖屢以危言獲罪，歐陽脩雖以譏斥佞人招難明之謗，而皆終聞政事。是邪説不得亂毁譽之真，而直道行也。邪説息，直道行，則惡人有所憚而不爲，善人有所恃而不恐，此所以致至和、嘉祐之治者也。昨者黄潛善、汪伯彦、范宗尹輩廣引奸邪，顛倒是非，變亂名實。諫官鄭瑴攻李綱以六不可貸之罪，驗於奏議則無據，按於施爲則無迹，特以撰造文致傾陷大臣，當時遂信行之，又以美官激勸之，是欲其亂毁譽之真而不核也。言官馬伸擊潛善、伯彦措置乖方，凡舉一事必立一證，皆天下所共知見，不敢以無爲有，以是爲非，當時乃罷黜之，又置諸危地殘賊之。是惡其亂毁譽之真而不核也，邪説何由息，公道何由行乎？今瑴雖已死，恤典隆厚，伸雖有詔命，不聞來期。按《春秋》治奸慝者不以存没，必施其身，所以懲惡也；獎忠良者及其子孫，遠而不泯，所以勸善也。陛下必欲繼仁宗之政，則按是非，明賞罰，使天下知所懲勸，亦何遠之有？」《尚志論》曰：「帝王應時而造，必先立志。欲定大事，而志不先立則無本矣，焉能有成？靖康臣僚不知責難，勸淵聖篤於立志，而即安屈辱，城下結盟，此齊國佐、宋華元請合餘燼，背城借一，誓死力争，有以國斃而不肯從者也。當時國勢何異厝火積薪之下而寢其上？宰相徐處仁遽進諛説，以爲金兵出境，社稷再安，由聖德儉勤，致有天人之助，遂言今日可比唐虞，而臣主俱榮，抑何志之卑陋也！故廟堂聚訟，顛沛末流，未及期年，坐以失國。夫志則不立，急於事爲，雖有遠猷宏議，必格而不得施矣。陛下自初發憤，欲殄寇讎，當時親信左右莫能輔道，乃至因循，坐消歲月，國日益削，六載於今。然上天所以啓悟聖情，日躋盛德，陛下所以深懲既往，刻厲將來者，可謂卓然有立於萬物之表矣。願堅持此志，無復變遷，仍飭群臣，各致法家拂士之義，必志於恢復中原，祗奉陵寢，必志於掃平仇敵，迎復兩宫，必志於得四海之歡心，以格宗廟，必志於致九州之美味，以養父兄。然後文武百僚、六軍萬姓，丕應徯志，而陛下孝弟之責塞矣。」《正心論》曰：「心者身之本也，身者家之本也，家者國之本也，國者天下之本也。能正其心則朝廷百官萬民莫不一於正，安與治所由興也。不正其心則朝廷百官萬民皆習於不正，危與亂所由致也。然心有所憤怒而弗能忍，則不得其正；有所貪欲而弗能窒，則不得其正；有所蔽惑而弗能斷，則不得其正；有所畏怯而弗能自强，則不得其正。正心之道，先致其知而誠其意，故人主不可不學也。蓋戡定禍亂，雖急於戎務，而裁決戎務必本於方寸。不學以致知，則方寸亂矣，何以成帝王之業乎？陛下日親典策，博考古今往行前言，固將畜德，又經變故，備嘗險阻。外患益深，必無邪念，至誠所發，通貫幽明，固有人不及知而天獨知之者矣。願更選正臣，多聞識，有智慮，敢直言者，置之左右，日夕討論，以克厥宅心，表正於上，則内外遠近將各歸於正，奚亂之不息乎？」《養氣論》曰：「凡用兵勝負係軍旅之强弱，軍旅强弱係將帥之勇怯，將帥勇怯係人主所養之氣曲直如何耳，蓋人主將將者也。以直養氣，自反而縮，則孟子所謂約，而狐偃所謂壯也，壯則强。以曲喪氣，自反而不縮，則孟子所謂餒，而狐偃所謂老也，老則弱，紂師如林，武王數其不事宗廟，賊虐諫輔之罪，則商曲而周直，故周勝。項羽威震天下，漢祖數其弑義帝之十罪，則楚曲而漢直，故漢勝。凡曲直者兵家之大要，制勝之先幾也。金人稱兵，曲亦甚矣。陛下上皇之子，孝慈之弟，自大元帥入踐宸極。比年以來，克勤聽政，追賞直士，登用讜言，令問四達，可謂直矣。以直對曲，勝負已分，中國士氣宜不待鼓而自强。然敵兵每動，四方震慴奔走，莫與抗衡者，以兵家之略、制勝之幾，有以明之也。

今欲使人人知彼曲我直，以作其衰敗不振之氣，更在陛下强於爲善，益新厥德，使無有曲失可得指議，則守爲剛氣，可塞乎兩間，震爲怒氣，可以安天下。將帥必聽命而不敢驕，軍旅必畏威而不敢惰，不待對敵接刃，而百勝之算已坐決於九重矣。」《宏度論》曰：「人主以天下爲度者也，明當並日月，不可私照臨，德當配天地，不可私覆載。所好當遵王道，不可以私勞行賞；所惡當遵王路，不可以私怒用刑。其喜怒則當發必中節，和氣絪緼，而萬物育也，故能理其情而君道備矣。然人情易發而難制者，惟怒爲甚，克己然後可以治怒，順理然後可以忘怒。《書》曰：『必有忍，乃其有濟。』此治怒不遷之法也。忍者，隱忍不發之稱。遷者，自此遷彼之謂。能隱忍而不遷，則事必濟矣。漢高帝忍於有故怨者而封雍齒，忍於數窘辱者而赦季布，忍於比己爲桀紂者而用周昌。至如丁公免己於厄，可謂有再生之恩矣，及即位乃斬以狥，其不賞私勞如此，故能成帝業於五載之近。陛下聖度虚明，天心廣大，固當不以私喜親近諛佞，亦當不以私怒疏遠正直。中外百執其有迷國誤朝罪惡昭著，衆所指目不可掩者，雖有私勞，願陛下與衆棄之，不使幸而得免，以致天下之疑也。其有抱忠守正犯顔逆耳，公論所歸不可蔽者，雖遭讒謗，願陛下與士共之，不使退而窮處，以失天下之心也。如此賞而必當，是謂天命；罰而必當，是謂天討。施之一人，而千萬人悦以畏矣。」《寬隱論》曰：「自昔創業興衰與增光洪業之君，待遇臣下，恩禮雖一，而崇高嚴恪，當行於介胄爪牙之夫，以折其驕悍難使之氣；柔遜謙屈，必施於林壑退藏之士，以厲其廉靖無求之節，乃能駕馭人才，表正風俗。故漢高祖之威行於暴秦强楚，而不行於四皓；世宗之威行於尋邑、王郎、赤眉、銅馬、隴蜀之主，而不行於嚴光、周黨。惟公孫述能行其威於李業等，然不能行於吴漢。是何也？威有所當加，勢有所可屈。加於所當加以立威則强，屈於所可屈以忘勢則昌。反是道者難乎免於亂亡之禍矣。陛下屢下詔書，詳延遺逸，而群臣有不能欽承美意者，凡所宣召，或有未至，不原情實，即肆讒謗，以爲違於君命召不俟駕之義，被以偃蹇之名，而欲加以不恭之罪。雖陛下寬容，不從其説，而侍從近臣不有忠言奇策，上動聖聽，奮揚天威，殄殲强敵，顧請施於疾病退藏之臣，其意安在？夫召而不至者，其心豈樂貧賤而惡富貴哉，其必有以也。若聽其所守，下全隱居之操，上有好善之美，兩得之矣。四月八日所下赦書，首欲上遵仁宗法度。謹按康定間嘗以詞館招張俞矣，辭而不受，至於四五，其後又以修起居注用王安石矣，辭而不受，至於八九。皆從其欲，又優奬之，以勵風俗，未嘗加以雷霆之威，而紀綱不緣此而不立，命令不緣此而不行，威加於西則臣服元昊，威加於北則削平王則，威加於南則掃蕩智高。柔巽屈於隱士而德愈隆，剛克伸於四裔而威愈震，可謂知所用矣。此其所宜遵者也。望特降詔書，申明此時，凡被召有不能赴者，悉從其欲，不强制之。獨以威刑外施暴威之戎，内掃貪殘之賊與悍驕不可使之將，讒説殄行，則天下歸心而治道成矣。」其言反覆甚詳，此其大略也。論既入，上即命再遣使促召。未至，復除給事中。

二年七月，入對於臨安行在所，上曰：「聞卿大名，渴於相見，何爲累召不至？」公再拜辭謝，進曰：「臣聞保國必先定計，定計必先定都，建都擇地必先設險，設險分士必先遵制，制國以守必先恤民。夫國之有斯民，猶人之有元氣，不可不恤也。除亂賊，選縣令，輕賦斂，更弊法，省官吏，皆恤民之事也。而行此有道，必先立政，立政有經，必先核實，核實者是非毁譽各不亂真。此致理之大要也。是非核而後賞罰當，賞罰當而後號令行。人心順從，惟上所命，以守則固，以戰則勝，以攻則服，天下定矣。然致此者顧人主志尚何如耳。尚志所以立本也，正心所以決事也，養氣所以制敵也，宏度所以用人也，寬隱所以明德也。具此五者，帝王之能事備矣。」乞以《核實》而上十有六篇付宰臣參酌施行。」上勞問甚渥，公退而就職。居旬日再見，以疾懇求去位，上曰：「聞卿深於《春秋》，方欲講論。」遂以《左氏傳》付公點句正音，公奏曰：「《春秋》乃仲尼親筆，門人高弟不措一詞，實經世大典，見諸行事，非空言比也，義精理奥，尤難窺測。今方思濟艱難，豈宜虚費光陰，耽玩文采？左氏所載師春等書及諸國交兵曲折，尚涉繁碎，況於其他？陛下必欲削平僭暴，克復寶圖，使亂臣賊子懼而不作，莫若儲心仲尼之經，則南面之術盡在是矣。」上稱善。八月一日轉對，奏曰：「臣扶疾造朝，備位瑣闥，亦既經月。凡所書讀，多是臣庶整會升降資給，事涉細微，少有論駁，虚度時刻，愧溢顔面。」復詳論定計、建都、設險三事。上尋命除公兼侍讀，專講《春秋》。時講官四人，援例乞各專一經，上曰：「他人通經，豈胡某比？」不許。公乞在外編集成書，仰備乙覽，不敢當講席，章再上，不允。未及卒辭，會除故相朱勝非同都督江淮荆浙諸軍事，公上奏曰：「謹按勝非與黄潛善、汪伯彦同在政府，緘默附會，循致渡江，至今人心追恨未泯，南狩倉皇，國勢岌岌。凡下詔令，當本至公，以收潰散之情，冀安天步，乃稱尊用。張邦昌結好金國，許其子孫皆得録叙，淪滅三綱，天下憤鬱。若謂事由潛善，已不預知，此大事也，亦可從乎？及正位冢司，苗、劉肆逆，貪生苟容，辱逮君父，故七月八日聖旨以其『荷國重任，

不衛社稷，式遏兇邪，不如歐陽脩所稱斷臂婦人之節』，其責詞曰：『凶意已行，乃援唐襄王之故事；逆謀先定，共推晉太后之前聞。在君可移，於國何有？』以此觀勝非其忠邪賢否，斷可見矣。方今强敵憑陵，叛臣不忌，沿江都督極天下之選。用人得失，係國安危，深恐勝非上誤大計。」勝非改除侍讀，召赴行在。左相呂頤浩以公既有論列，不復經由，遂命檢正官黄龜年書行，公上奏曰：「由臣愚陋，致朝廷過舉，侵紊官制，隳壞紀綱。孟子曰：『有官守者不得其職則去。』臣待罪五旬，毫髮無補，既失其職，當去甚明。況勝非係臣論列之人，今朝廷乃稱勝非處苗、劉時能調護聖躬，即與向來詔旨責詞是非乖異。昔公羊氏以祭仲廢君爲行權，先儒力排其説，蓋權宜廢置非所施於君父。《春秋》大法尤謹於此。自建炎改元，凡失節者，非特釋而不問，又加進擢，習俗既成，大非君父之利。臣蒙睿奬，方俾以《春秋》入侍，而與勝非爲列，有違經訓。倘貪禄位，不顧曠官，縱臣無恥，公論謂何？」初，呂頤浩都督江上還朝，欲去異己者，未得其方，過姑蘇，太守席益謂之曰：「目爲朋黨可矣，然黨魁在瑣闥，當先去之。」頤浩大喜，力引勝非爲助，而降旨曰：「胡某屢召，偃蹇不至，今始造朝，又數有請。初言勝非不可任以同都督，改命經筵，又以爲非，豈不以時方艱難，不肯致身盡瘁，乃欲求微罪而去？其自爲謀則善矣，百官象之，又如國計何？可落職提舉建昌軍仙都觀。」實八月二十一日也。是夕彗出東南，右相秦檜三上章乞留公，不報，即解相印去位。侍御史江躋上疏極言勝非不可用，胡某不當責。右司諫吴表臣上疏言：「胡某扶疾見君，亦欲行其所學。今無故罪去，非所以示天下也。」奏皆寢。頤浩即排黜給事中程瑀、起居舍人張燾及躋等二十餘人，云應天變除舊布新之意，臺省一空，勝非遂相。公登舟稍稍泝流，三日而後，行次衢、梁訪醫，留再旬。至豐城寓居，又半歲，乃渡南江而西，休於衡岳，買山結廬，名曰書堂，爲終焉計。寅被召造朝，公戒之曰：「凡出身事主，本吾至誠懇惻，憂國愛君、濟民利物之心。立乎人之本朝，不可有分毫私意。議論施爲，辭受取舍，進退去就，據吾所見義理上行，勿欺也，故可犯至誠而不動者矣。不誠，未有能動者也。善人君子吾信重之，不輕慢之，惡人小夫吾憫憐之，不憎惡之。天下事猶一家，如仲舉於甫節，元規於蘇峻，皆懷憤疾之心，所以誤也。諸葛武侯心如明鏡，不以私情有好惡也，故黄皓安於卑賤而不辭，李平、廖立甘於廢黜而不怨，馬謖入幕上賓，流涕誅之不釋也。孔明此心，可爲萬世法。」觀公室中所以戒其子者如此，則其自爲者可知矣。河南尹焞聞公進退大致，語人曰：「斯人可謂聞而知者矣。」翰林徐俯侍讀《春秋》，薦公曰：「道術有在，公論所歸，臣敢蔽賢不報？」初，王荆公以《字説》訓釋經義，自謂千聖一致之妙，而於《春秋》不可以偏傍點畫通也，則詆爲斷爛朝報，廢之，不列於學官。下逮崇寧，防禁益甚。公自少留心此經，每曰：「先聖親手筆削之書，乃使人主不得聞講説，學士不得相傳習，亂倫滅理，用夷變夏，殆由此乎！」於是潛心刻意，備徵先儒，雖一義之當，片言之善，靡不采入。歲在丙申，初得伊川先生所作傳，其間大義十餘條，若合符節，公益自信，研窮玩索者二十餘年，以爲天下事物無不備於《春秋》。喟然歎曰：「此傳心要典也。推明克己修德之方，所以尊君父，討亂賊，存天理，正人心者必再書屢書，懇懇致詳，於是聖人宏規大用，較然明著，讀而味之，犂然當於人心。」翰林朱震久從公游，方侍講此經，欲見公所著，公曰：「某之初學也，用功十年，遍覽諸家，欲多求博取，以會要妙，然但得其糟粕耳。又十年，時有省發，遂集衆傳，附以己説，猶未敢以爲得也。又五年，去者或取，取者或去，已説之不可於心者尚多有之。又五年，書向成，舊説之得存者寡矣。及此二年，所習似益察，所造似益深，乃知聖人之旨益無窮，信非言論所能盡也。今幸聖上篤好，要當正學以言，不當曲學以阿世。子發其勉之。先儒有制作以俟聖漢之語，其不見排誚幾希。」紹興五年二月，除徽猷閣待制、知永州，公辭以「擯斥三載，未能寡過，不敢當次對之除，不習吏事，年衰病劇，不能勝共理之寄」。詔曰：「胡某經筵舊臣，引疾辭郡，重憫勞之。可特從其請，差提舉江州太平觀，令纂修所著《春秋傳》，候書成進入，以副朕崇儒重道之意。仍給吏史筆札，委疾速投進。」公嘗謂宫觀之設本以養老優賢，非因辭職不欲請，非獲譴不欲受也，及此除乃謝曰：「謹修有用之文，少報無功之禄。」即自爲工程，再加訂正，然後繕寫奏御，凡十餘萬言。上屢對近臣稱道，謂深得聖人之旨，非諸儒所及也。除提舉萬壽觀兼侍讀，委潭州守臣以禮津遣，金書疾置，召旨甚駛，宰相以事不自己出，形於言。諫官陳公輔方上疏力詆程氏，公上奏曰：「臣忝預從臣，職當次對。雖嬰疾疹，尚竊祠宫。苟有見聞，自當論奏。伏見元祐初宰臣司馬光、吕公著急於得人，首薦河南處士程頤，言必忠信，動遵禮義，實儒者之高蹈，聖世之逸民，乞加召命，擢以不次，矜式士類，裨益風化。遂自韋布，超居講筵。而諫臣朱光廷等又奏頤道德純備，學問淵博，有經天緯地之才，有制禮作樂之具，實天民之先覺，聖代之真儒也。則頤之見知於當世至矣。自頤之司勸講，不爲辨詞釋解文義，所以積其誠意，感通聖心者，固不可得而聞也。及當官而行，舉動必由乎禮，奉身而去，進退必合乎義，其

修身行法，規矩準繩，獨出諸儒之表，門人高弟莫或繼焉。雖崇寧間曲加防禁，學者宗之，不可遏也。近年頤之門人稍稍進用，而士大夫有志利祿者口誦其說，高自標榜，或乃託於詞命，妄加褒借，紛然淆亂，莫分真僞，識者憂之。學士大夫植黨相非，自此起矣。蓋安於王氏者不肯遽變，而道伊洛者多失其傳，無以厭服人心，故言者深加詆誚。夫不辨真僞，皆欲屏絶，既已過矣，又及於頤，不亦宜乎？」其言曰：「聖人垂訓，無非中庸是也。然中庸之義不傳久矣，自頤兄弟始發明之，然後知其可思而得也。不然則或謂高明所以處己，中庸所以接物，本末上下，析爲二途，而其義愈不明矣。」又曰：「士大夫當以孔孟爲師，亦是也。然孔孟之道不傳久矣，自頤弟兄始發明之，然後知其可學而至也。不然，則或以諸經、《語》、《孟》之書資口耳以干利祿，愈不得其門而入矣。今欲使學者蹈中庸，師孔孟，而禁使不得從頤之學，是猶欲納之室而使不得由户也。夫頤之文，於《易》則由理以明象，而知體用之一原；於《春秋》則見諸行事，而知聖人之大用；於諸經、《語》、《孟》則發其微旨，以示求仁之方、入德之序。然則狂言怪語，淫説鄙喻，豈其文也哉！頤之行，其行己接物則忠誠動於州里，其事親從兄則孝弟顯於家庭。其辭受取舍，非其道義則一介不以取與，至人雖祿之千鍾，必有不顧也，其餘則亦與人同耳。然則幅巾大袖，高視闊步，豈其行也哉！本朝自嘉祐以來，西都有邵雍、程顥及其弟頤，關中有張載，皆以道學德行名於當世，公卿大夫之所欽慕而師尊之者也。會王安石當路，重以蔡京得政，曲加排抑，其道不行，深可惜也。願下禮官討論故事，以此四人加之封號，載在祀典，比諸荀、揚、韓氏，仍詔館閣搜集其遺書，委官校正，取旨施行，便於學者傳習，羽翼聖經，使邪説者不得乘間而作，而天下之道術定，豈曰小補之哉！」奏既入，滋於王氏學者喧然。於是公輔及中丞周秘、侍御史石公揆承望宰相風旨，謂公學術頗僻，行義不修，章疏交上，除知永州。公辭，復除提舉江州太平觀。久之，諸言者皆罪斥，除公寶文閣直學士，賜銀絹三百疋兩，公辭，詔曰：「朕憫邪説之誣民，懼斯文之墜地，肆求鴻碩，爰命纂修。卿發心要之未傳，洞見天人之閫奧，明聖師之獨斷，大陳治亂之權衡。俾給札於上方，旋觀書於乙夜。往承朕意，勿復固辭。」公常念故鄉宗族貧不能自給，逮受此賜，即付猶子憲買田於先廬傍，歲時修祀曾高丘壠，施及親屬，以疏戚爲差。方公之奉詔纂修也，雖寒暑不少懈，畢精竭慮，殆忘寢食，疾遂日增。至是上章謝事，以紹興八年四月十三日殁於書堂正寢，享年六十有五。遺表上聞，詔贈四官，賻銀絹二百疋兩。公積階至朝奉郎，請康登極覃恩轉朝散郎，致仕轉朝請郎，至是贈左朝議大夫。繼又降詔旨云：「胡某《春秋義》著一王之大法，方欲召用，遽聞淪亡，特賜銀絹三百疋兩，令本路轉運司應副葬事，仍賜田十頃，以恤其孤，他人不得援例。」公卿大夫士莫不爲時嗟悼，形於文詞以祭公而挽其葬，惜公迄不大用，佐天子成撥亂反正之功也。公見善必爲，爲必要其成，知惡必去，去必除其根。强學力行，以聖人爲標的。初登科，同年燕集微有酒，自是終身飲不過量。嘗好弈，令人曰：「得一第，事業竟耶？」遂終身不弈。爲太學官，同僚爲謀買妾，既卜姓矣，歎曰：「吾親待養千里之外，何以是爲？」亦終身不復買也。奉使湘中日，出按屬部，過衡山下，愛其雄秀，欲登覽，已戒行矣，俄而止曰：「非職事所在也。」它日二親欲遊，亦以是告。中大及令人喜曰：「爾周慎如此，吾復何憂？」晚歲居山下五年，竟亦不出。平生不樂近城市，寓居必深静之所。逢佳樹清流，輒扶笻拂石，徘徊而後去。風度凝遠，蕭然塵表，視天下萬物無一足以嬰其心者。言必有教，動必有法。燕居獨處，未嘗有怠容慢色。尤謹於細行，麟經之外，《語》、《孟》、《易》、《詩》、《書》、《中庸》、《資治通鑑》周而復始，至老孜孜，常不自足。每子弟定省，必問其習業，合意則曰：「士當志於聖人，勿臨深以爲高。」不則嚬蹙曰：「流光可惜，無爲小人之歸。」戚蜀後生艱難窮阨，但勉以進修，使動心忍性，不爲濡沫之惠。士子問學，公教之大抵以立志爲先，以忠信爲本，以致知爲窮理之門，以主敬爲持養之道，開端引示，必當其才，訓厲救藥，必中其病，每誦曾子之言曰：「君子愛人以德，細人愛人以姑息。」故未嘗以辭色假人。近世士風奔競，惟事干謁，公在瑣闥，雖抱羸疾，接納無倦，隨其品歷，訪以四方利病。於容貌顔色辭氣間，消人貪鄙，有欲啓口請託者，必忘言而去。壯年嘗觀釋氏書，亦接禪客談話，後遂屏絶。荅贛川曾幾書曰：「窮理盡性，乃聖門事業，物物而察，知之始也。一以貫之，知之至也。無所不在者，理也。無所不有者，心也。物物致察，宛轉歸己，則心與理不昧，故知循理者士也。物物皆備，反身而誠，則心與理不違，故樂循理者，君子也。天理合德，四時合序，則心與理一，無事乎循矣，故一以貫之，聖人也。子以四端五典每事擴充，亦未免物物致察，猶非一以貫之之要，是欲不舉足而登泰山，猶釋氏所謂不假證修而語覺地也。四端固有非外鑠，五典天叙不可違，在人則一心也，在物則一理也，充四端可以成性，惇五典可以盡倫，性成而倫盡，斯不二矣。學佛者其語則欲一聞便悟，其行則欲一超直入，縱有是理，必無是人。如舜可謂上上根矣，然猶好問，猶察言，猶取諸人以爲善，獨聞斯行之若決江河，與

人異耳。今以中才欲了此事，不從博學審問、慎思明辨、篤行以求之，則亦何以異於談飲食而欲療饑渴乎？釋氏雖有了心之説，然知其未了者，爲其不先窮理，反以理爲障，只求見解，於作用處全不究意也。以理爲障而求見解，故窮高極大而失其居，失其居則惑人也，故無地以崇其德，至於流遁，莫可致詰。於作用處全不究意，故接物應事，顛倒差謬，不堪點檢。聖門之學，則以致知爲始，窮理爲要，知至理得不昧本心，如日方中，萬象畢見，則不疑其所行，而內外合也。故自修身至於天下、國家，無所處而不當矣。子又曰四端五典起滅心也，有所謂自本自根，自古以固存者。夫自本根自古以固存者，即起滅心是也。不起、不滅心之體，方起、方滅心之用。體用一源，顯微無間，能操而常存者，動亦存，靜亦存，雖百起百滅，心固自若也。放而不知求者，靜亦亡，動亦亡，燕居獨處，似繫馬而止也。事至物來，視而不見，聽而不聞矣。是以善學者動亦察，靜亦察，無時而不察也。持之以敬，養之以和，事至物來，隨感而應，燕居獨處，亦不坐馳，不必言致其精明，以待事物之至也。子又謂充良知良能而至於盡，與宗門要妙兩不相妨，何必舍彼取此，則非某之所敢知也。夫良知不慮而知，良能不學而能，此愛親敬長之本心也。儒者擴而充之，達於天下，立萬世之大經，經正而庶民興，邪慝息矣。釋氏則指此爲前塵，爲妄想，批根拔本，殄滅人倫，正相反也，而謂不相妨，何也？孔子曰：『道不同不相爲謀。』惡似是而非者，差之毫釐，謬以千里，故善學之君子，慎所取焉。」公精識强記，無所不知，而與人談論，氣和詞簡，若中無所有者，故未嘗失色於人，亦未嘗失言於人。仕止久速由道據義，行心之所安。其欲出也，非由勸勉，其欲去也，不可挽留。朱震被召，問出處之宜，公曰：「子發《學》易二十年，至有成説，則此事當素定矣。世間惟講學論政，則當切切詢究。若夫行已大致，去就語默之幾，如人飲食，其飢飽寒温必自斟酌，不可決諸人，亦非人所能決也。某之出處，自崇寧以來皆內斷於心，雖定夫、顯道諸丈人行，亦不以此謀之，而後亦少悔。浮世利名，真如蠛蠓過前，何足道哉！」定夫，游公酢；顯道，謝公良佐也。與楊公中立皆程門高弟。公之使湖北也，楊尚爲府教授，謝爲應城宰，公質疑訪道，禮之甚恭。來見而去，必端笏正立目送之，僚屬驚異，吏民聳觀。鄒公浩聞之，歎曰：「將軍北面帥師降敵，此事人間久寂寂。」謝公嘗語朱震曰：「胡康侯正如大冬嚴雪，百草萎死，而松栢挺然獨秀者也。」從遊三君子之外，則河清劉奕君曼、開封向子韶和卿、贛上曾開天游、荆南唐恕處厚及朱震子發，情義最篤者也。又嘗曰：「四海神交，惟君曼一人。」且稱其有相業云。平居尚論古人，自兩漢而下，則以諸葛武侯爲首，於本朝卿相則以李文靖、韓忠獻爲冠，言必稱之。每語學者曰：「學以能變化氣質爲功。」公性本剛急，乃其老也，氣宇沖澹，容貌雍穆，若無喜怒者，即之和樂而有毅然不可犯之象，望之嚴威而薰然可親。年寖高矣，加以疾病，而謹禮無異平時。每歲釀酒一斛，備家廟薦享，造麴蘖，治秫米，潔器用，節齊量，無不躬視。於其祭也，沐浴盛服，率子孫諸婦各執其事，方享則敬，已祭必哀，濟濟促促，如祖考之臨之也。禮成，置酒五行，分胙內外，雖亂離遷次，衣食或不給，而奉先未嘗闕。由少至老，食不過兼味。疾病中值歲大旱，所居岑寂，膳羞不可致。子弟或請稍近城郭，便藥餌，公曰：「死生有命，豈以口體移不貲之軀哉！」躬耕漳濱二十餘年，所仰以卒歲者，一旦廢於盜寇，聞之容色無變，若未嘗勤力其中也。惟問丘墳，則泫然流涕。雖傳徙屢空，取舍一介，必度於義，飢不可得而食，寒不可得而衣。自登第逮休致凡四十年，在官實歷不登六載，雖數以罪去，其愛君之心遠而逾篤。每被召，即置家事不問，或通夕不寐，志在康濟艱難。見中原陷没，百姓塗炭，若疾痛之切於身也。然宦情如寄，道有不合，色斯舉矣。侯無可諸孫，沖良有祖風，言必稱二程先生，他無所許可。後至漳濱，瞷公言行，日月淹久，不覺嘆服，語同志曰：「某以爲志在天下，視不義富貴真如浮雲者，二先生而已，不意復有斯人也。」常服澣濯紉補，或至二三十年，歲不必隨有所增製，遠適亦以自從，謂子弟曰：「不使汝等有倉卒不辦之憂。」年既六十，即命造束身椑，自授尺寸，歲一漆之。得疾不能閲書，命子宏取《春秋説》誦於前，間一解頤而笑。時結廬猶未成，獨戒宏曰：「當速營家廟，若祭於寢，非禮也。」二弟問疾，泣而撫之。至於諸子，則正容曰：「事兄友弟。」遂不復語，泊然委順。斂以深衣，不用浮屠氏，皆治命也。初娶李氏，繼室王氏，皆贈令人。子三人：長寅，左奉議郎、試尚書禮部侍郎兼侍講。次寧，右承務郎、行尚書祠部員外郎。季宏，右承務郎。女申，適迪功郎、監潭州南嶽廟向沈，其父即和卿也。孫大原，右丞務郎。公没五年之後，始生大經、大常、大本、大壯、大時。公少時有作爲文章立名後世之意，其後篤志於天人性命之學，乃不復作。故召試，辭免之奏曰：「少習藝文，不稱語妙。晚捐華藻，纔取理明。既覺昨非，更無餘習。」文集十五卷，皆不得已而應者，靡麗無益，一語不及。每患史傳浩博，學者不知統要，而司馬公編年《通鑑》正書叙述太詳，目録首尾不備，晚年著《舉要》歷八十卷，將似趨詳略之中矣，然尚有重複及遺缺者，意司馬公方事筆削，入秉鈞軸，尋薨於位，不得爲成書也。遂略用《春

秋》條例，就三書修成一百卷，名曰《資治通鑑舉要補遺》，自爲之序，以廣司馬公願忠君父、稽古圖治之意。諸孤以其年九月一日葬於潭州湘潭縣龍穴山，令人王氏祔焉。從臣建言：「公當蔡氏專權，棄官不仕，歸養膝下，左右無違。靖康、紹興出入禁闥，正義直指，風節凛然。方《春秋》大禁之時，慨然憂世，心無二慮，窮源闡奥，學遂顯行，其功不在先儒之下。昔人有一節可稱，猶褒之以謚，列諸史傳，況如某孝於親忠於君，好學不倦，身死而言立，可不飾其終乎？」詔下禮官議，禮部太常官合議曰：「謹按謚法，道德博文曰文，純行不差曰定，請謚爲文定。」制曰：「朕憫士大夫高爵禄而下禮義，尚權勢而薄廉恥。禍敗之釁，職此之由。惟予近臣守死善道，服仁體義，老而不衰，生多顯名，没有遺美，顧此褒恤，豈限彝章？具官某以名世傑出之才，探千載不傳之學，窮《春秋》奥旨，續前聖微言，旁貫諸經，網羅百氏，優游饜飫，久自得之。不可以勢利回，不可以威武屈。近代以來，數人而已。是用致尊名之義，廣崇德之風，以訓後人，以明吾志。凡爾有學，尚克繼之。可賜謚曰文定。」蓋非常格也。紹興十有九年，郊恩贈左大中大夫。惟公道學溥博渾深，不可涯涘，追究平生言行，反覆訂正，凡十有五年，粗能成章，以備太史氏采擇，且求誌於有道立言之君子，傳諸永世。謹狀。

雜録

備録

李幼武《宋名臣言行録・皇朝名臣言行外録》卷一〇《胡安國武夷先生文定公》 少長入太學，晝夜劾勵同舍。有潁昌靳裁之嘗聞程氏之學，與公論經史大義，公以是學益强識日明。

登第時，策問大要欲復熙、豐之政。公推言《大學》格物致知、正心誠意，以平天下之道，詞幾萬言，考官得之定爲第一。將唱名，宰執以策中無詆元祐語，欲降其等，哲宗親擢爲第三。

靖康初，至京師，方以疾在告。一日午枕，上急召公入見，奏曰：「明君以務學爲急，聖學以正心爲要。心者事物之宗，正心者，揆事宰物之權也。若分章析句，牽制文義，無益於心術者，非帝王之學也。願擇名儒明於治國平天下之本者，虚懷訪問，以深發獨智。」

又奏：「爲天下國家者，必有一定不可易之計謀。議既定，君臣固守，雖浮言異説沮毁摇動，而初計不移，故有志必成，治功可立。」

淵聖一日問中丞許翰識安國否，對曰：「臣雖未識其面，然久聞其名。自蔡京得政以來，天下士大夫無不受其籠絡，超然遠迹不爲所汙者，惟胡某一人耳。」淵聖嗟異焉。

何㮚建議，天下之勢治平則宜重内，遭變則宜重外，乞分置四道帥臣，以都總管爲名，各付一面，爲衛王室禦狂寇之計。公奏曰：「内外之勢適平則安，偏重則危。今州郡太輕，理宜通變，然一旦遽以數百州之地、二十三路之廣、分爲四道，則權復太重。假令萬一抗衡跋扈，號召不至，又何以待之乎？欲乞據見今所置帥司，選擇重臣，付以都總管之權，專治軍旅，每歲一按察，其部内或有警急，京師戒嚴，即各帥所屬守將應援，如此則既有擁衛京師之勢，又無尾大不掉之虞，一舉兩得矣。」

樞密張浚薦公可大用，再以給事中召，公辭，因致書宰相吕頤浩曰：「夫嘉祐政事之大要，本於愛民，始於審謀，成於果斷。今朝廷欲理兵政以强國，而官吏不知恤民以養兵，是欲稼之長而涸其水，欲木之茂而去其根，則與嘉祐愛民之意異矣。至於衆謀紛紜，而國是未定，命令交錯，而民聽未孚，法制數更，而下不知其所守，其於嘉祐審謀能斷亦異矣。」

《定計論》曰：「撥亂興衰，必有前定不移之計，而後功可就。陛下履極六年，以建都，則未有必守不移之居；以討賊，則未有必操不變之術；以立政，則未有必行不反之令；以任官，則未有必信不疑之臣。舍今不圖，後悔何及！」

《設險論》曰：「設險以得人爲本，保險以智計爲先。人勝險爲上，險勝人爲下，人與險均，纔得中策。方今所患，在於徒險而人謀未善爾。今欲固上流，必保漢、沔；欲固下流，必守淮、泗；欲固中流，必以重兵鎮安陸。此守江常勢，雖有小變，而大概不可易者也。」

《正心論》曰：「心者，身之本也。正心之道，先致其知而誠意，故人主不可不學也。蓋戡定禍亂，雖急於戎務，必本於方寸，不學以致知，則方寸亂矣。何以成帝王之業乎？」

《養氣論》曰：「用兵之勝負，係軍旅之强弱；軍旅之强弱，係將帥之勇怯；

將帥之勇怯，係人主所養之氣曲直如何耳。蓋人主，將將也，以直養氣，自反而縮，則孟子所謂『約』，而狐偃所謂『壯』也。壯則强。以曲喪氣，自反而不縮，則孟子所謂『餒』，而狐偃所謂『老』也，老則弱。凡曲直者，兵家制勝之先幾也。陛下勇於爲善，益新厥德，使無有曲直可議，則守爲剛氣，可塞乎兩間，震爲怒氣，可以安天下矣。」

《宏度論》曰：「人主以天下爲度者也。所好當遵王道，不可以私勞行賞，所惡當遵王路，不可以私怨用刑。其喜怒，則當發必中節，和氣絪緼，而育萬物也。陛下聖度虚明，仁心廣大，固當不以私喜親近諛佞，亦當不以私怒踈遠正直，賞而必當，是謂天命，罰而必當，是謂天討，施諸一人，而千萬人悦以畏矣。」

《寬隱論》曰：「君遇臣下恩禮雖一，而崇高嚴恪，常行於介胄爪牙之夫，以折其驕悍難使之氣；柔遜謙屈，必施於林壑退藏之士，以礪其廉靖無求之節；乃能駕馭人才，表正風俗。威有所當加，勢有所可屈，加於所當加，以立威則强；屈於所可屈，以忘勢則昌。望降詔申明，凡被召有不能赴者，悉從其欲，不强致之，獨以威刑外施暴横之戎，内拂貪殘之賊，與悍驕不可使之將，讒説殄行之臣，則治道成矣。」

上謂曰：「聞卿奥於《春秋》，方欲講論。」遂以左氏傳付公點句正音，公奏曰：「《春秋》乃仲尼親筆，實經世大典，見諸行事，非空言比也。陛下必欲削平僭叛，克復寶圖，使亂臣賊子懼而不作，莫若儲心仲尼之經，則南面之術盡在是矣。」除兼侍講，專以《春秋》進講。

會除朱勝非都督江淮荆浙諸軍事，公奏：「沿江都督用人得失，係國安危，恐勝非不足倚仗。」詔勝非赴召。時吕頤浩都督還朝，欲傾右相秦檜，指公爲黨魁，力引勝非爲助。而據公奏擬進責命曰：「安國屢召不至，今始造朝，又數有請，其自爲謀則善矣，百官象之，如國計何？」遂落職宫觀。

公登舟，稍稍泝流。三日而後，行次衢梁，訪醫留，再旬，至豐城寓居。又半歲，乃渡南江，而休于衡嶽，買地結廬，名曰「書堂」，爲終焉計，頽然當世之念矣。

初，荆公以字學訓經義，自謂千聖一致之妙，而於《春秋》不可偏旁點畫通也，則詆以爲「斷爛朝報」，直廢棄之，不列於學官。下逮崇寧，防禁益甚，故家遺俗或存三傳舊本，見者撫歎，或遂指以爲《春秋》，而仲尼經世之心幾於熄矣。公自壯年即有服膺之志，嘗曰：「六籍惟此書出於先聖之手，乃使人主不得聞講説，學士不得相傳習，亂倫滅理，用夷變夏，殆由此乎？」於是潛心刻意，裒古今諸儒所著述，無慮百家，片言之善，采拾靡遺，害義切深，必加辨正。或去或取，無一毫好惡之偏，蓋準則之以《語》《孟》，權衡之以五經，證據之以歷代之史。窮研玩味，游泳沈酣者三十年。及得伊川所作傳，其間精義十餘條，若合符節，益以自信，探索愈勤。至是年六十一，而書始就。慨然歎曰：「此傳心之要典也。」蓋於克己修德之方，尊君父、討亂賊、攘夷狄、存天理、正人心之術，未嘗不屢書而致詳焉。」

公負傑出絶異之資，見善必爲，爲必要其成，知惡必去，去必絶其根。自幼少時，已有出塵之趣。登科後，同年宴集，飲酒過量，是後終身不復醉。嘗好奕碁，先令人責之曰：「得一第德業竟止是奕耶？」後不復奕。爲學官，京師同僚多勸之買妾，事既集，慨然歎曰：「吾親待養千里之外，曾是以爲急。」遽寢其議，亦終身不復買妾也。在長沙日，行部過衡嶽，愛其雄秀，欲一登覽，已戒行矣，俄而思曰：「非職事所在也。」即止。罷官荆南，僚舊餞行于渚宫，呼樂戲以待，而交代楊龜山，具朝饍留公，鮭菜蕭然，引觴徐酌，置《語》《孟》案間，清坐講論，不覺日晷之暮也。壬子，赴闕，過上饒，有從臣家居者，治饌延公，飾姬妾，請令出奉巵酒爲壽，公蹙然曰：「二帝蒙塵，國步阢隉，豈吾徒爲燕樂之日？敢辭。」其人赧而止。

辭受取捨，一介之微，必度於義，恬静簡嘿，寡於言動，雖在宴閑獨處，未嘗釋禮。每晨昏子弟定省，必問何所業，有合意則曰：「士當志於聖人，勿臨深以爲高。」見怠慢不虔，必顰蹙曰：「流光可惜，無爲小人之歸。」子弟或近出燕集，雖夜已深，猶未寢，必俟其歸，驗其醉否，且問其所集何客，所論何事，有益無益，以是爲常。士子有自遠來學者，公隨其資性而接之，大抵以立志爲先，忠信爲本，以致知爲窮理之漸，以敬爲持養之要。每誦曾子之言曰：「君子之愛人以德，小人之愛人以姑息。」故不以辭色假借子弟與學者，亦未嘗降志孫言，苟爲唯諾，以祈人之悦也。

壯年嘗觀釋氏書，後遂屏絶。嘗荅贛川曾幾書曰：「窮理盡性，乃聖門事業，物物而察，知之始也，一以貫之，知之至也。來書以五典四端每事充擴，亦未免物物致察，非一以貫之之要，是欲不舉足而登太山也。四端固有，非外鑠五典，天敘不可違，充四端，惇五典，則性成而倫盡矣。釋氏雖有了心之説，然其未了者，爲其不先窮理，反以爲障，而於用處不復究竟也。故其説流遁，莫可致詰，接物應事，顛倒差繆，不堪點檢。聖門之學，則以致知爲始，窮理爲要，知至理得

不迷本心，如日方中，萬象皆見，則不疑，所行而内外合也。故自修身至於天下國家，無所處而不當矣。來書又謂『充良知良能，而至於盡，與宗門要妙，兩不相妨，何必捨彼而取此。』夫良知、良能，愛親敬長之本心也，儒者則廣而充之，達於天下。釋氏則以爲前塵爲妄想，批根拔本，而殄滅之，正相反也。而以爲不相妨，何哉？」

公於出處，由道據義，行心之所安。其欲出也，非由勸勉，其欲去也，不可挽留。朱震被召，問出處之宜，公曰：「某謂世間惟講學論政，則當切切詢究，至於行己大致去就語默之幾，如人飲食，其飢飽寒温必自斟酌，不可決之於人，亦非人所能決也。某出處自崇寧以來皆内斷於心，雖定夫、顯道諸丈人行，皆不以此謀之也。」

游、楊、謝皆二程高第，公不及二程之門，而三君子皆以斯文之任期公。謝公嘗語朱震曰：「康侯正如大冬嚴雪，百草萎死，而松栢挺然獨秀也。使其困厄如此，乃天將降大任焉耳。」

公尚論古人，則以諸葛武侯爲首，於本朝卿相，則以韓忠獻公爲冠，慕用鄉仰，言必稱之。

公性本剛急，及其老也，氣宇沖澹，容貌雍穆，於和樂中有毅然不可犯之象，於嚴正中有薰然可親近之意。年浸高矣，加以疾病，而謹飭於禮，無異平時。

家世至貧，轉徙流寓，遂至空乏。然貧之一字，於親故間非惟口所不道，故亦手所不書，嘗戒子弟曰：「對人言貧者，其意將何求？汝曹志之。」

公風度凝遠，蕭然塵表，視天下無一物足以嬰其心者，取舍一介，必度於義，飢不可得而食，寒不可得而衣。自登第逮休致，凡四十年，在實歷之日不登六載，雖數以罪去，而愛君之心，遠而愈篤，每被召即置家事不問，或通夕不寐，思所以告君者，然宦情如寄，所好不在焉。

上蔡曰：「聞公進道甚篤，德業日美，所到豈可涯涘。真足畏也！更以其大者移於小物，作日用功夫，尤佳！」

南軒曰：「公雖不及河南之門，然與游、楊、謝遊，而講於其説，其自得之奥，在於《春秋》。被遇明時，執經入侍，正大之論竦動當世，所以扶三綱、明大義、抑邪説、正人心，亦可謂有功於斯文矣。」（《建寧祠記》）

晦庵曰：「公傳道伊落，志在《春秋》，著書立言，格君垂後，所以明天理、正人心、扶三綱、敘九法者，深切著明，體用該貫，而其正色危言，據經論事，剛大正直之氣，亦無所媿於古人。」（以後並朱子語。）

跋公與吕尚書帖曰：「朋友之交，責善，所以盡吾誠；取善，所以益吾德。非以相爲賜也。然各盡其道，而無所苟焉，則麗澤之益，自有不能已者。讀此帖使人凛然起敬，若嚴師畏友之在其左右前後也。嗚呼！是數君子者，其可謂盡朋友之道而無所苟矣。其卓然有以自立於當年，而遺風餘烈可傳於世者，豈徒然哉！」

文定《春秋》傳，却只以執轅、濤塗一事爲器小，此大拘泥。因言管仲相威公；以伐楚只去問他包茅與昭王南巡不反二事，尋些年代久遠已冷底罪過，只此小不共貢事，想他見無大利害，決不深較。此亦是器小之故。

胡《春秋》傳有牽强處，然議論有開合精神。

熹親見文定《家説》、文定《春秋説》，夫子以夏時冠月，以周正紀事，謂如公即位依舊是十一月，只是孔子改正，作春正月。某便不敢信。恁地時二百四十二年，夫子只證得个「行夏之時」四个字？據今《周禮》有正月，有正歲，則周實是元改作春正月，夫子所謂行夏之時，只是爲他不順，欲改從建寅。

胡説「公即位」，終是不通，且踰年即位，凶服如何入廟？渠説是冢宰攝行，他事可攝，即位豈可攝？且如十一月乙丑，伊尹以冕服奉嗣，王惟十有三祀，却是除服了。康王之誥，東坡道是召公失禮處，想古時是這般，大事必有个權宜，如借吉例。

胡《春秋説》得太深，又曰大義正。

他所説盡是正理，但不知聖人當初是恁地不是？恁地今皆見不得，所以熹於《春秋》不敢措一辭，正謂不敢臆度了。

胡謂《春秋》絶筆於獲麟，爲志壹則動氣，意思説得也甚好。

解經而通世務者，無如文定。然教他做經筵官，又却不肯，一向辭去。要做《春秋》解，不知是甚意思？蓋他有退而著書立言，以垂後世底意思。

胡《春秋》非不好，却不合這件事聖人意是如何下字，那件事聖人意又如何下字，要之聖人只是直筆據見在而書，豈有許多切怛？

胡《春秋》未論義理，且看其文字，亦便見此老胸中間架規橅，不草草也。

問：胡《春秋》止説歸忠孝處便爲經，疑不知果得孔子意否？曰：否。嘗説《詩》《書》是隔一重兩重，説《易》《春秋》是隔三重四重，説《春秋》義例、《易》爻象，雖是聖人立下，今説者用之，各信己見，然於人倫大綱皆通，但未知曾得聖人

意當初本説否？且不如讓渠如此説，且存取大意，得三綱五常不至廢墜足矣。今欲直得聖人本意不差，未須理會它經，先須於《論》《孟》中專意，看他切不可忙，虛心觀之，不須先自立見識，徐徐以俟之，莫立課程。

胡《傳家録》議論極有力，可以立貪起懦，但以上工夫不到。

問：文定却是卓然有立，所謂非文王猶興者。曰：「固是資質好，然在太學，多聞先生、師友之訓，所以能然。」

文定之學，後來得之上蔡者爲多。

文定説較疎，然較好五峯説，密然有病。

問：文定與秦檜厚善之故？曰：秦嘗爲密教，翟公巽知密州，薦試宏詞，游定夫過密，與之同飯于翟，奇之。後康侯問人才於定夫，首以秦爲對，云其人類文若，又云無事不會。後京城破，虜欲立張邦昌，執政而下無敢有異議，惟秦抗論以爲不可。康侯益義其所爲，力言於張德遠諸公之前。後秦自虜中歸，與聞國政，康侯屬望尤切，嘗有書疏往還，講論國政。康侯有詞掖天筵之召，則秦之薦也。然其雅意堅不欲就，是時已窺見其隱微一二，有難處，故以老病辭。後來秦做出大疎脱，則康侯已謝世矣。

黎靖德《朱子語類》卷一一〇《程子門人》　原仲説，文定少時性最急，嘗怒一兵士，至親毆之，兵輒抗拒。無可如何，遂回入書室中作小册，盡寫經傳中文有寬字者於册上以觀玩，從此後遂不性急矣。

黄宗羲等《宋元學案》卷二五《龜山學案》　文定作先生墓志，載先生奏安石爲邪説之事。五峯問文定：「此章直似迂闊，何以載之？」文定曰：「此是取王氏心肝底劊子手段，何可不書？書之則王氏心肝懸在肉案上，人人見得，而詖淫邪遁之辭皆破矣。」

藝文

胡寅《斐然集》卷一九《進先公文集序》　紹興十八年閏八月，太常丞臣寧次當輪對，奏事殿中，皇帝若曰：「惟乃父既纂釋《春秋》，尚當有他論著，其具以進。」臣寧走使告其兄臣寅曰：「先大夫没十有一載，遺文雖就編綴，然未之出也。學士大夫欲見者已鮮矣，何況天子崇高富貴，日有萬幾？今主上眷言舊學之臣，久而未慭，其思所以仰稱明詔者。」臣寅即取先集，離爲門次，繕寫以獻。惟鄒魯之學由秦漢隋唐莫有傳授，其間名世大儒，僅如佛家者流所謂戒律講論之宗而已。至于言外傳心，直超佛地，則未見其人。是以聖道不絶如綫，口筆衮衮，異乎身踐，其書徒存，猶無書也。逮及我宋熙寧以來，先覺傑立，上繼回、軻，天下英才心悦而誠服。然後孔氏術業浸以光顯，五經、《語》、《孟》所載，譬猶逢春之木，有本之瀾，生意流形，初非死質，成己成物，始終有序。先臣夙稟大志，聞而知之，以仁爲居，以義爲用，以身修家齊國治而天下平爲效。若夫記誦訓詁，辨説詞華之習，一不與焉。其宏綱大用，奥義微辭，既于筆削之書，發揮底蘊，自餘因事有作，進則陳之君父，退則語于公卿，或酬酢朋遊，或訓教子弟，一言一話，猶足以證明往昔，昭迪來今。敢圖家藏，遂上御府，斯文不墜，後裔有榮。然父書精深，而臣以淺粗之言冠于篇首，君學高遠，而臣以卑近之論瀆于聽聞，兹榮也，祇所以爲愧歟？謹序。

李光《莊簡集》卷一八《祭胡公文》　維紹興八年歲次戊午，七月庚申朔，二十六日乙酉，具位李某謹以清酌庶羞之奠，敢昭告于故徽猷閣直學士給事胡公之靈。惟昔仲尼，生于衰周，志不得伸，褒善貶惡，困于獲麟。中遭禁錮，微詞久堙，晚學末師，莫睹其真。天生碩儒，邁往絶倫，强壯潛心，白首知津，發明綱領，芟夷荆榛。我爲諸生，識公成均。道與世違，衆説日新。衡山之陽，寂寞之濱，鼓吹六籍，若將終身。晚遇聖主，堯舜是陳，入侍經筵，獻替咨詢，排斥異端，誅擊亂臣。據經守正，群嚚狺狺，一斥不復，竟至沈淪。泰山其頽，無復斯人。嗚呼哀哉！嗟我與公，跡疎心親。我出公入，有如參辰。琅然書詞，誨言諄諄。公既有子，付以斯文，死生旦暮，曾何足云。緘詞千里，寓哀一尊。嗚呼哀哉，尚饗！

張栻《南軒集》卷二《胡文定公碧泉書堂》　入門認溪碧，循流識深源。念我昔此來，及今七寒暄。人事更幾變，寒花故猶存。堂堂武夷翁，道義世所尊。永袖霖雨手，琴書賁丘園。當時經行地，尚想笑語温。愛此亭下水，炯若玻璃盆。晴看浪花湧，静見潛鱗翻。朝昏遞日月，俯仰信乾坤。因之發深感，倚檻更無言。

張邦昌部

綜述

《宋史》卷四七五《張邦昌傳》 張邦昌字子能，永静軍東光人也。舉進士，累官大司成，以訓導失職，貶提舉崇福宫，知光、汝二州。政和末，由知洪州改禮部侍郎。首請取崇寧、大觀以來瑞應尤殊者增製旗物，從之。宣和元年，除尚書右丞，轉左丞，遷中書侍郎。欽宗即位，拜少宰。

金人犯京師，朝廷議割三鎮，俾康王及邦昌爲質于金以求成。會姚平仲夜斫金人營，斡離不怒責邦昌，邦昌對以非出朝廷意。俄進太宰兼門下侍郎。既而康王還，金人復質肅王以行，仍命邦昌爲河北路割地使。

初，邦昌力主和議，不意身自爲質，及行，乃要欽宗署御批無變割地議，不許；又請以璽書付河北，亦不許。時粘罕兵又來侵，上書者攻邦昌私敵，社稷之賊也。遂黜邦昌爲觀文殿大學士、中太一宫使，罷割地議。其冬，金人陷京師，帝再出郊，留青城。

明年春，吴幵、莫儔自金營持文書來，令推異姓堪爲人主者從軍前備禮册命。留守孫傅等不奉命，表請立趙氏。金人怒，復遣幵、儔促之，劫傅等召百官雜議。衆莫敢出聲，相視久之，計無所出，乃曰：「今日當勉强應命，舉在軍前者一人。」適尚書員外郎宋齊愈至自外，衆問金人意所主，齊愈書「張邦昌」三字示之，遂定議，以邦昌治國事。孫傅、張叔夜不署狀，金人執之置軍中。

王時雍時爲留守，再集百官詣秘書省，至即閉省門，以兵環之，俾范瓊諭衆以立邦昌，衆意唯唯。有太學生難之，瓊恐沮衆，厲聲折之，遣歸學舍。時雍先署狀，以率百官。御史中丞秦檜不書，抗言請立趙氏宗室，且言邦昌當上皇時，專事諓游，黨附權姦，蠹國亂政，社稷傾危實由邦昌。金人怒，執檜。幵、儔持狀赴軍前。

邦昌入居尚書省，金人趣勸進，邦昌始欲引決，或曰：「相公不前死城外，今欲塗炭一城耶？」適金人奉册寶至，邦昌北向拜舞受册，即僞位，僭號大楚，擬都金陵。遂升文德殿，設位御牀西受賀，遣閤門傳令勿拜，時雍率百官遽拜，邦昌但東面拱立。

外統制官、宣贊舍人吴革耻屈節異姓，首率内親事官數百人，皆先殺其妻孥，焚所居，謀舉義金水門外。范瓊詐與合謀，令悉棄兵仗，乃從後襲殺百餘人，捕革并其子皆殺之，又擒斬十餘人。

是日，風霾，日暈無光。百官慘沮，邦昌亦變色。唯時雍、幵、儔、瓊等欣然鼓舞，若以爲有佐命功云。即以時雍權知樞密院事領尚書省，幵權同知樞密院事，儔權簽書樞密院事，吕好問權領門下省，徐秉哲權領中書省。下令曰：「比緣朝廷多故，百官有司皆失其職。自今各遵法度，御史臺覺察以聞。」見百官稱「予」，手詔曰「手書」。獨時雍每言事邦昌前，輒稱「臣啓陛下」，邦昌斥之；勸邦昌坐紫宸、垂拱殿，吕好問争之，乃止。邦昌以嗣位之初，宜推恩四方，以道阻先赦京城，選郎官爲四方密諭使。

金人將退師，邦昌詣金營祖别，服柘袍，張紅蓋，所過設香案，起居悉如常儀，時雍、秉哲、幵、儔皆從行，士庶觀者無不感愴。二帝北遷，邦昌率百官遥辭於南薰門，衆慟哭，有仆絶者。

金師既還，邦昌降手書赦天下。吕好問謂邦昌曰：「人情歸公者劫於金人之威耳，金人既去，能復有今日乎？康王居外久，衆所歸心，曷不推戴之？」又謂曰：「爲今計者，當迎元祐皇后，請康王早正大位，庶獲保全。」監察御史馬伸亦請奉迎康王。邦昌從之。王時雍曰：「夫騎虎者勢不得下，所宜熟慮，他日噬臍，悔無及已。」徐秉哲從旁贊之，邦昌弗聽，乃册元祐皇后曰宋太后，入御延福宫。遣蔣師愈齎書於康王自陳：「所以勉循金人推戴者，欲權宜一時以紓國難也，敢有他乎？」王詢師愈等，具知所由，乃報書邦昌。邦昌尋遣謝克家獻大宋受命寶，復降手書請元祐皇后垂簾聽政，以俟復辟。書既下，中外大説。太后始御内東門小殿，垂簾聽政。邦昌以太宰退處内東門資善堂。尋遣使奉乘輿服御物至南京，既而邦昌亦至，伏地慟哭請死，王撫慰之。

王即皇帝位，相李綱，徙邦昌太保、奉國軍節度使，封同安郡王。綱上書極論：「邦昌久典機政，擢冠宰司。國破而資之以爲利，君辱而攘之以爲榮。異姓建邦四十餘日，逮金人之既退，方降赦以收恩。是宜肆諸市朝，以爲亂臣賊子之戒。」時黄潛善猶左右之。綱又力言：「邦昌已僭逆，豈可留之朝廷，使道路目爲故天子哉？」高宗乃降御批曰：「邦昌僭逆，理合誅夷，原其初心，出於迫脅，可

特與免貸，責授昭化軍節度副使，潭州安置。」

初，邦昌僭居內庭，華國靖恭夫人李氏數以果實奉邦昌，邦昌亦厚答之。一夕，邦昌被酒，李氏擁之曰：「大家，事已至此，尚何言？」因以赭色半臂加邦昌身，掖入福寧殿，夜飾養女陳氏以進。及邦昌還東府，李氏私送之，語斥乘輿。帝聞，下李氏獄，詞服。詔數邦昌罪，賜死潭州，李氏杖脊配車營務。時雍、秉哲、幵、儔等先已遠竄，至是，併誅時雍。

《金史》卷七七《張邦昌傳》 張邦昌，《宋史》有傳。天會四年，宗望軍圍汴，宋少帝請割三鎮地及輸歲幣、納質修好。於是，邦昌爲宋太宰，與肅王樞俱爲質以來。而少帝以書誘耶律余睹，宗翰、宗望復伐宋，執二帝以歸。劉彥宗乞復立趙氏，太宗不許。宋吏部尚書王時雍等請邦昌治國事，天會五年三月，立邦昌爲大楚皇帝。

初，少帝以康王構與邦昌爲質，既而肅王樞易之，康王乃歸。及宗望再舉兵，少帝復使康王奉玉册玉寶袞冕，增上太宗尊號請和。康王至磁州，而宗望已自魏縣渡河圍汴矣。及二帝出汴州，從大軍北來，而邦昌至汴，康王入于歸德。邦昌勸進于歸德，康王已即位，罪以隱事殺之。

王稱《東都事略》卷一二二《僭僞傳》 張邦昌，字子能，永靜軍東光人也。舉進士，爲瀛州教授，召爲校書省正字，累擢太常少卿，改起居舍人，拜中書舍人、給事中，遷大司成。會生徒犯瀆，邦昌坐訓導無素，罷提舉崇福宮，知光、汝二州。久之，以右文殿脩撰知洪州，入爲禮部侍郎、翰林學士。宣和元年，除尚書右丞，改左丞，遷中書侍郎。當王黼用事，與童貫共起邊釁，以致金人分道入寇，斡离不以兵嚮京師。邦昌持不可否於其閒，時論罪之。徽宗既禪位于欽宗，靖康元年，拜少宰，兼中書侍郎。

金人犯京師，遣李棁、鄭望之使斡离不，金人欲割三鎮之地，又欲親王、宰相爲質。時肅王及康王居京師，欽宗退朝，康王入，毅然請行，即以爲軍前計議使，以邦昌副之，遂詣虜營。會姚平仲議，夜叩虜砦，欲生擒斡离不，奉康王以歸。而其謀泄，未發，金人知之，先事設備，及平仲率步騎萬人夜劫砦，以敗還。斡离不以責邦昌，邦昌曰：「非朝廷意，恐四方勤王之師各奮忠義，自結集爲此舉耳。」斡离不曰：「謂爲賊邪？焉得如許之衆。相公但可諉，謂朝廷不知耳。」良久，罷遣歸。金人不欲留康王，更請肅王同邦昌以去。尋以邦昌爲太宰兼門下侍郎，未幾除觀文殿大學士、光禄大夫、中太一宫使。

是歲，金人再犯京師。二年，欽宗出郊，而吴幵、莫儔自虜營持文書至，令依金主詔，推薦異姓堪爲人主者，從軍前備禮策命。孫傅、張叔夜讀詔號慟，即以懇請乞立趙氏，金人以非其主意，却之。幵、儔督脅道君皇帝、皇后、皇太子出郊，且督舉異姓。於是，召百官會議。

時都城先閧傳虜中已定立張邦昌，抑令城中百官、父老、僧道僉狀推舉，不即屠城。左司員外郎宋齊愈適自外至，或問以虜意所主，齊愈寫「張邦昌」三字示之，既與所傳符合，議遂定。議狀云：「自古受命之主，必上膺圖籙，下有勳德在民，或權强近臣，或英豪特起，有大材略，因而伯有天下，方爲人所樂推。今來大國臣僚如孫傅等，召自外方，被用日淺，率皆駑下，詿誤趙氏以至亡國，人皆懷怨，方且俯伏，謹俟大誅，若付之土地，俾備藩屏，必爲百姓忿疾，立至變亂，上負選用之意。今在内官僚委無其人，乞選用張邦昌，以治國事。如别有道德隆茂爲天命之所歸者，乞賜選擇。」

金人取孫傅、張叔夜赴軍前。獨御史中丞秦檜以狀論列云：「檜身爲禁從，職當臺諫，荷國重恩，甚愧無報。今大金擁重兵臨已拔之城，操生殺之柄，必欲易姓，檜盡死以報，非特忠其主也，且得言兩國之利害耳。趙氏自祖宗以至嗣君，百七十餘載，頃緣姦臣敗盟，結怨鄰國，謀臣失計，誤主喪師，遂致生靈被禍，京都失守，皇帝至出郊求和於軍前。兩元帥既允其議，已布聞於中外矣，且空竭帑藏居民之所積，追取鑾輿服御之所用，割兩河之地，以通和好。今乃變易前議，人臣安忍畏死而不論哉！且宋之於中國，號令一統，緜地數萬里，德澤加於百姓，前古未有也。興亡之命，雖在天有數，豈以一城而決廢立哉？竊觀今日計議之士，多前日大遼亡國之臣，畫策定計，所以必滅宋者，非忠於大金也，特假威以報怨耳。頃道君誤聽姦人，因李良嗣父兄之怨，滅契丹盟好之國，乃有今日之難。然則因人之怨，以滅人之國，其禍可勝言哉？議者必又曰：『滅宋之策在絶兩河懷舊之思，除鄰國復仇之志而已。』又曰：『大金兵威無敵天下，中國之民可指麾而定。』大金果能滅宋，兩河懷舊之思亦不能忘。如其不能忘，徒使宗屬賢德之士倡議天下，竭國力以北向，則兩河之民將去金國而歸宋矣。且天生南北之國，方域至異也。晉爲契丹所滅，周世宗復定三關，是爲晉報恨。然則今日豈必趙氏然後復仇哉？中國英雄亦將復中國之恨矣。大金自去歲用師中國，入境征戰已踰歲矣，然所攻必克者，無他，以大金久習兵革，中國承平百年，士卒罕經戰陳，將帥未得其人也，使異日士卒精練，將帥得人，大金能必其勝負哉？且世

之興亡，必以有德而代無德，以有道而易無道，然後皇天祐之，四海歸之。若張邦昌者，在道君時附會權幸之臣，共爲蠹國之政，今日社稷傾危，生民塗炭，雖非一夫所致，亦邦昌爲之之力也。天下之人方疾若仇讎，若付以土地，使主人民，四方英豪必共起而誅之，終不足以爲大金屏翰矣。如必立邦昌，則京師之民可服，而天下之民不可服，京師之宗子可滅，而天下之宗子不可滅也。檜不顧斧鉞之誅戮族之患，爲元帥言兩朝之利害，望稽考古今，深鑑忠言，復嗣君之位，以安四方之民，非特大宋蒙福，亦大金萬世之利也。」

金人怒，取檜以去。吳幵、莫儔至，報邦昌將入城，於是治尚書令，聽事及西府以待之。虜使來趨班，邦昌欲自裁，或曰：「相公城外不死，今欲以死塗炭一城耶？」衆又泣勸再三，乃止。金人奉册寶，以三月丁酉立邦昌。邦昌北望拜舞，跪受册曰：「咨爾張邦昌，宜即皇帝位，國號大楚，都金陵。」邦昌受册訖，遣閤門傳令勿拜，王時雍帥百官遽拜，邦昌立，回身面東，拱手而立。以吏部尚書王時雍權知樞密院事兼領尚書省，翰林學士承旨吳幵權同知樞密院事，兵部尚書呂好問權領門下省，開封尹徐秉哲權領中書省，延康殿學士李回權尚書右丞，尚書左丞馮澥仍舊職。

初，邦昌之入也，呂好問謂邦昌曰：「公知今日人情所向乎？今日人情向公者，畏金人爾。金人既去，復保人情如今日乎？」邦昌變色曰：「然。」好問曰：「今日康王在外，普天之下同心共戴，爲公計者，曷以大物歸之乎？好問所以首建此議者，以三世輔相，當以扶趙氏爲己任也。」邦昌唯唯。好問因移書康王曰：「今二聖已去，願大王自立，爲宗廟社稷計，以雪二聖之耻。大王若不自立，恐有不應立而立者。」及邦昌僭號，以好問攝門下省，好問但書銜，仍莅舊職。王時雍等諂之，好問曰：「受命於上不可改也。」邦昌下令曰：「比緣朝廷多事，百官有司皆失其職守，自今出入局，各遵常度，御史臺覺察以聞。」又曰：「向迫大國之威，俾救斯民於兵火，而諸公橫見推逼，不容自裁，忍死以理國事，豈其心哉！出令之初，有司乃至以聖旨行下，載循昧陋，殊震危衷。夫聖孔子不居，則予豈敢！自今與三省、密院官議定處分，及内外官司面陳得旨内降及批出文字稱『中旨』，遣官傳諭所司稱『宣旨』。」王時雍每言事邦昌前則曰「臣啓陛下」，邦昌屢斥之。時雍等勸邦昌坐紫宸垂拱殿，呂好問曰不可，邦昌瞿然而上。

金人索金銀日以峻急，邦昌知民情不安，移書虜酋以免。遂往青城見虜酋致謝，因而議乞存趙氏陵廟及免取金帛，俟江寧府脩繕畢，三年内遷都，并借金銀犒賞，虜許之。又請歸馮澥、曹輔、路允迪等，亦許之。

丁未，邦昌下令赦天下。丁卯邦昌率百官詣南薰門，望軍前遥辭二帝，邦昌慟哭，百官軍民皆哭。邦昌復致書虜酋云：「孫傅、張叔夜、秦檜請存趙氏，留寘軍中，既知徇義於前朝，必能盡忠於今日，宜蒙寬宥，使獲旋歸。」不報。邦昌如虜營，所過起居並如常儀，從行者王時雍、徐秉哲、吳幵、莫儔。二酋見邦昌所致書乞還孫傅等，大怒，謂：「聖人仁者，豈欲請講前日事邪？」且云：「今若縱兵非無名，然亦駐兵不遠，當觀釁而動。」邦昌懼，不能荅。

四月，二帝北狩，虜騎亦退。辛酉，邦昌手書赦天下。呂好問又謂邦昌曰：「赦書日行五百里，今四城之外便是蕃人，欲赦他誰？況公權攝，當俟復辟。」又謂邦昌曰：「今日所宜先者，當迎元祐皇后，使人知天下已還趙氏，且速遣使請大元帥早正大位，以絶狂虜之謀。」邦昌從之。好問因請孟忠厚勸后以從羣臣之請，則天下定矣。癸亥，册元祐皇后則曰「宋太后」，好問曰：「吾言不可矣。」即不出。孟忠厚出邦昌所上書，有推戴大元帥之語，於是復出。

邦昌遣蔣師愈齎咨目至大元帥府，其詞曰：「邦昌伏自拜違北去，所遭禍難不可備詳。」昨自臘月二十日還闕，正月十五日到城外，方知國家禍變之酷。主上蒙塵于郊，二月七日以聞金酋之令，遷二帝、太子、后妃、帝姬、宗室、近屬劫質虜營，既而又欲焚燒宗社，蕩滅生靈，俾推戴異姓，方免屠毒。尋奉御筆付孫傅等，令依元帥指麾，方爲長計，無拘舊分，以速咎累。于時公卿大夫慟號軍前，以救君父，邦昌哀號擗踴，以身投地，絶而復蘇，虜執酋命，終莫肯回，度非口舌可争，則以首觸柱，求死不能，又緣甲士防虞，晝夜監守，雖欲引繩、揮刃、赴井、蹈河，皆不可得。豈謂城中之人相與逃死，乃嫁大禍臨於一身，變出不圖，死安足惜。忽劉彦宗等齎城中文字，與吳幵、莫儔俱至，邦昌呵責彦宗，又罵：「城中百官爲自免計，逼人以首惡之名，使邦昌有兵，定與大金相抗，不共戴天。」彦宗等語塞，邦昌因不復食，六七日垂死，而百官陳述禍福，謂：「事已至此，雖臣民俱死，莫能回二帝之遷，惟有從權，庶幾全保宗社，可爲後圖。若堅持一節，以就死地，恐上累二帝，豈得爲忠臣乎？」邦昌身爲宰輔，世荷大恩，主辱而不能死，復何面目以見士民。然念興復之計，權以濟事，故忍死於此。幸兹虜騎已還，道路可通，故遣齎此以明本心。今則社稷不隳，廟主如故，祖宗神御皆幸存全。伏惟殿下盛德在躬，四海系望，願寬悲痛，以幸臣民。續次別差謝克家等閒道齎玉寶一紐詣行府，當別貢陳。

康王遣使報邦昌書曰：「太宰相公閤下，天降大禍，不使某前期殞滅，而使

聞君親之流離，見宗族之蕩覆，肝心摧裂，涕淚不禁。窮天下之楚痛，不足爲喻，便欲引繩伏刃，而二聖之鑾輿未復，四方之兵馬方集，將士忠憤，責以大義，故飲泣忍死，力圖奉迎。今河北、河東忠義之兵數百萬，諭使邀迎，率皆響應，蚤夜以覬，聞人音而矍然。然念與相公去歲同處賊營，從容浹月，自謂知心，故比來之事，聞流言而不信，士大夫將相亦皆云爾。今奉來教，備陳始終，有伊尹之志，達周公之權，然後知所期之不繆。天或悔禍，可覬二聖之復也。所喻遣謝克家之意，讀之愕然失措，其何敢承，願皆緘藏內府，責在守者，俟鑾輿歸而上之。九廟之不毀，生靈之獲全，相公之功，已不愧於伊尹、周公矣。某方身率士卒圖援父兄，願相公協忠盡力，奉迎二聖復還中都，古終伊、周之志。某身膏賊手，受賜而死矣。方寸潰亂，脩謝不能，多及。」

邦昌又遣其甥吴何及王舅韋淵同齎咨，自稱臣，其大略言：「封府庫以待大王。顔子曰：『子在，回何敢死？』臣邦昌所以不死者，以君王在外也。」王召何，飲以酒。謝克家以邦昌之命，齎玉璽至大元帥府，其篆文曰「大宋受命之寶」。王謙拒，慟哭不受，命汪伯彦司之。

始，吕好問謂邦昌曰：「盍奉欽聖故事乎？」邦昌曰：「虜去未遠，請俟翌日。」好問曰：「何可緩也。」至是，邦昌請元祐皇后垂簾聽政，以太宰退處資善堂。自僭位號至是，凡三十三日。邦昌言：「謝克家回，恭聞車駕徑至南京，臣承乏宰司，欲起離前去，庶伸翊戴之誠，以請權宜之罪。」又遣王時雍、徐秉哲奉乘輿服御至南京。邦昌繼至，伏地慟哭請死，王慰撫之。

五月朔旦，康王即皇帝位于南京，以邦昌爲太保、奉國軍節度使，封同安郡王，五日一赴都堂，參決大事。遷大傅，既而貶昭化軍節度副使、潭州安置，尋賜自盡。王時雍、莫儔、吴幵、徐秉哲亦皆誅竄而死。

雜録

備録

徐夢莘《三朝北盟會編》卷八四　列拜於堦下，邦昌辭避，則曰：「陛下不受臣拜，見元帥必死，今日陛下乃昔日南朝天子也。」邦昌悚慄。邦昌僭立，呼拜迎引皆金人爲之。初拜，邦昌回禮，一金人提其領謂京城人曰：「看此一官家，一似前來底看。」邦昌入内，金人皆辭出。有衛士曰：「平日見伶官作雜劇，每裝假官人，今日張太宰卻裝假官家。」

徐夢莘《三朝北盟會編》卷八九　或勸邦昌赦，吕好問曰：「赦書日行五百里，今四壁之外並是番人，欲赦誰也？況公權攝，當俟復辟。」邦昌曰：「俚語：『錢大王肆赦，恐入李大王世界。』」吕公曰：「錢氏猶有數州之地，五代之時非素有君臣之分，今日豈可比錢氏耶？」邦昌以爲然。

徐夢莘《三朝北盟會編》卷九二　吕公入省中，再見邦昌曰：「相公今是權宜濟難，須從初便做個痕跡，使人曉了。」邦昌曰：「當如何？」吕公曰：「虜中送來衣服，若遇虜使方可著，他時只與士大夫常服相見可也。今又不可用衛士排立，不可山呼。又有一事，相公不若只在會通門外閤子中安下，不要入禁中，先朝宫人不可相見，如闕人使喚，親戚處借一兩婦女使喚可也。」邦昌曰：「外人豈敢帶他入去。」吕公曰：「勸相公不要入到裏面，恐衛士聞之憤怒也。【略】金人立邦昌，或勸坐紫宸殿垂拱殿，吕公謂邦昌曰：「豈真個做乎？」邦昌矍然。

徐夢莘《三朝北盟會編》卷九三　邦昌僭立三十三日，不御正殿，不受常朝，不山呼，不稱聖旨，不稱御。禁中諸門用鎖，題曰「邦昌謹封」。凡曉示文字不稱詔命。番使入朝則正坐，常朝則偏坐。百官入朝以平交禮相見，稱名稱諸公。

徐夢莘《三朝北盟會編》卷九六　金人策立張邦昌，策云：「無德而王，故天命假於我手。當仁不讓，知曆數在於爾躬。」餘皆不記。初金人建立張邦昌，遣人諭意。張邦昌陽爲涕泣，跪伏不受。

徐夢莘《三朝北盟會編》卷一〇五　東京留守司鞫治華國靖恭夫人李氏公事。初，張邦昌既僭竊居福寧殿，李氏奉之，時以果實爲獻。邦昌亦厚答之，遂以養女陳氏竊侍邦昌。其後邦昌欲退歸府第，因其姊入禁中，乃留親隨人，易陳氏以出。邦昌出禁，李氏送至内東門，有語指斥乘輿。上聞之，命留守司同御藥院於内東門推治，李氏款服，且言邦昌用乘輿服御，及取陳氏奉。上宣諭曰：「邦昌敢居宫禁寢殿，姦私宫人，可以見其情狀有據。」李氏決脊降配軍營務名下爲妻。

岳珂《桯史》卷八《阜城王氣》　崇寧間，望氣者上言，景州阜城縣有天子氣甚明，徽祖弗之信。既而方士之幸者頗言之，有詔斷支隴以泄其所鍾。居一年，猶云氣故在，特稍晦，將爲偏閏之象，而不克有終。至靖康，僞楚之立，踰月而釋

位。逆豫既僭，遂改元阜昌，且祈于金酋，調丁繕治其故嘗夷鏟者，力役彌年，民不堪命，亦不免於廢也。二僭皆阜城人，卒如所占云。

蔡絛《鐵圍山叢談》卷三 僞楚張邦昌始爲中書舍人，夢乘太上輦，擁儀從出兩山間，居輦上回視，見二馬逐其後，能記其毛色也。後自燕山來受僞封册，乃籍乘輿服御，回顧二馬則如夢。

王明清《揮麈録・後録》卷四 先是，祐陵在端邸，有妾彭者，稍惠黠，上憐之小，故出嫁爲都人聶氏婦。上即位，頗思焉。復召入禁中，以其嘗爲民妻，無所稱，但以「彭婆」目之，或呼爲「聶婆婆」，其實未有年也。恩倖一時，舉無與比。父黨夫族，頗招權，顧金錢。士大夫亦有登其門而進者。逮二聖北狩，彭以無名位，獨得留内庭。虜人强立邦昌僭位之後，雖竊處宸居，多不敢當至尊之儀。服御之屬，未始易也；寢殿之邃，不敢履也。一夕，偶置酒，彭生乘邦昌之醉，擁之曰：「官家，事已至此，它復何言。」即衣之赭色半臂。邦昌醉中猶能却，彭呼二三宫人力挽而穿之，益之以酒，掖邦昌入福寧殿，使宫人之有色者侍邦昌寢。邦昌既醒，皇恐而趨就它室，急解其衣，固已無及矣。邦昌卒坐此以死，蓋詔中及之者也。

王明清《揮麈録・餘話》卷二 張邦昌僭位，國號大楚。其坐罪，始責昭化軍節度副使，潭州安置。既抵貶所，寓居於郡中天寧寺。寺有平楚樓，取唐沈傳師「目傷平楚虞帝魂」之句也。朝廷遣殿中侍御史馬伸賜死，讀詔畢，張徘徊退避，不忍自盡。執事者趣迫登樓，張仰首，急覩三字，長歎就縊。錢秉之元成云。

備論

王稱《東都事略》卷一二二《僭僞傳》 臣稱曰邦昌之僭，良由脅迫，及金騎已退，乃口政孟后，歸璽康王，其心亦可見矣。然聖人之大寶曰位，邦昌乃起而代之，可乎？《春秋》之法，於君君臣臣、父父子子之道特嚴焉，苟于大位而不問，而曰「彼脅迫也」，是豈春秋之志哉！然則邦昌之死，其亦合於《春秋》之法也，何矜宥之有云。

劉豫部

綜述

《宋史》卷四七五《劉豫傳》 劉豫字彦游，景州阜城人也。世業農，至豫始舉進士，元符中登第。豫少時無行，嘗盜同舍生白金盂、紗衣。政和二年，召拜殿中侍御史，爲言者所擊，帝不欲發其宿醜，詔勿問。未幾，豫累章言禮制局事，帝曰：「劉豫河北種田叟，安識禮制？」黜豫兩浙察訪。宣和六年，判國子監，除河北提刑。

金人南侵，豫棄官避亂儀真。豫善中書侍郎張慤，建炎二年正月，用慤薦除知濟南府。時盜起山東，豫不願行，請易東南一郡，執政惡之，不許，豫忿而去。是冬，金人攻濟南，豫遣子麟出戰，敵縱兵圍之數重，郡倅張東益兵來援，金人乃解去。因遣人啗豫以利，豫懲前忿，遂畜反謀，殺其將關勝，率百姓降金，百姓不從，豫縋城納款。三年三月，兀朮聞高宗渡江，乃徙豫知東平府，充京東西、淮南等路安撫使，節制大名開德府、濮濱博棣德滄等州，以麟知濟南府，界舊河以南，俾豫統之。

四年七月丁卯，金人遣大同尹高慶裔、知制誥韓昉册豫爲皇帝，國號大齊，都大名府。先是，北京順豫門生瑞禾，濟南漁者得鱣，豫以爲己受命之符，遣麟持重寶賂金左監軍撻辣求僭號。撻辣許之，遣使即豫所部咨軍民所宜立，衆未及對，豫鄉人張浹越次請立豫，議遂決，乃命慶裔、昉備璽綬寶册以立之。九月戊申，豫即僞位，赦境内，奉金正朔，稱天會八年。以張孝純爲丞相，李孝揚爲左丞，張東爲右丞，李儔爲監察御史，鄭億年爲工部侍郎，王瓊爲汴京留守，子麟爲太中大夫、提領諸路兵馬兼知濟南府。孝純始堅守太原，頗懷忠義，高宗以王衣雅厚孝純，俾衣招之，會粘罕遣人自雲中送歸豫，遂失節於賊。

豫還東平，升爲東京。改東京爲汴京，降南京爲歸德府。以弟益爲北京留守，尋改汴京留守。復降淮寧、潁昌、順昌、興仁府悉爲州。自以生景州，守濟南，節制東平，僭位大名，乃起四郡丁壯數千人，號「雲從子弟」。下僞詔求直言。十月，册其母翟氏爲皇太后，妾錢氏爲皇后。錢氏，宣和内人也，習宫掖事，豫欲有所取則，故立之。十一月，改明年元阜昌。

方豫未僭號時，數遣人説東京副留守上官悟，及賂悟左右喬思恭與共説悟令降金，悟並斬之。又招知楚州趙立，立不發書，斬其使。復遣立友人劉偲以榜旗誘之，且曰：「吾君之故人也。」立曰：「我知有君父，不知有故人。」燒殺偲。博州判官劉長孺以書勸豫反正，豫囚之十旬，不屈；欲官之，不受。豫大索宋宗室，承務郎閻琦匿之，豫杖死琦。召迪功郎王寵，不至。文林郎李喆、尉氏令姚邦基皆棄官去。朝奉郎趙俊書甲子不書僭年，豫亦無如之何。洪皓久陷于金，粘罕勸皓仕豫，不從，竄皓冷山。處士尹惇聞豫召，逃山谷間，走蜀中。國信副使宋汝爲以吕頤浩書勉豫忠義，豫曰：「獨不見張邦昌乎？業已然，尚何言哉！」滄州進士邢希載上豫書乞通宋朝，豫殺希載。

是月，豫立陳東、歐陽澈廟於歸德，如唐張巡、許遠雙廟制。

紹興元年五月，張俊討李成敗之，成逃歸豫。雄州大儈王友直嘗抵豫書招李成，謂劉光世、吕頤浩非中興將相才，後爲人所訴，詔鞫而刑之。六月，豫以麟爲兵馬大總管，尚書左丞相。置招受司于宿州，誘宋逋逃。金人既立豫，以舊河爲界，恐兩河民之陷没者逃歸，下令大索，或轉鬻諸國，或繫送雲中，實防豫也。十月，豫入寇，遣其將王世沖以蕃、漢兵攻廬州，守臣王亨誘斬世沖，大敗其衆。十一月，帥臣葉夢得招降豫將王才。僞秦鳳帥郭振入寇，王彦、關師古敗之。僞知海州薛安靖及通判李彙以州來歸。

二年二月，知商州董先以商、虢二州叛附于豫。襄陽鎮撫使桑仲上疏請正豫罪。朝廷尋命仲兼節制應援京城軍馬，量度事勢，復豫所陷郡。仍命河南翟興、荆南解潛、金房王彦、德安陳規、蘄黄孔彦舟、廬壽王亨相爲應援，毋失事機。三月，仲爲其將霍明所殺，高宗聞之，授仲二子將仕郎。河南鎮撫使翟興屯伊陽山，豫患之，使人招興，許以王爵。興焚僞詔并戮其使。豫乃陰結興麾下楊偉圖之。偉殺興，持興首降豫。

四月丙寅，豫遷都汴。因奉祖考于宋太廟，尊其祖曰徽祖毅文皇帝，父爲衍祖睿仁皇帝。親巡郊社。是日，暴風捲旗，屋瓦皆震，士民大恐。豫曲赦汴人，與民約曰：「自今不肆赦，不用宦官，不度僧道。文武雜用，不限資格。」時河、淮、陝西、山東皆駐北軍，麟籍鄉兵十餘萬爲皇子府十三軍。分置河南、汴京淘沙官，兩京冢墓發掘殆盡。賦斂煩苛，民不聊生。

五月，豫聞桑仲死，遣人招隨州李道、鄧州李横，皆不受，執其使以聞。六月，蘄、黄鎮撫使孔彦舟叛降豫，其將陳彦明率衆千餘來歸。直徽猷閣凌唐佐、尚書郎李亘、國信副使宋汝爲留僞庭，久謀疏豫虚實蠟書以聞，事泄，豫殺唐佐、亘亦遇害。豫以知東平府李鄴爲尚書右丞，河南鎮撫司都統制董先爲大總管府先鋒將。十二月，襄陽鎮撫使李横敗豫兵於揚石，乘勝趣汝州，僞守彭玘以城降。豫遣劉夔與金帥撒離曷侵蜀。執進士薛筇送豫，筇勉豫：「早圖反正，庶或全宗，孰與他日併妻子磔東市？」豫怒，欲兵之，賴張孝純獲免。

三年正月庚申，李横破潁順軍，僞守蘭和降。壬戌，敗豫兵于長葛。甲子，横引兵至潁昌府，僞安撫趙弼固守，急攻下之，弼遁，復潁昌。二月，河南鎮撫司統制官李吉敗豫將梁進於伊陽臺，殪之。三月，豫聞横入潁昌，求援于金人。粘罕遣兀朮赴之，豫亦遣將李成率師二萬逆戰於京城西北之牟駝岡。横敗績，復陷潁昌。横軍本羣盜，恃勇無律，勝則争取子女金帛，故及於敗。四月，陷虢州。鎮撫司統制官謝皐指腹示賊曰：「此吾赤心也！」自剖心以死。皐，開封人。是月，明州守將徐文以所部海舟六十艘、官軍四千餘人浮海抵鹽城，輸款于豫。文言沿海無備，二浙可襲取。豫大喜，以文知萊州，益海艦二十，俾寇通、泰間。

五月，朝廷遣韓肖胄、胡松年使僞齊。豫欲以臣禮見，肖胄無以應，松年曰：「均爲宋臣。」遂長揖不拜，豫不能屈。因問主上如何，松年曰：「聖主萬壽。」復問帝意所向，松年曰：「必欲復故疆耳。」豫有慚色。

時豫悉有梁、衛之地，翟琮屯伊陽之鳳牛山，不能孤立，突圍奔襄陽。九月，楊政遣川陝將官吴勝破豫兵於蓮花城。十月己亥，賊將李成陷鄧州，以齊安守之；癸卯，陷襄陽，李横奔荆南，知隨州李道棄城走。成據襄陽，以王嵩知隨州。甲辰，陷郢州，守臣李簡遁，豫以荆超知州事。賊將王彦先自亳引兵至壽春，將窺江南。劉光世駐軍建康，扼馬家渡，遣酈瓊領所部駐無爲軍，爲濠、壽聲援，賊乃還。

十二月，金人遣李永壽、王翊來報聘。永壽等驕倨，請還豫俘及西北士民之流寓者，復要畫江以益豫。監廣州鹽税吴伸上書請討豫，謂「金人雖彊，實不足慮，賊豫雖微，實爲可憂。今敵使在廷，宜陽許而陰圖之，乘其不疑，可一戰擒也。」

四年正月，翰林學士綦崇禮言：「豫父子倚重金人，且永壽等從豫所來，畫江之請必出於豫。觀其姦謀，在窺吾境土。恐既通使，人情必解弛，宜戒將帥愈益置守。縱和議成，亦未可弛備。」既而朝廷遣章誼使金，至雲中。粘罕答書約毋駐軍淮南，誼不屈，還過汴，豫欲留之，以計獲免。熙河路馬步軍總管關師古與豫兵戰于左要嶺，敗績，遂降賊。洮、岷之地盡歸豫矣。

二月，豫策進士。五月，知壽春府羅興叛降豫。舒、蘄等州制置使岳飛復襄陽，李成遁，尋復唐州。六月，復隨州，磔僞守王嵩于襄陽市。七月，復鄧州，語在《飛傳》。豫聞岳飛取襄、鄧，遂乞師於金人。僞奉議郎羅誘上南征策，豫大喜。奪民舟五百載戰具，以徐文爲前軍，聲言攻定海。九月，豫下僞詔，有「混一六合」之言，遣子麟入寇，及誘金人宗輔、撻辣、兀朮分道南侵，步兵自楚、承進，騎兵由泗趨滁。復遣僞知樞密院盧緯請師於金主，金主集諸將議，粘罕、希尹難之，獨宗輔以爲可。乃以宗輔權左副元帥，撻辣權右副元帥，調渤海、漢軍五萬應豫。以兀朮嘗渡江，習知險易，俾將前軍。豫以麟領東南道行臺尚書令。朝廷震恐。或勸帝他幸，趙鼎曰：「戰而不捷，去未晚也。」張俊曰：「避將安之？」遂決意親征。壬申，豫兵與金人分道渡淮，楚州守臣樊序棄城走，淮東宣撫使韓世忠自承州退保鎮江。

十月丙子朔，詔張俊援世忠，劉光世移軍建康。世忠復還揚州。起張浚爲侍讀。戊子，韓世忠戰於大儀，己丑，解元戰於承州，皆捷。丙申，豫露榜有窺江之言。戊戌，帝發臨安。十一月壬子，下詔討豫，始暴豫罪惡，士氣大振，欲濟江決戰。趙鼎曰：「退固不可，渡江亦非策。豫猶不親來，至尊豈可與逆雛決勝負哉？」淮西將王師晟、張琦合兵復南壽春府，執僞知州王靖。十二月壬辰，岳飛遣將牛臯、徐慶敗金人於廬州。庚子，金人退師，遣使告麟，麟棄輜重宵遁，語在《世忠傳》。

五年正月，淮西將酈瓊復光州，僞守許約降。閏二月，豫將商元攻信陽軍，知軍事舒繼明死之。七月，豫廢明堂爲講武殿，暴風連日。八月，陷光州。十月，豫令民鬻子依商税法許貫陌而收其算。豫獻《海道圖》及戰船木樣於金主亶。

六年正月，豫聚兵淮陽，韓世忠引兵急圍之。賊守將連舉六烽，兀朮與劉猊合兵來援，皆爲世忠所敗。六月，築劉龍城以窺淮西，王師晟破之，執華知剛，俘其衆而還。九月，豫罷沿海互市。張孝純謂豫曰：「聞南人久治舟，一旦乘風北濟，將不利於我。」豫懼，故罷之。

豫聞帝親征，告急於金主亶，領三省事宗磐曰：「先帝立豫者，欲豫闢疆保

境，我得按兵息民也。今豫進不能取，退不能守，兵連禍結，休息無期。從之則豫收其利，而我實受弊，奈何許之！」金主報豫自行，姑遣兀朮提兵黎陽以觀釁。

豫於是以麟領東南道行臺尚書令，李鄴行臺右丞，馮長寧行臺户部，許清臣兵馬大總管，李成、孔彦舟、關師古爲將，籍民兵三十萬，分三道入寇。麟總中路兵，由壽春犯廬州；猊率東路兵，取紫荆山出渦口以犯定遠；西兵趨光州寇六安，彦舟統之。十月，猊兵阻韓世忠不得前，還順昌。麟兵從淮西繫三浮橋以濟，賊衆十萬次濠、壽間。江東安撫使張俊拒戰，詔併以淮西屬俊，命殿帥楊沂中至泗州與俊合，比至濠而劉光世已棄合肥矣。張浚遣人星馳采石諭光世曰：「敢濟者斬。」光世不得已還廬州，與沂中相應。統制王德、酈瓊出安豐，遇賊三將軍皆敗之。猊衆數萬過定遠，欲趨宣化犯建康。沂中遇猊兵於越家坊，破之；又遇于藕塘，大破之。猊遁，麟聞亦拔砦走，麟兵有自書鄉貫姓名而縊者，豫由此失人心。金人聞麟等敗，詰豫罪狀，始有廢豫意矣。豫覺，請立麟爲太子，以覘其意。金人乃答豫曰：「徐當遣人咨訪河南百姓。」

七年春，豫策進士。遣諜縱火淮甸，燔劉光世帑藏。二月，又焚鎮江。豫自麟敗，意沮氣奪。中原遺民，日望王師。三月，帝進駐建康。八月，統制酈瓊執吕祉，以兵三萬叛降豫，尋殺祉。豫聞瓊降大喜，御文德殿見之，授瓊静難軍節度使、知拱州。瓊勸豫入寇，豫復乞師金人，且言瓊欲自效。金人恐豫兵衆難制，欲以計除之，乃佯言瓊降恐詐，命散其兵。

金人業已廢豫，而豫日益請兵，遂以女真萬户束拔爲元帥府左都監屯太原，渤海萬户大撻不也爲右都監屯河間。於是尚書省奏豫治國無狀，當廢。十一月丙午，廢豫爲蜀王。

初，金主先令撻辣、兀朮僞稱南侵至汴，紿麟出至武城，麾騎翼而擒之，因馳至城中。豫方射講武殿，兀朮從三騎突入東華門，下馬執其手，偕至宣德門，强乘以羸馬，露刃夾之，囚于金明池。翼日，集百官宣詔責豫，以鐵騎數千圍宫門，遣小校巡閭巷間，揚言曰：「自今不僉汝爲軍，不取汝免行錢，爲汝敲殺貌事人，請汝舊主少帝來此。」由是人心稍安。置行臺尚書省於汴，以張孝純權行臺左丞相。僞丞相張昂知孟州，李鄴知代州，李成、孔彦舟、酈瓊、關師古各予一郡。以女真胡沙虎爲汴京留守，李儔副之。諸軍悉令歸農，聽宫人出嫁。得金一百二十餘萬兩，銀一千六百餘萬兩，米九十餘萬斛，絹二百七十萬匹，錢九千八百七十餘萬緡。

豫求哀，撻辣曰：「昔趙氏少帝出京，百姓然頂煉臂，號泣之聲聞於遠邇。今汝廢，無一人憐汝者，何不自責也。」豫語塞，迫之行，願居相州韓琦宅，許之。後併其子麟徙於臨潢，封豫爲曹王，賜田以居之。紹興十三年六月卒，是年金皇統三年也。豫僭號凡八年，廢時年六十五。先是，齊地數見怪異，有梟鳴于後苑，龍撼宣德門滅「宣德」二字，有星隕于平原鎮。識者謂禍不出百日，豫怒殺之。未幾果廢。

初，僞麟府路經略使折可求以事抵雲中，左監軍撒離曷密諭可求代豫。後撻辣有歸疆之議，恐可求觖望，酖殺之。

豫之僭逆也，馬定國進《君臣名分論》，祝簡獻《遷都》、《國馬賦》，語多指斥；又如許清臣毀景靈宫，孟邦雄發永安陵，蹠犬吠堯，蓋無責焉。

《金史》卷七七《劉豫傳》 劉豫字彦游，景州阜城人。宋宣和末，仕爲河北西路提刑。徙浙西，抵儀真，喪妻翟氏，繼值父憂。康王至揚州，樞密使張愨薦知濟南府。是時，山東盜賊滿野，豫欲得江南一郡，宰相不與，忿忿而去。撻懶攻濟南，有關勝者，濟南驍將也，屢出城拒戰，豫遂殺關勝出降。遂爲京東、西、淮南安撫使，知東平府兼諸路馬步軍都總管，節制河外諸軍。以豫子麟知濟南府，撻懶屯兵衝要，以鎮撫之。

初，康王既殺張邦昌，自歸德奔揚州，詔左右副元帥合兵討之，詔曰：「俟宋平，當援立藩輔，以鎮南服，如張邦昌者。」及宋主自明州入海亡去，宗弼北還，乃議更立其人。衆議折可求、劉豫皆可立，而豫亦有心。撻懶爲豫求封，太宗用封張邦昌故事，以九月朔旦授策，受策之後，以藩王禮見使者。臣宗翰、臣宗輔議：「既策爲藩輔，稱臣奉表，朝廷報諭詔命，避正位與使人抗禮，餘禮並從帝者。」詔曰：「今立豫爲子皇帝，既爲鄰國之君，又爲大朝之子，其見大朝使介，惟使者始見躬問起居與面辭有奏則立，其餘並行皇帝禮。」

天會八年九月戊申，備禮册命，立豫爲大齊皇帝，都大名，仍號北京，置丞相以下官，赦境内。復自大名還居東平，以東平爲東京，汴州爲汴京，降宋南京爲歸德府，降淮寧、永昌、順昌、興仁府俱爲州。張孝純等爲宰相，弟益爲北京留守，母翟氏爲皇太后，妾錢氏爲皇后。錢氏，宣和内人也。以辛亥年爲阜昌元年。以其子麟爲尚書左丞相、諸路兵馬大總管。宋人畏之，待以敵國禮，國書稱大齊皇帝。豫率相張孝純、鄭億年、李鄴家人皆在宋，宋人加意撫之。阜昌二年，豫遷都于汴。睿宗定陝西，太宗以其地賜豫，從張邦昌所受封略故也。

元帥府使蕭慶如汴，與豫議以伐宋事，豫報曰：「宋主軍帥韓世忠屯潤州，劉光世屯江寧。今舉大兵，欲往采石渡江，而劉光世拒守江寧；若出宿州抵揚州，則世忠必聚海船截瓜洲渡。若輕兵直趨采石，彼未有備，我必徑渡江矣。光世海船亦在潤州，韓世忠必先取之，二將由此必不和。以此逼宋主，其可以也。」

未幾，宋主閤門宣贊舍人徐文將大小船六十隻、軍兵七百餘人來奔，至密州界中，率將佐至汴。豫與元帥府書曰：「徐文一行，久在海中，盡知江南利害。文言：宋主在杭州，其候潮門外錢塘江内有船二百隻。宋主初走入海時，於此上船，過錢塘江别有河入越州，向明州定海口迤邐前去昌國縣，其縣在海中，宋人聚船積糧之處。今大軍可先往昌國縣，攻取船糧，還趨明州城下，奪取宋主御船，直抵錢塘江口。今自密州上船，如風勢順，可五日夜到昌國縣，或風勢稍慢，十日或半月可至。」

初，宗弼自江南北還，宗翰將入朝，再議以伐宋事。宗翰堅執以爲可伐。宗弼曰：「江南卑濕，今士馬困憊，糧儲未豐足，恐無成功。」宗翰曰：「都監務偷安爾。」及豫以書報，而睿宗亦不肯用豫策，使撻懶帥師至瓜洲而還。

天會十四年，制詔「齊國與本朝軍民相訴，關涉文移，署年止用天會」。天會十五年，詔廢齊國，降封豫爲蜀王。豫稱大號凡八年。於是，置行臺尚書省於汴，除去豫弊政，人情大悦。以故齊宰相張孝純權行臺左丞相，遂遷豫家屬於臨潢府。

皇統元年，賜豫錢一萬貫、田五十頃、牛五十頭。二年，進封曹王。六年，薨。子麟。

雜録

備録

徐夢莘《三朝北盟會編》卷一四三　劉豫建歸受館於宿州，招延南方士大夫。

徐夢莘《三朝北盟會編》卷一八一　〔劉豫〕少時，嘗盜同舍生白金盂子、紗衣，至是言者方發其夙醜。豫因上疏自明，上皇赦而不問。未幾，累章言禮制局事。上皇批云：「劉豫河北村叟，不識禮制。」遂黜爲兩浙廉訪。其謝表云：「孰云河朔村俗之人，來領浙右廉問之事。」議者謂豫怨望之迹已見於此。

〔劉豫〕在僞位八年，四民凡含齒戴髮，上自耆老，下至齠齔，微至倡優，無不日納官錢。以内廷種菜出賣，京師池塘，計荷葉數目，猥屑不可盡言。士民凡出語言稍涉時忌者，並許人告得其情，告者受賞，或遭誣，執告者免罪，由是小人得志，父子不敢隱語。如負擔相遇，或相問曰：「那裏去？」若應云：「南頭去。」便以亂道言語斬之。衣著稍或鮮麗，又以爲宋之頑民尚仍舊態，斬之。【略】豫初僭立，奔附者衆。識者讖之云：「濃磨一鋌兩鋌墨，畫出千年萬年樹。誤得百鳥盡飛來，踏枝不著空飛去。」

〔劉〕豫拘於瓊林苑，常蹙額告撻懶云：「父子盡心竭力，無負上國，唯元師哀憐之。」撻懶曰：「劉蜀王，劉蜀王，爾猶自不知罪過，獨不見趙氏少主出京日，萬姓燃頂煉臂，香煙如雲霧，號泣之聲聞十餘里。今廢了爾後，京城内無一人爲爾煩惱，做人猶自不知罪過。朝廷還爾奴婢骨肉，各與爾父子錢物一庫，煞好？」豫默然語塞。

有百姓失其姓名，酒醉，扣門嫚駡豫云：「劉豫，你是何人，要做官家，大宋何負於你。」豫又斬之。

兵士李英賣玉注椀與三路都統，豫疑非民間物，勘鞠之，知得之山陵中，遂以劉從善爲河南淘沙官，發掘古今山陵、民庶墳墓。求金虜、賊寇發棺，不盡者，及棺中水銀等物，以谷俊爲汴京淘沙官，發民間埋窖及無主墳墓中物。

有梟數千，鳴於内庭，皆作「休也」之聲。〔劉〕豫惡之，命能捕獲一梟者，賞千錢。

〔劉豫僭立〕册前妻翟氏爲皇太后，妾錢氏爲皇后。僞后錢氏，宣和間爲御侍，淵聖時出宫配使臣張保義，張爲賊虜，錢從賊，幾爲賊人所殺。賣身與豫爲針線婢，故舊在宫廷中，豫皆取法於錢。

沈作喆《寓簡》卷一〇　僞齊劉豫既僭位，大饗羣臣，教坊進雜劇。有處士問星翁曰：「自古帝王之興，必有受命之符，今新主有天下，抑有嘉祥美瑞以應之乎？」星翁曰：「固有之。新主即位之前一日，有一星聚東井，真所謂符命也。」處士以杖擊之，曰：「五星非一也，乃云聚耳，一星又何聚焉？」星翁曰：

「汝固不知也，新主聖德比漢高祖，只少四星兒裏。」

張知甫《可書》 劉豫僭號中原，不喜浮屠，僧徒莫不惶恐。忽西天三藏來，豫異待之，僧徒私自喜曰：「必能與我輩主張教門。」既引見，三藏拜於庭，贊者止曰：「僧不拜。」三藏答曰：「既見真佛，豈可不拜？」豫大喜，賜與甚厚。自後僧見並令拜，僧徒莫不憾之。

元好問《續夷堅志》卷二 天會八年，册劉豫爲大齊皇帝，都大名。諸門舊有異齊、安流、順預之號，以門名色瑞，因取三市門名阜昌者建元。雖出於傅會，亦有數焉。

張浚部

綜述

《宋史》卷三六一《張浚傳》 張浚字德遠，漢州綿竹人，唐宰相九齡弟九皐之後。父咸，舉進士、賢良兩科。浚四歲而孤，行直視端，無誑言，識者知爲大器。入太學，中進士第。靖康初，爲太常簿。張邦昌僭立，逃入太學中。聞高宗即位，馳赴南京，除樞密院編修官，改虞部郎，擢殿中侍御史。駕幸東南，後軍統制韓世忠所部逼逐諫臣墜水死，浚奏奪世忠觀察使，上下始知有國法。遷侍御史。

時乘輿在揚州，浚言：「中原天下之根本，願下詔葺東京、關陝、襄鄧以待巡幸。」咈宰相意，除集英殿修撰、知興元府。未行，擢禮部侍郎，高宗召諭曰：「卿知無不言，言無不盡，朕將有爲，正如欲一飛沖天而無羽翼，卿勉留輔朕。」除御營使司參贊軍事。浚度金人必來攻，而廟堂晏然，殊不爲備，力言之宰相，黄潛善、汪伯彥皆笑其過計。

建炎三年春，金人南侵，車駕幸錢塘，留朱勝非于吳門捍禦，以浚同節制軍馬，已而勝非召，浚獨留。時潰兵數萬，所至剽掠，浚招集甫定。會苗傅、劉正彥作亂，改元赦書至平江，浚命守臣湯東野祕不宣。未幾，傅等以檄來，浚慟哭，召東野及提點刑獄趙哲謀起兵討賊。

時傅等以承宣使張俊爲秦鳳路總管，俊將萬人還，將卸兵而西。浚知上遇俊厚，而俊純實可謀大事，急邀俊，握手語故，相持而泣，因告以將起兵問罪。時吕頤浩節制建業，劉光世領兵鎮江，浚遣人齎蠟書，約頤浩、光世以兵來會，而命俊分兵扼吳江。上疏請復辟。傅等謀除浚禮部尚書，命將所部詣行在，浚以大兵未集，未欲誦言討賊，乃託云張俊驟回，人情震讋，不可不少留以撫其軍。

會韓世忠舟師抵常熟，張俊曰：「世忠來，事濟矣。」白浚以書招之。世忠至，對浚慟器曰：「世忠與俊請以身任之。」浚因大犒俊、世忠將士，呼諸將校至前，抗聲問曰：「今日之舉，孰順孰逆？」衆皆曰：「賊逆我順。」浚曰：「聞賊以重賞購吾首，若浚此舉違天悖人，汝等可取浚頭去；不然，一有退縮，悉以軍法從事。」衆咸感憤。於是，令世忠以兵赴闕，而戒其急趨秀州，據糧道以俟大軍之至。世忠至秀，即大治戰具。

會傅等以書招浚，浚報云：「自古言涉不順，謂之指斥乘輿；事涉不遜，謂之震驚宫闕；廢立之事，謂之大逆不道，大逆不道者族。今建炎皇帝不聞失德，一旦遜位，豈所宜聞。」傅等得書恐，乃遣重兵扼臨平，亟除俊、世忠節度使，而誣浚欲危社稷，責柳州安置。俊、世忠拒不受。會吕頤浩、劉光世兵踵至，浚乃聲傅、正彥罪，傳檄中外，率諸軍繼進。

初，浚遣客馮轓以計策往説傅等，會大軍且至，傅、正彥憂恐不知所出。轓知其可動，即以大義白宰相朱勝非，使率百官請復辟。高宗御筆除浚知樞密院事。浚進次臨平，賊兵拒不得前，世忠等搏戰，大破之，傅、正彥脱遁。浚與頤浩等入見，伏地涕泣待罪，高宗問勞再三，曰：「曩在睿聖，兩宫隔絶。一日啜羹，小黄門忽傳太母之命，不得已貶卿郴州。朕不覺羹覆于手，念卿被謫，此事誰任。」留浚，引入内殿，曰：「皇太后知卿忠義，欲識卿面，適垂簾，見卿過庭矣。」解所服玉帶以賜。高宗欲相浚，浚以晚進，不敢當。傅、正彥走閩中，浚命世忠追縛之以獻，與其黨皆伏誅。

初，浚次秀州，嘗夜坐，警備甚嚴，忽有客至前，出一紙懷中曰：「此苗傅、劉正彥募賊公賞格也。」浚問欲何如，客曰：「僕河北人，粗讀書，知逆順，豈以身爲賊用？特見爲備不嚴，恐有後來者耳。」浚下執其手，問姓名，不告而去。浚翌日斬死囚徇于衆，曰：「此苗、劉刺客也。」私識其狀貌物色之，終不遇。

巨盜薛慶嘯聚淮甸，至數萬人。浚恐其滋蔓，徑至高郵，入慶壘，喻以朝廷恩意。慶感服下拜，浚留撫其衆。或傳浚爲賊所執，吕頤浩等遽罷浚樞筦。浚歸，高宗驚嘆，即日趣就職。

浚謂中興當自關陝始，慮金人或先入陝取蜀，則東南不可保，遂慷慨請行。詔以浚爲川、陝宣撫處置使，得便宜黜陟。將行，御營平寇將軍范瓊，擁衆自豫章至行在。先是，靖康城破，金人逼脅君、后、太子、宗室北行，多瓊之謀；又乘勢剽掠，左右張邦昌，爲之從衛。至是入朝，悖傲無禮，且乞貸逆黨傅、正彥等死罪。浚奏瓊大逆不道，乞伸典憲。翌日，召瓊至都堂，數其罪切責之，送棘寺論死。分其軍隸神武軍，然後行。與沿江襄、漢守臣議儲蓄，以待臨幸。

高宗問浚大計，浚請身任陝、蜀之事，置幕府於秦川，別遣大臣與韓世忠鎮

淮東，令呂頤浩扈蹕來武昌，復以張俊、劉光世與秦川相首尾。議既定，浚行，未及武昌，而頤浩變初議。浚既抵興元，金人已取鄜延，驍將婁宿孛堇引大兵渡渭，攻永興，諸將莫肯相援。浚至，即出行關陝，訪問風俗，罷斥姦贓，以搜攬豪傑爲先務，諸將惕息聽命。

會諜報金人將攻東南，浚命諸將整軍向敵。已而金人大攻江、淮，浚即治軍入衛。至房州，知金人北歸，復還關陝。

時金帥兀朮猶在淮西，浚懼其復擾東南，謀牽制之，遂決策治兵，合五路之師以復永興。金人大恐，急調兀朮等由京西入援，大戰於富平。涇原帥劉錡身率將士薄敵陳，殺獲頗衆。會環慶帥趙哲擅離所部，哲軍將校望見塵起，驚遁，諸軍皆潰。浚斬哲以狥，退保興州。命吴玠聚兵扼險于鳳翔之和尚原、大散關，以斷敵來路，關師古等聚熙河兵于岷州大潭，孫渥、賈世方等聚涇原、鳳翔兵于階、成、鳳三州，以固蜀口。浚上書待罪，帝手詔慰勉。

紹興元年，金將烏魯攻和尚原，吴玠乘險擊之，金人大敗走。兀朮復合兵至，玠及其弟璘復邀擊，大破之，兀朮僅以身免，亟髡其須髯遁歸。始，粘罕病篤，語諸將曰：「自吾入中國，未嘗有敢攖吾鋒者，獨張樞密與我抗。我在，猶不能取蜀；我死，爾曹宜絶意，但務自保而已。」兀朮怒曰：「是謂我不能邪！」粘罕死，竟入攻，果敗。拜浚檢校少保、定國軍節度使。

浚在關陝三年，訓新集之兵，當方張之敵，以劉子羽爲上賓，任趙開爲都轉運使，擢吴玠爲大將守鳳翔。子羽慷慨有才略，開善理財，而玠每戰輒勝。西北遺民，歸附日衆。故關陝雖失，而全蜀按堵，且以形勢牽制東南，江、淮亦賴以安。

將軍曲端者，建炎中，嘗迫逐帥臣王庶而奪其印。吴玠敗于彭原，訴端不整師。富平之役，端議不合，其腹心張忠彦等降敵。浚初超用端，中坐廢，猶欲再用之，後卒下端獄論死。

會有言浚殺趙哲、曲端無辜，而任子羽、開、玠非是，朝廷疑之。三年，遣王似副浚。會金將撒离曷及劉豫叛黨聚兵入攻，破金州。子羽爲興元帥，約吴玠同守三泉。金人至金牛，宋師掩擊之，斬馘及墮溪谷死者，以數千計。浚聞王似來，求解兵柄，且奏似不可任。宰相呂頤浩不悦，而朱勝非以宿憾日毀短浚，詔浚赴行在。

四年初，辛炳知潭州，浚在陝，以檄發兵，炳不遣，浚奏劾之。至是，炳爲御史中丞，率同列劾浚，以本官提舉洞霄宫，居福州。浚既去國，慮金人釋川、陝之兵，必將併力窺東南，而朝廷已議講解，乃上疏極言其狀。未幾，劉豫之子麟果引金人入攻。高宗思浚前言，策免朱勝非；而參知政事趙鼎請幸平江，乃召浚以資政殿學士提舉萬壽觀兼侍讀。入見，高宗手詔辨浚前誣，除知樞密院事。

浚既受命，即日赴江上視師。時兀朮擁兵十萬于揚州，約日渡江決戰。浚長驅臨江，召韓世忠、張俊、劉光世議事。將士見浚，勇氣十倍。浚既部分諸將，身留鎮江節度之。世忠遣麾下王愈詣兀朮約戰，且言張樞密已在鎮江。兀朮曰：「張樞密貶嶺南，何得乃在此？」愈出浚所下文書示之。兀朮色變，夕遁。

五年，除尚書右僕射、同中書門下平章事兼知樞密院事，都督諸路軍馬，趙鼎除左僕射。浚與鼎同志輔治，務在塞倖門，抑近習。時巨寇楊么據洞庭，屢攻不克，浚以建康東南都會，而洞庭據上流，恐滋蔓爲害，請因盛夏乘其怠討之，具奏請行。至醴陵，釋邑囚數百，皆楊么諜者，給以文書，俾招諭諸砦，囚讙呼而往。至潭，賊衆二十餘萬相繼來降，湖寇盡平。上賜浚書，謂：「上流既定，則川陝、荆襄形勢接連，事力增倍，天其以中興之功付卿乎。」浚遂奏遣岳飛屯荆、襄以圖中原，乃自鄂、岳轉淮東，大會諸將，議防秋之宜。高宗遣使賜詔趣歸，勞問之曰：「卿暑行甚勞，湖湘羣寇既就招撫，成朕不殺之仁，卿之功也。」召對便殿，進《中興備覽》四十一篇，高宗嘉嘆，置之坐隅。

浚以敵勢未衰，而叛臣劉豫復據中原，六年，會諸將議事江上，榜豫僭逆之罪。命韓世忠據承、楚以圖淮陽；命劉光世屯合肥以招北軍；命張俊練兵建康，進屯盱眙；命楊沂中領精兵爲後翼以佐俊；命岳飛進屯襄陽以窺中原。浚渡江，徧撫淮上諸戍。時張俊軍進屯盱眙，岳飛遣兵入至蔡州，浚入覲，力請幸建康。車駕進發，浚先往江上，諜報劉豫與姪猊挾金人入攻，浚奏：「金人不敢悉衆而來，此必豫兵也。」邊遽不一，俊、光世皆張大敵勢，浚謂：「賊豫以逆犯順，不剿除何以爲國？今日之事，有進無退。」且命楊沂中往屯濠州。劉麟逼合肥，張俊請益兵，劉光世欲退師，趙鼎及簽書折彦質欲召岳飛兵東下。御書付浚，令俊、光世、沂中等還保江。浚奏：「俊等渡江，則無淮南，而長江之險與敵共矣。且岳飛一動，襄、漢有警，復何所恃乎？」詔書從之。沂中兵抵濠州，光世舍廬州而南，淮西洶動。浚聞，疾馳至采石，令其衆曰：「有一人渡江者斬！」光世復駐軍，與沂中接。劉猊攻沂中，沂中大破之，猊、麟皆拔栅遁。高宗手書嘉獎，召浚還，勞之。

時趙鼎等議回蹕臨安，浚奏：「天下之事，不倡則不起，三歲之間，陛下一再臨江，士氣百倍。今六飛一還，人心解體。」高宗幡然從浚計。鼎出知紹興府。浚以親民之官，治道所急，條具郡守、監司、省郎、館閣出入迭補之法；又以災異奏復賢良方正科。

七年，以浚卻敵功，制除特進。未幾，加金紫光禄大夫。問安使何蘚歸報徽宗皇帝、寧德皇后相繼崩殂，上號慟擗踊，哀不自勝。浚奏：「天子之孝，不與士庶同，必思所以奉宗廟社稷，今梓宫未返，天下塗炭，願陛下揮涕而起，斂髮而趨，一怒以安天下之民。」上乃命浚草詔告諭中外，辭甚哀切。浚又請命諸大將率三軍發哀成服，中外感動。浚退上疏曰：「陛下思慕兩宫，憂勞百姓。臣之至愚，獲遭任用，臣每感慨自期，誓殲敵讎。十年之間，親養闕然，爰及妻孥，莫之私顧，其意亦欲遂陛下孝養之心，拯生民於塗炭。昊天不弔，禍變忽生，使陛下抱無窮之痛，罪將誰執。念昔陝、蜀之行，陛下命臣曰：『我有大隙于北，刷此至恥，惟爾是屬。』而臣終隳成功，使敵無憚，今日之禍，端自臣致，乞賜罷黜。」上詔浚起視事。浚再疏待罪，不許，乃請乘輿發平江，至建康。

浚總中外之政，幾事叢委，以一身任之。每奏對，必言讎恥之大，反復再三，上未嘗不改容流涕。時天子方厲精克己，戒飭宫庭内侍，無敢越度，事無巨細，必以咨浚，賜諸將詔，往往命浚草之。

劉光世在淮西，軍無紀律，浚奏罷光世，以其兵屬督府，命參謀兵部尚書吕祉往廬州節制。而樞密院以督府握兵爲嫌，乞置武帥，乃以王德爲都統制，即軍中取酈瓊副之。浚奏其不當，瓊亦與德有宿怨，列狀訴御史臺，乃命張俊爲宣撫使，楊沂中、劉錡爲制置判官以撫之。未至，瓊等舉軍叛，執吕祉以歸劉豫。祉不行，詈瓊等，碎齒折首而死。浚引咎求去位，高宗問可代者，且曰：「秦檜何如？」浚曰：「近與共事，方知其闇。」高宗曰：「然則用趙鼎。」檜由是憾浚。浚以觀文殿大學士提舉江州太平興國宫。

先是，浚遣人持手榜入僞地間劉豫，及酈瓊叛去，復遣間持蠟書遺瓊，金人果疑豫，尋廢之。臺諫交詆，浚落職，以秘書少監分司西京，居永州。九年，以赦復官。提舉臨安府洞霄宫。未幾，除資政殿大學士、知福州兼福建安撫大使。

金遣使來，以詔諭爲名，浚五上疏争之。十年，金敗盟，復取河南。浚奏願因權制變，則大勳可集，因大治海舟千艘，爲直指山東之計。十一年，除檢校少傅、崇信軍節度使，充萬壽觀使，免奉朝請。十二年，封和國公。十六年，彗星出西方，浚將極論時事，恐貽母憂。母訝其瘠，問故，浚以實對。母誦其父對策之語曰：「臣寧言而死於斧鉞，不能忍不言以負陛下。」浚意乃決。上疏謂：「當今事勢，譬如養成大疽於頭目心腹之間，不決不止。惟陛下謀之於心，謹察情僞，使在我有不可犯之勢，庶幾社稷安全；不然，後將噬臍。」事下三省，秦檜大怒，令臺諫論浚，以特進提舉江州太平興國宫，居連州。二十年，徙永州。

浚去國幾二十載，天下士無賢不肖，莫不傾心慕之。武夫健將，言浚者必咨嗟太息，至兒童婦女，亦知有張都督也。金人憚浚，每使至，必問浚安在，惟恐其復用。

當是時，秦檜怙寵固位，懼浚爲正論以害己，令臺臣有所彈劾，論必及浚，反謂浚爲國賊，必欲殺之。以張柄知潭州，汪召錫使湖南，使圖浚。張常先使江西，治張宗元獄，株連及浚，捕趙鼎子汾下大理，令自誣與浚謀大逆，會檜死乃免。

二十五年，復觀文殿大學士、判洪州。浚時以母喪將歸葬。念天下事二十年爲檜所壞，邊備蕩弛；又聞金亮篡立，必將舉兵，自以大臣，義同休戚，不敢以居喪爲嫌，具奏論之。會星變求直言，浚謂金人數年間，勢決求釁用兵，而國家溺於宴安，蕩然無備，乃上疏極言。而大臣沈該、万俟卨、湯思退等見之，謂敵初無釁，笑浚爲狂。臺諫湯鵬舉、凌哲論浚歸蜀，恐摇動遠方，詔復居永州。服除落職，以本官奉祠。

三十一年春，有旨自便。浚至潭，聞欽宗崩，號慟不食，上疏請早定守戰之策。未幾，亮兵大入，中外震動，復浚觀文殿大學士、判潭州。

時金騎充斥，王權兵潰，劉錡退歸鎮江，遂改命浚判建康府兼行宫留守。浚至岳陽，買舟冒風雪而行，遇東來者云：「敵兵方焚采石，煙炎漲天，慎無輕進。」浚曰：「吾赴君父之急，知直前求乘輿所在而已。」時長江無一舟敢行北岸者。浚乘小舟徑進，過池陽，聞亮死，餘衆猶二萬屯和州。李顯忠兵在沙上，浚往犒之，一軍見浚，以爲從天而下。浚至建康，即牒通判劉子昂辦行宫儀物，請乘輿亟臨幸。

三十二年，車駕幸建康，浚迎拜道左，衛士見浚，無不以手加額。時浚起廢復用，風采隱然，軍民皆倚以爲重。車駕將還臨安，勞浚曰：「卿在此，朕無北顧憂矣。」兼節制建康、鎮江府、江州、池州、江陰軍軍馬。

金兵十萬圍海州，浚命鎮江都統張子蓋往救，大破之。浚招集忠義，及募淮楚壯勇，以陳敏爲統制。且謂敵長於騎，我長於步，衛步莫如弩，衛弩莫如車，命敏專制弩治車。

孝宗即位，召浚入見，改容曰：「久聞公名，今朝廷所恃唯公。」賜坐降問，浚從容言：「人主之學，以心爲本，一心合天，何事不濟？所謂天者，天下之公理而已。必兢業自持，使清明在躬，則賞罰舉措，無有不當，人心自歸，敵讎自服。」孝宗悚然曰：「當不忘公言。」除少傅、江淮東西路宣撫使，進封魏國公。翰林學士史浩議欲城瓜州、采石。浚謂不守兩淮而守江干，是示敵以削弱，怠戰守之氣，不若先城泗州。及浩參知政事，浚所規畫，浩必沮之。浚薦陳俊卿爲宣撫判官，孝宗召俊卿及浚子栻赴行在。浚附奏請上臨幸建康，以動中原之心；用師淮堧，進舟山東，以爲吴璘聲援。孝宗見俊卿等，問浚動静飲食顔貌，曰：「朕倚魏公如長城，不容浮言摇奪。」金人以十萬衆屯河南，聲言規兩淮，移文索海、泗、唐、鄧、商州及歲幣。浚言北敵詭詐，不當爲之動，以大兵屯盱眙、濠、廬備之，卒以無事。

隆興元年，除樞密使，都督建康、鎮江府、江州、池州、江陰軍軍馬。時金將蒲察徒穆及知泗州大周仁屯虹縣，都統蕭琦屯靈壁，積糧修城，將爲南攻計。浚欲及其未發攻之。會主管殿前司李顯忠、建康都統邵宏淵亦獻擣二邑之策，浚具以聞。上報可，召浚赴行在，命先圖兩城。乃遣顯忠出濠州，趨靈壁，宏淵出泗州，趨虹縣，而浚自往臨之。顯忠至靈壁，敗蕭琦；宏淵圍虹縣，降徒穆、周仁，乘勝進克宿州，中原震動。孝宗手書勞之曰：「近日邊報，中外鼓舞，十年來無此克捷。」

浚以盛夏人疲，急召李顯忠等還師。會金帥紇石烈志寧率兵至宿州，與顯忠戰。連日南軍小不利，忽諜報敵兵大至，顯忠夜引歸。浚上疏待罪，有旨降授特進，更爲江、淮宣撫使。

宿師之還，士大夫主和者皆議浚之非，孝宗復賜浚書曰：「今日邊事倚卿爲重，卿不可畏人言而懷猶豫。前日舉事之初，朕與卿任之，今日亦須與卿終之。」浚乃以魏勝守海州，陳敏守泗州，戚方守濠州，郭振守六合。治高郵、巢縣兩城爲大勢，修滁州關山以扼敵衝，聚水軍淮陰、馬軍壽春，大飭兩淮守備。

孝宗復召栻奏事，浚附奏云：「自古有爲之君，腹心之臣相與協謀同志，以成治功。今臣以孤蹤，動輒掣肘，陛下將安用之。」因乞骸骨。孝宗覽奏，謂栻曰：「朕待魏公有加，不爲浮議所惑。」帝眷遇浚猶至，對近臣言，必曰魏公，未嘗斥其名。每遣使來，必令視浚飲食多寡，肥瘠何如。尋詔復浚都督之號。

金帥僕散忠義貽書三省、樞密院，索四郡及歲幣，不然，以農隙治兵。浚言：「金强則來，弱則止，不在和與不和。」時湯思退爲右相。思退，秦檜黨也，急於求和，遂遣盧仲賢持書報金。浚言仲賢小人多妄，不可委信。已而仲賢果以許四郡辱命。朝廷復以王之望爲通問使，龍大淵副之，浚争不能得。未幾，召浚入見，復力陳和議之失。孝宗爲止誓書，留之望、大淵待命，而令通書官胡昉、楊由義往，諭金以四郡不可割；若金人必欲得四郡，當追還使人，罷和議。拜浚尚書右僕射、同中書門下平章事兼樞密使，都督如故；思退爲左僕射。

胡昉等至宿，金人械繫迫脅之，昉等不屈，更禮而歸之。孝宗諭浚曰：「和議之不成，天也，自此事當歸一矣。」二年，議進幸建康，詔之望等還。思退聞之大駭，陽爲乞祠狀，而陰與其黨謀爲陷浚計。

俄詔浚行視江、淮。時浚所招徠山東、淮北忠義之士，以實建康、鎮江兩軍，凡萬二千餘人，萬弩營所招淮南壯士及江西羣盜又萬餘人，陳敏統之，以守泗州。凡要害之地，皆築城堡；其可因水爲險者，皆積水爲匱；增置江、淮戰艦，諸軍弓矢器械悉備。時金人屯重兵于河南，爲虚聲脅和，有刻日決戰之語。及聞浚來，亟徹兵歸。淮北之來歸者日不絶，山東豪傑，悉願受節度。浚以蕭琦契丹望族，沈勇有謀，欲令盡領契丹降衆，且以檄諭契丹，約爲應援，金人益懼。思退乃令王之望盛毁守備，以爲不可恃；令尹穡論罷督府參議官馮方；又論浚費國不貲，奏留張深守泗不受趙廓之代爲拒命。浚亦請解督府，詔從其請。左司諫陳良翰、侍御史周操言浚忠勤，人望所屬，不當使去國。浚留平江，凡八章乞致仕，除少師、保信軍節度、判福州。浚辭，改醴泉觀使。朝廷遂決棄地求和之議。

浚既去，猶上疏論尹穡姦邪，必誤國事，且勸上務學親賢。或勉浚勿復以時事爲言，浚曰：「君臣之義，無所逃於天地之間。吾荷兩朝厚恩，久尸重任，今雖去國，猶日望上心感悟，苟有所見，安忍弗言。上如欲復用浚，浚當即日就道，不敢以老病爲辭。如若等言，是誠何心哉！」聞者聳然。行次餘干，得疾，手書付二子曰：「吾嘗相國，不能恢復中原，雪祖宗之恥，即死，不當葬我先人墓左，葬我衡山下足矣。」訃聞，孝宗震悼，輟視朝，贈太保，後加贈太師，謚忠獻。

浚幼有大志，及爲熙河幕官，徧行邊壘，覽觀山川形勢，時時與舊戍守將握

手飲酒，問祖宗以來守邊舊法，及軍陣方略之宜。故一旦起自疏遠，當樞筦之任，悉能通知邊事本末。在京城中，親見二帝北行，皇族係虜，生民涂炭，誓不與敵俱存，故終身不主和議。每論定都大計，以爲東南形勢，莫如建康，人主居之，可以北望中原，常懷憤惕。至如錢塘，僻在一隅，易於安肆，不足以號召北方。與趙鼎共政，多所引擢，從臣朝列，皆一時之望，人號「小元祐」。所薦虞允文、汪應辰、王十朋、劉珙等爲名臣；拔吴玠、吴璘於行間，謂韓世忠忠勇，可倚以大事，一見劉錡奇之，付以事任，卒皆爲名將，有成功，一時稱浚爲知人。浚事母以孝稱，學邃於《易》，有《易解》及《雜説》十卷，《書》、《詩》、《禮》、《春秋》、《中庸》亦各有解，文集十卷，奏議二十卷。子二人：栻，杓。栻自有傳。

朱熹《晦庵先生朱文公文集》卷九五《少師保信軍節度使魏國公致仕贈太保張公行狀》　本貫漢州綿竹縣仁賢鄉武都里。曾祖文矩，故不仕，贈太師、沂國公。妣沂國夫人楊氏。祖紘，故任殿中丞致仕，贈太師、冀國公。妣冀國夫人趙氏、王氏。父咸，故任宣德郎，贈太師、雍國公。妣秦國夫人計氏。

公諱浚，字德遠，本唐宰相張九齡弟節度使九皋之後。自九皋徙家長安，生子抗，抗生仲方，仲方生孟常，孟常生克勤，克勤生縡，縡生紀，紀生璘，即公五世祖。仕僖宗時爲國子祭酒，從幸蜀，因居成都，壽百有二十歲。長子庭堅，以蔭爲符寶郎，後不仕。符寶之子即沂公也。沂公蚤世，夫人楊氏攜三子徙綿竹依外家，遂爲綿竹人。長子即冀公也。冀公幼慷慨有大志，不肯屑屑爲舉子業，於書無所不通。慶曆元年，詔舉茂才異等，近臣魚公周詢以公文五十篇應詔，召試秘閣報聞。時西鄙方用兵，魚公謂公曰：「天子以西事未寧，宵旰求賢，惟恐不及，子其可在草野乎？僕當復率賢公卿共薦論，不敢隱也。」遂與程公戡以公慶曆禦戎策三十篇上。公之策大抵謂唐之所患，節鎮兵盛，今之所患，中原兵弱。邊鄙有警，無以禦敵，良由四方藩境無調習之甲兵，無親信之士卒，兵以衆合，將以位充，行陣部伍都無倫理，何異敺市人而戰？古者兵出不踰時，今五年矣，民困財匱，黠科不息，生盜賊心，後患未可量也。可不速有改更，圖所以爲靖民威敵久遠之計乎？今當以陝西四路、河北三路、河東一路割兵屬將，公選其人，不拘官品，爲置文臣通曉者二人爲軍謀，而使各得自辟其屬，丁壯之目、財賦之用悉付之，勿使中官擾其事，勿使小人分其權。而通置采訪使二員，分部八路，提其綱領，糾其姦非。如轉運、提刑、通判、監軍可悉罷去，庶幾事權歸一，戎虜可遏而人民可蘇也。」有旨下國子監詳定以聞。召試西掖。張公方平奏公論議優長，天子嘉之，授將作監主簿，實二年之冬，事載國史。程公尤器重公，及帥涇原，辟公掌機宜事。移高陽，復辟焉，改秩知雷州。時黎人擾朱崖，朝命委公自四明遣兵數百，浮海道往鎮海隅。公至，不鄙其民，撫綏安静，寇亦旋息。除管幹都進奏院。公年踰六十，即浩然思歸，致其事。自號希白先生，築希白堂，一時賢公卿皆爲賦詩。公親教授雍公，雍公字君悦，中元豐二年進士第，歷官州縣。職事之外，覃思載籍，諸子百氏之説無不貫穿，而折衷於六經，其爲文辭奇偉條暢。元祐三年，自華州學官以近臣舉應賢良方正能直言極諫科，奏篇爲天下第一。比閣試，乃報罷。時太皇太后垂簾，哲宗未親庶政，自宰相、百執事皆選用名彦，更張前日王安石政事之弊，排斥異議，沮抑邊功。公念明時難遇而內有所懷，思以補報，既不得對，無路上達。宰相吕汲公大防方貴重用事，公作時議上之，大略謂今民和時雍，守成求助，而戒飭警懼不可以忽。況大憂未艾，深患未弭，博禍未去：所謂大憂，戢兵之説也。所謂深患，差役之説也。所謂博禍，行法之説也。戢兵之説，其憂有三：有損勢耗財之憂，有沮軍擾民之憂，有滋敵玩兵之憂。差役之説其患有三：有貧富不均之患，有州縣勞擾之患，有簿書侵撓之患。而二者之本則在朝廷，惟朝廷之上去私意，公是非，明可否，一本於大中至正，法之可行，無問於新之與舊；議之可用，無問於今之與昔。除目前之害，消冥冥之變，則所謂大憂者可轉而爲樂，所謂深患者可轉而爲安，所謂博禍者可轉而爲福。今日之治，斯可維持於永世矣。汲公不納，而識者歎公先見之明且遠云。公歸又六年，復召試，考官以公文辭傑出，寘高等。宰相章惇覽其策不以元祐爲非，且及廟堂用私意等事，無所回互，甚不悦。數日，公往謝之，惇嘻笑曰：「賢良一日之間萬餘言，筆鋒真可畏。」因授宣德郎、簽書劍南西川節度判官廳公事。人爲公不滿意，而公處之恬然。惇於是奏罷賢良方正科而更置宏詞科。初，祖宗立制舉，招延天下英俊，俾陳時政闕失。天子虚己而聽，得士爲多。自熙寧六年用事大臣惡人議己，始令進士御試用策而罷制科。司馬丞相輔元祐初政，以求言爲先務，遂復置焉。至是惇惡雍公辭直，又廢之而立詞科。詞科之文，如表、章、贊、頌、記、序之屬，皆習爲佞諛者，以佞辭易直諫，蠹壞士心，馴致禍亂，而人不知其廢置之源蓋在此也。公晚得異夢，若有告者曰：「天命爾子名德作宰相。」未幾而公生，故字之曰德遠云。公生四年而雍公没，太夫人年二十有五，父母欲嫁之，誓而弗許。勤苦鞠育公，能言即教誦雍公文，能記事即告以雍公言行，無頃刻令去左右。故公雖幼，而視必端，行必直，坐不敧，言不

詆，親族鄉黨見者皆稱爲大器。年十六入郡學，講誦不問蚤夜。同輩笑語喧譁，若弗聞者，未嘗一窺市門。教授蘇元老嘆曰：「張氏盛德，乃有是子。吾觀其文無虚浮語，致遠未可量也。」甫冠，與計偕入上庠。太夫人送之，拊其背而泣曰：「門户寒苦，賴爾立。當朝夕以爾祖爾父之業爲念。」凡數十條，書之策以授公。公去親側，常若在旁，無一言一動不遵太夫人之教。京師紛華，每時節游觀同舍皆出，公獨在。蓬州老儒有嚴賡者，時亦遊太學，見公之爲，咨嗟愛重。賡嘗學《易》有得，遂以《乾》《坤》之説授公。公中政和八年進士第，知樞密院鄧洵仁，蜀人也，與雍公有雅舊，謂公來見，當處以編修官。公竟不答，調山南府士曹參軍以歸，奉版輿之官。山南大府事夥，帥重公才識，悉以委焉。公爲區處，細大各有條理。治獄明審，務盡其情。至狴犴木索，沐浴食飲亦必躬涖之，寒暑不廢。以故軍民歸心，訟于庭者，皆願得下士曹治。其受輸盡去舊弊，使民得自執權概，人又便之。公事罷歸，即對太夫人讀書，至夜分乃寐。故同寮之賢者莫不親之，其不肖者亦往往革面憚公，不敢爲非。蒲中孫偉奇父，名士也，時過府與帥飲，至夜分，帥命繼酒于公所，公謂其使曰：「此爲何時？而欲發鑰取酒酣飲乎？郡人其謂何？某不敢也。」復命，帥未應，奇父整冠拱手曰：「公有賢屬如此，某罪人也。」問公姓名志之，即登車而去。又兼權成固縣事，秩滿，郡人遮道送者以千計，畫公像持以送公者至百餘。轉運使歎曰：「爲小官得人之情如此，使得志於時，又當如何耶？」調褒城令，辟熙河路察訪司幹辦公事。到官偏行邊壘，覽觀山川形勢。時猶有舊戍守將，公悉召，與握手飲酒，問以祖宗以來守邊舊法及軍陣方略之宜，盡得其實。故公起自疎遠，一旦當樞筦之任，悉通知邊事本末，蓋自此也。有旨以夏人争地界事委察訪司，命其屬往視分畫。公以十數騎直抵界上所謂陽關者，夏人始張旗幟騎乘於谷中，意不可測。及見公開誠，遂數語而定。改秩至京師，調恭州司録以歸。會靖康改元，尚書右丞何㮚薦公，同胡寅召審察。先是，㮚以中丞論事罷去，寓居鄭州。公調官歸過鄭，念㮚亦蜀人，粗有時望，因見之，告以國事阽危，宜益自重，思經濟之圖，無爲淺露，㮚心重公。及執政，首薦焉。公到闕，聞㮚益輕儇，浸失人望，初見即以劄子規之，辭切厲。㮚不悦，不復使對，止除太常寺主簿。未幾而虜至城下，公在京師，獨與開封府判官趙鼎、虞部郎中宋齊愈、校書郎胡寅爲至交，寢食行止未嘗相舍，所講論皆前輩問學之方與所以濟時之策。時淵聖皇帝召涪陵處士譙定至京師，將處以諫職。定以言不用力辭，杜門不出。公往候見至再三，定開關延入。公問所得於前輩者，定告公但當熟讀《論語》。公自是益潛心於聖人之微言。二聖出城，公以職事在南薰門，有燕人姓韓者仕虜爲要官，往來南薰，稔識公面。一日，謂公曰：「大人輩（虜人呼貴酋爲大人）以京城之人不肯盡出金帛，翌日當洗城。」指城一角曰：「至時吾立大皂旗于此，爾來立旗下，庶可免。」公笑謂之曰：「公宜爲大人輩言，京師之人若盡死，金帛誰從而得乎？」姓韓人喜，若有得色。他日復值之，謂公曰：「比日以爾言説諸大人，已罷洗城之議矣。」此事世莫知也。逆臣張邦昌乘時竊僭，公逃太學中，聞光堯壽聖太上皇帝即位南京，星夜馳赴。至即除樞密院編修官，改虞部員外郎。會上以初履寶位，登壇告天，公攝太常少卿道引。上見公進止雍容静重，心重之，即欲大用。詰朝以語宰執，時中書侍郎黄潛善嘗在興元，知公治績，因稱述焉。上簡記，他日除公殿中侍御史。先是，宰相李綱以私意論諫議大夫宋齊愈，腰斬。公與齊愈素善，知齊愈死非其罪，謂上初立，綱以私意殺侍從，典刑不當，有傷新政，恐失人心。既入臺，首論綱罷之。駕幸東南，道途倉卒，後軍統制韓世忠所部軍人劫掠作過，逼逐左正言盧臣中墜水死。公以雖在艱難擾攘中，豈可廢法如此，即奏劾世忠擅離軍伍，致使師行無紀，士卒散逸爲變，乞正其罰。有旨從贖，公重論奏，及乞追捕散逸爲變者。上爲奪世忠觀察使，上下始肅然，知有國法。至維揚，即勸上無忘二帝北狩，常念中原，汲汲然修德去弊以振紀綱。每奏事，上未嘗不從容再三問勞，泛及爲治之方，輒至日昃。公所論專自人主之身以及近習、内侍、戚里，以爲正天下之本在此。乃奏崇、觀以來，濫授官資，乞盡釐正；戚里邢焕、孟忠厚不當居侍從，宜换右職；駙馬潘正夫不待扈從，先來維揚，請治其罪；内侍李致道誤國爲深，不當引赦叙復；尚書董耘獨以藩邸恩倖緣通顯，宜即退閑，皆蒙采納。時以藩邸舊宫錫號升暘，至維揚，内侍占官寺爲之。公奏：「方時艱難，行幸所至，豈宜爲此以重失人心？此必從行官吏欲假威福，妄興事端，借御前之號，爲奉己之私耳。乞行罷止。」上從之。遷侍御史，賜五品服。公感上知眷，益思效忠。時車駕久駐維揚，人物繁聚而朝廷無一定規摹，上下頗觖望。公奏：「近日軍民論議紛然，彼得藉口爲説者，蓋二帝遠在沙漠，而陛下乃與六宫端居于此，何怪人之竊議。願明降睿旨，以車駕不爲久住維揚之計曉諭軍民，仍乞朝廷早措置六宫定居之地，然後陛下以一身巡幸四方，規恢遠圖，上以慰九廟之心，下以副軍民之望。」他日奏事，上謂公曰：「朕於直言容受不諱，近有河北武臣上書，不知朝廷事體，詆毀朕躬，亦不加罪。」公請以所得聖語布告中外，激勸言者，庶幾有補於

國，上嘉納焉。又奏：「中原，天下之根本也；朝廷，中原之根本也。本之不搖，事乃可定。願降詔旨，勅東京留守司略葺大内及關、陝、襄、鄧等處，常切準備車駕巡幸，及以今來行在所止不爲久居之計，庶幾内外和悦，各思奮勵以圖報國。」宰相浸不悦。又論御營使司屬猥衆，俸給獨厚，資格超越而未嘗舉其職，乞行沙汰，使僥倖者無以得志，法行自近，軍氣必振。又論無謂虜不能來，當汲汲修備治軍，常若寇至，遂大咈黄潛善等意。公以孀母在遠乞外補，除集英殿修撰，知興元府。公已登舟，候朝辭，有旨除禮部侍郎，日下供職。召對便殿，上慰勞宣論曰：「卿在臺中知無不言，言無不盡，朕將有爲，政如欲一飛沖天而無羽翼者。卿爲朕留，當專任用張慤及卿。」公頓首泣謝，不敢言去。慤時爲中書侍郎，未幾而卒。上一日復謂公曰：「郭三益可與卿共事。」未幾而三益亦卒。公念虜騎必至，而廟堂晏然，殊不爲備，率同列力爲宰相言之。潛善及汪伯彦笑且不信。公常以疾在告，獨上眷遇益深，除公御營參贊軍事，撥魯珏、楊周等所部兵，令同吕頤浩教習所謂長兵者。公親往點閲，籍其鄉貫、年齒與所習藝能。復被旨同頤浩於江淮措置。未幾，虜騎自天長逼近郊，公從駕渡江。至平江，朝議東幸，詔朱勝非留吴門禦賊。問誰當佐勝非，左右莫應。公獨慷慨願留，遂以本職同節制平江府、常、秀州、江陰軍軍馬，車駕遂東。時建炎三年二月八日也。公行平江四境，規度可控扼虜所來道，決水溉田爲限，立烽堠，召土豪與議。時禁衛班直及諸軍潰歸無慮數萬衆，乏食，所至焚劫。一夕，知府事湯東野蒼黄見公曰：「城四外焚廬舍，火光並起，柰何？」公笑曰：「此必潰軍之歸，正當招集。」問府藏銀絹有幾，即白勝非便宜出黄牓及旗于門，以聖旨招集，支賜銀絹各若干，令結甲而入，且令市人廣造食物以俟。頃之，潰兵皆以次入，既得賜，又市食，無敢譁者。明日，令依所結甲出盤門，赴行在所，違者斬。如是數日不絶，而公舊所教習長兵至者亦近三千人。二十日，朱勝非召赴行在，公獨節制。三月八日，東野忽復遽告公，聞有赦至。公慮時方艱難，事變莫測，命東野先遣親信官馳至前路，發封以告。少頃，東野馳來曰：「事變矣，乃明受赦也。」袖以示公。時府中軍民已知有赦，公謂東野令登譙門，宣有旨犒設諸軍一次，内外乃定。九日，有自杭持苗傅、劉正彦檄文來者。公慟哭，念王室禍變如此，戴天履地，大義所存。雖平江兵少力單而逆順勢殊，豈復强弱利害之足較？便當唱率忠義，舉師復辟，誅討叛賊，以濟艱難。雖孀母在遠，身無嗣繼，而義有所不可已也。亟召東野及提點刑獄趙哲至喻之，且激以忠義。二人感激願助，因秘其事，夜召哲以防江爲名，盡調浙西弓兵，令東野密治財計。十日，得省劄，召公赴行在。時承宣使張俊領萬人自中塗還，公遣問之，乃云傅等勅俊交割所總人馬，赴秦鳳路總管任。公念上遇俊厚，而俊純實，可謀大事，急使東野啓城撫諭諸軍。俊立詣公所，公獨留俊，握手語曰：「太尉知皇帝遜位之由否？此蓋傅、正彦欲危社稷。」語未終，泣下交頤，俊亦大哭曰：「有辛永宗者來自杭，備爲俊言。適徧喻將校輩，且當詣張侍郎求決。侍郎忠孝，必有處置。」公慮俊意未確，復再三感動之。俊曰：「只在侍郎。若官家别有它虞，何所容身？」公應曰：「某處置已定，當即日起兵問罪。」俊大喜，且拜曰：「更須侍郎濟以機權，莫令驚動官家。」公給俊軍衣糧并及其家，皆大悦。公召辛永宗問傅、正彦所與謀爲誰，曰：「歸朝官王鈞甫、馬柔吉。舊聞侍郎嘗識鈞甫等，請以書先離間之。」是夜，公發書約吕頤浩、劉光世兵來會。時頤浩節制建業，光世領兵鎮江，公慮書不達，復遣人賫蠟丸從間道往。公已再被赴行在之命，知爲傅等姦謀，而兵未集，未欲誦言，戒東野、哲各密奏虜未退，靳賽數萬衆窺平江，若張某朝就道，恐夕敗事。公亦奏：「張俊驟回，平江人情震讋，臣不少留，恐生事。」因命俊遣精兵二千扼吴江而奏曰：「俊兵在平江者多，臣故分屯，以殺其勢。」蓋懼傅、正彦覺勤王之謀，先出不意，遣兵直擣平江故也。十一日，附遞發奏：「臣伏覩三月五日睿聖皇帝親筆：『朕即位以來，强敵侵凌，遠至淮甸，其意專以朕躬爲言。朕恐其興兵不已，枉害生靈，畏天順人，退避大位。』臣伏讀再四，不覺涕泣。臣竊以國家禍難至此，皆臣等不能悉心圖事，補報朝廷，致使土地侵削，人民困苦，上負睿聖之恩，下失天下之望。今睿聖皇帝以不忍生靈之故避位求和，臣獨有一説，不敢不具陳其詳。臣竊以當今外難未寧，内寇竊起，正人主憂勞自任，馬上求治之時。恐太母以柔静之身，皇帝以沖幼之質端居深處，責任臣寮，萬一强敵侵凌，不肯悔禍，則二百年宗廟社稷之基拱手而遂亡矣。臣愚不避萬死，伏願太母陛下、皇帝陛下特軫宸慮，祈請睿聖念祖宗付託之重，思二帝屬望之勤，不憚勤勞，親總要務，據形勢之地，求自治之計，抑去徽名，用柔敵國，然後太母陛下、皇帝陛下監國于中，撫靖江左，如此則國家大計自爲得之。如以臣言爲然，乞行下有司，令率文武百寮祈請施行。」貼黄：「臣契勘，伏睹睿聖皇帝方春秋鼎盛，而遽爾退避大位，恐天下四方聞之不無疑惑，萬一别生它虞。更乞睿斷，詳酌施行。」并具因依申尚書省，「伏望朝廷率文武百官力賜祈請」，及其咨目報苗傅、劉正彦：「某久病無聊，日思趨赴行在，緣靳賽人馬過平江，平江之人各不安居，守貳日夕相守，不容出城。朝

夕事畢，即便登途。邇者睿聖皇帝以不忍生靈塗炭之故避位求和，足見聖心仁愛之誠。然當此多難，人主馬上圖治之時，若睿聖謙沖退避，上無以副宗廟之寄，次無以慰父兄之望，下無以厭四海之心。某曩備員言官日，竊見睿聖皇帝聰明英斷，意欲有爲，止緣小大臣寮誤國至此。某叨竊侍從，蓋亦誤國之人，乃至過江，事出倉卒。向使將相有人，睿聖豈肯輕發？今太母垂簾，皇帝嗣位，而睿聖乃退避別宫，若不力請，俾聖意必回，與太母分憂同患，共濟艱難，中興之業未易可圖。二公苟不身任此事，人其謂何？當念祖宗二百年涵養之舊，今所恃以存亡，惟睿聖皇帝。況皇帝天資仁厚，從諫如流，願勉爲之，再三懇請，睿聖宜無不允也。」又與柔吉、鈞甫書曰：「此事當責在二公。」是日，公再被促赴行在之命。有進士馮轓者，（後更名康國。）與公爲太學之舊，來平江相從。公察轓慷慨氣義人也，夜四鼓，呼轓具道所以，且云：「已具奏及移書，今若得一人往面悉此意，大善。」轓激厲請行，詰朝即就道。是日，再以書促頤浩、光世報所處分次序。十三日，以所奏檢報諸路，復督頤浩、光世速選精鋭來會平江，而張俊再被赴秦州指揮，且命陳思恭總其兵。思恭知逆順，信用公言，奏不敢交俊兵。十四日，公被命除禮部尚書，將帶人馬疾速赴行在。公復奏不可離平江狀。十五日，傅、正彦遣俱重賫詔書撫諭，且來吴江代張俊。公召重至平江，重初桀驁，以秘計恐之，重逃避。既而公得請兼領俊兵。有報韓世忠海船到常熟岸者，俊喜曰：「世忠來，事辦矣。」即白公。公以書招之，世忠得書號慟。十八日，見公于平江，相對慟哭。世忠曰：「某願與張俊身任之。」偶甄援自杭來，詭稱睿聖面令促諸軍。傅、正彦答公書皆不情語，柔吉、鈞甫亦以書來。是日，頤浩、光世報軍行。二十日，公大犒俊、世忠將士，令世忠奏以兵歸行在，而密戒世忠急至秀據糧道，候大軍至。酒五行，公親呼諸將校至前，厲聲問曰：「今日之舉，孰順孰逆？」衆皆曰：「我順賊逆。」公復厲聲曰：「若某此事違天悖人，可取某頭歸苗傅等。聞傅等以觀察使及金鉅萬求某，得某者可即日富貴。不然，一有退縮，按以軍法。」衆感憤應諾。世忠軍自平江舟行不絶者三十里，軍勢甚振。是時逆黨傳聞，已自震懾，有改圖之意矣。公又恐賊急邀車駕入海道，先遣官屬措置召募海船，亦甚集。二十一日，復遣馮轓以書行，且令轓居中幾事相應。會得傅等書云：「朝廷以右丞待侍郎，伊尹、周公之任，非侍郎其誰當之？」公不勝忠憤，度傅等已覺公義兵動，而我兵勢既已立，遂因遞報之，其略云：「自古言涉不順謂之指斥乘輿，事涉不遜謂之震驚宫闕。是以見君輅馬，必加禮而致恭，蓋不如是，無以肅名分、杜僭亂也。廢立之事，非常之變，謂之大逆不道。大逆不道者，族矣。凡爲人臣者，握兵在手，遂可以責君之細故而議廢立，自古豈有是理者哉？今建炎皇帝春秋鼎盛，不聞失德于天下，一旦遜位，豈所宜聞？自處已定，雖死無悔。嗚呼！天佑我宋，所以保衛皇帝者歷歷可數。出質則虜人欽畏而不敢拘，奉使則百姓謳歌而有所屬。天之所與，誰能廢之？況祖宗在天之靈豈不昭昭，借使事正而或有不測，猶愈於終爲不義不忠之人而得罪於天下後世也。」傅等得書，怒，遣赤心軍及王淵舊部精鋭盡駐臨平，而韓世忠之軍已扼秀州矣。公作蠟丸帛書云：「不得驚動聖駕。」募人賫付主兵官左言以下八人及知臨安府康允之，皆達。又作手牓遣人間道曉諭臨安居民曰：「訪聞前日睿聖皇帝遜位，軍民掩泣，各不聊生，足見軍民忠義之情。」世忠既抵秀州，稱病，日令將士造雲梯，修弓矢器械。傅、正彦震駭，亟除世忠、俊節度使，指揮略云：「世忠、俊深曉内禪大義，不受張某詿誤。」二人皆不受命。傅、正彦又令朝廷降指揮謫公，其詞曰：「張某陰有邪謀，欲危社稷，責授黄州團練副使，郴州安置。仍令平江差兵級防送，經由行在赴貶所。」二十四日，頤浩以兵至，公迓且勉之，握手歔欷。頤浩亦曰：「事不諧，不過赤族。」翌日，光世亦至。二十七日，傳檄内外，辭曰：「宋有天下垂二百年，太祖、太宗開基創業，真宗、仁宗德澤在民，列聖相傳，人心未厭。昨因内侍童貫首開邊禍，遂致虜騎歷歲侵凌。逆臣苗傅躬犬彘不食之資，取鯨鯢必戮之罪，乃因艱難之際，敢爲廢立之謀；劉正彦以孺子狂生，同惡共濟，自除節鉞，專擅殺生。仰惟建炎皇帝憂勤恭儉，志在愛民，聞亂登門，再三慰喻，而傅等陳兵列刃，凶燄彌天，逼脅至尊，蒼黄遜位，語言狂悖，所不忍聞。大臣和解而不從，兵衛皆至於掩泣。詔書所至，遠近痛心。駭戾人情，孰不憤怒！況傅等揭牓闤市，自稱曰『余祖宗諱名』，曾不回避，迹其本意，實有包藏。今者吕頤浩因金陵之師，劉光世引部曲之衆，張某治兵於平江，韓世忠、張俊、馬彦溥各領精鋭，辛道宗、陳思恭總率舟師，湯東野、周杞扼據衝要，趙哲調集民兵，劉誨、李迨餽餉芻糧，楊可輔等參議軍事，并一行將佐官屬等，同時進兵，以討元惡。師次秀州，四方響應。用祈請建炎皇帝亟復大位，以順人心。今檄諸路州軍官吏軍民等，當念祖宗涵養之恩，思君父幽廢之辱，各奮忠義，共濟多艱。所有朝廷見行文字，並是傅等僞命，及專擅改元，即不得施行。敢有違戾，天下共誅之！」二十八日，張俊、光世相繼行，聞行在已有復辟之議矣。初，公遣馮轓授以計策，傅、正彦聞平

江之師將至，甚憂恐。幡知可動，即以大義白宰相朱勝非曰：「張侍郎之意，蓋以國步艱難，政當馬上治之。主上盛年，乃傳位襁褓之子，聽斷不出簾帷，天下恐有不測之變。縱主上謙虛，固執内禪之論，此猶有一説焉。主上受淵聖詔，爲天下兵馬大元帥，今日當以淵聖爲主，睿聖稱皇太弟，依舊天下兵馬大元帥，嗣聖當易稱皇太姪。太母垂簾聽政，大元帥治兵征伐于外，此最爲得策。」勝非令幡與二人議，幡反覆告之，傅、正彦有許意，遂與同議都堂。幡同傅、正彦、鈞甫四人並引見，太后勞問曰：「卿等皆忠義之臣。」幡遂奏曲折。議定，乞賜傅、正彦鐵券，詔宣百官，少頃畢集。宣詔云：「二十五日，苗傅、劉正彦等四人上殿奏事，奉聖旨，睿聖皇帝宜稱皇太弟，依舊康王、天下兵馬大元帥。皇帝宜稱皇太姪。」百官退，詣睿聖宫，上御殿引見傅、正彦，詞色粹然，問勞有加。傅等出宫，以手加額曰：「不意聖天子度量如此。」既而傅、正彦歸軍，逆黨張逵曰：「趙氏安，苗氏危矣。」王世修尤大悖，三鼓詣勝非府變其事，復欲改正嗣皇依舊，而睿聖之名止稱處分天下兵馬重事，勝非不能奪。幡次日力争，勝非云：「勿與較，其實一也。」幡遂歸，而勤王之師已悉至秀州。三十日，公被命同知樞密院，亦不受。四月二日，公次秀州，奉復辟手詔，而傅等大兵屯臨平，公進發。三日，次臨平，世忠當前，俊次之，光世又次之。逆黨立旗招喻世忠等，世忠與戰，軍小却。世忠親揮刃突前曰：「今日不爲官家面上帶幾箭者斬之！」衆争奮，賊黨苗翊等大敗，傅、正彦相繼逃遁。是夕，皇帝聖旨除公知樞密院事。翌日，公與頤浩等入内朝見，伏地待罪泣下。再三慰勞，宣喻云：「曩在睿聖，兩宫幾不相通。一日，朕方啜羹，小黄門直趨前傳太母之命曰：『張浚早來不得已安置郴州。』朕不覺覆羹于手，今其迹尚存。自念卿既被責，此事誰任？」公嗚咽奏：「臣蒙陛下眷遇之厚，久歷臺省，不能補助，致虜騎憑凌，禍變竊發。臣之罪大，敢復論功？」上再三稱歎，獨留公，引入後殿，過宫庭。上宣喻：「隆祐皇太后知卿忠義，欲一識卿面目，適垂簾見卿自庭下過矣。」公惶恐，頓首謝。上屬意欲倚公爲相，公辭晚進，不敢當。蓋公意以關陝爲中興根本，欲請行矣。上曰：「顧無以見朕意。」解所服玉帶，命内侍覆去龍飾賜公曰：「此祖宗御府所寶也。」公重辭元樞之命，詔書曰：「卿以小宗伯之職贊天營之事，乃能總合諸師，來赴行在之急，俾姦宄不敢輒肆。威聲既振，妖孽宵奔，致朝廷於安平無事之地，卿之功大矣。宜勿復辭。」傅、正彦既敗走，與死黨直趨閩中。公命世忠以精兵追之，並縛于建州，檻至行在所。及其黨左言、張逵、王世修等，伏法建康市。初，公起義兵行次嘉禾，一夕坐至夜分，外間警備亦甚嚴，忽有刺客至前，腰間出文書，乃傅、正彦遣來賊公，賞格甚盛。公顧左右皆鼾睡，見其辭色不遽，問：「爾欲何如？」對曰：「某河北人，粗知逆順，豈以身爲賊用者？況侍郎精忠大節感通神明，某又安忍害侍郎耶？特見備禦未至，恐後有來者，故來相報耳。」公下執其手問姓名，曰：「某粗讀書，若言姓名，是徼後利。顧有母在河北，今徑歸矣。」遂拂衣而去，其超捷若神。公翌日取嘉禾死罪囚斬以狥曰：「此苗傅等刺客也。」後亦無它。公私識其人狀貌物色之，終不遇云。盗薛慶嘯聚淮甸，兵至數萬，附者日衆。公以密邇行闕，一有滋蔓，爲患不細，且聞慶等無所係屬，欲歸公麾下，請往示大信以招撫之。渡江而斬賽等率兵降，遂徑至高郵，入慶壘，從行者不及百人。出黄牓示以朝廷恩意，慶感服再拜。始，公入賊壘，外間不聞公信，浮言胥動，頤浩等遽罷公樞筦。及聞公訖事還，上歎息，即日趣公歸，且詔就職。公辭，上撫勞再四，復親書御製《中和堂詩》賜公，有曰：「願同越勾踐，焦思先吾身。」其卒章曰：「高風動君子，屬意種蠡臣。」仍題其後曰：「卿看畢可密藏，恐好議者以朕屬意篇什也。」其眷待如此。公素念國家艱危以來，措置首尾失當，若欲致中興，必自關陝始，又恐虜或先入陝陷蜀，則東南不復能自保，遂慷慨請行。詔以公充川陝宣撫處置使，便宜黜陟。賜親筆詔書曰：「朕嗣承大統，遭時多艱，夙夜以思，未知攸濟。正賴中外有位悉力自效，共拯艱危。今遣知樞密院事張某往喻密旨，黜陟之典，得以便宜施行。卿等其念祖宗積累之勤，勉人臣忠義之節，以身徇國，無貽名教之羞；同德一心，共建隆興之業，當有茂賞，以答殊動。」公行有日矣，會御營平寇將軍范瓊來赴行在。瓊自靖康圍城與女真通，及京城破，逼脅后妃及淵聖太子宗室入虜中，又乘勢剽略爲亂，左右張邦昌，爲之從衛，罪狀非一。至是聞二凶伏誅，始自豫章擁衆入朝。既陛對，恃其衆盛，悖傲無禮，多所邀求，且乞貸傅、正彦逆黨左言等死。公奏大略云：「瓊大逆不道，罪冠三千之辟。呼吸群凶，布在列郡，以待竊發。若不乘時顯戮，則國法不正，且它日必有王敦、蘇峻之患。臣任樞筦之寄，今者被命奉使川陝，啓行有日，乃心踟躕。若不盡言，乞伸典憲，死且不瞑。」上深然之，公獨與權樞密院檢詳文字劉子羽密謀，夜召子羽及選密院謹飾吏數輩，作文書劄榜皆備，鎖吏于府中。翌早，公赴都堂，召瓊議事。瓊從兵溢塗巷，意象自若。坐定，公數瓊罪，瓊愕眙，命縛送大理寺。子羽已張榜于省門外，親以聖旨撫勞瓊衆曰：「聖旨罪止瓊，餘皆御前軍也，無所預。」衆頓刃應喏。瓊論死，兵分隸神武軍。自靖康後，紀綱不

振，王室陵夷。公首倡大義，率諸將誅傅、正彥，乘輿返正，復論正瓊罪，而後國法立，人心服。自武夫悍卒、小兒竈婦、深山窮谷、裔夷絕域皆聞公名，盎然歸仰忠義之感，實自此也。公辟子羽參議軍事，遂西行。獨念上孤立東南，朝廷根本之計未定，蚤夜深思，苟有所見，不敢不納忠，以身在外而不言也。嘗奏曰：「前日餘杭二凶鼓亂，彼豈真惡內侍哉，當此艱危，人情易摇，欲爲不順，借此以鼓惑衆聽耳。然在我者有隙可指，其事乃作。願陛下謹之察之，於細微未萌之事每切致意，使姦逆無以窺吾間。」又曰：「臣累具奏，謂前此大臣不肯身任國事，意謂事苟差失，衆言交攻，取禍必大。惟因循度日，萬一得罪而去，亦不過謂庸繆，落職領祠而已。此風誤國有素，願陛下臨朝之際，不匿厥指，與大臣決議，繼自今必使身任其責，脱或敗事，誅罰無赦。」又奏曰：「聽言之難，自古記之。《書》稱先王之盛有曰：『侍御僕從，罔匪正人。』夫僕從之微也，而亦必嚴擇，蓋其朝夕在君側，浸潤膚受，言爲易入。苟使小人得售，將何所不至？夫小人進讒説以快其私，經營窺測，投隙伺間，固不正名其事、顯斥其人也。或因獻談諧之説，或假託市井之論，夤緣附會，其端甚微。人君一或忽之，則忠賢去國，億兆離心，其禍有不可勝言矣。臣謂欲盡聽言之道，莫若親君子而遠小人。不然，雖有過人之聰明，而朝夕所狎近者既皆非類，漸漬以入，其能無過聽之失乎？」又奏曰：「自古大有爲之君，未有不體乾剛健而能成其志者也。《易》曰：『天行健，君子以自强不息。』人君法天，莫大於此。少康氏有田一成，有衆一旅，而夏后之業復振，蓋其經營越四十年，向使其間一萌退縮之意，則王業無自而興矣。漢高帝困於鴻門，屏於巴蜀，敗於滎陽、京索間，屢挫而愈不屈，終滅項氏以啓漢基。此二君者，豈非剛健不息而卒能配天乎？今日禍變可謂極矣，意者天將開中興之基，在陛下體乾之剛，身任天下而已。願陛下以至公至誠存心，惻怛哀矜，思天下之所以困窮，生民之所以塗炭，自反自咎，身任其責，便佞之惑耳者去之，美麗之悦目者遠之，以至於衣服飲食，亦惟菲薄之務，淡然漠然，視天下無足以動吾心者，而專以宗社生靈爲念。苟言之非有益於宗社生靈者弗言也，苟思之非有益於宗社生靈者弗思也，持之以堅，行之以久，乾乾不息，則上可以動天，下可以格人。由近及遠，由內及外，民雖至愚，豈不感化？少康、漢祖之事業又何難哉？臣於陛下分則君臣，情則父子，故雖遠去天威，而區區愛君之心不敢不思所以自效。」上手書賜公曰：「卿自離闕，曾未幾時，奇畫深規、忠言讜論著之簡牘，已三上矣。虛懷領覽，嘉歎不忘。」時渡江大赦，獨李綱以言者論列貶海外不放還。公論奏逆黨如吳幵、莫儔顧反得生歸，綱雖輕疎，亦嘗爲國任事，乃不得叙，天下謂何？上用公奏，綱得內徙。始，公嘗論綱罪，至是獨爲伸理，其用心公明，無私好惡類如此云。

公自七月離行在，經歷長江，上及襄漢，與帥守監司議儲蓄之宜以待臨幸。先是，上問公大計。公請身任陝蜀之事，置司秦川，而乞別委大臣韓世忠鎮淮東，令呂頤浩扈駕來武昌，張俊、劉光世等從行，與秦川首尾相應。朝廷議既定，公行。未及武昌，而江浙士夫摇動頤浩，遂變初議。公以十月二十三日抵興元，奏曰：「竊見漢中實天下形勢之地，臣頃侍帷幄，親聞玉音，謂號令中原，必基於此。臣所以不憚萬里，捐軀自效，庶幾奉承聖意之萬一。謹於興元理財積粟，以待巡幸。願陛下鑾輿早爲西行之謀，前控六路之師，後據兩川之粟，左通荊襄之財，右出秦隴之馬，天下大勢，斯可定矣。」始，公未至，虜已陷鄜延，鄜延帥郭浩寄治德順軍。虜驍將婁宿孛堇於九月二十九日引大軍渡渭河，犯永興，知軍郭琰遁去。虜兵四掠，而諸帥方互結仇怨，不肯相援，人心皇皇。公到才旬日，即出行關陝，復奏請早決西來之期，以係天下心。至陝，訪問風俗，罷斥姦贓，而尤以搜攬豪傑爲先務，一時氣義拳勇之士爭集麾下。吳玠及其弟璘素負才略，求見公，願自試。公與語，奇之。時玠方修武郎，璘尚副尉，公奬予，不次擢用，命玠爲統制，璘領帳前親兵，皆感激，誓以死報。諸帥亦惕息聽命。會諜報虜將寇東南，公即命諸將整軍向虜，使婁宿不得下。已而虜果大入，寇江淮，車駕浮海東征。四年二月，公以虜勢未退，治兵入衛。未至襄漢，遇德音，知虜既北歸矣，乃復還關陝。奏曰：「陛下果有意於中興之功，非幸關陝不可。願先幸鄂渚，臣當糾率將士奉迎鑾輿，永爲定都大計。」又奏曰：「臣竊惟國家不競，患難薦臻，夷虜憑凌，海宇騰沸。二聖久征於遠塞，皇輿未復於中原。而敵國交兵，方興未艾。郡邑半陷於賊手，黎元悉困於塗泥。自古禍亂所鍾，罕有若此之比。必欲昊穹悔禍，甿庶獲安，自非君臣之間更相勉勵，痛心嘗膽，修德著誠，大誅姦邪，頓革風俗，親君子，遠小人，去讒佞，屏聲色，簡嗜慾，崇節儉，則曷以上應天變，下懷民心？四海黔黎，殊未有休息之日也。若昔黃帝遭蚩尤之亂，大禹罹洪水之災，卒能平夷，終歸安治者，正以君臣上下苦心勞形，杜邪枉之門，開公正之道，天人響應，遐邇協謀，故能平難平之寇，成不世之績。」上手書報公以虜退衄狀，且曰：「卿受命而西，大恢遠略，布朝廷之惠意，得將士之歡心。積粟練兵，興利除害，去取皆當，黜陟惟公。而又雅志本朝，嘉猷屢告。眷惟忠懇，實副倚

毗。」是月，虜大酋粘罕復益二萬騎，聲言必取環慶路。公率諸將極力捍禦，虜勢屢挫，生擒女真及招降契丹燕人甚衆。時聞兀朮猶在淮西，公懼其復擾東南，使車駕不得安息。事幾有不可測者，即謀爲牽制之舉。始公陛辭，上命公三年而後用師進取。至是上亦以虜欲萃兵寇東南，御筆命公宜以時進兵，分道由同州、鄜延以擣虜虚。公遂決策治兵，移檄河東問罪。八月十三日，收復永興軍。虜大恐，急調大尊兀朮等由京西路星夜來陝右，以九月二十間與粘罕等會。而五路之師亦以二十四日至耀州富平大戰。涇原帥劉錡身率將士先薄虜陣，自辰至未，殺獲頗衆。會環慶帥趙哲擅離所部，哲軍將校望見塵起驚遁，而諸軍亦退舍。公斬哲以狥，退保興州。時陝右兵散，各歸本路宣撫司，獨親兵實從官屬。有獻議退保夔州者，公堅駐不動，以扼虜衝。獨參議劉子羽毅然與公意合，乃劾異議者。遣子羽出關召諸將，收散亡。將士知宣司在興州，皆相率會子羽于秦亭，凡十餘萬。公哀死問傷，録善咎己，人心悦焉。乃命吴玠聚涇原兵，據高扼險于鳳翔之和尚原，守大散關，斷賊來路。命關師古等聚熙河兵於岷州大潭一帶，命孫渥、賈世方等聚涇原、鳳翔兵於階、成、鳳三州以固蜀口。虜見備禦已定，輕兵至輒敗，不敢近。公上疏待罪，上手書報公曰：「卿便宜收合夷散，養鋭待時，但能據險堅壁，謹守要害，既以保固四州之地，又能牽制南下之師，則惟卿之賴。」公奉詔，益厲諸將嚴備待虜。紹興改元五月，虜酋烏魯却統大兵來攻和尚原，吴玠乘險擊之，虜敗走。三日間，連戰輒勝，虜逗留山谷，人馬死亡十之四。八月，粘罕在陝西病篤，召諸大酋謂曰：「吾自入中國，未嘗有敢嬰吾鋒者。獨張樞密與我抗，我在猶不能取蜀，爾曹宜息此意，但務自保而已。」兀朮出而怒曰：「是謂我不能耶？」粘罕死，即合兵來寇。九月，親攻和尚原。吴玠及其弟璘與合戰，出奇邀擊，大破之，俘馘酋領及甲兵以萬計。兀朮僅以身免，亟自髡鬒鬚，狼狽遁歸，得其麾蓋等。自虜入中國，其敗衄未嘗如此也。先是，上以公奉使陝右，捍禦大敵，制加公通奉大夫。公念自靖康中召赴京師，更歷變故，出身爲國，違去太夫人色養於兹七年，乃奏迎太夫人自廣漢來閬中版輿就養。又思所以悦母意，遂乞以通奉恩命特封外祖父母。優詔許焉。二年，上謂公未至西方時，虜已陸梁，蹂踐關陝。及引師而歸，勢誠不敵。而保護衝要，連挫大敵，蜀賴以全。聚兵至十五萬，勤勞備至，制加公檢校少保，定國軍節度使，賜手書曰：「朕非敢決取秦穆之效，而卿自修孟明之政，是用夙夜歎嘉。今遣内侍任源往宣旨。」源歸，公附奏謝，且密奏曰：「天下之事每當謹微，一失於初，末不可救。夫莫顯者，微也。常情謂爲微而忽之，明智以其著而謹之。唐玄宗惑女色而致禄山之禍，憲宗任内侍而啓晚唐之禍，其初二君之心皆以爲微而不加察也。孰知其貽害之烈至此哉？願陛下於事之微每深察焉，則天下幸甚。」是歲，公亦遣兄滉及官屬奏事行在所，上喜，恩意有加。公在關陝凡三年，以新集之軍當方張之虜，蚤夜勤勞，親加訓輯，其規模經畫，皆爲遠大恢復之計。以劉子羽爲上賓，子羽忠義慷慨，有才略，諸將歸心。任趙開爲都轉運使，開善理財，治茶鹽酒法，方用兵，調度百出而民不加賦。擢吴玠爲大將，守鳳翔。玠每戰輒勝，虜不敢近。而西北遺民聞公威德，歸附日衆，於是全蜀按堵，且以形勢牽制東南，江淮亦賴以安。然公承制黜陟，悉本至公，雖鄉黨親舊，無一毫假借，於是士大夫有求於宣司而不得者，始紛然起謗議於東南矣。有將軍曲端者，建炎中任副總管，逼逐帥臣王庶，奪其印，又方命不受節制。富平之役，張忠彦等降虜，皆端腹心，實知其情。公送獄論端死，而謗者謂公殺端及趙哲爲無辜，且任劉子羽、趙開、吴玠爲非是，朝廷疑之。三年春，遂遣王似來副公。公聞即求去，且論吴玠、劉子羽有功於蜀，不應一旦以似加其上。公雖累乞去，而以負荷國事至重，未嘗少忘警備。會虜大酋撒離喝及劉豫叛黨聚大兵自金商入寇，公命嚴爲清野之計，分兵據險，前後撓之。虜至三泉，掠無所得，乏食，狼狽引遁。大軍躡之，人馬死曳滿道，所喪亡不減鳳翔時。是時公累論奏王似不可任，而似與宰相吕頤浩有鄉里親戚之舊，頤浩不悦。又或告朱勝非以公唱義平江時嘗有斬勝非語，勝非陰肆謗毁，詔公赴行在。公力求外祠，章至十數上，上弗許。四年二月至行在，御史中丞辛丙嘗知潭州，公在陝時調丙發潭兵赴湖北，丙怯懦不能遣，反鼓唱軍士，幾致生變。公奏劾丙，且令提刑司取勘。丙憾，至是遂率同列劾公，誣以危語。始，公在陝嘗以秦州舊驛秦川館爲學舍，以待河東、陝西失職來歸之士，給以衣食，令一人年長者主之。又新復州郡乞鑄印，請於朝廷，往返動經歲，恐失事機，即用便宜指揮鑄以給之，然後以聞。而丙謂公設秘閣以崇儒，擬尚方而鑄印。公初被命還闕，奏歸上冢，取道東蜀夔峽，庶幾安遠近之心。而吕頤浩又以書來言，若一離川陝，事有意外，誰任其責？宜以事實告上，萬一欲尚留宣司，當爲開陳如請。公不顧也，而丙反謂公不肯出蜀，意有他圖，公恐懼，亟以頤浩書進呈。上始愕然，即詔宣押奏事。公竟移疾待罪，而論者亦不已。六月，遂以本官提舉臨安府洞霄宫，福州居住。公知虜既釋川陝之患，必將復萃師東南，不敢以得罪遠去而不言。且是時朝廷已盛講和好之議，乃具奏曰：「臣竊觀此

虜情狀專以和議誤我，亦云久矣。彼勢蹙即言和，勢盛即復肆，前後一轍，請姑以近事明之。紹興三年秋，粘罕有親寇蜀之意，先遣王倫還朝，且致勤懇。蓋懼朝廷大兵乘彼虛隙，又其爲劉豫之計，至委曲周悉也。自後九月，余覩作難，前謀遂寢。至十二月，余覩之難稍息，則復大集番漢之衆，徑造梁、洋。是時朝廷已遣潘致堯出使矣。次年二月，虜困饒風，進退未皇。先是，朝廷開都督府，議遣韓世忠直抵泗上，虜實畏之。於四月遣致堯還。其辭婉順，欲邀大臣共議，此非無所忌憚而然也。梁、洋之寇未能出境，至五月而後得歸，既狼狽矣，而世忠大兵尋復輟行。虜之氣力固已復蘇，而叛豫之心亦云舒緩，所以前日使人之來，求請不一，故爲難從之事也。竊惟此虜傾我社稷，壞我陵寢，迫我二帝，驅我宗室百官，自謂怨隙至深，其朝夕謀我者不遺餘力矣。況劉豫介然處於其中，勢不兩立，必求援於虜。借使暫和，心實未已。數年之内，指摘他故，豈無用兵之辭？而我將士率多中原之人，謂和議既定，不復進取，將解體思歸矣。若謂今日不得已而與之通使爲陛下之權，敵亦固能用權也。願陛下蚤夜深思，益爲備具，處將士家屬於積粟至安之地，使出爲戰守者無返顧奔散之憂；精擇奇才以撫川陝之師，使積年戍邊者無懈惰懷望之意；江淮、川陝互爲牽制，斥遠和議，用定大業。臣奉使川陝，竊見主兵官除吴玠、王彦、關師古累經拔擢，備見可任外，其餘人才尚衆，謹開具如左：吴璘、楊政可統大兵，田晟可總一路，王宗尹、王喜、王彦可爲統制。」後皆有聲，時服公知人。公即日赴福州，從者皆去，肩輿才兩人。既至，闔門以書史自娱。是歲九月，劉豫之子麟果引虜大兵繇數路入寇，騰言侮慢，上下恟懼。上思公前言之驗，罷宰相朱勝非，而參知政事趙鼎亦建請車駕幸平江，召公任事，遂以資政殿學士提舉萬壽觀，兼侍讀召，不許辭免，日下起發。手書賜公曰：「卿去國累月，未嘗弭忘，考言詢事，簡在朕心。想卿志在王室，益紆籌策，毋庸固辭，便可就道，夙夜造朝。嘉謀嘉猷，佇公入告。」金書疾置，絡繹於道，公即日行，中途條具戰守之宜甚悉。且乞先遣岳飛渡江入淮西張聲勢，以牽制虜大兵在淮東者。以十一月十四日入見，玉音撫勞，加於疇昔。即日復除公知樞密院事。公奏曰：「人道所先，惟忠與孝。一虧於己，覆載不容。自昔懷姦欺君，妬賢賣國，當時閭巷細民莫不深怨嫉憤，恨不食其肉者。至若一心事上，守正盡忠，雖天下後世皆知企慕稱歎，思見其人焉。蓋理義人心之所同，故好惡不期而自定。臣以區區淺薄之質，幼被家訓，粗知義方。平居立身，以此自負。偶緣遭遇，寖獲使令。陛下任之太專，待之過厚，而有怨於臣者攻毁之備至，有求於臣者責望之或深。上賴聖智，保全微蹤。臣奉使無狀，豈不自知？至於加臣於大惡之名，陷臣於不義之地，隳臣子百世之節，貽孀親萬里之憂，言之嗚咽，痛憤無已。今陛下察其情僞，保庇孤忠，許以入侍，旋擢樞筦，在臣毁首碎身，無以論報。然而公議之所劾，訓詞之所戒，傳之天下，副在史官，臣復何顔，敢玷近列？」上親書詔曰：「張浚愛君憂國，出於誠心。頃屬多艱，首唱大義，固有功於王室。仍雅志於中原，謂關中據天下之上游，未有舍此而能興起者，乘虜百勝之後，慨然請行。究所施爲，無愧人臣之義；論其成敗，是亦兵家之常。矧權重一方，愛憎易致，遠在千里，疑似難明。然則道路怨謗之言，與夫臺諫風聞之誤，蓋無足怪。比復召浚，置之宥密，而觀浚恐懼怵惕，如不自安，尚慮中外或有所未察歟？夫使盡忠竭節之臣，懷明哲保身之戒，朕甚愧焉。可令學士院降詔，出牓朝堂。」時太史局占明年當日食正旦，公奏曰：「臣聞太史推測天象，以來年正月之旦日有食之。臣竊惟天之愛人君，必示以災變，使之恐懼修省，勉求爲治。人主修德畏天，則天心眷佑，享國無窮。如其怠忽不省，歸之時數，禍有不可勝言者矣。然而應天之道在實不在文，當求之於心，考之於行，心有未至者勉之，行有不善者改之，如天之無不公，如天之無不容，如天之至誠無私而不失其信，則何憂乎治道之不興，何患乎賢才之不至哉？」公既受命，即日赴江上視師。時大酋兀朮擁兵十萬于維揚，朝廷先遣魏良臣、王繪奉使軍前。還，夜與公遇于中塗，公問以虜事及大酋問答。良臣、繪謂虜有長平之衆，且喻良臣等當以建州以南王爾家爲小國，索銀絹犒軍，其數千萬。又約韓世忠尅日過江決戰。公密奏使人爲虜恐怵，朝廷切不可以其言而動，及不須令更往軍前，恐我之虚實反爲虜得。上然之，公遂疾驅臨江，召大帥韓世忠、張俊、劉光世與議，且勞其軍。將士見公來，勇氣十倍。既部分諸將，遂留鎮江節度之。令韓世忠移書兀朮，爲言張樞密已在鎮江。初，虜諜報公得罪遠貶，故悉力來寇。至是，兀朮問世忠所遣麾下王愈：「吾聞張樞密貶嶺外，何得已在此？」愈出公所下文書，兀朮見公書押色動，即强言約日當戰。公再遣愈以世忠書往問戰期，愈回一日，而虜宵遁，士馬乏食，狼狽死者相屬。遣諸將追擊，所俘獲甚衆。上遣内侍趣公赴行在所。五年二月十二日宣制，除公宣奉大夫、尚書右僕射、同中書門下平章事，兼知樞密院事，都督諸路軍馬，而趙鼎除左僕射。先是，公在川陝，念上繼嗣未立，以紹興元年八月十五日上奏曰：「臣荷陛下恩德之厚，事有干於宗廟社稷大計，臣知而不言，誰敢爲陛下言者？惟陛下察其用心，貸以萬死。臣

恭惟陛下自即位以來，念兩宮倚託之重，夙夜憂勤，不近聲色，不事玩好，是宜天地感格，祖宗垂祐，受福無窮，決致中興。臣之區區亦冀依日月之末光，獲保終年，少効補報。臣竊見西漢之制，人君即位，首建儲嗣，所以固基本、屬人心。臣願陛下時詔大臣講明故事，仍先擇宗室之賢優禮厚養，以爲藩屏。」至是入謝，復陳：「宗社大計，莫先儲嗣。雖陛下聖德昭格，春秋方盛，必生聖子，惟所以系天下之心，不可不早定議。」上首肯久之，乃云：「宫中見養二人，長者藝祖之後，年九歲，不久當令就學。」公出見趙鼎都堂，相與仰歎聖德久之。自是與鼎益相勉厲，同志協謀，以爲爲治之要，必以正本澄源爲先務。誠能陳善閉邪，使人君無過舉，則國勢尊安，醜虜自服。是以進見之際，於塞倖門、抑近習尤諄切致意焉。嘗奏曰：「王者以百姓爲心，修德立政，惟務治其在我，則大邦畏其力，小邦懷其德，天下捨我將安歸哉？固不僥倖於近績也。仰惟陛下躬不世之資，當行王者之事，以大有爲。正心以正朝廷，正朝廷以正百官，正百官以正萬民，國勢既隆，强虜自服，天下自歸。」因書王朴《平邊策》以獻，上嘉納焉。又奏：「臣昨奉清光，竊見陛下於君子小人之際反覆詳究，退自慶幸，以爲治道之本莫大夫辨君子小人之分。聖意孜孜于此，宗社生靈之福也。昔唐李德裕言於武宗曰：『邪正二者，勢不相容。正人指邪人爲邪，邪人亦指正人爲邪，人主辨之甚難。臣以爲正人如松栢，特立不倚，邪人如藤蘿，非附他物不能自起。』臣嘗推類而言之，君子小人見矣。大抵不私其身，慨然以天下百姓爲心，此君子也。謀身之計甚密，而天下百姓之利害我不顧焉，此小人也。志在於爲道，不求名而名自歸之，此君子也。志在於爲利，掠虚美、邀浮譽，此小人也。其言之剛正不撓，無所阿狥，此君子也。辭氣柔佞，切切然伺候人主之意於眉目顔色之間，此小人也。樂道人之善，惡稱人之惡，此君子也。人之有善，必攻其所未至而掩之；人之有過，則欣喜自得，如獲至寶，旁引曲借，必欲開陳於人主之前，此小人也。難進易退，此君子也。叨冒爵禄，蔑無廉恥，此小人也。臣嘗以此而求之，君子小人之分庶幾其可以概見矣。小人在位，則同於己者譽之以爲君子，異於己者排之以爲小人，不顧公議，不恤治亂，不畏天地鬼神。是以自崇、觀以來以至今日，有異於己者而稱其爲君子乎？臣以爲必無之也。彼其專爲進身自營之計，故好惡不公，以至於忘身忘家，亂天下而莫之悔。惟陛下親學問、節嗜欲，清明其躬，以臨照百官，則君子小人之情狀又何隱焉？」上還臨安，公留相府。未閲月，復出江上勞軍。至鎮江，召韓世忠親喻上旨，使舉軍前屯楚州以撼山東。世忠欣然受命，即日舉軍渡江。公至建康撫張俊軍，至太平州撫劉光世軍，軍士無不踴躍思奮。

時巨寇楊么據洞庭重湖，朝廷屢命將討之不克。公念建康東南都會，而洞庭實據上流，今寇日滋，壅遏漕運，格塞形勢，爲腹心害。不先去之，無以立國。然寇阻重湖，春夏則耕耘，秋冬水落則收糧于湖寨，載老小于泊中，而盡驅其衆四出爲暴。前日朝廷反謂夏多水潦，屢以冬用師，故寇得併力而我不得志。今乘其怠盛夏討之，彼衆既散，一旦合之，固已疲於奔命；又不得守其田畒，禾稼蹂踐，則有秋冬絶食之憂，黨與必携，可招來也。雖已命岳飛往，而兵將未必論此意，或逞兵殺戮，則失勝算，傷國體。遂具奏請行，上許焉。公在道，念國家任事不顧身者常遇禍，而畏避崇虚譽者常獲福，以爲國之大患，奏曰：「今夫有疾於此，正在膏肓，庸醫畏縮，方且戒以勿吐勿下，姑進參苓而安養之，雖終至於必死，主人猶以爲愛己也。乃若良醫進剖胸洗腸之術，旁觀駭愕，指以爲狂。至其疾良已，尚不免於輕試之謗。自古掠美附衆者得譽常多，而骨鯁當權者負謗常重。澶淵之役，寇準決策親征，功存社稷。事定之後，姦臣乃謂其輕棄萬乘。今合天下之力以誅天下之不義，雖湯、武復生，亦必出此。而顧乃爲恐懼顧慮之計，何由而事功可集哉？」蓋公所以自任者始終如此，故每因事爲上言之。行至醴陵，獄犴數百人，盡楊么遣爲間探者，帥席益傳至遠縣囚之。公召問，盡釋其縛，給以文書，俾分示諸寨曰：「爾今既不得保田畒，秋冬必乏食，且餒死矣。不若早降，即赦爾死。」數百人驩呼而往。五月十一日至潭州，於是賊寨首領黄誠、周倫先請受約束。然誠等屢嘗殺招安使命，猶自疑不安。公遣岳飛分兵屯鼎、澧、益陽，壓以兵勢，其黨大恐，相繼約日來降，丁壯至五六萬，老弱不下二十萬。公一切以誠信撫之。六月，湖寇盡平，乃更易郡縣姦贓吏，宣布寬恩。上手書賜公曰：「覽奏，知湖寇已平。非卿孜孜憂國，不憚勤勞，誰能寬朕憂？顧奏到之日，中外歡賀，萬口一詞，以謂上流既定，則川、陝、荆、襄形勢接連，事力增倍。天其以中興之功付之卿乎！」於是公奏遣岳飛之軍屯荆襄，圖中原，遂率官屬吏兵泛洞庭而下。時重湖連年舟楫不通，公舟始行，風日清夷，父老歎息，以爲變殘賊呻吟之區爲和氣也。始，公定議令韓世忠屯承楚，於高郵作家計。及公出征而廷議中變，公復請去。上悟，優詔從公初計。公既兩發儲嗣之議，至是聞建資善堂，皇子出就傅，喜不自勝，以爲當以擇師傅爲先。遂具奏，薦起居郎朱震、秘閣修撰范沖可任訓導之選。公雖在外，常以内治爲憂，每有見輒入奏。其一謂：「自昔人君命相，與之講論天下大計，次第而施行之，故日積月累，成効可必。譬

之營室，先度基阯，次定規模，付諸匠者，以責其實。一有不合，安可輕委？自建炎以來，陛下選用大臣未知責以何事，而大臣進説於陛下未知何以奉詔。臣但見一相之入，引進親舊，報讎復怨，以行其私意而已。欲望國家之治安，其可得乎？」其二謂：「祖宗置臺諫，本慮夫軍民之利害，人才之善惡，官吏之能否廟堂不能盡見而周知，臺諫得以風聞而論列。不幸大臣不得其人，則臺諫力争明辨以去之耳。今乃不然，陰肆揣摩，公爲反覆，或伺候人主之意，或密結大臣之私，捃摭細故，以示其公。人主不可以不察也。」其三謂：「祖宗時，郎曹之選非累歷親民不以授，自臺閣而爲守貳者十嘗七八，蓋使之更歷世故，諳曉民情，養成其材，以備任使。今則不然，事口記者可至言官，弄文采者皆升館職，日進月遷，驟竊要位。一居京局，視州縣爲冗官。故有爲大臣而不知民情之休戚、財用之盈虚，軍政之始末者，有爲侍從而不知州縣所宜施行者，況責以任天下大計哉？」上嘉納焉。公自岳、鄂轉淮西、東，諸將大議防秋之宜，直至承楚，僞境震動。上念公久勞于外，遣中使賜手書促歸，制除公金紫光禄大夫。公力辭至四五乃許。特封公母計氏秦國夫人，賜公兄混紫章服及五品服二人，官公親屬兩人。公以十月十一日至行在，上勞問曰：「卿暑行甚勞，然湖湘羣盗既就招撫，以成朕不殺之仁，卿之功也。」公頓首謝曰：「陛下誤知，使當重任，故臣得效愚計。」上親書《周易》《否》、《泰》卦以賜焉。公奏：「自古小人傾陷君子，莫不以朋黨爲言。夫君子引其類而進，志在於天下國家而已。其道同，故其所趨向亦同，曾何朋黨之有？惟小人則不然，更相推引，本圖利禄，詭詐之蹤，莫可跡究。或故爲小異以彌縫其事，或内外符合以信實其言。人主於此何所决擇而可哉？則亦在夫原其用心而已矣。臣嘗考《泰》之初九『拔茅茹以其彙，征』，而象以爲志在外，蓋言其志在天下國家，非爲身故也。《否》之初九『拔茅茹以其彙，貞』，而象以爲志在君，則君子連類而退，蓋將以行善道而未始忘憂國愛君之心焉。觀二爻之義而考其用心，則朋黨之論可以不攻而自破矣。臣又觀否泰之理起於人君一心之微，而利害及於天下百姓。方其一念之正，其畫爲陽，泰自是而起矣。一念之不正，其畫爲陰，否自是而起矣，然而《泰》之上六，三陰已盡，復變爲陽，則小人在外而泰之所由以生焉。當今時適艱難，民墜塗炭，陛下若能日新其德，正厥心於上，臣知其將可以致泰矣。異時天道悔禍，幸而康寧，則願陛下常思其否焉。」上嘗召公獨對便殿，問所宜爲。公退奏曰：「臣竊惟二帝皇族遠處沙漠，憂憤無聊與夫輕侮受辱，可想而見也，尚忍言之哉！臣嘗屈指計之，如此者蓋三千晝夜矣。虎狼用意，實欲摧折而消磨之也。雖然，此尚以陛下總師于南耳。異時或一有差跌，其禍可勝言乎？今事雖有可爲之幾，理未有先勝之道。蓋兵家之事不在交鋒援戰然後勝負可分，要在得天下之心，則士氣百倍，虜叛歸服。雖然，是豈可以聲音笑貌爲哉？心念之間一毫有差，四海共知。今使天下之人皆曰吾君孝弟之心須臾不忘，寢食之間父兄在念，當思共爲陛下雪讎矣。皆曰吾君之朝君子在位，小人屏去，侍御僕從罔匪正人，譖説不行，邪言不入，市井之談不聞，道義之益日至，則内外安心，各服其職，而有才智者悉思盡其力矣。皆曰吾君棄珠玉、絶弄好、輕犬馬、賤刀劍，金帛之賞不以予幸，惟以予功，則上下知勸矣。以至吾君言動舉措俱合禮法，至誠不倦，上格於天，則望教化之可行矣。如是則將帥之心日以壯，士卒之心日以奮，天下百姓之心日以歸。夷狄雖號荒服，然非至若禽獸也。聞陛下之盛德，知中國之理直，則氣折志喪，小大雖異，戰必不力，衆必不同，則陛下何爲而不可成乎？或有不然，疑似之説毫髮著見，天下之人口不敢言而心敢怒。異日事乖勢去，禍亂立作，如覆水之不可救也。蓋隙見於此則心生於彼，不易之道，自古爲君之難，非特今日也。一言之失，一行之非，或失色於人，或失禮於人，或一小人在側，便足以致禍致難，起戎起兵。前日明受之變，大逆之徒陳兵闕下，旁引他辭，其監不遠也。爲人上者，其可不兢畏戒懼耶？」其警戒深切如此。上皆嘉納，且命公以所見聞置策來上。公承命條列以進，號《中興備覽》，凡四十一篇。立國之本，用兵行師之道，君子小人之情狀，駕馭將帥之方，均節財用之宜，聽言之要，待近習之道，以至既往之得失，郡縣之利病，莫不備具。上深嘉歎，置之坐隅。六年正月，上謂公曰：「朕每以事幾難明，專意精思，或達旦不寐。」公奏曰：「陛下以多難之際，兩宫幽處，一有差失，存亡所系，慮之誠是也。然臣嘗聞之，聽雜則易惑，多畏則易移。以易惑之心行易移之事，終歸於無成而已。是以自昔君人者修己正心，惟使仰不愧于天，俯不怍於人，持剛健之志，洪果毅之實，爲所當爲，曾不它卹。陛下聰明睿知，灼知古今，苟大義所在，斷以力行，夫何往而不濟乎？臣願萬機之暇，保養天和，澄静心氣，庶幾利害紛來不至疑惑，以福天下，以建中興。」公以虜勢未衰，而叛臣劉豫復據中原，爲謀叵測，不敢皇寧處于朝，奏請親行邊塞，部分諸將，以觀機會。上許焉，即張榜聲豫僭逆之罪，以是月中旬啓行。公謂：「楚漢交兵之際，漢駐兵殽函間，則楚不敢越境而西。蓋大軍在前，雖有它岐捷徑，敵人畏我之議其後，不敢踰越而深入也。故太原未陷，則粘罕之兵不復濟河，亦以此耳。論者

多以前後空闕，虜出它道爲憂，曾不議其糧食所自來，師徒所自歸。不然，必環數千里之地盡以兵守之，然後爲可安乎？」既以此告于上，又以此言於同列，惟上深以公言爲然。至江上，會諸帥議事，命韓世忠據承楚以圖淮陽，命劉光世屯合淝以招北軍，命張俊練兵建康，進屯盱眙，命楊沂中領精兵爲後翼佐俊，命岳飛進屯襄陽以窺中原。形勢既立，國威大振。上遣使賜公御書《裴度傳》以示至意。公於諸將中尤稱韓世忠之忠勇，岳飛之沉鷙，可倚以大事。世忠在楚州時入僞地，叛賊頗聚兵。世忠渡淮擊敗之，直引兵至淮陽而還，士氣百倍。上手賜書公曰：「世忠既捷，整軍還屯，進退合宜，中外忻悦。每患世忠發憤直前，奮身不顧，今乃審擇利便，不失事機，亦卿指授之方。卿宜明審虛實，徐爲後圖，或遣岳飛一窺陳蔡，使賊支吾不暇，以逸待勞。」時飛母死，扶護葬廬山。公乞御筆敦趣其行，飛奉詔歸屯。公身任輔相，雖督軍在外，朝廷有大差除，不容不預議。而孟庚除知樞密院，及高世則除節度使，皆不知始末。具奏，以爲如此則臣不當在相位。上親筆喻指焉。公以東南形勢莫重建康，實爲中興根本。且人主居此，則北望中原，常懷憤惕，不敢自暇自逸。臨安僻居一隅，内則易生安肆，外則不足以號召遠近，係中原之心。奏請車駕以秋冬臨建康撫三軍，以圖恢復。公又渡江遍撫淮上諸屯，屬方盛暑，公不憚勞，人人感悦。時防秋不遠，公以方略諭諸帥，大抵先圖自守以致其師，而乘幾擊之。六月，制加公食邑、食實封。時公所遣人自燕山回，知徽宗皇帝不豫，又聞欽宗皇帝所貽虜酋書，奏曰：「臣近得此信，不勝臣子痛切憤激之情。仰惟陛下處天子之尊，遭父兄之變，聖懷惻怛，勤切于中，固不止坐薪嘗膽也。臣願陛下至誠剛健，勉强有爲，成敗利害，在所不恤。彼藉姑息之論，納小忠之説者，爲一己妻孥計耳。使天有志於中興，陛下奮然決爲，躬冒矢石，事無不濟。使天無意乎中興，陛下雖過爲計慮，以圖一身之安，曾何補於事乎？但當盡其在我，一聽天命而已。況夫孝弟可以格天，仁厚可以得民，推此心行之，臣見其福，不見其禍也。」七月，有詔促公入覲。八月至行在，時張俊軍已進屯盱眙，三帥鼎立，而岳飛遣兵入僞地，直至蔡州，焚其積聚，時有俘獲。公力陳建康之行爲不可緩，朝論同者極鮮，惟上斷然不疑。車駕以九月一日進發，逮至平江，公又請先往江上。諜報叛賊劉豫及其姪猊挾虜來寇，公奏虜疲於奔命，決不能悉大衆復來，此必皆豫兵。公既行，而邊遽不一，大將張俊、劉光世皆張大賊勢，爭請益兵，自趙鼎而下，莫不恟懼。至欲移盱眙之屯，退合淝之師，召岳飛盡以兵東下。公獨以爲不然，以書戒俊、光世曰：「賊豫之兵以逆犯順，若不盡勦，何以立國？平日亦安用養兵爲？今日之事，有進擊無退保。」時楊沂中爲張俊軍統制，公令沂中往屯濠梁，且使謂之曰：「上待統制厚，宜及時立大功，取節鉞。或有差跌，某不敢私。」諸將竦懼聽命。公至江上，知來爲寇者實劉麟兄弟，豫封麟淮西王，兵凡六萬人。寇已渡淮南，涉壽春，逼合淝。公調度既已定矣，而張俊請益兵之書日上，劉光世亦欲引兵退保。劉豫又令鄉兵僞胡服，於河南諸州十百爲群，由此間者皆言處處有虜騎。趙鼎及簽書樞密院事折彦質惑之，移書抵公至七八，堅欲飛兵速下。又擬條畫項目，乞上親書付公。大略欲俊、光世、沂中等退師善還，爲保江之計，不必守前議。公奏：「俊等渡江則無淮南，而長江之險與虜共矣。淮南之屯正所以屏蔽大江，向若叛賊得據淮西，因糧就運，以爲家計，江南其可保乎？陛下其能復遣諸將渡江擊賊乎？淮西之寇，正當合兵掩擊，令士氣益振，可保必勝。若一有退意，則大事去矣。又岳飛一動，則襄漢有警，復何所制？願陛下勿專制于中，使諸將不敢觀望。」上手書報公曰：「朕近以邊防所疑事咨問於卿，今覽卿奏，措置方略、審料敵情條理明甚，俾朕釋然，無復憂顧。非卿識慮高遠，出人意表，何以臻此？」是時内則廟堂，外則諸將，人人畏怯，務爲退避自全之計。雖公遠策之忠始終不貳，然握兵在外，間隙易生，向非主上見幾之明，不惑羣議，則諸將必引而南，大勢傾矣。及奉此詔，異議乃息，而諸將亦始爲固守計。既而賊大張聲勢於淮東，阻韓世忠承楚之兵不敢進，楊沂中亦以十月四日抵濠州。公聞光世已舍廬州而南，淮西人情恟動，星夜疾馳至采石，遣諭光世之衆曰：「有一人渡江，即斬以狥。」光世聞公來采石，大恐，即復駐軍，與沂中接連相應。劉猊分麟兵之半來攻沂中，是月十日，沂中大破猊於藕塘，降殺無遺。猊僅以身免，麟拔寨遁走，虜獲甚衆，得糧舟四百餘艘。於是公奏車駕宜乘時早幸江上，上賜手書曰：「賊豫阻兵，梟雛犯順，夾淮而陣，侵壽及濠。卿獎率師徒，分布要害，臨敵益壯，仗義直前，箕張翼舒，風馳電掃，遂使凶渠宵遁，同惡自焚，觀草木以成兵，委溝壑而不顧。昔周瑜赤壁之舉，談笑而成；謝安淝上之師，指揮而定。得賢之効，與古何殊？寤寐忠勤，不忘嘉歎。」公奏曰：「逆雛遠遁，尚稽授首之期；金寇方强，未見息戈之日。臣之罪大，何所逃刑？願陛下念十年留滯之非，歎雙馭還歸之晚，儻爲民而勞己，當有神以相身。無使自謀擇利之言，得惑至高無私之聽。」又上奏以「賊臣邇者輒入邊塞，今雖勝捷，而渠魁遁去，殺戮雖衆，亦吾赤子。致彼操戈而輕犯，由臣武備之弗嚴。願賜顯黜，以允公議。」上深嘉歎焉。有旨，都督府

隨行官吏、軍兵諸色人等備見勤勞，可令張某等第保奏。公奏：「馳驅盡瘁，職所當然，賞或濫加，士將解體。乞上保奏戰功，庶可旌勸軍士。」又遣內侍賜公古端石硯、筆、墨、刀劍、犀甲，且召公還。及至平江，隨班朝見，上曰：「却賊之功，盡出右相之力。」於是趙鼎惶懼乞去。方公未至平江時，鼎等已議回蹕臨安。公入見之次日，具奏曰：「昨日獲聞聖訓，惟是車駕進止一事利害至大。蓋天下之事不唱則不起，不爲則不成。今四海之心孰不思戀王室？虜叛相結，脅之以威，雖有智勇，無由展竭。三歲之間，賴陛下一再進撫，士氣從之而稍振，民心因之而稍回。正當示之以形勢，庶幾乎激忠起懦，而三四大帥者，亦不敢懷偷安苟且之心。夫天下者，陛下之天下也。陛下不自致力以爲之先，臣懼被堅執鋭，履危犯險者皆有解體之意。今日之事，存亡安危所自以分。六飛儻還，則有識解體，內外離心，日復一日，終以削弱。異時復欲下巡幸詔書，誰能深信而不疑者？何哉？彼知朝廷姑以此爲避地之計，實無意於圖回天下故也。論者不過曰萬一秋冬有警，車駕難於遠避。夫軍旅同心，將士用命，扼淮而戰，破敵有餘。況陛下親臨大江，氣當百倍。苟士不効力，人有離心，陛下雖過自爲計，將容足於何地乎？又不過曰當秋而進，士有戰心。及春而還，絶彼窺伺。爲此論者，特可紓一時之急，應倉卒之警。使年年爲之，人皆習熟，謂我不競，當有怨望，難乎其立國矣。又不過曰賊占上流，順舟而下，變故不測。夫襄漢我所有也，賊舟何自而來？使虜叛事力有餘，果然凌犯，水陸偕進，自上而濟，陛下雖深處臨安，亦能以安乎？矧惟陛下負四海之重責，有爲而未成，天下猶矜憐而歸心於陛下；不爲而坐待其盡，其爲禍可勝言耶！要須剛大志氣，恢廓度量，以拯救天下爲心，仰不愧於天，俯不怍於人，度事而爲，審時而動，先謀自治，利而誘之，致而破之，何難而不可濟？今臣侍陛下以還歸，在臣之謀，無所任責，臣亦得計矣。而爲陛下國家計，則爲不忠。是以披心腹、露肝膽，反復一二言之。惟陛下詳教而曲諭焉，庶幾君臣之間得盡其道，不貽萬世之悔。」上翻然從公計。十二月，趙鼎出知紹興府，專委任公。公謂親民之官治道所急，而比年以來內重外輕，祖宗之法盡廢。流落于外者終身不獲用，經營于內者積歲得美官。又官于朝者不歷民事，利害不明，詔令之行，職事之舉，豈能中理？民多被其害。遂條具以聞：郡守、監司有治狀，任滿除郎。郎曹資淺，未經民事之人，秩滿除監司、郡守。令中書省、御史臺籍記姓名，回日較其治効，優加擢用。治民無聞者，與閑慢差遣。館職未歷民事者除通判，郡守，殿最如前。仍乞降詔。又以災異奏復賢良方科，上皆從之。七年正月，上以公去冬却敵之功，制除特進。公懇辭再四。先是，十二月以祿令成書加金紫光祿大夫。公辭不得，即求回授兄滉。至是上謂公曰：「卿每有遷除，辭之甚力，恐於君臣之義有未安也。」公乃奉命。

公與趙鼎當國時，議徽宗在沙漠，當遣信通問，遂遣問安使何蘚等行。是年正月二十五日，蘚歸，報徽宗皇帝、寧德皇后相繼上仙。上號慟擗踊，哀不自勝。公奏：「天子之孝，與士庶不同。必也仰思所以承宗廟、奉社稷者。今梓宮未返，天下塗炭，至讎深恥，亘古所無。陛下揮涕而起，斂髮而趨，一怒以安天下之民，臣猶以爲晚也。」數日後求奏事，深陳國家禍難，涕泣不能興。因乞降詔諭中外。上命公具草以進，親書付外。其詞曰：「朕以不敏不明，託於士民之上，勉求治道，思濟多艱。而上帝降罰，禍延于我有家，天地崩裂，諱問遠至。嗚呼！朕負終身之戚，懷無窮之恨。凡我臣庶，尚忍聞之乎！今朕所賴以宏濟大業，在兵與民。惟爾小大文武之臣早夜孜孜，思所以治兵卹民，輔朕不逮。皇天后土，實照臨之。無或自暇，不卹朕憂。」又以公請，命諸大將率三軍發哀成服，中外感動。公退，又具奏待罪曰：「仰惟陛下時遇艱難，身當險阻，圖回事業，寢食不遑。所以思慕兩宮，憂勞百姓，未嘗一日忘也。臣之至愚，獲遭任用，在諸臣先，每因從容語及北狩事，聖情惻怛，淚必數行。臣感慨自期，願殲虜讎。十年之間，親養闕然，爰及妻孥，莫之私顧，其意亦欲遂陛下孝養之至，拯生民塗炭之難，則臣之事親保家，庶幾得矣。昊天不弔，禍變忽生，使陛下抱無窮之痛，積罔極之思，哀復何言？罪將誰執？載念昔者陝蜀之行，陛下丁寧告戒，且曰：『我有大隙于虜，刷此至恥，惟臣是屬。』而臣終隳成功，使賊無憚。況以沙漠之墟，食飲憂慮，兩宮處此，違豫固宜。今日之禍，端自臣致。尚叨近輔，實愧心顔。伏願明賜罷黜，亟正典刑，仰以慰上皇在天之靈，俯以息四海怨怒之氣。」上降詔起公視事，公再上疏待罪，不獲請。車駕以二十七日發平江，三月十一日至建康。時公總領中外之政，會車駕巡幸，又值國卹，幾事叢委。公以一身任之，至誠惻怛，上下感動，人情賴公以安。每對必深言讎恥之大，反復再三，上未嘗不改容流涕。上方厲精克己，務自損節，戒飭宮庭內侍等無敢少有越度者。事無巨細，必以咨公。賜諸將詔旨，往往命公擬進，未嘗易一字。四方有災異，公必以聞，祥瑞則皆抑不奏。知果州宇文彬、通判龐信孺進嘉禾九穗，並鐫秩放罷，而四方皆知朝廷好惡所在矣。四月，公行淮西，撫喻諸屯，築廬州城，治東西關，且申防秋備。自公來東南，太夫人留蜀。及再入政府，遣人迎侍。太夫人安于

蜀，未即出。上爲降旨，召公兄滉俾迎侍而來，又遣內侍胡宗回往喻意。五月始達建康，而公亦自淮西歸。上疊遣中使勞問太夫人，賜予稠疊。公戴星而出，經處國事，至暮入侍色養，委曲奉承，中外觀感歆慕，傳相告語，以爲美談。自公與趙鼎在相位，以招來賢才爲急務，從列要津，多一時之望，百執事奔走效職，不敢自營，人號爲小元祐，而公尤未嘗以恩澤私親戚。仲兄滉上知其賢，累欲加以異恩，公輒辭。及賜進士第，後省官繳駁，公非惟不加忤，且奏不當以臣故沮後省公議。外舅宇文時中政和中爲郎，出守大藩，舊已寓直，萬里召赴，僅進職知湖州。舅氏計有功久在幕府，得直徽猷閣。公止，乞就秘閣，人服其公。公以人主當務講學以爲修身致治之本，薦河南門人尹焞宜在講筵，有旨趣赴闕。會旱災，且自太夫人以次闔門悉卧病，公力求去，至再四不得。方車駕在平江時，公歸自江上，奏劉光世握兵數萬，無復紀律，沈酣酒色，不卹國事。語以恢復，意氣怫然。宜賜罷斥，用警將帥。上然之，罷光世而以其兵盡屬督府。公命參謀、兵部尚書呂祉往廬州節制，公又自往勞之，人情協附，上下帖然。而樞密使秦檜、知樞密院事沈與求意以握兵爲督府之嫌，奏乞置武帥。臺諫觀望，繼有請，乃以王德爲都統制，即軍中取酈瓊副之。公歸，以爲不然，奏論之，而瓊等亦與德有舊怨，與其下八人列狀訴御史臺。乃命張俊爲宣撫使，楊沂中、劉錡爲制置判官以撫之。此軍自聞王德爲帥，往往懷疑，而酈瓊遂陰有異志，唱搖其間。八月八日，瓊等舉軍叛，執呂祉以行，欲渡淮歸劉豫。祉不肯渡，詈瓊等，碎齒折首以死。公遂引咎，力求去位。上不得留，因問可代者。公辭不對。上曰：「秦檜何如？」公曰：「近與共事，始知其暗。」上曰：「然則用趙鼎。」遂令公擬批召鼎。既出，檜謂公必薦己，就閤子與公語。良久，上遣人促進所擬文字，檜始錯愕而出。後反謂鼎：「上召公，而張丞相遲留，至上使人促，始進入。」檜之交諜此。公本以檜靖康中建議立趙氏，不畏死，有力量，可與天下事，而一時仁賢薦檜尤力，公遂推引。既同朝，始覺其顧望包藏，故臨行因上問及之。先是，公遣人賫手榜入僞地云：「劉豫本以書生被遇太上皇帝，曾居言路。主上嗣極，擢守鄉郡。當山東之要衝，任濟南之委寄，眷禮殊厚，責望至深。俄聞率衆以請降，旋乃失身而據位。諒亦迫於畏死，姑務偷生。如能誘致金人，使之疲弊，精兵健馬，漸次消磨，茲誠報國之良圖，亦爾爲臣之後効。更須愛惜民力，勿使傷殘。儻或永懷異心，自致顯戮，豈惟皇天后土有所不容，抑恐義士忠臣終懷憤疾。」金虜用事者見此榜，已疑豫。八月，豫聞王師欲北向，遣韓元英告于虜，謂南寇張某總領烏合之兵，或逼宿亳，或窺陳蔡，或出襄陽，增修器甲，趣辦軍裝，其志不小。先起制人，後起制於人，欲乞兵同舉。虜得此報，謂豫真欲困己，益疑之。會瓊等叛去，公復多遣間散持蠟書，故遺之。大抵謂豫已相結約，故遣瓊等降，而豫又乞兵于虜。十月，虜副元帥兀朮徑領兵來廢豫，惜其機會之來，公已去位矣。蓋公以九月五日得請，授觀文殿大學士、提舉江州太平興國宮。左司諫王縉奏乞留公，即日補外。都官郎中趙令衿繼上疏，亦罷去。而御史中丞周秘、殿中侍御史石公揆、右正言李誼交章詆公未已，旋落職，以朝奉大夫、秘書少監分司西京，永州居住。於是趙鼎復當國，而車駕自江上還臨安矣。公出任國事，每以不得從容盡子職爲念。及既去國，太夫人以公退處，欣然從之。八年二月，抵永，左右侍旁，凡所以順承親意者無不曲盡。太夫人安之，不知其爲遷謫也。然公自以爲上遇我厚，雖流離遠屏，亦未嘗一念不在朝廷。作草堂旁近，以奉版輿遊歷，命以「三省」，爲文紀之曰：「予作堂于寓止客館之東隅，僅庇風雨，取曾子三省之目以名之。其省謂何？思吾之忠於君、教於親、修於己者恐或未至也。士大夫學聖人之道，當求所以通天人之際。予之三省，將有進於斯而愧其未能也。」則公之所深省而自得者遠矣。是歲秦檜已得政，始決屈己和戎之議。九年正月，詔書至永。公伏讀恐懼，寢食不安，移書參知政事孫近，大略曰：「魯仲連不尊秦爲帝，且云連寧有蹈東海而死，蓋知帝秦之禍遲發而大。況我至讎深隙，乃欲修好而幸目前少安乎？異時歲幣求增而不已，使命絡繹以來臨，以至更立妃后，變置大臣，起罷兵之議，建入覲之謀，皆或有之矣。某是以伏讀詔書，不覺戰汗。幸公深思，密以啓沃。」又聞故人李光自洪州召入政府，復以此意移書抵之，懷不自已。又具劄子以奏曰：「恭覩詔書之頒，再三伏讀，通夕不寐。今日事之虛實姑未論，借令虜中有故，上下分離，天屬盡歸，河南遂復，我必德其厚賜，謹守信誓。將來人情益解，士氣漸消，彼或內變既平，指瑕造隙，肆無厭之欲，發難從之請，其將何詞以對？顧事理可憂，有甚於此者。陛下焦心勞慮，積意兵政，精誠感格，將士漸孚。一旦北面事虜，聽其號令，遊談之士取功於一時，忠勳之臣置身於無用，小大將帥，孰不解體？陛下且欲經理河南而有之，臣知其無與赴功而共守者矣。今從約之遽，肆赦之速，用世儒之常說，答猾虜之詭秘，措置失緒，不勝寒心。願陛下思宗社之計，圖恢復之實，逼之以大勢，庶乎國家可得而立。臣罪戾之餘，一意養親，深不欲論天下事。顧惟利害至大至重，不忍緘默，以負陛下之知。惟陛下留意。」二月，以大霈復宣奉大夫，提舉臨安府洞霄

宮，任便居住。公復具劄子曰：「竊惟今日事勢處古今之至難，一言以斷之，在陛下强勉圖事而已。陛下進而有爲，則其權在我，且順天下之心。間雖齟齬，終有莫大之福。陛下退而不爲，則其權在敵，且拂天下之心。今雖幸安，後將有莫大之憂。夫在彼者情不可保，在我者心不可失。外狗敵國，內罹實害，智者所不爲也。仰惟聖慈深計審慮，茂圖大業，永福元元。」又自作謝表云：「敢不專精道學，黽勉身修。求以事親，方謹晨昏之養；庶幾報國，敢忘藥石之規？」視此，則公許國之忠爲如何哉！居旬日，又具劄子曰：「自陛下回駐臨安，甫閱歲時，聖心之所經營，朝論之所商榷，專意和議，庶幾休息，莫不幸其將成矣。臣嘗不寐以思，屈指而計，虜人與我讎釁之深，設心措意，果欲存吾之國乎？抑願其委靡而遂亡也？臣意其力弱未暇，姑借和以怠我之心。勢盛有餘，將求故以乘吾之隙。理既甚明，事又易見，然則紛紛異議可端拱而決矣。料虜上策，還梓宮、復母后，輿地來歸，不失前約，結懽篤好，以怠我師。遲之數年，兵無戰意，然後遣一介之使，持意外之詔，假如變置大臣，更立妃后，將何以塞請？虜出中策，則必重邀求、責微禮，失約爽信，近在期年，中原之地，將有所付。如梁武之立北魏王顥者，尚庶幾於前。虜出下策，怒而興師，直臨江表，勢似可愕，而天下之亂或從此而定矣。」是月，復資政殿大學士、知福州，兼福建路安撫大使。公以太夫人念鄉，不欲東去，力辭至再三。四月，公念前論講和事未蒙開納，又具劄子曰：「竊惟陛下建炎初載嘗歷大艱，天意至深，益彰聖德。前事不忘，後事之鑑。伏願亟收人心，務振士氣，權勢專制，操縱自我，外之醜虜，易發敢侮之謀？內之羣帥，益堅盡節之志。天下國家，我所自定；宋之社稷，永永無窮。夫理有近利，亦有深憂。有天下者，當審機會、度人情、斷大義，持柄握權，不以與敵。腐儒寡能遠見，事至而悔，將何及焉？況夫今日事機尚可，因權適變，速於救藥。惟望聖慈斷以無疑，則天下幸甚！」八月，聞虜遣使來，以詔諭爲名，則又具奏曰：「臣近者累輪瞽說，仰瀆聖明，誠以憂君過慮，不能自息。竊惟天下之事有置必有廢，有與必有奪。虜以詔諭爲名，持廢置與奪之大柄。且其蓄謀起慮，欲以沮人心、奪士氣而坐傾吾國。臣之所憂，不但目前也。劉先主曰濟大事以人心爲本，此存亡之大計。願陛下考臣前後所奏，留神毋忽焉。」福州之命既累辭不獲，公念時事多虞，惟在近或可以補報萬一，遂受命而東。九月至閩中，閩素號健訟難治，公謂人心一也，正由臨民者先有逆詐億不信之心，是以不能感格。入境，一切諭以義理，飭守令誠意民事，令鄉里長老知書者率勸後生，及彊悍者無爲鄉黨羞，民皆感仰。每出，觀者至升屋登木如堵墻。十年正月，上遣中使撫問，公附奏謝，且曰：「願陛下全養精神，剛大志氣，惟果惟斷，見幾見微，察彊弱於言辭之際，轉禍福於談笑之間，無使噬臍，爲天下笑。」時虜中變盟約，復取河南。公奏曰：「臣竊念自群下決回鑾之議，國勢不振，事機之會失者再三。向使虜出上策，還梓宮，歸兩殿，供須一無所請，宗族隨而盡南，則我德虜必深，和議不拔，人心懈怠，國勢寖微。異時釁端卒發，何以支持？臣知天下非陛下之有矣。今幸上天警悟，虜懷反復，士氣尚可作，人心尚可回。願因權制變，轉禍爲福，用天下之英才，據天下之要勢，奪敵之心，振我之氣。措置一定，大勳可集。臣又有臆見，當燕山新復，朝廷恃郭藥師爲固。一旦醜虜敗盟，藥師先叛。何則？賣國無恥之人，本無它長，難與共事。願陛下每以爲鑑，制御於早無忽。」繼聞淮上有警，連以邊計奏知，又條畫海道舟舡利害。上嘉公之忠，遣中使獎諭。公時大治海舟至千艘，爲直指山東之計，以俟朝命。在郡細大之務必躬必親，人人感悅，和氣薰然，訟事清簡。山海之寇招捕無餘，間引秀士與之講論，閩人化之。十一年三月，劉錡大破兀朮于順昌。錡本晚出，公一見關陝，奇之，即付以事任，錡亦感慨自立。公歸，薦之上，謂錡才識諸將莫及。而一時輩流嫉其材能出己右，百計沮遏。公既平湖寇，即薦知岳州。已而召赴行在，左右扶持，付以王彥軍，且擢爲騎帥。至是，錡竟以所部成大功。方欲進兵乘虜虛，而檜召錡還矣。錡還朝，上見之，首曰：「張某可謂知人。」檜遣郎官蓋諒來諷公，使附其議，當即引公爲樞密使。公答檜書歷言和不可成，虜不可縱，且面爲諒言。諒歸，檜怒。時幕將等歸自虜，朝廷復遣劉光遠等奉使，而公亦力請祠奉親矣。十一月，除檢校少傅、崇信節度使，充萬壽觀使，免奉朝請。去福之日，軍民送者咨嗟號泣，相屬於道。公以蜀遠朝廷，不欲徑歸，遂奉太夫人寓長沙。十二年，太母鑾輅來歸，制封公和國公，具劄子以賀，且曰：「與或爲取，安必慮危。夫惟務農而彊兵，乃可立國而禦侮。願勤聖慮，終究遠圖。」公恐太夫人念歸，乃即長沙城之南爲屋六十楹以奉色養，太夫人安焉。築堂牓曰「盡心」，親爲之記，大意欲益求所以盡心於君親者。居間玩意六經，考諸史治亂得失，益思前事之機微，憂時之志，一飯未嘗忘也。檜既外交仇讎，罔上自肆，惡嫉正論，諱言兵事，自以爲時已太平，日爲浮文侈靡，愚弄天下，獨忌公甚。中丞万俟卨希檜旨，論公卜宅僭擬，至倣五鳳建樓，上不以爲然。檜遣朝士吳秉信以使事至湖南，有所案驗，且以官爵誘之。秉信造公，見其居不過中人常產可辨，不覺歎息，反密以檜意告公而歸，且

奏其實。檜黜秉信。十六年，公念檜欺君誤國，使災異數見，彗出西方，欲力論時事，以悟上意。又念太夫人年高，言之必致禍，恐不能堪。太夫人覺公形瘠，問故。公具言所以，太夫人誦先雍公紹聖初對方正策之詞曰：「臣寧言而死于斧鉞，不忍不言而負陛下」，至再至三，公意遂決。乃言曰：「臣聞受非常之恩者圖非常之報，拯焚溺之急者乏徐緩之音。竊惟當今事勢，譬如養成大疽於頭目心腹之間，不決不止。決遲則禍大而難測，決速則禍輕而易治。惟陛下謀之於心，斷之以獨，謹察情僞，豫備倉卒。猶之弈棋，分據要害，審思詳處，使在我有不可犯之勢，庶幾社稷有安全之理。不然，日復一日，後將噬臍，異時以國與敵者反歸罪正議。此臣所以食不下咽，不能一夕安也。儻非陛下聖德在人，獲天地之祐，承祖宗之慶，有以照察其心，臣亦何所逃罪？」事下三省，檜大怒。時公又以天申節手寫《尚書·無逸》篇具劄子爲賀曰：「臣嘗潛心聖人之經，有可以取必於天，膺大福，獲大壽，決然無疑者，輒輸丹誠，爲陛下獻。臣伏考周公《無逸》篇，商王中宗『嚴恭寅畏天命，自度治民祗懼，不敢荒寧』，高宗『嘉靖商邦，至于小大，無時或怨』，周文王『自朝至於日中昃，不遑暇食，用咸和萬民』，『不敢盤于遊田，以庶邦惟正之供』。三君者，非獨身享安榮，而有國長久，後世莫加焉。商自祖甲之後，立王生則逸，不知稼穡之艱難，不聞小人之勞，惟耽樂之從。是以罔或克壽，或十年，或五六年，或四三年。天道昭然，其應如響。古之聖人以一身莅天下，惠澤四海，無不如意，未嘗少有憂懼退怯之懷。凡以天道可必，吾無愧歉于心而已。臣不勝臣子祝頌之誠，願陛下兢兢業業，勉之又勉，永堅此心，以奉天道。天之所以報吾君者，宜如何哉！」七月，檜命臺諫論公，章四上。上以特進、提舉江州太平興國宮，連州居住。樊川周勣者，氣義人也。自公貶永，即來相從。公帥福唐，辟爲屬。公來長沙，勣亦從居焉。檜累書招勣不得，恨之，乃謂公與勣誹謗時事，亦削勣官，竄封州。公被命即行，自夫人以下皆留侍，獨挈子姪往。太夫人送之曰：「汝無愧矣，勉讀聖人書，無以家爲念。」公至貶所，月一再遣人至太夫人所。日夕讀《易》，精思大旨，述之於編，親教授其子栻。連爲州，景物甚勝，暇即策杖遊歷。連人愛重公，爭持肴果以迎，所至必爲曲留終日。時檜益肆凶焰，遷謫者不絶于道，四方觀望。公處之恬然，形氣益充實，太夫人亦安居長沙。公在連作《四德銘》以示其人曰：「忠則順天，孝則生福，勤則業進，儉則心逸。」連人相與鑱之於石，家傳人誦焉。己巳歲，嶺南瘴疫大作，日色晝昏。官于連者，自太守而下死凡數人，郡人無不被疾，哭聲連巷，鄉落至有絶爨者。公和藥拯之，病者來請，日至千餘人。惟公家下至僕廝無一人告病，過者咨歎，莫不以爲天相忠誠也。居連凡四年，二十年九月，移永州。湖湘之人見公歸，喜甚，爭出迎。望見公所養勝前，退皆歎息相賀。公遣人迎太夫人，以次年四月至永，母子相見，彊健如初。永舊所嘗居，人情尤相安，而公兄徽猷公遽以疾終。方公官于朝及在貶，徽猷公常留太夫人左右，悦適其意，太夫人鍾愛之。至是悲惻殆不能爲懷，雖公解釋備至，太夫人亦年高多疾矣。蓋公去國至是幾二十年，退然自修，若無能者。而天下士無賢不肖莫不傾心，武夫健將言公者咨嗟太息，至小兒婦女，亦知天下有張都督也。虜人憚公尤甚，歲時使至虜中，其主必問公安在。方約和時，誓書有「不得輒更易大臣」之語，蓋懼公復用云。至是秦檜寵位既極，老病日侵，鄙夫患失之心無所不至，無君之迹顯然著見。意欲先剪除海内賢士大夫，然後肆其所爲。尤憚公爲正論宗主，使己不得安，欲亟加害，命臺臣王珉、徐嘉輩有所彈劾，語必及公。至彈知洪州張宗元文，始謂公國賊，必欲殺之。有張柄者，嘗奏請令檜乘金根車，其死黨也，即擢知潭州。汪召錫者，娶檜兄女，嘗告訐趙令衿，遣爲湖南提舉官，俾共圖公。又使張常先治張宗元獄，株連及公。以爲未足，又捕趙鼎子汾下大理獄，備極慘酷，考掠無全膚，令自誣與公及李光、胡寅等謀大逆。凡一時賢士五十三人，檜所惡者，皆與獄上。會檜病篤，不能書判以死。時紹興二十有五年也。上始復親庶務，先勒檜子熺致仕，盡斥群兇，公迹稍安，而太夫人遽薨。有旨復公職觀文殿大學士，除判洪州，公已在苫塊矣。哀苦扶護，以治命當歸葬雍公之兆，奏請俟命長沙。獨念天下事二十年爲檜所敗壞，人心士氣委靡銷鑠，政事無綱，邊備蕩弛，幸其一旦隕斃，當汲汲惟新令圖，而未見所以慰人望者。且聞完顔亮篡立，勢已驕豪，必將妄舉，可爲寒心。自惟大臣義同休戚，不敢以居喪爲嫌，五月，具劄子曰：「臣夙負大罪，自謂必死瘴癘之地。仰惟陛下優容之，矜憐之，保全之，死骨復生，盡出聖神之造。自今以往，皆已死之日，而陛下實生之。臣今雖居苫塊中，安敢恝然遂忘陛下恩德，且顧惜一己而默不出一言，庶幾有補萬一哉？惟陛下察其用心，恕之而已。臣聞自昔忠臣事君莫不欲其主之聖，莫不欲其主之名顯日月，功蓋宇宙。彼知夫國家安榮，則其身亦與有安榮，故犯顔逆指而不敢辭也。姦臣不然，惟利是圖，不復它卹。導君於非，使重失天下之心，而陰肆其邪志。始則曲意媚順，而欺蔽人主之聰明，終則專事擅權，而潛移生殺之大柄。跡其包藏，有不可勝言者矣。然而身滅家亡，族覆世絶，見於史册，歷歷可攷。

天下後世視之，曾犬豕之不若。彼誠果何所利耶？惜乎至愚而莫之思也。曰者陛下法乾之剛而用以沉潛，施設中幾，天下四夷孰不畏服？是臣可言之秋也。臣疏遠，不復預聞朝廷幾事，而伏自思念今日事勢極矣，陛下將拱手而聽其自然乎？抑將外存其名而博謀密計，求所以爲長久歟？臣誠過慮，以爲自此數年之後，民力益竭，財用益乏，士卒益老，人心益離，忠臣烈將淪亡殆盡，內憂外患相仍而起，陛下將何以爲策？方祖宗盛時，嘗與虜通和，惟力敵勢均，而國家取兵於西北，取財於天下，文武之才世不乏人，是故得以持久。而百四十年之後，靖康大變，事出不意，禍亂之大，亘古所無。論者猶恨夫恃和爲安而不自治之失。今天下幾何？譬之中人之家，盜據其堂，安居飽食其間，而朝夕陰伺吾隙，一日之間，其舍我乎。然則陛下不可不深思力圖於此時也。或謂虜嘗有弒立之舉，夫弒立之人，天地所不容，人情所甚惡。誠能任賢選能，修德立政，斷然爲吾之所當爲，口不絶和而實以勢臨之，彼必有瓦解之憂。借使虜不量度，輕爲舉動，第堅壁清野以持之，明示逆順，其衆自離，虜之危亡可立而待。何則？人心必不肯附逆而忘順。假之五七年，而虜之君臣之分定，彼國有人得柄用事，雖有賢智，莫知爲陛下計矣。願陛下精思審謀，無忘朝夕，無使真有噬臍之歎。夫約和衰弱之時，謂不能久，而彊虜之變荐生於內，是天贊陛下。違天不祥，陛下其承之！臣聞人主之俯仰天地間，所以自立其身者，不過『忠孝』二字。此天下之大義，不可須臾少忽也。而臣行負神明，孤苦餘生，親養已無所施矣。事有大義所當爲者，不過盡忠於陛下。顧雖頭目手足有可捐棄而爲陛下用者，所不當顧惜。而況親逢聖明，極力保全，恩德至大，使臣有懷私顧己、匿情慮禍之心，則是陛下不負臣，臣實負陛下，天地鬼神，其肯容之哉！是以不顧嫌疑，不避鼎鑊，不卹讒毀，爲陛下陳之。陛下勿謂軍民之心爲可忽，忠良之言爲可棄。大治天下譬如槃水，一決而潰，有不可收拾者矣。陛下其念之哉。臣行年六十，死亡無日，非若紛紛互持和戰之説，惟恐其説之不勝而身之不獲用，貪目前之得，忽久遠之圖。臣知爲陛下國家計耳。陛下安榮，臣亦預有安榮，臣之自謀，亦豈有不審耶？幸未即隕，得終禮制。陛下不以臣爲愚而卒棄之，願陛下許臣居嚴、婺間，優游養痾，爲陛下謀畫心腹之臣，以畢愚盡忠，庶幾有補萬一。臣之志願足矣。惟陛下廓乾坤之度，以精求天下之賢，無忘祖宗國家之恥，父兄宗族之讎，盛德大業，昭著後世，臣猶幸及見之。」繼被朝命，以太夫人之喪歸蜀。八月，行至荆南，會以星變詔求直言。公念虜數年間勢決求釁用兵，吾方溺於宴安，謂虜可信，蕩然無備，沈該、万俟卨據相位，尤不厭天下望，朝廷益輕。顧伏在苫塊，經歷險阻，死亡無日，不得爲上終言之，懷不自安，乃復奏曰：「臣受陛下更生大恩，今至憂迫身，涉險萬里，常恐一旦死填溝壑，終無以仰報萬一。思以展盡所懷，瞑目無憾。臣嘗病世儒牽於戰和異同之説，而不知實爲一事。或者竊儒爲姦，不知經史之心，切切焉利禄是圖，而有以欺惑陛下之聽也。又其甚，則大姦大惡挾虜懷貳，以自封殖其家，簧鼓曲説，愚弄天下，敢畢陳之。臣聞天地之大德曰生，而天地生物之功，本於秋冬。蓋非嚴凝之於秋冬，則無以敷榮之於春夏。然則秋冬之嚴凝，乃生物之基也。在《萃》之象曰：『除戎器，戒不虞。』《泰》之九二爻辭曰：『包荒用馮河。』泰萃之世，聖人謹於武備如此，謂不如是不足以生物而行其心也。況時方艱難，而可忽略不省，啓大禍于後，反謂是爲得哉？若夫一時之和，則亦聖賢生利天下之權矣。商湯事葛矣而終滅葛，《書》曰：『湯一征自葛始』；周太王避狄矣，築室于岐，未幾謀以却敵，《詩》曰：『乃立冢土，戎醜攸行』；文王事昆夷矣，卒伐之，《詩》曰『昆夷駾矣，維其喙矣』；越勾踐事吴矣，坐薪嘗膽，竟以破吴，《越語》曰『越十年生聚而十年教訓』。彼皆翕之乎始而張之乎終，汲汲乎德政修立而以生利爲心，未嘗恃和爲安，自樂其身而已也。漢高祖與項羽和，羽歸太公，吕后割鴻溝以西爲漢，東爲楚。良、平進言：『今楚兵罷食，盡釋而弗擊，是養虎自遺患也。』漢王從之，卒成大業。漢文帝與匈奴和，曾無間歲之寧。漢文全有天下，謂可和以息民。方是時，百姓猶不免侵凌之苦，至武帝始一大征伐之。其後單于來朝，漢三百年間用以無事。唐太宗初定天下，有渭上之盟。未幾，李靖之徒深入沙漠之地，犁其庭，係其酋，海内始安焉。兹豈非以和爲權而亦得之哉？若夫石晉之有天下則不然，取之非其道，謀之非其人。桑維翰始終於和，其言曰：『願訓農習戰，養兵息民，俟國無内憂，民有餘力，觀釁而動，動無不成。』若有深謀者。然考其君臣所爲，名實不孚于上下。朝廷之上，專務姑息，賞罰失章，施設繆戾，權移於下，政私於上，無名之獻，莫知紀極。一時用事方鎮之臣，往往昏于酒色，厚于賦斂，果于誅戮以害于百姓，朝廷莫知所以御之。所謂訓農習戰，養兵息民，略無實事。維翰所陳，殆爲空言，姑欲信其當時必和之説以偷安竊位而已。契丹窺見其心，謂晉無人，須求凌侮，日甚一日。後嗣不勝其忿，始用景延廣之議，僥倖以戰，而不知其荒淫怠傲，失德非一日，天下之心已離，天下之勢已去，天下之財已匱。延廣不學，不知行聖賢之權，亟思所以復其心、立其勢、彊其國，急於兵戰之爭，事窮勢極，數萬之師無

一夫爲之發矢北向者，至今爲天下嗤笑。言君臣委靡不振，服役夷狄者，必曰石晉云。仰惟陛下聰明聖智，孝心純一，即位以來，簡用實才，虜人聞風而畏之，於是有議和之事。陛下以太母爲重，且幸徽宗皇帝梓宫之亟還，和之權也。不幸用事之臣貪天之功，肆意利欲，乃欲剪除忠良，以聽命於虜，而陰蓄其邪心。方國家閒暇之時，怠傲是圖，德政俱廢，而專於異己之去，意果安在哉？夫虜日夕所願望者，欲我之忠良淪没耳，欲我之盡失天下之心耳，欲我之將士解體，其氣不復振作耳，欲我之懷於宴安以甘于酖毒耳。前日用事者一切狥其所甚欲而畢爲之，不幾乎與虜爲地歟？身死之日，天下酌酒相慶，不約而同。下至田夫野老，莫不以手加額。其背天逆人，不忠于君，而天下之心重惡之如此。且彼曾不思虜之於我，其愛之而和乎？其有餘力而肯和乎？其國中亦有掣肘之虞而和乎？其欲圖之於後而和乎？臣謂虜有大讎大怨，不可復合，譬夫一葉之分。今日之和，必其酋帥携離，人心睽異，姑爲此舉，以息目前。而圖回江淮以去除後患之心，其中未嘗一日忘也。惜夫昏庸姦賊之人豢於富貴，闇於政事，曾無尺寸之效以上報於國家，毫髮之惠以下及於百姓，分列黨與，布在要郡，聚斂珍貨，獨厚私室，爲身謀，爲子孫謀，而不知爲陛下謀，不知爲國家天下謀，坐失事機者二十餘年，誤陛下社稷大事。有識之士，誰不痛心？且夫賢才不用，政事不修，形勢不立，而專欲責成受命於虜，適足以啓輕侮之心而正墮其計中。魯仲連所謂『彼將有所予奪，梁王安得晏然乎』，而甚可痛恨者也。敵國之人何自而畏？敵國之心何自而服？敵國之難何自而成？遲以歲月，百姓離心，將士喪氣，亦危亡而已矣。臣願陛下鑑石晉之敗而法商湯、周太王、文王之心，用越勾踐之謀，考唐、漢四君之事，以保圖社稷。深思大計，復人心，張國勢，立政事，以觀機會。未絶其和，而遣一介之使與之分别曲直逆順之理，事必有成。臣不孝之身，親養已絶，含毒忍死，其亡無日，徒能爲陛下言之而已。又伏思祖宗之德在天下，至大至厚，太平之治，多歷年所，三代盛時，有不能及。恭惟皇帝陛下稟乾剛之資，輔以緝熙之學，何爲而不成？何治而不致？願陛下充其志氣，擴其聰明，必使清明在躬，如太虚然，惟是之從，以選賢才，以修德政，以大基業，天下幸甚！」又以所著《否》、《泰》卦解義進之，奏曰：「臣往待罪相位，陛下賜臣親書《周易》《否》、《泰》二卦辭。其後臣謫居連山，益遠天日，葵傾之心，不能自已。遇朔望，必取再拜伏讀。竊不自揆，爲二卦訓釋。久欲獻之，以備乙鑑，而負罪積畏，無路上達。今謹繕寫，昧死以進。顧坐井之見，豈足以仰補萬一？惟臣子愛君之誠，則不能自已焉。竊惟《易》謹君子小人之辨，而二卦則其効之尤深切著明者也。其事則本諸一心，惟陛下留神。」上付前奏三省，宰執沈該、万俟卨、湯思退等見之大怒，以爲虜初未有釁，歲時通問，不翅如膠漆，而公所奏，乃若禍在年歲者，或笑以爲狂。臺諫湯鵬舉、凌哲聞之，章疏交上，謂公方歸蜀，恐摇動遠方。有旨復令永州居住，候服闋日取旨。公自扶護西歸，抵綿竹，即卜日治太夫人葬，附雍公之兆。賓客紛至，自朝及夕，哭泣應接不少倦。子姪交諫尊年不宜致毁，而公孝誠自天，不能已也。太夫人既葬十日而謫命至，且有朝旨促迫甚急。公即日就道，服闋得旨，落職，以本官奉祠，居永。公自爲表謝曰：「念君臣雖分于異勢，而利害寔係于同舟。」其憂國之誠拳拳不捨蓋如此云。公自是不復接賓客，日紬繹《易》、《春秋》、《論》、《孟》，各爲之説，夜則閲司馬氏《通鑑》。如是者又四年，而宇文夫人亦終焉。自庚辰秋冬，朝廷頗聞虜有異志，公卿大夫下至軍民無不內懷岌岌，日願公還相位，表疏不絶。三十一年春，有旨令公湖南路任便居住。時臨安積陰，命下之日，廓然清明，上下欣悦。公歸至潭。五月，奉欽宗諱，號慟至不能食。又聞虜有嫚書，不勝痛憤，上奏曰：「孝慈皇帝訃自北來，又聞逆虜兵動，凡爲臣子，孰不痛憤？臣往叨任使，孤負眷知。主憂臣辱，主辱臣死，無所逃罪。臣又度今日虜勢決無但已，九月十月之間，必有所向。願陛下與大臣計議，早定必守必戰之策，上安社稷。」未幾而亮兵大入，中外震動。十月，復公觀文殿大學士、判潭州。時虜騎跳梁兩淮，王權兵潰，劉錡引歸鎮江，兩淮之人奔迸南來，沿江百姓荷擔而立。遂改命公判建康府、兼行宫留守，金書疾置，敦促甚遽。長沙在遠，傳聞不一，人人危懼。公被命明日，即首途曰：「吾君方憂危，臣子之職，戴星而趨，猶恐其緩。」至岳陽，遇大雪，亟買小舟，冒風濤，泛長江而下，且欲經歷諸屯，慰接將士。未至鄂，有士大夫自江東來者云：「虜焚北采石，烟炎漲天，南岸人不復可立，公毋庸進也。」公愀然曰：「某被命即携二子來，正欲赴君父之急。今無所問，惟直前求乘輿所在耳。」長江是時無一舟行，獨公以小舟徑下，遭大風幾殆。北岸又近虜兵，從者憂惴甚，公不少顧。過池陽，聞亮被殺，然餘衆猶二萬屯和州。李顯忠兵在沙上，公渡江往勞，以建康激賞犒之。一軍見公，以爲從天而下，驩呼增氣。虜諜報惴恐，一二日遁去。顯忠乘士氣鋭追之，多所俘獲。公至建康，奏乞車駕早來臨幸。聞已進發，乃督官屬治具，不半月而辦，風采隱然，軍民恃以安。上至建康，公迎見道左。衛士見公，至以手加額，無不喜公復用，而悲公久處瘴癘，形容之瘠也。車駕入行宫，首引公

見，問勞再四。公頓首謝上更生骨肉之賜，且曰：「方秦檜盛時，非陛下力賜保全，無此身矣。」上亦爲之慘然曰：「檜之爲人，既忌且妬。」後六日，再引對，公奏：「國家譬如人之一身，必元氣充實，然後邪不能干。朝廷，元氣也。今邪氣得以干犯，必是元氣之弱，或汗或下。邪氣固暫退，然元氣不壯，邪再干之，恐難勝任。用人才、修政事、治甲兵、惜財用，此皆壯元氣之道。」上改容開納。時車駕將還臨安，欲付公以江淮之事。已而中止，更留御營宿衛使楊存中，俾專措置。臨發，復引公對。公奏：「陛下當京城阽危之際，毅然請使不測之虜，後復受任開元帥府，以孤軍當虜鋒。當是時，不知陛下之心還知有禍福生死否。」上曰：「朕爾時一心家國，豈知有禍福？豈知有死生？」對曰：「是心乃天心也。願陛下試反此心而擴充之，何畏乎虜賊？」上首肯焉，且勞公曰：「朕待卿如骨肉，卿在此，朕無北顧之憂矣。卿久在謫籍，聞甚清貧，郊祀合得奏薦及封邑當盡以還卿。」繼遣內侍賜公黃金及象笎筆，公皇恐不敢辭。秦檜二十年間所以譖公者無所不至，有臣子所不忍聞者。獨賴上主張，不至死地。至是上見公辭和氣平，無淹滯之歎，而温乎忠愛之誠，爲之感動，對輔臣嘉美再三。車駕既還，或有勸公求去者。公念舊臣它無在者，而國家多虞之際，人心尤以己之去就爲安危，不忍舍而遠去。日治府事，細大必親。時虜騎雖去，人情未安，朝廷賴公屹然增重。兩淮之兵渡江歸息，而奔走瘡痍之餘，重以疫癘，自三衙諸軍皆留建康，死者日數十人。公親爲分課醫工，置曆診候，自帥司給藥餌及它費，遣官屬監示。至日暮，公親視曆，考其勤惰得失而賞罰之，全活甚衆。四月，楊存中罷。公被旨兼措置兩淮，繼兼節制建康、鎮江府、江、池州、江陰軍駐屯軍馬。時虜以十萬衆圍海州甚急，鎮江都統制張子蓋提兵在淮上，欲前救。聞當受公節制，士氣十倍。而公受命之日，亦即爲書抵子蓋，勉以功名，令出奇乘虜弊。子蓋率兵力戰，大破虜衆，得脱歸者無幾。公謂去歲淮上諸軍奏功例不以實，有功者擯不録，而庖人厮役悉沾濫賞，輕名器、耗財用、亂紀綱，使軍士不復知所勸激。奏：「今海州上功當有以深革其弊，使可爲後法。」於是令諸大將戰勝則命統制官以下至旗頭押擁隊公共保明，限三日申。稍有繆僞，重寘典憲。公德威表著，將士望風畏愛。至是復總兵權，當軍政二十年廢弛之後，問疾痛、邺勞苦、撫孤遺、禁刻剥，勉將士俾知忠順，於是人人勉勵，慨然有趨事赴功之志。公念軍籍日益凋寡，中原之人久困腥羶，思慕我宋，欲因兹時，乘虜事力未彊，頓兵淮甸要處，以招集忠義來歸之人，内以壯軍勢，實曠土，外以讋虜情，系人心。奏曰：「虜人退兵之後，士馬物故幾半，飲馬長江之志固未敢萌也。而用事羣酋人各有心，日夜備具，似有欲窺淮甸之謀。先事預圖，理不可緩。我之甲兵方之西北之士，所存無幾，而又去歲捍禦大敵，傷折逃亡，繼以病死十亦四五，馬固同之。以今歲事力比量酌度，夫人而知其爲弱也。議者或欲弭兵息民，以治在我，此説近是也。誠恐虜之圖事未肯但已，一旦倉卒，何以待之？又况補集將士，必資西北之人，能戰忍苦，方爲可仗。然則乘機及時，内堅守備，外疑敵心，左牽右制，使之首尾奔趨，人情摇動，斯爲成算，不可忽也。淮甸要處，我不先圖，異日彊虜起侮渡淮，先據形勢，則事有難處者矣。」又奏曰：「臣體訪得東北今歲蝗蟲大作，米價踴貴，中原之人極艱於食。欲乞朝廷或撥米糧，或錢物，付臣措置，招來吾人。人心既歸，虜勢自屈。」公又以淮楚之人自古可用，乘其困擾之後，當收以爲兵，又奏曰：「兩淮之人素稱彊力，而淮北義兵尤爲忠勁，困於虜毒亦已甚矣。讎虜欲報之心，蓋未嘗一日忘也。特部分未嚴，器甲不備，雖有赤心，不能成事。自彊虜恣爲殘虐，十室九空，皇皇夾淮，各無所歸。臣恐一旦姦夫鼓率，千百爲群，別致生事。謂可因其憤嫉無聊之心而招集之，欲置御前萬弩營，募民彊壯、年十八以上、四十五以下堪充弩手之人，並不刺臂面，以御前彊弩効用爲名，各給文帖，書寫鄉貫、居住之處及顔貌、年甲、姓名，令五人結一保，兩保爲一甲，十甲爲一隊，遞相委保，有功同賞，有罪同罰。於建康府置營寨安泊。」詔皆從公請。公即下令曰：「兩淮比年累被荼毒，父子兄弟夫婦殺傷虜掠，不能相保。今議爲必守之計，復恥雪怨，人心所同。有願充者，宜相率應募。至於淮北久被塗炭，素懷忠義，欲報國恩，亦當來歸，共建勳業。」於是兩淮之人欣然願就，率皆彊勇可用。公親訓撫之，又奏差陳敏爲統制。敏起微賤，聲迹未振。公擢於困廢中，感激盡力圖報，未幾成軍。方召募之初，浮言鼓動，欲敗成績。數月間，來應者不絶，衆論始定。公謂虜長於騎，我長於步，制步莫如弩，衛弩莫如車，乃令敏專制弩治車。又謂三國以後，自北窺南，未有不由清河、渦口兩道以舟運糧。蓋淮北廣衍，糧舟不出於淮，則攉清野無所得，有坐困之勢。於是東屯盱眙、楚、泗以振清河，西屯濠、壽以扼渦、潁，大兵進臨，聲勢連接，人心畢歸，精兵可集。即具奏言之。又乞多募福建海船，由東海以窺登、萊，由清河窺淮陽。有旨下福建選募。張子蓋自鎮江來謁，公與之語，見其智識過人，謀慮精審，與圖規取山東之計。奏子蓋才勇而性剛氣直，願優容之。且乞益以精甲，資以財用，俾屯江淮，措置招來。會今上即位，公首奏建康行宮當罷工役華采之事，據今所營，足備臨

幸。有詔從之。

上自藩邸熟聞公德望，臨朝之初，顧問大臣，咨嗟歎息。首召公赴行在，賜公手書曰：「朕初膺付託，以眇然一身，當萬幾之繁，夙夜祇懼，未知攸濟。公爲元老，被遇太上皇帝禮遇之久，羣臣莫及。宜有嘉謀至計，輔朕初政。方今邊疆未靖，備禦之道實難遥度。思一見公，面議其當，使了然如在目中。緊公是望，公其疾驅，副朕至意。」公奏曰：「臣敢不以前日恪事太上皇帝之心事陛下。惟一其志，有隕無二。」遂就道。未至國門，敦促再四，至即引見。上見公，改容體貌曰：「久聞公名，今朝廷所恃惟公。」命内侍賜公坐，降問再四。公奏：「人主以務學爲先。人主之學本於一心，一心合天，何事不濟？所謂天者，天下之公理而已。人主惟嗜欲私溺有以亂之，失其公理。故必須兢兢業業，朝夕自持，使清明在躬，惟是之從，則賞罰舉措無有不當，人心自歸，醜虜自服。」上竦然曰：「當不忘相公之言。」公又奏：「今日便當如創業之初，宜每事以藝祖爲法，自一身一家始，以率天下。」公見上天錫英武，每言及兩朝北狩、八陵廢隔、兆民塗炭，讎恥之大，感痛形於詞色，因力陳和議之非，勸上堅志以圖事。制除公少傅、江淮東、西路宣撫使，節制建康、鎮江府，江、池州，江陰軍屯駐軍馬，進封魏國公。太上皇退處德壽宫，羣臣希得進見，獨再引公，見輒移時。以秋防復往江上，留臨安旬日，中使問賜飲食等不絶，禮遇冠一時。公舟行出國門，見蝗自北來，飛長數里，即具奏曰：「災異之起，必有所因。陛下即位之初，憂勞庶政，豈容有此？伏願益修欽畏，以答天心。抑天之愛陛下，殆將有以警勉於初，助成聖德也。更乞延見近臣，咨問時政，必使惠澤實及軍民。」先是，公謂新政以人才爲急，人才以剛正爲先，因疏當今小大之臣有經挫折而不撓，論事切直者凡十數人薦於上，且乞以間暇時數引賢者自近，賜以從容，庶幾啓沃之間有所廣益。復薦陳俊卿、汪應辰可爲宣撫判官，有旨差俊卿。又奏前國子司業王大寶可備勸講論思，上遂命召大寶。公至江上，復奏曰：「直言不聞，非國之福。自秦檜用事，二十年間，誣以它罪，賊殺忠良，不知幾何人。願下明詔，以太上之意條具往以直言獲罪之人，各加恩施。其誣之以事而身已淪没，許本家開析事因，經朝廷雪訴，庶幾寃憤之氣得申今日。」又奏乞盡天下之公議以用天下之才。時洪邁、張掄使虜回，見公於鎮江，具言初到虜中，鎖之寓館，不與飲食，令於表中换「陪臣」字。公奏：「虜主恃彊，彈壓諸國。今日之事，惟修德立政，寢食之間無忘此讎，上慰天心，下從人欲，不當復遣使以重前失。」翰林學士史浩建議，欲築瓜洲采石城，上下公議。公謂：「今臨淮要地俱未措置，高郵巢縣家計亦復未立，而乃欲驅兵卒但於江干建築城堡，豈不示虜削弱，失兩淮之心，隳將士之氣？或有緩急，誰肯守兩淮者？不若先城泗州便。」上以公言爲然。浩已爲參知政事，力主初議，其餘公所措置，浩輒不以爲是。公以張子蓋可任，使鎮淮上，圖山東，而子蓋所陳，浩輒沮抑百端，至下堂劄詰責，又深遏海州之賞。公方招來山東之人，至者雲集，而浩不肯應副錢糧，且謂不當接納以自困。公奏乞上幸建康，而浩傳欲爲懷安計。公治舟揖于東海，所圖甚遠，而浩輒令散遣。凡公所爲，動皆乖異，黨與唱和，實繁有徒。子蓋西人，負氣竟以成疾。公遣官屬勞問不絶，且乞上親喻之。上賜手書撫存備至，而子蓋卒不起，山東前所結約者皆失望。浩遣其腹心司農寺丞史正志來建康，專欲沮招納事。公論奏曰：「竊惟國家自南渡以來，兵勢單弱，賴陝西及東北之人不忘本朝，率衆歸附，以數萬計。臣自爲御營參贊，目所親見，後之良將精兵，往往皆當時歸正人也。三十餘年，扞禦力戰，國勢以安。今一旦遽欲絶之，事有大不可者。此令一下，中原之人以吾有棄絶之意，必盡失其心，一也。人心既失，變爲寇讎，内則爲虜用，外則爲我寇，二也。今日處分既出聖意，將見淮北之人無復渡淮歸我者。人迹既絶，彼之動息無自而知，間探之類，孰爲而遣？三也。中原之人本吾赤子，今陷於虜者三十餘年，日夜望歸，如赤子之仰父母。今有脱身而來者，父母拒户棄絶之，不得衣食，於天理人情皆所未順，四也。自往歲用兵，大軍以奔疲疾疫死亡十之四五。陛下慨念及此，命諸將再行招募。若淮北之人不復再渡，所募之卒何自而充？五也。尋常諸軍招江浙一卒之費不下百緡，而其人柔脆，多不堪用。若非取軍淮北，則軍旅之勢日以削弱，六也。若果絶之，人心一失，大事去矣。國家所系，人心爲本。惟陛下恢廓聖度，同符天地，信順獲佑，其理必然。」上見之感悟，事得不罷。正志又受浩旨，聚兩路監司守臣往瓜洲相度築壘事。及見公，恃其口辯，欲爲浩遊説。公折大義，正志乃愧恐不敢言。將行，公復謂之曰：「歸致意史參政，秦檜主和，終致誤國。參政得君，無蹈覆轍。」浩聞之悚然。時浩已遣使使虜，報登寶位。公奏：「陛下初立，方欲圖回恢復，而遽聞遣使，懼天下解體。前日洪邁虜中供伏事狀，尋聞虜酋備坐告喻嶺北諸國。虜借我和議之名以迫脅諸國類如此，願毋遣。」浩竟遣之，然虜計已行，亦竟責舊禮不納也。十一月，有旨召宣撫判官陳俊卿及公子栻赴行在。公附俊卿等奏曰：「今日之事，非大駕親臨建康，則決不能盡革宿弊，一新令圖，鼓軍民之氣，動中原之心。臣自太上時，已爲此

謀。蓋江南形勢實在於此，舍而不爲，未見其策。」又奏曰「漢文帝初立，有司請早建太子，以尊宗廟，其爲天下國家計甚遠。願陛下留意焉。」公於九月中嘗具奏，以謂：「近聞吴璘之兵在德順曾未幾月，與虜大戰，不可不爲之深思也。使此虜得志於西，則氣焰必熾，脅制蕃漢，聚丘邊陲，迫我臣屬，事固難處。今持久不決，有大利害存焉。儻坐視不問，貽憂異時，非計之得也。當令兩淮之師虎視淮壖，用觀其變，而遣舟師自海道摇山東，及多遣忠義結約中原，疑惑此虜，使有左顧右眄之慮。而德順之師知我有奉制之勢，將士當亦賈勇自奮。」至是復令俊卿等力言之。時浩已發詔，命璘棄德順。蓋浩志專欲亟和，以自爲功，謂德順既棄，則非徒璘無能爲，亦固撓公之謀矣。上見俊卿等，問公動静飲食顔貌曰：「朕倚公如長城，不容浮言揺奪。」時上已有欲幸建康之意矣，而浩殊不以爲然。上遣内侍黄保躬賜公鞍馬手書曰：「卿以元勳，特爲重望，慨風塵之未静，仗忠義以親行。首固邊防，徐謀開拓，俾朕居尊，無復軫慮。緬思忠赤，益用歎嘉。」俊卿等歸，公知車駕來建康之期尚緩，深慮有失機會，復具奏曰：「人心向背，興亡以分。建康之行，一日有一日之功。願仰稽天道，俯狥衆情，亟定行期，以慰中外之望。」時契丹酋窩斡亦起兵攻虜，爲虜所滅，其黨奔潰。驍將蕭鷓巴、耶律适里自海道來降。公以爲女真一國之兵，其數有限，向來獨以彊力迫脅中國之民及諸國之人爲用，是以兵盛莫敵。今當招納吾民，厚撫諸國，則女真之心自生疑惑，中原諸國莫爲其用，虜可亡也。奏乞厚撫鷓巴等。上從之，詔公擬官賞施行，仍賜手書勞公曰：「卿以文武全才，副朕倚毗，宣威塞垣，厥功益茂。夷虜來歸，中外帖然。今賜卿貂帽等。」時虜以十萬衆屯河南，多張聲勢，欲窺兩淮。公以大兵屯盱、泗、濠、廬，虜不敢動，但移牒三省、密院及移書宣撫司，虚爲大言，欲索海、泗、唐、鄧、商州及歲幣等。公奏此皆詭詐，不當爲之動，卒以無事。隆興元年正月九日，制除公樞密使、都督建康、鎮江府、江、池州、江陰軍屯駐軍馬，且命即日開府視事。始，公命諸將築泗州兩城，至是而畢，隱然爲邊塞重鎮。時虜將萬户蒲察徒穆及僞知泗州大周仁以兵五千屯虹縣，都統蕭琦以萬餘人屯靈壁，積糧修城，遣間不絶。公謂至秋必爲邊患，當及時掃蕩。若破兩城，則淮泗可奠枕也。且蕭琦素有歸我之意，累遣親信至宣撫司。會主管殿前司李顯忠、建康都統制邵宏淵亦獻擣二邑之策，公具以奏上。上手書報可。三月，召公赴行在。公中道具奏曰：「今之議者，孰不持戰守之説？其下則欲復遵舊轍，重講前好。以臣觀之，戰守之説是也。然而戰守之道，本於廟勝。君天下者，誠能正身以正朝廷，正朝廷以正百官，正百官以正萬民，用之戰則克，用之守則固，理有決然者矣。今德政未洽于人心，宿弊未革于天下，揆之廟算，深有可疑。臣願陛下發乾剛，奮獨斷，於旬月之間，大布德章，一新内外，盡循太祖、太宗之法，使南北之人知有大治于後。人心既孚，士氣必振，于以戰守，何往不濟？」既至，復伸前説。上再三歎美，謂公當先圖兩城，邊患既紓，弊以次革。乃命李顯忠出濠州趨靈壁，邵宏淵出泗州趨虹縣，而令參議馮方隨往犒勞。公亦自往臨之。將行，念軍事利鈍難必，恐或小跌，傷上有爲之心，謂諸葛亮建興六年所上奏其言明切，曲盡事機，乞上置之坐右，常觀覽焉。又出旗牓軍前曰：「面奉聖旨，大軍所至，務要秋毫不擾，專以慰安百姓爲事。敢有行一不義，殺一不辜，達於聽聞，朕所不赦。」公渡江，聞李顯忠至靈壁，而蕭琦中悔，以衆來拒。顯忠大破之，琦所將萬五千人降殺殆盡。邵宏淵亦進圍虹縣，顯忠會之，徒穆、周仁窮蹙，率其衆降，亦以萬數。公又遣戚方將舟師趨淮陽，慮顯忠輕敵深進，則親帥官屬前駐盱眙，幾便近得以指呼。顯忠追蕭琦至宿州近城，琦與家屬及千户頭領等百餘人降，遂直抵城下。虜僞元帥者遣二萬餘人來戰，大破之。進攻城，將士蟻附而上，遂克之，中原震動，歸附日至。上手書曰：「近日邊報，中外鼓舞。數十年來，無此克捷。」公以盛夏人疲，急召顯忠等還師，而上亦戒諸將以持重。皆未達，僞副元帥紇石烈志寧率大兵至，顯忠等恃勝不復入城，但於城外列陣以待，士卒頗疲矣。僞帥令於陣前打話，謂「爾若破我，當盡歸河南之地」。既戰，虜兵引却。明日復來戰，我師小不利，統制官有遁歸者，軍心頗揺。顯忠等率兵入城，虜衆進攻城，復殺傷而退。居數日，得諜者報，虜大兵將至，顯忠等信之，夜引歸，虜亦不能追也。時虜名酋勇將降執系道，精甲破亡不翅三倍，是後不復能爲靈壁、虹縣之屯矣。方初退師，公在盱眙，去宿不四百里，浮言洶動，傳虜且至。官屬中有懷檄以歸者，亦有請公亟南轅者。公不答，遂北渡淮，入泗州城。軍士歸者勞而撫之，視瘡痍，拯疾病，存録死事，旌有功，人情胥悦。凡數日，上下始知虜初無一騎過宿者，人心始定。時公獨與子栻留盱眙幾月，俾將士悉歸憇而後還維揚，具奏待罪。上手書撫勞，公復奏曰：「今日之事，明罰爲本。而罰之所行，當自臣始。」上手書報曰：「卿屢待罪，欲罰自卿始。卿此言至公，豈不感格？朕委任卿，未嘗少變，卿不可以此介意。正賴卿經畫，他人豈能副卿？」有旨降授特進，更爲江淮宣撫使。宿師之還，士大夫素主和議者乘時抵巇，非議百出。上又賜手書曰：「今日邊事尤倚卿爲重，卿不可以畏人言而懷猶

豫。前日舉事之初，朕與卿獨任此事。今日亦須朕與卿終任此事，切不可先啓欲和之言。」又荐遣内侍勞公，於是公又第都統制、統制官以下，乞以次行罰。時朝廷建遣楊存中以御營使行江上守備，首途有日。公謂命令不一，將士觀望，或敗國事，身死無益，遂論奏之。上即日詔存中毋行。公留真揚，大飭兩淮守備，命魏勝守海州，陳敏守泗州，戚方守濠州，郭振守六合，治高郵、巢縣兩城爲大兵家計，修滁州關山以扼虜衝，聚水軍淮陰，馬軍壽春、廬州。大抵虜人來攻泗州，則糧道回遠，城中兵二萬餘足以守，乘其弊足以勝。如其出奇自淮西來，則清野堅壁，使無所掠。既不得進，合兵攻之，可大破也。然是時師退未幾，人不自保，公命杖往建康挈家屬來維揚，衆情大安。兩淮郡縣悉增葺屋宇，人物熙熙，以至鄉落亦皆成聚。上復召栻奏事，公附奏曰：「自古大有爲之君，必有心腹之臣相與協謀同志，以成治功，不容秋毫之間，然後上下響應影從，事克有濟。如伊尹之於湯，太公之於周，其次管夷吾之於齊，諸葛亮之於蜀，書傳所載，始終可考。不然，作舍道邊，何自而成？而況安危禍福之幾，其應不遠，可不畏哉！今邊隅粗定，軍旅粗整，虜以傷敗之故，其勢未能爲竭國之舉。而臣以孤蹤，跋前躓後，動輒掣肘，陛下將安所用之？願深惟國計，精選天下巖穴之賢，付以中外大柄，任之專，信之篤，如前數君所爲，謀出於一，不使小臣得以陰間，不使異議得以輕摇，先内後外，以圖恢復，庶幾日積月著，太平可期。載惟陛下當至艱至難之時，遇自古未嘗有之彊敵，若非君臣相與爲一，朝夕圖回，不較利鈍，終期有成，誠恐歲月易流，後悔難追，甚可痛惜也。臣老且病，望陛下矜憐，賜以骸骨，使之待罪山林，無令出處狼狽，取笑天下後世。」上覽奏，謂栻曰：「雖乞去之章日至，朕決不許。朕待魏公有加，終不爲浮議所惑。」公聞之，不敢復有請。時上對近臣未嘗名「公」，獨曰魏公，每遣使來，必令視公飲食多寡，肥瘠何如，其眷禮如此。八月，有旨復公都督之號。虜都元帥僕散忠義與志寧並貽書三省、密院，索四郡及歲幣等。且云：「今兹治兵，決在農隙」，以恐脅我。公奏：「虜力彊則來，力弱則止，初不在夫和與不和之間。使其有隙可乘，有機可投，雖使人接踵于道，卑辭厚禮無所不至，亦莫足以遏其鋒也。今僞帥書蓋知江南之士欲和者衆，離間吾心腹，撓亂吾成謀，坐收全功，以肆其忿毒于後。惟陛下深察之。臣誠過慮，竊恐腐儒之論不知大計，遂爲真和。曾不知三數年之後，虜馬日蕃，人心益定，我之將士解體怠惰，方是時，何以枝梧？然今日内治未立，人多懷私，只貴謀身，不思爲國，軍民之弊，漠不加意。不求之此而區區於末，恐無益也。」時朝廷欲謝却歸正人，已至者悉加禁切，且不欲公多遣間諜，恐生邊釁。公奏曰：「自昔創業中興之君圖回天下，初非有夙任之將、素養之兵、舊撫之民爲之用也。攷其施設，事非一端。或取之群盜，或得之降虜，或以夷狄攻夷狄，莫不虚懷大度，仰憑天道，俯順人心，以成大功。後世仁德之不孚，措置之失宜，馴致降人多有背叛。此非徒人事之謬，蓋亦天命之不歸也。今陛下紹隆祖宗，方務恢復，乃於降者而首疑之，則左右前後與夫今日軍旅之衆，孰不可疑？而況它日進撫中原，必先招徠，事乃可濟。若處之失當，反激其怒，它日人自爲敵。計之出此，豈不誤哉？陛下將有經營四海之心，推誠待人，如天如日，豈比固陋之士，姑爲保身之謀，獨無天命之可信哉？」又奏：「虜之於我，有不戴天之讎，挾詐肆欺，不遺餘力。自宣和、靖康以來，專以和議撓亂國家，反覆詭秘，略無一實。今敗盟如此，而朝廷尚蹈覆轍，號爲信義，恐生兵隙，臣所未喻也。昔宋襄公謂君子不重傷，不禽二毛，而卒敗於楚，得無類是乎！」時湯思退爲右相，思退本檜死黨，尤急於求和，遂遣盧仲賢、李栻持書報虜，並借職事官以往。公又奏：「仲賢小人多妄，不可委信。」上因其辭，戒勿許四郡，而宰執則令仲賢等許之無傷。栻至境，託故不行，獨仲賢往。僕散忠義懼之以威，仲賢遂鼠伏拱手，狀稱歸當稟命許四郡，願持書復來。仲賢見公，謬稱虜有數十萬之衆近邊，若不速許四郡，今冬必入寇，我無以當其鋒。且公重臣，不宜在江外，當亟渡江。公知仲賢爲虜所脅，即謂之曰：「某在此邊備已飭，借使虜來，當力破之。況探報日至，虜之屯河南者不過十萬，計議得無爲虜游説耶？」栻復被旨，令入奏。公命栻奏仲賢辱國無狀，但所謀事，未知有無出朝廷之意，臣實不預此議。栻至，上即召見，首問仲賢事。栻具奏其狀，且曰：「仲賢不可不明正其罰，朝廷與爲表裏，不可不察。」上怒，下仲賢大理寺。思退等惶懼，反謂仲賢能説虜削去君臣之禮，止以叔姪相往來爲有功，百端救之，至與左相陳康伯等叩頭殿上乞去。上不悦，猶鐫仲賢官。思退及其黨懼，益大唱和議，建遣王之望、龍大淵爲通問使副。公在遠，争不能得。見諸軍惶惑，歸正人尤不自安，即出牓諸軍，謂虜人妄有邀索，如輒敢渡淮，當約日決戰。朝廷聞公出此牓，皆大恐，獨上以爲然。公又奏曰：「伏聞朝廷遣使甚亟，思慮反復，實不遑寧。伏念臣頃居謫籍幾二十年，流離困苦，加以憂患，狼狽萬狀。所以養愛此身，不敢即死，亦以臣子大義，負不戴天之深讎，終幸一朝得伸素志，瞑目無憾。幸遇陛下龍飛之始，英武奮發，慨然有澄清天下之志。臣是敢受任而不辭。今將士人情日以振作，而虜寇作於内，師老於外，少稽時月，形

勢畢見。載惟此虜若勢力有餘，內無掣肘，則秋冬之交必引兵長驅，要我以和，何求不成？而乃遣書約期，勢實畏怯，其狀甚露。縱令敢以偏師深入，自淮西來，爲我則利，爲彼非福。蓋三百里之內，野無芻粟，扼以不戰，又何能爲而直爲此急急也？重念臣衰老多病，所見所爲迂闊寡合。自度賦分單薄，無以勝任國事，方欲俟歲晚力求休退。惟臣所愛者，陛下之聖德聞於天下，有有爲之時。惟臣所憂者，夷狄之姦計得以肆行，而後悔何及？不然，臣年餘幾何？豈不欲姑就安逸以畢此身，而固爲異同於今日也？」又奏：「今歲守備甚嚴，自秋涉冬，初無一事。向若虜不貽我以書，固自若也。不幸因虜以一介持書慢我，而朝廷匆遽遣人，自招紛紛。緣此內外之情各不懷安，於國體所係甚大。今茲使行，事體尤重，豈宜更復草草？惟此虜若必欲侵凌我，雖懇請百拜，有不可遏。如其不能，亦何由而動？況專幸寇讎之不我侵，急急然徒爲懇免苟安之計，臣之所未論也。」上賜手書諭意，將以首相待公。公奏力辭。未幾，遂召公赴行在奏事。公初議答虜書事，以爲但當輕遣一介往觀其情僞而爲之所。至是，乃聞朝廷遣望等。十一月二十五日，行至鎮江，上奏曰：「近者竊承朝廷已定遣使之議，臣身在外，初不預聞。竊惟徽宗、欽宗不幸不反，亘古非常之巨變，凡在臣庶，不如無生。而八陵久隔，赤子塗炭，國家於虜，大義若何？況逆亮憑陵，移書侮嫚，邀求大臣，坐索壤地，其事近在前歲。今議者不務力爲自彊之計，而因虜帥一貽書，遽遣朝士奔走麾下；再貽書，欲遣侍從近臣趨風聽命，復將裒吾民之膏血以奉讎人，用猶子之禮以事讎人，欺陛下以欸之之名，而爲和之之實。其說固曰吾將欸之而修吾兵，政不知使命一遣，歲幣一出，國書一正，將士褫氣，忠義解體，人心憤怨，何兵政之可修？又不過曰吾將欸之而理吾財用，不知今雖遣使而兵不可省，備不可撤，重以歲幣之費，虜使之來，復有它須，何財用之可理？此可見欺陛下以欸之之名，實欲行其宿志也。彼方惟黨與之是立，惟家室之是顧，惟富貴之是貪，豈復以國事爲心哉？況兩朝鑾輿之望已絕，宗室近親流落虜廷，戕賊殆盡，猶欲與之結和，不知於天理安否？臣實痛之。臣年老多病，所論與朝廷略不相合，豈可蒙恥更造班列，以重敗其素節？且陛下廟堂之上，豈容狂妄不合之臣濫厠其間？臣雖至愚，亦誠不忍與今日力主和議之臣並立於朝。伏乞早降指揮，罷臣機政。臣見力疾至前路秀州，聽候指揮。」上賜手書曰：「覽卿奏，欲在秀州候指揮，甚非朕所望也。卿忠誠爲國，天下共知，和議事專俟卿到，面盡曲折。卿宜速來。」繼遣內侍甘澤賜公手書曰：「卿赴召入覲，何爲中道遽欲引嫌自陳？軍國大事，正要卿同心叶濟。已差甘澤宣卿，宜體朕意，疾速前來。」公以上意厚甚，不敢固辭，復上奏曰：「臣竊聞道路之言，謂今茲議和非陛下本心，事有不得已者。詢之士大夫，多以爲然。惟臣昔嘗力陳和之不可，爲秦檜所擠，瀕死者屢。賴太上皇帝保全覆護，獲有餘生。今日之議，臣以國事至大，不敢愛身，力爲陛下敷陳，不知陛下終能主張之否？又有事之大者，人才混殽，風俗陵夷，綱紀久弛，上下偷安，巨細積弊，內治自彊未見端緒。若力圖所以革之，一繩以公，不卹浮議，則怨謗之言投隙伺間，巧爲傷中，事必無成。若因循不革，日復一日，何以爲國？國政不立，何以禦寇？不知陛下能力斷於中，果行於外，君臣一心，無間可乘，以濟此艱難之業否？臣是以食不遑味，寢不遑處，拳拳憂心，有如皦日。思所以爲陛下計，爲社稷計，須臾不敢忽也。不然，臣年老數奇，粗知學道，豈敢叨踰榮寵，竊位於朝，以負陛下社稷哉？臣到闕日，願賜清間之燕，俾盡區區。度其是否，使之進退有據，不違其道。不勝幸甚！」既至入見，上首諭公以欲專委任之意，公復力陳和議之失。上爲止誓書，留使人，而令通書官胡昉、楊由義先往論虜帥以四郡不可割之意。於是之望、大淵待命境上，而上與公密謀，若虜帥必欲得四郡，當遂追還使人，罷和議事。十二月二十二日，制拜公尚書右僕射、同中書門下平章事、兼樞密使，都督如故。而思退亦轉左僕射。上諭當直學士錢周才以注意在公，故思退雖爲左相，而公恩遇獨隆。每奏事，上輒留公與語，又時召栻入對，賜公御書《聖主得賢臣頌》。思退等素忌公，至是益甚。公既入輔，首奏當旁招仁賢，共濟國事。上令條具，公奏虞允文、陳俊卿、汪應辰、王十朋、張闡可備執政，劉珙、王大寶、杜莘老宜即召還，胡銓可備風憲，張孝祥可付事任，馬時行、任盡言、馮方皆可備近臣，朝士中林栗、王秬、莫沖、張宋卿議論據正，可任臺諫，皆一時選也。公自太上時，即建議當駐蹕建康，以圖恢復。上初即位，公入對，又首言之。及總師江淮，每申前說。至是復力言於上曰：「今不幸建康，則宿弊不可革，人心不可回，王業不可成。且秦檜二十年在臨安，爲燕安酖毒之計，豈可不舍去之而新是圖？大抵今日凡事皆當如藝祖創業時，務從省約，而專以治軍卹民爲務，庶國有瘳。不然，日復一日，未見其可。」上深感悟。通書官胡昉等至宿州，僕散忠義以不許四郡之故，械繫迫脅。昉等不屈，忠義計窮，更禮而歸之。上聞之，亟召栻語之故，令諭公曰：「和議之不成，天也，事當歸一也。」始議以四月進幸建康。公又奏當詔之望等還，上批出曰：「王之望、龍大淵并一行禮物並回。」思退等大駭，更約翌日面奏。及至漏

舍，思退等競執前說。公折以正論，輒屈。是日三月朔旦，上當詣德壽宮。未登輦，召宰執議事。思退及參知政事周葵、同知樞密院洪遵叩頭力争，上怒，聲色頗厲。及自德壽宮回，復批出曰：「追回之望等劄子宜速進入。」適詣德壽宮，太上皇帝亦深怒：「此虜無禮，卿等不可專主和議，恐取議於天下。」思退等懼，遂以劄子進入，發金字遞行。公奏胡昉等能不爲虜屈，當加賞。而向者盧仲賢擅以國家境土許寇與讎，宜有重罰。有旨仲賢除名勒停，編管郴州。又奏：「宜牓示諸軍，論以僕散忠義械繫使人，加以無禮，使各奮忠義，勉勵待敵，趨赴功名，庶幾諸軍知曲在虜，且知和議不成，激昂增氣。」上令都督以此旨降牓兩淮、荆、襄、川、陜，數日之間，號令一新，中外軍民皆仰上英斷。思退計窮，復奏力主和議，且請上以宗社大計奏禀太上皇帝而後從事。上親批其後，降付三省曰：「虜無禮如此，卿猶欲言和，今日虜勢非秦檜時比，卿之議論，秦檜之不若。」故事，宰相日一人啓御封。是日適公當啓，啓畢，即轉示思退。思退大駭，藏去。先是，上既決幸建康之議，思退等初不與聞。後奏事上前，語屢屈，因請曰：「和議不成，虜至何以待之？」上曰：「朕已決幸建康。」思退等失色。及又見批語，乃陽爲皇恐乞祠狀，而陰與其黨謀爲傾陷之計，蹤跡詭秘，人不得盡知也。居數日，俄有旨命公按視江淮。公知一日出外，姦人必得肆意，然趣行之旨屢下，而事之成敗則又有非人力所能爲者，乃行。既出國門，思退遂與右正言尹穡通謀，日夜汲汲益求所以間公者。公未抵鎮江，道遇王之望等還，見之望力主和議，因密奏之。而思退等亦相與陰謀，謂不毁守備則公不可去，和不可成，乃令之望等盛毁守備一無以恃者。又陰以官爵諷諸將，令入文字，稱虜盛彊，爲畏怯語。而穡專主其議，百計毁公。蓋公受任江淮，兩年有半，念國家多虞，醜虜未靖，憂恐計度，寢不遑安，食不遑味。祁寒盛暑，勞撫將士，接納降人，講論軍務，未嘗少倦，少年精力有不能及。而公忠義奮激，曾不以爲勞。諸軍感悦，有不待號令而從者。計所招來山東、淮北忠義之士，實建康、鎮江兩軍凡萬二千餘人，萬弩營所招淮南彊壯及江西羣盜又萬餘人，陳敏統之，以守泗州。淮南軍士知泗爲兩淮要塞，皆願以死守，至挈父母妻子往焉。要地如海、泗、高郵、巢、和、六合等皆已成築，其可因水爲險處，皆積水爲櫃，增置江淮戰艦，諸軍弓矢器械悉備。兩年冬，虜屯重兵十萬于河南，爲虚聲，脅和至再至三，皆有約日決戰之語。泗州將士日望虜至成大功，而虜亦知吾備禦甚設，卒不敢動，反爲防我計。及是，公又以宰相來撫諸軍，將士無不踴躍思奮，軍聲大振。虜聞公來，亦檄宿州之兵歸南京，沿邊清野以俟。淮北歸正者日來不絕，山東豪傑悉遣人來受節度。公曉之曰：「淮北、山東之人慕戀國恩，厭苦虐政，保據山險，抗拒賊兵，于今累年。首領冒難遠來，備述爾等忠勤，爲之惻痛。已具奏皇帝，記録汝等姓名，將來大兵進討，則掎角爲援，晝驚夜劫，抄絕糧道。如是賊兵深入，便當連跨城邑，痛勦賊徒。勳績儻成，節鉞分茅，皆所不吝。但當觀時量力，無或輕動，反墮賊計。今本朝厲兵秣馬，以俟天時，汝等亦宜訓習，以待王師之至。」公又以蕭琦乃契丹四軍大王之孫，沉勇有謀，欲令琦盡統契丹降衆，且以檄喻契丹，大意謂本朝與契丹有兄弟之好，不幸姦臣誤兩國，皆被女真之禍。今契丹不祀，皇帝無日不念此。爾能結約相應，本朝當敦存亡繼絕之義。虜人益懼，遂爲間書，鏤板摹印，散之境上，類後周所以間斛律明月之意。督府參議官馮方立朝有直聲，臨事不避難，遍行兩淮，築治城壘，最爲勞勩。思退等以其效力尤多，尤惡之，使穡論方不當築城費財，凡再章而方罷。又論公所費國用不貲，公奏：「計督府遣間探、給官吏等，二年半之費，實不及三十萬緡。其餘爲修城造舟、除器招軍等用。」上出公奏，思退、穡議屈，於是始謀更造它事撼公。殿前後軍統制張深守泗有勞，軍士安之。俄有旨放罷，而以趙密之子廓代之。公至淮東，詢問知狀，奏留深，而穡指公此事爲拒命跋扈。思退等又相與謀，上眷公厚，必未肯遽罷公，但先罷都督，則公自當引去。穡奏論如思退計，而公自聞馮方罷，已上奏乞罷督府。詔從公請，而公亦封章力求還政矣。穡連疏詆公愈力。左司諫陳良翰奏，如公忠勤，人望所屬，不當使去國。上謂良翰：「本無此事，且當今人材孰有踰魏公者？卿宜遍喻侍從臺諫，使知朕此意。」侍御史周操素同良翰議，至是爭論甚力。然是時公留平江虎丘，致仕之章已八上矣。上察公懇誠，欲全其去。四月二十有二日，制除公少師、保信軍節度使、判福州，而思退等遂決棄地求和之議。且命宣諭司及統領司磨治督府文書錢物，吹毛求疵，卒不可得，乃已。公力辭恩命，上不許，至五六，除醴泉觀使。公雖去國，不敢以嫌故有隱，奏尹穡姦邪，必誤國事，又奏勸上務學親賢。故舊門生或勸公當勿復問時事，後雖有召命，亦無庸起。公慨然語之曰：「君臣之義，無所逃于天地之間。況吾荷兩朝厚恩，久尸重任，今雖去國，猶日望上心感悟。苟有所見，安忍不言？上復欲用某，某當即日就道，敢以老病爲辭？如公等言，復何心哉！」聞者聳然。公以連年疲勞，比得退休，已覺衰薾。且畏暑，未能遂還長沙。行次餘干，假宗室趙公頊之居而寓止焉。所居之南有書室，公名之曰「養正」，而爲之銘曰：「天下之動，以正而一。

正本我有，養之斯吉。道通天地，萬化流出。精思力行，無忘朝夕。」日讀《易》，更定前説，且曰：「庶幾未死，於學有進也。」又取《易》象題坐右曰：「謹言語，節飲食，致命遂志，反身修德。」親舊來訪者，輒與講論古道，終日不倦。蓋其心純一，無出處動静之間如此。孟秋既望，公薦享祖考，既奠而跌。公起歎曰：「吾大命不遠矣。」手書家事付兩子，且定祭祀昏喪之禮，俾遵守，曰：「喪禮不必用浮屠氏。」且曰：「吾嘗相國家，不能恢復中原，盡雪祖宗之恥，不欲歸葬先人墓左。即死，葬我衡山足矣。」及仲秋二十日，猶爲饒守王十朋作《不欺室銘》，有曰：「泛觀萬物，心則惟一。如何須臾，有欺暗室？君子敬義，不忘栗栗。」至二十有二日，始寢疾。二十八日，疾病。日晡時，命子栻等坐于前，問國家得無棄四郡乎，且命作奏乞致仕。日暮，命婦女悉去，夜分而薨。先是，六月末有大星隕于趙氏居養正堂之北，光芒若晝，趙氏一家盡驚。翌日，得公書欲來寓居云。訃聞，上震悼，輟視朝兩日。有旨贈公太保。栻等不敢違公志，扶護還潭州。以是歲十一月辛亥葬于衡山縣南嶽之陰豐林鄉龍塘之原。公自幼即有濟時之志，未嘗觀無益之書，未嘗爲無益之文，孜孜然求士尚友，講論當世之故。聞四方利病休戚，輒書之册，至一介之賤，亦曲加詢訪。在京城中，親見二帝北狩，皇族係虜，生民塗炭，誓不與虜俱存。委質艱難之際，事有危疑，它人方畏避退縮，則挺然以身任之，不以死生動其心。南渡以來，士大夫往往唱爲和説，其賢者則不過爲保守江南之計，夷狄制命，率獸逼人，莫知其爲大變。公獨毅然以虜未滅爲己責，必欲正人心，雪讎恥，復守宇，振遺黎，顛沛百罹，志踰金石。晚復際遇，主義益堅，雖天嗇其功，使公困於讒慝之口，不得卒就其志，然而表著天心，扶持人紀，使天下之人曉然復知中國之所以異於夷狄，人類之所以異於禽獸者，而得其秉彝之正，則其功烈之盛，亦豈可勝言哉！公論事上前，務盡道理，期於聽從，不爲苟激。其在官守，事無細大，必以身親，視國事如家事，視民疾苦如在己身，至誠懇惻，貫徹上下。平生四被謫命，處炎方幾二紀，拳拳念君之心遠而彌篤。見朝廷一舉措之善，則喜溢詞色；一事不厭，則憂思終夕不寐。嘗曰事君者必此心純一而後能有感格，蓋其忠義自壯至老，或用或舍，未嘗有斯須之間也。事太夫人先意承志，婉愉順適，曲盡其心，奉養恭恪，寒暑不渝。家人婦子見公身率，莫敢不敬。或時遠去侍側，每覺意緒不佳，則曰：「太夫人得無有疾首？」遣人候問，則其日果太夫人服藥也。太夫人方嚴，或顔色不和，則公拱立左右，踧踖若無所容。俟太夫人意舒，乃敢安。蓋自膝下至白首如一日。太夫人既没，見素所服用之物，未嘗不泣下，起敬起孝，孝誠篤至，上自宫禁，下至閭閻，無不咨嗟歎息。縉紳軍民聞風而興起慕用，與夫愧悔改行者，不可勝計也。於兄徽猷公友弟篤至，教養其子與己子不少異。置義莊以贍宗族之貧者，以至母族喪葬婚嫁，亦皆取給焉。歲時祭祀，必預戒小大，使各嚴恪。滌牲治具，必親涖焉。及祭，肅乎如祖考臨之。時節嘗新，必先薦于廟而後敢食。器皿擇精潔者備薦享，不以它用。素能飲酒，至斗餘。及貶連山，太夫人曰：「南方地熱，宜省酒。」即不敢飲。及再見太夫人，命之飲乃飲，遂終身不踰三酌。於器用取具，不問美惡，平生無玩好，視天下之物泊然，無足以動其心者。燕處飲食，皆有常度，雖在閨門，無戲語，無惰容。未嘗偏倚而坐，未嘗疾呼遽行，言必有教，動必有法。盛德日新，至老無息。及在餘干，未寢疾間，温恭朝夕，無絲毫倦怠意。絶筆二銘，于今讀之猶能使人悚然起敬。則公之心雖未易以言語形容，然於此亦可以少見其幾矣。蓋其天資粹美，涵養深厚，以至於德成而行尊，非强勉所能及也。公之學一本天理，尤深於《易》、《春秋》、《論》、《孟》。嘗論《易》數曰：「易有太極，是生兩儀。太極一也，兩儀二之也。分爲二，而七、八、九、六之數五十有五，此天地之中數也。何以知其然？蓋一、三、五、七、九合爲天數，而天數不過五；二、四、六、八、十合爲地數，而地數不過五。天地奇耦，合之爲十，總之爲五十有五。自然之數，皆不離乎中，中故變，變故其道不窮。聖人神而明之，用數之中，故消息盈虚之妙、闔闢變化之幾皆在於我而動静莫違焉，中其至矣。」又嘗論剛柔之義示子姪曰：「君道主剛，而其動也用柔，故乾動則爲坤矣。臣道主柔，而其動也用剛，故坤動則爲乾矣。故夫必欲遠聲色，必欲去小人，必欲配帝王，必欲定社稷，必欲安民人，必欲服四夷，乾之剛也，君則之於內而主斷也。至於禮臣下、下賢才、撫四鄰、愛百姓、卹孤寡，虚心取善，舍己從人，其動莫非柔矣。不敢唱始，不敢先事，謹禮法，循分守，安進退，守職業，坤之柔也，臣得之於內而有承者也。至於犯顔敢争，捐軀盡節，可以託六尺之孤，可以寄千里之命，可殺不可辱，可困而不可使爲不義，守忠義之大訓，弭患難於當年，斷大計、定大疑，正色立朝，華夷讋服，其動莫非剛矣。故夫善觀《易》者，必觀夫剛柔之中而究其所以用，則六十四卦、三百八十四爻之或得或失，或悔或吝，或吉或凶可以類推矣。不知剛柔之用，不可言《易》也。」胡銓求公序其所著《春秋傳》者，公告之曰：「《春秋》所書，莫非人事章章者。作之於心，見之於事，應之於天，毫釐不差。夫子叙四時，稱天王，以謂順天則治，生物之功于是興；逆天則亂，生物之功于是

息，爲千萬世訓至明也。故一言以斷《春秋》之義曰天理而已矣。嗚呼！使王知有天，則諸侯知有王，大夫知有諸侯，陪臣知有大夫，馴致之理，得之自然，禍難孰爲而作哉？蓋王者知有天而畏之，言行必信，政教必立，喜怒必公，用舍必當，黜陟必明，賞罰必行。彼列國諸侯雖曰彊大，敢違天不恭，以重拂天下之心而自取誅滅耶？周道既衰，王之不王，不能正身行禮，奉承天心，以大明賞罰於天下。《春秋》爲是作，以我褒貶，代天賞罰，庶幾善者勸、惡者懼，亂臣賊子易慮變志，不復接踵于後，天地之大德，始獲均被萬物。聖人先天心法之要，蔑有著於此書者矣。」公於本朝大臣最重李文靖公，謂近三代氣象。又以寇忠愍、富文忠、范文正之事爲可法，嘗曰：「萊公自澶淵還，恥於城下之盟，益勸上修德立政。既不獲用，乃有東封西祀之説。鄭公使虜還，以和議爲恥，以自治爲急務，而不受樞庭之賞。文正自西鄙入參大政，勸仁祖開天章閣，俾大臣條時務，大修政事。文正所具二十條，無非要切，然亦不克施。使三公獲盡其猷爲，則王業必不至二百年而中微也。異時歸老山林，當作三賢堂於弊廬之側，庶幾朝夕想像，如見其人。」豈三公所爲適有契于公心也與！每訓諸子及門人曰：「學以禮爲本，禮以敬爲先。」又曰：「學者當清明其心，默存聖賢氣象，久久自有見處。」見人有一善，爲之喜見辭色。子姪輩言動小不中理，則對之愀然不樂，人自感動。公初娶楊國夫人樂氏，旬日被命召，即造朝。及爲侍從，或以公盛年，勸買妾。公曰：「國事如此，太夫人在遠，吾何心及此？」遂終身不置妾。再娶蜀國夫人宇文氏，賢明淑順，與公同志。事太夫人盡禮，鷄初鳴，已冠帔立寢前，俟太夫人寐覺。夜則俟太夫人寢，至息勻寐安乃去。食飲湯藥，一一親之。太夫人常曰：「吾兒孝，天賜賢婦，以成其心。」内外宗族敬仰無間言，起居飲食亦皆如公有常度不渝，相對如賓。公方貴，未嘗言及宇文氏私門，每訓諸子曰：「吾朝夕兢兢履地如履冰，惟恐一言之失，一事之差。」蓋其德誠足以配公焉。先公五年薨，葬衡山，與公同兆異穴。生子男二人，長栻，右承務郎、直秘閣；次杓，右承奉郎。公奏議務坦明，不爲虚辭，率口誦，令子姪書之，皆根於心，不易一字。有《紹興奏議》、《隆興奏議》各十卷，《論語解》四卷，《易解》并《雜記》共十卷，《春秋解》六卷，《中庸解》一卷，《詩書禮解》三卷，文集十卷。惟公忠貫日月，孝通神明，盛德鄰於生禀，奥學妙於心通。勳存王室，澤在生民，威震四夷，名垂永世。平生言行，非編録可紀。謹掇其大略，以備獻于君父，下之史官，傳之無窮，且將以求當世立言之君子述焉。謹狀。乾道三年十月日，左迪功郎、特差監潭州南嶽廟朱熹狀。

楊萬里《誠齋集》卷一一五《張魏公傳》 張浚字德遠，漢之綿竹人。唐宰相九齡弟九皋之後。祖紘，嘗舉茂材異等。父咸，舉進士，復擢賢良方正異等。浚四歲而孤，母計守志鞠養。雖幼，行直視端，儼如成人，識者知爲遠器。甫冠，入太學，中政和八年進士第，調山南府士曹參軍、恭州司録。靖康改元，召除太常寺主簿。張邦昌僭竊，浚逃太學中。聞高宗皇帝即位南京，星馳赴焉。除樞密院編修官，改虞部員外郎，擢殿中侍御史，遷侍御史。嘗奏事，高宗曰：「朕於直言容受不諱，近有河北武臣上書詆毁朕躬，亦不加罪。」浚請宣布中外，以勸言者。時乘輿在維揚久之，中外竊議，以爲上將安居焉者。浚言中原天下之根本，願下明詔，令葺東京、關、陝、襄、鄧，以待巡幸，大咈宰相意。請補外，除集英殿修撰知興元府。未行，擢禮部侍郎。高宗召諭曰：「卿知無不言，言無不盡，朕將有爲，政如欲一飛沖天而無羽翼，卿爲朕留。」浚頓首泣謝。除御營使司參贊軍事。浚念虜騎必至，而廟堂不爲備，力言之於宰相黄潛善、汪伯彦，皆笑不答。三年春，虜果犯維揚。乘輿渡江，行幸錢塘，留朱勝非吴門禦虜，以浚同節制平江府、秀州、江陰軍軍馬。已而勝非召赴行在，浚獨留。時潰兵數萬，所至焚剽，浚散金帛招集。事甫定，會三月五日苗傅、劉正彦作亂，脅立皇子，隆祐皇太后垂簾同聽政，高宗退處睿聖宫，改元明受。赦至平江，浚命守臣湯東野秘不宣。傅等以檄來，浚慟哭，召東野及提點刑獄趙哲謀起兵討賊。時傅等以張俊爲秦鳳路總管，將萬人自中途還。浚念高宗遇俊厚，而俊純實，可謀大事，握手泣語之故，俊亦哭。浚曰：「浚即起兵問罪。」俊喜再拜，因偏犒其師。吕頤浩在建康，劉光世在鎮江，浚以書約其兵來會。傅、正彦等脅朝廷召浚詣行在所，浚奏張俊軍驟還，宜少留尉撫之。因命俊分精甲二千扼吴江，即上疏請復辟，仍以奏草報諸路，又令蜀人馮轓持書往論。傅等俄除浚禮部尚書，命將所部人馬詣行在所，浚復言不可離平江狀。會韓世忠舟師抵常熟，張俊喜曰：「世忠來，事濟矣。」亟以白浚。浚以書招之。世忠至，相對慟哭。世忠曰：「願與張俊身任之。」因大犒俊、世忠將士。浚呼諸將校至前，抗聲問曰：「今日之舉，孰逆孰順？」衆皆曰：「賊逆我順。」浚又曰：「若浚此事違天悖人，可取浚頭歸苗傅等。不然，一有退縮，悉以軍法從事。」衆莫不感憤。浚令世忠奏以兵歸闕，而密戒其急至秀，據糧道以伺軍至。浚又恐賊急邀乘輿入海，遣官屬募海舟，皆集。傅等遣大兵駐臨平，浚爲蠟帛書，募人持付臨安守臣康允之等，俾勿驚乘輿。韓世忠

至嘉禾，稱病不進，日造攻具。傳、正彥等大懼，亟除俊、世忠節度使，謫浚黃州團練副使，郴州安置，俊、世忠皆拒不受。二十四日，吕頤浩、劉光世踵至。二十七日，乃傳檄中外，浚率諸將相繼以行。傅等聞師且至，憂恐不知所出。馮轓以浚意説宰相朱勝非，率百官請復辟。四月二日，浚至嘉禾，奉復辟手詔。三日，進次臨平，傳、正彥逆黨屯距不得前。世忠等搏戰，大破之。傳、正彥脱身遁。是夕除浚知樞密院事。翌旦，浚與頤浩等入見，伏地涕泣待罪。高宗再三問勞，曰：「曩在睿聖，兩宮隔絶。一日朕方啜羹，小黃門忽傳太母之命，言不得已貶卿郴州，朕不覺羹覆于手，今其迹尚存。念卿被責，此事誰任？」留浚，引入後殿，過宮庭曰：「皇太后知卿忠義，欲識卿面，適垂簾見卿過庭矣。」解所服玉帶以賜。傳、正彥既敗，走閩中，浚命世忠以精兵躡之，並獲于建安。檻以獻，與其黨皆伏誅。乘輿方經理東南，顧關陝之重未有所付，浚亦以中興之功當自關陝始，慨然請行。詔以浚爲川陝宣撫處置使，命以便宜黜陟將行，御營平寇將軍范瓊擁衆自豫章來朝，浚疏其通虜從僞之罪，吕頤浩請留浚，委以誅瓊而後行。在道屢上言於高宗，願體乾之剛以大有爲，謹左右之微而杜其隙，聽言之道在親君子而遠小人，責大臣以身任國事。高宗手書嘉納焉。先是，高宗問浚大計，浚請身任陝蜀之事，置幕府於秦川，別屬一大臣與韓世忠鎮淮東，令吕頤浩扈蹕來武昌，從以張俊、劉光世，與秦川相首尾。議既定，浚行。未及武昌而頤浩變初議。浚以十月抵興元，時虜已陷鄜延，驍將婁宿孛堇引大兵渡渭犯永興，諸師莫肯相援。浚至甫旬日，即行關陝，問風俗，斥姦贓，搜豪傑，諸帥聽命。諜告虜將寇東南，浚即命諸將整軍向虜，使婁宿不得下。已而虜果入寇渡江。四年二月，浚治兵入衛，未至襄漢，遇德音知虜北歸，乃復還，請幸關陝，爲定都大計。是月虜益兵，欲必取環慶，浚率諸將極力捍禦，虜勢屢挫。時聞兀术猶在淮西，浚懼其復擾東南，謀爲牽制之舉。浚之始行，高宗命浚三年而後用師。至是，詔浚以時進討，浚遂合五路之師以復永興。虜大恐，急調大酋兀术等由京西來援。九月，大戰于富平，涇原帥劉錡身率將士薄虜陣，殺獲頗衆。會環慶帥趙哲擅離所部，哲軍將校望見塵起，驚遁，諸軍亦退。浚斬哲以退保興州，命吴玠聚涇原兵于鳳翔和尚原，守大散關以斷賊路，命關師古等聚熙河兵於岷州大潭，命孫渥、賈世方等守階、成、鳳以固蜀口，虜輕兵至，輒敗。浚上疏待罪，高宗手書尉勉焉。紹興元年五月，虜酋烏魯却統大兵來攻和尚原，吴玠乘險擊之，連戰三日，虜大敗走。八月，兀术復合兵來寇。九月親攻和尚原，吴玠及其弟璘邀擊，復大破之。兀术僅以身免，祝鬚髯而遁。制加通奉大夫，尋拜檢校少保、定國軍節度使，賜手書，遣中使宣旨。浚遣兄滉及屬官奏事行在所，高宗喜，恩意有加。浚在關陝三年，以新集之軍當方張之虜，蚤夜訓輯。以劉子羽爲上賓，子羽忠義有才略。任趙開爲都轉運使，開善理財，治茶鹽酒法。方用兵，調度百出而民不加賦。擢吴玠爲大將守鳳翔，玠每戰輒勝。先是，將軍曲端逐其帥王庶而奪之印，又不受節制。富平之役，其腹心張忠彥等降虜，端與知之。浚送端獄論死，西北遺民聞浚威德，歸附日衆。於是全蜀按堵，且以形勢牽制東南，江淮亦賴以安。然浚承制黜陟悉本至公，雖鄉黨親舊無一毫假借。於是士大夫有求於幕府而不得者，謗浚殺趙哲、曲端爲無辜，而任劉子羽、吴玠、趙開爲非是，朝廷疑之。三年春，遣王似副浚。會虜大酋撒離喝及劉豫叛黨聚大兵自金、商入寇，破金州，奪饒風嶺。先是，浚命劉子羽爲興元帥。至是，子羽約吴玠同守三泉，守禦甚固。虜至金牛，知三泉有備，又聞子羽遣鋭師襲己，懼而引退。王師掩擊其後，斬馘及墮溪谷死以數千計。浚聞王似來，求解兵柄。吕頤浩、朱勝非不悦浚，日毁之，詔浚赴行在所。浚力丐外祠，高宗弗許。四年二月，浚至，御史中丞辛炳率同列劾誣以危語。六月，以本官提舉臨安府洞霄宮，居福州。浚知虜既無西顧憂，必併力窺東南，而朝廷已議講解，乃極言其狀。是歲九月，劉豫之子麟果引虜大兵繇數路入寇。高宗思浚前言之驗，策免宰相朱勝非，而參知政事趙鼎請幸平江及召浚，以資政殿學士、提舉萬壽觀兼侍讀召。既入見，復除知樞密院事。高宗親書降詔，辨浚前誣，仍牓朝堂。浚既受命，即日赴江上視師。時兀术擁兵十萬于維揚，浚遂疾驅臨江，召大將韓世忠、張俊、劉光世與議，且勞其軍，留鎮江節度之。兀术聞浚至，一夕遁。高宗遣中使趣浚赴行在所。五年二月，除宣奉大夫、尚書右僕射、同中書門下平章事，兼知樞密院事，都督諸路軍馬，而趙鼎除左僕射。浚與鼎同志輔治，務在塞倖門，抑近習，以正原本。書王朴《平邊策》以獻。高宗還臨安，浚留相府未閱月，復出江上勞軍。至鎮江，召韓世忠，諭以上旨，使舉軍前屯楚州，以撼山東，世忠即日渡江。巨寇楊么據洞庭，朝廷屢命將攻之不克，浚自請以盛夏乘其怠討之。行至醴陵，釋邑囚數百人，乃楊么遣爲諜者，給以文書，俾分示諸砦，諭以早降，皆驩呼而往。五月至潭，遣岳飛分兵屯鼎、澧、益陽，賊魁相繼請降，衆二十餘萬，浚一以誠信撫之。六月，湖寇盡平。遂奏遣岳飛之軍屯荆、襄以圖中原，自鄂、岳轉淮東。會諸將大議防秋之宜，高宗遣中使賜手書促歸，制除浚金紫光禄大夫。浚力辭不拜，請以其恩封其母【略】。部

分諸將。六年正月至江上，牓豫僭逆之罪，命韓世忠據承、楚以圖淮陽，命劉光世屯合肥以招北軍，命張俊練兵建康，進屯盱眙，命楊沂中領精兵爲後翼以佐俊，命岳飛進屯襄陽以窺中原。高宗遣使賜浚御書《裴度傳》，浚請乘輿以秋冬幸建康。浚復渡江，遍撫淮上諸戍。七月，詔促浚入覲，八月至行在所。時張俊軍已進屯盱眙，岳飛遣兵入僞地至蔡州，浚復力趣建康之行。乘輿九月朔進發，浚先往江上，劉豫及其姪猊挾虜來寇，浚以書戒俊、光世令進擊，又令楊沂中往屯濠梁。劉麟渡淮南，涉壽春，逼合肥，張俊請益兵，劉光世欲引兵退保。趙鼎及僉書樞密院事折彦質移書抵浚，欲召岳飛兵速東下，又乞高宗親書付浚，欲俊、光世、沂中等退師爲保江之計。浚奏：「俊等渡江則無淮南，而長江之險與虜共矣。淮南之屯正所以屏蔽大江，向若叛賊得據淮西，江南其可保乎？又岳飛一動，則襄漢有警，復何所制？」高宗手書聽浚。楊沂中以十月抵濠州，浚聞劉光世舍廬州而南，疾馳至采石，令光世之衆：「渡江者斬！」光世聞浚來，大恐，即復駐軍，與沂中接連。劉猊分麟兵之半來攻，折中大破猊於藕塘，猊僅以身免，麟拔柵而遁。高宗遣内侍賜浚端硯筆墨刀劍犀甲，且召浚還。至平江班見，高宗曰：「却賊之功，盡出卿力。」時鼎等已議回蹕臨安，浚奏：「天下之事，不倡則不起。三歲之間，陛下一再進撫，士氣百倍。今六飛一還，人心解體。」高宗幡然從浚計。十二月，趙鼎出知紹興府，浚獨相。以親民之官，治道所急，而比歲内重外輕，遂條具郡守、監司、省郎、館閣出入迭補之法，又以災異奏復賢良方正科，皆從之。七年正月，以去冬却敵之功制除特進，浚懇辭。先是，禄令成書，加金紫光禄大夫，浚辭不獲，即求流貤兄滉。至是，高宗謂浚曰：「卿每有遷除，辭之甚力，恐於君臣之義未安。」浚乃奉詔。問安使何蘚歸報徽宗皇帝、寧德皇后上僊，高宗號慟擗踊，哀不自勝。浚奏：「天子之孝與士庶不同，必思所以承宗廟，奉社稷者。今梓宮未返，天下塗炭，願陛下揮涕而起，一怒而安天下之民。乞降詔諭中外。」高宗命浚草以進，其辭哀切。又請命諸大將率三軍發哀成服，中外感動。乘輿發平江，至建康，幾事叢委，浚獨身任之，人情賴浚以安。每見必深言讎耻之大，反復再三，高宗未嘗不改容流涕。時高宗方厲精克己，戒飭宫庭，内侍無敢越度，事無巨細必以咨浚，賜諸將詔旨往往命浚草之。四方災異，浚必以聞，祥瑞皆抑不奏。劉光世在淮西，軍無紀律，浚奏其狀，高宗罷光世而以其兵屬督府，浚命參謀軍事、兵部尚書吕祉往廬州節制，浚又自往勞之。人情初無他，而密院以握兵爲督府之嫌，奏乞置武帥，乃以王德爲都統制，即軍中取酈瓊副之。浚歸，奏其不然，瓊亦與德有宿怨，自列於御史臺。乃更命張俊爲宣撫使，楊沂中、劉錡爲制置判官以撫之。未至，瓊等舉軍叛，執殺吕祉以歸劉豫。浚引咎求去位，以觀文殿大學士提舉江州太平興國宫。先是，浚遣人持手牓入僞地間豫，會瓊等叛去，浚復遣間持蠟書遺之，大抵謂豫已相結約，故遣瓊等降。虜疑豫，遂廢之。臺諫交章詆浚，旋落職，以朝奉大夫、秘書少監分司西京，居永州。於是趙鼎復相，乘輿自建康還臨安。九年二月，以赦復宣奉大夫、提舉臨安府洞霄宫，除資政殿大學士，起知福州，兼福建路安撫大使。時秦檜得政，始決和戎之議。虜遣使來，以詔諭爲名，浚前後五上疏争之。十年正月，高宗遣中使撫問。時虜敗盟，復取河南，浚奏願因權以制變。繼聞淮上有警，連以邊計奏知，又條畫海道舟楫利害甚悉。高宗嘉浚之忠，遣中使獎諭。浚大治海舟至千艘，爲直指山東之計，以俟朝命。在郡細務必親，訟清事簡，山海之寇招捕無餘。間引秀士，與之講學，閩人化之。十一年十一月，除檢校少傅、崇信軍節度使，充萬壽觀使，免奉朝請。十二年，太母鑾輅來歸，制封浚和國公。十六年，彗出西方，浚上疏力論時事。浚又以天申節手書《尚書·無逸篇》以進爲賀。秦檜大怒，令臺諫交章論浚，以特進提舉江州太平興國宫，居連州。二十年九月，徙永州。浚去國至是幾二十年，退然自脩，若無能者。而天下士無賢不肖，莫不傾心，武夫健將言浚者，必咨嗟太息，至小兒婦女亦知天下有張都督也。每使至虜，虜主必問浚安在。先是，虜載書有「毋易大臣」之語，蓋憚浚復用也。於是檜令臺臣王珉、徐嘉每彈事必及浚，至謂浚爲國賊，欲必殺之。又令張柄知潭州，汪召錫爲湖南提舉，以圖浚。又令張常先爲江西轉運判官，治張宗元獄，株連及浚。又捕趙鼎子汾下大理獄，令自誣與浚及李光、胡寅等謀大逆，一時賢士檜所惡者凡五十三人皆與焉。會檜死，高宗始親庶務，復浚觀文殿大學士，判洪州。浚時喪母，將歸葬。浚念天下事二十年爲和議所移，邊備蕩弛，且聞完顔亮篡立，勢已驕悍。浚憂之，自以大臣義同休戚，不敢以居喪歸蜀。會星變，詔求直言，浚慮虜數年間其勢決生隙用兵，而吾方信虜，蕩然莫備，乃復言：「願法湯、文事葛事狄之心，用勾踐事吴之謀，以和爲權；鑑石晉之事契丹，以和致敗。」大臣沈該、万俟卨、湯思退見之大怒，以爲虜初未有釁，而浚所奏乃若禍在年歲者，或笑以爲狂。臺諫湯鵬舉、凌哲論浚歸蜀，恐摇動遠方，詔復居永州。服除落職，以本官奉祠。庚辰秋冬，朝廷聞虜有異志，中外表疏請還浚相位者不絶。三十一年春，命浚自便。浚歸至潭，奉欽宗諱號，慟不食。又聞虜有嫚書，

不勝痛憤，上疏請早定守戰之策。未幾而亮兵大入，中外震動。十月，復浚觀文殿大學士判潭州。時虜騎充斥兩淮，王權兵潰，劉錡兵退歸鎮江，遂命浚判建康，兼行宮留守。浚被命即首途，至岳陽，遇大雪，亟買小舟冒風濤而下。時道塗之言傳聞日異，中外危懼，長江無一舟敢行北岸者，浚不少顧。過池陽，聞亮死，然餘衆猶二萬屯和州，李顯忠兵在沙上。浚渡江犒之，一軍見浚，驩呼增氣，虜惴恐，即遁去。浚至建康，請乘輿亟臨幸。聞已進發，乃督官屬儲偫以須，不半月而辦，軍民恃以安。三十二年正月，高宗至建康，浚迎見道左，衛士見浚，以手加額。乘輿入行宮，首見浚。浚言：「國如身也，元氣充則外邪遠。朝廷元氣也，用人才，修政事，治甲兵，惜財用，皆壯元氣之道。」高宗嘉納之。乘輿還臨安，將行，勞浚曰：「卿在此，朕無北顧之憂矣。」四月，命浚經理兩淮，繼兼節制建康鎮江府、江、池州、江陰軍屯駐軍馬。時虜兵十萬圍海州，浚命鎮江都統張子蓋往救，大破虜衆。浚以軍籍凋寡，請招集忠義來歸之人，及募淮楚壯勇之士，以充弩手，未幾成軍。又謂虜長於騎，我長於步，衛步莫如弩，衛弩莫如車，乃令陳敏專制弩治車。且請東屯盱眙、楚、泗以扼清河，西屯濠、壽以扼渦、潁，外可以塞虜寇之糧道，内可以接大兵之氣勢。益募福建之海舟，由東海以窺東萊，由清河以窺淮陽。張子蓋自鎮江來謁，浚與圖取山東之計，奏乞益以精甲，俾屯淮上。上即位，浚首言建康行宮當罷工役華采之事，詔從之。上自藩邸熟浚德望，臨朝之初，顧問大臣，咨嗟歎息。召浚赴行在所，賜手書。未至國門，遣趣三四，既見，上改容曰：「久聞公名，今朝廷所恃唯公。」賜坐，降問再三，浚言：「人主以務學爲先，人主之學以一心爲本。一心合天，何事不濟？所謂天者，天下之公理而已。人主之心一爲嗜慾私溺所亂，則失其公理矣。必兢業自持，使清明在躬，則賞罰舉措無有不當，人心自歸，醜虜自服。」上竦然曰：「當不忘公言。」又言：「今日當如創業之初，每事以藝祖爲法，自一身一家始，以率天下。」浚見上天錫英武，力陳和議之非，勸上堅志以圖事。制除浚少傅、江淮東西路宣撫使，節制建康鎮江府、池州、江陰軍屯駐軍馬，進封魏國公。薦陳俊卿爲判官，復往江上。翰林學士史浩議欲城瓜洲、采石，下浚議，浚謂不守兩淮而守江干，是示虜以削弱之形，怠軍民戰守之氣。一有緩急，誰肯守淮者？不若先城泗州。浩既爲參知政事，浚所規畫，浩必沮撓，如不賞海州之功，沮死驍將張子蓋，散遣東海舟師，皆浩之爲也。先是，洪邁、張掄使虜回，見浚具言虜不禮我使狀，且令稱陪臣，浚請不當復遣使，而浩議遣使報虜以登寶位，浚請毋庸遣，竟遣之。虜責舊禮，不納而還。十一月，上召俊卿及浚子栻赴行在所。浚請臨幸建康，以動中原之心；用師淮堧，進舟山東，以遥爲吴璘德順之援。上見俊卿等，問浚動静飲食顔貌曰：「朕倚魏公如長城，不容浮言揺奪。」契丹酋窩斡起兵攻虜，爲虜所滅。其驍將蕭鷓巴、耶律适里自海道來降。浚請厚撫之，詔浚擬官以聞。虜以十萬衆屯河南，聲言窺兩淮。浚以大兵屯盱眙、泗、濠、廬，虜不敢動，第文移索海、泗、唐、鄧、商州及歲幣。浚言虜詐，不當爲動，卒以無事。隆興元年正月，制除樞密使，都督建康鎮江府、池州、江陰軍屯駐軍馬。時虜將萬户蒲察徒穆及僞知泗州大周仁屯虹縣，都統蕭琦屯靈壁，浚謂至秋必爲邊患，當及時掃蕩。會主管殿前司李顯忠、建康都統制邵宏淵亦獻擣二邑之策，浚具以聞，上手書報可。三月，召浚赴行在所。浚中道上疏，謂廟勝之道，在人君正身以正朝廷，正朝廷以正百官，正百官以正萬民。今德政未洽，宿敝未革，揆之廟勝，深可疑者。願發乾剛，奮獨斷，盡循太祖、太宗之法。上謂浚當先圖兩城，邊患既紓，弊以次革。乃命李顯忠出濠州趨靈壁，邵宏淵出泗州趨虹縣，浚自往臨之。以軍事利鈍難必，乞上以諸葛亮建興六年所上奏置之座右，又以上旨出旗膀軍前，慰安百姓。李顯忠至靈壁，敗蕭倚；邵宏淵圍虹縣，降徒穆、周仁，乘勝進克宿州，中原震動，歸附日至。上手書曰：「近日邊報，中外鼓舞，數十年來無此克捷。」浚恐盛夏人疲，急召顯忠等還師，而上亦戒諸將以持重，皆未達。僞副元帥紇石烈志寧率兵至，顯忠與戰，連日未決。諜報虜益兵將至，顯忠等信之，夜引歸，虜亦解去。時浚在盱眙，去宿不四百里，傳言虜且至，浚亟北渡淮，入泗州城撫歸士，已乃還維揚，上疏待罪。上手書撫勞。浚復奏曰：「今日之事，明罰爲本，罰之所行，當自臣始。」上手書報從其請，降授特進，更爲江淮宣撫使。宿師之還，士大夫主和議者非議百出。上又賜手書曰：「今日邊事倚卿爲重，卿不可以畏人言而懷猶豫。前日舉事之初，朕與卿獨任之，今日亦須朕與卿終之。」荐遣内侍勞浚。浚留真揚，大飭兩淮守備。是時師退未幾，人不自保，浚從家維揚，衆情始定。於是浚又第諸將，乞以次行罰。命魏勝守海州，陳敏守泗州，戚方守濠州，郭振守六合，治高郵、巢縣兩城，爲大兵形勢，修滁關山以扼虜衝，聚水軍淮陽，馬軍壽春，由是兩淮守備寖固。上復召栻奏事，浚言：「自古有爲之君，必有腹心之臣，相與協謀同志以成治功，不使浮言異議得以動揺。今邊隅觕定，軍旅觕整，而臣以孤蹤，跋前疐後，動輒掣肘。陛下將安用之？」因乞骸骨。上覽奏，謂栻曰：「雖乞去之章日至，朕決不許。朕待魏公有加，不爲浮議所

惑。」上對近臣未嘗名，浚獨曰「魏公」。每遣使來，必令視浚飲食多寡，肥瘠何如。八月，有旨復浚都督。虜元帥僕散忠義貽書三省密院，欲索四郡及歲幣，且云今茲治兵決在農隙。浚言虜彊則來，弱則止，不在和與不和。時朝廷欲謝遣來歸之人，其已至者，悉加禁切。浚言：「陛下方務恢復，乃於降者而首疑之。」時湯思退爲右相，急於求和，遂遣盧仲賢持書報虜。浚言仲賢小人多妄，不可委信。已而仲賢果以許四郡辱命。朝廷復建遣王之望爲通問使，龍大淵副之，浚爭不能得。未幾，召浚赴行在奏事。至鎮江，以論議不合，乞罷機政。上賜手書，報以面議。既入見，上諭浚以欲專委任之意，浚復力陳和議之失，上爲止誓書，留使人，而令通書官胡昉、楊由義先往諭虜以四郡不可割之意。於是之望、大淵待命境上，而上與浚密謀，若虜帥必欲得四郡，當追還使人，罷和議。十二月，制拜浚尚書右僕射，同中書門下平章事兼樞密使，都督如故，思退爲左僕射，上書《聖主得賢臣頌》以賜。虜械胡昉等，上聞之，諭浚曰：「和議之不成，天也。自此事當歸一矣。」二年三月，始議以四月進幸建康。浚又言當詔之望等還，上從之。幸建康之議，思退初不與聞，大駭。力爭，乃與其黨密謀爲陷浚計。俄詔浚行視江淮。自浚受任督府，且將三年，講論軍務，不遑寢食。所招來山東淮北忠義之士，以實建康、鎮江兩軍，凡萬二千餘人，萬弩營所招淮南壯士及江西群盜又萬餘人。要害之地，城堡皆築，其可因水爲險者，皆積水爲堰，置江淮戰艦，諸軍弓矢器械悉備。兩年冬，虜屯重兵十萬于河南，爲虛聲脅和，有刻日決戰之語。將士望虜至成大功，而虜亦知吾有備，卒不敢動。及是，浚又以宰相來撫，諸軍將士踴躍思奮，虜聞浚來，亦檄宿州之兵歸南京，沿邊清野以俟。淮北來歸者日不絕，山東豪傑悉願受節度。浚又以蕭琦契丹望族，沈勇有謀，欲令琦盡統契丹降衆，且以檄喻契丹，虜益懼。思退乃令王之望盛毀守備，以爲不可恃。又令尹穡論罷督府宣力屬官馮方，又論浚費國用不貲，又論浚奏留張深守泗、不受趙廓之代爲拒命，又論乞罷浚都督。浚亦請解督府，詔從其請。言者詆浚愈力，左司諫陳良翰、侍御史周操言浚不當去國。上謂良翰曰：「當今人才孰踰魏公？卿宜徧諭侍從、臺諫，使知朕意。」浚留平江，上章乞致仕者八。上察其誠，欲全其去。四月，制除浚少師、保信軍節度使，判福州，朝廷遂決棄地求和之議矣。浚懇辭恩命，改除醴泉觀使。行次餘干，以家事付兩子，曰：「吾嘗相國家，不能恢復中原，盡雪祖宗之恥，即死，不當歸葬先人墓左，葬我衡山足矣。」八月二十二日寢疾，後七日，呼子栻等于前，問國家得無棄四郡乎，且命作奏，乞致仕而薨。訃聞，上震悼，輟視朝兩日。贈太保。後五年，上追思浚忠烈，加贈太師，賜謚忠獻。浚自幼即有濟時志，不觀無益之書，不爲無益之文，孜孜求士尚友，以講明當世之故。在京城中，親見二帝北狩，皇族係虜，生民塗炭，誓不與虜俱存。艱難危疑，人所畏避，則以身任之，不以死生動其心。南渡以來，士大夫唱爲和戎之説，浚獨以虜未滅爲念。晚志益確，雖不克就，然表著天心，扶持人紀，使天下知有君臣父子之道。論事上前，必以人君當正心務學，修德畏天，至誠無倦爲先。紹興間，力挽耆儒寘之講筵，至隆興罷政，猶惓惓勸上講學。紹興之日食，隆興之飛蝗，率上疏請修德以弭變。又以儲副爲天下本，自在川陝即上疏乞選養宗室之賢。及爲相，復陳宗廟大計。及資善堂建，皇子出就傅，又薦朱震、范沖充訓導之選。每以東南形勢莫重建康，人主居之，北望中原，常懷憤惕；若居臨安，内則易以安肆，外則難以號召中原。故自紹興至隆興，屢以遷幸爲言。稟性至公，嘗劾李綱以私意殺從臣宋齊愈，罷其政。及大赦，綱貶海外，獨不原，浚爲請，得内徙。韓世忠軍士剽掠，浚嘗奏奪其觀察使，及視師淮上，獨稱世忠忠勇，可倚以大事。兄滉以才學爲高宗所知，賜進士第，後省繳駮，浚言不可以臣故違後省公議。其輔政以人才爲急，與趙鼎當國，多所引擢，從臣、朝列皆一時之望，人號爲小元祐。至隆興初，首薦論事切直、挫折不撓者數十人。及再相，又薦虞允文、汪應辰、王十朋、劉珙等，皆一時名士，其後多至執政侍從。尤善於撫御將帥，而知其才。始在關陝，吴璘由行間識擢，卒有大功於蜀。劉錡晚出，浚一見奇之，即付以事任，歸薦于朝，卒成潁昌之奇功。高宗嘆息，謂浚知人。其他若楊政、田晟、王宗尹、王彦俊，皆爲名將。大抵浚之用心，以致君堯舜之道爲己任，以春秋復讎之義爲己責，以未復祖宗之境土爲己憂。議者謂其論諫本仁義似陸贄，其薦進人才似鄧禹，其奮不顧身，敢任大事似寇準，其志在滅賊，死而後已似諸葛亮云。事母至孝，及出身爲國，離母七年，爲宣撫日始迎養于閬中。暨在相位，始遣人迎於蜀。彗星之見，浚將論時事，恐爲母憂。其母見浚瘠，問故，具以告。母誦其父對策之語曰：「臣寧言而死于斧鉞，不忍不言以負陛下。」浚意乃決。母喪，浚踰六十，哀毀不自勝。於兄滉友弟尤至，教養其子如己子，置義莊以贍其族及母族，婚喪皆取給焉。生無玩好，視天下之物泊然，無足以動其心。起居皆有常度，在餘干未疾之前，温恭朝夕，無一毫倦怠意。浚之學一本天理，尤深於《易》《春秋》《論語》《孟子》。

雜録

備録

李幼武《宋名臣言行録·四朝名臣言行别録》卷三《張浚魏國忠獻公》 公甫冠，預計偕入，上庠及第，調褒城令，辟熙河路幹辦。公到官，偏行邊壘，覽觀山川形勢。時猶有舊日戍守將，公悉召與握手飲酒，問祖宗以來守邊舊法及軍陣方略之宜，盡得其實。故公起自踈遠，一旦當樞筦之任，悉通知邊事，本末蓋自此也。

淵聖皇帝召涪陵處士譙定至京師，將處以諫職。定以所言不用，力辭，杜門不出。公往見，至再三問所得於前輩者，定告公，但當熟讀《論語》，公自是益潛心於聖人之微言。

浚乞於沿江置強弩營，選州禁兵縣弓手爲之。

浚爲平江府秀州控扼副使。時苗、劉赦書至平江，浚即走介入杭問。賊狀至江寧，頤浩寓書於浚，約共起兵。鄭㲉亦遣所親謝嚮微服至平江，見浚，令嚴備而緩進。浚慮苗傅等兵上抵平江，則失枝捂，乃令張俊先遣精兵二千扼吴江。於是，浚上表，大略言：「國家多難，正人主馬上圖治之時，願請睿聖不憚勤勞，親總要務。」復興二凶咨目，且欲得辯士往説之，使無他圖。浚與蜀人馮轓有舊，遣之見二凶，爲陳逆順。先是，二凶以書抵浚曰：「伊周之事，非侍郎孰能當之。」浚復書略曰：「自古言涉不順謂之指斥乘輿，事涉不順謂之震驚宮闕。上春秋鼎盛，一旦遜位，似非所宜。天祐我宋，所以保祐聖躬者歷歷可考，出質則虜人欽畏而不敢留，奉使則百姓謳歌而有所屬，天之所興，誰能廢之？」二凶得書，言：「浚見詆以逆賊，内所不能堪。」朱勝非恐生他變，乃奏貶浚郴州安置。時兩宮音問幾不相通，太后遣小黄門密至睿聖白上曰：「張浚不得已貶郴州。」上方啜羹，不覺羹覆於手。頤浩自江寧至，浚乘小舟迓之於郵中，得堂帖，乃貶命，浚恐將士觀望，即袖之，語書吏云：「有旨趣赴行在，令申已發之日。」是夜，共宿城外，頤浩呼其屬李承造草檄文，浚爲潤澤之。諸將皆謂賊窮則邀駕入海，浚又遣陳思恭等治舟師於海道，以遮賊南遁。於是，傳檄内外勤王之師五萬，發平江，至秀州。夜有刺客至帳前，浚顧左右已睡，問：「爾欲何爲？」對曰：「某麤讀書，知逆順，豈爲賊用。況侍郎忠節，安忍相害。但見爲備不嚴，恐後有來者。」浚下執其手問姓名，曰：「言之是徼利，某河北人，有母在，今徑歸矣。」浚翌日取郡獄死囚斬以徇曰：「此刺客也。」後亦無他。二凶聞勤王師來，甚恐，轓知可動，乃白勝非曰：「張侍郎以國步艱難，正當馬上治之。主上傳位幼子，恐有不測之變。主上受淵聖詔爲兵馬大元帥，嗣聖易稱皇太姪，太母垂簾聽政，大元帥總兵征伐於外，此最得策。」遂拉二凶同議都堂。初，浚戒轓乞以鐵券賜二凶，用釋其疑，轓遂奏太后許之，議遂定。癸卯，詔百官赴睿聖宮奏請，人皆歡呼，以謂復辟。丁未，駕還行宮，衆情大悦，尋除苗、劉爲淮西制置使、副。時浚兵次臨平，苗翊以重兵禦之，戰敗走。傅、正彦遣兵援之，不能進，是夕，遂開湧金門出遁。浚等引勤王兵入都，城人聳觀，以手加額。浚既見，上召至禁中，謂曰：「隆祐皇太后知卿忠義，欲一識卿面，適垂簾見卿自庭下過矣。」浚惶恐謝，上欲倚浚爲相，浚辭以晚進，不敢當。

以浚知樞密院事，時浚年三十三。國朝執政自寇準以後，未有如浚之年少者。

上問浚以方今大計，浚請身任陝、蜀之事，置司秦川，而别委大臣與韓世忠鎮淮東，令吕頤浩扈駕來武昌，張俊、劉光世從行，庶與秦川首尾相應。上許之。乃以浚爲川陝等路宣撫處置使，川陝、京西、湖南北爲所部。

上親書御製中和堂詩賜浚曰：「願同越勾踐，焦思先吾身」，其卒章曰：「高風動君子，屬意種蠡臣。」

初，虜寇京東，命范瓊禦之，瓊領兵轉入江西，至召入見，不肯釋兵，且乞除殿前司職事。公奏瓊大逆不道，上以其事付公。公退，與劉子羽謀，夜鎖吏於公府中，作文字皆備。僞遣張俊以千人渡江，若捕他盜者，因召俊、瓊、劉光世赴都堂計事，俊將衆甲以來，瓊從兵滿堦，意象自若。食已，子羽坐廡下，遽取勑黄紙詣前麾下曰：「有勑，將軍可詣大理置對。」公數瓊罪，瓊愕眙，遂以俊兵擁縛付大理，使光世出撫其衆，以「八字軍」付王彦，餘兵分隸御營，衆軍頃刻而定，賜瓊死。

浚發行在，賜度僧牒二萬、紫衣師號五千爲軍費。時劉錫、趙哲皆在浚軍，浚辟劉子羽、傅雱、馮康國、王彦、何倂、甄援與俱。康國將行，往别臺諫，趙鼎謂之

曰：「元樞新立大功，出當川陝，半天下之重，自邊事外悉當奏稟。蓋大臣在外，忌權太重也。」

浚至襄陽，留二十餘日，召帥守、監司，令預備儲峙，以待上西幸。時程千秋、王擇仁之軍咸在，及諸盜之來降者凡數萬人。浚謂襄陽乃衿喉之地，因薦千秋爲京西制置，假以便宜，許之久任，自屬郡守貳以下皆得誅賞。

浚至漢中，乃上奏曰：「漢中實天下形勢之地，號令中原，必基於此，謹於興元積粟理財，以待巡幸。願陛下早爲西行之計，前控六路之師，後據兩蜀之粟，左通荆襄之財，右出秦隴之馬，天下大計斯可定矣。」

浚承制以趙開爲隨軍轉運，浚知開有心計。開言蜀民已困，惟榷利尚有贏餘，於是大變酒法，自成都始，明年遂徧四路。尋變鹽法，置合同場，收引稅錢與茶法大抵相類，而嚴密過之，來者無所施其巧。

浚至秦川置司，節制五路諸帥。纔數日即出行關陝，移環、慶帥王似知成都府，而以武臣趙哲代之。於是參議軍事劉子羽薦涇原都監吴玠，浚與語大悦，拔爲統制官，又以其弟小使臣璘領帳前親兵。

浚言大食獻珠玉，已至熙州，上諭大臣曰：「大觀以來，川茶不以博馬，惟市珠玉，故武德不修，今若捐數十萬緡易無用珠玉，曷若惜財以養戰士。」遂命宣撫司無得受，量賜以荅其意。

撒离曷及黑峯等寇邠州，浚遣統制曲端拒之，兩戰皆捷。至白店原，撒离曷乘高望之，懼而號哭，虜人因目曰「啼哭郎君」，虜引去。

浚上疏言：「陛下果有意於中興，非幸關陝不可。願先幸鄂渚，臣當糾率將士奉迎鑾輿，永爲定都大計。」上不許。

浚聞虜大入寇，上浮海東征，亟治兵入衛，至襄、漢，知虜退，乃還。先是，宰執登舟奏上，上曰：「張浚措置陝西，極有條理。」吕頤浩曰：「陛下雖失之杜充，復得之張浚。」上曰：「浚自薦辛興宗作秦帥，比至陝西，見孫渥材優，則奏罷興宗，而用渥。蓋其用心公也。」

浚之西行也，上命浚三年而後用師。至是，韃辣及兀朮皆在淮東，約秋高入寇，浚聞兀朮躊躇淮上，必再犯東南，議出師攻取，以分其勢，士大夫多以爲不可，浚皆不聽。劉子羽争之曰：「相公不記臨行天語乎？」浚曰：「事有不可拘者，假如萬一有前日海道之行，變生不測，吾儕雖欲復歸陝西，號令諸將，其可得乎？」子羽議遂塞。浚乃決策治兵，移檄河東問罪，復永興軍。虜大懼，遂調兀朮自京西，令星馳至陝西，與婁室等合，而浚亦劄諸路，兵合四十萬，約日會于耀州，以與虜戰。

浚既定議出師，幕客將士皆以知其非而口不敢言，上亦以虜萃兵淮上，命浚出兵分道，由同州、鄜、延以擣虜虛。浚乃檄召諸路，各以兵會合。六路兵四十萬人，馬七萬，以劉錫爲統帥，諸軍行至富平縣將戰，詐立曲端旗以懼虜。虜酋婁室曰：「彼紿我也。」（浚時已罷端兵柄，安置萬州。）癸亥，婁室擁兵驟至，輿柴囊土，藉淖平行進，薄吾營。錫等與之戰，劉錡身率將士殺虜頗衆，勝負未分，而虜鐵騎出不意，直擊環、慶軍他路兵無與援者，會趙哲離所部，哲軍望見塵起驚遁，諸將軍亦退，虜遂乘勢而前。

富平戰敗，諸軍還，浚至邠州，召錫等計事。浚立堂上，諸將立堂下，浚問：「誤國有大事，誰當任其咎者？」衆皆言環、慶軍先走，浚命擁趙哲斬之，哲不伏，且自言有復辟功，浚親校以檛擊其口，斬于堠下。軍士爲之喪氣，浚遂以黄榜放諸軍罪。哲已死，諸將聽令，浚命各歸本路歇泊。令方脱口，諸路之兵已行，俄頃皆盡。浚率帳下退保秦州，於是陝西人情大震。

浚以關陝失律，上章待罪，上謂宰執曰：「張浚放罪，詔須蚤降，因言浚用曲端、趙哲、劉錫，見其過即重譴之，浚未有失焉，可罷也。」李回曰：「須得勝浚者方可易。」上曰：「有才而能辦事固不少，若孜孜爲國，無如浚者。亦有人言其過，朕皆不聽，命放罪。」

浚聞虜入德順軍，遂移司興州，惟親兵千餘人自隨，其屬官皆懼，有建言不當遠去，請築青陽潭左右四關六屯，浚以爲然。乃遣子羽單騎至秦州，訪諸將所在。時虜騎四出，道阻不通，將士無所歸，忽聞子羽在近，宣撫司留蜀口，乃各引所部來會，凡十數萬人，軍勢復振。浚哀死問傷，録善咎己，人情驩安。

虜破福津，蹂同谷，迫武興，浚遂保閬州，令劉子羽於關外調護諸軍。子羽頗得衆心，又總領趙開兼都漕，號善理財，不加賦於民，而軍用足。

浚承制以王庶知興元府。時興元帥事草創，倉廩之絶，師徒寡弱。庶募民教之，河東、陝西潰師多舊部曲，往往來歸，不數月有衆二萬。

初，浚以曲端在陝西，屢嘗挫虜，欲仗其威聲，乃辟充本司都統制。端登壇，將士歡聲如雷。先是，朝廷以端欲殺王庶，疑其有反心，遂以御營使司提舉官召之，端疑不行，議者喧言端反，浚入辭獨以百口保之。及端有白店原之敗，庶乘此譖之，吴玠亦以彭衙之敗憾端，乃書「曲端謀反」四字于手心，因侍浚立，舉以

示浚。浚素知端，庶不可並立，且方倚玠爲用，恐玠不自安。庶等知之，即言端嘗作詩題柱，有指斥乘輿之意，曰「不向關中興事業，却來江上泛漁舟」，此其罪也。浚乃送端恭州獄。有武臣康隨者，在鳳翔嘗以事忤端，端鞭其背，有切骨恨。浚以隨提點夔州路刑獄，端聞之曰：「吾其死矣！」呼天者數聲。端有馬名「鐵象」，日馳四百里，至是連呼「鐵象可惜」者數聲，乃赴逮。既至，隨命獄吏縶之維之，糊其口熁之以火，端乾渴而死。士大夫莫不惜之，軍民亦皆悵恨，西人以是益非浚焉。《西事記》曰：「浚之爲人忠有餘而才不足，雖昧於知人，短於用兵，而清修篤慎，有志天下，古人不能過也，復果斷敢爲，諸將亦莫敢桀驁。端初爲五路統制，拜威武將軍，屢與金人角，更勝迭負，西人以爲能。然心常少浚，浚乃廢之。」又曰：「使端不死，一日得志，逞其廢辱之憾，一摇足則秦蜀非朝廷有，雖殺之可也。」

初，兀术駐兵於熙、河、秦、雍，至是，相繼移寨欲窺蜀。公令吴玠於鳳翔府之和尚原先處戰地，誘致其來。兀术乃引衆十餘萬造浮橋於寶雞縣，渡渭來犯。玠遣吴璘、雷仲率諸將，選勁弓强弩分番迭射，號「駐隊矢」，接發不絶，且繁密如雨，虜稍却，則以奇兵分擊，斷其糧道，又劫破賊寨。與虜戰凡三十餘陣，兀术中箭而遁，俘其將羊哥孛堇及酋領三百甲、軍八百，殺賊衆横屍滿野。是役也，兀术往返萬里，始末三年，其衆損者踰半，皆呻吟扶攜以歸。兀术初有從馬數百，至是僅留其六道，由平陽府僞守蕭慶以三馬奉之，於是北歸燕山。《西事記》曰：「浚之敗，賴吴玠獨全一軍，據和尚原以守，金人屢攻之，不能克，後大破虜軍，殺其酋帥，人疑不實。蓋陝西之敗皆浚爲之，然金人不能取蜀，亦其用玠之力也。」

先是，宰執奏浚今居閬爲水運以給西軍，上曰：「朕料浚必能立功。」宰執退至省，未食，而浚和尚原捷報已至，乃相與歎，仰聖明知人善料敵如此。既而浚以功除定國軍節度，職仍舊。

公上言，已運米五萬石至荆南，欲理川口與行在相接。上謂宰執曰：「兩日前言者猶請遣人副浚，朕謂委之不專，難以責成。」

公在關陝，凡事雖以便宜行之，然於鄉黨親舊之間，少所假借，於是士大夫有求於宣司而不得者，始起謗議於東南，朝廷疑之，將召歸，先爲置副，乃以王似爲川陝等路宣撫處置副使，詔與浚相見同治事。浚尋上疏言：「鎮重寬厚，於民不擾，似之所長。至於駕馭將帥，裁處機事，不爲身謀，恐未可仗。且外而劉子羽、吴玠之徒，與虜爲讎；内而張深、程唐日夜謀議，皆嘗立破虜之功，各望照知，寖加任使。今一旦以無功侍從驟處副任，人情謂何？臣慮子羽之徒必自引去，而似之庸常，終至敗事。臣等日夜治兵，亦欲奉迎大駕，以復中原。而或者相爲朋黨，求撓臣權，在臣去就甚輕，而國家之計恐有未便。」

詔知樞密院張浚罷宣撫處置，令赴行在。尋詔浚有大功，久勞于外，令學士院降詔。

先是，監廣州鹽税吴伸上疏，大略謂：「浚忠有餘而智不足，且復辟之功大，失地之罪小，天下之人所共知之。其退保四川，敵人卒未能下，蓋亦浚之功也。竊見里巷游談，咸曰張浚之來，章疏列上，必於失地之外吹毛求疵，增其過惡，使浚不至，則必曰慢而不恭，有違命之罪，至則必曰覆軍之將有失地之罰，將羣起而攻之，必使罪去而後已。使浚罪去，不知誰可繼其忠乎？」御史常同、辛炳俱有論列，疏入不報。浚既入見，遂赴密院治事。

浚之出使也，嘗以秦川館爲學舍，以待河北、陝西之士來歸者，給衣食養之。又新復諸郡乞鑄印，浚以去朝廷遠，亦先鑄給而後奏聞。又浚之還，取道東蜀夔、峽，其至稍遲。臺臣辛炳言：「浚被命宣撫，不能成功，輕失五路，坐困四川，用劉子羽輩皆小人，而殺曲端、趙哲爲無辜，以至設祕閣以崇儒，擬尚方而鑄印，及被召不肯出。乞黜責。」浚遂落職奉祠。炳等復交論浚跋扈不臣之罪大，於是，詔浚福州居住。即日，如福州，從者皆去，肩輿才兩人而已。

浚雖得罪，猶上疏論虜，僞暫和，心必未已，大略謂：「此虜情狀專以和議誤我，亦云久矣。彼勢促則言和，勢盛則復肆，前後一轍。願陛下蚤夜深思，益爲備具，處將士、家屬於積粟至安之地，使出而戰守者，無反顧奔散之憂，精擇奇才以撫川陝之師，使積年屯邊者，無懈惰懷望之意，江淮川陝互爲牽制，斥遠和議，用集大業。竊見主兵官除吴玠、王彦、關師古外，如吴璘、楊政可統大兵，田晟可總一路，王宗尹、王喜等可爲統制。」後皆有聲，世服其能知人。

初，浚知虜無西顧憂，必併力窺東南，朝廷已議講解，乃極言其狀。及劉麟引虜兵入寇，上思浚前言之驗，而趙鼎亦乞召浚。既入見，遂命知樞密院，浚請遣岳飛渡江入淮西，以牽制虜兵之在淮東者，從之。

上曰：「君臣之間當至誠相與，勿事形迹，庶可同心叶德，以底于治。朕於二三大臣當分委以事，張浚專治軍器，胡松年專治戰艦。」浚曰：「仁宗時亦嘗令韓琦、范仲淹分事而治，言者數以爲辭，不旋踵報罷。」上曰：「今日若不專責，事

無由集，國用亦須委一大臣。」松年曰：「議論既定，力行之，必有效。若今日行明日罷，徒紛紛無益耳。」松年時僉書樞密院事。

詔浚視師江上，浚疾驅臨江，召大帥韓世忠、張俊、劉光世與議，且勞其軍。將士見浚來，勇氣十倍。浚部分諸將，遂留鎮江節度之。

魏良臣等自虜軍回，浚遇之，問以虜事及大酋之語，良臣謂：「虜有長平之衆，且出大言，謂當割建州以南，王爾家爲小國，索銀絹犒軍，其數十萬。仍約良臣等再使。」浚密奏不可以其言而動，及不須令再往。

浚在鎮江時，兀术擁兵十萬于淮陽，世忠移書與之，爲言「張樞密已在此矣」。初，虜牒報浚得罪遠貶，故悉力來寇，至是，兀术問世忠所遣麾下王愈，「吾聞張樞密貶嶺外，何得已在此？」愈出浚所下文書，兀术見浚書押色動，即强言約日當戰。浚再遣愈以世忠書往問戰期，愈回一日，而虜宵遁，士馬乏食，狼狽死者相屬。遣諸將追擊，所俘獲甚衆。

浚奏捍賊次第，且言：「相持已久，恐其別生姦計，已與諸將議，凡可以剋敵者無不爲也。」上曰：「浚措置如此，虜必不能遽爲衝突。」參政沈與求曰：「晉元帝時，石勒寇壽春，相持三月，晉臣至有勸降勒者，王導拒之，虜今遠來，久相持，非其利也。」上曰：「朕得浚，何媿王導。」

浚至鎮江視師，召韓世忠親諭上旨，使舉軍前屯楚州，以撼山東，世忠欣然承命。浚遂至建康，撫張俊軍，至太平州，撫劉光世軍，軍士無不踴躍思奮。浚以諸路軍馬所用錢糧，當從督府總制，故悉以上佐兼之，仍關送尚書旨揮。行府關三省旨揮，始此。

浚謂湖寇楊公據洞庭，實爲上流，六先去之，爲腹心害，將無以立國。請自行，上許焉。初，席益得么探者數百人，皆傳致遠縣。浚至醴陵，召囚問之，盡釋其縛，給以文書，俾分示諸寨令蚤降，皆懽呼而往。會岳飛兵至，復令分屯鼎、澧、益陽，壓以兵勢。至是，降賊將楊欽乘勝急攻水寨，么窮蹙赴水死，湖寇悉平，得丁壯五六萬人、老弱十餘萬。浚一以誠信撫之，乃更易郡縣姦贓吏，宣布寬恩。命岳飛進屯荆襄，以窺中原，浚率官屬泛洞庭而下。

上嘗召對便殿，問所宜爲，且命以所聞見置策來上，浚承命條列以進，號《中興備覽》，凡四十一篇，莫不備具。上深嘉歎，置之座隅。

自渡江以後，三衙名存實亡。逮公與趙鼎並相，乃以楊沂中所將隸殿前司，解潛部曲隸馬軍司，統制官顔漸部曲隸步軍司。沂中之軍，本辛永宗部曲，後又益以他兵，故其衆特盛，潛之軍纔二千餘，漸所統烏合之兵而已。

時以雪寒，命賑濟，上謂公曰：「朕居燠室尚覺寒，細民甚可念。若湖南、江西旱災去處，宜早措置賑濟。」公曰：「陛下推是心以往，則足以感召和氣。況實惠乎？」上曰：「朕每以事機難明，專意精思，或達旦不寐。」公曰：「雜聽則易惑，多畏則易移。以易惑之心行易移之事，終歸於無成而已。以陛下聰明，苟大義所在，斷以力行，夫何往而不濟？臣願萬機之暇，澄心静氣，保養天和，庶幾利害紛至而不疑，中興之業可成矣。」

浚以虜勢未衰，而劉豫復據中原，爲謀叵測，奏請親行邊塞，分命諸將以觀機會。上乃令浚往視師，浚即張榜聲豫僭逆之罪。時韓世忠駐軍承楚，劉光世屯太平州，張俊屯建康府，而岳飛在鄂州，朝論以爲邊防未備，空缺之處尚多。浚獨謂：「楚、漢交兵之際，漢駐兵殽澠間，則楚不敢越境而西，蓋大兵在前，雖有他岐捷徑，敵人畏我之議其後，不敢踰越而深入，故太原未陷，則粘罕之兵不復濟河，亦以此爾。不然，環數千里之地，盡以兵守之，然後可安乎？」上深以爲然。

初言屯田者甚衆，而行之未見其效。至是，公兼領屯田以出，始置官屬，凡所行之事，皆畫一而去。

公至江上，會諸大帥議事，乃命世忠自承楚，以圖淮陽，命劉光世屯廬州，以招北軍，張俊練兵建康，爲進屯盱眙之計，楊沂中領精兵爲後翼，岳飛進屯襄陽，以窺中原。於是，國威大振，上御書《裴度傳》遣使賜公，以示至意。公於諸大師中，獨稱世忠與飛可倚以大事。時劉豫頗於僞境聚衆，世忠自楚州引兵渡淮擊敗之，直至淮陽而還。上賜公手書曰：「世忠既捷，整軍還屯，進退合宜，不失事機，亦卿指授之方。卿更審虛實，徐爲後圖，或遣岳飛一窺陳、蔡，使賊枝梧之不暇也。」

初，公在淮上，謀渡淮北向，惟倚世忠爲用，世忠辭以兵少，欲摘張俊之將趙密爲助以行，府檄俊，俊拒之，謂世忠有見吞之意。公奏乞降聖旨，而俊亦稟於朝，鼎白上曰：「浚以宰相督諸軍，若號令不行，何以舉事？俊亦不可拒。」乃責俊當聽行府之命，不應上稟於朝，復下浚一面專行，不必申明，慮失機事。時議者以爲得體。

公又渡江，撫淮上諸屯，屬方盛暑，公不憚勞，人皆感悦。時防秋不遠，公以方略諭諸師，大抵先圖自守，以致其師而後乘機擊之。

上謂宰執曰：「近日金星犯畢，占法邊有敗兵，當諭與張浚，令諸帥戒守邊者，天既有象，須修人事以應之。」

公謂：「東南形勢莫重於建康，實爲中興根本，且使人主居此，則北望中原，常懷憤惕，不敢自暇自逸。而臨安僻居一隅，内則易生安肆，外則不足以號召遠近，係中原之心。」遂奏請聖駕以秋冬臨建康，撫三軍而圖恢復。時韓世忠自淮陽已還楚州，張俊既城盱眙，進屯泗州，岳飛亦遣兵至蔡州，焚其積聚。至是，公承詔入覲，力請上進臨建康，以爲不可緩。然朝論同者極鮮，惟上斷然不疑。會牒報豫有南窺之意，公復往江上視師。

劉豫聞上將親征，告急於金主，求兵爲援，金主聽豫自行，至是分道入寇。先是，劉麟令鄉兵僞胡服，於河南諸處十百爲羣，人皆疑之，以爲虜、僞合兵而至。公奏虜方疲於奔命，決不能悉大衆復來，此必皆豫兵。而邊報不一，劉光世奏禦賊事宜，謂廬州難守；張俊駐軍泗州，亦請益兵。衆情恟懼，議欲移盱眙之屯退合淝之戍，召岳飛盡以兵東下。公獨以爲不然，乃以書戒俊及光世曰：「賊、豫之兵以逆犯順，若不勦除，何以立國？平日亦安用養兵爲？今日之事，有進擊無退保。」而趙鼎、折彦質皆移書抵公，欲飛兵速下，且擬條畫項目，請上親書付公，大略欲退師還江南，爲保江之計，不必守前議。於是，世忠統兵過淮，遇虜騎，與訛里也孛堇等力戰，既而亦還楚州。或請上回臨安。公奏：「若諸將渡江，則無淮南，而長江之險與虜共之，淮南之屯正所以屏蔽大江，使賊得淮南，因糧就運以爲家計，江南其可保乎？今淮西之寇，正當合兵掩擊。況士氣甚振，可保必勝，若一有退意，大事去矣。又岳飛一動，則襄、漢有警，復何所制？願朝廷勿專制于中，使諸將不敢觀望。」上乃手書報公：「近以邊防所疑事咨卿，今覽所奏甚明，俾朕釋然無憂，非卿識高慮遠、出人意表，何以臻此。」公奉此詔異議乃息。時劉光世舍廬州而退，公怪之，即星馳至采石，遣人喻其衆曰：「若有一人渡江，即斬以徇！」且督光世復還廬州。光世遣王德領兵至前羊市，遇劉麟游兵，敗之。而賊衆數十萬已次於濠、壽之間，張俊拒之，楊沂中爲俊統制，公即遣沂中至濠州與俊合，且使謂之曰：「上待統制厚，宜及時立大功，或有差跌，浚不敢私。」又遣張宗顔等自泗州來爲其後繼。猊以衆數萬欲犯建康，沂中悉衆以出，縱大軍乘之，大破賊衆，横屍滿野。京東虜騎尋亦退走，朔方大恐。上以手書賜公曰：「賊雖犯順侵壽及濠，卿奬率師徒，臨敵益壯，遂使凶渠宵遁，同惡自焚。寤寐忠勤不忘，嘉歎！」仍令浚具上都督府隨行官吏、軍兵推賞，公言賞或濫加，則將士解體，遂惟保奏有功者。

浚還平江，隨班入見，力請幸建康，且言：「天下者陛下之天下，陛下自不致力以爲之先，則人有解體之意，日復一日，終以削弱，異時復詔巡幸，其誰信之？何哉？彼知以此爲避地之計，無意於圖天下故也。」

中原遺民有自汴都來者，言劉豫自猊、麟敗後，意沮氣喪，其黨皆攜貳，虜中謂豫必不能立國，而民心日望王師之來。朝廷因是遂謀北伐，公乃出行淮上撫諸軍，且築廬州城，五月還。

初以道君皇帝遠在沙漠，公奏遣問安使何蘚往金國通問，至是還，始知道君及寧德皇后已相繼上仙。公遂奏：「臣近得此信，不勝痛憤，願陛下剛健有爲，成敗利鈍，在所不恤，況孝悌可以格天，推此心行之，臣見其福不見其禍也。」

公專任國政，首言親民之官，治道所急，而比歲内重外輕，遂條具郡守、監司、省郎、館閣之人迭補之法，以郡守、監司有治狀者除郎官，郎曹資淺者除監司，郡守、館職未歷民事者除通判，仍乞降詔。又以太陽氛氣四合，奏復賢良方正科，皆從之。乘輿發平江至建康，幾事叢委，公獨以身任之，人情賴公以安，每見必深言讎耻之大，反復再三，上未嘗不改容流涕。時天子方勵精圖治，事無巨細必以咨之，賜諸將詔往往命公草之，四方災異必以聞，祥瑞皆抑不奏。

上謂宰執曰：「昨日張俊呈馬，因爲區別良否，皆不差。」浚曰：「臣聞陛下聞馬足聲而知良否。」上曰：「然。」浚曰：「物猶易知，惟知人爲難。」上曰：「人誠難知。」

上曰：「邊事未靖，軍需取於諸路者尚多，斯民重困。他日兵寢，當一切蠲之，雖常賦亦與除一二年。朕之此心，天實臨之。」浚曰：「聖意如此，天必助順。」

宰執奏事，浚因論淮西地險可守，陳與義曰：「見王德淮西圖，路幾不可方軌。」上曰：「地形雖險，亦在將兵者如何耳。李左車謂井陘之道車不得方軌，騎不得成列，而韓信卒由井陘以破趙，是險不足恃也。」浚等歎服。

初，公自淮西歸，與趙鼎同在相位，以招徠賢才爲急務，從列要津多一時之望，人號爲「小元祐」，又以人主當務講學，以爲修身致治之本，薦尹焞置之講筵，有旨促召赴闕。會旱災及酈瓊之變，公力求去，而周祕等交章論之，遂罷職奉祠。祕等復論公跋扈不臣等罪大，乞遠竄，上批：「浚散官安置嶺表。」鼎嘗救之甚力，且以公母老爲請，上意稍解，遂命分司居永州。

初，朝廷命趙鼎出使，如公故事。將行，鼎言：「陛下建炎中遣張浚出使川陝，國勢百倍於今，浚有補天浴日之功，陛下有山河之誓，君臣相信，古今無二，而終致物議以被竄逐。夫喪師失地，浚則有之，然未必如言者之甚也。大抵專黜陟之典，受不御之權，則小人不安其分，謂爵賞可以苟求，一不如意，便生觖望。是時蜀士至於醵金募人詣闕訟之，以無爲有，何以自明。故有志之士欲爲國立功者，每以浚爲戒。且浚有罪，臺諫論之可也，人主誅之亦無憾也，今乃下至草澤行伍，凡有求於浚而不得者，人人投牒醜詆，及其母妻，甚者指爲跋扈，抑何甚哉！」

時以金國使來講和大赦，浚在永州，上言：「虜自宣和以來挾詐反覆，非可結以恩信者。借令虜中有故，上下紛雜，天屬盡歸，河南遂復，數年之後，人情益解，士氣漸消，彼或内變既平，指瑕造隙，肆無厭之欲，發難從之請，其將何辭以對？自堯、舜以來，非兵無以立國，未聞委質夷狄，可以削平禍難，遠而石晉，近而叛豫，著人耳目，歷歷可想。」前後凡五上疏爭之。

公知福州之明年，奏言：「臣竊念自羣下決回鑾之計，國勢不振，事機之會失者再三。向使虜還梓宫歸，兩殿供須，一無所請，宗族隨而盡南，則我德虜必深，和議不拔，人心懈怠，國勢寖微，異時釁端卒發，何以支持？幸今虜懷反覆，士氣尚可作，人心尚可回，顧因權制變，轉禍爲福，用天下之奇才，據天下之要勢，奪敵之心振我之氣，措置一定，大勳可集。」繼聞淮上有警，連以邊計奏知，又條畫海道舟船利害，上嘉公之忠，遣中使奬諭。公時大治海舟至千艘，爲直指山東之計，以俟朝命。又明年春，獻緡錢六十萬助軍費，詔奬之。

浚在宫觀，因天申節繳奏《無逸篇》疏，略曰：「伏考周公《無逸篇》，商王中宗、高宗、周文王非徒自享安樂，而有國長久，自祖甲之後立王生則逸，是以罔或克壽。仰惟聖德日新，大孝之誠昭格天地，壽福無疆，宜過商宗、周王遠甚。」

公念檜欺君誤國，使災異數見，彗出西方，欲力論時事，以悟上意，又念太夫人計氏年高，言之必被禍，恐不能堪。太夫人覺公形瘠，問故，公具言所以。太夫人誦先雍公咸紹聖初舉制科策曰：「臣寧言而死于斧鉞，不忍不言而負陛下。」至再三，公意遂決，乃言曰：「當今事勢，譬若養大疽於頭目心腹之間，不決不止，決遲則禍大而難測，決速則禍輕而易治，惟陛下斷之於心，謹察情僞，豫備倉卒，庶幾社稷有全安之理。不然，異時以國與敵者，反歸罪正議。此臣所以食不下咽，而一夕不能安也。」檜見之大怒，命臺諫論公章四五上，以特進提舉江州太平興國宫，連州居住。

公在連作《四德銘》以示其人，曰：「忠則順天，孝則生福，勤則業進，儉則心逸。」連人相與鑱之於石，家傳人誦焉。公去國至是幾二十年，退然若無能者，而天下士大夫無賢不肖皆傾心，健將悍卒見之者必咨嗟歎息，下至兒童婦女亦知有張都督。每使者至虜，必問公今安在。

和議定，時國書中有不得輒易大臣之語，蓋檜恐公復用也。尤忌公甚，令臺臣王珉、徐嘉每彈事必及公，至目爲國賊，必欲殺之。又令張柄知潭州，汪召錫爲湖南提舉，以圖公。又令張常先爲江西運判，箋注張宗元與公壽詩，亦興獄株連及公。又捕趙鼎子汾下大理，令自誣與公等謀大逆。獄上，而檜病不能書矣。

檜既死，上始親庶政。公復官判洪州。時喪母將歸葬，行至江陵，會以星變詔求直言，公乃復奏，大略謂：「向者講和，陛下以太母爲重爾，幸而梓宫亟還，此和之權也。不幸用事之臣聽命于虜，而陰蓄其邪心，故身死之日，天下相慶，蓋惡之如此。方其豢於富貴，聚斂珍貨，皆爲身謀，而不爲陛下謀也。坐失事機二十餘年，有識痛心。夫賢才不用，政事不修，形勢不立，而專欲受命於虜，適足啟輕侮之心，而正墮其計中也。」万俟卨、湯思退見之大怒，以爲虜未有釁，而浚所奏乃若禍在年歲間者，或笑以爲狂，湯鵬舉等交章論公，名係罪籍，唱爲異議以動國是，乞行竄逐。遂謫居永州。

陳俊卿間爲上言：「浚忠義，且兼資文武，可付以閫外。臣素不識浚，聞其失陝服散淮師，而許國之心白首不渝，今斂門念咎，老而練事，非前日浚也。願且與一近郡，以係人心，庶緩急可以相及。」上納其言，許浚自便。俊卿又屢言浚可用，尋命浚判建康府。

逆亮之斃，其餘黨尚據鷄籠山，而李顯忠兵在沙上。浚往沙上勞軍，以建康激賞犒之。一軍見浚，以爲從天而下，浚諭顯忠曰：「聖駕將巡幸到此，而賊未退，得無慮乎？」

上至建康，浚迎謁道左，衛士見浚復用，至以手加額。浚見上，首言：「國猶身也，元氣充則外邪遠。朝廷元氣也，用人才，修政事，治甲兵，惜財用，皆壯元氣之道也。」上嘉納之。

上欲付浚以江淮之事，已而中止，乃命楊存中爲江淮等路宣撫使，虞允文副之。中書舍人劉珙不書録黄，且論其不可，珙，子羽子也。上謂宰相曰：「珙之父爲張浚所知，此奏專爲浚地爾。」乃寢存中宣撫之命，俾專措置，至是，召存中

還，而以命浚。上既還臨安，有勸浚求去者，浚念舊臣無他在者，人心尤以己之去就爲安危，乃不敢言去，日治府事，細大必親焉。出入將相三十年，素爲士卒所畏愛，至是復總軍政，皆樂爲用。

浚謂虜長於騎，我長於步，制騎莫如弩，衛弩莫如車，乃令專制弩治車。又謂三國以後自北窺南，未有不由清河、渦口兩道以舟運糧，蓋淮北廣衍，糧舟不出於淮，則懼清野無所得，有坐困之勢。於是東屯盱眙、楚、泗，以扼清河；西屯濠、壽，以扼渦潁。人心畢歸，精兵可集，即奏言之，又乞多募福建海船，由東海窺登、萊，由清河窺淮陽。

浚奏言：「兩淮之人素稱强力，而淮北義兵尤爲忠勁，自虜殘虐，遑遑無歸，臣欲措置御前萬弩營，募民强壯堪充弩手之人，不刺臂面，以御前效用爲名，令結爲甲隊，遞相委保，有功同賞，有罪同罰，於建康置營。」詔從其請，兩淮之人欣然願就，浚親訓撫之，未幾成軍。

金人圍海州，詔鎮江都統張子蓋往援，仍聽張浚節制。浚爲書勉子蓋以功名，子蓋即馳赴之。遇敵于石湫隘，子蓋率精鋭先入，虜遂大敗引去。及奏功，浚以去歲淮上功賞之濫，乃命統制官以下公共保明，有冒濫者重罪之。

孝宗即位，召公赴行在，賜公手書曰：「朕初膺付託，以眇然一身當萬機之煩，夙夜祗懼，未知攸濟。公爲元老，宜輔朕初政，公其疾驅副朕至意。」公遂就道，至即引見，上改容曰：「久聞公名，今朝廷所恃惟公。」賜坐降問再四，公言：「人主以務學爲先，人主之學本於一心，一心合天，何事不濟。所謂天者，天下之公理而已，必兢業自持，使清明在躬，則賞罰舉措無有不當，人心自歸，醜虜自服。」上竦然曰：「當不忘相公之言。」又奏：「今日便當如創業之初，每事以藝祖爲法，自一身一家，始以率天下。」浚見上天錫英武，力陳和議之非，勸上堅意以圖事功，且謂新政以人才爲急，人才以剛正爲先，因疏當今小大之臣有經挫折而不撓，論事切直者凡十數人薦于上。於是除公江淮宣撫使，復往江上。

史浩議欲城瓜洲，下公議，公謂：「不守兩淮而守江干，是示虜以削弱之形，怠軍民戰守之氣，不若先城泗州。」浩既參政，公所規畫，浩必沮之。

公請臨幸建康，以動中原之心，用師淮堧，進舟山東，以遥爲吴璘之援。上召陳俊卿等，問公動静飲食顔貌，曰：「朕倚魏公如長城，不容浮言摇奪。」制除公樞密使，開都督府。時虜將蒲察徒穆及僞知泗州大周仁屯虹縣，都統蕭琦屯靈壁，公謂至秋必爲邊患，當及時掃蕩。

公上疏謂：「廟勝之道，在人君正心以正朝廷，正朝廷以正百官，正百官以正萬民。今德政未洽，宿弊未革，願發乾剛奮獨斷，盡循太祖、太宗之法。」

時命李顯忠出濠州以趍靈壁，邵宏淵出泗州以趍虹縣，公自往臨之，軍事利鈍難必，乞上以諸葛亮建興六年所上奏置之左右。顯忠圍靈壁，敗蕭琦，宏淵圍虹縣，降蒲察徒穆、大周仁，乘勝進克宿州。公恐盛夏人疲，急召顯忠等還師，而上亦戒諸將以持重，皆未達。僞副元帥紇石烈志寧率兵至，顯忠與戰，連日未決，諜報虜大興河南之兵將至，會邵與李不相能，遂引而歸，虜亦解去。公時在盱眙，去宿州不四百里，傳云虜且至，公亟北渡淮，入泗州撫將士。已乃還維揚待罪。

上對近臣，未嘗名公，獨曰「魏公」，每遣使來，必令視公飲食多寡、肥瘠何如，其眷禮如此。

先是，朝廷遣王之望、龍大淵爲通命使副，公言：「臣見王之望、龍大淵之望，甚言守備不至。臣竊以爲虜以大兵臨我，自秋及春，凡半年餘，見我無備，胡不直入，徒以虚聲迫脅中外？往者固不須論，今歲邊防更密，坐待其來，破之必矣。」及至入見，又力陳和議之失，上爲止誓書，留使人，而令通書官胡昉先往諭虜，以四州不可割之意，虜械昉等。上聞之，諭公曰：「和議之不成，天也。」以湯思退與公爲左右僕射，公仍都督，上書《聖主得賢臣頌》以賜之。

初議以四月進幸建康，公又言，當詔之望等還，上從之。幸建康之議，思退初不與聞，乃與其黨密謀爲陷公計。俄詔公行視江淮，自公受任督府，且將三年講論軍務，不遑寢食，所招來山東、淮北忠義之士，以實建康、鎮江兩軍，凡萬二千餘人，萬弩營所招淮南壯士及江西羣盜又萬餘人。要害之地城壁皆築，其可因水爲險者，皆積水爲堰。置江淮戰艦，諸軍弓矢器械悉備。二年冬，虜屯重兵十萬于河南，爲虚聲脅和，亦有刻日決戰之語。將士望虜至成大功，而虜亦知吾有備，卒不敢動。至是，公又以宰相來撫諸軍，將士踴躍思奮，虜聞公來，亦檄宿州之兵歸南京，沿邊清野以俟，淮北來歸者日不絶，山東豪傑悉領節度，且以檄諭契丹，虜益懼。

右正言尹穡論浚跋扈，乃罷督府，而以錢端禮、王之望代之。湯思退令之望盛毁守備，以爲不可恃，又令穡論罷督府官屬，馮方又論浚費國用不貲，又論乞罷浚都督。浚亦請解督府，詔如其請。言者詆浚愈力，浚留平江上，章乞致仕者八，上許之。上察浚之忠，欲全其去，制除少師、判福州。

浚行次餘干，以家事付栻、杓曰：「吾嘗相國，不能恢復中原，盡雪祖宗之耻，即死，不當葬我先人墓左，葬我衡山足矣。」疾革，呼栻等于前問：「國家得無棄四郡乎？」且命作奏乞致仕而薨。

公之學一本天理，尤深於《易》、《春秋》、《論》、《孟》，嘗論《易》疏曰：「易有太極，是生兩儀，太極一也，兩儀三之也，分爲二，而七、八、九六之數成，五行之象於是大著。」又曰：「天數二十有五，地數三十，凡天地之數五十有五，此天地之中數也。何以知其然？蓋一三五七九合爲天數，而天數不過五，二四六八十合爲地數，而地數不過五，天地奇耦合之爲十，總之爲五十有五。自然之數皆不離中，中故消息盈虚之妙，蓋闢變化之機，皆在於我，而動静莫違焉。中其至矣。」

《銘養正書室》曰：「天下之動，以正而一。正本我有，養之斯吉。道通天地，萬化流出。精思力行，無忘朝夕。」

爲王十朋作《不欺室銘》曰：「泛觀萬物，心則惟一。如何須臾，有欺暗室。君子敬義，不忘栗栗。」西山真德秀跋曰：「衛武公年九十五矣，猶作抑戒以自警曰：『相在爾室，尚不媿於屋漏。無曰不顯，莫予云覯。』蓋耄期不亂如此，故其没也謂之叡聖。武公張公作此銘於易簀之際，其視武公尤有加焉。王公與公均爲一代正人，故其詩與銘大略同旨，後之有志於正心誠意之學者，當深味之。」

於本朝大臣最重李文靖公，謂近三代氣象，又以寇忠愍、富文忠、范文正之事爲可法，異時歸老山林，當作三賢堂於弊廬之側，庶朝夕想像，如見其人也。

每訓子及門人曰：「學以禮爲本，禮以敬爲先。」又曰：「學者當清明。」其心默存聖賢氣象久久自有見處。

嘗作詩曰：「羣凶用事人心去，大義重新天意回。解使中原無左衽，斯文千古未塵埃。」

朱文公跋曰：「舉大義以清中原，此公平生心事也，觀於此詩可見其寢食之不忘。然竟不得遂其志，可勝歎哉！」（以后並文公語。）

又跋公墨帖曰：「公平生心事無一念不在君親，而其學又以虚静誠一求之，於天爲本，故其與人言，未嘗不依於此。今觀其所與劉氏書帖詩文，可見矣。」

又曰：「公在京城中親見二帝北狩，皇族係虜，生民塗炭，誓不與虜俱生。委質艱難之際，事有危疑，人方畏避，則挺然以身任之，不以死生動其心。南渡以來士大夫唱爲和説，其賢者則不過爲保守江南之計，夷狄制命，率獸偪人，莫知其爲大變。公獨毅然以虜未滅爲己責，必欲正人心，雪讎耻，復守宇，振遺黎，顛沛百罹，志踰金石。晚復際遇，主義益堅，雖天嗇其功，使公困於讒慝之口，不得卒就其志，然而表著天心，扶持人紀，使天下之人曉然，復知中國之所以異於夷狄，人類之所以異於禽獸者，而得其秉彝之正，則其功烈之盛，亦豈可勝言哉！」

論誅范瓊曰：自靖康後紀綱不振，王室陵夷，公首唱大義，率諸將誅傅、正彦，乘輿返正，復論正瓊罪，而後國法立，人心服。自武夫悍卒、小兒竈婦、深山窮谷、裔夷絶域，皆聞公名，盎然歸仰忠義之感，實自此始也。

「杜甫詩云：『艱危須藉濟時才』，熹思至此，不覺感歎，濟時才分明難得。」

勉齋問志與才互相發否？曰：「有才者未必有志，有志則自然有才。人多言張公才短，然被他有志，後終竟做得來，乃正當。」

張公才力雖不逮，而忠義之心，雖婦人孺子亦皆知之。

宋子飛言：張公謫永州時，居僧舍，每夜與諸子弟、賓客盤膝環坐，至更定而寢，率以爲常。

或問文公趙張優劣，曰：「若論理會朝政，進退人材，趙又較縝密無疎失。若論擔當大事，竭力向前，則趙不如張。雖是竭力向前，只是他才短，慮事疎處多，他盡其才，方照管得，若才有些不到處，便弄出事來，便是難。趙公也是不諳軍旅之務，所以不敢擔當，萬一虜人來到面前，無以應之，不若退避耳。」

徐夢莘《三朝北盟會編》卷一四二 〔張〕浚駐於秦州【略】常會諸幕客，中有言，兵馬一集，可一埽金人盡净者，浚大喜之。幹辦公事郭弈應聲曰：「不知是怎麼地一埽，用苕帚埽，爲復用埽帚埽？」一坐皆驚愕，浚亦默然。是時大舉之議已定。【略】浚見兵馬俱集，大喜，謂當自此便可以徑入幽燕，問曲端如何，端曰：「必敗。」浚曰：「若不敗如何？」端曰：「若宣撫之兵不敗，端伏劍而死。」浚曰：「可責狀否？」端即索紙筆責令狀曰：「如不敗，甘伏軍法。」浚曰：「浚若不勝，復當以頭與將軍。」遂大不協。金人屯於大封縣，相去八十里，而婁室孛堇方在綏德軍，衆請擊之，浚曰：「不可，夫戰者當投戰書，約日會戰。」乃遣使投書，金人不報書。凡數往，浚大書於榜曰：「有能生致婁室孛堇者，雖白衣亦授節度使，賞銀絹皆萬計。」婁室孛堇自綏德軍來，移軍與官軍對壘，榜其軍曰：「有能生致張浚者，賞驢一頭，布一匹。」婁室孛堇率數十騎登山以望浚軍曰：「人雖多，營壁不固，千瘡萬孔，極易破耳！」浚猶遣使約戰，金人許之，至期輒不出兵

以爲常。浚以婁室爲怯，且曰：「吾破虜必矣。」幕客有請以婦人巾幗之服遺婁室者。【略】金人得勝不追，所獲珍寶錢帛如山嶽，不可計。郭弈爲詩曰：「婁室大王傳語張老，謝得送到糧草。斗秤下留一件，怎生見得多少。」浚自愧輕舉無功，乃歸罪趙哲矣。或有以諸葛孔明比浚者，幕客或以爲譏而怒之。彼曰：「非敢譏也，孔明應變將略，非其所長，是以似之。」

張知甫《可書》 張浚爲川陝宣撫處置使，每曰：「虜人猖獗當一掃之。」有坐客叩曰：「不知用苕箒，惟復用掃箒？」浚默然。

紹興初，張浚以宣撫處置按行川、陝。至富川之敗，蜀諺曰：「一事無成，二帥枉死，三軍怨恨，四川空虛，五路輕失，六親招擢，七書旋學，八位自除，九重怎知，十誡不會。」

岳珂《桯史》卷一二《張賢良夢》 張賢良君悦咸，家蜀綿竹，世以積德聞。紹聖初，再試制科，宰相章惇覽其策，以所對不以元祐爲非，大怒，雖得簽書劍西判官以去，而科目自是廢矣。仕既不甚達，益篤意植竢貽慶，以遺後人。嘗一日晝寢，夢神人自天降，告之曰：「天命爾子名德作宰相。」驚而寤，未幾而魏公生。時魏公之兄已名滉，君悦不欲更所從，乃字魏公曰德遠。出入將相，垂四十年，忠義勳名，爲中興第一，天固有以啓之者歟！

陸游《老學庵筆記》卷一〇 張魏公有重望。建炎以來置左右相多矣，而天下獨目魏公爲張右相。丞相帶都督亦數人，而天下獨目魏公爲張都督。雖異域亦然。然魏公隆興中再入，亦止於右相領都督，乃知有定數也。

洪邁《夷堅志·乙志》卷一二 政和末，張魏公自漢州與鄉人吳鼎同入京省試。徒步出大散關，遇暴雨，而傘爲僕先持去，無以障，共趨入粉壁屋内避之，敗宇穿漏，殆不容立。望道左新屋數間，急往造焉。老父出迎客，意色甚謹，縱觀客容貌舉止，目不暫置。二人同辭而問曰：「老父豈能相乎？」應曰：「唯唯。」魏公先指吳生扣之，笑曰：「大好大好。」而不肯明言。吳生指魏公曰：「張秀才前程如何？」起而答曰：「此公骨法，貴無與比。異日中原有變，是其奮發之秋，出將入相，爲國柱石，非吾子可擬也。」二人皆不以爲然，會雨止，即捨之去。明年，魏公登科，吳下第。

王明清《揮麈録·前録》卷三 張賢良，咸。漢陽人。應制舉，初出蜀，過夔州，郡將知名士也，一見遇之甚厚。因問曰：「四科優劣之差，見於何書？」張無以對，守曰：「載《孟子注》中。」因檢示之，且曰：「不可不牢攏之也。」張道中漫思索，著論成篇。至都，閣試六論，以此爲首題，張更不注思而就。主文錢穆父覽之大喜，過閣第一。黄六丈叔愚能記守之姓名，嘗以見告，今已忘之。張即魏公迺翁也。

李心傳《建炎以來朝野雜記》甲集卷八《張魏公薦士》 隆興初，張忠獻公再入爲右相，上注意甚厚，使公條奏人才可用者。公奏虞雍公、允文。陳魏公、俊卿。汪端明、應辰。王詹事、十朋。張尚書闡。可備執政；劉觀文、珙。王閣學、大寶。杜殿院起莘。宜即召還；胡資政銓。可備風憲；張舍人孝祥。可付事任；馮提刑、時行。馮少卿方。可備近臣。朝士中林侍郎、栗。王侍郎、秬。莫少卿沖。可任臺諫。皆一時選也。時劉、王、杜三人皆以論事去國，故公請召之，其後悉爲名臣。終孝宗朝，不顯用者數人而已。

張端義《貴耳集》卷上 張魏公開建業幕府，有一術者來謁，取辟客命推算，術者云皆非貴人。公不樂曰：「要作國家大事，幕下如何無三五人宰執侍從，此亦智將不如福將也。」魏公之客虞雍公，雍公之客王謙仲，范宗尹之客賀宗禮，皆宰執也。開禧畢再遇帥揚，起身行伍，驟爲名將，亦非偶然，麾下有二十餘人，都統制、殿帥四人，則知魏公推命之不誣也。

葉紹翁《四朝聞見録》乙集 光堯每以張浚誤大計爲辭，謂上「毋信其虛名。浚專把國家名器錢物做人情。浚有一册子，纔遇士大夫來見，必問其爵里書之，若心許其他日薦用者。又鎔金盌飲兵將官，即以予之。不知官職是誰底，金盌是誰底。」或者謂必有近習譖浚于太上云。

葉紹翁《四朝聞見録》丙集《萬弩營》 紹興末，孝宗命張浚置御前萬弩營於鎮江。癸未戍泗州，甲申與敵鬥，皆有功。

周密《齊東野語》卷二《富平之戰》 建炎三年五月，以張浚爲川陝宣撫處置使，許便宜黜陟。初，上問大計，浚請身任西事，置司秦州，別遣大臣與韓世忠鎮淮東，令吕頤浩扈蹕來武昌，從以張俊、劉光世，以相首尾。浚發行在，王彦統八字軍從之。浚以御營司提舉事務曲端屢挫虜，欲仗其威聲，乃承制拜爲威武大將軍、本司都統制。浚抵秦州置司，節制五路諸帥。

四年春，金虜婁室破陜州，李彦仙死之。既而與其副撒離歇及黑峰等，寇邠州。曲端拒之，兩戰皆捷。至白店原，虜引衆來犯，又爲端所敗。

既而虜勢復振，獻策者多以擊虜爲便。浚於是欲謀大舉，召端問之。端曰：「平原易野，賊便於衝突。而我師未習戰，須教士數年，然後可以大舉。」復

謀之吴玠，玠以宜守要害，以待其弊，然後可以徐圖。浚曰：「吾寧不知此？顧今東南之事方急，不得不爲是爾。」

浚以端沮大議，意已不平；而王庶與端有龍坊之憾，因譖之曰：「端有反心久矣，盍早圖之。」浚乃罷端兵柄，遷之秦州獄。其部將張中孚、李彦琪，並諸州羈管。時陝西軍民，皆恃端爲命。及爲庶譖，無罪而貶，軍情大不悦。

《西事記》云：「張浚之至陝西，易置諸路帥臣，權勢震赫。是時五路未破，士馬强盛。加以西蜀之富，而貸其賦五年，金銀糧帛之運，不絶於道，所在山積。浚爲人，忠有餘而才不足；雖有志，而昧於用人，短於用兵。曲端心常少浚，故奪其兵廢之，西人爲之失望。」

浚於是決策治兵，移檄河東問罪。兀朮聞變，自京西星馳至陝右，與婁室等會。而浚亦合五路兵四十萬，馬十一萬，會戰於耀州。以熙河經略劉錫爲都統制，與涇原經略劉錡，秦鳳經略孫渥，環慶經略趙哲，各帥所部兵以從。吴玠、郭浩，極言虜鋒方鋭，且當分守其地，掎角相援，待其弊乃可乘。浚不從。

軍行至富平縣，吴玠曰：「兵以利動，今地勢不利，未見其可也。」將戰，乃詐立前軍都統曲端旗以懼虜。婁室曰：「聞曲將軍已得罪，必紿我也。」遂擁兵驟至，直擊環慶軍。會趙哲離所部未至，哲軍遂驚遁，而諸軍悉從之，大潰，陝西爲之大震。

浚聞軍潰，自邠州退保河池縣，又退保興州。遂歸罪趙哲，斬之，責劉錫合州安置，陝西兵皆散歸本路。吴玠收秦鳳餘兵，閉大散關。關師古收涇原餘兵保岷、鞏，孫渥收涇原餘兵於階、成、鳳三州。未幾，大散關復不守。浚時止有親兵千餘人，又退保閬州。或建策徙治夔州，劉子羽以爲不可。遂檄吴玠，郭浩據和尚原，而虜復至，於是下令徙治潼州。軍士皆憤，取其榜裂之，乃止。

《西事記》云：「張浚之戰於富平也，金人初亦畏之。而浚鋭於進取，幕下之士多蜀人，南人不練軍事，欲亟決勝負於一舉，故至於敗。遂走興元，又走閬中。陝西諸郡，不殘於金人者，亦皆爲潰兵所破矣。」

既而張中孚、李彦琪、趙彬，相繼降虜，遂犯秦州，又犯熙河，又圍慶州，於是五路悉陷。浚以三人皆曲端心腹，疑端必知其情，王庶復譖端不已。時西人多上書爲端訴寃者，浚亦忌其得衆心，乃殺之於秦州獄，時人莫不寃之，軍情於是愈沮矣。

紹興元年，浚以關陝失律，上章待罪，朝野無敢言其事者。至四年二月，浚還朝，侍御史辛炳始言浚被命宣撫，輕失五路，坐困四川。用劉子羽輩小人，而無辜殺曲端、趙哲；以至設祕閣以崇儒，擬上方以鑄印；及既敗之後，被召不肯出蜀等罪。遂罷爲資政殿大學士，提舉洞霄宫。尋又詔落職，福州居住。

《秀水閒居録》云：「魏公出使陝、蜀，便宜除官至節度使、雜學士，權出人主右。竭蜀之財，悉陝之兵凡三十萬餘，與虜角，一戰盡覆。用其屬劉子羽謀，歸罪其將趙哲、曲端，並誅之。將士由是怨怒俱叛，浚僅以身免，奔還閬中，關、陝之陷自此始。至今言敗績之大者，必曰富平之役。追還薄譴，俾居福州而已。」

其後，川陝宣撫處置副使王似、盧法原，乃分陝、蜀之地，責守於諸將。自秦鳳至洋州，命吴玠主之，屯和尚原。金房至巴達，王彦主之，屯通州。文龍至威茂，劉錡主之，屯巴西。洮岷至階成，關師古主之，屯武都。既而師古戰敗降賊，自此遂失洮岷之地，獨存階成而已。

周密《齊東野語》卷二《淮西之變》 紹興七年三月，浚奏劉光世在淮西，軍無紀律，罷爲少師、萬壽觀使，以其兵隸都督府。命參謀、兵部尚書吕祉往廬州節制，且以王德爲都統制，酈瓊副之。瓊與靳賽，皆故羣盗，與王德素不相能。德，威聲素著，軍中號爲王夜叉。都承旨張宗元，深以爲不可，謂浚曰：「瓊等畏德如虎，今乃使臨其上，是速其叛也。」浚不以爲然。復謀之岳飛曰：「王德，淮西軍所服，浚欲以爲都統制，而命吕祉爲督府參謀領之，如何？」飛曰：「德與瓊素不相下，一旦使揠之在上，勢所必争。吕尚書雖通才，然書生不習軍旅，恐不足以服之。」浚曰：「張宣撫何如？」飛曰：「暴而寡謀，且瓊輩素不服。」浚曰：「然則楊沂中耳。」飛曰：「沂中視德等耳，豈能馭之？」浚艴然曰：「浚固知非太尉不可。」飛曰：「都督以正問飛，飛不敢不盡其愚，豈以得兵爲念哉！」即日乞解兵柄，持餘服。浚訖行之，瓊輩懼不敢喘。

及德視事教場，諸將執撾用軍禮謁拜。瓊登而言曰：「尋常伏事太尉不周，今日乞做一牀錦被遮蓋。」德素獷勇自任，竟不解出一語慰撫之，遂索馬去。於是瓊輩愈懼，相與連銜上章，乞回避之。

張宗元知其事，復語浚曰：「業已爾，今獨有終任德，或可以鎮，不然，變且生矣。」浚不以爲然，遂奏召德還。以張俊爲淮西宣撫使，駐盱眙；楊沂中爲淮西制置使，劉錡副之，並駐廬州。且命酈瓊以所部兵赴行在，意將以奪其軍而誅之。宗元聽制於文德殿下，語人曰：「是速瓊等叛耳。」會祉復密奏罷瓊兵柄，書吏朱照漏語於瓊，於是叛謀始決。及金字牌飛報，吕方坐廳事，聞有大聲如髀箭

辟歷，自戟門隨牌而至，及啟視之，乃三使除書也。吕拍案歎曰：「龐涓死此樹下。」即時亂作，遂縛吕祉，及中軍統制張景、鈐轄喬仲福、劉永衡友，前知廬州趙康直、攝知廬州趙不羣，以其所部七萬人悉叛歸劉豫。至淮岸，遂殺祉及康直，釋不羣使還。浚乃亟遣張宗元使招之，已不及矣。

浚遂上章引咎，臺臣交章論列。謂「浚輕而寡謀，愚而自用。德不足以服人，而惟恃其權；誠不足以用衆，而專任其數。若喜而怒，若怒而喜；雖本無疑貳者，皆使之有疑貳之心。予而陰奪，奪而陰予；雖本無怨望者，皆使之有怨望之意。無事，則張威恃勢，使上下有睽隔之情；有急，則甘言美辭，使將士有輕侮之意。酈瓊以此懷疑，以數萬衆叛去。然浚平日視民如草菅，用財如糞土。竭民膏血而用之軍中者，曾何補哉？陛下尚欲觀其後效，臣謂浚之才，止如是而已」。時司諫王縉，則以罪在劉光世，參政張守期爲力求末減。都官郎官趙令衿，則乞留浚，陳公輔則謂不可因將帥而罷宰相，於是罷爲觀文殿大學士，提舉太平觀。

其後，言者不已，遂詔落職。既而御批「張浚散官，安置嶺表」。趙鼎力捄解之，改祕書少監，分司西京，且爲出言官於外。

《退朝録》曰：「紹興二十年，浚復上疏論邊事。高宗爲湯丞相云：『張浚用兵，不獨朕知之，天下皆知之，如富平之敗，淮西之師，其效可見矣。今復論兵，極爲生事。』於是復有永州之命。」

《揮麈録》云：「淮西軍叛後，馮楫啓上曰：『如張浚者，當再以戎機付之，庶收後效。』高宗正色曰：『朕寧至覆國，不用此人矣。』遂終高宗朝，不復再用。」

周密《齊東野語》卷二《符離之師》 孝宗隆興元年正月，以張浚爲樞密使，仍都督江淮軍馬，五月，兼都督荆、襄。浚既入見，屢奏欲先取山東。時顯官名士如王大寶、胡銓、王十朋、汪應辰、陳良翰等，皆魏公門人，交贊其謀。左僕射史浩獨不以爲然，曰：「宿師於外，守備先虚。然我出兵山東，以牽制川、陜，彼獨不能驚動兩淮、荆、襄，以解山東之急邪？惟當固守要害，爲不可勝之計。必俟兩淮無致敵之慮，然後可前。若乃順諸將之虚勇，收無用之空城，寇去則論賞於朝，寇至則僅保山寨，顧何益乎？」

繼而主管殿前司公事李顯忠，建康都統制邵宏淵，亦奏乞引兵進取。浩曰：「二將輒自乞戰，豈督府命令有不行邪？」督府準遣李椿以書遺浚子栻曰：「復讐討賊，天下之大義也。然必正名定分，養威觀釁，然後可圖。今議不出於督府，而出於諸將，則已爲輿尸之凶矣。況藩籬不固，儲備不豐，將多而非才，兵弱而未練，節制未允，議論不定，彼逸我勞，雖或有獲，得地不守，未足多也。」武鋒軍都統制陳敏曰：「盛夏興師，恐非其時。兼聞金重兵皆在大梁，必有嚴備。萬一深入，我客彼主。千里争力，人疲馬倦，勞逸既異，勝負之勢先形矣。願少緩之。」浚皆不聽。

韓元吉以長書投浚，言和、戰、守三事。略云：「和固下策，然今日之和，與前日之和異。至於決戰，夫豈易言。今舊兵憊而未蘇，新兵弱而未練，所恃者一二大將；大將之權謀智略既不外見，有前敗於尉橋矣，有近衂於順昌矣，況渡淮而北，千里而攻人哉！非韓信、樂毅不可也。若是，則守且有餘。然彼復來攻，何得不戰？戰而勝也，江淮可守，戰而不勝，江淮固在，其誰守之？故愚願朝廷以和爲疑之之策，以守爲自强之計，以戰爲後日之圖。自亮賊之隕，彼嘗先遣使於我矣，又一再遣我書矣，其信其詐，固未可知，而在我亦當以信與詐之間待之。蓋未有夷狄欲息兵，而中國反欲用兵者。」云云。參贊軍事唐文若、陳俊卿，皆以爲不若養威觀釁，俟萬全而後動。亦不從。遂乞即日降詔幸建康，以成北伐之功。史浩曰：「古人不以賊遺君父，必俟乘輿臨江而後成功，則安用都督哉？」

上以問浩，浩陳三説云：「若下詔親征，則無故招致虜兵寇邊，何以應之？若巡邊犒師，則德壽去年一出，州縣供億重費之外，朝廷自用緡錢千四百萬，今何以繼？若曰移蹕，欲奉德壽以行，則未有行宫；若陛下自行，萬一金有一騎衝突，行都騷動，何以處之？」孝宗大悟，謂浚曰：「都督先往行邊，俟有功緒，朕亦不憚一行。」浚怒曰：「陛下當以馬上成功，豈可懷安以失事機。」及退朝，浩謂浚曰：「帝王之兵，當出萬全，豈可嘗試而圖僥倖？主上承二百年基業之託，漢高祖起於亭長敗亡之餘，烏可比哉？」

尋復論辨於殿上，浚曰：「中原久陷，今不取，豪傑必起而取之。」浩曰：「中原必無豪傑，若有之，何不起而亡金？」浚曰：「彼民間無寸鐵，不能自起，待我兵至，而爲内應。」浩曰：「勝、廣能以鉏櫌棘矜亡秦，彼必待我兵至，非豪傑矣。若有豪傑而不能起，則是金猶有法制維持之，未可以遽取也。今不思，將貽後悔。」又上疏力諫曰：「靖康之禍，忠臣孝子，孰不痛心疾首，思欲蹀血虜廷，以雪大耻。恭想宸衷，寢膳不忘。然邇安可以服遠。若大臣未附，百姓不信，而遽爲此舉，安保其必勝乎？苟戰而捷，則一舉而空虜庭，豈不快吾所欲；若其不捷，

則重辱社稷，以資外侮，陛下能安於九重乎？上皇能安於天下之養乎？此臣之所以食不甘味，而寢不安席也。浚老臣，慮宜及此。而溺於幕下新進之謀，眩於北人誑惑之説，是以有請耳。德壽豈無報復之心？時張、韓、劉、岳，各擁大兵，皆西北戰士，燕、薊良馬；然與之角勝負於五十載之間，猶不能復尺寸之地。今欲以李顯忠之輕率，邵宏淵之寡謀，而欲取勝，不亦難哉。惟當練士卒，備器械，固邊圉，蓄財賦，寬民力，十年而後用之，則進有闢國復讐之功，退無勞師費財之患，此臣素志天下大計也。」

既而督府乏用，欲取之民，浩曰：「未施德於民，遽重征之，恐賊未必滅，民貧先自爲盜。必欲取民，臣當丐退。」上爲給虛告五百道，且以一年歲幣銀二十五萬兩添給軍費。浩復從容爲浚言：「兵少而不精，二將不可恃。且今二十萬人，留屯江淮者幾何？曰十萬。復爲計其守舟運糧之人，則各二萬，則戰卒纔六萬耳。彼其畏是哉！況淄、青、齊、鄆等郡，雖盡克復，亦未傷彼。彼或以重兵犯兩淮，荆、襄爲之牽制，則江上危如累卵矣。都督於是在山東乎？在江上乎？」如此詰難者凡五日。又委曲勸之曰：「平日願執鞭而不可得，幸同事任，而數數議論不同，不惟爲社稷生靈計，亦爲相公計。明公以大讐未復，決意用兵，此實忠義之心。然不觀時勢而遽爲之，是徒慕復讐之名耳。誠欲建立功業，宜假以數年，先爲不可勝之計，以待敵之可勝，乃上計也。明公四十年名望，如此一旦失利，當如何哉？」浚曰：「丞相之言是也。雖然，浚老矣。」浩曰：「晉滅吳，杜征南之功也，而當時歸功於羊太傅，以規模出於祜也。明公能先立規模，使後人藉是有功，是亦明公之功，何必身爲之？」浚默然。

明日内引，浚奏曰：「史浩意不可回也。恐失機會，惟陛下英斷。」於是不由三省、密院，徑檄諸將出師矣。德壽知之，謂壽皇曰：「毋信張浚虚名，將來必誤大計。他專把國家名器財物做人情耳。」已而，浩於省中忽得宏淵等遵稟出軍狀，始知其故。浩語陳康伯曰：「吾屬俱兼右府，而出兵不得與聞，則焉用彼相哉！」浩遂力請罷歸，乃出知紹興府。臨辭，復曰：「願陛下審度事勢，若一失之後，恐終不得復望中原矣。」

浚至揚州，合江淮兵八萬人，實可用者六萬，分隸諸將，號二十萬。以李顯忠爲淮東招撫使，出定遠，宏淵爲副使，出盱眙，浚自渡淮視師。顯忠復靈壁縣，敗蕭琦。宏淵至虹縣，金拒之，會顯忠亦至，遂復虹縣。知泗州蒲察徒穆、同知大周仁並降。二將遂乘勝進，克宿州。捷奏，顯忠進開府儀同三司、淮南京畿京東河北招討使，宏淵進檢校少保、寧遠軍節度使、招討副使。是時，顯忠名出宏淵右。

時符離府軍中，尚有金三千餘兩，銀四萬餘兩，絹一萬二千匹，錢五萬緡，米、豆共糧六萬餘石，布袋十七萬條，衣絲、棗、羊、麨各一庫，酒三庫。乃縱親信部曲，恣其搬取，所餘者，始以犒軍人，三兵共一緡。士卒怨怒曰：「得宿州，賞三百，得南京，須得四百。」既而復出戰，悉棄錢溝壑。由是軍情憤詈，人無鬥志。

浚乃移書，令宏淵聽顯忠節制，宏淵不悦。已而復令顯忠、宏淵同節制，於是悉無體統矣。孝宗聞之，手書與浚曰：「近日邊報，中外鼓舞，十年來無此克捷。以盛夏人疲，急招李顯忠等還師。」未達間，忽報金人副元帥紇石烈志寧大軍且至，遇夜，軍馬未整，中軍統制周宏先率軍逃歸，繼逃歸者，宏淵之子世雄，統制左士淵，二將皆不能制。於是顯忠、宏淵大軍並丁夫等十三萬從，一夕大潰，器甲資糧，委棄殆盡。士卒皆奮空拳，掉臂南奔，蹂踐飢困而死者，不可勝計。二將逃竄，莫知所在。

浚時在盱眙，去宿尚四百里。傳言金且至，遂亟渡淮入泗州，已而復退維揚。窘懼無策，遂解所佩魚，假添差太平州通判張蘊古爲朝議大夫，令使金求和。僚吏力止之，以爲不可。乃奏乞致仕，又乞遣使求和。孝宗怒曰：「方敗而求和，是何舉錯！」於是下詔罪己，有云：「朕明不足以見萬里之情，智不足以擇三軍之帥，號令既乖，進退失律。」又云：「素服而哭殽陵之師，敢廢穆公之誓；嘗膽而雪會稽之恥，當懷勾踐之圖。」張浚降特進江淮東西路宣撫使，官屬各奪二官。邵宏淵降五官，又責靖州團練副使，南安軍安置。李顯忠責授清遠軍節度副使，筠州安置，又再責萊州團練使，潭州安置。棄軍諸將，遞降貶竄有差。

既而置宣撫司，便宜行事。未幾，復以浚都督江淮軍馬，既而又復入爲右僕射，仍領都督。二年三月，復詔浚淮上視師。浚復謀大舉，上不從。四月，召還。罷江淮都督府，浚亦罷相。

及和議將成，浚堅持以爲不可。湯思退乃白上以張蘊古求和事，由是浚議遂絀。既而，金紇石烈志寧遺書議和，有云：「乃者，出師詭道，襲我靈壁、虹縣，以十餘萬，竊取二小邑。主將氣盈，率衆直抵符離，帥府以應兵進討。憑仗天威，以全制勝，所殺過當，餘衆潰去。計其得喪，孰多孰少。若以符離之役，尚爲兵少致敗，則請空國之衆，以迎我師。」云云。是歲八月，浚薨。

《趙鼎傳》云：「鼎再相，已逾月，或以未有施設爲言。鼎謂今日事，如久病虚弱之人，再有所傷，元氣必耗，惟當静以鎮之。張德遠非不欲有所爲，其效可見，亦足以戒矣。時議回臨安，鼎奏恐回蹕之後，中外謂朝廷無恢復之意。上曰：『張浚措置三年，竭民力，耗國用，何嘗得尺寸地，此論不足恤也』。」

《劉氏日記》云：「孝宗初立，張魏公用事，獨付以恢復之任，公當之不辭，朝廷莫敢違。魏公素輕鋭，是時皆以必敗待之，特不敢言耳。及辟查籥、馮方爲屬，此二人尤輕鋭，朝廷患之，遂以陳俊卿、唐文若參其軍事，蓋此二人厚重詳審故耳。周益公時爲中書舍人，文若來别，益公握文若手，使戒魏公不可輕舉。後魏公知之，極憾益公，然卒以輕舉敗事。」

《何氏備史》云：「張魏公素輕鋭好名，士之稍有虚名者，無不牢籠。揮金如土，視官爵如等閑。士之好功名富貴者，無不趨其門。且其子南軒，以道學倡名，父子爲當時宗主。在朝顯官，皆其門人，悉自詭爲君子。稍有指其非者，則目之爲小人。紹興元年，合關、陝五路兵三十餘萬，一旦盡覆，朝廷無一人敢言其罪。直至四年，辛炳始言之，亦不過落職，福州居住而已。淮西酈瓊之叛，是時公論沸騰，言路不得已，遂疏其罪，既而併逐言者於外。及符離之敗，國家平日所積兵財，掃地無餘，乃以殺傷相等爲辭，行賞轉官無虚日。隆興初年，大政事莫如符離之事，而實録、時政紀，並無一字及之，公論安在哉？使魏公未死，和議必不成，其禍將有不可勝言者矣。」

《澗上閒談》云：「近世修史，本之實録、時政紀等，參之諸家傳記、野史及銘誌、行狀之類。野史各有私好惡，固難盡信；若誌狀，則全是本家子孫門人掩惡溢美之辭，又不可盡信？與其取誌狀之虚言，反不若取野史、傳記之或可信者耳。且以近修四朝史言之，如《張魏公列傳》所書嘉禾刺客，乃是附會雜史張元遣刺韓忠獻事。又載遺蠟書疑酈瓊之語，亦是《潘遠紀聞》岳武穆秦州叛卒事。至云符離軍潰，公方鼻息如雷，此是心學。雖亦取《萊公紀事》中意，然方當大軍悉潰，亦安在其爲心學哉！其説皆淺近易見，乃略不審其是非，登之信史，傳之千萬世，可乎？」

周密《齊東野語》卷八《張魏公二事》 高宗視師金陵，張魏公爲守，楊和王領殿前司。有卒夜出，與兵馬都監喧競，卒訴之，公判云：「都監夜巡，職也，禁兵酉點後不許出營，法也，牒宿衛司照條行。」楊不得已斬之。

又嘗詣學，士有投牒者，視之，則争博也。即判云：「士子争財於學校，教化不明，太守罪也。當職先罰俸半月，牒學照規行。」教官大窘，引去。

羅大經《鶴林玉露》甲編卷一《因讒賜金》 張魏公貶零陵，有書數笈自隨，讒者謂其中皆與蜀士往來謀據西蜀之書。高宗命遣人盡録以來。臨軒發視，乃皆書册，雖有尺牘，率皆憂國愛君之語。此外唯葛裘布衾，類多垢敝。上惻然曰：「張浚一貧如此哉！」乃遣使馳賜金三百兩。秦檜令宣言于外，謂賜浚死。門生從者聞之，垂泣告公。公曰：「浚罪固當死，若果如所傳，朝服拜命，就戮以謝國家可也，何以泣爲？」問使者爲誰？曰：「殿帥楊存中之子也。」公曰：「吾生矣。存中吾故部曲，朝廷誠欲誅浚，必不遣其子來。」已而使者拜於馬前，乃獲賜金之命。公之在秦也，開幕延賢，鑄銅爲印，形迹似稍專，故有以來讒者之口。然反因此得以自明，又賴賜金以自活，天果不佑忠賢乎？

羅大經《鶴林玉露》甲編卷二《廬州之變》 紹興中，劉光世在淮西，軍無紀律。張魏公爲都督，奏罷之，命參謀吕祉往廬州節制。光世頗得軍心，祉，儒者，不知變，繩束頓嚴，諸軍忿怨。統制酈瓊率衆縛祉，渡淮歸劉豫。魏公方宴僚佐，報忽至，滿座失色。公色不變，徐曰：「此有説，第恐虜覺耳。」因樂飲至夜分，乃爲蠟書，遣死士持遺瓊，言「事可成，成之，不可，速全軍以歸」。虜得書，疑瓊，分隸其衆，困苦之，邊賴以安。南軒言：「符離之役，諸軍皆潰，唯存帳下千人。某終夕徬徨，而先公方熟寢，鼻息如雷。先公心法，如何可學！」

羅大經《鶴林玉露》甲編卷三《秀州刺客》 苗劉之亂，張魏公在秀州，議舉勤王之師。一夕獨坐，從者皆寢，忽一人持刃立燭後。公知爲刺客，徐問曰：「豈非苗傅、劉正彦遣汝來殺我乎？」曰：「然。」公曰：「若是，則取吾首以去可也。」曰：「我亦知書，寧肯爲賊用？況公忠義如此，豈忍加害！恐公防閑不嚴，有繼至者，故來相告爾。」公問：「欲金帛乎？」笑曰：「殺公何患無財！」「然則留事我乎？」曰：「我有老母在河北，未可留也。」問其姓名，俛而不答，攝衣躍而登屋，屋瓦無聲。時方月明，去如飛。明日，公命取死囚斬之，曰：「夜來獲姦細。」公後嘗於河北物色之，不可得。

羅大經《鶴林玉露》乙編卷一 苗劉作亂時，矯隆祐詔貶竄魏公，高宗在昇暘宫方啜羹，左右來告，驚懼，羹覆于手，手爲之傷。既復辟，見魏公，泣數行下，舉手示公，痕跡猶存。

羅大經《鶴林玉露》乙編卷二《張魏公討苗劉》 苗傅、劉正彦之亂，張魏公

在秀州，謀舉勤王之師。苗、劉僞詔至，大赦，厚犒諸軍。公潛於府庫中尋舊詔書，令人馳往十數里外，易其詔。既至，令僚屬宣詔，但爲撫諭之詞，略張於譙樓，旋即斂之。大犒諸軍，羣情賴以不摇。時張俊亦在秀州，公深結之。會韓世忠舟師亦至，公與世忠對哭。因饗俊、世忠將士，呼諸將校至前，抗聲問曰：「今日之事，孰逆孰順？」皆對曰：「賊逆我順。」又曰：「若浚此舉違天悖人，可聚浚頭歸苗傅，不然，一有退縮，悉以軍法從事！」衆皆感憤。遂勒兵行次臨平，逆黨屯拒不得前。世忠等搏戰，大破之。傅、正彦遁入閩，追獲斬首。拜公知樞密院事，時年纔三十三。

羅大經《鶴林玉露》丙編卷一《高宗眷紫巖》 高宗嘗問張魏公：「卿兒想甚長成。」魏公對曰：「臣子栻年十四，脱然可與語聖人之道。」及隆興初，張魏公督師，南軒以内機入奏，引見于德壽宫。首問魏公起居飲食狀，又問卿幾歲，對曰：「臣年三十一。」又問卿母安否，對曰：「久失所恃。」上愀然久之，曰：「朕記卿父再娶時，以無繼嗣，曾來商量。卿父曾奏，欲令卿來見，今次方得見卿。朕與卿父，義則君臣，情同骨肉，卿行奏來，有香茶與卿父爲信。」嗚呼！君臣相與，其恩意乃至是哉！或是乃謂高宗晚年追悼明受，不滿於魏公，至有「寧失天下，不用張浚」之言，殆不然也。

備論

《宋史》卷三六一《張浚傳》 論曰：儒者之於國家，能養其正直之氣，則足以正君心，一衆志，攘凶逆，處憂患，蓋無往而不自得焉。若張浚者，可謂善養其氣者矣。觀其初逃張邦昌之議，平苗、劉之亂，其才識固有非偷懦之所敢望。及其攘卻勍敵，招降劇盜，能使將帥用命，所嚮如志。遠人伺其用舍爲進退，天下占其出處爲安危，豈非卓然所謂人豪者歟！羣言沸騰，屢奮屢躓，而辭氣慨然。嘗曰：「上如欲復用浚，當即日就道，不敢以老病辭。」其言如是，則其愛君憂國之心，爲何如哉！時論以浚之忠大類漢諸葛亮，然亮能使魏延、楊儀終其身不爲異同，浚以吴玠故遂殺曲端，亮能容法孝直，浚不能容李綱、趙鼎而又詆之，兹所以爲不及歟！至於富平之潰師，淮西之兵變，則成敗利鈍，雖亮不能逆睹也。

王柏《魯齋集》卷八《張魏公》 中原雲擾，閫外專征。東遺淮楚，西敗富平。勢裂南北，天摧大勳。千載公議，一點忠誠。

藝文

胡銓《澹庵文集》卷二二《祭張魏公文》 維隆興二年歲次甲申某月某日，門生權尚書兵部侍郎、兼侍讀胡某謹以清酌時羞之奠，致祭於近故座主大丞相魏國張公先生之靈：建炎戊申，駐蹕維揚，公爲春官，貳卿文昌。詳定殿廬，多士在庭，得銓大對，謂如劉蕡。擢寘第一，執政不平。遂降在五，公驚待罪。人謂公危，公曰何害。苗、劉變作，上皇蒙塵，微公捍艱，國步實屯。復辟之功，千祀一人。富平之役，如雁門踦。日月之更，人皆仰之。賜環於閩，百辟是師。時維紹興改元之始，有盜在夏，曰楊幺子，群偷相挺，號百萬人。湖北搶攘，比屋紅巾。憂見天顔，岳飛授鉞。公出視師，纔三穀月，一鼓賊平，妖氛廓清。凱還建康，握砥迓衡。辨賢不肖，黑白大分。群小抵巇，飛語上聞。當宁致疑，蓄怨未發。會酈瓊叛，淮南甀甀。白簡交攻，中以深文。公竟坐之，出帥七閩。席不暇温，危機復蹈。竄徙流離，半世嶺嶠。飲冰食蘗，以身殉道。辛巳秋高，虜騎長驅。逆亮横行，飲馬長江。垂頭中原，謂必無宋。百寮竄身，轂下汹汹。禾絹失色，急詔起公。遂自長沙，拜命總戎。膽落犬羊，不戰而潰。逆亮被戕，一夕師遁。顙顙淮城，萬井相望。知幾萬家，微公幾亡。嗣皇龍飛，首請恢復。都督諸軍，勢如破竹。符離之役，喑嗚憯戎。曷潰其師，李邵争功。師雖奔潰，公獨堅卧。父子泣違，觀者淚墮。虜不敢動，復全淮南。帝命公歸，正位具瞻。再登鼎司，纔四穀朔。百不一施，讒口交鑠。一跌不復，群飛刺天。曷不慭遺，一朝溘然。上嘗語銓：「朕憂魏公，旦旦籲天，蕲公壽隆」。一離訾謗，卒公廢死，謂上不懷，言猶在耳。民之無禄，國喪元龜。爲天下慟，非哭其私。公嘗謂人，平生相知，邦衡、子韶，始末不移。子韶已矣，銓獨在此，懷禄不去，其顙有泚。敬遺家奴，惟致生芻，矯首望雲，涕泗霑裾。嗚呼哀哉，尚饗！

汪應辰《文定集》卷二〇《祭張魏公文》 嗚呼！輔相之業，必曰格天。嗟後世之籍籍，角巧力以爲賢。將道迎于善氣，必有與天爲一者焉。於維我公，體道之真。聖有謨訓，力行以身。念慮精一，不已其純。雖在闇室，如見大賓。移所以事親者事上，推所以愛己者愛人。任重道遠，白首日新。武夫悍卒，兒童婦

女，聞公之名者如仰日星，望公之貌者如見父母。之人之德，發揚普詡，綏之斯來，其孰能禦！然而變故百出，艱難倍嘗。拯神器于既傾，遏大敵于方張。既顛危之獲濟，亦進退之靡常。志雖馳于幽、燕，跡乃滯于湖、湘。二十年餘，再秉樞鈞。百未施其一二，復異説之紛綸。蓋公之所能者天，其所不能者人。自古所嗟，今復奚云！方晏適于林泉，謂永綏于壽考。胡不憖遺，喪此元老！應辰自昔，出入公門，期式瞻于儀表，以畢願于斯文。孰謂此來，言無復聞！既念其私，復哀彼民。徒反袂而長號，淚淋浪而沾巾。嗚呼哀哉！

朱熹《晦庵先生朱文公文集》卷八七《祭張魏公墓文》　惟公功存社稷，澤在生民。上比列星，多歷年所。英靈陟降，千古如存。曰有遺丘，乃寄兹土。熹夙深宗慕，亦誤知憐。兹幸分符，獲參奉守。瞻言螭首，饋奠莫親。寓此一觴，諒蒙昭鑑。

楊萬里《誠齋集》卷一〇〇《跋張魏公答忠簡胡公書十二紙》　此帖十二紙，皆紫巖先生魏國忠獻張公答澹菴先生忠簡胡公手書也。紹興季年，紫巖謫居於永，澹菴謫居於衡，二先生皆年六十矣。此書還往無一語不相勉以天人之學，無一念不相憂以國家之慮也。萬里時丞零陵，一日併得二師。今犬馬之齒七十有六，夙夜大懼此身將爲小人之歸。復見此帖，再拜三讀，二先生忽焉洋洋乎如在其上，如在其左右。

楊萬里《誠齋集》卷一〇一《祭張魏公文》　具官楊某謹以清酌之奠，西望慟哭，百拜致祭于近故大丞相、少傅、魏國張公先生之靈。嗟呼！殄瘁之悲，天人丕同。臻至極者，孔明與公。敵人骨驚，中原欲平。厦屋垂成，而折其甍。孰喪孔明？非天而天。孰喪我公？天而非天。胡爲乎天？天厭漢也？胡爲非天？天宋睠也？宋睠則那，而奪其老。天不其奪，天不其保。叔破旦斧，叔毁孔日。天而能保，則揠其舌。公未再相，國人曰賢。公既再去，左右乃驩。謂公賢矣，莫留其歸。公不賢矣，國人我欺。招以萬口，麾以一手。一不勝萬，其然其否。彼退則憂，公進則憂。憂同而殊，家國之謀。正叔之學，公則心之。君實之德，公則身之。因心以身，因身以君。正君以祖，太太真仁。相于兩朝，期年期月。日洗天澄，淮妥江謐。期月乃爾，胡不百年。公而百年，公無地安。公今安矣，民則艱矣。呼公不聞，民則潸矣。踽踽小子，受知惟深。道學之傳，可諼于心。報公則無，雨以清血。俎以名誼，斛以誠實。羸然倚廬，莫望喪車。千里一觴，公其吐諸。

王十朋《梅溪集・後集》卷二八《祭張魏公文》　惟公學造誠明，才全文武，忠孝根於天性，節操貫乎歲寒。社稷之功最高，親曾取日；君父之讐未復，誓不共天。二十年見斥權臣，五百歲重逢聖主，夷狄服汾陽威德，兒童知司馬姓名。意者天必相之，嗟乎命何止此？方渡江而擊楫，遽樂聖以銜杯。宣室興思，蒼生望起。雖曰閉門絶粒，不忘憂國愛君。中山功未及成，讒謗之書盈篋；武侯死有遺恨，英雄之淚滿襟。一老不遺，百身莫贖。某濫此假守，驚聞訃音，忍觀絶筆之銘，愧阻臨棺之奠。嗟吾道之窮已甚，非斯人之慟而誰！

王十朋《梅溪集・後集》卷二八《重祭張魏公文》　嗚呼！蠻夷猾夏，以和得志。食肉者鄙，力主和議，萬口和附，争言五利。曰國之福，何惜土地，甘心事讐，不恥稱謂。附和者用，沮和者棄。和猶未成，邊已撤備。既棄唐鄧，又棄海泗，淮北生靈，幾無噍類。國既日蹙，兵亦尋至。公之勳德，公之忠義，公之人望，群嘲聚詈：公欲恢復，指爲生事；公欲禦戎，斬爲兒戲；公欲養兵，詆爲妄費；公欲進賢，目爲朋比。公得人心，公有異意，巧言如簧，吁其可畏。天眷雖隆，不容在位。汾陽兵柄，奪于讒惎，度無顯公，豈獨前智？怒疽范增，間走樂毅。公存虜懼，公死虜肆，虜方陸梁，國若疥贅。上心焦勞，當食而喟。彼蒼者天，胡不憖遺？九原不作，蒼生曷慰？遥望衡山，滂然墮淚。

王質《雪山集》卷五《書張魏公祠堂記後》　乾道六年五月二十三日，陳伯彊，王質共啖荔子于史大猷之舍。伯彊誦其妙年從軍數詩，余亦誦從事張魏公幕府烏江盱眙數詩，因曰：「魏公蜀人也，東南是非固不能皆一，而西南滋是少而非多，何也？」伯彊云云。在庭擁篲老兵嘆曰：「學士好道幾句，與我相公出氣。」余驚曰：「公議不在吾徒，乃在此曹也。」亟引紙行墨書之，漏下二鼓，月在半空而文成，以授合坐者，曰：「竢吾墓櫝可巢烏，聽流傳也。」

林光朝《艾軒先生文集》卷七《代祭張魏公文》　一年秋九月既望，越六日癸卯，具位謹以牢醴之奠，敬致祭於故丞相、醴泉觀使、魏國公之靈。嗚呼！當代人物，飈馳弗留。此聲歷耳，有淚如抽。公歸何所，爛柯前頭。謂言乞骸，將老菟裘。豈曰夜壑，迄無停舟。今者東維，一星上浮。亦有巷哭，寒風颼颼。嗚呼悲夫！要知都督，江淮草木。雖百其身，又焉可贖！維公是寶，豐年之玉；維公是愛，飢歲之粟。白溝以南，黄河之曲，寫公赤心，如空中燭。孰不墮淚，牛馬之

僕。嗚呼悲夫！古事重名，唯傳一節。刑維爾咎，教維爾高。赤松焉往，是爲漢傑。古之盛名，與公同轍。左袒一呼，如彼烈烈，捧日而出，俄焉朝徹。公以是故，而不可涅。人今祈公，至於大耊。推鋒越河，無乃斬絶。公每從容，謂之若缺。嗚呼悲夫！安石聲名，喧喧百蠻。當其甘寢，不動如山。幼度來前，無晝可彈。我非斯人，若是旁觀。海州初定，晉公乃還。瞻彼緑野，徜徉其間。晉公之幕，有陪者韓。曾是屢書，矯鳳翔鸞。顧我才薄，爲之汗顔。屹屹裴度，堂堂謝安。周郎武侯，維是班班。百年一息，乃如驚湍。行道感泣，愁傷肺肝。哭公百舍，秋菊登槃。望望悽斷，不遠餘干。嗚呼悲夫！尚饗！

《吕祖謙全集·東萊吕太史文集》卷八《代倉部祭張魏公文》　嗚呼！鼎分三極，中貫至誠。扶世建俗，經幽緯明。明此北面，龐臣鴻弼，侯皋、侯夔，侯旦，侯奭，前授後承，皆原於一。降秦迄唐，中閒幾息。既極乃通，是開魏公。有遠其傳，有統其宗，匪符匪節，匪券而同。厥初事親，自誠而孝，基德寢門，參，騫是蹈。肆其事君，自誠而忠，四朝一心，本始末終。昔在建炎，爲國馳騖。蝨賊内訌，將祲天路，乃義其旗，馳囊走羽，熸彼妖熖，萬河並注。掃除黄道，手扶日馭，勾陳太微，莫不順序。始命樞極，再命台衡。柄是文武，内拊外征。我雨我露，我雷我霆。熛起蠭屯，隨指而平。區脱之酋，氊毳之渠，威名所加，失戈墮車。既其無爲，里忻户愉。羣獻具來，翼帝之圖。孰柅其成，放迹江湖，已貴不賤，已豐不約。零陵之居，韋布所愕，披剥萬象，獨全至樂。身外鸞臺，夢中麟閣。戎馬飲江，奪公閒燕。巨轂高幢，陪都是殿。大人繼明，登我元臣。爾衮爾鉞，坯冶載新。嗔目語難，熊熊貔虎，聞公之升，屯歌壘舞。野耕肆商，秀眉垂髫，聞公之升，連手嬉遨。北邊有興，禡牙祭纛，志之所期，欲無遐徼。挈輿地圖，還之清廟，烔烔丹衷，日月所照。帝閔公勞，佚以殊廷，欻騎箕尾，上比列星。殄瘁之悲，五方同聲。某頃以孱陋，遠戍邊城。敵情叵測，民力弗勝，條利畫病，狂言屢興。朝扣暮應，是奬是稱。籌恩權惠，丘山猶輕。几几赤舄，庶幾快覩。未目德輝，已耳凶訃。扁舟西還，飛旝南去。隻雞斗酒，莫展情素。公視死生，猶旦與暮。一氣闔闢，新新故故。默友造物，冒此下土。我獨何爲，淚落彫俎。

崔敦禮《宫教集》卷一二《張魏公像贊》　堂堂魏公，千古之英。名震天下，如雷如霆。世之以成敗論人物者，咸曰公開總戎之府，提百萬之兵，左圖右畫，規模則宏而迄無成，謂公之實，不稱厥聲。抑不知忠許國而有爲，躬任重而不驚，凛凛乎清中原、吞强敵之氣，歷九死而不變，其孰知公之忠精？嗚呼公乎，人安知公之然哉！蓋公之所能者人也，於時則有所不能，此余所以覽遺像而撫膺。乾道二年重午後一日。

周必大《平園續稿》卷六《跋張忠獻公答宋待制手書》　右張忠獻公紹興九年秋起鎮長樂，答徽猷閣待制宋公景晉手書一幅，不過數十字，而公私曲折、故舊情意備焉。宋公曾孫文成謀刻之石。初，李伯紀爲靖康執政，景晉以侍從充發運使，徽宗南幸時有調護歸京闕之勞。其後伯紀帥洪，宋爲寓公，此其所以眷眷也。慶元乙卯十月三日，周某題。

周必大《平園續稿》卷七《題張魏公與晁升道啓》　右魏國忠獻張公遺晁升道十四帖，其半親筆也。升道諱升之，南渡寓盱江，寶文閣學士劉洪道資深見而奇之，薦於魏國，自是爲公客。公居潭，連歲音問不絶，凡國太晚年之起居，欽夫早歲之學識，皆於詞翰中及之。最後謂人事無窮，與天地相終始，欲其撥置以全精神，期之者至矣。今公季子龍閣尚書開鎮豫章，熙父兄之勳業。升道之孫子毅攜公手澤往候棨戟，因爲紀其本末。慶元丁巳十月丁丑。

周必大《平園續稿》卷七《跋張魏公與彭子從書》　尚書郎彭公子從德厚如璞玉，歲寒如喬松。紹興癸酉守零陵郡，故相張忠獻公謫居在焉，竭誠盡禮，不以燥濕改其度。已而按刑交廣，總賦沔鄂，當時士大夫皆謂用未極也。今觀忠獻帖，其賢可知。若子若孫俱守家法，雖由積善使然，亦忠獻相勉爲學擇師友之助也。慶元三年十月日。

周必大《省齋文稿》卷一六《跋張魏公批劉和州事目》　魏忠獻公克己復禮之學，愛人利物之心，雖片言隻字亦可想見，所謂造次必於是者。年家子周某題，庚寅。

趙鼎部

綜述

《宋史》卷三六〇《趙鼎傳》 趙鼎字元鎮，解州聞喜人。生四歲而孤，母樊教之，通經史百家之書。登崇寧五年進士第，對策斥章惇誤國。累官爲河南洛陽令，宰相吴敏知其能，擢爲開封士曹。

金人陷太原，朝廷議割三鎮地，鼎曰：「祖宗之地不可以與人，何庸議？」已而京師失守，二帝北行。金人議立張邦昌，鼎與胡寅、張浚逃太學中，不書議狀。

高宗即位，除權户部員外郎。知樞密院張浚薦之，除司勳郎官。上幸建康，詔條具防秋事宜，鼎言：「宜以六宫所止爲行宫，車駕所止爲行在，擇精兵以備儀衛，其餘兵將分布江、淮，使敵莫測巡幸之定所。」上納之。

久雨，詔求闕政。鼎言：「自熙寧間王安石用事，變祖宗之法，而民始病。假闢國之謀，造生邊患；興理財之政，窮困民力；設虚無之學，敗壞人才。至崇寧初，蔡京託紹述之名，盡祖安石之政。凡今日之患始於安石，成於蔡京。今安石猶配享廟廷，而京之黨未除，時政之闕無大於此。」上爲罷安石配享。擢右司諫，又遷殿中侍御史。

劉光世部將王德擅殺韓世忠之將，而世忠亦率部曲奪建康守府廨。鼎言：「德總兵在外，專殺無忌，此而不治，孰不可爲？」命鼎鞫德。鼎又請下詔切責世忠，而指取其將吏付有司治罪，諸將肅然。上曰：「肅宗興靈武得一李勉，朝廷始尊。今朕得卿，無愧昔人矣。」中丞范宗尹言，故事無自司諫遷殿中者，上曰：「鼎在言路極舉職，所言四十事，已施行三十有六。」遂遷侍御史。

北兵至江上，上幸會稽，召臺諫議去留，鼎陳戰、守、避三策，拜御史中丞。請督王𤫉進軍宣州，周望分軍出廣德，劉光世渡江駐蘄、黄，爲邀擊之計。又言：「經營中原當自關中始，經營關中當自蜀始，欲幸蜀當自荆、襄始。吴、越介在一隅，非進取中原之地。荆、襄左顧川、陝，右控湖湘，而下瞰京、洛，三國所必争。宜以公安爲行闕，而屯重兵于襄陽，運江、浙之粟以資川、陝之兵，經營人業，計無出此。」

韓世忠敗金人于黄天蕩，宰相吕頤浩請上幸浙西，下詔親征，鼎以爲不可輕舉。頤浩惡其異己，改鼎翰林學士，鼎不拜，改吏部尚書，又不拜，言：「陛下有聽納之誠，而宰相陳拒諫之説；陛下有眷待臺臣之意，而宰相挾挫沮言官之威。」堅臥不出，疏頤浩過失凡千言。上罷頤浩，詔鼎復爲中丞，謂鼎曰：「朕每聞前朝忠諫之臣，恨不之識，今於卿見之。」除端明殿學士、簽書樞密院事。

金人攻楚州，鼎奏遣張俊往援之。俊不行，山陽遂陷，金人留淮上，范宗尹奏敵未必能再渡，鼎曰：「勿恃其不來，恃吾有以待之。三省常以敵退爲陛下拔人才、修政事，密院常虞敵至爲陛下申軍律、治甲兵，即兩得之。」上曰：「卿等如此，朕復何憂。」鼎以楚州之失，上章丐去。會辛企宗除節度使，鼎言企宗非軍功，忤旨，出奉祠，除知平江府，尋改知建康，又移知洪州。

京西招撫使李横欲用兵復東京，鼎言：「横烏合之衆，不能當敵，恐遂失襄陽。」已而横戰不利走，襄陽竟陷。召拜參知政事。宰相朱勝非言：「襄陽國之上流，不可不急取。」上問：「岳飛可使否？」鼎曰：「知上流利害無如飛者。」簽樞徐俯不以爲然。飛出師竟復襄陽。

鼎乞令韓世忠屯泗上，劉光世出陳、蔡。光世請入奏，俯欲許之，鼎不可。僞齊宿遷令來歸，俯欲斬送劉豫，鼎復争之。俯積不能平，乃求去。朱勝非兼知樞密院，言者謂當國者不知兵，乞令參政通知。由是爲勝非所忌。除鼎知樞密院、川陝宣撫使，鼎辭以非才。上曰：「四川全盛半天下之地，盡以付卿，黜陟專之可也。」時吴玠爲宣撫副使，鼎奏言：「臣與玠同事，或節制之耶？」上乃改鼎都督川、陝諸軍事。

鼎所條奏，勝非多沮抑之。鼎上疏言：「頃張浚出使川、陝，國勢百倍於今。浚有補天浴日之功，陛下有礪山帶河之誓，君臣相信，古今無二，而終致物議，以被竄逐。今臣無浚之功而當其任，遠去朝廷，其能免於紛紛乎？」又言：「臣所請兵不滿數千，半皆老弱，所齎金帛至微，薦舉之人除命甫下，彈墨已行。臣日侍宸衷，所陳已艱難，況在萬里之外乎？」時人士皆惜其去，臺諫有留行者。會邊報沓至，鼎每陳用兵大計，及朝辭，上曰：「卿豈可遠去，當遂相卿。」九月，拜尚書右僕射、同中書門下平章事兼知樞密院事。制下，朝士相慶。

時劉豫子麟與金人合兵大入，舉朝震恐。鼎論戰禦之計，諸將各異議，獨張俊以爲當進討，鼎是其言。有勸上他幸者，鼎曰：「戰而不捷，去未晚也。」上亦

曰：「朕當親總六師，臨江決戰。」鼎喜曰：「累年退怯，敵志益驕，今聖斷親征，成功可必。」於是詔張俊以所部援韓世忠，而命劉光世移軍建康，且促世忠進兵。世忠至揚州，大破金人於大儀鎮。方警報交馳，劉光世遣人諷鼎曰：「相公自入蜀，何事爲他人任患。」世忠亦謂人曰：「趙丞相真敢爲者。」鼎聞之，恐上意中變，乘間言：「陛下養兵十年，用之正在今日。若少加退沮，即人心涣散，長江之險不可復恃矣。」及捷音日至，車駕至平江，下詔聲逆豫之罪，欲自將渡江決戰。鼎曰：「敵之遠來，利於速戰，遽與争鋒，非策也。且豫猶遣其子，豈可煩至尊耶？」帝爲止不行。未幾，簽書樞密院事胡松年自江上還，云北兵大集，然後知鼎之有先見也。

張浚久廢，鼎言浚可大任，乃召除知樞密院，命浚往江上視師。時敵兵久駐淮南，知南兵有備，漸謀北歸。鼎曰：「金人無能爲矣。」命諸將邀諸淮，連敗之，金人遁去。上謂鼎曰：「近將士致勇争先，諸路守臣亦翕然自效，乃朕用卿之力也。」鼎謝曰：「皆出聖斷，臣何力之有焉。」或問鼎曰：「金人傾國來攻，衆皆恟懼，公獨言不足畏，何耶？」鼎曰：「敵衆雖盛，然以豫邀而來，非其本心，戰必不力，以是知其不足畏也。」上嘗語張浚曰：「趙鼎真宰相，天使佐朕中興，可謂宗社之幸也。」鼎奏金人遁歸，尤當博采羣言，爲善後之計。於是詔吕頤浩等議攻戰備御、措置綏懷之方。

五年，上還臨安，制以鼎守左僕射知樞密院事、張浚守右僕射兼知樞密院事，都督諸路軍馬。鼎以政事先後及人才所當召用者，條而置之座右，次第奏行之。制以貴州防禦使瑗爲保慶軍節度使，封建國公，於行宮門外建資善堂。鼎薦范沖爲翊善、朱震爲贊讀，朝論謂二人極天下之選。

建炎初，嘗下詔以姦臣誣蔑宣仁保佑之功，命史院刊修，未及行，朱勝非爲相，上諭之曰：「神宗、哲宗兩朝史事多失實，非所以傳信後世，宜召范沖刊定。」勝非言：「《神宗史》增多王安石《日録》，《哲宗史》經京、卞之手，議論多不正，命官删修，誠足以彰二帝盛美。」會勝非去位，鼎以宰相監修二史，是非各得其正。上親書「忠正德文」四字賜鼎，又以御書《尚書》一帙賜之，曰：「《書》所載君臣相戒飭之言，所以賜卿，欲共由斯道。」鼎上疏謝。

劉豫遣子麟、猊分路入寇，時張浚屯盱眙，楊沂中屯泗，韓世忠屯楚，岳飛駐鄂，劉光世駐廬，沿江上下無兵，上與鼎以爲憂。鼎移書浚，欲令俊與沂中合兵剿敵。光世乞捨廬還太平，又乞退保采石，鼎奏曰：「豫逆賊也，官軍與豫戰而不能勝，或更退守，何以立國？今賊已渡淮，當亟遣張俊合光世之軍盡掃淮南之寇，然後議去留。」上善其策，詔二將進兵。俊軍至藕塘與猊戰，大破之。鼎命沂中趨合肥以援光世，光世已棄廬回江北。浚以書告鼎，鼎白上詔浚：有不用命者，聽以軍法從事。光世大駭，復進至淝河與麟戰，破之。麟、猊拔栅遁去。

浚在江上，嘗遣其屬吕祉入奏事，所言誇大，鼎每抑之。上謂鼎曰：「他日張浚與卿不和，必吕祉也。」後浚因論事，語意微侵鼎，鼎言：「臣初與浚如兄弟，因吕祉離間，遂爾睽異。今浚成功，當使展盡底藴，浚當留，臣當去。」上曰：「俟浚歸議之。」浚嘗奏乞幸建康，而鼎與折彦質請回蹕臨安。暨浚還，乞乘勝攻河南，且罷劉光世軍政。鼎言：「擒豫固易耳，然得河南，能保金人不内侵乎？光世累世爲將，無故而罷之，恐人心不安。」浚滋不悦。鼎以觀文殿大學士知紹興府。

七年，上幸建康，罷劉光世，以王德爲都統制，酈瓊副之，並聽參謀、兵部尚書吕祉節制。瓊與德有宿怨，訴于祉，不得直，執祉以全軍降僞齊。浚引咎去位，乃以萬壽觀使兼侍讀召鼎，入對，拜尚書左僕射、同中書門下平章事兼樞密使，進四官。上言：「淮西之報初至，執政奏事皆失措，惟朕不爲動。」鼎曰：「今見諸將，尤須静以待之，不然益增其驕蹇之心。」臺諫交論淮西無備，鼎曰：「行朝擁兵十萬，敵騎直來，自足抗之，設有他虞，鼎身任其責。」淮西迄無驚。

鼎嘗乞降詔安撫淮西，上曰：「俟行遣張浚，朕當下罪己之詔。」鼎言：「浚已落職。」上曰：「浚罪當遠竄。」鼎奏：「浚母老，且有勤王功。」上曰：「功過自不相掩。」已而内批出，浚謫置嶺南，鼎留不下。詰旦，經同列救解，上怒殊未釋，鼎力懇曰：「浚罪不過失策耳。凡人計慮，豈不欲萬全，儻因一失，便置之死地，後有奇謀秘計，誰復敢言者。此事自關朝廷，非獨私浚也。」上意乃解，遂以散官分司，居永州。

鼎既再相，或議其無所施設，鼎聞之曰：「今日之事如人患羸，當静以養之。若復加攻砭，必傷元氣矣。」金人廢劉豫，鼎遣間招河南守將，壽、亳、陳、蔡之間，往往舉城或率部曲來歸，得精兵萬餘，馬數千。知廬州劉錡亦奏言：「淮北歸正者不絶，度今歲可得四五萬。」上喜曰：「朕常慮江、池數百里備禦空虚，今得此軍可無患矣。」

金人遣使議和，朝論以爲不可信，上怒。鼎曰：「陛下於金人有不共戴天之讎，今屈己請和，不憚爲之者，以梓宫及母后耳。羣臣憤懣之辭，出於愛君，不可

以爲罪。陛下宜諭之曰：『講和非吾意，以親故，不得已爲之。但得梓宮及母后還，敵雖渝盟，吾無憾焉。』」上從其言，羣議遂息。

潘良貴以向子諲奏事久，叱之退。上欲抵良貴罪，常同爲之辨，欲併逐同。鼎奏：「子諲雖無罪，而同與良貴不宜逐。」二人竟出。給事中張致遠謂不應以一子諲出二佳士，不書黄，上怒，顧鼎曰：「固知致遠必繳駁。」鼎問：「何也？」上曰：「與諸人善。」蓋已有先入之言，由是不樂於鼎矣。秦檜繼留身奏事，既出，鼎問：「帝何言？」檜曰：「上無他，恐丞相不樂耳。」

御筆和州防禦使璩除節鉞，封國公。鼎奏：「建國雖未正名，天下皆知陛下有子，社稷大計也。在今禮數不得不異，所以繫人心不使之二三而惑也。」上曰：「姑徐之。」檜後留身，不知所云。

鼎嘗闢和議，與檜意不合，及鼎以争璩封國事拂上意，檜乘間擠鼎，又薦蕭振爲侍御史。振本鼎所引，及入臺，劾參知政事劉大中罷之。鼎曰：「振意不在大中也。」振亦謂人曰：「趙丞相不待論，當自爲去就。」會殿中侍御史張戒論給事中勾濤，濤言：「戒之擊臣，乃趙鼎意。」因詆鼎結臺諫及諸將。上聞益疑，鼎引疾求免，言：「大中持正論，爲章惇、蔡京之黨所嫉。臣議論出處與大中同，大中去，臣何可留？」乃以忠武節度使出知紹興府，尋加檢校少傅，改奉國軍節度使。檜率執政往餞其行，鼎不爲禮，一揖而去，檜益憾之。

鼎既去，王庶入對，上謂庶曰：「趙鼎兩爲相，於國有大功，再贊親征皆能决勝，又鎮撫建康，回鑾無患，他人所不及也。」先是，王倫使金，從鼎受使指。問禮數，則答以君臣之分已定；問地界，則答以大河爲界。二者使事之大者，或不從則已。倫受命而行。至是，倫與金使俱來，以撫諭江南爲名，上歎息謂庶曰：「使五日前得此報，趙鼎豈可去耶？」

初，車駕還臨安，内侍移竹栽入内，鼎見，責之曰：「艮嶽花石之擾，皆出汝曹，今欲蹈前轍耶？」因奏其事，上改容謝之。有户部官進錢入宫者，鼎召至相府切責之。翌日，問上曰：「某人獻錢耶？」上曰：「朕求之也。」鼎奏：「某人不當獻，陛下不當求。」遂出其人與郡。

鼎嘗薦胡寅、魏矼、晏敦復、潘良貴、吕本中、張致遠等數十人分布朝列。暨再相，奏曰：「今清議所與，如劉大中、胡寅、吕本中、常同、林季仲之流，陛下能用之乎？妬賢長惡，如趙霈、胡世將、周秘、陳公輔之徒，陛下能去之乎？」上爲徙世將，而公輔等尋補外。上嘗中批二人付廟堂升擢。鼎奏：「疏遠小臣，陛下何由得其姓名？」上謂：「常同實稱之。」鼎曰：「同知其賢，何不露章薦引？」

始，浚薦秦檜可與共大事，鼎再相亦以爲言。然檜機穽深險，外和而中異。浚初求去，有旨召鼎。鼎至越丐祠，檜惡其逼己，徙知泉州，又諷謝祖信論鼎嘗受張邦昌僞命，遂奪節。御史中丞王次翁論鼎治郡廢弛，命提舉洞霄宫。鼎自泉州歸，復上書言時政，檜忌其復用，諷次翁又論其嘗受僞命，乾没都督府錢十七萬緡，謫官居興化軍。論者猶不已，移漳州，又責清遠軍節度副使，潮州安置。

在潮五年，杜門謝客，時事不掛口，有問者，但引咎而已。中丞詹大方誣其受賄，屬潮守放編置人移吉陽軍，鼎謝表曰：「白首何歸，悵餘生之無幾；丹心未泯，誓九死以不移。」檜見之曰：「此老倔强猶昔。」

在吉陽三年，潛居深處，門人故吏皆不敢通問，惟廣西帥張宗元時饋醪米。檜知之，令本軍月具存亡申。鼎遣人語其子汾曰：「檜必欲殺我。我死，汝曹無患；不爾，禍及一家矣。」先得疾，自書墓中石，記鄉里及除拜歲月。至是，書銘旌云：「身騎箕尾歸天上，氣作山河壯本朝。」遺言屬其子乞歸葬，遂不食而死，時紹興十七年也，天下聞而悲之。明年，得旨歸葬。孝宗即位，謚忠簡，贈太傅，追封豐國公。高宗祔廟，以鼎配享廟庭，擢用其孫十有二人。

鼎爲文渾然天成，凡高宗處分軍國機事，多其視草，有擬奏表疏、雜詩文二百餘篇，號《得全集》，行於世。論中興賢相，以鼎爲稱首云。

黄宗羲等《宋元學案》卷四四《趙張諸儒學案》之《忠簡趙得全先生鼎》 趙鼎，字元鎮，聞喜人。生四歲而孤，母樊氏教之，通經史百家之書。登崇寧五年進士第，對策斥章惇誤國。累官開封士曹。金人陷太原，朝廷議割三鎮地，先生曰：「祖宗之地，不可與人，何庸議！」已而京師失守，金人議立張邦昌，先生與胡寅、張浚逃太學中，不書議狀。高宗即位，累除司勳郎官。久雨，詔求闕政，先生言：「自蔡京託紹述之名，盡祖安石之政，凡今日之患，始于安石，成于蔡京。今安石猶配享廟廷，而京黨未除，時政之闕，無大于是。」上爲罷安石配享。擢右司諫，旋遷殿中侍御史。中丞范宗尹言故事無自司諫遷殿中者，上曰：「鼎在言路，極舉職，所言四十事，已施行三十有六。」遂遷侍御史。北兵至江上，先生陳戰、守、避三策，拜御史中丞。韓世忠敗金人于黄天蕩，宰相吕頤浩請上幸浙西，先生以爲不可輕舉。頤浩惡其異己，改先生翰林學士，不拜，改吏部尚書，又不拜，疏頤浩過失凡千言。上罷頤浩，詔先生復爲中丞，曰：「朕每聞前朝忠諫之臣，恨不之識，今于卿見之。」除端明殿學士、簽書樞密院事。金人攻楚州，先生

上章丐去。會辛企宗除節度使，先生言企宗非軍功，忤旨，出奉祠。除知平江府，尋改知建康，又移知洪州。襄陽陷，召拜參知政事。宰相朱勝非言襄陽國之上流，不可不急取。上問岳飛可使否，先生曰：「知上流利害，無如飛者。」飛出師，竟復襄陽。言者謂當國者不知兵，乞令參政通知，由是爲勝非所忌。除先生知樞密院、川陝宣撫使，先生辭以非才。上曰：「四川全盛，半天下之地，蓋以付卿，黜陟專之可也。」時吴玠爲宣撫副使，先生奏言：「臣與玠同事，或節制之邪？」上乃改先生都督川、陝諸軍事。九月，拜尚書右僕射、同中書門下平章事，兼知樞密院事。制下，朝士相慶。時劉豫子麟與金人合兵大入，諸將各異議，獨張俊以爲當進討，先生是其言，且言：「陛下養兵十年，用之正在今日。若少加退沮，即人心涣散，長江不可恃矣！」乃命諸將邀諸淮，連敗之，金人遁去。上謂先生曰：「將士致勇争先，諸路守臣亦翕然自效，乃朕用卿之力也。」先生謝曰：「皆出聖斷，臣何力之有！」上嘗語張浚曰：「趙鼎真宰相，天使佐朕中興，可謂宗社之幸也！」五年，上還臨安，制以先生守左僕射、知樞密院事，張浚守右僕射，兼知樞密院事，都督諸路軍馬。先生以政事先後及人才所當召用者，條而置之座右，次第奏行之。皇子瑗封建國公，于行宫門外建資善堂，先生薦范沖爲翊善，朱震爲贊讀，朝論謂二人極天下之選。先生以宰相監修神宗、哲宗二史，是非各得其正，上親書「忠正德文」四字，又以御書《尚書》一帙賜之。張浚在江上，嘗遣其屬吕祉入奏事，所言誇大，先生每抑之，上曰：「他日張浚與卿不和，必吕祉也。」後浚因論事，語意微侵先生。先生言：「臣初與浚如兄弟，因吕祉離間，遂爾睽異。今浚成功，當使展盡底藴。浚當留，臣當去。」浚又嘗奏乞幸建康，而先生與折彦質請回蹕臨安。暨浚還，乞乘勝攻河南，先生與議不合，乃以觀文殿大學士知紹興府。乃浚去位，乃以萬壽觀使兼侍讀召先生，入對，拜尚書左僕射、同中書門下平章事，兼樞密使，進四官。上言：「淮西之報初至，執政奏事皆失措，惟朕不爲動。」先生曰：「今見諸將，尤須静以待之。不然，益增其驕蹇之心。」先生再相，或議其無所施設，先生聞之曰：「今日之事，如人患羸，當静以養之。若復加攻砭，必傷元氣。」金人遣使議和，朝論以爲不可信，上怒。先生曰：「陛下于金人，有不共戴天之讎。今屈己請和，不憚爲之者，以梓宫及母后耳！羣臣憤懣之辭，出于愛君，不可以爲罪。陛下宜諭之曰：『講和非吾意，以親故，不得已爲之。但得梓宫及母后還，敵雖渝盟，吾無憾焉。』」上從其言，羣議遂息。給事中張致遠以潘良貴、常同被斥，不書黄，上怒，顧先生曰：「固知致遠必繳駮！」蓋已有先入之言。秦檜繼留身奏事，既出，先生問帝何言，檜曰：「上無他，恐丞相不樂耳。」嗣因和州防禦使璩除節鉞，封國公，先生奏：「建國雖未正名，天下皆知陛下有子，在今禮數不得不異。」上曰：「姑徐之。」檜後留身，不知所云。先生嘗闢和議，與檜意不合。及先生以争璩封國事拂上意，檜乘間擠之，又薦蕭振爲侍御史。振本先生所引，及入臺，劾參知政事劉大中罷之。先生曰：「振意不在大中也！」振亦謂人曰：「趙丞相不待論，當自爲去就。」先生引疾求免，言：「大中持正論，爲章惇、蔡京之黨所嫉。臣議論出處與大中同，大中去，臣何可留！」乃以忠武節度使出知紹興府，尋加檢校少傅，改奉國軍節度使。檜率執政往餞，先生不爲禮，一揖而去，檜益憾之。初，先生與張浚薦檜可共大事，然檜機穽深險，外和而中異。浚初求去，有旨召先生。先生至越，丐祠，檜惡其逼己，徙知泉州。又嗾言者論其嘗受僞命，屢謫清遠軍節度副使，潮州安置。在潮五年，杜門謝客，時事不挂口。有問者，引咎而已。中丞詹大方誣其受賄，移吉陽軍，先生謝表曰：「白首何歸，悵餘生之無幾；丹心未泯，誓九死以不移。」檜見之曰：「此老倔强猶昔。」在吉陽三年，門人故吏不敢通問，惟廣西帥張宗元時饋醪米。檜知之，命本軍月具存亡申。先生遣人語其子汾曰：「檜必殺我。我死，汝曹無患。不爾，禍及一家矣！」先得疾，自書墓中石，記鄉里及除拜歲月。至是，書銘旌云：「身騎箕尾歸天上，氣作山河壯本朝。」不食而死。天下聞而悲之。明年，得旨歸葬。孝宗即位，謚忠簡，贈太傅，追封豐國公。高宗祔廟，以先生配享廟廷，擢用其孫十有二人。先生汲引善類，惟恐不及，若胡寅、魏矼、晏敦復、潘良貴、吕本中、張致遠輩數十人，分布朝列，稱有知人之明。顧竟爲檜所欺，斥逐流離，齎志以殁，論者惜之。所著有擬奏、表疏、雜詩文二百餘篇，號《得全集》行于世。參史傳。

雜録

備録

李幼武《宋名臣言行録・四朝名臣言行别録》卷四《趙鼎豐國忠簡公》 時

傳虜在建康築城，爲度夏計，公請遣使督王𤫉進軍宣州，周望分兵出廣德，合邀虜歸路。及詔劉光世駐軍蘄、黄，牽制湖南賊兵，與杜充爲聲援，并爲邀擊之計，或會充于楚、泗，使賊知江左軍衆，歸路稍艱，必漸退軍。如尚占臨安、建康，則乘暑擊之。

除侍御，范宗尹言非故事。上曰：「朕除言官即置一簿，考其所言多寡。鼎所言四十事，已行三十六矣。」言：「陛下初即位，即罷常平官吏，蠲免常平錢穀。而去歲復置，根刷諸司侵支，催理民間舊欠，人心駭愕，物論紛紜，願罷之，復舊平糴之法。」

公言：吳越介在一隅，非進取中原之勢，荆襄左顧川陝，右視京洛，在三國所必争，真帝王之宅也。宜以公安爲行闕，而屯重軍於襄陽，前爲屏翰，運江浙之粟，資川陝之兵，經營大業，計無出此。

頤浩在位顓恣，鼎率其屬論之，頤浩聞之，移鼎翰林。鼎引司馬光故事，以不習駢儷之文，不肯就職。

鼎僉書樞密院事時，宰相未兼樞密，同知周望在平江，鼎以獨員兼總。前此兵政悉隸御營使司，事權既分，又再經大變，文移紛亂。鼎檢故事舉行，以正西府之體。

虜攻揚州，楚州勢亦危，鎮撫使趙立遣人告急。樞密院鼎欲遣張俊往救之，俊曰：「虜方濟師，韃辣善兵，其鋒不可當。立孤壘危在旦夕，若以兵委之，併亡無益。」鼎曰：「楚當虜衝，所以蔽兩淮，若委而不救，則失諸鎮之心。」俊曰：「救之誠是，但南渡以來根本未固，而宿衛寡，人心易摇，此行失利，何以善後？」鼎曰：「江東新造，全藉兩浙，若失楚，則大事去矣。是舉也，不惟救垂亡之城，且使諸將殫力，不爲養寇自封之計。若俊憚行，臣願與之偕往。」乃詔岳飛掩擊。

宰執奏邊事，范宗尹曰：「虜未必再渡。」鼎曰：「勿恃其不來，恃吾有以待之也。」又曰：「三省常爲虜不來，而爲陛下拔人材、修政事，樞密院常爲虜見侵，而爲陛下申軍律、治兵甲，即兩得之。」上曰：「卿等如此，朕復何憂。」

鼎爲江東安撫大使，始至建康視事。時孟庾、韓世忠皆駐軍府中，多招安强寇，鼎爲二府，素有剛正之風，庾、世忠皆加禮，兩軍肅然知懼，民既安堵，商旅通行焉。

初，詔李横等直趨京城，或徑往長安，與宣撫使夾擊江西。帥趙鼎奏：「襄陽居江淮上流，實川陝衿喉之地，以横鎮撫，誠爲得策。今聞横與牛皋共起兵往東京，又聞僞齊亦會金人，及遣李成領衆西去，恐緣此紛擾不定。横烏合之衆，將不能禦，則決失襄陽，川陝路絶，江湖震動，其害可勝言哉！」

虜僞兵犯襄陽，京西招撫使李横以食盡棄城遁，欲奔荆南以俟朝命。其屬趙棄疾、閻大鈞等勸使歸朝待罪，横曰：「我以烏合之衆、所至自謀衣食，人皆指爲賊。萬一諸郡不見納，奈何？」二人曰：「我亦官軍也，何至是。」既而鄂帥劉洪道果拒之，横大怒，欲殺二人，皆呼曰：「江西帥趙樞密可歸也。」横猶未入，而公已遣米舟至，其衆遂安。公復以銀犒横之衆，且檄黄州守鮑貽遜迎勞于境，横大喜。

有僞宿遷令張澤，率其邑二千餘人自拔來歸，泗州守臣徐宗誠納之。僉書徐俯以爲恐妨和議，欲斬澤送首劉豫，公固争之，乃命澤以官，且給閒田處其衆於淮西。

公參政，上令公薦進人才，公即以朱震、范同、吕祉、陳橐、吕本中、林季仲上之，乃詔三省公共隨器任使。

鼎除知樞密院、川陝宣撫使，鼎留身，辭以非才，上曰：「四川之地半天下，盡以付卿，卿便宜黜陟，專之可也。」時吴玠已除宣撫副使，鼎奏曰：「臣之此行，與吴玠爲同事，或當節制之。」上悟，遂除都督川、陝諸軍事。鼎又奏曰：「荆襄，四川後門，勢須兼領。」上以爲然，遂兼都督川陝荆襄諸軍。命下之日，識者相謂曰：「只此一著，已自過人。」

鼎將行，奏云：「陛下軫念西陲，宵旰以圖勞來安輯之方，故遣大臣往，將使指是宜，上下勠力，以寬君父之憂，汲汲惶惶，協濟厥事。若但爲僥倖嘗試之圖，其實何補？今臣備員督府，近在闕庭，施置之間，已多齟齬。所謂兵者不滿數千，半皆老弱，不勝甲胄，疲癃跛倚，吁笑可憐，所賚金帛至爲微少，猶控顔瀝懇，幾同乞丐。薦舉士人，皆憚遠適，面得睿旨，令除京局，薦章甫上，彈奏已行，令臣意氣憂沮，舉措畏忌，退視賓僚有靦面目，士大夫間或笑其單弱，或憂其無成，皆謂事大體重，有名無實。若臣一身亦何足道，顧國事安危，不知安在？今孤蹤遠去，君門萬里，若或更加沮抑，臣亦何能自辯？」

公自入參，與諸將論防秋大計，獨張浚曰：「避當何之？惟向前壹步，庶可脱。當列天下兵守平江，却徐爲之。」公曰：「公言避非策，是也。以天下兵守一州之地，非也。公但堅向前之議足矣。」蓋公陰有所處，故每日留身必陳用兵大計。上意已悟，又使浚密爲之助，至是決意親征，留公不遣入蜀，以公久有此議

故也。公以浚爲助者，乃寇萊公約高瓊之意，蓋統兵官不與同謀必參差，則公之策遠矣。

公奏稾，朝辭，上曰：「卿豈可遠去，當相卿，付以今日大計。」時獨給事中孫近直學士院，時傳鎖院，莫知爲誰。明日，拜公右相，朝士相慶。

上謂輔臣曰：「朕爲二聖在遠，生靈久罹塗炭，屈己請和，而虜復肆侵陵，朕當親總六軍，往臨大江，決於一戰。」鼎曰：「累年退避，虜情益驕。今親征出於聖斷，將士皆奮，決可成功。臣等願效區區，亦以圖報。」上因曰：「伐蔡之功，亦憲宗能斷也。」乃詔張俊所部往援韓世忠，又令劉光世移屯建康，定日起發。光世密遣屬官告鼎云：「相公本入蜀，有警乃留，何故與他負許大事？」世忠亦謂人曰：「趙丞相真敢爲者。」鼎聞之，恐上意動摇，復乘間言：「今日之勢，若虜兵渡江，恐其别有措置，不如向時尚有復振之理。戰固危道，有敗亦有成，不猶愈於退而必亡者乎？且虜僞俱來，以吾事力對之，誠爲不侔。然漢敗王尋，晉敗苻堅，特在人心而已。自詔親征，士皆鼓勇，陛下養兵十年，正在今日。」由是浮言不能入矣。

虜於滁上造舟，有渡江之意。鼎密陳：「今日之舉，雖天人咸助，然自古用兵不能保其必勝，計當先定，事至即應之，庶不倉卒。萬一虜人渡江，陛下當親總衛士趨常、潤，督諸將乘其未集，併力血戰，未必不勝。或遏不住，則由他道復歸臨安，堅守吴江，虜亦安能深入。臣與張浚分糾諸將，或腰截，或尾襲，各據地利，時出擾之，必不使之自肆如前日也。惟不可聞渡江便退，即諸將各自爲謀，天下事不再集矣！」殿帥劉錫、神武中軍統制楊沂中見鼎曰：「探報如此，駕莫須動。」鼎曰：「僞虜已渡，方遣二君率兵趨常、潤，併力一戰，以決存亡，更無他術。」錫等同聲曰：「相公可謂大膽！」鼎曰：「事已至此，不得不然，二君隨駕之親兵也，緩急正賴爲用，豈可先出此言？」錫等慚懼而退。朝論謂鼎勸上親征固難，而此時不動尤爲難也。

上曰：「數年以來，廟堂玩習虚文，而不明實效，侍御、給諫搜剔細務，而不知大體，故未能濟艱難。非朕夙夜留心治軍旅、備器械，今日賊騎侵軼，何以禦之？」鼎曰：「臣等敢不竭駑鈍，以副陛下責實之意。」時松江既有備，商賈往來自如，通、泰出納鹽貨如故。上見士氣大振，捷音日聞，欲渡江與賊決戰，鼎曰：「退即不可，渡江，非策也。虜兵遠來，利於速戰，豈可與之争鋒？兵家以氣爲主，三鼓即衰矣。姑守江，使不得渡，徐觀其勢，以決萬全。且豫猶不親臨，豈可煩至尊與逆雛決勝負哉！」

公薦張浚可當大事，顧今執政無如浚者，陛下若終不棄，必於此時用之。乃詔浚知樞密院事。浚見鼎曰：「此行舉措甚當。」既又聞鼎諫上渡江決戰之行，亦深歎服。

上曰：「臺諫論事雖許風聞，要須審實，如排擊人才，豈無好惡。若果務大體，不指擿纖瑕細務，强置人於過，豈惟陰德不淺，亦可以銷刻薄之風，成忠厚之俗。」鼎曰：「聖訓廣大如此，言事官宜奉以周旋也。」

上謂宰執曰：「恢復之圖所宜愛日，仍先求人才，有人則天下之事無不舉。然用人才，要在進君子、退小人。」鼎曰：「臣待罪宰相，爲陛下别君子、小人用之，乃其職也，敢不奉詔。」

上曰：「大臣不公，何以服衆？」鼎曰：「苟爲不公，則賞雖厚，人不以爲恩，罰雖嚴，人不以爲威。」上曰：「今日朕親總六師，正當公示賞罰。」

二月，回鑾，始議定浚以右揆出使湖外平楊么，鼎陛左揆。方鎖院之夕，鼎密啟曰：「宰相無不統，不必專以邊事，乃爲得體。」暨兩制出，浚獨以軍功及專任邊事爲言，上既以邊事付浚，而政事及進退人才專付於鼎矣。

《喻樗語録》曰：時趙、張二公相得，人固知且並相，樗獨以謂，且作樞使，同心同德，亦何不可？他日趙退，則張繼之，説一般話，行一般事，用一般人，如此則氣道長。若同相，議論有不合，或當去位，則一番更改，必有參商，是賢者自相戾也。已而其事亦稍如此。

公嘗曰：「用人所以立國，吾豈敢久居相位。至於立國規模，則當爲遠計也。」於是以政事之先後及人材所當召用者，密條而置座右，一一奏稾，以次行之。公謙沖待士，犯顔敢諫，凡内降恩澤，多奏格不行，號爲賢相。然深喜程頤之學，朝士翕然嚮之，時有言今託稱伊川門人者，却皆進用，如選人桐廬喻樗真其人也，乃不見知。是月，公始薦樗改官除正字，誥詞曰：「頃窮西洛之淵源，遂見古人之大體。」中書舍人王居正行也，樗以此頗爲衆所嫉。胡安國亦師頤者也，聞之，以謂：「『西洛淵源』、『古人大體』，雖其高弟游酢、楊時、謝良佐諸人尚難言之，而況樗耶？乃敢託於詞命以妄褒借，識者憂之。」居正未幾遷兵侍。於是有「伊川三魂」之目，以公爲「尊魂」，居正爲「强魂」，言其多忿也，故工部侍郎楊時爲「還魂」，言其身死而道猶行也。既而正字張嵲遂以元祐中五鬼配之。

鼎嘗入見，見自外移竹栽入内。奏事畢，亟往視之，方興工於隙地。鼎問：

「孰主其事？」曰：「入内高品黄彦節也。」鼎即呼彦節責之曰：「頃歲艮嶽花石之擾，皆出汝曹，今將復蹈前轍耶？」勒軍令狀，日下罷役。翌日，鼎入對，上改容謝之。

詔參政沈與求、孟庾並兼樞密院。鼎曰：「仁宗時陝西用兵，宰臣兼樞密，臣既以宰相兼治院事，而參知政事之臣並令兼權，則事歸一體，無前人所謂密院調兵而三省不知，三省財竭而密院用兵不止者矣。」上曰：「往時三省、密院不同班進呈，是以事多不相關白，然朝廷論議，豈有帷幄一二大臣不與聞者？」

時張浚視師江上，以行府爲名，鼎居中總政，表裏相應。然浚所行之事亦有關三省、樞密者，庾、與求皆不能平，曰：「三省、樞密乃奉行行府文書耶？」明年，相繼以疾求出。

御書《尚書》賜鼎曰：「《尚書》所載，君臣相戒敕之意，所以賜卿，政欲共由此道以成治功耳。」又書《車攻》詩，宣示宰執。鼎等入謝，上曰：「《車攻》，宣王中興之詩，今當與卿等夙夜勉勵，以修政攘夷。」鼎等曰：「陛下游神翰墨之間，不忘恢復，臣等敢不自勉！」

初禁衛諸軍遇赦轉員，其法甚備。自中原俶擾，軍營紛亂，排轉不行，諸將所總歲歲奏功，而天子親兵，久無陞遷之望。鼎請據三衙見管人數，仿佛舊例，立爲轉員之法。

上曰：「范温帶來京東民兵，較所給春秋特支衣絹一匹。昨日令中書引見，頗有藍縷者，朕出内帑絹二千匹賜之。」公等曰：「陛下内帑物非承平時比，每推以賜將士，此盛德也。」上曰：「朕宫中未嘗妄費，雖内帑所有不多，專用以激犒將士而已。」

時貴州防禦使瑗在宫中，上嘗以語宰執曰：「此子天姿特異，儼如成人，朕親自教之讀書，性甚强記。」至是，鼎得旨造書院於行宫門内，以爲資善堂，欲令就學。上曰：「朕年二十九未有子，然國朝自有仁宗故事，今未封王，止令建節、封國公，似合宜。以朕所見，此事易行，而前代帝王多以爲難。」鼎曰：「自古帝王以爲難，而陛下行之甚易，此所以莫可跂及也。」上曰：「藝祖創業至勤，朕取子字行下子鞠於宫中，庶仰慰祖宗在天之靈。」孟庾曰：「陛下念藝祖創業，而聖慮及此，帝王所難之事也。」遂加保慶軍節度，封建國公。

一日，上語鼎曰：「欲令瑗出閤，選官教之。且就禁中致學館便建資善堂，庶幾正當所差官亦有名，仍一依皇子建節、除國公。」鼎乃與同列議選范沖、朱震爲翊善，朝論以二人爲極天下之選。上亦嘗謂鼎曰：「前日臺諫因對語及資善之建，皆曰，朱震、范沖天生此二人，爲今日資善之用，可謂得人矣。」

地震，詔罪己求言。上曰：「故事，當避殿減膳，今只一殿，而常膳甚薄，更減亦何害。」鼎曰：「此文具耳。應天，當修人事，今費用大而科歛煩，此最傷和氣者也。」

營田官王弗候對，上望見之，謂宰執曰：「當詳諭弗，令竭力久任，若一二年間營田就緒，庶可少寬民力。朕昨在會稽，嘗書《趙充國傳》以賜諸將，若蚤得數年，今已獲其利。」鼎曰：「爲國根本之計，莫大於此。」上曰：「然。」弗既對，乞江淮守令皆久任。上又謂宰執曰：「朕昔爲元帥時，嘗見州縣官説，在官者以三年，猶且一年立威信，一年守規矩，三年則務收人情，爲去計矣。況今以二年爲任乎？雖有緝治之心，蓋亦無暇日矣。弗所論甚當，宜舉行之。」

鼎上《神宗實録》五十卷。舊文以墨，新修以朱，删出以黄，自後進書率如此例。

上謂宰執曰：「民窮爲盜，多緣守令不良以擾之，若安其田里，肯爲盜乎？卿等當留意擇守令，庶幾百姓樂業。」鼎曰：「臣等敢不躬聖訓。」

上又曰：「淮北之民襁負而至，朕爲民父母，豈可使其失所。可賦田予之，更加優恤，以廣招來之路。」公曰：「彼乍歸無所居，尤當賑助之。」

上曰：「邦用匱乏，苟有一毫可以節省，亦當行之。朕宫人僅給使令，然昨日亦搜揀三十人出之。」鼎曰：「節省之道，始自宫庭，此陛下盛德事也。」

有親從官趙勝自金國遠歸，言二聖萬福，上悲咽不自勝。鼎曰：「願少寬聖慮，强於自治，天必悔禍，二聖終有還期也。」

自南渡以來，百司日有申明，皆臨時裁決，初無定制，三省、樞密尤爲叢冗。至是，鼎約以中制，立爲定法，付之有司，遵守而行，吏不得爲姦矣。

上與宰執論治體，因曰：「治天下之道，在必賞、必罰而已。淫刑以逞，固不可，苟有罪，豈可以不刑。」鼎曰：「近時贓吏雖不棄市，亦杖脊刺配。且殺人者死，古今常法，比年皆從貸例。聖人以謂『罪疑惟輕』，既無所疑，何爲而貸？貸一有罪，則犯者愈衆，而善人咸被其禍矣。」

初，張浚奏，江上諸軍精强，非前日之比。宰執進呈，鼎曰：「承平時陝西並邊兵亦未必如此，皆陛下累年緝治之力。」

内侍盧公裔致仕在蜀中，自請赴行在。上謂宰執曰：「斯人極不良，今若

歸，内侍省必欲侵外事，若與外任，必陵同列，只宜祠觀。朕宫中小黄門數十輩，聊備灑掃趨走，近上者亦有數，未嘗假以權也。每觀漢、唐及近時之變，不得不防微杜漸。」公曰：「聖慮及此，天下之幸！」

上謂宰執曰：「馮益頗與外事，浸不可長，令與宫觀，日下出門。」於是鼎等再三賀上威斷。上曰：「朕待此曹未嘗不盡恩意，然纔聞過失，亦不少貸也。」先是，劉豫揭榜山東，妄言益遣人收買飛鴿，因有不遜之語。知泗州劉綱得而上之，張浚請斬益以釋謗，上未許。鼎曰：「益事誠曖昧，然疑似間有關國體，若朝廷略不加罰，外議必謂陛下實嘗遣之，有累聖德，不若暫解其職，姑與外祠，以釋衆惑。」上欣然出之。浚意未快，鼎曰：「自古欲去小人者，急之，則黨合而禍大；緩之，則彼自相擠。今益罪雖誅不足以快天下，然群閹恐人君手滑，必力争以薄其罪，不若謫而遠之，既不傷上之意，彼但見奪職責輕，必不致力營救，又幸其去位，必以次規進，安肯容其復入耶？若力排之，此輩側目吾人，其黨愈固而不可破矣。」浚乃服。

時久不雨，上以爲念，謂宰執曰：「昨晚甚有雲氣，朕焚香密禱，過二更，雲氣散方退。」鼎曰：「陛下憂勤如此，天必重祐。」

先是，國子監丞張戒上書，幾八千言，自謂恐忤聖意。上謂宰執曰：「朕熟覽之，其憂國愛君之心誠可嘉。」又曰：「戒言朕有仁宗守成之德，而不知太祖創業之志，此言良是。朕見仁宗在位四十二年，德洽民心，至今天下誦之，朕心仰慕如堯、舜、文、武，故當立政用人之事，朕嘗置在左右，朝夕以爲法。至於太祖以神武創業，朕不及也。」鼎曰：「陛下以仁宗爲法，此乃中興之基，至於太祖創業艱難，願陛下常留聖慮，則施之行事，自然若符節矣。」

自南渡以來，國計所賴者惟鹽，每因闕用，即改新鈔，以幸入納之廣，第苟目前，不知利權，悉爲商賈所持。去年冬，鼎立對帶之法，商賈聽命，而鹽法遂爲定制，除去積年之弊。是秋，加以出剩，立爲分數，許人納，不對帶。二法並行，出入有常，源源不絶，始不爲巨猾所制矣。

户部言知閤門事潘永思添破食錢不應法。上謂宰執曰：「若於法不可，亦無如之何。」鼎曰：「知閤門官惟永思與韓恕二人，恕已横行，故俸差厚，永思官小，月得四十餘緡，所以用不足。」上曰：「永思輩端坐得此，亦足矣，今戚里官皆不過小使臣。方國家艱難之時，且留爵禄以賞戰士。」於是鼎等再三稱道聖德。

上諭鼎曰：「《資治通鑑》首論名分，至於其間去取，皆有益於治道。觀此書，則知司馬光雅有宰相器識，若《唐鑑》，止可爲諫書耳。」

先是，楊沂中奏捷，鼎即求去。上不許，鼎因曰：「臣初與張浚如兄弟，近因吕祉輩離間，遂爾睽異，今同相位，勢不兩立。陛下意在恢復，當以兵事爲重。今浚成功淮上，其氣甚鋭，當使展盡底藴，以副陛下之志。如臣但奉行詔令，經理庶務而已，浚當留，臣當去，其勢然也。浚朝夕還朝，俾臣奉身而退，則同列之好俱無所傷。他日或因物議有所去留，則俱失之矣。」

公在越，惟以束吏恤民爲務，每言不束吏雖善政不能行，蓋除害然後可以興利。《易》之「豫利建侯行師」，謂「建侯行師」乃所以致豫解，「公用射隼于高墉之上」，謂射隼而去小人，乃所以致解。鼎之學得於《易》者如此。至是，姦猾屏迹。又場務利入之源，不令侵耗，財賦遂足。

張浚求去，上問可代者，浚不對。上曰：「秦檜何如？」浚曰：「近與共事，始知其闇。」上曰：「然則用趙鼎。」令浚擬批召鼎。檜謂必薦己，退至都堂，就浚語良久。上遣人趣進所擬文字，檜錯愕而出。浚始引檜共政，既同朝，乃覺其包藏觀望，故因上問及之。

鼎至屢辭，且疏言：「進退人才，乃其職分。今之清議所與，如劉大中、胡寅、吕本中、常同、林季仲之徒，陛下能用之乎？妒賢黨惡，如趙霈、胡世將、周祕、陳公輔，陛下能去之乎？陛下於此或難，則臣何敢措其手也。昔姚崇以十事獻之明皇，終致開元之盛。臣何敢望崇，而中心所懷不敢自隱，惟陛下擇之。」

馮康國乞補外，鼎奏：「自浚罷黜，蜀中士大夫皆不自安，今留行在所幾十餘人，往往一時遴選。臣恐臺諫以浚里黨或有論列。」上曰：「朝廷用人，止當論才不才，頃臺諫好以朋黨罪士大夫，如罷一宰相，凡所薦引，不問才否，一時罷黜。此乃朝廷使之爲朋黨，非所以愛惜人才而厚風俗也。」鼎等頓首謝。

公再相已踰月，未見所施，朝士或以此責之。公曰：「今日事如久病虚弱之人，再有所傷，元氣必耗，惟當静以鎮之。若大作措置，焕然一新，此趣死之術也。張德遠非不欲有爲，而其效如此，亦足以爲戒矣。」

鼎上重修《哲宗實録》，以書成加特進。吕本中草制，有曰：「謂合晉楚之成，不若尊王而賤霸。謂散牛李之黨，未如明是而去非，惟爾一心，與予同德。」檜以爲破和議，深恨之。

朱震卒，上曰：「楊時既物故，胡安國與震又亡，同學之人今無存者，朕甚惜之。」鼎曰：「尹焞可繼震，震亦嘗薦焞代資善之職，但焞微瞶，恐教兒童費力，俟

國公稍長則用之。」

鼎因論及南兵可教，張守曰：「只是格尺不及耳。」上曰：「人猶馬也，馬之能行不在大，故兵無南北，顧所以用之如何爾。春秋時申公巫臣通吴於上國，遂伯諸侯；項羽以江東子弟八千横行天下；以至周瑜之敗曹操，謝元之破苻堅，皆南兵也。」

上數令張俊盡以舟師分布控扼，然後引兵渡江，鼎曰：「淮西寂然無警，似不必爾，外間便謂朝廷棄淮西矣。當一向勿顧，不發一兵，彼未必敢動。」上以爲然。

初，劉豫軍既遁，張俊復還建康，淮西一帶無軍馬，朝論紛紛，臺諫文章以爲淮西無備可憂。鼎獨顯言於衆曰：「今行朝握精兵十餘萬，使寇直臨江岸，吾無所懼，唯是安静不動，使罔測，渠未必敢窺伺，何至自擾擾如此？儻有他虞，吾當身任其責！俊軍久在泗上，勞役苦甚，還未閱月，居處種種未定，仍遽使之復出，不保其無潰亂也。」鼎欲使俊出不意，徑趨壽春，取其城。措置已定，會虜廢豫，乃已。淮上卒不遣兵竟亦無事。

鼎言，人多謂中原有可圖之勢，宜便進兵，恐異日咎今失此機會，乞召諸將。上曰：「不須恤此，今須與虜議和，梓宫與太后、淵聖皆未還，若不與和，無可還之理。」

吴國長公主入見，留宫中三日，仍爲駙馬都尉潘正夫求恩數。上語之曰：「官爵豈可私予人？須與大臣商量。況今日多事，未暇及此。」時當極暑，上每正衣冠伴之飲食，蓋主乃哲宗之女，上之姊也。上以語宰執，鼎曰：「陛下行家人之禮，雖盛暑不廢，至於官爵則不以私予，此帝王之公也。」

詔修《徽宗實録》，以公兼提舉。公奏曰：「先帝以仁厚之德涵養天下，幾三十年，其間法令有未盡者，皆出於羣臣貪功冒賞之私，而有司壅於上聞，非先帝本意也。劉大中宣和初知如皋縣時，有旨即隱者徐神翁所居建爲觀，而觀基包士民墳墓甚衆，大中顧有司不能決，乃具圖申省，且束裝待罪。洎取旨，先帝愕然曰：『豈可發民墳墓。』即詔移之别地。則知當時有不便於民者，使悉知未有不改之者，此羣臣之罪，蔡京爲之首也。」上深然之，以至泣下。公又曰：「崇觀之失，不歸之蔡京，使何人任責？今士大夫力主京者，皆厚私恩而薄祖宗之仁也。願陛下深察之。」

上謂宰執曰：「朕思安民之道，無過擇監司、郡守，可令侍從官公舉，仍不限員數。中書置籍，朕亦書之屏風，置諸左右，已差下不任職無他過者，與自陳宫觀，公議亦必以爲是也。」鼎曰：「陛下不忘百姓如此。」上又曰：「贓吏一身取錢爾；繆吏爲州爲縣，一州一縣之吏取錢，其害民甚於贓吏也。」鼎曰：「聖論曲盡其理。」秦檜曰：「向令侍從舉知縣，而有互舉其子者，其子又皆不肖貪贓。」上曰：「侍從，朕之所取信也，而欺如此！朕當時若知，當竄之嶺表。卿等可諭諸侍從，須妙選可爲者，使實惠及民。他日，朕當賞其知人。」鼎等曰：「謹奉聖訓。」

公奏淮東宣撫韓世忠保明統制官許世安功賞事，上曰：「世安勇雖不如呼延通，而曉事過之，平居議論多有補於世忠。」時通亦隸世忠軍，上駕馭諸將，至於偏裨亦知其才之所長，蓋照臨如此。

上謂宰執曰：「有備無患，縱使和議已成，亦不可弛兵備。」公曰：「假使虜人與我河南地，亦須嚴備江南。」

虜使烏陵思謀來，上謂宰執曰：「館待之禮宜稍厚，若蚤遂休兵，免令赤子肝腦塗地，此朕之本意也。」鼎曰：「用兵所費，比之館待殊不侔矣。」上曰：「若無軍旅之事，使朕專意保民十數年，豈不見效！」鼎曰：「陛下此言，神明感格，必有蚤定之期矣。」思謀等見上執禮甚恭，且欲以客禮到都堂見宰執，鼎接之如見從官之禮。

侍御史蕭振本鼎所薦，後因秦檜引入臺。時欲講和，劉大中與鼎合議，以爲不可，檜怒，令振劾去大中，欲以摇鼎。大中既出，振謂人曰：「如趙丞相不必論，蓋欲其自爲去就也。」時檜力勸上議和，鼎持不可，繇是卒罷。鼎入辭，從容奏曰：「臣昨罷相半年，蒙恩召還，已見宸衷所嚮與嚮來稍異。臣今再辭之，後人必有以孝悌之説脅制陛下矣。臣謂凡人中無所主而聽易惑，故進言者得乘其隙而惑之。陛下聖質英邁，洞見天下是非善惡，謂宜議論一定，不復二三。然臣甫去，國已稍更改。如修史本出聖意，非群臣敢建言，而未幾復修，此爲可惜。臣竊觀陛下未嘗容心，特既命爲相，不復重違其意，故議論取舍之間，有不得已而從者。如此，則宰相政事，非陛下政事也。」

御筆防禦使璩建節、除國公，執政聚議，副樞王庶大言曰：「並后匹嫡，古以爲戒。」鼎謂檜曰：「鼎前負曖昧之謗，今不敢奏，須公開陳。」檜無語。翌日，鼎奏曰：「今建國在上，兄弟之間恩數宜少異。」又曰：「建國名雖未正，天下之人皆知陛下有子矣。以前後恩數並同皇子，又昨幸平江及謁太廟，兩令建國扈蹕，

國人見者，咨嗟歎息。此社稷大計，蒼生之福也。至於外間稱呼之語，陛下豈不聞之？臣身爲上相，義當竭忠以報陛下。在今日，禮數不得不異，蓋以繫人心，不使之二三而惑也。」後數日，劉大中奏事，亦以爲言，命遂寢。檜亦嘗留身，不知所説何事。及鼎上章解機務，上曰：「前日所議璩建節事如何？」鼎又如前所陳。鼎既去，明年正月遂建榮國公，乃知檜所奏不然也。

王庶謂鼎曰：「公欲去，蚤爲庶言。」鼎曰：「去就在樞密，鼎豈敢與。」鼎行，檜奏乞同執政往餞，乃就津亭設筵。鼎至，即一揖登舟而去，自是檜益憾之。

公自泉州罷歸紹興，上書言時政。檜忌公復用，乃令中丞王次翁論公，近聞邊報，喜見眉間，幸時有警規圖復用，直抵近輔，略不避嫌，門下黨與往來臨安，鼓惑衆聽。又論公在靖康末結王時雍，薦之張邦昌，遂受僞命，爲京畿憲，退而語人，有親奉玉音之語。又嚮以元樞都督荆襄，未幾拜相，而乾没官錢十七萬緡。章三上，責散官興化軍居住。諫議何鑄論公罪重罰輕，移漳州。次翁又彈擊不已，責置潮州。

中丞詹大方論公，移吉陽軍。時公子汾力乞侍行，公不忍使之以無罪而俱死瘴地，手批付之曰：「紹聖初，吕微仲謫嶺南，惟一子景山，愛之，不令同行，而景山堅欲從去，不可却。既至虔，將過嶺，吕顧其子泣曰：『吾老矣，罪如此，萬死何恤！汝何罪？欲俱死瘴鄉耶？我不若先死，使汝護喪而歸，吾猶有後也。』遂縱飲而死。吾不令汝侍行，亦吕之意。」微仲，大防字也。

公在吉陽三年，門人故吏皆不敢通問，廣帥張宗元時遣使渡海以醪米遺之。檜令本軍月具存亡申省。公知之，遣人呼其子至，謂之曰：「檜必欲殺我，我不死，一家當誅。惟我死，爾曹無患。」乃不食而卒。四方人聞之，有泣下者。

汾護喪歸，葬於衢州。守臣章傑知中外士大夫平時與公有簡牘往來，至是又攜酒會葬，意可爲奇貨，乃遣兵官下縣，同縣尉翁蒙之以搜私釀爲名，馳往掩取，復疑蒙之漏言，潛戒左右伺察之。比官兵至，一無所得，公之家賴以紓禍。令盡焚篋中書及弓刀之屬。蒙之書片紙，走僕自後垣出，密以告汾，趣令盡焚篋中書及弓刀之屬。

公嘗謂其客方疇曰：「自鼎再相，除政府外，所引從官如常同、胡寅、張致遠、張九成、潘良貴、吕本中、魏矼皆有士望，異日決可保其無他。」疇曰：「願公徐觀之。」公曰：「此等人才如何變得？」其後諸賢流落之久，皆壁立萬仞，雖死不變，疇始信公之能知人也。

戊午歲，張九成爲禮侍，吕本中爲中書，同見檜，檜曰：「大抵立朝須優游委曲，乃能有濟。」九成答曰：「未有枉己而能正人者也。」檜爲變色。及公罷相，居會稽，門人方疇爲言檜語，因曰：「秦檜亦今之賢者，安得有此怪論？」公曰：「此南方之所謂賢者，北方之所謂賢者必不爾也。」疇曰：「公既知之，安得薦之於上乎？」公曰：「張德遠罷相之後，鼎再相，上曰：『卿還朝，見在政府去留惟卿意。』鼎曰：『檜不可令去。』一日，檜留身，下殿有喜色，謂鼎曰：『檜適求去，上云公自知檜，令檜與公商量。』鼎握檜手曰：『吾輩當以國事爲心也。』檜由是安迹，蓋行止非人所能爲也。」至是，疇默數檜再專國政十有八年，士大夫死於其手者甚多，則公言非人所能爲，信哉！

或問朱文公，中興賢相皆推趙忠簡，如何？曰：「看他做來做去，亦只是王茂弘規模，當時廟論大槩主和議使，當國久，未必不出於和，但就和上，須有些計較，如歲幣、稱呼、疆土之類，不至一一聽命，如秦檜老草和了。」

邵博《邵氏聞見後録》卷一〇　丞相掾和洽言于曹操曰：「天下之人，才德各殊，不可以一節取也。世有儉素過中，自以處身則可，以此格物，所失或多。今朝廷之議吏，有着新衣、乘好車者，謂之不清；形容不飾，衣裘敝壞者，謂之廉潔。至令士大夫故汙辱其衣，藏其輿服；朝府大吏或自挈壺飡以入官寺。夫立教以中庸，貴可繼也。今崇一槩難堪之行，以檢殊途，勉而爲之，必有疲瘁。古之大教，務在通人情而已。凡激詭之行，則容隱僞矣。」紹興以來，宰相趙元鎮好伊川程氏之學。元鎮不識伊川士資以進，反用妖妄眩惑一世，每拱手危坐，竟日無一言。或就之，則曰：「吾方思誠敬，姑去。」爲姦爲僞者十人而九，必敝衣粗食，以自垢汙，否則斥爲不肖矣。予恐後世之惑也，得和洽之言，故表出之。

施德操《北窗炙輠録》卷上　趙元鎮丞相未第時，嘗投牒索逋二百緡。其縣令曰：「秀才不親至，乃令僕來耶？」回判其牒曰：「某人同趙秀才出頭理對。」元鎮視其牒曰：「必欲趙秀才出頭乎？奉贈二百千。」遂置其牒。

蔡絛《鐵圍山叢談》卷四　趙吉陽元鎮鼎者，中興名宰相也。一日於行在所，因過三館食竟，語坐上：「頃一夕忽夢以罪貶海上，何耶？將無是乎？」於是諸館職學士争道其德而談休美曰：「公爲國柱石，安得有此？」其間一二，輒又毅然更起，白吉陽：「某門下士也。藉第使如夢，則某等誓將乘桴而從公行決矣。」一時以爲金石美談，人故多之，而傳達於四方焉。未幾，吉陽去相位，俄廢黜於潮陽，後果徙海上。四年而趙吉陽死。是時獨有一王海康趯者，頗能爲流人調護，海上所無薪粲百物，海康輒津致之。又致諸家問，勤懇不少寘。厥後果

爲人告訐，坐是免所居官，而海康勿怨也。當趙吉陽已死，王海康始受代罷歸。時過吾，吾亟訪海康：「曩聞三館之語甚美，今日有踐言者乎？君居雷州，雷州獨一路通海上，傍無他道。君又喜與流人道地，宜悉知之，願有所聞也。」王海康即笑謂吾曰：「寧有踐言者耶？雖吉陽親舊，曾弗睹一字之往來矣。」吾得此中心怒焉，爲之短氣，且士大夫此風舊矣。然豈無人乎？懼世或未知，便强謂曰：「必果若何？」

郭象《睽車志》卷四　建炎間，術者周生，觀人書字，分配筆畫，以知休咎。車駕自明駐杭，時虜騎驚擾之餘，人心危疑。執政戲呼周生，偶書「杭」字示之，周曰：「懼有警報，虜騎將逼。」乃拆其字，以右邊一點配木爲「朮」，下既爲「兀」。不旬日，果傳兀朮南侵。趙相、秦樞廟謨不協，各欲引退，二公各書「退」字示之，周曰：「趙公即去，秦必留。日者君象，趙書『退』字，人去日遠。秦書『人』字密附日下，『日』字左筆下連，而『人』字左筆斜貫之，蹤跡固矣，欲退得乎？」既而皆驗。

莊綽《雞肋編》卷下　會稽士人有錢唐休者，頗有聲於時。趙丞相當國，人薦之者，方議除擢，會有邊報小警，視奏目中適見其姓名，趙不悦曰：「錢唐遂休乎？」因置不用。後趙引折彦質爲樞密，其院中奏牘書名相次，人有譖之者，謂「趙鼎折」爲不祥，乃與錢事相類。古今以讖語而爲禍福者多矣，雖有幸不幸，蓋亦數使之然也！可勝歎哉！

洪邁《容齋續筆》卷一《李衛公帖》　李衛公在朱崖，表弟某侍郎遣人餉以衣物，公有書答謝之，曰：……紹興中，趙忠簡公亦謫朱崖，士大夫畏秦氏如虎，無人敢輒寄聲，張淵道爲廣西帥，屢遣兵校持書及藥石、酒麪爲餽。公嘗答書云：「鼎之爲己爲人，一至於此。」其述酸寒苦厄之狀，略與衛公同。既而亦終於彼。手札今尚存於張氏。

陸游《老學庵筆記》卷一　鼎、澧羣盜，如鍾相、楊幺。戰舡有車船，有槳船，有海鰍頭；軍器有拏子，其語謂拏爲鐃。有魚叉，有木老鴉。拏子、魚叉以竹竿爲柄，長二三丈，短兵所不能敵。程昌寓部曲雖蔡州人，亦習用拏子等，遂屢捷。木老鴉一名不藉木，取堅重木爲之，長纔三尺許，鋭其兩端，戰船用之尤爲便捷。官軍乃更作灰礟，用極脆薄瓦罐置毒藥、石灰、鐵蒺藜於其中，臨陣以擊賊船，灰飛如煙霧，賊兵不能開目。欲効官軍爲之，則賊地無窯户，不能造也，遂大敗。官軍戰船亦倣賊車船而增大，有長三十六丈，廣四丈一尺，高七丈二尺五寸，未及用而岳飛以步兵平賊。至完顔亮入寇，車船猶在，頗有功云。初，張公之行，趙元鎮丞相以詩送之，云：「速宜净埽妖氛了，來看錢塘八月潮。」

鼎、澧羣盜，惟夏誠、劉衡二砦據險不可破。二人每自咤曰：「除是飛過洞庭湖。」其後卒爲岳飛所破，蓋語讖云。

趙元鎮丞相謫朱崖，病亟，自書銘旌，云：「身騎箕尾歸天上，氣作山河壯本朝。」

周煇《清波雜志》卷九　趙忠簡公秉政日，使臣關永堅亦西人，趍承云久，乃丐官淮上。貧不辦行，欲貸息女。公憐之，隨給所須。永堅乞納女，公卻之。請力，不得已姑留之。後永堅解秩還，公一見，語之：「爾女無恙。」永堅謂宿逋未償，公笑不答，且助資送費，囑求良配，遂歸監平江梅里鎮宗室汝霖。女言：「雖累年日侍丞相巾櫛，及嫁尚處子也。」汝霖與知泗州王伯路厚，語其詳。王云：「前輩於此等優爲之，特今之人爲難能。」司馬温公、曾魯公各有似此一事傳於世，文多不載。

周煇《清波雜志》卷一一　蘇丞相子容，因臺評去位。時左司諫虞策言：「蘇頌罷相，臣備言職，朝廷進退宰相，宜有論列。而臣竊自念頌於元豐年曾薦舉臣，在臣之心，誠恐近薄，有犯風誼，以此不敢人文字。臣之尸職，無所逃誅。」云云。議者謂奏疏自列，略無隱情，當是時風俗忠厚顧如此。《夷堅庚志》書謝誠甫祖信任南床日，論趙忠簡公不遺餘力，而謝爲趙之上客。豈逼於言責，不暇顧私恩，所見與虞異矣。

王明清《揮麈録餘話》卷一　紹興中，趙元鎮爲左相。一日入朝，見自外移竹栽入内，奏事畢，亟往視之，方興工於隙地。元鎮詢誰主其事，曰内侍黄彦節也。元鎮即呼彦節，詬責之曰：「頃歲艮嶽花石之擾，皆出汝曹。今將復蹈前轍邪！」命勒軍令狀，日下罷役。彦節以聞于上。翌日元鎮奏事，上喻曰：「前日偶見禁中有空地，因令植竹數十竿，非欲以爲苑囿。然卿能防微杜漸如此，可謂盡忠。爾後儻有似此等事，勿憚，以警朕之不逮也。」

王明清《投轄録・相字》　趙元鎮、秦會之同作左右相，客言有術者善相字，甚奇，二公令呼來姑試之，各書一「退」字視之。術者熟視久之，曰：「左相行須引去，右相且在中書。」二公問其故，曰：「左所書日下人遠，右書人向日邊。」已而果然。

李心傳《建炎以來朝野雜記》甲集卷八《趙元鎮用伊川門人》　趙元鎮初相，

喜用程伊川門下士，當時輕薄者遂有伊川三魂之目：謂元鎮爲尊魂；王侍郎居正爲強魂，以其多忿也；謂楊龜山爲還魂，以其身死而道猶行也。時龜山初亡，朱内翰震言於朝，恩數甚厚，故有還魂之目焉。

李心傳《舊聞證誤》卷四　紹興四年，趙鼎除知樞密院事、充川陝宣撫處置使。時勝非起復居位，已累章匄持餘服。鼎窺宰席甚急，被命，殊不樂，申請數十條，皆不可行。如隨軍錢物須七百萬緡，勝非參告進呈，指此一項言：「臣昔聞玉音，趙鼎出使如張浚故事。浚自建康赴蜀，朝廷給錢一百五十萬緡，今鼎所須三倍以上。今歲郊恩，所費不貲。」上曰：「奈何？」勝非曰：「可支三百萬緡，半出朝廷，已如浚數，半令所部諸路漕司應付。」上可之。既退，鼎詬怒云：「令我作乞兒入蜀耶？」出朱勝非《秀水閑居録》。按趙忠簡奏疏云：「臣隨行錢帛，各乞依張浚例，初乞錢百萬，後乞五十萬。度牒二萬，止得三千，再乞得萬八千，又乞，始足元數。臣日侍宸扆，所陳乞已艱難如此，況在萬里之外。」按：度牒是時每道直二百千，二萬道共直四百萬緡，通見鏹爲四百五十萬緡，與此記不合。若以初乞所許計之，則錢、牒止得一百十萬緡，亦未及魏公所持之數，蓋忠靖所記有誤。

李端叔作《范忠宣遺表》，紹興中，趙元鎮作相，提舉重修《泰陵實録》，書成加恩。吕居仁在玉堂，取其中二句云「惟宣仁之誣謗未明，致哲廟之陰靈不顯」一對於麻制中，時人以爲用語親切，不以蹈襲爲非也。闕書名。出王明清《揮麈後録》。按：紹興八年六月，趙公以《哲録》成書，遷特進，曾尚書楙當制，無此二語。居仁所草，乃再除特進，非加恩也。

解承宣初以趙忠簡引爲步帥，紹興八年忠簡罷，解力求去。九年夏，罷爲福建總管。此時韓良臣爲淮東宣撫使也。十一年四月，韓罷爲樞密使，乃命張、岳二將往山陽總其兵，還屯京口。十四年三月，言者劾解本忠簡之客，不從和議，乃責散官安置南安軍。王所聞皆誤。先是七年十一月，秦會之爲樞密使，奏令韓還屯京口，韓言：「敵情難測，將以計緩我，乞留此軍遮蔽江、淮。」上然之，乃留屯山陽。時忠簡再相，解典步軍在金陵，或指此也。然當張通古來時，韓五上疏力諫；及蕭毅再至，又力論其非，請與敵使面議，且上疏論會之誤國。由是觀之，韓非倉卒退避而諉之他人者。子韶與解同謫居，不應誤。王之言未深考。

周密《癸辛雜識》後集《許占寺院》　南渡之初，中原士大夫之落南者衆，高宗愍之，昉有西北士夫許占寺宇之命。今時趙忠簡居越之能仁，趙忠定居福之報國，曾文清居越之禹跡，汪玉山居衢之超化。他如范元長、吕居仁、魏邦達甚多。曾大父少師亦居湖之鐵觀音寺，後選天聖寺焉。

俞文豹《吹劍録全編・吹劍録》　趙忠簡爲相，尹和靖以布衣入講，士大夫多稱託伊川門人進用，桐廬喻樗自選人除正字，中書王居正行誥詞。時號「伊川三魂」：鼎爲尊魂，居正爲強魂，楊時爲還魂。言時死而道猶行也。

俞文豹《吹劍録全編・吹劍四録》　趙忠簡號得全宗伊川之學，由司諫三遷至大用。高宗曰：「趙鼎過人遠甚，但過信册子上説話。」文豹謂：講義理別白是非，則須學術，酬酢事幾，區分利害，必用世法。蓋文學、政事，在孔門已分爲二；剸煩治劇，固非沉涵章句者所能辦；臨機制變，尤非牽制文義者所能爲。

郎瑛《七修類稿》卷五〇　趙忠簡公鼎初生時，其母夫人夢金紫偉人入其室，前有贊引者，喝曰「贊皇公至」。夫人驚寤，仿佛若有所見。未幾而忠簡公生焉。其後位宦功名多與〔李〕德裕合。最是德裕自東都分司貶潮陽，忠簡公亦自四明以散官安置于潮；德裕明年貶朱崖而薨，忠簡亦從朱崖而捐館，俱壽六十二。

沈嘉轍等《南宋雜事詩》卷一　金明縣道士自稱白雲片鶴，宋宣和初，游汴，見趙鼎，大呼曰：「中興名相。」人驚異之。他日，又遇鼎，曰：「吉陽相逢。」後鼎紹興五年爲相，有重名，晚竄吉陽，忽與白雲相見，白雲曰：「憶疇昔之言乎？公將歸矣。」未幾鼎果卒。

備論

《宋史》卷三六〇《趙鼎傳》　及趙鼎爲相，則南北之勢成矣。兩敵之相持，非有灼然可乘之釁，則養吾力以俟時，否則，徒取危困之辱。故鼎之爲國，專以固本爲先，根本固而後敵可圖，讎可復，此鼎之心也。惜乎一見忌於秦檜，斥逐遠徙，卒齎其志而亡，君子所尤痛心也。

王梓材、馮雲濠《宋元學案補遺》卷四四《趙張諸儒學案補遺》附録　公在越，惟以束吏恤民爲務。每言不束吏，雖善政不能行，由是奸猾屏息。

公謙沖待士，犯顔敢諫，凡内降恩澤，多奏格不行，號爲賢相。然深喜程頤之學，朝士翕然尊之。時有今託稱伊川門人者，卻皆進用，如選人桐廬喻樗，正

其人也，乃不見知。是月公始薦樗改官除正字，誥詞曰：「頃窮西洛之淵源，遂見古人之大體。」中書舍人王居正行也，樗以此頗爲衆所嫉。胡安國亦師頤者也，聞之以謂：「西洛淵源」、「古人大體」，雖其高第游酢、楊時、謝良佐諸人尚難言之，而況樗耶？乃敢託于詞命，以妄褒借，識者憂之。」居正未幾遷兵侍，于是有「伊川三魂」之目，以公爲「尊魂」，居正爲「强魂」，言其多忿也，故工部侍郎爲還魂，言其身死而道猶行也。既而正學張嵲遂以元祐中五鬼配之。

藝文

高斯得《耻堂存稿》卷五《跋趙忠簡公詩帖》 中興宰相雖多，名相忠定李公、忠肅范公、忠簡趙公、忠獻張公四人而已。世惟見其勳德焜耀不可企及，而不知文章餘事亦皆絶人。忠定鉅集盛行於世，有不待論。忠肅當靖康、建炎間，有詩云：「四海已無容足地，百年空抱濟時心。」當時誦之。忠獻《清音堂詩》，其傳尤廣。斯得曩從二公子孫獲觀手迹。獨忠簡所著未之見也，今乃於其曾孫仁和宰壁得五詩，讀之益以慨然。雖然，見乎事見乎辭非有二致，欲觀數公勳業，誦其詩則知之矣。

趙鼎《建炎筆録・序》 朱勝非《秀水閒居録》云：「趙鼎起於白屋，有鄙樸之狀。一旦得志，驟爲驕侈，以臨安相府爲不可居，别置大堂，環植花竹，日爇爐香數十斤，使煙篆四合，謂之香雲。」李心傳引之《舊聞證誤》中，不一置辨。固疑其有微詞，是以不旋踵而怨誹叢集，幸以身免，辨誣之録，遑足恤乎？然考史，鼎嘗與修《哲宗實録》，其閒辨宣仁之寃誣，正裕陵之配享，忠心直筆，識者韙之。且即是編所紀，當乘輿播遷之餘，諸所疏議，動合事機，其奏釋張浚等事，委曲開導，有古大臣風烈，正未可以勝非一人之議而少之也。童山李調元雨村識。

周必大《文忠集》卷一七《跋趙忠簡公答魏侍郎手書》 故吏部侍郎魏公矼達天資鯁挺，忠憤自信。方趙忠簡公再遷海島，萬里通問，情誼彌篤，觀此答書概可見矣。忠簡既薨，歸窆衢之常山縣。郡守知中外士大夫平時多書疏往來，至是必争持酒漿會葬，意可爲奇貨以媚時宰，密諭邑尉翁蒙之以搜私釀爲名馳往掩取。蒙之許諾，守猶疑漏言，潛戒左右伺察之。蒙之略入廨，書片紙，自後出迎趙氏子，告之故，趣盡焚篋中書及屏棄弓力之屬。比蒙之挾吏卒往，一無所得。守大怒，劾於朝。時宰疑其已甚，徙蒙之尉蘭溪，使避守。是時士氣未泯，喧問遷客，議論時事，決非一族。微蒙之以身扞蔽，則根株牽連，當起大獄，魏公且爲罪首，非仁乎？蒙之初被委，苟能避免，便足取名。然懼小人代尸其任，則於善類奚益，故詭詞以承之，陰謀以洩之，忠簡之家賴以紓禍，非智乎？凡小吏忤二千石，罪或不測，況相國深怨宿怒怏怏不得逞，鼎鑊在前，直趨弗顧，非勇乎？一物而三善從，可書也已。蒙之字子功，富沙人，彦國之族也。長不滿五尺，語不能出口，見義必爲，不擇難易，輕財樂施，嘗粥田宅濟人之急，交友付託，之死弗背。爲一尉已能如此，向令踐貴位，臨大節，其所立必卓然不可及。上初即位，大臣誦言其事，詔特改京官，除寺監簿，出佐帥幕，再入爲寺監丞。年五十卒。予懼其無聞，故因是書表而出之，庶幾附趙魏二公而名彰云。淳熙庚子三月二十一日書。

周必大《文忠集》卷五四《忠正德文集序》 高宗中興，用宰相十五人，曰忠、曰正、曰德、曰文，兼而有之者其惟趙公元鎮乎！此非私言，高宗大書賜公云爾。方建炎三年，車駕巡幸江浙，内外多故。公初爲尚書郎，上已用其言罷王安石配享。俄被簡擢，歲中歷司諫、殿中侍御史，遂爲中丞。上語范宗尹云：「鼎在言路極舉職，所言四十事已施行三十有六。」蓋祖宗初除言官，即置簿載所言事目，考多寡當否，已行即朱銷其下，外庭未必知也。先是政和以後，爵賞日輕，公請惜名器，抑僥倖。諸將恃功恣横，劉光世部將王德至殺韓世忠之將陳彦章，而世忠亦躬率部曲攘金陵守連南夫府廨。公攝德鞫於臺中，累疏乞正世忠罪，悍將稍稍知畏。内侍馮益挾舊恩詬張俊，公極論其横，卒斥逐之，遂以忠正進登西府。坐沮辛企宗節鉞補外。暨入相，辨正元祐臣僚非辜，薦任申先、張燾、范沖、朱震、王居正等，布列清近，一洗章惇、蔡京、王黼輕用侍從之弊。虜入合淝，決策親征，江淮底定，復還臨安，皆身任安危，慮無遺策。蓋公解梁人，氣節端方，學術純正，筆力又過於人，凡處分軍國機務多其視草，然後御劄付外，惟德與文又孰加此？當是時，邪正洞分，紀綱大振，國勢日尊，指期恢復。適恩平郡王出閣封拜與孝宗一等，公請稍示降殺，同僚讒閒遂行。罷政之後，繼以南遷。言者每指公不主和議，而公平居未嘗有一偏之説也。高宗更化，復特進、觀文殿大學士。孝宗繼志，賜謚忠簡，又贈太傅，追封豐國公，侑食高宗廟廷；擢用諸孫，惟韞暨謐，爲郎、爲監、爲部刺史二千石，寵靈焜燿，已歷三朝。公論既伸，九京可無憾矣。某嘗讀《唐史・李德裕傳》，愛其上《丹扆》六箴，禁止戚里請求，奏停盤

條繚綾，忠言正論著於中外。及大用，則欲尊朝廷，肅臣下，政出宰相，挾術詭時以進者每闢之。不使中人監軍掣諸將之肘，用兵伐叛，詔書付宰司乃下。處報急機，武宗必命德裕起草。與公事業，如出一揆。其最可異者，德裕自分司東都貶潮州司馬，公奉祠四明，以散官安置於潮；德裕明年貶朱崖司户而卒，公亦移置其地薨焉；得年俱六十三。始終相類如此，豈後身歟！始公適潮，潮人敬愛不忘。天道好還，謚今來守兹土，追懷祖烈，將刻遺藁附昌黎文以傳。凡擬詔百有十，雜著八，古律詩四百餘首，奏疏表劄各二百餘篇，號《得全居士集》，而古樂府四十爲《别集》，屬某題辭。按國朝故事，眷待故相，多賜嘉名揭碑首，或二字，或倍之。公之生也，幸拜宸奎，褒稱四美，某已敷衍於前矣，盍就以名集，昭示萬世，視碑額庶有光焉。謚曰諾哉。是爲序。嘉泰元年臘月。

汪應辰《文定集》卷二〇《祭趙忠簡公文》 維公兩登上宰，俱值阽危之時；一斥南荒，遂爲生死之别。莫非命也，豈有他哉！事既定於蓋棺，恩特容於歸骨。僅脱鯨波之險，獲至於斯；孰謂馬鬣之封，未知所向。昔任昉無漬酒之彦，而劉峻廣絶交之書。吁嗟此風，何獨今日！念嘗游于幕府，忍自比於路人？奠以告哀，言不盡意。

劉爚《雲莊集》卷二《趙忠簡公祠》 惟公以忠正德聞，爲中興名相第一。某高山仰止，于兹有年，被命來此，獲踵公武於八十年之後。緬懷遺烈，凛然若存。何以薦誠，惟此卮酒。

《吕祖謙全集·東萊吕太史文集》卷八《代劉衢州祭趙忠簡公文或云非太史作》 惟公高風懿躅，照映今昔。上自管、葛，所在不數。中遭讒逐，以卒於死。下至行路，爲公出涕。不三十年，是非一定。中興名相，一夔而已。有來假守，敢言尚德。南望楸梧，去我百里。官箴有常，莫克敬告。歸心典刑，有如卮酒。

胡銓《澹庵文集》卷三《哭趙公鼎》 以身去國故求死，抗疏犯顔今獨艱。閣下特書三姓在，海南惟見兩翁還。一抔孤塚寄瓊島，千古高名屹太山。天地只因慳一老，中原何日復三關。

吴師道《禮部集》卷三《過常山趙忠簡公墓》 客行常山道，溪駛波沄沄，流泝睇崇岡，問是丞相墳。舍舟步榛翳，隧道不復分。石麟已零落，宰樹何披紛。其傍曾玄居，混迹隨耕耘。亦有顯仕者，遠去忘榆枌。長吏類俗流，但識期會勤。葺治禁樵採，此事今無聞。堂堂中興烈，忠正而德文。禍胎偃月奸，寃魄炎海氛。凄凉檻車還，倉卒書疏焚。誰知尉職卑，乃能杜使君。蒼天佑賢俊，微爾幾空群。興懷慨前事，空山黯愁雲。咸陽骨安在，唾駡奚足齗。騎箕儼天上，千載彌清芬。

歐陽玄《圭齋文集》卷五《趙忠簡公祠堂記》 臨川王安石以新學誤宋，致天下騷然，河南程氏兩夫子出而救之，卒不勝其説。既而蔡京爲相，宗王氏説，黜程氏學，宋遂大壞。京客張觷教京亟召程氏門人楊中立用之，庶幾救其半。及宋中興，解人趙忠簡公鼎爲相，首罷王安石孔廟配享，尊尚二程子書，凡其門人之僅存者悉見召用，江左乃復振。不幸秦檜相，忠簡公斥，程氏門人散亡。洎中興業衰，又不幸韓侂胄相，禁建安朱文公熹之徒之爲程氏學者。其後禁稍弛，宋已日削。皇元熠興，江漢趙氏復能倍誦程朱書，北渡江，私筆以授學者許文正公衡。衡神明其書，進以所得相世祖，興禮樂，文太平。後是四十年，貢舉法行，非程朱學不試於有司，於是，天下學術凛然一趍於正。時相尋定濂洛以下九儒及衡十人祀孔子廟庭，天子從之。至順二年春，趙忠簡公六世孫賁翁請即解之聞喜縣學爲忠簡祠，其辭曰：「公當宋南渡，排王氏邪説，崇程子正學，以至于今，有功於斯世甚大，宜祠其鄉胄監。」集賢是其議，中書禮部告晉寧路，以符屬其同年歐陽玄記之。玄平居讀《孟子》至承三聖一章，未嘗不掩卷汗下，以爲何致是烈也。及畧考近世儒學之邪正，有関於國家之隆替，氣化之盛衰，民物之榮悴，其可徵者蓋如是。嗚呼！是祠豈細故哉！公師邵伯温、友胡寅，其問學原委措諸行事，詳見《宋史》。賁翁延祐二年進士，卓然有志，先正亦可槩見于斯。

虞集《道園學古録》卷一《趙忠簡公祠堂詩》 皇元至順三年春，解州聞喜縣學用禮部符，祠其鄉先生故宋丞相趙忠簡公。公六世孫國子博士賁翁求虞集作迎送神詩。

山河邈悠，宗國爲虚，騎箕來歸，懷此故都。鳴梟在樹，飢鼯在渚，閟宫不存，公食無所。董澤之陂，有蒲與荷，子孫具來，式燕以歌。瞻彼洛矣，其水泱泱，斯文在兹，俾也可忘！

秦檜既貶趙公於海南，隨使人逼殺之，公臨終從所寓寺僧索素帛一方，書其上云：「身騎箕尾歸天上，氣作山河壯本朝。」以付寺僧而絶。聞喜之董澤，公鄉也。

何喬新《椒邱文集》卷二一《懷趙忠簡公聞喜》 淮甸狼烟昏，鑾輿欲南避，群公奉頭竄，肯爲宗社計？英英忠簡公，談笑却邊騎。六飛一臨江，將士爭奮勵。蕲王既北首，魏公亦南至。敵帥失色歸，逆豫亦潛逝。王室再造功，當時誰與二。孽秦忽登庸，力主和戎議，遂令社稷臣，白首投荒裔。妖鱷鼓腥濤，海酋

揚赤幟。遺表何琅琅，初心猶不替。公歿纔百年，吴宫已蕪穢。董澤有遺祠，歲時薦椒荔。騎箕倘來歸，怊悵仍增欷。

王梓材、馮雲濠《宋元學案補遺》卷四四《趙張諸儒學案補遺》 喻湍石玉泉語録曰：時趙、張二公相得，人固知且並相，樗獨以謂且作樞使，同心同德亦何不可。他日趙退則張繼之，説一般話，行一般事，用一般人，如此則氣道長。若同相，議論有不合，或當去位，則一番更改，必有參商，是賢者自相戾也。已而其事亦稍如此。

汪玉山祭之曰：惟公兩登上宰，皆值艱危之時。一斥南荒，遂爲生死之别。事已定于蓋棺，恩特榮于歸骨。

或問朱文公，中興賢相皆推趙忠簡公，何如？曰：看他做來做去，亦只是王茂弘規模，當時廟論大概亦主和議，使當國久，未必不出于和。但就和上須有些計校，如歲幣稱呼疆土之類，不至一一聽命如秦檜之樣，草草地和了。

虞道園《董澤書院記》曰：周、邵與伯子廣大而精微，高明而平實，渾融旁薄，人莫得而窺焉。及叔子之時，邪説益以用事，有待于匡闢，而争者起矣。門人徒以其説相傳，衆人固怵于利害，棄絶而弗之從已。時則有若故宋丞相忠簡趙公，奮自聞喜諸生，獨能學邵氏于其子，學程氏于其門人，得其説而尊信之，生死以之而弗變也。及相其君于危難之間，庶幾行其道，而竟以貶死，非天也夫！

劉光世部

綜述

《宋史》卷三六九《劉光世傳》 劉光世字平叔，保安軍人，延慶次子。初以蔭補三班奉職，累陞鄜延路兵馬都監、蘄州防禦使。方臘反，延慶爲宣撫司都統，遣光世自將一軍趨衢、婺，出其不意破之。賊平，授耀州觀察使，陞鄜延路兵馬鈐轄。

時有事燕薊，光世從延慶取易州，授奉國軍承宣使。金將郭藥師降，除威武、奉寧軍承宣使。延慶遣諸將擣虛趨燕，以光世爲後繼。光世不至，諸將失援而潰，降三官。

河北賊張迪掠濬州境，詔光世討之。光世曰：「賊烏合，非有紀律，佯北以邀之，其亂可取也。」即麾騎退。賊競進，光世引騎貫其中，賊大潰。復承宣使，充鄜延路馬步軍副總管。

靖康元年，金兵攻汴京，夏人乘間寇杏子堡。堡有兩山對峙，地險阨，光世據之，敵至敗去。擢侍衛馬軍都虞候。金再攻汴京，光世入援，聞范致虛傳檄諸路，議引兵會之。會有詔止勤王兵，光世以爲宜速進，不可以詔示衆。既而潰兵至，具言京城事。衆懼，光世矯以蕃官來自汴京，謂二帝決圍南去，衆稍安，進屯陝府。致虛欲合五路兵進與金戰，光世難之，別道趨虢，遂至濟州謁康王，命爲五軍都提舉。

王即皇帝位，命爲省視陵寢使，尋爲提舉御營使司一行事務、行在都巡檢使。斬山東賊李昱，遷奉國軍節度使。平鎮江叛兵，改滁濠太平州、無爲軍、江寧府制置使。討張遇於池州，遇望其陣曰：「官軍不整，可破也。」時湖水涸，賊越湖出官軍後，官軍亂，光世幾被執，王德救之得免。遇循江而上，光世整兵追至江州，斷其後軍破之。遇復東下，又追擊於江寧。

二年，以功加檢校少保，命討李成。光世以王德爲先鋒，與成遇於上蔡驛口橋，敗之。成收散卒再戰，光世以儒服臨軍，成遥見白袍青蓋，併兵圍之，德潰圍拔光世以出。下令得成者以其官爵與之。士爭奮，再戰皆捷，成遁，執其謀主陶子思。加檢校少傅。

帝在揚州，金騎掩至天長，光世迎敵，未至而軍潰。帝倉卒渡江，命光世爲行在五軍制置使，屯鎮江府，控扼江口。尋加檢校太保、殿前都指揮使。

苗、劉爲亂，素憚光世，遷光世爲太尉、淮南制置使。張浚在平江，馳書諭以勤王，光世不從；吕頤浩遣使至鎮江説之，乃引兵會于丹陽。兵進，光世以選卒爲游擊，仍分軍殿後，遇苗翊、馬柔吉軍于臨平，與韓世忠等破之。至行在，遷太尉、御營副使。光世遣王德助喬仲福追傅至崇安縣，盡降其衆，傅僅以身免。逆將范瓊被執，張浚使光世撫定其衆，又招賊靳賽降之。命光世爲江東宣撫使，守太平及池州，受杜充節制。光世言受充節制有不可者六，帝怒，詔毋入光世殿門，光世始受命。

隆祐太后在南昌，議者謂金人自蘄、黄渡江，陸行二百里可至，命光世移屯江州爲屏蔽。光世既至，日置酒高會。金人自黄州渡江，凡三日，無知之者。比金人至，遂遁，太后退保虔州。馮檝貽書光世，言：「賊深入，最兵家之忌。進則距山，退則背江，百無一利，而敢如此横行者，以前無抗拒，後無襲逐也。太尉儻選精兵自將來洪，而開一路令歸，伏兵掩之，可使匹馬不還。」光世不能用，自信州引兵至南康。酈瓊圍固始縣，光世遣人招降之，又遣王德擒妖賊王念經于信州。

時光世部曲無所隸，號「太尉兵」，侍御史沈與求論其非宜。會御營司廢，乃以「巡衛」名其軍，命充御前巡衛軍都統制。召赴行在，授浙西安撫大使、知鎮江府。光世言：「安撫控制一路，若但守鎮江，則他郡有警，不可離任。望別除守臣，光世專充安撫使，從便置司。」時光世慮金人必過江，故預擇便地，帝覺之，止許增辟通判。右諫議大夫黎確疏其擇便求佚，中外所憤，帝釋不問，加寧武軍節度使、開府儀同三司以遣之。光世乞便宜行事，不許。時韓世忠、張俊兼領浙西制置使，光世復言本路兵火之餘，不任三處需求，遂罷世忠、俊兼領。

時金兵留淮東，光世頗畏其鋒，楚州被圍已百日，帝手札趣光世援楚者五，竟不行；但遣王德、酈瓊將輕兵以出，時奏殺獲而已。楚州破，命光世節制諸鎮，力守通、泰。完顔昌屯承、楚，光世知其衆思歸，欲攜貳之。乃鑄金銀銅錢，文曰「招納信寶」。獲敵不殺，令持錢文示其徒，有欲歸者，扣江執錢爲信。歸者不絶，因創「奇兵」、「赤心」兩軍，昌遂拔砦去。

紹興元年，金人渡淮，真、揚州皆闕守，命光世兼淮南、京東路宣撫使，置司揚州，措置屯田，迄不行。張俊討李成，又命光世分兵往舒、蘄，擣其巢穴，光世以江北盜未平爲辭。命兼淮南宣撫使，領真揚通承楚州、漣水軍。郭仲威謀據淮南以通劉豫，光世遣王德擒之，并其衆。范宗尹言：「光世軍多冗費，請汰其罷軟者。」帝曰：「俟作手書與之，如家人禮，庶幾不疑。」

光世以枯秸生穗爲瑞，聞于朝。帝曰：「歲豐人不乏食，朝得賢輔佐，軍有十萬鐵騎，乃可爲瑞，此外不足信。」淮北人多歸附者，命光世兼海、泗宣撫使以安輯之。五湖捕魚人夏寧聚衆千餘，掠人爲食，郭仲威餘黨出没淮南，邵青據通州，光世皆招降之。光世請鑄淮東宣撫使印，給錢糧，增將吏，皆從其請。仍給鎮江府、常州、江陰軍苗米三十七萬斛，爲軍中一歲費。

二年，復命移屯揚州，時至鎮江視師。光世不奉詔，入朝言：鄰寇有疑，或致生事，願仍領浙西爲根本計。右司諫方孟卿劾之，乞召宰執與議，使之必往，光世猶以乏糧爲辭。光世之來，以繒帛、方物爲獻，帝命分賜六宮，中丞沈與求以爲不可，命還之。

呂頤浩與光世有故怨，頤浩將出視師，首言光世兵冗不練，乞移其軍還闕。帝曰：「光世軍糧不足，若驟移，必潰，先犒軍而後料簡可也。」頤浩至鎮江，光世軍果告乏，頤浩奏光世軍月費二千萬緡，乞差官考覈。詔御史江躋、度支胡蒙至軍點校，終不得實。帝方倚其成功，尋詔兩漕臣措置鎮江酒税務，助其軍費；又罷織御服羅，省七百萬緡以助之。加寧武、寧國軍節度使。光世奏部將喬仲福、靳賽防江有勞，詔進一官，許回授。

光世固乞轉行，給事中程瑀持不可，又言光世兵未渡江，金人或渡淮，江、浙必震。光世方遣人按行宜興湖洑之間，以備退保。詔以章示之，光世遷延如故。

三年，命光世與韓世忠易鎮，同召赴闕，授檢校太傅、江東宣撫使。世忠既至鎮江城下，姦人入城焚府庫，光世擒之，皆云世忠所遣。世忠屯登雲門，光世引兵出，懼其扼己，改途趨白鷺店。世忠遣兵襲其後，光世以聞。帝遣使和解，仍書《賈復》、《寇恂傳》賜之。命爲江東、淮西宣撫使，置司池州，賜錢十萬緡。

劉豫將王彦先揚兵淮上，有渡江意。光世扼馬家渡，遣酈瓊屯無爲軍，爲濠、廬援，賊乃退。光世奏酈延李佾充閤門祗候，言者論其涉私，罷之。金人、劉豫入侵，時光世、張俊、韓世忠權相敵，且持私隙，帝遣侍御史魏矼至軍中，諭以滅怨報國。光世乃移書二帥，二帥皆復書致情。光世始移軍太平州以援世忠。金兵退，光世入覲，遷少保。帝曰：「卿與世忠以少嫌不釋，然烈士當以氣義相許，先國家而後私讐。」復諭以光武分寇恂、賈復之事。光世泣謝，請以所置淮東田易淮西田，給事中晏敦復言其擾民而止；又請並封其三妾爲孺人，南渡後，諸大將封妾自此始。會改神武軍爲行營護軍，以光世所部稱左護軍。劉豫築劉龍城以窺淮西，光世遣王師晟破之，加保静軍節度使，遂領三鎮。

張浚撫淮上諸屯，劉豫挾金人分道入侵，命光世屯廬州以招北軍，與韓世忠、張俊鼎立，楊沂中將精卒爲後距。劉猊驅鄉民僞爲金兵，布淮境。光世奏廬難守，密干趙鼎，欲還太平州。浚命呂祉馳往軍中督師，光世已舍廬州退，浚遣人厲其衆曰：「若有一人渡江，即斬以徇。」光世不得已，駐兵與沂中相應，遣王德、酈瓊領兵自安豐出謝步，遇金將三戰，皆敗之。張浚入對，言光世驕惰不戰，不可爲大將，請罷之。帝命與趙鼎議，鼎曰：「光世將家子孫，將卒多出其門，罷之恐拂人心。」遂遷護國、鎮安、保静軍節度使。

右司諫陳公輔劾其不守廬州，張浚言其沈酣酒色，不恤國事，語以恢復，意氣怫然，乞賜罷斥。光世引疾請罷軍政，又獻所餘金穀于朝。拜少師，充萬壽觀使，奉朝請，封榮國公，賜甲第一區，以兵歸都督府。公輔又言光世雖罷，而遷少師，賞罰不明；中書舍人勾龍如淵又繳還賜第之命。帝曰：「光世罷兵柄，若恩禮稍加，則諸將知有後福，皆效力矣。」卒賜之。初，光世麾下多降盜，素無紀律；至是，督府命呂祉節制其軍。酈瓊殺祉，驅諸軍降劉豫。

九年，用講和恩，賜號「和衆輔國功臣」，進封雍國公、陝西宣撫使。弟光遠疏其短于言路，如淵時爲中丞，再論光世不可遣而止。十年，金人圍順昌，拜太保，爲三京招撫處置使，以援劉錡。光世請李顯忠爲前軍都統，又請王德自隸。德不願受其節制；顯忠行至宿、泗，軍多潰。進至和州，秦檜主罷兵，召還。光世入見，爲萬壽觀使，改封楊國公。疾革，乞免其家科役，中書舍人張廣格不下。卒，年五十四。贈太師，官其子孫、甥姪十四人，謚武僖。乾道八年，追封安城郡王。開禧元年，追封鄜王。

光世在諸將中最先進。律身不嚴，馭軍無法，不肯爲國任事，逋寇自資，見詆公論。嘗入對，言：「願竭力報國，他日史官書臣功第一。」帝曰：「卿不可徒爲空言，當見之行事。」建炎初，結内侍康履以自固。又蚤解兵柄，與時浮沉，不爲秦檜所忌，故能竊寵榮以終其身，方之韓、岳遠矣。

雜録

備録

李幼武《宋名臣言行録·四朝名臣言行別録》卷七《劉光世鄜國武僖王》

字平叔，延慶之次子。宣和二年，以平方臘功爲鄜延路兵馬副總管。康王發濟州，以所部兵來從，以爲五軍都提舉。上即位，以爲御營使司都統制，後加奉國軍節度使、御營使司提舉一行事務。以平張遇等寇，加檢校少保，加太尉、御營副使。後除兩浙西路安撫大使兼知鎮江府，加開府儀同三司、集慶軍節度使。紹興二年，加寧武軍節度使。三年，加檢校太傅、江東宣撫使。五年，加少保，静武、寧國軍節度使、淮西太平州宣撫使。後趙鼎言論罷爲太一宫使。九年，加號和衆輔國功臣，復陝西五路宣撫使，封雍國公。後臺論罷宣撫使，改萬壽觀使。十年，加太保，三京招撫處置使。十一年，罷爲萬壽觀使，奉朝請于行在。十二年正月薨，年五十有四，贈太師，謚武僖。開禧元年八月，追封鄜王。

韃辣居祁州，而其衆尚留承楚，公守鎮江，乃以金、銀、銅爲三色泉，其文曰「招納信寶」，獲虜人則燕餞而遣之。未幾踵至，得數千人，皆給良馬利器，用之如華人，因創「赤心」、「奇兵」兩軍，頗得其用。

詔遣仇悆往鎮江究乏糧之實，上曰：「光世一軍月費廩給萬數，如此宜速謀屯田。」富直柔曰：「辛道宗具陝西弓箭手法，頗類屯田。」范宗尹曰：「容細議之。」

公入覲，頗自激昂，奏云：「錢糧不乏，器甲漸足，臣之官職又超衆人，所願竭力報國也，他日史官紀中興名將，書臣功第一。」上曰：「卿不可徒爲虚言，當見之行事。」上以語宰執，於是朱勝非等皆歎上馭將得其道，因其言而誘掖之也。

上下詔親征，時光世軍在馬家渡，張俊軍在采石，遂詔光世以所部兵援世忠，且令俊移軍建康，而三大將權均兼持私隙，莫肯協心。上詔魏彺、田如鼇往分之，彺至光世軍中，諭之曰：「賊衆我寡，合力猶懼不支，況軍自爲心，將何以戰？爲諸公計，當滅怨隙，不獨可以報國，身亦有利。」光世意許，彺因勸之移書二帥，以示無他，使爲掎角。已而二帥皆復書，交致其情，光世遂以書奏于上，仍進屯太平州。

賊軍東路劉猊所統既敗，引數騎遁去，西路劉麟所統聞猊敗，亦望風而潰。公乘勝追擊亦捷，通兩路所得，船數百艘，車數千兩，器甲、金帛、錢米軍須之物不可勝計。

初，水賊邵清擾通泰，有大小戰船三千餘，至是，抵太平州城下。詔遣公討之，賊又犯江陰軍及崇明鎮，遂爲公兵所圍，勢蹙乃降。

張榮敗韃懶於泰州，獲其壻孛堇，俘馘不可勝計。榮聞公在鎮江，乃遣人獻捷上功狀，公聞于朝，尋以榮知泰州。

公爲江東西安撫使，置司建康。置背嵬親隨軍，皆鷙勇絶倫，一以當百者，又自出新意，造尅敵弓斗力雄勁，射鐵馬一發應弦而倒。

初，韓世忠之軍建康也，詔江東漕臣月給錢十萬緡，以酒税、上供經制等錢應副。至是，光世移屯，又增月樁錢五萬七千緡，轉運劉景真告乏于朝，詔通融應副。

宰執進呈光世乞與世忠軍一般支錢糧，上曰：「諸將之兵用命，則一其所支，豈容有異？」又曰：「光世一軍蒐汰冗雜，約留兵幾何可以贍足」范宗尹曰：「今月給錢十六萬緡，米三萬斛，若留精兵三萬，更汰其使臣罷軟者，可以足用。」上曰：「待作手書與之，不用文飾，只如家人禮，直示朕意，庶幾光世不疑，委曲聽命。」遂賜光世手書及玉帶。張守曰：「陛下深得御將之道，光世軍儲抑省，則國用少紓矣。」

又罷平江府織御服羅，上諭輔臣：「方軍興，有司匱乏，豈可以朕服御之物爲先？且省七萬緡，助劉光世軍費也。」

金虜犯淮，公遣酈瓊自廬州統兵聲言過淮，至芍池，乃輕兵間道經趍光州急攻，城欲破，僞知州許約勢窮乃降，遂復光州。

僞齊分道入寇，公駐兵廬州，與楊沂中相應，遣王德、酈瓊將精卒安豐出謝步，遇賊將皆敗之。

僞齊築劉龍城以窺淮西，公遣王師晟破之，盡俘其衆而還。加公三鎮節度使。

張浚入見，因獨對言：「劉光世驕惰不戰，不可爲大將，請罷之。」上令與趙鼎議，浚見鼎，具道其故，鼎曰：「不可。光世將家子，將率士卒多出其門，若無故罷之，恐人心不可及。」鼎去位，浚必欲罷之，而命吕祉先往淮西撫軍。詹至遺

浚書曰：「吕尚書之賢固一時選，然於此軍恩威曲折、卵翼成就恐不得比前人，兼此軍已付王德，德雖有功，與酈瓊輩等夷，恐其下有不能平者。願擇軍中偏裨素爲軍中所親附者爲德副。」會祉還朝，而瓊等訟德于督府，乃命德還建康，而復命祉往節制之，祉密奏罷瓊而被害。

有旨，少師劉光世賜第，中書舍人勾龍如淵繳奏，上曰：「今財力困匱，營繕實難，但以光世罷兵柄奉朝請，恩禮可加於舊，則諸將知後福之有終，皆效力矣。」於是秦檜退而稱上馭諸將，深得光武遇功臣之意。

公以疾丐祠，上謂宰執曰：「光世功臣，朕未嘗忘。聞其疾中無聊，昨日以玩好物數種賜之，光世大喜，秉燭夜觀，幾於四更。朕於宫中玩好之物，未嘗經目，止要賜勳舊賢勞爾。」詔以光世爲萬壽觀使。

光世蚤貴，爲大將，御軍姑息，無克復志，論者咎之。

徐夢莘《三朝北盟會編》卷一五一　劉光世父延慶，靖康間，在京城受圍閉，城陷，延慶斬關奪萬勝門出奔，死於亂兵中。光世以不知父存亡，多以金寶遣人詣僞境尋訪。五月，有客人自僞境來，得其父之骸骨，具言死狀，皆不可參考，乃云以其骨雜在甘草把中，故僞境官司不能盡譏察。或勸光世割皮滴血以試驗其骨，若滲血入骨中，即真父骨也。光世不從，以禮安葬，發哀成服。

黎靖德《朱子語類》卷一三二《本朝》　紹興間諸將横。劉光世使一將官來奏事，應對之類皆善。上喜之，轉官，頗賜予。劉疑其以軍中機密上聞，欲殺之。其人走投朝廷，朝廷不知如何區處之。劉又使人逐路殺之，追者已近，其人告州將藏之獄中，入文字朝廷，方免。

莊綽《雞肋編》卷中　劉光世爲浙西安撫大使，父延慶本夏人也。參議官范正與除直龍圖閣，告詞曰：「入幕之賓，以折衝樽俎爲任；從軍之樂，以決勝笑談爲功。高適受哥舒之知，石洪應重祚之辟。」蓋翰與烏皆蕃人，且議其樽俎笑談以爲功任也。【略】此皆洪炎之詞。

張知甫《可書》　劉平叔在京口，幕客獻趙昌《牡丹圖》，乃孟蜀宫中物也。平叔怒曰：「速持去，我平生不愛牡丹，况是單葉！」時人無不爲笑。

平叔提數萬兵控禦江上，金人出没淮甸間。朝廷命移屯維揚，三詔不行。江左豪子輸金積玉以求入幕，不可勝數，至有一闕而三四攝者。時語曰：「北渡將軍少，南來幹辦多。」

周煇《清波雜志》卷一〇　劉武僖自柯山赴召，亦記歲月于仰高亭上，末云「侍兒意真代書」。後有人題云：「一入侯門海樣深，謾留名字惱行人。夜來髣髴高唐夢，猶恐行雲意未真。」

羅大經《鶴林玉露》乙編卷六《烏石題名》　嚴州烏石寺在高山之上，有岳武穆飛、張循王俊、劉太尉光世題名。劉不能書，令侍兒意真代書。姜堯章題詩云：「諸老凋零極可哀，尚留名姓壓崔嵬。劉郎可是疎文墨，幾點胭脂涴緑苔。」

備論

《宋史》卷三六九《劉光世傳》　論曰：光世自恃宿將，選沮卻畏，不用上命，師律不嚴，卒致酈瓊之叛。迎合檜意，首納軍權，雖得善終牖下，君子不貴也。【略】方之韓、岳益遠矣。

張俊部

綜述

《宋史》卷三六九《張俊傳》 張俊字伯英，鳳翔府成紀人。好騎射，負才氣。起於諸盜，年十六，爲三陽弓箭手。政和七年，從討南蠻，轉都指揮使。宣和初，從攻夏人仁多泉，始授承信郎。平鄆州賊李太及河朔、山東武胡羣寇，功最，進武德郎。

靖康元年，以守東明縣功，轉武功大夫。金人攻太原，城守，命制置副使种師中往援，屯榆次。金人以數萬騎壓之。俊時爲隊將，進擊，殺傷甚衆，獲馬千匹，請乘勝要戰。師中以日不利，急令退保。金人諜俊計不行，悉兵合圍，攻益急。榆次破，師中死之。俊與所部數百人突圍而出，且行且戰，至烏河川，再與敵遇，斬五百級。

金人圍汴京，高宗時爲兵馬大元帥，俊勒兵從信德守臣梁揚祖勤王。高宗見俊英偉，擢元帥府後軍統制，累功轉榮州刺史。建炎元年正月，從高宗至東平府。時劇賊李昱據兗州，命俊爲都統制討之。與數騎突圍撓戰，諸軍爭奮，賊遂殲。進桂州團練使，尋加貴州防禦使。

中書舍人張澂，自汴京齎蠟詔，命高宗以兵付副帥還京，高宗問大計，俊曰：「此金人詐謀爾。今大王居外，此天授，豈可徒往？」因請進兵，高宗許之，遂如濟州。

開啓乾龍節，迫夜，有告高宗，欲侯元帥謁香劫以叛。羣議集諸軍屯備，俊曰：「元帥不出，姦謀自破。」遂徙州治。賊術窮，黎明，引軍北遁，俊勒兵追殺之。進徐州觀察使。

高宗以俊忠勞日積，遷拱衛大夫。既而汴京破，二帝北遷，人心皇皇，俊懇辭勸進，高宗涕泣不許。俊曰：「大王皇帝親弟，人心所歸，當天下洶洶，不早正大位，無以稱人望。」且白耿南仲奏之，表三上。高宗發濟州，俊使道扈行。至應天府，高宗始即位。初置御營司，以俊爲御營前軍統制，遣還京迎隆祐太后。權秦鳳兵馬鈐轄。尋奉太后及六宮以歸，除帶御器械。

時江、淮羣盜蜂起，俊討杜用于淮寧，趙萬、郭青于鎮江，陳通于杭州，蔣和尚等于蘭溪，皆平之。落階官，除正任觀察使。二年，升秦鳳路馬步軍副總管，尋破秀州賊數萬，縛徐明斬之。進武寧軍承宣使。

帝如揚州，召諸將議恢復，俊曰：「今敵勢方張，宜且南渡，據江爲險，練兵政，安人心，俟國勢定，大舉未晚。」俊又請移左藏庫于鎮江。既而敵掩至，已逼近甸，俊亟奏飭甲乘，從帝如臨安。

苗傅、劉正彦反，俊時屯兵吴江縣。傅等矯詔加俊捧日、天武四廂都指揮使，以三百人赴秦鳳，命他將領餘兵。俊知其僞，拒不受。三軍洶洶，俊諭之曰：「當詣張侍郎求決。」即引所部八千人至平江。張浚語俊以傅等欲危社稷，泣數行下，俊大慟。浚諭以決策起兵問罪，俊泣拜，且曰：「此須侍郎濟以機術，毋驚動乘輿。」吕頤浩至，俊見之，亦涕泣曰：「今日惟以一死報國。」劉光世以所部至，俊釋舊憾。韓世忠來自海上，俊借一軍與之俱。世忠爲前軍，俊以精兵翼之，光世次之。戰于臨平，傅等兵敗，開城以出。世忠、俊、光世入城，見于内殿，帝嘉勞久之，拜鎮西軍節度使、御前右軍都統制，尋爲浙東制置使。

金人分兵深入，渡江攻浙，杜充棄建康，韓世忠自鎮江退保江陰。帝如明州，俊自越州引兵至。兀朮攻臨安，帝御樓船如温州，留俊於明州以拒敵。帝賜親札曰：「朕非卿，則倡義誰先；卿捨朕，則前功俱廢。宜戮力共扞敵兵，一戰成功，當封王爵。」癸卯除夕，金兵至城下，俊使統制劉寶與戰，兵少卻，其將党用、丘横死之，於是統制楊沂中、田師中、統領趙密皆殊死戰。沂中舍舟登岸力戰，殿帥李質以班直來助，守臣劉洪道率州兵射其旁，大破之，殺數千人。金呼人至砦計事，俊令小校往。金人與語，欲如越州請降，俊拒之。戒將士毋驕惰，慮敵必再至，下令清野，多以輕舟伏弩，閉關自守。

四年正旦，忽西風起，金人乘之，果復攻明州。俊與劉洪道坐城樓上，遣兵掩擊，殺傷大當。金人奔北，死於江者無數，夜拔砦去，屯餘姚，且請濟師於兀朮。後七日，敵再至，俊引兵趨入台州，明州居民去者十七八。

未幾，江、浙羣盜蠭起，授俊兩浙西路、江南東路制置使，以所部招收羣盜，命後軍統制陳思恭隸之，且令兩浙宣撫使周望以兵屬俊，劉光世、韓世忠之外，諸將皆受節度。六月，改御前五軍爲神武軍，俊即本軍爲神武右軍都統制，除檢校少保、定江昭慶軍節度使。十月，浙西羣盜悉平，改江南招討使。

紹興元年，帝至會稽。時金人殘亂之餘，孔彦舟據武陵，張用據襄漢，李成尤悍，彊據江、淮、湖湘十餘州，連兵數萬，有席卷東南意，多造符讖蠱惑中外，圍江州久未解，時方患之。范宗尹請遣將致討，俊慨然請行，遂改江、淮路招討使。

成黨馬進在筠州。豫章介江、筠之間，俊聞命就道，急趨豫章，且曰：「我已得洪州，破賊決矣。」乃斂兵，若無人者，金鼓不動，令將士登城者斬。居月餘，進以大書牒來索戰，俊以細書狀報之，賊以俊爲怯。俊諜知賊怠，乃議戰。岳飛爲先鋒，楊沂中由上流徑絶生米渡，出賊不意，追奔七十里，至筠州。賊背筠河而陣，俊用楊沂中計，親以步兵當其前，精騎數千授沂中及陳思恭，俾從山後夾擊，以午爲期。俊與賊鏖戰至午，精騎自山馳下，賊駭亂退走，大敗。

既復筠州、臨江軍，捷奏，帝賜御筆，謂：「宜乘賊勢已衰，當官軍已振，驅除剿戮，速收全功。」俊未拜親詔，已追至北奉新樓子莊。賊黨商元據草山，挾險設伏，俊遣步兵從間道直趨山椒，殺伏奪險，乘勝追至江州。成勢迫，絶江而遁，號俊爲「張鐵山」。復江州。已而興國軍等處羣盜聞俊兵至，皆遁去。俊引兵渡江至黄梅縣，親與成戰。成懲奉新失險之敗，據石幢坡，憑山以木石投人。俊先遣游卒進退，若争險狀以誑賊，俊親冒矢石，帥衆攻險，賊衆數萬俱潰，馬進爲追兵所殺，成北走降劉豫，諸郡悉平。拜太尉。

四年十月，金人與劉豫分道入侵。先是諜至，舉朝震恐，或請他幸。俊謂趙鼎曰：「避將何之？惟向前進一步，庶可脱。當聚天下兵守平江，徐爲計。」鼎曰：「公言避非策，是也；以天下兵守一州，非也。公但堅前議足矣。」遂以俊爲兩浙西路、江南東路宣撫使，屯建康。既而改淮西宣撫使。瀕江相距逾月，敵不得入。俊遣張宗顔潛渡至六合，出其背。敵將引去，俊繼遣王進曰：「敵既無留心，必逕渡淮去，可速及其未濟擊之。」進往，敵果北渡，遂薄諸淮，大敗之，獲其酋程師回、張延壽以獻。

五年，劉麟入寇，俊與楊沂中合兵拒于泗州。六年，改崇信、奉寧軍節度使。劉麟兵十餘萬犯濠、壽，詔併以淮西屬俊，楊存中亦聽節制，與俊合兵拒敵。俊分遣存中與張宗顔、王㻞、田師中等，自定遠軍次越家坊，遇劉猊左右軍，擊走之。俊率大軍鼓行而前，至李家灣遇猊大兵，與戰，殺獲略盡，降者萬餘人，猊僅以身免。拜少保，加鎮洮、崇信、奉寧軍節度使。帝曰：「卿議論持重，深達敵情；兼聞挽强之士數萬，報國如此，朕復何慮。」又曰：「羣臣謂朕待卿獨厚，其仰體眷懷，益思勉勵。」

七年，改淮南西路宣撫使，置司盱眙。俊與韓世忠入見，議移屯。秦檜奏：「臣嘗語世忠、俊，陛下倚此二大將，譬如兩虎，固當各守藩籬，使寇不敢近。」帝曰：「正如左右手，豈可一手不盡力邪？」命俊自盱眙屯廬州。八年，金人請寢兵，許之。賜俊「安民靖難功臣」，拜少傅。

九年冬，金復渝盟，再破河南，圍順昌府，命俊策應劉錡。俊督軍渡江，金人引退。繼而金人三路都統自東、南兩京分道來侵，抵亳州北渡河，俊收宿、亳諸軍擊之，盡復衛真、鹿邑等地，師還。十年，酈瓊在亳州，俊以大軍至城父，都統制王德下符離，乘勝趨亳與俊合。俊引軍入城，金人棄城遁，父老列香花迎俊，遂復亳州，留統制宋超守之。俊引軍還壽春，進少師，封濟國公。

十一年二月，兀朮入合肥，漸攻歷陽，江東制置大使葉夢得見俊，請速出軍。俊遣兵渡江，諭諸將曰：「先得和州者勝。」王德願爲諸軍先，士鼓譟而行。敵已據之，德率衆渡采石先登，俊宿中流。德抵城下，金人退屯昭關。後三日，復敗金將韓常于含山。命關師古復巢縣，遂復昭關。使左軍統制趙密偃兵篁竹，出六丈河以分金勢。張守忠以五百騎敗金人於全椒。未幾，敵斷石梁以拒俊，俊疾作，力疾引衆涉流登岸，追擊之。王德與楊存中、劉錡會兵，敗金人于柘皋。拜樞密使。俊知朝廷欲罷兵，首請納所統兵。議賞宿、亳功，俊部將王德、田師中、劉寶、李横、馬立、張澥六人同日首受上賞。

俊力贊和議，與秦檜意合，言無不從。薦士大夫監司、郡守者甚衆，雖劉子羽自謫籍起家，亦俊力也。加太傅，封廣國公，尋進益國公。十二年十一月，以殿中侍御史江邈論之，罷爲鎮洮、寧武、奉寧軍節度使，充醴泉觀使。初，檜以俊助和議，德之，故盡罷諸將，以兵權付俊。歲餘，俊無去意，故檜使邈攻之。尋進封清河郡王，奉朝請。

十三年，敕修甲第，遣中使就第賜宴，侑以教坊樂部。十六年，改鎮静江、寧武、静海軍。二十一年冬，帝幸其第，拜太師，以其姪清海軍承宣使子蓋爲安德軍節度使，其他子弟遷秩者十三人。

南渡後，俊握兵最早，屢立戰功，與韓世忠、劉錡、岳飛並爲名將，世稱張、韓、劉、岳。然濠、壽之役，俊與錡有隙，獨以楊沂中爲腹心，故有濠梁之劫。岳飛寃獄，韓世忠救之，俊獨助檜成其事，心術之殊也，遠哉！帝於諸將中眷俊特厚，然警敕之者不絶口。自淮西入見，則教其讀《郭子儀傳》；召入禁中，戒以毋與民争利，毋興土木。

二十四年六月薨，年六十九。輟視朝三日，斂以一品服，帝臨奠哭之慟。追封循王。子五人：子琦、子厚、子顏、子正、子仁。

周麟之《海陵集》卷二三《宋故安民靖難功臣太師静江寧武靖海軍節度使清河郡王食邑一萬五千七百户食實封六千六百户致仕追封循王謚忠烈張俊神道碑》惟循王既葬之四年，其子子顏泣而言於朝曰：「先臣幸備位三公，儋爵析珪，勳在盟府。今丘木拱矣，圖所以較德焯勤者猶未稱，懼弗紹以泯前人光，請得以碑立于隧。」皇帝曰：「噫！惟爾父有勞于我國家，予弗爾忘，惟爾從。」遂詔臣曰：「汝典内史，近命爾直寓于某林，改爲之銘。」後數日論宰相曰：「功臣張某宜賜謚。朕念其蚤以忠力，屢經委任，平敵扞難，功勤尤著，可取危身奉上、安民有功之義，謚曰忠烈。」翼日，臣進對于垂拱殿，上曰：「張某自元帥府提兵從衛，備罄心膂。至爲大將，總戎旅于外，獨知奉君上，尊朝廷。及釋師而歸，受命惟謹。其終始恭順，誠不與他帥比。故報卹追榮，恩禮特異。汝其志之，朕將有勸焉。」臣仰佩聖訓，既退歎息。然後知公之明光盛大，福禄永終，蓋一本於恭順。以是而著之碑，章視來世，用爲天下勸，臣不敢辭。乃端拜而言曰：自古帝王之興，所與戡定禍亂，葘攘四方，捍固丕業，必一時人豪，感會風雲，翼戴其上，助成萬世之功。嘗觀漢唐間，元勳宿將以異姓王顯者彪列簡册，代不乏人，然求其能以功名克終，爲後世稱慕，實無幾。在高祖時，惟鄱君不失正道，慶流支庶，申令書其忠。至德以後，惟郭尚父全名高節，爛然獨著，議者莫之貶。今聖主中興，總挈英傑，克翦多難，惟故循王張公以忠誠衛上，保有成績，富貴壽考，哀榮無窮，居一代之冠。海内崇仰之而莫知所以致然者，此其爲恭順之至歟！公諱俊，字伯英。其先鳳翔人，五世祖徙秦州，子孫遂爲秦州三陽人。曾祖守明，贈太師、吴國公。曾祖妣石氏，吴國夫人。祖慶，贈太師、韓國公。祖妣田氏，韓國夫人。考密，贈太師、魯國公。妣謝氏，魯國夫人。公少孤，事母孝謹。祖母田氏夫人器之，謂其母曰：「是兒必興吾門。」既壯，負氣節，善騎射，里豪不能詘。初從官軍討南蠻，再攻夏人，皆賈勇先登，累授保義郎。宣和五年邊事興，郡邑多盜，主帥种師道以沈毅有勇使當寇衝，遂破鄆賊李太于鹹河子，追至洺州，擊平之。六年，破大名賊于超化寺，追至内黄，又破内黄賊數千人。七年，破沂賊三萬人，追擊至密州，襲密賊于莒縣，及南樓山，又破之。還沂，破賊張先于礌鼓山，又破濰州群賊于地方村。以前後戰功遷官至武德郎。八年，濟南賊孫列罶據鏵子山，衆號十萬，公討之。未陳，以一矢斃其挑戰者，破之，餘黨亦平。自是河朔、山東無劇盜，公威名益震。靖康元年，以隊將從种師中救太原。次榆次，與敵遇，公乘便擊之，奪馬千匹。公力請要戰，主帥以日不利退保。敵諜知之，悉兵合圍，攻且急，榆次陷，師中死之。公與數百騎潰圍而出，至烏河川，敵尾之，公大呼，斬首五百。授武義大夫，權河北十三將。時上爲天下兵馬大元帥，檄諸道兵入援京師。公乃勒兵勤王，以十二月二十二日至北京見上，擢元帥府統制。每語時事，無不當，上意日親近，待以腹心，出入帷幄。初，元帥府兵單尚寡，至是軍勢乃壯。進武功大夫、榮州刺史。二年，盜李昱據任城，公爲都統討之。公控險伺間，與麾下將楊存中數騎馳入賊壁，大軍繼之，賊殲焉。轉右武大夫、桂州團練使。上以公忠實可用。尋遷貴州防禦使，獨倚公爲重。會左丞張證自京師來，詔大元帥趣入覲。公曰：「此敵人詭謀爾。大王居外，此乃天授，非人力所爲。慎毋往。」因請進兵。自濟之鄆，或告高才欲爲亂。公伐其謀，才遁去。加左武大夫、徐州觀察使。二帝北狩，諸軍議勸進。公言于上曰：「大王人心所歸，願早正位號，以慰天下望。」且又白耿南仲奏之。表三上，上乃發濟州，至應天，即皇帝位，遣公迎隆祐太后及六宫以歸。上悦，命帶御器械。是後，平杜用于淮寧，又平趙萬、郭青于鎮江，定杭州，擒陳通，取婺州，射殺何三五，縛秀州賊徐明斬之，聞者讋服。進寧武軍承宣使。建炎三年，上駐蹕維揚，召諸將議事。公曰：「今敵勢方張，宜南渡據江爲險，練習兵政，撫安民心，俟國勢定圖之。」時相不以爲然。未幾，敵人至，公亟扈大駕濟江。上幸臨安，公屯吴江。入平苗、劉之亂，拜鎮西軍節度使。及敵人犯江浙，公率衆軍從上於明州。鑾輿御舟師巡永嘉，留公禦之，賜親札曰：「惟卿忠勇，事朕累年。朕非卿則倡義誰先？卿捨朕則前功俱廢。卿宜勠力，共扞敵兵，一戰成功，當封王爵。」敵至，公乃扼險爲陳，令將士曰：「若等于此當以死報國家，不用命者斬。」部曲聞之争奮。公親鼓之，人人殊死鬬，敵大奔，殺獲數萬人。四年正月，敵悉精鋭復至。公先以輕舟彊弩匿其旁，自高橋縱兵擊之。一日數戰，敵失利而還。詔入衛，拜檢校少保，定江、昭慶軍節度使。紹興改元，李成以江淮湖湘十餘州連兵百萬，與群盜合，欲内嚮，聲勢撼中外。孔彦舟因之，據武陵。張用據湘漢。朝廷患之，議遣將未決。公慨然請行。乃以公爲江淮招討使，即日就道。抵洪州，徑濟生采渡，遇賊前鋒，擊走之。追及筠州，成驍將馬進以數十萬衆決戰。公以兩軍分道翼之，預戒其下秣馬蓐食，視旌旗所嚮。公冒雨陷陳，金鼓俱振。兩道精騎自山馳下，賊駭亂，死者數萬人，俘二萬人，逐至奉新，敗之于樓子莊，又敗之于

江州。賊怖走，號公爲張鐵山。上以親札賜之曰：「以李成之狡獪，馬進之猖狂，盤踞已深，根連已固，卿奮勵決策，頻有克復。快士民之意，釋朝廷之憂。且朕待卿最親，卿事朕最久。君臣之際，休戚是同。宜乘賊勢之已衰，當官軍之已振，驅除勦戮，連收全功。」時成在蘄州，公亟引兵至黄梅攻之，賊潰。成以匹馬奔僞齊，諸郡悉平。江淮之民德公，至今祠之。凱旋，拜太尉。四年，以公爲浙西江東安撫使，屯建康。時敵人陳江北，公遣將張宗顔潛渡出其後，敵窘蹙。又遣王進等邀擊之，薄諸淮，敵大敗，獲其二帥以獻。五年正月，拜開府儀同三司、江南東路宣撫使。六年，劉豫遣子麟、猊以十萬衆寇濠州，詔併以淮西兵馬屬公，駐盱眙。公遣將楊存中先擊猊左右軍，勝之。會大兵鏖戰，終日所殺不可勝計。麟、猊僅以身免，僞齊由是遂亡。班師，拜少保，加鎮洮、崇信、奉寧軍節度使。上親賜詔曰：「卿專意報國如此，朕復何慮。」改淮南西路宣撫使。九年，金國通和。上眷公忠勞之績，拜少傅，加安民靖難功臣。十年，敵人再陷河南，圍順昌。公被命援劉錡，即督軍渡江，與錡勢合，敵引去。公又命將收宿、亳二州，盡復衛、真、鹿邑等地，遣其校獻俘闕下。明年正月，敵將以步騎數十萬自合肥取和州，將渡采石，江浙大恐。公先引帳下數十騎夜絶采石，奪和州，衆心始安。明日大軍至，敵退守昭關，公又奪關。師次柘皋，敵人斷石梁，面水爲壘，解鞍休馬。公謂諸將曰：「急擊勿失！」公時有寒疾，諸將欲止之，公不聽，乃力疾涉淺流登岸，與敵合戰。士馬激厲，無不一當百，獲萬户長、千户長數百人，牛馬鎧杖以萬計。上遣中使勞軍，公感泣。俄而敵將復犯濠州，王師乘柘皋之鋭馳赴之。敵以步騎三十萬相持于濠南，公麾兵進擊，敵宵潰，横尸數十里，敵將逃歸。進少師，封濟國公，兼河南北諸路招討使。十一年，和議成，四月，詔大將詣行在，拜公樞密使，賜玉帶。公聞命而乞納兵，自謂不當復領宣撫司，章再上。論者以爲得大臣體。加太傅、廣國公。方是時，朝廷以山陽、武昌諸屯不安，命公拊循之。或曰：「彼多反側，盍爲備？」公笑曰：「何自疑如此！」至則慰勞士卒，宣布德意，遣人諭武昌軍，帖然安堵。還次鎮江，因調護南北使之在道者。上知其能體國，益嘉之。明年春還朝，四上章乞解樞務，不許。秋，梓宫歸祐陵，皇太后御慈寧宫。公復理前章，又面懇切至。上不能奪，乃以太傅、鎮洮、寧武、奉寧軍節度使，進封清河郡王，充醴泉觀使，奉朝請，賜第一區。繼以郊恩改靖江、寧武、靖海軍。二十一年，上幸第，存勞甚篤，拜太師，子孫各進官加等。二十四年六月以疾聞，上遣中貴人撫問，命國醫朝夕診視。七月二日，薨于正寢，享年六十有九。上震悼，輟視朝三日，追封循王，賜一品禮服，親奠于賜第，勞恤其孤及宗族，恩各有差。命内侍省押班張去爲護喪事，以是年九月十一日葬于常州無錫縣塘灣山。配秦國夫人魏氏，先公薨。繼室榮國夫人章氏。五男：子琦，武義大夫。子厚，左武大夫、康州刺史、帶御器械。皆早世。子顔，子正，右文修撰。子仁，祕閣修撰。四女：長適武功大夫秦公僅，先公卒。次適直徽猷閣韓彦朴，次適右承務郎程提，次適直敷文閣劉堯助。孫宗元，尚書駕部郎中。曾孫鎡，直祕閣。公貌雄偉，性渾厚嚴重，家人莫見其喜慍。臨敵應變，謀無遺策，大小數百戰，未嘗言功。征行戍守，師律整齊，納亡撫降，至得其死力。尤喜任使，今之名將多出其門。如楊存中、田師中、趙密，皆公所識用。餘雖偏裨，布在諸路，分按營壘者亦甚衆。待同列謙下，唯以國事爲先，不校小嫌。此公平生大槩，顯顯在人耳目者。若夫密謀秘畫，有以契上心，裨廟算，公終身固不以語於人，人亦莫得而闚也。初，諸大帥各將屯要地，一旦歸授以樞筦，四方無不聳動。公恬然就列，以身先之，安其所處，若未始有兵權在手者。蓋公平日用心惟在於尊奬王室，故能忘私徇公，自始至卒，秉節不渝，無非恭順之實云。嗚呼！公之積功固多矣，天子之報功亦備。至於褒表恭順，則又當具論而顯表之，使握兵者知所法焉。夫恭順，臣子之大節也。事親非此不能致其孝，事君非此不能成其忠，況爲帥者乎？將帥顓閫外之任，權盛則勢多陵，功高則志易滿，其可不以恭順持之？彼拔劍擊柱者柬之以禮然後定，背闕諱語者繩之以法然後戢，又烏知所謂恭順者哉！昔之論將者曰：富之而觀其無犯，貴之而觀其無驕，使之而觀其無隱，誠有取於此也。今公之功暴耀當世，街談巷議之徒識與不識皆得以縷數。惟恭順一節有諸將之所難能，衆人之所弗察者，臣故表而出之，用對揚明天子之休命。系以銘曰：

多難啓聖，維天之仁。是生傑才，佐佑人民。如龍之升，滃然其雲。維皇中興，有此虎臣。虎臣維何，王胙于循。矯矯維王，孔武且洵。自帝初載，執羈扈巡。入衛宸扆，出澄寇氛。大敵之乘，虎貔爲群。舉麾却之，笑談策勳。來歸于朝，避擢納軍。論我德意，撫安列屯。密勿機地，委蛇其身。身則不有，所尊者君。帝曰恭順，時莫與倫。人知其功，我念厥德。惟恭惟順，斯德之則。向也諸帥，怙衆而復。公居其間，謹度自抑。向也諸帥，動曰吾力。公居其間，載巽載默。晚焉奉朝，夙夜祇飭。宜壽而富，保厥成績。何以寵之，受瑞南國。一命賜衮，帶裳幅舄。三鎮聯麾，纛鉞旂戟。匪伊寵之，用勸群辟。錫山之峨，佳城鬱

鬱。豐碑在道，絢若金石。垂光無窮，過者必式。

雜録

備録

李幼武《宋名臣言行録・四朝名臣言行録》卷七《張俊循國忠烈王》 王初勒兵從梁揚祖勤王，大元帥見其英偉，擢用之。張澂自京師來，賚蠟封，詔大元帥以兵付副帥，還京師，上以大計問王，王曰：「此虜詐謀耳。今大王居外，此乃天授，豈可徙彼。」因請進兵，上許之，遂之濟州。已而聞京師陷，王勸進，上涕泣不許，王曰：「大王，皇帝親弟，人心所歸，不早正大位，無以稱人望。」上乃過應天即位。

建炎初，王奏：「敵勢方張，宜且南渡。」又請移左藏庫于鎮江。

虜犯明州，王自越州領兵至，時已無船可載，王因納隱士劉相如之策，遂留以抗虜。王下令曰：「天子且巡海道，汝輩宜用命，進者重賞，不進者不貸。」歲餘賊至，王令統制官劉寶先與之戰，若不勝則以兵横衝之。既而寶兵少却，統制官楊沂中、田師中、統領官趙密與之戰又不勝。寶率兵再進，沂中舍舟登岸，與師中、密等皆死戰，而守臣劉洪道率州兵以射其旁，遂大破之。

王爲江淮招討使，討李成。入辭，頗言成兵衆，上曰：「汝將全軍設爲朕攻一郡，若何？」王曰：「臣朝至而夕入可也。」上曰：「成竭力攻九江，兩月不能下，則雖衆何能爲。」俊大以爲然。上因謂俊：「今日諸將獨汝未嘗立功。」王曰：「臣何爲無功？」上曰：「如韓世忠擒苗、傅，劉正彦則功績顯著，卿殆不始。」俊恐悚，承命誓必擒成以獻。

宰執奏、張俊行軍事，李回曰：「俊軍極肅。」上曰：「朕亦聞之，犯軍律者已誅六七人矣。」范宗尹曰：「臣以書奬其美。」上曰：「待亦作詔勉之立功。俊心忠赤，惟好官職，正當以此使之。」張守曰：「陛下深得御將之道矣。」

王復筠州臨江軍，馬進走江州，王追擊之，成遂遁。於是王軍有鐵山之號。

趙鼎因奏事言：「比張俊遣使臣來，説諸大將每得金字牌，則踴躍奔命，無敢不虔。由陛下素有以結其心也。」上曰：「諸將奉命，此固美事。朝廷出號令，亦須審重，使其得之若降自雲霄之上，其誰敢慢乎？」

王爲神武右軍統制，發所部屯婺州。有司請合用錢理須椿辨，緣行在至婺州不通水路，難以津搬，契勘便錢之法，祖宗以來行於諸路爲便。詔户部印押見錢關子，降付婺州，召人入中，執關子赴杭越榷貨務請錢，每千搭十錢爲優潤，有僞造者依川錢引抵罪。東南會子法蓋張本于此。

王乞以明堂恩任子宗元文資，吏部言有礙條法，詔特許之。武臣非使相，而以文資禄子孫自此始。

王爲江東宣撫，見都統制王德在建康，每以厚幣結之，故德以兵八千歸之。

王爲淮西宣撫，言軍中營寨未辦，張守乞增支錢。上因言：「財用皆出民力，若此之費，實不可已，苟可已，須極愛惜。」王嘗奏：「軍中費，陛下無限錢糧。」「朕語之，朕何嘗有一錢與卿，此皆百姓膏血也。卿須知百姓膏血不可竭務與朝廷爲一體，則中興之功不難致矣。」

趙鼎奏王措置河道事，上曰：「俊每事必親臨，所以有濟。」因言：「朕每論將帥，須責其挽弓騎馬，人未知朕意，必謂古有文能附衆，武能威敵，不在弓馬之間，抑不知不能弓馬，何以親臨行陣，而率三軍使之赴難？況今時艱，將帥宜先士卒，此朕之深意也。」

王引兵還建康，入對，因言：「劉光世解軍政，閒居自適，有登仙之歎。」上不樂，因諭之曰：「卿初見朕時何官？」曰：「修武郎。」「是時家貲如何？」曰：「貧甚，嘗從陛下求戰袍以禦寒。」上曰：「今日貴極富溢，何所自耶？」曰：「皆陛下所賜。」上曰：「卿既知此，宜思自效，而有羨於光世何耶？」王惶懼頓首，至流涕，誓以死報。

上召王至宫中，諭之曰：「朕來日東去，卿在此無與民争利，興土木之工。」王悚息承命。王見地無磚面，再三歎息。上曰：「此事非難，但艱難之際，一切從儉，庶幾少紓民力。朕爲人主，雖以金玉爲飾亦無不可，若如此，非特一時士大夫之論不以爲然，後世以朕爲何如主也？」

樞副使王庶措置江淮，遂移王軍下，張宗顔七千人軍淮西，巨師古三千人屯太平州。

《默記》曰：戊午夏，庶視師江淮，移偏師張宗顔守廬州，乃分兵之漸，宣撫使張俊特不悦。大理丞劉時者秦人，庶辟以行，俊飲之醉，曰：「卿能爲我言於

子尚否？易置偏裨似未宜遽，先處己可也。不知身在朝廷之上得幾日？其已安乎？」庶聞之，復曰：「爲我言於張七，不論安與未安，但一日行一日事耳。」庶雖不折，竟如王之言。

王親統大軍出廬州，命統制官趙密出西路。密引衆徑往蘇村，時水漲三尺，涉六晝夜乃達宿城。與虜遇，敗之。而統制官王德自壽春趍宿，夜半襲破賊營，降僞守馬秦，乘勝趍亳與王會，又下之。王軍至城下，父老列香花迎軍，王軍威甚盛，而智謀勇敢賴德爲多。

王入見，上問曾讀《郭子儀傳》否，王對以未曉。上諭云：「子儀方時多虞，雖摠重兵處外，而心尊朝廷，或有詔至，即日就道，無纖介顧望，故身享厚福，子孫慶流無窮。今卿所管兵乃朝廷兵也，若知尊朝廷如子儀，則非特身享福，子孫昌盛亦如之，若恃兵權之重，而輕視朝廷，有命不即禀，非特子孫不享福，身亦有不測之禍。卿宜戒之。」

兀术復犯泗州，詔王於鎮江府置司，措置江淮戰守。王命其姪統制官子益提兵於維揚，盱眙之間，伺賊進止，俊不以兵渡江，恐妨和議。既而虜久不至，王以問鎮江守劉子羽，子羽曰：「此虜異時入寇，飄忽如風雨，今更遲回，是必有他意也。」

王與副使楊沂中爲腹心，而與淮北宣判劉錡有隙，故拓皋之戰，奏賞諸軍，錡獨不與。時三帥權均，然諸軍進退多出於王，而錡以順昌之功驟貴，諸將亦頗嫉之。諸將議班師，王令錡先自采石渡歸太平州，而王與沂中耀兵於濠梁，以撫淮民。然後王取宣化渡歸建康府，而沂中由瓜洲渡歸行在，庶道路次舍不相妨。敵行纔數里，諜報虜攻濠州益急，王馳騎邀錡，錡乃回軍繼進。

宰執奏，近報韓世忠距濠州三十里，張俊亦至濠州五十里，又岳飛已離池州渡江去會師矣。上曰：「首禍者惟兀术。戒諸將無務多殺，謀取兀术可也。澶淵之役，韃覽既死，真宗詔諸將按兵，縱契丹勿邀其歸路，此朕家法也。朕兼愛南北之民，豈忍以多殺爲意乎？」是日沂中渡江，遂歸行在。王渡江歸建康府，而錡亦歸太平州。王兵八萬皆强壯精鋭，爲諸軍之冠。

上遣王與岳飛同往楚州總淮東，全軍還駐鎮江。謂宰執曰：「士大夫言恢復者皆虚辭，非實用也。用兵自有次第。朕遣二將使按閲軍馬，措置戰守，蓋按閲於先，則兵皆可戰，兵既可戰，則能守矣。待彼有釁，然後可進討，以圖恢復，此用兵之序也。」

莫將等使虜回，上曰：「將等來，虜意未可知，但敕諸軍嚴爲之備。彼若議和，何傷於好，如懷姦詐，初無失策。昨張俊奏事，常與之議及此，俊亦深曉，云兵交使在其間，和與戰自不相妨也。」

王因奏事，乞催淮西之賞，上曰：「功賞後時不在朝廷，在將帥。」王問所以然，上曰：「軍士有出戰者，有輜重者，有守營者，凡所謂戰功者皆戰士也，今更不分，全軍皆要推賞，動數萬人，朝廷何以行之？」王曰：「誠如聖諭。初因一軍如此，故諸軍效之，臣今既蒙專任，當戒諸統制官，只保明實出戰者，庶可漸革前弊。」

罷三宣撫司，以其兵隸密院，以王爲樞密使。王奏：臣已到院治事，見管軍馬乞撥屬御前。時王與檜意合，故力贊和議，且覺朝廷欲罷兵權，即首納所統兵。王居位歲餘，無求去之意，檜乃令臺臣江邈論之，上未許。至是，邈又言其過，王乃求去，遂罷職加三鎮節度奉朝請，進封清河郡王。

上臨王喪，謂秦檜曰：「張俊遽亡，曩日張通古來，俊極宣力，與韓世忠等不同恩數，宜從優厚。」遂賜貂冠朝服以歛，命內侍張去爲護葬事，王麾下將佐如楊沂中、田師中、王寶、趙密、劉寶皆建節鉞，或至公帥幕府諸僚爲侍從、帥守者甚衆。

上曰：「俊在明受間有兵八千，屯吴江，朱勝非降指揮與秦州差遣，俊不受，進兵破賊，實爲有功，可與贈小國一字。」王於是特封循王。國朝淳化以後異姓不封真王，其追封蓋自俊始。

周必大《二老堂雜志》卷四《張循王賜第》　張循王俊賜第，以紹興壬戌六月六日蓋造，至嘉泰壬戌六月六日焚蕩，惟餘一樓。甲子正周，亦異事也。

莊綽《雞肋編》卷下　車駕渡江，韓、劉諸軍皆征戍在外，獨張俊一軍常從行在。擇卒之少壯長大者，自臀而下文刺至足，謂之「花腿」。京師舊日浮浪輩以此爲誇。今既效之，又不使之逃於他軍，用爲驗也。然既苦楚，又有費用，人皆怨之。加之營第宅房廊，作酒肆名太平樓，般運花石，皆役軍兵。衆卒謡曰：「張家寨裏没來由，使它花腿擡石頭。二聖猶自救不得，行在蓋起太平樓。」紹興四年夏，韓世忠自鎮江來朝，所領兵皆具裝，以銅爲面具。軍中戲曰「韓太尉銅頞，張太尉鐵頞」。世謂無廉恥不畏人者爲鐵頞也。

陸游《老學庵筆記》卷八　紹興中，張俊、韓世忠乃以捍虜有功拜兩鎮，俄又加三鎮，二人皆武人，不知辭。當時士大夫爲之語曰：「若加一鎮，即爲四鎮，如

朱全忠矣，奈何！」

周煇《清波雜志》卷五　張循王罷兵柄就第，一日，秦丞相召相見，言：「有少事煩郡王，建康、鎮江軍皆闕主帥，請薦其人。」唯唯而退。越旬申言之，張辭以居閑之久，舊部曲不相聞，未有可薦者。秦曰：「教郡王薦翰林學士則難，薦將帥，職也。」張逼不得已，以劉寶、王權名上。二人皆舊隸韓王軍。

紹興駕幸循王第，過午尚從容，循王再三趣巨璫輩乞駕早歸内，皆莫測所以。他日，有叩之者，答曰：「臣下豈不願萬乘款留私第爲榮，但幸秦太師府時，未晡即登輦。」聞者嘆服識慮高遠。二説得於循王之姪子安。

周煇《清波雜志》卷七　嘗得一告詞云：「朕眷禮勳臣，既極異姓王之貴；疏恩私室，併侈如夫人之榮。以爾修態横生，芳性和適，會膺無卹之貴，終隆絡秀之家。爰錫命書，靡拘常典。用肇封於大郡，俾正位於小君。往服寵光，益循柔履。」紹興間權外制某人行。「如夫人」及「修態横生」，或者於王言有疑。時勳臣嫡室尚在，「正位小君」之語亦有疑。

羅大經《鶴林玉露》丙編卷二《老卒回易》　張循王之兄保，嘗怨循王不相援引，循王曰：「今以錢十萬緡、卒五千付兄，要使錢與人流轉不息，兄能之乎？」保默然久之，曰：「不能。」循王曰：「宜弟之不敢輕相援引也。」王嘗春日遊後圃，見一老卒卧日中，王蹴之曰：「何慵眠如是！」卒起聲喏，對曰：「無事可做，只得慵眠。」王曰：「汝會做甚事？」對曰：「諸事薄曉，如回易之類，亦粗能之。」王曰：「汝能回易，吾以萬緡付汝，何如？」對曰：「不足爲也。」王曰：「付汝五萬。」對曰：「亦不足爲也。」王曰：「汝需幾何？」對曰：「不能百萬，亦五十萬乃可耳。」王壯之，予五十萬，恣其所爲。其人乃造巨艦，極其華麗。市美女能歌舞音樂者百餘人，廣收綾錦奇玩、珍羞佳果及黄白之器；募紫衣吏軒昂閑雅若書司、客將者十數輩，卒徒百人。樂飲逾月，忽飄然浮海去，逾歲而歸。珠犀香藥之外，且得駿馬，獲利幾十倍。時諸將皆缺馬，惟循王得此馬，軍容獨壯。大喜，問其何以致此，曰：「到海外諸國，稱大宋回易使，謁戎王，餽以綾錦奇玩。爲具招其貴近，珍羞畢陳，女樂迭奏。其君臣大悦，以名馬易美女，且爲治舟載馬，以珠犀香藥易綾錦等物，餽遺甚厚，是以獲利如此。」王咨嗟褒賞，賜予優渥。問能再往乎，對曰：「此戲幻也，再往則敗矣，願仍爲退卒老園中。」

李壁《中興戰功録·張俊高橋》　建炎三年十二月，金虜渡江，自臨安犯越州。上以明州不可居，乃決幸海道。把隘張公裕進海船二十隻，内以興化軍田經船作御舟，餘並作御前使用，百司禁衛並明州備船，禁衛有千餘人隨行。是日，幸定海縣。御前右軍都統制、浙東制置使張俊自越州引兵至。明州時已無舟可載，俊上奏乞海舟，朝廷欲其且留拒敵，報以方聚集，遣行。上賜俊手書，其略曰：「惟卿忠勇，事朕有年。朕非卿則倡義誰先？卿非朕則前功俱廢。卿宜戮力共扞賊兵，一戰成功，當封王爵。」俊納俠士劉相如之策，遂留以抗敵。相如者，初以募人入衛王室，樞密院借補承事郎。及是揭榜通衢，勸諭迎敵。俊下令曰：「天子且巡海道，汝輩宜用力，進者受上賞，不進者不貸。」士皆思奮。戊戌，虜陷越州。庚子，上發昌國縣。辛丑，上艤白峰寺。癸卯，虜兵追襲乘輿，至明州城下。張俊欲遣人硬探，無敢應者。有軍兵任存請行，俊壯之曰：「汝果能得其實，當與汝官。」存拜謝而行。不旋踵，以手提二級而還，具得金人之虚實。俊大喜，遂決用兵之計。乃令統制官劉寶與戰，不勝。再命王進、黨用、邱横迎敵，用與横皆被殺。統制官楊沂中、田師中再戰，又不勝。統領官趙密、李寶及進苦戰，主管殿前司公事李質率諸班直以舟師來助，知州事劉洪道又率州兵射其旁，殺數千人，金人乃敗，而稍退去。俊戒將士毋驕毋惰，且虜人侵軼數千里，如入無人之境，其謂我不能軍，有輕我之心。今一旦失利，彼且憤怒，必再來。乃清野，駐高橋，閉關自守。奏任存之功，特授承德郎。王進者，延安人，少爲軍卒。是役也，身先士卒，獨立奇功，驟加正使，賜金帶，俊拔用爲將。虜自城下呼，請遣人至寨中計事。俊令小校徐姓者往，虜釋甲與語，欲如越官吏投拜，俊拒之。四年正月甲辰朔，御舟碇海中。乙巳，御舟泊台州港口。是日午，西風忽起，虜乘之又犯明州。張俊與守臣劉洪道坐城樓上，遣兵掩擊，殺傷大當。虜奔北，墮田間或墜水，俊急令收兵。夜，虜拔寨去，屯餘姚，且請濟師於兀朮。丙午，上次章安鎮。己酉，張俊奏捷，從行百官皆賀，内侍陳顧言獨不賀，曰：「上幸海道，何賀之有？」庚戌，虜再犯明州。張俊禦之於高橋，戰數合，慮其濟師，遂託以上旨扈從。辛亥，盡其衆入台州。

李壁《中興戰功録·張俊柘皋》　紹興十有一年正月，金虜犯壽春府。己未，淮北宣撫判官劉錡自太平州渡江，以援淮西。錡有兵二萬，馬數百。朝廷聞報，亟令張俊還建康拒虜。虜陷壽春，殺守兵千餘人，繫橋淮岸以濟其衆。乙丑，劉錡至廬州，駐兵城外。時樞密直學士、知廬州陳規病卒，城中無守臣，備禦之具皆闕，官吏軍民散出逃遁，惟有宣撫司統制官閔師古兵二千餘人。錡巡其城一匝，曰：「城不足守也。」乃冒雨與師古率衆而南。丙寅，金虜大軍入廬州，

遣輕騎追錡，相及於西山口。錡自以精兵爲殿，復以戈西向，列陳以待。追騎望見錡旌旗，逡巡不敢逼，日暮各解去。丁卯，錡結陣徐行，號令諸軍占擇地利，其趨東關，依水據山，以遏虜衝。自虜人渡淮，淮南之人皆避過江南，江南之人亦爲遷徙之計，惟視錡兵以爲安危。錡既得東關之險，稍休士卒，兵力復振。虜據廬州，雖時遣兵入無爲軍、和州境内剽掠，而不敢舉兵逼江者，蓋懼錡之乘其後也，江南由是少安。二月癸酉，淮西宣撫司都統制王德渡江，屯和州。初，虜都元帥兀朮既入合肥，建康府諜者回報：「虜人已犯含山縣，漸犯歷陽。」時張俊諸軍雖已趣裝，猶未起發，江東制置大使葉夢得見俊，請速出兵。俊猶遲之曰：「更俟探報。」夢得曰：「虜已過含山縣，萬一和州爲所得，長江不可保矣。」俊遂令諸軍進發。諭諸統制曰：「先得和州者勝。」德曰：「德當身先士卒，爲諸軍前鋒。」俊壯之，將士皆讙譟而行。有報已失和州者，德乃率所部兵渡采石，約俊明日入城會食。至中流，聞賊勢衆甚，莫敢前。德驅之進櫂，首先登舟，俊宿於江中。德率衆徑至城下，虜退屯昭關。丙子，王德遇金虜鎮國大將軍韓常於含山縣東，敗之。丁丑，上謂大臣曰：「朕於諸帥，聽其言則知其用心，觀其所爲則知其才。人皆言劉錡善戰，朕謂順昌之勝，所謂置之死地然後生，未爲善戰也。錡之所長，在於循分守節，危疑之交，能自立不變，此爲可取。」丙戌，錡行至柘皋，與金人遇，夾河而軍。初，金人之退兵也，日行甚緩。至尉子橋，天大雨，次石梁河，河流湍暴，虜斷橋以自固，列營柘皋。柘皋地平，虜人以爲騎兵之利，且見錡兵少，意甚易之。河通巢湖，闊二丈餘，錡命軍士曳薪疊橋，須臾而成，遣甲軍數隊過橋，皆卧槍而坐。會淮北宣撫使都統制王德，統制高沂中、田師中、張子蓋之軍俱至。翌日，虜將邢王與韓常等以鐵騎十餘萬分爲兩隊，夾道而陳。沂中自上流涉淺徑進失利，統制官輔逵被箭中目，騎兵有稍卻者，德曰：「賊右皆勁騎，吾將先破之。」乃與師中麾兵渡橋，薄其右。虜陣動，有一酋被甲躍馬，指畫部隊，德引弓一發，酋應弦墜馬。德乘勢大呼馳擊，諸軍皆鼓譟，虜以拐子馬兩翼而進，德率衆鏖戰。沂中曰：「虜便習在弓矢，當有以去其技。」乃令萬兵各持長斧，堵而前，奮鋭擊之，虜人大敗，退屯紫金山。德等尾擊之，捕數百人，馬馱數百。而錡以步兵甲重，不能奔馳，下令無所取，故無俘獲焉。是役也，將官拱衛大夫、武勝軍承宣使姚端已下死者九百三人，而虜之死者甚衆。錡謂德曰：「昔聞公威略如神，今果見之，請以兄禮事公。」張俊之愛妾張氏，即杭妓張穠也，頗知書。柘皋之役，俊遺書囑以家事，張答書引霍去病、趙雲不問家事爲言，令勉報國。俊以其書進，上大喜，親書獎諭賜之。己丑，張俊入廬州，楊沂中、劉錡之軍皆至城外。乙未，賜張俊、楊沂中、劉錡詔書，以捷書累至，軍聲大張，蓋自軍興以來，未有今日之盛。仍戒以當思困獸之鬭，務保全功。其詞給事中兼直學士院林待聘所草也。俊以立奇功將佐十八人奏聞，上皆宣見，臨軒勞問。而訓練官任存曰：「臣生長田間，賴陛下神聖，祖宗威靈，僅能破敵，安敢以微勞自矜？」上益喜，均賜金帶銀鋌，而別賜金琖與存。

備論

《宋史》卷三六九《張俊傳》 論曰：南渡諸將以張、韓、劉、岳並稱，而俊爲之冠。然夷考其行事，則有不然者。俊受心膂爪牙之寄，其平苗、劉，雖有勤王之績，然既不能守越，又棄四明，負亦不少。矧其附檜主和，謀殺岳飛，保全富貴，取媚人主，其負戾又如何哉？【略】方之韓、岳益遠矣。

藝文

樓鑰《攻媿集》卷七一《跋姜堯章所編張循王遺事》 柳河東以《段太尉逸事》上史館，自言好問老校退卒能言其事。考其所載者三：戮郭晞之軍士，撫焦令諶之農者，不受朱泚大綾之幣。顧太尉忠節顯著，何必俟此三者而後爲賢？蓋惜其逸墜，且以見太尉之平昔，非一時奮不慮死以得名者。《舊唐史》之傳雖詳，以未見河東之狀，故三事皆闕而不書。宋景文公謹書之，其爲佳傳之助多矣。堯章慕循王大功，而惜其細行小節人罕知者，矻矻然訪問而得此，將以補史氏之遺，其志可嘉也。

陸游《渭南文集》卷一《德勳廟碑》 自古王者經綸草昧，戡定亂略，必有熊羆之士，不貳心之臣，内任心膂之寄，外宣股肱之力，而廟謨國論，密賴以決，實兼將相之任者。在我高宗皇帝時，有若太師循忠烈王張公，實維其人。粤自高宗，歷試于外，開大元帥府，總天下兵，首以山西豪傑，入侍帷幄。龍飛順動，避狄南渡，公則有扶天夾日之功。蕭墻釁起，群公喑拱，公則倡勤王復辟之大策。

氛祲内侵戎馬豕突，公則奮却敵禦侮之奇略。巨盜乘間，群凶和附，公則建剪除安輯之成績。由是不數年間，國勢安强，夷虜奪氣請和。而一二重將，未還宿衛，論者咸以爲非長久計，公則率先請罷宣撫使事，奉朝請，章再上，引義懇款，于是議始定。士大夫咸謂其得大臣體，而高宗亦每謂之腹心舊將。又曰：「從來待卿如家人。」又曰：「是人與他功臣相去萬萬。」蓋高宗蹈履艱危，身濟大業，沉機獨智，燭微察遠，以爲方海内横流，巡幸四方，暴衣露蓋，周衛單寡，非如中都高拱，媚蜎蠖濩之居江流阻艱，海道阽危，非如平時安行清蹕馳道之中，不有如公者，協心同德，均禍福，共安危，譬之一家，父兄有急，子弟不召而自至，譬之一身，頭目有患，手足不令而自力，則天下之計，將以誰諉。袁盎謂絳侯功臣，非社稷臣，則社稷臣與功臣果異。建炎以來，功臣則有矣，至可名社稷臣者，非公而誰？故國家所以褒表崇異，常出等夷之上，非私恩也。及配享高宗廟庭，其次偶居其後，或者疑焉。是不然，唐名將前曰英、衛，後曰李、郭。衛公、汾陽之勳德，巍如泰山，終不以姓名次序爲歉。欽宗皇帝下詔褒顯故老，而范文正實次司馬文正之下。司馬公之賢不肖，不過與范公等。范公輔政先數十年，聲詩所載，以配夔离，而顧乃居次，世豈以此爲有抑揚之意哉！公之曾孫鎡，三世傳嫡長，始築廟于居第之東。廟成，以高宗御書「德勳」二大字爲廟之名。自忠烈以下爲三室，忠烈之配曰秦國夫人魏氏，漢國夫人章氏；第二室曰少傅公諱子厚，配曰漢國夫人蕭氏；第三室曰少師公諱宗元，配曰楚國夫人劉氏。維忠烈王勳業之詳，與夫世諱字系官爵，葬有碑，謚有誥，史有傳，此不復載。顧廟祭宜有歌詩，刻于麗牲之碑，乃作詩曰：

宋傳九聖，高宗是承，化龍渡江，天開中興。維忠烈王，翼從帝旁，捐身棄孥，獨當豺狼，煙塵未息，變生肘腋，首倡義師，氣沮金石。大業復隆，退不矜功，雪涕引罪，身衛行宫。國有大難，我則出捍，功成愈謙，將士畏嘆。既空盜藪，鏖虜淮右，柘皋之捷，梁楚無寇。河洛將平，虜畏乞盟，亟上虎符，就第王城。茂勳明德，爛然史册，燕及家國，匪王孰克。築廟作主，三室同宇，歲時奉享，豐豆碩俎。國有世臣，家有元孫，咨爾後人，祗栗廟門。

袁桷《清容居士集》卷四八《書張忠烈王傳後》 世言《老子》書富國强兵，以予觀之，是未足知其説。老子言「佳兵者不祥」，而陳平亦言，「陰謀，道家所忌。」夫其書，學道者之所祖，而言用兵，有不得已之意，則兵者，非真喜用也。宣政以來，老姦宦豎，争弄兵立功於僥倖，馴致靖康之禍，議者謂佳兵於此可見矣！至於建炎，兵不得不用，而一時狃宴婾之久，長驅南來，蔽遮阻厄者，皆望風奔突，驍將巨鎮，遂廣立屯衛以自重，而東南民力，匱轉輸供給之苦。未幾，而紹興用事者言罷兵矣。方是時，秦氏子誠無所容罪，獨張忠烈王，有適墮偃月之計，而後無與辨之者。當罷兵之初，莊簡李公嘗同其議，檜之始未可以遽議也。論檜之罪，當成於罷王西府之任。蓋姦臣造謀，未始不假宿德重望，以壓服衆論，事成而即排之者，毋怪其若是。故李公之去也不數月，而王雖一歲而去，則亦有所不免。夫事之毁譽，難定於一時。而視其子孫，始足以知昔時之行事。漢高密侯鄧禹，功爲中興第一，遲遲長安，無以辭光武之責。至其訓子孫，俾各習一藝，則其善後，良有古意。唐李勣垂殁之訓，嚴且明矣。敬業之覆宗滅祀，終不可逭。豈非立后之議，誠有遺憾也？今王聞孫彬彬滿於家乘，施及五世，崇德植學，以自表著，猶不可一二數。則是非之公，當由是而見。因書所聞，以附于家傳之後。

韓世忠部

綜述

《宋史》卷三六四《韓世忠傳》 韓世忠字良臣，延安人。風骨偉岸，目瞬如電。早年鷙勇絶人，能騎生馬駒。家貧無産業，嗜酒尚氣，不可繩檢。日者言當作三公，世忠怒其侮己，毆之。年十八，以敢勇應募鄉州，隸赤籍，挽强馳射，勇冠三軍。

崇寧四年，西夏騷動，郡調兵捍禦，世忠在遣中。至銀州，夏人嬰城自固，世忠斬關殺敵將，擲首陴外，諸軍乘之，夏人大敗。既而以重兵次蒿平嶺，世忠率精鋭鏖戰，解去。俄復出間道，世忠獨部敢死士殊死鬥，敵少却，顧一騎士鋭甚，問俘者，曰：「監軍駙馬兀啰也。」躍馬斬之，敵衆大潰。經略司上其功，童貫董邊事，疑有所增飾，止補一資，衆弗平。

從劉延慶築天降山砦，爲敵所據，世忠夜登城斬二級，割護城氈以獻。繼遇敵佛口砦，又斬數級，始補進義副尉。至藏底河，斬三級，轉進勇副尉。

宣和二年，方臘反，江、浙震動，調兵四方，世忠以偏將從王淵討之。次杭州，賊奄至，勢張甚，大將惶怖無策。世忠以兵二千伏北關堰，賊過，伏發，衆蹂亂，世忠追擊，賊敗而遁。淵嘆曰：「真萬人敵也。」盡以所隨白金器賞之，且與定交。時有詔能得臘首者，授兩鎮節鉞。世忠窮追至睦州清溪峒，賊深據巖屋爲三窟，諸將繼至，莫知所入。世忠潛行溪谷，問野婦得徑，即挺身仗戈直前，渡險數里，擣其穴，格殺數十人，禽臘以出。辛興宗領兵截峒口，掠其俘爲己功，故賞不及世忠。別帥楊惟忠還闕，直其事，轉承節郎。

三年，議復燕山，調諸軍，至則皆潰。世忠往見劉延慶，與蘇格等五十騎俱抵滹沱河。逢金兵二千餘騎，格失措，世忠從容令格等列高岡，戒勿動。屬燕山潰卒舟集，即命艤河岸，約鼓譟助聲勢。世忠躍馬薄敵，迴旋如飛。敵分二隊據高阜，世忠出其不意，突二執旗者，因奮擊，格等夾攻之，舟卒鼓譟，敵大亂，追斬甚衆。時山東、河北盜賊蠭起，世忠從王淵、梁方平討捕，禽戮殆盡，積功轉武節郎。

欽宗即位，從梁方平屯濬州。金人壓境，方平備不嚴，金人迫而遁，王師數萬皆潰。世忠陷重圍中，揮戈力戰，突圍出，焚橋而還。欽宗聞，召對便殿，詢方平失律狀，條奏甚悉。轉武節大夫。詔諸路勤王兵領所部入衛，會金人退，河北總管司辟選鋒軍統制。

時勝捷軍張師正敗，宣撫副使李彌大斬之，大校李復鼓衆以亂，淄、青之附者合數萬人，山東復擾。彌大檄世忠將所部追擊，至臨淄河，兵不滿千，分爲四隊，布鐵蒺藜自塞歸路，令曰：「進則勝，退則死，走者命後隊剿殺。」於是莫敢返顧，皆死戰，大破之，斬復，餘黨奔潰。乘勝逐北，追至宿遷，賊尚萬人，方擁子女椎牛縱酒。世忠單騎夜造其營，呼曰：「大軍至矣，亟束戈卷甲，吾能保全汝，共功名。」賊駭慄請命，因跪進牛酒。世忠下馬解鞍，飲啖之盡，於是衆悉就降。黎明，見世忠軍未至，始大悔失色。以功遷左武大夫、果州團練使。

詔入朝，授正任單州團練使，屯滹沱河。時真定失守，世忠知王淵守趙，遂亟往。金人至，聞世忠在，攻益急，糧盡援絶。人多勉其潰圍去，弗聽。會大雪，夜半，以死士三百擣敵營。敵驚亂，自相擊刺，及旦盡遁。後有自金國來者，始知大酋是日被創死，故衆不能支。遷嘉州防禦使。

還大名，趙野辟爲前軍統制。時康王如濟州，世忠領所部勸進。金人縱兵逼城，人心恟懼，世忠據西王臺力戰，金人少卻。翌日，酋帥率衆數萬至，時世忠戲下僅千人，單騎突入，斬其酋長，遂大潰。

康王即皇帝位，授光州觀察使、帶御器械。世忠請移都長安，下兵收兩河，時論不從。初建御營，爲左軍統制。是歲，命王淵、張俊討陳州叛兵，劉光世討黎驛叛兵，喬仲福討京東賊李昱，世忠討單州賊魚臺。世忠已破魚臺，又擊黎驛叛兵敗之，皆斬以獻。於是羣盜悉平，入備宿衛。而河北賊丁順、楊進等皆赴招撫司，宗澤收而用之。

建炎二年，升定國軍承宣使。帝如揚州，世忠以所部從。時張遇自金山來降，抵城下，不解甲，人心危懼，世忠獨入其壘，曉以逆順，衆悉聽命。李民衆十萬亦降，比至，有反覆狀。王淵遣世忠諭旨，世忠知其黨劉彦異議，即先斬彦，毆李民出，縛小校二十九人，送淵斬之。事定，授京西等路捉殺内外盜賊。

金人再攻河南，翟進合世忠兵夜襲悟室營，不克，反爲所敗。會丁進失期，陳思恭先遁，世忠被矢如棘，力戰得免。還汴，詰一軍之先退者皆斬，左右懼。

進由是與世忠有隙，尋以叛誅。

召世忠還，授鄜延路副總管，加平寇左將軍，屯淮陽，會山東兵拒敵。粘罕聞世忠扼淮陽，乃分兵萬人趨揚州，自以大軍迎世忠戰。世忠不敵，夜引歸，敵躡之，軍潰于沭陽，閤門宣贊舍人張遇死之。

三年，帝召諸將議移蹕，張俊、辛企宗請往湖南，世忠曰：「淮、浙富饒，今根本地，詎可舍而之他？人心懷疑，一有退避，則不逞者思亂，重湖、閩嶺之遥，安保道路無變乎？淮、江當留兵爲守，車駕當分兵爲衛，約十萬人，分半扈江、淮上下，止餘五萬，可保防守無患乎？」在陽城收合散亡，得數千人，聞帝如錢塘，即繇海道赴行在。

苗傅、劉正彦反，張浚等在平江議討亂，知世忠至，更相慶慰，張俊喜躍不自持。世忠得浚書，大慟，舉酒酹神曰：「誓不與此賊共戴天！」士卒皆奮。見浚曰：「今日大事，世忠願與張俊身任之，公無憂。」欲即進兵。浚曰：「投鼠忌器，事不可急，急則恐有不測，已遣馮轓甘言誘賊矣。」

三月戊戌，以所部發平江。張俊慮世忠兵少，以劉寶兵二千借之。舟行載甲士，綿亘三十里。至秀州，稱病不行，造雲梯，治器械，傅等始懼。初，傅、正彦聞世忠來，檄以其兵屯江陰。世忠以好語報之，且言所部殘零，欲赴行在。傅等大喜，許之至，矯制除世忠及張俊爲節度使，皆不受。

時世忠妻梁氏及子亮爲傅所質，防守嚴密。朱勝非紿傅曰：「今白太后，遣二人慰撫世忠，則平江諸人益安矣。」於是召梁氏入，封安國夫人，俾迓世忠，速其勤王。梁氏疾驅出城，一日夜會世忠於秀州。

未幾，明受詔至，世忠曰：「吾知有建炎，不知有明受。」斬其使，取詔焚之，進兵益急。傅等大懼。次臨平，賊將苗翊、馬柔吉負山阻河爲陣，中流植鹿角，梗行舟。世忠舍舟力戰，張俊繼之，劉光世又繼之。軍少卻，世忠復舍馬操戈而前，令將士曰：「今日當以死報國，面不被數矢者皆斬。」於是士皆用命。賊列神臂弩持滿以待，世忠瞋目大呼，挺刃突前，賊辟易，矢不及發，遂敗。傅、正彦擁精兵二千，開湧金門以遁。

世忠馳入，帝步至宫門，握世忠手慟哭曰：「中軍吴湛佐逆爲最，尚留朕肘腋，能先誅乎？」世忠即謁湛，握手與語，折其中指，戮于市；又執賊謀主王世修以屬吏。詔授武勝軍節度使、御營左軍都統制。請于帝曰：「賊擁精兵，距甌、閩甚邇，儻成巢窟，卒未可滅，臣請討之。」於是以爲江、浙制置使，自衢、信追擊，至漁梁驛，與賊遇。世忠步走挺戈而前，賊望見，咋曰：「此韓將軍也！」皆驚潰。擒正彦及傅弟翊送行在，傅亡建陽，追禽之，皆伏誅。世忠初陛辭，奏曰：「臣誓生獲賊，爲社稷刷恥，乞殿前二虎賁護俘來獻。」至是，卒如其言。帝手書「忠勇」二字，揭旗以賜。授檢校少保、武勝昭慶軍節度使。

兀朮將入侵，帝召諸將問移蹕之地，張俊、辛企宗勸自鄂、岳幸長沙，世忠曰：「國家已失河北，山東，若又棄江、淮，更有何地？」於是以世忠爲浙西制置使，守鎮江。既而兀朮分道渡江，諸屯皆敗，世忠亦自鎮江退保江陰。杜充以建康降敵，兀朮自廣德破臨安，帝如浙東。世忠以前軍駐青龍鎮，中軍駐江灣，後軍駐海口，俟敵歸邀擊之。帝召至行在，奏：「方留江上截金人歸師，盡死一戰。」帝謂輔臣曰：「此吕頤浩在會稽，嘗建此策，世忠不謀而同。」賜親札，聽其留。

會上元節，就秀州張燈高會，忽引兵趨鎮江。及金兵至，則世忠軍已先屯焦山寺。金將李選降，受之。兀朮遣使通問，約日大戰，許之。戰將十合，梁夫人親執桴鼓，金兵終不得渡。盡歸所掠假道，不聽；請以名馬獻，又不聽。撻辣在濰州，遣孛堇太一趨淮東以援兀朮，世忠與二酋相持黄天蕩者四十八日。太一孛堇軍江北，兀朮軍江南，世忠以海艦進泊金山下，預以鐵綆貫大鈎授驍健者。明旦，敵舟譟而前，世忠分海舟爲兩道出其背，每縋一綆，則曳一舟沉之。兀朮窮蹙，求會語，祈請甚哀。世忠曰：「還我兩宫，復我疆土，則可以相全。」兀朮語塞。

又數日求再會，言不遜，世忠引弓欲射之，亟馳去，謂諸將曰：「南軍使船如使馬，奈何？」募人獻破海舟策。閩人王某者，教其舟中載土，平版鋪之，穴船版以櫂槳，風息則出江，有風則勿出。海舟無風，不可動也。又有獻謀者曰：「鑿大渠接江口，則在世忠上流。」兀朮一夕潛鑿渠三十里，且用方士計，刑白馬，剔婦人心，自割其額祭天。次日風止，我軍帆弱不能運，金人以小舟縱火，矢下如雨。孫世詢、嚴允皆戰死，敵得絶江遁去。世忠收餘軍還鎮江。

初，世忠謂敵至必登金山廟，觀我虚實。迺遣兵百人伏廟中，百人伏岸滸，約聞鼓聲，岸兵先入，廟兵合擊之。金人果五騎闖入，廟兵喜，先鼓而出，僅得二人。逸其三，中有絳袍玉帶、既墜而復馳者，詰之，乃兀朮也。是役也，兀朮兵號十萬，世忠僅八千餘人。帝凡六賜札，褒獎甚寵。拜檢校少師、武成感德軍節度使、神武左軍都統制。

建安范汝爲反，辛企宗等討捕未克，賊勢愈熾。以世忠爲福建、江西、荆湖宣撫副使，世忠曰：「建居閩嶺上流，賊沿流而下，七郡皆血肉矣。」亟領步卒三萬，水陸並進。次劍潭，賊焚橋，世忠策馬先渡，師遂濟。賊盡塞要路拒王師，世忠命諸軍偃旗仆鼓，徑抵鳳凰山，頫瞰城邑，設雲梯火樓，連日夜併攻，賊震怖叵測。五日城破，汝爲竄身自焚，斬其弟岳、吉以徇，禽其謀主謝嚮、施逵及裨將陸必强等五百餘人。

世忠初欲盡誅建民，李綱自福州馳見世忠曰：「建民多無辜。」世忠令軍士馳城上毋下，聽民自相别，農給牛穀，商賈弛征禁，脅從者汰遣，獨取附賊者誅之。民感更生，家爲立祠。捷聞，帝曰：「雖古名將何以加。」賜黄金器皿。

世忠因奏江西、湖南寇賊尚多，乞乘勝討平。廣西賊曹成擁餘衆在郴、邵。世忠既平閩寇，旋師永嘉，若將就休息者。忽由處、信徑至豫章，連營江濱數十里，羣賊不虞其至，大驚。世忠遣人招之，成以其衆降，得戰士八萬，遣詣行在。

遂移師長沙。時劉忠有衆數萬，據白面山，營柵相望。世忠始至，欲急擊，宣撫使孟庾不可，世忠曰：「兵家利害，策之審矣，非參政所知，請期半月效捷。」遂與賊對壘，弈棋張飲，堅壁不動，衆莫測。一夕，與蘇格聯騎穿賊營，候者呵問，世忠先得賊軍號，隨聲應之，周覽以出，喜曰：「此天錫也。」夜伏精兵二千於白面山，與諸將拔營而進。賊兵方迎戰，所遣兵已馳入中軍，奪望樓，植旗蓋，傳呼如雷，賊回顧驚潰，麾將士夾擊，大破之，斬忠首，湖南遂平。授太尉，賜帶、笏，仍勑樞密以功頒示内外諸將。師還建康，置背嵬軍，皆勇鷙絶倫者。九月，爲江南東、西路宣撫使，置司建康。

三年三月，進開府儀同三司，充淮南東、西路宣撫使，置司泗州。時聞李横進師討僞齊，議遣大將，以世忠忠勇，故遣之。仍賜廣馬七綱，甲千副，銀二萬兩，帛二萬匹；又出錢百萬緡，米二十八萬斛，爲半歲之用。命户部侍郎姚舜明詣泗州，總領錢糧；倉部郎官孫逸如平江府、常秀饒州，督發軍食。李横兵敗還鎮，世忠不果渡淮。

四年，以建康、鎮江、淮東宣撫使駐鎮江。是歲，金人與劉豫合兵，分道入侵。帝手札命世忠飭守備，圖進取，辭旨懇切。世忠受詔，感泣曰：「主憂如此，臣子何以生爲！」遂自鎮江濟師，俾統制解元守高郵，候金步卒；親提騎兵駐大儀，當敵騎，伐木爲柵，自斷歸路。

會遣魏良臣使金，世忠撤炊爨，紿良臣有詔移屯守江，良臣疾馳去。世忠度良臣已出境，即上馬令軍中曰：「眡吾鞭所嚮。」於是引軍次大儀，勒五陣，設伏二十餘所，約聞鼓即起擊。良臣至金軍中，金人問王師動息，具以所見對。聶兒孛堇聞世忠退，喜甚，引兵至江口，距大儀五里；别將撻孛也擁鐵騎過五陣東。世忠傳小麾鳴鼓，伏兵四起，旗色與金人旗雜出，金軍亂，我軍迭進。背嵬軍各持長斧，上揕人胸，下斫馬足。敵被甲陷泥淖，世忠麾勁騎四面蹂躪，人馬俱斃，遂擒撻孛也等二百餘人。

所遣董旼亦擊金人於天長縣之鵶口，擒女真四十餘人。解元至高郵，遇敵，設水軍夾河陣，日合戰十三，相拒未決。世忠遣成閔將騎士往援，復大戰，俘生女真及千户等。世忠復親追至淮，金人驚潰，相蹈藉，溺死甚衆。

捷聞，羣臣入賀，帝曰：「世忠忠勇，朕知其必能成功。」沈與求曰：「自建炎以來，將士未嘗與金人迎敵一戰，今世忠連捷以挫其鋒，厥功不細。」帝曰：「第優賞之。」於是部將董旼、陳桷、解元、呼延通等皆峻擢有差。論者以此舉爲中興武功第一。

時撻辣屯泗州，兀朮屯竹塾鎮，爲世忠所扼，以書幣約戰，世忠許之，且使兩伶人以橘、茗報聘。會雨雪，金饋道不通，野無所掠，殺馬而食，蕃漢軍皆怨。兀朮夜引軍還，劉麟、劉猊棄輜重遁。

五年，進少保。六年，授武寧安化軍節度使、京東淮東路宣撫處置使，置司楚州。世忠披草萊，立軍府，與士同力役。夫人梁親織薄爲屋。將士有怯戰者，世忠遺以巾幗，設樂大宴，俾婦人粧以恥之，故人人奮厲。撫集流散，通商惠工，山陽遂爲重鎮。劉豫兵數入寇，輒爲世忠所敗。

時張浚以右相視師，命世忠自承、楚圖淮陽。劉豫方聚兵淮陽，世忠即引軍渡淮，旁符離而北，至其城下。爲賊所圍，奮戈一躍，潰圍而出，不遺一鏃。呼延通與金將牙合孛堇搏戰，扼其吭而禽之，乘鋭掩擊，金人敗去。既而圍淮陽，賊堅守不下，約曰：「受圍一日，則舉一烽。」至是，六烽具舉，兀朮與劉猊皆至。世忠求援於張俊，俊以世忠有見吞意，不從。世忠勒陣向敵，遣人語之曰：「錦衣驄馬立陣前者，韓相公也。」或危之，世忠曰：「不如是，不足以致敵。」敵果至，殺其導戰二人，遂引去。尋詔班師，復歸楚州，淮陽之民，從而歸者以萬計。

三月，除京東、淮東宣撫處置使兼節制鎮江府，仍楚州置司。四月，賜號「揚武翊運功臣」，加横海、武寧、安化三鎮節度使。九月，帝在平江，世忠自楚州來朝。

十月，邊報急，劉光世欲棄廬州還太平，張俊亦請益兵。都督張浚曰：「今日之事，有進擊，無退保。」於是世忠引兵渡淮，與金將訛里也力戰。劉猊將寇淮東，爲世忠兵扼，不得進。七年，築高郵城，民益安之。

初，世忠移屯山陽，遣間結山東豪傑，約以緩急爲應，宿州馬秦及太行羣盗，多願奉約束者。金人廢劉豫，中原震動，世忠謂機不可失，請全師北討，招納歸附，爲恢復計。會秦檜主和議，命世忠徙屯鎮江。世忠言：「金人詭詐，恐以計緩我師，乞留此軍蔽遮江、淮。」又力陳和議之非，願效死節，率先迎敵；若不勝，從之未晚。又言王倫、藍公佐交河南地界，乞令明具無反覆文狀爲後證。章十數上，皆慷慨激切，且請單騎詣闕面奏，帝率優詔褒答。後金果渝盟，咸如其言。

金使蕭哲之來，以詔諭爲名，世忠聞之，凡四上疏言：「不可許，願舉兵決戰，兵勢最重處，臣請當之。」又言：「金人欲以劉豫相待，舉國士大夫盡爲陪臣，恐人心離散，士氣凋沮。」且請馳驛面奏，不許。既而伏兵洪澤鎮，將殺金使，不克。

九年，授少師。十年，金人敗盟，兀朮率撒離曷、李成等破三京，分道深入。八月，世忠圍淮陽，金人來救，世忠迎擊於泇口鎮，敗之。又遣解元擊金人於潭城，劉寶擊於千秋湖，皆捷。親隨將成閔從統制許世安奪淮陽門而入，大戰門內。世安中四矢，閔被三十餘創，復奪門出。世忠奏其功，擢武德大夫，閔由是知名。

十一年，兀朮恥順昌之敗，復謀再入，詔大合兵於淮西以待。既而金敗於柘皋，復圍濠州。世忠受詔救濠，以舟師至招信縣，夜以騎兵擊金人於聞賢驛，敗之。金人攻濠州，五日而破。破三日，世忠至，楊沂中軍已南奔。世忠與金人戰于淮岸，夜遣劉寶泝流將劫之，金人伐木塞赤龍洲，扼其歸路，世忠知之，全師而還。金人自渦口渡淮北去，自是不得入侵。世忠在楚州十餘年，兵僅三萬，而金人不敢犯。

秦檜收三大將權，四月，拜樞密使，遂以所積軍儲錢百萬貫，米九十萬石，酒庫十五歸於國。世忠既不以和議爲然，爲檜所抑。及魏良臣使金，世忠又力言：「自此人情消弱，國勢委靡，誰復振之？北使之來，乞與面議。」不許，遂抗疏言檜誤國。檜諷言者論之，帝格其奏不下。世忠連疏乞解樞密柄，繼上表乞骸。十月，罷爲醴泉觀使、奉朝請，進封福國公，節鉞如故。自此杜門謝客，絶口不言兵，時跨驢攜酒，從一二奚童，縱游西湖以自樂，平時將佐罕得見其面。

十二年，改潭國公。顯仁皇后自金還，世忠詣臨平朝謁。后在北方聞其名，慰問者良久。十三年，封咸安郡王。十七年，改鎮南、武安、寧國節度使。二十一年八月薨，進拜太師，追封通義郡王。孝宗朝，追封蘄王，謚忠武，配饗高宗廟庭。

世忠初得疾，勑尚醫視療，將吏臥内問疾，世忠曰：「吾以布衣百戰，致位王公，賴天之靈，保首領没於家，諸君尚哀其死邪？」及死，賜朝服、貂蟬冠、水銀、龍腦以斂。

世忠嘗戒家人曰：「吾名世忠，汝曹毋諱『忠』字，諱而不言，是忘忠也。」性戇直，勇敢忠義，事關廟社，必流涕極言。岳飛冤獄，舉朝無敢出一語，世忠獨攖檜怒，語在《檜傳》。又抵排和議，觸檜尤多，或勸止之，世忠曰：「今畏禍苟同，他日瞑目，豈可受鐵杖於太祖殿下？」時一二大將，多曲狗檜苟全，世忠與檜同在政地，一揖外未嘗與談。

嗜義輕財，錫賚悉分將士，所賜田輸租與編户等。持軍嚴重，與士卒同甘苦，器仗規畫，精絶過人，今克敵弓、連鎖甲、狻猊鍪，及跳澗以習騎，洞貫以習射，皆其遺法也。嘗中毒矢入骨，以强弩括取之，十指僅全四，不能動，刀痕箭瘢如刻畫。然知人善獎用，成閔、解元、王勝、王權、劉寶、岳超起行伍，秉將旄，皆其部曲云。解兵罷政，臥家凡十年，澹然自如，若未嘗有權位者。晚喜釋、老，自號清涼居士。

子彦直、彦質、彦古，皆以才見用。彦古户部尚書。

孫覿《鴻慶居士文集》卷三六《宋故揚武翊運功臣太師鎮南武安寧國軍節度使充醴泉觀使咸安郡王致仕贈通義郡王韓公墓志銘》 建炎三年冬，金人合諸種數萬騎，絶淮泝江，鼓行而南，如踐無人之境。一時將吏望風逃散，竄伏草莽間，無一人敢嬰其鋒者。當是時，太師、鎮南武安寧國軍節度使、咸安王韓公，以兩浙西路制置使提孤軍駐揚子之焦山，募海舶百餘艘，具糗糧，治器械，進泊金山下。連艫相銜爲圜陣，東向邀其歸路。植一幟，書姓名表其上。金人望見，大笑曰：「此吾機上肉耳。」平旦，擁千舟譟而前。先是，公命工鍛鐵相聯爲長綆，貫一大鉤，徧授諸軍之伉健彊有力者。比合戰，分艨艟爲兩道出其背，每鎚一綆，則曳一舟而入。大酋立萬馬江上，鋭爲救，孰視躁擾，莫能進一步。曾不逾時，掩獲數百舟幾盡，遂大敗，閉壁不敢復出。已乃並治城西南隅，鑿一大渠，亘三千里，欲潛師度建康，而地勢高仰，潮不應。一日，乘南風，縱火千餘栰抗吾

師，破巨浪，冒百死趨瓜洲渡。公曰：「窮寇勿追。」縱使去，於是録俘囚，束之，沈江中，金帛盡分麾下，贐遣吾人之被係執者，書婦女州里姓氏，揭諸道，以訪其家。然後獻捷行在所。是後，兩淮交兵，伏尸流血，千有餘里，而虜人卒不能飲一馬於江者，繫公揚子一戰之捷也。公諱世忠，字良臣，綏德人。年十八，始隸延安府兵籍。慓悍過絶人，不用鞭轡，騎生馬駒，挽彊馳射，勇冠軍中。家貧無生産業，嗜酒豪縱，不治繩檢，間從人貰貸，累券千數。遇出戰，則躍一馬先登，捕首虜馳還，得金幣償之，率以爲常。嘗從統制官党萬戰銀州，方解鞍頓舍，而賊騎出間道，直擣其營，萬狂顧不知所爲。公袒裼持一戈，率其徒戰却之，萬兵來援，殿而還。又嘗遥見一酋，金甲朱旗，護兵，意得甚，公馳一騎刺殺之，後諜知爲貴將駙馬郎君兀謻者。大帥張深表其功狀上之朝，而宣撫使童貫怒不先己，黜其功不録。宣和初，妖人方臘起青谿，不旬朝，衆數萬，破衢、婺、杭、睦、歙五州，江淮大震。徽宗詔諸將發兵捕誅，時公隸統制官王稟。行次浙河，別將王淵駐兵在焉。公扣馬而進曰：「公領騎兵，而戰非其地，奈何？」淵矍然問曰：「汝爲誰？」答曰：「韓世忠也。」淵善其言，移屯據便地。翌日，縱騎搏賊，公率所部突其旁，賊驚奔，追殺無噍類。淵喜甚，飲公酒，悉舉飲器授之。會稟卒，遂從淵不去。方臘授首，例補承節郎。河朔山東群盜蜂起，大者攻犯城邑，小者延蔓巖谷，多者萬計，少者千百爲聚。魏博則有楊天王之流，青、徐、沂、密如高託山等，至不可勝數。公方從王淵招捕於兩河之間，而捉殺制置使梁方平又請公自副，除山東之盜，公皆次第討平之。以功，累遷武節大夫。靖康末，金人圍太原，樞密使會諸道兵赴，援，而張師正統勝捷一軍，號精鋭。尚書李彌大素不知兵，欲誅一二裨佐立威，以彊軍政。會太原不守，師正遁歸，彌大斬以徇衆，反側汹汹，又不時撫定，一夕潰去，所過焚掠，官軍莫能抗。淵聖皇帝詔公討捕，公晨夜兼馳至宿遷，單騎扣其營，大言曰：「我輩山西良家子，好勇尚氣，豈肯作賊？此李公繆妄，使若等求活於草間耳。」衆素伏公勇，相視慨然投戈免胄，請從公自歸，公杖馬箠護之而還。淵聖召見嘉奬，面賜袍帶，正受單州團練使。今天子以兵馬大元帥駐軍濟州，群臣勸進，公偕諸將陪扈至南京。上即位，進嘉州防禦使、御營平寇將軍。再幸維揚，又負櫜鞬以從。建炎二年，統制官苗傅、劉正彦扈隆祐太后駐蹕臨安府。明年春，乘輿亦自維揚至。傅、正彦輒起異圖，擁衆伏闕，殺樞密大臣，與中軍統制吴湛通爲囊槖，裒凶聚慝，視君父無如也。於是觀文殿大學士、特進張公浚，以禮部侍郎、御營參贊軍事檄召諸將除君側之惡。公時以所統軍承宣使，自淮陽繇海道來，舟次平江境上，檄書適至，公讀之，怒髮衝冠，椎牀大呼，雪涕誓師，共除凶逆。人人感厲，争先請行，遂偕丞相張公、故太師張公俊、故少保吕頤浩，合兵倍道而進。苗傅弟翊伏赤心軍伺擊於臨平山下，公曰：「乳臭兒敢爾耶！」一戰驅之，直抵北關，而傅、正彦已拔栅宵遁矣。越日，公入見曰：「主辱臣死，臣誓不與之俱生，請縛二凶以快中外之憤。」上壯其言，酌巨觥勞遣。公即日就道，至建州浦城追及之。傅等陣而待，正彦突一騎拒戰，其鋒剽甚。公手格正彦，禽之，吏士讙奮，傅亦就縛，卒檻二凶以獻如言。上親御翰墨，書「忠勇」二大字賜公，制除檢校少師，武勝、昭慶軍兩鎮節度使。四年，金山捷書至，除檢校少保，改武威、感德軍節度使。制曰：「屯兵要害，邀擊其歸，大振軍聲，殺傷過當。犬羊震疊，知國有人。」至今天下誦之。金人退舍，群盜尚猖獗如故時，范汝爲據建州，曹成、馬友、李横衆數萬，轉掠湖南北，而劉忠者，冠白氈笠，自表最彊盛。上面命公副參知政事孟公庾爲福建江西荆湖南北路宣撫使。公次建安，傅城而陣，汝爲雖不敢出一甲，而嬰城固守，彌月不下。公周視城堞，一日，伺其怠，梯而上，將士隨之，盡夷其黨，而建州平。遂卷甲循江西路入湖南。公語其下曰：「成等烏合無鬭志，非汝爲比。迫之則併力，玩之則生姦，一諭以招撫，一戒以勦除，俾自擇已。」後其徒更相猜貳，倒戈相誅，或畔散，或伏降。惟白氈笠者，負山阻水，旅拒自如，欲老我師。公曰：「忠作賊耳，欲何待？」一夕，部勒諸軍，分數道並進，忠大窮，馳小舟跳出。有頃，徒中持忠首至，湖道亦平。旋師建康，是歲建炎四年也。除淮南東路宣撫使。方宣和末，金人犯京師，議者皆謂：彊胡不量彼己，昧死一來，忽見天子宮闕、苑囿、城池之大，愗愗然莫相知，而五路之師日至，間其疑懼，壓以重兵，而與之講，庶幾景德澶淵之盟，足以爲德。無何，劫寨一跌，始有輕視中原之意。積五六年，舉國大入，超邑越都，通行無所累。南至潭湘，東暨吴粤，皆罹其毒。諸將按兵坐視莫與校，惟公自負其能，獨與虜角，何其壯也！北方之俗善騎，壯士健馬被鐵衣數重，上下山阪如飛，矢刃不能傷，故常以騎兵取勝。公在建康，蒐東南惡少年敢死士爲一軍，教以擊刺戰射之法，號「背嵬軍」，如古羽林、佽飛、射聲、越騎之儔，履鋒鏑，蹈水火，無不一當百。於是胡馬牧淮楚間，公至天長之大儀，與之遇。虜酋孛堇撻也擁鐵騎奔突而前，背嵬者人持一長柄巨斧，堵而進，上揕其胸，下捎其馬足，百遇百克，人馬俱斃。又自出新意，創「尅敵弓」，斗力雄勁，可洞犀象，貫七札，每射鐵馬，一發應弦而倒，虜大震駭，若有鬼神。捕獲千人長、萬人

長，鎧甲器械甚衆。又轉戰至高郵，卒擒撻也等，具舟載俘獲獻之朝。至是，胡人一再敗衄，稍知沮畏，雖時時小入盜邊，無復跳梁不制之患矣。進少師、横海武寧武安軍三鎮節度使。公生長兵間，習知戎事，而天資拳勇，未嘗以一毫挫於人；臨機制勝，一出於意造，故能以少擊衆。劉豫聚兵泗上，公戍山陽與之對壘，屢戰破之。嘗乘勝逐北，踰淮泗並符離，徑淮陽之宿遷。豫亟召北軍四面而至，圍之數重。公按甲不動，俄麾其衆曰：「視吾馬首所鄉。」奮戈一躍，已潰圍而出，不遺一鏃，按轡而旋。公曰：「虜易與耳。」益治兵赴利，進攻淮揚。虜酋撻里孛堇者，驍勇蓋衆，獨出跳戰，不勝而逃。有馬太師，亦號勇將，欲乘兩虎相斃之勢，奮迅而出，亦重傷敗去。退而太息曰：「名不虛得矣。」師旋，斬捕首虜過當，封英國公。會虜主遣完顔烏陵孛堇來聘，請以太上皇梓宮、皇太后鑾駕來歸，除前事，復故約，上曰：「誠如書，吾能忍詬以從。」使馹五反，歲行兩周，而和戎之議定，兩地宴然解兵徹警。公自山陽造朝，拜樞密使，貂冠赤舄，入侍帷幄，極人臣之道。閲數月，思避時柄，上書解機務，不許。章累上，且曰：「臣蒙國厚恩，誓捐軀戰場，效一死以報。今以非材承輔樞極，進陪國論，實懷危溢之懼。所冀天慈俾解將相之官，以祠官奉朝請。日望清光，不勝區區至願。」上不能奪，加太傅、鎮南武安寧國軍節度使，充醴泉觀使，咸安郡王，恩禮褒崇，度越前比。公受命已，杜門謝客，絶口不論兵。時跨一驢，從二三童奴負几杖，操酒壺，爲西湖山水之游，解衣藉草，命酒獨酌，興盡而返。平時將佐部曲，皆莫見其面。以二十一年八月四日薨於私第之正寢，享年六十三。方公被疾，上飭太醫馳視，問勞之使相屬於道。疾益侵，始用公請册拜太師致仕。訃聞，不視朝，賵賻加等，遣中貴人護喪事，贈通義郡王，官其親屬九人。嗚呼！靖康、建炎，戎狄内訌，天下多故，公起行間，忠憤感發，奮不顧身，以徇國家之急。建陽之役，手擒二叛；金山之戰，酋渠奔命，僅以身免。然後驅攘群盜，四封之内埽蕩無餘。方是時也，諸宿將便屯江左，公獨留戍山陽。孤壘塊然，旁無蚍蜉蟻子之援；蔽遮江淮，屹然如金城湯池之固。中興之烈，公爲第一。主上英武，所以駕馭諸將，雖隆名顯號，極其尊榮，而干戈鈇鉞，亦未嘗有所私貸，故岳飛、范瓊輩皆以跋扈賜死。惟公進而許國，杖一劍戡除大憝，爲社稷之臣；退釋兵柄，以功名富貴始終。官一品，爲公師，持三鎮戎節，累封大國，進爵稱王，賜號「揚武翊運功臣」，食邑一萬三千七百户，實封五千九百户。澤流子孫，書勳竹帛，追配前哲，可謂賢也已！曾祖則，贈太師□國公；祖廣，贈太師□國公；考慶，贈太師□國公。元配秦國夫人梁氏，今配魏國夫人茆氏。四男子：彦直，左朝請大夫、行光禄寺丞，兼權尚書屯田員外郎；彦朴，右奉議郎、直顯謨閣；彦質，右奉議郎、直徽猷閣；彦古，右通直郎、直徽猷閣、充兩浙西路安撫司主管機宜文字。八女：右朝散郎、通判饒州曹霑，左迪功郎、充廣安軍教授馮用休，左迪功郎、充詳定一司勅令所删定官王萬修，左迪功郎、新授福州懷安縣主簿劉苜，左迪功郎、新授婺州東陽縣尉胡南逢，右承事郎、充秘閣修撰張子仁，其婿也；二人奉道爲黄冠。孫男四人：梃，右宣議郎、直秘閣；杕，右宣議郎、直秘閣；格，右承事郎；栩，右承奉郎。公御軍嚴而有恩，紀律修明，不以賞罰佐喜怒，藜羹糗飯與衆均，士以故樂爲用；摧鋒陷堅，百戰不殆，威名凛然，天下想見其風采。太母行殿歸次國門，將相大臣班迎道上，太母坐帷中，顧左右曰：「韓某孰是？虜中皆知其名。」既而嘉歎久之。間遇朝謁，傳呼道塗，老幼夾路，倚舂釋擔，聚觀太息。上所賜詔皆親札，雲章寶墨，奎壁之光粲然，集而録之，爲若干卷，錦囊玉軸，子孫世守之，爲希代之寶。公病且革，故時將吏問疾卧内，公曰：「某歷事三朝，大小百餘戰，冒白刃，中流矢，未嘗退衄，瘢痕尚存。」發衣視之，舉體皆是。「賴天之靈，得全首領卧家簀而没，諸君尚哀其死耶？」彦直等以其年十月庚午，舉公之柩，合祔於平江府吴縣胥臺鄉靈巖山秦國夫人之墓。於是寺丞過余請銘。某曰：「太師咸安王，中興名將，盍奏乞本朝有名位、能文章名公卿大夫功德者爲之辭，以詔後世？余方以罪斥，辭不敢。」距今七年，韓氏書謁無虛月，請益堅。會余蒙恩除罪籍，遂不辭，乃即平日所見聞，志其大者，而係以銘。銘曰：

炎正中否，有來天驕。牂羊之首，墳犬爲妖。萬騎控弦，鼓行而至。諸將按兵，拱手坐視。暨暨韓公，山西之雄。赤心許國，誼不營躬。群梟譟讙，伏闕稱亂。奮梃一呼，奉頭鼠竄。手格二叛，檻載而歸。磔之東市，封爲鯨鯢。胡馬飲江，千艘北渡。公挺一身，塞其歸路。犬羊膽落，江水爲丹。電埽霆驅，威憺八蠻。移屯楚甸，坐鎮千里。長城隱然，彊寇氣死。釋兵十萬，歸居廟堂。玉帶金魚，異姓之王。麒麟圖象，中興第一。巍巍堂堂，莫與公匹。國恩粗報，智矣歸休。奉身而退，以老菟裘。大雅君子，明哲是保。一馬二童，擔夫爭道。烏乎逝矣，生雖有終，與宋亡極，惟公之功。闔閭之西，靈山之麓，有墳巋然，過者必肅。

《琬琰集删存》卷一趙雄《韓忠武王世忠中興佐命定國元勳之碑》　上纘祚之十五年，威行德孚丕冒，海隅出日，罔不畏服，罔不願爲臣妾。上益勵精行健，冀大有爲，聞鼓鼙而思勳臣于昕夕不忘，乃二月甲午，制曰：「韓世忠感會風雲，

功冠諸將，可特賜謚忠武。」蓋太師、韓蘄王之薨之葬，至是已二十有六年，而褒崇益光，遂與漢丞相亮、唐汾陽王子儀同謚。宸奎內出，不由有司，中外偉之。時王子彦古方居蘄國夫人憂，聞詔感泣繼血，即拜疏謝，又拜疏請曰：「草土臣彦古謹昧死言：臣之先臣世忠，發身戎行，逮事徽宗、欽宗，皆著顯效。暨委質太上皇帝，自大元帥霸府洪濟于中興，始終實備大任。仰憑宗社威靈與太上皇帝廟謨神筭，摧勍敵如拉朽，芟劇盜如刈菅，大戰數十，小戰數百，豐功盛烈，光照古今。不幸早棄明時，亦既積年。陛下憫念勳勞，固嘗爵以真王，錫之美謚，獨墓道之石無名與文，惟陛下哀矜，究此光寵，豈獨諸孤顯耀，抑先臣有知，猶當效結草之忠。」天子曰：「嗚呼！惟乃父世忠自建炎中興，實資佐命，式定王國，時惟元勳，予其可忘！」乃親御翰墨，大書曰「中興佐命定國元勳之碑」。翌日，朝諸將于凌虚閣，特詔彦古戎服入見，面賜御書，俾冠于碑首。顧謂諸將曰：「世忠有大功于帝室，今彦古亦克有志世其家，予惟寵嘉之，是用錫此豐碑。諸卿勉哉！」諸將感激奮躍，益知國家之不負臣下也，忠孝之不可以不盡也，功名之不可以不力也，皆趨下再拜。彦古亦再拜泣而出。既又詔禮部尚書臣雄曰：「汝其銘世忠之碑。」臣雄以謂聖主褒崇元臣，兹事體大，顧末學弗稱，且祖諱與王名謚適同，尋上書懇辭。上遽批出，略曰：「君前臣名，臨文不諱。不許辭免。」臣雄於是惶恐奉詔，謹拜手稽首，上故太師、蘄忠武王遺事曰：王諱世忠，字良臣，姓韓氏。韓氏本古列國後，爲秦所併，子孫自韓原渡河散居延安，以國爲姓。故王世爲延安人。曾祖諱則，居鄉以義俠聞。家故饒財，賑貧藥病，多所全活。既没，有異人指其所葬地曰：「代代當生公侯。」後以王貴，贈太師、楚國公。曾祖妣郝氏，吴國夫人。祖諱廣，考諱慶，皆贈太師，秦、陳二國公。祖妣高氏，妣賀氏，冀、楚二國夫人。楚國生五大夫子，王其季也。始震之夕，有光芒出屋間，鄉鄰以爲火，各具綆缶馳救，至則聞王生，皆異焉。就襁褓輒流瞬，瞬則目光如電，楚國洊驚，而心奇之。少長，風骨偉岸，尚氣節，能騎生馬駒。諸豪里中惡少年皆俛首不敢出氣，則争爲之服役。或負責不償者，王輒爲償，負者後聞，亟持所償愧謝，里俗爲之一變。有冤抑，不以謁郡縣，而謁諸王，咸得其平，由是名聞關陝。嘗過米脂寨姻家會飲，日已夕而關閉，王怒，以臂拉門，關鍵應手而斷，且視之，其木蓋兩拱餘，關吏駭服。年未冠，以敢勇應募鄉州。挽强弓一百斤。嘗乘悍馬，手舞鐵槊，奔馳二郎山峭壁間，觀者膽裂，同列無一人敢繼者。軍府校藝，獨用鐵胎弓，所向雖金石皆洞貫。其騎射絶人類此。時崇寧四年也。屬西方多事，王每聞邊報遽至，輒上馬，或不俟鞍而奮。喜與交遊痛飲，資用通有無，或不持一錢，相從詣酒肆貰酒，期於戰獲馘級以償。王出必多獲，由是同列皆饒給。銀州之役，將從党萬以行，父母素鍾愛，不許，王固請於陳公曰：「大丈夫當建功業，取公侯，豈宜齪齪自守！」陳公奇其志，乃聽去。軍甫至而城閉，王直排扉入，斬主將，擲首陴外，三軍乘之，大克。繼而夏人以重兵來寇，次蒿平嶺，王與党萬悉精鋭鏖戰，賊解去。而突騎忽出間道擣我營，將士驚愕，王獨部敢死士殊死鬭，賊少却。王爲殿，見一騎士甚武，揮槍而前。王問俘者爲誰，曰「監軍、駙馬郎君兀啰也。」王躍馬從之，斬其首，賊遂大潰。由是西邊益服王威名。經略司圖上其事，且乞優賞。會童貫專制邊事，疑敢勇皆勢家子，有所增飾，止許補一資。衆諱不平，而王恬不芥蔕，當時識者知王器量宏遠矣。從劉延慶築天降山寨，敵遽有之，延慶令王守北門，王夜縋城而上，斬二級，割護城氈以獻。繼逢敵於佛口寨，斬首數級，始補守闕進義副尉。至臧底河，又斬三級，轉進武副尉。會妖人方臘起桐廬，自號「聖公」，殺掠吏民，自浙河東西至于江南，毒流蓋千餘里。南方素無兵備，詔調西師討之。王部敢勇五十人隨王稟以往，遇別將王淵於杭之北關堰橋。會大潦，道不通，賊掩至，淵惶怖不知所出。王造淵，説曰：「今賊據險争利，我不以智勝，而以力拒，可乎？」淵怒曰：「何人敢爾！」王益辯論不少屈。淵曰：「汝雖能言，願聞必勝之説。」王爲調一二，且請以所部邀擊，淵命取軍令狀以去。明日會戰，賊勢張甚，王選敢勇二十餘人伏偃橋傍，須臾伏發，賊衆大亂，王追至淵舟前，斬首數級，師遂大克。淵乃嘆服曰：「真萬人敵！」盡以所隨白金器賞焉。與淵定交自此始，至今杭人呼堰橋爲「得勝橋」云。時天下忘戰日久，盜起倉卒，天子宵旰南顧，詔能得渠魁者授兩鎮節鉞。王單騎窮追至睦之清溪洞，賊深據巖屋爲三窟，諸將繼至，莫知所從入。王潛行溪谷間，問野婦，得其洞口，即挺身仗戈而前。榛棘嶔崎，越險數里，擣其巢穴，縛僞八大王，格殺數人，臘遂就擒，併俘以出。辛興宗後至，領兵截洞口，掠王俘以爲己功，故王不受上賞。別帥楊惟忠還闕，少伸其事，但超轉承節郎。朝廷議復燕山，調諸軍以行，至則皆潰。王往見劉延慶，抵滹沱河，獨與蘇格等五騎俱，逢虜騎二千餘，從者失色。王遣五騎列于高岡，戒勿動。值燕山潰卒來會，然皆重傷者，王即命艤舟河岸，約曰：「虜奔即鼓噪助聲勢。」王乃獨躍馬薄賊，回折自如。虜疑之，分爲二隊，據坡以視。王出其不意，突刺二執旗者，因縱擊，格等五騎應於後舟中，潰卒亦鼓譟如約。虜疑我伏發，遂大潰，追斬甚衆。

是時山東、河北盜賊蜂起，王從王淵討捕，所在摧鋒，於大名境中，殺水賊幾盡。又破湯村强盜。累奇功轉秉義郎。以偏將從梁方平經略東事，賊楊天王、透手滑聚衆數千寇尉氏，一戰擒其渠帥，餘黨悉平。臨沂賊武翳衆數萬，與戰於韓王店，又平之。沂州賊徐進衆五萬，而官軍不滿五千，王止以衙兵五十餘薄賊，誅鋤悉盡。又青社賊張先水、皷山賊劉大郎、望仙山賊高托山、集路山賊賈進、莒賊徐大郎，衆皆不下萬人，大者或跨州兼邑，王每身先諸將，次第擒滅。又殺獲東海賊張夔等，由濟南振旅而歸。於是山東諸盜悉平，轉武節郎。欽宗即位之初，王方從梁方平防河濬州。金人大軍已壓濬境，方平漫不顧，以爲他盜。王説曰：「今之來者，金虜耳！願公速整行陣，爲護河計，河一失守，宗社阽危，公可忽乎！」王忠憤由中，詞氣激烈。方平怒，俾王以三十騎當敵，名曰硬探，實欲致王死地。王遇敵輒戰，以實歸報。方平猶以爲紅巾賊，不設備。及虜進迫屯子橋，則方平脱身遁矣。王師既失主帥，數萬之衆皆潰，虜騎大至，王陷數十重圍中，意氣彌壯，挺槍奮躍而前，所嚮披靡。虜嘆異，小却，即潰圍出，殿諸軍，焚橋而歸。至京師，欽宗聞王勇冠軍，召對便殿，且詢方平失律之狀，王條奏甚悉。轉武節大夫。俄召諸路勤王兵入衛，王隸京城四壁爲統領。屬虜人許割三鎮而還，王淵爲河北總管，辟王爲先鋒統制。有勝捷軍統制張師正者，戰敗，轉徙大名，留守、宣撫使李綱斬之以徇。師正所部本童貫牙兵，初貫創勝捷軍，極諸軍之選，每禁軍一指揮，所選止一二人，或四三人，皆人物魁梧、武騎超絶者，纔得五千餘人，後隸師正。師正死，此軍懷反側，遂相約爲亂，鼓行而東，劫掠淄、青間，影附脅從者四五萬，號二十萬，所過亡復噍類，山東復擾。王以戍將寓大名，雅爲綱所器重，遂檄王以所部五百人討之。至淄河，以軍分爲四隊，布鐵蒺藜，窒歸路，令曰：「前則有功，退則死。有怯走者，許後隊殺以爲功。」於是士皆效死，莫敢回顧。至夜半，縱兵襲賊砦。賊既驚擾，旦而接戰，大破之，斬其魁李復，餘悉奔潰。王窮追不已，賊伏潰卒數千出我不意，王不及介胄，上馬趨之，矢石雨下，臂指吻鼻中四鏃。王怒，折箭披弓，拔刀徑前，殺爲首者六人，賊衆又奔。追至宿遷，其衆尚萬餘，謂已遠，王不能及，方擁所掠子女、椎牛縱酒。王單騎疾馳，夜造其營，呼曰：「大軍來矣，速束戈卷甲，吾能保全汝等，以共功名。」賊自淄河破膽，皆跽請命曰：「願吾父貸死。」因進牛炙斗酒，王下馬，飲啖輒盡，衆莫敢動，悉束手降。黎明，見王所部止此，始悔之，而業以解甲，莫不相顧失色。遷左武大夫，果州團練使。將所降朝京師，欽宗再錫對，慰獎甚渥，賜衣甲槍牌，除正任單州團練使，就命將所部屯滹沱河。真定失守，王知滹沱形勢已蹙，去之趙，趙守蓋王淵云，淵得王恃以自固。虜再入寇趙，知王在焉，攻益急，粟殫援絶，孤城更數日殆破。王一夕潛將三百人擣其營，虜大驚亂，翌日遁去。後有自虜來者，始知大酋二都統是日被槍以斃，衆遂不能支。除嘉州防禦使。將所部還大名，總管趙野辟爲前軍統制。光堯壽聖憲天體道性仁誠德經武緯文太上皇帝時以天下兵馬大元帥駐濟陽，王領所部勸進，復自濟陽次南京。虜縱兵逼城，人心兇懼，王據西王臺力戰，虜稍却。翌日再至，而酋帥白馬三郎以衆數萬薄城。王時所將近千人，與賊遇，即單騎突之，斬酋帥以還，部兵乘勝鏖鬬，虜衆遂潰，南京圍解。郡守帥父老迎謁，居民炷香夾道，多感涕者，於是還詣濟陽勸進，遂扈蹕如南京。太上即位，授光州觀察使、帶御器械。王請移蹕長安，下兵收兩河，朝議不從。始建御營，以王爲左軍統制。詔平濟州山口賊解大刀、李昱等，所嚮勦除。陞定國軍承宣使，依前帶御器械。制曰：「解趙城之圍，威鎮河朔；却胡馬之牧，效著睢陽。」皆紀實也。車駕幸維揚，王以所部扈從。甫至，賊有張遇者，號一窩蜂，既破儀真，自金山以衆來降，抵城而不解甲，扈從者危懼。王單騎造其壘，曉以逆順禍福，叱使速降，衆遂解甲聽命。李民擁衆十萬，亦既來降，比至維揚，復狼顧整勵器械，詔王淵處置，淵以屬王。王往諭旨，誅梗議者劉彦，驅李民以出，縛小校二十九人，送淵戮之。以民隸王軍，分其衆屬大將張俊等，事遂定。授王京西等路捉殺内外賊盜。時虜再犯河雒，王率敢死士戰于孝義橋，所殺已數千人，而別將以後軍先退，虜衆乘我，王身被鏃如棘，卒力戰以免。後至汴，詰先退一軍，皆斬左右趾以徇，威令大振，自是軍不復敗矣。召還行在，授鄜延路副總管，加平寇將軍，承節、帶御營統制如故。未幾，詔王領所部如山東。王聞車駕幸錢塘，遂由海道趨行在，時建炎三年也。未至，有裨校段恩者，亡至都下，詭言王兵潰陷虜，物情震駭。殿前統制苗傅、劉正彦素畜異心，聞王陷没，無復忌憚，遂勒兵反。殺簽書樞密院事王淵及内侍數十人，奉太上居别宫，凶焰熾甚，神武中軍統制官吴湛又陰與同惡。王在海上聞變，望闕慟哭，舉酒酹神曰：「誓與此賊不共戴天！」舟中士卒亦皆慟哭思奮。時禮部侍郎張浚在平江，方議討亂，與諸將環坐，計未有所出，聞王且至，更相慶曰：「韓公之來，此事必辦。」王至見浚，相與號泣曰：「何猶豫爲！」即日與浚定復辟之議，乃先諸將啓行。時道路譁言傅、正彦謀挾乘輿以出，中外洶懼。王曰：「賊素知畏我，我至，彼敢爾耶！」尋命偏將張世慶搜絶諸路郵置，使僞命不行。

至嘉禾，造攻具甚急。傅、正彦矯制止王，且除節鉞，王不受命。會江淮兩浙制置使呂頤浩亦來，王迎謁于郊。頤浩問曰：「賊計無它虞乎？」王曰：「彼怙勢憑衆，脅助鐵券，自謂不死，安有他虞！」又問：「可必勝乎？」王曰：「以順討逆，何爲不勝！」頤浩曰：「知彼知己，可以戰矣！」時楊國夫人及二子質傅軍，防守甚嚴，王略無顧念。會隆祐太后宣見楊國，楊國詣傅，紿曰：「太尉作如許事，公來矣，於太尉何如？」傅乃屈膝拜曰：「願奉兄嫂禮，謹其鞍馬，煩夫人好爲言。」是日入見，隆祐宣問周悉，執楊國手垂泣曰：「國家艱危至此，太尉首來救駕，可令速清巖陛。」楊國奉詔，馳出都城，遇傅弟翊於途，告之故，翊色動，手自捽耳。楊國覺翊意非善，愈疾驅，一日夜會王于嘉禾。王見之驚曰：「汝輩在耶！」俄而明受詔至，王曰：「吾知有建炎官家，安知明受耶！」斬其使，焚其詔，進兵益急。傅等大懼，遣將領張永載謝罪，且出御札曰：「知卿已到秀州，遠來不易。朕居此極安寧，苗傅、劉正彦本爲宗社，終始可嘉。卿宜知此意，徧諭諸將，務爲協和，以安國家。」王知脅求詔旨，非太上本意，諭永載曰：「天子即復位，事乃可緩。不然，吾今以死決之。」賊得語，知不可解，即日復太上明辟。王晨夜兼行。承宣使張俊遣兵三千助王，王顧所部或非素所拊循，乃悉收家屬詣軍。及合戰臨平，艤家屬舟岸下，由是師徒登岸擊賊，無一不用命者。賊將苗翊、馬柔吉以重兵負山阻河爲陣，且於中流植木爲鹿角，以梗行舟。岸間塗淖不可馳，王乃下馬揮戈，令軍中曰：「今日當以死報國，若面不帶數箭者皆斬。」士殊死鬭。轉至剪刀山下，賊以乘神臂弓數千持滿而待。王瞋目大呼，挺刃徑前，賊辟易，矢不及發。連戰皆大克，直造北關門。傅、正彦自授江東制置使副，提禁旅數萬以遁。朝廷慮其遂逸去，詔能生擒傅、正彦者，有官人轉承宣使，無官人授正任觀察使，其餘獲逆黨，賞各有差。王入朝行宮，拜且泣曰：「逆賊不道，主辱臣死，臣願受命，縛此二逆。」因奏曰：「逆賊擁精兵數萬，去甌閩甚邇，萬一寖成巢穴，愈難撲滅，臣請速除之。未審聖意欲生致之耶？抑函首以獻也？」太上曰：「能殺之足矣。」王曰：「臣誓生致之，顯戮都市，爲宗社刷恥。不然，則臣爲欺天。」殿前虎賁有宋金剛、張小眼者，號膂力，王乞以從，欲俾獲俘來上。時所部纔數千人，請止以所部行。太上壯之，酌巨觥以餞，因握手語王曰：「統制吳湛佐二叛爲逆，卿知之乎？」王曰：「此易與耳！」時湛已不自安，嚴兵爲衛。王詣湛與語，手折其中指，遂擒以出。門下兵衛驚擾，王按劍叱之，無敢動。又親擒湛黨王世修，同日伏誅。王遂行，詔除武勝軍節度使、御前左軍都統制、江浙制置使。王兼程追襲。賊方圍三衢，聞王師來，即解去，將趨上饒。王恐其或滋蔓閩、廣也，徑自浦城捷出迎之。至漁梁驛，與賊遇，夜半勒兵，距浦城十里。賊跨溪據險設伏，正彦屯溪北，傅屯溪南，相約爲應。俄而接戰，部將李忠信、趙竭節恃勇陷陣，馬彦溥馳救，死之。王挺槍徑前，賊望見，咋曰：「此韓將軍也！」乃潰，擒傅、正彦及傅弟翊，遣所乞二虎賁護俘獻行宮，斬于建康市。師還至蔣山，太上遣中貴人賜金合茶藥，并御書「忠勇」二字表王旗幟。詔曰：「餘杭之難，卿首奮忠勇，已破凶逆。朕之復辟，惟卿之功。」除檢校少保、武勝昭慶軍節度使、御前左軍都統制。楊國自碩人超封國夫人，制曰：「智略之優，無愧前史。給内中俸，以示報焉。」功臣妻給俸自楊國始。改除武勝定國軍節度使，依前檢校少保、御前諸軍都統制。兀朮入寇，車駕復幸臨安，命杜充以尚書右僕射守建康，王守鎮江，兼制海道。王方治舟秀之青龍，無何，充以建康叛降于兀朮，兀朮遂自建康取宣城，直至廣德，徑趨臨安，車駕又幸四明。王聞之，亟以舟師赴難。未發，兀朮聞王在京口，遽勒三十萬騎北還，王即奏願留江上勦除，使絶南牧之患。遂提兵截大江以邀之，先降其將鐵爪鷹李選。太上賜札曰：「比在會稽，呂頤浩獻議，欲會兵京口，邀截歸路。遽覽來奏及圖上方略，實契聯懷。惟卿忠憤之誠，謀慮之審，千里之外，不謀而同。載觀規圖，深所嘉歎。今以獲賊資財物帛盡與將士，并降空名誥劄二百道，用資激賞。」兀朮遣使通問，王亦遣使臣石皐報之，約日會戰。戰數十百合，虜終不得渡。復使致詞，願還所掠假道，不聽；請益以名馬，又不聽。虜乃益兵儀真，勢接建康，兀朮軍于南，撻辣軍于北。王提海艦中流，南北接戰，相持黄天蕩四十有八日。兀朮窘甚，求打話，王酬答如響，時於佩金鳳瓶傳酒縱飲示之。虜見王整暇，色益沮，乃祈假道甚哀，王曰：「是不難，但迎還兩宫，復舊疆土，歸報明主，足相全也。」兀朮語塞。又數日，求登岸會話，王以二人從見之。復伸前懇，而言不順，王怒且罵，引弓將射之，亟馳去。虜自知力憊糧竭，久或生變，而王舟師中流鼓枻，飄忽若神。凡古渡津口，又皆以八面控扼，生路垂絶。乃一夕潛鑿小河三十里，自建康城外屬之江，以通漕渠。刑白馬，剔婦人心，兀朮自割其額祭天。幸風濤少休，竊載而逃。王諜知其謀，悉舟師督戰，會風弱帆緩，虜得以輕舸渡去。土人稱爲番人河，其後秦檜主和，更名新開河云。先是，王治兵鎮江，嘗曰：「是間形勢，無如金山龍王廟者，虜必登此，觀我虚實。」乃遣偏將蘇德以二百人伏廟中，又遣二百人伏岸下，約曰：「聞鼓聲，岸兵先出，廟兵繼出。數日虜至，果有五騎趨入廟，

廟中之伏喜，先鼓而出，五騎振策以馳，僅得其二。有一人紅袍白馬，既墜，復跳馳而脱，詰二人者，云即兀术也。是舉也，兀术僅以身免，俘獲殺傷者不可勝計，所遺輜重山積，所掠男女獲免者不知數，又獲龍虎大王舟千餘艘。捷聞，太上賜札曰：「卿比統帥舟師，邀擊虜寇，忠勇之節，遠近所聞。相拒大江，殆彌兩月，殺傷莫計，俘獲良多。所有已立功人，早以功狀來上，當優與推恩。」又札曰：「胡馬飲江，大肆殘虐，卿感激思奮，慷慨自期。獨提全軍，往邀歸路。將士用命，水陸齊攻。捷音遠聞，殺獲甚衆。言念忠勞，不忘嘉嘆。」未幾，除檢校少師、武成感德軍節度使、神武左軍都統制。時劇盗數起，閩中、荆湖震擾，朝廷爲出禁旅，遣辛企宗討之，師老不能平。福帥程邁、監司侯懋等力請改命將帥，章四十三上，太上乃除王福建江西荆湖南北路宣撫，副參政孟庾以行。賊范汝爲據建安，衆踰十萬，至僭造黄紅傘等。王曰：「建居閩嶺上流，使賊沿流而下，則七郡皆血肉矣。」於是選輕鋭航海，徑趣福唐，擁衆而上。福帥迎謁，且言賊方鋭，宜少休以俟元夕。王笑曰：「吾以元夕凱旋見公矣。」因酌酒以别。師次延平，劍潭湍險，賊焚橋以拒我師。王策馬先浮以濟，師遂濟，士氣益倍。距建寧百里許，賊盡塞途路，埋巨木爲鹿角，散布竹簽、鐵蒺藜，掘陷馬坑，凡可以旅拒王師者，無不用其至。王即命諸軍偃旗仆鼓，捨正路，俾各擇便利，沿山塹溪，披踐榛棘，遂達郡之鳳凰山，繞出賊背，下瞰城邑，如在井底。火樓、巨石、天梯、雲梯，百道齊攻，汝爲震怖，以謂從天而下。五日城陷，汝爲竄身自焚回源洞中。又有陸必强、葉鐵骨、陸必先、張弓手、熊致遠等，皆號賊驍將，分兵四劫。而葉諒者别以一軍再寇邵武，王悉擒斬之。凡殺賊衆三萬餘人，生擒魁首張熊等五百餘人，士人之附賊如施逵、謝嚮、陸棠等，皆械送行在所。廼令軍人悉駐城上，毋得下，植旗於城之三隅，令士民自相别，農者給牛，穀使耕，商賈者弛征禁，爲賊者使民得甘心，脅從者貸遣。建安之民自以爲蒙更生，家立生祠，共刻其事于石，至今奉香火惟謹。太上賜札曰：「省奏范汝爲已就滅亡，遂釋朕南顧之憂。其餘畸零賊黨并葉諒等，想已招捉，惟務隨宜處置，勿留後患。」又札曰：「卿比執訊獲醜，安靖一方，非特秋毫無犯，給耕夫之牛，使不失時。雖古名將，何以加諸！朕始聞此，喜而不寐，是惟威愛兼得，體我至仁，加惠斯民者也。卿之勞苦，實永朕懷。」王遂條奏江西、湖南群寇，要須以時平定，乘勝撲滅，勢若破竹，詔從之。王旋師永嘉，若將就休息者，已而道括蒼、上饒，徑至豫章，江濱連營數十里。賊不虞王之猝至，以爲神，大驚，於是曹成、馬友、李宏等次第來降。王悉分配諸軍，即日移師長沙。山東賊「白氊笠」劉忠有衆數萬，嘗與兀术轉戰頡頏，而南據祁陽之白綿山，自黔其額，號「花面獸」。山險重複，營栅相望，凡一年莫敢攖其鋒者。王始至，即欲急擊之，曰：「少延歲月，湖南生靈無種矣」。庚不可，曰：「功幸已成而師勞，若更趨白綿，有如不捷，前功盡廢。」王曰：「兵家利害，世忠策之審矣，非參政所知。請期半月，當馳捷以獻。」庚不能奪。王即將所部與賊對壘，乃奕碁飲酒，按兵不動者累日，衆莫窺其際。一夕，獨與親信蘇格便服，聯小騎直穿賊營。警夜者呵問，王曰「我也」，蓋王已諜知賊中約以「我」字爲號，故所斥不疑，遂周覽營而出，喜曰：「此天賜也。」即下令明日破賊。會食，遂命諸軍拔栅前行。先遣鋭卒二千，銜枚夜進，伏于白綿山上，戒曰：「賊必空壘來戰，若疾馳入奪中軍望樓，駐麾張蓋。」既而賊以三萬人拒戰，兵交自寅至巳，賊精兵迭出，勝負未分。俄而所遣鋭卒二千植旗蓋於賊之望樓，傳呼如雷，賊回顧驚愕，進退無所據，遂潰亂。王乃傳麾令上下夾擊，將士争奮，大破之，追斬忠于小舟，傳首闕下。下令敢掠子女者斬。湖南遂平。戰克之日，與庚所期如合符契。詔除太尉，餘如故。又賜札曰：「出師今將期歲，以爾勞苦，緊我憂沖。比歲李宏壞植，劉忠敗績，益張吾武，震撓凶徒，朕甚嘉之。且以防秋戒期，狄猰是念，卿其振旅來歸，竭盡智力，以圖大功，而後喜可知也。」王授鉞以出，掃清三方，太上偉其功，詔樞密院以功狀頒示内外，諸將各務奮勵，共舉中興，以光史册。師還建康，乃置背嵬親隨軍，皆勇鷙絶倫者。除開府儀同三司，節制依舊，充淮南東路宣撫使，泗州置司。明年，以建康、鎮江、淮東宣撫使駐鎮江。是歲，兀术與酋帥撻孛耶合三路兵入寇，騎兵自泗取淮陽，步兵自楚取高郵，塵覆飛鳥。太上賜札曰：「覽卿承楚之奏，良用駭歎。今虜氣正鋭，又皆小舟輕捷，可以横江徑渡。想卿謀畫已定，可保無虞。更宜率勵將士，戮力勦除。此亦卿前日之所論奏也。浙西趨行朝無數舍之遠，朕甚憂之。卿忠憤憂圖，朕所素知，協濟艱難，正在今日。切更多筭，以決萬全。」又札曰：「朕以逆臣劉豫外挾强虜，驅率吾民，遣兵東嚮，觀其措意，必欲圖危社稷，人神所共嫉，覆載所不容。卿爲國大臣，乃心王室，忠憤之氣，想實同之。今賊犯真滁，已逼江上，而建康諸渡，舊爲賊衝，萬一透漏，存亡所係。卿宜戮力一心，以赴國家之急。先飭守備，徐圖進取，無失事機，以墮賊計。朕雖不德，無以君國子民，而祖宗德澤，猶在人心，所宜深念累世涵養之恩，永垂千載忠義之烈。興言及此，當體至懷。」王受詔感泣，曰：「至尊憂勤如此，臣子何以生爲！」遂自鎮江濟師，以前軍統制解元守

高郵，候虜步兵，而王親提騎隊往大儀，以當淮泗之寇。伐木爲栅，自斷歸路。大會將佐曰：「金人馬步分道並進，車駕方在江南，有如不勝，必爲社稷憂，諸君奮忠義以報國，此其時矣。吾平昔恨無死所，所以拔橋斷路，示無生還之望。」遂大饗戰士，戰士皆感奮，氣自百倍。會朝廷遣魏良臣使虜，至淮陽，王置酒送別，杯一再行，流星庚牌沓至。良臣問故，王曰：「有詔移屯守江。」乃撤炊爨班師。良臣切自喜，疾馳去。王度良臣已出境，乃上馬令軍中曰：「視吾鞭所鄉。」於是六軍大集，北行至大儀，勒精兵爲五陣，設伏二十餘處，戒聞嚴鼓之節，則次第起擊。良臣至虜，虜果問我師動息，悉如所見以對。兀术號知兵，聞大軍倉卒南還，喜甚，與群酋厲兵秣馬，直趨江口，至大儀五里所。王縱虜騎過吾軍之東直北，旗小麾，鼓一鳴，伏者四發。吾軍旗與虜雜出，虜軍亂，我師伍伍迭進。步隊各持長斧斫馬足，虜全裝陷涂淖，弓刀無所施。王東西麾勁騎四面蹂之，虜大半乞降，餘皆奔潰。追殺數十里，兀术乘千里馬以遁。積尸如丘垤，擒其驍將撻孛耶、女真千户長五百餘人，獲戰馬五百餘匹，器械輜重與平山堂齊，軍勢大振。兀术還泗上，召良臣，詰責其賣己，將斬之，良臣好詞以免。解元至高郵，亦遇賊虜，設水軍夾河而陣，我師皆願效死。虜整隊迭出，一日之間，合戰十三，士力稍罷，相拒未決。王遣成閔將勁騎往援之。閔與元軍合，復大戰，敗生女真及千户長等，虜敗去。俄而王至，窮追于淮。虜復大戰，敗潰奔走，相蹈藉没溺死者不可勝計。捷書沓至，群臣入賀，太上曰：「世忠忠勇，朕知其必能成功。」賜札曰：「聞卿獨抗大敵，勦殺犬羊數以萬計，攘逐過淮，全師而還，甚慰朕望。兀术舉國來寇，憑陵邊圉，非卿智勇冠世，忠義徇國，豈能冒犯矢石，率先士卒，以寡勝衆，俊偉如此！朕深念卿躬擐甲胄之勞，將士摧鋒力戰之苦，夙宵震惻，痛切在躬。得卿來報，頓釋朕懷。」初虜既傾國内侮，朝廷過計，有勸太上他幸者，於是降旨，議散百司，物論譁然。獨宰相趙鼎與王議合，曰：「戰而不捷，去未晚也。」至是虜既潰敗，王自淮上振旅凱旋，江左遂安，故論者以此舉爲中興第一。除少保、武成感德軍節度使、淮南東路宣撫使，鎮江置司。王在鎮江，一日方會諸將置酒，虜帥撻辣恥前敗覆，以書幣來約戰，王即席遣伶人張軫、王愈之持橘茗爲報。報書略曰：「元帥軍事良苦，下諭約戰，敢不疾治行李，以奉承旨揮也。」撻辣謀屈，卒不來，未幾全軍遁去。然諸將徘徊顧望，無敢渡江者，王獨請移軍窮邊，經理中原。太上賜札曰：「昨因虜近，議者以經理淮甸爲言，人多憚行。卿獨慨然請以身任其責，朕用嘉之。」又曰：「今聞全師渡江，威聲遐暢。卿妻子同行否？乍到，醫藥飲食或恐未備，有所須，一一奏來也。」改除武寧安化軍節度使，依前少保，充京東淮東路宣撫處置使兼營田大使，楚州置司，兼節制鎮江。時楚累經殘掠，邑屋皆丘墟榛棘。王至，則撫集流亡，通商惠工，創新營壘，民心安固，軍氣日益振厲。於是曩時煨燼瓦礫之場，化爲雄都會府，隱然爲國長城矣。劉豫間遣兵入寇，每爲王所敗却，生擒僞知鎮淮軍王拱及食糧軍數百獻于朝。是年虜又犯漣水，王迎擊，殺其將孫統領，追至金城。時豫之鋭卒盡屯宿遷聖女墩，王以輕兵破之，轉戰至徐之駕口。軍既單弱，而虜援兵訛里耶索、賈舍人踵至，遂以背嵬輕騎五百衝之，爲虜所圍。王突圍拔衆以出，復乘鋭掩擊，過落馬湖五十餘里，殺傷不可計。攻淮陽，旦暮且下，會詔班師，王亟還。道遇僞齊帥劉猊率金國三路都統太一孛堇、鑿山水晶相公、青州五路都統、東平府總管，及兀术舉兵自河間與諸道會。王結陣向敵，遣小校郝彦雄造其軍，大呼曰：「錦袍氈笠驄馬立陣前者，韓相公也。」衆咎王，王曰：「不如是，不足以致敵。」及虜騎至，王先以數騎挑之，殺其引戰者二人，諸將乘之，大破虜衆，暴屍三十里。捷聞，太上賜札曰：「卿誠存報國，義獨奮身，長驅濟淮，力戰破賊，俘獲群醜，撫輯遺黎。眷言忠勞，實所嘉歎。然王師之出，本以弔民，上將之威，尤宜持重，軍旅之外，毋爽節宣。深體至懷，副朕倚注。」特授横海武寧安化軍節度使，賜揚武翊運功臣，依前少保，充京東淮南東路宣撫處置使兼營田大使。王以承楚單弱，正當寇衝，寇至無以守，乃增大其城，身自督役，役不勞而城固，民恃以無恐，家立生祠以報。先是移屯淮陽，與敵接境，王乃多遣間結山東豪俊，俾緩急爲應，山東人及太行群盗多願奉約束者。金人廢劉豫，中原軍潰盗起，王以爲機不可失，奏乞全師北討，招納叛亡，爲恢復計，懇請誠切。太上賜札曰：「覽卿來奏，備見忠義許國之意，深用嘆嘉。今疆埸之事，以安静爲先，變故在彼，不必干預，當敦信約。卿其明遠斥堠，謹固封疆，以備不虞，稱朕意焉。」既而秦檜議和，諸帥已屯建康及武昌，詔王徙屯京口。王上奏，極論虜情叵測，其將以計緩我師，乞獨留此軍，蔽遮江淮。太上賜札曰：「覽奏，欲依舊留屯淮甸，誓與敵人決於一戰，已悉。朕迫於强敵，越在海隅，每慨然有恢復中原之志，顧以頻年事力未振，姑鬱鬱於此。自去冬敵人深入，卿首剉其鋒，鼓我六師，人百其勇。既至，彼潛師引遁，而卿復率先移屯淮甸。進取之計，恃此爲基，朕甚嘉之。前日恐老小或有未便，委卿相度，今得其所奏，益見忠誠，雖古名將，亦何以過！使朕竦然興歎，以謂有臣如此，禍難不足平也。古人有言：『閫外之事，將軍制之。』今既營

屯安便，控制得宜，卿當施置自便，勿復拘執，至於軍餉等事，已令三省施行。」初，國朝軍政日修，虜師屢衄，於是陰謀沮撓吾事。秦檜還自沙漠，力勸太上屈己和戎，銷兵罷將。朝廷遣使交割河南境土，虜亦遣使來議，而使名不遜。時檜主議甚力，自大臣宿將，萬口和附，王獨慷慨涕泣，章上以十數，爲太上開陳和議不可之狀，大略以謂：「虜情詭詐，且陝西諸路出兵産馬用武之地，豈肯真實交割！」又曰：「但恐以還地爲名，先要山東、河北等路軍民及北人之歸明者，出此聲勢，摇動人情。我若太加卑屈，深慮人心離散，士卒凋沮。」又曰：「今當主辱臣死之際，臣願效死節，激昂士卒，率先迎敵，期於必戰，以決成敗。若其不克，陛下委曲聽從，事亦未晚。」又曰：「如王倫、藍公佐交割河南地界，別無附合誑賺朝廷，雖以王爵處之，未爲過當。欲乞令供具委無反復文狀於朝，以爲後證。如臣言虚妄，日後事成虚文，亦乞重寘典憲。」其言深切懇到，出於忠誠，且請單騎赴闕面奏。太上率優詔褒答，其略曰：「卿忠勇冠世，獨當一面。國威既震，和議漸諧，南北兵民，可冀休息。究其所自，卿力居多。卿其保護來使，無致疏虞。所乞入朝奏事，俟有機會，當即召卿。衆方懷疑，疆埸事大，正倚卿爲重，未可暫離軍中也。」其後虜果負約如王所言。檜甚恐，即上疏曰：「臣聞德無常師，主善爲師；善無常主，協于克一。此伊尹相湯咸有一德之言也。臣昨見金國撻辣有講和割地之議，故贊陛下取河南故疆。既而兀术戕其叔撻辣，藍公佐之歸，和議已變，故勸陛下定弔民伐罪之計。」又曰：「如臣言不可行，即乞行罷免，以明孔聖陳力就列、不能者止之義。」其詞反覆無據，由是天下服王精識，而尤檜益深云。兀术既再陷三京，又犯漣水，太上賜札曰：「金人復佔據已割舊疆，卿素藴忠義，想深憤激。凡對境事宜，可以結約招納等事，可悉從便宜措置。若事體稍重，即具奏來。」王遂率背嵬軍由洳口破走兀术，僞守趙榮以宿州降，李世輔以亳州降。詔除少師，餘官悉如故。明年，虜都統周太師者以大軍入寇，水陸並進，未及渡淮，王督士馬拒戰于淮陽，又走之，因取劉冷莊，設伏掩擊，遂至沂水，虜溺水不知其數。又遣偏將王勝攻下海州，取懷仁諸縣，破千秋胡陵大寨，擒虜帥郭太師、僞守王忠，盡得其軍糧、牛馬、器甲，即日獻俘闕下，詔除太保，依前功臣、三鎮節鉞、淮東宣撫處置使、兼河南北諸路招討使、營田大使，封英國公。是年虜犯淮西，殿帥楊存中合宣撫使張浚之師，與戰于鍾離，弗克，詔王赴援。虜別軍數萬屯定遠，王遣成閔以輕騎擊破之，轉戰數日，兀术中克敵弓以走，其衆大潰，遂奪鍾離。捷聞，太上賜札曰：「聞卿親率將士，與賊接戰，追逼直至城下，賊馬一發奔潰過淮，卿已復據州。卿忠義之氣，身先士卒，親遇大敵，嘉歎何已！況卿前後所料賊情，一一必中，今日善後之策，更爲深加思慮，措置以聞也。」王因上章，極言爵賞之濫，乞自今非破虜、復境土，不畀崇資，以塞倖門。時和議復成，秦檜權力益盛，異己者禍如發矢，王復危言苦諫，以謂：「中原士民迫不得已，淪于腥膻，其間豪傑莫不延頸以俟弔伐。若自此與和，日月侵尋，人情銷弱，國勢委靡，誰復振之！」太上復賜札嘉獎。又乞與北使面議，優詔不許。尋再上章，力陳秦檜誤國，詞意剴切，檜由是深怨于王。已而盡撤邊備，召諸大將還闕，王及張俊、岳飛除樞密使副。王上表乞解樞務，避竄丐閑，時論高之，時紹興十一年也。又上表乞骸骨，不許，除太傅，依前三鎮節鉞，充醴泉觀使，進封福國公，賜第都城，奉朝請。其秋，顯仁皇后鵽駕來歸，王朝謁于臨平，后以北方獨聞王名，特召至簾前曰：「此爲韓相公耶？」慰問良久，其後賜餉無虚月。明年，進封潭國公。十三年，進封咸安郡王。十七年，以郊恩改鎮南、武安、寧國之節。太上數召王同家人燕于苑中，眷禮深篤，數賜名馬、寶劍及其他賜予，勞問相踵，然王老矣。二十一年秋，王病不能朝，迺上表謝事，策拜太師，問疾之使肩摩轂擊于道。於是悉召故人列校，勉以忠義大節，焚逋券百萬，親視含襚，曰：「吾以布衣百戰，致位公王，可以無憾矣。」以是年八月四日薨于私第之正寢，享年六十有三。疾方革，累詔宣醫診視，訃聞，太上矗然爲輟視朝。贈通義郡王，賻以内帑、金帛各三千疋兩，錫尚方名汞、龍腦香以斂，襚服用一品，所以慰卹其家甚至，遣勅使徐伸護葬事。以是年十月庚子大葬于平江府吴縣胥臺鄉靈巖山之原。有詔命中貴策祭于家，又詔奉常貳卿軷祭于都門外。【略】今天子乾道紀元之四年，有詔特追封蘄王，又八年，乃賜謚。始王鼎貴，嘗戒戲下及其家人曰：「忠者，臣子不可一日忘，不惟所當常行，抑亦所當常言。吾雖名世忠，汝曹無得以忠字爲諱，若諱而不言，是忘忠也。吾生不取、死不饗也。」至是得謚忠武。彦古稟述先教，不敢辭，君子以爲通於孝云。嗚呼！王起西陲布衣，杖劍從戎，不十數年，功名與日月争光，何其盛耶！爲平寇將軍，爲都統制，爲宣撫使，爲常置使，爲營田大使，爲詔討使，爲樞密使，所踐無非達官要職，而能益彰；平全閩，夷江西，剪湖湘，殲苗、劉，摧兀术，鏖大儀，拓東海，扞揚楚，震淮陽，所當無非勍寇劇賊，而功益俊偉不可及。及和議初定，虜使稍不恭順，王則忿其無禮於吾君，誦言誅之，且下令所部州無得少屈，虜使爲之沮戢。性不喜便佞，事關廟社，必傴僂玉陛上，流涕極言之，雖不加文飾，而誠意真切，理致詳盡。人主知

其出於忠實，不以爲忤也。秦檜用事，遣中原人親屬還虜中，有戀國恩不忍去，必械繫以送，至謀遣趙榮。王力争曰：「榮不忘本朝以歸，父母、妻子悉遭屠滅，相公尚忍遣之，無復中原望耶！」弗聽。岳飛之獄，王不平，以問檜，檜曰：「飛子雲與張憲書雖不明，其事體莫須有。」王艴然變色曰：「相公，莫須有三字何以服天下！」于時舉朝憚檜權力，皆附離爲自全計，獨王於班列一揖之外，不復與親。每建大議讜言，家人危懼，或乘間勸止，王曰：「今明知其誤國，乃畏禍苟同，異時瞑目，豈可於太祖官家殿下喫鐵棒耶！」言雖質，留旨深，士君子至今傳之。受人恩，則生平不去心。簽樞王淵識王於微時，待遇絶等，苗、劉之亂，淵首遇害，王爲請地厚葬，經紀其家，不遺餘力。初，淵輕財嗜義，家無宿儲，或勸以治生，淵曰：「國家官人，以爵使禄，足代其耕也。若切切事錐刀，我何愛爵禄，不爲大賈富商耶？」王敬服其言。故握兵三十年，未嘗爲乾没貿遷之私，上所錫賚，悉分將士，將士故樂爲之用。太上高其義，察其廉，特賜江東永豐圩田，以給其子孫，王復上書，租賦願與編户同，爲勢家倡。太上欲成其美，從之，優詔獎諭。雖厚撫將士，千金有所不愛，至一官一級，則靳惜如肌肉。嘗謂將佐曰：「爲國立功，人臣常分，吾所以使汝輩功浮於賞者，乃所以遺爾子孫也。天日昭昭，爵禄虚受，終必爲禍，他日爲國爪牙，尤當戒此。」舊制：戰勝第賞，必以首級，軍人貪得，至殺平人以希賞。王始建議，不許以首級計功。然諸帥保奏將士武功，左武各有隊伍，惟王所部須實有功乃奏，終不以毫髮假人。是以淮東一軍，功最多而崇資者少。城楚州，與士同力役。黄天蕩之戰，楊國在行間，親執桴鼓。家楚州，織薄爲屋。將士有臨敵怯懦者，王遺以巾幗，設樂大讌會，俾爲婦人妝以恥之，其人往往感發自奮，後多得其死力。其制兵器，凡今跳澗以習騎，洞貫以習射，狻猊之鍪，連鎖之甲，斧之有掠陣，弓之有克敵，皆王遺法。太上以其制下兵部及頒降諸將者是也。嘗中毒矢洞骨，則以强弩拔之。十指僅全四，不能動，身被金瘡如刻畫。晚以公王奉朝請，尤能以道卷舒，絶口不言功名。蓋自罷政居都城，高卧十年，杖屨幅巾，放意林泉壺觴間，若未嘗有權位者。而偏裨部曲往往致身通顯，節鉞相望，歲時造門，類皆謝遣。羣工列辟，想聞風采而不可見，則相約於朝班，望王眉宇而慰喜焉。至於外夷遠人、幽閨婦女，皆知有所謂韓郡王者，歲時輒相從詗王年幾安否，以爲天下重輕云。而王終日澹然，獨好浮圖法，自號清凉居士。故雖權臣孔熾，王最爲所忌嫉，而能雍容始終，蓋詩所謂「明哲保身」者。屬纊之際，神爽益清，冠佩修然，合爪而逝。有詔擇日臨奠，檜遣中書吏韓城以危語脅諸孤，令必辭，諸孤亦緣王遺意，不敢屈勤君父，上表懇免至再，太上黽勉從之。其始終恩遇如此。臣雄曰：「自起、翦以來，山西出將尚矣，呼吸雷風，動摇山岳，戰勝攻克，卓然以勇略聞者班班不絶于册書。至於達之以智謀，本之以忠義，如古之所謂名將者，山西蓋亡幾也。秦、漢而下，可以言智謀忠義如古名將者，若諸葛亮、郭子儀，其庶幾乎！王本山西之豪，與起、翦相望，而其智謀忠義有過前修，無不及焉。方逆傅滔天，王聞變慟哭，士卒皆哭，莫能仰視，遂自海道徑還。吕頤浩方以賊爲憂，王謂賊既取鐵券，必無他慮，頤浩又慮賊難勝，王則深言逆順之理，知其必勝，於是頤浩計乃決，傅卒成擒。至如中興之初，倡議西都長安，乘建瓴之勢，東向以圖中原，朝議不從，識者以爲深恨。及維揚危急，六飛南渡，諸帥咸欲西趨岳鄂，徑往長沙，王獨以謂今已失河北、山東，惟有淮、浙號稱富實，若又棄之，更有何地！太上嘉納，江左立國之謀，於是乎始定。臣雄嘗待罪太史氏，獲睹日曆所紀太上皇帝聖語甚詳，最後論戰論和，章數十上，皆算無遺策，蓋所謂定大事，決大疑，忠義稟於天資，智謀出於人表，視山西以勇略稱者，不可同年語矣。是以太上洊賜詔曰：「雖古名將，何以加諸！」而皇上特以忠武易名，蓋以王爲亮、子儀之流。惟二聖日月之明，知臣莫若君，德音鏗鍧，天下傳誦。世忠得此嘉獎，其亦可謂死而不朽也耶！臣觀宣王中興，如《采芑》、《江漢》之詩，所述荆蠻來威，王國庶定等事，雖以褒大方叔、召虎之功，然其任賢使能，致此巍巍，則宣王盛德之形容，光明偉傑，不可掩也。臣願頗采《周雅》聲爲銘詩，以彰元勳，以歌堯父舜子知人之明，以稱明指，顯耀韓氏，以昭示于億萬世。」其詞曰：

昔在宣靖，崇極而傾。胡酋不恭，神州盡腥。天地重開，真人龍翔。德業巍巍，周宣漢光。凡此中興，誰實佐命。緊時元勳，王國以定。元勳謂何，維師蘄王。王奮山西，起翦之鄉。鐵胎之弓，悍馬長槊。方在童年，氣震山嶽。逮事徽皇，至于欽宗。天下兵動，外阻内訌。王先戎行，是磔是剪。浙西山東，績用丕顯。霸府肇新，來乘風雲。掃清南都，大駕時巡。淮海之間，劇盜蝟起。解甲束戈，如父詔子。帝幸餘杭，王征徐方。逆臣乘虛，反易天常。賊虐樞臣，都城喋血。凶燄孔熾，震驚宸闕。王在海上，聞變號呼，凡爾衆士，今當糜軀，吾與群凶，不共戴天！山川鬼神，實臨此言。舟師鼓行，雷動電擊。撓彼凶徒，裂膽褫魄。天位反正，乾清坤夷。生擒渠魁，梟首大逵。有狡汝爲，盗據富沙，流毒全閩，血人于牙。大江之西，重湖之南，蜂屯蟻結，虎猛狼貪。三方百城，地數千里。奪攘矯虔，聲勢相倚。當宁謀帥，宜莫如王。授以斧鉞，往椿其吭。覆其穴

巢，鋤其根萌。閲歲未周，三方悉平。奔旗奔師，捷書相望。貸遺協從，旌別善良。爾商爾財，我弛爾征。爾農爾田，我資爾耕。仁義之兵，吊伐是尚。帝有恩言，卿古名將。胡馬飲江。充叛以降。金陵不支，洊窺上邦。王整虎旅，邀截歸路。虜朮雖强，望風震怖。海艦如雲，江之中流。北剉援兵，南衂歸舟。水戰陸攻，推枯拉脆。殺傷莫數，俘獲萬計。酋帥小黠，僅脱其身。敵勢寖銷，皇威益信。朮猶不悛，纔數年期，傾國南侵，步騎分馳。逆黨成林，塵暗穹蒼。九重制詔，罪己如湯。王曰呼嗟，君父旰食，臣何生爲，矢死報國。部分將佐，直趨淮壖。親室歸途，示無生還。妙筭既定，奇策先施。聲言守江，已駐大儀。衆寡雖殊，我整彼亂。虜騎紛呶，馬足俱斷。四面鏖擊，若降若屠。積骸爲丘，灑血成渠。折馘獻俘，千里相踵。驍將數百，豈計輜重。偏裨在楚，亦以捷聞。王來窮追，虜師大奔。振旅凱歌，天子曰都。世忠忠勇，虜不足誅。江左人心，恃此寧謐。中興以來，武功第一。淮陽鍾離，莫非俊偉。生平戰多，竹帛莫紀。王屯極邊，志清中原。和議既諧，弛强鑠堅。王之論和，忠憤激烈，利害皎然，黑白區別。聖主俞之，權臣讎之。明哲令終，天實休之。孰不爲將，孰不建功。動摇丘山，呼吸雷風。惟王天資，與勇將異。達以智謀，本以忠義。大疑大事，決於片詞。較彼起翦，王其過之。王起寒素，飯糗衣紵。出際盛時，蛟龍雲雨。解衣推食，言聽計行。任用不疑，天子之明。三鎮節旄，三事典策。報功惟優，天子之德。惟聖天子，使臣以禮。哀榮死生，福禄終始。重華神武，志大有爲。眷言勳勞，恨不同時。真王啓封，貴窮人爵。忠武之謚，如葛如郭。八言衮褒，更瞻雲章。誰克有動，上不汝忘。豐碑巖巖，億載有耀。凡百臣子，其思忠孝。

雜録

備録

李幼武《宋名臣言行録・四朝名臣言行別録》卷六《韓世忠蘄國忠武王》

王風骨偉岸，目瞬如電。蚤年鷙勇已絶人，有日者嘗言其當作三公，怒其侮己，歐之。

銀州之役，夏人嬰城自固，王斬關殺其將，擲首陣外，諸軍乘之，賊大敗。俄以重兵次蒿平嶺，王鏖戰解去。忽一騎士鋭甚，王問俘者，知爲監軍駙馬兀啰也，躍馬斬之，賊大潰。

方臘反，江浙震動，王從王淵討之。至杭州，賊張甚，大將惶怖。王請以二千兵伏擊之，乃遁。淵歎曰：「真萬人敵也！」盡以所隨白金器賞之。賊據睦州清溪洞深巖，王潛行溪谷，問野婦得徑，挺身仗戈擣其穴，格殺數人，擒臘以出。

議復燕山，調諸軍至，則皆潰。王與蘇格等五十騎，逢虜騎三千餘，從者失色。王遣列于高岡，戒勿動。值燕山潰卒舟集，即命艤河岸，約鼓譟助勢。王躍馬薄賊，迴旋如飛。虜分爲二隊，據高阜，王出其不意，突其執旗者，因奮擊，格等夾攻之。舟卒悉如約鼓譟，虜大亂，追斬甚衆。

從梁方平經略東事，賊楊天王、透手滑、武翳及徐進、青社張先等皆萬人，王次第擒滅，振旅而歸。

勝捷軍潰於河北，有大校李福者，率以爲亂。宣撫使李彌大遣王襲擊之。臨陣斬福，餘衆猶滿萬，王單騎入其軍曰：「我輩皆西人，平生惟殺番賊，幾曾作賊耶？官家使我招汝，若能降，悉赦汝罪。」皆拜而請命，遂降之。

真定失守，王知王淵守趙，遂亟往。虜至，聞王在，攻益急，粟殫援絶。大雪夜半，王將三百人擣虜營，虜大亂，盡遁。後自虜來者，始知大酋被創死，故衆不能支。

高宗初駐濟陽，王領所部勸進。次南京，虜逼城，人心恟懼，王據西王臺力戰却虜。翌日，酋帥領數萬至，王兵僅千人。遇之，即單騎突斬酋帥，虜大潰。郡守率父老迎謁，感涕。還濟陽，因扈蹕如南京。

上幸維揚，王以所部從。時賊有張遇者，號一窩蜂來降，抵城不下解甲，人心危懼，王獨入其壘曉之，悉聽命。

王微時，王淵待之絶等。苗、傅殺淵爲亂，王奮發討賊尤力。乃即海道赴行在所，張俊等知王至，更相慶曰：「韓公之來，此事必辦！」王至常熟，得俊書，大慟，舉酒酹神曰：「誓不與此賊共戴天！」士卒皆奮。見張浚曰：「我便去救官家。」浚曰：「投鼠忌器，事不可急，已遣人甘言誘賊矣。」王兵寡，浚乃分張俊兵二千借王。二凶矯制召王，王乃陽爲好語以報曰：「殘兵不多，欲部至行在。」二凶許之。時俊亦遣兵於吴江，有步將安義陰結二凶，欲代俊奪其兵，斷吴橋以應賊。俊乃遣王屯秀，以伐其謀。王至秀，乃稱病不行，而造攻具，二兇始駭。吕

頤浩亦來，王郊迎，呂問曰：「賊計無它虞乎？」王曰：「彼怙勢憑衆，脅取鐵券，自謂不死，安有他虞。」又問：「可必勝乎？」王曰：「以順討逆，何爲不勝？」時王妻梁氏及子亮質傅軍，王不顧。會隆祐太后宣見梁氏，執其手泣曰：「太尉來救，可令速清岩陛。」傅先遣其弟翊伏赤心軍于臨平，伺擊勤王之師。王曰：「乳臭兒乃敢爾耶！」翊招王兵出戰，王持矛突前，令其將士曰：「今日各以死報國，若面不帶箭者，必斬之！」翊等敗走，苗、劉引兵出遁，王入城，擒賊黨王世脩、吳湛，皆戮之。

王爲江浙制置使，統一軍追捕苗、傅等。傅等寇浦城縣，王將兵夜至縣北十里，賊跨溪據險設伏於路，王使統制官馬彦輔擊賊，伏發死之。賊乘勝至中軍，王率親兵力戰，傅大敗，遂擒正彦。有舉人程妥者，崇安人，時擄在傅軍，乃爲傅畫策，領餘衆由小路入崇安縣境。既入夜，棄其軍，變姓名作賈人，偕妥及其愛將張政西走劍鋒村，爲土豪詹標所邀。苗留數日，妥覺不免，密告標曰：「此苗傅也。」標即報福建提刑林杞，遂聞于朝。

賞王平苗劉之功，加兩鎮節度使，御書「忠勇」二字，表其旂幟。又封其妻梁氏爲國夫人，給内中俸以寵之。將臣兼兩鎮，功臣妻給俸並始此。

上召張俊、韓世忠、辛企宗等同議駐蹕之地，俊、企宗勸上徑之潭州，世忠後至，以爲當往吴越。曰：「官家已失河北、山東，若又棄江淮，更有何地？」上令内侍押三人就都堂議。宰執入奏，上曰：「昨世忠欲往吴越，吴越則我可以戰，俊、企宗不敢戰，故欲之湖南。」頤浩曰：「誠如聖訓。」

頤浩奏請益兵以討李成，上謂宰執曰：「頤浩奮不顧身，爲國討賊，群臣不能及。」范宗尹曰：「頤浩欲更得世忠軍爲助。」上曰：「虜騎尚在江北，世忠未可遠行。」李回曰：「成敢擁衆跨江，正以邊防未息，朝廷不能遣兵，若陛下親御六師移蹕饒、信間，則破膽矣。」

世忠先屯焦山寺，以邀虜歸。兀术遣人約日會戰，世忠謂諸將曰：「是間形勢，毋如金山龍王廟者，虜必登此覘我虛實。」乃遣偏將將三百卒伏廟中，又遣三百卒伏江岸，遣人於中望之，戒之曰：「聞江中鼓聲，岸兵先入，廟兵繼出。」虜至，果有五騎趍龍王廟，廟中之伏喜，先鼓而出，五騎振策以馳，僅得其二，有一人紅袍玉帶，既墜復跳馳而脱。詰二人者，云即兀术也。既而戰數十合，俘獲甚衆，又獲兀术之壻僞封龍虎大王者，舟千餘艘。虜終不得濟，復使致詞，願還所掠假道，世忠不從。益以名馬，又不從。時韃辣在濰州，乃遣孛堇太一趍淮東，以爲兀术聲援。

世忠奏捷，上曰：「金人侵侮以來，兵將多是望風奔潰。今歲如韓世忠輩，雖不成大功，皆累獲捷。若自此訓卒繕甲，極力措置，今冬虜來，似有可勝之理。朕觀自古恃衆而敗，如尋邑、昆陽之戰者多矣。」乃出世忠奏，命尚書省以黄榜諭中外。時虜衆十餘萬，而世忠戰士纔八千，兀术求登岸語世忠，以二人從見之，兀术語不遜，世忠怒引弓射之，亟馳去。

先是，世忠與兀术相持于黄天蕩，世忠以海艦進泊金山下。將戰，世忠預命工鍛鐵，相連爲長綆，貫一大鈎，以授士之驍捷者。平旦，虜以舟噪而前，世忠分海舟爲兩道，出其背，每縋一綆，則曳一舟而入。虜竟不得渡，乃求與世忠語。世忠酬荅如響，時於所佩金鳳瓶傳酒縱飲示之，兀术見世忠整暇，色益沮，乃求假道甚恭。世忠曰：「是不難，但迎還兩宮，復舊疆土，歸報明主，足相全也。」兀术既爲世忠所扼，欲自建康謀北歸，不得歸，或教於蘆場地鑿大渠二十餘里，上接江口，舟出江背，在世忠之上流。遂傍冶城西南隅鑿渠，一夜渠成。次早出舟，世忠大驚。金人悉趍建康，世忠尾擊敗之，虜終不得濟。世忠乘風使篷海舟，往來如飛，兀术謂諸將曰：「使船如使馬，何以破之？」乃揭榜募人獻所以破海舟之策。有福州人王某，教其於舟中載土，以平板鋪之，穴船板以櫂槳，俟風息則出，江有風則勿出，海舟無風不可動也，以火箭射其篛篷，則不攻自破矣。一夜造火箭成。是日，引舟出江，其疾如飛，天霽無風，海舟皆不能動，以火箭射海舟，篛篷火烘日曬，人亂而呼，馬驚而嘶，所焚之舟蔽江而下。世忠與餘軍至瓜步，棄舟而陸，奔還鎮江。兀术乃得絶江而遁。

有詔世忠蕩平諸寇，連奏大捷，已優嘉擢。其告諸軍統制官，各務立功報國，共濟中興，以光史册。

世忠爲其子亮請換文資，詔許之。諸將以文資禄子孫始此。

上謂宰執曰：「朕爲中興之治，無有不用兵者，卿等嘗與世忠議此否？朕前日與世忠論至晚膳過時，夜至四更不寐。朕與卿等固有定議，可更召侍從官日輪至都堂，給札條上，朕將參酌，以決萬全。」頤浩曰：「謹奉聖訓。」

以浙西大帥劉光世爲江東宣撫使，置司池州。時光世與世忠更戍，世忠已至鎮江，而姦細入池州城，潛燒倉庫，光世擒而鞫之，皆云世忠所遣。於是世忠、光世交訴于上，詔光世移司建康，而世忠又欲以兵襲其後，上遣使和解，仍書後漢賈、寇事戒之。

世忠遣杜琳、解元將兵渡淮北去。至是，詔金人已約和矣，可遣兩軍且駐盱眙，勿侵齊國之境。

宰執奏，乞以世忠所報蕃僞兵犯承楚事，付奉使魏良臣往軍前商議。上曰：「和議蓋非得已，儻得淮南百姓安業，即内帑自可了其歲幣，不須户部財賦。朕宫中並無用内帑所有專一養兵。」沈與求曰：「陛下爲民之故，捐内帑以充歲幣，此盛德事。」

遣魏良臣爲奉表通問使以使虜。虜已定議出師，而朝廷未知。世忠奏，遣使議和非計，乞厲兵恢復。上謂大臣曰：「世忠爲國之忠甚切，可降詔奬諭，仍先開諭二聖在遠，當時遣使通問。」

虜僞合兵入寇，上以御札賜世忠，略曰：「虜氣正鋭，朕甚憂之。建康諸渡舊爲賊衝，万一透漏，存亡所係。朕雖不德，無以君國子民，而祖宗德澤猶在人心，所宜深念累朝涵養之恩，永垂千載忠誼之烈。」世忠讀詔，感泣，遂進屯揚州。

淮東宣撫韓世忠奏，已過江拒賊。上曰：「世忠忠勇，必能成功。可令户部支銀絹，犒賞過江將士，以激其心。」既而世忠又奏，見在揚州，適霖雨，未能進師，恐朝廷訝其成功之遲。上曰：「兵事，豈可遥制。」乃詔世忠聽其臨機制變。

世忠總兵駐揚州，時奉使魏良臣過，世忠置酒與别，杯一再行。流星庚牌沓至，良臣問故，世忠曰：「有詔移軍守江，乃命撤爨班師。」良臣去，世忠度其已出境，乃上馬令軍中曰：「視吾鞭所嚮。」於是諸軍大集。行至大儀鎮，勒精兵爲五陣，設伏二十餘處，戒聞鼓聲則起而擊之。良臣至，虜問我軍動息，良臣以所見對。兀术喜甚，勵兵趍江口。距大儀五里，其將孛堇撻也擁鐵騎過五陣之東，世忠傳小麾鳴鼓，伏者四起，吾軍旗與虜旗雜出，虜軍亂，弓刀無所施。而我師伍迭進，背嵬軍各持長斧，上揕人胸，下捎馬足，虜全裝陷泥淖中，人馬俱斃，遂擒孛堇撻也。兀术走還泗上，乃召良臣責其賣己，將殺之，良臣好辭得免。世忠提舉官董旻與虜戰于天長軍，又統制官解元、成閔與戰于承州，亦敗之，擒生女真百餘人。遣屬官陳桷與旻等具舟載之，獻于行在，且言使臣戰没者三十餘人。沈與求曰：「自建炎以來，將士未嘗迎敵一戰，今世忠連捷，以挫其鋒，其功不細。」趙鼎曰：「陛下既親總六師，則第功行賞與他時不同。」上曰：「第優賞之，庶幾人知激勸，必有成功。」

韃辣在泗州，而兀术屯於竹墪鎮，嘗以書幣遺王約戰。王方與諸將飲，即席遣伶人持橘、茗爲報，報書略曰：「元帥軍事良苦，下諭約戰，敢不疾治行李，以奉承旨揮也。」時虜師既爲王所扼，會大雨雪，糧道不通，野無所掠，至殺馬而食，軍皆怨憤，兀术夜引還。虜軍既去，乃遣人諭麟、猊，於是麟等棄輜重遁去，晝夜兼行二百餘里，至宿州方敢少憩，西北大恐。

世忠與光世等入覲，世忠奏：「虜騎遁去，陛下必喜。」上曰：「此不足喜，若復中原，還二聖，乃可喜爾。然有一事，以卿等將士賈勇争先，非復昔時懼敵之比，所喜蓋在此也。」及朝辭，趙鼎等侍立。上曰：「敵人南侵，諸名酋皆在其中，蓋有吞噬江浙之意，賴卿等戮力捍蔽，使其失利而去，朕甚嘉之。」鼎曰：「臣聞降虜程師回言，劉豫給虜人云，光世、世忠比失懽。虜至淮甸，異所聞，其氣已沮矣。」上曰：「烈士當以氣相許，先國家之急，而後私讎。昔寇、賈深憾，光武曰：『天下未定，兩虎安得私鬪！今日朕爲分之。』於是並坐極歡，共車同出，結友而去。光世、世忠縱有睚眦，今日朕爲分之，宜釋憾結歡。」二人皆感泣再拜，且曰：「臣等頃嘗有違言，至於安國家，不敢分彼此，況今已相好無他矣。乃煩君父丁寧訓飭，臣等惶懼無所容，敢不奉詔。」上詔内侍出内金盤尊斝，賜二帥酒一行，并以所飲器賜之，陛辭而退。上曰：「光世等忠誠許國，必能爲朕削平僭叛，尅復疆土。」

都督張浚出勞師，至鎮江，召王親諭上旨，使移屯楚州，以撼山東。王欣然受命，即日舉軍渡江。上移屯楚州，上以手札勞之曰：「今聞全師渡江，威聲遐暢。卿妻子同行否？乍到，醫藥飲食或恐未備，有所須一一奏來。」時山陽殘破之餘，王披荆棘立軍府，與士同力役，其夫人粱氏親織薄爲屋。將士有臨敵怯懦者，王遺以巾幗，設樂大燕會，俾爲婦人粧而恥之。軍壘既成，王乃撫集流散，通商惠工，遂爲重鎮。

詔韓世忠紀律嚴明，岳飛治軍有法，並令學士院降詔奬諭。時世忠移屯淮甸，軍行整肅，秋毫無犯。飛移軍潭州，所過不擾，鄉民私遺士卒酒食，即時償直。上聞之，故有是詔。

上幸建康，次下蜀鎮，謂宰執曰：「道中閲世忠背嵬軍，極驍健，武藝比往日益精矣。」張浚應言：「諸將之才不同，要在得士心，則人聽命。」上然之。

秦檜當國，堅主和議。王以爲不可，伏兵洪澤，詐令爲寇，候金人使至，欲刼之，壞其和議，爲其將郝辨密告于淮東運副胡昉。時韓肖胄方使金國，昉密白肖胄，故肖胄及金使由淮西而去。王不能刼，檜甚銜之。

宰執奏世忠、俊皆入覲，檜曰：「臣嘗謂世忠、俊兩大將，上倚之如兩虎，各能守藩籬，使寇不敢近。」上曰：「此喻未切，正如左右手，豈可一手不盡力也。」

世忠圖上淮陽形勢云：「賊於彼築堡，欲遣偏師平之。」使其屬官温濟諗于朝，上戒濟曰：「歸語汝帥，當出萬全，不宜輕動，以貽後悔。」濟既禀命，復要他日將士之賞。上曰：「有功則賞，但須覈實，然後有功者勸。世忠既以狀來上，朝廷不欲違。如去年攻淮陽，賞一萬七千，人人不以爲當也。」濟悚懼，奉詔而退。

世忠引兵趍淮陽城下，爲虜所圍，乃按甲不動。俄麾其衆曰：「視吾馬首所向。」奮戈一躍，已潰圍而出，不遺一鏃。世忠曰：「虜易與耳。」復乘鋭掩擊，賊敗去。尋賞功賜號揚武翊運功臣，加横海、武寧、安化節度。大將賜功，號節度開三鎮，自此始也。

上令世忠移司鎮江，留兵以守楚州。世忠上奏，極論虜情叵測，將以計緩我師，乞獨留此軍蔽遮江淮，誓與敵人決於一戰。上賜札曰：「古人有言，閫外之事將軍制之，今既控制得宜，卿當施置自便，勿復拘執。」

皇太后回鑾，以北方聞韓世忠名，召至簾前，曰：「此爲韓相公耶？」慰問良久。

上謂宰執曰：「世忠欲獻一駿馬，高五尺一寸，云非人臣所敢乘。朕辭無用，卿可自留以備出入。世忠曰，今已和豈復有戰。朕曰，不然，虜雖講和，備何可弛，和議豈足恃乎？」

世忠奏，金人近誅宗族大臣，國内紛擾，淮陽兵所屯皆抽回。世忠意欲乘虚襲之，上曰：「世忠武人，不識大體，金人方通好，若因其無備襲之，是乘亂而幸災也。異時何以使夷狄守信義乎？」

時世忠、劉光世、張俊、劉錡皆不相能，中丞王次翁曰：「臣聞世忠之於光世，因言議而隙；張俊之於劉錡，因措置而睽。竊恐錡保一孤壘，光世軍虚窮獨，俊與世忠不肯急援，願遣使切責，因用李、郭以忠義泣别相勉者，以感動之。」時諸將驕，而次翁彈擊不避。

王遣統制王勝并背嵬將成閔率兵北伐，至淮陽軍城南二十里，水陸轉戰，掩虜入沂河，死者甚衆，奪戰船二百餘隻。又遣王勝、王權攻海州，破之，擒僞守王山并獲虜人，押至行在，父老請哀金帛以犒師，勝不受。世忠每出軍，必戒以秋毫無犯，軍之所過，耕夫皆荷鋤而觀。

上謂世忠、張俊、岳飛曰：「朕昔付卿以一路，宣撫之權尚小，今付卿等以樞府，本兵之權甚大。卿等宜合爲一心，勿分彼此，則兵力全而莫之能禦，顧如兀朮何足掃除乎？」

上命俊、飛如楚州，撫定世忠之軍也。飛視兵籍，始知世忠止有衆三萬，而在楚州十餘年，金人不敢犯，猶有餘力以侵山東，可謂奇特之士也。

王在淮東與虜戰，以尅敵弓取勝。至是，獻其式，上謂宰執曰：「世忠以尅敵弓勝賊，朕取觀之，誠工巧，然猶未盡善。朕籌累日，乃少更之，遂增二石之力，而減數斤之重。今方盡善，後雖有作者，無以加矣。」乃詔工部下軍器監，選良工製之。

有趙榮、王威者，以宿、亳二州來歸。及王倫抵東京，兀朮首問榮、威，必欲得之。尋詔遣還，王以書與檜曰：「榮、威不忘本朝，以身歸順，父母妻悉遭屠滅，相公尚忍遣之，無復中原望耶？」

王既不主和議，又切諫，以爲中原士民迫不得已，淪於腥羶，其間豪傑莫不延頸以俟弔民伐罪，若自此與和，日月侵尋，人情銷弱，國勢委靡，誰復振之？再上章，力陳秦檜誤國，辭意剴切，檜由是深怨之。言者因奏世忠罪，上留章不出。王乃力丐閑，除太傅、醴泉觀使。自此杜門謝客，絶口不論兵，時跨驢攜酒，從一二童奴，遊西湖以自樂，平時將佐罕得見其面云。

王少時爲省倉負米之役，慓悍絶人，不用鞭轡能騎生馬駒。家貧無生業，嗜酒豪縱，不拘繩檢，人呼爲「潑韓五」。年十八，始隸軍籍，挽强馳射，勇冠軍中。其制兵器，凡今跳澗以習騎，洞貫以習射，狻猊之鍪，連鎖之甲，斧斤之有掠陣，弓之有尅敵，皆王遺法。嘗中毒矢洞骨，則以强弩拔之。十指僅全，四不能動，身被金瘡，如刻畫。晚以王公奉朝請，絶口不言功名。自罷政居都城，高臥十年，若未嘗有權位者。而偏裨部曲往往致身通顯，節鉞相望，歲時造門，類皆謝遣。于時舉朝憚秦檜權力，皆附離爲自全計。王於班列一揖之外，不復與親。

晦庵曰：國家中興，張、韓、劉、岳突然而出，豈平時諸公所嘗識者，不過事期到此斷拶出來耳。

徐夢莘《三朝北盟會編》卷二〇四　韓世忠晚年好游宴，常赴諸統制之請，莫不以妻女勸酒，世忠必酣醉而後歸，唯呼延通忿忿有不平之意。雖備禮邀世忠至私宅，然未嘗輒離左右。一日，世忠與水軍統制郭宗儀會於通家，世忠略寢，通以手捉世忠之佩刀，宗儀適見之，搦通之手而呼曰：「統制不可！」世忠覺

而大驚，急馳馬奔歸，而令擒呼延通。既至，世忠數其罪，責爲崔德明軍中自效。德明在淮陰，故通在淮陰。世忠以十二月二十三日誕生，是日，諸軍獻壽者甚盛，世忠臨廳事坐而受之。及通獻壽香，世忠見通即走入府第不出，通伏於地，滴淚成泓。衆勸促通，通乃起身而去，出門上馬，奔還淮陰。德明獻壽回，數通不合擅離軍之罪，決數十下。通怏怏，投運河，水深，急救之，出水已不甦，倒控其水，以身着毛衫，領窄，水漲束其頸，不得出而死。人皆惜之。世忠後亦深自悔恨。

徐夢莘《三朝北盟會編》卷二〇六 〔韓〕世忠、〔張〕俊皆除樞密使，賜俊玉帶，〔岳〕飛樞密副使。世忠既拜，乃製一字巾，入都堂則裹之，出則以親兵自衛，〔秦〕檜頗不喜。飛披襟作雍容之狀，檜亦忌之。惟俊任其自然，故檜不致深疑。

徐夢莘《三朝北盟會編》卷二一八 〔韓〕世忠既貴，與將吏騎馬出郊，喜坐於淺草中。世忠語急而聲厲，每言則吐舌，或以爲是蛇精。

莊綽《雞肋編》卷下 車駕渡江，韓、劉諸軍皆征戍在外，獨張俊一軍常從行在，擇卒之少壯長大者，自臀而下文刺至足，謂之「花腿」。京師舊日浮浪輩以此爲誇，今既效之，又不使之逃於他軍，用爲驗也。然既苦楚，又有費用，人皆怨之。加之營第宅房廊，作酒肆名太平樓，般運花石，皆役軍兵。衆卒謡曰：「張家寨裏没來由，使它花腿擡石頭。二聖猶自救不得，行在蓋起太平樓。」紹興四年夏，韓世忠自鎮江來朝，所領兵皆具裝，以銅爲面具。軍中戲曰「韓太尉銅顩，張太尉鐵顩」。世謂無廉恥不畏人者爲鐵顩也。

韓世忠輕薄儒士，常目之爲「子曰」。主上聞之，因登對問曰：「聞卿呼文士爲子曰，是否？」世忠應曰：「臣今已改。」上喜，以爲其能崇儒。乃曰：「今呼爲萌兒矣。」上爲之一笑。後鎮江帥沈晦因敵退錫宴，自爲致詞，其末云：「飲罷三軍應擊楫，渡江金鼓響如雷。」韓聞之即悟其旨，云：「給事！世忠非不敢過淮。」已而自起，以大觥勸之，繼而使諸將競獻。沈不勝盃酌，屢致嘔吐。後至參佐僚屬，斟既不滿，又容其傾瀉。韓怒曰：「萌兒輩終是相護！」又戲沈云：「向道教給事休引惹邊事。」蓋指其詞爲引惹也。

岳珂《桯史》卷五《鳳凰弓》 鄭華原居中在宥府，和子美詵知雄州，嘗以事詣京師，召與語而悦之，遂薦於徽祖。敷奏明暢，大契宸旨，進橫階一等，俾還任。詵因上制勝彊遠弓式，詔施行之。弓製實弩，極輕利，能破堅於三百步外，即邊人所謂「鳳凰弓」者。紹興中，韓蘄王世忠因之稍加損益，而爲之新名曰「剋敵」，亦詔起部通製，至今便焉。洪文敏《容齋三筆》謂祖熙寧神臂之規，實不然也。詵知兵，嘗沮伐燕之議，以及於責；北事之作，未及用以死，蓋兩河名將云。

黎靖德《朱子語類》卷一三二《本朝六・中興至今日人物下》 韓世忠作小官時，一城被圍，郡將無計。世忠令募敢死士，得二百人。世忠云：「不消多。」只擇得精者八十人，令人持一斧。世忠問云：「其間豈無能爲盗者？」遂令往偷了鼓搥，却略將石頭去驚他門，他必往報中軍，便隨入，見有紅帳者便斫。俟彼人集，便出來，恐有馬軍來趕，便與相殺。城上皆喊云：「馬軍進！」如是果退圍。

費袞《梁溪漫志》卷八《韓蘄王詞》 紹興間，韓蘄王自樞密使就第，放浪湖山，匹馬數童，飄然意行。一日至湖上，遥望蘇仲虎尚書宴客，蘄王徑造其席，喜甚，醉歸。翼日，折簡謝，餉以羊羔，且作二詞，手書以贈。蘇公緘藏之，親題其上云：「二関三紙，勿亂動。」淳熙丁未，蘇公之子壽父山丞太府，攜以示蘄王長子莊敏公，莊敏以示予。字畫殊傾欹，然其詞乃林下道人語。莊敏云：「先人生長兵間，不解書，晚年乃稍稍能之耳。」其一詞《臨江仙》云：「冬看山林蕭疎凈，春來地潤花濃。少年衰老與山同。世間争名利，富貴與貧窮。 榮貴非干長生藥，清閑是不死門風。勸君識取主人公。單方只一味，盡在不言中。」其二《南鄉子》云：「人有幾何般，富貴榮華總是閑。自古英雄都如夢，爲官，寶玉妻男宿業纏。 年邁惜衰殘，鬢髮蒼浪骨髓乾。不道山林有好處，貪歡，只恐癡迷誤了賢。」

洪邁《夷堅志》甲卷一《韓郡王薦士》 紹興中，韓郡王既解樞柄，逍遥家居，常頂一字巾，跨駿騾，周游湖山之間，纔以私童史四五人自隨。時李如晦叔自楚州幕官來改秩，而失一舉，將憂撓無計。當春日，同邸諸人相率往天竺，李辭以意緒無聊賴，皆曰：「正宜適野散悶可也。」强挽之行，各假僦鞍馬。過九里松，值暴雨，衆悉迸避。李奔至冷泉亭，衣裀沾濕，愁坐良歎。遇韓王亦來，相顧揖，矜其憔悴可憐之狀，作秦音發問曰：「官人有何事縈心，而悒怏若此？」李雖不識韓，但見姿貌魁異，頗起敬，乃告以實。韓曰：「所欠文字，不是職司否？」答曰：「常員也。」「韓世忠卻有得一紙，明日當相贈。」命小史詳問姓名、階位，仍詢居止處。李異謝感泣。明日，一吏持舉牘授之曰：「郡王送來，仍助以錢三百千。」李遂陞京秩，修牋詣韓府，欲展門生之禮，不復見。

洪邁《夷堅志》乙卷三《韓蘄王誅盗》 韓蘄王宣撫淮東，獲凶盗數十輩，引

至金山，陳刀劍于廷下，以次斬之，皆股戰就誅。獨一盜躍而出揖，指一刀最大者曰：「願從相公乞此刀喫。」韓笑曰：「甚好。」時有中使來宣旨者在坐，爲言此人臨死不怯，似亦可用。韓曰：「彼用計欲脱耳。」竟殺之。

洪邁《夷堅志》補卷二五《韓蘄王》 紹興二十五年，韓蘄王病篤，詔王繼先往診視，至則已亡。追暮復甦，言：「爲四卒追去，定知死矣。中塗忽有所思，吾心中三事未了，不料死期遽至，唧恨無窮。行抵大官曹，金釘朱户，監門者冠裳嚴潔，類星官容狀，邀坐飲湯，二卒不得入。別有兩陰吏導立庭下，聞其中贊引之聲，如世間呵殿下者。指揮卷簾，主者盛服據案，威貌肅然，揖吾升廳相見，敘寒温禮，坐定，始認爲晏景初尚書。晏云：『適遣人相迎時在道有所思，何也？』吾起拱白曰：『正謂三事未了而之死地，是以不能忘。一者，世忠久叨將帥，殺人至多，雖王事當然，顧安得無枉濫，擬欲建黄籙大齋醮拔濟之，且解冤釋結。二者，侍妾頗多，未辦分付，欲令有父母歸之，無者嫁之。三者，外間舉債負錢，非慮身没之後，子孫追索，不無擾人，欲悉焚契券，免爲後害。今皆不復可爲矣。』晏公云：『若郡王不起此念，冥間亦不以客禮奉待也。當令郡王且還，不知幾日可了？』吾曰：『一月足矣。』晏云：『容爲奏請，如期卻來。』乃得活。」亟命營所願，一月皆畢，遂薨矣。

周煇《清波雜志》卷五 韓蘄王在鎮江，一日抵晚，令帳前提轄王權至金山，仍戒不得用船渡。懇給浮環，偕一卒至西津，遂浮以渡。登岸，寺僧叵測，疑爲鬼物，詰得其詳，以手加額，因指適所歷處，皆黿鼉窟穴。曰：「官既不死，他日必貴。」權後果建節。

蘄王每與軍官飲，用巨觥無筭，不設果肴。王權一日竊懷一蘿蔔，蘄王見之，大怒曰：「小子如此口饞！」俾趨前，以手按其額，痛不可忍，隨成痕腫，既乃復與之飲。二説得於權之子處智。

王明清《揮麈録・後録》卷一一 紹興壬戌，罷三大帥兵柄，時韓王世忠爲樞密使，語馬帥解潛曰：「雖云講和，虜性難測。不若姑留大軍之半於江之北觀其釁。公其爲我草奏，以陳此事。」解用其指爲劄子，韓上之，已而付出。秦會之語韓云：「何不素告我而遽爲是耶？」韓覺秦詞色稍異，倉卒皇恐，即云：「世忠不識字，此乃解潛爲之，使某上耳。」秦大怒。翌日，貶潛單州團練副使，南安軍安置，竟死嶺外。

王明清《揮麈録・餘話》卷二 唐牛奇章《玄怪録》載：「蕭至忠欲出獵，羣獸求哀於山神，云：『當令巽二起風，滕六致雨。』翌日風雨，蕭不復出郊。」建炎中，金寇駐楚、泗間，時張、韓擁兵於高郵。虜誓於衆，整師大入。二將自料非其敵，深以爲怯。將欲交鋒之際，風雨大作，虜衆辟易散走，捐折甚多，因遂奏凱。范師厚直方，滑稽之雄也，爲參贊軍事，笑云：「焉知張七、韓五，乃得巽二、滕六力邪！」聞者爲之閧堂。

王明清《揮麈録・三録》卷二 趙叔近者，宗室子，登進士第，有材略。建炎初，爲兩浙提刑，統兵平錢塘之亂，擢直龍圖閣。時大駕駐維揚，以選掄守秀州，治績甚著。或有言其貪汙者，免所居官，拘係于郡，遣朱芾代其任。芾到官未久，頗肆殘酷，軍民怨憤。有茶酒小卒徐明者，帥其衆囚芾，迎叔近復領州事。叔近知事不可遏，登廳呼卒徒，安尉而告之曰：「新守暴虐不卹，致汝輩所以爲此。我當爲汝等守印，請于朝，別差慈祥愷悌之人來拊此一方。」羣卒俯伏，不敢猖獗。奏牘未及徹闇，而朝廷已聞，詔遣大軍往討之矣。先是，王淵在京爲小官，時狎露臺娼周者，稔甚，亂後爲叔近所得，攜歸家，淵每對人切齒。是時，適淵爲御營司都統制，張、韓俱爲淵部曲，淵命張提師以往。張素以父事淵，拜辭于廷，淵云：「趙叔近在彼。」張默解其指。將次秀境，叔近乘涼輿，以太守之儀郊迎于郡北沈氏園，張即叱令供析。方下筆，而羣刀悉前，斷其右臂。叔近號呼曰：「我宗室也。」衆云：「汝既從逆，何云宗室？」已折首于地。秀卒見叔近被殺，始忿怒返戈，嬰城以距敵，縱火毆略，一郡之内喋血荼毒。翌日，破關，誅其首惡。雖曰平定，然其擾尤甚。凱旋行闕，第功行賞焉。張於亂兵中獲周娼以獻于淵，淵勞之曰：「處置甚當，但此婦人吾豈宜納，君當自取之。」張云：「父既不取，某焉敢耶？」時韓在旁，淵顧曰：「汝留之，無嫌也。」韓再拜而受之。既歸，韓甚以寵嬖，爲韓生子。韓既貴盛，周遂享國封之榮。陳確，字叔能，秀人也，目睹□□□，爲察官，上疏論其事。朝廷後知叔近之死於不幸，詔特贈集英殿修撰，制詞云：「士有以權濟事，當時賴之。未幾姦人圖之，于今公議歸之。此朕所深悼者也，可無愍典以光泉壤哉。爾屬籍之英，吏能優裕。昨者嘉禾適所臨典，旁近部狂寇三發，悉賴爾以定，一方怙然。而適與禍會，可謂真不幸矣。御史以寃狀聞，朕用盡傷，追榮論譔，式表忠勤。尚或有知，歆此休命。」官其二子。

王明清《玉照新志》卷三 胡偉元邁，新安人也。攟其父舜申所述《乙巳泗州録》、《己酉避亂録》二書相示，敘俶擾時事，文雖不工，頗得其實。今列于後。

《避亂録》：建炎己酉，先兄待制諱舜陟，字汝明，帥建康。與右丞杜充不相能，充時領兵駐建康，充自遣將來奪取經制司錢物。待制聞於朝，充往往亦知而後奏。朝廷知二公不合，十月移待制兩浙宣司參謀。時周望自樞府出爲宣撫。望老繆，本由八行舉，與論軍事率不合。先有旨，令堅守平江。所措置初無可守之計，待制有奇謀，皆不用。虜人自廣德繇安吉，往錢塘渡江，破明、越，北還，假道平江。所措置初無守禦者，皆知必敗矣。待制謂望：「本司金帛既盡爲虜人所得，曷若爲擕往崑山而北，庶可存也。」望既遣金帛來，吾家始以船附魯珏輜重中，艤平江齊門。翌日，到崑山，依李閎、羅貴，泊於梅里，尋移許浦。未幾，虜兵犯平江，望走青龍，平江城不戰而破。諸將如郭仲威輩，先虜未至已刼略城中，幾無遺。望嘗不快於韓世忠。是時，世忠兵盛權重，駐鎮江，聞望竄，遣將董旻邀虜之。旻至許浦，以爲望在，適吾家老小在彼，旻來見待制，遂邀以行。始旻將至，兵稍遥望，皆以爲虜舟，率棄船而走。吾家船亦留江口，命使臣温宏等守之。老小係道，弟舜舉、姪仔徑走吴興。唯予侍家君朝散同待制及令人等，茫無所之，漫去而已。夜宿野人家。旻遣使臣來追，堅欲吾家還船。予謂：「若虜人則不可從，若世忠軍則中國兵，且此投戈散地之時，往其軍中亦自有所託，何爲不可？」待制以爲然。因舉家從以還。時已行二三十里，連夜從其使臣以還。偶天晴，及曉纔到。船皆無恙，一簪不失。旻乃率待制入其軍於鎮江。蓋旻之意，虜望不及，且取參謀以塞其責，而旻欲虜望未已也。始，船未行，旻軍陣船到於江，唯吾家一船在許浦港口，未出江。旻乃率吾家船入其軍，趨水而下，往青龍，必欲得望。及至青龍江口，聞望已還軍而西。旻遂泝江而上，之鎮江，吾家船同行。及至鎮江，待制欲見世忠，旻遮之不使見。未幾，遣一船來換，意欲取吾船中之米，其所謂金帛者。夫至梅里，望已追回矣。以諸將不欲令金帛離軍去，殆有謀焉，有言於望故也。得所換之船，吾家移過，自留少米，餘皆與之，本有百餘石。所換之船，通川船也，亦能行江海，有篷帆二物，亦足用。小泊於焦山，雜於韓軍雜物船中。既至焦山，船中隘不可居，入寺中，占其方丈，老幼悉安堵，但日遊戲於焦山而已。時虜已破鎮江，日見虜騎馳逐於江岸，坐見其焚甘露寺，但留雙鐵塔。世忠以江船鑿沉於閘口，拒虜人之出。虜船實不可出，以閘口沉船縱横也。世忠軍皆海船，陣於江中。中軍船最大，處於中，餘四軍皆分列以簇之，甚可觀。輜重船皆列於山後。予日登焦山頂觀之，山前但見作院等船耳，工人爲兵器於寺前。又有鎮江見任官及寺中之船皆於寺前，太守李汝爲亦在焉。汝爲，亦韓軍中人，世忠命爲太守者也。三月十七日晚，東北風作，至夜益甚，江中飄水皆成冰。予嘗夜獨宿船中守行李。時吾家復有一小船同泊，以行李載不盡故也。是晚，予上船，遣人提空籠相隨，欲入船搬移衣物，又擕錢百千入大船。已昏黑，風大，船蕩不可卧。梢工姓朱，通州人。夜將半，叫問朱梢：「船如何？」朱曰：「風大甚。」夜益深，但聞朱梢焚香於神前，有禱祈護衛者。復問朱云：「如何？」朱曰：「風大，了不得也。」問：「吾小船安在？」曰：「不見久矣，隨風以去也。」是日晝，余觀大船之矴索，其外似已舊爛，其中一截斬新。予嘗語朱：「此船藉此索爲命，何不倒索而用之？卷其舊者於裏，出其新者於外，庶可恃以牢乎。」朱曰：「此當然。」余曰：「明日潮來水滿，可令近岸倒其索。」朱許之。至是，風作之甚，又思其索舊且朽，愈不遑安。是時，虜兵在南岸，矴索若斷，必隨北風至彼，當碎身與船於虜手矣。船爲風震，不得睡，思之惶恐無限。及曉，幸吾船無恙，但不能舉頭，以惡心故也。朱梢尋以面湯來，亦不能用。及伸首船外，視焦山之前，唯吾一船而已，餘皆不知所在。遥視趙都監者，步履於山上，如神仙中人。點心時，待制以予在船中，遣小舟來，因得登焦山之岸。其去死亡一髮耳。予尋躋山頂，望世忠軍，極目江中，無一船之存，輜重在山後者亦略不見其一。又一二日，山前之船稍集。先是，世忠既塞閘口之河，虜人乃别開一河出江，焦山初不知之。至早飯時，有虜船兩隻出在江，但望見其船上黑且光耳，必是其人衣鐵甲也。此間船皆起矴以走。是日，世忠家私忌，予入方丈，見諸僧方爲佛事。未幾，諸僧皆在船中，蓋凡在山之人，皆已登舟，府官之屬亦然。予家亦皆登舟，隨例起矴以下。至垂山，風適順，乃令朱梢張帆順流而下。韓軍望見吾家船去，有呼住者，予令勿應。時船中有韓軍二卒，亦令船住，復勿聽，二卒蓋世忠令守吾家者也。行稍遠，始語二卒：「待吾家至蘇湖，却以金帛遣汝回，否則無好到汝也。」二卒顧勢不可住，乃俛首從之。船過圌山，風正順，夜過江陰，曉抵福山，不知其幾里。福山别得船，又正北風作，抵常熟，過平江，至平望。入平江城，市並無一屋存者，但見人家宅後林木而已，菜園中間有屋，亦止半間許，河岸倒屍則無數。出城，河中更無水可飲，以水皆浮屍。至吴江，止存屋三間，其下横屍無數，垂虹亭、横橋皆已無。止於亭下取得少水堪飲。自吴江而南，浮屍益多。有橋皆已斷，其處屍最多。後問之，云：「虜騎推人過，皆死於水。」時燕子已來，無屋可巢，吾船用帆，乃銜泥作巢於帆。緣岸皆爲竈圈，云虜人緣岸泊故也。所殺牛頻頻有之，其骨與頭足並存，但並無角，必虜人取以

去。陳思恭所擊虜船沈陷者，尚有數隻於第四橋之南。思恭，周望軍統制官也。待制嘗語望云：「樞密必欲守平江，莫若移軍吴江，據太湖天險。吾輩以中軍扼其前，使諸將以小舟自太湖旁擊之，可必勝。」望不主其議，但令召諸將議之，及諸將畢集，望命待制語方略，諸將不從。蓋諸將如郭仲威輩皆賊魁，喜亂，志在爲賊而已。思恭兵最少，居下，聞此謀，躍而前曰：「待制之言甚善，思恭願爲前鋒。」自餘不從，竟已。及虜過吴江，思恭不白望，自以兵出太湖，横擊其尾，乃中原係虜之民，聞兵至，皆爲内應，縱火焚舟，幾獲四太子者。思恭雖勝，望怒其不白，然竟不遷官，所沉虜舟，凡半年許尚在河中。吾家船至平望，方欲首西以行，東風又發，又一帆至吴興，時望軍已駐吴興矣。凡曲折得風，自垂山至吴興，真天以相吾家也。老幼皆安然而歸，始見弟妹已抵吴興。旬日，待制乃遣使臣以書與信寄謝世忠、董旻輩。因送二卒往，仍取行李、告勑之寄軍中者。既取以歸，聞世忠舟師敗於虜人。始虜在鎮江，不可出江，即陸往建康。嘗聚吾宋士大夫，令籌所以破世忠軍。皆云：「海船如遇風不可當，船大而止，且使風可四面，卒難制。如風使舟耳，卒難摇動。」虜然之。選舟載兵，舟横七八，乘天曉風未動，急摇近世忠軍，以火箭射之。船人救火不暇，又無風，船不可動，遂大敗，陷前軍十數舟，自餘得遁。蓋世忠初知虜人往建康，亦泝江以舟師與對壘。時議者固已非之，曰：「兵法勿迎於水内，半濟而擊之利。今乃迎之於水内，安有利也？」初，予在焦山，見世忠陳兵江中，而鎮江江口山上，有兀立不動下視吾軍者。世忠船特大，早晚諸將來稟議絡繹不絶，皆用小舟，明知大者爲世忠。自餘五軍船，歷歷可數。吾嘗自念：「吾軍中事，虜人莫不目見耳聞；而虜人賊中事，吾軍畧不知之，亦可慮矣。」終抵於敗，何智術之疎耶？於是，虜人安然渡江北歸。然世忠進官加恩猶自若也。不數月，待制守錢塘。世忠入覲，時車駕駐會稽，所待世忠良厚，乃大喜，却恨前此失於一見，且詈董旻爲之障。旻來謁，有慚色。聞世忠將入錢塘界，謂旻曰：「胡待制今却相見，如何？」旻無語，但愧汗而已。世忠所攜杭妓吕小小即時以去。初，小小以有罪繫于獄，其家欲脱之，投世忠。世忠偶赴待制飯，因勸酒，啓曰：「某有少事告待制，若從所請，當飲巨觥。」待制請言之，即以此妓爲懇。待制爲破械，世忠欣躍，連飲數觥。會散，攜妓以歸。妓後易姓茅。

趙彦衛《雲麓漫鈔》卷七　建炎中興，張、韓、劉、岳爲將，人自爲法，當時有張家軍、韓家軍之語。四帥之中，韓、岳兵尤精，常時於軍中角其勇健者，另爲之籍。每旗頭押隊闕，於所籍中又角其勇力出衆者爲之；將副有闕，則於諸隊旗頭押隊内取之。别置親隨軍，謂之背嵬，悉於四等人内角其優者補之。一入背嵬，諸軍統制而下，與之亢禮，犒賞異常，勇健無比，凡有堅敵，遣背嵬軍，無有不破者。見范參政致能説。燕北人呼酒瓶爲嵬，大將之酒瓶，必令親信人負之。范嘗使燕，見道中人有負罍者，則指云：「此背嵬也。」故韓兵用以名軍。嵬即罍，北人語誤故云，韓軍誤用字耳。

李壁《中興戰功録・韓世忠大儀鎮》　紹興四年八月，逆豫遣其子麟、姪猊引虜兵渡淮，淮東撫使韓世忠自承州退保鎮江府。九月己卯，韓世忠以所部過江，復如揚州。初，上聞敵騎渡淮，再以札賜世忠，略曰：「今敵氣正鋭，又皆小舟輕捷，可以横江徑渡浙西，趨行朝無數舍之遠，朕甚憂之。建康諸渡舊爲敵衝，萬一透漏，存亡所係。朕雖不德，無以君國子民，而祖宗德澤猶在人心，所宜深念累世涵養之恩，永垂千載忠誼之烈。」世忠讀詔感泣，遂進屯揚州。丙申，韓世忠以提舉官董旻軍於天長，以統制官解元軍於高郵。時奉使魏良臣過揚，世忠置酒與别，杯一再行，流星庚牌沓至。良臣問故，世忠曰：「有詔移軍守江，乃命徹爨班師。」良臣去，世忠度其已出境，乃上馬令軍中曰：「視吾鞭所嚮。」於是諸軍大集，行至大儀鎮，勒精兵爲五陣，設伏二十餘處，戒聞鼓聲則起而擊之。良臣至虜軍，虜問我軍動息，良臣以所見對。大酋兀朮喜甚，勒兵趨江口，距大儀五里。其將孛堇撻也擁鐵騎過吾軍之東，世忠親與呼廷通率十餘騎綽路，去大儀十數里，遇虜人鐵騎二百餘。世忠與通方立馬議所以待之，有三四十騎直衝世忠，世忠與戰不利。虜人有驍將獨戰世忠，世忠力疲墜馬，幾被執。通自後擊虜，殺之，世忠復得馬。回顧虜人百餘騎計得世忠，通據坡阨其路，以弓箭當之，世忠得免。遂傳小麾鳴鼓，伏者四起，五軍旗與虜旗雜出。虜軍亂，弓刀無所施，而我師迭進，背嵬軍各持長斧，上砍人胷，下揕馬足，虜全裝陷泥淖中。世忠麾勁騎四面蹴之，大半乞降，餘皆奔潰，追殺十餘里，兀朮乘千里馬以遁。積屍如邱垤，擒孛堇撻也、女真千户長五百餘人，獲戰馬五百餘匹，器械輜重與平山堂齊，軍勢大振。兀朮還泗上，召良臣責其賣己，將斬之，良臣好詞以免。董旻在天長，遇敵於鵶江橋，擒女真四十餘人。虜人侵高郵，未至三四十里，解元先知之，逆料虜人翌日食時必至城下，乃伏百人於要路，又伏百人於城之東北嶽廟下，自引四百人伏於路之一隅，令曰：「虜人以高郵無兵，不知我在高郵，必輕易而進。俟虜人過我，當先出掩之，伏要路者見我麾旗，則立幟以待，

虜人進無路，必取嶽廟路走矣。若果然，則伏者出。」衆皆諾。又密使人伏樊良，俟虜人過，則決河岸以阻其歸路。食時，虜人果徑趨城下，元密數之，有一百五十騎，乃以伏兵出，麾旗以招伏要路者，伏兵皆立幟以待。虜人大驚，躊躇無路，遂向嶽廟走。元率兵追之，金人前遇兵，無所施其技，盡被擒，凡得一百四十八人，金牌銀牌與執事居其半。癸巳，世忠遣武功郎趙何來獻捷，且奏通之功，乞優異推恩，授武功大夫、吉州刺史。世忠繳其告命，再奏乞重賞以勸將士，遂前階官授吉州刺史。通，贊遠孫也。元與旻各加正任觀察使。

羅大經《鶴林玉露》乙編卷二《旌忠莊》 韓世忠嘗議買新淦縣官田，高宗聞之，御札特以賜世忠。其詞云：「卿遇敵必克，克且無擾。聞卿買新淦田爲子孫計，今舉以賜卿，聊旌卿之忠。」故其莊號旌忠。蓋當時諸將，各以姓爲軍號，如張家軍、岳家軍之類，朝廷頗疑其跋扈。聞其買田，蓋以爲喜，故特賜之。世忠之買田，亦未必非蕭何之意也。「克且無擾」四字，可謂要言。如王全斌輩，非不克，奈擾何？信能行此四字，雖古名將，何以加諸！

羅大經《鶴林玉露》丙編卷二《蘄王夫人》 韓蘄王之夫人，京口娼也。嘗五更入府，伺候賀朔。忽於廟柱下見一虎蹲卧，鼻息齁齁然，驚駭亟走出，不敢言。已而人至者衆，往復視之，乃一卒也。因蹴之起，問其姓名，爲韓世忠。心異之，密告其母，謂此卒定非凡人。乃邀至其家，具酒食，至夜盡懽，深相結納，資以金帛，約爲夫婦。蘄王後立殊功，爲中興名將，遂封兩國夫人。蘄王嘗邀兀朮於黄天蕩，幾成擒矣。一夕，鑿河遁去。夫人奏疏言世忠失機縱敵，乞加罪責。舉朝爲之動色，其明智英偉如此。

佚名《東南紀聞》卷一 韓蘄王世忠微時，貧困無聊，疥癩滿體，臭腐不可近，其妻孥亦惡之。夏日浴於溪澗中，忽一巨蟒直前，將噬之。韓窘急，以兩手握其首頷間，蟒以尾繞其身。韓不得已，握持以歸其家，欲呼妻孥刺殺之。皆駭遁不敢前，韓愈窘，入厨中，見有切菜刀偶仰置几上，遂持蟒首就上極力按之，來去如引鋸，卒斷蟒首。既免，不勝忿，置之鑊，煮而啖之。明日，所病疥癩即脱去，肌體瑩白如玉，其無疥癩處即否。

田汝成《西湖遊覽志餘》卷七《賢達高風》 韓世忠，字良臣，延安人。屢立戰功，追封蘄王。紹興中，秦檜當國，世忠以和議不合，懇疏解樞柄。逍遥家居，常頂一字巾，跨驢周游湖山，繞以童史四五人自隨，混蹟漁樵，號清涼居士。好事者遂繪爲「韓王湖上騎驢圖」，元吴萊題詩云：「秋風泗水沈周鼎，淚溼吴人荆棘冷，黄河北岸旌節回，信誓如城打不開。沿邊撤備無人守，蟣蝨塵埃生甲胄，散盡千兵只童騎，餐來斗米空壺酒。西湖楊柳烟波寒，照見從前刀劍瘢，宮中孰與論頗牧，塞上寧知無范韓？事去英雄甘老死，此手猶能爲公起。勸人莫問故將軍，自是清涼一居士。」方萬里爲王孫亦顔題「韓王湖上騎驢圖」歌云：「取日虞淵戰臨平，鼓起金山麾伏兵。既不畫此背嵬軍陣形，國容貂蟬佩蔥珩，軍容金甲馬朱纓。又不畫此生面真儀刑，昔王不肯專樞庭，清涼居士以自名。散遣萬騎還屯營，獨控長耳遊林坰。林間坐石樵叟争，不無醉尉呵夜行。孰識朱門抗旌旌？王孫妙手萬事輕，欲蹈箕潁遺浮榮。龔侯淡墨勝丹青，作此灞橋風雪征。龍變不測人中英，諦觀豈是寒書生。丈夫出處吾能評，不可長劍即短檠，得時用世身名亨，否哉履道幽人貞。亦顔用意何峥嶸，大司馬侃孫淵明。」

韓世忠以元樞就第，絶口不言兵，杜門謝卻酬酢，時乘小騾，放浪西湖泉石間。一日，至香林園，蘇仲虎尚書方宴客，王徑造之，賓主歡甚，盡醉而歸。明日，王餉以羊羔，且手書二詞以遺之。「臨江仙」云：「冬日青山瀟灑静，春來山暖花濃，少年衰老與花同。世間名利客，富貴與貧窮。　榮華不是長生藥，清閑不是死門風。勸君識取主人公，單方只一味，盡在不言中。」「南鄉子」云：「人有幾多般，富貴榮華總是閑。自古英雄都是夢，爲官，寶玉妻兒宿業纏。　年事已衰殘，鬢髮蒼蒼骨髓乾，不道山林多好處，貪歡，只恐癡迷悮了賢。」王生長兵間，未嘗知書，晚歲忽若有悟，能作字及小詞，皆有見趣，信乎非常之才也。

備論

《宋史》卷三六四《韓世忠傳》 論曰：古人有言：「天下安，注意相；天下危，注意將。」宋靖康、建炎之際，天下安危之機也，勇略忠義如韓世忠而爲將，是天以資宋之興復也。方兀朮渡江，惟世忠與之對陣，以閒暇示之。及劉豫廢，中原人心動摇，世忠請乘時進兵，此機何可失也？高宗惟姦檜之言是聽，使世忠不得盡展其才，和議成而宋事去矣。暮年退居行都，口不言兵，部曲舊將，不與相見，蓋懲岳飛之事也。昔漢文帝思頗、牧於前代，宋有世忠而不善用，惜哉！

藝文

樓鑰《攻媿集》卷七五《跋韓忠武王詞》　近見費補之袞《梁谿漫志》，紹興間韓蘄王自樞密使就第，放浪湖山，匹馬數童，飄然意行。一日至湖上，遥望蘇仲虎尚書宴客，蘄王徑造其席，喜甚醉歸。翌日折簡謝，餉以羊羔，且作二詞，手書以贈。蘇公緘藏之，親題其上云：「二闋三紙，勿亂動。」淳熙丁未，蘇公之子壽甫山丞太府，攜以示蘄王長子莊敏公。莊敏以示余，字畫殊傾欹，然其詞乃林下道人語。莊敏云，先人生長兵間，不解書，晚年乃稍稍能之耳。嘉定改元，莊敏公次子樞密副都承旨帶御器械杕以二詞石本見示，益信梁谿之説。但詞中一二字不同耳。昔人有競病之詩及「塞北烟塵」之句，雖皆可稱，殆未有超然物外如蘄王之曠達者也。

俞德鄰《佩韋齋文集》卷八《清涼居士贊并序》　故蘄國韓忠武王晚解將印，自號清涼居士，一驢二僮，徜徉於湖山空翠間，見者莫知其爲王也。五世孫鑄圖其像，求當世之名文辭者識之。余不敏，因爲之贊，以附其家乘云。

六龍南飛，炎正重輝。犀甲熊旂，一家怒啼。氛祲晝迷，驂驔獠奚。噫！歸去來兮，所以繪凌煙之像，而不墮偃月之機也與。

周密《齊東野語》卷一九《清涼居士詞》　韓忠武王以元樞就第，絶口不言兵，自號清涼居士。時乘小騾，放浪西湖泉石間。一日，至香林園，蘇仲虎尚書方宴客，王徑造之，賓主歡甚，盡醉而歸。明日，王餉以羊羔，且手書二詞以遺之。

《臨江仙》云：「冬日青山瀟灑静，春來山暖花濃，少年衰老與花同。世間名利客，富貴與貧窮。　榮華不是長生藥，清閑不是死門風，勸君識取主人公。單方只一味，盡在不言中。」

《南鄉子》云：「人有幾何般，富貴榮華總是閒。自古英雄都是夢，爲官，寶玉妻兒宿業纏。　年事已衰殘，鬢髮蒼蒼骨髓乾。不道山林多好處，貪歡，只恐癡迷悮了賢。」

王生長兵間，初不能書。晚歲忽若有悟，能作字及小詞。詩詞皆有見趣，信乎非常之才也。

吴萊《淵穎集》卷六《韓蘄王花園老卒歌》　蘄王手種紅錦花，十載不掛鐵鋞鍛。花園老卒守花樹，睡著花磚聞曙鴉。白頭白盡身無事，古塞沙塵戰餘騎。多士如雲足健兒，一奇在腹終憔悴。青銅萬緡滿地光，寶山矯節賜夷王。宫粧粉黯去酣酒，海貨珠賧歸壓檣。王家舍兒鶯吐舌，御府珊瑚碎飛雪。口猶乳臭卻帳前，矍鑠一翁嗟棄捐。君不見天下英雄本奴虜，左鼻成龍右鼻虎，頸血淋漓思釁鼓。史傳沈埋誰比數，花落花開幾風雨。

吴萊《淵穎集》卷七《題韓蘄王湖上騎驢圖》　秋風泗水沈周鼎，淚溼吴天荆棘冷。黄河北岸旌節回，信誓如城打不開。沿邊撤備無人守，蟣蝨塵埃生甲冑。散盡千兵只童騎，餐來斗飯空壺酒。西湖楊柳煙波寒，照見從前刀劍瘢。宫中孰與論頗牧，塞上寧知無范韓。事去英雄甘老死，此手猶能爲公起。勸人莫問故將軍，身是清涼一居士。

王逢《梧溪集》卷一《韓蘄王墓》　道過韓王墓，停驂淚滿巾。中興無輔相，恢復有勳臣。碑冷靈巖月，山還古寺春。雲仍尚詩禮，時薦碧谿蘋。

侯克中《艮齋詩集》卷三《題韓蘄王世忠卷後》　砥柱中流障怒濤，折衝千里獨賢勞。馬頭斧鉞丁年盛，驢背湖山晚節高。風虎雲龍機易失，城狐社鼠罪難逃。區區苟活偷安輩，泉下相逢愧爾曹。

錢穀《吴都文粹續集》卷一四張習《韓蘄王廟記》　一人之忠義，一代之忠義也，千古之忠義也。忠義，本於人心，同是心者，同是好也，烏有彼此久暫之異哉！我朝列聖發德音，一則曰忠臣，一則曰義士，每令臣下舉以褒崇之，不以古今而間者，恩至渥也。曩蘇郡守鄱陽邱侯霽以宋名將忠武韓蘄王上聞，謂王當靖康、建炎間屢立戰功，捍衛王室，維持駐蹕臨安，而三吴實在畿内，民獲脱虎口，而弗致肝腦塗地者，惟王倚賴也。王後薨葬於吴，墓在靈巖山麓，止剩一穹碑，而荒涼殊甚，雖有裔孫居其傍，微若一綫，時享恒缺。據禮，凡有勞以衛民者，於法當祭，矧民至今感之。兹臣欲每歲官爲一祭，所以酬其勞，而慰夫民，用塞明詔惓惓激厲忠武之盛意，敢請。制曰：「可命大宗伯下有司，以行事。」然而祭無常所，或借山寺，或在城結社而祭，如是者三十稔矣。今太守新蔡曹侯鳳惻然於懷，以爲事神報功，吾民牧分内事也，擬於王墓立廟，以爲栖神常祭之所，兼得洒掃松楸，免爲貍兔草莽之場。乃白於巡按，侍御安成劉公丙欣然允俞，遂委郡貳守吴川林侯廷瓛董其事。侯相攸得舒坦之地，於冢南爲構正堂四楹奉神主，前堂四楹列祭儀，有寢以安庶職之齋宿，有廡以處百工之庖宰，繚以周垣，闢

以儀門，甍棟丹堊，孔曼且碩，侯用心良密矣。經始於弘治戊午如月丁丑，至仲秋之腓落其成。於是郡之士庶靡不相慶幸，以爲順其所望也，爰授習志諸石。嘗諗王諱世忠，字良臣，陝右延安人也。風骨偉岸，目瞬如電，蚤抱忠義，見國步艱險，即躍然應募。而起始攻夏城，斬關而入，斷敵將首擲之埤下，掃平南北群盜。既而徽、欽北狩，高宗渡南，而士氣幾淪，兵禍方熾，神器殆非宋有。王於是時以數千殘卒，與烏珠四十萬衆，小戰百餘，大戰數十，自黄天蕩之克捷，金師北退，誓清烽壘，克復中原，迎回二帝，以竭其忠義之氣而後已。奈何主蔽奸相，弗圖周、漢之中興，忘讎忍恥，自甘瘡痍其生民，棄捐其土地，使智勇元勳置而弗用，齟齬偃蹇，徒老而斃。所謂自壞爾萬里長城，惜哉！豈惟王之不幸，實宋之不幸也。吁！以一人之身爲國家之用否，而繫天下之安危，可見忠義之在斯人，與天地之正氣相爲周流，日月同其光明，山川同其流峙，草木昆蟲同其生息暢達，有不可掩焉者。故前後大夫不私於吾郡，而揚於大廷，襮之天下。聖天子於前代之忠義，錫之寵光，載之祀典，俾三百年之隱伏焕然一新於今日，由是垂衍千萬世而弗泯，曠蕩之恩爲何如哉！王之行實備載本傳，習何人耶，敢爾加喙。然誠蘇之齊民，同一感仰於王者，故忘其膚謭，謹述如右。仍賚詩以道王之功，頌朝之恩，爲迎享送神三章，當祭俾歌以侑爵云。詩曰：

延綏山川，秀鍾於王。英雄慷慨，忠義滿腔。出爲國家，掃除粃糠。挺身百戰，劒弗剉鏃。攙搶既滅，强禦亦亡。誓迎二皇，以復舊疆。垂四百年，汗青有光。

煌煌天朝，褒揚元勳。前代忠義，廟建于墳。牲牷廣腯，豆籩旅陳，清酤黄流，苾苾芬芬。灌鬯達泉，燔蕭于旻，八音和鳴，百職駿奔。肅肅忱恂，致享厥神。

神既格思，吉蠲享饎。赤騮朱軝，騶從導隨。颯然令儀，歆畢言旋。抑何所之，亦惟在茲。體物不遺，答我聖恩。貽我民禧，百歲千秋。式遵定規，允慰慕斯。

韓蘄王廟在吳縣靈巖山西麓，紹興二十年勅葬於此。墓有穹碑，而廟已廢。成化十年，知府邱霽奏入祀典，每歲仲秋祀之。弘治中知府史簡以王舊宅在城内南禪寺之左，即其地祭之。嘉靖二年，知府胡纘宗始以妙隱庵撤去佛像，爲王專祀，俾僧守之。胡有記。

錢穀《吳都文粹續集》卷三八高啟《韓蘄王墓》 宋室中興日，將軍武略優。功宜超賈鄧，名恥並張劉。白馬空南渡，黄龍竟北遊。誓擒諸部種，還報兩宮讎。朝使頒金册，邊人識錦裘。躍戈衝野陣，橫棹截江流。勁旅亡魂走，中原指掌收。未終藩閫寄，已感廟廊謀。殘散熊羆士，甘臣虎豹儔。和戎詞易屈，復漢志難酬。闕聳吳山曉，陵荒鞏樹秋。廉頗歸未老，郭令罷誰留？折檻言徒切，藏弓勢可憂。俄看星隕壘，永使陸沉州。感激思前代，凄涼弔古邱。劍花埋虎氣，碑蘚剥螭頭。石騎嘶風雨，山僧護檟楸。鼓旂何寂寂，簡册謾悠悠。父老悲猶在，英雄事已休。棲鴉嶺前墓，聞説更堪愁。

周南老《同前》 我行靈巖麓，豐碑高入雲。摩挲石上文，有宋蘄王墳。惟王著忠勞，談笑麾三軍。誓雪兩宮恥，恢復酬君恩。廟堂主和議，不克成厥勳。湖山縱清隱，千載銜冤魂。

王賓《同前》 石鼓山邊宿草長，中興名將舊墳堂。雙雙不見南朝樹，只有孤臣似岳王。

吳寬《謁韓蘄王墓》 家國何多難，推尋爲蔡童。嬴秦方逐北，周室竟遷東。江左朝廷在，淮南驛騎通。天終憐宋土，時則有韓公。一劍橫天外，諸軍在目中。南雲當箭鏃，黄蓋走艨艟。伐越期成覇，于潛恥會戎。蕭墻狼跋盡，野穴鼠羣空。聚米籌三鎮，開門待兩宮。齊王真濟美，鄂國與爭雄。有詔從中制，惟詩咏内訌。閒遊嗟我獨，和議約誰同？殉葬長弓勁，題名片石穹。龜趺呈細刻，龍額表孤忠。草樹樵蘇斷，粢盛享祀豐。神靈懸皎日，生氣亘長虹。異代今全盛，當論保障功。

伊乘《讀韓蘄王墓碑》 力戰艨艟破浪開，鼓聲軒岸奮晴雷。謀成玉帳無遺算，勢逼刀鐶欲自裁。恢復英雄徒有志，乘時機會不重來。九京安得燕昭起，國内千金更築臺。

韓蘄王墓在靈巖山西。紹興二十一年，王薨，太上極優渥，勅使徐伸護葬，縣令執役，御題神道云「中興佐命定國元勳之碑」。碑高十餘丈，敕趙雄爲文，初勒文而未立龜趺，留木瀆。嘉定間，敕葬趙希懌，有司磨韓碑應用，後始樹此焉。樓三成覆之，今碑尚存。

宋犖《滄浪小志》上卷黄省曾勉之《韓蘄王廟碑記》 宋蘄國韓忠武王，紹興二十一年八月壬申薨於臨安。十月庚子，大葬於平江靈巖山厥麓，有廟，不著攸始。李士英《宋録》云，嘉泰四年立廟鎮江，粤稽乘書無之，殆即平江耶？我朝成化十年，郡守邱公以王功烈於民，請列祀典。麓廟則圮矣，獻瘞榛莽非禮也，傳王寓宅即孫節使之池館，一易而章相國子厚氏、龔都官氏，又易而韓忠武氏，在

今南禪寺之左墟，故歷歲假而祠焉。嘉靖二年，天水胡公謂無專宮明神不康，用撤龍象而廟貌之，寺住持良定輩樂而從焉。由是陟堂降位，肅蹌成儀，郡縣嘉之。遂俾良定輩啓扃居守，悉蠲里役，乃至屢給符帖焉，可謂釋子之風勸矣乎！郡縣諸公，前倡後繼，樂蠲其役，豈非風一勸百之道哉！

沈德潛《歸愚詩鈔》卷一二《韓忠武王墓》　佐命豐碑在，鴻文勒戰功。錦衣堪服敵，金冊竟和戎。驢背懷諸將，尊前慟兩宮。千年埋骨地，松柏起悲風。

錢謙益《牧齋初學集》卷第四四《韓蘄王墓碑記》　宋蘄國韓忠武王世忠墓在吳縣靈巖山下，豐碑巋然，贔屓屈盤，禮部尚書趙雄奉詔撰也。《宋史》列傳援据雄碑，其書楊國夫人事，則碑爲詳。建炎之復辟也，楊國及二子質苗、傅軍，防守甚嚴，王略無顧念。隆祐太后宣見楊國，楊國詣傅，詒曰：「太尉作如許事，公來矣，於太尉何如？」傅乃屈膝拜曰：「願奉兄嫂禮，謹具鞍馬，煩夫人好爲言。」是日，入見隆祐，宣問周悉，執楊國手垂泣曰：「國家艱危至此，太尉首來救駕，速清巖陛。」楊國奉詔馳出都城，遇傅弟翊于途，告之故。翊色動，手自捽耳，楊國覺翊意非善，愈疾驅，一日夜會王于嘉禾。史云，朱勝非紿傅遣妻子慰撫世忠，而不及楊國云云，略也。傅正彥獻俘行宮，楊國自碩人超封國夫人。制曰：「知略之優，無愧前史，給內中俸，以示報焉。」功臣妻給俸，自楊國始。史稱隆祐召梁氏，入封安國夫人，俾迓世忠，速其勤王，誤也。黃天蕩之戰，楊國在行間，親執桴鼓。史云，戰將十合，梁夫人親執桴鼓，金兵終不得渡。羅大經《鶴林玉露》載，兀朮鑿河遁去，夫人奏疏言：「世忠失機縱敵，乞加罪責。」舉朝爲之動色。而碑及史皆不載，爲蘄王諱也。大經又云，蘄王之夫人，京口娼也。嘗五更入府伺候賀朔，忽于廊柱下見一虎蹲臥，鼻息齁齁然，驚駭走出。已而人至者衆，復往視之，乃一卒，因蹴之起，問其姓名。密告其母，邀至家，具酒食，資以金帛，結爲夫婦。碑云：楊國家楚州，織簿爲屋，蓋楊國家本楚州，寓京口也。蘄王鎮楚州，披草萊，立軍府，故夫人亦織簿爲屋，與士卒共力役也。蘄王起銀州，積功轉進武副尉。宣和二年，調西師討方臘，部勇敢五十人，隨王稟以往。遇楊國于京口，當在此時，王爲裨將，非小卒也。碑載王娶白氏秦國夫人，梁氏楊國夫人，茆氏秦國夫人，周氏蘄國夫人。四妻皆啓國封，蓋宋世待功臣彝典如此。楊國起家北里，慷慨擇配，識英雄秣韋之中，遂能定國難，奏膚公，豐碑青史，於今爲烈，豈不偉哉！辛巳長至日，余與河東君泊舟京江，指顧金、焦二山，想見兀朮窮蹙，打話蘄王，夫人佩金鳳瓶，傳酒縱飲。桴鼓之聲殷殷，江流濆沸中，遂賦詩云：餘香墜粉英雄氣，剩水殘山俛仰間。相與感槩，歎息久之。甲申二月，觀梅鄧尉還，過靈巖山下，埽積葉，剔蒼蘚，肅拜酹酒而去。因摭採楊國遺事記其本末如此。

沈德潛《清詩別裁集》卷三〇《韓忠武王墓》　古碑崒嵂倚荒丘，宋室存亡仗運籌。十萬敵兵來假道，八千驍騎截中流。爲慚南國輸金辱，聊向西湖縱酒游。埋骨青山遺恨在，寒風落日戰松楸。是韓忠武京口之戰，不可移入朱仙鎮、順昌、和尚原等處，洵推能手。

王昶輯《湖海詩傳》卷一三《拜韓忠武王墓》　西風蕭蕭靈氣蒼，古松離立參天長。穹碑十丈字盈萬，銘功第一韓蘄王。蘄王當年佐大業，手撐半壁歸錢塘。金山一戰破敵膽，中軍枹鼓資紅妝。紅袍得脫實天意，不關獻策燒帆檣。官家魚水格天閣，燕山夢斷徒悲涼。英雄束手置閒散，良弓克敵嗟空藏。奚童蹇驢足游豫，日對山色餐湖光。嗚呼中興稱四將，局促那數劉與張。精忠鄂國洵伯仲，黃龍痛飲情慨慷。一生一死豈異軌，韓忠之戒何煌煌。只今寢園絶樵採，賜莊風景連滄浪。千秋魂魄應戀此，棲霞回首驂翱翔。冬青杜宇恨未滅，令我懷古霑衣裳。

沈兆澐《織簾書屋詩鈔》卷三《詠史十二首》　宋室名將媲美漢唐，武惠行軍未嘗妄戮一人，尤古今所罕見。中興諸將以張、韓、劉、岳並稱，然實不相同。張俊黨檜害岳，罪不在檜下。魏公挫師妄殺，亦不無遺議。光世雖得士卒心，然無志克復。惟韓、岳名垂宇宙，威震華夷。劉錡順昌之捷，庶幾鼎足。統宋代次第詠之，成十二首，而二張不與焉。

沈兆澐《織簾書屋詩鈔》卷三《韓忠武王世忠》　恢復中原志未酬，半生勳蹟在揚州。使船如馬黃天蕩，老去騎驢湖上遊。

岳飛部

綜述

《宋史》卷三六五《岳飛傳》 岳飛字鵬舉，相州湯陰人。世力農。父和，能節食以濟饑者。有耕侵其地，割而與之；貰其財者不責償。飛生時，有大禽若鵠，飛鳴室上，因以爲名。未彌月，河決内黄，水暴至，母姚抱飛坐甕中，衝濤及岸得免，人異之。

少負氣節，沈厚寡言，家貧力學，尤好《左氏春秋》、孫吴兵法。生有神力，未冠，挽弓三百斤，弩八石。學射於周同，盡其術，能左右射。同死，朔望設祭於其冢。父義之，曰：「汝爲時用，其徇國死義乎！」

宣和四年，真定宣撫劉韐募敢戰士，飛應募。相有劇賊陶俊、賈進和，飛請百騎滅之。遣卒僞爲商入賊境，賊掠以充部伍。飛遣百人伏山下，自領數十騎逼賊壘。賊出戰，飛陽北，賊來追之，伏兵起，先所遣卒擒俊及進和以歸。

康王至相，飛因劉浩見，命招賊吉倩，倩以衆三百八十人降。補承信郎。以鐵騎三百往李固渡嘗敵，敗之。從浩解東京圍，與敵相持於滑南，領百騎習兵河上。敵猝至，飛麾其徒曰：「敵雖衆，未知吾虚實，當及其未定擊之。」乃獨馳迎敵。有梟將舞刀而前，飛斬之，敵大敗。遷秉義郎，隸留守宗澤。戰開德、曹州皆有功，澤大奇之，曰：「爾勇智才藝，古良將不能過，然好野戰，非萬全計。」因授以陣圖。飛曰：「陣而後戰，兵法之常，運用之妙，存乎一心。」澤是其言。

康王即位，飛上書數千言，大略謂：「陛下已登大寶，社稷有主，已足伐敵之謀，而勤王之師日集，彼方謂吾素弱，宜乘其怠擊之。黄潛善、汪伯彦輩不能承聖意恢復，奉車駕日益南，恐不足繫中原之望。臣願陛下乘敵穴未固，親率六軍北渡，則將士作氣，中原可復。」書聞，以越職奪官歸。

詣河北招討使張所，所待以國士，借補修武郎，充中軍統領。所問曰：「汝能敵幾何？」飛曰：「勇不足恃，用兵在先定謀，欒枝曳柴以敗荆，莫敖采樵以致絞，皆謀定也。」所矍然曰：「君殆非行伍中人。」飛因説之曰：「國家都汴，恃河北以爲固。苟馮據要衝，峙列重鎮，一城受圍，則諸城或撓或救，金人不能窺河南，而京師根本之地固矣。招撫誠能提兵壓境，飛唯命是從。」所大喜，借補武經郎。

命從王彦渡河，至新鄉，金兵盛，彦不敢進。飛獨引所部鏖戰，奪其纛而舞，諸軍争奮，遂拔新鄉。翌日，戰侯兆川，身被十餘創，士皆死戰，又敗之。夜屯石門山下，或傳金兵復至，一軍皆驚，飛堅卧不動，金兵卒不來。食盡，走彦壁乞糧，彦不許。飛引兵益北，戰于太行山，擒金將拓跋耶烏。居數日，復遇敵，飛單騎持丈八鐵槍，刺殺黑風大王，敵衆敗走。飛自知與彦有隙，復歸宗澤，爲留守司統制。澤卒，杜充代之，飛居故職。

二年，戰胙城，又戰黑龍潭，皆大捷。從閭勍保護陵寢，大戰汜水關，射殪金將，大破其衆。駐軍竹蘆渡，與敵相持，選精鋭三百伏前山下，令各以薪芻交縛兩束，夜半，爇四端而舉之。金人疑援兵至，驚潰。

三年，賊王善、曹成、孔彦舟等合衆五十萬，薄南薰門。飛所部僅八百，衆懼不敵，飛曰：「吾爲諸君破之。」左挾弓，右運矛，横衝其陣，賊亂，大敗之。又擒賊杜叔五、孫海于東明。借補英州刺史。王善圍陳州，飛戰于清河，擒其將孫勝、孫清，授真刺史。

杜充將還建康，飛曰：「中原地尺寸不可棄，今一舉足，此地非我有，他日欲復取之，非數十萬衆不可。」充不聽，遂與俱歸。師次鐵路步，遇賊張用，至六合遇李成，與戰，皆敗之。成遣輕騎劫憲臣犒軍銀帛，飛進兵掩擊之，成奔江西。時命充守建康，金人與成合寇烏江，充閉門不出。飛泣諫請視師，充竟不出。金人遂由馬家渡渡江，充遣飛等迎戰，王𤫉先遁，諸將皆潰，獨飛力戰。

會充已降金，諸將多行剽掠，惟飛軍秋毫無所犯。兀朮趨杭州，飛要擊至廣德境中，六戰皆捷，擒其將王權，俘簽軍首領四十餘。察其可用者，結以恩遣還，令夜斫營縱火，飛乘亂縱擊，大敗之。駐軍鍾村，軍無見糧，將士忍饑，不敢擾民。金所籍兵相謂曰：「此岳爺爺軍。」争來降附。

四年，兀朮攻常州，宜興令迎飛移屯焉。盜郭吉聞飛來，遁入湖，飛遣王貴、傅慶追破之，又遣辯士馬臯、林聚盡降其衆。有張威武者不從，飛單騎入其營，斬之。避地者賴以免，圖飛像祠之。

金人再攻常州，飛四戰皆捷；尾襲於鎮江東，又捷；戰于清水亭，又大捷，横屍十五里。兀朮趨建康，飛設伏牛頭山待之。夜，令百人黑衣混金營中擾之，

金兵驚，自相攻擊。兀朮次龍灣，飛以騎三百、步兵二千馳至新城，大破之。兀朮奔淮西，遂復建康。飛奏：「建康爲要害之地，宜選兵固守，仍益兵守淮，拱護腹心。」帝嘉納。兀朮歸，飛邀擊于静安，敗之。

詔討戚方，飛以三千人營于苦嶺。方遁，俄益兵來，飛自領兵千人，戰數十合，皆捷。會張俊兵至，方遂降。范宗尹言張俊自浙西來，盛稱飛可用，遷通、泰鎮撫使兼知泰州。飛辭，乞淮南東路一重難任使，收復本路州郡，乘機漸進，使山東、河北、河東、京畿等路次第而復。

會金攻楚急，詔張俊援之。俊辭，乃遣飛行，而命劉光世出兵援飛。飛屯三墪爲楚援，尋抵承州，三戰三捷，殺高太保，俘酋長七十餘人。光世等皆不敢前，飛師孤力寡，楚遂陷。詔飛還守通、泰，有旨可守即守，如不可，但於沙洲保護百姓，伺便掩擊。飛以泰無險可恃，退保柴墟，戰于南霸橋，金大敗。渡百姓於沙上，飛以精騎二百殿，金兵不敢近。飛以泰州失守待罪。

紹興元年，張俊請飛同討李成。時成將馬進犯洪州，連營西山。飛曰：「賊貪而不慮後，若以騎兵自上流絶生米渡，出其不意，破之必矣。」飛請自爲先鋒，俊大喜。飛重鎧躍馬，潛出賊右，突其陣，所部從之。進大敗，走筠州。飛抵城東，賊出城，布陣十五里，飛設伏，以紅羅爲幟，上刺「岳」字，選騎二百隨幟而前。賊易其少，薄之，伏發，賊敗走。飛使人呼曰：「不從賊者坐，吾不汝殺。」坐而降者八萬餘人。進以餘卒奔成于南康。飛夜引兵至朱家山，又斬其將趙萬。成聞進敗，自引兵十餘萬來。飛與遇於樓子莊，大破成軍，追斬進。成走蘄州，降僞齊。

張用寇江西，用亦相人，飛以書諭之曰：「吾與汝同里，南薰門、鐵路步之戰，皆汝所悉。今吾在此，欲戰則出，不戰則降。」用得書曰：「果吾父也。」遂降。

江、淮平，俊奏飛功第一，加神武右軍副統制，留洪州，彈壓盜賊，授親衛大夫、建州觀察使。建寇范汝爲陷邵武，江西安撫李回檄飛分兵保建昌軍及撫州，飛遣人以「岳」字幟植城門，賊望見，相戒勿犯。賊黨姚達、饒青逼建昌，飛遣王萬、徐慶討擒之。升神武副軍都統制。

二年，賊曹成擁衆十餘萬，由江西歷湖湘，據道、賀二州。命飛權知潭州，兼權荆湖東路安撫都總管，付金字牌、黄旗招成。成聞飛將至，驚曰：「岳家軍來矣。」即分道而遁。飛至茶陵，奉詔招之，成不從。飛奏：「比年多命招安，故盜力强則肆暴，力屈則就招，苟不略加剿除，蠭起之衆未可遽殄。」許之。

飛入賀州境，得成諜者，縛之帳下。飛出帳調兵食，吏曰：「糧盡矣，奈何？」飛陽曰：「姑反茶陵。」已而顧諜若失意狀，頓足而入，陰令逸之。諜歸告成，成大喜，期翌日來追。飛命士蓐食，潛趨遶嶺，未明，已至太平場，破其砦。成據險拒飛，飛麾兵掩擊，賊大潰。成走據北藏嶺、上梧關，遣將迎戰，飛不陣而鼓，士爭奮，奪二隘據之。成又自桂嶺置砦至北藏嶺，連控隘道，親以衆十餘萬守蓬頭嶺。飛部才八千，一鼓登嶺，破其衆，成奔連州。飛謂張憲等曰：「成黨散去，追而殺之，則脅從者可憫，縱之則復聚爲盜。今遣若等誅其酋而撫其衆，慎勿妄殺，累主上保民之仁。」於是憲自賀、連，徐慶自邵、道，王貴自郴、桂，招降者二萬，與飛會連州。進兵追成，成走宣撫司降。時以盛夏行師瘴地，撫循有方，士無一人死癘者，嶺表平。授武安軍承宣使，屯江州。甫入境，安撫李回檄飛捕劇賊馬友、郝通、劉忠、李通、李宗亮、張式，皆平之。

三年春，召赴行在。江西宣諭劉大中奏：「飛兵有紀律，人恃以安，今赴行在，恐盜復起。」不果行。時虔、吉盜連兵寇掠循、梅、廣、惠、英、韶、南雄、南安、建昌、汀、邵武諸郡，帝乃專命飛平之。飛至虔州，固石洞賊彭友悉衆至雩都迎戰，躍馬馳突，飛麾兵即馬上擒之，餘酋退保固石洞。洞高峻環水，止一逕可入。飛列騎山下，令皆持滿，黎明，遣死士疾馳登山，賊衆亂，棄山而下，騎兵圍之。賊呼丐命，飛令勿殺，受其降。授徐慶等方略，捕諸郡餘賊，皆破降之。初，以隆祐震驚之故，密旨令飛屠虔城。飛請誅首惡而赦脅從，不許；請至三四，帝乃曲赦。人感其德，繪像祠之。餘寇高聚、張成犯袁州，飛遣王貴平之。

秋，入見，帝手書「精忠岳飛」字，製旗以賜之。授鎮南軍承宣使、江南西路沿江制置使，又改神武後軍都統制，仍制置使，李山、吴全、吴錫、李横、牛皐皆隸焉。

僞齊遣李成挾金人入侵，破襄陽、唐、鄧、隨、郢諸州及信陽軍，湖寇楊么亦與僞齊通，欲順流而下，李成又欲自江西陸行，趨兩浙與么會。帝命飛爲之備。

四年，除兼荆南、鄂岳州制置使。飛奏：「襄陽等六郡爲恢復中原基本，今當先取六郡，以除心膂之病。李成遠遁，然後加兵湖湘，以殄羣盜。」帝以諭趙鼎，鼎曰：「知上流利害，無如飛者。」遂授黄復州、漢陽軍、德安府制置使。飛渡江中流，顧幕屬曰：「飛不擒賊，不涉此江。」抵郢州城下，僞將京超號「萬人敵」，乘城拒飛。飛鼓衆而登，超投崖死，復郢州，遣張憲、徐慶復隨州。飛趣襄陽，李成迎戰，左臨襄江，飛笑曰：「步兵利險阻，騎兵利平曠。成左列騎江岸，右列步

平地，雖衆十萬何能爲。」舉鞭指王貴曰：「爾以長槍步卒擊其騎兵。」指牛皋曰：「爾以騎兵擊其步卒。」合戰，馬應槍而斃，後騎皆擁入江，步卒死者無數，成夜遁，復襄陽。劉豫益成兵屯新野，飛與王萬夾擊之，連破其衆。

飛奏：「金賊所愛惟子女金帛，志已驕惰；劉豫僭僞，人心終不忘宋。如以精兵二十萬，直擣中原，恢復故疆，誠易爲力。襄陽、隨、郢地皆膏腴，苟行營田，其利爲厚。臣候糧足，即過江北剿戮敵兵。」時方重深入之舉，而營田之議自是興矣。

進兵鄧州，成與金將劉合孛堇列砦拒飛。飛遣王貴、張憲掩擊，賊衆大潰，劉合孛堇僅以身免。賊黨高仲退保鄧城，飛引兵一鼓拔之，擒高仲，復鄧州。帝聞之，喜曰：「朕素聞岳飛行軍有紀律，未知能破敵如此。」又復唐州、信陽軍。

襄漢平，飛辭制置使，乞委重臣經畫荆襄，不許。趙鼎奏：「湖北鄂、岳最爲上流要害，乞令飛屯鄂、岳，不惟江西藉其聲勢，湖、廣、江、浙亦獲安妥。」乃以隨、郢、唐、鄧、信陽並爲襄陽府路隸飛，飛移屯鄂，授清遠軍節度使、湖北路、荆、襄、潭州制置使，封武昌縣開國子。

兀朮、劉豫合兵圍廬州，帝手札命飛解圍，提兵趨廬，僞齊已驅甲騎五千逼城。飛張「岳」字旗與「精忠」旗，金兵一戰而潰，廬州平。飛奏：「襄陽等六郡人户闕牛、糧，乞量給官錢，免官私逋負，州縣官以招集流亡爲殿最。」

五年，入覲，封母國夫人；授飛鎮寧、崇信軍節度使，湖北路、荆襄潭州制置使，進封武昌郡開國侯；又除荆湖南北、襄陽路制置使，神武後軍都統制，命招捕楊么。飛所部皆西北人，不習水戰，飛曰：「兵何常，顧用之何如耳。」先遣使招諭之。賊黨黄佐曰：「岳節使號令如山，若與之敵，萬無生理，不如往降。節使誠信，必善遇我。」遂降。飛表授佐武義大夫，單騎按其部，拊佐背曰：「子知逆順者。果能立功，封侯豈足道？欲復遣子至湖中，視其可乘者擒之，可勸者招之，如何？」佐感泣，誓以死報。

時張浚以都督軍事至潭，參政席益與浚語，疑飛玩寇，欲以聞。浚曰：「岳侯，忠孝人也，兵有深機，胡可易言？」益慚而止。黄佐襲周倫砦，殺倫，擒其統制陳貴等。飛上其功，遷武功大夫。統制任士安不稟王𤫊令，軍以此無功。飛鞭士安使餌賊，曰：「三日賊不平，斬汝。」士安宣言：「岳太尉兵二十萬至矣。」賊見止士安軍，併力攻之。飛設伏，士安戰急，伏四起擊賊，賊走。

會召浚還防秋，飛袖小圖示浚，浚欲俟來年議之。飛曰：「已有定畫，都督能少留，不八日可破賊。」浚曰：「何言之易？」飛曰：「王四廂以王師攻水寇則難，飛以水寇攻水寇則易。水戰我短彼長，以所短攻所長，所以難。若因敵將用敵兵，奪其手足之助，離其腹心之託，使孤立，而後以王師乘之，八日之内，當俘諸酋。」浚許之。

飛遂如鼎州。黄佐招楊欽來降，飛喜曰：「楊欽驍悍，既降，賊腹心潰矣。」表授欽武義大夫，禮遇甚厚，乃復遣歸湖中。兩日，欽説余端、劉詵等降，飛詭罵欽曰：「賊不盡降，何來也？」杖之，復令入湖。是夜，掩賊營，降其衆數萬。么負固不服，方浮舟湖中，以輪激水，其行如飛，旁置撞竿，官舟迎之輒碎。飛伐君山木爲巨筏，塞諸港汊，又以腐木亂草浮上流而下，擇水淺處，遣善罵者挑之，且行且罵。賊怒來追，則草木壅積，舟輪礙不行。飛亟遣兵擊之，賊奔港中，爲筏所拒。官軍乘筏，張牛革以蔽矢石，舉巨木撞其舟，盡壞。么投水，牛皋擒斬之。飛入賊壘，餘酋驚曰：「何神也！」俱降。飛親行諸砦慰撫之，縱老弱歸田，籍少壯爲軍，果八日而賊平。浚嘆曰：「岳侯神算也。」初，賊恃其險曰：「欲犯我者，除是飛來。」至是，人以其言爲讖。獲賊舟千餘，鄂渚水軍爲沿江之冠。詔兼蘄、黄制置使，飛以目疾乞辭軍事，不許，加檢校少保，進封公。還軍鄂州，除荆湖南北、襄陽路招討使。

六年，太行山忠義社梁興等百餘人，慕飛義率衆來歸。飛入覲，面陳：「襄陽自收復後，未置監司，州縣無以按察。」帝從之，以李若虚爲京西南路提舉兼轉運、提刑，又令湖北、襄陽府路自知州、通判以下賢否，許飛得自黜陟。

張浚至江上會諸大帥，獨稱飛與韓世忠可倚大事，命飛屯襄陽，以窺中原，曰：「此君素志也。」飛移軍京西，改武勝、定國軍節度使，除宣撫副使，置司襄陽。命往武昌調軍。居母憂，降制起復，飛扶櫬還廬山，連表乞終喪，不許，累詔趣起，乃就軍。又命宣撫河東，節制河北路。首遣王貴等攻虢州，下之，獲糧十五萬石，降其衆數萬。張浚曰：「飛措畫甚大，令已至伊、洛，則太行一帶山砦，必有應者。」飛遣楊再興進兵至長水縣，再戰皆捷，中原響應。又遣人焚蔡州糧。

九月，劉豫遣子麟、姪猊分道寇淮西，劉光世欲舍廬州，張俊欲棄盱眙，同奏召飛以兵東下，欲使飛當其鋒，而已得退保。張浚謂：「岳飛一動，則襄漢何所制？」力沮其議。帝慮俊、光世不足任，命飛東下。飛自破曹成、平楊么，凡六年，皆盛夏行師，致目疾，至是，甚；聞詔即日啓行，未至，麟敗。飛奏至，帝語趙鼎曰：「劉麟敗北不足喜，諸將知尊朝廷爲可喜。」遂賜札，言：「敵兵已去淮，卿

不須進發，其或襄、鄧、陳、蔡有機可乘，從長措置。」飛乃還軍。時僞齊屯兵窺唐州，飛遣王貴、董先等攻破之，焚其營。奏圖蔡以取中原，不許。飛召貴等還。

七年，入見，帝從容問曰：「卿得良馬否？」飛曰：「臣有二馬，日啖芻豆數斗，飲泉一斛，然非精潔則不受。介而馳，初不甚疾，比行百里始奮迅，自午至酉，猶可二百里。褫鞍甲而不息不汗，若無事然。此其受大而不苟取，力裕而不求逞，致遠之材也。不幸相繼以死。今所乘者，日不過數升，而秣不擇粟，飲不擇泉，攬轡未安，踊躍疾驅，甫百里，力竭汗喘，殆欲斃然。此其寡取易盈，好逞易窮，駑鈍之材也。」帝稱善，曰：「卿今議論極進。」拜太尉，繼除宣撫使兼營田大使。從幸建康，以王德、酈瓊兵隸飛，詔諭德等曰：「聽飛號令，如朕親行。」

飛數見帝，論恢復之略。又手疏言：「金人所以立劉豫於河南，蓋欲荼毒中原，以中國攻中國，粘罕因得休兵觀釁。臣欲陛下假臣月日，便則提兵趨京、洛，據河陽、陝府、潼關，以號召五路叛將。叛將既還，遣王師前進，彼必棄汴而走河北，京畿、陝右可以盡復。然後分兵濬、滑，經略兩河，如此則劉豫成擒，金人可滅，社稷長久之計，實在此舉。」帝答曰：「有臣如此，顧復何憂，進止之機，朕不中制。」又召至寢閤命之曰：「中興之事，一以委卿。」命節制光州。

飛方圖大舉，會秦檜主和，遂不以德、瓊兵隸飛。詔詣都督府與張浚議事，浚謂飛曰：「王德淮西軍所服，浚欲以爲都統，而命呂祉以督府參謀領之，如何？」飛曰：「德與瓊素不相下，一旦揠之在上，則必爭。呂尚書不習軍旅，恐不足服衆。」浚曰：「張宣撫如何？」飛曰：「暴而寡謀，尤瓊所不服。」浚曰：「然則楊沂中爾？」飛曰：「沂中視德等爾，豈能馭此軍？」浚艴然曰：「浚固知非太尉不可。」飛曰：「都督以正問飛，不敢不盡其愚，豈以得兵爲念耶？」即日上章乞解兵柄，終喪服，以張憲攝軍事，步歸，廬母墓側。浚怒，奏以張宗元爲宣撫判官，監其軍。

帝累詔趣飛還職，飛力辭，詔幕屬造廬以死請，凡六日，飛趨朝待罪，帝尉遣之。宗元還言：「將和士鋭，人懷忠孝，皆飛訓養所致。」帝大悦。飛奏：「比者寢閤之命，咸謂聖斷已堅，何至今尚未決？臣願提兵進討，順天道，因人心，以曲直爲老壯，以逆順爲强弱，萬全之効可必。」又奏：「錢塘僻在海隅，非用武地。願陛下建都上游，用漢光武故事，親率六軍，往來督戰。庶將士知聖意所向，人人用命。」未報而酈瓊叛，浚始悔。飛復奏：「願進屯淮甸，伺便擊瓊，期於破滅。」不許，詔駐師江州爲淮、浙援。

飛知劉豫結粘罕，而兀朮惡劉豫，可以間而動。會軍中得兀朮諜者，飛陽責之曰：「汝非吾軍中人張斌耶？吾向遣汝至齊，約誘至四太子，汝往不復來。吾繼遣人問，齊已許我，今冬以會合寇江爲名，致四太子于清河。汝所持書竟不至，何背我耶？」諜冀緩死，即詭服。乃作蠟書，言與劉豫同謀誅兀朮事，因謂諜曰：「吾今貸汝。」復遣至齊，問舉兵期，刲股納書，戒勿泄。諜歸，以書示兀朮，兀朮大驚，馳白其主，遂廢豫。飛奏：「宜乘廢豫之際，擣其不備，長驅以取中原。」不報。

八年，還軍鄂州。王庶視師江、淮，飛與庶書：「今歲若不舉兵，當納節請閑。」庶甚壯之。秋，召赴行在，命詣資善堂見皇太子。飛退而喜曰：「社稷得人矣，中興基業，其在是乎？」會金遣使將歸河南地，飛言：「金人不可信，和好不可恃，相臣謀國不臧，恐貽後世譏。」檜銜之。

九年，以復河南，大赦。飛表謝，寓和議不便之意，有「唾手燕雲，復讎報國」之語。授開府儀同三司，飛力辭，謂：「今日之事，可危而不可安，可憂而不可賀；可訓兵飭士，謹備不虞，而不可論功行賞，取笑敵人。」三詔不受，帝温言奬諭，乃受。會遣士㒟謁諸陵，飛請以輕騎從洒埽，實欲觀釁以伐謀。又奏：「金人無事請和，此必有肘腋之虞，名以地歸我，實寄之也。」檜白帝止其行。

十年，金人攻拱、亳，劉錡告急，命飛馳援，飛遣張憲、姚政赴之。帝賜札曰：「設施之方，一以委卿，朕不遥度。」飛乃遣王貴、牛皋、董先、楊再興、孟邦傑、李寶等，分布經略西京、汝、鄭、潁昌、陳、曹、光、蔡諸郡；又命梁興渡河，糾合忠義社，取河東、北州縣。又遣兵東援劉錡，西援郭浩，自以其軍長驅以闞中原。將發，密奏言：「先正國本以安人心，然後不常厥居，以示無忘復讎之意。」帝得奏，大褒其忠，授少保，河南府路、陝西、河東北路招討使，尋改河南、北諸路招討使。未幾，所遣諸將相繼奏捷。大軍在潁昌，諸將分道出戰，飛自以輕騎駐郾城，兵勢甚鋭。

兀朮大懼，會龍虎大王議，以爲諸帥易與，獨飛不可當，欲誘致其師，併力一戰。中外聞之，大懼，詔飛審處自固。飛曰：「金人伎窮矣。」乃日出挑戰，且罵之。兀朮怒，合龍虎大王、蓋天大王與韓常之兵逼郾城。飛遣子雲領騎兵直貫其陣，戒之曰：「不勝，先斬汝！」鏖戰數十合，賊屍布野。

初，兀朮有勁軍，皆重鎧，貫以韋索，三人爲聯，號「拐子馬」，官軍不能當。是役也，以萬五千騎來，飛戒步卒以麻札刀入陣，勿仰視，第斫馬足。拐子馬相

連，一馬仆，二馬不能行，官軍奮擊，遂大敗之。兀朮大慟曰：「自海上起兵，皆以此勝，今已矣！」兀朮益兵來，部將王剛以五十騎覘敵，遇之，奮斬其將。飛時出視戰地，望見黃塵蔽天，自以四十騎突戰，敗之。

方郾城再捷，飛謂雲曰：「賊屢敗，必還攻潁昌，汝宜速援王貴。」既而兀朮果至，貴將遊奕、雲將背嵬戰于城西。雲以騎兵八百挺前決戰，步軍張左右翼繼之，殺兀朮婿夏金吾、副統軍粘罕索孛堇，兀朮遁去。

梁興會太行忠義及兩河豪傑等，累戰皆捷，中原大震。飛奏：「興等過河，人心願歸朝廷。金兵累敗，兀朮等皆令老少北去，正中興之機。」飛進軍朱仙鎮，距汴京四十五里，與兀朮對壘而陣，遣驍將以背嵬騎五百奮擊，大破之，兀朮遁還汴京。飛檄陵臺令行視諸陵，葺治之。

先是，紹興五年，飛遣梁興等布德意，招結兩河豪傑，山砦韋銓、孫謀等斂兵固堡，以待王師，李通、胡清、李寶、李興、張恩、孫琪等舉衆來歸。金人動息，山川險要，一時皆得其實。盡磁、相、開德、澤、潞、晉、絳、汾、隰之境，皆期日興兵，與官軍會。其所揭旗以「岳」爲號，父老百姓爭挽車牽牛，載糗糧以餽義軍，頂盆焚香迎候者，充滿道路。自燕以南，金號令不行，兀朮欲簽軍以抗飛，河北無一人從者。乃嘆曰：「自我起北方以來，未有如今日之挫衄。」金帥烏陵思謀素號桀黠，亦不能制其下，但諭之曰：「毋輕動，俟岳家軍來即降。」金統制王鎮、統領崔慶、將官李覬崔虎華旺等皆率所部降，以至禁衛龍虎大王下忔查千户高勇之屬，皆密受飛旗牓，自北方來降。金將軍韓常欲以五萬衆内附。飛大喜，語其下曰：「直抵黃龍府，與諸君痛飲爾！」

方指日渡河，而檜欲畫淮以北棄之，風臺臣請班師。飛奏：「金人鋭氣沮喪，盡棄輜重，疾走渡河，豪傑向風，士卒用命，時不再來，機難輕失。」檜知飛志鋭不可回，乃先請張俊、楊沂中等歸，而後言飛孤軍不可久留，乞令班師。一日奉十二金字牌，飛憤惋泣下，東向再拜曰：「十年之力，廢於一旦。」飛班師，民遮馬慟哭，訴曰：「我等戴香盆，運糧草以迎官軍，金人悉知之。相公去，我輩無噍類矣。」飛亦悲泣，取詔示之曰：「吾不得擅留。」哭聲震野，飛留五日以待其徙，從而南者如市，亟奏以漢上六郡閒田處之。

方兀朮棄汴去，有書生叩馬曰：「太子毋走，岳少保且退矣。」兀朮曰：「岳少保以五百騎破吾十萬，京城日夜望其來，何謂可守？」生曰：「自古未有權臣在内，而大將能立功於外者，岳少保且不免，況欲成功乎？」兀朮悟，遂留。飛既歸，所得州縣，旋復失之。飛力請解兵柄，不許，自廬入覲，帝問之，飛拜謝而已。

十一年，諜報金分道渡淮，飛請合諸帥之兵破敵。兀朮、韓常與龍虎大王疾驅至廬，帝趣飛應援，凡十七札。飛策金人舉國南來，巢穴必虚，若長驅京、洛以擣之，彼必奔命，可坐而敝。時飛方苦寒嗽，力疾而行。又恐帝急於退敵，乃奏：「臣如擣虚，勢必得利，若以爲敵方在近，未暇遠圖，欲乞親至蘄、黃，以議攻卻。」帝得奏大喜，賜札曰：「卿苦寒疾，乃爲朕行，國爾忘身，誰如卿者？」師至廬州，金兵望風而遁。飛還兵于舒以俟命，帝又賜札，以飛小心恭謹、不專進退爲得體。兀朮破濠州，張俊駐軍黃連鎮，不敢進；楊沂中遇伏而敗，帝命飛救之。金人聞飛至，又遁。

時和議既決，檜患飛異己，乃密奏召三大將論功行賞。韓世忠、張俊已至，飛獨後，檜又用參政王次翁計，俟之六七日。既至，授樞密副使，位參知政事上，飛固請還兵柄。五月，詔同俊往楚州措置邊防，總韓世忠軍還駐鎮江。

初，飛在諸將中年最少，以列校拔起，累立顯功，世忠、俊不能平，飛屈己下之，幕中輕鋭教飛勿苦降意。金人攻淮西，俊分地也，俊始不敢行，師卒無功。飛聞命即行，遂解廬州圍，帝授飛兩鎮節，俊益耻。楊么平，飛獻俊、世忠樓船各一，兵械畢備，世忠大悦，俊反忌之。淮西之役，俊以前途糧乏訹飛，飛不爲止，帝賜札褒諭，有曰：「轉餉艱阻，卿不復顧。」俊疑飛漏言，還朝，反倡言飛逗遛不進，以乏餉爲辭。至視世忠軍，俊知世忠忤檜，欲與飛分其背嵬軍，飛義不肯，俊大不悦。及同行楚州城，俊欲修城爲備，飛曰：「當戮力以圖恢復，豈可爲退保計？」俊變色。

會世忠軍吏景著與總領胡紡言：「二樞密若分世忠軍，恐至生事。」紡上之朝，檜捕著下大理寺，將以扇摇誣世忠。飛馳書告以檜意，世忠見帝自明。俊於是大憾飛，遂倡言飛議棄山陽，且密以飛報世忠事告檜，檜大怒。

初，檜逐趙鼎，飛每對客嘆息，又以恢復爲己任，不肯附和議。讀檜奏，至「德無常師，主善爲師」之語，惡其欺罔，恚曰：「君臣大倫，根於天性，大臣而忍面謾其主耶！」兀朮遺檜書曰：「汝朝夕以和請，而岳飛方爲河北圖，必殺飛，始可和。」檜亦以飛不死，終梗和議，己必及禍，故力謀殺之。以諫議大夫万俟卨與飛有怨，風卨劾飛，又風中丞何鑄、侍御史羅汝楫交章彈論，大率謂：「今春金人攻淮西，飛略至舒、蘄而不進，比與俊按兵淮上，又欲棄山陽而不守。」飛累章請罷樞柄，尋還兩鎮節，充萬壽觀使、奉朝請。檜志未伸也，又諭張俊令劾王貴、誘

王俊誣告張憲謀還飛兵。

檜遣使捕飛父子證張憲事，使者至，飛笑曰：「皇天后土，可表此心。」初命何鑄鞫之，飛裂裳以背示鑄，有「盡忠報國」四大字，深入膚理。既而閲實無左驗，鑄明其無辜。改命万俟卨。卨誣：飛與憲書，令虚申探報以動朝廷，雲與憲書，令措置使飛還軍；且言其書已焚。

飛坐繫兩月，無可證者。或教卨以臺章所指淮西事爲言，卨喜白檜，簿録飛家，取當時御札藏之以滅迹。又逼孫革等證飛受詔逗遛，命評事元龜年取行軍時日雜定之，傅會其獄。歲暮，獄不成，檜手書小紙付獄，即報飛死，時年三十九。雲棄市。籍家貲，徙家嶺南。幕屬于鵬等從坐者六人。

初，飛在獄，大理寺丞李若樸何彦猷、大理卿薛仁輔並言飛無罪，卨俱劾去。宗正卿士㒟請以百口保飛，卨亦劾之，竄死建州。布衣劉允升上書訟飛冤，下棘寺以死。凡傅成其獄者，皆遷轉有差。

獄之將上也，韓世忠不平，詣檜詰其實，檜曰：「飛子雲與張憲書雖不明，其事體莫須有。」世忠曰：「『莫須有』三字，何以服天下？」時洪皓在金國中，蠟書馳奏，以爲金人所畏服者惟飛，至以父呼之，諸酋聞其死，酌酒相賀。

飛至孝，母留河北，遣人求訪，迎歸。母有痼疾，藥餌必親。母卒，水漿不入口者三日。家無姬侍。吴玠素服飛，願與交驩，飾名姝遺之。飛曰：「主上宵旰，豈大將安樂時？」卻不受，玠益敬服。少豪飲，帝戒之曰：「卿異時到河朔，乃可飲。」遂絶不飲。帝初爲飛營第，飛辭曰：「敵未滅，何以家爲？」或問天下何時太平，飛曰：「文臣不愛錢，武臣不惜死，天下太平矣。」

師每休舍，課將士注坡跳壕，皆重鎧習之。子雲嘗習注坡，馬躓，怒而鞭之。卒有取民麻一縷以束芻者，立斬以徇。卒夜宿，民開門願納，無敢入者。軍號「凍死不拆屋，餓死不鹵掠。」卒有疾，躬爲調藥；諸將遠戍，遣妻問勞其家；死事者哭之而育其孤，或以子婿其女。凡有頒犒，均給軍吏，秋毫不私。

善以少擊衆。欲有所舉，盡召諸統制與謀，謀定而後戰，故有勝無敗。猝遇敵不動，故敵爲之語曰：「撼山易，撼岳家軍難。」張俊嘗問用兵之術，曰：「仁、智、信、勇、嚴，闕一不可。」調軍食，必蹙額曰：「東南民力，耗敝極矣。」荆湖平，募民營田，又爲屯田，歲省漕運之半。帝手書曹操、諸葛亮、羊祜三事賜之。飛跋其後，獨指操爲姦賊而鄙之，尤檜所惡也。

張所死，飛感舊恩，鞫其子宗本，奏以官。李寶自楚來歸，韓世忠留之，寶痛哭願歸飛，世忠以書來諗，飛復曰：「均爲國家，何分彼此？」世忠嘆服。襄陽之役，詔光世爲援，六郡既復，光世始至，飛奏先賞光世軍。好賢禮士，覽經史，雅歌投壺，恂恂如書生。每辭官，必曰：「將士効力，飛何功之有？」然忠憤激烈，議論持正，不挫於人，卒以此得禍。

檜死，議復飛官。万俟卨謂金方願和，一旦録故將，疑天下心，不可。及紹興末，金益猖獗，太學生程宏圖上書訟飛冤，詔飛家自便。初，檜惡岳州同飛姓，改爲純州，至是仍舊。中丞汪澈宣撫荆、襄，故部曲合辭訟之，哭聲雷震。孝宗詔復飛官，以禮改葬，賜錢百萬，求其後悉官之。建廟於鄂，號忠烈。淳熙六年，謚武穆。嘉定四年，追封鄂王。

五子：雲、雷、霖、震、霆。

雜録

備録

李幼武《宋名臣言行録・四朝名臣言行别録》卷八《岳飛信國武穆王》 天資敏悟，強記書傳，尤好左氏《春秋》傳及孫吴兵法。家貧，拾薪爲燭，爲文初不經意，人誦則辯是非析義理若精思者。

初見上於元帥府，從劉浩解東京圍，與虜兵相持滑州南，虜兵至，王迎斬其將，虜大敗，斬首數千級，得馬數百匹。

上即位，王上書數千言，請上還京，乘二聖蒙塵未久，虜穴未固，親率六軍，迤邐北渡，天威所臨，將士一心，則中原指期可復矣。大忤用事者，奪官歸田里。

張所招撫河北，一見王與語大悦，待以國士，補官俾將中軍。因問時事，王曰：「本朝都汴，惟倚河北以爲固，苟深溝高壘，峙列重鎮，使敵入吾境一城之後，復困一城，一城受圍，諸城或撓或救，則虜不敢犯，而京師根本之地固矣。河南之有河北，猶燕雲之有金坡諸關，河北不歸，則河南未可守，諸關不獲，則燕雲未可有。童貫取燕雲而不知爭關，是以虚名受實禍。今爲招撫計，直有盡取河北地以爲京師援爾。」

從王彦渡河，至衛州新鄉縣，王約彦出戰，不進。王獨引所部鏖戰，奪虜纛舞而示諸軍，諸軍鼓噪争奮，遂拔新鄉，擒千户阿里孛。又戰敗之。明日，戰侯兆川，又破之。益北擊虜，戰于太行山，擒拓拔耶烏居。數日與虜遇，王單騎持鐵鎗刺殺虜帥所謂「黑風」而王其號者，走其衆三萬。

杜充棄京師，之建康，王説之曰：「中原地尺寸不可棄，况社稷、宗廟在京師，陵寢在河南，尤非他地比。」充不聽，金人與李成共寇烏江縣，充閉門不出，王扣寢閤諫之，因流涕被面，固請出視師，充竟不出。虜由馬家渡渡江，充遣王敵虜。戰方酣，王瓊先遁，獨王力戰。暮後士卒乏食，諸將皆欲叛去，王洒血厲衆曰：「我輩荷國厚恩，當以忠義報國，立功名書竹帛，死且不朽。今日之事，有死無二！輒出此門者斬！」詞色慷慨，士皆感泣。

兀术入臨安，王領所部邀擊之，六戰皆捷，俘諸路剃頭簽軍首領四十八人，察其可用者結以恩信，遣還虜中，令夜斫營，燒燬砲車、器械，乘其亂交擊，大敗之。虜之簽軍涉其地者，皆相謂曰「岳爺軍來也」，争來降附。

虜犯常州，王邀擊，四戰皆捷。戰于清水亭，虜大敗，横尸十五里。兀术復趨建康，王設伏於牛頭山上待之。夜，令人混虜中擾其營，虜驚，自相攻。兀术次於龍灣，王自牛頭山馳至南門與戰，大破之，兀术奔淮西。王入城撫定，獻俘行在所。上詢所俘人，得二聖音問，感動久之。王奏曰：「建康爲國家形勢要害之地，宜選兵固守，乞益兵守淮，拱護腹心。」上嘉納。

紹興初，上命張俊討李成，俊請以王軍同討。王至鄱陽，與俊合。三月，次洪州。俊召王計之，曰：「某與李成數戰不利，爲我計之。」王曰：「賊貪而不慮後，若以騎兵三千自上流出生米渡，出其不意，破之必矣。飛願爲先鋒。」俊大喜。王潛出賊軍之右首，突賊陣，所部從之，賊大敗。王以紅羅爲幟，刺「岳」字其上白之，平明選二百騎建旗而前，賊易其少薄之，伏發，大敗走，賊將馬進走成所。成怒，引兵來，王遇之樓子莊，大破之，殺馬進，成走降僞齊。

曹成亂，執向子諲，據道州、賀州，命王捕之。王入賀州境，夜焚賊寨，成奔桂嶺，竄連州，嶺表悉平。三年，召至行在所，諭令係金帶上殿，賜御札于旗曰「精忠岳飛」，令行師必建之。

虜侵淮，圍廬州，上賜札曰：「淮報緊急，朕非卿到終不安心。」王遣牛皋渡江，自提兵趨廬州與皋會。僞齊五千騎逼城，皋以所從騎遥謂曰：「牛皋在此，爾輩何爲見犯？」虜衆愕視，及張「岳」字旗、「精忠」旗示之，虜衆自潰。王令皋追擊，虜相踐及殺死者相半，廬州平。

上賜札，令王具守禦策，公奏曰：「金、豫皆有可取之理，攻討之謀正不宜緩。如及此時以精兵二十萬直擣中原，誠易爲力，襄陽、隨、郢地皆膏腴，來春即可措置營田。陛下欲屯大兵於鄂州，則襄陽隨郢量留軍馬，又於安復、漢陽亦量駐兵，六州之屯，且以正兵二萬爲固守計，就撥湖南、江西糧斛，朝廷支降劵錢爲一年支遣。俟營田就緒，攻守皆利也。」襄陽重地既爲僞將李成所據，湖湘之民亦不奠枕，士大夫自蜀來者，茫然莫知所向。一日，宰執奏事，朱勝非謂當先取之，上曰：「今便可議，就委岳飛如何？」時飛爲江西制置使，駐軍鄂、岳，趙鼎曰：「知上流利害，無如飛者。」

上命飛收復襄陽，飛率王萬等自鄂渚趍襄陽。朱勝非許飛迄事建節，且命沈昭遠往總軍餉，趙鼎請上親筆詔監司、帥守餉飛軍無闕，庶幾必濟。飛等進軍，於是劉豫求救於虜，虜、僞之兵俱來，我師與遇，連戰，大破之，遂復襄陽及郢、隨諸州。飛分遣王貴、張憲連擊賊兵，又復鄧州，軍聲大振。上謂宰執曰：「岳飛既收復襄、郢，粘罕聞之必怒，況今已是六月下旬，便可講防秋事，儻虜人南來，朕當親統諸軍，分頭迎敵，使之無遺類，即中原可復，若依前遠避爲泛海計，何以立國也！」

初，飛遣張憲引兵攻隨州，月餘不能下，牛皋請行，乃裹三日糧往，衆皆笑之。糧未盡而城拔。飛進復郢州，董先頗有功。先、皋皆久在京西，故飛以爲將。李成聞郢州失守，乃棄襄陽遁去，與虜、僞合兵屯鄧之西北。飛遣王貴、張憲至城下，賊兵來戰，董先出奇邀擊，大破之。賊將高仲入城據守，將士蟻附而上，遂克之。飛移屯德安府，軍聲大振。捷奏至，上曰：「朕素聞飛行軍極有紀律，未知能破敵如此。」

飛自池州來朝，召見，加鎮寧、崇信節度，賞淮西之功也。

飛爲荆湖襄陽制置使，主兵八萬，至鼎州，討湖賊楊太。太爲其下所殺，楊欽領其衆數十萬以拒命。先是，都督張浚親臨湖以觀賊勢，疑未可攻，復欲還朝爲防秋之計。會飛來，以小圖白浚曰：「此易擒爾。」浚曰：「恐妨防秋之備。」飛請浚少留，限八日擒之，乃遣飛往。初，任士安、王俊、郝政領兵二萬餘，慢王瓊，不禀其令，以此無功。飛始至，鞭士安，以折其氣。使爲賊餌，先揚言岳太尉兵二十萬至矣，及是，止見士安等軍，賊併力拒之，飛伏大兵四合，賊敗走，悉乘小舟入水寨。賊將陳瑶內變，刼僞太子鍾子儀船，獲金交床與龍鳳簟等詣飛降，餘

黨相繼皆降，飛入水寨，殺賊殆盡。惟夏誠寨恃險固守，飛擇善罵者二千餘人夜往罵之，且悉衆運草木流下填滿，乃長驅入營，遂擒誠。果應飛來之讖，於是，浚言：「除楊么就戮外，招到黃誠、周倫等衆二十餘萬，湖寇盡平。」

李龜年記録《楊么本末》曰：初，賊自恃其險，官軍陸襲則入湖，水攻則登岸，賊中爲之語曰：「有能害我，須是飛來。」蓋言其險，非有羽翼莫能近也。俄詔用岳飛，適值大旱，湖水涸，飛命軍士伐君山之木，爲巨筏無數。賊不意以木筏塞諸港汊，賊戰敗急，趁舟欲出湖，而港汊已滿，舟爲所礙，不能遁。戮死外盡招降之，「飛來」之讖於是乎驗。

飛謂出軍每以乏糧爲患，京西、湖北平，即募民營田，給以牛、種，假之口食，分任官吏責其成功。又爲屯田之法，使戍伍兵戰之暇盡力南畝，行之二三年，省漕運之半。上嘗書曹操、諸葛亮、羊祜三事賜之。

逆豫有南窺之意，韓世忠自淮陽已還，楚州張俊既成盱眙，遂進屯泗州，飛遣兵至蔡州，焚其積聚。張浚承詔入覲，力請上進臨建康，上發臨安，先詣上天竺寺燒香，道旁有執黃旗報捷，乃飛遣王貴、郝政、董先攻下虢州，寄治盧氏縣賊衆，獲糧十五萬石。上至臨平鎮，於舟中與宰執論飛之捷，上曰：「飛捷固可喜，淮上諸將各據要害，雖爲必勝計，然兵家不勝惟慮敗耳，萬一小跌，不知如何？更宜熟慮。」

上詔公入覲，參謀官薛弼亦移書促公行，至是，飛偕弼入奏事。公以手疏言儲貳事，衝風吹紙動摇，飛聲戰，讀不能句。公退，弼進，上視之色動，弼曰：『臣在道，常怪飛習寫細字，乃作此奏，雖其子弟無知者。』此據《小歷》所載，按飛家集乃云：詔飛援順昌時，將發手書，密奏略曰，今欲恢復，必先正國本，以安人心，然後不常厥居，以視毋忘復讎之意。張戒《嘿記》曰：弼以甲子正月道由建昌，謂戒曰：「弼之免於禍天也。往者丁巳歲，被旨從鵬入覲，與鵬遇於九江之舟中，鵬曰：『某此行將陳大計。』弼請之，鵬云：『近諜報虜酋以丙午元子入京闕，爲朝廷莫若正資宗之名，則虜計沮矣。』弼不敢應。抵建康，與弼同日對，鵬第一班，弼次之，鵬下殿面如死灰。弼造膝，上曰：『飛適奏乞正資宗之名，朕諭以卿雖忠，然握重兵於外，此事非卿所當與也。』弼曰：『臣雖在其幕中，然初不與聞。昨到九江，但見飛習小楷，凡密奏皆飛自書耳。』上曰：『飛意似不悅，卿自以意開諭之。』弼受旨而退。嗟夫鵬爲大將，而越職及此，其取死宜哉！」弼又曰：「不知若箇書生教之耳。」飛字鵬舉，故隱其語，但曰鵬云。

飛陞宣撫使，因扈駕至建康。以劉光世所統王德、酈瓊等兵五萬餘隸飛，且詔德曰：「聽飛號令，如朕親行。」飛上疏論恢復，略曰：「望陛下假臣日月，勿拘其淹速，使敵莫測臣之舉措，萬一得便可入，則擬兵直趍京、洛，據河陽、陝府、潼關以號召五路之叛將，叛將既還，王師前進，劉豫必棄汴京而走河北，京畿、陝右可以悉復。至於東京諸郡，陛下付之韓世忠、張俊，亦可便下。臣然後分兵濬、滑，經略兩河，則劉豫父子斷必成擒。假令汝、潁、陳、蔡堅壁清野，商於虢略分屯要害，進或無糧可因，攻或難於餽運，臣須斂兵退保。上流賊必襲而南，臣俟其來，當率諸將或挫其鋭，或待其疲，賊利速戰，不得所欲，勢必復還，臣當設伏邀其歸路，小入則小勝，大入則大勝，然後徐圖再舉。設若賊見上流進兵，併力侵淮上，或分兵攻犯四川，臣即長驅擣其巢穴。惟願陛下戒敕有司廣爲儲備，俾臣得以一意静慮，不以兵食亂其方寸，則謀定計密，必能濟此大事。」疏奏，御札答曰：「有臣如此，朕復何憂！進止之機，朕不中制。」飛復奏述前志，賜札報曰：「覽卿近奏，鋭然以恢復爲請，豈天實啟之，將以輔成朕志，行遂中興也。」方率厲將士，將合師大舉，會檜主和，忌其成功，沮之，議遂寢。

飛奉詔詣督府，與張浚議，而淮西之兵猶未有所付，浚意屬吕祉，乃謂飛曰：「王德爲將，淮西軍之所服也，浚欲以爲都統制，仍命吕祉以督府參謀領之，如何？」飛曰：「德與酈瓊等夷，素不相下，吕尚書雖通材，然書生不習軍旅，不足以服其衆。」浚曰：「張宣撫如何？」曰：「飛之舊帥也，然其人暴而寡謀，且酈瓊之素所不服。」曰：「然則楊沂中爾。」飛曰：「沂中視德等耳。」浚艴然曰：「浚固知非太尉不可也。」飛曰：「都督以正問飛，不敢不以正對，豈以得軍爲念耶？」飛去夏以内艱奪情莅職，既與浚忤，即日上章，乞解兵柄以終喪，步歸廬山，廬於墓側，以張憲權管軍事。浚怒，乃命參議官張宗元爲宣撫判官監其軍。上速詔飛還軍，飛力辭，詔屬吏造廬起之。飛不得已，乃趍朝，既見，猶請待罪，上優詔答之，俾復其位而還宗元。浚竟用王德統淮西軍，而以吕祉監之，果召變。

上與宰執言飛未解帥事，上曰：「飛頃入對，請由商、虢取關陝，欲併統淮右之兵而行。朕問何時可畢，對曰期以三年。朕諭飛駐蹕于此，以淮甸爲屏蔽，若輟淮甸之兵，雖能定中原，朕亦何惜，第恐中原未復，而淮甸失守，則行朝未得奠枕而卧也。飛無以對。」飛既復任，宗元乃還。

王庶出視師江淮，飛以書與之曰：「今歲若不舉兵，當納節請閑。」庶稱其

壯節。

虜人敗盟，公遣將李寶、孫彦與虜人戰于曹州，屢敗之。大戰于宛亭縣，敗之。寶又及虜人戰于宛亭，敗之。又遣牛皐戰于京西，敗之。進戰于黄河上，又敗之。又遣統制張憲戰于潁昌府，敗之，復潁昌府。憲又戰陳州界，敗之，復陳州。又遣統制董先、姚政戰潁昌府，敗之。又遣將王成戰鄭州，敗之，復鄭州。又遣統制孟邦傑復永安軍，至夜，遣其將劉政刧之於中牟縣，敗之。又遣將張應、韓青戰河南府，敗之。又遣將楊遇戰南城軍，敗之，復河南府南城軍。又遣將梁興、董榮戰絳州垣曲縣，敗之。興又戰孟州王屋、濟垣兩縣，敗之。公與兀术戰堰城縣，敗之。再戰，又敗之，殺其將阿李朵孛堇。張憲又戰臨潁縣，敗之。王貴、姚政與兀术大戰于潁昌府，敗之。又命張憲、傅選、寇成戰臨潁縣，敗之。公屢獲捷，方欲深入，而宰相秦檜陰助虜人，勸上累詔班師，公憤恨而還，所復州縣尋復失之。

和議成，公上表云：「謂無事而請和者，謀恐卑詞而益幣者。進願定謀於全勝，期收地於兩河，唾手燕雲，終欲復讎，而報國誓心天地，尚令稽首以稱藩。」

韃辣、兀术皆在祁州，奉使王倫行至祁見之。時世忠、岳飛、吴玠、吴璘軍各遣間招誘中原民，虜得其蠟彈、旗牓出以詰倫曰：「議和之使繼來，而暗遣姦諜如此，君相紿，且不測進兵耳。」倫言：「所議靖民乃主上誠意，邊臣見久而無成，或乘時希尺寸爲己勞，則不可保，主上決不之知。若上國孚其誠意確許之平，則朝廷一言戒之，誰敢爾者！」二酋相視無語。

詔湖北京西招討使岳飛往駐江州。飛奏已至，上曰：「淮西既無事，飛不須更來。」趙鼎曰：「此有以見諸將知尊朝廷。」上曰：「劉麟敗北，朕不足喜，而諸將知尊朝廷爲可喜也。」

公既爲湖北、京西宣撫副使，又詔爲宣撫使。時淮東、江東宣撫使韓世忠、張俊皆已立功，而公以列將拔起，世忠、俊不平，公先皆屈己，下之書數通，俱不荅。及公破楊么，獻樓船各一，兵徒戰守之械畢備，世忠始大悦，而俊益忌之。公參謀官薛弼雖每勸公調護，而幕中之輕鋭者復教公勿苦降意，於是公與俊隙始深矣。

初，上詔公以兵援淮西，公念前此每勝復被召還，乃以乏糧爲辭，及濠州已破，而公始來援，故俊與檜皆恨之。《小歷》載：飛先數言和議非計，秦檜大惡之。虜之入寇，上命飛以兵援淮西，飛力疾即日就道，上賜詔奬之。張俊貽飛書，以前途乏糧爲言，飛不爲止。時賜札有曰：「卿聞命即往廬州，糧餉之艱，卿不復顧。」俊疑飛漏其言，歸朝乃倡言飛逗遛不進，以糧乏爲辭。及同行楚州城，俊欲修城爲守備，飛曰：「當戮力以圖恢復，豈可爲退保計？」俊歸，復反其言，謂飛欲棄山陽。與檜謀，令万俟卨劾飛。對將佐謂「山陽不可守」，沮喪士氣，始有殺飛意矣。

初，給事中范同力助和議，至是，又以諸大將久握重兵難制，獻計于檜，請皆除樞密，而罷其兵權，檜用之，乃密奏上，以拓皐之捷召世忠、俊、飛，並詣行在，論功行賞。時世忠、俊已至，而公獨後，檜與參政王次翁憂之，乃謀以明日率三大將置酒湖上，欲出，則語直省官曰：「姑待岳少保來。」益令堂厨豐其宴具，如此展期以待，至六七日，及公至，即鎖院。壬辰，以世忠、俊爲樞使，公爲副使，惟俊與檜意合，故力贊和議也。

王次翁《敘記》曰：紹興辛酉，虜人有飲馬大江之謀，大將張、韓皆欲先事深入，唯飛駐軍淮西不肯動。上以親札促其行者，凡十有七，飛偃蹇如故。最後又降親札曰：「社稷存亡，在卿此舉。」飛奉詔移軍三十里而止，上始有誅飛意。又世忠軍中親校温濟者，以世忠陰事來告，朝廷置濟於湖南，世忠連上章乞遣濟至軍中，語甚不遜。是時三大帥皆握重兵，輕視朝廷。其年拓皐之捷，有旨令大將入論功行賞，後，世忠已至，而飛獨未來。檜爲相，先臣參政，大臣止二人，檜憂之甚，先臣爲之謀，以明日率三大將置酒湖上，欲出，則語直省官曰：「姑待岳少保來。」益令堂厨豐其燕具，如此展期以待。六七日，飛既到，以明日鎖院，皆除樞密使，趣令入院供職，罷其兵柄。晡時，有旨鎖院，明日宣麻。是夜將半，以制分命三大帥軍中列校，使各統所部自爲一軍，更其銜曰統制御前軍馬，凡其所統陞黜賞罰得專達之，諸校喜於自便，莫不欣然受命。明日，三大帥入受元樞之制，既出，其所部皆已散去，導從盡以密院之人。上之此謀惟先臣與檜預之，天下歎服。三帥既罷兵柄，先臣語伯庠等曰：「吾與秦檜謀之已久，雖外示閑暇，而終夕未嘗交睫，脱致紛紜滅族非所憂，所憂宗社而已。事幸而成，上之英斷與天合也，吾何力之有。」

自兀术復取河南，飛深入不已，兀术以書抵檜曰：「爾朝夕以和請，而飛方爲河北圖，必殺飛而後可和。」於是檜與俊謀，置飛於死地矣，先以淮西山陽之事罷之。

右諫議万俟卨言：「飛議棄兩淮地，專守大江以南，且提重兵十餘萬，無横

草之勢，倡言棄兩淮，以動朝廷，此不臣之漸也。」宰執奏事，上曰：「山陽要地，屏蔽淮東，無山陽則通、泰不能固，賊來徑趍，蘇、常豈不摇動？其事甚明，比遣張俊、岳飛往彼措置戰守，二人登城行視，飛於衆中倡言楚不可守，城安用修。蓋將士戍山陽厭久，欲棄而之他，飛意在附下以要譽。其言如此，朕何賴焉！」檜曰：「飛對人之言乃至是，中外或未之知也。」

張憲、王貴、王俊皆飛故部曲也，張俊知貴、俊於飛、憲有間，遂訹俊告憲謀還飛兵柄，令貴執憲歸于張俊行府。院吏以爲密院無訊囚法，俊不從，自鞫之，使憲誣服，以爲得雲手書命己謀之。獄成，俊以告檜，械送行在，下之棘寺，逮繫飛父子。初命何鑄治其獄，鑄明其無辜，改命万俟卨，遂誣飛父子致書于憲、貴，令虚申警報以動朝廷，及令憲措置，使飛還軍，且謂其書皆已焚矣，無可證者。或教卨以臺評所指淮西事爲言，遂以逗遛詰飛，而所賜飛之御札與往來道途日月皆可考，乃命評事元龜年雜定之，以傅會其獄，而收其御札送官，以滅迹。飛困於考掠，亦無服辭。檜一日手書小紙付獄，即報「飛死矣」，竟以衆證蔽罪飛賜死，憲、雲戮于市，籍没貲産，徙家嶺南，官屬坐罪者六人。洪皓在虜中，蠟書馳奏，以爲虜所大畏服，不敢以名稱者惟飛，至以父呼之，諸酋聞其死，皆酌酒相慶。

先是，張憲之獄未成，万俟卨爲御史中丞，何鑄以除執政奉使，乃改命卨推勘，而飛與子、雲皆係獄矣。初，公之在湖北也，辛次膺舟行過鄂，公燕待之。既而延入小閤，盡出所被宸翰，具言上眷之渥，且執次膺手曰：「前夕夢爲棘寺逮對，獄吏曰：『辛中丞被旨推勘。』飛方懼，不敢告人，而公適至。公自諫官補外，他日必爲獨坐，飛或不幸下獄，願公救之。」次膺悚然不知所對。至是，公悟昨夢乃新中丞也。

初，檜居永嘉祕撰，主管玉隆觀，薛弼嘗游其門，又卨爲湖北提刑，弼時經撫本路，除劇盜伍俊，歸功于卨。至是，治飛獄，弼雖爲公參謀官，無一辭累及。先是，獄之成也，世忠嘗以問檜，檜曰：「飛子雲與憲書不明，其事體必須有。」世忠曰：「必須有，此三字何足使人甘心！」因争之，檜不聽。公知書而待士，且濟人之貧，用兵先計後戰，屢勝强虜，號爲良將，其死，天下寃之！

詔鄂州建岳飛祠宇，以「忠烈廟」爲額，從州人請也。

飛忠孝出於天性，初從駕渡河，留妻養母，河北陷没，飛遣人求訪，凡十八往返乃獲，迎歸，母痼疾，藥餌必親嘗，遇出師，必戒家人謹侍養。母喪，既葬，廬於墓側，御札數四强之而後起。自有狄難，飛立志慷慨，以必取中原滅讎虜爲念，臨危誓衆，或至流涕，將士莫不感奮。聞車駕所在，未嘗背之而坐。自奉甚薄，少飲酒，能至數斗。上嘗戒之曰：「卿異時到河朔乃可飲酒。」遂絶口不飲。吴玠嘗盛飾名姝以遺之，却而不受。上欲爲營其第於行都，飛辭謝曰：「金虜未滅，臣何以家爲！」故起復制詞有「厲驃姚辭第之志」之語。每與士卒最下者絶甘分少，其馭軍以重蒐選、謹訓練，公賞罰、明號令、嚴紀律、同甘苦爲要。張俊嘗問用兵之術，曰：「仁信智勇嚴，五者不可缺一。」問嚴，曰：「有功者重賞，無功者重罰。」止兵休舍，輒課士卒藝程、注坡、跳濠，皆被重鎧習之。子雲嘗習注坡而馬躓，怒欲斬之，諸將力祈乃免，猶鞭之數百。約束必明簡，而使人易從。行師秋毫不犯，有取民一縷以束芻者，立命斬之。尤善以寡勝衆，其從杜充也，以八百人，破羣盗王善等五十萬衆；其破曹成也，以八千人破其衆十萬。其戰兀术也，於潁昌則以背嵬八百，於朱仙鎮之對壘，則以背嵬五百皆破其衆十餘萬。背嵬之名起於西蕃，飛善用之，皆以一當百。郾城之役，兀术合諸酋之兵以進，飛命雲領背嵬遊弈馬軍直貫其陣。初，兀术有勁軍號鐵浮屠、拐子馬，所至莫當，是役以萬五千騎來。飛命步人以巨斧入其陣，勿仰視，第斫馬足，一馬躓，則餘皆相躓藉而斃，官軍奮擊之，僵死如山。兀术大慟曰：「自初起兵皆以此勝，今已矣！」拐子馬由是遂廢。其出奇制勝多類此。自結髮從戎十餘年間，大小百餘戰，未嘗敗北。其伐叛也，常以廣上德意爲先，而釋其餘。好禮下士，恂恂如諸生，未嘗言功伐。襄漢之役，詔劉光世以五千人爲牽制之師，六郡既復，光世師始至，飛奏乞先賞光世諸將。或有功多而賞薄者，必爲之開陳，不當得則一級不妄予。子雲屢立奇功，匿不以聞，或自朝廷舉行，猶辭不已。初以上書失官，從張所補官，所以謗謫行，至長沙，盗劉忠欲刼以叛，所不從，遇害。飛訪求其子鞠之，奏補以官，且爲所申雪死難之由，人皆義之。

徐夢莘《三朝北盟會編》卷一四三　傅慶，衛州窯户也，有勇力，善戰，屢立功。岳飛寵惜之，以爲前軍統制。慶恃其才，視飛爲平交，嘗曰：「岳丈所主張此一軍者，皆我出戰有功之力。」每有需索於飛，則曰：「岳丈，傅慶没錢使，可覓金若干，或錢若干。」飛亦屢與之，無忤色。

徐夢莘《三朝北盟會編》卷一四四　〔岳飛〕到徽州，有百姓訴其舅姚某搔擾，飛白其母責之，曰：「舅所爲如此，有累於飛，飛能容，恐軍情與軍法不能容。」母亦苦勸而止。他日，飛與兵押馬，舅亦同行，舅出飛馬前而馳約數十步，

引弓滿回身射飛，中其鞍轎，飛馳馬逐舅，擒下馬，令王貴、張憲捉其手，自取佩刀破其心，然後碎割之。歸白其母，母曰：「我鍾愛此弟，何遽如此！」飛曰：「若一箭或上或下，則飛死矣。爲舅所殺，母雖欲一日安不可得也。所以中鞍轎者，乃天相飛也。今日不殺舅，他日必爲舅所害，故不如殺之。」母意亦解。

徐夢莘《三朝北盟會編》卷一五五 〔岳〕飛駐軍於洪州也。趙秉淵爲江南西路兵馬鈐轄，洪州駐劄。飛因飲酒大醉，毆擊秉淵幾死，安撫使李回奏劾之。至是，上戒飛飲酒，飛自此不飲。

徐夢莘《三朝北盟會編》卷二〇四 〔岳〕飛在鄂城，衆請回軍，飛亦以不可留，乃傳令回軍。而軍士應時皆南嚮，旗靡轍亂不整。飛望之，口呿而不能合。良久曰：「豈非天乎！」

夢莘《三朝北盟會編》卷二〇六 〔岳飛〕回駐於鎮江府，知泗州劉綱詣行府禀議。綱曰：「泗州在淮河之北，城郭不固，無兵無食，如有緩急，守乎？棄乎？」飛徐徐言曰：「此是潤州，更有何名？」綱曰：「京口。」飛再問之，綱曰：「丹徒。」飛三問之，綱曰：「南徐。」飛曰：「只此是矣。」綱退，大歎服曰：「岳鵬舉果有過人。」

〔岳〕飛初對吏，立身不正，而撒其手，旁有卒執杖子，擊杖子作聲而叱曰：「叉手正立。」飛悚然聲喏而叉手矣。

徐夢莘《三朝北盟會編》卷二〇七 初，〔岳〕飛在大理寺獄，未肯招狀。先是飛自鄂陵回軍也，在一村寺中，與王貴、張憲、董先、王俊夜坐，移時不語，忽作聲曰：「天下事竟如何？」衆皆不敢應，唯憲徐言曰：「在相公處置耳。」既退，俊握先及貴手曰：「太尉，太尉，聞適來相公之言及張太尉之對否？」先與貴曰：「然。」及俊告飛使子雲通書軍中事，因言鄂陵路中之語，追先赴行在，時雲與憲已伏誅矣。秦檜與先曰：「止是有一句言語，要爾爲證，證了只今日便可出。」仍差大理官二人送先赴大理寺【略】對吏即伏。吏問飛，飛猶不伏。有獄子事飛甚謹，至是獄子倚門斜立，無恭謹之狀。飛異之，獄子忽然而言曰：「我平生以岳飛爲忠臣，故伏侍甚謹，不敢少慢。今乃逆臣耳。」飛聞之，請問其故，獄子曰：「君臣不可疑，疑則爲亂。故君疑臣則誅，臣疑君則反。若臣疑於君不反，復爲君疑而誅之。若君疑於臣不誅，則復疑於君而必反。君今疑臣矣，故送下棘寺，豈有復出之理，死固無疑矣。少保若不死，出獄則復疑於君，安得不反。反既明甚，此所以爲逆臣也。」飛感動，仰天移時，索筆著押。獄子復事之恭謹如初。

秦檜奏乞將張憲與飛同證明其事，是時侯尚不知。良久，秦檜密遣左右傳宣，請相公略到朝廷，別聽聖旨。侯宣詔即時前去，卻引到大理寺，侯駭然曰：「吾何到此？」纔入門到廳下轎，不見一人，止見四面垂簾。纔坐少時，忽見官吏數人向前云：「這裏不是相公坐處，後面有中丞請相公略來照對數事。」侯點頭云：「吾與國家宣力，今日到此何也？」言罷，隨獄吏前行至一處，見張憲、岳雲露頭赤體，各人杻械，渾身盡皆血染，痛苦呻吟。又見羅振等將王俊、王貴首張憲、岳雲并侯反叛罪狀前來，云：「國家有何虧負你三人，都要反背？」侯向万俟卨、羅振曰：「對天明誓，吾無負於國家。汝等既掌正法，且不可損陷忠臣。吾到冥府，與汝等面對不休。」衆人聞其説，羅振并御史中丞万俟卨等曰：「相公既不反，記得游天竺日，壁上留題曰『寒門何日得載富貴』乎？」衆人曰：「既書此題，豈不是要反也。」侯知衆人皆是秦檜門下，既見不容理訴，長吁一聲云：「吾方知已落秦檜國賊之手，使吾爲國忠心，一旦都休。」道罷，合眼任其拷掠。

熊克《皇朝中興紀事本末》卷五八 先是，獄之成也，太傅韓世忠嘗以問〔秦〕檜，檜曰：「飛子雲與張憲書不明，其事體必須有。」世忠曰：「相公言『必須有』，此三字何以使人甘心？」固爭之。

岳珂《鄂國金佗粹編》卷四 〔先臣〕生而有神力，未冠，能引弓三百斤，腰弩八石。嘗學射于鄉豪周同。一日，同集衆射，自眩其能，連中的者三矢，指以示先臣，曰：「如此而後可以言射矣。」先臣謝曰：「請試之。」引弓一發，破其筈，再發又中。同大驚，遂以其所愛弓二贈先臣。後先臣益自練習，能左右射，隨發輒中。及爲將，亦以教士卒，由是軍中皆善左右射，屢以是破賊鋒。

岳珂《鄂國金佗粹編》卷九 先臣天性至孝，自北境紛擾，母命以從戎報國，輒不忍，屢趣之，不得已，乃留妻養母，獨從高宗皇帝渡河。河北陷，淪失外區，音問絶隔。先臣日夕求訪，數年不獲。俄有自母所來者，謂之曰：「而母寄余言：『爲我語五郎，勉事聖天子，無以老媪爲念也。』」乃竊遣人迎之，阻於寇攘，往返者十有八，然後歸。【略】及母薨，水漿不入口者三日，每慟如初，毁瘠幾滅性。自與臣雲跣足扶櫬歸葬，不避塗潦蒸暑。諸將佐有願代其役者，先臣謝之，路人無不涕泣。既葬，廬於墓，朝夕號慟。

自二聖北狩，夷狄猾夏，先臣每懷誓不與虜俱生之志。刺繡爲袍，有「誓作中興臣，必殄金賊主」之文。其後援筆爲歌詩，經行紀歲月，無不以取中原、滅逆虜爲念。

樂施疏財，不殖資産，不計生事有無，所得錫賚，率以激犒將士。兵食不給，則資糧於私廩。【略】上知其屢空，欲擇第於行都，欲以出師日自任其家事，先臣辭曰：「北虜未滅，臣何以家爲？」

岳珂《鄂國金佗續編》卷一七　飛之在母懷也，有老父過，聞其母聲，曰：「必生男也，當以功名顯，致位三孤。」及生，有大禽若鵠，飛鳴於室之上，因名焉。未彌月，河決内黄西，水暴至。母姚氏寘之巨甕中，衝濤乘流而下，及岸，得不死。

飛天資敏悟，强記書傳，尤好《左氏春秋傳》及《孫吴兵法》。家貧，拾薪爲燭，達旦不寐。

宣和六年，賊張超率衆數百，圍魏忠獻王韓琦故墅。飛適在焉，怒曰：「賊敢犯吾堡耶！」超恃勇直前，飛乘垣，引弓一發，貫其吭，而一墅賴以全。

岳珂《鄂國金佗續編》卷二一　初，〔岳〕飛與張俊承詔視〔韓〕世忠軍，徉辭〔秦〕檜，檜謂之曰：「且備反側。」世忠軍初無反側意，檜爲此語，欲激其軍，使爲變，因得以罪世忠耳。飛答之曰：「世忠歸朝，則楚州之軍，即朝廷之軍也。」檜色變，惡飛語直。獨張俊承檜意，欲分其軍，賴飛一言而止，而檜益怨飛矣。

曾敏行《獨醒雜志》卷一〇　岳公飛微時，嘗于長安道中遇一相者曰『舒翁』。飛時貧甚，翁熟視之曰：「子異日當貴顯，總重兵，然死非其命。」飛曰：「何謂也？」翁曰：「第識之，子，猪精也，猪碩大而必受害。子貴顯則睥睨者衆矣。」

袁褧《楓窗小牘》卷下　岳少保既死獄，籍其家，僅金玉犀帶數條，及鎖鎧、兜鍪、南蠻銅弩、鑌刀、弓劍、鞍轡、布絹三千餘疋，粟麥五千餘斛，錢十餘萬，書籍數千卷而已。

黎靖德《朱子語類》卷一三二《本朝》　岳太尉飛本是韓魏公家佃客，每見韓家子弟必拜。

岳飛恃才不自晦。郭子儀晚節保身甚闒冗，然當緊要處，又不然，單騎見虜云云。飛作副樞，便直是要去做。張韓知其謀，便只依違。然便不做亦不免，其用心如此，直是忠勇也！

洪邁《夷堅志》甲卷一五　辛企李次膺，紹興八年，自右正言出爲湖南提刑。舟到武昌，大將岳飛來江亭通謁，辛以道上不見賓爲解，岳不肯去。良久，不獲已，見之。即欲以明日具食，意殊懇切，不得辭。既宴，酒三行，延辛入小閣，盡出平生所被宸翰，凡數百紙，具言眷遇之渥。執辛手曰：「前夕夢爲棘寺逮對獄，獄吏曰：『辛中丞被旨推勘。』驚寤，遍體流汗。方疑懼不敢以告人，而津吏報公至。公自諫官補外，他日必爲獨坐，飛或不幸下獄，願公救護之。」辛悚然不知所對。纔罷酒，即解維。後數年，飛罷副樞奉朝請，故部將王貴迎時相意，告其謀叛，繫大理獄，命新除御史中丞何伯壽鑄治其事。方悟昨夢，乃新中丞也。何公後辭避不就，乃以付万俟丞相云。

陸游《老學庵筆記》卷一　鼎澧羣盜，惟夏誠、劉衡二砦據險不可破。二人每自咤曰：「除是飛過洞庭湖。」其後卒爲岳飛所破。

王明清《揮麈録·三録》卷三　紹興庚申歲，明清侍親居山陰，方總角，有學者張堯叟唐老自九江來從先人。適聞岳侯父子伏誅，堯叟云：「僕去歲在羌廬，正覩岳侯葬母，儀衛甚盛，觀者填塞，山間如市。邂逅一僧，爲僕言：『岳葬地雖佳，似與王樞密之先塋坐向既同，龍虎無異，掩壙之後，子孫須有非命者。然經數十年再當昌盛。子其識之。』今迺果然，未知它日如何耳？」王樞密迺襄敏。

王明清《玉照新志》卷五　秦檜既殺岳氏父子，其子若孫皆徙重湖閩嶺，日賑錢米以活其命。紹興間，有知名士知漳州者，建言：「叛逆之後不應存留，乞絶其所急，使盡殘年。」秦得其牘，令札付岳氏知而已。士大夫爲官爵所鈎，用心至是，可謂『狗彘不食其餘』矣。

趙與時《賓退録》卷一　紹興癸丑，岳武穆提兵平虔、吉羣盜，道出新淦，題詩青泥市蕭寺壁間云：「雄氣堂堂貫斗牛，誓將直節報君讎。斬除頑惡還車駕，不問登壇萬户侯。」淳熙間，林令欲摹刻于石，會罷去，不果。今寺廢壁亡矣。

張端義《貴耳集》卷中　岳與秦爲世讐，每得秦氏一物，必曰賊秦。

周密《齊東野語》卷一三《岳武穆逸事》　杜充之駐建康也，岳飛軍立硬寨於宜興，命親將守之。飛兵出不利，夫人密諭親將選精鋭，具餱糧，潛爲策應之備。未幾，飛兵還，即入教場呼問之曰：「汝欲何爲？」曰：「聞太尉軍小不利，故擇敢戰之士以備策應，此男女孝順耳。」飛曰：「吾命汝堅守根本，天不能移，地不能動。汝今不待吾令，擅自動摇，是無師律也。」立命責短狀，將大懼，祈哀吐實，謂此非某所爲，蓋夫人亦曾有命耳。飛愈怒，竟斬之。

又紹興和議初成，金以河南歸我。判宗正事士㒟，銜命道荆、襄、宛、洛，祇謁鞏襄原。道過南鄧，岳飛止之曰：「金虜無信，君宜少駐。」㒟以上命有程，辭去。不數舍，烟塵四起，軍聲囂然，於是失色南奔。忽遇大軍，望之，岳幟也，遂

馳就之。飛笑曰：「固謂君勿行，正恐此耳。然已遣董御帶、牛觀察在前與之交鋒矣。兵勝敗無常，君王人，且近屬，吾當以自己兵衛送君。」行數里，兩將捷書至，蓋儇未行前一日出師也。其後飛得罪下獄，儇極辯其無辜，且以百口保之。非惟感恩，蓋親見其用兵神速故耳。朝臣併論儇身爲宗室，不應交結將帥，因指爲飛黨，遂罷宗司與祠云。

周密《齊東野語》卷二〇《岳武穆御軍》 岳鵬舉征羣盜，過廬陵，託宿廛市。質明，爲主人汛埽門宇，洗滌盆盎而去。郡守供帳，餞别于郊。師行將絶，謁未得通。問大將軍何在，殿者曰：「已雜偏裨去矣。」其嚴肅如此，真可謂中興諸將第一。周洪道爲追復制詞有云：「事上以忠，至不嫌於辰告；行師有律，幾不犯於秋毫。」蓋實録也。辰告者，謂岳嘗上疏請建儲云。

羅大經《鶴林玉露》乙編卷三《謝昭雪表》 岳武穆家《謝昭雪表》云：「青編塵乙夜之觀，白簡悟壬人之譖。」甚工。

羅大經《鶴林玉露》丙編卷六《用兵吉兆》 岳飛討楊么，時么據洞庭，出没不可測。偶獲一諜者，問其巢穴，對曰：「險阻安可入？惟飛乃能入耳。」飛大笑曰：「天遣汝爲此言，吾必破其巢穴。」三軍大喜，迄平之。

陳郁《藏一話腴》甲集卷下 岳鄂王飛《謝收復河南赦及罷兵表》略曰：「夷狄不情，犬羊無信，莫守金石之約，難充溪壑之求。暫圖安而解倒垂，猶云可也；欲長慮而尊中國，豈其然乎？」又曰：「身居將門，功無補於涓埃；口誦詔書，面有慚於軍旅。」又曰：「尚作聰明而過慮，徒懷猶豫以致疑。與無事而請和者謀，恐卑辭而厚幣者進【略】」未幾，金渝盟，河南復陷。後六十年，得金之《南遷録》，見當時金人議論，鋭意爲取江南之計，歸三京以誘吾歸兵於平地，吾保河南則江防必虚，若吾不守河南則是彼嘗見歸，吾自委棄，在遺民當自歸曲於吾矣。金謀若此，岳武穆之料敵信不妄云。

陳造《江湖長翁集》卷二二《記岳侯事》 張平爲盜湖南，岳樞使討之，遣李道往。平覘日與道戰。道之始發也，岳集諸校置酒而歎，問所以歎，曰：「使道當平，能不憂乎？」張憲請行，許之，計授憲：「臨陣，就以道軍戰平，降者與俱來。」又計授道：「憲到，以兵授之而歸。」平臨陣，求與道語，軍士以張告，平愓眙。既見憲，召左右議，遂降。岳意李威名出憲下，憲徑往則平且逃去，臨陣投以所忌則氣奪。識者以岳之料平，與李光弼降高暉、李日越不異。

朱國楨《湧幢小品》卷二〇 岳王墓，木皆南向。同知馬偉取檜析幹爲二，植墓前，名分屍檜。正德八年，都指揮李隆範銅爲檜、檜妻王氏、万俟卨三像，反接跪墓前。萬曆中，兵使者范淶增張俊像。撫臣王汝訓沉張俊、王氏、兩像于湖，移秦、万二像跪祠前。

余葬先君子于臯亭山之麓。其山故元伯顔取宋屯兵之處也。步村中，一蒙師唐姓者，年八十餘，自言其家駐此六世矣，大王父猶及見宋末事。方伯顔兵至下屯。其夕月明，忽大風雷震電，伯顔知有異。起立帳外，勒兵防變，見四山旌旗閃爍，皆作精忠字面。伯顔曰：「是矣，此岳公護本國，現靈異也。」亟宰牲爲文致祭曰：「王繫心本朝，此是大忠大義，敢不仰體。但氣數如此，王雖有心，不能違天。若旦日宋以三千人來戰，即斂兵北歸。如只力竭講和。亦不能舍囊中物，而爲口舌所動也。」祭訖，風雷皆止。

備論

《宋史》卷三六五《岳飛傳》 論曰：西漢而下，若韓、彭、絳、灌之爲將，代不乏人，求其文武全器、仁智并施如宋岳飛者，一代豈多見哉。史稱關雲長通《春秋左氏》學，然未嘗見其文章。飛北伐，軍至汴梁之朱仙鎮，有詔班師，飛自爲表答詔，忠義之言，流出肺腑，真有諸葛孔明之風，而卒死於秦檜之手。蓋飛與檜勢不兩立，使飛得志，則金讎可復，宋耻可雪；檜得志，則飛有死而已。昔劉宋殺檀道濟，道濟下獄，嗔目曰：「自壞汝萬里長城！」高宗忍自棄其中原，故忍殺飛，嗚呼冤哉！嗚呼冤哉！

岳珂《鄂國金佗續編》卷一四《賜謚指揮》 岳飛起自行伍，不踰數年，位至將相，而能事上以忠，御衆有法，屢立功效，不自矜誇，餘烈遺風，至今未泯。

王柏《魯齋集》卷八《岳王》 赫赫武穆，天開駿功。聲震河洛，威吞犬戎。梟檜忌武，烏臺勘忠。齊名諸將，愧死英風。

藝文

岳珂《鄂國金佗粹編》卷九《昭雪廟謚》 紹興二十五年，秦檜薨于位，子熺

勒令致仕。高宗皇帝厲精萬幾，首欲復先臣官，而時宰万俟卨嘗主先臣獄，力陳以爲虜方顧和，一旦録故將，疑天下心，不可。及紹興之末，虜益猖獗，朝廷始追咎和議。太學生程宏圖上書，其略曰：「今日之事，國家所以應之者，先務有四。其一曰下詔書以感南北之士。和議既行之後，爲故相秦檜所誤，沮天下忠臣義士之氣。一旦思得其死力，必有以感動其心而奮起之，故哀痛之詔不可不亟下。然詔不可徒下也，首當正秦檜之罪。無復辜之寃，以舒天下不平之心，而振其敢爲之氣。且檜所以失吾南北之心者，自趙鼎以不主和議，而竄海外，身滅家亡，則學士大夫忠憤之氣沮矣。自岳飛以決定用兵，而誣致大逆，則三軍之士忠憤之氣沮矣。至如長告訐之風，起羅織之獄，一言及時事，不問是否，例置死所，使天下不知有陛下，而欲人呼己謂之聖臣，則天下匹夫匹婦忠憤之氣由此掃地矣。檜所以失吾中原之心者，亦有由矣。士大夫陷没虜中，而家屬有在中國者，和親之日，檜既不能庇其宗族，以結其心，而使之起義以報我，乃反徇虜人之請，而悉還之。方其去時，如赴死所，中原忠義，南望吞聲恨，其絶望於我也。今者要當正秦檜之罪，而籍其家財，雪趙鼎、岳飛之罪，而復其官禄。然後下詔，臣將見其懽忻鼓舞，吐憤紓懷，朝讀詔書，而暮赴義矣。」上深然其言，下詔諭中原及諸國等人，又詔燕北人昨被遣歸者，蓋爲權臣所誤，追悔無及。又許先臣家自便，盡室生還。竄檜黨于荒遠，削籍除名，示不復用。初，以岳陽與先臣之姓同，易爲純州，至是復仍舊號。於是上意一孚，志士爭奮。汪澈以御史中丞宣諭荆、襄，諸將與合軍陳牒，以訟先臣之寃，澈諭之曰：「當以奏知。」諸軍哭聲如雷，皆呼曰：「爲我岳公爭氣，效一死！」都督張浚、參贊陳俊卿聞此語，皆悲感歎服。

岳珂《鄂國金佗續編》卷一四《忠愍謚議》　議曰：「嗚呼！將相大臣勳在王室，德在人心，身没而名垂不朽，與日月爭光，而乃褒贈未舉，信史未書，萬口一詞，以爲闕典。如是者凡二十餘年，而聖天子一日赫然下明詔，悼不辜，崇恤典，下之有司，始請易名，以慰忠魂，以詔萬世。於是前日萬口一詞，觖焉不滿者，舉欣然相告曰：『信乎！三十年後，議論自定。』薦紳之倫，介冑之衆，方且喜聞而樂道之，而況司議臣者，敢不整冠肅容，特書其事，以著《春秋》之大旨乎！

故少保、武勝、定國軍節度使岳飛薨于紹興十一年。至三十二年，主上龍飛，有詔：『故岳飛起自行伍，不踰數年，位至將相，而能事上以忠，御衆有法，屢立功效，不自矜誇，餘烈遺風，至今不泯。去冬出戍，鄂渚之衆師行不擾，動有紀律，道路之人歸功於飛。飛雖坐事以没，而太上皇帝念之不忘。今可仰承聖意，與追復元官，以禮改葬，訪求其後，特與録用。』已而又更十有六載，至淳熙四年，禮官奏以公應定謚，乃下有司議其事。

嗚呼！公之大名、大節、大勳烈赫赫在人耳目，青天白日，其誰不知，顧乃閲歷三紀，然後被哀榮之典，其尤可憫也與！

蓋嘗迹公際遇之始，自我太上皇鳳翔于河朔，公已先負敢死名，受知大元帥府，此殆天授也。建炎之初，首於京城南薰門外，以王旅數百，破羣賊王善等二十萬。自是凡征討，皆以少擊衆，名震夷夏，所向無前。雖虜騎陸梁，大盜充斥，獨公轉戰逐北，掃蕩無遺，用能復金陵、清江、淮，剋定湖、廣，經理京西，進討河南。鯨寇如李成、馬進之徒，望風奔潰。虜之簽軍涉其境者，爭先降附，擁衆來歸，不可勝計。紹興四、五年間，公領王師，乘建瓴之勢，前除羣凶，有衆百萬，皆其平寇所得。蓋虔賊山寨三百餘所，與漢上九郡之衆，湖中楊么、鍾子儀輩，各聚兵二十萬，聞公軍至，相率焚香迎拜。既而被命招討河北，蔡人來迎，亦如之，唯恐公至之晚。遂進屯潁昌，又進取曹、濮。時太行有魁領梁小哥者，亦樂爲先驅，捷書至幕府曰：『河北忠義四十餘萬，皆以岳字號旗幟，願公早渡河。』虜酋雖簽軍，無一從者，乃自歎曰：『我起北方以來，未有如今日屢見挫衄！』公至是喜甚，語其下曰：『今次殺金人，直到黄龍府，當與諸君痛飲！』繇是虜始倡和議，以成吾兼愛之仁，蓋以公威靈氣燄，日闢故疆，莫之能禦也。

中興之初，感會風雲，得雋中率者非無其人，唯公擅勇智，仗忠赤，自視不在諸大將下。初，受節制于張俊，公常語人曰：『使我得與諸將齒，稟命於天子，何功不立，一死烏足道哉！要當剋復神州，迎還二聖，使後世史册知有與關、張齊名。』朝廷命公鎮撫通、泰，乃力辭，請以母、妻、二子爲質，願別立一軍，招集士馬，自兩淮進取山東、河北，收還舊疆，使快平生之志，盡臣子之節。故其鎮武昌也，諸大帥如武僖劉公、忠烈張公、武恭楊公、忠武韓公、武忠劉公分屯淮甸。兀朮封豕長蛇，方張不制，太上運廟謨，授成算，形于聖訓，獨倚公一軍，與諸將犄角爲聲援，以牽制賊勢。人謂中興論功行封，當居第一。

嘗竊恭覩太上宸翰，賜公無慮八十餘札，有曰：『卿忠義之心，通于神明，故兵不犯令，民不厭兵，可無愧於古人。』曰：『覽卿近奏，毅然以恢復爲請，豈天實啟之，將以輔成朕志，行遂中興耶！』曰：『比降親筆，喻朕至意。再覽卿奏，以渾瑊自期，正朕所望於卿者，良深嘉歎。』餘章丁寧倚重之語，大率類是。

初，忠宣洪公在虜，嘗遣蠟書至，太上以賜其家，言虜中所大畏服者，張浚與公而已。他日忠宣還，因奏事，論至公死，不覺爲慟。

公之大名、大節、大勳烈，於是乎在。若其奉己至薄，與下士同甘苦；持軍至嚴，所過秋毫無敢犯；禮賢至恭，一時名人皆萃于幕府；持循禮法，動合軌物，恂恂若一書生，兹又古名將所不可望者。

公素志恢復，會和好已定，南北息肩，於是登廟堂，位樞弼。彼忌功嫉能者方相與媒孽厚誣，以媚權臣，乃罷本兵，與羅織，致坐事以没。

嗟乎！士患不遭時遇主，既遇而復不得其死，命與！李廣材氣，天下無雙，孝文見之曰：『惜廣不逢時，令當高帝世，萬户侯豈足道哉！』以公揆廣，蚤遇太上，依乘風雲，再造王室，非不遇矣。然卒斃於權臣之手，天下莫不寃之。班固之贊李廣，以爲死之日，天下知與不知，皆爲流涕，彼其忠誠信於士大夫。蓋公之遇主，有李廣所不能及，而死之日，天下爲之流涕，有甚於廣焉。嗚呼！命與！兹主上所以仰體太上皇帝聖意，録其後之象賢者，優加寵擢云。意公生氣凛然尚存也。

按謚法，危身奉上曰『忠』，使民悲傷曰『愍』，公其有焉，請謚以忠愍。謹議。」

有旨，令别擬定。

岳珂《鄂國金佗續編》卷一四《武穆覆議》 議曰：「天下未嘗無公論，爲國者未嘗不念功，爲將者未嘗不欲立功。功之小大，顧其人如何耳。功立矣，何患國家之不知，既知之，身心享其利，而子孫且蒙福矣。其有身歿既久，而國愈不忘之者，必其功卓然，有以異於人，而公論自不容已也。

太上皇帝中興，諸大將依乘風雲，勒功帝籍，其最爲公論所與者，不過數輩。國家所以封爵之，與夫寵禄其後，往往不薄，易名之恩，有請則畀之。故少保、節使岳公獨闕焉。其子若孫頃在遠外，未及以請。新江東漕臣顔公舉太常少卿舊職，以公當得爲謚，上惻然俞之。太常博士實司其議，迺按謚法，謂折衝禦侮曰『武』，布德執義曰『穆』，於公爲宜。

朝廷下之銓曹，考功職當覆議，因博詢公平生之所以著威望，繫安危，與夫立功之實，其非常可喜之大略，雖所習聞，而國史秘内，無所攷質。獨得之於舊在行陣間者云，紹興之初，劉豫寇京西，列城失守，襄、鄧荞爲盜區，公獨明賞罰，練士卒，百戰百勝，所向易於破竹，六郡賴以復平，而役不再籍。既盡復商於之地，收虢略之城，長驅將入於三川，而威震五路矣。所謂『威名冠世，忠略濟時，先聲所臨，人自信服』，誠如太上皇御札。

且平生用兵，紀律甚嚴，每與士卒同甘苦，而得其歡心。雖上賜累鉅萬，毫髪不以爲己私，故士卒用命，而所至無擾。所謂『連萬騎之衆，而桴鼓不驚；涉千里之塗，而樵蘇無犯。至發行齎之泉貨，用酬迎道之壺漿』，誠如太上皇詔書。

其後北虜渝盟，空國來寇，公徑絶大江，鼓行西向，以挫其鋒。獨與兀朮對壘於郾城，卒斃其將阿李朵孛堇等，而走其師。又嘗以孤軍置寨於蔣山及宜興，或殺或降，莫可勝計。虜人聞公之名，爲之落膽。所以破郭吉而有其衆，斬張威武而併其軍，扈成已死，部曲内附，仍尾襲虜人於鎮江之東，間道直趍建康，大小數十戰，動無遺策，江、浙又賴之以平定。所謂『籌略頗如人意』，誠如太上皇玉音，兹非折衝禦侮而何？雖恢復中原之志，未及大伸，而在公已無愧也。

其他可書之偉績，與太常之議不異。復有一節，尤所可喜，方襄漢未平，自守、宰而下，悉聽公制置。是時甫復河南故地，公即抗疏力辭，乞從朝廷差注，公之處功名，遠權勢，有明哲之先見焉。嘗聞褒詔有曰：『卿所抗章，殊合事體，自非思慮之審，謙畏之至，何以及此。』子孫必有家藏是詔者。布德執義，兹非其要歟？

謚曰『武穆』，捨是將奚擇。謹議。」

淳熙五年十二月十二日，奉聖旨依。

岳珂《鄂國金佗續編》卷一四《武穆謚議》 議曰：「紹興三十二年，皇上嗣承大統，緬想中興之盛，將帥之臣，如故岳飛，褒崇未及，藐諸孤猶在遠，有盡上心。迺下詔追復元官，以禮改葬，訪求其後，特與録用。嗚呼！身可歿而名不可朽，是非感於一時，而議定於來世，自非有大勳力著在人心，何以上爲聖天子追念如此，抑可謂盛矣。又十六年，而禮官請定公謚，制可之。其在司議者，所當大書特書，垂諸簡策，以詔天下後世。迺上公謚，迹公始末爲之議。

蓋公自結髮從戎，有大志，雄勇絶人，每以關、張自許。太上皇開大元帥府，公以敢死名被知遇。自是授任，摧堅陷敵，至績用顯白，聲名彰灼，雖晚出，而人以爲元勳宿將，率基於此也。建炎初，羣賊王善等衆二十萬，抄掠汴、宋間，公以王旅數百，破之於南薰門外。繇是師行所嚮必克。紹興改元，北虜驕暴未已，而河南諸郡，寇盜充斥，李成、馬進尤號魁黠。湘、漢間，楊么、鍾子儀等相挺爲亂。少者萬人，多者十餘萬。公受命征伐，奮然以削平爲己任，曰：『内寇不除，何以

攘外，近郊多壘，何以復遠疆。』故麾軍南指，則李成、馬進爲之潰北；移師湘、漢，則楊么、鍾子儀爲之破滅。捷書踵至，勳名日盛。南方底定，公撫定以威信，遠近爭附，其爲民者莫不各安生業，而豪强之徒皆願立功爲用，於是用衆數十萬，隱然爲長城矣。

太上倚公爲重，以圖恢復，而公亦以眷遇之厚，竭其忠力。駐師武昌，口謀進取，練軍實，選騎士，明紀律以馭之，同甘苦以懷之，凡隸公麾下者，人百其勇。故公被命招討河北，蔡、曹、濮等州望風相率歸附，威聲大暢。河北忠義聞公至，以岳公姓識旗幟，徯公渡河。咸謂公御軍得士，雖古名將無以加也。

公受節制於大將，願出奇料敵，動無不中，而以拘制不得盡，每語其下曰：『使我得稟命於天子，何功不立。』故其爲通、泰鎮撫使，乞別爲一軍，招集兵馬，掩殺金賊，收復山東、河北、河東、京畿等路，以快平生之志，盡臣子之節。公之心，其欲掃清中原，以大功不立爲己之耻，可謂通于神明，貫于日月。是以太上嘗賜詔曰：『覽卿近奏，毅然以恢復爲請，豈天實啟之，將以輔成朕志，行遂中興耶！』公之勇略忠藎與太上之知公，使得究盡其能，北虜雖彊，不足平也，故士雖失，不足復也。方以川、陝宣撫，力圖進討，而議者厭兵，欲息南北，用事之臣力主和議。迄講盟通好，猶懇懇奏列，以爲非計，終莫之聽。公亦進位樞府，而兵柄釋矣。雋功未就，偉志莫伸，身隨以殞，有遺憾焉！

嗚乎！爲將而顧望畏避，保安富貴，養寇以自豐者多矣。公獨不然，平居潔廉，不殖貨産，雖賜金己俸，散予莫啬，則不知有其家。臨戰親冒矢石，爲士卒先，摧精擊銳，不勝不止，則不知有其身。忠義徇國，史册所載，何以尚茲。

按謚法，折衝禦侮曰『武』，布德執義曰『穆』。公內平羣盜，外捍醜虜，宗社再安，遠邇率服，猛虎在山，藜藿不采，可謂折衝禦侮矣。治軍甚嚴，撫下有恩，定亂安民，秋毫無犯，危身奉上，確然不移，可謂布德執義矣。合茲二美，以武穆謚公，於是爲稱。謹議。」

岳珂《鄂國金佗續編》卷三〇李𡌴《祭岳鄂王文》 嘉定甲申八月十一日，重修岳武穆鄂王祠廟告成，寶謨閣待制、沿江制置副使、兼知鄂州事李𡌴謹用三牲，恪修祀事，禮容克舉，樂舞備具，文武寮屬暨軍旅將士，上下莫不咸在，𡌴乃爲文以祭。

其詞曰：「嗚呼！靖、炎之交，事奚忍言，逆胡馮陵，天曀日昏。王起草萊，奮戈中原，誓夷姦醜，亟解恢惛。英略不世，勁氣軒軒，智絶一代，勇兼百賁，實天所授，以拯黎元。張、宗二豪，載掖載援，國士見遇，視猶弟昆。王益感厲，攄心瀝肝，志意脗合，忠義永存。南薰大鏖，血蹀於門，天聲一振，威讋獯狟。翠華渡江，王亦南轅，羣盜圜起，嘯徒孔繁，分據淮、沔，蟻結蜂屯。義旗所指，獸駭雲奔，包舉襄、郢，席卷洛、宛，洶湧之勢，如擊鵬鵾。湖寇負固，錯列雄蹲，刻日翦除，殲其鯶黿，波澄洞庭，塵清湘、沅。三軍承風，肅肅嘽嘽，師行所至，車整馬閒，嚴令一布，曾莫敢干，市不改肆，里無逸豚。郾、潁再克，鋭氣如翰，遺民傒來，踵至壺飧。按行都邑，展禮陵園，功喪垂成，智士嗟憤。存心宗國，用意本根，囊封至論，密扣帝閽，嫌疑豈恤，忠藎畢殫。勳勞始終，光紀旂旛。讒夫鴟張，雹驚譁喧，鑿空傅致，巧舌瀾翻。王亦弗屈，卒抱沉寃，海內扼腕，聲隨氣吞。大明昇天，景耀有焞，盡燭險幽，光賁英魂。

嗚呼！將勇維常，知義者難；將材衆建，尚德者尊。王兼二長，蕴識不煩，用不盡能，時運有關，征伐之利，著謙之坤。王少挺特，志非蓄樊，藐視同輩，有如蕪蘩。豐公一筬，佩服靡諼，居如儒紳，以禮自藩。身殁名垂，澤流後昆，發潛增耀，厥有聞孫。

𡌴於王美，宿所討論，誅姦既死，有舌莫捫。來臨沙羡，繆紆上恩，考尋舊規，攬涕潺湲。顧眡王祠，敗屋頹垣，惕然于衷，義奚敢安。乃命更葺，亢司有官，奂然一新，邦人改觀。庸示後勸，且愧前謾，日□□□，□□衣冠。祀事孔虔，餘威在顔，乃蠲牲牷，乃侑蘋蘩，□□□□，歆此一樽。」

岳珂《鄂國金佗續編》卷三〇《郢州忠烈行祠記》 余浮九江，逾大別，循漢水而上，父老往往能道岳公事，至有垂涕者，曰：「微岳公，吾屬久爲虜矣。」當是時，僞齊方張，安陸已爲齊守。公之引而西也，實始破郢。兵薄郢，虜馮壘自豪。公一麾之，衆皆累肩而升，殺虜卒七千人，積其尸與天王樓相高。還故民之離散者。余過郢，郢父老又指余，言所破城處。而訪公祠，無之，以問太守張侯：「於郢日夜條理之，葺弊營新，不翅如治生業，顧獨無岳公祠，何耶？」侯曰：「鳩木矣。」余至鄭，未更月，侯以書來，告祠成，且曰以記屬予。

岳公事，世所稱説者甚多，然其言不雅純，以余所詳知，其目有八。一曰忠：臨戎誓衆，言及國家之禍，仰天横泗，士皆欷歔而聽命。聞大駕所幸，未嘗背其方而坐。二曰虛心：食客所至常滿，商論古今，相究詰，切直無所違忤。三曰整：兵所經，夜宿民户外，民開門納之，莫敢先入。晨起去，草葺無亂者。四曰廉：一錢不私藏。五曰公：小善必賞，小過必罰，待數千萬人如待一人。六

曰定：猝遇敵，不爲摇動，敵以爲「撼山易，撼岳家軍難」。七曰選能：背嵬所向，一皆當百。八曰不貪功：功率推與其下。有是八者，所以名烈巍然。舉入郢之師，以臨襄沔，定南陽，毋敢膺其鋒者。其後一出而平虢略，下商於，再出遂取許昌，以瞰陳留。夷人畏遠北遁，中原百姓牛酒日至，謂旦夕天下可定。不幸謀未及展，事忽中變。

聖上嗣服，首旌其功，立廟賜謚，録用其後昆之賢，賜廟號曰「忠烈」。而江、湖之民，至今繪其像，家家奉祀之。今張侯又能卒民之志，使其奠食于郢，則忠勞之報，豈不厚哉！余故歷叙其所以爲將者八條，俾來者有則，是亦侯之心也。

公諱飛，河朔人，官至少保、武勝、定國軍節度使、開府儀同三司，謚曰「武穆」。侯，尚書公仲子。尚書公建炎初使虜，留□□而歸，節比蘇屬國，宜其子知所好尚。加□□孝曾，字王□。余則東州王自中也。淳熙十五年秋九月望日記。

岳珂《鄂國金佗續編》卷三〇《宜興縣鄂王廟記》　中興三十餘年，事論底定，於是岳武穆王，以誼尊宗社，志還故疆，爲名將第一，妥靈揭敬，被于荆、襄、夏、郢，追胙王茅，廟象震耀矣。

始建炎間，虜酋南軼，王柄位未盛，已提勁旅，轉戰桐汭，連奏六捷，俘執僞置，克復溧陽。時巨盜旁午闖，宜興殷實，吸衆寇犯，官旅雌伏，縣郭阽陷。王亟引兵至境，郭吉望風竄偃深匯，王追奔殲殄，盡還所掠輜舟百餘。盜相挻未已，率精鋭數千計。王多設方略，降馬皐，慴林聚，馘張威武，蹴戚方，駐軍張渚，羣醜全清。旁郡邑棄資儲，來保宜興，踰萬室。方蹈躪孔棘，賣城畔走，近鎮重郛，不自保固；而宜興外捍虜，内攘盜，存立無震。王之勳烈，雖降在一縣，豈不偉歟！比聯守將，能盡爲是，則石城湯池，襟帶千里，虜已無噍類矣！

余觀王抗志不撓，誓滅强虜，既掃空洞庭，通闢江、漢，然後舉肱河、洛，決眥燕、趙，迄以其身偕爲死生。視留題金沙寺時，氣概已見，英爽有知，其當肘夷門，蹠居庸也，而豈望報一邑，安其香火之留哉！其摧戕寃鬱，以功爲諱，而宜興之人實曰：「王之恩我，等父母也。」象設祭嘗，卒與國家褒幽節謚之典，相爲後先，謂義不根人心，亦豈然也！

顧出閭里，綿蕝未稱，嘉定十一年，知縣事戴君桷甫上謁，猶即周孝侯祠下，慨然曰：「豐功而薄祀，貴爵而附處，縣大夫，以政迪民者也，其敢忘革乎？」度地塏，鳩財餘，將爲新宫，張侈祀事。郡守趙侯崇模，王之孫、嘉興守珂咸佐其費，合凡資用，役不及民。明年六月，會材庀築，重堂崇植，臺廡森聳，備服南面，旟纛儼雅，邑人闐溢讙舞，還念舊事，歎百年之愈不忘也。古者制禮，主教民報天地社稷，品節降殺，先蠶農師，國里竭出，本祖駿業，雖培德性，皆示民防範之至也。忠名勇績，其大者蓋已默扶邦烈，顯開世道，非一邑得私以爲賜，而爲政者教民以不偷，其必自豐報始矣。相攸斯宇，仰揭善卷之高，俯激罨畫之清，以詠歌王之德於無窮。義問交暢，善意周匝，抑俾美材輩産，以保乂王家，兹不亦所望於邑之人乎？戴君，永嘉人，端尹岷隱先生之家嗣，端尹嘗以盛以名命其子，其爲政宜知本末，是宜書。十月既望，從政郎、太學録周端朝記。

方岳《秋崖小稿》卷四四《祭岳武穆文》　神京鱗介腥衣裳，三精霧塞天無光。䶵啼䶗嘯紛披猖，中分宇宙何肺腸。誰其與者淪綱常，受計於敵扼我吭。王心凛凛天蒼蒼，以次束縛歸朝堂。自南自北語已償，焉用與寇爲斧斨。爲讎報仇胡不臧，至今淮塹爲河湟。每觀王傳心摧傷，怒髮爲立膽爲張。皇畀予邑於祈閶，聞王有像西山岡，欲往從之潔予觴，簡書之嚴不我遑。今且去此何敢忘，牲肥酒香差日良，金戈鐵馬山茫茫。

歐陽守道《巽齋文集》卷二一《書崇岳集》　岳忠武王之死，孰殺之？金人不能殺王於戰，能殺王於獄。蓋自遣檜來相，而金人之命行乎江南矣，其所欲殺，豈獨一岳王？檜方次第掃除以報，而藝祖在天，丕降罪疾殛之，然後三四忠賢幸免，中國再有生氣。王不幸最先死，死且孥，哀哉！《崇岳集》者，陳君華叔之所集，而間以己作，率悼王也。君若生同王時，若不偕王北向，則雖與王俱執亦甘心焉。張睢陽死，得李瀚首作傳白其心事於百世，許遠、南霽雲身後之誣，繼得韓退之明之。文之不可以已也如是。華叔之作，雖在王心迹既白之後，觀其悲感慨歎，不能自已，有以見其慕尚君家犬豕，寧當以檜黨骨飼之哉！予幼與華叔同課試藝，見此集，嘉其心，故爲之書。

鄭元祐《僑吴集》卷七《重建岳鄂王祠寺疏》　杭州路西湖北山褒忠衍福寺，伏念故宋太師忠武岳鄂王，忠孝絶人，功名蓋世。方略如霍嫖姚，不逢漢武，徒結志於亡家；意氣似祖豫州，乃遇晉元，空誓言於擊楫。賜墓田於栖霞嶺下，建寺祠于秋水觀西。落日鼓鐘，每爲聲寃於草木；空山香火，猶將薦爽於淵泉。豈期破蕩之愚頑，盡壞久長之規制。典祊田，壞佛宇，春秋無所烝嘗；塞墓道，揭神棲，風雨遂頹廟貌。鵂鶹夜啼拱木，躑躅春吐斷垣。淚落路

人，事關世道。蓋忠臣烈士每詔條有致祭之文，豈狂子野僧攙國典出募緣之疏。望明有司，告之臺省，覬聖天子錫之珪璋，褒忠義在天之靈，激死生爲臣之勸。周武封比干墓，事著遺經；唐宗建白起祠，恩覃異代。下均士庶，咸共見聞。謹疏。

鄭元祐《僑吴集》卷一一《重建岳鄂王忠烈廟碑》 故宋贈太師忠武岳鄂王起卒伍至將帥，其謀審戰勝，規模施設，雖古名將不是過，一時渡南諸帥臣不論也。而高宗昏孱，竟斃之於權奸之手，逮今二百餘年矣，雖童兒婦女概知王之爲烈也。孝宗嗣位，禮葬王父子於西湖之北山，以舊廢智果觀音院賜額曰「褒忠衍福禪寺」，錫之土田，所以褒贈之者無不備，然其渠度蓋甚略，視張浚、楊沂中墳墓裁十之二三耳。嘗謂宋百度修理，獨武勇將帥之臣不及漢唐，幸而王出，支宋運中衰，克復舊物，以雪不與共戴天之讐。顧庸君自委宗社之靈，輿圖之廑，忍父兄不世之禍而甘爲怨仇之臣子，於是王抱恨以殁。宋社既墟，王墳與寺亦廢，王子孫在江州者嘗與義興岳氏通譜，合其力以起廢墳與寺。既復完久，王疏屬有爲僧者盡撤寺所有粥諸人，不惟王墳灑掃缺弛，至於廟貌一切委地，行道之人至或泣下。會武昌李君全初以承事郎來爲杭州路總管府經歷，每過王墓道必瞻望咨嗟，思所以興復於既壞之後。而杭之人力可爲者於義不屑爲，見義勇爲者力或不足爲，李君籌於衆，得一人焉王華甫。華甫素服君之清强，承命唯謹，於是市材鳩工，外爲廟門，翼以兩廡，中作正寢，後作王燕寢，且葺褒忠寺於廟之後山。今浙西憲司，王故第也，舊藏王繪像，憲司出王像。正寢中像王，右像王之子佐武大夫、忠州防禦使，左像王之婿龍神衛四厢都指揮使、閬州觀察使，燕寢中像王父母，暨王夫人咸在焉。王故五子，忠州君既侑食正寢矣，其次任忠州訓郎、閤門祗候，贈武略郎，次任朝請大夫、敷文閣待制，贈中大夫，次任朝奉大夫，提舉江南東路常平事，又其次任修武郎、閤門祗候，以及王之女號銀瓶娘子者，并閬州君之夫人與夫王諸孫名位通顯者，皆肖像以祀焉。王部曲諸將舊繪于壁，今仍舊制。廟成，守土吏一再致祭。杭父老率其子弟瞻拜王廟貌，有感而歎曰：「杭内附幾七十年，其任幕府長蓋不知幾人矣，視王廟貌墳寺頽毁蕪滅漠然無一動其心者，今李君乃獨經營一新，自非忠義契心，千古一致，其能若是乎？」衆圖昭示李君之艱勤，與王祠廟並久而弗墜。又爲迎享送神之詩，併刻之石。詩曰：

墓木陰，墓道深，作新廟，墓之南，神來臨兮。新廟作，粲枅桷，王父子，儼冠服，颯風馭，下寥廓，神來格兮。祊田腴，歲有儲，牲醴肥，酒甕舁，神來臨兮。神醉止，錫壽喜，儂享王，終復始，神降祉兮。瑶斝陳，跪跽頻，徼侈福，更千春，儂送神兮。

《南昌府志》卷二二張子仁《岳忠武王像記》 嘉定癸未秋，初筮仕豫寧，謁祀諸廟。環視繪堵間，有魁然其容，端坐於上者，駭而問焉。祝曰：「是忠武岳王遺像也。」肅然禮拜，徘徊久之。不數日，巡行村落，見寧邑環萬山中，田壤狹隘，而生齒極繁。喜問故老，咸舉手加額曰：「昔在紹興初，有叛將李姓者，巢穴我井里，溪壑我蓄藏，邱墟我室廬，膏血我骨肉。勢方危若累卵，王提師由鄂來壓境。三十里澗水暴漲，叛衆方需渡，謂神兵自天而下，倉皇宵遁。由是不鳴一桴，不施一鏃，而解十邑倒懸於指顧間，吾祖若宗，得以休息孳養，而有今日者，王之力也。」言既，涕零如雨。予亦感慨，悲且泣，將與吾民別新其廟，不果。及滿秩受代，復走羣祀款謝。東歸，追憶故老傳述，欲記諸壁，且爲之説曰：王秉忠義以生，抱憤鬱而死，天乎！豐其才矣，使不嗇其用，雖有瓦廟之址，立談可雪，何有於一邑之難！雖河北三百州版圖，不崇朝而復？何至悠悠歲月，尚守江南數十道之疆域哉！竊謂王之心，日之麗天也，兹邑所睹，容光之照耳。王之澤，水之行地也，兹邑所被，始達之泉耳。雖區區廟祀，不足以享王而食其福者，若非此，無以厭其心，則邦人繪像之意，其亦有不能自已者歟。父老聞吾言，皆曰「然」，願相與大書而深刻之。丙戌歲，建安張子仁記。

秦檜部

綜述

《宋史》卷四七三《秦檜傳》 秦檜字會之，江寧人。登政和五年第，補密州教授。繼中詞學兼茂科，歷太學學正。靖康元年，金兵攻汴京，遣使求三鎮，檜上兵機四事：一言金人要請無厭，乞止許燕山一路；二言金人狙詐，守禦不可緩；三乞集百官詳議，擇其當者載之誓書；四乞館金使于外，不可令入門及引上殿。不報。除職方員外郎。尋屬張邦昌爲幹當公事，檜言：「是行專爲割地，與臣初議矛盾，失臣本心。」三上章辭，許之。

時議割三鎮以弭兵，命檜借禮部侍郎與程瑀爲割地使，奉肅王以往。金師退，檜、瑀至燕而還。御史中丞李回、翰林承旨吴幵共薦檜，拜殿中侍御史，遷左司諫。王雲、李若水見金二酋歸，言金堅欲得地，不然，進兵取汴京。十一月，集百官議于延和殿，范宗尹等七十人請與之，檜等三十六人持不可。未幾，除御史中丞。

閏十一月，汴京失守，二帝幸金營。二年二月，莫儔、吴幵自金營來，傳金帥命推立異姓。留守王時雍等召百官軍民共議立張邦昌，皆失色不敢答，監察御史馬伸言於衆曰：「吾曹職爲争臣，豈容坐視不吐一辭？當共入議狀，乞存趙氏。」時檜爲臺長，聞伸言以爲然，即進狀曰：

檜荷國厚恩，甚愧無報。今金人擁重兵，臨已拔之城，操生殺之柄，必欲易姓，檜盡死以辨，非特忠於主也，且明兩國之利害爾。趙氏自祖宗以至嗣君，百七十餘載。頃緣姦臣敗盟，結怨鄰國，謀臣失計，誤主喪師，遂致生靈被禍，京都失守，主上出郊，求和軍前。兩元帥既允其議，布聞中外矣，且空竭帑藏，追取服御所用，割兩河地，恭爲臣子，今乃變易前議，人臣安忍畏死不論哉？

宋於中國，號令一統，綿地萬里，德澤加於百姓，前古未有。雖興亡之命在天有數，焉可以一城決廢立哉？昔西漢絶於新室，光武以興；東漢絶於曹氏，劉備帝蜀；唐爲朱温篡奪，李克用猶推其世序而繼之。蓋基廣則難傾，根深則難拔。

張邦昌在上皇時，附會權倖，共爲蠹國之政。社稷傾危，生民塗炭，固非一人所致，亦邦昌爲之也。天下方疾之如仇讎，若付以土地，使主人民，四方豪傑必共起而誅之，終不足爲大金屏翰。必立邦昌，則京師之民可服，天下之民不可服；京師之宗子可滅，天下之宗子不可滅。檜不顧斧鉞之誅，言兩朝之利害，願復嗣君位以安四方，非特大宋蒙福，亦大金萬世利也。

金人尋取檜詣軍前。三月，金人立邦昌爲僞楚。邦昌遺金書請還孫傅、張叔夜及檜，不許。初，二帝北遷，檜與傅、叔夜、何㮚、司馬朴從至燕山，又徙韓州。上皇聞康王即位，作書貽粘罕，與約和議，俾檜潤色之。檜以厚賂達粘罕。會金主吴乞買以檜賜其弟撻懶爲任用，撻懶攻山陽，建炎四年十月甲辰，檜與妻王氏及婢僕一家，自軍中取漣水軍水砦航海歸行在。丙午，檜入見。丁未，拜禮部尚書，賜以銀帛。

檜之歸也，自言殺金人監己者奔舟而來。朝士多謂檜與㮚、傅、朴同拘，而檜獨歸；又自燕至楚二千八百里，踰河越海，豈無譏訶之者，安得殺監而南？就令從軍撻懶，金人縱之，必質妻屬，安得與王氏偕？惟宰相范宗尹、同知樞密院李回與檜善，盡破羣疑，力薦其忠。未對前一日，帝命先見宰執。檜首言「如欲天下無事，南自南，北自北」，及首奏所草與撻懶求和書。帝曰：「檜朴忠過人，朕得之喜而不寐。蓋聞二帝、母后消息，又得一佳士也。」宗尹欲處之經筵，帝曰：「且與一事簡尚書。」故有禮部之命。從行王安道、馮由義、水砦丁禩及參議官並改京秩，舟人孫靖亦補承信郎。始，朝廷雖數遣使，但且守且和，而專與金人解仇議和，實自檜始。蓋檜在金庭首唱和議，故撻懶縱之使歸也。

紹興元年二月，除參知政事。七月，宗尹罷。先是，范宗尹建議討論崇寧、大觀以來濫賞，檜力贊其議，見帝意堅，反以此擠之。宗尹既去，相位久虚。檜揚言曰：「我有二策，可聳動天下。」或問何以不言，檜曰：「今無相，不可行也。」八月，拜右僕射、同中書門下平章事兼知樞密院事。九月，吕頤浩再相，檜同秉政，謀奪其柄，風其黨建言：「周宣王内修外攘，故能中興，今二相宜分任内外。」頤浩遂建都督府於鎮江。帝曰：「頤浩專治軍旅，檜專欲望陛下更思三日，容臣別奏。」帝曰：「然。」又三日。檜復留身奏事如初，知上意確不移，乃出文字乞決和議，勿許羣臣預。

鼎力求去位，以少傅出知紹興府。初，帝無子。建炎末，范宗尹造膝有請，

遂命宗室令廣擇藝祖後，得伯琮、伯玖入宮，皆藝祖七世孫。伯琮改名瑗，伯玖改名璩。瑗先建節，封建國公。帝諭鼎專任其事。又請建資善堂，鼎罷，言者攻鼎，必以資善爲口實。及鼎、檜再相，帝出御札，除璩節度使，封吳國公。執政聚議，樞密副使王庶見之，大呼曰：「並后匹嫡，此不可行。」鼎以問檜，不答。檜更問鼎，鼎曰：「自丙辰罷相，議者專以此藉口，今當避嫌。」約同奏面納御筆，及至帝前，檜無一語。鼎曰：「今建國在上，名雖未正，天下之人知陛下有子矣。今日禮數不得不異。」帝乃留御筆俟議。明日，檜留身奏事。後數日，參知政事劉大中參告，亦以此爲言。故鼎與大中俱罷。明年，璩卒授保大軍節度使，封崇國公。故鼎入辭，勸帝曰：「臣去後，必有以孝弟之説脅制陛下者。」出見檜，一揖而去，檜亦憾之。

鼎既去，檜獨專國，決意議和。中朝賢士，以議論不合，相繼而去。於是，中書舍人呂本中、禮部侍郎張九成皆不附和議，檜諭之使優游委曲，九成曰：「未有枉己而能正人者。」檜深憾之。殿中侍御史張戒上疏乞留趙鼎，又陳十三事論和議之非，忤檜。王庶與檜尤不合，自淮西入樞庭，始終言和議非是，疏凡七上，且謂檜曰：「而忘東都欲存趙氏時，何遺此敵邪？」檜方挾金人自重，尤恨庶言，故出之。

樞密院編修官胡銓上疏，願斬檜與王倫以謝天下。於是上下洶洶。檜謬爲解救，卒械送銓貶昭州。陳剛中以啓賀銓，檜大怒，送剛中吏部，差知贛州安遠縣。贛有十二邑，安遠濱嶺，地惡瘴深，諺曰：「龍南、安遠，一去不轉。」言必死也。剛中果死。尋以銓事戒諭中外。既而校書郎許忻、樞密院編修官趙雍同日上疏，猶祖銓意，力排和議。雍又欲正南北兄弟之名，檜亦不能罪。曾開見檜，言今日當論存亡，不當論安危。檜駭愕，遂出之。司勳員外郎朱松、館職胡珵張擴凌景夏常明范如圭同上一疏言：「金人以和之一字得志于我者十有二年，以覆我王室，以弛我邊備，以竭我國力，以懈緩我不共戴天之讎，以絶望我中國謳吟思漢之赤子，以詔諭江南爲名，要陛下以稽首之禮。自公卿大夫至六軍萬姓，莫不扼腕憤怒，豈肯聽陛下北面爲仇敵之臣哉！天下將有仗大義，問相公之罪者。」後數日，權吏部尚書張燾、吏部侍郎晏敦復魏矼、户部侍郎李彌遜梁汝嘉、給事中樓炤、中書舍人蘇符、工部侍郎蕭振、起居舍人薛徽言同班入奏，極言屈己之禮非是。新除禮部侍郎尹焞獨上疏，且移書切責檜，檜始大怒，焞於是固辭新命不拜。奉禮郎馮時行召對，言和議不可信，至引漢高祖分羹事爲喻。帝曰：「朕不忍聞。」顰蹙而起。檜乃謫時行知萬州，尋亦抵罪。中書舍人勾龍如淵抗言於檜曰：「邪説横起，胡不擇臺官擊去之。」檜遂奏如淵爲御史中丞，首劾銓。

金使張通古、蕭哲以詔諭江南爲名，檜猶恐物論咎己，與哲等議，改江南爲宋，詔諭爲國信。京、淮宣撫處置使韓世忠凡四上疏力諫，有「金以劉豫相待」之語，且言兵勢重處，願以身當之，不許。哲等既至泗州，要所過州縣迎以臣禮，至臨安日，欲帝待以客禮，世忠益憤，再疏言：「金以詔諭爲名，暗致陛下歸順之義，此主辱臣死之時，願效死戰以決勝敗。若其不克，委曲從之未晚。」亦不許。哲等既入境，接伴使范同再拜問金主起居，軍民見者，往往流涕。過平江，守臣向子諲不拜，乞致仕。哲等至淮安，言先歸河南地，且册上爲帝，徐議餘事。

檜至是欲上行屈己之禮，帝曰：「朕嗣守太祖、太宗基業，豈可受金人封册。」會三衙帥楊沂中、解潛、韓世良相率見檜曰：「軍民洶洶，若之何？」退，又白之臺諫。於是勾龍如淵、李誼數見檜議國書事，如淵謂得其書納之禁中，則禮不行而事定。給事中樓炤亦舉「諒陰三年不言」事以告檜，於是定檜攝冢宰受書之議。帝亦切責王倫，倫諭金使，金使亦懼而從。帝命檜即館中見哲等受其書。金使欲百官備禮，檜使省吏朝服導從，以書納禁中。先一日，詔金使來，將盡割河南、陝西故地，又許還梓宮及母兄親族，初無需索。以參知政事李光素有時望，俾押和議牓以鎮浮言。又降御札賜三大將。

九年，金人歸河南、陝西故地，以王倫簽書樞密院事，充迎奉梓宮、奉還兩宮、交割地界使，藍公佐副之。判大宗正事士㒟、兵部侍郎張燾朝八陵。帝謂宰執曰：「河南新復，宜命守臣專撫遺民，勸農桑，各因其地以食，因其人以守，不可移東南之財，虛内以事外。」帝雖聽檜和而實疑金詐，未嘗弛備也。

時張浚在永州，馳奏，力言以石晉、劉豫爲戒，復遺書孫近，以「帝秦之禍，發遲而大」。徐俯守上饒，連南夫帥廣東，岳飛宣撫淮西，皆因賀表寓諷。俯曰：「禍福倚伏，情僞多端。」南夫曰：「不信亦信，其然豈然？雖虞舜之十二州，皆歸王化；然商於之六百里，當念爾欺！」飛曰：「救暫急而解倒懸，猶之可也；欲長慮而尊中國，豈其然乎？」他如秘書省正字汪應辰樊光遠、澧州推官韓紘、臨安府司户參軍毛叔度，皆言金人叵測；迪功郎張行成獻《詢蕘書》二十篇，大意言自古講和，未有終不變者，條具者皆豫備之策。檜悉加黜責，紘貶循州。

七月，兀朮殺其領三省事宗磐及左副元帥撻懶，拘王倫於中山府。蓋兀朮

以歸地爲二人所主，將有他謀也。倫嘗密奏于朝，檜不之備，但趣倫進。時韓世忠有乘懈掩擊之請，檜言《春秋》不伐喪，與帝意合，遂已。

十年，金人果敗盟，分四道入侵。兀朮入東京，葛王褎取南京，李成取西京，撒离喝趨永興軍。河南諸郡相繼陷没。帝始大怪，下詔罪狀兀朮。御史中丞王次翁奏曰：「前日國是，初無主議。事有小變，則更用他相，後來者未必賢，而排黜異黨，紛紛累月不能定，願陛下以爲至戒。」帝深然之。檜力排羣言，始終以和議自任，而次翁謂無主議者，專爲檜地也。於是檜位復安，據之凡十八年，公論不能撼摇矣。

六月，檜奏曰：「德無常師，主善爲師。臣昨見撻懶有割地講和之議，故贊陛下取河南故疆。今兀朮戕其叔撻懶，藍公佐歸，和議已變，故贊陛下定弔伐之計。願至江上諭諸帥同力招討。」卒不行。閏六月，貶趙鼎興化軍，以王次翁受檜旨，言其規圖復用也。言者不已，尋竄潮州。

時張俊克亳州，王勝克海州，岳飛克郾城，幾獲兀朮。張浚戰勝於長安，韓世忠勝於泇口鎮，諸將所向皆奏捷，而檜力主班師。九月，詔飛還行在，沂中還鎮江，光世還池州，錡還太平。飛軍聞詔，旗靡轍亂，飛口呿不能合。於是淮寧、蔡、鄭復爲金人有。以明堂恩封檜莘國公。十一年，兀朮再舉，取壽春，入廬州，諸將邵隆、王德、關師古等連戰皆捷。楊沂中戰拓皐，又破之。檜忽諭沂中及張俊遽班師。韓世忠聞之，止濠州不進；劉錡聞之，棄壽春而歸。自是不復出兵。

四月，檜欲盡收諸將兵權，給事中范同獻策，檜納之。密奏召三大將論功行賞，韓世忠、張俊並爲樞密使，岳飛爲副使，以宣撫司軍隸樞密院。六月，拜左僕射、同中書門下平章事兼樞密使，進封慶國公。《徽宗實録》成，遷少保，加封冀國公。先是，莫將、韓恕使金，拘于涿州。至是，兀朮有求和意，縱之歸。檜復奏遣劉光遠、曹勛使金，又以魏良臣爲通問使。未幾，良臣偕金使蕭毅等來，議以淮水爲界，求割唐、鄧二州。尋遣何鑄報聘，許之。

十月，興岳飛之獄。檜使諫官万俟卨論其罪，張俊又誣飛舊將張憲謀反，於是飛及子雲俱送大理寺，命御史中丞何鑄、大理卿周三畏鞫之。十一月，貶李光藤州，范同罷參知政事。同雖附和議，以自奏事，檜忌之也。十二月，殺岳飛。檜以飛屢言和議失計，且嘗奏請定國本，俱與檜大異，必欲殺之。鑄、三畏初鞫，久不伏；卨入臺，獄遂上。誣飛嘗自言「已與太祖皆三十歲建節」爲指斥乘輿，受詔不救淮西罪，賜死獄中。子雲及張憲殺于都市。天下冤之，聞者流涕。飛之死，張俊有力焉，語在《飛傳》。

十二年，胡銓再編管新州。八月，徽宗及顯肅、懿節二梓宫至行在。太后還慈寧宫。九月，加太師，進封魏國公。十月，進封秦、魏兩國公。檜以封兩國與蔡京、童貫同，請改封母爲秦、魏國夫人。子熺舉進士，館客何溥赴南省，皆爲第一。熺本王㬇孽子，檜妻㬇妹，無子，㬇妻貴而妬，檜在金國，出熺爲檜後。檜還，其家以熺見，檜喜甚。檜幸和議復成，益咎前日之異己者。先是，趙鼎貶潮州，王庶貶道州，胡銓再貶新州。至是，皆遇赦永不檢舉。曾開、李彌遜並落職。張俊本助和議，居位歲餘無去意，檜諷江邈論罷之。

十三年，賀瑞雪，賀雪自檜始。賀日食不見，是後日食多書不見。彗星常見，選人康倬上書言彗星不足畏，檜大喜，特改京秩。楚州奏鹽城縣海清，檜請賀，帝不許。知虔州薛弼言木内有文曰「天下太平年」，詔付史館。於是修飾彌文，以粉飾治具，如鄉飲、耕籍之類節節備舉，爲苟安餘杭之計，自此不復巡幸江上，而祥瑞之奏日聞矣。

洪皓歸自金國，名節獨著，以致金酋室撚語，直翰苑不一月逐去。室撚者，粘罕之左右也。初，粘罕行軍至淮上，檜嘗爲之草檄，爲室撚所見，故因皓歸寄聲。檜意士大夫莫有知者，聞皓語，深以爲憾，遂令李文會論之。胡舜陟以非笑朝政下獄死，張九成以鼓唱浮言貶，累及僧宗杲，編配，皆以語忤檜也。張邵亦坐與檜言金人有歸欽宗及諸王后妃意，斥爲外祠。十四年，貶黄龜年，以前嘗論檜也。閩、浙大水，右武大夫白鍔有「燮理乖謬」語，刺配萬安軍。太學生張伯麟嘗題壁曰「夫差，爾忘越王殺而父乎」，杖脊刺配吉陽軍。故將解潛罷官閑居，辛永宗總戎外郡，亦坐不附和議，潛竄南安死，永宗編置肇慶死。趙鼎、李光皆再竄過海。皓之罪由白鍔延譽，光以在藤州唱和有諷刺及檜者，爲守臣所告也。

先是，議建國公出閤，吏部尚書吴表臣、禮部尚書蘇符等七人論禮與檜意異，於是表臣等以討論不祥、懷姦附鼎皆罷。始，檜爲上言：「趙鼎欲立皇太子，是待陛下終無子也，宜俟親子乃立。」遂嗾御史中丞詹大方言鼎邪謀密計，深不可測，與范沖等咸懷異意，以徼無妄之福。沖嘗爲資善翊善，故大方誣之。其後監察御史王鎡言帝未有嗣，宜祠高禖，詔築壇于圜丘東，皆檜意也。

台州曾惇獻檜詩稱「聖相」。凡投獻者以臯、夔、稷、契爲不足，必曰「元聖」。檜乞禁野史。又命子熺以秘書少監領國史，進建炎元年至紹興十二年《日曆》五百九十卷。熺因太后北還，自頌檜功德凡二千餘言，使著作郎王揚英、周執羔上

之，皆遷秩。自檜再相，凡前罷相以來詔書章疏稍及檜者，率更易焚棄，日曆、時政亡失已多，是後記録皆熺筆，無復有公是非矣。冬十月，右正言何若指程頤、張載遺書爲專門曲學，力加禁絶，人無敢以爲非。

十五年，熺除翰林學士兼侍讀。四月，賜檜甲第，命教坊樂導之入，賜緡錢金綿有差。六月，帝幸檜第，檜妻婦子孫皆加恩。檜先禁私史，七月，又對帝言私史害正道。時司馬伋遂言《涑水記聞》非其曾祖光論著之書，其後李光家亦舉光所藏書萬卷焚之。十月，帝親書「一德格天」扁其閣。十六年正月，檜立家廟。三月，賜祭器，將相賜祭器自檜始。

先是，帝以彗星見求言。張浚上疏，言今事勢如養大疽於頭目心腹之間，不決不止，願謀爲豫備。不然，異時以國與敵者，反歸罪正議。檜久憾浚，至是大怒，即落浚節鉞，貶連州，尋移永州。

十七年，改封檜益國公。五月，移貶洪皓于英州。八月，趙鼎死于吉陽軍。是夏，先有趙鼎遇赦永不檢舉之旨，又令月申存亡，鼎知之，不食而卒。自鼎之謫，門人故吏皆被羅織，雖聞其死而歎息者亦加以罪。又竄呂頤浩子摭于藤州。十二月，進士施鍔上《中興頌》、《行都賦》及《紹興雅》十篇，永免文解。自此頌詠導諛愈多。賜百官喜雪御筵于檜第。

十八年，熺除知樞密院事，檜問胡寧曰：「外議如何？」寧曰：「以爲公相必不襲蔡京之迹。」五月，李顯忠上恢復策，落軍職，與祠。六月，迪功郎王廷珪編管辰州，以作詩送胡銓也。閏八月，福州言民采竹實萬斛以濟飢。十一月，胡銓自新州移貶吉陽軍，以作頌謗訕也。

十九年，帝命繪檜像，自爲贊。是歲，湖、廣、江西、建康府皆言甘露降，諸郡奏獄空。帝嘗語檜曰：「自今有奏獄空者，當令監司驗實。果妄誕，即按治，仍命御史臺察之。苟不懲戒，則奏甘露瑞芝之類，崇虚飾誕，無所不至。」帝雖眷檜，而不可蔽欺也如此。十二月，禁私作野史，許人告。

二十年正月，檜趨朝，殿司小校施全刺檜不中，磔于市。自是每出，列五十兵持長梃以自衛。是月，曹泳告李光子孟堅省記光所作私史，獄成，光竄已久，詔永不檢舉；孟堅編置峽州；朝士連坐者八人，皆落職貶秩；胡寅竄新州。泳由是驟用。五月，秘書少監湯思退奏以檜存趙氏本末付史館。六月，熺加少保。鄭煒告其鄉人福建安撫司機宜吴元美作《夏二子傳》，指蚊、蠅也；家有潛光亭、商隱堂，以亭號潛光，有心於黨李，堂名商隱，無意於事秦。故檜尤惡之。編管右迪功郎安誠、布衣汪大圭，斬有陰人惠俊、進義副尉劉允中，黥徑山僧清言，皆以訕謗也。時檜疾愈，朝參許肩輿，二孫扶掖，仍免拜。二十一年，朝散郎王揚英上書薦熺爲相，檜奏揚英知泰州。

二十二年，又興王庶二子之奇之荀、葉三省、楊煒、袁敏求四大獄，皆坐謗訕。煒又以嘗登李光、蕭振之門，言時事也。於是光永不檢舉，振貶池州。二十三年，檜請下台州於謝伋家取綦密禮所受御筆繳進。檜初罷相，上有責檜語，欲泯其迹焉。是歲，進士黄友龍坐謗訕，黥配嶺南；内侍裴詠坐指斥，編管瓊州。二十四年二月，楊炬以弟煒舊累死賓州，炬編管邕州。何兑訟其師馬伸發端上金人書乞存趙氏，爲分檜功，兑編管英州。三月，檜孫敷文閣待制塤試進士舉，省殿試皆爲第一，檜從子焞、熺、姻黨周夤、沈興傑皆登上第，士論爲之不平。考官則魏師遜、湯思退、鄭仲熊、沈虚中、董德元也。師遜等初知貢舉，即語人曰：「吾曹可以富貴矣。」及廷試，檜又奏思退爲編排，師遜爲詳定。塤與第二人曹冠策皆攻專門之學，張孝祥策則主一德元老且及存趙事。帝讀塤策，皆檜、熺語，於是擢孝祥爲第一，降塤第三。未幾，塤修撰實録院，宰相子孫同領史職，前所無也。

六月，以王循友前知建康嘗罪檜族黨，循友安置藤州。八月，王趯爲李光求内徙，趯編管辰州。鄭玘、賈子展以會中有嘲詆講和之語，玘竄容州，子展竄德慶府。方疇以與胡銓通書，編置永州。十二月，魏安行、洪興祖以廣傳程瑀《論語解》，安行編置欽州，興祖編置昭州。又竄程緯，以其慢上無禮也。

帝嘗諭檜曰：「近輪對者，多諉告避免。百官輪對，正欲聞所未聞，可令檢舉約束。」檜擅政以來，屏塞人言，蔽上耳目，凡一時獻言者，非誦檜功德，則訐人語言以中傷善類。欲有言者恐觸忌諱，畏言國事，僅論銷金鋪翠、乞禁鹿胎冠子之類，以塞責而已。故帝及之，蓋亦防檜之壅蔽也。

衢州嘗有盗起，檜遣殿前司將官辛立將千人捕之，不以聞。晉安郡王因入侍言之，帝大驚，問檜，檜曰：「不足上煩聖慮，故不敢聞，盗平即奏矣。」退而求其故，知晉安言之，遂奏晉安居秀王喪不當給俸，月損二百緡，帝爲出内帑給之。

二十五年二月，以沈長卿舊與李光啓譏和議，又與芮燁共賦《牡丹詩》，有「寧令漢社稷，變作莽乾坤」之句，爲鄰人所告，長卿編置化州，燁武岡軍。静江有驛名秦城，知府吕愿中率賓僚共賦《秦城王氣詩》以媚檜，不賦者劉芮、李燮、羅博文三人而已。愿中由此得召。又張扶請檜乘金根車，又有乞置益國官屬及

議九錫者，檜聞之安然。十月，申禁專門之學。以太廟靈芝繪爲華旗，凡郡國所奏瑞木、嘉禾、瑞瓜、雙蓮悉繪之。

趙令衿觀檜《家廟記》，口誦「君子之澤，五世而斬」，爲汪召錫所告。御史徐嘉又論趙鼎子汾與令衿飲別厚贐，必有姦謀，詔送大理，拘令衿南外宗正司。檜於一德格天閣書趙鼎、李光、胡銓姓名，必欲殺之而後已。鼎已死而憾之不置，遂欲孥戮汾。檜忌張浚尤甚，故令衿之獄，張宗元之罷，皆波及浚。浚在永州，檜又使其死黨張柄知潭州，與郡丞汪召錫共伺察之。至是，使汾自誣與浚及李光、胡寅謀大逆，凡一時賢士五十三人皆與焉。獄成，而檜病不能書。

是月乙未，帝幸檜第問疾，檜無一語，惟流涕而已。熺奏請代居相位者，帝曰：「此事卿不當與。」帝遂命權直學士院沈虛中草檜父子致仕制。熺猶遣其子塤與林一飛、鄭柟夜見臺諫徐嘉、張扶謀奏請己爲相。丙申，詔檜加封建康郡王，熺進少師，皆致仕，塤、堪並提舉江州太平興國宮。是夜，檜卒，年六十六。後贈申王，謚忠獻。

檜兩據相位，凡十九年，刧制君父，包藏禍心，倡和誤國，忘讎斁倫。一時忠臣良將，誅鋤略盡。其頑鈍無耻者，率爲檜用，爭以誣陷善類爲功。其矯誣也，無罪可狀，不過曰謗訕，曰指斥，曰怨望，曰立黨沽名，甚則曰有無君心。凡論人章疏，皆檜自操以授言者，識之者曰：「此老秦筆也。」察事之卒，布滿京城，小涉譏議，即捕治，中以深文。又陰結内侍及醫師王繼先，伺上動静。郡國事惟申省，無一至上前者。檜死，帝方與人言之。

檜立久任之説，士淹滯失職，有十年不解者。附己者立與擢用。自其獨相，至死之日，易執政二十八人，皆世無一譽。柔佞易制者，如孫近、韓肖胄、樓炤、王次翁、范同、万俟卨、程克俊、李文會、楊愿、李若谷、何若、段拂、汪勃、詹大方、余堯弼、巫伋、章夏、宋樸、史才、魏師遜、施鉅、鄭仲熊之徒，率拔之冗散，遽躋政地。既共政，則拱默而已。又多自言官聽檜彈擊，輒以政府報之，由中丞、諫議而陞者凡十有二人，然甫入即出，或一閲月，或半年即罷去。惟王次翁閲四年，以金人敗盟之初持不易相之論，檜德之深也。開門受賂，富敵於國，外國珍寶，死猶及門。人謂熺自檜秉政無日不鍜酒具，治書畫，特其細爾。

檜陰險如崖穽，深阻竟叵測。同列論事上前，未嘗力辨，但以一二語傾擠之。李光嘗與檜爭論，言頗侵檜，檜不答。及光言畢，檜徐曰：「李光無人臣禮。」帝始怒之。凡陷忠良，率用此術。晚年殘忍尤甚，數興大獄，而又喜諛佞，不避形迹。

然檜死熺廢，其黨祖述餘説，力持和議，以竊據相位者尚數人，至孝宗始蕩滌無餘。開禧二年四月，追奪王爵，改謚謬醜。嘉定元年，史彌遠奏復王爵、贈謚。

雜録

備録

曾敏行《獨醒雜志》卷五 秦丞相、董參政同執政，二府之夫人俱入見。參政戒其夫人無妄奏對，惟丞相夫人是從。退歸，丞相果問參政夫人有何言，夫人曰：「無所言。」丞相喜，於是待參政益親。

周煇《清波雜志》卷三 括蒼管銓平仲，監秦邸，坐事免官，秦丞相手封銀一笏以助其歸，恃此方敢留一二日。蓋秦早授館於其家，故特致此禮。

黎靖德《朱子語類》卷一三一《本朝》 翟公巽知密州，秦檜作教授。一日，有一隱者至，會相，曰：「此教授大貴。」翟問：「與某如何？」曰：「翰林如何及之！如何及之！」時游定夫在坐，退因勉秦云：「隱者甚驗，幸自重。」

秦檜初罷相，出在某處，與客握手，夜語庭中。客偶説及富公事，秦忽掉手入内。客莫知其故。久之方出，再三謝客云：「荷見教。」客亦莫知所謂，扣問，乃答云：「處相位，元來是不當起去。」是渠悔出，偶投其機，故發露如此。

殺岳飛，范同謀也。胡銓上書言秦檜，檜怒甚，問范如何行遣，范曰：「只莫採，半年便冷了。若重行遣，適成孺子之名。」秦甚畏范，後出之。

岳珂《桯史》卷二《牧牛亭》 金陵牧牛亭，秦氏之丘隴在焉。有移忠、旌忠寺，相去五里，金碧相照。楊誠齋嘗乘軺過之，題詩壁間曰：「函關只有一穰侯，瀛館寧無再帝丘。天極八重心未死，台星三點拆方休。只看壁後新亭築，恐作移中屬國羞。今日牛羊上丘隴，不知丞相更嗔不。」復自註其下曰：「秦暮年起大獄，必殺張德遠、胡邦衡等五十餘人，不知諸公殺盡，將欲何爲？奏垂上而卒，故有『新亭』之句。然初節似蘇子卿，而晚謬。」余嘗過其地，二刹正爲其家不檢

子孫所撓，主僧相繼而逃去。有一支位者主之，以寺歸之官，刻大碑於門，不許其家人之與其事，始稍復振。檜墓前隊碑，宸奎在焉，有其額而無其辭。卧一石草間，曰：「當時將以求文，而莫之肯爲，今已矣。」

岳珂《桯史》卷三《機心不自覺》　曹泳尹天府，民間以乏見鏹告，貨壅莫售，日嚚而争，因白之檜。檜笑曰：「易耳！」即席命召文思院官，未至，趣者絡繹，奔而來，亟諭之曰：「適得旨，欲變錢法，煩公依舊夾錫樣鑄一緡，將以進入，盡廢見鏹不用。」約以翌午畢事。院官不敢違，唯而退，夜呼工鞴液，將以及期。富家聞之大窘，盡輦宿藏，争取金粟，物賈大昂，泉溢于市。既而樣上省，寂無所聞矣。

岳珂《桯史》卷五《劉觀堂讀赦詩》　紹興己未，金人歸我侵疆，曲赦新復州縣，赦文曰：「上穹開悔禍之期，大金報許和之約。割河南之境土，歸我輿圖；戢宇内之干戈，用全民命。」大酋兀朮讀之，以謂不歸德其國，明年，遂指爲釁，以起兵復陷而有其地。後二年，和議成，秦檜懼當制者之不能説虜也，以孽子熺及其黨程克俊補藁。故其文曰：「上穹悔禍，副生靈願治之心；大國行仁，遂子道事親之孝，可謂非常之盛事，敢忘莫報之深恩。【略】於是郵傳至四方，遺黎讀之有泣者。

岳珂《桯史》卷七《優伶詼語》　秦檜以紹興十五年四月丙子朔，賜第望僊橋。丁丑，賜銀絹萬疋兩，錢千萬，綵千縑，有詔就第賜燕，假以教坊優伶，宰執咸與。中席，優長誦致語，退，有參軍者前，褒檜功德。一伶以荷葉交倚從之，恢語雜至，賓歡既洽，參軍方拱揖謝，將就倚，忽墮其幞頭，乃總髮爲髻，如行伍之巾，後有大巾鐶，爲雙疊勝。伶指而問曰：「此何鐶？」曰：「二勝鐶。」遽以朴擊其首曰：「爾但坐太師交倚，請取銀絹例物，此鐶掉腦後可也。」一坐失色。檜怒，明日下伶於獄，有死者。於是語禁始益繁。

岳珂《桯史》卷七《朝士留刺》　秦檜爲相，久擅威福。士大夫一言合意，立取顯美，至以選階一二年爲執政，人懷速化之望，故仕於朝者，多不肯求外遷，重内輕外之弊，頗見於時。有王仲荀者，以滑稽游公卿間。一日，坐于秦府賓次，朝士雲集，待見稍久。仲荀在隅席，輒前白曰：「今日公相未出堂，衆官久俟，某有一小話願資醒困。」衆知其善謔，争竦聽之。乃抗聲曰：「昔有一朝士，出謁未歸，有客投刺于門，閽者告之以某官不在，留門狀，俟歸呈禀。客忽勃然發怒，叱閽曰：『汝何敢爾，凡人之死者，乃稱不在，我與某官厚，故來相見，某官獨無諱忌乎！而敢以此言目之耶！我必竢其來，面白以治汝罪。』閽拱謝曰：『小人誠不曉諱忌，願官人寬之。但今朝士留謁者，例告以如此，若以爲不可，當復作何語以謝客。』客曰：『汝官既出謁未回，第云某官出去可也。』閽愀然蹙頞曰：『我官人寧死，卻是諱出去二字。』」滿坐皆大笑。

岳珂《桯史》卷一二　秦檜擅權久，大誅殺以脅善類。末年，因趙忠簡之子汾以起獄，謀盡覆張忠獻、胡文定諸族，棘寺奏牘上矣。檜時已病，坐格天閣下，吏以牘進，欲落筆，手顫而汙，亟命易之，至再，竟不能字。其妻王在屏後摇手曰：「勿勞太師。」檜猶自力，竟仆于几，遂伏枕數日而卒。獄事大解，諸公僅得全。

王明清《揮麈録・後録》卷七　紹興二年，秦會之罷右僕射，制略云：「自詭得權而舉事，當聳動於四方；逮兹居位以陳謀，首建明於二策。罔燭厥理，殊乖素期。」又云：「予奪在我，豈云去朋黨之難；終始待卿，斯無負君臣之義。」此綦叔厚之文。褫職告詞云：「聳動四方之聽，朕志爲移；建明二策之謀，爾材可見。」謝任伯之文。綦、謝，媢家也。秦大憾之。先是，高宗有親批云：「秦檜不知治體，信任非人。人心大摇，怨讟載路。」丁卯歲，啓上詔《毁宰執拜罷録》，謂載訓詞也。至乙亥歲，秦復知御札在任伯之子伋景思處，作劄子自陳大概云：「陛下是時尚未深知臣，所以有此。乞行抽取。」得旨，下台州從伋所追索得之。是秋，又令其媢黨曹泳爲擇酷吏劉景者，擢守天台，專欲鞫勘。景思寓居外邑黄巖山間，景視事之次日，遣捕吏追逮景思，直以姓名傳檄縣令，差人防護甚峻，景思自分必死。將抵郡城外，渡舟中望見景備郊迎之儀，一見執禮甚恭，至館舍，則美其帷帳，厚其飲食。景思叵測，是晚置酒延佇，座間笑語，權歡而罷，治聞早已得會之訃音矣。

王明清《玉照新志》卷第五　秦會之既殺岳氏父子，其子若孫皆徙重湖閩嶺，日賑錢米以活其命。紹興間，有知名士知漳州者建言：「叛逆之後，不應存留。乞絶其所急，使盡殘年。」秦得其牘，令札付岳氏知而已。士大夫爲官爵所鈞，用心至是，可謂狗彘不食其餘矣。不欲顯言其姓名，以爲薦紳之玷。

王明清《揮麈録・三録》卷三　政和末，秦會之自金陵往參成均，行次當塗境上。值大雨，水衝橋斷，不能前進。塗中居民開短窗，延一士子教其子弟。士子於書室窗中，窺見秦徒步執蓋，立風雨中，淋漓悽然，甚憐之，呼入，令小憩。至晚，雨不止，白其主人，推食挽留而共榻。翌日晴霽，送之登途，秦大以感激。

秦既自叙其詳，復詢士之姓名，云曹筠庭堅也。秦登第即宦顯，絶不相聞。久之，曹建炎初以太學生隨大駕南幸，至維揚，免省策名。後爲台州知録，老不任事。太守張偁對移爲黄巖主簿，無憀之甚。時秦專權久矣，曹一夕偶省悟其前此一飯之恩，因謀諸婦。婦吴越錢族，晚事曹，頗解事，謂曰：「審爾，何不漫愬之？」筠因便介，姑作詩以致祈懇，末句云：「浩浩秦淮千萬頃，好將餘浪到灘頭。」其淺陋不工如此。秦一覽，慨然興念，以删定官召之。尋改官入臺，遂進南牀。高宗惡之，親批逐出。秦猶以爲集英殿修撰，知衢州。未幾，坤維闕帥，即擢次對，制閫全蜀。到官之後，弛廢不治，遂致王孝忠之變，秦竟庇護之，奉祠而歸。秦没，始奪其職云。

王明清《揮麈録・餘話》卷二　靖康初，秦會之自御史丐祠歸建康，僦舍以居。適當炎暑，上元宰張師言昌訪之，會之語師言：「此屋翛可居，但爲西日所苦，奈何！得一凉棚備矣。」翌日未曉，但聞斤斧之聲，會之起視之，則松棚已就。詢之，匠者云：「縣宇中方創一棚，昨日聞侍御之言，即輟以成此。」會之大喜。次年，會之入爲中司，北去。又數年還朝，已而拜相。時師言年逾七十，會之於是就官簿中减去十歲，擢知楚州，把麾持節者又踰十年，然後掛冠。老於濳、皖，近九十而終。

初，〔秦〕會之爲御史中丞，虜人議立張邦昌以主中國。〔馬伸〕先覺爲監察御史，抗言於稠人廣坐中曰：「吾曹職爲争臣，豈可坐視緘默，不吐一詞？當共入議狀，乞存趙氏。」會之不答。少焉屬藁，遂就呼臺史連名書之。會之既爲臺長，則當列於首。以呈會之，會之猶豫。先覺帥同僚合辭力請，會之不得已，始肯書名。先覺遣人疾馳，以達虜酋。所以秦氏所藏本猶云「檜等」也。先覺中興初任殿中侍御史，以亮直稱於一時，爲汪、黄所擠，責監濮州酒税。後高宗思之，以九列召，示以大用，而先覺已死。會之還自虜中，揚言己功，盡掠其美名，遂取富貴，位極人臣，勢冠今古。先覺子孫，漂泊閩中。先覺有甥何珫者，慷慨自任，得其元藁，累欲上之，而馬氏子止之云：「秦會之凶焰方熾，其可犯邪？」紹興乙亥春，珫忽夢先覺衣冠如平生，云秦氏將敗，趣使往陳之。珫即持其藁以叫閽。會之大怒，誣以他罪，下珫大理，竄嶺外。抵流所未幾，而會之果殂。其家訟冤，詔復珫故官，後至員郎。先覺忠績，遂别白於時。

鄭備象滋晚守京口，怠於爲政，湯致遠鵬舉爲兩浙漕，宣言俟應辦虜使，至郡按治之。時秦會之當國，德象求援于秦。蓋宣和初，秦赴試南宫，鄭爲參詳官，其所取也。至是湯别秦以行，秦曰：「鄭德象久不通問，有少書信，煩爲提攜達。」因面授之，湯視緘題云：「稟目申呈判府顯學侍郎先生門下，具位秦檜謹封。」湯得之，幡然而改，迺奏其治狀，遂移帥江東。

陸游《老學庵筆記》卷一　秦會之在山東欲逃歸，舟楫已具，獨懼虜有告者，未敢決。適遇有相識稍厚者，以情告之。虜曰：「何不告監軍？」會之對以不敢。虜曰：「不然，吾國人若一諾公，則身任其責，雖死不憾。若逃而獲，雖欲貸，不敢矣。」遂用其言，告監軍，監軍曰：「中丞果欲歸耶？吾契丹亦有逃歸者，多更被疑，安知公歸而南人以爲忠也。公若果去，固不必顧我。」會之謝曰：「公若見諾，亦不必問某歸後禍福也。」監軍遂許之。

陸游《老學庵筆記》卷二　秦會之當國，有殿前司軍人施全者，伺其入朝，持斬馬刀，邀于望僊橋下斫之，斷轎子一柱而不能傷，誅死。其後秦每出，輒以親兵五十人持挺衛之。初，斬全於市，觀者甚衆，中有一人朗言曰：「此不了事漢，不斬何爲！」聞者皆笑。

秦會之問宋朴參政曰：「某可比古何人？」朴遽對曰：「太師過郭子儀，不及張子房。」秦頗駭，曰：「何故？」對曰：「郭子儀爲宦者發其先墓，無如之何。今太師能使此輩屏息畏憚，過之遠矣。然終不及子房者，子房是云得底勳業，大師是去不得底甥勳業。」秦推髀太息曰：「好。」遂驟薦用至執政。秦之叵測如此。

秦會之初得疾，遣前宣州通判李季設醮于天台桐柏觀。季以善奏章自名。行至天姥嶺下，憩小店中，邂逅一士人，頗有俊氣，問季曰：「公爲太師奏章乎？」曰：「然。」士人摇首曰：「徒勞耳。數年間，張德遠當自樞府再相，劉信叔當總大兵捍邊。若太師不死，安有是事耶！」季不復敢與語，即上車去，醮之明日而聞秦公卒。

秦會之以孫女嫁郭知運，自答聘書曰：「某人東第華宗，南宫妙選，乃肯不卑於作贅，何辭可拒于盟言。」其夫人欲去「作贅」字，曰：「太惡模樣。」秦公曰：「必如此乃束縛得定。」聞者笑之。

陸游《老學庵筆記》卷三　〔秦會之〕孫女封崇國夫人者，謂之童夫人，蓋小名也。愛一獅猫，忽亡之，立限令臨安府訪求。及期，猫不獲，府爲捕繫鄰居民家，且欲劾兵官。兵官惶恐，步行求猫。凡獅猫悉捕致，而皆非也。乃賂入宅老卒，詢其狀，圖百本，於茶肆張之。府尹因嬖人祈懇乃已。

秦會之有十客：曹冠以教其孫爲門客，王會以婦弟爲親客，郭知運以離婚爲逐客，吴益以愛婿爲嬌客，施全以剸刃爲刺客，李季以設醮奏章爲羽客，某人以治産爲莊客，丁禩以出入其家爲狎客，曹泳以獻計取林一飛還作子爲説客。初止有此九客耳。秦既死，葬于建康，有蜀人史叔夜者，懷雞絮，號慟墓前，其家大喜，因厚遺之，遂爲弔客，足十客之數。

陸游《老學庵筆記》卷三　秦會之初賜居第時，兩浙轉運司置一局曰箔場，官吏甚衆，專應副賜第事。自是訖其死，十九年不罷，所費不可勝計。【略】其子熺，十九年間無一日不鍛酒器，無一日不背書畫碑刻之類。

陸游《老學庵筆記》卷五　秦太師娶王禹玉孫女，故諸王皆用事。有王子溶者，爲浙東倉司官屬，郡宴必與提舉者同席，陵忽玩戲，無不至。提舉者事之反若官屬。已而又知吴縣，尤放肆。郡守宴客，初就席，子溶遣縣吏呼伎樂伶人，即皆馳往，無敢留者。上元吴縣放燈，召太守爲客，郡治乃寂無一人。又嘗夜半遣廳吏叩府門，言知縣傳語，必面見。守醉中狼狽，攬衣秉燭出問之。乃曰：「知縣酒渴，聞有鹹虀，欲覓一甌。」其陵侮如此。守亟取，遣人遺之，不敢較也。

陸游《老學庵筆記》卷八　秦丞相晚歲權尤重，常有數卒，皂衣持挺立府門外，行路過者稍顧視謦欬，皆呵止之。嘗病告一二日，執政獨對，既不敢他語，惟盛推秦公勳業而已。明日入堂，忽問曰：「聞昨日奏事甚久。」執政惶恐，曰：「某惟誦太師先生勳德，曠世所無。語終即退，實無他言。」秦公嘻笑曰：「甚荷。」蓋已嗾言事官上章。執政甫歸，閣子彈章副本已至矣。其忮刻如此。

陸游《老學庵筆記》卷十　蔡元長當國時，士大夫問軌革，往往畫一人戴草而祭。【略】紹興中，秦會之專國柄，又多畫三人，各持禾一束，則又指之曰：「秦字也。」其言亦頗驗。及秦氏既廢，亦無復占得此卦矣。

秦太師作相時，裹頭巾，當面偶作一摺，謂之「太師錯」摺樣。第中窗上下及中一二眼作方眼，餘作疎櫺，謂之「太師窗」。

張端義《貴耳集》卷上　秦會之當國，偶虔州賊發，秦相得報，夜呼堂吏行札，數日以賊聞。一日，德壽問：「虔州有賊，何不奏聞？」秦云：「小竊，不敢上勞聖聽，陛下何以知之？」上曰：「普安説。」秦既退，呼堂吏云：「普安一宫給使，請俸不齊，取榜來。」遂閣兩月。壽皇聖度高遠，亦不以此爲意。議者疏秦擅專之罪。德壽建思堂落成，壽皇同宴，問德壽何以曰「思堂」，德壽答曰：「思秦會也。」由是秦氏之議少息。

張端義《貴耳集》卷中　京下忽闕見錢，市間頗皇皇。忽一日秦會之呼一鑷工櫛髪，以五千當二錢犒之，諭云：「此錢數日間有旨不使，早用了。」鑷工親得鈞旨，遂與外人言之。不三日間，京下見錢頓出。

趙與時《賓退録》卷四《以金背盟代秦檜劄子》　伊尹告成湯：「德無常師，主善爲師。」臣前贊議和，今請伐虜，是皆主善爲師。如其不濟，則陳力就列，不能者止，當遵孔聖之訓。

葉紹翁《四朝聞見録》乙集　憲聖召〔秦〕檜夫人入禁中賜宴，進淮青魚。憲聖顧問夫人：「曾食此否？」夫人對以「食此已久。又魚視此更大且多，容臣妾翌日供進」。夫人歸，亟以語檜。檜恚之曰：「夫人不曉事。」翌日，遂易糟鯶魚大者數十枚以進。憲聖笑曰：「我便道是無許多青魚，夫人誤耳。」

秦檜權傾天下，然頗謹小嫌，故思陵眷之，雖檜死，猶不釋。小相熺嘗衣黄葛衫侍檜側，檜目之曰：「换了來。」熺未諭，復易黄葛。檜瞪目視之曰：「可换白葛。」熺因請以爲「葛黄乃貴賤所通用」。檜曰：「我與爾卻不可用。」蓋以色之逼上。

周密《齊東野語》卷八《香炬錦茵》　鄭仲爲蜀宣撫，格天閣畢工，鄭書適至，遺錦地衣一鋪。秦〔檜〕命鋪閣上，廣袤無尺寸差，秦默然不樂。鄭竟失志，至於得罪。

羅大經《鶴林玉露》甲編卷二《進青魚》　秦檜之夫人，常入禁中。顯仁太后言近日子魚大者絶少。夫人對曰：「妾家有之，當以百尾進。」歸告檜，檜咎其失言，與其館客謀，進青魚百尾。顯仁拊掌笑曰：「我道這婆子村，果然！」蓋青魚似子魚而非，特差大耳。觀此，賊檜之奸可見。

羅大經《鶴林玉露》甲編卷五《格天閣》　秦檜少游太學，博記工文，善幹鄙事，同舍號爲「秦長脚」。每出游飲，必委之辦集。

靖康初，〔秦檜〕爲御史中丞。金人陷京師，議立張邦昌。檜陳議狀，大略謂：「趙氏傳緒百七十年，號令一統，綿地萬里，子孫蕃衍，布在四海，德澤深長，百姓歸心。只緣姦臣誤國，遂至喪師失守，豈可以一城而決廢立哉！若必欲舍趙氏而立邦昌，則京師之民可服，而天下之民不可服；京師之宗子可滅，而天下之宗子不可滅。望稽古揆今，復君之位，以安天下。」虜雖不從，心嘉其忠，與之俱歸。檜天資狡險，始陳此議，特激於一朝之諒。既至虜廷，情態遂變，謟事撻辣，傾心爲之用。兀朮用事，侵擾江淮，韓世忠邀之於黄天蕩，幾爲我擒。一夕

鑿河，始得遁去。再寇西蜀，又爲吴玠敗之於和尚原，至自髡其鬚髮而遁。知南軍日强，懼不能當，乃陰與檜約，縱之南歸，使主和議。檜至行都，紿言殺虜之監己者，奔舟得脱。見高宗，首進「南自南，北自北」之説，時上頗厭兵，入其言。會諸將稍恣肆，各以其姓爲軍號，曰「張家軍」、「韓家軍」。檜乘間密奏，以爲諸軍但知有將軍，不知有天子，跋扈有萌，不可不慮。上爲之動，遂決意和戎，而檜專執國命矣。方虜之以七事邀我也，有毋易首相之説，正爲檜設。

即與改秩。

方其在相位也，建一德格天之閣，有朝士賀以啓云：「我聞在昔，惟伊尹格于皇天；民到于今，微管仲吾其左衽。」檜大喜，超擢之。又有選人投詩云：「多少儒生新及第，高燒銀燭照娥眉。格天閣上三更雨，猶誦車攻復古詩。」檜益喜，

羅大經《鶴林玉露》甲編卷六《容南遷客》 吴元美，三山文士，作《夏二子賦》，譏切秦檜。其家立潛光亭、商隱堂，其怨家摘以告檜曰：「亭號潛光，蓋有心於黨李；堂名商隱，本無意於事秦。」李，謂泰發也。亦削籍流容州，死焉。

羅大經《鶴林玉露》丙編卷一《堂食》 渡江初，吕元直爲相，堂厨每廳日食四千，至秦會之當國，每食折四十餘千。執政有差，於是始不會食。胡明仲侍郎曰：「雖欲伴食，不可得矣。」

羅大經《鶴林玉露》乙編卷二《天佑忠賢》 秦檜晚年，嘗一夕秉燭獨入小閣，治文書至夜半。蓋欲盡殺張德遠、胡邦衡諸君子凡十一人。區處既定，只俟明早奏行之。四更忽得疾，數日而卒。

張世南《遊宦紀聞》卷六 秦會之當軸時，幾務之微瑣者，皆欲預聞，此相權之常態。然士夫投獻，必躬自披閲，間有去取。吾郡德興士人姚敦臨，字公儀，能篆書，秦喜之，令作二十家篆《孝經》，上表以進，時紹興十一年二月十九日也。許授以文資，未降旨間，會之招飲，姚喜，忘其敬，不覺振股，以此惡之。尋得旨，令充樞密院効士，辨驗篆文而已。又有蜀士，投啓干闕。其間一聯云：「乾坤二百州，未有託身之所；水陸八千里，來歸造命之司。」秦尤稱道之，遂得陞擢。

車若水《脚氣集》 天會八年之冬，諸大臣會于黑龍江之柳林相議，謂：「宋臣如張浚、趙鼎，則志在復讐；韓世忠、吴玠則習知兵事，既不可以威取，復構怨之良深，勢難先屈。」魯王曰：「惟遣彼臣先歸，因示恐脅，而使之順我。佯不從，而勉强聽之。」忠獻王曰：「汝言是矣，誰可使者？」忠烈王曰：「張孝純可。」忠獻曰：「此人在河東失節，人誰不怨，使去如何得位得志。只有檜可用。初言趙氏得人心，必將有所推立。説張邦昌不爲人悦服，不及半年，其言皆驗。我喜其人，置之軍中，間語以利害。檜謂南自南，北自北，且許説某，著手時只依這規模。今只用兵，南亦未必終弱。若縱其歸國，必是得志，可濟吾事。」是時南人羈困，檜獨温足，果至彼得權位而謀。始行，廢劉錡、韓世忠、張浚、趙鼎，殺岳飛，而南北之勢定。忠烈王德之，誓書之中，必令「不妄易首相」。而檜亦陰發宇文虚中之逆以報。

佚名《朝野遺記》 秦檜妻王氏，素陰險，出其夫上。方岳飛獄具，一日檜獨居書室，食柑玩皮，以爪劃之，若有思者。王氏窺見笑曰：「老漢何一無決耶！捉虎易，放虎難。」檜掣然當心，致片紙入獄。是日岳王薨於棘寺。

張仲文《白獺髓》 秦申王晚年昏耄，倦於爲政，軍國大細事，悉委其子少傅熺處決，號爲小相。由是賄賂大行，申王頗亦自知，而危疑焉。後因會楊和王曰：「外廷議論如何？」和王曰：「但只聞人言公相不師伊周，乃效唐令狐之作。」申王似有慚色，徐曰：「然則古既不之，老夫何愧乎王。」退而言於子弟曰：「秦公出語謬亂不常，不死則禍將作矣。」未幾果殂。

徐夢莘《三朝北盟會編》卷一四二 御史中丞秦檜，初以不願立張邦昌，遭粘罕拘執北去，并其妻王氏同行。隨行有小奴硯童與婢興兒、御史街司翁順而已。至金國，見虜主【略】以賜其弟撻懶爲任用【略】撻懶提兵而南也，命檜以任用偕行。檜密與妻王氏爲計，至燕山府留王氏，而已獨行。王氏故爲喧争曰：「我家翁父使我嫁汝時，有貲貨二十萬貫，欲使我與汝同甘苦，盡此平生。今大金國以汝爲任用，而棄我於途中耶！」喧争不息。撻懶與檜之居比鄰，聲相聞。撻懶妻一車婆聞之，請王氏問其故，王氏具以告。一車婆曰：「不須慮也，大金國法令，許以家屬同行，今皇弟爲監軍，亦帶家屬在軍中。秦任用何故留家屬在此，而不同行也。」白之撻懶，遂令王氏同行。由是硯童、興兒、翁順亦偕行。檜爲任用又隨行作參謀軍事，又爲隨軍轉運使。在孫村浦寨中，楚州陷，孫村浦寨金人紛紛争趨入楚州。檜常以梢工孫静爲可與語，遂密約静於淮岸乘紛紛不定，作催淮陽軍海州錢糧爲名，同妻王氏、硯童、興兒、翁順及親信高益恭等數人登小舟，令静掛席而去。至漣水軍界，爲丁禩水寨邏者所得，將執縛而殺之。檜知水寨尚爲國家守，乃告之曰：「我御史中丞秦檜也。」寨兵皆村民，不曉其説，且謂執到姦細，陵辱之。檜曰：「此中有秀才否？當知我姓名。」或謂有賣酒王秀才當令一看之。王秀才名安道，字伯路，素不識檜，乃佯爲識檜【略】一見而長

揖之曰：「中丞安樂，勞苦不易。」衆皆以爲王秀才既識之，即不可殺，遂以禮待之。硯童、興兒、翁順、高益恭等一行皆得生全。

徐夢莘《三朝北盟會編》卷二一九　上幸秦檜第問疾。檜朝服拖紳，無一語，惟流涕淋浪。而上亦爲之墮淚，就手解紅帕賜檜拭淚。既退，其子熺奏請代居宰相者爲誰，上曰：「此事卿不當與。」

徐夢莘《三朝北盟會編》卷二二〇　檜每遇生朝，錫賚踵道，賜教坊樂佐酒。一日，有伶人作雜劇之戲，其子熺笑聲微高，檜目之不語。少頃，檜起更衣，久而不出。妻王氏使人探之，乃在一室中默坐。智者謂：「檜歎其子，不足以相副也。」

〔秦〕檜性陰密，乘轎馬或默坐，常嚼齒動腮，謂之馬啗。相家謂得此相者可以殺人。

佚名《東南紀聞》卷一　王樞密庶，本出張魏公之門，後忤秦檜，貶死。其子又以誹謗時政，褫官編置，在貶所無聊，有方士口辯多技能，因與之往還。方士能以礬和水作字，白與紙等，人不知其有字也，投之水上乃見。庶之子因戲書「秦檜可斬」四字，投諸水，以試其術。方士持紙竟去，欲白之官，厚賄之乃已。每至家，升堂呵叱如嚴父，少拂其意，即欲白發其事。庶子飲恨，事之惟謹。獨一僕不平，一日與方士游屋後廢圃，中有眢井。僕謂方士曰：「井有巨蟒。」方士俯視，僕從後推墜方士入井中，下石瘞之。已而爲人所告，秦遂起大獄，加以叛逆，獄遂成。其家夢庶乘馬語其家人曰：「吾今往，辯明玆事矣。」未幾，秦死，其獄遂解。其子之奇，淳熙間入兩府。

蔣一葵《堯山堂外紀》卷五八　秦檜江寧人，故其墓在建康。墓上豐碑屹立，不鎸一字，蓋當時士大夫鄙其爲人，兼畏物議，故不敢作神道碑。及孟珙滅金回，屯軍於檜墓所，令軍士糞溺墓上，人謂之「穢冢」。

劉一清《錢塘遺事》卷二　〔秦〕檜之欲殺岳飛，於東窗下謀其妻王氏夫人曰：「擒虎易，縱虎難。」其意遂決。後檜游西湖，舟中得疾，見一人披髮厲聲曰：「汝誤國害民，吾已訴天得請矣。」檜遂死。未幾，子熺亦死。方士伏章，見熺荷鐵枷，問：「太師所在？」熺曰：「在酆都。」方士如其言而往，果見檜與万俟卨俱荷鐵枷，備受諸苦。檜曰：「可煩傳語夫人，東窗事發矣。」

田汝成《西湖游覽志餘》卷四　檜之建第於望僊橋也，備極宏麗。其死也，值天府開浚運河，取土堆府門，有人題詩曰：「格天閣在人何在，偃月堂深恨亦深。不向洛陽圖白髮，卻於郿鄔貯黃金。笑談便解興羅織，咫尺那知有照臨。寂寞九原今已矣，空餘泥濘積墻陰。」

沈德符《萬曆野獲編》卷五　徐鵬舉治圃於白門郊外，見一丘隆起，立命夷爲平地。左右以形家言力止之，不聽。比發之，乃大塚。或諫弗啓，又大怒。剗之，則宋相秦忠獻墓也。閱之大喜，剖其棺，棄骸水中，人謂真武穆報冤云。然成化乙巳，盜發秦墓於江寧鎮，已有人記之矣。

備論

王梓材、馮雲濠《宋元學案補遺》卷九六《附攻專門之學者》　補秦會之檜

雲、濠謹案，韓南澗書師説後云：靖康初，公道始開，楊龜山首闢王氏。建炎龍興，二程先生門弟子相繼有聞，易春秋語孟之學始行于天下。而趙丞相嘗官于洛，素知推敬其書，一時士君子靡然嚮之。及秦益公當國，諸賢零落殆盡。秦亦舊從洛學者也，晚乃謂人爲其所惑蓋三十年，且詆其説爲提先手。由是，雖進士之文亦不復道之矣。據此，則秦會之殆以洛學而攻專門之學者矣。

附録

王深寧《困學紀聞》曰：開禧追貶秦檜，周南仲代草制云：「兵于五材，誰能去之？首弛邊疆之禁，臣無二心，天之制也，忍忘君父之讐。」又云：「一日縱敵，遂貽數世之憂。百年爲墟，誰任諸人之責。」原註：「金人《南遷録》載孫大鼎疏言，遺檜以就和。檜之姦狀著矣。嘉定之牽復幾于失刑。」

謝山箋曰：開禧之敕，雖草而未行。會侂胄已誅，非牽復也。《宋史》亦誤。

藝文

孫覿《鴻慶居士文集》卷三二《題秦會之跋後山居集》　秦會之嘗跋《後山居士集》云：「曾南豐辟陳無己、邢和叔爲英宗皇帝實録檢討。初呈稿，無己便蒙許可；至邢，乃遭橫筆微聲，稱亂道。」余按曾子固著亡兄行述，而南豐嘗爲英宗

實録檢討官，不逾月而罷，通判越州。而《類稿》中有《鑑湖序》，則熙寧二年也。其後守齊、襄、洪、福、明、亳六州凡十三年，還朝爲中書舍人。纔數月，丁母憂，憂未除而卒，是元豐四年也。按謝克家叙《後山居士集》：「元祐，蘇東坡率諸侍從薦無已，繇布衣特起爲徐州教授。」則無已之仕，在南豐之殁已七八年矣。南豐爲實録檢討官不踰月，安能辟二公？自熙寧至元祐二十餘年，陳無已始入仕，南豐墓木拱矣。會之乃牴牾如此。故事：實録有修撰、檢討官，國史有編修官，以首相監總。一代大册典，朝廷除授極天下文章之選，非辟闢也。試官考卷與鄉先生課試諸生之文，則有横筆。邢和叔造宣仁太后之謗，排王珪，附蔡確，至今人聞其名，往往縮頸。南豐雖作者，敢加横筆於邢和叔之文乎？會之爲宰相，乃不知史官非辟闢；既知尊稱南豐、無已，而不知二公之先後；又云：「病起，聞雞唱，寢不寐，書付填、堪。」余曰：幸付填、堪，若以示識者，則横筆作微聲，如公所云矣。

周南《山房集》卷二《秦檜降爵易謚勑》　誅姦雄於既往，罰雖逭於生前；申勸戒於將來，罪難逃於身後。蓋人心之積憤，豈天網之終疎？九變而賞罰可言，雖閲時之已久；百世之子孫莫改，庶清議之猶存。具官秦某在靖康間，爲中執法。方軍前之抗議，其言幾類於程嬰；及塞上之還歸，此節何如於蘇武？惟我高廟，過夏少康，排衆論而授宰衡，如中流之遇維楫。謂其間關萬里，或能爲國報仇。豈期首尾兩端，反欲與寇爲地。既潛交於境外，卒墮敵之術中。兵於五材，誰能去之，首弛邊疆之備；臣無二心，天之制也，忍忘君父之仇？洎姦計之弗行，幸國威之再振。羣后以師畢會，三將之捷日聞。黄河以南，已聞盡爲晉土；鴻溝未割，何患不歸太公？乃復貪天之功，亟爲削地之策。密布私黨，陰遣誓書。造飛謗以翦爪牙，忠臣爲之解體；還降王而就葅醢，行路至今興哀。神州自此陸沉，外侮因之坐大。一日縱敵，遂貽數世之憂；百年爲墟，誰任諸人之責？朕遹追累聖之遺訓，褒表上流之故侯。憫其灑泣以從戎，至於脱幘而就死。爲之封菁茅而崇血食，庶幾激義槩而鼓芳風。嗟道濟之見收，罪成汝手；使武安而尚在，戮及其身。況士氣久鬱而未張，公論追尤而弗置。雖保首領以入地下，奈何怨毒之於人深。昔晉宰免於賈充，禮官請爲改謚；唐逋誅於林甫，天下快其削官。其追極品之殊榮，更奪易名之美謚。以昭宿惡，以激懦夫。噫！鼠以近器而猶忌投，豈不念渡江之舊？誰興厲階而今爲梗，其少伸誤國之刑。蓋獲戾於在天祖宗之靈，故假手於今日論議之及。尚復漏泉之澤，勿忘結草之圖。

方回《桐江集》卷三《稽古圖序》　堯、舜、禹若稽古，司馬温公《稽古録》所由作也。華亭下沙瞿氏建炎前家通州，世巨室，今所居南渡遷也，文獻益盛。余幸識琴軒運使雷發、雲巖奉使霆發，二賢昆仲藏書好古，同郡梅埜、張君叔夏客其門。一日，侍燕集，雲巖及梅埜示余所刊《稽古圖續》，書宋事，亡宋始安石王介甫，次檜秦叔玉，紹興相終似道賈秋壑，德祐相兩僻學文奸，一不學姿凶奸，名三奸臣。深得《春秋》之意云。

劉錡部

綜述

《宋史》卷三六六《劉錡傳》 劉錡字信叔，德順軍人，瀘川軍節度使仲武第九子也。美儀狀，善射，聲如洪鐘。嘗從仲武征討，牙門水斛滿，以箭射之，拔箭水注，隨以一矢窒之，人服其精。宣和間，用高俅薦，特授閤門祗候。

高宗即位，録仲武後，錡得召見，奇之，特授閤門宣贊舍人，差知岷州，爲隴右都護。與夏人戰屢勝，夏人兒啼，輒怖之曰：「劉都護來！」張浚宣撫陝西，一見奇其才，以爲涇原經略使兼知渭州。浚合五路師潰于富平，慕洧以慶陽叛，攻環州。浚命錡救之，留別將守渭，自將救環。未幾，金攻渭，錡留李彦琪捍洧，親率精鋭還救渭，已無及，進退不可，乃走德順軍。彦琪遁歸渭，降金。錡貶秩知緜州兼沿邊安撫。

紹興三年復官，爲宣撫司統制。金人攻拔和尚原，乃分守陝、蜀之地。會使者自蜀歸，以錡名聞。召還，除帶御器械，尋爲江東路副總管。六年，權提舉宿衛親軍。帝駐平江，解潛、王彦兩軍交鬥，俱罷，命錡兼將之。錡因請以前護副軍及馬軍，通爲前、後、左、右、中軍與游奕，凡六軍，每軍千人，爲十二將。前護副軍，即彦八字軍也。於是錡始能成軍，扈從赴金陵。七年，帥合肥；八年，戍京口。九年，擢果州團練使、龍神衛四廂都指揮使，主管侍衛馬軍司。

十年，金人歸三京，充東京副留守，節制軍馬。所部八字軍纔三萬七千人，將發，益殿司三千人，皆攜其孥，將駐于汴，家留順昌。錡自臨安泝江絶淮，凡二千二百里。至渦口，方食，暴風拔坐帳，錡曰：「此賊兆也，主暴兵。」即下令兼程而進，未至，五月，抵順昌三百里，金人果敗盟來侵。

錡與將佐舍舟陸行，先趨城中。庚寅，諜報金人入東京。知府事陳規見錡問計，錡曰：「城中有糧，則能與君共守。」規曰：「有米數萬斛。」錡曰：「可矣。」時所部選鋒、遊奕兩軍及老稚輜重，相去尚遠，遣騎趣之，四鼓乃至。及旦得報，金騎已入陳。

錡與規議斂兵入城，爲守禦計，人心乃安。召諸將計事，皆曰：「金兵不可敵也，請以精鋭爲殿，步騎遮老小順流還江南。」錡曰：「吾本赴官留司，今東京雖失，幸全軍至此，有城可守，奈何棄之？吾意已決，敢言去者斬！」惟部將許清號「夜叉」者奮曰：「太尉奉命副守汴京，軍士扶攜老幼而來，今避而走，易耳。然欲棄父母妻子則不忍；欲與偕行，則敵翼而攻，何所逃之？不如相與努力一戰，於死中求生也。」議與錡合。錡大喜，鑿舟沉之，示無去意。寘家寺中，積薪於門，戒守者曰：「脱有不利，即焚吾家，毋辱敵手也。」分命諸將守諸門，明斥堠，募土人爲間探。於是軍士皆奮，男子備戰守，婦人礪刀劍，争呼躍曰：「平時人欺我八字軍，今日當爲國家破賊立功。」

時守備一無可恃，錡於城上躬自督厲，取僞齊所造癡車，以輪轅埋城上；又撤民户扉，周匝蔽之；城外有民居數千家，悉焚之。凡六日粗畢，而游騎已涉潁河至城下。壬寅，金人圍順昌，錡豫於城下設伏，擒千户阿黑等二人，詰之，云：「韓將軍營白沙渦，距城三十里。」錡夜遣千餘人擊之，連戰，殺虜頗衆。既而三路都統葛王襃以兵三萬，與龍虎大王合兵薄城。錡令開諸門，金人疑不敢近。

初，錡傅城築羊馬垣，穴垣爲門。至是，與清等蔽垣爲陣，金人縱矢，皆自垣端軼著于城，或止中垣上。錡用破敵弓翼以神臂、强弩，自城上或垣門射敵，無不中，敵稍卻。復以步兵邀擊，溺河死者不可勝計，破其鐵騎數千。特授鼎州觀察使、樞密副都承旨、沿淮制置使。

時順昌受圍已四日，金兵益盛，乃移砦於東村，距城二十里。錡遣驍將閻充募壯士五百人，夜斫其營。是夕，天欲雨，電光四起，見辮髮者輒殲之。金兵退十五里。錡復募百人以往，或請銜枚，錡笑曰：「無以枚也。」命折竹爲嘂，如市井兒以爲戲者，人持一以爲號，直犯金營。電所燭則皆奮擊，電止則匿不動，敵衆大亂。百人者聞吹聲即聚，金人益不能測，終夜自戰，積屍盈野，退軍老婆灣。

兀朮在汴聞之，即索靴上馬，過淮寧留一宿，治戰具，備糗糧，不七日至順昌。錡聞兀朮至，會諸將於城上問策，或謂今已屢捷，宜乘此勢，具舟全軍而歸。錡曰：「朝廷養兵十五年，正爲緩急之用，況已挫賊鋒，軍聲稍振，雖衆寡不侔，然有進無退。且敵營甚邇，而兀朮又來，吾軍一動，彼躡其後，則前功俱廢。使敵侵軼兩淮，震驚江、浙，則平生報國之志，反成誤國之罪。」衆皆感動思奮，曰：「惟太尉命。」

錡募得曹成等二人，諭之曰：「遣汝作間，事捷重賞，第如我言，敵必不汝

殺。今置汝綽路騎中，汝遇敵則佯墜馬，爲敵所得。敵帥問我何如人，則曰：『太平邊帥子，喜聲伎，朝廷以兩國講好，使守東京圖逸樂耳。』」已而二人果遇敵被執，兀朮問之，對如前。兀朮喜曰：「此城易破耳。」即置鵝車砲具不用。翌日，錡登城，望見二人遠來，縋而上之，乃敵械成等歸，以文書一卷繫于械，錡懼惑軍心，立焚之。

兀朮至城下，責諸將喪師，衆皆曰：「南朝用兵，非昔之比，元帥臨城自見。」錡遣耿訓以書約戰，兀朮怒曰：「劉錡何敢與我戰，以吾力破爾城，直用靴尖趯倒耳。」訓曰：「太尉非但請與太子戰，且謂太子必不敢濟河，願獻浮橋五所，濟而大戰。」兀朮曰：「諾。」乃下令明日府治會食。遲明，錡果爲五浮橋於潁河上，敵由之以濟。

錡遣人毒潁上流及草中，戒軍士雖渴死，毋得飲于河者；飲，夷其族。敵用長勝軍嚴陣以待，諸酋各居一部。衆請先擊韓將軍，錡曰：「擊韓雖退，兀朮精兵尚不可當，法當先擊兀朮。兀朮一動，則餘無能爲矣。」

時天大暑，敵遠來疲敝，錡士氣閒暇，敵晝夜不解甲，錡軍皆番休更食羊馬垣下。敵人馬饑渴，食水草者輒病，往往困乏。方晨氣清涼，錡按兵不動，逮未、申間，敵力疲氣索，忽遣數百人出西門接戰。俄以數千人出南門，戒令勿喊，但以鋭斧犯之。統制官趙撙、韓直身中數矢，戰不肯已，士殊死鬥，入其陣，刀斧亂下，敵大敗。是夕大雨，平地水深尺餘。乙卯，兀朮拔營北去，錡遣兵追之，死者萬數。

方大戰時，兀朮被白袍，乘甲馬，以牙兵三千督戰，兵皆重鎧甲，號「鐵浮圖」；戴鐵兜牟，周匝綴長簷。三人爲伍，貫以韋索，每進一步，即用拒馬擁之，人進一步，拒馬亦進，退不可卻。官軍以槍標去其兜牟，大斧斷其臂，碎其首。敵又以鐵騎分左右翼，號「拐子馬」，皆女真爲之，號「長勝軍」，專以攻堅，戰酣然後用之。自用兵以來，所向無前；至是，亦爲錡軍所殺。戰自辰至申，敵敗，遽以拒馬木障之，少休。城上鼓聲不絶，乃出飯羹，坐餉戰士如平時，敵披靡不敢近。食已，撤拒馬木，深入斫敵，又大破之。棄屍斃馬，血肉枕藉，車旗器甲，積如山阜。

初，有河北軍告官軍曰：「我輩元是左護軍，本無鬥志，所可殺者兩翼拐子馬爾。」故錡兵力擊之。兀朮平日恃以爲强者，什損七八，至陳州，數諸將之罪，韓常以下皆鞭之，乃自擁衆還汴。捷聞，帝喜甚，授錡武泰軍節度使、侍衛馬軍都虞候、知順昌府、沿淮制置使。

是役也，錡兵不盈二萬，出戰僅五千人。金兵數十萬營西北，亘十五里，每暮，鼓聲震山谷，然營中讙譁，終夜有聲。金遣人近城竊聽，城中肅然，無鷄犬聲。兀朮帳前甲兵環列，持燭照夜，其衆分番假寐馬上。錡以逸待勞，以故輒勝。時洪皓在燕密奏：「順昌之捷，金人震恐喪魄，燕之重寶珍器，悉徙而北，意欲捐燕以南棄之。」故議者謂是時諸將協心，分路追討，則兀朮可禽，汴京可復；而王師亟還，自失機會，良可惜也。

七月，命爲淮北宣撫判官，副楊沂中，破敵兵於太康縣。未幾，秦檜請令沂中還師鎮江，錡還太平州，岳飛以兵赴行在，出師之謀寢矣。

十一年，兀朮復簽兩河兵，謀再舉。帝亦測知敵情，必不一挫遂已，乃詔大合兵于淮西以待之。金人攻廬、和二州，錡自太平渡江，抵廬州，與張俊、楊沂中會。而敵已大入，錡據東關之險以遏其衝，引兵出清溪，兩戰皆勝。行至柘皋，與金人夾石梁河而陣。河通巢湖，廣二丈，錡命曳薪疊橋，須臾而成，遣甲士數隊路橋臥槍而坐。會沂中、王德、田師中、張子蓋之軍俱至。

翌日，兀朮以鐵騎十萬分爲兩隅，夾道而陣。德薄其右隅，引弓射一酋斃之，因大呼馳擊，諸軍鼓譟。金人以拐子馬兩翼而進。德率衆鏖戰，沂中以萬兵各持長斧奮擊之，敵大敗；錡與德等追之，又敗於東山。敵望見曰：「此順昌旗幟也。」即退走。

錡駐和州，得旨，乃引兵渡江歸太平州。時並命三帥，不相節制。諸軍進退多出於張俊，而錡以順昌之捷驟貴，諸將多嫉之。俊與沂中爲腹心，而與錡有隙，故柘皋之賞，錡軍獨不與。

居數日，議班師，而濠州告急。俊與沂中、錡趨黄連埠援之，距濠六十里，而南城已陷。沂中欲進戰，錡謂俊曰：「本救濠，今濠已失，不如退師據險，徐爲後圖。」諸將曰：「善。」三帥鼎足而營，或言敵兵已去，錡又謂曰：「敵得城而遽退，必有謀也，宜嚴備之。」俊不從，命沂中與德將神勇步騎六萬人，直趨濠州，果遇伏敗還。

遲明，錡軍至藕塘，則沂中軍已入滁州，俊軍已入宣化。錡軍方食，俊至，曰：「敵兵已近，奈何？」錡曰：「楊宣撫兵安在？」俊曰：「已失利還矣。」錡語俊：「無恐，錡請以步卒禦敵，宣撫試觀之。」錡麾下皆曰：「兩大帥軍已渡，我軍何苦獨戰？」錡曰：「順昌孤城，旁無赤子之助，吾提兵不滿二萬，猶足取勝；況

今得地利，又有鋭兵邪？」遂設三覆以待之。俄而俊至，曰：「諜者妄也，乃戚方殿後之軍爾。」錡與俊益不相下。

一夕，俊軍士縱火劫錡軍，錡擒十六人，梟首槊上，餘皆逸。錡見俊，俊怒謂錡曰：「我爲宣撫，爾乃判官，何得斬吾軍？」錡曰：「不知宣撫軍，但斬劫砦賊爾。」俊曰：「有卒歸，言未嘗劫砦。」呼一人出對。錡正色曰：「錡爲國家將帥，有罪，宣撫當言于朝，豈得與卒伍對事？」長揖上馬去。已，皆班師，俊、沂中還朝，每言岳飛不赴援，而錡戰不力。秦檜主其説，遂罷宣撫判官，命知荆南府。岳飛奏留錡掌兵，不許，詔以武泰之節提舉江州太平觀。

錡鎮荆南凡六年，軍民安之。魏良臣言錡名將，不當久閑。乃命知潭州，加太尉，復帥荆南府。江陵縣東有黄潭，建炎間，有司決水入江以禦盗，由是夏秋漲溢，荆、衡間皆被水患。錡始命塞之，斥膏腴田數千畝，流民自占者幾千户。詔錡遇大禮許奏文資，仍以其姪汜爲江東路兵馬副都監。

三十一年，金主亮調軍六十萬，自將南來，彌望數十里，不斷如銀壁，中外大震。時宿將無在者，乃以錡爲江、淮、浙西制置使，節制逐路軍馬。八月，錡引兵屯揚州，建大將旗鼓，軍容甚肅，觀者歎息。以兵駐清河口，金人以氊裹船載糧而來，錡使善没者鑿沉其舟。錡自楚州退軍召伯鎮，金人攻真州，錡引兵還揚州，帥劉澤以城不可守，請退軍瓜洲。金萬户高景山攻揚州，錡遣員琦拒于皂角林，陷圍力戰，林中伏發，大敗之，斬景山，俘數百人。捷奏，賜金五百兩、銀七萬兩以犒師。

先是，金人議留精兵在淮東以御錡，而以重兵入淮西。大將王權不從錡節制，不戰而潰，自清河口退師揚州，以舟渡真、揚之民于江之南，留兵屯瓜洲。錡病，求解兵柄，留其姪汜以千五百人塞瓜洲渡，又令李横以八千人固守。詔錡專防江，錡遂還鎮江。

十一月，金人攻瓜洲，汜以克敵弓射卻之。時知樞密院事葉義問督師江、淮，至鎮江，見錡病劇，以李横權錡軍。義問督鎮江兵渡江，衆皆以爲不可，義問强之。汜固請出戰，錡不從，汜拜家廟而行。金人以重兵逼瓜洲，分兵東出江皋，逆趨瓜洲。汜先退，横以孤軍不能當，亦卻，失其都統制印，左軍統制魏友、後軍統制王方死之，横、汜僅以身免。

方諸軍渡江而北也，錡使人持黄、白幟登高山望之，戒之曰：「賊至舉白幟，合戰舉二幟，勝則舉黄幟。」是日二幟舉，踰時，錡曰：「黄幟久不舉，吾軍殆矣。」錡憤懣，病益甚。都督府參贊軍事虞允文自采石來，督舟師與金人戰。允文過鎮江，謁錡問疾。錡執允文手曰：「疾何必問。朝廷養兵三十年，一技不施，而大功乃出一儒生，我輩愧死矣！」

召詣闕，提舉萬壽觀。錡假都亭驛居之。金之聘使將至，留守湯思退除館以待，遣黄衣諭錡徙居别試院，錡疑汜累己，常懼有後命。三十二年閏二月，錡發怒，嘔血數升而卒。贈開府儀同三司，賜其家銀三百兩，帛三百匹。後謚武穆。

錡慷慨深毅，有儒將風。金主亮之南也，下令有敢言錡姓名者，罪不赦。枚舉南朝諸將，問其下孰敢當者，皆隨姓名其答如響，至錡，莫有應者。金主曰：「吾自當之。」然錡卒以病不能成功。世傳錡通陰陽家行師所避就，錡在揚州，命盡焚城外居屋，用石灰盡白城壁，書曰：「完顔亮死於此。」金主多忌，見而惡之，遂居龜山，人衆不可容，以致是變云。

雜録

備録

李幼武《宋名臣言行録・四朝中興名臣言行録》卷一〇《劉錡武穆公》〔劉錡〕字信叔，秦州成紀人。大觀間，以父仲武功補三班借職。政和六年，差充秦鳳經司機宜。宣和二年，改熙河。徽宗即位，授閤門祇候，尋差潼川廉訪使者。靖康初，授閤舍。九月，知洮州，兼洮東安撫。建炎二年，知西寧州，兼沿邊安撫、隴右都護。張浚奏其功，陞右武大夫、熙河都監，餘仍舊。四年，宣司授開州團練使、涇原經略安撫兼知渭州。紹興初，降知岐州，統制文政州兵馬。二年，統制成都弓兵。三年，差成都兵鈐兼節制文龍州，尋復開州團練使，充宣司統制官，緜、威、茂州、石泉軍沿邊安撫司，參議。四年，召對，除帶御器械，尋差江東總管，駐建康。六年，差權提舉宿衛親兵，尋充浙西、淮東沿海制置使。復主管馬軍司扈從，幸金陵。七年，差兼督府咨議軍事。八月，充淮西制副使，守廬州、兼淮西安撫。八年，充密院都統制，駐京口。九年，除果州團練使，神龍衛四廂

都指揮使，權主管侍衛馬軍。十年，除濟州防禦使，仍舊職，充東京副留守、兼節制軍馬。順昌戰功，拜鼎州觀察使，尋除樞密院都承旨，授武泰軍節度使、侍衛親軍都虞候、沿淮制置使、淮北宣撫判官。秦檜惡之，罷知荆南湖北帥。二十五年，知潭州兼帥使。二十七年，除太尉，知荆州。三十一年，召易鎮威武軍，除鎮江都統制，京東河東招討使。疾甚，召除萬壽觀使，遣使宣醫，知不可起，許致仕。是月，薨于都亭驛，年六十五，贈開府儀同三司。

紹興十年，公赴東京副留守任，又以兵戍陳、汴，隨軍家口留順昌，公乃帶王彦所刺「八字軍」以行，絶江淮至潁上，與屬官杜亨道、王義賓及將佐捨舟陸行，抵順昌府。守臣陳規得報，虜騎已入東京，規以示公。時公所部選鋒遊奕兩軍及老幼輜重相去尚遠，公遣騎趣之。是夕，纔抵岸，公見規曰：「事急矣，城中有糧則能與君守。」規曰：「有米數萬斛。」公曰：「可矣。」規亦力留公共守。公又見劉豫時所蓄毒藥猶在，足以害敵，召諸將議曰：「吾軍遠來，未及息肩，虜已壓境，今當如何？」有欲便舟順流而下者，有欲守者。公曰：「某本赴官留司，今東京既陷，幸全軍至此，有城池可守，機不可失，當同心力以死報國家。」衆議始定。即鑿舟沉之，示無去意。通判汪若海沿檄至行在，公以奏附。若海行，即與屬官登城區處。城外有居民數千家，恐爲賊有，悉焚之。分命諸統制官，許青守東門，賀輝守西門，鍾彦守南門，杜杞守北門，且明斥候及募土人作鄉導間探。於是軍人皆奮曰：「平時人欺我『八字軍』，今日當爲國家立功！」公親於城上督衆設戰具、修壁壘，凡六日纔畢，而賊之遊騎已渡河至城外。公豫設伏，擒其千户阿黑殺等二人，詰之，云韓將軍在白龍渦下寨，距城三十里。公夜遣千餘兵擊之，頗殺虜衆。既而葛王褎及龍虎大王軍併至城下，凡三萬餘人。公以神臂弓及强弩射之，稍引去，復以步兵邀擊，溺于河者甚衆，奪其器甲及生獲女真、漢兒，皆謂賊遣銀牌使馳詣東京告急於兀术矣。時公見陳、蔡以西皆望風投拜，又有王山者舊爲兀术所用，嘗知順昌，至是復來城下，兀术欲再令守順昌。公慮有苟全性命者賣己於外，故順昌官吏軍民皆不許登城，用己所部兵守之。時虜衆圍城四日，乃移寨於城東，號李村，距城二十里。公遣驍將閻充，以鋭卒五百，募士人前導，夜劫其寨。是夕，天欲雨，電光所燭，見辮髮者殲之甚衆。既而報兀术親擁兵至。先是，兀术在龍德宫，得告急之報，即索靴上馬，麾其衆出京，頃刻而集，過淮寧，留一宿治戰具，備糗糧，自東京往復千二百里，不七日而至。公聞兀术至近境，乃登城會諸將於東門，問策將安出，或謂今已屢捷，宜乘此勢具舟全師而歸。公曰：「朝廷養兵十五年，正欲爲緩急之用。況已挫賊鋒，軍聲稍振，雖多寡不侔，然有進無退。兼賊營近在三十里，而四太子又來援，吾軍一動，被虜追及老小，先亂，必至狼狽。不惟前功俱廢，致虜遂侵兩淮，震驚江浙，則平生報國之志，反爲誤國之罪。不如背城一戰，於死中求生，可也。」衆以爲然，皆欲效命。公呼帳下曹成等二人，諭之曰：「吾遣爾作間，事捷有厚賞。第如我言，虜必不殺汝。今遣騎綽路置汝隊中，汝遇敵必墜馬，使爲所得，虜酋問我何人，則曰：『太平邊帥子，喜聲色，朝廷以兩國講好，使守東京，圖逸樂爾。』」已而遣探騎，果遇虜，二人被執，兀术問之，對如其言。兀术喜，遂下令不用負鵝車砲具行。翌日，公行城上，見二人遠來，心知其歸，即縋上。虜械二人，以文書一卷繫于械，公取焚之。兀术至城外，責諸將用兵之失，衆曰：「今者南兵非昔之比，國王臨城自可見。」兀术見其城陋，謂諸將曰：「彼可以靴尖趯倒耳。」即下令來蚤府治會食諸軍，所得玉帛子婦聽其自留。男子長成者皆殺，且折箭爲誓，以激其衆。平明，虜併兵攻城，凡十餘萬，而府城惟東西兩門受敵，公所部不滿二萬，而可出戰者僅五千。賊先攻東門，公出兵應之，賊敗退。兀术自將牙兵三千往來爲援，皆帶重甲，三人爲伍，貫以韋索，號「鐵浮屠」，每進一步，即用拒馬子遮其後，示無反顧。復以鐵騎馬左右翼，號「拐子馬」，悉以女真充之。前此攻所難下之城並用此軍，故又名「長勝軍」。時虜諸酋各居一部，衆欲擊韓將軍，公曰：「擊韓雖退，兀术精兵尚不可當也。法當先擊兀术，兀术一動，則餘軍無能爲矣！」時叛將孔彦舟、酈瓊、趙榮輩騎列于陣外，有河北簽軍告官軍曰：「我輩元是左護軍，本無鬭志，惟兩『拐子馬』可殺。」故官軍皆憤。時方極暑，我居逸而彼暴露，蚤涼則不與戰，逮未申間，彼力疲而氣索，公忽遣數百人出西門，虜方來接戰，俄以數千人出南門，戒令勿喊，但以短兵極力與戰。統制官趙樽、韓直皆被數矢，戰不肯已，公遣屬扶歸。士殊死鬭，入虜陣中斫以刀斧，至有奮手捽之與俱墜于濠者。虜大敗，殺其衆五千，横屍滿野。兀术乃移寨于城西，掘塹以自衛，欲爲坐困官軍之計。是夕大雨，平地水深尺餘，公遣兵劫之，上下皆不寧處。

兀术之未敗也，秦檜奏，俾公擇利班師，公得詔不動。至是，兀术不能支，乃作筏繫橋而去，至泰和縣卧兩日，至陳州數諸將之罪，自韓常而下皆鞭之。於是復以葛王褎守歸德府，自擁其衆還汴京，自是不復出矣。

時淮西宣撫使張俊遣行營都統制王德，將所部統勝軍援公，俊既不樂公，而德復撥隸劉光世軍，遷延未行。建康留守葉夢得諭德曰：「朝廷頒賞格能立奇

功者，使相、節度皆即軍中書告，舊未聞也。且劉錡名素出爾下，今自奮報國，爾能救錡，則可謂奇功矣。」德復慮公怒之，夢得曰：「吾已上章，以百口保爾矣。」德遂行，未至順昌，賊遁去。

《順昌録》曰：錡方被圍時，遣价求援于朝，得報已差行營左護軍統制王德躬率前軍來援。十二日，金賊既退之後，德方移文來問賊勢動息。二十二日卯時，以數十騎列城下，錡邀入具飯，已憩於子城樓上，申時出門，遣人致意曰：「不果奉別，今且復回。」又數日，傳聞申樞密院：「某已解順昌圍矣。」方賊在城下，得遞到御筆，「劉錡擇利班師」，錡以方應敵，未敢輕動。賊退後十日，又被旨先發老小，還駐鎮江。遂津發老小輜重，并被傷之士，船載而行，以統制官杜杞、焦文通兩軍防護東下。又聞德申宣撫司云：「某以全軍衮送劉太尉老小出潁河矣。」

先上賜公空名告身千五百，命書填將佐之有功者，公復繳上謂：「不若自朝廷給之爲榮。」至是，始具功狀以聞，凡統兵官之立功者，皆以上所賜椀帶予之，其有過者，則杖責之，斥爲士伍。虜之始至也，統領田守忠、正將李忠恃勇深入，皆手殺數十人而後死，公加厚優恤，遂以犒軍銀帛十四萬疋兩均給將士，軍無私焉。於是，公方欲進兵乘虜虚，而檜召公還。洪皓時在燕山，密奏：順昌之役，虜震懼喪魄，燕之珍寶悉取而北，意欲捐燕以南棄之，王師亟還，自失機會，可惜也！

上謂宰執曰：「用兵之際，賞罰欲明。劉錡以孤軍首挫賊鋒，兀术遁去，其功卓然，自觀察使便除節鉞。」即自降制，上賜手札曰：「卿之偉績，朕所不忘。」

兀术自順昌敗後，遂保汴京，留屯京、亳，出入許、鄭之間，簽兩河軍與番部共十餘萬，以謀再舉。至是，果入寇，陷壽春府，犯廬州。守臣陳規病，朝命公自太平州渡江援淮西。公兩至廬州，巡其城曰：「不足守也。」乃結陣徐行，號令諸軍占擇地利，共趨東關，依水據山，以遏虜衝。自金人渡淮，淮南之人惟視公兵以爲安危。公既得東關之險，稍休士卒，兵力復振。虜據廬州，不敢舉兵逼江者，懼公乘其後也，江南由是少安。

兀术陷廬州，次侵和州。公移屯濡須塢，至尖山清流下關，兩與賊遇，俱捷。至拓皋，其地坦平，虜自以爲騎兵之利也。隔河相距，會夜大雨。公遣人會合張俊及沂中之軍。時俊爲宣撫使，詔沂中副之，自臨安晝夜疾馳，六日至歷陽。翌日，諸將各以軍來，而俊未至，公與諸將分軍爲三並進，渡水擊賊。田師中欲俟俊至，王德曰：「事當機會，復何待？」公即與德上馬率先迎敵，沂中軍繼之。兀术鐵騎十餘萬，分爲兩隅，夾道而陣，德與沂中揮兵先薄其右隅。賊陣動，乃以「拐子馬」兩翼而進，沂中令萬兵各持長斧堵而前，公與諸將合擊之。虜兵望見曰：「此順昌旗幟也！」即退走，屯于紫金山。

詔光世、世忠、沂中、錡諸將以捷書繼至，軍聲大振，蓋自兵興以來未有今日之盛。建康留守葉夢得亦奏，自用兵以來未有此舉。詔獎之。

拓皋役之明日，俊至，諸軍皆會。俊之姪子蓋指揮諸軍，公呼子蓋，語之曰：「爾安得擅揮吾軍，如此號令，將安出？他日當以軍法從事。」俊聞之不悦，自是與公有隙。初，諸軍之捷，議當並以奇功奏，俊獨抑公功。數日，内侍至，勞賜諸軍，公獨不與。又數日，諸軍復廬州，班師。忽濠州王進告急，俊以諸軍往解圍，至黄連阜，距州十里，頓兵不進，濠州失守。公謂俊曰：「我軍乏食，不如退軍就糧。」俊不從，意虜兵且退，欲以收復濠州爲功，公曰：「賊得一州而遽退，必有謀也，宜嚴備之。」俊又不從，俾沂中將神勇步騎六萬人直趨濠州，遇伏而敗。時大雨水潦，公軍至藕塘，則沂中軍已入滁州，俊軍已趨宣化。公軍方食，俊遽至曰：「虜有兵來，奈何？」公語俊無恐，「某自以步人禦敵，願宣撫觀之。」遂設三覆以待之。俄而俊至，曰：「探者之妄也。」乃俊所遣戚方殿後之軍爾。公與俊益不相下。一夕，俊軍士縱火劫公軍，擒得十六人，梟首槊上，餘皆逸。公往見俊，俊怒曰：「俊爲宣撫，爾爲判官，何得斬俊軍人？」公曰：「不知宣撫軍人，但斬劫寨賊耳。」俊曰：「有卒歸，來言未嘗劫寨。」呼二人出對，公正色曰：「某爲國家將帥，有罪宣撫當言于朝，豈得與卒伍對事？」長揖上馬去。及班師之日，俊、沂中皆先渡江，公駐和州不渡，以聞而聽命焉，得詔許乃渡。俊、沂中益憾之。是役也，三軍進退皆主於俊，而沂中俊之腹心也，軍旅之事二人謀之，公不與聞，俊、沂中既還朝，言淮西事，時秦檜爲相，主其説，罷公。

上謂大臣曰：「朕於諸帥聽其言則知其用心，觀其所爲則知其材。人皆言劉錡善戰，朕謂順昌之勝所謂置之死地然後生，未爲善戰也。錡之所長，在於循分守節，危疑之中能自立不變，此最爲可取。」

上以公知荆南府，充湖北路安撫使，罷其兵。張俊深忌公與岳飛，每言飛赴援遲而公戰不力也，飛請留公掌兵，不許。時有處士孫元濟聞除公荆南，竊語人云：「譬之奕棊，此著最高也。」人問其故，元濟曰：「陝蜀諸軍但知吴氏，襄漢諸軍尚思岳家，江陵在蜀漢之間，而錡有威名，爲諸將所服，且聞有詔，或遇緩急，

旁郡之兵許之調發銷患未形。此廟算也，非吾君大聖，其孰能與此！」

公自順昌之勝，金人畏之，下令有敢言其姓名者，罪不赦。上亦知其能，遂以公爲江淮浙西制置使，尋命進屯揚州。

公引兵屯揚州，將渡江，以軍禮久不講，乃建大將旗鼓以行，軍容整肅，江浙人所未見也，鎮江城中香煙如雲霧，觀者填擁。

公發揚州時公病，上遣中使將醫往視。公曰：「錡本無疾，但邊事如此，至今猶未決用兵候，敵人侵犯，然後使錡當之，既失制敵之機，何以善後？此錡所以病也。」中使以奏，公遂行，日發一軍，時病已不能食，惟啜粥而已。

先是，虜萬户高景山以兵數萬犯揚州，公提大軍禦之於清河。寇以氈裹舟載糧挽而上，公募善没者鑿舟沈之，虜大驚。公俄病嘔血，殆不能支，猶乘肩輿臨敵指揮。俄而賊犯楊子橋，欲以邀公，公以兵保瓜洲。賊騎逼江，公遣麾下設伏於皂角林，與賊報戰，誘賊入，張弩俄發，賊大敗，斬景山，俘數百人。奏至，上曰：「劉錡在淮東屢捷，可謂與國宣力。」遂遣使以金五百、銀七萬兩徧勞有功將士。上又曰：「使人人如此立功，將來凱旋，王爵亦所不吝。」

公在瓜洲數日，無日不戰。公恐人心不固，乃遣人自鎮江取妻子，以安人心。至是，有詔令公專防江上。會公病已劇，遂肩輿渡江，劉汜以千五百人塞瓜洲渡。

方亮之南也，枚數本朝諸大將，問其下孰敢當之者，皆隨姓名而荅如響，至公則莫有應者，乃曰：「朕自當之。」順昌之役亮時年十八，以萬户從軍，公之勝，兀朮之敗，亮所親見，故其出師也，欲自當公而卒不果。

有虜使館都亭驛，與其副飲酒，其副不肯飲，訶之曰：「酒中安得有劉四廂？何不飲？」有使虜者見其厩卒怒詈馬之不食草者，亦云蓋其威名素著於南北云。

徐夢莘《三朝北盟會編》卷二〇一 〔兀朮〕即下令曰：「順昌城壁如此，可以靴尖踢倒。來日府衙會食，所得婦女玉帛悉聽自留，男子三歲以上皆殺之。」【略】雖金賊亦謂「自過南朝來，十五年間，無如此戰，必是外國起鬼兵來，我輩莫敢當也」。

徐夢莘《三朝北盟會編》卷二三一 劉錡以制置往揚州，錡曰：「軍禮久不講，人皆不知軍禮。」乃建大將旗鼓而行，軍容整肅，旗幟鮮明。【略】觀者悚然惴恐，時錡方病不能乘馬，遂用皮穿竹爲輿，雇游手人肩之。鎮江城中香煙如雲霧，觀者擁溢。錡嘗謂諸將佐曰：「此舉皆令汝輩建節，取重陽日到京師犒設。」州官於江臯送之，錡舉袖揖之曰：「不暇茶湯，且欲速行。」諸公有墳墓在西北者，宜備行計，具拜掃之禮，相繼而來。」小人傳其語爲實然。遂軍於揚州。

黎靖德《朱子語類》卷一三三《夷狄》 逆亮入寇時，劉信叔在揚州。亮欲至，劉盡焚城外居屋，盡用石灰白了城，多寫「完顏亮死於此」字。亮多忌，見而惡之，遂居龜山。人多不可容，必致變，果死滅。

黎靖德《朱子語類》卷一三六《歷代三》 劉信叔順昌之勝【略】戒甲士，人帶一竹筒，其中實以煮豆，入陣則割棄竹筒，狼藉其豆於下。虜馬饑，聞豆香，爭低頭食，又多爲竹筒所滾，脚下不得地，以故士馬俱斃。

李璧《中興戰功録·劉錡順昌府》 紹興十年五月，虜背盟，兀朮同三路都統及號龍虎大王與將軍韓常擁精兵十五萬渡河。丙戌，入東京，執留守孟庾。兀朮駐龍德宫，三都統以次長驅南下，破潁昌、淮甯三府，蔡州亦降。先是，馬軍帥東京副留守劉錡領兵之任，泝江淮至潁上，錡與主管機宜文身杜亨道幹辦公事，王羲賓及將佐捨舟陸行，抵順昌府。庚寅，守臣顯謨閣直學士陳規得報，金騎已入東京，規以示錡。時錡所部選鋒遊奕兩軍，及老幼輜重，相去甚遠，錡遣騎趣之。是夕，纔抵岸，錡見規曰：「事急矣，城中有糧則能與君共守。」規曰：「有米數萬斛。」錡曰：「可矣。」規亦力留錡共守。錡又見劉豫時所蓄毒藥猶在，足以害敵。壬辰，乃召諸將計事，錡曰：「吾軍遠來，未及息肩，虜已壓境，今當如何？」有欲就便舟順流而下者，或曰：「去則虜人邀我歸路，其敗必矣。莫若守城，徐爲之計。」錡曰：「錡本赴官留司，今東京既陷，幸全軍至此，有城池可守，機不可失，當同心力，以死報國家。」衆議始定。即鑿舟沈之，示無去意。與屬官等登城區處，城外有居民數千家，恐爲賊巢，悉焚之。分命諸統制官許青守東門。賀輝守西門，鍾彦守南門，杜杞守北門，且明斥堠，及募土人作鄉導間探。於是人皆奮曰：「早時人欺我八字軍，今日當爲國家立功。」錡親於城上督工，設戰具，修壁壘。時守備全闕，錡取僞齊所作蚩尤車，以輪轅埋城上，又撤民家屋扉，以代笓籬笆，凡六日粗畢，而虜人遊騎已渡河至城外矣。壬寅，虜大隊至。先是，錡於城下設伏，虜遊騎至，擒其千户阿克順殺等二人，詰之，云：「韓將軍在白龍渦下寨，距城三十里。」錡夜遣千餘兵擊之，頗殺虜衆。既而三路都統葛王褒及龍虎大王軍併至城下，凡三萬餘人，錡以神臂弓及强弩射之，稍引去。復以步兵邀擊，溺於河者甚衆，奪其器甲，又生獲女真漢兒，皆謂虜已遣銀牌使馳

詣東京，告急於都元帥兀朮矣。時錡見陳、蔡以西皆望風投拜，又有王山者舊爲兀朮所用，嘗知順昌，至是復來城下，兀朮欲再令守順昌。錡慮有賣己者，故順昌官吏軍民皆不許登城，以己所部兵守之。時鄜延路副總管劉光遠以道梗不能赴，武功大夫、温州刺史史新，知石泉軍柳倪，爲錡所辟，皆在軍中。倪適至東門，虜射中其左足，倪拔矢反射之，虜應聲而倒。六月戊申，詔以錡爲鼎州觀察使、樞密院副都承旨、沿淮制置使。時虜衆圍順昌已四日，乃移寨於城東拐李村，距城二十里。錡遣驍將閻充以鋭卒五百，募土人前導，夜劫其寨。至軍中，氊帳數重，朱漆奚車，有一帥遽被甲呼曰：「留得我即太平。」不聽，竟殺之。是夕，天欲雨，電光所燭見辮髮者，殲之甚衆。既而，報大酋越國王兀朮親擁兵至。先是，兀朮在龍德宫，得告急之報，即索靴上馬，麾其衆出京，頃刻而集。過淮甯，留一宿，治戰具，備糗糧，自東京往復千二百里，不七日而至。錡聞兀朮至近境，乃登城會諸將於東門，問策安出。或謂今已屢捷，宜乘此勢，具舟全軍而歸，錡乃會諸統兵官於西門上，酌酒而誓曰：「朝廷養兵十五年，正欲爲緩急之用，况已挫虜鋒，軍稍振，雖多寡不侔，然有進無退。兼虜營近三十里，而四太子來援，吾軍一動，被虜追及，老小先亂，必至狼狽。不惟前功俱廢，致虜遂侵兩淮，震驚江浙，平生報國之志反爲誤國之罪。不如背城一戰，於死中求生，可也？」衆以爲然，欲求效命。錡呼帳下曹、成二人諭曰：「吾遣爾乘間，事捷有厚賞。第如我言，虜必不殺。我今遣騎綽路，置汝隊中，汝遇虜，必墜馬，使爲所得。虜帥問我何人，對曰太平邊帥子，喜聲色，朝廷以兩國講好，使守東京圖樂耳。」已而遣探騎，果遇虜，二人被執。兀朮喜曰：「可蹴此城耳。」遂下令不用負鵝車礮具行。翌日，錡行城上，見二人遠來，心知其歸，即縋上。虜械二人，以文書一卷繫於械，錡取焚之。庚戌，兀朮親率兵攻城。先是，兀朮至城外，責諸將用兵之失，衆曰：「今者南兵非昔之比，國王臨城自見。」兀朮見其城陋，謂諸將曰：「彼可以靴尖趯倒耳。」即下令來早府衙會食，所得婦女玉帛悉聽自留，男子三歲以上皆殺之。且折箭爲誓，以激其衆。有叩城以手揶揄曰：「你門只有一箇日頭活哩。」平明，虜兵攻城，凡十餘萬，府城惟東西兩門受敵。錡所部不滿二萬，而可出戰者僅五千。虜先攻東門，錡出兵應之，虜衆敗退。兀朮自將牙兵三千往來爲援，皆帶重甲，三人爲伍，貫韋索，號鐵騎馬，左右翼號拐子馬，悉以女真充之。前此攻所難下之城，並用此軍，故又名長勝軍。時虜帥各居一部，衆欲擊韓軍，錡曰：「擊韓雖退，兀朮精兵尚存，不可當也。法當先擊兀朮，兀朮一動，則餘軍無能爲矣。」時叛將孔彦舟、酈瓊、趙榮輩騎列於陣外，有河北簽軍告官軍曰：「我輩元是佐護軍，本無鬭志，惟兩拐子馬可殺。」故官軍皆憤。時方劇暑，我居逸而彼暴露，早涼則不與戰。逮未申間，彼力疲而氣索。錡忽遣數百人出西門，虜方來接戰，俄以數千人出南門，戒令勿喊，但以短兵極力與戰。統制官趙樽、韓直皆被數矢，戰不肯已，錡遣屬扶歸。士殊死鬭，入虜陣中，斫以刀斧，至有奮手捽之，與俱墜於濠者。是日，西風怒號，城土吹落，塵霾漲天，咫尺不辨，金虜屍横馬倒，縱横枕藉，不知幾何。兀朮乃移寨於城西，掘塹以自衛，欲爲坐困官軍之計。是夕大雨，平地水深尺餘，錡遣兵劫之，上下皆不甯處。乙卯，兀朮作筏繫橋而去，至泰和縣臥兩日，至陳州數諸將之罪，自將軍韓常已下皆鞭之。於是復以葛王褎守歸德府，韓常守許州，翟將軍守陳州，兀朮自擁其衆還汴京，自是不復出師。辛酉，順昌捷奏至。庚午，册龍神衛四廂都指揮使、鼎州觀察使、樞密副都承旨、沿淮制置使劉錡爲武泰軍節度使、侍衛親軍馬軍都虞候。前一日，上諭大臣曰：「用兵之際，賞罰欲明。錡以孤軍挫敵鋒，兀朮遁去，其功卓然，當便除節鉞。」即日降制。既又遣中使撫問，上賜札，有曰：「卿之偉績，朕所不忘。」己亥，命陳規知廬州，劉錡兼權知順昌府。時秦檜將班師，故命規易鎮淮右。先是，上賜錡空名告身千五百，命書填將佐之有功者，錡復繳上，謂不若自朝廷給之爲榮。至是始具功狀以聞，凡統兵官之立功者，皆以上所賜椀帶予之，其有過者則杖責之，斥爲士伍。虜之始至也，遊奕軍統領田守忠、正將李忠恃勇深入，皆手殺數十人而後死，錡厚加優恤，遂以犒軍銀帛十四萬匹兩均給將士，軍無私焉。於是，錡方欲進兵，而檜召錡還。徽猷閣待制洪皓時在燕山，密奏：「順昌之役，虜震懼喪魄，燕之珍寶悉取而北，意欲捐燕以南棄之。」王師亟還，自失機會，可惜也。

李壁《中興戰功録·劉錡皂角林》 紹興三十有一年十月，金虜敗盟，渡淮直入揚州，江淮制置使劉錡退屯瓜州。乙丑，虜遣統軍高景山逐錡，與官軍遇，至是全軍來争瓜州渡。錡率鎮江府左軍統領員琦，統制官賈和仲、吴超等拒之於皂角林。琦陷重圍，下馬死戰數十合，中軍第四將王佐以步卒百有四人往林中設伏，虜既入伏，强弩俄發。虜以運河岸狹，非騎兵之利，稍引去。遂大敗之，斬高景山，俘數百人，掩殺虜人入運河及湖内約二千餘人，活提到番人及奪到番馬弓刀旗鎗器甲不計數目。員琦自修武郎轉右武大夫。

羅大經《鶴林玉露》甲編卷一《守城》 守城必劫寨。劉信叔守順昌，以數千

人摧兀朮數十萬衆，是刼寨之力也。守城不刼寨，是守死爾。

羅大經《鶴林玉露》甲編卷二《劉錡贈官制》 逆亮窺江，劉錡已病，亦同扞禦。未幾，亮殲，錡亦殂，特贈太尉。周益公行詞云：「岑彭殞而公孫亡，諸葛死而仲達走。雖成功有命，皆莫究於生前；而遺烈在人，可徐觀於身後。」讀者服其的切。益公常舉似謂楊伯子曰：「起頭兩句，須要下四句議論承貼，四六特拘對耳，其立意措詞，貴於渾融有味，與散文同。」

葉紹翁《四朝聞見録》乙集《劉錡邊報》 高宗得劉錡奏，逆亮將戒日渡江，上以爲憂。劉貴妃適侍，進曰：「劉錡妄傳邊事，教官家煩惱。」上正色責妃曰：「爾婦人女子，如何曉得？必有教爾欺我者。」斥妃出，不復召，今葬西湖之曲。憲聖嘗從上航海，倏敵騎數十輩掩至，欲拏御舟。后徐發一矢，其一應弦而倒，餘悉引去。高宗重于視師之役，后苦諫，必往，至跪奏曰：「若臣妾裹尺五皂紗，必須一往。」妃不逮聖后矣。

朱國楨《湧幢小品》卷六 南宋劉錡之墓，在皋亭山北小嶺下，東向，石獸、石橋，偉壯俱存。土稱劉太師墳。旁有庵，當是守墓者。土人云：「掘下二尺，皆磚，甚堅，可用。」墓已穿掘，前後皆穴，巨石露角。余言於縣令，塞之。

備論

《宋史》卷三六六《劉錡傳》 論曰：劉錡神機武略，出奇制勝，順昌之捷，威震敵國，雖韓信泜上之軍，無以過焉。或謂其英概不足，雅量有餘，豈其然乎。

藝文

歐陽守道《巽齋文集》卷八《清溪劉武忠公詩集序》 百年來，中原故家家長沙者頗多。予雅好四方之文獻，比雖幽居南嶽之麓，而美人勝士不鄙，謏予者亦相踵至。坐甫定，則必敬問其先世，想喬木之所在，動黍離之遐思，往往酬接未竟，繼以悲歎。嗟夫！予心猶然，則夫僑寓者子孫之心豈相遠耶！寓劉陽縣有曰劉兩府者，謂紹興功臣武忠公也。公秦州人，其元孫坦示予以神道碑與公《清溪詩集》。神道碑洪景盧撰。予三十年前既讀章茂獻所作公傳矣，碑、傳詳略小異，而大概予所知也，惟其詩集則見昉今日。蓋公之生不幸姦檜用事，才志抑不及展，順昌之戰，動名甚盛，然在公猶毫末爾。後遂韜晦自全詩酒間，功臣至此亦大可悲矣。集中有《讀郭汾陽傳四絶》者，可見其情也。餘二百餘首，或愛其幽淡閑雅，有塵外趣，回叱咤雲雷之勇，爲吟弄風月之歸，如出二人。以予觀之，此蓋公平生兵法也。決機兩陳之間，力不敵則寧使敵易我。在順昌時，使人以太平邊帥子誑敵者，乃公取勝之第一籌也。後來不幸，遂當以此施之於檜。我之氣吞讎敵，不可使烏珠知之，亦不可使檜知之。烏珠知則敵堅，檜知則身危，兩當愚之而後可。檜方喜其易與，曾不知正墮術中也。此英雄所以高人數等歟？檜與國宰乃使元功宿將以烏珠待己，國事至此，尚何言哉！百年之後，予乃讀此集而歔欷，公平有靈，毋謂世無識此心者。

吴玠部

綜述

《宋史》卷三六六《吴玠傳》　吴玠字晉卿，德順軍隴干人。父葬水洛城，因徙焉。少沉毅有志節，知兵善騎射，讀書能通大義。未冠，以良家子隸涇原軍。政和中，夏人犯邊，以功補進義副尉，稍擢隊將。從討方臘，破之；及擊河北羣盜，累功權涇原第十將。靖康初，夏人攻懷德軍，玠以百餘騎追擊，斬首百四十級，擢第二副將。

建炎二年春，金人渡河，出大慶關，略秦雍，謀趨涇原。都統制曲端守麻務鎮，命玠爲前鋒，進據青溪嶺，逆擊大破之，追奔三十里，金人始有懼意。權涇原路兵馬都監兼知懷德軍。金人攻延安府，經略使王庶召曲端進兵，端駐邠州不赴，且曰：「不如蕩其巢穴，攻其必救。」端遂攻蒲城，命玠攻華州，拔之。

三年冬，劇賊史斌寇漢中，不克，引兵欲取長安，曲端命玠擊斬之，遷忠州刺史。宣撫處置使張浚巡關陝，參議軍事劉子羽誦玠兄弟才勇，浚與玠語，人悦，即授統制，弟璘掌帳前親兵。

四年春，升涇原路馬步軍副總管。金帥婁宿與撒離喝長驅入關，端遣玠拒于彭原店，而擁兵邠州爲援。金兵來攻，玠擊敗之，撒離喝懼而泣，金軍中目爲「啼哭郎君」。金人整軍復戰，玠軍敗績。端退屯涇原，劾玠違節度，降武顯大夫，罷總管，復知懷德軍。張浚惜玠才，尋以爲秦鳳副總管兼知鳳翔府。時兵火之餘，玠勞來安集，民賴以生。轉忠州防禦使。

九月，浚合五路兵，欲與金人決戰，玠言宜各守要害，須其弊而乘之。及次富平，都統制又會諸將議戰，玠曰：「兵以利動，今地勢不利，未見其可。宜擇高阜據之，使不可勝。」諸將皆曰：「我衆彼寡，又前阻葦澤，敵有騎不得施，何用他徙？」已而敵驟至，輿柴囊土，藉淖平行，進薄玠營。軍遂大潰，五路皆陷，巴蜀大震。

玠收散卒保散關東和尚原，積粟繕兵，列柵爲死守計。或謂玠宜退屯漢中，扼蜀口以安人心。玠曰：「我保此，敵決不敢越我而進，堅壁臨之，彼懼吾躡其後，是所以保蜀也。」玠在原上，鳳翔民感其遺惠，相與夜輸芻粟助之。玠償以銀帛，民益喜，輸者益多。金人怒，伏兵渭河邀殺之，且令保伍連坐；民冒禁如故，數年然後止。

紹興元年，金將没立自鳳翔，别將烏魯折合自階、成出散關，約日會和尚原。烏魯折合先期至，陣北山索戰，玠命諸將堅陣待之，更戰迭休。山谷路狹多石，馬不能行，金人舍馬步戰，大敗，移砦黄牛，會大風雨雹，遂遁去。没立方攻箭筈關，玠復遣將擊退之，兩軍終不得合。

始，金人之入也，玠與璘以散卒數千駐原上，朝問隔絶，人無固志。有謀劫玠兄弟北去者，玠知之，召諸將歃血盟，勉以忠義。將士皆感泣，願爲用。張浚録其功，承制拜明州觀察使。居母喪，起復，兼陝西諸路都統制。

金人自起海角，狃常勝，及與玠戰輒北，憤甚，謀必取玠。婁宿死，兀朮會諸道兵十餘萬，造浮梁跨渭，自寶雞結連珠營，壘石爲城，夾澗與官軍拒。十月，攻和尚原。玠命諸將選勁弓强弩，分番迭射，號「駐隊矢」，連發不絶，繁如雨注。敵稍卻，則以奇兵旁擊，絶其糧道。度其困且走，設伏於神坌以待。金兵至，伏發，衆大亂。縱兵夜擊，大敗之。兀朮中流矢，僅以身免。張浚承制以玠爲鎮西軍節度使，璘爲涇原路馬步軍副總管。兀朮既敗，遂自河東歸燕山；復以撒離喝爲陝西經略使，屯鳳翔，與玠相持。

二年，命玠兼宣撫處置使司都統制，節制興、文、龍三州。金久窺蜀，以璘駐兵和尚原扼其衝，不得逞，將出奇取之。時玠在河池，金人用叛將李彦琪駐秦州，睨仙人關以綴玠；復令游騎出熙河以綴關師古，撒離喝自商於直擣上津。三年正月，取金州。二月，長驅趨洋、漢，興元守臣劉子羽急命田晟守饒風關，以驛書招玠入援。

玠自河池日夜馳三百里，以黄柑遺敵曰：「大軍遠來，聊用止渴。」撒離喝大驚，以杖擊地曰：「爾來何速耶！」遂大戰饒風嶺。金人被重鎧，登山仰攻。一人先登則二人擁後；先者既死，後者代攻。玠軍弓弩亂發，大石摧壓，如是者六晝夜，死者山積而敵不退。募敢死士，人千銀，得士五千，將夾攻。會玠小校有得罪奔金者，導以祖溪間路，出關背，乘高以瞰饒風。諸軍不支，遂潰，玠退保西縣。敵入興元，劉子羽退保三泉，築潭毒山以自固，玠走三泉會之。

未幾，金人北歸，玠急遣兵邀于武休關，掩擊其後軍，墮澗死者以千計，盡棄

輜重去。金人始謀，本謂玠在西邊，故道險東來，不虞玠馳至。雖入三郡，而失不償得。進玠檢校少保，充利州路、階成鳳州制置使。

四年二月，敵復大入，攻仙人關。先是，璘在和尚原，餉饋不繼；玠又謂其地去蜀遠，命璘棄之，經營仙人關右殺金平，創築一壘，移原兵守之。至是，兀朮、撒離喝及劉夔率十萬騎入侵，自鐵山鑿崖開道，循嶺東下。玠以萬人當其衝。璘率輕兵由七方關倍道而至，與金兵轉戰七晝夜，始得與玠合。

敵首攻玠營，玠擊走之。又以雲梯攻壘壁，楊政以撞竿碎其梯，以長矛刺之。璘拔刀畫地，謂諸將曰：「死則死此，退者斬！」金分軍爲二，兀朮陣于東，韓常陣于西。璘率鋭卒介其間，左縈右繞，隨機而發。戰久，璘軍少憊，急屯第二隘。金生兵踵至，人被重鎧，鐵鈎相連，魚貫而上。璘以駐隊矢迭射，矢下如雨，死者層積，敵踐而登。撒離喝駐馬四視曰：「吾得之矣。」翌日，命攻西北樓，姚仲登樓酣戰，樓傾，以帛爲繩，挽之復正。金人用火攻樓，以酒缶撲滅之。玠急遣統領田晟以長刀大斧左右擊，明炬四山，震鼓動地。明日，大出兵。統領王喜、王武率鋭士，分紫、白旗入金營，金陣亂。奮擊，射韓常，中左目，金人始宵遁。玠遣統制官張彦劫横山砦，王俊伏河池扼歸路，又敗之。以郭震戰不力，斬之。是役也，金自元帥以下，皆攜孥來。劉夔乃豫之腹心。本謂蜀可圖，既不得逞，度玠終不可犯，則還據鳳翔，授甲士田，爲久留計，自是不妄動。

捷聞，授玠川、陝宣撫副使。四月，復鳳、秦、隴三州。七月，録仙人關功，拜檢校少師、奉寧保定軍節度使，璘自防禦使升定國軍承宣使，楊政以下遷秩有差。六年，兼營田大使，易保平、静難節。七年，遣裨將馬希仲攻熙州，敗績，又失鞏州，玠斬之。

玠與敵對壘且十年，常苦遠餉勞民，屢汰冗員，節浮費，益治屯田，歲收至十萬斛。又調戍兵，命梁、洋守將治褒城廢堰，民知灌溉可恃，願歸業者數萬家。九年，金人請和。帝以玠功高，授特進、開府儀同三司，遷四川宣撫使，陝西階、成等州皆聽節制。遣内侍奉親札以賜，至，則玠病已甚，扶掖聽命。帝聞而憂之，命守臣就蜀求善醫，且飭國工馳視，未至，玠卒於仙人關，年四十七。贈少師，賜錢三十萬。

玠善讀史，凡往事可師者，録寘座右，積久，墻牖皆格言也。用兵本孫、吴，務遠略，不求小近利，故能保必勝。御下嚴而有恩，虚心詢受，雖身爲大將，卒伍至下者得以情達，故士樂爲之死。選用將佐，視勞能爲高下先後，不以親故、權貴撓之。

玠死，胡世將問玠所以制勝者，璘曰：「璘從先兄有事西夏，每戰，不過一進卻之頃，勝負輒分。至金人，則更進迭退，忍耐堅久，令酷而下必死，每戰非累日不決，勝不遽追，敗不至亂。蓋自昔用兵所未嘗見，與之角逐滋久，乃得其情。蓋金人弓矢，不若中國之勁利；中國士卒，不及金人之堅耐。吾常以長技洞重甲於數百步外，則其衝突固不能相及。於是選據形便，出鋭卒更迭撓之，與之爲無窮，使不得休暇，以沮其堅忍之勢。至決機於兩陣之間，則璘有不能言者。」

晚節頗多嗜欲，使人漁色於成都，喜餌丹石，故得咯血疾以死。方富平之敗，秦鳳皆陷，金人一意睨蜀，東南之勢亦棘，微玠身當其衝，無蜀久矣。故西人至今思之。謚武安，作廟于仙人關，號思烈。淳熙中，追封涪王。子五人：拱、扶、撝、擴、揔。拱亦握兵云。

徐夢莘《三朝北盟會編》卷一九五王綸《吴玠墓銘》 中書舍人王綸爲公墓銘曰：公諱玠，字晉卿，世居德順之隴干。公少沈毅有志節，善騎射，知兵，讀書能通大義。未冠，以良家子隸涇原軍。政和中，夏人犯邊，力戰有功，自是威名益振。

建炎二年，金人内侵已三載矣，春，渡河出大慶關略秦、雍，所過城邑輒下。三月，還自鞏州至鳳翔，隴右都護張嚴邀戰失利，敵勢愈張，謀趨涇州。大將曲端拒守麻務鎮，命公爲前鋒。公進據青溪嶺，逆擊，大破之，敵始有憚公意。

三年冬，劇賊史斌寇興、鳳，據長安，謀爲不軌，公擊斬之，轉右武大夫。四年春，擢涇原路馬步軍副總管。金人謀取環、慶，大將婁室以衆數萬出麻亭，公逆戰於彭店原，士殊死鬭，殺傷過當，敵懼引去。而曲端劾公違節度，坐降武顯大夫，罷總管，論者不平。未幾，復故官職，改秦鳳路馬步軍副總管，知鳳翔府，權永興軍路經略安撫司公事，進復長安宣撫處置司。將合五路兵與金人決戰，公謂宜各守要害，以待其弊。秋九月，師次富平。都統制會諸將議戰，公又曰：「兵以利動，今地勢不利，何以戰？宜據高阜，先爲不可勝者。」衆曰：「我師數倍，又前臨葦澤，非敵騎所宜。」不聽。既而敵驟至，囊土踰淖，以薄吾營，軍遂大潰，而五路俱陷，巴蜀大震。公獨整衆保散關之東曰「和尚原」，積粟繕兵，列柵其上。或謂公宜屯漢中，以安巴蜀，公曰：「敵不破，我不敢進，堅壁重兵以臨之，彼懼，吾躡其後，保蜀之道也。」明年，改元紹興。春三月，敵將没立果率鋭兵期必取而後進，公擊敗之，真拜忠州防禦使兼帥涇原。夏五月，没立復會別將烏

魯拆合衆數萬，使二將由階、成出散關，先至，公與之戰三日，大敗而去。没立方攻箭筈關，公復遣麾下擊退，卒不得與二將合。轉明州觀察使。丁母嘉國夫人憂，起復，尋兼陝西諸路都統制。敵自破契丹以來，狃於常勝，至每與公戰輒北，不勝其憤。冬十月，其元帥四太子者會諸道兵十餘萬，造浮梁，跨渭水，自寶雞連營三十里，又疊石爲城，夾澗水與官軍相拒。公指揮諸將，選勁弓弩號「駐隊」，番休迭射，矢發如雨，敵稍卻，則以奇兵旁擊。如是三日，度其困且走，則爲覆於神岔峪。待其歸，覆發，衆大亂，俘其將羊哥孛堇及其酋領三百餘人，甲士八百八十人，尸填坑谷者二十餘里，獲鎧仗數萬計。拜鎮西軍節度使。二年，兼宣撫處置使司都統制，節制興文、隴州。敵久窺蜀，必欲以奇取之。三年春，哀其兵，又盡發五路叛卒，聲言東去，反自商於出漢陰，擣梁、洋，金州失守。公亟率麾下倍道疾馳，且調兵利、閬。既至，適與敵遇，使人以黄柑遺其帥，撒離喝大驚曰：「吴公來何速耶？」遂大戰饒風關，凡六日，敵皆敗，殺傷不可勝計。撒離喝怒斬其千户孛堇數人，以死犯關出官軍後。公徐結陣趨西縣，或曰：「蜀危矣！」公曰：「敵去國遠鬭，而死傷大半，吾方全師，以制其敝。蜀何憂也！」月餘，敵果退。加檢校少保，充利州路階、成、鳳州制置使。四年春二月，敵復大入，犯仙人關。公預爲壘，關旁曰「殺金坪」，嚴兵以待。敵據阜戰，且攻壘，公命將士更射，又出鋭兵擊其左右。戰五日皆捷，敵復遁去。上聞之，嘉歎，賜以親札曰：「朕恨不撫卿背也。」是役也，敵決意入蜀，自其元帥以下皆盡室以來，又以劉豫腹心爲四川招撫使，既不得志，度公終不可幸勝，則還據鳳翔，授甲屯田，爲久留計，自是不復輕動矣。夏四月，徙鎮定國軍，除川陝宣撫副使。秋七月，録仙人關功，進檢校少師，奉寧保静軍節度使。五年春，攻下秦州。六年，兼營田大使，徙鎮保平、静難軍。公與敵對壘踰十載，常患遠餉勞民，屢汰冗員浮費，歲益屯田至十萬斛，又調戍兵，命梁、洋守將治褒城廢堰，廣溉民田，復業者數萬家。朝廷嘉之，每降璽書褒諭。七年冬，敵廢劉豫，且益兵，衆以爲疑，公策其將去。九年春，和議成。上以其功高，復賜親札，進開府儀同三司、四川宣撫使，遣内侍齎詔以賜。而公已病甚，扶掖聽命。自以賞過其勞，固辭，優詔不許。六月己巳，以疾薨於仙人關治所，享年四十有七。公用兵本孫吴，而能知其變，務遠大，不求近效，故能保其必勝。御下嚴而有恩，視士卒之休戚如己，而同其甘苦，故人樂爲之死。其任將佐，等功賞斷以公論，無親故權勢之徇，故麾下諸將多以功顯。既貴，而自奉之約不逾平時，至推解以予士，則不少吝，故家無餘貲，至無宅以居。嗚呼！雖古名將何以加諸後。胡世將爲川陝宣撫使，公弟吴璘適在軍中，一日，從容問公所以戰，則曰：「璘與先兄束髮從軍，屢戰西戎，不過一進卻之間勝負決矣。至金人，則勝不追，敗不亂，整軍在後，更進迭卻，堅忍持久，令酷而下必死，每戰非累日不決，蓋自昔用兵所未嘗見。勝之之道，非屢與之遇者，莫能盡知，然其要在用所長去所短而已。蓋金人之弓矢不若中國之勁利，而中國之士卒不若金人之堅忍，盡吾長技，洞中甲數百步外，則彼固不能及，我據其形，便更出鋭卒與之爲無窮，以挫其堅忍之勢，則我固有以制彼。至於決機兩陣之間，變化如神，默運乎心術之微，則璘有不能言。」以是知公之深於兵也。十年，詔立廟於仙人關，賜額曰「忠烈」，謚公武安。

雜録

備録

李幼武《宋名臣言行録·四朝名臣言行别録》卷九《吴玠涪國武安王》 王少沈毅尚氣節，長於騎射，繫兵法，讀書能通大義。未冠，隸涇原軍，大立戰功。婁宿寇鳳翔，曲端與王大兵屯北原，堅壁不動。金人謀趨涇州，端拒守麻務鎮，遣王以前軍討之。王進據青溪嶺，逆擊，大破之。又以本道兵復華州，城破，命將士無殺掠，民皆按堵。

王與端起兵涇原，招流民潰卒捍賊，所過人供糧秸，道不拾遺，猛士如林，甲軍蔽野。每戰必先占高原必勝之地，未嘗敗衄。賊稍北退，守河東，不敢逾河飲馬。

張浚至秦州，與王語，大悦，遂以知鳳翔。時當兵火之餘，王勞來安集，民賴以生。初戰青溪嶺，王牙兵皆潰。至是，王治兵秦鳳，諸潰卒復出就招，王問訊再三，搜索非是者五六人斥遣之，餘悉斬於遠亭下。去秦州十里，軍中股慄，自是每戰皆効死，無潰散者矣。

浚以便宜董師川陝，檄諸路將臣與賊大戰。召端與王問策，端云：「教士十年後可大舉。」王云：「高山峻谷，我師便於駐隊，賊雖驍果，甲馬厚重，終不能馳

突。」我據嵯峨之險，占關輔之勢，賊雖悍不能據我尺寸地。宣幕僚佐一以爲迂，一以爲怯，置其言而不用，棄其人而不視。師次富平，都統制會諸將議戰，王又曰：「兵以利動，今地勢不利，將何以戰？宜徙據高阜，制賊馬衝突。」諸將皆謂不然，云我師數倍，又前臨葦澤，非鐵騎所宜，都不聽。既而賊驟至，巴蜀大震。王獨整衆保散關之東曰和尚原，積粟繕兵，列栅其上。或謂王宜退屯漢中以守蜀，王曰：「賊不破，我豈敢輕進。吾堅壁重兵，下瞰雍甸，彼懼吾襲其虛，躡其後，保蜀良策也。」

叛將慕洧拔寨遁去，關師古深入賊境，忽遇虜兵，與戰，大敗。師古歸大潭，內懷慚懼，隻身降賊。王念其下忠義不從叛，亟撫定之。王既併其衆，所統益以精强。

没立郎君率鋭兵犯和尚原，期必取而後進，王擊敗之。没立及渾女郎君、馬五太師、耿太師復會烏魯孛堇，使二將由階成出大散關。先至，王與戰三日，連勝，而没立方攻箭筈關，王遣麾下擊退，不使與二將合，分兵掩襲，兩皆潰去。

北人自破契丹以來，狃於常勝，至是與王戰輒北，不勝其憤，元帥四太子會諸兵及正甲女真數萬人，造浮梁，跨渭水，自寶鷄三十里疊石爲城，與王拒戰。王指授諸將，選勁弓强弩，期以必死，番休迭射，賊稍却，則以奇兵乘險據隘横攻夾擊。如是三日，度其必困且走，王遣麾下伏神坌谿待其歸。敵果遁走，伏發，賊潰，俘其都將羊哥孛堇及首領，甲士尸填坑谷者二十餘里，獲鎧仗數萬計。乘夜併兵刼賊大寨，四太子全軍陷没，剿殺殆盡，幾獲四太子。

賊久窺蜀，必欲以奇取之。撒離喝與四太子懲前日之敗，不敢窺和尚原。紹興二年春，裒其兵三十萬，又盡發諸路簽軍，聲言東歸太原，反自商於出漢陰，擣梁、洋，金州失守。王亟率麾下騎兵倍道疾馳，晝夜數百里，急調兵利、閬，徑趨金、洋。先以黄柑數百枚犒賊帥曰：「大軍遠來，聊奉止渴。今日決戰，各忠所事。」撒離喝以杖擊地，大驚曰：「吴侯爾來何速耶？」不敢遽進，盤桓累日，王得以其暇治饒風嶺寨栅。方據險要，而賊已麾中軍急上，遂大戰饒風嶺上，凡六晝夜，賊皆敗衄。撒離喝大怒，斬其千户孛堇十數人。以死犯關，又潛軍間道踰蟬溪嶺出官軍後，斷王歸路。王按兵乘夜徑趨西縣，或曰：「蜀危矣！」王曰：「賊掃地而來，去國遠鬭，而死傷大半，吾以全軍扼其吭，蜀可無憂。」王遂爲清野之謀，分屯諸將，示以擣虛之勢，賊便旋中梁山浹日，一夕潛遁。

撒離喝歸，深服王善用兵，勢不能破，則密遣通書，百端間誘，言金國威德之盛，知勇之奇，甲兵之强，公宜相時而動。王復書，略曰：「夫華夷異域，君臣異分，此天下大義，古今常理，順之則治，逆之則亂。披觀傳記，數千百年，夷狄之亂中華，與夫叛臣賊子稱兵犯上，率不旋踵夷滅無遺類者，以其悖大義反常理，神人憤疾，天地不容也。某世爲宋臣，食趙氏之禄，孕子育孫於中原之地，倘有二心，天地鬼神實誅之，乃辱貽説，使相時而動，足下度某豈苟得忘恥、見利忘義者耶！一言之失駟馬莫及，竊爲足下惜之！」撒離喝得書大不平。

兀术舉兵五十萬欲入川，豫之弟不忘朝廷，密遣使告王早備之。兀术來攻興州仙人關，王與兀术相見，兀术曰：「公若來降，當得美地百里而王之。」王曰：「已事本朝，安有二心。」乃親約議定戰日，遂大戰仙人關，大破之。

王親兵不滿五萬，每戰乘肩輿，動鼓樂，殊無懼色，長於料敵，激勵將士，退者必誅，信賞必罰，戰無不勝。

撒離喝、四太子蓄忿日久，糾合數十萬兵，轉三河之粟，魚貫蟻附，決意取蜀，自元帥以下皆盡室而來。【略】斬首千級，得馬、旗幟無數。王悉兵尾襲，直過和尚原去。上聞之，嘉歎，賜以所御戰袍器甲，且賜親筆曰：「朕恨阻遠，不得拊卿之背也。」

王素不爲威儀，除宣撫副使，簡易如故。常負手步出，與軍士立語，幕客請曰：「今大敵不遠，安知無刺客，萬一或有意外，豈不上負朝廷委注之意，下孤軍民之望哉？」王謝曰：「誠如君言。然玠意不在此。國家不知玠之不肖，使爲宣撫，玠欲不出，恐軍民之寃抑而無告者，爲門吏所隔，無由自達。某所以屢出者，爲此也。」幕客乃服。

虜久不得志，還據鳳翔，授甲屯田爲久留計，自是不敢輕動。王以關師古自洮、岷領李進、王師古、戴越，打糧河州襲大潭縣掩骨谷鎮，賊慕洧拔寨去。師古由殺馬谷攻焦山務，焚田家村園子谷，深入賊境。至石要領，忽遇金賊，大兵一戰敗績，師古旋師大潭，內懷慚懼，悉還兵宣司，隻身降賊。王愛此軍忠義，無一人一騎從師古叛者，拊存勞徠，捐其家財厚資給之。兩軍既合，中外一心，失一匹夫於師古，得萬貔貅於行陣，王兵由此精甚。

五年春，王向天水出奇兵，下秦州。王與金人對壘交戰踰十年，熟其軍壘曲折，知其部領堅脆，常以一當百，惟患遠餉勞民，屢汰冗員官，節浮費，歲屯田至十萬斛。又調戍兵，命梁、洋守將治褒城廢堰，廣溉民田，復業數萬。朝廷嘉之。

王初軍中所用激賞錢，每歲下四川漕司應副，一百八十萬緡，王言今不發

兵，乞省其半。詔奬之。

虜廢豫，召諸道兵聲言入蜀，王獨謂不然，測其將去，已而果然。

王撫士卒同甘苦，至軍政則斬刈不一貸，故人人效死，及第功賞則斷以公論，無請託之私。性樂善，每觀史傳有可師者，必書之座右。日誦七書，其用兵本孫吴而能窮其變化。雖功高貴顯，而居常極儉約，至推以予士則略無少吝，其歿也，家無餘貲，至無宅以居。

十五年，詔立廟仙人關，賜額曰「忠烈」。

徐夢莘《三朝北盟會編》卷一三七《吴玠及金人戰於寶雞敗績》 先是，陝州既陷，金人長驅關中。曲端遣吴玠屯於彭店原，端自擁大兵，次邠慶閒，以策應玠。玠與金人戰，勝負未決，而端退走自邠至涇，玠遂敗績。玠大罵端，由是二人有隙。金人雖勝玠，以端全軍退去，且入夏，遂復還河東。

陸游《老學庵筆記》卷三 吴玠守蜀，如和尚原、殺金平、仙人原、潭毒關之類，皆創爲控扼之地。古人所未嘗知，可謂名將矣。

陸游《老學庵筆記》卷五 吴武安玠葬德順軍隴干縣，今雖隔在虜境，松楸甚盛，歲時祠享不輟，虜不敢問也。玠謚武安，而梁、益間有廟賜額曰「忠烈」，故西人至今但謂之吴忠烈云。

曲端，吴玠，建炎間有重名於陝西。西人爲之語曰：「有文有武是曲大，有謀有勇是吴大。」端能書，今閬中錦屏山壁間有其書，奇偉可愛。

李心傳《建炎以來朝野雜記》乙集卷一二《吴玠福不逮吴璘》 吴襄烈拱。本吴涪王玠。庶弟也，父扆爲軍校，娶劉氏，生子玠、璘。既而其家婢生拱，劉氏悍而妬，扆憚之，命玠名爲己子。然拱爲人頗類玠，屢歷行陣，亦得軍士心。晚與璘子挺同爲管軍節度使，而玠官止使相，拱止節制使，璘官至太傅，封新安郡王，挺亦至太尉。古人言：「智將不如福將。」玠、璘近之矣。奉議郎李荀老，太宰邦彦猶子也，娶璘中女，能道其家事如此云。其後挺子曦以叛誅，璘之他子孫皆廢徙。朝廷念玠保蜀之功，特免連坐焉。

李壁《中興戰功録·吴玠和尚原》 建炎四年，川陝宣撫處置使張浚以虜衆在淮甸，恐復擾東南，欲分撓其兵勢，故陝西獻計者以擊虜爲便。浚召都統制官，吴玠曰：「高山我便於駐隊，賊雖驍果，不能馳突。我據關輔之勢，可以徐圖。」皆置不用。九月，師次富平縣，都統制劉錫會諸將議戰。玠曰：「兵以利動，今地勢不利，未可以戰。宜擇高阜據之，先爲不可勝以制敵。」不從。及戰，王師大潰，陝西大震。十月，玠收合散卒，視大散關之東有險，曰和尚原，方據險列柵以守，而賊已至原下。或謂玠宜屯漢中，漢中扼蜀口，可以安蜀。玠曰：「我保此敵決不敢越我而進。堅壁臨之，彼懼吾躡其後，是所以保蜀也。」已而，玠果擊敗之。明年，改元紹興。五月，虜僞皇姪没立郎君與其別將烏魯折合分兩道入寇，没立自鳳翔，折合自階、成，鳳出散關。時玠知鳳翔，駐和尚原，朝問隔絶，且乏糧，人無固志。玠同弟璘召諸將，勵以忠義，歃血而誓，諸將感泣，爲備益力。已而，折合先至，陳於原北。玠與諸將列陣待之，更戰迭休，折合大敗，遁去。没立方攻箭筈關，玠復選將擊之，兩寇卒不得合。十月，金虜右監軍兀朮自熙河移寨，欲窺蜀，乃引衆十餘萬人，造浮橋於寶雞縣，渡渭來犯我。玠遣統制官吴璘、雷仲，將勁兵强弩，號「駐矢隊」，分番迭休，射不絶。虜稍卻，則以騎兵斷其糧道。乙亥，與虜戰凡三十餘陣，兀朮中箭而遁，俘其將羊哥孛謹及酋領三百，軍八百，殺賊衆横屍徧野。

李壁《中興戰功録·吴玠饒風嶺關》 紹興三年初，金虜大酋撒離喝等衆十萬，自商於出漢陰，直趨金、洋。正月，至洵陽界，金州失守。陝西統制吴玠，自河池縣亟率麾下騎，一日夜馳三百里至饒風。先以黄柑數百枚犒大酋曰：「大軍遠來，聊奉止渴。今日決戰，各忠所事。」撒離喝以杖擊地，大驚曰：「吴侯爾來何神耶！」因不敢進，盤桓累日，玠得以暇治兵。寨綿亘數十里，官軍凡萬七千人，益以梁、洋義士爲三萬。二月，虜人始至關下，被重鎧，步登山而仰攻。每一人登，二人擁其後，前者死，則後者被其甲以進。又死，則後者又代之如初。凡五十人爲一隊，至盡死，餘一二人猶不退。我之弓弩亂發，且轉大石擊之，至不能前，則背山而坐。少蘇則又登，終不復退一步。凡六晝夜，賊皆敗衄，死者甚衆。玠遺撒離喝書，且言虜「遠入重地，糧食已盡，將有覆師之禍。今欲開一路，奉聽生還如何？」撒離喝答書云：「固如公言。然吾國退軍，有刑待我，亟復戰而後退。」初七日至初九日，我師又連勝。無何，虜人募軍中，得敢死五千人，約能破我軍者，至漢中日，人賞以銀千錠，馬三疋。黎明，死士從間道攀援而上，犯祖溪關。守將郭仲荀力不能支，求濟師於玠。比至，而虜人已登矣。玠見虜人掩出我師後，遂自饒風一日馳還漢中。祖溪距饒風之左三十里，崇岡牆立，殆非人所行。始也過爲之備，而使仲荀守，故少與之兵。虜人覘得，遂募士出我不意，以故失守。玠至漢中，劉子羽偕至西縣，議欲柵定軍山保聚拒賊。子羽先至三泉，諸將稍稍復集，玠自仙人原由間道見子羽於三泉，詰朝復西。子羽率諸將

於三泉之南嘉陵江上，求柵地以死守。統制官李師顔以潭毒山形峻拔，其山寛平，有泉水，可以築硬柵。於是調旁近郡縣夫星夜爲壁壘，儲粟十萬石於其上，且盡居諸軍老小於柵内，以固士心。積石至數十百萬，下臨入江路。自始爲壘至畢工，凡十六日。又數日，虜人始至金牛，距我師數十里。於是，下令軍中蓐食，遲明而行。未辨色，子羽先上馬至戰地，於當前山角據胡牀坐。既而，諸將奔至，咸泣曰：「此乃某等駐軍處，而公先至此，使賊矢石或傷公，某等何以見士卒耶？」因請子羽退而代駐其處。俄而王萬年復報，曰虜退矣，乃相與引還。子羽以三月二十七日間道往仙人關與玠謀，欲使田晟、王俊潛軍出定軍山，攻虜之南，令楊政出斜谷路，以襲虜之後，期以四月初出兵。先是，玠遣統制官姓郭者往抄虜，至褒城界，遇渾女郎君部伍將歸，與戰，得生女真四十人，言皆不可解，使譯者問之，始知虜人已引去數日矣。於是，子羽與玠急遣兵邀之於武休關，虜盡棄其輜重及所掠人畜而去，後軍爲我軍掩擊，及墮溪澗死者以數千計。初，虜之爲此來也，迫於叛臣之請，且以利誅之，謂四川唾手可得，金帛子女可以捆載而歸。虜人所忌者獨吴玠，故道險從金、商，初不慮玠越境而來戰也。既破金州，無所得，固已失望。鏖戰饒風下十餘日，僅退我師，而梁、洋官私之器用財賄，前數月已盡寘他處，虜至無一毫可掠。雖敗吴玠、王彦兩軍，我師之戰死者纔數百人，而虜之死傷者十五六。虜至漢中之後，既無得以賞應募者，諸軍固已益怠。會春氣深疫癘方作，重傷者多死，瘡痍者夭興。前此得吾候騎，固已知玠與子羽同在三泉爲死守計，既又聞欲遣鋭師之襲己也，懼，於是倉皇道褒斜以歸。虜之歸也，以四月二十九日盡出谷口。其後，王俊至洋州諸山谷中，猶有虜柵十數，初未知大軍之已還，始知虜人之去甚遽，至不暇徧告諸軍，王俊於是盡招降之。他日，俊於饒風下得馬革萬七千餘，且虜自入寇以來，無所得有所失，未有如此役也。始虜之寇邊也，甲士八萬人，負輜重者稱是焉，馬三萬疋，以十二月下旬自長安點集，二十八日引而東涉商於之險，千里而後至金州。既入石門關，自以石塞其竇，以示必死無還心。大戰數十合，破饒風關。我師既大奔，無御顧者，虜猶遲回於饒風之側。後數日，始如興元。蓋虜之行軍，每圖萬全也如此。方虜之戰饒風也，勁卒幾十萬，而我才以三萬人當之，虜人戰輒番休，我之士卒無更代者，且又所備多而兵卒寡，此郭仲荀所以不能支也。

《吴玠殺金平》　紹興四年春二月，賊復大入。撒離喝四太子蓄憤日久，糾合兵數十萬，轉三河之粟，魚貫蟻附，決意取蜀。自元帥以下，皆盡室以來。又以劉豫腹心爲四川招撫使，檄召諸路簽軍列屯寳雞，柵縣亘數十里。進攻鐵山，鑿巖開道，於仙人關高嶺立大柵，下瞰玠營。關旁有險，號殺金平，玠設壁壘於平上，嚴兵以備。虜乃循嶺東下，直攻玠營，玠以萬人當其前。總管吴璘由七方關不待會合，率輕兵倍道入援其兄。四太子聞之，與皇弟郎君分領萬户酋長擁兵急攻關，又往攻殺金平野砦，對壘劄連珠硬砦十數座。又來玠營前，立礮數十座擊我營。玠令軍中併發神臂弓飛矢大礮，斃賊無數。統制官田晟總兵深入追賊，賊又發生兵萬餘擊營左，玠分兵力戰，卻之。賊不住，又添生兵萬餘，擁洞子雲梯，直前搭我營壘。玠兵向前，用礮打洞子碎，用撞竿撞雲梯倒。賊怒，縛虚柵戰樓，別遣大孛堇擁鋭兵萬餘一發乘城。玠令統制官楊政，領長鎗陌刀手，深入刺打隔斷。賊又遣二孛堇總正甲兵二萬，夾攻砦兩肋。璘左右遮護，血戰殺賊，賊皆引去。撒離喝獨駐馬四顧，良久云：「吾得之矣。」翌日，號令諸軍併力共攻玠營，兑方一樓子自寅至午危甚。姚仲爲統領，只在樓上酣鬭，樓已傾側，仲以絹爲繩，拽使復正。賊以火焚樓柱，仲以酒壺擊滅火。賊布神臂弓東嶺下，玠亦發神臂弓五百隻與之對射。賊去，即遣王萬年、劉濬鈐轄，王武宣贊，分紫、白旗入賊營，賊奔潰。抵夜，玠别遣五將分更劫寨，晝夜數十合，金人困憊，死傷以萬計，斂兵先遁。殺死千萬户甲軍萬餘，得榜牌滚鎗金鼓旗幟數千件。右軍統制張彦夜劫賊横川砦，斬首千餘級，生擒將領二十人。玠又遣統制官王俊設伏河池，扼賊歸路，生擒百餘人，斬首千餘級，得牛馬旗幟無數。玠悉兵尾襲，直過和尚原去。

其後，胡世將攝宣撫使事，玠弟璘適在軍中，他日，從容問玠所以戰，則曰：「璘與先兄束髮從軍，屢戰西戎，不過一進卻之間，勝負決矣。至金人則勝不進，敗不亂，整軍在後，更進迭卻，堅忍持久，令酷而下必死，每戰非累日不決。蓋自昔用兵，未嘗見勝之之道，非屢與之角者，莫能盡知。然其要在用所長，去所短而已。蓋金人之弓矢不若中國之勁利，而中國之士卒不若金人之堅忍，盡吾長技重甲，數百步外，則彼固不能及我。據其形便更出鋭卒與之爲無窮，以沮其堅忍之氣，則我固有以制彼。至於決機兩陣之間，變化如神，默運乎心術之微，則璘有不能言者。」世將深服焉。始虜犯關，璘在武階，先以書遺兄玠曰：「殺金平去原上遠，前陣散漫，須設第二陣，作隘牢其限隔，俾死士無還，皆死戰，乃可取勝。」玠用其策。時兀朮身居東偏，而使韓將軍者領西偏，東西犄角以持久，必死困我。璘率鋭卒介其間，左縈右繞，隨所急援之，所向披靡。虜軍死傷過半，而

氣猶鋭，璘遂斂軍入第二隘以致虜。時軍中頗有異議，欲別擇形勝以守者，璘奮曰：「兵方交而退，是不戰而卻也。吾度此虜走不久矣。」請於玠，夜布火易旗幟，逮曉，軍陣精采一新，樂聲震山谷，我師氣百倍。洎虜再搏我第二隘，則人被兩鎧，鐵鉤相連，魚貫而上，攻具變化若神。璘率士死戰，復以駐隊矢射之，發發相繼，虜死蔽地，復踐以登。閲十餘日，前後百戰，而虜始遁去。

吴泳《鶴林集》卷一五《紹興吴玠守蜀關二事》 紹興二年十二月，金人使薩里罕哀五路叛兵來侵，時吴璘駐和尚原，兵不得進，欲以奇取蜀，乃令李彦琪駐秦州，窺仙人關以要吴玠，別將以游騎出熙河綴關師古，而大軍由商於以入。三年正月乙丑，陷金州。參議劉子羽移書與統制吴玠曰：「金兵旦夕至饒風嶺下，不守此，是無蜀也。公不前，子羽當往。」玠即馳，與金兵遇。金人始至關下，被重鎧步登山而仰攻。我之弓弩亂發，且轉大石擊之，至不能前，則背山而坐，蘇則又登。凡六晝夜，敵皆敗衄。無何，金人募死士從間道犯祖溪關，守將郭仲力不能支。玠見金人掩出我師後，遂自饒風一日馳還漢中，四川大震。二月己亥，薩里罕入興元府。子羽約玠退屯三泉。玠曰：「關外，蜀之門户，不可輕棄。金人所以不敢輕入者，恐玠議其後耳。」玠往守仙人關。子羽築硬栅於潭毒山，以死守。金人至金牛，不見兵，疑有伏。玠又陽爲軍書會諸將，欲斷歸路。金人邏得之，懼。俄而報曰：「敵退矣。」於是，子羽與玠急遣兵邀之于武林關，金人盡棄其輜重及所掠人畜而去，後軍爲我軍掩擊及墮溪澗死者數千計。其後，王俊于饒風下，得馬革萬七千餘。且金自用兵以來，無所得而有所亡，未有如此役也。

四年春二月，薩里罕與烏珠蓄憤日久，糾合兵數十萬，轉三河之粟，魚貫蟻附，決意取蜀。吴玠諜知之，乃預治壘於仙人關側號殺金平，嚴兵以待。辛丑，敵自寶鷄進攻鐵山，鑿崖開道犯關，直攻玠營。玠以萬人當其前。總管吴璘由七方關不待會合，率輕兵倍道入援其兄。宗弼聞之，擁兵急攻關，又往攻殺金平，野砦對壘，劄連珠硬砦十數座，又來玠營前立砲數十座，擊我營。玠令軍中併發神臂弓、飛矢大砲，斃敵無數。敵添生兵萬餘，分爲二陣：宗弼陣于東，將軍韓常陣於西。我軍苦戰久，遂退屯第二隘。楊政言於玠曰：「此地爲蜀扼塞，死不可失，當守以强弩。彼不敢捨此而犯關。」玠從之。金人復進攻第二隘，人被兩鎧，鐵刃相連，魚貫而上。璘督士死戰，矢下如雨。翌日，薩里罕命諸軍併力攻營之西北樓。統領姚仲登樓死戰，樓已傾，仲以帛爲葩，曳使復正。敵以火焚柱，仲取酒擊滅之。敵引去。遣王萬年等分紫白旗入敵軍，敵奔潰。抵夜，玠別遣五將分更劫寨。金人困憊，死傷以萬計，斂兵宵遁。是舉也，敵決意入蜀，既不得志，遂還鳳翔，授甲士，爲久留計。

臣聞蜀，國之上流也。嶓冢導漾，東流爲漢，則自金、均歷襄州而徑趨漢陽者，爲一道；岷山導江，東別爲沱，則自涪萬里入瞿塘而逕會於九江者，爲一道。故昔之固國者，必以上流爲固，而所以固蜀者，必以關險爲守。紹興君臣日夜念此至熟也。蜀之險固多岐，而饒風一關，漢中之屏蔽；仙人一原，西河之衿喉。臣玠、臣子羽、臣仲嘗守饒風矣，臣璘、臣政、臣萬年嘗扼仙原矣。如重弓副矢，一隙弛則一備嚴，一士亡則一將繼，鐵騎雖成林，而終不能越關而西者，玠與璘之力也。今敵之勢不同于金，而操關守禦之士又少於全盛時。近聞諜報，頗有先通川路，後會江南之意。萬一鄉導者與之畫王濬造大舟遠舫之策，直下荆州，則江滸震驚，而不但全蜀之憂矣。爲今之計，莫若急督趣襄閫，早發援兵，以救仙原之危；急科降緡錢，差人押發，以救蜀餉之匱；急戒飭監司帥守，各務進屯，以救三川之亟。如救頭燃，如解倒垂。毋使蜀之失自端平始，幾可以有辭於永世矣。

杜大珪《名臣碑傳琬琰集》上卷一二明庭傑《吴武安玠功蹟記》 庭傑與顯謨馮康國元通，太學同舍最久。前此元通自東南還蜀，庭傑偶相際集，盤礴浹旬，出聖上親筆付元通詔吴侯云：「朕以卿提大軍獨當一面，道路遼遠，奏報難盡曲折。昨遣范直方至卿所計議，終恐迹疏，不能詳悉。馮康國每在朕前屢陳卿忠義體國，卿亦素知康國之爲人，因其之官，遣與卿相見。應關陝事宜、規畫措置、財用匱乏、量度節省及講究屯田，以便糴買之類，已丁寧康國與卿面議，想卿必能體朕至意。每有所處，可一一開具奏來。付吴玠。」庭傑伏讀再四，方知聖天子灼見元通、吴侯果相知之深也。邇者元通抵少城總茶馬，吴侯已薨。元通邀予相聚累日，語及吴侯云亡，因出其在宣司日記吴侯功蹟，甚詳，令庭傑爲之記。謹拜手而書曰：吴玠字晉卿，世居德順之隴干。曾祖謙，太子太保。祖遂，太子太傅。父扆，少保。三世皆以義烈聞。侯少沉毅尚氣節，長於騎射，曉兵法，讀書能通大義。未冠，以良家子隸涇原軍。政和中夏人犯邊，緣鏖戰立功，補進義副尉，權隊將。討浙西賊方臘，破其衆，擒酋長一人，又破河北賊。累功轉忠訓郎，權涇原第十一正將。夏人攻懷德軍，以百餘騎突擊追北，斬首百四十有六，轉秉義郎，擢本路第十二副將。建炎三年，金人内侵已三載矣，春渡河

遏亂略。非有熊羆之士，不二心之臣，相與戮力盡忠，内撫外禦，則戡定之期，未可歲月冀。膚功來奏，懋賞是宜。忠州防禦使、秦鳳路經略安撫使、馬步軍都總管吴玠，材氣不群，忠勇自奮，側足功名之會，騰聲關隴之間。比者擢師涇原，盡護諸將，岐下之戰，尤爲雋功。獲其酋豪，醜類折北。是用酬其多捷，陟以廉車。夫雄職美官，朕所以待功能之士也。益奮爾烈，朕無愛焉。可特授前件官。」未幾，丁母劉氏嘉國夫人憂，起復，尋兼陝西諸路都統制。誥詞云：「孝移於忠者，聖人之格言；國爾忘家者，人臣之彝憲。而況分閫外之寄，統諸路之師，淬勵以須，枕戈待旦，其可以親喪廢乎？觀察使吴玠，比以功伐，寖階顯榮，却敵有沉果之機，馭軍適威愛之濟。戰多由率，懋賞既行，遽深風木之悲，方治金革之事。矧臨敵忌於易將，而軍制庸於舊情，其安厥常，無曠爾職。苟能揚名於世以顯父母，則忠孝之道兩得矣。爾其勉哉！可特授陝西諸路都統制。」金賊自破契丹以來，狃於常勝，至是與侯戰輒北，不勝其憤。冬十月，其元帥四太子會諸道兵及正甲女真數萬人，造浮梁，跨渭水，自寶鷄連三十里疊石爲城，與侯拒戰。侯指授諸將，選勁弓强弩，期以必死。番休迭射，賊稍却，則以奇兵乘險據隘，横攻夾擊。如是三日，度其必困且走，侯遣麾下伏神坌峪，待其歸。敵果遁走，伏發，賊潰，俘其都將羊哥大孛堇及酋領三百餘人，甲士八百六十人，尸填坑谷者二十餘里，獲鎧甲數萬計。乘夜併兵，劫賊大寨，四太子全軍陷没，勦殺殆盡，幾獲四太子。拜鎮西軍節度使，御前差中使任充賫詔就賜云：「兵勢無前，用兼必勝之將；王靈克布，允繫敵愾之威。眷我虎臣，時獻戎捷。受盡護諸將之任，當兼總兩帥之雄。控臨要衝，遏制侵軼。永念雍州之域，久罹羯虜之災。屬敵勢之方張，勵兵鋒而益倍。陰設奇伏，躬率啓行。俘當户之衆酋，殄引弓之群醜。威聲遐暢，凱奏上聞。班勞策勳，敢後疇庸之典？建牙擁節，益隆制閫之權。肆衍户租，仍加真食。並頒徽數，式示眷懷。於戲！迪果毅於戎昭，盍申威於武備。乘戰勝之勇氣，用恢復於故疆。佇卒爪牙之功，行賜山河之誓。勉恭乃事，圖報異恩。可特授鎮西軍節度使、陝西諸路都統制、武功縣開國子、食邑五百户、食實封二百户。」紹興二年，兼宣撫使司都統制，節度興、文、龍州。賊久窺蜀，必欲以奇取之。卓弟撒離喝與四太子懲前日之敗，不敢窺和尚原。紹興三年春，裒其兵三十萬，又盡發諸路簽軍，聲言東歸太原，反自商於，出漢陰，擣梁、洋，金州失守。侯亟率麾下騎兵倍道疾馳，晝夜數百里，急調兵利、閬，徑趨金、洋。先以黄柑數百枚犒賊帥，曰：「大軍遠來，聊奉止渴。今日決戰，各忠所事。」撒離喝以

出大慶關，婁宿殘長安，鼓行而西，跨鳳翔汧隴，不浹旬降秦州，垂頭熙河，隴右大震。熙帥張深遣偏將軍劉惟輔總鋭兵三千禦賊，金人前軍逾鞏州，惟輔留軍熟羊城，以精騎千八百人夜逾新店。賊恃勝不虞，黎明，軍墮伏中，惟輔舞矟刺其帥黑風大王洞胸，屠馬足下，婁宿失勢遁走。深更，遣右都護張嚴以兵繼進，嚴趨鳳翔，戰五馬坡下，兵敗死之。惟輔自鳳翔石鼻寨遁歸熙州，經制司統領劉彦希棄鳳翔歸曲端，端斬以狥。端與侯大兵屯北原，堅壁不動。金人謀趨涇州，端拒守麻務鎮，遣侯以前軍討賊。侯進據青溪嶺，逆擊大破之。轉武義郎、涇原路兵馬都監、知懷德軍。冬，以本道兵復華州，城破，命將士無殺掠，民皆安堵。轉武功大夫、忠州刺史。劇賊史斌寇興、鳳，據長安，謀不軌。侯進兵夜襲其城，斌出戰，斬其首。轉右武大夫。四年春，擢熙河路馬步軍副總管。金人謀取環慶，大將婁宿以衆數萬攻麻亭，侯逆戰于彭店，士殊死鬬，殺傷過當。而曲端劾侯違節制，降武顯大夫，論者不直。未幾，復故官，改秦鳳路馬步軍副總管、知鳳翔兼權知永興軍路經略安撫使司公事。進復長安，轉右武大夫、忠州防禦使。先是，侯與曲端起兵涇原，招流民潰卒，捍禦金賊，所過人供糧秸，道不拾遺，猛士如林，甲軍蔽野，每戰必先占高原必勝之地，未嘗敗衂。賊稍北，退守河東，不敢逾河放馬。時朝廷遣樞密張和公董帥川陝，許以便宜，不從中制。樞密移檄諸路將臣，與賊大戰，召端與侯問籌策。端云：「平原易野，賊便於衝突，而我軍未皆習戰，須教士十年，然後可以大舉。」侯云：「高山峻谷，我師便於駐隊，賊雖驍果，甲馬厚重，終不能馳突。我據嵯峨之險，占關輔之勢，賊雖强捍，不能據我尺寸地。」宣幕僚佐一以爲迂緩，一以爲怯懦，置其言而不用，棄其人而弗親。秋九月，師次富平，都統制會諸將議戰，侯又曰：「兵以利動，今地勢不利，將何以戰？宜徙據高阜，制賊馬衝突。」諸將皆謂不然，云：「我師數倍，又前臨葦澤，非鐵騎所宜。」都不聽，既而賊驟至，囊士逾澤，以薄吾營，王師大潰，五路悉陷，巴蜀大震。侯獨整衆保散關之東曰和尚原，積粟繕兵，列栅其上。或謂侯宜進屯漢中，以守巴蜀，侯曰：「賊不破，我詎敢輕進？吾堅壁重兵，下瞰雍甸，彼懼吾襲其虚，躡其後，保蜀良策也。」越明年，改元紹興，春三月，金國皇姪没立郎君率鋭兵犯原上，期必取而後進，侯擊敗之。真拜忠州防禦使。夏五月，没立及渾女郎君，馬五太師、耿太師復會，別將烏魯孛堇使二將由階、成出大散關，先至，侯與戰三日，連勝。而没立方攻箭筈關，侯遣麾下擊退，不使與二將合，分兵掩襲，兩皆潰去。轉明州觀察使，誥詞云：「朕以經理二陜，付之樞臣。奉將天威，式

杖擊地，大驚曰：「吴侯爾來何速耶！」不敢遽進，盤桓累日，侯得以其暇治饒風嶺寨柵，方據要險，而賊已麾中軍急上，遂大戰饒風嶺上。凡六晝夜，賊皆敗衄，撒離喝大怒，斬其千户孛堇十數人，以死犯關，又潛軍間道，踰蟬溪嶺，出官軍後，斷侯歸路。侯按兵乘夜徑趨西縣，或曰：「蜀危矣。」侯曰：「賊掃地而來，去國遠鬬，而死傷太半。吾以全軍扼其吭，蜀可無憂。」侯遂爲清野之謀，分屯諸將，示以擣虚之勢。賊便旋中梁山浹月，一夕潛遁。撒離喝歸，乃服侯善用兵，勢不能破，則密遣通書，百端間誘，言：「金國威德之盛，知勇之奇，甲兵之强，公宜相時而動。」侯復書云：「玠謹白金國都統足下：遠蒙示書，具審雅懷。士各有主，不容緘嘿。彼已之情不通，空自猜貳，無復平定時也。輒攄寫悃愊，用荅雅貺，惟足下亮之。夫華夷異域，君臣異分，此天下大義，古今常理。順之則治，逆之則亂。披觀傳記，數千百年，夷狄之亂中華，與夫叛臣賊子稱兵犯上，率不旋踵夷滅無遺類者，以其悖大義，反常理，神人憤疾，天地不容也。我太祖皇帝挺生五季，遭時昏亂，堅守臣節，委質柴氏，伏順討逆，功塞宇宙。屬世宗棄代，曆數有歸，百萬之衆，懽呼擁戴，不得已而君之。不殺一士，不墮一城，此與堯舜何異哉？深仁厚德，布濩涵養，行三百年，民至老死不識干戈。上下狃習，武備不修，士器不備，盜賊乘之，郡縣瓦解，至今五六年而未定。此蓋太平日久，持盈守成，失其道也。而謂金國威德之盛，甲兵之强，能至是乎？且金國行師，戰勝得志，亦有由也。陷城破邑，縱士剽掠，恣其所取，卒徒貪得，鼓勇争奮。勝則勝矣，而殺傷殘賊，變動和氣，亦已甚矣。以此用士，利盡則士不可使；以此決戰，財殫則戰不可必。足下視今之天下何如？遭焚燒者十不存一二，耕農失業，商賈流亡，餓死者相枕籍，所謂財利何有哉？竊憂足下之士，自是不可以使；足下之戰，自是不可以必。足下亦可以少休哉！乃復聚青徐之壤，掖扶斗筲之才，俾半擁虚器。彼劉豫者，嘗北面本朝，備位臺察，負上皇拔擢之恩，臨難畏懦，不能以死報國，而乘便抵間，僥倖非望，三尺童子，皆知鄙棄而唾罵之，其尚何顔面以視聽於天地之間，望天下歸之耶？然金國既以夷亂華，又挑豫賊以臣反君，顧天下大義，古今常理，金國盡掃除之矣。而欲以靖亂，不知適所以召亂也。主上聰明孝友，慈仁恭儉，聞於天下。始奉使金國不能留，暨京師變故，適從兵藩閫，謳歌攸屬，嗣位應天，實太祖興王之地，天意昭昭可見矣。維陽之役，大兵奄至，倉皇無備，中外失色。然大駕南下，横衝風濤，幾數千里，如行衽席，斯役之卒，無一不備。而金國之士，流離溺沉者過半，此足以見天之不棄趙氏，卒欲安全之也。今乾象清明，星緯順行，隆冬届寒，日星温晏，陽盛陰剥，此中國之福。民心日以固，士氣日以振，太平可指日而俟。以金國之衆，自稱多材，豈無深明天道；而不知審擇取舍，安定天下，尚爲前之紛紛，果何爲耶？往者契丹與中國約爲兄弟，騂馲相要，天日是誓。虜使往來，絡繹于道，兩朝赤子，實便安之。而我内邪人之謀，忽棄載書，墜失大信，故上天薄罰，降此災戾。然核其禍端，窮其亂源，鼓作交鬬，金國與有力焉。如聞契丹仇怨金國，深入骨髓，渤海奚霫從而和之，將會召豪英，糾集族類，借援中朝，南北通歡，復尋舊盟，併力合勢，以逞憾于金國。金國之兵，暴露戰鬬，淹閲歲時，力疲氣衰，背腹受敵，足下能保必勝乎？闇機會，殞威名，隳成功，蔓後患，資天下萬世口舌之士詆薄姍笑，金國獨何取也？玠世爲宋臣，食趙氏之禄，孕子育孫於中原之地，儻有二心，天地鬼神實誅之。乃辱貽説，使相時而動，足下度玠，豈苟得忘耻，見利忘義者耶？一言之失，駟馬莫及。竊爲足下惜之！春律方初，萬彙熙泰，逖去墳墓，羈游萬里之遠，軍中倥偬，頗復樂否？更冀加謹眠食，養以新春和平之福。玠白。」撒離喝得書大不平，日與諸將熟議攻玠。朝廷加侯檢校少保、充利州、階、成、鳳制置使。紹興四年春二月，賊復大入，撒離喝、四太子蓄忿日久，糾合兵數十萬，轉三河之粟，魚貫蟻附，決意取蜀。自元帥以下，皆盡室以來，又以劉豫腹心爲招撫使，召諸路簽軍列屯寶鷄，綿亘數百里，攻鐵山，鑿崖開道於仙人關高嶺上，立大柵下瞰侯營。循嶺東下，直攻侯軍。侯自以萬人當其前，公弟總管吴璘由七方關，不待會合，率輕兵倍道入援其兄。四太子聞之，與皇弟郎君分領萬户酋長，擁兵急攻，又往攻殺金平，野砦對壘，剏連珠硬砦數十座，又來侯營前立炮數十座，擊我營。侯令營中併發神臂弓，飛大炮，繫賊無數。統制官田晟總兵深入追賊，賊又發生兵萬餘擊營左，侯分兵力戰却之。賊不退，又添生兵，擁洞子雲梯，直前搭城身。侯兵向前，用砲打洞子碎，用撞竿撞雲梯倒。賊怒縛虚柵戰樓，別遣大孛堇擁鋭卒萬餘，一發乘城。侯令統制官楊政領長槍陌刀手，深入刺打隔斷。賊又遣二孛堇總正甲金人二萬，夾攻柵兩肋。吴璘左右遮護，血戰殺賊，賊皆引去。撒離喝駐馬，四顧良久，云：「吾得之矣。」翌日，號令諸軍併力只攻侯營兑方一樓子，自寅至午，危甚。姚仲爲統領，只在樓上酣鬬，樓已傾側，仲以絹爲繩拽使復正。賊以火焚樓柱，仲以酒壺擊滅火。賊布神臂弓東嶺下，侯亦發神臂弓五百隻，與之對射。賊去，即遣王萬年、劉鈐轄、濬水王武宣贊分紫白旗入賊，賊奔潰。抵夜，侯別遣五將分更劫寨，晝夜數十合，金人困憊，死傷以萬計，即斂

兵宵遁，殺死千户萬户，甲軍萬餘，得傍牌、衮槍、金鼓、旗幟數千件。左軍統制張彦夜劫賊横川砦，斬首千級，生擒將領二十人。侯又遣統制官王俊設伏河池，扼賊歸路，生擒百餘人，斬首千級，得馬、旗幟無數。侯悉兵尾襲，直過和尚原去。上聞之，嘉嘆，賜以親札云：「史謂趙充國沉勇有大略，其用兵以全師保勝爲策，乃漢中興良將也。朕嘗思其人，以濟大業。比見宣撫司奏，金人大擁兵而來，有吞噬四川之心。卿能保關克敵，挫彼虎狼之鋭，而壯朕興復之威，非謀以濟勇，能若是耶？朕之所思，今乃見之。但恨阻遠，不得撫卿背而慰朕心也。更在不驕其志，益厲軍情，則所謂濟朕莫大之業者，非卿而誰？已降親筆，除卿宣撫使，及繼以朕所御戰袍器甲等物賜卿，想已必達。今朝廷見議賞典，先飛此數字，聊寫朕懷。」金人久不得志，則還據鳳翔，授甲屯田，爲久留計，自是不敢輕動。侯以熙河經略司關師古自洮泯領選鋒統制李進、前軍統制王師古、後軍統制戴越，打糧河州，襲大潭縣，掩骨谷鎮，賊慕洧拔寨去。師古由殺馬谷攻焦山，務焚田家村園子。谷深入賊境，至石要領，忽遇金賊大兵，一戰敗績。師古旋師大潭，内懷慚懼，悉還兵宣司，隻身往降賊。侯愛此軍忠義，無一人一騎從師古叛者，撫存勞倈，捐其家財，厚資給之。兩軍既合，中外一心，失一匹夫於師古，得萬貔貅於行陣，侯由此兵精甚。四月，徙鎮定國，除川陝宣撫副使。秋七月，朝廷録仙人關功，進檢校少師、奉寧保静軍節度使。五年春，侯向天水出奇兵，下秦州。六年，兼營田大使，徙鎮保平静難軍。侯與金賊對壘，交戰踰十年，熟其軍壘曲折，知其部領堅脆，常以一當百。惟患遠餉勞民，屢汰冗員官，節浮費，歲屯田至十萬斛。又調戍兵，命梁、洋守將治褒成廢堰，廣溉民田，復業數萬，朝廷嘉之，璽書褒賞。七年冬，賊廢劉豫，召諸道兵聲言入蜀。侯獨謂不然，策其將去，已而果然。和議成，上以侯功高，賜親札，進開府儀同三司、四川宣撫使。而侯已病，自以賞過功，固辭，優詔不許。九年春三月，侯已疾革，乞解事，天子惻然憂之，命成都守胡世將訪蜀善醫者治其疾，又馳國醫往視，未至而侯以六月己巳薨于軍，享年四十七。己亥，遺表聞，上震悼，輟視朝，特贈少師。九月丙申，其弟璘奉喪葬于德順軍水洛城。十一日戊申，上念功不已，賜錢三十萬，擢璘龍虎衛四廂都指揮使，以慰恤其家。侯能撫士卒，同其甘苦，至軍政則斬刈不一貸，故人人效死。如建炎二年，曲端屯麻務鎮督戰，侯遣列校三百七十餘人於大谷比較嶺迎戰，矢石未交，望風奔潰，伏匿山谷。四年，侯招兵秦、鳳，前三百七十餘人出赴招安，侯問訊再三，搜索非是者五六人，斥遣之，餘三百七十餘人悉斬於邊亭下，去秦州十里。士卒股慄，自是出戰，人皆效死。至第功賞，則斷以公論，無請託之私。性樂善，每觀史傳，有可師者必書之坐右，日誦幾過。其用兵本孫、吴，而能窮其變化。雖功高貴顯，而居常極儉約。至推以予士，則略無少吝。其殁也，家無餘貲，至無宅以居。三子：拱，右武郎；扶、撝，皆爲文官承奉郎，以經史自娱。庭傑嘗試論之曰：漢皇甫規、張奂皆生長山西，應賢良，中高選。規以《詩》、《易》傳授門弟子三百餘人。奂著《尚書難疑》三十餘萬言，以垂世設教。二公尚棄文就武，俱任度遼將軍，破胡虜以千萬計。觀規自布衣時，以西羌深入，上書願假近邊無用坐食之兵五千，使規爲將，上可以除患，下可以納降，奂每言大丈夫處世，當爲國家誅滅胡虜。嘻，此皆前輩豪俊語。邇者，天子知元通與吴侯相知之深，想吴侯諸子必皆稔聞。今元通功高言重，若他日會晤吴侯家二朝奉，當語之曰：「山西出將，二公家世邊人；將門出將，二公奕世將種。大丈夫當用長槍大劍定天下，安用從文官，學弄筆墨耶？」元通曰：「然，俊民論議，極有補於世，當併爲我書於吴侯傳末」云。宣撫司薦士明庭傑記。

備論

《宋史》卷三六六《吴玠傳》論曰：吴玠與弟璘智勇忠實，戮力協心，據險抗敵，卒保全蜀，以功名終，盛哉！挺累從征討，功效甚著，有父風矣。然玠晚頗荒淫，璘多喪敗，豈狃于常勝，驕心侈歟！抑三世爲將，釀成逆曦之變，覆其宗祀，蓋有由焉。

藝文

徐夢莘《三朝北盟會編》卷一九五張發《吴武安功績記序》 忠烈吴武安公，中興名將。其撫養士卒似吴起，其勤儉精力似陶侃，違令必戮似孫武子，憂國遠計不倖近功似趙充國，身殁之日，知與不知莫不流涕，又似李廣與羊祜也。是以能勝所難勝，守所難守，以保全蜀，使有數年之壽，則中原之復可幾也。方其薨

也，其長子未冠，而二季尤幼，胡宣撫爲行狀，不詢其子，使二舊吏立供爲之墓誌，又據行狀而言，是以如是之不詳。乾道乙酉，予既作補遺，志其大者，凡數十事，以遺其少子參議，且類宸翰詔命碑鏤爲一集，目之曰《保蜀忠勤録》，庶備國史，異時採擇，因使蜀士大夫知本末，而後之爲大將者有所矜式。書成，人喜讀之，薦紳傳道已滿四川。然意尚有遺也，近得明庭傑從政所撰《功績紀》，文實語詳，果有未聞知者。詢其來由，則云方忠烈用兵，渠在張魏公幕府，親所聞見，宣撫司參議馮康國元通命記其事。是可信也，因鏤之集中，以補遺焉。岐下張發書。

魏了翁《重校鶴山先生大全文集》卷六一《跋高宗付吴玠凡事密奏宸翰》

淮西之變乃紹興七年秋八月戊戌，此九月壬申以後詔書也。涪王始爲涇原都監，張忠獻公處置川陝，寔拔爲統制官，明年擢永興軍帥，由是受任，數有克捷。上既因魏公以知涪王，魏公俄以罪去，嘗爲所薦引者皆不獲自安。上謂宰臣趙鼎曰：「頃臺諫好以朋黨罪士大夫，如罷一宰相，凡所薦引不問才否，一時罷黜，此非所以愛惜人才而厚風俗。」矧如涪王，固魏公之所拔，邈在遠外，上慮其不獲安也，迺詔使得專達。君臣之情亡所壅底若此，用能崎嶇戎馬間，蒙犯巇嶮，卒以弘濟大難，紹開中興也。

魏了翁《重校鶴山先生大全文集》卷六一《跋高宗賜吴玠招納關陝流亡御札》 嘉定十一年春王正月，虜出我不意，分道入寇，沿邊降附之民嘗爲疆吏所遏，至是致忿于我，反爲虜資，據險因糧，王師數戰不利。伏讀思陵宸翰，有以仰窺深識遠馭之萬分，謹拜手稽首書于下方，爲萬世鑑。

魏了翁《重校鶴山先生大全文集》卷六五《題吴武安所得高孝兩朝宸翰》

粤自宣、靖枋政匪人，女真小醜敢抗大邦，莫有北向發一矢者。迨富平後，我師始與虜角，殺金平之後，我師始挫虜鋒，則張忠獻倡之，吴武安繼之，然後虜知中國有人而不敢肆。張、韓、劉、岳接跡于江淮，然後中國之勢伸而和好之議以定。竊觀近日三京喪師，悼頗、牧之不可作，撫卷太息，拜手稽首識于下方。